ལམ་རིམ་བླ་མ་བརྒྱུད་པའི་རྣམ་ཐར་བཞུགས་སོ།།

སྟོད་ཆ།

ཡོངས་འཛིན་ཡེ་ཤེས་རྒྱལ་མཚན་གྱིས་བརྩམས།

སེར་གཙུག་ནང་བསྟན་དཔེ་རྙིང་འཚོལ་བསྡུ་ཕྱོགས་སྒྲིག་ཁང་ནས་བསྒྲིགས།

གངས་ཅན་ཁྱད་ནོར་དཔེ་ཚོགས་པོད་ཕྲེང་།

〔༣༨〕

བོད་ལྗོངས་མི་དམངས་དཔེ་སྐྲུན་ཁང་།

图书在版编目(CIP)数据

菩提道次师承传:藏文/荣增·益西坚参著. --
拉萨:西藏人民出版社,2011.1(2024.3 重印)
(慧宝丛书)

ISBN 978-7-223-02992-6

Ⅰ.①菩… Ⅱ.①萨… Ⅲ.①喇嘛教-僧侣-传记-中国-藏语 Ⅳ.①B949.92

中国版本图书馆 CIP 数据核字(2010)第 203051 号

菩提道次师承传(上、下)

编　著	荣增·益西坚参
搜集整理	色拉寺、大昭寺佛教古籍搜集整理室
责任编辑	洛桑次仁
封面设计	格次
责任印制	缪攀
出版发行	西藏人民出版社(拉萨市林廓北路 20 号)
印　刷	拉萨市明鑫印刷有限公司
开　本	787×1092 1/16
印　张	97.125
字　数	859 千
版　次	2011 年 1 月第 1 版
印　次	2024 年 3 月第 3 次印刷
印　数	6,001-8,000
书　号	ISBN 978-7-223-02992-6
定　价	198.00 元(上、下册)

༄། ། 《སེར་གཙུག་ནང་བསྟན་དཔེ་རྙིང་འཚོལ་བསྡུ་ཕྱོགས་སྒྲིག་ཁང་》 གི་ དཔེ་རྙིང་བསྡུ་སྒྲིག་དང་ལས་ཞུགས་མི་སྣའི་མཚན་ཐོ།

བསྡུ་སྒྲིག་འགན་འཛིན་པ། བློ་བཟང་ལྷུན་གྲུབ། དབང་གྲགས། ཚེ་རིང་།

ལས་ཞུགས་མི་སྣ། བློ་བཟང་ཆོས་འབྱོར། རྒྱལ་མཚན་བྱམས་པ། ངག་དབང་བྱང་སེམས། ཚེ་བརྟན་རྡོ་རྗེ།
བློ་བཟང་འཕགས་མཆོག བློ་བཟང་འཇིགས་མེད། ཚེ་རིང་མ། ཚེ་རིང་ཆོས་སྒྲོན།
རྡོ་རྗེ་མཚོ། སྤེན་པ། ལྷག་པ་སྒྲོལ་མ། ལྷ་སྐྱིད། བསོད་ནམས་དབྱངས་ཅན།
བཀྲ་གཡང་། བྱམས་པ་ཆོས་སྒྲོན། མིག་དམར་གཡང་འཛོམས།

དཔེ་འདིའི་ཞུ་དག་དང་དཀར་ཆག་སྒྲིག་མཁན། བློ་བཟང་ཆོས་འབྱོར། རྒྱལ་མཚན་བྱམས་པ།

གློག་ཀླད་ཡིག་འཇུག་པ། རྡོ་རྗེ་མཚོ།

པར་སྒྲིག་ལག་རྩལ་པ། རྡོ་རྗེ་མཚོ།

དཀར་ཆག

རྒྱལ་བ་དབེན་ས་པ་བློ་བཟང་དོན་གྲུབ་ཀྱི་རྣམ་ཐར།

༄༅། །རྗེ་བཙུན་བླ་མ་དམིགས་པ་མེད་པའི་ཐུགས་རྗེ་ཆེན་པོ་དང་ལྡན་པ་ཐུབ་དབང་རྡོ་རྗེ་འཆང་དང་དབྱེར་མ་མཆིས་པའི་ཞབས་ལ་ཕྱག་འཚལ་ཞིང་སྐྱབས་སུ་མཆིའོ། །བརྩེ་བ་ཆེན་པོས་དུས་ཐམས་ཅད་དུ་རྗེས་སུ་གཟུང་དུ་གསོལ། །དཔལ་ལྡན་བླ་མ་བདེ་ཆེན་དངོས་གྲུབ་ཀུན། །ཀུན་ལ་སྦྱིན་མཛད་བློ་བཟང་རྡོ་རྗེ་འཆང་། །སྐྱབས་གསུམ་ཀུན་འདུས་རྗེ་བཙུན་སྤྲུལ་པའི་སྐུ། །བློ་བཟང་དོན་གྲུབ་ཞབས་ལ་གསོལ་བ་འདེབས། །ཞེས་བསྔགས་པ་རྒྱལ་བ་དབེན་ས་པ་བློ་བཟང་དོན་གྲུབ་ནི། སྔོན་འདས་པའི་བསྐལ་པ་བརྗོད་ཀྱིས་མི་ལང་བའི་ཡང་བརྗོད་ཀྱིས་མི་ལང་བའི་སྔོན་རོལ་ནས་བྱང་ཆུབ་མཆོག་ཏུ་ཐུགས་བསྐྱེད་དེ་རྒྱལ་སྲས་ཀྱི་སྤྱོད་པ་རྒྱ་མཚོའི་ཕ་རོལ་ཏུ་སོན་པ་ཞིག་མི་མཇེད་(༢ན)འཇིག་རྟེན་གྱི་ཁམས་འདིར་སྟོན་པ་ཐུབ་པའི་དབང་པོའི་མདོ་སྔགས་ཀྱི་བསྟན་པ་སྤེལ་བའི་སླད་དུ་རྒྱ་གར་ཤར་ནུབ་ཁ་ཆེ་བལ་ཡུལ་སོགས་སུ་སྤྲུལ་པའི་བཀོད་པ་སྣ་ཚོགས་བསྟན་ནས་རྒྱལ་བའི་བསྟན་པ་འཛིན་ཅིང་སྤེལ་བར་མཛད། བྱང་ཕྱོགས་གངས་རིའི་ལྗོངས་འདིར་ཡང་སྤྲུལ་པ་སྣ་ཚོགས་བསྟན་ཏེ་གང་དུ་རྒྱལ་བའི་བསྟན་པ་མ་དར་བའི་ས་རྣམས་སུ་ཐུབ་དབང་བསྟན་པའི་སྒྲོན་མེ་གསར་དུ་བཙུགས། ཅུང་ཟད་དར་བའི་ས་རྣམས་སུ་ཉམས་པ་རྣམས་གསོས། ཅུང་ཟད་རྒྱུན་གནས་པ་རྣམས་དར་བར་མཛད་པའི་འཕྲིན་ལས་རྒྱ་ཆེ་རྒྱུན་མི་ཆད་དུ་འཇུག་བཞིན་པ་ལས། དུས་འདིར་འཇམ་མགོན་བླ་མའི་སྙན་རྒྱུད་ཀྱི་བསྟན་པ་འཛིན་ཅིང་སྤེལ་བའི་སླད་དུ་བསམ་བཞིན་དུ་བྱོན་པ་ཞིག་སྟེ། དེ་ཡང་གཡས་(༢བ)རུ་གཙང་འགྲམ་དགེ་རྒྱས་བྱེ་མ་གླིང་གི་གཙུག་ལག་ཁང་དང་ཉེ་བའི་སའི་ཆ་ལྷ་ཁུག་ཅེས་བྱ་བའི་ཡུལ་གྱི་

ཕྱུ་དབེན་ས་ཞེས་པ་སྔོན་བྱོན་དམ་པ་དུ་མས་བྱིན་གྱིས་བརླབས་པའི་གནས་སུ་མཁས་གྲུབ་ཆེན་པོ་བསོད་ནམས་ཕྱོགས་གླང་སོགས་དམ་པ་དུ་མ་འཁྲུངས་པའི་རྒྱུད་པ། རུས་ཁྱད་པར་ཅན་མདོངས་ཀྱི་རུས། དེ་ལྟ་བུའི་རིགས་རུས་ཆེ་འབྲང་རྒྱུད་པ་མ་སྨད་པའི་རིགས་སུ་ཡབ་བསོད་ནམས་རྡོ་རྗེ་ཞེས་གྲགས་པ་ཡ་རབས་ཀྱི་སྤྱོད་ཚུལ་གྱི་གཟི་བྱིན་དུ་མས་མཛེས་པ་དང་། ཡུམ་དཔལ་འཛོམ་སྐྱིད་ཅེས་པ་གཟུགས་དང་ལང་ཚོ་ཕུན་སུམ་ཚོགས་པ་ཞིག་སྟེ་ཡབ་ཡུམ་དེ་གཉིས་ཀྱི་སྲས་སུ་བསམས་བཞིན་དུ་ཁྲོ་བོ་ཞེས་པ་ཤིང་མོ་གླང་གི་ལོ་ཟླ་བ་དང་པོའི་དཀར་ཕྱོགས་བཅུའི་ཉིན་ངོ་མཚར་བའི་ལྟས་དང་བཅས་ཏེ་སྐུ་བལྟམས། བལྟམས་མ་ཐག་ཏུ་མ་གྱུར་སེམས་ཅན་ཐམས་ཅད་སྙིང་རེ་རྗེ་ཨོཾ་མ་ཎི་པདྨེ་ཧཱུྃ། ཞེས་ཡི་གེ་དྲུག་པའི་སྒྲ་བསྒྲགས་པས་འཇིག་རྟེན་ཐམས་ཅད་དུ་དབྱངས་ཀྱི་ང་རོས་ཁྱབ་ནས་ལྷའི་དབང་པོ་བརྒྱ་བྱིན་དང་རྒྱལ་པོ་ཆེན་པོ་བཞི་ལ་སོགས་པ་དཀར་ཕྱོགས་སྐྱོང་བའི་ལྷ་དང་སྲུང་མ་ཐམས་ཅད་དགའ་ཞིང་མགུ་ལ་ངོ་མཚར་རྨད་དུ་གྱུར་ཏེ་(༣ན)ད་ནི་འཇིག་རྟེན་མགོན་དང་བཅས་སོ། །ཐུབ་པའི་བསྟན་པ་ཉམས་པ་གསོས་པར་འགྱུར་རོ། །བདུད་སྡེ་དཕུང་དང་བཅས་པ་ཉམས་པར་འགྱུར་རོ། །དཀར་ཕྱོགས་ཀྱི་ལྷ་རྣམས་རྒྱལ་ལོ། །ཞེས་དགའ་བའི་ཅ་ཅོའི་སྒྲ་བསྒྲགས་པ་གོང་ནས་གོང་དུ་འོག་མིན་གྱི་བར་དུ་ཁྱབ་པར་བྱས་སོ། །ཕྱོགས་བཅུའི་རྒྱལ་བ་སྲས་དང་བཅས་པ་ཐམས་ཅད་དགྱེས་ནས་རྒྱལ་སྲས་བདག་ཉིད་ཆེན་པོ་འདིའི་དོན་གྲུབ་པར་གྱུར་ཅིག་ཅེས་སྨོན་ལམ་མཛད་ཅིང་མེ་ཏོག་གཏོར་བར་ངེས་སོ། །རྒྱལ་བ་དབེན་ས་པ་ཆེན་པོ་ཡུམ་གྱི་མངལ་ནས་འཁྲུངས་མ་ཐག །རྒྱལ་སྲས་དཔའ་བོའི་ངང་ཚུལ་གསལ་བར་བསྟན་ཏེ་སྙིང་རྗེའི་སྒྲ་དབྱངས་བསྒྲགས་པའི་ཚུལ་འདི་ལ་སྲས་ཀྱི་ཐུ་བོ་མཁས་གྲུབ་སངས་རྒྱས་ཡེ་ཤེས་ཀྱིས་བསྟོད་པ་འདི་ལྟར་མཛད་དེ། བསྐལ་བཟང་ཡུམ་གྱི་ལྟུམས་བཞུགས་བལྟམས་པའི་ཚེ། །འགྲོ་ལ་བརྩེ་བའི་སྙིང་རྗེའི་སྒྲ་དབྱངས་བསྒྲགས། །

གྲུབ་པའི་གདུང་མཆོག་འཛིན་པའི་དབེན་ས་པ། །བློ་བཟང་དོན་གྲུབ་ཞབས་ལ་གསོལ་བ་འདེབས། །ཞེས་བསྔགས་སོ། །རྒྱལ་སྲས་བདག་ཉིད་ཆེན་པོ་འདི་དབེན་སར་ཡུམ་གྱི་མངལ་ནས་བཙས་མ་ཐག་ཤངས་མདོ་(༣བ)རི་བོ་དགེ་འཕེལ་གྱི་མཁན་པོ་རྗེ་ལེགས་པའི་བློ་གྲོས་ཀྱིས། ཇི་ལྟར་གཞོན་ནུ་དོན་གྲུབ་ཡུམ་སྒྱུ་འཕྲུལ་མ་ལས་འཁྲུངས་མ་ཐག་ལྷ་རྣམས་ཀྱིས་ཁྲུས་གསོལ་བ་ཇི་ལྟ་བ་རྒྱལ་སྲས་གཞོན་ནུ་དེ་ལ་ཁྲུས་གསོལ་ཞིང་ད་ནི་འཇིག་རྟེན་མགོན་དང་སྐྱབས་དང་དཔུང་གཉེན་དང་བཅས་སོ་ཞེས་གོ་བའི་ཆེད་དུ་མཚན་མགོན་པོ་སྐྱབས་ཞེས་བཏགས་སོ། །དེ་འདྲ་བའི་རྒྱལ་སྲས་གཞོན་ནུ་དེ་ནི། དབུ་གདུགས་ལྟ་བུ་དང་། དཔྲལ་བ་དབྱེས་ཆེ་ཞིང་སྨིན་མ་འཛར་ལ་ཤངས་ཀྱི་གཟེངས་མཐོ་བ་དང་། སྙན་ཤལ་རིང་དུ་འཕྱང་ཞིང་ཡན་ལག་དང་ཉིང་ལག་རྒྱས་ལ་དཀྱུ་སྐབས་ཕྱེད་པ་དང་། དབང་པོ་ཡོངས་སུ་གསལ་ཞིང་པགས་པའི་མདོག་ནི་མེ་ཏོག་ཀུ་མུད་ལྟར་དཀར་བས་འཇིག་རྟེན་གྱི་སྐྱེ་བོ་གཞན་དང་མི་འདྲ་བའི་མཚན་གྱི་དཔལ་གྱིས་མཛེས་པ་མིག་གི་བདུད་རྩི་ལྟ་བུ་ཞིག་བྱུང་ངོ་། །

དེའི་ཚེ་རྗེ་སྐྱབས་མཆོག་དཔལ་བཟང་དེ་ཉིད་ལྷག་པའི་ལྷ་རྣམས་དང་བླ་མ་རྣམས་ཀྱིས་འཛམ་མགོན་སྟན་རྒྱུད་ཀྱི་བསྟན་པ་འཛིན་པའི་སྐྱེས་བུ་དམ་པ་ཞིག་དབེན་སར་མྱུར་དུ་འབྱུང་བས་དེ་ལ་མདོ་སྔགས་ཀྱི་ལམ་གྱི་གནད་ཐམས་ཅད་རྫོགས་པར་སྟོན་ཅིག་ཅེས་ལུང་བསྟན་པས་བསྐུལ་ཏེ་དབེན་སའི་དགོན་པ་ཞོལ་དུ་ཕེབས་ནས་ཐམས་ཅད་མཁྱེན་པ་བསོད་ནམས་ཕྱོགས་གླང་གི་གདན་སར་བཞུགས་ཏེ། རིགས་སད་པ་དུ་མ་ལ་དམ་པའི་ཆོས་ཀྱི་བགོ་སྐལ་སྩལ་ཞིང་། གཙོ་བོར་ཆོས་བརྒྱད་ཀྱི་རོལ་པ་བཙན་ཐབས་སུ་བཅད་ནས་ཟབ་པ་དང་རྒྱ་ཆེ་བའི་ལམ་རྣམས་ལ་རྩེ་གཅིག་ཏུ་སེམས་ཤིང་གོམས་པར་མཛད་པས་གཞལ་དུ་(༤ན)མེད་པའི་མངོན་པར་རྟོགས་པ་ཡང་བརྙེས། རྗེ་སྐྱབས་མཆོག་དཔལ་བ་དབེན་སའི་དགོན་པ་ཞོལ་དུ་ཕེབས་སྐབས

རྒྱལ་བ་དབེན་ས་པ་ཆེན་པོ་འདི་ཉིད་འཁྲུངས་ནས་རིང་པོ་མ་ལོན་པ་སྐུ་ན་ཤིན་ཏུ་ཕྲ་བའི་སྐབས་ཡིན་ཡང་སྔོན་ཡུན་རིང་པོ་ནས་སྨོན་ལམ་གྱི་མཚམས་སྦྱར་བའི་མཐུ་དང་འཇམ་མགོན་བསྟན་སྲུང་རྣམས་ཀྱིས་བསྐུལ་བའི་མཐུས། རྒྱལ་བ་དབེན་ས་པ་རྒྱལ་སྲས་གཞོན་ནུ་གསར་པའི་བླ་ཆེས་ལྷ་བུར་གནས་པ་འདིས་རྗེ་སྐྱབས་མཆོག་དཔལ་བའི་མཚན་ཐོས་པ་ཙམ་གྱིས་དད་ཅིང་གུས་པར་གྱུར་ལ། རྗེ་སྐྱབས་མཆོག་དཔལ་བ་ཡང་རྒྱལ་བ་དབེན་ས་པའི་སྐུ་གཟིགས་པ་ཙམ་གྱིས་ཡུན་རིང་མ་འཕྲད་པའི་ཕ་བུ་གསར་དུ་འཕྲད་པ་བཞིན་དུ་དགའ་བ་དང་སྤྲོ་བས་ཤིན་ཏུ་གཅེས་པར་འཛིན་པར་གྱུར་ཏོ། །

དེའི་ཚེ་ཐ་མལ་ཆུ་བུར་མིག་ལྡན་རྣམས་ཀྱི་སྣང་ངོར་རྗེ་སྐྱབས་མཆོག་དཔལ་བས་དབེན་སར་འཁྲུངས་པའི་རྒྱལ་སྲས་གཞོན་ནུ་འདི་ལ་ཐུགས་མཉེས་པའི་སྟངས་ཀ་མཛད་པ་ཙམ་ཞིག་ཏུ་སྣང་ཡང་། ངེས་པ་དོན་ཏུ་ཟུང་འཇུག་གྲུབ་པའི་དབང་པོ་རྗེ་སྐྱབས་མཆོག་དཔལ་བ་དང་། རྒྱལ་སྲས་སྤྲུལ་པའི་གར་མཛད་པ་དབེན་ས་པ་གཉིས་པོ་ཞལ་འཛོམ་སྐེ་དུས་གསུམ་གསལ་བར་གཟིགས་པས་བསྟན་པ་དང་སེམས་ཅན་གྱི་དོན་དུ་ཇི་ལྟར་མཛད་དགོས་པའི་བཀའ་བགྲོ་བ་མཛད་ཅིང་། མ་འོངས་པ་ན་ཡབ་སྲས་གཉིས་ཀྱིས་མཛད་པ་ཇི་ལྟར་མཛད་པ་མཐའ་དག་གསུང་མོལ་ཞིབ་(༩བ)ཏུ་མཛད་དོ། །

དེ་ནས་རྒྱལ་སྲས་གཞོན་ནུ་དེ་ཉིད་སྔོན་ཡུན་རིང་པོ་ནས་རྒྱལ་སྲས་ཀྱི་སྤྱོད་པ་ལ་གོམས་པ་ཀློངས་སུ་གྱུར་པས་བྱིས་པའི་ངང་ཚུལ་མཐའ་དག་ལས་འདས་ཏེ་ཇི་ལྟར་བྱིས་པ་གཞན་དག་སྐྱེས་ཙམ་ཉིད་ནས་མའི་ནུ་ཞོ་ལེན་པ་ལ་གཞན་གྱིས་བསླབ་མི་དགོས་པར་ངང་གིས་འཇུག་པ་ཅི་འདྲ་བ་དེ་འདྲ་བར་རྒྱལ་སྲས་བདག་ཉིད་ཆེན་པོ་འདི་ནི་སྐྱེས་ཙམ་ཉིད་ནས་གཞན་གྱིས་བསླབ་མི་དགོས་པར་ལྷ་དང་བླ་མ་ལ་

གསོལ་བ་འདེབས་པ་ལྟར་བྱེད་ཅིང་འཁོར་བའི་ངང་ཚུལ་གང་དང་གང་ལའང་མཐོང་བ་ཙམ་གྱིས་ཞེན་པ་ལོག་པ་དང་། སེམས་ཅན་སུ་དང་སུ་མཐོང་ཡང་འགྲོ་བ་ཉམ་ཐག་འདི་ཐབས་གང་ཞིག་གིས་འཁོར་བའི་བཙོན་ནང་ནས་གདོན་པར་བྱ་སྙམ་དུ་སྙིང་རྗེ་ངམ་ངམ་ཤུགས་ཀྱིས་སྐྱེ་བ་དང་། ལྷག་པར་ཆོས་ཀྱི་རྒྱལ་པོ་ཙོང་ཁ་པ་ཆེན་པོ་ཉིད་ལ་གསོལ་བ་འདེབས་ཤིང་རྒྱལ་བ་ཙོང་ཁ་པའི་བསྟན་པའི་སྙིང་པོ་ཡོངས་སུ་རྫོགས་པ་འཛིན་ཅིང་སྤེལ་ནུས་པ་དུས་ནམ་ཞིག་ན་འོང་སྙམ་པ་འབའ་ཞིག་ཐུགས་ལ་བརྣགས་ཏེ་ཡུལ་དེའི་ཤར་ཕྱོགས་ན་ཕུག་གཞན་གྱིས་རྙེད་དཀའ་བ་ཞིག་ཡོད་པས་ཕུག་དེ་ར་བདག་ཉིད་གཅིག་པུར་ཞག་ལྔ་དྲུག་ཙམ་རེ་བསྡད་པས་ཡང་ཡང་འཚོལ་དགོས་པ་ཞིག་ཡོད་གསུང་། གཅིག་པུ་དབེན་པ་ལ་མངོན་པར་དགྱེས་པ་ཞིག་དེ་འདྲ་བའི་གཞོན་ནུ་ཉིད་ནས་རང་འབྱུངས་སུ་ཡོད་ཅིང་། དེ་དུས་ནས་སྟོན་པ་ཐུབ་པའི་དབང་པོ་དང་རྒྱལ་བ་ཙོང་ཁ་པ་ལ་གསོལ་འདེབས་ཉིན་མཚན་ཁོར་ཡུག་ཏུ་ཤུགས་དྲག་ཏུ(༥ན)མཛད་པ་ན་བཅོམ་ལྡན་འདས་ཐུབ་པའི་དབང་པོ་དང་རྒྱལ་བ་བློ་བཟང་གྲགས་པ་གཉིས་ཀྱི་ཞལ་གཟིགས་ཤིང་བྱིན་གྱིས་བརླབས་པའི་སྣང་བས་དུས་འདའ་བ་ཞིག་བྱུང་ངོ་། །

དེ་ནས་དགུང་ལོ་བརྒྱད་བཞེས་པ་ན། ནུབ་གཅིག་སེག་རིའི་རྩེ་ནས་ཟླ་བའི་དཀྱིལ་འཁོར་ཉ་གང་བ་ཞིག་ཤར་བྱུང་བས་རང་ཉིད་ཀྱི་སྐུ་ལ་དར་དཀར་གྱི་གོས་དང་རིན་པོ་ཆེའི་རྒྱན་གྱིས་བརྒྱན། རྡོ་དྲིལ་འཛིན་པས་ཟླ་བ་དེ་ལ་ཞུགས་ཏེ་དྲིལ་བུ་གསིལ་བའི་སྒྲས་འཇིག་རྟེན་གྱི་ཁམས་ཁྱབ་པ་ཅིག་སྨིས་གསུངས་ཏེ་དེ་ནི་རྒྱལ་བ་དབེན་ས་པ་ཆེན་པོ་འདིས་རྗེ་བླ་མའི་མདོ་སྔགས་ཀྱི་བསྟན་པ་འཛིན་མའི་ཁྲིན་ཐམས་ཅད་དུ་དར་ཞིང་རྒྱས་པར་མཛད་པའི་འཕྲིན་ལས་རྒྱ་ཆེ་རྒྱུན་མི་འཆད་འབྱུང་བ་འདི་ལ་དགོངས་པར་ངེས་སོ། །

རྒྱལ་བ་དབེན་ས་པ་འཁྲུངས་ཙམ་ཉིད་ནས་བླ་མ་ལྷའི་རྣལ་འབྱོར་གྱི་སྒྲུབ་པ་ལ་ཞུགས་པས་སྟོན་པ་མཆོག་དང་འཇམ་མགོན་བླ་མས་བྱིན་གྱིས་བརླབས་པའི་སྣང་བ་ཁྱད་པར་ཅན་བྱུང་བའི་ཚུལ་དེ་ལ་སྲས་ཀྱི་ཐུ་བོ་མཁས་གྲུབ་སངས་རྒྱས་ཡེ་ཤེས་ཀྱིས་བསྟོད་པ་མཛད་པ་ནི། བླ་མ་མཆོག་དང་ལྷག་པའི་ལྷ་རྣམས་ཀྱིས། །འགྲོ་བའི་དཔལ་མགོན་མཆོག་ཏུ་ཉེར་གཟིགས་ནས། །གཞོན་ནུའི་དུས་ནས་བྱིན་བརླབས་དབེན་ས་པ། །བློ་བཟང་དོན་གྲུབ་ཞབས་ལ་གསོལ་བ་འདེབས། །ཞེས་གསུངས་སོ། །དེ་ནས་སྟོན་ལན་ཅིག་མ་ཡིན་པར་གོམས་པའི་བག་ཆགས་བཟང་པོའི་མཐུ་(ཕབ)ཡོངས་སུ་བརྟས་པས། འཁོར་བ་མཐའ་དག་མེ་འབར་བའི་ཀླུབས་ལྟར་གཟིགས་པའི་ངེས་འབྱུང་གི་བསམ་པ་ཤུགས་དྲག་པོས་རབ་ཏུ་འབྱུང་བའི་ཐབས་ཇི་ལྟར་བྱ་ཞེས་ཉིན་མཚན་ཀུན་ཏུ་དེ་འབའ་ཞིག་ཐུགས་ལ་བརྣགས་སོ། །

དེ་ནས་ཇི་ལྟར་སྨོན་པ་ལྟར་དགུང་ལོ་བཅུ་གཅིག་བཞེས་པ་ཕག་ལོ་ཟླ་བ་དང་པོའི་ཚེས་བཅུའི་ཉིན་ཆོས་འཁོར་དབུས་སྡིངས་ཀྱི་དགོན་པར་ཆོས་རྗེ་ལྷ་རི་རྩེ་པ་གྲགས་པ་དོན་གྲུབ་པས་མཁན་པོ་དང་། ཞལ་སྔ་ནས་ཚུལ་ཁྲིམས་རིན་ཆེན་པས་སློབ་དཔོན་མཛད། གནས་བརྟན་ཆོས་ཀྱི་རྒྱལ་མཚན་དང་། རབ་འབྱམས་པ་ལེགས་པ་སོགས་ཁ་སྐོང་བར་འོས་པ་དད་པའི་དགེ་འདུན་ཡོངས་སུ་རྫོགས་པའི་དབུས་སུ་ཁྱིམ་ནས་ཁྱིམ་མེད་པར་རབ་ཏུ་བྱུང་སྟེ་མཚན་ཡང་བློ་བཟང་དོན་གྲུབ་ཅེས་བྱ་བར་གསོལ་ཏོ། །འདི་ནི་སྟོན་ཐུབ་པའི་དབང་པོ་ཡུམ་སྒྱུ་འཕྲུལ་མ་ལས་འཁྲུངས་མ་ཐག་རྒྱལ་པོ་ཟས་གཙང་མས་དོན་ཐམས་ཅད་གྲུབ་པ་ཞེས་མཚན་གསོལ་བ་ལྟར། རྒྱལ་སྲས་བདག་ཉིད་ཆེན་པོ་འདི་ཡང་རྒྱལ་བའི་བསྟན་པའི་སྙིར་བྱོན་མ་ཐག་ཕྱོགས་བཅུའི་རྒྱལ་བ་སྲས་བཅས་ཐམས་ཅད་ཀྱི་མཁན་སློབ་གཉིས་བྱིན་གྱིས་བརླབས་ཏེ་བློ་བཟང་ཐུབ་དབང་རྡོ་རྗེ་འཆང་ཆེན་པོའི་མདོ་སྔགས་སྐན་རྒྱུད་ཀྱི་བསྟན་པ་ཡོངས་རྫོགས་ད

ནི་འཇིག་རྟེན་འདིར་ངེས་པར་དར་བར་འགྱུར་བས་རྒྱལ་བ་སྲས་བཅས་ཀུན་གྱི་ཐུགས་ལ་བརྟགས་པའི་དོན་གྲུབ་བོ་ཞེས་མཚོན་པའི་ཕྱིར་བློ་བཟང་དོན་གྲུབ་ཅེས་(༨ན)མཚན་གསོལ་བར་ངེས་སོ། །

རྩུལ་འདི་ལ་མཁས་གྲུབ་ཆེན་པོ་སངས་རྒྱས་ཡེ་ཤེས་ཀྱིས། རྗེ་བཙུན་དམ་པ་གྲགས་པའི་མཚན་ཅན་གྱིས། །བློ་བཟང་དོན་གྲུབ་ཅེས་བྱར་མཚན་གསོལ་ནས། །བསྟན་ལ་རབ་ཏུ་བྱུང་མཛད་དབེན་ས་པ། །བློ་བཟང་དོན་གྲུབ་ཞབས་ལ་གསོལ་བ་འདེབས། །ཞེས་བསྟགས་པ་མཛད་དོ། །

དེ་ལྟར་རྒྱལ་སྲས་བདག་ཉིད་ཆེན་པོ་འདི་ལྷ་དང་བཅས་པའི་འཇིག་རྟེན་མཐའ་དག་གི་ཡོན་གནས་དམ་པ་ཐུབ་པའི་དབང་པོ་གཉིས་པ་ལྟ་བུར་གྱུར་ཅིང་། དེའི་ཚེ་མཁན་སློབ་དགེ་འདུན་དང་བཅས་པས་ཀྱང་མེ་ཏོག་གཏོར་ཞིང་ཤིས་པ་བརྗོད་དེ་དོན་དེ་ལྟར་དུ་འགྱུར་བར་སྨོན་ལམ་མཛད་དོ། །རྩུལ་དེ་ནི་རྒྱལ་བ་དབེན་ས་པ་ཆེན་པོ་རང་ཉིད་ཀྱི་གསུང་ལས་བྱུང་སྟེ། ཕག་ལོ་ཧ་ཟླའི་ཚེས་བཅུ་ལ། །སོ་སོ་ཐར་པའི་སྡོམ་པ་བླངས། །སངས་རྒྱས་བསྟན་ལ་ཞུགས་པ་དང་། །ཧུར་སྨྲིག་རྒྱལ་མཚན་བསྙེན་པ་མཉམ། །ཞེས་གསུངས་སོ། །རྒྱལ་བ་དབེན་ས་པ་ཆེན་པོ་རང་ཉིད་སྔོན་ཡུན་རིང་པོ་ནས་རྒྱལ་སྲས་ཀྱི་སྤྱོད་པ་རྒྱ་མཚོ་ལ་བསླབ་པ་མཐར་ཕྱིན་པ་ཞིག་ཡིན་ཡང་། ཕྱི་རབས་ཀྱི་གདུལ་བྱ་རྣམས་རྒྱལ་བའི་བསྟན་པ་ལ་ཞུགས་ནས་ཐོས་བསམ་སྒོམ་གསུམ་འདི་ལྟར་བྱ་དགོས་སོ་ཞེས་འདོམས་པའི་ཕྱིར་དང་། རྗེ་བླ་མས། དང་པོར་རྒྱ་ཆེན་མང་དུ་ཐོས་པ་(༨བ)བཙལ། །བར་དུ་གཞུང་ལུགས་ཐམས་ཅད་གདམས་པར་ཤར། །ཐ་མར་ཉིན་མཚན་ཀུན་ཏུ་ཉམས་སུ་བླངས། །ཀུན་ཀྱང་བསྟན་པ་རྒྱས་པའི་ཆེད་དུ་བསྔོས། །རྩུལ་འདི་བསམ་ཤིང་མདུན་མ་ལེགས་ནས་གདའ། །ཞེས་གསུངས་པ་ལྟར་ཕ་རྗེས་བུས་ཟིན་པ་ཞིག་བྱ་བའི་ཕྱིར་རྒྱ་ཆེན་ཐོས་པ་འཚོལ་བར་བཞེད་

ནས་དབྱར་ཚོས་ལ་དགེ་འཕེལ་དུ་ཕེབས་པ་ན། སློབ་དཔོན་ཚུལ་ཁྲིམས་རིན་ཆེན་པས་ཚུལ་ཁྲིམས་སྣང་གི་གདན་ས་བཞུགས་སྐེ་འབྲས་སྤུངས་ལ་ཕེབས་པ་དང་ཐུག་ནས་འབྲས་སྤུངས་སུ་མཁན་པོ་རིན་པོ་ཆེ་གྲགས་པ་དོན་གྲུབ་དང་། སློབ་དཔོན་རིན་པོ་ཆེ་ཚུལ་ཁྲིམས་རིན་ཆེན་པ་གཉིས་དང་ལྷན་དུ་བྱོན། དེ་ནས་འབྲས་སྤུངས་སུ་དབྱར་སྟོན་སྤྲིལ་ནས་བཞུགས་ཏེ་ཆོས་སྤྱོད་ཀྱི་རིམ་པ་ཅི་རིགས་པ་ཐུགས་ལ་ཆུད་པར་མཛད། རྗེ་ལྷ་རི་པ་ལ་བྱང་ཆུབ་ལམ་གྱི་རིམ་པ་དང་། དཔེ་ཆོས་རིན་སྤུངས་སོགས་ཆོས་བཀའ་དུ་མ་དང་། དཔལ་དུས་ཀྱི་འཁོར་ལོའི་དབང་། བཅོམ་ལྡན་འདས་རྡོ་རྗེ་འཇིགས་བྱེད་ཀྱི་དབང་བཞི་ཡོངས་སུ་རྫོགས་པ་ཞུ་བར་མཛད། རྗེ་ལྷ་རི་པ་འདིས་རྡོ་རྗེ་ཐེག་པའི་སྨིན་དང་པོར་སྨིན་པར་མཛད་པས་བཀའ་དྲིན་ཟླ་མེད་དུ་འཛིན་པར་མཛད་དོ། །དེ་ནས་ཟླ་བ་བཅུ་པའི་མཇུག་ཏུ་དབེན་སར་ཕེབས། སླར་རི་བོ་དགེ་འཕེལ་དུ་ཆོས་ཀྱི་རྗེ་བློ་གྲོས་རྒྱལ་མཚན་པའི་དྲུང་དུ་གསང་བ་འདུས་པ་མི་བསྐྱོད་པའི་དབང་བཞི། རྒྱ་རྒྱུད་ཀྱི་ལུང་། (༧ན)རྡོ་རྗེ་མི་འཁྲུགས་པའི་དབང་རྗེས་གནང་། གཟུངས་ཀྱི་ལུང་དང་བཅས་པ། སྨན་བླའི་རྗེས་གནང་ལུང་དང་བཅས་པ། སྣར་ཐང་བརྒྱ་རྩའི་རྗེས་གནང་ལུང་དང་བཅས་པ་ཡོངས་སུ་རྫོགས་པར་གསན་ནོ། །

དེ་ནས་རྒྱལ་བའི་བསྟན་པ་ལ་ཞུགས་ནས་ལམ་ལ་སློབ་པར་འདོད་པ་རྣམས་ལ་ཚེ་འདིའི་སྙིད་བཀུར་སྙན་གྲགས་ཙམ་གྱི་ཕྱིར་དུ་ཐོས་བསམ་བྱེད་པ་ནི་བདུད་རྩི་དུག་ཏུ་བསྒྱུར་བ་ལྟར་ངལ་བ་འབྲས་མེད་དུ་འགྱུར་བ་དང་། ངལ་བ་སྟོང་ཟད་དུ་བྱེད་དོ་ཞེས་འདོམས་པ་དང་། ཐོས་བསམ་བྱེད་པའི་ཚེ་རང་རྒྱུད་འདུལ་བའི་ཕྱིར་དུ་ཉོན་མོངས་པའི་གཉེན་པོར་དྲི་མ་མེད་པའི་རིགས་ལམ་འཚོལ་བ་ཡིན་གྱི། དེ་ལྟ་མིན་པར་ཤིང་རྟ་ཆེན་པོའི་གཞུང་གི་དགོངས་པ་མི་འཚོལ་བར་ཁོ་འདི་ཟེར་ན་ང་འདི་ཟེར་གྱི་གཤགས་འགྲེད་ཙམ་དང་། ཚིག་ཟུར་འཚོས་པའི་རྩོད་པ་ལྷུར་ལེན་པ་ནི་སྙིང་པོ་

གང་ཡང་མེད་དོ་ཞེས་འདོམས་པ་དང་། རང་ཉིད་གྲུབ་པའི་གོ་འཕང་མཐོན་པོར་གཤེགས་པའི་ངང་ཚུལ་སྟོན་པ་སོགས་ཀྱི་དགོས་པ་མང་པོ་གཟིགས་ནས་དེའི་དགུན་བཀྲ་ཤིས་ལྷུན་པོར་ཐེབས་ནས་ཐོས་བསམ་གླིང་གི་གདན་ས་པ་འཛམ་པའི་དབྱངས་བློ་བཟང་བཤེས་གཉེན་པའི་དྲུང་དུ་བསྡུས་གྲྭ་རྩེ་བ་དང་གཞུང་དང་ཆོས་སྤྱོད་མང་པོའི་ལུང་ཡང་གསན། དེའི་ཚེ་ཐོག་མར་ཉིན་གཅིག་ཙམ་ཞིག་སྦྱོར་(༧བ)བ་རྩེ་བ་སོགས་ལ་ཐོགས་པ་མེད་པའི་སྤོབས་པ་མཐུ་ཅན་དུ་གྱུར་ཀྱང་། ཕྱིས་ནི་ཆོས་བརྒྱུད་ཀྱི་རོལ་རྩེད་ལ་རྒྱབ་ཀྱིས་ཕྱོགས་པ་སྟོན་པ་ལྷ་བུའི་བརྟུལ་ཞུགས་ཀྱིས་གནས་ནས་གཞན་དག་གིས་ཐོས་བསམ་གྱི་སྦྱོར་བ་ལ་བསྐུལ་བའི་བདག་རྐྱེན་ཉེ་བར་བསྒྲུབས་ཀྱང་། དོན་སྐད་ཅིག་ཀྱང་ཉམས་སུ་མི་ལེན་པའི་ཚིག་གི་སྦྱོར་བ་ཁོ་ན་ལ་བརྩོན་པ་ལྷུར་ལེན་པ་ལ་སྙིང་པོ་རང་ཅི་ཡོད། ཆུའི་ལྦུ་བ་དང་མཚུངས་པའི་ཚིག་ཕྲེང་དག་ནི་ཉིན་རེ་བཞིན་རློས་བུར་སླ་བ་ཁོ་ནའོ། །ཞེས་རིགས་པའི་བརྟུལ་ཞུགས་ཀྱི་སེང་གེའི་སྒྲ་ཆེན་པོ་བསྒྲགས། དོན་འདི་ནི། བདག་ཉིད་ཆེན་པོ་རང་ཉིད་ཚེ་རབས་དུ་མར་གོམས་པས་ལུང་གི་ཆོས་ཀྱི་བདག་པོར་གྱུར་པས་སྐུ་ཚེ་འདིར་ཐོས་བསམ་གྱི་སྦྱངས་པ་ལ་མི་ལྟོས་པ་དང་། ཉམས་ལེན་མེད་པར་ལྷར་སྣང་གི་ཚིག་འཁྲི་ལ་སྙིང་པོར་འདུ་ཤེས་པའི་རྟོག་གེ་པ་རྣམས་སྨྲ་བཀོང་བར་མཛད་པ་དང་གཅིག་ཏུ་རྒྱལ་བ་དགྱེས་པའི་ལམ་བཟང་བསྒྲུབས་པས་སྙིང་པོའི་བསྟན་པ་ཕྱོགས་མཐར་སྤེལ་བར་མཛད་པ་ལ་དགོངས་པའོ། །དེ་ནས་སླར་ཡང་། དགེ་འཕེལ་དུ་རྗེ་བློ་གྲོས་རྒྱལ་མཚན་པ་ལ་ཀུན་མཁྱེན་སྟོབས་འབར་འོད་ཟེར་གྱིས་མཛད་པའི་འདུལ་བའི་བསླབ་བྱ། རྗེ་བཙུན་ཙོང་ཁ་པའི་རྣམ་ཐར་སོགས་ཀྱི་ལུང་དུ་མ་གསན། གཞན་ཡང་གནས་དེ་ར་ཆོས་ཀྱི་རྗེ་ཐུབ་བསྟན་རྣམ་རྒྱལ་བའི་དྲུང་དུ་སྤྱན་(༤ན)རས་གཟིགས་བཅུ་གཅིག་ཞལ། ཐུགས་རྗེ་ཆེན་པོ་ཕྱག་བཞི་པ། ཛམ་ལ་དམར་པོ་ཡབ་ཡུམ། མགོན་པོའི་བཀའ་ཆེན་བཅུ་གསུམ་དུ་གྲགས་པའི་རྗེས་གནང་

ལུང་མན་ངག་དང་བཅས་པ། ཆོས་རྒྱལ་ཕྱི་ནང་གསང་གསུམ། གཏུམ་པོ་ཁྲུང་ལྷའི་ལུང་མན་ངག་དང་བཅས་པ། ནམ་མཁའ་སྒོ་འབྱེད། ཚེ་རིང་མཆེད་ལྔའི་དབང་དང་། འཇམ་དབྱངས་མགོན་པོའི་གཏོར་གཞུང་ཊཱིཀྐ་དང་བཅས་པ་སོགས་གཏོར་གྱི་གདམས་པ་དུ་མ་དང་། རྗེ་བླ་མ་ནས་བརྒྱུད་པའི་ན་རོའི་ཆོས་དྲུག་གི་ཁྲིད། གསང་འདུས་རིམ་ལྔའི་ཁྲིད་ལག་རྗེས། པཎ་ཆེན་ཆོས་རྒྱལ་གྱི་བསྲེ་འཕོ། ཕྱག་རྒྱ་སྲོག་རྩོལ་གྱི་གདམས་ངག་སོགས་ཡིག་ཆུང་དུ་མ་དང་། འཕོ་ཁྲིད་ཆེན་མོ། ནེ་གུ་ཆོས་དྲུག་གི་ཁྲིད། ལྷ་མོ་ཤྲ་མ་ཎའི་སྒྲུབ་ཐབས། མཁའ་འགྲོ་སེང་གདོང་ཅན། དཔལ་ལྡན་དམག་ཟོར་རྒྱལ་མོ། གུར། ཞལ། ཕྱག་བཞི་པ། རྣམ་སྲས། གནོད་སྦྱིན་བེ་ཀོ་རྣམས་ཀྱི་རྗེས་གནང་དང་སྐྱོང་བའི་བཟླས་ལུང་དང་བཅས་པ་གསན་ནོ། །

དེ་ལྟར་མང་དུ་ཐོས་པ་མཛད་པའི་ཚུལ་དེ་ལ་མཁས་གྲུབ་སངས་རྒྱས་ཡེ་ཤེས་ཀྱིས་བསྟོད་པ་མཛད་པ་ནི། གཅིག་ཏུ་སྙིང་པོའི་དོན་ལ་གཞོལ་བའི་ཐུགས། །མཆོག་ཏུ་གྱུར་པས་མཁས་གྲུབ་གཞན་ལས་ཀྱང་། །གདམས་པའི་བདུད་རྩི་མང་གསོལ་དབེན་སཔ། །བློ་བཟང་དོན་གྲུབ་ཞབས་ལ་གསོལ་བ་འདེབས། །ཞེས་གསུངས་པ་(༢བ)ལྟར་རོ། །

དེ་ནས་རྒྱལ་བ་དབེན་ས་པ་ཆེན་པོས་ཆོས་འཁོར་དབུས་སྡིངས་སུ་ཕེབས་ཏེ་ཟུང་འཇུག་གྲུབ་པའི་དཔའ་བོ་བླ་མ་རྗེ་བཙུན་སྐྱབས་མཆོག་དཔལ་བཟང་པོའི་དྲུང་དུ་གསང་བདེ་འཇིགས་གསུམ་གྱི་དབང་ཡོངས་རྫོགས། མགོན་པོ། ཆོས་རྒྱལ། བཅུ་གཅིག་ཞལ། དོན་ཞགས། གཏུམ་པོ་ཁྲུང་ལྷ་རྣམས་ཀྱི་རྗེས་གནང་བཟླས་ལུང་དང་བཅས་པ། གྲུབ་རྒྱལ་ལུགས་ཀྱི་ཚེ་དབང་ལ་སོགས་པ་མདོ་སྔགས་ཀྱི་ཆོས་བཀའ་ཡོངས་སུ་རྫོགས་པ་ཞུས་ཤིང་། བླ་མ་དང་ཡི་དམ་དབྱེར་མི་ཕྱེད་པའི་ཡེ་ཤེས་ཀྱི་དཀྱིལ་འཁོར་དངོས་སུ་གཟིགས་པ་དང་། ངོ་མཚར་བའི་ལྟས་དུ་མ་གཟིགས་པ་ནི་རྒྱལ་

བ་དབེན་ས་པ་ཆེན་པོས་བདག་ཉིད་ཆེན་པོ་རྗེ་བཙུན་སྐྱབས་མཆོག་དཔལ་བཟང་ལ་ཕྱག་ན་རྡོ་རྗེ་གཏུམ་པོའི་དབང་ཞུས་པའི་དུས་སུ་རྗེ་སྐྱབས་མཆོག་དཔལ་བ་དེ་སྐུ་མདོག་མཐིང་ཁ་འོད་ཟེར་ལྔ་འཕྲོ་བ་ལ་མེ་སྣ་ལྔ་འབར་བས་མཛེས་པར་བསྐོར་བ། གཏོར་མ་དང་རྡོ་རྗེ་དྲིལ་ནམ་མཁར་གནས་ཤིང་། དྲི་ཞིམ་པོ་བྲོ་བ་དང་། ལྷའི་རོལ་མོའི་སྒྲ་ཡང་མངོན་སུམ་དུ་གསན། ཡང་དོན་ཞགས་དང་། བཅུ་གཅིག་ཞལ་གྱི་དབང་ཞུས་པའི་དུས་སུ་སྔར་བསྟན་མ་མཐོང་བའི་རྫུལ་ཚོན་གྱི་དཀྱིལ་འཁོར་ཡིད་འཕྲོག་པ་ཅིག་ལ་ལྷའི་མེ་ཏོག་སྣ་ཚོགས་པ་སོགས་མཆོད་པའི་ཚོགས་ཀྱང་དུ་མ་འདུག་ཅིང་། དྲི་ཞིམ་པོ་དང་ལྷའི་སིལ་སྙན་གྱི་སྒྲ་སྙན་པོ་ཡང་འཁྲོལ། རྗེ་སྐྱབས་མཆོག་དཔལ་བ་དེ་ཉིད་ཀྱི་སྐུ་ཡང་ཟླ་བའི་དཀྱིལ་འཁོར་མངོན་པར་གང་བ་ལྟ་བུར་དཀར་ཞིང་འོད་ཟེར་འཕྲོ་བ་མཐོང་བས་རྐྱེན་བྱས་ནས་དགའ་སྤྲོ་(༤ན)དཔག་ཏུ་མེད་པ་སྐྱེས། དེ་ནས་རྒྱལ་བ་དབེན་ས་པ་ཆེན་པོ་རྗེ་སྐྱབས་མཆོག་དཔལ་བ་ཉིད་ལ་གསོལ་བ་ཡུན་རིང་དུ་བཏབ་ནས། འདས་མ་འོངས་ཀྱི་སྐྱེ་བ་བཞེས་ཚུལ། སྐུ་སྐྱེ་བ་འདི་ལ་ངོ་མཚར་ཆེ་བའི་ཡོན་ཏན་འབྱུངས་ཚུལ་རྣམས་གསུང་བར་ཞུས་པས་རྗེ་སྐྱབས་མཆོག་དཔལ་བས་འདི་ལྟར་གསུངས་ཏེ། སངས་རྒྱས་འཇིག་རྟེན་དུ་བྱོན་པའི་ཚེ་བྱང་ཆུབ་སེམས་དཔའ་འདུལ་བའི་ཏོག་ཅེས་པར་སྐྱེས་ནས་སངས་རྒྱས་དངོས་ལ་ཐེག་པ་ཆེན་པོའི་ཆོས་དཔག་ཏུ་མེད་པ་ཉན། དེའི་འོག་ཏུ་རྒྱ་གར་ཤར་ཕྱོགས་སུ་སྟོབས་ལྡན་གྱི་རྒྱལ་པོ་ཞིག་ཏུ་སྐྱེས་ཏེ་ཆོས་ལྡན་གྱི་ཁྲིམས་བཅས་ནས་མི་དགེ་བ་བྱེད་པ་རྣམས་ཀྱི་མིག་འདོན་པ་དང་། རྐང་ལག་གཅོད་པ་སོགས་བྱས་པའི་སྟོབས་ཀྱིས་མ་འོངས་པ་ན་མིག་དང་རྐང་ལག་སོགས་ལ་སྐྱོན་ཅུང་ཟད་འོང་བ་འདྲ་གསུང་། དེ་ནས་སུམ་ཅུ་རྩ་གསུམ་དུ་སྐྱེས། དེར་ཡུན་རིང་པོ་མ་ལོན་པར་རྒྱ་གར་དུ་སློབ་དཔོན་ཡོན་ཏན་འོད་དུ་གྱུར་ནས་བསྟན་པ་དང་འགྲོ་བའི་དོན་ཚད་མེད་པ་བྱས། དེའི་ཕྱི་མ་རྒྱ་ནག་རི་བོ་རྩེ་ལྔར་སོང་ནས་རྗེ་

བརྩུན་འཛམ་པའི་དབྱངས་ལ་ཆོས་མང་དུ་ཉན་ཞིང་རྗེ་བརྩུན་གྱིས་ལུང་བསྟན་པ་ལ་བརྟེན་ནས་བལ་པོར་རྡོ་རྗེ་གཞོན་ནུ་ཞེས་བྱ་བའི་སྔགས་པ་ཞིག་གི་རྟེན་བཟུང་སྟེ་ཐེག་པ་ཆེན་པོ་གསང་སྔགས་ཀྱི་བསྟན་པ་དར་བར་བྱས། དེ་ནས་ལོ་ཙཱ་བ་རྩུལ་ཁྲིམས་རྒྱལ་བར་སྐྱེས་ནས་ཇོ་བོ་རྗེ་བོད་ལ་གདན་འདྲེན་པ་སོགས་དཀའ་སྤྱད་མང་པོ་བྱས་ཤིང་དམ་པའི་ཆོས་(༩བ)མང་པོ་བསྒྱུར་བ་ཡང་དྲན་གསུང་། གཞན་ཡང་རྗེ་ནཱ་རོ་པའི་སྤྲུལ་པར་གྲགས་པའི་འགྲོ་བའི་མགོན་པོ་གཙང་པ་རྒྱ་རས་དང་། ཆོས་ཀྱི་རྒྱལ་པོ་ཙོང་ཁ་པ་ཆེན་པོའི་སྲས་ཀྱི་ཐུ་བོ་འདུལ་འཛིན་གྲགས་པ་རྒྱལ་མཚན་གཉིས་ཀྱང་དམ་པ་འདིའི་སྔའི་སྐྱེ་བ་ཡིན་པ་ཡང་རྒྱལ་བ་དབེན་ས་པ་ཆེན་པོ་ཉིད་ཀྱི་ཡེ་ཤེས་ཀྱིས་མངོན་སུམ་དུ་གཟིགས་ཤིང་རྗེ་བརྩུན་འཛམ་པའི་དབྱངས་ཀྱིས་གནང་བའི་ལུང་བསྟན་གསང་བའི་མེ་ལོང་ལས་ཀྱང་དེ་ལྟར་དུ་འབྱུང་ངོ་། །

དེ་ནས་རྗེ་སྐྱབས་མཆོག་དཔལ་བ་དགུང་ལོ་དྲུག་ཅུ་རེ་གསུམ་བཞེས་པའི་ཚེ་འཇིགས་བྱེད་སྒྲུབ་མཆོག་ཅིག་མཛད་པའི་དུས་སུ་དཔལ་རྡོ་རྗེ་འཇིགས་བྱེད་ཀྱི་དཀྱིལ་འཁོར་ཡོངས་སུ་རྫོགས་པ་དང་། དགྲ་ནག་དང་གཤེད་དམར་ལྷ་ལྔའི་དཀྱིལ་འཁོར་དང་བཅས་པའི་ཞལ་མངོན་སུམ་དུ་གཟིགས་ཤིང་། དེའི་དུས་སུ་རྒྱལ་བ་དབེན་ས་པ་ཆེན་པོས་ཡི་དམ་གྱི་དབང་གསན་པས་སྐུ་ལས་མེ་འབར་ཞིང་ཞབས་བརྡབས་པས་ས་གཡོ་བ་དང་། དཀྱིལ་འཁོར་ཡང་མེ་ཁ་དོག་སྣ་ལྔ་པས་བསྐོར་བ་སོགས་ངོ་མཚར་བའི་ལྟས་མང་དུ་གཟིགས་སོ། །

དེ་ནས་སྤྲེའུ་ལོ་ཟླ་བ་ལྔ་པའི་ཚེས་བརྒྱད་ཀྱི་ཐོ་རངས་བཅོམ་ལྡན་འདས་མི་བསྐྱོད་རྡོ་རྗེའི་དཀྱིལ་འཁོར་གྱི་ཞལ་མཐོང་ལུས་དབེན་དང་ངག་དབེན་ལ་བརྟན་པ་ཐོབ་གསུང་ཞིང་དེ་དུས་རྒྱལ་བ་དབེན་ས་པ་ཆེན་པོས་རྗེ་སྐྱབས་མཆོག་དཔལ་བ་ལ་གསང་བ་འདུས་པའི་དབང་ཞུས་ཏེ་ཡེ་ཤེས་འབེབས་པའི་དུས་སུ། རྗེ་སྐྱབས་མཆོག་དཔལ་

བའི་སྐུ་འོད་ཟེར་ཁ་དོག་སྣ་ལྔའི་རང་བཞིན་ཅན་དུ(༡༠ན)བྱུས་ནས་དཀྱིལ་འཁོར་གྱི་སྟེང་དུ་ཡར་འགྲོན་ཚུར་འགྲོན་མཛད་ཀྱང་། རྫུལ་ཚོན་ལ་མི་གནོད་པ་སོགས་ཡ་མཚན་པའི་ལྟས་དུ་མ་བྱུང་ངོ་། །དེའི་ཚེ་རྗེ་སྐྱབས་མཆོག་དཔལ་བས་འདི་ལྟར་གསུངས་ཏེ། ད་ནི་སྨི་ལམ་ལ་བརྟན་པ་ཐོབ་ནས་འབད་མེད་དུ་ཟིན། ཁྱད་པར་ཆོས་བཅོ་ལྔ་དང་གནམ་གང་ལ་རྨི་ལམ་གྱི་ལུས་ཁྱད་པར་ཅན་བཟུང་ནས་ཐུབ་ཆེན་དང་། བྱམས་པ་རྒྱལ་སྲས་འཇམ་དཔལ་སྙིང་པོ་སོགས་ཀྱི་སྤྱན་སྔར་གསོ་སྦྱོང་རྒྱུན་པར་བྱེད་ཅིང་ཆོས་མང་དུ་ཞུས། གཞན་ཡང་བདེ་བ་ཅན་དང་། འོག་མིན་སྟུག་པོ་བཀོད་པ་དང་། མངོན་དགའ་སོགས་ལོངས་སྤྱོལ་གྱི་ཞིང་ཁམས་མང་པོ་བལྟ་བར་ཕྱིན་པས་ཞིང་དེ་དག་གི་རྒྱལ་བ་སྲས་དང་བཅས་པ་ཡང་མཐོང་། དབང་དང་བྱིན་རླབས་དཔག་ཏུ་མེད་པ་ཡང་དག་པར་སྩལ། བདག་ཉིད་ཀྱིས་ཀྱང་ལུས་ཚད་མེད་པ་སྤྲུལ་ནས་བདུན་རྣམ་དག་ཕུལ་གསུང་ངོ་། །

དེ་ནས་རྗེ་སྐྱབས་མཆོག་དཔལ་བ་དགུང་ལོ་བདུན་ཅུ་དོན་བརྒྱད་བཞེས་པའི་ཚེ་བཅོམ་ལྡན་འདས་འཁོར་ལོ་སྡོམ་པའི་སྒྲུབ་པ་ཞིག་མཛད་པའི་དུས་སུ། བདེ་མཆོག་ལྷ་དྲུག་ཅུ་རྩ་གཉིས་ཀྱི་དཀྱིལ་འཁོར་ཡོངས་སུ་རྫོགས་པའི་ཞལ་གཟིགས་ཤིང་དེར་གཙོ་བོས་དབང་བཞི་རྫོགས་པར་བསྐུར་ནས་ད་མྱུར་དུ་མཁའ་སྤྱོད་དུ་འགྲོན་པའི་འདུན་པ་ཐོངས་ཞེས་གསུང་གི་གནང་བས་དབུགས་དབྱུང་བ་བརྙེས། དེའི་ཚེ་རྒྱལ་བ་དབེན་ས་པ་ཆེན་པོས་བདེ་མཆོག་གི་དབང་ཞུས་པས་ནང་མཆོད་ཁ་དོག་ལྔ་ལྡན་དུ་ཁོལ་བ་དང་། རྗེ་(༡༠བ)སྐྱབས་མཆོག་དཔལ་བ་དཀྱིལ་འཁོར་གྱི་སྟེང་དུ་མདའ་གང་ཙམ་འཕགས་ནས་གར་མཛད་པ་སོགས་ཡུལ་དུ་བྱུང་བའི་ལྟས་དུ་མ་ཞིག་གཟིགས། ཉིན་གཅིག་གི་ཚེ་རྗེ་སྐྱབས་མཆོག་དཔལ་བ་དང་རྒྱལ་བ་དབེན་ས་པ་ཆེན་པོ་གཉིས་ཀས་དབུས་རིའི་རྩེ་ར་ཕེབས་པ་ན་རྗེ་སྐྱབས་མཆོག་དཔལ་བ་སྤྱན་ནམ་

མཁར་ཧྲིག་ཧྲིག་གཟིགས་ཤིང་ཕྱག་ཐུགས་ཀར་ཐལ་མོ་སྦྱོར་བར་མཛད། དེ་ལ་རྒྱལ་བ་དབེན་ས་པ་ཆེན་པོས་ཅི་འདྲ་ཞིག་མཆིས་ཞུས་པས། རྒྱལ་བ་རྡོ་རྗེ་འཆང་ལ་གྲུབ་ཆེན་བརྒྱད་ཅུས་བསྐོར་ནས་བྱིན་གྱིས་བརླབས་པའི་ཉམས་ཤིག་ཤར་གསུང་། དེ་ནས་དགུང་ལོ་བརྒྱད་ཅུ་རྩ་གཅིག་བཞེས་པའི་སྟོན་ཞིག །དོན་དུ་ན། དབེན་དགོན་འདི་ཉིད་འབྱུང་བའི་ས་གཞི་བྱིན་གྱིས་བརླབས་པར་འདུག་ཀྱང་། ཐ་མལ་བ་རྣམས་ཀྱི་ངོར་ཞབས་འཆག་པར་སྣང་ངོ། ཡབ་སྲས་གཉིས་ཀས་དབུས་རིའི་རྩེ་མོར་ཕེབས་པ་ན་རྗེ་བཙུན་སྐྱབས་མཆོག་དཔལ་བཟང་ཕྱག་གཉིས་ཐལ་མོ་སྦྱར་ནས་དབུ་གུག་གུག་པ་ལན་མང་དུ་མཛད་ཅིང་འདུག་པ་ལ་རྒྱལ་བ་དབེན་ས་པ་ཆེན་པོས་དེ་འདྲ་ཅི་ཡིན་ཞུས་པས་རྒྱལ་བ་བློ་བཟང་གྲགས་པ་ལ་རྒྱ་བོད་ཀྱི་མཁས་གྲུབ་མང་པོས་བསྐོར་ནས་བྱོན། བྱིན་གྱིས་ཀྱང་བརླབས་གསུང་། ལན་ཅིག་ད་ནི་དཔལ་མགོན་པོ་ཡབ་ཡུམ་དང་། དམ་ཅན་ཆོས་རྒྱལ་འཁོར་བཅས་ཀྱིས་བྲན་བཞིན་བཀའ་ཉན་པར་འདུག་གསུང་ངོ་། །དེའི་ཚེ་རྗེ་སྐྱབས་མཆོག་དཔལ་བས་རྒྱལ་བ་དབེན་ས་པ་ཆེན་པོ་ལ་ཞལ་གདམས་འདི་ལྟར་མཛད་དེ། ཁོ་བོས་(༡༡ན)ཀྱང་སྔེ་དགོན་གྱི་བདག་སྐྱོང་ས། ལྟོ་གོས་གཏམ་གསུམ་ལ་གྱོང་བསྐུར། ལོ་འདོད་དང་ཁེ་གྲགས་སྤྱངས་ནས་སྦྲས་པའི་ཚུལ་བཟུང་སྟེ། དགེ་སྦྱོར་འབའ་ཞིག་ལ་འབུངས་པས་ཚེ་ཡང་རིང་དུ་སླེབས། སེམས་དབེན་དང་། སྒྱུ་ལུས། འོད་གསལ། ཟུང་འཇུག་གི་བར་གྱི་རྟོགས་པ་ཁྱད་པར་ཅན་འདི་བཞིན་སྐྱེས་པ་ཡིན་ནོ། །ཁྱོད་ཀྱིས་ཀྱང་ཚེ་འདི་དོན་དུ་གཉེར་བའི་མིའི་ཁ་ལ་མ་ཉན་པར་དབེན་པར་དགེ་སྦྱོར་རྩེ་གཅིག་ཏུ་གྱིས་ཤིག །ཅེས་གསུངས་ཤིང་། སྤྱིར་སངས་རྒྱས་ཀྱི་བསྟན་པ་དང་སེམས་ཅན་གྱི་དོན་བྱ་ཚུལ། ཁྱད་པར་རྒྱལ་བ་ཙོང་ཁ་པ་ཆེན་པོའི་སྙན་བརྒྱུད་ཀྱི་བསྟན་པ་འཛིན་ཅིང་སྤེལ་ལུགས་སོགས་ཞལ་གདམས་མཐར་ཕྱིན་པར་གནང་སྟེ་རྗེ་སྐྱབས་མཆོག་དཔལ་བ་ཆོས་བདག་པོ་ལ་ཕྲོད་པས་ཐུགས་ཆེམ་ཞིང་དེད་དཔོན་ཡིད་བཞིན་གྱི་ནོར་

བུ་ཐོབ་སྟེ་རང་ཡུལ་དུ་དགའ་བཞིན་དུ་འགྲོ་བ་ལྟར་རྒྱལ་བ་ཙོང་ཁ་པའི་མན་ངག་ལ་བརྟེན་ནས་ས་ལམ་རིམ་གྱིས་བགྲོད་དེ་ཟུང་འཇུག་དབང་གི་རྒྱལ་པོ་ཐོབ་པས་ནམ་མཁའ་མ་ཟད་ཀྱི་བར་དུ་འགྱུར་བ་མེད་པའི་གདེང་ཐོབ་ནས་རྣམ་སྨིན་གྱི་སྐུ་ལུས་རགས་པ་དོར་ཏེ་འཇའ་ལྟར་ཕྲ་ཞིང་རྒྱུན་འཆད་པ་མེད་པའི་ཟུང་འཇུག་གི་སྐུ་འཇམ་མགོན་བླ་མ་གང་དུ་བཞུགས་པའི་ས་སོགས་ཞིང་ཁམས་རབ་འབྱམས་སྤྲུལ་པས་འགེངས་ཤིང་བཞུགས་སོ། །

དེ་ལྟར་རྒྱལ་བ་དབེན་ས་པ་ཆེན་པོས་རྗེ་བཙུན་སྐྱབས་མཆོག་དཔལ་བཟང་གི་ཞབས་(༡༡བ)དྲུང་ནས་གསང་བདེ་འཇིགས་གསུམ་གྱི་དབང་ལུང་མན་ངག་སོགས་སྔགས་ཀྱི་ཟབ་ཆོས་མཐའ་ཡས་པ་གསན་ཞིང་རྗེ་འཕྲུལ་གྱི་བཀོད་པ་མཐའ་ཡས་པ་བསྟན་པ་སོགས་བླ་མ་ལྷའི་གཟིགས་སྣང་ངོ་མཚར་རྨད་དུ་བྱུང་བའི་ཚུལ་དེ་ལ་མཁས་གྲུབ་སངས་རྒྱས་ཡེ་ཤེས་ཀྱིས་བསྟོད་པ་མཛད་པ་ནི། འཇམ་དབྱངས་བླ་མས་དབང་བསྐུར་བྱིན་རླབས་ཆེ། །རྗེ་འཕྲུལ་དག་པའི་སྣང་བ་དཔག་མེད་དང་། །བླ་མ་ལྷག་པའི་ལྷར་གཟིགས་དབེན་ས་པ། །བློ་བཟང་དོན་གྲུབ་ཞབས་ལ་གསོལ་བ་འདེབས། །ཞེས་གསུངས་སོ། །དེ་ནས་རྒྱལ་བ་དབེན་ས་པ་ཆེན་པོ་དགུང་ལོ་བཅུ་བདུན་བཞེས་པ་ན། ཕྱོགས་ཀུན་ཏུ་འབྲུམ་ནད་ཀྱིས་ཁྱབ་ཅིང་། རྗེ་ཉིད་ཀྱང་སྐུ་འབྲུམ་གྱིས་བསྣུན་ནས་ཡོད་པ་ལ། ཉིན་གཅིག་ཆབ་སྐོར་རྟེན་འབྲེལ་བསྟོད་པ་ཁ་ཏོན་དུ་བྱེད་པ་ཞིག་བྱུང་བ་ན་དེའི་གསུང་གི་གདངས་ཐོས་པ་ཙམ་གྱིས་ལུས་ཀྱི་སྤྱི་ཟིང་ཞེས་བྱེད་ཅིང་སྣང་བ་གཏིང་ནས་འགྱུར་བ་ཞིག་བྱུང་བས། ཕྱིར་ཕེབས་ཏེ་གཟིགས་པ་ན་དགེ་སློང་སྨྲ་ར་དཀར་པོའི་ཨག་ཚོམ་ཅན། ཕྱག་དར་ཁྲོད་ཀྱི་ཆོས་གོས་གསོལ་བ། ཤིན་ཏུ་དང་བ་འདྲེན་པ་ཅིག་འདུག་པས། ནང་དུ་སྤྱན་དྲངས་པ་ན་གྲུབ་ཆེན་གྱིས་དོན་དུ་འགྱུར་བ་མཁྱེན་ནས། ཆ་རྐྱེན་དང་འཚམ་པར་བསྙེན་བཀུར་བ་ཡང་ལེགས་པར་བཞེས།

དེ་ལྟར་རྒྱལ་བ་དབེན་ས་པ་ཆེན་པོས་གྲུབ་ཆེན་ཆོས་ཀྱི་རྡོ་རྗེ་དང་ཐོག་མར་མཇལ་བའི་ཚུལ་དེ་ལ་མཁས་གྲུབ་སངས་རྒྱས་ཡེ་ཤེས་ཀྱིས་བསྟོད་པ་མཛད་པ་ནི། ཁྱད་པར་དང་པའི་རྒྱལ་པོས(༡༢ན)པད་མཆོར་བཞིན། །རྟོགས་པའི་མངའ་བདག་རྣམ་བཙུ་ཞབས། །བསམས་བཞིན་ཡོངས་དག་སྐྱེས་བུ་ཁྱོད་དྲུང་ཕེབས། །དང་པོའི་རྟེན་འབྲེལ་ལེགས་འགྲིག་དབེན་ས་པ། །བློ་བཟང་དོན་གྲུབ་ཞབས་ལ་གསོལ་བ་འདེབས། །ཞེས་གསུངས་སོ། །དེའི་ཚེ་རྒྱལ་བ་དབེན་ས་པ་ཆེན་པོའི་ཐུགས་ལ་འདི་ནི་གྲུབ་པ་མཆོག་གི་དངོས་གྲུབ་བརྙེས་པ་ཞིག་གོར་མ་ཆག་གོ་སྙམ་དུ་དགོངས་ཏེ། མཁས་གྲུབ་སངས་རྒྱས་ཡེ་ཤེས་ཀྱིས་བསྟོད་པ་མཛད་པ་ལས། དེ་ཉིད་ཚུལ་ལ་ལེགས་པར་བརྟགས་པ་ན། །གསང་བའི་མཛོད་འཛིན་ཆོས་ཀྱི་རྒྱལ་མཚན་གྱིས། །ཐུགས་སྲས་མཆོག་ཏུ་ལེགས་གཟིགས་དབེན་ས་པ། །བློ་བཟང་དོན་གྲུབ་ཞབས་ལ་གསོལ་བ་འདེབས། །ཞེས་གསུངས་པ་ལྟར། གདམས་པའི་གཏེར་དུ་གྱུར་པའི་གྲུབ་མཆོག་ཏུ་གཟིགས་ནས་རྗེས་སུ་འཛིན་པར་ཞུས་པས། གྲུབ་ཆེན་ཆོས་ཀྱི་རྡོ་རྗེས་ཀྱང་དགྱེས་བཞིན་དུ་ཞལ་གྱིས་བཞེས་ཏེ་བཀྲ་ཤིས་རྫོང་དགའི་ཕུའི་མགར་མོ་ཆོས་རྫོང་དུ་དུས་འདི་ཙམ་ལ་ཤོག་ཅེས་བཀའ་གནང་། དེ་ནས་རྒྱལ་བ་དབེན་ས་པས་འབྲུམ་བུའི་བསྟེན་ལས་གྲོལ་མ་ཐག་བླ་མ་གྲུབ་ཆེན་གྱིས་ཇི་ལྟར་གསུང་བའི་དུས་ཚོད་དེ་ལས་ཡོལ་བ་མེད་པར་དབེན་གནས་མགར་མོ་ཆོས་རྫོང་དུ་ཕེབས། གྲུབ་ཆེན་ཆོས་ཀྱི་རྡོ་རྗེ་མཉེས་པ་གསུམ་གྱིས་མཉེས་པར་བྱས་ནས་རྒྱལ་བ་ཙོང་ཁ་པའི་སྙན་བརྒྱུད་ཀྱི་མན་ངག་ཡོངས་སུ་རྫོགས་པ་ཞིག་གནང་བ་ཐུགས་རྗེས་གཟུང་འཚལ་ཞེས་གསོལ་བ་བཏབ་པས་གྲུབ(༡༢བ)མཆོག་ཆོས་ཀྱི་རྡོ་རྗེས་ཀྱང་དགྱེས་བཞིན་དུ་ཐོག་མར་མདོ་སྔགས་ཀྱི་གསུང་རབ་དགོངས་འགྲེལ་དང་བཅས་པའི་དོན་མཐའ་དག་སྙིང་པོར་བསྡུས་ཏེ་གང་ཟག་གཅིག་གི་ཉམས་ལེན་གྱི་རིམ་པར་དྲིལ་བ། ལམ་དང་པོ་པའི་ས་ནས་སངས་རྒྱས

ཀྱི་སའི་བར་གྱི་ས་ལམ་འབྲས་བུ་དང་བཅས་པའི་ལམ་གྱི་གནད་ཐམས་ཅད་ཚང་བ་བྱང་ཆུབ་ལམ་གྱི་རིམ་པའི་ཁྲིད་མན་ངག་ཞལ་ཤེས་དང་བཅས་པ་ཡོངས་སུ་རྫོགས་པ་དང་། བདེ་གསང་འཇིགས་གསུམ་སོགས་བླ་མེད་ཀྱི་དབང་དང་རིམ་གཉིས་ཀྱི་མན་ངག་རྣམས་ཡོངས་སུ་རྫོགས་པ་གནང་སྟེ་རྒྱལ་བ་དབེན་ས་པ་ཆེན་པོ་འཇམ་མགོན་སྙན་བརྒྱུད་བསྟན་པའི་བདག་པོར་མངའ་གསོལ་ལོ། །

རྒྱལ་བ་དབེན་ས་པ་ཆེན་པོས་གྲུབ་ཆེན་ཆོས་ཀྱི་རྡོ་རྗེ་ལ་འཇམ་མགོན་སྙན་བརྒྱུད་ཀྱི་མན་ངག་ཡོངས་རྫོགས་གསན་པའི་ཚུལ་དེ་ལ་མཁས་གྲུབ་སངས་རྒྱས་ཡེ་ཤེས་ཀྱིས་བསྟོད་པ་མཛད་པ་ནི། དེ་ནས་དེ་ཉིད་ཞབས་གཏུགས་གསོལ་བཏབ་པས། །བློ་བཟང་གདམས་པའི་སྙིང་པོ་མ་ལུས་སྩལ། །སྙན་བརྒྱུད་གདམས་པའི་གཏེར་གྱུར་དབེན་ས་པ། །བློ་བཟང་དོན་གྲུབ་ཞབས་ལ་གསོལ་བ་འདེབས། །ཞེས་གསུངས་སོ། །

དེ་ནས་གྲུབ་ཆེན་ཆོས་རྗེ་རྗེ་དང་རྒྱལ་བ་དབེན་ས་པ་ཆེན་པོ་གཉིས་དཔོན་སློབ་ལྷན་ཅིག་དབུས་གཙང་གི་ལྗོངས་དེ་དང་དེ་ར་སྐལ་ལྡན་གྱི་གདུལ་བྱ་དུ་མ་རྗེས་སུ་འཛིན་པ་དང་། མཐོང་ཐོས་དྲན་རེག་གིས་གནས་སྐབས་དང་མཐར་ཐུག་གི་ཕན་བདེ་བསྒྲུབ་པའི་རྟེན་འབྲེལ་ཁྱད་པར་ཅན་བསྒྲུན་པའི་ཕྱིར། གངས་རིའི་(༡ ༢ན)ཁྲོད་ཀྱི་གནས་དང་ཡུལ་ལྗོངས་ཕལ་མོ་ཆེར་བགྲ་ཤིས་པའི་མཚན་དང་ལྡན་པའི་ཞབས་རྫུལ་གྱིས་རེག་པ་སྩལ་ཞིང་། མཐར་གྲུབ་པའི་གནས་མཆོག་པདྨ་ཅན་དུ་ཕེབས་ཏེ་ཡུན་རིང་དུ་སྒྲུབ་པ་བསམ་གཏན་གྱི་འཁོར་ལོ་ལ་གཞོལ་བར་མཛད། དེ་ནས་གྲུབ་ཆེན་ཆོས་རྗེ་རྗེས་རྒྱལ་བ་དབེན་ས་པ་ཆེན་པོ་ལ་སྤྲུལ་པའི་གླེགས་བམ་གཏད་དེ་བཀའ་རྒྱ་དམ་པོ་བཏབ། རེ་ཤིག་ཚེ་འདི་བློས་བཏང་སྟེ་དབེན་པའི་རི་ སུལ་དུ་སྒྲུབ་པ་སྙིང་པོར་མཛད་དགོས་པ་དང་། མཐར་མདོ་སྔགས་ཀྱི་ལམ་ཡོངས་རྫོགས་ལ་ཉམས་ལེན་མཐར་ཕྱིན་ཏེ་རང་ཉིད་མི་ཉམས་པའི་གདེང་ཐོབ་པ་ན་སྐལ་བ་དང་ལྡན་པ་གཞན་དག

ལ་སྙན་རྒྱུད་ཀྱི་མན་ངག་ཇི་ལྟར་སྟོན་ལུགས་སོགས་ཞིབ་ཏུ་འདོམས་པར་མཛད་དོ། །

དེ་ནས་རྒྱལ་བ་དབེན་ས་པ་ཆེན་པོས་གྲུབ་ཆེན་ཆོས་རྗེ་རྗེའི་ཞལ་གདམས་དང་། སྤྱར་རྗེ་སྐྱབས་མཆོག་དཔལ་བཟང་གིས་ཀྱང་གདམས་པ་ལྟར་འཇིག་རྟེན་གྱི་ཆོས་བརྒྱད་ལ་དགའ་མི་དགའི་རྣམ་རྟོག་དོར་ཏེ་ཆོས་བརྒྱད་འགོ་སྙོམས་ཚེ་འདིའི་འཁྲི་བ་ཕྲ་མོའང་མེད་པར་མཐོ་མཐོ་རླུང་ལ་བསྐུར་དམའ་དམའ་ཆུ་ལ་བསྐུར་ཞེས་དམ་པ་གོང་མའི་གསུང་བགྲོས་ལས་འབྱུང་བ་ལྟར་ཕྱི་ནང་གི་སྤྲོས་པ་བཙན་ཐབས་སུ་བཅད་དེ་དབེན་གནས་རྣམས་སུ་ཟབ་ལམ་སྙིང་པོའི་རྣལ་འབྱོར་ལས་སྐད་ཅིག་ཀྱང་གཡེལ་བ་མེད་པར་ཤུགས་དྲག་ལ་རྒྱུན་མི་འཆད་པའི་གོམས་པ་བསྲིངས་ཏེ། ཞབས་རྡོ་རྗེ་སྐྱིལ་(༡༣བ)ཀྲུང་བཅས་པའི་སྐུ་ཤ་རྩལ་བ་ལ་ལྷི་བའི་ཐལ་བ་འཛམ་པོ་བཏབ། གཞན་བཙོས་སོགས་མ་མཛད་པར་ཐུགས་དམ་ལ་བརྩོན་པ་ཆེར་མཛད་པས་རིང་པོ་མ་ལོན་པར་དྲན་ཤེས་ཀྱི་འབད་རྩོལ་ལ་མ་ལྟོས་པར་ཉིན་མཚན་ཁོར་མོ་ཡུག་ཏུ་མཉམ་པར་འཇོག་ནུས་པའི་ཏིང་ངེ་འཛིན་ནི་བརྙེས། དེ་ལ་བརྟེན་ནས་འདོད་པའི་ཉོན་མོངས་མངོན་གྱུར་འགོ་གནོན་ནུས་པ་དང་། རིམ་གྱིས་སེམས་དགེ་བ་ལ་འཇུག་མི་ནུས་པའི་འཆོར་དད་ཀྱི་རྣམ་པ་སངས་ཏེ་དགེ་བའི་དམིགས་པ་ལ་ཅི་འདོད་དུ་འཇོག་ནུས་པ་དང་། སྐུ་ལུས་ཀྱི་རླུང་གནས་ངན་ལེན་སྦྱིད་བྱེད་རྣམས་ནི་འགགས། ལུས་སེམས་ལས་སུ་རུང་བའི་བདེ་ཆེན་ཁྱད་པར་ཅན་ཐུགས་ལ་འཁྲུངས། དེའི་མཐུས་རི་རབ་སོགས་ལ་གཟིགས་པ་ན་རྡུལ་ཕྲ་རབ་ཀྱང་བགྲང་ཐུབ་པ་ལྟ་བུའི་གསལ་ཉམས་ཀྱང་འབྱུང་གསུང་། དེ་ནས་རེ་ཞིག་ན་དགེ་འཕེལ་དུ་བཞུགས་པའི་དུས་ཐོ་རངས་རྗེ་འདི་ཉིད་བཞུགས་ས་ནས་ཁང་པ་སྐྱ་སྒྲིལ་མང་པོའི་ནང་གཅིག་ནས་གཅིག་ཏུ་སྐྱ་སྒྲིལ་ལ་ཐོགས་པ་མེད་པར་བྱོན་པས་རྫུ་འཕྲུལ་དེ་མཐོང་བ་ཀུན་ངོ་མཚར་དུ་གྱུར་ཏོ། །ལན་ཅིག་བྲག་གཡང་ཆེན་པོ་མིས་མི་ཐར་བ་ཞིག་ཡོད་པར་རྫུ་འཕྲུལ་གྱིས་གཤེགས་པ་

བྲང་དཔོན་དོན་བཀྲས་བྱ་བས་མཐོང་ནས། ཆོས་རྗེ་ལགས་དེ་འདྲའི་ལྷོད་མོ་སྟོན་པ་ཞེས་ཐལ་མོ་སྦྱར་ནས་ཕྱག་འཚལ་དུ་བྱུང་བ་ལ་རྒྱལ་བ་དབེན་ས་པ་ཆེན་པོས་ཁྱོད་སུ་དང་ནོར་གང་མཐོང་གསུངས། སྔར་གྱི་མཐོང་ཚུལ་ཞུས་པས། ངས་བྲག་གཡང་དེ་འདྲ་ལ་ག་ལ་ཐར་བྲང་དཔོན་རང་མིག་(༡༩ན)འཁྲུལ་བའམ། བྲག་འདིའི་གཞི་བདག་རྫོ་བོ་བྲག་དཀར་བ་མཐོང་བ་ཡིན་ཡོང་གསུངས།

དེ་ནས་དགུང་ལོ་ཉི་ཤུ་ལྷག་ཙམ་འགྲོ་བའི་དུས་རྒྱལ་བ་གཡུང་གི་སྒྲུབ་གནས་བྲག་རྒྱ་བོ་རྡོ་རྗེའི་ཕོ་བྲང་དུ་དཔལ་གསང་བ་འདུས་པའི་མན་ངག་གི་གནད་ཕྲ་མོ་ཞིག་ཐུགས་ཉམས་སུ་བཞེས་པ་ལ་བརྟེན་ནས་སྨད་དུ་བྱུང་བའི་རྟོགས་པ་ཁྱད་པར་ཅན་བརྙེས་ཏེ། རྒྱ་བོད་ཀྱི་མཁས་གྲུབ་མང་པོའི་གཞུང་རྣམས་དང་། རྒྱལ་བའི་བཀའ་རབ་འབྱམས་ངག་ནས་ཐོགས་མེད་དུ་འདོན་ནུས་པ་བྱུང་སྐྱེ་ཚུལ་དེ་ལ་མཁས་གྲུབ་སངས་རྒྱས་ཡེ་ཤེས་ཀྱིས་བསྔགས་པ་ནི། དེ་ནས་རིང་པོར་མ་ལོན་སྐད་ཅིག་ལ། །གྲུབ་པའི་གནས་མཆོག་རྡོ་རྗེའི་ཕོ་བྲང་དུ། །ཉམས་དང་རྟོགས་པ་ཆེར་འབར་དབེན་ས་པ། །བློ་བཟང་དོན་གྲུབ་ཞབས་ལ་གསོལ་བ་འདེབས། །ཞེས་དང་། དེ་ནས་ཆོས་ཀུན་ཚིག་དོན་ཐུགས་ཆུད་ཅིང་། །བདེ་ཆེན་ཆང་གིས་མྱོས་པའི་དཔའ་བོའི་གར། །གཅིག་པུའི་ཉམས་ཀྱིས་བསྒྱུར་མཛད་དབེན་ས་པ། །བློ་བཟང་དོན་གྲུབ་ཞབས་ལ་གསོལ་བ་འདེབས། །ཞེས་གསུངས་པ་ལྟར་རོ། །

གཞན་ཡང་འཕགས་པའི་ཡུལ་གྱི་འཕྲུལ་སྐད་དང་། ལེགས་སྦྱར་གྱི་སྐད་སོགས་སྐད་ཀྱི་རིགས་མི་འདྲ་བ་དུ་མ་ལའང་མཁྱེན་པ་ཐོགས་པ་མེད་པར་གྱུར་ཏེ། ལན་ཅིག་ཤངས་ལ་འབྱོན་པའི་ལམ་ཁར་རྒྱལ་པོ་ཆུ་ཐགས་བུད་མཚམས་ན་ཡར་ལ་ཛོ་གི་འགའ་ཞིག་དང་འགྲོགས་ཏེ་ཨ་ཙ་རྱའི་འཕྲུལ་སྐད་ཀྱིས་དེ་དག་དང་གསུང་གླེང་(༡༩བ)མཛད་པས་ཚོང་པ་མང་པོ་འདུག་པ་ཡ་མཚན་དུ་གྱུར་ནས་འདུག་གསུང་། ཡང་དུས་

གཅིག་རོང་ཕྱོགས་སུ་ཕེབས་པས་ས་སྐྱའི་བདག་ཆེན་རྡོ་རྗེ་གླིང་པ་དང་། ཁྱམས་ཆེན་པའི་སློབ་དཔོན་མང་པོ་དང་། སྐྱིད་ཚལ་བའི་དགེ་བཤེས་འགའ་ཞིག་དང་། རྟ་ནག་པའི་ལོ་ཆེན་ཟེར་བ་གཅིག་རྣམས་ཁ་རུ་སྡེང་དུ་འཚོགས་ནས་སྒྲའི་བཤད་པ་ཡུས་ཡུས་བྱེད་ཅིང་དགེ་ལྡན་རྣམས་ཀྱིས་སྒྲ་མི་ཤེས་ཟེར་ཞིང་གཏམ་མང་པོ་གླེང་བའི་སར་རྗེ་བླ་མ་ཉིད་ཀྱིས་བྱོན་ནས། བརྒྱད་སྟོང་པ་སཾ་སྐྲི་ཏའི་སྐད་དུ་འདོན་གྱིན་བཤད་པ་མཛད་པས། དེ་དག་གི་སྒྲའི་ཡོན་ཏན་གྱིས་གང་དུ་ཡང་མ་ཕྱིན་ཅིང་ལུང་རིགས་གང་གིས་ཀྱང་ལན་འདོན་པར་མ་ནུས་པ་ན། བདག་ཉིད་ཆེན་པོ་འདིའི་པཎ་ཞྭ་སེར་པོ་དང་། རས་ཀྱི་ཆོས་གོས་དང་མཐང་གོས་སོགས་ལ་དཔགས་ཏེ་འདི་ནི་རྒྱ་འདྲེ་མངོན་སུམ་མོ་ཞེས་ཞེ་སྡང་ཤིན་ཏུ་འབར་བའི་རྒྱུད་དང་སྦྱར་བའི་ཚིག་ངན་གྱི་དུག་མདའ་ཤིན་ཏུ་མི་བཟད་པའི་ཆར་ཕབ་ཀྱང་དམ་པ་འདིས་ལན་བརྒྱར་གོམས་པའི་བཟོད་པའི་གོ་ཆ་ལ་བརྟེན་པས་བ་སྤུའི་རྩེ་མོ་ཙམ་ཡང་འཁྲུགས་པ་མེད་དོ། །དེ་རྣམས་ཀྱི་ཁྲོད་ནས་ནོར་བུ་གླིང་པའི་སློབ་དཔོན་ན་རེ། དེ་འདྲ་མ་གསུང་ཁོང་སྐྱེས་བུ་ངོ་མཚར་ཆེ་བ་ཞིག་སྣང་ཟེར་ཁོང་རང་གི་དཀར་ཡོལ་བཀྲུས་ནས་ཇའི་སྐྱལ་བ་དྲངས། དེར་རྒྱལ་བ་དབེན་ས་པ་ཆེན་པོ་ཉིད་གདུལ་བྱ་མ་རུངས་པ་དེ་དག་སྐྲག་པར་བྱ་བའི་ཕྱིར་སྟོད་ནས་མེ་འབར་བ་དང་། སྨད་ནས་ཆུ་འཁྲུག་པ་སོགས་རྫུ་འཕྲུལ་ཡ་མ་ཟུང་སྟོན་པ་དང་། ཁྲོ་བོའི་(༡༥ན)དབང་པོའི་སྐུར་བཞེངས་ཏེ་འདོད་ན་རི་རབ་ཀྱང་ཐལ་བར་རློག་པ་སོགས་མཐུ་སྟོབས་དང་རྫུ་འཕྲུལ་དཔག་མེད་སྟོན་ནུས་མོད་ཀྱང་གདུལ་བྱ་མ་རུངས་པ་དེ་དག་ཉོན་མོངས་པའི་གདོན་དྲག་པོས་ཟིན་པས་རེ་ཞིག་བཅོས་ཐབས་མེད་དེ། ཁོ་བོས་ཇི་འདྲ་བའི་རྫུ་འཕྲུལ་མངོན་པར་འདུ་བྱས་ཀྱང་གདོན་དྲག་པོས་བརླམས་པའི་ནད་པ་ལ་སྨན་གྱི་རིགས་གང་ཡང་མི་འཕྲོད་པ་ལྟར་སྐལ་བ་མེད་པའི་སྐྱེ་བོ་འདི་དག་ལ་དོན་དུ་མི་འགྱུར་བར་མ་ཟད། ལོག་པར་རྟོག་པ་འཕེལ་བར་འགྱུར་རོ་སྙམ་དུ་དགོངས་ནས

གཙང་ལ་ཐེབས་སོ། །དེའི་ཚེ་གྲུབ་ཆེན་ཆོས་དོ་རྗེའི་འཁོར་དུ་གྲུབ་པ་ཐོབ་པའི་སློབ་མ་བཅུ་ཙམ་ཡོད་པའི་ནང་ནས། རྗེ་འདི་ཉིད་སྲས་ཀྱི་ཐུ་བོར་དགོངས་སྙན་རྒྱུད་ཀྱི་བེའུ་བུམ་དང་། སྤྲུལ་པའི་གླེགས་བམ་ཕྱག་ཏུ་གཏད་དེ་ལྷ་དང་བླ་མའི་ཚོགས་ཀྱིས་ལྷན་ཅིག་ཏུ་ཆོས་ཀྱི་རྒྱལ་ཚབ་ཏུ་དབང་བསྐུར་ཏོ། །

དེ་ལྟར་རྒྱལ་བ་དབེན་སཔ་ཆེན་པོ་ལ་གྲུབ་ཆེན་ཆོས་དོ་རྗེས་འཇམ་མགོན་བླ་མའི་མདོ་སྔགས་ཀྱི་སྙན་རྒྱུད་མན་ངག་ཡོངས་རྫོགས་གནང་བའི་མཐར་སྤྲུལ་པའི་གླེགས་བམ་ཕྱག་ཏུ་གཏད་དེ་སྙན་རྒྱུད་བསྟན་པའི་བདག་པོར་མངའ་གསོལ་བའི་ཚུལ་ལས་བརྩམས་ཏེ། མཁས་གྲུབ་སངས་རྒྱས་ཡེ་ཤེས་ཀྱིས་བསྟོད་པ་མཛད་པ་ནི། གྲུབ་པའི་དབང་པོས་རང་གི་འཁོར་རྣམས་ལ། །སྒྲིབ་མེད་ཡེ་ཤེས་སྤྱན་གྱིས་བརྟགས་པ་ན། །ཁྱོད་ལས་མཆོག་གཞན་མ་གཟིགས་དབེན་སཔ། །བློ་བཟང་(༡)༥(བ)དོན་གྲུབ་ཞབས་ལ་གསོལ་བ་འདེབས། །ཞེས་དང་། དེ་ནས་རང་གི་ཆོས་ཀྱི་རྒྱལ་ཚབ་ཏུ། །དབང་བསྐུར་སྤྲུལ་པའི་གླེགས་བམ་ཕྱག་ཏུ་བཞག །ཆོས་ཀྱི་རྒྱལ་སྲིད་ཡོངས་གཏད་དབེན་སཔ། །བློ་བཟང་དོན་གྲུབ་ཞབས་ལ་གསོལ་བ་འདེབས། །ཞེས་དང་། དེ་ཚེ་བླ་མ་ལྷ་དང་སྲུང་མའི་ཚོགས། །དགོངས་གཅིག་ཉིད་ཀྱིས་ལེགས་པར་མངའ་གསོལ་བ། །ཁམས་གསུམ་ཆོས་ཀྱི་རྒྱལ་པོ་དབེན་སཔ། །བློ་བཟང་དོན་གྲུབ་ཞབས་ལ་གསོལ་བ་འདེབས། །ཞེས་གསུངས་སོ། །

དེ་ནས་རྒྱལ་བ་དབེན་སཔ་ཆེན་པོས་གྲུབ་པའི་གནས་མཆོག་པདྨ་ཅན་ཞེས་ཀྱང་བྱ་པདྨ་འོད་ཀྱི་གཞལ་ཡས་ཞེས་ཀྱང་བྱ་བའི་གནས་དེར་དག་པའི་འཁོར་གྱི་ཚོགས་ལ་ཆོས་ཀྱི་འཁོར་ལོ་དང་པོར་བསྐོར་ཞིང་། གཞན་ཡང་། གྲུབ་པའི་གནས་དུ་མར་སྐྱེ་བོ་ཕལ་མོ་ཆེ་ལ་ལྷག་ཏུ་གྱུར་པའི་ཚུལ་གྱིས་སྐལ་བ་དང་ལྡན་པ་རྣམས་ལ་ཆོས་ཀྱི་འཁོར་ལོ་དུ་མ་བསྐོར་བས། གྲུབ་པའི་གདུང་འཚོབ་བརྙེས་པའི་སྐྱེ་བོས་གངས་ཁྲོད་ཀྱི་དབེན་

པ་མཐའ་དག་ཁྱབ་པར་རྗེ་ཉིད་ཀྱི་གསུང་ལས་དོན་གྱིས་འབྱུང་ངོ་། །

རྒྱལ་བ་དབེན་ས་པ་ཆེན་པོས་གྲུབ་པའི་གནས་མཆོག་ཏུ་དག་པའི་འཁོར་འགའ་ཞིག་ལ་ཆོས་ཀྱི་འཁོར་ལོ་ཐོག་མར་བསྐོར་བའི་ཚུལ་ལ་མཁས་གྲུབ་སངས་རྒྱས་ཡེ་ཤེས་ཀྱིས་བསྟོད་པ་མཛད་པ་ནི། པདྨ་ཅན་དང་དེ་བཞིན་གྲུབ་པའི་གནས། །རྣམས་སུ་ཟབ་རྒྱས་ཆོས་ཀྱི་ཆར་ཕབ་ནས། །ཀུན་ཏུ་གྲུབ་པས་ཁྱབ་མཛད་དབེན་ས་པ། །བློ་བཟང་དོན་གྲུབ་ཞབས་ལ་གསོལ་བ་(༡༨ན)འདེབས། །ཞེས་གསུངས་སོ། །

དེ་དང་དེའི་སྐབས་རྣམས་སུ་ཡང་གང་དང་གང་དུ་ཞབས་ཀྱི་འཁོར་ལོ་བཀོད་པའི་ས་ཕྱོགས་དང་། དབེན་པའི་གནས་དེ་དང་དེ་དག་གི་མི་བསྲུན་པའི་གཞི་བདག་རྣམས་དམ་ལ་བཏགས་ཏེ། སྲོག་གི་སྙིང་པོ་བཞེས་ནས་སླན་ཆད་དགེ་བའི་བར་ཆད་མི་བགྱིད་པའི་བཀའ་ཡང་དག་པར་སྩལ། དེ་ཡང་པདྨ་ཅན་དུ་ཕེབས་པའི་ལམ་ཁར་སྡིག་པ་ར་ཅན་ལུག་ཐོང་ཙམ་ཞིག་བདག་ཉིད་ཆེན་པོ་ལ་འཛིགས་པ་སྟོན་པ་ལྟར་བྱེད་པ་ན། བདག་ཉིད་ཆེན་པོས་ཇི་མི་སྙམ་པར་ཧིང་ངེ་འཛིན་གྱིས་ཕྱག་རྒྱས་བཅིངས་ཏེ་ཕེབས་པས་ཆོ་འཕྲུལ་རང་ཞིར་སོང་། ཕྱིས་ནི་གཞི་བདག་དེས་ཚུལ་བཞིན་འཕྲིན་ལས་བསྒྲུབས་ཏེ། རྗེ་འདི་པ་འཚོ་བའི་ཆ་རྐྱེན་གྱིས་གཏུགས་ནས་གནས་དེ་ལས་འགྲོན་པར་བཞེད་པ་ན་རྟ་རོ་སོགས་འཚོ་བའི་ཡོ་བྱད་སྒྲུབ་ཁང་གི་ཉེ་ལོགས་སུ་ཡང་ཡང་འཇོག་པར་བྱེད། དེའི་ཚུལ་རིག་སྟེ་གནས་འདིར་རྒྱུན་རིང་ན་དགེ་སྦྱོར་འཕེལ་ཡང་སེམས་ཅན་ལ་གནོད་པར་དགོངས་ནས་ཕེབས། ཕྱིས་དབེན་སར་བཞུགས་པའི་ཚེ་ཡང་། ཇོ་མོའི་གཞི་བདག་དེས་གསའི་རྣམ་པར་ཀུན་གྱིས་མཐོང་བར་བྱས་ཏེ་རྗེ་ཉིད་མཇལ་བ་ལ་བྱུང་གསུང་ངོ་། །

ཚུལ་དེ་ལ་མཁས་གྲུབ་སངས་རྒྱས་ཡེ་ཤེས་ཀྱིས་བསྟོད་པ་མཛད་པ་ནི། སྐུ་གསུང་ཐུགས་ཀྱི་རྣམ་པ་སྣ་ཚོགས་པས། །ཞིང་སྐྱོང་གཞི་བདག་ཚོགས་རྣམས་དམ་ལ་

བཞག །འགྲོ་ལ་ཕན་བདེ་རྒྱས་མཛད་དཔལ་ན་ས་པ། །བློ་བཟང་དོན་གྲུབ་(༡༨བ)ཞབས་ལ་གསོལ་བ་འདེབས། །ཞེས་གསུངས་སོ། །

དེ་ནས་རྒྱལ་བ་དབེན་ས་པ་ཆེན་པོས་རི་བོ་དགེ་འཕེལ་དུ་ཐོག་ཤས་བཞུགས། དེའི་དུས་སུ་གང་ཤར་བདེ་སྟོང་དུ་ཤར་བའི་རིག་པ་བརྟུལ་ཞུགས་ཀྱི་སྤྱོད་པས་དུས་འདའ་བར་མཛད་པས། བློ་མིག་ལྡོངས་པའི་སྐྱེ་བོ་ཕལ་མོ་ཆེས་དབེན་ས་སྨྲོན་པ་ཞེས་ཀྱང་སྒྲོག་པར་བྱེད་པ་ཞིག་བྱུང་ངོ་། །ཚུལ་འདི་ནི་རྒྱལ་བ་དབེན་ས་པ་ཆེན་པོ་ཉིད་ཀྱི་གསུང་ལས་ཀྱང་། བླ་མ་ལྷ་ལ་རྩེ་གཅིག་གསོལ་བཏབ་པས། །ཡིད་ལ་གང་དྲན་འཕྲུལ་ལ་ལག་ལེན་ལ། །འགེལ་བ་སྨྲོན་པ་འདྲ་བའི་སྤྱོད་པས་ནི། །སངས་རྒྱས་མྱུར་དུ་སྒྲུབ་པ་བདག་གི་ལུགས། །ཞེས་དང་། དེ་ཡང་འདི་ལྟར། བླ་མ་དང་ལྷག་པའི་ལྷ་ལ་གསོལ་བ་རྩེ་གཅིག་ཏུ་བཏབ་ནས། དགེ་བའི་རྣམ་རྟོག་རྣམས་ལྟ་ཅི་སྨོས། ཡིད་ལ་སྐྱེས་ཤིང་གང་དྲན་པའི་འདོད་ཆགས་སོགས་མི་དགེ་བའི་རྣམ་རྟོག་རྣམས་ཀྱང་བླ་ན་མེད་པའི་བྱང་ཆུབ་ཐོབ་པའི་རྒྱུ་དང་ཐབས་སུ་བསྒྱུར་ནས་འཕྲུལ་ལ་དྲན་པ་འཕྲུལ་ལ་ལག་ལེན་ལ་འགེལ་བའི་ཉམས་ལེན་ལ་བརྩོན་པར་བྱས་པས། དེང་སང་གི་མི་ཕལ་ཆེ་བ་རྣམས་ཀྱིས་བལྟ་བ་དང་ཉན་པའི་ངོར་ཡིད་ལ་གང་དྲན་ལག་ལེན་ལ་འགེལ་བའི་སྨྲོན་པ་འདྲ་བའི་སྤྱོད་པ་ཞིག་ནི་ཡོང་བར་འདུག་ནའང་། འགྲོ་བའི་དོན་དུ་གོ་འཕང་མཆོག་དམ་པ་སངས་རྒྱས་མྱུར་བ་མྱུར་བ་ཉིད་དུ་སྒྲུབ་པར་བྱེད་པའི་ཆོས་ལུགས་མཆོག་དམ་པ་འདི་ནི་བདག་བློ་བཟང་དོན་གྲུབ་ཀྱི་ལུགས་སོ། །ཞེས་དང་། བླ་མ་ལྷ་ལ་རྩེ་གཅིག་གསོལ་བཏབ་ནས། །གང་བྱུང་རྐྱེན་རྣམས་(༡༧ན)ཕལ་ཆེར་དགེ་སྦྱོར་གྱི། །གྲོགས་སུ་འཆར་ཕྱིར་སྨྲོན་སྤྱོད་ལ་གནས་ནས། །དབེན་པར་གཅིག་པུར་སྡོད་པ་ཁོ་བོའི་ལུགས། །ཞེས་གསུངས་པ་ལྟར། རྐྱེན་བཟང་ངན་གང་བྱུང་ལ་ཐོག་བརྡིབས་སུ་བྱས་ནས་འགོ་གནོན་པར་མཛད་དེ་བཀའ་ལས། ཡང་ན་ནི་ཆོས་བརྒྱུད་འདི་འགོ

གནོན་ནུས་པ་ཅིག་དགོས་པར་འདུག །ཡང་ན་ནི་ཆོས་བརྒྱད་འདི་ལམ་དུ་འཁྱེར་ནུས་པ་ཅིག་དགོས་པར་འདུག །དེ་ལ་ཡང་མ་ནོར་བར་འཁྲིད་པའི་བཤེས་གཉེན་ཞིག་གིས་ཟིན་དགོས་པར་འདུག་གསུང་། དེ་དག་གི་ཚེ་རྒྱལ་བ་དབེན་ས་པ་ཆེན་པོ་ཉིད་བླ་མ་ལྷའི་རྣལ་འབྱོར་ལམ་གྱི་སྲོག་ཤིང་དུ་བྱས་ཏེ་མདོ་སྔགས་ཀྱི་གནད་ཐམས་ཅད་བསྡུས་པའི་ལམ་གྱི་སྙིང་པོ་ཐུགས་ཉམས་སུ་བསྟར་བར་མཛད་པར་སྣང་སྟེ་གསུང་ལས། འཇམ་དབྱངས་བླ་མའི་ཞབས་ལ་ཕྱག་འཚལ་ལོ། །དེ་ལྟ་ན། ལམ་ཐུན་མོང་བ་ལ་སྦྱངས་ནས་རྒྱུད་འོས་སུ་གྱུར་པ་ན་བླ་མ་མཉེས་པར་བྱས་ནས་རྣམ་པར་དག་པའི་དབང་ལམ་ཟབ་མོའི་རྟེན་དུ་བསྒྲུབ་པར་ནུས་ངོས་ཤེས་པ་བླངས་ནས་དམ་ཚིག་དང་སྡོམ་པ་བཟུང་། དེ་ནས། སྐབས་དེ་དང་གཞན་དུ་བླངས་པའི་སྡོམ་པ་གསུམ་ལ་གཅེས་སྤྲས་སུ་བྱས་ཏེ་ཚུལ་བཞིན་དུ་བསྲུང་བ་གཞིར་བཞག་ནས་ཐུན་བཞིའི་རྣལ་འབྱོར་གྱིས་རིམ་པ་དང་པོ་བསྒོམས་ལ་རྫོགས་རིམ་གྱི་རྟོགས་པ་ཁྱད་པར་ཅན་སྐྱེ་བའི་དགེ་བའི་རྩ་བ་སྨིན་པར་བྱས། དེ་ནས་རྫོགས་པའི་རིམ་པ་ཁྱད་པར་ཅན་རིམ་གྱིས་བསྐྱེད་ནས་ཟུང་འཇུག་གི་སྐུ་བསྒྲུབས་ན་མདོ་སྔེ་དང་རྒྱུད་སྡེ་(༡༧བ)མཐའ་དག་གི་གནད་རྣམས་གང་ཟག་གཅིག་འཚང་རྒྱ་བའི་ཆ་རྐྱེན་དུ་གྱུར་པ་ལ་ངེས་པ་རྙེད་ནས། ཐུབ་པའི་བསྟན་པ་ཡོངས་སུ་རྫོགས་པ་རང་གིས་འཛིན་ཅིང་གཞན་ལ་སྤེལ་ནུས་པ་ཡིན་ནོ། །ཆོས་བཟང་གྱི་གསུང་རྒྱུན་བློ་བཟང་གིས་ཡི་གེར་བཀོད་པའོ། །ཞེས་གསུངས་ཏེ། གཞན་དག་ལ་འདི་ལྟར་གྱིས་ཤིག་ཅེས་གོ་བར་མཛད་པའོ། །ཡང་དེའི་ཚེ་ཕྱི་རབས་ཀྱི་གདུལ་བྱ་རྣམས་ལ་འདོམས་པའི་ཕྱིར་དགེ་སྦྱོར་རྐྱེན་དབང་དུ་མི་གཏོང་བར་ཕྱོགས་བཅུའི་རྒྱལ་བ་སྲས་བཅས་དཔང་དུ་བཞག་སྟེ་མཁྱེན་པར་གསོལ་ནས་ལམ་ཚ་ཚང་ལ་སྒྲུབ་པ་མཐར་ཕྱིན་པར་མཛད་པའི་དམ་བཅའ་འདི་ལྟར་མཛད་དེ།

ན་མོ་གུ་རུ་བུདྡྷ་བོ་དྷི་སཏྭ་བྷྱཿ གང་ཞིག་ཅུང་ཟད་ཡིད་ལ་དྲན་པས་ཀྱང་། །དངོས

གྲུབ་ཐམས་ཅད་ད་ལྟ་སྟོལ་མཛད་པའི། །བློ་བཟང་གྲགས་དང་ཐུབ་དབང་སྨྲུན་རས་གཟིགས། །འཁོར་བཅས་རྣམས་ཀྱི་འདྲ་འབག་དྲུང་ཉིད་དུ། །འཁོར་བའི་སྣང་ཚུལ་རབ་ཏུ་མཐོང་ནས་ནི། །ཆེ་འདི་ཉིད་ལ་སངས་རྒྱས་སྒྲུབ་འདོད་པའི། །བློ་བཟང་དོན་གྲུབ་ཅེས་པའི་བརྩུན་པ་ངས། །དགེ་འཕེལ་རི་བོའི་རྩེ་ནས་འདི་སྐད་ཞུ། །ཕ་སོར་ཁྱེད་རྣམས་དྲུང་དུ་བདག་གི་སྨྲུ། །ཆེ་འདིར་གློ་བུར་བྱ་བ་ངན་པ་རྣམས། །སྤྲངས་ཏེ་སྙིང་ནས་དམ་ཆོས་སྒྲུབ་བྱེད་པའི། །ཡིད་ཀྱི་དམ་བཅའ་མང་པོ་བླངས་ན་ཡང་། །ཆེ་འདིའི་འཁྲི་བ་ཕྲ་མོ་མ་ཆོད་པས། །ཡིད་དམ་བཅས་པ་རྣམས་ལས་ཅུང་ཟད་ཙམ། །འགལ་བར་གྱུར་རྣམས་བཤགས་པས་བཟོད་པར་མཛོད། །སླར་ཡང་ཁྱེད་རྣམས་དགྱེས་པ་བསྐྱེད་ཕྱིར་དུ། །(༧ ༢ན)ཚོགས་གཉིས་བསགས་པའི་དགེ་སློང་བློ་བཟང་བདག །དགའ་བདེ་ལྡན་པའི་ངང་ནས་འདི་སྐད་དུ། །ངོ་མཚར་ལེགས་བྱེད་གཏམ་འདི་འབུལ་བར་བྱ། །ད་ནི་ལོག་པའི་ལམ་དུ་འཁྲིད་པའི་རྒྱུ། །གཉེན་དང་འཁོར་གཡོག་གྲོགས་དང་ལོངས་སྤྱོད་དང་། །ཆེ་འདིར་དོན་མེད་བྱ་བ་ངན་པ་རྣམས། །སྤྲངས་ནས་ཆགས་སྡང་མེད་པའི་དབེན་གནས་སུ། །ཐམས་ཅད་མཁྱེན་པའི་ལམ་དུ་འཁྲིད་པའི་རྒྱུ། །གཉེན་དང་འཁོར་གཡོག་གྲོགས་དང་ལོངས་སྤྱོད་དང་། །བཅས་ཏེ་གཏན་གྱི་མདུན་མ་བསྒྲུབ་ཕྱིར་དུ། །ཆོས་ཀྱི་བྱ་བས་རྒྱུན་དུ་འདའ་ལགས་སོ། །ཞེས་དམ་བཅའ་མཛད་དོ། །

ཡང་དུས་ལན་ཅིག་གི་ཚེ་རང་གིས་རང་ལ་བསླུལ་བ་འདི་ལྟར་མཛད་དེ། སངས་རྒྱས་ལས་ཀྱང་དཀོན་པའི་གདམས་པ་མཆོག །སྙིང་པར་དཀའ་བ་རྡོ་རྗེ་ཐེག་པའི་ལམ། །ལམ་འདི་ཕྱིས་ནས་སྙེད་པར་དཀའ་བས་ན། །ཆེ་འདིའི་འདོད་ཡོན་ཐེད་ལ་བོར་མཛོད་ལ། །རྒྱལ་བས་བསྔགས་པའི་རི་ཁྲོད་སྟོང་པ་རུ། །བསེ་རུ་བཞིན་དུ་གཅིག་པུར་གནས་མཛོད་ལ། །ལན་ཅིག་མིན་པར་ཡང་ཡང་སྒོམས་ཤིག་ཨང་། །དེ་

ལྷར་བསྒོམས་པས་བློ་གྲོས་བཟང་པོ་ཁྱོད། །སྒྲུབ་པའི་རྒྱལ་མཚན་རྟག་ཏུ་རྩུགས་ཤིག་ཨང་། ཁྱད་པར་ཕ་རྒྱུད་གསང་བ་འདུས་པ་དང་། །རྣལ་འབྱོར་མ་རྒྱུད་འཁོར་ལོ་སྡོམ་པ་གཉིས། །འབྲལ་བ་མེད་པར་ལུས་ལ་སྒོམས་ཤིག་ཨང་། །ཞེས་པའང་གསུངས་སོ། །

གནས་དེར་སྟོན་གྱི་རིང་ལ་བླ་མ་མགོན་པོའི་སྒྲུབ་པ་ཞིག་མཛད་ནས། སྐུ་ཁམས་སེང་བའི་ཕྱིར་(༡༤བ)གཟིམ་ཁང་གི་སྟེང་དུ་ཕེབས་པ་ན། སྟོན་གྱི་མཛེས་མ་ལང་ཚོ་དར་ལ་བབ་པས་ཕྱོགས་ཐམས་ཅད་མི་གཙང་བའི་རྡུལ་དང་བྲལ་ཏེ་དྲི་ཞིམ་པོས་བསྒོས་པའི་བསེར་བུ་བསིལ་བའི་ངད་ནི་དལ་བུས་ལྡང་། ཡུལ་ལྗོངས་ཕལ་ཆེར་ནི་གསེར་གྱི་ཁྲ་བ་དང་འདྲེས་པའི་རིན་པོ་ཆེ་མར་གད་ཀྱི་མདངས་ཉེ་བར་འཛིན། ནམ་མཁའི་དཀྱིལ་འཁོར་ནི་འགའ་ཞིག་སྤྲིན་གྱི་བླ་བྲེས་གཡོགས་ཤིང་ཕལ་ཆེར་བཻ་ཌཱུ་ལྟར་རབ་ཏུ་དྭངས། ཁྱད་པར་པ་སྣམ་རྗེ་མོ་ལྷ་རིའི་ཕྱོགས་ཀྱི་སྟེང་གི་ནམ་མཁར་སྤྲིན་དང་ན་བུན་ཆུ་ཡི་ལྡིང་གྱིས་ལྷག་པར་ནོན་པ་དངུལ་ཆུའི་མདོག་ལྟ་བུ་ཞིག་ལྡིང་ཞིང་། རི་བོའི་རྩེ་མོར་ཙུང་ཟད་ཆགས་པ་གཟིགས་པས་རྐྱེན་བྱས་ཏེ། བྱ་བྲལ་ཐམས་ཅད་མཁྱེན་པ་རྣམ་བཟླ་དེ་ཉིད་དུས་དེ་ལ་རྗེ་མོ་ལྷ་རིའི་གནས་ན་སྐུ་འཇའ་ལུས་རྡོ་རྗེའི་སྐུ་བརྙེས་ཤིང་། ཐུགས་ཟབ་ཡངས་བདེ་སྟོང་གི་རོལ་པ་ལས་གཡེལ་བ་མེད་པར། གསུང་རིམ་གཉིས་ཟབ་མོའི་སྒྲ་དབྱངས་སྒྲོགས་བཞིན་པར། སྤྱིར་གདངས་ཅན་གྱི་འགྲོ་བ་མཐའ་དག་གི་དཔལ་དུ་བཞུགས། ཁྱད་པར་བདག་ཉིད་རྗེ་རྒྱལ་བ་གཉིས་པའི་བཀའ་རྒྱུད་ཟབ་མོའི་དོན་ཅི་དགར་ཉམས་སུ་བླངས་པས་ཆོག་ཅིང་ཆོས་ལ་བློ་ཁ་ཕྱོགས་ནས་ཉམས་ལེན་གྱི་གནད་ལ་ངེས་པ་ཙུང་ཟད་ཐོབ་པ་འདི་ཡང་རྗེ་བཙུན་དམ་པ་འདིའི་བཀའ་དྲིན་ཡིན་སྙམ་དུ་དད་པ་ཚད་མེད་འཁྲུངས་ཏེ་མགུར་འདི་གསུངས་སོ། །

ན་མོ་གུ་རུ་མཉྫུ་ཀཱི་ལྟ་ཡ། རྗེ་སྤྱི་གཙུག་སེང་གེའི་ཁྲི་སྟེངས་སུ། །གདན་ཉི་ཟླ་པདྨོའི་དབུས་བཞུགས་ལ། །ཐུགས་བརྩེ་བ་ཆེན་པོས་(༡༩ན)ཉེར་དགོངས་ནས། །མཆོག་ཐུན་མོང་དངོས་གྲུབ་སྩོལ་དུ་གསོལ། །འབྲུ་རྩེ་ཐོག་རྒྱས་པ་སྟོན་གྱི་དུས། །དགུང་བཱི་ཙནྡྲ་ཤར་དྭངས་པའི་འོག །ལྷངས་ན་བུན་དངུལ་གྱི་མདོག་འདྲ་བ། །འདི་མཐོང་བའི་མོད་ལ་བླ་མ་དྲན། །ལུས་ཉི་ཁྲི་ཆིག་སྟོང་བ་སྤུ་གཡོས། །མིག་བཀའ་དྲིན་དྲན་པའི་མཆི་མས་བརླན། །ངག་སྐད་གསང་མཐོན་པོས་གསོལ་བ་འདེབས། །བདག་ལུས་ངག་ཡིད་གསུམ་བྱིན་གྱིས་རློབས། །མཚན་དྲན་ཐོས་འགལ་རྐྱེན་སེལ་བ་ལ། །དཔལ་མགོན་པོ་མཆོག་དང་དབྱེར་མེད་པའི། །དུས་ད་ལྟ་མཚན་ལྡན་བླ་མ་དེ། །ལྷ་ཇོ་མོ་ལྷ་རིའི་གནས་མཆོག་ན། །སྐུ་འཇའ་ལུས་རྡོ་རྗེ་འཛིན་པའི་ཚུལ། །གསུང་རིམ་གཉིས་ཟབ་མོའི་དགའ་སྟོན་འགྱེད། །ཐུགས་ཟབ་ཡངས་བདེ་བ་ཆེན་པོའི་ངང་། །སྤྱིར་གདངས་ཅན་སྐྱེ་འགྲོའི་དཔལ་དུ་ཤར། །སྒོས་སྒོམས་ལམ་ཅན་གྱི་བློ་བཟང་བདག །ཆོས་མདོ་རྒྱུད་ཟབ་མོ་ཀུན་གྱི་དོན། །རང་ཅི་དགར་སྤྱོད་པས་ཚོག་པ་འདི། །རྗེ་ཁྱེད་ཀྱི་བཀའ་དྲིན་ཆེ་ལས་ཐོབ། །ངའི་གསུམ་ལྡན་བླ་མ་འགྲན་ཟླ་མེད། །ཡིད་བཀའ་དྲིན་དྲན་པས་གསོལ་བ་འདེབས། །ཚེ་འདི་ལ་རིམ་གཉིས་རྣལ་འབྱོར་གྱིས། །རྒྱུད་སྨིན་ཅིང་གྲོལ་བར་བྱིན་གྱིས་རློབས། །ཞེས་གསུངས་སོ། །

དེ་ནས་ཡེ་ཤེས་ཀྱི་མཁའ་འགྲོ་མས་སང་ཉིན་གྲུབ་ཆེན་དཔལ་འབྲས་རྡོ་རྗེའི་སྐྱེ་བ་པཎྜི་ཏ་ཞིག་དང་འཕྲད་པ་ཡོད་པས་དེ་ལ་མན་ངག་རྣམས་མ་གསང་བར་སྟོན་ཞེས་ལུང་བསྟན་པ་བཞིན་བཀྲ་ཤིས་ལྷུན་(༡༩བ)པོར་ཀུན་མཁྱེན་ལེགས་པ་དོན་གྲུབ་དང་ཞལ་འཛོམས། ཕན་ཚུན་དུ་ལུང་རྟོགས་ཀྱི་ཡོན་ཏན་ཁྱད་པར་ཅན་མངའ་བའི་སྟོབས་ཀྱིས་ཐུགས་ཡིད་གཅུགས་པར་གྱུར། ཀུན་མཁྱེན་ཆེན་པོས་བསྐུལ་ནས་གསང་འདུས་དང་འཇིགས་བྱེད་ཀྱི་ཁྲིད་ལག་རྗེས་ཀྱི་རྩོམ་པ་ཡང་མཛད། འཕྲིན་ལས་ཆེ་བ་ཡོང་

བས་སྨྲར་བྱང་ཀུན་མཁྱེན་གྱིས་མཛོད་གསུངས་མཛད་དོ། །དེ་དུས་ཕྱི་ལྟར་ཀུན་མཁྱེན་གྱིས་མཛད་པར་གྲགས་ཀྱང་ནང་ལྟར་རྗེ་འདི་ཉིད་ཀྱིས་མཛད་པ་ཡིན། དེང་སང་ནི་དབེན་ས་བཀའ་འབུམ་གྱི་ནང་ཉིད་དུ་བཞུགས་པ་ཡོངས་སུ་གྲགས་པ་ལྟར་རོ། །དེའི་དུས་གཟིམ་ཁང་སེར་པོར། གདོད་ནས་དག་པའི་ཆོས་དབྱིངས་ནམ་མཁའ་ལ། །སྣ་ཚོགས་རྟེན་འབྲེལ་སྤྲིན་ཕུང་ཅི་ཡང་བཀྲ །རྣམ་དག་རིགས་པའི་ རླུང་གིས་དཔྱད་པ་ན། །སླར་ཡང་ཀུན་གསལ་ཉིད་དུ་ཐིམ་པར་འགྱུར། །ཞེས་སོགས་ལྟ་བའི་མགུར་ཡང་མང་དུ་བཞེངས་སོ། །

མདོར་ན་རྒྱལ་བ་དབེན་ས་པ་ཆེན་པོ་དང་ཀུན་མཁྱེན་ལེགས་པ་དོན་གྲུབ་གཉིས་ཐུགས་ཡིད་གཅིག་ཏུ་འདྲེས་པ་ལྟར་གྱུར་ཏེ། ཚུལ་དེ་ལ་མཁས་གྲུབ་སངས་རྒྱས་ཡེ་ཤེས་ཀྱིས་བསྟོད་པ་མཛད་པ་ལས། ལུང་བསྟན་བརྙེས་པ་མཁས་པའི་དབང་པོ་དང་། །ཐབས་ཤེས་ཟུང་དུ་འབྲེལ་བའི་རྟེན་འབྲེལ་གྱིས། །བསྟན་པའི་སྙིང་པོ་གསལ་མཛད་དབེན་ས་པ། །བློ་བཟང་དོན་གྲུབ་ཞབས་ལ་གསོལ་བ་འདེབས། །ཞེས་གསུངས་པ་ལྟར་རོ། །དེའི་ཚེ་རྒྱལ་བ་དབེན་ས་པ་ཆེན་པོས་ཡེ་ཤེས་མཁའ་འགྲོས་ལུང་བསྟན་པ་ལྟར། རྗེ་རིན་པོ་ཆེ་ལ་མགོན་པོ་འཇམ་དཔལ་(༢༠ན)དབྱངས་ཀྱིས་གནང་བའི་སྙན་རྒྱུད་མན་ངག་ཐུན་མོང་མ་ཡིན་པ་རྣམས་དང་སྤྲུལ་པའི་གླེགས་བམ་ཆེན་མོ་ལས་སྐབས་སུ་བབ་པ་འགའ་ཞིག་ཀུན་མཁྱེན་ལེགས་པ་དོན་གྲུབ་ལ་གནང་སྟེ། དེང་སང་དབེན་ས་བཀའ་འབུམ་ན་བཞུགས་པའི་ལུང་བསྟན་གསང་བའི་མེ་ལོང་གི་དུམ་བུ་ཡི་གེར་འཁོད་པ་འདི་དག་ཀྱང་དེ་དུས་ཀུན་མཁྱེན་པ་དོན་གྲུབ་ལ་གནང་བ་དང་རྗེས་སུ་མཁས་གྲུབ་སངས་རྒྱས་ཡེ་ཤེས་ལ་གནང་བ་དག་ལས་མཆེད་པར་མངོན་ནོ། །

དེ་ནས་དགུང་ལོ་སོ་གསུམ་ལ་བབ་པ་དགུན་ཟླ་ར་བའི་ཚེས་བརྒྱད་ལ། དཔལ་

ལྷུན་འབྲས་སྤུངས་ཀྱི་ཆོས་གྲྭ་ཆེན་པོར་འབྲོམ་སྟོན་རྒྱལ་བའི་འབྱུང་གནས་སླར་ཡང་ཁྱོན་པ་ཐམས་ཅད་མཁྱེན་པ་དགེ་འདུན་རྒྱ་མཚོ་མཁན་པོ་དང་། འདུལ་བའི་སློབ་དཔོན་ལྷ་དབང་རིན་ཆེན་པས་ལས་སློབ་དང་། འབྲས་སྤུངས་བྱང་འདྲེན་ཆེན་མོས་གསང་སྟོན་མཛད་དེ། དད་པའི་དགེ་འདུན་གྲངས་ཚང་བ་ལས་བསྙེན་རྫོགས་ཀྱི་སྡོམ་པ་བཞེས་ཏེ་སོ་སོར་ཐར་པའི་དབང་དུ་བྱས་པའི་ལྷག་པ་ཚུལ་ཁྲིམས་ཀྱི་བསླབ་པ་ལྷའི་ཆུ་བོས་ཐུགས་ཀྱི་བུམ་བཟང་ཡོངས་སུ་གང་། དེ་ནས་བཟུང་སྟེ་རང་བཞིན་གྱི་ཉེས་པས་གོས་པ་ག་ལ་ཞིག །བཅས་པའི་ཆ་ཤས་ཕྲ་མོ་ཙམ་ཡང་སྲོག་གི་དབང་པོ་ལས་གཅེས་པར་བསྲུང་བར་མཛད་དོ། །

དེ་ཡང་གངས་རིའི་ཁྲོད་ཀྱི་གྲུབ་ཐོབ་ཏུ་གྲགས་པ་ཕལ་མོ་ཆེ་རྗེས་འབྲང་དང་བཅས་པ་ནི་རབ་ཏུ་བྱུང་བའི་རྟགས་དང་ཆ་བྱད་ཆོས་གོས་གསུམ་སོགས་འཆང་བ་དང་། ཆང་དང་ཕྱི་དྲོའི་ཁ་ཟས་(༢༠བ)སྤྱངས་ཏེ་ཚབ་ལེན་པ་དང་། རྟུང་ཆུ་འདེབས་པ་དང་། བྱིན་ལེན་བྱེད་པ་སོགས་རྒྱལ་བས་ཇི་ལྟར་བཅས་པ་རྣམས་ཚུལ་བཞིན་དུ་བསྒྲུབ་པ་དག་མཐོང་བ་ན། ཚམ་ཆོམ་མེད་པར་ཐེག་པ་དམན་པའི་ཉན་ཐོས་དབང་རྟུལ་ལོ། །ཞེས་ལུག་ལྟར་རྨོངས་པའི་ཁྲུ་ཆེན་པོའི་དབུས་སུ་སྐད་གསང་མཐོན་པོས་སྒྲོག་པར་བྱེད་ཅིང་། ལས་ངན་པའི་མཐུས་བཙོམ་ཞིང་ཉོན་མོངས་པའི་གདོན་གྱི་དབང་དུ་སོང་བ་གཞན་དག་ནི་ཞེ་སྡང་གི་སྲེག་ཟས་ཡིད་ཀྱི་བུད་ཤིང་ཀུན་ཏུ་འབར་བ་བྱས་ཏེ། དགེ་འདུན་གྱི་སྡེ་རིས་སུ་བཅད་ནས་ཡང་དག་པ་མ་ཡིན་པའི་ཅ་ཅོ་རྒྱུན་མར་བསྒྲགས་ནས། རང་ཉིད་དེ་བཞིན་གཤེགས་པས་གསུངས་པའི་ཆོས་འདུལ་བའི་སྤྱོད་ཚུལ་ལས་བསམས་བཞིན་དུ་བརྒལ་བ་ལ་དཔའ་བར་བྱས་ཏེ་བླ་ན་མེད་པའི་ལམ་མཐོན་པོ་ལ་རེག་པར་སེམས་ཞིང་། སྐྱེ་བོ་ཕལ་ཆེར་ཡང་དེ་ལྟ་བུའི་སྤྱོད་ཚུལ་ལ་མགུ་མོད། བདག་ཉིད་ཆེན་པོ་འདི་ནི་གྲུབ་པའི་གོ་འཕང་མཐོན་པོར་གཤེགས་ཀྱང་བསྟན་

པའི་རྩ་བ་སོ་སོ་ཐར་པ་ཉིད་རྒྱལ་བས་གསུང་དབྱངས་མཐོན་པོས་མདོ་རྒྱུད་དུ་མར་རྒྱ
ཆེར་བསྔགས་ཤིང་མཁས་གྲུབ་ཚད་ལྡན་རྣམས་ཀྱིས་ཀྱང་དགོངས་པ་གཅིག་དང་
དབྱངས་གཅིག་གིས་བསྔགས་པ་ཐུགས་ལ་བཅགས་ཏེ། ཇི་སྲིད་འཚོའི་བར་དུ་ལྷུང་བ་
ཕྲ་མོའི་ཉེས་པས་ཀྱང་གོས་པ་མེད་པར་བསྲུང་བར་མཛད་དོ། །

དེ་ནས་རྒྱལ་བ་དབེན་ས་པ་ཆེན་པོས་ལྷ་སར་ཕེབས་ཏེ་ཇོ་བོ་རྣམ་གཉིས་ཀྱི་
སྤྱན་སྔར་བསྟན་པ་དང་འགྲོ་བའི་ཕན་བདེ་རྒྱས་པའི་སྨོན་ལམ་ཡང་དག་པར་མཛད། ཀ་
བ་ཤིང་ལོ་ཅན་ནས་བཀའ་ཆེམས་(༢༧ན)བཀའ་ཁོལ་མ་དེ་བཏོན་ནས་གཟིགས་
གྲབས་ཤིག་མཛད། འོན་ཀྱང་དགོས་པ་ལྷག་པོ་མི་འདུག་པས་བཞག་གསུང་། དེ་ནས
ནུབ་གཅིག་མནལ་ལམ་དུ་འདུལ་འཛིན་ཤཱཀྱ་བཤེས་གཉེན་ཡིན་ཟེར་བའི་རྣལ་འབྱོར་
པ་སྨུག་ནག་དོམ་ལྤགས་ཀྱི་ཤམ་ཐབས་ཅན་ཞིག་གིས། འཛམ་དབྱངས་མེ་ཏོག་གསལ་
བར་བྱེ་བ་གསུམ་གཏད་ནས། ཉིད་ཀྱི་དོན་ལེགས་པར་གྲུབ་པས་གཙང་ལ་སོངས་
ཟེར་ནས་མི་སྣང་བར་གྱུར་ཏོ། །ནངས་པར་དགེ་ལྡན་ར་སྒྲེང་སོགས་མཇལ་བར་ཆས་
པ་ལས་ལམ་བར་དུ་བསྙེལ་གཞི་ཤིན་ཏུ་དྲག་པ་ཅིག་བྱུང་བས། མདང་གི་རྨི་ལམ་དང་
མཐུན་པར་ད་རེས་མ་ཕྱིན་པ་ལེགས་པར་འདུག་སྙམ་སྟེ་ལྡོག་པར་བརྩམས་པ་ནས་སྐུ
ཁམས་རང་དྭངས་བྱུང་ངོ་། །དེ་ནས་སེ་ར་ཐེག་ཆེན་གླིང་དུ་ཕེབས་ཏེ་ཐམས་ཅད་མཁྱེན
པ་དགེ་འདུན་རྒྱ་མཚོའི་དྲུང་དུ་གྲུབ་རྒྱལ་ལུགས་ཀྱི་ཚེ་ཁྲིད་དང་། ཚེ་དབང་། སོ་ཐར་
གྱི་མདོ་དང་ཆོས་སྒྲགས་ཀྱི་མདོ། ཐམས་ཅད་མཁྱེན་པ་རང་ཉིད་ཀྱི་གསུང་འབུམ་ཐོར་
བུའི་ལུང་ཚང་མ་གསན་སླར་གཙང་ཕྱོགས་སུ་ཞབས་ཀྱི་འཁོར་ལོ་བཀོད་དེ། དགེ་
འཕེལ་མཁན་པོ་ལེགས་པའི་བློ་གྲོས་པ་ལ་སྙིང་གནས་ཀྱི་ཚོ་གའི་ལུང་། ཡི་དམ་
གྱི་སྔགས་བཏུའི་རྗེས་གནང་བླ་མ་མགོན་པོ་དབྱེར་མེད་ཀྱི་རྗེ་གནང་། སྨན་བླའི་
ལུང་སོགས་ཆོས་བཀའ་ཅི་རིགས་པ་གསན་ནོ། །གཞན་ཡང་། དེ་དག་གི་སྐབས་ཤིག

ཏུ་གསེར་སྡིངས་སུ་ཕེབས། པཎ་ཆེན་བྱང་ཆུབ་བློ་གྲོས་ལ་དཔལ་གསང་བ་(༢༡བ)འདུས་པའི་རྒྱ་རྒྱུད་སྒྲོན་གསལ་ཆ་ལག་དང་བཅས་པ་སོགས་འདུས་པ་འཕགས་པའི་སྐོར་གྱི་གདམས་པ་ཆ་ལག་དང་བཅས་པ་རྫོགས་པར་གསན་ནོ། །དེ་དུས་གནས་སྙིང་ཡོལ་དུ་མངའ་རིས་ལོ་ཆེན་རྣམ་རྒྱལ་བ་ལ་སྦྲ་བཞིའི་གདམས་པ་དང་བདེ་མཆོག་གདན་བཞི་ལ་སོགས་པ་རྒྱུད་ལ་བརྟེན་པའི་ཟབ་མོའི་གདམས་པ་མཐའ་ཡས་པ་གསན་ཅིང་། བླ་མ་འདི་ཁ་ཆེ་ཁྲི་གདན་དུ་སློབ་དཔོན་རྩེ་རྗེ་དྲིལ་བུ་པའི་དངོས་སློབ་མཆོག་གི་དངོས་གྲུབ་བརྙེས་པ་ཞིག་དང་མཇལ་ནས་རྗེས་སུ་བཟུང་ཞིང་། ཁྱད་པར་རྒྱལ་བ་ཙོང་ཁ་པའི་ཞལ་མངོན་དུ་གྱུར་ནས་གདམས་པ་མཐའ་ཡས་པ་ཐོབ་པའི་རྣལ་འབྱོར་གྱི་དབང་ཕྱུག་ཞིག་གོ །གཞན་ཡང་དགོས་པ་ཁྱད་པར་ཅན་ལ་དགོངས་ནས་མཁས་པ་དང་གྲུབ་པའི་བླ་མ་དུ་མ་ཞིག་ལས་ཀྱང་ཟབ་པ་དང་རྒྱ་ཆེ་བའི་གདམས་པ་སྣ་ཚོགས་པ་གསན་པས་ལུང་གི་བསྟན་པ་མཐའ་དག་གི་བདག་པོར་གྱུར་ཏོ། །

དེ་ལྟར་རྒྱལ་བ་དབེན་ས་པ་ཆེན་པོ་སྤྱིར་བསྟན་པ་ཡོངས་རྫོགས་ཀྱི་བདག་པོར་གྱུར་ཅིང་། ཁྱད་པར་རྗེ་བཙུན་འཇམ་དབྱངས་ཀྱིས་རྒྱལ་བ་ཙོང་ཁ་པ་ཆེན་པོ་ལ་དངོས་སུ་གནང་བའི་སྙན་རྒྱུད་ཀྱི་མན་ངག་ཡོངས་སུ་རྫོགས་པའི་མངའ་བདག་གཅིག་པུར་གྱུར་པ་ནི་རང་ཉིད་ཀྱིས་ཀྱང་ཞལ་གྱིས་བཞེས་ཏེ། རྒྱལ་བ་དབེན་ས་པ་ཆེན་པོ་ཉིད་ཀྱིས་གསུང་ལས། འཇམ་པའི་དབྱངས་ཀྱི་སྲས་ཀྱི་ཐུ་བོ་མཆོག །བློ་བཟང་གྲགས་པ་ཞེས་པའི་བླ་མ་དེའི། །གསུང་གི་སྙིང་པོ་སྙན་རྒྱུད་འཛིན་པ་ནི། །དེང་སང་དུས་ན་ཁོ་བོ་ཙམ་དུ་ཟད། །ཞེས་གསུངས་པ་ལྟར་རོ། །

མདོར་ན་དགུང་ལོ་བཅུ་བདུན་ནས་བཞི་བཅུ་ཞེ་གཉིས་ཀྱི་བར་དུ། (༢༢ན)བྲག་རྒྱ་རྡོ་རྗེའི་ཕོ་བྲང་། དབེན་སྐྱར་སྟག་གཟིག་གླན་ཆེན། ཀོ་བྲག །ཁྱད་པར་པ་སྣམ་རྫོང་མོ་ལྷ་རི་ལ་སོགས་པའི་རི་ཁྲོད་རྣམས་སུ་སྒྲུབ་པ་སྙིང་པོར་མཛད་དེ། ཆོས་རྗེ་དག་

དབང་གྲགས་པ་ལ་གནང་བའི་བཀའ་ཤོག་ཏུ། བདག་ཀུང་ཟླ་རེ་ཟླ་གཉིས་མ་ཤི་ན། སྐྱེ་བ་འདིའི་ཕྱི་མའི་མདུན་མ་ཞིག་དང་། ལོ་རེ་ལོ་གཉིས་མ་ཤི་ན་སྐྱེ་བ་གཏན་གྱི་མདུན་མ་ཞིག་རྐང་ཚུགས་སུ་བྱེད་དགོས་སྙམ་པའི་བསམ་པས། རང་ལོ་བཅུ་བདུན་ནས་བཟུང་ད་བར་ཐེག་པ་མཆོག་གི་བརྟུལ་ཞུགས་ལ་གནས་པའི་རྒྱ་བོད་ཀྱི་མཁས་གྲུབ་ཕལ་ཆེ་བ་རྣམས་ཀྱི་གསུང་གི་སྙིང་པོ་དོན་གྱི་གདམས་པ་ཅིག་ཉམས་སུ་ལེན་པའི་དྲན་འདུན་དང་མ་བྲལ་བ་ཡོད་ལགས་ཞེས་འབྱུང་ཞིང་། དེ་ལྟར་སྐྱབས་པ་ཡུན་རིང་ལ་ཤུགས་དྲག་པོས་གོ་འཕང་ཧེ་ལྟ་བུ་བརྙེས་པ་ཡང་། ཉིད་ཀྱི་གསུང་ལས། གངས་ཅན་ལྗོངས་ཀྱི་སྐལ་ལྡན་མཆོག །བློ་བཟང་དོན་གྲུབ་ཅེས་པས་ཀྱང་། །ལམ་མཆོག་འདི་ཉིད་ཉམས་བླངས་པས། །ཚེ་འདི་ཉིད་ལ་སངས་རྒྱས་ཐོབ། །ཅེས་གསུངས་ཏེ། བསམ་གྱིས་མི་ཁྱབ་པའི་རྣམ་ཐར་རོ། །

དེ་ནས་སྐུ་ཚེ་ཇི་སྲིད་པར་སྐྱེ་བོ་ཕལ་མོ་ཆེས་མཐོང་བ་དང་ཐོས་པའི་ཡུལ་ལས་འདས་པ་དབེན་པ་ནས་དབེན་པའི་གནས་ཆེན་དག་ཏུ་རྒྱུ་ཞིང་གནས་པར་བྱའོ་སྙམ་དུ་དགོངས་པ་ལས། དུས་རེ་ཞིག་གི་ཚེ་དབེན་པར་ཐུགས་དམ་ལ་མཉམ་པར་བཞག་པའི་ཐོ་རངས་ཞིག་ཟིལ་དང་འུར་ཆོམ་ཤིན་ཏུ་ཆེ་བའི་ངང་ནས་སྐུ་རྒྱབ་ཀྱི་མགོན་པོའི་བྲིས་སྐུ་དེས་གསུངས་སྙམ་པ་ལ། (༢༢བ)ཉི་ཤུ་རྩ་བཞིའི་མཁའ་འགྲོའི་གཙོ། །དབང་པོ་ཆེན་པོ་འདིར་བཞུགས་ལ། །ཧུ་སྐྱེས་ཁོང་པའི་པད་དཀར་བཞིན། །སྲས་པའི་ཚུལ་གྱིས་བྱིན་གྱིས་རློབས། །ཟེར་བ་ཞིག་བྱུང་གསུངས། དེ་ལྟ་བུའི་མགོན་པོའི་བྲིས་སྐུ་བྱིན་རླབས་ཅན་དེ་ཡང་དབེན་དགོན་གྱི་མགོན་ཁང་ན་བཞུགས་སོ། །དེ་ལྟར་ལྷ་དང་བླ་མས་ལུང་བསྟན་པ་ལ་བརྟེན་ནས་དབུས་རིའི་རྩེར་དབེན་དགོན་བཏབ་ནས། མདོ་ཁམས། མངའ་རིས། དབུས་གཙང་སོ་སོ་ནས་དད་འདུས་ཀྱི་སྐལ་བ་དང་ལྡན་པའི་གདུལ་བྱའི་ཚོགས་རྣམས་ལ་ཟབ་པ་དང་རྒྱ་ཆེ་བའི་ཆོས་ཀྱི་འཁོར་ལོ་བསྐོར་བར་

མཛད་དོ། །དེའི་ཚེ་ཡང་གདུལ་བྱའི་ཚོགས་རྣམས་ཀྱིས་དད་པས་ཀུན་ནས་བསླངས་པའི་མཆོད་པ་དང་ཟང་ཟིང་གི་བསྙེན་བཀུར་གྱི་ཚོགས་རྒྱང་རིང་པོ་དག་ནས་ཀྱང་དམ་པ་འདིའི་དྲུང་དུ་ཉེ་བར་ལྷགས་ཤིང་སྤྱན་ལམ་དུ་བབས་པ་དག་ཀྱང་བདག་གིར་ཡོངས་སུ་བཟུང་བ་གཅིག་ཀྱང་མ་མཛད་པར་གྲགས་ཏེ། ཉིད་ཀྱི་གསུང་ལས། སྔོན་དུས་ཀྱི་མི་ལ་རས་པ་དང་། །ད་དུས་ཀྱི་བློ་བཟང་དོན་གྲུབ་ལ། །འཕྲལ་ཆས་ཀྱི་ཟས་གོས་མ་གཏོགས་པ། །ནོར་དངོས་པོའི་འཛིན་པས་དགོས་པ་མེད། །ཚེ་གཅིག་ལ་སངས་རྒྱས་བསྒྲུབ་པ་ལ། །དེ་འདྲ་ཡི་སྤྱོད་ལ་ལེགས་གནས་ནས། །ཆགས་སྡང་སྤངས་པའི་དབེན་གནས་སུ། །དལ་འབྱོར་ལ་སྙིང་པོ་ལེན་པར་ཤོག །ཅེས་གསུངས་པ་ལྟར་རོ། །དེ་ལྟར་རྒྱལ་བ་དབེན་ས་པ་ཆེན་པོས་རྣལ་འབྱོར་གྱི་དབང་ཕྱུག་མི་ལ་རས་པ་སླར་ཡང་འཛམ་མགོན་བླ་མའི་བསྟན་པ་སྤེལ་བའི་ཕྱིར་སྤྲུལ་བཅད་དུར་སླེག་གི་ན་བཟའ་གསོལ་བ་སོགས་རབ་(༢༣ན)ཏུ་བྱུང་བའི་རྟགས་ཆ་ལུགས་བཟུང་སྟེ་བྱོན་པ་ཇི་ལྟ་བར་ཆོས་བརྒྱུད་ཚེ་འདིའི་འཁྲི་བ་ཕྲ་མོ་ཙམ་ཡང་མེད་པར། གསང་བ་འདུས་པའི་རྩ་རྒྱུད་ལས། དགོན་པ་ཆེན་པོའི་ས་ཕྱོགས་སུ། །མེ་ཏོག་འབྲས་བུ་སོགས་ཀྱིས་བརྒྱན། །རི་བོ་དབེན་པའི་ས་ཕྱོགས་སུ། །དངོས་གྲུབ་ཐམས་ཅད་བསྡུས་པ་བསྒྲུབ། །ཅེས་གསུངས་པ་ལྟར། སྔོན་བྱོན་དམ་པའི་བསྟི་གནས་འདུ་འཛིས་དབེན་པའི་གྲུབ་པའི་གནས་མཆོག་དག་ཏུ་མདོ་སྔགས་གཉིས་ཀའི་ལམ་གྱི་ལུས་ཡོངས་སུ་རྫོགས་པ་ལ་སྒྲུབ་པ་མཐར་ཕྱིན་པར་མཛད་དེ། ལམ་ཐུན་མོང་བའི་ངེས་འབྱུང་། བྱང་ཆུབ་ཀྱི་སེམས། ཡང་དག་པའི་ལྟ་བ་རྣམས་ལ་སྦྱོང་བ་མཐར་ཕྱིན་ཏེ་རྒྱལ་སྲས་ཀྱི་སྤྱོད་པ་རྒྱ་མཚོའི་ཕ་རོལ་དུ་སོན། སྔགས་ཀྱི་དམ་ཚིག་དང་སྡོམ་པ་རྣམ་པར་དག་པ་བསྲུངས་ཏེ་ལམ་རིམ་གཉིས་ལ་བསླབས་པས་རིམ་པ་དང་པོའི་རྣལ་འབྱོར་མཐར་ཕྱིན་ཏེ་གང་ཤར་ལྷའི་རྣམ་རོལ་ཏུ་འཆར་ཞིང་། ཟབ་གསལ་གཉིས་མེད་ཀྱི་རྣལ་འབྱོར་མཐར་ཕྱིན་ཏེ་རང་དང་གཞན་གྱི་ཚེ་

རབས་བརྒྱ་སྟོང་དྲན་ཏེ་རང་གི་སྐུ་ཚེ་སྔ་མའི་འཁྲུངས་རབས་དག་པའི་འཁོར་ལ་
གསུངས་པ་ནི། གང་གི་ཁྱོད་ཀྱི་མཚན་ཙམ་དྲན་པས་ཀྱང་། །འདི་ཕྱིའི་ལེགས་
ཚོགས་ཐམས་ཅད་ཅིག་ཅར་དུ། །སྟེར་མཛད་བླ་མ་ཐུབ་པའི་དབང་པོ་ལ། །རྟག་ཏུ་
གུས་པའི་ཡིད་ཀྱིས་ཕྱག་འཚལ་ལོ། །བདག་ཅག་ཐར་ལམ་བགྲོད་པའི་གཙོར་གྱུར་
པ། །ཐེག་ཆེན་བསྟན་པ་འཛིན་པའི་ཉན་ཐོས་སུ། །ལེགས་གྱུར་ཐུབ་པ་ཆེན་(༢༣བ)
པོའི་ཉན་ཐོས་ཀྱི། །རྟོགས་པའི་མཆོག་ཏུ་གྱུར་པ་ཡིན་སྙམ་ཡོད། །དེ་ནས་ད་བར་བྱང་
ཆུབ་སྤྱོད་པ་ཡི། །དལ་འབྱོར་རྟེན་བཟང་ལེགས་པར་ཐོབ་གྱུར་ནས། །ངན་སོང་
གསུམ་སོགས་སྡུག་བསྔལ་རབ་སྤངས་ནས། །ལྷ་སྤྱོད་ལྡན་པའི་དལ་འབྱོར་ཐོབ་བམ་
སྙམ། །བདག་གི་ལུས་ངག་ཡིད་གསུམ་འདི་དག་ནི། །རྒྱལ་བ་ཐམས་ཅད་འདུས་པའི་
སྐུ་ཡི་མཆོག །ཐུབ་དབང་རྡོ་རྗེ་འཆང་དུ་ལེགས་མཐོང་ནས། །དད་པའི་སྤྲོ་ལོང་ལེགས་
པར་གཡོས་གྱུར་ཅིང་། །ཉིན་མཚན་ཀུན་ཏུ་གསོལ་བ་འདེབས་པ་དང་། །ཤུགས་
དྲག་དད་པས་ཡན་ལག་བདུན་པར་ནི། །ཇི་སྲིད་བྱང་ཆུབ་བར་དུ་བསྔོན་པར་ཤོག །
འདི་ཡི་དགེ་བས་བདག་གཞན་འགྲོ་བ་ཀུན། །འོག་མིན་མཁའ་སྤྱོད་དགའ་ལྡན་བདེ་
བ་ཅན། །མངོན་དགའ་ལ་སོགས་དག་པའི་ཞིང་ཁམས་སུ། །མྱུར་བ་མྱུར་བར་ལེགས་
པར་སྐྱེ་བར་ཤོག །བདག་ལ་ལེགས་པར་དད་པའི་སློབ་བུ་རྣམས། །ཚེ་ཡི་མཐར་ཡང་
རྒྱལ་བ་འོད་དཔག་མེད། །འཁོར་དང་བཅས་པ་མཐོང་ནས་དེ་མ་ཐག །བུ་བུ་བདེ་བ་
ཅན་དུ་འགྲོའོ་ཞེས། །མཐར་ཐུག་གསུང་གི་གནང་བ་ཐོབ་པར་ཤོག །སངས་རྒྱས་ཀུན་
གྱིས་གསུངས་པའི་ཐེག་པ་མཆོག །ཧེ་རུ་ཀ་པ་ལ་སོགས་ཡི་དམ་ལྷའི། །རིམ་གཉིས་
ཆ་ལག་བཅས་པའི་རྟོགས་པ་རྣམས། །ཚེ་འདི་ཉིད་ལ་མངོན་དུ་རབ་གྱུར་ནས། །འགྲོ་
ཀུན་བདེ་ཆེན་གནས་ལ་འགོད་པར་ཤོག །ཐུབ་དབང་རྡོ་རྗེ་འཆང་དང་ཙོང་ཁ་པ། །
ཡིད་ལ་གང་འདོད་དངོས་གྲུབ་མ་ལུས་པ། །སྩོལ་མཛད་རྗེ་བརྒྱུད་བླ་མའི་ཚོགས་

རྣམས་དང་། །ཕྱག་དྲུག་(༢༩ན)མགོན་པོ་ལ་སོགས་བསྟན་སྲུངས་ཀྱིས། །འདི་ཕྱིའི་ལེགས་ཚོགས་ཐམས་ཅད་ཅིག་ཅར་དུ། །ལེགས་པར་འགྲུབ་པར་བྱེད་པའི་བཀྲ་ཤིས་ཤོག །ཅེས་གསལ་བར་གསུངས། རྫུ་འཕྲུལ་ལ་མངའ་བརྙེས་ཏེ་ས་རྡོ་རི་བྲག་ལ་ཐོགས་པ་མེད་པ་དང་ནམ་མཁའ་ལ་འཕུར་བ་སོགས་ཀྱི་རྫུ་འཕྲུལ་བསྟན་པ་འགའ་ཞིག་ནི་སྔར་བརྗོད་ཟིན་པ་ལྟར་རོ། །

བདེ་གསང་འཇིགས་གསུམ་གྱི་རྫོགས་རིམ་དང་། བླ་མེད་ཀྱི་རྫོགས་རིམ་མཐའ་དག་གི་གནད་བསྡུས་པ་ནཱ་རོ་ཆོས་དྲུག་གི་ཉམས་ལེན་མཐར་ཕྱིན་ཏེ་འཁོར་ལོ་གསུམ་གྱི་རྩ་མདུད་གྲོལ་ནས་རྒྱལ་བའི་བཀའ་རྣམས་སཾ་སྐྲི་ཏའི་སྐད་དུ་འདོན་པ་སོགས་ལ་ཐོགས་པ་མེད་པ་སྔར་བརྗོད་ཟིན་པ་ལྟར་དང་། གཙོ་བོར་སེམས་དབེན་དང་སྒྱུ་ལུས་འོད་གསལ་གྱི་རིམ་པ་རྣམས་མཐར་སོན་ཏེ་ཟུང་འཇུག་གི་གོ་འཕང་བརྙེས་པ་ནི་འཇམ་མགོན་སྟན་རྒྱུད་འཛིན་པའི་སྐྱེས་བུ་དམ་པ་གོང་མ་རྣམས་ལ་ཡོངས་སུ་གྲགས་ཏེ། སྐུ་གསུམ་གོ་འཕང་མངོན་གྱུར་དབེན་ས་པ། །ཞེས་འཇམ་མགོན་བསྟན་པ་འཛིན་པའི་སྐྱེས་བུ་དམ་པ་ཐམས་ཅད་མཐུན་པར་སྒྲོགས་པ་ལྟར་རོ། །

དེ་ལྟར་རང་གིས་རྟོགས་པ་མཆོག་བརྙེས་ནས་སྐལ་བ་དང་ལྡན་པ་མཐའ་ཡས་པ་ལ་ཆོས་ཀྱི་བདུད་རྩི་སྩལ་བས་ན་རྒྱུད་འཛིན་གྱི་སློབ་མ་ཡང་མཐའ་ཡས་པས་མཐའ་དག་པར་སུ་ཞིག་གིས་བརྗོད་པར་ནུས། གཙོ་བོ་འགའ་ཞིག་བརྗོད་ན་ཡེ་ཤེས་མཁའ་འགྲོས་ལུང་བསྟན་པའི་སྐྱེ་བ་བདུན་པ་གྲུབ་པའི་སྐྱེས་བུ་ཀུན་མཁྱེན་ལེགས་པ་དོན་གྲུབ་ལའང་རྣལ་(༢༩བ)འབྱོར་བླ་མེད་ཀྱི་ཁྲིད་ལག་རྗེས་ཐུན་མོང་མ་ཡིན་པའི་གདམས་པ་མ་ལུས་པ་སྩལ། བྱང་སྟོན་སྨྲ་བའི་དབང་པོ་བསམ་གཏན་འོད་ཟེར། ཀུན་མཁྱེན་ཤེས་རབ་དཔལ་བའི་གདན་ས་པ་མདོ་བརྗོད་རྗེ་བློ་གྲོས་རྣམ་རྒྱལ་བ། ཆོས་རྗེ་དགེ་ལེགས་རྣམ་རྒྱལ་བ། ཞལ་སྔ་ནས་སངས་རྒྱས་རྒྱལ་མཚན་པ། ཆོས་རྗེ་དག་

དབང་གྲགས་པ་སྐྱ་མཆེད། ཀོང་སྟོན་ཆོས་རྗེ་འཇམ་དབྱངས་རྒྱལ་པོ། ཐོན་པ་ཞལ་སྔ་ནས་བཀྲ་ཤིས་རྒྱལ་མཚན། ཆོས་རྗེ་ལྷོ་པ་བློ་གྲོས་རྣམ་རྒྱལ། བསམ་གཏན་པ་ཆེན་པོ་རྗེ་དཔོན་ལེགས་ཚོགས་ལྷུན་གྲུབ། མཁན་ཆེན་ནོར་བཟང་རྒྱ་མཚོ། རྒྱུད་སྡེ་འཛིན་པ་ཞལ་སྔ་ནས་རྣམ་རྒྱལ་དཔལ་བཟང་། པཎ་ཆེན་བསམ་གྲུབ་དཔལ་བཟང་། བསྟན་པའི་མངའ་བདག་པཎ་ཆེན་དམ་ཆོས་ཡར་འཕེལ། འཇམ་དབྱངས་བླ་མ་དགེ་འདུན་བློ་བཟང་། འཇམ་དབྱངས་ཤཱཀྱ་པ་ཆེན་པོ། རྗེ་བློ་བཟང་རྒྱ་མཚོ། མངའ་རིས་སློབ་དཔོན་དགེ་འདུན་རྒྱལ་མཚན། ཐོས་བསམ་གླིང་པ་རིན་ཆེན་དཔལ་འབྱོར་རྒྱ་མཚོ། གངས་ཅན་མཁན་པོ་པཎ་ཆེན་རིགས་པ་སེང་གེ་ལ་སོགས་པ་བསྟན་འཛིན་བགྲང་བ་ལས་འདས་པ་བྱོན་ཞིང་། མདོར་ན་དབུས་གཙང་གི་སྡེ་སྣོད་འཛིན་པ་དང་། རིས་མེད་པའི་བན་སྐྱའི་ཚོགས་མཐའ་ཡས་པ་ལ་ཟབ་པ་དང་རྒྱ་ཆེ་བའི་དམ་པའི་ཆོས་ཀྱི་བཀའ་དྲིན་གྱིས་ཁྱབ་པར་མཛད་དོ། །སྔོན་རྒྱུད་བསྟན་པའི་བདག་པོ་རང་གི་སྲས་ཀྱི་ཐུ་བོ་རྒྱལ་ཚབ་ཏུ་དབང་བསྐུར་བ་ནི་མཁས་གྲུབ་ཆེན་པོ་སངས་རྒྱས་ཡེ་ཤེས་སོ། །

རྒྱལ་བ་(༢༥ན)དབེན་ས་པ་ཆེན་པོ་འདིས་ཕྱི་རབས་ཀྱི་གདུལ་བྱ་རྣམས་ཀྱི་དོན་དུ་བྱང་ཆུབ་ལམ་གྱི་རིམ་པའི་ཁྲིད་ཡིག་དངོས་གྲུབ་ཀུན་འབྱུང་། བླ་མ་ལ་གསོལ་བ་འདེབས་པའི་རིམ་པར་ཕྱེ་བ་དངོས་གྲུབ་ཀུན་འབྱུང་། སྙིང་པོའི་གནད་ཐོར་བུའི་རིམ་པ་ཕྱེ་བ་དངོས་གྲུབ་ཀུན་འབྱུང་། བྱང་ཆུབ་ལམ་གྱི་རིམ་པའི་སྙིང་པོ་གསོལ་འདེབས་ཚིགས་བཅད་དུ་སྡེབས་པ་དངོས་གྲུབ་ཀུན་འབྱུང་། རང་ལ་གདམས་པ་བདེ་ཆེན་གཏེར་མཛོད་སོགས་ཐོར་བུའི་སྐོར། རྗེ་རང་ཉིད་ཐུགས་བསྐྱེད་ཚུལ་དང་། སྡོམ་གསུམ་རིམ་གྱིས་བཞེས་ཚུལ། རྒྱལ་བ་སྲས་བཅས་ལ་ཞུ་ཡིག །དགེ་ལྡན་རྣལ་འབྱོར་ཕོ་མོ་རྣམས་ཀྱི་བཅའ་ཁྲིམས་ཀྱི་ཡི་གེ་དངོས་གྲུབ་ཀུན་འབྱུང་། རྒྱལ་བ་བློ་བཟང་གྲགས་པའི་སྒྲུབ་ཐབས་ཀྱི་རིམ་པར་ཕྱེ་བ་དངོས་གྲུབ་ཀུན་འབྱུང་། རྗེ་བླ་མ་ལ་བརྟེན་

པའི་མཆོད་བསྔུར། བླ་མ་ལྷའི་རྣལ་འབྱོར་ཚིགས་བཅད་དངོས་གྲུབ་ཀུན་འབྱུང་། བླ་མ་རྒྱུད་སྡེ་བཞིའི་རྣལ་འབྱོར་རིམ་པར་ཕྱེ་བ་དངོས་གྲུབ་ཀུན་འབྱུང་། འཁོར་ལོ་སྡོམ་པའི་བླ་མའི་རྣལ་འབྱོར་དངོས་གྲུབ་ཀུན་འབྱུང་། བདེ་མཆོག་ལྷན་སྐྱེས་ཀྱི་བླ་མའི་རྣལ་འབྱོར་དངོས་གྲུབ་ཀུན་འབྱུང་། བླ་མ་འཁོར་ལོ་སྡོམ་པའི་རྣལ་འབྱོར་རྒྱས་པ་དངོས་གྲུབ་ཀུན་འབྱུང་། བདེ་མཆོག་དྲིལ་བུ་པའི་སྒྲུབ་ཐབས་དངོས་གྲུབ་ཀུན་འབྱུང་། རང་གི་གདན་ས་པ་རྗེ་ཆོས་སྐྱབས་རྡོ་རྗེ་ལ་གནང་བའི་མན་ངག་དངོས་གྲུབ་ཀུན་འབྱུང་། བདེ་མཆོག་ལུས་དཀྱིལ་སྒོམ་ཚུལ་གྱི་གནད་གསལ་བར་བསྟན་པའི་སྙིང་པོའི་མན་ངག་དངོས་གྲུབ་ཀུན་འབྱུང་། (༢༥བ)བླ་མ་གསང་བ་འདུས་པའི་སྒྲུབ་ཐབས་ཀྱི་སྙིང་པོ་དངོས་གྲུབ་ཀུན་འབྱུང་། བླ་མ་རྡོ་རྗེ་འཇིགས་བྱེད་ཀྱི་རྣལ་འབྱོར་རྒྱས་པ་དངོས་གྲུབ་ཀུན་འབྱུང་། བླ་མ་རྡོ་རྗེ་འཇིགས་བྱེད་ཡབ་ཡུམ་གྱི་རྣལ་འབྱོར་གྱི་སྙིང་པོ་དངོས་གྲུབ་ཀུན་འབྱུང་། འཇམ་དབྱངས་ཞི་ཁྲོ་སྦྲགས་སྒྲུབ་ཀྱི་སྙིང་པོའི་མན་ངག་དངོས་གྲུབ་ཀུན་འབྱུང་། གདོང་དྲུག་གི་སྒྲུབ་ཐབས་ཀྱི་སྙིང་པོ་རྒྱལ་བ་ཤཱཀྱ་ཐུབ་པའི་སྒྲུབ་ཐབས་གཉིས། བླ་མ་རྡོ་རྗེ་སེམས་དཔའི་རྣལ་འབྱོར་གྱི་སྙིང་པོ་དངོས་གྲུབ་ཀུན་འབྱུང་། བླ་མའི་རྣལ་འབྱོར་བསྡུས་པ་འཇམ་དབྱངས་དཀར་པོའི་སྒྲུབ་ཐབས་བླ་མའི་རྣལ་འབྱོར་དངོས་གྲུབ་ཀུན་འབྱུང་། འཇམ་དབྱངས་དམར་སེར་ལ་བརྟེན་པའི་བླ་མའི་རྣལ་འབྱོར་དངོས་གྲུབ་ཀུན་འབྱུང་། བླ་མ་སྤྱན་རས་གཟིགས་ཀྱི་རྣལ་འབྱོར་གྱི་སྙིང་པོ་དངོས་གྲུབ་ཀུན་འབྱུང་། སྒྲོལ་ལྗང་སྒྲུབ་ཐབས་གསོལ་འདེབས་དང་བཅས་པ། སྒྲོལ་དཀར་སྒྲུབ་ཐབས། ཡེ་ཤེས་ཀྱི་མཁའ་འགྲོ་སེང་གདོང་མའི་སྒྲུབ་ཐབས། མི་གཡོ་བའི་སྒྲུབ་ཐབས། རྟ་མགྲིན་གྱི་སྒྲུབ་ཐབས་རྒྱས་བསྡུས་གཉིས། ཕྱག་རྡོར་འཁོར་ཆེན་གྱི་སྒྲུབ་ཐབས་དངོས་གྲུབ་ཀུན་འབྱུང་། ཕྱག་རྡོར་གཏུམ་པོ་ཁྱུང་ལྔའི་སྒྲུབ་ཐབས་ཀྱི་སྙིང་པོ་མན་ངག་གིས་རྣམ་པར་བརྒྱན་པ་དངོས་གྲུབ་ཀུན་འབྱུང་། ཡེ་ཤེས་ཁྱུང་

ཁྲའི་སྒྲུབ་ཐབས། རིག་སྔགས་ཀྱི་རྒྱལ་མོ་ཡི་གེ་གཅིག་མའི་སྒྲུབ་ཐབས་ཐུན་མོང་མ་ཡིན་པ་དངོས་གྲུབ་ཀུན་འབྱུང་། བྱང་ཆུབ་ལམ་རིམ་གྱི་བླ་མའི་རྣལ་འབྱོར་དངོས་གྲུབ་ཀུན་འབྱུང་། ལམ་རིམ་གྱི་ཟུར་འདེབས་བསྡུས་པ་དངོས་གྲུབ་ཀུན་འབྱུང་། ལྷ་ཁྲིད་ཀྱི་སྙིང་(༢༨ན)པོ་དངོས་གྲུབ་ཀུན་འབྱུང་། དྲན་པ་བཞི་ལྡན་གྱི་ཁྲིད་ཀྱི་སྙིང་པོ་དངོས་གྲུབ་ཀུན་འབྱུང་། ཤེས་རབ་ཀྱི་ཕ་རོལ་ཏུ་ཕྱིན་པའི་སྙིང་པོའི་དོན་གཅོད་ཡུལ་སྟན་ཐོག་གཅིག་མ་དངོས་གྲུབ་ཀུན་འབྱུང་། ཐུན་དྲུག་གི་རྣལ་འབྱོར་གྱི་སྙིང་པོ་དངོས་གྲུབ་ཀུན་འབྱུང་། ཐེག་ཆེན་གསོ་སྦྱོང་གི་སྡོམ་པ་ལེན་པའི་ཆོག་དངོས་གྲུབ་ཀུན་འབྱུང་། འདུལ་བའི་བསླབ་བྱ་རྒྱ་མཚོའི་སྙིང་པོ་དངོས་གྲུབ་ཀུན་འབྱུང་། བྱང་སེམས་ཀྱི་བསླབ་བྱ་རྒྱ་མཚོ་ལས་མདོར་བསྡུས་པ་དངོས་གྲུབ་ཀུན་འབྱུང་། སྔགས་ཀྱི་བསླབ་བྱའི་སྙིང་པོ་དངོས་གྲུབ་ཀུན་འབྱུང་། ཚེ་དཔག་མེད་ཀྱི་སྒྲུབ་ཐབས་དངོས་གྲུབ་ཀུན་འབྱུང་། ཚེ་ཁྲིད་རྡོ་རྗེའི་རྣལ་འབྱོར་འཆི་བདག་ལས་རྒྱལ་བ་དང་། ལྷུན་པོ་རྡོ་རྗེ་ལ་གནང་བའི་ཚེ་སྒྲུབ། སློབ་དཔོན་བསམ་གཏན་འོད་ཟེར་ལ་གནང་བའི་ཚེ་སྒྲུབ། འབར་ལུགས་ཚེ་དབང་གི་ཆོ་ག་དངོས་གྲུབ་ཀུན་འབྱུང་། བདེ་མཆོག་དྲིལ་བུ་པའི་ལུགས་ཀྱི་བསྐྱེད་རིམ་དངོས་གྲུབ་ཀུན་འབྱུང་། ཐབས་ལམ་ནཱ་རོ་ཆོས་དྲུག་ལག་རྗེས་དངོས་གྲུབ་ཀུན་འབྱུང་། འཁོར་ལོ་སྡོམ་པའི་རྫོགས་རིམ་རྣལ་འབྱོར་ཆེན་པོ་དངོས་གྲུབ་ཀུན་འབྱུང་། དཔལ་གསང་བ་འདུས་པའི་དམར་ཁྲིད་ཀྱི་སྙིང་པོ་དངོས་གྲུབ་ཀུན་འབྱུང་། དཔལ་རྡོ་རྗེ་འཇིགས་བྱེད་ཀྱི་ཟབ་ཁྲིད་ལག་རྗེས་དང་བཅས་པ་དངོས་གྲུབ་ཀུན་འབྱུང་། གཤིན་རྗེའི་གཤེད་ཀྱི་བསད་ཟློག་བསྲུང་བའི་གདམས་པ། སྐྱབས་འགྲོ་སེམས་བསྐྱེད་སྨྲུན་འདྲེན་ཡན་ལག་བདུན་པ་བྱེད་ཚུལ་དངོས་གྲུབ་ཀུན་འབྱུང་། སྐྱབས་(༢༨བ)འགྲོའི་མན་ངག་དངོས་གྲུབ་ཀུན་འབྱུང་། ཐེག་ཆེན་ཐུན་མོང་མ་ཡིན་པའི་སྐྱབས་འགྲོའི་ཉམས་ལེན་སྙིང་པོ་དངོས་གྲུབ་ཀུན་འབྱུང་། ཐེག་ཆེན་ཐུན་

མོང་བའི་སྐྱབས་འགྲོའི་ཉམས་ལེན་གྱི་སྙིང་པོ་དངོས་གྲུབ་ཀུན་འབྱུང་། བླ་མ་བདེ་མཆོག་ལྷན་སྐྱེས་ཡབ་ཡུམ་སྒྲུབ་པའི་མན་ངག་གི་སྙིང་པོ་དངོས་གྲུབ་ཀུན་འབྱུང་། བདེ་མཆོག་གི་བསྐྱེད་རིམ་གྱི་སྙིང་པོ་བདེ་མཆོག་ལྷན་སྐྱེས་ལ་བརྟེན་ནས་ཉམས་སུ་ལེན་ཚུལ་དངོས་གྲུབ་ཀུན་འབྱུང་། བདེ་མཆོག་གི་བསྐྱེད་རིམ་གནད་བསྡུས་དང་དེའི་གཞལ་ཡས་ཁང་སྒོམ་ཚུལ་དངོས་གྲུབ་ཀུན་འབྱུང་། དྲིལ་བུ་ལུགས་ཀྱི་དཔལ་འཁོར་ལོ་བདེ་མཆོག་གི་དབང་ཆོག་དངོས་གྲུབ་ཀུན་འབྱུང་། བདེ་མཆོག་དྲིལ་བུ་ལུགས་ཀྱི་སྨོན་ལམ་ཤིས་བརྗོད། བཅོམ་ལྡན་འདས་འཁོར་ལོ་སྡོམ་པ་དྲིལ་བུ་པའི་ལུས་དཀྱིལ་གྱི་རྫོགས་རིམ་རིམ་པ་ལྔའི་དམར་ཁྲིད་ཟབ་མོ་དངོས་གྲུབ་ཀུན་འབྱུང་། ཕྱག་རྒྱ་སྒྲོག་རྫོལ་གྱི་མན་ངག་ཐུན་མོང་མ་ཡིན་པ་སོགས་བསྐྱེད་རྫོགས་ཀྱི་ཟབ་གནད་ཀྱི་ཡིག་ཆུང་། ཡིག་ཆུང་གི་སྡེབས་མན་ངག་ཤིན་ཏུ་ཟབ་མོ་ཞལ་ཤེས་ཡི་གེར་བཀོད་པ། རིམ་གཉིས་ཀྱི་དཀའ་གནད་མན་ངག་ཟབ་མོ། དཔལ་གསང་བ་འདུས་པའི་རྟེན་གྱི་དཀྱིལ་འཁོར་ཕྱིན་ཅི་མ་ལོག་པའི་གསལ་བྱེད། བླ་མ་འཇམ་དབྱངས་དཀར་པོའི་སྒྲུབ་ཐབས། བླ་མ་རྡོ་རྗེ་འཆང་གི་རྣལ་འབྱོར་གྱི་སྙིང་པོའི་མན་ངག །བླ་མ་རྡོ་རྗེ་འཆང་ཡབ་ཡུམ་གྱི་སྒྲུབ་ཐབས། བླ་མ་རྡོ་རྗེ་འཇིགས་བྱེད་ཀྱི་རྫོགས་རིམ་གྱི་མན་ངག་གི་(༢༧ན)སྙིང་པོ། བླ་མ་འཇམ་དཔལ་ཞི་བའི་སྒྲུབ་ཐབས་ལྷག་པའི་ལྷ་ཚེ་དང་ཡེ་ཤེས་དཔག་ཏུ་མེད་པའི་སྒྲུབ་ཐབས་ཀྱི་སྐོར་རིམ་པར་ཕྱེ་བ་ཚན་པ་བཅུ་བདུན། གྲུབ་ཆེན་ཆེམ་བུ་ལུགས་ཀྱི་སྤྱན་རས་གཟིགས་ཀྱི་དམར་ཁྲིད་ཀྱི་སྙིང་པོ་མན་ངག་གིས་རྣམ་པར་བརྒྱན་པ་དངོས་གྲུབ་ཀུན་འབྱུང་། གྲུབ་ཆེན་ཆེམ་བུ་ལུགས་ཀྱི་མན་ངག་སྤྱན་རས་གཟིགས་ཀྱི་དམར་ཁྲིད་ཀྱི་སྙིང་པོ་ཉམས་ལེན་དུ་བསྡུས་པ་མན་ངག་གིས་རྣམ་པར་བརྒྱན་པ་དངོས་གྲུབ་ཀུན་འབྱུང་། རྟ་མགྲིན་གྱི་སྒྲུབ་ཐབས་ཀྱི་རིམ་པ་ཚན་པ་གསུམ། དགེ་བསྙེན་གྱི་སྡོམ་པ་འབོགས་ཆོག་དགེ་སློང་གི་བསླབ་བྱ་རྒྱས་པ། གཏོར་མ་བརྒྱ་རྩའི་

རིམ་པ་དངོས་གྲུབ་ཀུན་འབྱུང་། རྒྱལ་བ་བློ་བཟང་གྲགས་པའི་རྣལ་འབྱོར། ཡི་དམ་དང་ཡེ་ཤེས་འཕགས་པ་སྲུང་མར་བཅས་པ་སོགས་ལ་གཏོར་མ་འབུལ་བའི་ཆོ་ག །ཚ་བསུར་གྱི་རིམ་པ། བླ་མ་ཕྱག་དྲུག་ཡེ་ཤེས་མགོན་པོའི་རྣལ་འབྱོར་གྱི་རིམ་པར་ཕྱེ་བ་དངོས་གྲུབ་ཀུན་འབྱུང་ཚན་པ་བཞི། མགོན་དཀར་ཡིད་བཞིན་ནོར་བུའི་སྒྲུབ་ཐབས། གྲིབ་སེལ་མགོན་པོའི་གནད་འབེབས། མྱུར་མཛད་ཡེ་ཤེས་མགོན་པོའི་ཆོས་སྐོར་གྱི་བླ་མ་བརྒྱུད་པའི་རིམ་པ། དཔལ་མགོན་སྟེ་ལྷ་ལ་མཆོད་གཏོར་འབུལ་ཚུལ་འཕྲེར་བདེ་བ། ཆོས་སྐྱོང་སྤྱི་ལ་གཏོར་མ་འབུལ་ཚུལ། བླ་མ་འཇམ་དཔལ་གཤིན་རྗེའི་གཤེད་དང་སྐྱེས་བུ་གསུམ་གྱི་ཆོས་སྐྱོང་བསྟེན་ཚུལ། དཔལ་ལྡན་ལྷ་མོ་རྡོ་རྗེ་རབ་བརྟན་མ་ལ་མཆོད་གཏོར་(༡༧བ)འབུལ་ཚུལ་གྱི་རིམ་པ་ཚན་པ་གསུམ། གཏེར་དྲུང་གི་ལོ་རྒྱུས། གྲུབ་ཆེན་མི་ཏྲའི་ལམ་སྒྲོལ་སྙིང་པོ་དོན་གསུམ་ཞེས་གྲགས་པ་སྤྱན་རས་གཟིགས་སྒྲུབ་པའི་མན་ངག་གི་སྙིང་པོ། ལྷ་ཁྲིད། བཅོམ་ལྡན་འདས་མི་འཁྲུགས་པ་ལ་བརྟེན་ནས་སྒྲིབ་པ་སྦྱོང་ཚུལ། ཕྱག་དྲུག་སྒྲུབ་སྐོར་ལ་མགོན་པོ་བྲམ་ཆེན་གྱི་སྒྲུབ་ཐབས། ལྷ་བཞི་དྲིལ་སྒྲུབ། མགོན་པོ་ཚེ་བདག་གི་སྒྲུབ་ཐབས། མགོན་པོ་དབང་རྒྱལ་སྒྲུབ་ཐབས། ཡེ་ཤེས་མགོན་པོ་གསང་སྒྲུབ། མགོན་པོ་ཡིད་བཞིན་ནོར་བུའི་སྒྲུབ་ཐབས་རྗེས་གནང་འཁོར་ལོའི་མན་ངག་དང་བཅས་པ། གྲིབ་སེལ་དབང་སྐུར། གནད་འབེབས། རྟེན་གཞི་གནད་གསུམ། ཡང་དབང་སྐུར་དང་ནང་སྒྲུབ། ཧཱུྃ་དྲུག་གི་ཞལ་ཤེས་དམིགས་སྐོར། སྙིང་ཞུགས་འཕོ་བ་ཞལ་ཤེས་དང་བཅས་པ་རྒྱས་བསྡུས། བླ་མ་མགོན་པོ་དབྱེར་མེད་ཀྱི་ཞལ་ཤེས་གཉིས། ལས་སྦྱོར་དང་གྲིབ་སེལ་གྱི་དམིགས་སྐོར། དམ་ཅན་གཤིན་རྗེའི་རྒྱལ་པོའི་སྒྲུབ་ཡིག་རྒྱས་འབྲིང་བསྡུས་གསུམ། གཤིན་རྗེ་དཀར་སེར་དམར་པོ་ལ་བརྟེན་པའི་ཞི་རྒྱས་དབང་གསུམ་གྱི་མན་ངག །གཤིན་རྗེ་དམར་པོ་ལ་བརྟེན་པའི་དབང་གི་འཕྲིན་ལས་སྒྲུབ་ཚུལ། གཤིན་

རྗེ་དཀར་སེར་སྤྲུགས་སྒྲུབ་ལ་བརྟེན་པའི་ཞི་རྒྱས་དངོས་གྲུབ་སྒྲུབ་པའི་མན་ངག །ལྷ་མོ་ཕྱུག་བཞི་མའི་སྒྲུབ་ཐབས། མ་ཅིག་རྡོ་རྗེ་རབ་བརྟན་མ་ལ་མཆོད་གཏོར་འབུལ་ཚུལ། ཆོས་སྐྱོང་སྤྱིའི་བསྐུལ། བྲུལ་གཏོར་གྱི་ཆོག །གཏོར་མའི་བསྔོ་བ། ཚུའི་བཙུད་ལེན་གྱི་སྙིང་པོ། (༢༤ན)ཁྲིས་སྐུ་མཐོང་བ་དོན་ལྡན་འབྲི་ཚུལ། རྟེན་ལ་གཟུངས་གཞུག་འབུལ་ཚུལ་སོགས་ཉེ་བར་མཁོ་བའི་རིམ་པ། བཀྲ་ཤིས་ལྷུན་པོར་བཞེངས་གཉེན་བྱོན་པ་དང་འབྱོན་འགྱུར་གྱི་བཞེངས་གཉེན་ལུང་བསྟན། སྙིང་པོའི་མན་ངག་གི་དོགས་གཅོད་དང་སྤྲུལ་སྐུ་བསོད་ནམས་རྒྱ་མཚོའི་ལུང་བསྟན། རྗེ་བླ་མའི་བསྟན་པའི་གནས་ཚད། ཀུན་མཁྱེན་ལེགས་དོན་པའི་གསང་མཚན་གྱི་དོགས་གཅོད་འཕྲོས་དང་བཅས་པ། ལུང་བསྟན་གདམས་ངག་མ་བཀའ་རྒྱ་བཏབ་པ་འཕྲོས་དང་བཅས་པ། ཤཱཀྱ་པ་བློ་གྲོས་རྒྱལ་མཚན་ལུང་བསྟན་པ། ཆབ་མདོ་ཆོས་རྗེ་མི་གཡོ་སྙིང་པོའི་ཞུས་ལན། ལུང་བསྟན་གསང་བའི་མེ་ལོང་ལས་དགེ་ལྡན་བསྟན་འཛིན་ཇི་ལྟར་འབྱུང་བ་ཆེ་ལོང་ཙམ་གྱི་ལུང་བསྟན་པ། རྗེ་དགེ་འདུན་བློ་བཟང་གི་ཞུ་ལན། མཁས་གྲུབ་ལེགས་པ་དོན་གྲུབ་ཀྱི་རྣམ་ཐར། ལེགས་པ་དོན་གྲུབ་ཀྱི་གསང་བའི་རྣམ་ཐར། རྗེ་སྐྱབས་མཆོག་དཔལ་བཟང་གི་རྣམ་ཐར་དང་གསང་བའི་རྣམ་ཐར། བསྔོ་བའི་རིམ་པ། ལྷ་བའི་ཡིག་ཆུང་། འཇམ་དབྱངས་དམར་སེར་ལ་བརྟེན་པའི་བླ་མའི་རྣལ་འབྱོར། བླ་མ་འཇིགས་བྱེད་ཡབ་ཡུམ་གྱི་རྣལ་འབྱོར་གྱི་སྙིང་པོ། ཆོས་རྒྱལ་ནང་སྒྲུབ་འཁོར་བཅས་ཀྱི་སྒྲུབ་ཡིག་འབྲིང་པོ་རྣམས་མཛད་དོ། །

དེ་ལྟར་རྒྱལ་བ་དབེན་ས་པ་ཆེན་པོས་སྐུ་དངོས་ཀྱིས་གདུལ་བའི་མཛད་པ་མཐར་ཕྱིན་པར་མཛད་ནས། དཔའ་བོ་གཡུལ་ལས་རྒྱལ་བའམ། དེད་དཔོན་ནོར་བུ་ལོན་ནས་རང་ཡུལ་དུ་ལོག་པ་ལྟར་དུ། ཚེར་མ་(༢༤བ)ལ་བརྟེན་པའི་བརྟེན་ཚུལ་ཅུང་ཟད་བསྟན་པའི་མུ་ནས། རྗེ་བཙུན་བླ་མ་དམ་པ་སངས་རྒྱས་ཡེ་ཤེས་ཉིད་ཀྱི་རྒྱལ་ཚབ་

ཏུ་མངོན་པར་དབང་བསྐུར་ཏེ་ཟད་བྱེད་ཅེས་པའི་ལོ་ཆོ་འཕྲུལ་ཟླ་བའི་ཉེར་གསུམ་ལ་ཐ་མལ་གྱི་གཟུགས་སྐུའི་བཀོད་པ་ཆོས་ཀྱི་དབྱིངས་སུ་བསྡུ་བར་མཛད། དེའི་ཚེ་དགུང་ཞག་མ་གྲོལ་གྱི་བར་དུ་ནམ་མཁའ་ལས་ལྷ་རྣམས་ཀྱི་མེ་ཏོག་གི་ཆར་འབེབས་པ་དང་། འཇའ་འོད་ཀྱི་བླ་བྲེ་ཕྱོགས་མཚམས་སུ་བྲེས་པ་ལ་སོགས་པ་སྐྱེ་བོ་ཀུན་གྱི་ཡིད་འཕྲོག་པའི་ལྟས་དང་མཚན་མ་ངོ་མཚར་བ་བསམ་གྱིས་མི་ཁྱབ་པ་བྱུང་བར་གྱུར་ཏོ། །དེ་ནས་དད་ལྡན་ཐམས་ཅད་ཀྱིས་སྐུ་གདུང་རིན་པོ་ཆེ་ལ་ཕྱི་ནང་གསང་བ་དེ་ཁོ་ན་ཉིད་ཀྱི་མཆོད་པ་ཚད་མེད་པས་མཆོད་དེ་སྨོན་ལམ་བཏབ་ནས་འཛམ་མགོན་སྟོན་རྒྱུད་ཀྱི་བསྟན་པ་ནམ་ཡང་མི་ཉམས་པར་འཕེལ་བའི་རྟེན་འབྲེལ་དུ་སྐུ་གདུང་རིལ་པོར་མ་ཉམས་པ་དབེན་ས་ཆོས་ཀྱི་ཕོ་བྲང་ཉིད་ན་ལྷ་དང་བཅས་པའི་འགྲོ་བ་ཡོངས་ཀྱི་བསོད་ནམས་ཀྱི་ཞིང་དུ་བྱིན་རླབས་ཀྱི་གཞི་འོད་འབར་བར་བཞུགས་སོ། །

དེས་ན་བྱང་ཆུབ་ལམ་གྱི་རིམ་པ་ལ་བློ་སྦྱོང་བར་འདོད་པ་རྣམས་ཀྱིས་རྒྱལ་བ་དབེན་ས་པ་ཆེན་པོ་བློ་བཟང་དོན་གྲུབ་ལ་གསོལ་བ་འདེབས་ཤིང་། བདག་ཉིད་ཆེན་པོ་འདིའི་རྣམ་ཐར་ལྟར་ཚེ་འདིའི་བྱ་བྱེད་བྱིས་པའི་རོལ་རྩེད་དང་འབྲས་བུ་མེད་པའི་སྦྲུན་པ་ཕྱུར་བ་དང་སྨྲོན་པའི་ཟློས་གར་ལྟར་བལྟས་ཏེ་ཚེ་འདིའི་འཁྲི་བ་ཆོད་པ་ཞིག་བྱ་བ་དང་། འཁོར་བའི་ཕུན་ཚོགས་དུག་སྦྲུལ་གྱི་གདེངས་ཀའི་གྲིབ་བསིལ་ལྟར་ཡིད་བརྟན་མི་རུང་བ་གནོད་པ་དུ་མའི་(༢༩ན)འབྱུང་གནས་སུ་བལྟས་ཏེ་སྲིད་པ་མཐའ་དག་ལ་ཞེན་པ་ལོག་པའི་ངེས་འབྱུང་བཅོས་མ་མིན་པ་ཞིག་བསྐྱེད་པ་དང་། བདག་པས་གཞན་གཅེས་པའི་བྱང་ཆུབ་ཀྱི་སེམས་རིན་པོ་ཆེ་རྒྱུད་ལ་བསྐྱེད་ཅི་ཐུབ་བྱ་བ་དང་། ཆོས་ཐམས་ཅད་སྣང་ཞིང་སྟོང་པ་སྟོང་ཞིང་སྣང་བའི་རྟེན་འབྲེལ་ཟབ་མོའི་ཚུལ་ལ་ངེས་པ་གདིང་ཚུགས་པ་ཞིག་བཅལ་ལ་གང་སྣང་སྒྱུ་མའི་རྣམ་རོལ་ཏུ་བལྟ་

བ་དང་། ཟབ་ལམ་བླ་མ་ལྷའི་རྣལ་འབྱོར་ལམ་གྱི་སྲོག་ཏུ་བྱས་ཏེ་བསྐྱེད་རྫོགས་ཟུང་འབྲེལ་ལ་སློབ་པ་དང་། འཇམ་མགོན་སྟོན་རྒྱུད་ཀྱི་མན་ངག་ཐོབ་པར་བྱས་ལ་དཔེན་པའི་རི་ཤུལ་དུ་སྒྲུབ་པ་མཐར་ཕྱིན་པ་ཞིག་བྱ་བ་ལ་སྐྱེས་བུའི་རྩལ་ཅི་ཡོད་ཀྱིས་འབད་ཅིང་ཐ་ན་སྨོན་ལམ་གྱི་ཡུལ་དུའང་བྱས་ཏེ་བློ་སྦྱོང་བར་བྱའོ།། །།

མཁས་གྲུབ་སངས་རྒྱས་ཡེ་ཤེས་ཀྱི་རྣམ་ཐར།

སྔོན་ཚེ་ཐུགས་བསྐྱེད་སྨོན་ལམ་གྲུབ་པའི་མཐུས། །ད་ལྟ་བློ་བཟང་བསྟན་པའི་སྙིང་པོ་འཛིན། །དགག་སྒྲུབ་སྤངས་བླང་བྲལ་བའི་རྣལ་འབྱོར་པ། །སངས་རྒྱས་ཡེ་ཤེས་ཞབས་ལ་གསོལ་བ་འདེབས། །ཞེས་བསྟགས་པ། མཁས་གྲུབ་སངས་རྒྱས་ཡེ་ཤེས་ནི། གཙང་རོང་གི་ཡུལ་ལྷན་དྲུག་བརྒྱར་ཡབ་དགེ་བསྙེན་རྡོ་རྗེ་འཛིན་པ་བླ་མ་རིན་ཆེན་ཞེས་བྱ་བ་དང་། ཡུམ་ཆོས་བསྟན་ཞེས་བྱ་བ་གཡོ་སྒྱུ་མེད་ལ་རང་བཞིན་གྱིས་ཉོན་མོངས་ཆུང་བ། ངོ་ཚ་ཁྲེལ་ཡོད་དང་ལྡན་པ། སྐྱེ་བོ་ཀུན་གྱི་ཡིད་དུ་འོང་བ་ཞིག་ཡོད་པ་དེ་གཉིས་ཀྱི་སྲས་སུ་སྐྱོང་ཞེས་པ་ཤིང་མོ་བྱའི་ལོ་ངོ་མཚར་བའི་ལྟས་དང་བཅས་ཏེ་འཁྲུངས་སོ། །(༡༩བ)འཁྲུངས་མ་ཐག་ཏུ་ཡབ་ཡུམ་གཉིས་ཀྱིས་ཁྲུས་བྱ་བ་དང་དཀར་ཕྱོགས་ཀྱི་ལྷ་རྣམས་མཆོད་པ་དང་། དགེ་འདུན་གྱི་སྡེ་ལ་བསྙེན་བཀུར་བ་དང་། གཉེན་བཤེས་རྣམས་ཚོགས་ཏེ་དགའ་སྟོན་བྱ་བ་སོགས་བཅས་སྟོན་ལུགས་དང་མཐུན་པར་བྱས་སོ། །དེ་ལྟར་འཁྲུངས་པའི་གཞོན་ནུ་དེ་ནི། གཟུགས་བཟང་བ། བལྟ་ན་སྡུག་པ། མཛེས་པ། གསལ་བ། པགས་པའི་མདོག་དཀར་བ། མགོ་གདུགས་ལྟ་བུ། ལག་པ་རིང་བ། དཔྲལ་བའི་དབྱེས་ཆེ་བ། སྨིན་མ་འཛར་བ། སྣའི་གཟེངས་མཐོ་བ། འཛིག་རྟེན་ཀུན་གྱི་མིག་གི་བདུད་རྩི་ལྟ་བུ་ཞིག་ཡོད་པར་གྲགས

སོ། །དེ་ཡང་ཡབ་ཡུམ་དེ་གཉིས་ལ་སྲས་བཞི་མངའ་བས་བདག་ཉིད་ཆེན་པོ་འདི་ཆུང་བ་ཡིན་ལ། དེ་འདྲ་བའི་རྒྱལ་སྲས་གཞོན་ནུ་དེ་ཡབ་ཡུམ་གཙེན་རྣམས་དང་བཅས་པས་ཀུང་སློན་གྱི་མུ་གུ་ལྟར་བསྐྱངས་པས་རྫིང་གི་པདྨ་ལྟར་དུ་སྐྱེ་དྲག་པར་གྱུར་ཏོ། །

དེ་ལྟ་བུའི་རྒྱལ་སྲས་དེ་སྐུ་ན་ཤིན་ཏུ་ཕྲ་བའི་སྐབས་ཉིད་ནའང་སྔོན་ཡུན་རིང་པོ་ནས་ལམ་ལ་གོམས་པའི་བག་ཆགས་བརྟས་པས་རྒྱུད་འཇམ་ཞིང་དེས་པ་དང་། བྱིས་པའི་སྤྱོད་པ་ངན་པ་གང་གིའང་དབང་དུ་མི་འགྲོ་ཞིང་སྐྱེས་རབས་དུ་མར་པཎ་གྲུབ་ཀྱི་སྐྱེ་བ་བརྒྱུད་མར་བཞེས་པའི་བག་ཆགས་ཀྱིས་རེས་འགའ་ནི་སློབ་དཔོན་གྱི་ཚུལ་དུ་བདག་ཉིད་ཆོས་འཆད་པ་དང་། རེས་འགའ་ནི་ཏིང་ངེ་འཛིན་སྒོམ་པ་དང་། རེས་འགའ་ནི་ཆོས་ཀྱི་གཏམ་བྱེད་པ་ལ་སོགས་པའི་ཆོས་ཀྱི་རྩེད་མོ་འབའ་ཞིག་མཛད་ཅིང་། དེའི་དུས་སུ་རྗེ་གྲུབ་པའི་དབང་ཕྱུག་དབེན་ས་པ་ཆེན་པོས་གཞོན་ནུ་དེ་གཟིགས་པ་(༣༠ན)ན་ཇི་ལྟར་འཁོར་ལོས་བསྒྱུར་བའི་རྒྱལ་པོ་ལ་བུ་གཅིག་བྱུང་ན་བུ་ཆུང་ངུ་དེ་ལ་དགའ་བ་དང་ཡིད་དུ་འོང་བ་དང་མ་འོངས་པ་ན་རྒྱལ་ཚབ་ཏུ་འགྱུར་བའི་རེ་བས་ཤིན་ཏུ་གཅེས་པར་བྱེད་པ་ཇི་ལྟ་བར་རྒྱལ་བ་དབེན་ས་པ་ཆེན་པོས་རྒྱལ་སྲས་གཞོན་ནུ་དེ་མ་འོངས་པ་ན་རང་གི་ཆོས་ཀྱི་རྒྱལ་ཚབ་ཏུ་འགྱུར་བར་མཁྱེན་ནས་མཉེས་པའི་ཚུལ་མཛད་ཅིང་། ཡབ་ཡུམ་གཉིས་ལའང་གཅེས་སྤྲས་སུ་བྱ་དགོས་པར་གདམས་སོ། །

དེ་ནས་རྒྱལ་སྲས་གཞོན་ནུ་དེ་ཚེ་རབས་མང་པོར་ངེས་འབྱུང་གི་ཚུལ་ཁྲིམས་གོམས་པར་བྱས་པའི་མཐུས་གཞན་གྱིས་བསྐུལ་བ་ལ་མི་ལྟོས་པར། སྐྱེས་རབས་ལས། གལ་ཏེ་ཆོས་སྤྱོད་ཁྱིམ་གྱི་སོ་ནམ་འཚོར། ཁྱིམ་ལ་ཕྱོགས་ན་ཆོས་ཀུང་ག་ལ་འགྲུབ། །ཆོས་ཀྱི་ལས་ནི་རབ་ཏུ་ཞི་བ་ཡིན། ཁྱིམ་གྱི་དོན་ནི་དྲག་ཤུལ་ཅན་གྱིས་འགྲུབ། །དེ་བས་ཆོས་དང་འགལ་བའི་སྐྱོན་ཡོད་ཕྱིར། །བདག་ལ་ཕན་འདོད་སུ

ཞིག་ཁྱིམ་ན་གནས། །ཞེས་གསུངས་པ་ལྟར། ཁྱིམ་གྱི་གནས་ནི་ཉོན་མོངས་པ་དང་ཉེས་སྤྱོད་དུ་མའི་འབྱུང་གནས་སུ་གཟིགས་ཤིང་། གཉེན་དང་ཉེ་དུ་རྣམས་ནི་ཐར་ལམ་བགྲོད་པ་ལ་གེགས་བྱེད་པ་བཙོན་རའི་གཤེད་མ་ལྟ་བུར་གཟིགས་ནས་རྒྱལ་བའི་བསྟན་པ་ལ་རབ་ཏུ་འབྱུང་བར་འདོད་པ་བཙོས་མ་མིན་པ་སྐྱེས་ཤིང་། ཡབ་ཡུམ་གཅེན་རྣམས་དང་བཅས་པས་མཐུན་པའི་རྐྱེན་སྦྱར་ཏེ་དགུང་ལོ་བཅུ་ཙམ་ལ་ཉེ་བ་ན། མདོ་སྔགས་ཀྱི་གདམས་པའི་གཏེར་དུ་གྱུར་པ་ཡོངས་ཀྱི་དགེ་བའི་བཤེས་གཉེན་(༣༠བ)ཡོན་ཏན་བཟང་པོའི་དྲུང་དུ་ཡོངས་རྫོགས་དགེ་བསྙེན་གྱི་སྡོམ་པ་བཞེས། མཚན་ཆོས་སྐྱབས་རྡོ་རྗེ་ཞེས་བཏགས་སོ། །དེ་ནས་ཡི་གེའི་ཕྱི་མོ་ཀློག་པ་དང་བཏའ་སྤྲོད་ཀྱི་གཙུག་ལག་འདོན་པ་དང་། ཆོས་སྤྱོད་ཐོར་བུ་བ་དག་འཛིན་པ་སོགས་དེ་དང་དེའི་གྲར་ཞུགས་པ་ཙམ་གྱིས་དཀའ་ཚེགས་མེད་པར་ཐུགས་སུ་ཆུད། དེ་ནས་བ་སོ་ལྷུན་གྲུབ་བདེ་ཆེན་དུ་ཡོངས་ཀྱི་དགེ་བའི་བཤེས་གཉེན་ཡོན་ཏན་བཟང་པོ་ལ་མཁན་པོར་གསོལ་བ་བཏབ་སྟེ་ཚོགས་སྟ་མ་དགེ་ཚུལ་གྱི་སྡོམ་པ་ཡང་དག་པར་བཞེས་ཤིང་། རྒྱལ་སྲས་གཞོན་ནུ་དེ་རྟགས་ཆ་ལུགས་བརྗེས་ཏེ་ཆོས་གོས་དུར་སྨྲིག་བགོས་མཱུར་དུ་འཚང་རྒྱ་བའི་རྟེན་འབྲེལ་དུ་མཚན་སངས་རྒྱས་ཡེ་ཤེས་ཞེས་བཏགས། དྲང་སྲོང་གི་སྣོད་ལྟུང་བཟེད་ལག་ཏུ་ཐོགས་པ་ལྟ་དང་བཅས་པའི་འགྲོ་བ་མཐའ་དག་གི་ཡོན་གནས་དམ་པ་ཐུབ་པའི་དབང་པོ་གཉིས་པ་ལྟ་བུར་གྱུར་ཏོ། །

དེ་ནས་མཁས་གྲུབ་སངས་རྒྱས་ཡེ་ཤེས་ཀྱིས་བླ་མ་ཡོན་ཏན་བཟང་པོའི་དྲུང་དུ་དཔལ་རྡོ་རྗེ་འཇིགས་བྱེད་དང་། གསང་བ་འདུས་པ། མི་བསྐྱོད་པའི་དབང་བཞི་ཡོངས་རྫོགས་དང་། ཚེ་དབང་དང་། མགོན་པོའི་དབང་རྗེས་གནང་སོགས་ཀྱིས་མཚོན་དབང་རྗེས་གནང་དུ་མ་དང་། བཀའ་གདམས་གླེགས་བམ་གྱི་ལུང་ལ་སོགས་པ་དམ་པའི་ཆོས་མང་དུ་གསན་ནོ། །དེ་ནས་མཁས་གྲུབ་སངས་རྒྱས་ཡེ་ཤེས་ཀྱི་ཐུགས

ལ་འདི་ལྟར་དགོངས་པར་ངེས་ཏེ། བླང་དོར་གནས་ལ་ཀུན་ནས་འཐོམས་པའི་མུན། །ཡང་དག་ཐོས་པའི་སྒྲོན་མེས་མ་བསལ་བར། །ལམ་མི་ཤེས་ན་ཐར་(༣༡ན)པའི་གྲོང་མཆོག་ཏུ། །འཇུག་པར་འགྱུར་བ་སྨོས་ཀྱང་ཅི་ཞིག་དགོས། །དེ་ཉིད་ཕྱིར་ན་མི་ཕམ་ཆོས་རྗེ་དང་། །འཛམ་གླིང་རྒྱན་དྲུག་མཆོག་གཉིས་ཞེས་གྲགས་པའི། །གཞུང་ལ་ཕྱོགས་རེ་བ་དང་རགས་པ་རེས། །ཆིམ་པར་མ་བྱས་ཀུན་ལ་ཞིབ་ཏུ་སྦྱངས། །ཞེས་གསུངས་པ་ལྟར། མཁས་མང་འདུས་པའི་དབུས་སུ་ཤིང་རྟ་ཆེན་པོའི་གཞུང་རྣམས་ལ་སྦྱོང་བར་བཞེད་དེ་དགུང་ལོ་བཅོ་ལྔ་ལ་བབ་པ་སྦྱར་བྱེད་ཀྱི་ལོའི་དགུན་ཆོས་ཐོག་ཆོས་གྲྭ་ཆེན་པོ་བཀྲ་ཤིས་ལྷུན་པོར་ཕེབས་ཏེ་ཐོས་བསམ་གླིང་གི་གདན་ས་པ་རིགས་པའི་དབང་ཕྱུག་བརྩོན་འགྲུས་རྒྱལ་མཚན་གྱི་དྲུང་དུ་མཚན་ཉིད་དང་མཚོན་ཆའི་རྣམ་གཞག་སོགས་སྦྱོར་བ་རྩེ་བ་ལ་ཞུགས་ཤིང་ཆོས་བཀའ་ཅི་རིགས་པ་ཡང་གསན་ནོ། །ལོ་དེའི་དཔྱིད་མཁས་གྲུབ་སངས་རྒྱས་ཡེ་ཤེས་ བླ་གྲོགས་གསུམ་བཞི་ཙམ་བསྟེབས་བཅས་ཏེ་སེ་རར་མཁས་པའི་དབང་པོ་རྗེ་བཙུན་དམ་པ་ཆོས་ཀྱི་རྒྱལ་མཚན་པའི་དྲུང་དུ་ཕེབས་པར་བཀའ་བགྲོས་པ་ལས། གྲོགས་པོ་ཞིག་ན་རེ། ད་ནི་རྗེ་བཙུན་ཆོས་ཀྱི་རྒྱལ་མཚན་རང་ཉིད་ཀྱི་དངོས་སློབ་མཁས་པའི་བུ་བ་གསུམ་ལ་འགྲན་ཟླ་དང་བྲལ་བའི་ཆོས་ཀྱི་རྗེ་ཧྲ་ནག་པ་དགེ་འདུན་བློ་བཟང་ཞེས་བྱ་བ། ལེགས་གྲུབ་གྲྭ་ཚང་ན་བཞུགས་པ་དེའི་དྲུང་དུ་ཕྱིན་པ་འཐད་ཟེར། དེར་སྐྱེ་བ་སྔ་མ་མང་པོར་འཛམ་དབྱངས་དགེ་འདུན་བློ་བཟང་དང་དཔོན་སློབ་ཏུ་གྱུར་པའི་ལས་འབྲེལ་གྱི་མཐུས་འཛམ་དབྱངས་དགེ་འདུན་བློ་བཟང་གི་མཚན་ཐོས་པ་ཙམ་གྱིས་བ་སྤུ་ལྡང་ཞིང་མཆི(༣༡བ)མ་འཁྲུག་པ་ཞིག་བྱུང་བས་ལེགས་གྲུབ་གྲྭ་ཚང་དུ་སློབ་གཉེར་ལ་འགྲོ་བར་ཞལ་གྱི་བཞེས། དེ་ནས་མྱང་སྟོད་དུ་བྱོན་པ་ན་ལེགས་གྲུབ་གྲྭ་ཚང་པ་རྣམས་འབྲས་མོའི་དཔྱིད་ཆོས་ལ་འཛོམ་པ་དང་དུས་མཚུངས་ཏེ། འཇམ་པའི་དབྱངས་དགེ་

འདུན་བློ་བཟང་པའི་ཞབས་རྟུལ་སྤྱི་བོས་བླངས་ནས། ཐོག་མར་མཚན་མཆོན་གྱི་རྣམ་གཞག །སྤྱི་དང་བྱེ་བྲག་གི་རྣམ་གཞག །དྲུག་སྒྲ་དང་བྱེད་ཚིག་སོགས་རྣམ་དབྱེའི་རྣམ་གཞག །རྟགས་དང་ཐལ་འགྱུར་འཕེན་ལུགས་སོགས་རིགས་པའི་སྒོ་འབྱེད་སྦྱོར་བ་བརྒྱ་བ་སོགས་མཛད་པས་རིགས་པའི་སྒོ་ལེགས་པར་ཕྱེ་སྟེ། མཐར་དགུན་ཆོས་ལ་འཇམ་དབྱངས་དགེ་འདུན་བློ་བཟང་གི་དྲུང་དུ་ཚད་མ་རྣམ་འགྲེལ་གྱི་སྤྱི་དོན་དང་། མཐའ་གཅོད་མཇུབ་ཁྲིད་སོགས་བཀའ་ལུང་ཡང་དག་པར་མནོས་སོ། །དེའི་ཚེ་འཇམ་དབྱངས་དགེ་འདུན་བློ་བཟང་གིས་ཐེག་པ་གསུམ་གྱི་ལམ་གྱི་གནད་ཐམས་ཅད་དྲི་མ་མེད་པའི་རིགས་པའི་ལམ་ནས་དྲངས་ཏེ་གདན་ལ་འབེབས་པ་ལ་ཟླ་དང་བྲལ་བའི་བསྟན་བཅོས་ཚད་མ་རྣམ་འགྲེལ་གྱི་དོན་དཔྱིས་ཕྱིན་པར་བཤད་དེ་ཐོག་མར་རྒྱ་བ་དྲངས་ཏེ་འཕྲོས་མཚམས་སྦྱར། དེ་ནས་བརྗོད་བྱའི་ཁོག་ཕུག་པའི་སྤྱི་དོན། དེ་ནས་ལམ་གྱི་ཡན་ལག་མཐའ་དག་ལ་ངེས་ཤེས་དྲང་བའི་ཕྱིར་མཐའ་གཅོད། གཞུང་རང་རང་གི་བརྗོད་བྱའི་སྙིང་པོ་རང་ལུགས་བཤད་པ་དེ་ལ་རྩོད་སྤོང་རྣམས་རྩེ་ཤག་འཛིན་ཆོས་སུ་མཛད་པ་མཁས་གྲུབ་སངས་རྒྱས་ཡེ་ཤེས་ཀྱིས་སྐྱོར་འགོ་མཛད་དེ་ཡོངས་རྫོགས་ཐུགས་སུ་ཆུད་པར་མཛད། སླར་ཡི་གེར་ཕབ་སྟེ་དཔལ་ཐོས་བསམ་གླིང་དུ་འཇམ་(༣༢ན)དབྱངས་དགེ་འདུན་བློ་བཟང་གི་རྣམ་འགྲེལ་གྱི་ཡིག་ཆ་ཞེས་གྲགས་རིའི་ཁྲིད་འདིར་ཚད་མ་རྣམ་འགྲེལ་གྱི་སྤྱི་དོན་མཐའ་གཅོད་ལ་འགྲན་ཟླ་དང་བྲལ་བ་འདི་བྱུང་བ་ཡིན་ནོ། །

དོན་གྱི་དབང་འདི་གཟིགས་ནས་གྲུབ་ཆེན་བྱམས་པ་ཕུན་ཚོགས་ཀྱིས་འཇམ་དབྱངས་དགེ་འདུན་བློ་བཟང་ལ་བསྟོད་པ་ལས། སངས་རྒྱས་ཀུན་གྱི་ཡེ་ཤེས་གཅིག་བསྡུས་ནས། །ངུར་སྨྲིག་གར་གྱི་བཤེས་གཉེན་ཚུལ་འཛིན་པ། །དགག་སྒྲུབ་སྤང་བླང་བྲལ་བའི་དམ་པས་ཀྱང་། །ཞབས་རྡུལ་སྤྱི་བོས་ལེན་པ་ཁྱོད་ཕྱག་འཚལ། །ཞེས་

བསྡུགས་སོ། །

དེ་ནས་མཁས་གྲུབ་སངས་རྒྱས་ཡེ་ཤེས་ཀྱིས་དགུན་ཆོས་ལ་བཀྲ་ཤིས་ལྷུན་པོར་བྱོན་ནས་རིགས་གྲྭ་ལ་ལེགས་པར་ཞུགས་པ་ན། དམ་པ་འདིའི་ལུང་དང་རིགས་པ་ཕུན་སུམ་ཚོགས་པའི་དགའ་སྟོན་ལ་མཁས་པ་མཐའ་དག་ཀྱང་ཡིད་འཕྲོག་པར་གྱུར་ཏོ། །དེ་ནས་དགུང་ལོ་བཅོ་བརྒྱད་ཀྱི་བར་དུ་དགུན་དཔྱིད་ཕལ་ཆེར་ཚད་མ་དང་། དབྱར་ཕལ་ཆེར་དབུ་མ་ལེགས་པར་སྦྱངས་པས་དབུ་ཚད་གཉིས་ཀྱི་དཀའ་བའི་གནས་མཐའ་དག་ཀྱང་མངོན་དུ་གྱུར། དེའི་ཚེ། ཐོས་བསམ་གླིང་གི་འཆད་ཉན་དུ་རྗེ་དགེ་འདུན་བློ་བཟང་པ་ཉིད་བཞུགས་ཤིང་། བླ་མ་དེ་ཉིད་ཀྱིས་ཀྱང་དམ་པ་འདི་ལུང་དང་རིགས་པའི་བདག་ཉིད་དུ་གཟིགས་ཏེ། དགུང་ལོ་བཅོ་བརྒྱད་ཀྱི་དགུན་དབུ་མའི་སྤྱི་སྐོར་གྱིས་བཀའ་སྐྱོལ་པ་ན་མཁས་གྲུབ་ཆེན་པོ་འདིས་བཀའ་ལུང་ཡང་དག་བསྒྲུབས་ཏེ། དགུན་ཆོས་གཉིས་ཀྱི་རིང་ཐོས་བསམ་གླིང་གི་དགེ་འདུན་འདུས་པའི་(༣༢བ) དབུས་སུ་དབུ་མའི་གཞུང་ལ་དམ་བཅའ་ཡང་ཡང་བཞག །དགུང་ལོ་བཅུ་དགུར་ཕེབས་པའི་ཟླ་བ་དང་པོའི་ཡར་ཆོས་ལ་བསྐལ་བཟང་ཁྲིམས་ར་ཆེན་མོར་བཀྲ་ཤིས་ལྷུན་པོའི་མཁན་སློབ་དགེ་འདུན་ཚང་མ་འཛོམས་པའི་དབུས་སུ་དབུ་མའི་དམ་བཅའ་བཞག་སྐྱེ་ཤར་རྩེ་ནས་དགེ་བའི་བཤེས་གཉེན་ཤིན་ཏུ་མཁས་གྲགས་ཆེ་བ་ཞིག་དང་མཉམ་དུ་བགྲོ་གླེང་མཛད་པ་ན་འཇིགས་པ་དང་ཡ་ང་བ་དང་བག་ཚ་བ་མེད་པར་ལུང་དང་རིགས་པའི་ང་རོ་རྒྱ་ཆེར་བསྒྲགས་པས་ཕ་རོལ་སྤོབས་པ་ལན་མེད་དུ་བྱས་ཏེ་ཕྱོགས་ལས་རྣམ་པར་རྒྱལ་བའི་གྲགས་པ་ཡང་ཐོབ་བོ། །དེ་ནས་ཕར་ཕྱིན་དང་། འདུལ་མཛོད་ལ་སོགས་པ་པོ་ཏི་ཕྱི་མ་རྣམས་ལ་ལེགས་པར་སྦྱངས་པས་བློ་གྲོས་ཀྱི་སྣང་བ་ཐོགས་པ་མེད་པར་རྒྱས་ཤིང་། ཁྱད་པར། དྲང་བ་དང་ངེས་པའི་དོན་རྣམ་པར་འབྱེད་པ་ལེགས་པར་བཤད་པའི་སྙིང་པོའི་ཚིག་དོན་མཐའ་དག་ཐུགས་སུ་ཆུད་

པར་མཛད་དེ་ལེགས་པར་བཤད་པའི་བདུད་རྩིས་མཁས་པ་མཐའ་དག་ཚིམ་པར་མཛད་དོ། །དེ་ནས་དགུང་ལོ་ཉི་ཤུ་རྩ་ལྔ་ལ་བབ་པ་ན། ཆོས་གྲྭ་ཆེན་པོ་དཔལ་འཁོར་བདེ་ཆེན་དུ་མཁས་མང་འདུས་པ་རྒྱ་མཚོའི་དབུས་སུ་དཀའ་བཞིའི་གྲྭ་སྐོར་མཛད་དེ་ལེགས་བཤད་སྤྲིན་གྱི་སྒྲ་དབྱངས་རྒྱ་ཆེར་བསྒྲགས་པས་ཕྱོགས་འདུས་ཀྱི་མཁས་མང་མདོངས་ལྡན་མཐའ་དག་ལེགས་བཤད་དབྱར་སྐྱེས་སྒྲ་དབྱངས་ཀྱིས་ཚིམ་ནས་མཁས་གྲུབ་ཆེན་པོ་འདི་འབའ་ཞིག་གི་ཡོན་ཏན་བསྔགས་པས་དུས་འདས་ཏེ་གཏམ་གཞན་གླེང་བའི་གོ་སྐབས་མེད་པ་ལྟ་བུར་གྱུར་ཏོ། །དེ་ནས་འཇམ་(༣ ༣ན)དབྱངས་དགེ་འདུན་བློ་བཟང་གི་བཀས་བསྐུལ་ཏེ་དགུང་ལོ་ཉེར་དྲུག་གི་ཐོག་བཀྲ་ཤིས་ལྷུན་པོའི་ཆོས་ཁྲིམས་བཟུང་སྟེ་ཡང་དག་པའི་ཆོས་ཀྱི་ཁྲིམས་ཀྱི་འོད་བསིལ་མཉམ་པར་བཀྱེ་བས་ཆོས་གྲྭ་ཀུནྡའི་ཚལ་མཐའ་དག་ཀུན་ཏུ་འབར་བ་རྫོགས་ལྡན་གྱི་དུས་ལ་འགྲན་པ་ལྟ་བུར་གྱུར་ཅིང་། ཟང་ཟིང་གི་བསྙེན་བཀུར་གྱིས་ཀྱང་དགེ་འདུན་རྣམས་ལེགས་པར་ཚིམ་པར་མཛད་དོ། །དེ་རྗེས། སྔར་བཀྲ་ཤིས་ལྷུན་པོའི་མཁན་པོ་མཛད་དུས་ནས་མདོ་སྔགས་ཀྱི་ཆོས་མང་དུ་གསན་ཞིང་ཐུགས་མོས་ཀྱང་ཆེར་ཡོད་པ་ལྟར་པཎ་ཆེན་རིན་པོ་ཆེ་དོན་ཡོད་རྒྱལ་མཚན་གྱི་ཞབས་དྲུང་དུ་ཆོས་གྲྭ་ཆེན་པོ་གངས་ཅན་ཆོས་འཕེལ་དུ་ཕེབས་ཏེ་བློ་སྦྱོང་མཐའ་དག་གི་ལུང་དང་། ཁྱད་པར་དོན་བདུན་མའི་ཉམས་ཁྲིད་སོགས་ཆོས་མང་དུ་ཞུས་ཤིང་དཔྱིད་ཆོས་ནས་སྟོན་ཆོས་ཀྱི་བར་དུ་བཞུགས། སླར་བཀྲ་ཤིས་ལྷུན་པོར་ཕེབས། དེ་ནས་ཞལ་སྔ་ནས་དགེ་འདུན་བློ་བཟང་པ་ཉིད་ཀྱིས་དབེན་དགོན་དུ་རྗེ་གྲུབ་པའི་དབང་ཕྱུག་དབེན་ས་པ་ཆེན་པོ་ལ་དཔལ་གསང་བ་འདུས་པའི་དམར་ཁྲིད་ལ་སོགས་པའི་གདམས་པ་ཞུ་བའི་སྐན་གསན་དང་། ཞལ་སྔ་ནས་རང་ཉིད་འཕྲལ་ཕྱུགས་སུ་ཇི་ལྟར་བྱ་བའི་བསླབ་དོན་ཞུ་བའི་ཞུ་ཡིག་འབུལ་བའི་བང་ཆེན་ལ་འབྱོན་དགོས་ཚུལ་བྱུང་བས་འཚམས་སྦྱར་ཏེ། བདག་ཉིད་ཀྱང་མདོན

པར་དགྱེས་བཞིན་དུ་དབེན་ས་ཆོས་ཀྱི་ཕོ་བྲང་དུ་ཕེབས་མ་ཐག་མཇལ་ཁ་ཡང་གེགས་མེད་དུ་བྱུང་ཞིང་། མཇལ་རྗེས་དུ་སྐྱི་བླུགས་ཤིན་ཏུ་ལེགས་(༣༣བ)པ་ཞིག་ཡོད་པ་ཕུལ་བར་དེ་དུས་རྒྱལ་བ་དབེན་ས་པ་ཆེན་པོ་གཞན་གྱིས་ཆས་དངོས་ཕུལ་བ་བཞེས་པར་མི་མཛད་ཀྱང་བདག་ཉིད་ཆེན་པོ་འདི་རྒྱལ་བ་དབེན་ས་པ་རང་ཉིད་ཀྱི་ཆོས་ཀྱི་རྒྱལ་ཚབ་ཏུ་འགྱུར་བར་གཟིགས་ནས་དགྱེས་བཞིན་དུ་བཞེས་པ་ན་མཁས་གྲུབ་སངས་རྒྱས་ཡེ་ཤེས་རྒྱལ་བ་དབེན་ས་པའི་སྐུ་གཟིགས་པ་ཙམ་གྱིས་སྣང་བ་འགྱུར་ཞིང་དད་གུས་ཚད་མེད་པར་འཁྲུངས་ཏེ། ཆོས་ཀྱི་བཀའ་དྲིན་ཞིག་ཀྱང་ཞུས། ཞལ་སྔ་ནས་དགེ་འདུན་བློ་བཟང་པ་ཉིད་ལ་ནི་ཟབ་དོན་གྱི་གདམས་པ་སྩོལ་བར་བཀའ་མ་གནང་སྟེ། སློར་བཀྲ་ཤིས་ལྷུན་པོར་ཕེབས།

དེ་ནས་ཟབ་མོ་རྡོ་རྗེ་ཐེག་པའི་སྨིན་ཚལ་དུ་འཇུག་པར་དགོངས་ཏེ་རྗེ་རིན་པོ་ཆེས། འདི་ན་རྫོགས་སངས་རྒྱས་སུ་བགྲོད་པ་ལ། །ཟབ་མོ་རྡོ་རྗེ་ཐེག་དང་ཕར་ཕྱིན་ཐེག །རྣམ་པ་གཉིས་ཡོད་གསང་སྔགས་ཕར་ཕྱིན་ལས། །ཤིན་ཏུ་ཁྱད་པར་འཕགས་པ་ཡིན་ནོ་ཞེས། །ཉི་མ་ཟླ་བ་ལྟ་བུར་ཀུན་ཏུ་གྲགས། །ཚིག་དེ་བདེན་པའི་ཚིག་ཏུ་འདོད་བཞིན་དུ། །ཟབ་མོའི་ཐེག་དེ་ཇི་ལྟ་བུ་ཞིག་ཅེས། །ཚོལ་བར་མི་བྱེད་མཁས་པའི་ཁུར་འཛིན་པ། །དེ་འདྲ་དེ་ཡང་ཤེས་རབ་ཅན་ཡིན་ན། །དེ་ལས་གཞན་པའི་དབང་པོ་རྟུལ་པོ་གང་། །ཤིན་ཏུ་ཕྲད་དཀའ་གོང་ན་མེད་པའི་ལམ། །འདི་འདྲ་ཡལ་བར་འདོར་བ་ཀྱི་མའོ་མཚར། །དེ་ཉིད་ཕྱིར་ན་རྒྱལ་བའི་ཐེག་པ་མཆོག །སངས་རྒྱས་ལས་ཀྱང་དཀོན་པའི་རྡོ་རྗེ་ཐེག །དངོས་གྲུབ་གཉིས་ཀྱི་གཏེར་གྱུར་ཟབ་མོ་དེར། །ཞུགས་ནས་འབད་པ་མང་པོས་རིང་དུ་སྦྱངས། །ཞེས་གསུངས་པ་ལྟར། སངས་རྒྱས་(༣༩ན)ལས་ཀྱང་དཀོན་པའི་ཆོས་བླ་མེད་རྡོ་རྗེ་ཐེག་པ་དང་ལན་ཅིག་མཇལ་བའི་སྐབས་འདིར་རྡོ་རྗེ་ཐེག་པའི་ལམ་ལ་སྦྱངས་ཏེ་སྙིང་པོ་ལོན་པ་ཞིག་མ་བྱས་ན་དལ་བ་སྟོང་ལོག་

ཏུ་འགྱུར་རོ་སྙམ་དུ་དགོངས་ནས་འཇམ་མགོན་བླ་མའི་སྤྱགས་ཀྱི་གསང་མཛོད་འཛིན་པའི་གནས་དཔལ་ལྡན་སྨད་རྒྱུད་གྲྭ་ཚང་དུ་ཕེབས་བཞེད་དུ་ཆོས་ཀྱི་རྗེ་དགེ་འདུན་བློ་བཟང་པའི་དྲུང་དུ་གནང་བ་གསོལ་ཞིང་། མར་ལམ་དཔེན་དགོན་དུ་རྗེ་བླ་མའི་དྲུང་དུའང་གནང་བ་དང་བར་ཆད་མི་འབྱུང་བའི་ཐུགས་དམ་སྐྱབས་འཇུག་དང་ཕྱིས་ཞབས་དྲུང་དུ་ཡོངས་ཆོག་པའི་བཀའ་ཡང་དག་པར་ཞུས་ཏེ་ཞབས་སེན་དབང་པོའི་ཕྱོགས་སུ་བཀོད་ནས་དབུས་ཕྱོགས་སུ་ཕེབས། ཡར་ལམ་སེ་འབྲས་ལྷ་ས་དང་བཅས་པ་ལེགས་པར་མཇལ་ཏེ་རི་བོ་དགེ་ལྡན་རྣམ་པར་རྒྱལ་བའི་གླིང་དུ་ཕེབས། དེར་རྒྱུད་སྨད་ཀྱི་སློབ་དཔོན་རྡོ་རྗེ་འཆང་ནམ་མཁའ་གྲགས་ཀྱི་ཞབས་རྡུལ་སྤྱི་བོས་བླངས་ཏེ་གུས་པ་དང་རྟག་ཏུ་སྦྱོར་བའི་བརྩོན་འགྲུས་བསྐྱེད་པས་རྒྱུད་ཀྱི་རྒྱལ་པོའི་ཚིག་དོན་གྱི་དེ་ཁོ་ན་ཉིད་རིང་པོར་མ་ལོན་པར་མངོན་དུ་གྱུར་ཏེ། དེར་རྒྱུད་ཀྱི་གྲྭ་ལ་ཞུགས་ནས་ལོ་གཅིག་ཙམ་མ་ལོན་ཙམ་ལ། ཚུ་རྟ་ཅང་བསིལ་བའི་རིག་ལས་ཉེན་ཏེ་ཞབས་ནད་ཀྱིས་མི་བདེ་བའི་རྣམ་པ་བྱུང་བས་རེ་ཞིག་སྨན་དཔྱད་བསྟེན་པ་སོགས་གཙོ་བོར་མཛད་པས། རིང་པོ་མ་ལོན་པར་ཟླ་བ་གཟའ་ལས་གྲོལ་བ་ལྟར་སྐུ་ཁམས་ཀྱང་ལེགས་པར་དྭངས། དེ་ནས་སྨད་རྒྱུད་གྲྭ་ཚང་གི་ཕྱག་བཞེས་ལྟར་བདེ་གསང་འཇིགས་གསུམ་གྱི་སྒྲུབ་(༣༥བ)ཐབས་དཀྱིལ་ཆོག་སྦྱིན་སྲེག་དང་བཅས་པའི་ཕྱག་ལེན་གར་ཐིག་དབྱངས་གསུམ་དང་བཅས་པ་ཚང་མ་ལེགས་པར་སྦྱངས་ཏེ་ཐུགས་སུ་ཆུད་པར་མཛད་ནས་སླར་གཙང་ཕྱོགས་ལ་ཕྱགས་བཏེག །ཐོས་བསམ་གླིང་དུ་ཆོས་ཀྱི་རྗེ་དགེ་འདུན་བློ་བཟང་པའི་དྲུང་དུ་ཕེབས་ཏེ་ཕྱག་མཛད་པས། འོ་དྲུང་རབ་འབྱམས་པ་འཁོར་བ་ཅིས་ཀྱང་ལེགས། ཁོ་བོས་དཔལ་ལྡན་ལྷ་མོ་ལ་ངའི་རབ་འབྱམས་པ་ཁྱུག་ཤོག་ཅིག་ཅེས་བཀའ་བསྒོས་པས་དྲུང་པ་དབུས་ཕྱོགས་སུ་བཞུགས་པ་ལ་གནོད་པར་མཆིས་གསུང་། ཚུལ་འདི་ནི་དམ་པ་འདི་ཉིད་ལྷ་སར་ཞབས་བསྐྱོལ་བའི་སྐབས་སུ་ད

ནད་འདི་ལས་གྲོལ་ན་གཙང་ལ་འགྲོ་སྐམ་དུ་དགོངས་པའི་ནུབ་ཅིག་མནལ་ལམ་དུ་འང་བུ་མོ་གཞོན་ནུ་མ་ཞིག་ད་དོན་གྲུབ་པས་གཙང་ལ་ལོག་འགྲོ་ཟེར་བ་ཅིག་བྱུང་གསུང་བ་དང་མཐུན་པར་སྣང་ངོ་། །

དེ་ནས་དཔེན་དགོན་དུ་ཕྱགས་ཕེབས་ཏེ་རྗེ་གྲུབ་པའི་དབང་ཕྱུག་དཔེན་ས་པ་ཆེན་པོ་བསམ་སྦྱོར་གཉིས་ཀྱི་སྒོ་ནས་ལེགས་པར་བསྙེན་ཅིང་། རྒྱལ་བ་ཐམས་ཅད་ཀྱི་བགྲོད་པ་གཅིག་པའི་ལམ་པོ་ཆེ་ཤིང་རྟ་ཆེན་པོ་ཀླུ་སྒྲུབ་དང་ཐོགས་མེད་གཉིས་ཀྱི་ལམ་སྲོལ་དཔལ་ཨ་ཏི་ཤ་དང་། རྒྱལ་བ་གཉིས་པ་ཙོང་ཁ་པ་ཆེན་པོའི་ཐུགས་ཀྱི་བཅུད་ཕྱུང་བ། བྱང་ཆུབ་ལམ་གྱི་རིམ་པའི་མྱོང་ཁྲིད་སྙན་རྒྱུད་ཀྱི་མན་ངག་ཞལ་ཤེས་གེགས་སེལ་ཐོགས་འདོན་དང་བཅས་པ་ལེགས་པར་གསན་ཏེ་རྒྱལ་བ་དཔེན་ས་པ་ཆེན་པོ་ཉིད་ཀྱི་ཞབས་དྲུང་དུ་འཚོ་ཆས་ཀྱི་རྩོལ་སྒྲུབ་ཙམ་ཡང་མ་མཛད་པར་ཚེ་འདིའི་འཁྲི་བ་གང་ཡང་མེད་པར་དཀའ་ཐུབ་ལ་གནས་ཏེ་ཡུན་རིང་དུ་(༣༥ན)སྒོམ་པར་མཛད་པས་ཕ་ལ་བུ་སྐྱེས་པ་ལྟར་ཐུགས་ཤིན་ཏུ་མཉེས་པར་གྱུར། དེའི་ཚེ་མཁས་གྲུབ་སངས་རྒྱས་ཡེ་ཤེས་ཀྱིས་ལོ་གསུམ་གྱི་རིང་སྐྱེས་བུ་ཆུང་ངུ་གཙོ་བོར་བྱས་ཏེ་བསྒོམས་པས་རྩོལ་མེད་ཀྱི་མྱོང་བ་ཐོན་ཏེ། དེ་ཡན་གྱི་ལམ་གྱི་རིམ་པ་རྣམས་མྱུར་དུ་ཐུགས་རྒྱུད་ལ་འཁྲུངས་པ་ཞིག་བྱུང་ཞེས་དཔེན་ས་སྙན་རྒྱུད་ཀྱི་བླ་མ་གོང་མ་རྣམས་ཀྱི་གསུང་རྒྱུན་ལས་འབྱུང་ངོ་། །

དེ་ནས་སྲིད་པ་མཐའ་དག་ལ་ཞེན་པ་ལོག་པའི་ངེས་འབྱུང་བཅོས་མ་མ་ཡིན་པ་ཐུགས་རྒྱུད་ལ་འཁྲུངས་པ་ན་རྒྱལ་བའི་བསྟན་པའི་ནང་མཛོད་འདུལ་བའི་བསླབ་གཞི་ཡོངས་སུ་རྫོགས་པ་དགེ་སློང་གི་སྡོམ་པ་ལེན་པར་བཞེད་ནས་རྒྱལ་བ་དཔེན་ས་པ་ཆེན་པོ་ལ་ཞུས་པས་དཔེན་ས་པ་ཆེན་པོས་ཇི་ལྟར་ལུང་བསྟན་པ་ལྟར་ཤངས་མདོ་རི་བོ་དགེ་འཕེལ་དུ་གྲུབ་པའི་དབང་ཕྱུག་ཕྱོགས་ལས་རྣམ་པར་རྒྱལ་བས་མཁན་པོ་དང་།

བདེ་ཡངས་སློབ་དཔོན་ཆོས་རྗེ་དགེ་ལེགས་པས་ལས་སློབ་དང་། ནོར་གདེངས་པ་ཆོས་རྗེ་ཤཱཀྱ་དཔལ་བཟང་པོ་བས་གསང་སྟོན་མཛད་དེ། དད་པའི་དགེ་འདུན་གྲངས་ཚང་བའི་དབུས་སུ་བསྙེན་པར་རྫོགས་ཏེ་ལྷག་པ་ཚུལ་ཁྲིམས་ཀྱི་བསླབ་པ་ལྷའི་རྒྱུ་བོས་ཡིད་ཀྱི་རྗིང་བུ་ཡོངས་སུ་གང་བས་སྐྱེ་དགུ་ལག་ལྡན་མཐའ་དག་གི་ཕན་བདེའི་གཞི་དང་ཡོན་གནས་བླ་ན་མེད་པར་གྱུར་ཏོ། །དེ་ནས་མཁས་གྲུབ་སངས་རྒྱས་ཡེ་ཤེས་ཀྱིས་གྲུབ་པའི་དབང་ཕྱུག་ཕྱོགས་ལས་རྣམ་རྒྱལ་བའི་དྲུང་དུ་སྣར་ཐང་བརྒྱ་རྩའི་རྗེས་གནང་ལུང་དང་བཅས་པ། (༣༥བ)བཀའ་གདམས་ལྷ་བཞིའི་རྗེས་གནང་། ཚེ་དཔག་མེད་ལྷ་དགུ་དང་། ཀུན་རིག་གི་དབང་སོགས་དམ་པའི་ཆོས་མང་དུ་གསན་ཏེ་སླར་དབེན་དགོན་དུ་ཕེབས་ནས་སྒྲུབ་པ་ལ་རྩེ་གཅིག་ཏུ་བརྩོན་པར་མཛད་ཅིང་། ཁྱད་པར་དབེན་ས་པ་ཆེན་པོ་ལ་བསྙེན་རྒྱབ་ཀྱི་ཐུགས་དམ་སྐྱབས་འོག་ཞུས་ནས་དབེན་སའི་དགོན་པ་ཞོལ་གྱི་གཙང་ཁང་དུ་དཔལ་རྡོ་རྗེ་འཇིགས་བྱེད་ཀྱི་བསྙེན་བསྒྲུབ་མཛད་པས་རེ་ཞིག་ཅིག་ན་ཐུགས་དམ་གྱི་རིམ་པ་རྣམས་ཀྱང་གྲུབ་སྟེ་ནམ་གྱི་གུང་ལ་རེག་ནས་གཟིགས་པ་ན། སྐུ་གྲང་བའི་ཉམས་ཤིན་ཏུ་ཆེ་བ་ཞིག་བྱུང་བ་ན་རྒྱལ་བ་བློ་བཟང་དོན་གྲུབ་ཉིད་བླ་བྲང་གི་འདེགས་སྒོ་ན་བཞུགས་པའི་སྐུ་པེམ་གྱི་སྣེ་མོས་རང་མདོན་པར་བཀབ་པའི་ཉམས་ཤིན་ཏུ་གསལ་བ་ཞིག་བྱུང་བས་བདེ་དྲོད་ཚད་མེད་པ་རང་འབར་བྱུང་ངོ་། །

ཡང་དེའི་དུས་སྡིག་པ་རྣ་ཅན་ལག་པ་ཙམ་ཞིག་འཇིགས་འཇིགས་ལྟར་བདག་ཉིད་ཀྱི་མདུན་དུ་བྱུང་བ་ལ་བག་ཚ་བ་མེད་པར་བཏང་སྙོམས་སུ་བཞག་པ་ན་རྣ་གཉིས་མགལ་མེ་ལྟར་འཁོར་ཞིང་འདུག་པས་དགོད་ཅིག་ཤོར། དེ་ཁར་རང་ཡལ་དུ་སོང་གསུང་། ཡང་དེའི་དུས་སུ་སྣང་བ་ཐམས་ཅད་བདུད་དུ་ཤར་ནས་ཉམས་ཤིན་ཏུ་མི་དགའ་བ་ཅིག་བྱུང་བ་ལ་དགོང་གཅིག་བླ་བྲང་གི་བ་ཞིག་ཡོད་པ་དེས་འདུ་ཁང་གི་སྒོ་

ཕྱེ་ནས་གཙང་ཁང་དུ་བྱུང་སྟེ་རང་ཉིད་ཀྱི་སྙིང་གར་ཁ་བཙུགས་ཏེ་སྙིང་དམར་ཙར་གྱིས་ཁྲེར་སོང་། དེ་མ་ཁད་ཡིད་མི་བདེ་བ་དེ་ལྷག་མ་མེད་པར་སངས་སོང་གསུང་། མདོར་ན་དེའི་དུས་དངོས་སུ་རྣལ་འབྱོར་པའི་རྣམ་པ་ཅན་དང་། བྲ་རི་དྭགས་ལ་སོགས་(༣༨ན)གཟུགས་ཅན་སྣ་ཚོགས་པ་ཞིག་སྐུ་དྲུང་དུ་འོང་ཞིང་འཁོད་པ་ལ་བདག་ཉིད་ལྷའི་ང་རྒྱལ་དང་། ཏིང་ངེ་འཛིན་ཤིན་ཏུ་བརྟན་པའི་ངང་ནས་གསང་སྔགས་ཀྱི་བཟླས་བརྗོད་ལས་སྐད་ཅིག་ཀྱང་གཡེལ་བ་མི་མངའ་བས་སྣང་བ་དེ་དག་ནམ་མཁའི་དབྱིངས་སུ་སྤྲིན་ཕུང་ཞི་བ་ལྟར་འགྲོ་བ་ཞིག་བྱུང་། སྣང་ཚུལ་དེ་དག་རྒྱལ་བ་དབེན་ས་པ་ཆེན་པོ་ལ་ཞུས་པ་ན་སྣང་བ་དེ་དག་ལ་འཇིགས་པ་དང་ཡ་ང་བ་ཡང་མི་དགོས། དེ་ལས་འཇིགས་པ་སྟག་དང་རོ་ལངས་ལ་སོགས་པ་ཡང་ཡོང་། དེ་འདྲ་བྱུང་ན་ཅི་འདྲ་འཆིས་གསུང་། མདོར་ན་དེའི་དུས་ངོ་མཚར་བའི་གཟིགས་སྣང་ལྷག་པའི་ལྷས་བྱིན་གྱིས་བརླབས་པའི་སྣང་བ་རྨད་དུ་བྱུང་བ་བརྙེས་སོ། །

དེ་ལྟར་འཇིགས་བྱེད་ཀྱི་བསྙེན་པ་ཐོན་ནས་རྒྱལ་བ་དབེན་ས་པ་ཆེན་པོ་ཉིད་ཀྱི་ཞབས་དྲུང་དུ་མགོན་པོའི་བཀའ་ཆེན་བཅུ་གསུམ་གྱི་རྗེས་གནང་དང་། བེའུ་བུམ་གྱི་ལུང་ལ་སོགས་པ་མགོན་པོའི་ཆོས་སྐོར་ཡོངས་སུ་རྫོགས་པ་དང་། ཆོས་རྒྱལ་ཕྱི་ནང་གསང་གསུམ་གྱི་སྒྲུབ་སྐོར་རྗེས་གནང་དང་བཅས་པ་ཡོངས་སུ་རྫོགས་པ་དང་། གསང་བདེ་འཇིགས་གསུམ་གྱི་དབང་བཞི་ཡོངས་རྫོགས་ཁྲིད་ལག་རྗེས་དང་བཅས་པ་ཐུན་མོང་དང་ཐུན་མོང་མ་ཡིན་པའི་གདམས་པ་རྨད་དུ་བྱུང་བ་རྣམས་དང་། ལམ་རིམ་ཆེ་ཆུང་གི་ལུང་གཟབས་བཤད་དང་བཅས་པ་རྣམས་དང་། ཐུན་མོང་དང་ཐུན་མོང་མ་ཡིན་པའི་ཚེ་དབང་ཁྲིད་དང་བཅས་པ་དང་། རྗེ་བཙུན་ཙོང་ཁ་པ་ཆེན་པོའི་སྒྲུབ་སྐོར་ཐུན་མོང་མ་ཡིན་པ་རྣམས་དང་། འཕགས་པ་(༣༨བ)བཅུ་གཅིག་ཞལ་གྱི་རྗེས་གནང་། སྙིང་པོ་དོན་གསུམ་དང་། ཆོམ་བུ་དམར་ཁྲིད་སོགས་འཕགས་པའི་ཆོས་སྐོར་ཡོངས་སུ

རྫོགས་པ་དང་། སྙིང་སྙིང་ལུགས་ཀྱི་ཧ་མགྲིན་གྱི་རྗེས་གནང་སྒྲུབ་སྐོར་དང་བཅས་པའི་ལུང་དང་། ཡིག་ཆུང་ཉི་ཤུ་རྩ་གཅིག་གི་ལུང་དང་། མཁས་གྲུབ་ཐམས་ཅད་མཁྱེན་པའི་ལྟ་ཁྲིད་དང་། རྒྱལ་སྲས་བློ་གྲོས་སྤྲས་པའི་ལྟ་ཁྲིད་རྣམས་ཀྱི་ལུང་དང་། སྐྱབས་འགྲོའི་ཁྲིད་རིམ་ཐུན་མོང་དང་ཐུན་མོང་མ་ཡིན་པ་རྣམས་དང་། གཙོད་ཀྱི་ཆོས་སྐོར་ཡོངས་རྫོགས་དང་། ཐུན་དྲུག་གི་རྣལ་འབྱོར་ལ་སོགས་པ་མདོ་རན་ལྷག་པའི་ལྷ་དང་ཡི་དམ་དང་ཆོས་སྐྱོང་དུ་མའི་རྗེས་གནང་སྒྲུབ་སྐོར་མཐའ་ཡས་པ་དང་། གཏོར་འབུམ་གྱི་ལུང་དམིགས་རིམ་དང་བཅས་པ་དང་། མོ་ཏོག་དང་། རྡོ་དང་། ཆུའི་བཅུད་ལེན་བྱ་ཚུལ་གྱི་ལུང་ལ་སོགས་པ་ཟབ་པ་དང་རྒྱ་ཆེ་བའི་ཆོས་ཚུལ་མཐའ་ཡས་པ་ཞུས་ཤིང་ཐུགས་ལེན་ལ་ཐེབས་པར་མཛད་དོ། །

དེ་ལྟར་སྨད་དུ་བྱུང་བའི་གདམས་པའི་གཏེར་ཆེན་པོར་ནི་གྱུར། སྡོམ་པ་གསུམ་ཡང་དག་པར་ནོས་ནས་བཅས་མཚམས་ལས་སྐད་ཅིག་ཙམ་ཡང་མི་འདའ་བར་མིག་གི་འབྲས་བུ་ལྟར་སྐྱོང་བའི་དྲན་ཤེས་ཀྱི་གོམས་པ་ནི་ཡོངས་སུ་རྫོགས། ཞི་ལྷག་ཟུང་དུ་འབྲེལ་བ་དང་བསྐྱེད་པའི་རིམ་པ་གོམས་པ་མཐར་ཕྱིན་ཏེ་བདེ་སྟོང་དབྱེར་མེད་ཀྱི་ཏིང་ངེ་འཛིན་ཁྱད་པར་ཅན་བརྙེས་པས། ད་ནི་ཚེ་འདིའི་འཁྲི་བ་བཙན་ཐབས་སུ་བཅད་དེ་ཚེ་དང་སྒྲུབ་པ་མཉམ་པ་ཞིག་བྱའོ་སྙམ་དུ་དགོངས་པ་འབའ་ཞིག་བྱུང་སྟེ། མཁས་གྲུབ་སངས་རྒྱས་ཡེ་ཤེས་རང་(༣༧༩)ཉིད་ཀྱི་གསུང་ལས་ཀྱང་། དེ་དུས་རྗེ་བླ་མ་དམ་པའི་ཆོས་འདོད་དགུར་ཞུར་ཡོད་པ་ཞིག་ཡིན་ནའང་། ཐུན་མོང་མ་ཡིན་པའི་གདམས་པ་རྣམས་ནི་ཐོབ། ད་སྟོང་བ་མི་དང་མི་བསྟུན་པའི་སྒྲུབ་པ་ཞིག་བྱེད་པས་རྣམ་གྲངས་མང་པོས་དགོས་པ་མི་འདུག་སྙམ་དུ་མ་ཞུས་པ་དེས་ཚུང་ཟད་ཐོབ་རྒྱ་ཆུང་བ་བྱུང་འདུག་གསུངས། དེ་ནས། བདག་ཉིད་ཆེན་པོ་འདི་དགེ་འཕེལ་གྱི་མཁན་པོར་སྤྱན་འདྲེན་པའི་གསོལ་བ་འདེབས་པ་དང་། སྔ་པ་རིན་སྤུངས་པ་དཔོན་བློན་གྱི་ཕྱག་དམ་

ནན་ཆགས་པ་དང་བཅས་བྱུང་བ་ལ། དམ་པ་འདི་ནི་སྐྱེ་བ་མང་པོར་དབེན་པ་ལ་ཐུགས་གཞོལ་བས་དང་དུ་མ་བཞེས་ཀྱང་། རྒྱལ་བ་དབེན་ས་པ་ཆེན་པོས་དམ་ཚིག་ལ་བཀར་ཏེ་རང་དབང་མེད་པར་རེ་ཞིག་མཛད་པའི་ཞལ་ལེན་གནང་། དེ་ནས་གཟའ་སྐར་འཕྲོད་སྦྱོར་ལེགས་པའི་ཐོག །ཀུན་མཁྱེན་ཆེན་པོ་ཤེས་རབ་དཔལ་བཟང་གི་གདན་ས་ཤངས་མདོ་རི་བོ་དགེ་འཕེལ་གྱི་ཆོས་ཁྲི་ལ་འཁོད་ནས་དོན་དུ་གཉེར་བ་དག་ལ་ལེགས་པར་བཤད་པའི་ཆར་ཆེན་པོ་ཡང་ཕབ། དེའི་མུ་ནས་རྡོ་གྲུབ་པའི་དབང་ཕྱུག་གི་ཞབས་ལ་ཚོར་མའི་རིག་པས་ཉེན་པའི་བསླུན་ཚུལ་བསྟན་ནས། སྐུའི་བཀོད་པ་ཉེ་བར་བསྡུ་བ་ལ་གཞོལ་ཞིང་། སེམས་དཔའ་ཆེན་པོ་འདི་ཉིད་བདག་ཉིད་ཀྱི་རྒྱལ་ཚབ་ཏུ་འོས་པར་གཟིགས་ནས་གདན་དྲངས་ཏེ་ལྷ་དང་བཅས་པའི་འགྲོ་བ་མཐའ་དག་ལ་ཟབ་པ་དང་རྒྱ་ཆེ་བའི་སྨན་རྒྱུད་ཀྱི་གདམས་པའི་འཁོར་ལོ་བསྐོར་བའི་ཆོས་ཀྱི་རྒྱལ་སྲིད་དུ་དབང་བསྐུར་བར་(༣༧བ)མཛད་དོ། །

དེ་ནས་རིང་པོར་མ་ལོན་པར་རྡོ་གྲུབ་པའི་དབང་ཕྱུག་དབེན་ས་པ་ཆེན་པོ་མྱ་ངན་ལས་འདས་པའི་མཛད་པ་བསྟན་པ་ན། ཆོས་དང་ཟང་ཟིང་གི་སྒོ་ནས་ཐུགས་དགོངས་ཡོངས་སུ་རྫོགས་པར་མཛད་ཅིང་། ཁྱད་པར་དབེན་དགོན་དུ་རྡོ་གྲུབ་པའི་དབང་ཕྱུག་དབེན་ས་པ་ཆེན་པོའི་གཟིམ་སྤྱིལ་བཟོ་བཅོས་མེད་པར་གཙང་ཁང་དུ་བཞག་ནས་གཙུག་ལག་ཁང་མགོན་ཁང་བླ་བྲང་དང་བཅས་པའི་འགྲམ་བཏིངས་ཏེ་འཁོར་ལོ་གསུམ་གྱི་རོལ་པ་ཁོ་ནས་དུས་འདའ་བར་མཛད། དེ་ནས་རྒྱལ་བ་དབེན་ས་པ་ཆེན་པོ་ཉིད་ཀྱི་དོན་གྱི་དགོངས་པ་ལྟར་གཙང་ཁང་གི་ནང་དུ་སྐུ་གདུང་རིལ་པོར་བཞུགས་སུ་གསོལ་ཏེ། རིན་པོ་ཆེ་བཟང་བའི་ཕྲེ་མ་དང་སྨན་འདམ་ལས་རྡོ་བཙུན་དམ་པ་རང་ཉིད་ཀྱི་སྐུ་འདྲ་བྱིན་རླབས་ཀྱི་གཞི་འོད་འབར་བ་ཀུན་གྱི་མིག་གི་བདུད་རྩིར་སྣང་བ་ལྷ་བུར་པིར་ཐོགས་རྒྱལ་པོ་སྨན་ཐང་ནས་ཆོས་ཀྱི་རྗེ་བློ་བཟང་རྒྱ་མཚོ་དཔོན་སློབ་རྣམས

ཀྱིས་ལེགས་པར་བཞེངས། འདིའི་ནང་བཞུགས་སུ་དེ་བཞིན་གཤེགས་པའི་རིང་བསྲེལ། དམ་པ་གོང་མ་མང་པོའི་སྐུ་གདུང་དང་རིང་བསྲེལ། སྐུ་བལ་སོགས་བྱིན་རྟེན་ཚད་མེད་པ་བཞུགས་སོ། །གཙང་ཁང་གི་ཡོགས་རྣམས་ལ་བླ་མ་ལྷའི་རྣལ་འབྱོར་གྱི་རིམ་པ་དང་མཐུན་པའི་གསང་བདེ་འཇིགས་གསུམ་གྱི་རྫོར་དུས་འཁོར་རྣམས་ཀྱི་སྐུ་དང་སྟེང་དུ་རང་རང་གི་བླ་མ་བརྒྱུད་པ། འོག་ཏུ་སོ་སོའི་ཆོས་སྐྱོང་དང་བཅས་པ་ལེགས་པར་བཞེངས། གཙང་ཁང་གི་རྟེན་བཞེངས་རྣམས་གྲུབ་ཅིང་འདུ་ཁང་གི་ཐོག་ཁེལ་མཚམས་སུ་འགྲོ་བ་ཐམས་ཅད་(༣༤ན)ཀྱི་འདྲེན་པ་དམ་པ་ལྔ་བརྒྱ་པ་རྣམས་ཀྱི་གཙུག་གི་ནོར་བུ་གངས་ཅན་གྱི་མགོན་པོ་ཐམས་ཅད་མཁྱེན་པ་བསོད་ནམས་རྒྱ་མཚོའི་དཔལ་གཙང་ཕྱོགས་སུ་ཆིབས་ཁ་བསྒྱུར་བ་རྟེན་འབྲེལ་ལེགས་པར་འཛོམ། དབེན་དགོན་དུ་གདན་དྲངས་རབ་ཏུ་གནས་པ་མཛད་ཅིང་མེ་ཏོག་གི་ཆར་ཆེན་པོ་མངོན་པར་ཕབ། རྒྱལ་བ་ཐམས་ཅད་མཁྱེན་པ་རང་ཉིད་ཀྱང་སྐུ་གདུང་རིན་པོ་ཆེར་དབུ་གཏུགས་ཏེ་རྒྱུན་རིང་དུ་བཞུགས་དད་གུས་ཚད་མེད་པ་འཁྲུངས་ཤིང་། སྐུ་འདྲ་རིན་པོ་ཆེ་རྡོ་རྗེ་འཇིགས་བྱེད་ཀྱི་སྐུར་གཟིགས་སོ། །དེ་ནས་མཁས་གྲུབ་སངས་རྒྱས་ཡེ་ཤེས་དཔོན་སློབ་རྣམས་རྒྱལ་བ་ཐམས་ཅད་མཁྱེན་པ་བསོད་ནམས་རྒྱ་མཚོའི་ཞབས་ཕྱིར་ཕེབས་ཏེ། བཀྲ་ཤིས་ལྷུན་པོར་སྒྲོལ་མ་ཉི་ཤུ་རྩ་གཅིག་གི་རྗེས་གནང་དང་། བཀའ་གདམས་གླེགས་བམ་གྱི་ལེའུ་འགའ་རེའི་ལུང་དང་། མགོན་པོ་ཞལ་ལུགས་གསུམ་གྱི་རྗེས་གནང་དང་ཐུན་མོང་མ་ཡིན་པའི་གཏོར་ཆེན་ལས་ཚོགས་དང་བཅས་པ་གདམས་པ་ཡོངས་སུ་རྫོགས་པའི་ལུང་སོགས་ཆོས་བཀའ་མང་དུ་གསན། སླར་དབེན་དགོན་དུ་ཕེབས་ཏེ་མཁར་ལས་ཀྱི་འཕྲོ་ཡོངས་སུ་རྫོགས་པར་མཛད་དོ། །མཚམས་ཤིག་ཏུ་སྟོར་ཏོག་ཏུ་ཕེབས་ནས་གྲུབ་པའི་དབང་ཕྱུག་ཕྱོགས་ལས་རྣམ་རྒྱལ་བའི་དྲུང་དུ་དཔལ་དུས་ཀྱི་འཁོར་ལོའི་དབང་གོང་མ་རྣམས་དང་བཅས

པ་དང་། གཞན་ཡང་བཀའ་ཆོས་མང་དུ་གསན། གླང་མིག་ཏུ་ཡང་འཇམ་དབྱངས་ལེགས་པའི་བློ་གྲོས་ཀྱི་སྐུ་སྐྱེ་རྗེ་རིན་པོ་(༣༨བ)ཆེ་གླང་མིག་པ་ཞེས་གྲགས་པ་དེ་ཉིད་ཀྱི་དྲུང་དུའང་དམ་པའི་ཆོས་མང་དུ་གསན། དེ་ནས་སླན་ཐང་ནས་ཆོས་ཀྱི་རྗེ་བློ་བཟང་རྒྱ་མཚོ་དཔོན་སློབ་རྣམས་ཀྱིས་ཐུགས་ཀྱི་ཁུར་བཞེས་ཏེ་འདུ་ཁང་གི་ལོགས་བྲིས་ཡོངས་སུ་རྫོགས་པར་མཛད་ཅིང་། གུང་དུ་རྒྱལ་བ་བློ་བཟང་དོན་གྲུབ་ཀྱི་སྐུ་འདྲ་སྐྱ་རིས་བཏབ་པའི་ཆེ་ཉིན་མཚན་ཁོར་ཡུག་ཏུ་མར་མེ་བཟུང་བ་སོགས་ངོ་མཚར་བའི་ལྟས་དུ་མ་ཡང་བྱུང་། སྐུ་འདྲ་འདིས་མཁས་གྲུབ་སངས་རྒྱས་ཡེ་ཤེས་ལ་མནལ་ལམ་དུ་གསུང་ལན་གཉིས་ཙམ་བྱོན་ནོ། །དེ་ལྟར་འབད་པས་མཐར་བདེ་བར་གཤེགས་པའི་སྐུ་དངོས་སུ་བྱོན་པ་ལྟ་བུ་སྐྱེ་བོ་མཐའ་དག་ཡིད་འཕྲོག་ཅིང་། མཁས་པ་རྣམས་མགུ་བ་སྐྱེད་པའི་ལོགས་བྲིས་ལེགས་པར་གྲུབ་ནས་རབ་ཏུ་གནས་པའི་དགའ་སྟོན་རྒྱས་པར་བསྐྱབས་ཏེ་འཇམ་མགོན་སྙན་རྒྱུད་ཀྱི་བསྟན་པ་ནམ་ཡང་མི་ཉམས་པར་ཕྱོགས་ཀུན་ཏུ་འཕེལ་ཞིང་རྒྱས་པ་དང་། གྲུབ་པའི་གནས་མཆོག་འདི་ཡང་འཇམ་མགོན་སྙན་རྒྱུད་བསྟན་པའི་འབྱུང་ཁུངས་སུ་སྒྲུབ་པར་མཛད་དོ། །

དེ་ནས་མཁས་གྲུབ་སངས་རྒྱས་ཡེ་ཤེས་དཔོན་སློབ་རྣམས་གངས་ཅན་ཆོས་འཕེལ་དུ་ཕེབས་ཏེ། རྡོ་རྗེ་འཛིན་པ་ཆེན་པོ་རིགས་པ་སེང་གེའི་དྲུང་དུ་བདེ་མཆོག་ལོ་དྲིལ་གཉིས་ཀྱི་དབང་། འཇིགས་བྱེད་ཀྱི་དབང་། ཀྱཻ་རྡོར་གྱི་དབང་། འཁོར་ཆེན་གྱི་དབང་། ཚེ་དཔག་མེད་ལྷ་དགུའི་དབང་། དཔལ་ལྡན་ལྷ་མོའི་དབང་བཞི། གུར་ཞལ་གྱི་རྗེས་གནང་། ནཱ་རོ་ཆོས་དྲུག་གི་ཁྲིད། བདེ་མཆོག་གི་མངོན་པར་རྟོགས་པ་རྒྱ་ཆེར་བཤད་པ་(༣༩ན)འདོད་འཇོ། རྫོགས་རིམ་རྣལ་འབྱོར་ཆེན་པོའི་རྣམ་བཤད། བརྟག་གཉིས་ཊཱི་ཀ་ཆེན། ཀྱཻ་རྡོར། བདེ་མཆོག་རྣམས་ཀྱི་མངོན་དཀྱིལ་སོ་སོའི་ལུང་སོགས་ཆོས་མང་དུ་གསན་ནས། སླར་གྲུབ་པའི་གནས་མཆོག་དབེན་དགོན་དུ་

ཕེབས་ཏེ་འཁོར་ལོ་གསུམ་གྱི་བྱ་བས་འཛམ་མགོན་སྟོན་རྒྱུད་ཀྱི་བསྟན་པ་འཕེལ་ཞིང་རྒྱས་པར་མཛད་དོ། །

དེ་ནས་མཁས་གྲུབ་སངས་རྒྱས་ཡེ་ཤེས་དཔོན་སློབ་ཉུང་བསྡུས་ཤིག་རྒྱལ་བ་བསོད་ནམས་རྒྱ་མཚོ་སོག་ཡུལ་ལ་ཕེབས་ཁར་མཇལ་བར་བཞེད་དེ། དཔོན་སློབ་ཐམས་ཅད་གླང་གི་ལོ་ཟླ་བ་གསུམ་པའི་ནང་དུ་དབུས་ཕྱོགས་སུ་ཕེབས་ཏེ། ཐོག་མར་ལྷ་སར་ཇོ་ཞལ་གཉིས་སོགས་རྟེན་རྣམས་ཀྱི་དྲུང་དུ་བསྟན་པ་རྒྱས་པའི་སྨོན་ལམ་ཡང་དག་པར་མཛད། དེར་དཔལ་གྱི་ལྷ་མོས་དངོས་སུ་གསུང་བྱིན་པར་ཡང་འདུག །དེ་ནས་རི་བོ་དགེ་ལྡན་དུ་ཆོས་རྗེ་བྱམས་པ་རྒྱ་མཚོའི་དྲུང་དུའང་ལམ་རིམ་གྱི་འགོ་ནས་ཆོས་འབྲེལ་ཞིག་གསན། དེ་ནས་རྒྱལ་བ་ཐམས་ཅད་མཁྱེན་པའི་དྲུང་དུ་དད་གུས་ཀྱིས་ཀུན་ནས་བསླངས་པའི་འབུལ་བ་ཡང་དག་པས་མཉེས་པར་བྱས་ཤིང་ཟབ་པ་དང་རྒྱ་ཆེ་བའི་ཆོས་མང་དུ་ཞུས། ལྷའི་བཙུན་པ་བསོད་ནམས་དཔལ་བཟང་པོའི་དྲུང་དུའང་སྤྱོད་འཇུག་དང་མཆན་བརྗོད་ལ་སོགས་པའི་ལུང་དུ་མ་ཞུས། དེའི་ཚེ་དམ་པ་འདི་ཉིད་ཀྱི་དྲུང་དུའང་། སྟོབས་ཀྱི་འཁོར་ལོས་བསྒྱུར་བ་དགེ་ལྡན་པ་ཡབ་སྲས་ལ་སོགས་པའི་མི་ཆེན་དང་། དགེ་བའི་བཤེས་གཉེན་དུ་མས་ཞབས་(༣༨བ)ལ་གཏུགས་ཤིང་། མཁས་གྲུབ་དམ་པ་འདིས་ཀུང་སྐལ་ལྡན་དེ་དག་ལ་ཟབ་པ་དང་རྒྱ་ཆེ་བའི་ཆོས་ཀྱི་བཀའ་དྲིན་ཡང་དག་པར་སྩལ་ཏེ་སླར་གཙང་ཕྱོགས་སུ་ཕེབས། དེ་ཁའི་སྟོན་གཙང་རོང་གི་སྟེ་འབྲུག་ཆེན་པོ་བྱུང་སྟེ། གྲྭ་པ་བྱིང་བསོད་སློམས་ལ་བྱོན་ཤུལ་གཟིམ་ཁང་ན་དཔོན་སློབ་གསུམ་ལས་མེད་པའི་ཐོ་རངས་ཤིག་པ་སྣམ་རྗོང་གི་སྲུང་ཆེ་བའི་ཁྲོད་ནས་དགྲ་བོ་དང་། དེ་ལ་བརྟེན་པའི་པ་སྣམ་པའི་ཕོ་ཡན་འཚོགས་པའི་དམག་གི་ཚོགས་ཤིན་ཏུ་འཇིགས་པས་བཅོམ་སྟེ་མདའ་མཆོན་གྱི་ཆར་ཕབ། དེའི་ཚེ་བདག་ཉིད་ཆེན་པོ་འདིས་དེ་ལྟར་མ་བྱེད་ཅེས་འཇིགས་པ་མེད་པ་ལྟར་སྐུ་མངོན་དུ་ཕྱུང་སྟེ་སྐལ་ངན་དེ་དག་ལ་གོ་

བར་མཛད་པ་ན་ངན་པ་དེ་དག་གིས་དམ་པ་འདི་ལ་ཆེས་ཆེར་བསྙོགས་ནས་མདའ་འཕངས་པ་ཕལ་ཆེར་བདག་ཉིད་ཆེན་པོའི་སྐུ་ལས་ཡོལ་ཏེ་འགྲོ་ཞིང་། འགའ་ཞིག་ཕོག་ཀྱང་ཇི་ལྟར་རྡོ་རྗེ་རིན་པོ་ཆེའི་རང་བཞིན་གྱི་བྲག་རི་ལ་མདའ་ཕལ་པ་འཕངས་པ་ལྟར་གནོད་པ་མེད་པར་བྲུལ་བར་བྱེད་དོ། །དེར་སྡིག་པ་ཅན་དེ་དག་ཀྱང་འདི་ལ་ནི་མཚོན་བསྲུང་བླ་ན་མེད་པ་དང་ལྡན་པ་ཞིག་གོ །ཞེས་སྒྲ་དབྱངས་སྒྲོགས་མོད་ཀྱང་ལྷ་དང་བླ་མའི་ཐུགས་རྗེའི་གཟི་བྱིན་གྱིས་ཡིན་གྱི་མཚོན་སྲུང་ཐ་མལ་པ་ནི་གཏན་ནས་མེད་གསུང་ངོ་། །བདག་ཉིད་ཆེན་པོ་འདི་ནི་བླ་མ་ལྷའི་རྣལ་འབྱོར་ལ་བརྟེན་པ་ཐོབ་པས་གང་སྣང་ཐམས་ཅད་བླ་མ་ལྷའི་རྣམ་རོལ་ཏུ་འཆར་ཞིང་། དམ་ཅན་ཆོས་སྲུང་རྣམས་ཀྱང་བླ་མ་ལྷའི་བྱ་སྤྲུལ་ཡེ་ཤེས་ཀྱི་རང་སྣང་དུ་ཤར་ཏེ་རྒྱུད་སྡེ་ནས་གསུངས་པའི་འཕྲིན་ལས(༩༠ན)རབ་འབྱམས་ཐམས་ཅད་བླ་མ་ལྷའི་རྣལ་འབྱོར་གྱིས་སྒྲུབ་ནུས་པ་བྱུང་ཞིང་མཁས་གྲུབ་ཆེན་པོ་འདི་ཉིད་ཆོས་སྐྱོང་ལ་མངའ་བརྙེས་པས་གཏོར་བཟློག་དང་བསྐང་གསོ་སོགས་གང་གནང་ཡང་ཟིལ་གཞན་པས་ཆེ་བ་ཞིག་འོང་། གཏོར་བཟློག་མཛད་པའི་སླ་ང་ལ་ཞབས་རྗེས་བྱོན་པའང་མང་དུ་བྱུང་འདུག་ཅིང་། བསྐྱེད་པའི་རིམ་པ་མཐར་ཕྱིན་པས་ལྷག་པའི་ལྷའི་ང་རྒྱལ་དང་གསལ་སྣང་ཤིན་ཏུ་བརྟན་པ་མངའ་བའི་སྟོབས་ཀྱིས་ནང་མཆོད་རང་ཁོལ་དང་། ཚོ་རིལ་འཕར་བ་དང་། བདུད་རྩི་འབབ་པ་དང་། ཚོ་ཚང་ཁོལ་བ་དང་། སྤྱན་དབྱེའི་ཚེ། ལྷས་མེ་ཏོག་དངོས་སུ་བཟུང་བ་ཡང་དུ་མ་ཞིག་བྱུང་། དེ་ནས་དབེན་དགོན་དུ་ལོ་རེ་བཞིན་མདོ་སྔགས་ཀྱི་ཟབ་ཆོས་རྒྱ་ཆེར་གནང་བས་ཕྱིས་ནི་མཁས་ཤིང་གྲུབ་པའི་སྙན་གྲགས་ཀྱི་ཁུར་ལངས་ཏེ་ཕྱོགས་ཕྱོགས་ཀྱི་སྐྱེ་དགོན་སོ་སོའི་བླ་མ་དང་། སྐྱེ་དཔོན་མང་པོས་ཀྱང་མཆོད་གནས་འགྲན་ཟླ་མེད་པར་བཟུང་བ་ཡིན་ནོ། །དེའང་དུས་རྒྱུན་པར་ཡང་བླ་མ་ལྷའི་རྣལ་འབྱོར་ཁོ་ན་ལ་སྒྲུབ་པ་སྙིང་པོར་མཛད་ཅིང་རྟོགས་པ་ཁྱད་པར་ཅན་དེ་ལ་བརྟེན་

ནས་བརྟེན་ཏེ། བཀའ་ལས། དཔལ་ལྡན་བདེ་ཆེན་དབེན་པའི་ཕོ་བྲང་དུ། །རྩེ་གཅིག་བསྒྲུབ་ལ་བརྩོན་པའི་རྣལ་འབྱོར་པ། །རྟག་ཏུ་བླ་མ་དྲན་པའི་བསམ་གཏན་ལ། །གཡེལ་མེད་གཅིག་ཏུ་གཞོལ་ཞིང་བརྩོན་པར་བྱེད། །ཅེས་གསུངས། ཡང་བཀའ་ལས།(༩༠བ)མ་ཡེངས་དྲན་པའི་ཆུ་འཛིན་འཁྲུག་པོ་ལས། །དོན་དམ་རིག་པའི་གནམ་ལྕགས་ཆར་ཕབ་ནས། །མཐར་འཛིན་བྲག་རིའི་ཕུང་པོ་སྨུར་བཤིག་སྟེ། །བདེ་ཆེན་དམ་པའི་གནས་སུ་བགྲོད་པ་ནི། །ཨེ་མ་ངོ་མཚར་དཔལ་གྱི་དམ་པའོ། །ཞེས་གསུངས།

གཞན་ཡང་དགེ་བའི་བཤེས་གཉེན་དུ་མས་བསྐུལ་བ་དང་། བདག་ཉིད་ཀྱུང་རྗེ་བཙུན་བློ་བཟང་དོན་གྲུབ་ཀྱི་བཀའ་དྲིན་དྲན་པའི་ཉམས་མགུར་ཡང་མང་དུ་མཛད་དེ། འདི་ལྟར། ན་མོ་མནྟྲ་མུ་ཏྲ་ཡ། ཕ་གི་ཞིག་རྒྱ་མཚོ་ཆེན་པོ་ན། །ཡིད་བཞིན་ནོར་བུ་རིན་ཆེན་ཡོད། །དེད་དཔོན་གྱི་ཐབས་ལ་མ་བརྟེན་ན། །གཏིང་མཐའ་ཟབ་པས་རྙེད་པར་དཀའ། །འདི་ཁ་ཞིག་གསུང་རབ་ཀྱི་རྒྱ་མཚོ་ན། །སྙིང་པོ་ཡིད་བཞིན་ནོར་བུ་ཡོད། ། མཚན་ལྡན་གྱི་ཐབས་ལ་མ་བརྟེན་ན། །ཟབ་རྒྱས་ཀྱི་སྦྱོས་པ་རྙེད་པར་དཀའ། །དཀའ་ཚུལ་འདི་སྙིང་གི་དཀྱིལ་དུ་ཚོངས། །དཔའ་བོ་དང་དཔའ་མོའི་ཐུགས་ཀྱི་བཅུད། ། ངོམས་པ་རང་མེད་པར་གསོལ་བར་ཞུ། །ཞུ་བ་འདི་རང་སེམས་རྒྱལ་པོ་ལ། །གདམས་པ་བདེ་ཆེན་གྱི་གཏེར་མཛོད་ཡིན། །ཞེས་པ་དང་། ཡང་། ན་མོ་མ་ནྟྲ་མུ་ཏྲ་ཡ། རྒྱ་མཚོར་ཡོད་པའི་ནོར་བུ་རིན་ཆེན་དེ། །ཤུགས་དྲག་རླབས་ཀྱིས་ཕྱོགས་སུ་བསྐྱོད་ན་ཡང་། །བསོད་ནམས་ལྡན་པའི་འགྲོ་བའི་དཔལ་དུ་ཆེ། །བསྟན་པའི་སྙིང་པོ་རང་སེམས་བདེ་ཆེན་དེ། །རྣམ་པར་རྟོག་པའི་འཕྲུལ་པས་གཡོ་ན་ཡང་། །(༩༡ན)དད་ལྡན་སྐལ་ལྡན་གདུལ་བྱའི་དཔལ་དུ་ཆེ། །ཆེ་བར་གྱུར་ཅིག་བླ་མ་ལྷག་པའི་ལྷ། །ཞེས་བྱ་བ་ལ་སོགས་པ་གསུངས། དེ་ནས་བདག་ཉིད་ཆེན་པོ་དགུང་ལོ་ལྔ་བཅུ་ང་བརྒྱད་བཞེས་པ། སྣ་ཚོགས་ཞེས་པ་ཆུ་ཕོ་རྟའི་ལོའི་དགུན་བསམ་འགྲུབ་རྩེ་ནས་ཕྱག་དམ་

ནན་ཆེས་པའི་སྐབས་ཀྱིས་དགེ་འཕེལ་ཁྲི་ཐོག་ཏུ་ཕེབས། ལོ་ལྔའི་བར་དམ་པའི་ཆོས་ཀྱི་འཁོར་ལོ་བསྐོར་ཏེ་ཆོས་ཀྱི་ཁྲིམས་ཀྱང་ཡང་དག་པར་བསྡམས་པས་བཀའ་དྲིན་གྱིས་ཁྱབ་པར་མཛད་དོ། །

དེ་ནས་རྒྱལ་བ་དབེན་ས་པ་ཆེན་པོའི་བཀའ་ལུང་ལྟར་གྲུབ་པའི་གནས་མཆོག་དབེན་ས་ཆོས་ཀྱི་ཕོ་བྲང་ཉིད་སྐྱོང་བ་གཙོ་བོར་མཛད་བཞིན་དེ་དགེ་འཕེལ་གྱི་གདན་ས་བཞག་ནས་འཕགས་པ་འཇིག་རྟེན་དབང་ཕྱུག་གི་གདུང་འཛིན་འགྲོ་བ་དུ་མའི་འདྲེན་པ་གནས་སྙིང་ནས་རྗེ་འཇམ་པའི་དབྱངས་དགེ་འཕེལ་གྱི་ཁྲིར་བཀོད་ནས་སླར་ཡང་གྲུབ་པའི་གནས་མཆོག་དབེན་ས་ཆོས་ཀྱི་ཕོ་བྲང་དུ་ཕེབས་ཏེ་དགུན་ཕལ་ཆེར་སྒྲུབ་པ་བསམ་གཏན་གྱི་འཁོར་ལོ་དང་། དབྱར་ཆོས་ལ་ཕྱོགས་ཕྱོགས་ཀྱི་སྡེ་སྣོད་འཛིན་པ་དང་། གཞུག་མར་གནས་པ་རྣམས་ལ་ཟབ་རྒྱས་མདོ་སྔགས་ཀྱི་ཆོས་བཀའ་རྒྱ་ཆེར་སྩལ་ལོ། །དེ་སྐབས་རྒྱལ་བ་དབེན་ས་པ་ཆེན་པོ་སླར་ཡང་འཇམ་མགོན་སྙན་བརྒྱུད་ཀྱི་བསྟན་པ་སྤེལ་བའི་ཕྱིར་བསམ་བཞིན་དུ་བྱོན་པ་རྗེ་བཙུན་བློ་བཟང་ཆོས་ཀྱི་རྒྱལ་མཚན་དབེན་དགོན་དུ་གདན་དྲངས་ནས་དགེ་བསྙེན། དགེ་ཚུལ། དབང་ལུང་མན་ངག་ཐམས་ཅད་ཡོངས(༧)བ)སུ་རྫོགས་པར་གནང་སྟེ་དབེན་ས་ཆོས་ཀྱི་ཕོ་བྲང་གི་མི་འཇིགས་སེང་གེའི་ཁྲི་ལ་མངོན་པར་དབང་བསྐུར་སྟེ་སྙན་བརྒྱུད་བསྟན་པའི་བདག་པོར་མངའ་གསོལ། ནམ་མཁའི་དབྱིངས་ཐམས་ཅད་ཏིལ་གྱི་གང་བུ་ལྟར་གང་བའི་རྒྱལ་བ་སྲས་བཅས་རྣམས་ཀྱིས་མེ་ཏོག་གི་ཆར་ཕབ་བོ། །དེ་ནས་རྒྱལ་བ་ཙོང་ཁ་པའི་རྣམ་ཐར་ལྟར་དབེན་ས་པ་ཆེན་པོའི་སྤྲུལ་པའི་སྐུ་འདི་རྒྱལ་བ་ཙོང་ཁ་པ་རང་ཉིད་སླར་བྱོན་པ་ལྟ་བུ་ཞིག་འོང་བར་བྱའོ་སྙམ་དུ་ཐུགས་ལ་བརྟགས་ཏེ་བཀྲ་ཤིས་ལྷུན་པོར་ཐུགས་གཉེར་ལ་བཛྫངས། དེ་ནས་རྗེ་བཙུན་བློ་བཟང་ཆོས་རྒྱན་དགུང་ལོ་བཅུ་དགུའི་ཐོག་བཀྲ་ཤིས་ལྷུན་པོར་དཀའ་བཞིའི་གྲྭ་སྐོར་མཛད་པ་ལ་ཉེ་བའི་ཚེ་འབྲུམ་བུའི་

བསྟུན་གཞི་བྱུང་བ་ན་མཁས་གྲུབ་སངས་རྒྱས་ཡེ་ཤེས་དེ་མ་ཐག་ཕེབས་ཏེ་དབང་བསྐུར་བྱིན་རླབས་གནང་ཞིང་གཞུང་ལུགས་ཆེན་མོ་རྣམས་ལ་སྦྱངས་པ་མཛད་ལུགས། དེ་ནས་གཞུང་དོན་གདམས་པར་ཤར་བའི་ཉམས་ལེན་ལ་འབད་དགོས་ལུགས། རང་ཉིད་མི་ཉམས་པའི་གདེང་ཐོབ་པ་ན་རྗེ་བླ་མའི་སྐུན་བརྒྱུད་ཀྱི་བསྟན་པ་འཛིན་སྐྱོང་སྤེལ་གསུམ་འདི་ལྟར་མཛད་དགོས་སོ་ཞེས་གདམས་པ་མཐིལ་ཕྱིན་པར་གནང་ཞིང་ལུང་བསྟན་གསང་བའི་མེ་ལོང་ཡང་ཞིབ་ཏུ་བསྟན་ཏེ། སྐུ་ཚེ་དེའི་ཐ་མའི་ཞལ་ཆེམས་ལྟ་བུར་བསླབ་བྱ་མཐར་ཕྱིན་པར་མཛད་དེ་ཞག་གསུམ་བཞུགས་ནས་དབེན་དགོན་ཉིད་དུ་ཕེབས་སོ། །

མདོར་ན་མཁས་གྲུབ་སངས་རྒྱས་ཡེ་ཤེས་ཞེས་ཡོངས་སུ་གྲགས་པའི་བདག་ཉིད་ཆེན་པོ་འདི་ཚུལ་ཁྲིམས་(༤༢ན)གསུམ་གྱིས་ཡང་དག་པར་བསྡམས་ཤིང་ཆགས་སྡང་འགོ་གནོན་པ། ལྷག་པའི་ལྷའི་རྣལ་འབྱོར་ལས་གཡེལ་བ་མེད་ཅིང་བདེ་སྟོང་གི་ཏིང་ངེ་འཛིན་མངའ་བ། རྒྱལ་བ་བློ་བཟང་དོན་གྲུབ་ཀྱིས་དབེན་དགོན་འདི་གཉེར་དུ་གཏད་པའི་བཀའ་ལ་འགོངས་པ་མེད་པར་སྒྲུབ་པའི་སྡེ་འདི་ཁོ་ན་ཐུགས་ཀྱི་དཀྱིལ་དུ་བཅུག་ནས་འཁོར་ལོ་གསུམ་གྱིས་དུས་འདའ་བར་མཛད་དོ། །མཁས་གྲུབ་སངས་རྒྱས་ཡེ་ཤེས་ཀྱིས་འཇམ་མགོན་སྐུན་བརྒྱུད་ཀྱི་མན་ངག་རྣམས་མི་ནུབ་པར་ཡུན་རིང་གནས་པའི་ཕྱིར། རྗེ་བཙུན་བློ་བཟང་དོན་གྲུབ་ཀྱི་རྣམ་ཐར་གསོལ་འདེབས། ཟབ་ལམ་བླ་མའི་ལྷའི་རྣལ་འབྱོར་ཉམས་སུ་ལེན་ཚུལ་རྗེ་རིན་པོ་ཆེ་ལ་བརྟེན་པའི་ཕྱི་ནང་གསང་གསུམ་གྱི་བླ་མའི་རྣལ་འབྱོར། ལམ་རིམ་གསོལ་འདེབས་དང་འབྲེལ་བའི་བླ་མའི་རྣལ་འབྱོར། ལྷག་པའི་ལྷ་མང་པོ་ལ་བརྟེན་པའི་བླ་མའི་རྣལ་འབྱོར་མང་པོ། བྱང་ཆུབ་ལམ་གྱི་རིམ་པའི་སྐྱེས་བུ་ཆུང་ངུའི་དམིགས་སྐོར། གཅོད་ཀྱི་སྐོར། ཚོགས་འཁོར། རྗེ་རིན་པོ་ཆེའི་སྒྲུབ་ཐབས། མགོན་པོའི་བླ་བརྒྱུད་གསོལ་འདེབས། བླ་མའི་བསྟོད་པའི་

རིམ་པ། བླ་མ་མཆོད་པའི་ཆོ་ག །ཐེག་ཆེན་ཐུན་མོང་བའི་བླ་མ་ལྷའི་རྣལ་འབྱོར་གྱི་སྒོ་ནས་སྐྱེས་བུ་གསུམ་གྱི་ལམ་གྱི་རིམ་པའི་ཁྲིད། བླ་མ་ལྷའི་རྣལ་འབྱོར་གྱི་སྒོ་ནས་ཚེ་འདི་དོན་དང་ལྡན་པར་བྱེད་པ། བློ་སྦྱོང་དོན་བདུན་མ་བཤད་ཆོས་ཙམ་མ་ཡིན་པར་རྒྱུད་ལ་སྦྱོར་ཚུལ། ཆུ་སྦྱིན་གྱི་དམིགས་སྐོར། དེ་བཞིན་(༩༢བ)གཤེགས་པ་བཞིའི་དམིགས་སྐོར། དྲིས་ལན་ལེགས་པར་བཤད་པའི་སྙིང་པོ་ཉིན་མོར་བྱེད་པའི་དཔལ་ཞེས་བྱ་བ། ལྟ་སྒོམ་སྤྱོད་པའི་སྙིང་པོ། གཞན་ཡང་མན་ངག་ཤིན་ཏུ་ཟབ་པའི་ཞལ་གདམས་བཅུ་གཅིག །གཞི་ལམ་འབྲས་བུའི་དཀའ་བའི་གནད་ཀྱི་དྲི་བ་དང་དེའི་ལན་རང་ཉིད་ཀྱིས་མཛད་པ། དབུ་མའི་ཟིན་བྲིས། རྗེ་བཀྲ་ཤིས་རིན་པོ་ཆེ་བའི་དྲི་ལན། ཐེག་ཆེན་གསོ་སྦྱོང་གི་སྡོམ་པ་ལེན་ཚུལ་དང་། ཐུགས་རྗེ་ཆེན་པོའི་སྒྲུབ་ཐབས། ཡི་དམ་ལ་བླ་བྲེ་ཕུལ་བའི་གཉེར་གཏད། ཆབ་ཤོག །གྲུབ་རྒྱལ་ལུགས་ཀྱི་ཚེ་དབང་། གཏུམ་པོ་ཁྲུང་ལྡའི་རྗེས་གནང་། སྐྱེར་སྣང་ལུགས་ཀྱི་ཧ་མགྲིན་གྱི་རྗེས་གནང་། མགོན་པོའི་རྗེས་གནང་བྱེད་ཚུལ། རྡོ་རྗེ་འཇིགས་བྱེད་ཀྱི་སྒྲུབ་ཐབས་བདུད་ཐམས་ཅད་ལས་རྣམ་པར་རྒྱལ་བ་དག་འདོན་གྱི་རིམ་པར་བསྒྲིགས་པ། ཧ་མགྲིན་གྱི་རྣལ་འབྱོར་ཉམས་སུ་ལེན་ཚུལ། སྨྲུང་བར་གནས་པའི་ཆོ་ག་དངོས་གྲུབ་ཀུན་འབྱུང་། བླ་མ་ཡི་དམ་དཔལ་མགོན་སྲུང་མའི་ཚོགས་ལ་མཆོད་གཏོར་འབུལ་བའི་རིམ་པ། ཆོས་རྒྱལ་གྱི་སྒྲུབ་ཐབས་བདུད་དཔུང་ཚར་བཅོད་འཕྲིན་ལས་བཞིའི་དངོས་གྲུབ། གཏོར་མའི་ཆོ་གའི་རིམ་པ་དངོས་གྲུབ་ཀུན་འབྱུང་། བླ་མ་ལྷ་འཇམ་དཔལ་དབྱངས་ཀྱི་སྒྲུབ་ཐབས། བླ་མ་དཔལ་རྡོ་རྗེ་འཇིགས་བྱེད་ཀྱི་རྣལ་འབྱོར་ཉམས་སུ་ལེན་ཚུལ་ལ་སོགས་པ་རྣམས་མཛད་དོ། །

དེ་ལྟར་མཁས་གྲུབ་སངས་རྒྱས་ཡེ་ཤེས་ཀྱིས་ཞིང་འདིའི་སྐུ་དངོས་ཀྱི་གདུལ་བྱ་རྣམས་ཀྱི་དོན་བསྒྲུབས་ཟིན་པ་ན་(༩༣ན)ཉིད་ཀྱི་དགུང་ལོ་དྲུག་ཅུ་རེ་བདུན་པ། བོང་

བུ་ཞེས་པ་ལྕགས་མོ་ཡོས་ཀྱི་ལོ་ཟླ་བ་བཅུ་གཉིས་པའི་ཉེར་ལྔ་སྐུ་ཆེ་འདིའི་གདུལ་བྱའི་ཐ་མ་འགའ་ཞིག་རྗེས་སུ་གཟུང་བཞེད་པ་དང་། བྱམས་མགོན་ལ་མཆོད་འབུལ་སྨོན་ལམ་མཛད་བཞེད་པ་སོགས་དགོས་པ་ཁྱད་པར་ཅན་མང་པོ་ཞིག་ལ་དགོངས་ཏེ་རིང་བྱམས་ཆེན་དུ་ཕེབས་ནས་ཇི་ལྟར་བཞེད་པའི་ཐ་མའི་མཛད་པ་རྣམས་མཛད་དེ་ཟླ་བ་བཅུ་གཅིག་པའི་ཡར་ངོའི་ཚེས་བཅུ་བཞི་ལ་ངོ་མཚར་བའི་ལྟས་དང་བཅས་ཏེ་མྱ་ངན་ལས་འདའ་བའི་ཚུལ་བསྟན་ཏོ། །

དེ་ནས་དགུང་ཞག་བདུན་གྱི་བར་དུ་བསིལ་བུའི་རྒྱ་བ་ཆད་ཅིང་ལྷའི་མེ་ཏོག་གི་ཆར་བབས་སོ། །དེ་ནས་རྗེ་བཙུན་བློ་བཟང་ཆོས་ཀྱི་རྒྱལ་མཚན་གྱི་བཀས་མངགས་ཏེ་སྐུ་གདུང་སྣར་དཔེན་དགོན་དུ་གདན་དྲངས་ནས་ཞུགས་ལ་སྦྱངས། ཞག་ཞེ་དགུའི་བར་དུ་ཚོགས་པས་གུང་ཚོགས་ཡན་ལ་དཔལ་རྡོ་རྗེ་འཇིགས་བྱེད་ཀྱི་དཀྱིལ་འཁོར་བསྒྲུབས་ནས་དབང་བླངས་ཤིང་། དགུང་གི་རིང་བླ་མ་མཆོད་པའི་ཚོ་ག་མཛད་བཀྲ་ཤིས་ལྷུན་པོ། དགེ་འཕེལ། བྱམས་ཆེན་སོགས་ཆོས་སྡེ་རྣམས་སུ་མང་འགྱེད་དང་། དངོས་འབུལ་གྱ་ནོམ་པ་མཛད་པ་སོགས་མདོར་ན་གྲྭ་བུ་སློབ། སྡེ་དགོན་གྱི་སྦྱིན་བདག་སོ་སོ་དང་བཅས་པ་ཚང་མས་དད་པ་ཆེན་པོས་ཐུགས་དགོངས་ཡོངས་སུ་རྫོགས་པར་མཛད། དགུང་ཞག་གྲོལ་ནས་སྦྱུར་ཁང་ཞལ་ཕྱེ་བ་ན། རིང་བསྲེལ་སྲན་མ་ཙམ་ཞིག་སྙིང་པོར་བྱས་ཤིང་ཕྱི་རྣམས་རིང་བསྲེལ་(༩༣བ)གྱིས་ཁྱུར་ཁུར་གཏམས་པའི་ཐུགས་གཉིས། ལྗགས། སྤྱན། རྩ་དབུ་མ་བྱང་སེམས་དཀར་དམར་གྱིས་གང་བ། དབུ་ཀླད་རིང་བསྲེལ་གྱིས་ཁྱུར་ཁུར་གཏམས་པ་སོགས་བྱོན་ཞིང་། རིང་བསྲེལ་སྲིལ་བུ་བ་ནི་ཤིན་ཏུ་མང་པར་བྱོན་ནོ། །དེ་ནས་རྗེ་བཙུན་བློ་བཟང་ཆོས་ཀྱི་རྒྱལ་མཚན་གྱིས་མཁས་གྲུབ་ཆེན་པོ་འདི་ཉིད་ཀྱི་སྦྱུར་ཁང་གི་ས་ཕག་རྣམས་ལ་གཞི་བྱས། ཕྱི་རོལ་ཏུ་སྐུ་ཆེ་བྱིན་བརླབས་ཀྱི་མཆོད་རྟེན་ཤིན་ཏུ་ལེགས་པ་ཞིག་དགུང་ཞག་གྲོལ་འཕྲལ་དུ་

བཞེངས་དཔལ་འཁོར་ལོ་སྡོམ་པའི་སྒོ་ནས་རབ་གནས་རྒྱས་པར་མཛད་དོ། །དེ་ནས
རྗེ་བཙུན་བློ་བཟང་ཆོས་ཀྱི་རྒྱལ་མཚན་ཉིད་དེ་སྐབས་ཐུགས་གཉེར་གྱི་སྐབས་ཡིན་
པ་དང་། ཐུགས་ངེས་འབྱུང་སྐྱོ་ཤས་ཤིན་ཏུ་ཆེ་བས་རྟེན་བཞེངས་སོགས་ཡོ་ལངས་ལ་
མི་དགྱེས་ཀྱང་མཁས་གྲུབ་ཆེན་པོ་དེ་ཉིད་ཀྱི་སློབ་མ་མང་པོ་དང་སྦྱིན་བདག་མང་པོ་
ཞིག་གིས་བསྐུལ་ནས་ཆོས་ཀྱི་རྗེ་བློ་བཟང་རྒྱ་མཚོ་བས་སྦྱིན་བདག་དང་ཞལ་བཀོད་ཀྱི་
མཐིལ་མཛད་ནས་མཁས་གྲུབ་སངས་རྒྱས་ཡེ་ཤེས་ཀྱི་སྐུ་འདྲ་བསྐལ་པ་དང་པོའི་མི་
ཚད་ཙམ་གསེར་ཟངས་ལས་གྲུབ་པ་བལྟ་བས་ཆོག་མི་ཤེས་པ་ཞིག་བསྒྲུབས་ཏེ། ལྷ་
བཟོ་བ་རྣམས་ཀྱང་འབུལ་ནོར་གྱིས་མཉེས་པར་མཛད། འཁོར་ལོ་བདེ་མཆོག་གི་སྒོ་
ནས་རབ་ཏུ་གནས་པ་རྒྱས་པར་མཛད་དེ་བྱིན་རླབས་ཀྱི་གཟི་བྱིན་འབར་བར་བཞུགས་
སོ། །དེ་ལྟ་བུའི་དམ་པ་འདི་ལ་དབུས་གཙང་གི་ལྗོངས་འདིར་བུ་སློབ་མང་དུ་བྱུང་བ་
རྒྱས་པར་ནི་བརྗོད་པར་མི་སྤྱོབས་མོད། རགས་པ་ཙམ་སྨོས་ན། གནས་རྙིང་(༩༩ན)
ནས་རྗེ་རིན་པོ་ཆེ་འཇམ་པའི་དབྱངས། རྗེ་གདན་མཁན་རིན་པོ་ཆེ་ནོར་བཟང་རྒྱ་མཚོ།
ཤར་རྩེ་སློབ་དཔོན་པ་རྗེ་ཤཱཀྱ་མཆོག་གྲུབ། ཆོས་རྗེ་བསམ་བློ་ཤེས་རབ་རྒྱལ་མཚན།
ཆོས་རྗེ་རྒྱལ་བའི་འབྱུང་གནས་མངའ་རིས་དཀའ་བཅུ་པ་བློ་བཟང་དཔལ་མགོན།
མཁན་པོ་སངས་རྒྱས་རྩུལ་ཁྲིམས། མངའ་རིས་མཁན་པོ་བསམ་རྫོར་བ། ཆུ་དབང་
རིན་ཆེན་དོན་ཡོད་རྒྱ་མཚོ། དབུས་པ་ཆོས་རྗེ་དགེ་ལེགས་པ། མཚན་སྒྲོག་མཁན་ཆེན་
སྡིངས་པ་ནང་སོ། ཀོང་སྟོན་འཇམ་དབྱངས་རྒྱལ་པོ། ཞལ་སྔ་ནས་འཇམ་དཔལ་རྡོ་རྗེ།
ཆོས་རྗེ་གུང་རུ་ཤེས་རབ་བཀྲ་ཤིས། ཆོས་རྗེ་ཆོས་དོན་པ་སོགས་བསྟན་པའི་རྩ་ལག་ཏུ་
གྱུར་པའི་བཤེས་གཉེན་མཐའ་ཡས་ཤིང་ཐུགས་ཀྱི་སྲས་མཆོག་འཛམ་མགོན་སྟོན་རྒྱུད་
ཀྱི་བདག་པོ་འགྲན་པའི་ཟླ་ཐམས་ཅད་དང་བྲལ་བ་ནི་རྗེ་བཙུན་བློ་བཟང་ཆོས་ཀྱི་རྒྱལ་
མཚན་ནོ། །

དེས་ན་བྱང་ཆུབ་ལམ་གྱི་རིམ་པ་ལ་བློ་སྦྱོང་བར་འདོད་པ་རྣམས་ཀྱིས་མཁས་གྲུབ་སངས་རྒྱས་ཡེ་ཤེས་ལ་གསོལ་བ་འདེབས་ཤིང་། མཁས་གྲུབ་ཆེན་པོ་འདིའི་རྣམ་ཐར་ལྟར་འཇམ་མགོན་སྨན་རྒྱུད་འཛིན་པའི་བཤེས་གཉེན་དམ་པ་ཚུལ་བཞིན་བསྟེན་ནས་མདོ་སྔགས་གཉིས་ཀའི་ལམ་གྱི་ལུས་རྫོགས་པའི་མན་ངག་ཐོབ་པར་བྱས་ལ་ཐོག་མར་ལམ་ཐུན་མོང་བ་ལ་སྦྱོང་བ་ཐོན་ངེས་ཤིག་བྱ། དེ་ནས་ཐུན་མོང་མིན་པ་རྡོ་རྗེ་ཐེག་པའི་ལམ་ལ་སྦྱངས་ཏེ་ངེས་པ་རྙེད་པ་ན་བླ་མ་ལྷའི་རྣལ་འབྱོར་ལམ་གྱི་སྲོག་ཏུ་བྱས་ཏེ་བསྐྱེད་(༩༩བ)རྫོགས་གཉིས་ལ་སྦྱོང་བ་ཐོན་ངེས་ཤིག་བྱའོ།། །།

པཎ་ཆེན་བློ་བཟང་ཆོས་ཀྱི་རྒྱལ་མཚན་གྱི་རྣམ་ཐར།

དགེ་ལེགས་ཡོན་ཏན་མ་ལུས་འབྱུང་བའི་གནས། །དྲི་མེད་བློ་བཟང་བསྟན་པའི་ཁང་བཟང་རྩེར། །ཆོས་ཀྱི་རྒྱལ་མཚན་འཛིན་པའི་དཔལ་ཡོན་ཅན། །དཔལ་ལྡན་བླ་མའི་ཞབས་ལ་གསོལ་བ་འདེབས། །ཞེས་བསྔགས་པ། པཎ་ཆེན་བློ་བཟང་ཆོས་ཀྱི་རྒྱལ་མཚན་ནི། གངས་ཅན་གྲུབ་མཆོག་རྒྱལ་བ་དབེན་ས་པ་ཆེན་པོ་འཇམ་མགོན་བླ་མའི་མདོ་སྔགས་ཀྱི་བསྟན་པ་སྤེལ་བའི་སླད་དུ། སྙིགས་མའི་འགྲོ་བ་རྣམས་ཐུགས་རྗེས་མ་བཟོད་པ་དང་རྒྱལ་བའི་དམ་ཆོས་འཛིན་པའི་སྨོན་ལམ་རླབས་པོ་ཆེའི་མཐུས་བསམ་བཞིན་དུ་བྱོན་པ་ཞིག་སྟེ། དེ་ཡང་བདག་ཉིད་ཆེན་པོ་འདི་གང་དུ་འཁྲུངས་པའི་ཡུལ་ནི་གཙང་རོང་གི་ཡུལ་ལྷན་ཞེས་བྱ་བ་རྩི་ཤིང་ནགས་ཚལ་རྒྱས་ཤིང་། འབྲུ་བཅུད་ལོ་ཏོག་འཕེལ་བ་སྟོན་བྱོན་དམ་པ་མང་པོས་བྱིན་གྱིས་བརླབས་པ་སོགས་དགེ་མཚན་ཁྱད་པར་ཅན་དང་ལྡན་པ་ཞིག་སྟེ། དེ་ལྟ་བུའི་ཡུལ་དེའི་ནང་དྲུག་བརྒྱུར། སྣ་ཡེ་ཤེས་དབང་པོ་དང་། མཚུངས་མེད་གཡག་སྡེ་པཎ་ཆེན་སོགས་དམ་པ་དུ་མ་འཁྲུངས་

པའི་རིགས་སུ་ཡབ་ནི་ཤེར་ཕྱིན་བརྒྱད་སྟོང་པ་རྒྱུན་དུ་ཁ་ཏོན་མཛད་པ་སོགས་ལུང་དང་རྟོགས་པའི་ཡོན་ཏན་གྱིས་རྒྱུད་ཕྱུག་པ་དྲུང་འཚོ་བ་ཀུན་དགའ་འོད་ཟེར་ཞེས་བྱ་བ་དང་ཡུམ་ནི་རང་བཞིན་གྱིས་དྲང་ཞིང་ཉོན་མོངས་ཆུང་ལ་སྐྱེ་བོ་ཀུན་ལ་ཕན་སེམས་ཆེ་བ་སོགས་ཀུན་གྱིས་བསྔགས་འོས་སུ་གྱུར་པ་མཚོ་རྒྱལ་ཞེས་བྱ་བ་གཉིས་ཀྱི་སྲས་སུ། རབ་མྱོས་ཞེས་པ་ལྕགས་ཕོ་རྟའི་ལོ་ངོ་མཚར་བའི་ལྟས་(༩༥ན)བསམ་གྱིས་མི་ཁྱབ་པ་དང་བཅས་འཁྲུངས་སོ། །དེའི་ཚེ་དཀར་ཕྱོགས་ཀྱི་ལྷ་རྣམས་ཀྱིས་ད་ནི་འགྲོ་བ་མགོན་དང་བཅས་སོ་ཞེས་དགའ་བའི་ཙ་ཙོའི་སྒྲ་སྒྲོག །མེ་ཏོག་འཐོར་ཞིང་གོས་ཀྱིས་གཡབ་མོ་བྱེད། ལྷ་འགའ་ཞིག་གིས་རྒྱལ་སྲས་གཞོན་ནུ་འདི་ལ་མངལ་གྱི་དྲི་མས་གོས་པ་དག་པར་བྱ་བའི་ཕྱིར་ཁྲུས་གསོལ། གནོད་སྦྱིན་ལག་ན་རྡོ་རྗེ་འཁོར་བརྒྱ་ཕྲག་མང་པོ་དང་བཅས་པས་ཕྱོགས་སུ་འཁོད་ནས་བར་ཆད་བསྲུང་། རྒྱལ་བ་སྲས་བཅས་ཐམས་ཅད་ཀྱིས་རྒྱལ་སྲས་འདིའི་དོན་གྲུབ་པར་གྱུར་ཅིག་ཅེས་བདེན་ཚིག་གི་སྨོན་ལམ་མཛད་པར་ངེས་ཏེ། སྐུ་གསུམ་མངོན་དུ་གྱུར་པའི་རྡོ་རྗེ་འཛིན་པ་ཆེན་པོ་ཞིང་འདིར་གདུལ་བྱའི་དོན་དུ་སྤྲུལ་པའི་སྐུ་བཟུང་བ་ཡིན་པས་ན་ཞིང་གང་དང་གང་དུ་སྤྲུལ་པའི་སྐུ་བྱོན་པ་དེ་དང་དེའི་ཚེ་སྔར་བཤད་པའི་རྟགས་དང་མཚན་མ་དེ་དག་འབྱུང་བར་རྒྱལ་བའི་བཀའ་ལས་གསུངས་སོ། །དེ་ལྟ་བུའི་རྒྱལ་སྲས་གཞོན་ནུ་དེ་མཐུན་པའི་དངོས་པོ་དག་གིས་བསྐྱེད་བསྲིངས་ཤིང་ལྷ་དང་བླ་མའི་ལུང་བསྟན་ལྟར་མཚན་ཆོས་རྒྱལ་དཔལ་ལྡན་བཟང་པོ་ཞེས་བཏགས་སོ། །

རྒྱལ་སྲས་གཞོན་ནུ་དེ་ནི་བསྐལ་པ་མང་པོའི་སྔོན་རོལ་ནས་ལམ་ལ་སྦྱངས་པའི་མཐུ་གྲུབ་པ་ཡིན་པས་སྐུ་ན་ཤིན་ཏུ་ཕྲ་བའི་གནས་སྐབས་དེར་ཡང་བྱིས་པ་གཞན་དག་གི་དང་ཚུལ་ལས་འདས་ཏེ། ཐུགས་རབ་ཤིན་ཏུ་གསལ་བས་གཞན་དག་གིས་སློབ་མ་དང་། ཤེས་རབ་སྙིང་པོ་སོགས་ངག་འདོན་བྱས་པ་ན་ཞལ་ནས་གསུང་(༩༥བ)བར་

མ་མཛད་ཀྱང་ཐུགས་ལ་ཚིག་འབྲུ་གོ་རིམ་དང་བཅས་པ་གསལ་བར་ཤར། དྲུང་འཚོ་བ་ཞག་རེ་བཞིན་མཚན་བརྗོད་ཁ་ཏོན་འཆག་མེད་མཛད་པ་གསན་པས་དགུང་ལོ་གསུམ་པའི་སྐབས་མཚན་བརྗོད་ཐུགས་ལ་གསལ་བ་དག་ཏུའང་གཙང་སེང་ངེ་བ་འདོན་ནུས་པ་བྱུང་། དགུང་ལོ་ལྔ་ལོན་དུས་ཞག་རེ་བཞིན་མཚན་བརྗོད་ཚར་ལྔ་རེ་ཞལ་ཏོན་དུ་མཛད། དེ་དུས་དབེན་དགོན་པ་དཔོན་སློབ་ཀྱིས་དབྱར་གནས་དྲུག་བཅུར་མཛད་པས། དེའི་ཚེ་རྒྱལ་སྲས་གཞོན་ནུ་དེ་ཕྱི་རོལ་ཏུ་ཐབས་ཅི་བྱས་ཀྱང་བཞུགས་མ་འདོད་པར་དབེན་དགོན་ཚོགས་པའི་ནང་དུ་བྱོན་ཏེ་གྲལ་གོང་དེར་བཞུགས་པ་ཞིག་བྱུང་། དེའི་རྒྱུས། རྡོ་རྗེ་འཇིགས་བྱེད་ཀྱི་ཆོ་ག་དང་། མགོན་པོ། ཆོས་རྒྱལ། ལྷ་མོ། ཕྱག་བཞི་པ། གུར་ཞལ་རྣམས་ཀྱི་བསྐང་གསོ་རྣམས་ཚོགས་པའི་ཞོར་ཐེགས་པ་མཁྱེན། དགག་དབྱེ་གྲོལ་ནས་གྲྭ་པ་རྣམས་བསོད་སྙོམས་ལ་བྱོན། མཁས་གྲུབ་ཆེན་པོ་སངས་རྒྱས་ཡེ་ཤེས་ཟླ་བ་གཅིག་ཙམ་དེར་བཞུགས་པའི་ཇའི་གྲལ་དུ་མཁས་གྲུབ་སངས་རྒྱས་ཡེ་ཤེས་ཀྱིས། སྲས་ཆུང་འདི་དབྱར་གནས་ཀྱི་རིང་ཚོགས་དཀྱིལ་རང་དུ་བཞུགས་ཚུགས་ཤིང་ཡི་དམ་དང་བསྐང་གསོ་རྣམས་ཀྱི་ཞོར་འདེགས་ཀྱང་ལེགས་པར་ཡོང་འདུག་གསུངས་པས། དྲུང་འཚོ་བ་ཆེན་མོ་ན་རེ། འདི་ཤེས་རབ་དགའ་རབ་ཡིན་པ་འདྲ། བདག་གིས་ཁ་ཏོན་བྱས་པའི་རྣ་འཛགས་ཀྱིས་ན་ཉིང་ལོ་གསུམ་པའི་མཇུག་ཏུ་མཚན་བརྗོད་ཤིན་ཏུ་བྱང་བ་བྱུང་ནས། ཁ་སང་སྐབས་ཤིག་ཉིན་རེ་ལ་ཚར་མང་པོ་འདོན་གྱིན་འདུག་ལགས། ད་ལྷ་སྐུ་ཞབས་སུ་རྒྱུགས་ཕུལ་དང་གསུང་། རྒྱལ་(༤༨ན)སྲས་གཞོན་ནུ་དེས་དེ་འཕྲལ་དུ་ཡེ་ཤེས་ཡོན་ཏན་བཟང་པོའི་བསྟོད་པ་སྟོན་དུ་བཏང་། རྒྱ་གར་སྐད་ནས། མངོན་པར་བསྟོད་དོའི་བར་དང་། མཇུག་ཏུ་ཤེས་བྱ་མཁའ་དབྱིངས་མའི་སྨོན་ལམ་དང་བཅས་པ་དག་ཅིང་གསལ་བསང་བ་ཞིག་བསྐྱར་བས་མཁས་གྲུབ་སངས་རྒྱས་ཡེ་ཤེས་ཐུགས་ཤིན་ཏུ་དགྱེས་ནས་འདོན་ཁྱེར་དག་

ཅིང་བྱུང་བ་འདུག །བཙུན་པ་ཞིག་བྱེད་དགོས་པ་ཡིན། བཙུན་ཆས་ལེན་མིན་བལྟའོ་གསུངས་ནས་དབུ་པཎ་དེ་ཕུད་ནས་རྒྱལ་སྲས་གཞོན་ནུའི་དབུ་ལ་གཡོགས་ནས་བཙུན་པ་ལེན་པོ་ཡོང་བ་འདུག་ཅེས་གསུངས་ཏེ། དེ་ནི་མཁས་གྲུབ་སངས་རྒྱས་ཡེ་ཤེས་ཀྱིས་རྒྱལ་སྲས་གཞོན་ནུ་འདི་རྒྱལ་བ་དབེན་ས་པ་ཆེན་པོའི་སྤྲུལ་སྐུར་ཡིད་ཆེས་ནས་མ་འོངས་པའི་རྟེན་འབྲེལ་བསྒྲིག་པའི་ཕྱིར་དེ་ལྟར་མཛད་པ་ཡིན་ཏེ། རྒྱལ་བ་དབེན་ས་པ་ཆེན་པོ་སྐུའི་བཀོད་པ་བསྡུ་བར་ཕྱོགས་པའི་དུང་དུ། མཁས་གྲུབ་ཆེན་པོ་སངས་རྒྱས་ཡེ་ཤེས་ཉིད་ཀྱིས་དངོས་སུ་ཚིག་གི་ལམ་ནས་ཞུ་བ་ནི་མ་སྨྲོས། ཡིད་ལ་གདུང་བ་མི་བཟད་པ་སྐྱེས་ཤིང་། སྐུའི་སྐྱེ་བ་མྱུར་དུ་འབྱོན་པར་གསོལ་བ་རྩེ་གཅིག་ཏུ་བཏབ་པས་མཁས་གྲུབ་སངས་རྒྱས་ཡེ་ཤེས་ཀྱི་ཐུགས་ལ་གང་ཤར་རྒྱལ་བ་དབེན་ས་པ་ཆེན་པོས་ཐུགས་ཀྱིས་མཁྱེན་ནས། དུང་རབ་འབྱམས་པ་དེ་ཙམ་གྱི་ཐུགས་ངལ་མཛད་མི་དགོས། ངེད་ཀྱང་སྤྲུལ་བའི་དེ་རྟ་མྱུར་དུ་ཡོང་། ཞེས་གསུངས་པས། མཁས་གྲུབ་སངས་རྒྱས་ཡེ་ཤེས་སླར་ཡང་འཇིགས་པ་དང་མོས་པས་ཐུགས་ཆད་ཆོད་དུ་སོང་བས་རྒྱུ་མཚན་ཞུ་མ་ཐུབ། (༩༨བ)སླར་ལྷ་ཁྲིད་སྤྲུལ་བ་ཟེར་བ་འདིར་རེ་བ་བཅས་ཏེ་བརྟགས་ཀྱང་དོགས་པ་ཙམ་ཡང་མ་བྱུང་། ཕྱིས་དྲུག་བརྒྱ་བའི་སྤྱི་ཝུ་མཐོན་པོ་དེ་ལ་རང་དགོངས་སམ་སྙམ་པ་བྱུང་ཞིང་། མནལ་ལམ་དུའང་རྒྱལ་བ་དབེན་ས་པ་དྲུག་བརྒྱར་སྤྲུལ་སྐུ་སྟོན་པའི་ལུང་བསྟན་མཚར་བ་ཞིག་བྱུང་། འོན་ཀྱང་ད་དུང་གདེངས་མ་བཀལ་བར་དེ་དུས་རྗེ་གླང་མིག་པ་ཆོས་ཀྱི་རྒྱལ་མཚན་པ་ཞེས་བྱ་བ་དེ་མངོན་མཁྱེན་ཐོགས་མེད་དུ་གསུང་བར་བྱེད་པས་ཁོང་ལ་དྲུག་བརྒྱའི་སྲས་པོ་འདི་རྒྱལ་བ་དབེན་ས་པ་ཆེན་པོའི་སྤྲུལ་སྐུ་ཡིན་མིན་བརྟག་པ་ཞུས་པ་ན། དྲུག་བརྒྱའི་དེ་སྐྱེ་བ་གཅིག་འཕར་དགོས་བྱུང་བ་མ་གཏོགས་ཐེ་ཚོམ་དགོས་པ་མི་བདོག་མིང་ཡང་ངེད་གཉིས་མཚུངས་པ་ཡོད་པས་ཆོས་ཀྱི་རྒྱལ་མཚན་ཞེས་འདོགས་པར་མཛོད་གསུང་བས།

མཁས་གྲུབ་སངས་རྒྱས་ཡེ་ཤེས་རང་ཉིད་ཀྱི་མཚན་ལྟས་དང་རྒྱལ་བ་དབེན་ས་པ་ཆེན་པོ་ཞིང་གཤེགས་ཁའི་གསུང་རིས་དང་། སྲས་ཆུང་དེ་རང་གི་མཛད་སྤྱོད་དང་ཡོན་ཏན་མཚུངས་པ་མེད་པ་དེ་དག་གཟིགས་པས་ཐུགས་ཡིད་ཆེས་ཏེ་དབེན་ས་པ་ཆེན་པོའི་སྤྲུལ་སྐུར་ངོས་བཟུང་། ཕྱིས་རབ་བྱུང་སྐྱབ་པར་མཛད་དུས་རྗེ་གླང་མིག་པས་གསུང་བ་ལྟར་ཆོས་ཀྱི་རྒྱལ་མཚན་ཞེས་མཚན་བཏགས་དེའི་སྟེང་དུ་བློ་བཟང་ཞེས་སྦྱར་བར་མཛད་དོ། །

དེ་ལྟར་རྒྱལ་བ་དབེན་ས་པ་ཆེན་པོ་ཉིད་ཀྱིས་ལྟན་དྲུག་བརྒྱར་སྤྲུལ་པའི་སྐུ་འཁྲོན་པར་ཞལ་གྱིས་བཞེས་པ་དང་། ལྷ་དང་བླ་མ་གཞན་གྱི་ལུང་བསྟན་དང་། མཁས་གྲུབ་སངས་རྒྱས་ཡེ་ཤེས་ཀྱིས་(༩༧ན)མངོན་སུམ་དུ་རྒྱལ་སྲས་འདིའི་མཛད་སྤྱོད་རྣམས་གཟིགས་པས་ཐུགས་གཏིང་ནས་ཡིད་ཆེས་ཤིང་། འཕྲལ་དུ་ཡོངས་ལ་བསྒྲགས་ན་བར་ཆད་བྱུང་དོགས་པས་ཡབ་ཡུམ་ལའང་དེ་རིགས་མ་གསུང་བར་དོན་གྱིས་པཎ་ཞྭ་དབུ་ལ་གཡོགས་ཏེ་འཛམ་མགོན་སྟན་རྒྱུད་ཀྱི་བསྟན་པའི་བདག་པོར་འགྱུར་བའི་རྟེན་འབྲེལ་བསྒྲིག་པར་མཛད་པའོ། །

རྒྱལ་སྲས་གཞོན་ནུ་དེ་དགུང་ལོ་ལྔ་པའི་དུས་དེ་ཉིད་དུ་བདེ་གཤེགས་བདུན་གྱི་ཆོ་ག་བཟུང་སྟེ་དུས་བཟང་རྣམས་སུ་འཆག་མེད་ཞལ་འདོན་མཛད། རྫོར་གཅོད་ཞིག་ཡང་ཡང་བཀླག་པར་མཛད་པས། གློག་བྱུང་བ་དང་ཐུགས་སུ་ཆུད་པ་མཉམ་དུ་བྱུང་། དུས་དེ་སྐབས་མཁས་གྲུབ་སངས་རྒྱས་ཡེ་ཤེས་ཀྱང་སྟོན་དུས་ཕལ་ཆེར་དྲུག་བརྒྱར་བཞུགས་པས། ཚེ་དབང་། མགོན་པོ་ཕྱག་དྲུག་པའི་བཀའ་རྫོགས་པ། རྟ་མགྲིན་གྱི་རིམ་པ་མང་པོའི་རྗེས་གནང་། རྟ་པོད་ཀྱི་ལུང་། རིགས་གསུམ་མགོན་པོ། སྒྲོལ་མ། རྣམ་རྒྱལ། རྣམ་འཇོམས། ཆོས་སྐྱོང་མང་པོའི་རྗེས་གནང་སོགས་དབང་ལུང་མང་དུ་ཞུ་བར་མཛད། དགེ་བའི་བཤེས་གཉེན་རིན་པོ་ཆེ་གྲངས་ཅན་པ་ལ་བརྒྱུད་སྟོང་

པ་སོགས་ཤེར་ཕྱོགས་དང་། མདོ་མང་དང་། འདུལ་བ་ལུང་དང་། རྒྱུད་འགའ་ཞིག་སོགས་ལུང་ཤིན་ཏུ་མང་བ་དྲུང་འཚོ་བ་ཆེན་མོ་སོགས་དང་ལྷན་ཅིག་ཞུ་བར་མཛད། མེས་པོ་དྲུང་འཚོ་བ་ཉིད་ཀྱི་དྲུང་དུ་ཞུ་བོ་དྲུང་འཚོ་བ་ཧ་མགྲིན་བཟང་པོའི་རིགས་བརྒྱུད་ཀྱི་སྲུང་མ་དྲང་སྲོང་ཆེན་པོ་ རྣ་ཧུ་ལའི་རིགས་གཏད། གདམས་པ་ཡོངས་རྫོགས་ཀྱི་ལུང་། ཞང་བློན་གྱི་རྗེས་(༤༧བ)གནང་། སྒྲུབ་སྐོར། རྒྱུད་བཞིའི་ལུང་སོགས་སྨན་དཔྱད་ཀྱི་སྐོར་གྱི་དབང་ལུང་རྣམས་ཀྱང་ཞོར་ལ་གསན། དགུང་ལོ་བདུན་པའི་དུས་སུ་འགྲམ་སོ་གཉིས་གསར་དུ་སྐྱེས་པས། འཇིག་རྟེན་གྱི་ཁ་དངགས་སུ་ཕག་འགྲམ་སྐྱེས་ན་ཚེ་ཕྱེད་སོན། ཟེར་བ་གསན་པས་འདི་ཡང་ཕག་འགྲམ་ཡིན་འདུག་ལ། དེ་ལྟར་ན་མྱུར་དུ་འཆི་བར་འགྱུར་བར་གདོན་མི་ཟའོ་སྙམ་དུ་འཆི་བ་རྩོལ་མེད་དུ་དྲན་པ་ནར་མར་བྱུང་ངོ་། །སྤྱིན་པ་ནི་འཇིག་རྟེན་ཕྱི་མར་ནོར་བཙོལ་བ་ལེན་པ་དང་འདྲ་སྙམ་དུ་དགོངས་ཏེ་རང་ཉིད་ཀྱི་ཁ་ཟས་ལ་བགོ་བཤའ་བྱས་ཤིང་བཟའ་བཏུང་སོགས་ཕྱག་ཏུ་ཅི་བྱུང་སློང་མོ་བ་དང་། ཁྱི་དང་བྱ་བྱིའུ་སོགས་ལ་སྦྱིན་པར་མཛད་ཅིང་། ཕྱི་མ་བདེ་འགྲོའི་རྟེན་བཟང་ཐོབ་པ་ཚུལ་ཁྲིམས་ལ་རག་ལས་པར་དགོངས་ནས་མི་དགེ་བཅུ་ལ་སྡོམ་སེམས་བསྐྱེན་གོམས་ཡང་ཡང་མཛད། ཚུལ་འདི་ནི་རྗེ་བཙུན་བློ་བཟང་ཆོས་ཀྱི་རྒྱལ་མཚན་རང་ཉིད་ཀྱི་ཞལ་ནས་སྤྱིར་ན་བྱིས་པ་ཆུང་ངུའི་གནས་སྐབས་ནས། རབ་ཏུ་འབྱུང་ཁའི་བར་རང་བཞིན་གྱི་ཁ་ན་མ་ཐོབ་གཞན་ལྟ་ཞིག བསམས་བཞིན་དུ་སྲོག་ཆགས་གྲོག་སྦུར་ཕྲ་མོ་བཀུམས་པ་ཙམ་ཡང་དྲན་ལམ་ན་མ་མཆིས་སོ། །ཞེས་གསུངས།

རྒྱལ་སྲས་གཞོན་ནུ་དེ་སྔོན་ཡུན་རིང་པོ་ནས་འཕོར་བ་མཐའ་དག་ལ་ཞེན་པ་ལོག་པ་ཞིག་ཡིན་པས་སྐུ་ན་ཕྲ་མོ་དེ་དུས་ནས་གཞན་གྱིས་བསྐུལ་བ་ལ་མི་བལྟོས་པར་ཁྱིམ་དུ་འདུག་པ་ལ་བཙོན་རར་བཅིངས་པའི་འདུ་ཤེས་བཅོས་མ་མིན་པ་འཁྲུངས་ནས

ཁྲིམ་ན་གནས་པ་ལ་ནམ་ཡང་དགའ་བར་མི་མཛད་ཅིང་། སྤྱིར་རབ་ཏུ་བྱུང་བ་དང་། (༩༢ན)ཁྱད་པར་དབེན་དགོན་པའི་དགེ་སློང་དག་བྱུང་ན་ལྷག་པར་དགྱེས་ཤིང་། རང་དབང་འདུས་ན་དེ་དག་དང་འགྲོགས་ནས་བཞུགས་པ་ལ་ཡུན་ཇི་ཙམ་རིང་ཡང་ཐུགས་སྐྱོ་བ་མི་སྐྱེ། ན་མཉམ་གཞན་དང་དཔལ་བར་རྩེ་བའི་དུས་སུ་རྩལ་གཟན་ཤམ་ཐབས་སུ་བྱས། དྲུང་གནས་རྩུལ་ཁྲིམས་པའི་ཞྭ་སེར་བསམས་བཞིན་བླངས་ནས་དབུ་ལ་བཞེས་ཏེ་བྱིས་པ་མང་པོའི་དབུས་སུ་རེས་འགའ་ཆོས་འཆད་ཉན། རེས་འགའ་བགྲོ་གླེང་། རེས་འགའ་གྲྭ་ཚང་འཛུགས་པ་ལྷ་བུའི་རྩེད་མོ་འབའ་ཞིག་མཛད་པ་ཞིག་ཡོད་པར་སྣ་ཐོག་མཉམ་པའི་སྐྱེ་བོ་མང་པོའི་མངོན་སུམ་དུ་གྱུར་པ་ཡིན་ནོ་ཞེས་རྗེ་ཉིད་ཀྱི་གསུང་ལས་འབྱུང་ངོ་། །དེ་ནས་སྣ་ཚོགས་ཞེས་པ་ཆུ་ཕོ་རྟའི་ལོ་དགུང་ལོ་བཅུ་གསུམ་པའི་ངོ་མཐོང་བའི་ཚེ་ཉེ་དུ་ལ་སོགས་པའི་འཆིང་བ་མེད་པར་མ་ཟད། དེ་དག་གིས་མཐུན་པའི་རྐྱེན་ཉེ་བར་སྒྲུབ་ཏེ་ཆོ་འཕྲུལ་ཟླ་བའི་ཚེས་བཅུའི་ཉིན་ཁྲིམ་ནས་འཐོན་ཏེ་དབེན་ས་ཆོས་ཀྱི་ཕོ་བྲང་དུ་ཕེབས། ཟླ་བ་དེ་ཁའི་ཚེས་བཅུ་གསུམ་ལ་རྒྱལ་ཕྱུར་འཛོམ་པའི་འགྲུབ་སྦྱོར་ཐོག །མཁས་གྲུབ་ཆེན་པོ་རྗེ་བཙུན་སངས་རྒྱས་ཡེ་ཤེས་ཀྱིས་མཁན་སློབ་ཟུང་འབྲེལ་དུ་མཛད་ནས། གྲིབ་ཚོད་ཉི་མའི་བརྒྱད་ཆ་ཤར་བ་ལ་ཚོགས་སྟ་མ་དགེ་ཚུལ་གྱི་སྡོམ་པ་ལེགས་པར་བཞེས་ཤིང་། མཚན་བློ་བཟང་ཆོས་ཀྱི་རྒྱལ་མཚན་ཞེས་གསོལ། རབ་ཏུ་བྱུང་འཕྲལ་མཁན་སློབ་ཚོགས་པ་དང་བཅས་པ་རབ་སྟོན་གྱི་ནོམ་པས་མཉེས་པར་མཛད་དོ། །དེའི་ཚེ་མཁས་གྲུབ་སངས་རྒྱས་ཡེ་ཤེས་ཀྱིས་དགོང་(༩༢བ)ཇའི་ཐོག་ཚོགས་ལ་བྱིན་རླབས་ཉེ་བརྒྱུད་ཀྱི་བླ་མའི་རྣལ་འབྱོར་ལམ་གྱི་གནད་ཚང་བ་ཤིན་ཏུ་ཟབ་ཅིང་རྒྱས་པ་ཞིག་གནང་། ཟླ་བ་དེའི་གསུང་མཆོད་དང་བསྟུན་སྨན་ཐང་པ་ཆོས་ཀྱི་རྗེ་དཀོན་མཆོག་ལྷུན་གྲུབ་པས་སྟོན་ནས་གསོལ་བ་བཏབ་པ་ལྟར་དཔལ་གསང་བ་འདུས་པའི་དཀྱིལ་འཁོར་དུ་དབང་བཞི་

ཡོངས་སུ་རྫོགས་པ་ཞུ་བར་མཛད། དེའི་དཔྱིད་དུས་མཁས་གྲུབ་སངས་རྒྱས་ཡེ་ཤེས་ཀྱི་བཀའ་ལྟར་རྗེ་རིན་པོ་ཆེས་མཛད་པའི་བྱམས་མགོན་གྱི་བསྟོད་པ་ཚངས་ཅོད་མ་དང་། རྗེ་བཙུན་འཇམ་པའི་དབྱངས་ཀྱི་བསྟོད་པ་བསྟོད་སྤྲིན་རྒྱ་མཚོ་དང་། རྣམ་རྒྱལ་མའི་བསྟོད་པ་འཆི་མེད་གྲུབ་པ་དང་། རྡོ་རྗེ་རྣམ་འཇོམས་ཀྱི་བསྟོད་པ་རྣམས་འཛིན་པ་ལ་འབད་རྩོལ་མ་དགོས་པར་ལན་རེ་གཟིགས་པ་ཙམ་གྱིས་ཐུགས་སུ་ཆུད་དེ་རྒྱུན་དུ་ཞལ་འདོན་མཛད། བཀའ་གདམས་ལྷ་བཞི་དང་། འཇམ་དབྱངས་རིགས་འགའ་ཞིག་དང་། འཇིགས་བྱེད། མགོན་པོ་ཕྱག་དྲུག་པ་རྣམས་རྒྱུན་བསྙེན་གྱི་ཚུལ་དུ་མཛད། དེའི་ཚེ་ཡི་དམ་དང་ཆོས་སྐྱོང་གི་གཟུངས་མང་ཙམ་བཟླས་རེས་ཀྱིས་མཐའ་ལམ་དུ་དུར་ཁྲོད་འཇིགས་སུ་རུང་བ་དང་། ཁྲོ་བོ་དང་། གཙན་གཟན་སྣ་ཚོགས་པའི་རྣམ་པ་འབྱུང་བ་དང་། དངོས་སུ་ཡང་ཡི་དམ་རྡོ་རྗེ་འཇིགས་བྱེད་དང་། མགོན་པོ་ཕྱག་དྲུག་པ་སོགས་དམ་ཅན་ཆོས་སྲུང་མང་པོའི་ཞལ་གཟིགས། འཇམ་མགོན་བསྟན་པའི་སྲུང་མ་རྣམས་ཀྱིས་འཕྲིན་ལས་རྣམ་བཞི་སྒྲུབ་པར་ཞལ་གྱིས་བཞེས་པ་སོགས་དག་པའི་གཟིགས་སྣང་དཔག་ཏུ་མེད་པ་བྱུང་ཞིང་། རང་དང་གཞན་གྱི་ཚེ་རབས་བརྒྱ་སྟོང་དྲན་པ་དང་། འདས་(༥༨༩)པའི་དུས་དང་མ་འོངས་པར་འབྱུང་འགྱུར་མང་པོ་ཐུགས་ལ་ཤར། སྐལ་བ་དང་ལྡན་པ་རེ་གཉིས་ལ་དེ་བཞིན་དུ་ལུང་བསྟན་ཡང་མཛད། དེ་ནས་མཁས་གྲུབ་སངས་རྒྱས་ཡེ་ཤེས་ཀྱིས་དབྱར་ཆོས་ལ་ལམ་རིམ་གྱི་ཁྲིད་ཚོགས་ཆོས་སུ་གསུངས་པ་བསྒྲིམས་ཏེ་གསན་པས་ཚིག་དོན་ཐམས་ཅད་ཐུགས་སུ་ཆུད། དབྱར་ཐོག་དེ་ལ་དབེན་དགོན་དུ་འཇིགས་བྱེད་ཀྱི་སྒྲུབ་མཆོད་ཐོག་མར་ཚུགས་ཐོག་བདག་ཉིད་ཆེན་པོ་འདིས་གཙོས་དབེན་དགོན་འདུས་ཚོགས་ལ་རྟུལ་ཚོན་གྱི་དཀྱིལ་འཁོར་དུ་ཡི་དམ་གྱི་དབང་བཞི་རྒྱས་པར་གནང་བས་དབང་དོན་བརྟ་འཕྲོད་ཅིང་དམིགས་རིམ་ཤིན་ཏུ་གསལ་བ་དང་། དབང་བཤད་གསན་སྐབས་ཀྱིས་བླ་མེད་སྤྱིའི་

དབང་གི་རྣམ་གཞག་ལ་འཁྲུལ་མེད་ཀྱི་ངེས་པ་རྙེད་དེ་སྔགས་ལམ་ལ་གདེང་ཐོབ་པ་བྱུང་སྟེ་བསམ་གྱིས་མི་ཁྱབ་པའི་རྣམ་པར་ཐར་པའོ། །དེའི་སྟོན་རྗེ་འདི་པ་ལྷོར་དང་བཅས་པས་མཁས་གྲུབ་སངས་རྒྱས་ཡེ་ཤེས་ལ་བཀའ་གདམས་གླེགས་བམ་ཆ་ལག་དང་བཅས་པ། ཇོ་བོའི་ལམ་ཡིག་རྒྱས་བསྡུས། ཤ་ར་བའི་ལམ་རིམ། རྒྱལ་སྲས་བཀའ་འབུམ། ལམ་མཆོག་རྒྱ་འགྲེལ་རྣམས་ཀྱི་ལུང་ཡོངས་སུ་རྫོགས་པར་གསན་ནོ། །དེ་ནས་རྗེ་འདི་པས་དགུན་གྱི་རིང་རིས་མེད་པའི་དམ་པ་མང་པོའི་རྣམ་ཐར་ཉིན་མཚན་ཁོར་ཡུག་ཏུ་གཟིགས་པས་ཕྱོགས་མེད་ཀྱི་བསྟན་པ་དང་དམ་པ་རྣམས་ལ་ཆོས་ཀྱི་རྗེས་སུ་འབྲང་བའི་ཐུགས་དད་ཆེན་པོ་འཁྲུངས་ཤིང་། བདག་ཉིད་ཀྱང་དམ་པ་རྣམས་ཀྱི་རྣམ་(༤༩བ)ཐར་འཛིན་པའི་དམ་བཅའ་བརྟན་པོ་དང་སྒྲུ་ཤུགས་འཕེལ་བར་གྱུར་ཅིང་འདི་ནང་གི་འདོད་པ་ལ་ཞེན་པ་སྤངས་ནས་གཞི་ཚུལ་ཁྲིམས་རྣམ་པར་དག་པ་ལ་གནས་བཅས། རི་ཤིག་མདོ་སྔགས་ཀྱི་ཐོས་བསམ་ཕྱོགས་རེར་མ་སོང་བ་ཞིག་བྱས་དབུས་གཙང་གི་ལྗོངས་འདིར་ཕྱོགས་རིས་སུ་མ་སོང་བར་སྐྱེས་བུ་དམ་པ་རྣམས་ཀྱི་ཞབས་ལ་གཏུགས་ཏེ་གསུང་གི་བདུད་རྩི་འི་བགོ་སྐལ་ལ་སྤྱིན་ནས་འདུ་འཛིས་དབེན་པའི་ནགས་ཀྱི་སྨན་ལྗོངས་རྣམས་སུ་ཚེ་དང་སྒྲུབ་པ་སྙོམས་པ་ཞིག་ཅིས་ཀྱང་བྱེད་སྙམ་དུ་ཐུགས་ལ་བཅོས་མིན་དུ་འཆར་བ་ཞིག་བྱུང་ངོ་། །དེ་དུས་ཐུགས་སྐྱོ་ཤས་ཤིན་ཏུ་ཆེ་ཞིང་། རྗེ་མི་ལས་རས་པ་དང་། འཇམ་མགོན་ཅོང་ཁ་པ་ཆེན་པོ་དང་། རྒྱལ་བ་དབེན་ས་ཆེན་པོ་སོགས་སྔོན་བྱོན་དམ་པའི་རྣམ་ཐར་སྐྱོང་བར་བཞེད་ནས་ཞལ་ནས་ཀྱང་དེ་དང་མཐུན་པའི་གསུང་རིགས་མཛད་པས་དབེན་དགོན་པའི་དགེ་འདུན་རྣམས་རིམ་གྱིས་བཅོས་མིན་གྱི་དད་པ་རྙེད་ཅིང་། རྒྱལ་བ་དབེན་ས་པ་ཆེན་པོའི་སྤྲུལ་སྐུར་ཡིད་ཆེས་རྙེད་དེ་མཁས་གྲུབ་སངས་རྒྱས་ཡེ་ཤེས་ལ་དེ་ལུགས་བྱས་ཆོག་པ་དགོས་ཞེས་ཞུས་པ་ན། མཁས་གྲུབ་སངས་རྒྱས་ཡེ་ཤེས་ཀྱིས་ཀྱང་ད་ནི་དུས་ལ་བབ་པོ་སྙམ

དུ་དགོངས་ནས་དེ་ལྟར་མཛད་པར་ཞལ་གྱིས་བཞེས་ཏེ་དགུང་ལོ་བཅུ་བཞི་པ་ཉི་མ་ཞེས་པ་ཆུ་མོ་ལུག་གི་ལོ་ཟླ་བ་གཉིས་པའི་ཚེས་གསུམ་གྱི་ཉིན་བསླབ་གསུམ་ལྡན་པའི་དགེ་སློང་རི་ཁྲོད་པ་འདུས་པའི་ཚོགས་ཀྱི་དབུས་སུ་མི་འཇིགས་སེང་གེའི་ཁྲི་ལ་བཀོད་དེ་མཁས་(༥༠ན)གྲུབ་ཆེན་པོ་སངས་རྒྱས་ཡེ་ཤེས་ཀྱིས་ཤིས་པ་རྒྱས་པར་བརྗོད་ཅིང་མེ་ཏོག་གཏོར་ནས་བྱིན་གྱིས་བརླབས། དེའི་ཚེ་ནམ་མཁའ་ཤིན་ཏུ་དྭངས་པ་ལ་མེ་ཏོག་ཁ་དོག་སྣ་ལྔ་པའི་ཆར་བབས་པ་སྐྱེ་བོ་ཀུན་གྱིས་མཐོང་བ་བྱུང་ངོ་། །

ཟླ་བ་དེའི་ཚེས་བརྒྱད་ལ་མཁས་གྲུབ་ཆེན་པོ་སངས་རྒྱས་ཡེ་ཤེས་ལ་དབྱངས་ཅན་མ་དཀར་མོའི་རྗེས་གནང་ཞུས་ཏེ་ཚེས་བཅུ་ནས་དབྱངས་ཅན་མའི་བསྙེན་པ་ཞག་བདུན་མཛད་པས་རྒྱལ་བ་ཀུན་གྱི་ཡུམ་གཅིག་སྒྲ་དབྱངས་ལྷ་མོར་གྲགས་པ་དབྱངས་ཅན་མ་དཀར་མོ་ཞལ་གཟིགས། ཁྱད་པར་དབྱངས་ཅན་མ་དེའི་ཐུགས་ཀ་ནས་ལྷ་མོ་དབྱངས་ཅན་མ་སྔོན་མོ་ཕྱག་གཉིས་རིན་པོ་ཆེའི་ཡོལ་གོ་དངོས་གྲུབ་གཟུགས་ཅན་ལྟ་བུའི་ཤིང་ཐོག་གསར་པས་བཀང་བ་འཛིན་པ་ཞིག་འཐོན་ཏེ་སྣོད་བཅུད་དང་བཅས་པ་གཙོ་མོ་ལ་ཕུལ་བ། གཙོ་མོའི་ཕྱག་གཡས་སུ་བཞེས་པའི་ཤིང་ཐོག་གི་འབྲུ་གཅིག་ལས་ཚངས་པའི་སྲས་མོ་དམར་མོ་གཅིག་ཐོན་བྱུང་བ་དེས་གཙོ་མོའི་ཕྱག་ནས་ཤིང་ཐོག་སྣོད་དང་བཅས་པ་བླངས་ཏེ་རྗེ་འདི་ལ་ཕུལ་བྱུང་བ་ལོངས་སྤྱོད་པས་བློ་གྲོས་ནམ་མཁའ་མཛོད་ཀྱི་སྒོ་ཐོག་མར་ཕྱེ་བའི་ཚུལ་བསྟན། སྐུ་ཚེ་འདིར་དེ་གོང་དུ་སྙན་ངག་སོགས་ཐ་སྙད་ཀྱི་གཙུག་ལག་ལ་ཐུགས་སྦྱོངས་མ་མཛད་ནའང་། དེ་དུས་དབྱངས་ཅན་མ་ཇི་ལྟར་གཟིགས་པ་ལྟར། ཐུན་མཚམས་སུ་ལྷ་མོ་དབྱངས་ཅན་མའི་བསྟོད་པ་ཞིག་རྩོམ་འདོད་འབྱུངས་པ་ན། དེ་མ་ཐག་ཚིག་སྦྱོར་རྣམས་ཞལ་གྱིས་ཤར་ནས་ཐོགས་མེད་དུ་རྩོམ་པ་འདི་ལྟར་མཛད་དེ། ན་མོ་སྭ་ར་སྭ་ཏྱེ་ཡཱ། སྒྲ་དབྱངས་ལྷ་མོ་དབྱངས་ཅན་མ་ལ་བསྟོད་པ་(༥༠བ)ལྷའི་གླུ་དབྱངས་ཞེས་བྱ་བ། བཅོམ་ལྡན་འདས་ངག་

གི་དབང་ཕྱུག་ལ་ཕྱག་འཚལ་ལོ། །དབང་སྡོན་ཞུ་བ་འཕྲིལ་འདྲའི་ཡིད་བཞིན་མཆོ། ། དཔལ་གྱིས་རླབས་ཕྲེང་དབུ་བའི་འཛུམ་དཀར་ཅན། །རྒྱུ་སྐྱེས་བླ་བྲིས་བརྒྱན་པའི་རྒྱུ་གཏེར་ཅོགས། །རྩ་ཤ་གཞོན་ནུའི་ཁ་དོག་ལྷར་བཀྲ་བའི། །ཡིད་འཕྲོག་པི་ཚུར་སྔོན་པོའི་ནེའུ་གསིང་སྟེང་། །ཟླ་བ་ནོར་བུའི་དོ་ཤལ་བཀྲམས་པ་ནི། །འཆི་མེད་ལམ་དུ་སྐར་ཚོགས་གསལ་བ་བཞིན། །མཆ་ཏ་ཡི་ཁྱུ་བ་བྱུགས་འདྲ་བ། །ཡིད་འོང་རྐང་འཐུང་མཛེས་པའི་ལག་མཉན་ནི། །དང་པའི་བསེར་བུའི་ཕོ་ཉས་བསྐུལ་བ་ན། །ཆགས་ལྡན་ཡིད་དབང་འགུགས་པའི་གཡབ་མོ་བཞིན། །གསར་པའི་ལང་ཚོ་རྒྱས་པའི་པདྨོ་རྣམས། །ལྡེམ་ལྡེམ་གར་བསྒྱུར་གེ་སར་ཟེའུ་འབྲུ་དགོད། །མི་ཧོག་སྦྲང་རྩིས་ཕྱུག་པའི་ལྡིང་ཁང་དུ། །བུང་བ་གཞོན་ནུ་མགྲིན་པའི་རྒྱུད་མང་བསྒྲེང་། །ནེ་ཙོའི་གཤོག་པ་ལྷར་མཛེས་ནགས་ཚལ་གྱི། །ཕྱེན་ཚོགས་གཞལ་མེད་ཀུན་དགའ་བསྐྱེད་པའི་དབུས། །པད་དཀར་ལན་ཚར་གཡོ་བའི་ལྡེ་བར་ནི། །བདུད་རྩིའི་འོད་ཅན་གཟི་བྲིན་རྒྱས་པའི་སྟེང་། །འབུམ་ཕྲག་ནམ་མཁའི་ནོར་བུའི་འོད་སྟོང་གིས། །རབ་མྱོས་ཀཻ་ལ་ཤ་ཡི་རྟུལ་བརྩེགས་ལ། །འཁྲུ་ལྡན་དུང་གི་འཁྲིལ་ཤིང་མཛེས་མ་འདི། །ལྷ་བྲིད་བདུད་རྩི་མ་ལུས་སྤྲུངས་པ་བཞིན། །བསིལ་འོད་བདག་པོ་ཕྱེད་པས་ཐོར་ཚུགས་དང་། །ཐོར་ཚུགས་ནམ་མཁར་བསྒྲེང་བས་མི་ཧོག་ཕྲེང་། །སྤྱིལ་ལེགས་མི་ཧོག་ཕྲེང་བས་སིལ་མའི་སྒྲ། །ཀུན་ཀྱང་གདུགས་དཀར་ཡན་ལག་མཆོག་གིས་མཛེས། །དཔལ་ལྡན་ནམ་མཁའི་ལུས་ཅན་ཁྱོད་ཉིད་ཀྱི། །འདྲེན་བྱེད་ཡོན་(ཡ)ན)པོར་འཁྲོག་པོའི་སྒྲོ་ལྡན་ནི། །པཉྩ་ཛོགས་པ་ཅི་སློས་གཅིག་གིས་ཀྱང་། །དཔལ་རྐང་ཡིད་ཀྱི་བརྟན་པ་ཧོ་ཧྲེའི་གོ །ལན་བརྒྱར་འཕིགས་ན་དེ་ལས་གཞན་པའི་ཅི། །མཆུ་སྒྲོས་བུ་རུའི་སྐྱིད་ཚལ་ཉམས་དགའ་བར། ། རྒྱ་ཤེས་གསར་པའི་སྦྱུ་ལོང་ཕང་ཕྱུང་ལ། །འགོངས་པའི་ཚེམས་དཀར་ཕྲེང་བ་ཚར་དུ་དངར། །སྔན་ཚིག་གྲེ་འགྱུར་གདངས་ཀྱིས་སྒྲ་འཛིན་གྱི། །དབང་པོ་རྣམ་པར་བཞད་

པའི་བཅུད་ལེན་འདིས། །དྲི་ཟའི་ན་ཆུང་མཁར་ཉལ་གནས་འགྲོས་ཤིང་། །གསེར་མངལ་སྐྱེངས་ནས་བསམ་གཏན་ཟོལ་ལ་བརྟེན། །རིན་ཆེན་སོར་གདུབ་མཛེས་མས་དམ་འཕྲུད་པའི། །ཕྲུག་ཟུང་འཛམ་མཉེན་ཀ་མ་ལ་ཡི་སྙིང་། །འཕང་འགྲོའི་ཊ་གསང་དབྱར་སྐྱེས་དབྱངས་བཞིན་སྒྲོག །མཁྲིང་ཞིང་རབ་རྒྱས་ནུ་མའི་ལྷུར་འཆང་བ། །སླིན་ལེགས་ན་ཆུང་གཙུག་རྒྱན་ཁྱོད་ཀྱིས་ནི། །ལུས་ཅན་ཆགས་པའི་བསམ་གཏན་ལ་འགོད་ན། །འདི་ལས་གཞན་པའི་ཡིད་སྲུབས་མདའ་དེ་གང་། །རིང་ནས་ཆགས་དང་བྲལ་བའི་དྲང་སྲོང་ཡང་། །ཡ་མཚན་ཁྱོད་སྐུའི་དཔལ་འདིར་ཡིད་འཕྲོར་བས། །མཱཛྙ་རྣ་ཡི་དབུ་བ་བརྩེགས་འདྲ་བའི། །མུ་ཏིག་ཕྲེང་ཚོགས་འཆའ་བས་དགོད་པ་བཞིན། །དབང་སྡོན་འདབ་བརྒྱ་བཞད་པ་ལ་འགྲན་པའི། །སྲབ་འཛམ་ལྷ་རྫས་སྟོད་གཡོགས་རྣམ་པར་གཡོ། །པདྨ་རྣ་གའི་མདངས་ཀྱི་མཛེས་སྟུག་ཀྱང་། །ཕམ་བྱེད་སྨད་གཡོགས་ཤམ་ཐབས་དྲ་བས་དགྲིས། །ཡིད་འོང་རྣམ་འགྱུར་སྟོང་གི་རྣམ་རོལ་ཅན། །འཕོ་(ཕ)བ)འགྱུར་སྤྲངས་པའི་བརྒྱད་ཟུང་ལང་ཚོའི་དབྱིངས། །མངོན་དགྱེས་དུས་གསུམ་རྒྱལ་བའི་ཡུམ་དེ་ལ། །གཙུག་སྐྱེས་འཛིན་མར་བཀོད་པའི་ཕྱག་བགྱིད་དོ། །སྙིང་ལ་ཁྱོད་སྐུའི་སྣང་བ་དྲན་ཙམ་གྱིས། །རབ་འབྱམས་ཤེས་བྱའི་ཚོགས་རྣམས་མ་ལུས་པ། །ཇི་བཞིན་རྟོགས་པའི་རྣམ་དཔྱོད་འོད་སྟོང་གིས། །འགྲོ་བའི་རྨོངས་མུན་མ་ལུས་སེལ་བར་ཤོག །བཤད་པས་བློ་གསལ་རྣ་བ་མཛེས་བྱེད་ཅིང་། །རྩོད་པས་ལོག་སྨྲ་ལུས་ཀླད་པ་འགེམས། །རྩོམ་པས་མཁས་རྣམས་མགྲིན་པའི་རྒྱན་འཆང་བའི། །དབྱངས་ཅན་ལྷ་མོས་བཀྲ་ཤིས་དེང་འདིར་སྩོལ། །ཅེས་པ་འདི། བཙུན་པ་བློ་བཟང་ཆོས་ཀྱི་རྒྱལ་མཚན་གྱིས་ན་ཚོད་ལོ་བཅུ་བཞི་པའི་དུས་སུ་སྦྱར་བའོ། །ཞེས་པ་འདི་ཕྱག་བྲིས་སུ་མཛད་དོ། །བསྟོད་པ་འདི་ནི་དབྱངས་ཅན་མའི་སྐུ་ཇི་ལྟར་གཟིགས་པ་ལྟར་དུ་བསྟོད་པ་མཛད་པ་ཡིན་པས་འདི་ལ་དབྱངས་ཅན་མའི་བསྟོད་པ་གཟིགས་སྣང་

མ་ཞེས་རྗེ་བཙུན་བློ་བཟང་ཆོས་ཀྱི་རྒྱལ་མཚན་གྱི་ཐུགས་སྲས་གྲུབ་ཆེན་རྣམས་མཐུན་པར་གསུང་ངོ་། །

དེ་ནས་མཁས་གྲུབ་སངས་རྒྱས་ཡེ་ཤེས་ཀྱི་བཀའ་བཞིན་ལམ་རིམ་ཆུང་བ་བཟུང་ནས་ཞག་བཅུ་སྐོར་སོང་བའི་མཚམས་ལམ་རིམ་ཆེ་བ་ལ་གཟིགས་པས་ཐུགས་ཤིན་ཏུ་འགྲོ་བ་ཞིག་བྱུང་སྟེ་འཛིན་པར་རྩོམ་པ་ན་བདག་ཅག་གི་སྟོན་པ་ཐུབ་པའི་དབང་པོ་སྐུ་གསེར་གྱི་ལྷུན་པོ་ལ་ཉི་མ་འབུམ་གྱི་མདངས་ཕྱུགས་པ་ལྟ་བུ་སྐུ་ཆེ་ཞིང་འོད་ཟེར་ཕྱོགས་ཀུན་ཏུ་འཕྲོ་བ་ཞིག་ཞལ་གཟིགས་ཏེ། དེ་ལ་བསྐོར་བ་ལན་མང་དུ་བྱས་ཏེ་གསོལ་བ་བཏབ་པས་བྱིན་(༥ ༢ན)གྱིས་བརླབས་ཏེ་ལམ་རིམ་ཆེན་མོ་ཡོངས་སུ་རྫོགས་པ་ཐོགས་པ་མེད་པར་ཟིན་ཏེ་མཁས་གྲུབ་སངས་རྒྱས་ཡེ་ཤེས་ལ་རྒྱུགས་ཕུལ།

དེ་ནས་དགུང་ལོ་བཅུ་དྲུག་ལོན་པའི་དུས་སུ་མགོན་པོ་ཞི་བ་ལྷའི་རྟོགས་བརྗོད་པདྨ་དཀར་པོའི་ཕྲེང་བ་ཞེས་པ་སྙན་ངག་གི་ཚིག་རྒྱན་ཕུན་སུམ་ཚོགས་པ་ཞིག་རྩོམ་པ་མཛད་པས་སྐྱེ་བོ་བློའི་ནོར་ལྡན་རྣམས་དགའ་བ་བསྐྱེད་པར་གྱུར། རབ་ཏུ་བྱུང་ནས་ཁས་བླངས་པའི་ཚུལ་ཁྲིམས་མིག་འབྲས་ལྟར་གཅེས་པར་བསྲུང་འདོད་ཀྱིས་ཐམས་ཅད་མཁྱེན་པ་དགེ་འདུན་གྲུབ་ཀྱིས་མཛད་པའི་འདུལ་བའི་གླེང་འབུམ་ཆེན་མོ་ཡང་ཡང་གཟིགས་པས་ཚིག་དོན་ཐམས་ཅད་ཐུགས་སུ་ཆུད་པ་བྱུང་། ཚུལ་འདི་ལ་ནི་རྗེ་བློ་བཟང་ཆོས་ཀྱི་རྒྱལ་མཚན་ཉིད་ཀྱི་ཞལ་ནས། དེ་དུས་དགོར་གྱིས་ཆེར་མ་སྦྱགས་ཤིང་ན་ཚོད་གསར་པ་རྩ་ཁམས་ཤེས་པ་སོགས་ཀུང་གསལ་བས་ཡིན་པ་འདྲ། གླེགས་བམ་བདག་ཉིད་ཀྱིས་བལྟས་པ་དང་། ཆོས་བླ་མས་གསུངས་པ་སོགས་ལན་རེ་ལན་གཉིས་ཙམ་གྱིས་དོན་བློ་ལ་འཆར་བ་བྱུང་གསུང་ངོ་། །མདོར་ན་དགུང་ལོ་བཅུ་བཞི་ནས་བཅོ་བརྒྱད་ཀྱི་བར་མཁས་གྲུབ་ཆེན་པོ་སངས་རྒྱས་ཡེ་ཤེས་ཀྱི་ཞལ་སྔ་ནས་གདུལ་བྱའི་བསོད་ནམས་ཀྱི་ཞིང་དུ་ཕྱོགས་སུ་གཤེགས་པའི་སྐབས་མ་གཏོགས་རྒྱུན་དུ་ཞབས

དྲུང་དུ་བཞུགས་ནས་བུ་སྟོན་ཐམས་ཅད་མཁྱེན་པའི་གསུང་རབ་འགངས་ཆེ་བ་འགའ་ཞིག་གི་ལུང་དང་། བློ་སྦྱོང་གི་རིམ་པ་མང་པོའི་ལུང་དང་། དཔེ་ཆོས་རིན་སྤུངས(༥༢བ)རྩ་འགྲེལ། བཀའ་གདམས་སྔོན་པོ་རྩ་འགྲེལ་སོགས་ཀྱི་ལུང་གསན། གཞན་ཡང་ལམ་རིམ་ཆེ་བ་དང་འདུས་པའི་འགྲེལ་པ་བཞི་སྦྲགས་སུ་གྲགས་པ་སོགས་ཚུང་ཟད་མ་གཏོགས། རྗེ་བདག་ཉིད་ཆེན་པོ། སྲས་ཀྱི་གཙོ་བོ་རྣམ་གསུམ། རྗེ་དགེ་འདུན་གྲུབ། པ་སོ་ཆོས་རྗེ་སོགས་ཀྱི་གསུང་རབ་ཡོངས་སུ་གྲགས་པ་ཕལ་ཆེར་གྱི་ལུང་རྣམས་གསན། ལམ་རིམ་དང་བསྐྱེད་རྫོགས་ཀྱི་ཁྲིད་གང་གསན་པ་རྣམས་ལ་ཉམས་བཞེས་ཀྱང་གདིང་ཐོབ་པར་མཛད། སྔོན་གྱི་དུས་འགོལ་བའི་སྐབས་སྣར་ཐང་བརྒྱ་རྩའི་རྗེས་གནང་། ཇོ་བོ་ལུགས་ཀྱི་སྒྲོལ་མ་ཉེར་གཅིག་གི་རྗེས་གནང་། བཀའ་གདམས་ལྷ་བཞིའི་རྗེས་གནང་། བཀའ་འབུམ་སོ་སོའི་ལུང་དང་བཅས་པ། རྡོ་རྗེ་འཕྲེང་བ་དང་། མི་ཏྲ་བརྒྱ་རྩའི་དབང་ལུང་ཡོངས་རྫོགས་གསན། དབང་རྗེས་གནང་གསན་པའི་ལྷ་རྣམས་ལ་བསྙེན་པ་འགྲོ་གང་ཆེ་ཡང་མཛད་དོ། །

དེ་ནས་སྔོན་རྗེ་རིན་པོ་ཆེའི་རྣམ་ཐར་ལྟར་ཐོག་མར་ཤིང་རྟ་ཆེན་པོའི་གཞུང་རྣམས་ལ་བསླབ་སྦྱོང་གཏིང་ཕྱིན་པ་ཞིག་མཛད་པར་བཞེད་ནས་ཐུགས་ལ་འདི་ལྟར་འཁྲུངས་ཏེ། ད་ནི་དབང་ལུང་གདམས་ངག་ཕལ་ཆེར་ཡང་ཞུས་ཟིན། མདོ་སྔགས་ཀྱི་ལམ་གྱི་རིམ་པ་རྣམས་ལ་ཡང་གོ་བ་རགས་པ་ཙམ་ཆགས། ལྷག་པའི་ལྷ་མང་པོའི་བསྙེན་སྒྲུབ་སོགས་ཀྱང་དགའ་རབ་བྱུང་། ད་ནི་བཀྲ་ཤིས་ལྷུན་པོར་ཕྱིན་ནས་ཤིང་རྟ་ཆེན་པོའི་གཞུང་ཡོངས་རྫོགས་ལ་བསླབ་སྦྱོང་མཐར་ཕྱིན་པ་ཞིག་སྒྲུར་བར་བྱའོ་སྙམ་དུ་དགོངས་ནས་མཁས་གྲུབ་སངས་རྒྱས་ཡེ་ཤེས་ལ་དེ་བཞིན་ཞུས་པ་ན། སྔར་དང་གཏན་མི་འདྲ་བའི་དགྱེས(༥༣ན)པའི་འཛུམ་དང་བཅས་ཏེ། ད་ནི་བཀྲ་ཤིས་ལྷུན་པོར་སློབ་གཉེར་གྱི་རྩིས་ཅིས་ཀྱང་ལེགས་ཞེས་བཀའ་སྩལ་ཏེ་ལོ་དེ་ཁའི་ཟླ་བ་བཅུ

གཅིག་པའི་ཡར་ངོའི་ཚེས་གསུམ་ལ་ཆོས་གྲྭ་ཆེན་པོ་བཀྲ་ཤིས་ལྷུན་པོར་ཐེབས། དེ་ནུབ་མནལ་ལམ་དུ་བུད་མེད་གཞོན་ནུ་མ་ཕོ་ཆས་སུ་བྱས་པ་ཅིག་ན་རེ། འདི་སྐོར་ཁྱེད་རང་གིས་བཟུང་བའི་ཉི་མའི་དཀྱིལ་འཁོར་ཡིན་ནོ་ཟེར་སེར་ཁོབ་པ་འོད་ཟེར་ཆེར་མེད་པ་མཐོན་གྱི་དབྱིབས་ཅན་ཞིག་ཕྱག་ཏུ་ཕུལ་བྱུང་བ་ལ། ཉི་མ་ཡིན་ན་འོད་ཆེན་པོ་ཡོང་དགོས་རྒྱུ་ལ་གསུངས་པས། དེ་ན་རེ། འོད་ཟེར་རྣམས་ཕྱིས་ནས་གསལ་བར་འགྱུར་རོ། །ཟེར་བ་ཞིག་རྨིས། དེ་ཡང་སློབ་གཉེར་གཤའ་མ་ཞིག་བྱེད་ན་སྙིང་ཐག་པ་ནས་ཆོས་གྲྭ་རིགས་ལུང་དུས་ལས་མ་ཡོལ་བ་འགྲིམ་པ་སོགས་དཀའ་བ་མ་སྤྱད་ན་དམ་པའི་སྐྱེ་བོ་མཁས་པ་རྣམས་དགྱེས་པ་བསྐྱེད་མི་ནུས་པའི་ཉེས་པར་གཟིགས་ནས། འབྲུངས་ཡུལ་དང་བསྟུན་ཐོས་བསམ་གླིང་གི་ཆོས་གྲྭ་འགྲིམ་པར་མཛད། དེ་དུས་འཁོར་ཡང་དགེ་བཤེས་དཔལ་འབྱོར་བྱ་བ་གཅིག་ལས་མེད་ཅིང་། གྲྭ་རྒྱུད་སློམས་ཆུང་རང་ལ་ཐུགས་གཞོལ་བས་དེ་ཁའི་བརྟུལ་ཞུགས་འཛིན་པ་ཡིན་ཡང་བཀྲ་ཤིས་ལྷུན་པོའི་བླ་མ་སློབ་དཔོན་ཐམས་ཅད་ཀྱིས་ཕྱག་དང་བསྙེན་བཀུར་མཐོང་གཟོས་ཆེར་མཛད་ཅིང་། ཁྱད་པར་ཁྲི་ཐོག་ན་པཎ་ཆེན་བསམ་འགྲུབ་དཔལ་བཟང་བཞུགས་པ་མཇལ། དེ་རྗེས་ཁོང་ལ་གྲྭ་པ་ཞིག་གིས་དེ་རིང་རྗེ་དྲུང་དབེན་ས་པ་དང་(༥༢བ)མཇལ་འཛོམ་མཛད་འདུག་པ་ཞེས་ཞུས་པས། ཤིན་ཏུ་མཇལ། ངེད་གཉིས་ཕྱག་འཚལ་རེས་ནི་མ་བྱུང་གསུངས། ཅི་ཡིན་ཞུས་པས། ཁོང་ནི་ཐམས་ཅད་མཁྱེན་པ་དགེ་འདུན་གྲུབ་ལ་ཕྱག་འཚལ་གྱི་འདུག །ངས་ནི་རྒྱལ་བ་བློ་བཟང་དོན་གྲུབ་ལ་བཙལ། ངེད་གཉིས་ཕྱག་འཚལ་རེས་མ་བྱུང་ཞེས་ཞལ་ཀྱལ་ཡང་གསུངས་ཞེས་ཟེར། དེའི་ཚེ་གཟིམ་ཁང་དང་ཆོས་ཁྲིམས་པ་སོགས་མང་པོས་མཁན་སློབ་ཐམས་ཅད་ཀྱིས་ཕྱག་སོགས་མཛད་ནས། ཚོགས་ཆེན་དུ་ཡང་ཁྲི་སྟན་མཐོ་བ་ཞིག་ཅིས་ཀྱང་བཞེས་དགོས་ཞེས་ཡང་ནན་གྱིས་ཞུ་བ་བྱུང་ཡང་། དགག་བྱ་ཆེ་ཞིང་དགོས་པ་ཆུང་

པ་དང་། རྗེ་བླ་མའི་དགོངས་པར་ཡང་སློམས་ཆུང་གིས་ཆོས་གྲྭ་གཤའ་མ་འགྲིམ་པ་ཞིག་ལ་དགྱེས་པས་དང་དུ་མ་བཞེས་པ་ན། འོ་ན་བཙུན་ཆུང་རྣམས་དང་ལྷན་ཅིག་གྲལ་འཛིན་གྱི་དཀའ་བ་མི་དགོས་ཤིང་། ཉེས་པ་གཞན་གང་ཡང་མེད་པས་དྲེའུ་རྫོག་གིས་ཁྲིད་པར་དུ་བྱས་པའི་གྲལ་ཁུངས་ཤིག་ཅིས་ཀྱང་འཛིན་དགོས་ཞེས་པཎ་ཆེན་རིན་པོ་ཆེས་ནན་གྱིས་ཞུ་བར་མཛད་པས། རྗེ་འདི་ཐུགས་བཞེད་པ་བཞིན་མ་བྱུང་ཡང་པཎ་ཆེན་རིན་པོ་ཆེའི་བཀའ་ལྷིད་ཆེས་པས་དང་དུ་བཞེས། དེ་ནས་ཐོས་བསམ་གླིང་གི་སློབ་དཔོན་རིན་པོ་ཆེ་དཔལ་འབྱོར་རྒྱ་མཚོའི་དྲུང་དུ་སྦྱོར་བ་རྩེ་བའི་འགོ་འཛིན་པར་བྱོན་པའི་ཚེ་རྟེན་འབྲེལ་ཁྱད་པར་ཅན་མང་དུ་བྱུང་ཞིང་། ཁྱད་པར་གཟིམ་སྤྱིལ་གྱི་སྒོ་དྲུང་དུ་རྣལ་འབྱོར་མའི་རྣམ་པ་ཞིག་གིས་འོ་མ་ཀ་པཱ་ལ་གང་ཁྱེར་བྱུང་བ། རྗེ་འདི་པས་མ་རྒྱུད་པའི་བསླབ་བྱ་གཡོན་སྐོར་དང་ཕྱག་མཛད་པར་མོས་པས། (༥༩ན)དེས་འཛུམ་པ་དང་བཅས་སྟོད་བཅུད་དེ་རྗེ་འདིའི་སྐུ་མདུན་དུ་བཏེག་བྱུང་བ་དེ་ལ་མཆོད་ཡར་ཞིག་མཛད་ནས་ཡར་ཅུང་ཟད་ཅིག་ཕེབས་ཏེ། རྣལ་འབྱོར་མ་དེ་ཅི་འདྲ་ཞིག་ཡིན་སྙམ་དུ་ཕྱི་མིག་ཅིག་གཟིགས་པས་མི་སྣང་བར་གྱུར་འདུག་གསུང་། དེ་ནས་སྦྱོར་བ་རྩེ་བ་སོགས་སྤྱི་དང་མཐུན་པར་མཛད་པས་སྟོན་ཡུན་རིང་པོ་ནས་སྦྱངས་པའི་མཐུ་ཅན་ཡིན་པར་མ་ཟད། མཁས་གྲུབ་སངས་རྒྱས་ཡེ་ཤེས་ཀྱི་ཞབས་དྲུང་དུ་མདོ་སྔགས་ཀྱི་ལམ་གྱི་དཀའ་གནས་ཐམས་ཅད་གསན་ཏེ་ཐུགས་ཉམས་སུ་བཞེས་པར་མཛད་པས། དུས་འདི་ར་ཆོས་གྲྭར་ཕེབས་ཙམ་ཉིད་ནས་ལམ་དང་ལམ་མིན་འབྱེད་པ་ལ་བློ་གྲོས་ཐོགས་པ་མེད་པར་གྱུར་ཀྱང་ཟླ་བ་གཅིག་ཙམ་ཞིག་ཐུམ་ནང་གི་མར་མེའི་ཚུལ་དུ་བཞུགས། དབྱར་གནས་ལ་དབེན་དགོན་དུ་ཕེབས། དེའི་ཚེ་མཁས་གྲུབ་སངས་རྒྱས་ཡེ་ཤེས་བདག་ཉིད་ཆེན་པོ་འདིས་གཙོས་དབེན་དགོན་ཚོགས་པ་ལ་སྨྱུན་སྨྲ་ཆོས་དྲུག་གི་བཤད་ལུང་དང་། ཆོས་རྗེ་འབའ་ར་བའི་གསུང་འབུམ་གྱི་ལུང་སོགས་དང་། བདག་ཉིད་ཆེན་པོ་འདི་ལ་

སྔར་དུ་རྒྱལ་བ་ཙོང་ཁ་པའི་སྙན་རྒྱུད་ཐུན་མོང་མིན་པ་ཁྲིད་ཆེན་བརྒྱད་དུ་གྲགས་པ་དང་། དབང་རྗེས་གནང་སྔར་མ་གསན་པ་མང་དུ་གནང་། སྟོན་དུས་རྗེ་བཙུན་མི་ལའི་རྣམ་མགུར་གྱི་ལུང་སོགས་གསན་ཞིང་། དབེན་པ་ལ་ཐུགས་སྤྲོ་བས།

ན་མོ་གུ་རུ་མཉྫུ་གྷོ་ཥ་ཡ། གང་ལ་བརྟེན་ན་བསླུ་བ་མེད་པའི་སྐྱབས། །བུ་རམ་ཤིང་པའི་ཞབས་(༥༩བ)སེན་ཟླ་ཚེས་དཀར། །བདག་སྙིང་ཀུན་དའི་ཟེའུ་འབྲུར་རྟག་གཟིམས་པའི། །མཛེས་སྡུག་ནམ་ཡང་ཉམས་པ་མེད་གྱུར་ཅིག །ལྷར་བཅས་འདྲེན་པ་སྟོན་པ་སངས་རྒྱས་ཀྱང་། །དེང་དུས་ཐོས་པའི་ལམ་དུ་གཤེགས་གྱུར་ན། །མཐོན་པོའི་ནོར་འཛིན་ལས་འོངས་འབབ་ཆུ་ལྟར། །གཡོ་བའི་འཇིག་རྟེན་རྟག་པའི་གོ་སྐབས་ཅི། །དཔག་མེད་ཚེ་གནས་སྟོན་གྱི་མི་རྣམས་ཀྱང་། །དེང་སང་མིང་གི་ལྷག་མ་ཙམ་ཞིག་ན། །སྐལ་ངན་སྙིགས་དུས་སྐྱེ་བོ་འདི་དག་གི །ཚེ་ནི་བར་སྣང་གློག་དང་ཅིས་མི་མཚུངས། །སྐྱེ་རྒ་ན་འཆིའི་དགྲ་ཚོགས་ཀུན་བཅོམས་ཤིང་། །ཉོན་མོངས་གཡུལ་ལས་རྒྱལ་བའི་མཁས་པའི་ཚོགས། །ཀུན་ཀྱང་དུས་ཀྱིས་རིམ་པས་ཁྱེན་ཟིན་ན། །བདག་ལྟ་མུར་དུ་མི་འཆིའི་ངེས་པ་གང་། །ཚེ་ནི་བསེར་བུས་བསྐྱོད་པའི་ཨུཏྤལ་གྱི། །འདབ་རྩེར་འཕྲེང་བའི་ཆུ་ཐིགས་ལྟར་མཐོང་ཞིང་། །སྲིད་པའི་ཕུན་ཚོགས་གདུག་པའི་སྦྲུལ་གྱི་ལྟེ། །གཡོ་བའི་ཟློས་གར་འདི་ལ་དགའ་བ་ཅི། །འཁོར་བའི་བདེ་འབྱོར་ཀུན་གྱི་རྩེར་སོན་པ། །ཚངས་དང་དབང་པོ་འཁོར་ལོས་བསྒྱུར་རྒྱལ་ཡང་། །དབང་མེད་འཇིགས་རུང་མནར་མེད་མེས་སྲེག་ན། །མཁས་པ་སུ་ཞིག་འདོད་ལ་ཆགས་པར་བྱེད། །འཇིག་རྟེན་ཕུན་ཚོགས་སྟོབས་ཀྱི་སྨྱོས་ཆུ་ཡིས། །མངོན་པར་མྱོས་པའི་དྲེགས་ལྡན་འདི་དག་ཀྱང་། །རིང་པོར་མི་ཐོགས་རྒྱ་མཚོ་འཁྲུགས་པའི་ནང་། །གྲུ་ངན་ཇི་བཞིན་འགྱུར་བའི་ཆོས་ཅན་ཉིད། །མདོར་ན་མཐོན་པོའི་མཐའ་རྒྱུད་བསགས་པ་མཛད། །འདུས་པ་འབྲལ་ཞིང་སྐྱེས་པ་ཀུན་འཆི་ཞེས། །བསླུ་མེད་བདེན་པ་གསུང་

བས་གང་གསུངས་པ། །དེ་དེ་བཞིན་དུ་འཇིག་རྟེན་འདི་ན་སྣང་། །རྒྱལ་བའི་ཞལ་གྱི་ཉིན་བྱེད་ལས་འོངས་པའི། །འོད་ཟེར་གང་གིས་ཡིད་ལ་མ་རེག་པ། །(༥༥ན)མི་ཁོམ་བརྒྱད་ཀྱི་མུན་པའི་གླིང་ཆུང་ན། །དེ་ཆེ་དགེ་ལེགས་གོ་སྐབས་ག་ལ་ཡོད། །སྣ་ཚོགས་འགྲོ་བའི་མཐོ་དམན་འགྱུར་ལྡོག་དང་། །སྡང་དང་ཕྲད་དང་གཉེན་དང་བྲལ་བ་དང་། །སྐྱེ་རྒ་ན་འཆིའི་སྣང་ཚུལ་མཐོང་ནས་ནི། །བདག་ཀྱང་དེ་དང་འདྲ་བར་ཅིས་མི་ལྟ། །དབྱར་དུས་མཁའ་ལ་ཤར་བའི་འཇའ་ཚོན་དང་། །ཆུ་འཛིན་ལང་ལིང་གཡོ་བའི་འདུ་འགོད་ལྟར། །ལང་ཚོའི་རང་བཞིན་འཇིག་པའི་དང་ཚུལ་ཅན། །འདི་ལ་བློ་ལྡན་སུ་ཞིག་ཡིད་རབ་རྟོན། །གསེར་གྱི་རི་ལས་གཡུ་ཡི་ཁྲོན་འབབ་ཅིང་། །མི་རྣམས་བདག་གི་བཤེས་སུ་སོང་ཡང་ཅི། །འབྲལ་མེད་ནོར་དུ་འཕགས་པའི་ནོར་བདུན་དང་། །གདན་གྱི་གྲོགས་པོར་བླ་མེད་བྱང་ཆུབ་བཟང་། །དེ་ཕྱིར་འདི་ནང་ཆོས་བརྒྱད་སྤྲོས་པའི་རྒྱ། །ཤེས་རབ་རལ་གྲི་རྣོན་པོས་དྲལ་བྱས་ཏེ། །ཐུབ་པས་བསྔགས་པ་དབེན་པའི་ནགས་ཚལ་དེར། །སེམས་ཁྲོད་ཞི་བའི་བདུད་རྩི་ཅིས་མི་ལེན། །སྤྲངས་ལྗོངས་འཇའ་ཚོན་བཀྲ་བའི་ལྡིང་ཁང་དུ། །ཟླ་བ་ནོར་བུའི་རྡོ་ལེབ་གཅལ་དུ་བཀྲམ། །གཡུར་གྱིས་དུད་པའི་འདབ་མའི་གྲིབ་བསིལ་ལ། །ཉིན་མོ་སྤྱོད་པའི་རྣལ་འབྱོར་སྐྱོང་བར་སྤྲོ། །དེ་བཞིན་ཟླ་བའི་སྒྲོན་མེ་འོད་འབར་ཞིང་། །རྒྱ་སྐར་དོ་ཤལ་རྒོད་པའི་མཚན་དུས་སུ། །གཡེང་མེད་རྣལ་འབྱོར་བརྩོན་པའི་དགའ་བདེ་འདིའི། །དཔེ་ཡང་སྲིད་པ་གསུམ་ན་ག་ལ་ཡོད། །བཟློའི་དྲ་བས་ཁེབས་པའི་ཉལ་འགྲོའི་རྒྱུན། །ཡོངས་མཛེས་ཆུ་བྱའི་ཚོགས་རྣམས་སྙན་སྒྲོག་ཅིང་། །རྨ་བྱ་གཞོན་ནུ་དགའ་བའི་གར་བྱེད་པའི། །(༥༥བ)གནས་དེར་དལ་འབྱོར་དོན་ལྡན་བྱས་ན་སྙམ། །མི་རྟོག་འབྲས་བུས་གང་བའི་ལྗོན་ཤིང་གི །སྐྱུ་ལོང་མངོན་པར་རྒྱས་པའི་ས་འཛིན་ཁྲོད། །སྦྲོ་ལྡང་ལོ་མའི་སྐྱིལ་ཆུང་ཉམས་དགའ་བར། །ཏིང་འཛིན་དགའ་བདེའི་དཔལ་ལ་སྤྱོད་པར་སྤྲོ། །གང་དུ་ཟ་ཟེར་གཡེང་

བ་ཀུན་པོར་ནས། །རི་སྐྱིབས་ནོར་བུའི་ཕུག་ཡངས་ཉམས་དགའ་བར། །འཕགས་པའི་རིགས་བཞི་ལ་གནས་དགའ་བདེ་གང་། །དེ་འདྲ་རྒྱལ་པོ་རྣམས་ལའང་ཡོད་རེ་སྐན། །འཆི་མེད་སྐྱིད་ཚལ་འདྲ་བའི་སྨན་ལྗོངས་སུ། །མི་དགེའི་སྤྱོད་ཚུལ་ཕྲ་མོའང་རྒྱང་བསྲིངས་ཏེ། །སྒོ་གསུམ་དམ་པའི་ལམ་བཟང་སྐྱོན་མེད་པར། །མ་བཅོས་ལྷུག་པར་འདོག་ལ་སྙིང་ནས་སྨྲོ། །དེར་ནི་ཐུབ་གཞུང་བདུད་རྩིའི་བཅུད་ལེན་གྱིས། །ཉོན་མོངས་ཡིད་ཀྱི་རྣག་ཁྲག་ཀུན་སྦྱངས་ཏེ། །ཏིང་འཛིན་སྒོ་བརྒྱ་ཕྱེ་ནས་ཡོན་ཏན་གྱི། །ངོ་མཚར་བགྲང་ཡས་ལྟད་མོ་བལྟ་བར་སྨོན། །དེ་སྐད་སྨྲ་བ་དབེན་པའི་ནགས་ཚལ་ལ། །མངོན་པར་སྤྲོ་བའི་དགེ་སྦྱོང་གྱི་ན་པ། །བློ་བཟང་ཆོས་ཀྱི་རྒྱལ་མཚན་ཞེས་བྱ་བས། །སྨོན་པ་ཇི་བཞིན་ཆོག་གི་ལམ་དུ་སྩོལ། །ཞེས་སོགས་གསུང་མགུར་མང་པོ་མཛད།

དེ་ནས་དགུན་ཆོས་དང་པོ་ལ་བཀྲ་ཤིས་ལྷུན་པོར་ཕེབས་ཏེ་རིགས་ཆེན་ལ་བསྒྲིགས་ཆོས་གྲྭ་དང་རིགས་ལུང་ཆེན་མོའི་གྲྭ་ཐམས་ཅད་དུ་བགྲོ་གླེང་ལ་ཐུགས་བརྩོན་ཤིན་ཏུ་ཆེ་བར་མཛད་དེ་ཕྱག་མཐིལ་ལ་སྐྱལ་པ་ཆགས་ཤིང་། ཕྱག་སོན་གྱི་མཚམས་རྣམས་ཨུཏྤལ་ལྟར་གསལ་བ་བྱུང་ངོ་། །

དེ་ནས་འགལ་བ་ཞེས་པ་ས་མོ་གླང་གི་ལོའི་ས་ག་ཟླ་བའི་(༥༨ན)དུས་ཆེན་ཀྱི་ཐོག་དབེན་དགོན་དུ་ཕེབས་ཏེ་མཁས་གྲུབ་སངས་རྒྱས་ཡེ་ཤེས་ཀྱིས་རྡུལ་མཚོན་གྱི་དཀྱིལ་འཁོར་དུ་བདེ་མཆོག་གི་དབང་གནང་བ་གསན། དེ་འཕྲལ་དུ་བཀྲ་ཤིས་ལྷུན་པོར་ཕེབས། དེ་དུས་ཕྱོགས་ཐམས་ཅད་འབྲུམ་ནད་ཀྱིས་ཁྱབ་ནས་རྗེ་འདི་ལའང་འབྲུམ་བུའི་བསྣུན་གཉིས་བཏབ་ཀྱང་རིགས་ལུང་འཆག་མེད་མཛད། རྗེ་འདི་འབྲུམ་བུས་བསྣུན་པ་མཁས་གྲུབ་སངས་རྒྱས་ཡེ་ཤེས་ཀྱིས་གསན་འཕྲལ་བཀྲ་ཤིས་ལྷུན་པོར་ཕེབས། ཞག་གསུམ་བཞུགས་ནས་བྱིན་རླབས་མཛད་དེ་འཕྲལ་དང་ཡུན་དུ་དགེ་བའི་བཀའ་ཐ་མ་སྩལ་ནས་ཆོས་གསུམ་ལ་དབེན་དགོན་དུ་ཕེབས། དེའི་

ཉིན་པར་གསོལ་ཇ་བཞེས་འདོད་ནས་ཞབས་འབྲིང་རྣམས་མི་འདོད་ཅིང་འཛིགས་བཞིན་དུ་གསོལ་ཇ་བཞེས་ཤིང་ཞལ་གཟོན་གློད་པས། མདོར་ན་ཉེར་བདུན་བརྒྱད་གཉིས་སྐུ་ངལ་བ་ཙམ་མ་གཏོགས་བསྙུན་གཞིའི་རིགས་ཅི་ཡང་མེད་པར་ཞག་ལྔ་ལ་འབྲུམ་བུའི་བསྙུན་གཞི་སངས་ཀྱིས་དྭངས་པ་ཞིག་བྱུང་། དེ་ཡང་ཞབས་འབྲིང་པ་དགེ་བཤེས་མངོན་སུམ་དུ་ཡོད་པ་མ་གཏོགས། སྙུན་གཞི་ཡུན་ཐུང་བ་དང་འབྲུམ་རྗེས་མེད་པ་ལ་དཔགས་ཏེ་གཞན་དག་ནི་བདེན་ནམ་བརྫུན་ཞེས་ཐེ་ཚོམ་གྱི་དཔྱང་ཐག་འཛིན་པའང་བྱུང་ཞེས་གྲག་གོ །དེ་དུས་མཁས་གྲུབ་སངས་རྒྱས་ཡེ་ཤེས་ཀྱིས་རྗེ་འདི་པ་ལ་བྱིན་རླབས་གནང་ཞིང་སྙན་བརྒྱུད་ཀྱི་བསྟན་པའི་བདག་པོར་བྱིན་གྱིས་བརླབས་པའི་ཚུལ་སོགས་ནི་མཁས་གྲུབ་སངས་རྒྱས་ཡེ་ཤེས་ཀྱི་རྣམ་(༥༨བ)ཐར་དུ་བརྗོད་ཟིན་པ་ལྟར་རོ། །དེ་ནས་ཐོས་བསམ་གླིང་ཞལ་སྔ་ནས་སློབ་དཔོན་རིན་པོ་ཆེས་ཚད་མ་རྣམ་འགྲེལ་གྱི་སྤྱི་བསྒྱུར་མཛད་དགོས་ཚུལ་ནན་ཆགས་པ་ལྟར་ཞལ་གྱིས་བཞེས་ཏེ་མཁས་མང་འདུས་པ་རྒྱ་མཚོའི་དབུས་སུ་ཚད་མ་རྣམ་འགྲེལ་ལ་དམ་བཅའ་བཞག་སྟེ་དྲི་མེད་རིགས་པའི་སྒྲ་དབྱངས་སྒྲོག་པ་ལ་དཔལ་ལྡན་ཆོས་ཀྱི་གྲགས་པ་སླར་ཡང་འོངས་པ་ཇི་ལྟ་བ་བཞིན་དུ་གྱུར་ཏེ་མཁས་པ་མཐའ་དག་གི་ཡིད་འཕྲོག་པར་མཛད་དོ། །འབྲུམ་བུའི་བསྙུན་གཞི་དྭངས་པའི་མཇུག་ནས་སྐུ་མཚམས་རྒྱུན་བསྐྱངས་ཏེ་འཇམ་དཀར་དང་། འཇིགས་བྱེད་ཀྱི་བསྙེན་པ་སྒྲིལ་ནས་ཟླ་བ་གཅིག་ལྷག་ཙམ་སྐུ་མཚམས་མཛད། དེ་སྐབས་མནལ་ལྟས་ངོ་མཚར་བ་དུ་མ་བྱུང་ཡང་ཕྱག་བྲིས་སུ་མ་མཛད། དེ་སྐབས་འཇའ་ཚོན་སྣ་ལྔའི་གུར་ཁྱིམ་གྱི་དབུས་སུ་ཟླ་བའི་དཀྱིལ་འཁོར་གྱི་སྟེང་དུ་ཨ་དཀར་པོའི་མཐར་ཡ་མ་ར་ཛའི་ཡི་གེ་ཤེལ་ལྟར་དྭངས་པས་བསྐོར་བ། དེ་ལས་འོད་ཟེར་འཕྲོས་པས་རང་གཞན་སྣོད་བཅུད་ཐམས་ཅད་འོད་གསལ་བར་བྱེད་པ་ཞིག་མངོན་སུམ་དུ་གཟིགས་ཏེ། འཇམ་མགོན་སྙན་རྒྱུད་ཀྱི་མན་ངག་མཐར་ཐུག

འཛམ་དབྱངས་ཞི་ཁྲོ་སྒྲུགས་སྒྲུབ་ཀྱི་བྱིན་རླབས་རྟོགས་པ་ཁྱད་པར་ཅན་བརྙེས་སོ། ། དེ་ནས་མཁས་གྲུབ་སངས་རྒྱས་ཡེ་ཤེས་ཞིང་གཤེགས་པ་གསན་ནས་དབེན་དགོན་དུ་ཕེབས་ཏེ་སྐུ་གདུང་ལ་མཆོད་པ་དང་། དགོངས་རྫོགས་སུ་ཕྱིའི་མཆོད་རྟེན་དང་། གཟིམ་མལ་དུ་སྐུ་འདྲ་བཞེང་བ་སོགས་དགོངས་རྫོགས་ཇི་ལྟར་མཛད་པའི་ཚུལ་རྣམས་ནི་མཁས་གྲུབ་སངས་རྒྱས་ཡེ་(༥༧ན)ཤེས་ཀྱི་རྣམ་ཐར་དུ་བརྗོད་ཟིན་པ་ལྟར་རོ། །དེ་ནས་བཀྲ་ཤིས་ལྷུན་པོར་ཕེབས་ནས་དབུ་མའི་གཞུང་ལ་སྦྱངས་ཏེ་ལུང་དང་རིགས་པས་ཕས་རྒོལ་ཟིལ་གྱིས་གནོན་པ་ལ་སྤོབས་པ་ཐོགས་པ་མེད་པས་སློབ་དཔོན་ཟླ་བ་གྲགས་པ་སླར་ཡང་གངས་རིའི་ལྗོངས་འདིར་ཕེབས་པ་ཇི་ལྟ་བ་བཞིན་དུ་གྱུར་ཏོ། །

དེ་ནས་ལུགས་མོ་ཡོས་ལོའི་གྲོ་ཞུན་ཟླ་བའི་དཀར་པོའི་ཚེས་གསུམ་གྱི་ཉིན་གཟིམ་ཁང་རྒྱལ་མཚན་མཐོན་པོར་པཎ་ཆེན་དམ་ཆོས་ཡར་འཕེལ་བའི་ཞལ་སྔ་ནས་ཀྱིས་མཁན་པོ་དང་། སློབ་དཔོན་རིན་ཆེན་དཔལ་འབྱོར་རྒྱ་མཚོ་བས་ལས་སློབ། པཎ་ཆེན་ལྷ་དབང་བློ་གྲོས་པས་གསང་སྟོན་མཛད་དེ་དང་པའི་དགེ་འདུན་གྲངས་ཚང་བའི་དབུས་སུ་བསྙེན་པར་རྫོགས་པ་དགེ་སློང་གི་དངོས་པོ་ཡོངས་སུ་རྫོགས་པ་བཞེས་ཏེ། སྟོན་པ་ཐུབ་པའི་དབང་པོ་སླར་ཡང་གངས་རིའི་ལྗོངས་འདིར་བྱོན་པ་ཇི་ལྟ་བར་གྱུར་ཏོ། །ལོ་དེ་ཁའི་སྟོན་མཇུག་དབུས་ཕྱོགས་སུ་བྱོན། རྗེ་ཞལ་རྣམ་གཉིས་སོགས་ཀྱི་དྲུང་དུ་དངོས་བཤམས་ཡིད་སྤྲུལ་གྱིས་མཆོད་ཅིང་བསྟན་པ་རྒྱས་པའི་སྨོན་ལམ་རྣམ་པར་དག་པ་འདེབས་པར་མཛད་པས་བྱིན་གྱིས་བརླབས་པའི་མཚན་མ་ཁྱད་པར་ཅན་ཡང་མང་པོ་བྱུང་། དེ་ནས་མཐར་གྱིས་རི་བོ་དགེ་ལྡན་དུ་ཕེབས། དེར་དགའ་ལྡན་ཁྲི་རིན་པོ་ཆེ་དང་སྡེ་པ་སྐྱིད་ཤོད་པ་སོགས་ཀྱིས་བསྐུལ་མ་མཛད་པ་ལྟར་སེར་སྐྱ་སྟོང་ཕྲག་མང་པོ་ཚོགས་པའི་དབུས་སུ་དཀའ་ཆེན་བཞི་ལ་དམ་བཅའ་མཛད་པ་ནི་བདག་ཉིད་ཆེན་པོ་འདིའི་རིགས་པའི་རྣམ་(༥༧བ)འགྱུར་ལ་འགྲན་ནུས་པ་སུ་ཡང་མ་བྱུང་

བས་ཕྱོགས་ལས་རྣམ་པར་རྒྱལ་བའི་གྲགས་པས་སའི་སྟེང་མ་ལུས་པ་ཁྱབ་པར་གྱུར་ཏོ། །གནས་དེར་རྗེ་བཙུན་ནམ་མཁའི་མཚན་ཅན་གྱི་དྲུང་དུ་གཙོ་བོར་དུས་ཀྱི་འཁོར་ལོའི་དབང་ཡོངས་རྫོགས། བསྡུས་རྒྱུད། འགྲེལ་ཆེན། དབང་མདོར་བསྟན་སོགས་ཀྱི་ལུང་ཡོངས་རྫོགས། བདེ་མཆོག་དྲིལ་བུ་ཕྱི་ནང་གཉིས་ཀྱི་དབང་། ཀྱེ་རྡོར་ཐོད་པ་ཅན་དང་མཚོན་ཆ་ཅན་གཉིས་ཀྱི་དབང་། འཁོར་ཆེན་གྱི་དབང་རྟ་མགྲིན་ཡང་གསང་གི་དབང་། བདེ་མཆོག་ནག་པོ་པའི་དབང་། གཤེད་དམར་ལྷ་ལྔ། བཀའ་གདམས་ཐིག་ལེ་བཅུ་དྲུག་གི་དབང་། ཀུན་རིག་གི་དབང་སོགས་རྣལ་འབྱོར་རྒྱུད་ཀྱི་དབང་འགའ་དང་། ཚེ་དཔག་མེད། མི་འཁྲུགས་པ་སོགས་བྱ་སྤྱོད་རྣམས་ཀྱི་དབང་མང་པོ་དང་། དམར་པོ་སྐོར་གསུམ་གྱི་རྗེས་གནང་དང་། གསུམ་གའི་གདམས་པ་ཡོངས་སུ་རྫོགས་པའི་ལུང་། བདེ་མཆོག་དཀར་པོ། ཕག་དཀར་ཞེས་རབ་གསལ་བྱེད། སྔ་ཚོགས་ཡུམ། ལྷ་མོ་ཤྲཱི་མ་ཏཱ། དུར་ཁྲོད་བདག་པོ་ཡབ་ཡུམ། ལྷ་མོ་ཕྱག་བཞི་མ། རྣམ་སྲས་སེར་ཆེན་གྱི་རྗེས་གནང་། བཀའ་གདམས་གཞུང་དྲུག །བཀའ་གདམས་ཆོས་འབྱུང་། བུ་སྟོན་ཆོས་འབྱུང་། དཔེ་ཆོས་རིན་སྤུངས་རྩ་འགྲེལ། ཆོས་རྗེ་ནམ་མཁའི་མཚན་ཅན་རང་ཉིད་ཀྱིས་མཛད་པའི་འཇིགས་བྱེད་ཀྱི་བསྐྱེད་རྫོགས། བཤེས་སྤྲིང་། ཚིག་གསལ། འཇུག་པའི་རང་འགྲེལ། ལམ་རིམ་ཆེན་མོ་རྣམས་ཀྱི་ལུང་གསན། སློབ་དཔོན་རྡོ་རྗེ་འཛིན་པ་དགེ་འདུན་རྒྱལ་མཚན་པའི་དྲུང་དུ། འདུས་པའི་འགྲེལ་པ་བཞི་སྦྲགས་ཀྱི་ལུང་བཤད། རྗེ་དགེ་འདུན་རྒྱ་མཚོའི་གསུང་(༥༢ན)འབུམ་ཐོར་བུ་བས་མཆོན་གསུང་རྩོམ་ཐམས་ཅད་ཀྱི་ལུང་། ཚེ་དབང་། ཕྱག་རྡོར་ཨུ་ཙ། རྣམ་སྲས་སེར་ཆེན་རྣམས་ཀྱི་རྗེས་གནང་གསན། སློབ་དཔོན་རིན་པོ་ཆེ་རྣམ་རྒྱལ་དཔལ་བཟང་པོའི་དྲུང་དུ་རྒྱུད་པ་རྣམས་དང་ལྷན་ཅིག་རིམ་ལྔ་གསལ་སྒྲོན་གྱི་བཤད་ལུང་། བོད་དུ་འགྱུར་བའི་འདུས་པའི་བཤད་རྒྱུད་རྣམས་ཀྱི་ལུང་། ཚལ་ལུགས་ཀྱི་མགོན་པོ་ཕྱག་

བཞི་པའི་དབང་བཞི་ཡོངས་སུ་རྫོགས་པ་རྣམས་གསན། ཁྲི་ཐོག་པ་སེམས་དཔའ་ཆེན་པོ་དམ་ཆོས་དཔལ་འབར་བའི་དྲུང་དུ། ཁྲོས་ནག་གི་དབང་དང་། ནམ་མཁའ་སྒོ་འབྱེད། གཅོད་གཞུང་སྐལ་ལྡན་འཇུག་ངོགས་སྐོར་གསུམ་གྱི་ལུང་སོགས་གཅོད་སྐོར་ཡོངས་རྫོགས་གསན། དེ་དང་དེ་དག་གི་ཆོ་དོན་གཉེར་ཅན་མང་པོ་ལ་ཆོས་ཀྱི་བདུད་རྩི་འང་རྒྱ་ཆེར་སྩལ། དེ་དུས་ཡེར་པ་དང་ཚལ་གུང་ཐང་གི་གནས་མཇལ་ཡང་ཞིབ་ཏུ་མཛད། ཡེར་པར་ཞག་བདུན་བཞུགས་རིང་ཐུགས་དམ་ལ་གཅིག་ཏུ་གཞོལ་བར་མཛད་ཅིང་། དྲུང་པ་བསམ་གཏན་པ་སོགས་དགེ་སློང་རི་ཁྲོད་པ་མང་པོ་ལ་ལམ་རིམ་དང་བློ་སྦྱོང་གི་ཁྲིད་སྩལ། ཕྱིར་ལམ་ཚལ་ཡང་དགོན་གྱི་མགོན་པོ་དེས་བྱིན་གྱིས་རློབས་པའི་མཚན་མ་སྟོན་པ་དང་། ལྷག་པར་གུང་ཐང་གི་མགོན་པོའི་ཞབས་ལ་བཟུང་ནས་འཕྲིན་འཆོལ་ཤུགས་དྲག་མཛད་པ་ན་ཞབས་འགུལ་བསྐྱོད་མཛད་པ་བྱུང་། དེ་ནས་དབེན་དགོན་དུ་ཕེབས་ཏེ་དབྱར་གནས་ཐོག་བླ་མ་སློབ་དཔོན་དང་དཀའ་བཅུ་རབ་འབྱམས་སོགས་དགེ་བའི་བཤེས་གཉེན་ཆོས་ཉན་པ་མང་པོ་འདུས་པ་ལ་ཐུགས་བཞེད་ལྟར་ལམ་རིམ་ཆུང་(ཕ༢བ)བ་ཁྲིད་དང་སྦྱར། མདོ་དང་རྒྱ་གཞུང་མང་པོའི་ལུང་གིས་བརྒྱན་ཏེ་གཟབས་བཤད་རྒྱས་པར་སྩལ་བས་དགེ་བའི་བཤེས་གཉེན་རྣམས་ལྷག་པར་དགྱེས། སྒོ་མང་སློབ་དཔོན་གཞུང་ཁང་རབ་འབྱམས་པ་ཟེར་བ་ཞིག་ན་རེ། ངས་དགེ་ལྡན་ཁྲི་གདན་ཟུར་སོགས་དབུས་གཙང་གི་བླ་མ་མང་པོ་ལ་ཆོས་ཉན། མགོ་བོ་ཤིན་ཏུ་མཁྲེགས་པ་ཞིག་ཡིན་ཡང་། རྗེ་བླ་མ་ཁྱེད་ཉིད་ཀྱི་གསུང་བཤད་རྣམས་སེམས་ལ་ཕན་ཞིང་གཞན་ལས་དད་པ་མཆོག་ཏུ་སྐྱེས་ཞེས་ཞུས། སྟོན་དེར་བཞུགས་ཏེ་སྐུ་མཚམས་བཅད་ནས་དཀྱིལ་འཁོར་ཆེན་པོ་མང་པོའི་བསྙེན་པ་མཛད། དེ་ནས་སྐུ་མདུན་བློ་བཟང་པ་ཡང་དབུས་ནས་བྱོན་ཏེ་རྗེ་བཙུན་བླ་མ་མཁས་གྲུབ་སངས་རྒྱས་ཡེ་ཤེས་ཀྱི་སྐུ་བརྙན་གསེར་ཟངས་ལས་གྲུབ་པ་མི་ཚད་ཆེ་ལ་གདོགས་པ་བཞེངས་ནས

རྣམ་བྱུང་ཞེས་པ་ས་ཕོ་འབྲུག་ལོའི་ནང་དུ་རྫོགས་པར་གྲུབ་སྟེ། དཔལ་འཁོར་ལོ་སྡོམ་པའི་རྟུལ་ཞུགས་ཀྱི་དཀྱིལ་འཁོར་དུ་རབ་ཏུ་གནས་པ་རྒྱས་པར་མཛད་ཅིང་བཟོ་བོ་རྣམས་ཀུང་ཡོན་གྱིས་ཚིམས་པར་མཛད་དོ། །དེ་ནས་དཔེན་དགོན་དུ་མ་འོངས་པའི་བསྟན་རྒྱུན་ལ་དགོངས་ཏེ་རྟེན་བཞེངས་མང་དུ་མཛད་ཅིང་། རྟེན་བཞེངས་གྲུབ་འཕྲལ་དུ། ད་ནི་སྐྱེ་བ་འདི་ལ་བལྟོས་པ་རྣམ་གཡེང་དང་འདྲེས་པའི་བྱ་བ་བྱེད་དགོས་ཀུང་དེ་ཙམ་གྱིས་མཇུག་བསྡུས། ཚེ་འདི་དོན་གཉེར་གྱི་མི་དང་མི་འཕྲད། འཇིག་རྟེན་ཆོས་བརྒྱད་ཀྱི་རྣམ་རྟོག་དང་མཚམས་པོ་ཆེ་བཅད་ནས་ཚེ་དང་སྒྲུབ་པ་མཉམ་པ་ཞིག་བྱའོ་སྙམ་དུ་ཐུགས་ལ་བཅངས་ཤིང་། སྐུ་མདུན་བློ་བཟང་པ་དང་ཡང་བགྲོས་ཏེ་དེ་འཕྲལ་སྐུ་མཚམས་དམ་པར་བཅད། ཐུན་མཚམས་རྣམས་སུ་(༥༨ན)ཕྱག་དཔེ་གཟིགས་པ་སོགས་ཀུང་བཞོལ་ཏེ་ཟླ་བ་དྲུག་བདུན་གྱི་བར་དགེ་སློང་ལ་བསྟེན་པར་མཛད་པས་དགེ་སློང་ལ་བྲོད་བསྐྱེད་དེ་འདི་ཁའི་རྒྱུན་སྐྱོང་རྒྱུ་བྱུང་ན་ལམ་སྣ་ཟིན་པ་ལའང་ཚོགས་མི་ཡོང་བ་འདུག་སྙམ་པ་ཐུགས་ལ་ཤར། དེ་དུས་ཐུགས་ངེས་འབྱུང་སྐྱོ་ཤས་ཤིན་ཏུ་ཆེ་བས་ཚེ་འདིར་དཔལ་ཤ་བ་རི་པ་དང་། རྗེ་མི་ལ་རས་པ་ལྟར་ཚེ་དང་སྒྲུབ་པ་མཉམ་པ་ཞིག་བྱེད་སྙམ་པ་ནར་མར་ཡོད་པ་ན་རྗེ་བཙུན་ཙོང་ཁ་པ་ཆེན་པོ་མདུན་གྱི་ནམ་མཁར་བྱོན་ནས། རང་དང་གཞན་ལ་ཕན་པའི་ཕྱིར། །ཐོས་པས་ངོམས་པར་མི་བྱ་སྟེ། །ས་གསུམ་བརྙེས་པའི་སེམས་དཔའ་ཡང་། །ཐོས་པས་ངོམས་པ་མེད་ལ་ལྟོས། །ཞེས་གསུང་བ་ཞིག་གསལ་བར་བྱུང་། དེ་ནས་རིང་པོ་མ་ལོན་པར་སྐུ་མཚམས་གྲོལ་ཏེ་མནལ་ལམ་དང་མཐུན་པར་དབང་ལུང་མན་ངག་མཐའ་ཡས་པ་གསན་ཅིང་། གཞུང་ཆེན་མོའི་རྩ་འགྲེལ་རྣམས་ལའང་ཞིབ་ཏུ་གཟིགས་ཏེ། མངོན་རྟོགས་རྒྱན། རྒྱུད་བླ་མ། རྩ་བ་ཤེས་རབ། རིན་ཆེན་ཕྲེང་བ། རིགས་པ་དྲུག་ཅུ་པ། བཤེས་པའི་སྤྲིང་ཡིག །བཞི་བརྒྱ་པ། དབུ་མ་འཇུག་པ། བསླབ་བཏུས་རྩ་བ། བྱང་ཆུབ་སེམས་

དཔའི་སྤྱོད་པ་ལ་འཇུག་པ། བྱང་ཆུབ་ལམ་སྒྲོན། བློ་སྦྱོང་རྩ་བ་འགའ། འདུས་པའི་རྩ་རྒྱུད། བདེ་མཆོག་རྩ་རྒྱུད། བརྟག་གཉིས། དུས་འཁོར་བསྡུས་རྒྱུད་བསྡུས་པ། མགོན་པོ་ཀླུ་སྒྲུབ་ཀྱི་རིམ་ལྔ་སོགས་གཞུང་ཆེན་མོ་མང་པོ་ལ་ཞལ་ཧྭོན་རེ་མོས་སུ་མཛད། རྗེ་རིན་པོ་ཆེ་བཀྲས་རིན་པ། ཚོགས་ཆེན་མཁན་པོ་རིན་རྒྱམ་པ་སོགས་དགེ་བའི་བཤེས་གཉེན་བཅུ་ཙམ་ཞིག་ལ་བདེ་མཆོག་ལཱུ་ཨི་པའི་(༥༨བ)དབང་དང་དམར་ཁྲིད། སྣར་ཐང་བརྒྱ་རྩའི་རྗེས་གནང་། སྒྲོལ་མ་ཉེར་གཅིག་གི་རྗེས་གནང་། བརྒྱུད་སྟོང་པའི་ལུང་། བཀའ་གདམས་གཞུང་དྲུག་གི་ལུང་། ལམ་རིམ་གྱི་ཁྲིད་སོགས་ཆོས་ཀྱི་རྣམ་གྲངས་ཤིན་ཏུ་མང་བ་གནང་། དམ་པ་དེ་ཉིད་ཀྱི་དྲུང་དུ་འང་། ན་རོ་མཁའ་སྤྱོད་མའི་དབང་། མཁའ་སྤྱོད་གཞན་གཉིས་ཀྱི་རྗེས་གནང་། འཇམ་དབྱངས་ཆོས་སྐོར། ཞབས་བརྒྱུད་པའི་རྗེས་གནང་། གླིང་འབུམ་ཆེན་མོ། མདོ་རྩ། སུམ་བརྒྱ་པ། མངོན་པ་ཀུན་ལས་བཏུས་དང་མཛོད་རྩ་བ། འགྲེལ་པ་དོན་གསལ། མདོ་ཀུན་ལས་བཏུས། ཇོ་བོའི་ཆོས་ཆུང་བརྒྱ་རྩ། དབུ་མ་རིགས་ཚོགས་དྲུག །བྱམས་ཆོས་ལྔ། འཇིགས་བྱེད་ཀྱི་བསྐྱེད་རིམ་ཆེན་མོ་མཁས་གྲུབ་ཐམས་ཅད་མཁྱེན་པའི་གསུང་གི་འཕྲོ་ཆོས་རྗེ་བློ་གྲོས་ཆོས་སྐྱོང་བས་མཛད་པ་རྣམས་ཀྱི་ལུང་གསན། ཉིན་མཚན་ཁོར་ཡུག་ལྷ་བུར་ཕན་ཚུན་རེ་མོས་སུ་ཆོས་ཀྱི་འཁོར་ལོ་བསྐོར་ཏེ། མངོན་ཆུང་བར་དཔེན་དགོན་དུ་ཕེབས། དེ་དུས་དཔེན་པ་ལ་ཤིན་ཏུ་དགྱེས་པ་ཆེ་ཞིང་། ད་ལམ་བྱ་བྲལ་གྱི་བརྟུལ་ཞུགས་བླངས་ཏེ་ཕྱིར་ལྡོག་པ་མེད་པ་སྟོན་གྱི་གྲུབ་ཐོབ་རྣམས་དང་མཚུངས་པ་ཞིག་བྱེད། དེ་ལྟར་བྱེད་པ་ལ་འདི་ནང་གི་ལྟོ་གོས་ཙམ་ལ་ཡང་འཁྲི་བ་ཆོད་པ་ཞིག་མ་བྱུང་ན་བྱ་བྲལ་གྱི་མིང་བཏགས་པའི་གཉིས་མེད་སེང་གེར་སོང་ན་མ་ལེགས་སོ་སྙམ་དུ་དགོངས་ཏེ་བཙུན་ལེན་གྱི་རྣམ་གྲངས་དུ་མ་ལ་གོམས་པ་ཉམས་འོག་ཏུ་ཆུད་པར་མཛད་ཅིང་ཀླུང་སྐོར་འཕྲུལ་འཁོར་སོགས་ལ་གོམས་པ་ཕུལ་ཕྱིན་ཡོད་ཀྱང་ད་དུང་བོགས་དབྱུང་བའི་

ཕྱིར་དགུན་སྟོད་བྲག་རྒྱར་ཕེབས་ནས་བསྟོན་པར་མཛད་པས་ཞག་བདུན་ཙམ་གྱིས་(༨༠ན)བཀའ་རྒྱུད་པའི་ལུགས་ཀྱི་རས་ཕྱུད་བཏང་ཆོག་པ་བྱུང་། དེར་གཡེང་བ་མེད་ཅིང་ཐུགས་རིག་དྭངས་པས་ཉམས་མགུར་མང་པོ་མཛད་ཅིང་། འགའ་ཞིག་ཡི་གེར་མཛད་པ་ནི་འདི་ལྟར།

ན་མོ་གུ་རུ་མཉྫུ་གྷོ་ཥ་ཡ། བློ་གདད་ཐུབ་ཀྱི་བླ་མ་དཀོན་མཆོག་གསུམ། །རྐང་རྟུས་པའི་ཁོང་ནས་སྐྱབས་བཟུང་སྟེ། །བཀའ་མདོ་རྒྱུད་ཀྱི་ལམ་ལས་འོངས་པ་ཡི། །བློ་ཆིག་གསུམ་གྱི་སྙིང་གཏམ་འདི་སྐད་སྨྲ། །དུས་ད་ལྟ་རང་དབང་ཡོད་པའི་ཚེ། །དོན་འབྲས་མེད་སྟོན་པ་མ་འཕྱུར་བར། །ལས་བྱས་པས་འཆེང་པའི་རྣམ་དཀར་ལ། །ཡིད་རྩེ་གཅིག་ཏུ་དྲིལ་ན་དོན་པོ་ཡིན། །ཚེ་འདི་ཡི་མདུན་མ་ཅི་བྱས་སླ། །ཚེ་ཕྱི་མ་ཤུལ་རིང་འཇིགས་པ་ཆེ། །ལམ་ཤུལ་རིང་འཇིགས་པའི་བསྐྱོལ་བསུ་དང་། །བརྒྱུགས་འཛད་མེད་ཀྱི་གྲབས་གསོམས་བྱས་ན་ལེགས། །ལྟར་འདོད་ཡོན་རོ་ལ་ཧྲི་ཙམ་སྦྱད། །དེ་བསམས་ན་སྙིང་པོ་ཅི་འདྲ་འདུག །ད་རང་ཉིད་རང་གིས་མ་བསླུ་བར། །བློ་འགྱོད་མེད་ཀྱི་གདེངས་ཁྲོད་ཆོགས་སུ་ཚུད། །རང་མངལ་དུ་ཞུགས་པ་ནས་བཟུང་སྟེ། །དགྲ་འཆི་བདག་དྲུང་དུ་ཆས་ཟིན་ཅིང་། །དུས་ཡུད་ཙམ་སྡོད་པའི་སྐབས་མེད་པས། །སྙིང་དང་རིངས་ཀྱི་ལོངས་ཡོད་བདུད་ཀྱིས་བསླུས། །དགུང་མཁའ་ལ་ཤར་བའི་འཇའ་ཚོན་དེ། །གཟུགས་མཛེས་ཀྱང་མྱུར་དུ་ཡལ་ནས་འགྲོ །གཞོན་ཤ་ཁྲག་རྒྱས་པའི་ལང་ཚོ་ཡང་། །དུས་སྐད་ཅིག་གིས་མི་རྟག་འགྱུར་བའི་ཆོས། །དབྱར་ཆར་སྤྲིན་ནང་གི་གློག་(༨༠བ)དམར་བཞིན། །དུས་སྐྱིགས་མའི་ཚེ་ཐུང་ཞག་འགའ་འོ། །མི་རྒན་གཞོན་གོ་རིམ་མི་འདུག་པས། །ཕྱིས་གཡེང་མེད་དུ་བག་གཟོན་དམ་པོ་མཛོད། །གཉེན་འཁོར་གཡོག་སྤྲིན་གྱི་འདུ་འགོད་དང་། །སྲོག་མི་བརྟན་ཆུ་ཡི་ཆུ་ལྦུར་དང་། །ནོར་ལོངས་སྤྱོད་རྨི་ལམ་དཔལ་འདྲ་བས། །ཚེ་རྟག་འཛིན་གྱི་མདུན་གྲབས་ཙམ་སྟེ་ཞོག །རྗེན་དལ་འབྱོར་

ལྡན་པའི་མི་ཡི་ལུས། །འདི་རྙེད་པར་དཀའ་ཞིང་འཇིག་པར་སླ། །དུས་ད་རེས་ལན་ཅིག་རྙེད་པ་འདི། །དོན་མདོ་མེད་དུ་གཏོང་ན་སྨོན་པ་ཡིན། །ཡུལ་ཡུལ་ཅན་གྱི་ཆོས་རྣམས་ཇི་སྙེད་པ། །བློས་མ་བརྟགས་མ་དཔྱད་ཉམས་དགའ་ཡང་། །དོན་དཔྱད་ན་མི་དམིགས་སྟོང་པའི་ངང་། །དབྱིངས་དེ་རུ་རིག་པ་གཅེར་བུར་ཞོག །སེམས་ཆགས་སྣང་རྗེས་སུ་མ་འཕྲོ་བར། །རྗེ་རྒྱལ་བའི་གསུང་གི་གཅེས་པའི་མཛོད། །ལམ་སྟོང་ཉིད་སྙིང་རྗེའི་སྙིང་པོ་ཅན། །འདི་འབྲལ་མེད་དུ་སྒོམས་དང་ཡུན་དུ་དགེ །ཕྱི་ཐོས་བསམ་སྒྲོ་འདོགས་མ་ཆོད་ཀྱང་། །སེམས་འཁོར་འདས་རྩ་བར་གསུངས་པའི་ཕྱིར། །ནང་ཤེས་རྒྱུད་ཞི་ཞིང་དུལ་བར་གྱིས། །ཆོས་ཟབ་དོན་གྱི་སྙིང་པོ་བསྡུས་པ་ཡིན། །ལུས་སྣང་སྟོང་ཚོགས་པ་ལྷ་ཡི་སྐུ། །ངག་གྲག་སྟོང་བཟླས་པ་རྒྱུན་མི་འཆད། །ཡིད་བདེ་སྟོང་དབྱིངས་ལས་མ་གཡོས་པར། །ཕ་བླ་མའི་རྣམ་ཐར་རྗེས་སུ་སྐྱོངས། །གཏམ་འདི་ལྟར་སྨྲས་པའི་དགེ་བ་དེས། །ཁམས་གསུམ་གྱི་འཁོར་བའི་སེམས་ཅན་རྣམས། །རྒྱུ་ཀུན་འབྱུང་འབྲས་བཅས་ཡོངས་སྤངས་ཏེ། །སྐུ་གསུམ་གྱི་གོ་འཕང་མྱུར་ཐོབ་(༤༧ན)ཤོག །

དེ་ནས་དབེན་དགོན་ཚོགས་པ་ཇེ་རྒྱས་སུ་སོང་སྟེ་དགེ་འདུན་མང་དུ་ཚོགས་པ་དང་། ཕྱོགས་འདུས་ཀྱི་དད་ལྡན་བཅས་ལ་ལམ་རིམ། བློ་སྦྱོང་། བཀའ་གདམས་གླེགས་བམ། །དཔེ་ཆོས་རིན་སྤུངས། འདུལ་བའི་བསླབ་བྱ། །འཇིགས་བྱེད་དང་བདེ་མཆོག་སོགས་ཀྱི་བསྐྱེད་རྫོགས་དམར་ཁྲིད། ལྷ་ཁྲིད། གསང་བདེ་འཇིགས་གསུམ། གདུགས་དཀར་སོགས་ཀྱི་དབང་། སྣར་ཐང་བརྒྱ་རྩའི་རྗེས་གནང་། ཆོས་སྐྱོང་མང་པོའི་རྗེས་གནང་། བསྒྲུབ་སྐོར་སོགས་རྒྱས་པར་མཛད་དེ་ཀློག་པ་ཐོས་བསམ་གྱི་འཁོར་ལོ་དང་། སྟོན་དང་དགུན་གྱི་དུས་འདུ་འཛོམས་དབེན་པར་མཛད་དེ། སྐུ་མཚམས་སུ་བཞུགས་ནས་ལྷག་པའི་ལྷ་མང་པོའི་བསྙེན་བསྒྲུབ་སོགས་བསམ་གཏན་གྱི་འཁོར་

ལོ་དང་། སོས་དང་དབྱར་མཇུག་མྱུང་སྟོད། ཤབ། ཤངས། ཐོན་སོགས་ཅི་རིགས་སུ་ཕེབས་ནས་ཆོས་དང་མཐུན་པར་སྡེ་དཔོན་རིགས་དང་བན་སྐྱའི་ཚོགས་མང་པོའི་བཞེད་པ་འགེངས་པ་སོགས་བྱ་བ་ལས་ཀྱི་འཁོར་ལོ་ལའང་བརྩོན་པར་མཛད། དེ་དག་གི་སྐབས་སུའང་། དམ་པའི་འགྲོ་བ་གཉིས་ཡིན་ཏེ། །ཐམས་ཅད་ཕུན་སུམ་ཚོགས་པའམ། །ཡང་ན་ནགས་སུ་གནས་པའོ། །ཞེས་འབྱུང་བ་ལྟར། རབ་མི་གྲལ་ནས་ཐུད་དེ། མང་དུ་ཐོས་པ་ནགས་ཀྱི་ནང་དག་ཏུ། །ལང་ཚོ་ཡོལ་བ་རྣམས་ཀྱིས་གནས་པ་བདེ། །ཞེས་བཀའ་སྩལ་པ་ལྟར། གཞན་གྱི་དོན་དུ་རང་དོན་གཙོ་བོ་ལྟར་བསྒྲུབ་པའི་སྒྲུབ་པ་ཅིག་བྱེད། དེ་མིན་རང་དོན་གྱི་འཕྲི་བ་བཅད(༤༡ བ)དེ་བསྟན་པ་དང་སེམས་ཅན་གྱི་དོན་ཕུན་སུམ་ཚོགས་པ་གང་རུང་ཞིག་བསྒྲུབ་པར་བྱའི། དེ་གཉིས་གང་ཡང་མ་ཡིན་པའི་གསོན་པ་ཙམ་ལས་ཤི་བ་ལེགས་སོ་སྙམ་དུ་དགོངས་པ་བྱུང་ཞིང་། དེ་དང་མཐུན་པར་བླ་མ་དཀོན་མཆོག་ལ་ཡང་སྙིང་ནས་རེ་དོགས་དང་བྲལ་བའི་གསོལ་བ་འདེབས་པ་འདི་ལྟར་མཛད་དེ།

ན་མོ་ཨཱཙྪ་མཻ་ཏྲི་ཡ། སྙིང་དགའ་ལྡན་ལྷ་བརྒྱའི་གཙུག་རྒྱན་དུ། །རྗེ་ས་བཅུའི་དབང་ཕྱུག་མི་ཕམ་མགོན། །དཔལ་ནམ་མཁའ་དྲི་མ་མེད་པ་དང་། །ཕ་མཉམ་མེད་འཇམ་དཔལ་སྙིང་པོའི་ཞབས། །ཕྲས་དཔག་མེད་སེམས་དཔའི་འཁོར་དབུས་སུ། །ཆོས་ཐེག་མཆོག་དགའ་སྟོན་འགྱེད་པ་དེར། །བདག་གདུང་བའི་སེམས་ཀྱིས་གསོལ་འདེབས་ན། །ཐུགས་བརྩེ་བའི་ལྷུགས་ཀྱུས་དྲངས་སུ་གསོལ། །དུས་དེང་སང་བསྟན་པའི་གཟུགས་བརྙན་འདི། །ལར་ཡིད་ལ་བརྟགས་ཀྱང་ཕན་པ་མེད། །དོན་དེ་ཕྱིར་ཡིད་དགའ་ཆོས་འཛིན་དུ། །དུས་མྱུར་བ་ཉིད་དུ་བགྲོད་པར་སྨོན། །ཚེ་འདི་ནང་འགགས་པའི་དེ་མ་ཐག །རྗེ་རྒྱལ་ཚབ་ཆོས་ཀྱི་མདུན་ས་དེར། །ཡིད་དང་བའི་རླུང་གིས་རབ་འཕངས་ནས། །ཆོས་ཐེག་པ་ཆེ་ལ་སྤྱོད་པར་ཤོག །ཚེ་འདི་ནང་རང་གཞན་དོན་འགྲུབ་

པའི། །ལས་མཐུ་དང་ལྡན་པ་མ་མཆིས་ན། །ཕ་ཁྱེད་ལ་ཐུགས་རྗེ་ཚད་མེད་པས། །དུས་ད་ལྟ་གནས་དེར་དྲང་དུ་གསོལ། །མི་ཁོ་བོའི་འདི་ཕྱིའི་བདེ་ལེགས་ཀུན། །རྗེ་བླ་མ་ཁྱེད་རྣམས་མཁྱེན་ལགས་པས། །དུས་འདི་ནས་བྱང་ཆུབ་མ་ཐོབ་པར། །ལམ་ངན་པའི་གཡངས་ལས་བསྐྱབ་ཏུ་གསོལ། །ཅེས་(༤༢ན)པའོ། །

དེ་ནས་རྣམ་འཕྲུང་ཞེས་པ་ས་ཕོ་ཁྱིའི་ལོ་ཆོས་གྲྭ་ཆེན་པོ་གངས་ཅན་ཆོས་འཕེལ་གྱི་མཁན་པོར་འབྲོན་དགོས་ཚུལ་སྡེ་པ་ལྷུན་པོ་རྩེ་པ་དང་མཆོད་ཡོན་ཐམས་ཅད་ཀྱིས་ནན་གྱིས་གསོལ་བ་བཏབ་པ་ལ་བརྟེན་ནས་ལྷ་མཆོད་ཆེན་མོའི་ཉིན་ཆོས་གྲྭ་ཆེན་པོ་གངས་ཅན་ཆོས་འཕེལ་གྱི་ཁྲི་ཐོག་ཏུ་ཕེབས། ཚོགས་པ་ལ་ལམ་རིམ་ཆེན་མོའི་གཟབས་བཤད་དང་། དེའི་དུས་གངས་ཅན་དགེ་བཤེས་རགས་ཤིང་མང་བས། དཀའ་བཅུ་རབ་འབྱམས་བཞི་བཅུ་ཙམ་གྱིས་གསོལ་བ་བཏབ་ནས་ལམ་རིམ་གྱི་ཁྲིད་རྒྱས་པར་སྩལ། ཐམས་ཅད་ཀྱིས་ངག་འཛིན་དང་ཤར་སྒོམ་དུ་མཛད། དཔྱིད་དུས་ཚོགས་པར་སྣང་ཐང་བརྒྱ་རྩའི་རྗེས་གནང་དང་། གནས་པ་པཎ་ཆེན་མཁར་བྲག་པ། ཤར་བྱང་སློབ་དཔོན་གཉིས་སོགས་དགེ་བཤེས་དྲག་རིམ་ཉི་ཤུ་སྐོར་ལ་དགོངས་ཇ་ཉིས་སྦྲེལ་གྱི་རིང། རྡོ་རྗེ་འཆང་ཆེན་པོའི་ལམ་གྱི་རིམ་པའི་བཤད་ལུང་གནང་། མཇུག་ཏུ་མདོ་སྔགས་ཀྱི་དཀའ་གནས་ཀྱི་འབེལ་མཆིད་དང་རིགས་ལུང་རྒྱུན་རིང་ཉིན་རེ་བཞིན་མཛད་དེ་བཤད་སྒྲུབ་ཤིན་ཏུ་འཕེལ། དེ་ནས་ཁྲོ་ཕུའི་སྔོན་ལམ་ལ་ཕེབས་ཏེ་སྐྱ་སེར་ཡོན་ཆེ་བ་འཚོགས་པར་དགེ་འདུན་རྣམས་ལ་མང་ཇ་དང་འགྱེད་སོགས་རྒྱ་ཆེར་གནང་ཞིང་། སྐྱེ་བོ་སྟོང་ཕྲག་དུ་མ་འཚོགས་པ་ལ་བྱམས་པ་ལུང་བསྟན་པའི་མདོ་དང་། སྐྱེས་རབས་ཐུན་རེའི་སྤྱི་ཆོས་ཀྱི་སྲོལ་གསར་དུ་བཙུགས། མདོར་ན་སངས་རྒྱས་ཀྱི་བསྟན་པ་དང་། སེམས་ཅན་གྱི་ཕན་བདེ་རྒྱས་པ་རྗེ་ཉིད་(༤༢བ)མཐོང་ཐོས་དྲན་རེག་ཏུ་གྱུར་པ་ཐམས་ཅད་རྗེ་བཙུན་གྱི་ཞབས་དྲུང་དུ་སྐྱེས་ནས། བྱམས་པའི་བསྟན་པ་ལ་བྱ་བ

བྱེད་པའི་སྨོན་པ་རྒྱ་ཆེར་མཛད། གངས་ཅན་གྱི་ཆོས་སྲེ་སྐྱོང་རིང་དབྱར་ཆོས་གངས་ཅན་དང་། སྟོན་དུས་སོགས་རྒྱུན་པར་དཔེན་དགོན་རང་དུ་བཞུགས་ནས་བཤད་སྒྲུབ་ཀྱི་རྒྱུན་བསྐྱངས། དེ་ནས་གངས་ཅན་ཡང་ཡུན་རིང་འཛིན་མི་ཐུབ། གང་བྱེད་རིང་ཕན་པ་ཞིག་བྱའོ་སྙམ་དུ་དགོངས་ནས་འདུ་ཁང་ལ་ཞིག་གསོ་དང་སྐུ་གསུང་ཐུགས་རྟེན་གསར་བཞེངས་སྤྱི་འཛོག་སོགས་ཆོས་ཟང་ཟིང་གཉིས་ཀའི་སྒོ་ནས་བཀའ་དྲིན་ཟླ་མེད་མཛད། དེ་ནས་སྨད་རྒྱུད་དུ་ཕེབས་ནས་སློབ་དཔོན་རིན་པོ་ཆེ་རྒྱུད་ཆེན་སངས་རྒྱས་རྒྱ་མཚོའི་དྲུང་དུ་འཇམ་རྡོར། གཤིན་རྗེ་གཤེད་དམར་ནག་གཉིས། འཇིགས་བྱེད་ལྷ་གསུམ་སོགས་ཟླ་མེད་དང་། རྡོར་དབྱིངས། དཔལ་རྩེ་སོགས་རྣལ་འབྱོར་རྒྱུད། རྣམ་སྣང་མངོན་བྱང་། ཕྱག་རྡོར་དབང་བསྐུར་བ་སོགས་སྤྱོད་རྒྱུད་དང་། དམ་ཚིག་གསུམ་བཀོད། རྣམ་རྒྱལ་མ། རྣམ་འཇོམས། གདུགས་དཀར། འོད་ཟེར་ཅན། སྟོན་པ་ལ་ཁྲུས་ཀྱི་ལྷ་མོ་བརྒྱད་ཀྱིས་བསྐོར་བ་དང་། ཡང་སྟོན་པ་ལ་བཀྲ་ཤིས་ཀྱི་ལྷ་མོ་བརྒྱད་ཀྱིས་བསྐོར་བའི་དབང་སོགས། རྒྱུད་སྡེ་བཞིའི་རིགས་ཀྱི་དབང་སུམ་ཅུ་སྐོར་དང་། འདུས་པ། བདེ་མཆོག །རྣལ་འབྱོར་མའི་སྔགས་བཏུ། སྒྲུབ་ཐབས་བརྒྱ་རྩ། སྒྲུབ་ཐབས་རྒྱ་མཚོ། ལེགས་ལྡན། སྟག་ཞོན། དུད་སོལ་མ། ཏྲག་ཤད་རིགས་མང་པོ། ཕག་མོ། སྒྲོག་སྒྲུབ་མ། དུས་མཚན་མ། ནམ་(༤༣ན)མཁའི་གོས་ཅན་མ་སོགས་ཀྱི་རྗེས་གནང་། རྣམ་ཐོས་བཀའ་མི་འདྲ་བ་བཅུ་གསུམ། དེའི་བེའུ་བུམ་ཡོངས་རྫོགས་ཀྱི་ལུང་རྣམས་དང་། གཞན་ཡང་ཟབ་རྒྱས་ཀྱི་གདམས་པ་ཞལ་ཤེས་ཤིན་ཏུ་མང་བ་གསན། སྨད་རྒྱུད་ན་བཞུགས་སྐབས་བཀྲ་ཤིས་ལྷུན་པོའི་ཁྲི་ཐོག་ཏུ་མྱུར་བར་ཕེབས་དགོས་པའི་མནལ་ལམ་གསལ་བ་བྱུང་། དེ་ནས་རྩང་ལམ་ཞ་ལུར་ཕེབས། རྗེ་འདི་སྐུ་ན་ཕྲ་མོ་ནས། ཐམས་ཅད་མཁྱེན་པ་བུ་སྟོན་རིན་ཆེན་གྲུབ་ལ་ཐུགས་དད་ལྷག་པར་ཆེ་བ་ཞིག་ཡོད་པའི་སྐབས་རི་མཐིལ་གཉིས་ཀའི་གནས་གཟིགས་ཀྱང་ཞིབ་ཏུ་མཛད། བློ་བཟང་བརྟན་འགྲུས་

རིང་པོ་མ་ལོན་པར་མྱུར་ཕྱོགས་ལ་ཕེབས་དགོས་བྱུང་། དགེ་ཚ་དང་བསྟུན་དཔལ་འཁོར་བདེ་ཆེན་དུ་གྲྭ་ཚང་སོ་སོར་འདོད་ཆོས་ཀྱི་ཆར་ཕབ་ཅིང་། སྤྱི་ཐོག་ཏུ་བླ་མ་སློབ་དཔོན་མང་པོ་དགེ་བཤེས་རགས་བསྡུས་རྣམས་ལ་བདེ་མཆོག་ལཱུ་ཨི་པའི་དབང་ཡོངས་རྫོགས་མཛད། དེ་ནས་དབེན་དགོན་དུ་ཕེབས་ཏེ་དགའ་ལྡན་སྙན་བརྒྱུད་ཀྱི་བསྟན་པ་ནམ་ཡང་མི་ཉམས་པར་བྱ་བའི་ཕྱིར་དང་རྗེ་གོང་མ་རྣམས་ཀྱི་ཐུགས་དགོངས་ཡོངས་སུ་རྫོགས་པར་བྱ་བའི་ཕྱིར་དང་དད་པ་ཅན་གྱི་རྫས་རྣམས་ཚུད་མི་ཟ་བར་གཉེར་དུ་སྦྲ་བའི་ཕྱིར་སྐུ་གསུང་ཐུགས་རྟེན་གསར་བཞེངས། མཆོད་རྫས་གསར་བཞེངས། དགེ་འདུན་གྱི་མཁོ་བའི་ཡོ་བྱད་གསར་བཞེངས་སོགས་གངས་རིའི་ཁྲོད་ཀྱི་སྒྲུབ་སྡེ་ཞིག་ལ་འགྲན་ཟླ་དང་བྲལ་བ་བསྐྲུན་པར་མཛད།

དེ་ནས་བཀྲ་ཤིས་ལྷུན་པོའི་བླ་མ་དགེ་འདུན་ཚང་མས་དང་འདུན་རྩེ་གཅིག་པས་བཀྲ་ཤིས་ལྷུན་པོར་རྗེ་དགེ་འདུན་(༤༣བ)གྲུབ་ཀྱི་གདན་སར་ཕེབས་དགོས་ཞེས་ནན་ཆེར་གསོལ་བ་བཏབ་པ་ལ་བརྟེན་ནས་དགུང་ལོ་སོ་གཅིག་པ་ཀུན་ལྡན་ཞེས་པ་ལྕགས་ཕོ་བྱི་བའི་ལོ་ཟླ་བ་བཅུ་གཉིས་པའི་ཚེས་གསུམ་ལ་ཆོས་གྲྭ་ཆེན་པོ་བཀྲ་ཤིས་ལྷུན་པོའི་ཁྲི་ཐོག་ཏུ་ཕེབས་འདུས་པ་རྒྱ་མཚོའི་དབུས་སུ་མི་འཇིགས་སེང་གེའི་ཁྲི་ལ་ཞབས་སེན་བཀོད་ནས་ཚོགས་ཆེན་ལ་སྣར་ཐང་བརྒྱ་རྩའི་རྗེས་གནང་། སྒྲོལ་མ་ཉེར་གཅིག་གི་རྗེས་གནང་། བཀའ་གདམས་ཆོས་འབྱུང་ཆེན་མོའི་ལུང་། རྩ་བ་ཤེས་རབ། དབུ་མ་འཇུག་པ། མངོན་རྟོགས་རྒྱན་རྣམས་ཀྱི་ལུང་གནང་། དེ་ནས་རིམ་གྱིས་ཆོས་འཁོར་རྒྱ་ཆེར་བསྐོར་ཞིང་། དཔྱིད་གངས་ཅན་དུ་ཕེབས་ནས་རབ་བྱུང་བསྙེན་རྫོགས་མང་དུ་གནང་ཞིང་གཞན་ཡང་ཆོས་འཁོར་རྒྱ་ཆེར་བསྐོར། ཁྲོ་ཕུའི་སྨོན་ལམ་ལ་ཕེབས་ནས་སེར་སྐྱ་བགྲང་བ་ལས་འདས་པ་ལ་ཐར་པའི་ས་བོན་བཞག་སྟེ་རྒྱལ་བའི་བསྟན་པ་ལ་བྱ་བ་རྒྱ་ཆེར་མཛད། གངས་ཅན་པ་རྣམས་དབུ་མཁྲིགས། སྟབ་སྟོབ་ཏུ་འདུན་པ

ཤིན་ཏུ་དཀའ་བ་ཞིག་ཡིན་ནའང་། རྗེ་འདི་ལ་ནི་རྩ་བའི་དགོན་པ་འདེབས་པ་པོ་པཎ་ཆེན་བཟང་པོ་བཀྲ་ཤིས་ལས་ཀྱང་དད་མོས་ཆེ་བར་མཛད་དོ། །

དེ་ནས་གངས་ཅན་གྱི་གདན་ས་འཛོམ་པར་མཛད་ནས་བཀྲ་ཤིས་ལྷུན་པོར་དབྱར་གནས་ཐོག་ཚོགས་པར་ཐམས་ཅད་མཁྱེན་པ་དགེ་འདུན་རྒྱ་མཚོའི་གསུང་འབུམ་ཐོར་བུའི་ལུང་དང་། འཇུག་པའི་ཊཱིཀ་ཆེན་དགོངས་པ་རབ་གསལ་གྱི་ལུང་སྩལ། དེའི་སྟོན་གསེར་ཁང་གོང་པ་དཔོན་སློབ་ཀྱིས་གདན་དྲངས། དགོན་རྒྱུ་འོག་དང་བཅས་པ་ལ་འགྲོ་དོན་འཕྲིན་ལས་ཇི་ལྟར་མཛད་ཚུལ་དེ་ཁའི་དུས(༨༩ན)མཁན་ཆེན་ནོར་བཟང་རྒྱ་མཚོས་བསྐུལ་ནས་དེ་འཕྲུལ་ཚོགས་བཅད་དུ་མཛད་པའང་ཡོད་དོ། །དེ་ལྟར་གསེར་ཁང་གྲྭ་ཚང་པ་རྣམས་ཀྱིས་སྤྱན་དྲངས་རྗེས། སྣ་ཚོགས་དབྱིག་གི་ལོའི་བར་གྱི་སྟོན་རིམ་བཞིན་དཔལ་འཁོར་བདེ་ཆེན་གྱི་གྲྭ་ཚང་གཞི་གནས་པ། ལེགས་གྲུབ་པ། ལྷ་ཁང་པ། ནོར་བུ་དགེ་ལྡན་པ་རྣམས་ཀྱིས་རིམ་གྱིས་རང་རང་གི་དགོན་རྒྱུ་འོག་དང་བཅས་པར་གདན་དྲངས་ཏེ་རྙེད་པ་དང་བཀུར་སྟི་བཟང་པོ་འགྲན་པ་བཞིན་དུ་བསྒྲུབས། སྐྱེ་སེར་གྱི་སྐྱེ་བོ་སྟོང་ཕྲག་མང་པོ་ལ་གང་འཚམ་གྱི་ཆོས་ཀྱི་ཆར་ཕབ་སྟེ་ངན་འགྲོའི་སྒོ་ནས་གཏན་བཅད་ཅིང་མཐོ་རིས་དང་ཐར་པའི་ལམ་ལམ་པོ་ཆེ་བཞིན་དུ་མཛད་དོ། །

དེ་ནས་བཀྲ་ཤིས་ལྷུན་པོར་དགུན་ཆོས་ལ་འཇམ་དབྱངས་ཆོས་སྐོར་ཡོངས་སུ་རྫོགས་པ་གནང་། དཔྱིད་དབེན་དགོན་དུ་རི་ཁྲོད་པ་རྣམས་ལ་འདོད་ཆོས་ཅི་རིགས་སྩལ་ནས། སྒྲུབ་ཐབས་རྒྱ་མཚོ་དང་བརྒྱ་རྩའི་ལྷ་གཙོ་བོ་རྣམས་ཀྱི་བསྙེན་སྒྲུབ་ཞིག་མཛད། དེ་ནས་ཤངས་ཁུལ་གྱི་དད་ལྡན་རྣམས་ཀྱིས་གདན་དྲངས་ཏེ་ཤངས་ཕུ་མདའི་སེར་སྐྱ་མཐའ་དག་ལ་ཞལ་མཇལ་དང་གསུང་གི་བདུད་རྩི་སྩལ་ཏེ་ཐར་པའི་ས་བོན་ཐེབས་པར་མཛད། དེ་ནས་བཀྲ་ཤིས་ལྷུན་པོའི་དགུན་ཆོས་དང་བསྟུན་ནས་དགོངས་ཛའི་ཐོག་སྐྱེས་རབས་ཐུན་རེའི་གཟབས་བཤད་སྩལ། དེ་ཡང་སྙིགས་མ་ལྔ་ལྷག་པར

བདོ་བའི་དུས་འདི་འདྲ་བར་ནི་ཡུལ་རྟེན་ཕུན་སུམ་ཚོགས་པ། གཞི་ཚུལ་ཁྲིམས་རྣམ་པར་དག་པའི་དགེ་འདུན་བརྒྱ་ཕྲག་མང་པོ་དང་ལྡན་ཅིག་ཏུ་(༨༤བ)ཆོ་འཕྲུལ་ཆེན་པོའི་དུས་བཟང་པོར་དཀོན་མཆོག་གསུམ་ལ་སྐྱབས་སུ་སོང་ཞིང་བྱང་ཆུབ་ཏུ་ཐུགས་བསྐྱེད། བསག་སྦྱང་གི་གནད་བསྡུས་པའི་ཡན་ལག་བདུན་པ་སྔོན་དུ་བཏང་ནས། ཀུན་ཏུ་བཟང་པོའི་སྨོན་ལམ་ཚུལ་བཞིན་དུ་བསྒྲུབས་པ་ནི་དུས་སྐབས་ཀྱིས་བསྟན་པ་དང་སེམས་ཅན་གྱི་དོན་བླ་ན་མེད་པ་དང་། རང་གཞན་གཏན་གྱི་མདུན་མ་འགྲུབ་པའི་རྒྱུ་བ་ཡིན་ནོ་སྙམ་དུ་དགོངས་ནས། ཐོག་མར་མཛེས་བྱེད་ཀྱི་ལོ་ཧྲ་ཟླ་བའི་དཀར་ཚེས་གསུམ་ནས་བཅུ་དྲུག་གི་བར་དུ་སྨོན་ལམ་ཆེན་མོ་ལེགས་པར་འཛུགས་པར་མཛད། དང་པོ་མང་ཇ་རེ་རེ་ཙམ་ཡང་འགྲིག་པ་ཇི་ལྟར་སྙམ་དུ་ཐུགས་ཡིད་འཕྲང་མོ་ཞུག་ཏུ་གྱུར་ཀྱང་། ཕྱིས་ནི་ཉིན་རེ་མང་ཇ་ལྔ་དྲུག་ཙམ་ཡང་གཏོང་དགོས་པ་བྱུང་། དེ་ནས་བཟུང་སྟེ་ལོ་ཉི་ཤུ་རྩ་ལྔའི་བར་ལ་བཀྲ་ཤིས་ལྷུན་པོར་དད་པ་ཅན་གྱི་རྫས་རྣམས་ཆུད་མི་ཟ་བའི་ཕྱིར་དང་། གདན་ས་འདི་ཉིད་ལྷ་དང་བཅས་པའི་འགྲོ་བ་ཡོངས་ཀྱི་བསོད་ནམས་ཀྱི་ཞིང་མཆོག་དམ་པར་བསྒྲུབ་ཕྱིར་སྐུ་གསུང་ཐུགས་རྟེན་གསར་བཞེངས། མཆོད་རྫས་གསར་བཞེངས་དགེ་འདུན་ལ་བསྙེན་བཀུར་གྱི་རྒྱུན་སོགས་གོང་ནས་གོང་འཕེལ་དུ་མཛད། ལྷག་པར་ཆོ་འཕྲུལ་སྨོན་ལམ་འཛུགས་པར་མཛད་པ་འདི་ཉིད་རྒྱལ་བ་ཙོང་ཁ་པའི་ཡང་མཛད་ཆེན་གཅིག་ཡིན་པ་བཅས་རྗེ་འདི་རང་གི་ཡང་མཛད་ཆེན་ངོ་མཚར་བ་གཅིག་ཏུ་མཛད་དེ། ཚུལ་འདི་ལ་རྗེ་རང་ཉིད་ཀྱི་ཞལ་ནས། འདི་ནི་ཁོ་བོའི་ཚེ་འདི་ལ་ལྟོས་པའི་རྣམ་ཐར་བཟང་བ་ཞིག་ཡིན་སྙམ་པ་ཡོད་དེ། དགེ་བའི་བཤེས་གཉེན་པོ་ཏོ་བའི་རྣམ་ཐར་དུ། བོད་ན་དགེ་འདུན་སྟོང་ཕྲག་དུ་མ་རྣམ་(༨༥ན)ཐར་གཅིག་ལ་འགོད་ནུས་པའི་དགེ་སློང་ཡོད་ཅེས། དམ་པ་འདི་ཉིད་རྒྱ་གར་དུ་ཡང་གྲགས་ཞེས་འབྱུང་བ་ལྟར། དགེ་འདུན་སྟོང་རྩ་ཅན་བརྒྱལ་བ་ལོ་གྲངས་དེ་སྙེད་དུ་

ཐམས་ཅད་མཁྱེན་པ་བསྒྲུབ་པ་ལ་རྩེ་གཅིག་ཏུ་ཐུགས་བསྟུན་ནས་འདུན་པ་སྨད་དུ་བྱུང་
བའི་རྣམ་ཐར་ལ་འགོད་པར་བྱས་པའི་ཕྱིར་དང་། ཇི་སྐད་དུ། གང་གིས་ཕྱོགས་བཅུའི་
ཞིང་རྣམས་ཇི་སྙེད་པ། །རིན་ཆེན་བརྒྱན་ཏེ་རྒྱལ་བ་རྣམས་ལ་ཕུལ། །ལྷ་དང་མི་ཡི་བདེ་
བའི་མཆོག་རྣམས་ནི། །ཞིང་གི་རྡུལ་སྙེད་བསྐལ་པར་ཕུལ་བ་བས། །གང་གིས་བསྔོ་
བའི་རྒྱལ་པོ་འདི་ཐོས་ནས། །བྱང་ཆུབ་མཆོག་གི་རྗེས་སུ་རབ་མོས་ཤིང་། །ལན་ཅིག་
ཙམ་ཡང་དད་པ་བསྐྱེད་པ་ནི། །བསོད་ནམས་དམ་པའི་མཆོག་ཏུ་འདི་འགྱུར་རོ། །
ཞེས་སོགས་རྒྱལ་བའི་བཀའ་ཚད་མར་གྱུར་པས་ཞལ་གྱིས་བཞེས་པའི་བསོད་ནམས་
གཞལ་དུ་མེད་པ་རང་གཞན་གྱི་རྒྱུད་ལ་བསྐྲུན་པར་བྱས་པའི་ཕྱིར་རོ། །ཞེས་གསུངས།
དེ་ནས་དད་ལྡན་མང་པོས་བསྐྱལ་ནས་ཏྟ་ནག་ལ་ཕེབས། སྐྱི་བོ་མཐའ་ཡས་པ་འདུན་
པར་མཛད་ཅིང་། རྗེ་འགོས་ཀྱི་སྒྲུབ་གནས་ཞལ་གཟིགས་ཕྱག་པ་མཇལ་བར་མཛད་
པས། ལྷས་མེ་ཏོག་གི་ཆར་ཕབ་ཅིང་ཚེ་ཆུའི་རྒྱུན་བབས། དེའི་འོག་མཁའ་སྤྱོད་
ན་དཔལ་ལྡན་ལྷ་མོའི་ལོགས་བྲིས་བྱིན་རླབས་ཅན་ཞིག་འདུག་པ་ལ་མེ་ཏོག་འཐོར་
བར་མཛད་པས་འོད་ཟེར་ཁ་དོག་སྣ་ལྔ་འཕྲོ་ཞིང་། རྣམ་འགྱུར་སྣ་ཚོགས་སྟོན་པ་ཞིག
གཟིགས། དེ་ནས་བཀྲ་ཤིས་ལྷུན་པོར་ཕེབས། འདི་སྐབས་རྒྱལ་བ་ཐམས་ཅད་མཁྱེན
པ་ཡོན་ཏན་རྒྱ་མཚོ་(༨༥བ)ཡང་བྱང་ཕྱོགས་ཀྱི་རྒྱུད་ནས་ཕེབས། ཕྱི་ནང་གི་རྐྱེན་དུ
མས་བསྐུལ་ཏེ་བཀྲ་ཤིས་ལྷུན་པོའི་མཁན་སློབ་ཐམས་ཅད་ཀྱིས་མཇལ་བར་བྱོན།
ཕེབས་ལམ་དུ་ཡང་རྩོལ་བ་ཆེན་པོས་བྱོན་པས་ཡ་མཚན་དུ་བྱེད་པ་བྱུང་། དེ་དུས་རྗེ་
རང་ཉིད་ནས་བདོག་པའི་དངོས་པོའི་ཕྱག་རྟེན་གཟབས་ཤིང་། འབྲས་སྤུངས་སུ་མང་
ཇ་འགྱེད་དང་བཅས་པ་གནང་། བཀྲ་ཤིས་ལྷུན་པོའི་སློབ་དཔོན་པ་རྣམས་ཕྱིར་ཐེགས།
རྗེ་རང་ཉིད་རེ་ཤིག་བཞུགས་རྒྱལ་བ་ཐམས་ཅད་མཁྱེན་པ་ཆེན་པོས་ཆོས་བཀའ་
མཐའ་ཡས་པ་གནང་དགོས་ཚུལ་གསོལ་བ་བཏབ་པར་ལྟར། དགུན་འབྲས་སྤུངས་

རང་དུ་བཞུགས་ནས་དབང་ལུང་རྗེས་གནང་སོགས་ལམ་པ་ཀའི་ཀུ་ཤའི་གྲངས་དང་མཚུངས་པ་འགྲོ་གང་ཆེ་གཙོར་བཏོན་མཛད་ཅིང་ཞར་ལ་འབྲས་སྤུངས་ཀྱི་དཀའ་བཅུ་རབ་འབྱམས་ཕལ་ཆེར་འདུས་པ་ལ་དཀའ་ཆེན་བཞིའི་རྭ་བའི་ལུང་ཡོངས་རྫོགས་དང་། རྒྱལ་བ་ཡོན་ཏན་རྒྱ་མཚོ་དང་། དེའི་ཞབས་འབྲིང་བ་སློབ་དཔོན་པ་རྣམས་གདན་འཛོམ་པ་ལ་དམར་ནག་གཉིས། ཞི་དགུ་མ། རོ་ལངས་བརྒྱད་བསྐོར། དཔའ་བོ་གཅིག་པ་རྣམས་ཀྱི་དབང་གནང་། གཞན་ཡང་སྨྲ་ཕྱིར་དབང་དང་། རྗེས་གནང་དང་། ཟབ་ཁྲིད་མན་ངག་ཞལ་ཤེས་སོགས་ཕལ་ཆེར་བུམ་པ་གང་བྱོའི་ཚུལ་དུ་འབུལ་བར་མཛད་དོ། །རྒྱལ་བ་ཐམས་ཅད་མཁྱེན་པ་ཆེན་པོས་ཀྱང་སྐུ་ཚེ་མང་པོའི་སྔ་རོལ་ནས་རྗེ་འདི་པ་ལ་མངོན་པར་དགྱེས་པའི་ཐུགས་ཀྱི་བག་ཆགས་སད་པ་ལྟར་མཛད་ནས། ཆོས་གསན་པའི་བླ་མ་མང་པོའི་ནང་ནས། རྗེ་འདི་པ་རིགས་ཀྱི་བདག་པོར་ལེགས་པར་(༤༤ན)བཞེས་ཏེ་ཐོག་མཐའ་བར་གསུམ་དུ་སོ་སྐྱེའི་བློ་ཡུལ་ལས་འདས་པའི་སྙེད་པ་དང་བཀུར་སྟིས་མཆོད་པ་ནི་དགེ་བཤེས་སྟོན་པའི་རྣམ་ཐར་དྲི་མ་མེད་པའི་རྒྱུན་འཁྲུལ་མེད་དུ་སྐྱོང་བར་མཛད་པ་ཡིན་ནོ། །དེ་ནས་ལྷ་སའི་སྨོན་ལམ་གྲོལ་ནས་བྱང་ར་སྒྲེང་མཇལ་དུ་ཕེབས། ར་སྒྲེང་བ་རྣམས་ལ་དམ་པའི་ཆོས་རྒྱ་ཆེར་སྩལ། ར་སྒྲེང་དུ་བཞུགས་རིང་ངོ་མཚར་བའི་ལྟས་བསམ་གྱིས་མི་ཁྱབ་པ་བྱུང་། ར་སྒྲེང་ཚོགས་པ་ལ་བཀའ་གདམས་གླེགས་བམ་གཟབས་བཤད་དང་བཅས་པ་གནང་། དེ་ནས་སླར་ཡང་རྒྱལ་བ་ཡོན་ཏན་རྒྱ་མཚོ་དང་ལྷན་དུ་རྒྱལ་མེ་ཏོག་ཐང་ལ་ཕེབས་ཏེ་གཙོ་ཆེར་རྒྱལ་བ་ཡོན་ཏན་རྒྱ་མཚོ་ལ་དབང་ལུང་མན་ངག་རྣམས་ནར་མར་གནང་ཞིང་སེང་དབར་རྣམས་སུ་ལམ་བར་གྱི་གནས་རྣམས་ལ་མཆོད་འབུལ་དང་ཁྱད་པར་དགའ་ལྡན་སྒྲུབ་རྒྱུད་ཀྱི་ཆུ་འགོ་གྲུབ་ཆེན་འཇམ་དཔལ་རྒྱ་མཚོའི་སྒྲུབ་གནས་མལ་གྲོ་སྤང་སའི་ཡང་དགོན་དང་། རྗེ་རིན་པོ་ཆེ་འཁོར་དག་པ་རྣམ་བརྒྱད་དང་བཅས་པས་གང་དུ་སྒྲུབ་པ་མཛད

པའི་གནས་འོལ་ཀ་ཆོས་ལུང་སོགས་འོལ་ཁ་དང་དྭགས་པོའི་གནས་རྣམས་མཇལ་ཏེ་ཐུགས་སྨོན་མཛད། རྒྱལ་མེ་ཏོག་ཐང་དུ་དཔལ་ལྡན་ལྷ་མོ་དགྱེས་པའི་ཆོ་འཕྲུལ་ངོ་མཚར་བ་བྱུང་ཞིང་། གནས་གང་དང་གང་དུ་ཕེབས་པ་དེ་དང་དེར་དད་ལྡན་རྣམས་ལ་རང་རང་གི་སྐལ་བ་དང་འཚམ་པའི་ཆོས་ཀྱི་བདུད་རྩི་སྩལ་ཏེ་ཐར་པའི་ས་བོན་ཐེབས་པར་མཛད།

དེ་ནས་གཙང་དུ་ཕེབས་ཏེ་བཀྲ་ཤིས་ལྷུན་པོའི་འདུས་ཚོགས་ལ་དགུན་ཆོས་སྤྱི་ཁྱེའི་སྐབས་ཚོགས་ཆེན་ལ་(༨༨བ)སྒྲུབ་ཐབས་རྒྱ་མཚོའི་རྗེས་གནང་ལུང་དང་བཅས་པ་སྩལ། ཆོ་འཕྲུལ་སྨོན་ལམ་གྲོལ་རྗེས་འབྲས་སྤུངས་ནས་གདན་འདྲེན་ཞུ་མི་དོས་དྲག་བྱུང་བ་ལྟར། དབུས་སུ་ཕེབས་ནས་དགའ་ལྡན་ཕོ་བྲང་གི་གཟིམ་ཆུང་ཉི་འོད་དུ་ནག་ཉ་དང་བསྟུན་དཔལ་དུས་ཀྱི་འཁོར་ལོའི་རྡུལ་ཚོན་གྱི་དཀྱིལ་འཁོར་བཞེངས་ཏེ་རྒྱལ་བ་ཐམས་ཅད་མཁྱེན་པ་ཡོན་ཏན་རྒྱ་མཚོ་ལ་དུས་ཀྱི་འཁོར་ལོའི་དབང་ཡོངས་སུ་རྫོགས་པ་མཐའ་རྟེན་དང་བཅས་པ་དང་། གཞན་ཡང་ཆོས་བཀའ་ཅི་རིགས་པ་འབུལ་བར་མཛད། དེའི་ཚེ་ལྷོ་རྒྱུད་ཕྱོགས་ནས་སྤོ་དཔོན་དུ་མས་ཕེབས་དགོས་ཚུལ་གསོལ་བ་བཏབ་པ་ལ་བརྟེན་ནས་ལྷོ་ཁར་ཕེབས། དེ་དུས་མཁར་ཏོག །འཕྱོང་རྒྱས་རི་བོ་བདེ་ཆེན། སྤྱན་གཡས། སྣེའུ་གདོང་། རྩེས་དང་། རོང་ཆ་དཀར་སོགས་སུ་རྗེ་སྟོན་ཚོགས་ཆེན་པའི་མཁན་ཆེན་གྱིས་མཚོན་པའི་བླ་མ་སློབ་དཔོན་དང་། དགེ་འདུན་མང་པོ་ལ་དབང་ཁྲིད་ལུང་སོགས་རྒྱ་ཆེར་སྩལ། གང་དང་གང་དུ་ཕེབས་པ་དེ་དང་དེར་སྐྱེ་བོའི་ཚོགས་བརྒྱ་སྟོང་དུ་མ་འདུས་པ་ལ་ཡིག་དྲུག་གི་ལུང་དང་། བླ་མའི་རྣལ་འབྱོར་སོགས་དམ་པའི་ཆོས་རྒྱ་ཆེར་སྩལ། སྔོན་གྱི་དམ་པ་མང་པོའི་བསྟི་གནས་ཇོ་བོ་ཆེན་པོ་ལྷ་ཅིག་གི་གདུང་ཁང་བཞུགས་པ་ཐང་པོ་ཆེ་དང་། སྤྱན་གཡས། ཡུམ་བུ་བླ་སྒང་། ཁྲ་འབྲུག །རྩེས་དང་། བྱམས་པ་གླིང་། བསམ་ཡས་སོགས་ཀྱི་གནས་དང་རྟེན་མཇལ་ཞིབ་ཏུ

མཛད། མཆོད་འབུལ། བསག་སྦྱང་། སྨོན་ལམ་རྣམ་དག་མཛད་པ་ནི་སྔོན་བྱོན་དམ་པའི་རྣམ་ཐར་ལྟར་སྨད་དུ་བྱུང་བའི་མཛད་པ་ཡིན་ལ། གང་(༤༧ན)དང་གང་དུ་ཕེབས་པ་དེ་དང་དེར་ཟང་ཟིང་གི་བསྙེན་བཀུར་རྒྱ་ཆེ་བ་དང་མི་མང་གི་འ་ཁུར་འདུ་འགོད་མང་བ་རྣམས་ལ་ནི་དེ་དང་དེ་གཟིགས་པ་ཙམ་གྱིས་སྐྱོ་ཤས་ངེས་འབྱུང་ཤུགས་དྲག་སྐྱེ་བ་ལས་ཟང་ཟིང་ལ་ཐུགས་དགྱེས་པ་ནི་ནམ་ཡང་མི་མཛད་དོ། །

དེ་ནས་བཀྲ་ཤིས་ལྷུན་པོར་ཕེབས་ནས་དབྱར་གནས་ཀྱི་ཁོངས་སུ་ཉི་ཤུ་རྩ་ལྔ་རྩ་ལྔ་གྲངས་སུ་བཅད་དེ་ཚོགས་ཆེན་ལ་གདུགས་དཀར་གྱི་དབང་རྒྱས་པར་སྩལ། དགག་དབྱེ་ཐོན་ནས་ཞག་ཉེར་གཅིག་གི་རིང་སྐུ་མཚམས་བཅད་ནས་དཀོན་མཆོག་རྗེས་སུ་དྲན་པ་གཙོ་བོར་བསྒོམ་པར་མཛད་ནས་བསག་སྦྱང་ལ་བརྩོན་པར་མཛད་པས་སྔོན་པ་ཐུགས་རྗེ་ཅན་དེའི་བཀའ་དྲིན་དྲན་པའི་དད་པ་ཤུགས་དྲག་འཕྲུངས་ཤིང་གསོལ་འདེབས་གདུང་དབྱངས་སུ་མཛད་པ་ནི་འདི་ལྟར།

ན་མོ་གུ་རུ་མུ་ནི་ཨིནྡྲ་ཡ། འཇིག་རྟེན་སྟོབས་ཀྱིས་མངོན་རློམ་མཐའ་དག་གི །གཙུག་རྒྱན་གཞལ་མེད་ནོར་བུའི་ཕྲེང་མཛེས་ལ། །ཞབས་སེན་གསར་པའི་ཟླ་ཆེས་ངལ་བསོ་བ། །ཐུབ་དབང་ལྷ་ཡི་བླ་མས་དགེ་ལེགས་སྩོལ། །གང་སྐུ་གསེར་གྱི་ས་འཛིན་མཐོན་པོའི་རྩེར། །ཞལ་དཀྱིལ་ཉིན་བྱེད་རྒྱས་པའི་འཛུམ་ཟེར་གྱིས། །ཕན་བདེའི་འོད་བརྒྱའི་སྣང་བས་སྲིད་པ་གསུམ། །ཡོངས་འགེངས་སྟོན་པ་དེ་ལ་བདག་ཅག་དད། །ལན་དང་རྣམ་པར་སྨིན་ལ་མི་རེ་བར། །མགོན་མེད་ཉམ་ཐག་རྣམས་ལ་རྗེས་བརྩེ་བ། །བཅོམ་ལྡན་ཞབས་ཟུང་རྟེན་པའི་པདྨ་ལའང་། །བྱང་ཆུབ་སྙིང་པོའི་བར་དུ་བདག་སྐྱབས་མཆི། །གྲངས་མེད་བསྐལ་པར་གང་གི་མཚན་(༤༧བ)ཙམ་ཡང་། །ཐོས་པར་དཀའ་ཞིང་ལན་ཅིག་ཐོས་ན་ཡང་། །འཇིགས་པ་ཀུན་སེལ་དགེ་ལེགས་མཆོག་སྩོལ་བའི། །ལྷར་བཅས་འགྲོ་བའི་བླ་མས་བདག་སྐྱོབས་ཤིག །ཐུགས་

ཇོ་ཆེ་མངའ་རྒྱལ་བ་གཞན་རྣམས་ཀྱིས། །གདུལ་བར་མ་ནུས་དམུ་རྒོད་འདུལ་དཀའ་བ། །བདག་དང་བདག་འདྲའི་སྙིགས་དུས་འགྲོ་རྣམས་ལ། །ཁྱོད་ལས་ལྷག་པའི་མགོན་དང་སྐྱབས་གཞན་ཅི། །བདེ་མེད་སྡུག་བསྔལ་བརྒྱུས་གང་སྲིད་པ་འདིར། །གྲོགས་མེད་གཅིག་པུར་ཡང་ཡང་འཁོར་བ་ན། །ཉམ་ཆུང་བདག་གི་སྐྱིད་སྡུག་ལེགས་ཉེས་ཀུན། །མཁྱེན་བརྩེའི་བདག་ཉིད་ཐུབ་ཆེན་དཔལ་པོ་མཁྱེན། །སྐྱོན་བྲལ་ཡོན་ཏན་ཀུན་གྱི་གཏེར་གྱུར་ཅིང་། །མ་བཅོལ་བར་ཡང་ཕན་དང་བདེ་མཛད་པའི། །རྣམ་ཐར་བསམས་ན་རྐང་གི་ཁོང་ནས་ཀྱང་། །ཡིད་རབ་དད་པར་མི་བྱེད་སེམས་ལྡན་སུ། །ཐུབ་དབང་རྗེས་སུ་རབ་ཏུ་བྱུང་གྱུར་ཀྱང་། །མངོན་སུམ་མ་མཐོང་སེམས་ཀྱི་ནྱག་རྡུ་དེ། །བསལ་ཕྱིར་ཡིད་མཆོར་རྒྱལ་བའི་སྐུ་བརྙན་ཡང་། །སེལ་བར་མི་ནུས་སླར་ཡང་སྡོན་པ་དྲན། །དགྲ་དང་བཤེས་མེད་ཀུན་ལ་བརྩེ་བའི་གཉེན། །ཐམས་ཅད་མཁྱེན་པའི་ཉི་མ་ནུབ་རིའི་ཕག །ཐོས་པའི་ལམ་དུ་གཤེགས་པའི་དུས་མཐའ་འདིར། །སྲོག་གི་ལྷག་མ་གསོན་ཡང་ཅི་ཞིག་རུང་། །དེས་ན་དབང་ཕྱུག་བརྒྱད་ལྡན་མགོན་ཁྱོད་ཀྱིས། །སྔོན་དུས་དགུང་སྔོན་དབུས་སུ་ཟླ་རྒྱས་བཞིན། །བསོད་ནམས་ཕུང་པོའི་སྐུ་དང་འཛུམ་པའི་ཞལ། །ད་ལྟ་མངོན་སུམ་སྔོན་ལ་བདག་དབུགས་དབྱུང་། །རྣམ་དཀར་བྱེ་བ་ལས་གྲུབ་རྩེ་བས་སྟོང་ཅན། །འཁོར་ལོའི་མཚན་མངའ་ངང་པའི་དྲ་བ་ལྟར། །རབ་མཛེས་(༤༨ན)ནོར་བུའི་འོད་འབར་ཞབས་སེན་གྱིས། །རིག་པས་བདག་སྙིང་ཟེའུ་འབྲུ་སྣལ་བཟང་མཛོད། །སྟོན་པ་མཆོག་དེ་ད་ལྟ་འདིར་བཞུགས་ཞེས། །ངེས་པ་མིན་ཡང་རྒྱལ་བའི་མཛད་པ་ཡིས། །རོལ་པའི་ཞིང་འདིར་རྩེ་གཅིག་ཡིད་གཏད་ཀྱིས། །བདག་ཅག་རེ་བའི་འབྲས་བུ་མཆིས་པར་མཛོད། །ཕ་རོལ་བསྐྱུས་ཆེན་འདེགས་པར་ཕྱོགས་པའི་ཚེ། །བསོད་ནམས་བརྒྱ་ཕྲག་ལས་འབྲུངས་གསེར་སྦྱངས་ཀྱི། །གླང་པོའི་སྣ་ལྟར་མཛེས་པའི་ཕྱག་གཡས་དེ། །བདག་གི་སྤྱི་བོར་མངོན་སུམ་བཞག་ཏུ

གསོལ། །གལ་ཏེ་སྔོན་གྱི་ལས་ངན་དབང་བཙན་པས། །སྲིད་པ་ཉམ་ངའི་གནས་སུ་ལྷུང་གྱུར་ཀྱང་། །ཡིད་ལ་ཤཱཀྱའི་གཙོ་བོ་དྲན་པ་དང་། །ཐུབ་མཚན་རྣ་བར་ཐོས་དང་འབྲལ་མ་གྱུར། །འཇིགས་དང་སྡུག་བསྔལ་བརྒྱུས་ཉེན་སྡུག་པའི་བུ། །བརྩེ་བའི་ཕ་ཡིས་བསམས་ཤིང་དྲན་པ་ལྟར། །ཉམ་ཆུང་སྐལ་ངན་བདག་ཅག་ཡལ་བོར་ནས། །ལྷར་བཅས་སྟོན་པ་མཆོག་དེ་གང་དུ་གཤེགས། །འོན་ཀྱང་ཐུབ་པའི་མཁྱེན་བརྩེ་ནུས་པ་ལ། །སྐྱབ་ཐོགས་མི་མངའ་ཡོངས་པའི་གཉེན་གཅིག་ཅེས། །བདེན་པ་གསུང་བའི་བཀའ་ཡི་འཐོར་འཕྲུང་གིས། །སྟོན་དང་བྲལ་བའི་ཚ་གདུང་ཅུང་ཟད་བསལ། །དེ་བཞིན་བུ་རམ་ཤིང་པའི་ལུགས་བཟང་རྣམས། །བདག་ལ་དངོས་སུ་འདོམས་པའི་བླ་མའི་ཚོགས། །མགོན་དེའི་ཡེ་ཤེས་སྒྱུ་མའི་རྣམ་རོལ་ཏུ། །བསམས་ཤིང་དྲན་པས་ཡིད་ཀྱི་ངལ་བསོ་ཐོབ། །ཟས་གཙང་སྲས་ཀྱི་མཛད་པའི་ཆ་ཤས་ཙམ། །བརྒྱུད་ནས་མཐོང་ཐོས་དྲན་པ་ཙམ་(༥༤བ)གྱིས་ཀྱང་། །དད་དང་མོས་དགའི་ཕུན་ཚོགས་འདི་འདྲ་ན། །མངོན་སུམ་མཐོང་ན་ཨེ་མ་ཅི་འདྲ་ཞིག །བདེ་བར་གཤེགས་པའི་སྣང་ཚུལ་ཕྲ་མོ་འགའ། །ཡིད་ལ་ཤར་ཚེ་དད་དང་གདུང་བ་ཡིས། །སྨོས་པའི་བླ་བརྗོད་མེ་ཏོག་ཕྲེང་བ་འདི། །ཡིད་ཀྱི་གདུང་བ་སེལ་ཕྱིར་མགོན་པོས་བཞེས། །དེ་ལས་འོངས་པའི་དགེ་ཚོགས་ཀུ་མུད་ཏཱ། །ཟླ་ཤེལ་དུང་ལྟར་དཀར་བ་ཅི་ཐོབ་པས། །ཐུབ་དབང་གང་དུ་བཞུགས་པའི་ཞབས་དྲུང་དུ། །སྐྱེས་ནས་འབྲལ་མེད་རྗེས་སུ་འཛིན་གྱུར་ཅིག །ཅེས་པའོ། །

དེ་ཁའི་སྟོན་འཁྲིད་མཚམས་གཅེན་ལུང་ཕྱོགས་སུ་ཕེབས་ནས་སྐྱེ་བོ་བརྒྱ་ཕྲག་མང་པོ་བསྙེན་གནས་སྨྱུང་གནས། སྲོག་གཅོད་སྤོང་བ། གཟུངས་སྔགས་སོགས་བཟླས་བརྗོད་ཀྱི་དམ་བཅའ་ལེན་པ་སོགས་དགེ་བ་ལ་བཀོད་ཅིང་། ཁྱད་པར་གཅེན་ལུང་ཁ་སྐྱོད་དུ་ཚོགས་པ་ལ་དཔལ་གསང་བ་འདུས་པ་མི་བསྐྱོད་པའི་དབང་བཞི་ཡོངས་སུ་རྫོགས་པ་དང་། གཞན་ཡང་འདོད་ཆོས་མང་དུ་སྩལ། དེ་ཡང་སྨྱུང་སྟོད་ནས་བཟུང་ལྷོ་

རྩ་ཁོག་བརྒྱུད་ནས་གཅེན་ལྕུང་གི་བར་གང་དང་གང་དུ་ཕེབས་པ་དེ་དང་དེར། ཁྲོམ་ཆེན་པོ་གློ་བུར་དུ་ཚོགས་ཤིང་རིང་པོར་མི་ཐོགས་པར་འགྲེས་པ་དང་། དེ་དག་གི་ནང་ནས་མང་པོ་ཞིག་ནི་གཉེན་བཤེས་ཡིད་དུ་འོང་བ་དང་བྲལ་བས་མཆི་མ་དང་བཅས་བཞིན་བསྡོ་བ་ཞུ་བ་དང་། འགའ་ཞིག་ནི་ལང་ཚོས་རྒྱགས་ཤིང་འཛོ་སྒེག་དང་བཅས་པ་དང་། ལ་ལ་ནི་རྒས་ཤིང་རྒན་པོ་འཆི་ཁ་མ་ལ་གཟིགས་ཤིག་ཅེས་སྨྲེ་ངག་སྔགས་ཀྱི་ཚུལ་གྱིས་ཞུ་བ་དང་། ལ་ལ་ནི་རྒས་ཤིང་རྒན་པོ་འཆི་ཁ་མ་ལ་གཟིགས་ཤིག་ཅེས་སྨྲེ་ཧྲེ་ཧྲེ་ལྟར་དུ་འདུག་པ་དང་། མང་པོ་ནི་མ་བརྟགས་ཉམས་དགའ་བས་བཞད་གད་དང་བཅས་ཏེ་འདུག་པ་དང་། (༥༩ན)ཞལ་ཆེར་སེར་སྣས་བསགས་པའི་དངོས་པོ་རྫེ་ཉིད་ལ་རེ་བའི་སེམས་ཀྱིས་འབུལ་བ་གཟིགས་པས་འཁོར་བ་ཐོག་མ་མེད་པ་ནས་ལྷ་ཅི་སྨོས། ཚེ་ཐུང་འདི་གཅིག་པུ་ལ་ཡང་གཉེན་བཤེས་དང་དར་རྒྱུད་ཁྲོམ་གྱི་འདུ་འཚོགས་དང་གཞོན་པའི་ལང་ཚོ་ནམ་མཁའི་འཇའ་ཚོན་དང་། སེར་སྣས་བསགས་པའི་ནོར་རྫས་སྦྲང་མའི་སྦྲང་རྩི་དང་འདྲ་བ་འདི་ལྟར་མངོན་སུམ་དུ་གསལ་བར་སྟོན་པའི་སློབ་དཔོན་ནོ་སྙམ་དུ་ཐུགས་ཤིན་ཏུ་འབྱུང་བར་གྱུར་ནས་ཉམས་མགུར་འདི་ལྟར་མཛད་དོ། །

ན་མོ་གུ་རུ་མཉྫུ་གྷོ་ཥ་ཡ། དུས་གསུམ་སངས་རྒྱས་ཀྱི་ངོ་བོ། །བཀའ་དྲིན་གསུམ་ལྡན་གྱི་བླ་མ། །འབྲལ་མེད་སྤྱི་གཙུག་ཏུ་བཞུགས་ལ། །བྱིན་རླབས་དངོས་གྲུབ་ཀྱི་ཆར་ཕོབས། །ཡིད་འོང་སྙིང་གྲོགས་དང་མཛའ་བཤེས། །ངེས་མེད་འདུ་འབྲལ་གྱི་རོལ་པ། །དབྱར་དུས་དགུང་སྔོན་ལ་འཁྲིགས་པའི། །མི་རྟག་ལང་ལོང་གི་ཆུ་འཛིན། །ངལ་བ་བརྒྱ་ཕྲག་གིས་བསྒྲུབས་པ། །སྲིད་པའི་ཕུན་ཚོགས་ཀྱི་དགའ་སྟོན། །ལྷོ་ཕྱོགས་དྲི་བཞོན་གྱིས་བསྐྱོད་པའི། །པདྨོའི་འདབ་སྟོང་གི་ཟེལ་པ། །ཆགས་ལྡན་བྱིས་པ་ཡི་དགའ་བསྐྱེད། །ཡིད་འོང་གཟུགས་མཛེས་ཀྱི་ལང་ཚོ། །ངན་སྐྱུགས་བཤང་གཅི་ཡིས་གང་བའི། །དབྱིབས་ལེགས་མི་གཙང་བའི་བུམ་པ། །དེང་སང་འཛམ་གླིང་གི་མི་ཚེ། །རྒན་

གཞོན་པོ་རིམ་གྱི་ངེས་མེད། །ཤུགས་དྲག་རླུང་དམར་གྱི་ནང་གི །མར་མེ་ཇི་བཞིན་དུ་འདུག་པ། །སྲིད་གསུམ་སྒྱུ་མ་ཡི་གྲོང་ཁྱེར། །བདེ་མེད་སྡུག་བསྔལ་གྱི་འབྱུང་གནས། །ཐར་མེད་(༨༩བ)འཇིགས་རུང་གི་བཙོན་ར། །ལྕགས་ཁང་འབར་བ་ཡི་རང་བཞིན། །སྟོང་གསུམ་ཟས་ནོར་ལ་དབང་ཡང་། །སྲིན་མོ་ལག་སྟོང་དུ་འགྲོ་འདི། །མྱ་ངམ་ཉམ་ཐག་གི་ཐང་ལ། །གཅིག་པུར་དགྲ་བོ་ཡིས་བཅོམས་འདྲ། །ཉོན་མོངས་ལས་ངན་གྱི་ཤུགས་ཀྱིས། །འདི་ནང་འདོད་ཡོན་ལ་ཞེན་པ། །མི་གཙང་ཕུང་པོ་ལ་ཆགས་པའི། །གདོལ་པ་ཁྱི་ཕག་གི་རྣམ་ཐར། །ཅི་དྲག་སངས་རྒྱས་དང་བྱང་སེམས། །དམ་པའི་སྐྱེས་བུ་རྣམས་ཐེགས་བཞུད། །བླུན་པོ་བདག་ཉིད་ཀྱི་ཉེས་པས། །ད་དུང་བཙོན་ར་འདིར་ལུས་བྱུང་། །མཐའ་མེད་སྡུག་བསྔལ་གྱིས་རྒྱ་མཚོར། །གྲོགས་མེད་གཅིག་པུ་རུ་འགྲོ་ཚེ། །སྐྱབས་གནས་བླ་མ་དང་དཀོན་མཆོག །ཕན་པ་དམ་ཆོས་ལས་མེད་པའི། །ཚུལ་འདི་སྙིང་ཁོང་ནས་མ་དྲན། །བག་མེད་གུ་ཡངས་ཀྱི་སྤྱོད་པས། །ཉིན་མཚན་དོན་མེད་དུ་འདའ་བ། །སེམས་མེད་ཡང་ན་ནི་སྨྱོན་པ། །ནམ་ཞིག་འཆི་བདག་གིས་བཟུང་ནས། །འཇིགས་སྐྲག་སྡུག་བསྔལ་གྱིས་གཟིར་ཅིང་། །ངན་སོང་འཁྲུལ་སྣང་ཀུན་ཤར་བའི། །དུས་དེར་འགྱོད་པ་ཅིག་འབྱུང་བས། །བསམ་བློ་ད་ལྟ་ནས་ཐོངས་ལ། །སྒོ་གསུམ་དམ་པ་ཡི་ལམ་བཟང་། །ཉིན་མཚན་ཁོར་ཡུག་ཏུ་བསྟེན་ལ། །ཐར་པའི་གྲོང་ཁྱེར་དུ་བསྙེགས་ཤིག །ཅེས་དང་། གཞན་ཡང་འདི་ལྟར་གསུངས་ཏེ།

ན་མོ་གུ་རུ་མཉྫུ་གྷོ་ཥ་ཡ། གསུམ་ལྡན་གྱི་བླ་མ་རྡོ་རྗེ་འཛིན། །བདག་སྙིང་གི་པདྨོའི་དབུས་བཞུགས་ལ། །བྱང་ཆུབ་ཀྱི་སྙིང་པོར་མཆིས་ཀྱི་བར། །འབྲལ་མེད་དུ་རྗེས་སུ་གཟུང་དུ་གསོལ། །ཐོག་མེད་ནས་ཐ་མ་ད་ལྟའི་བར། །འཇིགས་རུང་གི་འཁོར་བའི་བཙོན་ཁང་འདིར། །(༩༠ན)ལས་ཉོན་གྱི་ལྕགས་སྒྲོག་དམར་པོས་བཅིངས། །སྡུག་བསྔལ་གྱི་གཤེད་མས་ཡང་ཡང་གཙེས། །ངན་སོང་གི་གནས་སུ་གཏན་ཡུལ་བྱས། །ཚ་

གྲང་གི་སྡུག་བསྔལ་དྲག་པོས་མནར། །རང་ཤ་དང་རྣག་ཁྲག་གྲངས་མེད་ཟོས། །
བཏེག་འཚོག་གིས་མནར་ཞིང་ངལ་ཐག་བཅད། །ལན་འགའ་མཐོ་རིས་ཀྱི་རྟེན་ཐོབ་
ཀྱང་། །སྐྱིད་འདོད་ཀྱིས་སྡིག་པའི་ལས་བྱས་པས། །ངན་སོང་གི་ཡུལ་དུ་ཡང་ཡང་
ལོག །བདེ་མེད་ཀྱི་སྡུག་བསྔལ་བརྒྱ་ཕྲག་མྱོང་། །ད་དུང་ཡང་ཉོན་མོངས་ཆུ་ཀླུང་
འདི། །བཟློག་ངེས་ཀྱི་ཆུ་ལོན་མ་བསྐྲུབས་ན། །མཐའ་མེད་ཀྱི་སྲིད་པའི་རྒྱ་མཚོ་
འདིར། །ཉམ་ཐག་གི་གློང་དུ་ཁྱིང་ཉེན་གདའ། །བར་སྣང་གི་གློག་འདྲའི་ཚེ་ཐུང་
འདི། །སྐྱིད་པས་ཀྱང་མི་འཚངས་སྡུག་མི་ཕུང་། །མནར་མེད་ཀྱི་ཁྲོ་ཆུ་བོལ་མའི་ནང་། །
ཡུན་རིང་དུ་བསྲེགས་ན་ཨེ་བཟོད་སོམས། །དལ་འབྱོར་དང་ལྡན་པའི་མི་ལུས་འདི། །
དོན་མེད་ཀྱི་བྱ་བས་དུས་འདའ་བ། །རིན་ཆེན་གྱི་གླིང་ནས་ལག་སྟོང་དུ། །གཅེར་བུ་རུ
རང་ཁྱིམ་ལྡོག་པ་བཞིན། །ཚེ་ཐུང་འདི་ཅི་ལྟར་བྱས་ཀྱང་ཕྱིད། །བྱང་ཆུབ་འདི་ཕྱིས་
ནས་རྙེད་པར་དཀའ། །སྐྱིད་སྡུག་གི་འདམ་ཀ་ད་རེས་བྱུང་། །བསམ་བློ་དེ་སྙིང་གི་
དཀྱིལ་ནས་ཐོངས། །དབྱར་དགུན་སོགས་ནམ་ཟླའི་འགྱུར་ལྡོག་དང་། །སྐྱེ་སེར་གྱི་སྐྱེ་
བོའི་འཆི་ལུགས་སོགས། །མངོན་སུམ་དུ་མིག་གིས་མཐོང་བཞིན་དུ། །ཇི་སྙམ་ཡང་
མི་སེམས་རྟག་འཛིན་ཅན། །གཉེན་བཤེས་དང་ལོངས་སྤྱོད་ཀུན་བོར་ནས། །འཆི་
བདག་གི་གཤིན་རྗེས་དབང་མེད་ཁྲིད། །རྒྱུས་མེད་དུ་གཅིག་(༧༠བ)ཕུར་འགྲོ་བའི་
ཚེ། །ཕན་ངེས་དེ་དམ་ཆོས་ཁོ་ན་རང་། །ཞེས་སོ། །

སྔ་ཕྱིར་དད་འབུལ་ཕྱུང་བ་རྣམས་ལ་སྐུ་གསུང་ཐུགས་རྟེན་བཞེང་བ་དང་། དགེ་འདུན་ལ་བསྙེན་བཀུར་མཛད་པ་མཐའ་ཡས་ཏེ་འདིར་མ་བྲིས་སོ། །དེ་ནས་བཀྲ་ཤིས་ལྷུན་པོའི་སློབ་དཔོན་པ་རྣམས་ཀྱིས་གསོལ་བ་ནན་གྱིས་བཏབ་པ་ལ་བརྟེན་ནས་ཚོགས་ཆེན་ལ་རྡུལ་ཚོན་གྱི་དཀྱིལ་འཁོར་དུ་དཔལ་རྡོ་རྗེ་འཇིགས་བྱེད་ཀྱི་དབང་བཞི་ཡོངས་སུ་རྫོགས་པ་སྩལ། དབྱར་གནས་གྲོལ་འཕྲལ་བདུན་ཕྲག་གསུམ་བཅད་

རྒྱུར་བཞུགས་ཏེ་ལམ་གྱི་རིམ་པའི་ཉམས་བཞེས་ལ་བརྩོན་པར་མཛད། དེ་སྐབས་ཐུགས་ལ་འདི་ལྟར་འཁྲུངས་ཏེ་སྟོན་ཆད་བླ་མའི་མིང་བཏགས་ཆོས་བརྒྱུད་དང་འབྲེལ་མའི་རྣམ་གཡེང་གི་གཞན་དབང་དུ་སོང་། སྦྱིན་པ་པོ་རྣམས་ཀྱི་སེན་མོ་དཀར་དམར་གྱི་སྟེང་ནས་བཅད་པའི་དད་རྫས་དང་གཤིན་རྫས་ཆུད་མི་འཛའ་ཙམ་ཨེ་ཡོང་བསམ་ལྷ་ཁང་དང་རྟེན་བཞེངས་སོགས་བློས་ཅི་ལྕོགས་བགྱིས་ཤིང་བསྟན་པ་དང་གཞན་དོན་ཡིན་རྒྱུའི་ཁྲུལ་གྱི་དབང་བསྐུར་ལུང་ཁྲིད་སོགས་ཆོས་བཤད་མང་དུ་བྱས་མོད་ཀྱང་ངེས་འབྱུང་དང་ལྟ་བ་རྣམ་དག་གིས་ཟིན་པ་ནི་ཤས་ཆེར་དཀའ། དེ་གཉིས་ཅི་རིགས་པས་མ་ཟིན་པའི་ཟག་བཅས་ཀྱི་དགེ་བ་རྒྱ་ཆེར་བྱས་ཀྱང་འཁོར་བའི་འཁོར་ལོ་བསྐོར་བ་ཁོ་ནར་འདུག །སྲིད་པའི་ཕུན་ཚོགས་ཇི་ཙམ་ཐོབ་ཀྱང་སྐྱེ་རྒ་ན་འཆིའི་རྒྱུད་པ་ནི་སྡུག་བསྔལ་གྱི་མེ་རབ་ཏུ་འབར་བས་སྐད་ཅིག་ཙམ་ཡང་བཟོད་གླགས་མི་འདུག །མི་བཟོད་བཞིན་དུ་འཇིགས་པ་ཆེན་པོ་ལྟ་བོ་འདི་ལས་ཐར་པའི་ཐབས་ལ་བརྩོན་པར(༧༡ན)མི་བྱེད་པ་ནི་ཀྱེ་མ་ཀྱི་ཧུད་བདག་ལ་སྙིང་མེད་པའམ་སྨྱོན་པ་དངོས་སོ་སྙམ་དུ་དགོངས། འཁོར་བའི་ཕུན་ཚོགས་ཐམས་ཅད་ཀྱང་སྡུག་བསྔལ་གྱི་རང་བཞིན་དུ་གཟིགས་ཏེ་དོན་དེ་དག་འཕགས་པའི་དབྱངས་སུ་མཛད་པ་ནི།

ན་མོ་གུ་རུ་མཉྫུ་གྷོ་ཥ་ཡ། སྐྱོན་བྲལ་ཡོན་ཏན་ཀུན་གྱི་མཆོག་མངའ་བའི། །ཟླ་མེད་སྟོན་པ་ཤཱཀྱའི་རྒྱལ་པོ་དང་། །དབྱེར་མེད་རྗེ་བཙུན་བླ་མའི་ཞབས་པད་ལ། །བྱང་ཆུབ་སྙིང་པོའི་བར་དུ་སྐྱབས་སུ་མཆི། །ཉོན་མོངས་ཆུ་བོ་ལས་ངན་ཐ་རླབས་ཅན། །ཤུགས་དྲག་དབང་གིས་སྐྱེ་བའི་རྒྱ་མཚོ་ཆེར། །ཀྱེ་མ་ཡང་ཡང་ཉིང་མཚམས་སྦྱོར་བའི་ཚུལ། །རྒྱུན་དུ་ལེགས་པར་སེམས་དང་ཤེས་ལྡན་དག །མདོག་སྟོབས་གཟི་ཉམས་མི་སྡུག་རྙིངས་པའི་ལུས། །ཡིད་འོང་ཡུལ་བརྒྱ་འཚོགས་ཀྱང་སྤྱོད་མི་ནུས། །དྲན་དབང་བློ་ཉམས་འགྲུམ་པར་མངོན་ཕྱོགས་པ། །འཇིགས་རུང་རྒས་པའི་ཚུལ་འདི་གྲོགས་དག

ལྟོས། །འབྱུང་བ་འཁྲུགས་པའི་ཟླུག་རྫུ་བརྒྱས་གཅེས་པས། །ཉིན་མཚན་མི་འཕྲོལ་འདོད་རྣམས་བསྟེན་དབང་མེད། །བཅོས་ཀྱིས་མི་ཕན་འཆི་བར་ཤེས་ཤིང་འགྲོད། །ཐར་མེད་ནད་ཀྱིས་གདུངས་འདི་ཀྱི་ཧུད་འཇིགས། །ཕུན་ཚོགས་བདེ་སྐྱིད་འབྱོར་པའི་པད་ཚལ་ཡང་། །བསོད་ནམས་མིན་པའི་གླང་པོས་བཅོམས་པ་ན། །མྱ་ངན་མེ་འབར་ཤིན་ཏུ་ཡ་ངབ། །ཀྱེ་མ་འཇིག་རྟེན་རྒྱུད་པའི་ཚུལ་འདི་ལྟོས། །ཡིད་འཕྲོག་གཉེན་འཁོར་ལུས་དང་ལོངས་སྤྱོད་སོགས། །འབྱོར་བས་དྲེགས་ཀྱང་སྨྲིན་མོ་ལག་སྟོང་དུ། །གྲོགས་མེད་མྱུར་དུ་འཇིག་རྟེན་ཕ་རོལ་ཏུ། །བློ་བུར་འཆི་བ(༧༡)བ)འདི་ཀོ་མཁས་པས་སོམས། །སྟོབས་དང་དཔུང་གིས་བཟློག་པའི་སྐབས་མེད་ཅིང་། །རྫས་སྔགས་ནོར་དང་མཛེས་མས་བསླུར་མེད་པའི། །འཇིགས་རུང་དུས་ཀྱི་ཆད་པ་རྣམ་པ་ལྔ། །ཐོག་ལྟར་འབབ་པོ་མཁས་པས་བག་ཡོད་སྟེན། ། སྲིད་པའི་རྩེ་མོ་ནས་བཟུང་དམྱལ་བའི་བར། །ཀུན་ལ་འདོད་དགུར་དབང་བྱེད་རྒྱལ་པོ་ལྟའི། །སྣང་ཚུལ་དྲན་ཚེ་རྩུང་ཟད་ཡིད་སྐྱོ་བས། །བློ་བཟང་ཆོས་ཀྱི་རྒྱལ་མཚན་ཞེས་བྱས་སྨྲས། །ཞེས་གསུངས།

ཡང་དུས་དེའི་ཚེ། སྐྱིད་ཀྱང་མི་འཚེངས་སྡུག་ཀྱང་མི་ཕུང་བའི་དགུན་ཉི་དང་འདྲ་བའི་ཚེ་ཐུང་འདིའི་ལུས་སྲོག་ལོངས་སྤྱོད་ལ་གནོད་པ་བྱེད་པའི་སྐྱེ་བོ་ལའང་དགྲའི་གཙོ་བོར་འཛིན་པར་བྱེད་ན་འཁོར་བ་ཐོག་མ་མེད་པ་ནས་འགལ་མེའི་འཁོར་ལོ་ལྟར་རྒྱུན་མི་འཆད་པར་སྐྱེ་ཤ་ན་འཆིའི་རྒྱུད་པའི་སྡུག་བསྔལ་འབར་བའི་རལ་གྲི་རྣོན་པོས་འདེབས་པའི་བྱེད་པ་པོ་ནི། རང་རྒྱུད་ཀྱི་ཉོན་མོངས་པ་དུག་གསུམ་པོ་འདི་ཡིན་པས་འདི་ཉིད་ཕྱི་རོལ་གྱི་དགྲ་བོ་ཐམས་ཅད་ཀྱིས་དཔེར་མི་ཐོད་པ། འཇིགས་པ་དང་ཡ་ང་བ་དང་། སྡུག་བསྔལ་ཐམས་ཅད་ཀྱི་འབྱུང་གནས་གཤེད་མ་བུར་རྫས་ལྟ་བུའི་དགྲ་བོར་བཟུང་སྟེ་འཛོམ་བྱའི་གཙོ་བོར་གཟིགས་ནས་འབུར་འཇོམས་མཛད་ཅིང་། དེ་དང་མཐུན་པར་འཕགས་པའི་དབྱངས་སུ་མཛད་པའང་འདི་ལྟར།

ན་མོ་གུ་རུ་མཉྫུ་གྷོ་ཥཱ་ཡ། རྒྱལ་དཀའ་དུག་གསུམ་གཡུལ་ལས་རྣམ་རྒྱལ་བའི། །དྲང་སྲོང་ཆེན་པོ་དེ་ལ་གུས་འདུད་ཀྱི། །ཉོན་མོངས་འབྲས་དང་ཟུག་རྡུ་འཆི་བདག་ལྟར། །ཀུན་གྱིས་མཐོང་ཞིང་རྟོགས་པར་བྱིན་གྱིས་རློབས། །ཐོག་མེད་གོམས་པའི་(༧༢ན)རྒྱུན་གྱིས་སྤོབས་ལྡན་ཞིང་། །ཚུལ་མིན་ཡིད་བྱེད་བསིར་བུས་ཆེར་བསྐྱོད་པས། །སྡིག་སྡུག་གཏམ་ངན་ཟ་གློང་རབ་འཁྲུགས་པའི། །ཉོན་མོངས་ཆུ་བོའི་རྒྱུན་འདི་བཅད་པར་དཀའ། །ཐུབ་པས་སྨན་ཅིང་འཕགས་ཚོགས་ཀུན་གྱིས་སྤྱངས། །བསྟེན་པ་ཙམ་གྱིས་འབད་རྩོལ་མི་དགོས་པར། །རང་གི་ངང་གིས་འཕྲུར་ནས་འཕྲུར་འགྲོ་བའི། །ཀྱེ་མ་བཟློག་དཀའི་ཟག་རྒྱུན་ཤུགས་རེ་དྲག །དགའ་མགུའི་ཟློལ་གྱིས་བདག་ཡིད་ཁྲིད་ཁྲིད་ནས། །རིང་པོར་མི་ཐོགས་ཐར་མེད་བཙོན་ཁང་དུ། །བརྒྱ་ཕྲག་སྡུག་བསྔལ་དུད་མོའི་དཀའ་ཐུབ་དག །སྟེར་བྱེད་ཉོན་མོངས་ལས་གཞན་ཡོད་རེ་སྐན། །གང་ཞིག་རིག་ན་རྡོ་རྗེའི་རི་རབ་ཀྱང་། །ཡུད་ཙམ་ཞིག་གིས་ཐལ་བར་བརླག་འགྱུར་བ། །རབ་ཚ་མཐར་མེད་འབར་བའི་མེ་ནང་དུ། །བསྲེག་པའི་རྒྱུ་གང་འདི་ལས་གཞན་པ་ཅི། །མཐའ་དང་དབུས་མེད་འཇིགས་རུང་སྐྱི་གཡའ་བའི། །མི་བཟད་འཁོར་བའི་འབྲོག་དགོན་ཉམ་ང་བར། །སྐྱབས་མེད་མགོན་མེད་ལན་ཅིག་མ་ཡིན་པར། །ཡང་ཡང་ཉིང་འཚམས་སྦྱོར་བའང་ཉོན་མོངས་དབང་། །བསྟེན་ཅིང་གོམས་ན་དམ་པས་ཁྲེལ་འགྱུར་ཞིང་། །ཐར་པ་དམ་པའི་དཔལ་དང་གཏན་བྲལ་བྱེད། །བདུད་རྣམས་དགའ་བའི་གཉེན་གྱུར་ཉོན་མོངས་ཚོགས། །འདི་ལ་ཤེས་ལྡན་སུ་ཞིག་དགྲར་མི་ལྟ། །དེ་བཞིན་སྡིག་ཚོགས་མཐའ་དག་འབོད་པའི་གྲོགས། །མཐའ་བྲལ་སྲིད་པའི་རྒྱ་མཚོར་འཇུག་པའི་རྒྱུན། །ངན་སོང་གསུམ་དུ་འགྲོ་བའི་སྒོ་མོ་ཆེ། །འདི་ཀོ་ཐབས་ཚུལ་སྟོང་གིས་འགེགས་པའི་རིགས། །ཚེ་འདིའི་ལུས་སྲོག་ལན་ཅིག་མ་ཡིན་པར། །ལན་བརྒྱ་སྟོང་(༧༢བ)དུ་འཇོམས་བྱེད་གང་གིས་ཀྱང་། །དཔེར་འོས་མིན་པའི་ཉོན་མོངས་དགྲ

བོ་ལ། །ཡིད་རབ་རྫོན་པ་དེ་དག་ཕྱུགས་ལས་ཕྱུགས། །དེ་ཕྱིར་ཁམས་གསུམ་རྒྱུད་པའི་འཆིང་བ་ལས། །རྣམ་གྲོལ་འཆི་མེད་བདུད་རྩིའི་དཔལ་ཐོབ་སྟེ། །བདེ་དགའ་རྒྱ་མཚོར་འཇུག་འདོད་མཁས་པ་དག །དུག་གསུམ་གཡུལ་ལས་རྒྱལ་བའི་དགྲ་ཐབས་སྟེན། །རིགས་ཚུལ་འབུམ་ཕྲག་རྣོ་བའི་ངར་ལྡན་པ། །སྟོབས་ལྡན་གཉེན་པོའི་རལ་གྲི་རབ་འབར་བས། །བཟློག་དཀའི་ཉོན་མོངས་དགྲ་ཚོགས་སྲོག་འཕྲོག་པ། །ཨེ་མ་འདི་དག་མཁས་པ་རྣམས་ཀྱིས་བསྔགས། །བདག་ཀྱང་དེང་ནས་སྐྱེ་བ་ཐམས་ཅད་དུ། །ལྷ་སོགས་འགྲོ་བ་མ་ལུས་དགྲར་ལངས་ཏེ། །སྲོག་དང་འཚོ་བ་ཡང་ཡང་ཕྲལ་གྱུར་ཀྱང་། །ཅུང་ཟད་སྡང་དང་ཁྲོ་བར་མ་གྱུར་ཅིག །དེ་བཞིན་ཡིད་འཕྲོག་ཕྱི་ནང་དངོས་པོའི་ཚོགས། །དགའ་བསྐྱེད་ཡུལ་བརྒྱ་དག་གིས་ཀུན་བསྐོར་ཀྱང་། །མི་རྟག་མི་གཙང་སྒྱུ་མ་ལྟར་མཐོང་ནས། །རྨི་ལམ་དུ་ཡང་ཆགས་པར་མ་གྱུར་ཅིག །འཇིག་རྟེན་འཇིག་རྟེན་འདས་པའི་ལམ་བཟང་ལ། །ཀུན་ནས་འཐོམས་པའི་མུན་ནག་མི་བཟད་པ། །ཐོས་བསམ་སྒོམ་པའི་ཤེས་རབ་སྒྲོན་འབར་བས། །ནམ་ཡང་རྨོངས་པས་གོས་པར་མ་གྱུར་ཅིག །ཅེས་སོ། །

དེ་ནས་རྒྱལ་བ་ཐམས་ཅད་མཁྱེན་པ་ཡོན་ཏན་རྒྱ་མཚོ་གཙང་ཕྱོགས་སུ་ཕེབས་པ་བཀྲ་ཤིས་ལྷུན་པོར་གདན་འདྲེན་པའི་ཞལ་བཀོད་མཛད་དེ་སྤྲེའུ་ཞེས་པ་མེ་ལུག་ཟླ་བ་དྲུག་པའི་ཡར་ཚེས་ལ་ཆོས་གྲྭ་ཆེན་པོའི་མཁན་སློབ་རྣམས་ཀྱིས་གཙོ་མཛད་གཟབས་འཕྱོར་གྱི་རྟ་པ་བརྒྱ་ཕྲག་བརྒྱལ་བ་ཕེབས་བསུར་བྱོན། (༧༣ན)ཚུ་ཤུར་དུ་ཡབ་སྲས་ཞལ་མཇལ་སྐབས། ལྷའི་རྔ་བོ་ཆེའི་སྒྲ་ལྷ་བུའི་སྒྲ་བསྒྲགས་ཤིང་ལྷ་རྣམས་ཀྱིས་མེ་ཏོག་གི་ཆར་ཆེན་པོ་ལེགས་པར་ཕབ་པ་ཐམས་ཅད་ཀྱི་མངོན་སུམ་དུ་གྱུར། དགེ་འདུན་སུམ་སྟོང་ལྷག་པའི་སེར་ཕྲེང་དང་བཅས་དགེ་མཚན་ཕུན་སུམ་ཚོགས་པ་དང་ལྡན་པས་ཆོས་གྲྭ་ཆེན་པོར་ཕེབས། ཟླ་བ་ཕྱེད་གཉིས་ལྷག་ཙམ་བཞུགས། རྗེ་འདི་པས་ཟང་

ཟིང་གི་དངོས་འབྱུལ་སྒྱུམ་མཐོ་བ་དང་། ཟབ་ཆོས་ཀྱི་རིམ་པ་ཅི་རིགས་པའང་ཕུལ་ནས་ཐུགས་མཉེས་པར་མཛད་དེ་གངས་ཅན་ཆོས་འཕེལ་གྱི་བར་ཕེབས་སྐྱེལ་དུ་བྱོན། སླར་བཀྲ་ཤིས་ལྷུན་པོར་ཕེབས་ནས་དགག་དབྱེ་གྲོལ་འཕྲལ་སྐུ་མཚམས་ལ་བཞུགས། དེའི་ཚེ་ཐུགས་ལ་ཆོས་ལྡན་གྱི་བྱ་བ་ཡིན་ཡང་ཟབ་ཟིར་གྱི་རྣམ་པར་གཡེང་བ་ཤིན་ཏུ་ཆེ་བ་འཁྲུལ་པའི་བྱ་བྱེད་དེ་དག་ཐམས་ཅད་ནི་སྙིང་པོ་མེད་པ་སྒྱུ་མ་དང་སྨིག་རྒྱུའི་ཕུང་པོ་ལྟ་བུ་ཀུན་རྫོབ་ཀྱི་གནས་ཚུལ་རྗེན་ཆར་གྱིས་འཆར་བ་དང་། དེའི་མཐུས་བདེན་སྟོང་གི་དོན་སྐྱི་ཐུགས་ལ་ལམ་ལམ་ཤར་བ་བཞིན་འདི་ལྟར་གསུངས་ཏེ།

ན་མོ་གུ་རུ་མཉྫུ་གྷོ་ཥ་ཡ། སྐུ་མཐོང་བས་དོན་ལྡན་གཟི་འོད་འབར། །གསུང་ཡན་ལག་དྲུག་ཅུའི་དབྱངས་སྙན་སྒྲོག །ཐུགས་སྲིད་ཞི་ལས་འདས་མཁྱེན་བརྩེའི་གཏེར། །རྗེ་རྡོ་རྗེ་འཆང་ཞབས་པདྨར་འདུད། །གདོན་དངོས་འཛིན་འཁྲུལ་པས་ཡིད་བསྐྱོད་ནས། །སྒྲོ་ཕྱིན་ཅི་ལོག་ཏུ་བཏགས་ཤིང་ཞེན། །དེའི་མཐུ་ལས་བདག་གཞན་རིས་སུ་བཅད། །ལས་ཉོན་མོངས་དབང་གིས་འཁོར་བར་(༧༣བ)འཁྱམས། །དེ་ཡིན་ལུགས་རྟོགས་པའི་མཆོན་རྣོན་གྱིས། །དགྲ་བདག་འཛིན་སྒྲོག་དང་མ་བྲལ་ན། །གནས་འཇིགས་རུང་སྲིད་པའི་རྒྱ་མཚོ་འདིར། །ཡང་སྡུག་བསྔལ་འཁོར་ལོ་རྒྱུན་མི་འཆད། །བློ་མ་རིག་སྒྱུ་མའི་འཁྲུལ་འཁོར་འདིའི། །ཡུལ་གདོད་ནས་སྐྱེ་བ་མེད་མཐོང་བས། །ཕྱི་གཟུང་འཛིན་སྤྲོས་པ་དབྱིངས་སུ་ཐིམ། །དཔེ་ཆབ་རོམ་རྒྱ་མཚོའི་གློང་དུ་བཞིན། །ཆོས་ཀུན་གྱི་གནས་ལུགས་གདོད་མའི་གཤིས། །དོན་དབྱེར་མེད་སྤྲོས་པ་ཀུན་དང་བྲལ། །དཔེས་མཚོན་དུ་མེད་པའི་རང་བཞིན་གྱི། །དབྱིངས་འདི་འདྲའི་རང་ཞལ་བལྟས་པའི་ཚེ། །རྗེ་སངས་རྒྱས་ཆོས་དང་དགེ་འདུན་གྱི། །མཚན་ཙམ་ཡང་དམིགས་སུ་མ་མཆིས་ན། །སེམས་མ་རིག་དྲི་མས་སྒྲིབས་མཐོང་བའི། །གནས་འཁོར་བའི་སྡུག་བསྔལ་ག་ལ་ཡོད། །ཡུལ་འོད་གསལ་ངང་དུ་རིག་པ་ཞུགས། །ཆོས་ཀུན་གྱི་ངོ་བོ་རྗེན་པར་མཐོང་། །སླར་

བལྟས་ཀྱང་མཐོང་བའི་ཡུལ་ལས་འདས། །དཔེ་འགག་མེད་ནམ་མཁའི་ཕ་མཐའ་འཚོལ། ཁྱེད་འཁོར་བས་སྐྲག་པའི་འགྲོ་ཀུན་ཀྱང་། །གཞི་བདེན་སྟོང་ཡངས་པའི་གཟིགས་མོ་མཛོད། །འདི་མཐོང་ན་སྣང་སྲིད་སྐྱེ་བོ་ཀུན། །དགྲའི་གཙོ་བོར་གྱུར་ཀྱང་འཇིགས་མི་དགོས། །ལས་དགེ་སྡིག་འབྲས་བུ་མ་དམིགས་ཤིང་། །ལམ་སྤང་གཉེན་དགག་བསྒྲུབ་དང་ཡང་བྲལ། །ཡིད་འབད་པས་བསྒྲུབས་པའི་འབྲས་བུས་དབེན། །དབྱིངས་འདི་འདྲ་རྒྱལ་བའི་དགོངས་པ་སྙམ། །ཡང་འཁོར་འདས་ཆོས་ལ་ཕར་བལྟས་པས། །རྐྱེན་འདི་པ་ཙམ་གྱི་རྒྱུ་དང་འབྲས། །ཆེས་ཕྲ་ཞིང་བསླུ་བ་མེད་པར་མཐོང་། །དཔེ་འཆི་མེད་ལམ་ནས་འཇའ་ཚོན་བཞིན། །དབྱིངས་སྤྲོས་བྲལ་གདོད་ནས་(༧༩ན)དག་པ་དང་། །ལས་རྒྱུ་འབྲས་བསླུ་བ་མེད་པ་ཡི། །ཡུལ་སྣང་སྟོང་རེས་འཇོག་མ་ཡིན་པའི། །དོན་ཟུང་འཇུག་མཐའ་བྲལ་དབུ་མའི་ལམ། །ལམ་འདི་འདྲ་རྙེད་པ་བླ་མའི་དྲིན། །དྲིན་ཆེའི་རྒྱལ་བ་གཉིས་པའི་རྗེ། །མ་དྲིན་ཅན་འགྲོ་བ་རྣམས་ཀྱིས་ཀྱང་། །དོན་འདི་འདྲ་རྟོགས་པར་བྱིན་གྱིས་རློབས། །ཞེས་པ་དང་། ཡང་།

ན་མོ་གུ་རུ་མཉྫུ་གྷོ་ཥ་ཡ། དབྱིངས་རིག་པ་དབྱེར་མེད་ལྷ་ཡི་ལམ། །ཞིང་ཀུན་ཁྱབ་མིག་འཕྲུལ་ཟློས་གར་མཁན། །ཕ་བདེན་མེད་རྨི་ལམ་ལྟ་བུ་ལ། །བུ་སྒྱུ་མའི་སྐྱེས་བུས་སྙིང་ནས་འདུད། །ཆོས་ཅན་ཀུན་བལྟས་པས་སྒྱུ་མ་ཙམ། །ཆོས་ཉིད་ལ་བལྟས་ཀྱང་ཅང་མ་མཐོང་། །སྒྱུ་མ་དང་སྟོང་པ་ཟུང་འབྲེལ་ལམ། །ཟུང་འཇུག་འདི་བླ་མའི་དྲིན་གྱིས་རྙེད། །ཨ་ལ་ལ་ཡོད་མེད་ཀྱི་མཐའ་དང་བྲལ། །མཐའ་བྲལ་གྱི་དབྱིངས་སུ་མཉམ་པར་ཞོག །ཆོས་ཉིད་ལ་བལྟས་པས་ཆོས་ཅན་བཀྲ །ཆོས་ཅན་ལ་དཔྱད་པས་སྟོང་པར་བྲོས། །སྣང་སྟོང་གཉིས་རེས་འཇོག་མི་བྱེད་པའི། །ཟུང་འཇུག་འདི་བླ་མའི་དྲིན་གྱིས་རྙེད། །ཨ་ལ་ལ་ཡོད་མེད་ཀྱི་མཐའ་དང་བྲལ། །མཐའ་བྲལ་གྱི་དབྱིངས་སུ་མཉམ་པར་ཞོག །དོན་དམ་གྱིས་རྒྱུ་འབྲས་བསླུ་མེད་བསྟན། །ཀུན་རྫོབ་ཀྱིས་དོན་དམ་རང་ཞལ་

གྱི། །བདེན་གཉིས་ཀྱི་རང་བཞིན་དབྱེར་མེད་པའི། །ཟུང་འཇུག་འདི་བླ་མའི་དྲིན་གྱིས་རྙེད། །ཨ་ལ་ལ་ཡོད་མེད་ཀྱི་མཐའ་དང་བྲལ། །མཐའ་བྲལ་གྱི་དབྱིངས་སུ་མཉམ་པར་ཞོག །(༧༤བ)དོན་དམ་གྱི་དབྱིངས་ལ་དཔྱད་པའི་ཚེ། །རྟེན་འབྲེལ་གྱི་མིང་ཡང་མེད་པ་དང་། །སྟོང་པ་དང་རྟེན་འབྲེལ་ཟུང་འཇུག་འདི། །འགལ་མེད་དུ་བླ་མའི་དྲིན་གྱིས་ཤེས། །ཟུང་འཇུག་འདི་བླ་མའི་དྲིན་གྱིས་རྙེད། །ཨ་ལ་ལ་ཡོད་མེད་ཀྱི་མཐའ་དང་བྲལ། །མཐའ་བྲལ་གྱི་དབྱིངས་སུ་མཉམ་པར་ཞོག །འཁོར་འདས་ཀྱི་ཆོས་རྣམས་མ་ལུས་པ། །བདེན་མེད་དུ་ཤེས་པས་བདེན་པ་གོ །བདེན་རྫུན་གྱི་རང་བཞིན་དབྱེར་མེད་པའི། །ཟུང་འཇུག་འདི་བླ་མའི་དྲིན་གྱིས་རྙེད། །ཨ་ལ་ལ་ཡོད་མེད་ཀྱི་མཐའ་དང་བྲལ། །མཐའ་བྲལ་གྱི་དབྱིངས་སུ་མཉམ་པར་ཞོག །མིང་ཙམ་གྱི་ཆོས་རྣམས་བདེན་པས་སྟོང་། །བདེན་སྟོང་ཀུན་རྒྱུ་འབྲས་རོལ་བར་ཤར། །སྟོང་པ་དང་རྒྱུ་འབྲས་དབྱེར་མེད་ལམ། །ཨེ་མ་ཧོ་བླ་མའི་དྲིན་གྱིས་རྙེད། །ཨ་ལ་ལ་རྟག་ཆད་ཀྱི་གཡང་ལས་གྲོལ། །ཞེས་སོ། །

ཡང་དེ་དུས་ངེས་དོན་ཟབ་མོའི་ཉམས་བཞེས་ལ་བརྩོན་པར་མཛད་པས་གཞུང་ཆེན་མོ་རྣམས་དང་མཐུན་པའི་མཉམ་གཞག་དང་རྗེས་ཐོབ་ཀྱི་རྣལ་འབྱོར་གཉིས་ཀ་ལ་ཐུགས་བཀོལ་དུ་བཏུབ་པ་བྱུང་ནས་འདི་ཁའི་རྒྱུད་བསྐྱང་རྒྱུ་བྱུང་ན་སྟོང་ཉིད་མངོན་སུམ་དུ་རྟོགས་པ་ལ་དཀའ་བ་མི་ཡོང་བ་འདུག་སྙམ་པ་ཐུགས་ལ་ཤར་ཞིང་སྣང་བས་ཡོད་མཐའ་དང་སྟོང་པས་མེད་མཐའ་སེལ་བའི་ཐལ་འགྱུར་བའི་ཐུན་མོང་མ་ཡིན་པའི་ཁྱད་ཆོས་རྟེན་འབྱུང་ཟབ་མོའི་ཚུལ་ལ་ཐུགས་ངེས་ཁྱད་པར་ཅན་ཐོབ་ནས་ལྷ་བའི་མགུར་དབྱངས་འདི་ལྟར་མཛད་དེ།

ན་མོ་གུ་རུ་མཉྫུ་གྷོ་ཥ་ཡ། དབྱིངས་བཙོད་བྲལ་ལྷན་སྐྱེས་བདེ་བ་ཆེ། །དོན་ཅིར་ཡང་འཆར་བའི་(༧༥ན)སྒྱུ་འཕྲུལ་མཁན། །ཕ་རྡོ་རྗེ་འཆང་དབང་བླ་མའི་

ཞབས། །དགྲ་སྲིད་པའི་འཇིགས་འཕྲོག་དེ་ལ་འདུད། །དུས་དེ་རིང་ཉམས་ཀྱི་སྣང་བ་ལ། །སྤྱིར་འགལ་མེད་འགལ་བ་ལྟར་སྣང་བའི། །ཡིད་ངོ་མཚར་རི་མོ་སྣ་ཚོགས་ཤར། །ཆ་ཙམ་ཞིག་འཕགས་པའི་དབྱངས་སུ་བསྡེབས། །ཡུལ་གང་ཤར་ངོ་ལ་ཕར་བལྟས་པས། །ཁོ་རང་ཚུགས་མ་ཐུབ་བརྟན་ཁུང་རིག །དེ་རིག་པས་བདེན་པའི་རང་ཞལ་བསྟན། །སེམས་གཅེར་བུ་སྟོང་ཉིད་གོས་ཀྱིས་གླུབས། །ཆོས་ཀུན་བྱང་དབྱེ་བ་ཐ་དད་རྣམས། །དབྱིངས་དོན་དམ་དང་དུ་དབྱེར་མེད་འདྲེས། །ལམ་དགག་བསྒྲུབ་བྲལ་ཡང་མཛངས་པའི་བློས། །ལས་དགེ་སྡིག་བླང་དོར་བྱ་རྡུ་བྱུང་། །ངས་དང་པོར་ངར་འཛིན་དགྲར་བལྟས་ཏེ། །ལུང་རིགས་པའི་མཚོན་རྣོན་སྙིང་ལ་བསྣུན། །ད་དམིགས་མེད་ཡངས་པའི་མེ་ལོང་ལ། །ཡང་ང་ཞིག་བལྟར་མེད་ཚུལ་དུ་བལྟ། །ཆོས་ཧེ་སྙིད་བལྟས་པས་གཞི་རྩ་བྲལ། །ཡུལ་ཆོས་ཉིད་བལྟས་པས་ཅིར་ཡང་སྣང་། །དོན་སྣང་སྟོང་ཟུང་འཇུག་ཡངས་པའི་ལམ། །ལམ་འདི་འདྲའི་ཞགས་པས་ཆོས་ཀུན་བཅིངས། །གཅིག་ཐ་དད་སྤྲངས་ཀྱང་རོ་གཅིག་ལ། །ཡང་གཅིག་ཀྱང་དུ་མའི་རོལ་བར་ཤར། །དཔེས་མཚོན་ཀྱང་མཚོན་པར་མི་ནུས་པའི། །ངག་བརྗོད་བྲལ་དོན་འདི་བརྗོད་སྙིང་འདོད། །གཞི་འཁོར་བ་སྤང་བྱར་མ་དམིགས་ཤིང་། །ལམ་ཐར་པ་ཐོབ་ཏུ་མ་མཆིས་ཀྱང་། །མ་འགྲོ་བའི་སྡུག་བསྔལ་མ་བཟོད་པས། །མཆོག་སྐུ་གསུམ་མྱུར་དུ་ཐོབ་པར་ཤོག །ཅེས་སོ། །དེ་ལྟ་བུའི་ཚུལ་གྱིས་(༧༥(བ))འཁོར་འདས་ཀྱིས་བསྡུས་པའི་ཆོས་ཐམས་ཅད་ཀྱི་སྣང་ཚུལ་དང་གནས་ཚུལ་འབྲལ་མེད་དུ་གཟིགས་ཤིང་། སྣང་ཚུལ་ལ་གཟིགས་པས་སེམས་ཅན་རྣམས་ལ་སྙིང་རྗེ་ཚོལ་མེད་དུ་སྐྱེ་བ་དང་། ཆོས་རྣམས་ཀྱི་གནས་ལུགས་རྟོགས་པའི་དབང་གིས་སྤྲོ་བ་ཡང་དང་གིས་འཕེལ་བ་ཞིག་བྱུང་བས་རྐྱེན་བྱས་མགུར་དབྱངས་འདི་ལྟར་མཛད་དེ།

ན་མོ་གུ་རུ་མཉྫུགྷོ་ཥཱ་ཡ། འགག་མེད་དུ་སྣང་བ་ཆོས་ཀྱི་དབྱིངས། །བདེན་སྟོང་དུ

འཆར་བ་སེམས་ཀྱི་རྒྱུན། །དབྱེར་མེད་དུ་འདྲེས་པའི་རོ་གཅིག་པ། །སེམས་པ་དེ་སེམས་ཀྱི་རྡོ་རྗེ་ར་སོང་། །སྲིད་ལྡན་གྱི་མ་རྒན་སེམས་ཅན་རྣམས། །འདོད་ཡོན་ལ་སྲིད་པའི་ཞགས་པས་བཅིངས། །ཐར་མེད་ཀྱི་བཙོན་ཁང་ར་བར་བཙུག །སྡུག་བསྔལ་གྱི་ཆོར་བ་དྲག་པོས་མནར། །བདག་འཛིན་གྱི་འགོང་པོ་སྙིང་ཞུགས་པས། །ལྟོས་མེད་ཀྱི་བདག་ཅིག་གཅེས་པར་བཟུང་། །དེ་ཉིད་ལ་དམིགས་ནས་རྟག་ཆད་སོགས། །ལྟ་ངན་གྱི་འདྲེ་གདོན་མང་པོས་གཙེས། །ཆགས་སྡང་གི་ཚ་གྲང་ནད་མང་འཁྲུགས། །ལས་ངན་གྱི་འབྲུ་སྐྱུགས་ཁྲག་ཏུ་འབབ། །དགེ་ལེགས་ཀྱི་ཚེ་སྲོག་ཡང་ཡང་འགག །ཡང་སྲིད་དུ་སྡུག་བསྔལ་ཕུང་ཆེན་གྲུབ། །སྣང་ཚུལ་འདི་མཐོང་བས་མཆི་མ་ཤོར། །སྙིང་རེ་རྗེ་ཉམ་ཐག་འཛིགས་ཤིང་སྐྱོ། །གནས་ཚུལ་འདི་མཐོང་བས་གད་མོ་ཤོར། །ཉམས་རེ་དགའ་གཏིང་ནས་ཞེ་བློ་དེ། །མོ་གཤམ་གྱི་བུ་མོའི་མཛེས་སྡུག་ལ། །ཆགས་སྡང་གིས་བསླད་པའི་འདུ་བྱེད་ཀྱིས། །བདེ་སྡུག་གིས་ཉེན་པའི་སྐྱེ་བོ་ལ། །ཤེས་ལྡན་གྱི་གྲོགས་(༧༨ན)རྣམས་ཧི་ལྷར་དགོངས། །བརྒྱུད་ལྡན་གྱི་རྗེ་ལ་བློ་ཕྱུགས་གཏད། །ངེས་དོན་གྱི་གཞུང་མང་ཐོས་བསམ་བྱས། །ཟབ་དོན་གྱིས་སྙིང་གི་ཟེའུ་འབྲུ་གཏམས། །ཟེགས་མ་ཙམ་ཚོག་གི་ལམ་དུ་འཐོར། །ཅེས་སོ། །

དེ་ནས་བཀྲ་ཤིས་ལྷུན་པོའི་དབྱེན་བསྐུམ་མཆོད་རྟེན་གསར་བཞེངས་མཛད་དེ་རབ་གནས་ཀྱི་སྐབས་གྲུབ་ཆེན་ས་ར་ཧ་དང་། གྲུབ་ཆེན་ཆོས་རྗེ་རྗེ་གཉིས་དངོས་སུ་བྱོན་པ་སོགས་དག་པའི་གཟིགས་སྣང་ངོ་མཚར་རྨད་དུ་བྱུང་བ་མཐའ་ཡས་པ་བྱུང་སྣང་ངོ། །དེ་ནས་སྟེ་པ་ཐོན་པ་སོགས་དད་ལྡན་མང་པོས་གདན་དྲངས་ནས་ཐོན་ཕྱོགས་སུ་ཕེབས་ཏེ་སྐུ་སེར་བགྲང་བ་ལས་འདས་པ་ལ་ཆོས་ཀྱི་བདུད་རྩི་སྩལ་ཏེ་མཐོ་རིས་དང་ཐར་པའི་ས་བོན་འདེབས་པར་མཛད། དེ་ནས་ཞབས་མདོ་རི་བོ་དགེ་འཕེལ་བ་མཆོད་ཡོན་རྣམས་ཀྱིས་ཀུན་མཁྱེན་ཤེས་རབ་དཔལ་བཟང་གི་གདན་སར་ཕེབས་དགོས་ཚུལ་

ནན་གྱིས་གསོལ་བ་བཏབ་པ་ལ་བརྟེན་ནས་ལྷ་མཆོད་ཆེན་མོའི་དུས་དགེ་འཕེལ་དུ་ཕེབས། ཚོགས་པ་ལ་བདེ་གཤེགས་བདུན་གྱི་རྗེས་གནང་དང་། མདོ་ཆོག་གི་ལུང་སོགས་ཉེར་མཁོའི་ཆོས་ཀྱི་ཆར་ཕབ། སླར་བཀྲ་ཤིས་ལྷུན་པོར་ཕེབས་ནས། ཞི་བའི་ལོའི་དགུན་ཆོས་དུས་སུ་ནུབ་གཅིག་མནལ་ལམ་དུ་དགེ་སློང་རྣམ་སྦྲར་དམར་སེར་གསོལ་ཅིང་། རིགས་ལྔས་དབུ་བརྒྱན་པ། ཕྱག་ན་པོ་ཏི་ན་བཟའ་ལེགས་པ་དུ་མ་དང་སྐུ་རགས་མཛེས་པར་བཅིངས་པ་བསྣམས་པ་ཞིག་གིས་གླེགས་བམ་དེ་རྗེ་རང་ཉིད་ཀྱི་ཕྱག་ཏུ་གཏད་ནས། འདི་སྔོན་ནས(༧༨བ)བྲིས་ཟིན་ཏེ་དེ་བར་རབ་ཏུ་གནས་པ་མ་གྲུབ་པས། ད་ལམ་ཁྱོད་ཀྱིས་ཞལ་ཕྱེ་ལ་རབ་གནས་ཤིག་གྱིས་གསུངས། གླེགས་བམ་དེ་ཕྱག་ཏུ་བཞེས་ནས་སྐུ་རགས་བཀྲོལ་ཏེ་གཟིགས་པ་ན་འདུས་པའི་རྩ་རྒྱུད་མཐིང་ཤོག་ལ་གསེར་གྱིས་བྲིས་པ་ཤིན་ཏུ་ལེགས་པ་ཞིག་འདུག་པས། རབ་ཡངས་ནམ་མཁའ་ཏིལ་གྱི་གང་བུ་བཞིན། །ཞེས་རྗེ་རང་ཉིད་ཀྱིས་འདོན་པར་མཛད་པ་ན་འདི་ནས་བྱུང་མེད་པར་ངོ་མཚྱེན་པ་དང་མི་མཚྱེན་པའི་ཚོགས་པ་ཆེན་པོ་ཞིག་འདུས་ནས་ས་གཡོ་བ་ཙམ་གྱི་རམ་བཏེག་སྟེ་འདུས་པའི་ཤིས་བརྗོད་ཡོངས་རྫོགས་འདོན་པར་མཛད་པ་ཞིག་གསལ་བར་བྱུང་། དེའི་སང་ཉིན་དཀའ་བཅུ་རབ་འབྱམས་པ་བཞི་ལྷ་ཙམ་གྱིས་འདུས་པའི་རྩ་རྒྱུད་ཀྱི་འགྲེལ་བཤད་རྒྱས་པ་གཅིག་ཁྱེར་ནས་འདིའི་སྟེང་ནས་ཆོས་ཐུན་རེ་ཅིས་ཀྱང་ཞུ་ཞེས་གསོལ་བ་བཏབ་པ་དང་། མདང་གི་མནལ་ལམ་གྱིས་ཀྱང་རྐྱེན་བྱས་ཏེ་ཀཱའི་འཛིན་ཆོས་དང་། འགྲེལ་པ་བཞི་སྦྲགས་ཀྱི་བཤད་པ་རྒྱས་པ་རེ་སྩལ། དེ་དུས་དགེ་བཤེས་དེ་དག་ཟླ་བ་གཅིག་གཉིས་ཙམ་ལའང་རྡོ་རྗེ་ཐེག་པའི་ལམ་གྱི་རྣམ་གཞག་ཆགས་པ་བྱུང་ངོ་། །བཀྲ་ཤིས་ལྷུན་པོའི་རྒྱུད་གྲྭ་གསར་འཛུགས་མཛད་པ་འདི་ལ་ནི་རྗེ་རང་ཉིད་ཀྱང་ཐུགས་ཤིན་ཏུ་དགྱེས་པ་བྱུང་སྟེ་རྗེ་རང་ཉིད་ཀྱི་ཞལ་ནས་སྔར་གྱི་སྨི་ལྷས་དེ་ཡང་རྒྱུད་གྲྭ་འདི་ཉིད་ཚུགས་པའི་ལྟས་དང་། ཁྱེའི་མཆོད་

རྟེན་གྱི་ས་ཆོག་དེ་ཡང་བསམ་གཞིགས་མེད་པར་དཔལ་གསང་བ་འདུས་པའི་སྒོ་ནས་བྱེད་པར་ཤར་སོང་བ་ཡང་དེ་ཁའི་རྟེན་འབྲེལ་དུ་འདུག །རྒྱུ་མཚན་དེ་དག་གི་ཕྱིར་བདག་ཉིད་ཀྱིས་ཀྱང་ཐོག་མཐའ་བར་(༧༧ན)གསུམ་དུ་ཆོས་དང་ཆོས་ལྡན་གྱི་སྒོ་ནས་སྨན་གྱི་ལྗོན་ཤིང་ལྟར་བསྐྱངས་པའི་ལག་རྗེས་མཁས་པས་བསྟུགས་པར་འོས་པ་ཞིག་ཡིན་ནོ་སྙམ་དུ་རློམ་པའང་མཆིས་སོ། །ཞེས་གསུངས། དེ་ནས་འགལ་བྱེད་ཅེས་པ་ལུགས་མོ་ཕག་གི་ལོའི་ཆོ་འཕྲུལ་སྨོན་ལམ་གྲོལ་འཕྲལ་བསམ་གྲུབ་དགེ་ལྡན་པ་མཆོད་ཡོན་རྣམས་ཀྱིས་གདན་དྲངས། ལམ་ཞོར་དུ་དབུལ་ཕུ་ཆོས་རྫོང་དུ་ཕེབས། གཟིམ་ཕུག་དང་སྐུ་འདྲ་རིན་པོ་ཆེ་མཇལ་བ་མཛད། དེ་སྐབས་རྒྱལ་སྲས་རིན་པོ་ཆེ་དང་དངོས་སུ་མཇལ་ཞིང་བྱིན་གྱིས་བརླབས་པ་ལྷ་བུའི་དད་མོས་དང་དགའ་བ་ཐོབ་ཅིང་སྨོན་ལམ་ཡང་དག་འདེབས་པར་མཛད། དེ་ནས་བསམ་གྲུབ་དགེ་ལྡན་དུ་ཕེབས་ནས་སྤྱི་སྒེར་ཐམས་ཅད་ཀྱིས་བསྙེན་བཀུར་བསམ་གྱིས་མི་ཁྱབ་པས་མཆོད། རྗེ་ཉིད་ནས་ཀྱང་དགེ་འདུན་རྣམས་ལ་མང་འགྱེད་དང་འཇིགས་གསང་གཉིས་ཀྱི་དབང་ཆེན། ཆོས་སྐྱོང་མང་པོའི་རྗེས་གནང་སོགས་ཆོས་རྒྱ་ཆེར་གནང་ཞིང་རབ་བྱུང་བསྙེན་རྫོགས་ཀྱང་མང་དུ་སྩལ། ཕྱོགས་དེའི་སྐྱེ་བོ་བྱིངས་ལ་ཚེ་དབང་གནང་། དེའི་ཚེ་ལྷ་རྣམས་ཀྱིས་མེ་ཏོག་གི་ཆར་ཕབ་པ་སོགས་ངོ་མཚར་བའི་ལྟས་བསམ་གྱིས་མི་ཁྱབ་པ་བྱུང་། དེ་ནས་ལམ་བར་གྱི་ཆོས་སྡེ་རྣམས་སུ་རིམ་གྱིས་ཕེབས་ནས་རྟེན་རྣམས་ལ་མཆོད་འབུལ་སྨོན་ལམ་དང་དགེ་འདུན་རྣམས་ལ་སོ་སོའི་འདོད་དང་མཐུན་པའི་ཆོས་མང་དུ་སྩལ་ཏེ་བཀྲ་ཤིས་ལྷུན་པོར་ཕེབས། དེ་ནས་འབྲས་སྤུངས་ནས་གདན་འདྲེན་བྱུང་བ་ལྟར་ཕེབས་ཏེ་རྒྱལ་བ་ཡོན་ཏན་རྒྱ་མཚོ་དང་(༧༧བ)གཟིམ་ཁང་གོང་སྤྲུལ་པའི་སྐུ་སེ་འབྲས་ཀྱི་བླ་མ་རྣམ་པ་སོགས་ཉི་འོད་འཁྱིལ་དུ་གཞོན་ཅམ་ལ་རྡོ་རྗེ་ཕྲེང་བའི་དབང་རྫོགས་པར་གནང་། འདི་དག་གི་སྐབས་སུ་ཕྱོགས་སྣ་ཚོགས་སུ་དད་ལྡན་གྱི་གདུལ་བྱའི་བསོད་

ནམས་ཀྱི་ཞིང་དུ་ཕེབས་པ་ན་གནས་དང་དུས་དང་གང་ཟག་ལ་སོགས་པ་སྐད་ཅིག་ཀྱང་རྟག་པ་མེད་པ་འཕྲུལ་འཕྲུལ་འགྱུར་འགྲོ་བ་མངོན་སུམ་དུ་གཟིགས་པས་རྐྱེན་བྱས། འབད་རྩོལ་གྱི་གོམས་པ་ལ་མ་ལྟོས་པར། འཁོར་བའི་ཕུན་ཚོགས་ཐམས་ཅད་ནི་རྨི་ལམ་གྱི་དགའ་སྟོན་ནམ། སྒྱུ་མའི་རོལ་རྩེད་ལྟ་བུ་དང་། འདུས་བྱས་ཀྱི་ངང་ཚུལ་ནི་གློག་གི་བློས་གར་རམ། ཆུ་འཛིན་གྱི་འདུ་འགོད་ལྟ་བུ་དང་། སྙིགས་དུས་ཀྱི་སྐྱེ་བོའི་ཚེ་ནི་ཆུ་ཡི་ཆུ་བུར་རམ། རྫ་རྩེའི་ཟེལ་པ་ལྟར་གཟིགས། ཁྱད་པར་རང་ཉིད་ཀྱང་དང་པོ་མངལ་དུ་ཞུགས་པ་ནས་འཆི་བདག་གི་ཁར་ཚུད་ཅིང་། ཉི་མ་རེ་རེ་བཞིན་ཡང་འཆི་རྐྱེན་ཤིན་ཏུ་མང་བས་མི་འཆི་བའི་གདེང་ནི་ཅི་ཡང་མི་འདུག །སྔོན་ཆད་དུས་ཀྱི་ཆད་པ་མ་ཕོག་པའང་ངོ་མཚར་ཆེ། ད་ནི་གློ་བུར་ཉིད་དུ་བསྐྱུས་ཆེན་འདེགས་པར་ཡང་ཉེ་འམ་ཅི་ཆ་སྙམ་དུ་ཐུགས་ལ་ངེས་འབྱུང་ཤུགས་དྲག་ཏུ་འཁྲུངས་ཏེ་དོན་དེ་ཉིད་ལ་འཕགས་པའི་དབྱངས་སུ་བསྙེབས་པར་མཛད་པ་ནི་འདི་ལྟར།

ན་མོ་གུ་རུ་མཉྫུ་གྷོ་ཥཱ་ཡ། དུས་གསུམ་གྱི་སངས་རྒྱས་མི་གཟུགས་ཅན། །གསུམ་ལྡན་གྱི་བླ་མའི་ཞབས་པད་ལ། །བྱང་ཆུབ་ཀྱི་བར་དུ་སྐྱབས་སུ་མཆི། །འབྲལ་མེད་དུ་བརྩེ་བས་རྗེས་འཛིན་མཛོད། །མཐའ་མེད་ཀྱི་འཁོར་བའི་རྒྱ་མཚོ་འདིར། །ལས་ཉོན་གྱི་འཆིང་བ་དམ་པོས་བཅིངས། །སྐྱེ་རྒ(༧༤ན)དང་ན་འཆིའི་ཐ་གློང་འཁྲུགས། །གནས་ཚུལ་འདི་བསམས་ཤིང་བློ་སྙིང་འདར། །ཚངས་དབང་དང་ཁྱབ་འཇུག་དྲག་པོ་སོགས། །འཆི་མེད་ཀྱི་བདག་པོའི་དཔལ་ཐོབ་ཀྱང་། །དབང་མེད་དུ་མནར་མེད་མེས་བསྲེག་ན། །མཐོ་རིས་ཀྱི་བདེ་ལ་ཡིད་བརྟན་ཅི། །དཔག་མེད་ཀྱི་ཚེ་དང་འབྱོར་བ་ཅན། །གསེར་དངུལ་གྱི་འཁོར་ལོས་བསྒྱུར་རྒྱལ་ཡང་། །ངེས་མེད་དུ་འཁོར་བའི་ཡང་བྲན་འགྱུར། །ཨ་ཙ་མ་སྲིད་འདིར་སྙིང་པོ་གང་། །ཚེ་སྔོན་གྱི་དགྲ་བོ་འདི་ནང་གཉེན། །འདི་ནང་གི་དགྲ་ཡང་ཕྱི་མའི་གྲོགས། །ཟ་ཟིར་གྱི་འཁོར་བའི་ངང་ཚུལ

འདི། །འབྲེལ་མེད་ཀྱི་སྨྱོན་པའི་ཟློས་གར་རང་། །སྣང་ཅིག་ཀྱང་འབྲལ་བར་མི་ཕོད་པའི། །ཡིད་འོང་གི་སྙིང་གྲོགས་མཛའ་བཤེས་རྣམས། །དུས་ཚོད་ཀྱིས་སོ་སོར་འགྲོ་བ་འདི། །ཡིད་རེ་སྐྱོ་སེམས་ལ་ཐུང་མ་བབ། །སྡིག་སྡུག་དང་གདམ་ངན་ཁྲིད་བསད་ནས། །སེར་སྣ་ཡིས་བསགས་པའི་ཟས་ནོར་ལས། །རྫུལ་ཕྲན་ཙམ་འཁྱེར་བའི་དབང་མེད་པར། །ལག་སྟོང་དུ་འགྲོ་བ་འདི་སེམས་ལ་གཟན། །ཚེ་ལྷག་གི་བསྐྱེལ་མ་ཡུད་ཙམ་ལ། །འཆི་བདག་གི་བསུ་མ་བང་རེ་མགྱོགས། །ཕ་རོལ་གྱི་གཡང་ས་འཇིགས་པ་ཆེ། །ཅི་རང་དྲག་འབྲོས་ཐབས་ཨེ་འདུག་སོམས། །སྔར་བྱས་ཀྱི་རང་གི་ལས་ལ་འགྱོད། །སྡིག་ལྟུང་གི་ཁུར་པོ་རི་བས་ལྕི། །གྲོགས་མེད་དུ་བསྐྱུས་ཆེན་འདེགས་པ་འདི། །གཏིང་ནས་རང་སྐྱོ་ཞིང་འཚེར་ལ་འཇིགས། །འཆི་མལ་དུ་བདག་ཉིད་ཆུད་པའི་ཚེ། །ཁ་དྲག་གི་དཔའ་བོས་མི་བཟློག་ཅིང་། །སྟོང་གསུམ་ཀུན་དགང་བའི་ཟས་ནོར་དང་། །མཛེས་སྡུག་གི་ལང་ཚོས་བསླུ་རུ་མེད། །འཚོ་བྱེད་ཀྱི་རྒྱལ་པོ་གཞོན་ནུ་དེ། །མངོན་སུམ་(༧༤བ)དུ་བྱོན་ཡང་ཅི་བྱར་ཡོད། །བཅོ་གདུང་དང་ལྡན་པའི་གྲོགས་དབུས་ནས། །གཅིག་པུ་རུ་འགྲོ་བ་འདི་ཤིན་ཏུ་འཚེར། །རྒྱུས་མེད་ཀྱི་བར་དོ་ལམ་འཕྲང་དོག །ལས་ངན་གྱི་འཁྲུལ་སྣང་ཆུ་ལྟར་འཁྲུགས། །འཇིགས་སྐྲག་གི་སྡུག་བསྔལ་ཡ་ང་བ། །མངོན་སུམ་དུ་ཤར་ཚེ་ཅི་ཐུག་བྱེད། །འདི་ནང་གི་དགའ་སྐྱིད་འཛོམ་པ་དང་། །སྒྱུ་ལུས་ཀྱི་ཁང་སྟོང་ཤུལ་དུ་བཞག །རྣམ་ཤེས་དེ་བྱ་སྤུ་རླུང་ཁྱེར་བཞིན། །དོན་མེད་དུ་འཁྱམ་པ་འདི་སེམས་ཀྱི་གཅོང་། །ལས་ངན་གྱིས་ཉིང་འཚམས་སྦྱར་བའི་ཚེ། །ལྡོན་ལྡིན་གྱི་མི་གཙང་དང་འདྲེས་ནས། །མུན་ཁྲོད་ཀྱི་མངལ་ནང་དྲི་ང་བར། །འདུག་ཚུལ་འདི་བསམས་ན་སྙིང་རླུང་ལྡང་། །མངལ་གྲིབ་ཀྱིས་དམ་ཆོས་བག་ཆགས་བརྗེད། །རབ་རྨོངས་ཀྱི་བྱིས་པའི་གནས་སྐབས་གྱུར། །གླང་དོར་གྱི་གནས་ལ་ལྐུགས་པ་འདྲ། །སྤྱོད་ཚུལ་དེ་དྲན་པས་ཤེས་པ་འཁྱོ། །གཞོན་ནུ་དང་ལང་ཚོ་དར་བའི་དུས། །སྡིག

གྲོགས་དང་དུག་གསུམ་ཤུགས་དྲག་གིས། །བསླད་ནས་ཀྱང་ངན་འགྲོའི་སྡུག་བསྔལ་རྒྱུ། །བག་མེད་དུ་སྤྱོབ་ན་ཅི་རང་དྲག །གཉིང་ཟབ་ཀྱི་འཁོར་བའི་ཁྲིན་པ་འདིར། །ལེགས་ཉེས་ཀྱི་མཐོ་དམན་སྣ་ཚོགས་པའི། །བདེ་སྡུག་གི་གན་བུག་མང་པོ་ཞིག །མགལ་མེ་ལྟར་འཁོར་བ་འདི་ཡིད་རབ་སྐྱོ། །འཁོར་བ་ན་སྐྱིད་སྡུག་ཅི་ཡོད་རྣམས། །ཐོག་མེད་ནས་ཐ་མ་ད་ལྟའི་བར། །ཡང་ཡང་རང་ཉམས་སུ་མྱོང་ལགས་ན། །དེ་ཀ་ཙམ་ཆོམ་མམ་སུན་རེ་རན། །དྲིན་པོ་ཁྱོད་རང་ལ་སྙིང་རྗེས་ལྟོས། །སྐྱིད་སྡུག་གི་འདམ་ཀ་དང་རེས་བྱུང་། །རང་ཉིད་ལ་རང་གི་གཉེར་བབས་པས། །ཇི་ལྟར་བྱ་རང་གི་སེམས་ལ་དྲིས། །སེམས་ཉིད་ཀྱི་དཔྱལ་དཀར་མེ་ལོང་(༧༨ན)ལ། །འཁོར་བ་འདིའི་སྣང་ཚུལ་ཤར་བའི་ཚེ། །བབ་ཅོལ་གྱི་ཚིག་ཕྲེང་ཡི་གེའི་གཟུགས། །འགོད་པ་པོ་བློ་བཟང་ཆོས་རྒྱན་ཡིན། །ཞེས་སོ། དུས་དེའི་ཚེ་ལུང་བསྟན་མཁན་པོ་མང་པོ་ཞིག་གིས་སྐུ་ཚེའི་བར་ཆད་ཆེ་བས་ཚེ་སྒྲུབ་མཛད་དགོས་སོ་ཞེས་བསྐུལ་བ་ན་ཆོས་བརྒྱད་འགོ་སྐྱོམས་ཀྱི་གསུང་འདི་ལྟར་བྱོན་ཏེ། རྗེ་གསུམ་ལྡན་བླ་མ་རྡོ་རྗེ་འཛིན། །མི་བདག་སྙིང་པདྨོའི་དབུས་བཞུགས་ལ། །དགྲ་ཆོས་བརྒྱད་སྣང་ཞེན་བཀུག་པོ་ཆེ། །འདི་རྩད་ནས་ཐོན་པར་བྱིན་གྱིས་རློབས། །ཚེ་རིང་དུ་གནས་ན་རྣམ་དཀར་གྱི། །ལམ་བཟང་པོ་སྒྲུབ་པོ་ཤི་ཡང་བདེ། །ལས་བག་ཆགས་བཟང་པོའི་ངང་དུ་འཆི། །ཨ་ལ་ལ་གསོན་ཤི་སེམས་ལ་སྐྱོམས། །ཚེ་སྒྲུབ་ཀུན་ཇི་ལྟར་དགྱེས་མཛོད། །དཔལ་ལྡན་ཚོགས་འཁོར་ན་མཆོད་སྦྱིན་གྱིས། །ཚོགས་གསོག་གོ་དབུལ་པོར་གྱུར་ཀྱང་སླ། །རྒྱུད་ཟློས་དོགས་སེར་སྣའི་སྡུག་བསྔལ་མེད། །ཨ་ལ་ལ་འབྱོར་རྒྱུད་སེམས་ལ་སྐྱོམས། །ནོར་སྒྲུབ་ཀུན་ཇི་ལྟར་དགྱེས་དགྱེས་མཛོད། །ཡོངས་ཀུན་གྱིས་བསྟོད་ཅིང་སྙན་གྲགས་ན། །ཡིད་མི་བདེ་མེད་དོ་སྨད་ཀྱང་སླ། །སྒྲ་གྲག་སྟོང་སྒྱུ་མའི་བརྒྱུ་བྲིད་ཡིན། །ཨ་ལ་ལ་བསྟོད་སྨད་སེམས་ལ་སྐྱོམས། །སྙན་གྲགས་ཀུན་ཇི་ལྟར་དགྱེས་དགྱེས་མཛོད། །ད་ལུས་སེམས

བདེ་ན་དཀོན་མཆོག་གི །དྲིན་ཡིན་ནོ་སྡུག་བསྔལ་གྱུར་ཀྱང་སླ། །ཡིད་ངེས་འབྱུང་སྙིང་རྗེ་དང་གིས་འཕེལ། །ཨ་ལ་ལ་བདེ་སྡུག་སེམས་ལ་སྒོམས། །སྐྱིད་འདོད་ཀུན་ཇི་ལྟར་དགྱེས་དགྱེས་མཛོད། །སྒྲོག་འཚོ་འཆི་འགྱུར་རྒུད་བདེ་(༧༩བ)སྡུག་དང་། །ཡོངས་བསྟོད་སྨད་སྙན་དང་མི་སྙན་སོགས། །གང་བྱུང་ཡང་བླ་མའི་བྱིན་རླབས་ཡིན། །ཨ་ལ་ལ་ཅི་བྱས་གློ་བ་དགའ། །རེ་དོགས་ཀུན་ཇི་ལྟར་དགྱེས་དགྱེས་མཛོད། །དཔལ་ཞི་བ་ལྷ་དང་མར་མེ་མཛད། །རྗེ་རྒྱལ་བ་གཉིས་པ་ལས་འོངས་པ། །དུག་བདུད་རྩིར་བསྒྱུར་པའི་གདམས་པ་ཡིས། །ཨ་ལ་ལ་ལྷུས་ངན་གཡང་དུ་ལེན། །རྐྱེན་ངན་ཀུན་ཇི་ལྟར་དགྱེས་དགྱེས་མཛོད། །ཅེས་པ་དང་ཡང་དོན་དམ་པའི་དབང་དུ་མཛད་ནས། །

ན་མོ་གུ་རུ་མཉྫུ་གྷོ་ཥཱ་ཡ། ཕ་རྒྱ་ཆེན་སྤྲོས་པ་ཀུན་མཁྱེན་ཀྱང་། །དབྱིངས་སྤྲོས་བྲལ་དང་དུ་རྟག་གཟིམ་པ། །རྗེ་རྒྱལ་བ་གཉིས་པ་བློ་བཟང་གྲགས། །འབངས་བདག་ཅག་ད་དུང་ཐུགས་རྗེས་སྐྱོངས། །སྔོན་ཐོག་མ་མེད་ནས་ད་ལྟའི་བར། །གདོན་རང་གི་སྙིང་ལ་གནས་བཅས་ནས། །ཡུལ་བདག་མེད་ཅིག་ལ་བདག་ཏུ་བཟུང་། །འཁྲུལ་ཕན་པའི་ཟློལ་གྱིས་བསླུས་བྱས་ཏེ། །ང་དམྱལ་བར་བསྲེགས་པའང་བགྲང་ལས་འདས། །དུས་དེ་རིང་བླ་མའི་བཀའ་དྲིན་གྱིས། །དགྲ་བདག་འཛིན་འགོང་པོའི་མཚང་རིག་པས། །སེམས་སྤྲོས་བྲལ་གཉུག་མའི་ངོ་བོ་མཐོང་། །བུ་རང་བྱུང་རིག་པའི་གཞོན་ནུ་དང་། །ཡུལ་འོད་གསལ་ཆོས་དབྱིངས་མཛེས་མ་མཇལ། །དབྱིངས་རིག་པ་དབྱེར་མེད་ཐབས་ཤེས་འབྲེལ། །འདི་འདུ་འབྲལ་མེད་པའི་གྲོགས་སུ་བཟང་། །ཡི་གདོད་ནས་ཅིར་ཡང་མ་གྲུབ་པས། །ཡུལ་བདག་མེད་རྟོགས་པའི་ངེས་ཤེས་ཀྱིས། །ལས་རྒྱུ་འབྲས་བསླུ་བ་མེད་པར་རྟོགས། །ད་ཆད་པའི་གཡང་ལ་ཉམ་ང་མེད། །ཡང་རྟེན་ནས་འབྱུང་བའི་ཆོས་རྣམས་ཀུན། །སྣང་ཙམ་གྱིས་སྒྱུ་མའི་རོལ་བར་(༨༠ན)མཐོང་། །དེ་མཐོང་བས་ཨ་འཐས་འཆིང་བ་ཞིག །དོན་དེ་ཕྱིར་རྟག་པའི་མཐའ་ལས་གྲོལ། །ང་སྟོང་ཉིད་ནམ་

མཁའི་རྣལ་འབྱོར་པ། །ཡུལ་གང་ཞར་བརྟེན་པའི་རྒྱུས་ཐེབས་པས། །བོང་བདེན་པར་འཛིན་པའི་ཆོམ་རྐུན་པ། །གཞི་སྐྱེ་མེད་གདོད་མའི་དབྱིངས་སུ་བྲོས། །ལར་འཁོར་འདས་ཆོས་རྣམས་མ་ལུས་པ། །མིང་བཏགས་ཡོད་ཙམ་གྱི་རོལ་པ་ལས། །དབྱིངས་ངོ་བོ་ཅིར་ཡང་མ་མཆིས་པས། །ད་སྐྱེ་འཆི་གཉིས་ལ་ཡ་ང་མེད། །ཕྱར་དལ་མེད་འཁྲུམས་པའི་ངལ་བསོའི་གནས། །ཆོས་སྐྱོང་ཉིད་བདུད་རྩིའི་སྙིང་པོ་སྙེད། །འདི་བསམས་ཤིང་རྗེ་བཙུན་བླ་མའི་དྲིན། །དྲིན་ཆེ་བར་ངེས་སོ་བླ་མ་རྗེ། །ང་བློ་བཟང་རྒྱལ་བ་གཉིས་པའི་བུ། །ལམ་ཕྱུག་རྒྱ་ཆེན་པོའི་རོལ་རྩེད་ཀྱིས། །ཆོས་ལྔ་བའི་གླུ་དབྱངས་འདི་བཞིན་ལེན། །གྲོགས་ཐར་འདོད་ཀུན་ཀྱང་འདི་ལྟར་མཛོད། །ཅེས་མཛད་དེ་ལུང་བསྟན་མཁན་པོ་དེ་དག་ལ་བསྐུར་བར་མཛད་དོ། །

དེ་ནས་དད་ལྡན་མང་པོས་བསྐུལ་བ་ལྟར་འབྲིང་མཚམས་དང་གཅེན་ལུང་དུ་ཐེབས་ཏེ་དེ་དང་དེ་ན་གནས་པའི་གདུལ་བྱ་རྣམས་ལ་ཐར་པའི་ས་བོན་བཞག །དེ་ནས་ཟར་དུ་ཐེབས་ཏེ་བྱང་ཕྱུག་གི་ཇོ་བོ་མཇལ། མཆོད་འབུལ། སྨོན་ལམ་མཛད། གནས་དེར་སྐྱོ་ཤས་ཆེན་པོས་གདུང་དབྱངས་འདི་ལྟར་མཛད་དེ།

ན་མོ་གུ་རུ་མཉྫུ་གྷོ་ཥ་ཡ། སྐུ་གསུམ་གྱི་གོ་འཕང་མཆོག་བརྙེས་ཀྱང་། །གཞན་སྣང་དུ་ཐ་མལ་དགེ་སློང་ཚུལ། །སངས་རྒྱས་ཀྱི་ཡེ་ཤེས་བློ་བཟང་གྲགས། །བདག་སྙིང་གི་པདྨོའི་དབུས་བཞུགས་ལ། །ངུར་སྨྲིག(༢༠བ)གིས་ཕྱི་ཚུལ་མཛེས་ལགས་ཀྱང་། །དུག་གསུམ་གྱི་ཆང་གིས་ཆེར་མྱོས་པས། །སེང་ལྷགས་ཀྱིས་གཡོགས་པའི་ཞྭ་སྐྱེས་འདྲའི། །སྙིང་རུལ་གྱི་བུ་ལ་བརྩེ་བས་གཟིགས། །དུག་ལྔ་ཡི་ཉོན་མོངས་མཚང་རིག་ཀྱང་། །ངན་གོམས་ཀྱི་བག་ཆགས་ཤུགས་དྲག་ཅིང་། །གདོང་ཟློག་གི་གཉེན་པོ་དར་ཆུང་བས། །མནར་མེད་ཀྱི་མེ་ནང་སྲེག་ཉེན་གདའོ། །དག་སྣང་གིས་རྒྱལ་ཁམས་སྐོར་འདོད་ཀྱང་། །ཀུན་སློང་གི་ལ་རྒྱ་འཕྲང་དོག་པས། །ཕྲག་དོག་དང་ལོག་འཛིན་ཟེར་

མགོ་རྔོ། །ཆོས་སྤྱོད་ཀྱི་གཡངས་སུ་ལྷུང་ཉེན་གདའོ། །ཆོས་བཤད་ཀྱིས་གཞན་སེམས་བསྒྱུར་མཁས་ཀྱང་། །རང་རྒྱུད་ཀྱི་ཀོ་སྐམ་གྱོང་པོར་ལུས། །བློ་མཁན་དང་ནེ་ཙོའི་ཆོས་བཤད་བཞིན། །ཆོས་རྒྱུས་མཁན་ཆོས་ཀྱིས་ཕོངས་ཉེན་གདའོ། །ཟབ་དོན་གྱི་ཉམས་ལེན་བྱེད་འདོད་ཀྱང་། །རྙེད་གྲགས་ཀྱིས་མི་མགོ་བསྐོར་ཕྱིར་དུ། །ཆོས་ཆུང་གི་རྣམ་གྲངས་གསོག་གསོག་ནས། །ཀུན་ཤེས་ཀྱི་གཅིག་རྫུགས་བྱུང་གཉེན་གདའོ། །སྐྱོ་ཤས་དང་ངེས་འབྱུང་བསྒོམས་ལེགས་ཀྱང་། །རྟག་འཛིན་གྱི་གདོན་ཆེན་ཐུགས་གསོལ་བས། །ཕྱི་ནང་གི་དངོས་ལ་ཤི་སྐྲར་འཐམས། །གསུང་ཚུལ་དང་རྣམ་ཐར་འགལ་ཉེན་གདའོ། །ཐེག་ཆེན་གྱི་ལམ་དུ་ཞུགས་རློམས་ཀྱང་། །རང་འདོད་ཀྱི་གཤེད་མ་བུར་རྫུས་པས། །ཆགས་སྡང་གི་ཕྱོགས་རིས་སུ་བས་ཆེ། །འགྲོ་དྲུག་གི་ཕ་མ་བསླུས་ཉེན་གདའོ། །བདེན་མེད་ཀྱི་རང་ཞལ་བལྟས་བལྟས་ཀྱང་། །མཉམ་གཞག་གི་གོམས་པ་འདྲིས་ཆུང་བས། །བདེན་སྣང་གི་འཛིན་པ་སྤྲིང་སྤྲིང་ཤར། །དྲན་ཤེས་ཀྱི་སོ་པ་ཡེངས་ཉེན་གདའོ། །ཞེས་སོ། །

(༤༧ན)དེ་ནས་བཀྲ་ཤིས་ལྷུན་པོར་ཕེབས། །དགུན་ཆོས་ཐོག་ཚོགས་ཆེན་ལ་ཐམས་ཅད་མཁྱེན་པ་དགེ་འདུན་གྲུབ་པའི་རྣམ་ཐར་གཟབས་བཤད་མཛད། དེ་ནས་ཡོངས་འཛིན་ཞེས་པ་ཆུ་ཕོ་བྱི་བའི་ལོ་ཟླ་བ་བརྒྱད་པའི་ཚེས་བཅུ་དགུ་ལ་ལྷོ་མོན་ཕྱོགས་སུ་ཕེབས་ཏེ། ཐོག་མར་ཁང་བུ་རྟག་ལུང་དུ་ལྷ་རིན་པོ་ཆེ་དཔོན་སློབ་ལ་འཁོར་ལོ་བདེ་མཆོག་གི་དབང་དང་། འཇིགས་བྱེད་རོ་ལངས་བརྒྱད་སྐོར་གྱི་དབང་། བདེ་མཆོག་དཀར་པོའི་ཚེ་སྒྲུབ། མགོན་པོ་ཏྟཀ་ཤད་ཀྱི་ཆོས་སྐོར་ཡོངས་རྫོགས། སྨན་བླའི་རྗེས་གནང་ལུང་དང་བཅས་པ་སོགས་འདོད་ཆོས་རྣམས་ལེགས་པར་སྩལ། དེ་ནས་རིམ་གྱིས་སྤྲ་གྲོ་ཐིམ་བུ་དར་དཀར་གྱི་བར་དུ་ཕེབས། སྤྱིར་ལྷོ་མོན་དེ་རང་རང་གི་གྲུབ་མཐའ་དང་བླ་མ་སོ་སོའི་ཕྱོགས་འཛིན་གཞན་ལས་ཆེ་ཡང་རྗེ་འདི་ལ་ནི་རང་ཉིད་ལ་

གྲུབ་མཐའི་ཕྱོགས་འཛིན་མེད་པར་ཀུན་ལ་སྣང་མཛད་པའི་མཐུས་ཐམས་ཅད་ཀྱིས་བསྟེན་བཀུར་འབུལ་བ་ཞབས་ཏོག་ཚད་མེད་པ་བྱུང་ཞིང་། རྗེ་འདི་ཉིད་ཀྱིས་ཀྱང་དགེ་འདུན་གྱི་སྡེ་རྣམས་སུ་ཟང་ཟིང་གི་སྒོ་ནས་མང་འགྱེད་བཟང་པོ་དང་། ཆོས་ཕྱོགས་ངོས་ནས་དཔལ་གསང་བ་འདུས་པ་དང་འཇིགས་བྱེད་ལ་སོགས་པའི་དབང་དང་ཟབ་ཁྲིད་དུ་མ་དང་། ཡི་དམ་དང་ཆོས་སྐྱོང་མང་པོའི་རྗེས་གནང་སོགས་འདོད་ཆོས་མང་དུ་སྩལ་ཞིང་། ཁྲིམ་མི་སྟོང་ཕྲག་མང་པོ་ཚོགས་པ་རྣམས་ལ་ལས་འབྲས་ཀྱི་རྣམ་གཞག་གཙོ་བོར་མཛད་པའི་ཚེ་དབང་དང་། ཡིག་དྲུག་གི་ལུང་སྩལ་ནས་དགེ་བའི་(༩༧བ)དམ་བཅའ་ཆེད་དུ་བསྐུལ་བས་བསྙེན་གནས་ཀྱི་དམ་བཅའ་ལེན་མི་བརྒྱ་ཕྲག་དུ་མ་དང་། བཟང་སྤྱོད། བྱམས་སྨོན། ལྟུང་བཤགས། སྒྲོལ་མ། ཤེར་སྙིང་། སྐྱབས་འགྲོ ། རང་གང་མོས་ཀྱི་བླ་མའི་གསོལ་འདེབས། མ་ཎི་དུང་ནས་བཟུང་ཉེར་གཅིག་རེ་ཡན། སྲོག་གཅོད་སྤོང་བ། ཉལ་ཕྲུག་ལང་ཕྲུག ། དུས་ཀྱང་རབ་རྣམས་ཀྱིས་ཇི་སྲིད་འཚོའི་བར། ཐ་མས་ལོ་གཅིག་གི་བར་དུ་དམ་བཅའ་ལེན་མི་བསམ་གྱིས་མི་ཁྱབ་པ་བྱུང་བས་རྗེ་འདི་པ་གང་དུ་བྱོན་པའི་ཡུལ་དེ་དང་དེར་དམ་བཅའི་རྒྱུན་སྐྱོང་བས་དགེ་བའི་ལམ་གསལ་བར་མཛད་དོ། །ཁྱད་པར་དགུང་ཞང་ལ་བརྟེན་པའི་མི་བརྒྱ་སྟོང་ཕྲག་མང་པོ་གསོད་རེས་བྱེད་ཅིང་རང་རང་གི་བླ་མ་རྣམས་ཀྱིས་ཀྱང་མ་འདོམས་པའི་རྟ་བ་མི་ཤ་ལེན་པར་ཆས་པ་མང་པོ་ལ་དངོས་པོའི་གནང་སྦྱིན་སྟོན་དུ་འགྲོ་བས། ཕྲུག་ཕྲེང་སྤྱི་བོར་བཞག་སྟེ་མི་ཤ་མི་ལེན་པའི་དམ་ཚིག་ལ་བཞག་ནས་སྡིག་པའི་རྟ་བ་བཅད་པས་ལྷོ་མོན་ཕྱོགས་བདེ་འཇམས་སུ་གནས་པ་བྱུང་ངོ་། །དེ་ལྟ་བུའི་ཚུལ་གྱིས་བསྟན་པ་དང་སེམས་ཅན་ལ་ཕན་པ་རྒྱ་ཆེན་པོ་མཛད་ཅིང་། སླར་བོད་དུ་ཕེབས་པ་ན། དབུས་གཙང་གཉིས་ཀར་དུས་འཁྲུག་མཐོ་དམན་གྱི་འགྱུར་ལྡོག་ལྷག་པར་ཆེ་བས་ལ་ལ་སྡུག་བསྔལ་དངོས་ལ་སྤྱོད། ལ་ལ་སྡུག་བསྔལ་གྱི་རྒྱུ་ལ་དགའ་དགའ་ལྟར་སྤྱོད་པ་གཟིགས་པས་

ཐུགས་སྐྱོ་ཤས་དྲག་པོ་འཁྲུངས་ཏེ་ངེས་འབྱུང་གི་གདུང་དབྱངས་གསུངས་པ་ནི།

ན་མོ་གུ་རུ་མཉྫུ་གྷོ་ཥཱ་ཡ། དང་པོར་འཁོར་འདས་ཀྱི་སྐྱོན་ཡོན་རིག །བར་དུ་བླང་དོར་གྱི་རོལ་པས་འདས། །ཐ་མར་ཀུན་བྱང་གི་རང་བཞིན་རྣམས། །དབྱེར་(༡༢༨)མེད་དུ་མཁྱེན་རྣམས་བདག་གི་སྐྱབས། །རྟག་འཛིན་གྱི་གདོན་ཆེན་ཐུགས་ཞུགས་པས། །ཕྱི་རྟིས་ཀྱི་གྲབས་ཤོམས་བྱེད་བྱེད་ནས། །འབྲས་མེད་ཀྱི་སྒྲུན་པ་འཕྱུར་བ་བཞིན། །དོན་མེད་དུ་འདའ་བ་འདི་ཨ་ཙ་མ། །སྡིག་སྡུག་དང་གཏམ་ངན་ཁྱད་བསད་དེ། །སེར་སྣ་ཡིས་ཟས་ནོར་བསགས་བསགས་ནས། །རྫུལ་ཕྲན་ཙམ་འཁྱེར་བའི་དབང་མེད་པར། །ལག་སྟོང་དུ་འགྲོ་བ་འདི་ཨ་ཙ་མ། །ཉོན་མོངས་ཀྱི་གོམས་པ་ཤུགས་དྲག་པས། །ལང་ཤོར་གྱི་བག་ཡངས་སྤྱོད་སྤྱོད་ནས། །ཐར་མེད་ཀྱི་དམྱལ་བའི་བཙོན་ཁང་དུ། །ཚ་གྲང་གི་སྡུག་བསྔལ་འདི་ཨ་ཙ་མ། །གཉེན་གྲོགས་དང་འཁོར་མང་ཚོགས་པའི་དབུས། །ང་སྐམ་དུ་མངོན་པར་འགྱིང་འགྱིང་ནས། །སྐྱ་ངམ་གྱི་ཐང་ལ་དགྲས་བཙོམ་བཞིན། །གྲོགས་མེད་དུ་ཉམ་ཐག་འདི་ཨ་ཙ་མ། །ཤ་ཁྲག་གི་ལང་ཚོ་ཡིད་འཕྲོག་ཅིང་། །མཛེས་བྱེད་ཀྱི་གསེར་གཡུས་བརྒྱན་བརྒྱན་ནས། །ཀེང་རུས་ཀྱིས་ཁྱབ་པའི་དུར་ཁྲོད་དུ། །གཅེར་བུ་རུ་འགྲོ་བ་འདི་ཨ་ཙ་མ། །བློ་མཐུན་གྱི་སྙིང་སྡུག་མང་པོ་དང་། །དགའ་འདུས་ཀྱི་ཉམས་དགའ་སྐྱོང་སྐྱོང་ནས། །དབང་མེད་དུ་འཆི་བདག་བདུད་པོ་ཡིས། །སོ་སོ་རུ་འཕྲལ་བ་འདི་ཨ་ཙ་མ། །ཁང་བཟང་གི་བཀོད་པ་བརྒྱ་བྱས་ཤིང་། །དབྱིབས་ལེགས་ཀྱི་གནས་མལ་གཤོམ་གཤོམ་ནས། །རྣག་ཁྲག་གིས་སྦགས་པའི་རོ་ཁྱུང་དུ། །སྐྲིན་མོ་རུ་ཉལ་བ་འདི་ཨ་ཙ་མ། །འཇམ་ལེགས་ཀྱི་གྱོན་པ་བརྒྱ་ཕྲག་དང་། །ཞིམ་དགུ་ཡི་བཟའ་བཏུང་སྤྱོད་སྤྱོད་ནས། །སྦུར་བ་རུ་དུར་བརྒྱུགས་ཁམ་གང་ཟ། །རོ་(༡༢༩)ཤུན་གྱིས་དགྲི་བ་འདི་ཨ་ཙ་མ། །སྟོང་གསུམ་གྱི་ཁྲོན་ལ་དབང་བསྒྱུར་ཞིང་། །ཕུན་ཚོགས་ཀྱི་སྟོབས་ཀྱིས་དྲེགས་དྲེགས་ནས། །འཇིགས་རུང་གི

གཤིན་རྗེ་ཆོས་རྒྱལ་གྱིས། །དབང་མེད་དུ་འཁྲིད་པ་འདི་ཨ་ཙ་མ། །མ་བརྟགས་པར་ཉམས་དགའི་སྐྱེ་བོའི་ཚོགས། །འདི་ནང་གི་བདེ་ལ་ཞེན་ཞེན་པའི། །ཐུགས་རྒྱུད་ལ་གླུ་འདི་མི་འབབ་མོད། །དེ་ཀུན་ཀྱང་དེ་བས་ཨ་ཙ་མ། །ཨ་ཙ་མ་བཙུ་ཡི་གླུ་ཆུང་འདི། །ཕྱོགས་མེད་ཀྱི་རྒྱལ་ཁམས་མྱུལ་མྱུལ་ནས། །སྙོམ་ལས་ཀྱི་མལ་དུ་རྟག་ཉལ་བའི། །བློ་བཟང་གི་ཆོས་རྒྱན་ཞེས་བྱས་སྨྲས། །ཞེས་སོ། །

དེ་ནས་རིམ་གྱིས་བཀྲ་ཤིས་ལྷུན་པོར་ཕེབས་ནས་མང་འགྱེད་རྒྱས་པར་སྩལ་ནས་ཆོས་ཀྱི་འཁོར་ལོ་རྒྱ་ཆེར་བསྐོར། དེ་ནས་རྒྱལ་བ་ཐམས་ཅད་མཁྱེན་པ་ཡོན་ཏན་རྒྱ་མཚོའི་བཀའ་ཤོག་དང་གདན་འདྲེན་གྱི་མི་སྣ་བཅས་རྗེ་འདི་ལྷ་ལྡན་སྨོན་ལམ་གྱི་ཚོགས་དབུར་སྤྱན་དྲངས་ཏེ་ཆུ་གླང་ནས་ས་རྟའི་བར་སྨོན་ལམ་ཆེན་མོའི་ཚོགས་དབུ་རྒྱུན་དུ་མཛད། གླང་ལོའི་སྨོན་ལམ་གྲོལ་ནས་སྲུལ་པའི་སྐུ་བསོད་ནམས་དགེ་ལེགས་དཔལ་བཟང་དང་། སེ་འབྲས་རྒྱུད་སྟོད་སྨད་སོགས་ཀྱི་དགེ་བའི་བཤེས་གཉེན་བཞི་བཅུ་ཙམ་ལ་བསྙེན་རྫོགས་གནང་། འབྲས་སྤྱུངས་ཚོགས་ཆེན་ལ་འཛམ་དབྱངས་ཆོས་སྐོར་ཡོངས་རྫོགས་དང་། ཐམས་ཅད་མཁྱེན་པ་ལ་མགོན་པོ་ཞལ་གྱི་རྣམ་འགྱུར་མང་པོའི་བཀའ་དང་། ཐུན་མོང་དང་ཐུན་མོང་མ་ཡིན་པའི་བེའུ་བུམ་ལུང་ཞལ་ཤེས་དང་བཅས་པ་གནང་ངོ་། །

དེ་ནས་བཀྲ་ཤིས་ལྷུན་པོར་ཕེབས་ནས་སྔགས་གྲྭར་བཞུགས་པའི་རབ་འབྱམས(༤༣ན)པ་རྣམས་ལ་འདུས་པའི་བཤད་ཉན་གྱི་སྟེང་དུ་དཔལ་དུས་ཀྱི་འཁོར་ལོའི་རྒྱུད་འགྲེལ་གྱི་འཆད་ཉན་གསར་འཛུགས་མཛད། དེ་ནས་རེ་ཤིག་སྐུ་མཚམས་མཛད་དེ་དཔལ་གསང་བ་འདུས་པའི་ཟབ་ལམ་རིམ་པ་ལྔ་ལ་ཉམས་བཞེས་རྩེ་གཅིག་ཏུ་མཛད་པས་རིམ་ལྔའི་རྟོགས་པ་མངོན་དུ་གྱུར་ཏེ་ཕྱི་རབས་ཀྱི་གདུལ་བྱ་རྣམས་ལ་འཛམ་མགོན་བླ་མའི་རྗེས་སུ་སློབ་པར་འདོད་པ་རྣམས་ཀྱིས་རང་ངོས་ནས་ཉམས

ལེན་བྱུང་ཕྱིན་རྗེའི་བསྟན་པ་འདི་ལ་ཚེ་གཅིག་ཉིད་ལ་ཟུང་འཇུག་བསྒྲུབ་པའི་ཉེ་ལམ་འདི་ལྟ་བུ་ཡོད་དོ་ཞེས་རྡོ་རྗེའི་སྒྲ་དབྱངས་སྒྲོགས་པར་མཛད་པ་ནི།

ན་མོ་གུ་རུ་མཉྫུ་གྷོ་ཥ་ཡ། རྗེ་དུས་གསུམ་སངས་རྒྱས་ཐམས་ཅད་ཀྱི། །དཔལ་བདེ་བ་ཆེན་པོའི་ཡེ་ཤེས་སྐུ། །ཕྱི་ངུར་སྨིག་གར་གྱིས་རྣམ་རོལ་པ། །ཕ་མ་དྲི་ལྷ་དྲའི་ཞབས་ལ་འདུད། །དུས་ཉིན་གཅིག་རིག་པ་དྭངས་པའི་ཚེ། །ཆོས་ཐོས་པའི་སྙིང་པོ་ཅུང་ཟད་བསམས། །དེ་བསམས་པས་བླ་མའི་བཀའ་དྲིན་དྲན། །ལུང་མན་ངག་རིགས་པས་ངེས་པའི་དོན། །འདི་འབྲས་བུ་ལམ་བྱེད་ཚུལ་ཉིད་དུ། །རྗེ་བླ་མའི་བཀའ་དྲིན་རྗེས་དྲན་པའི། །ངག་རྡོ་རྗེའི་གླུ་དབྱངས་འདི་བཞིན་ལེན། །མགོན་ཐུགས་རྗེ་ཅན་དེའི་བཀའ་དྲིན་གྱིས། །རྟེན་དལ་འབྱོར་ཚང་བའི་མི་ལུས་ཐོབ། །རྗེ་རྒྱལ་བ་གཉིས་པའི་བསྟན་དང་མཇལ། །རྒྱུད་སྡོམ་པ་གསུམ་གྱིས་མཛེས་པར་བྱས། །གཞི་དམ་ཚིག་སྡོམ་པ་གཙེས་པར་བསྲུངས། །འདི་བསམས་ཤིང་རྗེ་བཙུན་བླ་མའི་དྲིན། །དྲིན་ཆེ་བར་ངེས་སོ་བླ་མ་རྗེ། །བཀའ་མདོ་རྒྱུད་དོན་ལ་སྒྲོ་འདོགས་བཅད། །གནས་(༡༣བ)འཁོར་བའི་རྒྱུ་འབྲས་དང་ཚུལ་རིག །བྱམས་སྙིང་རྗེ་བྱང་ཆུབ་སེམས་ཉིད་སྦྱངས། །དབྱིངས་གནས་ལུགས་རྟོགས་པའི་ལྟ་བ་གོ །ལམ་རིམ་གཉིས་ཟབ་མོའི་ཉམས་ལེན་ཤེས། །འདི་བསམས་ཤིང་རྗེ་བཙུན་བླ་མའི་དྲིན། །དྲིན་ཆེ་བར་ངེས་སོ་བླ་མ་རྗེ། །གཞི་མ་དག་སྐྱེ་ཤི་བར་དོ་གསུམ། །རྒྱུད་སྨིན་བྱེད་སྐུ་གསུམ་ངོ་བོར་བསྒྱུར། །ཡུལ་གང་སྣང་དག་པའི་རོལ་པར་ཤར། །ལུས་ཟབ་གསལ་གཉིས་མེད་ལྷ་ཡི་སྐུ། །ངག་གྲག་སྟོང་སྔགས་ཀྱི་བཟླས་པ་ཤེས། །འདི་བསམས་ཤིང་རྗེ་བཙུན་བླ་མའི་དྲིན། །དྲིན་ཆེ་བར་ངེས་སོ་བླ་མ་རྗེ། །ནང་རྡོ་རྗེའི་ལུས་ཀྱི་གནས་ལུགས་རྟོགས། །རྩ་འདབ་བརྒྱད་ནོར་བུའི་ཆུ་སྐྱེས་དབུས། །ཆོས་ཁྱད་པར་གསུམ་ལྡན་སྨིན་ལེགས་མར། །སེམས་རྩེ་གཅིག་ཆགས་པའི་རོལ་རྩེད་ཀྱིས། །མ་ཡེ་ཤེས་ཌཱ་ཀིའི་གཟི་བརྗིད་རྒྱས། །སྙིང་ཆུ་ཤེལ་ཟླ་ཟེར་སྦྲོས་ཤིང་

བསྟུས། །ཕྲིས་ཧི་སྣིད་ཆོས་ཀྱི་རི་དྭགས་ཀུན། །སྤུར་མཉམ་གཞག་དྲན་པའི་རྒྱ་རྟུ
བཅུག །རྒྱ་དེ་ཉིད་བདེ་སྟོང་ལྷ་སྐུར་ཤར། །འདི་བསམས་ཤིང་རྗེ་བཙུན་བླ་མའི་
དྲིན། །དྲིན་ཆེ་བར་ངེས་སོ་བླ་མ་རྗེ། །སྙིང་མཚོན་ཆ་འཁོར་ལོ་རྩིབས་བརྒྱད་དབུས། །
སྔགས་བཟང་པོའི་ཐིག་ལེས་ངར་བླུད་ནས། །དགྲ་གཟུང་འཛིན་བཞིན་པའི་བདུད་སྡེ
ཡི། །མགུལ་ཅིག་ཅར་འདྲལ་བའི་དགྲ་ཐབས་མཁས། །ཡང་ཆོས་འཁོར་བསྐོའི་ལྟེ་བ
ལ། །དཔལ་ཡེ་ཤེས་རྡོ་རྗེའི་རང་བཞིན་གྱི། །ནོར་བཻ་ཌཱུར་དཀར་པོའི་པི་ཝཾ་ནི། །རྒྱུད་
འོད་ཟེར་ལྔ་ཡི་རི་མོ་ཅན། །གདངས་མི་ཤིགས་(༢༩ན)རྡོ་རྗེ་གསུམ་གྱི་དབྱངས། །
དཔལ་མཁའ་སྤྱོད་གྲུབ་པའི་གཏམ་སྙན་འདིས། །དབྱེ་དཀའ་བ་མ་རིག་མདུད་པ་
འབྱེད། །འདི་བསམས་ཤིང་རྗེ་བཙུན་བླ་མའི་དྲིན། །དྲིན་ཆེ་བར་ངེས་སོ་བླ་མ་རྗེ། །
ཐབས་ཤེས་རབ་ངེས་གསང་རྩ་མཆོག་ནི། །ཆེས་ཕྲ་བའི་ཆུ་སྐྱེས་སྦུ་གུའི་རྩེར། །རྫས
དཀར་དམར་འབྲས་བུའི་ཐིག་ལེ་མཛེས། །འདི་ཟློས་པས་ཞེ་སྡང་འདོད་ཆགས་དང་། །
དེའི་འབྲས་བུ་གཏི་མུག་མི་རྟོག་རྒྱས། །སྲོག་མ་འགགས་བཞིན་དུ་མངོན་སུམ་ཤི །
ལར་འགལ་འདུའི་ལྟད་མོ་ཅི་ཡང་མཐོང་། །འདི་བསམས་ཤིང་རྗེ་བཙུན་བླ་མའི་
དྲིན། །དྲིན་ཆེ་བར་ངེས་སོ་བླ་མ་རྗེ། །བློ་སྒྱུར་མགྱོགས་དྲན་པའི་ལྷ་བཟོ་ཡིས། །ཁམས
ཕྲ་མོའི་གསེར་སྦྱངས་བཅོས་མ་ལས། །རྟེན་ཡེ་ཤེས་རང་བཞིན་ལྷ་སྐུ་བཞེངས། །སྐུ་དེ་ཡི་
ཚོ་འཕྲུལ་བསམ་མི་ཁྱབ། །ཁམས་གསུམ་པོ་མ་ལུས་རོལ་གྱིས་མིད། །མཐར་དེ་བཞིན་
གཤེགས་པའི་ཚོགས་ཀུན་བསད། །རྗེ་སངས་རྒྱས་ཡུམ་ཡང་བདག་ཏུ་བཟུང་། །དེའི་
ངོ་ཚས་རང་ཡང་སྟོང་པར་བྲོས། །འདི་བསམས་ཤིང་རྗེ་བཙུན་བླ་མའི་དྲིན། །དྲིན་ཆེ་
བར་ངེས་སོ་བླ་མ་རྗེ། །སླར་ནམ་མཁའི་ལམ་ལས་འཇའ་ཚོན་འཁྲུངས། །འཇའ་དེ་
ཉིད་མཚན་དཔེའི་འོད་དུ་འབར། །ཐབས་དབང་པོའི་གཞུ་ཡི་ན་ཆུང་དང་། །ཡུལ་འོད་
གསལ་ཚང་གིས་རྟག་མྱོས་པའི། །དབྱིངས་ལྷན་སྐྱེས་གཞོན་ནུ་མིག་ཡངས་པོ། །དུས

འདུ་འབྲལ་མེད་པའི་གྲོགས་པོར་སོང་། །གྲོགས་མཛའ་བས་དངོས་པོ་གཅིག་ཏུ་འདྲེས། །དཔལ་ཟག་མེད་ནོར་དང་ལོངས་སྤྱོད་ཚོགས། །ཁོང་གཞན་(༢༩བ)ལས་ཕྲོགས་ཏེ་བདག་གིར་བཟུང་། །འདི་བསམས་ཤིང་རྗེ་བཙུན་བླ་མའི་དྲིན། །དྲིན་ཆེ་བར་ངེས་སོ་བླ་མ་རྗེ། །དོན་དེ་བཞིན་མདོན་དུ་མ་གྱུར་ཀྱང་། །ཆོས་ཟབ་མོ་ཐོས་དང་བསམ་པའི་མཐུས། །རྗེ་སངས་རྒྱས་ལས་ཀྱང་ཆེས་དཀོན་པའི། །ལམ་འདི་འདྲ་བླ་མའི་དྲིན་གྱིས་རྙེད། །མི་ང་ལ་གདད་པ་མ་མཆིས་ཀྱང་། །བློ་འདི་ཉིད་གསང་ཆེན་རྒྱུད་སྡེའི་བཅུད། །ཡུལ་ཉེར་བཞིའི་དཔའ་བོ་རྣལ་འབྱོར་མ། །བློ་འདི་འདྲ་གསང་བའི་མགུར་དུ་འཛེར། །འདི་བློ་བཟང་ཆོས་ཀྱི་རྒྱལ་མཚན་གྱིས། །རྗེའི་བཀའ་དྲིན་དྲན་ཚེ་དབྱངས་སུ་བསྡེབས། །གདམ་འདི་ཡི་དགེ་བས་འགྲོ་བ་ཀུན། །དཔལ་ཟུང་འཇུག་རྡོ་རྗེའི་སྐུ་ཐོབ་ཤོག །ཅེས་སོ། །

དེ་ནས་ཀུན་དགའ་ཞེས་པ་ཤིང་ཕོ་སྟག་གི་ལོ་ལྷ་ལྡན་སྨོན་ལམ་ཆེན་མོར་ཕེབས་ཏེ་ཚོགས་དབུ་མཛད་ནས་སྐྱེས་རབས་ཀྱི་གཟབས་བཤད་སོགས་འཛམ་མགོན་བླ་མའི་མཛད་སྤྱོད་ཉམས་པ་མེད་པར་བསྐྱངས། ཐམས་ཅད་མཁྱེན་པ་ཡོན་ཏན་རྒྱ་མཚོ་བསྙེན་པར་རྫོགས་པ་མཛད་པའི་མཁན་པོ་མཛད། གཞན་ཡང་དོན་གཉེར་ཅན་བརྒྱ་ཕྲག་མང་པོར་རབ་བྱུང་བསྙེན་རྫོགས་གནང་། འབྲས་སྤུངས་ཚོགས་ཆེན་ལ་སྤྲུབ་ཐབས་རྒྱ་མཚོ་རྫོགས་པར་གནང་། དེ་དུས་རྗེ་ཉིད་ཀྱི་ཞལ་སློབ་བསྟན་པ་ལ་ཕན་དུ་རེ་བ་མང་པོ་ཞིག་གློ་བུར་གློ་བུར་དུ་འདས་པས་རྐྱེན་བྱས་མི་རྟག་པའི་ངང་ཚུལ་བཅོས་མིན་ཐུགས་ལ་འཁྲུངས་ཏེ་གསུང་མགུར་འདི་ལྟར་མཛད་དེ།

ན་མོ་གུ་རུ་མཉྫུ་གྷོ་ཥཱ་ཡ། ཀུན་མཁྱེན་གྱི་རྒྱལ་པོ་ཙོང་ཁ་པའི། །གདམས་པ་ཡི་མཛོད་འཛིན་དབེན་སཔ། །དུས་གསུམ་གྱི་(༢༥ན)སངས་རྒྱས་ཡེ་ཤེས་དངོས། །མི་བདག་སྐྱོང་གི་པཎྜིའི་ཟླེའུ་འབྲུར་བཞུགས། །འཇིགས་རང་འཇིགས་ལྷ་བཅུ་ཁ་རལ་

དུས། །ལོ་ཀྲན་ཆོ་བཞི་བཅུ་ལྔ་ཙམ་ལོན། །རྣམ་གཡེང་གི་ངང་ལ་མི་ཚེ་ཟད། །ད་ཆོ་ལྟག་འདི་སྙུམ་ཟད་མར་མེ་ཙམ། །རི་གཟར་གྱི་འབབ་ཆུ་དྲག་པོ་ལྟར། །སྙིགས་དུས་ཀྱི་ཚེ་ཐུང་ཞག་འགའོ། །སུས་བཟུང་བར་མི་ནུས་ནམ་མཁའི་གློག །འདི་བསམས་ན་ཚེ་འདིའི་མདུན་མས་ཅི། །མཐོ་དམན་གྱི་གྲོགས་པོ་ཕལ་མོ་ཆེ། །འཇིགས་རུང་གི་གཤིན་རྗེས་ཟོས་ནས་ཟིན། །ཐར་མེད་ཀྱི་འཆི་བདག་ཟ་རེས་དེ། །མི་བདག་ཅག་གི་ཐོག་ཏུ་འབབ་ལ་ཁད། །རྒྱུས་མེད་ཀྱི་བར་དོའི་འཕྲང་བརྒྱུད་ནས། །རྒྱང་རིང་དུ་གཅིག་པུར་འགྲོ་དགོས་ན། །བསླུ་མེད་ཀྱི་གྲོགས་དང་འཛད་མེད་ཀྱི་བརྒྱགས། །འགྲོད་མེད་དུ་ཚགས་སུ་ཚུད་ལེགས་སམ། །འདི་ནང་གི་ཕུན་ཚོགས་ཅི་འགྱུར་ཀྱང་། །ཕྱི་ལམ་གྱི་ཡུལ་གྱི་ལོངས་སྤྱོད་བཞིན། །དོན་ཆུང་ལ་མི་ཚེ་འཛད་པའི་རྒྱུ། །དུག་གསུམ་གྱི་ས་བོན་སྐྱུག་རེ་བྲོ། །སྙིང་སྡུག་གི་མཛའ་གྲོགས་མང་ན་ཡང་། །ངན་སོང་གི་འཕེན་ཐག་འཆིང་བའི་ལྕུགས། །སེང་གླིང་གི་སྲིན་མོ་མཛེས་མ་ལྟར། །བདེ་འགྲོ་ཡི་སྲོག་གཅོད་ཐར་པའི་གཤེད། །གཞོན་གྲོགས་དང་དགའ་བའི་རྩེད་འཛོ་ཡང་། །ཞིམ་འདོད་ཀྱིས་བཙན་དུག་ཟ་བ་བཞིན། །ཐར་མེད་ཀྱི་རོ་མྱུགས་འདམ་རྫབ་ཏུ། །ཡུན་རིང་དུ་ཉམ་ཐག་ཨ་རེ་སྡུག །རོ་ཞིམ་གྱི་མྱོས་འགྱུར་མང་འཐུངས་ཀྱང་། །དམར་འབར་གྱི་ཁྲོ་ཆུ་འཐུང་བའི་རྒྱུ། །འབུམ་ཕྲག་གི་སྐྱེ་བ་དུ་མ་རུ། །སེམས་རྣལ་དུ་མི་གནས་བ་མ་གླང་། །བན་བུན་གྱི་(༤༥བ)འཇིག་རྟེན་བྱ་བ་འདི། །ཨ་འཐས་སུ་ཞེན་པས་སྡུག་ལ་བཀོད། །བག་ཆགས་ཀྱིས་བསླད་པའི་རྨི་ལམ་བཞིན། །ཉིན་མཚན་ཀུན་འཁྲུལ་པའི་བྱ་བས་འདས། །དུག་གསུམ་གྱི་བག་ཆགས་ཚན་ཆེས་པས། །ལང་ཤོར་གྱི་བག་མེད་བསམ་སྤྱོར་འདི། །བཙན་ཆོད་དུ་གཉེན་པོས་མ་སྐྱུངས་ན། །འོ་བརྒྱལ་ཆེ་ད་དུང་བྱུང་གིས་དོགས། །འདུས་བྱས་ཀྱི་མཚན་ཉིད་མི་རྟག་ཅིང་། །སྙིགས་དུས་ཀྱི་ཚེ་ལ་ལོང་མེད་པས། །ད་དོན་མེད་ཀྱི་བྱ་བས་མི་འདའ་བར། །ཡང་དག་གི་སྙིང་པོ་ལེན་པར་

འདོད། །ཅེས་སོ། །

ལོ་དེ་ལ་སྟོང་འཁོར་སྤྲུལ་སྐུ་འཇམ་དབྱངས་རྒྱ་མཚོ་དང་། སྐྱིད་ཤོད་ཞབས་དྲུང་བསྟན་འཛིན་བློ་བཟང་རྒྱ་མཚོ་སོགས་བླ་ཆེན་མང་པོས་གཙོས་བསྙེན་རྫོགས་གསར་སྒྲུབ་བརྒྱ་ཕྲག་མང་པོའི་དོན་མཛད། དེ་ནས་བཀྲ་ཤིས་ལྷུན་པོར་ཕེབས་ཏེ་གོང་སློས་བླ་ཆེན་གཉིས་པོ་དེ་དང་ཟུར་བཞི་སློབ་དཔོན་རྣམས་ཀྱིས་ཐོག་དྲངས་སྡེ་སྣོད་འཛིན་པ་སུམ་བརྒྱ་ལྷག་ཙམ་ལ་རྡོ་རྗེ་ཕྲེང་བ་དང་མི་ཏྲ་བརྒྱ་རྩའི་དབང་རྣམས་རྫོགས་པར་སྩལ། དེ་ནས་ལྷུན་རྩེ་ཆོས་སྡེ་བ་རྣམས་ཀྱིས་གདན་དྲངས་ནས་གསང་བདེ་འཇིགས་གསུམ་གྱི་དབང་ཆེན་དང་ཆོས་སྐྱོང་མང་པོའི་རྗེས་གནང་སོགས་ཆོས་མང་དུ་གནང་། དེ་ནས་དམར་སེར་ཅན་ཞེས་པ་མེ་སྤྲེལ་གྱི་ལོ་ཟླ་བ་བཅུ་གཉིས་པའི་ནང་དུ་ཐམས་ཅད་མཁྱེན་པ་ཡོན་ཏན་རྒྱ་མཚོ་གློ་བུར་གྱི་རྐྱེན་གྱིས་ཞིང་གཞན་དུ་གཤེགས་ནས་དགོངས་པ་ཆོས་ཀྱི་དབྱིངས་སུ་རྫོགས་པར་བྱ་བ་དང་། ལྷ་ལྡན་སྨོན་ལམ་གྱི་ཚོགས་དབུ་རྣམས་དུས་མཚུངས་སུ་མཛད། སྨོན་(༤༨ན)ལམ་གྲོལ་འཕྲལ་ར་སྒྲེང་ལ་ཕེབས། དགོན་པ་གོང་དུ་ཟླ་བ་ལྷག་ཙམ་སྐུ་མཚམས་བཅད་དེ་སྐུ་འདྲ་རིན་པོ་ཆེ་དབུ་ཡོན་མ་སྤྱན་དྲངས། གསོལ་བ་རྩེ་གཅིག་ཏུ་འདེབས་པར་མཛད་པས་བྱིན་གྱིས་བརླབས་པའི་མཚན་མ་ཁྱད་པར་ཅན་བྱུང་བས་ཇོ་བོ་ཆེན་པོ་དཔལ་ལྡན་ཨ་ཏི་ཤ་ལ།

ན་མོ་གུ་རུ་མཉྫུ་གྷོ་ཥ་ཡ། རྗེ་མི་ཕམ་ཆོས་ཀྱི་མདུན་སའི་རྒྱན། །ལྷ་སྐལ་ལྡན་གྲངས་མེད་ཡོངས་ཀྱི་མགོན། །དཔལ་ནམ་མཁའ་དྲི་མ་མེད་པའི་ཞབས། །མི་བདག་སྙིང་པདྨོའི་ཟེའུ་འབྲུར་ཞོག །ཞིང་བདེ་བ་ཅན་ན་འོད་དཔག་མེད། །རྗེ་རྒྱལ་བའི་སྤྱན་སྔར་བཟང་པོ་སྐྱོང་། །ཡོངས་ལྷ་རིག་པཎ་ཆེན་ཀུན་གྱི་གཙོ། །ཐུགས་བརྩེ་བས་གཟིགས་ཤིག་ཨ་ཏི་ཤ །སྔོན་དཔག་མེད་དུས་ནས་སངས་རྒྱས་ཀྱང་། །བདག་མགོན་མེད་འགྲོ་བའི་དོན་གྱི་ཕྱིར། །ཁྲིམས་བསླབ་གསུམ་ལྡན་པའི་དགེ་སློང་ཚུལ། །ཐུགས

བརྩེ་བས་གཟིགས་ཤིག་ཨ་ཧེ་ཤ །བོད་འདྲེ་སྲིན་གདུལ་དཀའ་འདུལ་མཛད་པའི། །
དཔལ་མཐུ་སྟོབས་དབང་ཕྱུག་པདྨ་འབྱུང་། །མགོན་ཁྱོད་ཀྱི་ཡེ་ཤེས་སྒྱུ་མའི་འཕྲུལ། །
ཐུགས་བརྩེ་བས་གཟིགས་ཤིག་ཨ་ཧེ་ཤ །དུས་མི་བཟད་སྙིགས་མ་ལྔ་བདོ་བ། །ཡུལ་
བྱང་ཕྱོགས་རྨོངས་པའི་མུན་ཁྲོད་འདི་ར། །ཆོས་ཕན་བདེའི་གཞི་འོད་སྟོང་འབར་
བའི། །དཔལ་མར་མེ་མཛད་དཔལ་ཨ་ཧེ་ཤ །རིགས་ཁྱབ་བདག་བདེ་གཤེགས་ཀུན་
གྱི་དངོས། །ཆོས་བརྒྱད་ཁྲི་བཞི་སྟོང་འབྱུང་བའི་གནས། །ཚོགས་འཕགས་མཆོག་ཀུན་
གྱི་འདྲེན་པ་མཆོག །སྐྱབས་བསླུ་མེད་མགོན་པོ་ཨ་(༤༨བ)ཧེ་ཤ །ཕ་ཁྱོད་ཞབས་
བསྙེན་ཅིང་མཆོད་པ་དང་། །ཡིད་རྩེ་གཅིག་གདུང་བས་གསོལ་འདེབས་ན། །མཆོག་
ཐུན་མོངས་དངོས་གྲུབ་མ་ལུས་ཀུན། །དུས་མྱུར་དུ་སྩོལ་མཛད་ཨ་ཧེ་ཤ །ད་དེང་ནས་
བྱང་ཆུབ་སྙིང་པོའི་བར། །མགོན་ཁྱོད་ཞབས་པདྨོ་སྤྱངས་ནས་ནི། །བདག་རེ་བའི་
སྐྱབས་གཞན་མི་འཚོལ་བས། །ཕ་ཐུགས་རྗེས་ཟུངས་ཤིག་ཨ་ཧེ་ཤ །ཧེན་རྙེད་དཀའ་
འཇིག་སླའི་མི་ལུས་འདི། །ཕྱིས་འབྲས་མེད་སྟོན་པ་མི་འགྱུར་བར། །དོན་རྩེ་གཅིག་
སྙིང་པོ་ལེན་པ་རུ །རྒྱུད་བྱིན་གྱིས་རློབས་ཤིག་ཕུལ་བྱུང་ཞབས། །དགྲ་བདག་འཛིན་
འགོང་པོ་རྩད་ནས་བཅོན། །གཉེན་འགྲོ་དྲུག་སེམས་ཅན་གཅེས་པར་བཟུང་། །ལམ་
སྟོང་ཉིད་སྙིང་རྗེ་དབྱེར་མེད་པར། །རྒྱུད་བྱིན་གྱིས་རློབས་ཤིག་ཕུལ་བྱུང་ཞབས། །སླར་
མ་འོངས་སྐྱེ་བ་རྣམས་སུ་ཡང་། །སྤྲང་བདག་གི་སྐྱིད་སྡུག་ལེགས་ཉེས་རྣམས། །དཔལ་
ལྷ་ཅིག་ཇོ་བོ་ཁྱེད་རང་མཁྱེན། །ལམ་ལོག་པར་མ་གཏོང་ཨ་ཧེ་ཤ །ཚེ་འདི་ནང་
འགགས་པར་གྱུར་པ་ན། །དཔལ་མར་མེ་མཛད་དཔལ་སྣང་མཐའ་ཡས། །དོན་དེ་
ཕྱིར་ཐུགས་རྗེའི་འོད་ཟེར་གྱིས། །བུ་སྙིང་མེད་བདེ་བ་ཅན་དུ་དྲོངས། །མི་ང་ལ་དད་
ཅིང་གུས་པ་རྣམས། །སྙིང་དགའ་ལྡན་ལྷ་བརྒྱའི་གནས་མཇལ་ཞེས། །བཀའ་འགྱུར་
མེད་ཞལ་གྱིས་བཞེས་པ་ཡི། །དོན་མངོན་སུམ་བདག་ལ་བསྟན་དུ་གསོལ། །ཅེས་

དང་། འབྲོམ་ལ།

ན་མོ་གུ་རུ་མཉྫུ་གྷོ་ཥ་ཡ། ལྷ་གངས་རིའི་མགོན་པོ་སྤྱན་རས་གཟིགས། །དཔལ་མར་མེ་མཛད་པའི་ཐུགས་ཀྱི་སྲས། །རྗེ་རྒྱལ་བ་ཀུན་གྱི་འབྱུང་གནས་ཞེས། །མཚན་(༢༧ན)སྙན་པར་གྲགས་པའི་རྒྱལ་བ་འབྲོམ། །སྲས་ས་བཅུའི་དབང་ཕྱུག་པད་དཀར་འཛིན། །རྒྱུད་མ་དག་འགྲོ་བ་འདྲེན་པའི་ཕྱིར། །རྟེན་ཚངས་སྤྱོད་དགེ་བསྙེན་ཚུལ་འཛིན་ཀྱང་། །དོན་སྙིང་པོའི་དགེ་སློང་རྒྱལ་བ་འབྲོམ། །ཡུལ་བྱང་ཕྱོགས་ཨུ་པ་སྡེ་ཀ་ཞིག །མིང་ཆོས་འཕེལ་སྐད་དུ་འབྱུང་ངོ་ཞེས། །རྗེ་རྒྱལ་བའི་ལུང་བསྟན་མཆོག་བརྙེས་པའི། །བོད་གངས་ཅན་མགོན་པོ་རྒྱལ་བ་འབྲོམ། །ཞིང་ཕྱོགས་བཅུའི་བདེ་གཤེགས་ཐམས་ཅད་ཀྱི། །ཐུགས་བརྩེ་བའི་ཡེ་ཤེས་གཅིག་བསྡུས་ནས། །དཔལ་བཀའ་གདམས་མེས་པོའི་སྐུར་སྟོན་པ། །ཕ་བསྟན་པའི་བདག་པོ་རྒྱལ་བ་འབྲོམ། །ཚེ་མི་རྟག་དཀྲུན་ཉི་ལྷ་བུ་འདི། །དགྲ་ཆོས་བརྒྱད་རྐྱེན་གྱིས་མི་གཡེང་བར། །ད་རྩེ་གཅིག་དམ་ཆོས་བསྒྲུབ་པ་རུ། །རྒྱུད་བྱིན་གྱིས་རློབས་ཤིག་འབྲོམ་སྟོན་རྗེ། །ཁྲོང་ལྷོ་གོས་གཏམ་གྱི་སྙིང་དུ་བསྒྲུར། །ཚེ་འདི་ནང་ལུས་སྲོག་ཐེད་ལ་བོར། །རང་གཅེས་འཛིན་གཅོང་ནད་ཐོན་པ་རུ། །རྒྱུད་བྱིན་གྱིས་རློབས་ཤིག་འབྲོམ་སྟོན་རྗེ། །བྱམས་སྙིང་རྗེ་བྱང་ཆུབ་སེམས་གཉིས་འབྱོངས། །དབྱིངས་སྤྲོས་བྲལ་བདག་མེད་མངོན་སུམ་རྟོགས། །ལམ་རིམ་གཉིས་རྣལ་འབྱོར་མཐར་ཕྱིན་པར། །རྒྱུད་བྱིན་གྱིས་རློབས་ཤིག་འབྲོམ་སྟོན་རྗེ། །ཞེས་ཇོ་བོ་ཡབ་སྲས་གཉིས་ཀྱི་གསོལ་འདེབས་ཕྱག་ཕྲིས་སུ་མཛད་དོ། །དེ་ནས་འབྲས་སྤུངས་སུ་ཕེབས་པ་ན་སེ་འབྲས་གཉིས་ཀའི་མཁན་པོ་མཛད་དགོས་ཞེས་བླ་མ་དགེ་འདུན་ཚང་མས་གསོལ་བ་རྩེ་གཅིག་ཏུ་བཏབ་པས་རྗེ་རིན་པོ་ཆེའི་བསྟན་རྒྱུན་ལ་དགོངས་ནས་རེ་ཤིག་མཛད་པར་ཞལ་གྱིས་བཞེས་ཏེ་སེ་འབྲས་གཉིས་ཀའི་མཁན་(༢༧བ)པོ་མཛད། དེའི་ཚེ་སྟོན་པ་ཐུབ་པའི་དབང་པོ་ལ་

བདེན་ཚིག་གསོལ་འདེབས་འདི་ལྟར་མཛད་དེ།

ན་མོ་གུ་རུ་མུ་ནི་ཨིནྡྲ་ཡ། བསྐལ་བཟང་འདྲེན་པ་རྒྱ་སྐར་སྟོང་གི་དབུས། །སྙིང་སྟོབས་ཆ་ཤས་རྫོགས་པའི་འོད་དཀར་ཅན། །ཐུབ་དབང་སྨྲ་བའི་ཟླ་བའི་ཞབས་པད་ལ། །བྱང་ཆུབ་སྙིང་པོའི་བར་དུ་སྐྱབས་སུ་མཆི། །འཇིགས་རུང་སྙིགས་མའི་བྲིན་ཟ་ཆེར་འབར་བས། །རྒྱལ་གཞན་མཐའ་དག་སྐྲག་པ་འཛིན་པའི་ཚེ། །མཁྱེན་བརྩེའི་སྤྲིན་ཕུང་ཐུགས་རྗེའི་ཆུ་རིས་ཅན། །གདུང་སེལ་ཤཱཀྱའི་གཙོ་བོ་ལས་གཞན་ཅི། །དེ་ཕྱིར་ཐུབ་པའི་ཉི་མ་མང་པོ་ཡིས། །ཡལ་བར་བོར་བའི་དམུ་རྒོད་གདུལ་དཀའ་བ། །ཉམ་ཐག་མགོན་སྐྱབས་མེད་པ་བདག་ཅག་ལ། །རེ་བའི་སྐྱབས་གཞན་མེད་དོ་ཤཱཀྱའི་ཏོག །བསམ་ཞིང་བསམས་ཤིང་ཀུན་མཁྱེན་ཉི་མའི་གཉེན། །མངོན་སུམ་མ་མཐོང་གདུང་བའི་མེ་འབར་བ། །གཞོམ་ཕྱིར་སྤྲིན་དང་བྲལ་ཡང་མིག་མཁའ་ལས། །མཆི་མའི་ཆར་ཟིམ་གཡོ་བས་ཅི་ཡང་ཁེབས། །དེ་སླད་ལྟར་བཅས་སྟོན་པ་མཆོག་དེ་ཉིད། །དྲན་པའི་ཡུལ་དུ་གཤེགས་ཀྱང་གུས་པ་ཡིས། །ཞབས་ཕྱིར་བསྐྱེགས་པར་འདོད་པ་བདག་ཅག་ལ། །བརྩེ་བས་ཕྱི་བཞིན་གཟིགས་དང་ཟས་གཙང་སྲས། ཁྱོད་ཀྱི་བསྟན་པའི་ཆ་ཙམ་མི་སྒྲུབ་པར། །ཉོན་མོངས་དུག་གསུམ་ཆང་གིས་རབ་མྱོས་པ། བྲལ་མེད་སྨྱོན་པ་ལྟ་བུ་བདག་ཅག་ལ། །བཅོམ་ལྡན་ཐུགས་རྗེ་མདའ་བས་སྐྱབས་མཛོད་ཅིག །དལ་འབྱོར་དོན་ཆེན་སྙིང་པོ་མི་ལེན་པར། །དོན་ཆུང་ཚེ་འདིའི་བྱ་བས་དུས་འདའ་བ། །རིན་ཆེན་དོར་ནས་མཆིང་བུ་ལེན་པ་ཡི། །བག་མེད་བཟང་རྫུ་མཁན་ལ་ཐུགས་རྗེས་གཟིགས། །འདུས་བྱས་མི་རྟག་ཁྱད་པར་རང་(ངན)གི་ཚེ། །རྫུ་རྩེའི་ཟིལ་པ་བར་སྣང་གློག་འདྲ་ཡང་། །སྙིང་བཀུར་དོན་གཉེར་རྟག་ཏུ་སྟོད་ཁྲབས་བྱེད། །རྟག་འཛིན་ཕྱི་བཤོལ་མཁན་ལ་ཐུགས་རྗེས་གཟིགས། །ཚེར་མའི་སྡུག་བསྔལ་ཙམ་ཡང་མི་བཟོད་ཀྱང་། །བསྐལ་བརྒྱར་ངན་འགྲོའི་སྡུག་བསྔལ་མྱོང་བའི་རྒྱུ། །དགེ་སྡིག་ཁྱད་དུ་གསོད་པའི་བྲལ་མེད་པོ། །སྡིག་ལྡན་སེར་གཟུགས

ཅན་ལ་ཐུགས་རྗེས་གཟིགས། །ཉོན་མོངས་དགྲ་བོར་ཤེས་ཀྱང་སེམས་ལ་འཆང་། །སྡོམ་གསུམ་གཉེན་དུ་མཐོང་ཡང་ཡལ་བར་འདོར། །གཞན་གྱིས་དམ་པར་བཀུར་ཡང་ཐ་མལ་པ། །འགལ་འདུའི་ཕུང་པོ་བདག་ལ་ཐུགས་རྗེས་གཟིགས། །ལྷན་གྲོལ་མི་ལྡན་དཀོར་གྱིས་རང་རྒྱུད་རློས། །ཉིན་མཚན་ཁེར་ཡུག་རྣམ་གཡེང་རོ་ཉལ་མཁན། །ཆོས་བརྒྱུད་ཁོལ་པོ་གཞན་ངོར་ཚུལ་འཆོས་པ། །སྙིང་རུལ་བླུན་པོ་བདག་ལ་ཐུགས་རྗེས་གཟིགས། །གར་འགྲོའི་གདོལ་མེད་གཞན་གྱི་ལམ་སྣ་འདྲེན། །རང་རྒྱུད་མ་དུལ་གཞན་ལ་དམ་ཆོས་འཆད། །རང་མགོ་མི་ཐོན་མང་པོའི་ཚོགས་དཔོན་བྱེད། །བཙུན་པའི་གཟུགས་བརྙན་བདག་ལ་ཐུགས་རྗེས་གཟིགས། །ཚུལ་འདི་བུ་རམ་ཤིང་པའི་རྣམ་ཐར་དང་། །རང་གཞན་སྤྱོད་ཚུལ་དྲན་པས་སྐྱེན་བྱས་ཏེ། །དགེ་སློང་བློ་བཟང་ཆོས་ཀྱི་རྒྱལ་མཚན་གྱིས། །དཔལ་ལྡན་འབྲས་སྤུངས་ཆོས་སྡེ་ཆེན་པོར་སྨྲས། །ཞེས་སོ། །

དུས་དེ་དང་གཞན་གྱི་ཚེ་ཡང་ཁྲིམས་འཆལ་དུར་སློག་གིས་དགྲེས་ཤིང་དད་པས་བྱིན་པ་ལ་འཇེམ་མེད་སྤྱོད་ཀྱང་དབུལ་བའི་སྡུག་བསྔལ་གྱིས་ཉམ་ཐག་པ་དུ་མ་སྤྱན་ལམ་དུ་གཟིགས་པས་ལྷག་པར་སྙིང་རྗེ་འབྲུངས་ཤིང་ཐུགས་ཡ་ང་བར་(༡༡༨)གྱུར། དེས་མཚོན་ཚེ་འདིའི་བདེ་སྐྱིད་དོན་དུ་གཉེར་བའི་ཕྱིར་སྡིག་པ་འབའ་ཞིག་བྱེད་པ་རྣམས་ཀྱི་བསམ་སྦྱོར་གཟིགས་པས་ཀྱང་སྐྱེན་བྱས། འདི་ལྟར་ཐུགས་ལ་ཤར་བ་བཞིན་འཕགས་པའི་དབྱངས་སུ་བསྟེབས་པར་མཛད་པ་ནི།

ན་མོ་གུ་རུ་མཉྫུ་གྷོ་ཥཱ་ཡ། ཕ་རྗེ་བཙུན་བླ་མའི་ཞབས་ལ་འདུད། ཁྱེད་གསོན་དང་རྣམ་དཔྱོད་ཡངས་པ་ཀྱེ། ཁ་མནོག་ཆུང་གི་བྱ་བས་ཅི་ཞིག་བྱེད། །བདེ་འདོད་ན་དམ་པའི་ལྷ་ཆོས་མཛོད། །ནོར་ཟང་ཟིང་གི་འདུ་འགོད་སྟོན་ཀའི་སྤྲིན། །གཉེན་འཁོར་གཡོག་གི་ལང་ལོང་ཚོང་དུས་འགྲོན། །ལུས་ཤ་ཁྲག་གི་ལང་ཚོ་ནམ་མཁའི་འཇའ། །འདི་དགོངས་སམ་ཤེས་ལྡན་གྲོགས་པོ་དག །རྟེན་དལ་འབྱོར་འདི་ཉིན་མོའི་སྐར་མ་

འབྲ། །དགྲ་འཆི་བདག་ཁོ་མི་སྡོད་ཚུར་ཚུར་འོང་། །ཚེ་ཕ་རོལ་གྱི་ངམ་གྲོགས་གཡང་ས་ཆེ། །འདི་དགོངས་སམ་ཤེས་ལྡན་གྲོགས་པོ་དག །སྐྱིར་འཁོར་བའི་གནས་འདི་དུག་སྦྲུལ་ཚང་། །དགོས་འདོད་ཡོན་གྱི་ལོངས་སྤྱོད་ཀིམ་པའི་འབྲས། །ལྷ་ཚངས་དབང་གི་དཔལ་ཡང་ཆུ་ཤིང་འདྲ། །འདི་དགོངས་སམ་ཤེས་ལྡན་གྲོགས་པོ་དག །ཉིན་ཆེ་དུས་སུ་སྐྱབ་པ་དཀོན་མཆོག་གསུམ། །དུས་མཐར་ཐུག་གི་གཏན་གྲོགས་དྲིན་ཅན་རྗེ། །རང་དགོས་དུས་སུ་ཕན་པ་དམ་པའི་ཆོས། །འདི་དགོངས་སམ་ཤེས་ལྡན་གྲོགས་པོ་དག །ཤུལ་ཐག་རིང་གི་བརྒྱགས་ཕྱེ་སྤྱིན་པའི་གཏེར། །ལམ་མཐོ་རིས་ཀྱི་ཐེམ་སྐས་ཚུལ་ཁྲིམས་དང་། །རྒྱན་གཟུགས་བཟང་གི་བྱེད་པོ་བཟོད་པ་སྟེ། །འདི་དགོངས་སམ་ཤེས་ལྡན་གྲོགས་པོ་དག ཁྱེད་འདི་ནང་གི་བདེ་ལ་ཆགས་རིན་མེད། །ཡུལ་འདི་ལས་དགའ་ལྡན་ལྷ་ཡུལ་སྐྱིད། །ཟས་འདི་ལས་ལྷ་ཡི་བདུད་རྩི་ཞིམ། །འདི་དགོངས་སམ་ཤེས་ལྡན་གྲོགས་པོ(༥༨ན)དག །གོས་འདི་ལས་ལྷ་རྫས་ན་བཟའ་དྲོ། །རྒྱན་འདི་ལས་ནོར་བུ་རིན་ཆེན་མཛེས། །གྲོགས་འདི་ལས་ལྷ་དང་ལྷ་མོ་བཟང་། །འདི་དགོངས་སམ་ཤེས་ལྡན་གྲོགས་པོ་དག །མིའི་འདོད་པའི་བདེ་ལ་ཞེན་པས་ཅི། །ཀྱེ་ལྷ་ཡི་ལུས་དང་ལོངས་སྤྱོད་ཡོད། །ཀུའི་འཁོར་བའི་བདེ་བ་འདོད་ན་ཡང་། །ཆོས་ཚུལ་བཞིན་མཛོད་དང་འདི་བཞིན་འབྱུང་། །ཞེས་སོ། །དེ་སྐབས་དབེན་པའི་གནས་སུ་སྒྲུབ་པ་སྙིང་པོར་མཛད་པ་ལ་ཐུགས་སྐུལ་བའི་གསུང་དབྱངས་འདི་ལྟར་མཛད་དེ།

ན་མོ་གུ་རུ་མཉྫུ་ཤྲཱི་ཛྙཱ་ཡ། རྗེ་སངས་རྒྱས་ཀུན་གྱི་ཡེ་ཤེས་ཉིད། །ཕ་འཇམ་བླ་མེད་པའི་བློ་བཟང་གྲགས། །མི་བདག་སྙིང་པདྨོའི་དབུས་བཞུགས་ལ། །མཆོག་ཐུན་མོང་དངོས་གྲུབ་སྩལ་དུ་གསོལ། །གནས་འཇིགས་རུང་འཁོར་བའི་བཙོན་ར་འདིར། །སྡུར་སྐྱེ་རྒ་ན་འཆིའི་འཁོར་ལོ་བསྐོར། །ད་རྗེ་བཙུན་བླ་མའི་ཐུགས་རྗེ་ཡིས། །ལས་ཉོན་མོངས་སྐྱེ་བ་བཟློག་ཏུ་གསོལ། །གཞོན་ལང་ཚོ་རྒྱས་པའི་སྨྱུ་གུ་དེ། །མཐར་ལོ་བླ

འགྱུར་བས་རིམ་བཞིན་སྨིན། །སེམས་ཅོལ་ཆུང་བྱིས་པ་རྒན་པོའི་ལུས། །འདི་བསམས་ཤིང་ཤེས་པ་གཏིང་ནས་སྐྱོ། །དབྱར་སྐྱང་ལྗོངས་བཀྲ་བའི་མེ་ཏོག་དེ། །དབྱིབས་རབ་མཛེས་མཐོང་ན་ཡིད་འཕྲོག་ཀྱང་། །དུས་ནམ་ཟླ་སྟོན་དུ་གྱུར་པ་ན། །མདོག་མི་ལེགས་རྙིངས་ཤིང་ཡིད་མི་ཆགས། །དོན་དེ་བཞིན་ཡིད་འོང་བལྟ་ན་མཛེས། །རྒྱན་ལང་ཚོས་དྲེགས་པའི་གཞོན་ནུ་ཡང་། །མཐར་དར་ཡོལ་རྒས་པའི་དུས་ཀྱི་ཚེ། །གཟུགས་མི་སྡུག་རོ་ལངས་མཚོན་སུམ་བཞིན། །ནང་ཤ་དང་ཁྲག་གི་སྟོབས་བྲི་བས། །ཕྱི་ལྷབ་ལྷབ་འཕྱང་བའི་པགས་པ་དེ། །རྒྱ་གཉེར་མ་མང་པོས་རྒྱ་ཁྲམ་བཅིངས། །ལུས་དྲང་པོར་སྐྱེས་(༤༩བ)པའང་གཞུ་ལྟར་སྒུར། །སོའི་གོ་སར་ཐལ་ཆེར་ལྷུང་གྱུར་པས། །མཆུའི་ཡལ་འདབ་གཡོ་ཡང་མཛེས་པ་མེད། །ངག་མི་གསལ་ལྷབ་ལྷིབ་སྨྲ་བ་འདི། །མདུན་ཁ་ཆུས་ཆག་ཆག་འགྲེམས་པ་བཞིན། །ཡར་ལྡང་ཚེ་སྨྱུག་བཞི་ས་ལ་བགྲད། །མར་སྡོད་ཚེ་འབེབས་ཆེན་རྒྱག་དང་མཚུངས། །རྐང་བྱིན་པ་སོར་བཞིའི་ཁྲི་དེས་ཀྱང་། །ལུས་སྒྲོམ་བུ་མི་ཐེག་ལིང་ལིང་འདར། །སྒྲ་གཟེངས་ཤིང་ལྟག་མ་སྐྱོ་བོར་གྱུར། །མིག་མི་གསལ་མིག་འབྲས་ནང་དུ་བྲོས། །གཏམ་འགྲོ་འོང་རྣ་བའི་སྒོ་ལ་བཀག །བློ་རྨོངས་ཤིང་དྲན་དང་དབང་པོ་ཉམས། །ལུས་འབད་པས་འཁོར་བ་ལ་བརྟེན་ཡང་། །འགྲོས་འཁྱོར་ཞིང་འཁྱོར་ཞིང་རེས་འགའ་འབུབ། །ཚེ་ཐལ་ཆེར་ཟད་པས་ཕ་རོལ་ཉེ། །གཉེན་ཉེ་འབྲེལ་འཁོར་གཡོག་བཅས་པས་ཀྱང་། །ད་མེད་ན་བདེ་ཞེས་ཤི་སྨོན་བྱེད། །རྒས་འཁོགས་ཤིང་ལང་ཚོ་ཉམས་གྱུར་པས། །ཤིང་ཁོང་རུལ་སྡོང་པོ་རྙིང་པ་འདྲ། །ཚུལ་འདི་འདྲའི་འཇིགས་རུང་སྡུག་བསྔལ་ཡང་། །དུས་ལན་རེ་ཁོ་ན་མ་ཡིན་ཏེ། །རྒྱུན་མི་ཆད་ཡང་དང་ཡང་དུ་མྱོང་། །ལར་རྒས་པའི་སྣང་ཚུལ་འདི་ལྟ་བུ། །ཡོངས་ཀུན་ལ་འབྱུང་བའི་རང་བཞིན་ཡང་། །གཞོན་ལང་ཚོ་རྒྱས་པའི་བྱིས་པ་རྣམས། །འདི་མི་ཤེས་ན་ཚོད་རྟག་ཏུ་རེ། །ཕྱི་གསེར་ཆུས་གཡོགས་པའི་བཤང་གཅི་

ལ། །སེམས་ཆགས་ཀྱང་རང་མཚང་མྱུར་དུ་སྟོན། །ཚོན་རི་མོ་བཀྲ་བའི་དབང་པོའི་གཞུ། །མདངས་ལེགས་ཀྱང་མྱུར་དུ་ཡལ་ནས་འགྲོ། །དོན་དེ་ཕྱིར་ལུས་ཀྱི་རྐྱེན་བཟོད་ཚེ། །ནགས་སྨན་ལྗོངས་མཛེས་པའི་དགའ་ཚལ་དེར། །གྲངས་བཅུ་གཉིས་སྦྱངས་པའི་ཡོན་ཏན་བླངས། །བཀའ་མདོ་རྒྱུད་དམ་པའི་རྣམ་ཐར་བལྟ། །ཆོས་མང་དུ་ཐོས་པའི་གནད་རྣམས་སེམས། །དོན་ཏིང་འཛིན་བདེ་ལ་རྩེ་གཅིག་རོལ། །སླར་རྗེས་ཐོབ་སྒྱུ་མའི་རྣམ་ཐར་སྐྱོང་། །དུས་རེས་འགའ་(༩༠ན)ས་འཛིན་ཡངས་པར་འཆག །ལམ་ཐུན་མོང་རིམ་པ་ནས་བཟུང་སྟེ། །དཔལ་ཟུང་འཇུག་བདེ་བ་ཆེན་པོའི་བར། །གཞི་སྟོན་ཐོག་གཅིག་ཏུ་དྲིལ་བྱས་ནས། །དུས་ཉིན་མཚན་ཁོར་ཡུག་བསྒོམ་པར་སྒྲོ། །མཐར་ན་ཚོད་ཡོངས་སུ་སྨིན་གྱུར་ཀྱང་། །རྗེ་ཀུན་མཁྱེན་ཐུབ་པའི་དབང་པོ་ཡིས། །ཆོས་མང་དུ་ཐོས་པའི་དགེ་སློང་དེ། །ནགས་བཟང་པོའི་སྐྱིད་མོས་ཚལ་གྱི་ཁྲོད། །ཚེ་ལང་ཚོ་ཡོལ་བ་གནས་པ་བདེ། །ཞེས་གསུངས་བཞིན་རྣ་ཤེས་སྐྲག་པ་མེད། །སེམས་ཆོས་བརྒྱུད་སྒྲོས་པ་རྩད་ནས་བཅད། །ལྷའི་སྐྱིད་ཚལ་འདྲ་བའི་དབེན་གནས་དེར། །ཕ་བླ་མའི་རྣམ་ཐར་སྐྱོང་བར་སྤྲོ། །སྟེང་རྒྱ་འཛིན་བླ་བྲེ་ལང་ལིང་གཡོ། །བར་སྨུགས་པའི་སྟོད་གཡོགས་ཡོལ་བས་བྲེས། །སྨད་ཚགས་ཚལ་སྟོན་པོའི་ཤམ་ཐབས་མཛེས། །གཞི་ནེའུ་གསིང་མེ་ཏོག་ཕང་ཕུང་ཅན། །འགྲོགས་བདེ་བའི་བྱ་དང་རི་དྭགས་གྲོགས། །ཡིད་བག་ཕེབས་བདེ་བར་ཟློས་གར་སྒྱུར། །ཚེ་འདི་ནང་ཆགས་སྡང་སྐྱེ་བའི་ཡུལ། །གཉེན་ཉེ་དུ་དགྲ་སོགས་མིང་ཡང་མེད། །ཀུན་མངོན་དགའ་བསྐྱེད་པའི་སྨན་ལྗོངས་དེར། །ནོར་འབྱོར་རྒྱུད་གསོག་བསྲུང་སྡུག་བསྔལ་བྲལ། །འཕྲལ་གང་བྱུང་ཆོག་ཤེས་བདུད་རྩིས་འཚོ། །ཆོས་འཕགས་ནོར་བདུན་གྱི་བང་མཛོད་འཛིན། །ལས་ཅི་བྱེད་སྣ་ཐག་རང་གིས་བཟུང་། །རྗེ་རྒྱལ་བ་ཀུན་གྱི་རྗེས་སུ་སློབ། །ཚུལ་འདི་འདྲའི་བདེ་སྐྱིད་ཁྱད་པར་གང་། །ལྷའི་དབང་པོས་ཀྱང་ནི་རྙེད་དཀའ་གསུངས། །དོན་དེ་ཕྱིར་པདྨོའི་དྲ་བ་

ཡིས། །སྙིང་མཛེས་པར་ཁེབས་པའི་ཡིད་བཞིན་མཚོ། །རྒྱུད་མིག་ལམ་(༩༠བ)བབ་པའི་ངང་པ་བཞིན། །གནས་དབེན་པའི་དགའ་ཚལ་སྙིང་ལ་དྲན། །ལས་ཉོན་མོངས་ཆུ་སྲིན་མང་པོས་གཙེས། །རླབས་སྐྱེ་རྒ་ན་འཆིའི་ཐ་གློང་འཁྲུག །གཏིང་མཐའ་མེད་འཁོར་བའི་རྒྱ་མཚོ་ལས། །ད་མྱུར་དུ་སྒྲོལ་ཕྱིར་དབེན་པར་འགྲོ །ལམ་ཐབས་ཤེས་ཟབ་མོའི་ཉམས་ལེན་གྱིས། །དགྲ་སྐྱེ་རྒ་ན་འཆི་རྩད་བཅད་ནས། །དུས་རྟག་ཏུ་འདུ་འབྲལ་མི་བྱེད་པའི། །ལུས་ལོངས་སྤྱོད་གྲོགས་སོགས་སྒྲུབ་པར་སྨོན། །ཚུལ་འདི་ལྟར་རེ་བའི་དོན་པོ་རྣམས། །སྐྱབས་བསླུ་མེད་བླ་མ་དཀོན་མཆོག་གིས། །ཡུན་མི་རིང་མྱུར་དུ་འགྲུབ་པ་ཡི། །གེགས་ཞི་ཞིང་མཐུན་རྐྱེན་འགྲུབ་པར་མཛོད། །ཅེས་སོ། །དེ་དུས་སུ་གུ་གེ་ཆོས་རྒྱལ་གྱིས་གདན་འདྲེན་ཡང་ཡང་བྱུང་བ་ལྟར་ཞལ་གྱིས་བཞེས་ཏེ་ལྷ་ལྡན་ནས་བཀྲ་ཤིས་ལྷུན་པོར་ཕེབས། བླ་ཕྱེད་ལྷག་ཙམ་བཞུགས་ནས་རིམ་གྱིས་ཕེབས་ཏེ་ལམ་བར་དུ་བཞུགས་པའི་དགེ་འདུན་གྱི་སྡེ་དང་དད་པ་ཅན་རྣམས་ཀྱིས་མཆོད་ཅིང་བསྙེན་བཀུར་བ་ཡང་དང་དུ་བཞེས། ཅི་འདོད་པའི་ཆོས་ཀྱིས་ཀྱང་ཚིམ་པར་མཛད།

ཟླ་བ་བཞི་པའི་ཉེར་གསུམ་ལ་མ་ཕམ་མཚོ་འགྲམ་དུ་ཕེབས་ནས་སྐུ་ཁྲུས་མཛད་ཅིང་མཚོའི་རྫེའུ་ཕྲུག་སྤྲར་གང་བཞེས་པས་ཕལ་ཆེར་ལྷའི་རྣམ་པར་བྱོན། སང་གངས་རིའི་མདུན་ན་ཕར་ཕེབས་དུས་གངས་རིའི་རྩེ་ནས་འཛའ་ཚོན་ཁ་དོག་སྣ་ལྔ་རྒྱལ་མཚན་དང་། བ་དན་དང་། གདུགས་ལྷ་བུ་དང་། དར་བཀྲུངས་པ་འདྲ་བ་དཔག་ཏུ་མེད་པ་བྱུང་སྟེ་རྗེ་འདི་པའི་སྙིང་ངོས་སུ་ཆགས་པ་བྱུང་སྟེ་རྗེ་འདི་གར་ཕེབས་ཀྱི་དབུའི་ཐོག་ཏུ་ཆགས་པ་བྱུང་བས་གངས་རིའི་གནས་འཛིན་པ་འབྲི་ཁྲུང་རྗོར་འཛིན་(༩༡ན)འཁོར་བཅས་དད་པར་གྱུར་ཏེ་རྗེ་འདིའི་ཕྱི་བཞིན་བསྙེགས་ནས་ཤྭ་ལ་ཙ་གོང་དུ་མཇལ་ཁ་དང་བྱིན་རླབས་ཞུས། ངེད་གངས་རིར་སླེབས་ནས་ལོ་བཅུ་ཙམ་སོང་ཡང་དེ་རིང་

ལས་རྟགས་ཡ་མཚན་ཆེ་བ་མ་བྱུང་། ཁྱེད་ཀྱིས་བདག་བྱང་ཆུབ་མ་ཐོབ་ཀྱི་བར་དུ་ཐུགས་རྗེས་ཟུངས་ཞེས་དང་གུས་ཆེན་པོས་སྨོན་ལམ་འདེབས་པར་བྱེད་དོ། །དེ་ནས་ཟླ་བ་ལྔ་པའི་ཚེས་བཅུ་གསུམ་ལ་ཞབས་དྲུང་ཆོས་རྗེ། རྗེ་བོ་བདག་པོ་ལྷ་སྟེ་མི་སྟེའི་གཙོ་བོ་རྣམས་ཀྱིས་རྟ་པ་མང་པོའི་ཚོགས་དང་བཅས་ཕེབས་བསུ་ཞུས་ཏེ་ཞང་ཞུང་གི་ཡུང་ནང་སྤྱིའི་ལྡིང་ཞེས་བྱ་བར་ཕེབས། འདི་སྐབས་ལྷ་རྣམས་ཀྱིས་མེ་ཏོག་གི་ཆར་ཕབས་པ་སོགས་དགེ་མཚན་སུམ་ཕུན་ཚོགས་པ་ཀུན་གྱི་མངོན་སུམ་དུ་གྱུར། ཚེས་བཅོ་ལྔ་ལ་མཐོ་ལྡིང་གསེར་གྱི་ལྷ་ཁང་དུ་ཞབས་དྲུང་མི་དབང་གིས། སྐྱེས་མཆོག་ལོ་ཙཱ་བ་རིན་ཆེན་བཟང་པོའི་བཞུགས་ཁྲིར་གདན་དྲངས་ཏེ་རིན་པོ་ཆེའི་མཎྜལ་ཕུལ་ཏེ་སེར་ཚོགས་ཀྱི་འདུས་པ་རྒྱ་མཚོ་ལ་མང་འགྱེད་ཀྱི་བསྙེན་བཀུར་དང་བླ་མའི་རྣལ་འབྱོར་སོགས་འདོད་ཆོས་ཞུས། དེ་ནས་ཕལ་ཆེར་ཆོས་གྲྭ་སར་བཞུགས་ནས་མཆོད་ཡོན་རྣམས་ལ་གསང་བདེ་འཇིགས་གསུམ་གྱི་དབང་། བསྐྱེད་རྫོགས། སྣར་ཐང་བརྒྱ་རྩ། འཇམ་དབྱངས་ཆོས་སྐོར། བཀའ་གདམས་ཆོས་འབྱུང་གི་ལུང་སོགས་ཟབ་རྒྱས་ཆོས་ཀྱི་འཁོར་ལོ་བསྐོར། མདོར་ན་གུ་གེ་བདག་པོ་སྐུ་མཆེད་ཁུ་དཔོན་རྣམས་ཀྱིས་ཐོག་དྲངས་ཕྱོགས་དེའི་ལྷ་སྟེ་མི་སྟེ་ཐམས་ཅད་ཀྱིས་དད་གུས་ཚད་མེད་པས་མཆོད། དེ་ནས་ཟླ་བ་དགུ་པའི་(༨༡བ)ཚེས་བཅུ་གསུམ་ལ་གུ་གེ་ནས་ཆིབས་བསྒྱུར་དེ་གངས་རིའི་བར་དུ་ཞལ་ངོ་མཆོད་ཡོན་རྣམས་ཀྱིས་ཆིབས་བསྐྱེལ་ཞུས། གངས་རི་ཆེན་པོ་ལ་ཞབས་བསྐོར་མཛད་ནས་གངས་རིའི་སྐུ་མདུན་དུ་དད་འདུས་ཀྱི་སྐུ་སེར་གྱི་ཁྲིམ་ཤིན་ཏུ་ཆེ་བ་ཚོགས་པ་ལ་ཉིན་དགུང་ཁྲིམ་དབང་ཞིག་གནང་སྐབས། གངས་རི་ཆེན་པོ་བི་ཛུཏྲིའི་མདོག་ལྟར་སྔོ་བ་ལ་གཟུགས་བརྙན་སྣ་ཚོགས་འཆར་བ་ཞིག་ཏུ་གཟིགས། སྐུའི་ཉེ་སྐོར་དུ་ཡོད་པའི་གྲྭ་པ་འགའ་ཞིག་ལ་གངས་རི་འདི་ཅི་འདྲར་སྣང་བཀའ་འདྲི་གནང་བར། དཀར་ཞིང་འཚེར་བར་འདུག་ཟེར། མཁར་ནག་ཆོས་མཛད་ལ་བཀའ་འདྲི་

གནང་བར་རྒྱ་མཐིང་བཟང་པོའི་མདོག་ལྟ་བུ་ཤིན་ཏུ་སྡོ་བ་ཞིག་འདུག་ཟེར། དེ་ཙམ་ཞིག་མཐོང་ནས་ཡ་མཚན་དུ་བྱེད་དོ། །དེ་ནས་ཟླ་བ་བཅུ་གཅིག་པའི་ཚེས་བཅུ་གསུམ་ལ་ཆོས་གྲྭ་ཆེན་པོ་བཀྲ་ཤིས་ལྷུན་པོར་ཕེབས་ནས་སེར་ཇ་གསེར་འགྱེད་དང་བཅས་པ་གནང་། དེ་དུས་ལྷ་ས་དང་འབྲས་སྤུངས་ཀྱི་རྒྱབ་རིར་མི་སྟོང་ཕྲག་དུ་མ་ཁ་བཏགས་ཤིང་སེ་འབྲས་གཉིས་དམག་གིས་བཅོམ་སྐབས་སུ་མཆིས་ཀྱང་། ཡང་དག་པར་རྫོགས་པའི་སངས་རྒྱས་བཞུགས་སྐབས་སུའང་གྲོང་ཁྱེར་སེར་སྐྱ་བ་རྣམས་དང་ཀོ་ས་ལ་པའི་དམག་འཁྲུག་ཚན་ཆེ་བ་དང་རྒྱ་བོད་གཉིས་ཀར་བསྟན་པའི་འཕེལ་འགྲིབ་སྣ་ཚོགས་བྱུང་ཡང་། ལས་ཀྱི་རྣམ་སྨིན་བཅོས་སུ་དཀའ་བ་ལྟར་ཐབས་དང་བྲལ་ཡང་། བསྟན་པ་འབའ་ཞིག་ཐུགས་ལ་དགོངས་ཏེ་སེ་འབྲས་གཉིས་ཀར་མང་ཇ་གསེར་འགྱེད་དང་བཅས་པ་ལན་ལྔ། ཁ་ཆེའི་ཆབ་བྲུམ་སྤྲུས་(༨༢ན)གཙང་བ་ཆ་རེ་རེ། །འབྲས་སྤུངས་བྱམས་ཁང་དང་དཔལ་གདུང་ཁང་དུ་གུག་ཧིང་ཆེ་ལེགས་བདུན་ཚར་རེ་རེ་ཕུལ་བ་སོགས་སེ་འབྲས་གཉིས་ཀ་མི་ཉམས་པའི་ཐབས་ལ་རྣམ་པ་ཀུན་ཏུ་འབད་པར་མཛད། དེ་ནས་ལོ་དེ་ཉིད་ཀྱི་སྟོན་འཇུག་སོགས་དམག་དཔུང་ཆེ་བ་བྱུང་རྒྱབ་ཏུ་སླེབས། སྡེ་སྲིད་དཔོན་སློབ་ཀྱི་བཀས་རྗེ་འདི་པ་ཆིངས་ལ་ཕེབས་དགོས་པ་བྱུང་། ལྷ་སར་ཕེབས་པའི་ནུབ་མོ་རྗེ་རིན་པོ་ཆེའི་རྟོགས་བརྗོད་མདུན་ལེགས་མ་ཚང་མ་ཞལ་ཏོན་དུ་མཛད་པའི་མནལ་ལམ་ཞིག་བྱུང་བ་ཆིངས་དགའ་རབ་ཡོང་དུ་རེ་བས་རིང་པོ་འདམ་གྱི་བར་དུ་ཕེབས་ཀྱང་ཐུགས་བཞེད་བཞིན་མ་བྱུང་། དེ་ནས་རེ་ཞིག་འབྲས་སྤུངས་སུ་བཞུགས་ནས་སེ་འབྲས་གཉིས་ཀ་ཆོས་དང་ཟང་ཟིང་གཉིས་ཀྱི་སྒོ་ནས་བསྐྱངས་ཏེ་སྲོག་རྩ་བཟུང་། ཁྱད་པར་ཐམས་ཅད་མཁྱེན་པ་བསོད་ནམས་རྒྱ་མཚོའི་དཔལ་གདུང་གི་སྒོ་རྒྱན་ཐམས་ཅད་བཤིག་ནས་མ་རུངས་པར་བྱས་པ། རྗེ་འདི་པས་བསྟན་རྒྱུན་དང་རྟེན་འབྲེལ་ལ་དགོངས་ཏེ་གསེར་གཡུ་སོགས་རིན་པོ་ཆེའི་ཕུང་པོ་ལས་གསར་བསྐྲུབས་

མཛད་དེ། ཐམས་ཅད་མཁྱེན་པའི་ཕྱག་རྗེས་དར་ལ་བབ་པའི་དུས་སུ་བསྐྱབས་པའི་སྒོ་རྒྱན་ཟིལ་གྱིས་གནོན་པ་ལྟ་བུ་བཟོ་བར་མཛད་དོ། །གཞན་ཡང་སེ་འབྲས་གཉིས་ཀར་བདག་ཅག་གི་སྟོན་པའི་སྐུ་བརྙན་བཀྲ་བའི་བཀྲ་ཤིས་ཁ་བཏགས་ཀྱི་འཕན་གྱི་ཕྲེང་བ་རེ་རེ་དང་། གྲྭ་ས་གསུམ་གར་མང་ཇའི་བསྙེན་བཀུར་ཡང་ཡང་མཛད་དེ་རེ་ཞིག་འབྲས་སྤྱུངས་སུ་སྐུ་མཚམས་དམ་པོ་ལ་བཞུགས་སོ། །

(༤༢བ)དེ་ནས་ཟླ་བ་བདུན་པའི་ཟླ་འགོ་ལ་བོད་དམག་ཐམས་ཅད་རྒྱང་ཐང་སྒང་དུ་འདྲིལ། ཚེས་བཅུ་གཅིག་གི་ཚ་བཞེས་གྲོལ་མཚམས་སུ་སྐད་ཅིག་ལ་སོག་པོའི་ཧྲ་པ་སྒར་ཐོག་བརྒྱུགས་ནས་མི་བརྒྱ་ཕྲག་དུ་མ་བསད་ཅེས་སྙན་དུ་གསན་པས། རྗེ་འདི་པས་སྐུ་དང་སྒྲོག་ལའང་མ་གཟིགས་པར་སྐུ་མཚམས་ལ་ཏར་འདོན་མཛད་དེ་དན་འབག་གི་བར་ཞབས་ཐང་གིས་མགྱོགས་པར་ཕེབས་པས། བོད་དམག་རྣམས་ལྷུགས་པོ་རེའི་མཚམས་སུ་འཁོར་ཞིང་སོག་པོའི་ཧྲ་པ་ལན་གཉིས་པ་རྒྱུག་པར་རྩོམ་པ་མེ་མདའ་དང་ཉག་ཕྲན་གྱི་ཆར་འབབ་པའི་སྐབས་སུ་ཕེབས། ལྷ་བཙུན་རང་ལ་ཟང་ཟིང་གི་གནང་ཆ་གྱ་ནོམ་པ་དང་བཅས་དངོས་སུ་ཞུ་བ་ནན་ཆེན་མཛད་པས། ལྷ་བཙུན་གྱིས་ཀྱང་ཅི་གསུང་བཀའ་བཞིན་དུ་ནོད་ནས་ཧྲ་རྒྱུག་འཕྲོ་བཅད་པས་དམག་མི་འབུམ་ཕྲག་ཏུ་ཉེ་བ་སྲོག་གཅེས་པ་ལས་སྐྱོབ་པར་མཛད་དོ། །དེ་སྐབས་གཙང་སོག་གཉིས་ཀས་ལྷ་ས་སྤྱི་མཆོད་ཀྱི་ཕྱིར་རྗེ་འདི་པ་ལ་ཕུལ། སོ་སོར་ཆེག་སྤྱུངས་སྟོན་དུ་འགྲོ་བའི་ཁྲ་མ་གནང་ནས། རྗེ་བོ་རིན་པོ་ཆེའི་གསེར་ཐོག་གི་འོད་ཀྱིས་ཁྱབ་པའི་སར་བྲོ་དམ་པོས་བཀག་ཅིང་བརྟན་པར་མཛད་དེ་ཉིད་ཀྱི་སྐུ་དང་སྒྲོག་ལའང་མ་གཟིགས་པར་སེ་འབྲས་གཉིས་ཀ་བསྐྱངས་ཏེ་རྒྱལ་བ་ཙོང་ཁ་པ་ཆེན་པོའི་བསྟན་པའི་སྲོག་འཛིན་པར་མཛད་དོ། །དོན་གྱི་དབང་འདི་ལ་དགོངས་ནས་རྗེ་བཙུན་བློ་བཟང་ཆོས་ཀྱི་རྒྱལ་མཚན་གྱིས་ཚུན་གྱི་འཇམ་མགོན་བླ་མའི་ལུགས་བཟང་འཛིན་པའི་མཁས་པ་གཟུར་གནས་ཐམས་

ཅད་རྗེ་བཙུན་བློ་བཟང་ཆོས་ཀྱི་(༨༣ན)རྒྱལ་མཚན་ནི་འཇམ་མགོན་བླ་མའི་བསྟན་པ་འདི་ལ་འཇམ་མགོན་བླ་མ་རང་ཉིད་དང་མཚུངས་པར་བཀའ་དྲིན་ཟླ་མེད་དོ་ཞེས་མགྲིན་གཅིག་ཏུ་སྒྲོག་པར་མཛད་དོ། །དེ་དུས་སེམས་ཅན་སྤྱི་མཐུན་གྱི་ལས་དང་བདུད་སྡིག་ཏོ་ཅན་གྱི་མཐུས་རྒྱལ་བའི་བསྟན་པ་སྤྱི་དང་ཁྱད་པར་འཇམ་མགོན་བླ་མའི་བསྟན་པ་འཕེལ་བ་ལ་གེགས་འཚུབ་ཤིན་ཏུ་ཆེ་བས་ཐམས་ཅད་མཁྱེན་པ་ཡོན་ཏན་རྒྱ་མཚོ་གློ་བུར་གྱི་རྐྱེན་གྱིས་ཞིང་གཤེགས། སྤྲུལ་སྐུ་ངོས་འཛིན་པའང་ཤིན་ཏུ་དཀའ་བར་གྱུར་བ་ན་རྗེ་བཙུན་བློ་བཟང་ཆོས་ཀྱི་རྒྱལ་མཚན་ཉིད་ཀྱིས་ཟང་ཟིང་གི་དངོས་པོ་གང་ལའང་ཕངས་པ་མེད་པར་བཏང་སྟེ་བྱང་ཕྱོགས་གངས་རིའི་ཁྲོད་ཀྱི་སྐྱེ་བོ་གདུག་རྩུབ་ཅན་རྣམས་ཟང་ཟིང་གི་དངོས་པོས་ཚིམ་པར་མཛད་ཅིང་སུ་ལའང་ཉེ་རིང་མེད་པར་དམག་ཟིངས་ཇི་སྙེད་ཅིག་བྱུང་བ་ཐམས་ཅད་ཐུགས་བྱམས་པ་དང་སྙིང་རྗེ་ཤུགས་དྲག་པའི་དབང་གིས་ཕན་ཚུན་སུ་ལའང་ཁོན་མེད་པར་བར་ཆེངས་དང་ནག་ཅན་མང་པོའི་སྲོག་སྐྱོབ་པ་དང་། གདུག་རྩུབ་ཅན་རྣམས་ལ་ལས་རྒྱུ་འབྲས་ཀྱི་ཆོས་བཤད་ནས་སེམས་ཞི་བར་བྱས་ཏེ་རྗེ་རང་ཉིད་ལ་རང་དོན་བྱ་བ་གང་ཡང་མེད་པར་སྤྱིར་བོད་འབངས་ཀྱི་སེམས་ཅན་ཐམས་ཅད་བདེ་འཇགས་ཤིག་དང་། དགེ་འདུན་གྱི་སྡེ་རྣམས་འཁྲུག་པ་མེད་པར་ཆོས་སྤྱོད་འཕེལ་བ་ཞིག་དང་། ལྷག་པར་ཐམས་ཅད་མཁྱེན་པ་ཡོན་ཏན་རྒྱ་མཚོའི་མཆོག་གི་སྤྲུལ་སྐུ་འཁྲུལ་མེད་དུ་ངོས་ཟིན་པ་ཞིག་གི་ཐབས་ལ་ཉིད་ཀྱི་སྐུ་དང་སྲོག་ལའང་མ་གཟིགས་པར་འབད་(༨༣བ)པས། ངོས་འཛིན་ཐུབ་སྟེ་ཧོར་ཆེན་ཞེས་པ་ཆུ་ཕོ་ཁྱིའི་ལོ་ཐམས་ཅད་མཁྱེན་པའི་མཆོག་གི་སྤྲུལ་སྐུ་འཕྲོང་རྒྱུས་ནས་འབྲས་སྤུངས་སུ་སྤྱན་དྲངས། གཙུག་ཕུད་བཞེས་ཏེ་མཚན་ངག་དབང་བློ་བཟང་རྒྱ་མཚོར་གསོལ། དེ་ནས་རིམ་གྱིས་ཚིགས་སྔ་མ་དགེ་ཚུལ་གྱི་མཁན་པོ་མཛད་དེ་དགེ་ཚུལ་དུ་བསྒྲུབས། ཐོག་མར་ཚེ་དབང་དང་། རྡོ་རྗེ་འཇིགས་

བྱེད་ཀྱི་དབང་ཆེན། ཆོས་སྐྱོང་མང་པོའི་རྗེས་གནང་སོགས་ཆོས་བཀའ་མཐའ་ཡས་པ་གནང་ཞིང་ཡིད་བཞིན་གྱི་ནོར་བུ་ལྟར་གཅེས་པར་སྐྱོང་བར་མཛད། དེ་ནས་ཁྲག་སྐྱུག་ཅེས་པ་ཆུ་མོ་ཕག་གི་ལོ་ལྷ་ལྡན་སྤྲུལ་པའི་གཙུག་ལག་ཁང་གི་ཐུགས་རྗེ་ཆེན་པོ་རང་བྱུང་ལྔ་ལྡན་གྱི་སྙིང་གི་རྒྱ་ཕུབ་ཤིན་ཏུ་རྙིངས་པས་ལྷ་ཁང་རིབ་ཅེམས་སུ་འགྲོ་ཉེན་ཆེ་བ་ཐུགས་ཀྱིས་མ་བཟོད་པར་གཞི་ནས་གསར་གཟོ་མཛད་དེ། ཚུལ་འདི་ལ་ནི་རྗེ་རང་ཉིད་ཀྱི་ཞལ་ནས། ཇོ་བོ་རང་བྱུང་ལྔ་ལྡན་གྱི་ཕོ་བྲང་གི་རྒྱ་ཕིབས་དེ་གསེར་ཟད་པས་གཡས་ཟློས་ཐར་ཐོར་དུ་གྱུར། ཤིང་རྣམས་རུལ་བས་ཐོག་ཀྱང་རིབ་ཉེན་ཤིན་ཏུ་ཆེ་ཡང་ལྷ་ཁང་འདི་ལྟག་པར་གཉན་པས། བླ་མ་སློབ་དཔོན་སྡེ་དཔོན་སོགས་སུས་ཀྱང་འཆོས་མ་ནུས་པ་འདུག་ཀྱང་། ཁོ་བོས་ནི་འཕགས་པའི་ཞབས་ཏོག་གི་ཕྱིར་ལུས་སྲོག་ཀྱང་ཡལ་བར་དོར་ཏེ་རྩ་བ་ནས་བཤིག །ཟངས་ཁལ་བརྒྱ་ཕྲག་དུ་མ་དང་གསེར་ནོ་སྟོང་ཕྲག་དུ་མ་བཏྲལ་བ་ལས་གཞི་ནས་གསར་དུ་བཅོས་པས་གེགས་ཕྲ་མོ་ཙམ་ཡང་མེད་པར་ཟླ་བ་དྲུག་གི་ཁོངས་སུ་ལེགས་པར་གྲུབ་ནས་རབ་ཏུ་གནས་པ་བགྱིས་ཏེ། བོད་སྤྱིའི་བདེ་སྐྱིད་ཀྱི་(༧༩ན)གསོས་སྨན་དུ་བྱས་པ་འདི་ཡང་དམ་པའི་མཛད་པ་དང་རྗེས་སུ་མཐུན་པར་རུང་ངམ་སྙམ་དུ་བགྱིད་དོ་ཞེས་གསུངས་སོ། །

དེ་ནས་མིག་དམར་ཞེས་པ་ཤིང་ཕོ་བྱི་བའི་ལོ་བཀྲ་ཤིས་ལྷུན་པོར་ལྷ་ཁང་མང་པོ་གསར་བསྐྲུན་མཛད། གཞན་ཡང་རིས་སུ་མ་ཆད་པའི་དགེ་འདུན་གྱི་སྡེ་མང་པོར་སྐུ་གསུང་ཐུགས་རྟེན་མཆོད་རྫས་གསར་བཞེངས་དང་བསྙེན་བཀུར་ནར་མར་མཛད་ཅིང་ནམ་མཁའ་མཛོད་ལ་མངའ་བརྙེས་པ་ལྟར་བྱང་ཕྱོགས་གངས་རིའི་ལྗོངས་ཀྱི་གྲུབ་མཐའ་རིས་སུ་མ་ཆད་པའི་དགེ་འདུན་གྱི་སྡེ་ཐམས་ཅད་ཆོས་ཟང་ཟིང་གཉིས་ཀའི་སྒོ་ནས་བསྐྱངས་ཤིང་། སྐུ་གསུང་ཐུགས་རྟེན་རྣམས་ལ་མཆོད་པ་ཚད་མེད་པ་མཛད་དེ་རྒྱལ་བའི་བསྟན་པ་ཡུན་རིང་གནས་པའི་ཐབས་ལ་རྣམ་པ་ཀུན་ཏུ་བརྩོན་པར་མཛད་པ་

ནི་རྗེ་བློ་བཟང་ཆོས་ཀྱི་རྒྱལ་མཚན་རང་ཉིད་ཀྱི་ཞལ་ནས། མདོར་ན་རྒྱལ་སྲས་སྐུ་མཆེད་གསུམ་གྱི་མཛད་པ་རྗེས་སུ་བསྒྲུབས་ཏེ། དགེ་བཤེས་ཆེན་པོ་པོ་ཏོ་བའི་གསུང་ནས། གཅིག་གིས་དད་རྫས་མི་ལ་བསྒྲིགས། །གཅིག་གིས་དད་རྫས་མཁར་དུ་བརྩིགས། །ངའི་དད་རྫས་དཀོན་མཆོག་སོ་ཙན་གྱི་ཁ་ན། །ཞེས་གསུངས་པ་བཞིན། དགེ་བཤེས་ཞུ་ཆུང་བ་དེ་དཀོན་མཆོག་མཆོད་པ་གཙོ་བོར་མཛད་དེ། ཁོང་རང་གི་གསུང་ནས། ངས་དང་པོར་སྤྱང་སྦྱོར་སྣ་ཆ་ཏིང་ངེ་བ་ཕུལ། དེ་ནས་རེང་བུ་བཞི་སྦྱོར་མཁར་སེང་ངེ་བ་འབུལ་རྒྱུ་བྱུང་། ད་ལྷ་ཨ་ག་རུ་དང་། དུ་རུ་ཀ་སོགས་བསུང་ཆེང་ངེ་འབུལ་(༩༩བ)གསུང་ཞིང་། རེས་གཅིག་གསེར་སྲང་ཉི་ཤུ་རྩ་གཉིས་ཀྱི་སྦྱོར་སྦྱར་ཞེས་གསུངས་པ་ལྟར། ཁོ་བོས་ཀྱང་སྤྱིར་དཀོན་མཆོག་གི་མཆོད་པ་ལ་གཙོ་བོར་བྱས་ཤིང་། ཁྱད་པར་ཆུང་ངུ་ནས་ད་ལྟའི་བར་གུར་གུམ་བཟང་པོ་རིན་ཐང་ཆེ་ཞིང་སྤུས་མི་སྙེད་པའི་དུས་སུ་ཁ་ཆེ་བཟང་པོ་གཅིག་ཕྱུའང་སྣ་ཕྱི་བསྡོམས་ན་སྲང་གྲངས་བརྒྱ་ཕྲག་དུ་མ་སྦྱར་བའི་བཟང་སྤོས་ཁོར་ཡུག་ཏུ་ཕུལ། དགེ་བཤེས་སྤྱན་སྔ་བ་དེ་གཙུག་ལག་ཁང་དང་རྟེན་གསུམ་བཞེང་བ་གཙོ་བོར་མཛད་པ་ལྟར། ཁོ་བོས་ཀྱང་། ར་སྒྲེང་། དབེན་དགོན། བཀྲ་ཤིས་ལྷུན་པོའི་ཕྱིའི་མཆོད་རྟེན་དང་། འབྲས་སྤུངས་དང་། བཀྲ་ཤིས་ལྷུན་པོའི་དངུལ་གྱི་མཆོད་རྟེན་གཉིས་དང་། ཐུགས་རྗེ་ཆེན་པོའི་དབུ་ཐོག་སོགས་དབུས་གཙང་གཉིས་ཀའི་གསེར་ཐོག་དང་གཉེར་དང་། དབེན་མགོན་དུ་རྗེ་བླ་མའི་སྐུ། བཀྲ་ཤིས་ལྷུན་པོར་དངུལ་སྐུ་བཞི། རྗེ་བཙུན་གྱི་ལི་སྐུ། སྟོན་པའི་གོས་སྐུ་སོགས་བྲིས་འབུར་མང་པོ་དང་། དབེན་དགོན་དགེ་འཕེལ་གངས་ཅན་རྣམས་སུའང་བསྟན་པ་ལ་བསམས་པའི་མཁར་ལས་ཙུང་ཟད་བགྱིས་ཤིང་ཁྱད་པར་བཀྲ་ཤིས་ལྷུན་པོར་སྔགས་ཁང་། ལྷ་ཁང་རྣམ་པ་གསུམ། གཟིམ་ཁང་། ཐ་ན་ཆོས་ཁྲིམས་ཁང་དང་། སྐུ་གཉེར་ཁང་སྟེང་ཤོད། གོས་སྐུ་སྤྱི་ལུ། གྲྭ་སའི་རྒྱུན་ལ་ཕན་པར་རེ་བའི་ཀླུ་སྡིང་

གཉིས་ལ་སོགས་པ་གསར་དུ་བཀྲིས། དགེ་བཤེས་པོ་ཏོ་བ་དགེ་འདུན་གྱི་བསྙེན་བཀུར་གཙོ་བོར་མཛད་པ་ལྟར།   ཁོ་བོས་ཀྱང་སྤྱིར་སྔར་སྨོས་པ་ལྟར་བོད་དབུས་གཙང་། མངའ་རིས། ལྷོ་མོན་(༩༥ན)ཚུན་གྱི་རིས་མེད་པའི་དགེ་འདུན་གྱི་སྡེ་ལ་བསྙེན་བཀུར་སྣ་རེ་ཙམ་མ་བྱས་པ་མེད་ཅིང་། བཀྲ་ཤིས་ལྷུན་པོའི་གྲྭ་ཚང་གསུམ། གངས་ཅན་གྱི་གྲྭ་ཚང་གཉིས། དཔལ་འཁོར་བདེ་ཆེན་གྲྭ་ཚང་བདུན། འབྲོང་རྩེ་ཆོས་སྡེ། རི་བོ་དགེ་འཕེལ། གྲྭ་ཚང་ཆེན་མོ། རི་མཁར་ཆོས་སྡེ། ལྷུན་གྲུབ་རྩེའི་ཆོས་སྡེ་རྣམས་སུ་མང་ཇ་གཉིས་གསུམ་གྱི་དགེ་རྒྱུན་བཙུགས། ཁྱད་པར་བཀྲ་ཤིས་ལྷུན་པོར་ནི། རྗེ་བ་ཐམས་ཅད་མཁྱེན་པ་དགེ་འདུན་གྲུབ་དེ་ཉིད་སྤྲུལ་པའི་སྐྱེས་མཆོག་ཏུ་གྱུར་པས་དགེ་འདུན་གྱི་བསྙེན་བཀུར་ཞུལ་དུ་བྱུང་བ་མཛད་པའི་རྒྱུན་དང་། དེའི་སྟེང་དུ་བརྒྱད་མཆོད།   བདུན་མཆོད་སོགས་མཁན་པོས་རྒྱུན་ཆགས་སུ་བཏང་དགོས་པ་རྣམས་བླ་མ་དེ་དང་དེ་དག་གི་མཛད་པ་འཕྲིན་ལས་ཀྱི་སྟོབས་ལས། མཆོག་དམན་སྣ་ཚོགས་བྱུང་བ་རྣམས་ཀྱང་གོང་འཕེལ་དུ་བྱས་པའི་སྟེང་དུ་དགོན་མཆོག་གཞན་གྱི་ཆེད་དུ་བསྔོས་པ་མ་གཏོགས། ལྷག་པོའི་བདོག་པ་ཅི་ཡོད་རང་དོན་དུ་སེར་སྣས་མ་བཟུང་བར་འདུས་པ་རྒྱ་མཚོའི་ཚོགས་རྙེད་པ་དང་བཀུར་བསྟིས་ཡང་དག་པར་མཆོད། དེས་ན་རྗེ་ཐམས་ཅད་མཁྱེན་པ་དགེ་འདུན་གྲུབ་ཀྱི་རྣམ་ཐར་རྣམས་ལའང་ཞིབ་ཏུ་བརྟགས་ན།   གདན་སའི་རྒྱུན་དང་།   རྟེན་གསུམ་མཆོད་ཚའི་རིམ་པ་བསྒྲུབས་པ་དང་། དགེ་འདུན་གྱི་བསྙེན་བཀུར་ཞབས་ཏོག་གི་ཆ་ནི་རྗེ་དེ་ཉིད་ལས་ཀྱང་ཅུང་ཟད་ལྷག་གམ་སྙམ་དུ་རློམ་པ་ཡང་མཆིས་སོ། མཁས་པའི་བྱ་བ་གསུམ་གྱི་སྒོ་ནས་ཀྱང་བསྟན་པ་ལ་ཕན་པ་དང་། སྟོན་པ་ལ་བྱ་(༩༥བ)བ་ཅུང་ཟད་བྱས་ཏེ། དེ་ཡང་ངལ་བསོ་མེད་པར་ཕྱོགས་མེད་ཀྱི་རྒྱལ་ཁམས་ཀུན་ཏུ་མྱུལ་ནས་གང་ལ་གང་འཚམ་གྱི་རྒྱུད་སྡེ་བཞི་དང་འབྲེལ་བའི་དབང་། རྗེས་གནང་། མདོ་སྔགས་ཀྱི་ལུང་བཤད་མན་ངག་གི་

ཆར་ཕབ་ཅིང་། ཆེད་དུ་བསྙེན་རྫོགས་ཀྱི་མཁན་པོ་བྱས་པ་ནི། ལོ་ལྔའི་བར་ཟིན་བྲིས་འདུག་པས་སྟོང་ཙམ་ཟིན་པའི་རྒྱུ་མཚན་ལས་ན། ད་ཙམ་ཁྲི་ཁྲག་བརྒལ་བར་སྣང་ལ། རབ་བྱུང་བསྙེན་རྫོགས་ཀྱི་མཁན་པོ་བྱས་པའི་མཁན་བུ་ཐམས་ཅད་ལ་ཆེ་རབས་ཐམས་ཅད་དུ་མཁན་པོའི་བྱ་བ་བྱས་ཏེ་ཕན་པ་སྒྲུབ་པའི་ཡི་དམ་བཅས། འདི་ནི། སྟོན་པས་ཀུན་དགའ་བོ། ཁྱོད་ཀྱིས་མཁན་པོ་དང་སློབ་དཔོན་བྱས་ནས་རབ་ཏུ་བྱུང་བ་དང་། བསྙེན་པར་རྫོགས་པ་བྱས་ན་ང་ལ་བྱ་བ་བྱས་པ་ཡིན་ནོ། །ཞེས་བཀའ་སྩལ་བའི་ཕྱིར་ཁོ་བོའི་རྣམ་པར་ཐར་པའི་མཆོག་ཡིན་ནོ། །

དེ་ལྟར་ན་རྗེ་རྒྱལ་བ་གཉིས་པའི་རིང་ལུགས་ལ་བརྟེན་པ་ཤར་རྒྱ་ནག་པོ་ནས་ནུབ་ཛྷོ་ལན་ཏ་རའི་བར་གྱི་ཆོས་ཀྱི་གདན་ཁྲི་འཛིན་པ་དང་། དྲེགས་ལྡན་གྱི་ཅོད་པན་དུ་གྱུར་པ་དང་རིགས་མཐོན་པོའི་བརྒྱུད་པ་འཛིན་པ་དང་། སྡོམ་པ་གསུམ་དང་ལྡན་ཞིང་རིམ་གཉིས་ཀྱི་རྣལ་འབྱོར་ལྷུར་ལེན་པ་ཕལ་ཆེར་ལ་ཆོས་ཀྱི་ཕན་པ་བསྒྲུབས། མདོར་ན་ཁོ་བོ་རང་གི་ཡོན་ཏན་ལ་གྲུབ་མཐའ་གང་ལ་ཡང་ཆགས་སྡང་གིས་ཀུན་ནས་བསླངས་པའི་ཕྱོགས་འཛིན་གཏན་ནས་མེད་པའི་མཐུས། བདག་ལ་མངོན་པར་དགྱེས་པའི་ཆོས་ཀྱི་བདུད་རྩི་ཡང་དག་པར་བཞེས་པ་གྲུབ་མཐའ་སྣ་ཚོགས་པའི་བསྟན་འཛིན་གྱི་སྐྱེས་བུ་ཆེ་ཕྲ་དུ་མས་ནི་བོད་དབུས་གཙང་གི་ཕྱོགས་(༩༨ན)མཚམས་ཀུན་ཏུ་ཁྱབ་ཅིང་། གཞན་ཡང་གྲྭ་ས་ཆེ་ཆུང་གི་མགོན་དུ་བཞུགས་པ་ལྷ་ཁང་གསར་དུ་བགྱི་བར་བརྩོན་པ་དང་། གཙུག་ལག་ཁང་གི་ཞིག་བསོས་དང་། གསར་ཐོག་གསེར་ཕྲུ་སོགས་བྱ་བར་འདོད་པ་དང་། རང་རང་གི་སྡེ་དེ་དང་དེའི་གཏོང་སྒོ་རྣམས་ཁྲལ་འཇལ་ཙམ་ལ་ངོ་མཚར་བྱས་ཏེ་གོང་འཕེལ་དུ་བཞེད་པ་རྣམས་ཀྱང་ཁོ་བོ་ལ་སྨྱུན་ཡར་གཟིགས་པའི་འཕྲིན་ལས་ཀྱི་རྒྱུན་དུ་སེམས་སོ། །ཞེས་གསུངས་པ་ལྟར་རོ། །རྗེ་འདི་ནི་བསྟན་པ་དང་སེམས་ཅན་གྱི་དོན་ལ་ནམ་ཡང་ཐུགས་སྐྱོ་བར་མི་མཛད་པར་དགུན་དུས་ལྷ་ལྡན་དུ

བྱིན་ནས་སྨོན་ལམ་ཆེན་མོའི་ཚོགས་དབུ་མཛད་དེ་རྗེ་རིན་པོ་ཆེའི་མཛད་ཆེན་མ་ཉམས་པར་སྐྱོང་ཞིང་ལྷ་མི་བགྲང་བ་ལས་འདས་པ་སྨིན་གྲོལ་ལ་འགོད་པར་མཛད། དབྱར་དུས་གཙང་དུ་ཕེབས་ཏེ་བཀྲ་ཤིས་ལྷུན་པོས་གཙོས་གཙང་ཕྱོགས་ཀྱི་ཆོས་སྡེ་རྣམས་ལུགས་གཉིས་ཀྱིས་སྐྱོང་ཞིང་སྐལ་བ་དང་ལྡན་པ་བགྲང་བ་ལས་འདས་པ་སྨིན་གྲོལ་ལ་འགོད་པར་མཛད། བར་སྐབས་ཤིག་ལྷོ་མོན་ཕྱོགས་སུ་ཕེབས་ཏེ་དབེན་པའི་ནགས་ཚལ་རྣམས་གཟིགས་པས་དབེན་པ་ལ་སྤྲོ་བའི་ཉམས་མགུར་འདི་ལྟར་མཛད་དེ།

ན་མོ་གུ་རུ། རྗེ་དུས་གསུམ་སངས་རྒྱས་ཀུན་གྱི་དངོས། །ཕ་བཀའ་དྲིན་གསུམ་ལྡན་བླ་མ་དང་། །དཔལ་མཉམ་མེད་བུ་རམ་ཤིང་པའི་ཞབས། །དགྲ་སྲིད་པའི་འཇིགས་འཕྲོག་དེ་ལ་འདུད། །ལྷ་བསྟན་སྐྱོང་ཆེན་མོ་གནས་པའི་མགུལ། །བོད་གངས་ཅན་ལྷོ་བོད་གཉིས་ཀྱི་མཚམས། །ཡུལ་སྦྲས་ལྗོང་འབྲས་མོ་(༩༨བ)གཤོངས་ཀྱི་འདབས། །སའི་ཐིག་ལེ་ཁང་བུ་ཞེས་གྲགས་པ། །གཞི་རི་ཀླུང་ཐམས་ཅད་མ་རྐྱང་གྱི། །མདངས་བཟང་པོའི་འཛོ་སྒེག་རོལ་པ་འཛིན། །ནོར་པདྨ་རཱ་ག་བཻ་ཌཱུརྻ། །གསེར་བཙོ་མ་དུང་དང་གཡུ་འདྲ་བའི། །མདོག་སྣ་ཚོགས་དབྱིབས་ལེགས་མེ་ཏོག་གིས། །ཕྱོགས་ཀུན་ཏུ་འཇའ་ཚོན་བཀྲམ་པ་བཞིན། །སྤུང་སྤོ་ལྗང་རི་བོ་མཁའ་ལ་སྙེགས། །གཡུ་མཚོ་འདབ་མཛེས་པའི་ནགས་ཚལ་རྒྱས། །བྱ་སྣ་མང་མགྲིན་པའི་གསུང་སྙན་སྒྲུར། །ཕུ་གངས་དང་གཡའ་ཡི་ར་བས་བསྐོར། །ཤེལ་དཀར་འཆོར་དབུ་བའི་གོས་གྱོན་པའི། །ཆུ་མི་ཆེ་མི་ཆུང་སྙོམས་པར་འབབ། །སྔིང་ཆུ་འཛིན་སྔོན་པོ་ལང་མ་ཡིང་། །དུས་རེས་འགའ་སྦྲང་ཆར་ཟིམ་བུ་འབབ། །ནད་བཞི་བརྒྱ་རྩ་བཞི་འཛོམས་བྱེད་ཅིང་། །རོ་ཁ་དོག་ནུས་པ་སྣ་ཚོགས་པའི། །སྨན་བཟང་པོས་ས་ཡི་ཕྱོགས་ཀུན་བརྒྱན། །ལི་ག་དུར་པུ་ཤུག་བ་ལུ་སོགས། །སྤོས་བཟང་པོའི་དྲི་ངད་རྒྱུན་དུ་འཕྱུལ། །ལྷའི་དགའ་ཚལ་ལྷ་བུའི་ཡུལ་ལྗོངས་དེར། །རྗེ་ཟས་གཙང་སྲས་ཀྱི་རྣམ་ཐར་བཞིན། །

དྲན་ཤེས་བཞིན་ལྡན་པས་འཆག་ཅིང་འདུག །དུས་དེ་རིང་ནགས་ཀྱི་སྨན་ལྗོངས་ངོགས། །ཀློ་འཁྲུལ་བས་བརྟགས་ཤིང་མཐོང་བ་ཡི། །ཡིད་ངོ་མཚར་རི་མོ་སྣ་ཚོགས་ཀྱང་། །དོན་དཔྱད་ན་མི་དམིགས་སྟོང་པའི་ངང་། །རྗེ་རྒྱལ་བ་ཀུན་གྱི་ཐུགས་ཀྱི་བཅུད། །བཀའ་བརྒྱུད་ཁྲི་བཞི་སྟོང་སྙིང་པོའི་དོན། །ཁྲུས་དུས་གསུམ་འཕགས་བཞི་བསྐྱེད་པའི་ཡུམ། །འདི་གསལ་བར་སྟོན་པའི་སློབ་དཔོན་དང་། །ཡུལ་སྣང་ཙམ་མ་བརྟགས་ཉམས་དགའ་ཡང་། །དོན་གནས་ཚུལ་ནམ་མཁའི་པདྨོ(༩༧ན)བཞིན། །འདི་མ་རྟོགས་འཁོར་བའི་སེམས་ཅན་རྣམས། །ཆེས་བཟོད་དཀའི་སྡུག་བསྔལ་ཡང་ཡང་མྱོང་། །གདོན་དངོས་འཛིན་སྒྱུ་མས་སྨྱོངས་པ་ཡི། །མ་ཁམས་གསུམ་འཁོར་བའི་སེམས་ཅན་གྱི། །དོན་འདི་འདྲ་རྟོགས་ན་དགའ་བ་ལ། །ལམ་འདི་འདྲ་རྙེད་ན་སྐྱིད་པ་ལ། །མི་ང་ལ་ངེས་པ་མ་མཆིས་ཀྱང་། །མི་ཁོ་བོའི་དཔུང་གཉེན་ཟས་གཙང་སྲས། །མགོན་དེ་ཉིད་ནས་བཟུང་ཟབ་མོའི་ལམ། །ཚིག་སྒྲ་སྤྱིའི་རྒྱུད་འཛིན་མ་ཡིན་པར། །འདི་མངོན་དུ་མཛད་པའི་གྲུབ་ཐོབ་ཀྱི། །ཕ་རྒྱུད་ལྡན་བླ་མ་ཚུལ་བཞིན་བསྟེན། །བོད་གངས་ཅན་བསྟན་འཛིན་མཐའ་དག་ལ། །སེམས་ཁོང་ནས་དག་པའི་སྣང་བ་སྦྱངས། །རྒྱུད་ཆོས་སྤྱོད་ལོག་ལྟས་མ་སྦགས་ཙམ། །འདི་བསྟན་པ་འགལ་མེད་རྟོགས་པའི་དྲིན། །སྤྱིར་འཁྲུལ་པའི་སེམས་ཅན་ཐམས་ཅད་དང་། །སྒོས་སྨི་ལམ་ཡུལ་གྱི་གཉེན་བཤེས་འདྲའི། །བདག་མཐོང་ཐོས་དྲན་རེག་གྱུར་རྣམས་ལའང་། །དུས་ཀུན་ཏུ་དགེ་བའི་སྨོན་ལམ་བསྒྲུབས། །སྐྱབས་མཆོག་གསུམ་བསླུ་མེད་ཐུགས་རྗེ་ཡིས། །ང་རྫུན་པ་སྒྱུ་མའི་དགེ་སློང་ལ། །ལས་ཅི་བྱས་འབྲས་བུ་འཆིང་ངམ་སྙམ། །ད་ཤི་ཡང་འགྱོད་པ་ཅུང་ཟད་མེད། །གཏམ་འདིས་ཀྱང་འགྲོ་བ་མ་ལུས་པ། །རྒྱུད་ཆགས་སྡང་དྲི་མས་མ་གོས་པར། །ལམ་སྟོང་ཉིད་སྙིང་རྗེའི་སྙིང་པོ་ཅན། །ཆོས་ཐམས་ཅད་གཟིགས་པ་ཐོབ་པར་ཤོག །ཅེས་སོ། །

ལྷོ་ཕྱོགས་ནས་བོད་དུ་ཆུར་ཕེབས་སྐབས་མྱང་སྟོད་ཕྱོགས་སུ་དད་ལྡན་འགའ་ཞིག་ལ་གདམས་པ་འདི་ལྟར་མཛད་དེ།

རྗེ་ན་མོ་གུ་རུ་དཀོན་མཆོག་གསུམ། །(༩༧བ)མི་བདག་སྙིང་པའི་དབུས་བཞུགས་ལ། །མཆོག་ཐུན་མོང་དངོས་གྲུབ་མ་ལུས་པ། །དུས་ད་ལྟ་ཉིད་དུ་སྩོལ་དུ་གསོལ། །ཕྱིར་སངས་རྒྱས་འབྱུང་བ་བརྙེད་དཀའ་ཞིང་། །སྔོས་དལ་འབྱོར་མི་ལུས་ཐོབ་དཀའ་ན། །ཚེ་འདི་ནང་བདེ་ལ་མ་ཆགས་པར། །དུས་གདན་གྱི་མདུན་མ་སླུབ་རེ་རན། །གཞོན་ཤ་ཁྲག་རྒྱས་པའི་ལང་ཚོ་ཡང་། །དགུང་མཁའ་ལ་ཤར་བའི་འཇའ་ཚོན་དང་། །སྲོག་ཆུ་བུར་བཞིན་དུ་འཇིག་འགྱུར་བས། །དེ་རྟག་འཛིན་མ་བྱེད་ཆོས་ལ་འབུངས། །ཁོང་ཚངས་དབང་འཁོར་ལོས་བསྒྱུར་རྒྱལ་ཡང་། །གནས་འཁོར་བའི་བདེ་འབྱོར་ཕུན་ཚོགས་ཀྱང་། །སླར་མནར་མེད་འབར་བའི་མེས་བསྲེག་ན། །ད་སྲིད་པའི་བདེ་ལ་ཡིད་བརྟན་ཅི། །ཁྱེད་སྙིང་ནས་རང་ལ་ཕན་དགོངས་ན། །རྗེ་ཡམ་སྣ་འདྲེན་པའི་བླ་མ་དང་། །ཚེ་ཀུན་ཏུ་མི་འབྲལ་དགེ་བའི་ནོར། །ཡམ་བསླབ་གསུམ་འབྲལ་མེད་བསྟེན་ན་ལེགས། །འདི་ཕྱོགས་མེད་མྱུལ་བའི་བྱ་བྲལ་བ། །སྤྲང་སྨོན་པ་ཆོས་ཀྱི་རྒྱལ་མཚན་ལ། །བུ་སྦྱིན་པ་རྒྱ་མཚོས་བསྐུལ་བའི་ངོར། །དཔལ་འཁོར་ལོ་བདེ་ཆེན་ཞེས་བྱར་བཀོད། །ཅེས་དང་།

ན་མོ་གུ་རུ་མཉྫུ་དྷྭ་ཡ། རྗེ་རིགས་ཀུན་ཁྱབ་བདག་རྡོ་རྗེ་འཆང་། །གསུམ་ལྡན་གྱི་བླ་མའི་ཞབས་ལ་འདུད། །ཚེ་གཅིག་གིས་སངས་རྒྱས་སྒྲུབ་པའི་ཐབས། །མཚན་ལྡན་གྱི་རྗེ་བཙུན་བླ་མ་ལ། །ཡིངས་མེད་དུ་གསོལ་བ་འདེབས་པ་འདི། །ཟབ་ལམ་གྱི་སྙིང་པོ་བསྡུས་པ་ཡིན། །རྒྱུ་འབྲས་ཀྱི་རྟེན་འབྲེལ་མི་བསླུ་བ། །ཆུ་ཟླ་ལྟར་སྣང་བ་ཀུན་རྫོབ་གཤིས། །རི་བོང་གི་རྭ་ཡི་རྣོ་རྟུལ་ལྟར། །སྤྲོས་པ་དང་བྲལ་བ་དོན་དམ་ཡིན། །གཞི་བདེན་གཉིས་ཀྱི་རྣམ་དབྱེ་རྟོགས་པའི་(༩༨ན)བློ། །ཐབས་བྱང་ཆུབ་སེམས་ཀྱི་

རྩེས་ཟིན་པ། །ལམ་སྟོང་ཉིད་སྙིང་རྗེའི་སྙིང་པོ་ཅན། །འདི་ཆོས་ཀུན་ཡང་སྙིང་མཐར་ཐུག་ལགས། །ལམ་དེ་འདྲ་བསྒོམས་པ་ལས་བྱུང་བ། །སྒྲིབ་བྲལ་གྱི་ཡོན་ཏན་ནམ་མཁའི་མཛོད། །མཐར་ཐུག་གི་ཟུང་འཇུག་ཕྱག་རྒྱ་ཆེ། །སྐུ་གསུམ་གྱི་བདག་ཉིད་འབྲས་བུ་ཡིན། །བདེན་འཛིན་གྱི་འཆིང་བ་བཤིག་བྱས་ཏེ། །འཁོར་འདས་ཀྱི་ཆོས་རྣམས་མ་ལུས་པ། །རང་བདེན་དང་བྲལ་བའི་སྟོང་པ་ཉིད། །ཇི་བཞིན་དུ་རྟོགས་པ་ལྟ་བའི་མཆོག །འཁོར་འདས་ཀྱི་རང་བཞིན་སྟོང་པའི་ངང་། །རྣམ་དག་གི་རིགས་པའི་མདུང་བསྐོར་བྱས། །གཡེང་མེད་དུ་རྒྱུ་བོའི་གཞུང་བཞིན་དུ། །རྩེ་གཅིག་ཏུ་འཇོག་པ་སྒོམ་པ་ཡིན། །དོན་དམ་དུ་སྤྲོས་པ་ཀུན་བྲལ་ཡང་། །རྗེས་ཐོབ་ཏུ་འཁྲུལ་སོ་གསུམ་གྱི་ངང་། །རྒྱལ་སྲས་ཀྱི་སྤྱོད་པའི་རྗེས་སློབ་པ། །སྐྱོན་མེད་ཀྱི་ཐབས་ཆེན་སྤྱོད་པ་ཡིན། ། ལམ་འདི་འདྲ་བསྒོམ་པའི་རྣལ་འབྱོར་པ། །ཨེ་མ་ཧོ་སྐྱིད་པའི་ཉི་མ་འཆར། །ཨ་ལ་ལ་དགའ་བའི་གླུ་དབྱངས་ལེན། །དབྱངས་མཆོད་པར་བཞེས་ཤིག་དཀོན་མཆོག་གསུམ། །ཞེས་གདམས་སོ། །

དེ་ནས། དབུས་སུ་ལྷ་ལྡན་སྨོན་ལམ་གྱི་ཚོགས་དབུར་ཕེབས་དེའི་ཚེ་འབྲས་སྤྱངས་སུ་མཆོག་གི་སྤྲུལ་པའི་སྐུ་ངག་དབང་བློ་བཟང་རྒྱ་མཚོས་གཙོས་དབུས་ཕྱོགས་ཀྱི་བླ་མ་སྤྲུལ་སྐུ་དགེ་བཤེས་རགས་བསྡུས་བཅས་ལ་འཇམ་དབྱངས་ཆོས་སྐོར་སོགས་དབང་ལུང་མན་ངག་མཐའ་ཡས་པ་གནང་། དེ་སྐབས་དབུས་གཙང་གི་དགེ་འདུན་གྱི་སྡེ་ཕལ་མོ་ཆེས་རྗེ་འདི་པ་སོ་(༡༤༢)སོའི་གནས་སུ་གདན་དྲངས་ཏེ་མཆོད་ཅིང་བསྙེན་བཀུར་བ་དང་། ཆོས་ཀྱི་བཀའ་དྲིན་ཞུས། རྗེ་འདི་པས་ཀྱང་གངས་རིའི་ལྗོངས་ཀྱི་དགེ་འདུན་གྱི་སྡེ་གང་ན་ཡོད་པ་ཐམས་ཅད་ལ་ཆོས་ཀྱི་བཀའ་དྲིན་སྐྱོལ་ཞིང་། རྗེ་འདིའི་གསུང་ཐོས་པ་ཙམ་གྱིས་གྲུབ་མཐའ་རིས་སུ་མ་ཆད་པ་མཐའ་དག་གིས་སྙིང་ནས་དད་ཅིང་མོས་པས་ཆོས་ཀྱི་བདུད་རྩི་ཞུ་བར་བྱེད་ལ། ལྷག་པར་འབྲུག་པ་རྣམས་ནི་རྗེ་འདི

ལ་རྣལ་འབྱོར་གྱི་དབང་ཕྱུག་མི་ལ་རས་པ་དང་མཚུངས་པའི་དད་གུས་བྱེད་ཅིང༌། འབྲུག་པ་སངས་རྒྱས་རྡོ་རྗེས་རྗེ་འདི་ལ་ཕྱག་ཆེན་རྩ་འགྲེལ་གྱི་ལུང་ཞུས་ཏེ་ད་ཕྱིན་ཆད་བདག་གིས་འདིའི་འཕྲིན་ལས་སྤེལ་ལོ་ཞེས་དམ་བཅས། རྗེ་འདི་ལ་མི་ཕྱེད་པའི་དད་པ་ཐོབ་སྟེ་ཡོན་ཏན་ལ་ཆེས་ཆེར་བསྔགས་པའི་རྣམ་ཐར་ཡང་བསྒྲིགས་ཞེས་གྲག་གོ །བར་སྐབས་སུ་རི་བོ་དགེ་ལྡན་གྱི་བླ་མ་དགེ་འདུན་ཚང་མས་རབ་ཏུ་དགའ་ལྡན་གདན་ས་གཏན་དུ་མཛད་པ་ཞིག་དགོས། མ་མཐའ་འང་རེ་ཤིག་དགའ་ལྡན་དུ་བཞུགས་ནས་རྗེའི་སྐུ་གདུང་རིན་པོ་ཆེའི་སྟེང་གི་རྒྱ་ཕུབ་ཏ་ཙང་རྙིངས་པས་གྲུམ་ནས་ཐིགས་པས་མཆོད་ཁང་ཡང་ཆུད་ཟ་བ་འདི་ལ་ཐུགས་རྗེས་གཟིགས་དགོས་ཞེས་མགྲིན་གཅིག་ཏུ་གསོལ་བ་བཏབ་པ་ན་གདན་ས་མཛད་པར་ཞལ་གྱིས་མ་བཞེས་ཀྱང་སྐུ་གདུང་རིན་པོ་ཆེའི་རྒྱ་ཕུབ་བཟོ་བར་ཞལ་གྱིས་བཞེས་ཏེ་བྱང་རྩེ་ར་ཐེབས། དེ་དུས་ངོ་མཚར་བའི་མཚན་ལྟས་བྱུང་བ་བརྗ་ཚིག་གིས་ཡི་གེར་འགོད་པར་མཛད་པ་ནི་འདི་ལྟར།

སྭསྟི། མདངས་གཉིད་ཀྱིས་ལོག་པའི་རྨི་ལམ་དུ། །བག་ཆགས་ཀྱི་ཉིང་འཁྲུལ་སྣ་ཚོགས་ཤར། །དུས་དང་པོར་བདེན་(༡༩ན)པའི་རྒྱ་ཡིས་བཅིངས། །སླར་འཁྲུལ་པའི་རང་མཚང་རིག་པ་ཡིས། །སེམས་ཆོས་ཉིད་ནམ་མཁའི་དབྱིངས་སུ་ཐིམ། །དཔེ་རྒྱ་མཚོའི་ནང་དུ་ཆབ་རོལ་བཞིན། །ཡང་དགུང་སྔོན་དབྱིངས་ནས་འཇའ་ཚོན་དང༌། ། སླར་ཆུ་ནང་ཟླ་བའི་གཟུགས་བརྙན་ལྟར། །བློ་ཡང་དག་དང་ལྟར་སྣང་ཅི་རིགས་པའི། །ཡུལ་སྣ་ཚོགས་ཀྱི་བཀོད་པ་མ་འདྲེས་པར། །ལར་ངོ་མཚར་གྱི་རི་མོ་སྣ་ཚོགས་མཐོང༌། །དཔེ་དགུང་སྔོན་གྱི་དབྱིངས་ནས་འཇའ་ཚོན་བཞིན། །ཚིག་གསལ་བར་བཀོད་ཀྱང་སྒྲོ་སྐུར་རྒྱུ། །དོན་དེ་ཕྱིར་ཁ་བྱང་ཙམ་ཞིག་བཀོད། །ཅེས་སོ། །

དེ་དུས་ཞག་གཉིས་གསུམ་ཞིག་ལུག་རྣ་འཁྲིགས་པའི་རྐྱེན་གྱིས་ཉི་མ་ཁྲག་མདོག་ཏུ་འཆར་བ་བྱུང་ཞིང༌། དེ་དང་བསྟུན་དགེ་བའི་བཤེས་གཉེན་འགའ་ཞིག་གིས་ལུང་

བསྟན་མང་པོ་བཀོད་པས་སྐྱེ་བོ་དུ་མ་རེ་དོགས་ཀྱི་ཙ་ཙོ་ཀུན་ཏུ་སྒྲོག་པ་རྗེ་འདི་པའི་སྙན་དུ་གསན་པས་ཐུགས་ལ་འདི་ལྟ་བུ་འཁྲུངས་ཏེ། ཀྱེ་མ་འགྲོ་བ་འདི་དག་ནི་ཤེས་བྱ་ཐམས་ཅད་ལ་ལྐོག་ཏུ་མ་གྱུར་པའི་སྤྱན་མངའ་བ་སངས་རྒྱས་བཅོམ་ལྡན་འདས་བདེན་པ་གསུང་བ་དེས། ཚེ་རབས་ཐམས་ཅད་དུ་མི་ཤེས་པ་དང་། སྡུག་བསྔལ་དང་། འཇིགས་པ་མཐའ་དག་འབྱུང་བའི་ས་བོན་དང་། ལྟས་ངན་པར་ལུང་གསལ་བར་བསྟན་པ་གཡོ་སྒྱུ་ཁྲམ་གསུམ་གྱིས་མི་དགེ་བ་སྤྱོད་པ་ལ་རང་གི་ངང་གིས་འཇུག །ཆེད་དུ་སེར་གཟུགས་ཕལ་ཆེར་ནི་སྡོམ་པ་དང་དམ་ཚིག་ཡལ་བར་དོར་ནས་མཁན་སློབ་མཆེད་གྲོགས་དགྲ་བོའི་དང་མར་འཛིན། ཁྱད་པར་སྐྱེ་བོ་ཕལ་ཆེར་(༩༩བ)འཆི་བདག་གི་གཤིན་རྗེ་མཆེ་བ་གཙིགས་ཤིང་འཇིགས་སུ་རུང་བ་མ་རངས་པའི་གད་མོ་དགོད་པ། རང་གི་སྣོད་བཞིན་འབྲང་བའི་ཆད་པ་དྲག་པོ་ཐོག་ཏུ་ངེས་པར་འབབ་ཅིང་དེ་ཡང་ནམ་ཡོང་ངེས་པ་མེད་པ་ལ་བག་གཟོན་ནམ་ཉམས་སྣང་ཙུང་ཟད་ཀྱང་མེད་པར་ཚེ་འདིའི་ཕྱི་ནང་གི་མཚན་མ་ཙུང་ཟད་ཙམ་ལ་དོགས་པ་འདི་ལྟར་བྱེད་པ། ཀྱེ་མ་མ་ལ་ཆེས་ཆེར་སྨྱོངས་པའམ། གདོན་ཐུགས་ལ་ཞུགས་པ་རང་ཡིན་པ་འདྲ། བཤེས་གཉེན་ཆེན་པོ་པོ་ཏོ་བའི་ཞལ་ནས། འོ་སྐོལ་སངས་རྒྱས་ཀྱི་མཁྱེན་པ་ལ་མོ་མ་རྟོ་ཤོས་ཙམ་དུའང་མི་རྩི་གསུང་བ་ཤིན་ཏུ་མད་སྙམ་དུ་ཐུགས་ལ་ཤར་བ་ཆ་ཙམ་ཚིག་ཏུ་གསལ་བར་མཛད་པ་འདི་ལྟར།

ཨོཾ་སྭསྟི། གང་ལ་བརྟེན་ན་བསླུ་བ་མེད་པའི་སྐྱབས། །བདེན་པ་གསུང་བ་དེ་ལ་གུས་བཏུད་ནས། །རྣམ་དཔྱོད་ལྡན་པ་དམ་པའི་རྗེས་འབྲང་བའི། །གཟུར་གནས་སྐྱེ་བོ་ཡོངས་ལ་འདི་ལྟར་གླེང་། །ཡོང་དམ་མི་ཡོང་ཐེ་ཚོམ་ཟ་བ་ཡི། །རྒྱ་སོག་བོད་ཀྱི་འདྲེ་ཡི་དམག་འདུས་པའི། །དམག་དཔོན་བདུད་ནག་སེང་གེས་འགོ་བྱས་ཏེ། །ཕྱུང་དོགས་མཁའ་དབྱིངས་སྦྲར་མོས་གཞལ་བས་ཅི། །ཡོང་ངེས་ཤེས་ཤིང་བཟློག་ཐབས་མེད

པ་ཡི། །དུས་ཀྱི་ སྲིན་པོའི་ཁ་ཡི་ནང་ཆུད་ཅིང་། །འཛིགས་རུང་དན་འགྲོའི་གཡང་ས་མདུན་གནས་པ། །བཟློག་པའི་ཐབས་མཁས་བསྐྱབས་ན་མི་ལེགས་སམ། །སྐྱིད་ཀྱང་མི་འཚེངས་སྡུག་ཀྱང་མི་ཕྱུང་བའི། །ཚེ་ཐུང་འདི་ཡི་རེ་དོགས་མདུན་མས་ཅི། །ངེས་པར་ཡོང་ཞིང་ནམ་ཡོང་ཆ་མེད་པས། །འཆི་གྲབས་ཚགས་སུ་བཙུད་ན་མི་ལེགས་སམ། །ཚེ་གཅིག་གཉེན་འདུན་འཛིགས་(༡༠༠ན)སར་སྐྱེལ་མ་སོགས། །ཆྨོངས་པ་རྣམས་ཀྱང་འབད་པས་ཆོལ་བྱེད་ན། །ནམ་གཞག་གཏན་གྱི་མདུན་མ་བསྐྱབ་པ་ལ། །དུས་རྣམ་ཀུན་ཏུ་བརྩོན་པ་བསྟེན་པའི་རིགས། །ཚུལ་འདི་དྲན་པ་ཡིས་ཀྱང་གདུང་སེལ་བ། །འདྲེན་པ་མཉམ་མེད་སྐྱུ་འཕྲུལ་ཐྲས་པོ་ཡི། །ཕྱི་བཞིན་འབྲང་བའི་དགེ་སློང་གྱི་ན་པ། །བློ་བཟང་ཆོས་ཀྱི་རྒྱལ་མཚན་ཞེས་བྱས་སྤྲིངས། །དགེ་བས་འགྲོ་ཀུན་གྲོག་སྐམ་ཉ་རྒྱུ་དང་། །སྐྱུ་མའི་གཤིན་རྗེ་ཁྲོས་ལ་འཛིགས་པ་ལྟའི། །རེ་དོགས་ཆོས་བརྒྱད་འཆིང་བ་ལས་གྲོལ་ཏེ། །ཀུན་མཁྱེན་འགྲོ་བའི་རྩ་ལག་ཐོབ་པར་ཤོག །ཅེས་སོ། །གཞན་ཡང་དེ་དུས་ཉམས་མགུར་འདི་ལྟར་མཛད་དེ། ན་མོ་གུ་རུ། དཀྱིལ་འཁོར་གྱི་འཁོར་ལོ་བྱེ་བའི་གཙོ། །དུས་མཐའ་འདིར་དུར་སྨིག་རྣམ་རོལ་གྱིས། །སངས་རྒྱས་ཀྱི་མཛད་པ་མངོན་སུམ་བསྐྱབས། །ད་དུང་ཡང་ཡེ་ཤེས་སྤྱན་གྱིས་གཟིགས། །འཁོར་འདས་ཀྱི་ཆོས་རྣམས་ཇི་སྙེད་པ། །སྣང་བ་ལྟར་མ་ཞེན་གནས་ཚུལ་ལྟོས། །སྣང་གནས་ཀྱི་ངོ་བོ་གཉིས་མཐོང་ན། །རྟག་པ་དང་ཆད་པའི་མཐའ་ལས་གྲོལ། །མདོ་རྒྱུད་ཀྱི་རྒྱབ་རྟེན་དཔུང་ཆེ་ཞིང་། །གདམས་ངག་གི་ནང་བྱིན་ཆུད་པ་ཡི། །བྱིན་རླབས་ཀྱི་བརྒྱུད་པ་མ་ཉམས་པའི། །མཚན་ལྡན་གྱི་རྗེ་བཙུན་བསྟེན་པས་འཚེངས། །ཐར་འདོད་ཀྱི་སྐལ་ལྡན་ཕྱེད་རྣམས་ཀྱང་། །ཆོས་ཉིད་ཀྱི་རང་ཞལ་གཟིགས་བཞེད་ན། །སྐམ་བཤད་ཀྱི་ཐ་སྙད་མཁན་པོ་དང་། །ཐོས་ཆུང་གི་སྒམ་སྒོམ་མ་ཡིན་པའི། །ཡོངས་གྲགས་ཀྱི་རྗེ་ལ་བློ་སྙིང་གཏོད། །ཤུགས་དྲག་གི་བསག་(༡༠༠བ)སྦྱངས་ཡུན་དུ་བསྒྲིངས། །སྣང་ཐོག་ཏུ་ཞེན་

པའི་གཞི་རྩ་ཤེག །རིག་ཐོག་ཏུ་ཡོད་མེད་མཐའ་དང་བྲལ། །སྣང་ཙམ་གྱི་རྟེན་འབྲེལ་མི་བསླུ་ཞིང་། །རྟེན་འབྲེལ་གྱིས་སྟོང་པའི་དོན་སྟོན་པ། །ཟུང་འཇུག་ཏུ་སྐྱོང་བའི་རྣལ་འབྱོར་འདི། །ལྷ་བ་དང་སྒོམ་པ་སྤྱོད་པ་གསུམ། །ཟུང་འཇུག་ཏུ་འཁྱེར་བའི་ཉམས་ལེན་ཡིན། །ཞེས་དང་། རྗེ་བཀའ་དྲིན་གསུམ་ལྡན་རྡོ་རྗེ་འཆང་། །མི་བདག་སྙིང་པོའི་དབུས་བཞུགས་ལ། །མཆོག་ཐུན་མོང་དངོས་གྲུབ་མ་ལུས་པ། །དུས་ད་ལྟ་ཉིད་དུ་བདག་ལ་སྩོལ། །ཡོ་དཀར་པོའི་ས་ག་ཟླ་བ་ལ། །དུས་ཉིན་གཅིག་དགེ་ལྡན་རི་བོའི་ངོས། །ཁམས་འདུས་པ་བསང་ཕྱིར་སོང་བའི་ཚེ། །ཡུལ་རི་མོ་སྣ་ཚོགས་སོ་སོར་སྣང་། །སྒོ་མ་འགགས་སྣང་བའི་ཚུལ་བརྟགས་པས། །ཀུན་བྱུང་གི་ཆོས་རྣམས་ངོ་བོས་སྟོང་། །ངོ་བོ་དང་བྲལ་ཡང་ཅི་ཡང་ཤར། །སྣང་སྟོང་གཉིས་འགལ་བ་མ་ཡིན་པའི། །ཟུང་འཇུག་གི་གཞལ་མེད་ཉམས་དགའ་བ། །འདི་གང་ཤར་གྱི་ངོ་བོ་བསྐྱངས་པས་མཐོང་། །ཆོས་ཕུང་པོ་བརྒྱད་ཁྲི་བཞི་སྟོང་ཀུན། །ལམ་འདི་ཉིད་ཀྱི་སྟེང་དུ་འབབ་པར་གསུངས། །བཟང་ངན་གྱི་སྣང་བ་གང་ཤར་ཡང་། །མིང་རྟོག་པས་བཏགས་པ་ཙམ་ཞིག་ལས། །རྡུལ་ཙམ་ཡང་དམིགས་སུ་མ་མཆིས་ན། །ལར་དགག་སྒྲུབ་ཀྱི་སྤྲོས་པས་ཅི་རང་བྱེད། །ད་མནར་མེད་འབར་བའི་མེ་ནང་དུ། །ཡུན་བསྐལ་པར་བསྲེགས་ཀྱང་ཉམ་ང་མེད། །མི་ལམ་གྱི་རབ་འབར་མེས་བསྲེགས་ཀྱང་། །སྲེག་མཁན་དང་བསྲེག་བྱ་སྲེག་བྱེད་གང་། །དོན་དེ་ཕྱིར་ཚངས་དབང་ལ་སོགས་པ། །དཔལ་སྲིད་པའི་ཕུན་ཚོགས་ཐམས་ཅད་ལའང་། །ཡིད་(༡༠༡ན)འདུན་ཅིང་ཆགས་པ་ཅུང་ཟད་མེད། །ལར་སྒྱུ་མས་སྤྲུལ་པའི་ལོངས་སྤྱོད་བཞིན། །དོན་འདི་བཞིན་ངེས་པ་བླ་མའི་དྲིན། །ཚིག་སྐམ་བཤད་ཀྱི་རྒྱུད་པ་མ་ཡིན་པ། །དཔལ་བྱིན་རླབས་ཀྱི་རྒྱུད་པ་མ་ཉམས་པའི། །ཕ་ཡོངས་གྲགས་ཀྱི་རྗེ་བཙུན་བསྟེན་པས་འཚོངས། །ཅེས་པ་དང་། ཡང་ཧ་ཧ། སེམས་གསལ་རིག་འགག་མེད་དུ་སྐྱེ་བ་འདི། །སྐྱེ་མེད་དུ་མཐོང་བ་ཡ་རེ་མཚན། །སྐྱེ་མེད་ལ་གནས་དང་འགག

པ་གང་། །མོ་གཤམ་གྱི་བུ་མོའི་འགྲིང་བག་བཞིན། །སེམས་རང་བཞིན་སྤྲོས་པའི་མཐའ་དང་བྲལ། །གདངས་འགག་མེད་ཅིར་ཡང་འཆར་ཞིང་སྣང་། །དབྱིངས་གཟུང་འཛིན་གྱི་སྒྲོག་ལས་རྣམ་གྲོལ་ཀྱང་། །དེང་སྐབས་འཛིན་བྱེད་པ་འདི་ཅི་འདྲ་ཞིག ཁོང་གཞན་ཆོ་ལྟ་ཁྲིད་དང་ཕྱག་ཆེན་སྒོམ། །མི་ཁོ་བོ་ལ་བསྒོམ་བྱ་སྒོམ་བྱེད་དང་། །དོན་འདི་བསྒོམ་གྱི་མཚན་མ་རྡུལ་ཙམ་མེད། །སྒོམ་སྒྲུབ་ཀུན་ཧི་ལྷར་དགྱེས་དགྱེས་མཛོད། །ད་མྱུར་དུ་ཤིའམ་གསོན་ཡང་བླ། །སེམས་སྣང་སྟོང་བདེ་ཆེན་གྱི་གྲོགས་མཆོག་དང་། །དུས་སྐད་ཅིག་ཀྱང་མི་འབྲལ་འགྲོགས་ནས་འགྲོ །སྡུག་བསྔལ་ཀུན་ཧི་ལྷར་དགྱེས་དགྱེས་མཛོད། ཁ་ཕྱི་ལྟའི་ཐ་སྙད་རྟོག་གེ་པས། །འདི་ཐོས་ན་འགལ་འདུའི་ཕུང་པོར་སེམས། །དོན་ཉམས་མྱོང་ཅན་གྱི་རྣལ་འབྱོར་པས། །གླུ་འདི་འདྲ་གསན་ན་འཛུམ་པ་འཆོར། །ཞེས་དང་།

ན་མོ་མཧཱ་མུ་དྲཱ་ཡ། ཕ་བཀའ་དྲིན་མཉམ་མེད་བླ་མ་རྗེ། །མི་བདག་སྙིང་པདྨོའི་ཟེའུ་འབྲུར་བཞུགས། །རྟེན་དལ་འབྱོར་མི་ལུས་རྙེད་དཀའ་ཞིང་། །འདི་མི་རྟག་མྱུར་དུ་འཆི་བས་ན། །(༡༠༡བ)རྒྱུད་དང་རིང་ལེ་ལོ་མ་མཆིས་པར། །ད་གཡེལ་མེད་སྒྲུབ་ལ་བརྩོན་པར་མཛོད། །རྗེ་བསླུ་མེད་བླ་མ་དཀོན་མཆོག་ལ། །སྙིང་རུས་པའི་གཏིང་ནས་སྐྱབས་འགྲོ་ཞིང་། །མ་ཁམས་གསུམ་འཁོར་བའི་སེམས་ཅན་ལ། །བྱམས་སྙིང་རྗེས་དྲངས་པའི་སེམས་བསྐྱེད་འཚལ། །སྟོན་ཐོག་མ་མེད་ནས་ད་ལྟའི་བར། །སེམས་འཁྲུལ་པའི་དབང་གིས་འཁོར་བར་འཁྱམས། །ད་འཁྲུལ་པའི་རྗེས་སུ་མ་འབྲང་བར། །ཆོས་ཀུན་གྱི་རང་བཞིན་གདོད་མའི་གཤིས། །དོན་གཡེལ་མེད་སེམས་ཀྱི་རྡོ་རྗེ་སྐྱེ། །ལམ་ཕྱག་རྒྱ་ཆེན་པོར་གྲགས་པ་ཡིན། །དེ་ར་རེ་དོགས་དགག་སྒྲུབ་མ་བྱེད་པར། །སེམས་ཆོས་དབྱིངས་དང་དུ་ལྷོད་ཀྱིས་གློད། །ལུས་སྣང་སྟོང་དག་པ་ལྷ་ཡི་སྐུ། །ངག་གྲག་སྟོང་རྡོ་རྗེའི་བཟླས་པ་དང་། །སེམས་གསལ་སྟོང་ཕྱག་རྒྱ་ཆེན་པོའི་ངང་། །དུས་རྟག་ཏུ

གཡེངས་མེད་མཉམ་པར་ཞོག །རྗེས་མཚན་མའི་དུག་དང་མ་འདྲེས་པར། །དཔལ་ཚོགས་གཉིས་བྱང་ཆུབ་ཆེན་པོར་བསྔོས། །ཞེས་པ་རྣམས་མཛད། དེ་ནས་རྗེའི་སྐུ་གདུང་རིན་པོ་ཆེའི་དབུ་ཐོག་ཏུ་རྒྱ་ཕུབ་བྱ་འདབ་དང་བཅས་པ་གསར་བཟོས་ལེགས་པར་གྲུབ་སྟེ་ཕུལ་ནས་རབ་ཏུ་གནས་པ་རྒྱས་པར་མཛད། གཞན་ཡང་སྐུ་གདུང་རིན་པོ་ཆེའི་སྐུ་མདུན་དུ་མཆོད་པའི་བྱེ་བྲག་བསམ་གྱིས་མི་ཁྱབ་པ་ཕུལ་ཞིང་། དགའ་ལྡན་འདུས་ཚོགས་ལ་མདོ་སྔགས་ཀྱི་ཆོས་མང་དུ་སྩལ། དེ་ནས་གཙང་ཕྱོགས་སུ་ཕེབས་ཏེ་གཙེན་ལུང་དང་། ལྷོ་ཕྱོགས་སུ་དད་ལྡན་མང་པོས་གདན་དྲངས་པ་ལྟར་ཕེབས་ཏེ། གང་དང་(༡༠༢༤)གང་དུ་ཕེབས་པའི་ས་དེ་དང་དེར་སྐྱེ་བོ་རྣམས་ལ་མཐོ་རིས་དང་ཐར་པའི་ས་བོན་ཐེབས་པར་མཛད་ཅིང་། ལྷོ་ཕྱོགས་ཀྱི་གཞི་བདག་དཀར་ཕྱོགས་པ་རྣམས་ཀྱིས་གུས་པ་ཆེན་པོས་མཆོད་ཅིང་། རྗེ་ཉིད་ནས་ཀྱང་ཐུགས་མཉེས་པའི་གསུང་མགུར་འདི་ལྟར་མཛད་དེ།

ན་མོ་གུ་རུ་བུདྡྷ་བོདྷི་ས་ཏྭ་བྷྱཿ ཕ་བཀའ་དྲིན་གསུམ་ལྡན་བླ་མ་རྗེ། །བདག་མོས་པའི་བུ་ལ་ཐུགས་རྗེས་གཟིགས། །ཡོ་རབ་སྨྱོས་སྐྱེས་བདག་གཉིས་ཀྱི་མཚམས། །ཁོང་དད་ལྡན་སྐྱེ་བོས་འཚམས་སྦྱར་ནས། །བོད་མོན་མཚམས་ནོར་འཛིན་ཡངས་པའི་གཞིར། །ཟས་བསོད་སྙོམས་འཚོལ་བའི་དོན་དུ་ཕྱིན། །དེར་བྱོན་པས་ལྷ་ཆེན་བཟང་ར་སོགས། །ཁོང་དཀར་ཕྱོགས་སྐྱོང་བའི་གཞི་བདག་རྣམས། །ཡིད་དགའ་བས་མཆོད་པའི་སྤྲིན་གྱིས་བསུས། །སྤྱིར་དད་ལྡན་སྐྱེ་བོའི་ཞིང་ས་ལ། །དུས་ཀུན་ཏུ་དགེ་བའི་ས་བོན་བཏབ། །ཁྲིམ་འདུ་འགྲེས་རོལ་པ་སྣ་ཚོགས་པའི། །ཕྱི་རྣམ་གཡེང་བན་བུན་རྒྱུར་ཆུད་ཀྱང་། །ཡུལ་གང་ཤར་མི་རྟག་སྡུག་བསྔལ་བ། །དཔེ་སྒྱུ་མ་སྨི་ལམ་དྲི་ཟའི་གྲོང་། །ཆུ་དྭངས་པའི་ཟླ་གཟུགས་ལྟར་མཐོང་བས། །དབྱིངས་སྤྲོས་བྲལ་གསལ་བར་སྟོན་པ་བཞིན། །དོན་དེ་ཕྱིར་སྒྱུ་མས་བསླུས་པ་ཡི། །མ་ཁམས་གསུམ་འཁོར་བའི་འགྲོ་ཀུན་

ལ། །སྙིང་རུས་པའི་གཏིང་ནས་སྙིང་རྗེ་སྐྱེས། །དེ་སྐྱེས་ཀྱང་གཞི་མེད་རྩ་བ་བྲལ། །དོན་སྣ་མང་བྱ་བའི་སྒྲོག་ཆུད་ཅེང་། །རྒྱུད་སློམས་ལས་ལེ་ལོའི་དབང་གྱུར་ཀྱང་། །ཆོས་ཕུང་པོ་བརྒྱད་ཁྲི་བཞི་སྟོང་གི །དོན་གཅེས་(༡༠༢བ)པའི་བཟྗོད་བྱ་མཆོག་གྱུར་པ། །ལམ་སྟོང་ཉིད་སྙིང་རྗེའི་སྙིང་པོ་ཅན། །འདི་རེས་འཛོག་རེས་འགའ་ཟུང་འཇུག་པའི། །དོན་ཉམས་ལེན་གནད་དང་མ་བྲལ་ཙམ། །བཀའ་མདོ་རྒྱུད་ཀུན་གྱི་སྙིང་པོ་མཆོག །ཆོས་སྟོང་ཉིད་སྙིང་རྗེའི་སྙིང་པོ་ཅན། །འདི་ཀུན་གྱིས་ངེས་ན་ཨ་ལ་ལ། །དོན་ངེས་ནས་གྲོལ་ན་ཨེ་མ་ཧོ། །ཞེས་སོ། །

དེ་ནས་བཀྲ་ཤིས་ལྷུན་པོར་ཕེབས་ནས་བསྟན་པའི་རྒྱན་ལ་དགོངས་ཏེ་བཀའ་འགྱུར་རིན་པོ་ཆེ་དག་ངེས་ཤིག་བཞེང་བར་བཞེད་ནས་ཞ་ལུ་ནས་ཆོས་རྗེ་བུ་སྟོན་རིན་པོ་ཆེས་ཞུས་དག་མཛད་པའི་བཀའ་འགྱུར་གདན་དྲངས། གཞན་ཡང་བཀའ་འགྱུར་གྱི་དཔེ་ཁུངས་མ་མང་པོ་བསགས་ཏེ་རྗེ་འདི་ཉིད་ཀྱི་སྤྱན་ལམ་དུ་ཕབ་པའི་ཞུས་དག་ལེགས་པར་མཛད་ནས་གངས་རིའི་ལྗོངས་ཀྱི་ཡིག་མཁན་མཁས་པར་གྲགས་པ་རྣམས་བསྡུས་ཏེ་བཀའ་འགྱུར་གསར་བཞེངས་མཛད་པ་དེ་ལ་ནི་བཀའ་འགྱུར་སྐུ་པོད་ཆེན་མོ་ལྟགས་ཞུས་མར་གྲགས་ཤིང་། ཡང་གསེར་འབབ་ཞིག་གིས་བྲིས་པའི་བཀའ་འགྱུར་ཞིག་ཀྱང་གསར་བསྐྲུན་མཛད་དེ་བཀའ་འགྱུར་གཉིས་ཀ་བཀྲ་ཤིས་ལྷུན་པོའི་གཙུག་ལག་ཁང་ན་བཞུགས་སོ། །དེ་སྐབས་དུས་གཟིར་གྱི་འགྱུར་བ་ལ་བརྟེན་བླ་ཆེན་མི་ཆེན་མང་པོ་ཞིག་དར་རྒུད་ཀྱི་འགྱུར་ལྡོག་སྣ་ཚོགས་བྱུང་བ་གཟིགས་པས། རྒྱལ་སྲས་རིན་པོ་ཆེས། ཕྱི་མའི་སོ་ཚིས་གྲོག་སྐམ་ཉ་རྒྱ་འདྲ། །བསམ་པ་ཐོག་ཏུ་མི་ཁེལ་འདོད་འདུན་སྐྱུངས། །ཅིས་ཀྱང་དྲན་ན་འཁོར་རྒྱུད་འདུ་འབྲལ་སོམས། །ལྷོས་ཐུབ་ཆོས་ལས་འདུག་གེ་མ་ཧེ་བ། །ཞེས་གསུངས་པ་བཞིན་ཕྱི་ཚེས་ཀྱིས་ཟས་ནོར་བསགས་ཀྱང་སྤྲང་མའི་སྤྲང་རྩི་དང་(༡༠༣ན)འདྲ་བར་མངོན་སུམ་དུ་མཐོང་ཞིང་གྲུབ་ཀྱང་། ད་དུང་སྙིང་པོ་

མེད་པ་ལ་སྙིང་པོར་འདུ་ཤེས་པ་འདི་དག་ནི་ཀྱེ་མ་ཀྱི་ཧུད་སྙིང་དང་མིག་མེད་པའོ་སྙམ་དུ་མི་རྟག་པ་དང་། སྡུག་བསྔལ་བ་དང་། བདག་མེད་པར་ངེས་པའི་ངེས་ཤེས་དང་སྒྱུ་མས་རྨོངས་པའི་འགྲོ་བ་མཐའ་དག་ལ་སྙིང་རྗེ་ཤུགས་དྲག་ཏུ་འཁྲུངས་ནས་འཁོར་བའི་ངང་ཚུལ་ཐུགས་ལ་ཤར་བ་ལྟར་ཚིག་ཏུ་མཚོན་པར་མཛད་པ་ནི་འདི་ལྟར།

ན་མོ་ཤཱཀྱ་མུ་ན་ཡེ། ཚངས་དབང་དང་འཁོར་ལོས་བསྒྱུར་བ་ཡི། །དགའ་སྟོན་ཡང་གཉིད་མ་ལྟར་དགོངས་ཏེ། ཚིག་ཤེས་ཀྱི་བདུད་རྩིས་ངོམས་པ་རྣམས། །ཨེ་མ་ཧོ་མཆོག་ཏུ་བསྔགས་པར་འོས། །རྟག་འཛིན་གྱི་འབྱུང་པོས་ཡིད་བསྒྱུར་ནས། །ཆོས་བརྒྱད་ཀྱི་དུག་ཆུས་རབ་མྱོས་པའི། །དྲེད་པོ་ཁྱོད་སྐྱེ་རྒ་ན་འཆི་ཡི། །གནས་ཚུལ་འདི་སྙིང་ནས་བསམ་པའི་རིགས། །ཉི་རྒས་ཀྱི་གྲིབ་མ་ཇི་བཞིན་དུ། །འཆི་བདག་ཁོ་མི་སྡོད་ཚུར་ཚུར་འོང་། །བྲོས་པས་ཀྱང་ཐར་ས་མི་འདུག་པས། །འཆི་གྲབས་ལ་ཕྱི་ཤོལ་མ་བྱེད་ཅིག །སྟོང་གསུམ་གྱི་ཁྱོན་ལ་དབང་བསྒྱུར་ཞིང་། །ཟས་ནོར་སོགས་རྒྱ་མཚོའི་འཛིན་གནས་ཀྱང་། །འཆི་བདག་གི་གཤིན་རྗེའི་ཞགས་པ་ཡིས། །དབང་མེད་དུ་ཕ་རོལ་གཅེར་བུར་འཁྲིད། །གནད་གཅོད་ཀྱི་མཚོན་རྣོན་དྲག་པོས་བསྣུན། །ངན་སོང་གི་འཕྲུལ་སྣང་སྣ་ཚོགས་ཤར། །སྔར་བྱས་ཀྱི་ལས་ལ་འགྱོད་ཅིང་འཚེར། །ཨ་ཙ་མ་ཅི་བྱ་གཏོལ་མེད་གྱུར། །ངན་སྔགས་དང་བཤང་གཅི་དྲི་ང་བ། །འདམ་རྫབ་ཀྱི་ནང་དུ་བྱིང་ཞིང་ནུབ། །ཁྱད་ཤ་རྣམས་ཕྱིར་སྦྲོས་མིག་འབྲས་རྡེབ། །ཁ་ཟས་ཀྱི་ཞེན་ལོག་སྐོམ་པས་གདུངས། །རིག་རིག་ཏུ་བལྟ་ཞིང་ཡན་ལག་གཡོབ། །ངར་ངར་གྱི་དབུགས་ཕྲེང་གྱེན་དུ་བརྩེག །ཉམ་ཐག་གི་ང་རོས(༡༠༣བ)བོས་བྱས་ཀྱང་། །རང་ཉེས་ཀྱིས་སྐྱབས་མཁན་གཅིག་ཀྱང་མེད། །འཇིགས་རུང་གི་གཡང་སར་ལྷུང་མཐོང་ནས། །རང་ཉིད་ལ་གཏིང་ནས་ཡི་མུག་སྐྱེས། །ལག་སྟོང་དུ་སྦྲིན་མོར་འགྲོ་དགོས་པ། །ནམ་ཡོང་ལ་ངེས་པ་མི་འདུག་ན། །གཞོན་མེད་དུ་བདེ་བར་སྡོད་ཡོད་དམ། །དོན་ཆུང་གི་ཁེ་ཉེན་རྩེ་རྩེ་

ནས། །བློ་བུར་དུ་སྐྱུས་ཆེན་འདེགས་དགོས་པའི། །ངང་ཚུལ་འདི་སྙིང་ནས་མི་དྲན་པ། །ཕྱུགས་ལས་ཀྱང་བླུན་པའམ་ཡང་ན་སྨྱོ། །གཏམ་ངན་དང་སྡུག་བསྔལ་ཁྲིད་བསད་ནས། །སེར་སྣ་ཡིས་བསགས་པའི་ཟས་ནོར་ལས། །རྡུལ་ཙམ་ཡང་ཁྱེར་བའི་དབང་མེད་པར། །གཅེར་བུ་རྣ་བར་དོའི་འཕྲང་ལ་འཁྱམ། །འབད་རྩོམ་གྱིས་བསྒྲུབས་པའི་ནོར་རྫས་དེ། །སྦྲང་མ་ཡིས་བསགས་པའི་སྦྲང་རྩི་བཞིན། །འབྲེལ་མེད་ཀྱི་སྐྱེ་བོ་གཞན་གྱིས་སྤྱོད། །གནས་ཚུལ་འདི་མངོན་སུམ་མཐོང་བཞིན་དུ། །ད་དུང་ཕྱི་ཚེས་ཀྱི་གསོག་རྣུན་མཁན། །བློ་ངན་གྱི་སྐྱེ་བོ་ཅི་རེ་ལོང་། །ད་གསོག་ན་དུས་གསུམ་འཕགས་པའི་ནོར། །འགྱུར་མེད་ཀྱི་དད་པ་རྣམ་དག་ཁྲིམས། །ཐོས་པ་དང་གཏོང་བ་ངོ་ཚ་ཤེས། །ཁྲེལ་ཡོད་དང་ཤེས་རབ་ནོར་རྣམས་སོགས། །འཕགས་ནོར་གྱིས་གང་བའི་བང་མཛོད་དེ། །སྐྱེ་རྒ་དང་ན་འཆིའི་དགྲ་ཀུན་གྱིས། །དུས་ནམ་ཡང་འཕྲོག་པར་མི་ནུས་པ། །མཐར་ཐུག་ཏུ་མི་འབྲལ་འགྲོགས་པས་བདེ། །ཞེས་དང་།

ན་མོ་གུ་རུ་མཉྫུ་གྷོ་ཥཱ་ཡ། བསྐལ་བཟང་འདི་ལ་བདེ་གཤེགས་ནི། །མང་པོའི་མཛད་པས་རྣམ་རོལ་པ། །དྲིན་ཅན་རྩ་བའི་བླ་མ་དེ། །དྲན་པས་སྒྲིབ་པའི་གདུང་བ་སེལ། །དེང་ནས་བྱང་ཆུབ་མ་ཐོབ་པར། །ངན་སོང་འཇིགས་པ་ལས་སྐྱོལ་ཞིང་། །མཐོ་རིས་ཐར་པའི་ལམ་འདྲེན་པ། །བླ་མ་མཆོག(༡༠༩ན)ལ་རེག་ལས་ཀྱང་། །བཀའ་དྲིན་གསུམ་ལྡན་བླ་མ་ལས། །ལྷག་པའི་སྐྱབས་གནས་གཞན་འཚོལ་བ། །ཡིད་བཞིན་ནོར་བུ་མཆོག་ཐོབ་པ། །དོར་ནས་མཆིང་བུ་ལེན་པ་བཞིན། །ལྷ་ལས་ལྷག་པའི་རྟེན་བཟང་འདི། །སྙིང་དཀའ་དོན་ཆེ་ཞེས་གྲུར་ཀྱང་། །དོན་ཆེན་སྙིང་པོ་མི་ལེན་པར། །ཚེ་འདིའི་བྱ་བས་དུས་འདའ་བ། །དབུལ་པོ་འགའ་ཞིག་སྟེས་དབང་གིས། །ནོར་བུའི་གླིང་དུ་སླེབས་ནས་ཀྱང་། །ལག་སྟོང་གཅེར་བུར་རང་ཁྱིམ་དུ། །འཛུག་པ་ལས་ཀྱང་ཤིན་ཏུ་བླུན། །འདི་ན་ལོ་ཟླའི་ཁོངས་ཙམ་དུ། །ཡོང་བར་ངེས་ཤིང་ནམ་འོང་བ། །ངེས་པ་མེད་པའི་དགྲ་དག་

ལ། །སྨོངས་པའི་འཇིག་རྟེན་སྐྱེ་བོ་ཡང་། །ཉིན་རེ་བཞིན་དུ་བག་ཕྱེད་ན། །ངེས་པར་འོང་ཞིང་ནམ་འོང་བ། །ངེས་མེད་འཆི་བདག་དགྲ་བོ་ལ། །གཞོན་མེད་བདེ་བར་འདུག་པ་འདི། །ཀྱེ་མ་ཀྱེ་ཧུད་ཕྱུགས་ལས་བླུན། །འཇིགས་རུང་འཆི་བདག་ཟ་རེས་དེ། །དེ་རིང་ཐོག་ཏུ་མི་འབབ་པའི། །བདག་ལ་གདེངས་ཡོད་མ་ཡིན་ན། །ཅི་ཕྱིར་བདག་ཡིད་བདེ་བར་འདུག །མི་བཟད་བཟོད་དཀའི་ནད་ཀྱིས་བཏབ། །བཤང་གཅིའི་གདན་ལ་འགྲེ་ལྡོག་བྱེད། །དྲོད་བསྡུས་དབུགས་རྩེགས་ངར་སྒྲ་དག །འཕྱིན་པའི་དུས་ཤིག་མྱུར་དུ་འོང་། །གཉེན་བཤེས་ངུ་བས་མཐའ་སྐོར་ཞིང་། །སྨན་དང་རིམ་གྲོས་བཅོས་སུ་མེད། །ཡན་ལག་གཡོབ་ཅིང་རིག་རིག་བལྟ། །འོན་ཀྱང་རྟག་འཛིན་དབང་གྱུར་པས། །ད་དུང་གསོན་པར་རེ་ན་ཡང་། །འཆི་བདག་གཤིན་རྗེ་གཉར་ཞོན་ཏེ། །མ་རངས་ཁྲེལ་ནས(༡༠༩བ)གད་མོ་དགོད། །གཅེས་པར་བསྐྱངས་པའི་ཤ་རུས་ཀྱང་། །བཞག་ནས་གྲོགས་མེད་གཅེར་བུ་རུ། །འཇིགས་པའི་ཐང་ལ་དགྲས་བཅོམ་ལྟར། །མྱུར་དུ་འགྲོ་བའི་དུས་ཤིག་འོང་། །སྟོང་གསུམ་ནོར་ལ་དབང་བསྒྱུར་ཡང་། །རྡུལ་ཕྲན་ཙམ་ཡང་ཁྱེར་དབང་མེད། །གཉེན་བཤེས་མཛའ་བས་མཐའ་བསྐོར་ཡང་། །གཅིག་ཙམ་རྗེས་སུ་འབྲང་བ་མེད། །དེ་ཚེ་བདག་གི་མིང་ཙམ་ཡང་། །ཤུལ་དུ་ལུས་ན་གཞན་ཅི་སྨོས། །འཇིགས་ཆེན་འདི་འདྲ་མ་དྲན་པར། །འབྲེལ་མེད་ཚེ་འདིའི་བྱ་བ་ལ། །ཞེན་པ་བདག་དང་བདག་འདྲ་བའི། །མགོན་མེད་འགྲོ་བ་མཐའ་དག་ལ། །བརྩེ་བས་གཟིགས་ཤིག་བླ་མ་ལྷ། །ཞེས་སོགས་ཉམས་མགུར་མང་དུ་མཛད་དོ། །སྤྱིར་སྙིགས་མའི་དང་ཚུལ་ཆེས་ཆེར་བདོ་བ་དང་། །ལྷག་པར་ཕྱོགས་ལྷུང་གདོན་གྱིས་ཡིད་དཀྲུགས་ནས་བསྟན་འཛིན་དམ་པ་རྣམས་ལ་འཚེ་ཞིང་དྲིན་ལན་ལོག་པར་འཇལ་བའི་སྡིག་ཅན་འགའ་ཞིག་གི་དང་ཚུལ་གཟིགས་པས་ཐུགས་སྐྱོ་བའི་ཉམས་མགུར་འདི་ལྟར་མཛད་དེ།

ན་མོ་གུ་རུ་མཉྫུ་གྷོ་ཥཱ་ཡ། ཐུགས་རྗེ་དང་ལྡན་པའི་རྒྱལ་གཞན་གྱིས། །འདུལ་བ

རྩ་མ་ནུས་སྐྱངས་པ་ཡི། །མགོན་མེད་ཀྱི་ལོང་བ་བདག་ཅག་ལ། །གཡེལ་མེད་དུ་
གཟིགས་ཤིག་ཟམ་གཅང་སྲས། །འདུས་བྱས་ཀྱི་དང་ཚུལ་སྟོན་ཀའི་སྤྲིན། །དགྲ་གཉེན་
གྱི་འཚོགས་འདུ་ཚོང་དུས་འགྲོན། །སྙིགས་དུས་ཀྱི་མི་ཚེ་ནམ་མཁའི་གློག །ཤེས་ལྡན་
འདྲ་ཡོད་ན་བསམ་པའི་རིགས། །ནག་ཕྱོགས་ཀྱི་བདུད་རིགས་སྟོབས་ལྡན་པས། །
ཁྲེལ་མེད་ཀྱི་ངན་སྤྱོད་ཆུ་ལྟར་འཁྲུག །(༡༠༥ན)འདོད་ནག་གི་དུག་ཆུས་ཡིད་སྨྱོས་
པས། །ཡ་རབས་ཀྱི་སྤྱོད་ཚུལ་རྒྱང་དུ་བསྲིངས། །དམ་ཚིག་དང་སྡོམ་པ་རྡུ་ལྟར་དོར། །
ངོ་ཚ་དང་གདམ་ངན་ཁྲིད་བསད་ནས། །འཇིགས་རུང་གི་ངན་འགྲོའི་གཡངས་ས་ཆེར། །
སུ་མགྱོགས་རང་མཐོང་ཚོས་ཅི་དགོངས་ན། །རྒྱང་རིང་གི་སྣང་ཚུལ་ཕར་ཞོག་གི །དབྱར་
དགུན་སོགས་ནམ་ཟླའི་འགྱུར་ལྡོག་དང་། །དེང་དུས་ཀྱི་སྐྱེ་བོའི་དར་རྒུད་འདི། །ཤེས་
བཞིན་དུ་མི་མཐོང་ཅེ་རེ་ལོང་། །འདི་ནང་གི་བྱ་བ་ཅི་བྱས་བདེ། །བྱང་ཆུབ་འདི་ཕྱིས་
ནས་བཙལ་ཐབས་མེད། །ཐར་མེད་ཀྱི་བཙོན་ཁང་ར་བ་ལས། །འབྲོས་ཐབས་འདྲ་ཨེ་
འདུག་ལེགས་པར་སོམས། །རི་གཟར་གྱི་འབབ་ཆུ་དྲག་པོ་ལྟར། །སྐྱེས་ཙམ་ནས་འཆི་
བདག་ཕྱོགས་རྒྱུག་པ། །གང་གིས་ཀྱང་བཟློག་པར་མི་ནུས་ན། །བདེ་མོ་རུ་སྡོད་པ་
ཕྱུགས་ལས་བླུན། །འདི་ནང་གི་དགྲ་འདུལ་གཉེན་སྐྱོང་སོགས། །འཇིག་རྟེན་གྱི་བྱ་
བར་ཞེན་པ་ཆོ། །འབྲས་མེད་ཀྱི་སྒྲུན་པ་འཕྱུར་འཕྱུར་ནས། །དོན་པོ་མནར་མེད་ཀྱི་
བྱད་ཤིང་ཉིད། །སྟོང་གསུམ་ལ་དབང་བསྒྱུར་རྒྱལ་པོ་ཡང་། །སྐད་ཅིག་ཀྱང་སྡོད་པའི་
དབང་མེད་པར། །ཕ་རོལ་ཏུ་གཅེར་བུར་འགྲོ་དགོས་ན། །འཁོར་བའི་ཕུན་ཚོགས་ལ་
ཡིད་བརྟན་ཅི། །དོན་ཆུང་ལ་མི་ཚེ་འཛད་པའི་རྒྱུ། །བན་བུན་གྱི་གཡེང་བས་ཅི་རང་
མཛད། །ཀླུང་དམར་གྱི་ནང་གི་མར་མེ་བཞིན། །ནམ་འཆི་ལ་ངེས་པ་མ་མཆིས་པ། །རྨི་
ལམ་གྱི་དགའ་སྟོན་ལྟ་བུ་ཡི། །ཟག་བཅས་ཀྱི་བདེ་ལ་ཞེན་རིན་མེད། །འགྱུར་(༡༠༥བ)
མེད་ཀྱི་ཟུང་འཇུག་བདེ་བ་ཆེའི། །གྲོང་ཁྱེར་དུ་ཞུགས་ན་མི་ལེགས་སམ། །ཞེས་སོ། །

ལས་བདག་གིར་བྱ་བའི་སྙིགས་མའི་འགྲོ་བ་རྣམས་ལ་རྒྱལ་བས་ཀྱང་ཅི་བྱར་མེད་པར་ཉམ་ཐག་པར་གཟིགས་ནས་སྟོན་པ་ཐུགས་རྗེ་ཅན་ལ་གསོལ་འདེབས་ཤུགས་དྲག་ཏུ་མཛད་པས་སྟོན་པ་ཐུགས་རྗེ་ཅན་གསེར་གྱི་ལྷུན་པོ་ལ་ཉི་མ་བྱེ་བའི་མདངས་བྱུགས་པ་ལྟ་བུ་ཞིག་ཞལ་གཟིགས་ནས་དེའི་མདུན་དུ་ཡན་ལག་བདུན་པ་མཎྜལ་དང་བཅས་པ་ཕུལ་ཏེ་གསོལ་བ་འདེབས་པའི་གདུང་དབྱངས་འདི་ལྟར་མཛད་དེ།

ན་མོ་གུ་རུ་མུ་ནི་ཨིནྡྲ་ཡ། མི་མཇེད་ཀྱི་ཞིང་གི་སྟོན་པ་དང་། །དབྱེར་མེད་ཀྱི་རྩ་བའི་བླ་མ་ལ། །བྱང་ཆུབ་ཀྱི་སྙིང་པོར་སྐྱབས་སུ་མཆི། །འབྲལ་མེད་དུ་ཐུགས་རྗེའི་ལྕགས་ཀྱུས་ཟུངས། །རྒྱུད་དྲུག་གི་མ་རྒན་སེམས་ཅན་རྣམས། །ཁམས་གསུམ་གྱི་བཙོན་ཁང་ར་བ་འདིར། །ཉོན་མོངས་ཀྱི་ལྕགས་སྒྲོག་དམ་པོས་བཅིངས། །ལས་ངན་གྱི་རླུང་ནག་འཚུབས་མས་གཡེངས། །སྡུག་བསྔལ་གྱི་མདའ་ཆར་དྲག་པོས་མནར། །གྲོགས་མེད་དུ་མྱ་ངམ་ཐང་ལ་འཁྱམས། །མགོན་མེད་ཀྱི་ལོང་བ་ཉམ་ཐག་པ། །སྙིགས་དུས་ཀྱི་སྐལ་ངན་འགྲོ་བ་ལ། །བསླུ་མེད་ཀྱི་འདྲེན་མཆོག་ཤཱཀྱའི་ཏོག །ཡོངས་སྤྲུལ་གྱི་ཞིང་ཁམས་གར་བཞུགས་ཀྱང་། །སྒྲིབ་བྲལ་གྱི་སྤྱན་གྱིས་གཟིགས་མཛོད་ལ། །བཙོ་མ་ཡི་གསེར་སྦྱངས་མེ་ལོང་འདྲའི། །འཛུམ་ཞལ་གྱི་བདུད་རྩིས་དབུགས་ཕྱུང་ལ། །ཐུགས་རྗེ་དང་ཐབས་ཚུལ་བརྒྱ་ཕྲག་གིས། །དྲིན་ཅན་གྱི་འགྲོ་བ་མ་ལུས་པ། །མཐོ་རིས་ཀྱི་ཐེམ་(༡༠༨ན)སྐས་ལ་བརྒྱུད་ནས། །སྐུ་གསུམ་གྱི་གཞལ་མེད་ཁང་དུ་དྲོངས། །ཞེས་སོ། །དེ་ནས་ན་ཆོད་ལྷན་ཞེས་པ་ཤིང་མོ་ཕག་གི་ལོ་འཚུབ་ལྡོངས་ཆེ་ཞིང་ཕྱི་ནང་གི་མཚན་ལྟས་ཀྱང་འཚུབ་འགྱུར་ཆེ་བ་བྱུང་ནས་བཀྲ་ཤིས་ལྷུན་པོའི་བླ་མ་རྣམས་ཀྱིས་གཙོས་རྗེ་ཉིད་ཀྱི་སློབ་མ་ལ་གཙོ་ཆེ་བ་མང་པོས་སྐུ་ཚེ་ཚེ་སྒྲུབ་མཛད་དགོས་ཞེས་གསོལ་བཏབ་ཅིང་རྐྱེན་བཟློག་དགོས་ཚུལ་ནན་གྱིས་ཞུས་ཀྱང་རྗེ་ཉིད་ནི་སྔོན་གྱི་གྲུབ་ཆེན་རྣམས་ཀྱི་རྣམ་ཐར་ལྟར་འཇིག་རྟེན་ཆོས་བརྒྱད་འགོ་སྙོམ་ཞིང་། རྐྱེན་བཟང་ངན་

གང་བྱུང་ཡང་ལམ་དུ་འཁྱེར་བ་ལས་རྐྱེན་བཟློག་སོགས་མ་མཛད་ཅིང༌། ཆོས་བརྒྱུད་འགོ་སྐོམ་པའི་གསུང་ཡང་འདི་ལྟར་བྱོན་ཏེ།

ན་མོ་གུ་རུ་རཏྣ་ཏྲ་ཡཱ་ཡ། གང་ལ་བརྟེན་ན་བསླུ་བ་མེད་པའི། །དཀོན་མཆོག་གསུམ་དང་རྗེ་བཙུན་བླ་མ། །དབྱེར་མེད་སྙིང་གའི་པདྨོར་བཞུགས་ལ། །མཆོག་དང་ཐུན་མོང་དངོས་གྲུབ་ཀུན་སྩོལ། །དེང་སང་བར་སྣང་གློག་འདྲའི་ཚེ་ཐུང༌། །བསྲིངས་ཀྱང་དགུན་གྱི་དགོང་ཉི་འདྲ་བ། །གསོན་ཡང་ཅི་བྱ་དེ་བས་གདན་གྱི། །མདུན་གྲབས་བྱས་ན་ལེགས་པ་མིན་ནམ། །མི་ལམ་ལོ་བརྒྱ་ལོན་དང་ཡུད་ཙམ། །སོང་ནས་སད་པ་གཉིས་ཀ་མཚུངས་ལྟར། །མི་རྟག་སྒྱུ་མ་ཆུ་བུར་གློག་འདྲ། །དེ་བས་ནམ་མཁའ་གནས་པ་དེ་སྲིད། །སྐྱེ་རྒ་ན་འཆི་མེད་པའི་ཕུན་ཚོགས། །བསྒྲུབས་ན་འགྲུབ་ཅིང་སྒྲུབ་དབང་ཡོད་དུས། །སྒྲུབ་པར་མི་བྱེད་བྱིས་པའི་སྤྱོད་པ། །སྡིག་སྡུག་གདམ་ངན་ཁྱད་དུ་བསད་ནས། །སྐྱིད་ཀྱང་མི་འཆོངས་(༡༠༤བ)སྡུག་མི་ཕྱུང་བའི། །ཚེ་འདིའི་ཕུན་ཚོགས་སྒྲུབ་རྣམས་མཐོང་ཚེ། །གང་ཞིག་ཐོབ་པས་ཉེས་ཀུན་མུན་ཚོགས། །ཡོང་ཡེ་མཐར་བྱེད་ནམ་མཁའི་ནོར་བུ། །འགྱུར་མེད་བདེ་བ་ཆེན་པོའི་རང་བཞིན། །སྐུ་གསུམ་གཞལ་མེད་ཕོ་བྲང་ཆེན་པོར། །སེམས་ཤེས་ལྡན་པ་སུ་ཞིག་མི་འཇུག །འཇིག་རྟེན་འདི་ཡི་བདེ་སྐྱིད་སྒྲུབ་དང༌། །གྲུབ་རྣམས་བརྟན་དང་རྒྱས་པའི་དོན་དུ། །བཟླས་བརྗོད་རིམ་གྲོ་མཆོད་སྦྱིན་ལ་སོགས། །བརྩོན་པ་ཆེན་པོས་ལེགས་པར་བསྒྲུབས་ཀྱང༌། །བཟང་པོའི་ཁ་ཟས་རྣོན་པོའི་དུག་དང༌། །སྦྱོར་བའམ་གསེར་བཟང་སོལ་མའི་རིན་གྱིས། །མི་གཙང་ཁྲོད་ཀྱི་འབྲས་མེད་སྒྲུན་པ། །ཉོ་བ་ལས་ཀྱང་བླུན་པོ་མིན་ནམ། །རང་དོན་ཁོ་ནར་ནོར་དང་ཚེ་སྒྲུབ། །དབང་སྡུད་དྲག་པོའི་མངོན་སྤྱོད་ལ་སོགས། །ངན་སོང་སྒྲུབ་པའི་མྱུར་ལམ་ཡིན་ཞེས། །མདོ་རྒྱུད་ཀུན་ལས་གསུངས་པ་མིན་ནམ། །བདག་ལ་ཕན་པར་འདོད་པའི་གྲོགས་པོ། །རྣམ་དཔྱོད་ཡངས་པའི་སྐྱེ་བོ་གང་དག །ཙ་ནག་ཀུ་ཡི་བྲམ་ཟེའི་ཁྱེའུའི། །རྣམ་ཐར་ཚུལ་ལ་རྗེས

སུ་འཇུག་ན། །མིག་ཅན་གཡང་དུ་མཆོང་བ་མིན་ནམ། །ཆོས་བརྒྱུད་འཆིང་བའི་ལྕུགས
སྒྲོག་སྤྱངས་ནས། །བདག་ཉིད་ཕྱིར་དུ་བརྒྱ་ཕྲག་དཀའ་བས། །གཡེལ་མེད་ཐར་པ
བསྒྲུབ་པ་དེ་ཡང་། །ཐེག་མཆོག་ལམ་ལས་རྒྱབ་ཀྱིས་ཕྱོགས་ན། །འདི་ནང་བདེ་སྐྱིད
འབའ་ཞིག་སྒྲུབ་ཕྱིར། །བརླས་བརྗོད་དཀའ་ཐུབ་རྣམ་དཀར་དགེ་ཚོགས། །བསྔོན་པའི
འབྲས་བུ་ཇི་ལྟར་འགྱུར་ཞེས། །ཤེས་ལྡན་རྣམས་ལ་དཔལ་བུས་གླེང་ངོ་། །ཞེས་དང་།

ན་མོ་གུ་རུ། ལྷ་དཀོན་མཆོག་གསུམ་གྱི་ངོ་བོ་(༡༠༧ན)ཉིད། །ཕ་རྗེ་བཙུན་བླ
མའི་ཞབས་ལ་འདུད། །དུས་མ་རུངས་སྙིགས་མ་ལྔ་བདོ་བས། །བདུད་ནག་པོའི
རིགས་རྣམས་སྟོབས་ལྡན་ཞིང་། །ལྷ་དཀར་པོའི་ཕྱོགས་རྣམས་སྒྲུབ་ཐག་རིང་། །མི
ཕལ་ཆེར་མི་དགེ་སྡིག་ལ་རྟམས། །ཁྲིམ་སྤྱངས་པའི་དགེ་སྦྱོང་ཕལ་ཆེར་ཡང་། །རྒྱུད
ཁྲིམས་འཆལ་གཡོ་སྒྱུ་ཚུལ་འཆོས་མཁན། །རྗེ་ཟས་གཙང་སྲུས་ཀྱི་བསྟན་པ་ཡང་། །སྨྲམ
ཟད་པའི་མར་མེ་དག་དང་མཚུངས། །དོན་དེ་ཕྱིར་ཐར་པ་འདོད་པ་རྣམས། །སེམས
བག་ཡོད་བསྔོན་པ་བསྙེན་པའི་རིགས། །སྐྱིར་འདུས་བྱས་མཚན་ཉིད་དབྱར་གྱི་སྤྲིན། །
སྒོས་དེང་སང་མི་ཚེ་གློག་འདྲ་བས། །དོན་འདོད་མེད་བྱ་བས་མི་གཡེང་བར། །དུས
གདན་གྱི་མདུན་མ་སྒྲུབ་རེ་རན། །ད་རན་པར་མ་ཟད་འཕྱིས་པ་ཙམ། །གནས་འཁོར
བའི་རྒྱ་མཚོ་གཏིང་ཟབ་ཅིང་། །སྒོས་ངན་སོང་སྡུག་བསྔལ་བཟོད་དཀའ་བས། །སེམས
ཡོད་ན་འབྲོས་པའི་དུས་ལ་བབ། །ལུས་འདོར་ལེན་ཡང་དང་ཡང་བྱས་པའི། །ཤ་རུས
པ་བསགས་ན་ལྷུན་པོ་བརྒལ། །ཟངས་བཞུ་བའི་ཁུ་བ་བཏུངས་པ་དང་། །ཟས་མི
གཙང་རྣག་ཁྲག་སྤྱད་པ་དང་། །ལྷའི་བདུད་རྩི་འཐུངས་པ་གང་ཡིན་པའི། །དཔེར་རྒྱ
མཚོ་རུང་བ་མ་ཡིན་གསུངས། །ཁོང་གཞན་དང་འཐབས་ཤིང་རྩོད་པ་ཡིས། །མགོ
བཅད་ནས་སྤུངས་ན་འང་རི་རབ་འདས། །སྙིང་ཉེ་བའི་མཛའ་བཤེས་དང་བྲལ་བས། །
ངག་སྨྲེ་ཞིང་ངུས་པའི་མཆི་མ་ཡང་། །ཕྱོགས་གཅིག་ཏུ་བསྐྱིལ་ན་རྒྱ་མཚོར་མཚུངས། །

འདི་ཤེས(༡༠༧བ)ཤིང་བདེ་བར་སྡོད་ཁོམ་པ། །ཡིད་སྨོས་སམ་ཁྱོད་སྙིང་ལྷུགས་ལས་བྱུས། །ཚེ་འདི་སྣང་སྐྱིལ་མས་འདོར་ལ་ཁད། །དགྲ་གཤིན་རྗེའི་གདན་འདྲེན་མདུན་ཏུ་སླེབས། །ལམ་བར་དོའི་འཕྲང་འདི་ཡ་ཡང་ང་། །ཚེ་ཕྱི་མའི་འགྲོན་ས་ཅི་འདྲ་རང་། །ཡང་བདེ་འགྲོར་སྐྱེས་ཀྱང་མཁས་པ་ཡིས། །དོན་བསམས་ན་དམྱལ་མེ་ལྷ་བུར་འཇིགས། །མི་སྙིང་ཅན་རང་ལ་སྙིང་རྗེས་ལྟོས། །རང་བསམ་ན་ཕྱི་མའི་མདུན་གྲབས་ཀྱིས། །སྔོན་ལན་བརྒྱར་སྨོང་བ་མ་ཡིན་པའི། །ལར་སྲིད་པའི་བདེ་བ་གང་ཞིག་ཡོད། །དེ་སྲིད་པས་དོན་འབྲས་ཅི་འདྲ་འབྱུང་། །ད་བསམས་ན་སྙིང་པོ་གང་འདྲ་འདུག །འདི་སོམས་ལ་ཕྱིན་ཆད་འདོད་འདུན་བསྐྱུངས། །རྗེ་འདྲེན་མཆོག་རྒྱལ་པོ་བླ་མའི་ཞབས། །འདི་འབྲལ་མེད་སྤྱི་བོའི་རྒྱན་བཟུང་ལ། །བཀའ་མདོ་རྒྱུད་རྒྱ་མཚོའི་བཅུད་བསྡུས་པ། །ལམ་ཐབས་ཤེས་ཟབ་མོའི་ཉམས་ལེན་གྱིས། །དཔལ་སྐུ་གསུམ་བདེ་བ་ཆེན་པོ་དེ། །ཚེ་འདི་ལ་བསྒྲུབས་ན་མི་ལེགས་སམ། །ཞེས་སོགས་ཉམས་མགུར་མང་དུ་མཛད་དོ། །

དེ་སྐབས་གངས་ལྗོངས་འདིར་གཙང་སོག་འཛིངས་པའི་དུས་འཁྲུམས་དང་། འབྲི་ཕག་སྟེ་གཟར་གྱི་དུས་འཁྲུམས་སོགས་དམག་འཁྲུག་བརྒྱུད་མར་བྱུང་བས་གཤིན་རྗེའི་འཇིག་རྟེན་མི་ཡུལ་དུ་འཕོས་པ་ལྟར་འཁྲིག་བརྡུང་དང་གསོད་གཅོད་དབུལ་ཞིང་ཕོངས་པས་ཉམ་ཐག་པ་སོགས་སྡུག་བསྔལ་མཚོ་རྡོལ་བ་ལྟར་གྱུར་ཅིང་། དེང་སང་གི་སྐྱེ་བོ་རྣམས་ཀྱི་དགྲ་གཉེན་དང་མཐོ་དམན་ཡིད་བརྟན་མི་རུང་བའི་འགྱུར་ལྡོག །ལྷག་པར་དུས་ངན་གྱི་ཁྲེལ་མེད་སྤྱི་དང་བྱེ་བྲག་ཏུ་བསྟན(༡༠༨ན)པའི་སྒོར་ཞུགས་པར་རློམས་པའི་སེར་གཟུགས་སྙིགས་མ་ལྟའི་གདོན་གྱིས་བསྐྱོད་ཅིང་། ཆགས་སྡང་དང་ཕྲག་དོག་གཡོ་སྒྱུའི་ཆང་གིས་ཡིད་ལྷག་པར་སྨྱོས་པས་ངན་འགྲོའི་མེ་དོང་འཇིགས་སུ་རུང་བའི་སྟེང་དུ་དགའ་མགུར་གླུས་གར་བསྒྱུར་བ་མང་པོ་གཟིགས་ཤིང་། སྐན་དུ

གསན་པས་དེ་དག་གི་བྱེད་སྤྱོད་ལ་སྒྲུབ་བྱེད་འཕེན་པའི་ཚུལ་དུ་ཉམས་མགུར་འདི་ལྟར་མཛད་དེ།

ན་མོ་གུ་རུ་མཉྫུ་གྷོ་ཥཱ་ཡ། སྤྲོས་དང་བྲལ་ཡང་མཚན་དཔེའི་རྒྱན་གྱིས་སྤྲས། །གསུང་གཅིག་ཉིད་ཀྱང་དུ་མ་སོ་སོར་སྟོན། །དབྱིངས་ལས་གཡོ་བ་མེད་ཀྱང་ཆོས་ཀུན་གསལ། །འཆིང་བ་བཅད་ཀྱང་སྙིང་རྗེས་དམ་དུ་བཅིངས། །བསླུ་མེད་འདྲེན་པ་ཤཱཀྱའི་རྒྱལ་པོ་དང་། །དབྱེར་མེད་རྗེ་བཙུན་བླ་མ་ཐུགས་རྗེ་ཅན། །དུས་ངན་སྙིགས་མའི་བདག་ཅག་འགྲོ་རྣམས་ལ། །འབྲལ་མེད་བརྩེ་བས་གཟིགས་ལ་མཆོག་སྩོལ་ཞིག ། ཆོས་མེད་མི་ལ་ཆོས་ཀྱི་རྗེར་བཏགས་པ། །བདག་དང་བདག་འདྲའི་བླ་མར་རློམ་མཐོང་ཆེ། །དུལ་ཞིང་ཞི་སོགས་ཡོན་ཏན་བཅུ་ལྡན་པའི། །བཟློག་ཕྱོགས་བླ་མའི་མཚན་ཉིད་ལགས་སམ་སྙམ། །འགྲོ་བའི་འདྲེན་པར་མངོན་རློམ་ཕྱོགས་རིས་ཅན། ཁྲིས་པའི་ཆེ་ན་ཡུལ་དང་སྡེ་དགོན་འཛོམས། །རྒྱལ་པོའི་རྣམ་ཐར་སྐྱོང་རྣམས་མཐོང་བའི་ཆེ། །མཐོ་རིས་ཐར་པའི་ཡར་འདྲེན་ཅི་འདྲ་རང་། །ཕན་བདེའི་འབྱུང་གནས་བསྟན་དང་བསྟན་འཛིན་ཅེས། །གསུངས་མོད་བསྟན་འཛིན་ཕལ་ཆེར་ཆགས་སྡང་གིས། །སྐྱེ་དགུའི་ཕན་བདེ་འཛོམས་པ་མཐོང་བའི་ཆེ། །སངས་རྒྱས་བསྟན་(༡༠༨བ)པའང་སྡུག་བསྔལ་འབྱུང་བའི་སྒོ། །དགེ་ལེགས་རྩ་བ་ཚུལ་ཁྲིམས་ཡོངས་བོར་བའི། །ཐེག་མཆོག་རྣལ་འབྱོར་དཔང་པོ་མང་མཐོང་ཆེ། །འགྲམ་རྩ་མེད་པའམ་ཟགས་པའི་ཁང་རུལ་སྟེང་། །ཁང་བརྩེགས་བརྟན་པོའི་བཀོད་པ་རུང་སྙམ་སེམས། །གྲོང་འདབས་དང་འབྲེལ་དགོན་པའང་གཞན་དུ་ཡང་། །བཀོད་པས་མཛེས་པའི་ཁྲི་གདན་ལ་འདུག་སྟེ། །མ་ཧེའི་ཞབས་འབྲིང་ཅན་དེའང་རྣམ་གྲོལ་གྱི། །སྲོག་ལྡན་ཅི་ཞིག་ཚུལ་ཁྲིམས་ནོར་ལ་སོམས། ། བཀའ་དྲིན་གསུམ་ལྡན་བླ་མའི་ཐུགས་དཀྲུག་ཅིང་། །བཀའ་བཞིན་མི་སྒྲུབ་སློབ་མའི་ཚོགས་མཐོང་ཆེ། །མནར་མེད་ཁྲོ་ཆུ་ཁོལ་མའི་ཟངས་མོ་ཆེ། །ཆག་གམ་རྫོལ་བའི་

གདམས་སྙན་ཐོས་སམ་སྙམ། །བསྟན་པའི་སྒོར་ཞུགས་ངུར་སྨྲིག་གོས་གྱོན་ནས། །ཁྲིམས་འཆལ་བག་མེད་སྤྱོད་པའི་ཚོགས་མཐོང་ཚེ། །ངན་སོང་གསུམ་གྱི་གནས་དེ་ལེགས་བྲིས་ཀྱི། །དགའ་བའི་ཚལ་ལྟར་མཐོང་བ་ཡིན་ནམ་སྙམ། །སྒྲ་བྲེགས་ལུས་བསྒྱུར་ཆོས་ཀྱི་སྒོར་ཞུགས་ཀྱང་། །ཀུན་སློང་དུག་ཆུས་ཡིད་སྨྱོས་དགེ་འདུན་གྱི། །སྡེ་བཅས་དམ་ཆོས་སྤོང་བའི་ཚོགས་མཐོང་ཚེ། །བསྟན་ལ་ཞུགས་པ་ཡིས་ཀྱང་ལྷག་པར་ཕྱུང་། །བརྫུན་དང་ངན་གཡོ་ཁྲམ་གྱིས་རང་དོན་དག །སྒྲུབ་རྣམས་སྤྱང་གྲུང་འཛེམ་པར་བྱེད་མཐོང་ཚེ། །རང་དོན་དོར་ནས་གཞན་དོན་གཙོར་མཛད་པའི། །སེམས་དཔའ་མཆོག་རྣམས་མི་གྲུང་བླུན་པོ་སྙམ། །དམ་པས་སྨད་པའི་མི་དགེའི་ལས་རྣམས་ལ། །བག་མེད་དགའ་མགུར་འཇུག་རྣམས་མཐོང་བའི་ཚེ། །དགེ་སྡིག་ཤན་འབྱེད་ཆོས་ཀྱི་རྒྱལ་པོ་དེ། །ཤིའམ་མཆི་བ་ཟད་པར་ཤེས་པ་འདྲ། །སེམས་(༡༠༩ན)ཅན་མགུ་བྱ་མ་གདོགས་རྒྱལ་བ་རྣམས། །མཉེས་པའི་ཐབས་གཞན་མེད་ཀྱང་མཆོད་སྦྱིན་ཕྱིར། །སྐྱེ་འགྲོ་ཁྲལ་གྱིས་མནར་བ་མཐོང་བའི་ཚེ། །འཆི་བ་ཆོས་སུ་སྨྲ་ལ་ཉེས་པ་ཅི། །དུས་མཐའི་སྐྱེ་བོ་ཀུན་གྱི་སྤྱོད་ཚུལ་རྣམས། །སྟོན་པའི་གསུང་རབ་བཞི་ལྟར་ས་གཞིའི་ངོས། །གསལ་བར་ཤར་བའི་སྣང་ཚུལ་ཅུང་ཟད་ཅམ། །བློ་བཟང་ཆོས་ཀྱི་རྒྱལ་མཚན་ཞེས་བྱས་བཀོད། །དགེ་བས་མཐའ་ཡས་འགྲོ་བ་མ་ལུས་པ། །དུས་བཟང་ཡོན་ཏན་བརྒྱལ་ལོངས་སྤྱོད་ཅིང་། །སྨྱིན་ཐལ་སྡོམ་པ་གསུམ་གྱིས་རྒྱུད་བསྡམས་ནས། །སྐུ་གསུམ་གོ་འཕང་མྱུར་དུ་ཐོབ་པར་ཤོག །བདག་ཀྱང་ཚེ་རབས་ཀུན་ཏུ་འགྲོ་རྣམས་ཀྱི། །ངན་སྤྱོད་སྨྱོན་གྱི་ཚོགས་ལ་མི་རྟོག་པར། །དག་སྣང་བྱམས་བརྩེའི་འོད་ཀྱིས་ཁྱབ་བྱས་ཏེ། །རྣམ་གྲོལ་དགའ་བའི་ཚལ་དུ་མྱུར་འཇུག་ཤོག །ཅེས་དང་།

ན་མོ་གུ་རུ་མཉྫུ་གྷོ་ཥ་ཡ། གང་གི་ཞབས་སེན་ནོར་བུའི་འོད་ཆགས། །དྲན་པས་དངོས་གྲུབ་འདོད་དགུ་སྩོལ་མཛད། །བླ་མ་མཆོག་དང་ཤཱཀྱའི་གཙོ་བོ། །དབྱེར་མེད་སྙིང་གའི་པདྨའི་དབུས་བཞུགས། །ཐོག་མེད་དུས་ནས་ད་ལྟའི་བར་དུ། །སྐྱེ་རྒ་ན་འཆིའི་

ཐ་གློང་འབྲུག་ཅིང་། །སྡུག་བསྔལ་ཆུ་སྲིན་མང་པོས་གང་བའི། །འཁོར་བའི་རྒྱ་མཚོ་ཆེན་
པོའི་ནང་འཁྱམས། །ངན་སོང་གནས་སུ་གདན་ཡུལ་བྱས་ཤིང་། །ཕལ་ཆེར་མནར་མེད་
འབར་བའི་མེས་བསྲེགས། །སྐབས་འགར་བདེ་འགྲོའི་ལུས་རྟེན་ཐོབ་ཀྱང་། །མ་རིག་
འཐུག་པོས་བློ་མིག་བསྒྲིབས་པས། །མི་དགེའི་བཤེས་དང་སྡིག་པའི་གྲོགས་དང་། །སྡུག་
བསྔལ་འགྲུབ་པའི་རྒྱུད་དང་སྡུག་བསྔལ། །བདེ་བར་འཛིན་པའི་ལོག་(༡༠༩བ)ཤེས་
དབང་གིས། །དགའ་མགུར་དགོད་ཅིང་བྱས་པའི་འབྲས་བུ། །འཇིགས་རུང་བཙོན་ཁང་
ར་བར་བཅུག་ནས། །མི་བཟད་སྡུག་བསྔལ་ཆར་ལྟར་འབབ་ཅིང་། །མགོན་མེད་སྐྱབས་
མེད་མཆི་མས་གདོང་གཡོགས། །དེ་བཞིན་ཉམས་སུ་མྱོང་བར་འགྱུར་རོ། །སྐྱེ་རྒ་ན་
འཆི་ཡིད་འོང་བྲལ་དང་། །མི་སྡུག་ཕྲད་དང་འདོད་པ་མ་རྙེད། །འདུ་བྱེད་སྡུག་བསྔལ་
འབར་བའི་མཚོན་གྱིས། །བཙོམ་ཞིང་མི་འཛེམས་སྲིད་ན་ཅི་ཞིག །སྲིད་ན་ང་རྒྱལ་རློམ་
པས་འཁྲིད་ཞིང་། །དྲེགས་པའི་ང་རོ་ཆེས་ཆེར་སྒྲོག་པའི། །ལྷ་ཆེན་ཚངས་དབང་མདའ་
ལྡ་པ་སོགས། །འདོད་པའི་བདེ་ལ་ཡུན་རིང་སྤྱོད་ནས། །མནར་མེད་རབ་ཏུ་ཚ་བའི་མེ་
ནང་། །བསྲེག་ཅིང་འབར་བའི་ཐོ་བས་ཕྱེར་འཐག །མཐོ་རིས་བུ་མོའི་ནུ་མའི་རེག་
པས། །མངོན་པར་དགའ་ཞིང་རྩེས་ནས་སླར་ཡང་། །རབ་རྣོ་བཟང་རིང་ཤལ་མའི་
རི་ཡིས། །གཏིང་དུ་འབིགས་ཤིང་ཚལ་པར་གཤེག་གོ །ལྷ་ཡུལ་རོ་བརྒྱ་ལྡན་པའི་
བདུད་རྩི་ར། །ངོམས་པ་མེད་པར་ཡང་ཡང་སྤྱད་ནས། །མི་གཙང་རང་བཞིན་རྣག་ཁྲག་
རྡུལ་པ། །དྲི་ང་བཙོག་པའི་བཤང་གཅིས་འཚོ་འགྱུར། །གླིང་བཞིའི་ཁྱོན་ལ་འདོད་
དགུར་བསྒྱུར་བ། །སྟོབས་ཀྱིས་སྙེམས་པའི་གཙོ་བོ་གྱུར་ནས། །ཕྱིས་ནས་བླུན་ཅིང་
རྨོངས་པའི་དུད་འགྲོ །བཀོལ་སྤྱོད་གཞན་གྱི་དབང་དུ་འགྱུར་རོ། །ཡུད་ཙམ་ཞིག་ཀྱང་
འབྲལ་མི་ཕོད་པའི། །གཉེན་འཁོར་མཛའ་བ་མང་པོས་བསྐོར་ཡང་། །མྱུར་དུ་གྲུས
མེད་ཉམ་ངའི་གནས་སུ། །གྲོགས་མེད་རང་ཉིད་གཅིག་པུར་འགྲོའོ། །སེར་སྣས

བསགས་པའི་ཟས་ནོར་ཕུང་པོ། །རྒྱ་མཚོའི་གོས་ཅན་གང་བར་དབང་ཡང་། །རིང་པོར་མི་ཐོགས་ལྟན་ཅིག་སྐྱེས་པའི། །ལུས་ཀྱང་(༡༡༠ན)བཞག་སྟེ་ལག་སྟོང་འགྲོའོ། །མཐོ་རིས་བདེ་འགྲོའི་ལུས་དང་ལོངས་སྤྱོད། །གཉེན་གྲོགས་འཁོར་གཡོག་ཕུན་ཚོགས་གང་ལའང་། །ཡིད་བརྟན་རུང་བ་ཙུང་ཟད་མེད་ཅིང་། །བདེ་མེད་སྡུག་བསྔལ་བརྒྱ་ཡིས་གཙེས་ནས། །ལས་ངན་དབང་གིས་ལུས་ངན་བླངས་པའི། །དམྱལ་བ་ཡི་དྭགས་དུད་འགྲོ་ལ་སོགས། །ངན་སོང་ལོག་པར་ལྟུང་བ་རྣམས་ཀྱི། །སྡུག་བསྔལ་འདི་ལ་བཟོད་ཐབས་ཨེ་འདུག །མི་བཟོད་བཞིན་དུ་རང་ཉེས་འབྲས་བུ། །དུས་ཀྱི་ལོ་ཏོག་བཞིན་དུ་སྨིན་ནས། །མི་འདོད་ཚོར་བ་དྲག་པོས་མནར་ཚེ། །སངས་རྒྱས་ཀྱིས་ཀྱང་སྐྱོབ་པའི་ཐབས་མེད། །དེ་ཕྱིར་རང་དབང་ཡོད་པའི་དུས་འདིར། །སྐྱེ་རྒ་ན་འཆི་རྒྱུད་པའི་སྡུག་བསྔལ། །མཐའ་དག་སྤངས་པའི་སྐུ་གསུམ་གོ་འཕང་། །བསྒྲུབ་པའི་ཚུལ་ལ་བརྩོན་པར་གྱིས་ཤིག །ཅེས་སོགས་ངེས་འབྱུང་ཤུགས་དྲག་པོས་བསྐྱོད་པའི་ཉམས་མགུར་མང་དུ་མཛད་དོ། །

ལྷག་པར་དེ་དུས་ཆེན་པོར་སྨྲོམས་པ་སྟོབས་ཀྱིས་དྲེགས་པ་མང་པོ་ཞིག་དུས་འཁྲུག་གིས་ཉམ་ཐག་པར་གྱུར་པ་གཟིགས་པས་དངོས་སུ་དེ་དག་ལ་ཕན་པ་བྱེད་པའི་སྐབས་མ་རྙེད་ཅིང་ཐུགས་ངེས་འབྱུང་དང་སྙིང་རྗེས་བསྐུལ་བའི་དཀོན་མཆོག་ལ་གསོལ་འདེབས་འདི་ལྟར་མཛད་དེ།

གུ་རུ་བདྨ་བོ་དྷི་ས་ཏྭ་ཡ་ན་མཿ སྨྱུ་མས་རྨོངས་པའི་འགྲོ་བ་འདིའི། །དུག་གསུམ་དྲི་མ་འཁྲུད་པའི་ཕྱིར། །དམ་ཆོས་བདུད་རྩིའི་ཆར་འབེབས་པའི། །ཤཱཀྱའི་གཙོ་བོ་དེ་ལ་འདུད། །འཇིགས་རུང་སྲིད་པའི་རྒྱ་མཚོ་འདིར། །ལས་དང་ཉོན་མོངས་ཆུ་སྲིན་འཁྲུག །སྡུག་བསྔལ་ཆུ་སྲིན་གྱིས་གཙེས་པའི། །ཉམ་ཐག་(༡༡༠བ)འགྲོ་འདི་ཐུགས་རྗེས་སྐྱོབས། །དམྱལ་བ་ཡི་དྭགས་དུད་འགྲོ་སོགས། །སྡུག་བསྔལ་དྲག་པོས་མནར་

བ་ཡི། །མགོན་སྐྱབས་མེད་པའི་འགྲོ་བ་ཀུན། །ཐུགས་རྗེ་མངའ་བས་བསྐྱབ་ཏུ་གསོལ། །བདེ་བར་འགྲོ་བ་ཞེས་གྲགས་ཀྱང་། །འདུ་བྱེད་འགྱུར་བའི་སྡུག་བསྔལ་གྱི། །མདའ་ཆར་འབབ་པ་འདི་དག་ལ། །ཐུགས་རྗེ་མངའ་བས་བསྐྱབ་ཏུ་གསོལ། །འདུས་པ་འབྲལ་ཞིང་བསགས་པ་འཛད། །སྐྱེས་པ་འཆི་ཞིང་མཐོན་པོའི་མཐའ། །རྒྱུད་པས་མནར་བའི་འགྲོ་བ་རྣམས། །ཐུགས་རྗེ་མངའ་བས་བསྐྱབ་ཏུ་གསོལ། །སྐྱེ་རྒ་ན་འཆི་རྒྱུད་པ་ཡི། །འཇིགས་རུང་སྲིན་པོའི་མཆེ་བ་བཞིའི། །ཕྲག་ཏུ་ཞུགས་པའི་སྐྱེ་བོ་ཡི། །མགོན་སྐྱབས་མཛོད་ཅིག་ཟས་གཙང་སྲས། །དིང་སང་དུས་ཀྱི་འགྱུར་བ་འདི། །ཀུན་མཁྱེན་ཐུབ་པའི་གསུང་རབ་ལས། །སྲིད་པའི་ཕུན་ཚོགས་རྨི་ལམ་དང་། །ཟས་ནོར་སྣང་མའི་སྣང་རྩེ་དང་། །འདུས་བྱས་ས་འཛིན་མཐོན་པོ་ཡི། །རྩེ་ནས་ལྷུང་བའི་འབབ་ཆུ་བཞིན། །གསུངས་དོན་རྨོངས་པའི་སྐྱེ་བོ་ལ། །མངོན་སུམ་སྟོན་པའི་སློབ་དཔོན་བཞིན། །ཁ་ཅིག་ཇོན་པས་གཅེས་པ་ཡི། །རི་དྭགས་ཧེ་བཞིན་སྐྲག་པས་ཉེན། །ལ་ལ་འཇིགས་རུང་མྱུ་ངམ་གྱི། །ཐང་ལ་དགྲས་བཅོམ་འགྲོན་པོ་བཞིན། །འགའ་ཞིག་བདེ་བ་འདོད་པའི་ཕྱིར། །དགོད་ཅིང་སྡིག་པའི་ལས་བྱས་པས། །མཆི་མས་གདོང་གཡོགས་དུ་བཞིན་དུ། །རྣམ་སྨིན་སྨྱོང་བའི་ལས་ལ་སྤྱོད། །ཕལ་ཆེར་བར་དོའི་སེམས་ཅན་བཞིན། །ལས་ངན་གདོན་གྱིས་དཀྲུགས་པ་ཡི། །ཉམ་ཐག་འགྲོ་བ་འདི་རྣམས་ལ། །ཐུགས་རྗེ་མངའ་བས་མི་དགོངས་ན། །ཁྱོད་ལས་ལྷག་པའི་སྐྱབས་གཞན་ཅི། །དེ་ཕྱིར་བསྐལ་པ་དཔག་མེད་ནས། །(༡༡༡ན)བདག་ཅག་སྙིགས་མའི་འགྲོ་བ་རྣམས། །ཕྱུག་མཚན་བཞེས་བཞིན་ཐུགས་རྗེས་སྐྱོབས། །ཅེས་སོ། །

གཙང་སོག་གཟིར་བའི་དུས་ཆོས་སྡེ་མང་པོ་ཞིག་ཀྱང་འགའ་ཞིག་དབང་མེད་དུ་དམག་ལ་བསྐུལ་བ་དང་། འགའ་ཞིག་ནི་བསམ་བཞིན་དུ་སེར་དམག་བྱས་པ་སོགས། རྒྱལ་བའི་བསྟན་པ་ཆེས་ཆེར་ཉམས་པའི་དང་ཚུལ་གཟིགས་པ་དང་། སྐྱེ་བོ་ཕལ་མོ་

ཆེའི་སྣང་ཚུལ་སྣ་ཚོགས་པ་ཞིག་གཟིགས་པས་ཐུགས་ཕྱུང་ཞིང་འཁོར་བའི་གནས་སུ་ཉམ་ཐག་པའི་འགྲོ་བ་འདི་དག་ལ་ཕན་པ་བླ་ན་མེད་པ་སྦྱིན་པའི་སྐྱབས་གནས་སྟོན་པ་མཚུངས་པ་མེད་པ་ཤཱཀྱའི་གཙོ་བོ་ལ་གསོལ་འདེབས་འདི་ལྟར་མཛད་དེ།

ན་མོ་གུ་རུ་མཉྫུ་གྷོ་ཥ་ཡ། བཙོ་མའི་གསེར་སྤྲུངས་ལྷུན་པོ་ནི། །ལི་ཁྲིའི་མཚམས་སྦྱིན་གོས་གྱོན་ནས། །དགེ་མཚན་འོད་ཀྱིས་འགེངས་འདྲ་བའི། །ཤཱཀྱའི་གཙོ་བོ་དེ་ལ་འདུད། །ཀྱེ་མ་བདག་ཅག་སྐལ་པ་ངན། །འཛིགས་རུང་དུས་ཀྱི་སྲིན་པོ་ལྷས། །སྟོད་བཅུད་ཀུན་གྱི་མདངས་ཕྲོགས་པའི། །མཐའ་འཁོབ་མུན་པའི་ཡུལ་འདིར་སྐྱེས། །ཐུབ་དབང་སྨྲ་བའི་ཉི་མ་དེ། །དུས་ཀྱིས་ནུབ་རིའི་ཕག་ཏུ་གཤེགས། །རྒྱལ་སྲས་འཕགས་པའི་ཚོགས་རྣམས་དང་། །བསྟན་འཛིན་དམ་པའི་སྐྱེས་བུ་རྣམས། །དག་པའི་ཞིང་དུ་བཏང་སྙོམས་མཛད། །བསྟན་པ་རིན་ཆེན་སྒྲོན་མེ་ཡང་། །བུད་ཤིང་ཟད་པའི་མེ་དང་མཚུངས། །སྟོན་པའི་བཀའ་ཁྲིམས་ཡིད་བཞིན་ནོར། །གུས་པས་གཙུག་གི་རྒྱན་འཛིན་པ། །འོད་སྟོང་བདག་པོའི་གཟི་བྱིན་གྱིས། །ལྷ་ལམ་བཀང་བའི་རྒྱུ་སྐར་བཞིན། །དམ་པའི་གཟུགས་ཀྱི་(111བ)ཚང་ཚིང་ནགས། །ཆགས་སྡང་གཡོ་སྒྱུ་ཕྲག་དོག་གི །གདུག་པའི་སྦྲུལ་གྱིས་གང་བ་ཡི། །ཁ་ནླངས་མེ་ཡི་འབྲས་བུས་ཁྱབ། །ངར་སྒྲིག་མཛེས་པའི་གོས་འཆང་ཡང་། །ཁྲེལ་དང་ངོ་ཚ་སྡོམ་པ་གསུམ། །ཅིག་ཅར་སྤངས་པའི་བློས་གར་གྱིས། །ཆུ་སྲིན་རྒྱལ་མཚན་ཅན་སྡེའི་ཚོགས། །ཉིན་བྱེད་ཟེར་གྱིས་རེག་པ་ཡི། །པདྨོ་གཞོན་ནུ་ལྟ་བུར་འཛུམ། །ཐ་མལ་སྐྱེ་བོ་ཕལ་ཆེར་ཡང་། །ཆགས་སྡང་དྲག་པོའི་གདོན་ཞུགས་པས། །དམ་པས་སྨད་པའི་ལས་རྣམས་ལ། །འཛེམ་མེད་ཅི་དགར་ཀུན་ཏུ་སྤྱོད། །སྔོན་དུས་དགེ་བའི་མི་དབང་གིས། །སྐྱེ་དགུ་བདེ་བའི་དོན་བཅས་པའི། །ཁྲིམས་རྣམས་བཞི་མདོའི་རྩ་ལྟར་འདོར། །རང་འདོད་གཟུ་ལུམས་སྤྱོད་པ་ཡི། །སྡིག་སྤྱོད་རྒྱལ་པོའི་ཁྲལ་གྱིས་མནར། །ནད་རིགས་འཐབ་རྩོད་མུ་གེ་ཡི། །གནམ་ལྕགས་སེར་ཆེན་སྟོང་བབ་

པས། །སྐྱེ་དགུའི་ཕན་བདེའི་པད་ཚལ་བཅོམ། །འདི་འདྲའི་འགྲོ་བ་ཉམ་ཐག་པ། །རི་དྭགས་རྒྱ་རུ་ཚུད་འདྲ་བའི། །མགོན་སྐྱབས་མེད་པ་བདག་ཅག་ལ། །ཐུགས་རྗེ་ཆེ་ལྡན་སྟོན་པ་ལས། །ལྷག་པའི་སྐྱབས་གཞན་ཅང་མ་མཆིས། ཁྱོད་སྟོན་བདེ་གཤེགས་རིན་པོ་ཆེ། །སྙིང་པོའི་ཡབ་ཏུ་གྱུར་པའི་ཚེ། །སྙིགས་མས་སྡུགས་པའི་རྩོད་དུས་འདི། །བརྩེ་ལྡན་གཞན་གྱིས་སྤངས་དུས་སུ། །རླབས་ཆེན་སྨོན་ལམ་འབུམ་ཕྲག་གིས། །ཐབས་མཁས་ཐུགས་རྗེས་ཕྱག་མཚན་བཟུང་། །དེ་ཕྱིར་སྙིགས་མའི་བྱིན་ཟ་ཡིས། །གདུངས་པའི་བདག་ཅག་འགྲོ་བ་རྣམས། །ཐུགས་རྗེའི་ཆར་གྱིས་བསིལ་བར་མཛོད། །མཐའ་མེད་འཁོར་བའི་རྒྱ་མཚོ་ཆེ། །(༡༡༢ན)སྡུག་བསྔལ་ཐ་གློང་འཁྲུག་པའི་གློང་། །བྱིང་བའི་མགོན་མེད་འགྲོ་བ་འདི། །ཐུགས་རྗེའི་ལྕགས་ཀྱུས་དྲང་དུ་གསོལ། །བླང་དོར་གནས་ལ་ལྟ་བའི་མིག །མ་རིག་ལིང་ཐོག་གིས་བསྒྲིབས་པས། །དམུས་ལོང་གཡངས་སར་མཆོང་འདྲ་བའི། །སྨོངས་པའི་འགྲོ་ལ་བརྩེ་བས་གཟིགས། ཁྱི་ཕག་མི་གཙང་ཕུང་པོ་ལ། །ཆགས་ཤིང་ཞེན་པ་ཇི་ལྟ་བར། །སྡུག་བསྔལ་བདེ་བར་འཛིན་པ་ཡི། །ལོག་ཤེས་ཅན་རྣམས་ཐུགས་རྗེས་སྐྱོབས། །འདོད་ཆགས་རི་གཟར་ཆུ་བཞིན་འཁྲུག །ཞེ་སྡང་དུས་མཐའི་མེ་ལྟར་འབར། །ཕྲག་དོག་རླུང་དམར་ལྟར་འཚུབས་པའི། །སྨོངས་པའི་འགྲོ་རྣམས་ཐུགས་རྗེས་སྐྱོབས། །བདེ་འདོད་སྡུག་བསྔལ་འདོར་འདོད་ཀྱང་། །དགེ་ལ་དགྲར་བལྟ་སྡིག་པ་ལ། །དགའ་ཞིང་བརྩོན་པས་འཇུག་པ་ཡི། །ལོག་ཤེས་ཅན་རྣམས་ཐུགས་རྗེས་སྐྱོབས། །ཐ་མའི་དུས་ཀྱང་སྐྱེངས་བྱེད་པའི། །མཚོན་དང་མུ་གེ་ནད་རིམས་ཀྱི། །མི་བཟད་མདའ་ཆར་དྲག་པོ་ཡིས། །གདུངས་པའི་འགྲོ་རྣམས་ཐུགས་རྗེས་སྐྱོབས། །རྒྱལ་བའི་བསྟན་ལ་རབ་བྱུང་ནས། །ཆོས་གོས་བཞིན་དུ་གོ་ཆ་གྱོན། །གསིལ་བྱེད་བཞིན་དུ་མདའ་མཚོན་ཐོགས། །མིག་ཅན་འབར་བའི་མེ་ནང་དུ། །མཆོང་འདྲའི་འགྲོ་རྣམས་ཐུགས་རྗེས་སྐྱོབས། །མི་བཟད་དྲིང་མི་གཙང་བའི། །ལྡན་ལྡིན་མུན་

པའི་ནང་ཞུགས་ཏེ། །བཟོད་དཀའ་གདུང་བས་ཉམ་ཐག་པའི། །སྐྱེ་གནས་ཅན་རྣམས་ཐུགས་རྗེས་སྐྱོབས། །ཡང་ཚེ་རྒྱས་པའི་མེ་ཏོག་ཀྱང་། །དུས་ཀྱི་བ་མོས་བཅོམ་པ་ཡི། །འགྲམ་(༡༡༢བ)ཟགས་ཁང་རུལ་ལྟར་འཇིག་པའི། །འཆི་བར་ཉེ་རྣམས་ཐུགས་རྗེས་སྐྱོབས། །མཛའ་བའི་གཉེན་དང་བསགས་པའི་ནོར། །ལུས་དང་ལོངས་སྤྱོད་ཀུན་བོར་ནས། །མགོན་མེད་སྐྱབས་མེད་ཕ་རོལ་ཏུ། །གཅིག་པུར་འགྲོ་རྣམས་ཐུགས་རྗེས་སྐྱོབས། །སྡུག་དང་བྲལ་ཞིང་དགྲ་དང་ཕྲད། །འདོད་འབྲས་ཀྱིས་དབེན་མི་འདོད་པའི། །དངོས་རྣམས་ཐོག་ལྟར་བབ་པ་ཡི། །མགོན་མེད་རྣམས་ལ་ཐུགས་རྗེས་སྐྱོབས། །ཟས་ནོར་ལོངས་སྤྱོད་སྟོབས་རྣམས་ཀྱིས། །ང་རྒྱལ་དྲེགས་པས་འཁྱིང་སློམ་ཡང་། །དབང་མེད་རྒུད་པའི་ལྟུགས་སྒྲོག་གིས། །དམ་པོར་བཅིངས་རྣམས་ཐུགས་རྗེས་སྐྱོབས། །ཚ་གྲང་བཟོད་དཀའི་སྡུག་བསྔལ་དང་། །བཀྲེས་སྐོམ་བཀོལ་སྤྱད་གཅིག་ལ་གཅིག །ཟ་བའི་འཇིགས་རུང་སྡུག་བསྔལ་གྱིས། །མནར་བའི་འགྲོ་རྣམས་ཐུགས་རྗེས་སྐྱོབས། །མདོར་ན་ནམ་མཁའི་མཐས་ཀླས་པའི། །མར་གྱུར་འགྲོ་བ་མ་ལུས་པ། །སྲིད་ཞིའི་རྒྱ་མཚོ་ལས་བསྒྲལ་ཏེ། །ཐམས་ཅད་གཟིགས་པའི་གནས་སུ་དྲོངས། །ཞེས་སོ། །

རྗེ་འདིས་ནོར་འཛིན་ཡངས་པའི་ཁྱོན་ཐམས་ཅད་དུ་རྒྱལ་བའི་བསྟན་པ་རིན་པོ་ཆེ་སྤེལ་བར་མཛད་ཅིང་ལྷག་པར་དབང་ཕྱོགས་གོང་མའི་རྒྱལ་ཁབ་འདི་རྒྱ་ཆེ་ཞིང་སྟོབས་མངའ་ཐང་ཆེ་བས་ཕྱོགས་དེར་རྗེ་རིན་པོ་ཆེའི་བསྟན་པ་སྤོན་དུས་རྗེ་རིན་པོ་ཆེའི་བཀས་བྱམས་ཆེན་ཆོས་རྗེ་མངགས་ཏེ་ཙུང་ཟད་དར་བར་བྱུང་ནའང་དུས་ཕྱིས་དར་ཆ་ཆུང་བས་ཐབས་ཚུལ་ཇི་ལྟ་བུ་ཞིག་གིས་དར་བར་བྱ་སྙམ་དུ་ཡེ་ཤེས་ཀྱི་གཟིགས་པ་ན་སེ་ཆེན་ཆོས་རྗེ་ལ་འཕྲིན་ལས་ཀྱི་བཀའ་བབ་ཡོད་པར་གཟིགས་ནས་སེ་ཆེན་(༡༡༣ན)ཆོས་རྗེ་བཀས་མངགས་ཏེ་སྦྱོར་ཧེད་ཀྱི་རྒྱལ་པོ་ལ་རྒྱ་མཚན་ཞིབ་བཀོད་ཀྱི་ཕྱག་དམ་རྟེན་སྦྲགས་གནང་སྟེ་བཏང་བར་འཕྲིན་ལས་དུས་སུ་

བབ་སྟེ་སྦྱོར་རྫིང་གི་རྒྱལ་པོས་སེ་ཆེན་ཆོས་རྗེ་གུས་པས་བཀུར་ཏེ་ཕྱོགས་དེར་འཛམ་མགོན་བསྟན་པ་གསར་དུ་བཙུགས་པས་སྦྱོར་རྫིང་གི་རྒྱལ་པོ་བསོད་ནམས་ཀྱི་སྟོབས་ཆེས་ཆེར་རྒྱས་ཏེ་རྒྱ་ནག་གི་རྒྱལ་སྲིད་ལ་འགོད་ནས་དབང་ཕྱོགས་སུ་རྗེ་རིན་པོ་ཆེའི་བསྟན་པ་ཆེས་ཆེར་དར་བར་བྱས་ཤིང་སེ་ཆེན་ཆོས་རྗེ་སླར་བོད་དུ་བྱོན་པའི་ཚེ་གོང་མ་རྒྱལ་པོས་རྗེ་འདི་པ་དང་རྒྱལ་དབང་ཐམས་ཅད་མཁྱེན་པ་གཉིས་ཀ་ལ་གུས་འདུད་བླ་མེད་མཛད། མངགས་འོས་གཟེངས་བསྟོད་ཀྱི་གསེར་ཡིག་གནང་བ་བྱུང་། རྗེ་འདིས་ནོར་འཛིན་གྱི་ཁྱོན་མཐའ་དག་རྗེ་རིན་པོ་ཆེའི་རིང་ལུགས་ཀྱིས་ཁྱབ་པར་མཛད་ཅིང་། རྒྱལ་དབང་ཐམས་ཅད་མཁྱེན་པ་དག་དབང་བློ་བཟང་རྒྱ་མཚོར་གསང་བདེ་འཇིགས་གསུམ་གྱི་དབང་རྫོ་རྗེ་ཕྲེང་བའི་དབང་སོགས་དབང་བཀའ་དང་རྗེས་གནང་ཐལ་ཆེར་དང་། ལམ་རིམ་གྱི་ཁྲིད་བསྐྱེད་རྫོགས་ཀྱི་ཁྲིད་སོགས་རྗེ་རིན་པོ་ཆེའི་མན་ངག་རྣམས་གནང་སྟེ་བསྟན་པ་ཡོངས་རྫོགས་ཀྱི་བདག་པོར་མངའ་གསོལ། གཞན་ཡང་ཆབ་མདོ་འཕགས་པ་ལྷ། གཟིམ་ཁང་གོང་སྤྲུལ་པའི་སྐུ། དེ་མོ་སྤྲུལ་པའི་སྐུ། རྒྱལ་སྲས་སྤྲུལ་སྐུ། སེམས་དཔའ་སྤྲུལ་སྐུ། རྗེ་དྲུང་སྤྲུལ་སྐུ་སོགས་སྐུ་ཕྲེང་རིམ་པར་བྱོན་པའི་སྤྲུལ་སྐུ་རྣམས་དང་། གྭ་ས་ཆེན་པོ་བཞིའི་གདན་(༡༡ ༢བ)ཁྲི་འཛིན་པའི་བླ་མ་རྣམས་ཀྱིས་གཙོས་བླ་ཆེན་རྣམས་དང་། བསྟན་པ་ལ་བྱ་བ་མཛད་པའི་བཤེས་གཉེན་ཆེན་པོ་རྣམས་ཀྱིས་གཙོས་བསིལ་ལྡན་ལྗོངས་ཀྱི་ཆོས་དོན་གཉེར་བ་ཐལ་མོ་ཆེ་ལ་མདོ་སྔགས་ཀྱི་ཆོས་མཐའ་ཡས་པ་སྩལ་ཞིང་། ལྷག་པར་སེ་འབྲས་དགེ་གསུམ་བཀྲ་ཤིས་ལྷུན་པོ་རྒྱུད་སྟོད་སྨད་བཅས་ཀྱི་དགེ་འདུན་རྣམས་ལ་སྔ་ཕྱི་ལན་མང་པོར་གསང་བདེ་འཇིགས་གསུམ་གྱི་དབང་བསྐྱེད་རྫོགས་ཀྱི་ཁྲིད། རྡོ་རྗེ་འཆང་ཆེན་པོའི་ལམ་གྱི་རིམ་པའི་གཟབས་བཤད། འགྲེལ་པ་བཞི་སྦྲགས། རིམ་ལྔ་གསལ་སྒྲོན་གྱི་གཟབས་བཤད། བདེ་མཆོག་རྒྱུད་འགྲེལ་སྦས་དོན་ཀུན་གསལ་གྱི་གཟབས་བཤད་རྣམས་ཡང་

ཡང་སྤེལ་ཞིང་། སྒྲུབ་པ་སྙིང་པོར་མཛད་པ་མང་པོ་ལ་ལམ་རིམ་དང་བསྐྱེད་རྫོགས་རྣམས་འཛིན་ཆོས་སུ་ཡང་ལན་མང་དུ་སྤེལ། ལྷག་པར་བཀྲ་ཤིས་ལྷུན་པོར་སྲས་ཀྱི་ཐུ་བོ་གྲུབ་ཆེན་མང་པོ་དང་འདུས་ཚོགས་བཅས་ལ་རྗེ་རིན་པོ་ཆེའི་སྙན་རྒྱུད་ལམ་རིམ་གྱི་ཁྲིད་ཟླ་སྤྲིལ་གྱི་བར་ལ་འཛིན་ཆོས་སུ་སྤེལ་བ་ཐུགས་སྲས་ཐུ་བོ་རྣམས་ཀྱིས་ཟིན་བྲིས་སུ་བཏབ་པ་བྱང་ཆུབ་ལམ་གྱི་རིམ་པའི་དམར་ཁྲིད་ཐམས་ཅད་མཁྱེན་པར་བགྲོད་པའི་བདེ་ལམ་ཞེས་ཡོངས་སུ་གྲགས་པ་འདི་བཞིན་དང་། གསང་བདེ་འཇིགས་གསུམ་གྱི་བསྐྱེད་རྫོགས་རྣམས་འཛིན་ཆོས་སུ་སྤེལ་བ་ཐུགས་སྲས་ཐུ་བོ་རྣམས་ཀྱིས་ཟིན་བྲིས་སུ་བཏབ་པ་བདེ་གསང་འཇིགས་གསུམ་གྱི་བསྐྱེད་རིམ་གྱི་ཁྲིད་ཡིག་གསུང་འབུམ་དུ་བཞུགས་པ་འདི་བཞིན་དང་། རྗེ་ཐམས་ཅད་མཁྱེན་པའི་ཕྱག་(༡༡༨ན)བཞེས་ལྟར་བདེ་གསང་འཇིགས་གསུམ་གྱི་བདག་བསྐྱེད། མདུན་བསྐྱེད། བུམ་སྒྲུབ། དབང་ཆོག་དང་བཅས་པ་ངག་འདོན་ཆོག་བསྒྲིགས་སུ་མཛད་པ། རྗེ་རིན་པོ་ཆེའི་རིང་ལུགས་འཛིན་པ་མཐའ་དག་ལ་ཡོངས་སུ་གྲགས་པ་ལྟར་ཡིན་ཞིང་། ཆོག་སྒྲིགས་འདི་དག་རྗེ་བློ་བཟང་ཆོས་ཀྱི་རྒྱལ་མཚན་ཉིད་ཀྱིས་མཛད་པ་ཡིན་ཡང་གསུང་འབུམ་གྲས་སུ་མ་བཅུག་པར་རྒྱུད་པ་གྲྭ་ཚང་གི་འདོན་ཆ་ཞེས་ཟུར་དུ་བཞག་པ་ད་ལྟའི་བར་དུ་དེ་རྒྱུན་དུ་གནས་པ་འདི་དག་རྗེ་བློ་བཟང་ཆོས་ཀྱི་རྒྱལ་མཚན་ཉིད་ཀྱིས་མཛད་པ་ཡིན་པ་ནི་སོ་སོའི་གཤམ་དུ་མཛད་བྱང་བཀོད་པ་ལྟར་རོ། །

དེ་ལྟར་ན། རྗེ་བློ་བཟང་ཆོས་ཀྱི་རྒྱལ་མཚན་འདི་ཉིད་ནི་མདོ་སྔགས་གང་གི་ཐད་ལའང་། རྗེ་རིན་པོ་ཆེའི་ལུགས་བཟང་བསྲེ་བསླད་མེད་པར་འཛིན་ཅིང་སྤྱོལ་བ་ལ་རྗེ་རིན་པོ་ཆེ་རང་ཉིད་སླར་བྱོན་པ་ལྟ་བུར་གྱུར་ཏོ། །ཚུལ་འདི་ཡང་ཁོ་བོ་ཅག་གིས་རྨོངས་ཞེན་དང་འདུ་ཤེས་བསྒྱུར་ཏེ་རབ་བཏགས་དང་ཟློལ་བསྟོད་བྱས་པ་མིན་གྱི་རང་བཞིན་བརྗོད་པ་སྟེ་དེ་ལྟ་མིན་ན་རྗེ་རིན་པོ་ཆེའི་ལུགས་བཟང་འཛིན་ཅིང་སྤྱོལ་བ་ལ་རྗེ་འདི་

དང་འཕྲིན་ལས་མཚུངས་པ་ཡོད་ཀྱང་སྣང་དུ་མི་རུང་བ་སུ་ཞིག་ཡོད། ཕྱོགས་སུ་མ་ལྷུང་བར་གཟུ་བོའི་བློས་བསམས་ན་མི་རྙེད་དོ། །

དེ་ལྟར་རྗེ་འདིས་མདོ་སྔགས་གང་གི་ཐད་ལའང་། རྗེ་རང་ཉིད་སློར་བྱོན་པ་ལྟར་བསྟན་པ་ལ་བྱ་བ་རྒྱ་ཆེན་པོ་མཛད་པ། དེ་ཡང་བདག་ཅག་ལྟ་བུ་སྐྱེ་དངོས་སུ་མཐོང་བའི་སྐལ་བ་མེད་པ་རྣམས་ལ་ཐུགས་བརྩེ་བས་དགོངས་ཏེ་རྗེའི་ལུགས་བཟང་དྲི་མ་མེད་པ་སྟོན་པའི་བསྟན་(༡༡༨བ)བཅོས་འདི་ལྟར་མཛད་དེ། བྱང་ཆུབ་ལམ་གྱི་རིམ་པའི་དམར་ཁྲིད་ཐམས་ཅད་མཁྱེན་པར་བགྲོད་པའི་བདེ་ལམ། རྗེ་རང་ཉིད་ཀྱི་མཛད་པ་རྣམ་ཐར་གསལ་བར་སྟོན་པ་ནོར་བུའི་ཕྲེང་བ། རྒྱལ་བ་བློ་བཟང་དོན་གྲུབ་ཀྱི་སྐྱེས་པ་རབས་ཀྱི་ཕྲེང་བ་ལ་བསྟོད་པ། མཁས་གྲུབ་ཆེན་པོ་གསུམ་གྱི་རྟོགས་པ་བརྗོད་པ། དགེ་ལྡན་བཀའ་བརྒྱུད་རིན་པོ་ཆེའི་ཟབ་ལམ་བརྒྱུད་པའི་རྣམ་པར་ཐར་བ་མདོར་བསྡུས། འཕགས་པའི་གནས་བརྟན་ཆེན་པོ་རབ་འབྱོར་གྱི་རྟོགས་བརྗོད། རིགས་ལྡན་གྲགས་པའི་རྟོགས་བརྗོད། སློབ་དཔོན་ཨ་ཤྭ་ཡུ་ཀ་རའི་རྟོགས་བརྗོད། ཆོས་ཀྱི་རྗེ་ས་སྐྱ་པཎྜི་ཏའི་རྟོགས་བརྗོད། གཡུང་སྟོན་རི་ཁྲོད་པའི་རྟོགས་བརྗོད། བྱང་ཆུབ་སེམས་དཔའ་སེམས་དཔའ་ཆེན་པོ་ཞི་བ་ལྷའི་རྟོགས་བརྗོད། སྐྱེ་དགུའི་བདག་མོའི་རྟོགས་བརྗོད། མཁྱེན་རབ་དབང་ཕྱུག་གྲགས་པ་བཟང་པོའི་རྟོགས་བརྗོད། ས་གསུམ་མའི་ཊཱིཀཱ་ཚིག་དོན་གསལ་བ། གྲུབ་པའི་དབང་ཕྱུག་མི་ལ་ལ་བརྟེན་པའི་རྣལ་འབྱོར་དང་གསུང་མགུར་འགའ་ཞིག །རྗེ་བཙུན་བླ་མའི་རྣལ་འབྱོར་དང་ནང་གི་ཁོང་སྐྲན་འདོན་པའི་སྐྱུག་སྨན། བླ་མ་མཆོད་པའི་ཚིག །ཐུན་དྲུག་གི་རྣལ་འབྱོར། བླ་མའི་རྣལ་འབྱོར་རྒྱས་བསྡུས་སྣ་ཚོགས། རྒྱལ་སྲས་ཤེས་རབ་འཕེལ་གྱི་གསོལ་འདེབས་དང་དགེ་སློང་མཁར་སྐྱ་པའི་བཀའ་ལན། རྡོ་རྗེ་ཕྲེང་བའི་དཀྱིལ་འཁོར་ཆེན་པོ་བཞི་བཅུ་རྩ་གཉིས་ཀྱི་སྒྲུབ་ཐབས། མགོན་པོ་ཀླུ་སྒྲུབ་ཀྱིས་མཛད་པའི་རིམ་པ་ལྔའི་རྣམ་པར་བཤད་པ།

རྒྱུད་ཐམས་ཅད་ཀྱི་རྒྱལ་པོ་དཔལ་གསང་བ་འདུས་པའི་བསྐྱེད་(༡༡༥ན)རིམ་གྱི་རྣམ་
བཤད། རྒྱུད་ཐམས་ཅད་ཀྱི་རྒྱལ་བོ་དཔལ་གསང་བ་འདུས་པའི་རྫོགས་རིམ། རྒྱུད་
ཐམས་ཅད་ཀྱི་རྒྱལ་པོ་དཔལ་གསང་བ་འདུས་པའི་གདམས་ངག་རིམ་ལྔ་གསལ་སྒྲོན།
དཔལ་གསང་བ་འདུས་པའི་བླ་མའི་རྣལ་འབྱོར་དང་མངོན་པར་རྟོགས་པ། བཅོམ་
ལྡན་འདས་དཔལ་འཁོར་ལོ་བདེ་མཆོག་ལཱུ་ཨི་པའི་ལུགས་ཀྱི་བསྐྱེད་རིམ། བདེ་
མཆོག་ལཱུ་ཨི་པའི་བསྐྱེད་རྫོགས་སྙིང་པོར་དྲིལ་བ་ཚིགས་བཅད་དང་ལྷུ་དྲིལ་གཉིས་ཀྱི་
རྫོགས་རིམ། ཡི་དམ་རྡོ་རྗེ་འཇིགས་བྱེད་ལ་བརྟེན་པའི་ལམ་ཟབ་མོ་བླ་མའི་རྣལ་
འབྱོར་ཉམས་སུ་ལེན་ཚུལ། དཔལ་རྡོ་རྗེ་འཇིགས་བྱེད་ཀྱི་བསྐྱེད་རིམ་རྣམ་བཤད།
འཇམ་དཔལ་གཤིན་རྗེ་མཐར་བྱེད་ཀྱི་མན་ངག་འཇམ་དབྱངས་བླ་མའི་གསུང་གི་མན་
ངག་ཞི་ཁྲོ་སྦྲགས་སྒྲུབ་ཉམས་སུ་ལེན་ཚུལ། དཔལ་རྡོ་རྗེ་འཇིགས་བྱེད་ཀྱི་རྫོགས་རིམ་
རྣལ་འབྱོར་བཞིའི་རིམ་པ། གཏོར་ཆེན་དྲུག་ཅུ་པའི་རྣམ་གཞག་རྒྱས་པ། རྩ་ཚིག་
བསྡུས་པ་དང་མན་ངག་བཀའ་རྒྱ་མ། འཆི་བདག་ཁྲག་གི་མདོག་ཅན་དང་དམ་ཅན་
བཀའ་སྡོད་རྣམ་གསུམ་གྱི་ཟུར་འདེབས། འདོད་ཁམས་དབང་ཕྱུག་དཔལ་ལྡན་དམག་
ཟོར་རྒྱལ་མོའི་འཕྲིན་ལས་དྲག་པོའི་ཟུར་འདེབས། ཆོས་སྐྱོང་དྲེགས་པ་ལྔུམ་དྲལ་ལ་
བརྟེན་པའི་བསྟེན་སྒྲུབ། རྒྱུད་ཐམས་ཅད་ཀྱི་རྒྱལ་པོ་བཅོམ་ལྡན་འདས་དཔལ་དུས་
ཀྱི་འཁོར་ལོའི་རྒྱས་འགྲེལ་དྲི་མ་མེད་པའི་འོད་ཀྱི་རྒྱ་ཆེར་བཤད་པ་དེ་ཁོ་ན་ཉིད་སྣང་
བར་བྱེད་པའི་སྙིང་པོ་བསྡུས་པ་ཡིད་བཞིན་ནོར་བུ། དུས་འཁོར་གྱི་སྨོན་ལམ་ཤིས་
བརྗོད། བཅོམ་ལྡན་འདས་དུས་ཀྱི་(༡༡༥བ)འཁོར་ལོའི་ཟབ་ལམ་རྡོ་རྗེའི་རྣལ་འབྱོར།
དུས་འཁོར་སྒྲུབ་ཐབས། འཇིགས་བྱེད་དཔའ་བོ་གཅིག་པའི་དཀྱིལ་ཆོག །རྡོ་རྗེ་
འཇིགས་བྱེད་དཔའ་བོ་གཅིག་པ་རོ་ལངས་བརྒྱད་བསྐོར་ཞེ་དགུ་མ་གསུམ་གྱི་
སྒྲུབ་ཐབས། རྡོ་རྗེ་འཇིགས་བྱེད་ཀྱི་དབང་ཆོག་དང་བུམ་བསྐྱེད་ཀྱི་ཟུར་འདེབས།

འཇིགས་བྱེད་ལ་བརྟེན་པའི་དབང་དྲག་གི་སྦྱིན་སྲེག ཚོགས་འཁོར་དང་སྦྱིན་སྲེག་བྱ་ཚུལ། ཚེ་ཆོག །ཚེ་དབང་། ཀུན་རིག་གི་ཆོ་ག །ཀུན་རིག་བུམ་བསྐྱེད། ཀུན་རིག་གི་སྒོ་ནས་ཚེ་འདས་རྗེས་སུ་འཛིན་ཚུལ། རྣམ་སྣང་མངོན་བྱང་གི་དཀྱིལ་འཁོར་གྱི་ཆོ་ག །རྣམ་རྒྱལ་སྒྲུབ་དཀྱིལ། མི་འཁྲུགས་པའི་སྒྲུབ་དཀྱིལ་ཡོངས་སུ་རྫོགས་པའི་ཆོ་ག །སྨན་བླའི་མདོ་ཆོག་གི་སྙིང་པོ་བསྡུས་པ། འཇམ་དཀར་གྱི་སྒྲུབ་ཐབས། འཕགས་པ་ཞལ་བཅུ་གཅིག་པའི་སྒྲུབ་ཐབས་སྨྱུང་བར་གནས་པའི་ཆོ་ག་དང་དེའི་དབང་ཆོག །ཁྲུང་ཁྲའི་སྒྲུབ་ཐབས། གདོན་འགྲོལ་བྱེད་ཚུལ། སྒྲོལ་མ་ཉི་ཤུ་རྩ་གཅིག་གི་སྒྲུབ་ཐབས། སྒྲོལ་མ་གཡུལ་བཟློག་ཇི་ལྟར་བྱ་བའི་ཆོ་ག །རྡོ་རྗེ་རྣམ་པར་འཇོམས་པའི་ཆོ་ག །ཁྲོ་བོ་སྦྱི་བ་བརྩེགས་པའི་སྒྲུབ་བས། ཆོས་རྒྱལ་གྱི་བསྐང་བཤགས་བཟློག་པ་མངའ་གསོལ། ཚེས་གཅིག་གཏོར་མ་རྟེན་འཛུགས། བསྟན་པ་སྤྱི་དང་རྒྱུད་སྡེ་བཞིའི་རྣམ་གཞག །དགེ་ལྡན་བཀའ་བརྒྱུད་རིན་པོ་ཆེའི་བཀའ་སྲོལ་ཕྱག་ཆེན་རྩ་བ་རྒྱལ་བའི་གཞུང་ལམ། དགེ་ལྡན་བཀའ་བརྒྱུད་རིན་པོ་ཆེའི་བཀའ་སྲོལ་ཕྱག་ཆེན་རྩ་བའི་འགྲེལ་པ་ཡང་གསལ་སྒྲོན་མེ། བྱང་ཆུབ་ལམ་གྱི་སྒྲོན་མེའི་རྣམ་བཤད། ཤེས་རབ་ཀྱི་ཕ་རོལ་ཏུ་ཕྱིན་པའི་མན་ངག་གི་བསྟན་བཅོས་མངོན་པར་རྟོགས་པའི་རྒྱན་སྐབས་དང་པོའི་འགྲེལ་པ། བྱང་ཆུབ་ལམ་(༡༡༨ན)གྱི་རིམ་པའི་ཁྲིད་ཡིག་ཚོགས་བཅད་མ། དགེ་སློང་གི་བསླབ་བྱ་ཉེར་མཁོ། ཚུལ་ཁྲིམས་བསྲུང་བའི་མན་ངག །ཐར་པ་དོན་དུ་གཉེར་བའི་རི་ཁྲོད་པ་རྣམས་ལ་ཁྲིམས་སུ་བཅའ་བ། བློ་སྦྱོང་དམར་ཁྲིད། སྟོབས་བཞིའི་བཤགས་བསྡམས། སྡིག་མུན་སེལ་བྱེད། དྲི་བ་ལྷག་བསམ་རབ་དཀར་གྱི་དྲིས་ལན། སྒྲ་པ་ཤེས་རབ་རིན་ཆེན་པའི་རྩོད་ལན། ནཱ་རོའི་ཟབ་ཁྲིད། སྙིང་པོ་དོན་གསུམ་གྱི་ཁྲིད། ནམ་མཁའ་སྒོ་འབྱེད། གཅོད་ཀྱི་གདམས་པ། ཞལ་གཟིགས་དང་རྡོ་རྗེ་གདན་གྱི་རི་ཁྲོད་ཡོལ་དཀར་རྣམས་ཀྱི་གནས་བསྟོད། བདེ་བ་ཅན་གྱི་ཞིང་དུ་ཐོགས་པ་མེད་པར་བགྲོད་པའི་

སྦུར་ལམ། བཀྲ་ཤིས་ལྷུན་པོའི་མཆོད་རྟེན་མཐོང་བས་དོན་དང་ལྡན་ཞིང་ཐོས་པས་རྣམ་པར་གྲོལ་བའི་དཀར་ཆག །བཀྲ་ཤིས་ལྷུན་པོའི་ཕྱིའི་མཆོད་རྟེན་དང་ར་སྒྲེང་དུ་མཆོད་རྟེན་བཞེངས་པའི་དཀར་ཆག །ཁྲམས་པའི་འཕོ་བ། ཁྲོ་མོ་སླེ་བ་བརྩེགས་པའི་སྒྲུབ་ཐབས་བཀྲུ་ཁྲབ་བསྲུང་གསུམ་བྱ་ཚུལ། ཧྥཱད་ཀྱི་མཆོད་གཏོར། ཕྱིང་དཀར་བའི་བསངས་མཆོད། གཟུངས་གཞུག་གནོད་སྦྱིན་འཁོར་ལོ་བྱ་ཚུལ། རབ་གནས་ཀྱི་ཆོ་ག་གཙུག་ཏོར་བཟློག་ཆེན་གྱི་ཆོ་ག་རྒྱས་འབྲིང་བསྡུས་གསུམ། འབར་མའི་གཏོར་ཆོག །བརྒྱ་བཞིའི་ཆོ་ག །གཏོར་མ་བརྒྱ་རྩ། བརྒྱ་རྩ་བསྡུས་པ། བྲུལ་གཏོར། ཆ་བཞི། ཀླུ་གཏོར་གྱི་རིམ་པ། ཚ་བསུར་ཡིད་ལ་འདོད་འཇོ། འབྱུང་བཞི་གཏོར་མ། སུ་རྟུ་པ། རྗེ་བཙུན་བླ་མ་ཐམས་ཅད་མཁྱེན་པ་བློ་བཟང་གྲགས་པའི་དཔལ་ལ་གསོལ་བ་འདེབས་པ་དད་པའི་ལྗོན་ཤིང་རྒྱས་པའི་མེ་ཏོག །བླ་མ་དམ་པ་དུ་མའི་བསྟོད་ཚོགས། སྡོམ་གསུམ།(༡༡༨བ)ཕར་ཕྱིན། བདེ་མཆོག །རྡོ་རྗེ་འཇིགས་བྱེད་ལ་སོགས་པའི་བརྒྱུད་པའི་བླ་མ་ལ་གསོལ་བ་འདེབས་པའི་རིམ་པ། སྟོན་པ་ཡང་དག་པར་རྫོགས་པའི་སངས་རྒྱས་ཆོ་འཕྲུལ་ཆེན་པོ་བསྟན་པའི་མཛད་པར་བསྟོད་པ། སངས་རྒྱས་བྱང་སེམས་མང་པོའི་བསྟོད་པ། དཔལ་འཁོར་ལོ་སྡོམ་པ་ལྷ་ལྔའི་སྒྲུབ་ཐབས། བདེ་མཆོག་དཀར་པོའི་སྒོ་ནས་ཚེ་སྒྲུབ་པ་སོགས་རྒྱུད་སྡེ་བཞིའི་ལྷ་ཚོགས་མང་པོའི་སྒྲུབ་ཐབས། རྒྱལ་བའི་བཀའ་སྲུང་གཙོ་བོ་མང་པོའི་སྒྲུབ་ཐབས་སྙིང་པོར་དྲིལ་བ་གསེར་གྱི་ཡང་ཞུན་ལ་སོགས་པ་ཆོས་སྐྱོང་བའི་བསྲུང་མ་སྣ་ཚོགས་པའི་སྒྲུབ་ཐབས། ཞི་གནས་སྒོམ་ཚུལ་དང་དབུ་མའི་ལྟ་ཁྲིད་སོགས་གདམས་པ་ཤིན་ཏུ་ཟབ་པ་སྣ་ཚོགས། སྨོན་ལམ་ཤིས་བརྗོད་ལ་སོགས་པ་གདམས་པ་ཤིན་ཏུ་མང་པོ་ཕྱོགས་གཅིག་ཏུ་བསྒྲིགས་པ། བཀྲ་ཤིས་རྩེ་པ་ནང་སོ་བློ་བཟང་དབང་རྒྱལ་ལ་གདམས་པའི་ཞལ་གདམས། བསངས་ཀྱི་ཆོ་ག་དངོས་གྲུབ་ཀྱི་གཞི་འོད་འབར་བ་ངོ་མཚར་རིན་པོ་ཆེའི་ཕྲེང་བ། བསངས་ཀྱི་

ཆོག་དངོས་གྲུབ་ཀྱི་གཞི་འོད་འབར་བ་འཁྲིང་པོ། བསངས་ཚོག་བཀྲ་ཤིས་ཆར་འབེབས་མཆོད་སྤྲིན་རྒྱ་མཚོ་རྣམས་མཛད་དོ། །

དེ་ལྟར་རྗེ་འདིས་དགུང་ལོ་བརྒྱ་ཕྲག་བརྒལ་བའི་བར་དུ་བསྟན་པའི་བྱ་བ་མཛད་པ་ནི། རྗེ་ཉིད་ཀྱི་ཞལ་ནས། འཇིགས་རུང་སྙིགས་མ་ལྔ་ཡི་མེ་འབར་བས། །མི་རྣམས་ཚེ་ཐུང་འདོད་དགུའི་འབྱོར་པ་ནི། །རྫས་སྤྲུལ་སྒྱུ་ལྟར་མཚུངས་པའི་དུས་མཐའ་འདིར། །བདེ་གཤེགས་སྐུ་གསུང་ཐུགས་ཀྱི་རྟེན་བསྐྲུབས་ཤིང་། །རིས་མེད་འདུན་ལྡན་རྒྱ་མཚོའི་ཚོགས་རྣམས་ལ། །མཆོད་སྤྲིན་རྣམ་མང་མེ་ཏོག་གིས་མཆོད་པ། །བརྒྱ་ཕྲག་ལོ་(༡༡༧ན)ལས་བརྒལ་བའི་ནང་བསྐྲུབས་པ། །བློ་སེམས་བྲལ་བས་སྨད་བྱུང་སྐལ་བ་བཟང་། །ཞེས་གསུངས་པ་ལྟར་རོ། །

དེ་ནས་སྐུ་ཚེ་འདིའི་དངོས་ཀྱི་གདུལ་བྱ་ཕལ་ཆེར་རྫོགས་པ་ན། ཞིང་རྗེ་བའི་སྟོ་ལྟས་སུ་སྐུ་གཟུགས་སྟར་དང་མི་འདྲ་བར་བྱིས་པ་ལོ་བརྒྱད་ཙམ་གྱི་བོང་ཚོད་གཞོན་ཤ་ཆགས་ཤིང་འོད་ཀྱི་རང་བཞིན་ཅན་ཞིག་ཏུ་གྱུར་ཅིང་། ཐུགས་དམ་ཟབ་མོ་ལས་གཡོ་བ་མེད་པར་བཞུགས་ཤིང་ཐུན་མཚམས་རྣམས་སུ་བྱམས་པས་དམ་བཅས་པའི་གཟུངས་གཙོ་བོར་ཞལ་ཏོན་དུ་མཛད་པ་དང་། གསོལ་དཔོན་བློ་བཟང་བསྟན་འཛིན་སོགས་ལ་མི་རྟག་པའི་གསུང་གླེང་མང་པོ་དང་། སྟོ་ཕྱིར་འཁོར་བའི་མཐའ་དང་མཉམ་ཙམ་དུ། །རྒྱ་ཆེ་རིང་བའི་ཉིན་དང་མཚན་གྱུར་ལ། །དེ་འདྲ་བསགས་པས་ལོར་གྱུར་དུས་རིང་བའི། །བསྐལ་པ་རྒྱ་མཚོའི་ཆུ་ཐིགས་གྲངས་སྙེད་ཀྱིས། །བྱང་ཆུབ་མཆོག་གི་སེམས་གཅིག་སྐྱེ་འགྱུར་ལ། །དེ་འདྲའི་རྣམ་པས་ཚོགས་གཞན་རེ་རེ་ཞིང་། །སྒྲུབ་དགོས་གྱུར་ཀྱང་སྙིང་རྗེས་སྐྱོ་བ་མེད། །བྱང་ཆུབ་དམ་པ་སྒྲིད་ལུག་མེད་པར་སྒྲུབ། །འཁོར་ཚེ་རང་གི་སྡུག་བསྔལ་སེམས་བཏང་ཞིང་། །གོ་ཆ་བརྟན་པ་དཔག་ཡས་དེ་བསྐྱེད་ན། །བརྟུལ་ཞུགས་དཔའ་བོ་སྙིང་རྗེའི་དང་ཅན་ལ། །ཡང་དག་བླངས་པ་དང་

པོ་ཡིན་པར་བརྗོད། །ཅེས་སོགས་བྱང་ཆུབ་ཀྱི་སེམས་རླབས་ཆེན་པོས་ནམ་མཁའ་མ་ཟད་ཀྱི་བར་དུ་སེམས་ཅན་གྱི་དོན་མཛད་པ་ལ་སྐྱོ་ངལ་མེད་པའི་གསུང་ཡང་ཡང་འབྲོན་པ་ཞིག་བྱུང་།

དེ་ནས་བཀྲ་ཤིས་ལྷུན་པོའི་དགེ་འདུན་རྣམས་ཀྱིས་གཙོས་དད་ལྡན་ཚང་མས་ཞབས་པད་བརྟན་དགོས་ཞེས་ཞུས་ཤིང་ཞབས་བརྟན་ཚིགས་བཅད་གཅིག་ཀྱང་གནང་དགོས་ཞེས་ཞུས་པར། (༡༡༧བ)ཐུབ་དབང་གཉིས་པ་བློ་བཟང་གྲགས་པ་ཡི། ། མདོ་སྔགས་ཆོས་ཀྱི་རྒྱལ་མཚན་འོད་འབར་བས། །མཐའ་ཡས་གདུལ་བྱའི་རྨོངས་པ་ཀུན་སེལ་ཞིང་། །ཕན་བདེ་འདབ་བརྒྱའི་དགའ་ཚལ་རྒྱས་གྱུར་ཅིག །ཅེས་པ་འཕྲུལ་ལ་གནང་ནས་བཞད་མོ་ཅུང་ཟད་མཛད་ཅིང་། སྐྱོན་མེད་ང་རྒས་ཁོགས་ལོ་བརྒྱ་ཕྲག་ལོན་པ་ཡིན་པས། བསྟན་པའི་དཔལ་དུ་བླ་མ་རིན་པོ་ཆེ་ཞབས་པད་བརྟན་ཡང་གསུང་བ་ལས་བཞུགས་པའི་ཞལ་བཞེས་མ་གནང་། དེ་ནས་དགེ་བྱེད་ཅེས་པ་ཆུ་མོ་སྟག་གི་ལོ་དྲི་ཞིམ་ཟླ་བའི་ཚེས་བཅུ་གསུམ་གྱི་ཉིན་སྐུའི་བཀོད་པ་སྟོད་དུ་ཉེ་བ་ན་ཞབས་རྡོ་རྗེ་སྐྱིལ་ཀྲུང་མཛད་དེ་མཉམ་གཞག་ལ་བཞུགས་ནས་འོད་གསལ་ཆོས་སྐུ་མངོན་དུ་མཛད། འོད་གསལ་དེ་ལས་བཞེངས་མ་ཐག་དགའ་ལྡན་ཆོས་ཀྱི་ཕོ་བྲང་དུ་མི་ཕམ་འཇམ་དཔལ་སྙིང་པོའི་ཞབས་དྲུང་དུ་ཕེབས་ཏེ་མཆོད་སྤྲིན་རྒྱ་མཚོས་མཆོད་ཅིང་གཞན་ཡང་སངས་རྒྱས་ཀྱི་ཞིང་རབ་འབྱམས་མུ་མེད་པར་དེ་སྙེད་ཀྱི་སྤྲུལ་པའི་བཀོད་པ་བསྟན་ཏེ་རྒྱལ་བ་སྲས་བཅས་ཐམས་ཅད་མཆོད་པ་དང་མཁའ་ཁྱབ་ཀྱི་གདུལ་བྱ་རྣམས་ལ་རང་རང་གི་སྐལ་བ་དང་འཚམ་པར་སྐུའི་བཀོད་པ་བསྟན་ཏེ་རང་རང་གི་དབང་པོ་དང་འཚམ་པའི་ཆོས་སྟོན་པ་སོགས་སེམས་ཅན་གྱི་དོན་མཛད་པ་ལ་གཡེལ་བ་མེད་པའི་ངང་ནས་ཞིང་འདིར་ཐུབ་པའི་བསྟན་པ་སྤེལ་བའི་ཕྱིར་སླར་ཡང་སྤྲུལ་པའི་སྐུ་བསྟན་ཏེ་སེམས་ཅན་གྱི་དོན་མཛད་པའི་ཚུལ་ནི་འཆད་པར་འགྱུར་རོ། །

དེ་ལྟར་རྗེ་བློ་བཟང་ཆོས་ཀྱི་རྒྱལ་མཚན་གྱིས་དགུང་ལོ་བརྒྱ་ཕྲག་བརྒལ་བའི་བར་དུ་བསྟན་པའི་བྱ་བ་རྒྱ་ཆེན་པོ་(༡༡༤ན)མཛད་པས་སྐུ་ཚེ་སྟོད་སྨད་བར་གསུམ་གྱི་སློབ་མ་བསྟན་འཛིན་དམ་པ་བགྲང་བ་ལས་འདས་པ་བྱོན་པས་མཐའ་དག་སུ་ཞིག་གིས་བགྲང་བར་ནུས། རྒྱུད་འཛིན་གྱི་གཙོ་བོ་ཐུབ་བསྟན་ཡོངས་རྫོགས་ཀྱི་བདག་པོར་མངའ་གསོལ་བ་ནི་གངས་ཅན་འགྲོ་བའི་མགོན་པོ་རྒྱལ་དབང་ཐམས་ཅད་མཁྱེན་པ་ངག་དབང་བློ་བཟང་རྒྱ་མཚོ་དཔལ་བཟང་པོའོ། །དབེན་པའི་རི་སུལ་དུ་སྒྲུབ་པ་སྙིང་པོར་མཛད་པའི་སྒོ་ནས་འཕྲིན་ལས་རྒྱ་ཆེར་སྤེལ་བར་མཛད་པ་ནི་སྲས་ཀྱི་ཐུ་བོ་གྲུབ་པའི་དབང་ཕྱུག་བརྩོན་འགྲུས་རྒྱལ་མཚན། གུ་གེ་ཆོས་རྗེ་སྙིང་སྟོབས་རྒྱ་མཚོ། རྗེ་ཉིད་ཀྱི་རྒྱལ་ཚབ་ཏུ་བཀྲ་ཤིས་ལྷུན་པོའི་རྒྱུད་པ་གྲྭ་ཚང་གི་གདན་སར་མངའ་གསོལ་བ་རྡོ་རྗེ་འཛིན་པ་དཀོན་མཆོག་རྒྱལ་མཚན། གྲུབ་པའི་དབང་ཕྱུག་གནས་བརྟན་རབ་འབྱམས་པ་དགེ་འདུན་རྒྱལ་མཚན། སྙན་རྒྱུད་འཕྲིན་ལས་ཀྱི་བཀའ་བབ་དྲུང་པ་ལྷ་ཕྱུག་པ་དམ་ཆོས་རྒྱལ་མཚན། ཞབས་དྲུང་ལྷ་པ་བློ་བཟང་བསྟན་པ་དར་རྒྱས། དབང་རྗེས་གནང་གི་འཕྲིན་ལས་ཀྱི་བཀའ་བབ་སྐྱིད་ཤོད་ཞབས་དྲུང་ངག་དབང་བསྟན་འཛིན་འཕྲིན་ལས། ཟབ་དོན་ལྟ་བའི་བཀའ་བབ་དཀའ་ཆེན་ནམ་མཁའ་རྡོ་རྗེ། དབང་ཕྱུག་གི་སྟོབས་ཀྱིས་བསྟན་པ་སྐྱོང་བའི་བཀའ་བབ་སེ་ཆེན་ཆོས་རྗེ་སོགས་ཏེ་ཟླ་ལྟར་ཡོངས་སུ་གྲགས་པའི་བསྟན་འཛིན་དམ་པའང་ཆེས་མང་ངོ་། །

དེ་ལ་སྲས་ཀྱི་ཐུ་བོ་དྲུང་པ་རྒྱལ་ཚབ་པ་བློ་བཟང་བརྩོན་འགྲུས་རྒྱལ་མཚན་ནི། མངའ་རིས་ཆོས་རྒྱལ་སྐྱི་ལྡེ་ཉི་མ་མགོན་གྱི་གདུང་རྒྱུད་བཟང་ལ་རྒྱལ་པོའི་སྲས་(༡༡༤བ)སུ་སྐུ་འཁྲུངས། འཁྲུངས་ཙམ་ཉིད་ནས་སྔོན་གྱི་བག་ཆགས་བཟང་པོའི་མཐུ་བརྟས་ཏེ། དཀོན་མཆོག་ལ་སྐྱབས་སུ་འགྲོ་ཞིང་དམ་པའི་ཆོས་ཁོ་ན་སེམས་པ་ཞིག་བྱུང་། ཡབ་ཡུམ་མ་མ་དང་བཅས་པས་བསྐྱེད་བསྲིངས་ཏེ་ནར་སོན་པ་ན་དགུས་གཙང་

གི་ལྗོངས་སུ་དམ་པའི་ཆོས་འཚོལ་བ་ལ་འབྱོན་པར་བཞེད་པ་བྱུང་ཡང་རྒྱལ་པོའི་ཐུགས་སུ་སོང་བས་རྒྱལ་བློན་འབངས་དང་བཅས་པས་རྒྱལ་སྲིད་སྐྱོང་དགོས་ཞེས་ཆོས་ལ་གཏོང་བའི་སྐབས་མེད་པ་ཞིག་བྱུང་བ་ན་ཡུན་རིང་པོ་ནས་སྦྱངས་པའི་ཐུགས་བསྐྱེད་ཀྱི་མཐུས་ལ་དྭགས་རྒྱལ་པོས་དམག་དྲངས་ཏེ་བཟང་ལའི་རྒྱལ་ས་ཕྲོགས་པ་ན་འཆིང་བྱེད་ཐམས་ཅད་རང་སར་ཞིག་སྟེ་དམ་པ་འདི་པ་དང་གྲོགས་ཁ་ཡར་བཅས་བྱ་བྲལ་གྱི་རྣམ་པས་དབུས་གཙང་དུ་ཕེབས་པ་ན་ལ་དྭགས་རྒྱལ་པོས་ཤེས་ནས་བཟང་ལ་རྒྱལ་པོའི་ཐུགས་སུ་སོང་བས་བཟུང་ཞིང་གསོད་པར་བསྡིགས་པ་ན་གྲོགས་གཞན་རྣམས་ནི་འཇིགས་ཤིང་སྐྲག་པས་སྐད་ངན་འདོན། དམ་པ་འདི་ནི་འཇིགས་སྐྲག་མེད་པར་མ་ཟད་ཐུགས་དགའ་ཞིང་རངས་པར་གྱུར་ཏེ། ད་ལམ་བསད་ན་དབུས་གཙང་དུ་ཆོས་རྣམ་དག་ཅིག་བྱེད་དུ་འགྲོ་བའི་འདུན་པ་བཟང་པོ་ཡོད་པ་འདིས་བག་ཆགས་བཟང་པོའི་ངང་དུ་ཤི་ན་ཕྱི་མ་དབུས་གཙང་དུ་སྐྱེས་ནས་དམ་པའི་ཆོས་དང་མཇལ་བ་ཞིག་ངེས་པར་འོང་དགོངས་པ་བྱུང་སྟེ་ཤིན་ཏུ་དགྱེས་པར་མཛད། ཚུལ་འདི་ནི་དཔག་པར་དཀའ་བའི་རྣམ་ཐར་ཏེ་དཀོན་མཆོག་གསུམ་ལ་སྙིང་ཐག་པ་ནས་སྐྱབས་སུ་སོང་ཞིང་ལས་འབྲས་ལ་ཡིད་ཆེས་ཀྱི་དད་པ་བཅོས་མ་མིན་པ་ཡོད་པས་འགྲོ་བ་བཞིས་ཆོས་ལས་མི་འདའ་བ་དང་། ཆོས་ཀྱི་ཕྱིར་དུ་སྲོག་ཀྱང་གཏོང་(༡༡༤ན)ཕོད་པའི་སྙིང་སྟོབས་ཡོད་པ། ཡུམ་སྡུད་པ་ལས། ཆོས་ཕྱིར་སྲོག་ཀྱང་འདོར་ལ་རྣལ་འབྱོར་རབ་ཏུ་བརྩོན། །ཞེས་གསུངས་པ་ལྟར་ཕྱིར་མི་ལྡོག་པའི་རྟགས་ཐོབ་པ་ཡིན་པས་ཕྱི་རབས་ཀྱི་སྐྱེ་བོ་ཀུན་གྱིས་རྗེས་སུ་ཡི་རང་བར་བྱ་བའི་རྣམ་ཐར་རོ། །དེ་ནས་དམ་པ་འདིའི་མཛད་སྤྱོད་ལ་ལ་དྭགས་རྒྱལ་པོའང་དད་ནས་གནོད་པ་མ་བྱས་པར་བཏང་།

དེ་ནས་དགུང་ལོ་ཉི་ཤུ་རྩ་བཞི་པ་ལ་དབུས་གཙང་དུ་ཕེབས་ནས་པཎ་ཆེན་བློ་བཟང་ཆོས་ཀྱི་རྒྱལ་མཚན་གྱི་ཞབས་རྡུལ་སྤྱི་བོས་བླངས་ཏེ་དགེ་ཚུལ་དང་དགེ་སློང་གི་

སྔོམ་པ་རྣམས་རིམ་གྱིས་བཞེས། དེ་ནས་རྗེ་རིན་པོ་ཆེའི་རྣམ་ཐར་ལྟར། དང་པོར་རྒྱ་ཆེན་ཐོས་པ་འཚོལ་བར་བཞེད་ནས་སེ་ར་བྱེས་གྲྭ་ཚང་དུ་བཞུགས་ཏེ་འགོན་སྟོན་དཔལ་འབྱོར་ལྷུན་གྲུབ་ཡོངས་འཛིན་དུ་བསྟེན་ནས་གཞུང་ལུགས་ལ་སྦྱངས། དེ་ནས་དྭགས་པོ་གྲྭ་ཚང་དུ་ཕེབས་ཏེ་དཀའ་ཆེན་བཞི་ལ་བརྩོན་པ་ཆེན་པོས་སྦྱོང་བར་མཛད། སླར་ཡང་སེ་རར་ཕེབས་ནས་ཤིང་རྟ་ཆེན་པོའི་གཞུང་རྣམས་ལ་ཞིབ་ཏུ་གཟིགས་ཤིང་ལོ་ཤས་བཞུགས། དེ་ནས་རྒྱུད་སྟོད་ལ་ཕེབས་ཏེ་ལོ་ཤས་བཞུགས་ནས་རྒྱུད་སྡེ་རྒྱ་མཚོ་ལྟ་བུ་ལ་སྦྱངས། དེའི་ཚེ་རྒྱུད་པའི་བླ་མ་བསྐོ་ཤག་ལ་རྩོད་པ་ཆེན་པོ་བྱེད་པ་གཟིགས་པས་ཐུགས་སྐྱོ་ཤས་ཆེན་པོ་འཁྲུངས་ཏེ་པཎ་ཆེན་བློ་བཟང་ཆོས་ཀྱི་རྒྱལ་མཚན་གྱི་ཞབས་དྲུང་དུ་ཕེབས་ནས་གསུང་རབ་ཐམས་ཅད་ཀྱི་སྙིང་པོའི་དོན་རྒྱལ་བ་སྲས་བཅས་ཀུན་གྱི་བགྲོད་པ་གཅིག་པའི་ལམ་པོ་ཆེ་བྱང་ཆུབ་ལམ་གྱི་རིམ་པའི་ཁྲིད་དཔལ་དབེན་ས་པ་སྙན་བརྒྱུད་ཀྱི་མན་ངག་ལྟར་ཉམས་ལེན་སྨྲོང་ཁྲིད་དུ་མཛད་དེ་(༡༡༨བ)སྙན་བརྒྱུད་ཀྱི་མན་ངག་ཞལ་ཤེས་གེགས་སེལ་བོགས་འདོན་དང་བཅས་པ་ལ་གདེང་ཐོབ་པར་མཛད། དེ་ནས་འཇམ་མགོན་སྙན་བརྒྱུད་ཀྱི་མན་ངག་དགའ་ལྡན་ཕྱག་རྒྱ་ཆེན་པོའི་ཟབ་ཁྲིད་སྟོན་འགྲོ་ཁྲིད་ཆེན་བཞི་དང་བཅས་པ་སྨྲོང་ཁྲིད་དུ་གསན་ཏེ་གདེང་ཐོབ་པར་མཛད། དེ་ནས་བློ་སྦྱོང་དོན་བདུན་མའི་ཁྲིད་དང་ནམ་མཁའ་སྒོ་འབྱེད་ཀྱི་དབང་དང་གཅོད་ཡུལ་གྱི་ཟབ་ཁྲིད། རྒྱུད་སྡེ་བཞི་དང་འབྲེལ་བའི་དབང་ལུང་མན་ངག་མཐའ་ཡས་པ་དང་། ལྷག་པར་བསྐྱེད་རྫོགས་ཀྱི་ཁྲིད་རྣམས་དང་། ནཱ་རོ་ཆོས་དྲུག་སོགས་རྗེ་ཐམས་ཅད་མཁྱེན་པའི་མན་ངག་ཞལ་ཤེས་རྣམས་རྫོགས་པར་གསན། དེ་ནས་རྗེ་བཙུན་བློ་བཟང་ཆོས་ཀྱི་རྒྱལ་མཚན་གྱིས་གཙང་ཕྱོགས་ཀྱི་རི་ཁྲོད་རྣམས་སུ་སྒྲུབ་པ་བྱས་ན་ལེགས་པའི་བཀའ་ཕེབས་པ་ལྟར་རེ་ཤིག་སྲད་ཕྱོགས་ལ་ཕེབས་ཏེ་རི་ཁྲོད་སྣ་ཚོགས་སུ་བཞུགས་ནས་སྒྲུབ་པ་མཛད། དེ་ནས་རྟ་ནག་ཕྱོགས་ལ་ཕེབས་ཏེ་ཡོལ་དཀར་

དང་གྲུབ་ཆེན་ཆོས་རྡོ་རྗེའི་འཁྲུངས་ས་གོ་བོ་ཚང་དང་། རྗེ་འགོས་ཀྱི་སྒྲུབ་གནས་ཞལ་གཟིགས་རྣམས་སུ་བཞུགས་ནས་སྒྲུབ་པ་དར་དྲག་ལ་རྒྱུན་རིང་བ་མཛད། དེ་སྐབས་བྱ་བྲལ་ཀུན་སྤངས་མཛད་པས་བར་སྐབས་ཤིག་ན་བཟའ་ཤིན་ཏུ་དཀོན་པས་དགུན་དུས་ས་བྲུས་པའི་ཁུང་བུར་རྩའི་སྦུབས་སུ་བཞུགས་ཏེ་སྒྲུབ་པ་མཛད་པ་སོགས་རྣལ་འབྱོར་གྱི་དབང་ཕྱུག་མི་ལ་རས་པ་དང་མཚུངས་པའི་དཀའ་སྤྱད་ཀྱི་སྒོ་ནས་སྒྲུབ་པ་མཛད། དམ་པ་འདི་ནི་པཎ་ཆེན་བློ་བཟང་ཆོས་ཀྱི་རྒྱལ་མཚན་(༡༢༠ན)གྱིས་སྤྱན་གྱི་འབྲས་བུ་ལྟར་སྐྱོང་བར་མཛད་པ་ཞིག་ཡིན་པས་འཚོ་བས་ཕོངས་དོན་མི་འདུག་ཀྱང་འཇམ་མགོན་སྒྲུབ་བརྒྱུད་ཀྱི་བསྟན་པ་འཛིན་པའི་རྟེན་འབྲེལ་དང་སྔོན་བྱོན་དམ་པའི་རྣམ་ཐར་སྐྱོང་བར་བཞེད་པ་དང་། རྗེ་བློ་བཟང་ཆོས་ཀྱི་རྒྱལ་མཚན་གྱིས་ཀྱང་རི་ཞིག་དབེན་པའི་རི་ཁྲོད་དུ་འཚོ་བ་དཀའ་ཐུབ་ལ་གནས་ནས་སྒྲུབ་པ་སྙིང་པོར་མཛད་ན་བསྟན་པ་ལ་ཕན་ཆེ་བར་གཟིགས་ནས་ཚུལ་དེ་ལྟ་བུའི་དཀའ་ཐུབ་ལ་སྦྱོར་བར་མཛད་དོ། །

དེ་ལྟར་འཇམ་མགོན་སྙན་བརྒྱུད་ཀྱི་མན་ངག་ལ་སྒྲུབ་པ་དར་དྲག་ལ་རྒྱུན་རིང་བ་མཛད་པས་ལམ་ཐུན་མོང་བ་དང་ཐུན་མོང་མིན་པ་ཐམས་ཅད་ལ་རྩོལ་བཅས་དང་རྩོལ་མེད་ཀྱི་མྱོང་བ་རིམ་གྱིས་ཐོན་ཏེ་ཕྱིར་མི་ལྡོག་པའི་གདེང་ཐོབ་པ་ན་སྐལ་བ་དང་ལྡན་པ་གཞན་དག་ལ་ཆོས་ཀྱི་བདུད་རྩི་སྩལ། རིམ་གྱིས་འཕྲིན་ལས་ཧ་རྒྱས་སུ་སོང་སྟེ་ས་ཆེན་པོའི་ཁྲོན་ཐམས་ཅད་སྟོན་པའི་གྲགས་པས་ཁྱབ་ནས་ཕྱོགས་མཐའ་དག་ནས་ཆོས་དོན་གཉེར་བ་འདུས་པ་རྣམས་ལ་གཙོ་བོར་བྱང་ཆུབ་ལམ་གྱི་རིམ་པའི་ཁྲིད་རྒྱ་ཆེར་གནང་ཞིང་། རྗེ་རིན་པོ་ཆེའི་བསྟན་པ་ལ་གཏིང་ནས་ཡིད་ཆེས་པའི་གདུལ་བྱ་མདོ་སྔགས་གཉིས་ཀའི་ལམ་གྱི་ལུས་རྫོགས་པ་ལ་སློབ་པར་ནུས་པ་དག་ལ་དགའ་ལྡན་ཕྱག་རྒྱ་ཆེན་པོའི་ཟབ་ཁྲིད་རྒྱས་པར་གནང་། དེ་ཙམ་གྱི་བློའི་མཐུ་མེད་པ་རྗེའི་སྙན་བརྒྱུད་ལ་མོས་པ་ཆེ་བ་དག་ལ་སྦྱོར་བའི་ཆོས་དྲུག་ལ་ནན་ཏན་དང་། དེ་ནས་སྐྱེས་

ཐུ་གསུམ་གྱི་ལམ་ལ་ཁྲིད་དེ་སྤྱོད་པ་སྤྱི་བསླབ་སོང་ནས་ཞི་ལྷག་གི་སྐབས་(༡༢༠བ)སུ་སློབ་པ་ན་དགའ་ལྡན་ཕྱག་རྒྱ་ཆེན་པོའི་ཟབ་ཁྲིད་ཐུན་མོང་བ་རེ་གནང་བར་མཛད། བློ་མཆོག་ཏུ་གྱུར་པ་ལ་འགའ་ཞིག་ལ་བསྐྱེད་རྫོགས་ཀྱི་ཁྲིད་དང་ལྷག་པར་ནཱ་རོ་ཆོས་དྲུག་རྒྱས་པར་གནང་བར་མཛད། དེ་ནས་པཎ་ཆེན་ཐམས་ཅད་མཁྱེན་པ་བློ་བཟང་ཆོས་ཀྱི་རྒྱལ་མཚན་གྱིས་ཤངས་མདོ་ཁོད་ཚང་དུ་སྒྲུབ་པ་བསམ་གཏན་གྱི་སྡེ་གསར་འཛུགས་མཛད་པའི་མགོན་དུ་མངའ་གསོལ་ཏེ་སྐུ་ཚེའི་མཇུག་ལ་ཁོད་ཚང་དང་ལྷ་ལུ་ཕྲག་གཉིས་སུ་བཞུགས་ཏེ་བསྟན་པའི་བྱ་བ་རྒྱ་ཆེར་མཛད། མཐར་དགུང་ལོ་བརྒྱད་ཅུ་རྩ་བཞི་པའི་ཐོག་སྐུ་ཚེ་འདིའི་དངོས་ཀྱི་གདུལ་བྱ་རྣམས་རྫོགས་པ་ན་ལྷ་ལུ་ཕྲག་ཏུ་སྐུའི་བཀོད་པ་བསྡུ་བ་ལ་ཕྱོགས་པ་ན་འཇམ་མགོན་སྒྲུབ་རྒྱུད་ཀྱི་བསྟན་པའི་ཆེ་བ་འདོན་པར་བཞེད་ནས་འབྱུང་བའི་སྣང་རིམ་རྣམས་རིམ་གྱིས་སོང་སྟེ་སྟོང་ཆེན་འོད་གསལ་ལ་འཇུག་ཏུ་ཉེ་བ་ན་སྐུ་ལུས་མདའ་ལྟར་བསྲངས་ཏེ་འོད་གསལ་ཐམས་ཅད་སྟོང་པའི་ངང་དུ་ཟླ་བ་ལྷག་ཙམ་གྱི་བར་དུ་ཐུགས་དམ་ལ་བཞུགས། དེའི་ཚེ་དམ་པ་འདི་ཉིད་ཐུགས་དམ་ལ་བཞུགས་པའི་འོད་གསལ་ནི་འདི་ལྟ་བུ་ཞིག་གོ་ཞེས་མཚོན་པ་ལྟར་དུ་དེ་སྐབས་ཟླ་བ་བཅུ་པའི་གནམ་གང་ལ་གཤེགས་ནས་བཅུ་གཅིག་པའི་སྐབས་གྲང་ངར་ཆེ་ཞིང་རླུང་དམར་འཚུབ་པའི་སྐབས་ཡིན་ཡང་དམ་པ་འདི་ཉིད་ཐུགས་དམ་ལས་མ་བཞེངས་ཀྱི་བར་སྟོན་གནམ་གཡའ་དག་པ་ལྟར་དུ་ནམ་མཁའ་ཤིན་ཏུ་དྭངས་ཤིང་བསིར་བུའི་རྒྱུ་བ་ཕྲ་མོའང་མེད་པར་ཤངས་ཁུལ་གྱི་རི་ཀླུངས་ཐམས་ཅད་ལ་ཏྲོད་སྐྱེས་ཏེ་ཤངས་ཆུའི་(༡༢༡ན)དར་ཆགས་པའང་ཞིག་ནས་སྟོན་དུས་ལྟར་གྱུར་པ་སོགས་ཀུན་གྱི་མཐུན་སྣང་དུ་གྲུབ་པ་བྱུང་། དེ་ནས་འོད་གསལ་ལས་བཞེངས་པ་ནས་སྲས་ཀྱི་ཐུ་བོ་རྣམས་ཀྱིས་གཙོས་དད་ལྡན་རྣམས་ཀྱི་མཆོད་པ་ཚད་མེད་པར་ཕུལ་ཞིང་སྐུ་གདུང་ཞུགས་ལ་ཕུལ་བས་ཐུགས་ལྗགས་སྤྱན་གསུམ་མ་ཉམས་པར་བྱོན་

པ་འགྲོ་བ་ལྷ་དང་བཅས་པའི་བསོད་ནམས་ཀྱི་ཞིང་དུ་གྲོད་ཚང་རི་ཁྲོད་ཀྱི་དབུལ་གདུང་ནང་ན་བཞུགས་སོ། །རྗེ་བཙུན་བློ་བཟང་ཆོས་ཀྱི་རྒྱལ་མཚན་དཔལ་བཟང་པོས་བྱང་ཆུབ་ལམ་གྱི་རིམ་པའི་ཁྲིད་ཡང་དང་ཡང་དུ་སྩལ་བས་བརྒྱུད་ཚུལ་མཐའ་ཡས་པ་ཡོད་ཅིང་། ལྷག་པར་ཐུགས་སྲས་ཐུ་བོ་རྣམས་ལས་བརྒྱུད་ཚུལ་སོ་སོར་ཡོད་མོད། འཕྲིན་ལས་ཀྱི་རྒྱུན་རིང་དུ་གནས་པ་ནི། རྗེ་བློ་བཟང་ཆོས་ཀྱི་རྒྱལ་མཚན་ནས་རྡོ་རྗེ་འཛིན་པ་དཀོན་མཆོག་རྒྱལ་མཚན། དེ་ནས་རྗེ་བཙུན་བློ་བཟང་ཡེ་ཤེས་ལ་བརྒྱུད་པ་དང་། ཡང་རྗེ་བློ་བཟང་ཆོས་ཀྱི་རྒྱལ་མཚན་ནས་དྲུང་པ་རྣ་ཕྱུག་པ། དེ་ནས་རྗེ་དགེ་ལེགས་རྒྱ་མཚོ་ལ་བརྒྱུད་པ་གཉིས་འཕྲིན་ལས་རྒྱ་ཆེ་རྒྱུན་རིང་བ་བྱུང་ལ། །སོ་སོས་ཀྱང་བརྒྱུད་པ་དེ་གཉིས་ཀ་ཐོབ་པ་ཡིན་པས་འདིར་ཡང་བརྒྱུད་པ་དེ་གཉིས་ཀའི་བླ་མ་རྣམས་ཀྱི་རྣམ་ཐར་བརྗོད་པར་བྱའོ། །

དེས་ན་བྱང་ཆུབ་ལམ་གྱི་རིམ་པ་ལ་བློ་སྦྱོང་བར་འདོད་པ་རྣམས་ཀྱིས་རྗེ་བཙུན་བློ་བཟང་ཆོས་ཀྱི་རྒྱལ་མཚན་ལ་གསོལ་བ་འདེབས་ཤིང་རྗེ་འདིའི་རྣམ་ཐར་ལྟར་མདོ་སྔགས་ཀྱི་ལམ་གྱི་ལུས་ཡོངས་སུ་རྫོགས་པ་ལ་འཁྲུལ་མེད་ཀྱི་ངེས་པ་བརྟན་པོ་རྙེད་པར་(༡༢༡བ)བྱས་ཏེ་ཇི་ལྟར་ཉམས་སུ་ལེན་ཚུལ་འཇམ་མགོན་སྣན་རྒྱུད་ཀྱི་མན་ངག་ཐོབ་པར་བྱས་ལ་ཁ་ཕྱི་ལྟར་མ་སོང་བར་སྒྲུབ་པ་སྙིང་པོར་བྱ་བ་ལ་སྐྱེས་བུའི་རྩལ་ཅི་ཡོད་ཀྱིས་འབད་པར་བྱའོ།། །།

རྡོ་རྗེ་འཛིན་པ་དཀོན་མཆོག་རྒྱལ་མཚན་གྱི་རྣམ་ཐར།

དཀོན་མཆོག་གསུམ་གྱི་མཁྱེན་བརྩེ་གཅིག་བསྡུས་ནས། །རྒྱལ་བ་གཉིས་པའི་
ལུང་རྟོགས་དམ་ཆོས་ཀྱི། །བཤད་སྒྲུབ་རྒྱལ་མཚན་འཛིན་པའི་མཆོག་གྱུར་པ། །

ཡོངས་འཛིན་དམ་པའི་ཞབས་ལ་གསོལ་བ་འདེབས། །ཞེས་བསྟགས་པ། རྗེ་རྗེ་འཛིན་པ་དཀོན་མཆོག་རྒྱལ་མཚན་ནི། ལ་སྟོད་ཤེལ་དཀར་གྱི་ས་ཕྱོགས་མཆོ་སྒོ་ལྷུན་གྲུབ་སྒང་ཆེན་ནས་ཀྱི་སྲས་སུ་ཡོངས་འཛིན་ཞེས་པ་ཆུ་ཕོ་བྱི་བའི་ལོ་སྐྱེ་འཁྲུངས། སྔོན་གྱི་བག་ཆགས་བཟང་པོས་གཞོན་ནུའི་དུས་ཉིད་ནས་སྐྱེ་དཔོན་ཆེན་པོའི་སྟོབས་འབྱོར་ལ་མ་ཆགས་པར་ཆོས་རྣམ་དག་ཅིག་བྱེད་པར་ཐུགས་འདུན་འཁྲུངས། ཡབ་ཡུམ་འབངས་དང་བཅས་པས་ཀྱང་བཀག་པ་མེད་པར་མཐུན་པའི་རྐྱེན་བྱས་ཏེ་ཆོས་གྲྭ་ཆེན་པོ་བཀྲ་ཤིས་ལྷུན་པོར་པཎ་ཆེན་ཐམས་ཅད་མཁྱེན་པ་བློ་བཟང་ཆོས་ཀྱི་རྒྱལ་མཚན་གྱི་ཞབས་དྲུང་དུ་རབ་ཏུ་བྱུང་སྟེ་དགེ་ཚུལ་གྱི་སྡོམ་པ་བཞེས། མཚན་དཀོན་མཆོག་རྒྱལ་མཚན་ཞེས་བཏགས། ཤར་རྩེ་གྲྭ་ཚང་དུ་བཞུགས་ཏེ་ཐོག་མར་རིག་པའི་སྒོ་འབྱེད་མཚན་ཉིད་དང་མཆོན་བྱའི་རྣམ་གཞག །སྤྱི་དང་བྱེ་བྲག་གི་རྣམ་གཞག་སོགས་བསྡུས་པ་ལ་སྦྱངས། སྐྱེས་ཐོབ་ཀྱི་ཤེས་རབ་ཤིན་ཏུ་ཆེ་བས་རིང་པོར་མ་ཐོགས་པར་སྦྱོར་བ་རྩེ་བ་ལ་ཐོགས་པ་མེད་པར་གྱུར་ཏེ་ཀུན་མཁྱེན་ལེགས་པ་དོན་(༡༢༢༤)གྲུབ་ཀྱི་ཡིག་ཆའི་སྟེང་ནས་ཚད་མ་རྣམ་འགྲེལ་གྱི་མཐའ་གཅོད་སྤྱི་དོན་རྣམས་ལ་སྦྱངས། དེ་ནས་དྲི་མ་མེད་པའི་རིགས་པའི་སྟོབས་ཆེས་ཆེར་རྒྱས་པ་ན་རྒྱལ་ཚབ་དར་མ་རིན་ཆེན་གྱིས་མཛད་པའི་རྣམ་བཤད་ཐར་ལམ་གསལ་བྱེད་དང༌། མཁས་གྲུབ་ཐམས་ཅད་མཁྱེན་པས་མཛད་པའི་ཊཱི་ཀ་ཆེན་རིགས་པའི་རྒྱ་མཚོ་གཉིས་ཀྱི་སྟེང་ནས་རྣམ་འགྲེལ་གྱི་གཞུང་ལ་སྦྱངས་ཏེ་མཁས་པའི་ཕུལ་དུ་ཕྱིན་པར་གྱུར་པ་ན་བཀྲ་ཤིས་ལྷུན་པོའི་མཁན་སློབ་དགེ་འདུན་ཚང་མའི་དབུས་སུ་དམ་བཅའ་བཞག་སྟེ་ཐོས་བསམ་གླིང་ན་མཁས་པར་གྲགས་པ་དཔལ་ཚུལ་ཞེས་པ་ཞིག་དང་བགྲོ་གླེང་ལ་བཞེངས་ཏེ་དྲི་མ་མེད་པའི་རིག་པའི་ང་རོས་རྒོལ་བའི་སྤོབས་པ་ལན་མེད་དུ་བྱས་ཏེ་མཁས་པའི་གྲགས་པས་ཕྱོགས་ཐམས་ཅད་དུ་ཁྱབ་པར་གྱུར། དེ་ནས་ཕར་ཕྱིན་དང་དབུ་མ་དང་འདུལ་བ་དང

མཛོད་རྣམས་ལ་སྤྲངས་ཏེ་གཞུང་ལུགས་ཆེན་མོ་དེ་དག་ལ་མཁས་པའི་ཕུལ་དུ་ཕྱིན་པར་གྱུར་པ་ན། གཞུང་དོན་གདམས་པར་ཤར་བའི་ཉམས་ལེན་མཛད་བཞེད་ནས་ཐོག་མར་པཎ་ཆེན་ཐམས་ཅད་མཁྱེན་པ་བློ་བཟང་ཆོས་ཀྱི་རྒྱལ་མཚན་ལ་མཁན་པོར་གསོལ་བ་བཏབ་སྟེ་བསྙེན་པར་རྫོགས་པའི་སྡོམ་པ་བཞེས་ནས་དྲན་ཤེས་བག་ཡོད་བརྟན་པོས་ཁྲིམས་ཉིས་བརྒྱ་དང་ལྔ་བཅུ་རྩ་གསུམ་བསྲུང་བ་ལ་གཡེལ་བ་མེད་པར་མཛད། དེ་ནས་པཎ་ཆེན་ཐམས་ཅད་མཁྱེན་པ་ཆེན་པོ་དེ་ཉིད་ལ་དུས་གསུམ་གྱི་སངས་རྒྱས་ཐམས་ཅད་ཀྱི་བགྲོད་པ་(༡༢༢བ)གཅིག་པའི་ལམ་པོ་ཆེ་བྱང་ཆུབ་ལམ་གྱི་རིམ་པའི་ཟབ་ཁྲིད་དཔལ་དབེན་ས་སྙན་རྒྱུད་ཀྱི་མན་ངག་གེགས་སེལ་བོགས་འདོན་དང་བཅས་པ་ཡོངས་སུ་རྫོགས་པ་གསན། དེ་ནས་བློ་སྦྱོང་དོན་བདུན་མའི་ཁྲིད་དང་། ནམ་མཁའ་སྒོ་འབྱེད་ཀྱི་དབང་དང་། གཅོད་ཀྱི་ཟབ་ཁྲིད་དང་། དགའ་ལྡན་ཕྱག་རྒྱ་ཆེན་པོའི་ཟབ་ཁྲིད་སྨོན་འགྲོ་ཁྲིད་ཆེན་བཞི་དང་བཅས་པ་ལེགས་པར་གསན། དེ་ནས་སྤྱིར་དབང་ལུང་མན་ངག་མཐའ་ཡས་པ་དང་། ལྷག་པར་བདེ་གསང་འཇིགས་གསུམ་གྱི་དབང་དང་བསྐྱེད་རྫོགས་ཀྱི་ཁྲིད་རྣམས་ལེགས་པར་གསན། དེ་ནས་མདོ་སྔགས་གཉིས་ཀའི་ལམ་གྱི་ལུས་ཡོངས་སུ་རྫོགས་པ་ལ་འཁྲུལ་མེད་ཀྱི་ངེས་པ་བརྟན་པོ་རྙེད་པ་ན་ཚེ་འདིའི་འཁྲི་བ་བཅད་དེ་དབེན་པའི་གནས་སུ་ཚེ་དང་སྒྲུབ་པ་སྙོམས་པ་རྣལ་འབྱོར་གྱི་དབང་ཕྱུག་མི་ལ་རས་པ་དང་གྲུབ་ཆེན་དབེན་ས་པ་ཡབ་སྲས་ཀྱི་རྣམ་ཐར་འཕྱོངས་པ་ཞིག་ཅིས་ཀྱང་བྱེད་སྙམ་དུ་ཐག་བཅད་དེ་པཎ་ཆེན་ཐམས་ཅད་མཁྱེན་པ་བློ་བཟང་ཆོས་ཀྱི་རྒྱལ་མཚན་ལ་སྐྱབས་འཇུག་ཞུས་ཏེ་དབེན་དགོན་དུ་ཚེ་མཚམས་ལ་བཞུགས། དེའི་ཚེ་ཉིན་རེ་བཞིན་ཉམས་ལེན་གྱི་རྟོགས་པ་གོང་འཕེལ་དུ་གྱུར་ཏེ་སྒོ་གསུམ་ལ་དྲན་པ་ཉེ་བར་གཞག་ནས་སྡོམ་པ་གསུམ་གྱི་བཅས་མཚམས་དང་འགལ་བའི་ཉེས་ལྟུང་ཕྲ་མོས་ཀྱང་མ་གོས་པ་ཞིག་བྱེད་སྙམ་དུ་འདུན་པ་ཤུགས་དྲག་ཏུ་མཛད་ཅིང་། རང་

ལ་རང་གིས་བསྐུལ་བའི་དམ་བཅའི་ཉམས་མགུར་ཡང་འདི་ལྟར་མཛད་དེ།

ན་མོ་གུ་རུ་བྷྱཿ བླ་མ་དང་ཡི་དམ་དཀོན་(༡༢༣ན)མཆོག་གསུམ། །བདག་མོས་པའི་སྤྱི་གཙུག་རྒྱན་དུ་བཞུགས། །ད་ཇི་ལྟར་བསམས་པའི་དོན་འདི་རྣམས། །དུས་མྱུར་དུ་འགྲུབ་པར་བྱིན་གྱིས་རློབས། ཁྱེད་དཀའ་སྤྱོད་ཆོས་སྐྱོང་སྲུང་མའི་ཚོགས། །མི་ཁོ་བོའི་གྲོས་འདེབས་གསན་མཛོད་ལ། །གྲོས་ཇི་བཞིན་ཐེབས་པའི་བར་ཆད་ཀུན། །དུས་ད་ལྟ་སེལ་བར་མཛད་དུ་གསོལ། །གཟུགས་མི་ལ་དུད་འགྲོའི་བསམ་པ་ཅན། །ངོ་ཚ་བས་མི་ཕན་ཅུང་ཟད་ཉོན། །ངས་ཁྱོད་ཀྱི་སེམས་ལ་གྲོས་ཤིག་འདེབས། །དོན་དེ་ཕྱིར་མཆང་གཏམ་ཚིག་གསུམ་སྨྲ། །ཉེན་རྙེད་པར་དཀའ་བའི་དལ་འབྱོར་རྙེད། །ལམ་མཛལ་དཀའ་སངས་རྒྱས་བསྟན་དང་མཛལ། །ཕ་མཚན་ལྡན་བླ་མའི་ཚོགས་རྣམས་ཀྱིས། །ཆོས་ཟབ་ཟིང་དྲིན་གྱིས་རྒྱུན་དུ་བསྐྱངས། ཁྱོད་དལ་འབྱོར་ལོག་པའི་ལམ་དང་སྦྱར། །ལམ་སངས་རྒྱས་བསྟན་པ་དྲི་མས་བསྒོས། །རྗེ་མཚན་ལྡན་བླ་མའི་ཚོགས་རྣམས་བསླུས། །མི་ཁྱོད་ལ་མཚང་ཆེན་འདི་རྣམས་མཐོང་། །མི་ཁྱེད་ཀྱིས་ད་ལྟ་ཕན་ཆད་ལ། །ཆོས་ཚུལ་བཞིན་སྐད་ཅིག་མ་བྱས་པར། །གཟུགས་ཆོས་པའི་གཟུགས་སུ་བྱས་ནས་ཀྱང་། །ལོངས་ཅི་སྤྱོད་དང་རྫས་གཤིན་རྫས་ཀྱིས། །ཉེན་དལ་འབྱོར་ལོག་པའི་གཡང་ལ་བསྒྱུར། །ཕ་བླ་མ་མཁན་སློབ་མཚན་ལྡན་ལ། །ལམ་སྡོམ་པ་གསུམ་གྱི་བཀའ་དྲིན་ནོས། ཁྱོད་རྩ་བའི་ཉེས་པ་མེད་འདོད་ཀྱང་། །རྗེ་རྒྱལ་བའི་བཅས་པ་ཤིན་ཏུ་ཕྲ། ཁྱོད་དབང་པོ་བརྟུལ་ཞིང་གཉེན་པོ་ཞན། །རྒྱུ་དེས་ན་བསྟན་པ་དྲི་མས་བསྒོས། །སྔར་རྡོ་རྗེ་ཐེག(༡༢༣བ)པའི་སྡོམ་པ་དང་། །ལམ་བྱང་ཆུབ་སེམས་དཔའི་བསླབ་པ་ལ། །དགྲ་རྩ་བའི་ལྷུང་བ་ཆར་ལྟར་བབས། །གཞན་སྡོམ་པའི་ཡན་ལག་ཕྲ་རགས་ཀུན། །ཕལ་ཆེ་བ་ཤེས་བཞིན་ཁྱད་དུ་བསད། །འགའ་མི་ཤེས་དབང་གིས་ལོག་པར་སྤྱད། །རྒྱུད་ལྷུང་བའི་མི་གཙང་འདམ་དུ་བྱིངས། ཁྱོད་དེ་ལྟར་གྱུར་ཀྱང་རབ་བྱུང

སོགས། །ལས་དགེ་སློང་བྱེད་རྒྱུ་གང་ཡིན་དང་། །དབང་བསྐུར་སོགས་རྡོ་རྗེ་སློབ་དཔོན་གྱི། །ལས་བྱེད་པར་ཡང་ངང་བག་ཆ་མེད། །རྒྱུ་དེས་ན་བསྟན་པ་དྲི་མས་བསྒོས། །ཆོས་ཟབ་ཅིང་རྒྱ་ཆེ་བདུད་རྩིའི་རྒྱུན། །མི་ཁྱོད་ཀྱི་སྣོད་དུ་ཅི་བླུགས་ཀྱང་། །ཆོས་ཚིག་དོན་སྣོད་ཀྱིས་མ་ཐུབ་པས། །དོན་དེ་ལས་བསླུས་ཐབས་ཆེ་བ་ཅི། །ལར་དེ་ལྟར་འབྱུང་བའི་རྒྱུ་མཚན་ཡང་། །ཚིག་བཞིའི་དོན་ཡང་མ་རྟོགས་པར། །རང་མཁས་པར་འཛིན་པའི་ང་རྒྱལ་དང་། །རྒྱུད་ལྡོང་བའི་ནང་དུ་བྱིང་ནས་ཀྱང་། །རང་བཙུན་པར་འཛིན་པའི་ལོག་ལྟ་དང་། །སེམས་ཆགས་སྡང་དབང་དུ་གྱུར་པ་ལ། །རང་བཟང་པོར་འདོད་པའི་ཁེངས་སེམས་ཅན། །ལས་ཅི་བྱས་ཆོས་བརྒྱད་བྱེད་བཞིན་དུ། །རང་ཆོས་པར་སྙོམ་པའི་སྙོམ་སེམས་དེས། །བདུད་དེ་བཞིན་སྙིང་ལ་ཞུགས་པས་ལན། །བདུད་སྙིང་ལ་འཇུག་པའི་རྩ་བ་ཡང་། །ལུས་གཟུགས་བརྙན་མི་ཁྱུར་བསྟོད་པ་དང་། །གཏམ་མི་ཟེར་ཁ་ལ་ཉན་པ་དང་། །བློ་མི་མཐུན་མི་དང་བསྟུན་པས་ལན། །མཚང་འདི་རྣམས་ཡོད་མེད་སེམས་ལ་དྲིས། །རྒྱུ་དེ་རྣམས་ཡིན་མིན་བསམ་མནོ་ཐོངས། །སྤྱར་མཚང་དུ་མ་ཤེས་དོན་སྙིང་རུལ། །དོན་དེ་ཕྱིར་སྤྱར་བྱས་དོན་མེད་སོང་། །དེ་ཆེ་འཇུག་ནམ་(༡༢༩ན)མཁའི་གློག་འདྲ་འདི། །རྗེན་དལ་འབྱོར་སྙིང་པོ་ལེན་འདོད་ཅིང་། །རང་ལེགས་པའི་ལམ་དུ་འཇུག་འདོད་ན། །མཚང་ཡུལ་ནས་འདོན་ལུགས་དེ་ལྟར་མཛོད། །ཆོས་ཚིག་གཅིག་མ་གོའི་མཁས་པ་དང་། ཁོ་བླུན་ཅིང་རྨོངས་པའི་བ་གླང་གཉིས། །མཁས་མི་མཁས་ཁྱད་པར་གང་གིས་འབྱེད། ཁོ་བ་གླང་མཁས་པར་འཛིན་པ་མེད། །ཆོས་དེ་ཡིས་བ་གླང་ཁྱད་པར་འཕགས། །རྒྱུད་ལྡོང་བས་གོས་པའི་བཙུན་པ་དང་། །ཟས་མི་གཙང་ཟ་བའི་ཁྱི་ཕག་གཉིས། །བཙུན་མི་བཙུན་ཁྱད་པར་གང་གིས་འབྱེད། ཁོ་ཁྱི་ཕག་བཙུན་པོར་ལྟ་བ་མེད། །ཆོས་དེ་ཡིས་ཁྱི་ཕག་ཁྱད་པར་འཕགས། །གནོད་གང་འཚོལ་བྱེད་པའི་བཟང་པོ་དང་། ཁྲིལ་གཏོང་ནས་བོར་བའི་ཤྲུག་ཁྲིར་གཉིས། །བཟང་མི་བཟང་ཁྱད་

པར་གང་གིས་འབྱེད། །བཟང་མི་བཟང་ཁྱད་པར་མེད་པ་ལ། ཁོ་གྲུག་ཁྱེར་བཟང་
པོར་འདོད་པ་མེད། །ཆོས་དེ་ཡིས་གྲུག་ཁྱེར་ཁྱད་པར་འཕགས། །ལས་ཆོས་བརྒྱད་
བྱེད་པའི་ཆོས་པ་དང་། ཁྲམ་གཡོ་སྒྲུ་བྱེད་པའི་ཁྱིམ་པ་གཉིས། །ཆོས་བྱེད་མེད་ཁྱད་
པར་གང་གིས་འབྱེད། །ཆོས་བྱེད་མེད་ཁྱད་པར་མེད་པ་ལ། ཁོ་ཁྱིམ་པ་ཆོས་ཀྱིས་
སྨོམས་པ་མེད། །ཆོས་དེ་ཡིས་ཁྱིམ་པ་ཁྱད་པར་འཕགས། ཁྱོད་མཁས་བཙུན་བཟང་
པོར་འདོད་པ་དང་། །ཆོས་བྱས་སོ་སྙམ་པའི་འཁྲུལ་བ་ཞིག །ད་ཁྱོད་ལས་དམན་པའི་
སེམས་ཅན་སུ། །དེ་ཤེས་ན་དམན་ཆ་འཛིན་རེ་རན། །སེམས་མི་གཡལ་མི་སྙེད་དམན་ཆ་
བཟུང་། །ལུས་མི་ཡི་གསེབ་ནས་ད་བུད་ལ། །གནས་མི་མེད་ས་ཡི་བས་མཐའ་སྟེན། །
སེམས་ཆེ་འདིའི་(༡༢༩བ)འཕྲི་བ་གཏིང་ནས་ཆོད། །གྲོང་ལྟོ་གོས་གཉིས་ཀྱི་སྟེང་དུ་
བསྐུར། །ཟས་དཀར་ཐུབ་བཙུད་ལེན་བདུད་རྩི་ཟོ། །གོས་ཕྲུག་དར་ཁྲིད་ཀྱིས་ཆོག་
ཤེས་སྟེན། །ད་དགོར་ཟས་དུག་ཆུའི་ཞེན་པ་སྤོངས། །རྒྱུད་སྡོམ་པ་གསུམ་གྱི་ནོར་ལུག་
རྣམས། །བྱམས་སྙིང་རྗེ་ལྷག་བསམ་ཐང་ཆེན་དུ། །དྲན་ཤེས་བཞིན་རྫི་བོས་ལེགས་
སྐྱོངས་ལ། །ད་ཡན་ལག་ཕྲ་མོ་སྣ་གཅིག་ཀྱང་། །སེམས་ཉོན་མོངས་དགྲ་ལ་མ་ཤོར་
བར། །རྒྱུད་ཚུལ་ཁྲིམས་འཕེལ་སྐབས་ཆེ་བར་མཛོད། །བློ་བླ་མ་དཀོན་མཆོག་གསུམ་
ལ་གཏོད། །དུས་འབྲལ་མེད་རྒྱུན་དུ་གསོལ་བ་ཐོབ། །ཆོས་ཐོས་བསམ་སྒོམ་གསུམ་
ཚུལ་བཞིན་གྱིས། །སེམས་དངོས་འཛིན་འཁྲུལ་པ་རྩད་ནས་ཆོད། །མི་སྨྲ་མཁས་ཆོས་
བརྒྱུད་སློབ་བྱུང་ན། །ཚིག་གཅིག་ཀྱང་དེ་ལ་མ་ཉན་པར། །སྟོབས་ཅི་ཡོད་དེ་ཡི་ལོག་
ཕྱོགས་སྒྲུབ། ཁོ་གཏིང་ནས་མ་དགའ་འགྱོད་པ་མེད། །ད་གདམ་དང་གྲོགས་ངན་སྣ་
ཚོགས་དང་། །མི་ཀུན་གྱིས་རིང་དུ་སྤངས་པ་དང་། །འཕྲལ་འཚོ་བའི་ཡོ་བྱད་དཀོན་
པ་སོགས། ཁོང་འཇིག་རྟེན་ཆོས་དང་མི་མཐུན་པའི། །རྐྱེན་མི་འདོད་སྣ་ཚོགས་ཅི་
བྱུང་ཡང་། །ཆོས་སྙིང་ནས་བྱེད་པའི་བསམ་པ་གྲུབ། །མཚང་ཡུལ་འདོན་སེམས་ལ་

གྲོས་འདེབས་འདི། །རང་ཉིས་ཀྱི་དོགས་ནས་སླུས་པ་ཡིན། །གྲོས་སེམས་ལ་ཞོག་ལ་ཉམས་སུ་ལོངས། །དུས་གཏན་གྱི་མདུན་མ་འགྲུབ་སྟེ་མཆི། །ཞེས་སོ། །

དེ་སྐབས་པཎ་ཆེན་བློ་བཟང་ཆོས་ཀྱི་རྒྱལ་མཚན་དབེན་དགོན་དུ་ཕེབས་པ་ཞིག་གི་དུས། ནཱ་རོ་ཆོས་དྲུག་གི་ཟབ་ཁྲིད་རྒྱས་པ་ཞིག་དགོས་ཞེས་ཞུས་པར་(༡)༢༥(ན)པཎ་ཆེན་ཐམས་ཅད་མཁྱེན་པ་ཆེན་པོ་དེ་ཉིད་སྤྱིར་ཡང་དབེན་པའི་རི་སུལ་དུ་སྒྲུབ་པ་བྱེད་པ་རྣམས་ལ་ཤིན་ཏུ་དགྱེས་ཤིང་། ལྷག་པར་དམ་པ་འདི་ཉིད་སྤྱན་གྱི་འབྲས་བུ་ལྟར་སྐྱོང་བར་མཛད་པས་མཚམས་གྲོལ་ན་དགེ་སྦྱོར་ལ་གཡེང་བ་ཡོང་གསུངས་ནས་པཎ་ཆེན་ཐམས་ཅད་མཁྱེན་པ་ཆེན་པོ་ཉིད་དམ་པ་འདིའི་སྒྲུབ་ཁང་དུ་ཕེབས་ནས་ནཱ་རོ་ཆོས་དྲུག་གི་ཁྲིད་རྒྱས་པར་སྩལ་ཞིང་སྒྲུབ་པ་མཐར་ཕྱིན་པའི་ཕྱིར་ལམ་གྱི་གེགས་སེལ་བོགས་འདོན་རྣམས་ཞིབ་པར་གསུངས། གཞན་ཡང་མཚམས་ཁོངས་སུ་གྲུབ་པའི་དབང་ཕྱུག་གནས་བཅུ་རབ་འབྱམས་པ་དགེ་འདུན་རྒྱལ་མཚན་གདན་དྲངས་ནས་མན་ངག་དུ་མ་གསན་ཞིང་། ལྷག་པར་ནཱ་རོ་ཆོས་དྲུག་སྐོར་སོགས་འཁྲུལ་འཁོར་གྱི་སྐོར་རྣམས་མཐིལ་ཕྱིན་པར་ཞུས་ནས་སྦྱངས་ཏེ་གདེང་ཐོབ་པར་མཛད།

དེ་ལྟར་སྒྲུབ་པ་ཡུན་རིང་དུ་མཛད་ནས་ཉམས་རྟོགས་གོང་འཕེལ་དུ་གྱུར་ཏེ་ཚེ་འདི་ལ་གཉེན་ཉེ་འབྲེལ་ནོར་ལོངས་སྤྱོད་གང་ལའང་ཆགས་པ་མེད་པར་སྒྲུབ་པ་མཐར་ཕྱིན་པ་དཔལ་ཤ་བ་རི་དང་མཚུངས་པ་ཞིག་བྱེད་དགོངས་པ་ཡོད་པ་ལ། པཎ་ཆེན་བློ་བཟང་ཆོས་ཀྱི་རྒྱལ་མཚན་གྱིས་བཀྲ་ཤིས་ལྷུན་པོར་རྒྱུད་གྲྭ་གསར་འཛུགས་མཛད་དེ་གཞུང་ལུགས་རབ་འབྱམས་ལ་སྦྱངས་པ་མཐར་ཕྱིན་པའི་དགེ་བའི་བཤེས་གཉེན་ཤ་སྟག་བསྡུས་ཏེ་རྒྱུད་གྲྭར་གཞུག་པར་མཛད་པའི་མགོན་དུ་དམ་པ་འདི་ཉིད་འདྲེན་དགོས་པའི་བཀའ་ཕེབས་པ་ན་ཚེ་མཚམས་ལ་བཞུགས་པ་ཡིན་ཡང་ཕྱོགས་བཅུའི་རྒྱལ་བ་ཐམས་ཅད་(༡)༢༥(བ)མཆོད་པ་བས་བླ་མའི་བ་སྤུའི་བུ་ག་གཅིག་མཆོད་

པ་ཕན་ཡོན་ཆེ་བར་གསུངས་པ་དང་། སངས་རྒྱས་ཀྱི་སར་མྱུར་བ་མྱུར་བར་བགྲོད་པ་ལ་རྡོ་རྗེ་སློབ་དཔོན་གྱི་བཀའ་བཞིན་སྒྲུབ་པ་ཉིད་བསྔགས་པར་རྒྱུད་དང་གྲུབ་ཆེན་གྱི་གཞུང་ཐམས་ཅད་ལས་གསུངས་པའི་ཚུལ་ལ་ངེས་པ་སྙེད་ནས་ཚམ་ཚོམ་མེད་པར་མཚམས་གྲོལ་ཏེ་པཎ་ཆེན་བློ་བཟང་ཆོས་ཀྱི་རྒྱལ་མཚན་གྱི་བཀའ་བཞིན་བཀྲ་ཤིས་ལྷུན་པོའི་སྔགས་ཁང་གི་གདན་སར་ཕེབས། པཎ་ཆེན་ཐམས་ཅད་མཁྱེན་པ་ཆེན་པོ་བློ་བཟང་ཆོས་ཀྱི་རྒྱལ་མཚན་ལ་རྒྱུད་ཀྱི་རྒྱལ་པོ་དཔལ་གསང་བ་འདུས་པ་འགྲེལ་པ་སྒྲོན་གསལ་མཆན་བུ། བསྡུས་དོན། མཐའ་གཅོད་བཞིའི་སྒོ་ནས་འགྲེལ་ཚུལ་རྒྱལ་བ་ཙོང་ཁ་པ་ཆེན་པོའི་མན་ངག་རྣམས་ལེགས་པར་ཞུས། མཐའ་དྲུག་དང་ཚུལ་བཞིའི་དཀའ་གནས་རྣམས་ལ་ཁོང་ན་གནས་པའི་དོགས་པ་ཕྲ་མོའང་ཆོད་པར་མཛད་ནས་རྒྱུད་གྲྭར་བཞུགས་པའི་རབ་འབྱམས་སྨྲ་བའི་སྡེ་རྣམས་ལ་ཀླུ་བོའི་རྒྱན་ལྟར་བཤད་ཅིང་། དཔལ་གསང་བ་འདུས་པ་གཙོ་བོར་བཏོན། དཔལ་འཁོར་ལོ་སྡོམ་པ། རྡོ་རྗེ་འཇིགས་བྱེད། དུས་ཀྱི་འཁོར་ལོ་རྣམས་ཀྱི་དབང་ལུང་མན་ངག་རྣམས་ཀྱང་རྒྱ་ཆེར་གནང་བས་རྒྱུད་གྲྭར་བཞུགས་པའི་རབ་འབྱམས་སྨྲ་བའི་སྡེ་རྣམས་དང་། ཕྱོགས་མཐའ་དག་ནས་འདུས་པའི་དོན་གཉེར་ཅན་མཐའ་དག་གསང་ཆེན་རྡོ་རྗེ་ཐེག་པའི་བདུད་རྩིས་ཚིམ་ནས་དམ་པ་འདི་ལ་རྡོ་རྗེ་འཆང་དངོས་ཀྱི་འདུ་ཤེས་སྐྱེས་ཏེ་རྡོ་རྗེ་འཛིན་པ་ཆེན་པོ་ཞེས་མཚན་ཡོངས་(༡) ༢༨ན)སུ་གྲགས་པར་གྱུར།

དེ་སྐབས་རྗེ་བཙུན་བློ་བཟང་ཆོས་ཀྱི་རྒྱལ་མཚན་དགུང་ལོ་བརྒྱར་ཉེ་བའི་དུས་སུ་ཐེབས་ནས་ཕྱོགས་ཀྱི་ཐ་གྲུ་ཀུན་ནས་འདུས་པའི་ཆོས་དོན་གཉེར་བ་རྣམས་ལ་ཆོས་བཀའ་ཧ་ཅང་རྒྱ་ཆེ་བ་གནང་བར་མ་མཛད་པ་ན། རྡོ་རྗེ་འཛིན་པ་ཆེན་པོ་འདིས་གདུལ་བྱ་སོ་སོའི་དབང་པོའི་རིམ་པ་དང་འཚམས་པར་ལམ་རིམ་གྱི་ཁྲིད་དང་། བློ་སྦྱོང་གི་ཁྲིད་དང་། དགའ་ལྡན་ཕྱག་རྒྱ་ཆེན་པོའི་ཟབ་ཁྲིད་དང་། བདེ་གསང་འཇིགས་གསུམ་

གྱི་བསྐྱེད་རྫོགས་ཀྱི་ཁྲིད་སོགས་མདོ་སྔགས་ཀྱི་ཆོས་མཐའ་ཡས་པ་སྩོལ་བར་མཛད། དེ་ནས་རྗེ་བཙུན་བློ་བཟང་ཆོས་ཀྱི་རྒྱལ་མཚན་ཞིང་གཤེགས་ནས་ཀྱང་རེ་ཤིག་སྔགས་ཁང་གི་གདན་ས་མཛད་དེ་རྗེ་བློ་བཟང་ཆོས་ཀྱི་རྒྱལ་མཚན་གྱི་མན་ངག་རྣམས་མི་ནུབ་པར་བཟུང་ཞིང་སྤེལ། དེ་ནས་བྲུལ་ཚང་དུ་མཆོག་གི་སྤྲུལ་སྐུ་ཕེབས་པ་ན་གོང་ས་ལྔ་པ་ཆེན་པོས་བཀྲ་ཤིས་ལྷུན་པོའི་སྔགས་ཁང་གི་གདན་ས་པ་དེ་པཎ་ཆེན་ཐམས་ཅད་མཁྱེན་པ་ཆེན་པོ་དེ་ཉིད་ཀྱི་ཐུགས་སྲས་ཐུ་བོ་ལུང་རྟོགས་ཀྱི་ཡོན་ཏན་གང་ས་ནས་བཟང་བ་ཞིག་ཡིན་འདུག་པས་མཆོག་གི་སྤྲུལ་སྐུར་བརྟག་དཔྱད་བྱེད་པ་དང་ངོས་འཛིན་པར་ཁོང་པ་བྱོན་པ་ལེགས་ཞེས་བཀའ་ཕེབས་ལྟར་རྡོ་རྗེ་འཛིན་པ་དཀོན་མཆོག་རྒྱལ་མཚན་ཉིད་བྲུལ་ཚང་དུ་ཕེབས་ཏེ་བརྟག་དཔྱད་མཛད་པས་མཆོག་གི་སྤྲུལ་སྐུར་འཁྲུལ་མེད་ཀྱི་ངེས་པ་རྙེད་ནས་སྐུ་ཁྲུས་གསོལ་བ་དང་། སྐུ་ཚེ་རིང་བའི་(༡༢༨བ) རྟེན་འབྲེལ་བསྒྲིག་པ་སོགས་མཛད། དེ་ནས་མཆོག་གི་སྤྲུལ་སྐུ་བཀྲ་ཤིས་ལྷུན་པོར་གདན་དྲངས། འགྲོ་བ་ལྷ་དང་བཅས་པའི་མགོན་དུ་མངའ་གསོལ་གྲུབ་ནས་སྔགས་ཁང་གི་གདན་ས་བཞག་སྟེ་ཤངས་མཁའ་སྤྱོད་གཟིམ་སྤྱིལ་གསར་བསྐྲུན་གནང་ནས་སྤྱོང་བ་པའི་སྡེ་དང་བཅས་བཞུགས་ཏེ་འཇམ་མགོན་སྙན་རྒྱུད་ཀྱི་བསྟན་པ་འཛིན་ཅིང་སྤེལ་བར་མཛད། དེ་ནས་མཆོག་གི་སྤྲུལ་པའི་སྐུ་རྗེ་བཙུན་བློ་བཟང་ཡེ་ཤེས་དཔལ་བཟང་པོ་དགུང་ལོ་ཉི་ཤུར་ཕེབས་པའི་ཚེ་རྡོ་རྗེ་འཛིན་པ་འདི་ཉིད་བླ་བྲང་རྒྱལ་མཚན་མཐོན་པོར་གདན་དྲངས། རྗེ་བཙུན་བློ་བཟང་ཆོས་ཀྱི་རྒྱལ་མཚན་གྱི་མན་ངག་རྣམས་ཡོངས་སུ་རྫོགས་པ་ཞིག་གནང་དགོས་པར་གསོལ་བ་བཏབ་པ་ན། རྡོ་རྗེ་འཛིན་པ་ཆེན་པོ་འདིས་ཀྱང་དགྱེས་བཞིན་དུ་ཞལ་གྱིས་བཞེས་ཏེ་བླ་བྲང་རྒྱལ་མཚན་མཐོན་པོའི་གཟིམ་ཆུང་དགའ་ལྡན་ཉིད་དུ་བཞུགས་ཏེ་ཐོག་མར་རྗེ་བཙུན་བློ་བཟང་ཡེ་ཤེས་ལ་བསྙེན་རྫོགས་ཀྱི་སྡོམ་པ་ཕུལ། དེ་ནས་བྱང་ཆུབ་ལམ་གྱི་རིམ་པའི་དམར་ཁྲིད་

ཐམས་ཅད་མཁྱེན་པར་བགྲོད་པའི་བདེ་ལམ་གྱི་སྙིང་ནས་ལམ་ཁྲིད་དཔལ་དབེན་ས་སྙན་རྒྱུད་ཀྱི་མན་ངག་ཞལ་ཤེས་ཡོངས་སུ་རྫོགས་པ་དང་། དགའ་ལྡན་ཕྱག་རྒྱ་ཆེན་པོའི་ཟབ་ཁྲིད་སྟོན་འགྲོ་ཁྲིད་ཆེན་བཞི་དང་བཅས་པ། ལྷག་པར་མདོ་སྔགས་ཀྱི་ལམ་གྱི་ལུས་ཡོངས་སུ་རྫོགས་པ་ཟབ་ལམ་བླ་མ་ལྷའི་རྣལ་འབྱོར་གྱི་ཁྲིད་མན་ངག་ཞལ་ཤེས་མཐའ་དག་ཡོངས་སུ་རྫོགས་པ་དང་།　གསང་བདེ་འཇིགས་གསུམ་(༡༣༧ན)གྱི་དབང་ལུང་བསྐྱེད་རྫོགས་ཀྱི་ཁྲིད་རྣམས་ཡོངས་སུ་རྫོགས་པ་དང་། གྲུབ་ཆེན་དྲིལ་བུ་ལུགས་ཀྱི་ཕྱི་ནང་གི་དཀྱིལ་འཁོར་དུ་དབང་བསྐུར་བ་དང་ཟབ་ཁྲིད་རྣམས་ཡོངས་སུ་རྫོགས་པ་དང་། གཞན་ཡང་རྒྱུད་སྡེ་བཞི་དང་འབྲེལ་བའི་དབང་ལུང་མན་ངག་མཐའ་ཡས་པ་དང་། ཡོངས་སུ་གྲགས་པའི་ཆོས་སྐོར་རྣམས་ཀྱི་རྗེས་གནང་སོགས་རྗེས་གནང་མཐའ་ཡས་པ་གནང་ཞིང་ཆོས་བདག་པོ་ལ་འཕྲོད་པར་མཛད་ནས་སྐུ་ཚེ་འདིའི་མཛད་པ་ཐམས་ཅད་རྫོགས་པ་ན་དགུང་ལོ་བདུན་ཅུ་དོན་དྲུག་པ་རབ་བྱུང་ཞེས་པ་མེ་མོ་ཡོས་ཀྱི་ལོ་ལ་བཀྲ་ཤིས་ལྡན་པོའི་ཟླ་བྲང་རྒྱལ་མཚན་མཐོན་པོ་ཉིད་དུ་ཆོ་འཕྲུལ་ཟླ་བའི་ཚེས་བཅུའི་ཕྱི་ནང་གི་མཆོད་བྱང་མཚུངས་པར་སྐུའི་བཀོད་པ་བསྡུས་ཏེ་འོད་གསལ་ཆོས་སྐུ་མངོན་དུ་མཛད། དེའི་ཚེ་བདེ་མཆོག་རྩ་རྒྱུད་ནས་ཇི་ལྟར་གསུངས་པ་ལྟར་གྱི་འོད་གསལ་མངོན་དུ་མཛད་པའི་ཕྱི་ནང་གི་རྟགས་རྟེན་འབྲེལ་རྣམས་ཚང་བར་བྱུང་སྟེ་ནམ་མཁའ་དྭངས་ཤིང་འཇའ་འོད་ཀྱིས་ཁྱབ་པ་སོགས་སྐྱེ་བོ་ཀུན་ལ་མཐུན་སྣང་དུ་བྱུང་སྟེ་མཆོག་དམན་བར་མའི་སྐྱེ་བོ་མཐའ་དག་དད་ཅིང་གུས་པ་དང་འཇམ་མགོན་སྟོན་རྒྱུད་ཀྱི་བསྟན་པ་ལ་ཡིད་ཆེས་རླེད་པར་མཛད་དོ། །

དེ་ནས་རྗེ་བཙུན་ཐམས་ཅད་མཁྱེན་པ་བློ་བཟང་ཡེ་ཤེས་དཔལ་བཟང་པོས་ཕྱོགས་བཅུའི་སངས་རྒྱས་ཐམས་ཅད་མཆོད་པ་བས་བླ་མ་མཆོད་པ་དོན་ཆེའོ་ཞེས་ཀུན་ལ་འདོམས་པའི་ཕྱིར་སྐུ་གདུང་ལ་མཆོད་པ་ཚད་མེད་པས་མཆོད་དེ་དཔལ་དབེན་ས

སྔོན་རྒྱུད་ཀྱི་བསྟན་པ་(༡༢༧བ)ཡུན་རིང་དུ་གནས་པའི་རྟེན་འབྲེལ་དུ་སྐུ་གདུང་རིལ་པོར་དངུལ་གྱི་མཆོད་རྟེན་གྱི་བུམ་པའི་ནང་དུ་བཞུགས་ཏེ་བཀྲ་ཤིས་ལྷུན་པོའི་སྔགས་ཁང་ན་བཞུགས་སོ། །

རྡོ་རྗེ་འཛིན་པ་ཆེན་པོ་འདིས་མཆོག་དམན་བར་མ་བགྲང་བ་ལས་འདས་པ་ལ་མདོ་སྔགས་ཀྱི་ཆོས་ཀྱི་བདུད་རྩི་རྒྱ་ཆེར་སྤེལ་བས་རྒྱུད་འཛིན་ཡང་དེ་སྙེད་བྱུང་མོད། གཙོ་བོ་ནི་མདོ་སྔགས་ཡོངས་སུ་རྫོགས་པའི་བསྟན་པའི་བདག་པོ་རྗེ་བཙུན་ཐམས་ཅད་མཁྱེན་པ་བློ་བཟང་ཡེ་ཤེས་དཔལ་བཟང་པོའོ། །གཞན་ཡང་རྡོ་རྗེ་འཛིན་པ་དགེ་ལེགས་རབ་རྒྱས། རྡོ་རྗེ་འཛིན་པ་བློ་བཟང་མགོན་པོ། རྗེ་ཞལ་སྔ་ནས་འཇམ་དབྱངས་ཆོས་འཕེལ། སྨིན་གྲོལ་ཞབས་དྲུང་བསྟན་འཛིན་འཕྲིན་ལས། ལྕང་སྐྱ་སྤྲུལ་པའི་སྐུ་ངག་དབང་བློ་བཟང་ཆོས་ལྡན་སོགས་བསྟན་འཛིན་དམ་པ་མང་དུ་བྱོན་ནོ། །རྡོ་རྗེ་འཛིན་པ་ཆེན་པོ་འདིས་ཕྱི་རབས་ཀྱི་གདུལ་བྱ་རྣམས་ཀྱི་དོན་དུ་པཎ་ཆེན་བློ་བཟང་ཆོས་ཀྱི་རྒྱལ་མཚན་གྱི་མན་ངག་ཞལ་ཤེས་དགའ་ལྡན་ཕྱག་རྒྱ་ཆེན་པོའི་ཟབ་ཁྲིད་སྔོན་འགྲོ་ཁྲིད་ཆེན་བཞི། བློ་སྦྱོང་སྡུག་བསྔལ་ལམ་ཁྱེར་དང་དོན་བདུན་མའི་འགྲེལ་བ། འཁོར་ལོ་སྡོམ་པའི་དཀྱིལ་ཆོག །བདེ་མཆོག་ལུས་དཀྱིལ་གྱི་མངོན་རྟོགས། ལྷོ་སྒོའི་ཆོ་ག །དྲིལ་བུ་ལྷ་ལྔའི་མངོན་རྟོགས། འདུས་པའི་རྣལ་འབྱོར་ཆབ་ལ་འདྲེན་ཚུལ། ནམ་མཁའ་སྒོ་འབྱེད་ཀྱི་དབང་བསྐུར་ཚུལ། གླུ་གཏོར་བྱ་ཚུལ། སྣ་ཚོའི་ཆོ་ག་སོགས་ཉེར་མཁོ་ཁ་ཤས། ཡི་གེ་བརྒྱ་པའི་འགྲེལ་པ། སོ་སྐྱེ་ཐ་མལ་པའི་རུས་ཆོག །ལམ་རིམ་(༡༢༨ན)ཚིགས་བཅད་མ་ཞི་གནས་ཀྱི་ཡིག་ཆུང་དང་བཅས་པ། བཅོམ་ལྡན་འདས་དམ་ཚིག་གསུམ་བཀོད་ཀྱི་སྒྲུབ་དཀྱིལ་ཡོངས་སུ་རྫོགས་པའི་ཆོག་སྒྲིགས། འཇམ་དབྱངས་ཆོས་སྐོར་གྱི་རྗེས་གནང་ཆོག་སྒྲིགས་རྣམས་མཛད་དོ། །

དེས་ན་བྱང་ཆུབ་ལམ་གྱི་རིམ་པ་ལ་བློ་སྦྱོང་བར་འདོད་པ་རྣམས་ཀྱིས་རྡོ་རྗེ་འཛིན་

པ་དཀོན་མཆོག་རྒྱལ་མཚན་ལ་གསོལ་བ་འདེབས་ཤིང་དམ་པ་འདིའི་རྣམ་ཐར་ལྟར་ལེགས་ཚོགས་ཐམས་ཅད་ཀྱི་རྩ་བ་དམ་པའི་མགོན་ལ་བརྟེན་ནས་མདོ་སྔགས་ཀྱི་ལམ་གྱི་ལུས་ཡོངས་སུ་རྫོགས་པ་ལ་འཁྲུལ་མེད་ཀྱི་ངེས་པ་བརྟན་པོ་སྐྱེད་པར་བྱ་བ་དང་། ངེས་པ་སྐྱེད་ནས་ཚེ་འདིའི་འཕྲི་བ་བཅད་དེ་དབེན་པའི་གནས་སུ་ལམ་ཆ་ཚང་ལ་སྒྲུབ་པ་སྙིང་པོར་བྱའོ།། །།

པཎ་ཆེན་བློ་བཟང་ཡེ་ཤེས་ཀྱི་རྣམ་ཐར།

༄། བློ་གྲོས་ཡངས་པའི་སྐལ་བཟང་གདུལ་བྱའི་ཚོགས། །གཙུག་ན་བསོད་ནམས་ཡེ་ཤེས་འབྲས་བུ་ཡིས། །ལེགས་དུད་རླུང་གི་རྒྱལ་མཚན་ལྟར་བཀྲ་བ། །དཔལ་ལྡན་བླ་མའི་ཞབས་ལ་གསོལ་བ་འདེབས། །ཞེས་བསྟགས་པ། དོན་གྱི་སླད་དུ་མཚན་ནས་སྨོས་ཏེ་བདག་གི་མཁན་པོ་རིན་པོ་ཆེ་རྗེ་བཙུན་ཐམས་ཅད་མཁྱེན་པ་བློ་བཟང་ཡེ་ཤེས་དཔལ་བཟང་པོ་ནི། སྔོན་བྱོན་དམ་པ་མང་པོས་བྱིན་གྱིས་བརླབས་པའི་ཡུལ་ཐོབ་རྒྱལ་བྲུལ་ཚང་དུ་མཛེས་བྱེད་ཅེས་པ་ཆུ་མོ་ཡོས་ལོའི་ཟླ་བ་བདུན་པའི་ཚེས་བཅོ་ལྔའི་ཟླ་བ་ཤར་བ་དང་མཉམ་དུ་ཡབ་ཞབས་དྲུང་བསོད་ནམས་དབང་གྲགས་དང་། ཡུམ་ཚེ་བརྟན་བུ་ཁྲིད་གཉིས་ཀྱི་སྲས་སུ་བསམ་བཞིན་དུ་སྐུ་འཁྲུངས། དེའི་ཚེ་དཀར་ཕྱོགས་ཀྱི་ལྷ་རྣམས་(༡༢༨བ)ཀྱིས་ད་ནི་འགྲོ་བ་མགོན་དང་བཅས་སོ་ཞེས་དགའ་བའི་དབྱངས་ས་གསུམ་འགེངས་པར་བསྒྲགས་ཤིང་། བདག་ཉིད་ཆེན་པོ་འདི་ལ་མཆོད་པའི་དོན་དུ་མཁའ་དབྱིངས་འཇའ་འོད་ཀྱིས་ཁྱབ་ཅིང་མེ་ཏོག་གི་ཆར་བབས་པ་སོགས་ངོ་མཚར་བའི་བལྟས་བསམ་གྱིས་མི་ཁྱབ་པ་བསྟན། དཀར་ཕྱོགས་ཀྱི་ལྷ་རྣམས་ཀྱིས་ཁྲུས་གསོལ་བ་དང་ཆབས་ཅིག་པར་ཡབ་ཡུམ་གཉིས་ཀྱིས་ཀྱང་ཁྲུས་ཕུལ་ཏེ་མངལ་གྱི་དྲི

མས་གོས་པ་རྣམས་ལེགས་པར་དག་པར་བྱས་ཏེ། ཁྲིའུ་ཆུ་ཤེལ་དྲི་མ་མེད་པ་ལྟར་སྐུ་ལུས་དཀར་ལ་དམར་བའི་མདངས་ཆགས་པ། ཞི་ཞིང་དེས་པའི་ངང་ཚུལ་འཛུམ་མདངས་ཅན། དབུ་གདུགས་ལྟ་བུ། དཔྲལ་བའི་དབྱིབས་ཆེ་བ། ཞབས་ཀྱི་གཟེངས་མཐོ་བ། སྙན་དུང་གཡས་འཁྱིལ་གྱི་རྣམ་པར་ཡོད་པ། སྤྱན་ཨུཏྤ་ལའི་འདབ་མ་ལྟར་མཛེས་པ། ཡན་ལག་དང་ཉིང་ལག་རྒྱས་ལ་དཀྱུ་སྐབས་ཕྱེད་པ་དང་། དབང་པོ་ཡོངས་སུ་གསལ་ཞིང་འཇིག་རྟེན་ཀུན་གྱི་མིག་གི་བདུད་རྩི་ལྟ་བུ་ཞིག་བྱུང་ངོ་། །བཙས་ནས་རིང་པོ་མ་ལོན་པར་བླ་མ་མཁྱེན་ཞེས་ཆོས་ཀྱི་སྒྲ་དབྱངས་བསྒྲགས་ཤིང་། ལྷ་དང་སྲུང་མས་ལུང་བསྟན་པ་ལྟར་མཚན་བསོད་ནམས་བསྟན་པའི་རྒྱལ་མཚན་ཞེས་བཏགས། དེ་ནས་ཡབ་ཡུམ་གཉིས་ཀྱིས་དཀོན་མཆོག་གི་མཆོད་པ། དགེ་འདུན་གྱི་སྡེ་ལ་བསྙེན་བཀུར། དཀར་ཕྱོགས་སྐྱོང་བའི་སྲུང་མ་རྣམས་ལ་མཆོད་གཏོར་རྒྱ་ཆེར་ཕུལ། བཙས་སྟོན་གྱིས་གཉེན་དང་ཉེ་དུ་རྣམས་ཚིམ་པར་བྱས་ཤིང་མཐུན་པའི་དངོས་པོ་དག་གིས་བསྐྱེད་བསྲིངས་ཏེ་མཚོའི་ནང་གི་པདྨ་ལྟར་དྲག་པར་གྱུར་ཏོ། །དེ་ནས་བདག་ཉིད་ཆེན་པོ་འདི་ལ་(༡༢༨ན)དཀར་ཕྱོགས་ཀྱི་ལྷ་རྣམས་ཀྱིས་མཆོད་པའི་རྟགས་རྒྱུན་དུ་འབྱུང་བ་དང་། བྱིས་པ་ཐ་མལ་པའི་སྤྱོད་པ་ལས་ལོག་སྟེ་སྐྱིལ་ཀྲུང་བཅས་ནས་ཆོས་དང་མཐུན་པའི་གསུང་ཡང་ཡང་གནང་བ་དང་། ཆོས་སྟོན་པའི་ཕྱག་རྒྱ་མཛད་པ་སོགས་སྐུའི་རྣམ་འགྱུར་གྱིས་ཕྱོགས་དེའི་སྐྱེ་བོ་ཐམས་ཅད་རང་དབང་མེད་པར་དད་པར་གྱུར་པ་དང་། རྗེ་བློ་བཟང་ཆོས་ཀྱི་རྒྱལ་མཚན་གྱིས་ཞིང་གཤེགས་ཁར་གསོལ་དཔོན་བློ་བཟང་བསྟན་འཛིན་ལ་བྲུལ་ཚང་དུ་ཕེབས་པའི་བརྡ་སྟོན་པར་མཛད་པ་དང་སྤྲུལ་པའི་སྐུ་ལ་བཙང་རྒྱུའི་སྲུང་མདུད་འདི་བཞིན་ཕུལ་ཅིག་པའི་བརྡ་མཛད་དེ་སྲུང་མདུད་གསུམ་བཞུགས་གདན་གྱི་འོག་ཏུ་འཇོག་པར་མཛད་པ་སོགས་ཀྱི་ཞབས་འབྲིང་པ་རྣམས་བྲུལ་ཚང་གི་སྲས་དེ་མཆོག་གི་སྤྲུལ་སྐུ་ཡིན་པར་ཡིད་ཆེས་སྙིང་ཀྱང་ཕྱི་ཆར་དུ་

གསུངས་ཤིང་། སྔ་ཚོགས་དབྱིག་ཅེས་པ་ཤིང་མོ་སྦྲུལ་གྱི་ལོ་དགུང་ལོ་གསུམ་གྱི་ཐོག་གསང་སྔགས་ཀྱིས་བཀྲ་ཤིས་ལྷུན་པོར་གདན་དྲངས། རྒྱལ་མཚན་མཐོན་པོའི་གཟིམ་ཁང་དུ་ཕེབས་པའི་ཉིན་ཞབས་ཕྱི་ནང་འཁོར་མ་གཏོགས་གཞན་གྱིས་མ་ཚོར་ཡང་ཕྱི་ནང་གི་རྟགས་རྟེན་འབྲེལ་ཁྱད་པར་ཅན་མང་དུ་བྱུང་ཞིང་། ཁྱད་པར་རྟ་དཀར་པོ་དྲུང་གི་མདོག་ཅན་ཁྱད་པར་དུ་འཕགས་པ་ཞིག་འཁྲིད་ནས་འདི་འབུལ་རྒྱུ་ཡིན་ཟེར་རྟ་དེ་བདེ་ཡངས་སུ་བཏགས་ཏེ་འབུལ་མི་དེ་གར་སོང་ཆ་མེད་པ་ཞིག་བྱུང་བས་དཀར་ཕྱོགས་སྐྱོང་བའི་སྲུང་མ་ཞིག་གིས་ཕུལ་བར་ངེས་པ་སོགས་ངོ་མཚར་ཡ་མཚན་ཆེ་བ་དཔག་ཏུ་མེད་པ་བྱུང་ཞིང་གཟིམ་ཚུང་མདོ་སྔགས་(༡༢༩བ)རྣམས་སུ་ཕེབས་ལུགས་དང་བཞུགས་ལུགས། ཐུགས་དམ་རྟེན་རྣམས་ལ་ངོས་འཛིན་རྗེ་བློ་བཟང་ཆོས་ཀྱི་རྒྱལ་མཚན་རང་ཉིད་ཀྱིས་ཇི་ལྟར་མཛད་པ་ལྟར་མཛད་པས་ཀུན་ཡིད་ཆེས་བླ་ན་མེད་པ་ཐོབ། མི་རིང་བར་གསང་སྔགས་ཀྱིས་བྲུལ་ཚང་ཉིད་དུ་ཕེབས། དེ་ནས་རྒྱལ་བ་ཐམས་ཅད་མཁྱེན་པ་ངག་དབང་བློ་བཟང་རྒྱ་མཚོར་རྒྱུ་མཚན་སྙན་ཞུ་ཕུལ་བར། སྔགས་པ་བླ་མ་དཀོན་མཆོག་རྒྱལ་མཚན་པ་རྗེ་དེ་ཉིད་ཀྱི་ཐུགས་སྲས་ཐུ་བོ་ཡིན་པ་དང་། ལུང་རྟོགས་ཀྱི་ཡོན་ཏན་གང་ས་ནས་བཟང་བ་བཅས་ཁོང་པ་ཕེབས་ནས་བརྟག་དཔྱད་བྱས་ན་ལེགས་ཞེས་ཕེབས་པར། རྡོ་རྗེ་འཛིན་པ་དཀོན་མཆོག་རྒྱལ་མཚན་ཕེབས་ཏེ་བརྟག་དཔྱད་མཛད་པས་མཆོག་སྤྲུལ་དུ་འཁྲུལ་མེད་ཀྱི་ངེས་པ་བརྟན་པོ་རྙེད་ནས་སྐུ་ཁྲུས་གསོལ་ཞིང་སྐུ་ཚེ་རིང་དུ་གནས་པའི་རྟེན་འབྲེལ་བསྒྲིགས། དེ་ནས་རྒྱལ་བ་ཐམས་ཅད་མཁྱེན་པར་ཚུལ་འདི་ལྟར་སྙན་ཞེས་ཞུས་པར་དགྱེས་པ་ཆེན་པོས་འཕྲལ་དུ་གདན་སར་གདན་འདྲེན་ཞུ་དགོས་ཚུལ་ཕེབས་པར་སྤྲེའུ་ཞེས་པ་མེ་མོ་ལུག་གི་ལོ་ཟླ་བ་བཅུ་པའི་ཚེས་བཅུ་གསུམ་གྱི་ཉིན་ཁྱིམ་པའི་རྟགས་རྣམས་དོར་ན་བཟའ་དུར་སྨིག་དང་པཎ་ཞྭ་གསོལ་ཏེ་སྔར་སྤྲུལ་པའི་ཆོས་སྐྱོང་གིས་ཕུལ་བའི་ཆིབས་

དུང་གི་མདོག་ཅན་དེ་ལ་ཆིབས་ནས་བྲུལ་ཚང་ནས་ཆིབས་བསྐྱོད་དེ་ལམ་བར་གྱི་སེར་སྐྱ་བགྲང་བ་ལས་འདས་པ་ལ་མཐོ་རིས་དང་ཐར་པའི་ས་བོན་ཐེབས་པར་མཛད་ཅིང་རིམ་གྱིས་ཆིབས་བསྐྱོད་དེ་བཀྲ་ཤིས་ལྷུན་པོར་སྟག་མར་གནས་པ་དང་ཕྱོགས་འདུས་ཀྱི་དགེ་འདུན་ཁྲི་ཁྲག་བརྒྱལ་བས་མཆོད་པའི་བྱེ་བྲག་སྣ་ཚོགས་ཐོགས་(༡ ༣༠ན)པས་བསུས་ཏེ་ཟླ་བ་བཅུ་པའི་ཚེས་བཅུ་བདུན་གྱི་ཉིན་གཟིམ་ཁང་རྒྱལ་མཚན་མཐོན་པོར་ཕེབས། དེའི་སང་ཉིན་ཚེས་བཅོ་བརྒྱད་ཀྱི་ཉིན་གཟིམ་ཆུང་ཡིད་དགའ་ཆོས་འཛིན་དུ་རྗེ་བློ་བཟང་ཆོས་ཀྱི་རྒྱལ་མཚན་གྱི་བཞུགས་ཁྲི་ལ་བཞུགས་སུ་གསོལ་ཏེ་དབང་བསྐུར། རྒྱལ་བ་ཐམས་ཅད་མཁྱེན་པའི་སྐུ་ཚབ་སོགས་འཛིན་མའི་ཁྲོན་ལ་གནས་པའི་ཆེ་དགུ་ཀུན་གྱིས་མཆོད་ནས་བཀྲ་ཤིས་ཀྱི་ཚོགས་བཅད་བརྗོད་ཅིང་མེ་ཏོག་གཏོར་ཏེ་རྒྱལ་བ་ཐམས་ཅད་མཁྱེན་པའི་བཀས་རྗེ་བཙུན་ཐམས་ཅད་མཁྱེན་པ་བློ་བཟང་ཡེ་ཤེས་དཔལ་བཟང་པོ་ཞེས་མཚན་གསོལ་ཏོ། །

ཚུལ་འདི་ལ་རྗེ་རང་ཉིད་ཀྱི་ཞལ་ནས། །རྒྱལ་བས་མདོ་རྒྱུད་དུ་མར་བཟང་ངན་གྱི། །ལས་སྤྱོད་འབྲས་བུ་ཇི་བཞིན་སྨིན་གསུངས་བཞིན། །སྔོན་ནས་རྣམ་དཀར་ས་བོན་ལེགས་བཏབ་མཐུ། །ཉེར་བརྟས་ཚངས་སྤྱོད་རྟེན་རུང་མི་ལུས་ལྟོན། །ཕྱུག་ན་བརྡ་བློ་བཟང་རྒྱ་མཚོའི་སྡེའི། །ཐུགས་རྗེའི་མཁའ་ལ་བྱིན་རླབས་གྲུ་ཆར་རྒྱུན། །ཉེར་འཁྲིགས་བློ་བཟང་ཆོས་རྒྱན་མཚན་བྱིན་དང་། །ལྷན་ཅིག་ལེགས་ཕབ་རིས་མེད་འགྲོ་ཚོགས་ལ། །འདི་ཕྱི་གཏན་དུ་ཕན་བདེའི་མཆོག་སྩོལ་མཁན། །བློ་བཟང་ཆོས་ཀྱི་རྒྱལ་མཚན་ཡོངས་འདུ་ཆེ། །གཉིས་པར་གྱུར་ཅིག་དགོངས་པའི་ཐུགས་བསྐྱེར་བཅས། །ཐུབ་བསྟན་ལྷ་ཡི་དགའ་ཚལ་མཛེས་རྒྱན་བསྐྲུན། །ཞེས་གསུངས་སོ། །

དེ་ནས་མི་རིང་བར་ཐོབ་རྒྱལ་དགའ་ལྡན་རབ་རྒྱས་ནས་རྗེ་ཞལ་སྔ་ནས་བློ་བཟང་བསྟན་འཛིན་ཡོངས་འཛིན་དུ་སྤྱན་དྲངས་ཏེ། ཐོག་མར་ཡི་གེ་འདྲི་(༡ ༣༠བ)ཀློག་དང་

ཆོས་སྤྱོད་རྣམས་ཀྱི་སྐན་བསྐུལ་ཞུས་པ་ན་ཐོགས་པ་མེད་པར་མཁྱེན། དེ་ནས་སྐུ་ཚེ་འདིར་ཆོས་གསན་པའི་ཐོག་མར་བྱང་ཆུབ་ལམ་གྱི་རིམ་པའི་བླ་མ་བརྒྱུད་པའི་གསོལ་འདེབས་ལམ་མཆོག་སྒོ་འབྱེད་གསན་ཏེ། དེ་ནི་སྐུ་ཚེ་འདིར་རྗེ་གོང་མའི་རྣམ་ཐར་ལྟར་འཇམ་མགོན་བླ་མའི་བསྟན་པ་བསྲེ་བསླད་མེད་པར་སྐྱོང་བའི་རྟེན་འབྲེལ་དུ་ངེས་སོ། ། དེ་ནས་རིམ་བཞིན་རྗེ་བཙུན་བློ་བཟང་ཆོས་ཀྱི་རྒྱལ་མཚན་གྱི་གསུང་འབུམ་ཡོངས་རྫོགས་ཀྱི་ལྟགས་ལུང་གསན། དེ་ནས་རྗེ་རིན་པོ་ཆེའི་རྣམ་ཐར་ལྟར་ཐོག་མར་ཤིང་རྟ་ཆེན་པོའི་གཞུང་རྣམས་ལ་སྦྱོང་བར་བཞེད་ནས་མཚན་མཚོན་གྱི་རྣམ་གཞག །རྒྱུ་འབྲས་ཀྱི་རྣམ་གཞག །ཐལ་འགྱུར་གྱི་རྣམ་གཞག་སོགས་ལ་སྦྱོང་བའི་ཚུལ་མཛད་པ་ན་ཐོགས་པ་མེད་པར་མཁྱེན་ཅིང་། སུམ་རྟ་པ་དང་རྟགས་འཇུག་སོགས་རིག་གནས་རྣམས་ཀྱང་བརྡ་ཕྲུལ་བ་ཙམ་གྱིས་ཐོགས་མེད་དུ་མཁྱེན་ཏོ། །

དེ་ནས་སྐྱེས་རབས་ཐམས་ཅད་དུ་རབ་ཏུ་བྱུང་བའི་ཚུལ་ཁྲིམས་རྣམ་པར་དག་པ་ལ་གནས་པའི་བག་ཆགས་ཀྱི་མཐུ་བརྟས་ཏེ། རྒྱལ་བའི་བསྟན་པ་ལ་རབ་ཏུ་འབྱུང་བར་འདོད་པའི་ཐུགས་འདུན་ཤུགས་དྲག་པོ་འབྱུངས་ཤིང་། དེ་ཡང་སྔོན་ཐུགས་བསྐྱེད་པ་ནས་བཟུང་ཡབ་སྲས་དམ་ཚིག་རྡོ་རྗེའི་ལུ་གུ་རྒྱུད་དུ་འབྲེལ་བས་རྒྱལ་བ་ཐམས་ཅད་མཁྱེན་པ་ཆེན་པོ་ཞལ་མཇལ་བར་ཤིན་ཏུ་རིགས་པར་གྱུར་ཏེ། དེ་ནས་དགུང་ལོ་བརྒྱད་པ་ཐུན་མོང་ཞེས་པ་ལྕགས་ཕོ་ཁྱིའི་ལོ་དབུས་ཕྱོགས་སུ་ཆིབས་བསྒྱུར་དེ་ཕོ་བྲང་ཆེན་པོ་ཏ་ལར་ཟླ་བ་དྲུག་པའི་ཚེས་བཅོ་ལྔའི་ཉིན་ཐོག་མར(༡༣༡ན)ཚོམས་ཆེན་དུ་རྒྱལ་བ་མཆོག་གི་ཞལ་མཇལ་ཡབ་སྲས་ཐུགས་ཤིན་ཏུ་མཉེས་པའི་གསུང་གླེང་མཛད། ཟླ་བ་དེའི་ཚེས་ཉེར་གཅིག་གི་ཉིན་གཟིམ་ཆུང་བདེ་བ་ཅན་དུ་རྒྱལ་བ་མཆོག་ལ་ཆོས་ཞུ་བའི་དབུ་བཙུགས་ཏེ། ཐོག་མར་འཇམ་དཔལ་མཚན་བརྗོད་ཕན་ཡོན་དང་བཅས་པ། གདུགས་དཀར། རྒྱལ་བ་ཚེ་དཔག་མེད་ཀྱི་མཚན་བརྒྱ་རྩ་བརྒྱད་པ་ཚེ་མདོ་དང་། ཤེར་

སྙིང་། སྒྲོལ་མ་ཕྱག་འཚལ་ཉེར་གཅིག་གི་བསྟོད་པ་སྒྲོལ་གསོལ་དང་བཅས་པ། ཕུང་པོ་གསུམ་པའི་མདོ། བཟང་སྤྱོད། བྱམས་སྨོན། སྤྱོད་འཇུག་སྨོན་ལམ། ཁམས་གསུམ་འགྲོ་བའི་བླ་མ་ཙོང་ཁ་པ་ཆེན་པོའི་གསུང་ཐོར་བུ་རྣམས་ཀྱི་ལུང་གསན། ན་བ་བདུན་པའི་ཆོས་གཉིས་ཀྱི་ཉིན་རྗེ་ཐམས་ཅད་མཁྱེན་པ་དགེ་འདུན་རྒྱ་མཚོའི་གསུང་འབུམ་ལས་གནས་བརྟན་ཕྱག་མཆོད་ཀྱི་ཆོ་གའི་ལུང་གསན། དེ་ནས་ཟླ་བ་བདུན་པའི་ཆོས་བཅོ་ལྔའི་ཉིན་གཟིམ་ཆུང་ཁམས་གསུམ་རྣམ་རྒྱལ་དུ་རྒྱལ་བ་ཐམས་ཅད་མཁྱེན་པ་ངག་དབང་བློ་བཟང་རྒྱ་མཚོ་དཔལ་བཟང་པོས་མཁན་སློབ་ཟུར་འཕྲིན་མཛད་དེ་དགེ་བསྙེན་རབ་བྱུང་ཚོགས་སྔ་མ་དགེ་ཚུལ་གྱི་སྡོམ་པ་རྣམས་ལེགས་པར་བཞེས།

ཟླ་བ་བདུན་པའི་ཆོས་ཉེར་བཞིའི་ཉིན་དཔལ་རྡོ་རྗེ་འཇིགས་བྱེད་ལྷ་བཅུ་གསུམ་མའི་དབང་གི་སྔོན་འགྲོ་སྟ་གོན་དང་། ཉེར་ལྔ་ལ་དབང་བཞི་རྫོགས་པར་གསན། ཟླ་བ་བརྒྱད་པའི་ཆོས་གཉིས་ནས་ཐམས་ཅད་མཁྱེན་པ་དགེ་འདུན་རྒྱ་མཚོའི་གསུང་འབུམ་གྱི་ལུང་གསན་འཕྲོ་ཡི་དམ་སྒྲུབ་སྐོར་(༡༣༡བ)ཡོངས་རྫོགས་དང་། རྒྱ་དབོན་པོ་ལ་གནང་བའི་བླ་མའི་རྣལ་འབྱོར། བླ་མའི་རྣལ་འབྱོར་གྱི་སླར་བཀོད་པ། ནེ་གུ་ཆོས་དྲུག་གི་ཁྲིད་ཡེ་ཤེས་མཁའ་འགྲོའི་ཞལ་ལུང་། དེའི་ཁྲིད་མདོར་བསྡུས་གནད་དོན་གསལ་བའི་མེ་ལོང་། སྙིང་པོ་དོན་གསུམ་གྱི་ཁྲིད། མཁའ་སྤྱོད་མ་དཀར་མོའི་འཕོ་བ། མགོན་པོ་སྙིང་ཞུགས་ཀྱི་འཕོ་བ། ལྷ་ཁྲིད་ཐར་འདོད་འཇུག་ངོགས། ལྷ་ཁྲིད་སྙིང་གི་མུན་སེལ། བསམ་འགྲུབ་དཔལ་བཟང་ལ་གནང་བའི་ལྷ་ཁྲིད། རི་ཁྲོད་པ་བསམ་གཏན་ལ་གནང་བའི་ལྷ་ཁྲིད་ཚོགས་བཅད་མ། བྱང་སེམས་ཆེན་མོ་དཔལ་ལྡན་ནོར་འཛིན་སྒྲོལ་མ་ལ་གནང་བའི་ལྷ་ཁྲིད། རྡོ་རྗེ་རྒྱལ་མཚན་ལ་གནང་བའི་གསང་བ་འདུས་པའི་དཀའ་གནད། ཀུན་དགའ་དཔལ་མོ་ལ་གནང་བའི་བྱང་ཆུབ་སེམས་ཀྱི་བསྒོམ་ཚུལ། རྒྱལ་མཚན་དཔལ་གྱི་ངོར་གནང་བའི་ཆེམ་བུ་ལུགས་ཀྱི་དམར་ཁྲིད་ཚོགས་བཅད་མ།

གཙོད་ཀྱི་རྩ་ཚིག་མདོར་བསྡུས་རྣམས་ཀྱི་ལུང་གསན།

ཆོས་བཞི་ནས་ཚེ་དཔག་མེད་དཀར་པོ། སེང་ལྡེང་ནགས་ཀྱི་སྒྲོལ་མ། འཇམ་དཔལ་ཨ་ར་པ་ཙ་ན། ཐུགས་རྗེ་ཆེན་པོ་ཁ་སརྦ་ཎི། ཕྱག་རྡོར་འབྱུང་འདུལ། ཡེ་ཤེས་ཁྱུང་ཁྲ། རྟ་མགྲིན་ཡང་གསང་། ཡེ་ཤེས་མགོན་པོ་ཕྱག་དྲུག་པ། གྲུབ་རྒྱལ་ལུགས་ཀྱི་ཚེ་དཔག་མེད། ལས་གཤིན། སྒྲོལ་དཀར་རྣམས་ཀྱི་རྗེས་གནང་དང་། རྒྱལ་བ་ཐམས་ཅད་མཁྱེན་པ་དགེ་དབང་བློ་བཟང་རྒྱ་མཚོ་དཔལ་བཟང་པོ་ཉིད་ཀྱི་གསུང་འབུམ་ཐོར་བུ་པའི་གྲས་དུ་མའི་ལུང་གསན། གཞན་ཡང་མདོ་མངས་ཀྱི་ནང་ཚན། དཔང་སྐོང་ཕྱག་རྒྱ་པ། འཆི་མེད་རྔ་སྒྲའི་གཟུངས། རྒྱལ་མཚན་རྩེ་མོའི་དཔུང་(༡༣༢༨)རྒྱན། འདའ་ཁ་ཡེ་ཤེས། སྟོབས་པོ་ཆེ། གཙུག་ཏོར་འབར་བ། གཙུག་ཏོར་རྣམ་རྒྱལ། འོད་ཟེར་ཅན། གཟའ་ཡུམ། ཕྱོགས་བཅུ་མུན་སེལ། བཀྲ་ཤིས་བརྩེགས་པ། ཚོང་དཔོན་ནོར་བཟང་པོ་གཉིས་ལ་གནང་བའི་ཤིས་བརྗོད། རྡོ་རྗེ་རྣམ་འཇོམས་ཀྱི་གཟུངས། མདོ་སྡུད་པ། བགྲེས་མོས་ཞུས་པ། ཁྱིའུ་རིན་ཆེན་ཟླ་བས་ཞུས་པ། མཆུ་སྡེ་ལྔ། ཡངས་པའི་གྲོང་ཁྱེར་དུ་འཇུག་པའི་མདོ་རྣམས་དང་། རྡོ་བསྟོད་སུམ་ཅུ་པ། དཔལ་ལྡན་ས་གསུམ་མ། རྣམ་དག་གངས་རི་མ། དཔལ་ལྡན་ཡོན་ཆོགས་མ་སོགས་ཀྱི་ལུང་རྣམས་གསན། དེ་ནས་རྣམ་ཐར་དད་པའི་འཇུག་ངོགས་ནས་དབུ་ཚུགས་ཙམ་ཞིག་མཛད། དེ་ནས་རྒྱལ་བ་ཐམས་ཅད་མཁྱེན་པ་ཆེན་པོས་རེ་ཤིག་གཞུང་ལུགས་རྣམས་ལ་སྦྱངས་པ་མཐར་ཕྱིན་པ་མཛད་དགོས་པ་སོགས་ཀྱི་ཞལ་ཏ་ལེགས་པར་གནང་། རྗེ་འདི་པས་ཀྱང་རྒྱལ་དབང་མཆོག་ལ་ཞབས་པད་བསྐལ་བརྒྱར་བརྟན་པ་དང་། མདོ་སྔགས་ཡོངས་རྫོགས་ཀྱི་ཆོས་ཀྱི་བདུད་རྩི་ཞུས་ཆོག་པ་དགོས་ཞེས་ཞུས་ཏེ་གཙང་ཕྱོགས་སུ་ཆིབས་ཁ་བསྒྱུར། དེ་ནས་བཀྲ་ཤིས་ལྷུན་པོར་ཕེབས་ནས་རེ་ཤིག་སྐུ་མཚམས་མཛད། ལོ་དེའི་ཟླ་བ་བཅུ་གཅིག་པའི་ཆོས་ལྔའི་ཉིན་འདུས་པ་རྒྱ་མཚོའི་ཚོགས་ཀྱིས་སྤྱན་དྲངས་ཏེ་

ཐམས་ཅད་མཁྱེན་པ་དགེ་འདུན་གྲུབ་ནས་བཟུང་རྗེ་བཙུན་བློ་བཟང་ཆོས་ཀྱི་རྒྱལ་མཚན་གྱི་བར་འཇམ་མགོན་བསྟན་པའི་སྲོག་ཤིང་འཛིན་པའི་དམ་པ་བར་མ་ཆད་པས་ཆོས་ཀྱི་འཁོར་ལོ་བསྐོར་བའི་ཁྲི་ལ་ཞབས་སེན་བཀོད་དེ་ལྷ་དང་བཅས་པའི་འགྲོ་བ(༡༣༢བ)མ་ལུས་དབུགས་ཕྱིན་པར་མཛད་དོ། །

ཚུལ་འདི་ལ་རྗེ་རང་ཉིད་ཀྱི་ཞལ་ནས། །གདོད་ནས་བསོད་ནམས་བརྒྱ་ཡིས་ཉེར་བསྒྲུབས་ཏེ་ན། །དལ་འབྱོར་ཡོངས་འདུ་གདན་བདེའི་མཆོག་སྟེར་བ། །ཚེ་འདིའི་ཕུན་ཚོགས་བསྒྲུབ་བློའི་བ་མོ་ཡིས། །མ་བཅོམ་ངེས་ལེགས་འབྲས་བུ་སྨིན་རེ་ནས། །མཆོག་གསུམ་ངོ་བོ་རྗེ་བཙུན་པད་དཀར་འཛིན། །ཐམས་ཅད་མཁྱེན་པ་བློ་བཟང་རྒྱ་མཚོའི་སྟེར། །གྲུས་པས་བཏུད་དེ་ཚངས་སྤྱོད་བརྟུལ་ཞུགས་བླངས། །མགོན་དེའི་སྤྱན་སྔར་ཐེ་ལྷར་ཁས་བླངས་པའི། །བསླབ་གཞི་ཕྲ་རགས་བཅས་པའི་མཚམས་ལའང་། །ཉེས་པའི་སྐྱོན་གྱིས་ནམ་ཡང་མ་གོས་པར། །བྱའོ་སྙམ་པའི་བློ་དཔྱང་ཡང་དག་བསྐྱེད། །མཆོག་གསུམ་ངོ་བོ་ཐམས་ཅད་མཁྱེན་པ་ཡི། །ཐུགས་རྗེའི་གཟི་དང་བཅོམ་ལྡན་སྟོང་མཐའི་མགོན། །བཤེས་གཉེན་ཚུལ་བཟུང་བློ་བཟང་ཆོས་རྒྱན་རྗེའི། །མཚན་གྱི་བྱིན་རླབས་བཟང་པོ་ཉེར་ཞུགས་མཐུས། །འདུས་ལྡན་རྒྱ་མཚོའི་ཚོགས་ཀྱི་དབུས་ཉིད་དུ། །སྤྱན་རས་གཟིགས་དབང་ཐམས་ཅད་མཁྱེན་པ་ཡི། །ཆོས་ཀྱི་ཁྲི་ལ་ཅི་དགར་སྤྱོད་ཅིག་ཅེས། །མང་པོས་བཀུར་བའི་མི་རྗེ་ཇི་བཞིན་དུ། །འདུས་ཚོགས་སྤྱིན་བདག་བཅས་པས་མངའ་གསོལ་མཛད། །ཅེས་གསུངས་སོ། །

དེ་སྐབས་ཆོས་གྲྭ་ཆེན་པོར་འབྲུམ་བུའི་ནད་བྱུང་བར་དབེན་གནས་བྱང་ཆུབ་ཆེན་པོའི་ཕོ་བྲང་དུ་འབྲུམ་ཡོལ་ལ་ཕེབས། བྱང་ཆེན་དུ་བཞུགས་རིང་མདོ་སྔགས་པ། འཇམ་དཔལ་མཚན་བརྗོད། བྱང་ཆུབ་ལམ་གྱི་སྒྲོན་མ། རྗེ་བཙུན་ཆོས་ཀྱི་རྒྱལ་པོ་ཙོང་ཁ་པ་ཆེན་པོའི་གསུང་མདུན་ལེགས་མ། བླ་མ་ལྔ་བཅུ་པ། བློ་སྦྱོང་(༡༣༣ན)མཆོན་ཆ་འཁོར་

ལོ། ཛ་བྲ་དྲུག་འཛོམས། རྗེ་བཙུན་བྱམས་པའི་བསྟོད་པ་ཚངས་ཅོད་མ། རྗེ་བཙུན་འཇམ་དབྱངས་ཀྱི་བསྟོད་པ་བསྟོད་སྤྲིན་རྒྱ་མཚོ་སོགས་བསྟོད་ཆེན་བཞི། གཞན་ཡང་ཆོས་གྲྭ་ཆེན་པོར་འདོན་སྲོལ་ཡོད་པའི་ཆོས་སྤྱོད་ཀྱི་སྐོར་སོགས་ལྷུགས་འཛིན་མཛད་དེ་རྒྱུན་དུ་ཞལ་འདོན་དུ་མཛད། བྱང་ཆེན་དུ་བཞུགས་རིང་ཐུགས་དམ་ཤིན་ཏུ་འཕེལ་བས་ནུབ་གཅིག་མནལ་ལམ་དུ་དཔལ་རྡོ་རྗེ་འཇིགས་བྱེད་ཞལ་ཕྱག་ཡོངས་སུ་རྫོགས་པ་ཞབས་འོག་ན་སྲོག་ཆགས་མེད་པ་ཞིག་དང་། ཆོས་རྒྱལ་ལ་མ་ཧེ་མེད་པ་ཞིག་དང་། དཔལ་ལྡན་ལྷ་མོ་དྲེའུ་མེད་པ་སོགས་ཆོས་སྐྱོང་བའི་སྲུང་མ་དུ་མ་མངོན་སུམ་དུ་གཟིགས་པ་ལྷ་བུའི་སྣང་བ་དང་། ཁྱད་པར་རྡོ་རྗེ་འཇིགས་བྱེད་ལ་ཕར་བཀའ་བསྒོ་བྱེད་པ་ཞིག་མཛིས་གསུངས་ཏེ། དོན་དུ་དེ་སྐབས་ལྷག་པའི་ལྷ་དང་སྲུང་མ་མང་པོའི་ཞལ་གཟིགས་པ་ཡིན་ཞེས་པཎ་ཆེན་ཐམས་ཅད་མཁྱེན་པ་ཆེན་པོ་བློ་བཟང་དཔལ་ལྡན་ཡེ་ཤེས་དེ་ཉིད་གསུང་ངོ་། །དེའི་ཚེ་རི་ཁྲོད་པ་རྣམས་ལ་ཆོས་ཀྱི་བདུད་རྩི་འང་ཁ་ཡར་སྤེལ་ཞིང་། འབྲུམ་ཐག་ཆོད་ནས་བཀྲ་ཤིས་ལྷུན་པོར་ཆིབས་ཁ་བསྒྱུར་ཐུགས་ཁང་དུ་གདན་དྲངས་ཏེ་རྒྱུད་གྲྭར་བཞུགས་པའི་དགེ་བའི་བཤེས་གཉེན་རྣམས་ལ་ཆོས་ཀྱི་བདུད་རྩི་སྤེལ།

དེ་ནས་དགུང་ལོ་བཅུར་ཕེབས་པ་ཆུ་ཕྱི་ཟླ་བ་ལྔ་པའི་ཚེས་ལྔའི་ནུབ་མནལ་ལམ་དུ་ཐེག་པ་ཆེན་པོའི་དམ་པའི་ཆོས་དཀོན་མཆོག་བརྩེགས་པ་ཡོངས་སུ་རྫོགས་པ་ཐུགས་ལ་བཟུང་ནས་སྐྱུར་བས། སློབ་དཔོན་རིན་པོ་ཆེ་བློ་བཟང་བསྟན་འཛིན་(༡༣༣བ)ཤིན་ཏུ་དགྱེས་ནས་རྗེ་རང་ཉིད་ལ་ཕྱག་མཛད་པའི་སྣང་བ་བྱུང་ཞིང་། ཆོས་བརྒྱད་ཀྱི་ཉིན་རྩོམ་པའི་ཚིག་དོན་འགའ་ཡར་ཐུགས་ཡུལ་དུ་འཆར་བའང་བྱུང་བར།

ཨོཾ་སྭསྟི། དུས་གསུམ་རྒྱལ་བ་ཀུན་གྱི་མཆོག །ཐམས་ཅད་མཁྱེན་པས་རྗེས་སུ་བཟུང་། །གུས་པ་ཆེན་པོས་སྙིང་ནས་བཏུད། །ཅེས་པ་དང་། སླར་ཡང་། འདོད་

།ཁམས་དབང་ཕྱུག་རེ་མ་ཏི་སོགས་ཀྱིས། །དངོས་བཤམས་ཡིད་ཀྱིས་སྤྲུལ་པའི་མཆོག་སྤྲིན་འདི། །སྨྱུར་དུ་བཞེས་ལ་རྣལ་འབྱོར་འཁོར་བཅས་ཀྱི། །འགལ་རྐྱེན་ཀུན་སོལ་མཐུན་རྐྱེན་མ་ལུས་སྒྲུབས། །དེང་འདིར་ཡིད་ལ་བསམས་པར་གྱུར་པ་རྣམས། །གེགས་མེད་ཡིད་བཞིན་འགྲུབ་པར་མཛད་དུ་གསོལ། །ཞེས་པ་དང་། ཡང་ཆོས་དྲུག་གི་ནུབ་མོ་མནལ་ལམ་དུ། །ནམ་མཁའ་ལ་འཇའ་གུག་སྐྱེ་ཤར་བ། དེ་སྣོར་མོར་སོང་བའི་དཀྱིལ་ན་རྗེ་བཙུན་འཇམ་པའི་དབྱངས་དམར་སེར་བཞུགས་པའི་ཐུགས་ཀ་ནས་འོད་ཟེར་འཕྲོས་པ་རྗེ་བླ་མ་རང་ཉིད་ཀྱི་ཐུགས་ཀར་ཐིམ་པ་དང་། ཐོ་རངས་པཎ་ཆེན་ཐམས་ཅད་མཁྱེན་པ་རྗེ་བཙུན་བློ་བཟང་ཆོས་ཀྱི་རྒྱལ་མཚན་གྱི་སྐུ་གདུང་ལ་འཕན་ཕྱེ་ཕྱུར་སོགས་ཕུལ་ཏེ་མཆོད་པ་མཛད་པའི་སྣང་བའང་བྱུང་། སངས་རྒྱས་ཆོས་ཀྱི་འཁོར་ལོ་བསྐོར། །སེམས་ཅན་ཐམས་ཅད་རྟག་ཏུ་བདེ། །དགོས་འདོད་ཐམས་ཅད་ཆར་དུ་ཕབ། །མཐར་ཐུག་སངས་རྒྱས་འགྲུབ་པར་ཤོག །ཅེས་དང་། རྗེ་བཙུན་ཆོས་ཀྱི་རྒྱལ་པོ་དཔལ་བཟང་པོའི། །བཤད་སྒྲུབ་བསྟན་པའི་བྱ་བ་ལེགས་ཚོགས་རྣམས། །ཡར་ངོའི་ཟླ་ལྟར་འཕེལ་ཞིང་རྒྱས་པ་དང་། །མཆོག་དང་ཐུན་མོང་དངོས་གྲུབ་སྩོལ་དུ་གསོལ། །(༡༣༨ན)ཞེས་པ་རྣམས་ཐོགས་མེད་དུ་གསུངས། དེ་ནས་ས་ཆེན་པོའི་ཁྱོན་མཐའ་དག་ནས་འདུས་པའི་དད་ལྡན་སེར་སྐྱ་བགྲང་བ་ལས་འདས་པ་དག་ལ་ཞལ་གྱི་དཀྱིལ་འཁོར་སྟོན་པ་དང་། གསུང་གི་བདུད་རྩི་སྩོལ་བ་དང་། དད་པས་ཕུལ་བའི་དངོས་པོ་རྣམས་བཞེས་ཏེ་ཉིན་རེ་བཞིན་འགྲོ་བ་བགྲང་བ་ལས་འདས་པར་མཐོ་རིས་དང་ཐར་པའི་ས་བོན་འདེབས་པར་མཛད་དོ། །

དེ་ནས་ཚད་མ་རྣམ་འགྲེལ་ལ་སྦྱོང་བར་བཞེད་དེ་འཇམ་དབྱངས་དགེ་འདུན་བློ་བཟང་གིས་མཛད་པའི་རྣམ་འགྲེལ་གྱི་ཡིག་ཆ་ཡོངས་རྫོགས་ཐུགས་ལ་བཟུང་སྟེ་བསྐལ་བཟང་ཁྲིམས་ར་ཆེན་མོར་འདུས་པ་རྒྱ་མཚོ་དང་ལྡན་ཅིག་རིགས་ལུང་ལ་རྟག་

པར་ཕེབས་ཏེ་འཇམ་མགོན་བླ་མའི་རྣམ་ཐར་སྙིང་བར་མཛད་དོ། །བར་སྐབས་སུ་བྱུང་རྒྱུད་རྒྱལ་པོ་འཁོར་བཅས་དད་པ་ཆེན་པོས་འདུས་པར་སོ་སོའི་བསྙེན་བཀུར་རྣམས་བཞེས་ཤིང་། རྒྱལ་པོ་འཁོར་བཅས་ལ་ལམ་རིམ་ཚིགས་བཅད་མ། ལམ་རིམ་དམར་ཁྲིད། སྨན་བླའི་མདོ་ཆོག །ལམ་རིམ་ཆུང་བ་སོགས་དང་། སྲས་བགྲེས་པར་ཐུབ་དབང་ཞལ་པད་མ་སོགས་རང་རང་གི་འདོད་པ་དང་བསྟུན་པའི་ཆོས་ཀྱི་བདུད་རྩི་སྩལ། དེའི་ཚེ་འདུས་པ་རྒྱ་མཚོའི་ཚོགས་ལའང་ཚད་མ་རྣམ་འགྲེལ་གྱི་དབུ་ནས་རིམ་གྱིས་གནང་བའི་འགོ་ཚུགས། ཚད་མ་རྣམ་འགྲེལ་ལ་ཐུགས་རབ་ཐོགས་པ་མེད་པར་རྒྱས་པའི་ཚུལ་བཞེས་ཏེ་ཐམས་ཅད་མཁྱེན་པ་དགེ་འདུན་གྲུབ་ཀྱིས་མཛད་པའི་སྤྱི་དོན་རིགས་རྒྱན་ཡོངས་རྫོགས་ཐུགས་ལ་བཟུང་། གཞན་ཡང་ཚད་མ་རྣམ་འགྲེལ་གྱི་ཊཱིཀྐ་འཇམ་དབྱངས་སློན་(༡༣༨བ)ལམ་དཔལ་བ་ལེགས་པའི་བློ་གྲོས་ཀྱིས་མཛད་པའི་སློན་ཊཱིཀྐ་ཏུ་གྲགས་པ་དང་། ཐམས་ཅད་མཁྱེན་པ་དགེ་འདུན་གྲུབ་ཀྱིས་མཛད་པའི་རྣམ་འགྲེལ་གྱི་ཊཱིཀྐ་ནས་ཐོགས་ཤས་ཐུགས་ལ་བཟུང་སྟེ་ཞག་འགའ་རིགས་ལུང་ཆོས་སྤྱོད་ལ་ཕེབས་ནས་བགྲོ་གླེང་བརྩོན་པར་མཛད། དེ་ཡང་སྤྱི་དོན་རིགས་རྒྱན་འདི་ཐམས་ཅད་མཁྱེན་པ་དགེ་འདུན་གྲུབ་ཀྱིས་རྗེ་བཙུན་བླ་མ་ཙོང་ཁ་པ་ཆེན་པོ་བཀྲ་ཤིས་རྡོ་ཁར་ཕེབས་པའི་ཚེ་ཚད་མ་རྣམ་ངེས་ཀྱི་སྐོར་ལ་དོགས་གཅོད་ཞུས་པའི་ཟིན་བྲིས་དང་། རི་བོ་དགེ་ལྡན་དུ་རྒྱལ་ཚབ་ཐམས་ཅད་མཁྱེན་པ་ལ་ཚད་མའི་སྐོར་ལ་ཞིབ་བཤད་ཞུས་པ་རྣམས་ལ་གཞི་མཛད་ནས་གཞུང་གསར་རྩོམ་གནང་བ་ཡིན་འདུག་པ་དང་། ཐམས་ཅད་མཁྱེན་པ་དགེ་འདུན་རྒྱ་མཚོས་ཀྱང་ཆོས་གྲྭ་ཆེན་པོ་འདིར་ཚད་མ་རྣམ་འགྲེལ་གྱི་གཞུང་ལ་གསར་སྒྲོང་གནང་བའི་སྐབས་སྤྱི་དོན་རིགས་རྒྱན་དང་། སློན་ཊཱིཀྐ་གཉིས་ལ་ཞིབ་ཏུ་གཟིགས་ཤིང་། ཁྱད་པར་སློན་ཊཱིཀྐ་ལ་ཐུགས་ཡིད་འཕྲོག་པར་གྱུར་ནས་ཕལ་ཆེར་ཐུགས་ལ་བཟུང་སྟེ་ངའི་ཚད་མའི་སློབ་དཔོན་འདི་ཡིན་གསུང་བའི་བསྔགས་

བརྗོད་ཀྱང་མཛད་པ་བྱུང་འདུག་ཅིང་། ཆོས་གྲྭ་ཆེན་པོ་འདིར་བསྟུས་ཚད་གཙོ་བོར་མཛད་པའི་རྒྱུ་མཚན་ཡང་། བཀའ་གདམས་གླེགས་བམ་ལས། རྒྱལ་མཚན་སྟོད་ལ་ཆོས་གྲྭ་འོང་། །ཆོས་རྒྱལ་ཧྲྀམྨ་ཀཱིརྟི་ཡི། །ཆོས་ཀྱི་རྒྱལ་མཚན་ལེགས་པར་འཛུགས། ། ཞེས་དང་། ཐམས་ཅད་མཁྱེན་པ་དགེ་འདུན་གྲུབ་དགེ་འཕེལ་དུ་བཞུགས་སྐབས་མནལ་ལམ་དུ། བགྲ་ཤིས་ལྷུན་པོའི་རྒྱབ་རིའི་རྩེའི་རྣམ་པ་ནས། རྗེ་བཙུན་ཙོང་ཁ་པ་ཆེན་པོས་དགེ་འདུན་གྲུབ་ཅེས་འབོད་(༡ ༣༥(ན)པར་མཛད་ནས། ས་ཕྱོགས་འདིར་ཚད་མ་རྣམ་འགྲེལ་གྱི་བསྟན་པ་རྒྱས་པར་འགྱུར་བ་ཡིན། ཞེས་ལུང་བསྟན་གསུངས་པ་བཞིན། ཐམས་ཅད་མཁྱེན་པ་དགེ་འདུན་གྲུབ་ཀྱིས་ཆོས་གྲྭ་འདིར་བར་སྐབས་ཤིག་ལྷ་ཤཱཀ་གི་འགྲེལ་པ་སོགས་རྒྱ་གཞུང་། ཊཱིཀ་ཆེན་རིགས་པའི་རྒྱ་མཚོ་སོགས་བོད་གཞུང་འགའ་ཞིག་ལ་གཞི་མཛད་ནས་སྦྱོར་བཤད་གནང་བས་ཐམས་ཅད་ཐུགས་ཕྲོགས་ཏེ་མཁས་པ་དྲི་མེད་བཤེས་གཉེན་སོགས་ཞལ་སློབ་ཆེ་བ་རྣམས་ཀྱིས་ཟིན་བྲིས་ཀྱང་མཛད་འདུག །

གཞན་ཡང་རྗེ་བདག་ཉིད་ཆེན་པོས། ལོག་སྨྲ་ཚར་གཅོད་ཕྱོགས་གླང་གྲགས་པ་ལས། །ལེགས་པར་འོངས་པའི་རིགས་ལམ་བདུད་རྩིའི་ཆུས། །བློ་མིག་དྲི་མ་ཡང་ཡང་མ་བཀྲུས་ན། །ཤིན་ཏུ་ཟབ་གནད་མཐོང་བ་སྨོས་ཅི་དགོས། །རིགས་པའི་ལུང་དོན་ལ་ཡང་དཔྱོད་པ་ན། །ཕལ་ཆེར་ལོག་པར་རྟོག་པ་འཕེལ་འགྱུར་ཞིང་། །གལ་ཏེ་ཡང་དག་དམ་བཅའ་ཙམ་ཞིག་གིས། །ངེས་པ་རྙེད་ཀྱང་སྐྱབ་དང་སུན་འབྱིན་གྱི། །ཚད་མའི་སྟོབས་ཀྱིས་ཐེ་ཚོམ་མ་ཆོད་ཕྱིར། །འདམ་ལ་བཏབ་པའི་ཕུར་པ་བཞིན་འགྱུར་བས། །ཡང་དག་བག་ཆགས་བརྟན་པོ་འཛོག་མི་ནུས། །ཞེས་གསུངས་པ་ལྟར། ལྟ་སྤྱོད་གང་ལ་ཡང་རིགས་ལམ་ནས་དྲངས་པའི་བསྒོམ་བྱའི་དོན་ལ་ངེས་པ་མ་རྙེད་ན་འཁྲུལ་མེད་ཀྱི་ལམ་ལ་འཇུག་དཀའ་བར་གཟིགས་ཤིང་། ཤེས་རབ་དང་དོན་གཉེར

ཅན་རྣམས་དཔེ་ཆ་འདི་པའི་དཀའ་ཚོགས་ལ་བལྟས་ན་ཕན་པ་ཆེན་པོ་ཡོང་བར་དགོངས་ཏེ་ཐོག་མར་སྤྱི་དོན་རིགས་རྒྱན་དང་། དེ་ནས་རིམ་བཞིན་འདུལ་བ་མདོ་རྩ་བ། མཛོད་རྩ། རྣམ་འགྲེལ་རྩ་བ། འགྲེལ་པ་དོན་གསལ། འཇུག་པ་རྣམས་པར་དུ་བཀོ་(༡༣༥བ)བ་མཛད། གཞན་ཡང་དོན་གཉེར་ཅན་མང་པོར་ལུང་དང་རྗེས་གནང་སོགས་མཐའ་ཡས་པ་རིམ་པར་གནང་ཞིང་། དད་རྫས་རྣམས་ཆུད་མི་ཟ་བའི་ཕྱིར་སྐུ་གསུང་ཐུགས་རྟེན་མཐའ་ཡས་པ་བཞེངས་ཤིང་། དེ་དག་གི་བཞུགས་གནས་ལྷ་ཁང་མང་པོའང་གསར་བསྐྲུན་མཛད་དེ་བསྟན་རྒྱུན་ལ་དགོངས་ནས་སྐུ་གསུང་ཐུགས་རྟེན་གསར་བཞེངས་རྣམས་ཆོས་སྲུང་ལ་གཉེར་གཏད་ཀྱི་འཕྲིན་འཅོལ་མཛད་པ་ནི།

ཨོཾ་ས་མ་ཡ་ཧེཛྲ། དུས་གསུམ་རྒྱལ་བའི་ཡབ་གཅིག་འཇམ་པའི་དབྱངས། །སྙིགས་དུས་གདུལ་དཀའ་མཐའ་དག་འདུལ་བའི་ཕྱིར། །གཏུམ་དྲག་ཧམས་པའི་སྐུར་བསྟན་ལྷག་པའི་ལྷར། །བཏད་ནས་གཉེར་དུ་གཏད་པའི་དམ་ཚིག་བརྗོད། །མཐུ་ལྡན་མྱུར་མཛད་མགོན་པོ་ཕྱག་དྲུག་པ། །ཡབ་ཡུམ་གནོད་སྦྱིན་བཀའ་ཉན་འཁོར་བཞི་དང་། །ལེགས་ཉེས་ཤན་འབྱེད་ཆོས་ཀྱི་རྒྱལ་པོ་དང་། །ཙཱ་མུཎྜི་དང་ཕོ་བརྒྱུད་མོ་བརྒྱུད་སོགས། །བསྟན་དགྲ་ཚར་གཅོད་དཔལ་ལྡན་རེ་མ་ཏི། །གུར་མགོན་མཧཱ་ཀཱ་ལ་ཕྱག་བཞི་པ། །གཏུམ་དྲག་རྡོ་རྗེ་ནག་པོ་ཡབ་ཡུམ་དང་། །སྲོལ་གྱིང་སྲོག་བདག་དམར་པོ་འཁོར་བཅས་ལ། །བཀྲ་ཤིས་ལྷུན་གྱིས་གྲུབ་པའི་ཆོས་གྲྭ་ཆེར། །ལྷག་བསམ་དག་པས་གསར་དུ་བསྐྲུན་པ་ཡི། །རྟེན་གསུམ་མཆོད་རྫས་རི་སྙེད་མཆིས་པ་རྣམས། །གཉེར་དུ་གཏད་དོ་གཡེལ་མེད་བྱ་ར་མཛོད། །གལ་ཏེ་འདི་དག་མཐུ་ཡིས་འཕྲོག་པའམ། །འཇབ་བུས་བརྐུ་སོགས་བསམ་སྦྱོར་ལོག་པ་ཡིས། །རྫུལ་ཕྲན་ཙམ་ཡང་གཞན་དུ་འབྱེར་བྱེད་ན། །སྐད་ཅིག་(༡༣༨ན)དེ་ལ་དྲག་པོས་ཚར་ཆོད་མཛོད། །གཞན་ཡང་ཕན་བདེའི་འབྱུང་གནས་ཆོས་གྲྭ་ཆེའི། །གཙུག་ལག་ཁང་དང་དགེ་འདུན་ཆོས་འབངས་ལ། །འཚོ

བའི་སྙིང་ཁྲག་ཞལ་དུ་རབ་དྲངས་ནས། །བདེ་ཆེན་གོ་འཕང་ཐོབ་པའི་འཕྲིན་ལས་མཛོད། །ཤུགས་དྲག་དད་པས་མཆོད་ཅིང་བསྟེན་བཀུར་བའི། །མཐའ་དག་སྐྱེ་དགུ་ཚེ་རིང་འགྱུར་ལྡན་ཞིང་། །མཐར་ཐུག་སྐུ་གསུམ་གོ་འཕང་མྱུར་ཐོབ་ནས། །ཕྱོགས་འདིར་བཤད་སྒྲུབ་མངའ་ཐང་འཕེལ་གྱུར་ཅིག །ཅེས་སོ། །

རྗེ་འདི་པ་ནི་སྔོན་བསྐལ་པ་བགྲང་བ་ལས་འདས་པ་ནས་ཐུགས་བསྐྱེད་དེ་ཞིང་འདིར་ཐུབ་པའི་བསྟན་པ་སྤེལ་བའི་སླད་དུ་བསམས་བཞིན་དུ་བྱོན་པ་ཡིན་པ་དང་། ཐ་མལ་པ་རྣམས་ཀྱི་སྣང་ངོར་ཡང་བྱང་ཆུབ་ཀྱི་སེམས་རིན་པོ་ཆེ་ཉིད་ཐུགས་དམ་གྱི་ཐིལ་དུ་མཛད་དེ་སྤྱིར་འགྲོ་བ་མཐའ་དག་དང་། ཁྱད་པར་བྱང་ཕྱོགས་གངས་རིའི་ཁྲོད་ཀྱི་འགྲོ་བ་རྣམས་ལ་ཡུལ་ཕྱོགས་དང་གྲུབ་མཐའི་ཕྱོགས་ལྷུང་གང་ཡང་མེད་པར་ཐམས་ཅད་བྱམས་བརྩེས་སྐྱོང་བར་མཛད་པས་མཆོག་དམན་བར་མ་ཐམས་ཅད་ཀྱིས་བསྟེན་བཀུར་བའི་ཞིང་མཆོག་ཏུ་བཟུང་སྟེ་རང་རང་གི་གཅེས་པའི་ནོར་རྣམས་རྗེ་འདིའི་ཕྱག་ཏུ་འབུལ་ཅི་ཐུབ་བྱེད་པས་ཟང་ཟིང་གི་ཡོ་བྱད་མཐའ་ཡས་པ་བྱུང་བ་དེ་དག་ཐམས་ཅད་སྐུ་གསུང་ཐུགས་རྟེན་གསར་བཞེང་དང་། རིས་སུ་མ་ཆད་པའི་དགེ་འདུན་གྱི་སྡེ་མཐའ་དག་ལ་བསྙེན་བཀུར་ནར་མར་མཛད་ཅིང་། དེ་ཐམས་ཅད་ཀྱང་བསྔོ་བས་རྒྱས་ཐེབས་པར་མཛད་དེ། དེའི་ཚེ་བསྔོ་བའི་ཚིགས་བཅད་ཀྱང་འདི་ལྟར།

ན་མོ་གུ་རུ་བཛྲ་པཱ་ཎི་ས་ཏྭ་ཡ། གསེར་(༡༣༨བ)སྦྱངས་བཅོ་མའི་ལྷུན་པོ་རྣམ་མང་ཕྲས། །བཏབ་པ་ཇི་བཞིན་མཚན་དཔེའི་དཔལ་འབར་བ། །ཤཱཀྱའི་ཏོག་སོགས་རྒྱལ་བ་སྲས་བཅས་ལ། །ཕྱག་འཚལ་ཡིད་སྨོན་འགྲུབ་པའི་གྲོགས་མཛོད་ཅིག །བདག་གིས་སྐུ་གསུང་ཐུགས་རྟེན་བཞེངས་མཆོད་དང་། །དགེ་འདུན་བསྙེན་བཀུར་དབུལ་ཕོངས་ཚིམ་བྱས་སོགས། །དགེ་བ་འདི་དག་གིས་མཚོན་བདག་གཞན་གྱིས། །སྔོན་ནས་ད་ལྟའི་བར་བསྒྲུབས་དགེ་ཚོགས་མཐུས། །འགྲོ་ཀུན་སྐྱེ་ལ་ས་བཞིན་ཡིད་ཅན་ལ། །ཕན་

བདེ་བླ་མེད་སྙིར་ལ་མེད་མི་རུང་། །ཐུབ་པའི་བསྟན་པ་ལུང་རྟོགས་ཉི་འོད་ཀྱིས། །འཆི་མེད་ལམ་བཞིན་ཕྱོགས་ཀུན་ཁྱབ་གྱུར་ཅིག །འཇིག་རྟེན་ཁམས་སུ་མི་འདོད་བསྐྱེད་པའི་གཞི། །ཕན་ཚུན་རྩོད་སོགས་མི་དགེའི་ཚོགས་ཞི་ཞིང་། །རྫོགས་ལྡན་གསར་དུ་བཞད་པའི་དགའ་སྟོན་ལ། །འགྲོ་ཀུན་གདན་དུ་སྤྱོད་པ་ཉིད་གྱུར་ཅིག །གྲངས་མེད་བགྲོད་ཀྱང་བཟོད་པའི་ལམ་ཆེན་བཞིན། །སྟུག་བསྔལ་གྱིས་མནར་འགྲོ་ཚོགས་སྒྲོལ་བའི་ཕྱིར། །ལྷོ་ཡང་བཟོད་པའི་བྱང་ཆུབ་སེམས་མཆོག་དང་། །ནམ་ཡང་འབྲལ་བ་མེད་པ་ཉིད་གྱུར་ཅིག །ཐུབ་པས་འགྲོ་ཀུན་དོན་ཆེད་གྲངས་མེད་པའི། །བསྐལ་པ་གསུམ་དུ་སྐུ་ལུས་ལོངས་སྤྱོད་སོགས། །བཏང་བས་ཚོགས་གཉིས་ཡོངས་རྫོགས་བྱང་ཆུབ་བརྙེས། །བདག་གི་སྤྱོད་པའང་དེ་དང་མཚུངས་པར་ཤོག །ཇི་ལྟར་སྨོན་བཞིན་བསོད་ནམས་ཡེ་ཤེས་ཀྱི། །རླབས་ཆེན་ཚོགས་དག་ཡོངས་སུ་རྫོགས་གྱུར་ནས། །སྐྱོན་བྲལ་ཡོན་ཏན་ཀུན་གྱི་དཔལ་ལྡན་པའི། །བླ་མེད་བྱང་ཆུབ་མྱུར་དུ་ཐོབ་གྱུར་ཅིག །དེ་ཐོབ་ནས་ཀྱང་འཁོར་བར་འཁྱམས་པའི་འགྲོ །མ་ལུས་ཀུན་མཁྱེན་རྒྱལ་(༡༣༧༨)བའི་གོ་འཕང་ལ། །འགོད་པའི་བརྩོན་འགྲུས་ཐུབ་པ་མཆོག་ཉིད་དང་། །མི་མཉམ་མེད་པ་ཉིད་དུ་བདག་གྱུར་ཅིག །ཅེས་སོ། །

དེ་ནས་དོན་གྲུབ་ཅེས་པ་ས་མོ་ལུག་གི་ལོ་ཟླ་བ་དྲུག་པའི་ནང་དུ་དབུས་ཕྱོགས་སུ་ཆིབས་ཁ་བསྒྱུར་དེ་རྒྱལ་བ་ཐམས་ཅད་མཁྱེན་པ་དགེ་དབང་བློ་བཟང་རྒྱ་མཚོ་ལ་གསེར་གྱི་མཎྜལ་དང་ནམ་མཁའ་མཛོད་ཀྱི་སྒོ་འཕར་ཕྱེ་བ་ལྟར་དངོས་པོ་ཚད་མེད་པས་མཆོད་དེ་དབང་ལུང་མན་ངག་མཐའ་དག་ཡོངས་སུ་རྫོགས་པ་ཞིག་གནང་དགོས་ཞེས་གསོལ་བ་འདེབས་པར་མཛད་པས། རྒྱལ་དབང་ཐམས་ཅད་མཁྱེན་པ་ཆེན་པོས་ད་ལམ་ཆོས་བཀའ་ཡོངས་རྫོགས་འབུལ་ཐུབ་པ་མི་ཡོང་ཡང་ཉེར་མཁོ་གང་འགྲུབ་ཅིག་འབུལ་གསུང་ནས། ཐུབ་པ་གཙོ་འཁོར་གསུམ། ཐུགས་རྗེ་ཆེན་པོ་གཙོ་འཁོར་གསུམ།

རྗེ་བཙུན་མི་གཡོ་མགོན་པོ། སྒྲོལ་མ་གཙོ་འཁོར་གསུམ་དང་བཅས་ཏེ་བཀའ་གདམས་ལྷ་བཞིར་གྲགས་པའི་རྗེས་གནང་། སྨན་བླ་བདེ་གཤེགས་བརྒྱད་མཐོ་བརྩེགས་སུ་བཞུགས་པའི་རྗེས་གནང་། པཎྜི་ཏ་གསེར་གདུགས་ཅན་གྱི་བཞེད་སྲོལ་འཇམ་དཀར་ཤེས་རབ་འཕེལ་ལོའི་རྗེས་གནང་ཁྲི་ཕུ་ལོ་ཙྪ་བ་ནས་བརྒྱུད་པ། དགེ་སློང་མ་དཔལ་མོ་ནས་བརྒྱུད་པའི་ཐུགས་རྗེ་ཆེན་པོ་ཞལ་བཅུ་གཅིག་པ་ཕྱག་སྟོང་སྤྱན་སྟོང་གི་རིགས་གཏད་ཀྱི་རྗེས་གནང་། བ་རི་བའི་ལུགས་ཀྱི་རྣམ་འཇོམས་ལྷ་སྔོན་གྱི་རྗེས་གནང་། འཇམ་དབྱངས་དཀོན་མཆོག་ལྷུན་གྲུབ་ཀྱི་ཡི་གེའི་སྟེང་ནས་ཕྱག་ན་རྡོ་རྗེ་འབྱུང་པོ་འདུལ་བྱེད་ཀྱི་རྗེས་གནང་གྱུར་ནས་(༡༣༤༨)འབྱུང་བ། རྗེ་བཙུན་ས་སྐྱ་པའི་ཟབ་ཆོས་སུ་གྲགས་པ་དབང་གི་སྒྲོལ་མ་དམར་མོའི་རྗེས་གནང་། འཕགས་པ་ཀླུ་སྒྲུབ་ཀྱིས་མཛད་པའི་སྒྲུབ་ཐབས་དང་གོང་མའི་ཕྱག་ལེན་ལྟར་ཀླུ་དབང་རྒྱལ་པོ་གཙོ་འཁོར་ལྔའི་རྗེས་གནང་། མི་གཡོ་བའི་རྗེས་གནང་། དཔལ་སྟག་ཐང་པ་རིག་རལ་གྱི་ཕྱག་ལེན་དང་མཐུན་པ་མི་གཡོ་ཆུ་སྲུངས་ཀྱི་རྗེས་གནང་ཡར་ཀླུངས་པ་ཡོན་ཏན་བཀྲ་ཤིས་ཀྱི་ཕྱག་ལེན་དང་མཐུན་པ། ཡང་དེ་ཉིད་ཀྱི་ཕྱག་ལེན་དང་མཐུན་པ་མི་གཡོ་བ་དཀར་པོ་གཏུམ་པོའི་རྗེས་གནང་། འཇམ་དབྱངས་མཁྱེན་བརྩེའི་ཡི་གེའི་སྟེང་ནས་གྱུར་ནས་གསུངས་པའི་སོ་སོར་འབྲང་མའི་རྗེས་གནང་། རབ་འབྱམས་པ་རིན་ཆེན་དཔལ་བཟང་གི་ཡི་གེའི་སྟེང་ནས་སྲུའི་སྔགས་འཆང་སྐྱེ་མོ་ཤཱཀྱ་དཔལ་ལ་གསང་བའི་བདག་པོས་དངོས་སུ་གསུངས་པ་གྱུར་ནས་འབྱུང་བ་དང་འབྲེལ་བའི་ཕྱག་རྡོར་འབྱུང་འདུལ་གྱི་རྗེས་གནང་མེའི་དབང་དང་བཅས་པ། འཇམ་དབྱངས་མཁྱེན་བརྩེའི་དབང་ཕྱུག་གི་ཡི་གེའི་སྟེང་ནས་འོད་ཟེར་ཅན་གཙོ་རྐྱང་གི་རྗེས་གནང་། སྤྱན་སྔ་ངག་དབང་ཆོས་གྲགས་ཀྱི་ཡིག་ཆའི་སྟེང་ནས་རྔོ་པོ་ལུགས་ཀྱི་སྐྱེ་བརྩེགས་ལྷང་ནག་གི་རྗེས་གནང་། འཇམ་དབྱངས་མཁྱེན་བརྩེའི་ཟིན་བྲིས་ཀྱི་སྟེང་ནས་སྐྱེ་བརྩེགས་དུད་ཀའི་རྗེས་གནང་།

རྟ་མགྲིན་ལྕུགས་རལ་ཅན་ཟླ་རྒྱལ་ལུགས་སུ་གྲགས་པའི་རྗེས་གནང་ཡིག་སྙིང་དང་མཐུན་པ། རྟ་མགྲིན་ཤྭ་ན་བཞི་སྐོར་གྱི་རྗེས་གནང་ངོ་བོ་ཆེན་པོ་ནས་བརྒྱུད་པ། ཤེའུ་ལོ་ཙཱ་བའི་ཡིག་ཆའི་སྙིང་ནས་ངོ་བོ་ཆེན་པོ་ལ་འཕགས་པ་སྤྱན་རས་གཟིགས་ཀྱིས་གནང་བའི་ཛམ་ལ་དཀར་པོ་འབྲུག་ཞོན་གྱི་རྗེས་གནང་།(༡༣༤ན) ཡང་ཛམ་ལ་སེར་པོ་དང་ནག་པོ་གཉིས་ཀྱི་རྗེས་གནང་། སློབ་དཔོན་ཨ་བྷ་ཡའི་བཞེད་སྲོལ་ཆགས་ལོ་སུམ་པས་མཛད་པའི་སྲེག་བྱེད་མེའི་མཆོན་ཆའི་ཡི་གེའི་སྙིང་ནས་གཙུག་ཏོར་འབར་བའི་རྗེས་གནང་། སྒྲུབ་ཐབས་རྒྱ་མཚོའི་ནང་གི་རྡོ་རྗེ་དབྱིངས་ཅན་མ་དམར་མོ་ཞལ་གསུམ་ཕྱག་དྲུག་པའི་རྗེས་གནང་། ཐར་རྩེ་ནམ་མཁའ་དཔལ་བཟང་གིས་མཛད་པའི་ཡིག་ཆའི་སྙིང་ནས་ངོ་བོ་ཆེན་པོས་ཡོལ་ཆོས་དབང་ལ་གནང་བའི་རྟ་མགྲིན་གཤོག་པ་ཅན་ཞལ་གསུམ་ཕྱག་དྲུག་པའི་རྗེས་གནང་། པཎྜི་ཏ་ནགས་ཀྱི་རིན་ཆེན་ནས་བརྒྱུད་པའི་སེང་གདོང་མ་དམར་མོའི་རྗེས་གནང་། ས་སྐྱ་པའི་གསེར་ཆོས་སུ་གྲགས་པའི་སེང་གདོང་མ་ནག་མོའི་རྗེས་གནང་། ཡང་ས་སྐྱ་པའི་ལུགས་རི་མི་འདའ་བའི་གསེར་ཆོས་སུ་གྲགས་པ་འཕགས་པ་འཇིག་རྟེན་དབང་ཕྱུག་སེང་གེ་སྒྲའི་རྗེས་གནང་། དམ་པ་སངས་རྒྱས་ནས་བརྒྱུད་པའི་འཇམ་དབྱངས་སྨྲ་སེང་ཡུམ་བཅས་ཀྱི་རྗེས་གནང་། ཕྱག་རྡོར་ཨུ་ཙཊྚུའི་བྱབས་བསྲུང་དང་རྗེས་གནང་རྣམས་གསན། གཞན་ཡང་ངོ་བོ་ཆེན་པོ་ལྷ་ཅིག་ནས་བརྒྱུད་པའི་སྒྲོལ་མ་ཉེར་གཅིག་གི་སྔོན་འགྲོར། སེང་ལྡིང་ནགས་ཀྱི་སྒྲོལ་མའི་རྗེས་གནང་བཅས་ཡོངས་རྫོགས་དང་། དཔལ་ལྡན་ལྷ་མོའི་རྗེས་གནང་། ཀཱ་མ་རུ་པ་ནས་བརྒྱུད་པའི་ཞལ་བྲམ་ནག་གི་རྗེས་གནང་། ཚེ་དཔག་མེད་དཀར་པོའི་རྗེས་གནང་རྣམས་གསན། འདི་སྐབས་རྒྱལ་བ་ཐམས་ཅད་མཁྱེན་པ་ཆེན་པོས་རྗེ་འདི་པ་ལ་རྗེ་བདག་ཉིད་ཆེན་པོའི་ཐུགས་དམ་རྟེན་སྟོན་པ་ཐུབ་པའི་དབང་པོའི་སྐུ་(༡༣༤བ) བརྟན་འཕགས་ཡུལ་ལི་མ་ངོ་མ་ཁྲིད་མཚར་ཞིག་གནང་སྟེ། མཉམ་མེད་བུ་རམ་ཤིང་

པའི་མདོ་སྔགས་ཀྱི་བསྟན་པ་སྤྱི་དང་། ཁྱད་པར་ཁམས་གསུམ་ཆོས་ཀྱི་རྒྱལ་པོ་ཙོང་ཁ་པ་ཆེན་པོའི་བསྟན་པའི་བདག་པོ་མཛོད་ཅེས་བསྟན་པའི་བདག་པོར་མངའ་གསོལ། དེ་མཐུན་གཞན་གྱི་ཞུ་བ་པོ་མེད་པར་དགོངས་དཔྱད་ཀྱིས། རྒྱལ་ཀུན་ངོ་བོ་བློ་བཟང་གྲགས་སྣན་བསྟན། །འཛིན་པར་བསོད་ནམས་ས་བོན་དར་དྲག་ལས། །ཡེ་ཤེས་མཆོག་གི་ཡོངས་འདུ་ས་བརྗོད་ཅེར། །སྤྲུལ་སྐུའི་འབྲས་བཟང་སྨིན་ལ་གསོལ་བ་འདེབས། །ཞེས་སོགས་ཞབས་བརྟན་གསོལ་འདེབས་བཀའ་རྩོམ་གསར་དུ་གནང་སྟེ་ཕྱག་ཏུ་ཕུལ། གསོལ་འདེབས་དེ་ཉིད་ཕྱོགས་མཐའ་དག་ལ་འཆང་འགྲེད་པར་མཛད། དེ་སྐབས་ཐོན་ཕྱག་གི་སྐབས་ཡབ་སྲས་གཉིས་ཀ་ཕན་ཚུན་འབྲལ་མི་ཕོད་པར་སྤྱན་ཆབ་མང་དུ་བྱུང་ཞིང་ཐུགས་འཕྲེང་བའི་རྣམ་པ་ཆེར་མཛད་པ་ན་ཞབས་འབྲིང་པ་ཚང་མའང་རྒྱལ་བ་ཡབ་སྲས་འདི་གཉིས་ཀྱི་མཛད་སྤྱོད་འདི་འདྲ་སྣམ་དུ་ཡབ་སྲས་གཉིས་ཀར་གུས་པ་བླ་མེད་ཐོབ་ཅིང་སྤྱན་ཆབ་འཁྲིན་པ་བྱུང་འདུག་སྟེ། །དེ་ནི་སྐུ་ཚེ་འདིར་ཡབ་སྲས་གཉིས་སྣར་མི་མཇལ་བར་གཉིས་ཀས་མཁྱེན་པར་མངོན་ནོ། །

ཚུལ་དེ་དག་ལ་རྗེ་ཉིད་ཀྱིས་འདི་ལྟར་གསུངས་ཏེ། རྒྱལ་བ་ཀུན་དངོས་བློ་བཟང་གྲགས་པ་དང་། །དབྱེར་མེད་གདན་གྱི་སྐྱབས་གཅིག་ཐམས་ཅད་མཁྱེན། །ཕྱག་ན་པདྨོའི་ཞལ་གྱིས་ལེགས་མཇལ་ཏེ། །དམ་ཆོས་བདུད་རྩིའི་དགའ་སྟོན་དཔག་མེད་མྱངས། །ཐུབ་པའི་སྣང་བརྙན་དངོས་པོའི་གནང་སྐྱེས་བཅས། །སྟུལ་ནས་ཐུབ་(༡༣༨ན)བསྟན་བདག་པོ་ཁྱེས་ཤིག་ཅེས། །ཤཱཀྱའི་རྒྱལ་པོས་འཕགས་པ་འོད་སྲུངས་ལ། །ཇི་བཞིན་བསྟན་པའི་ཁུར་ཆེན་བདག་ལ་སྟུལ། །བློ་དམན་བདག་འདྲས་དེ་འདྲའི་ཁུར་ལྕི་བ། །བཟོད་པར་དཀའ་ཡང་རྗེ་བཙུན་བླ་མའི་བཀའ། །འདོར་མེད་ཡང་དག་བསྒྲུབ་ནུས་གྱུར་ཅིག་པའི། །སྨོན་ལམ་བཟང་པོ་རྩེ་གཅིག་ཡིད་ཀྱིས་བཏབ། །ཅེས་སོ། །

དེ་ནས་གཙང་དུ་ཕེབས་བཀྲ་ཤིས་ལྷུན་པོའི་དབུར་ཆོས་ཀྱི་ཐོག་དབུ་མའི་གཞུང་

ལ་སྦྱོང་བར་བཞེད་དེ་ཁྱུང་ཕྲུག་བྱམས་པ་བཀྲ་ཤིས་ཀྱིས་མཛད་པའི་དབུ་མའི་སྤྱི་དོན་དང་། སེ་ར་རྗེ་བཙུན་པས་མཛད་པའི་དབུ་མའི་སྤྱི་དོན་ཆེན་མོ་དང་། དབུ་མའི་ས་ལམ་རྣམ་གཞག་ཡོངས་རྫོགས་ཐུགས་ལ་བཟུང་སྟེ་ཉིན་ལྟར་སྔ་དྲོའི་ཆ་ལ་བླ་བྲང་ཉིད་དུ་མཚན་ཉིད་ཞབས་ཕྱི་རྣམས་དང་བགྲོ་གླེང་མཛད། དགོང་མོ་བསྐལ་བཟང་ཁྲམ་ར་ཆེན་མོར་འདུས་ཚོགས་ཀྱི་རིགས་ལུང་དང་བསྟུན་ནས་ཟུར་བཞི་བླ་མ་རྣམས་དང་བཅས་རིགས་ལུང་འཆག་མེད་མཛད། ཕུན་ཚོགས་རྒྱ་མཚོས་མཛད་པའི་དབུ་མའི་མཐའ་དཔྱོད་དང་། སློམ་སྟེས་མཛད་པའི་དབུ་མའི་ཊཱིཀྐ་གཉིས་ཀྱང་ཐུགས་ལ་བཟུང་། གཞན་ཡང་འཇམ་དབྱངས་དགའ་བློས་མཛད་པའི་དབུ་མའི་མཐའ་དཔྱོད་དང་། རྗེ་དགེ་འདུན་རྒྱ་མཚོས་མཛད་པའི་ལྟ་ཁྲིད་ཆེན་མོ་དང་། ཆོས་རྗེ་བདེ་ལེགས་ཉི་མས་མཛད་པའི་དབུ་མའི་སྤྱི་དོན་རྣམས་ཀྱང་ཐུགས་ལ་བཟུང་ཞིང་། འཇུག་པའི་རྣམ་བཤད་དགོངས་པ་རབ་གསལ་ཡང་ཞལ་ཆེར་ཐུགས་ལ་བཟུང་སྟེ་ཟབ་མོ་དབུ་མའི་ལྟ་བ་གཏན་ལ་འབེབས་པ་ལ་སློབ་དཔོན་ཟླ་བ་(༡༣༩༨)གྲགས་པ་སླར་ཡང་འཇིག་རྟེན་འདིར་བྱོན་པ་ལྟར་ལུང་དང་རིགས་པའི་དབང་ཕྱུག་ཆེན་པོར་གྱུར་ཏོ། །དེ་ནས་རྡོ་རྗེ་འཛིན་པ་དཀོན་མཆོག་རྒྱལ་མཚན་སྤྱན་དྲངས་ཏེ་རིན་པོ་ཆེའི་མཎྜལ་སོགས་མཆོད་སྤྲིན་མཐའ་ཡས་པས་མཆོད་ནས་འཇམ་མགོན་བླ་མའི་བསྟན་པའི་སྙིང་པོ་གྲུབ་ཆེན་དབེན་ས་པ་ཡབ་སྲས་ཀྱི་སྙན་རྒྱུད་ཀྱི་མན་ངག་ཞལ་ཤེས་དང་བཅས་པ་གསན་ཞིང་དཔལ་གསང་བ་འདུས་པ་མི་བསྐྱོད་པའི་དབང་གི་སྔ་གོན་དང་། དངོས་གཞི་བཅས་གསན། དེ་ནས་རིམ་གྱིས་བདེ་མཆོག་ལཱུ་དྲིལ་གཉིས། ཚེ་དཔག་མེད་ལྷ་དགུ་སོགས་ཀྱི་དབང་སོ་སོར་སྔ་གོན་དང་བཅས་པ། ནམ་མཁའ་སྐྱོ་འབྱེད་ཀྱི་དབང་། བདེ་མཆོག་ལཱུ་དྲིལ་གཉིས་དང་རྡོ་རྗེ་འཇིགས་བྱེད་ཀྱི་རྫོགས་རིམ་གྱི་ཁྲིད། བྱང་ཆུབ་ལམ་གྱི་རིམ་པའི་ཁྲིད། ཡེ་ཤེས་མགོན་པོ་ཕྱག་དྲུག་པ། དམ་ཅན་ཆོས་ཀྱི་རྒྱལ་པོ། དཔལ་

ལྷན་དམག་ཟོར་རྒྱལ་མོ། དཔལ་མགོན་ཞལ་བཞི་པ། རྒྱལ་ཆེན་རྣམ་སྲས་རྣམས་ཀྱི་རྗེས་གནང་། ཐུན་དྲུག་གི་རྣལ་འབྱོར་གྱི་བཤད་ལུང་དང་བཅས་པ་དང་། བླ་མ་མཆོད་པའི་ཟབ་ཁྲིད་སྔན་རྒྱུད་མན་ངག་ཞལ་ཤེས་ཡོངས་རྫོགས་དང་། མགོན་པོའི་བཀའ་ཆེན་བཅུ་གསུམ་གྱི་རྗེས་གནང་། ཁྱུང་ནག་མེའི་སྤྱུ་གྲིའི་རྗེས་གནང་། བཅོམ་ལྡན་འདས་དམ་ཚིག་གསུམ་བཀོད་རྒྱལ་པོའི་དབང་གི་སྔ་གོན་དངོས་གཞི་དང་བཅས་པ། དེ་ཉིད་ཀྱི་སྒྲུབ་དཀྱིལ་ཡོངས་སུ་རྫོགས་པའི་ཚིག་སྒྲིགས་རྡོ་རྗེ་འཛིན་པ་རང་ཉིད་ཀྱིས་མཛད་པའི་ལུང་། དཔལ་རྡོ་རྗེ་འཇིགས་བྱེད་དཔའ་བོ་གཅིག་པ་དང་བཅུ་གསུམ་མ་(༡༥༠༨)གཉིས་ཀྱི་དབང་བཞི་ཡོངས་རྫོགས་སོ་སོར་སྔ་གོན་དང་བཅས་པ་དང་། སྟགས་བཏུ་བའི་རྗེས་གནང་། ཁམས་གསུམ་འགྲོ་བའི་བླ་མ་ཙོང་ཁ་པ་ཆེན་པོས་མཛད་པའི་ནཱ་རོ་ཆོས་དྲུག་གི་ཁྲིད་ཡིག་ཡིད་ཆེས་གསུམ་ལྡན་གྱི་སྟེང་ནས་ཁྲིད་ལུང་སྨྲགས་མ་དང་རྐང་པའི་འཁྲུལ་འཁོར་གྱི་སྐབས་སུ་འདི་སྐོར་གྱི་ལག་ལེན་རྣམས་ལེགས་པར་གསན། བསྲེ་བ་སྐོར་དགུ་ལ་གསུང་བཤད་འཐུས་འདོམས་ཆེ་བ་ཞིག་ཀྱང་གནང་གསུང་། གཞན་ཡང་ཕྱག་རྡོར་གཏུམ་ཆེན་དང་གཏུམ་ཆུང་གཉིས་ཀྱི་རྗེས་གནང་། དཔལ་འཁོར་ལོ་བདེ་མཆོག་ལྷ་ལྔའི་དབང་བཞི་ཡོངས་སུ་རྫོགས་པ། ཕྱག་རྡོར་གོས་སྔོན་ཅན་གྱི་རྗེས་གནང་། འཛམ་དབྲངས་ནག་པོའི་རྗེས་གནང་། རྒྱལ་བའི་སྲས་པོ་ཐོགས་མེད་བཟང་པོ་དཔལ་གྱིས་མཛད་པའི་བློ་སྦྱོང་གི་ཁྲིད་ཡིག་སྟེང་ནས་ཁྲིད་ལུང་སྨྲགས་མ། སྒོམ་སྡེ་ཐམས་ཅད་མཁྱེན་པས་མཛད་པའི་དཔལ་རྡོ་རྗེ་འཇིགས་བྱེད་ཆེན་པོའི་བསྐྱེད་རྫོགས་ཀྱི་ལུང་རྣམས་གསན་ཞིང་ཐུབ་པ་དམ་ཚིག་གསུམ་བཀོད་ཀྱི་དབང་ཡང་གསན། ལྷག་པར་དགའ་ལྡན་སྙན་རྒྱུད་ཀྱི་མན་ངག་ཡོངས་སུ་རྫོགས་པ་གསན།

དེ་ནས་དགུང་ལོ་ཉེར་གཉིས་པ་མིག་དམར་ཞེས་པ་ཤིང་ཕོ་བྱི་བའི་ལོ་རྒྱལ་ཟླ་བའི་ཡར་ཚེས་བརྒྱད་ཀྱི་ཉིན་བླ་བྲང་རྒྱལ་མཚན་མཐོན་པོའི་གཟིམ་ཆུང་ཡིད་དགའ

ཆོས་འཛིན་དུ་རྡོ་རྗེ་འཛིན་པ་དཀོན་མཆོག་རྒྱལ་མཚན་དཔལ་བཟང་པོའི་ཞལ་སྔ་ནས་ཀྱིས་མཁན་སློབ་ཟུང་འབྲེལ་དང་། སྔགས་གྲྭ་ཞལ་སྔ་ནས་སློབ་དཔོན་རིན་པོ་ཆེ་བློ་བཟང་མགོན་(༡༩༠བ)པོས་གསང་སྟོན། དཀྱིལ་ཁང་ཞལ་སྔ་ནས་མགོན་པོ་དཔལ་བཟང་གིས་གྲིབ་ཆོད་པ། ཐོས་བསམ་གླིང་ཞལ་སྔ་ནས་བློ་བཟང་བྱམས་པས་ལྟུང་བཟེད་འབྲིམ་པ། ཤར་རྩེ་ཞལ་སྔ་ནས་བློ་བཟང་དཔལ་འབྱོར་སོགས་ཁ་སྐོང་དུ་འོས་པ་དག་གིས་ཁ་སྐོང་བ་མཛད་དེ་དད་པའི་དགེ་འདུན་གྲངས་ཚང་བའི་དབུས་སུ་བསྙེན་པ་ལ་ཞུགས་ལ་ཡོངས་སུ་རྫོགས་པ་དགེ་སློང་གི་སྡོམ་པ་ལེགས་པར་བཞེས་ཏེ་ཐུབ་པའི་དབང་པོ་སླར་ཡང་གངས་རིའི་ལྗོངས་འདིར་བྱོན་པ་ཇི་ལྟ་བར་གྱུར་ཏོ། །

ཚུལ་དེ་ལ་ནི་རྗེ་ཉིད་ཀྱི་ཞལ་ནས། །མཁན་ཆེན་རྡོ་རྗེ་འཛིན་པའི་དེད་དཔོན་གྱིས། །བདག་བློའི་གྲུ་ཆེན་ལྷག་པ་ཚུལ་ཁྲིམས་ཀྱི། །བསླབ་པ་ཡོངས་རྫོགས་རིན་ཆེན་གཏེར་གྱིས་བཀང་། །བཀའ་དྲིན་ཆེའོ་དཀོན་མཆོག་རྒྱལ་མཚན་ཞབས། །གཞན་ཡང་སྲིད་ཞིའི་གཙུག་རྒྱན་རྡོ་རྗེ་འཆང་། །མཁན་ཆེན་རྣམ་གཉིས་བཀའ་དྲིན་ལ་བརྟེན་ནས། །བྱང་སེམས་རིག་འཛིན་སྡོམ་པའི་ནོར་བུས་ཀྱང་། །སྙིང་དཀའི་དལ་འབྱོར་གྲུ་ཆེན་བྱུར་བུར་གཏམས། །སྡོམ་གསུམ་ཆུ་གཏེར་ལས་འོངས་ཚུལ་ཁྲིམས་ནི། །རྣམ་གསུམ་རིན་ཆེན་གྱིས་གང་གཟིངས་བཟང་པོ། །ཉོན་མོངས་ཆུ་སྲིན་ཆོམ་རྐུན་མ་རུངས་པས། །མི་འཇིགས་དྲན་ཤེས་སོ་བཅས་བརྟེན་པས་བསྲུང་། །ཅི་ཡི་ཕྱིར་ན་འཇམ་མགོན་བླ་མ་ཡིས། །ཚུལ་ཁྲིམས་ཉེས་སྤྱོད་དྲི་མ་འབྲུད་པའི་ཆུ། །ཉོན་མོངས་ཚ་གདུང་སེལ་བ་ཟླ་བའི་འོད། །སྐྱེ་དགུའི་དབུས་ན་ལྷུན་པོ་ལྟ་བུར་བརྗིད། །སྟོབས་ཀྱིས་བསྡིགས་པ་མེད་པར་འགྲོ་ཀུན་འདུད། །ཅེས་སོགས་བསྔགས་པའི་ཚུལ་(༡༩༡ན)ལ་ངེས་སྙེད་ཅིང་། །ཐུབ་པའི་བསྟན་པ་ཡང་དག་གཟུང་བར་ཡང་། །ལེགས་པར་རྟོགས་པས་འབད་དེ་བསྲུང་བར་སྨོན། །དེའང་ཚེ་འདིར་སྙེད་བཀུར་སྣན་གྲགས་དང་། །ཕྱི་མ་མངོན་མཐོའི་

བདེ་འབྲས་ཐོབ་ཆེད་མིན། །འཕྲལ་ཡུན་བསྟན་འགྲོར་ཕན་བདེ་བསྒྲུབ་པ་སོགས། །འཛམ་དཔལ་དཔའ་བོའི་སྤྱོད་པ་ཇི་ལྟར་སྨོན། །འདི་ལས་བྱུང་བའི་དགེ་ཚོགས་འོད་དཀར་གྱིས། །ཁམས་གསུམ་འཁོར་བའི་གནས་ཀུན་ཁྱབ་གྱུར་ནས། །མར་གྱུར་འགྲོ་བའི་མ་རིག་མུན་སངས་ཏེ། །སྒྲིབ་བྲལ་ངེས་ལེགས་ལམ་བཟང་ཐོབ་གྱུར་ཅིག །ཅེས་གསུངས་སོ། །

རྗེ་འདིས་ནི་རྒྱལ་བ་ཙོང་ཁ་པ་ཆེན་པོའི་མཛད་པ་རྣམ་ཐར་ལྟར་ཤིང་རྟ་ཆེན་པོའི་གཞུང་ལུགས་རྣམས་ལ་སྦྱངས་པ་མཐར་ཕྱིན་པ་ཞིག་མཛད་བཞིན་ནས་རྣམ་འགྲེལ་དང་དབུ་མ་གཉིས་ལ་སྦྱངས་པ་མཐར་ཕྱིན་པ་མཛད་ནས་ཕར་ཕྱིན་གྱི་གཞུང་ལ་སྦྱོང་བར་བཞེད་དེ། པཎ་ཆེན་ཤཀྱ་པའི་ཕར་ཕྱིན་གྱི་སྤྱི་དོན་དང་མཐའ་དཔྱོད་ཡོངས་རྫོགས། ཟུར་བཀོལ་རྟེན་འབྲེལ། བསམ་གཟུགས། དགེ་འདུན་ཉི་ཤུ། ཐོད་བརྒལ། ས་ལམ་རྣམ་གཞག་རྣམས་ཡོངས་རྫོགས་ཐུགས་ལ་བཟུང་སྙེ་ཉིན་ལྟར་རིགས་ལུང་འཆག་མེད་མཛད། དེ་ནས་སེ་ར་རྗེ་བཙུན་པས་མཛད་པའི་ཕར་ཕྱིན་གྱི་སྤྱི་དོན་ཡང་ཕལ་ཆེར་བཟུང་ཞིང་། གཙོ་བོར་ལེགས་བཤད་གསེར་ཕྲེང་དང་རྣམ་བཤད་སྙིང་པོ་རྒྱན་གཉིས་ལ་གཟིགས་ཏེ་ཤེར་ཕྱིན་གྱི་མདོ་སྡེ་རིན་པོ་ཆེའི་དོན་རྗེ་བཙུན་བྱམས་པ་མགོན་(༡༥༡བ)པོས་ཉམས་ལེན་གྱི་རིམ་པར་བསྒྲིགས་པའི་གཞུང་མངོན་རྟོགས་རྒྱན་གྱི་དགོངས་པ་བྱང་ཆུབ་ལམ་རིམ་དང་སྦྱར་ཏེ་གཏན་ལ་འབེབས་པ་ལ་གདེང་ཐོབ་པར་མཛད།

དེ་ནས་འདུལ་བ་ལ་སྦྱོང་བར་བཞེད་དེ་སེ་ར་རྗེ་བཙུན་པས་མཛད་པའི་འདུལ་བའི་ཡིག་ཆ་ཡོངས་རྫོགས་བཟུང་ཞིང་སྔ་སོར་འདུལ་བ་མདོ་རྩ་བ་ཡོངས་རྫོགས་ཐུགས་ལ་བཟུང་བ་བར་སྐབས་ཚུང་ཟད་མཉེལ་བའང་སྐབས་འདིར་གསོས་ཏེ་འདུལ་བ་མདོ་རྩ་བ་ཞལ་ཏོན་དུ་མཛད་ཅིང་། དེ་དང་འདུལ་ཊཱི་ཀ་རིན་ཆེན་ཕྲེང་བ་རྩ་འགྲེལ་སྦྱར་ཏེ་

མཐའ་དག་པར་གཏན་ལ་ཕབ། འདུལ་བ་ནས་ཇི་ལྟར་གསུངས་པ་ལྟར་འགྲོ་འཆག་ཉལ་འདུག་གི་སྤྱོད་ལམ་ཐམས་ཅད་དང་། ཟས་དང་གོས་དང་སྨན་དང་གནས་མལ་ཇི་ལྟར་ལོངས་སྤྱོད་པའི་ཚུལ་རྣམས་ཕྲ་མོའང་མ་འཕྱུགས་པར་ཕྱག་ལེན་ལ་ཐེབས་པར་མཛད་དེ་འཕགས་མཆོག་ཉེ་བར་འཁོར་གངས་རིའི་ཁྲོད་འདིར་སླར་ཡང་བྱོན་པ་ཇི་ལྟ་བར་གྱུར་ཏོ། །

དེ་ནས་མངོན་པ་མཛོད་ལ་སྦྱོང་བར་བཞེད་དེ་མཛོད་རྩ་བ་དང་། དཀྱིལ་ཁང་གྲྭ་ཚང་གི་ཡིག་ཆ་མངོན་པ་མཛོད་ལུང་རིགས་གཏེར་མཛོད་ཡོངས་རྫོགས་ཐུགས་ལ་བཟུང་ཞིང་གཞན་ཡང་མངོན་པ་ཀུན་བཏུས་སོགས་རྒྱ་བོད་ཀྱི་མངོན་པའི་ཡིག་ཆ་ཕལ་མོ་ཆེ་ལ་གཟིགས་ཏེ་མཐའ་ཆོད་པར་མཛད། དེ་ནས་དགེ་བའི་བཤེས་གཉེན་བསོད་ནམས་གྲགས་པ་ཡོངས་འཛིན་དུ་བསྟེན་ཏེ་ཡོངས་འཛིན་དམ་པ་དེ་ཉིད་ལ་པཎ་ཆེན་ཐམས་ཅད་མཁྱེན་པས་མཛད་པའི་དཔལ་གསང་བ་འདུས་པའི་ཁྲིད་ལག་རྗེས་ཞལ་ཤེས་དང་བཅས་པ་རྡོ་རྗེ་འཛིན་པ་དཀོན་མཆོག་(༡༩༢ན)རྒྱལ་མཚན་གྱིས་ཟིན་བྲིས་སུ་གནང་བ་དང་། བྱང་ཆུབ་ལམ་གྱི་སྒྲོན་མ། རྗེ་སངས་རྒྱས་ཡེ་ཤེས་ཀྱིས་མཛད་པའི་བློ་སྦྱོང་། སྔར་ཐང་པའི་ལམ་མཆོག་རྩ་བ། བེའུ་བུམ་སྔོན་པོའི་རྩ་བ། དེའི་འགྲེལ་པ་ལྷ་འབྲི་སྒང་པས་མཛད་པ། སྤྱོད་འཇུག །ཆེད་དུ་བརྗོད་པའི་ཚོམས། བསླབ་པ་ཀུན་ལས་བཏུས། རྗེ་བདག་ཉིད་ཆེན་པོའི་གསུང་ལམ་རིམ་ཆེ་ཆུང་གཉིས། ཚུལ་ཁྲིམས་ལེའུའི་རྣམ་བཤད། བྱང་ཆུབ་གཞུང་ལམ། བླ་མ་ལྔ་བཅུ་པའི་རྣམ་བཤད། རྡོ་རྗེ་འཆང་ཆེན་པོའི་ལམ་གྱི་རིམ་པ། བདེ་མཆོག་རྩ་རྒྱུད་དང་དེའི་འགྲེལ་པ་སྦས་དོན་ཀུན་གསལ། བདེ་མཆོག་ལཱུ་ཧི་པའི་རྣམ་བཤད་འདོད་འཇོ། བདེ་མཆོག་གི་རྫོགས་རིམ་དངོས་གྲུབ་སྙེ་མ། ལཱུ་ཧི་པའི་རྫོགས་རིམ་རྣལ་འབྱོར་ཆེན་པོའི་ཁྲིད། དྲིལ་བུ་རིམ་ལྔའི་རྣམ་བཤད། སྦས་དོན་ལྟ་བའི་མིག་འབྱེད། ལཱུ་ཧི་པའི་སྒྲུབ་ཐབས་བདེ་ཆེན་

གསལ་བ། བདེ་མཆོག་དྲིལ་བུ་པའི་སྒྲུབ་ཐབས་དགོངས་པ་རབ་གསལ། རིམ་ལྔ་གསལ་སྒྲོན། ཡེ་ཤེས་རྡོ་རྗེ་ཀུན་ལས་བཏུས་དང་དེའི་འགྲེལ་བ། ལྷ་མོ་བཞི་ཞུས་ཀྱི་རྒྱུད་དང་དེའི་འགྲེལ་པ། འཕོ་ཊཱི་ཀ་གསེར་གྱི་སྙེ་འབྲེད། རྣལ་འབྱོར་བཞི་རིམ་གྱི་ཊཱིཀྐ །འཇམ་དཔལ་ཞི་ཁྲོ་གཉིས་ཀྱི་བསྐྱང་བ་དཀྲན་ཨཱ་ཙཱཪྻའི་མན་ངག་ལས་བྱུང་བ། འཇིགས་བྱེད་ཀྱི་རྩའི་དག་སྦྱོར། ཀྱཻ་རྡོར་ཟིན་བྲིས། བདག་མེད་མའི་སྒྲུབ་དཀྱིལ་ཟིན་བྲིས། སྦྱིན་བྲལ་བའི་མན་ངག་རྗེ་ཐམས་ཅད་མཁྱེན་པས་མཛད་པ། མཁས་(༡༤༢བ)གྲུབ་རིན་པོ་ཆེས་མཛད་པའི་རྩ་ལྟུང་རྣམ་བཤད། སྡོམ་པོ་བཀྲུད་པའི་རྣམ་བཤད། བླ་མ་ལྔ་བཅུ་པ། རྩ་ལྟུང་བཅུ་བཞི་པ། སྡོམ་པོ་བརྒྱད་པ། ཡང་རྗེའི་གསུང་འཇུག་པའི་རྣམ་བཤད་དགོངས་པ་རབ་གསལ་དང་། དྲང་ངེས་རྣམ་འབྱེད་ལེགས་བཤད་སྙིང་པོ། དེའི་དཀའ་འགྲེལ་ཐམས་ཅད་མཁྱེན་པ་དགེ་འདུན་རྒྱ་མཚོས་མཛད་པ་སོགས་གསུང་ཕལ་ཆེར། གསང་བ་འདུས་པའི་བཤད་རྒྱུད་དགོངས་པ་ལུང་སྟོན་ལེའུ་བཅུ་གཉིས་པ། དཔལ་གསང་བ་འདུས་པའི་བཤད་རྒྱུད་རྣལ་འབྱོར་ཆེན་པོའི་རྒྱུད་དཔལ་རྡོ་རྗེ་ཕྲེང་བ་མངོན་པར་བརྗོད་པ། རྒྱུད་ཀྱི་རྒྱལ་པོ་དཔལ་གསང་བ་རྣམ་པར་འབྱེད་པ་ཞེས་བྱ་བ་ལེའུ་དྲུག་ཅུ་རྩ་བརྒྱད་པ། ཡེ་ཤེས་རྡོ་རྗེ་ཀུན་ལས་བཏུས་པ་ཞེས་བྱ་བའི་རྣལ་འབྱོར་ཆེན་པོའི་རྒྱུད་དང་། དཔལ་རྡོ་རྗེ་སྙིང་པོ་རྒྱན་གྱི་རྒྱུད། རྣལ་འབྱོར་ཆེན་པོའི་དེ་ཁོ་ན་ཉིད་ཅེས་བྱ་བ་དང་། དཔལ་རྡོ་རྗེ་འཇིགས་བྱེད་ཀྱི་རྒྱུད་རྟོག་པ་བདུན་པ། ངན་སོང་ཐམས་ཅད་ཡོངས་སུ་སྦྱོང་བའི་རྒྱུད་ཀྱི་རྒྱལ་པོ། ཏིང་ངེ་འཛིན་རྒྱལ་པོའི་མདོ། དཔལ་སྡོམ་པ་འབྱུང་བའི་རྒྱུད་ཀྱི་རྒྱལ་པོ། དེ་བཞིན་གཤེགས་པ་བདུན་གྱི་སྔོན་གྱི་སྨོན་ལམ་གྱི་ཁྱད་པར་རྒྱས་པ་ཞེས་བྱ་བ་ཐེག་པ་ཆེན་པོའི་མདོ་བརྒྱད་བརྒྱ་པ། བློ་སྦྱོང་མཚོན་ཆ་འཁོར་ལོ་དང་རྨ་བྱ་དུག་འཇོམས། རྒྱས་སྲས་བཀའ་འབུམ་ཡོངས་རྫོགས། བློ་སྦྱོང་དཔལ་ཡེ་མ། སྤྱན་སྔ་བློ་གྲོས་རྒྱལ་མཚན་

གྱིས་མཛད་པའི་ཐོག་མའི་བློ་སྦྱོང་། ཡང་རྗེའི་གསུང་བདེ་མཆོག་དྲིལ་བུ་ལུས་དཀྱིལ་གྱི་དཀྱིལ་ཆོག་རིན་པོ་ཆེའི་བང་མཛོད་དང་། རྩ་ཤེ་ཊཱི་ཀ་ཆེན། (༡༩༣ན)རིམ་ལྔ་གདན་རྫོགས། གཞན་ཡང་དུས་འཁོར་བསྡུས་རྒྱུད་དང་། བྱམས་པ་དམ་བཅས་ཀྱི་གཟུངས་ཕན་ཡོན་དང་བཅས་པ། ཡོན་སྦྱོང་པའི་གཟུངས། འཇམ་དབྱངས་དམ་བཅས་ཕན་ཡོན་དང་བཅས་པ། རྡོ་རྗེ་འཛིན་པ་དཀོན་མཆོག་རྒྱལ་མཚན་གྱིས་མཛད་པའི་འཇམ་དབྱངས་ཆོས་སྐོར་གྱི་རྗེས་གནང་ཆོག་སྒྲིགས། འཇམ་དབྱངས་ཆོས་སྐོར་པར་ལ་འཕོད་པ་རྣམས་ཀྱི་ལུང་དང་། འཇམ་དབྱངས་ཆོས་སྐོར་ནང་གི་ཆོས་རྒྱལ་གསུམ་མ་གཏོགས་པའི་རྗེས་གནང་། གཞན་ཡང་བཀའ་གདམས་གླེགས་བམ་ཆ་ལག་དང་བཅས་པ། ལས་ཆེན་ཀུན་རྒྱལ་བས་མཛད་པའི་བཀའ་གདམས་ཆོས་འབྱུང་། མཁས་གྲུབ་སངས་རྒྱས་ཡེ་ཤེས་ཀྱི་བཀའ་འབུམ་ཡོངས་རྫོགས། ངོ་བོའི་ཆོས་ཆུང་བརྒྱ་རྩ་ཡོངས་རྫོགས། རྗེ་དགེ་འདུན་གྲུབ་ཀྱིས་མཛད་པའི་ཐུབ་དབང་གི་བསྟོད་པ་བདུད་དཔུང་ཕྱེ་མར་འཐགས་པ། མི་ཆོས་གནད་ཕྲེང་། དཔེ་ཆོས་རིན་སྤུངས། ཡིག་ཆུང་ཉེར་གཅིག ། འདུལ་བའི་གླེང་འབུམ་ཆེན་མོ་བཅས་ཀྱི་ལུང་རྣམས་གསན། དེ་ལྟར་མང་དུ་ཐོས་པ་རྒྱ་ཆེར་འཚོལ་བར་མཛད་ཅིང་། དེ་དག་གི་སྐབས་ཤིང་རྟ་ཆེན་པོའི་གཞུང་ལུགས་རྣམས་ཀྱི་དོན་ལ་རིགས་པས་དཔྱད་པ་ན་བདེ་བ་འདོད་ཀྱང་སྨོངས་ནས་སྡུག་བསྔལ་གྱི་རྒྱུ་སྒྲུབ་པའི་སེམས་ཅན་རྣམས་ལ་སྙིང་རྗེ་དང་མི་རྟག་སྡུག་བསྔལ་སྟོང་པའི་ངང་ཚུལ་དགོངས་ནས་ངེས་འབྱུང་ཤུགས་དྲག་པོ་དང་སྔོན་བྱོན་དམ་པ་རྣམས་ཀྱི་རྣམ་ཐར་ལ་སློབ་འདོད་ཤུགས་དྲག་འཁྲུངས་ཤིང་། ལྷག་པར་རྗེ་ཐམས་ཅད་མཁྱེན་པས་དེང་སང་གི་བྱེད་(༡༩༣བ)སྤྱོད་ལྟར་ཆུང་ངུ་ནས་བླ་ཆེན་གྱི་ཚུལ་བཟུང་ནས་ཆེ་སྒྲོབ་བྱེད་པ་འདི་འདྲ་མིན་པར་ཆོས་རྗེ་དོན་གྲུབ་རིན་ཆེན་ནས་བཟུང་མཁས་དང་གྲུབ་པའི་དམ་པ་མང་པོའི་ཞབས་ལ་གཏུགས་ཏེ་གདམས་པ་མང་དུ་གསན་པ་དང་། གྲྭ་ས་ཆེན་པོ་རྣམས་སུ་

མཁས་པ་བློ་གསལ་དོན་གཉེར་ཅན་རྣམས་དང་མཉམ་འགྲོ་མཛད་དེ་གཞུང་ལུགས་ལ་མཐའ་ཆོད་པར་སྦྱང་བར་མཛད་པ་དང་། ལྷག་པར་རྗེ་བཙུན་འཇམ་པའི་དབྱངས་ཀྱི་བཀས་བསྐུལ་ཏེ་འཁོར་དག་པ་རྣམ་བརྒྱད་དང་བཅས་བྱ་བྲལ་ལ་ཕེབས་ནས་དབེན་པའི་རི་སུལ་རྣམས་དབོན་མེད་གཡོག་མེད་སྤྱོད་པ་རང་དབང་འདུས་པའི་བྱ་བྲལ་གྱི་བརྟུལ་ཞུགས་ལ་གནས་ཏེ་འཚོ་བ་དཀའ་ཐུབ་མཛད་ཅིང་དཔག་པར་དཀའ་བའི་བསག་སྦྱང་མཛད་པའི་རྣམ་ཐར་དེ་དག་ལ་བསམས་ན་བདག་ཉི་བླ་ཆེན་གྱི་གོ་སར་སྨིན་བདག་གི་གྲྭ་རིགས་མང་པོའི་གཞན་དབང་དུ་སོང་སྟེ་ཕ་བླ་མའི་རྣམ་ཐར་སྐྱང་བའི་དབང་མེད་པ་འདི་ལྟ་བུ་སྙམ་དུ་ཐུགས་ཤིན་ཏུ་སྐྱོ་ནས་སྤྱན་ཆབ་རྒྱུན་མ་ཆད་པར་བྱུང་ཞིང་རྗེ་བླ་མའི་རྣམ་ཐར་ལ་སྨོན་པའི་གསུང་མགུར་འདི་ལྟར་མཛད་དེ།

ན་མོ་གུ་རུ་ཤུ་མ་ཏི་ཀཱིརྟི་ཡེ། ཞལ་བྱུང་བློ་གྲོས་ཟབ་ཡངས་ཡིད་བཞིན་མཆོར། །བསླབ་གསུམ་རྣམ་དག་རིམ་གཉིས་ནོར་བཟང་པོས། །ལེགས་གཏམ་ཡིད་ཅན་ཡོངས་ཀྱི་རེ་སྐོང་ཞེས། །གྲགས་པའི་རླབས་ཕྲེང་སྲིད་གསུམ་གཡོ་ཁྱོད་རྒྱལ། །གདེངས་ཅན་དབང་པོའི་ཚོགས་ཀྱི་གཙུག་རྒྱན་བཞིན། །གང་གི་ཞབས་སེན་པད་རག་གདངས་ཆགས་པ། །སྤྱི་བོ་བདེ་ཆེན་འཁོར་ལོའི་སྟེང་བཀོད་ནས། །བྱང་ཆུབ་སྙིང་པོའི་བར་དུ་མཆོད་ལ་བརྩོན། །ཉི་འོད་གཅིག་གིས(༡༩༩༨)གྲངས་མེད་སྐར་མའི་ཚོགས། །ཕམ་པར་བྱེད་བཞིན་ཁྱོད་ཀྱི་ཐུགས་རྗེའི་ཟེར། །གཅིག་གིས་མ་རིག་སྨག་ཚོགས་འཇོམས་པའི་མཐུ། །མཐོང་བས་རབ་དད་བཅུད་དེ་ཕྱག་བགྱིད་དོ། །ཇི་ལྟར་དབྱར་གྱི་ལང་ཚོ་བརྟས་པའི་དུས། །དགུང་སྔོན་དབྱིངས་ལས་འབྲུག་གི་སྒྲ་བསྒྲགས་ཚེ། །མདོངས་ལྡན་ཚོགས་རྣམས་བློས་གར་བསྒྱུར་བ་བཞིན། །རྗེ་ཡི་རྣམ་ཐར་དྲན་པས་ཡིད་རབ་གཡོས། །འཇིག་རྟེན་པ་དག་གསེར་གྱི་གཏེར་མཐོང་དུས། །ཚེ་འདིའི་བདེ་བ་བསྒྲུབ་ཕྱིར་དེར་འཇུག་ན། །གཏན་གྱི་བདེ་བ་དམ་པ་སྟེར་བྱེད་པའི། །རྣམ་ཐར་བཟང་པོའི་ཚུལ་ལ་ཅིས་མི་

འཇུག །དལ་འབྱོར་རྙེད་དཀའ་ཆེ་འདིའི་མདུན་ཐབས་ལ། །སྙིང་པོ་མེད་གཟིགས་
བཙོན་ཁང་དང་འདྲ་བའི། །ཕ་ཡུལ་སྤངས་ནས་ཚངས་སྤྱོད་བརྟུལ་ཞུགས་བཞེས། །ཉེས་
ལྟུང་དྲིས་དབེན་དེ་བཞིན་བདག་ཀྱང་བསྒྲུབ། །གཞོན་ནུ་ཉིད་ནས་བཤེས་གཉེན་དམ་
པའི་ཚོགས། །ཉེར་བསྟེན་བཀའ་ལས་མི་འདའ་བསྒྲུབ་པ་དང་། །ཁྲི་ཞུ་བཀུར་སྟི་བླ་
མར་བགྱི་མཁས་པའི། །འཇམ་མགོན་བླ་མའི་རྗེས་སུ་བདག་ཀྱང་འཇུག །གླིང་བཞིར་
དབང་བསྒྱུར་རྒྱལ་པོའི་དཔལ་ཐོབ་ཀྱང་། །རྩྭ་ཤིང་ལྟ་བུར་སྙིང་པོ་མེད་གཟིགས་ནས། །
ཡང་དག་རྫོགས་བྱང་བསྒྲུབ་ལ་རབ་གཤོལ་བའི། །རྨད་བྱུང་སྤྱོད་དེར་བདག་ཀྱང་འཇུག་
པར་སྨྲོ། །སྡེ་དགོན་བདག་བཟུང་རྙེད་བཀུར་སྙན་གྲགས་ཕྱིར། །བཤད་ཆོས་དོན་
གཉེར་ཆོས་མིན་ཆོས་བཏགས་སུ། །གཟིགས་ཏེ་ཆགས་ཞེན་ཀུན་པོར་བྱ་བྲལ་མཛད། །
དེ་ལྟར་བསྒྲུབ་སྐལ་དམན་ཡང་ཡིད་(༡༩༩བ)ཀྱིས་སྨོན། །འཇམ་པའི་དབྱངས་སོགས་
བཤེས་གཉེན་དམ་པ་ཡི། །ཞལ་གྱི་བུམ་བཟང་ལས་འོངས་བདུད་རྩིའི་བཅུད། །དབེན་
པའི་གནས་སུ་རྩེ་གཅིག་མྱང་མཁས་པའི། །སྤྱོད་ཚུལ་དེ་ར་ཡང་ཡིད་ཀྱིས་སྨོན་པ་
ལགས། །སྲིད་པའི་ཕུན་ཚོགས་ཉེར་མང་མཆོག་ཆུང་བའི། །བདེ་ར་ཆགས་སྡུག་བསྔལ་
བསྒྲུབ་པའི་དྲིན་ཅན་མ། །སྒྲོལ་བའི་རླབས་ཆེན་ཁུར་འཆང་བློ་བཟང་གྲགས། །ཁྱོད་
ཀྱི་སྤྱོད་ཚུལ་ཅི་འདྲར་བདག་ཀྱང་སྨོན། །ཉེ་རིང་སྤངས་པས་ཆགས་དང་སྡང་བ་མེད། །
འཇིག་རྟེན་ཆོས་བརྒྱད་སྒྱུ་མ་བྲག་ཅ་བཞིན། །སྙིང་པོ་མེད་གཟིགས་འགོ་སྙོམས་མཛད་
པ་ཡི། །བློ་བཟང་གྲགས་པའི་རྗེས་སུ་བདག་ཀྱང་འཇུག །ལན་དང་རྣམ་པར་སྨིན་པར་
མི་ལྟ་བར། །ཕྱི་ནང་དངོས་པོ་མཆོད་སྦྱིན་གཏོང་བ་དང་། །མི་འཇིགས་ཆོས་དང་བྱམས་
སོགས་སྦྱིན་པ་ཡིས། །འགྲོ་དོན་རླབས་ཆེན་མཛད་པ་དེ་རྗེས་འཇུག །སྡོམ་པ་གསུམ་
མནོས་ཉེས་སྤྱོད་ཀུན་སྡོམ་ཞིང་། །དགེ་བར་སྤྱོད་དང་སེམས་ཅན་དོན་བསྒྲུབ་པའི། །
རྣམ་གསུམ་ཚུལ་ཁྲིམས་མཐར་ཕྱིན་འགྲོ་བའི་མགོན། །བློ་བཟང་གྲགས་པའི་རྣམ་ཐར་

རྗེས་སུ་སློབ། །བརྡེག་འཚོག་མཚང་འབྲུ་གཞི་སྐྱུར་སོགས་མཚོན་གྱིས། །བསྐལ་པར་བཏབ་ཀྱང་མི་ཕྱིགས་བཟོད་པའི་གོ །ལེགས་མནབས་རྗེ་བཙུན་བློ་བཟང་གྲགས་པ་ཡི། །གོ་ཆ་བཙན་པོ་དེ་ལྟར་བདག་ཀྱང་བགོ །གཞོན་ནུ་ཉིད་ནས་ཇི་ལྟར་དམ་བཅས་པའི། །རླབས་ཆེན་སྤྱོད་པའི་ཁུར་ཆེན་ཆེས་ལྕི་ཡང་། །མི་འདོར་བཟོད་པའི་བརྟོན་འགྲུས་ས་གཞི་ལྟར། །རབ་བརྟན་རྗེ་བཙུན་རྗེས་སུ་བདག་ཀྱང་འཇུག །དམིགས་(༡༩༥ན)པའི་ངོ་བོ་གང་ལ་གཏད་གྱུར་ཀྱང་། །ལེ་ལོ་ལ་སོགས་ཉེས་པའི་སྐྱོན་ལྷ་ཡིས། །ནམ་ཡང་མི་གཡོ་ཡོན་ཏན་ལེགས་འཕེལ་བའི། །བསམ་གཏན་མཐར་ཕྱིན་ཁྱོད་རྗེས་བདག་ཀྱང་འཇུག །དེ་ཡི་ངང་ལས་བདག་གཉིས་འཛིན་པའི་ནགས། །དྲུངས་ནས་འབྱིན་པའི་ཤེས་རབ་མེ་ཆེན་གྱིས། །བདག་འཛིན་ཚལ་བཅོམ་ཤིན་སྦྱངས་བདེ་འོད་འབར། །ཤེས་རབ་མཐར་ཕྱིན་ཁྱོད་རྗེས་བདག་ཀྱང་འཇུག །བདེ་གཤེགས་རྣམས་ཀྱི་གཟུགས་སྐུ་བསོད་ནམས་དང་། །ཆོས་སྐུ་ཡེ་ཤེས་ཚོགས་ཀྱིས་བསྒྲུབ་དགོས་པ། །དེའང་ཕར་ཕྱིན་དྲུག་ཏུ་འདུས་གཟིགས་ནས། །བརྟུན་ཏེ་བསྒྲུབ་མཁས་ཁྱོད་རྗེས་བདག་ཀྱང་འཇུག །དེ་དག་རེར་ཡང་ཕར་ཕྱིན་དྲུག་ཚང་དང་། །སྙིང་རྗེ་ཤེས་རབ་ཀྱིས་ཟིན་རང་དོན་སྤངས། །བླ་མེད་བྱང་ཆུབ་རྒྱུ་རུ་བསྔོ་བ་སྟེ། །ཐབས་མཁས་གསུམ་ལྡན་མཛད་པ་དེ་རྗེས་འཇུག །དེ་ལྟར་རྗེ་བཙུན་བླ་མའི་རྣམ་ཐར་ལ། །རྗེས་སུ་ཡི་རང་དེ་བསྒྲུབ་རབ་སྨོན་པའི། །དགེ་བ་འདིས་མཚོན་ཟླ་འོད་ལྟར་དཀར་ཀུན། །འགྲོ་བའི་དོན་དུ་རྫོགས་བྱང་ཐོབ་ཕྱིར་བསྔོ། །དེང་ནས་ཇི་སྲིད་བྱང་ཆུབ་སྙིང་པོའི་བར། །བློ་བཟང་གྲགས་པའི་སྤྱོད་ཚུལ་ཅི་འདྲ་བར། །སྨོན་ཏེ་འཇམ་དཔལ་དཔའ་བོ་ཐབས་མཁས་པས། །འགྲོ་དོན་རླབས་ཆེན་སྤྱོད་པའི་རྗེས་འགྲོར་གྱུར། །ཐུབ་དབང་གཉིས་པ་བློ་བཟང་གྲགས་པ་ཡི། །ལུང་རྟོགས་པད་ཚལ་ཐུགས་རྗེའི་ཉི་འོད་ཀྱིས། །ཕྱེ་ལ་སྤྱོད་པའི་སྐལ་ལྡན་བྱ་མ་རྣམས། །ཐེག་གསུམ་ཤེས་གླུ་སྲིད་མཐར་སྒྲོགས་གྱུར་ཅིག །ཅེས

གསུངས་སོ། །

དེ་ནས་རྗེ་ཞལ་སྔ་(༡༩༥བ)ནས་བློ་བཟང་མགོན་པོ་ལ། དཔལ་གསང་བ་འདུས་པའི་འགྲེལ་པ་བཞི་སྦྲགས་ཀྱི་བཤད་ལུང་དང་། མཁས་གྲུབ་ཐམས་ཅད་མཁྱེན་པས་མཛད་པའི་དཔལ་རྡོ་རྗེ་འཇིགས་བྱེད་ཀྱི་བསྐྱེད་རིམ་སྟོད་ཆ་ཁ་སྐོང་འབྲོང་རྩེ་བློ་གྲོས་ཆོས་སྐྱོང་གིས་མཛད་པ་དང་བཅས་པ། འཛུག་པ་རང་འགྲེལ་དང་བཅས་པ། འགྲེལ་པ་དོན་གསལ། རྗེ་རིན་པོ་ཆེས་མཛད་པའི་རྩ་ལྟུང་རྣམ་བཤད་དང་། སྨིན་སྲེག་དངོས་གྲུབ་རྒྱ་མཚོ། དཔལ་རྡོ་རྗེ་འཇིགས་བྱེད་ཆེན་པོའི་མངོན་རྟོགས་ཟླ་མ་ཏོག །འདུལ་འཛིན་གྲགས་པ་རྒྱལ་མཚན་གྱིས་མཛད་པའི་གཞི་གསུམ་ཆོ་ག །བུ་སྟོན་ཐམས་ཅད་མཁྱེན་པས་མཛད་པའི་འདུལ་བའི་ལས་ཆོག་ཞར་བྱུང་ཁྲིམ་པ་ལ་ཕན་གདགས་པ་ཡན་བཅས་ཀྱི་ལུང་གསན་ནོ། །བར་སྐབས་ཤིག་པཎ་ཆེན་ཐམས་ཅད་མཁྱེན་པ་བློ་བཟང་ཆོས་ཀྱི་རྒྱལ་མཚན་དཔལ་བཟང་པོའི་ཐུགས་སྲས་སྐྱབ་པའི་རྒྱལ་མཚན་འཛིན་པ་རྣམས་ཀྱི་མཆོག་ཏུ་གྱུར་པ་དྲུང་པ་བློ་བཟང་དམ་ཆོས་རྒྱལ་མཚན་དཔལ་བཟང་པོའི་ཞལ་སྔ་ནས་ལ་ཕྱག་ཆེན་གྱི་ཁྲིད་ལུང་། འཇམ་དབྱངས་ཆོས་སྐོར་གྱི་ལུང་། གཅོད་ཁྲིད་ཐར་འདོད་དེད་དཔོན་གྱི་ཁྲིད་ལུང་རྣམས་གསན་ནོ། དེ་ནས་རྡོ་རྗེ་འཛིན་པ་ཆེན་པོ་བློ་བཟང་དོན་གྲུབ་ལ་རྗེ་གྲུབ་པའི་དབང་ཕྱུག་བློ་བཟང་དོན་ཡོད་གྲུབ་པའི་བཀའ་འབུམ་ཡོངས་རྫོགས། མཁས་གྲུབ་ཐམས་ཅད་མཁྱེན་པས་མཛད་པའི་འཁྲུལ་འཁོར་རྣམ་བཤད་ཆེན་མོ། སྨུར་མཛད་ཡེ་ཤེས་མགོན་པོ་ཕྱག་དྲུག་པའི་བེའུ་བུམ་མཁས་གྲུབ་རྗེས་ཞུས་དག་མ། འདུས་པའི་སྒྲུབ་ཐབས་རྣལ་འབྱོར་དག་རིམ་དང་དཀྱིལ་ཆོག་(༡༩༨ན) དབང་དོན་དེ་ཉིད་གསལ་བ་རྣམས་ཀྱི་ལུང་དང་། ཀུན་རིག་གི་དབང་། འདུལ་འཛིན་གྲགས་པ་རྒྱལ་མཚན་གྱིས་མཛད་པའི་ཀུན་རིག་གི་ཆོ་ག་ཆེན་མོ་དང་། འཁྲུལ་འཁོར་རྣམ་བཤད་ཀྱི་ཞལ་ཤེས་ཡིག་ཆུང་དང་ཡང་ཆུང་སྐོར་གྱི་ལུང་། རྡོ་རྗེ་ཕྲེང་བའི་དབང་ཡོངས་

རྫོགས། དཔལ་དུས་ཀྱི་འཁོར་ལོའི་རྡུལ་ཚོན་གྱི་དཀྱིལ་འཁོར་དུ་མཁས་གྲུབ་ཐམས་ཅད་མཁྱེན་པའི་སྒྲུབ་དཀྱིལ་ལ་བརྟེན་ནས་དབང་ཡོངས་སུ་རྫོགས་པ། ཕྲེང་བ་རྣམ་གསུམ་དང་སྒྲུབ་ཐབས་རྒྱ་མཚོ་རྒྱ་གཞུང་གི་ལུང་། སྣར་ཐང་བརྒྱ་རྩ་ནས་འབྱུང་བའི་ལྷ་རྣམས་ཀྱི་རྗེས་གནང་དང་དེའི་གཞུང་གི་ལུང་། འདུལ་འཛིན་བློ་གྲོས་སྦས་པས་མཛད་པའི་གཅོད་ཁྲིད་ཞལ་བྱུང་གསེར་ཕྲེང་། སྤྱན་སྔ་བློ་གྲོས་རྒྱལ་མཚན་གྱིས་མཛད་པའི་བློ་སྦྱོང་འཇིག་རྟེན་བུ་བའི་རྣམ་གཞག །བྱང་སེམས་ར་སྒྲེང་པས་མཛད་པའི་བློ་སྦྱོང་ཆེན་མོའི་ལུང་། བ་རི་བརྒྱ་རྩའི་རྗེས་གནང་དང་སྒྲུབ་ཐབས་ཀྱི་ལུང་། ལོ་ཙྪ་བ་གྲགས་པ་རྒྱལ་མཚན་གྱིས་བསྒྱུར་བའི་སྒྲུབ་ཐབས་རྒྱ་མཚོར་གྲགས་པའི་རྗེས་གནང་ཡོངས་རྫོགས། ཕྱག་རྡོར་འཁོར་ཆེན་གྱི་དབང་བཞི་ཡོངས་རྫོགས། རྒྱལ་བ་ལྔ་པས་མཛད་པའི་དཀྱིལ་ཆོག་གི་སྟེང་ནས་གཤེད་དམར་ལྷ་ལྔའི་དབང་དང་དཀྱིལ་ཆོག་གི་ལུང་། རྗེ་ཙོང་ཁ་པ་ཆེན་པོས་མཛད་པའི་དཀྱིལ་ཆོག་གི་སྟེང་ནས་གཤིན་རྗེའི་གཤེད་དམར་ནག་ལྷ་བཅུ་གསུམ་མ་གཉིས་ཀྱི་དབང་། མི་ཏྲ་བརྒྱ་རྩའི་དབང་ཡོངས་སུ་རྫོགས་པ། རྣམ་སྣང་མངོན་བྱང་། གསང་འདུས་འཇིག་རྟེན་དབང་ཕྱུག །(༡༩༤བ)དཔལ་རྡོ་རྗེ་འཇིགས་བྱེད་ཞི་དགུ་མ་དང་རོ་ལངས་བརྒྱད་སྐོར། དཔལ་མོ་ལུགས་ཀྱི་སྤྱན་རས་གཟིགས་བཅུ་གཅིག་ཞལ་གཙོ་འཁོར་ལྔ་པ། བཀའ་གདམས་ཐིག་ལེ་བཅུ་དྲུག་རྣམས་ཀྱི་དབང་དང་། རྣམ་སྲས་བཀའ་བཅོ་ལྔ། དཔལ་ལྷ་དུང་སྐྱོང་མ། ལྷ་མོ་དུད་སོལ་མ་རྣམས་ཀྱི་རྗེས་གནང་། དཔལ་རྡོ་རྗེ་འཇིགས་བྱེད་དཔའ་བོ་གཅིག་པའི་རྗེས་གནང་། དེའི་ཆོག་སྒྲིགས་སྤྲུལ་སྐུ་ངག་དབང་བསྟན་འཛིན་འཕྲིན་ལས་ཀྱིས་མཛད་པའི་ལུང་། གཞན་ཡང་ཚོགས་བདག་དམར་པོ་ཕྱག་བཅུ་གཉིས་པ། དུར་ཁྲོད་བདག་པོ་ཡབ་ཡུམ། རྡོ་རྗེ་རབ་བརྟན་མ། ཞང་བློན་རྡོ་རྗེ་བདུད་འདུལ། ཁྲོ་མོ་སྨེ་བརྩེགས། ལྷ་མོ་ཤྲ་མ་ཎ། རྡོ་རྗེ་སེམས་དཔའ། ཚེ་རིང་མཆེད་ལྔ་རྣམས་ཀྱི་རྗེས་གནང་དང་། འཇམ་དབྱངས

དམར་སེར་ལ་བརྟེན་པའི་དབྱངས་གསལ་གྱི་རྗེས་གནང་། རྟེན་འབྲེལ་སྙིང་པོའི་རྗེས་གནང་། ཐེང་ལྷུམ་དྲལ་དང་། མགོན་པོ་ཕྱག་བཞི་པ། གུར་ལྷ་བརྒྱད། ཕྱག་རྡོར་འཁོར་ཆེན། བཅུ་གཅིག་ཞལ་ལ་བརྟེན་པའི་མཁའ་འགྲོ་སྡེ་ལྔ། དབྱངས་ཅན་མ་དཀར་མོ་རྣམས་ཀྱི་རྗེས་གནང་། ལྷོ་བྲག་གྲུབ་ཆེན་ལས་ཀྱི་རྡོ་རྗེའི་ལུགས་ཀྱི་སྨན་རྒྱུད་ཀྱི་ཚེ་དབང་། ཕྱག་རྡོར་ལ་བརྟེན་པའི་དོན་དམ་བྱང་ཆུབ་སེམས་བསྐྱེད་ཀྱི་རྗེས་གནང་། ཕྱག་རྡོར་སྐུ་ལྔའི་རྗེས་གནང་། ཕྱག་རྡོར་ཞལ་གསུམ་ཕྱག་དྲུག་པ་གཙོ་འཁོར་དགུ་པའི་རྗེས་གནང་། ཕག་དཀར་ཤེས་རབ་གསལ་བྱེད་དང་། ཀུ་རུ་ཀུལླེ་གཉིས་ཀྱི་རྗེས་གནང་། ཚེ་དཔག་མེད་ལྷ་ལྔ་པ་ཉེ་རྒྱུད་ཀྱི་རྗེས་གནང་ཚེ་དབང་དུ་གྲགས་པ། གཞན་ཡང་བྱམས་ཆོས་སྡེ་ལྔ། དབུ་མ་རིགས་ཚོགས་དྲུག །བཞི་བརྒྱ་པ།(༡༩༧ན) འདུལ་བ་མདོ་རྩ། མཛོད་རྩ། འཇུག་པ། མངོན་པ་ཀུན་བཏུས། ཚད་མ་ཀུན་བཏུས། ཚད་མ་སྡེ་བདུན། སྐྱེས་རབས་སོ་བཞི་པ། ལམ་སྒྲོན་རང་འགྲེལ། རྣམ་བཤད་ཐར་ལམ་གསལ་བྱེད། རྣམ་བཤད་སྙིང་པོའི་རྒྱན། སྤྱོད་འཇུག་དར་ཊཱི་ཀ །སྟོང་ཐུན་སྐལ་བཟང་མིག་འབྱེད། བསྐྱེད་རིམ་དངོས་གྲུབ་རྒྱ་མཚོ། སྡོམ་གསུམ་རྣམ་གཞག་ཐུབ་བསྟན་བྱི་དོར། མཁས་གྲུབ་ཐམས་ཅད་མཁྱེན་པའི་གསུང་ཐོར་བུ། རྗེ་ཙོང་ཁ་པའི་རྣམ་ཐར་དད་པའི་འཇུག་ངོགས། མཁས་གྲུབ་རྗེས་མཛད་པའི་འདུས་པའི་ཞི་རྒྱས་ཀྱི་སྦྱིན་སྲེག །འདུལ་འཛིན་གྲགས་པ་རྒྱལ་མཚན་གྱིས་མཛད་པའི་དགེ་སློང་གི་བསླབ་བྱ་ཆེན་མོ་དང་ཀུན་རིག་ཊཱི་ཀ་ཆེན། བསླབ་བྱ་གནམ་རྩེ་ལྡིང་མ། བུ་སྟོན་ཆོས་འབྱུང་། བུ་སྟོན་ཐམས་ཅད་མཁྱེན་པས་མཛད་པའི་ཐུབ་པའི་རྣམ་ཐར་ཆེན་མོ་དང་། སྙིང་ཐུང་བདུད་མོ་ལ་སྨད་པ་དང་བཅས་པ། ས་སྐྱ་ལེགས་བཤད། ཤེས་བྱའི་མཁའ་དབྱིངས་མ། ཡེ་ཤེས་ཡོན་ཏན་བཟང་པོའི་བསྟོད་པ། བསྐལ་བཟང་རྒྱན་ཕྲེང་། འདུལ་ལུང་ཀ་པ་ནས་བཟུང་རྒྱལ་བའི་བཀའ་འགྱུར་རིན་པོ་ཆེ་ཡོངས་རྫོགས། མགོན་པོ་ཕྱག་དྲུག

པ་དང་ཞལ་གྱི་བསྐང་གསོ། སྤྱན་སྔ་བློ་གྲོས་རྒྱལ་མཚན་གྱི་གསུང་འབུམ་ཡོངས་རྫོགས། དཔལ་དུས་ཀྱི་འཁོར་ལོའི་འགྲེལ་ཆེན་དྲི་མེད་འོད། རྒྱལ་བ་ལྔ་པས་མཛད་པའི་སྨན་བླའི་མདོ་ཆོག །འདུལ་བའི་ལས་ཆོག །སྤྱན་སྔ་ཆོས་དྲུག །རྗེ་རིན་པོ་ཆེའི་གསུང་ཐེན་ཐྲིས་སྐོར་མང་བ་དང་། མཁས་གྲུབ་རྗེས་མཛད་པའི་རྒྱུད་སྡེ་སྤྱི་རྣམ། སྔགས་འཆང་གཟུངས་ཀྱི་དཔལ་བ་དང་(༡༩༧བ)བླ་མ་འཕགས་པ་སོགས་ཀྱི་མན་ངག་གིས་བརྒྱན་པའི་ཁྲུང་ཁྲའི་ལས་ཚོགས། རྣམ་སྲས་བེའུ་བུམ། དུར་ཁྲོད་བདག་པོའི་ལས་ཚོགས། དམ་པ་སངས་རྒྱས་ཀྱིས་མཛད་པའི་འཇམ་དབྱངས་ཆོས་སྐོར། རྟོགས་བརྗོད་དཔག་བསམ་འཁྲི་ཤིང་། རྒྱལ་བ་ལྔ་པས་མཛད་པའི་བླ་མའི་རྣལ་འབྱོར་གྱི་སྐོར། གཡང་ལ་ཆོས་རྗེས་མཛད་པའི་རྒྱལ་བ་དགེ་འདུན་རྒྱ་མཚོའི་རྣམ་ཐར་ཞབས་སྟེགས་དང་བཅས་པ། ཛོ་དྭ་རིས་མཛད་པའི་ཚེ་དཔག་མེད་ཀྱི་བསྙེད་པ་སྒྲུབ་ཐབས་དང་བཅས་པ། སྒྲ་མི་སྣན་གྱི་ཚེ་སྒྲུབ་བླ་མ་རྟོགས་ལྡན་པས་མཛད་པའི་རྗེའི་རྣམ་ཐར་ལེགས་བཤད་ཀུན་འདུས། རྒྱལ་བ་ལྔ་པའི་རྣམ་ཐར་ག་པའི་སྟོད་ཆ་ནས་ལུང་གི་འཕྲོ་ཡོད་པ་རྣམས། རྗེ་རིན་པོ་ཆེས་མཛད་པའི་འདུལ་བའི་ཐེན་ཐྲིས། སྤྱོད་འཇུག་ཤེར་ལེའི་ཐེན་ཐྲིས། བདག་བྱིན་རླབས་ཀྱི་ཐེན་ཐྲིས། མཁས་གྲུབ་རྗེ་སྐུ་མཆེད་ཀྱི་ཡིག་ཆུང་། རྗེ་གྲགས་པ་རྒྱལ་མཚན་གྱིས་མཛད་པའི་རབ་གནས་རྣམས་ཀྱི་ལུང་དང་། ཀུན་རིག་གི་དབང་། ངན་སོང་སྦྱོང་བའི་དཀྱིལ་འཁོར་བཅུ་གཉིས་ཀྱི་དབང་། གདུགས་དཀར་ལྷ་སོ་ལྔ་དང་བཅུ་བདུན་མ་གཉིས་ཀྱི་དབང་སྔ་གོན་དང་བཅས་པ། འཇམ་དབྱངས་ཆོས་སྐོར་གྱི་ནང་གི་སྒྲོལ་དཀར་གྱི་རྗེས་གནང་དང་ཉེར་མཁོའི་ལུང་འགའ་ཞིག་རྣམས་གསན་ཞིང་། ལྕགས་ཏ་ས་ག་ཟླ་བའི་ཚེས་བཅུ་བཞི་བཅོ་ལྔ་གཉིས་ལ་དམ་པ་འདིའི་ཞབས་དྲུང་དུ་ཐེག་ཆེན་གསོ་སྦྱོང་གི་སྡོམ་པ་བཞེས་ནས། སྐྱུང་བར་གནས་པའི་ཚོ་ག་ཇི་ལྟར་བྱ་བའི་ཚུལ་རྣམས་ཀུང་སྔ་གོང་ནས་དོགས་གཅོད་མཛད་དེ་སྦྱོར་དངོས་གཉིས་ཀ་རྣམ་པར་དག

པར་མཛད་དོ། །

རྗེ་འདི་ནི་ལེགས་ཚོགས་ཐམས་ཅད་(༡༩༢ན)ཀྱི་རྩ་བ་བཤེས་གཉེན་བསྟེན་ཚུལ་ལ་ཤིན་ཏུ་བཟོ་བར་མཛད་པས་བླ་ཆེན་གྱི་གོ་སར་བཞུགས་པ་ཙམ་ལས་བླ་མ་རྣམས་ལ་ཆེ་འགྲིང་ནམ་ཡང་མི་མཛད་པར་ཤིན་ཏུ་གུས་པས་ཕྱག་འཚལ་ཞིང་མཆོད་པའི་དངོས་པོ་ཡིད་དུ་འོང་བ་མཐའ་དག་གིས་མཆོད་ཅིང་བཀའ་བཞིན་སྒྲུབ་པ་ལས་ནམ་ཡང་མི་གཡེལ་བར་མཛད་དེ་རྗེ་ཉིད་ཀྱི་ཞལ་ནས། ཐོས་པའི་ཚོམས་ལས། ཐོས་པས་ཆོས་རྣམས་ཤེས་པར་འགྱུར། །ཐོས་པས་སྡིག་ལས་ལྡོག་པར་བྱེད། །ཐོས་པས་དོན་མ་ཡིན་པ་སྤོང་། །ཐོས་པས་མྱ་ངན་འདས་པ་ཐོབ། །ཅེས་དང་། སྡིག་པ་དང་ནི་དགེ་བའི་ཆོས། །མ་ཐོས་བར་དུ་ཤེས་མི་འགྱུར། །མིག་ལྡན་མར་མེ་ཡོད་པ་ཡིས། །གཟུགས་རྣམས་མཐོང་བ་ཇི་ལྟ་བར། །དེ་བཞིན་དགེ་དང་སྡིག་པའི་ཆོས། །ཐོས་པས་རྣམ་པར་ཤེས་པར་འགྱུར། །ཞེས་སོགས་གསུངས་པ་ལྟར་རྒྱལ་བའི་བཀའ་དང་དེའི་དགོངས་འགྲེལ་གྱི་བསྟན་བཅོས་མང་པོའི་ལུང་ཐོབ་པར་འདོད་པ་དང་། དེའང་བདག་ཉིད་ལྟ་བུའི་བློ་དམན་གྱིས་ཐོས་པ་ཙམ་གྱིས་དགོངས་དོན་ཟབ་མོ་རྣམས་རྟོགས་དཀའ་བས་རྟག་ཏུ་དགེ་བའི་བཤེས་གཉེན་དམ་པ་དང་མི་འབྲལ་བར་བྱ་དགོས་སྙམ་སྟེ། སྤྱི་གོང་ནས་མཁན་ཆེན་རྡོ་རྗེ་འཛིན་པ་ཆེན་པོ་དང་། ཁྱབ་བདག་འཁོར་ལོའི་མགོན་པོ་བློ་བཟང་དོན་གྲུབ་པའི་ཞལ་སྔ་ནས་དང་། བཀའ་དྲིན་མཚུངས་མེད་བསོད་ནམས་གྲགས་པའི་ཞལ་སྔ་ནས་གསུམ་ལའང་བླ་བྲང་རང་དུ་བཞུགས་དགོས་པའི་གསོལ་བ་བཏབ། དེ་ཡང་དགེ་བའི་བཤེས་གཉེན་པོ་ཏོ་བ་ཆེན་པོའི་ཞལ་ནས། རྣམ་གྲོལ་བསྒྲུབ་པ་ལ་བླ་(༡༩༢བ)མ་ལས་གལ་ཆེ་བ་མེད་དེ། ཚེ་འདིའི་བྱ་བ་བལྟས་ནས་བྱས་ཆོག་པ་ལ་ཡང་སློབ་མཁན་མེད་པར་མི་འོང་ན་ངན་སོང་ནས་འོང་མ་ཐག་པ་འགྲོ་མ་མྱོང་བའི་སར་འགྲོ་བ་ལ་བླ་མ་མེད་པར་ག་ན་འོང་། གསུངས་པ་དེ་མད་སྙམ་པ་བྱུང་། དེ་

ཡང་གོ་སའི་དབང་གིས་བླ་ཆེན་གྱི་འགྱིང་ཚུལ་ལ་གནས་དགོས་པ་ཙམ་མ་གཏོགས་བཞེས་གཉེན་དམ་པ་དེ་དག་ལ་མི་གུས་པ་སྣང་ཙིག་ཙམ་ཡང་སྐྱེ་མ་མྱོང་ཞིང་། པོ་ཏོ་བས་སྤྱན་སྔའི་གྲྭ་པ་རྣམས་ལ། ཁྱེད་ངའི་དགེ་བཤེས་བྱང་ཆུབ་སེམས་དཔའ་འདི་ལྷ་བུ་དང་འཕྲད་ནས་བཀའ་བཞིན་བསྒྲུབ་ཏུ་ཡོད་པ་བསོད་ནམས་ཆེའོ། །ཞེས་གསུངས་པ་ལྟར་འདི་དག་ལྷ་བུའི་བཤེས་གཉེན་དམ་པ་དང་མཇལ་བ་བསོད་ནམས་ཆེ་ཞིང་སྐལ་བ་བཟང་སྙམ་པ་དང་། ཡང་དམ་པ་དེ་ཉིད་ཀྱི་གསུང་གི་འཕྲོས་ལས། ད་ཁུར་དུ་མི་འགྲོ་བར་རྒྱུན་དུ་འགྲོ་བར་གྱིས་ཤིག་གསུངས་པ་ཡང་ཡོད་པས་དེ་བཞིན་དུ་བགྱིའོ་སྙམ་པ་ཡང་བྱུང་། དྲག་ཤུལ་ཅན་གྱིས་ཞུས་པའི་མདོ་ལས། ཚོགས་བཅད་གཅིག་ཉན་ན་དེའི་ཚིག་འབྲུའི་གྲངས་དང་མཉམ་པའི་བསྐལ་པར་བདེ་བའི་ཡོ་བྱད་ཐམས་ཅད་ཀྱིས་མཆོད་ཀྱང་། དེའི་དྲིན་ལན་མི་འཁོར་གསུངས་པ་ལྟར། བདག་ཉིད་ཀྱིས་ཀྱང་དེ་དག་བློ་ལ་བཅངས་ནས་གུས་མཆོད་ཇི་ལྟར་བྱས་རུང་དྲིན་འཁོར་ཐབས་མ་མཆིས་མོད། འོན་ཀྱང་སྒོ་གསུམ་མི་ཕྱེད་དད་པའི་སྒོ་ནས་དུས་དང་རྣམ་པ་ཀུན་ཏུ་བླ་མར་བགྱིས་ཤིང་། དབང་ལུང་མན་ངག་སོགས་ཞུ་བའི་སྐབས་སུ་སྐྱེས་རབས་ལས། རབ་ཏུ་དམའ་བའི་སྟན་ལ་འདུག །དུལ་བའི་དཔལ་ནི་རྣམ་པར་སྐྱེད། །ཅེས་སོགས་གསུངས་པ་བཞིན། སློབ་དཔོན་སྟན་མཐོན་པོའི་(༡༩༨༦)སྟེང་དུ་བཞུགས་སུ་གསོལ། བདག་ཉིད་ཀྱིས་ཁེངས་པ་བསྒྱུངས་ཏེ་དམའ་བར་བསྡད། ཕྱག་སོགས་ཡན་ལག་བདུན་པ་མཎྜལ་དང་བཅས་ཕུལ་བས་མཆོན་པའི་གུས་མཆོད་དང་། སྐབས་མཚམས་སོ་སོར་དངོས་པོའི་ཡོན་དང་། རྒྱུན་པར་ཡང་ཉེར་སེམས་ཡང་དག་བགྱིས་སོ། །ཞེས་གསུངས་པ་ལྟར་རོ། །

དེ་ལྟར་ཡོངས་འཛིན་དམ་པ་མང་པོ་ལས་ཆོས་རྒྱ་ཆེར་གསན་པའི་ཚུལ་དེ་དག་ལ་ནི་རྗེ་རང་ཉིད་ཀྱི་ཞལ་ནས། རྡོ་རྗེ་འཆང་དངོས་བློ་བཟང་དོན་གྲུབ་དང་། །འདུལ་

འཛིན་བསོད་ནམས་གྲགས་པའི་ཞབས་བསྟེན་ནས། །དབང་ལུང་མན་ངག་བདུད་རྩིའི་རྒྱུན་འཐུངས་ཏེ། །ཐོས་བསམ་སྒོམ་པའི་རོ་མཆོག་སྤྱོལ་མར་མྱངས། །ལུས་སེམས་ངལ་བརྒྱུས་བསྒྲུབ་པ་སྒྲུ་མའི་ནོར། །བདག་འཛིན་ལྕགས་སྒྲོག་གིས་བཅིངས་སྲིད་མི་བཟོད། །ཕངས་མེད་བདག་ལ་གདད་ནས་འདི་ཕྱི་ཡི། །སྐྱབས་གནས་བཅོལ་བའི་འགྲོ་བ་གྲངས་མེད་གདའ། །བདག་ལ་དེ་དག་སྐྱོབ་པའི་ནུས་མེད་ཀྱང་། །མཆོག་གསུམ་དམ་པའི་རྟེན་གསུམ་བཞེངས་མཆོད་དང་། །དགེ་འདུན་བསྙེན་བཀུར་དབུལ་ཕོངས་སྦྱིན་གཏོང་རྒྱུར། །བསྔོས་ལས་བདག་ཏུ་གཟུང་བའི་དངོས་པོ་མེད། །ཚུལ་འདི་གཟུར་གནས་མཁས་པས་བརྟགས་གྱུར་ན། །དྲིན་ལན་ལེགས་གཞལ་རེ་འབྲས་ཆུད་མ་ཟོས། །དཀོན་མཆོག་ཐུགས་རྗེའི་ནུས་པ་མཐུ་བཙན་པས། །རེ་བལྟོས་བཅས་པ་ངན་འགྲོར་ལྟུང་མི་སྲིད། །རང་གཞན་སྐྱེ་འཕགས་ཀུན་གྱིས་དུས་གསུམ་དུ། །བསགས་པའི་དགེ་ཚོགས་མཁའ་མཉམ་དྲིན་ཅན་མ། །བླ་མེད་བྱང་ཆུབ་(༡༩༨བ)ཐོབ་པའི་རྒྱུར་བསྔོ་ཞིང་། །བདག་ཀྱང་དེ་དག་ཀུན་གྱི་འདྲེན་པར་སྨོན། །ཞེས་གསུངས་སོ། །

དེ་ལྟར་གསན་སྦྱོང་མཛད་པའི་སྐབས་རྣམས་སུ་འང་ཕྱོགས་ཕྱོགས་ནས་འདུས་པའི་ཆོས་དོན་གཉེར་ཅན་རྣམས་ལ་རང་རང་གི་དབང་པོ་དང་འཚམ་པའི་ཆོས་ཀྱི་བདུད་རྩི་བརྒྱུད་མར་སྩལ། ཁྱད་པར་བཀྲ་ཤིས་ལྷུན་པོའི་སྔགས་གྲྭར་བཞུགས་པའི་དགེ་བའི་བཤེས་གཉེན་རྣམས་ཀྱིས་གསོལ་བ་བཏབ་ནས་སྔགས་གྲྭ་པ་ཚང་མའི་ཐོག་ཕྱོགས་ཕྱོགས་ནས་འདུས་པའི་བླ་ཆེན་མང་པོ་དང་བཅས་པ་ལ་རྡོ་རྗེ་འཇིགས་བྱེད་བཅུ་གསུམ་མའི་དཀྱིལ་འཁོར་དུ་སྟ་གོན་དང་དབང་བཞི་ཡོངས་སུ་རྫོགས་པ་རྗེ་རྒྱལ་བ་གཉིས་པའི་ཐུགས་ཀྱི་བཅུད་ཕྱུང་བའི་སྔགས་ཀྱི་ཟབ་བཤད་རྒྱས་པ་དང་བཅས་སྩལ། དགེ་འདུན་འདུས་པ་རྒྱ་མཚོའི་ཚོགས་ལ་འང་དབང་དང་རྗེས་གནང་རིམ་པར་སྩལ་ཏེ་ཐོག་མར་རི་བོ་དགའ་ལྡན་པའི་ཐུན་མོང་མིན་པའི་ཟབ་ཆོས་འཇམ་

དབྱངས་ཆོས་སྐོར་ཡོངས་རྫོགས་ཀྱི་རྗེས་གནང་དང་ལུང་། ཆོས་སྤྱོད་རབ་གསལ་སོགས་ཆོས་ཀྱི་འཁོར་ལོ་བརྒྱུད་མར་བསྐོར། སླར་ཡང་རྗེ་ཞལ་སྔ་ནས་འཇམ་དབྱངས་ཆོས་འཕེལ་གྱིས་གསོལ་བ་བཏབ་ནས་དགེ་བའི་བཤེས་གཉེན་རགས་བསྡུས་ཞིག་ལ་རྡོ་རྗེ་འཇིགས་བྱེད་ལྷ་བཅུ་གསུམ་མའི་དབང་ཆེན་རྒྱས་པར་གནང་། བར་སྐབས་ཤིག་བཀྲ་ཤིས་རྩེ་པ་ཡུམ་སྲས་ཀྱིས་ཞབས་བརྟན་ཕུལ་བར་ཐུགས་དགྱེས་པ་ཆེན་པོས་རྟེན་འབྲེལ་ལེགས་པོ་བྱུང་ཞེས་སྨོན་ལམ་འདི་ལྟར་མཛད་དེ།

ན་མོ་གུ་རུ་ཤཱཀྱ་མུ་ན་ཡེ། བཅོ་སྒྲུངས་ས་ཟླའི་ལྷུན་པོར་ཧ་བདུན་རྒྱལ། །འབུམ་ཕྲག་ཟེར་སྟོང་སྤྲོ་བས་རབ(༡༥༠༩)སྤྱོད་ཀྱང་། །བསྒྲུབ་པར་མི་ནུས་མཚན་དཔེའི་དཔལ་འབར་བ། །མཉམ་མེད་ཟས་གཙང་སྲས་པོས་དགེ་ལེགས་སྩོལ། །བཀའ་དྲིན་མཚུངས་མེད་གངས་ཅན་འགྲོ་བའི་མགོན། །ཐམས་ཅད་མཁྱེན་པ་བློ་བཟང་རྒྱ་མཚོའི་སྡེ། །ལྷ་ཆོས་བདུན་ལྡན་དཀོན་མཆོག་རྒྱལ་མཚན་ཏེ། །མཁན་ཆེན་རྣམ་གཉིས་ཞབས་རྡུལ་སྤྱི་བོར་བསྟེན། །དུས་གསུམ་ཕྱོགས་བཅུའི་སངས་རྒྱས་ཐམས་ཅད་དང་། །བརྒྱད་ཁྲི་བཞི་སྟོང་ནད་འཇོམས་སྨན་མཆོག་ཆོས། །ཚུལ་བཞིན་བསྒྲུབ་པ་ཐེག་གསུམ་དགེ་འདུན་ཏེ། །རིན་ཆེན་རྣམ་པ་གསུམ་ལ་མགོས་ཕྱག་འཚལ། །ཐེམ་གཟུགས་ཡིད་བཞིན་ནོར་བུར་གསོལ་བཏབ་པས། །ཡིད་ལ་འདོད་དགུའི་འབྱོར་པ་ཀུན་འབྱུང་ན། །རྫུན་སྤངས་བདེན་གསུང་རྒྱལ་བའི་བདེན་པ་ཡིས། །བདག་གི་སྨོན་ལམ་ཇི་བཞིན་ཅིས་མི་འགྲུབ། །དེས་ན་བླ་མ་རྒྱལ་བ་སྲས་དང་བཅས། །དྭངས་པའི་མཁའ་ལ་རྒྱ་སྐར་གསལ་ཇི་བཞིན། །དད་ལྡན་སྨོན་པའི་ཞིང་དུ་ལེགས་བཞུགས་ལ། །རེ་བ་ཇི་བཞིན་འགྲུབ་པའི་གྲོགས་མཛོད་ཅིག །སོ་ཐར་རིས་བདུན་ཡོན་ཏན་གཞི་རྟེན་དུ། །རྒྱལ་བས་གསུངས་བཞིན་གྲངས་མེད་དྲིན་ཅན་མ། །རིམ་གྱིས་དེ་སྐོར་འཇུག་དང་ཁྱད་པར་དུ། །ཞུར་སྙིག་འཛིན་པས་ལྟོངས་འདིར་འགོངས་ནས་ཤོག །དེ་དག་ཀུན་ཀྱང་མི་དགེ་བཅུ་བྲལ་ཞིང་། །རྣམ་

དག་བསླབ་གསུམ་ལྡན་པའི་དགེ་སྐྱོང་མཆོག །ཚུལ་ཁྲིམས་བསྲུང་ཞིམ་འཐུལ་བའི་ཡོངས་འདུ་ཆེ། །བསྟན་འགྲོར་ཕན་བདེ་སྟེར་ནུས་ཉིད་གྱུར་ཅིག །སྲིད་མཚོར་འཁྱམས་པའི་ཕ་མ་གྲངས་མེད་ཚོགས། །ཕྱུག་གིས་དྲངས་ནས་ཐམས་ཅད་མཁྱེན་གླིང་དུ། །སྒྲོལ་བའི་ནུས་པ་རྒྱལ་བ་རྣམས་ལའང་(༡༥༠བ)མེད། །དེས་ན་ཐབས་མཁས་གྲུ་འདིས་སྒྲོལ་ནུས་ཤོག །རང་ རང་གྲུབ་མཐར་ཞུགས་པའི་ཁྲིམས་ལྡན་ཚོགས། །ཀུན་ཀྱང་ཐུབ་བསྟན་ཉིད་དུ་ཁྱད་མེད་ལ། །ཕྱོགས་ལྷུང་གདོན་གྱིས་བསྐྱོད་ཤུགས་མི་ལྡང་བར། །གྲུ་ནང་སྐྱེས་བུ་བཞིན་དུ་ཐུགས་མཐུན་ཤོག །འཇིག་རྟེན་ཁམས་ཀྱི་བདེ་སྐྱིད་མ་ལུས་པ། །ཐམས་ཅད་ཐུབ་པའི་བསྟན་ལ་རག་ལས་པས། །དུར་སྨྲིག་རྒྱལ་མཚན་འཛིན་པའི་ཚོགས་རྣམས་ཀྱིས། །ཚུལ་ཁྲིམས་རིན་ཆེན་གཏེར་བུམ་གཅེས་འཛིན་ཤོག །ཐུབ་བསྟན་སོ་སོ་ཐར་པ་རིས་བདུན་དང་། ཁྱད་པར་ཚངས་སྤྱོད་དཔལ་ལྡན་དགེ་སྐྱོང་གིས། །བརྙའི་ཚལ་ལ་བྱུང་བའི་ཚོགས་ཇི་བཞིན། །འཛིན་མའི་ལྟོ་འདི་བདག་གིས་འགེང་ནུས་ཤོག །འདི་ལྟར་སྨོན་ལམ་ལྷག་བསམ་དག་སྒོ་ནས། །བཏབ་པའི་དགེ་བས་ཚེ་རབས་ཐམས་ཅད་དུ། །མཐོ་རིས་ཡོན་ཏན་བདུན་ལྡན་རྟེན་ཐོབ་སྟེ། །རྟག་ཏུ་དགེ་སྦྱོང་དངོས་པོ་ཐོབ་པར་ཤོག །དེ་ཐོབ་ནས་ཀྱང་ཕ་མར་གྱུར་པའི་འགྲོ །ཐབས་མཁས་འདི་ཡིས་སྒྲོལ་ལ་མི་ཞུམ་པའི། །སྙིང་སྟོབས་ཕུལ་བྱུང་ནམ་ཡང་མི་འདོར་སོགས། །ཀུན་བཟང་སྤྱོད་ཀུན་བདག་གིས་སྤྱོད་གྱུར་ཅིག །ཅེས་སོ། །

ཇེ་འདི་ལ་རྒྱ་བོད་ཧོར་གསུམ་ནས་མཇལ་དང་མཁོ་དགུའི་ཡོ་བྱད་འབུལ་མི་གྲངས་ཀྱིས་མི་ལང་བ་ལ་བཀྲ་ཤིས་རྟེ་པས་མཇལ་ཕྱུལ་བ་འདི་ལ་ལྷག་པར་དགྱེས་ཚོར་ཆེ་བས་སྨོན་ཚིག་འདི་ལྟར་མཛད་པ་ནི་མ་འོངས་པའི་འབྱུང་འགྱུར་ལ་དགོངས་པར་མངོན་ནོ། །དེ་སྐབས་གོང་མ་ཆེན་པོའི་གསེར་ཡིག་པ་གསེར་སྲང་ལྔ་བརྒྱ་དང་དངུལ་སྲང་ཉིས་སྟོང་གིས་གཙོས་པའི་དངོས་པོ་ཚད་མེད་པ་དང་བཅས་འབུལ་མི་

གནང་བ་འགྱུར་བར་གོང་མ་ཆེན་པོའི་བཀའ་དག་ལ་ངའི་ཕའི་(༡༥༡ན)ཐོག་རྒྱལ་དབང་ཐམས་ཅད་མཁྱེན་པ་སྤྱན་དྲངས་པས་བསྟན་འགྲོར་ཕན་ཆེ་ཞིང་རྒྱ་བོད་ལུགས་ལེགས་པ་བྱུང་། ད་རྔོས་སྒྲོག་ཐོབ་པཎ་ཆེན་གྱིས་རྒྱལ་བའི་བསྟན་པ་དང་སེམས་ཅན་གྱི་དོན་ལ་དགོངས་ནས་རྒྱ་ནག་ཏུ་ཕེབས་དགོས་ཚུལ་གསེར་ཡིག་དང་བཀའ་དག་བཅས་བྱུང་བའི་ཐོག་སྡེ་སྲིད་རིན་པོ་ཆེ་ནས་ཀྱང་གོང་མ་ཆེན་པོའི་བཀའ་འདི་འདྲ་ཕེབས་པ་རྨི་ལམ་དུ་བསྒྲུགས་པ་མངོན་སུམ་དུ་བྱུང་བ་ལྟ་བུ་ཡིན་འདུག་པས་ད་ལམ་ཅིས་ཀྱང་ཕེབས་དགོས་ཞེས་ཞུ་བ་མཛད་པར་རྗེ་འདི་པ་ནི་གསེར་དང་བོང་བ་མཉམ། ནམ་མཁའ་དང་ལག་མཐིལ་དུ་མཉམ་པའི་ཐུགས་མངའ་བ་ཡིན་གཤིས་རྒྱ་ནག་ཏུ་འབྱོན་པ་དགག་བྱ་ཆེ་ཞིང་དགོས་པ་ཆུང་བར་གཟིགས་ནས་གོང་མའི་གསེར་ཡིག་པ་རྣམས་ལ་བཀའ་འདི་ལྟར་གནང་སྟེ། དངོས་གཞི་གོང་མ་ཆེན་པོ་མཆོག་ཏུ་དགྱེས་པའི་བཀའ་ལུང་ཡིན་འདུག་ཀྱང་འབྱུམ་པ་མ་ཐར་བས་འགྲོ་བསྐྱོད་ཅི་ལ་འོང་རུང་། གོང་མའི་ཐམ་ཁ་ལ་བལྟས་ནས་ཞབས་ཆ་རྗེས་ལ་ཡོང་བཀའ་ཕེབས་ཤིང་། མགྲོན་གཉེར་ལ་ཡང་ཁོང་མི་སྣ་རྣམས་ལ་ཞུས་པ་བཞིན་དེ་རིགས་བསླབ་སྟོན་སྤང་བླང་ཞུ་ཐུབ་མདོག་མ་ཁ་བས་དགོངས་སེལ་གྱི་ཞུ་ཡིག་འབུལ་བ་བྱེད་གསུངས་ཤིང་། འཇམ་དབྱངས་གོང་མ་ཆེན་པོར་ཡང་ཞུ་ཡིག་རྗེན་སྦྲགས་དང་བཅས་རྒྱ་ནག་ཕྱོགས་སུ་འགྲོ་བ་ལ་འབྱུམ་དགོས་ཀྱིས་བག་གཟོན་བྱེད་དགོས་སོགས་རྒྱུ་མཚན་ཞིབ་འབུལ་གནང་། དེ་མཚུངས་མི་སྣ་རྣམས་ལ་ཡང་དག་མར། དངོས་གཞི་གོང་མ་ཆེན་པོ་ཤིན་ཏུ་དགྱེས་ཤིང་སྤྱན་བསྐྱངས་ཆེ་བའི་བསླབ་སྟོན་ཡིན་འདུག་གཤིས་བཀའ་དང་ལེན་ཞུ་སྒྲོ་ཡང་། (༡༥༡བ)སྲིར་ཐོས་བསམ་བྱེད་པའི་འཕྲོ་ཡིན་པར་མ་ཟད་འབྱུམ་པའི་ནད་མ་ཐར་བས་འདིར་ཡང་དུས་རྒྱུན་དུ་འབྱུམ་ནད་ལ་བག་གཟོན་གྱིས་བཅད་མཚམས་དམ་པོར་སྡོད་དགོས་པ་བཅས་དགག་བྱ་ཆེ་བ་དང་། ཡང་སྐོས་སུ་བདག་ལྟ་བུ་ཞིག་གིས་བསྟན་པ་དང་སེམས་ཅན་ལ་

ཕན་དཀའ་གཉིས་འགྲོ་འདུག་ངལ་བ་ཙམ་ལས་དགོས་པ་ཆུང་བ་བཅས་སྤྱི་སྒོས་གང་ས་ནས་དགོངས་པ་ཞུ་དགོས་ཀྱི་ཞུ་ཡིག་ཞིབ་འཐུས་ཕུལ་ཡོད་པས། ཁྱེད་རྣམས་ཀྱིས་ཀུང་གོང་མ་ཆེན་པོའི་སྐུ་ཞབས་སུ་དེ་ལུགས་བཞིན་དགོངས་པ་རྩ་ཡངས་བརྩེ་བས་གཟིགས་དགོས་པའི་བསླབ་སྟོན་གང་དྲག་ཞུ་གྲོགས་མཛོད་གསུངས་ཤིང་། མགྲོན་གཉེར་འབྲི་ལུང་པར་ཡང་སྡེ་སྲིད་རིན་པོ་ཆེའི་ཞུ་ཡིག་ཏུ་ཞིབ་འཐུས་ཕུལ་ཡོད་པ་ལྟར་དགོངས་ཡངས་ཐུགས་རྗེ་ཆེ་དགོས་པའི་བསླབ་སྟོན་ཞུ་གྲོགས་མཛོད་ཅེས་གསུངས་ཤིང་། དེ་མཐུན་གོང་མའི་ཞུ་ལན་དུའང་དེ་ལྟར་འབུལ་བར་མཛད། ཡང་དེའི་ཕྱི་ལོ་གོང་མ་ཆེན་པོ་ནས་གསེར་དངུལ་ལ་སོགས་པའི་ཡོ་བྱད་ཕོན་ཆེ་བ་དང་བཅས་ཡང་སྐྱུར་རྗེ་འདི་པ་ཕོ་བྲང་དུ་གདན་འདྲེན་པའི་གསེར་ཡིག་དང་བཀའ་ངག་བཅས་འབྱོར་པ། མི་སྣ་རྣམས་ཀྱི་ངག་ནས་འདི་ལྟར་ཞུ་བ་བྱུང་སྟེ། གོང་མ་རྒྱལ་པོའི་བཀའ་ལ་པཎ་ཆེན་མཆོག་གི་སྤྲུལ་སྐུ་རིན་པོ་ཆེ་སྔ་སོར་གདན་འདྲེན་བཏང་ཡང་བྱོན་པ་མ་བྱུང་། ད་ལམ་ཅིས་ཀྱང་འབྱོན་དགོས་ཚུལ་གསེར་ཡིག་དང་བཀའ་ངག་མ་བཅས་བྱུང་བར་རྗེ་འདིས་ལན་དུ་འདི་ལྟར་གསུངས་ཏེ། ངེད་ལ་ལུང་རྟོགས་ཀྱི་ཡོན་ཏན་ཅི་ཡང་མེད་པར་ཤར་ཕྱོགས་གོང་མའི་རྒྱལ་ཁབ་ཏུ་ཡོང་དགོས་བཀའ་སྩལ་ཕེབས་པ་བདག་ཉིད་ལ་གཟིགས་པ་ཤིན(༡༥༢ན)ཏུ་མཐོ་བའི་བཀའ་སྩལ་ཡིན་འདུག་ཀྱང་། འབྲུམ་ནད་ལ་འཛེམ་དགོས་ཀྱི་དགག་བྱ་ཆེ་བ་བཅས་ཁས་ལེན་ཞུ་མི་ནུས་འདུག་པས། དེ་དོན་ལྟར་ཁྱེད་མི་སྣ་སྤྲོལ་པོས་ཀྱང་ཞུ་གང་ལེགས་ཀྱི་སྒོ་ནས་དགོངས་ཁྲོལ་ཡོང་བའི་གྲོགས་དན་དགོས་ཚུལ་གསུངས་ནས་ཕེབས་པར་མ་བཞེད། སྡེ་སྲིད་རིན་པོ་ཆེ་ནས་གོང་མ་ཆེན་པོའི་བཀའ་བཅག་ན་སྐུ་ཉིད་རང་ལ་ཡ་ཡུད་ཡོང་ཞིང་རྒྱ་བོད་ཀྱི་བསྟན་སྲིད་ལའང་མི་འགབ་ཅེས་ཚ་ནན་ཞུས་འདུག་ཀྱང་རྗེ་འདི་པ་ནི་སྲིད་གསུམ་སྒྱུ་མ་དང་རྨི་ལམ་ལྟར་གཟིགས་ཤིང་སེམས་ཅན་ལ་ཕན་ན་ནི་དམྱལ་བའི་མེ་ནང་དུའང་

འགྲོན་པར་བཞེད་ལ། དེ་ལྟ་མིན་ན་རང་དོན་དུ་ནི་ཚངས་པ་དང་བརྒྱ་བྱིན་གྱི་དཔལ་ཡང་མི་བཞེད་ཅིང་། རང་དོན་དུ་ཐར་པའི་བདེ་བའང་སྒྲུབ་པར་མ་བཞེད་ན་ཚེ་འདིའི་ཕུན་ཚོགས་ལ་ཐུགས་ཆགས་པའི་གོ་སྐབས་ག་ལ་ཡོད། ཚུལ་འདི་ནི་བདག་གི་དྲིན་ཅན་རྩ་བའི་བླ་མ་རྗེ་བཙུན་ཐམས་ཅད་མཁྱེན་པ་འདིའི་རྣམ་པར་ཐར་པ་ཐུན་མོང་མིན་པ་ཞིག་སྟེ། དེང་སང་སྙིགས་མ་ལྔ་ཆེས་ཆེར་བདོ་བས་སྐྱེ་བོ་ཕལ་ཆེར་ཚེ་འདིའི་ལྟོ་གོས་ཙམ་ཞིག་དོན་དུ་གཉེར་བ་ལས་ཆོས་ལ་སེམས་པའི་གོ་སྐབས་བྲལ་ཞིང་། ཆོས་པར་རློམ་པ་ཕལ་མོ་ཆེ་ཡང་ཚེ་འདིའི་སྙེད་བཀུར་ངན་དོན་རེ་ལ་ཆགས་ནས་སྡོ་གསུམ་གྱི་སྤྱོད་པ་ཅི་བྱེད་སྙེད་བཀུར་སྙན་གྲགས་སྒྲུབ་པའི་ཐབས་ཁོ་ནར་བྱེད་པ་ལས་ཚེ་འདིའི་འཁྲི་བ་བཅད་དེ་རྒྱལ་བ་དགྱེས་པའི་ལམ་ལ་སློབ་པ་ཉིན་མོའི་སྐར་མ་ལྟར་དཀོན་པའི་དུས་མཐའ་འདིར། ཡངས་པའི་ས་ཆེན་(༡༥(༢བ)པོ་ལ་སྟོབས་ཀྱིས་འཁོར་ལོས་བསྒྱུར་བ་གོང་མ་བདག་པོ་ཆེན་པོས་གུས་པས་མཆོད་པའང་བདག་གི་མི་མཛད་ཅིང་རི་དྭགས་ལ་ཤ་བྱིན་པ་ལྟར་ཚུལ་འདིས་རྐྱེན་བྱས་ནས་སྲིད་པའི་ཕུན་ཚོགས་མཐའ་དག་ལ་ཆེས་ཆེར་སྐྱུག་པར་མཛད་པ་འདི་འདྲ་བའི་རྣམ་པར་ཐར་པ་ནི་བློ་གཟུ་བོར་གནས་པ་རྣམས་ཀྱིས་ལེགས་པར་བསམས་ན་སྙིགས་མ་ལྔ་བདོ་བའི་དུས་མཐའ་འདིར་འདི་འདྲ་བའི་བདག་ཉིད་ཆེན་པོ་བྱོན་པ་ནི་སྙིགས་མའི་འགྲོ་བ་རྣམས་མགོན་དང་བཅས་སོ་སྙམ་དུ་སྙིང་ནས་དད་ཅིང་གུས་པས་གསོལ་བ་གདབ་པར་བྱ་བའི་གནས་སོ། །

ཚུལ་འདི་དག་ལ་ནི་རྗེ་རང་ཉིད་ཀྱི་ཞལ་ནས་འདི་ལྟར་གསུངས་ཏེ། མཁན་སློབ་ཀྱི་སྤྱན་སྔར་ཇི་ལྟར་ཁས་བླངས་པའི་ལྷག་པ་ཚུལ་ཁྲིམས་ཀྱི་བསླབ་པ་རིན་པོ་ཆེར་གཅེས་སྤྲས་སུ་བྱེད་པའི་སྒོ་ནས་ཡི་དམ་གྱི་ལྷ་དུ་མའི་བསྙེན་སྒྲུབ་ལ་བརྩོན་པར་བྱར་ཡོད་པ་དང་། གོང་མ་ཆེན་པོར་དགོངས་པ་ཞུ་བདེ་བ་སོགས་འབྲུམ་པ་མ་ཐར་པ་ཡང་རྐྱེན་ངན་དགེ་བའི་བཤེས་གཉེན་དུ་ཆེ་བ་བྱུང་ངོ་། །

སླུས་པ། དལ་འབྱོར་རྟེན་བཟང་ལན་ཅིག་ཐོབ་དུས་འདིར། །རྩེ་གཅིག་དམ་ཆོས་བསྒྲུབ་པའི་ལོང་མེད་པར། །རྟག་ཏུ་གཞན་ངོ་བསྲུང་བས་འདའ་དགོས་སྐབས། །འབྲུམ་ནད་མ་ཐར་བ་ཡང་གྲོགས་སུ་བཟང་། །ས་ཡི་ཚངས་པ་འཇམ་དབྱངས་གོང་མའི་བཀས། །སྤྱངས་སྟོབས་ཡོན་ཏན་རྒྱུང་བའི་སློམ་ལས་པ། །བདག་འདྲར་ཤར་ཕྱོགས་གོང་མའི་རྒྱལ་ཁབ་ཏུ། །བསྟན་འགྲོའི་ཕན་བདེ་སྤེལ་ཕྱིར་ཤོག་ཅེས་གསུངས། །བཀའ་ནན་ལྷི་བ་རི་གཟར་ཐབ་ལྟ་བུ། །བཟློག་པར་དཀའ་ཞིང་བསྟན་(༡༥(ཧན)འགྲོར་ཕན་གྱུར་ན། །འགྲོ་བར་སློན་ཡང་རྣམ་གཡེང་མི་འཕེལ་པ། །རྐྱེན་ངན་དགེ་བའི་བཤེས་གཉེན་ཆེན་པོར་བྱུང་། །མདོ་རྒྱུད་ཟབ་དོན་དཔག་པར་དཀའ་བའི་གནད། །ཚུལ་བཞིན་མ་རྟོགས་རྒྱ་ཆེའི་བཤད་རྩོམ་སོགས། །མཁས་བྱའི་གནས་ལུགས་ཀུན་ལ་མི་མཁས་ཀྱང་། །སྤྲོས་པའི་མཚན་མ་རྣམས་ལ་བདག་མི་སྤྲོ། །དེ་ཕྱིར་རྟག་ཏུ་ཚུལ་ཁྲིམས་གཙང་ལྡན་ཞིང་། །རིས་མེད་བསྟན་འགྲོར་གུས་དང་བརྩེ་སེམས་ཀྱིས། །ཐུབ་བསྟན་ཉམས་པ་མེད་པར་འཛིན་པ་ལ། །བློ་བཟང་གྲགས་པའི་དཔལ་དང་མཚུངས་གྱུར་ཅིག །ཅེས་གསུངས་སོ། །

དེ་ནས་སྡེ་སྲིད་རིན་པོ་ཆེས་ཞུ་སམ་ཞིག་ལ་སྡུ་སོར་གོང་ས་ལྔ་པ་ཆེན་པོ་ཆུ་ཁྲི་རོར་ཟླ་གཉིས་པའི་ཚེས་ཉེར་ལྔ་ལ་ཞིང་གཤེགས་ཀྱང་རེ་ཤིག་གསང་བ་མི་ཁྱེད་དཀའ་མེད་བྱུང་ཞིང་ད་ཆ་མཆོག་གི་སྤྲུལ་སྐུ་མཚོ་སྣ་ཕྱོགས་སུ་འཁྲུལ་བྲལ་བབས་ནས་གདན་འདྲེན་རྩིས་ཡིན་པས་པཎ་ཆེན་རིན་པོ་ཆེ་ཉིད་དགེ་ཚུལ་གྱི་མཁན་པོར་སྣ་དཀར་རྩེར་ཕེབས་དགོས་ཚུལ་ཞུས་པར་རྗེ་འདིས་ཀྱང་ཐུགས་དགྱེས་བཞིན་དུ་ཞལ་གྱིས་བཞེས་ཏེ་ཚེབས་ཁ་བསྒྱུར་ནས་སྣ་དཀར་རྩེར་ཕེབས་ཏེ་དུས་ཆོས་ཁྱད་པར་ཅན་གྱི་ཉིན་སྣ་དཀར་རྩེའི་གཟིམ་ཆུང་དུ་རྗེ་འདིས་མཁན་སློབ་སྒྲུགས་མ་མཛད་དེ། རྒྱལ་བ་ལྔ་པ་ཆེན་པོའི་མཆོག་གི་སྤྲུལ་པའི་སྐུ་ལ། དགེ་བསྙེན། བར་མ་རབ་བྱུང་། དགེ་ཚུལ་

གྱི་སྟོམ་པ་རྣམས་རིམ་གྱིས་ཕུལ་ཏེ་བློ་བཟང་རིན་ཆེན་ཚངས་དབྱངས་རྒྱ་མཚོ་ཞེས་མཚན་གསོལ། དེ་ནས་ཆོས་ཀྱི་ཐོག་མར་འཇམ་དཔལ་མཚན་བརྗོད་དང་། ཚེ་མདོ། (༡༥༢བ)གདུགས་དཀར། སྒྲོལ་བསྟོད་ཕྱག་འཚལ་ཉེར་གཅིག །ཤེར་སྙིང་། འདའ་ཁ་ཡེ་ཤེས། སྨོན་ལམ་རྣམ་གསུམ། བསྟོད་ཆེན་བཞི་སོགས་ཀྱི་ལུང་དང་། རྗེ་ཙོང་ཁ་པ་ཆེན་པོའི་བཀའ་འབུམ་ཐོར་བུ། རྣམ་ཐར་དད་པའི་འཇུག་ངོགས། ཐམས་ཅད་མཁྱེན་པ་དགེ་འདུན་རྒྱ་མཚོའི་གསུང་འབུམ་ལས་རྗེ་རང་ཉིད་ཀྱི་རྣམ་ཐར་དང་། ཡབ་རྗེ་ཀུན་དགའ་རྒྱལ་མཚན་གྱི་རྣམ་ཐར་གྱི་ལུང་བཅས་འབུལ་བར་མཛད། དེ་ནས་རིམ་གྱིས་རྒྱལ་བ་དགེ་འདུན་རྒྱ་མཚོའི་གསུང་འབུམ་གྱི་ལུང་རྣམས་ཕུལ།

དེ་ནས་ཕོ་བྲང་པོ་ཏ་ལར་ཕེབས་ནས་གོང་ས་མཆོག་གི་སྤྲུལ་པའི་སྐུ་ལ་དཔལ་རྡོ་རྗེ་འཇིགས་བྱེད་ལྷ་བཅུ་གསུམ་མའི་དབང་བཞི་ཡོངས་སུ་རྫོགས་པ་འབུལ་བར་མཛད་ཅིང་གཞུང་ས་ནས་བསྐུལ་མ་མཛད་པ་ལྟར་རྒྱལ་དབང་ལྔ་པ་ཆེན་པོའི་སྐུ་གདུང་རིལ་པོར་བཞུགས་པའི་གསེར་གྱི་མཆོད་སྡོང་འཛམ་གླིང་རྒྱན་གཅིག་ལ་རབ་ཏུ་གནས་པ་རྒྱས་པར་མཛད། དེ་ནས་རྒྱུད་སྟོད་སྨད་སེ་འབྲས་སོགས་དབུས་ཕྱོགས་ཀྱི་ཆོས་དོན་གཉེར་བ་རྣམས་ལ་རང་རང་གི་དབང་པོ་དང་འཚམ་པའི་ཆོས་ཀྱི་བདུད་རྩི་རྒྱ་ཆེར་སྩལ་ཞིང་རབ་བྱུང་བསྙེན་རྫོགས་ནར་མར་སྒྲུབ་པར་མཛད། དེ་ནས་དགའ་ལྡན་རྣམ་པར་རྒྱལ་བའི་གླིང་དུ་ཕེབས་ཏེ་རྗེ་བདག་ཉིད་ཆེན་པོའི་གསེར་ཁྲིའི་སྟེང་ནས་དགའ་ལྡན་འདུས་ཚོགས་དང་ཕྱོགས་འདུས་ཀྱི་དད་ལྡན་བགྲང་བ་ལས་འདས་པ་ལ་ཆོས་ཀྱི་བདུད་རྩི་སྩལ་ཞིང་ཡར་ངོའི་གསོ་སྦྱོང་དང་དུས་འཁྲིག་པས་ཆོས་བསྒྲགས་ཀྱི་མདོ་དང་སོ་ཐར་གྱི་མདོ་འདོན་པ་སོགས་གསོ་སྦྱོང་མཛད་དེ་རྗེ་རྒྱལ་བ་གཉིས་པའི་(༡༥༣ན)བསྟན་པ་རིན་པོ་ཆེ་དར་ཞིང་རྒྱས་ལ་ཡུན་རིང་དུ་གནས་པའི་རྟེན་འབྲེལ་བསྒྲིག་པར་མཛད། དེ་སྐབས་དགའ་ལྡན་སྐུ་གདུང་རིན་པོ་ཆེའི་དབུ་ཐོག་ཏུ་གོས་བཟང་བསྒྲིགས

གྱི་གནམ་ཀྱྲུན་དང་། གསེར་ཁྲིའི་དབུ་ཐོག་ཏུ་གསེར་ཟངས་ཀྱི་གཉྫི་ར་གསར་བཞེངས་ཀྱི་ཐེབས་དངོས་པོ་ཡོན་ཆེ་བ་གནང་། གསེར་གདུང་རིན་པོ་ཆེའི་སྐུ་མདུན་དུ་མཆོད་པ་ཚད་མེད་པ་ཕུལ་ཏེ་སྨོན་ལམ་རྒྱ་ཆེར་མཛད། དགའ་ལྡན་དུ་གླིང་སྐོར་ཞིག་ལ་ཐེབས་སྐབས་ནམ་མཁའ་ལ་འཇའ་ཁ་དོག་སྣ་ལྔས་ཁྱབ་པ་སོགས་ཕྱི་ནང་གི་རྟགས་རྟེན་འབྲེལ་ངོ་མཚར་མཐའ་ཡས་པ་བྱུང་། ཚུལ་དེ་དག་ལ་རྗེ་ཉིད་ཀྱི་ཞལ་ནས་འདི་ལྟར་གསུངས་ཏེ།

ན་མོ་གུ་རུ་མཉྫུ་གྷོ་ཥ་ཡ། མང་མང་རྒྱལ་བའི་ཡབ་གཅིག་འཇམ་པའི་དབྱངས། །ལེགས་ལེགས་དུར་སྨྲིག་འཛིན་པའི་སྒྱུར་བསྟན་ནས། །ཡང་ཡང་འཁོར་མཆོར་འཁྲུམས་པའི་དྲིན་ཅན་མ། །ངེས་ངེས་ལེགས་ལམ་འཕྲིད་མཁས་དེར་ཕྱག་འཚལ། །བཀའ་བསྟན་དུ་མར་ལུང་བསྟན་འཇམ་མགོན་རྗེའི། །གདན་ས་རི་བོ་དགེ་ལྡན་རྟེན་གསུམ་དང་། །བསླབ་པ་གསུམ་ལྡན་མཁས་མང་འདུས་པའི་ཚོགས། །མངོན་སུམ་མཇལ་བས་ཡིད་ཀྱི་ལྡོན་པ་བཏྲས། །ཇི་ལྟར་དྭངས་མཆོར་དང་ཚོགས་དགའ་རོལ་བཞིན། །དད་པའི་ཐུགས་ཀྱིས་རྟེན་གསུང་དགེ་འདུན་སྡེར། །གུས་པས་མཆོད་སོགས་བསྙེན་བཀུར་བགྱིས་པ་ཡི། །རབ་དཀར་བསོད་ནམས་ཇི་སྙེད་མཆིས་པའི་མཐུས། །རྒྱལ་བསྟན་སྤྱི་དང་འཇམ་མགོན་ཙོང་ཁ་པའི། །མདོ་སྔགས་བསྟན་པ་དྲི་བྲལ(༡༥༨བ)ཟླ་འོད་ཀྱིས། །སྟོད་བཅུད་སྟེག་འབྲས་མུན་པའི་ཚོགས་བཅོམ་སྟེ། །རྫོགས་ལྡན་ཀུནྡའི་བཞིན་རས་བྱེ་གྱུར་ཅིག །མ་འདྲེས་འགྲོ་བའི་གཉེན་གཅིག་ཙོང་ཁ་པ། ཁྱོད་ཀྱི་རྗེས་འཇུག་ཞྭ་སེར་འཆང་བའི་ཚོགས། །རྣམ་དག་བསླབ་པ་གསུམ་གྱི་མཛོད་འཛིན་ཅིང་། །ལུང་རྟོགས་བསྟན་པའི་རྒྱལ་མཚན་རབ་བསྒྲེང་ཤོག །བདག་ཀྱང་རྗེ་བཙུན་བླ་མའི་ཐུགས་བསྐྱེད་སྨོན། །མ་ལུས་བསྒྲུབ་ལ་མི་ཞུམ་རབ་དཔའ་བས། །འགྲོ་ཀུན་ཁྱོད་ཀྱི་རླབས་ཆེན་མཛད་བཟང་ལ། །སྤྱོར་མཁས་བསྟན་འགྲོའི་ཉེར་འཚོ་ཆེན་པོར་ཤོག །

མཆོག་གསུམ་བསླུ་མེད་བདེན་པའི་བྱིན་རླབས་དང་། །ཆོས་ཀྱི་རྒྱལ་པོ་ལ་སོགས་བསྲུང་མའི་མཐུས། །དགེ་ལྡན་བསྟན་པ་ཕྱོགས་བཅུར་རྒྱས་པ་དང་། །འགྲོ་ཀུན་བདེ་སྐྱིད་ལྡན་པའི་བཀྲ་ཤིས་ཤོག །ཅེས་སོ། །

དེ་ནས་གཙང་ལ་ཆིབས་ཁ་བསྒྱུར་པའི་ལམ་ཞོར་དུ་ཡེར་པ་དང་། ལྷ་སའི་རྟེན་རྣམས་ལ་མཆོད་འབུལ་སྨོན་ལམ་རྒྱ་ཆེར་མཛད། རིམ་གྱིས་ལམ་བར་རྣམས་སུ་ཕྱོགས་ཕྱོགས་ནས་འདུས་པའི་ཆོས་དོན་གཉེར་བ་རྣམས་ལ་ཆོས་ཀྱི་བདུད་རྩི་སྩལ་ཞིང་རབ་བྱུང་བསྙེན་རྫོགས་ཀྱི་སྡོམ་པའང་ཟམ་མ་ཆད་པར་གནང་། དེ་སྐབས་འབྲས་སྤྱུངས་ནས་བསྙེན་རྫོགས་ཀྱི་སྡོམ་པ་དོན་གཉེར་བ་ཁ་ཤས་རྗེས་སླེགས་སུ་བྱུང་བར་རྗེ་འདི་པས་རྒྱལ་བའི་བསྟན་པ་འབའ་ཞིག་ལ་དགོངས་ཏེ་ངལ་བ་ཁྱད་དུ་བསད་ནས་གམ་པ་ལའི་ངོས་ལ་གསོལ་ཚིགས་གནང་སྐབས་ཀྱང་རབ་བྱུང་བསྙེན་རྫོགས་འགའ་ཞིག་གནང་ཞིང་། དེ་བཞིན་དུ་ཚ་ཞག་གར་བབས་སུ་རབ་བྱུང་བསྙེན་རྫོགས་མང་དུ་གནང་སྟེ་འཇམ་མགོན་རྒྱལ་བ་གཉིས་(༡༥༥ན)པའི་བསྟན་པའི་སྲོག་ཤིང་འཛིན་པར་མཛད་དོ། །

དེ་ནས་དབེན་དགོན་དུ་ཕེབས་ཏེ་དབེན་དགོན་འདུས་ཚོགས་ལ་དཔལ་རྡོ་རྗེ་འཇིགས་བྱེད་ལྷ་བཅུ་གསུམ་མའི་དབང་སྔ་གོན་དང་བཅས་པ་དང་། དཔལ་འཁོར་ལོ་སྡོམ་པ་ལཱུ་ཨི་པའི་ལུགས་ཀྱི་དབང་ཆེན་སྔ་གོན་དང་བཅས་པ། དགའ་ལྡན་སྙན་རྒྱུད་ཀྱི་མན་ངག་ཟབ་བཤད་རྒྱས་པ་སྩལ། གཞན་ཡང་དབེན་དགོན་འདུས་ཚོགས་ལ་མགོན་པོ་བར་ཆད་ཀུན་སེལ་དང་། དམ་ཅན་ཆོས་ཀྱི་རྒྱལ་པོ་ཕྱི་སྒྲུབ། འདོད་ཁམས་དབང་ཕྱུག་དམག་ཟོར་རྒྱལ་མོ་གསུམ་གྱི་རྗེས་གནང་དང་། དཔལ་མགོན་སྟེ་ལྔ། ལྷ་མོ་རྣམ་གསུམ་རྣམས་ཀྱི་བསྐང་གསོ། བདེ་མཆོག་རྩ་རྒྱུད། བདེ་མཆོག་ལཱུ་ཨི་པའི་སྒྲུབ་ཐབས་བདེ་ཆེན་གསལ་བ་སྨོན་ལམ་ཤིས་བརྗོད་དང་བཅས་པ། འཇིགས་བྱེད་བཅུ་གསུམ་

མའི་སྐྱབ་ཐབས་ཟབ་མ་ཏོག་སོགས་ཆོས་ཀྱི་བདུད་རྩི་རྒྱ་ཆེར་སྩལ་ཏོ། །

དེ་ལྟར་བསྟན་འགྲོའི་དོན་རྒྱ་ཆེར་མཛད་པ་དེ་དག་ལ་ནི་རྗེ་རང་ཉིད་ཀྱི་ཞལ་ནས་འདི་ལྟར་གསུངས་ཏེ། སྙིང་བཀུར་སྙན་གྲགས་དོན་གཉེར་ཆགས་སྡང་གིས། །རང་གཞན་གྲུབ་མཐའི་ཕྱོགས་འཛིན་བློ་སྤྱངས་ནས། །སྒོ་གསུམ་མི་དགེ་བཅུ་ཡིས་མ་གོས་པར། །བཀའ་གདམས་གོང་མའི་རིང་ལུགས་ལེགས་པར་བསྐྱངས། །གཞོན་ནུ་ཉིད་ནས་ཡང་དག་བླངས་པའི་ཁྲིམས། །ཉམས་མེད་བསྲུངས་མཐུས་རིས་མེད་སྐྱེ་བོ་ཀུན། །ཆུ་གཏེར་ཆེན་པོར་ཆུ་ཕྲན་ཀུན་འདུས་བཞིན། །དད་པའི་བ་སྤུ་གཡོ་བཞིན་འདུས་པར་གྱུར། །ཚུལ་དེར་བརྟགས་པས་(༡༥༥བ)དཀར་ནག་ལས་ཀྱི་འབྲས། །མི་སླུར་ངེས་སྙིང་བརྟན་པའི་ཤུགས་བསྐྱེད་ནས། །སྒོ་གསུམ་དགེ་བ་གོང་དུ་སྤེལ་བ་ལ། །སྤྲོ་དགའ་ཡར་ངོའི་ཟླ་བཞིན་ལྷག་པར་འཕེལ། །སྨིན་རས་གཟིགས་དབང་སྤྲུལ་པའི་སྐུ་མཆོག་ལ། །སྔོམ་པ་རིམ་ཕུལ་རྡོ་རྗེ་འཇིགས་བྱེད་ཀྱི། །དཀྱིལ་འཁོར་ཆེན་པོར་བཅུག་ནས་དབང་བསྐུར་ཏེ། །གངས་ཅན་འགྲོ་བའི་མགོན་པོར་མངའ་གསོལ་བགྱིས། །ཆོས་སྲིད་དང་པོའི་ལུགས་འཛིན་བཟོ་རིག་དག །བསྟུས་ནས་འདྲི་ཞིང་པར་དུ་བརྐོ་བ་དང་། །བླ་མ་མཆོག་གསུམ་རིས་མེད་འདུས་ཚོགས་ལ། །དངོས་དང་ཡིད་སྤྲུལ་མཆོད་པས་རྟག་ཏུ་མཆོད། །ཆོས་དང་ཟང་ཟིང་འདོད་པའི་སྐྱེ་དགུ་ལ། །ཅི་འདོད་དེ་དང་དེ་ཡིས་ཚིམ་པར་བྱས། །ཞི་དུལ་ཐུགས་བརྩེར་ལྡན་པའི་བཤེས་གཉེན་མཆོག །བསྟེན་ནས་མདོ་རྒྱུད་གཞུང་ལུགས་མཐའ་དག་མཉན། །རྒྱུ་ཡོན་སྦྱར་ནས་གསུང་རབ་ཀློག་པ་དང་། །རང་གི་འང་བཀླགས་ཏེ་ཚིག་དོན་བློ་ལ་བླངས། །བློ་སྟོབས་བསྐྱེད་ནས་མངོན་དང་མི་མངོན་པའི། །དྲིན་ཅན་ཕ་མར་དམ་པའི་ཆོས་ཀྱང་བཤད། །ཚེད་གཉེར་དད་འདུས་སྐྱེ་བོའི་དོན་བསྒྲུབས་ལས། །རྣམ་གཡེང་ཀུན་བོར་ཕལ་ཆེར་ཟླ་མེད་བསྟད། །ཁ་ཏོན་དེ་དོན་སེམས་དང་བསྒོམས་པ་ཡི། །ཆོས་སྤྱོད་རྣམ་བཅུའི་རྒྱུན་

བཟང་འཆག་མེད་བསྒྲུངས། །འདི་དག་ལས་བྱུང་རྣམ་དཀར་དགེ་བའི་མཐུས། །མྱུར་དུ་རྫོགས་པའི་བྱང་ཆུབ་ཐོབ་པ་དང་། །འགྲོ་ཀུན་སྐྲོལ་ལ་ནམ་ཡང་མི་ཞུམ་པ། །ཀུན་བཟང་འཇམ་པའི་དབྱངས་དང་མཚུངས་པར་སྨོན། །ཞེས་གསུངས།

དེ་ནས་བཀྲ་ཤིས་ལྷུན་པོར་ཕེབས་ནས་འདུས་པ་རྒྱ(༡༥༨ན)མཚོའི་ཚོགས་དང་ཕྱོགས་འདུས་ཀྱི་དོན་གཉེར་ཅན་མང་པོར་དབང་ལུང་རྗེས་གནང་རིམ་པར་སྩལ་ཞིང་། ལྷག་པར་བྱ་རྒྱུད་དེ་བཞིན་གཤེགས་པའི་རིགས་ཀྱི་གཙོ་བོ་བཅོམ་ལྡན་འདས་དམ་ཚིག་གསུམ་བཀོད་རྒྱལ་པོའི་དབང་གི་ཉེར་བསྡོགས་དང་། ཕྱི་ཉིན་དངོས་གཞི་ཡོངས་སུ་རྫོགས་པ་སྩལ་ཞིང་། དེ་ནས་མུ་སྟེགས་ཏེ་སྟར་ཐར་བརྒྱ་རྩ་ནས་འབྱུང་བའི་ལྷ་རྣམས་ཀྱི་རྗེས་གནང་དང་། དེ་དག་གི་མངོན་རྟོགས་རྣམས་ཀྱི་ལུང་། རྣམ་འགྲེལ། དབུ་མ། འདུལ་མཛོད། ཕར་ཕྱིན་རྣམས་ཀྱི་རྩ་བའི་ལུང་སྩལ། གཞན་ཡང་ཕྱོགས་ཕྱོགས་ནས་འདུས་པའི་དོན་གཉེར་ཅན་རྣམས་ལ་དགེ་ཚུལ་དགེ་སློང་གི་སྡོམ་པ་བརྒྱུད་མར་གནང་ཞིང་མཐོང་ཐོས་དྲན་རེག་གི་འགྲོ་བ་རྣམས་རྗེས་སུ་བཟུང་སྟེ་མཐའ་དབུས་སྐྱེ་འགྲོ་བགྲང་བ་ལས་འདས་པ་ལ་མཐོ་རིས་དང་ཐར་པའི་དགེ་བའི་རྩ་བ་བསྐྱེད་པར་མཛད་ཅིང་། དེ་དག་གི་སྐབས་ཀུན་ཏུ་ནང་དུ་ཐུགས་དམ་ཟབ་མོའི་ཉམས་བཞེས་ལས་ནམ་ཡང་གཡོ་བ་མེད་པར་མཛད་པ་ནི་རྗེ་ཉིད་ཀྱི་ཞལ་ནས། གོ་སའི་དབང་གིས་འཕྲུལ་རྣམ་གཡེང་ཆེ་བ་ཙམ་མ་གཏོགས་སྒོ་གསུམ་ལ་མི་དགེ་བ་བཅུས་གོས་མ་གོས་བརྟག་པ་དང་། བཤགས་ཤིང་སྡོམ་པ་སོགས་རང་རྒྱུད་འདུལ་ཐབས་ལ་གཙོ་བོ་དང་། གཞན་ཡང་ཆོས་སྤྱོད་བཅུ་དང་། ཕ་རོལ་ཏུ་ཕྱིན་པ་དྲུག་ལ་སོགས་པའི་སྒོ་ནས་རང་གཞན་གྱི་དོན་བསྒྲུབ་པ་ལ་སོགས་པ་སྒོ་གསུམ་དགེ་བ་ལ་དུས་རྣམ་ཀུན་ཏུ་གཞོལ་བར་བགྱིས་ཞེས་གསུངས། དེ་ནས་ཞལ་སྔ་ནས་ཚེ་བརྟན་རྒྱལ་མཚན་བཀྲ་ཤིས་ལྷུན་པོའི་ཆོས་ཁྲིམས་ཆེན་མོ་མཛད་སྐབས་བཀྲ་(༡༥༨བ)ཤིས་ལྷུན་པོའི་ཚོགས་

ཆེན་དང་། དབེན་པའི་རི་སུལ་དུ་བཞུགས་པའི་སྒྲོང་བ་པའི་སྡེ་རྣམས་བཅས་ལ་གསང་བདེ་འཇིགས་གསུམ་གྱི་དབང་གནང་དགོས་ཞེས་གསོལ་བ་བཏབ་པ་ན་དགྱེས་བཞིན་ཞལ་གྱིས་བཞེས་ཏེ་དཔལ་གསང་བ་འདུས་པ་མི་བསྐྱོད་པ་ལྷ་སོ་གཉིས་ཀྱི་དབང་སྟ་གོན་དང་བཅས་པ་དང་། བདེ་མཆོག་ལཱུ་ཡི་པ་ལྷ་དྲུག་ཅུ་རེ་གཉིས་པའི་དབང་སྟ་གོན་དང་བཅས་པ། རྡོ་རྗེ་འཇིགས་བྱེད་ལྷ་བཅུ་གསུམ་མའི་དབང་སྟ་གོན་དང་བཅས་པ་དང་། འཇམ་དབྱངས་ཆོས་སྐོར་རྣམས་དགྱེས་གཅིག་ལ་གནང་སྟེ་ཐུབ་དབང་རྡོ་རྗེ་འཆང་སླར་ཡང་འཛིག་རྟེན་དུ་བྱོན་པ་ལྟར་གསང་ཆེན་རྡོ་རྗེ་ཐེག་པའི་ཆོས་ཀྱི་འཁོར་ལོ་རྒྱ་ཆེར་བསྐོར་བར་མཛད་དོ། །

དེ་ནས་བཀྲ་ཤིས་ལྷུན་པོའི་སྔགས་གྲྭ་བ་རྣམས་ལ་ཆོས་སྐྱོང་ཡོངས་རྫོགས་ཀྱི་རྗེས་གནང་སོགས་ཆོས་བཀའ་མཐའ་ཡས་པ་གནང་ཞིང་ཚོགས་ཆེན་ལ་ཀུན་རིག་རྣམ་པར་སྣང་མཛད་དང་ཚེ་དཔག་མེད་ལྷ་དགུའི་དབང་ཡང་གནང་། དེ་ནས་སྐྱེ་འགྲོ་ཡོངས་ཀྱི་བསོད་ནམས་མིན་པའི་ལས་ཀྱི་མཐུ་གྲུབ་པས་སྡེ་སྲིད་རིན་པོ་ཆེ་དང་རྒྱལ་པོ་ལྷ་སངས་ཐུགས་མ་མཐུན་པས་དུས་གཟེར་ཏེ་བོད་སོག་གི་དམག་འཁྲུག་ཆེན་པོ་བྱུང་བ་ན་༧གོང་ས་རིན་པོ་ཆེས་རྗེ་འདི་པ་ལ་ཆིངས་མཛད་དགོས་ཚུལ་གསོལ་བ་བཞིན་རྗེ་འདིས་ངལ་བ་ཁྱད་དུ་བསད་ནས་དབུས་ཕྱོགས་སུ་ཆིབས་ཁ་བསྐྱོད་ཀྱང་གཞུང་སའི་བཀས་རེ་ཤིག་ཕེབས་སྐབས་མ་བདེ་བར་ལམ་བར་དུ་རྒྱུན་རིང་བཞུགས་དགོས་བྱུང་། རྗེས་སོར་ཕེབས་ཀྱང་སྡེ་སྲིད་རིན་པོ་ཆེ་སྟོད་ལུང་སྣང་རྩེ་ར་རྐྱེན་དབང་(༡)༥(༧ན)དུ་སོང་བས་བྱ་ཐབས་མ་བྱུང་ཞིང་། དེ་དག་གི་ཚེ་འཁོར་བའི་ངང་ཚུལ་ལ་ཐུགས་སྐྱོ་བས་གསུང་མགུར་འདི་ལྟར་མཛད་དེ།

ན་མོ་གུ་རུ་ལོ་ཀེ་ཤྭ་རཱ་ཡ། ཕ་གངས་རིའི་མགོན་པོ་སྤྱན་རས་གཟིགས། །དྲིན་འཁོར་མེད་བློ་བཟང་རྒྱ་མཚོའི་སྡེ། །མགོན་ཁྱོད་ཀྱིས་གདུལ་བའི་ཞིང་འདི་ན། །དུས

འགྱུར་བའི་ངང་ཚུལ་འདི་འདྲར་སྣང་། །སྤྱིར་དེང་སང་མི་རྣམས་དམུ་རྒོད་ཅིང་། །སྙིགས་ལོག་སྤྱོད་ངན་པ་དར་དུས་འདིར། །རྗེ་བླ་རམ་ཤིང་བསྟན་བདག་གདང་ནས། །ཕ་ཁྱོད་ཉིད་རང་ཞིའི་བདེར་གཟིགས་སམ། །མ་འགྲོ་བ་དུཿཁས་གཟིར་སྐབས་འདིར། །རྗེ་ཁྱོད་ཀྱི་ཐུགས་རྗེས་མི་སྐྱོབ་ན། །བོད་གངས་ཅན་ཡོངས་ཀྱི་མགོན་པོ་ཞེས། །མཚན་གྲགས་པས་ཁྱབ་པ་དགོས་པ་ཅི། །འོན་གྱུར་ཀྱང་སྨྲོན་བྲལ་ཡོན་ཏན་གཏེར། །མགོན་ཁྱོད་ཀྱི་འཕྲིན་ལས་བསམ་མི་ཁྱབ། །དུས་སྙིགས་མའི་ལོག་སྤྱོད་ངང་ཚུལ་ལ། །བདག་སྐྱོ་བས་གདུང་ཡུས་ཙམ་དུ་ཟད། །བོད་གངས་ཅན་ལྗོངས་གནས་འགྲོ་བ་ཀུན། །ཉོན་མོངས་ཞེན་པའི་ཕྱེ་མ་ལེབ། །དུས་དང་པོར་བསྒྲུངས་དུས་མ་ཐུབ་ན། །མཐར་མི་དོང་ལྷུང་ནས་ཅི་བྱར་ཡོད། །རྗེ་རྒྱལ་བས་བདེ་བའི་ཐབས་བསྟན་པ། །དུས་དང་པོ་ཉིད་ནས་མི་སྤྱོད་ན། །ལས་ངན་པའི་འབྲས་བུ་རང་སྨིན་དུས། །རྗེ་སངས་རྒྱས་ཀྱིས་ཀྱང་སྐྱོབ་པར་དཀའ། །ཡུལ་ཁ་བ་ཅན་གྱི་ལྗོངས་འདི་ན། །རང་ཆེ་བར་རློམ་ཞིང་ཀུན་གྱིས་བཀུར། །མཐར་དབང་མེད་གཤེགས་ཚུལ་འདི་ལྟོས་ལ། །ཀུན་དམན་ཆ་བཟུང་ལ་གནོད་སེམས་སྤོངས། །ནོར་ལོངས་སྤྱོད་འདོད་དགུའི་གཏེར་ལྡན་ཡང་། །མཐར་ཏིལ་འབྲུ་ཙམ་དང་རང་ལུས་ཀྱང་། །བདག་བྱ་བའི་དབང་མེད་ཚུལ་ལྟོས་ལ། །ལུས་(༡༥༧བ)ལོངས་སྤྱོད་ཀུན་ལ་སྙིང་པོ་ལོངས། །རྟེན་ལན་ཅིག་རྙེད་པ་མི་ཡི་ལུས། །འདི་མྱུར་འཇིག་རྩྭ་རྩེའི་མེ་དང་མཚུངས། །ཆ་འདི་ཡི་བྱ་བྱེད་ཀུན་བོར་ལ། །དུས་རྟག་ཏུ་མི་རྟག་འཆི་བ་སོམས། །ལུས་རྗེས་སུ་འབྲང་བའི་གྲིབ་མ་བཞིན། །ཤི་རྗེས་སུ་དཀར་ནག་ལས་འབྲང་བས། །སྡིག་མི་དགེ་བཅུ་པོ་རབ་སྤོངས་ལ། །ཆོས་དགེ་བ་རྣམ་བཅུ་འབད་པས་སྒྲུབས། །ཚེ་འདི་ཡི་དགྲ་འདུལ་གཉེན་སྐྱོང་ཕྱིར། །ཉིན་མཚན་དུ་ངལ་བ་བརྒྱས་བསྒྲུབས་ཀྱང་། །མཐར་མི་བཟད་དམྱལ་བའི་བཙོན་དོང་དུ། །བཙོ་བསྲེག་སོགས་སྡུག་བསྔལ་དཔག་མེད་མྱོང་། །ཚེ་འདི་ཡི་ལུས་སེམས་དུབ་ཀྱང་བླའི། །དགྲ་བདག་འཛིན་

གྱི་འགོང་པོ་འདི་ཐུལ་ན། །དུས་གཏན་གྱི་བདེ་བ་ཀུན་འབྱུང་བས། །ད་རང་སེམས་འདུལ་ཐབས་ཁོ་ནར་འབུངས། །ཡོངས་འཁོར་མཆོར་འཁྲུམས་པའི་འགྲོ་བ་ཀུན། །དྲིན་ཆེ་བའི་ཕ་མ་ཤ་སྟག་ཡིན། །དོན་དེ་ཕྱིར་ཆགས་ཞེན་སྡང་བ་འཕྲུལ། །བྱམས་སྙིང་རྗེས་ཀུན་ལ་ཁྱབ་པར་མཛོད། །སྔོན་ཐོག་མ་མེད་ནས་ད་ལྟའི་བར། །བློ་འཁྲུལ་པ་འདི་ཡིས་བསླད་པའི་མཐུས། །ཀུན་གཏན་སྡུག་ཕུང་པོ་འདི་འདྲར་སྨྲར། །ད་རྒྱལ་སྲས་སྤྱོད་ཀུན་སྤྱོད་ན་ལེགས། །མི་བདག་ལ་གཏད་སོ་མ་མཆིས་ཀྱང་། །རྗེ་རྒྱལ་བས་གདམས་དོན་མདོར་བསྡུས་ཡིན། །ཚུལ་འདི་ཙམ་འབད་པས་བསྒྲུབས་ན་ཡང་། །རང་གཞན་ཀུན་བདེ་བའི་དཔལ་ལ་སྦྱོར། །དུས་ད་ལྟ་རང་དབང་ཡོད་སྐབས་འདིར། །ཚེ་འདི་ཕྱི་འདམ་ཀ་མ་ལོག་པར། །ཆོས་དགེ་བ་བཅུ་ལ་འབུངས་ཤིག་ཅེས། །མི་ཁོ་བོས་ཀུན་ལ་གྲོས་སུ་འདེབས། །སྐྱབས་བསླུ་བ་མེད་པའི་དཀོན་མཆོག་གསུམ། །མཁྱེན་རབ་ཀྱི་ལྷ་ལམ་ཁྱེན་ཡངས་ལས། །བརྩེ་ཆེན་གྱི་བྱིན་རླབས་ཆར་ཕབས་ལ། །གདུག་རྩུབ་ཀྱི་མེ་ཆེན་ཞི་བར་མཛོད། །(༡༥༤ན)རྗེ་རྒྱལ་བ་སྲས་བཅས་ཐུགས་བསྐྱེད་སྨོན། །ཅི་བདབ་ཀུན་དེང་དུས་འབྱོར་གྱུར་ཏེ། །བརྟན་གཡོ་ཡི་སྡིག་འབྲས་ཀུན་ཞི་ནས། །ཆོས་དགེ་བཅུའི་དཔལ་འབྱོར་རྒྱས་གྱུར་ཅིག །ཅེས་སོ། །

དེ་ནས་ལོ་ཤས་ཀྱི་རིང་ལ་བཀྲ་ཤིས་ལྷུན་པོ་ཉིད་དུ་ཆོས་ཀྱི་འཁོར་ལོ་རྒྱ་ཆེར་བསྐོར་ཞིང་ཕྱོགས་འདུས་ཀྱི་འགྲོ་བ་བགྲང་བ་ལས་འདས་པ་ལ་མཐོ་རིས་དང་ཐར་པའི་ས་བོན་བསྐྲུན་པར་མཛད། དེ་ནས་བར་སྐབས་ཤིག་རྒྱལ་པོ་ལྷ་སངས་ཁང་གིས་གདན་དྲངས་ཏེ་ལྷ་ལྡན་ཇོ་བོ་རིན་པོ་ཆེའི་སྐུ་མདུན་དུ་པད་དཀར་འཛིན་པ་ངག་དབང་ཡེ་ཤེས་རྒྱ་མཚོ་ལ་དགེ་བསྙེན་དགེ་ཚུལ་བསྙེན་རྫོགས་ཀྱི་སྡོམ་པ་རྣམས་དཀྱུས་གཅིག་ལ་འབུལ་བར་མཛད། ཕོ་བྲང་དུ་ཕེབས་ནས་དབང་ལུང་མན་ངག་མཐའ་ཡས་པ་རིམ་པར་འབུལ་བར་མཛད། གཞན་ཡང་སེ་འབྲས་དགེ་གསུམ་རྒྱུད་སྟོད་སྨད་སོགས་དབུས་

ཕྱོགས་ཀྱི་ཆོས་དོན་གཉེར་བ་རྣམས་ལ་དབང་ལུང་མན་ངག་མཐའ་ཡས་པ་དང་། རབ་བྱུང་བསྙེན་རྫོགས་བསྒྲུབ་པ་ལས་འདས་པ་སྨྲོས། ལྷག་པར་ཞབས་དྲུང་ལྷ་པའི་སྐུ་སྐྱེ་བློ་བཟང་འཕྲིན་ལས་ལ་བྱང་ཆུབ་ལམ་གྱི་རིམ་པའི་དམར་ཁྲིད། ལམ་གཙོའི་ཁྲིད། བླ་མ་མཆོད་པའི་ཁྲིད། སྙིང་པོ་དོན་གསུམ་གྱི་ཁྲིད་དང་བླ་བརྒྱུད་གསོལ་འདེབས་ཀྱི་ལུང་། རྗེ་བླ་མ་ལ་བརྟེན་པའི་བླ་མའི་རྣལ་འབྱོར། ནང་གི་ཁོང་སྐྲན་འདོན་པའི་སྐྱུག་སྨན་སོགས་ཆོས་བཀའ་མཐའ་ཡས་པ་སྨྲོས་ཏེ་ཞབས་དྲུང་ལྷ་པའི་སྤྲུལ་སྐུ་འདི་རྗེ་རྒྱལ་བ་གཉིས་པའི་བསྟན་པར་ཕན་རེ་ཆེ་བས་སྔ་ཕྱི་ལན་མང་པོར་གཟིམ་ཆུང་དུ་གཅིག་(༡༥༢བ)པུ་ལ་རྗེ་བླ་མའི་སྙན་བརྒྱུད་ཀྱི་གདམས་པ་མང་དུ་སྩོལ་བར་མཛད་དོ། །

དེ་ནས་ཡང་བོད་ཁམས་འདིར་སེམས་ཅན་སྤྱི་མཐུན་གྱི་ལས་ངན་པའི་མཐུས་དུས་ཟིང་ཆེ་བར་བྱུང་སྟེ་ཧུན་སྐར་ནས་རྒྱལ་པོ་ཧོང་ཐ་ཧྲིས་དམག་དཔུང་ཆེན་པོ་བཏང་སྟེ་རྒྱལ་པོ་ལྷ་སངས་བོད་དམག་དང་བཅས་པ་རྣམས་དང་འདམ་དུ་འཁྲུག་གཟིངས་བྱུས་ཚེ་རྗེ་འདི་པས་ཐུགས་སྙིང་རྗེ་ཆེན་པོས་མ་བཟོད་པར་ངལ་བ་ཁྱད་དུ་བསད་ནས་འདམ་དུ་ཆིབས་ཁ་བསྒྱུར་ཏེ་ཟང་ཟིང་གི་དངོས་པོ་ཕངས་མེད་བཏང་ནས་ཆིངས་བསྒྲིགས་མཛད་ཀྱང་མ་འདུམས་པར་ཧུན་སྐར་གྱི་དམག་སྟོང་ཕྲག་བཞི་ཙམ་ལྷ་སར་ཤོར། བོད་དམག་རྣམས་འཐོར་ཏེ་བྲོས། རྒྱལ་པོ་ལྷ་སངས་དཔོན་གཡོག་རྣམས་ཀྱིས་པོ་ཏ་ལ་བཟུང་སྟེ་བཞུགས་པའི་ཚེ་རྗེ་འདིས་ལྷ་ས་བླ་བྲང་དུ་བཞུགས་ནས་ཧུན་སྐར་གྱི་དམག་དཔོན་རྣམས་སྐུ་མདུན་དུ་བོད་པར་མཛད་དེ་རྒྱལ་པོ་ལྷ་སངས་འཁོར་བཅས་ལ་སྲོག་སྐྱོན་མེད་པར་ངེད་ལ་གནང་དགོས། རྒྱལ་པོ་ཧོང་ཐ་ཧྲི་ལ་ངེད་རང་གིས་ཞུས་ཆོག་ཅེས་དངོས་པོ་སྤྲུམ་ཆེ་བ་གནང་སྟེ་ཞུ་བ་མཛད་ཀྱང་རྒྱལ་པོ་ལྷ་སངས་རང་ཧུན་སྐར་གྱི་དམག་དཔོན་ཚེ་རིང་དོན་གྲུབ་ཀྱི་གདོང་དུ་བྱུང་ན་ངེད་རང་ངོས་ཀྱི་རྒྱུ་མཚན་

ཞིབ་སེད་བྱས་ནས་བླ་མའི་བཀའ་བཞིན་ཞུས་ཚོག །དེ་མིན་བྱ་ཐབས་མེད། ལར་ནི་རྒྱལ་པོ་ཧོང་ཐཱ་ཇིས་མི་ནོར་མང་པོ་འདི་ལ་བལྟོས་པ་མེད་པར་ངེད་ཚོ་དམག་ལ་བཏང་བ་འདི། རྒྱལ་པོ་ཧོང་ཐཱ་ཇི་རང་ལ་རང་འདོད་གང་ཡང་མེད། བོད་ཀྱི་མི་ངན་འགའ་ཞིག་གིས་རྒྱལ་བ་ཙོང་ཁ་པའི་བསྟན་པ་ལ་གནོད་པ་ཆེན་པོ་བྱས་པ་ཐུགས་ཀྱིས་མ་བཟོད་ནས་རྒྱལ་བའི་བསྟན་པ་ཁོ་ནའི་ཆེད་དུ་ངེད་ཚོ་བཏང་བ་ཡིན། ལྷ་སངས་ཁང་རང་ལ་དེ་ཙམ་(༡༥༨ན)གྱི་སྐྱོན་མེད་ཟེར་ཞིང་ད་དུང་རྒྱལ་པོའི་སྐུ་སྲོག་སྐྱོབ་ཐུབ་པ་ཞིག་ཡོང་རེས་ཕན་སྐོར་སྨྲ་ཚོགས་མཛད་ཅིང་ལྷ་ལྡན་རང་དུ་བཞུགས་ཀྱང་རྒྱལ་པོ་ལྷ་སངས་ཀྱིས་པོ་ཏ་ལ་ནས་འཐོན་ཏེ་འཐབ་འཛིང་དུ་ཕེབས་པ་ཇུན་སྒར་གྱི་དམག་མིས་རྒྱལ་པོ་ངོ་མ་ཤེས་པར་རྐྱེན་དབང་དུ་སོང་བས་མཛད་ཐབས་མ་བྱུང་། ད་དུང་བོད་ཀྱི་མི་དྲག་མང་པོ་ལ་ཧོང་ཐཱ་ཇིའི་བཀའ་བཀྲོན་ཡོད་སྐད་གསན་པས་དེ་རིགས་ལ་སྲོག་སྐྱོབ་འདྲ་ཐུབ་པ་ཡོང་རེས་རེ་ཤིག་ལྷ་ལྡན་རང་དུ་བཞུགས་རྩིས་མཛད་ཀྱང་ཇུན་སྒར་གྱི་དམག་དཔོན་རྣམས་ནས་འདིར་མ་བཞུགས་པར་གཙང་ལ་འཕྲལ་དུ་ཆིབས་བསྐྱོད་མཛོད་ཅེས་ཞུ་ནན་ཆེ་བས་མཛད་ཐབས་གང་ཡང་མ་བྱུང་བར་གཙང་ལ་ཆིབས་བསྐྱོད་གནང་། དེ་སྐབས་བདེ་བ་འདོད་ཀྱང་བླང་དོར་གོ་ལོག་སྡེ་སྡུག་བསྔལ་གྱི་རྒྱུ་ལ་རྨམ་ཞིང་འཇུག་པ་མང་པོ་དང་། འགའ་ཞིག་དབང་མེད་དུ་སྡུག་བསྔལ་དྲག་པོས་མནར་ཏེ་སྡུག་བསྔལ་དང་སྡུག་བསྔལ་གྱི་རྒྱུ་ལ་གནས་པ་སྙིགས་མའི་སྐྱེ་བོ་རྣམས་ཀྱི་ངང་ཚུལ་ལ་ཐུགས་སྐྱོ་ནས་སྐྱོ་ཤས་ཀྱི་ཉམས་མགུར་འདི་ལྟར་མཛད་དེ།

ན་མོ་གུ་རུ་མཉྫུ་གྷོ་ཥ་ཡ། འདྲེན་པ་ཀུན་གྱི་མཆོག་གྱུར་ཟས་གཙང་སྲས། །རྒྱལ་བའི་རྒྱལ་ཚབ་འཇམ་མགོན་ཙོང་ཁ་པ། །བཀའ་དྲིན་མཉམ་མེད་རྩ་བའི་བླ་མ་ལ། །སྙིང་ཁོང་རུས་པའི་གཏིང་ནས་སྐྱབས་སུ་མཆི། །རྟེན་རྙེད་པར་དཀའ་བ་དལ་འབྱོར་ལུས། །འདི་ཐོབ་ནས་གདན་མདུན་མི་སླུབ་པར། །ནོར་རིན་ཆེན་བཞག་ནས་མཆིང་བུ

ལེན། །རྗེན་སྟོང་ལོག་བྱེད་ལ་བརྟེ་བས་གཟིགས། །མགོ་ལྷ་ལམ་ཡངས་པའི་རྩ་འཛིན་ལྟར། །དུས་(༡༥༩༨)དེང་སང་སྙེ་བོའི་དར་རྒྱུད་དང་། །ཡིད་གྲུ་གྲུ་མང་པོའི་འགྲུར་ལྟོག་རྣམས། །འདི་མཐོང་ཡང་ངེས་འབྱུང་བློ་དང་བྲལ། །ཡིད་བརྟན་དུ་མེད་པའི་སྲིད་འཁོར་ལ། །དུས་རྟག་ཏུ་འདོད་སྲེད་ཞགས་པས་བཅིངས། །འདི་སྙང་མས་བསགས་པའི་སྣང་རྟེ་བཞིན། །ཉོར་རང་གིས་བསགས་པ་གཞན་གྱིས་སྤྱོད། །རང་སྐྱེས་ནས་འཇིགས་རུང་འཆི་བདག་གི །ཁར་ཆུད་ནས་ལས་ངན་མཆེ་རྣོན་གྱི། །ཕྲག་ཆུད་ཀྱང་ཚེ་འདིར་མདུན་ཐབས་བསླུབ། །དོན་ཕྱིན་ཅི་ལོག་པ་སྨོན་པ་རང་། །གཉེན་འཁོར་མང་འདོད་དགུའི་དཔལ་རོལ་ཀྱང་། །རང་གཅིག་པུར་ཕ་རོལ་འགྲོ་བའི་ཚེ། །ཆོས་མིན་པ་ཕན་པ་ཅང་མེད་པས། །ཉོར་འདོད་དགུ་དམྱལ་བའི་བུད་ཤིང་ཡིན། །ད་སྲིད་རྟེ་ནས་བཟུང་དམྱལ་འཁོར་མཆོར། །ལས་དུག་གསུམ་ཐ་རླབས་དྲག་འཁྲུག་ཅིང་། །སྐྱེ་ན་རྒ་འཆི་བའི་སྡུག་བསྔལ་གྱིས། །དུས་རྟག་པར་གཅེས་པའི་གནས་ཚུལ་སོམས། །སྔར་བསགས་པ་མཛད་ཅིང་འདུས་པ་ཀུན། །ངེས་འབྲལ་ཞིང་མཐོན་པོའི་མཐའ་མ་རྒྱུད། །སྐྱེ་བཞིན་དུ་འཆི་བར་མངོན་ཕྱོགས་ཤིང་། །ད་གདན་གྱི་མདུན་མ་བསླུབ་ལ་བརྟོན། །སྲིད་ཆོས་བརྒྱད་སྣང་བ་བསླུ་བྲིད་མཁས། །སྒོས་སྐྱིགས་དུས་མི་ཚེ་བར་སྣང་གློག །ད་ངན་སོང་གཡང་ས་ཡ་ང་བ། །དེ་བཟློག་པའི་ཐབས་ལ་འབད་པར་མཛོད། །འཁོར་བའི་ཕུན་ཚོགས་དམྱལ་མེའི་འོབས་ལྟར་མཐོང་། །འགྲོ་ཀུན་དོན་དུ་བྱང་ཆུབ་སེམས་བསྐྱེད་དེ། །རྒྱལ་སྲས་རླབས་ཆེན་སྤྱོད་ལ་བརྟོན་འགྲུས་ཀྱིས། །ཡིད་ཅན་འཁོར་བའི་མཚོ་ལས་སྒྲོལ་བར་ཤོག །ཅེས་སོ། །

དེ་ནས་བཀྲ་ཤིས་ལྷུན་པོར་ཕེབས་ནས་ཕྱོགས་འདུས་ཀྱི་དད་ལྡན་བགྲང་བ་ལས་འདས་པ་ལ་རང་རང་གི་(༡༦༠༢)དབང་པོ་དང་འཚམ་པའི་ཆོས་ཀྱི་བདུད་རྩི་བཀྲུད་མར་སྩལ་ཞིང་རྒྱ་མཚོའི་གླིང་བར་ཚུན་ཆད་ནས་དད་ལྡན་དག་གིས་རྗེ་འདི་ཉིད་

ལ་མཁོ་དགུའི་ཡོ་བྱད་ཐམས་ཅད་འབུལ་ཞིང་ཞལ་བལྟ་བ་དང་། ཆོས་ཀྱི་བདུད་རྩི་འདོད་ནས་འདུས་པ་མཐའ་དག་གི་རེ་བ་སྐོང་བར་མཛད་ཅིང་ནམ་མཁའ་མཛོད་ལ་མངའ་བརྙེས་པས། གསེར་དང་དངུལ་ལ་སོགས་པའི་རིན་པོ་ཆེ་དང་། གོས་དར་སོགས་ཟང་ཟིང་གི་དངོས་པོ་རྣམས་རྒྱལ་བའི་བསྟན་པ་ཡུན་རིང་དུ་གནས་པར་བྱ་བའི་ཕྱིར་དང་འབྲེལ་ཐོགས་ཀྱི་སེམས་ཅན་རྣམས་ལ་ཕན་གདགས་པར་བྱ་བའི་ཕྱིར་གསེར་ཟངས་འབའ་ཞིག་ལས་གྲུབ་པའི་ལམ་རིམ་བླ་མ་བརྒྱུད་པའི་སྐུ་བརྙན་ཡོངས་སུ་རྫོགས་པའི་ལྷ་ཁང་དང་བཅས་པ་སོགས་སྐུ་རྟེན་དང་། བཀའ་འགྱུར་རིན་པོ་ཆེ་གསེར་འབའ་ཞིག་གིས་བྲིས་པ་སོགས་གསུང་རྟེན་མཐའ་ཡས་པ་དང་བཀྲ་ཤིས་ལྷུན་པོའི་དགེ་འདུན་རྣམས་ཐུགས་མཐུན་ཁྲིམས་གཙང་བཤད་སྒྲུབ་འཕེལ་བའི་ཕྱིར་དུ་དབྱིན་བསྟུམ་མཆོད་རྟེན་གསར་བཞེངས་སོགས་སྐུ་གསུང་ཐུགས་རྟེན་བགྲང་བ་ལས་འདས་པ་དང་། རིས་མེད་པའི་དགེ་འདུན་གྱི་སྡེ་མཐའ་དག་ལ་བསྙེན་བཀུར་ནར་མར་མཛད། དེ་ནས་ཅང་ཧྲན་སོགས་རྒྱ་དམག་བགྲང་བ་ལས་འདས་པ་བོད་ཀྱིས་དང་ཉེ་བར་སླེབ་པ་གསན་པས་སེམས་ཅན་རྣམས་ལ་ཐུགས་བརྩེ་བ་ཆེན་པོས་མ་བཟོད་པར་རྗེ་ཉིད་རང་ཕེབས་བཞེད་ཀྱང་དེ་སྐབས་སྐུ་ཁམས་བསྙུན་པ་ཞིག་དང་ཐུག་པས་ཆིབས་བསྐྱོད་མ་ཐུབ་པར་ཕྱག་མཛོད་ཆེན་མོ་དངོས་པོའི་གནང་སྦྱིན་ཕོན་ཆེ་བ་དང་བཅས་གཏོང་(༡༨༠བ)བ་གནང་སྟེ་འཐབ་འཛིངས་སུ་མ་སོང་བར་མཐུན་སྦྱོར་ལུགས་ལེགས་ཤིག་དགོས་ཞེས་བཀའ་ངག་དང་ཕྱག་དམ་བཅས་གནང་ཡང་སེམས་ཅན་སྤྱི་མཐུན་གྱི་ལས་ངན་པའི་མཐུ་བཟློག་ཏུ་མེད་པས་རྒྱ་དང་མཚོ་སྔོན་གྱི་དམག་དཔུང་ལྗོས་ཆེ་བ་ལྷ་སར་འབྱོར། ཧྲན་སྐར་པ་རྣམས་གནམ་མཚོ་བརྒྱུད་ནས་ཕྱིར་ལོག །མཚོ་སྔོན་དཔོན་བསྟན་འཛིན་ཧྭང་སོགས་དཔོན་ཁག་མང་པོའི་མི་སྣ་༧གོང་ས་རིན་པོ་ཆེའི་མི་སྣ་སོགས་མི་སྣ་མང་པོས་རྗེ་འདི་པ་ལྷ་ལྡན་དུ་ཆིབས་བསྐྱོད་དགོས་ཚུལ་ནན་བསྐྱེད་ཞུས་པར་དེ་སྐབས་སྐུ

གཟུགས་གཙོང་བར་ཡོད་ཀྱང་སྐྱེས་རབས་ཀུན་ཏུ་རྒྱལ་བ་ཡབ་སྲས་གཉིས་དམ་ཚིག་རྫོ་རྗེའི་ལུ་གུ་བརྒྱུད་དུ་འབྲེལ་བའི་རྟེན་འབྲེལ་དང་། མི་མང་པོ་ཞིག་གི་སྒྲོག་སྐྱོབ་པ་ཞིག་ཡོང་ཐུབ་རེ་བཅས་ངལ་བ་ཁྱད་དུ་བསད་ནས་ལྷ་ལྡན་དུ་ཆིབས་བསྐྱོད་གནང་། འཇམ་དབྱངས་གོང་མ་བདག་པོ་ཆེན་པོའི་ཞབས་འབྲིང་པ་ཅང་ཛྭན་ཆེན་པོ་སོགས་སེར་སྐྱ་སྟོང་ཕྲག་མང་པོས་བསུས་ཏེ་ཕོ་བྲང་ཆེན་པོ་པོ་ཏ་ལར་ཕེབས། རྒྱལ་བ་ཡབ་སྲས་གཉིས་ཞལ་འཛོམ། ཅང་ཛྭན་ཆེན་པོས་རྗེ་འདི་པ་ལ་དངུལ་སྲང་ལྔ་སྟོང་གིས་གཙོས་པའི་དངོས་འབུལ་ཚད་མེད་པ་མཛད་དེ་ཞབས་བརྟན་ཕུལ། དེ་ནས་སེ་འབྲས་དགེ་གསུམ་རྒྱུད་སྟོད་སྨད་སོགས་དབུས་ཁུལ་གྱི་ཆོས་སྡེ་རྣམས་ཀྱི་བླ་མ་ལས་སྣེ་རྣམས་དང་། གོང་མའི་མི་དྲག་ཅང་ཛྭན་ཆེན་པོ། མཚོ་སྔོན་དཔོན་ཁག །རྒྱལ་བའི་ཡབ་རྗེ་སོགས་ཚང་མས་ཆོས་འཁོར་རྒྱ་ཆེར་བསྐོར་དགོས་པའི་གསོལ་བ་བཏབ་ཅིང་། གོང་ས་མཆོག་གི་སྤྲུལ་སྐུ་རིན་པོ་ཆེས་རྗེ་འདི་ལ་མདོ་སྔགས་ཀྱི་ཆོས་མཐའ་དག་གནང་དགོས་པ་དང་། ལྷག་པར་དགེ་ཚུལ་གྱི་སྡོམ་པའི་(༡༥༡ན)མཁན་པོ་མཛད་དགོས་པའི་གསོལ་འདེབས་ཤུགས་དྲག་གནང་། རྗེ་འདིས་ཀྱང་དགྱེས་བཞིན་དུ་ཕོ་བྲང་ཆེན་པོ་པོ་ཏ་ལའི་གཟིམ་ཆུང་ཉི་འོད་འཁྱིལ་པར་གོང་ས་མཆོག་གི་སྤྲུལ་སྐུ་རིན་པོ་ཆེར་དགེ་ཚུལ་གྱི་སྡོམ་པ་འབུལ་བ་གནང་ཞིང་བློ་བཟང་བསྐལ་བཟང་རྒྱ་མཚོ་ཞེས་མཚན་གསོལ། དེ་ནས་གོང་ས་རིན་པོ་ཆེར་ལམ་རིམ་ཆེན་མོའི་ལུང་སོགས་ཆོས་བཀའ་རྣམས་རིམ་གྱིས་འབུལ་བའི་དབུ་ཚུགས་པར་མཛད། དེ་སྐབས་བཀའ་བློན་བཀྲ་ཤིས་རྩེ་པ་སོགས་བོད་ཀྱི་མི་དྲག་མང་པོར་རྒྱའི་བཀའ་བཀྲོན་ཕོག་པར་རྗེ་འདི་པས་སྒྲོག་སྐྱོབ་གནང་ཐུབ་རེས་རྩོལ་བ་ཆེན་པོ་མཛད་ཀྱང་ཐབས་གང་གིས་ཀྱང་བཟློག་མ་ཐུབ། དེའི་ཚེ་སྙིགས་མའི་དང་ཚུལ་ཆེས་ཆེར་བདོ་བས་མཐོ་དམའི་འགྱུར་ལྡོག་མང་པོ་དང་སྐྱོ་བོ་ཕལ་མོ་ཆེ་སྡུག་བསྔལ་མཚོ་རྫོལ་བ་ལྟ་བུར་གཟིགས་ཤིང་བླ་ཆེན་དང་མི་ཆེན་གྱི་གོ་ས་ལའང་

ཐུགས་ཡི་མུག་ནས། འདི་ལྟར་གསུངས་ཏེ། ཁོ་བོ་ནི་གོ་ས་གོག་པོའི་ཚེ་རློམ་འདི་ཤིན་ཏུ་ཡི་མུག་པས། སེམས་སློང་སློང་པོར་གྱུར། དེ་དག་གི་སྐབས་སུ་སྐྱེར་འཁོར་བའི་སྣང་ཚུལ་བཟོད་པར་དཀའ་ཞིང་། སློས་དེང་སང་སྙིགས་མ་ལྔ་བདོའི་གདོན་གྱིས་གཟིར་བའི་འགྲོ་བ་རྣམས་དགྲ་གཉེན་དང་མཐོ་དམན་འགྱུར་ལྡོག །ཉོན་མོངས་པ་དུག་གསུམ་གྱི་ཆང་གིས་མྱོས་པས། ངན་འགྲོའི་གཡང་ས་འཇིགས་སུ་རུང་བར་དགའ་མགུའི་གློས་གར་བསྒྱུར་བའི་བླང་དོར་ཕྱིན་ཅི་ལོག་དང་། འགའ་ཞིག་རྒྱུད་པའི་སྡུག་བསྔལ་གྱི་མེ་རབ་ཏུ་འབར་བའི་སྤྱོད་ཚུལ་ལ་ཡིད་ལྷག་པར་གདུང་བས་སྨྲས་པ།

ན་མོ་གུ་རུ་མུ་ནི་ཨིནྡྲ་ཡ། གསེར་(༡༥༡བ)ཞུན་ལྷུན་པོ་མཚན་དཔེའི་དཔལ་འབར་སྐུ། །ཚངས་དབྱངས་བསྒྲུན་མིན་དྲུག་ཅུའི་དབྱངས་སྙན་གསུང་། །ཆོས་ཀུན་མཐའ་དག་གསལ་བར་གཟིགས་པའི་ཐུགས། །སྙིགས་དུས་འགྲོ་ལ་གཟིགས་ཤིག་ཤཱཀྱའི་ཏོག །ཡང་དག་ལུང་ལས་རྒྱ་མཚོ་ཆེའི། །སྙིང་གི་གཉའ་ཤིང་བུ་ག་སུ། །རུས་སྦལ་ལོང་བ་མགྲིན་ཆུད་ལས། །བདེ་འགྲོ་ཐོབ་པ་ཤིན་ཏུ་དཀོན། །ཐོབ་ཀྱང་སྐལ་དམན་བདག་ཅག་རྣམས། །ཆོས་མིན་མུན་པའི་ཕྱོགས་འདིར་སྐྱེས། །འདྲེན་མཆོག་ཐུབ་དབང་ཉི་མ་དེ། །ཙ་ར་མ་ནིའི་ཞག་ཏུ་གཤེགས། །རྒྱལ་བ་སྲས་བཅས་སྐྱེས་ཆེན་རྣམས། །རང་རང་ཞིང་དུ་བཏང་སྙོམས་ཤིང་། །ལུང་རྟོགས་ཆོས་ཀྱི་སྒྲོན་མེ་ཡང་། །ཐུད་ཤིང་ཟད་པའི་མེ་དང་འདྲ། །ཐར་མེད་འཁོར་བའི་རྒྱ་མཚོ་ཆེར། །ལས་ངན་དུག་གསུམ་རྦ་རླབས་འཁྲུག །བཟོད་དཀའི་སྡུག་བསྔལ་ཆུ་སྲིན་གྱིས། །ཡང་ཡང་གཙེས་པ་མ་ལགས་སམ། །མཐོ་རིས་བདག་པོའི་དཔལ་མངའ་བའི། །ཚངས་དབང་ཁྱབ་འཇུག་ལྷ་ཡི་གཙོ། །རང་དབང་མ་ཐོབ་དམྱལ་མེས་སྲེག །སྲིད་པའི་བདེ་ལ་ཡིད་བརྟན་གང་། །བདེ་སྐྱིད་མགོ་དགུའི་འབྱོར་ལྡན་པའི། །རིན་ཆེན་འཁོར་ལོས་བསྒྱུར་རྒྱལ་ཡང་། །མ་ངེས་འཁོར་བའི་བྲན་དུ་ཁོལ། །གདེང་མེད་སྲིད་ལ་ཞེན་པ་འཁྲུལ། །ཚེ་སྟོད་

གཉེན་ནི་དགྲར་ལྡང་ཞིང་། །འདི་ནང་དགྲ་བོ་ཕྱི་མའི་གཉེན། །སྐད་ཅིག་ཙམ་གྱིས་
འགྱུར་ལྡོག་མང་། །ཡིད་བརྟན་མི་རུང་འཁོར་བའི་ཆོས། །སྙིང་གྲོགས་མཛའ་བཤེས་
ཡིད་འོང་ཀུན། །ཡུད་ཙམ་བྲལ་བས་སྡུག་བསྔལ་ན། །གདན་དུ་སོ་སོར་འབྲལ་
(༡༤༢ན)བ་འདི། །ཀྱི་མ་སེམས་ལ་ཤིན་ཏུ་གཅོང་། །ངོ་ཚ་གདམ་ངན་སྡིག་སྡུག་
རྣམས། །ཁྲིད་བསད་སེར་སྣ་བསགས་པའི་ནོར། །ཏིལ་འབྲུ་ཙམ་ཡང་འཁྱེར་དབང་
བྲལ། །སྔོན་མོར་འགྲོ་བ་སེམས་ལ་གཅེར། །ཚེ་ལྷག་ལས་རླུང་སྐྱིལ་མས་བདས། །
འཆི་བདག་མྱུན་པའི་བསུ་མ་མགྱོགས། །འཇིགས་རུང་གཡང་ས་ཆེན་པོ་དེར། །འགྲོས
ཐབས་མེད་པའི་དུས་ལ་བབ། །སྔར་བསགས་ལས་ངན་འཆི་ཁར་འགྱོད། །དགེ་ལ་
མ་འབད་ཡི་མུག་ཅིང་། །ཉེས་ལྡང་ཁུར་ལྕི་ལྷག་ཁྱེར་ནས། །གྲོགས་མེད་བར་དེའི་
འཕྲང་དེར་འཆོར། །འཇིགས་རུང་འཆི་བདག་གཤིན་རྗེ་ཡིས། །བཟོད་དཀའི་བཙོན་
ཁང་མེ་འབར་བར། །མནར་མེད་བསྲེགས་པའི་སྡུག་བསྔལ་ཡང་། །ཐར་མེད་ཅི་བྱ་
གཏོལ་མེད་གྱུར། །ཤི་ནས་མེད་དེ་མི་འགྲོ་བར། །ཁམས་གསུམ་འཁོར་བ་འདིར་
འཁྲུམས་ཆེ། །བདེ་འགྲོ་ཐོབ་ཀྱང་སྡུག་བསྔལ་གྱི། །རང་བཞིན་དག་ལས་མ་འདས་
ཤིང་། །བསྟན་བཅོས་བཞི་བརྒྱ་པ་ཉིད་ལས། །མཁས་པ་རྣམས་ལ་མཐོ་རིས་ཀྱང་། །
དམྱལ་བ་དང་མཚུངས་འཇིགས་བསྐྱེད་འགྱུར། །བདེ་བ་ནམ་ཡང་མེད་པར་གསུངས། །
གཟོད་ནས་སྲིད་པའི་གཅོང་རོང་འདིར། །ལས་ངན་སྐྱེ་རྒ་ན་འཆི་ཡིས། །མགལ་མེའི་
འཁོར་ལོ་ལྟར་འཁོར་བས། །སྡུག་བསྔལ་ཤུགས་དྲག་བཟོད་ལགས་སམ། །འདུས་
བྱས་མི་རྟག་སྟོན་ཀའི་སྤྲིན། །ཚོད་དུས་མི་ཆེ་བར་སྣང་གློག །གཉེན་འཁོར་དགའ་
འདུས་ཚོང་དུས་འགྲོན། །ནོར་རྫས་ལོངས་སྤྱོད་སྦྲང་རྩིར་མཚུངས། །སྐྱེ་བོ་ལོག་ལྟས་
རྒྱུད་(༡༤༢བ)དཀྲུགས་ནས། །ཆགས་སྡང་ངན་སེམས་གཡོ་སྒྱུ་ཅན། །ཆོས་མིན་མི་
དགེའི་ལས་ལ་སྤྱོད། །དམྱལ་བར་ལྟུང་བར་ཐེ་ཚོམ་མེད། །སྡིགས་དུས་རབ་བྱུང་བདུད་

ཀྱིས་བརྣམས། །བློ་ལོག་འདོད་པས་ཆོས་བསྒྱུངས་ནས། །རྒྱལ་པོ་སྟོབས་འབྱོར་དྲེགས་སོགས་ཀྱི། །ཕོ་ཉ་དག་ལ་མགུ་ཞིང་འཇུག །ཉོར་གྱི་ཆ་ལུགས་མདའ་མཆོན་ཐོགས། །སྡིག་ཇམས་གཏུམ་པོས་ཕྱོགས་ཀུན་མྱུལ། །ཤ་ཁྲག་ཆང་ལ་དགའ་མགུར་སྤྱོད། །སེམས་ཅན་སྡུག་བསྔལ་དག་ལ་བགོད། །རིགས་དྲུག་བཟོད་དཀའི་སྡུག་བསྔལ་ཀུན། །མི་ལུས་རྟེན་ལ་རྫོགས་པར་གནས། །བདེ་སྐྱིད་འཛོམ་པའི་སེམས་ཅན་དང་། །ཆོས་བྱེད་ཉིན་སྐར་ཙམ་དུ་དཀོན། །ད་ནི་འཁོར་བའི་ཆོས་ཉིད་ལ། །སྙིང་པོ་མེད་པར་རྟོགས་གྱུར་ནས། །གཏན་གྱི་མདུན་མ་བསྒྲུབ་རེ་རན། །རན་པར་མ་ཟད་ཤིན་ཏུ་འགྱངས། །འཁོར་བ་བཟོད་དཀའི་བཙོན་ར་འདྲ། །སྲིད་འབྱོར་འདོད་པའི་བློ་སྤྱངས་ནས། །ངོ་ཚ་ཁྲེལ་ཡོད་འཕགས་པའི་ནོར། །བསྟེན་ནས་ཐར་བར་བགྲོད་ཐབས་མཛོད། །ཉམ་ཐག་འགྲོ་ཀུན་བདག་གི་མས། །གྲངས་མེད་བརྩེ་བས་དྲིན་གྱིས་བསྐྱངས། །སྡུག་བསྔལ་ཟུག་རྔུས་རྡག་མནར་བ། །བདག་འདྲས་ཕན་པ་བསྒྲུབ་དཀའ་བས། །བླ་མ་རྒྱལ་བ་སྲས་བཅས་རྣམས། །ཐུགས་བསྐྱེད་དམ་བཅའ་རྗེས་དགོངས་ལ། །ཚེར་སྡིགས་སྐྱབས་མེད་འགྲོ་རྣམས་ཀྱི། །མགོན་སྐྱབས་མཛོད་ཅིག་བླ་མ་ལྷ། ། ཞེས་གདུང་དབྱངས་ཀྱི་ཉམས་མགུར་མཛད་དོ། །

དེ་ནས་གོང་ས་རིན་པོ་ཆེར་ལམ་རིམ་ཆེན་མོའི་ལུང་གི་འཕྲོ། རྗེ་རིན་པོ་ཆེའི་བཀའ་འབུམ་ཐོར་བུ། བ་རི་བརྒྱ་རྩའི་རྗེས་གནང་ཡོངས(༡༨ཟན)རྫོགས་སོ་སོའི་རྒྱ་གཞུང་གི་ལུང་སོགས་དབང་ལུང་མན་ངག་རྒྱ་ཆེར་འབུལ་བར་མཛད། དེ་ནས་སྐུ་ཁམས་བསྙེལ་གཞི་ཆེ་བས་ཕྱོགས་འདུས་ཀྱི་ཆོས་དོན་གཉེར་ཅན་རྣམས་ལ་ཆོས་འབྲེལ་ཕྲན་བུ་རེ་ལས་རྒྱ་ཆེར་གནང་མ་ཐུབ། དེ་ནས་གཙང་དུ་ཕེབས་བསྐྱོད་གནང་བར་བཞེད་དེ་གོང་ས་རིན་པོ་ཆེར་ལྟུམ་སྲིང་གི་རྗེས་གནང་ཞིག་གནང་། རྒྱལ་བ་ཙོང་ཁ་པའི་བསྟན་པ་འཛིན་ཅིང་སྤེལ་བའི་ཐུགས་བསྐྱེད་མཛད་པ་དང་། གཙོ་བོར་བསླབ་

ཁྲིམས་དག་པ་གཞིར་བཟུང་ནས་རེ་ཤིག་གསན་སྦྱོང་ལ་ཐུགས་བརྩོན་ཆེ་བ་སོགས་རྒྱལ་བ་ཙོང་ཁ་པ་ཆེན་པོའི་རྣམ་ཐར་འཁྲུངས་པ་ཞིག་མཛད་དགོས་སོ་ཞེས་ཞལ་ཏ་ཞིབ་རྒྱས་སུ་གནང་སྟེ་གཙང་དུ་ཆིབས་ཁ་བསྒྱུར། དེ་ནས་བཀྲ་ཤིས་ལྷུན་པོར་ཕེབས་ནས་ཚོགས་ཆེན་དང་སྦྱོང་བ་པའི་སྡེ་དང་བཅས་པ་ལ་ཕྱག་དབང་གནང་ཞིང་ཆོས་ཀྱི་བདུད་རྩི་རིམ་པར་སྩལ། དེ་ནས་རྗེ་ཉིད་དགུང་ལོ་དྲུག་ཅུ་རེ་གཅིག་ཏུ་ཕེབས་པ་རྒྱུ་ཡོས་ཟླ་བ་དྲུག་པའི་ཚེས་བཅུ་ལ་ཚོགས་ཆེན་དགེ་བསྙེས་ཆེན་མོ་དཀའ་ཆེན་དོན་གྲུབ་རྒྱ་མཚོས་འདུས་པ་རྒྱ་མཚོའི་ཚོགས་ལ་དབང་ཆེན་ཞིག་དང་། གཞན་ཡང་ཆོས་བཀའ་གང་ཟག་དགོངས་དཔྱད་ཀྱིས་ཐུགས་རྗེས་གཟིགས་དགོས་ཚུལ་ཞུས་པར་སྤྲོ་སོར་ཚོགས་ཆེན་ལ་གསང་བདེ་འཇིགས་གསུམ་གྱི་དབང་ཆེན་ལེགས་པར་ཕུལ་བ་ཡིན་ཡང་། གཤིན་རྗེ་གཤེད་དམར་ནག་གཉིས་ཀྱི་དབང་ཆེན་དེང་སང་རྒྱུན་དཀོན་ཞིང་། ལྷག་པར་ཡོངས་འཛིན་བསོད་ནམས་གྲགས་པའི་ཞལ་ཆེམས་སུ་ཡང་སླར་ཚོགས་ཆེན་ལ་(༡༤༣བ)གཤིན་རྗེ་གཤེད་དམར་ནག་གཉིས་ཀྱི་དབང་ཆེན་ཞིག་གནང་ཐུབ་པ་མཛད་དགོས་ཞེས་གསུངས་བྱུང་བ་བཅས་བླ་མའི་དགོངས་པ་རྫོགས་པ་དང་། འཇམ་མགོན་བླ་མའི་བསྟན་རྒྱུན་ལ་ཕན་རེས་ད་ལམ་གཤིན་རྗེ་གཤེད་དམར་ནག་གཉིས་ཀྱི་དབང་ཆེན་ཞིག་བྱེད་ཅེས་དགྱེས་བཞིན་དུ་ཞལ་གྱིས་བཞེས་ཏེ་ཚེས་བཅུའི་ཉིན་གཤེད་དམར་གྱི་དབང་གི་སྔ་གོན་དང་། ཚེས་བཅུ་གཅིག་ལ་དབང་དངོས་གཞི། ཚེས་བཅུ་བདུན་ལ་གཤིན་རྗེ་གཤེད་དགྲ་ནག་གི་དབང་གི་སྔ་གོན་དང་། ཚེས་བཅོ་བརྒྱད་ལ་དབང་དངོས་གཞི་དགེ་འདུན་སུམ་སྟོང་བརྒྱལ་བ་ལ་དགྱེས་བཞིན་དུ་སྩལ།

དེ་ནས་རིམ་གྱིས་ས་ཆེན་པོའི་ཁྲིན་མཐའ་དག་ན་གནས་པའི་དད་པ་ཅན་རྗེ་འདིའི་ཞལ་གྱི་དཀྱིལ་འཁོར་བལྟ་བ་དང་། གསུང་གི་བདུད་རྩི་ཐོབ་པར་འདོད་པ་དང་། ལྷག་པར་རབ་བྱུང་བསྙེན་རྫོགས་འདོད་པ་རྣམས་ལ་བརྒྱུད་མར་སྩལ་ཞིང་། བར་སྐབས

ཤིག་རྒྱལ་བ་འཕགས་པ་ལྷ་ར་དགེ་ཚུལ་གྱི་སྡོམ་པ་དང་། འཇིགས་བྱེད་ཀྱི་དབང་ཆེན་སོགས་ཆོས་བཀའ་མང་དུ་སྩལ།

དེ་ནས་ཟིལ་གནོན་ཞེས་པ་མེ་ཕོ་རྟའི་ལོ་གོང་ས་རིན་པོ་ཆེ་ཐུགས་རྗོགས་བཞེས་པ་དང་། དབང་ལུང་མན་ངག་མང་པོ་གསན་ཕྱིར་དབུས་ཕྱོགས་སུ་འབྱོན་དགོས་ཚུལ་ཞུས་པར་སྐུ་ན་མཐོ་ཞིང་སྐུ་གཟུགས་གཙོང་ཚུལ་ཆེ་ཡང་འཇམ་མགོན་བླ་མའི་བསྟན་རྒྱུན་ལ་དགོངས་ངལ་བ་ཁྱད་དུ་བསད་དེ་དབུས་ཕྱོགས་སུ་ཆིབས་ཁ་བསྒྱུར། ལོ་དེའི་ས་ག་ཟླ་བའི་ཚེས་བཅོ་ལྔའི་ཉིན་ལྷ་ལྡན་སྤྲུལ་པའི་གཙུག་ལག་ཁང་(༡༨༧༨ན)དུ་ཇོ་བོ་ཤཱཀྱ་མུ་ནེའི་སྐུ་མདུན་དུ་རྒྱལ་བ་ཐམས་ཅད་མཁྱེན་པ་རྗེ་བཙུན་བློ་བཟང་བསྐལ་བཟང་རྒྱ་མཚོ་ལ་བསྙེན་པར་རྫོགས་པའི་སྡོམ་པ་ཕུལ་ཏེ་ཐུབ་བསྟན་ཡོངས་སུ་རྫོགས་པའི་བདག་པོར་མངའ་གསོལ་མཛད། དེ་ནས་པོ་ཏ་ལའི་གཟིམ་ཆུང་བདེ་བ་ཅན་དུ་བཞུགས་ཏེ། རྒྱལ་བ་ཐམས་ཅད་མཁྱེན་པ་ཆེན་པོར་དཔལ་གསང་བ་འདུས་པ་མི་བསྐྱོད་པ་ལྷ་སོ་གཉིས་ཀྱི་དབང་ཆེན་སྔ་གོན་དང་བཅས་པ་གསང་ཆེན་རྒྱུད་སྡེ་རྒྱ་མཚོའི་སྙིང་པོའི་བཅུད་ཕྱུང་བ་ཟབ་བཤད་དང་བཅས་པ་དང་། དཔལ་འཁོར་ལོ་བདེ་མཆོག་ལཱུ་ཨི་པ་ལྷ་དྲུག་ཅུ་རེ་གཉིས་པའི་དབང་ཆེན་སྔ་གོན་དང་བཅས་པ་རྒྱས་པ་གནང་། དེ་ནས་རྒྱལ་བ་ཐམས་ཅད་མཁྱེན་པ་བློ་བཟང་བསྐལ་བཟང་རྒྱ་མཚོར་རྗེ་འདི་པ་ལ་དད་གུས་ཆེན་པོས་རབས་སུ་ལོ་ཁ་ཤས་བཞུགས་ནས་དབང་ལུང་མན་ངག་ཡོངས་སུ་རྫོགས་པ་ཞིག་གནང་བ་དང་། མ་ཐ་ཟླ་བ་བཅུ་སྐོར་ཙམ་ཞིག་བཞུགས་ནས་དབང་ལུང་མན་ངག་དགོངས་དཔྱད་ཀྱིས་གང་དྲག་ཐུགས་རྗེས་གཟིགས་དགོས་ཚུལ་ནན་བསྐྱེད་ཞུ་བར་མཛད་པ་ན། རྗེ་འདིས་རྒྱལ་བ་མཆོག་ལ་རང་གིས་གང་ཤེས་ཀྱི་མན་ངག་རྣམས་འབུལ་བར་ཅིས་ཀྱང་སྤྲོ་ཡང་། ན་མཐོ་ཞིང་གཟུགས་གཞི་གཙོང་བ་བཅས་ད་ལམ་རེས་གཙང་དུ་ཕྱིན་ཆོག་པ་དགོས་ཞེས་ཞུ་བར་མཛད་དེ། མ་དག་པའི་

གདུལ་བྱ་རྣམས་ཀྱི་སྣང་ངོར་སྐུ་གཟུགས་གཙོང་བས་བཞུགས་མ་ཐུབ་པ་ལྟ་བུར་སྣང་ཡང་། དོན་དུ་ནི་མྱུར་དུ་དབུས་གཙང་དུས་གཟིར་གྱི་དུས་འཁྲུག་ཆེན་པོ་དེ་འབྱུང་བར་མངོན་ཤེས་ཀྱིས་གཟིགས་ནས་བཞུགས་ཀྱང་དགོས་པ་(༡༨༩བ)མེད་པར་དགོངས་ཏེ་མྱུར་དུ་ཆིབས་ཁ་བསྐྱོད་པ་ཡིན་ཞེས་བླ་མ་དམ་པ་མང་པོ་གསུང་ངོ་། དེ་ནས་རྒྱ་བོད་ཧོར་གསུམ་གྱི་གདུལ་བྱ་བགྲང་བ་ལས་འདས་པ་ལ་ཞལ་གྱི་དཀྱིལ་འཁོར་བསྟན་ནས་ཐུགས་སྙིང་རྗེས་བརླན་པའི་སྤྱན་གྱིས་གཟིགས་པ་ཙམ་གྱིས་མཆོག་དམན་མཐའ་དག་ལ་ཐར་པའི་ས་བོན་འདེབས་པར་མཛད་དེ་རིམ་གྱིས་བཀྲ་ཤིས་ལྷུན་པོར་ཕེབས་ནས་གཙུག་མར་གནས་པ་དང་ཕྱོགས་ནས་འདུས་པའི་དད་ལྡན་བགྲང་བ་ལས་འདས་པ་ལ་རབ་བྱུང་བསྙེན་རྫོགས་བརྒྱུད་མར་གནང་བ་སོགས་བསྟན་པའི་སྲོག་ཤིང་འཛིན་པར་མཛད་དེ། ཚུལ་འདི་ལ་ནི་རྗེ་རང་ཉིད་ཀྱི་ཞལ་ནས། ས་གླང་ནས་འདི་ལོ་ཕན་བདག་ཉིད་ཀྱིས་སོ་སོ་ཐར་པའི་སྡོམ་པ་དོན་དུ་གཉེར་པ་རྣམས་ཀྱི་བཞེད་དོན་ལེགས་པར་བསྒྲུབས་ཏེ་རྒྱལ་བའི་བསྟན་པ་རིན་པོ་ཆེའི་ཞབས་འདེགས་དང་འགྲོ་བ་ལ་ཕན་བདེ་བླ་ན་མ་མཆིས་པ་བགྱིས་པ་ཡིན་ཏེ། དེ་ཡང་དཔལ་ལྡན་ཟླ་བ་གྲགས་པས། སོ་སོའི་སྐྱེ་བོ་རྣམས་དང་གསུང་སྐྱེས་དང་། །རང་བྱུང་ཆུབ་ལ་བདག་ཉིད་ངེས་རྣམས་དང་། །རྒྱལ་སྲས་རྣམས་ཀྱི་ངེས་པར་ལེགས་པ་དང་། །མངོན་མཐོའི་རྒྱུ་ནི་ཚུལ་ཁྲིམས་ལས་གཞན་མེད། །ཅེས་གསུངས་པ་ལྟར། ཚུལ་ཁྲིམས་འདི་ནི་ཡོན་ཏན་ཀུན་གྱི་གཞི་རྟེན་འབྱུང་གནས་ཡིན་པར་དཀའ་དང་དགོངས་འགྲེལ་དུ་མ་ནས་གསུངས་པ་བཞིན། མཉམ་མེད་ཡང་དག་པར་རྫོགས་པའི་སངས་རྒྱས་ཀྱི་རིང་ལུགས་འཛིན་པ་འཕགས་བོད་ཀྱི་མཁས་བཙུན་བཟང་པོ་རིམ་བྱོན་རྣམས་ཀྱིས་མཁན་སློབ་ཀྱི་བྱ་བ་མཛད་ནས་ཐུབ་བསྟན་གདངས་ལ་ཉི་མ་ཤར་བ་བཞིན་(༡༨༥ན)གསལ་བར་མཛད། གདུལ་བྱ་རྣམས་ཕན་པ་དང་བདེ་བའི་ལམ་བཟང་པོར་འགོད་པར་གནང་

བ་དེ་དག་ལ་བདག་ཉིད་ཀྱི་སློན་པ་དང་འཇུག་པའི་བསམ་པས་ཀུན་ནས་བསླངས་ཏེ་བསིལ་ལྗོངས་འདིས་མཚོན་པའི་ཡུལ་ཕྱོགས་ཕལ་མོ་ཆེ་མཐའ་དག་ནས། ངེས་འབྱུང་གི་བསམ་པས་རྒྱལ་བའི་བསྟན་པ་རིན་པོ་ཆེའི་སྒོར་གཞུག་ཅིང་། དེ་ལ་རིམ་གྱིས་སློབ་འདོད་མཆོག་དམན་བར་མའི་ཚོགས་སྟོང་ཕྲག་དུ་མ་བགྲང་བར་རྙེད་བཀུར་སྙན་གྲགས་ཀྱིས་མ་བསླད་པར། བདག་ཅག་གིས་མཁན་སློབ་ཀྱི་བྱ་བ་ལ་འབད་ནས། མཉམ་མེད་ཤཱཀྱ་ཐུབ་པའི་བསྟན་པ་ལ་སྲི་ཞུ་དང་། གདུལ་བྱ་རྣམས་ལ་ཕན་བདེ་འབྱུང་བའི་བྱ་བ་ལ་བརྩོན་པ་བགྱིས་པ་དེ་དག་ནི་བདག་ཉིད་ཀྱི་བྱ་བ་ཀུན་གྱི་ནང་ནས་མཆོག་ཏུ་གྱུར་པ་ཡིན་ནོ་སྙམ་མོ་ཞེས་གསུངས་ཤིང་། དེ་མཐུན་ཉམས་མགུར་ཚིགས་བཅད་དུ་མཛད་པའང་འདི་ལྟར།

སྭ་སྟི་པྲ་ཛ་བྷྱཿ ཁམས་གསུམ་འགྲོ་བའི་སྡུག་བསྔལ་བཟོད་དཀའ་བ། །བརྩེ་བས་གྲངས་མེད་ཚོགས་གཉིས་ཡོངས་རྫོགས་པས། །ལྷར་བཅས་སྐྱེ་དགུའི་འདྲེན་པ་བླ་ན་མེད། །རྣམ་འདྲེན་གཞན་གྱིས་བསྒྲུན་མིན་ཚུལ་ཁྲིམས་གཏེར། །མ་འདྲིས་ཡིད་ཅན་ཀུན་ལ་མ་ལྟར་བརྩེ། །གསལ་འགྲིབ་སྤུངས་པའི་དམ་བཅའ་སྲོག་གི་ཤིང་། །སྲིད་ཞིའི་སྙིང་པོར་སྐྱེས་པའི་ལྗོན་པའི་རྩ། །རབ་བརྟན་ཟས་གཙང་སྲས་དེ་གཙུག་ན་རྒྱལ། །གང་གི་མགྲུལ་ནས་བདེན་པ་གསུངས་པ་ཡི། །རབ་འབྱམས་མདོ་རྒྱུད་རྒྱ་མཚོའི་གཞུང་ལུགས་ལས། །མངོན་མཐོ་ངེས་ལེགས་རྨད་བྱུང་(༡༤༥བ)ངོ་མཚར་བའི། །ལེགས་ཚོགས་ཀུན་འབྱུང་ལྷག་པའི་ཚུལ་ཁྲིམས་བསྔགས། །ངལ་བ་ཁྱད་བསད་ཕྱོགས་ཀུན་ནས། །ཐུབ་བསྟན་སྒོར་ཞུགས་དོན་གཉེར་གྱི། །སྐལ་ལྡན་ཡིད་ཀྱི་ཀ་ལ་ཤ །ཚངས་སྤྱོད་ཚུལ་ཁྲིམས་བདུད་རྩིས་བཀང་། །དེ་དག་སྐལ་བཟང་གདུལ་བྱའི་ཚོགས། །ཐུབ་པའི་བསྟན་པའི་སྒོར་ཞུགས་ནས། ཁྲིམས་ལྡན་དུར་སྐྱིག་རྒྱལ་མཚན་མཛེས། །བག་ཡོད་བསྒྲུབ་ལ་བརྩོན་པར་སློན། །ངེས་འབྱུང་བསླབ་པ་མ་ལ་ཡའི། །ཚུལ་གནས་སྟོམ་

པའི་ཙནྡན་དྲིས། །ལྷ་བདོའི་འགྲོ་བའི་ཚ་གདུང་བཅལ། །གསེར་འགྱུར་རྩེ་ཡིས་ལྷུགས
ཁམས་བཞིན། །ཐུབ་པས་དགག་སྒྲུབ་གནང་གསུམ་གྱི། །བཅས་མཚམས་གཡག་རྫ
ལྟར་བསྲུང་ཞིང་། །རྣམ་དག་ཁྲིམས་དང་རབ་ལྡན་པས། །ཀུན་གྱིས་བསྔགས་འོས་ཟླ
ན་མེད། །རྒྱལ་བསྟན་སྙིང་པོ་སོ་ཐར་གྱི། །ཚངས་སྤྱོད་བརྟུལ་ཞུགས་དང་ལྡན་པའི། །
དུར་སྨྲིག་འཆང་བས་གསེར་ལྡན་མ། །ཉིལ་གྱི་གང་བུ་ལྟར་གང་ཤོག །བདག་ནི་ཚེ
རབས་ཀུན་ཏུ་ཡང་། །ལུས་སྲོག་དག་ལ་མི་བལྟ་བར། །ཉི་མའི་གཉེན་གྱི་ལུགས
བཟང་རྣམས། །འཛིན་སྐྱོང་སྤེལ་བའི་མཆོག་འགྱུར་ཤོག །ཅེས་སོ། །

དེ་ནས་མེ་མོ་ལུག་གི་ལོར་བསྟན་པའི་གེགས་དང་ལྷོངས་འདིའི་སྐྱེ་འགྲོ་རྣམས་ཀྱི་བསོད་ནམས་མིན་པའི་ལས་ཀྱི་མཐུས་དུས་གཟེར་བྱུང་སྟེ་ལོ་ངོ་གཉིས་ཙམ་གཤིན་རྗེའི་འཇིག་རྟེན་མི་ཡུལ་དུ་འཕོས་པ་ལྟར་མཆོག་དམན་མཐའ་དག་སྡུག་བསྔལ་གྱིས་གཟིར་ཞིང་དགེ་འདུན་རྣམས་ཀྱི་བཤད་སྒྲུབ་ཉམས་ཆབས་ཆེ་བར་བྱུང་བར་རྗེ་འདི་པས་ནོར་ལོངས་སྤྱོད་(༡༨༨ན)གང་ལའང་ཕངས་པ་མེད་པར་ཆིངས་སྒྲིགས་སོགས་མཛད་ཀྱང་ཐབས་མ་ཐོན། དེ་ནས་གོང་མའི་སྐུ་ཚབ་ཨ་ལི་ཨམ་པ་སོགས་འབྱོར་ནས་གོང་མ་ཆེན་པོའི་བཀའ་ལྷ་ལྡན་དུ་ཕེབས་དགོས་ཚུལ་ནན་ཆེ་བྱུང་ཡང་རྗེ་འདི་པས་སྐུ་ན་མཐོ་ཞིང་སྐུ་གཟུགས་ཤིན་ཏུ་གཙོང་བ་བཅས་ད་ལམ་གོང་མའི་བཀའ་ཉན་པར་ཕྲུག་མཛོད་བཏང་ཆོག་པ་དགོས་ཚུལ་ཞུ་བ་མཛད་ཀྱང་གོང་མའི་བཀའ་ལ་བསྒྱུར་བཀོད་མི་ཡོང་གསུང་ནས་མ་གསན་པར་རྗེ་འདི་དབུས་སུ་ཆིབས་བསྐྱོད་གནང་དགོས་བྱུང་། དེ་ནས་པོ་ཏ་ལར་ཕེབས་ནས་རྒྱལ་བ་ཡབ་སྲས་ཞལ་འཛོམས། རྗེ་འདིས་གཟིམ་ཆུང་བདེ་བ་ཅན་དུ་བཞུགས། དེ་དུས་གོང་མའི་བཀས་གཙང་ཕྱོགས་ཀྱི་ས་རིགས་ཚང་མ་མཆོད་གཞིས་སུ་གནང་བ་ཡིན་ཚུལ་བཀའ་བསྒྱུར་བར་རྗེ་འདིས་བདག་ནི་རྒས་ཤིང་གཟུགས་གཞི་གཙོང་བ་བཅས་མཆོད་གཞིས་མང་པོའི་ཁ་འཛིན་མི་གཙོགས་ཤིང་

མཆོད་གཉིས་སྙིང་པ་རྣམས་ཀྱིས་དགེ་འདུན་གྱི་ཕྱོགས་ཛ་ཚུལ་འདང་ཙམ་བྱུང་ཕྱིན་ས་རིགས་གསར་པའི་རིགས་མི་ལྷུ་ཞིས་ནན་ཆེར་ཞུ་བར་མཛད་ཀྱང་གོང་མ་ཆེན་པོའི་བཀའ་གཙོག་རྒྱུ་མི་ཡོང་ཞིང་། ལྷག་པར་ཁྲིད་ཕྱོངས་ནས་ཕྱུལ་བ་མིན་བསྟན་པ་དང་སེམས་ཅན་ལ་ཕན་ཆེ་བར་དགོངས་ནས་ཕྱུལ་བ་ཡིན་གསུང་བས་མཛད་ཐབས་མ་བྱུང་བར། དེ་ལྟ་ན་གོང་མ་ཆེན་པོའི་བཀའ་མ་བཅག་ཙམ་དུ་ས་ཆ་ཁ་ཤས་ཤིག་ཞུས་ཚོག་པ་དགོས་ཞེས་ལྷ་ངམ་ཕྱུན་གསུམ་བཞེས་པར་མཛད། ཚུལ་འདི་ཡང་རྗེ་འདིའི་རྣམ་ཐར་ཐུན་མོང་མིན་པ་ཞིག་སྟེ། དེང་སང་ཆོས་བྱེད་ཕལ་ཆེར་ཚེ་འདིའི་སྙིང་བཀུར་སྙན་གྲགས་(༡༤༤༨)འབའ་ཞིག་འཚོལ་ཞིང་ལྷག་པར་གཞུང་ལུགས་ལ་སྦྱངས་པ་མཐར་ཕྱིན་པར་བྱས་པ་དང་། བླ་མ་གདན་ཁྲི་འཛིན་པ་ཕལ་ཆེར་ཡང་སྙིང་བཀུར་དན་དོན་རེ་ཡང་བློས་མི་ཐོངས་པར་དགོན་པ་ཆུང་ངུ་རེ་དང་ས་ཆ་ཁྲན་བུ་རེ་ལ་ཡང་ཅི་ཐོབ་བྱེད་པའི་ངང་ཚུལ་འདི་ལ་དཔགས་ན་བདག་གི་དྲིན་ཅན་རྩ་བའི་བླ་མ་རྗེ་ཐམས་ཅད་མཁྱེན་པ་འདི་ནི་ནོར་འཛིན་ཡངས་པའི་ཁྱོན་ལ་སྟོབས་ཀྱིས་འཁོར་ལོས་བསྒྱུར་བའི་གོང་མ་བདག་པོ་ཆེན་པོ་ལྟ་བུས་བསྙེན་བཀུར་བའང་དང་དུ་མི་བཞེས་ཤིང་ས་ཆེན་པོའི་ཁྱོན་ལ་དབང་བསྒྱུར་བའི་དཔལ་ཕྱུལ་ཡང་དགྱེས་པ་མེད་ཅིང་ཚུལ་དེས་ལྷག་པར་འཇིགས་ཤིང་སྐྲག་པ་དང་སྐྱོ་ཞིང་ཡིད་འབྱུང་བར་མཛད་ནས་དགེ་འདུན་གྱི་སྡེ་གནས་པའི་རྟེན་ཙམ་ལས་རང་དོན་དུ་གསེར་སེ་བ་གང་དང་། ས་རོལ་གང་ཙམ་ཡང་མི་བཞེས་པར་ངེས་འབྱུང་དང་བྱང་ཆུབ་ཀྱི་སེམས་རླབས་ཆེན་པོས་འགྲོ་བའི་སྡུག་བསྔལ་ཞི་བ་དང་རྒྱལ་བའི་བསྟན་པ་འཕེལ་བ་འབའ་ཞིག་ཐུགས་ལ་བཟུགས་ཏེ་སྒོ་གསུམ་གྱི་བྱ་བ་ཅི་མཛད་ཐམས་ཅད་བསྟན་པ་དང་སེམས་ཅན་ཕོ་ནའི་དོན་དུ་མཛད་པའི་འདི་འདྲ་བ་ནི་རྒྱལ་བ་སྲས་བཅས་ཐམས་ཅད་ཀྱིས་ལན་ཅིག་མིན་པར་བསྔགས་པའི་གནས་ཡིན་ཞིང་། སྟོན་ཆོས་ཀྱི་རྒྱལ་པོ་ཙོང་ཁ་པ་ཆེན་པོ་ཞིང་འདིར་བྱོན་ནས

མཛད་པ་དེ་ལྟར་དུ་མཛད་པ་དུས་མཐའ་འདིར་བདག་གི་དྲིན་ཅན་རྩ་བའི་བླ་མ་འདིས་ཕྱག་ལེན་དུ་ཐེབས་པར་མཛད་པ་ཡིན་པས་རྒྱལ་བའི་བསྟན་པ་ལ་བྱ་བ་མཛད་པའི་རྣམ་པར་ཐར་པ་ངོ་མཚར་རྨད་དུ་བྱུང་བ་ཞིག་གོ །

དེ་ནས་རྗེ་འདིས་རྒྱལ་བ་ཐམས་ཅད་མཁྱེན་པ་ཆེན་པོ་ལ་ཐོས་བསམ་སྒོམ་གསུམ་འཆད་རྩོད་རྩོམ་གསུམ་(༡༨༧ན་)གྱི་སྒོ་ནས་འཇམ་མགོན་བླ་མའི་བསྟན་པ་བསྲེ་བསླད་མེད་པར་སྐྱོང་དགོས་ཚུལ་ཞལ་ཏ་ཞིབ་རྒྱས་སུ་མཛད་དེ་བསྟན་པའི་བདག་པོར་མངའ་གསོལ་ནས་གཙང་དུ་ཆིབས་ཁ་བསྐྱོད། བཀྲ་ཤིས་ལྷུན་པོར་ཕེབས་ནས་གཞུག་མར་གནས་པ་དང་ཕྱོགས་འདུས་ཀྱི་དད་ལྡན་སེར་སྐྱ་བགྲང་བ་ལས་འདས་པ་ལ་ཞལ་གྱི་དཀྱིལ་འཁོར་སྟོན་པ་དང་། ཕྱག་གིས་བྱིན་རླབས་མཛད་པ་དང་། ཆོས་ཀྱི་བདུད་རྩི་སྩལ་བ་དང་། ལྷག་པར་རབ་བྱུང་བསྙེན་རྫོགས་ཀྱི་སྡོམ་པ་བརྒྱུད་མར་སྩལ་བ་སོགས་བསྟན་འགྲོའི་དོན་རྒྱ་ཆེར་མཛད་ཅིང་། ཤི་གསོན་གྱི་རྗེས་རྣམས་ཆུད་མི་འཛའ་བའི་ཕྱིར་བཀྲ་ཤིས་ལི་མ་ལྷ་ཁང་སོགས་ལྷ་ཁང་མང་པོ་དང་། བསྟན་བཅོས་འགྱུར་རོ་ཙོག་རྣམས་དང་། རྗེ་ཡབ་སྲས་ཀྱི་གསུང་རབ་སོགས་སྐུ་གསུང་ཐུགས་རྟེན་གསར་བཞེངས་མང་པོ་དང་། སྔར་ཡོད་རྣམས་ལ་མཆོད་རྫས་དང་། རྒྱལ་བསྟན་ཧི་སྲིད་གནས་པའི་བར་དུ་མི་ཉམས་པའི་མཆོད་པའི་ཐེབས་དང་། རིས་སུ་མ་ཆད་པའི་དགེ་འདུན་གྱི་སྡེ་མཐའ་དག་ལ་བསྙེན་བཀུར་ནར་མར་མཛད་པ་སོགས་སྦྱོན་བྱིན་པའི་དམ་པ་རྣམས་ཀྱི་མཛད་པ་རྣམ་ཐར་བཟང་པོ་རྣམས་རྗེ་འདིས་མ་ཉམས་པར་བསྐྱངས་ཤིང་མ་འོངས་པ་ན་འབྱོན་པར་འགྱུར་བའི་བསྟན་འཛིན་དམ་པ་ཐམས་ཅད་ཀྱི་མིག་ལྟོས་སུ་འགྱུར་བ་ཞིག་མཛད་དོ། །

མདོར་ན་བདག་ཅག་གི་དཔལ་ལྡན་བླ་མ་དམ་པ་འདིས་ནི་བཀའ་གདམས་སྐུ་མཆེད་གསུམ་གྱི་རྣམ་པར་ཐར་པ་རྗེས་སུ་བསྐྱངས་ཏེ། དེ་ཡང་དགེ་བའི་བཤེས་གཉེན་

ཕུ་ཆུང་བ་ཆེན་པོ་ནི་འགྲོ་བའི་ཕན་བདེ་དཀོན་མཆོག་གི་ཐུགས་རྗེ་ལ་རག་ལས་པར་དགོངས་ནས་(༡༥༧བ)དཀོན་མཆོག་མཆོད་པ་གཙོ་བོའི་མཛད་པའི་རྣམ་པར་ཐར་པ་ལྟར། རྗེ་འདིས་ཀྱང་བསྐལ་བཟང་ལི་མ་ལྷ་ཁང་སོགས་མཆོག་གསུམ་གྱི་རྟེན་བསམ་ལས་འདས་པ་གསར་དུ་བཞེངས་ཤིང་། དེ་དག་དང་སྔོན་བཞུགས་པའི་མཆོག་གསུམ་གྱི་རྟེན་རྣམས་ལ་མཆོད་པའི་དངོས་པོ་བསམ་གྱིས་མི་ཁྱབ་པས་མཆོད། དེ་ཡང་ཇི་སྲིད་བསྟན་པ་ནམ་གནས་ཀྱི་བར་དུ་མཆོད་པ་རྒྱུན་མི་འཆད་པར་འབྱུང་བར་མཛད་པའང་མཐའ་ཡས་ཏེ། ད་ལྟ་སྐྱེ་བོ་ཀུན་གྱི་མིག་ལམ་དུ་སྣང་བ་འདི་བཞིན་ནོ། །དགེ་བའི་བཤེས་གཉེན་སྤྱན་སྔ་བ་ནི་སེམས་ཅན་གྱི་བདེ་སྐྱིད་དགེ་འདུན་གྱི་སྡེ་གནས་པ་ལ་རག་ལས་པར་དགོངས་ནས། གཙུག་ལག་ཁང་དང་། ལྷ་ཁང་མང་དུ་བཙིགས་པའི་རྣམ་ཐར་ལྟར། རྗེ་འདིས་ཀྱང་བོད་ཡུལ་གྱི་ལྗོངས་འདིར་གཙུག་ལག་ཁང་ཆེས་དར་རྒྱས་སུ་མཛད་དེ། བཀྲ་ཤིས་ལྷུན་པོའི་གཙུག་ལག་ཁང་རྒྱ་ཆེར་འཕེལ་བ་འདི་བཞིན་དང་། གངས་རིའི་ལྗོངས་ཀྱི་རི་སུལ་རྣམས་སུ་བསམ་གཏན་གྱི་སྡེ་མང་དུ་འཛུགས་པར་གནང་བ་སོགས་རྗེ་འདི་ཉིད་ཀྱི་བཀའ་དྲིན་ལས་གངས་ཅན་གྱི་ལྗོངས་འདིར་ཁྲིམས་ལྡན་འདུས་པའི་སྡེ་རྒྱ་ཆེར་འཕེལ་བ་ཀུན་གྱི་མིག་ལམ་དུ་སྣང་བ་འདིའོ། །དགེ་བའི་བཤེས་གཉེན་པོ་ཏོ་བ་ཆེན་པོ་ནི་དགེ་འདུན་གྱི་བསྙེན་བཀུར་དང་། བཀའ་གདམས་གཞུང་དྲུག་གི་སྒོ་ནས་ཇོ་བོའི་མན་ངག་འཆད་པ་གཙོ་བོར་མཛད་པ་བཞིན། རྗེ་འདིས་ཀྱང་རིས་སུ་མ་ཆད་པའི་དགེ་འདུན་གྱི་སྡེ་མཐའ་དག་ལ་བསྙེན་བཀུར་གཙོ་བོར་མཛད་ཅིང་། ལྷག་པར་བཀྲ་ཤིས་ལྷུན་པོ་ནི་ཆོས་དང་ཟང་ཟིང་གཉིས་ཀའི་སྒོ་ནས་སྤྱན་གྱི་འབྲས་བུ་ལྟར་བསྐྱངས་ཏེ། དགེ་འདུན་ཞལ་གྲངས་ཇེ་འཕེལ་དུ་གྱུར་ཅིང་། བྱང་ཕྱོགས་བསིལ་(༡༥༨ན)ལྡན་ཡངས་པའི་ལྗོངས་འདིར་ལུགས་གཉིས་ཀའི་སྒོ་ནས་འགྲན་ཟླ་དང་བྲལ་བ་ཀུན་གྱི་མིག་ལམ་དུ་སྣང་བ་འདི་བཞིན་ནོ། །

མཛད་པ་ཐམས་ཅད་ཀྱི་ནང་ནས་གཙོ་བོར་གྱུར་པ་ནི་རྒྱལ་བའི་བསྟན་པ་ལ་བྱ་བ་མཛད་པ་ཡིན་པས། བསྟན་པ་ལ་བྱ་བ་མཛད་ཕྱིར་རྗེ་རང་ཉིད་ཀྱི་ཚུལ་ཁྲིམས་རྣམ་པར་དག་པའི་དྲི་བསྲུང་ལ་འཁོར་བའི་དད་ལྡན་གྱི་སྐྱེས་བུ་གཙང་དབུས་ཁམས་གསུམ་མཐའ་དག་དང་། ཐ་ན་རྒྱ་མཚོའི་མཐའ་དང་གླིང་བར་ཚུན་ཆད་ནས་རང་དབང་མེད་པར་འདུས་པ་དག་ལ་དགེ་བསྙེན། དགེ་ཚུལ། དགེ་སློང་གི་སྡོམ་པ་རྣམས་གནང་བ་ནི་བགྲང་བ་ལས་འདས་ཏེ། འཛམ་གླིང་ཡངས་པའི་རྒྱལ་ཁམས་ཐམས་ཅད་རྗེ་ཉིད་ལ་བསླབ་པ་མནོས་པའི་ཁྲིམས་ལྡན་གྱིས་ཁྱབ་ཅིང་། ལྷག་པར་གངས་ཅན་འགྲོ་བའི་མགོན་པོ་རྗེ་བཙུན་བློ་བཟང་བསྐལ་བཟང་རྒྱ་མཚོ་དཔལ་བཟང་པོར། དགེ་ཚུལ་གྱི་སྡོམ་པ། དགེ་སློང་གི་སྡོམ་པ། གསང་བདེ་འཇིགས་གསུམ་གྱི་དབང་རྣམས་ཕུལ་ཏེ་སྡོམ་པ་གསུམ་ལྡན་དུ་བསྒྲུབས་ཤིང་། རྗེ་རྒྱལ་བ་གཉིས་པའི་བསྟན་པའི་བདག་པོར་མངའ་གསོལ་བས་འཛམ་གླིང་ཡངས་པའི་རྒྱལ་ཁམས་མཐའ་དག་རྒྱལ་བ་ཡབ་སྲས་གཉིས་ཀྱི་འཕྲིན་ལས་རྣམ་པར་དཀར་བའི་གདུགས་གཅིག་གིས་ཁྱབ་ཅིང་། རྗེ་བཙུན་བླ་མ་ངག་དབང་བྱམས་པ་ལ་དགེ་སློང་གི་སྡོམ་པ་དང་། ཆོས་བཀའ་གཞན་ཡང་མང་དུ་གནང་ནས་རྒྱལ་བ་འོད་དཔག་མེད་ཀྱི་སྐུ་བརྙན་ལི་དམར་ལས་གྲུབ་པ་ཕྱག་ཏུ་གནང་ནས་ཐེག་ཆེན་བསྟན་པའི་སྙིང་པོ་རྗེ་རྒྱལ་བ་གཉིས་པའི་བསྟན་པ་རིན་པོ་(༡༤༢བ)ཆེའི་སྲོག་ཤིང་དུ་མངའ་གསོལ། དུས་གསུམ་གྱི་རྒྱལ་བ་ཀུན་གྱི་བགྲོད་པ་གཅིག་པའི་ལམ་པོ་ཆེ་བྱང་ཆུབ་ལམ་གྱི་རིམ་པ་གཙོ་བོར་བཏོན་པའི་སྒོ་ནས་རྗེ་རྒྱལ་བ་གཉིས་པའི་ལུགས་སྲོལ་བཟང་པོ་རྒྱ་ཆེར་སྤེལ་དགོས་པའི་ཞལ་ཏ་གནང་ཞིང་། ཕྱོགས་ཀྱི་ཐ་གྲུ་ཀུན་ཏུ་རྗེ་བཙུན་བླ་མ་འདིའི་འཕྲིན་ལས་རྒྱ་ཆེར་འཕེལ་བའི་རྟེན་འབྲེལ་བསྒྲིག་པར་མཛད་པས་ཤར་ཕྱོགས་རྒྱ་མཚོའི་མཐའ་ལ་ཐུག་གི་བར་དུ་བྱང་ཆུབ་ལམ་གྱི་རིམ་པའི་འཕྲིན་ལས་ཀྱིས་ཁྱབ་པ་འདི་ཡང་རྗེ་འདི་ཉིད་ཀྱི་ཐུགས་རྗེའི་ནུས་མཐུ་ལས་གྲུབ་

པ་ཡིན་པས་གངས་ཅན་པ་རྣམས་ལ་བཀའ་དྲིན་བླ་མེད་དུ་མཛད་པ་ཡིན་ནོ། །

མ་འོངས་པ་ན་བསྟན་པ་སྤྱི་དང་ཁྱད་པར་རྗེ་རྒྱལ་བ་གཉིས་པའི་སྙན་བརྒྱུད་ཀྱི་བསྟན་པ་ཡུན་རིང་དུ་གནས་པའི་ཕྱིར་བྱང་ཆུབ་ལམ་གྱི་རིམ་པའི་དམར་ཁྲིད་ཐམས་ཅད་མཁྱེན་པར་བགྲོད་པའི་མྱུར་ལམ་ཞེས་གྲགས་པ་དཔལ་དབེན་ས་སྙན་བརྒྱུད་ཀྱི་མན་ངག་རྣམས་ཆེས་གསལ་བར་བཀོད་པ་སྟོན་མེད་པའི་ལེགས་བཤད་འདི་མཛད་ཅིང་། གཞན་ཡང་བྱང་ཆུབ་ལམ་གྱི་རིམ་པའི་བླ་མ་བརྒྱུད་པའི་རྣམ་པར་ཐར་པ་པདྨ་དཀར་པོའི་ཕྲེང་བ། ལམ་གྱི་གཙོ་བོ་རྣམ་གསུམ་གྱི་རྣམ་བཤད་གསུང་རབ་ཀུན་གྱི་གནད་བསྡུས་པ་ལེགས་བཤད་སྙིང་པོ། སྙིང་པོ་དོན་གསུམ་གྱི་ཁྲིད་ཡིག་ཐམས་ཅད་མཁྱེན་པར་བགྲོད་པའི་ཉེ་ལམ། པཎ་ཆེན་བློ་བཟང་ཆོས་ཀྱི་རྒྱལ་མཚན་གྱི་རྣམ་ཐར་གསལ་བར་སྟོན་པ་ནོར་བུའི་ཕྲེང་བའི་སྨད་ཆ། རྗེ་དྲུང་སྤྲུལ་སྐུ་དགེ་འདུན་ཆོས་རྒྱལ་དབང་ཕྱུག་གི་རྣམ་ཐར་གྲུབ་དབང་དགྱེས་པའི་རོལ་མཚོ། བླ་མའི་རྣལ་འབྱོར་གྱི་འགྲེལ་པ་དང་བཀའ་(༡༤༩ན)དྲིན་གསོལ་འདེབས། བློ་ཆེན་རྒྱལ་ཀུན་མ། རྒྱུད་ཀྱི་རྒྱལ་པོ་དཔལ་གསང་བ་འདུས་པའི་བཤད་པ་རྫོགས་པའི་འོག་ཏུ་རྡོ་རྗེ་སློབ་དཔོན་ལ་གཏང་རག་གི་མཆོད་པ་སོགས་བྱ་ཚུལ། ཐུགས་རྗེ་ཆེན་པོ་རྒྱལ་བ་རྒྱ་མཚོ་ལྷ་དགུའི་བླ་བརྒྱུད་གསོལ་འདེབས་དང་ཤིས་བརྗོད། ཐུགས་རྗེ་ཆེན་པོ་རྒྱལ་བ་རྒྱ་མཚོ་ལྷ་དགུའི་སྒྲུབ་ཐབས། ཐུགས་རྗེ་ཆེན་པོ་རྒྱལ་བ་རྒྱ་མཚོ་ལྷ་དགུའི་དཀྱིལ་ཆོག ཐུགས་རྗེ་ཆེན་པོ་རྒྱལ་བ་རྒྱ་མཚོ་ལྷ་དགུའི་སྦྱིན་སྲེག་གི་ཆོ་ག །དྲིན་ལན་གྱི་སྐོར། ཚེ་སྒྲུབ་འཆི་མེད་བདུད་རྩིའི་ཆུ་རྒྱུན། འཕགས་མ་གདུགས་དཀར་ཅན་གྱི་སྒྲུབ་ཐབས་མཆོག་ཐུན་དངོས་གྲུབ་ཆར་འབེབས། གཤིན་པོ་རྗེས་འཛིན་ཐར་པའི་ལམ་སྟོན། བླ་མའི་རྣལ་འབྱོར། བླ་མའི་བསྟོད་ཚོག་གསོལ་འདེབས། ཡི་དམ་འགའ་ལ་བརྟེན་པའི་བླ་མའི་རྣལ་འབྱོར། བརྟན་བཞུགས་ཚིགས་བཅད་མང་བ། ལྷ་འགའི་སྒྲུབ་ཐབས་དང་

རྗེས་གནང་བྱེད་ཚུལ། བསྙེན་གནས་བསྲུངས་པ་དང་སྨྱུང་གནས་བྱས་པའི་ཕན་ཡོན། སྐུ་གདུང་གི་དཀར་ཆག་ལེ་ཚན། རྟེན་སོགས་བཞེངས་པའི་རྒྱབ་ཡིག །དགོན་སྡེ་འགའ་ཞིག་གི་ཁྲིམས་སུ་བཅའ་བ། རྟེན་གསུམ་བཞེངས་པ་སོགས་ཀྱིས་མཚོན་པའི་དགེ་བསྔོའི་སྨོན་ལམ་ཚིགས་བཅད། མགོན་དཀར་ཡིད་བཞིན་ནོར་བུའི་གཏོར་ཆོག་དགེ་ལེགས་ཀུན་འབྱུང་། ཡེ་ཤེས་ཀྱི་མགོན་པོ་གྲི་གུག་དང་ཚེར་གསེབ་ཆོས་སྐྱོང་བསྟན་མ་གསུམ་གྱི་གཏོར་ཆོག །བསྟན་སྲུང་རྒྱ་མཚོར་མཆོད་གཏོར་འབུལ་ཚུལ་དང་འཕྲིན་བཅོལ་བསངས་ཀྱི་ཆོ་ག །སྔན་ངག་མེ་ལོང་ལས་ལེའུ་གཉིས་པའི་དཔེར་བརྗོད་མཚོ་བྱུང་དགྱེས་(༡༨༩བ)པའི་མེ་ཏོག །ལེའུ་གཉིས་པའི་གཟུགས་ཅན་བཅུ་གཉིས་པ་ཡན་གྱི་དཔེར་བརྗོད། མདོ་རྒྱུད་ཟབ་མོའི་ལུང་རྗེས་གནང་དབང་ཁྲིད་གསན་ཡིག་གཞན་ཕན་རིན་ཆེན་དབང་རྒྱལ་ལྷག་བསམ་པུཎྜ་རཱི་ཀའི་ཕྲེང་བས་སྤུད་པ། སྐུ་གཞོན་ནུ་ཉིད་ནས་རྒྱལ་བའི་བསྟན་པ་རིན་པོ་ཆེའི་སྒོར་ཞུགས་ནས་བླ་མ་དམ་པ་མཚན་ཉིད་དང་ལྡན་པ་དུ་མ་ཞིག་གུས་པ་ཆེན་པོས་བསྟེན་པའི་སྒོ་ནས་རབ་འབྱམས་མདོ་དང་རྒྱུད་སྡེའི་གཞུང་ལ་ལེགས་པར་བསླབས་ནས། ཐོས་བསམ་སྒོམ་པ་དང་འཆད་རྩོད་རྩོམ་པ་ལ་སོགས་པ། སྐུ་གསུང་ཐུགས་ཀྱི་རྟེན་བཞེངས་པ་དང་མཆོད་པ། རིས་མེད་པའི་དགེ་འདུན་མང་པོ་ལ་བསྙེན་བཀུར་བ་སོགས་བསྟན་འགྲོའི་བྱ་བ་མཐའ་དག་ལ་བརྩོན་པར་མཛད་པའི་རྣམ་ཐར་འོད་དཀར་ཅན་གྱི་ཕྲེང་བ་རྣམས་མཛད་དེ་བསྟན་པ་ལ་བྱ་བ་རྒྱ་ཆེར་མཛད་ནས་དགུང་ལོ་དོན་ལྔ་ལ་ཕེབས་པ་མེ་མོ་སྦྲུལ་གྱི་ལོ་གདུལ་བྱ་རྟག་འཛིན་ཅན་རྣམས་ཆོས་ལ་བསྐུལ་བའི་ཕྱིར་རེ་ཞིག་གཟུགས་སྐུའི་བཀོད་པ་བསྡུ་བའི་ཚུལ་བསྟན་ཏོ། །

རྗེ་འདི་ལ་ནི་ནོར་འཛིན་ཡངས་པའི་ཁྱོན་ལ་གནས་པའི་ཆེ་དགུ་མཐའ་དག་གིས་གུས་པས་མཆོད་ཅིང་རིས་སུ་མ་ཆད་པའི་བསྟན་འཛིན་དམ་པ་ཕལ་མོ་ཆེས་རྗེ་འདི་པ་

ལས་བསླབ་སྟོམ་བླངས་ཤིང༌། ཆོས་ཀྱི་བཀའ་དྲིན་ནོས་པས་ན་རྒྱུད་འཛིན་གྱི་སློབ་མས་སའི་སྙིང་ཁྲབ་པས་མཐའ་དག་བགྲང་བར་ག་ལ་ནུས། ཐུགས་སྲས་ཀྱི་གཙོ་བོ་ཐུབ་བསྟན་ཡོངས་རྫོགས་ཀྱི་བདག་པོར་མངའ་གསོལ་བ་རྒྱལ་བ་ཐམས་ཅད་མཁྱེན་པ་རྗེ་བཙུན་བློ་བཟང་བསྐལ་བཟང་རྒྱ་མཚོ་དང༌། (༡༧༠ན)མདོ་ཁམས་བསྟན་པའི་སྒྲོན་མེ་ཆབ་མདོ་འཕགས་པ་ལྷ། བྲག་གཡབ་སྤྲུལ་སྐུ་རྣམ་གཉིས། དབང་ཕྱོགས་བསྟན་པའི་སྒྲོན་མེ་རྗེ་ལྕང་སྐྱ་རིན་པོ་ཆེ་ཡེ་ཤེས་བསྟན་པའི་སྒྲོན་མེ། བ་སོ་སྤྲུལ་པའི་སྐུ། འཇམ་མགོན་བསྟན་པའི་སྲོག་ཤིང་རྗེ་བཙུན་ངག་དབང་བྱམས་པ། གྲུབ་པའི་དབང་ཕྱུག་རྗེ་དོན་ཡོད་མཁས་གྲུབ། གྲུབ་ཆེན་བློ་བཟང་བྱམས་པ། སྔགས་ཆེན་དགེ་ལེགས་རབ་རྒྱས། རྗེ་ཞལ་སྔ་ནས་འཇམ་དབྱངས་ཆོས་འཕེལ། ཐོས་བསམ་གླིང་པ་ཆེན་པོ་དཔལ་ལྡན་ཡེ་ཤེས། རྡོ་རྗེ་འཛིན་པ་བློ་བཟང་རིག་གྲོལ། བྱ་བྲལ་གྲུབ་པའི་དབང་ཕྱུག་བློ་བཟང་རྣམ་རྒྱལ། སྔགས་ཆེན་དམ་ཆོས་དཔལ་འབྱོར། སྐན་རྒྱུད་འཕྲིན་ལས་ཀྱི་བཀའ་བབ་ཞབས་དྲུང་ལྷ་པ་སྤྲུལ་སྐུ་བློ་བཟང་འཕྲིན་ལས། དབང་དང་རྗེས་གནང་གི་བཀའ་བབ་རྡོ་རྗེ་འཛིན་པ་ཡེ་ཤེས་དཔལ་འབྱོར། རྒྱུད་འཛིན་འཕྲིན་ལས་ཀྱི་བཀའ་བབ་གྲུབ་པའི་དབང་ཕྱུག་བློ་བཟང་བཟོད་པ་སོགས་བསྟན་འཛིན་དམ་པ་བགྲང་བ་ལས་འདས་པ་བྱོན་ནོ། །

དེས་ན་བྱང་ཆུབ་ལམ་གྱི་རིམ་པ་ལ་བློ་སྦྱོང་བར་འདོད་པ་རྣམས་ཀྱིས་རྗེ་བཙུན་ཐམས་ཅད་མཁྱེན་པ་བློ་བཟང་ཡེ་ཤེས་དཔལ་བཟང་པོ་ལ་གསོལ་བ་འདེབས་ཤིང་རྗེ་འདིའི་མཛད་པ་བཟང་པོ་རྣམས་དྲན་པར་བྱས་ལ་འཇམ་མགོན་བསྟན་པའི་སྙིང་པོ་ལ་ཡིད་ཆེས་ཀྱི་དད་པ་བརྟན་པོས་བློ་སྣ་ནང་དུ་བཀུག་སྟེ་བྱང་ཆུབ་ལམ་གྱི་རིམ་པ་ལ་བག་ཆགས་ཅི་ཐེབས་བྱའོ།། །།

མཁྱེན་རབ་དབང་ཕྱུག་འཇམ་དབྱངས་ཆོས་འཕེལ་གྱི་རྣམ་ཐར།

མཁྱེན་རབ་དབང་ཕྱུག་འཇམ་དབྱངས་ཆོས་འཕེལ་ཞེས་བསྟགས་པ། རྗེ་ཞལ་སྔ་ནས་འཇམ་དབྱངས་ཆོས་འཕེལ་ནི་སྲད་དུ་སྐུ་འཁྲུངས། སྔོན་ཡུན་རིང་པོ་ནས་ལམ་ལ་སྦྱངས་པའི་བག་ཆགས་ཀྱི་མཐུ་བརྟས་པས་(༡༧༠༩)ཁྱིམ་གྱི་འདུ་འཛི་ལ་ཆགས་པ་མེད་པར་གཞོན་ནུ་ནས་རྒྱལ་བའི་བསྟན་པ་ལ་རབ་ཏུ་བྱུང་། ཆོས་གྲྭ་ཆེན་པོ་བཀྲ་ཤིས་ལྷུན་པོར་ཕེབས་ཏེ་རྗེ་བཙུན་བློ་བཟང་ཆོས་ཀྱི་རྒྱལ་མཚན་གྱི་ཞབས་ལ་བསྙེན་ཅིང་། ཐོག་མར་ཚད་མ་རྣམ་འགྲེལ་ལ་སྦྱངས་པ་ན་མཁྱེན་རབ་མཚུངས་པ་མེད་པས་རིང་པོར་མ་ཐོགས་པར་སྡེ་བདུན་མདོ་དང་བཅས་པའི་དོན་ལ་མི་འཇིགས་པའི་སྤོབས་པ་ཐོབ། དེ་ནས་ཡར་ཕྱིན་དང་། དབུ་མ་དང་། འདུལ་བ་དང་། མཛོད་རྣམས་ལ་རིམ་བཞིན་སྦྱངས་ཏེ་མཁས་པའི་ཕུལ་དུ་ཕྱིན་པར་གྱུར་པ་ན་དགེ་འདུན་འདུས་པ་རྒྱ་མཚོའི་དབུས་སུ་དམ་བཅའ་བཞག་སྟེ་སྨྲ་བརྗོད་པའི་གཞུང་ཆེན་མོ་དེ་རྣམས་ལ་གྲྭ་སྐོར་མཛད། དེ་ནས་དབུང་པ་ཡབ་སྲས་དང་། རྡོ་རྗེ་འཛིན་པ་དཀོན་མཆོག་རྒྱལ་མཚན་སོགས་རྗེ་བཙུན་བློ་བཟང་ཆོས་ཀྱི་རྒྱལ་མཚན་གྱི་ཐུགས་སྲས་མཁས་གྲུབ་མང་པོ་ལས་རྒྱུད་སྡེ་བཞི་དང་འབྲེལ་བའི་དབང་ལུང་མན་ངག་མང་དུ་གསན་ཞིང་། ཁྱད་པར་རྗེ་བོ་རྗེ་དཔལ་ལྡན་ཨ་ཏི་ཤ་དང་། ཆོས་ཀྱི་རྒྱལ་པོ་ཙོང་ཁ་པ་ཆེན་པོ་གཉིས་ཀྱི་ཐུགས་ཀྱི་བཅུད་ཕྱུང་བའི་མན་ངག་གསུང་རབ་དགོངས་འགྲེལ་དང་བཅས་པའི་སྙིང་པོའི་དོན་བྱང་ཆུབ་ལམ་གྱི་རིམ་པའི་ཟབ་ཁྲིད་དབེན་ས་སྙན་རྒྱུད་ཀྱི་མན་ངག་ཞལ་ཤེས་དང་བཅས་པ་གསན་ནས་ཉམས་སུ་བླངས་ཏེ་མྱོང་བ་ཐོན་པར་མཛད། དེ་

ནས་ལུང་དང་རྟོགས་པའི་ཡོན་ཏན་གྱི་གཏེར་ཆེན་པོར་གྱུར་པ་ན་རྗེ་བཙུན་བློ་བཟང་ཡེ་ཤེས་ཀྱི་བཀས་ཐོས་བསམ་གླིང་གི་གདན་སར་ཕེབས་ཏེ་སྡེ་སྣོད་འཛིན་པ་སྟོང་ཕྲག་བརྒྱལ་བ་ལ་ཤིང་རྟ་ཆེན་པོའི་གཞུང་ལུགས་རྣམས་རྒྱ་ཆེར་འཆད་པར་མཛད། དེ་ནས་སྔགས་ཁང་གི་གདན་སར་(༡༧༡ན)ཕེབས་ཏེ་རྒྱུད་ཐམས་ཅད་ཀྱི་རྒྱལ་པོ་དཔལ་གསང་བ་འདུས་པ་མཐའ་དྲུག་ཚུལ་བཞིའི་སྒོ་ནས་འཆད་པ་ལ་མཁས་པའི་ཞལ་དུ་ཕྱིན་པར་གྱུར་ཏེ་སྡེ་སྣོད་འཛིན་པ་བརྒྱ་ཕྲག་མང་པོ་ལ་འགྲེལ་པ་བཞི་སྦྲགས་དང་། འཁོར་ལོ་བདེ་མཆོག་གི་རྒྱུད་འགྲེལ་པ་དང་བཅས་པ་དང་། དུས་ཀྱི་འཁོར་ལོའི་རྒྱུད་འགྲེལ་པ་དང་བཅས་པ་སོགས་རྡོ་རྗེ་ཐེག་པའི་བསྟན་པ་རྒྱ་ཆེར་སྤེལ་བར་མཛད་ཅིང་། དེ་དག་གི་བར་བར་དུ་སྐལ་བ་དང་ལྡན་པ་མང་པོ་ལ་བྱང་ཆུབ་ལམ་གྱི་རིམ་པའི་ཁྲིད་སོགས་མདོ་སྔགས་ཀྱི་ཆོས་མཐའ་ཡས་པ་སྤེལ་ཏེ་བསྟན་པ་ལ་བྱ་བ་རྒྱ་ཆེར་མཛད། མཐར་སྔགས་ཁང་གི་གདན་སའི་ཐོག་ཉིད་དུ་ཞིང་གཤེགས། དེའི་ཚེ་ཐུགས་དམ་ལ་རྒྱུན་རིང་བཞུགས་ཤིང་སྐུ་གཟུགས་ཀྱང་འོད་ཀྱི་རང་བཞིན་ཅན་ཧེ་ཆུང་ཧེ་ཆུང་དུ་སོང་སྟེ་ཐུགས་དམ་ལས་བཞེངས་པའི་ཚེ་སྦྱར་དར་ཁ་གང་ལ་འཐུམས་པ་ཞིག་བྱུང་། གདུང་ཞུགས་ལ་ཕུལ་བའི་ཚེ་གདུང་ལ་རྗེ་བཙུན་སྒྲོལ་མ་རང་བྱོན་དུ་ཕེབས་པ་སོགས་ངོ་མཚར་ཡ་མཚན་ཆེ་བའི་མཚན་མ་མང་དུ་བྱུང་བ་ཞིག་གོ །

དེས་ན་བྱང་ཆུབ་ལམ་གྱི་རིམ་པ་ལ་བློ་སྦྱོང་བར་འདོད་པ་རྣམས་ཀྱིས་བདག་ཉིད་ཆེན་པོ་འདི་ལ་གསོལ་བ་འདེབས་ཤིང་འདིའི་རྣམ་ཐར་ལྟར་མདོ་སྔགས་ཀྱི་གཞུང་ལ་སྦྱངས་པ་མཐར་ཕྱིན་པར་བྱས་ལ་གཞུང་ལུགས་གདམས་པར་འཆར་བའི་ཉམས་ལེན་ལ་འབད་དེ་རང་རྒྱུད་བཏུལ་ནས་སྐལ་བ་དང་ལྡན་པ་གཞན་དག་ལའང་ཕན་ཐོགས་པ་ཞིག་བྱའོ།། །།

ཞབས་དྲུང་ལྷ་པ་སྤྲུལ་སྐུ་བློ་བཟང་འཕྲིན་ལས་ཀྱི་རྣམ་ཐར།

བློ་བཟང་ཐུགས་རྗེའི་ཡེ་ཤེས་འོད་སྟོང་གིས། །གང་གི་བློ་གྲོས་པདྨོ་ཁ་ཕྱེ་ནས། ། (༡༦༡བ)སྐལ་ལྡན་འཕྲིན་ལས་སྤྲང་རྩིའི་དགའ་སྟོན་ཅན། །ཡོངས་འཛིན་དམ་པའི་ཞབས་ལ་གསོལ་བ་འདེབས། །ཞེས་བསྟགས་པ། ཞབས་དྲུང་ལྷ་པ་སྤྲུལ་སྐུ་བློ་བཟང་འཕྲིན་ལས་ནི། པཎ་ཆེན་བློ་བཟང་ཆོས་ཀྱི་རྒྱལ་མཚན་གྱི་ཐུགས་སྲས་ཞབས་དྲུང་ལྷ་པ་བློ་བཟང་བསྟན་པ་དར་རྒྱས་ཞེས་ཡོངས་སུ་གྲགས་པའི་མཁས་གྲུབ་ཆེན་པོ་དེ་ཉིད་ཞིང་གཤེགས་གོང་དང་། གཤེགས་ནས་སྤྱར་སྤྲོད་བའི་སྐབས་ཀྱི་རྟགས་དང་མཚན་མ་དང་། ལྷ་དང་བླ་མ་མང་པོས་ལུང་བསྟན་པ་ལྟར་སྤྲུལ་པའི་སྐུ་འདི་ཉིད་དབུས་ཕྱོགས་སུ་སྐུ་འཁྲུངས། གཞོན་ནུའི་དུས་ནས་སྟོན་གྱི་བག་ཆགས་བཟང་པོའི་མཐུ་བརྟས་པས་སྲིད་པའི་ཕུན་ཚོགས་གང་ལའང་མ་ཆགས་པར་རྒྱལ་བའི་བསྟན་པ་རིན་པོ་ཆེའི་སྒོར་རབ་ཏུ་བྱུང་། པཎ་ཆེན་བློ་བཟང་ཆོས་ཀྱི་རྒྱལ་མཚན་གྱི་ཐུགས་སྲས་མང་པོའི་ཞབས་ལ་གཏུགས་ཤིང་། ལྷག་པར་དྲུང་པ་ཡབ་སྲས་ལ་མདོ་སྔགས་ཀྱི་གདམས་ངག་མཐའ་ཡས་པ་གསན་ཞིང་། ལུང་དང་རྟོགས་པའི་མངའ་བདག་རིན་ཆེན་དོན་གྲུབ་ལ་པཎ་ཆེན་བློ་བཟང་ཆོས་ཀྱི་རྒྱལ་མཚན་ནས་གྲུབ་ཆེན་ནམ་མཁའ་རྡོ་རྗེ་ལ་བརྒྱུད་པའི་བྱང་ཆུབ་ལམ་གྱི་རིམ་པའི་ཁྲིད་དབེན་ས་སྙན་རྒྱུད་ཀྱི་མན་ངག་ཞལ་ཤེས་ཆ་ལག་དང་བཅས་པ་རྒྱས་པར་གསན་ཏེ་ཉམས་སུ་བཞེས་པས་ཉམས་རྟོགས་ཁྱད་པར་ཅན་འཁྲུངས། གྲུབ་ཆེན་ནམ་མཁའ་རྡོ་རྗེ་ནས་བརྒྱུད་པའི་མན་ངག་བླ་མ་རིན་ཆེན་དོན་གྲུབ་ཀྱིས་ཟིན་བྲིས་མཛད་པའི་ལམ་རིམ་གྱི་ཁྲིད་ཡིག་ཁྱད་པར་ཅན་ཞིག་ཀྱང་ཡོད་དོ། །

ཞབས་དྲུང་རིན་པོ་ཆེ་འདི་སྔོན་སྦྱངས་ཀྱི་བག་ཆགས་སད་པས་ངེས་འབྱུང་སྐྱོ་ཤས་ཆེ་ཞིང་(༡༧༢ན)སྡོམ་པ་གསུམ་གྱི་བཅས་མཚམས་རྣམ་པར་དག་པ་དང་། བདག་པས་གཞན་གཅེས་པའི་བྱང་ཆུབ་ཀྱི་སེམས་ཐུགས་ལ་མངའ་བས་སྐལ་བ་དང་ལྡན་པ་མཐའ་ཡས་པ་ལ་ཐར་པ་དང་ཐམས་ཅད་མཁྱེན་པའི་ས་བོན་འདེབས་ནུས་པ་ཞིག་བྱུང་སྟེ། པཎ་ཆེན་ཐམས་ཅད་མཁྱེན་པ་རྗེ་བཙུན་བློ་བཟང་ཡེ་ཤེས་ཀྱིས་ཀྱང་སྤྱན་མཐོང་ཤིན་ཏུ་ཆེ་བར་མཛད་དེ་ཞབས་དྲུང་རིན་པོ་ཆེ་འདི་ལ་ལམ་རིམ་གྱི་ཁྲིད་དང་། བླ་མ་མཆོད་པའི་ཁྲིད་དང་། སྙིང་པོ་དོན་གསུམ་གྱི་ཁྲིད་དང་། དགའ་ལྡན་ཕྱག་རྒྱ་ཆེན་པོའི་ཁྲིད་རྣམས་དགྱེས་བཞིན་དུ་གནང་ཞིང་སྣར་ཐང་བྱང་ཆེན་གྱི་བླ་མར་བསྐོ་བར་མཛད་དེ་འདི་པ་བྱང་ཆེན་དུ་བཞུགས་སྐབས་སྐུ་སེར་མང་པོ་ལ་ཕན་ཆེ་བར་གཟིགས་ནས་པཎ་ཆེན་ཐམས་ཅད་མཁྱེན་པ་ཆེན་པོས་གཟིམ་ཆུང་ཡིད་དགའ་ཆོས་འཛིན་དུ་ཞབས་དྲུང་རིན་པོ་ཆེ་འདི་གཅིག་པུ་ལ་སྙུང་གནས་ཀྱི་སྡོམ་པ་ཡང་སྩལ། ཞབས་དྲུང་རིན་པོ་ཆེ་འདི་པས་ཀྱང་པཎ་ཆེན་ཐམས་ཅད་མཁྱེན་པའི་བཀའ་བཞིན་བསྒྲུབས་ཏེ་ལོ་རེ་བཞིན་སྣར་ཐང་བྱང་ཆེན་དུ་སྐུ་སེར་བརྒྱ་ཕྲག་མང་པོ་ལ་སྙུང་གནས་ཀྱི་སྡོམ་པ་གནང་ཞིང་། གཞན་ཡང་དགེ་བའི་བཤེས་གཉེན་དོན་གཉེར་ཅན་རྣམས་ལ་ཆོ་འཕྲུལ་གྱི་དུས་དང་ཆོས་འཁོར་བསྐོར་བའི་དུས་ལ་སོགས་པ་དུས་ཁྱད་པར་ཅན་རྣམས་ལ་སྙུང་གནས་ཀྱི་སྡོམ་པ་གནང་སྟེ་ཐུགས་རྗེ་ཆེན་པོའི་ཆོས་སྐོར་ཆེས་ཆེར་དར་བར་མཛད། ལྷག་པར་མདོ་སྔགས་གསུང་རབ་ཐམས་ཅད་ཀྱི་སྙིང་པོའི་དོན་རྒྱལ་བ་ཐམས་ཅད་གང་ནས་བྱོན་པའི་ལམ་པོ་ཆེ་བྱང་ཆུབ་ལམ་གྱི་རིམ་པའི་ཁྲིད་ཡང་(༡༧༢བ)ཡང་སྩལ་ཏེ་བསྟན་པ་ལ་བྱ་བ་རྒྱ་ཆེར་མཛད། ལམ་གྱི་རིམ་པ་ལ་བློ་སྦྱངས་ཏེ་ཐབས་བརྟན་པར་གྱུར་པ་རྣམས་ལ་ཤེར་ཕྱིན་གྱི་མདོ་སྡེ་རིན་པོ་ཆེའི་སྙིང་པོའི་དོན། དཔལ་མགོན་འཕགས་པ་ཀླུ་སྒྲུབ་ཀྱིས་ངེས་དོན་གྱི་མདོ་སྡེའི་དོན་ལེགས་པར་བཀྲལ་བ་རྟེན་འབྱུང་

སྤྲོས་པའི་མཐའ་ཐམས་ཅད་དང་བྲལ་བ་དྲི་མ་མེད་པའི་རིགས་ལམ་ནས་དྲངས་ཏེ་མཐའ་དག་པར་འདོམས་པ་ལ་ཟླ་དང་བྲལ་བ་ཞིག་སྟེ། བྱ་བྲལ་གྲུབ་པའི་དབང་ཕྱུག་བློ་བཟང་རྣམ་རྒྱལ་གྱིས་གཙོས་སྐྱོ་སྐྱོད་འཛིན་པ་མང་པོ་ཞིག་གིས་ཞབས་དྲུང་རིན་པོ་ཆེ་འདི་པ་ལ་ལམ་རིམ་གྱི་ཁྲིད་ཞུས་པའི་ཚེ་བཤེས་གཉེན་བསྟེན་ཚུལ་ནས་ལྷག་མཐོང་གི་བར་དམིགས་སྐོར་རེ་རེ་ནས་མྱོང་ཁྲིད་དུ་བྱས་ཏེ་ཟླ་སྤྲེལ་གྱི་བར་རྒྱས་པར་གནང་ཞིང་། ལྷག་པར་ཟབ་མོ་དབུ་མའི་ལྟ་བ་རྟག་ཆད་ཀྱི་མཐའ་ཐམས་ཅད་དང་བྲལ་བ་རིགས་པའི་རྣམ་གྲངས་མཐའ་ཡས་པས་གཏན་ལ་ཕབ་ནས་འདོམས་པར་མཛད་ཅིང་། སྒོམ་ཚུལ་གྱི་མན་ངག་སྙིང་པོའི་དོན་མགོན་པོ་འཇམ་པའི་དབྱངས་ཀྱིས་རྗེ་བདག་ཉིད་ཆེན་པོ་ལ་ཇི་ལྟར་སྩལ་བའི་སྙན་བརྒྱུད་ཀྱི་མན་ངག་ལྟར་འཁྲིད་པར་མཛད། ལམ་རིམ་གྱི་ཁྲིད་གྲུབ་ནས་སྦྱོར་ལམ་གྱི་ལུས་ཡོངས་སུ་རྫོགས་པ་དང་ཁྱད་པར་དབུ་མའི་ལྟ་བ་མཐར་ཐུག་པ་ཤེར་ཕྱིན་གྱི་མདོ་སྡེ་རིན་པོ་ཆེའི་ཁུངས་དང་སྦྱར་བ་བརྒྱུད་སྟོང་པའི་གཟབས་བཤད་མཛད་པས་འཇམ་མགོན་སྙན་བརྒྱུད་ཀྱི་བསྟན་པ་ལ་བཀའ་དྲིན་ཟླ་མེད་དུ་མཛད་དོ། །བདག་ཉིད་ཆེན་པོ་འདིའི་སྐུ་ཚེ་རིལ་པོའི་མཛད་པ་རྣམ་ཐར་ཞིབ་ཏུ་སྟོན་པའི་ཡི་གེ་མ་མཐོང་བས་སླར་རྙེད་ན་འདིར་བསྣན་(༡༧༣ན)པར་བྱའོ། །

དེས་ན་བྱང་ཆུབ་ལམ་གྱི་རིམ་པ་ལ་བློ་སྦྱོང་བར་འདོད་པ་རྣམས་ཀྱིས་ཞབས་དྲུང་རིན་པོ་ཆེ་སྤྲུལ་པའི་སྐུ་བློ་བཟང་འཕྲིན་ལས་ལ་གསོལ་བ་འདེབས་ཤིང་། བདག་ཉིད་ཆེན་པོ་འདིའི་རྣམ་ཐར་ལྟར་འཇམ་མགོན་སྙན་བརྒྱུད་ཀྱི་མན་ངག་ལ་སྒྲུབ་པ་སྙིང་པོར་བྱས་ཏེ་དལ་བ་དོན་ལྡན་དུ་བྱའོ།། །།

གྲུབ་པའི་དབང་ཕྱུག་བློ་བཟང་རྣམ་རྒྱལ་གྱི་རྣམ་ཐར།

ཐུབ་པའི་དགོངས་དོན་ཟབ་དང་རྒྱ་ཆེའི་གཞུང་། །བློ་གསལ་སྐལ་བཟང་གདུལ་བྱར་རྣམ་ཀུན་ཏུ། །སྤེལ་མཛད་རྒྱལ་བ་དགྱེས་པའི་ལམ་བཟང་ལ། །འགོད་མཁས་བཤེས་གཉེན་བཟང་པོར་གསོལ་བ་འདེབས། །ཞེས་བསྟུགས་པ། གྲུ་བྲལ་གྲུབ་པའི་དབང་ཕྱུག་བློ་བཟང་རྣམ་རྒྱལ་ནི། ཆོས་གྲྭ་ཆེན་པོ་བཀྲ་ཤིས་ལྷུན་པོ་ནས་ལྷོ་ཕྱོགས་སུ་དཔག་ཚད་གཅིག་ལྷག་ཙམ་གྱི་ས་ན་ལྷུགས་ལུང་པ་ཞེས་བྱ་བ། ཕུ་ན་རྡུ་རི་ཕུན་སུམ་ཚོགས་པ་ལ་འབྲོག་སྡེ་དང་། མདའ་ན་ས་གཞི་ལོ་ཏོག་ཕུན་སུམ་ཚོགས་པ་སྐྱེ་བའི་ཞིང་པ་མི་ཁྱིམ་མང་དུ་ཡོད་པ། སྔོན་བྱོན་དམ་པ་དུ་མས་ཞབས་ཀྱིས་བཅགས་ཤིང་བྱིན་གྱིས་བརླབས་པ། ལྷག་པར་པཎ་ཆེན་ཐམས་ཅད་མཁྱེན་པ་བློ་བཟང་ཆོས་ཀྱི་རྒྱལ་མཚན་ཕྱོགས་དེར་ཕེབས་ནས་བཀྲ་ཤིས་ཀྱི་གསོ་སྦྱོང་མཛད་པ་སོགས་དགེ་མཚན་དུ་མས་བརྒྱན་པའི་སའི་ཐིག་ལེ་དེའི་ཕུ་ན་བཙུ་ས་ཁང་དམར་ཤར་བ་ཞེས་བྱ་བའི་ཁྱིམ་དུ་ཡབ་མགོན་པོ་ཚེ་རྒྱལ་ཞེས་བྱ་བ་དང་། ཡུམ་སྲས་མོ་ལགས་ཞེས་གྲགས་པ་གཉིས་ཀྱི་སྲས་སུ་བསམ་བཞིན་དུ་སྐྱེ་བ་བཞེས་ཏེ་ལྷགས་ཕོ་ཁྱིའི་ལོར་ཁྱེའུ་དབྱུ་གདུགས་ལྷར་རླུམ་ཞིང་སྤྱི་གཙུག་མཐོ་བ། དཔྲལ་བའི་དབྱེས་ཆེ(༡༧༣བ)ཞིང་ཤངས་ཀྱི་གཟེངས་མཐོ་བ། སྤྱན་དཀྱུས་རིང་ཞིང་མཆུ་སྦྲོས་པདྨའི་འདབ་མ་ཇི་ལྟ་བ། པགས་པའི་མདོག་ནི་དཀར་ལ་དམར་བའི་མདངས་ཆགས་པ་འགྲོ་བ་ཀུན་གྱི་མིག་གི་བདུད་རྩི་ལྟ་བུ་ཞིག་ངོ་མཚར་བའི་ལྟས་དང་བཅས་ཏེ་འཁྲུངས་སོ། །

འདི་སྐབས་རྗེ་བཙུན་བློ་བཟང་ཆོས་ཀྱི་རྒྱལ་མཚན་ཞིང་གཤེགས་ནས་ལོ་དགུ་དང་། རྗེ་བཙུན་བློ་བཟང་ཡེ་ཤེས་འཁྲུངས་ནས་ལོ་བརྒྱད་སོང་བའི་སྐབས་དེ་ཡིན་

ནོ། །དེ་འདྲ་བའི་གཞོན་ནུ་དེ་ནི་སྔོན་ཡུན་རིང་པོ་ནས་ལམ་ལ་གོམས་པའི་བག་ཆགས་སད་པས་བྱིས་པའི་རྒྱུད་པ་མཐའ་དག་ལས་འདས་ཤིང་དམ་པའི་ཆོས་འཚོལ་བ་ལྷུར་ལེན་པའི་ངང་ཚུལ་ཅན་ཞིག་བྱུང་སྟེ། ཁྱིམ་གྱི་གནས་ལ་མངོན་པར་མི་དགའ་བར་ཁྱིམ་ན་གནས་པ་ནི་བྱ་བ་ངན་པ་སྣ་ཚོགས་ཀྱིས་ཁྲོལ་ནས་དགེ་བའི་བསམ་པ་མ་སྐྱེས་པ་མི་སྐྱེ་ཞིང་སྐྱེས་པ་རྣམས་རིམ་གྱིས་འགྲིབ་པར་བྱེད་པ། ཚོང་དང་ཞིང་ལས་སོགས་ལས་ངན་པ་སྣ་ཚོགས་པ་དང་། དེ་དག་གི་ཆེད་དུ་ཕན་ཚུན་འཐབ་པ་དང་རྩོད་པ་སོགས་བཟོད་པར་དཀའ་བའི་སྡུག་བསྔལ་དུ་མས་ལུས་སེམས་ཀུན་ནས་གདུང་བར་བྱེད་པ། འདོད་པ་སྤྱོད་པ་ནི་དུག་སྦྲུལ་ནག་པོའི་གདེངས་ཀའི་གྲིབ་བསིལ་ལྟར་མནོག་ཆུང་ཞིང་ཉེན་ཆེ་བ། མདོར་ན་ཉེས་པ་དུ་མའི་འབྱུང་ཁུངས་སུ་གྱུར་ལ། རབ་ཏུ་བྱུང་བ་ནི་ཉེས་པ་ཐམས་ཅད་ལས་ལྡོག་ཅིང་ཡོན་ཏན་ཐམས་ཅད་སྐྱེ་བའི་རྟེན་ས་གཞི་ལྟ་བུ། རྒྱལ་བ་སྲས་བཅས་ཐམས་ཅད་ཀྱིས་བསྔགས་པའི་གནས་ཡིན་པར་མཁྱེན་ནས་རབ་ཏུ་འབྱུང་འདོད་གཏིང་នས་ཡོད་པའི་ཁར། (༡༧༥ན)རྒྱལ་པོ་དགའ་ལྡན་ཚེ་དབང་གི་ཆོས་ཚབ་བཙུན་ཆུང་ཁ་ཤས་འཇུག་རྩིས་ཀྱིས་བརྟགས་པ་ན། དམ་པ་འདི་ཉིད་གཞོན་ནུ་བློ་གྲོས་གསལ་ཞིང་རིགས་རུས་བཙུན་པ་སོགས་གང་ཅིར་འོས་པར་གཟིགས་ནས། འདི་ཉིད་དང་གཞན་ཡང་བཙུན་ཆུང་ཁ་ཤས་བཅས་ཆོས་ཚབ་ཏུ་འཇུག་པར་མཛད་པའི་རྐྱེན་གྱིས་ཉེ་བར་བསྐུལ་ཏེ་ཁྱིམ་ནས་ཁྱིམ་མེད་པར་རབ་ཏུ་འབྱུང་བར་འདོད་ནས་ཆོས་གྲྭ་ཆེན་པོ་བཀྲ་ཤིས་ལྷུན་པོ་ཕྱོགས་ཐམས་ཅད་ལས་རྣམ་པར་རྒྱལ་བའི་གླིང་དུ་མགོན་པོ་འོད་དཔག་མེད་དངོས་སློབ་གར་གྱི་རྣམ་པར་རོལ་པ་པཎ་ཆེན་ཐམས་ཅད་མཁྱེན་པ་རྗེ་བཙུན་བློ་བཟང་ཡེ་ཤེས་དཔལ་བཟང་པོའི་དྲུང་དུ་ཕེབས། དེ་སྐབས་རྗེ་བཙུན་བློ་བཟང་ཡེ་ཤེས་ཀྱིས་བསྙེན་རྫོགས་བཞེས་མ་གྲུབ་པས་མཁན་པོའི་བྱ་བ་མི་མཛད་པས་ཐོས་བསམ་གླིང་གི་བླ་མ་རྗེ་ཞལ་སྔ་ནས་གྲུབ་ཆེན་བློ་བཟང་བྱམས་པ་

ལས་རབ་ཏུ་བྱུང་ཞིང་ཚིགས་སྔ་མ་དགེ་ཚུལ་གྱི་སྡོམ་པ་ནོད་པར་མཛད་དེ། མཚན་བློ་བཟང་རྣམ་རྒྱལ་ཞེས་འདོགས་པར་མཛད་དོ། །

དེ་ནས་ཐུགས་བསམ་འདི་ལྟ་བུ་དག་འཁྲུངས་ཏེ་སྟོན་པའི་བསྟན་པ་ལ་རབ་ཏུ་བྱུང་བ་རྣམས་ཀྱི་བྱ་བ་ནི་གཉིས་ཏེ། ཀློག་པ་ཐོས་བསམ་དང་། སྤོང་བ་བསམ་གཏན་ནོ། །དེ་ཡང་མཛོད་ལས། ཚུལ་གནས་ཐོས་དང་བསམ་ལྡན་པས། །སྒོམ་པ་ལ་ནི་རབ་ཏུ་སྦྱོར། །ཞེས་གསུངས་པ་ལྟར། སྒོམ་རྣམ་དག་བྱེད་པ་ལ་བསམ་པས་ངེས་ཤེས་འདྲེན་པ་སྔོན་དུ་འགྲོ་དགོས། དེ་ལ་ཐོས་པ་མ་ནོར་བ་ཞིག་བྱེད་དགོས། དེ་ཡང་གང་བྱུང་བྱུང་ལ་ཐོས་པ་བྱས་པས་མི་ཆོག་པས། རྒྱལ་བའི་དགོངས་པ་འགྲེལ་བ་ལ་(༡༧༨བ)ཚད་མར་གྱུར་དཔང་དུ་གྱུར་པ་ཀླུ་སྒྲུབ་ལ་སོགས་པ་ཤིང་རྟ་ཆེན་པོ་རྣམས་ཀྱི་གཞུང་ལ་མཁས་པ་བསྟེན་ནས་སྦྱང་དགོས་པར་དགོངས་ནས་ཐོག་མར་རིགས་པའི་གཞུང་ལུགས་རྣམས་ལ་གསན་སྦྱོང་མཛད་པ་ལ་ཞུགས་ཤིང་། རྗེ་ཞལ་སྔ་ནས་གྲུབ་ཆེན་བློ་བཟང་བྱམས་པ་དང་། ཞལ་སྔ་ནས་འཇམ་དབྱངས་ཆོས་འཕེལ་སོགས་ཀྱི་ཞབས་ལ་གཏུགས་ནས། ཐོག་མར་ཆོས་སྐྱོད་རྣམས་འཛིན་པ་དང་། རིགས་པའི་སྒོ་འབྱེད་མཚན་མཚོན་རྟགས་གསལ་རྟེ་ལུགས་ཐལ་འགྱུར་འཕེན་ལུགས་སོགས་ལ་སྦྱོང་བ་སྤྲགས་ནས་མཛད། དེ་ནས་རྟགས་གསལ་འཕེན་ལུགས་ཀྱི་གནད་མཁྱེན་ཅིང་རིགས་གཞུང་ལ་བློ་ཁ་ཕྱེ་བར་གྱུར་པ་ན། རིགས་འབྲིང་དུ་ཕེབས་ཏེ་འཇམ་དབྱངས་དགེ་འདུན་བློ་བཟང་གི་ཡིག་ཆ་ལ་བརྟེན་ནས་ཚད་མ་རྣམ་འགྲེལ་གྱི་ལེའུ་བཞིའི་མཐའ་དཔྱོད་སྤྱི་དོན་དང་བཅས་པ་ཐུགས་ལ་བཟུང་ཞིང་བགྲོ་གླེང་ལ་བརྩོན་པར་མཛད་པས། རིང་པོར་མ་ཐོགས་པར་གཞུང་གི་ལུས་རྣམ་གཞག །གཞུང་སྔ་ཕྱིའི་འཚམས་སྦྱོར་སོ་སོའི་འཕྲོས་དོན་སོགས་རྟོག་གེའི་ཚིག་དོན་མཐའ་དག་ལ་བློ་གྲོས་རབ་ཏུ་རྒྱས་པར་གྱུར་ཏེ། ཕྱི་ནང་གི་གྲུབ་མཐའ་ཁྱད་པར་རྣམས་དྲི་མ་མེད་པའི་རིགས་པས་ལེགས་པར་ཕྱེ་ནས།

ཁྱི་རོལ་པའི་གྲུབ་མཐའ་རྣམས་ནི་ལོང་བ་ལག་ནོམ་བྱེད་པ་དང་འདྲ་བར་རྨོངས་པ་འབའ་ཞིག་གི་དབང་དུ་སོང་བ་དང་། རྒན་པོ་གཡོ་ཅན་གྱིས་ལག་པ་སྟོང་པས་བྱིས་པ་སླུ་བར་བྱེད་པ་ལྟར་ཐར་འདོད་རྣམས་སླུ་བར་བྱེད་པ་ཁོ་ན་དང་། སངས་རྒྱས་བཅོམ་ལྡན་འདས་ཀྱི་བསྟན་པ་ཁོ་ན་ཐར་འདོད་རྣམས་ཀྱི་འཇུག་ངོགས་སུ་གཏིང་ཐག་པ་ནས་ཡིད་ཆེས་བསྐྱེད་པའི་ཐབས་སྐྱབ་ངག་(༡༧༥(ན)ཡང་དག་རྟགས་སྦྱོར་ཡང་དག་གཉིས་ཀྱི་སྒོ་ནས་རང་དང་སྙོད་ལྡན་རྣམས་ལ་ངེས་ཤེས་སྐྱེད་པར་བྱེད་ཅིང་། ལོག་པར་སྨྲ་བ་རྣམས་ནི་སྲུན་འབྱིན་པའི་ཐལ་ངག་གི་སྒོ་ནས་ཚར་གཅོད་པར་མཛད་པའི་དྲི་མེད་རིགས་པའི་ང་རོ་སྒྲོག་པ་ལ་ནམ་ཡང་ཞུམ་པ་མེད་པར་གྱུར་ཏོ། །

དེ་ནས་རྣམ་འགྲེལ་གྱི་མཐའ་གཅོད་རྣམས་ལ་ཤིན་ཏུ་མཁས་པར་གྱུར་པ་ན་རིགས་ཆེན་དུ་ཕེབས་ཏེ། ཚད་མ་རྣམ་འགྲེལ་དང་། རྣམ་བཤད་ཐར་ལམ་གསལ་བྱེད་གཉིས་རྩ་འགྲེལ་སྦྲགས་ནས་ཐུགས་འཛིན་མཛད་ཅིང་། དོན་གྱི་གནད་རྣམས་ལ་གོ་བ་འཚོལ་བ་ལ་ཤིན་ཏུ་འབྲུས་པར་མཛད། དེ་ཡང་ཐར་པ་དང་ཐམས་ཅད་མཁྱེན་པ་ཐོབ་པར་བྱེད་པའི་ལམ་གྱི་གནད་རྣམས་རིགས་པའི་ལམ་ནས་རྙེད་པ་ཞིག་མ་བྱུང་ན། ལུང་ཙམ་སྐྱབས་སུ་བཟུང་སྟེ་མོས་བློ་བྱས་ཀྱང་གཏིང་ནས་ངེས་པ་འདྲོངས་པའི་ཐབས་མི་འདུག་ཅིང་། ངེས་པ་དེ་ལྟར་དུ་སྐྱེ་བ་ཡང་གཞུང་ལུགས་འདི་ཉིད་ལ་རག་ལས་པར་དགོངས་ནས་ཚིག་ཙམ་དང་དོན་གྱི་འོལ་སྤྱི་ཙམ་གྱིས་ཆོག་པ་མ་ཡིན་པར། ཡབ་རྗེ་ཐམས་ཅད་མཁྱེན་པའི་བཀའ་ལྟར་ཐེག་པ་གསུམ་གྱི་ལམ་གྱི་གནད་ཐམས་ཅད་རིགས་པའི་ལམ་ནས་རྙེད་པ་ཞིག་ནམ་ཞིག་ན་འོང་སྙམ་དུ་ཐུགས་བརྩོན་ཤིན་ཏུ་ཆེ་བར་མཛད་དོ། །

དེ་ནས་རྣམ་འགྲེལ་གྱི་དཀའ་གནས་རྣམས་ཐུགས་ལ་ཆུད་པར་གྱུར་པའི་ཚེ། དགེ་འདུན་འདུས་པ་རྒྱ་མཚོའི་དབུས་སུ་དམ་བཅའ་ཡང་ཡང་འཇོག་པར་མཛད་ཅིང་། ཁྱད་

པར་དཀྱིལ་ཁང་ནས་མངའ་རིས་པ་མཁས་པར་གྲགས་པ་ཞིག་དང་སྦྱི་སྐྱུར་གྱི་བགྲོ་གླེང་ལ་བཞེངས་ཏེ། རྗེ་ཞལ་སྔ་ནས་(༡༧༥བ)རྣམས་ཀྱིས་དབུ་མཛད་མཁས་མང་རྒྱ་མཚོ་ལྟ་བུའི་དབུས་སུ་བདག་ཉིད་ཆེན་པོ་ཕྱོགས་གླང་ཆོས་གྲགས་མུ་སྟེགས་ཀྱི་རྒོལ་བ་འཇོམས་ཕྱིར་ཞུགས་པ་བཞིན་དུ་དྲི་མ་མེད་པའི་རིགས་པའི་ང་རོ་དང་འཐེལ་བའི་གཏམ་གྱིས་མཁས་པ་མཐའ་དག་དགྱེས་པར་མཛད་ཅིང་སྙན་གྲགས་ཀྱིས་གླིང་ཁྱབ་པར་གྱུར་ཏོ། །དེ་ནས་གཞུང་ལུགས་ཆེན་མོ་གཞན་རྣམས་ལའང་རིམ་གྱིས་སྦྱོང་བར་མཛད་དེ། དེ་ཡང་དུས་གསུམ་གྱི་རྒྱལ་བ་ཐམས་ཅད་ཀྱི་ཡུམ་ཤེས་རབ་ཀྱི་ཕ་རོལ་ཏུ་ཕྱིན་པ་རྒྱས་འབྲིང་བསྡུས་གསུམ་གྱི་དོན་རྣམས་ཉམས་ལེན་གྱི་རིམ་པར་བསྒྲིགས་པ་རྗེ་བཙུན་བྱམས་པས་མཛད་པའི་མངོན་རྟོགས་རྒྱན་དང་། དེའི་འགྲེལ་པ་སློབ་དཔོན་སེང་གེ་བཟང་པོས་མཛད་པ་གཉིས་སྦྱར་ནས་ཕར་ཕྱིན་གྱི་སྐོར་དང་། སློབ་དཔོན་ཀླུ་སྒྲུབ་ཀྱི་དབུ་མའི་གཞུང་རྣམས་ཉམས་ལེན་གྱི་རིམ་པར་བསྒྲིགས་པ་སློབ་དཔོན་ཟླ་བ་གྲགས་པས་མཛད་པའི་དབུ་མ་ལ་འཇུག་པ་དང་། དེའི་འགྲེལ་པ་རྗེ་ཐམས་ཅད་མཁྱེན་པས་མཛད་པའི་དགོངས་པ་རབ་གསལ་ལ་བརྟེན་ནས་དབུ་མའི་སྐོར་དང་། འདུལ་བ་ལུང་སྡེ་བཞིའི་གནད་རྣམས་བསྡུས་པ་སློབ་དཔོན་ཡོན་ཏན་འོད་ཀྱིས་མཛད་པའི་འདུལ་བའི་མདོ་དང་། དེའི་འགྲེལ་པ་རྗེ་དགེ་འདུན་གྲུབ་ཀྱིས་མཛད་པའི་འདུལ་ཊཱིཀ་རིན་ཆེན་ཕྲེང་བ་དང་། ཆོས་རྗེ་བདེ་ལེགས་ཉི་མའི་འདུལ་བ་སོགས་ལ་བརྟེན་ནས་འདུལ་བའི་སྐོར་རྣམས་ལ་སྦྱངས་ཤིང་ལྷག་པར་ཟབ་མོ་དབུ་མའི་ལྟ་བ་འདི་མ་བཙལ་ན་མདོ་སྔགས་གཉིས་ཀའི་ལམ་གྱི་སྲོག་སྟོར་བར་འགྱུར་ཞིང་། བཙལ་ཀྱང་ཤིན་ཏུ་རྟོགས་དཀའ་བ་ཡིན་པའི་ཚུལ་ལ་ཐུགས་ངེས་དྲག་(༡༧༨ན)པོ་འཁྲུངས་ཏེ། དགོངས་པ་རབ་གསལ་ལ་ཞིབ་ཏུ་སྦྱོང་བར་མཛད་ཅིང་། བྱང་ཆུབ་སེམས་དཔའ་རྟག་ཏུ་ངུ་ཤེར་ཕྱིན་འཚོལ་བར་ཞུགས་པ་ཅི་འདྲ་བར་ཟབ་མོའི་ལྟ་བ་འདི་འཚོལ་བའི་ཕྱིར་དུ་མཁས

པ་དུ་མའི་ཞབས་ལ་གཏུགས་ཤིང་། བླ་མ་དང་ལྷག་པའི་ལྷ་ལ་གསོལ་བ་འདེབས་པ་དང་། བསག་སྦྱང་ལ་འབད་པ་སོགས་རྗེ་བླ་མ་ལ་རྗེ་བཙུན་འཇམ་པའི་དབྱངས་ཀྱིས་གསུངས་པ་ལྟར་གྱི་རྒྱུ་ཚོགས་ཀུན་ལ་བརྩོན་པ་ཆུ་བོའི་རྒྱུན་བཞིན་ནར་མར་མཛད་དོ། །

འདུལ་བའི་སྐོར་ལའང་གཞུང་གི་ཚིག་རིས་དང་སྦྱོར་ངག་འགོད་ཤེས་པ་ཙམ་གྱིས་ཆོག་པ་མ་ཡིན་པར་རྒྱལ་བ་རང་ཉིད་ཀྱི་དགོངས་པ་བཞིན་དུ་སྡོམ་པ་མ་ཐོབ་པ་ཐོབ་པར་བྱེད་པ། ཐོབ་པ་མི་ཉམས་པར་སྲུང་ཐབས། ཉམས་ན་ཕྱིར་བཅོས་ཐབས། དེ་དག་ལ་ཡང་དགག་སྒྲུབ་གནང་གསུམ་གྱི་བཅས་མཚམས་ཕྲ་ཞིང་ཕྲ་བ་མཐའ་དག་ཇི་བཞིན་དུ་ངེས་པར་མཛད་ཅིང་། དེ་ཡང་ལག་ལེན་ལ་སྦྱོར་བའི་ཐུགས་རྩིས་འབའ་ཞིག་མཛད་དོ། །དེ་ལྟར་ཐུགས་སྦྱོང་མཛད་པའི་སྐབས་རྣམས་སུ་ཡང་ཐོས་བསམ་གྱི་སྐབས་ཡིན་ཟེར་ནས་བསླབ་ཁྲིམས་ཁྱད་དུ་བསད་ནས་རྩིང་སྤྱོད་བྱེད་པ་དེ་འདྲ་མ་ཡིན་པར། བསླབ་པའི་བཅས་མཚམས་སྲུང་བ་གཞིར་མཛད་ནས་ཆོས་གང་ཐོས་ཉོན་མོངས་པའི་གཉེན་པོར་འགྱུར་བ་ཞིག་དང་། རེ་ཞིག་གཞུང་ལུགས་ཆེན་པོ་འདི་དག་ལ་སྦྱངས་ནས། མཐར་འདི་དག་གི་དོན་ལ་སྒྲུབ་པ་སྙིང་པོར་བྱེད་པ་ཞིག་བྱུང་ན་ཅི་མ་རུང་སྙམ་དུ་དགོངས་ནས་རྒྱུན་དུ་སྨོན་ལམ་དང་། ལྷག་པར་དུས་བཟང་གི་སྐབས་རྣམས་སུ་ཆོས་མཐུན་གྱི་གྲོགས་འགའ་དང་(༡༧༥༨)བཅས་ཅི་འབྱོར་བའི་མཆོད་པ་བཟང་པོ་བཤམས་ཏེ་སྨོན་ལམ་རྒྱ་ཆེར་འདེབས་པར་མཛད་ཅིང་། གཙོ་བོར་ཚེ་མཇུག་དབེན་པའི་གནས་སུ་ཚེ་དང་སྒྲུབ་པ་མཉམ་པ་ཞིག་གི་ཐུགས་སྨོན་རང་འདེབས་པར་མཛད། དེ་ནས་གཞུང་ལུགས་རྣམས་ལ་གསན་སྦྱོང་རགས་རིམ་གྲུབ་པ་ན། རྗེ་བླ་མས། དང་པོར་རྒྱ་ཆེན་ཐོས་པ་མང་དུ་བཙལ། །བར་དུ་གཞུང་ལུགས་ཐམས་ཅད་གདམས་པར་ཤར། །ཐ་མར་ཉིན་མཚན་ཀུན་ཏུ་ཉམས་སུ་བླངས། །ཀུན་ཀྱང་ཐུབ་བསྟན་རྒྱས་པའི་

ཆེད་དུ་བསྔོས། །ཞེས་གསུངས་པ་ལྟར། ད་ནི་གཞུང་ཆེན་མོ་རྣམས་ལ་སྦྱངས་པའི་དོན་ཚོ་མཇུག་འདིར་སྒྲུབ་པ་རྣམ་པར་དག་པ་ཞིག་བྱེད་དགོངས་པ་ནར་མར་བྱུང་ཞིང་སྒྲུབ་པ་བྱེད་པ་ལ་མན་ངག་རྣམས་གསན་དགོས་པར་དགོངས་ནས། ཡང་དག་པར་རྫོགས་པའི་སངས་རྒྱས་ནས་བཟུང་སྟེ་དམ་པ་བར་མ་ཆད་པ་ལས་བརྒྱུད་པའི་མན་ངག་མངའ་བའི་བཤེས་གཉེན་དམ་པ་རྣམས་ཀྱི་ཞབས་ལ་གཏུགས་ནས་གཞུང་ལུགས་གདམས་ངག་ཏུ་འཆར་བའི་མན་ངག་གི་གནད་རྣམས་འཚོལ་བ་ལ་ཞུགས་སོ། །

དེ་ནས་པཎ་ཆེན་ཐམས་ཅད་མཁྱེན་པ་རྗེ་བཙུན་བློ་བཟང་ཡེ་ཤེས་དཔལ་བཟང་པོའི་ཞབས་དྲུང་དུ་རྗེ་རིན་པོ་ཆེའི་རྣམ་ཐར་དད་པའི་འཇུག་ངོགས། སློབ་དཔོན་དཔའ་བོས་མཛད་པའི་འཕྲུངས་རབས་སོ་བཞི་པའི་གཟབས་བཤད། མཛོད་རྩ། འདུལ་བ་མདོ་རྩ་བ། ཚད་མ་རྣམ་འགྲེལ། འགྲེལ་པ་དོན་གསལ། དབུ་མ་ལ་འཇུག་པ། བྱམས་པས་དམ་བཅས་པའི་གཟུངས། སྣར་ཐང་བརྒྱ་རྩ། ལམ་གྱི་གཙོ་བོ་རྣམ་གསུམ(༡༧༧ན)གྱི་འགྲེལ་པ་རྗེ་རང་ཉིད་ཀྱིས་མཛད་པ། བཀའ་དྲིན་གསོལ་འདེབས། བཀྲ་ཤིས་ལྷུན་པོའི་བར་དུ་འཁོད་པའི་ཆོས་སྤྱོད་རབ་གསལ། རྗེ་བློ་བཟང་ཆོས་རྒྱན་གྱིས་མཛད་པའི་གཏོར་མའི་སྐོར་རྣམས་ཕལ་ཆེར་བཅས་རིམ་གྱིས་གསན། ཡང་རྗེ་རིན་པོ་ཆེས་མཛད་པའི་ལམ་རིམ་ཆུང་བ། རྗེ་རིན་པོ་ཆེ་དང་བླ་མ་དབུ་མ་པ་ལ་རྗེ་བཙུན་འཇམ་དབྱངས་ཀྱིས་གནང་བ་འཇམ་དབྱངས་ཆོས་སྐོར་ཞེས་གྲགས་པ་ཐུན་མོང་མ་ཡིན་པའི་ཟབ་ཆོས་རྣམས་རིམ་གྱིས་གསན་ཏོ། །དེ་ནས་རྗེ་ཞལ་སྔ་ནས་འཇམ་དབྱངས་ཆོས་འཕེལ་བའི་དྲུང་དུ་བྱང་ཆུབ་ལམ་གྱི་རིམ་པའི་ཟབ་ཁྲིད་ཡོངས་སུ་རྫོགས་པ་གསན་ཞིང་ཆོས་བཀའ་གཞན་ཡང་མང་དུ་གསན་ནོ། །

དེ་ནས་སྣར་ཐང་བྱང་ཆེན་དུ་ཞབས་དྲུང་རིན་པོ་ཆེ་བློ་བཟང་འཕྲིན་ལས་ཀྱི་དྲུང་དུ་ཕེབས་ཏེ་སྒོ་གསུམ་གུས་པ་ཆེན་པོས་ཞབས་ལ་གཏུགས་ཤིང་། དུས་གསུམ་གྱི་རྒྱལ་

བ་ཐམས་ཅད་ཀྱི་བགྲོད་པ་གཅིག་པའི་ལམ་པོ་ཆེ། གསུང་རབ་ཐམས་ཅད་ཀྱི་སྙིང་པོའི་དོན་ཤིང་རྟ་ཆེན་པོ་གཉིས་ཀྱི་བཞེད་སྲོལ། དཔལ་ལྡན་ཅིག་དྷི་པཾ་ཀ་རའི་མན་ངག་ཆོས་ཀྱི་རྒྱལ་པོ་ཙོང་ཁ་པ་ཆེན་པོའི་ཐུགས་ཀྱི་བཅུད་ཕྱུང་བ་བྱང་ཆུབ་ལམ་གྱི་རིམ་པའི་དམར་ཁྲིད་མན་ངག་གི་ཆ་ལག་ཡོངས་སུ་རྫོགས་པ་གནང་དགོས་ཞེས་ལུས་ལོངས་སྤྱོད་ཐམས་ཅད་ལྟོས་པ་མེད་པར་ཕུལ་ཏེ་གསོལ་བ་ཤུགས་དྲག་ཏུ་འདེབས་པར་མཛད་པ་ན་ཞབས་དྲུང་རིན་པོ་ཆེས་ཀྱང་གང་ཟག་དམ་པ་ཞིག་ཡིན་པར་དགོངས་ནས་ཐུགས་དགྱེས་པ་ཆེན་པོས་ཞལ་གྱིས་བཞེས་ཏེ། བྱང་ཆུབ་ལམ་གྱི་རིམ་པའི་སྔོན་འགྲོ །དངོས་གཞི་རྗེས་ཀྱི་(༡༧༧བ)དམིགས་སྐོར་ཐམས་ཅད་དཔལ་དབེན་ས་པ་ཆེན་པོའི་མན་ངག་གིས་བརྒྱན་ནས་བླ་སྤྲུལ་གྱི་བར་ལ་ཤིན་ཏུ་རྒྱས་པར་གནང་། དེའི་ཚེ་དམིགས་སྐོར་རེ་རེ་ནས་ཚིག་བློ་ལ་བཟུང་ཞིང་དོན་ལ་དཔྱད་སྒོམ་དང་འཇོག་སྒོམ་གཉིས་ཀྱི་སྒོ་ནས་དམིགས་རྣམ་སྐྱོང་བ་ལ་ཤིན་ཏུ་འབྲུས་པར་མཛད། ཐ་ན་བླ་མས་གནང་བའི་ཚིག་ཟུར་ཕྲ་མོ་ཙམ་ཙམ་ཆད་ཉམས་པ་མེད་པར་ཐུགས་ལ་བཟུང་སྟེ་ཆོས་གསན་པའི་ཀུན་སློང་ཀུན་སྤྱོད་ཐམས་ཅད་རྣམ་པར་དག་ཅིང་མཚན་ཉིད་ཐམས་ཅད་ཚང་བ་བྱང་ཆུབ་སེམས་དཔའ་གཞོན་ནུ་ནོར་བཟང་རྗེ་བཙུན་བྱམས་པ་མགོན་པོའི་དྲུང་དུ་ཐེག་པ་ཆེན་པོའི་ཆོས་གསན་པ་ཅི་འདྲ་བ་དེ་འདྲར་མཛད་པས། ཞབས་དྲུང་རིན་པོ་ཆེ་ཡང་ཐུགས་ཤིན་ཏུ་མཉེས་ཤིང་མན་ངག་གི་གནད་མཐའ་དག་དང་། ཁྱད་པར་རྗེ་བཙུན་ཙོང་ཁ་པ་ཆེན་པོས་མགོན་པོ་འཇམ་པའི་དབྱངས་ལ་གསོལ་བ་ཤུགས་དྲག་ཏུ་བཏབ་སྟེ། དཀའ་བ་བརྒྱ་ཕྲག་དུ་མའི་སྒོ་ནས་རྒྱལ་བའི་དགོངས་པའི་སྙིང་པོ་ཟབ་མོ་དབུ་མའི་ལྟ་བ་ཇི་ལྟར་རྙེད་པ་དེ་ཉིད་ཀྱི་མན་ངག་རྣམས་ཟུམ་པ་གང་བྲོའི་ཚུལ་དུ་གནང་བར་མཛད་པས་བཀའ་དྲིན་ཟླ་མེད་དུ་གྱུར་ཅིང་རིགས་ཀྱི་ཙོད་པན་དུ་འཛིན་པར་མཛད་དོ། །དེའི་ཚེ་བླ་མ་ཉིད་ཀྱི་ཐུགས་རབ་ཏུ་ཚིམས་ཤིང་རྒྱ་མཚོར་ཞུགས་

པའི་དེད་དཔོན་གྱིས་ཡིད་བཞིན་གྱི་ནོར་བུ་རྙེད་པ་ལྟར། རིང་ནས་སྨོན་པའི་དོན་རྒྱལ་བའི་གསུང་རབ་ཐམས་ཅད་གང་ཟག་གཅིག་གི་ཉམས་ལེན་གྱི་རིམ་པར་བསྒྲིགས་པ་བྱང་ཆུབ་ལམ་གྱི་རིམ་པའི་གདམས་ངག་ཐུགས་སུ་ཆུད། དེའི་ནང་ནས་ཀྱང་། ཟབ་ཞི་སྦྱོར་བྲལ་(༡༧༨ན)འོད་གསལ་འདུས་མ་བྱས། །བདུད་རྩི་ལྟ་བུའི་ཆོས་ཤིག་ཁོ་བོས་རྙེད། །སུ་ལ་བསྟན་ཀྱང་གོ་བར་མི་ནུས་པས། །མི་སྨྲ་ནགས་ཀྱི་ཚལ་དུ་གནས་པར་བྱ། །ཞེས་གསུངས་པ་ལྟར། ཤིན་ཏུ་རྟོགས་དཀའ་ཞིང་མ་རྟོགས་ན་མདོ་སྔགས་གང་གི་སྐབས་སུ་ཡང་ལམ་གྱི་སྲོག་མི་རྙེད་པ་སྟོན་དུས་ཀྱི་བཤེས་གཉེན་དམ་པ་རིག་གནས་རྒྱ་མཚོ་ལྟ་བུ་ལ་སྦྱངས་ཤིང་། ཚེ་འདིའི་བུན་ལོང་བློས་བཏང་སྟེ་དབེན་པའི་གནས་སུ་ཚེ་དང་སྒྲུབ་པ་སྙོམས་པར་མཛད་པ་དུ་མས་ཀྱང་ཤིན་ཏུ་རྟོགས་དཀའ་བར་གྱུར་བ། ཤེར་ཕྱིན་གྱི་མདོ་སྡེ་རིན་པོ་ཆེའི་སྙིང་པོའི་དོན་སྣང་བས་ཡོད་མཐའ་སེལ་ཞིང་སྟོང་པས་མེད་མཐའ་སེལ་བ། རྟེན་འབྱུང་སྟོང་པའི་དོན་དང་སྟོང་པ་རྟེན་འབྱུང་གི་དོན་དུ་འཆར་བ། རྒྱལ་བ་སྲས་དང་བཅས་པ་ཐམས་ཅད་ཀྱིས་ཀུན་ནས་བསྔགས་པའི་གནས་ཟབ་མོ་དབུ་མའི་ལྟ་བ་ཕུ་ཐག་ཆོད་པ་ཐུགས་ལ་འཁྲུངས་པས་ཐུགས་རབ་ཏུ་ཆེམས་ཤིང་། བླ་མའི་ཡོན་ཏན་དང་བཀའ་དྲིན་དྲན་པའི་དད་པ་དང་གུས་པ། ཉམ་ཆུང་རྙོངས་པའི་འགྲོ་ལ་བརྩེ་བ། སྟོན་པ་ཐུགས་རྗེ་ཅན་དེ་ལ་ཤེས་ནས་དད་པ་འཕེལ་བ། ཤིང་རྟ་ཆེན་པོ་སྐྱི་དང་། ཁྱད་པར་ཆོས་ཀྱི་རྒྱལ་པོ་ཙོང་ཁ་པ་ཆེན་པོའི་བཀའ་དྲིན་དྲན་ཏེ་གུས་པས་གསོལ་བར་འདེབས་པ་སོགས་ཉམས་རྟོགས་ཀྱི་ཡོན་ཏན་མཐའ་ཡས་པ་ཞིག་ཐུགས་ལ་སྐྱོངས་པ་བཞིན་དུ་འཁྲུངས་པར་གྱུར་ཏོ། །དོན་འདི་ལ་དགོངས་ནས་ཞབས་དྲུང་ལྟ་བ་སྐྱོལ་སྐུ་རིན་པོ་ཆེ་བློ་བཟང་འཕྲིན་ལས་ལ། སྐུ་མཐོང་བས་དད་པའི་སྤྱི་ལོང་གཡོས། །གསུང་ཐོས་པས་(༡༧༨བ)ལྷ་ངན་བྲག་རི་འཛོམས། །ཐུགས་བརྩེ་བས་འགྲོ་ཀུན་བུ་བཞིན་གཟིགས། །སྐྱབས་ཀུན་འདུས་བློ་བཟང་འཕྲིན་ལས་རྒྱལ། །

ཞེས་བསྟོད་པ་མཛད་དོ། །དེ་སྐབས་ལམ་རིམ་གྱི་བརྒྱུད་འདེབས་སུ་བཅུག་ཆོག་པའི་གསོལ་འདེབས་ཤིག་ཀྱང་ཞབས་དྲུང་རིན་པོ་ཆེ་རང་ཉིད་ནས་མཛད་པ་ཞིག་དགོས་ཚུལ་ཞུས་པར། བློ་བཟང་ཐུགས་རྗེའི་ཡེ་ཤེས་འོད་སྟོང་གིས། །གང་གི་བློ་གྲོས་པདྨོ་ཁ་ཕྱེ་ནས། །སྐལ་ལྡན་འཕྲིན་ལས་སྦྲང་རྩིའི་དགའ་སྟོན་ཅན། །ཡོངས་འཛིན་དམ་པའི་ཞབས་ལ་གསོལ་བ་འདེབས། །ཞེས་པ་འདི་ཡང་ཞབས་དྲུང་རིན་པོ་ཆེ་ཉིད་ཀྱིས་མཛད་པ་ཡིན་ནོ། །

དེ་ནས་ལམ་གྱི་རིམ་པའི་རྒྱབ་ཆོས་སམ་ཁྲུངས་མཐར་ཐུག་པ་བརྒྱུད་སྟོང་པའི་ལུང་ཡང་ལེགས་པར་ཞུས། གཞན་ཡང་ཐོག་མའི་བློ་སྦྱོང་། སྤྱན་སྔ་བའི་ལམ་རིམ་གཞན་ཕན་སྙིང་པོ། བསླབ་པ་ཀུན་ལས་བཏུས། སྤྱོད་འཇུག །བྱང་ས། མདོ་སྡེ་རྒྱན། ཚོམས། སྐྱེས་རབས་སོ་བཞི་པ། དབུ་མ་རྩ་བ་ཤེས་རབ། དཔེ་ཆོས་རིན་ཆེན་སྤུངས་པ་ལྷོ་སྒོམ་པས་སྡེབས་པ། ཇོ་བོའི་ཆོས་ཆུང་བརྒྱ་རྩ། རྗེ་མི་ལའི་རྣམ་ཐར་མགུར་འབུམ། བློ་སྦྱོང་དཔལ་ཡེ་མ། རྗེ་ཐམས་ཅད་མཁྱེན་པས་མཛད་པའི་ལམ་རིམ་ཆེ་བ། ལམ་རིམ་ཆུང་བ། རྗེའི་གསུང་ཐོར་བུ། རྣམ་བཤད་དགོངས་པ་རབ་གསལ། སྔགས་རིམ་ཆེན་མོ། རྗེ་ནམ་མཁའ་དཔལ་གྱིས་མཛད་པའི་བློ་སྦྱོང་དོན་བདུན་མའི་རྣམ་བཤད་ཉི་མའི་འོད་ཟེར། རྗེ་བློ་བཟང་འཕྲིན་ལས་རང་ཉིད་ཀྱིས་མཛད་པའི་རྟེན་འབྲེལ་གྱི་ཆོས་སྐོར། དེས་མཛད་པའི་ལམ་རིམ་གྱི་ཁྲིད་གཞན་ཕན་སྙིང་པོ། རྒྱལ་དབང་ཐམས་ཅད་མཁྱེན་པས་མཛད་པའི་ལམ་གཙོའི་འགྲེལ་པ་དང་མཆན་བུ་(༡༧༨ན)གཉིས་སོགས་ཀྱི་ལུང་དང་། མགོན་ཆེན་བཅུ་གསུམ་གྱི་རྗེས་གནང་སོགས་ཆོས་བཀའ་དཔག་ཏུ་མེད་པ་གསན་ནོ། །

དེ་ནས་བཀའ་གདམས་གོང་མའི་ལྷག་ཆོས་བདག་པས་གཞན་གཅེས་པའི་བྱང་ཆུབ་ཀྱི་སེམས་སྦྱོང་བའི་མན་ངག་བློ་སྦྱོང་དོན་བདུན་མའི་སྐོར་རྣམས་གསན་པར་

བཞེད་ནས་ནུ་མ་ཆོས་ལུང་དུ་ཕེབས་ནས་གྲུབ་པའི་དབང་ཕྱུག་ཆོས་ཀྱི་མཆོག་བ་ལ་བློ་སྦྱོང་དོན་བདུན་མའི་ཁྲིད་རྒྱལ་སྲས་དངུལ་ཆུ་ཆོས་རྫོང་བའི་ཡིག་ཆའི་སྟེང་ནས་ལེགས་པར་གསན། གཞན་ཡང་བླ་མ་འདིའི་ཞབས་དྲུང་དུ་ཆོས་མང་དུ་གསན་ཏོ། །དེ་ནས་རི་ཁྲོད་འཛིན་པའི་བཤེས་གཉེན་དམ་པ་བློ་བཟང་ཚེ་དབང་གི་ཞབས་དྲུང་དུ་རྒྱལ་བ་དབེན་ས་པའི་བཀའ་འབུམ་སོགས་ཆོས་མང་དུ་གསན། དེ་ནས་འདུལ་འཛིན་སྟོབས་ལྡན་རྒྱ་མཚོའི་དྲུང་དུ་བློ་སྦྱོང་ལེགས་བཤད་ཀུན་འདུས་སོགས་ཆོས་མང་དུ་གསན། དེ་ནས་རྗེ་རྗེ་འཛིན་པ་བློ་བཟང་རིག་གྲོལ་གྱི་ཞབས་དྲུང་དུ་བཅུ་གཅིག་ཞལ་གྱི་དབང་ཆེན་སོགས་ཆོས་མང་དུ་གསན། དེ་ནས་བླ་མ་ཉིད་དགུང་ལོ་ཉི་ཤུ་རྩ་དགུ་ལ་བབ་པ་ན་དབེན་གནས་བྱང་ཆེན་དུ་དྲིན་ཅན་རྩ་བའི་བླ་མ་ཞབས་དྲུང་རིན་པོ་ཆེའི་སྐུ་མདུན་དུ་ཕེབས་ཏེ། སྨྱུང་བར་གནས་པའི་སྡོམ་པའི་བཀའ་དྲིན་ཞུས་ཏེ་ས་ཕོ་སྟག་གི་ལོ་ཆོ་འཕྲུལ་ཟླ་བའི་ཆོས་བདུན་ལ་སྦྱོར་བ་དང་། བརྒྱད་ལ་དངོས་གཞིའི་གསོ་སྦྱོང་གི་སྡོམ་པ་བཞེས་པ་མཛད་ཅིང་། སྨྱུང་གནས་ཀྱི་ཆོ་ག་ཕྱག་ལེན་སོགས་མཐའ་དག་ཞིབ་པར་གསན་ནས། ཕྱིས་སྐུ་ན་མཐོན་པོར་གྱུར་པ་ན་ཡང་སྨྱུང་གནས་ལ་ཐུགས་བརྩོན་ཆེར་མཛད་ཀྱིན་ཡོད་པ་ནི། སྤྱིར་བསྟན་(༡༧༨བ)སྨྱུངས་ལ་ཤིན་ཏུ་གལ་ཆེ་བ་ཡིན་པ་དང་། ལྷག་པར་ཞབས་དྲུང་རིན་པོ་ཆེ་ནས་ཐོབ་པས་བྱིན་རླབས་ཀྱི་ཚན་ཀ་ཆེ་བ་ལ་དགོངས་པ་ཡིན་ནམ་སྙམ་མོ། །དེ་ནས་སྔར་ལྷར་གཞུང་ལུགས་རྣམས་ལ་སྦྱོང་བའི་མུ་ནས་ནང་དུ་ཉམས་ལེན་ལ་གཞོལ་བར་མཛད་ཅིང་། ལྷག་པར་བདག་འཛིན་འདུལ་བའི་མན་ངག་ཤིན་ཏུ་ཟབ་པ་མ་ཅིག་གི་གཅོད་སྐོར་ལ་ཐུགས་བཞེད་ཆེ་བར་གྱུར་ཏེ། རྗེ་ཞལ་སྔ་ནས་བློ་བཟང་རིག་གྲོལ་ལ་ནམ་མཁའ་སྒོ་འབྱེད་ཀྱི་དབང་དང་གཅོད་ཀྱི་གདམས་པ་གསན་ཞིང་། བྱ་བཏང་འཕྲིན་ལས་ཆོས་འཕེལ་ལ་ཡང་ནམ་མཁའ་སྒོ་འབྱེད་ཀྱི་དབང་དང་གཅོད་ཀྱི་དམིགས་སྐོར་རྣམས་མཐིལ་ཕྱིན་པར་གསན་ནས

མངོན་རྟུང་གི་སྒོ་ནས་ཐུགས་ཉམས་སུ་བཞེས། བྱང་ཆུབ་ལམ་གྱི་རིམ་པ་དང་གཅོད་གཉིས་ཟུང་དུ་སྦྲེལ་ནས་ཉམས་ལེན་ལ་ཤིན་ཏུ་འགྲུས་པར་མཛད་པས་གཅོད་ཀྱི་ལྟོངས་མང་དུ་བྱུང་ཞིང་། ལྷག་པར་དགོང་གཅིག་སྲོད་ཀྱི་ཆ་ལ་གཅོད་ཀྱི་དམིགས་སྐོར་ལ་གནད་དུ་བསྣུན་པའི་ཚེ་གློ་བུར་དུ་འབྲུག་སྒྲ་དྲག་པོ་བསྒྲགས་ཤིང་ཐོག་ཉེ་སྐོར་དུ་བབས་པས་མི་དང་བོང་བུ་མང་པོ་བཀྲུལ་བ་དང་། ལྷག་པར་གྲང་མོ་ཆེ་བའི་གྲྭ་པ་གཅིག་ཐོག་གཟེར་གྱིས་གཤེགས་པ་བྱུང་ཡང་ཉིད་ལ་ནི་གནོད་པ་གང་ཡང་མ་བྱུང་ཞེས་བླ་མ་ཉིད་ཀྱི་ཞལ་ལས་དངོས་སུ་ཐོས་སོ། །

དེ་ནས་མེ་ཕོ་ཁྱིའི་ལོ་ཟླ་བ་བདུན་པའི་ཚེས་བཅུ་གསུམ་གྱི་ཉིན་གཟིམ་ཆུང་ཡིད་དགའ་ཆོས་འཛིན་དུ་ལྷར་བཅས་འགྲོ་བའི་བླ་མ་དོན་གྱི་སྣོད་དུ་མཚན་ནས་སྨོས་ཏེ་མཁན་པོ་རིན་པོ་ཆེ་རྡོ་བརྩོན་བློ་བཟང་ཡེ་ཤེས་དཔལ་བཟང་པོས་(༡༥༠ན)མཁན་སློབ་སྒྲུགས་མ་དང་། ཁ་སྐོང་བའི་དགེ་འདུན་གྲངས་ཚང་བ་དང་བཅས་པའི་དབུས་སུ་བསྙེན་པ་རྫོགས་པ་དགེ་སློང་གི་སྡོམ་པ་ལེགས་པར་བཞེས་སོ། །བསྙེན་རྫོགས་བཞེས་ནས་དགེ་སློང་གི་བཅས་མཚམས་ཐམས་ཅད་ཕྲ་ཞིང་ཞིབ་པར་བསྲུང་བར་མཛད་དེ། ལྟུང་བ་སྡེ་ལྔ་སོ་སོའི་སྲུང་མཚམས་ལེགས་པར་ཟིན་པར་མཛད། འཚོ་བའི་ཡོ་བྱད་དང་མཁོ་བའི་ཡོ་བྱད་འཆང་ལུགས། བྱིན་ལེན་བྱ་ཚུལ། ནུབ་ལྷག་གཅོད་པ། རྟུང་རྒྱ་འདེབས་པ་སོགས་འདུལ་བའི་བཅས་མཚམས་ཕྲ་མོ་ཞིག་ཡན་ཆད་ཐམས་ཅད་ཕྱག་ལེན་ལ་ཅི་ཐེབས་མཛད་ཅིང་། ཉུང་ཟད་འདས་ན་ཡང་དེ་མ་ཐག་ཕྱིར་བཅོས་པའི་ཐབས་ལ་བརྩོན་པར་མཛད་དོ། །

དེ་ལྟར་གཞུང་ལུགས་ཆེན་མོ་རྣམས་ལ་སྦྱངས་ཤིང་བྱང་ཆུབ་ལམ་གྱི་རིམ་པའི་ཉམས་ལེན་ལ་བརྩོན་པར་མཛད་པས། ལམ་ཐུན་མོང་བའི་སྟེང་དུ་གསང་སྔགས་ཀྱི་ལམ་གྱི་བསྐྱེན་པ་བཏབ་ནས་ཚེ་གཅིག་ཉིད་ལ་སེམས་ཅན་ཐམས་ཅད་ཀྱི་དོན་དུ་སངས

རྒྱུས་ཀྱི་གོ་འཕང་བསྒྲུབ་དགོས་པར་གཟིགས་ནས་གསང་སྔགས་ལ་འཇུག་འདོད་ཤུགས་དྲག་པོ་ཐུགས་ལ་འཁྲུངས་པ་ན། གསང་སྔགས་ཀྱི་ལམ་གྱི་རྩ་བ་དང་འཇུག་སྒོ་ནི་དབང་དང་དམ་ཚིག་ཡིན་པར་གཟིགས་ནས་རྡོ་རྗེ་འཆང་ཆེན་པོ་རྗེ་བཙུན་བློ་བཟང་ཡེ་ཤེས་ཀྱི་ཞབས་དྲུང་དུ་དཔལ་གསང་བ་འདུས་པའི་དབང་བཞི་ཡོངས་སུ་རྫོགས་པ། འཁོར་ལོ་སྡོམ་པའི་དབང་བཞི་ཡོངས་སུ་རྫོགས་པ། རྡོ་རྗེ་འཇིགས་བྱེད་ཀྱི་དབང་བཞི་ཡོངས་སུ་རྫོགས་པ། མི་འཁྲུགས་པའི་དབང་ཆེན། ཚེ་དཔག་མེད་ལྷ་དགུའི་དབང་རྣམས་(༡༢༠༨)གསན་ཞིང་། གཞན་ཡང་རྒྱུད་སྡེ་བཞིའི་ལྷ་མང་པོའི་རྗེས་གནང་དང་བཟླས་ལུང་། སྒྲུབ་ཐབས་མང་པོའི་ལུང་བཅས་ཆོས་བཀའ་མཐའ་ཡས་པ་གསན་པས་ཞབས་དྲུང་རིན་པོ་ཆེ་དང་། རྗེ་འདི་གཉིས་ནི་རྩ་བའི་བླ་མ་བཀའ་དྲིན་ཟླ་མེད་དུ་འཛིན་པར་མཛད་དོ། །དེ་ནས་རྗེ་ཞལ་སྔ་ནས་བློ་བཟང་རིག་གྲོལ་ལ་བདེ་མཆོག་གི་དབང་ཆེན། འཇིགས་བྱེད་ཀྱི་སྔགས་བཏུ། འཇམ་དབྱངས་ནག་པོའི་རྗེས་གནང་། གདུགས་དཀར་གྱི་དབང་། ཆོས་རྒྱལ་ཕྱི་ནང་གསང་གསུམ་གྱི་རྗེས་གནང་སོགས་དབང་དང་རྗེས་གནང་མང་དུ་གསན། ལྷག་པར་གསང་སྔགས་ཀྱི་ལམ་རིམ་པ་གཉིས་ཀྱི་དམར་ཁྲིད་གནང་དགོས་ཚུལ་གསོལ་བ་བཏབ་པས་དགྱེས་བཞིན་དུ་ཡི་དམ་རྡོ་རྗེ་འཇིགས་བྱེད་ཀྱི་བསྐྱེད་རྫོགས་གཉིས་ཀའི་ཟབ་ཁྲིད། རྒྱལ་བ་དབེན་སཔ་ནས་བརྒྱུད་པའི་འཕོ་བ་ཤིན་ཏུ་ཟབ་པའི་ཁྲིད། ལམ་གྱི་ལུས་རྫོགས་པའི་བླ་མའི་རྣལ་འབྱོར་གྱི་ཟབ་ཁྲིད་རྣམས་ལེགས་པར་གསན་ཞིང་དམིགས་སྐོར་གྱི་གནད་ཐམས་ཅད་ལ་ཤིན་ཏུ་ཞིབ་པར་དཔྱད་ནས་གཅིག་ཕུར་སྒྲུབ་པ་མཛད་པའི་ཚེ་གཞན་ལ་འདྲི་མི་དགོས་པའི་གདེང་ཐོབ་པར་མཛད་དོ། །དེ་ནས་རྡོ་རྗེ་འཛིན་པ་ལྷུན་གྲུབ་རྒྱ་མཚོའི་ཞབས་དྲུང་དུ། འཇིགས་བྱེད་ཀྱི་དབང་ཆེན། འཇམ་དབྱངས་བཤད་པས་མཛད་པའི་འཇིགས་བྱེད་ཀྱི་བསྐྱེད་རྫོགས་གཉིས་ཀྱི་ལུང་། དབྱངས་ཅན་མའི་སྒྲུབ་ཐབས།

བདེ་མཆོག་དྲིལ་བུ་ལྷ་ལྔའི་དབང་ཆེན། འོད་དཔག་མེད་ལ་བརྟེན་པའི་ཚེ་སྒྲུབ་སོགས་ཆོས་བཀའ་མཐའ་ཡས་པ་གསན་ཏོ། །

དེ་ནས་བཤེས་གཉེན་དམ་པ་བློ་བཟང་ཚེ་དབང་གི་ཞབས་དྲུང་དུ་བདེ་མཆོག་བདེ་ཆེན་(༡༤༡ན)གསལ་བ། གསང་འདུས་ཡིག་ཆུང་ཉེར་གཅིག །མཁས་གྲུབ་རིན་པོ་ཆེའི་བཀའ་འབུམ་ཐོར་བུ། བསྐྱེད་རིམ་དངོས་གྲུབ་རྒྱ་མཚོ། བདེ་ཆེན་རོལ་མཚོ། མགོན་པོའི་བེའུ་བུམ་ཡོངས་རྫོགས། སྐྱིད་ཤོད་བཀའ་འབུམ་གྲུས་ནས་རྗེས་གནང་གི་སྐོར་ཁ་ཤས། སངས་རྒྱས་བཀའ་འབུམ། རྗེ་གོང་མའི་གསུང་འབུམ་བཀའ་རྒྱ་མའི་སྐོར། ཆོས་སྐྱོང་ཡོངས་རྫོགས་ཀྱི་བསྐང་གསོའི་སྐོར། མདོ་ཕྲན་ཁ་ཤས་བཅས་ཀྱི་ལུང་། འཇིགས་བྱེད་ཀྱི་བསྐྱེད་རྫོགས་ཀྱི་སྐོར། གཅོད་གཞུང་གི་ཁྲིད། ལམ་རིམ་གྱི་ཁྲིད་དང་ལུང་། བླ་མ་མཆོད་པའི་ཁྲིད། ཕྱག་ཆེན་གྱི་ཁྲིད། སྤྱོད་འཇུག་དར་ཊཱི་ཀ་གི་ལུང་། སྟོང་མཐུན་སྐལ་བཟང་མིག་འབྱེད་ཀྱི་ལུང་། པོ་ཏོ་བའི་ཆིག་ལབ་རིང་མོའི་ལུང་། བཙུན་ལེན་གྱི་སྐོར་རྣམ་གྲངས་མང་པོ་དང་། སྒྲུབ་ཐབས་ལས་ཚོགས་ཀྱི་སྐོར་མང་པོའི་ལུང་དང་ལག་ཁྲིད་བཅས་ཆོས་བཀའ་མཐའ་ཡས་པ་གསན་ཏོ། །ཡང་གྲུབ་དབང་ཆོས་རྒྱ་མཚོའི་ཞབས་དྲུང་དུ་བཀའ་གདམས་བེའུ་བུམ་སྔོན་པོའི་ལུང་། ཕྱག་ཆེན་གྱི་ཁྲིད། བློ་སྦྱོང་ལམ་རིམ་གྱི་སྐོར་སོགས་ཆོས་བཀའ་མཐའ་ཡས་པ་གསན། དེ་ནས་འདུལ་འཛིན་དཀོན་མཆོག་གི་ཞབས་དྲུང་དུ་ཕྱག་ཆེན་གྱི་ཁྲིད། ནཱ་རོ་ཆོས་དྲུག་གི་ཁྲིད། བློ་སྦྱོང་གི་དམར་ཁྲིད་སོགས་ཆོས་བཀའ་མང་དུ་གསན། དེ་ནས་དབེན་ས་ཆོས་ཀྱི་ཕོ་བྲང་དུ་རབ་འབྱམས་སྨྲ་བ་རྗེ་དྲུང་ལགས་ཀྱི་ཞབས་དྲུང་དུ་ཕེབས་ནས་ཆོས་འབྲེལ་ཞིག་མཛད། བྱ་བཏང་འཕྲིན་ལས་ཆོས་འཕེལ་གྱི་ཞབས་དྲུང་དུ་ཕེབས་ནས་རྒྱལ་སྲས་བཀའ་འབུམ། བཀའ་གདམས་(༡༤༡བ)ཐོར་བུ། གཞི་གསུམ་ཆོ་ག །དཔལ་གསང་བ་འདུས་པའི་རྩ་རྒྱུད་ཡོངས་རྫོགས། དཔལ་གསང་བ་འདུས་པའི་ཆོ་ག་ཆ་ལག་དང་

བཅས་པ་ཚང་མ། མདོ་མང་གི་ནང་ནས་ལུང་རྒྱུན་མ་བཞུགས་པ་ཁ་ཤས་མ་གཏོགས་ཡོངས་རྫོགས་ཀྱི་ལུང་སོགས་མདོ་སྔགས་ཀྱི་ལུང་མཐའ་ཡས་པ་གསན་ཞིང་། དགའ་ལྡན་ཕྱག་རྒྱ་ཆེན་པོའི་ཟབ་ཁྲིད་སྟོན་འགྲོའི་མན་ངག་ཞལ་ཤེས་དང་བཅས་པ། གཅོད་གཞུང་ཐར་འདོད་དེད་དཔོན་མའི་ཟབ་ཁྲིད་མན་ངག་ཞལ་ཤེས་དང་བཅས་པ་ལེགས་པར་གསན་པས་བླ་མ་འདི་བཀའ་དྲིན་ཆེ་བ་ཞིག་ཏུ་མཛད་དོ། །དེ་ལྟར་བླ་མ་བདག་ཉིད་ཆེན་པོ་འདི་ཐོས་པ་རྒྱ་མཚོའི་གཏེར་དུ་གྱུར་ནས་དོན་གཉེར་ཅན་གྱི་བློ་གསལ་བ་མང་པོ་ལའང་རྗེ་ཤག་གཏོང་བ་དང་རིགས་ལམ་སློབ་པ་སོགས་ཀྱང་མཛད་དགོས་པ་བྱུང་ཞིང་། དེ་དག་གི་ཚེ་ཐུགས་བསམ་ལ་འདི་ལྟ་བུ་དག་འཁྲུངས་པར་གྱུར་ཏེ། མདོ་རྒྱུད་བསྟན་བཅོས་ཐམས་ཅད་ནས་དབེན་པར་སྒྲུབ་པ་སྙིང་པོར་བྱེད་པ་ལ་རྒྱ་ཆེར་བསྔགས་ཤིང་། སྔོན་བྱོན་དམ་པ་ཐམས་ཅད་ཀྱིས་ཀྱང་ཚེ་འདི་བློས་བཏང་སྟེ་དབེན་པའི་གནས་རྣམས་སུ་སྒྲུབ་པ་མཛད་པ་ཤ་སྟག་ཡིན་པས། བདག་ཀྱང་ཐོས་པའི་དོན་རྣམས་ལ་དབེན་པའི་གནས་རྣམས་སུ་སྒྲུབ་པ་སྙིང་པོར་བྱེད་པ་ཞིག་མ་བྱུང་ན་ཐོས་པ་ཙམ་གྱིས་ཉོན་མོངས་འཇོམས་མི་ནུས་ཤིང་། གོང་མའི་ཡོན་ཏན་ཁྱད་པར་ཅན་རྣམས་མི་ཐོབ་པས་དལ་འབྱོར་གྱི་རྟེན་བཟང་པོ་འདི་འདྲ་ཐོབ་ནས་སྙིང་པོ་མ་ལོན་པར་ཤི་ན་ནི་དབུལ་པོས་ཡིད་བཞིན་གྱི་ནོར་བུ་རྙེད་པ་དོན་མ་གྲུབ་པར་སྟོར་བ་དང་ཁྱད་མེད་པས་(༡༢༢ན)ཤིན་ཏུ་ཕངས་སོ་སྙམ་དུ་ངེས་འབྱུང་དག་པས་བསྐུལ་ནས་ཚེ་འདི་བློས་བཏང་སྟེ་དབེན་པའི་གནས་སུ་ཚེ་དང་སྒྲུབ་པ་མཉམ་པ་ཞིག་བྱེད་པའི་ཐུགས་འདུན་ནར་མར་ཡོད་པའི་ཐོག །དེ་སྐབས་ཐོས་བསམ་གླིང་ཞལ་སྔ་ནས་དམ་ཆོས་རྒྱལ་མཚན་ཟུར་བཞུགས་མཛད་ནས། རྗེ་ཞལ་སྔ་ནས་དཔལ་ལྡན་ཡེ་ཤེས་ཁྲི་ཐོག་ན་ཕེབས་ཡོད་པ་དེས་ཐུགས་གཙིགས་ཤིན་ཏུ་ཆེ་བས་སྐྱུན་གྱི་འབྲས་བུ་ལྟར་བསྐྱངས་ཤིང་། ལྷག་པར་བླ་མ་འདི་ཉིད་ལུགས་གཉིས་ག་ལ་མཁྱེན་པ་ཆེ་ཞིང་ཐུགས་ཀྱི་གཏིང་དཔག་

པར་དཀའ་བ་ཞིག་ཡོད་པའི་སྐབས་ཀྱིས། རྗེ་ཞལ་སྔ་ནས་ཀྱིས་ལུགས་གཉིས་ཀྱི་བྱ་བྱེད་གང་ལའང་ཡང་ཡང་བོད་པར་མཛད་པས་ཐུགས་དམ་ལ་གནོད་པར་གྱུར་ནས་ཐུགས་ཤིན་ཏུ་སྐྱུན་པར་བྱུང་ཞིང་། དེའི་ཁར་མི་ཆོས་ཀྱི་སྐྱུ་མཆེད་དང་སྐྱུ་ཚ་རྣམས་ཀྱང་ཡང་ཡང་ཤིང་འཚེང་ལ་ཡོངས་པས་ཐུགས་གཏིང་ནས་སྐྱུན་ཏེ། ཀྱེ་མ་བདག་རབ་ཏུ་བྱུང་ནས་ཁྱིམ་པ་དང་བསྲེ་བསླད་འདི་ལྟར་ཆེ་བ་ནི་ཤིན་ཏུ་མ་ལེགས་པས། ད་ནི་ངེས་པར་ཡུལ་ཐག་རིང་ཞིག་ཏུ་འགྲོ་བར་བྱའོ་སྙམ་དུ་དགོངས་ནས་དབུས་ཕྱོགས་སུ་འབྱོན་པའི་ཟླ་གྲོགས་བཙལ་ཞིང་། ཉིད་ཀྱི་ཞབས་ཕྱི་དྲུང་རམ་པ་བློ་བཟང་རབ་བརྟན་ལ་ཡོ་བྱད་རྣམས་འབོགས་པ་དང་འདི་ལྟར་གྱིས་ཞལ་ཏ་ཡང་གནང་། སོག་བཙུན་དགེ་ཕྲུག་མང་དུ་ཡོད་པ་རྣམས་ལ་ཡང་སོ་སོར་ཞལ་ཏ་གནང་ནས་རྗེ་ཞལ་སྔ་ནས་དཔལ་ལྡན་ཡེ་ཤེས་ལ་དགོངས་པ་ནན་གྱིས་ཞུས་ཏེ་ཚེ་འདི་སྣང་གི་གཉེན་ཉེ་གྲོགས་གྲྭ་སློབ་མཆེད་གྲོགས་ནོར་ལོངས་(༡༢༢བ)སྤྱོད་རང་ཡུལ་གྲྭ་ས་དང་བཅས་པ་གང་ལ་ཡང་ཆགས་ཞེན་མེད་པར་ཟླ་གྲོགས་ཇོ་སྟན་པ་ཞིག་དང་བསྟེབས་ནས་དབུས་ཕྱོགས་ལ་ཐེབས་སོ། །རིམ་གྱིས་བྱོན་པས་ཆོས་འཁོར་ལྷ་སར་ཐེབས་ཏེ་ཇོ་བོ་ཤཱཀྱ་མུ་ནེ་དང་འཕགས་མཆོག་རང་བྱུང་ལྔ་ལྡན་སོགས་མཇལ་ནས་ཅི་འབྱོར་པའི་མཆོད་པ་ཕུལ་ཏེ་སྨོན་ལམ་མང་དུ་འདེབས་པར་མཛད་ཅིང་ཇོ་བོ་རིན་པོ་ཆེའི་སྐུ་མདུན་དུ་ཐུགས་བསྐྱེད་ཀྱང་མཛད་སྣང་ངོ་། །དེ་མཐུན་ར་མོ་ཆེའི་ཇོ་བོར་ཡང་ཕྱག་དང་སྐོར་བ་སྨོན་ལམ་སོགས་མང་དུ་མཛད། གནས་ཆེན་པོ་ཏ་ལར་ཐེབས་ནས་པད་དཀར་འཛིན་པ་ངག་དབང་ཡེ་ཤེས་རྒྱ་མཚོ་ཞལ་མཇལ་ཞིང་། མཆོད་མཇལ་ཡང་ཞིབ་ཏུ་མཛད། དེ་ནས་གྲུབ་པའི་གནས་མཆོག་ཕ་བོང་ཁར་ཐེབས་ནས་གནས་འབྲེལ་མཛད་ཅིང་དེའི་བླ་མ་ལ་ཆོས་འབྲེལ་ཞིག་ཀྱང་ཞུ་བར་མཛད། དེ་ནས་བཀྲ་ཤིས་ཆོས་གླིང་དུ་ཐེབས་ནས་གནས་འབྲེལ་དང་ཆོས་འབྲེལ་སོགས་མཛད། དེ་ནས་ཕུང་བུ་ལྕོག་ཏུ་ཐེབས་ནས་རྗེ་གྲུབ་

པའི་དབང་ཕྱུག་དགེ་ལེགས་རྒྱ་མཚོའི་ཞལ་དཀྱིལ་མཇལ་ཞིང་བྱིན་རླབས་ཞུས། དམ་པའི་ཆོས་མང་དུ་གནང་དགོས་པའི་གསོལ་བ་བཏབ་པའི་ཚེ། དགྱེས་བཞིན་ཞལ་གྱིས་བཞེས་ནས་གཙོད་སྟན་ཐོག་གཅིག་མའི་ཟབ་ཁྲིད་དཔའ་བོ་གཡུལ་འཇུག་མའི་ཁྲིད་གནང་བ་ལེགས་པར་གསན། གཞན་ཡང་འཕོ་བའི་རྣམ་གྲངས་མང་པོ་དང་བཅུད་ལེན་གྱི་སྐོར། བླ་མའི་རྣལ་འབྱོར་སོགས་ཆོས་མང་དུ་གསན། དེ་ནས་མཁར་རྫོང་ཕེབས་ནས་རྗེ་བཟོད་པ་རྒྱ་མཚོ་མཇལ་ཞིང་ཆོས་འབྲེལ་(༡༤༣ན)ཡང་ཁ་ཤས་གསན། དེ་གར་ཟླ་བ་ལྷག་ཙམ་བཞུགས་ནས་སྒྲུབ་པ་ལ་བརྩོན་པར་མཛད་ཅིང་། གཙོ་ཆེར་དེར་བཞུགས་རིང་བཅུད་ལེན་སྒྲོང་བར་མཛད་དོ། །དེ་ནས་རིམ་གྱིས་ཡེར་པ་དང་གསང་ཕུགས་མཁར་སོགས་ལམ་བར་གྱི་གནས་རྣམས་མཇལ་ཞིང་རི་བོ་དགེ་ལྡན་དུ་ཕེབས་ནས་གསེར་གདུང་རིན་པོའི་ཆེའི་སྐུ་མདུན་དུ་དངོས་བཤམས་ཡིད་སྤྲུལ་གྱི་མཆོད་ཚོགས་ཕུལ་ཏེ་འདི་ཕྱིར་དགེ་བའི་སྨོན་ལམ་ཁོ་ཐག་ཆོད་པ་འདེབས་པར་མཛད་ཅིང་ཞབས་སྐོར་ཡང་མང་དུ་གནང་། དེ་ནས་རིམ་གྱིས་བཀའ་གདམས་གོང་མའི་གནས་རྣམས་མཇལ་ཞིང་ར་སྒྲེང་རྒྱལ་བའི་དབེན་གནས་སུ་ཕེབས་དངོས་བཤམས་ཡིད་སྤྲུལ་གྱི་མཆོད་ཚོགས་ཕུལ་ནས་སྨོན་ལམ་འདེབས་པར་མཛད་ཅིང་ཞབས་སྐོར་ཡང་མང་དུ་གནང་། གནས་དེ་བཀའ་གདམས་གླེགས་བམ་ལས་འབྱུང་བ་ལྟར་ཤིན་ཏུ་བག་ཕེབས་ཤིང་ཉམས་དགའ་བ་དང་། ཇོ་བོ་ཡབ་སྲས་ཀྱིས་བྱིན་གྱིས་བརླབས་པའི་གནས་ཡིན་པ་དང་། རྗེ་ཐམས་ཅད་མཁྱེན་པས་ཀྱང་བྱིན་གྱིས་བརླབས་པའི་གནས་ཡིན་པས་གནས་དེར་སྒྲུབ་པ་མཛད་པ་ལ་ཐུགས་སྨྲོ་བར་གྱུར་ནས་ར་སྒྲེང་ཡང་དགོན་གྱི་བྲག་སེང་གེའི་ཞོལ་ཞེས་བྱ་བ་སྔོན་རྗེ་ཐམས་ཅད་མཁྱེན་པས་ཡུན་རིང་བཞུགས་ཤིང་ལམ་རིམ་ཆེན་མོའི་རྩོམ་པ་སོགས་མཛད་པའི་གནས་བྱིན་རླབས་ཅན་དེར་ཐུགས་ཕབ་ནས་གཅིག་པུ་གཉིས་སུ་མེད་པར་སྒྲུབ་པ་ལ་བརྩོན་པར་བཞུགས་སོ། །དེའི་ཚེ་འཚོ་ཆས་ཤིན་ཏུ་བགྲེན་

པ་ཡོད་ཀྱང་ནང་དུ་ཉམས་ལེན་ལ་བོགས་ཤིན་ཏུ་ཆེ་བ་བྱུང་སྟེ། དེ་ཡང་(༡༢༣བ)བླ་མ་ཉིད་ཀྱི་ཞལ་ནས། དེ་སྐབས་ང་ལ་ཡོ་བྱད་གཞན་ཤིན་ཏུ་དཀོན་པ་ཡོད་ཀྱང་། སྐུ་ཞབས་རིན་པོ་ཆེ་ནས་གསོལ་རས་སུ་གནང་བའི་བཟང་ཇ་ཆུང་ཟད་ཅིག་ཡོད་པར་ཇ་དང་ཚ་གཉིས་མང་ཉུང་མཉམ་པར་བཏགས་ནས་སྐོལ་བ་ཕོར་པ་གང་རེ་དོ་རེ་འཐུང་གིན་ཡོད་པ་ཡིན་ཏེ་ཤིན་ཏུ་ཞིམ་པ་རིག་པ་དྭངས་ཤིང་དགེ་སྦྱོར་ལ་ཡར་སྐྱེད་ཆེ་བར་བྱུང་། དེ་བླ་མའི་བྱིན་རླབས་ཤིག་གིས་ཡིན་པ་འདྲ་ཞེས་གསུང་ངོ་། །དེ་ནས་གནས་དེར་ཡུན་རིང་སོང་བ་ན་བཞུགས་ལུགས་དང་མཛད་པ་བཟང་པོ་གཞན་དང་མ་འདྲ་བའི་སྟབས་ཀྱིས་ཡང་དགོན་རི་ཁྲོད་དུ་བཞུགས་པ་རྣམས་ཀྱིས་དད་གུས་ཆེན་པོ་བྱས་ཤིང་། རིམ་གྱིས་ར་སྒྲེང་ཕྱོགས་ཀྱི་བྱང་འབྲོག་རྣམས་ཀྱིས་དད་གུས་ཆེན་པོས་འཚོ་བའི་མཐུན་རྐྱེན་འབུལ་མི་ཡང་མང་དུ་བྱུང་བ་ན་ཐུགས་ལ་ད་ཕྱོགས་འདིར་ཡང་ཡུན་རིང་ན་འདོད་ཡོན་གྱི་དབང་དུ་འགྲོ་བ་འདུག་ཅིང་། དེ་ལྟར་ན་རང་ཡུལ་གྲྭ་ས་དང་བཅས་པ་བློས་བཏང་ནས་གཞན་གྱི་ཡུལ་དུ་རྣམ་གཡེང་འཕེལ་བ་ནི། མཁས་གྲུབ་རིན་པོ་ཆེས། རང་ཡུལ་ཉེ་དུ་ལོངས་སྤྱོད་ཀུན་བོར་ནས། །རྩེ་གཅིག་དམ་ཆོས་སྒྲུབ་པར་དམ་བཅས་ཏེ། །གཞན་གྱི་ཡུལ་དུ་རྣམ་གཡེང་འདུ་འཛི་ཡིས། །དལ་འབྱོར་དོན་མེད་བྱེད་པ་སྨོན་པ་ཡིན། །ཞེས་གསུངས་པ་ལྟར། ཤིན་ཏུ་མ་ལེགས་པས་ད་ནི་དབེན་གནས་གཞན་ཞིག་ཏུ་འགྲོ་དགོས་སྙམ་དུ་དགོངས་པ་ན། ཙཱ་རིར་འབྱོན་པར་བཞེད་ནས་ཟླ་གྲོགས་སྲིད་པ་བློ་བཟང་ནོར་བུ་དང་བསྡེབས་ནས་ཙཱ་རིའི་གནས་ལ་ཐེབས། རིམ་གྱིས་ཀོང་པོའི་ཡུལ་ལ་བསོད་སྙོམས་མཛད་ཅིང་ཙཱ་རིར་བྱོན་ནས་གནས་(༡༢༩ན)མཇལ་དང་སྨོན་ལམ་མཛད། དེའི་ཚེ་ཡུལ་དེའི་མི་རྣམས་མཐུན་བསྡེབས་ཀྱིས་གནས་མཇལ་དུ་ཡོངས་ནས་གནས་རྣམས་སུ་གླུ་གཞས་ཀྱི་མཆོད་པ་བྱེད་པའི་སྲོལ་ཡོད་འདུག་པ། དེ་སྐབས་བླ་མ་ཉིད་གཅོད་ཀྱི་ཉམས་ལེན་ལ་ཤིན་ཏུ་འགྲུས་པར་མཛད་པའི་སྐབས་ཡིན

པས་གནས་རྣམས་སུ་གཙོད་ཀྱི་ཉམས་ལེན་མཛད་ཅིང་ཉམས་དབྱངས་མང་པོ་འཐེན་པར་མཛད་པའི་ཚེ། གསུང་ཚངས་པའི་དབྱངས་ལྟར་སྙན་ཞིང་གང་གི་རྣ་བའི་ལམ་དུ་སོང་བ་ཐམས་ཅད་ཡོད་གཏིང་ནས་འགྱུར་བ་ཞིག་ཡོད་པའི་སྟོབས་ཀྱིས། ཕྱོགས་དེའི་སྐྱེ་བོ་རྣམས་ཀྱིས་གསུང་གི་གདངས་ཐོས་པའི་མོད་ལ་གཙང་པ་དགེ་སློང་གི་མགུར་མ་ཉན་དུ་འགྲོ་ཞེས་རང་རང་གི་གླུ་དང་གཞན་བྱེད་འཕྲོ་བཏང་སྟེ་བླ་མ་ཉིད་ཀྱི་ཉེ་སྐོར་དུ་ཐམས་ཅད་འདུས་པ་ཡང་བྱུང་འདུག་གོ །གནས་གཟིགས་ལ་འབྱོན་པའི་ལམ་འཕྲང་ཞིག་ཏུ་འབྲས་སྤྱངས་ཀྱི་གྲྭ་པ་མཚན་ཉིད་ལ་མཁས་པར་གྲགས་པ་འཁྱེར་པ་ཅན་ཞིག་བྲག་འཕྲང་ཞིག་ལ་གཡང་དུ་ལྷུང་བར་ཕྱོགས་པ་ན། མི་འདི་དང་འདི་ལ་ངའི་ནོར་འདི་དང་འདི་ཡོད་དོ་ཞེས་ནོར་ལ་ཆགས་པའི་ཚོ་ངེ་ཆེན་པོ་འདོན་པ་ཞིག་གཟིགས་པས། སྤྱིར་འཁོར་བའི་ཆོས་གང་ལའང་སྙིང་པོ་མེད་པ་དང་། ལྷག་པར་ཟང་ཟིང་གི་ནོར་ལ་ཆགས་པ་ནི་འདི་ལྟར་ཕུང་བར་བྱེད་པའོ་སྙམ་དུ་ཐུགས་སྐྱོ་ཤས་ཤིན་ཏུ་ཆེ་བ་འཁྲུངས་ཤིང་། དེས་རྐྱེན་བྱས་ནས་འཁོར་བ་མཐའ་དག་ལ་ཞེན་པ་ལོག་པའི་ངེས་འབྱུང་དང་། བྱང་ཆུབ་ཀྱི་སེམས་སོགས་ཉམས་རྟོགས་རྣམས་ཆེས་ཆེར་འཕེལ་བར་གྱུར།(༡༩༨བ) དུས་ཕྱིས་ཀྱང་དེ་སྐབས་གྲྭ་པ་དེའི་ངང་ཚུལ་མཐོང་བ་དེ་ལས་སེམས་ལ་ཕན་པ་མ་བྱུང་ཞེས་ཡང་ཡང་གསུང་ངོ་། །ཙྭ་རིའི་གནས་གཟིགས་གྲུབ་ནས་རིམ་གྱིས་འོལ་ཁ་དང་འཕྱོང་རྒྱས་ཕྱོགས་སུ་བྱོན་ནས། ཡབ་རྗེ་ཐམས་ཅད་མཁྱེན་པ་འཁོར་དག་པ་རྣམ་བརྒྱད་དང་བཅས་པས་ཕྱོགས་དེར་ཞབས་ཀྱིས་བཅགས་ནས་སྒྲུབ་པ་མཛད་པ་དང་། རྗེ་བླ་མས་རྗེ་བཙུན་འཇམ་དབྱངས་ལ་སོགས་པ་ལྷག་པའི་ལྷ་མང་པོའི་ཞལ་གཟིགས་ཤིང་གསུང་གི་གནང་བ་ཐོབ་པ་དང་། ཉམས་རྟོགས་ཁྱད་པར་ཅན་འཁྲུངས་པའི་གནས་དེ་དང་དེ་དག་ཏུ་རིམ་གྱིས་ཕེབས་ཏེ་མཎྜལ་ཕུལ་ནས་སྨོན་ལམ་མང་དུ་འདེབས་པར་མཛད། ལྷག་པར་ཇི་ང་ཕྱིའི་ཇོ་བོ་རིན་པོ་ཆེའི་སྐུ་མདུན་དུ་སྨོན་ལམ་ཤུགས་དྲག

ཏུ་འདེབས་པར་མཛད། འདི་དག་གི་སྐབས་སུ་བྱང་ཆུབ་ལམ་གྱི་རིམ་པ། ཟབ་ལམ་ཕྱག་རྒྱ་ཆེན་པོ། ཐབས་ཤེས་སྦྱོད་ཀྱི་ཉམས་ལེན་རྣམས་ལ་ཤིན་ཏུ་འབྲུས་པར་མཛད། ཕལ་ཆེར་ཟླ་གྲོགས་ཀྱང་མེད་པར་རྣལ་འབྱོར་གྱི་དབང་ཕྱུག་མི་ལ་རས་པ་བཞིན་དུ་རྔ་ཁྲོད་དང་གངས་ཁྲོད་དང་ནགས་ཁྲོད་སོགས་དབེན་གནས་བདག་མེད་རྣམས་སུ་གཅིག་པུར་བཞུགས་ནས་ཐུགས་དམ་ལ་ཆིག་སྒྲིལ་དུ་གཞོལ་བར་མཛད། དེའི་ནང་ནས་ཀྱང་གཅོད་ཀྱི་ཉམས་བཞེས་གཙོ་བོར་མཛད་པ་ནི་བླ་མ་ཉིད་ཀྱི་ཞལ་ནས། ང་གནས་དེ་དག་ཏུ་འགྲོ་བའི་ཚེ་གང་དང་གང་དུ་སླེབས་པ་དེའི་ཚེ་ཉལ་ས་གང་བྱུང་དུ་བྱེད་ཅིང་དགོང་མོ་གཅོད་ཡག་པོ་རེ་བཏང་ནས་ཉལ་སྡོད་ཀྱིན་ཡོད་ཅེས་གསུང་། དེ་ནི་མ་ཅིག་ལབ་སྒྲོན་གྱི་ཞལ་ནས། ཉལ་བས་ཚོག་པའི་ཆོས་ཤིག་ཡོད་དེ། ཁྱེད་བུ་སློབ་རྣམས་ཀྱིས་(༡)༢༥(ན)ཉལ་མི་ཤེས། དེས་ཀྱང་རྒན་མོ་ང་བློ་མ་བདེ། ཞེས་གསུངས་པ་ལྟར་ཚིག་ནུས་པ་ཤིག་ཏུ་ཆེ་བ་ཡིན་པས། སྟོང་ཉིད་སྙིང་རྗེའི་སྙིང་པོ་ཅན་ལས་ཐུགས་གཡོ་བ་མེད་པར་བཞུགས་ཀྱིན་ཡོད་པའི་བརྡ་ཙམ་ཞིག་བདག་ལ་ཐུགས་བརྩེ་བས་གསུངས་པ་ཡིན་ནམ་སྙམ་མོ། །འདི་སྐབས་སྤྲ་སོར་ཙྭ་རིར་འདྲིས་ཡོད་པའི་འོལ་ཁ་བ་འཕགས་པ་ཆོས་བཟང་ཞེས་བྱ་བས་སྐུ་ཚེ་རིལ་པོ་འོལ་ཁའི་སྒྲུབ་གནས་ཤིག་ཏུ་བཞུགས་དགོས་ཞབས་ཧྲོག་འོ་མི་བཀྲུལ་བ་སྒྲུབ་ཅེས་ནན་གྱིས་གསོལ་བ་བཏབ་ཀྱང་ཞལ་གྱིས་བཞེས་པ་མ་མཛད་དོ། །

དེ་ནས་འཕྱོང་རྒྱས་སུ་ཕེབས་ནས་གནས་མཇལ་ཞིབ་ཏུ་མཛད་ཅིང་སྨོན་ལམ་བཏབ། གནས་གང་བྱུང་ངེས་མེད་དུ་བཞུགས་ནས་ཐུགས་དམ་ལས་གཡེལ་བ་མེད་པར་མཛད། དེ་དག་གི་ཚེ་འཚོ་ཆས་ཧ་ཅང་བཀྲེན་པར་གྱུར་ཏེ་རྩམ་བསོད་མཛད་པ་ན། འཕྱོང་རྒྱས་རི་བོ་བདེ་ཆེན་གྱི་གྲྭ་པ་དག་སྔང་ཆེ་ཆེ་འདྲས་བསླབ་བྱ་བྱས་པ་ལྟར་དགེ་བསྐོས་ལ་གནང་བ་ཞུས་ནས་འདུ་ཁང་གི་སྒོ་ཁང་དུ་བཞུགས་ནས་ཚོགས་པ་ལ་

རྩམ་བསོད་མཛད་པའི་ཚེ། དེ་གའི་དགེ་འདུན་རྣམས་འབྱོར་བ་ཆེ་བ་དང་། དམ་པ་འདིའི་སྐུ་མཐོང་བ་ཙམ་གྱིས་ཐམས་ཅད་དད་པ་སྐྱེས་པ་བཅས་ཚོགས་པ་ཕལ་མོ་ཆེས་རང་རང་གི་རྩམ་སྣོད་རྣམས་ཁ་ཕྱེ་ནས་དམ་པ་འདིའི་ན་བཟའི་སྟེང་དུ་བླུགས་པ་ན་ཚོགས་པའི་ཕྱེད་ཙམ་མ་སོང་བར་རྩམ་ཁུར་ལོངས་པ་བྱུང་བས་སློང་འགྲོ་བཤོལ་ཏེ་གང་བྱུང་བ་རྣམས་ཁྱེར་ནས་དབེན་གནས་ཤིག་ཏུ་ཕེབས་ཏེ་རེ་ཞིག་མཐུན་རྐྱེན་ཚང་བའི་ངོས་ནས་སྒྲུབ་པ་ལ་བརྩོན་པར་(༡)༢༥(བ)མཛད། དེ་ནས་རི་བོ་བདེ་ཆེན་ན་ཆོས་རྗེ་ངག་དབང་དཔལ་འབྱོར་ཞེས་བྱ་བའི་བཤེས་གཉེན་དམ་པ་ཞིག་བཞུགས་ཡོད་པ་དེའི་དྲུང་དུ་ཕེབས་ནས་མ་ཧེ་བཀའ་འབུམ་ཡོངས་རྫོགས་ཀྱི་ལུང་དང་། ཐུགས་རྗེ་ཆེན་པོའི་རྗེས་གནང་། ཆོས་རྒྱལ་སྲོང་བཙན་སྒམ་པོས་རྒྱལ་བ་བསོད་ནམས་རྒྱ་མཚོ་ལ་དངོས་སུ་གནང་བའི་སྤྱན་རས་གཟིགས་ཀྱི་རྗེས་གནང་། ཆག་ལོ་ཙཱ་བ་ནས་བརྒྱུད་པའི་ཕག་དཀར་གྱི་རྗེས་གནང་། ཛམ་ནག་གི་རྗེས་གནང་། ཁྲོ་མོ་སྐླེ་བརྩེགས་ཀྱི་རྗེས་གནང་། གོང་ས་ལྔ་པ་ཆེན་པོའི་གསུང་མང་པོའི་ལུང་། ལྷོ་བྲག་གྲུབ་ཆེན་གྱི་བཀའ་འབུམ་གྱི་ལུང་དང་། དེ་ནས་འབྱུང་བའི་དབང་རྗེས་གནང་ཁ་ཤས་བཅས་གསན། དེ་ནས་རི་བོ་བདེ་ཆེན་པའི་གྲྭ་པ་ཕལ་མོ་ཆེས་དག་སྣང་ཆེན་པོ་མཛད་ཅིང་དམ་པ་འདིའི་སྐུའི་དབྱིབས་གསུང་གི་གདངས་མཛད་སྤྱོད་རྣམས་གཞན་དང་མི་འདྲ་བ་མཐོང་བའི་རྐྱེན་གྱིས་འདི་ནི་གང་ཟག་རང་དགའ་བ་ཞིག་མིན་པ་འདུག་ཅེས་གླེང་ཞིང་གྲགས་ཆེ་བར་བྱུང་ནས། དེ་གའི་དབུ་མཛད་སོགས་ཀྱིས་ནང་དུ་བོས་ནས་བདག་རྐྱེན་བཟང་པོ་མཛད་ཅིང་། ཁྱོད་རང་དགའ་བ་ཞིག་མིན་པ་འདུག་ཡུལ་ཕྱོགས་གང་ནས་ཡིན། གྲྭ་ས་གང་དུ་བཞུགས། སློབ་གཉེར་ཅི་འདྲ་བྱས་ཞེས་ཞིབ་ཏུ་དྲིས་པས། བླ་མ་ཉིད་ངེས་འབྱུང་ཤུགས་དྲག་པའི་སྟོབས་ཀྱིས་རང་གི་ཡོན་ཏན་མི་བརྗོད་པར་མ་ཟད་གྲྭ་ས་འདི་ནས་ཡིན་ཡང་གསལ་བ་རང་མ་གསུངས་པར་བདག་གཙང་གི་གཞིས་དགོན་ཞིག

ནས་ཡོངས་པའི་སྤྲུང་འཁྲུམས་པ་ཞིག་ཡིན་ཞེས་གསུང་བར་མཛད། འགའ་ཞིག་གིས་ད་དུང་ཞིབ་ཏུ་དྲིས་པ་ན་སྔར་ཐང(༡༤༨ན)ལྷ་བུ་ནས་ཡིན་རྒྱའི་ཁྲལ་མཛད་ནས་སྤྲང་རྫུ་རང་མཛད་ཀྱང་། ཕྱོགས་གང་ནས་བལྟས་ཀྱང་ཐ་མལ་པ་ཞིག་མིན་པར་འདུག་ཅེས་ཀུན་གྱིས་གླེང་། དེ་ནས་རི་ཞིག་ན་ཞབས་ལ་བསྟུང་གཞི་ཞིག་བྱུང་བ་དེ་ཇེ་ངན་ཇེ་ངན་ལ་སོང་སྟེ་སྐྱ་ལ་བསྟུང་གཞི་ཚབས་ཆེ་བར་བྱུང་བའི་ཚེ། རི་བོ་བདེ་ཆེན་ན་སྨན་པ་མཁས་པ་ཞིག་འདུག་པ་དེ་ལ་ཕྱག་རྟ་སྟོན་པར་མཛད་པས་སྨན་པ་དེས་རིང་ཞིག་བརྟགས་ནས་ལག་པ་ཐལ་མོ་སྦྱར་ཏེ། ཉིད་རང་དཀའ་བ་ཞིག་མིན་པར་འདུག་པས་ང་ལ་གསལ་བར་ཤོད་དགོས་ཞེས་ནན་གྱིས་ཞུས་ཀྱང་སྤྲང་འཁྲུམས་པ་ཞིག་ཡིན་ཚུལ་ལས་གསལ་བར་གསུང་མ་ཉན། དེ་ནས་སྨན་པ་དེས་ཉིད་སྤྲང་འཁྲུམས་པ་རང་ཞིག་མིན་པ་འདུག་གྲྭ་ས་ཆེན་པོ་ཞིག་གི་བླ་མའམ། སྐྱེ་མི་འམ་མཐོང་ཆེ་བ་ཞིག་ངེས་པར་ཡིན་པར་འདུག །བསྟུན་གཞི་འདི་ཡང་གྲྭ་ས་དེ་གའི་ཆོས་སྲུང་གི་འཕྲུལ་དུ་འདུག་པས། ད་ཉིད་རང་ལོག་ཐེགས་ན་ལེགས་པ་འདུག་ཅེས་ཤིན་ཏུ་གསལ་བར་ལུང་བསྟན་པ་ཞིག་བྱུང་འདུག་པས། སྨན་པ་དེ་ཡང་རང་དཀའ་བ་ཞིག་མིན་ནམ་སྙམ་མོ། །སྨན་པ་དེས་དམ་པ་འདི་ཉིད་ལ་བྱང་ཆུབ་ཀྱི་སེམས་རྒྱ་ཡོད་པར་ཤེས་ནས་ཆབ་རྟགས་བཞག་པའང་སྨན་པ་དེས་འཕྲུངས་ཞེས་ཐོས་སོ། །དེ་ནས་བླ་མ་ཉིད་ཀྱི་ཐུགས་ལ་ཡང་ནད་འདི་མི་ཡོང་ཙམ་ལ་རྨི་ལམ་དུ་དཔལ་ལྡན་ལྷ་མོའི་འཚུབ་ཀྱི་རྣམ་པ་ཞིག་ཀྱང་བྱུང་། སྔ་སོར་རྗེ་ཞལ་སྔ་ནས་ཀྱི་དགོངས་པ་གཏིང་ནས་ཁྲོལ་བ་རང་ཞིག་མེད་པ་དེ་གའི་རྐྱེན་གྱིས་སྨན་པས་ཟེར་བའང་ཡིན་པ་སྲིད་སྙམ་དུ་དགོངས་ནས་(༡༤༨བ)གཙང་ཕྱོགས་ལ་འབྱོན་པའི་ཐུགས་བསམ་བཏང་བ་ན་བསྟུན་གཞི་དེ་ཡང་རིམ་གྱིས་དྭངས་པར་གྱུར། དེ་ནས་རིམ་གྱིས་བྱོན་ཏེ་གཙང་དབུས་ཀྱི་མཚམས་ན་ཛོ་མོ་ཁ་རག་ཅེས་བྱ་བའི་གནས་ཆེན་ཞིག་ཡོད་པ་དེ་ལ་ཕེབས་ཏེ། སྒྲུབ་གནས་རྣམས་མཇལ་བས་གནས

ལ་ཐུགས་སྤྲོ་བར་གྱུར་ཏེ་ཕུག་པ་ཞིག་ཏུ་བཞུགས་ནས་སྒྲུབ་པ་ལ་བརྩོན་པར་མཛད། དེའི་ཆེ་ཡུལ་ཕྱོགས་དེའི་མི་རྣམས་སྔར་འདྲིས་ཤེས་གང་ཡང་མེད་པའི་སྐབས་ཀྱིས་འཚོ་བ་འབུལ་མི་མ་བྱུང་ཞིང་གྲོང་དུ་བསོད་སྙོམས་ལ་ཡང་མ་ཕེབས་པས་འཚོ་ཆས་ཤིན་ཏུ་བཀྲེན་པར་གྱུར་ཏེ། ཟས་རླུང་འཛིན་ཙམ་ལ་བརྟེན་པའི་དཀའ་ཐུབ་དྲག་པོའི་སྒོ་ནས་སྒྲུབ་པ་ལ་ཤིན་ཏུ་བརྩོན་པར་མཛད། འཚོ་ཆས་ཤིན་ཏུ་བཀྲེན་པའི་སྟོབས་ཀྱིས་སྐུ་ལུས་ཉམས་ཤིང་སྐྱ་བོ་བསེང་བསེང་པོར་གྱུར་ཀྱང་ནང་དུ་ཉམས་ལེན་གྱི་འཆར་སྒོ་ཆེས་ཆེར་འཕེལ་བས་ཐུགས་ལ་དགའ་བདེ་རྒྱས་པར་གྱུར་ཅིང་། སྔོན་བྱོན་དམ་པ་རྣམས་ཀྱི་རྣམ་ཐར་ལྟར་དབེན་པའི་རི་སུལ་དུ་དཀའ་ཐུབ་ལ་གནས་ཏེ་ལམ་ཆ་ཚང་ལ་སྒྲུབ་པ་སྙིང་པོར་བྱར་ཡོད་པ་འདི་འདྲ་ནི། རྒྱལ་བ་དབེན་ས་པ་ཆེན་པོས། སྔོན་དུས་ཀྱི་མི་ལ་རས་པ་དང་། །ད་དུས་ཀྱི་བློ་བཟང་དོན་གྲུབ་ལ། །འཕྲུལ་ཆས་ཀྱི་ཟས་གོས་མ་གཏོགས་པ། །ནོར་དངོས་པོའི་འཛིན་པས་དགོས་པ་མེད། །ཚེ་གཅིག་ལ་སངས་རྒྱས་སྒྲུབ་པ་ལ། །དེ་འདྲ་བའི་སྤྱོད་ལ་ལེགས་གནས་ནས། །ཆགས་སྡང་སྤངས་པའི་དབེན་གནས་སུ། །དལ་འབྱོར་ལ་སྙིང་པོ་ལེན་པར་ཤོག །ཅེས་གསུངས་པ་ལྟར་དལ་བའི་རྟེན་(༡༤༧ན)ལ་སྙིང་པོ་ལོན་པ་ཡིན་པས་ཤིན་ཏུ་སྐལ་བཟང་སྙམ་དུ་ཐུགས་ལ་སྤྲོ་བ་འཕེལ་བར་གྱུར། དོན་འདི་ལ་བླ་མ་ཉིད་ཀྱི་ཞལ་ནས། ང་ཁ་རོག་དུ་སྡོད་རིང་དགུན་ཐོག་ཅིག་ལ་རྩམ་པ་ཐང་ཁྱུག་གང་མིན་པ་སྐྱེར་མཁན་མ་བྱུང་། ཇ་ཤིན་ཏུ་སླ་བ་ཕོར་རེ་ཕོར་དོ་རེ་དང་ཕྱེ་རླུང་འཛིན་ཙམ་རེ་ཟོས་ཤིང་། ཇ་ལ་མར་འདེབས་རྒྱུ་མེད་ཤའི་ཚིལ་བུ་ཅུང་ཟད་རེ་བཏབ་ནས་འཐུངས། འཚོ་བ་ཤིན་ཏུ་བཀྲེན་ཡང་ལུས་བདེ་ཞིང་དགེ་སྦྱོར་འཕེལ་བ་བྱུང་ཞེས་ཞལ་ལས་དངོས་སུ་ཐོས་སོ། །

དེ་ནས་དབེན་ས་པ་ཆེན་པོ་དང་རྗེ་བཙུན་བློ་བཟང་ཆོས་ཀྱི་རྒྱལ་མཚན་སོགས་ཀྱིས་སྒྲུབ་པ་མཛད་ཅིང་བྱིན་གྱིས་བརླབས་པའི་གནས་ཆེན་བྲག་རྒྱ་རྡོ་རྗེའི་ཕོ་བྲང་དུ་

ཕེབས་ནས་རྒྱལ་བ་གཡུང་གི་སྐྱབ་ཞུག་ཏུ་ལམ་ཐུན་མོང་བ་དང་། ཐུན་མོང་མིན་པ་གསང་སྔགས་བླ་ན་མེད་པའི་ལམ་རིམ་པ་གཉིས་ལ་ཐུན་བཞིའི་རྣལ་འབྱོར་མཛད་ཅིང་བཞུགས་སོ། །འདི་དུས་གསོལ་ཆས་རྣམས་ནི་རྗེ་ཞལ་སྔ་ནས་ཀྱིས་ཐོས་བསམ་གླིང་ནས་ཕུལ་ཞིང་། དགེ་སློང་རྩུལ་ཁྲིམས་ཀྱིས་ཟླ་རེའི་གསོལ་ཆས་འབུལ་བ་སོགས་ཀྱི་ཞབས་ཕྱི་བགྱིས་སོ། །དེ་ལྟར་ཐུགས་དམ་ཐུན་བཞིའི་རྣལ་འབྱོར་ལ་རྒྱུ་བོའི་རྒྱུན་བཞིན་དུ་འབད་པས་ངེས་འབྱུང་། བྱང་ཆུབ་ཀྱི་སེམས། ཡང་དག་པའི་ལྟ་བ། ལམ་རིམ་པ་གཉིས་ཀྱི་གནད་རྣམས་ལ་རྒྱལ་བ་དགྱེས་པའི་ཉམས་རྟོགས་རྨད་དུ་བྱུང་བ་མཐའ་ཡས་པ་འཁྲུངས་སོ། །དེ་ཡང་བླ་མ་ཉིད་ཀྱི་གསུང་ཚད་མ་དཔང་པོར་གྱུར་པ་ལས་ཤེས་ཏེ། དེའི་ཚེ་ཉམས་རྟོགས་གོང་(༡༢༧༥)འཕེལ་དུ་གྱུར་པའི་ཉམས་མགུར་བསམ་ལས་འདས་པ་ཡོད་ཆོད་འདུག་ཀྱང་ཐམས་ཅད་ཡི་གེར་འཁོད་པ་མ་བྱུང་ཞིང་། ཐུགས་བརྩེ་བས་དགོངས་ཏེ་ཅུང་ཟད་ཅིག་ཡི་གེར་འགོད་པར་མཛད་པ་ནི་འདི་ལྟར།

ན་མོ་གུ་རུ་མཉྫུ་གྷོ་ཥ་ཡ། དུས་གསུམ་གྱི་སངས་རྒྱས་དཔེན་ས་པ། །གསུམ་ལྡན་གྱི་བློ་བཟང་ཡེ་ཤེས་ཞབས། །གུས་ལྡན་གྱི་བུ་ལ་བརྩེར་དགོངས་ལ། །བྱིན་རླབས་ཀྱི་ཆར་རྒྱུན་དབབ་ཏུ་གསོལ། །ལུས་སེམས་གཉིས་བདེ་བའི་ངང་ཉིད་ནས། །ཕྱོགས་མེད་ཀྱི་རྒྱལ་ཁམས་མྱུལ་མྱུལ་བའི། །གུ་ཡངས་ཀྱི་སྤྲང་པོ་ཡན་པ་ང་། །ཉམས་དགའ་བའི་གླུ་དབྱངས་འདི་བཞིན་ལེན། །དལ་འབྱོར་གྱི་མི་ལུས་ཐོབ་ངེས་ནས། །སངས་རྒྱས་ལས་ལྷག་པའི་རྗེ་དང་མཇལ། །ཉམས་ལེན་ལ་འབད་འབུང་བྱེད་བྱེད་པའི། །མི་ལུས་ལ་དོན་ལྡན་ངའི་སྙིང་པ། །སྐྱེ་ས་ཡི་ཕ་ཡུལ་བོར་ངེས་ནས། །ཉེ་འབྲེལ་ལ་ཞེན་ཆགས་མི་བྱེད་པར། །རང་མགོ་ནི་རང་གིས་འདོན་འདོན་པའི། །ཕོ་རྒོད་ཀྱི་རྣལ་འབྱོར་ངའི་སྙིང་པ། །གར་སྐྱིད་ལ་ཕ་ཡུལ་བྱས་ངེས་ནས། །སུ་བྱམས་ལ་ཕ་མར་བལྟས་གྱུར་ཏེ། །ཕྱོགས་མེད་དུ་དག་སྣང་སྦྱོང་སྦྱོང་བའི། །གུ་ཡངས་ཀྱི་སྤྲང་པོ་ངའི་སྙིང་པ། །

བདག་འཛིན་གྱི་དགོན་པ་བོར་ངེས་ནས། །མི་ངན་ལ་ངོ་སྲུང་མི་བྱེད་པར། །རང་དབང་ནི་རང་གིས་བཟུང་བཟུང་བའི། །དཔོན་མེད་དང་གཡོག་མེད་དའི་སྐྱིད་པ། །ཡོ་བྱད་ཀྱི་སོག་རྫུན་བོར་ངེས་ནས། །འགྲོ་དུས་སུ་ཁུར་པོ་མི་འཁུར་བར། །སྒོ་རྩམ་ལ་ཟད་ལེན་བྱེད་བྱེད་པའི། །སྤྲང་པོ་ཡི་ཁྱུ་རྒྱུན་དའི་སྐྱིད་པ། །མདོ་རྒྱུད་ལ་ཐོས་བསམ་བྱས་ངེས་(༡༢༢ན)ནས། །ཕན་མེད་ཀྱི་ཁ་བཤད་མི་བྱེད་པར། །ཉམས་ལེན་ལ་མཐིལ་ཐོན་བྱེད་བྱེད་པའི། །ཕོ་གྲུང་གི་རྣལ་འབྱོར་དའི་སྐྱིད་པ། །སྒྱུ་ལུས་ལ་གཅེས་འཛིན་བོར་ངེས་ནས། །གར་ཤི་ལ་འགྲོད་མེད་བྱས་གྱུར་ཏེ། །ན་ཚ་དང་ཤི་སྐྱིད་བྱེད་བྱེད་པའི། །ཐག་ཆོད་དང་བློ་བདེ་དའི་སྐྱིད་པ། །འདི་འདྲ་ཡི་སྐྱིད་པ་མི་བྱེད་པར། །ཚེ་འདིའི་བདེ་བ་ལ་སྲིད་གྱུར་པའི། །སྙིགས་དུས་སྐྱ་སེར་གྱི་སྐྱེ་བོའི་ཚོགས། །སྙིང་མེད་ཡང་ན་ནི་སྨོན་པ་རང་། །དེང་སང་འཇིག་རྟེན་གྱི་ཁམས་འདི་ན། །རང་རེ་སྤྲང་པོ་ལས་སྐྱིད་པ་ནི་མི་འདུག །སྐྱིད་པའི་སྐྱིད་གླུ་ཞིག་བླངས་གྱུར་ནས། །རྒྱལ་ཁམས་གང་བཟང་ལ་ཆས་འགྲོ་ཨང་། །ཏ་ཏ། ཞེས་པ་དང་། གྲུབ་པའི་གནས་མཆོག་ཁྱད་པར་ཅན་དེ་ཉིད་ལ་བསྟོད་པའི་ཉམས་མགུར་འདི་ལྟར་ཡང་མཛད་དེ། ནང་རིམ་གཉིས་རྣལ་འབྱོར་མཐར་ཕྱིན་པས། །ཕྱི་ལྷ་འདྲེ་སྡེ་བརྒྱད་ཟིལ་གྱིས་གནོན། །ལྷ་དམ་ཅན་གཤིན་རྗེ་བྲན་དུ་འཁོལ། །རྗེ་གཡུང་སྟོན་རྡོ་རྗེ་དཔལ་ལ་འདུད། །མགོན་དེ་ཡིས་བྱིན་གྱིས་བརླབས་གྱུར་པའི། །བྲག་རྒྱ་བོ་རྡོ་རྗེའི་ཕོ་བྲང་ཞེས། །སྟོན་དམ་པ་དུ་མས་ཆེར་བསྔགས་པའི། །གནས་འདི་ལ་བདག་གིས་ཅུང་ཟད་བསྟོད། །རི་མཐོ་ཞིང་བརྗིད་ཆགས་ལྷུན་པོ་འདྲ། །དེའི་ཤར་གྱི་མཐོན་པོའི་ངོས་དཀར་ན། །ཆོས་ཕུང་པོ་གྲངས་མེད་བརྩེགས་འདྲ་བའི། །བྲག་རྒྱ་ཆེན་མཐོ་ལ་ཤིན་ཏུ་མཛེས། །དེའི་སྟེང་དུ་མཆད་མདོག་ཅན་གྱི། །དར་བཟང་པོའི་གུར་འདྲ་སྤྲང་གིས་བརྒྱན། །བྲག་དེ་ཡི་(༡༢༢བ)མཐོན་པོའི་དབུས་དག་ན། །བྲག་བླ་གབ་འདྲ་བའི་བྲག་སྐྱིབས་སུ། །རྡོ་དཀར་པོའི་གཡམ་སྐྱིལ་ཕུབ་པ་ནི། །

རང་ཤོང་ཙམ་དུ་མ་བཀོད་པས་མཛེས། །དེའི་སྟེང་དང་གཡས་གཡོན་ངོས་དག་ན། །བྱ་
རྒོད་པོའི་ཚང་གི་ཚོགས་རྣམས་ཀུན། །བློ་ཆགས་སྤང་བྲལ་བའི་ཁྱིམ་མཆེས་ཚུལ། །
མདུན་མཐོན་པོའི་མཁའ་དབྱིངས་དབུས་དག་ན། །དུས་རྒྱུན་ཆད་མེད་པར་ལྡིང་སྐོར་
བྱེད། །བྲག་དེ་ཡི་མདུན་གྱི་ས་ཕྱོགས་ལ། །ཤིང་ལྗོན་པ་སྣ་ཚོགས་འཁྲིགས་པ་ཡི། །
ལྷའི་དགའ་ཚལ་ལྷ་བུའི་ནགས་ཀྱིས་མཛེས། །ནགས་དེ་ལ་འཁོར་བའི་བྱ་དང་བྱེའུ་
ནི། །དབྱིབས་འདབ་གཤོག་མི་གཅིག་དུ་མའི་ཚོགས། །གནས་དེ་རུ་བཞུགས་པའི་
རྣལ་འབྱོར་ལ། །ཡིད་མོས་པའི་གླུ་དབྱངས་དི་རི་རི། །རི་དེ་ཡི་གཡས་གཡོན་མདུན་
དག་ན། །དྲིས་དཔག་ཚད་ཁོར་ཡུག་ཁྱབ་པ་ཡི། །རིགས་མི་གཅིག་བསང་སྣ་དུ་མ་
འཁྲིགས། །ནགས་ཚང་ཆེང་དེ་ཡི་ཁྲོད་དག་ན། །ཁོང་གཉིས་སྐྱེས་ལྷ་བྱ་གོང་མོའི་
ཚོགས། །ངག་སྙན་པའི་གླུ་དབྱངས་ཀུ་རུ་རུ། །གནས་དེ་ཡི་མདུན་གྱི་ཕྱོགས་དག་ན། །
རྗེ་གཡུང་སྔོན་ཆེན་པོའི་སྒྲུབ་ཆུའི་རྒྱུན། །ནད་ཚ་གྲང་ཀུན་ལ་སྨན་མས་པ་ཡི། །ལྷའི་
བདུད་རྩི་ལྷ་ཡུ་ཆབ་ཀྱི་རྒྱུན། །དུས་དབྱར་དགུན་སྐྱེ་བྲི་མི་བྱེད་པར། །གནས་དེ་ལ་ཡོན་
ཆབ་འབུལ་བའི་ཚུལ། །དུས་རྒྱུན་ཆད་མེད་པར་ཁྲོལ་ལོ་ལོ། །གཡས་ཕྱོགས་ནས་
མཐུད་མདོག་ཅན་གྱི། །དར་བཟང་པོའི་ཡོལ་བས་བསྐོར་འདྲ་བའི། །སྤང་ངོས་འཛམ་
མཐོ་བས(ཀ)༤༥(ན)ལེགས་པར་བསྐོར། །དེའི་ངོས་ལ་རི་དྭགས་དུ་མའི་ཚོགས། །ཉམས་
དགའ་བའི་བང་རྩལ་ཤ་ར་ར། །གཡོན་ཕྱོགས་ནས་གཙང་ཆབ་སྔོན་མོ་ནི། །གནས་དེ་
ལ་ཡོན་ཆབ་འབུལ་བའི་ཚུལ། །མདུན་ཕྱོགས་ནས་གཡས་ལ་འཁོར་ར་ར། །ཤར་
ཕྱོགས་ཀྱི་མདུན་གྱི་ཡུལ་ཕྱོགས་ན། །ཐང་ཆེན་པོ་དཔག་ཚད་དུ་མའི་བར། །དབྱིབས་
ཟླུམ་པོ་གསེར་གྱི་མཎྜལ་འདྲ། །དེའི་དབུས་ཀྱི་ལྟེ་བའི་ངོས་དག་ན། །གནས་ཆེན་པོ་
གཙང་གི་ཞུང་པོ་རི། །དེའི་ཕྱོགས་དང་ཕྱོགས་མཚམས་རྣམས་སུ་ནི། །ཁྱིམ་ཆེ་ཆུང་
མི་འདྲ་དུ་མ་ནི། །གླིང་བཞི་དང་གླིང་ཕྲན་བརྒྱད་ཀྱི་ཚུལ། །ཐང་དེ་ཡི་མཐའ་དབུས

བར་བར་ན། །གཡུ་བཟང་པོ་ལ་སོགས་རིན་ཆེན་ལྡས། །སྤྲས་འདྲ་བའི་ནེའུ་གསིང་སྔོན་པོ་དང་། །སའི་ཁ་དོག་སྔོ་དམར་སེར་པོ་སོགས། །མདངས་མ་འདྲེས་རང་རང་སོ་སོར་གསལ། །སྔོན་ཀུན་བཟང་སྨོན་ལམ་མཐུས་གྲུབ་པའི། །དབུས་ལྷུན་པོ་གླིང་བཞི་ཉི་ཟླ་དང་། །ནོར་རིན་ཆེན་བདུན་སོགས་ལྷ་མི་ཡི། །དཔལ་ཕུན་ཚོགས་མ་ལུས་ཚང་གྱུར་པའི། །ངོ་མཚར་བའི་མཆོད་བཟང་པོ་འདི། །གནས་འདི་རུ་བཞུགས་པའི་མཆོག་གསུམ་ལ། །དུས་བསྐལ་བརྒྱའི་བར་དུ་ཕུལ་ནས་གདའ། །ཨེ་མ་རང་བྱུང་གི་མཆོད་བཟང་པོ་འདི། །བདག་འདྲ་ཡི་སྤྲང་པོས་བློས་བསླངས་ཏེ། །དབེན་ས་པའི་བཀའ་བརྒྱུད་མ་ལུས་དང་། །བློ་བཟང་གི་ཡེ་ཤེས་མཆོག་ལ་འབུལ། །ཡིད་འོང་གི་གནས་མཆོག་འདི་ཉིད་དུ། །ཚ་གྲང་དང་བཀྲེས་སྐོམ་ལ་སོགས་པའི། །འགལ་རྐྱེན་ལ་ཟུར་འགྲོས་མི་བྱེད་པར། །གང་(༡༤༨བ)འདོད་དུ་ཉལ་ནུས་བདག་ལ་སྩོལ། །སྤྲོས་བཅས་ཀྱི་བྱ་བ་མི་མང་བར། །སྤྲོས་མེད་ཀྱི་མལ་བདེ་གུ་ཡངས་སུ། །ཉིན་མཚན་ལ་ངོ་ཤེས་མི་ཕྱེད་པར། །གང་འདོད་དུ་ཉལ་ནུས་བདག་ལ་སྩོལ། །གནས་ལུགས་ཀྱི་ངང་དུ་ཉལ་དུས་སུ། །འཁོར་འདས་ལ་རེ་དོགས་མི་བྱེད་པར། །མཐའ་བྲལ་གྱི་དབྱིངས་སུ་དབྱེར་མེད་པའི། །རོ་གཅིག་གི་ལམ་བཟང་བདག་ལ་སྩོལ། །ཀུན་བཟང་གི་མཛེས་མའི་ལང་ཚོ་དང་། །རང་སེམས་ཀྱི་ཁྱེའུ་དབྱེར་མེད་དང་། །འགྲོ་ཀུན་རྣམས་བརྩེ་བས་སྐྱོང་ནུས་པའི། །ཐབས་ཤེས་ཀྱི་ལམ་བཟང་བདག་ལ་སྩོལ། །རང་མལ་ནས་ལངས་པའི་གནས་སྐབས་དེར། །ཕྱི་ནང་གི་ཆོས་རྣམས་མ་ལུས་པ། །རྨི་ལམ་དང་སྒྱུ་མར་ངེས་ནུས་པའི། །གྲུབ་ཐོབ་ཀྱི་ལམ་བཟང་བདག་ལ་སྩོལ། །འཁོར་བ་འདི་མ་སྟོང་བར་དག་ཏུ། །སྐྱེ་འཆི་སོགས་འགྱུར་ལྡོག་མི་བྱེད་པའི། །འཛིགས་མེད་ཀྱི་ལུས་སེམས་དང་ཉིད་ནས། །འགྲོ་ཀུན་རྣམས་སྒྲོལ་ནུས་བདག་ལ་སྩོལ། །ཕ་རྒྱན་གྱི་ལམ་བཟང་བདག་ལ་སྩོལ། །བཀའ་བརྒྱུད་ཀྱི་ལམ་བཟང་བདག་ལ་སྩོལ། །དབེན་ས་པའི་ལམ་བཟང་བདག་ལ་སྩོལ། །སྤྲང་

པོ་ཡི་སེམས་ལ་ཐག་ཆོད་སྨོལ། །ཅེས་གནས་བསྟོད་དང་ཐུགས་དམ་གྱི་ཉམས་རྟོགས་མཐོན་པོར་གྱུར་པའི་གསུང་མགུར་འདི་དག་ཕྱི་མའི་སྐྱེ་བོ་རྣམས་ལ་ཐུགས་བརྩེ་བས་ཕྱག་བྲིས་སུ་འགོད་པར་མཛད་དོ། །གནས་དེར་བཞུགས་རིང་ཞེན་ལོག་སྐྱོ་ཤས་དྲག་པོས་ཐུགས་དམ་ལ་བོགས་ཤིན་ཏུ་ཆེ་ཞིང་དག་པའི་གཟིགས་སྣང་མང་དུ་བྱུང་ཡོད་ཆོད་འདུག་ཀྱང་ཐམས་ཅད་གསལ་བར་མི་གསུང་ངོ་། །

དེ་ནས་རྟ་ནག་ཆོས་སྡིངས་(༡༨༠༩)སུ་ཕེབས། དེ་ན་གནས་དབེན་ལ་རྩ་ཤིང་འཛོམ་ཞིང་འབྲས་བུའི་ཤིང་མང་པོ་ཡོད་པ། བྲག་ཕུག་བཙན་ཞིང་སྲུས་ཀྱང་གླགས་རྙེད་མི་ནུས་པ་ཞིག་ཡོད་པ་དེར་བཞུགས་ནས་སྒྲུབ་པ་ལ་བརྩོན་པར་མཛད། གསོལ་ཚས་རྣམས་ནི་ཐོས་བསམ་གླིང་ཞལ་སྔ་ནས་ཀྱིས་རྟ་ནག་གཞིས་ཀ་ནས་ཕྱག་མ་ཐོགས་པར་ཕུལ། དེ་ནས་རེ་ཤིག་ནས་རྟ་ནག་ཁུལ་གྱི་མི་རྣམས་ཀྱིས་དག་སྣང་ཆེ་ཆེ་བྱས་པ་ན། ང་འདིར་ཡང་ཡུན་རིང་ན་དགེ་སྦྱོར་གྱི་བར་ཆད་དུ་འགྲོ་ཉེན་ཆེ་དགོངས་ནས་གནས་སྤོ་བར་བཞེད་ནས་བྱ་བྲལ་སྒྲུབ་སྡེར་བྱོན། དོན་གཉེར་ཅན་ཁ་ཤས་ལ་ཕྱག་ཆེན་གྱི་ཁྲིད་སོགས་ཆོས་བཀའ་ཅི་རིགས་ཀྱང་གནང་། དེར་འགའ་ཞིག་གིས་ཕྱག་ཆེན་གསོལ་འདེབས་ལ་འཛུག་རྒྱུའི་གསོལ་འདེབས་ཤིག་དགོས་ཚུལ་ཞུས་པ་ལྟར། ལམ་སྣན་རྒྱུད་ཟབ་མོའི་སྙིང་པོའི་དོན། །ཡུལ་ཕྱོགས་མེད་གནས་སུ་ལེགས་བསྒྲུངས་པ། །བྱ་བྲལ་བློ་བཟང་རྣམ་རྒྱལ་ལ་གསོལ་བ་འདེབས། །ཞེས་པ་འདི་ཡང་གནས་དེར་མཛད་དོ། །

དེ་ནས་འཕགས་མཆོག་ཐུགས་རྗེ་ཆེན་པོའི་སྤྲུལ་པ་རྒྱལ་སྲས་ཐོགས་མེད་པའི་སྒྲུབ་གནས་དངུལ་ཆུ་ཆོས་རྫོང་དུ་ཕེབས། གནས་དེ་རྒྱལ་སྲས་རིན་པོ་ཆེས་བྱིན་གྱིས་བརླབས་པའི་གནས་བག་ཕེབས་ཤིང་བྱིན་ཆགས་པ་ཞིག་འདུག་པར། གནས་འདིར་སྔོན་རྒྱལ་སྲས་རིན་པོ་ཆེས་ལོ་མང་པོའི་བར་དུ་སྐུ་མཚམས་ལ་བཞུགས་ནས་སྒྲུབ་པ་

མཛད་པས་ཉམས་རྟོགས་གོང་འཕེལ་དུ་གྱུར་པ་དེ་བཞིན་དུ། བདག་གིས་ཀྱང་གནས་འདིར་གཡེང་བ་ཐམས་ཅད་(༡༥༠བ)སྤངས་ཏེ་ལོ་ཁ་ཤས་ཀྱི་རིང་ལ་སྒྲུབ་པ་ལ་བརྩོན་པར་བྱའོ་སྙམ་དུ་སྒྲུབ་པའི་དམ་བཅའ་བརྟན་པར་མཛད་ནས་སྐུ་མཚམས་ལ་བཞུགས་སོ། །གནས་དེར་ལོ་གསུམ་ཙམ་གྱི་རིང་ལ་ཐུགས་དམ་ཤིན་ཏུ་འཕེལ་བར་བྱུང་ཞིང་། གཙོད་ཀྱི་ལྟོངས་སོགས་ཀྱང་མང་དུ་བྱུང་བའི་ལོ་རྒྱུས་སྣང་ངོ་། །

དེ་ནས་རེ་ཤིག་ན་ཐོས་བསམ་གླིང་ནས་ཞལ་སྔ་ནས་དཔལ་ལྡན་ཡེ་ཤེས་ཀྱིས་བང་ཕྱིན་པ་ཞིག་ཆེད་མངགས་གནང་བར་ད་ལམ་བང་ཕྱིན་པ་འདི་པ་དང་མཉམ་དུ་ཐོས་བསམ་གླིང་དུ་ཕེབས་དགོས་པའི་བཀའ་ཤོག་ནན་ཆེན་ཕེབས་པར། བང་མི་དེ་ལ་ཁྱོད་རང་དེ་རིང་ལོག་སོང་། ང་སང་ཉིན་ཡོང་ཞེས་བཀའ་གནང་ཞིང་ཕེབས་རྩིས་མཛད་པར་བང་མི་ཐོན་འཕྲལ་ཐུགས་བསམ་ཞིག་མཛད་པས་མི་ལེགས་པར་དགོངས་ཏེ། བང་མི་རི་སྐེད་ཙམ་དུ་སླེབས་པ་ཡར་བོད་པར་མཛད་ནས་རྗེ་ཞལ་སྔ་ནས་ལ་ད་རེས་སྐུ་མདུན་དུ་བཅར་ཐུབ་པ་མི་འདུག་པས་དགོངས་པ་མི་ཁྲེལ་བ་དང་། ཐུགས་དམ་གྱི་སྐབས་འཇུག་མཁྱེན་མཁྱེན་ཞུ་བ་སོགས་ཞུ་ཡིག་དང་ངག་མ་ནན་ཆེན་ཞུས་ཏེ་བང་མི་གཏོང་བར་མཛད། དེ་ནི་ཞལ་སྔ་ནས་དཔལ་ལྡན་ཡེ་ཤེས་རྫུན་སྐྱར་དུ་ཕེབས་རྒྱུ་དང་བླ་མ་ཉིད་ཐོས་བསམ་གླིང་དུ་སྐུ་ཚབ་ཏུ་འཛོག་པ་མཛད་རྩིས་ཡིན་པ་དེ་ཐུགས་མཁྱེན་གྱིས་མཁྱེན་པར་ངེས་སོ། །

དེ་ལྟར་ན་དམ་པ་འདི་ཉིད་ནི་ཆོས་གྲྭ་ཆེན་པོ་བཀྲ་ཤིས་ལྷུན་པོ་ལྷ་བུའི་གྲྭ་ཚང་གི་གདན་ས་ཕུལ་ཡང་ཐུགས་དགྱེས་པ་མེད་ན་བསྙེན་བཀུར་ངན་ངོན་ཙམ་ལ་ཆགས་པའི་གོ་སྐབས་ག་ལ་ཡོད། དེའི་ཕྱིར་རྗེ་བཙུན་མི་ལ་དང་མཚུངས་སོ་ཞེས་གྲགས་པའང་དོན་དང་(༡༥༡ན)མཐུན་པའོ། །དེ་ནས་དངུལ་ཆུའི་རི་ཁྲོད་པ་རྣམས་དང་། བཞད་བཀྲ་ཤིས་དགེ་འཕེལ་གྱི་བླ་མ་སོགས་དོན་གཉེར་ཅན་ཁ་ཤས་ལ་ནམ་མཁའ་

སྒོ་འབྱེད་ཀྱི་དབང་དང་། གཞན་ཡང་ཆོས་བཀའ་ཅི་རིགས་གནང་། བཞད་ཁྲུལ་གྱི་མི་སྡེ་རྣམས་ཀྱིས་ཀྱང་དད་གུས་ཆེར་བྱས་ཤིང་འཚོ་བའི་མཐུན་རྐྱེན་འབུལ་བའང་མང་དུ་བྱུང་བ་ན། ད་ནི་གནས་འདིར་ཡང་ཡུན་རིང་ན་འདོད་ཡོན་གྱི་དབང་དུ་འགྲོ་བར་འདུག་ཅིང་། དེ་ལྟར་ན་དགེ་སྦྱོར་གྱི་བར་ཆད་དུ་འགྱུར་ཉེན་ཆེ་བས་ཡུལ་གཞན་ཞིག་ཏུ་འགྲོ་བར་བྱའོ་སྙམ་དུ་དགོངས་ནས་ཞབས་འབྲིང་པ་དགེ་སློང་ཚུལ་ཁྲིམས་དང་མཉམ་དུ་ཕྱོགས་དེའི་དབེན་གནས་སྣ་ཚོགས་ལ་ངེས་མེད་དུ་ཕེབས་ཤིང་། དེའི་ཚེ་བླ་མ་ཉིད་སྐྱོ་ཤས་ཤུགས་དྲག་པས་ཆོས་མཐུན་གྱི་འཚོ་བ་གང་བྱུང་མཛད་ཅིང་བསོད་སྙོམས་སྤྱོད་པའི་ཚེ་ཡང་། རྗེ་མི་ལའི་རྣམ་ཐར་ལྟར་ཐོག་མར་སྒོ་གང་ཐད་དུ་སློང་ཞིང་བསོད་སྙོམས་ཕུལ་ན་གང་སྦྱིན་པ་དེས་ཆོག་ཤེས་པ་དང་། མ་ཕུལ་ཀྱང་ཡིད་མི་བདེ་བ་མེད་ཅིང་ཡུན་རིང་མི་བཞུགས་པར་ཕེབས་པས་ཞབས་འབྲིང་པ་དགེ་སློང་ཚུལ་ཁྲིམས་འཚོ་བས་ཉོན་མོངས་ནས་འཁྲུལ་བ་བསྐྱེད་པའང་བྱུང་ཞེས་ཐོས་སོ། དེ་དག་གི་དུས་ཀྱི་ཚེ་དམ་པ་འདི་ཉིད་ཆོས་བརྒྱད་འགོ་སྙོམས་པ་དང་། བདག་པས་གཞན་གཅེས་པའི་བྱང་ཆུབ་ཀྱི་སེམས་སྦྱོང་བའི་མན་ངག་བློ་སྦྱོང་གི་སྐོར་ལ་ཉམས་བཞེས་མཛད་པ་ལ་འཆད་ཁ་བའི་གསུང་རྣམས་ཤིན་ཏུ་གལ་ཆེ་བར་དགོངས་ནས། འཆད་ཁ་བའི་བློ་སྦྱོང་གཅིག་དང་ལྔ་པ་ཞེས་བྱ་བ། མཐུན་རྐྱེན(༡༩༡བ)སྣ་གཅིག་ཀྱང་མེད་པའི་ནང་དུ་ཕུན་སུམ་ཚོགས་པའི་ཡང་རྩེ་རྙེད་པ་གཅིག་དང་། བར་ཆད་སྤྲིན་འཐིབས་པ་ལྟ་བུའི་ནང་དུ་གནོད་པ་གཅིག་ཀྱང་མེད་པ་གཅིག་དང་། སྡུག་བསྔལ་རི་རྡིབ་པ་ལྟ་བུའི་ནང་དུ་བདེ་བ་ཆེན་པོ་རྙེད་པ་གཅིག་དང་། དགྲ་འདྲེ་ཉི་གྲས་ཀྱི་གྲིབ་སོ་ལྟ་བུའི་ནང་དུ་དགེ་བའི་བཤེས་གཉེན་གྱི་ཉི་མ་ཤར་བ་གཅིག་དང་། ཉོན་མོངས་བསྐལ་པའི་མེ་ལྟ་བུའི་ནང་དུ་སངས་རྒྱས་ཀྱི་ཆོས་ཚང་བ་གཅིག་སྐྱེ་ལྟའོ། ཞེས་གསུངས་པ་འདི་ཐུགས་ལ་བཟུང་ཞིང་། དེའི་ནང་ན་ཉམས་ལེན་གྱི་གནད་མང་པོ་ཡོད་པར་དགོངས་ནས། རྗེ་

བཙུན་བློ་བཟང་ཡེ་ཤེས་དཔལ་བཟང་པོ་ལ་བློ་སྦྱོང་འདིའི་འགྲེལ་པ་མན་ངག་གི་གནད་རྣམས་གསལ་བར་སྟོན་པ་ཞིག་དགོས་ཞེས་ནན་གྱིས་གསོལ་བ་བཏབ་པས་པཎ་ཆེན་ཐམས་ཅད་མཁྱེན་པ་ཆེན་པོས་ཀྱང་དགྱེས་བཞིན་ཞལ་གྱིས་བཞེས་ནས། ན་མོ་གུ་རུ་བཛྲ་དྷ་ར་ཡ། སྐུ་མཚན་བཟང་ལྡན་བྱུང་ལོངས་སྤྱོད་རྫོགས། །ཞེས་པ་ནས། རྗེ་བཀའ་གདམས་གོང་མའི་དགོངས་པའི་དོན། །ཕྱོགས་ཀུན་ཏུ་དར་རྒྱས་བཀྲ་ཤིས་ཤོག །ཅེས་པའི་བར་བློ་ཀ་ཉི་ཤུ་རྩ་གཉིས་ཡོད་པ་ཚིག་སྦྱོར་ཕུན་སུམ་ཚོགས་པ་རྐྱེན་ངན་ལམ་དུ་འཁྱེར་བའི་མན་ངག་གི་གནད་རྣམས་གསལ་བར་སྟོན་པ་སྟོན་མེད་པའི་ལེགས་བཤད་འདི་མཛད་དོ། །དེ་ནས་བླ་མ་ཉིད་འབྲིས་ཤེས་མེད་པའི་ས་ཡུལ་ཐག་རིང་ཞིག་ཏུ་ཕེབས་ནས་ཚེ་དང་སྒྲུབ་པ་སྐྱོམས་པ་ཞིག་མཛད་བཞེད་ནར་མར་ཡོད་པའི་ཁར། ཆོས་འཕེལ་ཧའི་སང་སོགས་ཀྱིས་ཀྱང་བླ་མ་འདི་ཉིད་གཞན་དང་མི་འདྲ་བ་ཡོད་ཚུལ་ཐོས་ནས་ཨོ་རོད་ཀྱི་ཡུལ་དུ་གདན་འདྲེན་འདོད་ཡོད་པའང་གསན་པས་(༡༩༢ན) ཉེ་བར་བསྐུལ་ཏེ། ད་ནི་མྱུར་དུ་ཐག་རིང་ཞིག་ལ་མ་ཕྱིན་ན་སྐྱེ་དགོན་གོག་པོ་ཞིག་གི་བདག་གཟུང་བྱེད་དགོས་པའམ། རྒྱལ་པོའི་མཆོད་གནས་བྱ་བ་མིང་སྙན་ཡང་དོན་བཟང་བརྩོན་ཞིག་བྱེད་མི་དགོས་པའི་ངེས་པ་ཡང་མི་འདུག་པས་སུས་ཀྱང་མཐོང་ཚོར་མེད་པའི་ཡུལ་ཞིག་ཏུ་འཕྲལ་དུ་འགྲོ་དགོས་པ་འདུག །དེ་ཡང་སངས་རྒྱས་དངོས་ཀྱི་བཤེས་གཉེན་འདི་ལྟ་བུ་བཞུགས་བཞིན་དུ་མ་ཞུས་པར་འགྲོ་བའང་མི་ལེགས་པས་སྐྱབས་མགོན་ཆེན་པོ་ཉིད་ལ་ཞུས་ནས་བཀའ་གནང་བ་ལྟར་བྱེད་དོ་སྙམ་དུ་དགོངས་ནས་ཞུ་ཡིག་གསུང་བརྟག་གི་ཚུལ་དུ་ཕུལ་བ། བདག་ཚེ་འདིའི་རྟེན་བཀུར་སྙན་གྲགས་རྣམ་གཡེང་གང་གི་ཡང་དབང་དུ་མ་སོང་བར་སྒྲུབ་པ་མཐར་ཕྱིན་པ་ཞིག་བྱེད་འདོད་ལགས་པས་ས་ཕྱོགས་གང་དུ་ཕྱིན་པ་ལེགས་ཞེས་ཞུས་པ་ན། སྟོད་ཕྱོགས་སུ་ལེགས་པའི་བཀའ་ཕེབས། དེ་ནས་ལྷུགས་སུ་ཕེབས་ནས་ལོ་ཙ་བ་ལྷ་བཙུན་བློ་བཟང་འབྱུང་

གནས་ལ་འདོད་ཆོས་མང་དུ་སྩལ་ཞིང་། སླར་སྐྱིད་གྲོང་ཕྱོགས་སུ་འཛོམ་པའི་ཞལ་དྲན་མཛད། དེ་ནས་བླ་མ་ཉིད་དགུང་ལོ་ལྔ་བཅུ་ལ་ཕེབས་པ་ས་མོ་ཕག་གི་ལོ་ཉེ་གནས་དྲུང་རམ་པ་དང་བཅས་སྟོད་ཕྱོགས་སུ་ཕེབས་སོ། །དེ་སྐབས་པཎ་ཆེན་ཐམས་ཅད་མཁྱེན་པ་ལ་ཆོས་འཕེལ་ཟའི་སང་སོགས་མི་ཆེན་དང་། སྡེ་དགོན་མང་པོ་ནས་དམ་པ་འདི་ཉིད་བླ་མར་གནང་དགོས་ཚུལ་ཞུས་ཀྱང་། སྔར་ནས་དེ་རིགས་མི་དགོས་པའི་སྙན་འབུལ་ཞུས་ཟིན་པ་དང་། ཐག་རིང་དུ་ཕེབས་པའི་གྲགས་པ་དེས་ཀྱང་རྐྱེན་བྱས་ནས། ཁོང་གར་ཡོད་(༡༨༢བ)མི་ཤེས་པས་དེ་འདྲ་ག་ལ་ཡོང་ཞེས་སྐུ་ཞབས་རྩེ་ཤོད་གཉིས་ག་ནས་གནང་བར་མ་མཛད་ཅིང་། ཕྱིས་ཀྱང་དེ་རིགས་མང་དུ་བྱུང་ཡང་གནང་བར་མ་མཛད་དོ། །དེ་ནས་དིང་རི་ནས་ཕུ་སེ་ལ་འཛོམ་ཏེ་རྣལ་འབྱོར་དབང་ཕྱུག་མི་ལ་རས་པའི་སྒྲུབ་གནས་ཞིང་སྐྱོང་གི་མཁའ་འགྲོ་འདུ་བའི་གནས་ཆེན་དབེན་གནས་བྲིན་གྱི་ཆུ་དབར་ལ་ཕེབས་སོ། །དེ་ནས་རྗེ་བཙུན་མི་ལ་ཞིང་ཁམས་གཞན་དུ་གཤེགས་པའི་ཚུལ་བསྟན་པའི་གནས་འདྲ་ལྔེ་ཕུག །སྒོ་བདེ་བཀྲ་ཤིས་སྒང་། འགྲོ་ཕན་གླིང་སོགས་ཞིབ་ཏུ་མཇལ་ཞིང་སྨོན་ལམ་མཛད། དེ་ནས་དབེན་གནས་ཀྱི་རྩེ་མོ་ལ་ཕེབས་ཏེ་གཙོ་ཆེར་བྲག་དམར་མཆོང་ལུང་རང་དུ་བཞུགས་ནས་སྒྲུབ་པ་མཛད། སྐབས་འགར་སྒོ་མཐོ་ནམ་མཁའ་རྫོང་། ཞ་བྱུག་དབེན་པ་རྫོང་། སྐྱིད་ཕུག་ཉི་མ་རྫོང་སོགས་རྗེ་བཙུན་རིན་པོ་ཆེས་བཞུགས་པའི་གནས་དེ་དང་དེ་དག་ཏུ་ཕེབས་ནས་ཐུན་བཞིའི་རྣལ་འབྱོར་དང་། ཐུན་མཚམས་ཀྱི་ཉམས་ལེན་རྣམས་ལ་བརྩོན་པར་མཛད་པས་ཐུགས་དམ་ལ་བོགས་ཤིན་ཏུ་ཆེ་བར་གྱུར། ཆུ་དབེན་ཆོས་སྡེ་དེ་གོང་ས་ལྔ་པ་ཆེན་པོའི་བཀའ་དྲིན་གྱིས་ལོངས་སྤྱོད་འཛོམ་ཞིང་དབང་ཤེད་ཤིན་ཏུ་ཆེ་བ་ཞིག་ཡིན་འདུག་ཀྱང་། དམ་པ་འདི་ཉིད་ལ་ནི་སྐུ་མཐོང་བ་ཙམ་གྱིས་དད་གུས་ཆེན་པོ་བྱས་ཤིང་ཆོས་འབྲེལ་དང་བྱིན་རླབས་ཞུ་བ་མང་དུ་བྱུང་། དེ་སྐབས་ཕྱུགས་རམ་པ་ཡེ་ཤེས་སྐལ་

ལྷན་སོགས་དཔལ་ལྡན་སྟོད་རྒྱུད་གྲྭ་ཚང་ནས་སྒྲུབ་པ་སྙིང་པོར་མཛད་འདོད་པ་གསུམ་ཙམ་ཞིག་བྱོན་པ། སྔར་ནས་བླ་མ་འདི་ཉིད་ཀྱི་མཚན་མ་ཐོས་ཀྱང་ཞལ་མཇལ་བ་ཙམ་གྱིས་དད་པའི་སྤྱི་ལོང་གཡོས་ནས་ཆོས་ཀྱི་(༡༨༣ན)བཀའ་དྲིན་གནང་དགོས་པར་གསོལ་བ་བཏབ་པས། བླ་མ་ཉིད་ཀྱང་ཐུགས་ཤིན་ཏུ་དགྱེས་པ་བྱུང་། དེ་ནས་ཡེ་ཤེས་གྲགས་པ་གྲོགས་མཆེད་གཉིས་ཀྱང་སྐུ་མདུན་དུ་སླེབ་ནས་ཆོས་ཀྱི་བཀའ་དྲིན་དང་། ལྷག་པར་བསྙེན་རྫོགས་ཀྱི་བཀའ་དྲིན་ཞུས་པ་ན་དགྱེས་བཞིན་ཞལ་གྱིས་བཞེས། དེ་ནས་ཟ་ཁ་ལུང་གི་རྒྱན་ཕུག་ཏུ་བཞུགས་ཤིང་། བསྙེན་རྫོགས་དང་རབ་བྱུང་མང་དུ་གནང་། དེ་ནས་རྒྱུད་སྟོད་པ་གསུམ་གྱིས་གཙོ་བྱས་དད་འདུས་ཁ་ཤས་ལ་བྱང་ཆུབ་ལམ་གྱི་རིམ་པའི་ཁྲིད། བློ་སྦྱོང་གི་ཁྲིད། འཇིགས་བྱེད་བསྐྱེད་རིམ་གྱི་ཁྲིད། ཕྱག་ཆེན་གྱི་ཁྲིད་སོགས་ཁྲིད་དང་ལུང་མང་དུ་སྩལ་ཏོ། །

དེ་ནས་རྒྱུད་སྟོད་པ་གསུམ་གྱིས་གསོལ་བ་བཏབ་ནས་ནམ་མཁའ་སྒོ་འབྱེད་ཀྱི་དབང་དང་། གཅོད་ཀྱི་ཆོས་སྐོར་རྣམས་དགྱེས་བཞིན་དུ་གནང་། དེ་ནས་གནས་དེར་འཁོད་རྒྱུས་རི་བོ་བདེ་ཆེན་པའི་དགེ་སློང་ཞིག་དང་། འགྲོ་ཕན་གླིང་གི་གྲྭ་པ་དད་ལྡན་ཞིག་གིས་བསྐུལ་ནས་གཅོད་གཞུང་ཐར་འདོད་དེད་དཔོན་མའི་ཊཱི་ཀཱ་ཚིག་དོན་གསལ་བའི་སྒྲོན་མེ་ཞེས་བྱ་བ་ཚིག་དོན་ཕུན་སུམ་ཚོགས་ཤིང་མན་ངག་གིས་བརྒྱན་པ་བྱང་ཆུབ་ལམ་གྱི་རིམ་པ་དང་གཅོད་གཉིས་ཟུང་དུ་སྦྲེལ་ནས་ཉམས་སུ་ལེན་པ་ལ་ཉེ་བར་མཁོ་བའི་བསྟན་བཅོས་ཕུན་སུམ་ཚོགས་པ་འདི་མཛད་དོ། །དེ་ནས་ཚེ་རིང་མའི་བླ་མཚོ་གཟིགས་པར་ཕེབས། མཚོའི་དྲུང་དུ་ཕེབས་སུ་ཉེ་བ་ན་དྲུང་རམ་པ་སོགས་ཞབས་ཕྱི་རྣམས་ལ་ཁྱེད་རང་རྣམས་ངེད་ཀྱི་རྗེས་ལ་མ་ཡོང་བར་འདིར་སྡོད་ཅེས་བཀའ་གནང་ནས། བླ་མ་(༡༨༣བ)ཉིད་གཅིག་པུ་མཚོ་འགྲམ་ལ་ཕེབས་ནས་མཚོ་འགོ་ངོས་སུ་ཕེབས་པ་ན། དྲུང་རམ་པ་སོགས་ཀྱི་མཐོང་སྣང་ལ་

མཚོ་དེའི་དཀྱིལ་ན་འཁྱག་པའི་རྣམ་པ་ལྷ་བུ་སྐྱ་ལིང་ལིང་བ་ཞིག་འདུག་པ། བླ་མ་ཉིད་མཚོའི་འགོར་ཕེབས་པ་ན་མཚོ་དཀྱིལ་ནས་ཚུར་དར་དཀར་པོའི་རྣམ་པ་ལྟར་བླ་མ་ཉིད་ཀྱི་སྐུ་མདུན་དུ་སྐྱ་ནར་སོང་བ་ཞིག་མཐོང་འདུག་པས། དེའི་ཚེ་དག་པའི་གཟིགས་སྣང་ངོ་མཚར་ཆེ་བ་ཞིག་བྱུང་བ་གོར་མ་ཆག་ཀྱང་། བླ་མ་ཉིད་ཡོན་ཏན་སྦེད་པ་གཙོ་བོར་མཛད་པས་དེ་རིང་རྟེན་འབྲེལ་ལེགས་པོ་ཞིག་བྱུང་གསུང་བ་ལས་འདི་བྱུང་གསུང་བ་མི་སྣང་ངོ་། །

དེ་ནས་འགྲོ་ཕན་གླིང་གི་སྒོ་མཐོ་ལྷ་ཁང་དུ་ཟླ་བ་བཞིའི་རིང་ལ་དཔལ་འཁོར་ལོ་སྡོམ་པའི་བསྙེན་སྒྲུབ་ལ་འབྲུས་པར་མཛད། བསྙེན་མཚམས་གྲོལ་ནས་དུས་ཁྱད་པར་ཅན་ཞིག་དང་བསྟུན་བདེ་མཆོག་གི་སྦྱིན་སྲེག་མཛད་པ་ན་འཇའ་དཀར་པོ་ཞིག་གང་དུ་སྦྱིན་སྲེག་མཛད་པའི་གནས་དེར་ཟུག་པ་སོགས་ངོ་མཚར་ཡ་མཚན་ཆེ་བའི་ལྟས་མང་པོ་སྐྱེ་བོ་ཀུན་གྱིས་མཐོང་བ་བྱུང་། དེའི་ཚེ་སྔགས་རམ་པ་ཡེ་ཤེས་སྐལ་ལྡན་གང་ཟག་དམ་པ་ཞིག་ཡིན་པར་གཟིགས་ནས་སྨྱུན་གྱི་འབྲས་བུ་ལྟར་སྐྱོང་བ་གནང་ཞིང་། འཚོ་བའི་མཐུན་རྐྱེན་སོགས་ཀྱང་ཕྱག་མ་ཐོགས་པར་གནང་བར་མཛད། གནས་དེར་ལོ་ལྔ་ཙམ་བཞུགས་ནས་དཔོན་སློབ་ཐམས་ཅད་ཀྱིས་ཐུགས་དམ་ལ་ཤིན་ཏུ་འབྲུས་པར་མཛད་པས་ཐམས་ཅད་ལ་བོགས་ཆེ་བར་བྱུང་ངོ་། །དེ་ནས་ཆུ་མོ་ཡོས་ལོ་ཟླ་བ་བཅུ་གཉིས་པའི་འགོ་ལ་བལ་ཡུལ་དུ་ཕེབས་ནས། སྟག་མོ་ལུས་སྦྱིན་དང་། སྣེ་ཤངས་གུར་རྡ་སོགས་གནས་(༡༩༥༨ན)ཁྲན་རྣམས་མཇལ་ནས་སྨོན་ལམ་མཛད། དེ་ནས་བྱ་རུང་ཁ་ཤོར་དུ་ཕེབས་ནས་ཞག་གསུམ་བཞུགས། ཞབས་སྐོར་དང་སྨོན་ལམ་ཤུགས་དྲག་ཏུ་མཛད། དེ་ནས་འཕགས་པ་ཤིང་ཀུན་དུ་ཕེབས་ཞག་ལྔ་ཙམ་བཞུགས་ནས་ཞབས་སྐོར་དང་སྨོན་ལམ་མཛད། དེའི་རིང་ལ་དེའི་ཉེ་སྐོར་གྱི་གནས་ཁྲན་རྣམས་ཀྱང་ཞིབ་ཏུ་མཇལ་བར་མཛད། དེ་སྐབས་རོང་གི་ལམ་ཞིག་ཏུ་མོན་པའི་རྒྱན་རྟག་བྱུང་

བར་ཆས་དངོས་ཁ་ཤས་རྐུན་མར་ཤོར་ཞིང་། ལྷག་པར་ཡུམ་གྱིས་བཟོ་བར་མཛད་པའི་སྐུ་གཟན་རྙིང་པ་ཞིག་ཡོད་པ་མོན་པ་ལ་ཤོར་བས། ཆས་དངོས་གཞན་རྣམས་ལ་ཐུགས་སྣང་མི་མཛད་ཅིང་། སྐུ་གཟན་དེ་ལ་ངའི་ཨ་མའི་གཟན་དེ་མོན་པ་ངན་པའི་ལག་ཏུ་ཤོར་ཞེས་ཐུགས་ཕངས་ཕངས་མཛད་ཅིང་། ཕྱིས་ནས་ཀྱང་ཡང་ཡང་གསུང་ངོ་། །དེ་ནི་དམ་པ་འདི་ཉིད་འབྲེལ་ཚད་དོན་ལྡན་ཡིན་པས་ཡུམ་གྱི་བཀའ་དྲིན་བསབ་ཕྱིར་གཟན་དེ་སྐུ་ལ་ཡུན་རིང་བཅང་བཞེད་ཡིན་པར་ངེས་ཏེ། ཡུམ་གྱིས་བཙོས་པའི་སྣ་རགས་ཤིག་ཡོད་པ་ཕྱིས་ཕན་ཕུན་དུ་གྱུར་པ་ན་ཕྱི་ནང་ནས་ལྷན་པས་གླན་ཏེ་ནམ་གཤེགས་ཀྱི་བར་སྐུ་ལ་བཅང་བར་མཛད་པ་བདག་ཅག་གིས་མངོན་སུམ་དུ་མཐོང་ངོ་། །དེ་ནས་རིམ་གྱིས་སྐྱིད་གྲོང་དུ་ཕེབས་ནས་ཇོ་བོ་རིན་པོ་ཆེའི་སྐུ་མདུན་དུ་ཅི་འབྱོར་པའི་མཆོད་པ་ཕུལ་ཏེ་སྨོན་ལམ་ཤུགས་དྲག་ཏུ་མཛད། དེ་ནས་བླ་མ་ལྷ་བཙུན་པས་གདན་དྲངས་ཏེ་ཟླ་བ་བཅུ་གཉིས་པའི་མཇུག་ལ་གྲོང་ཁང་དུ་ཕེབས། བླ་མ་ལྷ་བཙུན་(༡༦༩བ)དང་ལྷན་ཅིག་ཏུ་ལོ་གསར་གྱི་དགའ་སྟོན་མཛད། དེ་སྐབས་འབའ་ར་སྤྲུལ་སྐུའི་མནལ་ལམ་དུ་ཕ་དམ་པའི་སྤྲུལ་པ་འདི་ལྷ་བུ་ཞིག་འབྱོན་གྱིན་ཡོད་པས་མཇལ་དུ་སོང་ཟེར་བའི་ལུང་བསྟན་གསལ་བ་ཞིག་བྱུང་བ་ལྟར་བླ་མ་འདི་ཉིད་ཕ་དམ་པའི་སྤྲུལ་པ་ཡིན་པའི་གྲགས་པའང་བྱུང་འདུག་གོ །

དེ་ནས་བླ་མ་ལྷ་བཙུན་དང་། བླ་མ་ཐུགས་རམ་པ་གཉིས་ཀྱིས་གཙོ་མཛད་དགེ་འདུན་མང་པོས་གསོལ་བ་རྩེ་གཅིག་ཏུ་བཏབ་ནས་བདེ་ལམ་གྱི་བཀའ་ཁྲིད་དགེ་ལྡན་བཀའ་བརྒྱུད་རིན་པོ་ཆེའི་ཟབ་ལམ་ཕྱག་རྒྱ་ཆེན་པོའི་བཀའ་ཁྲིད། བློ་སྦྱོང་དོན་བདུན་མའི་བཀའ་ཁྲིད་རྣམས་སྩལ་ཅིང་། ལམ་རིམ་ཆེ་ཆུང་གི་ལུང་། སྔགས་རིམ་ཆེན་མོའི་ལུང་སོགས་ཟབ་ཆོས་མང་དུ་གནང་ངོ་། །དེའི་ཚེ་དགེ་ལྡན་ཕྱག་རྒྱ་ཆེན་པོའི་ས་བཅད་ཀྱང་རྩོམ་པར་མཛད། དེར་ཟླ་བ་ལྔ་ཙམ་བཞུགས། དེ་ནས་གནས་ཀྱི་རྒྱབ་རི་གྲུབ་

ཆེན་ཡོ་རྒྱན་པའི་གཟིམ་ཤུག་ཏུ་ཟླ་བ་གཅིག་ཙམ་བཞུགས། དེ་ནས་རྗེ་བཙུན་རིད་མདའ་བ་ཆེན་པོ་དང་རྗེ་ཆོས་ལྡན་རབ་འབྱོར་སོགས་བཀའ་གདམས་བསྟན་འཛིན་དམ་པ་མང་པོས་བཞུགས་ཤིང་བྱིན་གྱིས་བརླབས་པའི་གནས་མེ་ཏོག་མདངས་ཅན་དུ་ཕེབས་ནས། རྗེ་བཙུན་རིད་མདའ་པའི་སྒྲུབ་ཕུག་ཆེན་མོར་བཞུགས་ཏེ་སྐུ་མཚམས་མཛད། སྐུ་མཚམས་གྲོལ་ནས་དོན་གཉེར་ཅན་ཁ་ཤས་ལ་གཏུམ་མོའི་ཁྲིད་ལ་སོགས་པའི་ཆོས་བཀའ་ཅི་རིགས་པ་གནང་ངོ་། །དེ་ནས་རྗེ་བཙུན་ས་པཎ་ལ་འཛམ་དབྱངས་ལྷ་ལུས་ཞལ་གཟིགས་པའི་གནས་ལྷ་ལུ་ཕུག་ཏུ་བཞུགས། གནས་དེར་དགེ་སློང་མང་དུ་འདུས་པ་རྣམས་ཀྱིས་ཆོས་གསུང་བར་(༡)༩༥(ན)གསོལ་བ་བཏབ་པ་ན་ཆོས་མང་དུ་གནང་བའི་ཞལ་བཞེས་ཡོད་པ་ལ་འགའ་ཞིག་གིས་བཀའ་གདམས་ཐོར་བུ་དེ་སྔོན་ལ་ནན་གྱིས་ཞུས་པས་དེ་གནང་ནས། དེའི་ནང་ན་སྐྱིགས་མའི་དུས་འདིར་གཞན་མགོ་འདོན་པའི་དུས་མ་ཡིན་རང་མགོ་འདོན་པའི་དུས་ཡིན། ཞེས་སོགས་ཀྱི་མཚམས་སུ་སླེབ་པ་ན་སྨྲུན་ཆབ་མནན་པས་མི་ཐུབ་པ་བྱུང་ཞིང་། ཐུགས་ལ་ངེས་འབྱུང་ཤུགས་དྲག་ཏུ་སྐྱེས་ནས་སྨྲུན་ཆབ་བཅད་ན་ཐུབ་པར་དེའི་ཉིན་ཆོས་འཕྲོ་གནང་མ་ཐུབ། སང་ཉིན་གནང་རྒྱུའི་རྩིས་མཛད་པ་ན་ཡང་དེའི་མཚམས་ལ་གཟིགས་པ་ཙམ་གྱིས་སྨྲུན་ཆབ་བྱུང་ཞིང་མགུལ་འགགས་ནས་གནང་མ་ཐུབ་པར་འཕྲོ་ལུས། དེ་ནས་དེ་འཕྲལ་སྣར་ཡང་མེ་ཏོག་མདངས་ཅན་དུ་ཕེབས། ཆུ་བཏགས་གསར་པ་བའི་བུ་བསོད་ནམས་ཕུན་ཚོགས་ཀྱིས་ཞབས་ཕྱི་ཞུས་ཤིང་། དགེ་སློང་རྣམས་ཀྱང་ཕེབས་སྐྱེལ་དུ་ཕེབས་ནས་མཁའ་འགྲོའི་གསང་ཕུག་ཏུ་ཕེབས། དེ་ནས་དགེ་སློང་རྣམས་ལ་སོ་སོར་ཐུགས་དམ་ལ་བརྩོན་པ་མཛད་དགོས་པའི་ཞལ་ཏ་དང་། ངེད་རང་ཡང་ཆེ་འདིའི་རྣམ་གཡེང་གང་གི་ཡང་དབང་དུ་མ་སོང་བར་སྒྲུབ་པ་གཤའ་མ་ཞིག་བྱེད། དེ་ལྟར་བྱེད་མིན་ཁྱེད་གྲོགས་པོ་རྣམས་ཀྱིས་ཀྱང་བལྟས་ནས་ཆོས་དང་འགལ་བ་བྱུང་ན་ཁྱེད་རྣམས་ཀྱིས

ཀྱང་ལབ་དགོས་སོ། །

མདོར་ན་རང་རེ་རྣམས་ཚེ་མཇུག་འདིར་བྱ་རྒྱུ་ཆོས་ལས་མེད་པས་རང་རང་གང་འདོད་ཀྱི་གནས་སུ་དགེ་སྦྱོར་ལ་བརྩོན་པར་མཛོད་ཅེས་བཀའ(༡༩༥བ)གནང་ནས་སོ་སོར་བཏང་སྟེ་གཡེང་བ་གང་ཡང་མེད་པར་སྐུ་མཚམས་དམ་པོ་ལ་བཞུགས། དེ་ལྟར་མི་ཧྲག་མདངས་ཅན་དུ་ལོ་གསུམ་ལྷག་ཙམ་བཞུགས་ནས་ཐུགས་དམ་ཆུ་བོ་རྒྱུན་གྱི་རྣལ་འབྱོར་ལ་གནས་པར་མཛད། དེའི་ཚེ་ཞབས་འབྲིང་པ་ཞིག་དབུས་ཕྱོགས་སུ་གནས་སྐོར་ལ་འགྲོ་འདོད་ནས་དགོངས་པ་ཞུས་ཤིང་། ཞལ་གདམས་ཤིག་དགོས་ཞེས་གསོལ་བ་བཏབ་པ་ལྟར་ཉམས་མགུར་འདི་ལྟར་མཛད་དེ།

ན་མོ་གུ་རུ། དུས་གསུམ་གྱི་སངས་རྒྱས་དབེན་ས་པ། །མཚུངས་མེད་ཀྱི་རྗེ་བཙུན་ཐམས་ཅད་མཁྱེན། །བློ་བཟང་གི་ཡེ་ཤེས་སྐྱབས་ཀྱི་མཆོག །འབྲལ་མེད་དུ་སྙིང་བོའི་རྒྱན་དུ་བཞུགས། །རང་བློ་ནི་ཆོས་ལ་ཕྱོགས་པའི་ཚེ། །སྡུག་དོགས་ཀྱིས་ནོར་རྫས་བསགས་གྱུར་ནས། །སྡིག་གསོག་གི་སེར་སྣ་བྱེད་པ་ལས། །ཟང་ཟིང་གི་འཁོར་བ་སྤངས་ན་བདེ། །རང་བློ་ནི་ཆོས་ལ་འབྲུལ་བའི་ཚེ། །རེ་དོགས་ཀྱི་བསམ་རྒྱ་མང་པོ་ཡིས། །བློ་མང་གི་བྱ་བ་བྱེད་པ་ལས། །བྱ་བ་རྣམས་བློ་ཡིས་བཏང་ན་བདེ། །ངེས་མེད་ཀྱི་རྒྱལ་ཁམས་འཁྱམས་པའི་ཚེ། །རྐྱེན་ངན་གྱི་བར་ཆད་བྱུང་དོགས་ནས། །བློ་ཆུང་གི་གྲོགས་དང་འགྲོགས་པ་ལས། །སྐྱིད་སྡུག་ལ་ཐག་རྗེས་བྱས་ན་བདེ། །རྒྱལ་ཁམས་སུ་འཚོ་བ་སློང་བའི་ཚེ། །མ་འོངས་པའི་བསམ་རྒྱས་བསླངས་གྱུར་ནས། །སྒྱུ་ལུས་ལ་ཁུར་པོ་འགེལ་བ་ལས། །སྒོ་ རྩམ་ལ་ཟད་མེན་བྱས་ན་བདེ། །རྒྱལ་ཁམས་སུ་རི་ཁྲོད་འགྲིམ་པའི་ཚེ། །ཆགས་སྡང་གི་སེམས་རྒྱ་འཕྲུག་འགྱུར་བའི། །དོན་མེད་ཀྱི་ཁྲིམ་མཆེས་བསྟེན་པ་ལས། །བསེ་རུ་བཞིན་གཅིག་པུར་གནས་ན་བདེ། །ངེས་མེད་ཀྱི་རི་ཁྲོད་འགྲིམ་པའི་ཚེ། །ངེས་བཟུང་(༡༩༨ན)གི་སྦྱིན་བདག་བཙལ་གྱུར་ནས། །ངོ་

སྲུང་གི་དགེ་སྦྱོར་བྱེད་པ་ལས། །ངེས་མེད་ཀྱི་བསོད་སྙོམས་བྱས་ན་བདེ། །གཅིག་པུ་རྟ་རི་ལ་སྡོད་པའི་ཚེ། །སྡིག་གསོག་གི་མཁར་ལས་བྱས་གྱུར་ནས། །འཛད་མེད་ཀྱི་ལས་ངན་གསོག་པ་ལས། །ས་ཕུག་དང་བྲག་ཕུག་བསྟེན་ན་བདེ། །གཞི་གཅིག་ཏུ་ཡུན་རིང་གནས་གྱུར་ནས། །ཆགས་སྡང་གི་སེམས་རྒྱ་འཁྲུག་པ་ལས། །ཉམས་ལེན་ལ་བོགས་འདོན་བྱེད་པའི་ཕྱིར། །དབེན་པ་ནས་དབེན་པར་འཕོས་ན་བདེ། །ཉམས་ལེན་གྱི་གནད་ལ་སྦྱོར་བའི་ཚེ། །སྡོམ་གསུམ་ལ་གཅེས་སྤྲས་གཙོར་བཏོན་ཏེ། །ཐོས་བསམ་གྱི་རྒྱ་མཚོའི་གྲུར་ཞུགས་ནས། །ཐོས་དོན་རྣམས་རྒྱུད་ལ་སྦྱར་ན་བདེ། །ཐོས་བསམ་གྱི་གནད་ལ་སྦྱོར་བའི་ཚེ། །ལྟ་སྤྱོད་གཉིས་ཡ་བྲལ་མ་སོང་བར། །ཟུང་འབྲེལ་གྱི་ཉམས་ལེན་མཁས་གྱུར་ན། །ཟུང་འཇུག་གི་རྒྱུ་རུ་འགྱུར་བས་བདེ། །ཟབ་དོན་གྱི་གནད་ལ་སྦྱོར་བའི་ཚེ། །དང་པོ་ནས་འཇོག་སྒོམ་མི་བྱེད་པར། །དཔྱད་སྒོམ་གྱིས་ངེས་ཤེས་དྲངས་གྱུར་ན། །འཇོག་དུས་སུ་བློ་ཐག་ཆོད་པས་བདེ། །རྫས་ཐོབ་ཏུ་བྱ་བ་གང་བྱེད་ཚེ། །ཐ་མལ་གྱི་སྣང་ཞེན་སྤངས་གྱུར་ནས། །མཉམ་གཞག་གི་རྒྱ་ཡིས་བཅིངས་གྱུར་ན། །སྡིག་ལྟུང་རྣམས་རང་ཤུགས་འགགས་པས་བདེ། །དགེ་ཕྱོགས་རྣམས་བསྒོ་བས་རྒྱས་འདེབས་ཚེ། །རང་དོན་གྱི་བསམ་པ་སྤངས་གྱུར་ནས། །གཞན་དོན་དང་བདེན་མེད་རྒྱས་ཟིན་ན། །ཆོས་གཟུགས་ཀྱི་རྒྱུ་རུ་འགྱུར་བས(༡༩༨བ)བདེ། །བདེ་བདེ་ཡི་གླུ་དབྱངས་རིང་མོ་འདི། །མཁས་འདོད་ཀྱིས་བརྩམས་པ་མ་ཡིན་ཡང་། །གྲོགས་མཆོག་གི་བློ་ངོ་མ་བཟོད་པར། །མི་རྟོག་གི་མདངས་ཅན་གནས་སུ་སྦྱར། །འདི་དོན་བཞིན་ཉམས་ལེན་བྱས་པའི་ངང་། །རྒྱལ་ཁམས་སུ་ལོ་གསུམ་འགྲིམས་གྱུར་ནས། །བན་རྒན་གྱི་སྒྱུ་ལུས་བལྟ་བའི་ཕྱིར། །མཇལ་འཛོམ་གྱི་སྨོན་ལམ་ཡང་དག་ཐོབ། །ཅེས་སོ། །

གནས་དེར་བཞུགས་རིང་འཚོ་བ་མཐའ་གཉིས་ལ་མ་ལྟུང་ཙམ་ལ་བརྟེན་ནས་ཐུན་

བཞིའི་རྣལ་འབྱོར་ལ་གནས་ཏེ། དཔལ་གསང་བ་འདུས་པ་དང་། ཡི་དམ་རྡོ་རྗེ་འཇིགས་བྱེད་སོགས་ལྷག་པའི་ལྷ་མང་པོའི་བསྙེན་སྒྲུབ་གནང་ཞིང་ཁ་སྐོང་བའི་སྦྱིན་སྲེག་ཀྱང་ཞག་བཅུ་སྐོར་སྦྲེལ་ནས་མཛད། ཆུ་དབར་དུ་བཞུགས་སྐབས་ནས་བཟུང་ཡར་ངོ་མར་ངོའི་ཚེས་བཅུ་རྣམ་གཉིས་ལ་འཁོར་ལོ་སྡོམ་པའི་སྒྲུབ་མཆོག་རྒྱས་པ་བདག་ཉིད་འཇུག་ཅིང་དབང་བཞེས་པ་སོགས་མཛད། དེའི་ཚེ་མི་དབང་ཕོ་ལྷ་ནས་ཀྱིས་དམ་པ་འདིའི་སྙན་གྲགས་གསན་ནས་དགེ་བསྙེན་རྡོ་རྗེ་ཆེད་མངགས་སུ་གནང་བར། སངས་རྒྱས་ཀྱི་བསྟན་པའི་དོན་དུ་སྤྱིར་སྐུ་རིམ་གང་དྲག་མཛད་དགོས་ཚུལ་དང་། ལྷག་པར་དྲག་པོའི་ལས་སྦྱོར་གནང་དགོས་ཚུལ་དངུལ་སྲང་སུམ་ཅུ་སྐོར་དང་བཅས་ཕུལ་བ་ན། ནང་དུ་གཏོང་བར་མ་མཛད་ཅིང་བྱུག་སློ་ནས་ངེད་རང་དགེ་སྦྱོར་ཅི་བྱེད་རྒྱལ་བའི་བསྟན་པ་འབའ་ཞིག་གི་ཆེད་དུ་བྱེད་པ་ཡིན། དེ་མིན་དཔོན་པོ་ཆེན་པོའི་རིམ་གྲོ་བྱེད་པ་ངས་མི་ཡོང་། ལྷག་པར་དྲག་པོའི་ལས་སྦྱོར་གཏན་ནས(༡༨༧ན)མི་ཡོང་ཞེས་ངོ་འཛིན་གང་ཡང་མ་མཛད་པར་ཞུ་ཡིག་རྟེན་བཅས་ཕྱིར་ལོག་པར་མཛད་དོ། །འདི་ནི་རྒྱལ་བ་དགྱེས་པའི་རྣམ་པར་ཐར་ལ་རྨད་དུ་བྱུང་བ་ཞིག་སྟེ། ཡངས་པའི་ས་ཆེན་པོ་ལ་སྟོབས་ཀྱིས་འཁོར་ལོས་བསྒྱུར་བའི་རྒྱལ་པོའི་བསྙེན་བཀུར་ཡང་མཆིལ་སྣབས་བཞིན་དུ་འདོར་བར་མཛད་ན། བསྙེན་བཀུར་ངན་ངོན་ཙམ་ལ་མི་ཆགས་པ་ལྟ་ཅི་སྨོས། གནས་དེ་རར་ངོ་མཚར་ཡ་མཚན་ཆེ་བའི་གཟིགས་སྣང་སོགས་མང་དུ་བྱུང་མོད་ཀྱང་ཕལ་ཆེར་གསུང་བར་མི་མཛད་ཅིང་རྫ་ཕུག་ཏུ་བཞུགས་སྐབས་དེའི་ཤར་ངོས་ཀྱི་རི་ལ་བདེ་གཤེགས་མཆོད་རྟེན་གྱི་རྣམ་པ་རང་བྱུང་དུ་ཡོད་པ་ཆེས་གསལ་བར་གཟིགས་ཤིང་མཆོད་རྟེན་གྱི་སྙིང་ནས་ཆུ་འབབ་པ་རྒྱུན་པར་ཤུང་དུ་དང་། དུས་བཟང་རྣམས་ལ་ཆེར་འབབ་ཅིང་ཕུག་རོན་གྱི་རྣམ་པ་ལྟ་བུ་ཁྲུ་ཆེན་པོས་མཆོད་རྟེན་ལ་སྐོར་བ་མང་དུ་བྱེད་པ་གཟིགས་འདུག་ཅིང་། གཞན་ཡང་རྗེ་བཙུན་རེད་མདའ་པའི་སྐབས་ཀྱི་གྲུབ་པའི་མཚན་མ་ཡ་

མཚན་ཆེ་བ་མང་དུ་གཟིགས་པའང་བྱུང་འདུག་གོ །

དེ་ནས་བླ་མ་འདི་ཉིད་དགུང་ལོ་རེ་གཅིག་ཏུ་ཕེབས་པ་ལྕགས་མོ་ཁྱིའི་ལོར་མཁན་པོ་རིན་པོ་ཆེ་རྡོ་རྗེ་བཙུན་བློ་བཟང་ཡེ་ཤེས་དཔལ་བཟང་པོའི་ཞལ་དཀྱིལ་མཇལ་ཞིང་གསུང་གི་བདུད་རྩི་སྐྱོང་བ་དང་། རྒྱལ་བའི་བསྟན་པ་ལ་(༡༨༧བ)བྱ་བ་མཛད་བཞིན་པ་བཅས་དགོས་པ་མང་དུ་གཟིགས་ནས་ཉེ་གནས་དང་བཅས་ཏེ་ཆོས་གྲྭ་ཆེན་པོ་བཀྲ་ཤིས་ལྷུན་པོར་ཕེབས། ལྷར་བཅས་འགྲོ་བའི་བླ་མ་པཎ་ཆེན་ཐམས་ཅད་མཁྱེན་པ་ཆེན་པོའི་ཞལ་མཇལ་ཞིང་། རང་ཉིད་ལ་དད་ལྡན་རྣམས་ཀྱིས་ཕུལ་བའི་ཆས་དངོས་ཕྲན་བུ་ཡོད་པ་རྣམས་དང་ལུས་ལོངས་སྤྱོད་ཐམས་ཅད་ལྟོས་པ་མེད་པར་མཎྜལ་དང་བཅས་ཏེ་ཕུལ་ནས། བདག་གཞན་རྣམ་དཀར་དགེ་བའི་ཕུང་པོའི་མཐུས། །མགོན་ཁྱོད་བསྐལ་བརྒྱའི་བར་དུ་ཞབས་བརྟན་ནས། །རྒྱལ་བའི་བསྟན་པ་ཕྱོགས་བཅུར་རྒྱས་མཛད་དེ། །འགྲོ་ཀུན་བདེ་ལ་འགོད་པའི་བཀྲ་ཤིས་སྩོལ། །ཞེས་གསར་དུ་བརྩམས་པའི་ཚིགས་བཅད་དང་བཅས་ཞབས་པད་བསྐལ་བརྒྱར་བརྟན་ནས་ཆོས་ཀྱི་འཁོར་ལོ་བསྐོར་དུ་གསོལ་ཞེས་གསོལ་བ་ཤུགས་དྲག་ཏུ་འདེབས་པར་མཛད། དེ་ནས་སྐུ་མདུན་དུ་ཇ་གྲལ་ཞིག་གནང་བར་བླ་མའི་ཡོན་ཏན་མཐོང་བའི་དད་པ་དང་། བཀའ་དྲིན་རྗེས་སུ་དྲན་པའི་གུས་པ་ཆེན་པོ་ཡོད་པའི་ཁར་གདུལ་བྱའི་སྣང་ངོར་སྐུ་ན་མཐོན་པོར་ཕེབས་ཚུལ་གཟིགས་པའི་རྐྱེན་བྱས་ནས་སྤྱན་ཆབ་མནན་པས་མི་ཐུབ་པ་བྱུང་། དེ་ནས་བྱིན་རླབས་ཞུས་ཏེ་རེ་ཞིག་ནོར་བུ་ཁྲང་ཁང་དུ་བཞུགས། རིམ་གྱིས་མགྲོན་གཉེར་རྣམས་བརྒྱུད་ནས་སྐྱབས་མགོན་ཆེན་པོའི་གསུང་རྩོམ་གང་ཡིན་ལ་ལུང་ཞིག་དང་། ལམ་རིམ་སྨྱུར་(༡༨༨ན)ལམ་ལ་བཀའ་ཁྲིད་ཅིག་ཀྱང་ཐུགས་རྗེས་གཟིགས་དགོས་ཞེས་སྙན་འབུལ་ཞུས་པ་ན། མགྲོན་གཉེར་ཏ་ལས་པ་ལྷར་བྱས་ཏེ། དེ་འདྲ་ག་ན་ཡོང་ཞེས་གསན་འཛོག་མ་མཛད། སླར་ཡང་དར་ཕུལ་ཏེ་ང་བན་རྒན་སའི་མཐའ་ནས་གནས་འདིར་དོན་འདི་

ཞུ་བ་ལ་ཡོངས་པ་ལགས་པས་ཅེས་ཀྱང་ཞུ་རོགས་ཐུགས་རྗེས་གཟིགས་དགོས་ཞེས་ཞུས་པ་ན། མགྲོན་གཉེར་གྱིས་བཀའ་བཀྲོན་མང་དུ་མཛད་ཅིང་སྐྱབས་མགོན་ཆེན་པོ་སྤྱན་མི་གསལ་བའི་ཚུལ་བཞེས་ལ་དེ་འདྲ་སུས་ཞུ་ནུས་ཞེས་ཞུ་རོགས་མ་མཛད་པ་ན། སླར་ཡང་དམ་པ་འདི་ཉིད་ཆེ་འདིའི་ཐུགས་བསམ་བློས་དོར་ཏེ་བསྟན་པ་འབའ་ཞིག་ལ་དམིགས་པའི་ཐུགས་ཀྱིས། ཡང་མགྲོན་གཉེར་གྱི་དྲུང་དུ་ཕེབས་ཏེ་དོན་འདི་རྣམས་སྐྱབས་མགོན་ཆེན་པོའི་སྣན་དུ་འཁྱོལ་བ་ཞིག་ཅེས་ཀྱང་ཞུ་རོགས་མཛོད། སྐྱུ་ན་མཐོ་བ་དང་སྤྱན་མི་གསལ་ཚུལ་གྱིས་ད་ལྟ་མི་ཡོང་ན་སླར་ཡོང་ངམ། ཆོས་འདི་དག་གི་ལུང་རྒྱུན་ཆད་ན་ནི་རང་རེ་རྗེས་འཇུག་ཁ་ཐབས་ཞན་པར་འགྱུར། ཡོང་མི་ཡོང་ཇི་ལྟར་ཡང་སྐྱབས་མགོན་ཆེན་པོའི་སྣན་དུ་ལྟུང་བ་ཞིག་ཞུ་རོགས་མཛོད། མི་ཡོང་བའི་བཀའ་ཕེབས་བྱུང་ན་བྱ་བ་གཞན་མེད་པས་དབེན་པའི་གནས་ལ་འགྲོ་ཞེས་ངོ་འཛིན་མེད་པར་ཐུགས་ངར་དང་བཅས་ཞུས་པ་ན་མགྲོན་གཉེར་ཡང་མཛད་ཐབས་དཀའ་བ་བྱུང་ནས་སྣན་འབུལ་ཞུས་པ་ན། ཐུགས་དགྱེས་བཞིན་དུ་ཞལ་གྱིས་བཞེས་ནས། དེ་སྔ་ཕན་བློ་ཀ་རེ་གཉིས་ཀྱི་ལུང་གནང་ཡང་དམིགས་(༡༩༨༢བ)བསལ་གྱི་ཡི་གེ་ཆེན་པོ་བྲིས་ནས་གནང་དགོས་པ་ལ། དེ་སྐབས་པར་མ་རང་གི་སྟེང་ནས་ཤོག་བུ་སུམ་ཅུ་ཙམ་རེ་ཐུན་རེར་གནང་བས་ཞབས་འབྲིང་པ་སོགས་ཚང་མ་སངས་རྒྱས་ཀྱི་མཛད་པ་ནི་སོ་སོ་སྐྱེ་བོའི་བློ་ཡུལ་ལས་འདས་སོ་ཞེས་ངོ་མཚར་ཡ་མཚན་དུ་འཛིན་པ་བྱུང་། དེ་ནས་དམ་པ་འདི་ཉིད་དང་ཟླུར་བཞི་དཔོན་སློབ་སོགས་བཤེས་གཉེན་རགས་བསྡུས་ལ་ཤྲེ་ཡའི་ལུང་ཚང་མ་གནང་། དེང་སང་པཎ་ཆེན་ཐམས་ཅད་མཁྱེན་པའི་བཀའ་འབུམ་ལུང་རྒྱུན་མ་ཆད་པར་བཞུགས་པ་ནི་བླ་མ་གྲུབ་པའི་དབང་ཕྱུག་འདི་ཉིད་ཀྱི་བཀའ་དྲིན་ཡིན་ནོ། །

དེ་ནས་སླར་ཡང་ལམ་རིམ་གྱི་ཁྲིད་གནང་དགོས་ཚུལ་ནན་གྱིས་ཞུས་ཀྱང་། སྐུ་ན་མཐོ་ཚུལ་བཞེས་པ་སོགས་ཀྱིས་གནང་བ་མ་བྱུང་བའི་ཚེ་གསོལ་བ་འདེབས་པ་མན

ངག་བཞིན་ཞེས་བྱ་བའི་མན་ངག་དེ་ཡི་གེར་འཁོད་པ་ཞིག་ཅེས་ཀྱང་དགོས་ཞེས་གསོལ་བ་འདེབས་པར་མཛད་པས། སྐྱབས་མགོན་ཆེན་པོས་ཀྱང་ཐུགས་དགྱེས་བཞིན་དུ་ལམ་རིམ་གསོལ་འདེབས་ཀྱི་དམིགས་སྐོར་མན་ངག་ཞལ་ཤེས་ཀྱིས་བརྒྱན་པ་འདི་རྩོམ་པ་གནང་ནས་ལྷུགས་ལུང་ཡང་གནང་། དེ་ནས་བླ་མ་ཉིད་ཀྱིས་སྟ་སོར་གྲྭ་སར་བཞུགས་སྐབས་ཞབས་དྲུང་ལྷ་པ་སྤྲུལ་སྐུ་རིན་པོ་ཆེ་དང་། ཞལ་སྔ་ནས་འཇམ་དབྱངས་ཆོས་འཕེལ་སོགས་ལ་ལམ་རིམ་གྱི་ཁྲིད་གཉིད་ཕྱིན་པར་གསན་ཞིང་དཔེན་པ་བསྟེན་ནས་ལོ་མང་པོར་ཐུགས་ཉམས་སུ་བཞེས་པས་རང་ཉིད་ཀྱི་ཐུགས་ལ་མི་བདེ་བ་གང་ཡང་མེད་ཀྱང་། སྨྱུར་ལམ་འདི་ལ་ཁྲིད་རྒྱུན་དར་བ་ཞིག་བྱུང་ན་དགོངས་ནས་ཤར་རྩེ་ཞལ་སྔ་ནས་བློ་བཟང་མགོན་(༡༩༩༨)པོ་ལ་སྨྱུར་ལམ་གྱི་ཁྲིད་ལེགས་པར་གསན་ཞིང་སྐྱབས་མགོན་ཆེན་པོར་ཡང་རྒྱུ་མཚན་ཞུས་པ་ན། བླ་མ་ཉིད་ལ་སྨྱུར་ལམ་གྱི་ཁྲིད་གནང་ཚོག་པའི་བཀའ་ཡང་ཁྲོལ་བ་བཅས་པཎ་ཆེན་ཐམས་ཅད་མཁྱེན་པའི་གསུང་རྣམས་མི་ནུབ་ཅིང་ཕྱོགས་ཀུན་ཏུ་དར་བའི་རྟེན་འབྲེལ་འགྲིག་པས་ཐུགས་རབ་ཏུ་རངས་པར་གྱུར་ཏོ། །

དེ་ནས་བཀྲ་ཤིས་ལྷུན་པོར་བཞུགས་རིང་བློ་གསར་དོན་གཉེར་ཅན་རྣམས་ལ་ཚད་མ་རྣམ་འགྲེལ། དབུ་མ་འཇུག་པ་སོགས་གཞུང་མང་པོའི་ལུང་དང་། བློ་སྦྱོང་སོགས་ཆོས་བཀའ་མང་དུ་གནང་ངོ་། །དེ་ནས་སྣར་ཐང་སོགས་གཙང་ཁུལ་གྱི་གནས་རྣམས་ལ་མཆོད་འབུལ་སྨོན་ལམ་མཛད་ནས་རིམ་གྱིས་གཉའ་ནང་བརྒྱུད་དེ་བལ་ཡུལ་དུ་ཕེབས། ཁྲུང་རང་བྱུང་སོགས་བལ་ཡུལ་གྱི་གནས་གྲགས་ཆེ་བ་རྣམས་མཇལ་ནས་སྨོན་ལམ་མཛད། གཙོ་བོར་སྔོན་རྒྱ་གར་གྱི་པཎ་གྲུབ་རྣམས་ཀྱིས་ཀྱང་རང་བྱུང་གི་མཆོད་རྟེན་ཞེས་བསྟགས་པ་རྒྱ་ཆེར་མཛད་པ་འཕགས་པ་ཤིང་ཀུན་ཏུ་ཕེབས། དེར་ཟླ་བ་གཅིག་ཙམ་བཞུགས་ནས་དེའི་རིང་ལ་ཞབས་སྐོར་དང་། ཕྱག་འབུམ་ཞིག་གསོག

པར་མཛད། དེ་སྐབས་ཐུགས་དམ་བོགས་ཆེ་བ་བྱུང་ཡོད་འདུག་སྟེ་བླ་མ་ཉིད་ཀྱི་ཞལ་ནས། ཟབ་མོ་དབུ་མའི་ལྟ་བ་འདི་རྟོགས་པ་ལ་བླ་མ་ལ་གསོལ་བ་འདེབས་པ་དང་། བསགས་སྦྱང་རང་གལ་ཆེ་གསུང་། བསགས་སྦྱང་ལ་མང་དུ་འདུག་པ་ལས་གང་གལ་ཆེ་ཞུས་པས། ལྟུང་བཤགས་ལ་བརྟེན་ནས་བྱེད་པ་གལ་ཆེ་ཚུལ་སྟོན་རྗེ་བཙུན་ཙོང་ཁ་པ་ཆེན་པོ་དང་། རྟོགས་ལྡན་འཇམ་དཔལ་རྒྱ་མཚོ་སོགས་བཀའ་བརྒྱུད་(༡༩༩བ)འདིའི་དམ་པ་གོང་མ་རྣམས་ཀྱིས་མཛད་ཚུལ་གྱི་ཁུངས་དང་བཅས་ཞིབ་ཏུ་གསུང་། བླ་མ་ཉིད་ཀྱིས་འདི་ལྟར་མཛད་ཞུས་པས། ངས་ཤིང་ཀུན་ཏུ་ལྟུང་བཤགས་ལ་བརྟེན་ནས་བསགས་སྦྱང་ཟླ་བ་གཅིག་གི་རིང་བྱས། དེ་དགའ་མོ་བྱུང་ཞེས་གསུང་། དེ་ནས་རིམ་གྱིས་ཡར་ཕེབས་ཏེ་སྐྱིད་གྲོང་དུ་ཕེབས། དེ་ནས་འདིར་བཞུགས་ཀྱི་ངེས་པ་མེད་པ་ལ། དགེ་སློང་དགེ་འདུན་གྱིས་ཆུ་ཚན་བར་ཕེབས་བསྒུར་ཕྱིན་ནས། བླ་མ་རིན་པོ་ཆེའི་བཞུགས་གནས་ཕུག་པོ་ཆེ་ཞེས་བྱ་བ་མེ་ཏོག་མདངས་ཅན་ལས་ས་དམའ་ཞིང་། དབྱར་བསིལ་ལ་དགུན་དྲོ་བ། ཤིང་ལྗོན་པ་བཟང་པོས་ཁོར་མོར་བསྐོར་བ། གནས་དབེན་ཞིང་ཡིད་དུ་འོང་བ་ཞིག་བཙལ་ནས་ཡོད་པས་དེར་ཕེབས་པར་ཞུ་ཞེས་གསོལ་བ་བཏབ་པ་ན། མ་འོངས་པའི་འབྱུང་འགྱུར་མཁྱེན་ཅིང་དུས་ལ་བབ་པར་གཟིགས་ནས་ལྟུགས་མོ་ཕག་གི་ལོར་དགའ་ལྡན་ཕུག་པོ་ཆེར་ཕེབས་སོ། །

དེ་ལྟར་དགའ་ལྡན་ཕུག་པོ་ཆེར་ཕེབས་ཏེ་ས་གཞི་བྱིན་གྱིས་བརླབས་ཤིང་ཟླ་ཤས་བཞུགས་ནས་གངས་རིར་ཕེབས་རྩིས་མཛད་པ་ན། བླ་མ་ སྟགས་རམ་པས་ད་རེས་བཞུགས་དགོས་པའི་གསོལ་འདེབས་མཛད་པས་རེ་ཞིག་བཞུགས་པར་ཞལ་གྱིས་བཞེས། དེ་ནས་བླ་མ་ཉིད་ལ་མི་ཕྱེད་པའི་དད་པ་ཅན་རྗོང་དཀར་མཁན་པོ་དཀའ་ཆེན་ཆོས་མཛད་ཀྱིས་སྣ་མོ་ནས་གསོལ་བ་བཏབ་པ་ལྟར། ཁོང་གིས་གཙོ་མཛད་དགེ་འདུན་མང་ཙམ་ལ་བྱང་ཆུབ་ལམ་རིམ་ཆེན་མོ། ལམ་རིམ་ཆུང་བ། རྡོ་རྗེ་འཆང་ཆེན་པོའི་ལམ་

གྱི་རིམ་པ། རྩ་ལྟུང་རྣམ་བཤད། བླ་མ་ལྔ་བཅུ་པའི་རྣམ་བཤད་སོགས་རྗེ་རིན་པོ་ཆེའི་གསུང་(༢༠༠༤)མང་པོའི་ལུང་། རྗེ་བཙུན་བློ་བཟང་ཆོས་ཀྱི་རྒྱལ་མཚན་དཔལ་བཟང་པོའི་གསུང་འབུམ་ཕལ་ཆེ་བའི་ལུང་། ཟབ་ལམ་ནམ་མཁའ་སྒོ་འབྱེད་ཀྱི་བཀའ་དབང་། གཅོད་གཞུང་ཐར་འདོད་དེད་དཔོན་མའི་ཁྲིད་མན་ངག་ཞལ་ཤེས་ཀྱིས་བརྒྱན་པ་ཉམས་མགུར་གྱི་དབྱངས་དང་གཉན་སར་འགྲོ་ཚུལ་སོགས་ཕྱག་ལེན་རྣམས་ཀྱང་མཐིལ་ཕྱིན་ཁྲིད་པར་མཛད། གཞན་ཡང་ལྷ་བཙུན་ཇོ་རྗེ་ནས་བརྒྱུད་པའི་ཆོས་བཀའ་མང་པོ་དང་། བློ་སྦྱོང་གི་ཁྲིད། ལམ་རིམ་གྱི་ཁྲིད་སོགས་ཟབ་ཆོས་མང་དུ་སྩལ། དེ་ནས་རྫོང་དཀར་མཁན་པོས་སྦྱིན་བདག་མཛད་ནས་དགེ་སློང་རྣམས་ཀྱི་ཚོགས་ཁང་དང་རྟེན་ཁང་སོགས་བཟོ་བར་མཛད། འདི་སྐབས་ཚོགས་ཁང་གི་གཞི་འདིང་བ་ན། ས་དེ་ན་ཕ་བོང་མང་དུ་ཡོད་པ་རྣམས་མི་གཞན་གྱིས་ཐབས་ཅི་བྱས་ཀྱང་བསྒྲུལ་མི་ཐུབ་པ་རྣམས། བླ་མ་ཉིད་ཀྱིས་ལྕགས་ཀྱི་ཐུར་མ་ཆུང་ངུ་ཞིག་གིས་ཐབས་མཛད་ནས་དཀའ་ཚེགས་མེད་པར་འཐོན་པར་མཛད་པས་འདི་ནི་ངེས་པར་རྫུ་འཕྲུལ་ལོ་ཞེས་གྲགས་པའང་བྱུང་འདུག །འདུ་ཁང་གི་འོག་གཞིའི་སའི་ནང་ནས་དཔལ་ལྡན་ལྷ་མོའི་རྟེན་གཏེར་ཅི་འདྲ་བའི་རྡོ་ཞིག་ཐོན་པས་ཀུན་ཡ་མཚན་ཆེ་བར་བྱུང་ཞིང་། སླར་ཚོགས་ཁང་གི་སྦུག་ཏུ་འཇོག་པར་མཛད་དོ། །

དེ་སྔ་ཕན་གཤིན་པོའི་བསྔོ་ཞུས་སོགས་གཏན་ནས་བཞེས་པར་མི་མཛད་པ་ལ། རྫོང་དཀར་མཁན་པོ་ལ་སོགས་པས་ཤི་གསོན་ཀུན་ལ་ཕན་པའི་ཕྱིར་བསྔོ་ཞུས་ལ་སོགས་པ་རྣམས་ཅིས་ཀྱང་བཞེས་དགོས་ཞེས་གསོལ་བ་བཏབ་པས། དེ་ཕྱིན་ཆད་བཞེས་པར་མཛད་(༢༠༠༨)ནས་དར་ཁ་གང་ཡན་ཆད་རྫས་ཆེ་ཆུང་ཅི་བྱུང་ཡང་བདག་གིར་མི་མཛད་པར་དགེ་འདུན་ལ་བསྔོ་བར་མཛད་ཅིང་། ཆུད་ཟོས་སུ་མི་འགྱུར་བའི་དམ་བསྒྲགས་ནན་ཆེ་བར་མཛད། སྐབས་ཤིག་ཏུ་གྲྭ་ཆོས་གླིང་ནས་འབབ་ར་སྤྲུལ་སྐུ་མཇལ་བར་

ཕེབས་ཏེ་ཆོས་ཀྱི་བཀའ་དྲིན་ཞུས་པ་ན། ཐུགས་དགྱེས་པ་ཆེན་པོས་ཇོ་བོ་རྗེ་དཔལ་ལྡན་ཨ་ཏི་ཤའི་ཆོས་ཆུང་བརྒྱ་རྩ་སོགས་ཆོས་བཀའ་མང་དུ་གནང་། དེ་ནས་བླ་མ་ཉིད་དགུང་ལོ་རེ་ལྔར་ཕེབས་པ་སྟག་གི་ལོའི་ནང་དུ་སྐྱབས་མགོན་ཆེན་པོའི་ཞལ་མཇལ་བའི་ཕྱིར་གཙང་ཕྱོགས་སུ་ཕེབས་བཞེད་པ་ན། རྫོང་དཀར་མཁན་པོས་ཀྱང་གང་ཅིའི་ཞབས་ཏོག་འོ་མི་བརྒྱལ་བ་མཛད་རྗེས་ཞུས་ནས་རྫོང་དཀར་མཁན་པོ་དཔོན་གཡོག་རྣམས་དང་སྟབས་གཅིག་ཏུ་རིམ་གྱིས་ཕེབས་ནས་བཀྲ་ཤིས་ལྷུན་པོའི་ཀླུ་སྡིངས་སུ་ཅོག་གུར་ཕུབ་ནས་བཞུགས། གླང་ལོའི་མཇུག་ནས་བཟུང་པཎ་ཆེན་ཐམས་ཅད་མཁྱེན་པ་ཆེན་པོ་རྗེ་བཙུན་བློ་བཟང་ཡེ་ཤེས་སྐུ་ཁམས་བསྙུན་ཚུལ་བཞེས་ནས། སྟག་ལོ་ཟླ་བ་དང་པོ་གཉིས་པའི་ནང་དུ་སྐུ་བསྙུན་ཚུལ་ཆེར་བཞེས་ཤིང་། དེ་དག་གི་ཚེ་ནམ་མཁའ་འཇའ་འོད་ཀྱིས་ཁྱབ་ཅིང་སྐབས་སྐབས་སུ་འཇའ་དཀར་པོ་ཟུག་པ་ཡང་ཡང་བྱུང་། གཞན་ཡང་ལྟས་སྣ་ཚོགས་བྱུང་བ་བཅས་གྲྭ་ས་ཆེན་པོ་རྣམས་ཀྱིས་གཙོས་ཐ་གྲུ་ཀུན་ན་བཞུགས་པའི་དགེ་འདུན་རྣམས་ཀྱིས་ཞབས་བརྟན་སྐུ་རིམ་འཁོར་མོ་ཡུག་ཏུ་འགྲུབ་པར་མཛད་ཅིང་། ལྷག་པར་བླ་མ་ཉིད་ལ་བླ་བྲང་ཆེན་པོ་ནས་སྐྱབས་མགོན་ཆེན་པོའི་ཞབས་བརྟན་ལ་དམིགས་པའི་ཚེ་སྒྲུབ་ཅིག་མཛད་དགོས་ཚུལ་གནང་བར་བཀྲ་ཤིས་(༢༠༡ན)ལྷུན་པོའི་གླིང་དུ་བཞུགས་ནས་ཟླ་སྒྲིལ་གྱི་བར་ལ་སྐུ་མཚམས་ཤིན་ཏུ་དམ་པར་བཅད་ནས་གྲུབ་རྒྱལ་ལུགས་ཀྱི་ཚེ་སྒྲུབ་ལ་ཐུན་བཞིར་མཛད། དེའི་ཚེ་ལྷར་བཅས་འགྲོ་བའི་བླ་མ་འདི་མ་བཞུགས་ན་ནི་སྐྱེ་བོ་ཐམས་ཅད་མགོན་དང་བྲལ་ཞིང་ཐུབ་པའི་བསྟན་པ་ཡང་ཆུ་དང་བྲལ་བའི་པདྨ་བཞིན་དུ་སྐད་ཅིག་ལ་ཉམས་པ་ལ་ཐོགས་མེད་ཅིང་། དེ་ལྟར་ན་འགྲོ་བའི་བདེ་སྐྱིད་ཀྱང་ནུབ་པར་འགྱུར་བས། སྐྱབས་མགོན་ཆེན་པོ་འདི་ཉིད་ཀྱི་ཞབས་བརྟན་ལ་འབད་པ་ནི་འགྲོ་བ་སེམས་ཅན་ཐམས་ཅད་ཀྱི་དོན་གྱི་མཆོག་གོ་སྙམ་དུ་དགོངས་ནས་ཚེ་སྒྲུབ་ལ་ཤིན་ཏུ་འགྲུས་པར་མཛད་ཅིང་།

ཐུན་རེར་གཟུངས་རིང་སྟོང་ཕྲག་རེ་མ་ཐ་འགྲོ་བར་མཛད་པ་སོགས་བྱ་དཀའ་བའི་བརྩོན་འགྲུས་ཀྱིས་བཟླས་སྒྲོམ་ལ་བརྩོན་པར་མཛད་པས། མགོན་པོ་ཚེ་དཔག་མེད་ཀྱིས་བྱིན་གྱིས་བརླབས་པའི་དག་པའི་མཚན་མ་ཁྱད་པར་ཅན་ཡང་བྱུང་ཞིང་འདོད་པའི་དོན་གྲུབ་པའི་རྟགས་དང་མཚན་མ་ལེགས་པར་བྱུང་ནས་སྐུ་མཚམས་གྲོལ། དེ་ནས་སྐྱབས་མགོན་ཆེན་པོ་ཡང་གདུལ་བྱ་ཡོངས་ཀྱི་བསོད་ནམས་ཀྱི་མཐུས་སྐུ་ཁམས་ལེགས་པར་དྭངས་ཚུལ་བཞེས། དེ་ནས་མི་རིང་བར་སྐྱབས་མགོན་ཆེན་པོར་བྱིན་རླབས་ཞུས་ཏེ་དོན་གཉེར་ཅན་ཁ་ཤས་ལ་ལྷོ་བྲག་བཀའ་འབུམ་སོགས་ཆོས་བཀའ་མང་དུ་གནང་ནས་པཎ་ཆེན་ཐམས་ཅད་མཁྱེན་པ་ཆེན་པོར་འདི་ཕྱིར་དགེ་བའི་སྐྱབས་འཇུག་ཞུས་ནས་རིམ་གྱིས་ཕྱག་ཆེན་སྒྲུབ་སྡེར་ཕེབས། དེ་ནས་རེ་ཤིག་སྐུ་མཚམས་དམ་པོ་ལ་བཞུགས། སྐུ་མཚམས་གྲོལ་ནས་ཡོས་ལོ་ཟླ་བ་བཞི་པའི་ནང་དུ་སྙུང་གནས་(༢༠༡བ)ཀྱི་འགོ་བཙུགས་ནས་ཆོག་བརྒྱུད་ཚར་གསུམ་སྒྲིལ་ནས་ཟླ་བ་ཕྱེད་གཉིས་ལྷག་ཙམ་གྱི་རིང་ལ་སྙུང་གནས་མཛད་དེ། གདན་གཅིག་དང་ཁྲུས་ཀྱི་རིམ་པ། དངོས་གཞི་ལྷ་དྲུག་སྒྲོམ་ཚུལ་སོགས་བྱ་བའི་རྒྱུད་ནས་བཤད་པ་ལྟར་ཕྱག་ལེན་ཤིན་ཏུ་དག་པར་མཛད་ཅིང་། པོ་བསྟོད་ཉེར་གཅིག་གི་རིང་དབྱངས་དང་བཅས་ཏེ་ཕྱག་འཚལ་ལ་བརྩོན་པར་གནང་། གཙོ་ཆེར་ཡིག་དྲུག་གི་བསྙེན་པ་ཐུན་རེར་ཁྲི་ཚོ་རེ་ཙམ་འགྲོ་བར་མཛད་ནས་ཤིན་ཏུ་འགྲུས་པར་མཛད་པས་ནུབ་ཅིག་མནལ་ལམ་དུ་མི་དཀར་པོ་ཞིག་གིས་ད་གཟུངས་རིང་བགྲང་ན་ལེགས་ཞེས་བརྗོད་པ་ཞིག་གསལ་བར་བྱུང་བས་དེ་ཕྱིན་གཟུངས་རིང་ལ་བརྩོན་པར་མཛད། ཚུལ་འདི་ལ་དཔགས་ན་དེའི་ཚེ་དག་པའི་མཚན་མ་མང་པོ་བྱུང་ཡོད་ཚོད་འདུག་ཀྱང་དེ་ཙམ་ལས་གསུང་བ་མི་གནང་། དེའི་ཚེ་གྲྭ་སློབ་རྣམས་བླ་མ་བདག་ཉིད་ཆེན་པོ་སྐུ་ན་འདི་ལྟར་དུ་མཐོ་བ་ཡང་ཕྱག་འཚལ་སོགས་བསག་སྦྱང་ལ་འདི་ལྟར་འགྲུས་པར་མཛད་ན། བདག་ཅག་ལོ་ལོར་གནས་པ་ག་ལ་རིགས་སྙམ་དུ་

ཚུ་དང་ཕྲད་པའི་པདྨ་བཞིན་དུ་དབོན་སློབ་ཚང་མ་ཐུགས་དམ་ཤིན་ཏུ་འཕེལ། ཟླ་བ་བདུན་པའི་ནང་དུ་བསླབ་པ་ཀུན་ལས་བཏུས་པ། རྒྱལ་སྲས་བཀའ་འབུམ། དགོངས་པ་རབ་གསལ། རྩ་ཤེའི་ཊཱི་ཀ་ཆེན་སོགས་ཆོས་མང་དུ་གནང་། དོན་གཉེར་ཅན་ཁ་ཤས་ལ་བསྙེན་རྫོགས་ཀྱང་གནང་། དེ་ནས་སྟོན་གྱི་རིང་ལ་མཁས་གྲུབ་ཐམས་ཅད་མཁྱེན་པའི་བཀའ་འབུམ་ཐོར་བུ་བ། སྡོམ་གསུམ་རྣམ་གཞག་ཐུབ་བསྟན་བྱི་དོར། ཞུ་ལན་ནོར་བུའི་ཕྲེང་བ། བློ་སྦྱོང་མཚོན་ཆ(༢༠༢ན)འཁོར་ལོ། མདོ་སྡེ་རྒྱན། མི་རྟག་པའི་ཚོམས། དྲང་ངེས་རྣམ་འབྱེད། མདོ་སྡེ་བསྐལ་བཟང་། མཛངས་བླུན། བརྒྱད་སྟོང་པ་རྣམས་ཀྱི་ལུང་གནང་ཞིང་བརྒྱད་སྟོང་པ་གནང་སྐབས་སྤྲིན་ཆབ་མང་དུ་བྱུང་བ་ཤངས་ཕྱིས་ཀྱི་ཤངས་སྣབས་ཕྱིད་པའི་རྣམ་པ་དང་། ཞལ་གདོང་ལ་འགེབ་པ་སོགས་མཛད་ནས། སྤྲིན་ཆབ་མི་མངོན་པར་མཛད་ཀྱང་། བརྒྱད་སྟོང་པ་གནང་རིང་སྤྲིན་ཆབ་ནར་མར་བྱུང་ཞིང་། སྐབས་སྐབས་སུ་སྤྲིན་ཧུར་བག་ཏུ་མཛད་ནས་དགྱེས་པའི་རྣམ་པ་ཤིན་ཏུ་ཆེ་བ་རེ་ཡང་མཛད། རེས་འགའ་ཟབ་མོའི་དཀའ་གནས་འདྲ་ལ་གཟིགས་ནས་ད་ན་སོ་རྒས་སོང་གཞན་མ་ཆོས་བྱ་རྒྱུ་རང་ཞིག་འདི་ན་འདུག་པ་ཡིན་ཏེ་ཞེས་གསུང་བར་ཡང་མཛད། འདི་ནི་རྒྱལ་བའི་བསྟན་པ་སྤྱིའི་གནད་མཁྱེན་པའི་མཁས་པ་རྣམས་ལ་ངོ་མཚར་བསྐྱེད་པའི་རྣམ་པར་ཐར་པ་ཞིག་སྟེ། སྙིགས་མ་ལས་ཀྱང་ཆེས་སྙིགས་མར་གྱུར་པའི་དུས་འདིར་རྒྱལ་བའི་གསུང་རབ་རྣམས་རིམ་གྲོ་ལ་ཉེ་བར་མཁོ་བ་དང་། ཕྱག་མཆོད་ཀྱི་ཡུལ་ཙམ་དུ་འཛིན་པ་མ་གཏོགས་ཉམས་ལེན་གྱི་གནད་རྣམས་དེ་ན་ཡོད་པའི་ཐེ་ཚོམ་ཙམ་ཡང་སྐྱེ་བ་ཤིན་ཏུ་དཀོན་པ་ལ། དམ་པ་འདིས་ནི་གདམས་པའི་གནད་མཐར་ཐུག་རྣམས་གསུང་རབ་ཉིད་ལ་ཡོད་པར་གཟིགས་པ་ཡིན་ནོ། །

དེ་ནས་འབྲུག་ལོ་ཟླ་བ་བཞི་པའི་ནང་དུ་དོན་གཉེར་ཅན་རྣམས་ཀྱིས་ཡུན་རིང་མོ་ནས་གསོལ་བ་བཏབ་པ་ལྟར་དུས་གསུམ་གྱི་སངས་རྒྱས་ཐམས་ཅད་གང་ནས་གཤེགས་

ཤིང་གཤེགས་པར་འགྱུར་བའི་ལམ་པོ་ཆེ། སྡེ་སྣོད་གསུམ་གྱི་བརྗོད་བྱ་ཐམས་ཅད་ཕྱོགས་གཅིག་ཏུ་བསྡུས་པ། (༢༠༢བ)དཔལ་ལྷ་ཅིག་དྭི་པཾ་ཀ་ར་དང་ཆོས་ཀྱི་རྒྱལ་པོ་ཙོང་ཁ་པ་ཆེན་པོ་གཉིས་ཀྱི་ཐུགས་ཀྱི་བཅུད་བྱང་ཆུབ་ལམ་གྱི་རིམ་པའི་དམར་ཁྲིད། རྗེ་བཙུན་བློ་བཟང་ཡེ་ཤེས་དཔལ་བཟང་པོའི་གསུང་མྱུར་ལམ་གྱི་སྟེང་ནས་ཤིན་ཏུ་རྒྱས་པ་དཔལ་དབེན་ས་པའི་མན་ངག་གི་གནད་རྣམས་ཚང་བར་ཟླ་བ་གཅིག་གི་རིང་གནང་། ཆོས་ཀྱི་དཀྱིལ་ཙམ་དུ་སྐུ་ཁམས་མི་བདེ་བ་ཞིག་བྱུང་ནས་ཉིན་གཅིག་གཉིས་ཆོས་མཚམས་མཛད་དགོས་བྱུང་བས། དགེ་སློང་རྣམས་ཀྱིས་རང་རང་གི་འཁོར་པ་ཅི་ཡོད་བསྡུས་ནས་བླ་མ་གྲུབ་པའི་དབང་ཕྱུག་ཆེན་པོར་སྐུ་གསུང་ཐུགས་རྟེན། དབུ་ཞྭ། སྣམ་སྦྱར། ལྷུང་བཟེད། གདིང་བ་སོགས་ཡོ་བྱད་ཅི་འབྱོར་དང་བཅས་མཎྜལ་ཕུལ་ཏེ་ཞབས་པད་བསྐལ་བརྒྱར་བརྟན་པ་དང་སྐུ་བསྟན་པའི་ཚུལ་མི་སྟོན་པར་ཆོས་ཀྱི་འཁོར་ལོ་བསྐོར་དུ་གསོལ་ཞེས་གསོལ་བ་བཏབ་པ་ན། ཆོས་ཕྱིར་ལུས་ལོངས་སྤྱོད་ཐམས་ཅད་འབུལ་བ་ནི་ཁྱེད་རང་རྣམས་ཚོགས་རྫོགས་ཤིང་སྔོན་གྱི་གྲུབ་ཆེན་རྣམས་ཀྱི་རྣམ་ཐར་དང་མཐུན་པས་རྟེན་འབྲེལ་ལེགས་ཞེས་གསུང་ཞིང་དགྱེས་ཉམས་ཆེན་པོ་མཛད། དེ་མ་ཁད་བསྐྱུང་གཞི་ལེགས་པར་དྭངས་ཤིང་ཆོས་འཁྲོ་ཡང་དགྱེས་བཞིན་རྫོགས་པར་གནང་། ཆོས་གྲོལ་ནས་གདུང་རག་གི་མཆོད་པ་རྒྱས་པར་བཤམས་ཏེ་སེམས་བསྐྱེད་ཞུས་པར་སྤྱོད་འཇུག་ནས་འབྱུང་བ་ལྟར་དགྱེས་བཞིན་དུ་གནང་། འབྲུག་ལོའི་སྟོན་རྗེ་མི་ལའི་རྣམ་མགུར། ཚུལ་ཁྲིམས་ལེའུའི་རྣམ་བཤད་བྱང་ཆུབ་གཞུང་ལམ། འདུལ་བ་མདོ་རྩ། ཚད་མ་རྣམ་འགྲེལ། དབུ་མ་རིགས་ཚོགས་དྲུག །འདུལ་བའི་བསླབ་བྱ་ཆེན་མོ། གཞི་གསུམ་ཆོ་ག་སོགས་ལུང་མང་(༢༠༣ན)པོ་དང་། བྱིན་རླབས་ནམ་མཁའ་སྒོ་འབྱེད་ཀྱི་དབང་། གཅོད་ཀྱི་ཟབ་ཁྲིད་རྒྱས་པ་བཅས་གནང་ངོ་། །

དེ་ནས་སྦྲུལ་ལོའི་ནང་དུ་ཕལ་ཆེར་སྐུ་མཚམས་ལ་བཞུགས་ཤིང་དོན་གཉེར་ཅན་

རྣམས་ལ་པཎ་ཆེན་ཐམས་ཅད་མཁྱེན་པ་རྗེ་བློ་བཟང་ཡེ་ཤེས་ཀྱི་གསུང་འབུམ་གྱི་ལུང་སོགས་ཆོས་བཀའ་མང་དུ་གནང་། དེ་ནས་རྟ་ལོ་དང་ལུག་ལོ་ཕལ་ཆེར་སྐུ་མཚམས་ལ་བཞུགས་ཤིང་། ལུག་ལོའི་སྟོན་དགའ་ལྡན་ཕྲུག་རྒྱ་ཆེན་པོའི་བཀའ་ཁྲིད་སྟོན་འགྲོའི་ཁྲིད་བཞི་དང་བཅས་པ་རྒྱས་པར་སྩལ། དེ་ལྟར་བླ་མ་བདག་ཉིད་ཆེན་པོ་འདིས་བསྟན་པའི་དོན་དུ་དགེ་འདུན་གྱི་སྡེ་བཙུགས་ཤིང་བཅས་ཁྲིམས་དམ་པར་མཛད། རྫོང་དཀའ་ཆོས་སྡེ་ནས་རབ་བྱུང་དོན་དུ་གཉེར་བ་རྣམས་ལ་ཡང་དགྲེས་བཞིན་དུ་གནང་། གཞན་ཡང་གྲུབ་མཐའི་ཕྱོགས་ལྷུང་གཏན་ནས་མི་མངའ་བར་རིས་སུ་མ་ཆད་པའི་སྐྱེ་འགྲོ་ཀུན་ལ་ཐུགས་བརྩེ་བ་འབའ་ཞིག་མཛད་པས། གྲུབ་མཐའ་རིས་སུ་མ་ཆད་པའི་བསྟན་འཛིན་ཐམས་ཅད་ཀྱང་དམ་པ་འདིའི་ཞབས་ལ་གཏུགས་ནས་བྱིན་རླབས་དང་ཆོས་འབྲེལ་ཞུ་བ་དང་། དགེ་བསྙེན། དགེ་ཚུལ། དགེ་སློང་གི་སྡོམ་པ་བླངས་ནས་ཐུབ་པའི་བསྟན་པ་ལ་ཞུགས་ཏེ་བཅས་ཁྲིམས་སྲུང་བ་མང་དུ་བྱུང་བས། བལ་བོད་མཚམས་ཀྱི་ཡུལ་ཕྱོགས་འདིར་ཐུབ་པའི་བསྟན་པ་མིང་ཙམ་ཡང་མ་ལུས་པར་ནུབ་པའི་དུས་འདིར་བླ་མ་གྲུབ་པའི་དབང་ཕྱུག་ཆེན་པོ་འདིས་ཐུབ་པའི་བསྟན་པ་དར་བར་མཛད་པས་ན་རྒྱལ་བའི་བསྟན་པ་ལ་བྱ་བ་ཆེན་པོ་མཛད་ཅིང་བལ་བོད་མཚམས་ཀྱི་སྐྱེ་འགྲོ་རྣམས་ལ་བཀའ་དྲིན་བླ་མེད་དུ་མཛད་དོ། །

དེ་ལྟར་སྐུ་དངོས་ཀྱི་གདུལ་བྱ་འདུལ་བའི་མཛད་པ་རྣམས་རྫོགས་ནས་ཞིང་ཁམས་གཞན་དུ་འབྱོན་པའི་དགོངས་པ་གཏད་པ་ན་མི་རྟག་པའི་གསུང་ཡང་ཡང་གནང་ཞིང་། དུས་བཞིའི་འགྱུར་ལྡོག་ལ་བརྟེན་ནས་ནམ་ཟླ་དབྱར་ཁ་ཁོ་སོང་། སྟོན་ཀ་ རུ་སླེབས་བྱུང་གསུང་བ་སོགས་མི་རྟག་པའི་གཏམ་རང་གསུང་། རེས་འགའ་གསུང་སྒྲོས་ཀྱི་མུ་ནས་སྟོན་གྱི་བྱུང་བ་མང་པོ་དང་། རྗེ་བོ་རྗེ་དང་། རྗེ་བཙུན་ཅོང་ཁ་པ་ཡབ་སྲས་རྣམས་ཀྱིས་དགུང་ལོ་ཧེ་ཙམ་བཞུགས་པ་སོགས་གསུངས་ནས། སྟོན་གྱི་དམ་པ་

རེ་གཉིས་མ་གཏོགས་ངེད་རང་ཡང་ལོ་རིང་ཚད་དུ་སླེབས་པ་ཡིན་པར་འདུག་ཅེས་གསུང་བ་དང་། ཡང་ལན་ཅིག་ལོ་གསུམ་ཙམ་ནས་འཆི་བ་ཤེས་ཀྱིན་ཡོད་པ་འདྲ། ལོ་གཅིག་ནས་འཆི་བ་ནི་ཤེས་ཚོད་རང་དུ་འདུག་ཅེས་གསུངས་ནས་བཞད་མ་མཛད་དེ། དེ་ནི་རང་ཉིད་ཇི་ཙམ་ལ་གཤེགས་མཁྱེན་པར་འདུག་གོ །དེ་ནས་སྐུ་བསྐྱང་ཚུལ་མཛད་ཅིང་བཞེང་བཞུགས་དཀའ་བར་བྱུང་བའི་ཚེ། ད་ནི་གསུང་རིས་དང་མཛད་པ་གང་ལ་བརྟགས་ཀྱང་མ་ལེགས་སོ་སྙམ་ནས་ཞབས་བརྟན་ལ་བསྐྱོན་པར་བྱས་ཤིང་། སྤྱི་སྒེར་ཐམས་ཅད་ནས་ཞབས་བརྟན་ཕུལ་བར་ཐུགས་མཉེས་མཉེས་མཛད་ཅིང་ཞལ་བཞེས་ནི་མ་གནང་། ཚེ་རིང་དུ་གནས་ན་རྣམ་དཀར་གྱི། །ལས་བཟང་པོ་སྒྲུབ་པོ་ཤི་ཡང་བདེ། །ལས་བག་ཆགས་བཟང་པོའི་ངང་དུ་འཆི། །ཨ་ལ་ལ་གསོན་ཤི་སེམས་ལ་སྙོམས། །ཚེ་སྒྲུབ་ཀུན་ཇི་ལྟར་དགྱེས་དགྱེས་མཛོད། །ཅེས་གསུངས་པ་དེ་ཡིན་པར་འདུག་ཅེས་གསུང་བ་དང་། ཡང་ལན་ཅིག་ཁྱེད་གྲོགས་པོ་ཆོས་འདི་ག་ཙམ་གྱི་དག་སྣང་བྱེད་ལུགས་ཀྱིས་(༢༠༩ན)དཔེན་ས་སྔན་རྒྱུད་ཀྱི་བསྟན་པ་འདི་ད་དུང་དར་རྒྱུ་ཡིན་ཤས་ཆེ་ཞེས་ཚིག་ནུས་པ་ཅན་དཔྱད་དཀའ་བ་རེ་གསུང་། དེ་ནས་བླ་མ་ཉིད་ཀྱི་ཕྱག་ན་ཡོད་པའི་དངོས་ཆས་རྣམས་དགེ་ཕྱོགས་སུ་བསྔོ་བར་མཛད། ཞབས་འབྲིང་དུ་འཁོད་པའི་དགེ་སློང་རྣམས་ལ་ཡུམ་གསུང་སྒྲོག་དང་རྡོ་རྗེ་འཇིགས་བྱེད་ཀྱི་སྒྲུབ་ཆོག་ཅིག་ཚུགས་གསུངས། དེ་ལྟར་བཀའ་བཞིན་དུ་བསྒྲུབས་སྐུ་གཟུགས་བསྐྱང་བབ་ལྟེ་ཡང་ཞལ་མདངས་ཤིན་ཏུ་རྒྱས་ཤིང་དེད་དཔོན་ཡིད་བཞིན་གྱི་ནོར་བུ་ཐོབ་ནས་རང་ཡུལ་དུ་འགྲོ་བ་ལྟར་ཞིང་བརྗེ་བ་ལ་དགྱེས་ཉམས་ཀྱི་སྤྲོ་བ་ཆེན་པོ་མཛད་ཅིང་། སྐུ་དངོས་ཀྱི་གདུལ་བྱ་རྣམས་རྫོགས་པ་ན་དགུང་ལོ་དོན་གཉིས་སུ་ཕེབས་པ་ལྟུགས་མོ་བྱ་ལོའི་ཟླ་བ་གསུམ་པའི་ཚེས་བཅུའི་ནམ་ལངས་ཙམ་ལ་ལྷ་དང་ལྷ་མོ་རྣམས་ཀྱིས་གདུགས་དང་། རྒྱལ་མཚན་དང་། བ་དན་དང་། རོལ་མོ་སོགས་མཆོད་པའི་བྱེ་བྲག་

བསམ་གྱིས་མི་ཁྱབ་པ་ཐོགས་པའི་བསུ་བ་དང་བཅས་ཏེ་དགའ་ལྡན་ཡིད་དགའ་ཆོས་འཛིན་དུ་གཤེགས་སོ། །

དེའི་ཚེ་ཐམས་ཅད་སྟོང་པ་འོད་གསལ་མངོན་དུ་མཛད་པ་ན། འོད་གསལ་དེ་ཉིད་འདི་འདྲའོ་ཞེས་མཚོན་པའི་ཕྱིར་དུ་ནམ་མཁའ་ནི་སྤྲིན་དང་། རྡུལ་དང་། ཁུག་རྣ་སོགས་གང་གིས་ཀྱང་སྒྲིབ་པ་མེད་པ་ཤིན་ཏུ་གཡའ་དག་ཅིང་། ས་གཞི་ལ་རླུང་གི་རྒྱུ་བ་ཕྲ་མོ་ཙམ་ཡང་མེད་པར་གྱུར་ཏེ། དེ་ནས་དགེ་སློང་རྣམས་ཀྱིས་དཔལ་རྡོ་རྗེ་འཇིགས་བྱེད་ཆེན་པོའི་དཀྱིལ་འཁོར་ཞལ་ཕྱེ་ནས་བླ་མ་དང་དཀྱིལ་འཁོར་གྱི་གཙོ་བོ་ཐ་མི་དད་པ་ལ་ཕྱི་ནང་གསང་བ་དེ་ཁོ་ན་ཉིད་ཀྱིས་མཆོད་ཅིང་། སྨོན་ལམ་ཁོར་ཡུག་ཏུ་མཛད། སྐྱེང་འོག་ནས་བྱང་སེམས་བབས་པ་སོགས་ཐུགས་དམ་གྲོལ་བའི་རྟགས་རྣམས་བྱུང་བ་ན། ཕྱོགས་མཐའ་དག་ནས་འདུས་པའི་དད་ལྡན་རྣམས་ཀྱིས་མཆོད་པ་དཔག་ཏུ་མེད་པ་ཕུལ་ཞིང་གསོལ་བ་བཏབ་ནས་ལས་བཟང་པོའི་འབྲེལ་བ་བཞག །ཐུགས་དམ་གྲོལ་བ་ནས་བཟུང་ནམ་མཁའི་དཀྱིལ་རྒྱ་མཐིང་བཟང་པོའི་མདོག་ལྟར་སྔོ་ཞིང་དྭངས་པ་ལ། ཕྱོགས་ཀྱི་རི་རྩེ་རྣམས་སུ་སྤྲིན་གསར་དཀར་པོ་བླ་བྲེ་ལྟར་བྲེས་པ་དང་། འགའ་ཞིག་གདུགས་ལྟ་བུ། འགའ་ཞིག་བ་དན་ལྟ་བུ། འགའ་ཞིག་རྒྱལ་མཚན་ལྟ་བུ་དང་། ཕྱོགས་ཕྱོགས་སུ་འཇའ་འོད་ཁ་དོག་སྣ་ལྔ་པ་འཁྱུང་བ་སོགས་ཞག་མང་པོའི་བར་ལྟ་རྣམས་ཀྱིས་མཆོད་པའི་ལྟས་དཔག་ཏུ་མེད་པ་བྱུང་ངོ་། །བླ་མ་བདག་ཉིད་ཆེན་པོ་འདིའི་རྣམ་པར་ཐར་པ་རྒྱས་པར་ནི་ཐུབ་བསྟན་མཛེས་རྒྱན་རིན་པོ་ཆེའི་ཕྲེང་བ་དང་། གསང་བ་མཆོག་གི་མཛད་པ་ལས་བརྩམས་ཏེ་རྟོགས་པ་བརྗོད་པ་དངོས་གྲུབ་ཀྱི་སྙེ་མ་ཞེས་བྱ་བ་གཉིས་སུ་བདག་གིས་རྒྱས་པར་བྲིས་ཟིན་པས་དེ་དག་ལས་ཤེས་པར་བྱའོ། །

དེས་ན་བྱང་ཆུབ་ལམ་གྱི་རིམ་པ་ལ་བློ་སྦྱོང་བར་འདོད་པ་རྣམས་ཀྱིས་བྱ་བྲལ་

གྲུབ་པའི་དབང་ཕྱུག་ཆེན་པོ་འདི་ལ་གསོལ་བ་འདེབས་ཤིང་། བདག་ཉིད་ཆེན་པོ་འདིའི་རྣམ་ཐར་ལྟར་མདོ་སྔགས་ཀྱི་གཞུང་ལ་ཐོས་པ་ཕུ་ཐག་ཆོད་པ་བྱས་ཤིང་སྙན་རྒྱུད་ཀྱི་མན་ངག་ཐོབ་པར་བྱས་ལ་ཚེ་འདི་བློས་བཏང་སྟེ་དབེན་པའི་རི་ཁྲོད་དུ་འཚོ་བ་དཀའ་ཐུབ་ལ་གནས་ནས་ཚེ་དང་སྒྲུབ་པ་མཉམ་པར་བྱ་ཞིང་། དེ་ཙམ་མ་ཐུབ་ཀྱང་བདག་ཉིད་ཆེན་པོ་འདིའི་མཛད་པ་རྣམ་ཐར་རྣམས་(༢༠༥(ན)སྨོན་ལམ་གྱི་ཡུལ་དུ་བྱས་ཏེ་ཉིན་རེ་བཞིན་ལམ་ཆ་ཙམ་ལ་བག་ཆགས་ཙམ་ཐེབས་བྱའོ།། །།

ཧ་ཕྱུག་པ་བློ་བཟང་དམ་ཆོས་རྒྱལ་མཚན་གྱི་རྣམ་ཐར།

རྗེ་བཙུན་བློ་བཟང་ཆོས་ཀྱི་རྒྱལ་མཚན་ནས་བྱུང་བ་ཡབ་སྲས་རྣམས་དང་དེ་ནས་རྗེ་སྒྲུབ་ཁང་པ་སོགས་ལ་བརྒྱུད་པའི་བླ་མ་རྣམས་ཀྱི་རྣམ་པར་ཐར་པ་འཆད་པ་ལ་བྱུང་པ་རྒྱལ་ཚབ་པའི་རྣམ་ཐར་ནི་སྔར་བརྗོད་ཟིན་ལ། རྗེ་བཙུན་བློ་བཟང་དམ་ཆོས་རྒྱལ་མཚན་ཞེས་བསྟགས་པ། བྱུང་པ་ཧ་ཕྱུག་པ་བློ་བཟང་དམ་ཆོས་རྒྱལ་མཚན་ནི། སྟོད་མངའ་རིས་སྐོར་གསུམ་གྱི་ནང་ཚན་ཟངས་དཀར་གྱི་ཡུལ་གྱི་ཆ་ཟངས་ལ་ཞེས་བྱ་བར་ཡབ་མངའ་རིས་ཆོས་རྒྱལ་གྱི་གདུང་རྒྱུད་དཔལ་ལྡེ་ཞེས་བྱ་བ་དང་། ཡུམ་སྐྱིད་འཛོམ་ཞེས་པ་གཉིས་ཀྱི་སྲས་སུ་ལུག་གི་ལོ་ཛོ་མཚར་བའི་ལྟས་དང་བཅས་ཏེ་འཁྲུངས། དེ་གོང་དུ་སྲས་མང་པོ་ཚེ་མ་ཟིན་པས་སྲི་ཆོད་ཐབས་སུ་གཞོན་ནུ་འདིའི་མཚན་ལ་ཁྲི་དཔལ་ལྡེ་ཞེས་བཏགས། སྐྱེས་རབས་མང་པོར་ལམ་ལ་སྦྱངས་པའི་བག་ཆགས་སད་པས་མནོ་ཤེས་པ་ནས་བཟུང་བྱིས་པ་ཐ་མལ་པ་ལྟར་ངན་སྤྱོད་གང་ཡང་མི་མཛད་པར་སྐུ་གསུང་ཐུགས་རྟེན་མཐོང་ན་དགའ་ཞིང་དེ་ལ་མཆོད་པ་བྱེད་པ་དང་། གསུང་ངག་མ་བྱེ་གོང་དུ་ཡང་ཚིག་འབྲུ་མི་གསལ་བར་ཆོས་དང་གཟུངས་སྔགས་སྣ་ཚོགས་བཟླ་བ

ཞིག་བྱུང་། དེ་ནས་དབུས་གཙང་ཆོས་ཀྱི་ཞིང་དུ་ཕྱིན་ནས་ཆོས་རྣམ་དག་ཅིག་བྱ་འདོད་པ་ནར་མར་བྱུང་ཡང་ཡབ་ཡུམ་དང་ཉེ་དུ་སོགས་ཀྱིས་གཏོང་དུ་མ་ཉན་པར་རེ་ཤིག་ཁྱིམ་དུ་(༢༠༥བ)ལུགས་ནས་འདྲི་ཀློག་དང་ཆོས་སྤྱོད་འཛིན་པ་སོགས་ལ་བརྩོན་པར་མཛད།

དེ་ནས་དགུང་ལོ་བཅུ་དྲུག་ལོན་པའི་ཚེ་དྲུང་པ་བློ་བཟང་རྣམ་རྒྱལ་ཞེས་པའི་དམ་པ་ཞིག་ཡོད་པ་དེའི་དྲུང་དུ་སྐྲ་བཅད། ཡོངས་རྫོགས་དགེ་བསྙེན་གྱི་སྡོམ་པ་ཞུས། དེ་སྐབས་པཎ་ཆེན་བློ་བཟང་ཆོས་ཀྱི་རྒྱལ་མཚན་ཀུ་གེ་མཐོ་ལྡིང་དུ་ཕེབས་ནས་མངའ་རིས་སྐོར་གསུམ་གྱི་སྐྱ་སེར་ཚང་མས་དད་གུས་བླ་ལྷག་ཏུ་ཆེ་བར་བྱེད་པས་དམ་པ་འདི་ལའང་དྲུང་པ་བློ་བཟང་རྣམ་རྒྱལ་གྱིས་པཎ་ཆེན་བློ་བཟང་ཆོས་ཀྱི་རྒྱལ་མཚན་གྱི་མཚན་ནས་དྲས་ཏེ་བློ་བཟང་རྒྱལ་མཚན་ཞེས་བཏགས། དེ་ནས་རྩ་བཞི་ཚང་དང་བཅས་པ་སྲོག་དང་བསྡོས་ཏེ་བསྲུང་ཞིང་ཡུལ་དེའི་དབེན་གནས་དུ་མར་དགེ་སྦྱོར་ལ་བརྩོན་པར་མཛད། དེའི་ཚེ་བྱ་བྲལ་གནས་ངེས་མེད་དུ་འབྱོན་པ་མཐོང་ཚེ་བདག་ཀྱང་ནམ་ཞིག་ན་ཚེ་འདིའི་གཉེན་ཉེ་དུ་གང་གིས་ཀྱང་མཐོང་ཚོར་མེད་པར་དབེན་པའི་རི་སུལ་དུ་འཚོ་བ་དཀའ་ཐུབ་ལ་གནས་ནས་དཔོན་མེད་གཡོག་མེད་སྣ་ཐག་མགོ་དཀྲིས་ཀྱི་སྤྱོད་པས་སྒྲུབ་པ་སྙིང་པོར་བྱེད་པ་ཞིག་ནམ་འོང་སྙམ་པ་འབའ་ཞིག་འཁྲུངས། དེ་ནས་སྤར་དབུས་གཙང་དུ་སློབ་གཉེར་ལ་འགྲོ་མྱོང་བ་འགའ་ཞིག་གིས་མངོན་རྟོགས་རྒྱན་ཟིན་ན་ཡོང་ཞེས་བསྐུལ་བ་ན་དྲུང་པ་འདི་པ་གྲོགས་མཆེད་གསུམ་གྱིས་འཛིན་པར་མཛད་དེ་ཉིན་རེ་བཞིན་ནམ་ལངས་ཏེ་ཡི་གེ་མཐོང་ཙམ་ནས་ཁང་པ་ལ་ཉི་མ་མ་ཤར་གྱི་བར་ལ་ཤློ་ཀ་བཅོ་བརྒྱད་རེ་འཆག་མེད་དུ་འཛིན་པར་མཛད། གཞན་ཡང་བཤེས་སྤྲིང་དང་དབུ་མ་འཇུག་པ་སོགས་གཞུང་མང་པོ་བཟུང་བས་དེར་གནས་པ་ཀུན་ངོ་མཚར་ཡ་མཚན་དུ་(༢༠༨ན)གྱུར་ནས་འདི་འདྲ་བའི་མཁྱེན་རབ་ཆེ་བ་དབུས་གཙང་

དུ་ཕྱིན་ནས་གཞུང་ལུགས་ཆེན་མོ་རྣམས་ལ་སྦྱངས་ན་གཞན་དང་མི་འདྲ་བ་ཞིག་འོང་ཞེས་བསྔགས་པ་བྱུང་།

དེ་ནས་དགུང་ལོ་ཉེར་ལྔ་ལ་བབ་པ་ན་ཁྲིམ་གྱི་གནས་ནི་སྡུག་བསྔལ་དུ་མའི་འབྱུང་གནས་སུ་རིག་ནས་ཡིད་འབྱུང་དང་སྐྱོ་ཤས་ཤུགས་དྲག་པོས་ད་རེས་དལ་བའི་རྟེན་ལན་ཅིག་ཐོབ་པ་འདི་དོན་ལྡན་དུ་བྱ་ཕྱིར་དབུས་གཙང་དུ་ཕྱིན་ལ་ཆོས་རྣམ་དག་ཅིག་བྱའོ་སྙམ་དུ་ཐག་བཅད་ནས་རང་ཡུལ་ནོར་ལོངས་སྤྱོད་གཉེན་ཉེ་དུ་ཐམས་ཅད་དང་གསོན་བྲལ་བྱས་ནས་རིགས་མཐོན་པོར་སྐྱེས་པའི་ང་རྒྱལ་དང་སྙེམ་པ་གང་ཡང་མེད་པར་འཚོ་བ་བསོད་སྙོམས་ལ་བརྟེན་ཏེ་བྱ་བྲལ་རྟུལ་ཞུགས་ཀྱི་སྤྱོད་པས་དབུས་གཙང་གི་ལྗོངས་སུ་ཕེབས་སོ། །དེ་ནས་བཀྲ་ཤིས་ལྷུན་པོར་ཕེབས་པ་ན་པཎ་ཆེན་བློ་བཟང་ཆོས་ཀྱི་རྒྱལ་མཚན་སོག་དམག་གི་ཆིངས་ལ་ཕེབས་པ་དང་ཐུག་སྟེ་མ་བཞུགས་པས་དཀྱིལ་ཁང་གི་རྗེ་ཞལ་སྔ་ནས་སྨན་བླ་བའི་དྲུང་དུ་རབ་ཏུ་བྱུང་སྟེ་དགེ་ཚུལ་བསྒྲུབས། མཚན་སྔར་གྱི་དེའི་སྟེང་དུ་དམ་ཆོས་ཞེས་པ་བསྣན་ཏེ་བློ་བཟང་དམ་ཆོས་རྒྱལ་མཚན་ཞེས་བཏགས། དགེ་ཚུལ་གྱི་བསླབ་བྱ་རྣམས་ལེགས་པར་བསྲུང་ཞིང་གཞུང་ལུགས་ལ་སྦྱོང་བའི་འགོ་བཙུགས། དེ་ནས་པཎ་ཆེན་ཐམས་ཅད་མཁྱེན་པ་བློ་བཟང་ཆོས་ཀྱི་རྒྱལ་མཚན་ཕེབས་པ་ན་མཇལ་བར་བྱོན་པས་དྲུང་པ་འདི་ཉིད་རྗེ་ཉིད་ཀྱི་ཐུགས་སྲས་དམ་པར་འགྱུར་བར་མཁྱེན་ནས་སྐུ་མདུན་དུ་བཞག་ནས་ཡུལ་གང་ནས་ཡིན་དོན་གང་ལ་(༣༠༨བ)འོངས་སོགས་བཀའ་འདྲི་ཞིབ་ཏུ་གནང་བར་རང་གི་ཡུལ་དང་དེ་ནས་འོངས་པའི་བསམ་པའི་ཁྱད་པར་རྣམས་ཞིབ་ཏུ་ཞུས་པ་ན་ཐུགས་ཤིན་ཏུ་མཉེས་ནས་ད་ཁྱོད་འདི་རུ་སྡོད་དམ་དབུས་སུ་འགྲོ་གསུངས། དྲུང་པ་འདི་པས་ཨ་ཁུ་དྲུང་པ་རྒྱལ་ཚབ་པ་དང་པོར་དྭགས་པོ་གྲྭ་ཚང་ལ་བྱོན་པས་བདག་ཀྱང་དྭགས་པོ་གྲྭ་ཚང་ལ་འགྲོ་ཞུས་པས། པཎ་ཆེན་ཐམས་ཅད་མཁྱེན་པ་ཆེན་པོའི་ཞལ་ནས་གྲྭ་ས་གར་

ཕྱིན་ཡང་རང་གིས་ནུས་ཕྱིན་མཚན་ཉིད་ཀྱི་སློབ་གཉེར་བྱེད་པ་ལ་ཁྱད་མེད་དེ་དབང་ལུང་མན་ངག་ཐོབ་པ་ལ་འདིར་བསྡད་ན་ལེགས་པ་ཡོང་གསུང་བ་ལ་བྲུང་པ་འདི་པས་ཐུགས་ལ་གང་ཤར་དྲང་པོར་ཞུས་ཏེ། འདིར་སྡོད་པ་ལ་ཆས་དངོས་ཀྱང་གང་ཡང་མེད་ཨ་ཁུ་བྲུང་པ་རྒྱལ་ཚབ་པ་ཡང་དྭགས་པོ་གྲྭ་ཚང་ལ་ཕེབས་པ་བཅས་དེར་འགྲོ་བསམ་པ་ཡོད་ཞུས་པ་ན་པཎ་ཆེན་ཐམས་ཅད་མཁྱེན་པས་འོ་ན་འུ་རང་གཉིས་ཤོ་དྲིལ། ངའི་ཤོ་ཆེ་བ་བྱུང་ན་འདིར་སྡོད། བྲུང་པ་རང་ཤོ་ཆེ་བ་བྱུང་ན་དབུས་སུ་རྒྱུག་གསུངས་ནས་ཕྱག་གིས་དྲུང་ཤོ་གཉིས་དྲིལ་ཏེ་འདི་འམ་བུའི་ཡིན། འདི་བྲུང་པའི་ཡིན་ཞེས་ཞལ་བའི་སྟེང་དུ་དྲིལ་བ་ན་བྲུང་པ་འདི་པའི་ཤོ་མིག་ཆུང་བ་བྱུང་བས་པཎ་ཆེན་ཐམས་ཅད་མཁྱེན་པ་ཐུགས་མཉེས་ནས་འདིར་སྡོད་པ་དགའ་བ་འདུག །དབང་ལུང་རྗེས་གནང་སོགས་ཆོས་གང་འདུག་ཀྱང་ཤོག་གསུངས། འདི་པས་ཀྱང་ཐུགས་རྗེ་ཆེ་ཞེས་ཞུས། དེ་ནས་ཆོས་གྲྭ་འགྲིམས་ཏེ་ཐོག་མར་རྣམ་འགྲེལ་ལ་སློབ་གཉེར་མཛད་ཅིང་པཎ་ཆེན་ཐམས་ཅད་མཁྱེན་པ་ཆེན་པོས་ཆོས་གང་གནང་ཡང་བླ་བྲང་ནས་བརྡ་གཏོང་བར་མཛད་པས་མདོ་སྔགས（༢༠༧ན）ཀྱི་ཆོས་བཀའ་མཐའ་ཡས་པ་རིམ་པས་ཐོབ། བར་སྐབས་ཤིག་ཆུ་མ་འཁྲོད་པས་བད་ཀན་གྱིས་བསྣུན་ཚབས་ཆེ་ཙམ་ཞིག་བྱུང་བ་སྨན་པ་རྣམས་ཀྱིས་ནད་འདི་ལས་མི་ཐར་ཞེས་བློས་བཏང་བ་ན། པཎ་ཆེན་ཐམས་ཅད་མཁྱེན་པ་ཆེན་པོར་སྐྱབས་འཇུག་ཞུར་ཕེབས་པས་པཎ་ཆེན་ཐམས་ཅད་མཁྱེན་པ་ཆེན་པོས་སྒྲོལ་ལྗང་གི་མངོན་རྟོགས་ཤིག་གི་ལྗགས་ལུང་གནང་ནས་སྔོན་གྱི་ལས་འབྲེལ་ཞིག་འདུག་པས་སྒྲོལ་མ་འདི་ལ་བསྙེན་པ་ཞིག་གྱིས་དང་དགའ་མོ་ཡོང་ཞེས་བཀའ་ཕེབས། དེ་འཕྲལ་དུ་མཚམས་བཅད་དེ་བསྙེན་པ་མཛད་པས་རྗེ་བཙུན་མ་སྒྲོལ་མའི་ཞལ་གཟིགས་བསྟན་གཞི་ཡང་དྭངས། དེ་ནས་བཟུང་སྐྱེ་སྐུ་ཚེ་རྟིལ་པོར་ཉིན་རེར་སྒྲོལ་བསྟོད་གང་འགྲུབ་རེ་དང་། ལེགས་བྲིས་མ་ཚར་རེ་འཆག་མེད་ཞལ་འདོན་མཛད། དེ་

ནས་བར་སྐབས་ཤིག་གནས་བསྐོར་ཞིག་མཛད། དེ་ནས་བཀྲ་ཤིས་ལྷུན་པོར་ཕེབས་ནས་སྔར་རྒྱུན་བཞིན་ཐུགས་གཉེར་ལ་བརྩོན་པར་མཛད་པས་འབྲུམ་བུའི་ནད་ཀྱིས་ཕྱོགས་ཐམས་ཅད་ཁྱབ་ཅིང་ནད་བྱུང་ཚད་ཤི་བ་ཞིག་བྱུང་བ་ན་མངའ་རིས་ཕྱོགས་ཀྱི་སློབ་གཉེར་བ་ཕལ་ཆེར་རང་ཡུལ་ལ་བྲོས། དམ་པ་འདི་པས་པཎ་ཆེན་ཐམས་ཅད་མཁྱེན་པ་ཆེན་པོའི་སྐུ་མདུན་དུ་ཕྱིན་ནས་རང་ཡུལ་ལ་བྲོས་པ་ལེགས་སམ་ཇི་ལྟར་ལེགས་ཞེས་ཞུས་པ་ན། ད་ལམ་དགའ་མོ་ཡོང་འགྲོ་གསུང་ཞིང་སྲན་ནག་བདུན་ལ་ལྷགས་སྔགས་བཏབ་སྟེ་དར་དམར་ཞིག་ལ་དྲིལ་ནས་རྒྱས་བཏབ་སྟེ་འདི་སྐེ་ལ་ཐོགས། ཞག་བདུན་སོང་བ་ན་ཡང་ལེན་དུ་ཤོག་གསར་པ་སྟེར་བ་ཡིན་(༢༠༧བ)སྙིང་པའི་སྲན་མ་རྣམས་ཁྱུར་མིད་ཀྱིས་ཆོས་གྲྭ་མ་ཆག་པར་རྒྱུག་གསུངས། བཀའ་བཞིན་བྱས་པས་འབྲུམ་བུའི་ནད་མ་བྱུང་ཞིང་སློབ་གཉེར་འཕེལ་བ་བྱུང་བས་བླ་མ་ལ་སངས་རྒྱས་དངོས་ཀྱི་འདུ་ཤེས་བཅོས་མ་མིན་པ་འཁྲུངས། དེ་ནས་རི་ཤིག་དྲུང་པ་རྒྱལ་ཚབ་པ་དང་མཉམ་དུ་དབེན་པའི་གནས་མང་པོར་ཐུགས་དམ་གང་འཕེལ་མཛད། ལྷག་པར་ཧ་ནག་ལ་ཁར་བཞུགས་རིང་རྗེ་ཞལ་སྔ་ནས་སྨན་བླ་བ་ལ་ཁ་ཆོས་སྟེའི་བླ་མར་ཕེབས་པ་དང་ཐུག་པས་མཇལ་བར་ཕེབས། དེའི་ཚེ་བླ་མ་དེའི་ཞལ་ནས་ཁྱེད་རི་ཁྲོད་པ་ཆོས་བཀའ་དྲིན་གསོལ་འདེབས་མ་འཛིན་དགོས་གསུངས། བླ་མ་དགོང་ཛའི་ཚོགས་ལ་ཕེབས་པ་དང་མཉམ་དུ་འདི་པས་བཀའ་དྲིན་གསོལ་འདེབས་མ་བཟུང་བས་བླ་མ་དགོངས་ཚོགས་ནས་ཚུར་ཕེབས་དུས་ཟིན་ཐུབ་པ་བྱུང་བླ་མ་ལ་ཞུས་པས་བླ་མ་ཧ་ལས་ཏེ་དེ་འདྲ་མི་བདེན་རིབ་ཙམ་ཞིག་ལ་དེ་ཙམ་ཟིན་མི་ཐུབ་གསུང་། འདི་པས་ཟིན་ནས་འཁྱེར་ཙམ་ཡོད་ཞུས་ནས་བསྐྱར་བས་བླ་མ་དེས་ངོ་མཚར་ཡ་མཚན་དཔེ་མེད་དུ་འཛིན་པར་མཛད་དེ། པཎ་ཆེན་བློ་བཟང་ཆོས་ཀྱི་རྒྱལ་མཚན་གྱིས་མཛད་པའི་བཀའ་དྲིན་གསོལ་འདེབས་མ་འདི་ལ་ཤོག་བུ་བཞི་ཙམ་ཡོད་པ་དགོང་ཚོགས་རེའི་ཡུན་

ལ་ལྟོགས་འཛིན་ཐུབ་པ་འདི་ནི་མཁྱེན་རབ་རྨད་དུ་བྱུང་བ་ཞིག་གོ །

དེ་ནས་ནུབ་གཅིག་མནལ་ལམ་དུ་པཎ་ཆེན་བློ་བཟང་ཆོས་ཀྱི་རྒྱལ་མཚན་གྱིས་ཐོག་མའི་བློ་སྦྱོང་གི་ལྟོགས་ལུང་ཡོངས་རྫོགས་གནང་བ་གསལ་བར་རྨིས་པ་ཞིག་བྱུང་། དེ་ནས་བཀྲ་ཤིས་ལྷུན་པོར་ཕེབས་ཏེ་པཎ་ཆེན་ཐམས་ཅད་མཁྱེན་（༢༠༨ན）པ་མཇལ་བ་ན་དྲུང་པས་ཐོག་མའི་བློ་སྦྱོང་གི་ལུང་ཐོབ་བམ་གསུང་། སྔར་མ་ཐོབ་ཞུས་པ་ན་འོ་ན་ད་ལྟ་ལུང་ཞིག་བྱེད་དགོས་ཡོད་པས་ཤོག །རི་ཁྲོད་པ་ལ་འདི་གལ་ཆེ་གྲུབ་ཆེན་གནས་བརྟན་པ་འདི་ཡང་ཐོག་མའི་བློ་སྦྱོང་ཐོས་པའི་རྐྱེན་གྱིས་བློ་ཆོས་ལ་འཁྱོལ་ཏེ་རྟོགས་པ་མཐོན་པོར་སོང་བ་ཡིན་གསུངས་ནས་དགྱེས་བཞིན་དུ་ལུང་གནང་། དེ་ནས་དགུང་ལོ་སུམ་ཅུ་སོ་གཉིས་སུ་ཕེབས་པ་ན་པཎ་ཆེན་ཐམས་ཅད་མཁྱེན་པ་ཆེན་པོར་བསྙེན་རྫོགས་ཀྱི་སྡོམ་པ་ཞུས་འདུལ་བའི་བསླབ་བྱ་རྣམས་ཀྱང་རྒྱས་པར་སློབ་པར་མཛད། པཎ་ཆེན་ཐམས་ཅད་མཁྱེན་པ་ཆེན་པོ་ལ་ཐོག་མ་མཇལ་བ་ནས་བཟུང་ཆོས་བཀའ་མཐའ་ཡས་པ་གསན་ཞིང་ཚོགས་ཆེན་དུ་གནང་བའི་གྲས་ལ། སྐྱབས་ཐབས་བརྒྱ་རྩའི་ནང་གི་ལྷ་རྣམས་ཀྱི་རྗེས་གནང་དང་ལྟོགས་ལུང་། ལྕོ་བྲག་གྲུབ་ཆེན་གྱི་བཀའ་འབུམ། འཇམ་དབྱངས་ཆོས་སྐོར། ཇོ་བོའི་ཆོས་ཆུང་བརྒྱ་རྩ། རྗེ་དགེ་འདུན་རྒྱ་མཚོའི་གསུང་འབུམ་གྱི་སྟོད། བསླབ་བཏུས། བྱང་ཆུབ་གཞུང་ལམ། སྤྱིན་སྲེག་དངོས་གྲུབ་རྒྱ་མཚོ། མཁས་གྲུབ་རིན་པོ་ཆེས་མཛད་པའི་འཇིགས་བྱེད་ཀྱི་བསྐྱེད་རིམ། སྟོན་པའི་རྣམ་ཐར་ཆེན་མོ། དགའ་ལྡན་ཆོས་འབྱུང་། གཙུག་ཏོར་གདུགས་དཀར་གྱི་མདོ་སོགས་ཀྱི་ལུང་། སྒྲོལ་མ་ཉེར་གཅིག་གི་རྗེས་གནང་། ཕག་དཀར་ཤེས་རབ་གསལ་བྱེད་ཀྱི་རྗེས་གནང་། འཇམ་དབྱངས་དཔའ་གཅིག །ཨ་ར་པ་ཙ་ན། འཇམ་དབྱངས་དཀར་པོ། འཇམ་དཔལ་ནག་པོ། འཇམ་དབྱངས་སྨྲ་སེང་། དུས་མཚན་མ། ཀུ་རུ་ཀུལླེ། དབྱངས་ཅན་མ། སྒྲོལ་དཀར་ལྗང་། རི་ཁྲོད་མ། གཙུག་（༢༠༨བ）

ཧོར་གདུགས་དཀར། རྣམ་རྒྱལ་མ། སླེ་བརྩེགས། སེང་གདོང་མ། ཛམ་སེར་ནག །ཐུབ་པ་རྡོ་རྗེ་གདན་མ། མི་གཡོ་བ་སྔོན་པོ། སྤྱན་རས་གཟིགས་ཕྱག་བཞི་པ། སེང་གེ་སྒྲ། ཧ་མགྲིན་གསང་སྒྲུབ། ལྷུགས་རལ་ཅན། སྣ་ཚོགས་ཡུམ་རྣམས་ཀྱི་རྗེས་གནང་། གསང་འདུས། འཇིགས་བྱེད་བདུད་ལས་རྣམ་རྒྱལ། འཇིགས་བྱེད་བཅུ་གསུམ་མ་རྣམས་ཀྱི་དབང་། མགོན་པོ་ཕྱག་དྲུག་པ། ཆོས་རྒྱལ་ཕྱི་ནང་གསང་གསུམ། ཞལ་བཞི་པ། ལྷ་མོ། གུར་མགོན། རྣམ་སྲས། བེག་ཙེ། ཕྱག་རྡོར་འཁོར་ཆེན། གཏུམ་པོ། ཨུ་ཙཥྨ། གོས་སྔོན་ཅན་རྣམས་ཀྱི་རྗེས་གནང་གསན། གཞིམ་ཚང་དུ་སླེར་དུ་གནང་བ་ལ་གསང་འདུས་མི་བསྐྱོད་པའི་དབང་། བདེ་མཆོག་ལཱུ་ཨི་པའི་དབང་། འཇིགས་བྱེད་བཅུ་གསུམ་མའི་དབང་། མི་འཁྲུགས་པའི་དབང་། ནམ་མཁའ་སྐྱོ་འབྱེད་ཀྱི་དབང་དང་གཅོད་ཀྱི་ཁྲིད་རྣམས་གསན་ཞིང་། ལྷག་པར་ལམ་རིམ་གྱི་ཁྲིད་དཔལ་དབེན་ས་སྣན་རྒྱུད་ཀྱི་མན་ངག་སྐྱེས་བུ་ཆུང་ངུ་ཡན་དམ་པ་འདི་གཅིག་པུ་ལ་གཞིམ་ཚང་དུ་རྒྱས་པར་གནང་ཞིང་། སྐྱེས་བུ་འབྲིང་ཚུགས་ནས་དྲུང་པ་རྒྱལ་ཚབ་པ་ཡང་དེར་ཕེབས་པ་དང་ཐུག་སྟེ་དྲུང་པ་གཉིས་པོ་ལ་ལམ་ཁྲིད་ཡོངས་རྫོགས་སྣན་རྒྱུད་ཀྱི་མན་ངག་གེགས་སེལ་བོགས་འདོན་དང་བཅས་པ་ཚང་བར་གནང་ཞིང་དེའི་ཚེ་གང་གནང་བ་ཐམས་ཅད་བདག་ཉིད་ཆེན་པོ་འདིས་ཐུགས་སུ་ཆུད་པར་མཛད་དོ། །དེ་ནས་དྲུང་པ་འདིས་ལམ་རིམ་ཆུང་བ་ཐུགས་འཛིན་མཛད་ནས་ཉིན་རེ་བཞིན་གཞིམ་ཚང་དུ་ཕེབས་ཏེ་འདི་པ་གཅིག་པུ་ལ་ལམ་རིམ་ཆུང་བ(༣༠༩ན)འགོ་ནས་མཇུག་རྫོགས་ཀྱི་བར་ཚིག་གཅིག་ཀྱང་མ་ལུས་པ་མཐའ་དག་པར་གཟབས་བཤད་གནང་ཞིང་དཀའ་བའི་གནད་རྣམས་ལ་དྲི་གཏུགས་ཀྱི་སྒོ་ནས་མཐའ་ཆོད་པར་མཛད་དེ། དེ་ལྟར་ན་དམ་པ་འདི་ནི་པཎ་ཆེན་བློ་བཟང་ཆོས་ཀྱི་རྒྱལ་མཚན་གྱི་ནང་ཐུགས་ཀྱི་སྲས་ཤིན་ཏུ་གཅེས་པར་མཛད་པ་ཞིག་གོ །དྲུང་པ་འདིས་ཉིན་གཅིག་པཎ་ཆེན་ཐམས་ཅད་མཁྱེན་པ་ཆེན་

པོ་མཛལ་བར་བྱོན་ཏེ་སྐུ་མདུན་དུ་གཅིག་པུ་ཡུན་རིང་བཞུགས་རྒྱུ་བྱུང་བ་ན་བདག་ལ་ཇོ་བོ་རྗེ་དང་བཀའ་གདམས་ལྷ་བཞི་ལ་བརྟེན་པའི་བླ་མའི་རྣལ་འབྱོར་ཞིག་གནང་དགོས་ཞེས་གསོལ་བ་བཏབ་པ་ན་དགྱེས་བཞིན་དུ་ད་ལྟ་རང་བྱས་པས་ཆོག་གསུངས་ནས་ཇོ་བོ་རྗེ་བཀའ་གདམས་ལྷ་བཞི་དང་བཅས་པའི་བླ་མའི་རྣལ་འབྱོར་ཞིག་ཐུགས་ཐོག་ནས་གནང་བ་དྲུང་པ་འདི་པས་གང་གསུངས་ཐམས་ཅད་འཛིན་ཐུབ་པ་བྱུང་། དེ་ནས་བཟུང་སྐུ་ཚེ་ཧྲིལ་པོར་ཉིན་རེ་བཞིན་ཇོ་བོ་རྗེ་ལ་གསོལ་བ་འདེབས་པ་དང་བཀའ་གདམས་ལྷ་བཞིའི་སྙིང་པོ་རྣམས་བརྒྱ་རྩ་རེ་འཆག་མེད་བཟླ་བར་མཛད། དེ་ནས་པཎ་ཆེན་ཐམས་ཅད་མཁྱེན་པ་ཆེན་པོས་འདི་པ་ལ་ད་རི་ཁྲོད་ལ་སོངས་ལ་སྒྲུབ་པ་གྱིས་ཞེས་བཀའ་སྩལ། དྲུང་པ་འདི་པས་བདག་གིས་ཐོས་པ་མཐར་མ་ཕྱིན་པས་སྒྲུབ་པ་ཚད་ལྡན་ཞིག་མི་འོང་ངམ་ཞེས་ཞུས་པ་ན། པཎ་ཆེན་ཐམས་ཅད་མཁྱེན་པ་ཆེན་པོས་སྟོན་ལ་ཐོས་པ་བྱས། དེ་ནས་རི་ཁྲོད་དུ་ཐུགས་དམ་བྱེད་ཟེར་བ་མང་པོ་ཡོང་གི་འདུག་ཀྱང་དེ་ཐོག་ཏུ་འགྲོ་བ་དང་མཐར་ཐོན་པ་མི་ཡོང་བ་འདུག །རི་ཁྲོད་དུ་(༢༠༩བ)ཕྱིན་ནས་ཐོས་བསམ་སྒོམ་གསུམ་ཟུང་འབྲེལ་དུ་བྱེད་དགོས་པ་ཡིན། དགེ་བའི་བཤེས་གཉེན་པོ་ཏོ་བ་དེ་གཞུང་ལུགས་རྒྱ་མཚོ་ལྟ་བུ་ལ་གཟིགས་པ་ཡིན་ཡང་ད་ལྟའི་ཆོས་གྲྭའི་འཆད་ཉན་ལྟ་བུ་མིན། རེ་ཤིག་རི་ཁྲོད་དུ་དྲུང་པ་རྒྱལ་ཚབ་པ་ལ་བརྟེན་ལ་དོགས་དཔྱོད་ཞུ་ཡིན་བྱེད། མཉམ་དུ་མ་སྡོད། ཚེ་བློས་བཏང་གི་རི་ཁྲོད་མཐར་ཕྱིན་པ་ཞིག་བྱེད་དགོས་གསུང་། དེ་ནས་འདི་པས་བཀའ་བཞིན་ཞུ་ཞེས་ཞུས་ཏེ་རི་ཁྲོད་དུ་འབྱོན་པར་ཐག་བཅད། ཐོན་ཁར་ཕྱག་དབང་ལ་བྱོན་པ་ན་ཐུགས་དགྱེས་བཞིན་དུ་བྱང་དར་དམར་པོ་ལ་མདུད་པ་མང་པོ་གནང་བ་ཞིག་དང་། དབུ་ལོ་བྲུབས་ཕྱེད་གནང་སྟེ་འདི་གཉིས་ལུས་ལ་ཐོགས་སྐར་ཆོས་གང་འདུག་ཀྱང་སྟན་གསན་བྱེད་མི་དགོས་ཡོངས་ཆོག་ཅེས་བཀའ་ཕེབས། དེ་ནས་དྲུང་པ་འདི་པས་བླ་མའི་བཀའ་བཞིན་དུ་མཐོ་

མགོ་རླུང་ལ་བསྐུར། དམའ་དམའ་ཆུ་ལ་བསྐུར་ཟེར་བ་ལྟར་གང་ལའང་ཆགས་ཞེན་མེད་པར་ཆོས་གོས་གསུམ་དང་ལྷུང་བཟེད་གདིང་བ་ཆུ་ཚགས། ཉེར་མཁོའི་གླེགས་བམ་པོད་གཅིག །འཕྲལ་སྣང་གི་སྐྱུ། ཉིན་གཉིས་ཀྱི་བརྒྱུགས་ཕྱེ་མ་གཏོགས་གཞན་གང་ཡང་མེད་པར་སྦྲ་འཁར་བསྣམས་ཏེ་རྫ་ནག་ཕྱོགས་ཀྱི་རི་ཁྲོད་ལ་ཕེབས་སོ། །དེ་ནས་རྫ་ནག་ཕུའི་རི་ཁྲོད་དབེན་པ་ཞིག་ཏུ་འཚོ་བ་དཀའ་ཐུབ་ལ་བརྟེན་ཏེ་བྱང་ཆུབ་ལམ་གྱི་རིམ་པའི་ཉམས་ལེན་ལ་བརྩོན་པ་ཆུ་བོའི་རྒྱུན་བཞིན་མཛད་ཅིང་བཞུགས་སོ། །

དེ་ནས་པཎ་ཆེན་ཐམས་ཅད་མཁྱེན་པ་ཆེན་པོ་རྫ་ནག་ཕྱོགས་སུ་ཕེབས་པ་ན་འདི་པས་སྐུ་མདུན་དུ་མཇལ་བར་བྱོན་པའི་ཚེ་པཎ་ཆེན་(༢༡༠ན)ཐམས་ཅད་མཁྱེན་པ་ཆེན་པོས་དགྱེས་བཞིན་དུ་ཞལ་ཏ་མང་དུ་གནང་ཞིང་། ལྷག་པར་ལན་ཅིག་འདི་པ་གཅིག་པུ་ལ་བླ་མ་མཆོད་པའི་ཁྲིད། འཇམ་མགོན་སྙན་བརྒྱུད་ཀྱི་མན་ངག་དགའ་ལྡན་ཕྱག་རྒྱ་ཆེན་པོའི་ལྟ་བ་སྐྱོང་ཚུལ་དང་བཅས་པ་ཆེས་ཞིབ་པ་ཞིག་གནང་། དེ་ནས་སྔར་ལྟར་རི་ཁྲོད་དབེན་པ་དེ་རང་དུ་སྒྲུབ་པ་ལ་བཞུགས་ཏེ་རྩམ་པ་རླུང་འཛིན་ཙམ་རེ་ལས་མེད་ཀྱང་ཐུགས་རིག་ཤིན་ཏུ་དྭངས་ཤིང་དགེ་སྦྱོར་འཕེལ་བ་བྱུང་སྐབས་འགར་རྩམ་པ་རླུང་འཛིན་ཙམ་ཡང་མེད་པར་རྡེའུའི་བཅུད་ལེན་ལ་བརྟེན་ཏེ་དཀའ་ཐུབ་དྲག་པོའི་སྒོ་ནས་སྒྲུབ་པ་སྙིང་པོར་མཛད། སྐབས་ཤིག་རྩམ་པ་འབུལ་མི་ཕྲན་བུ་ཞིག་བྱུང་སྟེ་རྩམ་པ་རླུང་འཛིན་ཙམ་རེ་གསོལ་ཞིང་ཡོད་པ་ལ་གཙང་སོག་འཁྲུགས་པའི་དམག་ཟིངས་ཀྱིས་གཞིས་ཀ་རྩེའི་ཆུ་ལྷོ་བྱང་ཐམས་ཅད་དུ་སྐྱེ་འགྲོ་རྣམས་སྡུག་བསྔལ་གྱིས་ཉམ་ཐག་ཅིང་མུ་གེ་ཤིན་ཏུ་ཆེ་བ་ཞིག་བྱུང་བས། ནུབ་གཅིག་ཇག་རྐུན་པ་མི་བཞི་འདི་པའི་སྒྲུབ་ཕུག་ཏུ་སླེབས་ཐོག་མར་འདི་པ་ཟིན་ནས་སྙིང་གར་གྲི་བཙུགས་ཏེ་བསྡིགས་མོ་བྱས། དེ་ལ་འདི་པས་ཁོང་ཁྲོ་གང་ཡང་མ་མཛད་པར་ཁོང་རང་ཚོ་གང་བྱེད་དུ་བཞག་པ་ན་ཇག་རྐུན་པ་དེ་རྣམས་ཀྱི་ནང་ནས་གཅིག་གིས་འདི་པ་མནན། གཞན་རྣམས་ཀྱིས་མེ་སྦར་ཏེ་

ཆས་དངོས་གཡེང་པ་ན་འདི་པ་ལ་ཆས་དངོས་གང་ཡང་མེད་པས་ཇག་པ་དེ་རྣམས་ཀྱིས་དགེ་སློང་གི་རྩམ་པ་ག་ན་ཡོད་ཟེར། དེ་ལ་དམ་པ་འདི་པས་རྩམ་པ་ཉུང་ཟད་གཅིག་ཡོད་པ་ཤིང་དེའི་གསེབ་ན་ཡོད་གསུངས། (༢༡༠བ)ཁོང་ཚོས་ཡིད་མ་ཆེས་པར་འདི་པ་འཁྲིག་རྩིས་བྱས་པ་ལ་འཁྲིག་པའི་ཐག་པ་མ་རྙེད་པ་ན་འདི་པས་ཕྱིའི་ཡོལ་བ་དེ་ལ་ཐག་པ་ཡོད་གསུངས་པས་རྐུན་མ་ཚོས་ཕྱིའི་ཡོལ་བ་དེ་ཤིད་ཀྱིས་འཐེན་པ་ན་ཐག་པ་གར་སོང་མ་བྱུང་བར་ཡོལ་བ་ས་ལ་བབས། དེ་ནས་དམ་པ་འདི་པས་ཁྱེད་རང་ཚོ་ཅིས་ཀྱང་འཁྲིག་འདོད་ན་སྟུས་ཀྱི་འོག་ན་སྣ་རགས་ཡོད་གསུངས་པས་རྐུན་མ་ཚོས་སྣ་རགས་བླངས་ཏེ་འཁྲིག་རྩིས་བྱས་པ་ན་དམ་པ་འདིས་ཁྱེད་ཚོ་རང་ཡིད་མི་ཆེས་པ་བྱེད་མི་དགོས། ངས་གང་ཡང་བྱས་མི་ཡོང་གསུངས་པ་ན་རྐུན་མ་ཚོས་ང་ཚོ་ཡིད་མི་ཆེས་པ་འདུག་པས་ཅུང་ཟད་ཅིག་འཁྲིག་དགོས་ཟེར་ནས་དམ་པ་འདི་པ་གཅེར་བུར་བཏོན་ནས་ཕྱག་གཉིས་བཀྱིགས་ཏེ་བཞག་སྒྲུབ་ཁང་དེ་ན་ཡོད་པའི་ཤིང་གི་ཚལ་བུ་ཡན་ཆད་ཁྱེར་བའི་གྲབས་བྱས། དེ་ནས་དམ་པ་འདི་པས་ད་ཁྱེད་རང་རྣམས་ཐུག་པ་སྐོལ་ལ་ཐུངས་གསུངས་པས་ཐུག་པ་སྐོལ་ལོང་མི་འདུག་ཟེར། དེ་ནས་དམ་པ་འདི་པས་དེའི་འབྲལ་སྐྱང་གི་སྐུ་འདྲ་དེ་དང་ཆོས་གོས་དེ་ཞོག །ཁྱེད་ཚོ་ལ་ཕན་གང་ཡང་མི་ཐོགས། གཞན་མ་གང་ཡོང་ཁྱེར་གསུངས་པས་རྐུན་མ་དེ་ཚོས་དགེ་སློང་གི་ཆོས་གོས་དང་སྐུ་འདྲ་བཞག་ཡོད་དོ། །གླེགས་བམ་འདིའི་ནང་ན་ངེད་ཚོ་ལ་ངན་སྔགས་བྱེད་རྒྱུ་འདྲ་ཡོད་ཤས་ཆེ་བས་ཁྱེར་རྒྱུ་ཡིན། ངེད་ཚོས་མི་ཟས་མ་མྱོང་བ་ཟླ་བ་གཉིས་སོང་། སྲོག་བློས་མ་ཐོངས་པར་འདི་འདྲ་བྱེད་དགོས་བྱུང་། དགེ་སློང་གིས་ངེད་ཚོ་ལ་ངན་སྔགས་མ་བྱེད་ཅིག་ཟེར་ནས་སོང་། དེ་ནས་དམ་པ་འདི་པས་སྤྱིར་འཁོར་བའི་ཆོས་ཉིད་དང་། ལྷག་པར་སྐྱེ་བོ་ཉམ་ཐག་དེ་ཚོ་གཟིགས་པས་(༢༡༡ན)ཁོང་ཁྲོ་མི་སྐྱེ་བར་མ་ཟད་ཐུགས་སྐྱོ་ལ་ཉམས་དགའ་བ་ཞིག་བྱུང་ནས་ཇག་རྐུན་དེ་ཚོ་ལ་དམིགས་

ནས་སྤྱོད་འཇུག་སྨོན་ལམ་ཞིག་འདོན་པར་མཛད། དེ་ནས་མཚན་མོ་དེ་ན་བཟའ་གཞན་གང་ཡང་མེད་པར་ཆོས་གོས་དེ་སྟོད་ལ་བཀབ། སྟན་དེ་སྨད་ངོས་ལ་བཀབ་ནས་གཟིམས་པས་མནལ་ཤིན་ཏུ་སྐྱིད་པ་ཞིག་བྱུང་། ནམ་ལངས་ནས་གཟིགས་པས་ཡོལ་བའི་ཐག་པ་མིས་འགྲོལ་ཐུབ་པ་མེད་ཀྱང་རི་གཤམ་ན་མར་སླེབས་ནས་བསྡད་འདུག་པ་གཟིགས་པས་ཆོས་སྲུང་དམ་དཀར་ཕྱོགས་ལ་དགའ་བའི་ལྷ་ཞིག་གིས་འཕངས་པ་ཡིན་སྙམ་པ་ཐུགས་ལ་ཤར། དེ་ནས་དཀའ་ཐུབ་དེ་ཁའི་རྒྱུན་ལ་བཞུགས་པས་རེ་ཤིག་ནས་དྲུང་པ་རྒྱལ་ཚབ་ལ་པཎ་ཆེན་ཐམས་ཅད་མཁྱེན་པས་བཀའ་ཕེབས་ནས་དྲུང་པ་ཁོང་དེང་སང་སོ་སོད་པོ་ཨེ་ཡོད་ན། དེང་སང་རི་ཁྲོད་པས་རི་ཐུབ་ཀྱང་། རིས་རི་ཁྲོད་པ་མི་ཐུབ་བྱ་བའི་སྐབས་ཡིན་པས་ཁྱེད་རང་གཉིས་ཀ་ལོག་ཤོག །བཙན་ས་ཞིག་ལ་འགྲོ་བ་དགའ་གསུང་བའི་བཀའ་ཕེབས། དེ་ནས་དྲུང་པ་རྒྱལ་ཚབ་པས་ད་དེད་རང་གཉིས་ཀ་བླ་མ་མཇལ་བར་འགྲོ་གསུངས་ནས། གཉིས་ཀས་བཀྲ་ཤིས་ལྷུན་པོར་ཕེབས་ཏེ་པཎ་ཆེན་ཐམས་ཅད་མཁྱེན་པ་མཇལ་བར་ཕེབས་པས་པཎ་ཆེན་ཐམས་ཅད་མཁྱེན་པ་ཆེན་པོས་དམ་པ་འདིའི་དབུ་ཕྲག་གིས་མནན་ནས་ད་ལམ་འཁྱིག་ཐག་རྗེ་འདྲ་བ་ཞིག་ཨེ་བྱུང་གསུང་། ལན་ཞུ་མ་ནུས་པར་ལ་ལ་ཞུས་པས། དེ་དུས་དྲེད་པོ་ཨེ་བྱུང་གསུང་། དྲེད་པོ་རང་མ་བྱུང་ཞུས་པས། འོ་ན་གང་འདྲ་བྱུང་། ཁོང་ཁྲོ་སྐྱེས་བྱུང་ངམ་(༢༡༡བ)གསུང་། མ་བྱུང་ལགས་ཞུས་པས། འོ་ཡགས། དེ་རྣམས་ལ་སྨོན་ལམ་བཟང་པོ་བཏབ་སྙིང་རྗེ་སྒོམ་དགོས་གསུང་། དེ་ནས་དྲུང་གཉིས་ཀ་པཎ་ཆེན་ཐམས་ཅད་མཁྱེན་པའི་བཀས་ཀྲོད་ཚང་ལ་ཕེབས། དེ་དུས་ཀྲོད་ཚང་སྒྲུབ་སྡེ་མ་ཆགས་པའི་དུས་ཡིན་པས་དྲུང་པ་རྣམ་གཉིས་དང་གཞན་ཁ་ཤས་བཅས་སྒྲུབ་པ་ལ་བཞུགས། དེ་ནས་དམ་པ་འདི་པས་དབེན་དགོན་ལ་ཕེབས་ཏེ་གནས་དེར་པཎ་ཆེན་ཐམས་ཅད་མཁྱེན་པས་བཀའ་གནང་བའི་མཐུས་དབེན་དགོན་པ་རྣམས་ཀྱིས་མཐུན་རྐྱེན་ཕུལ་ཏེ་

མཐུན་རྐྱེན་ཚང་བའི་སྒོ་ནས་སྒྲུབ་པ་རྩེ་གཅིག་ཏུ་མཛད་པས་བྱང་ཆུབ་ལམ་གྱི་རིམ་པ་ལ་མྱོང་བ་བོགས་ཆེ་བར་ཐོན། དེ་སྐབས་ནས་བཟུང་སྟེ་ཉམས་མགུར་ཡང་མང་དུ་མཛད། དེ་ནས་པཎ་ཆེན་ཐམས་ཅད་མཁྱེན་པ་ཆེན་པོས་ཀོད་ཚང་སྒྲུབ་སྡེ་གསར་འཛུགས་མཛད་དེ་དྲུང་པ་རྒྱལ་ཚབ་པ་བླ་མར་བསྐོ་བར་མཛད། དྲུང་པ་འདི་པས་ནི་གནས་ངེས་མེད་མཛད་དེ་བྱང་ཆུབ་ལམ་རིམ་གྱི་ཉམས་ལེན་ལ་ཆིག་བསྒྲིལ་མཛད། དེ་ནས་པཎ་ཆེན་ཐམས་ཅད་མཁྱེན་པ་ཆེན་པོ་དབེན་དགོན་དུ་ཕེབས་པ་ཞིག་ལ་མཇལ་ཁར་བྱོན་པས་ཞལ་ནས་དབུས་ཕྱོགས་ཀྱི་བླ་མ་བསྟན་པར་ཕན་རེ་ཆེ་བ་ཞིག་ལ་འཇིགས་བྱེད་ཀྱི་དབང་ཞིག་བྱེད་དགོས་ཡོད་པས་དྲུང་པར་འདོད་ན་གནང་ཉེན་ཤོག་གསུངས་ཐུགས་རྗེ་ཆེ་ཞུས་ནས་ཞུར་ཕེབས་པས་ཁོང་བཅུ་གསུམ་ལ་འཇིགས་བྱེད་ཀྱི་དབང་ཤིན་ཏུ་རྒྱས་པ་ཞིག་གནང་། དེ་ནས་དབྱར་ཆོས་ཀྱི་ཐོག་སྤྱིལ་སྐྱ་བྲག་པ་རྒྱལ་མཚན་ཕེབས་ནས་གསོལ་བ་བཏབ་པ་ལྟར་ལམ་(༢༡ ༢ན)རིམ་ཆེན་མོ་དང་འཇམ་དབྱངས་ཆོས་སྐོར་སོགས་ཆོས་བཀའ་མཐའ་ཡས་པ་གནང་བ་ཞུ་བར་མཛད། དེའི་སྔོན་པཎ་ཆེན་ཐམས་ཅད་མཁྱེན་པ་ཆེན་པོ་ཀོད་ཚང་དུ་ཕེབས། སྒྲུབ་སྡེ་ལ་རབ་གནས་དང་རི་ཁྲོད་པ་རྣམས་ལ་ལམ་རིམ་གྱི་ཁྲིད་ཤིན་ཏུ་རྒྱས་པ་ཞིག་དང་། བཞུ་བུམ་སྔོན་པོའི་ལུང་སོགས་ཆོས་བཀའ་མང་དུ་གནང་བ་རྣམས་ཞུ་བར་མཛད། དེ་ནས་དམ་པ་འདི་པས་དབེན་པའི་རི་ཁྲོལ་མང་པོར་ལམ་རིམ་སྒོམ་པ་ལ་རྩེ་གཅིག་ཏུ་བཞུགས་ཤིང་། སྐབས་སྐབས་སུ་པཎ་ཆེན་ཐམས་ཅད་མཁྱེན་པ་མཇལ་བར་ཕེབས་ཏེ་དབང་ལུང་མན་ངག་མཐའ་ཡས་པ་གསན། དེ་ནས་དམ་པ་འདིས་དབུས་ཕྱོགས་ཀྱི་གནས་བསྐོར་ལ་ཕེབས་ཏེ། ལྷ་ས། ཡེར་པ། དགའ་ལྡན། ར་སྒྲེང་། བསམ་ཡས། རྒྱལ་མེ་ཏོག་ཐང་། དྭགས་པོ་དང་འོལ་ཁའི་ཕྱོགས་ཀྱི་རྗེའི་སྒྲུབ་གནས་རྣམས་མཇལ་ཞིང་གནས་དེ་དང་དགེ་དག་ཏུ་ལམ་རིམ་གཙོ་བོར་བསྐྱངས་ཤིང་གཅོད་ཀྱི་དམིགས་སྐོར

ལའང་འགྲུས་པར་མཛད། དེ་སྐབས་པཎ་ཆེན་བློ་བཟང་ཆོས་ཀྱི་རྒྱལ་མཚན་གྱི་ཐུགས་སྲས་གྲུབ་པའི་དབང་ཕྱུག་དཀའ་ཆེན་ནམ་མཁའ་རྡོ་རྗེ་ཡང་ཕྱོགས་དེར་ཕེབས་པ་དང་མཇལ། ཞག་ཤས་ལྷན་དུ་བཞུགས་ཏེ་ལྷ་སྒོམ་སྒྲོད་གསུམ་ལས་བརྩམས་ཏེ་གསུང་མོལ་ཞིབ་ཏུ་མཛད་པས་གཉིས་ཀའི་དགེ་སྦྱོར་ལ་བོགས་ཆེན་པོ་ཐོན་ཞིང་། ལྷག་པར་དཀའ་ཆེན་ནམ་མཁའ་རྡོ་རྗེ་ནི་དབུ་མའི་ལྟ་བ་ལ་མངའ་བརྙེས་པ་ཞིག་ཡིན་པས་དམ་པ་འདི་ལ་ལྟ་བའི་བོགས་འདོན་ཤིན་ཏུ་ཆེ་བ་བྱུང་སྐེ་གནས་དེར་ལྟ་བའི་མགུར་དབྱངས་མང་དུ་མཛད། དེ་ནས་ཡོག་ཕེབས་ཏེ་པཎ་ཆེན་ཐམས་ཅད་མཁྱེན་པ་དབེན་དགོན་དུ་བཞུགས་པ་དང་མཇལ་ཏེ་བདེ་མཆོག་གི་མན་ངག་རྣམས་ཞུས་ཏེ་ཉམས་ལེན་ལ་ཐེ་ཚོམ་ཆོད་པར་མཛད། དེ་ནས་དམ་པ་འདི་དང་དྲུང་པ་རྒྱལ་ཚབ་པ་གཉིས་ཀ་བྲག་རྒྱ་རྡོ་རྗེའི་ཕོ་བྲང་ལ་ཕེབས་ཏེ་སྒྲུབ་པ་མཛད་པས་ཉམས་རྟོགས་ཡར་ངོའི་ཟླ་བཞིན་འཕེལ་བ་བྱུང་། དེ་ནས་དམ་པ་འདིས་གྲུབ་ཆེན་ཆོས་རྡོ་རྗེའི་སྒྲུབ་གནས་པ་སྣམ་རྫ་མོ་ལྷ་རིར་ཕེབས་ཏེ་ཟུང་འཇུག་ཕུག་སོགས་མཇལ་ཞིང་། པདྨ་འོད་དུ་བཞུགས་ཏེ་སྒྲུབ་པ་རྩེ་གཅིག་ཏུ་མཛད། དེ་ནས་འགར་མོ་ཆོས་རྫོང་དུ་བཞུགས་ཏེ་དགེ་སྦྱོར་ཅུ་བོའི་རྒྱུན་བཞིན་མཛད་པས་ཉམས་རྟོགས་དབྱར་གྱི་མཚོ་ལྟར་འཕེལ་བ་བྱུང་། དེ་ནས་ཤངས་ཕྱོགས་སུ་བྱོན་ཏེ་མཁས་གྲུབ་ཁྱུང་པོའི་སྒྲུབ་གནས་རྣམས་མཇལ་ཏེ་གནས་དེ་དག་ཏུ་སྒྲུབ་པ་རྩེ་གཅིག་ཏུ་མཛད། དེ་ནས་རྐོང་ཚང་དུ་ཕེབས་ཏེ་དྲུང་པ་རྒྱལ་ཚབ་པ་དང་མཇལ་བས་དེ་དུས་དྲུང་པ་རྒྱལ་ཚབ་པས་དོན་གཉེར་ཅན་མང་པོ་ཞིག་ལ་ལམ་རིམ་གྱི་ཁྲིད་རྒྱས་པ་ཞིག་གནང་བ་དང་ཐུག་པས་དམ་པ་འདིས་ཀྱང་ཞུ་བར་མཛད། དྲུང་པ་རྒྱལ་ཚབ་པ་ནི་ལམ་རིམ་འཆད་པ་ལ་མངའ་བརྙེས་པ་ཞིག་སྟེ། དཔལ་དབེན་ས་སྣན་རྒྱུད་ཀྱི་མན་ངག་གཞུང་བསྲངས་པའི་སྟེང་དུ་རྒྱལ་བའི་བཀའ་དང་དགོངས་འགྲེལ་གྱི་བསྟན་བཅོས་རྣམས་དང་། དེ་དག་གི་དོན་དྲི་མ་མེད་པའི་

རིགས་ལམ་ནས་དྲངས་ཏེ་མཐའ་ཆོད་པར་སྟོན་པར་མཛད་པས་དེ་དུས་ཀྱི་ཆོས་ཉན་པ་རྣམས་ཀྱིས་དམ་པ་འདི་ལ་ད་རེས་དྲུང་པ་རྒྱལ་ཚབ་པའི་གསུང་འདི་རྣམས་ལ་ཟིན་(༢༡ ༣ན)བྲིས་ཤིག་མཛད་དགོས་ཞེས་ཞུས་པ་ན་དམ་པ་འདི་པས་བདེ་ལམ་གྱི་སྟོན་འགྲོའི་མན་ངག་ཆེས་ཞིབ་པ་སྨར་པཎ་ཆེན་བློ་བཟང་ཆོས་ཀྱི་རྒྱལ་མཚན་གྱི་ཞལ་ལས་ཐོས་པ་རྣམས་གཞིར་བྱས་དྲུང་པ་རྒྱལ་ཚབ་པའི་ཞལ་ལས་ཐོས་པ་རྣམས་ཀྱིས་ཀྱང་བརྒྱན་ཏེ་ཤིན་ཏུ་གསལ་ཞིང་གོ་བདེ་བ་ཞིག་མཛད་དོ། །

དམ་པ་འདིས་པཎ་ཆེན་ཐམས་ཅད་མཁྱེན་པ་བློ་བཟང་ཆོས་ཀྱི་རྒྱལ་མཚན་གྱི་བཀའ་ལྟར་དཔལ་དབེན་ས་སྙན་རྒྱུད་ཀྱི་མན་ངག་བྱང་ཆུབ་ལམ་གྱི་རིམ་པ་ལ་སྒྲུབ་པ་ཆུ་བོའི་རྒྱུན་བཞིན་མཛད་པས་མྱོང་བ་ཐུལ་ཕྱིན་ཐོན་པ་ནི་དམ་པ་འདི་ཉིད་རང་གི་ཞལ་ནས། བདག་གིས་སྒྲུབ་པ་སྙིང་པོར་བྱས་པའི་ཚུལ་གླེང་ན། དེ་ཡང་བཀའ་དྲིན་མཉམ་མེད་དཔལ་ལྡན་བླ་མ་དམ་པ་མཁྱེན་བརྩེ་ནུས་པའི་བདག་ཉིད་ཅན་པཎ་ཆེན་ཐམས་ཅད་མཁྱེན་པ་བློ་བཟང་ཆོས་ཀྱི་རྒྱལ་མཚན་དཔལ་བཟང་པོ་མཚན་བརྗོད་པར་དཀའ་བ་དེ་ཉིད་ཀྱིས་བདག་རྗེས་སུ་བཟུང་བས་བརྩེ་བ་ཆེན་པོས་འདི་ཕྱི་ཐམས་ཅད་དུ་བདག་བདེ་བ་དང་ལེགས་པའི་ལམ་ལ་འགོད་པའི་ཕྱིར་རི་ཁྲོད་དུ་སྒྲུབ་པ་ལ་འགྲོ་བ་དགའ་གསུངས་ནས་ཡང་ཡང་བསྐུལ་བར་མཛད་པའི་མཐར། ཕན་པའི་ལན་དུ་མཆོད་པ་བྱ་བ་ནི། །བསྒྲུབ་པའི་ཚིག་བཞིན་ཉམས་སུ་ལེན་པ་ཡིན། །ཞེས་གསུངས་པའི་དོན་བདག་གིར་བྱས་ནས་བཀའ་དང་དུ་བླང་ནས་ཁས་བླངས་དམ་བཅས་པས་དྲིན་ཅན་རྩ་བའི་བླ་མ་པཎ་ཆེན་ཐམས་ཅད་མཁྱེན་པ་བློ་བཟང་ཆོས་ཀྱི་རྒྱལ་མཚན་ཐུགས་དགྱེས་པའི་རྣམ་འགྱུར་དང་བཅས། དེ་ཡང་ཚེ་བློས་བཏང་(༢༡ ༣བ)གི་རི་ཁྲོད་པ་གཞན་གྱི་མིག་ལྟོས་ལ་ཕན་པ་རང་ཅིག་བྱེད་དགོས། རི་ཁྲོད་དུ་ཐོས་བསམ་སྒོམ་གསུམ་དང་། ལྟ་སྒོམ་སྤྱོད་པའི་ཉམས་ལེན་ལ་འབད་དགོས

གསུང་ནས། ལམ་གྱི་རིམ་པ་སྤྱི་དང་ཁྱད་པར་སྙན་ནས་སྙན་དུ་བརྒྱུད་པའི་ཞལ་ཤེས་ཀྱི་གདམས་པ་ཟབ་རྒྱས་གསུང་གི་བདུད་རྩི་མགུར་གྱི་བུམ་བཟང་ལས་འོངས་ཤིང་ཞལ་གྱི་པདྨོ་ལས་འཁྲུངས་པའི་བཅུད་ཀྱི་ཟེགས་མ་བདག་གི་སྒྲ་འཛིན་གྱི་རྩེར་ཆགས་པ་དང་བས་མྱངས་པས་ཡིད་དགའ་བར་བྱེད་པའི་རོ་མཆོག་སྙིང་གི་བུམ་པར་འཁྱིལ་བ་རིས་སུ་མ་བོར་བར་གལ་པོ་ཆེར་མཐོང་ནས་གུས་པས་ཉམས་སུ་བླངས་པ་ལས། མི་རྟག་པ་དང་། ངན་འགྲོའི་སྡུག་བསྔལ་དང་། འཁོར་བའི་ཆོས་ལ་སྐྱོ་ཞིང་ཡིད་འབྱུང་བའི་ངེས་འབྱུང་གི་བསམ་པ་མྱོང་བ་སྣ་ཟིན་སྐྱེས་པའི་དབང་གིས་ལས་དང་འབྲས་བུའི་གནས་ཚུལ་ལ་མི་ཕྱེད་པའི་དད་པ་བརྟན་པོ་ཐོབ། རང་བཞིན་དང་བཅས་པའི་ཁ་ན་མ་ཐོ་བའི་ཉེས་དམིགས་མཐོང་ནས་ཇི་ལྟར་ཁས་བླངས་པའི་ཚུལ་ཁྲིམས་ཀྱི་སྡོམ་པ་གཙོ་བོར་བྱས། བསླབ་པ་གསུམ་གྱི་བསླབ་བྱའི་རིམ་པ་རྣམས་ལག་ཏུ་བླང་ཐུབ་པ་རྣམས་བླངས། མི་ཐུབ་པ་རྣམས་བསླབ་པ་ལ་ཁྱད་གསོད་དང་བརྙས་བཅོས་སུ་མ་སོང་བའི་ངོས་ནས་སྐྱེ་བ་ཕྱི་མ་རྣམས་སུ་སློབ་པར་ནུས་པའི་རྒྱུ་ལ་བསླབ་པ་དང་། སློབ་པར་དམ་བཅའ་བ་དང་སྨོན་ལམ་གྱིས་ཁ་བསྒྱུར་བ་དང་། བཅས་མཚམས་ཕྲ་ཞིང་ཕྲ་བ་ལ་ཉེས་པས་མ་གོས་པར་བྱེད་པ་ནི་ཐར་པའི་ས་བོན་ཐེབས་པ་ཡིན་ཡང་། སྲིད་པའི་རྩ་བ་དྲུང་ནས་འབྱིན་པར་བྱེད་པའི་སྨན་མཆོག་བདུད་རྩིའི་ཐིགས་པ་ལྟ་བུ(༢༡༨ན)ཟབ་མོ་སྟོང་པ་ཉིད་ཀྱི་དོན་ནི། །ཡོད་མིན་མེད་མིན་གཉིས་ཀ་མིན། །གཉིས་ཀའི་བདག་ཉིད་མིན་པའང་མིན། །མཐའ་བཞི་རྣམ་པར་གྲོལ་བ་ཡི། །དེ་ཉིད་དབུ་མ་པ་ཡི་རིག །ཅེས་གསུངས་པ་ལྟར། རྟག་ཆད་ཀྱི་མཐའ་བཞི་དང་བྲལ་བའི་ངེས་དོན་མཐར་ཐུག་གི་ལྟ་བ་ཕྱག་རྒྱ་ཆེན་པོ་འཕགས་པ་ཡབ་སྲས་ཀྱི་ཐུགས་ཀྱི་བཅུད་འཁྲུལ་མེད་ཀྱི་ལྟ་བ་འདི་ལྷག་མཐོང་ཆེ་ཆུང་དང་། སྲས་ཀྱི་ཐུ་བོ་རྣམས་ཀྱིས་གསུངས་པའི་ལྟ་ཁྲིད་དང་། རྗེ་བའི་བླ་མ་ཐམས་ཅད་མཁྱེན་པ་ཉིད་ཀྱིས་གསུངས་

པའི་དམར་ཁྲིད་ཀྱི་ལྟག་མཐོང་དང་། ལྟ་བའི་སྐོར་གྱི་གསུང་མགུར་རྣམས་ལ་བལྟ་ཞིང་དོན་ཉམས་སུ་བླངས་པས་སྟོང་ཉིད་ལ་ཐོག་མར་གོ་བ་ཙུང་ཟད་ཆགས་པ་དང་། དོན་སྤྱིའི་ཚུལ་གྱིས་སྒོམ་པ་དང་། དེ་ལས་ལངས་ནས་གང་ཤར་སྒྱུ་མ་ལྟ་བུའི་རྣམ་རོལ་གྱི་ངང་ནས་སྤྱོད་ཕྱོགས་རྣམས་ལ་བསླབས་པས་བདག་གི་སྐྱེ་བ་འདིའི་མི་ལུས་ཆུད་མ་ཟོས་པ་འདི་རང་གི་རྣམ་པར་ཐར་པ་ལགས་སོ་ཞེས་གང་གསུངས་པ་ལྟར་རོ། །དེ་ནས་དམ་པ་འདིས་བྱང་ཆུབ་ལམ་གྱི་རིམ་པ་ལ་སྦྱོང་བ་ཞུལ་ཕྱིན་ཐོན་ཏེ་རང་ཉིད་མི་ཉམས་པའི་གདེང་ཐོབ་པ་ན་རྟ་ནག་ཞུག་ཏུ་སྒྲུབ་སྡེ་འཛུགས་པར་མཛད། རྟ་ཞུག་རྡོ་རྗེའི་གུར་ཁང་ཞེས་མཚན་བཏགས་ཤིང་དེར་སྦྱོང་བ་པའི་སྡེ་བསྐྱངས། དེ་ནས་སྟག་གི་ལོ་བྱུང་བ་རྒྱལ་ཚབ་པ་སྐུ་གཤེགས་པ་ན་བླ་བྲང་རྒྱལ་མཚན་མཐོན་པོ་ནས་བསྐུལ་ཏེ་དམ་པ་འདི་པ་གྲོད་ཚང་བླ་མར་འཁྲིད་དགོས་བྱུང་། དེ་ནས་རྟ་ཞུག་དང་གྲོད་ཚང་གཉིས་ཀ་བསྐྱངས་ཏེ་རེས་རྟ་ཞུག་ཏུ་ཕེབས་ནས་དེར་གནས་(༢༧༨བ)པའི་རི་ཁྲོད་པ་རྣམས་དང་ཕྱོགས་འདུས་ཀྱི་དད་ལྡན་མང་པོར་ལམ་རིམ་གྱི་ཁྲིད་དང་། དགའ་ལྡན་ཕྱག་རྒྱ་ཆེན་པོའི་ཁྲིད་དང་བློ་སྦྱོང་གི་ཁྲིད་དང་། གཅོད་ཀྱི་ཁྲིད་དང་། ན་རོ་ཆོས་དྲུག་གི་ཁྲིད་དང་། གཞན་ཡང་དབང་ལུང་མན་ངག་རྒྱ་ཆེར་གནང་། རེས་གྲོད་ཚང་དུ་ཕེབས་ཏེ་དབང་ལུང་མན་ངག་རྒྱ་ཆེར་གནང་སྟེ་རྗེ་སྒྲུབ་ཁང་པས་དམ་པ་འདི་ལ་ལམ་ཁྲིད་སོགས་གསན་པ་ནི་གྲོད་ཚང་ཡིན་ལ། ལྕང་སྐྱ་ཞབས་དྲུང་ངག་དབང་བློ་བཟང་ཆོས་ལྡན་དང་། བླ་མ་སྨན་ཁང་པ་སོགས་ཀྱིས་དམ་པ་འདི་ལ་ཆོས་གསན་པ་ནི་རྟ་ཞུག་ཡིན་ནོ། །

དེ་ནས་པཎ་ཆེན་བློ་བཟང་ཆོས་ཀྱི་རྒྱལ་མཚན་ཞིང་གཤེགས་ནས་པཎ་ཆེན་མཆོག་གི་སྤྲུལ་པའི་སྐུ་རྗེ་བཙུན་བློ་བཟང་ཡེ་ཤེས་བཀྲ་ཤིས་ལྷུན་པོར་ཕེབས་ནས་ཡང་ཡང་མཇལ་བར་ཕྱིན་ཞིང་། རྗེ་བཙུན་བློ་བཟང་ཡེ་ཤེས་ཀྱིས་དམ་པ་འདི་ལ་ནམ་

མཁའ་སྐྱོ་འཁྱེད་ཀྱི་དབང་དང་། གཅོད་ཀྱི་ཁྲིད་དང་། འཇམ་དབྱངས་ཆོས་སྐོར་སོགས་ཆོས་བཀའ་མང་དུ་གསན་ནོ། །དེ་ནས་དམ་པ་འདིའི་འཕྲིན་ལས་ཆེས་ཆེར་རྒྱས་པ་ན་དབུས་གཙང་ཁམས་གསུམ་ན་ཆོས་དོན་གཉེར་བ་མང་དུ་འདུས་ཤིང་རང་རང་གི་ཁམས་དང་བསམ་པ་དང་མཐུན་པར་ཆོས་སྟོན་པར་མཛད་ཅིང་། གཙོ་བོར་ནི་བྱང་ཆུབ་ལམ་གྱི་རིམ་པའི་ཁྲིད་རྒྱལ་དུ་འདོན་པར་མཛད། དེའི་ཡན་ལག་ཏུ་བློ་སྦྱོང་གི་ཁྲིད་དང་། གཅོད་ཀྱི་ཁྲིད་རྣམས་མཛད་ཅིང་། གདུལ་བྱ་དབང་པོ་རབ་ཏུ་གྱུར་པ་ལམ་ཐུན་མོང་བ་ལ་སྦྱོང་བ་ཐོན་པ་འགའ་ལ་སྔགས་ཀྱི་སྐྱེད་རྫོགས་རྣམས་སྟོན་པར་མཛད་ཅིང་། ལྷག་པར་དམ་པ་འདི་ཉིད་ནཱ་རོ་ཆོས་དྲུག་ལ་མངའ་བརྙེས(༢༡)༥(ན)པས་སྟོན་འགྲོའི་འཕྲུལ་འཁོར་རྣམས་ཀྱང་ཞིབ་ཏུ་སྟོན་པར་མཛད། དམ་པ་འདི་ཉིད་ནས་བརྒྱུད་པའི་ནཱ་རོ་ཆོས་དྲུག་གི་ཁྲིད་རྒྱུན་ནི་དེང་སང་དར་ཆ་ཆེ་བར་སྣང་ངོ་། །དམ་པ་འདིས་བསྟན་པའི་དོན་དུ་བྱང་ཆུབ་ལམ་གྱི་རིམ་པའི་སྟོན་འགྲོའི་ཆོས་སྐོར་དང་། ཉམས་ལེན་གྱི་གནད་ལས་བརྩམས་པའི་གསུང་མགུར་མང་དུ་སྣང་ཞིང་། ལྷག་པར་རང་རྒྱུད་ལ་བསླུལ་མ་འདེབས་པའི་མགུར་མ་མཛད་པ་ནི་འདི་ལྟར། ཕ་བླ་མ་རྣམས་དང་ཡི་དམ་ལྷ། །སྐྱབས་བསླུ་བ་མེད་པ་དཀོན་མཆོག་གསུམ། །སྙིང་རུས་པའི་གཏིང་ནས་གསོལ་བ་འདེབས། །བདག་སྐྱེ་རྒ་ན་འཆིའི་འཇིགས་ལས་སྐྱོབས། །ལར་ལས་དང་ཉོན་མོངས་སྟོབས་ཤུགས་ཀྱིས། །དབང་མེད་དུ་སྲིད་པར་ཡང་ཡང་འཁྱམས། །དུས་ད་ལྟ་ཐར་ལམ་མ་བསྒྲུབས་ན། །རྟེན་དལ་འབྱོར་ཐོབ་པའི་དོན་པོ་ཅི། །ལྷ་ཚངས་དབང་བརྒྱ་བྱིན་བྱ་བ་ཡང་། །སྟོན་བསགས་པའི་འབྲས་བུ་སྤྱོད་སྤྱོད་ནས། །ཡང་འཁོར་བར་ཡང་བྲན་ཉིད་དུ་འགྱུར། །གནས་མཐོ་རིས་ན་ཡང་བདེ་སྐབས་མེད། །སྤྱིར་ཡིད་བརྟན་མི་རུང་འཁོར་བའི་ཆོས། །ཚུལ་འདི་ལ་མ་བརྟགས་མ་བསམ་པས། །དྲི་ངན་པའི་ཁྲོད་ཀྱི་སྦྲང་བུ་བཞིན། །ཆོས་བདུད་རྩི་སྦྱོང་བ་དཀའ་མོར་གདའ། །སྒོམ་ཕྱི་རུ་མི་

གསལ་ནང་དུ་གསལ། །དཔེ་བཀླགས་པས་མི་གོ་བསམས་པས་གོ །རྗེ་བླ་མའི་བྱིན་རླབས་སེམས་ལ་འཇུག །རྒྱུད་སྨིན་ཅིང་གྲོལ་བར་བྱིན་གྱིས་རློབས། །བློ་བན་བུན་སྤྲིན་པ་མ་དྭངས་ན། །སེམས་གསལ་སྟོང་གི་ཉི་མ་མི་མངོན་པས། །ཡུལ་ཡུལ་(༢༡༥བ)ཅན་རྣམ་རྟོག་སྒོ་བཀག་ནས། །སྐབས་གང་ཡིན་གདམས་ངག་མ་བརྗེད་དགོས། །དེར་དྲན་པའི་འཛིན་སྟངས་ཤུགས་བསྐྱེད་ལ། །གྲོགས་ཤེས་བཞིན་ཕྲ་མོས་བྱ་རར་གྱིས། །དཔྲ་བྱིང་རྒོད་བྱུང་ན་དེའི་གཉེན་པོར། །འདུ་བྱེད་པ་སྒོམ་གྱི་འགོ་འདྲེན་ཡིན། །རྟེན་བཅས་པ་དམ་པོའི་ཚུལ་ཁྲིམས་དང་། །དོན་ནང་དུ་བསམས་པའི་ཉམས་མྱོང་དང་། །རྐྱེན་དཀའ་སྤྱད་བཟོད་པའི་ཞེ་རུས་ཅན། །ཆོས་མེད་ཀྱང་བླ་མའི་སྒོམ་ཕྲུག་ཡིན། །ཞེས་དང་།

ན་མོ་གུ་རུ་བུདྡྷ་མི་ཏྲ་ཡེ། །སྙིང་དཀའ་ལྡན་ལྔ་བརྒྱའི་གཙུག་རྒྱན་དུ། །རྗེ་ས་བཅུའི་དབང་ཕྱུག་མི་ཕམ་མགོན། །དཔལ་ནམ་མཁའ་དྲི་མ་མེད་པ་དང་། །མཚན་འཇམ་དཔལ་སྙིང་པོར་གྲགས་པའི་ཞབས། །སྲས་དཔག་མེད་སེམས་དཔའི་འཁོར་གྱི་དབུས། །ནོར་རིན་ཆེན་དུ་མ་ལས་གྲུབ་པའི། །ཁྲི་རབ་འབར་གདོང་ལྔས་བཏེག་པའི་ཁར། །གདན་ཆུ་སྐྱེས་ཟླ་བའི་དབུས་བཞུགས་པའི། །སྐུ་རབ་བརྗིད་སྟོན་མཆོག་གཉིས་པ་ཡིས། །ཆོས་ཐེག་ཆེན་དཀའ་སྟོན་འགྱེད་པ་དེར། །བདག་གདུང་བའི་ཡིད་ཀྱིས་གསོལ་བ་འདེབས། །ཐུགས་བརྩེ་བའི་ལྕགས་ཀྱུས་དྲང་དུ་གསོལ། །སྟོན་འབྱོན་པའི་རྒྱལ་བས་བཏང་སྙོམས་མཛད། །དུས་ད་ལྟའི་བླ་མ་སངས་རྒྱས་ཀྱིས། །འདུལ་མ་ནུས་བློ་དྲེད་ཆོས་དྲེད་ང་། །རྒྱུད་ཆུ་ནང་རྡོ་བཞིན་སྙམ་པོར་ལུས། །ཆེར་སྙིགས་པའི་བསྟན་པའི་གཟུགས་བརྙན་འདི། །ལར་ཡིད་ལ་བརྟགས་ཀྱང་ཡིད་ཐང་ཆད། །དོན་དེས་ན་ཡིད་དཀའ་ཆོས་འཛིན་དུ། །དུས་(༢༡༦ན)ད་ལྟ་འཕོས་ན་དཀའ་བ་ལ། །གཞིས་རང་བཞིན་ངན་པའི་མི་རྣམས་ནི། །རྒྱུད་ཕྱོགས་ལྷུང་དབང་གིས་བསྟན་པ་ཡང་། །འབྲས་

སྡུག་བསྔལ་འཁྲིན་པའི་ཕྱོགས་སུ་བསྐྱལ། །འདི་བསམས་ན་བློ་སྙིང་མགྲིན་པ་འདར། །
གཞོན་བཅུ་གསུམ་ལོན་ནས་ཁྱིམ་ནས་བྱུང་། །སྐབས་དང་པོའི་བསྙེན་རྫོགས་སྡོམ་པ་
ནོས། །རྗེ་བླ་མས་བསྟན་པའི་སྒོར་བཙུད་ནས། །ཐུགས་ཉེ་བས་བདག་བློ་ཆོས་ལ་
བསྒྱུར། །དྲིན་ཆེ་མོད་སྤོན་ལས་མཐུ་བཙན་པས། །སེམས་ཅོལ་ཆུང་ཕྱི་ཆོས་གྲབ་
གཞོམ་དང་། །ཕྱུགས་མདོ་མེད་རྣམ་གཡེང་འདུ་འཛིར་འཚོར། །སྙིང་ནང་དུ་རུལ་ཡང་
ཆོས་པར་བརྗུ། །མིང་འཇིག་རྟེན་གདམ་གྲགས་ལོ་འདོད་དང་། །ལུས་དམར་སེར་
སྣལ་མས་དཀྲིས་ལགས་ཀྱང་། །ཐབས་བླང་དོར་བསླབ་བྱའི་གནས་ལ་རྨོངས། །དུས་
ལྟ་པར་གཏུགས་ཆེ་འགྱོད་ཀྱང་ཅི། །གང་ཐོས་པའི་ཚིག་རྣམས་ཡི་གེར་ལས། །རྒྱུད་
ཆོས་དང་གང་ཟག་ལྷག་སྤྲོད་སོང་། །རང་མ་དུལ་གཞན་གྱི་ཡར་འདྲེན་བྱས། །མིང་
ཆོས་ལ་སྣང་ནས་ཆོས་མིན་བསྒྲུབས། །གཞན་བསླུ་སྣམ་ཀུན་སློང་ཅི་ཞིག་སྐྱེ། །གཡོ་
བརྫུན་སྒྲོར་ཟོག་པོའི་རྣམ་ཐར་དང་། །སྡུགས་ནོར་འབྲུལ་ངེས་མེད་ཕྱུག་མཚན་
གྱིས། །འཁྲིད་མཁས་ཀྱང་མྱོང་འགྱུར་བསམ་པར་རིགས། །ཚེ་འདི་ཡི་བདེ་སྡུག་སྤྱོང་
ལེན་ཙམ། །ཆེད་གཉེར་བ་བྱོལ་སོང་ཕྱུགས་ལའང་ཡོད། །དོན་དེ་ལས་ལོག་པའི་སྒོམ་
སྒྲུབ་ཀྱིས། །རྟེན་མི་ལུས་དོན་(༢༡༨བ)ལྡན་ཅིས་མི་བྱེད། །སྲོག་ནམ་ཞིག་འགགས་
པའི་དེ་མ་ཐག །རྗེ་རྒྱལ་ཚབ་ཆོས་ཀྱི་མདུན་ས་དེར། །ཡིད་སླུང་དང་རིག་གིས་དྲངས་
པ་ན། །སྐབས་དེ་རུ་བྱམས་མགོན་ཐུགས་བསྐྱེད་ཅིག །ལུས་རྟེན་མེད་ཤིང་བལ་སླུང་
ཁྱེར་བཞིན། །གནས་གར་སྐྱེའི་གདེང་མེད་དངངས་སྐྲག་གིས། །མིག་ཧྲིག་ཧྲིག་
སྐྱབས་འཚོལ་འཕྲུན་པའི་ཚེ། །ལྷ་བླ་མ་རྣམ་གསུམ་ཚུར་སྤྱོན་ཅིག །དེའི་བྱིན་
གྱིས་ཡིད་འོངས་ལྷ་ཡི་བུའི། །ལུས་བཟུང་ནས་དད་བརྩོན་གཟུར་གནས་ཀྱིས། །ཆོས་
ལེགས་བཤད་ཐོས་བསམ་སྒོམ་པའི་དོན། །ཞིང་ས་བཅུའི་སྤྱོ་ལ་མངོན་པར་རྩེག །དུས་
དེ་ནས་སྐྱེ་རྒྱུན་མི་མང་བར། །ལམ་ཟབ་མོ་བླ་མའི་རྣལ་འབྱོར་གྱིས། །དཔལ་ཆོས་ཀྱི་

སྐུ་དང་ལོངས་སྤྱོད་རྫོགས། །སྐབས་གཅིག་ཏུ་འབྲེལ་བའི་སྨོན་ལམ་འདེབས། །གདམས་དེ་སྐད་གླེང་བའི་སྐྱོང་བ་པ། །ཡུས་དག་པའི་ཉམས་མྱོང་ག་ལ་ཞིག །རྗེ་བླ་མ་དམ་པ་གུས་བསྟེན་པས། །གསུང་ཡོན་ཏན་རྟུལ་གྱིས་གོས་པ་ཡིན། །དོན་འདིས་མཚོན་དུས་གསུམ་བསགས་པའི་དགེ །རང་ཞི་བདེའི་བསམ་པས་མ་སྦགས་པར། །མ་ཉམ་ཐག་འགྲོ་བའི་དོན་དུ་བསྔོ། །འདི་བུ་རམ་ཤིང་པའི་བཀའ་སྲོལ་ཡིན། །ཞེས་འདི་ཡང་ས་མཐའི་གྱི་ན་པ། །མིང་བློ་བཟང་དམ་ཆོས་རྒྱལ་མཚན་གྱིས། །གནས་ཧ་ཤུག་ཅེས་བྱའི་སྐྱིལ་བུ་རུ། །ཡིད་སྐྱོ་བའི་སྙེ་ངག་ཚིག་ཏུ་བསྒྲིགས། །ཞེས་གསུངས་དེ་ལྟར་དམ་པ་འདིས་པཎ་ཆེན་བློ་བཟང་ཆོས་ཀྱི་རྒྱལ་མཚན་བསམ་སྦྱོར་གཉིས་ཀྱིས(༢༡༧ན)ཚུལ་བཞིན་དུ་བསྟེན་ཏེ་འཇམ་མགོན་སྟན་རྒྱུད་ཀྱི་མན་ངག་ཡོངས་སུ་རྫོགས་པ་ཐོབ་པར་བྱས། ཆེ་འདི་བློས་བཏང་སྟེ་དབེན་པའི་རི་སུལ་དུ་སྒྲུབ་པ་སྙིང་པོར་བྱས་ཏེ་བྱང་ཆུབ་ལམ་གྱི་རིམ་པ་ལ་མྱོང་བ་ཞུལ་ཕྱིན་ཐོན་པར་མཛད། སྒྲུབ་འབྲས་ཀྱིས་རྒྱལ་བའི་བསྟན་པ་ལ་བྱ་བ་མཛད་ཕྱིར་རྗེ་སྒྲུབ་ཁང་པ་སོགས་དམ་པ་མང་པོ་རྗེས་སུ་བཟུང་སྟེ་འཇམ་མགོན་སྟན་རྒྱུད་ཀྱི་བསྟན་པ་རྒྱ་ཆེར་སྤེལ་ནས་དགུང་ལོ་བརྒྱད་ཅུ་གྱ་གྲངས་ལ་ཕེབས་པ་ན་དེད་དཔོན་ཡིད་བཞིན་གྱི་ནོར་བུ་རྙེད་ནས་རང་ཡུལ་དུ་འགྲོ་བ་ལྟར་སྐུའི་བཀོད་པ་བསྡུས་ཏེ་དགའ་བཞིན་སྤྲོ་བཞིན་དུ་དགའ་ལྡན་ཆོས་ཀྱི་ཕོ་བྲང་དུ་ཕེབས་ནས་རྒྱལ་ཚབ་བྱམས་པ་མགོན་པོ་དང་། རྗེ་ནམ་མཁའ་དྲི་མ་མེད་པ་དང་། རྗེ་འཇམ་དཔལ་སྙིང་པོ་འཁོར་ས་བཅུའི་བྱང་ཆུབ་སེམས་དཔའི་བགྲང་བ་ལས་འདས་པ་དང་བཅས་པ་ལ་མཆོད་ཅིང་ཆོས་ཀྱི་བགྲོ་བ་མཛད་པ་དང་། སྤྲུལ་པའི་བཀོད་པ་མུ་མེད་པར་སྟོན་ཅིང་བཞུགས་སོ། །

དེས་ན་བྱང་ཆུབ་ལམ་གྱི་རིམ་པ་ལ་བློ་སྦྱོང་བར་འདོད་པ་རྣམས་ཀྱིས་དྲུང་པ་ཧ་ཤུག་པ་བློ་བཟང་དམ་ཆོས་རྒྱལ་མཚན་ལ་གསོལ་བ་འདེབས་ཤིང་། དམ་པ་འདིའི་

རྣམ་ཐར་ལྟར་བྱང་ཆུབ་ལམ་གྱི་རིམ་པའི་སྙན་རྒྱུད་ཀྱི་མན་ངག་ལེགས་པར་ཐོབ་པར་བྱས་ལ་ཆེ་འདིའི་འཁྲི་བ་མེད་པར་དབེན་པའི་རི་ཁྲོད་དུ་བྱང་ཆུབ་ལམ་གྱི་རིམ་པའི་ཉམས་ལེན་ལ་འབད་པར་བྱའོ།། །།

སྒྲུབ་ཁང་དགེ་ལེགས་རྒྱ་མཚོའི་རྣམ་ཐར།

དགེ་ལེགས་སྙན་གྲགས་རྒྱ་མཚོའི་མཐར་ཕྱིན་པ། །ཞེས་བསྟགས་པ། རྗེ་སྒྲུབ་ཁང་པ་དགེ་ལེགས་རྒྱ་མཚོ་ནི་མངའ་རིས་ཟངས་དཀར་(༢༡༧བ)གྱི་སའི་ཆ་ཟངས་ལ་ཞེས་པར་ཡབ་གྲུ་རུ་དཀོན་མཆོག་དང་ཡུམ་བུ་མོ་མཆོག་གཉིས་ཀྱི་སྲས་སུ་ལྕགས་མོ་སྦྲུལ་གྱི་ལོ་ངོ་མཚར་བའི་ལྟས་དང་བཅས་ཏེ་འཁྲུངས། དེ་ནས་ཡབ་ཡུམ་གཉིས་ཀྱིས་བསྐྱེད་བསྲིང་བའི་ཐབས་ལ་འབད་ཅིང་དམིག་ཟ་ཞེས་མཚན་གསོལ། དམ་པ་འདི་ནི་སྐུ་ཆེ་ སྲ་མ་མང་པོར་ལམ་ལ་གོམས་པའི་བག་ཆགས་སད་དེ་སྔོ་གསུམ་བག་ཡོད་ལ་སྦྱོར་བའི་དྲན་ཤེས་བཞིན་དང་ལྡན་པས་གཞོན་ནུའི་དུས་ནས་ཀྱང་དམ་པས་སྨད་པའི་ཉེས་སྤྱོད་ལ་མི་འཇུག་ཅིང་བྱིས་པ་རྣམས་ཀྱི་ནང་དུའང་ཆོས་ལྡན་གྱི་རྩེད་མོ་སྣ་ཚོགས་མཛད་པ་ལ་བྱིས་པ་གཞན་ལས་བློ་རྣོ་ཞིང་གཟི་བརྗིད་དང་ལྡན་པ་སོགས་བསྟགས་པའི་འོས་སུ་གྱུར་པ་ཞིག་བྱུང་ངོ་། །དེ་ནས་དགུང་ལོ་དྲུག་ལོན་པའི་ཚེ་ཡབ་གཤེགས་ཡུམ་བད་ཀན་སྨུག་པོའི་གཅོང་གིས་ཟིན་ནས་ནད་ཚབས་ཆེ་བར་བྱུང་བ་དམ་པ་འདིས་ཕ་མ་ནི་བསྙེན་བཀུར་བའི་ཞིང་དུ་རྒྱལ་བས་གསུངས་པ་ལྟར་རིམ་གྲོ་མཛད་འོས་ཡིན་པ་དང་དྲིན་ཆེ་བར་དགོངས་ནས་ངལ་བ་དང་སྡུག་བྲོ་བའི་འདུ་ཤེས་གང་ཡང་མེད་པར་ལོ་བཅུ་བདུན་གྱི་བར་དུ་བཤང་གཅི་འདོར་བ་རྩུན་ཆད་མའི་བསྟེན་གཡོག་ལེགས་པར་མཛད། ཡུམ་གྱི་བསྟེན་གཡོག་ལ་བྲེལ་ནས་ཀློག་པ་དེ་ཙམ་རྒྱལ་དུ

འདོན་རྒྱུ་མ་བྱུང་ཡང་ཤིན་ཏུ་བྱུང་བར་ཐུགས་སུ་ཆུད། དགུང་ལོ་བཅུ་བདུན་ལོན་པའི་ཚེ་ཡུམ་གཤེགས་པའི་ཕུང་པོ་ཉིད་ཀྱིས་བསྣམས་ནས་བས་མཐའི་དུར་ཁྲོད་དུ་བསྐྱེལ་བ་སོགས་རྗེས་ཀྱི་བྱ་བ་རྣམས་ཚུལ་དང་མཐུན་པར་མཛད་དེ། ཡུམ་ཅི་འདྲ་བ་དེ་བཞིན་དུ་བདག་ཀྱང་དེ་ལྟ་བུའི་(༢༡༤ན)ཆོས་ཅན་དེ་ལྟ་བུའི་རང་བཞིན་ལས་མ་འདས་སོ་སྙམ་དུ་ཉིན་མཚན་ཀུན་ཏུ་འཁོར་བའི་ངང་ཚུལ་སེམས་པ་འབའ་ཞིག་གིས་དུས་འདའ་བར་མཛད་དོ། །

ཡུམ་གཤེགས་ནས་རིང་པོར་མ་ལོན་པར་དགོན་སྡེ་ཆེན་པོ་བྱམས་པ་གླིང་དུ་སློབ་དཔོན་རིན་པོ་ཆེ་བློ་བཟང་ལེགས་པའི་དྲུང་དུ་ཡོངས་རྫོགས་དགེ་བསྙེན་གྱི་སྡོམ་པ་མནོས་ཏེ་རྩ་བཞི་ཆང་དང་བཅས་པ་ལེགས་པར་སྲུངས་དགོན་གནས་དེར་ལོ་གཉིས་བཞུགས་སོ། །དམ་པ་འདི་ནི་ཐེག་ཆེན་བསྟན་པའི་སྲོག་ཤིང་དུ་འགྱུར་བར་དགོངས་ནས། དཔལ་ཡེ་ཤེས་ཀྱི་མགོན་པོ་ཕྱག་དྲུག་པས་ཆུང་ངུའི་དུས་ནས་རྗེས་སུ་བསྐྱངས་ཤིང་། མནལ་ལམ་དུ་ཁྱོད་བུད་མེད་དང་མ་འགྲོགས་པར་དབུས་སུ་སོངས་ཤིག་གསུང་བ་དྲན་ནས། དབུས་གཙང་དུ་སློབ་གཉེར་ལ་འབྱོན་འདོད་ཤུགས་དྲག་སྐྱེས་ཏེ། ཕ་ཡུལ་དང་གཉེན་བཤེས་རྣམས་ལ་ཆགས་ཞེན་མེད་པར་དགའ་བཞིན་སྤྲོ་བཞིན་དུ་ལམ་དུ་ཞུགས་ནས་རིམ་གྱིས་ཕེབས་ཏེ་ཆོས་གྲྭ་ཆེན་པོ་བཀྲ་ཤིས་ལྷུན་པོར་ཕེབས་ནས་སྣང་བ་མཐའ་ཡས་དངོས་སྤྲུལ་གར་གྱི་རྣམ་པར་རོལ་པ་པཎ་ཆེན་བློ་བཟང་ཆོས་ཀྱི་རྒྱལ་མཚན་དཔལ་བཟང་པོའི་ཞལ་གྱི་དཀྱིལ་འཁོར་མཇལ་ཞིང་བྱིན་རླབས་ཐོབ་པས་དགའ་སྤྲོ་ཚད་མེད་པ་བྱུང་ཞིང་དད་པའི་སྤྲ་ལོང་གཡོས། དེ་ནས་ཤངས་རྒོད་ཚང་དུ་ཕེབས་དྲུང་པ་རྒྱལ་ཚབ་པ་བརྩོན་འགྲུས་རྒྱལ་མཚན་དཔལ་བཟང་པོའི་ཞབས་དྲུང་དུ་འབྱོར་བས་སྔོན་གྱི་འབྲེལ་བ་བཟང་པོའི་མཐུས་དད་གུས་ཚད་མེད་པ་འཁྲུངས། དྲུང་པ་རིན་པོ་ཆེ་པས་དམ་པ་འདི་གང་ཟག་ཁྱད་པར་ཅན་དུ་མཁྱེན་(༢༡༤བ)ནས་

ཐུགས་ཤིན་ཏུ་དགྱེས་པའི་ཞལ་ཏ་མང་དུ་གནང་ཞིང་རེ་ཞིག་ངལ་སོས་སྟོད་གསུངས། རབ་བྱུང་གི་མཁན་པོར་གསོལ་བ་བཏབ་པས་དགྱེས་པ་ཆེན་པོས་རབ་བྱུང་དང་དགེ་ཚུལ་གྱི་སྡོམ་པ་གནང་སྟེ་རབ་ཏུ་བྱུང་བའི་མཚན་དགེ་ལེགས་རྒྱ་མཚོ་ཞེས་གསོལ། དེ་ནས་བཟུང་སྟེ་ཁྲིམ་པའི་རྟགས་དང་ཆ་ལུགས་སྤངས་ཏེ་མིང་བསྒྱུར་བའི་དགོས་པ་བཞིན་འཇིག་རྟེན་པའི་ལུགས་ཀྱི་དགྲ་གཉེན་གྱི་ཕྱོགས་རིས་དང་འདོད་ཡོན་ལ་ཞེན་པའི་སྤྱོད་པ་ལས་ཕྱིར་ཕྱོགས་ཏེ། དགེ་སྦྱོང་གི་ཆོས་བཞི་ལས་ནམ་ཡང་མི་འདའ་བར་མཛད་དོ། །

དེ་ནས་མཁན་པོས་དགེ་ཚུལ་གྱི་བསླབ་བྱ་བླངས་འདས་སོ་དྲུག་གི་བསྲུང་མཚམས་ངོ་འཕྲོད་པའི་བཀའ་ཆོས་དང་། གཞན་ཡང་། རྒྱན་འཇུག་གཉིས་ཀྱིས་གཙོས་པའི་ཆོས་སྤྱོད་རྣམས་ལ་འཛིན་སྐྱོར་དགོས་ཚུལ་དང་། གྲྭ་ས་གཞན་དུ་མ་འདུག་པར་དྭགས་པོ་གྲྭ་ཚང་རང་དུ་སོངས་ལ་སློབ་གཉེར་ལ་ན་སོ་གཞོན་པའི་སྐབས་སུ་སྙིང་རུས་བསྐྱེད་ནས་འབད་དགོས། ལོ་བཅུའི་བར་དུ་མི་ཚེ་སྟོང་ཟད་ལ་མ་གཏོང་བར་སློབ་གཉེར་ལ་འབད་ནས་ངའི་རྟར་ཤོག་དང་དེ་ནས་ལམ་རིམ་གྱི་ཁྲིད་གཏོང་། ཚེ་མཇུག་སྒྲུབ་པ་ལ་དྲིལ་དགོས། སྒྲུབ་པ་ལ་ཤེས་དགོས། ཤེས་པ་ལ་སློབ་དགོས་པས་ཐོག་མར་སློབ་གཉེར་བྱས་ལོ་ཙམ་མ་ཡིན་པར་རང་སེམས་ཁོ་ཐག་ཆོད་པ་ཞིག་གྱིས་ལ་ཤོག་གསུང་། དེ་ནས་དམ་པ་འདིས་དྲུང་པ་རྒྱལ་ཚབ་པའི་བཀའ་བཞིན་དུ་དབུས་སུ་བྱོན་དྭགས་པོ་གྲྭ་ཚང་དུ་ཕེབས་ནས་རྗེ་བཙུན་བློ་གྲོས་བརྟན་པ་ནས་བཟུང་སྟེ་སློབ་དཔོན་རིན་པོ་ཆེ་ལྷ་སྡིངས་པ་བློ་བཟང་དོན་གྲུབ་པའི་བར་(༢༧༨ན)མཁས་ཤིང་གྲུབ་པ་བརྙེས་པའི་དམ་པ་བར་མ་ཆད་པར་བྱོན་ཞིང་། མཁས་མང་བརྒྱ་ཕྲག་འདུ་བའི་བསྟི་གནས་ཤར་ཕྱོགས་བསྟན་པའི་སྒྲོན་མེ་དྭགས་པོ་གྲྭ་ཚང་དུ་རང་རྒྱུད་གདན་ལ་འབེབས་པའི་ཆེད་དུ་ཐོས་པ་རྒྱ་ཆེར་འཚོལ་བ་ལ་ཞུགས་སོ། །དེ་ནས་དྲུང་པ་རྒྱལ་ཚབ་པའི་བསླབ་བྱ་རྣམས

ཐུགས་ལ་བཞག་ནས་ཐོག་མར་རིགས་པའི་སློ་འབྱེད་བསྡུས་གྲྭ་ཆེ་ཆུང་། དེ་ནས་ཚད་མ་རྣམ་འགྲེལ་ཕར་ཕྱིན་འདུལ་བ་མངོན་པ་མཛོད་རྣམས་ལ་ལོ་བཅུ་དྲུག་གི་བར་དུ་སྦྱངས་ཏེ་མཁས་པའི་ཕུལ་དུ་ཕྱིན་པར་མཛད། ཐོས་བསམ་མཛད་པའི་སྐབས་དེ་དག་གི་ཚེ་ཡང་ཟས་གོས་ངན་ངོན་ཙམ་གྱིས་ཆོག་ཤེས་པར་མཛད་ནས་མཚན་མོ་མནལ་ཡེ་མ་གཟིམ་པར་ཉིན་མཚན་ཁོར་ཡུག་ཏུ་སྒྲོང་བར་མཛད།

དེ་ལྟར་སློབ་གཉེར་མཛད་པའི་གནས་སྐབས་ཐམས་ཅད་དུ་ཟས་གོས་འདུ་འཛི་གཉིད་ཀྱི་བདེ་བ་ལ་ཞེན་པ་མེད་ཚུལ་དང་། འཛིན་གྲྭ་གོང་འོག་སོགས་གང་ལའང་ཆགས་སྡང་འགྲན་སེམས་མེད་པར་བསམ་པ་བཟང་བ། དད་པ་དང་བརྩོན་འགྲུས་ཆེ་བ། བཞུགས་ལུགས་སོགས་ལ་མཁས་པ་རྣམས་ཤིན་ཏུ་ཡ་མཚན་པར་བྱེད་ཅིང་། ཆོས་རྣམས་ཀྱི་རང་སྤྱིའི་མཚན་ཉིད་ལ་རྨོངས་པ་མེད་པའི་ཤེས་རབ་རྣོ་ལ་གཏིང་ཟབ་པས་དོན་ལ་རྟོན་གྱི་ཚིག་ལ་མི་རྟོན་པ། གཞུང་ལུགས་རྣམས་ལས་ཇི་ལྟར་བཤད་པ་ཐམས་ཅད་རང་རྒྱུད་འདུལ་བའི་ཐབས་འབའ་ཞིག་ཏུ་གོ་ཞིང་གཞན་ལའང་དེ་ལྟར་སྟོན་པ། ཉམས་མཚར་གཤགས་འདེབས་རྩེ་མོ་ཇི་ལྟ་བུ་མཛད་ཀྱང་(༢༡༩བ)གཞན་དང་མི་འདྲ་བར་ཚིག་འགྲིག་པ། ཉམས་དོད་པ། ཞིབ་ཏུ་དཔྱད་ན་སེམས་འདུལ་བའི་ཐབས་འབའ་ཞིག་ཏུ་འོང་བ་ཞིག་ཡོད་ཅེས་གྲག་གོ །ཐུགས་གཉེར་མཛད་པའི་སྐབས་སུའང་བྱང་ཆུབ་ལམ་གྱི་རིམ་པའི་ཉམས་ལེན་ལ་བརྩོན་པར་མཛད་པས་རྒྱ་ཆེན་སྤྱོད་རྒྱུད་དང་། ཟབ་མོ་ལྟ་རྒྱུད་ཀྱི་བླ་མ་རྣམས་ཀྱི་ཞལ་གཟིགས་པ་སོགས་དག་པའི་མཚན་མའང་མང་དུ་བྱུང་ངོ་། །

དེ་ལྟར་ལོ་བཅུ་དྲུག་གི་བར་དབུ་ཚད་ཕར་ཕྱིན་འདུལ་བ་མངོན་པ་རྣམས་ལ་ཚིག་སྤྱི་ཙམ་དུ་མ་ལུས་པའི་ཐུགས་གཉེར་མཐར་ཕྱིན་པར་མཛད་དེ། དོན་གཉེར་ཅན་གྱི་དགེ་ཕྲུག་འགའ་རེ་ལ་རྩེ་ཤག་གནང་ཞིང་། རིགས་ལམ་ལ་ཤིན་ཏུ་བྱང་བའི་མཁས

པ་དྲུ་མའི་ཐེ་ཚོམ་གཅོད་པ་པོར་གྱུར་ཅིང་སྡེ་སྣོད་འཛིན་པ་རྣམས་ཀྱི་གཙུག་གི་རྒྱན་དུ་བཞུགས་སོ། །དེ་ནས་ཐུགས་ལ་འདི་ལྟར་དགོངས་ཏེ་ཐོས་དོན་སྒྲུབ་པ་སྙིང་པོར་བྱེད་པ་ཞིག་མ་བྱུང་ཕྱིན། ཐོས་པ་ཙམ་གྱིས་རང་རྒྱུད་འདུལ་མི་ནུས་ལ། རང་མ་དུལ་བས་གཞན་འདུལ་མི་ནུས་པས་དབེན་པའི་གནས་སུ་ཐོས་དོན་སྒྲུབ་པ་སྙིང་པོར་བྱེད་དགོས་པར་འདུག །སྔར་བླ་མའི་བསླབ་སྟོན་ལས་ཀྱང་འགྲུངས་སོང་བས་ད་ནི་མྱུར་དུ་མ་སོང་ན་དེང་བྱ་སང་བྱའི་ངང་ལ་ཚེ་ཟད་ནས་རང་གཞན་གྱི་དོན་ཆེན་པོ་སྒྲུབ་པ་ལས་ཉམས་པར་འགྱུར་བར་འདུག་སྙམ་ནས་ཉིན་མཚན་ཀུན་ཏུ་དབེན་པའི་ཡོན་ཏན་གྱིས་ཡིད་འཕྲོག་ནས་ཡོད་པའི་ཚེ། གྲྭ་ཚང་དེ་ཁའི་དགེ་བསྐོས་བྱེད་དགོས་ཀྱི་གྲལ་མཚམས་སུ་ཡང་སླེབ་ཡོད་པས་བླ་མས་དགེ་བསྐོས་དང་གྲྭ་སྐོར་དགོས་པའི་བསླབ་སྟོན་ཕེབས་པར་བླ་(༡༢༠ན)མ་ལ་དགོངས་པ་ཇི་ལྟར་ཞུས་ཀྱང་མ་གནང་བའི་རྐྱེན་གྱིས་དགེ་བསྐོས་ལ་བྲོལ་ཐབས་ཀྱིས་བྲོས་ནས་འབྲས་སྤྱུངས་སུ་ཕེབས། གཟིམ་ཤག་མཁན་པོ་བློ་བཟང་མཁས་བཙུན་གྱི་དྲུང་ནས་ལམ་རིམ་ཆེན་མོའི་ལྷུགས་ལུང་ཚར་གཅིག་གསན།

དེ་ནས་བླ་མས་ལྷུགས་རིའི་ཕྱི་རོལ་ཏུ་སྐྱིལ་ཐུང་མཛད་ནས་བསླབ་བྱ་ཡང་དག་གནང་སྟེ་གཙང་དུ་བྱོན། ཤངས་རྒོད་ཚང་དུ་དྲུང་པ་རིན་པོ་ཆེའི་ཞབས་དྲུང་དུ་ཕེབས་པས། དྲུང་པ་རིན་པོ་ཆེའི་ཞལ་ནས་ཁྱོད་མཚན་ཉིད་ལ་རྒྱུན་རིང་དྲགས་བྱུང་། ལོ་བཅུ་སོང་ནས་འོངས་ན་འགྲིག་རྒྱུ་ཡིན། དེ་ལེ་ལོ་མ་བྱེད་པར་རི་ཁྲོད་རང་བྱས་པ་དགའ་གསུང་ཞིང་གང་ཤེས་རྒྱུད་ལ་སྦྱོར་དགོས་པའི་བཀའ་ཆོས་བསླབ་བྱ་དང་འབྲེལ་བ་མང་དུ་གནང་། དེ་ནས་དྲུང་པ་རིན་པོ་ཆེ་ལ་བསྙེན་རྫོགས་ཀྱི་མཁན་པོར་གསོལ་བ་བཏབ་པས། དགྱེས་པ་ཆེན་པོས་ཞལ་གྱིས་བཞེས་ཤིང་། མཁན་སློབ་གྲངས་ཚང་བའི་དགེ་སློང་གི་དགེ་འདུན་དང་བཅས་པའི་དབུས་སུ་བསྙེན་པར་རྫོགས་པ་དགེ་སློང་གི་དངོས་པོ་ཐོབ་སྟེ། ཐུབ་པའི་རྒྱལ་ཚབ་གནས་བརྟན་འདུལ་བ་འཛིན་པ་ཆེན་པོར

གྱུར་ཏོ། །

དེ་ནས་སྐུ་ཁམས་མི་སྙོམས་པ་ཙུང་ཞིང་བྱུང་བ་ན་དྲུང་པ་རྒྱལ་ཚབ་པའི་ཞལ་ནས་དགས་པོ་གྲྭ་ཚང་གི་དགོངས་པ་མ་གྲོལ་བས་ལྷ་མོའི་འཚུབ་ཀྱི་རྣམ་པར་འདུག །གྲྭ་ཚང་གི་དགོངས་པ་ལེགས་པར་ཞུས་ལ་ཤོག་གསུང་། དེ་ནས་དྭགས་པོ་གྲྭ་ཚང་དུ་ཕེབས་ཏེ་དགོངས་པ་ཞུས། དེ་ཁའི་བླ་མ་དགེ་འདུན་ཚང་མས་དང་བ་ཆེར་མཛད་དེ་(༢༢༠བ)གྲྭ་ཚང་གི་ཁྲི་ལ་འཛོག་འདོད་མཛད་ཀྱང་། དམ་པ་འདི་ངེས་འབྱུང་སྐྱོ་ཤས་ཆེ་བས་གྲྭ་ཚང་གི་བླ་མ་མ་མཛད་ཅིང་། བློ་གསལ་དོན་གཉེར་ཅན་འགའ་ཞིག་ལ་དྲང་ངེས་རྣམ་འབྱེད་ཀྱི་བཤད་པ་ཞིག་གནང་། དེ་ནས་རྒྱུད་སྟོད་དུ་ཆོས་ཐོག་གཅིག་ཙམ་ཕེབས་ནས་དགེ་རྒན་རེ་སྐྱོ་ཨ་ཙ་ར་རི་གོང་བྱ་བའི་ཁྲིད་དུ་བཞུགས་པས་དེར་ཕེབས། ཟབ་ཆོས་མང་དུ་གསན་ཅིང་། བྱང་ཆུབ་སེམས་ཀྱི་གདམས་ངག་ཐུགས་ཆེམ་པར་ཞུས་ཏེ། སླར་ཡང་གཙང་དུ་ཕེབས་པས་དྲུང་པ་རིན་པོ་ཆེ་གཟུགས་སྐུའི་བཀོད་པ་ཆོས་ཀྱི་དབྱིངས་སུ་བསྡུས་ནས་དད་ལྡན་གྱི་སློབ་མ་རྣམ་གཉིས་ཀྱི་ཐུགས་ཐྲས་དྲུང་པ་ཧ་ཕུག་པ་བློ་བཟང་དམ་ཆོས་རྒྱལ་མཚན་གྱིས་བླ་མ་རྒྱལ་ཚབ་པ་ཉིད་ལས་མི་ཞན་པར་སྐྱོང་སྐབས་སུ་སྣང་བས་དྲུང་པ་རིན་པོ་ཆེ་དང་བཀྲ་ཤིས་ལྷུན་པོའི་དཀྱིལ་ཁང་དུ་མཇལ་ནས་བསྙེན་བཀུར་དང་འབུལ་བ་གང་འགྱོར་ཕུལ་ཏེ་སྐྱེས་བུ་གསུམ་གྱི་ལམ་གྱི་རིམ་པའི་ཁྲིད་ཀྱི་སྔན་འབུལ་ཞུས་པས། དེར་བདེ་ལམ་གྱི་ཁྲིད་དབུ་འཛུགས་ཙམ་མཛད། འཁྲོས་རྣམས་རྗོད་ཚང་དུ་སླེབས་ནས་ཡོང་གསུང་། དེར་ཕེབས་ནས་ཞུས་པས་མཚན་ཉིད་པ་ལ་ལམ་རིམ་གྱི་ཁག་མི་འོང་གསུངས་ནས་མ་གནང་བས་ཆོས་ལ་གདུང་དྲགས་ནས་ཡང་ཡང་ཞུས་པས་སྒོ་དུ་མ་ནས་བཀའ་བཀྱོན་མཛད་པ་ལས་བཀའ་ཆོས་ཀྱི་ཞལ་བཞེས་མི་མཛད་པར་ཐུགས་མི་མཉེས་པ་ལྟ་བུ་ལན་མང་དུ་མཛད་པས་ཐུགས་ལ་ང་ལས་སྒྲིབ་ཆེ་བས་སྣོད་དུ་མ་གྱུར་པ་ཡིན་འོང་། སྟོན་ལ་བཤགས་སྦྱངས་ལས

སྒྲིབ་དག་པའི་མཚན་མ་ཐོབ་བ་ཞིག་བྱེད། དེ་ནས་ཡང་ཞབས་བསྐྱལ་(༢༢༧ན)ཞུ་དགོངས་ཏེ་བཀྲ་ཤིས་ལྷུན་པོར་ཕེབས་སྐོར་བ་གསོག་པའི་ཚེ། ཉིན་གཅིག་སྐོར་ལམ་དུ་རོ་ཁྱེར་བ་གཟིགས་པས། ང་འདི་དང་མཉམ་དུ་མ་ཤི་བ་འདི་བདེན་ནམ་ཛྲུན་ཡ་མཚན། དེ་རིང་རང་ཡང་འཆི་ཉེན་འདུག །རྟེན་བཟང་པོ་འདི་འདྲ་ཐོབ་ནས་བྱང་ཆུབ་ལམ་གྱི་རིམ་པ་ལ་བློ་སྦྱོང་རྒྱུ་མ་བྱུང་བར་ཤི་ན་ཇི་ལྟར་བྱེད། སླར་འདི་ལྟ་བུའི་རྟེན་ཐོབ་མི་འཐོབ་ཆ་ཅི་ཡོད་སྙམ་ནས་དལ་འབྱོར་དང་འཆི་བ་མི་རྟག་པ་ཐུང་འབྲེལ་དུ་གོ་ནས་བསྐྱོན་འཁྲུས་དྲག་པོས་བང་བཏང་ནས་སྐོར་བ་མཛད། དེའི་ཚེ་ཐུགས་ལ་ང་ད་ལྟ་རང་ཡང་འཆི་ཉེན་འདུག །འཛིགས་པ་ཆེན་པོ་འདི་པཎ་ཆེན་ཐམས་ཅད་མཁྱེན་པས་དགོངས་ནི་དགོངས་ཐུགས་བརྩེ་བས་གཅིག་གསུང་རིགས་པར་འདུག་སྙམ་པ་བྱུང་། སྐོར་བ་བསོགས་ནས་སླར་ཡང་གྲོད་ཚང་དུ་ཕེབས། བཀའ་ཆོས་ཀྱི་ཞབས་བསྐྱལ་ཞུས་པ་ན་ཁྱེད་མཚན་ཉིད་པ་ལ་ལམ་རིམ་བཤད་པ་ལ་དགོས་པ་མེད་གསུང་མ་གནང་བས། འཆི་རྐྱེན་མང་ལུགས་དང་། གསོན་རྐྱེན་ཉུང་ལུགས། སྲོག་ཉམས་ཆུང་ལུགས་གང་ལ་བསམས་ཀྱང་། ཚེ་འདི་ལ་ལམ་རིམ་གྱི་ཁྲིད་ཐོབ་པའི་སྐལ་བ་མི་འདུག །སྐྱེ་བ་རྗེས་མ་ལ་བྱང་ཆུབ་ལམ་རིམ་སྟོན་པའི་བླ་མ་མཚན་ཉིད་དང་ལྡན་པ་ཞིག་དང་མཇལ་ནས་ཆོས་དེ་ལ་ཐོས་བསམ་སྒོམ་པ་མཐར་ཕྱིན་པ་ཞིག་འོང་བའི་བསྔོ་སྨོན་དང་། དེའི་གེགས་མི་དགེ་བ་གང་བྱས་ལ་བཤགས་སྡོམ་འགྱོད་མེད་ཅིག་བྱ་བ་ལས་འོས་མི་འདུག་སྙམ་སྟེ། ཞུམ་པ་མེད་པར་སྙིང་སྟོབས་བསྐྱེད་ནས། (༢༢༧བ)གྲོད་ཚང་གི་ཉེ་སྐོར་ཕུག་པ་དབེན་པ་ཞིག་ཏུ། རྣམ་པ་ཉུང་ཙམ་ལ་བཞེས་ཚོད་མཛད་ཅིང་གཅིག་པུར་བཞུགས་ནས། ཉི་མ་རེ་ལ་བརྒྱད་ཕྲུག་སྟོང་ཕྲག་གསུམ་རེ་བཙལ་ནས་བཤགས་སྦྱངས་ལ་འབད་པས། རེ་ཞིག་ལོན་ནས་ཡུལ་དེ་ན་དམར་བཤལ་གྱི་རིམས་བྱུང་བས། ལན་ཅིག་ཁྲག་མང་པོ་འཁྲུ་བ་བྱུང་། ཕུག་པའི་ནང་དུ་བྱོན་ཁྲག་འཁྲུ་བ་དེ་བདེན་ནམ་བརྫུན་སྙམ་སླར་

གཟིགས་པར་ཕེབས་པས་གང་ཡང་མི་འདུག་སྐད། ང་ནད་ངན་དེ་ཐེབས་འདུག་མྱུར་དུ་འཆི་སྙམ་དགེ་སྦྱོར་ལ་བརྩོན་པ་དྲག་ཏུ་བཏང་བས་ད་སྐེ་ཞག་བདུན་ན་ཁྱོད་འཆིའོ་ཟེར་བའི་སྐྲ་ཞིག་མངོན་སུམ་དུ་བྱུང་བས། ཞག་བདུན་སོང་བའི་ཉིན་འཆི་བར་ཐག་ཆོད་ནས་འཆི་གྲབས་འགྲོད་མེད་བྱེད་དགོས་སྙམ་ཉིན་རེ་བཞིན་བསག་སྦྱངས་ལ་འབད་ཅིང་ཉིན་བདུན་པ་ལ་དགེ་རྩ་རྣམས་བསྔོ་སྨོན་རྣམ་པར་དག་པས་རྒྱས་བཏབ། སེམས་འཁྲེང་བའི་ཆས་ཀ་དང་མཛའ་བཤེས་ནི་མེད། ཆེ་འདི་ལ་ལམ་རིམ་མ་ཐོས་ཀྱང་ལས་འབྲས་མི་བསླུ་བས་ཕྱི་མ་ཐོབ་ངེས་འགྲོད་པ་སྨྲ་ཙམ་མེད་སྙམ་འཆི་བར་ཐག་བཅད་ནས་བཞུགས་པས་ཞག་ནི་བདུན་སོང་། གྲོངས་ནི་མ་གྲོངས། དེ་རིང་མ་ཤི་བ་དེ་བླ་མ་དཀོན་མཆོག་གི་བཀའ་དྲིན་ཡིན་སྙམ་ཐུགས་དམ་སྔར་ལས་ཀྱང་ནུས་པར་མཛད་པས་རྨི་ལམ་དུ་ཆོས་གོས་རྣམ་གསུམ་བཞེས་ནས་སེལ་པོ་སྟོང་པ་ཞིག་བསྣམས་ཕེབས་པ་རྨིས་པས་ཆོས་གོས་རྣམ་གསུམ་གྱོན་པ་ལེགས་མོད་སེལ་པོ་སྟོང་པ་ཁུར་བ་བཟང་རྒྱུ་མི་འདུག་སྙམ་སྟེ་སྔར་བཞིན་ཐུགས་དམ་རྒྱུན་བསྐྱངས་པས(༢༢༢ན)རྨི་ལམ་དུ་གོས་དཀར་པོ་དྲི་མ་མེད་པ་ཞིག་གྱོན་ནས་ནམ་མཁའི་དབྱིངས་ཐམས་ཅད་དུ་ཐོགས་མེད་དུ་འགྲོ་བ་ཞིག་རྨིས་པ་སྡིག་པ་དག་པའི་རྟགས་ཡིན་ངེས་ཤེས་པ་བྱུང་། ད་ནི་ཤི་ཡང་མི་འགྲོད་དོ་སྙམ་བཞུགས་པས། དགོང་གཅིག་རྨི་ལམ་དུ་བླ་མ་རྗེ་ཕྱག་པ་དེ་ཉིད་ཞོད་ཚང་གི་རི་རྩེར་ཕེབས་ནས། སྐུ་གཟན་གྱིས་གཡབ་མོ་མཛད་པ་ཞིག་རྨིས་ཐུགས་ལ་དེ་རང་བྱིན་ན་བླ་མས་གསུང་ཆོས་གནང་བ་འདྲ་དགོངས་ནས་ཞོད་ཚང་དུ་བྱོན་པས་ཐུགས་ཤིན་ཏུ་དགྱེས་པའི་སྒོ་ནས་དུས་གསུམ་སངས་རྒྱས་ཐམས་ཅད་ཀྱི་བགྲོད་པ་གཅིག་པའི་ལམ་པོ་ཆེ། ཤིང་རྟ་ཆེན་པོ་ཀླུ་སྒྲུབ་དང་ཐོགས་མེད་གཉིས་ཀྱི་ལམ་སྲོལ། སྐྱེས་བུ་གསུམ་གྱིས་ཉམས་སུ་བླང་བར་བྱ་བའི་རིམ་པ་མཐའ་དག་མ་ཚང་བ་མེད་པར་སྟོན་པ། སྙིགས་དུས་ཀྱི་རྒྱལ་བ་གཉིས་པ་ཤར་ཙོང་ཁ

པ་བློ་བཟང་གྲགས་པའི་ཐུགས་ཀྱི་ཉིང་ཁུ་བྱང་ཆུབ་ལམ་གྱི་རིམ་པའི་སྨྱོང་ཁྲིད་གནང་བས་སྒོམ་པས་གདུངས་པ་རྒྱུ་ཐོབ་པའམ། དབུལ་པོས་གཏེར་རྙེད་པ་ལྟ་བུའི་དགའ་སྤྲོ་བསམ་གྱིས་མི་ཁྱབ་པ་འཁྲུངས། ཉིན་ལྟར་ཆོས་ཐུན་གྲོལ་མ་ཐག་གཞན་ལ་ངག་མ་བཏང་བར་སྤྱིལ་པོར་ཕེབས་ནས། བླ་མས་ཇི་ལྟར་གསུངས་པའི་ཚིག་རིས་ཕྲ་མོ་ཙམ་ཆད་ཟུར་མ་ཉམས་པར་འདིའི་སྐབས་སུ་འདི་གསུངས་འདིའི་སྐབས་སུ་འདི་གསུངས་སྙམ་དུ་ཚིག་སྒྲིར་བ་དང་། དོན་སེམས་པ་སོགས་ལ་སྟོད་ཀྱི་སྐྱོན་གསུམ་གང་གིས་ཀྱང་མ་གོས་པར་མཛད། བླ་མའི་རྣལ་འབྱོར་གྱི་སྐབས་སུ་གླེག་སློབ་པའི་སློབ་དཔོན་བཙུན་ལོག་ཅིག་ཡོད་པ་དེ་ལ་སངས་རྒྱས(༢༢༢བ)དངོས་ཀྱི་འདུ་ཤེས་སྐྱེ་དཀའ་བར་བྱུང་བ་བླ་མ་ལ་ཞུས་པས། སློབ་དཔོན་བཙུན་ལོག་དེ་ཉིད་ཚོགས་ཞིང་གི་གཙོ་བོར་གྱིས་ཐུབ་པའི་དབང་པོར་བསྒོམས་ལ་དད་པ་སྦྱོངས། ནམ་སངས་རྒྱས་སུ་མཐོང་བའི་དད་པ་བྱུང་ཆེ་ཁོང་རང་གི་གྲལ་དུ་བཞུགས་ལ་དད་པ་སྒོམས་གསུངས།

དེ་ལྟ་བུའི་ཚུལ་གྱིས་འགོ་བཤེས་གཉེན་བསྟེན་ཚུལ་ནས་མཇུག་ལྷག་མཐོང་གི་བར་གྱི་དམིགས་སྐོར་མཐའ་དག་ལ་ཐོས་བསམ་གྱིས་མཐའ་ཆོད་པར་གཏན་ལ་ཕབ་སྟེ་དོགས་པ་ཤིན་ཏུ་གཅོད་དཀའ་བ་རྣམས་བླ་མ་རང་ལ་ཞུས་ནས་ལམ་སྒོམ་པའི་ཐོག་མཐའ་བར་གསུམ་གྱི་གནད་འགག་ཕྲ་ཞིང་ཕྲ་བ་རྣམས་ཀྱང་ཐག་ཆོད་པར་མཛད་དེ། གཅིག་པུར་བཞུགས་ཆེ་གཞན་ལ་དོགས་གཅོད་འདྲི་མི་དགོས་པའི་གདེང་ཐོབ་པར་མཛད་དོ། ཁྲིད་སྐྱོང་བ་ལ་ཤིན་ཏུ་བརྩོན་པར་ཡོད་པའི་སྐབས་ཤིག་མནལ་ལམ་དུ་ལྷ་ཁང་ཆེན་པོ་སྒོ་ཤར་ལ་བསྟན་པ་སྒོ་ལྕགས་ཆེན་པོ་རྒྱབ་པ་ཞིག་གི་སྒོ་དྲུང་ན་ཉིད་རང་བཞུགས་འདུག་པ་ལ་མི་ཞིག་གིས་ལྡེ་མིག་ཆེན་པོ་ཞིག་བྱིན་བྱུང་། དེས་སྒོ་ལྕགས་དེ་ཕྱེ་ནས་སྒོ་ཕྱེ་བ་དང་དུས་མཉམ་དུ་ཤར་ཕྱོགས་ནས་སྤྲིན་དང་བྲལ་བའི་ཉི་མའི་དཀྱིལ་འཁོར་འོད་ཟེར་ཤིན་ཏུ་གསལ་བ་ཞིག་ཤར་བ་ཁང་པ་དེའི་ནང་དུ་བསྟན་

པའི་བདག་པོའི་སྐུ་ཤིན་ཏུ་ཆེ་བ་ཞིག་བཞུགས་འདུག་པ་དེའི་ཐུགས་ཀར་འོད་ཟེར་ཕོག་པས་སྐུ་དེ་ལས་ཀྱང་འོད་ཟེར་འཕྲོས་པས་ཁང་པ་དེ་ཉིད་གང་ནས་འོད་དང་འོད་ཟེར་ཕྱོགས་བཅུར་འཕྲོ་བ་ཞིག་རྨིས། ཐོ་རེངས་མནལ་སད་ཙ་ན་རྨི་ལམ་ཡ་མཚན་ཅན་དེ་འདྲ་ཅི་ཡིན་ནམ་སྙམ་བཞུགས་པས་ཕན་ཚུན་གྱི་སྤྱིལ་པོ་(༢༢༣ན)རྣམས་ཀྱི་ཁར་རྡོ་འཕེན་པར་འདུག་པས། རྨི་ལམ་ལ་དཔགས་ན་དེ་རིང་བཀའ་ཆོས་ཤིག་གནང་བར་ཐག་ཆོད་སྙམ་ནས་མྱུར་དུ་བླ་བྲང་དུ་བྱོན་པས། རྩ་བའི་བླ་མ་དེ་ཉིད་བཞུགས་ཁྲི་ཕུན་སུམ་ཚོགས་པ་ཞིག་གི་སྟེང་ན་སྐུ་སྟོད་གཅེར་བུ་མཛད། ཆོས་གོས་རྣམ་གསུམ་ལེགས་པར་བཞེས་ཕྱག་ཏུ་ལམ་རིམ་ཆེན་པོའི་གླེགས་བམ་བསྣམས། ཉི་མ་དྲོ་ས་ཞིག་ན་དང་བ་འདྲེན་པ་ཞིག་མཛད་ནས་བཞུགས་འདུག །རྨི་ལམ་ལ་དཔགས་ན་རང་ངོས་ནས་བྱུང་ཕྱིན་བླ་མ་སངས་རྒྱས་ཡིན་པར་ཐག་ཆོད་པའི་ངེས་ཤེས་ཆེན་པོ་སྐྱེས། བླ་མས་དགྱེས་བཞིན་དུ་ལམ་རིམ་ཆེན་པོའི་བཤད་ལུང་རྒྱས་པར་གནང་བས་བླ་མ་དང་ཆོས་ལ་ངེས་ཤེས་ཁྱད་པར་ཅན་འཁྲུངས་ཏེ་ལུས་ཀྱི་བ་སྤུ་ལྡང་། མིག་ནས་མཆི་མ་འཁྲུག་བཞིན་པས་བླ་མ་རྒྱུད་འབོད་ལ་འབད་ཅིང་། རིས་དགའ་བསྟན་པའི་བདག་པོའི་བཀའ་དྲིན་དྲན་ནས་སྐབས་གསུམ་པ་མང་དུ་བརྗོན་ནས་དད་པ་དང་སྐྱོ་ཤས་འགྲན་པ་ཞིག་ཡོད་ཅིང་། བླ་མ་ལ་བཀའ་དྲིན་དྲན་པའི་དད་གུས་རྒྱུན་མི་འཆད་པ་བྱུང་ཞིང་བླ་མའི་བྱིན་རླབས་ཞུགས་པའི་མཚན་མ་འང་ཐོབ། ཀྲོད་ཚང་རི་ཁྲོད་ཀྱི་བསྒྲིགས་ལ་ཞུགས་ནས་ལོ་གསུམ་བཞུགས། ལམ་རིམ་གཙོ་བོར་བསྒྱངས་པའི་བར་བར་དུ་བཀྲ་ཤིས་ལྷུན་པོར་སྔགས་ཆེན་རྡོ་རྗེ་འཛིན་པ་དཀོན་མཆོག་རྒྱལ་མཚན་པའི་དྲུང་ནས་གསང་བདེ་འཇིགས་གསུམ་སོགས་ཀྱི་དབང་ཆེན་དུ་མ་དང་། ཆོས་སྐྱོང་སྐོར་ཕལ་ཆེར་གྱི་རྗེས་གནང་། སྒྲུབ་ཐབས་དུ་མའི་ལུང་བཅས་ཆོས་བཀའ་ཅི་རིགས་(༢༢༣བ)པ་གསན་ནོ། །

དེ་ནས་དྲུང་པ་ཧྲ་ཞུག་པས་དམ་པ་འདི་ཉིད་དབུས་ཕྱོགས་སུ་རྫེའི་བསྟན་པ་ལ་ཕན་པ་ཆེན་པོ་འབྱུང་བར་གཟིགས་ནས་ཉིན་གཅིག་སྐུ་མདུན་དུ་ཕེབས་ནས། ད་ཁྱེད་དབུས་ལ་སོངས་གསུངས་ཏེ་ཉིད་ཀྱི་སྐུ་འགག་བཞེས་པ་དེ་ཕྱུད་ནས་གནང་། དཔེན་པ་བསྙེན་པའི་ཚེ་དཀའ་སྤྱད་དགོས་ཚུལ། སྒྲུབ་པ་བྱེད་ཚུལ། དེ་ལ་བརྟེན་ནས་བསྟན་པ་དང་འགྲོ་དོན་ཇི་ལྟར་བྱ་བའི་བསླབ་དོན་རྒྱས་པར་གནང་། ཁྱད་པར་དུ་གོས་རྒྱབ་ཛྲོས་དང་། འཚོ་བ་རྩམ་པས་ཚོག་ཤེས་ཀྱིས་ལ་དབེན་པར་ལམ་རིམ་རང་ལ་དྲིལ་ཅིག་གསུངས། དེ་ནས་བླ་མ་སངས་རྒྱས་སུ་མཐོང་བའི་དད་པ་དང་། བཀའ་དྲིན་དྲན་པའི་གུས་པ་ཆེན་པོས་དྲངས་པའི་མཆི་མས་བརླན་ཞིང་འབྲལ་མི་ཕོད་པ་བྱུང་ཡང་བཀའ་བཞིན་སྒྲུབ་པ་བླ་མ་མཉེས་པའི་མཆོད་པའི་མཆོག་དང་བཀའ་དྲིན་གཞལ་བའི་མཆོག་ཏུ་གཟིགས་ཏེ་དབུས་སུ་ཕྱོན་པས་སྣེ་ཐང་དུ་ཕེབས་པའི་ཚེ་སེ་རའི་རྒྱབ་རིའི་ལྷོ་བས་ནས་རྫེའི་སྒྲུབ་ཁང་གི་ཆུ་མིག་དང་ཤིང་ནགས་གཟིགས་པས་དགའ་བ་དང་སྐྱོ་བ་འདྲེས་པའི་སྤྱན་ཆབ་མང་དུ་བྱུང་། ང་ཡ་གི་རང་དུ་སྒྲུབ་པ་བྱས་ལ་འདུག་སྙམ་པ་བྱུང་། དེ་ནས་སྒྲུབ་ཁང་དུ་ཕེབས་གནས་དེར་ཟིལ་གནོན་དམིགས་པ་སྐོར་གསུམ་མཛད། ཕྱག་བདར་ལེགས་པར་བྱས། ཤིན་ཏུ་བག་ཕེབས་པ་དང་། དབེན་པ་བསྙེན་པའི་དགའ་བས་ཐུགས་རབ་ཏུ་ཆེམ་ནས་རྩྭའི་གདན་ལ་བཞུགས་ནས་ལམ་རིམ་དང་གཙོད་གཉིས་ཀ་ལ་བརྩོན་པར་མཛད་པས། ནུབ་དང་པོ་ནས་སྐོའི་རྩེ་ར་ཤུ་རྒྱུགས་པ་དང་འཁྲམ་ལྕག་གཏོང་བ་དང་། ཟླ་ལམ་(༢༢༩ན)དུ་པོ་ཏ་ལའི་རྒྱབ་ནས་བཟུང་། སྒྲུབ་ཁང་གི་བར་དུ་གུར་ཁྲ་ཆེམ་མེ་བའི་སྣར་པ་ཆེན་པོའི་མཐའ་ཐམས་ཅད་འཕྲོག་པའི་ཆ་ལུགས་ཅན་གྱི་རྟ་པ་ཁོར་གསུམ་ཚེར་མ་འདྲ་བ་བཏགས་པས་བསྐོར་བ་དང་། ཉང་བྲན་ཕུ་ནས་གཡག་ནག་པོ་རི་འདྲ་བ་ཞིག་ངར་སྒྲས་ས་གཞི་འདར་ཞིང་མེ་ སྟག་འཕྲོ་བའི་རླུང་འཚུབ་དང་བཅས་བྱུང་བས་སྒྲུབ་ཁང་འོག་གཞི་དང་བཅས་པ་རུ་རྩེ་ར་བསྐོར་བ་རྣམས་གཙོད་

ཀྱི་དམིགས་པ་བརྟན་པོས་གཟིར་བས། གཡག་རྒོད་དེ་ཆུང་དུ་ཆུང་དུ་སོང་བའི་མཐར་ཐ་འོག་པའི་ལྷ་རྟེན་གྱི་རྩར་མར་མེ་ཆུང་ངུ་ཞིག་ཏུ་གྱུར་སོང་ཞིང་། ཐབས་ཤེས་སྦྱོད་ཀྱི་ཉམས་ལེན་ལ་རྒྱུན་བསྐྱངས་པས་བདག་འཛིན་འགོང་པོའི་ཆོ་འཕྲུལ་རང་ཞི་ལ་སོང་བའི་མཐར་གནས་དེའི་གཞི་བདག་རྣམས་ཐན་དུ་ཁོལ་ཏེ་ཕྱིན་ཆད་བཀའ་བཞིན་དུ་འཕྲིན་ལས་སྒྲུབ་པ་ཞིག་བྱུང་ངོ་། །

དེ་ནས་དུས་རེ་ཞིག་ནས་ན་བཟའ་དང་འཚོ་ཆས་རྣམས་ཟད་པ་ན། རི་ནས་རྩྭ་བཏུས་ནས་གདན་དང་གཡས་གཡོན་རྣམས་སུ་རྩྭ་སྤྱངས་ནས་སྒོམ་པར་མཛད། དེའི་ཚེ་གཡས་གཡོན་མདུན་རྒྱབ་གང་གྲང་ས་དེར་རྩྭ་མང་བར་སྤྱངས་ནས་བསྒོམས། མཆོད་པ་གཞན་ཆེར་མེད་པས་ཕོར་པ་བཀྲུས་ནས་ཡོན་ཆབ་དུས་དྲུག་རེ་ཉིན་ལྟར་ཕུལ་ཏེ་བྱང་ཆུབ་ལམ་རིམ་བསྒོམ་པ་ལ་བརྩོན་པ་ཆུ་བོའི་རྒྱུན་བཞིན་མཛད་དོ། །དེ་ལྟར་བྱང་ཆུབ་ལམ་རིམ་གྱི་དམིགས་རྣམ་སྐྱོང་བ་ལ་འབད་པས་ཐུགས་རྒྱུད་ལ་རྟོགས་པ་སྐྱེ་བའི་རྐྱེན་ནི་སྒོམ་པའི་ཐུན་བར་ཞིག་ལ་ཆུ་ལེན་པར་ཕེབས་པས་ལམ་ཁ་ན་སྦྲང་བུ་ཞིག་ཙུང་ཟད་འཕུར་ནས་(༢༢༩བ)ས་ལ་ཡང་ཡང་ལྟུང་བར་འདུག །འདི་ཅི་ཡིན་སྙམ་ཞིབ་ཏུ་གཟིགས་པས་སྦྲང་བུའི་བྲང་ལ་གྲོག་མ་ཞིག་གིས་མཆུ་བཙུགས་ནས་འདུག་དེས་རྐྱེན་བྱས་ནས་ལས་འབྲས་ལ་བསམ་པས། རང་གིས་ལས་ངན་ཞིག་བསགས་ཕྱིན་ཇི་ལྟར་བྱས་ཀྱང་འབྲས་བུ་སྨྱོང་དགོས་འདུག །སྦྲང་བུ་ལ་མིག་འདུག །གཤོག་པ་འདུག །གྲོག་མ་ལ་མིག་ཀྱང་མི་འདུག་ལ། གཤོག་པ་ཡང་མི་འདུག་སྟེ་ལས་ཀྱིས་བཀུག་ནས་གནས་སྐབས་འདི་འདྲར་གྱུར་འདུག་པས་དགེ་མི་དགེའི་ལས་ངེས་པ་ཅན་སོགས་སྟོན་པ་སངས་རྒྱས་ཀྱིས་གསུངས་པ་ལ་ནམ་ཡང་བསླུ་བ་མེད་པའི་ངེས་ཤེས་ཁྱད་པར་ཅན་འཁྲུངས་ཏེ། དེས་སྣ་དྲངས་ནས་ལམ་གྱི་རྟོགས་པ་མཐའ་དག་རྒྱུད་ལ་སྐྱེངས་པ་བཞིན་དུ་འཁྲུངས་སོ། །

དེ་ལྟར་བཤེས་གཉེན་བསྟེན་ཚུལ་ནས་ཞི་ལྷག་གི་བར་ལ་རྩོལ་བཅས་དང་རྩོལ་མེད་ཀྱི་སྒྲུང་བ་རིམ་གྱིས་ཐོན་ཏེ་རང་ཉིད་མི་ཉམས་པའི་གདེང་ཐོབ་པ་ན་སྐལ་ལྡན་གྱི་གདུལ་བྱ་རེ་གཉིས་ལ་གང་ལ་གང་འཚམ་གྱི་ཟབ་ཆོས་མདོན་ཚུང་གི་སྒོ་ནས་གནང་བར་སྐབས་ཤིག་དགོས་པ་ཁྱད་པར་ཅན་འགའ་གཟིགས་ཏེ། འོལ་ཁ་དང་། རྒྱལ་དང་། དྭགས་པོ་དང་། རྩ་རིའི་རྩེ་སྐོར་སོགས་ལ་ཕེབས། འདི་སྐབས་སུ་བླ་མ་དྲུང་རམ་པ་རིན་ཆེན་དོན་གྲུབ་ལ་གཅོད་སྔོན་ཐོག་གཅིག་མའི་ཁྲིད། ནམ་མཁའ་སྒོ་འབྱེད་ཀྱི་དབང་། དཔོན་སློབ་ལྷ་སྡིངས་པ་ལ་ཆོས་སྤྱོད་རབ་གསལ་གྱི་ལུང་། རེ་སྒོ་ཨ་ཙ་ར་ལ་བློ་སྦྱོང་གཞན་དོན་དོན་གཉེར། བྱང་ཆུབ་དོན་གཉེར། བཟོད་པའི་ཕར་ཕྱིན་ལ་སློབ་ཚུལ་སོགས་ཆོས་མང་དུ་གསན་(༢༢༥ན)ནོ། །དེ་ནས་ཐུགས་ལ་སྨར་གཙང་དུ་བཞུགས་སྐབས་བླ་མའི་ཞལ་ནས་གཅོད་ལ་བཞེད་པ་ཆེན་པོ་འདུག་པ། བར་པ་གྲྭ་ཚང་གི་གཅོད་ཞིག་ཉན་ན་འོང་གསུང་བ་ཞིག་ཡོད་པ་དྲན་ནས། ཅི་ནས་ཀྱང་ད་རེས་འགྲོ་དགོངས་ཏེ་ཕེབས་པས། ཆོས་ལུང་བྱ་བར་ཞལ་སྔ་ནས་ཆོས་འཕེལ་རྒྱ་མཚོའི་དྲུང་དུ་འབྱོར། གཅོད་ཀྱི་གདམས་པ་གནང་དགོས་ཚུལ་ཞུས་པས་ཐུགས་དགྱེས་དགྱེས་དཔག་མེད་དུ་མཛད། གཅོད་ཁྲིད་ཟབ་རྒྱས་གནང་། ཞག་བཞི་བཞུགས། དེ་དུས་ཞལ་སྔ་ནས་དེ་རིང་ད་ལྟ་བྲེལ་བ་ཡོད་རྗེས་སོར་ཤོག་དང་། གཅོད་ཀྱི་དཔེ་ཡང་སྟེར་གསུངས་ཏེ་ཐུགས་ལ་བཞག་ནས་སླར་ཡང་ཕེབས་པས་ཞག་བཅུ་བཞིའི་རིང་ལ་གཅོད་དབང་དང་། སྐལ་ལྡན་འཇུག་ངོགས་ཆེ་ཚུང་གཉིས། མ་ཅིག་རྒྱུད་སྒོམ་དང་བཅས་པའི་ཁྲིད་ལུང་དཔེ་དང་བཅས་པ་གནང་། ངས་གཅོད་ཁྲིད་ཞུས་ནས་མ་ཆག་པར་བཏང་བ་ཡིན། ད་ཁྱོད་ཀྱིས་ཀྱང་མ་ཆགས་པར་ཐོངས་གསུངས་ཏེ། མ་ཅིག་བླ་མ་དང་བཅས་པས་ཐབས་ཤེས་སྦྱོད་ཀྱི་གདམས་པའི་མངའ་བདག་ཆེན་པོར་མངའ་གསོལ་བའི་རྟེན་འབྲེལ་གྱིས་གདམས་པ་འདིས་མ་ཅིག་གི་དགོངས་པ་ཇི་ལྟ་བ་བཞིན་

གདམས་ངག་བློ་སྦྱོང་སྐྱི་དང་མཐུན་ཞིང་། ཀུན་སྤྱོད་འདུལ་བ་ལྟར་མཛད་དེ་ནང་གསང་སྔགས་ལྟར་གནས་ནས་ཀུན་རྫོབ་བྱང་ཆུབ་ཀྱི་སེམས་ཀྱིས་རང་གཅེས་འཛིན་བཅད། དོན་དམ་བྱང་ཆུབ་ཀྱི་སེམས་ཀྱིས་བདག་འཛིན་བཅད་དེ་བདུད་བཞི་རང་སར་གྲོལ། རང་སེམས་དབང་དུ་འདུས། དེའི་མཐུས་ལྷ་འདྲེ་མི་(༢༢༥བ)གསུམ་དབང་དུ་འདུས་ནས་གདམས་པ་འདིའི་སྒོ་ནས་སྐལ་ལྡན་དུ་མ་སྨིན་གྲོལ་ལ་བཀོད་ཅིང་། མིང་དོན་མཐུན་པའི་གཅོད་ཀྱི་བསྟན་པ་ཉིན་མོ་ལྟར་གསལ་བར་མཛད་ནས་གདོན་གྱིས་བཟླམས་པའི་ནད་པ་དུ་མ་ནད་ལས་གྲོལ་བར་མཛད་ཚུལ་ཡང་མཐའ་ཡས་སོ། །

གཞན་ཡང་དབུས་སྟོད་ཕྱོགས་སུ་ལན་འགའ་རེ་ཕེབས་ཏེ། བླ་མ་སྟན་གྲགས་ཀྱི་དྲུང་ནས་ལམ་རིམ་ཆུང་ངུ། དམིགས་བརྩེ་མའི་ལས་ཚོགས་སོགས་ཆོས་མང་དུ་གསན། རྗེ་དཀའ་ཆེན་བློ་བཟང་དོན་གྲུབ་ཀྱི་དྲུང་ནས་བེའུ་བུམ་སྔོན་པོའི་འགྲེལ་པ། འཇིགས་བྱེད་ཀྱི་བསྐྱེད་རྫོགས། བློ་སྦྱོང་སྙན་བརྒྱུད་ཆེན་མོ། ཡི་དམ་སྒྲུབ་སྐོར། བར་དོ་གསོལ་འདེབས། གཏོར་མ་སྣ་ཚོགས། སྨན་བླའི་བླ་མའི་རྣལ་འབྱོར། ཕྱག་ཆེན་རྣམས་གསན། སློབ་དཔོན་བྱམས་པ་ཆོས་ལྡན་ལ་དམར་ཁྲིད་འཇམ་དཔལ་ཞལ་ལུང་གི་སྨྱོང་ཁྲིད་སེམས་བསྐྱེད་ཆོ་གས་འཛིན་ཚུལ་དང་བཅས་པ་གསན། སེམས་བསྐྱེད་མཆོད་པའི་སྐབས་མེ་ཏོག་དཀར་པོའི་ཆར་བབས་པས་བླ་མ་ཤིན་ཏུ་མཉེས་པར་གྱུར། གཞན་ཡང་ཉི་སྟོངས་བླ་མ་དགེ་འདུན་ཕུན་ཚོགས་ཀྱི་དྲུང་ནས་སྲད་རྒྱུད་ལུགས་ཀྱི་འཇིགས་བྱེད་ཀྱི་བསྐྱེད་རྫོགས་ཀྱི་ཁྲིད་སྨིན་རྒྱས་གསན། སྤྱི་ཕྱི་དུ་མར་པོ་ཏ་ལར་ཕེབས་ནས་རྗེ་རྗེ་འཆང་ཆེན་པོ་དགེ་སློང་འཇམ་དབྱངས་གྲགས་པའི་དྲུང་ནས། ཚེ་དཔག་མེད་ཀྱི་ཁྲིད། སྙིང་པོ་དོན་གསུམ་གྱི་ཁྲིད་ལུང་། བློ་སྦྱོང་དོན་བདུན་མའི་ཁྲིད་ལུང་། དམིགས་བརྩེ་མའི་བླ་མའི་རྣལ་འབྱོར་གྱི་ཁྲིད་ལུང་སོགས་ཆོས་མང་དུ་གསན་ནོ། །

དེ་ལྟར་ཐོས་བསམ་སྒོམ་པ་(༢༢༦ན)གསུམ་ལ་དྲིལ་ནས་གཅིག་གི་གེགས་གཅིག

གིས་བསལ། གཅིག་གྲོགས་སུ་གཅིག་སོང་བས་ལུང་རྟོགས་ཀྱི་ཡོན་ཏན་རྣམས་མཚོའི་པདྨ་ལྟར་གྱུར་ཏེ། ཐར་འདོད་དུ་མ་ལ་ལེགས་བཤད་ཀྱི་དགའ་སྟོན་འགྱེད་པར་མཛད་དོ། །

དེ་ནས་མ་འོངས་པའི་བསྟན་རྒྱུན་ལ་དགོངས་ཏེ་སེ་ར་རྗེའི་སྒྲུབ་ཁང་དུ་སྒྲུབ་སྒོ་འཛུགས་པར་མཛད་དེ་ཐོག་མར་དགེ་སློང་བཅུ་བདུན་ལོངས་པའི་དགེ་འདུན་གྱི་སྡེ་ཚགས། དེ་ནས་གདུལ་བྱ་ལས་ཅན་རྣམས་ལ་ལམ་རིམ་གཙོ་བོར་མཛད་པའི་གཙོད་སྙིང་པོ་དོན་གསུམ་སོགས་ཀྱི་ཆོས་འཁོར་དུ་མ་བསྐོར་བས་སློབ་མ་ཐམས་ཅད་ཀྱང་ཉིད་ཀྱི་རྗེས་སུ་སློབ་པས་ཡུན་རིང་པོའི་བར་དུ་གནས་དེར་སངས་རྒྱས་ཀྱི་བསྟན་པ་སྒྲུབ་པའི་ལེའུའི་དུས་ལྟར་གནས་པར་གྱུར་ཏོ། །དེ་ནས་རྐྱེན་ཅི་རིགས་པས་བསྐུལ་ནས་འོལ་ཁར་ཕེབས་ཏེ་འགར་ཕུག་དང་། ཆོས་ལུང་སོགས་སུ་རེ་ཞིག་བཞུགས་པས། འགར་ཕུག་གི་རྗེའི་སྒྲུབ་ཁང་དུ་དམ་ཅན་ཆོས་རྒྱལ་ཞལ་གཟིགས་གཙོད་ཀྱི་ལྐོངས་ལ་ཕག་རྒོད་ནག་པོ་རི་ཙམ་ཞིག་རླུང་དམར་དྲག་ཏུ་གཡོ་བ་དང་བཅས་བྱུང་བ་དམིགས་པས་གཟིར་བས་མཐར་བྱེ་བ་གསུམ་དུ་སོང་། དེ་ཡང་དམིགས་པས་གཟིར་ནས་ཐལ་བའི་རྡུལ་དུ་བརླག་སྟེ་རྣམ་ཤེས་ཆོས་ཀྱི་དབྱིངས་སུ་འཕངས་ནས་ལྷ་ཐོག་ཏུ་མཉམ་པར་བཞག་པས་ཕྱི་ཉིན་ཉི་མ་ལམ་གྱི་མ་དྲོས་པར་མཉམ་གཞག་ཐུན་གཅིག་ལ་སོང་། མཉམ་གཞག་ལས་ལངས་མ་ཐག་འཁོར་འདས་མཉམ་ཉིད་དང་སྣང་སྟོང་ཟུང་འབྲེལ་གྱི་མགུར་མ་ཞིག་ཀྱང་གསུངས། (༢༢༨བ)རྒྱལ་དུ་ཕེབས་པས་དཔལ་ལྡན་ལྷ་མོའི་ཞལ་གཟིགས་པ་སོགས་དག་པའི་མཚན་མ་མང་དུ་བྱུང་། དེ་ནས་ཚུར་ཕེབས་པས་སང་ཟངས་རིར་ཕེབས་རྒྱུའི་དགོང་མོ་མནལ་ལམ་དུ། མི་ཞྭ་ནག་པོ་གྱོན་པ་དུང་ལོང་བརྒྱབ་པ་ཞིག་གིས། དོག་བདེའི་ནང་དུ་མཆོད་རྟེན་ཡོད་དེར་ཁང་པ་བརྩིགས་ན་འོང་ཟེར་བ་ཞིག་བྱུང་། སང་ཟངས་རི་ཁང་དམར་དུ་ཕེབས་རྟེན་མཇལ་མཛད་པས

ཐུགས་ཐོད་སྨྲོན་བསམ་འགྲུབ་ཀྱི་སྒྲ་དེ་སྨི་ལམ་དུ་བྱུང་བ་ཇི་ལྟ་བར་འདུག་གསུང་། དེ་ནས་སེ་ར་རྩེར་ཕེབས་ཉིན་དགེ་འདུན་རྣམས་ཀྱིས་བསུ་བ་མཛད། འདུ་ཁང་དུ་མཆོད་པ་བརྒྱ་ཚར་ཕུལ། དགེ་འདུན་ཐམས་ཅད་ཀྱིས་ཞབས་སྐྱི་བོར་བླངས། ད་ཕྱིན་ཆད་གདན་ས་འདི་རང་དུ་བཞུགས་ནས་ཆོས་གསུང་བར་གསོལ་བ་མགྲིན་གཅིག་ཏུ་བཏབ་པས་ཐུགས་དགྱེས་པ་ཆེན་པོས་ཞལ་གྱིས་བཞེས་ཏེ། ད་ངས་ཀྱང་ལམ་རིམ་རང་འཆད་ཁྱེད་རང་རྣམས་ཀྱང་ལམ་རིམ་རང་སྒོམས་ཤིག་གསུང་། དེ་ནས་བཟུང་སྟོན་དཔྱིད་གཉིས་ལ་ལམ་རིམ་གྱི་ཁྲིད་ཚར་རེ་ཕལ་ཆེར་གནང་། དཔོན་སློབ་ཐམས་ཅད་བཤད་སྒྲུབ་ཤིན་ཏུ་འཕེལ། སེམས་བསྐྱེད་མཆོད་པ་དང་མཎྜལ་རྣམས་ལ་བསྔགས་བརྗོད་ཆེན་པོ་མཛད་པས་དར་རྒྱས་ཆེ་རུ་སོང་།

དེ་ནས་སྔར་མནལ་ལམ་དུ་བྱུང་བའི་དོག་བདེའི་ནང་གི་མཆོད་རྟེན་ཡོད་པ་རྩད་དཔྱད་པས། ཕུར་བུ་ལྷོག་ཏུ་མཆོད་རྟེན་འགའ་ཞིག་འདུག་པས་དེར་རྗེ་འདི་ཉིད་ཀྱིས་ས་འདུལ་དང་བཀོད་པ་མཛད་ནས། སྦྱིན་བདག་ཁྲ་འབུར་སོགས་ཀྱིས་དེར་གཟིམ་ཁང་ཞིག་བརྩིགས། དམ་པ་འདི་དགུང་ལོ་དྲུག་ཅུ་ཐམ་པ་བཞེས་པ་ལྕགས་ཕོ་འབྲུག་གི་ལོ་(༡༡༧ན)ཕུར་བུ་ལྷོག་ཏུ་བྱོན། ཉིན་མང་པོའི་བར་མདོ་སྡེ་བསྐལ་བཟང་བགླགས་ཤིང་མཆོད་པ་གཟབས་པ་ཕུལ། བྱང་ཆུབ་མཆོག་ཏུ་སེམས་བསྐྱེད་དགོས་ཚུལ་གྱི་གསུང་བཤད་རྣོ་ལ་རྒྱས་པར་གནང་ནས་མདོ་སྡེ་བསྐལ་བཟང་དཔང་དུ་བཞག་ནས་སྨོན་དངོས་རྗེས་གསུམ་ཚང་བའི་སེམས་བསྐྱེད་རེ་དཔོན་སློབ་ཐམས་ཅད་ཀྱིས་མགྲིན་གཅིག་ཏུ་མཛད་དོ། །བསྐལ་བཟང་ལས་དེ་བཞིན་གཤེགས་པ་གྲགས་པ་སྟོན་ཐ་ག་པར་གྱུར་པའི་ཚེ་རས་ཀྱི་ཁ་ཚར་ཕུལ་ནས་སེམས་བསྐྱེད་པ་དང་། དེ་བཞིན་གཤེགས་པ་འོད་འཕྲོ་རྟའི་སྔོན་མེ་ཕུལ་ནས་སེམས་བསྐྱེད་པར་གསུངས་པ་ཡི་གེར་བྲིས་ནས་མགུལ་དུ་བཞེས། ངེད་རང་ཚོ་སེམས་བསྐྱེད་པའི་རྫས་ལ་མ་ཐོགས་དང

པ་ལ་ཐོགས་གསུངས་པ་སོགས་གསུང་ཆོས་རྣམ་པ་ཅན་མང་དུ་གནང་།

དེ་ནས་རྒྱལ་དབང་ཚལ་དབུ་མཛད་ཀྱིས་རྗེ་བཙུན་ཐམས་ཅད་མཁྱེན་པ་བློ་བཟང་ཡེ་ཤེས་ལ་གསོལ་བ་བཏབ་ནས་ལམ་རིམ་གྱི་མན་ངག་ཆེས་གསལ་བ་མྱུར་ལམ་ཞེས་བྱ་བ་གནང་བ་གསན་ནས་རྒྱལ་དུ་ཕེབས་ཏེ་བྲག་རྩ་བླ་མ་བློ་བཟང་རྒྱལ་མཚན་ལ་སྔགས་རིམ་ཆེན་མོ། འདུལ་བའི་གླེང་འབུམ་ཆེན་མོ། པཎ་ཆེན་ཐམས་ཅད་མཁྱེན་པས་མཛད་པའི་མྱུར་ལམ་རྣམས་ཀྱི་ལུང་གསན་ཅིང་བྱམས་ཆེན་གྱི་མདུན་དུ་སེམས་བསྐྱེད་དང་། བསྟན་པ་རྒྱས་པའི་བསྔོ་སྨོན་མཛད་ནས་འོལ་ཁར་ཕེབས་དྲུང་རམ་པ་བློ་བཟང་ཆོས་རྒྱལ་ལ་སྨོན་ལམ་མཐའ་ཡས་པའི་གཅོད་སོགས་བཀའ་ཆོས་ཅི་རིགས་གསན་ནས་སེ་ར་རྩེར་ཕེབས(༡༡༧བ) སྔར་བཞིན་བཤད་སྒྲུབ་ཀྱིས་འདུས་སྡེ་རྣམས་ལེགས་པར་བསྐྱངས་སོ། །དེ་ནས་ཞུར་བུ་ལྕོག་ཏུ་དགེ་སློང་བརྒྱད་སྡེ་ཞིག་འཛུགས་པའི་ཐུགས་འདུན་ཡོད་པ་བཞིན་མེ་ཁྱི་ལོ་ཧོར་ཟླ་གསུམ་པའི་མཇུག་གཟའ་སྐར་འཕྲོད་སྦྱོར་ལེགས་པ་ཞིག་ནས་བཟུང་འབད་རྩོལ་ཆེར་མེད་པར་ཐར་འདོད་དུ་མ་རྗེ་བླ་མ་ཉིད་ཀྱི་ཐུགས་རྗེས་འུར་གྱིས་འདུས་ནས་ཐོག་མར་བརྒྱད་སྡེ་དང་། དེ་ནས་རིམ་གྱིས་འདུས་ནས་དགེ་འདུན་ཉི་ཤུ་ཡོངས་པའི་སྒྲུབ་སྡེ་ཕུན་སུམ་ཚོགས་པ་ཆགས་པས་དད་ལྡན་བསོད་ནམས་གསོག་པའི་ཞིང་ས་མཆོག་ཏུ་གྱུར་པ་འདི་བྱུང་ངོ་། །

འདི་སྐབས་ནས་བཟུང་སྒྲུབ་སྡེ་རྣམས་སུ་ཚོགས་ནམ་འཚོག་རེས་ཀྱིས་ཐོག་མར་ཕྱག་འཚལ་བ་དང་སྔགས་པའི་ཡན་ལག་བདུན་པ་མཎྜལ་དང་བཅས་པ་ཕུལ་ནས་སེམས་བསྐྱེད་པ་དང་། ཚོགས་འདུ་སོགས་གང་དུ་ཕེབས་ཀྱང་མཎྜལ་བསྔམས་པའི་སྲོལ་བཙུགས། ཞུར་བུ་ལྕོག་གི་སྒྲུབ་སྡེ་ཆགས་ནས་འདུ་ཁང་ལེགས་བྲིས་གྲུབ་རྗེས་རྗེ་བཙུན་བླ་མ་དག་དབང་བྱམས་པས་དབུ་མཛད་དགེ་སློང་རྣམས་ཀྱིས་ཟླ་བ་གཅིག་གི་བར་འདུ་ཁང་དུ་དགོང་མོ་རེ་རེ་བཞིན་བརྒྱང་ཕྱག་ལྔ་བརྒྱ་རེ་ལ་ཉུང་ཐ་བྱས་ནས

བསག་སྦྱངས་ལ་བརྩོན་པར་མཛད་པས་ཐུགས་ཤིན་ཏུ་མཉེས་ནས་ང་ལས་ཁྱེད་ཚོ་སྙིང་རུས་ཆེ་བ་འདུག །ཆུང་དུའི་དུས་ནས་རྗེ་བླ་མ་ལ་བློ་སྙིང་གཏད་ནས་རི་ཁྲོད་ཅིག་ལ་འགྲོ་བསམ་པ་ཡོད། སྙིང་རུས་ཁྱེད་ཚོ་ཙམ་མེད་གསུངས། ལམ་རིམ་ཆེན་མོའི་བཤད་ལུང་དང་འཇམ་དཔལ་ཞལ་ལུང་གི་ཁྲིད་རྒྱས་པར་གནང་། དེ་ནས་ར་ཁ་བྲག་སྒྲུབ་སྡེ་ཆགས་ཏེ་སེ་ར་རྗེ་དང་ཕུར་བུ་ལྕོག་གི་དགེ་(༢༢༨ན)འདུན་རྣམས་ཀུན་སྤྱན་དྲངས་ནས་སེམས་བསྐྱེད་མཆོད་པ་རྒྱས་པར་མཛད། ཐོག་མར་དགེ་སློང་བཅུ་གཉིས་ཆགས། དེ་ནས་རིམ་གྱིས་རྗེ་འཕེལ་དུ་གྱུར་ཏོ། །

དེ་ནས་བཟུང་སྒྲུབ་སྡེ་སོ་སོར་ཟླ་བ་ཡར་ངོ་མར་ངོའི་གསོ་སྦྱོང་དང་དབྱར་གནས། དགག་དབྱེ་སོགས་བསྟན་པ་རིན་པོ་ཆེའི་རྩ་བ་སོ་སོར་ཐར་པའི་ཕྱག་ལེན་རྣམ་པར་དག་པ་འཛུགས་པར་མཛད། ས་མོ་གླང་ལོའི་ཟླ་བ་དང་པོ་ནས་སྒྲུབ་སྡེ་ཕན་ཚུན་སོ་སོར་སེམས་བསྐྱེད་མཆོད་པ་ཞུ་མི་དུ་མ་བྱུང་བ་ལ་སྤྱན་དྲངས་པ་བཞིན་སྐྱ་སེར་མང་པོ་ལ་ཐེག་པ་ཆེན་པོའི་སེམས་རིན་པོ་ཆེའི་གསུང་བཤད་གནང་། ཟླ་བ་གསུམ་པའི་ནང་དུ་ལྷ་རི་བླ་མ་ལྷོ་རྫིང་སྐྱེས་བླ་མ་སེ་འབྲས་དགེ་གསུམ་རྒྱུད་སྟོད་སྨད་ཀྱི་དགེ་བའི་བཤེས་གཉེན་མང་པོ་དང་སྒྲུབ་སྡེ་གསུམ་གྱི་དགེ་སློང་རྣམས་གཙོ་བོར་བྱས་པའི་ཐར་འདོད་ཉིས་བརྒྱ་མ་ལོངས་ཙམ་ལ་བྱང་ཆུབ་ལམ་གྱི་རིམ་པའི་སྨྱོང་ཁྲིད་ཟླ་བ་གཅིག་གི་བར་དུ་གནང་ངོ་། །

དེ་ནས་མ་འོངས་པའི་བསྟན་རྒྱུན་ལ་དགོངས་ཏེ་སྡེ་སྣོད་རིན་པོ་ཆེ་གསུམ་གྱི་བརྗོད་བྱ་ལག་ལེན་དུ་འདེབས་ཚུལ་སྐྱོང་བ་པའི་ཁྲིམས་སུ་བཅའ་བ། པཎ་ཆེན་རིན་པོ་ཆེ་བློ་བཟང་ཡེ་ཤེས་དཔལ་བཟང་པོས་མཛད་པ་དེ་ལ་དམ་པ་ཉིད་ཀྱིས་ཟུར་ཟད་ཁ་བཀང་སྟེ་སྒྲུབ་སྡེ་སོ་སོར་གནང་ནས་སྒྲིགས་ལམ་དེ་ག་སོར་གནས་དགོས་ཚུལ་གྱི་བསླབ་སྟོན་རྒྱས་པར་གནང་སྟེ། ར་ཁ་བྲག་ཏུ་དབྱར་ཞལ་བཞེས་མཛད། དགག་དབྱེ་

ཚར་ནས་ར་ཁ་བྲག་དང་ཕུར་བུ་ལྕོག་ཏུ་བདེ་མཆོག་དྲིལ་བུ་ལྷ་ལྔའི་ཚོ་ག་བཙུགས། ཞག་བདུན་གྱི་(༢༢༨བ)རིང་ཚོགས་འཁོར་མཆོད་པ་དགེ་འདུན་རྣམས་ལ་བསྙེན་བཀུར་ལེགས་པར་མཛད་དོ། །

དེ་ནས་ཕུར་བུ་ལྕོག་ཏུ་ཕེབས་ཐར་པ་དོན་གཉེར་ཅན་མང་པོ་ལ་བསྙེན་རྫོགས་ཀྱི་སྡོམ་པ་གནང་། སྐྱབས་སྡེ་སོ་སོར་སྐྱ་སེར་མང་པོས་སེམས་བསྐྱེད་མཆོད་པ་དུ་མ་ཕུལ་བར་བྱང་ཆུབ་སེམས་ཀྱི་གདམས་ངག་སེམས་བསྐྱེད་བསྔོ་སྨོན་ཡང་དག་མཛད། དགེ་སློང་དངོས་གྲུབ་ཀྱིས་ཞུས་ནས་ཉུང་ཤས་ཤིག་ལ་བཀའ་གདམས་ཐིག་ལེ་བཅུ་དྲུག་གི་དབང་གནང་། མནལ་ལམ་དུ་མི་མངས་པའི་སྐྱོན་བྱུང་གསུང་། བར་སྐབས་ཤིག་མཁར་རྫོ་མཁན་པོ་བཟོད་པ་རྒྱ་མཚོས་གདན་དྲངས་ནས་སེམས་བསྐྱེད་མཆོད་པ་མཛད། གནས་དེ་ར་དགེ་འདུན་གྱི་སྡེ་ཡུན་རིང་གནས་པའི་ཐུགས་སྨོན་མཛད་དེ་ཉིན་འཁོར་དུ་ཕུར་བུ་ལྕོག་ཏུ་ཕེབས། དེ་ནས་སྐྱབས་སྡེ་གསུམ་གྱི་དགེ་འདུན་ཐམས་ཅད་ལ། སྤྱིར་ཆོས་ལམ་རིམ་འདི་ལ་ལོང་བས་གླང་མཇུག་ལྟར་བྱེད་དགོས། ཁྱད་པར་དུ་ཚད་མེད་བཞིའི་སྒོ་ནས་བྱང་ཆུབ་ཀྱི་སེམས་ལ་བློ་སྦྱོང་དགོས། སྐྱབས་སྡེ་སོ་སོས་སྒྲིགས་ལམ་འདུལ་བའི་བསླབ་བྱ་གཞིར་བཞག་བྱས་ཏེ་ཐེག་པ་ཁྱུར་བླངས་དགོས་ཚུལ་རྒྱས་པར་གསུངས། ཤིན་ཏུ་ཐུགས་སྐྱོ་བའི་རྣམ་པ་མཛད་ཅིང་། ཡང་སློས་ཁྱད་པར་ཅན་དུ་བྱང་ཆུབ་ཀྱི་སེམས་འདི་ལ་ཐམས་ཅད་ཀྱིས་མ་འབད་ན། བྱང་ཆུབ་ཀྱི་སེམས་ཀྱི་སྐད་ཆ་དེ་ཙམ་ཞིག་བྱས་པ་གོ་རྒྱུ་ཅི་ཡང་མེད་པ་འདི་འདྲ་ང་རང་ན་སོ་སོང་། སོ་ཐུད་པ་དང་བཅས་གོ་བརྗ་མ་འཕྲོད་པ་ཡིན་པ་འདྲ་བསམ་པ་ཡོང་གི་འདུག་གསུང་བ་སོགས་ཐེག་ཆེན་བསྟན་པ་ཉམས་པ་ཐུགས་ཀྱིས་མ་བཟོད་ནས་གནད་དུ་བསྟུན་(༢༢༩ན)པའི་ཞལ་ཏ་མང་དུ་གནང་བས་དེ་ར་ཚོགས་པ་ཐམས་ཅད་ལ་བོགས་ཆེ་བར་བྱུང་ངོ་། །

དེ་ནས་ཆུ་ཕོ་འབྲུག་གི་ལོ་སྐྱབས་སྡེ་གསུམ་སོ་སོར་སེམས་བསྐྱེད་མཆོད་པ་མང་དུ་

བྱུང་ཞིང་བྱང་ཆུབ་ཀྱི་སེམས་རང་སྒོམ་དགོས་གསུང་བ་སོགས་གསུང་ཆོས་གནད་ཅན་མང་དུ་གནང་ཞིང་ཡུན་རིང་མི་བཞུགས་པའི་རྟགས་སུ་ཞལ་ནས། ན་ཚོད་དར་བབ་ཁོ་ལངས་སོང་། །སྐྲ་དཀར་གཉེར་མ་ཁོ་སླེབས་བྱུང་། །མི་རྟག་འཆི་བ་ཁོ་སླེབས་རན། །འགྲོད་མེད་དམ་ཆོས་ཁོ་རེམས་པས། །སླེབས་རུང་འགྲོད་རྒྱུ་ཅང་མི་གདའ། །ཞེས་བྱ་བ་ལ་སོགས་པའི་མི་རྟག་པའི་སྐྱོ་མགུར་དུ་མ་གསུང་ཞིང་། ཐུགས་ཀྱིས་གདད་པའི་སློབ་མ་རྣམས་ལ་མདོན་ཆུང་གི་སྒོ་ནས་འཕྲལ་ཕུགས་ཇི་ལྟར་བྱ་བའི་ཞལ་ཏ་གནང་འགག་ཅན་དུ་མ་གནང་ངོ་། །

དེ་ལྟར་དམ་པ་འདིས་སྐྱ་ཚེའི་སྟོད་ལ་ཐོས་པ་རྒྱ་ཆེན་པོ་བཙལ། བར་དུ་ལུང་རིགས་པ་གདམས་ངག་ཐམས་ཅད་ཀྱིས་ཚུལ་བཞིན་དུ་བསམས། ཐ་མར་བསམས་པའི་དོན་དེ་ལ་ཐུན་བཞིར་བཅད་ནས་སྒོམ་པ་འདི་སྐྱ་བསྟན་པ་དང་། ཐུགས་བྲེལ་ཆེ་བ་སོགས་རྐྱེན་ཅི་བྱུང་ཆག་ཏུ་མི་འཇུག་ལ། བསམ་པ་བཟང་པོ་བྱང་ཆུབ་ཀྱི་སེམས་ལ་ཐུགས་དམ་གྱི་མཐིལ་དུ་མཛད་ནས་གཞན་ལ་ཡང་དེ་བཞིན་དུ་འདོམས་པར་མཛད་དེ། ཞལ་ནས་ངས་དང་པོར་བླ་མ་ལས་བྱང་ཆུབ་སེམས་ཀྱི་གདམས་ངག་ཐོས་པས་སྒོམ་པས་ཆུའི་གཏམ་ཐོས་པ་ལྟར་སེམས་དེ་རྒྱུད་ལ་སྐྱེ་བའི་དུས་ཤིག་ནམ་འོང་སྙམ་སྟེ་རིའི་རྩེར་སོང་ཡང་དེ་དྲན། ཀླུངས་དུ་སོང་ཡང་དེ་དྲན། (༢༢༩བ)མི་མང་པོའི་ནང་དུ་ཕྱིན་རུང་། གཅིག་པུར་བསྡད་རུང་མདོར་ན་སྤྱོད་ལམ་ཅི་བྱེད་ཀྱང་དེ་ཁོ་ན་དྲན། ཅི་དྲག་ལ་ཐུག་པ་བྱུང་ནས་བསླབ་བཏུས་ལས་འབྱུང་བའི་རྗེ་བཙུན་འཇམ་དབྱངས་སྔོན་རྒྱལ་པོ་ནམ་མཁར་གྱུར་དུས་སེམས་བསྐྱེད་པའི་ཚིགས་བཅད་ཡི་གེར་བྲིས་ནས་སྐེ་ལ་བཏགས་པ་ཡིན། ད་བསམས་ན་དེ་བྱུང་འདུག་སྲུང་བ་ལ་དེ་ལས་ལྷག་པ་མི་འོང་བ་འདྲ་གསུངས། ཡང་ལན་ཅིག་འགའ་རེས་ཁོ་ལ་དུས་རྒྱུན་དུ་བྱང་ཆུབ་ཀྱི་སེམས་སྒོམས་ཟེར་རྒྱུ་ཞིག་ལས་མེད་བསམ་ཤས་ཆེ་སྟེ། ང་ལ་དེ་ཀ་ལས་ཟེར་རྒྱུ་མེད། ཡག

པོ་བྱེད་ན་བྱང་ཆུབ་ཀྱི་སེམས་འདི་དབུལ་པོས་གཏེར་རྙེད་པ་ལྟར་རང་གིས་རྒྱུས་ཡོད་བྱས་ནས་འཆད་པ་ལས་འདི་ཡོད་པའི་སྐད་ཆ་གཞན་ལ་གཏོང་མི་ཕོད་པ་ཞིག་ཡིན་ཏེ། ཕན་པ་ཞིག་ཨེ་ཡོང་བསམས་ནས་དུས་རྒྱུན་དུ་འདིའི་སྐད་ཆ་བྱས་པ་ཡིན་གསུང་། གནས་གང་ནས་གང་དུ་ཕེབས་ཀྱང་ཕེབས་ཁ་དང་། ཕེབས་མ་ཐག་དང་། ངལ་གསོ་བ་དང་། མེ་ཏོག་དང་། ཆུ་དངས་པ་དང་། ས་ཕྱོགས་ཉམས་དགའ་བ་སོགས་མཆོད་པར་འོས་པའི་དངོས་པོ་ཅི་འདྲ་བ་ཞིག་གཟིགས་པ་དང་། མི་མ་ཡིན་གྱི་ལྷ་རྟེན་གྱི་དྲུང་དུ་ཕེབས་པའི་ཚེ་ཡན་ལག་བདུན་པ་སེམས་བསྐྱེད་དང་བཅས་པའམ། མ་ཐ་ཡང་ས་གཞི་སྤྱོས་བྱུགས་མ་དང་ཐལ་མོ་སྦྱར་ནས་སེམས་བསྐྱེད་རེ་ངེས་པར་མཛད། སྐྱབ་སྟེ་ཕན་ཚུན་དུ་ཕེབས་པ་ན། སེ་ར་རྩེའི་ཤར་གྱི་རི་གདོང་དང་། ར་ཁ་བྲག་གི་མཐའི་གོང་ཕུར་བུ་ལྕོག་གི་ནུབ་ཀྱི་བྲག་འབུར་གོང་རྣམས་སུ་ཕེབས་ཕྱིན་ཡན་ལག་བདུན་པ་སེམས་བསྐྱེད་དང་བཅས་པ་རེ་ངེས་པར་མཛད། (༢༣༠ན)ས་མཐོ་ས་ནས་སེམས་བསྐྱེད་ན་སེམས་བསྐྱེད་རྒྱ་ཆེན་པོ་འོང་བར་རྗེ་བླ་མས་གསུངས་པ་ཡིན་གསུང་། བྲག་འབུར་གོང་དེ་ལ་སེམས་བསྐྱེད་སྒང་ཞེས་མིང་འདོགས་མཛད། དེ་ལྟ་བུའི་ཚུལ་གྱིས་བྱང་ཆུབ་སེམས་ཀྱི་བསྟན་པ་ཉིན་མོ་ལྟར་གསལ་བར་མཛད་པས་རྗེ་བདག་ཉིད་ཆེན་པོའི་བསྟན་པ་ལ་བྱ་བ་མཛད་དོ། །

དེ་ལྟར་བྱང་ཆུབ་སེམས་ཀྱིས་འཕངས་པའི་སྐུ་གསུང་ཐུགས་ཀྱི་ཀུན་སྤྱོད་ཡོངས་སུ་དག་པས་སོ་ཐར་གྱི་ཚུལ་ཁྲིམས་ལ་སྡོམས་ཀྱིས་བསྡུས་པའི་ཉེས་བྱས་ཕྲ་མོ་དང་། བྱང་སེམས་ཀྱི་ཚུལ་ཁྲིམས་ལ་འདོད་པའི་སེམས་ཀྱི་རྗེས་སུ་འཇུག་པའི་ཉེས་བྱས་ཙམ་དང་། གསང་སྔགས་ཀྱི་ཚུལ་ཁྲིམས་ལ་ལྟའི་མཚན་མ་དང་དམན་མ་ལ་འགོམ་པའི་ཉེས་པ་ཙམ་གྱིས་ཀྱང་མ་གོས་པ་ལ་འབད་ཅིང་། བརྒྱ་ལ་གོས་ན་ཡང་རང་རང་གི་གཞུང་ནས་འབྱུང་བའི་ཕྱིར་བཅོས་ཚུལ་བཞིན་མཛད་པས་ཚུལ་ཁྲིམས་རྣམ་པར་དག

པའི་དྲིས་གཟིམ་ཁང་གི་ནང་དང་ཉེ་སྐོར་ཐམས་ཅད་བསུང་ཆེང་ངེ་སྤོས་བཟང་པོ་སྤུར་བ་ལྟར་ཡོད་ལ་ཐ་ན་གཟིམ་ཁང་དུ་བཞག་པའི་ཆས་ཀ་དང་ཕྱག་གཡོག་རྩུན་གྱི་གོས་ལའང་ཚུལ་ཁྲིམས་ཀྱི་དྲི་ངད་ལྡང་བ་ཡོད། ཚུལ་ཁྲིམས་རྣམ་པར་དག་པ་ལས་ཏིང་ངེ་འཛིན་བཟང་པོ་འབྱུངས། དེ་ལས་མངོན་པར་ཤེས་པ་དང་ངོ་མཚར་ཅན་གྱི་དག་པའི་གཟིགས་སྣང་དུ་མ་ཡོད་པར་མཆིས་ཏེ། གཞན་སེམས་མཁྱེན་པའི་མངོན་ཤེས་མངའ་བས་རེས་འགའ་ད་རེས་ཆོས་ཟབ་མོ་ཇི་ལྟ་བུ་ཞིག་གསུང་ན་སྙམ་ཙ་ན་ཅི་ཡང་མི་གསུང་། རེས་ཐུགས་(༢༣༠བ)བྲེལ་ཆེ་ཞིང་སྐུ་གཟུགས་མི་བདེ་བ་ཇི་ལྟ་བུ་ལའང་མི་གཟིགས་པར་ཤིན་ཏུ་རྒྱས་པར་གསུང་ངོ་། །དེ་ལྟར་ཕར་ཕྱིན་ཐེག་པའི་དབང་དུ་བྱས་ནས་ཡོན་ཏན་རྒྱ་ཆེན་པོ་དང་ལྡན་པར་མ་ཟད། གསང་སྔགས་རྡོ་རྗེ་ཐེག་པའི་དབང་དུ་བྱས་ནས་ཀྱང་རྫོགས་རིམ་གྱི་རྟོགས་པ་ཁྱད་པར་ཅན་བརྙེས་ཏེ། སྐུ་ཚེའི་སྨད་ལ་དཔལ་རྡོ་རྗེ་འཇིགས་བྱེད་ཀྱི་ལམ་རིམ་པ་གཉིས་ལ་གཙོ་བོར་བརྩོན་པར་མཛད་ཅིང་ཞལ་ནས་སྔར་ཡིན་ན་ང་ཞག་རེ་མི་མང་སར་བསྡད་ན་སུན་སྣང་ཆེན་པོ་འོང་བ་ཡིན་ཏེ། ད་མི་མང་སར་བསྡད་པ་དང་ཐང་སྟོང་ཞིག་ཏུ་རང་གཅིག་པུར་བསྡད་པ་དང་། རི་ཁྲོད་དུ་མཐུན་རྐྱེན་འཛོམ་པོ་བྱས་ནས་བསྡད་པ་གང་བྱས་ཀྱང་བླ་མ་དཀོན་མཆོག་གི་ཐུགས་རྗེས་བདེ་བ་ཆེན་པོ་ངམ་ངམ་ཤུགས་ཀྱིས་སྐྱེ་བ་ཞིག་ཡོད་གསུང་། དེ་ལྟར་མཁས་པ་འཆལ་པར་མ་ཤོར་བ། བཙུན་པོ་རྨོངས་པར་མ་ཤོར་བ། བཤད་པ་ཁ་བཤད་དུ་མ་ཤོར་བ། སྒྲུབ་པ་རང་དོན་དུ་མ་ཤོར་བའི་སྐྱེས་མཆོག་དམ་པ་འདིས་མཐོན་པོའི་ཁྲི་ལ་བཟང་པོའི་ཟས་གོས་ལ་སྤྱོད་ཅིང་རྨོངས་པའི་འཁོར་གྱིས་བསྐོར་བས་བསྟན་པ་དང་འགྲོ་བའི་དོན་མི་འོང་བར་གཟིགས་ནས། མི་མེད་ལུང་སྟོང་འགྲིམས། འཚོ་བ་བྱ་འཚོལ་མཛད། ཡོན་ཏན་ཐམས་ཅད་སྦས། འོག་ནས་འགྲོ་བ་རྒྱུ་ལས་མེད་པའི་དམན་ས་བཟུང་། ཆོས་བརྒྱུད་ངན་སྐྱུགས་བཞིན་དུ་དོར། བསླབ་ཁྲིམས་རྣམས

ཁས་བླངས་ཙམ་ལ་མ་བཞག་པར་ངོ་ལྐོག་མེད་པར་བསྒྲུངས། དཀོན་མཆོག་སྤྱི་བོར་ཁུར། ཉམ་ཆུང་བརྩེ་བས་བསྐྱངས། སྡེ་སྣོད་གསུམ་གྱི་དོན་ཐམས་ཅད་སྐྱེས་བུ་གསུམ་གྱི་ལམ་(༢༣༡ན)རིམ་དུ་བསྡུས་ནས་ཉམས་སུ་བླངས་པས་ཐེག་པ་ཆེན་པོའི་དགེ་བའི་བཤེས་གཉེན་གྱི་མཚན་ཉིད་ཐམས་ཅད་ཚང་བར་མཛད། ཕྱི་འདུལ་བ་ལྟར་དང་ནང་གསང་སྔགས་ལྟར་གྱི་མཛད་པས་བཀའ་གདམས་རིན་པོ་ཆེའི་རྣམ་ཐར་གཙང་མ་ལེགས་པར་ཕྱུག་ལེན་ལ་ཐེབས་པར་མཛད་པས་རྨད་དུ་བྱུང་བའི་རྣམ་པར་ཐར་པ་མཆིས་སོ། །

དེ་ནས་སྐུ་ཚེ་འདིའི་དངོས་ཀྱི་གདུལ་བྱ་རྫོགས་པ་ན་དགུང་ལོ་དོན་གསུམ་ལ་ཐེབས་པ་ཆུ་མོ་སྦྲུལ་ལོ་ཟླ་བ་དང་པོའི་ཆོས་བདུན་གྱི་ཉིན་ཕྱུར་བུ་ལྟོག་ཏུ་སྐུའི་བཀོད་པ་བསྡུས་ཏེ་དགའ་ལྡན་ཆོས་ཀྱི་ཕོ་བྲང་དུ་ཕེབས་སོ། །རྗེ་སྒྲུབ་ཁང་པ་ཆེན་པོ་འདིས་འཇམ་མགོན་བསྟན་པའི་སྲོག་ཤིང་བཙུགས་སྟེ་བྱང་ཆུབ་ལམ་གྱི་རིམ་པ་རྒྱ་ཆེར་སྤེལ་བས་རྒྱུད་འཛིན་གྱི་སློབ་མ་བསམ་གྱིས་མི་ཁྱབ་པ་བྱུང་ཞིང་ཐུགས་སྲས་དམ་པ་རྗེ་ཉིད་ཀྱི་རྒྱལ་ཚབ་ཏུ་དབང་བསྐུར་བ་ཐུབ་བསྟན་ཡོངས་རྫོགས་ཀྱི་བདག་པོ་ནི་རྗེ་བཙུན་བླ་མ་ངག་དབང་བྱམས་པ་ཡིན་ལ། གཞན་ཡང་མཁར་རྫོ་མཁན་པོ་བཟོད་པ་རྒྱ་མཚོ་དང་། རྒྱུད་སྨད་མཁན་པོ་ངག་དབང་མཆོག་ལྡན་དང་། ཁྲི་རིན་པོ་ཆེ་བློ་བཟང་དར་རྒྱས་སོགས་འཕྲིན་ལས་རྒྱ་ཆེར་སྤེལ་བའི་བསྟན་འཛིན་དམ་པ་མང་དུ་བྱོན་ནོ། །

དེས་ན་བྱང་ཆུབ་ལམ་གྱི་རིམ་པ་ལ་བློ་སྦྱོང་བར་འདོད་པ་རྣམས་ཀྱིས་རྗེ་སྒྲུབ་ཁང་པ་དགེ་ལེགས་རྒྱ་མཚོ་ལ་གསོལ་བ་འདེབས་ཤིང་། རྗེ་འདིའི་རྣམ་ཐར་ལྟར་དཔལ་ཨ་ཏི་ཤ་དང་རྒྱལ་བ་ཙོང་ཁ་བའི་བསྟན་པའི་སྙིང་པོ་བྱང་ཆུབ་ལམ་གྱི་རིམ་པ་ལ་ཚེ་དང་སྒྲུབ་པ་མཉམ་(༢༣༡བ)པ་ཞིག་བྱ་བ་ལ་སྐྱེས་བུའི་རྩལ་ཅི་ཡོད་ཀྱིས་འབད་པར་བྱའོ། །

མཁར་རྡོ་བཟོད་པ་རྒྱ་མཚོའི་རྣམ་ཐར།

རྗེ་དགེ་ལེགས་རྒྱ་མཚོའི་ཐུགས་སྲས་མཁར་རྡོ་མཁན་པོ་བཟོད་པ་རྒྱ་མཚོ་ནི། ཆོས་འཁོར་ལྷ་སར་ཡབ་སྟག་ཚང་ངག་དབང་ཚུལ་ཁྲིམས་དང་། ཡུམ་ཨ་ལྕེ་སྐྱིད་སྐྱིད་གཉིས་ཀྱི་སྲས་སུ་ཡོངས་འཛིན་ཅེས་པ་ཆུ་ཕོ་བྱི་བའི་ལོ་འཁྲུངས། ཡབ་ཡུམ་གཉིས་ཀྱིས་ཤེས་རབ་རྒྱ་མཚོ་ཞེས་མཚན་བཏགས། དམ་པ་འདི་རང་ཆེ་རབས་སྔ་མ་ནས་སྦྱངས་པའི་བག་ཆགས་ཡོད་པ་དང་། ཡབ་ཡུམ་གཉིས་ཀྱང་ཆོས་དང་མཐུན་པས་སྨྲ་ཤེས་ཙམ་ནས་ཡི་གེ་དྲུག་པ་བཟླ་བ་དང་། ཆོས་སྤྱོད་སྣ་ཚོགས་འདོན་པ་དང་། ཀློག་ཡིག་སློབ་པ་དང་མི་དགེ་བཅུ་ཕྲ་མོ་ནས་སྤོང་བ་དང་། ཕྱག་དང་བསྐོར་བ་སོགས་སྒོ་གསུམ་དགེ་ལ་སྦྱོར་བ་ཞིག་བྱུང་། དེ་ནས་དགུང་ལོ་དྲུག་བདུན་ལོན་ཏེ་བསམ་བློ་རྙེད་པ་ན་ཁྲིམ་ལ་བཙོན་རའི་འདུ་ཤེས་སྐྱེས་ཏེ། སྐད་ཅིག་ཀྱང་འདུག་མི་ཕོད་པས་སེ་འབྲས་གང་རིགས་ཤིག་ཏུ་ཞུགས་ཏེ་ཆོས་རྣམ་དག་ཅིག་བྱ་འདོད་པ་ནར་མར་བྱུང་སྟེ། ཡབ་ཡུམ་གཉིས་ལའང་དོན་དེ་ལྟར་གསོལ་བ་ན་ཡབ་ཡུམ་དེ་གཉིས་ཀྱང་ཆོས་དང་མཐུན་པས་བཀག་པ་མ་བྱས་པར་དམ་པ་འདི་རང་གི་ཐུགས་བཞེད་ལྟར་ཆོས་སྒོར་འཇུག་པའི་མཐུན་རྐྱེན་སྦྱར་ཏེ་དགུང་ལོ་བཅུ་གསུམ་གྱི་ལོ་སེ་ར་ཐེག་ཆེན་གླིང་དུ་ཕེབས་ཏེ་བྱེས་མཁས་མང་གྲྭ་ཚང་དུ་ཞུགས་ནས་བྱེས་པའི་དཔོན་སློབ་རྒྱལ་མཚན་དོན་གྲུབ་ཀྱི་དྲུང་དུ་རབ་ཏུ་བྱུང་ནས་དགེ་ཚུལ་གྱི་སྡོམ་པ་བཞེས། མཚན་བཟོད་པ་རྒྱ་མཚོ་ཞེས་བཏགས། ལོ་དེའི་རིང་ལ་ཆོས་སྤྱོད་རྣམས་བཟུང་། དགུང་ལོ་(༡༣༡༤) བཅུ་བཞི་པ་ལ་ཆོས་གྲྭ་འགྲིམས་ཏེ་ཐོག་མར་བསྡུས་གྲྭར་ཞུགས་ཏེ་སྦྱོར་བ་རྩི་བར་མཛད་པས་གཞན་གྱིས་བསྐུལ་བ་ལ་མ་བལྟོས་པར་ཐུགས་བརྩོན་ཤིན་ཏུ་ཆེ་བས་རིང་

པོ་མ་ཐོགས་པར་སྦྱོར་བ་ལ་བྱང་བར་གྱུར་ནས་ཕར་ཕྱིན་ལ་སྦྱངས། རྗེ་བཙུན་ཆོས་ཀྱི་རྒྱལ་མཚན་གྱི་ཕར་ཕྱིན་གྱི་ཡིག་ཆ་རྣམས་ཐུགས་ལ་བཟུང་། ཉིན་མཚན་ཀུན་ཏུ་ཐུགས་བརྩོན་ཤིན་ཏུ་ཆེ་བར་མཛད་པས་ལོ་གསུམ་ཙམ་གྱི་རིང་ལ་ཕར་ཕྱིན་གྱི་གཞུང་ལ་མཁས་པར་གྱུར་ཅིང་། ལས་རྒྱུ་འབྲས་དང་ས་ལམ་བགྲོད་ཚུལ་སོགས་ཕར་ཕྱིན་གྱི་གཞུང་དོན་ཉམས་སུ་ལེན་ཚུལ་ལ་ངེས་ཤེས་གཏིང་ཚུགས་པ་རྙེད་ནས་སྒྲུབ་པ་སྙིང་པོར་བྱེད་འདོད་ཤུགས་དྲག་པོ་འཁྲུངས་ཏེ་དགེ་རྒན་དང་གྲོགས་རྣམས་ལ་དེ་བཞིན་གྱི་འཕྲོས་བྱས་པ་ན་སྒྲུབ་པ་ལ་བསྐུལ་བ་སུ་ཡང་མ་བྱུང་ཞིང་། ཐམས་ཅད་ཁ་མཐུན་པར་རེ་ཤིག་སྒྲུབ་པ་བྱེད་པ་མི་ཡོང་ཚུལ་གླེངས་པ་ན། དམ་པ་འདི་ལ་ཧ་བཟང་པོ་ལྟག་གིས་བྲབས་པ་ལྟར་སྒྲུབ་པ་ལ་བསྐུལ་མར་གྱུར་ཏེ། འདི་དག་གིས་ཟེར་བ་ལྟར་དལ་འབྱོར་ལན་ཅིག་ཐོབ་པའི་སྐབས་འདིར་ཉམས་ལེན་ཁོ་ཐག་ཆོད་པ་ཞིག་བྱེད་རྒྱུ་མ་བྱུང་བར་ཤི་ན་དལ་བ་སྟོང་ཟད་དུ་འགྲོ་བ་འདུག་ཅིང་། དེ་རིང་རང་ཡང་མི་འཆི་བའི་གདེང་མི་འདུག་པས་འཕྲལ་དུ་སྒྲུབ་པ་རྣམ་དག་ཅིག་བྱའོ་སྙམ་པའི་འདུན་པ་ཤུགས་དྲག་འཁྲུངས། སྔ་སོར་གྲྭ་སར་ཞུགས་ཙམ་ནས་ཕར་ཕྱིན་གྱི་ལམ་གྱི་འགྲོ་ལུགས་དང་། དབུ་མ་ལ་སྦྱངས་ཏེ་ཟབ་མོ་དབུ་མའི་ལྟ་བ་ལ་གོ་བ(༢༣༢བ)ཆགས་ཙམ་བྱུང་ན་དེ་ནས་སྒྲུབ་པ་རྣམ་དག་ཅིག་བྱེད་སྙམ་པ་ནར་མར་ཡོད་ཐོག་ནམ་འཆི་ཆ་མེད་དྲན་པ་དང་། ཚེ་འདིར་ཆགས་པའི་སྐྱེ་བོ་རྣམས་ཀྱི་བྱེད་སྤྱོད་དང་བརྗོད་ཚུལ་དེ་དག་གིས་རྐྱེན་བྱས་ཏེ་དབུ་མའི་གཞུང་ལ་སྦྱོང་ལོང་མ་བྱུང་བར་སེ་ར་རྩེའི་རྗེའི་སྒྲུབ་ཁང་ན་བླ་མ་བཟང་པོ་ཞིག་བཞུགས་འདུག་གོ་ཟེར་བ་གསན་པས་ལུས་ཀྱི་སྤུ་ཟིང་ཞེས་བྱེད་ཅིང་སྨྲ་མི་ཤེས་པའི་དད་གུས་ཆེན་པོ་འཁྲུངས་ཏེ་ང་ཡང་བླ་མ་དམ་པ་དེའི་ཞབས་དྲུང་དུ་ཕྱིན་ཏེ་ཚེ་དང་སྒྲུབ་པ་མཉམ་པ་ཞིག་བྱེད་སྙམ་པ་བྱུང་སྟེ། མཁའ་འགྲོ་ཆོས་སྐྱོང་དཔང་དུ་བཞག་སྟེ་དེ་ལྟར་བྱེད་པའི་དམ་བཅའ་དྲག་པོ་མཛད། དེ་ནས་བྱེས་པ་བླ་མའི་དྲུང་དུ

ཕེབས་ཏེ་སྤྱན་མཆི་མ་དང་བཅས་རྒྱུ་མཚན་ཞིབ་ཏུ་ཞུས་ནས་དགོངས་པ་ནན་གྱིས་ཞུས་ཏེ་དགུང་ལོ་བཅུ་བདུན་གྱི་ཐོག་སེ་ར་རྗེར་རྗེ་སྒྲུབ་ཁང་པ་མཇལ་དུ་ཕེབས། རྗེ་བཙུན་མི་ལས་ལྷོ་བྲག་མར་པ་ལ་ཇི་ལྟར་གསོལ་བ་བཏབ་པ་ལྟར་རྗེ་སྒྲུབ་ཁང་པ་ལ་ལུས་ངག་ཡིད་གསུམ་ཕུལ་ཏེ་རྒྱལ་བ་ཙོང་ཁ་པའི་བསྟན་པའི་སྙིང་པོ་བྱང་ཆུབ་ལམ་གྱི་རིམ་པ་ལ་ཚེ་དང་སྒྲུབ་པ་མཉམ་པ་ཞིག་ཡོང་བར་གསོལ་བ་བཏབ། རྗེ་སྒྲུབ་ཁང་པས་ཀྱང་དགྱེས་བཞིན་དུ་ཞལ་གྱིས་བཞེས་ཏེ། དུས་གསུམ་གྱི་རྒྱལ་བ་ཀུན་གྱི་བགྲོད་པ་གཅིག་པའི་ལམ་པོ་ཆེ་ཆོས་ཕུང་བརྒྱད་ཁྲི་བཞི་སྟོང་གི་བརྗོད་བྱའི་དོན་ཐམས་ཅད་གང་ཟག་གཅིག་གི་ཉམས་ལེན་གྱི་རིམ་པར་བསྡུས་པ་བྱང་ཆུབ་ལམ་གྱི་རིམ་པའི་ཁྲིད་རྒྱས་པར་གནང་། སྐྱེས་བུ་ཆེན་པོའི་སྐོར་ལ་ཐེག་ཆེན་སེམས་བསྐྱེད་སྦྱོང་བའི་མན་ངག་ཇོ་བོ་དཔལ་ལྡན་ཨ་ཏི་ཤའི་སྙན་རྒྱུད་རྒྱལ་བའི་སྲས་པོ་བཟང་(༡༣༣ན)པོ་དཔལ་གྱི་ཁྲིད་ཡིག་སྡོམ་ཚིག་ལྷ་བུར་མཛད་པ་བློ་སྦྱོང་དོན་བདུན་མའི་ཁྲིད་དང་། ལམ་རིམ་གྱི་གེགས་སེལ་བོགས་འདོན་དུ་གཅོད་ཀྱི་ཁྲིད་དང་། གྲུབ་ཆེན་མི་ཏྲ་ལ་མགོན་པོ་སྤྱན་རས་གཟིགས་ཀྱིས་མདོ་སྔགས་གཉིས་ཀའི་ལམ་གྱི་གནད་བསྡུས་ནས་བསྟན་པ་སྙིང་པོ་དོན་གསུམ་གྱི་ཁྲིད་རྣམས་སྦྱོང་ཁྲིད་དུ་བྱས་ཏེ་ལེགས་པར་གསན། དགུང་ལོ་ཉི་ཤུ་ལ་བབ་པ་ན་སྔར་དགེ་ཚུལ་གྱི་མཁན་པོ་བྱེས་བླ་མ་རྒྱལ་མཚན་དོན་གྲུབ་ལ་བསྙེན་རྫོགས་ཀྱི་སྡོམ་པ་ཞུས། རྗེ་སྒྲུབ་ཁང་པའི་བཀའ་ལྟར་སེ་ར་རྗེར་རང་ཤོང་གི་ཁང་བུ་ཞིག་གསར་དུ་བཞེངས། ལོ་བཅུ་དགུ་ནས་ཉི་ཤུ་རྩ་གསུམ་གྱི་བར་ལོ་ལྔའི་རིང་ལ་ཕྱི་ནང་གི་གཡེང་བ་གང་ཡང་མེད་པར་འཚོ་བ་དཀའ་ཐུབ་ལ་གནས་ནས་བྱང་ཆུབ་ལམ་གྱི་རིམ་པའི་ཉམས་ལེན་ལ་ཆིག་བསྒྲིལ་དུ་འབད་ཅིང་། གེགས་སེལ་བོགས་འདོན་གཅོད་ཀྱི་དམིགས་སྐོར་དང་བློ་སྦྱོང་གི་ཉམས་བཞེས་ལ་འབད་པས་བཤེས་གཉེན་བསྟེན་ཚུལ་ནས་ཞི་ལྷག་གི་བར་ལམ་གྱི་ལུས་ཡོངས་སུ་རྫོགས་པ་ལ་རྩོལ་བཅས་ཀྱི་

སྐྱོང་བ་ལེགས་པར་གྲོན། དེ་ནས་ཉམས་ལེན་ལ་བོགས་འདོན་ཕྱིར་རྗེ་ཐམས་ཅད་མཁྱེན་པ་འཁོར་དག་པ་རྣམ་བརྒྱད་དང་བཅས་པས་གང་དུ་མཐོང་བའི་ཆོས་ལ་རྟོགས་པ་མཆོག་བརྙེས་པའི་ས་འོལ་ཁའི་སྒྲུབ་གནས་སུ་བསྒྲུབ་པ་བྱ་ཕྱིར་ཕེབས་ཏེ་ཐོག་མར་འོན་གྱི་སྒྲུབ་ཕུག་ཅིག་ཏུ་ལོ་གཅིག་བཞུགས། དགེ་སྦྱོར་ལ་བོགས་ཤིན་ཏུ་ཆེ་བ་བྱུང་ཞིང་། མགོན་པོ་ཕྱག་དྲུག་པ་སོགས་ལྷའི་གཟིགས་སྣང་ཡང་ཁ་ཡར་བྱུང་། དུས་དེ་ཙམ་ནས་བཟུང་དམ་པ་འདིའི་ཡོན་ཏན་ལ་འཁོར་བའི་སློབ་མ་དད་པ་ཅན་ཡང་མང་དུ་བྱུང་སྟེ་གང་དང་གང་དུ་སློབ་མ་དད་པ་ཅན་གྱིས་གསོལ་བ་བཏབ་པ་དེ་དང་དེ་དག་ལ་རང་རང་གི་དབང་པོ་དང་འཚམ་པའི་ཆོས་ཅི་རིགས་པ་གནང་ཞིང་རྒྱུན་དུ་ནི་རྣལ་འབྱོར་དབང་ཕྱུག་མི་ལ་རས་པ་ལྟར་གཅིག་པུ་དབེན་པར་གནས་ཏེ་འགའ་ཞིག་ཏུ་རྡེའུའི་བཅུད་ལེན་དང་། འགའ་ཞིག་ཏུ་མེ་ཏོག་བཅུད་ལེན་དང་། འགའ་ཞིག་ཏུ་ཆུའི་བཅུད་ལེན་མཛད། རྒྱུན་དུ་རྩམ་པ་མ་ཆད་ཙམ་རེ་དང་ཐུག་པས་ཆོག་ཤེས་པར་མཛད་ཅིང་། འཕགས་པའི་རིགས་བཞི་དང་། དགེ་སྦྱོང་གི་ཆོས་བཞི་ལ་གནས་ཏེ་འོལ་ཁ་ཆོས་ལུང་སོགས་རྗེའི་སྒྲུབ་གནས་རྣམས་སུ་སྒྲུབ་པ་ལ་བརྩོན་པར་མཛད། དེ་ནས་ཆོས་འཁོར་རྒྱལ་གྱི་གནས་རྣམས་དང་། རྩ་རིའི་གནས་རྣམས་སུ་སྒྲུབ་པ་མཛད་པས་དགེ་སྦྱོར་ལ་བོགས་ཆེ་བར་བྱུང་ཞིང་དག་པའི་གཟིགས་སྣང་ཡང་མང་དུ་བྱུང་། དེ་ནས་ཚུར་ཕེབས་ཏེ་ཡེར་པ་ལྷ་རི་སྙིང་པོ་དང་། འཕན་ཡུལ་གྱི་བཀའ་གདམས་གོང་མའི་གནས་རྣམས་དང་ལྷག་པར་ར་སྒྲེང་དུ་སྒྲུབ་པ་ཡུན་རིང་དུ་མཛད། གནས་དེ་དང་དེ་དག་ཏུའང་བཤེས་གཉེན་དམ་པ་མང་པོ་ལ་དབང་ལུང་མན་ངག་མང་དུ་གསན། དེ་ནས་མཁར་རྡོར་ཕེབས་ཏེ་ཟིལ་གནོན་དམིགས་པ་སྐོར་གསུམ་གྱི་སྒོ་ནས་གཞི་བདག་དམ་ལ་བཏགས་ཏེ་སླར་སྒྲུབ་སྡེ་ཆགས་པའི་རྟེན་འབྲེལ་བསྒྲིགས། དེ་ནས་དགེ་སྦྱོར་ལ་བོགས་དབྱུང་བ་དང་གདུལ་བྱ་སྐལ་བ་དང་ལྡན་པ་དག་ལ་(༢༣༩ན)ཕན་གདགས་

ཕྱིར་གཙང་ཕྱོགས་ལ་བྱོན་ཏེ། རྒྱལ་བ་དབེན་ས་པ་ཡབ་སྲས་ཀྱིས་གྲུབ་པ་བརྙེས་པའི་ས་དབེན་དགོན་དང་། ཤངས་མདོ་རྒོད་ཚང་སོགས་སུ་བཞུགས་ཏེ་དབེན་ས་པ་ཡབ་སྲས་ཀྱི་རྣམ་ཐར་བསྐྱངས། དྲུང་པ་ཡབ་སྲས་ཀྱི་ཐུགས་སྲས་བླ་མ་བརྩོན་འགྲུས་རྒྱ་མཚོ་ལ་བླ་མ་མཆོད་པའི་ཁྲིད་སོགས་དབེན་ས་སྙན་རྒྱུད་ཀྱི་མན་ངག་མང་དུ་གསན། བཀྲ་ཤིས་ལྷུན་པོར་ཕེབས་ནས་པཎ་ཆེན་བློ་བཟང་ཡེ་ཤེས་མཇལ། དེ་ནས་སྟར་ཐང་། གངས་ཅན། ཁྲོ་ཕུ། རྒྱལ་སྲས་ཐོགས་མེད་བཟང་པོ་དཔལ་གྱི་སྒྲུབ་གནས་དངུལ་ཆུ་ཆོས་རྫོང་རྣམས་མཇལ་ཞིང་གནས་འབྲེལ་མཛད། དེ་ནས་རྟ་ནག་ལ་ཕེབས་ཏེ་རྗེ་འགོས་ལོ་ཆེན་པོའི་སྒྲུབ་གནས་ཞལ་གཟིགས་དང་། གྲུབ་ཆེན་ཆོས་རྗེ་རྗེ་འཁྲུངས་པའི་གནས་དང་། རྒྱལ་བ་དགེ་འདུན་རྒྱ་མཚོ་འཁྲུངས་པའི་གནས་དང་། དྲུང་པ་རྟ་ཕུག་པའི་བཞུགས་གནས་རྟ་ཕུག་རྡོ་རྗེའི་གུར་ཁང་རྣམས་མཇལ་ཏེ། གནས་དེ་དག་ཏུ་སྒྲུབ་པ་མཛད་པས་དགེ་སྦྱོར་ལ་ཐོགས་ཆེ་བར་བྱུང་ཞིང་ལྷག་པར་རྟ་ཕུག་ཏུ་རི་ཁྲོད་པ་དད་ལྡན་མང་པོ་ལ་ལམ་རིམ་དང་བློ་སྦྱོང་སོགས་ཆོས་མང་དུ་སྩལ། རྟ་ཕུག་རི་ཁྲོད་པ་རྣམས་ཀྱིས་གསོལ་བ་བཏབ་སྟེ་དྲུང་པ་རྟ་ཕུག་པའི་རྣམ་ཐར་མདོར་བསྡུས་པ་ཞིག་ཀྱང་བརྩམས། དེ་ནས་དབུས་སུ་ཕེབས་ཏེ་སེ་ར་རྗེ་སྒྲུབ་ཁང་པ་ཆེན་པོ་མཆོད་ཅིང་བསྙེན་བཀུར་བས་མཉེས་པར་མཛད་དེ་མདོ་སྔགས་ཀྱི་ཆོས་མང་དུ་གསན། སེ་ར་ནས་ཆོས་དོན་གཉེར་ཅན་བྱུང་བ་རྣམས་ལ་དབང་ལུང་(༢༣༩བ)ཁྲིད་འགའ་ཡར་མཛད། དེ་ནས་མཁར་རྡོའི་སྒྲུབ་སྡེ་ཆགས་ཏེ་མཁར་རྡོར་གཞི་ཕབ་ནས་བཞུགས། སྙན་པའི་གྲགས་པ་ཕྱོགས་ཐམས་ཅད་དུ་རྒྱས་ཏེ་ཕྱོགས་ཕྱོགས་ནས་འདུས་པའི་དད་ལྡན་རྣམས་ལ་དབང་ལུང་མན་ངག་རྒྱ་ཆེར་སྩལ། བསྟན་པའི་དོན་དུ་ཕྱག་རྗེས་སུ་མཁར་རྡོའི་སྒྲུབ་སྡེར་སྒོམ་ཁང་མང་དུ་བརྩིགས་ཤིང་ལྷ་ཁང་མང་དུ་བཞེངས། བྱང་ཆུབ་ལམ་གྱི་རིམ་པའི་དམར་ཁྲིད་ཐམས་ཅད་མཁྱེན་པར་བགྲོད་པའི་བདེ་ལམ་གྱི་ཚིགས་ཞིང་མན་ངག་

ཞལ་ཤེས་ལྟར་བྲིས་ཐང་པར་དུ་བརྐོས། རྒྱལ་བ་ཙོང་ཁ་པ་གཙོ་བོར་བྱས་པའི་ལམ་གཙོའི་ཁྲིད་དང་མཐུན་པའི་ཚོགས་ཞིང་གི་ཐང་སྐུའང་པར་དུ་བརྐོས། བཀའ་གདམས་ལྷ་བཞི་སོགས་སྐུ་པར་མང་པོ་དང་། དཀྱིལ་ཐང་མང་པོ་དང་། གསུང་པར་ཡང་མང་པོ་བཞེངས། དད་ལྡན་ཁྲིམ་པ་དག་ལའང་ཕན་གདགས་པ་མང་དུ་མཛད་ཅིང་། བསྟན་པ་ཡུན་རིང་དུ་གནས་པའི་ཕྱིར་གསུང་རྩོམ་ཡང་དམ་པ་རང་ཉིད་ཀྱི་རྣམ་ཐར། བླང་དོར་མུན་སེལ། བླ་མ་མཆོད་པའི་ཁྲིད། བླ་མ་མཆོད་པའི་ཁྲིད་ཀྱི་ལྷན་ཐབས། ཕ་བོང་ཁའི་དཀར་ཆག །པདེ་ལམ་གྱི་ཞལ་ཤེས་ལྷན་ཐབས། རྡོར་སེམས་ཁྲིད་ཡིག །ཆོས་ཀྱི་རྒྱལ་པོ་ཙོང་ཁ་པ་ལ་བརྟེན་པའི་བླ་མའི་རྣལ་འབྱོར། མཁར་རྡོ་བསམ་གཏན་གླིང་གི་དཀར་ཆག །མི་རྟོག་བཅུད་ལེན་གྱི་གདམས་པ། རྒྱུན་འཁྱེར་གཅོད་ཀྱི་སྙིང་པོ། གནས་བཅུའི་ཆོ་ག །རྒྱུན་འཁྱེར་ཚོགས་མཆོད་སྙིང་པོ། རྡོ་རྗེ་འཇིགས་བྱེད་ཀྱི་བསྙེན་ཡིག །རྡོར་སེམས་བུམ་སྒྲུབ། མགུར་མ་ཕྱོགས་བསྡེབས། བྱང་ཆུབ་(༢༣༥(ན)ལམ་གྱི་རིམ་པའི་སྨོན་འགྲོའི་དོན་བསམ་པ་མདོ་ལུང་གསལ་བའི་ཉི་མ། བདེ་ལམ་ལྷག་མཐོང་གི་ལྷན་ཐབས། རྗེ་དགེ་ལེགས་རྒྱ་མཚོའི་རྣམ་ཐར། སྒོམ་སྡེ་དགེ་བཤེས་ཀྱི་རྣམ་ཐར། གསོལ་འདེབས་བརྟན་བཞུགས་སོགས་ཐོར་བུ་འགའ་ཡར་རྣམས་མཛད། དེ་ལྟར་བསྟན་འགྲོའི་དོན་རྒྱ་ཆེར་མཛད་ནས་སྐུ་ཚེ་འདིའི་དངོས་ཀྱི་གདུལ་བྱ་རྫོགས་པ་ན་སྐུའི་བཀོད་པ་བསྡུས་ཏེ་དགའ་ལྡན་ཆོས་ཀྱི་ཕོ་བྲང་དུ་ཕེབས་སོ།། ༎

ཕུར་ལྕོག་ངག་དབང་བྱམས་པའི་རྣམ་ཐར།

ངག་གི་དབང་ཕྱུག་རྗེ་བཙུན་ཙོང་ཁ་པའི། །མདོ་སྔགས་ལེགས་བཤད་ཆོས་ཀྱི་རྒྱ་མཚོ་ཆེ། །བྱམས་པས་འགྲོ་ལ་སྤྱིལ་བའི་སྙིང་སྟོབས་ཅན། །བཀའ་དྲིན་མཚུངས་མེད་

ཞབས་ལ་གསོལ་བ་འདེབས། །ཞེས་བསྟུགས་པ། དུས་གསུམ་གྱི་སངས་རྒྱས་ཐམས་ཅད་ཀྱི་ཐུགས་རྗེའི་རང་གཟུགས་འཇམ་མགོན་བསྟན་པའི་སྲོག་ཤིང་བདག་གི་དྲིན་ཅན་རྩ་བའི་བླ་མ་བཀའ་དྲིན་མཚུངས་ཟླ་མེད་པ་དོན་གྱི་སླད་དུ་མཚན་ནས་སྨོས་ཏེ་རྗེ་བཙུན་བླ་མ་ངག་དབང་བྱམས་པ་དེ་ཉིད་གང་དུ་འཁྲུངས་པའི་ཡུལ་ནི་མདོ་སྟོད་ཟལ་མོ་སྒང་གི་ཆར་གཏོགས་པ་ཆབ་མདོ་དང་ཉེ་བའི་སའི་ཆར་ཡབ་ཨ་ནུ་འཕགས་པ་ཞེས་བྱ་བ་དང་། ཡུམ་བཀྲ་ཤིས་མཚོ་གཉིས་ཀྱི་སྲས་སུ་རྫ་ཆེན་ཞེས་པ་ཆུ་ཕོ་ཁྱིའི་ལོ་ངོ་མཚར་བའི་ལྟས་བསམ་གྱིས་མི་ཁྱབ་པ་དང་བཅས་འཁྲུངས། དེ་ཡང་བདག་ཉིད་ཆེན་པོ་འདི་ཡུམ་གྱི་མངལ་དུ་ཞུགས་པ་ན་ཡུམ་གྱི་མནལ་ལམ་དུ་དཔལ་གསང་བ་འདུས་པའི་དཀྱིལ་འཁོར་རང་གི་ལུས་ལ་ཐིམ་པའི་རྨི་ལམ་བྱུང་སྟེ། དཔལ་(༢༣༥(བ)གསང་བ་འདུས་པའི་དཀྱིལ་འཁོར་ནི་སངས་རྒྱས་ཐམས་ཅད་གཞལ་ཡས་ཁང་གཅིག་ཏུ་འཚོགས་པའི་ཚོམ་བུ་ཡིན་པས་ན་དྲིན་ཅན་རྩ་བའི་བླ་མ་འདི་སངས་རྒྱས་ཐམས་ཅད་ཀྱི་མཁྱེན་བརྩེ་ནུས་གསུམ་གཅིག་ཏུ་བསྡུས་ཏེ་བདག་ཅག་སྙིགས་མའི་འགྲོ་བ་རྣམས་ཀྱི་མགོན་སྐྱབས་དང་དཔུང་གཉེན་དུ་བྱོན་པ་ཡིན་པས་ན་ཡུམ་ལ་མཚན་ལྟས་དེ་ལྟར་བྱུང་བ་ཡིན་པར་ངེས་སོ། །

དེ་ལྟར་སྐུ་བལྟམས་པའི་གཞོན་ནུ་དེ་ནི་འདམ་གྱི་ཁྲོད་ནས་པདྨ་དཀར་པོ་ཐོན་པའམ། སྤྲིན་རུམ་ནས་ཟླ་བ་ཤར་བ་བཞིན་དུ་ཞལ་གྱི་དཀྱིལ་འཁོར་དཀར་ཞིང་དངས་པ། དབུ་གདུགས་ལྟར་ཟླུམ་པ། དཔྲལ་བ་དབྱེས་ཆེ་བ། སྤྱན་དཀྱུས་རིང་བ། ཤངས་ཀྱི་གཟེངས་མཐོ་བ། མཚན་དཔེ་རྗེས་མཐུན་པ་དང་ལྡན་པ། འཇིག་རྟེན་ཀུན་གྱི་མིག་གི་བདུད་རྩི་ལྟ་བུ་ཞིག་བྱོན་ནོ། །དེའི་ཚེ་དཀར་ཕྱོགས་སྐྱོང་བའི་ལྷ་དང་ཀླུ་རྣམས་ཀྱིས་ད་ནི་སྙིགས་མའི་འགྲོ་བ་རྣམས་མགོན་དང་བཅས་སོ་ཞེས་དགའ་བའི་ཅ་ཅོའི་སྒྲ་སྒྲོག་ཅིང་། ལྷའི་ཆུ་བོས་སྐུ་ཁྲུས་གསོལ་བར་ངེས་ལ། བསྐལ་བཟང་གི་སངས་

རྒྱས་སྟོང་གིས་གང་ལ་བསྟན་པ་གདད་པ་མཐུ་སྟོབས་དབང་ཕྱུག་གསང་བའི་བདག་པོ་འཁོར་བརྒྱ་ཕྲག་མང་པོ་དང་བཅས་པའང་གནས་དེར་ལྷགས་ནས་རྒྱལ་སྲས་གཞོན་ནུ་དེ་བསྲུང་བ་དང་། བསྐྱབ་པ་དང་། སྲུ་བར་བྱ་བ་ལ་སྐད་ཅིག་ཀྱང་མི་གཡེལ་བར་དུས་ཀུན་ཏུ་བསྐྲིམས་ཏེ་གནས་པར་ངེས་ཏེ། གང་གིས་བྱང་ཆུབ་ཏུ་སེམས་བསྐྱེད་པ་ཙམ་གྱིས་གསང་བའི་བདག་པོ་འཁོར་བརྒྱ་ཕྲག་དུ་མ་དང་བཅས་པ་ཕྱི་བཞིན་རྗེས་སུ་འབྲངས་ཏེ་བསྲུང་བ་དང་། བསྐྱབ་པ་དང་། སྲ་(༢༣༤ན)བར་བྱེད་པར་མདོ་སྡེ་ལས་གསུངས་ན། ཐེག་ཆེན་བསྟན་པའི་སྲོག་ཤིང་བདག་ཉིད་ཆེན་པོ་འདི་ལྟ་བུ་འཛིག་རྟེན་འདིར་བྱོན་པ་ལ་གསང་བའི་བདག་པོ་འཁོར་བཅས་ཀྱིས་བསྲུང་སྐྱོབ་དེ་ལྟར་བྱེད་པར་ངོས་མེད་ཀྱི་རིགས་པས་འགྲུབ་བོ། །དེའི་ཚེ་ཡབ་ཡུམ་གཉིས་ཀྱི་མཆོད་གནས་བླ་མ་དམ་པ་ཞིག་བཞུགས་པ་དེས་རྒྱལ་སྲས་འདི་ལ་བདེ་མཆོག་སྲུང་ཞེས་མཚན་བཏགས་སོ། །

དེ་ནས་རྒྱལ་སྲས་གཞོན་ནུ་དེ་འཁྲུངས་ནས་རིང་པོ་མ་ལོན་པར་བཞེངས་ནས་ཡུམ་ལ་བོད་པར་མཛད་པ་སོགས་བྱིས་པ་ཐ་མལ་པ་དག་གི་དང་ཚུལ་ལས་འདས་པའི་མཛད་པ་ངོ་མཚར་བ་མང་དུ་བསྟན་ཅིང་། དགུང་ལོ་བདུན་པའི་དུས་སུ་ཡི་གེ་འབྲི་ཀློག་བཟ་བསྟན་པ་ཙམ་གྱིས་མཁྱེན་ཏེ་གླེགས་བམ་ཀློག་པ་ལ་བརྩོན་པར་མཛད་ཅིང་དང་ལྷན་གཞན་གྱི་མཆོད་གནས་ཀྱང་མཛད་ལ། དེ་སྐབས་གསེར་འོད་དམ་པ་ཀློག་པར་མཛད་པས། དེ་བཞིན་གཤེགས་པ་སྟོན་རྒྱལ་བུ་སྙིང་སྟོབས་ཆེན་པོར་འཁྲུངས་པའི་ཚེ་སྟག་མོ་ལ་ལུས་བྱིན་པའི་མཛད་པ་རྣམ་ཐར་དེ་གཟིགས་པ་ན་མི་ཕྱེད་པའི་དད་པ་ཆེན་པོ་འཁྲུངས་ཏེ་བདག་ཀྱང་འདི་ལྟར་དུ་རྒྱལ་སྲས་ཀྱི་སྤྱོད་པ་རླབས་པོ་ཆེ་ལ་ཞུམ་པ་མེད་པར་བསླབས་ཏེ་རང་གི་ལུས་ཀྱང་སེམས་ཅན་གྱི་དོན་དུ་གཏོང་ནུས་པ་ནམ་ཞིག་ན་འོང་སྙམ་དུ་སྙིང་རྗེའི་ཤུགས་ཀྱིས་བསྐྱེད་པའི་སྤྱན་ཆབ་རྒྱུན་མི་འཆད་པ་ཞིག་

བྱུང་སྟེ། བདག་ཉིད་ཆེན་པོ་འདི་ནི་སྔོན་ཡུན་རིང་པོ་ནས་རྒྱལ་སྲས་ཀྱི་སྤྱོད་པ་རླབས་པོ་ཆེ་ལ་སྦྱངས་པའི་མཐུ་གྲུབ་པ་ཞིག་ཡིན་པར་འབྲས་བུའི་རྟགས་ཀྱིས(༢༣༨བ)ཤེས་ཏེ། སྐྱེ་བོ་གཞན་དག་དགེ་བའི་བཤེས་གཉེན་གྱིས་ནན་གྱིས་ཁྲིད་ཀྱང་འཇིག་རྟེན་ཕྱི་མ་དོན་གཉེར་གྱི་བསམ་པ་བཙོས་མ་ཙམ་ཡང་སྐྱེ་དཀའ་ན་རྩོལ་བ་མེད་པའི་སྙིང་རྗེའི་ཤུགས་ཀྱིས་རྒྱལ་སྲས་ཀྱི་སྤྱོད་པ་རླབས་པོ་ཆེ་ལ་སློབ་འདོད་སྐྱེ་དཀའ་བ་ལྟ་ཅི་སྨོས། དེ་ཡང་སྤྱོད་འཇུག་ལས། གཞན་དག་རང་གི་དོན་དུ་ཡང་། །མི་འབྱུང་སེམས་ཅན་དོན་སེམས་གང་། །སེམས་ཀྱི་རིན་ཆེན་ཁྱད་པར་འདི། །སྔ་ན་མེད་པའི་རྨད་ཅིག་འབྱུངས། །ཞེས་གསུངས་པ་ལྟར་ཆོས་མ་ཐོས་པའི་སྐྱེ་བོ་གཞན་དག་ལྟ་ཅི་སྨོས། ཆོས་སྒོར་ཞུགས་ཏེ་ཚེ་རྟིལ་པོར་སྦྱངས་པ་རྣམས་ཀྱང་ཚེ་འདི་ལ་མ་ཆགས་པར་འཇིག་རྟེན་ཕྱི་མ་དོན་གཉེར་གྱི་བསམ་པ་བཙོས་མིན་སྐྱེ་བ་སྲིད་མཐར་སྣང་ན། མཁའ་ཁྱབ་ཀྱི་སེམས་ཅན་འཁོར་བ་ནས་སྒྲོལ་པར་འདོད་པའི་བསམ་པས་རྒྱལ་སྲས་ཀྱི་སྤྱོད་པ་རླབས་པོ་ཆེ་ལ་སློབ་འདོད་བཙོས་མིན་སྐྱེ་བ་ནི་ཉིན་མོའི་སྐར་མ་ལྟར་ཤིན་ཏུ་དཀོན་ཞིང་བརྒྱ་ལམ་ན་སྲིད་པ་ཙམ་མོ། །

དེ་ལྟར་ཚེ་རྟིལ་པོར་སྦྱངས་པ་རྣམས་ལའང་བསམ་པ་དེ་ལྟ་བུ་སྐྱེ་དཀའ་ན་གང་ཡང་མ་སྦྱངས་པའི་སྐྱེ་བོ་རྣམས་ལ་བསམ་པ་རླབས་པོ་ཆེ་དེ་ལྟར་སྐྱེ་བའི་གོ་སྐབས་ག་ན་ཡོད། དེས་ན་བདག་ཅག་གི་བླ་མ་བདག་ཉིད་ཆེན་པོ་འདི་ནི་སྐུ་ཚེ་འདིར་གཞན་གྱིས་བསྐུལ་བ་ལ་མི་ལྟོས་པར་གླེགས་བམ་གཟིགས་པ་ཙམ་གྱིས་དེ་ལྟ་བུའི་རྒྱལ་སྲས་ཀྱི་སྤྱོད་པ་ལ་སློབ་པའི་བསམ་པ་རླབས་པོ་ཆེ་རང་འབྱུངས་སུ་བྱུང་བ་ནི་སྔོན་ཡུན་རིང་པོ་ནས་སྦྱངས་པའི་མཐུ་གྲུབ་པ་ཡིན་པར་གདོན་མི་ཟའོ། །

དེའི་ཕྱིར་བླ་མ་དམ་པ་འདི་ནི་བདག་ཅག་སྙིགས་མའི་འགྲོ་བ་རྣམས(༢༣༩ན)ཀྱི་མགོན་དུ་བསམ་བཞིན་དུ་བྱོན་པ་ཞིག་ཡིན་པར་ངེས་སོ། །དེས་ན་བླ་མ་དམ་པ

འདིའི་རྗེས་སུ་སློབ་པར་འདོད་པ་རྣམས་ཀྱིས་རྣམ་པར་ཐར་པ་འདི་ཙམ་ཞིག་བསམས་ནས་ཀྱང་དད་གུས་ཆེན་པོས་གསོལ་བ་འདེབས་པར་བྱའོ། །གཞན་ཡང་དེ་དུས་ཁྱིམ་དེ་ན་མཛེ་མོ་མདོངས་སྒྲོན་ཟེར་བ་ཞིག་ཡོད་པ་དེ་ཡབ་ཀྱིས་གཞན་ལ་ཚོང་བའི་ཕྱིར་ཁྲིད་པ་ན་མཛེ་མོའང་རང་ཉིད་ཚོང་བར་ཤེས་ནས་ཁང་པའི་ཕྱོགས་ལ་ཡང་ཡང་འཐེན་གྱིན་འདུག་པ་གཟིགས་པས་རྐྱེན་བྱས། མཛེ་མོ་འདི་ངེད་རང་ལ་མ་ལྷར་དྲིན་ཆེ་བར་འདུག་པ་འདི་འདྲ་གཞན་ལ་ཚོང་ཕོད་ཨང་སྙམ་དུ་དགོངས་ནས་སྤྱན་ཆབ་མང་དུ་གསིལ་ཞིང་ཁོང་རྣམས་ཚོང་བསྒྲིག་པའི་སྐབས་སུའང་ཐུགས་སྐྱོ་བ་དང་སྤྱན་ཆབ་ཀྱི་རྒྱུན་མ་ཆད་པས་གནས་དེ་ལ་ལྐོག་ཙིག་ཏུ་བྱོལ་ཏེ་བཞུགས་དགོས་པ་བྱུང་བ་དང་། འབྲུངས་གཞིས་དེ་ལ་མདའ་འཕངས་དུད་ཁ་བདུན་ཙམ་ཞིག་ཡོད་པ་ལ། ཡབ་ཀྱིས་དེ་རྣམས་ནས་ཁྲལ་འབབ་བཞེས་པ་ཞིག་གི་སར་བྱོན་པའི་ཚེ་མི་ཚང་ཞིག་ལ་འབྲུ་སྤྱུས་ངན་ལྷུང་དུ་ཞིག་ལས་གཏད་རྒྱུ་མི་འདུག་པར་ཡབ་ཀྱིས་དེ་ལ་ཁྲོ་ཚིག་བརྗོད་པ་གསན་པས། དམ་པ་འདི་སྙིང་རྗེ་འབྲུངས་ནས་སྤྱན་ཆབ་དང་བཅས་ཏེ་ཡབ་ལ་ཞུ་བ་མཛད་པས་ཡབ་ཀྱིས་ཀྱང་དངོས་པོ་དེ་ཀས་འོང་བར་མཛད་ནས་བཞེས་པ་ཞིག་བྱུང་སྐེ་རྩུལ་འདི་དག་ནི་བླ་མ་རིན་པོ་ཆེ་འདི་ཉིད་ཀྱིས་ཆོས་གནང་བའི་ཞར་ལ་གསུང་བ་ཡང་ཡང་ཐོས་ཤིང་། དེ་ཡང་བླ་མ་རིན་པོ་ཆེ་དེ་ཉིད་ཀྱིས་རང་ཉིད་དམན་ས་འཛིན་པ་ཁོ་ན་ལྟར་མཛད་པས། མངོན་ཤེས་དང་རྫུ་འཕྲུལ་(༢༣༧བ)དང་ས་ལམ་གོང་མའི་ཡོན་ཏན་ཡོད་པར་ཞལ་གྱིས་མི་བཞེས་ཤིང་། སྔོན་འདི་དང་འདི་ཡོད་ཅེས་རང་སྔོན་འབྱིན་པ་ལྟར་མཛད། འོན་ཀྱང་ཆོས་ཀྱི་བག་ཆགས་ཤིག་ནི་ཡོད། ཆུང་དུའི་དུས་སུའང་བསམ་པ་འདི་འདྲ་སྐྱེ་སྐྱོང་ཞེས་གསུང་བར་མཛད།

དེ་ནས་དགུང་ལོ་བཅུ་གཉིས་ལོན་པ་ན་ཁྱིམ་ན་གནས་པ་ཉེས་པ་དུ་མའི་འབྱུང་ཁུངས་སུ་གཟིགས་ཤིང་། རབ་ཏུ་བྱུང་བ་ནི་རྒྱལ་བས་རྣམ་གྲངས་དུ་མར་བསྔགས

པ་དང་ཡོན་ཏན་ཐམས་ཅད་ཀྱི་གཞི་རྟེན་དུ་གཟིགས་ནས་ཡབ་ཡུམ་གཉིས་ལ་རྒྱལ་བ་འཕགས་པ་ལྷའི་ཞབས་དྲུང་དུ་ཆོས་བྱས་ཆོག་པ་དགོས་ཞེས་ཡང་ཡང་གསོལ་བ་ན་ཡབ་ཡུམ་གཉིས་དང་ཉེ་འབྲེལ་གཞན་ཚང་མས་བདེ་མཆོག་སྲུང་འདི་ནི་ཕ་མ་ལ་གུས་ཤིང་ཡ་རབས་ཀྱི་ངང་ཚུལ་དང་ལྡན་པ་བྱ་བ་ཐམས་ཅད་ལ་མཁས་པ་ཤིན་ཏུ་སྒྲིན་པ་ཅིག་འདུག་པས་འདི་ཁྱིམ་དུ་བཞག་ནས་རིགས་བརྒྱུད་འཛིན་དགོས། སྤུན་གཞན་ཞིག་འཕགས་པ་ལྷའི་དྲུང་འཁོར་དུ་ཞུགས་པ་ལེགས་ཞེས་བགྲོས་ནས་ཆོས་བྱེད་པར་ཡབ་ཡུམ་གྱིས་མ་གནང་བ་ན། རྒྱལ་སྲས་བདག་ཉིད་ཆེན་པོ་འདི་སྔོན་ཡུན་རིང་པོ་ནས་གོམས་པའི་མཐུས་སྤྱིར་འཁོར་བའི་གནས་མཐའ་དག་མི་འབར་བའི་རླབས་ལྟར་གཟིགས་ཤིང་། ཁྱད་པར་ཁྱིམ་ན་གནས་པ་ནི་ཉེས་པ་དུ་མའི་འབྱུང་གནས་སུ་གཟིགས་ཏེ་ཡབ་ཡུམ་གཉེན་བཤེས་ཕུ་ལག་དང་བཅས་པ་ཚོགས་པའི་དབུས་སུ་བཞེངས་ཏེ། ང་ཆོས་བྱེད་དུ་མི་འཇུག་ན་ཁྱིམ་འདིར་སྐད་ཅིག་ཀྱང་སྡོད་རེ་ཞེས་དབུ་མནའ་བཞེས་ཏེ་སྤྱན་ཆབ་རྒྱུན་མ་ཆད་པར་བྱུང་བ་ན་ཡབ་ཡུམ་གཉེན་(༢༣༨ན)དང་བཅས་པ་ཚང་མ་བློ་ཐབས་ཟད་ནས་དགུང་ལོ་བཅུ་གསུམ་པ་ཤིང་ཕོ་ཁྱིའི་ལོ་རྒྱལ་བ་འཕགས་པ་ལྷ་རྒྱལ་བ་རྒྱ་མཚོའི་ཞབས་དྲུང་དུ་ཕེབས་ཏེ་སྐྲ་བཅད་ལུས་བསྐུར་ཏུར་སྐྱིག་གསོལ་རབ་ཏུ་བྱུང་ནས་དགེ་ཚུལ་གྱི་སྡོམ་པ་བཞེས། དེའི་ཚེ་རྒྱལ་བ་འཕགས་པ་ལྷས་རབ་བྱུང་གསར་བུ་ཐམས་ཅད་ལ་འཕགས་པའི་མཚན་ཟུར་ཡོད་པའི་མིང་བྱང་བྲིས་ཏེ་སྟེར་བར་མཛད་པ་ལ་དམ་པ་འདི་ལ་ནི་རྒྱལ་བ་འཕགས་པ་ལྷ་ཉིད་ཀྱིས་ངག་དབང་བྱམས་པ་ཞེས་མཚན་བཏགས་སོ། །རྒྱུ་མཚན་འདི་ལས་ན། དུས་ཕྱིས་བླ་མ་རིན་པོ་ཆེ་འདི་པ་འཕྲིན་ལས་ཆེས་ཆེར་རྒྱས་པ་ན་ཆབ་མདོའི་གྲྭ་རྒན་རྣམས་ཀྱང་རྒྱལ་བ་འཕགས་པ་ལྷས་རབ་བྱུང་གཞན་གྱི་མིང་འདོགས་ལུགས་དང་མི་འདྲ་བར་ཆེད་དམིགས་སུ་མཛད་ནས་བྱམས་པའི་མིང་བཏགས་པ་དེ་ནི་བླ་མ་འདི་བྱམས་མགོན་

གྱི་སྤྲུལ་པ་ཡིན་པར་ངེས་སོ་ཞེས་བརྗོད་ནས་བྱམས་མགོན་གྱི་སྤྲུལ་པར་གྲགས་པ་བྱུང་། བླ་མ་རིན་པོ་ཆེ་དེ་ཉིད་ཀྱི་གསུང་པོ་རིན་ཆེན་ལེགས་པས་ངེད་ཅག་གི་བླ་མ་འདི་བྱམས་མགོན་གྱི་སྤྲུལ་པ་ཡིན་པའི་རྒྱུ་མཚན་མང་པོ་ཡོད་ཅེས་ཁོ་བོ་རང་ལའང་དངོས་སུ་གསུང་བ་བྱུང་། དེ་མཐུན་དགེ་བའི་བཤེས་གཉེན་མང་པོས་ཞབས་བརྟན་གསོལ་འདེབས་ཞུ་བའི་དུས་སུའང་བྱམས་མགོན་གྱི་སྤྲུལ་པ་ཡིན་པའི་རྒྱུ་མཚན་མང་དུ་ཞུ་བར་བྱེད་པ་དེ་དུས་ཀྱི་སློབ་མ་ཡོངས་ལ་གྲགས། འོན་ཀྱང་བླ་མ་རིན་པོ་ཆེ་ཉིད་རང་ནི་བྱམས་མགོན་གྱི་སྤྲུལ་པ་ཡིན་པར་ཞལ་བཞེས་ག་ལ་མཛད་དེ་ས་ཐོབ་པ་ཞིག་ཡིན་པ་(༢༢༨བ)ཡང་གཏན་ནས་ཞལ་བཞེས་མི་མཛད། དེར་མ་ཟད་ལམ་སྣ་ཟིན་པ་ཞིག་ཡིན་པར་ཡང་ཞལ་གྱིས་མི་བཞེས། གཞན་དག་དགེ་བའི་བཤེས་གཉེན་གྲགས་ཆེ་ཚད་སྤྲུལ་པ་རེར་སྐྱེལ་བ་ལའང་ཐུགས་མི་མཉེས་པའི་གསུང་མང་དུ་འབྱོན། དེ་ནི་སྟོན་རྣལ་འབྱོར་གྱི་དབང་ཕྱུག་མི་ལ་རས་པས་རང་ཉིད་ཆོས་སྐོར་ཞུགས་ནས་དཀའ་སྤྱད་མཛད་ཚུལ་རྣམས་གསུངས་པའི་ཚེ་རྗེ་བཙུན་ལ་རས་པ་ཞི་བ་འོད་ཀྱིས་རྗེ་བཙུན་གྱིས། ཆོས་ཞུ་ཆེ་བླ་མའི་དྲུང་དུ་མོས་གུས་དང་དཀའ་སྤྱད་མཛད་ལུགས་སམ། ཆོས་ཐོབ་ནས་རི་ལ་བསྒོམ་པའི་ཐུགས་རུས་སམ། གང་ནས་བསམས་རུང་བློས་མི་འཁྱུད་པ་གདའ་བས། མཛད་པ་དེ་རྣམས་ལ་བསམས་ན། བདག་ཅག་རྣམས་ཀྱི་ཆོས་འདི་རང་བྱེད་བློར་གདའ་བས། འཁོར་བ་མི་གྲོལ་བར་འདུག །ཅི་རང་དྲག་ན་ཞེས་མང་དུ་ངུས་པས། རྗེ་བཙུན་གྱི་ཞལ་ནས། འཁོར་བ་དང་ངན་སོང་གི་སྡུག་བསྔལ་ལ་བསམས་ན། མོས་གུས་དང་སྙིང་རུས་དེ་ཡང་ཆེས་སྐྱོན་རང་མི་འདུག །སྙིང་ཡོད་རྣམས་ཀྱིས་རྒྱུ་འབྲས་ཀྱི་ཆོས་ཐོས་ནས་ལས་འབྲས་ལ་ཡིད་ཆེས་ཧ་ཅང་དེ་ཙམ་གྱི་སྙིང་རུས་ཀུན་གྱིས་ནུས་པར་གདའ་སྟེ། ཆོས་ལ་ཡིད་མ་ཆེས་པར་གོ་ཡུལ་དུ་ལུས་ཤིང་། ཆོས་བརྒྱད་བློས་མ་ཐོངས་པ་ཡིན་པས། རྒྱུ་འབྲས་ལ་ཡིད་ཆེས་པ་གལ་ཆེ། རྒྱུ་འབྲས་

རགས་པ་ཙམ་ལའང་ཡིད་མ་ཆེས་པའི་རྟགས་ནར་མར་བསྟན་རྗེད། སྟོང་ཉིད་ཀྱི་བཤད་པ་ལུང་རིགས་དང་མཐུན་མཐུན་མ་མང་པོ་བྱས་རུང་། སྟོང་ཉིད་དེ་བས་ཀྱང་ཕྲ་བས་གོ་བ་དང་ཡིད་ཆེས་པ་དཀའ། (༢༣༩ན)སྟོང་ཉིད་ལ་ཡིད་ཆེས་རྗེད། སྟོང་ཉིད་རང་རྒྱུ་འབྲས་སུ་ཤར་བར་གོ་ནས། རྒྱུ་འབྲས་ཀྱི་འདོར་ལེན་སྡིག་སྤོང་དགེ་སྒྲུབ་ལ་བརྩོན་དུ་རང་འགྲོ་བ་ཡིན་ཞིང་། ཆོས་ཀུན་གྱི་རྩ་བ་རྒྱུ་འབྲས་ལ་ཡིད་ཆེས་པ་འདི་ཡིན་པས། སྡིག་སྤོང་དགེ་སྒྲུབ་ཀྱི་ཕྱུག་ལེན་ལ་ཞིབ་པ་དང་བརྩོན་པ་གལ་ཆེའོ། །ངས་དང་པོ་སྟོང་ཉིད་ཀྱི་དོན་མ་རྟོགས་ཧེ་རྒྱུ་འབྲས་ལ་ཡིད་ཆེས་པས་སྡིག་པ་ཚབས་ཆེན་དེ་བསགས་རྗེད། ངན་སོང་གསུམ་ལས་བདང་ས་མེད་སྐམ་འཛིགས་སྐྲག །བླ་མ་ལ་མོས་གུས་དང་སྒོམ་པ་ལ་ལ་སྙིང་རུས་མི་ཡོང་དབང་མེད་བྱུང་བ་ཡིན། ཁྱེད་རྣམས་ཀྱང་ང་རང་གི་ངག་ལྟར་གསང་སྔགས་ཀྱི་ཉམས་ལེན་ད་ལྟའི་འདི་བཞིན་དུ་གྱིས་ལ་རི་ཁྲོད་དུ་གཅིག་པུར་སྡོད་ནུས་པར་གྱིས་ཤིག །འཁོར་བ་ལས་ཐར་བའི་ཁག་མི་ཐུན་ང་རང་གིས་ཁུར་བ་ཡིན་ནོ་གསུང་། ཡང་ངན་རྫོང་སྟོན་པ་བྱཻ་ར་རྡོས། རྗེ་བཙུན་རིན་པོ་ཆེ་རང་རྡོ་རྗེ་འཆང་ཆེན་མིའི་གཟུགས་སུ་སྐུ་སྤྲུལ་ནས་མཛད་པ་དེ་རྣམས་སེམས་ཅན་གྱི་དོན་དུ་སྟོན་པ་ཅིག་ཡིན་པ་འདྲ། དེ་མིན་རུང་། བསྐལ་པ་དཔག་ཏུ་མེད་པ་ནས་ཚོགས་བསགས་པ། ཕྱིར་མི་ལྡོག་པའི་སེམས་དཔའ་ཆེན་པོ་ཞིག་ཡིན་པར་ཐག་ཆོད་གདའ་སྟེ། ཆོས་ཕྱིར་སྲོག་ཀྱང་འདོར་ཞིང་རྣལ་འབྱོར་རབ་ཏུ་བརྩོན། ཞེས་བྱ་བའི་རྟགས་རྣམས་རྗེ་བཙུན་ལ་ཚང་གདའ། དེ་མིན་བདག་སོགས་སོ་སོ་སྐྱེ་བོ་རྣམས་ཀྱིས་ནི། བླ་མའི་དྲུང་གི་དད་གུས་ཀྱི་མཛད་པ་སོགས། ཆོས་ཕྱིར་དཀའ་བ་སྤྱད་ཚུལ་རྗེ་བཙུན་གྱི་དེ་འདྲ་བློ་རང་གི་ཡང་མི་འཁྱུད་(༢༣༩བ)ན། ཕྱག་ལེན་ལ་སུས་ཁེལ། བརྒྱ་ལ་ཕྱག་ལེན་ལ་བཀལ་རུང་ལུས་ཀྱིས་རྒྱན་མི་ཐེག་པར་འདུག་པས། རྗེ་བཙུན་དང་པོ་ནས་སངས་རྒྱས་བྱང་སེམས་གང་རུང་གཅིག་ཡིན་པར་ཐག་ཆོད་གདའ། དེས་ན་

བདག་ནི་ཆོས་མ་ནུས་རུང་རྗེ་བཙུན་གྱི་ཞལ་མཐོང་གསུང་ཐོས་པའི་སེམས་ཅན་རྣམས་ཀྱང་འཁོར་བ་ལས་གྲོལ་སྙམ་པ་གདའ་བས། རྗེ་བཙུན་རྡོ་རྗེ་འཆང་དམ། བྱང་ཆུབ་སེམས་དཔའ་གང་གི་སྤྲུལ་པ་ལགས་པ་དེ་གསུང་དུ་གསོལ་ཞེས་ཞུས་པས། རྗེ་བཙུན་གྱི་ཞལ་ནས། ང་གང་གི་སྤྲུལ་པ་ཡིན་ང་རང་ལ་ཡང་ཆ་མེད། ངན་སོང་གསུམ་གྱི་སྤྲུལ་པ་ཡིན་རུང་། ཁྱེད་རང་རྣམས་ཀྱིས་རྡོ་རྗེ་འཆང་སོགས་གང་དུ་མཐོང་བ་དེའི་བྱིན་རླབས་འཇུག་པས་མོས་གུས་ཀྱིས། སྤྲུལ་པ་ཡིན་སྙམ་པ་དེ་ཁྱེད་རང་རྣམས་ཀྱིས་ང་ལ་དག་སྣང་ཡིན་ཏེ། ཆོས་ལ་ལོག་ལྟ་དེ་བས་ཆེ་བ་མི་ཡོང་། ཆོས་རྣམ་དག་བྱེད་པའི་ཆེ་བ་མ་མཐོང་བས་ལན། སྤྱིར་དམ་པའི་ཆོས་ཀྱི་ཆེ་བས། ཆེ་སྟོད་ལ་ང་ལྟ་བུར་སྡིག་པ་ཚབས་ཆེན་བྱས་པའི་སོ་སོ་སྐྱེ་བོ་ཞིག་ཡིན་རུང་། ཕྱིས་རྒྱུ་འབྲས་ལ་ཡིད་ཆེས་ནས། ཆེ་བློས་བཏང་སྒོ་གསུམ་གཡོ་མེད་དུ་བསྒོམ་ནུས་ན་སངས་རྒྱས་ཐོབ་པ་ལ་ཐག་རིང་མི་འདུག ཁྱད་པར་བླ་མ་མཚན་ལྡན་ཞིག་གིས་རྗེས་སུ་བཟུང་ཞིང་། གསང་སྔགས་ཉེ་ལམ་གྱི་མན་ངག་དང་སྙིང་པོའི་དོན་ཐ་སྙད་ཀྱི་སྒྲིབ་གཡོགས་མེད་པར་གཅེར་མཐོང་དུ་ངོ་སྤྲོད་པའི་དབང་དང་གདམས་ངག་ཐོབ་ནས་བསྒོམ་ནུས་ན། ཆེ་འདིར་སངས་རྒྱ་མི་རྒྱ་ཐེ་ཚོམ་མི་འདུག་ཅིང་། ཆེ་འདིར་(༢༩༠ན)མི་དགེ་བཅུ་དང་མཚམས་མེད་ལྔའི་ལས་ཚབས་ཆེན་བྱས་ན་ཤི་མ་ཐག་དམྱལ་བ་མནར་མེད་དུ་སྐྱེ་མི་སྐྱེ་ཐེ་ཚོམ་མི་འདུག་སྟེ། རྒྱུ་འབྲས་ལ་ཡིད་མ་ཆེས་ཤིང་སྙིང་རུས་ཆུང་བས་ལན། སྙིང་ཐག་པ་ནས་རྒྱུ་འབྲས་ལ་ཡིད་ཆེས་ན། ངན་སོང་གི་སྡུག་བསྔལ་ལ་འཇིགས་སྐྲག །སངས་རྒྱས་ཐོབ་འདོད་ཀྱི་སྒོ་ནས་དང་པོར་བླ་མ་ལ་མོས་གུས། བར་དུ་གདམས་ངག་བསྒོམ་པ་ལ་སྙིང་རུས། མཐར་ཉམས་རྟོགས་སྐྱེང་ལུགས་སོགས་ཀྱི་སྙིང་རུས་ངའི་འདི་པས་མ་ཞན་པས་སོ་སྐྱེ་སྙིང་རུས་ཅན་ཀུན་ལ་ཡོང་བར་འདུག །ཁྱུང་ཆེ་སངས་རྒྱས་དང་བྱང་ཆུབ་སེམས་དཔའི་སྤྲུལ་པར་རློམ་པ་འདུག་སྟེ། གསང་སྔགས་ཀྱི་ཉེ་ལམ་ལ་ཡིད་

མ་ཆེས་པའི་རྟགས་ཡིན་པས། ད་ཁྱེད་རང་རྣམས་རྒྱུ་འབྲས་ལ་ཡིད་ཆེས་པར་གྱིས་ལ། གོང་མའི་རྣམ་ཐར། ལས་རྒྱུ་འབྲས། འཁོར་བའི་ཉེས་དམིགས། དལ་འབྱོར་རྙེད་དཀའ། ནམ་འཆི་ངེས་མེད་རྣམས་སོགས་ལ། གསང་སྔགས་ཀྱི་ཉམས་ལེན་ལ་འབུངས་ཤིག །ངས་ཀྱང་ལྟོ་གོས་གཏམ་གསུམ་ལ་གྲོང་བཏང་། སེམས་ལ་དཔའ་བསྐྱེད། ལུས་ལ་བབ་བསྒྱུར། སྡུག་བསྔལ་ཁྱད་དུ་བསད་ནས་མི་མེད་ཀྱི་རི་ལ་བསྒོམས་པས་ཉམས་རྟོགས་ཀྱི་ཡོན་ཏན་སྐྱེས་པ་ཡིན། ཁྱེད་རྣམས་ཀྱང་ངའི་རྗེས་སུ་ཞུགས་ལ་ཉམས་སུ་ལོངས་ཤིག་གསུངས་པ་དེ་ལྟ་བུའི་ཚུལ་ལ་དགོངས་པར་མཛོན་ནོ། །འོན་ཀྱང་བླ་མ་རིན་པོ་ཆེ་འདི་ཉིད་བྱམས་མགོན་གྱི་བྱིན་རླབས་ཐུགས་ལ་ཞུགས་པ་ཞིག་ཡིན་པ་ནི་བླ་མ་རིན་པོ་ཆེ་ཉིད་ཀྱི་གསུང་(༢༩༠བ)ལས། ཤེས་རབ་མེ་ལོང་དག་པའི་ངོས། །ཤེས་བྱའི་གཟུགས་བརྙན་གསལ་བའི་ཚེ། །ཤེས་འདོད་མེད་ཀྱང་ཤེས་མདོག་གི །ཤེས་རབ་རྩལ་འདི་སུ་ཡིས་འགོག །ངག་ལ་ངག་གི་དབང་ཕྱུག་གིས། །བྱིན་གྱིས་བརླབས་ཤིང་སེམས་རྒྱུད་ལ། །བྱམས་པའི་འཕྲིན་ལས་ཞུགས་པ་ཞིག །བླ་མའི་རྣམ་ཐར་དྲན་ནས་བྲིས། །ཞེས་གསུངས་པ་ལྟར་རོ། །

དེ་ལྟར་ཆབ་མདོ་ཆོས་སྡེར་རྒྱལ་བ་འཕགས་པ་ལྷའི་ཞབས་དྲུང་དུ་རབ་ཏུ་བྱུང་ནས་ངུར་སྨྲིག་གི་རྒྱལ་མཚན་གསོལ་ཏེ་འགྲོ་བ་ལྷ་དང་བཅས་པ་ཐམས་ཅད་ལ་མྱུར་བ་མྱུར་བར་ཐུབ་བསྟན་ཡོངས་སུ་རྫོགས་པ་བཟུང་སྟེ་དམ་པའི་ཆོས་ཀྱི་སྒྲ་དབྱངས་བསྒྲགས་ནས་འགྲོ་བ་མ་རིག་པའི་གཉིད་ཀྱིས་ནོན་པ་རྣམས་མྱུར་དུ་སད་པར་བྱ། འཁོར་བའི་བཙོན་རར་བཅིངས་པ་རྣམས་མྱུར་དུ་སྒྲོལ་བར་བྱ། བློ་གྲོས་ཀྱི་མིག་ལྡོངས་ཏེ་གར་འགྲོའི་གཏོལ་མེད་པ་རྣམས་ལ་མཐོ་རིས་དང་ཐར་པའི་ལམ་མྱུར་དུ་གསལ་བར་བྱའོ་ཞེས་དབུགས་འབྱིན་པར་མཛད་དོ། །དེ་ནས་ཐུགས་བསམ་འདི་ལྟ་བུ་དག་འཁྲུངས་ཏེ། སྔོན་སྟོན་པ་ཐུགས་རྗེ་ཅན་དེས་རྒྱལ་བའི་བསྟན་པ་ལ་ཞུགས

ནས་རབ་ཏུ་བྱུང་བ་རྣམས་ཀྱིས་ལས་སུ་བྱ་བ་ནི་གཉིས་བཀའ་སྩལ་ཏེ། ཀློག་པ་ཐོས་བསམ་དང་། སྤོང་བ་བསམ་གཏན་ནོ། །བདག་གིས་ཀྱང་སྟོན་པ་ཐུགས་རྗེ་ཅན་གྱི་བཀའ་ལྟར་ཐོག་མར་ཀློག་པ་ཐོས་བསམ་དང་། དེ་ནས་སྤོང་བ་བསམ་གཏན་བྱས་ཏེ་རྒྱལ་བ་དགྱེས་པའི་ལམ་བཟང་བསྒྲུབ་པར་བྱའོ་སྙམ་དུ་དགོངས་ནས་ཐོག་མར་འཕགས་པ་ལྷའི་བཀའ་ལྟར་ཆབ་མདོ་གྲྭ་ཚང་གི་ཆོས་སྤྱོད་རྣམས་ལེགས་པར་(༢༥༧ན)བཟུང་། དགུང་ལོ་བཅུ་བཞི་པའི་དུས་སུ་འཕགས་པ་ལྷ་ལ་རྡོ་རྗེ་འཇིགས་བྱེད་ཆེན་པོའི་དབང་ལེགས་པར་གསན། དེ་ནས་འཕགས་པ་ལྷའི་སྐུ་མདུན་དུ་རབ་འབྱམས་སྨྲ་བ་འགའ་ཞིག་བགྲོ་གླེང་བྱེད་པ་གཟིགས་པས་ཤིང་རྟ་ཆེན་པོའི་གཞུང་ལ་དད་པ་ཆེས་ཆེར་འཁྲུངས་ནས་ལུས་ཀྱི་བ་སྤུ་རྣམས་ཟིངས་ཞེས་བྱེད་ཅིང་རང་དབང་མེད་པར་སྤྱན་ཆབ་བྱུང་ཞིང་བདག་ཀྱང་ནམ་ཞིག་ན་ཤིང་རྟ་ཆེན་པོའི་གཞུང་ལུགས་ལ་སྦྱངས་ཏེ་ཆོས་དང་ཆོས་མིན་རིགས་པས་འབྱེད་ཐུབ་པ་ཞིག་འོང་སྙམ་དུ་ཐུགས་འདུན་དྲག་པོ་འཁྲུངས་ཏེ་འཕགས་པ་ལྷར་དབུས་ཕྱོགས་སུ་སློབ་གཉེར་ལ་ཕྱིན་ཆོག་པ་དགོས་ཞེས་དགོངས་པ་ཞུས་པ་ན། འཕགས་པ་ལྷས་ཀྱང་འཛམ་མགོན་བསྟན་པའི་སྲོག་ཤིང་དུ་འགྱུར་བར་མཁྱེན་ནས་དགྱེས་བཞིན་དུ་གནང་ནས་དགུང་ལོ་བཅོ་ལྔའི་ལོ་དབུས་ཕྱོགས་སུ་ཕེབས། ཐོག་མར་སེ་རར་ཕེབས་ནས་གནས་མཇལ་ཞིག་བྱས། དེ་ནས་དགའ་ལྡན་དུ་ཕེབས་ནས་སློབ་གཉེར་མཛད་དགོངས་པ་ཡོད་པ་ལ། བྱེས་གྲྭ་ཁང་གི་གནས་གཟིགས་ལ་ཕེབས་པ་ན། གྲྭ་ཁང་གི་ནང་དུ་ཡོགས་བྲིས་རྣམས་གཟིགས་པ་དང་དུས་མཉམ་དུ་རླུང་བསིར་བུ་ཞིག་སྐུ་ལ་རེག་པས་རྐྱེན་བྱས། སྨྲ་མི་ཤེས་པའི་དགའ་བ་དང་དད་པ་ཆེན་པོ་ཞིག་འཁྲུངས་ནས། ད་ནི་གྲྭ་ཚང་འདི་ཁ་རང་དུ་སློབ་གཉེར་བྱེད་སྙམ་པ་བྱུང་ནས་བྱེས་གྲྭ་ཚང་དུ་ཞུགས། བྱེས་པ་བླ་མ་དག་དབང་རྒྱ་མཚོ་ཡོངས་འཛིན་དུ་བསྟེན་ནས་ཐོག་མར་རིགས་པའི་སྒོ་འབྱེད་བསྡུས་གྲྭ་(༢༥༧བ)རྣམས་རྩོད་པ་ལ་ཞུགས་པས་ཚོགས་

མེད་པར་མཁྱེན་ཏེ་ཡུན་རིང་པོར་སྦྱངས་པའི་མཁས་པ་དག་དང་བགྲོ་གླེང་བྱས་པ་ན་དྲི་མ་མེད་པའི་རིགས་པའི་ང་རོས་མཁས་པ་དག་དབའ་ཞུམ་པར་མཛད་པས་མཁས་པ་དག་ངོ་མཚར་དུ་གྱུར་ནས་འདི་ནི་གྲྭ་ས་གཞན་དུ་སྦྱངས་ཟིན་པ་ཞིག་ཡིན་པའམ། ཡང་ན་ས་ཐོབ་པ་ཞིག་ཡིན་པར་ངེས་སོ་ཞེས་གླེང་བར་བྱེད་དོ། །

དེ་ནས་དགུང་ལོ་བཅུ་དྲུག་གི་དུས་ཕར་ཕྱིན་གྱི་གཞུང་ལ་སྦྱངས་ཏེ་ལོ་གཉིས་ཀྱི་རིང་ལ་ཕར་ཕྱིན་ལ་མཁས་པར་གྱུར་ཏེ་དགུང་ལོ་བཅུ་བདུན་པ་ལ་རིགས་རྒྱུད་ཚོགས་ལང་མཛད་པས་མཁས་པ་ཐམས་ཅད་ངོ་མཚར་བའི་གནས་སུ་གྱུར། ལོ་དེའི་སྟོན་དུས་སེ་ར་རྗེར་རྗེ་སྒྲུབ་ཁང་པ་མཇལ་བར་ཕེབས་པས་རྗེ་སྒྲུབ་ཁང་པའི་ཞབས་ཕྱིར་བླ་མ་རིན་པོ་ཆེ་འདི་པའི་ཁྲུ་བོ་དཀའ་བཅུ་སྐལ་ལྡན་ཟེར་བ་ཞིག་བཞུགས་པས་དེས་སང་ཉིན་སེམས་བསྐྱེད་མཆོད་པ་ཡིན་པས་མེ་ཏོག་གང་འགྱུར་ཉོས་ལ་སང་ཉིན་སྔ་བར་ཤོག་ཅེས་ཞལ་ཏ་གནང་བ་བཞིན་བླ་མ་རིན་པོ་ཆེས་ཀྱང་དེ་བཞིན་མཛད་ནས་སང་ཉིན་མེ་ཏོག་མང་པོ་བསྣམས་ནས་སྒྲུབ་ཁང་དུ་ཕེབས་ཏེ་ལམ་ཁྲིད་གསན་གྲུབ་པའི་དགེ་སློང་མང་པོ་དང་ལྷན་ཅིག་སེམས་བསྐྱེད་ཞུ་བར་མཛད། ཆོས་གྲོལ་ནས་རྗེ་སྒྲུབ་ཁང་པ་ཆེན་པོ་མཇལ་བར་ཕེབས་པས་རྗེ་སྒྲུབ་ཁང་པ་ཆེན་པོས་བཀའ་འདྲི་ཞིབ་ཏུ་གནང་ནས་གཞོན་ནུ་འདི་ལྷ་བུ་ནས་བྱང་ཆུབ་སེམས་དཔའ་བྱེད་ཐུབ་པ་ཤིན་ཏུ་ལེགས་གཞུང་ཆེན་མོ་རྣམས་ལ་སློབ་སྦྱོང་འགྲུས་པར་གྱིས་སྐབས་སྐབས་སུ་འདིར་ཤོག །ངེད་ནས་ཉམས་ལེན་ལས་བརྩམས་པའི་བསླབ་བྱ་བྱེད་ཅེས་དགྱེས་པའི་གསུང་བྱོན། (༢༩ ༢ན)དེ་ནས་ཁྲུ་བོ་དཀའ་བཅུ་པའི་སར་ཕེབས་པས། དཀའ་བཅུ་པས། ཁྱོད་ཀྱིས་དེ་རིང་བླ་མས་གསུངས་པ་རྣམས་ངེས་སམ་གསུང་། ངེས་བྱུང་ལགས་ཞེས་ཞུས་པ་ན། དཀའ་བཅུ་པས། འོ་ན་སྐྱོར་དང་གསུང་བར་བླ་མ་རིན་པོ་ཆེ་འདི་པས་རྗེ་སྒྲུབ་ཁང་པས་གང་གསུངས་པ་ཐམས་ཅད་ཆད་ལྷག་མེད་པར་བསྐྱར་བས་དཀའ་བཅུ་པ

ཆེས་ངོ་མཚར་ཏེ་ཁྱོད་ནི་བག་ཆགས་བཟང་པོ་ཞིག་འདུག་ཅེས་གསུང་། དེ་ནས་སེ་རར་ཐུགས་གཉེར་མཛད་བཞིན་པའི་མུར་དགུང་ལོ་བཅོ་བརྒྱད་ལ་བབ་པའི་ཚེ་བླ་མ་རིན་པོ་ཆེ་འདི་བས་མཁར་རྡོ་དཔོན་སློབ་རིན་པོ་ཆེ་འོལ་ཁ་ནས་སྐྱིད་ཤོད་དུ་ཕེབས་ཏེ། ལྷ་ས་ནགས་ཚང་བྱང་དུ་ཚོགས་མཆོད་ཀྱི་དུས་སློབ་མའི་ཚོགས་དུ་མ་ལ་བྱང་ཆུབ་ལམ་གྱི་རིམ་པའི་ཁྲིད་པཎ་ཆེན་ཆོས་ཀྱི་རྒྱལ་པོ་བློ་བཟང་ཆོས་ཀྱི་རྒྱལ་མཚན་དཔལ་བཟང་པོའི་མན་ངག་དམ་པ་བྱང་ཆུབ་ལམ་གྱི་རིམ་པའི་དམར་ཁྲིད་ཐམས་ཅད་མཁྱེན་པར་བགྲོད་པའི་བདེ་ལམ་གྱི་སྟེང་ནས་སྐྱལ་པ་གསན་པར་ཕེབས་པས་ལམ་གྱི་ངོ་བོ་དང་། གྲངས་དང་། གོ་རིམ་དང་། དབྱེ་བ། སོ་སོའི་དོན་རྣམས་ལ་ངེས་པ་གཏིང་ཚུགས་པ་འཁྲུངས་ཏེ། རྒྱུ་འབྲས་མན་ངག་བདུན་གྱི་དང་པོ་མར་ཤེས་ཀྱི་སྐབས་ནས་འབྱུང་བ་ལྟར་དེ་ཕྱིན་ཆད་ནས་བཟུང་སྟེ་སེམས་ཅན་གཟིགས་སོ་ཅོག་ལ་འདི་ནི་བདག་གི་དྲིན་ཅན་གྱི་མའོ་སྙམ་དུ་འབད་མེད་དུ་ཐུགས་ལ་འཆར་བ་ཞིག་བྱུང་བ་འདི་ནི་གཞན་གྱིས་ཡི་རང་བ་ཙམ་ཡང་བྱ་བར་དཀའ་བའི་གནས་རྣམས་ལ་མྱོང་བ་(༢༩༢བ)མཐར་ཕྱིན་པ་མངོན་དུ་མཛད་པའོ། །བླ་མ་རིན་པོ་ཆེ་འདི་པས་ལམ་རིམ་གསོལ་འདེབས་གྲས་སུ། །བློ་བཟང་རྒྱལ་བའི་རིན་ཆེན་གཞུང་ལུགས་ལ། །འདོད་དགུ་སྐྱོང་བའི་ནུབས་ཆེན་སྙིང་སྟོབས་ཅན། །བཟོད་པའི་གོ་ཆ་རྒྱ་མཚོ་ལེགས་བགོས་པའི། །སྒོམ་ཆུང་རི་ཁྲོད་དབང་པོར་གསོལ་བ་འདེབས། །ཞེས་ངེས་པར་འཇུག་པར་མཛད་ཀྱིན་ཡོད་པ་སྐུ་ན་ཕྲ་མོའི་དུས་དེ་སྐབས་མཁར་རྡོ་མཁན་པོ་འདི་པས་བདེ་ལམ་གྱི་ཁྲིད་གནང་བ་དེ་ཐུགས་ལ་ཤིན་ཏུ་འཕྲོད་པ་ཞིག་བྱུང་བས་དེ་ལྟར་མཛད་པ་ཡིན་གྱི་བརྒྱུད་རིམ་ལ་མེད་མི་རུང་མིན་ཏེ། པཎ་ཆེན་བློ་བཟང་ཆོས་ཀྱི་རྒྱལ་མཚན་གྱིས་དྲུང་པ་ཧྲ་ཕུག་པ། དེས་རྗེ་སྒྲུབ་ཁང་པ། དེས་བླ་མ་རིན་པོ་ཆེ་འདི་པ་ལ་གནང་བ་ཡོངས་སུ་གྲགས་པ་ལྟར་རོ། །

དེ་ནས་རྗེ་སྒྲུབ་ཁང་པ་ཆེན་པོར་རིགས་གསུམ་སྤྱི་སྒྲུབ་ཀྱི་བླ་མའི་རྣལ་འབྱོར་གྱི་ཁྲིད་ཉིན་གསུམ་གྱི་རིང་ཞུ་བར་མཛད་དེ། དུས་དེ་ནས་བཟུང་བླ་མའི་རྣལ་འབྱོར་འདི་འཆག་མེད་མཛད་ཅིང་། ལྷག་པར་གྲོགས་དཔལ་འབྱོར་གྲགས་པ་དང་བསྟེབས་ནས་ར་ཁ་བྲག་ཏུ་དགུན་ཐོག་གཅིག་རིགས་གསུམ་སྤྱི་སྒྲུབ་ཀྱི་བླ་མའི་རྣལ་འབྱོར་སྐྱོང་ཞིང་བཞུགས། དེ་སྐབས་ར་ཁ་བྲག་གི་སྒྲུབ་སྟེ་མ་ཆགས་པས་གཉིས་ཀས་ཕུག་པ་རེ་བཟུང་ནས་སོ་སོར་བཞུགས། བླ་མ་རིན་པོ་ཆེ་འདི་པས་ཐུན་དངོས་གཞི་ལ་རྗེ་བཙུན་འཇམ་པའི་དབྱངས་ཀྱི་རྣལ་འབྱོར་སྔོན་དུ་བཏང་སྟེ་རིགས་གསུམ་སྤྱི་སྒྲུབ་ཀྱི་བླ་མའི་རྣལ་འབྱོར་བསྒོམས་ནས་དམིགས་བཅེ་མ་གང་འགྲུབ་དང་། ཐུན་མཚམས་སུ་ལྷུང་བཤགས་སུམ་ཅུ་སོ་ལྔ་རེ་དང་བརྒྱད་ཕྱག་སྦྲགས་པའི་བསག་སྦྱངས་ལ་(༢༩ ༣ན)འབད་པས་སྐུལ་བྱེད་ཀྱི་གཟུངས་ནས་ཇི་ལྟར་བཤད་པ་ལྟར་གྱི་ལས་སྒྲིབ་དག་པའི་མཚན་མ་བརྟན་པོ་ཐོབ་ཅིང་། ལྷག་པར་ནུབ་ཅིག་ཕྱག་ཏུ་རལ་གྲི་ཞིག་བྱུང་བ་བསྣམས་ཏེ་ནམ་མཁའ་ལ་འཕུར་པའི་མཚན་ལྟས་ཤིན་ཏུ་གསལ་བ་བྱུང་། བླ་མ་རིན་པོ་ཆེ་རང་ཡོན་ཏན་སྦ་བ་གཙོ་བོར་མཛད་པས་འདི་ཙམ་ལས་མི་གསུང་མོད། དོན་དུ་ན་རྗེ་བཙུན་འཇམ་པའི་དབྱངས་དང་རྗེ་རིན་པོ་ཆེའི་སྐུ་དང་གསུང་གི་སྣང་བ་བྱུང་བར་ངེས་སོ། །དེ་ནས་ཆོས་རབ་ཏུ་རྣམ་འབྱེད་ཀྱི་ཤེས་རབ་ཆེས་ཆེར་རྒྱས་ཏེ་བཤེས་གཉེན་ལ་དད་པ་ནས་ཞི་ལྷག་གི་བར་ལམ་གྱི་ངོ་བོ་དང་གྲངས་ངེས་གོ་རིམ་རྣམས་ལ་ངེས་པ་བརྟན་པོ་སྙེད་ཅིང་། ངེས་འབྱུང་དང་བྱང་ཆུབ་ཀྱི་སེམས་དང་ཡང་དག་པའི་ལྟ་བ་རྣམས་ལ་མྱོང་བ་ཕུལ་ཕྱིན་ཐོན། དེ་སྐབས་འཚོ་བ་དཀའ་ཐུབ་ལ་གནས་པས་ཉིན་རེའི་གསོལ་ཟས་ཙམ་ཡང་མེད་ཀྱང་འཁོར་བའི་ཕུན་ཚོགས་གང་ལ་ཡང་ཡིད་སྨོན་ནམ་ཡང་མི་སྐྱེ། འཁོར་བའི་ཕུན་ཚོགས་གང་དང་གང་མཐོང་ཙམ་གྱིས་འཇིགས་སྐྲག་ཞེན་ལོག་ངང་གིས་སྐྱེ་བ་ཞིག་བྱུང་། སྐུ་མཚམས་གྲོལ་ནས་སེ་རར་ཕེབས་དུས་ལོ་གསར་གྱི་སྐབས་ཡིན་པས་

།ཁམས་ཚན་གྱི་གྲྭ་པ་རྣམས་ལོ་གསར་གྱི་དགའ་སྟོན་ཡིན་ཟེར་ནས་བཟའ་བཏུང་སྣ་ཚོགས་བྱེད་ཅིང་རབ་ཏུ་བྱུང་བའི་རྟགས་ཆ་ལུགས་ཙམ་ཡང་ཚུལ་མཐུན་མི་འཛིན་པར་ཕན་ཚུན་རྩེད་འཛོ་བྱེད་ཅིང་། ཧ་ཧ་ཧུ་ཧུ་ཟེར་ནས་དགའ་དགའ་སྐྱིད་སྐྱིད་ལྟར་བྱེད་པ་རྣམས་གཟིགས་པ་(༢༩༣བ)ན། དེ་རིང་རང་ཡང་མི་འཆི་བའི་གདེང་མེད་ཅིང་གར་འགྲོའི་གཏོལ་མེད་པར་འདི་འདྲ་བྱེད་ཡོད་པ་མི་འདི་དག་ངེས་པར་སྨྱོ་བ་ཡིན་པར་འདུག་སྙམ་པ་བཅོས་མིན་དུ་འཆར་ཞིང་། དེའི་རིང་ལ་སྤྱན་ཆབ་རྒྱུན་མི་འཆད་དུ་འབབ་པ་ཐབས་ཅི་བྱས་ཀྱང་ཆད་མི་ཐུབ་པ་ཞིག་བྱུང་གསུང་། དེ་ཁའི་མུར་རྒྱལ་པོ་ལྷ་བཟང་གིས་སྡེ་སྲིད་རིན་པོ་ཆེ་བཅོམ་སྟེ་གྲོང་སྨད་ཀྱི་དངོས་ཆས་རྣམས་སོག་པོའི་གྲྭ་པ་རྣམས་ལ་བྱིན་ཏེ་གྲྭ་པ་རྣམས་ཧབ་ཐོབ་བྱེད་པ་གཟིགས་པ་ན་སྐྱོ་ཞིང་ཡིད་འབྱུང་བ་ཆེས་ཆེར་འཕེལ་ཏེ་ཕ་ཕ་འདི་འདྲ་བྱེད་ཡོད་པ་སྙམ་དུ་སྤྱན་ཆབ་རྒྱུན་མི་འཆད་པ་ཉིན་མཚན་ཁོར་ཡུག་ཏུ་བྱུང་བས་སྐུ་གཟུགས་ཀྱི་ཟུངས་ཀྱང་ཤིན་ཏུ་ངན་པ་བྱུང་གསུང་། ཚུལ་འདི་ལ་རྒྱལ་བའི་གསུང་རབ་དང་ཤིང་རྟ་ཆེན་པོའི་གཞུང་གི་དོན་ལ་འདྲིས་པ་སྟོན་བྱེད་དམ་པའི་རྣམ་ཐར་གྱི་རྒྱུས་ཡོད་པ་དག་གིས་བལྟས་ན་དཔག་པར་དཀའ་བའི་རྣམ་ཐར་ཡིན་ཏེ་མུར་དུ་འཆི་བའི་ཚུལ་ལ་མྱོང་བ་ཐོན་ནས་ཚེ་འདི་ལ་མ་ཆགས་པར་ཕྱི་མ་དོན་གཉེར་གྱི་བསམ་པ་བཅོས་མིན་སྐྱེ་བའང་ཤིན་ཏུ་དཀའ་ན་སྲིད་པའི་ཕུན་ཚོགས་ལ་ཞེན་པ་གཏིང་ནས་ལོག་པའི་ངེས་འབྱུང་སྐྱེ་དཀའ་བ་དང་། ངེས་འབྱུང་དེ་ལྟར་སྐྱེས་ན་ངོ་མཚར་བའི་གནས་ཡིན་པ་ལྟ་ཅི་སྨོས། སྟོན་པ་ཐུགས་རྗེ་ཅན་དེས་དགེ་སློང་རྣམས་ལ་གསེར་དངུལ་ལ་རེག་པ་ཙམ་ཡང་མི་རུང་བ་སོགས་འདུལ་བའི་བཅས་པ་ཇི་སྙེད་ཅིག་མཛད་པ་ཐམས་ཅད་འདི་འདྲ་བའི་ངེས་འབྱུང་བཅོས་མིན་སྐྱེ་བའི་ཐབས་སུ་མཛད་(༢༩༤ན)པ་ཡིན་པས་ན་བློ་གྲོས་དང་ལྡན་པ་རྣམས་ཀྱིས་བླ་མ་རིན་པོ་ཆེ་འདིའི་མཛད་པ་རྣམ་ཐར་འདི་འདྲ་བ་ལ་ཡིད་སྨོན་དུ་བྱའོ། །དེ་ནས་སྔར་ལྟར་གཞུང་

ལུགས་ལ་སྦྱོང་བ་དང་བསག་སྦྱང་ལ་འབད་པ་དང་། བླ་མ་དང་ལྷག་པའི་ལྷ་ལ་གསོལ་བ་འདེབས་པ་རྣམས་ལ་བརྩོན་པར་མཛད་ཅིང་། ཆོས་གྲྭའི་སྐབས་ཉིན་གཅིག་གི་འཚོ་བའི་མཐུན་རྐྱེན་ཙམ་ཡང་མེད་ཀྱང་ཚོགས་ཀྱི་མང་ཇ་ཙམ་ལ་བརྟེན་ཏེ་སྔ་ཆོས་དགོང་ཆོས་འཆག་མེད་དང་། དེའི་བར་རྣམས་སུ་གཞུང་གི་འཛིན་སྐྱོང་དང་བསག་སྦྱང་ལ་བརྩོན་པར་མཛད། དེའི་ཚེ་ན་བཟའ་ཧྲུལ་ལ་འཚོ་ཆས་ཤིན་ཏུ་བཀྲེན་པས་མཐང་གོས་ཧྲལ་ཧྲུལ་དུ་གྱུར་ཏེ་ཕུས་མོ་སྤོ་ཧྲེང་ཧྲེང་བ་ཀུན་གྱིས་མཐོང་བ་དང་། ཟླ་གམ་ཧྲལ་ཧྲུལ་དུ་གྱུར་ཏེ་ཚོགས་སུ་དགེ་འདུན་རྣམས་མང་ཇ་ལ་གསོལ་བ་བཞེས་པའི་ཚེ་གསོལ་ཞིབ་ཡོད་རྒྱུའི་ཁུལ་གྱིས་ཟླ་གམ་གྱིས་གདོང་བཀུམས་ཀྱང་གཡས་གཡོན་ཐམས་ཅད་རལ་པའི་སྐར་ཁུང་དུ་གྱུར་ཏེ་སྤྲ་མི་ཐུབ་པར་ཀུན་གྱིས་མཐོང་བ་ཞིག་བྱུང་བས་ཚེ་འདིའི་སྣང་ཤས་ཅན་དག་ནི་ཚུལ་འདི་མཐོང་བས་ཡ་ང་ཞིང་སྙིང་རྗེའི་གནས་སུ་བྱེད་པ་དང་། སྐྱེ་བོ་དམ་པ་རྣམས་ནི་ངོ་མཚར་བའི་གནས་སུ་བྱེད་པ་ཞིག་བྱུང་ངོ་། །དེ་འདྲ་བའི་འཚོ་ཆས་བཀྲེན་པའི་སྐབས་སུའང་འཁོར་བ་ཅན་དག་གཟིགས་པ་ན་ཡིད་སྨོན་མི་སྐྱེ་བར་མ་ཟད་ལྷག་པར་སྙིང་རྗེ་སྐྱེ་ཞིང་རེ་ཞིག་གཞུང་ལུགས་ཆེན་མོ་འདི་རྣམས་ལ་(༢༩༨བ) སྦྱངས་ལ་ནམ་ཞིག་ན་དབེན་པའི་གནས་སུ་འཚོ་བ་དཀའ་ཐུབ་ལ་གནས་ནས་ལམ་ཆ་ཚང་ལ་སྒྲུབ་པ་བྱེད་པ་ཞིག་ནམ་འོང་སྙམ་པ་འབའ་ཞིག་ཐུགས་ལ་བརྣགས་ཤིང་དོན་དེ་ལྟར་དུ་ཡང་དང་ཡང་དུ་སྨོན་ལམ་འདེབས་པར་མཛད་དོ། །དེ་ལྟར་ཕར་ཕྱིན་ལ་སྦྱོང་བའི་ཚེ་ཕར་ཕྱིན་གྱི་སྤྱི་དོན་དང་མཐའ་དཔྱོད། ཟུར་བཀོལ་བཞི་ཡོངས་རྫོགས་ཐུགས་ལ་བཟུང་སྟེ་དགེ་འདུན་ཚོགས་པའི་དབུས་སུ་སྐྱོང་བའི་ཚོགས་བསོག་ཀྱང་མཛད། དེ་ནས་བྱེས་པ་བླ་མས་གླིང་བསྲེའི་གྲྭ་སྐོར་མཛོད་ཅེས་གསུངས་པ་ན་རྗེ་གྲུབ་པའི་དབང་ཕྱུག་དགེ་ལེགས་རྒྱ་མཚོའི་ཞབས་དྲུང་དུ་ཕེབས་ནས་གྲྭ་སྐོར་བྱེད་ན། དེའི་ཚེ་བཤད་པ་གང་ལ་བྱེད་ཞུས་པས་སྒྲུབ་ཁང་ཆེན་པོས་འཇམ་དཔལ་ཞལ་ལུང་བཟུང་ནས་བཤད་

པ་བྱུས་ན་སླར་གཞན་ལ་ཁྲིད་གཏོང་བ་ལ་ཁྱད་ཆེན་པོ་འོང་ཞེས་མ་འོངས་ལུང་བསྟན་དང་བཅས་གསུངས། དེ་ནས་བླ་མ་རིན་པོ་ཆེ་འདི་པས་རྗེ་སྒྲུབ་ཁང་པའི་བཀའ་ལྟར་འཇམ་དཔལ་ཞལ་ལུང་ཡོངས་རྫོགས་ཐུགས་ལ་བཟུང་སྟེ་དགུང་ལོ་ཉི་ཤུ་རྩ་གཅིག་པ་ཆུ་ཕོ་རྟའི་ལོ་སེ་རར་གླིང་བསྲེའི་གྲྭ་སྐོར་མཛད་པས་བཤད་པས་བསྟན་པའི་མིག་རྒྱན་ལ་ཕན་པ་དང་། དྲི་མ་མེད་པ་རིགས་པའི་ང་རོས་མཁས་པ་མཐའ་དག་གི་ཡིད་འཕྲོག་པར་མཛད། གླིང་བསྲེའི་གྲྭ་སྐོར་གྲུབ་ནས་རྗེ་སྒྲུབ་ཁང་པ་ཕུར་བུ་ལྕོག་ཏུ་བཞུགས་པའི་སྐུ་མདུན་དུ་མཇལ་བར་ཕེབས་པས་སྒྲུབ་ཁང་པ་ཆེན་པོས་ང་སྒྲུབ་ཁང་དུ་འགྲོ་བས་ཁྱོད་རང་འདི་ཁྱེར་ཤོག་གསུངས་ནས་(༢༩༥(ན)གཅི་བས་གང་བའི་སྦྲྀ་མོ་ཤིན་ཏུ་ལྕི་བ་ཞིག་བསྐུར་བར་མཛད་པ་ན། བླ་མ་རིན་པོ་ཆེ་འདི་པ་དེ་སྐབས་དཀའ་བཅུའི་གྲྭ་སྐོར་གྲུབ་པས་སེ་རར་མཁས་པའི་གྲགས་པ་ཆེ་བ་ཡོད་ཀྱང་མཁས་པའི་བསྙེམས་པ་མེད་པར་བླ་མའི་ཞབས་ཏོག་ཏུ་ཤེ་ཡང་སྙལ་བ་བཟང་སྙམ་དུ་སྤྲོ་བ་ཆེན་པོས་ཤིང་ཁུར་ཆེན་པོ་དེ་བསྣམས་ཏེ་སེ་ར་རྩེར་ཕེབས་པས་རྗེ་སྒྲུབ་ཁང་པ་ཆེན་པོ་ཤིན་ཏུ་མཉེས་ནས་ཁོང་རང་གིས་སྔར་ཐུགས་གཉེར་མཛད་ལུགས། བླ་མ་ཏྲ་ཕུག་པ་བསྟེན་ལུགས། དེ་ནས་དཀའ་སྤྱད་སྙིང་རུས་ཀྱིས་སྒྲུབ་པ་མཛད་ལུགས་རྣམས་གསུངས་ནས་ཁྱོད་རང་ཡང་དེ་འདྲ་ཞིག་ཡོད་པ་བྱེད་དགོས་གསུང་ཞིང་ད་ཁྱོད་རང་ཆོས་ཡག་པོ་ཞིག་བྱས་ན་འོང་གསུང་བར་བླ་མ་རིན་པོ་ཆེ་འདི་པས་ཆོས་ཡག་པོ་ཇི་ལྟར་བྱེད་དགོས་ཞུས་པར། རྗེ་སྒྲུབ་ཁང་པས། ཆོས་རྣམ་དག་ཅིག་བྱེད་ན་རི་ཁྲོད་ལ་འགྲོ་དགོས། དེ་ཁྱོད་ཀྱིས་ཡོང་མི་ཡོང་རྗེ་བཙུན་མི་ལ་ལ་ཞུའོ་གསུངས་ནས་རྗེ་བཙུན་གྱི་རྣམ་མགུར་ལ་ཆོས་མོ་ལན་གསུམ་མཛད་སོང་བས་བཟང་པོ་ཤ་སྟག་བབ་པས་རྗེ་སྒྲུབ་ཁང་པ་ཤིན་ཏུ་མཉེས། བླ་མ་རིན་པོ་ཆེ་འདི་པའང་དད་ཅིང་སྤྲོ་བར་གྱུར་ནས་རྗེ་སྒྲུབ་ཁང་པ་ཆེན་པོའི་ཞབས་ལ་སྨྲེ་བོས་གདུགས་ཏེ། །འཛིག་རྟེན་འཛིག་རྟེན་འདུས་པའི་དགེ་ལེགས་ཀྱི། །ཡོན་

ཏན་ཀུན་གྱི་རྩ་བ་དྲིན་ཅན་རྗེ། །ཡིད་ལ་དྲན་པ་ཙམ་གྱིས་དུས་ཀུན་ཏུ། །མོས་ཀུན་རྩོལ་མེད་སྐྱེ་བར་བྱིན་གྱིས་རློབས། །ཞེས་སོགས་ལམ་གཙོའི་སྨོན་ལམ་ཡོངས་རྫོགས་འདེབས་པར་མཛད་དོ། །

དེ་ནས་(༢༩༥བ)བླ་མ་རིན་པོ་ཆེ་འདི་པ་དགུང་ལོ་ཉེར་གསུམ་ལ་བབ་པ་ན་པཎ་ཆེན་ཐམས་ཅད་མཁྱེན་པ་ཆེན་པོ་རྗེ་བཙུན་བློ་བཟང་ཡེ་ཤེས་དཔལ་བཟང་པོ་ལ་བསྙེན་རྫོགས་ཀྱི་སྡོམ་པ་ཞུ་བར་བཞེད་ནས་ཁྲིས་པོ་བསྐུམས་ནས་བཀྲ་ཤིས་ལྷུན་པོར་ཕེབས། པཎ་ཆེན་ཐམས་ཅད་མཁྱེན་པ་ཆེན་པོ་ལ་བསྙེན་རྫོགས་ཀྱི་གསོལ་བ་བཏབ་པ་ན་དགྱེས་བཞིན་ཞལ་གྱིས་བཞེས་ཏེ་བླ་བྲང་རྒྱལ་མཚན་མཐོན་པོའི་གཟིམ་ཆུང་ཡིད་དགའ་ཆོས་འཛིན་དུ་བདེ་ལྡན་ཞིང་གི་མགོན་པོ་དུར་སྐྱིག་གར་གྱི་རྣམ་པར་རོལ་པ་གངས་རིའི་ཁྲོད་ཀྱི་འདུལ་འཛིན་ཐམས་ཅད་ཀྱི་གཙུག་གི་ནོར་བུ་པཎ་ཆེན་ཐམས་ཅད་མཁྱེན་པ་རྗེ་བཙུན་བློ་བཟང་ཡེ་ཤེས་དཔལ་བཟང་པོས་མཁན་པོ་དང་། ཡོངས་འཛིན་བསོད་ནམས་གྲགས་པས་གསང་སྟོན་མཛད་དེ་ཁ་སྐོང་གི་དགེ་འདུན་གྲངས་ཚང་བའི་དབུས་སུ་བསྙེན་པར་རྫོགས་པའི་སྡོམ་པ་བཞེས་ཏེ་ཐུབ་པའི་རྒྱལ་ཚབ་ཆེན་པོར་གྱུར་ཏོ། །

དེ་ནས་དབུས་སུ་ཕེབས་ཏེ་དབུ་མ་དང་འདུལ་བ་དང་མཛོད་རྣམས་ལའང་སྦྱངས་པ་མཐར་ཕྱིན་པར་མཛད་ནས་དགུང་ལོ་ཉེར་ལྔའི་ལོ་ལྷ་ལྡན་ཆོ་འཕྲུལ་སྨོན་ལམ་ཆེན་མོའི་དུས་སུ་དཀའ་བཞིའི་གྲྭ་སྐོར་མཛད་དེ་འཇམ་མགོན་བླ་མ་ཙོང་ཁ་པ་ཆེན་པོའི་མཛད་པ་རྣམ་ཐར་རྗེས་སུ་བསྐྱངས། གྲྭ་སྐོར་གྱི་སྐབས་སུའང་རྗེ་སྒྲུབ་ཁང་པའི་ཞལ་གདམས་ཐུགས་ལ་བཞག་ནས་ཕྱིར་བརྒོལ་སུ་ལའང་མཚང་འབྲུ་བ་དང་། སྐྱོན་བརྗོད་པའི་ཚིག་རྩུབ་ཕྲ་མོའང་མ་གསུངས་ཤིང་། ཚིག་ལ་མི་རྟོན་དོན་ལ་རྟོན་ཏེ་བསྟན་བཅོས་གང་དང་གང་ཡིན་པ་དེ་དང་དེའི་བརྗོད་བྱའི་དོན་ཐམས་(༢༩༨ན)ཅད་རང་གི་རྒྱུད་འདུལ་བའི་ཐབས་ཤ་སྟག་ཏུ་འཆར་བའི་ཚུལ་གོ་བར་བྱེད་པ་དང་། རྒྱུན་དྲུག་

མཆོག་གཉིས་ཀྱི་གཞུང་ནས་ཇི་ལྟར་འབྱུང་བ་ལྟར་དམ་བཅའ་གང་དང་གང་བཞག་པ་དེ་དང་དེ་ལ་འགལ་བ་དང་མ་ངེས་པ་དང་། མ་གྲུབ་པའི་སྐྱོན་ཕྲ་མོའང་མེད་ཅིང་བཟློག་ཕྱུར་སྨྲ་བའང་མེད་པར་བསྒྲུབ་བྱའི་དོན་ཚུལ་གསུམ་པའི་རྟགས་ཀྱིས་སྒྲུབ་པའི་དྲི་མ་མེད་པའི་རིགས་པའི་ང་རོ་རྒྱ་ཆེར་བསྒྲགས་པས་གཟུ་བོར་གནས་པའི་མཁས་པ་མཐའ་དག་གཞན་དུ་ཡོ་མང་པོར་ཐོས་པ་བྱས་པ་ལས་བླ་མ་རིན་པོ་ཆེ་འདི་པའི་རིགས་པའི་རྣམ་འགྱུར་ལན་ཅིག་མཐོང་བ་དང་ཐོས་པ་དོན་ཆེའོ། །ཞེས་སྨྲ་བས་སྙན་པའི་གྲགས་པས་སའི་སྟེང་ཁྱབ་པར་གྱུར་ཏོ། །གྲྭ་སྐོར་གྲུབ་འཕྲུལ་རྡོ་སྒྲུབ་ཁང་པ་མཛལ་དུ་ཕེབས་པས་རྡོ་སྒྲུབ་ཁང་པས་སེམས་བསྐྱེད་ཅིག་གནང་བ་དང་ཐུག་སྟེ་བླ་མ་རིན་པོ་ཆེ་འདི་པས་ད་ནི་སྲོག་ལ་བབ་ཀྱང་སངས་རྒྱས་མ་ཐོབ་ཀྱི་བར་དུ་བྱང་ཆུབ་ཀྱི་སེམས་མི་གཏང་ངོ་སྙམ་དུ་དམ་བཅའ་བརྟན་པོ་མཛད། ཚུལ་འདི་ལ་བླ་མ་རིན་པོ་ཆེ་ཉིད་ཀྱི་ཞལ་ནས་དེ་དུས་སེམས་བསྐྱེད་ཀྱི་དམ་བཅའ་བརྟན་པོ་དེ་འདྲ་བྱས་པ་ཡིན། སེམས་བསྐྱེད་ཀྱི་བསླབ་བྱ་རྒྱ་ཆེ། བསླབ་བྱ་ལས་འདས་པའི་ཉེས་པ་གྲངས་མང་བས་ཉེས་པ་དེ་འདྲས་དམྱལ་བར་ལྟུང་ཡང་སྔོན་ཐོག་མ་མེད་པ་ནས་ལས་ངན་འབའ་ཞིག་བསགས་ཏེ་དམྱལ་བའི་སྡུག་བསྔལ་བརྒྱུད་མར་མྱོང་བའི་རྒྱུས་བཏང་ན་ད་རེས་སེམས་བསྐྱེད་ཀྱི་བསླབ་བྱ་ལས་འདས་པའི་ཉེས་པས་དམྱལ་བར་སྐྱེ་དགོས་བྱུང་ཡང་བཟོད། དོན་མེད་དུ་(༢༩༨བ)ལས་ངན་བསགས་པའི་རྒྱུས་བཏང་ན་ཐེག་ཆེན་གྱི་ཆོས་སྒྲུབ་པའི་ཕྱིར་དུ་སྡུག་བསྔལ་ཅི་མྱོང་དགོས་བྱུང་ཡང་སྙལ་བ་བཟང་གསུང་བ་ཐོས་པས་ཚུལ་འདི་ཡང་དཔག་པར་དཀའ་བའི་རྣམ་པར་ཐར་པ་ཞིག་སྟེ། དེང་སང་སྙིགས་མ་ལྔ་ཆེས་ཆེར་བདོ་བས་སངས་རྒྱས་ཀྱི་བསྟན་པ་ཉམས་པ་ལ་ཕྱོགས་ཤིང་། ལྷག་པར་ཐེག་པ་ཆེན་པོ་མིང་ཙམ་ཡང་ནུབས་ལ་ཕྱོགས་པའི་སྐབས་འདིར་རྒྱལ་སྲས་ཀྱི་སྙིང་སྟོབས་རླབས་པོ་ཆེ་འདི་འདྲ་བ་མཛད་པའི་རྣམ་ཐར་ནི་བློ་ཆེན་དག་ཀྱང་རྗེས་སུ་ཡི་རང་ཞིང་

སྐྱོན་ལམ་གདབ་པའི་གནས་སོ། །

དེ་ནས་བླ་མ་རིན་པོ་ཆེ་འདི་པས་རྗེ་སྒྲུབ་ཁང་པ་ལ་བདག་བླ་མའི་ཞབས་དྲུང་དུ་རི་ཁྲོད་དུ་བསྡད་ཆོག་པ་དགོས་ཞེས་ཞུ་བར་མཛད་པས། ལན་དུ་རྗེ་གྲུབ་པའི་དབང་ཕྱུག་གིས་ཕྱག་ཕྲིས་ཤིག་སྩལ་འདུག་པའི་ནང་ན། འོ་དང་པོར་གཡལ་ཆེ་བ་ཕ་ཡུལ་དང་གཉེན་བཤེས་བློས་དོར། བར་དུ་གཡལ་ཆེ་བ་རྒྱུད་དང་རི་ཁྲོད་གང་རིགས་ཤིག་ཏུ་ཐོས་བསམ་གཙོ་བོར་ཐོན། མཐའ་མར་གཡལ་ཆེ་བ་ཆོ་དང་སྒྲུབ་པ་མཉམ་པར་བྱ་བ་ཐེག་པ་ཆེན་པོའི་ལམ་གྱི་རྩ་བ་ཚུགས་པའི་སྒྲུབ་པ་སྙིང་པོར་མཛོད་མཛོད་གསུང་བ་ཕྱག་ཕྲིས་སུ་གནང་། བླ་མ་རིན་པོ་ཆེ་འདི་པ་ནི་རྗེ་སྒྲུབ་ཁང་པ་ལ་སངས་རྒྱས་དངོས་ཀྱི་འདུ་ཤེས་བཙོས་མ་མིན་པ་ཡོད་པས་གང་གསུངས་ཚད་མར་འཛིན་པར་མཛད་དེ་འཕྲལ་དུ་རི་ཁྲོད་དུ་ཐེབས་པར་ཐག་བཅད། དེ་ཡང་སྤྱོད་འཇུག་ལས། ནགས་ན་རི་དྭགས་བྱ་རྣམས་དང་། །ཤིང་རྣམས་མི་སྙན་བརྗོད་མི་བྱེད། །འགྲོགས་ན་བདེ་བ་དེ་དག་དང་། །ནམ་ཞིག་ལྷན་ཅིག་བདག་གནས་འགྱུར། །ཕུག་གམ་ལྷ་ཁང་སྟོང་(༢༥༧ན)པའམ། །ལྗོན་ཤིང་དྲུང་དུ་གནས་བཅས་ཏེ། །ནམ་ཞིག་རྒྱབ་ཏུ་མི་ལྟ་ཞིང་། །ཆགས་པ་མེད་པར་འགྱུར་ཞིག་གྱུ། །ས་ཕྱོགས་བདག་གིར་བཟུང་མེད་པ། །རང་བཞིན་གྱིས་ནི་ཡངས་རྣམས་སུ། །རང་དབང་སྤྱོད་ཅིང་ཆགས་མེད་པར། །ནམ་ཞིག་བདག་ནི་གནས་པར་འགྱུར། །ལྷུང་བཟེད་ལ་སོགས་ཉི་ཚེ་དང་། །ཀུན་ལ་མི་མཁོའི་གོས་འཆང་ཞིང་། །ལུས་འདི་སྦ་བ་མ་བྱས་ཀྱང་། །འཇིགས་མེད་གནས་པ་ནམ་ཞིག་འགྱུར། །དུར་ཁྲོད་སོང་ནས་གཞན་དག་གི །རུས་གོང་དག་དང་བདག་གི་ལུས། །འཇིག་པའི་ཆོས་ཅན་དག་ཏུ་ནི། །ནམ་ཞིག་འགྲོ་སྙོམས་བྱེད་པར་འགྱུར། །ཞེས་དང་། དེ་ལྟར་འདོད་ལ་སྐྱོ་བྱས་ཏེ། །དབེན་པ་ལ་ནི་དགའ་བ་བསྐྱེད། །རྩོད་དང་ཉོན་མོངས་ཀྱིས་སྟོང་པ། །ཞི་བའི་ནགས་ཀྱི་ནང་དག་ཏུ། །སྐལ་ལྡན་ཟླ་འོད་ཙན་དན་གྱིས་བསིལ་བའི། །ཡངས་པའི་རྡོ་

ལེབ་ཁང་བཟང་ཉམས་དགའ་བར། །དགྲ་མེད་ཞི་བའི་ནགས་གླིང་གཡོ་བ་ཡིས། །
གཞན་ལ་ཕན་དོན་སེམས་ཤིང་འཆག་པར་བྱེད། །ཁང་སྟོང་ཤིང་དྲུང་ཕུག་དག་ཏུ། །
གང་དུ་ཇི་སྲིད་འདོད་གནས་ཤིང་། །ཡོངས་འཛིན་བསྒྲུབ་པའི་སྡུག་བསྔལ་སྤངས། །
ལྷོད་པ་མེད་པར་བག་ཡངས་སྤྱོད། །རང་དབང་སྤྱོད་ཅིང་ཆགས་མེད་ལ། །གང་དང་
ཡང་ནི་འབྲེལ་མེད་པ། །ཚིག་ཤེས་བདེ་སྤྱོད་གང་ཡིན་པ། །དབང་པོས་ཀྱང་ནི་དེ་
ཉིད་དཀའ། །ཞེས་གསུངས་པ་ལྟར་དབེན་པའི་ཡོན་ཏན་གྱིས་ཐུགས་ཡིད་ལེགས་
པར་འཕྲོགས་ནས་རྗེ་སྒྲུབ་ཁང་པ་ཆེན་པོ་ལ་སྐྱིད་རྫུང་སྟག(༢༩༧བ)རྫུང་ང་ལ་བླ་མ་
མིན་པ་བློ་རྩེ་གཏད་ས་མེད་པས་འདི་ཁར་བླ་མའི་ཞབས་ལ་གཏུགས་ནས་བསྟུད་ཚོག་
པ་དགོས་ཞེས་ནན་ཞུས་མཛད་པས། གྲུབ་པའི་དབང་ཕྱུག་ཆེན་པོ་དགེ་ལེགས་རྒྱ་མཚོ་
ལེགས་པར་དགྱེས་ནས། ད་འོན་འདི་ཁ་རང་དུ་སྡོད། ཁྲིད་སྐྱོང་བར་བྱེད་པ་ལ་སྤྱིལ་
བུ་རང་དབང་འདུས་པ་ཞིག་དགོས་པ་ཡིན་པས་རྩིགས་ཤིག་གསུངས་ནས་དེའི་མཐུན་
རྐྱེན་ཕྲན་བུའང་སྩལ། དེ་ནས་བླ་མ་རིན་པོ་ཆེ་འདི་པས་སྒྲུབ་ཁང་པའི་བཀའ་ལྟར་ཕུར་
བུ་ལྕོག་ཏུ་རང་ཤོང་སྤྱིལ་བུ་ཞིག་བཟོས། བྱེས་པ་བླ་མ་ལ་དགོངས་པ་ཞུས་ཏེ་ཚེ་འདིའི་
ཉིད་བཀུར་སྣན་གྲགས་གང་ལའང་ཆགས་པ་མེད་པར་ཕུར་བུ་ལྕོག་ཏུ་རྗེ་སྒྲུབ་ཁང་
པའི་ཞབས་དྲུང་དུ་ཕེབས། ཕེབས་འཕྲལ་ལམ་རིམ་དམར་ཁྲིད་བདེ་ལམ་གྱི་ཁྲིད་ཅིག་
གནང་བ་གསན། དེའི་ཚེ་སྒྲུབ་ཁང་པ་ཆེན་པོས་ཕུར་བུ་ལྕོག་ཏུ་དགེ་སློང་བརྒྱད་གྲྭ
ཞིག་གི་སྒྲུབ་སྡེ་འཛུགས་པར་བཞེད་ནས། འདུ་ཁང་རྫུང་ཁང་གཟིམ་ཆུང་རྣམས་ཀྱི་
ཞལ་བཀོད་མཛད་པ་ན་བླ་མ་རིན་པོ་ཆེ་འདི་པས་སྔོན་རྗེ་བཙུན་མི་ལས་ལྷོ་བྲག་མར་
པའི་ཞབས་དྲུང་དུ་མཁར་ལས་ཇི་ལྟར་མཛད་པ་དེ་ཁོ་ན་ལྟར་རང་ཉིད་མཁས་པ་ཆེན་
པོ་ཡིན་པའི་ང་རྒྱལ་དང་རློམ་པ་ཕྲ་མོའང་མེད་པར། བྲན་ཁོལ་ལྟར་དུ་ས་རྡོ་དང་ཆུ་
ལེན་པ་ཤིང་འདྲེན་པ་འཛིམ་པ་བརྐྱལ་བ་རྩིག་པ་རྣམས་ལ་ཞལ་བ་བྱེད་པ་ལྷ་བྲིས་

པའི་ལག་གཡོག་ཏུ་ཆོན་བསྒྱུར་བ་དྲེས་འདམ་བརྡུང་བ་སོགས་སྒོ་གསུམ་ངལ་བ་ཁྱད་དུ་བསད་ནས་བརྩོན་པ་ཆེན་པོས་བླ་མའི་བཀའ་བཞིན་སྒྲུབ་པར་མཛད། དེ་ནས་རྗེ་སྒྲུབ་ཁང་པ་ཆེན་པོས་ལམ་ཁྲིད་འཇམ་དཔལ་(༢༩༤ན)ཞལ་ལུང་གི་ཁྲིད་ཀྲུས་པ་ཞིག་དང་། བློ་སྦྱོང་དོན་བདུན་མའི་ཁྲིད་ཀྲུས་པ་ཞིག་གནང་། རྗེ་སྒྲུབ་ཁང་པ་དེ་སྤུགས་ལ་ཤིན་ཏུ་དམ་དོག་ཆེ་བ་ཡོད་ནའང་བླ་མ་རིན་པོ་ཆེ་འདི་པ་གཅིག་པུ་ལ་རྡོ་རྗེ་འཇིགས་བྱེད་ཀྱི་སྒྲུབ་ཐབས་ཟ་མ་ཏོག་གི་ལུང་དང་། བསྐྱེད་རྫོགས་ཀྱི་མན་ངག་གནང་བསྟུས་ཤིག་གནང་སྟེ། སྒྲུབ་པ་མཐར་ཕྱིན་པ་ཞིག་བྱེད་པ་ལ་ལས་སྒྲིབ་སྦྱོང་ཕྱིར་ཡི་ག་བརྒྱ་འབུམ་ཐེར་ཞིག་དང་ཡི་དམ་རྡོ་རྗེ་འཇིགས་བྱེད་ཀྱི་བསྙེན་པ་ཚད་དུ་འཁྱོལ་བ་ཞིག་ངེས་པར་བྱེད་དགོས་གསུང་བ་ལྟར་བཀའ་བཞིན་དུ་སྒྲུབ་པར་མཛད། ཕུར་བུ་ལྕོག་གི་སྒྲུབ་སྡེ་ཐོག་མར་ཆགས་སྐབས་བླ་མ་རིན་པོ་ཆེ་འདི་པས་དབུ་མཛད་དགེ་སློང་རྣམས་ཀྱིས་དགོང་མོའི་ཆ་ལ་འདུ་ཁང་དུ་མང་ཇ་མེད་ཀྱང་འཚོགས་ནས་བཀྲུང་ཕྲུག་ལྔ་བརྒྱ་ཙམ་རེ་བཙལ། ལམ་ཁྲིད་འཇམ་དཔལ་ཞལ་ལུང་ཚར་རེ་སྐྱོར་བ་རྒྱུན་རིང་པོར་མཛད་པས་སྒྲུབ་ཁང་པ་ཆེན་པོ་ཤིན་ཏུ་མཉེས་ནས་ང་ལས་ཁྱད་ཚོ་སྙིང་སྟོབས་ཆེ་བ་བྱུང་ཞེས་བསྔགས་བརྗོད་མཛད། དེ་སྐབས་བླ་མ་རིན་པོ་ཆེ་འདི་པར་གསོལ་ཇ་བཞེས་རྒྱུ་གཏན་ནས་མེད་པར་རིའི་རྩྭ་ཞིག་གི་རྩ་བ་བརྐོས་ནས་དེ་སྐོལ་བའི་ཁུ་བས་སྐོམ་པ་སེལ་བར་མཛད་པ་སོགས་དཀའ་ཐུབ་ཁོ་ན་མཛད། བར་སྐབས་ཤིག་རྡོ་རྗེ་བྲག་ན་རྗེ་རིན་པོ་ཆེའི་གསུང་འབུམ་གྱི་ལུང་གནང་གི་འདུག་ཟེར་བ་གསན་པས་རྗེ་སྒྲུབ་ཁང་པ་ཆེན་པོར་ང་ཡང་དེར་རྗེའི་གསུང་འབུམ་གྱི་ལུང་ཞིག་ཞུ་བར་འགྲོ་འདོད་འདུག་པས་ཕྱིན་ན་ཨེ་ཡོང་ཞུས་པར། སྒྲུབ་ཁང་པ་ཆེན་པོས་འགྲོ་འདོད་ཡོད་ན་སོངས(༢༩༤བ)གསུངས། དེ་ལ་བླ་མ་རིན་པོ་ཆེ་འདི་པས་ང་རང་གི་འདོད་པར་གང་ཡོད་བྱེད་རྒྱུ་མིན། ཕྱིན་པ་ལེགས་པ་ཞིག་ཡོད་ན་འགྲོ །མི་ལེགས་ན་མི་འགྲོ་བློ་སྙིང་བྲང་གསུམ་བླ་མ་

རང་ལ་གཏད་པ་ཡིན། ང་རང་གི་བསམ་པ་ལ་གང་ཤར་ཞུས་པ་ལགས། ཞེས་ཞུ་བར་མཛད་པས་སྐྱབ་ཁང་པ་ཆེན་པོ་མཉེས་ནས། འོ་ན་སྡོད། ལར་དེང་སང་ཐམས་ཅད་ཉམས་ལེན་བྱེད་བསམས་པ་མེད་པར་མང་པོ་ཞིག་ཐོས་དགོས་པ་འདུག །ཆོས་རྣམ་དག་ཅིག་བྱེད་ན་ལམ་རིམ་འདི་ལ་སྦྱངས་ནས་རང་གི་སེམས་འདི་ཀོ་བ་མཉེད་མཉེད་བྱེད་དགོས་རྒྱུ་ཡིན། ལམ་རིམ་གྱི་སྟེང་དུ་ནཱ་རོ་ཆོས་དྲུག་གི་ཁྲིད་ཅིག་ཡིན་ན་ངེས་པར་ཐོབ་པར་བྱེད་དགོས་གསུང་། དེ་ལ་བླ་མ་རིན་པོ་ཆེ་འདི་པས་བཀའ་དྲིན་ཆེ་ཞེས་ཞུས་ནས་བླ་མའི་བཀའ་བཞིན་མཚམས་བཅད་དེ་ཡིག་བརྒྱ་འབུམ་ཐེར་དང་། བརྒྱང་ཕྱག་འབུམ་ཐེར་ཞིག་བསགས། ལམ་རིམ་རང་ལ་ཐུན་བཞིར་བཅད་ནས་ལོ་མང་པོའི་བར་དུ་བསྒོམས་ཏེ་མྱོང་བ་ཐོན་པར་མཛད། དེ་ཡང་དམིགས་སྐོར་རེ་རེ་ནས་དཔྱད་སྒོམ་དང་འཇོག་སྒོམ་གཉིས་ཀྱི་སྒོ་ནས་བསྐྱངས་ཏེ་རྒྱུད་ལ་འཆར་དཀའ་བ་རྣམས་ལ་དམིགས་ཞུག་ནས་བསྒོམས། དེ་ཡང་དམྱལ་བའི་སྡུག་བསྔལ་སྒོམ་པའི་ཚེ་གྲང་དམྱལ་བ་རྣམས་ལ་སྡུག་བསྔལ་ཇི་ལྟར་ཡོད་ལྟ་བའི་ཕྱིར་དགུན་དགུ་འདྲིན་པའི་སྐབས་སུ་ཐོ་རངས་གཅེར་བུར་འཐོན་ནས་ཁང་པའི་ཕྱིར་ཐེབས་ཏེ་སྒྲོལ་མ་གསུམ་བཞི་རེའི་རིང་གཅེར་བུར་བཞུགས་པ་ན་གྲང་བའི་དད་ཀྱིས་ལུས་སྒྲིབ་ནས་ཐུག་གཟེར་ཆེར་མི་མངོན། དེ་ནས་ནང་དུ་འོངས་ཏེ་གོས་བགོས་ཏེ་བཞུགས་པ་ན་ཆེར་འདར་ཞིང་རུས(༢༩༨ན)པའི་གཉིང་ལ་ཐུག་གཟེར་བཟོད་པར་དཀའ་བ་ཕྱུང་བ་ན་དེ་ལས་བྱེ་བ་ཕྲག་བརྒྱ་འགྱུར་གྱིས་གྲང་དམྱལ་གྱི་སྡུག་བསྔལ་ཆེ་བ་ཡོད་ཚུལ་བསམས་ནས་རྒྱུད་ཐོག་ཏུ་བཀལ་ཏེ་མྱོང་བ་ཐོན་པར་མཛད། དེ་ལྟར་དམིགས་སྐོར་རེ་རེ་ནས་རྒྱུད་ལ་སྦྱར་ཏེ་མྱོང་བ་ཐོན་པར་མཛད། སྐབས་སྐབས་སུ་རྗེ་སྐྱབ་ཁང་པ་མཇལ་ནས་ལམ་རིམ་གྱི་ཁྲིད་དང་བློ་སྦྱོང་གི་ཁྲིད་དང་གཅོད་ཀྱི་ཁྲིད་རྣམས་གསན་ཞིང་ཡང་དང་ཡང་དུ་སེམས་བསྐྱེད་ཞུས། གཞན་ཡང་མདོ་བསྟན་བཅོས་ཀྱི་ལུང་དང་མན་ངག་

མང་དུ་གསན། དེ་ནས་བླ་མ་རིན་པོ་ཆེ་འདི་པ་ལ་ཆབ་མདོ་ནས་སྐུ་མཆེད་རྣམས་གདན་འདྲེན་དུ་ཡང་དང་ཡང་དུ་འོངས་པ་དང་། འཕགས་པ་ལྷས་ཀྱང་འབྱོན་དགོས་པའི་བཀའ་ཤོག་ཕེབས་པ་བཅས་མཛད་དཀའ་བར་བྱུང་བ་ན་རྗེ་སྐྱབས་ཁང་པ་ལ་ཞུས་པས་སྐྱབས་ཁང་པ་ཆེན་པོས་ཁྱེད་ལམ་རིམ་ཆེན་མོའི་བཤད་ལུང་ཞིག་མ་ཐོབ་པར་ཁམས་སུ་འགྲོ་དགོས་བྱུང་ན་ཕེབས་གསུངས་ནས་སྐྱབས་ཁང་པ་ཆེན་པོས་ཐུན་བར་ཐུན་བར་ལ་ལམ་རིམ་ཆེན་མོའི་བཤད་ལུང་ཤོག་བུ་ཁ་ཤས་རེ་གནང་སྟེ་ལོ་གསུམ་ལ་ལེགས་པར་གྲུབ་པར་མཛད། ད་ནས་ཀྱང་གདན་འདྲེན་ཡང་ཡང་བྱུང་བས་ད་ཕེབས་དགོས་རྒྱུ་ཨེ་ཡིན་དགོངས་པ་བྱུང་བ་ན་ཉིན་ཅིག་ཚོགས་སུ་དགེ་སློང་རྣམས་སྒྲོལ་མ་འདོན་པའི་ཚེ་ཐུགས་བསམ་ལ་ཁམས་ཕྱོགས་ལ་ཕེབས་དགོས་བྱུང་ན་ཅི་འདྲ་འོང་དགོངས་ནས་བླ་མ་ལ་ཕྱག་དབང་དང་སྐྱབས་འཇུག་ཞུས་ཏེ་སྐུ་མདུན་ནས་ཕྱི་འགྲོས་ཀྱིས་ཕེབས་ནས་གཟིམ་ཆུང་གི་ཕྱི་རོལ་ཏུ་སོན་པའི་རྣམ་པ་ཐུགས་ལ་(༢༩༨བ)མཛད་པའི་ཚེ་ཐུགས་སྐྱོ་ནས་སྙིང་འགས་པ་ཙམ་གྱི་ཚོད་འོང་བར་སྣང་ཞིང་། དེ་ནས་ཀྱང་རིམ་གྱིས་ལམ་སོ་སོར་ཞུགས་ཏེ་རི་རེའི་རྩེར་ཕེབས་པའི་རྣམ་པ་མཛད་ནས་ཕ་གིའི་ཐད་དུ་བླ་མ་བཞུགས་པའི་ལུང་པ་དང་བླ་མའི་སྐུའི་རྣམ་པ་འདི་འདྲ་ཡོད་སྙམ་པ་སོགས་བསྒོམ་པར་མཛད་པ་ན་སྤྱན་ཆབ་དབང་མེད་དུ་ཡོང་གིན་འདུག་གསུང་། དེ་ནས་ང་བླ་མ་འདི་འདྲ་དང་བྲལ་ནས་འགྲོ་ཐབས་མི་འདུག་སྙམ་དུ་ཐག་བཅད་ནས་རྒྱལ་བ་འཕགས་པ་ལྷ་ལ་དེ་ལུགས་ཀྱི་ཞུ་ཡིག་བཟོས། ཞུ་ཡིག་དེ་ལ་སྐྱབས་ཁང་པ་ཆེན་པོས་བདེན་པའི་མཐུ་བརྗོད་པའི་སྨོན་ལམ་དང་བྱིན་རླབས་ཤིག་མཛད་ནས་འཕགས་པ་ལྷར་ཕུལ་བས་ཕེབས་མ་དགོས། དེ་ནས་སྐྱབས་ཁང་པ་ཆེན་པོས་ཇོ་བོ་ཡབ་སྲས་ཀྱི་ཐུགས་ཀྱི་བཙུད་ཕྱུང་བའི་མན་ངག་བཀའ་གདམས་ཐིག་ལེ་བཅུ་དྲུག་གི་དབང་དང་གདམས་ངག་རྣམས་ཀྱང་བླ་མ་རིན་པོ་ཆེ་འདི་པ་དང་། སྐལ་ལྡན་གྱི་གདུལ་བྱ་གཞན་

གཅིག་བཅས་གཉིས་ལ་གཟིམ་ཆུང་སྒྲུག་ཏུ་གསང་སྟབས་ཀྱིས་དགྱེས་བཞིན་དུ་གནང་། བླ་མ་རིན་པོ་ཆེ་འདི་པས་དུས་དེ་ནས་བཟུང་སྟེ་ཐེག་ལེ་བཅུ་དྲུག་ལ་ཐུགས་དམ་གཙོ་བོར་མཛད་ཅིང་། ཆོས་འདིའི་འཁྲིན་ལས་ཀྱི་བཀའ་བབ་སྟེ། དེའི་ཚུལ་ནི་འོག་ཏུ་སྟོན་ནོ། །བར་སྐབས་ཤིག་སྟེ་གདོན་གྱི་གནོད་པ་ཞིག་བྱུང་བ་རྗེ་སྒྲུབ་ཁང་པ་ཆེན་པོ་ལ་ཞུས་པས་སྒྲུབ་ཁང་པ་ཆེན་པོས་ཕྱག་རྡོར་གྱི་རྗེས་གནང་སྩལ་ཏེ་འདིའི་བསྙེན་པ་ཞིག་གྱིས་གསུང་བར། རྒྱུན་གྱི་ཐུགས་དམ་རིགས་གསུམ་སྤྱི་སྒྲུབ་ཀྱི་བླ་མའི་རྣལ་འབྱོར་གྱི་སྒོ་ནས་རྗེ་རིན་པོ་ཆེའི་ཐུགས་ཀར་ཕྱག་(༢༥༠ན)རྡོར་བསྒྱིད་ནས་བཟླས་པ་མཛད་པས་སྟེང་གདོན་གྱི་གནོད་པ་ལས་གྲོལ། རྗེ་སྒྲུབ་ཁང་པ་ཆེན་པོས་ཆོ་རབས་གཏན་གྱི་ལྷག་པའི་ལྷ་རྗེ་བཙུན་སྒྲོལ་མ་དཀར་མོ་ལ་བསྙེན་སྒྲུབ་ཅིག་བྱས་ན་ལེགས་པ་འདུག་གསུང་བར་སྒྲུབ་ཁང་པ་ཆེན་པོར་སྒྲོལ་དཀར་གྱི་རྗེས་གནང་ཞུས་ནས་ཟླ་བ་གསུམ་གྱི་རིང་སྒྲོལ་དཀར་ཡིད་བཞིན་འཁོར་ལོའི་བསྙེན་སྒྲུབ་མཛད་པས་ཆོས་རབ་ཏུ་རྣམ་འབྱེད་ཀྱི་ཤེས་རབ་ཆེས་ཆེར་རྒྱས་ཏེ་འཆད་རྩོད་རྩོམ་གསུམ་ལ་སྤོབས་པ་ཐོགས་མེད་དུ་གྱུར་ནས། དེ་གོང་སྒྲ་དང་སྙན་ངག་ལ་སྦྱོང་བར་མ་མཛད་ཀྱང་། དུས་དེ་ནས་བཟུང་མདོ་རྒྱུད་གསུང་རབ་ཀྱི་དགོངས་འགྲེལ་རྩོམ་པ་དང་། སངས་རྒྱས་བྱང་སེམས་ཀྱི་བསྟོད་པ་མཛད་པ་སོགས་རྩོམ་པ་གང་མཛད་ཀྱང་སྤོབས་པ་ཐོགས་པ་མེད་ཅིང་། སྙན་ངག་གི་རྒྱན་གྱི་ཉམས་ངོ་མཚར་བ་དག་རང་ཤུགས་ཀྱིས་འབྱུང་བ་ཞིག་བྱུང་སྟེ། ཚུལ་དེ་ནི་བླ་མ་རིན་པོ་ཆེ་འདི་པའི་གསུང་རྩོམ་རྣམས་བལྟས་པས་གསལ་ལོ། །

དེ་ལྟར་བླ་མ་རིན་པོ་ཆེ་འདི་པས་རྗེ་སྒྲུབ་ཁང་པ་ཆེན་པོ་བསམ་སྦྱོར་གཉིས་ཀྱིས་ཚུལ་བཞིན་དུ་བསྟེན་ཏེ་སྒྲོག་གི་ཕྱིར་ཡང་བཀའ་བཞིན་དུ་སྒྲུབ་པ་ལས་མི་འདའ་བར་གཙོ་བོར་བྱང་ཆུབ་ལམ་རིམ་གྱི་དམིགས་རྣམ་བསྐྱངས། དེའི་གེགས་སེལ་དང་མཐུན་རྐྱེན་བསྒྲུབ་ཕྱིར་རྒྱལ་ཀུན་ཛ་བོ་རྗེ་བཙུན་ཙོང་ཁ་པ་ཆེན་པོ་ལ་རྩེ་གཅིག་ཏུ་གསོལ་

བ་འདེབས་པ་དང་། ལྷག་པའི་ལྷ་རྣམས་ཀྱི་བསྙེན་སྒྲུབ་ལ་འབད་པ་དང་། དཔག་པར་(༢༥༠བ)དཀའ་བའི་བསྔག་སྦྱོང་མཛད་པ་དང་། ཟབ་ལམ་གཅོད་ཀྱི་རྣལ་འབྱོར་སྐྱོང་བ་དང་སྒྲུབ་ཁང་པ་ཆེན་པོའི་བཀའ་ལྷར་དཔལ་ལྡན་དམག་ཟོར་རྒྱལ་མོའི་བསྙེན་སྒྲུབ་དང་རྒྱུན་དུ་མཆོད་གཏོར་འཆག་མེད་མཛད་པ་སོགས་རྒྱ་ཚོགས་ཚང་བའི་ཉམས་ལེན་ལ་ཆུ་བོའི་རྒྱུན་བཞིན་འབད་པས་རྒྱུ་མ་ཚང་བ་མེད་པ་ལས་འབྲས་བུ་འབྱུང་བ་རྟེན་འབྲེལ་གྱི་ཆོས་ཉིད་ཡིན་པས་བླ་མ་རིན་པོ་ཆེ་འདི་པ་ལའང་ལམ་གྱི་ལུས་ཡོངས་སུ་རྫོགས་པ་ལ་སྨོང་བ་ཕུལ་དུ་ཕྱིན་པའི་རྟོགས་པ་འཁྲུངས་ཏེ། བླ་མ་རིན་པོ་ཆེ་ཉིད་ཀྱི་ཞལ་ནས་ང་ཆུང་དུའི་དུས་རྗེ་སྒྲུབ་ཁང་པ་ལས་ལམ་རིམ་ཐོག་མར་ཞུས་ཙམ་ནས། གསུང་རབ་ཀྱི་དོན་ལ་གོ་ཡུལ་རྒྱ་ཆེན་པོ་རང་མེད་ཀྱང་། བློ་ལ་ཐག་ཆོད་ཤིན་ཏུ་ཆེ་བ་བྱུང་གསུངས། དེ་ཡང་བཤེས་གཉེན་བསྟེན་ཚུལ་གྱི་སྐབས་བླ་མ་དམ་པའི་བཀའ་བཞིན་སྒྲུབ་པ་སྙིང་པོར་བྱེད་དགོས་པར་ཐག་ཆོད། དལ་འབྱོར་གྱི་སྐབས་ཆེ་ཐུང་འདི་ལ་ཆོས་རྣམ་དག་ཅིག་བྱེད་དགོས་པར་ཐག་ཆོད། སྐྱེས་བུ་ཆུང་དུའི་སྐབས་ཚེ་འདི་བློས་གཏང་དགོས་པར་ཐག་ཆོད། འབྲིང་གི་སྐབས་འཁོར་བའི་ཕུན་ཚོགས་མཐའ་དག་ལ་ཞེན་པ་གཏིང་ནས་ལོག་དགོས་པར་ཐག་ཆོད། ཆེན་པོའི་སྐབས་བྱང་ཆུབ་ཏུ་སེམས་བསྐྱེད་ནས་ཅི་བྱེད་སེམས་ཅན་གྱི་དོན་དུ་བྱེད་ཅིང་ཚོགས་གཉིས་ཟུང་འབྲེལ་དུ་སློབ་དགོས་པར་ཐག་ཆོད་པའི་བློ་སྐྱེས། རྗེས་སུ་བསམས་ཀྱང་ཐག་གཅོད་ལུགས་དེ་ཁ་རང་རེད་གསུང་བ་ཁོ་བོ་རང་གིས་དངོས་སུ་ཐོས་པས་ཐོག་མར་རྗེ་སྒྲུབ་ཁང་པ་དང་(༢༥༡ན)མཇལ་ཏེ་ལམ་ཁྲིད་གསན་ཙམ་ཉིད་ནས་དེ་ལྟ་བུའི་ཐག་ཆོད་གདིང་ཁེལ་ཐུགས་ལ་འཁྲུངས་ཤིང་། དེ་ནས་རྗེ་རྒྱལ་བ་གཉིས་པའི་སྔན་རྒྱུད་ཀྱི་མན་ངག་དམ་པ་བྱང་ཆུབ་ལམ་གྱི་རིམ་པ་ལ་བཤད་པ་ཙམ་མ་ཡིན་པར། རྗེ་གྲུབ་པའི་དབང་ཕྱུག་གི་གསུང་གི་བདུད་རྩི་བཞིན་སྨོང་བ་ཐོན་ངེས་པར་དཔྱད་སྒོམ་དང་འཇོག་སྒོམ་གཉིས་བླ

མ་ལྷ་ལ་གསོལ་བ་འདེབས་པའི་གནད་དམ་པ་དང་བཅས་ཏེ་ཉམས་མྱོང་ལ་བཀར་ནས་བསྒོམ་པར་མཛད་པས། བཤེས་གཉེན་དམ་པ་སངས་རྒྱས་དངོས་སུ་མཐོང་བ། རང་གིས་ཐོབ་པའི་དལ་འབྱོར་དོན་ཆེ་ཞིང་རྙེད་དཀའ་བ། འཆི་བ་མི་རྟག་པ། ངན་སོང་གསུམ་གྱི་སྡུག་བསྔལ། དེ་ལས་ཐར་བའི་ཐབས་དཀོན་མཆོག་ལ་སྐྱབས་འགྲོ་དང་སྡིག་སྤོང་དགེ་བ་བསྒྲུབ་པ། མཐོ་རིས་ཀྱི་བདེ་བ་ཐོབ་ཀྱང་སྡུག་བསྔལ་གྱི་རང་བཞིན་ལས་མ་འདས་ཤིང་མི་བརྟན་པ། དེར་འཁོར་བར་བྱེད་པའི་རྒྱ་བ་འཇིག་ལྟ་ལ་སོགས་པའི་ཉོན་མོངས་རྣམས་ཡིན་པ། དེ་སྤོང་བྱེད་ཀྱི་ཐབས་ལམ་བསླབ་པ་རིན་པོ་ཆེ་གསུམ་ཡིན་པ། རང་ཉིད་འཁོར་བའི་སྡུག་བསྔལ་ལས་གྲོལ་ཀྱང་སེམས་ཅན་གཞན་འཁོར་བའི་སྡུག་བསྔལ་གྱིས་མནར་བ་རྣམས་དྲིན་ཅན་གྱི་མ་ཤ་སྟག་ཡིན་པས་དེ་རྣམས་ལ་བྱམས་པ་དང༌། སྙིང་རྗེ་དང༌། དྲིན་དུ་བཟོ་བ་དང༌། བདག་གཞན་བརྗེ་བའི་འཕྲུལ་ཁྱད་པར་ཅན་ལ་བརྟེན་ནས་བྱང་ཆུབ་དམ་པ་སངས་རྒྱས་བཅོམ་ལྡན་འདས་ཀྱི་གོ་འཕང་ལ་དམིགས་པའི་སྨོན་སེམས་(༢༥༡བ)དང་འཇུག་སེམས་ཀྱི་བློའི་སྟོབས་ཡང་དག་པར་བསྐྱེད་ནས་སྦྱིན་སོགས་ཕ་རོལ་ཏུ་ཕྱིན་པ་དྲུག་དང༌། བསྡུ་བ་རྣམ་བཞི་ལ་ལེགས་པར་བློ་སྦྱོང་བ་དང༌། ལུས་སེམས་ཤིན་སྦྱངས་དང་བཅས་པའི་ཞི་གནས་དང༌། གནས་ལུགས་སྟོང་པ་ཉིད་ཀྱི་དོན་ལ་དམིགས་པའི་ལྷག་མཐོང་རྣམས་ཟུང་དུ་འབྲེལ་བ་རྣམས་ལ་རྡོ་རྗེ་ཐེག་པའི་ལམ་གྱིས་བསྟན་མ་བཏབ་ནས་ཉམས་སུ་ལེན་ཚུལ་རྣམས་རྒྱལ་བ་ཐུགས་རྗེ་དང་བཀའ་དྲིན་མཚུངས་པའི་ བླ་ཐམས་ཅད་དང་བྲལ་བ་ཤཱཀྱའི་རྒྱལ་པོའི་གསུང་རབ་ཀྱི་དགོངས་དོན་རྒྱལ་བ་ཉིད་ཀྱིས་རང་གི་རྒྱལ་ཚབ་དམ་པར་དབང་བསྐུར་བ་མི་ཕམ་མགོན་པོ་དང༌། ཤིང་རྟ་ཆེན་པོ་རྣམས་ཀྱིས་ལེགས་པར་བཤད་པའི་གདམས་པའི་ཆུ་བོ་གཅིག་ཏུ་འདྲེས་པ་དཔལ་ལྷ་ཅིག་དཱི་པཾ་ཀ་རའི་བཤད་སྲོལ་རྗེ་རྒྱལ་བ་གཉིས་པ་ཡབ་སྲས་ཀྱི་གསུང་ལས་འབྱུང་བ་བཞིན་དུ་ཐུགས་རྒྱུད་ལ་རྫོགས་པའི་

ཡོན་ཏན་འབྱུངས་ཏེ། འགོ་བཤེས་གཉེན་བསྟེན་ཚུལ་ནས་འབྲས་བུ་ཟུང་འཇུག་གི་བར་མདོ་སྔགས་གཉིས་ཀའི་ལམ་གྱི་ལུས་ཡོངས་སུ་རྫོགས་པའི་དམིགས་སྐོར་དེ་དང་དེ་དག་གང་དང་གང་གི་དོན་ལ་མཉམ་པར་བཞག་པའི་ཚེ། མཉམ་གཞག་གི་དུས་སུ་དེ་དང་དེའི་གནད་ཀྱི་དོན་བཙོས་མ་མ་ཡིན་པའི་ཧིང་ངེ་འཛིན་ལ་ཁྱེར་གྱིས་འགྲོ་ཞིང་། རྗེས་ཐོབ་ཏུ་ཡང་མཉམ་གཞག་གི་དམིགས་པ་དེའི་སྟོབས་ཀྱིས་ཡུལ་གང་སྣང་ཐམས་ཅད་དངོས་གཞིའི་དམིགས་སྐོར་དེ་དང་དེའི་གྲོགས་སུ་འགྲོ་བ་ཞིག་བྱུང་སྟེ། བཤེས་གཉེན་བསྟེན་ཚུལ་ལ་བླ་མའི་གཟིམ་ཁང་དང་། ཞབས་ཕྱི་དང་། གཟིམ་ཁང་དང་ཉེ་བའི་བྱ་རི་དྭགས་ཚུན་ཆད་(༢༥༢ན)ཀྱང་བླ་མའི་རྣམ་འཕྲུལ་ཡིན་སྙམ་པ་བཙོས་མིན་དུ་འཆར་བ་ལྟ་བུ་དམིགས་སྐོར་མཐའ་དག་ལ་བྱུང་སྟེ། ཚུལ་འདི་ནི་ལམ་གྱི་གནད་མཁྱེན་པའི་མཁས་པ་རྣམས་ཀྱིས་བརྟགས་ན་དཔག་པར་དཀའ་བའི་རྣམ་པར་ཐར་པ་ཡིན་པས་བྱང་ཆུབ་ལམ་གྱི་རིམ་པ་ལ་བློ་སྦྱོང་བར་འདོད་པ་རྣམས་ཀྱིས་བླ་མ་རིན་པོ་ཆེ་འདིའི་མཛད་པ་རྣམ་ཐར་འདི་དག་བསམས་ལ་རྗེས་སུ་བསླབ་པར་བྱ་ཞིང་ཐ་ན་སློན་ལམ་གྱི་ཡུལ་ཙམ་ཚད་དུ་བྱའོ། །དེ་ནས་རྗེ་སྒྲུབ་ཁང་པ་ཆེན་པོ་ཞིང་བརྗེ་བའི་སྐུ་ལྟས་མང་དུ་ཤར་ཏེ། མི་རྟག་པའི་གསུང་མང་དུ་འབྱོན་པ་དང་། སྒྲུབ་གནས་རྣམས་ལ་མ་འོངས་པ་ན་ཇི་ལྟར་བྱ་བའི་ལུང་བསྟན་མཛད་པ་དང་། བླ་མ་རིན་པོ་ཆེ་འདི་པ་དོན་གྱིས་རྒྱལ་ཚབ་ཏུ་བསྒོ་བར་མཛད་པ་སོགས་གང་ས་ནས་ཡུན་རིང་མི་བཞུགས་པའི་རྟགས་བསྟན་པ་ན། བླ་མ་རིན་པོ་ཆེ་འདི་པས་འཇིགས་སར་སྐྱེལ་མས་བོར་བ་འདྲ་བ་ཞིག་མྱུར་དུ་འོང་བར་འདུག་སྙམ་དུ་དགོངས་ནས་ཆུ་ཕོ་འབྲུག་གི་ལོའི་ནང་དུ་སེམས་བསྐྱེད་མཆོད་པ་བྱུང་རེས་ཀྱི་གསུང་བཤད་རྣམས་ཟིན་བྲིས་སུ་མཛད་དེ། སྒྲུབ་ཁང་རིན་པོ་ཆེ་ཞིང་གཞན་དུ་གཤེགས་པའི་ཐུགས་འདུན་ཆེར་མངོན་པའི་ཚེ། སྔར་ཟིན་བྲིས་སུ་མཛད་པའི་གདམས་ངག་རྣམས་རྗེ་གྲུབ་པའི་དབང་ཕྱུག་ཆེན་པོར་སྤྱན་འབེབས་ཞུ

རྒྱུ་ཕྱུལ་ནས། བླ་མས་ཡོང་བ་ཐང་སྐྱུར་འདི་འདྲ་ཞིག་མཛད་པར་འདུག །དེ་དུས་རང་གི་སྙིང་ལ་བཅང་རྒྱུ་བླ་མའི་སྐྱ་ཚབ་ཅིག་དགོས་པར་འདུག་བསམས་ནས་གསུང་འགའ་ཞིག་ཟིན་བྲིས་སུ་བཏབ་པ་འདི་ལ་བླ་མས་ཕྱག་གིས་བྱིན་རླབས་ཤིག་གནང་དགོས་ཞེས་གདུང་ཤུགས་(༢༥༢བ)དྲག་པོས་གསོལ་འདེབས་དང་བཅས་ཏེ་གཟིགས་འབུལ་ཞུ་རྒྱུ་བསྟུན་གཡོག་ཚུལ་ཁྲིམས་རྒྱལ་མཚན་ལ་འཆོལ་བར་མཛད་པས། བླ་མས་དེ་ནས་ཤོག་བུ་ཁ་ཤས་ཤིག་ལྷུགས་ཀློག་གནང་ནས་མཐར་ཐུགས་སྨོན་རྒྱ་ཆེར་སྩལ་ཏེ། ཕྱག་མཐེ་བོང་གེར་ནས་འདི་འདྲ་མོ་བྱུང་འདུག་གསུང་ཞིང་རབ་འབྱམས་པ་བྱམས་པ་ཁོ་སྙིང་རྗེ་པོ་རང་ཡིན། ཞེས་གསུང་བ་ཞིག་བྱུང་། དེ་དུས་རྗེ་སྐྱབ་ཁང་པའི་མནལ་ལམ་དུ་བླ་མ་རིན་པོ་ཆེ་འདི་པ་ལ་འཕྲིན་ལས་རྒྱ་ཆེར་འོང་བ་གསལ་པོར་ཤར་བ་བྱུང་སྟེ། སྐྱབ་ཁང་རིན་པོ་ཆེའི་མནལ་ལམ་དུ་རབ་འབྱམས་པ་བྱམས་པ་འདི་ངའི་པང་དུ་བཞག་པས་ཁོ་རང་སྡོད་པ་ལ་མཆེར་པོ་བྱེད་འདུག །འོན་ཀྱང་ཁོ་ངའི་པང་དུ་བསྡད་མ་ཐག་ཉི་མ་ཤར་བ་ལྟ་བུའི་འོད་ཟེར་འཕྲོས་པས་མུན་པ་ཐམས་ཅད་སངས་ཤིང་ནམ་མཁའི་ཁམས་ཐམས་ཅད་ཁྱབ་སོང་བ་ཞིག་བྱུང་། འདི་ལེགས་པོ་ཞིག་འོང་བ་འདུག་གསུང་བ་ཞིག་བྱུང་། བླ་མ་རིན་པོ་ཆེ་འདི་པ་ཐེག་ཆེན་བསྟན་པའི་སྲོག་ཤིང་དུ་འགྱུར་བར་མཁྱེན་ནས་རྗེ་སྐྱབ་ཁང་པས་མགོན་པོ་ཕྱག་དྲུག་པའི་རྗེས་གནང་ཞིག་བླ་མ་རིན་པོ་ཆེ་འདི་པ་ལ་ཆེད་མངགས་སུ་སྩལ། དེ་ནས་སྐྱབ་ཁང་པ་ཞིང་གཤེགས་ནས་དགོངས་རྫོགས་རྣམས་རྗེ་སྐྱབ་ཁང་པའི་དགོངས་པ་ལྟར་བསྒྲུབས་ཏེ་དགོངས་པ་ཡོངས་སུ་རྫོགས་པར་མཛད།

དེ་ནས་བླ་མ་རིན་པོ་ཆེ་དགུང་ལོ་སོ་གསུམ་དུ་ཕེབས་པ་ཤིང་ཕོ་རྟའི་ལོ་ནས་འཕྲིན་ལས་ཀྱི་སྒོ་ཐོག་མར་བྱེ་སྟེ་སྐལ་ལྡན་གྱི་གདུལ་བྱ་འགའ་རེས་གསོལ་བ་བཏབ་པ་ལྟར་བེའུ་བུམ་སྔོན་པོའི་ལུང་སོགས་ཆོས་བཀའ་ཅི་རིགས་སྩལ། དེ་ནས་སྟན་གྲགས་རྗེ་

རྒྱས་(༢༥ ༣ན)སུ་སོང་སྟེ་དགུང་ལོ་སོ་དྲུག་ཏུ་ཕེབས་པ་བྱ་ལོའི་ནང་དུ་ཡོངས་ཀྱི་དགེ་བའི་བཤེས་གཉེན་དམ་པ་དགའ་ལྡན་ཁྲི་རིན་པོ་ཆེ་བློ་བཟང་དར་རྒྱས་ཀྱི་བཀས་བསྐུལ་ནས། ཁྲི་ཆེན་བློ་བཟང་དར་རྒྱས་ཉིད་ཀྱི་སྐུ་ཆེ་བསོད་ནམས་རབ་བརྟན་ལ་ཞལ་ལུང་གི་ཁྲིད་གནང་དགོས་པར་གསོལ་བ་བཏབ་པས། རྗེ་བཙུན་བླ་མ་དམ་པ་འདི་ཉིད་ཀྱིས་རེ་ཞིག་སྐུ་མཚམས་མཛད་ནས་བརྟག་པ་ཞིག་མཛད་དེ། སྐབས་སུ་བབ་པའི་མཚན་མ་བརྟན་པོ་གཟིགས་ནས་ཞལ་གྱིས་བཞེས་པའི་ཞུ་འཕྲིན་འབུལ་བར་མཛད་པས། ཁྲི་རིན་པོ་ཆེ་ནས་ལན་དུ་ཁོ་བོ་བདེ་མཆོག་ལྷུ་ཨི་པའི་བདག་འཇུག་ལེན་པའི་གསང་དབང་གི་སྐབས་སུ་འཕྲིན་ཡིག་འབྱོར་བྱུང་བ་གསང་དབང་གསུང་གི་བྱིན་རླབས་ཡིན་པས་ཉིད་ཀྱི་ཁྲིད་འགྲོ་དོན་ཆེན་པོ་ཡོད་པའི་རྟེན་འབྲེལ་འགྲིག ། དེས་ན་ད་ལམ་ལམ་ཁྲིད་ཤིན་ཏུ་ནས་ཐོངས། འོན་ཀྱང་དགོས་ཟེར་ཚད་ལ་བཏང་ན་ཆོས་གཅིག་ཆུང་དུ་འགྲོ་བས་ལོ་རེ་ལ་ཁྲིད་ཟླ་བ་ལོངས་པ་རེ་ཐོངས། ཞེས་གསུངས་པས་འཚམས་སྦྱར་ནས། བྱ་ལོ་ས་ག་ཟླ་བའི་ཚེས་བརྒྱད་ནས་བཟུང་སྟེ་དཔོན་ཆུང་བསོད་ནམས་རབ་བརྟན། བླ་མ་དཀོན་མཆོག་རྡོ་རྗེ་གཉིས་ཀྱིས་གཙོ་བྱས་པའི་སྐལ་ལྡན་གྱི་གདུལ་བྱ་དགེ་འདུན་བཞི་བཅུ་སྐོར་ལ་དུས་གསུམ་རྒྱལ་བ་ཀུན་གྱི་བགྲོད་པ་གཅིག་པའི་ལམ་པོ་ཆེ་བྱང་ཆུབ་ལམ་གྱི་རིམ་པའི་ཁྲིད་རྒྱས་པར་སྩལ་ཞིང་རྗེ་རྒྱལ་བ་གཉིས་པའི་བསྟན་པ་རིན་པོ་ཆེ་མི་ནུབ་པའི་ཆོས་ཀྱི་རྒྱལ་མཚན་བཙུགས། ཆོས་ཀྱི་རྔ་བོ་ཆེ་(༢༥ ༣བ)བརྡུངས་ཏེ་འཛིན་མའི་ཁྱོན་མ་ལུས་ཆོས་ཀྱི་སྒྲ་དབྱངས་ཀྱིས་ཁྱབ་པར་མཛད། དེའི་སེམས་བསྐྱེད་མཆོད་པའི་སྐབས་ཆར་ཆེན་པོ་ཞིག་བབས་པས་བླ་མ་རིན་པོ་ཆེ་འདི་པས་སྐུ་ཚེ་རིལ་པོར་ཆོས་ཀྱི་ཆར་འབེབས་པའི་རྟེན་འབྲེལ་ལེགས་པར་འགྲིག་དེ་དུས་ཇུན་སྐར་ནས་ཧུང་ཐའི་ཇིས་དཔུང་ཆེན་བཏེག་ནས་ལྷ་བཟང་ཁང་བཙོམ་སྟེ་བོད་ལྗོངས་ཁ་ལོ་བསྒྱུར་བའི་སྐབས་དེ་ཡིན། ཇུན་སྐར་གྱི་སོག་པོ་རྣམས་ཀྱིས་བླ་མ་རིན་པོ་

ཆེ་འདིའི་སྣན་གྲགས་ཐོས་ནས་ཧྲུན་སྐར་དུ་གདན་འདྲེན་པའི་བཀོད་པ་མང་དུ་བྱུས་ཀྱང་རི་དྭགས་ལ་ཤ་ཁྱིན་པ་ལྟར་སྲིད་པའི་ཕུན་ཚོགས་ལ་འཇིགས་ཤིང་སྐྲག་པར་མཛད་ནས་འབྱོན་དུ་མ་བཞེད། ཚུལ་འདི་ཡང་ལམ་གྱི་གནད་ཤེས་པ་རྣམས་ཀྱིས་བལྟས་ན་ངོ་མཚར་བའི་རྣམ་ཐར་ཏེ། སྟོབས་ཀྱི་འཁོར་ལོས་བསྒྱུར་བའི་རྒྱལ་པོའི་བསྙེན་བཀུར་ལའང་དགའ་བར་མི་མཛད་ཅིང་འགྲོ་བའི་ནད་དང་དུག་ལྟར་དུ་སྐྲག་པར་མཛད་ན་བསྙེན་བཀུར་ངན་ངོན་ལ་ཆགས་པའི་གོ་སྐབས་ག་ལ་ཡོད། ད་ལྟ་བདག་དང་བདག་འདྲ་བའི་ཆོས་བྱེད་ཕལ་མོ་ཆེ་བསྙེན་བཀུར་ངན་ངོན་རེ་ཡང་བློས་མི་ཐོངས་པར་ཁ་གསག་གཞོགས་སློང་གིས་ལོག་འཚོ་སྒྲུབ་པའི་དང་ཚུལ་འདི་ལྟར་ན་བླ་མ་རིན་པོ་ཆེ་འདི་པའི་མཛད་པ་འདི་ནི་དེང་སང་གི་སྐྱེ་བོ་བློ་ཆུང་དག་གིས་རྗེས་སུ་ཡི་རང་ཙམ་ཡང་བྱ་དཀའ་བའི་རྣམ་ཐར་རོ། །

དུས་དེ་ནས་བཟུང་སྟེ་བླ་མ་རིན་པོ་ཆེ་འདིས་དབྱིད་དུས་འཇམ་དཔལ་ཞལ་ལུང་གི་ཁྲིད་དང་། སྟོན་དུས་བདེ་ལམ་གྱི་ཁྲིད་རེ་(༢༥༩ན)ཕལ་ཆེར་འཆག་མེད་དུ་གནང་། ཐོག་མར་ཕུར་བུ་ལྕོག་གི་དགེ་སློང་རྣམས་ཀྱི་འདུ་ཁང་དུ་ཞོང་ཙམ་དང་། དེ་ནས་རྗེ་འཕེལ་དུ་སོང་སྟེ་ཕྱིའི་ཁྲམས་དང་བཅས་པར་ཞོང་ཙམ་དང་། དེ་ནས་འཕྲིན་ལས་རྗེ་རྒྱས་སུ་སོང་སྟེ་དགེ་འདུན་མང་དུ་འདུས་པ་ན་བོད་ཀྱི་སྲིད་སྐྱོང་མི་དབང་བསོད་ནམས་སྟོབས་རྒྱས་ཀྱིས་ཆོས་གྲྭ་ཆེན་མོ་གསར་བསྐྲུན་མཛད་དེ་ལོ་ཤས་དེར་ཞོང་ཙམ་དང་། དེ་ནས་འཛམ་བུ་གླིང་གི་སའི་ཆ་ཐམས་ཅད་ནས་ལམ་ཁྲིད་དོན་དུ་གཉེར་བ་ལྷགས་པ་ན་དེར་ཡང་མ་ཤོང་བར་ཆོས་གྲྭ་ཆེན་མོའི་ལྟག་ཏུ་གཙང་ཁང་གཏོད། མདོར་སྒོ་མང་བཟོས་ཏེ་ཁྲམས་ཆེན་པོ་གཏོད་ནས་དགེ་འདུན་སྟོང་ཕྲག་བརྒྱལ་བ་ལ་ལོ་ལྟར་དབྱིད་དུས་ཟླ་བ་གསུམ་པའི་ཆོས་བརྒྱད་ནས་བཞི་པའི་ཆོས་བདུན་གྱི་བར་ལམ་ཁྲིད་འཇམ་དཔལ་ཞལ་ལུང་ཆོས་བརྒྱད་ཉིན་སེམས་བསྐྱེད་མཆོད་པ། ཆོས་དགུ་

ནས་བཅུ་གཉིས་བར་ལ་འདོད་ཆོས་ཅི་རིགས། ཆོས་བཅུ་གསུམ་ལ་ཐུགས་རྗེ་ཆེན་པོའི་དབང་ཆེན་ནམ་རྗེས་གནང་གང་རིགས། བཅུ་བཞི་དང་བཅོ་ལྔ་གཉིས་ལ་སྨྱུང་གནས་སྦྱོར་གྲུག །ཆོས་བཅོ་བརྒྱད་བཅུ་དགུ་ཙམ་ནས་བླ་མེད་ཀྱི་དབང་ཆེན་ཐོབ་པ་ཤ་སྟག་ལ་བདེ་གསང་འཇིགས་གསུམ་གྱི་བསྐྱེད་རྫོགས་གང་རིགས་རེ། སྟོན་དུས་ཟླ་བ་བརྒྱད་པའི་ཚེས་བཅོ་བརྒྱད་ནས་གནམ་གང་གི་བར་ལ་བདེ་ལམ་གྱི་ཁྲིད་ཚར་རེ་བཅས་ལོ་ལྟར་འཆག་མེད་གནང་ཞིང་། ལམ་ཁྲིད་ཀྱི་སྐབས་གཞུང་ས་ནས་སྦྱིན་བདག་མཛད་དེ། ཉིན་རེར་མང་ཇ་བདུན་དང་ཐུག་པ་གཉིས་རེ་སེམས་བསྐྱེད་མཆོད་(༢༥༩བ)པའི་སྐབས་བླ་མ་རིན་པོ་ཆེར་བརྟན་བཞུགས་རྣམས་འཆག་མེད་མཛད། དཔོན་པོ་ཡབ་སྲས་འདས་ནས་རྒྱལ་བ་ཐམས་ཅད་མཁྱེན་པ་རྗེ་བཙུན་བློ་བཟང་བསྐལ་བཟང་རྒྱ་མཚོས་ལྷག་པར་བསྔགས་འོས་གཟེངས་བསྟོད་དུ་མཛད་དེ། སྟོན་དཔྱིད་ལམ་ཁྲིད་ལ་འདུས་པའི་དགེ་འདུན་རྣམས་ལ་བསྙེན་བཀུར་གོང་འཕེལ་དང་། སེམས་བསྐྱེད་ཀྱི་ཐོག་མགྲོན་གཉེར་རེ་ཚེད་གནང་གིས་བླ་མ་རིན་པོ་ཆེར་མཇལ་སྐུ་གསུང་ཐུགས་རྟེན། ན་བཟའ་ཆ་ཚང་། དངོས་པོ་སྤུམ་མཐོ་བ་བཅས་ལོ་ལྟར་སྩལ། བླ་མ་རིན་པོ་ཆེ་འདི་པས་ཆབ་མདོར་ཕེབས་པའི་སྐབས་དང་། བྱང་ར་སྒྲེང་དུ་ཕེབས་པའི་སྐབས་དང་། གཙང་དུ་ཕེབས་པའི་སྐབས་འགའ་ཞིག་མ་གཏོགས་དགུང་ལོ་སུམ་ཅུ་སོ་དྲུག་ནས་དགུང་ལོ་བརྒྱད་ཅུར་ཕེབས་པའི་བར་ལམ་ཁྲིད་འཆག་མེད་དུ་གནང་སྟེ་འཛམ་མགོན་བསྟན་པའི་སྲོག་ཤིང་བཟུང་། མདོ་ཕྱོགས་ཀྱི་བསྟན་པའི་སྲོག་ཤིང་བཟུང་བར་མ་ཟད་སྔགས་ཀྱི་བསྟན་པའི་སྲོག་ཤིང་ཡང་འཛིན་པར་མཛད་དེ། བླ་མ་རིན་པོ་ཆེ་འདི་ཐོག་མར་ཆབ་མདོར་བཞུགས་སྐབས་རྒྱལ་བ་འཕགས་པ་ལྷ་ལ་རྡོ་རྗེ་འཇིགས་བྱེད་བཅུ་གསུམ་མའི་དབང་ཆེན་གསན། དེ་ནས་རྗེ་སྒྲུབ་ཁང་པ་ལ་རྡོ་རྗེ་འཇིགས་བྱེད་ཀྱི་སྒྲུབ་ཐབས་ཀྱི་ལུང་དང་བསྐྱེད་རྫོགས་གཉིས་ཀྱི་མན་ངག་གསན། ཁྲི་རིན་པོ་ཆེ་བློ་བཟང་དར་རྒྱས

ལ་གསང་བ་འདུས་པ་ལུགས་གཉིས་ཀྱི་དབང་སོགས་རྡོ་རྗེ་ཕྲེང་བ་ཡོངས་རྫོགས་དང་། ཟུར་བཀའ་དབང་རྗེས་གནང་མང་དུ་གསན། གྲུབ་པའི་དབང་ཕྱུག་དོན་ཡོད་མཁས་གྲུབ་ལ་གསང་བ་འདུས་པའི་དབང་སོགས་དབང་མང་པོ་(༢༥༥ན)དང་། གསང་བ་འདུས་པ་དང་རྡོ་རྗེ་འཇིགས་བྱེད་གཉིས་ཀྱི་བསྐྱེད་རྫོགས་ཀྱི་ཟབ་ཁྲིད་རྒྱས་པ་དང་། རིམ་ལྔ་གསལ་སྒྲོན་གྱི་གཟབས་བཤད་སོགས་སྔགས་ཀྱི་ཆོས་མཐའ་ཡས་པ་གསན། གྲུབ་པའི་དབང་ཕྱུག་འཛམ་དཔལ་རྒྱ་མཚོའམ། མཚན་གཞན་འཇམ་དབྱངས་བདེ་བའི་རྡོ་རྗེ་ལ་བདེ་མཆོག་ལཱུ་ཨི་པའི་བསྐྱེད་རྫོགས་གཉིས་ཀའི་སྨྱོང་ཁྲིད། ནཱ་རོ་མཁའ་སྤྱོད་མའི་དབང་དང་བསྐྱེད་རྫོགས་སོགས་ཆོས་མང་དུ་གསན། རྒྱུད་སྨད་མཁན་པོ་མཁས་ཤིང་གྲུབ་པ་དགེ་དབང་མཆོག་ལྡན་ལ་འཁྲུལ་པ་བཞི་སྦྲགས་སོགས་ཆོས་མང་དུ་གསན། ཡེར་བའི་བླ་མ་མཁས་གྲུབ་ཕུན་ཚོགས་རྒྱ་མཚོ་ལ་དྲིལ་བུ་ལུགས་ཀྱི་ཕྱི་ནང་གཉིས་ཀའི་དབང་དང་། དྲིལ་བུ་ལུས་དཀྱིལ་གྱི་བསྐྱེད་རིམ་དང་རྫོགས་རིམ་ལྔའི་ཁྲིད་རྣམས་གསན། བྱ་བྲལ་བློ་བཟང་རིན་ཆེན་ལ་མཁས་གྲུབ་རིན་པོ་ཆེ་ནས་བརྒྱུད་པའི་ཀྱཻ་རྡོར་ལྷ་དགུའི་དབང་གསན། བླ་མ་བསོད་ནམས་བཟང་པོ་ལ་རྗེ་རིན་པོ་ཆེའི་གསུང་འབུམ་ཕལ་ཆེ་བ་སོགས་མདོ་སྔགས་ཀྱི་ཆོས་མང་དུ་གསན་ཏེ། ཇི་ལྟར་གསན་པ་ལྟར་གསང་བདེ་འཇིགས་གསུམ་སོགས་སྔར་དབང་གསན་པའི་ཡི་དམ་རྣམས་ཀྱི་བསྙེན་སྒྲུབ་མཐར་ཕྱིན་པ་མཛད། བསྐྱེད་རྫོགས་ཀྱི་མན་ངག་རྣམས་ཐུགས་ཉམས་སུ་བཞེས་ཏེ་ནུས་པ་ཐོན་པར་མཛད་ནས་སྐལ་བ་དང་ལྡན་པ་གཞན་དག་ལའང་རྒྱ་ཆེར་སྤེལ་བས་བླ་མ་རིན་པོ་ཆེ་འདི་ཉིད་འཕྲིན་ལས་ཆེར་འཕེལ་ཏེ་སྐལ་བ་དང་ལྡན་པ་མང་པོ་ལ་བྱང་ཆུབ་ལམ་གྱི་རིམ་པའི་ཁྲིད་ཡང་ཡང་གནང་། བར་སྐབས་ཤིག་(༢༥༥བ)གྲུབ་པའི་དབང་ཕྱུག་དོན་ཡོད་མཁས་གྲུབ་ལ་དཔལ་གསང་བ་འདུས་པའི་བསྐྱེད་རྫོགས་ཀྱི་ཁྲིད་རྣམས་ལེགས་པར་གསན། དེའི་ཚེ་གདུལ་བྱ

གཞན་དག་ལ་ཆོས་གང་ཤེས་རྒྱུད་ལ་སྦྱོར་དགོས་སོ་ཞེས་འདོམས་པའི་ཕྱིར་རང་རྒྱུད་ལ་བསླུལ་མ་འདེབས་པའི་གསུང་མགུར་ཡང་འདི་ལྟར་མཛད་དེ།

ན་མོ་གུ་རུ། ཕུལ་བྱུང་ཡོན་ཏན་དང་ལྡན་པས། །ཀུན་གྱི་སྤྱི་གཙུག་གིས་མཆོད་ཀྱང་། །ཉམ་ཆུང་ལ་ལྷག་པར་བརྩེ་བའི། །བླ་མ་ལ་སྙིང་ནས་འདུད་དོ། །རང་ཉིད་ལ་རང་གིས་བརྩེ་ན། །རང་སེམས་ལ་རང་གིས་གྲོས་འདེབས། །རང་མཚང་ལ་རང་གིས་རྐོལ་བའི། །རང་ཚིག་འདི་རང་གིས་གསན་དང་། །སྟོན་མཐའ་མི་མངོན་པའི་འཁོར་བར། །འཁོར་བའི་བདེ་འབྱོར་ཀུན་སྤྱོད་ཀྱང་། །སེམས་ལ་ཚིམ་པ་ཞིག་མ་བྱུང་། །མི་བཟོད་སྡུག་བསྔལ་ཀུན་མྱོང་ཡང་། །ད་དུང་ཐར་འདོད་ཅིག་མ་སྐྱེས། །ལུས་རྟེན་བཟང་ཡས་ཤིག་བླངས་ཀྱང་། །ཆོས་ལྡན་མི་ལུས་ཤིག་མ་ཐོབ། །བླང་དོར་མ་ནོར་བར་སྟོན་པའི། །མཚན་ལྡན་བླ་མ་དང་མ་མཇལ། །ངེས་པར་སྲིད་ཞི་ལས་སྒྲོལ་བའི། །ཐུབ་བསྟན་ཆོས་སྒོ་རུ་མ་ཚུད། །ད་རེས་སྐབས་ལེགས་ཀྱི་དབང་གིས། །དལ་འབྱོར་ཕུན་ཚོགས་འདི་ཐོབ་ནས། །གཞོན་ནུ་ནས་རབ་ཏུ་བྱུང་སྟེ། །ཐུབ་བསྟན་ཡོངས་རྫོགས་ཀྱི་བདག་པོ། །བཤེས་གཉེན་དུ་མ་དང་མཇལ་ཞིང་། །མདོ་སྔགས་གཞུང་ལུགས་ཀྱི་སྙིང་པོ། །ངེས་འབྱུང་སེམས་བསྐྱེད་དང་ལྟ་བ། །རིམ་གཉིས་ཉམས་ལེན་གྱི་གནད་རྣམས། །ཕྱོགས་འགྲོ་རེ་ལེགས་པར་གོ་དུས། །གོ་ཡུལ་སེམས་རྒྱུད་དང་འབྲེལ་ཕྱིར། །མི་རྟག་སྒྲོ་ཤས་ཀྱིས་བསླུལ་ནས། །ཕ་(༢༥༨ན)ཡུལ་ཉེ་དུ་དང་མཛའ་གྲོགས། །ལྟོས་མེད་རྒྱབ་བསྐྱུར་ཅིག་བྱས་ནས། །སྤྲང་གཞོང་རི་སུལ་དང་ཤིང་དྲུང་། །ཆགས་མེད་བཞིན་དབེན་གནས་ཀུན་འགྲིམ་ཞིང་། །ཟས་གོས་སྒྲིག་འཚོ་ཙམ་བརྟེན་ནས། །ལོང་མེད་བརྩོན་འགྲུས་ཤིག་རྩོམ་རན། །མདུན་མ་གཏན་ལེགས་དང་གཏན་ཉེས། །ད་རེས་ཚེ་མཇུག་འདིར་ཐུག་འདུག །ལོང་ཡོད་སྙིང་ཁམས་འདི་དོར་ནས། །ཞེ་བཅད་སྙིང་རུས་ཤིག་བསྐྱེད་རན། །དམ་ཆོས་བྱེད་འདོད་ཅིག་ཡོད་ཀྱང་། །འདི་སྣང་ཡིང་ཡིང་ལ

ཟད་ནས། །དལ་འབྱོར་སྟོང་ལོག་ལ་ཆ་བས། །འཕྲལ་དུ་ཐག་ཆོད་ཅིག་བྱ་རན། །རྩུ་
ལ་དབྱུ་གུ་ཡིས་བྲིས་འདྲའི། །འདི་སྣང་བློ་བྲིད་ཀུན་དོར་ནས། །བླ་མའི་གདམས་ངག་
འདི་བསྒོམ་རན། །སྡོད་བཙུད་མི་རྟག་ཅིང་མི་བརྟན། །ནམ་མཁའི་འཇའ་ཚོན་དང་འདྲ་
བར། །ཧ་ཅང་ཞེན་པ་འདི་དོར་ནས། །སྙིང་པོ་དམ་ཆོས་ཤིག་བྱ་རན། །མཚར་སྡུག་
ལང་ཚོ་དང་ལྡན་ཞིང་། །ནད་མེད་ལོངས་སྤྱོད་ཀུན་འཛོམ་ཡང་། །མ་ངེས་གློ་བུར་དུ་
འཆི་བས། །འདུ་འཛི་བཙན་ཆོད་དུ་སྤོང་རན། །འཛོམ་དུས་ཁ་གསག་ལ་མཁས་
པའི། །མཛའ་གྲོགས་བཞིན་འཇུམ་ཅན་མང་ཡང་། །ན་ཚ་དབུལ་ཕོངས་ཀྱིས་གདུངས་
ཚེ། །མི་ཕན་གྲོགས་ངན་ཀུན་འདོར་རན། །ཟས་གོས་སྨན་བཅོས་ཀྱིས་བསྐྱངས་
ཀྱང་། །ན་ཚ་སྡུག་བསྔལ་གྱི་འབྱུང་ཁུངས། །མི་གཙང་འདོར་ངེས་ཀྱི་ལུས་འདི། །
འདོར་ཆེ་འཕྲོད་མེད་ཅིག་བྱ་རན། །ཐབས་ཚུལ་སྣ་ཚོགས་ཀྱིས་བསྒྲུབས་ཀྱང་། །གསོག་
བསྲུང་སྡུག་བསྔལ་དང་སྡིག་པས། །འདི་ཕྱི་གཉིས་ཀ་ལ་འཕུང་བའི། །(༢༥༨བ)ནོར་
རྫས་འཆིང་ཐག་འདི་གློད་རན། །འཇིགས་རུང་དུག་སྦྲུལ་གྱི་ཚང་འདྲའི། །སྲིད་གསུམ་
འཁོར་བ་འདི་རྒྱ་བཅས། །ང་རེས་བསླབ་གསུམ་གྱི་ཉམས་ལེན། །བརྩོན་པ་ཤུགས་
དྲག་གིས་སྤོང་རན། །བདེ་འདོད་སྡུག་བསྔལ་ལ་འཇིགས་ཀྱང་། །དགེ་སྤོང་སྡིག་པ་ལ་
རེམ་པའི། །བླུང་དོར་གོ་ལོག་གི་ཕ་མ། །སྒྲོལ་འདོད་བྱང་སེམས་མཆོག་བསྐྱེད་རན། །
སྔོན་ཆད་ལས་རོ་ལ་སོང་བའི། །འཁོར་བའི་བྱ་བ་ལ་བསམས་ན། །བྱ་སླ་དོན་ཆེན་གྱི་
སྤྱོད་པ། །རྒྱལ་སྲས་རྣམ་ཐར་ལ་བསླབ་རན། །རྒྱུ་རྐྱེན་སྣ་ཚོགས་ཀྱིས་བཅོས་པའི། །
བཅོས་མའི་ཀུན་རྫོབ་ལ་བལྟོས་ཚེ། །རྫུན་པ་བདེན་གྲུབ་ཏུ་འཛིན་པའི། །གཡོ་ཅན་
བདག་འཛིན་འདི་འདུལ་རན། །གྲངས་མེད་བསྐལ་པ་ལ་མི་བལྟོས། །སྐྱིགས་དུས་ཚེ་
ཐུང་གཅིག་ཁོ་ནར། །ངེས་པར་སངས་རྒྱས་ཉིད་སྟེར་བའི། །གསང་སྔགས་བབ་ལམ་
ཞིག་སྒོམ་རན། །སྣང་བ་གདོང་འདེད་ཀྱི་བན་ཆུང་། །དཔོན་མེད་གཡོག་མེད་ཀྱི་བློ་

བདེ། །དགྲ་མེད་གཉེན་མེད་ཀྱི་ཡུལ་དུ། །རེ་མེད་དོགས་མེད་ཅིག་བྱ་རན། །བློ་ཕྱུགས་དམ་ཆོས་ལ་གཏད་ནས། །མི་མེད་ལུང་སྟོང་ལ་གནས་པའི། །བློ་འགེལ་དགོན་མཆོག་ལ་བྱས་ནས། །ཆེ་གཉེན་ངོ་འཛིན་གྱིས་ཅི་བྱེད། །དཔང་པོ་རང་སེམས་ལ་བཅོལ་ནས། །དགེ་སྦྱོར་ལ་ངོ་ལྐོག་མེད་ན། །མི་མང་གི་ཁ་ལོག་བྱུང་ཡང་། །འཆི་དུས་སུ་འགྱོད་པ་ཅི་ཡོད། །དད་པ་སྐྱོ་ཤས་གཉིས་འདྲེས་ནས། །སེམས་རྒྱུད་དམ་ཆོས་དང་འདྲེས་ནས། །ལྷ་གོས་ཇི་ལྟར་དུ་ཕོངས་ཀྱང་། །གཞན་འགྱུར་ལ་སྨོན་རྒྱུ་ཅི་ཡོད། །ཚང་ལ་མ་ནོར་བའི་ལམ་མཆོག །རྩོལ་བཞིན་སྒྲུབ་པ་ལ་རེམ་(༢༥༧ན)ན། །ཉམས་རྟོགས་ཡོན་ཏན་གྱིས་དབུལ་ཡང་། །ཆོས་རྗེ་འདི་བྱེད་དོན་ཅི་ཡོད། །དལ་འབྱོར་འདི་ཤིན་ཏུ་རྙེད་དཀའ། །རྙེད་པ་འདི་ཡུད་ཙམ་མི་རྟག །ཕྱི་མ་འདི་ཤུལ་རིང་ཡང་། །འདི་སྣང་ལ་ཞེངས་ལོང་མི་འདུག །ཅུང་ཟད་གཞུང་ལུགས་ལ་སྦྱངས་པ། །ཚེ་མཇུག་སྒྲུབ་པ་ལ་བསྒྲིལ་བར། །བླ་མ་ལྷས་བྱིན་གྱིས་རློབས་ཤིག །ཆོས་སྐྱོང་ཚོས་འཕྲིན་ལས་སྒྲུབ་མཛོད། །ཅེས་སོ། །

དེ་ནས་སླར་ཡང་བླ་མ་དོན་ཡོད་མཁས་གྲུབ་ལ་ཡུན་རིང་པོར་གསོལ་བ་བཏབ་ནས་ཟླ་བ་གཅིག་དང་ཞག་ཉི་ཤུའི་རིང་ལ་གསང་ཆེན་རྒྱུད་སྡེའི་སྙིང་པོའི་བཅུད་བསྡུས་པ་སྙིགས་དུས་ཀྱི་ཚེ་ཐུང་གཅིག་ལ་ཟུང་འཇུག་སྒྲུབ་པའི་ཐབས་རྡོ་རྗེ་འཆང་དངོས་སུ་བྱོན་ཡང་དེ་ཕན་ཆད་དུ་གསུང་དུ་མེད་པའི་མན་ངག་མཐར་ཐུག་རིམ་ལྔ་གསལ་སྒྲོན་གྱི་གཟབས་བཤད་གསན། དེའི་ཚེ་གྲུབ་དབང་དོན་ཡོད་མཁས་གྲུབ་རིན་པོ་ཆེ་ནས་བླ་མ་རིན་པོ་ཆེ་འདི་ཆོས་གྲྭ་སེནྡྷའི་ཁྲི་ལ་བཞུགས་སུ་གསོལ་ནས་ཚེ་དཔག་མེད་ཀྱི་སྐུ་དང་། ཞལ་དཀར་ཡུ་རིང་ཞོས་གང་བ་བཅས་ཕྱག་ཏུ་ཕུལ་ནས། རྗེ་དོན་ཡོད་མཁས་གྲུབ་པ་སྐུ་བཙུན་དུ་མའི་འཁོར་དང་བཅས་པ་ལ། རྒྱན་འཇུག་དང་རྩ་ཤེ་སྤྱོད་འཇུག་རྣམས་ཀྱི་ལུང་གསུང་བར་གསོལ་བ་འདེབས་པར་མཛད་པ་བཞིན་རྗེ་འདིས་ཀྱང་

ལེགས་པར་སྩལ། རྗེ་དོན་ཡོད་མཁས་གྲུབ་པས་འཁོར་རྣམས་ལ་ལུང་བཞི་པོ་དེ་རྣམས་ལས་རང་རང་གིས་ཇི་ལྟར་འདོད་པ་རེ་འདོན་དགོས་པའི་ཁས་ལེན་སྐྱོར་བར་མཛད་ནས། རྗེ་བཙུན་བླ་མ་འདི་བསྟན་པ་ཡོངས་སུ་རྫོགས་པའི་མངའ་བདག་(༢༥༧བ)ཆོས་ཀྱི་རྒྱལ་སྲིད་ཆེན་པོར་མངའ་གསོལ་བར་མཛད་དོ། །

དེ་ནས་ཆབ་མདོ་འཕགས་པ་ལྷས་སྤྱན་དྲངས་ནས་ཆབ་མདོར་ཕེབས་ཏེ། རྒྱལ་བ་འཕགས་པ་ལྷས་གཙོ་མཛད་ཆབ་མདོའི་དགེ་འདུན་རྣམས་ལ་ལམ་རིམ་གྱི་ཁྲིད་དང་། ལམ་རིམ་ཆེན་པོའི་བཤད་ལུང་དང་། འགྲེལ་པ་བཞི་སྦྲགས་སོགས་ཆོས་བཀའ་མཐའ་ཡས་སྩལ་ཞིང་ཕྱོགས་དེའི་དད་ལྡན་མང་པོས་དངོས་པོ་ཕུལ་བའི་རིགས་རྣམས་ལ་བཀའ་དང་བསྟན་བཅོས་ཀྱི་པུ་སྟ་ཀ་མང་པོ་གསེར་དངུལ་ལས་བཞེངས་པར་མཛད་པའི་ལྷག་རྣམས་འཕྲུལ་ཆས་སུ་མགོ་བ་འགའ་ཞིག་མ་གཏོགས་ཁང་པ་ཞིག་ཏུ་བཞག་ནས་ལྷེ་མིག་རྒྱལ་བ་འཕགས་པ་ལྷའི་ཕྱག་ཏུ་ཕུལ་ཏེ། གཞུང་བཞིའི་འདོན་པ་གྲྭ་རྗེ་རྒྱས་སུ་མཛད་དེ་རྒྱལ་བའི་བསྟན་པ་འབའ་ཞིག་ཐུགས་ལ་བརྣགས་ནས་སྐལ་བ་དང་ལྡན་པ་དག་ལ་ཆོས་གནང་བ་ལས་ཟང་ཟིང་གི་དངོས་པོ་གང་ཡང་བདག་གིར་མི་མཛད་པར་དད་རྫས་དང་གཤིན་རྫས་ཅི་བྱུང་ཐམས་ཅད་ཆུད་མ་ཟོས་པར་དགེ་ཕྱོགས་སུ་གཏོང་བར་མཛད་པ་འདི་འདྲ་བའི་རྣམ་པར་ཐར་པ་ནི་ཕྱི་རབས་ཀྱི་ཆོས་བྱེད་རྣམས་ལ་ཁ་ཡར་ལྟའི་མིག་ལྟོས་སུ་ཆེ་ཞིང་སྐྱེ་བོ་ཕལ་ཆེར་ཟང་ཟིང་གི་དངོས་པོ་འབའ་ཞིག་དོན་དུ་གཉེར་བའི་དུས་མཐའ་འདི་འདྲ་བར་འདི་ལྟ་བུའི་རྣམ་པར་ཐར་པ་ནི་རྒྱལ་བའི་བསྟན་པ་ལ་བྱ་བ་བླ་ལྷག་ཏུ་མཛད་པའི་རྣམ་པར་ཐར་པའོ། །

དེ་ནས་ཡར་ཕེབས་ཏེ་ཕུར་བུ་ལྕོག་ཉིད་དུ་བཤད་སྒྲུབ་ཀྱིས་དུས་འདའ་བར་མཛད་ཅིང་། བར་སྐབས་ཤིག་སྐྱིགས་མའི་སྐྱེ་བོ་དག་གི་སྤྱོད་ཚུལ་ངན་པ་སྣ་ཚོགས་བྱུང་བས་ཐུགས་ཡིད་ཕྱུང་ཞིང་། (༢༥༨ན)སྐྱེ་བོ་གཞན་དག་ལྟ་ཅི་སློས་རྒྱལ་བའི་བསྟན་

པ་ལ་ཞུགས་ནས་མདོ་སྔགས་ཀྱི་གཞུང་ཆེན་མོ་རྣམས་ལ་ལེགས་པར་སྦྱངས་པའི་མཁས་པར་རློམ་པ་ཕལ་མོ་ཆེ་ཡང་ཚེ་འདིའི་སྣང་ཞེན་གྱིས་བསླུས་ནས་རྙེད་བཀུར་སྙན་གྲགས་སྒྲུབ་པ་ལྟར་ལེན་པ་མང་པོ་ཞིག་གཟིགས་པས་ཐུགས་ལྷག་པར་སྐྱོ་ནས། རང་ལ་བསྐུལ་བའི་ཚུལ་དུ་གསུང་མགུར་འདི་ལྟར་མཛད་དེ། གནས་འགོར་བའི་གནས་ཚུལ་སྙིང་ནས་དྲན། །མ་དྲིན་ཅན་བློ་ཡི་ཕྱུག་ཏུ་བཅུག །ལམ་ཐབས་ཤེས་ཟུང་འབྲེལ་ཉམས་ལེན་ལས། །དུས་ནམ་ཡང་གཡོ་མེད་བླ་མར་འདུད། །ཀྱེ་ཉོན་དང་ཅོལ་ཆུང་འགལ་འདུ་མཁན། །མིང་བླ་མ་དགེ་བཤེས་དགེ་སློང་ཟེར། །ལུས་དགེ་སྦྱོང་ཆ་ལུགས་མཚར་པོས་བརྒྱན། །གནས་དབེན་པར་འདུག་ཁྱོད་བསམ་བློ་ཐོངས། ཁྱོད་བྱུང་ན་བསུ་ཞིང་སོང་ན་སྐྱེལ། ཁྱོད་འདུག་ན་གདན་འདིར་རྙེད་བཀུར་འབུལ། །ཕར་ཆོས་འཆད་སྐབས་འཇུག་ཕྱག་དབང་སྐོར། ཁྱོད་རང་ཚོད་བཟུང་ལ་རང་ལམ་ཀློལ། །རྒྱུད་གོང་མར་གྱུར་ལ་བླ་མ་ཟེར། །གཞན་དགེ་བར་སྦྱོར་ལ་དགེ་བཤེས་ཟེར། །ལམ་ལེགས་པར་འཚོལ་ལ་དགེ་སློང་ཟེར། །སེམས་འདོད་སྲེད་སྤོང་ཕྱིར་ངུར་སྨྲིག་གྱོན། །ཆོས་རྩེ་གཅིག་སྒྲུབ་ཕྱིར་དབེན་པ་བསྟེན། །དོན་དེ་རྣམས་རང་ལ་ཚང་བའི་ཕྱིར། །མི་རང་ལ་རང་གིས་མ་བསྐུལ་ན། །མིང་བླ་མ་ཡོན་ཏན་འདྲེ་བས་ཆུང་། །མིང་དགེ་བཤེས་བྱེད་སྤྱོད་ཁྲིམ་པ་དངོས། །མིང་དགེ་སློང་སྤྱོད་པ་ཁྱི་ཕག་འདྲ། །ཕྱི་དབྲ་བཅོམ་ནང་དོན་ཉོན་མོངས་མཚོ། ཁྱོད་ཕྱི་ནང་མི་(༢༥༤བ)མཚུངས་བརྟག་དཀའ་བས། །ཀུན་འཁྲུལ་ནས་ཁྱོད་ལ་རེ་འཆའ་ཡང་། ཁྱོད་སྟོན་བཞིན་ཀུན་སྤྱོད་འདི་བསྟེན་ན། །མིང་བླ་མ་ཟེར་ཡང་ཆོམ་རྐུན་པ། །མིང་དགེ་བཤེས་ཟེར་ཡང་སྡིག་པའི་གྲོགས། །མིང་དགེ་སློང་ཟེར་ཡང་མི་ནག་པ། །ལུས་སེར་གོས་གྱོན་ཡང་ཞྭ་སྐྱེས་འདྲ། །གནས་དབེན་པར་འདུག་ཀྱང་སྤྱང་གི་འདྲ། ཁྱོད་ཕལ་ཆེར་ཁྲི་རྐུན་ལྟར་འཁྲམས་ནས། །མི་དྲག་གཞན་དུ་མའི་སར་ཕྱིན་ཏེ། །ཐབས་ཁ་གསག་གཞོགས་སློང་སྣ་ཚོགས་ཀྱིས། །ཟས་རྙེད་པ་ཅུང་ཟད་

བྱུང་བ་རྣམས། །གནས་དབེན་པར་དགའ་འདུས་བག་མེད་སྤྱོད། །གྲོགས་ཚང་སྤྱོད་སྤྱོན་དང་ཆགས་སྡང་གཏམ། །དུས་ཉིན་མཚན་ཐུན་མཚམས་འདས་འདས་སླ། །སེམས་འདོད་ཡོན་སྐྱོས་ཆུས་སྐྱོས་པའི་མཐུས། །ལུས་བྱ་མིན་སྤྱོད་ལ་ངོ་ཚ་མེད། །ངག་བཅོག་གཏམ་སླ་ལ་ངོ་ཚ་མེད། །སེམས་ཚུལ་མིན་ཡིད་བྱེད་གཉེན་པོ་མེད། །ལས་རྒྱུ་འབྲས་བསམས་ནས་འཛེམ་འདོད་མེད། །རང་ཁས་བླངས་དྲན་ནས་སྔོམ་སེམས་མེད། །རྗེ་བླ་མའི་དྲུང་དུ་གནོང་སེམས་མེད། །གྲོགས་ཚངས་སྤྱོད་འདུས་ཀྱང་ཁྲེལ་གཞུང་མེད། །རང་ཆོས་ལ་བསླུལ་ཡང་ཉན་འདོད་མེད། །མི་རང་ལ་རང་གིས་ཤ་ཚ་མེད། །ཆོས་བླང་དོར་ཤེས་པའི་ཤེས་རབ་མེད། །མར་འགོར་བའི་གནས་ལ་སྐྱོ་བ་མེད། །ཡར་ཐར་བའི་གོ་འཕང་ཐོབ་འདོད་མེད། །མ་སེམས་ཅན་ཀུན་ལ་སྙིང་རྗེ་མེད། །མེད་བཅུ་གསུམ་འཛོམ་ལ་སངས་རྒྱས་མེད། །དེར་མ་ཟད་ཐར་པའི་གོ་འཕང་མེད། །དེར་མ་ཟད་ཕྱི་མ་མཐོ་རིས་མེད། །དེར་མ་ཟད་ཚེ་འདིའི་མི་ཆོས་མེད། །(༢༥༩ན)ཡོད་དགོས་པ་གཅིག་ཀྱང་མེད་བཞིན་དུ། །ཀུན་འཛོམ་པའི་མཁས་བཙུན་བཟང་པོའི་གྲར། །སྙིགས་ནུས་པ་ཨེ་མའོ་ངོ་མཚར་ཆེ། །ཚེ་བློས་བཏང་ཐར་པ་དོན་གཉེར་གྲར། །འཚང་ནུས་པ་ཨེ་མའོ་ངོ་མཚར་ཆེ། །རྒྱུད་སྡོམ་གསུམ་ལྡན་པའི་རབ་བྱུང་གྲར། །འདུག་ནུས་པ་ཨེ་མའོ་ངོ་མཚར་ཆེ། ཁྱོད་འབྲས་བུ་མེད་པའི་ཕྲེད་ཡག །ཁོང་ལོ་ཡག་སྙེ་མའི་གྲར་ཚུད་མཚར། །ཞེས་སོ། །

དེ་ནས་གསུང་ངག་བཅད་དེ་ཟླ་བ་མང་པོའི་བར་ལ་སྒྲོལ་དཀར་ཡིད་བཞིན་འཁོར་ལོའི་བསྙེན་མཚམས་ལ་བཞུགས་པས་ཉམས་རྟོགས་ལྷག་པར་འཕེལ་ཞིང་ཐུགས་རབ་ལྷག་པར་རྒྱས་ཏེ་གཞུང་ལུགས་ཀྱི་དོན་གང་དང་གང་ལའང་བློ་གྲོས་ཀུ་ཤའི་རྩེ་ལྟར་རྣོ་ཞིང་ཕྲ་བས་དོན་གྱི་གཏིང་དཔོག་ནུས་པ་དང་རང་དང་གཞན་གྱི་ཚེ་རབས་མང་པོ་དྲན་པ་དང་། ལྷག་པར་སྙིགས་མའི་དུས་སུ་མི་དགེ་བའི་བདག་འབྲས་བདོ་བས་ལོག་སྤྱོད

འབྱུང་འགྱུར་མང་པོའང་མཁྱེན་ནས་གསུང་མགུར་འདི་ལྟར་མཛད་དེ།

ཨོཾ་སྭ་སྟི། སེམས་བསྐྱེད་རྩ་བ་དམིགས་མེད་སྙིང་རྗེའི་ཤུགས། །ཡང་ཡང་བསྣན་པས་
ཐབས་ཤེས་ཡལ་འདབ་རྒྱས། །དོན་གཉིས་མཐར་ཕྱིན་འབྲས་བུས་རབ་བརྗིད་པའི། །
ཐུབ་དབང་དཔག་བསམ་ལྗོན་པ་རྒྱལ་གྱུར་ཅིག །གང་གིས་ལེགས་གསུངས་མདོ་སྔགས་
ཆོས་ཀྱི་རོས། །ལེགས་པར་ཚིམ་པའི་དགའ་བས་ལེགས་བཤད་གླུ། །ཅི་ཡང་ལེན་པ་ཀླུ་
སྒྲུབ་ཐོགས་མེད་སོགས། །གཉིས་སྐྱེས་མང་པོས་འཕགས་ཡུལ་སྐྱིད་ཚལ་གང་། །རིང་མོ་
ཞིག་ན་ཆོས་རྒྱལ་ལོ་པཎ་སོགས། །(༢༥༩བ)སྨོན་ལམ་མཐུ་ལྡན་དེད་དཔོན་བརྒྱ་ཕྲག་
གིས། །རྒྱ་གར་དམ་ཆོས་རིན་ཆེན་འབྱུང་གནས་ནས། །བཤད་སྒྲུབ་དབང་གི་རྒྱལ་པོ་
བོད་དུ་བླངས། །ཆོས་སྲིད་འཁོར་བ་སྲིད་པའི་མིག་འབར་བས། །གངས་ཅན་ལྗོངས་
འདིའི་རྒྱུད་པའི་མུན་ཀུན་བསལ། །དེ་ཉིད་གླང་དར་སྒྲ་གཅན་ཁ་སྣངས་ཀྱིས། །ཕྱོགས་
འདིའི་འགྲོ་ལ་ཡུན་རིང་སྣང་མ་གྱུར། །དེ་ནས་བྱང་ཆུབ་འོད་ཀྱི་སྨོན་ལམ་དང་། །འགྲོ་
འདིའི་སྤྱི་མཐུན་བསོད་ནམས་རྒྱ་མཚོ་ལས། །ཨ་ཏི་ཤ་དང་རྒྱལ་བའི་འབྱུང་གནས་
ཀྱི། །ཉི་ཟླ་ཟུང་གཅིག་ཐུབ་བསྟན་རྒྱུན་དུ་གྱུར། །ཐུབ་བསྟན་རྒྱ་མཚོར་ཅི་དགར་
ལོངས་སྤྱོད་པའི། ཁྲིམས་ལྡན་ངུར་སྨྲིག་འཛིན་པའི་ངང་པ་ཁྱུ། །ཐབས་ཤེས་གཤོག་
ཡངས་དཀར་པོའི་གར་མང་བསྒྱུར། །སླར་ཡང་དེ་ཉིད་ཟུང་ཟད་འགྲིབ་པའི་ཚེ། །བློ་
བཟང་དཀྱིལ་འཁོར་གྲགས་པའི་གཟི་བརྗིད་འབར། །གངས་ཅན་སྐྱེ་འགྲོའི་ལེགས་
བྱས་ཤར་རིའི་རྩེར། །འཕགས་ནས་ཐུབ་བསྟན་པད་ཚལ་རྒྱས་པའི་ཚེ། །ཕྱོགས་མེད་
མཁས་པའི་རྐང་དྲུག་གཤོག་རྩལ་འགྲན། །མན་ངག་སྦྲང་རྩིས་མྱོས་ནས་ལེགས་བཤད་
ཀྱི། །གླུ་དབྱངས་འགྱུར་ཁུག་སྟོང་ཕྲག་འཐེན་པ་ན། །མདོ་སྔགས་དགོངས་འགྲེལ་ཚིག་
གི་འདབ་བརྒྱ་ཀྲོད། །དོན་གྱི་གེ་སར་སོ་ཕྲེང་ཙེམ་པ་བཞིན། །རྒྱལ་བ་གཉིས་པའི་
ལུགས་བཟང་ལུས་ཕྲ་མའི། །བཤད་སྒྲུབ་ལང་ཚོ་དར་ལ་བབ་པ་ཡིས། །མཁས་མང་

ཡིད་ཀྱི་བརྟན་པ་ཉམས་བྱས་པས། །ཡུན་རིང་འཁོར་ལོ་གསུམ་གྱི་རྩེད་འཛོམས་བྲེལ། །
དམ་པའི་རིང་ལུགས་དབྱར་དུས་ཟད་པ་(༢༤༠ན)ན། །མི་བཟད་སྡིགས་མའི་གྲང་རེག་
ཆེར་གཡོས་ཏེ། །བསྲི་བསླད་བྲལ་བའི་བཤད་སྒྲུབ་འདབ་བརྒྱ་པ། །སྐད་ཅིག་ཉིད་ལ་
མོག་པོར་བྱས་པས་སྐྱོ། །ཁ་བཤད་ལྷ་བ་མཐོན་པོའི་མཁར་འཕགས་ཀྱང་། །བློ་གྲོས་
འཁྲིག་པོ་རྫུན་གྱི་ར་རི་ཅན། །ཕྱོགས་པར་རློམ་པའི་ཆོས་པའི་ཆུ་ཤེལ་གྱིས། །མཁས་
པའི་གསུང་རབ་པད་ཀར་འདབ་བརྒྱ་ཟུམ། །སངས་རྒྱས་རང་ལ་ཡོད་པར་ཁ་ཟེ་དང་། །
ཉོན་མོངས་མ་སྤངས་འཚང་རྒྱའི་གདམས་ངག་གི །ཕྱོགས་པ་སྒྱུར་དད་ཅན་རྣམས་སྤོས་
པ་དང་། །བླུན་པོ་དང་ལྡན་བསླུ་བ་མཉམ་དུ་བྱས། །སྐད་ཅིག་སེམས་ངོ་འཕྲོད་པའི་
སྙན་བརྒྱུད་འཛིན། །རྒྱ་ཆེན་མདོ་སྔགས་གཞུང་དང་ཤེས་རབ་མིག །ཐར་འདོད་ཀུན་ལ་
མི་མཁོའི་ཆོས་ལུགས་དང་། །ཐོས་བསམ་སྒོམ་པ་འདོར་བ་ལྷན་ཅིག་བྱས། །ཧ་ཅང་
ཚིག་ལ་ཞེན་པའི་གོ་རྒྱ་དང་། །ཚིག་གི་རྒྱལ་ཕམ་རྩོད་པའི་ཐོས་པ་འདིས། །བློ་སྣ་ནང་
དུ་བཀུག་པ་ཉམས་ལེན་དང་། །སྤྱོར་བསགས་དགེ་རྩ་འཛོམས་པ་མཉམ་དུ་བྱས། །
འདག་སྦྱར་མཚམས་ནས་འཇིག་རྟེན་ཕོ་རུས་དང་། །འདི་བྱ་འདི་བྱས་སེམས་པའི་བློ་
ངན་འདིས། །ཕྱི་མ་ངན་འགྲོའི་རྒྱུ་ཚོགས་བསྒྲུབ་པ་དང་། །འདི་ཕྱི་གཉིས་ཀ་མེད་པ་
ཆབས་ཅིག་བྱས། །དམ་ཆོས་དར་བའི་མི་ཡི་གཙོ་བོ་རྣམས། །ཁྲེལ་མེད་གདོལ་པའི་སྤྱོད་
པ་བྱེད་པ་འདིས། །གཤན་པ་གདོལ་པ་ལས་ཀ་མེད་པ་དང་། །རང་གཞན་གཉིས
(༢༤༠བ)ཀ་ཕུང་བ་དུས་གཅིག་བྱས། །བསམ་ངན་གདུག་པའི་ཆང་གིས་མྱོས་གྱུར་
ཅིང་། །དམ་པས་སྨད་པའི་སྣ་ཞགས་རིང་སྐྱོང་བ། །དཀར་དང་སེར་བའི་གཉིས་འཐུང་
མང་པོ་ཡིས། །འགྲོ་བའི་བདེ་སྐྱིད་པད་ཚལ་ལྷག་མེད་བྱས། །སྨོམ་པ་སྲིད་རྩེའི་སྟོམ་
འཇུག་ཐོབ་གྱུར་ཀྱང་། །སླར་ཡང་འོག་མའི་སེམས་སུ་ལྟུང་བས་སྐྱོ། །བསམ་པ་རིག་
པའི་གནས་ལྔར་མཁས་གྱུར་ཀྱང་། །དུད་འགྲོ་ཇི་བཞིན་ཚེ་འདིར་ཞེན་པས་སྐྱོ། །ཐོས

པ་གཞུང་ལུགས་འབུམ་ཕྲག་དག་བཏོན་ཀྱང་། །རྒྱལ་པོ་གདུག་པའི་གྲོས་དཔོན་བྱེད་
པས་སྐྱོ། །འཁོར་བའི་བདེ་འགྱུར་ཇི་ལྟར་ཕུན་ཚོགས་ཀྱང་། །ཐ་མ་ངེས་པར་རྒྱུད་
པས་འཇོམས་པའི་སྐྱོ། །གསོན་པ་འཆི་བས་ངེས་པར་འཇོམས་པ་དང་། །ལང་ཚོ་རྒ་
བས་ངེས་པར་འཇོམས་པའི་སྐྱོ། །ནད་མེད་ངེས་པར་ནད་ཀྱིས་འཇོམས་པ་དང་། །
འདུས་པ་ངེས་པར་སོ་སོར་འབྲལ་བས་སྐྱོ། །མཐོན་པོ་དམའ་མོར་ངེས་པར་ལྷུང་བ་
དང་། །འབྱོར་པ་ཐམས་ཅད་ངེས་པར་འདོར་བས་སྐྱོ། །ཕན་གནོན་གང་ལའང་ཡིད་
བརྟན་མེད་པ་དང་། །འདོད་པ་བརྟེན་པས་ཚིམ་པ་མེད་པས་སྐྱོ། །ལ་ལ་དགའ་བཞིན་
སྡུག་བསྔལ་རྒྱུ་ལ་འཇུག །ལ་ལ་སྡུག་བཞིན་དབང་མེད་མནར་བས་སྐྱོ། །ཀུན་ཀྱང་
བདེ་འདོད་མི་དགེ་སྤྱོད་པ་དང་། །སྡུག་བསྔལ་མི་འདོད་དགེ་བ་སྤངས་པས་སྐྱོ། །
མདོར་ན་འགྲོ་བའི་མགོན་པོའི་གསུང་རབ་ལས། །འཁོར་བའི་གནས་ཚུལ་ཇི་ལྟར་
གསུངས་པ་བཞིན། །འཁྲུལ་མེད་མངོན་(༢༥༧ན)སུམ་མཐོང་བས་སྐྱོ་བ་དང་། །ཐུབ་
པའི་གསུང་ལ་ཡིད་ཆེས་ཅུང་ཟད་རྙེད། །བླུན་པོ་རྨོངས་པ་ཆོས་རྒྱུས་མེད་པ་དང་། །ཆོས་
ཉིད་ཁེངས་པས་འཁྲིད་ལ་ཅི་ཆ་ཡོད། །ཁོ་བོ་སྔོན་བསགས་དགེ་བས་དལ་འབྱོར་ཐོབ། །
རྒྱུད་ལྡན་དམ་པ་མང་པོས་རྗེས་སུ་བཟུང་། །མདོ་སྔགས་མན་ངག་ཐུགས་ཀྱི་ཉིང་ཁུས་
གསོས། །གནས་དང་གྲོགས་སོགས་ཆོས་ཀྱི་མཐུན་རྐྱེན་ཚང་། །དེ་ཕྱིར་མནོག་ཆུང་ཚེ་
འདིའི་མདུན་མ་དོར། །སྣ་ཐག་མི་ལག་མ་ཤོར་རང་གིས་འཛིན། །ལྟོ་གོས་མཐའ་གཉིས་
མ་ལྷུང་དབེན་གནས་འགྲིམས། །གཡེང་མེད་བླ་མའི་མན་ངག་ཉམས་པར་སྤྱོད། །སྐྱོ་
ཤས་ཁྲི་སྟན་ས་ལེའི་པགས་སྟེང་ན། །ཁྲེལ་ཡོད་ངོ་ཚའི་ཀ་ཤི་ཀ་གྱོན་ཞིང་། །སྐྱབས་
གནས་དཀོན་མཆོག་གསུམ་གྱི་ཐོར་ཅོག་བཅིངས། །ཚད་མེད་བཞི་ཡི་མིག་རྩ་དམར་
འབྲུག་ཅིང་། །ཚངས་སྤྱོད་ཞི་དུལ་ཨག་ཚོམ་རིང་པོས་བརྗིད། །ལྟ་བཞིའི་ཚངས་སྐུད་
དཀར་པོ་ལུས་ལ་འཆང་། །སྡེ་སྣོད་གསུམ་གྱི་གསང་ཚིག་ངག་ནས་འདོན། །བསླབ་

གསུམ་བདུད་རྩིས་སེམས་ཀྱི་རིལ་བ་བཀངས། །བདག་གཞན་མཉམ་བརྗེའི་ཐབ་ཁུང་དཀར་པོའི་ནང་། །མཐའ་བྲལ་ལྟ་བའི་མེ་ལྕེ་འབར་བའི་དབུས། །རང་ཉིད་གཅེས་པར་འཛིན་པའི་བུད་ཤིང་དང་། །འཇིག་ལྟའི་མར་ཁུ་ལྷག་མེད་བསྲེག་ལ་བསྔོན། །བཀའ་གདམས་ཁྲམ་ཟེ་གཙང་མའི་རྣམ་ཐར་ལ། །གཉིས་སྐྱེས་ཕྲ་མོ་བདག་(༢༥༧བ)ཀྱང་ལྷག་པར་མོས། །སྐྱབས་གནས་དཀོན་མཆོག་གསུམ་གྱི་ཐུགས་རྗེ་ཡིས། །རྣམ་ཐར་འདི་འདྲས་ཚེ་མཐར་ཕྱིན་པར་ཤོག །དམ་པའི་རྣམ་ཐར་ཚུལ་བཞིན་བསྐྱངས་པའི་མཐར། །ཡུན་རིང་འགྲོགས་པའི་གྲོགས་བཟང་ལུས་སེམས་གཉིས། །མ་རུངས་འཆི་བདག་ཕྲ་མས་ཕྱེ་བའི་ཚེ། །དེ་ཡི་མོད་ལ་སེམས་ཀྱི་གཞོན་ནུ་ཡིས། །དེ་ལ་མི་འདོད་མེད་པར་དགའ་བཞིན་དུ། །སྨོན་ལམ་ཚུལ་ཁྲིམས་བཞོན་པ་ལ་རོལ་ཏེ། །མི་ཕམ་རྒྱལ་བའི་མདུན་སར་ལེགས་བགྲོད་དེ། །རྒྱལ་སྲས་མཐུ་ཆེན་རྣམས་དང་ལྷན་ཅིག་ཏུ། །ཐེག་མཆོག་ཆོས་ཀྱི་དགའ་སྟོན་སྤྱོད་པར་ཤོག །ཞིང་ཁམས་བྱེ་བར་རྒྱལ་རྣམས་བལྟ་བ་དང་། །ངོ་མཚར་མཆོད་པ་རྒྱ་མཚོས་མཆོད་པ་དང་། །སེམས་ཅན་རྒྱ་མཚོ་སྨིན་པར་བྱ་བའི་ཕྱིར། །དཔག་མེད་ལུས་ཀྱི་བཀོད་པ་སྟོན་པར་ཤོག །ཚོགས་གཉིས་རྒྱ་མཚོའི་ཕ་མཐར་ཕྱིན་པ་ན། །ཡོན་ཏན་རྒྱ་མཚོ་རྒྱལ་བ་སྲས་བཅས་ཀྱི། །མཛད་པ་རྒྱ་མཚོ་བྱེ་བྲག་ཇི་སྙེད་པ། །བསྐལ་པ་རྒྱ་མཚོར་བདག་གིས་སྤྱོད་པར་ཤོག །རྣམ་དཔྱོད་དཔྱལ་དཀར་མེ་ལོང་ཡངས་པའི་ངོས། །ཀུན་ཀྱང་ཆོས་ཀྱི་བཞིན་རས་གསལ་བ་འདི། །སྔོན་བསགས་རྣམ་དཀར་བཟང་པོའི་བྱེད་ལས་དང་། །ཡོངས་འཛིན་གསུང་གིས་བྱི་དོར་བྱས་པའི་མཐུས། །མེ་མོ་ལུག་ལོ་ཧོར་ཟླ་བཅུ་གཅིག་པར། །སློ་བཅད་མཚམས་ངོས་ཡིད་བཞིན་འཁོར་(༢༥༨ན)ལོ་ལ། །གསོལ་བ་བཏབ་ཚེ་སེམས་ལ་ཤར་བ་བཞིན། །མི་ཏྲིའི་མིང་གིས་ཕུར་བུ་ལྷོག་ཏུ་བྲིས། །ཞེས་སོ། །

དེ་ནས་བླ་མ་རིན་པོ་ཆེ་ཉིད་དགུང་ལོ་ལྔ་བཅུར་ཕེབས་པ་ལྕགས་མོ་ཕག་གི་ལོ་

གཙང་དུ་ཕེབས་ནས་པཎ་ཆེན་ཐམས་ཅད་མཁྱེན་པ་རྗེ་བཙུན་བློ་བཟང་ཡེ་ཤེས་དཔལ་བཟང་པོ་ཞལ་མཇལ། མཎྜལ་ཕུལ་ཏེ་ཞབས་པད་ཡུན་དུ་བརྟན་པའི་གསོལ་འདེབས་མཛད། དེའི་ཚེ་པཎ་ཆེན་ཐམས་ཅད་མཁྱེན་པ་ཆེན་པོས་བླ་མ་རིན་པོ་ཆེ་འདི་ལ་ཐུགས་དགྱེས་པ་ཆེན་པོས་གྲྭ་ས་འདིའི་དགེ་འདུན་ཆོས་དོན་གཉེར་ཅན་རྣམས་ལ་ལམ་རིམ་ཆེན་མོའི་བཤད་ལུང་ཞིག་མཛོད་ཅེས་བཀས་བསྐུལ་ཏེ་བླ་མ་རིན་པོ་ཆེ་འདིས་བདེ་ལེགས་ཁང་གསར་དུ་དགེ་འདུན་ལྔ་བརྒྱ་སྐོར་ལ་ལམ་རིམ་གྱི་ཁྲིད་དང་། ལམ་རིམ་ཆེན་མོའི་བཤད་ལུང་རྒྱས་པ་ཞིག་མཛད། དེ་ནས་སྟར་ཐང་དུ་ཕེབས་སྟར་ཐང་གི་དགེ་འདུན་རྣམས་ལའང་ཆོས་ཀྱི་བདུད་རྩི་སྩལ་ཞིང་སྟར་ཐང་གི་འདུ་ཁང་ཆེན་མོར་གློ་བུར་དུ་ཀ་བ་ཞིག་གི་མདུན་དུ་དམ་བཅའ་འཛོག་མཁན་གཞན་ཞིག་ཡོད་པ་ལྟར་དུ་བཞེངས་ཏེ་བགྲོ་གླེང་གཏོང་བར་མཛད། འཁོར་གསུམ་བསྐོར་ཞིང་ལུང་རིགས་ཀྱི་ང་རོ་ཆེས་ཆེར་བསྒྲགས་ཏེ་ཐལ་སྐད་ཀྱང་ཆེས་ཆེར་འདོན་པར་མཛད། དེར་འཁོད་པའི་སྐྱེ་(༢༨༢བ)བོ་རྣམས་ནི་ངོ་མཚར་ཞིང་རྩེད་མོའི་འདུ་ཤེས་ཀྱིས་གད་མོ་བྱེད་པ་ལས་རྒྱུ་མཚན་གཞན་གང་ཡང་མ་བསམས། དུས་ཕྱིས་པཎ་ཆེན་ཐམས་ཅད་མཁྱེན་པ་རྗེ་བཙུན་བློ་བཟང་དཔལ་ལྡན་ཡེ་ཤེས་ཀྱིས་བླ་མ་རིན་པོ་ཆེས་སྔ་སོར་སྟར་ཐང་དུ་ཕེབས་དུས་དེ་འདྲ་མཛད་འདུག་པ་དེ་ཅི་ཡིན་ཞུས་པས་བླ་མ་རིན་པོ་ཆེ་འདི་པའི་ཞལ་ནས་དེ་དུས་འདུལ་བ་འཛིན་པའི་ཉམས་ཤིག་ཤར་ནས་དེ་ལྟར་བྱས་པ་ཡིན་གསུངས་བྱུང་ཞེས་པཎ་ཆེན་ཐམས་ཅད་མཁྱེན་པ་ཆེན་པོའི་ཞལ་ལས་བདག་གིས་དངོས་སུ་ཐོས་སོ། །

དེ་ཡང་བླ་མ་རིན་པོ་ཆེ་འདི་པ་ལ་བཀྲ་ཤིས་ལྷུན་པོའི་དགེ་འདུན་རྣམས་ལྷག་པར་དད་ཞེན་ཆེ་བ་ཞིག་བྱེད་པ་དེ་ལ་འགའ་ཞིག་གིས་འདི་ཅི་ཡིན་སྙམ་དུ་བརྟགས་པ་ན། དགེ་བའི་བཤེས་གཉེན་འགའ་ཞིག་གིས་བླ་མ་རིན་པོ་ཆེ་འདི་འདུལ་འཛིན་བློ་གྲོས་སྦྲས་པ་དང་ཐུགས་རྒྱུད་གཅིག་ཅིང་འདུལ་འཛིན་བློ་གྲོས་སྦྲས་པ་ནི་རྗེ་དགེ་འདུན་

གྲུབ་ཀྱི་ སྲས་ཀྱི་ ཐུ་བོ་ བཀྲ་ཤིས་ལྷུན་པོའི་ དགོན་གནས་ཐོག་མར་འདེབས་པ་དང་། དགོན་གནས་བཏབ་ནས་དགེ་ འདུན་གྱི་སྡེ་སྐྱོང་བ་དང་། རྗེ་དགེ་འདུན་གྲུབ་ཞིང་གཤེགས་ནས་ཀུང་དགོངས་རྫོགས་དང་དགེ་འདུན་གྱི་སྡེ་མི་ཉམས་པར་སྐྱོང་བའི་ཞལ་བཀོད་མཛད་པ་སོགས་དགོན་གནས་འདི་ལ་བཀའ་དྲིན་བླ་(༢༨༣ན)མེད་དུ་ཆེ་བ་ཞིག་ཡིན་པས་དགོན་གནས་འདིའི་གྲྭ་པ་རྣམས་པཎ་ཆེན་ཐམས་ཅད་མཁྱེན་པ་མ་གཏོགས་གཞན་སུ་བྱུང་ལ་མགོ་མི་གཏོང་པ་ཞིག་ཡིན་པ་ལ་བླ་མ་རིན་པོ་ཆེ་འདི་པ་ལ་དད་གུས་ལྷག་པར་ཆེ་བ་འདི་དེའི་རྟེན་འབྲེལ་གྱི་ཡིན་ཞེས་གླེང་བ་བྱུང་སྟེ། དེ་ནི་འདི་ལྟར་དོན་ལ་གནས་སམ་སྙམ་སྟེ། བླ་མ་རིན་པོ་ཆེ་འདི་ཉིད་ཀྱིས་པཎ་ཆེན་ཐམས་ཅད་མཁྱེན་པ་ལ་དེ་ལྟར་གསུངས་པ་དང་། དུས་རྒྱུན་དུའང་བྱང་སེམས་འདུལ་དཀར་བས་འདི་ལྟར་མཛད་ཅེས་འདུལ་འཛིན་བློ་གྲོས་སྨྲས་པའི་མཛད་པ་རྣམས་ཐུགས་རྒྱུས་ཤིན་ཏུ་ཞིབ་པ་ཞིག་ཡོད་པ་ལྟར་གསུང་བ་ཡང་དང་ཡང་དུ་ཐོས་སོ། །

དེ་ནས་དགུང་ལོ་ལྔ་བཅུ་ང་གཉིས་སུ་ཕེབས་པ་ཆུ་མོ་གླང་གི་ལོ་མི་དབང་བསོད་ནམས་སྟོབས་རྒྱས་ཀྱིས་བླ་མ་དོན་ཡོད་མཁས་གྲུབ་ལ་ལམ་རིམ་ཆེན་མོའི་བཤད་ལུང་གི་གསོལ་བ་བཏབ་སྟེ་ལྷ་ལྡན་རྒྱུད་ཁང་ལྟུང་ལོ་ཅན་དུ་ཕྱོགས་འདུས་ཀྱི་དགེ་འདུན་བརྒྱད་བརྒྱ་སྐོར་ལ་ལམ་རིམ་ཆེན་མོའི་བཤད་ལུང་གནང་བའི་ཚེ་བླ་མ་དོན་ཡོད་མཁས་གྲུབ་རིན་པོ་ཆེས་ཀྱང་ཡོལ་ནས་ཉི་ཀྲས་ཀྱི་བར་ལ་ལམ་རིམ་ཆེན་མོའི་བཤད་ལུང་གནང་། དེ་སྐབས་བླ་མ་རིན་པོ་ཆེ་འདི་པའང་ཕེབས་ནས་སྔ་དྲོའི་ཆ་ལ་བླ་མ་རིན་པོ་ཆེ་འདི་པས་སྨྲི་རྡུར་ལམ་རིམ་བདེ་ལམ་གྱི་ཁྲིད་དང་། ཞལ་ལུང་གི་ཁྲིད་དང་། བློ་སྦྱོང་གི་ཁྲིད་སོགས་བླ་མ་མཁས་གྲུབ་རིན་པོ་ཆེའི་བཤད་ལུང་མ་རྫོགས་ཀྱི་བར་སྔ་དྲོའི་ཆར་ཆོས་བཀའ་རྒྱ་ཆེར་སྩལ། (༢༨༣བ)དེ་ནས་བླ་མ་རིན་པོ་ཆེ་འདི་པ་དགུང་ལོ་ལྔ་བཅུ་ང་གསུམ་དུ་ཕེབས་པ་ཤིང་ཕོ་སྟག་གི་ལོ་གཙང་དུ་ཕེབས་ཏེ་པཎ་ཆེན་ཐམས་ཅད་

མཁྱེན་པ་རྗེ་བཙུན་བློ་བཟང་ཡེ་ཤེས་ལ་བརྟན་བཞུགས་འབུལ་བར་མཛད། དེའི་ཚེ་
པཎ་ཆེན་ཐམས་ཅད་མཁྱེན་པ་ཆེན་པོས་བླ་མ་རིན་པོ་ཆེ་འདི་པ་ལ་ཁྱེད་རང་ལ་འདི་
ཁའི་དགེ་འདུན་རྣམས་དད་མོས་ཆེ་བར་འདུག་པས་ལམ་རིམ་གྱི་ཁྲིད་ཅིག་གནང་བར་
མཛོད། ཆོས་མཐོ་མཐོ་ཟབ་ཟབ་མང་པོ་ལས་གདུལ་བྱ་བློ་མཐོ་དམའ་ཐམས་ཅད་ལ་
ཆོས་ལམ་རིམ་འདི་རང་ཕན་ཆེ་ཞེས་བཀའ་སྩལ། བླ་མ་རིན་པོ་ཆེས་ཀྱང་པཎ་ཆེན་
ཐམས་ཅད་མཁྱེན་པའི་བཀའ་བཞིན་ཟླ་བ་དྲུག་པའི་ཚེས་བཞི་ནས་བདུན་པའི་ཚེས་
བཞིའི་བར་ཟླ་བ་གཅིག་གི་རིང་བདག་ཅག་དད་ལྡན་ལྔ་བརྒྱ་སྐོར་ལ་ལམ་རིམ་བདེ་
ལམ་གྱི་ཁྲིད་རྒྱས་པ་དང་། དེ་ནས་ལམ་རིམ་ཆེན་མོའི་བཤད་ལུང་དང་དགའ་ལྡན་ལྔ་
བརྒྱ་མའི་ཁྲིད་སོགས་ཆོས་མང་དུ་སྩལ་ཅིང་གཞུང་ལུགས་ལ་སྦྱོང་བའི་བློ་གསར་བ་
རྣམས་ལ་རྗེ་བཙུན་སྒྲོལ་མའི་རྗེས་གནང་ཞིག་དགྱེས་བཞིན་སྩལ། ལམ་ཁྲིད་གྲུབ་
པའི་སེམས་བསྐྱེད་མཆོད་པའི་ཉིན་དགེ་འདུན་ཉིས་སྟོང་ཙམ་ཚོགས་ཏེ་སྟེང་འོག་བར་
གསུམ་ཐམས་ཅད་དགེ་འདུན་གྱིས་གང་བས་སེམས་བསྐྱེད་རྒྱས་པ་གནང་བར་མེ་ཏོག་
གི་ཆར་ཆེན་པོ་བབས་པ་སོགས་ངོ་མཚར་བའི་ལྟས་བསམ་གྱིས་མི་ཁྱབ་པ་བྱུང་། དེའི་
ཚེ་དོན་གཉེར་ཅན་འགའ་ཞིག་གིས་བླ་མ་མཆོད་པའི་ཁྲིད་ཅིག་ཞུས་པ་ན་དབང་ཆེན་
ཐོབ་པ་རྣམས་ལ་གནང་རྩིས་ཀྱིས་ཚོམས་ཆེན་དུ་གྲ་བསྒྲིགས་ཀྱང་དགེ་(༢༨༩ན)འདུན་
ཐམས་ཅད་འུར་ཡངས་ཀྱིས་བཀག་མ་ཐུབ་པར་བདེ་ལེགས་ཁང་གསང་གི་ཕྱིའི་ཁྱམས་
གང་བ་ན་བླ་མ་རིན་པོ་ཆེའི་བཞུགས་གདན་ཡང་རབ་གསལ་ནས་ཕྱིར་འཕངས་ཏེ་
ཕྱིའི་ཁྱམས་སུ་བཞུགས་ཁྲི་བཤམས་ནས་བླ་མ་མཆོད་པའི་ཁྲིད་གནང་། དེའི་ཚེ་འདི་
ལྟར་གསུང་སྟེ་བླ་མ་མཆོད་པ་བདེ་སྟོང་དབྱེར་མེད་མ་འདི་ནི་སྤྱིར་མདོ་སྔགས་གཉིས་
ཀའི་ལམ་གྱི་གནད་ཚང་བ་དང་། ལྷག་པར་བླ་མེད་ཀྱི་བསྐྱེད་རྫོགས་གཉིས་ཀའི་ལམ་
གྱི་གནད་ཚང་བ་ཡིན་པས་སྔགས་ཀྱི་དབང་ཆེན་མ་ཐོབ་པ་ལ་བཤད་མི་རུང་ཡང་ཁྱེད་

ཅག་དགེ་འདུན་རྣམས་འདི་ཙམ་གྱི་དད་པ་ཆེ་བ་མཛད་ན་ངས་བླ་མ་མཆོད་པའི་ཕྱིན་ལེགས་པར་བཏང་། ཕྱིན་རྣམས་ལ་ཕན་ཐོགས་ན་ང་སྡོད་མིན་ལ་གསང་བ་བཤད་པས་དམྱལ་བར་ཤོར་ཡང་བཟོད་གསུང་སྐད། ཚུལ་འདི་ནི་ཐུགས་བྱང་ཆུབ་སེམས་ཀྱི་དབང་དུ་གྱུར་པའི་རྣམ་ཐར་ཡིན་པས་ཤིན་ཏུ་ངོ་མཚར་རོ། །རང་གི་དོན་དུ་ཐར་པའི་བདེ་བའང་མི་བཞེད་ལ། སེམས་ཅན་གྱི་དོན་དུ་འགྱུར་ན་དམྱལ་བའི་མེ་ནང་དུའང་འཇུག་པར་སྤྲོ་བ་ནི་རྒྱལ་སྲས་བདག་ཉིད་ཆེན་པོའི་སྙིང་སྟོབས་བླ་ན་མེད་པ་སྟེ། ཚུལ་འདིས་བླ་མ་རིན་པོ་ཆེའི་ཐུགས་རྒྱུད་ལ་བྱམས་སྙིང་རྗེ་བྱང་ཆུབ་ཀྱི་སེམས་རླབས་པོ་ཆེ་བློ་ཆུང་རྣམས་ཀྱིས་རྗེས་སུ་ཡི་རང་ཙམ་ཡང་བྱ་བར་དཀའ་བ་ཡོད་པ་འབྲས་བུའི་རྟགས་ཀྱིས་ཤེས་པར་བྱས་པ་རྒྱལ་བ་དགྱེས་པའི་ལམ་ལ་སློབ་པར་འདོད་པ་རྣམས་ཀྱིས་བླ་མ་རིན་པོ་ཆེ་འདིའི་མཛད་པ་བཟང་པོ་(༢༨༩བ)འདི་དག་ལ་སྙིང་ནས་མོས་པར་བྱའོ། །

དེ་ནས་དབུས་སུ་ཕེབས་ཏེ་སྔར་རྒྱུན་ལྟར་ཕུར་བུ་ལྕོག་ཏུ་དབྱར་དགུན་གཉིས་སྐུ་མཚམས་དང་སྟོན་དཔྱིད་གཉིས་སུ་སྐལ་བ་དང་ལྡན་པ་བགྲང་བ་ལས་འདས་པ་ལ་རྒྱལ་བ་ཀུན་གྱི་བགྲོད་པ་གཅིག་པའི་ལམ་པོ་ཆེ་བྱང་ཆུབ་ལམ་གྱི་རིམ་པ་རྒྱ་ཆེར་སྤེལ་བར་མཛད་དོ། །དེ་སྐབས་བོད་ཀྱི་སྲིད་སྐྱོང་མིའི་དབང་པོས་བླ་མ་རིན་པོ་ཆེ་འདི་པ་གངས་ཅན་མཁས་པ་ཀུན་གྱི་གཙུག་རྒྱན་དུ་གྱུར་པ་ཡིན་གཤིས་དགའ་ལྡན་གྱི་གསེར་ཁྲིར་ཕེབས་དགོས་སོ་ཞེས་ཞུ་བ་མཛད་ཀྱང་བླ་མ་རིན་པོ་ཆེ་འདི་པ་ནི་ཆེན་པོའི་གོ་ས་གཏན་ནས་མི་བཞེད་པས་ཞལ་གྱིས་བཞེས་པར་མ་མཛད། དེར་མ་ཟད་ཕྱོགས་མཐའ་དག་ནས་དད་ལྡན་རྣམས་ཞབས་དྲུང་དུ་འདུ་བས་འཕྲུལ་གྱི་གསོལ་ཆོས་ཀྱི་ཐེབས་རེ་བཞེས་ན་ཞེས་ཞུ་བ་མང་དུ་བྱུང་ཡང་གང་ཡང་བཞེས་པར་མ་མཛད་ཅིང་། སྐུ་ཚེ་རིལ་པོར་བཀའ་གདམས་སྐུ་མཆེད་གསུམ་རྒྱལ་བ་དབེན་ས་པ་ཆེན་པོ་སོགས་སྔོན་བྱོན་དམ་

པའི་རྣམ་ཐར་སྐྱོང་བའི་བཞེད་པ་ལས་ཞིང་རོལ་གང་ཡང་འདེབས་པར་མི་མཛད་ཅིང་། དབུལ་སྐར་མ་གང་དང་སྨན་རྩེ་ཁ་གང་ཡན་ཆད་ཀྱི་ཚོང་དང་བུན་སྐྱོང་སོགས་མཛད་པ་བདག་ཅག་དངོས་ཀྱི་གདུལ་བྱ་སུས་ཀྱང་མཐོང་བ་མེད་ཅིང་དད་པ་ཅན་གྱིས་ཕུལ་བའི་རྫས་གང་བྱུང་ཐམས་ཅད་ཆུད་མ་ཟོས་པར་དཀོན་མཆོག་གི་མཆོད་པ་དང་དགེ་འདུན་གྱི་བསྙེན་བཀུར་སྐུ་གསུང་ཐུགས་རྟེན་བཞེངས་པ་སོགས་དགེ་ཕྱོགས་ཁོ་ནར་གཏོང་བར་མཛད། དེ་ནས་པཎ་ཆེན་ཐམས་ཅད་མཁྱེན་པ་རྗེ་བཙུན་བློ་བཟང་ཡེ་ཤེས་ཞིང་(༢༨༥ན)གཤེགས་ནས་མཆོག་གི་སྤྲུལ་སྐུ་ཕེབས་པ་ན་པཎ་ཆེན་མཆོག་གི་སྤྲུལ་པའི་སྐུའི་མཛལ་ཁར་བཀྲ་ཤིས་ལྷུན་པོར་ཕེབས་ཤིང་། དེ་དུས་ཀྱང་བཀྲ་ཤིས་ལྷུན་པོའི་དགེ་འདུན་རྣམས་ལ་བློ་སྦྱོང་དོན་བདུན་མའི་ཁྲིད་རྒྱས་པ་སོགས་ཆོས་མང་དུ་སྩལ། བླ་བྲང་ནས་གསོལ་བ་བཏབ་སྟེ་པཎ་ཆེན་མཆོག་གི་སྤྲུལ་པའི་སྐུ་ལ་ཚེ་དཔག་དང་བྱབས་བསྲུང་འཇིགས་བྱེད་བདུད་ལས་རྣམ་རྒྱལ་གྱི་དབང་ཆེན་སོགས་ཆོས་མང་དུ་འབུལ་བར་མཛད། རྒྱལ་དབང་ཐམས་ཅད་མཁྱེན་པ་རྗེ་བཙུན་བློ་བཟང་བསྐལ་བཟང་རྒྱ་མཚོས་ཀྱང་བླ་མ་རིན་པོ་ཆེ་འདི་པ་མཛལ་ཁར་ཕེབས་རེས་ཀྱིས་གསོལ་ཚིགས་ལྷན་དུ་གནང་ཞིང་། མདོ་སྔགས་ཀྱི་དཀའ་གནད་ལས་བརྩམས་པའི་དྲི་གཏུགས་རྒྱ་ཆེར་མཛད། ཞལ་ནས་ཀྱང་ངས་བླ་མ་ལ་མཇལ་ཕུལ་ནས་ཆོས་ཞུ་བ་མ་བྱུང་ཡང་མདོ་སྔགས་ཀྱི་དཀའ་གནད་རྣམས་ལ་དྲི་བ་ཞུས་བླ་མས་ཀྱང་སྦྲ་གསང་མེད་པར་ལྷུག་པར་གསུང་བར་མཛད་པས་སེམས་ལ་ཕན་ཐོགས་ཤིན་ཏུ་ཆེ་བ་བྱུང་བས་དོན་གྱིས་ཆོས་ཞུས་པ་དང་ཁྱད་མེད་ཅེས་དག་སྣང་གི་གཟིགས་པ་བླ་མེད་མཛད། སྟོན་དཔྱིད་ཀྱི་ཆོས་རྣམས་ལའང་བསྙེན་བཀུར་དང་སེམས་བསྐྱེད་མཆོད་པའི་དུས་བརྟན་བཞུགས་དངོས་འབུལ་རྣམས་ཀྱང་གོང་འཕེལ་ཁོ་ནར་མཛད་ཅིང་གོང་ས་མཆོག་ཉིད་ཀྱི་གསོལ་ཞིབ་ཀྱི་རྒྱུ་ཕུབ་དཀར་གྱི་གྲས་ནས་ལོ་ལྟར་ཞིབ་རྒྱུ་འདེང་ངེས་གནང་། (༢༨༥བ)བླ་མ་རིན་

པོ་ཆེ་འདི་པས་ཀུང་རྒྱལ་བ་མཆོག་གི་ཞབས་དྲུང་དུ་ཡང་ཡང་ཕེབས་ནས་མཇལ་ཕྱལ་ཏེ་ཐུགས་རྗེ་བསྐུལ་བའི་གསོལ་འདེབས་ནར་མར་མཛད། རྒྱལ་བ་ཐམས་ཅད་མཁྱེན་པ་རྗེ་བཙུན་བློ་བཟང་བསྐལ་བཟང་རྒྱ་མཚོ་ཤིང་ཁྱི་ལོ་རྒྱལ་ལ་ཕེབས་ཞོར་སེ་རར་ཕེབས་སྐབས་བླ་མ་རིན་པོ་ཆེ་འདི་པས་རྒྱལ་བ་མཆོག་ལ་སེ་རའི་དགེ་འདུན་རྣམས་ཀྱིས་གཙོས་ཕྱོགས་འདུས་ཀྱི་དད་ལྡན་མང་པོར་གནས་བརྟུའི་རྗེས་གནང་ཞུ་བར་མཛད། དེ་ལ་བླ་མ་རིན་པོ་ཆེ་འདི་པ་དགུང་ལོ་དོན་གསུམ་དུ་ཕེབས་པའི་དགུང་གག་ཡིན་ཡང་སྐུ་ཁམས་ཤིན་ཏུ་དངས་ཤིང་། གདུལ་བྱ་སོ་སོའི་ཁམས་དང་བསམ་པ་དང་འཚམ་པའི་ཟབ་ཆོས་མང་དུ་སྩལ། ཟླ་བ་བརྒྱད་པའི་ནང་དུ་བདག་གིས་ཡུན་རིང་པོ་ནས་གསོལ་བ་བཏབ་པ་ལྟར་བཀའ་གདམས་བསྟན་པའི་སྙིང་པོ་ཇོ་བོ་ཡབ་སྲས་ཀྱི་གསང་ཆོས་ཐིག་ལེ་བཅུ་དྲུག་གི་དབང་རྒྱས་པ་ཞིག་སྩལ། དེའི་ཚེ་རང་རྒྱུད་བསྐུལ་འདེབས་དད་པའི་ལྗོན་ཤིང་ཡོངས་རྫོགས་ཐུགས་ཐོག་ནས་བཏོན་ཏེ་སྐྱེས་བུ་གསུམ་གྱི་ལམ་རིམ་དང་སྦྱར་ནས་རྒྱས་པར་སྩལ་ཅིང་དབང་དངོས་གཞིའི་སྐབས་འཁྲིམ་རིན་པོ་ཆེའི་སྔོན་གྱི་འཁྲུངས་རབས་བཀའ་གདམས་གླེགས་བམ་ལས་ཇི་ལྟར་འབྱུང་བ་ལྟར་ཞིབ་ཏུ་གསུངས་ཤིང་། འཁྲུངས་རབས་དེ་དང་དེའི་མཛད་པ་བཟང་པོ་རྣམས་གདུལ་བྱའི་ཉམས་ལེན་དང་སྦྱར་ཏེ་ཆེས་ཞིབ་པར་སྟོན་པར་མཛད་པས་བཀའ་གདམས་བསྟན་པའི་སྙིང་པོ་གཞི་ནས་གསོ་བ་ལྟ་བུར་མཛད། སྟོན་ཆོས་བདེ་ལམ་གྱི་ཁྲིད་ཀྱང་སྔར་རྒྱུན་ལྟར་(༢༨༨ན)སྩལ་ཞིང་། གོང་པོ་མཁན་ཆེན་སྐུ་སྐྱེ་དང་བདག་ཅག་སོགས་དད་ལྡན་མང་པོར་བླ་མ་རིན་པོ་ཆེ་ཉིད་ཀྱི་གསུང་བཀའ་རྒྱ་མའི་གྲས་བདེ་གསང་འཇིགས་གསུམ་གྱི་བསྐྱེད་རྫོགས་རྣམས་དང་སྟོན་ཚད་ལུང་གནང་མ་གྲུབ་པའི་གསུང་རྩོམ་ཐོར་བུ་རྣམས་ཀྱི་ལུང་དགྱེས་བཞིན་དུ་སྩལ། གཟིམ་ཆུང་དུ་སྐལ་ལྡན་ཉུང་ཤས་ལ་དཔལ་རྡོ་རྗེ་འཇིགས་བྱེད་ལྷ་བཅུ་གསུམ་མའི་དབང་ཐུགས་ཀྱི་ཟབ་བཤད་རྒྱས་པ་

བཅས་སྨྲུལ། དེ་སྐབས་མནལ་ལམ་ཞིག་ལ་པཎ་ཆེན་མཆོག་གི་སྤྲུལ་པའི་སྐུ་ལ། བདེ་ལམ་གྱི་ཁྲིད་ཅིག་འབུལ་བའི་མཚན་ལྟས་བྱུང་གསུང་སྟེ་དེ་ནི་མ་འོངས་པའི་འབྱུང་འགྱུར་མཁྱེན་པར་ངེས་སོ། །

དེ་ནས་རྒྱལ་བ་ཐམས་ཅད་མཁྱེན་པ་རྗེ་བཙུན་བློ་བཟང་བསྐལ་བཟང་རྒྱ་མཚོ་ཞིང་བརྗེས་ནས་པཎ་ཆེན་མཆོག་གི་སྤྲུལ་པའི་སྐུ་རྗེ་བཙུན་བློ་བཟང་དཔལ་ལྡན་ཡེ་ཤེས་ཀྱིས་རྒྱལ་བ་མཆོག་ལ་ཞུ་མ་ཐུབ་པའི་མདོ་སྔགས་ཀྱི་ཆོས་བཀའ་རྣམས་གསན་ཕྱིར་བླ་མ་རིན་པོ་ཆེ་འདི་པ་སྤྱན་དྲངས་ཏེ་བྱང་ཆུབ་ལམ་གྱི་རིམ་པའི་ཁྲིད་དང་ལམ་རིམ་ཆེན་མོའི་བཤད་ལུང་དང་གསང་བདེ་འཇིགས་གསུམ་གྱི་བསྐྱེད་རྫོགས་ཀྱི་མན་ངག་རྣམས་དང་འགྲེལ་པ་བཞི་སྦྲགས། བདེ་མཆོག་ལཱུ་དྲིལ་གཉིས་ཀའི་དབང་དང་ཁྲིད་བཅས་ཞུ་བར་མཛད། བླ་མ་རིན་པོ་ཆེ་འདི་པས་ཀྱང་མཛེས་ཆོས་སུ་མ་སོང་བར་ལམ་རིམ་གྱི་ཁྲིད་དམིགས་རྣམས་འཛིན་ཆོས་སུ་མཛད་ཅིང་བཤད་ལུང་གི་སྐབས་རང་དང་གཞན་གྱི་གྲུབ་པའི་མཐའ་རྒྱ་མཚོ་ལྟ་བུ་ལ་(༢༨༨བ)དྲི་མ་མེད་པའི་རིགས་པས་མཐའ་དཔྱད་དེ་མཐའ་དག་པར་སྟོན་པར་མཛད་པས་པཎ་ཆེན་མཆོག་གི་སྤྲུལ་པའི་སྐུ་ཉིད་བློ་ཐུར་དུ་མཁྱེན་རབ་གློང་བརྗོད་པའི་ཚུལ་བཞེས་ཏེ། འཆད་རྩོད་རྩོམ་གསུམ་གང་གི་ཐད་ལའང་ཐོགས་པ་མེད་པ་མཁས་གྲུབ་སྨྲ་བའི་ཉི་མ་སླར་ཡང་འཇིག་རྟེན་འདིར་བྱོན་པ་ཇི་ལྟ་བར་གྱུར་པ་ན་བླ་མ་རིན་པོ་ཆེ་འདི་པས་པཎ་ཆེན་ཐམས་ཅད་མཁྱེན་པ་འདུས་པ་རྒྱ་མཚོའི་ཚོགས་དབུར་སྤྱན་དྲངས་ཏེ་མཆོད་སྤྲིན་ཚད་མེད་པས་མཆོད་ཅིང་པཎ་ཆེན་དབེན་ས་པ་ཡབ་སྲས་ཀྱི་རྣམ་ཐར་རྒྱས་པར་གསུངས་ནས་ད་ནི་པཎ་ཆེན་བསྟན་པའི་བདག་པོ་ཁྱེད་འཇིག་རྟེན་དུ་ཉི་མ་ཤར་བ་ལྟར་བསྟན་པ་ཡོངས་རྫོགས་ལ་མཁས་ཤིང་འཆད་རྩོད་རྩོམ་གསུམ་ལ་ཐོགས་པ་མེད་པར་གྱུར། འཛམ་མགོན་བསྟན་པའི་སྙིང་པོ་འདི་ལས་ཕྱི་རོལ་ཏུ་གཞན་གྱིས་དཀྲི་བར་མི་ནུས་པའི་

གདེང་ཐོབ་པར་མཛད་པ་འདི་ལྟ་བུ་བྱུང་བས་རྣན་པོ་ཤེ་ཡང་བློ་བདེ་ཞེས་གསུང་བར་མཛད། དེ་ནས་པཎ་ཆེན་ཐམས་ཅད་མཁྱེན་པས་བཀྲ་ཤིས་ལྷུན་པོ་རང་དུ་རེ་ཤིག་བཞུགས་དགོས་པར་གསོལ་བ་བཏབ་ཀྱང་ལོ་ལྟར་སྟོན་དཔྱིད་གཉིས་སུ་ཕུར་བུ་ལྕོག་གི་ཆོས་གྲྭ་ཆེན་མོར་ལམ་རིམ་གྱི་ཁྲིད་འཆག་མེད་མཛད་པ་དེ་སྐུ་ཚེ་འདིའི་མཛད་པའི་གཙོ་བོ་ཡིན་པས་ཇི་སྲིད་འཚོའི་བར་དུ་མ་འཆག་པར་མཛད་བཞེད་པ་དང་། ཉེ་ཆར་དབང་ཕྱོགས་བསྟན་པའི་སྒྲོན་མེ་རྗེ་ལྕང་སྐྱ་རིན་པོ་ཆེ་དབུས་སུ་ཕེབས་ཉེ་བས་བདག་ཉིད་ཆེན་པོ་གཉིས་ཞལ་འཛོམ་ནས་བསྟན་པའི་གནད་ལས་བརྩམས་པའི་བཀའ་བགྲོ་བར་(༢༨༧ན)བཞེད་པས་ཡུན་རིང་བཞུགས་པ་ཞལ་གྱིས་མ་བཞེས་པར་དབུས་ཕྱོགས་སུ་ཕེབས་རྗེ་ལྕང་སྐྱ་རིན་པོ་ཆེ་དང་ཞལ་འཛོམ། གངས་རིའི་ཁྲོད་འདིར་རྒྱུད་སྡེ་བཞིའི་ནང་ནས་སྤྱོད་རྒྱུད་རྣམ་སྣང་མངོན་བྱང་གི་དབང་རྒྱུན་ཆད་དུ་ཉེ་བ་རྗེ་ལྕང་སྐྱ་རིན་པོ་ཆེ་ལ་དེའི་རྒྱུན་བཞུགས་པས་གསོལ་བ་བཏབ་ནས་དེའི་དབང་གསན་པར་མཛད། རྗེ་ལྕང་སྐྱ་རིན་པོ་ཆེས་ཀྱང་བླ་མ་རིན་པོ་ཆེ་འདི་ལ་མཁས་གྲུབ་རིན་པོ་ཆེ་ནས་བརྒྱུད་པའི་ཀྱཻ་རྡོར་ལྷ་དགུའི་དབང་རྒྱུན་ཡོད་པར་མཁྱེན་ནས་དེའི་དབང་ཞུ་བར་མཛད།

དེ་ལྟར་འཇམ་མགོན་བསྟན་པའི་སྲོག་ཤིང་རྣམ་པ་གཉིས་པོ་འདི་ཕན་ཚུན་ཡིད་ཆེས་དད་པ་ཐོབ་ནས་ཐུགས་ཡིད་གཅིག་ཏུ་འདྲེས། དེ་ནས་བླ་མ་རིན་པོ་ཆེ་འདི་པས་ཕུར་བུ་ལྕོག་ཏུ་བཤད་སྒྲུབ་བསྟན་པའི་རྒྱལ་མཚན་བསྒྲེངས་ཤིང་། ཆོས་ཀྱི་ཧ་བོ་ཆེ་བརྒྱུད་མར་བརྡུངས། འཇིག་རྟེན་ཀུན་གྱི་རྨོངས་པའི་མུན་པ་སེལ་བའི་ཆོས་ཀྱི་སྒྲོན་མེ་རྒྱུན་དུ་སྦར། སྙིགས་མའི་འགྲོ་བ་ཉམ་ཐག་ཡོངས་ལ་དུག་གསུམ་གྱི་ནད་སེལ་བའི་ཆོས་ཀྱི་སྨན་སྦྱིན་རྒྱུན་མ་ཆད་པར་མཛད། ཡིད་སྨྲུབས་བདག་པོ་དཔྱུད་དང་བཅས་པས་གཡོ་བར་མི་ནུས་པར་འཇམ་མགོན་བསྟན་པའི་སྲོག་ཤིང་བཙུགས། རྒྱལ་བ་སྲས་བཅས་ཀུན་གྱི་མཛད་པ་གང་གི་སྙིང་སྟོབས་ལྷག་བསམ་ཆེན་པོས་ཁྱེར་ནས་འཇམ་

མགོན་བསྟན་པའི་སྙིང་པོ་འཛིན་པ་ལ་ནམ་ཡང་གཡོ་བ་མེད་པར་བཞུགས། དེ་ནས་བླ་མ་རིན་པོ་ཆེ་འདི་པ་དགུང་ལོ་བརྒྱད་ཙམ་ཕེབས་པ་ལྕགས་མོ་སྦྲུལ་གྱི་ལོ་པཎ་ཆེན་ཐམས་(༢༨༧བ)ཅད་མཁྱེན་པ་ཆེན་པོས་གཙང་དུ་སྤྱན་དྲངས་ནས་རིམ་ལྔ་གསལ་སྒྲོན་གྱི་གཟབས་བཤད་ཀྱི་དོན་དུ་གསོལ་བ་བཏབ། འཇམ་མགོན་བསྟན་པའི་སྙིང་པོ་འདི་གསན་པ་ལ་བླ་མ་རིན་པོ་ཆེ་འདི་སྐུ་དྲུངས་ཤིང་བར་ཆད་མི་འབྱུང་པ་ཞིག་གི་ཕྱིར་ཞབས་བརྟན་སྐུ་རིམ་རླབས་ཆེན་པོ་སྒྲུབ་པར་མཛད། བླ་མ་རིན་པོ་ཆེ་འདི་པས་ཀྱང་སྐུ་ན་ཕེབས་ཆེ་ཞིང་སྤྱན་མི་གསལ་ཙམ་ཡོད་ཀྱང་པཎ་ཆེན་ཐམས་ཅད་མཁྱེན་པ་འཇམ་མགོན་བསྟན་པའི་བདག་པོར་སོང་གཤིས་རྩོལ་བ་ཆེན་པོས་དགའ་བ་ཁྱད་དུ་བསད་ནས་རིམ་ལྔ་གསལ་སྒྲོན་གྱི་གཟབས་བཤད་རྒྱས་པར་གནང་།

དེ་ནས་པཎ་ཆེན་ཐམས་ཅད་མཁྱེན་པ་ཆེན་པོས་འཇམ་དཔལ་ཞལ་ལུང་གི་ཁྲིད་ཅིག་ཀྱང་གནང་དགོས་པར་གསོལ་བ་བཏབ། རྣམ་སྣང་མངོན་བྱང་གི་དབང་དང་། ཀྱཻ་རྡོར་ལྷ་དགུའི་དབང་ཞིག་ཀྱང་གནང་དགོས་པར་གསོལ་བ་བཏབ་ཅིང་། བླ་མ་རིན་པོ་ཆེ་སྐུ་ན་མཐོ་བས་བར་ཆད་བྱུང་དོགས་ནས་ཞབས་བརྟན་སྐུ་རིམ་རྒྱ་ཆེན་པོ་མཛད། བླ་མའི་སྐུ་ཚེ་སྤེལ་ཕྱིར་ཚེ་དཔག་མེད་ལྷ་དགུའི་དབང་ཞིག་ཀྱང་འབུལ་བར་མཛད་པས་བསྟན་པའི་བདག་པོ་གཉིས་ཀ་ཐུགས་བསྐྱེད་རླབས་ཆེ་བས་བར་ཆད་ཀྱི་མཚན་མ་མེད་པར་རྣམ་སྣང་མངོན་བྱང་གི་དབང་དང་། ཀྱཻ་རྡོར་ལྷ་དགུའི་དབང་གཉིས་ཀྱང་རྒྱས་པར་གནང་ཞིང་། དེ་ནས་འཇམ་དཔལ་ཞལ་ལུང་གི་ཁྲིད་ཆོས་ཐུན་བཅུ་བདུན་ལ་རྫོགས་པ་ཞིག་རྩེ་ཤག་དང་བཅས་རྒྱས་པར་གནང་། འཇམ་དཔལ་ཞལ་ལུང་གི་བཀའ་ཁྲིད་གྲུབ་པའི་སེམས་བསྐྱེད་ཚར་མ་ཐག་རྒྱལ་བ་ཐམས་ཅད་མཁྱེན་པའི་མཆོག་སྤྲུལ་(༢༨༨ན)ལྷ་རི་སྒང་དུ་འཁྲུལ་བྲལ་གསལ་དྲངས་སུ་ཕེབས་པ་འཇམ་དབྱངས་གོང་མ་བདག་པོ་ཆེན་པོས་ཆོས་འཛིན་གྱི་ལུང་ཕེབས་ནས་དེ་འཕྲུལ་བཀྲ་ཤིས་ལྷུན་པོར

གདན་དྲངས། བླ་མ་རིན་པོ་ཆེ་འདི་པས་ཀྱང་རྒྱལ་བ་ཐམས་ཅད་མཁྱེན་པ་ཞལ་མཇལ་ནས་དབུས་སུ་ཕེབས་ཏེ་སྟོན་དཔྱིད་ཀྱི་ལམ་ཁྲིད་སྔ་མ་བཞིན་གནང་། དེ་ནས་གོང་ས་མཆོག་གི་སྤྲུལ་སྐུ་རིན་པོ་ཆེ་དབུས་སུ་སྤྱན་དྲངས་ནས་སྐྱེ་ཐང་བདེ་བ་ཅན་དུ་བཞུགས་སྐབས་བླ་མ་རིན་པོ་ཆེ་འདི་པ་དང་། རྒྱུད་སྨད་མཁན་པོ་ངག་དབང་ཆོས་གྲགས་གཉིས་གོང་ས་མཆོག་གི་ཡོངས་འཛིན་དུ་གདན་དྲངས། བླ་མ་རིན་པོ་ཆེ་འདི་པ་སྐུ་ན་ཕེབས་ཆེ་བས་ཞབས་ཕྱི་འགྲུབ་རེ་མེད་ཀྱང་རྟེན་འབྲེལ་གྱི་ཁྱད་དགོས་བཞིན་ཞལ་གྱིས་བཞེས་ཏེ་སྐྱེ་ཐང་དུ་ཕེབས་ཏེ་ཁྲི་འདོན་མཛད། རྒྱལ་བ་མཆོག་ལ་སྤྱིར་སེམས་ཅན་ཐམས་ཅད་དང་། སྒོས་ཁ་བ་ཅན་པ་རྣམས་ཀྱི་མགོན་དུ་ཞབས་པད་བརྟན་ཅིང་ཐུགས་བསྐྱེད་རྒྱ་ཆེན་དགོས་པའི་གསོལ་འདེབས་མཛད་ནས་ལམ་སྒྲོན་གྱི་ལུང་དང་ཚེ་དབང་གདུགས་དཀར་སྒྲོལ་མ་འཇམ་དབྱངས་རྣམས་ཀྱི་རྗེས་གནང་འབུལ་བར་མཛད། དེ་ནས་ཞུར་བུ་ལྷོག་ཏུ་ཕེབས་ཏེ་དགུན་གྱི་རིང་བཅད་རྒྱུར་བཞུགས། དཔྱིད་ཆོས་སྔ་མ་ལྟར་ཚུགས་རྩིས་མཛད་པར་སྐུ་ན་ཕེབས་ཆེ་བའི་ཁར་ཆབ་ཀྱི་སྙུན་གཞི་ཞིག་ཀྱང་བཞེས་པས་ཞབས་འབྲིང་པ་རྣམས་ཀྱིས་འདི་ལོ་བཀའ་ཆོས་སྐུ་གཟུགས་ཀྱིས་ལྕོགས་རེ་མི་འདུག་པས་འཐེན་དགོས་ཞེས་གསོལ་བ་བཏབ་ཀྱང་གསན་དུ་མ་བཞེད་པར་ང་ཆོས་ཁྲིའི་ཐོག་ཏུ་ཤི་ན་བསམ་པ་རྫོགས་པ་ཡིན་གསུངས་ནས་ཆོས་བཙུགས། དེ་ནི་དུས་རྒྱུན་དུ་ཡང་དགེ་བའི་བཤེས་གཉེན་པོ་ཏོ་བ་ཆེན་པོ་ཞིང་གཤེགས་ཁར་ཆོས་ཁྲིའི་ཐོག་ཏུ་ཕེབས་ནས་དགེ་འདུན་ལ་ཞལ་བསྟན། ཆོས་གསུང་འགྲོ་ལ་སེམས་ཅན་མགོན་མེད་པ་རྣམས་ཀྱི་མགོན་དང་། སྐྱབས་མེད་པ་རྣམས་ཀྱི་སྐྱབས་དང་། འཕྲ་ས་མེད་པ་རྣམས་ཀྱི་འཕྲ་སར་ཤོག་གསུངས་ནས་ཐལ་མོ་ཤག་གི་ཕྱེ་ནས་ཞིང་གཤེགས་པ་ཡིན། ང་ཡང་དེ་འདྲ་ཞིག་ལ་སྨོན་ལམ་འདེབས། ཞེས་ཡང་ཡང་གསུང་གི་ཡོད། དེ་ནས་ཆོས་ཐུན་རེ་གཉིས་ཙམ་ལས་གནང་མ་ཐུབ། ཟླ་བ་བཞི་པའི་

ཆོས་བརྒྱད་ལ་སེམས་བསྐྱེད་ཀྱི་ཚོགས་དབུར་ཕེབས། ཆོས་བཅུ་བཞི་དང་བཅོ་ལྔ་ལ་སྐྱུང་གནས་ཀྱི་སྡོམ་པ་སྩལ། དེ་ནས་ཆབ་ཀྱི་སྟུན་གཞི་ཛེ་ཡོད་དུ་སོང་ནས་གསུང་གླེ་ཆེ་ཞིང་བཞེང་བཞུགས་དཀའ་ཙམ་བྱུང་ཡང་ཐུགས་བདེ་ཞིང་སྐྱོ་བའི་ཉམས་ཁོ་ན་མཛད། བསྟན་པ་རིན་པོ་ཆེའི་རྒྱུན་དང་སླད་ཀྱི་རྟེན་འབྲེལ་ལ་དགོངས་ནས་གསེར་སྦྱངས་པ་འབའ་ཞིག་ལས་གྲུབ་པའི་བཀའ་འགྱུར་རིན་པོ་ཆེ་བཞེང་བར་བཞེད་ནས། ཕྱག་ན་ཡོད་པའི་གསེར་རྣམས་ཀྱང་པཎྜི་ཏར་གནང་ནས་བཞེང་དགོས་པའི་བཀའ་དང་། དེ་ཡང་དུ་ལོ་རང་བྱེད་དགོས་ཕེབས་པར། ཁོང་ནས་ཀྱང་གུས་པ་ཆེན་པོས་བཀའ་སྒྲི་བོས་ནོས་ཏེ། མཐིང་ཤོག་བཟང་པོ་ལ་གསེར་སྦྱངས་འབའ་ཞིག་ལས་གྲུབ་པའི་པོད་བརྒྱ་དང་བཅུ་གཅིག་ཆ་ཚང་དང་། བྱང་ཆུབ་ལམ་གྱི་རིམ་པ་ཆེན་མོ་དང་། སྔགས་རིམ་ཆེན་མོ་(༢༧༩ན)གཉིས་པོད་རེ་བཅས་འཇིག་རྟེན་ཀུན་གྱི་མིག་གི་བདུད་རྩིར་སྤྲུངས་པ་ལྟ་བུ། དབུ་ཁང་དང་པོར་ཕན་ཚུན་དབུ་ལྟ་ཚོན་བྲིས་ལྡུགས་སྐོར་གྱི་དཀྱིལ་དུ་མུ་ཏིག་གི་ཕྲ་ལྡན་བཟང་གོས་གསེར་མ་སྤྲུས་ལེགས་ཀྱི་ཞལ་ཁེབས་ཉིས་བརྩེགས། གདོང་དར་གསུམ་བརྩེགས་མདོ་རྟགས་རྣམས་ཕར་ཕྱིན། གླེགས་ཤིང་མཚལ་གྱིས་བྱུགས་པ་ཡས་སྤྱང་གི་མཐོངས་ལ་རྟེན་འབྲེལ་སྙིང་པོ་དང་། གདོང་སྣེ་ཕན་ཚུན་དུ་གཟུངས་སྔགས་ལཀྵཱ་འབུར་དུ་ཡོད་པ་ལ་གསེར་ཤོག་དང་། དེ་ཕྱིན་ལ་གསེར་གྱི་མེ་ཏོག་རིམ་གྱིས་མཛེས་པ། གླེགས་ཐག་ཐད་མ་མཛོད་གོས་དུར་སྨྱིག་གིས་གཏུམས་པ། ཟངས་ཚ་གསེར་མའི་གླེགས་ཆབ་རྡོ་རྗེ་གཟུགས་རྐྱུས་མ་ཕྲ་ལྡན། ཆོས་ཁྲི་ཚོན་རྩི་གསེར་ཤོག་གིས་ཕྱུག་པ་བཅས་གསར་དུ་བསྐྲུན་པའི་རྒྱུར་གསེར་ཐུར་སྲང་བཞི་བརྒྱ་དང་གསུམ། བཟང་གོས་གསེར་མ་སྤྲུས་ལེགས་ཡུག་ཕྱེད་དང་ལྔ་དང་། མཛོད་གོས་དུར་སྨྱིག་ཡུག་ལྔ། གོས་ལིང་དང་ཆུ་རྩེ་འདྲེས་མ་ཡུག་ཉི་ཤུ། མུ་ཏིག་སྤྲུས་ལེགས་སྲན་མ་ཙམ་ཇོག་ཉིས་བརྒྱ་དང་ཉི་ཤུ་རྩ་དྲུག་རྣམས་ངོ་ཐོག་དང་། ཨེ་པ་དང་སྣེ་མོ་བའི་བྲིས་པ་

ལྷོ་གར་བ་བཞི་དང་བྱིངས་བྲིས་ཤོག་པ་བསྡོམས་མི་དགུ་བཅུ་གོ་བརྒྱད། དགེ་བཤེས་ཞུས་དག་པ་བརྒྱད། ལྷ་བྲིས་པ། ཤིང་རྐོས་པ། གསེར་དངུལ་བཟོ་པ། ཚེམ་བུ་པ་བཅས་བཟོ་ཕྲན་མི་ཉི་ཤུ་རྩ་གཅིག །ལག་གཡོག་མི་ཉི་ཤུ་རྩ་བདུན་བཅས་ཀྱི་ལས་རྒྱུན་རིང་གི་ཕོགས་དང་ཟུར་གསོས། སྒྲ་ཡོན་དང་། ལེགས་གནང་། འཛུགས་སྐྲང་གྲོལ་(༢༥༩བ)གསུམ་གྱི་སྟོན་མོ་གནང་ཆ་དང་། གཞུང་སར་གླེགས་ཤིང་དང་ཤོག་བུའི་རིན་ཕུལ་བ་བཅས་ལ་དངུལ་གྱི་མཧྲུལ་སྟེ་འདོགས་ཅན། ན་བཟའ་ཆ་འགྲིག །དངུལ་དང་གོས་ཆེན། ཕོ་མོའི་རྒྱན་གོས། ཧ་སྨ་འཁོར། དྲིལ། མཛོ་མོ། ཁ་བཏགས་ཆེ་ཆུང་སོགས་ཡང་ཏིག་དངུལ་རྐྱང་ཕོག་དངོས་པོའི་རི་གོང་བསྡན་པ་བཅས་ཁྲོན་དངུལ་སྲང་སུམ་སྟོང་བརྒྱད་བརྒྱ་དགུ་བཅུ་གོ་ལྔ་ཞོ་དོ་སྐར་ལྔ་བཅས་ཕུལ་ནས་བཀའ་འགྱུར་རིན་པོ་ཆེ་གསར་བཞེངས་སྨད་དུ་བྱུང་བ་གནང་། ལི་ཐང་གི་བཀའ་འགྱུར་མཚལ་པར་མ་དེ་ཤིན་ཏུ་དག་པ་ཡོད་འདུག་པས། དེ་ཡང་ཚར་གཅིག་བཞེངས་ཐུབ་པ་གྱིས་ཞེས་བཀའ་གནང་། ཉེ་གནས་རབ་འབྱམས་པས་ཀྱང་དེ་འཕྲལ་དུ་ལི་ཐང་དུ་པར་བརྒྱག་རྒྱུའི་བཀོད་པ་མཛད། དེ་སྐབས་གོང་ས་ལྷ་མིའི་འདྲེན་པ་མཆོག་ཕོ་བྲང་ཆེན་པོའི་གསེར་ཁྲི་ལ་མངའ་གསོལ་བའི་སྐབས་ཡིན་པས་པཎ་ཆེན་ཐམས་ཅད་མཁྱེན་པ་ཆེན་པོ་ཡང་དབུས་སུ་ཆིབས་ཁ་བསྐྱོད་ནས་ཕོ་བྲང་པོ་ཏ་ལར་བཞུགས་པའི་སྐབས་ཡིན་པས་བླ་མ་རིན་པོ་ཆེ་འདི་པའང་པཎ་ཆེན་ཐམས་ཅད་མཁྱེན་པ་ཆེན་པོ་མཇལ་བཞེད་ཆེ་བ་བྱུང་ཞིང་། པཎ་ཆེན་ཐམས་ཅད་མཁྱེན་པ་ཆེན་པོས་ཀྱང་ཕྱི་རབས་ཀྱི་གདུལ་བྱ་རྣམས་ལ་རང་ལ་ལམ་མ་ནོར་བར་སྟོན་པའི་བཤེས་གཉེན་དམ་པ་ནི་སངས་རྒྱས་ཐམས་ཅད་ལས་ཀྱང་ལྷག་པའི་བསོད་ནམས་ཀྱི་ཞིང་དམ་པ་ཡིན་པས། རང་ཉིད་ཆེན་པོའི་གོ་ས་ཇི་འདྲ་ཞིག་ལ་གནས་ཀྱང་ཆེ་འགྲིང་མི་བྱ་བར་བླ་མ་བསྟེན་ཚུལ་འདི་ལྟར་བྱ་དགོས་སོ་ཞེས་འདོམས་པའི་ཕྱིར་ཕུར་བུ་ལྕོག་ཏུ་ཆིབས་(༢༧༠ན)བསྐྱོད་ནས་བླ་མ་རིན་པོ་

ཆེའི་གཟིམ་ཚུང་དུ་ཕེབས་ཏེ་སྐུ་ཚེ་བསྲིང་བའི་ཕྱིར་ཚེ་དབང་ཞིག་ཕུལ། དེ་ནས་མཎྜལ་དང་སྐུ་གསུང་ཐུགས་རྟེན། དངོས་པོ་སྨྲམ་མཐོ་བ་བཅས་འབུལ་བར་མཛད་དེ་ཞབས་པད་ཡུན་རིང་བརྟན་དགོས་པའི་གསོལ་འདེབས་མཛད། གོང་ས་ལྷ་མིའི་འདྲེན་པ་མཆོག་ནས་མགྲོན་གཉེར་དགེ་སློང་བསྐལ་བཟང་ཆེད་གཏང་གིས་དངུལ་གྱི་མཎྜལ་དང་སྐུ་གསུང་ཐུགས་རྟེན་དངོས་འབུལ་བཅས་ཞབས་པད་ཡུན་རིང་བརྟན་དགོས་ཞེས་ཞུ་བར་མཛད། དེ་སྐབས་བླ་མ་རིན་པོ་ཆེ་འདི་ཆབ་གཞིའི་བསྟུན་བབ་ལྟོ་བས་ཐ་མལ་པ་རང་བཞིན་ཡིན་ན་གསུང་བགྲོས་གནང་རེ་མེད་པའི་ཚོད་དུ་གྱུར་ཀྱང་། བླ་མ་རིན་པོ་ཆེ་ནི་ཐུགས་སྣང་གང་ཡང་མེད་པར། པཎ་ཆེན་ཐམས་ཅད་མཁྱེན་པ་ཆེན་པོ་ལ་བསྟན་པའི་གནད་ལས་བརྩམས་པའི་གསུང་གླེང་ཆེས་མང་བ་དང་། ལྷག་པར་ཚད་མ་རྣམ་འགྲེལ་གྱི་རིགས་པའི་དཀའ་གནད་ཕྲ་མོ་ལས་བརྩམས་ཏེ་འབེལ་གཏམ་ཆེས་ཞིབ་ཅིང་རྒྱས་པར་མཛད། ཡོངས་འཛིན་བློ་བཟང་ཆོས་འཕེལ་ལའང་སེམས་ཙམ་པའི་ཕྱི་དོན་འགོག་པའི་རིགས་པ་ལས་བརྩམས་པའི་བཀའ་འདྲི་མང་དུ་གནང་ཞིང་། སྐུ་བསྟུན་པའི་ཚུལ་མེད་པར་དགྱེས་ཉམས་ཤིན་ཏུ་ཆེ་བར་མཛད། དེ་ནས་པཎ་ཆེན་ཐམས་ཅད་མཁྱེན་པ་ཆེན་པོ་ཆོས་གྲྭ་ཆེན་མོའི་བཞུགས་ཁྲིར་སྤྱན་དྲངས། དེ་སྐབས་གློ་བུར་དུ་དད་འདུས་ཆེས་མང་བ་ལ་ཆོས་སྟོན་པར་གསོལ་བ་འདེབས་པར་མཛད་ཅིང་། མཎྜལ་སྐུ་གསུང་ཐུགས་རྟེན་དངོས་འབུལ་རྒྱ་ཆེན་པོ་དང་བཅས་ཞབས་(༡༧༠བ)པད་ཡུན་རིང་དུ་བརྟན་ཏེ་འཛམ་མགོན་བསྟན་པའི་སྲོག་ཤིང་དུ་གཡོ་བ་མེད་པར་བཞུགས་དགོས་ཞེས་གསོལ་བ་འདེབས་པར་མཛད། དེ་ནས་པཎ་ཆེན་ཐམས་ཅད་མཁྱེན་པ་ཆེན་པོ་ཕོ་བྲང་དུ་ཆིབས་ཁ་བསྐྱོད། དེ་ནས་ཞག་ཁ་ཤས་ནས། རྒྱལ་བ་ཐམས་ཅད་མཁྱེན་པ་ཆེན་པོ་ཕོ་བྲང་ཆེན་པོའི་གསེར་ཁྲི་མངའ་གསོལ་བ་ལ་ལེགས་འབུལ་རྒྱས་པ་ཞིག་བྱེད་དགོས་ཞེས་བཀའ་ཕེབས། འབུལ་ཐོའི་འགོ་བརྗོད་

ཀུང་བླ་མ་རིན་པོ་ཆེ་ཉིད་ཀྱིས་རྒྱས་པར་བཀའ་སྩལ། པཎ་ཆེན་ཐམས་ཅད་མཁྱེན་པ་
ཆེན་པོ་ལའང་དངོས་འབུལ་གཏོས་ཆེ་བར་མཛད་རྒྱུར་ཞུ་ཡིག་འགོ་བརྗོད་བླ་མ་རིན་
པོ་ཆེ་ཉིད་ཀྱིས་མཛད། བཀའ་འགྱུར་གསེར་མ་གསར་བཞེངས་ཀྱི་སྐུ་ཡོན་ཚང་
མ་འཕྲུལ་འབུལ་བྱེད་དགོས་པ་དང་། སེ་ར་སྨད་ཀྱི་གྲྭ་ཁང་གསར་བཞེངས་ལ་ཟུག་
སྐོན་རྒྱས་པ་ཞིག་ཀྱང་འཕྲུལ་དུ་གྱིས་ཞེས་ཉེ་གནས་ལ་བཀའ་ཕེབས། ཉེ་གནས་
རབ་འབྱམས་པས་ཀྱང་བླ་མ་རིན་པོ་ཆེའི་བཀའ་གང་ཕེབས་ཐམས་ཅད་འཕྲུལ་རང་དུ་
གྲུབ་པར་མཛད་དེ། འདི་དང་འདི་ལྟ་བུ་བགྱིས་སོ་ཞེས་སྙན་དུ་གསོལ། དེ་ནས་
ཞབས་འབྲིང་བ་རྣམས་ནས་སེ་འབྲས་དགེ་གསུམ་རྒྱུད་སྟོད་སྨད་རི་ཁྲོད་ཁག་བཅས་
ལ་ཞབས་བརྟན་སྐུ་རིམ་ནར་མར་བསྒྲུབས། སྦྱིན་བདག་ཆེན་པོ་རྫོ་རིང་ནོ་ཡོན་དང་
བཀའ་བློན་མདོ་མཁར་བ་སོགས་དད་ལྡན་ཚང་མས་བླ་མ་རིན་པོ་ཆེ་ཉིད་ལ་མཎྜལ་
ཕུལ་ཏེ་གསོལ་བ་འདེབས་པ་དང་རང་རང་གི་འཁོར་པ་དང་བསྟུན་པས་དགེ་འདུན་གྱི་
སྡེ་རྣམས་ལ་བསྙེན་བཀུར་ཏེ་ཞབས་བརྟན་སྐུ་རིམ་སྒྲུབ་(༢༧༡ན)པ་ལ་ཚང་མས་
བརྩོན་པ་ཆེག་བསྒྲིལ་ཏུ་བྱས་སོ། །དེ་ལྟར་བདག་གཅིག་གི་དཔལ་ལྡན་བླ་མ་དམ་
པ་འདིས། །དང་པོར་རྒྱ་ཆེན་ཐོས་པ་མང་དུ་བཙལ། །བར་དུ་གཞུང་ལུགས་ཐམས་ཅད་
གདམས་པར་ཤར། །ཐ་མར་ཉིན་མཚན་ཀུན་ཏུ་ཉམས་སུ་བླངས། །ཀུན་ཀྱང་བསྟན་
པ་རྒྱས་པའི་ཆེད་དུ་བསྔོས། །ཞེས་རྗེ་རིན་པོ་ཆེས་གང་གསུངས་པ་དེ་ཁོ་ན་ལྟར་ཕྱུག་
ལེན་ལ་ཐེབས་པར་མཛད་དེ། དང་པོར་རྒྱལ་བའི་བསྟན་པ་ལ་ཞུགས་ནས་སྡོམ་པ་
གསུམ་རིམ་གྱིས་བཞེས་ཤིང་ཐུབ་པའི་བཅས་མཚམས་ལས་ནམ་ཡང་འདའ་བ་མེད་
པ་གཉེར་བཟུང་ནས་མདོ་རྒྱུད་དགོངས་འགྲེལ་དང་བཅས་པ་ལ་ཐོས་པ་ཕུ་ཐག་ཆོད་
པ་མཛད། སངས་རྒྱས་ནས་བཟུང་སྡེ་དམ་པ་བར་མ་ཆད་པ་ལས་བརྒྱུད་པའི་མདོ་
སྔགས་གཉིས་ཀའི་སྐད་རྒྱུད་ཀྱི་མན་ངག་རྣམས་ཡོངས་སུ་རྫོགས་པ་གསན། བར་དུ་

ཚེ་འདི་བློས་བཏང་སྟེ་དཀའ་སྤྱད་སྙིང་རུས་ཀྱི་སྒོ་ནས་ཉམས་ལེན་མཐར་ཕྱིན་པར་མཛད། རང་ཉིད་མི་ཉམས་པའི་གདེང་ཐོབ་པའི་མཐར་སྐལ་བ་དང་ལྡན་པ་དག་ལ་དགེ་ཚུལ་གྱི་བསླབ་བྱ་ཀཱ་རི་ཀ་ནས་རྒྱུད་ཐམས་ཅད་ཀྱི་རྒྱལ་པོ་དཔལ་གསང་བ་འདུས་པའི་མཐར་ཐུག་ཟུང་འཇུག་འགྲུབ་པའི་བར་རྒྱལ་བའི་བསྟན་པ་ཡོངས་སུ་རྫོགས་པ་དྲི་མ་མེད་པའི་རིགས་པའི་ལམ་ནས་དྲངས་ཏེ་རྒྱ་ཆེར་བཤད་ཅིང་། ཆོས་ཚིག་བཞི་པ་ཞིག་ཡན་ཆད་ཁ་ཕྱི་བལྟར་མ་སོང་བར་རང་གི་རྒྱུད་འདུལ་བའི་ཕྱིར་དུ་ཉམས་ལེན་གྱི་གནད་དུ་བསྡུས་ཏེ་བྱང་ཆུབ་ལམ་གྱི་རིམ་པ་ཉིད་ལ་བསྒྲིལ་ནས་སྟོན་པར་མཛད་ཅིང་། དབུགས་(༢༧༡བ)ཕྱི་ནང་དུ་རྒྱུ་བ་ཙམ་ཆད་སྒོ་གསུམ་གྱི་སྤྱོད་པ་ཐམས་ཅད་རྒྱལ་བའི་བསྟན་པ་རྒྱས་པའི་ཐབས་ཁོ་ནར་མཛད་དེ་ནུབ་ཕྱོགས་ཁ་ཆེའི་ཡུལ་ནས། ཤར་ཕྱོགས་རྒྱ་མཚོ་ཆེན་པོ་ལ་ཐུག་གི་བར་དང་གླིང་བར་ཙམ་ཆད་ས་ཆེན་པོའི་ཁྱོན་འདི་བཀའ་གདམས་ལྷ་ཆོས་བདུན་ལྡན་གྱི་རྣམ་ཐར་གཙང་མ་བྱང་ཆུབ་ལམ་གྱི་རིམ་པ་ལ་ཉམས་ལེན་སྙིང་པོར་བྱེད་པས་ཁྱབ་པར་མཛད་དོ། །མ་འོངས་པའི་གདུལ་བྱ་རྣམས་ཀྱི་དོན་དུ་རྗེ་བཙུན་བླ་མ་དགེ་ལེགས་རྒྱ་མཚོའི་རྣམ་པར་ཐར་པ། རྗེ་རིན་པོ་ཆེའི་རྟོགས་བརྗོད་མདུན་ལེགས་མའི་འགྲེལ་པ། རྟེན་འབྲེལ་བསྟོད་པའི་ཊཱི་ཀཱ། འཇམ་དཔལ་དབྱངས་ཀྱིས་རྗེ་བླ་མར་དངོས་སུ་གནང་བའི་གདམས་པ་མདོར་བསྡུས་ཀྱི་ཊཱི་ཀཱ། མ་ཕམ་མགོན་པོར་བསྟོད་པ་ཚངས་པའི་ཅོད་པན་གྱི་དོན་འགྲེལ། སྟག་ཚང་ལོ་ཙཱ་བའི་བརྒལ་ལན། བརྒྱད་སྟོང་པའི་དོན་སློབ་དཔོན་སེང་བཟང་དང་ཕྱོགས་གླང་གཉིས་ཀྱི་འཆད་ཚུལ། སྡོམ་པ་གསུམ་གྱི་ཉེས་ལྟུང་ངོས་བཟུང་ནས་བཤགས་སྡོམ་བྱེད་ཚུལ། དྲིས་ལན་སོམ་ཉི་གཅོད་པའི་རལ་གྲི། གསུང་མགུར་བསླབ་བྱའི་རིམ་པ། སྐྱེས་བུ་ཆེན་པོའི་ལམ་ལ་བློ་སྦྱོང་ཚུལ། བྱང་ཆུབ་ལམ་རིམ་ལས་བརྩམས་པའི་དྲིས་ལན། འཇིགས་བྱེད་གཙོ་རྐྱང་གི་མངོན་རྟོགས། སེང་གདོང་མ་དང་རྟ་མགྲིན་གསང་སྒྲུབ་ཀྱི་སྒྲུབ་ཐབས། བདག་

མེད་པའི་ཆོས་ཀྱི་ཕྱག་རྒྱ་གདན་ལ་འབེབས་ཚུལ། ཐེག་ལེ་བཅུ་དྲུག་གི་ཆོས་སྐོར་དང་སྒྲོལ་མ་བཅུ་གཉིས་ཀྱི་གཏོར་འབུལ། འཇམ་དབྱངས་ནང་སྒྲུབ་ཀྱི་སྒྲུབ་ཐབས། སྒྲོལ་དཀར་གྱི་བསྙེན་ཡིག་དང་དེའི་བུམ་སྒྲུབ། (༡༧༢ན)གསང་འདུས་འཇམ་རྡོར་སྒྲུབ་ཐབས་འདོད་འཇོའི་བུམ་བཟང་། དེའི་བུམ་སྒྲུབ། དེའི་དཀྱིལ་འཁོར་སྒྲུབ་པ་དང་བདག་འཇུག་ངག་འདོན། དེའི་ཞི་རྒྱས་ཀྱི་སྦྱིན་སྲེག །འདུས་པ་ཡེ་ཤེས་ཞབས་ལུགས་ཀྱི་བསྐྱེད་རྫོགས་རིན་ཆེན་ཕྲེང་བ། གསང་འདུས་བསྐྱེད་རིམ་དངོས་གྲུབ་སྙིང་པོ། དེའི་རྫོགས་རིམ་རིམ་ལྔ་གདན་རྫོགས་ཀྱི་སྙིང་པོ། འཇིགས་བྱེད་བསྐྱེད་རིམ་ཟླ་མ་ཏོག་གི་སྙིང་པོ། དེའི་རྫོགས་རིམ་རྣལ་འབྱོར་བཞི་ཉམས་སུ་ལེན་ཚུལ། དཔལ་འཁོར་ལོ་སྡོམ་པ་ལཱུ་ཨི་པའི་རིམ་པ་དང་པོའི་དམར་ཁྲིད། གྲུབ་ཆེན་ཀུན་ཏུ་དགེ་བའི་ལུགས་ཀྱི་རྫོགས་རིམ་རྣལ་འབྱོར་ཆེན་པོའི་དམིགས་རིམ། འཁོར་ལོ་སྡོམ་པའི་བསྙེན་ཡིག །འཇམ་ལུགས་ཚེ་དབང་རིགས་ལྔའི་ཟུར་འདེབས། རྡོར་སེམས་བུམ་སྒྲུབ་དང་རིལ་སྒྲུབ་བྱེད་ཚུལ། མ་ཎི་བུམ་སྒྲུབ། སྒྲོལ་མ་མཎྜལ་བཞི་པ་སོགས་ཉེར་མཁོའི་རིགས། རིགས་གསུམ་སྤྱི་སྒྲུབ། རྡོ་རྗེ་འཆང་དོན་ཡོད་མཁས་གྲུབ་ཀྱི་རྣམ་ཐར། བྱང་ཆུབ་ལམ་རིམ་གྱི་ཁྲིད་ཡིག །སྙིང་པོ་དོན་གསུམ་གྱི་ཁྲིད་ཡིག །རྒྱལ་བ་མ་ཕམ་པའི་ཐུགས་རྗེ་བསྐུལ་བའི་གསོལ་འདེབས་སྨོན་ལམ་སོགས་གསོལ་འདེབས་བསྟོད་ཚོགས་ཀྱི་རིམ་པ་དང་འདོད་གསོལ་བརྟན་བཞུགས་ཀྱི་རིམ་པ། རྟེན་གསུམ་གསར་བཞེངས་ཀྱི་དཀར་ཆག །སྨོན་ཚིག །རྒྱབ་ཡིག །མཆོད་རྫས་གསར་བཞེངས་ཀྱི་འདོད་གསོལ། ལམ་ཁྲིད་འཇམ་དཔལ་ཞལ་ལུང་གི་དོགས་གཅོད། གྲྭ་ས་ཆེན་པོ་བཞི་དང་རྒྱུད་སྟོད་སྨད་ཚགས་ཚུལ། (༡༧༢བ)གཏོར་འབུལ་གྱི་རིམ་པ། བཅའ་ཡིག་གི་རིམ་པ། པཎ་ཆེན་ཐམས་ཅད་མཁྱེན་པའི་དོགས་གཅོད་གསུང་ལན། བྱང་ཆུབ་ཀྱི་སེམས་སྦྱོང་ཚུལ་གྱི་གདམས་ངག་ཐོར་བུ་ཟིན་བྲིས་སུ་བཀོད་པ། བསྔོ་བ་དོན་གཉིས་ཕུན་ཚོགས་རྣམས་

མཛད་དོ། །

དེ་ནས་སྐུ་ཚེ་འདིའི་དངོས་ཀྱི་གདུལ་བྱ་རྣམས་རྫོགས་པ་ན་དགུང་ལོ་གྱ་གཅིག་ཏུ་ཕེབས་པ་སྣ་ཚོགས་ཞེས་པ་ཤུ་ཕོ་རྟའི་ལོ་སྨིན་ཟླ་འབྲིང་པོའི་ཡར་ངོའི་ཚེས་གཉིས་ཀྱི་ཉིན་སྐུའི་བཀོད་པ་བསྡུས་ཏེ་འོད་གསལ་ལ་བཞུགས། འོད་གསལ་དེ་ལས་བཞེངས་མ་ཐག་དགའ་ལྡན་ཆོས་ཀྱི་ཕོ་བྲང་དུ་རྗེ་བཙུན་བྱམས་པ་མགོན་པོ་དང་། རྗེ་ནམ་མཁའ་དྲི་མ་མེད་པ་དང་། རྗེ་འཇམ་དཔལ་སྙིང་པོ་འཁོར་དང་བཅས་པའི་ཆོས་ཀྱི་མདུན་སར་ཕེབས་སོ། །དེ་ལྟར་འཇམ་མགོན་བསྟན་པའི་སྲོག་ཤིང་བླ་མ་རིན་པོ་ཆེ་འདིས་མཆོག་དམན་ཐམས་ཅད་ལ་ཆོས་ཀྱི་བདུད་རྩི་རྒྱ་ཆེར་སྤེལ་བས་བརྒྱུད་འཛིན་གྱི་སློབ་མས་སའི་སྟེང་ཐམས་ཅད་ཁྱབ་ཅིང་། བསྟན་པ་ཡོངས་རྫོགས་ཀྱི་བདག་པོར་མངའ་གསོལ་བ་ནི་པཎ་ཆེན་ཐམས་ཅད་མཁྱེན་པ་རྗེ་བཙུན་བློ་བཟང་དཔལ་ལྡན་ཡེ་ཤེས་དཔལ་བཟང་པོའོ། །

དེས་ན་བྱང་ཆུབ་ལམ་གྱི་རིམ་པ་ལ་བློ་སྦྱོང་བར་འདོད་པ་རྣམས་ཀྱིས་རྗེ་བཙུན་བླ་མ་ཐུགས་རྗེའི་བདག་ཉིད་མཚན་བརྗོད་པར་དཀའ་བ་དོན་གྱི་སླད་དུ་མཚན་ནས་སྨོས་ཏེ་ངག་དབང་བྱམས་པ་ལ་གསོལ་འདེབས་ཤིང་། བླ་མ་རིན་པོ་ཆེ་འདིའི་མཛད་པ་རྣམ་ཐར་རྣམས་བསམས་ལ་རྗེས་སུ་བསླབ་པར་བྱའོ།། །།

པཎ་ཆེན་བློ་བཟང་དཔལ་ལྡན་ཡེ་ཤེས་ཀྱི་རྣམ་ཐར།

བློ་བཟང་རྒྱལ་བའི་རིང་ལུགས་པདྨོའི་ཚལ། །དཔལ་ལྡན་ཡེ་(༡༧༣༨)ཤེས་འོད་ཀྱིས་རྒྱས་མཛད་པའི། །རིས་མེད་འགྲོ་བའི་འདྲེན་པ་ཀུན་གྱི་གཙོ། །རྗེ་བཙུན་བླ་མའི་ཞབས་ལ་གསོལ་བ་འདེབས། །ཞེས་བསྟུགས་པ། བདེ་ལྡན་ཞིང་གི་མགོན་པོ་སྣིགས་

དུས་འགྲོ་བའི་མགོན་དུ་བསམས་བཞིན་དུ་བྱོན་པ་པཎ་ཆེན་ཐམས་ཅད་མཁྱེན་པ་རྗེ་བཙུན་བློ་བཟང་དཔལ་ལྡན་ཡེ་ཤེས་དཔལ་བཟང་པོ་ནི་ཤངས་བཀྲ་ཤིས་རྩེ་རབ་ཐང་ལྷ་དང་། ཡུམ་ཉི་ཟླ་དབང་མོ་གཉིས་ཀྱི་སྲས་སུ་རབ་བྱུང་བཅུ་གཉིས་པའི་དུས་ཀྱི་ཕོ་ཉ་ཞེས་པ་ས་ཕོ་རྟའི་ལོ་ཧོར་ཟླ་བཅུ་པའི་ཚེས་བཞི་གཟའ་སྐར་ཕུན་སུམ་ཚོགས་པའི་ཉིན་ངོ་མཚར་བའི་ལྟས་བསམ་གྱིས་མི་ཁྱབ་པ་དང་བཅས་སྐུ་འཁྲུངས། དེའི་ཚེ་ཚངས་པ་དང་བརྒྱ་བྱིན་ལ་སོགས་པའི་དཀར་ཕྱོགས་སྐྱོང་བའི་ལྷ་རྣམས་གནས་དེར་ལྷགས་ཏེ་མཁའ་དབྱིངས་འཇའ་སྤྲིན་གྱིས་ཁྱབ་པར་བྱས། མེ་ཏོག་གི་ཆར་ཕབ། དགའ་བའི་ཅ་ཅོའི་སྒྲ་བསྒྲགས། རྗེ་བཙུན་ཐམས་ཅད་མཁྱེན་པ་བློ་བཟང་ཡེ་ཤེས་དཔལ་བཟང་པོས་བཀའ་བསྐོས་དམ་ལ་བཞག་པའི་སྲུང་མ་ཐམས་ཅད་དང་། ཁྱད་པར་དཔལ་ལྡན་དམག་ཟོར་རྒྱལ་མོ་དང་། ནེ་སེར་ཇོ་བོ་ཆེན་པོ་གཉིས་འབྲལ་མེད་དུ་བྱོན་ཏེ་རྗེ་འདི་སྐུ་བལྟམས་པ་དང་མཉམ་དུ་དཔལ་ལྡན་ལྷ་མོས་ནག་ཕྱོགས་བདུད་སྡེ་ཟིལ་གྱིས་གནོན་ཕྱིར་དྲེའུའི་ངར་སྐད་ཡང་ཡང་འདོན་པ་དང་། གཟིམ་ཁང་གི་ཁོ་ར་ཁོར་ཡུག་ཏུ་ཆེག་སྒྲ་དང་འུར་སྒྲ་ཆེན་པོ་ནར་མར་བྱུང་། ནེ་སེར་བས་ནི་རྒྱུན་དུ་གུས་པས་(༡༧༣བ)མཆོད་པའི་ཚུལ་དང་། གནས་བདག་གི་ཚུལ་དུ་སྤྲུལ་པ་སྣ་ཚོགས་བསྟན་ཏོ། །

དེ་ལྟར་ཡུམ་ལས་སྐུ་བལྟམས་པའི་རྒྱལ་སྲས་གཞོན་ནུ་དེ་ནི་སྲིད་ཞིའི་དགེ་ལེགས་ཐམས་ཅད་གཟུགས་ཅན་གཅིག་ཏུ་བསྡུས་ཏེ་ཟླ་བ་དག་པའི་གཟུགས་སུ་བྱས་པ་ལྟར། པགས་པའི་མདོག་ནི་དཀར་ཞིང་དྭངས་ལ་འོད་འཚེར་བ། དབུ་གདུགས་ལྟར་ཟླུམ་ཞིང་རྒྱས་ལ་སྤྱི་གཙུག་མཐོ་བ། སྤྱན་དཀྱུས་རིང་ཞིང་དཀར་ནག་འབྱེས་པ། ཤངས་ཀྱི་གཟེངས་མཐོ་ཞིང་མཆུ་སྒྲོས་བིམ་པ་ལྟར་དམར་བ་སོགས་མཚན་དཔེ་དང་ལྡན་པ་འཇིག་རྟེན་ཀུན་གྱི་མིག་གི་བདུད་རྩི་ལྟ་བུ་ཞིག་བྱུང་། དེའི་ཚེ་དཀར་ཕྱོགས་ཀྱི་ལྷ་དང་ཀླུ་རྣམས་ཀྱིས་ཁྲུས་གསོལ་བར་ངེས་ཤིང་། དངོས་སུ་ཡབ་ཡུམ་གྱི་མཆོད་གནས་དགེ་སློང་རྣམ་

དག་གཅིག་གིས་སྐུ་ཁྲུས་ཡང་ཡང་གསོལ། འབྲུངས་ནས་ཟླ་བ་གཉིས་ཙམ་སོང་བ་ན་ཕྱག་གཉིས་ཐལ་མོ་ཡང་ཡང་སྦྱོར་བར་མཛད་པ་དང་། ཞལ་ནས་མ་ཎི་དང་དམིགས་བརྩེ་མ་རྒྱུན་དུ་འདོན་པར་མཛད། བྱིས་པ་ཐ་མལ་པའི་སྤྱོད་པ་ལས་རྣམ་པ་ཀུན་ཏུ་འདས་ཏེ་སྐྱིལ་ཀྲུང་བཅས་ནས་ཐུགས་དམ་མཛད་པ་དང་། ཕྱག་ཐལ་མོ་སྦྱར་ཏེ་མཆོག་གསུམ་གྱི་ཐུགས་རྗེ་བསྐུལ་བའི་གསོལ་འདེབས་མཛད་པ་དང་ཆོས་སྟོན་པའི་ཕྱག་རྒྱ་མཛད་པ་དང་། རྡོ་དྲིལ་བཟུང་ནས་ཐུགས་དམ་མཛད་པ་དང་། གླེགས་བམ་ལ་གཟིགས་ནས་ཀློག་པའི་ཚུལ་མཛད་པ་སོགས་སྐྱེ་བོ་དམ་པའི་སྤྱོད་པས་དུས་འདའ་བར་མཛད་པ་ཞིག་བྱུང་བ་ན་ཕྱོགས་ཐམས་ཅད་དུ་དེའི་སྙན་གྲགས་རྒྱས་ཏེ་བཀྲ་ཤིས་(༢༧༨ན)ལྷུན་པོ་ནས་མགྲོན་གཉེར་ས་ཁྲུད་པ་བརྟག་པ་མཛད་དུ་བྱོན་པར་རྗེ་གོང་མའི་སྐུའི་ཉེར་སྤྱད་རྣམས་འཁྲུལ་མེད་དུ་ངོས་འཛིན་པར་མཛད་པ་སོགས་འཁྲུལ་བྲལ་ཡིད་ཆེས་ཀྱི་ངེས་པ་རྙེད། འོན་ཀྱང་འཇིག་རྟེན་ཐམས་ཅད་ཡིད་ཆེས་པར་བྱ་བའི་ཕྱིར་རྒྱལ་བ་ཐམས་ཅད་མཁྱེན་པ་ཆེན་པོ་དང་མི་དབང་བསོད་ནམས་སྟོབས་རྒྱས་མཆོད་ཡོན་བཀྲ་ཤིས་ལྷུན་པོའི་སྐུ་ཚབ་བཅས་ནས། ལ་མོ་ཆོས་སྐྱོང་སྤྱན་དྲངས་ནས་ལུང་བསྟན་ཞུས་པར་བཀྲ་ཤིས་རྩེའི་ཐྲུས་པོ་འདི་པཎ་ཆེན་ཐམས་ཅད་མཁྱེན་པ་རྗེ་བཙུན་བློ་བཟང་ཡེ་ཤེས་དཔལ་བཟང་པོའི་སྐུའི་ཡང་སྲིད་འཁྲུལ་མེད་ཡིན་ཚུལ་སྨྲ་ཕྱིའི་རྒྱུ་མཚན་དུ་མ་དང་བཅས་ལུང་བསྟན་ནས་འཕྲལ་དུ་གདན་སར་སྤྱན་དྲངས་ནས་མངའ་གསོལ་བྱེད་དགོས་ཚུལ་གསུང་བ་ལྟར་དགུང་ལོ་གསུམ་དུ་ཕེབས་པ་ལྕགས་ཕོ་སྤྲེལ་གྱི་ལོ་ཟླ་བ་དགུ་པའི་ཚེས་ཉེར་དྲུག་གི་ཉིན་རྒྱལ་བ་ཐམས་ཅད་མཁྱེན་པ་ཆེན་པོ་ནས་བློ་བཟང་དཔལ་ལྡན་ཡེ་ཤེས་ཞེས་མཚན་གསོལ་གནང་ཞིང་། གངས་ལྗོངས་ཀྱི་སའི་ཆ་ཐམས་ཅད་དུ་དྲིལ་བསྒྲགས་ཏེ་ལྷ་སྐྱེ་མི་སྐྱེ་ཐམས་ཅད་ཀྱིས་གདམ་སྙན་དར་ཕྱར་བྱས། དེ་ནས་དགུང་ལོ་བཞིར་ཕེབས་པ་ལྕགས་མོ་བྱའི་ལོ་ཟླ་བ་དྲུག་པའི་ཚེས

གཅིག་རྒྱལ་ཕུར་འགྲུབ་སྒྲོར་འཛོམ་པའི་ཐོག་བཀྲ་ཤིས་ལྷུན་པོ་ནས་ཕྱག་མཛོད་ཆེན་མོ་བློ་བཟང་ཚེ་དབང་དྲུང་འཁོར་རགས་རིམ་དང་བཅས་ཕེབས་ཏེ་བཀྲ་ཤིས་རྩེ་ནས་གདན་དྲངས། རྒྱལ་བ་ཐམས་ཅད་མཁྱེན་པའི་(༢༧༤བ)སྐུ་ཚབ་དང་། འཛམ་དབྱངས་གོང་མ་བདག་པོ་ཆེན་པོའི་བཀས་མངགས་པའི་མི་དྲག་མང་པོ་དང་། མི་དབང་བསོད་ནམས་སྟོབས་རྒྱས་སྐུ་འཁོར་གཉྫས་ཆེ་བ་བཅས་རྒྱ་བོད་ཧོར་གསུམ་གྱི་ཧྲ་པ་སྟོང་ཕྲག་མང་པོ་དང་། བཀྲ་ཤིས་ལྷུན་པོའི་བླ་མ་དགེ་འདུན་ཚང་མའི་ཐོག་ཕྱོགས་འདུས་ཀྱི་དགེ་འདུན་ཁྲི་ཁྲག་མང་པོས་མཆོད་པའི་བྱེ་བྲག་སྣ་ཚོགས་པ་ཐོགས་ཏེ་བསུས་ནས་ཟླ་བ་དྲུག་པའི་ཚེས་བཞི་རྒྱས་པས་ཆོས་འཁོར་བསྐོར་བའི་དུས་ཆེན་གྱི་ཉིན་བཀྲ་ཤིས་ལྷུན་པོ་དཔལ་གྱི་སྡེ་ཆེན་ཕྱོགས་ཐམས་ཅད་ལས་རྣམ་པར་རྒྱལ་བའི་གླིང་གི་ཕོ་བྲང་རྒྱལ་མཚན་མཐོན་པོའི་གཟིམ་ཆུང་བཀའ་གདམས་ཕོ་བྲང་དུ་ཕེབས་སོ། །

དེ་ནས་སའི་སྙིང་གི་ཆེ་དགུ་མཐའ་དག་གིས་ཞབས་ཀྱི་པདྨོ་ལ་སྤྱི་བོས་གཏུགས་ཏེ། མངོན་པར་མཆོད་ཅིང་མགོ་དགུའི་ཡོ་བྱད་ཐམས་ཅད་རྫོགས་ལྡན་གྱི་སྤྲིན་བཞིན་དུ་འདུས་ཏེ་རྗེ་འདི་པའི་ཞབས་དྲུང་དུ་ཕུལ་ནས་གསོལ་བ་འདེབས་པ་ལ་བརྟེན་པར་གྱུར་ཏོ། །དེ་ནས་རྗེ་འདི་པས་གཟིམ་ཆུང་གི་སྐུ་གསུང་ཐུགས་རྟེན་རྣམས་ལ་ལེགས་པར་གཟིགས་ཏེ་འདི་དང་འདི་འོ་ཞེས་ངོས་འཛིན་མཛད་ཅིང་། རྗེ་གོང་མའི་དུས་ཀྱི་སྐུ་གསུང་ཐུགས་རྟེན་དངོས་སུ་མ་བཞུགས་པ་འགའ་ཞིག་གར་ཡོད་ཅེས་བཀའ་འདྲི་མཛད་པས་ཐམས་ཅད་ཡིད་ཆེས་ཀྱི་དད་པའི་གནས་ལ་བཀོད། དེ་ནས་ཡི་གེ་འདྲི་ཀློག་བཟ་ཕུལ་བ་ཙམ་གྱིས་མཁྱེན་ཅིང་། གང་བློ་མ། ཤེས་བྱ་མཁའ་དབྱིངས་མ་སོགས་ཆོས་སྤྱོད་རྣམས་གཟིགས་པ་ཙམ་གྱིས་ཞལ་འདོན་དུ་མཛད་ཚོག་པ་བྱུང་། (༢༧༥ན)དེ་ནས་རྗེ་འདི་པ་དགུང་ལོ་ལྔར་ཕེབས་པ་ཆུ་ཕོ་ཁྱིའི་ལོ་རྗེ་བཙུན་བླ་མ་ངག་དབང་བྱམས་པ་མཛལ་ཁར་ཕེབས་ནས་དངོས་འབུལ་ཚན་ཆེ་བ་དང་བཅས་ཞབས་བརྟན་གསོལ་

འདེབས་རྒྱས་པར་མཛད་ཅིང༌།   ལྷག་པར་སྐུ་ན་ཕྲ་མོའི་དུས་འདི་ཉིད་ནས་པཎ་ཆེན་དབེན་ས་པ་སྐུ་གོང་མ་རྣམས་ཀྱི་རྣམ་ཐར་བཟང་པོ་ལ་སྤྱན་ཡར་ལྟ་མཛད་ནས་བཅོས་སླད་མེད་པ་ཞིག་དང༌། གྲོགས་ངན་གྱི་དབང་དུ་མ་སོང་བར་ཐོས་བསམ་སྒོམ་གསུམ་ལ་ཐུགས་བརྩོན་ཆེ་བར་མཛད་དེ་ཆོས་གྲྭ་ཆེན་པོ་འདིར་འཇམ་མགོན་རྒྱལ་བ་གཉིས་པའི་རིང་ལུགས་དྲི་མ་མེད་པ་ཆེས་ཆེར་འཕེལ་ཞིང་རྒྱས་པར་བྱ་བའི་ཐུགས་ཁུར་ཆེན་པོ་ཅི་ནས་ཀྱང་བཞེས་དགོས་ཞེས་གསོལ་འདེབས་མཛད་པ་ཐུགས་ལ་ཤིན་ཏུ་འཕྲོད་པ་བྱུང་སྟེ། དུས་ཕྱིས་ཀྱང་བླ་མ་རིན་པོ་ཆེ་ནས་ང་ཆུང་དུའི་དུས་ན་ཞལ་ཏ་འདི་འདྲ་མཛད་བྱུང་བ་དེ་སྙིང་ལ་ཕུར་པ་བཏབ་པ་ལྟ་བུ་ཞིག་བྱུང་ཞེས་རྗེ་འདིས་ཡང་ཡང་གསུང་ངོ༌། །དེ་ནས་ལ་མོ་ཆོས་སྐྱོང་ཆེན་པོས་དགེ་བའི་བཤེས་གཉེན་བྱམས་པ་རིན་པོ་ཆེའི་དྲུང་ནས་ཆོས་འདྲ་གསན་ན་ལེགས་ཞེས་ལུང་ཕེབས་པ་ལྟར་རྗེ་བཙུན་བླ་མ་ངག་དབང་བྱམས་པའི་དྲུང་ནས། བྱང་ཆུབ་ལམ་སྒྲོན་གྱི་ལུང༌། རྣམ་འཇོམས་ཀྱི་བྱབས་བསྒྲུང༌། ཚེ་དབང་གྲུབ་རྒྱལ་ལུགས་དང་འཇམ་ལུགས། རྟ་མགྲིན་གསང་སྒྲུབ། གཙུག་ཏོར་རྣམ་རྒྱལ། སྒྲོལ་དཀར། གདུགས་དཀར། ཁྲོ་ནག །འཇམ་དབྱངས་ནང་སྒྲུབ། ཁྲོ་བོ་སྨེ་བརྩེགས།   མགོན་པོ་ཕྱག་དྲུག་པའི་ཚོ་གའི་(༢༧༥བ)ལུང་བཅས་གསན། བཀའ་ཆོས་གསན་པའི་ཚེ། རྗེ་བཙུན་བླ་མ་ངག་དབང་བྱམས་པ་རིན་པོ་ཆེ་བཞུགས་ཁྲི་མཐོན་པོ་དང༌། རྗེ་རང་ཉིད་སྟན་དམའ་བའི་སྟེང་དུ་བཞུགས་ཏེ་ཆོས་གསན་པའི་ཀུན་སྤྱོད་འདུལ་བ་དང་མདོ་སྡེ་ནས་འབྱུང་བ་ལྟར་མཛད་པས་བསྟན་པའི་མིག་རྒྱན་དུ་གྱུར་པ་མཛད་དོ། །རྗེ་འདི་པས་བླ་མ་རིན་པོ་ཆེ་དེ་ཉིད་ལ་ཐུགས་དད་ཚད་མེད་པ་མཛད་ཅིང༌། ལམ་སྒྲོན་གྱི་ལུང་གསན་སྐབས་དབུ་ཤོག་ཕྱག་ཏུ་ཕུལ་བ་སྨྲ་བརྗོད་གཙང་ཞིང་ཤར་རྒྱུག་ཀློག་པ་གནང་བས་བླ་མ་རིན་པོ་ཆེ་ཐུགས་ཤིན་ཏུ་དགྱེས་པ་བྱུང་ངོ༌། །

དེ་ནས་དགུང་ལོ་དྲུག་ཏུ་ཕེབས་པ་ཆུ་མོ་ཕག་གི་ལོ་ཟླ་བ་དང་པོའི་ཚེས་བཅུ

གཅིག་གི་ཉིན་གྲུབ་པའི་དབང་ཕྱུག་སྟགས་ཆེན་ཞལ་སྔ་ནས་བློ་བཟང་བཟོད་པ་ཡོངས་འཛིན་དུ་མངའ་གསོལ་ཏེ། ཐོག་མར་པཎ་ཆེན་བློ་བཟང་ཆོས་ཀྱི་རྒྱལ་མཚན་གྱི་གསུང་འབུམ་ནང་ནས་རྗེ་བཙུན་ཙོང་ཁ་པ་ཆེན་པོ་ལ་བརྟེན་པའི་བླ་མའི་རྣལ་འབྱོར། དབྱངས་ཅན་མའི་བསྟོད་པ་ལྷའི་གླུ་དབྱངས། འཇམ་དཀར་གྱི་སྒྲུབ་ཐབས་ཤེས་རབ་མཆོག་སྦྱིན། འཇམ་དབྱངས་ཨ་ར་པ་ཙ་ནའི་སྒྲུབ་ཐབས་ནོར་བུ་ཆུ་ཤེལ་དང་བློ་གསལ་ཀུན་ནའི་དགའ་བྱེད། སྨྲ་སེང་གི་སྒྲུབ་ཐབས་སྤྲོས་པའི་རྟོག་སེལ་ནོར་བུ་ཆུ་དྭངས་མ་དང་ཤེས་རབ་གསལ་བྱེད། དབྱངས་ཅན་མའི་སྒྲུབ་ཐབས། འཇམ་དབྱངས་ཀྱི་བསྟོད་པ་ཤེས་རབ་གསལ་བྱེད། འཇམ་དཀར་གྱི་བསྟོད་པ་བློ་གྲོས་མིག་འབྱེད་ཀྱི་ཐུར་མ་དང་། རྗེའི་གསུང་ཐོར་བུ་ནས་དབྱངས་ཅན་མའི་སྒྲུབ་ཐབས་རྣམས་ཀྱི་ལུང་(༢༧༨ན)གསན་པར་མཛད་དོ། །དེ་ནས་ཡོངས་འཛིན་རིན་པོ་ཆེ་འདི་ལ་བདེ་གསང་འཇིགས་གསུམ་གྱི་དབང་དང་རྗེས་གནང་མང་པོ་དང་། བཀའ་འགྱུར་རིན་པོ་ཆེའི་ལུང་དང་། རྗེ་རིན་པོ་ཆེའི་གསུང་འབུམ་གྱི་ལུང་སོགས་གསན་པས་རྩ་བའི་བླ་མ་བཀའ་དྲིན་ཟླ་མེད་དུ་འཛིན་པར་མཛད་དོ། །

དེ་ནས་རྗེ་འདི་པ་དགུང་ལོ་བདུན་དུ་ཕེབས་པ་ཤིང་ཕོ་བྱི་བའི་ལོ་བཀྲ་ཤིས་ལྷུན་པོའི་དགེ་འདུན་ཚང་མས་འདུས་པ་རྒྱ་མཚོའི་དབུས་སུ་མི་འཇིགས་སེང་གེའི་ཁྲི་ལ་ཕེབས་ནས་དགེ་འདུན་ཚང་མར་ཕྱག་དབང་དང་ཆོས་ཀྱི་བདུད་རྩི་གནང་དགོས་ཞེས་ཡང་ཡང་གསོལ་བ་བཏབ་པ་ན་ཡོངས་འཛིན་རིན་པོ་ཆེ་བློ་བཟང་བཟོད་པ་ལས་བསླབ་སྟོམ་བཞེས་ཏེ་ངུར་སྨིག་གི་རྒྱལ་མཚན་གསོལ་ནས་ཟླ་བ་དགུ་པའི་ཚེས་བཅུའི་ཉིན་མི་དབང་བསོད་ནམས་སྟོབས་རྒྱས་ཀྱིས་སྤྱན་དྲངས་ཏེ་གཙུག་ལག་ཁང་ཆེན་པོར་མི་འཇིགས་སེང་གེའི་ཁྲི་ལ་ཕེབས་ནས་ཚངས་པའི་དབྱངས་ཀྱིས་མཆོག་གསུམ་གྱི་ཐུགས་རྗེ་བསྐུལ་ཏེ་བདེན་པའི་མཐུ་བརྗོད་པའི་ལྷུགས་བསྔོ་གནང་ཞིང་དགེ་འདུན་

ཚང་མར་ཕྱག་དབང་སྩལ་བས་དགེ་འདུན་རྣམས་ཐུགས་ཡིད་ཆེམ་པར་མཛད། རྒྱལ་བ་མཆོག་ནས་ཀྱང་དགེ་འདུན་གྱི་སྤྱི་ཆེན་པོའི་དབུས་སུ་ཆོས་ཀྱི་བདུད་རྩི་གནང་བའི་དབུ་ཚུགས་པ་ལེགས་ཞིས་རྟེན་འབྱུང་གི་དངོས་པོ་རྒྱ་ཆེ་བ་སྩལ་ཞིང་། མི་དབང་བསོད་ནམས་སྟོབས་རྒྱས་སོགས་ཆེ་དགུ་ཚང་མས་སྲིད་ན་དཀོན་པའི་(༢༧༦བ)འབྱོར་བའི་ཁྱད་པར་སྣ་ཚོགས་པ་ཕུལ་ཏེ་མཆོད། དེ་ནས་རྗེ་འདི་ཉིད་དགུང་ལོ་བཅུ་གཉིས་སུ་ཕེབས་པ་ས་མོ་སྦྲུལ་གྱི་ལོ་སྟགས་ཆེན་ཞལ་སྔ་ནས་བློ་བཟང་དཔལ་འབྱོར་གྱིས་དབུས་སྟགས་གྲྭའི་དགེ་འདུན་ཚང་མས་ཞབས་བརྟན་གསོལ་འདེབས་ཤིག་གི་བཀའ་རྩོམ་ཞུས་པར།

ཨོཾ་བདེ་ལེགས་སུ་གྱུར་ཅིག །བློ་གྲོས་དཔག་བསམ་ལྗོན་པའི་རྩ་བ་བརྟན། །བཟང་པོའི་ཡལ་ག་ལོ་མ་མེ་ཏོག་རྒྱས། །དཔལ་ལྡན་ཡེ་ཤེས་འབྲས་བུས་འགྲོ་བ་ཀུན། །ཆེམ་མཛད་རྗེ་བཙུན་བླ་མར་གསོལ་བ་འདེབས། །དགེ་ལེགས་ཡོན་ཏན་ཀུན་གྱི་གཞིར་གྱུར་པའི། །བློ་བཟང་རྒྱལ་བའི་བསྟན་པ་འཛིན་པ་ལ། །དཔལ་ལྡན་མཁས་ཀུན་གཙུག་གི་རྒྱན་གྱུར་པ། །ཡེ་ཤེས་མཚན་ལྡན་ཞབས་ལ་གསོལ་བ་འདེབས། །བློ་བཟང་མཁྱེན་བརྩེའི་དཀྱིལ་འཁོར་རྒྱས་པ་ལས། །དཔལ་ལྡན་ཡེ་ཤེས་སྣང་བ་འབུམ་འཕྲོ་བས། །གདུལ་བྱའི་ཉོན་མོངས་མུན་པ་མ་ལུས་པ། །སེལ་མཛད་རྗེ་བཙུན་བླ་མར་གསོལ་བ་འདེབས། །ཐུབ་མཆོག་ཟས་གཙང་སྲས་པོའི་བསྟན་པ་དང་། །ཁྱད་པར་བློ་བཟང་རྒྱལ་བའི་རིང་ལུགས་ཀུན། །སྤེལ་ཞིང་འགྲོ་རྣམས་ཐར་ལམ་འགོད་མཛད་པའི། །དཔལ་ལྡན་ཡེ་ཤེས་དབང་པོ་ཞབས་བརྟན་ཤོག །དེང་ནས་བདག་སོགས་འགྲོ་བ་མ་ལུས་པ། །ཐེག་མཆོག་དགེ་བའི་བཤེས་ཀྱིས་རྗེས་བཟུང་ནས། །མདོ་སྔགས་ཟུང་འབྲེལ་ཉམས་ལེན་མཐར་ཕྱིན་ཏེ། །ས་བཅུ་རིམ་བགྲོད་རྣམ་མཁྱེན་མྱུར་ཐོབ་ཤོག །(༢༧༧ན)ཅེས་པ་དང་། བླ་བརྒྱུད་གསོལ་འདེབས་ཁ་སྐོང་དུ་བཙུག་ཆོག་པའི་

ཚོགས་བཅད་ཅིག་དགོས་ཞུས་པར། །བློ་བཟང་རྒྱལ་བའི་རིང་ལུགས་པདྨོའི་ཚལ། །དཔལ་ལྡན་ཡེ་ཤེས་འོད་ཀྱིས་རྒྱས་མཛད་པའི། །རིས་མེད་འགྲོ་བའི་འདྲེན་པ་ཀུན་གྱི་གཙོ། །རྗེ་བཙུན་བླ་མའི་ཞབས་ལ་གསོལ་བ་འདེབས། །ཞེས་པ་གནང་སྟེ་འདི་གཉིས་ནི་སྐུ་ཚེ་འདིའི་བཀའ་རྩོམ་གྱི་ཐོག་མ་ཡིན་ཞིང་། དེ་སྔ་སྙན་ངག་ལ་སྦྱོང་བར་མ་མཛད་ཀྱང་སྙན་ངག་གི་ཚིག་རྒྱན་ངོ་མཚར་བའི་ཚིག་སྦྱོར་ཕུན་སུམ་ཚོགས་པ་ཐོགས་མེད་དུ་གནང་བ་འདི་འདྲ་བ་ངོ་མཚར་ཆེའོ་ཞེས་མཁས་པ་རྣམས་ཡ་མཚན་དུ་འཛིན་ཅིང་། སྐུ་ཚེ་འདིར་མཁས་གྲུབ་སྒྲ་བའི་ཉི་མ་སླར་དངོས་སུ་བྱོན་པ་འདྲ་བ་ཞིག་ངེས་པར་འབྱུང་ངོ་ཞེས་དགེ་འདུན་ཚང་མ་ཡིད་ཆེས་ཀྱི་དད་པ་ཐོབ་སྟེ། རྗེ་འདིའི་བསྟོད་བསྔགས་འབའ་ཞིག་བརྗོད་པས་གཏམ་གཞན་གླེང་བའི་གོ་སྐབས་ཕྲོགས་པ་ལྟ་བུར་གྱུར་ཏོ། །

དེ་ནས་རྗེ་འདི་པ་རྒྱལ་བ་ཐམས་ཅད་མཁྱེན་པ་ཆེན་པོ་མཇལ་བར་ཤིན་ཏུ་རིངས་པར་གྱུར་ནས་ལོ་འདིར་རྒྱལ་བ་ཐམས་ཅད་མཁྱེན་པ་ཆེན་པོའི་ཞལ་མཇལ་ཞིང་དགེ་ཚུལ་གྱི་སྡོམ་པ་ཞུ་བ་སོགས་ཀྱི་ཆེད་དུ་ཕེབས་ཚོག་པ་དགོས་ཞེས་རྒྱལ་དབང་མཆོག་ལ་ཞུ་བར་མཛད་པ་ན་རྒྱལ་བ་ཐམས་ཅད་མཁྱེན་པ་ཆེན་པོ་ཡང་ཐུགས་ཤིན་ཏུ་དགྱེས་ནས་དེང་ཀྱང་པཎ་ཆེན་མཆོག་གི་སྤྲུལ་པའི་སྐུ་མཇལ་འདོད་སྨོན་པ་ཆུ་འདོད་ལྟ་བུར་ཡོད་པས་དབུས་ཕྱོགས་སུ་ཕེབས་བཞེད་པ་ཅིས་ཀྱང་ལེགས་ཞེས་མགྲོན་གཉེར་ཡོན་ཏན་ལེགས་(༡༧༧བ)གྲུབ་སོགས་དྲུང་འཁོར་ཁ་ཤས་ཕེབས་བསུར་གཏོང་བ་གནང་། དེ་ནས་བཀྲ་ཤིས་ལྷུན་པོ་ནས་ཆིབས་བསྐྱོད་དེ་ལམ་བར་གྱི་དད་ལྡན་ཐམས་ཅད་མཐོང་ཐོས་དྲན་རེག་གི་སྒོ་ནས་སྨིན་གྲོལ་ལ་བཀོད་ཅིང་། ཟླ་བ་བཞི་པའི་ཚེས་བཅུའི་ཉིན་ཕོ་བྲང་ཆེན་པོ་པོ་ཏ་ལར་ཕེབས་ཏེ་རྒྱལ་བ་ཡབ་སྲས་གསེར་ཞལ་ལྷན་རྒྱས་ནས་ལྷ་མི་ཐམས་ཅད་ཚིམ་པར་མཛད།

དེ་ནས་ས་ག་ཟླ་བའི་ཚེས་བཅོ་ལྔའི་ཉིན་ལྷ་ལྡན་སྤྲུལ་པའི་གཙུག་ལག་ཁང་དུ་

ཕེབས་ཏེ་སངས་རྒྱས་དངོས་དང་དབྱེར་མ་མཆིས་པ་ཇོ་བོ་ཤཱཀྱ་མུ་ནེའི་དྲུང་དུ་གངས་རིའི་མགོན་པོ་རྒྱལ་དབང་ཐམས་ཅད་མཁྱེན་པ་ཆེན་པོ་རྗེ་བཙུན་བློ་བཟང་བསྐལ་བཟང་རྒྱ་མཚོ་དཔལ་བཟང་པོས་མཁན་སློབ་སྦྲགས་མ་མཛད། ཡོངས་འཛིན་བློ་བཟང་བཟོད་པས་དུས་གོ་བ་དང་། དེ་མོ་སྤྲུལ་པའི་སྐུ་སོགས་གངས་རིའི་ཁྲོད་ཀྱི་འདུལ་འཛིན་མཆོག་ཏུ་གྱུར་པ་བཅུ་ཚོགས་ཀྱི་དབུས་སུ་ཚོགས་སྟ་མ་དགེ་ཚུལ་གྱི་སྡོམ་པ་ལེགས་པར་བཞེས་ཏེ་སྟོན་པ་ཐུབ་པའི་དབང་པོའི་གདུང་འཚོབ་ངུར་སྨྲིག་གི་རྒྱལ་མཚན་འཛིན་པ་རྣམས་ཀྱི་གཙུག་གི་ནོར་བུར་དབང་བསྐུར་བར་མཛད་དོ། །

དེ་སྐབས་རྒྱལ་བ་ཐམས་ཅད་མཁྱེན་པ་ཆེན་པོ་ལ་འཛམ་དབྱངས་ཨ་ར་པ་ཙ་ན་དང་། །སྒྲོལ་དཀར་ཡིད་བཞིན་འཁོར་ལོ་སོགས་ཀྱི་རྗེས་གནང་དང་། རྗེ་བདག་ཉིད་ཆེན་པོའི་བསྟན་པའི་སྙིང་པོ་ལམ་རིམ་བསྡུས་དོན་དང་། ཤེས་རབ་བློ་འཕེལ་གྱི་གདམས་པའི་མཆོག་དགའ་ལྡན་ལྷ་བརྒྱ་མ་བཅས་གསན་ཞིང་། དབང་ལུང་མན་ངག་མཐའ་དག་སླར་བུམ་པ་གང་བྱོའི་ཚུལ་དུ་རིམ་གྱིས་ཞུས་(༡༧༤ན)ཚོག་པ་དགོས་ཞེས་ཞུ་བར་མཛད། དེ་ནས་གཙང་དུ་ཆིབས་ཁ་བསྐྱོད་དེ་ཆོས་གྲྭ་ཆེན་པོ་བཀྲ་ཤིས་ལྷུན་པོར་རྒྱལ་བསྟན་མི་ནུབ་པའི་སྲོག་ཤིང་དུ་གཡོ་བ་མེད་པར་བཞུགས་ཤིང་། གདུལ་བྱ་རྣམས་ལ་འདོམས་ཕྱིར་ཀློག་པ་ཐོས་བསམ་དང་། སྒོང་བ་བསམ་གཏན་གྱིས་དུས་འདའ་བར་མཛད། དེ་ནས་རྗེ་བདག་ཉིད་ཆེན་པོའི་མཛད་པ་རྣམ་ཐར་ལྟར་དང་པོར་རྒྱ་ཆེན་ཐོས་པ་མང་དུ་འཚོལ་བར་བཞེད་ནས་ཡོངས་འཛིན་བློ་བཟང་བཟོད་པ་ལ་མདོ་སྔགས་ཀྱི་ཆོས་ནར་མར་གསན་ཞིང་། རྗེ་འདི་པ་དགུང་ལོ་བཅོ་ལྔར་ཕེབས་པ་ཆུ་ཕོ་སྤྲེའུའི་ལོ་རྒྱལ་བ་ཐམས་ཅད་མཁྱེན་པ་ཆེན་པོར་མདོ་སྔགས་ཀྱི་ཆོས་བཀའ་རྒྱ་ཆེན་པོ་ཞུ་བའི་ཕྱིར་ཟླ་བ་ལྔ་པའི་ནང་དུ་སྐུ་མདུན་དུ་བཅར་ཚོག་པ་དགོས་ཞེས་ཞུ་བར་མཛད་པར། རྒྱལ་བ་ཐམས་ཅད་མཁྱེན་པ་ཆེན་པོ་ཐུགས་ཤིན་ཏུ་དགྱེས་ནས་ཕེབས

བསྐུ་བ་གནང་། རྗེ་འདིས་བཀྲ་ཤིས་ལྷུན་པོ་ནས་ཆིབས་ཁ་བསྐྱོད་དེ་ཟླ་བ་དྲུག་པའི་ཆོས་ལྷའི་ཉིན་ཕོ་བྲང་ཆེན་པོར་ཕེབས། ཟླ་བ་དྲུག་པའི་ཚེས་བཅུ་གཉིས་གཟའ་སྐར་འཕྲོད་སྦྱོར་ཕུན་སུམ་ཚོགས་པའི་ཉིན་ནས་ཆོས་ཀྱི་དབུ་བརྩམས་ཏེ་རྡོ་རྗེ་ཕྲེང་བའི་དབང་ཡོངས་རྫོགས། མི་ཏྲ་བརྒྱ་རྩ། བ་རི་བརྒྱ་རྩ། སྣར་ཐང་བརྒྱ་རྩ། སྒྲུབ་ཐབས་རྒྱ་མཚོ། མགོན་ཆེན་བཅུ་གསུམ། འཇིགས་བྱེད་བཅུ་གསུམ་མའི་དབང་སོགས་སྤྱི་བཀའ་དང་ཟུར་བཀའ་མཐའ་ཡས་པ་གསན། བདེ་མཆོག་འཁོར་བསྒྱུར་གྱི་དབང་གི་སྐབས་རྒྱལ་བ་ཐམས་ཅད་མཁྱེན་པ་ཆེན་པོ་དཔལ་འཁོར་ལོ་སྡོམ་པའི་སྐུར་(༡༧༨བ)དངོས་སུ་བཞེངས་ནས་དབང་བསྐུར་བའི་བྱ་བ་མཛད་པར་གཟིགས་པ་སོགས་དག་པའི་གཟིགས་སྣང་ངོ་མཚར་བ་བསམ་གྱིས་མི་ཁྱབ་པ་བྱུང་། ཟླ་བ་དགུ་པའི་ཚེས་བརྒྱད་ལ་དཔལ་དུས་ཀྱི་འཁོར་ལོའི་དབང་ཆེན་གསན་པའི་དབུ་ཚུགས་ཏེ། ཆོས་བརྒྱད་ཀྱི་ཉིན་སློབ་མ་རྗེས་འཛིན་དང་། དགུ་ལ་སྟ་གོན་གནང་། དེ་ནས་ཚེས་བཅུ་བཞིའི་བར་ལ་ས་ཆོག་དང་རྡུལ་ཚོན་གྱི་དཀྱིལ་འཁོར་སྒྲུབ་པར་མཛད། ཆོས་བཅོ་ལྔ་ནས་དུས་འཁོར་གྱི་དབང་དངོས་གཞི་བྱིས་པ་ལྟར་འཇུག་པའི་དབང་བདུན། དབང་གོང་མ། གོང་ཆེན། རྡོ་རྗེ་སློབ་དཔོན་བདག་པོ་ཆེན་པོའི་དབང་བཅས་མཁས་གྲུབ་ཐམས་ཅད་མཁྱེན་པ་ནས་བརྒྱུད་པའི་དབང་ཟབ་མོ་ཕྲུག་ལེན་རྣམ་པར་དག་པ་རྒྱས་པར་སྩལ་ཏེ་རིགས་ལྡན་འཇམ་དཔལ་གྲགས་པ་སླར་ཡང་གངས་ཅན་འགྲོ་བའི་མགོན་དུ་བྱོན་པ་ཡིན་པ་ལྟར་འཇིག་རྟེན་ཀུན་ལ་དེ་ལྟར་ཡིན་ནོ་ཞེས་གོ་བར་བྱ་བའི་ཕྱིར་དཔལ་དུས་ཀྱི་འཁོར་ལོའི་བདག་པོར་དབང་བསྐུར་བར་མཛད་དོ། །

དེ་ནས་དེད་དཔོན་ཡིད་བཞིན་གྱི་ནོར་བུ་རིན་པོ་ཆེ་རྙེད་ནས་རང་ཡུལ་དུ་ལོག་པ་ལྟར་རྗེ་འདི་པ་འཕགས་མཆོག་ཕྱག་ན་པདྨོའི་ཞལ་གྱི་བུམ་བཟང་ལས་འོངས་པའི་མདོ་སྔགས་ལེགས་བཤད་ཀྱི་བདུད་རྩིས་ཐུགས་ལེགས་པར་ཚིམ་ནས་གངས་རིའི་

མགོན་པོ་རྒྱལ་བ་མཆོག་ལ་ནམ་མཁའ་མཛོད་ཀྱི་སྒོ་འཕར་ཕྱེ་བ་ལྟར་སྲིད་ན་དགོན་པའི་ཡོ་བྱད་ཀྱི་ཁྱད་པར་མཐའ་ཡས་པས་མཆོད། དབུས་ཕྱོགས་ཀྱི་སྐལ་བ་དང་ལྡན་པ་མཐའ་དག་ཞལ་གྱི་དཀྱིལ་འཁོར་མཐོང་བ་དང་། གསུང་གི་བདུད་རྩི་(༡༧༩ན)ཐོས་པ་དང་། ཕྱག་གིས་རེག་པས་རང་རང་གི་སྐལ་བ་དང་འཚམ་པར་སྨིན་གྲོལ་ལ་འགོད་པར་མཛད་ནས་གཙང་དུ་ཆིབས་ཁ་བསྒྱུར་ཏེ་ཆོས་གྲྭ་ཆེན་པོ་བཀྲ་ཤིས་ལྷུན་པོར་ཕེབས། དེ་ནས་རྒྱལ་བ་མཆོག་གི་བཀས་བསྡུས་གྲྭ་ནས་བཟུང་གཞུང་ལུགས་ཆེན་མོ་རྣམས་ལ་གསན་སྦྱོང་མཛད་དགོས་པར་བསྐུལ་མ་མཛད་པ་ཐུགས་ལ་བཅངས་ཏེ། དགུང་ལོ་བཅུ་དྲུག་པ་ཆུ་བྱི་ལོ་ཟླ་བ་དྲུག་པའི་ཚེས་བཞི་ནས་བསྡུས་གྲྭའི་གསན་སྦྱོང་གི་དབུ་བཙུགས་པ་རིང་པོར་མ་ཐོགས་པར་རིགས་པའི་སྒོ་བྱེ་སྐྱེ་མཁས་པ་མཐའ་དག་དྲི་མ་མེད་པའི་རིགས་པའི་ང་རོས་སྐྲག་པར་མཛད། ལོ་གཅིག་ལ་བསྡུས་གྲྭའི་གསན་སྦྱོང་མཐར་ཕྱིན་པར་མཛད་དེ་དགུང་ལོ་བཅུ་བདུན་པ་ཤིང་ཁྱི་ལོ་ཟླ་བ་དང་པོའི་ཚེས་བརྒྱད་ནས་ཚད་མ་རྣམ་འགྲེལ་གྱི་མཐའ་དཔྱོད་ལ་སྦྱོང་བའི་དབུ་ཚུགས། རྗེ་འདི་པ་བསྡུས་གྲྭའི་གསན་སྦྱོང་མཛད་པའི་གོང་ཙམ་ནས་ཡོངས་འཛིན་བློ་བཟང་བཟོད་པ་ཞིང་གཤེགས་ཏེ། རིགས་པ་སྨྲ་བའི་གཙུག་ནོར་དཀྱིལ་ཁང་ཞལ་སྔ་ནས་བློ་བཟང་ཆོས་འཕེལ་ཡོངས་འཛིན་དུ་ཕེབས་ཏེ་གསན་སྦྱོང་གི་ཞབས་བསྐུལ་ཞུས། དེ་ནས་རྣམ་འགྲེལ་གྱི་མཐའ་དཔྱོད་མྱུར་བར་མཐར་ཕྱིན་ཏེ་རྣམ་འགྲེལ་གྱི་གཞུང་ལ་སྦྱོང་བར་བཞེད་པ་ན་རྣམ་འགྲེལ་རྩ་བ་དང་རྗེ་སྨོན་ལམ་དཔལ་བའི་རྣམ་འགྲེལ་གྱི་ཊཱི་ཀ་གཉིས་སྦྱར་ཏེ་སྦྱོང་བར་མཛད་ཅིང་། རྒྱལ་ཚབ་དར་མ་རིན་ཆེན་གྱིས་མཛད་པའི་རྣམ་བཤད་ཐར་ལམ་གསལ་བྱེད་དང་། མཁས་གྲུབ་(༡༧༩བ)ཐམས་ཅད་མཁྱེན་པས་མཛད་པའི་ཊཱིཀ་ཆེན་རིགས་པའི་རྒྱ་མཚོ་གཉིས་ལའང་ལེགས་པར་གཟིགས་ཏེ་གཞལ་བྱའི་གནས་གསུམ་ཚད་མ་གསུམ་གྱིས་གཏན་ལ་འབེབས་པ་ལ་དཔལ་ལྡན་ཆོས་

ཀྱི་གྲགས་པ་སྙར་ཡང་འོངས་པ་བཞིན་དྲི་མ་མེད་པའི་རིགས་པའི་ང་རོ་རེ་རེས་ཀྱང་གངས་རིའི་ཁྲོད་ཀྱི་མཁས་པར་རློམས་པ་མཐའ་དག་གི་སྤོབས་པ་ལྟན་མེད་དུ་མཛད་དོ། །

དེ་ནས་རྗེ་ཉིད་དགུང་ལོ་ཉེ་ཤུར་ཕེབས་པ་མེ་མོ་གླང་གི་ལོ་རྒྱལ་བ་ཐམས་ཅད་མཁྱེན་པ་ཆེན་པོར་ཐུགས་རྫོགས་བཞེས་པར་ཕེབས་པར་ཐག་ཆོད་ཀྱང་བསྟན་འགྲོ་སྤྱིའི་གེགས་ཆགས་ཀྱིས་རྒྱལ་བ་ཐམས་ཅད་མཁྱེན་པ་ཆེན་པོ་ལོ་དེའི་ཟླ་བ་གཉིས་པའི་ཚེས་གསུམ་ལ་ཞིང་གཤེགས་པ་གསན་པས་ཐུགས་ངལ་ཚད་མེད་པ་མཛད་ཅིང་དགོངས་རྫོགས་རྒྱ་ཆེན་པོ་སྒྲུབ་པར་མཛད། དེ་ནས་ལོ་དེའི་ཟླ་བ་དྲུག་པའི་ཚེས་བཞི་རྒྱལ་བས་ཆོས་འཁོར་བསྐོར་བའི་དུས་ཆེན་ཉིན་བླ་བྲང་རྒྱལ་མཚན་མཐོན་པོའི་གཟིམ་ཆུང་ཡིད་དགའ་ཆོས་འཛིན་དུ། རིགས་པ་སྨྲ་བའི་གཙུག་གི་ནོར་བུ་གནས་བརྟན་འདུལ་བ་འཛིན་པ་ཆེན་པོ་ཡོངས་འཛིན་བློ་བཟང་ཆོས་འཕེལ་གྱིས་མཁན་པོ་མཛད། ཐོས་བསམ་གླིང་ཞལ་སྔ་ནས་བློ་བཟང་བཀྲ་ཤིས་ཀྱིས་ལས་སློབ། ཤར་རྩེ་ཞལ་སྔ་ནས་བློ་བཟང་མཁས་མཆོག་གིས་གསང་སྟོན། དཀྱིལ་ཁང་ཞལ་སྔ་ནས་བློ་བཟང་བརྩོན་འགྲུས་ཀྱིས་དུས་གོ་བ། སྔགས་ཆེན་ཞལ་སྔ་ནས་བློ་བཟང་དཔལ་འབྱོར་གྱིས་ལྟུང་བཟེད་འབྲིམ་པ་མཛད་ནས་ཁ་སྐོང་གི་དགེ་འདུན་གྲངས་ཚང་བའི་དབུས་སུ་བསྙེན་རྫོགས་བཞེས་ཏེ་(༡༨༠ན)ཐུབ་པའི་དབང་པོ་སྙར་ཡང་གངས་རིའི་ཁྲོད་དུ་བྱོན་པ་ཇི་ལྟ་བར་གྱུར་ཏོ། །དེ་ནས་འཇམ་མགོན་བསྟན་པའི་སྲོག་ཤིང་རྗེ་བཙུན་བླ་མ་དགེ་དབང་བྱམས་པ་གདན་དྲངས་ནས་ཐོག་མར་བྱང་ཆུབ་ལམ་རིམ་བདེ་ལམ་གྱི་ཁྲིད་སྨོང་ཁྲིད་དུ་མཛད་དེ་རྒྱས་པར་གསན། དེ་ནས་ལམ་རིམ་ཆེན་མོའི་བཤད་ལུང་གསན་པས་རང་དང་གཞན་གྱི་གྲུབ་མཐའ་རྒྱ་མཚོའི་ཕ་རོལ་ཏུ་ཕྱིན་པར་གྱུར་ཏེ་གངས་རིའི་ཁྲོད་འདིར་བྱང་ཆུབ་ལམ་རིམ་འཆད་པ་ལ་སུས་ཀྱང་འགྲན་དུ་མེད་པ་མཁས་གྲུབ་སྨྲ་བའི་ཉི་མ་

སླར་ཡང་བྱོན་པ་ཇི་ལྟ་བར་གྱུར་ཏོ། །

དེ་ནས་རིམ་བཞིན་རྗེ་བཙུན་ངག་དབང་བྱམས་པའི་ཞབས་དྲུང་དུ་དཔལ་གསང་བ་འདུས་པའི་དབང་དང་འདུས་པའི་རྩ་རྒྱུད་འགྲེལ་པ་བཞི་སྦྲགས་ནས་འཆད་པའི་བཤད་སྲོལ་གསང་ཆེན་རྒྱུད་སྡེ་རྒྱ་མཚོའི་སྙིང་པོའི་བཅུད་ཕྱུང་བ་གོང་ན་མེད་པའི་ལེགས་བཤད་ཀྱི་གཏེར་ཆེན་པོ་གསན། དེ་ནས་དཔལ་གསང་བ་འདུས་པའི་རིམ་གཉིས་ཀྱི་ཁྲིད་དང་། དཔལ་འཁོར་ལོ་སྡོམ་པའི་དབང་དང་། དེའི་རིམ་གཉིས་ཀྱི་ཁྲིད། བདེ་མཆོག་དྲིལ་བུ་ལུགས་ཕྱི་ནང་གཉིས་ཀའི་དབང་དང་། དེའི་རིམ་གཉིས་ཀྱི་ཁྲིད། དཔལ་རྡོ་རྗེ་འཇིགས་བྱེད་ཆེན་པོའི་རིམ་གཉིས་ཀྱི་ཁྲིད། བཀའ་གདམས་ཐིག་ལེ་བཅུ་དྲུག་གི་དབང་དང་མན་ངག་བཅས་གནང་སྟེ། རྗེ་བཙུན་བླ་མ་ངག་དབང་བྱམས་པས་རྗེ་འདི་གསང་ཆེན་བསྟན་པའི་བདག་པོར་མངའ་གསོལ་ཏོ། །དེ་ནས་སྔགས་གྲྭའི་དགེ་འདུན་ཚང་མས་གསོལ་བ་ནན་གྱིས་བཏབ་ནས་རྗེ་འདི་སྔགས་ཁང་དུ(༡༨༠བ)ཕེབས་ཏེ་སྔགས་པ་ཚོགས་ཡོངས་ཀྱི་ཐོག །སྐལ་པ་དང་ལྡན་པ་གཞན་མང་པོ་བཅས་དགེ་འདུན་དྲུག་བརྒྱ་སྐོར་ལ་དཔལ་རྡོ་རྗེ་འཇིགས་བྱེད་ཆེན་པོའི་དབང་བཞི་སྔ་གོན་དང་བཅས་པ་རྒྱས་པར་སྩལ། དེ་ནས་རྗེ་བཙུན་བླ་མ་ངག་དབང་བྱམས་པས་བཀྲ་ཤིས་ལྷུན་པོའི་ཚོགས་ཆེན་ལ་ལམ་རིམ་གྱི་ཁྲིད་རྒྱས་པ་ཞིག་གནང་དགོས་སོ་ཞེས་བསྐུལ་མ་མཛད་པ་ལྟར་ཚོགས་ཆེན་ལ་ལམ་རིམ་གྱི་ཁྲིད་རྒྱས་པ་སེམས་བསྐྱེད་མཆོད་པ་དང་བཅས་པ་གནང་། དེ་ནས་ལྷུང་སྐྱ་རིན་པོ་ཆེ་ཕེབས་ཏེ་རྗེ་འདི་ཚོགས་དབུར་སྤྱན་དྲངས་ནས་ཞབས་བརྟན་རྒྱས་པ་འབུལ་བར་མཛད་ཅིང་ཆོས་ཀྱི་བདུད་རྩི་སྩོལ་དགོས་པར་གསོལ་འདེབས་མཛད་པ་ལྟར་གཟིམ་ཆུང་ཉི་འོད་འཁྱིལ་བར་ལྷུང་སྐྱ་རིན་པོ་ཆེ་འཁོར་བཅས་དང་། དེ་སྐབས་བདག་ཀུང་སྐྱབས་མགོན་མཆོག་གི་ཞལ་མཇལ་བར་འོངས་པ་དུས་འགྲིག་སྟེ་བདག་ཅག་རྣམས་ལ་དཔལ་རྡོ་རྗེ་འཇིགས་བྱེད་ལྷ་བཅུ་གསུམ་

མའི་དབང་བཞི་ཆེས་རྒྱས་པར་སྩལ། གཞན་ཡང་ལྕང་སྐྱ་རིན་པོ་ཆེ་ལ་སྔགས་ཀྱི་ཟབ་ཆོས་མང་དུ་གནང་ཞིང་། ལྕང་སྐྱ་རིན་པོ་ཆེ་འདི་ཉིད་མདོ་སྔགས་ཐམས་ཅད་ལ་མཁས་པའི་ཕུལ་དུ་ཕྱིན་པ་སུས་ཀྱང་འགྲན་དུ་མེད་པ་ཞིག་ཡིན་ཡང་རྗེ་བླ་མ་མཆོག་འདིའི་དབང་བཤད་རྣམས་ལ་ཐུགས་ཤིན་ཏུ་དགྱེས་ནས་ལེགས་སོ་བརྗོད་པར་མཛད། དེ་ནས་བདག་གིས་གསོལ་བ་བཏབ་སྟེ་གཟིམ་ཆུང་ཡིད་དགའ་ཆོས་འཛིན་དུ་བདག་དང་ཟླ་བོ་རི་ཁྲོད་པ་བཅུ་དྲུག་ཙམ་ཞིག་ལ་དཔལ་རྡོ་རྗེ་འཇིགས་བྱེད་ཆེན་པོའི་བསྐྱེད་རིམ་དང་རྫོགས་རིམ་གྱི་ཁྲིད་ལག་རྗེས(༢༤༧ན)སྐྱུ་ལུས་མཆོད་པ་དང་བཅས་པ་རྒྱས་པར་སྩལ། དེ་ནས་ཚོགས་ཆེན་ལ་ལམ་རིམ་ཆེན་མོའི་བཤད་ལུང་རྒྱས་པར་སྩལ། རིམ་གྱིས་ཚོགས་ཆེན་ལ་གདུགས་དཀར་གྱི་དབང་ཆེན། ཚེ་དཔག་མེད་ལྷ་དགུའི་དབང་ཆེན། ཐུབ་པ་དམ་ཚིག་གསུམ་བཀོད་ཀྱི་དབང་ཆེན། དཔལ་མོ་ལུགས་བཅུ་གཅིག་ཞལ་གྱི་དབང་ཆེན་རྣམས་སོ་སོར་སྟ་གོན་དང་བཅས་རྒྱས་པར་སྩལ། དེ་ནས་ལྕང་སྐྱ་རིན་པོ་ཆེས་དབུས་སུ་སྤྱན་དྲངས་ཏེ་དཔལ་དུས་ཀྱི་འཁོར་ལོའི་དབང་ཆེན་གནང་དགོས་པར་གསོལ་བ་བཏབ་པ་ན་ཡོ་བྲང་ཆེན་པོ་པོ་ཏ་ལའི་གཟིམ་ཆུང་ཁམས་གསུམ་རྣམ་རྒྱལ་དུ་སློབ་མ་རྗེས་འཛིན་གྱི་ཚོ་ག་མཛད། དེ་ནས་ཚོམས་ཆེན་དུ་ལྕང་སྐྱ་རིན་པོ་ཆེས་དབུས་དགེ་འདུན་ཉིས་སྟོང་བརྒྱལ་བར་དཔལ་དུས་ཀྱི་འཁོར་ལོའི་དབང་སྟ་གོན་དང་བཅས་པ་ཡོངས་རྫོགས་པ་གནང་སྟེ་དཔལ་དུས་ཀྱི་འཁོར་ལོའི་བསྟན་པ་ཉིན་མོ་ལྟར་གསལ་བར་མཛད་དོ། །

དེ་ནས་སེ་འབྲས་དགེ་གསུམ་རྒྱུད་སྟོད་སྨད་སོགས་དབུས་ཕྱོགས་ཀྱི་དགེ་འདུན་རྣམས་ལ་མདོ་སྔགས་ཀྱི་ཆོས་རྒྱ་ཆེར་སྩལ་ཏེ་བསྟན་པ་ལ་བྱ་བ་རྒྱ་ཆེར་མཛད་དོ། །དེ་ནས་གཙང་དུ་ཕེབས་བཞེད་པ་ན་དགའ་ལྡན་རྣམ་པར་རྒྱལ་བའི་གླིང་དུ་སྤྱན་དྲངས་ཏེ་གསེར་ཁྲིའི་སྟེང་ནས་བསྟན་པའི་རྩ་བ་སོ་སོར་ཐར་པའི་མདོ་འཆད་པ་སོགས་ཆོས་

ཀྱི་འཁོར་ལོ་རྒྱ་ཆེར་བསྐོར། དེ་ནས་བཀའ་གདམས་བསྟན་པའི་འབྱུང་གནས་ར་སྒྲེང་དུ་ཕེབས་ཏེ་སྟུག་མར་གནས་པ་དང་ཕྱོགས་འདུས་ཀྱི་དགེ་འདུན་བགྲང་བ་ལས་(༢༤༧བ)འདས་པ་རྣམས་ལ་ཆོས་ཀྱི་འཁོར་ལོ་རྒྱ་ཆེར་བསྐོར། ཇོ་བོའི་སྐུ་འདྲ་དབུ་ཡོན་མར་གྲགས་པ་ལ་མཆོད་འབུལ་རྒྱ་ཆེན་པོ་དང་བཅས་གསོལ་འདེབས་ཞུགས་དྲག་མཛད་པ་ན་དག་པའི་གཟིགས་སྣང་དང་ཇོ་བོ་ཕྱིང་དཀར་བ་དགྱེས་པའི་མཚན་མ་ངོ་མཚར་བ་མང་དུ་བྱུང་། ཡར་ལམ་དགའ་ལྡན་རབ་རྒྱས་སུ་ཆིབས་བསྒྱོད་དེ་ཞག་བཅོ་ལྔ་ཙམ་བཞུགས་ནས་ཆོས་འཁོར་རྒྱ་ཆེར་བསྐོར། དེ་སྐབས་རྒྱལ་བ་མཆོག་གི་སྤྲུལ་པའི་སྐུ་ཐོབ་རྒྱལ་ལྷ་རི་སྣང་དུ་ཕེབས་པ་ཕྱི་ཆར་དུ་མ་གྲགས་ཀྱང་རྒྱལ་བ་ཡབ་སྲས་གཉིས་ཡེ་ཤེས་སྒྲིབ་པ་མེད་པས་གཅིག་གིས་གཅིག་གསལ་བར་གཟིགས་ཏེ་ལྷ་རི་སྣང་པའི་ཡུམ་སྲས་བཅས་རྗེ་འདི་པ་མཇལ་དུ་བྱོན་པ་ན་རྒྱལ་བ་ཡབ་སྲས་གཉིས་ཞལ་མཇལ་ཏེ་གསང་བ་ཟབ་མོའི་བཀའ་མཆིད་མཛད་ཅིང་མྱུར་དུ་གསེར་ཁྲི་ལ་མངའ་གསོལ་བའི་རྟེན་འབྲེལ་བསྒྲིག་པར་མཛད་དོ། །

དེ་ནས་གདན་ས་ཆེན་པོ་བཀྲ་ཤིས་ལྷུན་པོར་ཕེབས་ཏེ་གཞིས་ཁྲེས་ཀྱི་དགེ་འདུན་བགྲང་བ་ལས་འདས་པ་ལ་ཕྱག་དབང་དང་ཆོས་ཀྱི་འཁོར་ལོ་རིམ་པར་བསྐོར་བར་མཛད་ཅིང་། རྗེ་བདག་ཉིད་ཆེན་པོའི་རྣམ་ཐར་ལྟར་ཤིང་རྟ་ཆེན་པོའི་གཞུང་རྣམས་ལ་སྦྱངས་པ་མཐར་ཕྱིན་པ་ཞིག་མཛད་བཞེད་ནས་རྣམ་འགྲེལ་གྱི་རིགས་ལུང་གོང་འཕེལ་ཐོག་མངོན་རྟོགས་རྒྱན་ཐུགས་ལ་བཟུང་སྟེ་ཕར་ཕྱིན་གྱི་གསན་སྦྱོང་དང་། དབུ་མ་འཇུག་པ་ཐུགས་ལ་བཟུང་སྟེ་དབུ་མའི་གསན་སྦྱོང་དང་། འདུལ་བ་མདོ་རྩ་བ་ཐུགས་ལ་བཟུང་སྟེ་འདུལ་བའི་གསན་སྦྱོང་དང་། མངོན་པ་མཛོད་ཐུགས་ལ་བཟུང་སྟེ་མངོན་པའི་གསན་སྦྱོང་རྣམས་དང་རྒྱ་གར་མཁས་པའི་གཞུང་རྣམས་(༢༤༢ན)དང་རྗེ་ཡབ་སྲས་ཀྱི་གཞུང་རྣམས་ལ་ལེགས་པར་གཟིགས་ཏེ་མཐའ་ཆོད་པར་མཛད་ཅིང་། འཛམ་བུའི་གླིང

གི་སའི་ཆ་མཐའ་དག་ནས་འདུས་པའི་ཆོས་དོན་གཉེར་བ་རྣམས་ལ་སྡེ་སྣོད་གསུམ་དང་རྒྱུད་སྡེ་བཞིས་བསྡུས་པའི་མདོ་སྔགས་ཀྱི་ཆོས་མཐའ་ཡས་པ་བརྒྱུད་མར་སྩལ། བསྟན་པའི་གསལ་བྱེད་རྗེ་ལྕང་སྐྱ་རིན་པོ་ཆེ་ནས་བསྐུལ་མ་མཛད་པ་ལྟར་སྔགས་ཁང་དུ་བདེ་མཆོག་གི་ཆོ་ག་གསར་འཛུགས་མཛད་རྒྱུར། སྔགས་པ་ཚོགས་ཡོངས་ལ་བདེ་མཆོག་གི་དབང་ཆེན་སྩལ་ནས་སྔགས་ཁང་དུ་བདེ་མཆོག་གི་ཆོ་ག་འཛུགས་པར་མཛད། སྔགས་པའི་དགེ་བཤེས་དྲག་རིམ་ནས་བདེ་མཆོག་གི་བསྙེན་པ་བྱེད་དགོས་པའི་བཀའ་འདོམས་མཛད་དེ་བསྙེན་སོང་མང་དུ་བྱུང་བ་ན་རྗེ་ཉིད་དགུང་ལོ་ཉེ་ཤུ་རྩ་ལྔར་ཕེབས་པ་ཆུ་ཕོ་རྟའི་ལོ་ཟླ་བ་བཅུ་གཅིག་པའི་ཚེས་བཅུ་གསུམ་གཟའ་སྐར་འཕྲོད་སྦྱོར་ལེགས་པའི་ཉིན་ནས་བདེ་མཆོག་སྒྲུབ་མཆོག་གྱི་དབུ་ཚུགས་ཏེ་ཧི་སྲིད་རྒྱལ་བསྟན་ནམ་གནས་ཀྱི་བར་དུ་མི་ཉམས་པའི་བཀའ་འདོམས་མཛད། རྗེ་རྒྱལ་བ་གཉིས་པའི་བསྟན་པའི་སྙིང་པོ་གསང་ཆེན་རྡོ་རྗེ་ཐེག་པའི་བསྟན་པ་མཐར་ཐུག་མ་རྒྱུད་ཀྱི་གཙོ་བོ་དཔལ་འཁོར་ལོ་སྡོམ་པའི་བསྟན་པ་གསལ་བར་མཛད་པ་ནི་ངོ་མཚར་རྨད་དུ་བྱུང་བའི་རྣམ་པར་ཐར་པ་ཞིག་གོ །

དེ་ནས་ས་སྐྱོང་ཞེས་པ་ཤིང་མོ་བྱའི་ལོ་དུས་འཁོར་གྱི་སྒྲུབ་མཆོད་འཛུགས་པར་མཛད་དེ་ཧི་སྲིད་རྒྱལ་བསྟན་ནམ་གནས་བར་ནག་པ་ཟླ་བའི་ནང་དུ་དུས་འཁོར་(༢༤༢བ)སྒྲུབ་མཆོད་ཆག་མེད་ཡོང་བའི་བཀའ་འདོམས་མཛད། དེའི་ཚེ་སྔོན་ཤམྦྷ་ལར་རིགས་ལྡན་འཇམ་དཔལ་གྲགས་པས་དྲང་སྲོང་ཉི་མའི་ཤིང་རྟ་སོགས་སྐལ་ལྡན་གྱི་སློབ་མ་བྱེ་བ་ཕྲག་མང་པོ་དཀྱིལ་འཁོར་ཆེན་པོར་འཇུག་པར་མཛད་པ་ལྟར་རྗེ་འདིས་ཀྱང་དཔལ་དུས་ཀྱི་འཁོར་ལོའི་བསྟན་པ་ཆེས་ཆེར་རྒྱས་པར་བྱ་བའི་རྟེན་འབྲེལ་དུ་བཀྲ་ཤིས་ལྷུན་པོའི་དགེ་འདུན་ཚང་མ་དུས་འཁོར་སྒྲུབ་མཆོད་ཀྱི་ཐོག་དཀྱིལ་འཁོར་མཇལ་བ་དང་རྗེ་ཉིད་ཀྱི་བྱིན་རླབས་ཞུ་བ་བཅས་ལ་གཏོང་བར་མཛད། དེ་སྐབས་

གནས་གསུམ་གྱི་དཔའ་བོ་དང་དཔའ་མོ་རྣམས་ཆེས་ཆེར་དགྱེས་པའི་རྟགས་སུ་ནམ་མཁར་འཇའ་སྤྲིན་འཁྲིགས་པ་སོགས་ངོ་མཚར་བའི་ལྟས་མང་དུ་བྱུང་ངོ་། །

དེ་ནས་རྣམ་འདྲེན་རྒྱལ་བའི་དབང་པོས་སྤྱན་འདྲེན་ཞུས་ཏེ་དབུས་ཕྱོགས་སུ་ཐེབས། ཟླ་བ་དྲུག་པའི་ཆོས་བཞི་རྒྱལ་བས་ཆོས་འཁོར་བསྐོར་བའི་དུས་ཆེན་གྱི་ཉིན། ལྷ་ལྡན་སྤྲུལ་པའི་གཙུག་ལག་ཁང་གི་ཇོ་བོ་ཤཱཀྱ་མུ་ནེའི་དྲུང་དུ་རྗེ་འདིས་མཁན་སློབ་སྒྲིགས་མ་མཛད་ཡོངས་འཛིན་རིན་པོ་ཆེ་ངག་དབང་ཆོས་གྲགས་ཀྱིས་དུས་གོ་བ་མཛད། དེ་མོ་སྤྲུལ་པའི་སྐུ་རིན་པོ་ཆེ་སོགས་དགེ་འདུན་གྲངས་ཚང་བའི་དབུས་སུ་རབ་ཏུ་བྱུང་ཞིང་དགེ་ཚུལ་གྱི་སྡོམ་པ་བཞེས་ཏེ་གངས་ཅན་འགྲོ་བའི་མགོན་པོ་རྗེ་བཙུན་བློ་བཟང་བསྟན་པའི་དབང་ཕྱུག་འཇམ་དཔལ་རྒྱ་མཚོ་དཔལ་བཟང་པོ་ཞེས་ཐུབ་དབང་སླར་ཡང་ཕྱོགས་འདིར་བྱོན་པ་ཇི་ལྟ་བ་བཞིན་དུར་སྨྲིག་འཛིན་པའི་མཆོག་ཏུ་གྱུར་ཏོ། །

དེ་ཉིན་དཀར་ཕྱོགས་ཀྱི་ལྷ་རྣམས་ཆེས་ཆེར་དགའ་སྟེ། (༢༤༣ན)ད་ནི་ཐུབ་པའི་བསྟན་པ་འཕེལ་ཞིང་སྙིགས་མའི་འགྲོ་བ་རྣམས་མགོན་དང་བཅས་པར་གྱུར་ཏོ་ཞེས་དགའ་བའི་ཅ་ཅོའི་སྒྲ་འོག་མིན་གྱི་བར་དུའང་བསྒྲགས་ཤིང་། སྐྱེ་བོ་ཐ་མལ་པ་རྣམས་ཀྱི་མཐོང་སྣང་དུའང་ནམ་མཁའི་ཁྱོན་ཐམས་ཅད་འཇའ་སྤྲིན་གྱིས་ཁྱབ་པར་གྱུར་པ་ཞིག་བྱུང་བས་མཆོག་དམན་བར་མའི་འགྲོ་བ་ཐམས་ཅད་རྒྱལ་བ་ཡབ་སྲས་གཉིས་ཀ་ལ་མི་ཕྱེད་པའི་དད་པ་ཐོབ་པར་གྱུར་ཏོ། །དེ་ནས་རྒྱལ་བ་ཡབ་སྲས་གཉིས་ཀ་ཕོ་བྲང་ཆེན་པོ་པོ་ཏ་ལར་ཐེབས་ཏེ། རྗེ་འདིས་རྒྱལ་བ་མཆོག་ལ་འབྲུངས་རབས་སོ་བཞི་པ་སོགས་ལུང་མང་པོ་དང་། ལམ་རིམ་བདེ་ལམ་མྱུར་ལམ་སོགས་འཇམ་མགོན་རྒྱལ་བ་གཉིས་པའི་སྐན་བརྒྱུད་ཀྱི་མན་ངག་རྒྱ་ཆེར་འབུལ་བར་མཛད། རྗེ་འདི་ནི་བསྟན་པའི་དོན་ལ་དགའ་བ་ཅི་བྱུང་ཡང་སྐྱོ་ངལ་མི་མཛད་པར་དེའི་ཚེ་ཕྱོགས་མཐའ་དག་ནས་འདུས་པའི་ཆོས་དོན་གཉེར་བ་རྣམས་ལ་རང་རང་གི་འདོད་པ་ལྟར་ཆོས་ཀྱི་བདུད་

ཧེ་རུ་ཀེར་སྤྲུལ་ཞིང་། ལྷག་པར་བསྙེན་རྫོགས་བསྒྲུབ་བྱ་སྟོང་ཕྲག་བརྒྱལ་བ་བྱུང་ཡང་བསྟན་པའི་རྩ་བ་སོ་སོ་ཐར་པ་ཡིན་པས་དཀའ་བ་ཅི་བྱུང་ཡང་བཟོད་གསུངས་ནས་ཉིན་མང་པོར་སྤྲེལ་ནས་གནང་ཞིང་རིམ་འགའ་གུང་ཡོལ་ནས་ཚུགས་པ་སྲོད་ཐུན་ཡོལ་གྱི་བར་དུ་གནང་དགོས་པ་བྱུང་ཡང་སྐྱོ་ངལ་མི་མཛད་པར་ཐུགས་སྤྲོ་ཞིང་གནང་བ་ནི་རྒྱལ་བའི་བསྟན་པ་(༢༨༣བ)འབའ་ཞིག་ཐུགས་ལ་བཅངས་པའི་རྣམ་པར་ཐར་པ་རྨད་དུ་བྱུང་བ་ཞིག་གོ །

དེ་ནས་རྒྱལ་བ་མཆོག་ལ་དཔལ་རྡོ་རྗེ་འཇིགས་བྱེད་ཆེན་པོ་ལྷ་བཅུ་གསུམ་མའི་དབང་དང་། གདུགས་དཀར་ལྷ་སོ་བདུན་མའི་དབང་དང་། ལེགས་ལྡན་མཆེད་གསུམ་གྱི་རྗེས་གནང་དང་། མགོན་པོ་རྒྱན་ཅན་གྱི་རྗེས་གནང་དང་། སྒྲུབ་ཐབས་བརྒྱ་རྩའི་ནང་ནས་འོད་ཟེར་ཅན་མ་དང་འཛམ་དབྱངས་སྨྲ་སེང་སོགས་རྗེས་གནང་འགའ་ཞིག་འབུལ་བར་མཛད་ཅིང་། གཞན་མ་དོན་གཉེར་ཅན་མང་པོར་དབང་ལུང་མན་ངག་མཐའ་ཡས་པ་སྤྲུལ། དེ་ནས་གཙང་དུ་ཆིབས་བསྐྱོད་མཛད་རྒྱུར་ཕོ་བྲང་ནས་ཕེབས་ཏེ་འབྲས་སྤུངས་འདུ་ཁང་ཆེན་པོར་འབྲས་སྤུངས་ཚོགས་ཆེན་གྱི་ཐོག་ཕྱོགས་འདུས་མང་པོ་བཅས་དགེ་འདུན་སྟོང་ཕྲག་མང་པོར་ལམ་གཙོའི་ཁྲིད་སྤྲུལ། དེ་ནས་རིམ་གྱིས་ལམ་བར་གྱི་དད་ལྡན་སེར་སྐྱ་བགྲང་བ་ལས་འདས་པ་ལ་མཐོ་རིས་དང་ཐར་པའི་ས་བོན་འདེབས་པར་མཛད་ཅིང་། ཆོས་གྲྭ་ཆེན་པོ་བཀྲ་ཤིས་ལྷུན་པོར་ཕེབས་ནས་འཁོར་ལོ་གསུམ་གྱི་བྱ་བས་རོལ་པར་མཛད། དེ་ནས་མི་ཟད་ཅེས་པ་མེ་ཕོ་ཁྱིའི་ལོ་སྔགས་ཆེན་ཞལ་སྔ་ནས་སོགས་སྔགས་གྲྭའི་དགེ་འདུན་ཚང་མས་གསོལ་བ་བཏབ་ནས་ཕོ་བྲང་རྒྱལ་མཚན་མཐོན་པོའི་གཟིམ་ཆུང་ཉི་འོད་འཁྱིལ་བར་ཡོངས་འཛིན་རིན་པོ་ཆེ། ཕྱག་མཛོད་ཆེན་མོ། གྲྭ་ཚང་བླ་མ་བཞི། སྔགས་པ་ཚོགས་ཡོངས་གཞན་ཡང་སྐལ་ལྡན་ཁ་ཤས་བཅས་ལ་དཔལ་དུས་(༢༨༤ན)ཀྱི་འཁོར་ལོའི་དབང་ཆེན་སློབ་མ་རྗེས་བཟུང་

ནས་གོང་ཆེན་བདག་པོ་ཆེན་པོའི་དབང་གི་བར་རྒྱས་པར་སྤྲུལ་ཏེ་རིགས་ལྡན་འཇམ་དཔལ་གྲགས་པ་སླར་ཡང་གངས་རིའི་ཁྲོད་དུ་ཕེབས་ནས་དཔལ་ལྡན་དང་པོའི་སངས་རྒྱས་ཀྱི་རྒྱུད་ཆེན་གསལ་བར་མཛད་དོ་ཞེས་སྙིང་མ་ལུས་གྲགས་པས་ཁྱབ་པར་གྱུར་ཏོ། །

དེ་ནས་ཟླ་བ་ལྔ་པའི་ནང་དུ་བདག་ཅག་སྐྱིད་གྲོང་རི་ཁྲོད་པ་རྣམས་སྐུ་མདུན་དུ་བཅར་ཏེ་མཇལ་ཕྱུལ་ནས་རྗེ་ཉིད་ཞབས་པད་ཡུན་རིང་བརྟན་པའི་གསོལ་བ་བཏབ་ཅིང་། འཇམ་མགོན་བླ་མའི་བསྟན་པའི་སྙིང་པོ་མཐར་ཐུག་པ་མདོ་སྔགས་ཀྱི་མན་ངག་མཐའ་དག་རྒྱ་ཆེར་སྤེལ་བར་མཛད་པ་དང་། ལྷག་པར་རྡོ་རྗེ་འཆང་ཆེན་པོའི་ལམ་གྱི་རིམ་པའི་གཟབས་བཤད་རྒྱས་པ་ཞིག་སྩོལ་བར་གསོལ་བ་བཏབ་པས་དགྱེས་བཞིན་ཞལ་གྱིས་བཞེས་ཏེ་རྒྱལ་མཚན་མཐོན་པོའི་གཟིམ་ཆུང་ངོ་མཚར་བཀོད་པར་ཟླ་ཚང་ཟླ་མ་བཞི་དང་། སྔགས་གྲྭའི་དགེ་བཤེས་དྲག་གྲགས་འགའ་ཞིག །བདག་ཅག་སྐྱིད་གྲོང་རི་ཁྲོད་པ་རྣམས་བཅས་ལ་སྔགས་རིམ་ཆེན་མོའི་བཤད་ལུང་ཆོས་ཐུན་ཉི་ཤུ་སྐོར་ཞིག་རྒྱས་པར་སྩལ། ཆོས་ཚུགས་པའི་འགོར་བླ་མ་ཡི་དམ་སྲུང་མར་བཅས་པ་ལ་ཚོགས་མཆོད་དང་། གྲུབ་ནས་ཀྱང་གཏང་རག་གི་ཚོགས་མཆོད་དང་མཇལ་རྒྱས་པར་ཕུལ། རྗེ་འདིས་འཇམ་མགོན་བླ་མའི་བསྟན་པའི་སྙིང་པོ་མཐར་(༢༢༩བ)ཐུག་པ་རྣམས་མང་ཙམ་ཡང་ཉམས་པ་ལ་ཕྱོགས་པ་གསོ་བར་མཛད་པས་བསྟན་པ་ལ་བྱ་བ་བླ་ན་མེད་པ་མཛད་དོ། །དེ་ལྟར་བསྟན་པའི་བྱ་བ་རྒྱ་ཆེན་པོ་མཛད་པ་འཇམ་དབྱངས་གོང་མ་བདག་པོ་ཆེན་པོས་གསན་ནས་ལེགས་སོའི་གནང་སྐྱེས་འཇའ་ས་གསེར་ཐམ་སོགས་ཕེབས་ཏེ། རྗེ་འདིའི་རྣམ་པར་དཀར་བའི་འཕྲིན་ལས་ཀྱིས་ས་གསུམ་མ་ལུས་ཁྱབ་པར་གྱུར་ཏོ། །

དེ་ནས་རིམ་གྱིས་ལོ་ལོ་བཞིན་བཀྲ་ཤིས་ལྷུན་པོའི་ཚོགས་ཆེན་ལ་དབྱར་གནས

གྱི་ཐོག་ཤིང་རྟ་ཆེན་པོའི་གཞུང་རྣམས་ཀྱི་བཤད་ལུང་དང་། ལྷག་པར་སྐྱེས་རབས་སོ་བཞི་པའི་གཟབས་བཤད་ཆེས་རྒྱས་པ་དང་། ལམ་རིམ་ཆེན་མོའི་བཤད་ལུང་། ལམ་རིམ་བདེ་ལམ་གྱི་ཁྲིད། བློ་སྦྱོང་དོན་བདུན་མའི་ཁྲིད། དགའ་ལྡན་ལྷ་བརྒྱ་མའི་ཁྲིད། བླ་མ་མཆོད་པའི་ཁྲིད། རྒྱུད་སྡེ་བཞི་དང་འབྲེལ་བའི་དབང་དང་ལྷག་པའི་ལྷ་མང་པོའི་རྗེས་གནང་རིམ་པར་སྩལ། དེ་ནས་རྒྱལ་བ་ཐམས་ཅད་མཁྱེན་པས་མདོ་སྔགས་ཀྱི་ཆོས་བཀའ་རྒྱ་ཆེན་པོ་གསན་ཕྱིར་དབུས་སུ་སྤྱན་དྲངས་ཏེ་ཕོ་བྲང་ཆེན་པོར་ཕེབས་ནས་རྒྱལ་བ་མཆོག་སྐུ་འཕོར་རགས་རིམ་དང་བཅས་པ་ལ་འཇམ་དབྱངས་ཆོས་སྐོར་གྱི་རྗེས་གནང་ཡོངས་རྫོགས། དཔལ་གསང་བ་འདུས་པ་མི་བསྐྱོད་རྡོ་རྗེའི་དབང་སྐུ་གོན་དང་བཅས་པ། དཔལ་འཁོར་ལོ་སྡོམ་པ་ལཱུ་ཨི་པའི་ལུགས་ཀྱི་དབང་སྐུ་གོན་དང་(༢༥༥ན)བཅས་པ། སྒྲོལ་མ་ཉེར་གཅིག་གི་རྗེས་གནང་ཡོངས་རྫོགས། རྣམ་འགྲེལ། འདུལ་བ། ཕར་ཕྱིན། དབུ་མ། མཛོད་རྣམས་ཀྱི་ལུང་དང་། རྡོ་རྗེ་འཇིགས་བྱེད་ཀྱི་བསྐྱེད་རིམ་གྱི་ཁྲིད། དམ་ཅན་ཆོས་ཀྱི་རྒྱལ་པོའི་རྗེས་གནང་། ལྷ་མོ་དམག་ཟོར་མའི་རྗེས་གནང་། དཔལ་མགོན་ཞལ་བཞི་པའི་རྗེས་གནང་། ལྕམ་སྲིང་གི་རྗེས་གནང་། དཔལ་ལྷའི་རྗེས་གནང་། མགོན་པོ་ཕྱག་བཞི་པའི་རྗེས་གནང་རྣམས་རིམ་གྱིས་འབུལ་བར་མཛད། དེ་ནས་གཙང་ལ་ཆིབས་བསྒྱུར་གནང་སྟེ་བཀྲ་ཤིས་ལྷུན་པོར་ཕེབས་ནས་འཇམ་མགོན་བསྟན་པའི་སྲོག་ཤིང་གཡོ་བ་མེད་པར་བཟུང་ནས་རབ་བྱུང་བསྙེན་རྫོགས་བརྒྱུད་མར་བསྒྲུབ་པ་དང་། མདོ་སྔགས་ཀྱི་ཆོས་ཀྱི་འཁོར་ལོ་བརྒྱུད་མར་བསྐོར་ཏེ་བསྟན་པའི་བྱ་བ་རྒྱ་ཆེར་མཛད་དོ། །

འདི་སྐབས་རྗེ་བླ་མ་འདིས་སྟོན་སྟོན་པ་ཐུགས་རྗེ་ཅན་དེས་གང་དུ་སངས་རྒྱས་པའི་ཚུལ་བསྟན་པའི་གནས་རྡོ་རྗེ་གདན་སོགས་འཕགས་ཡུལ་གྱི་གནས་ཆེན་རྣམས་ལ་མཆོད་འབུལ་སྨོན་ལམ་མཛད་ཕྱིར་བཀྲ་ཤིས་ལྷུན་པོའི་གྲྭ་པ་ཆོས་མཐུན་བཞི་ཙམ་

ཞིག་གཏོང་བར་མཛད་པ་རྒྱ་གར་ཀ་ཤིའི་རྒྱལ་པོས་དད་པ་ཆེན་པོས་ཞབས་འགྱུར་བྱས་ཏེ་ལམ་པར་གྱི་འཇིགས་པ་ལས་བསྐྱབས་ཤིང་རྒྱུས་ཡོད་ཀྱི་རོགས་བཏང་སྟེ་རྡོ་རྗེ་གདན་དུ་འབྱོར་ནས་བྱང་ཆུབ་ཆེན་པོ་ལ་གསེར་ཆབ་དང་། སྣ་ལྔའི་སྟོང་མཆོད་སོགས་མཆོད་འབུལ་རྒྱ་ཆེན་པོ་(༢༤༥བ)བྱས་པ་ན་རྒྱ་གར་གྱི་ཡུལ་གྲུ་ཐམས་ཅད་དུ་ཆེས་ཆེར་གྲགས་ཏེ་བོད་ཀྱི་བླ་མ་ཆེན་པོས་བྱང་ཆུབ་ཆེན་པོ་ལ་མཆོད་པ་ཚད་མེད་པ་ཕུལ། དེ་ཡང་སེམས་ཅན་ཐམས་ཅད་ཀྱི་དོན་དུ་ཡིན་པ་འདུག་ཅེས་ཐོས་ནས་རྗེ་འདིའི་ཐུགས་བསྐྱེད་ཀྱི་མཐུས་འཕགས་ཡུལ་གྱི་རྒྱལ་བློན་འབངས་དང་བཅས་པ་དད་པའི་ས་ལ་བཀོད། རྒྱ་གར་ཤར་ནུབ་དབུས་དང་བཅས་པའི་རྒྱལ་པོ་སོ་སོ་ནས་རྗེ་འདི་ལ་ཞུ་འཕྲིན་འབུལ་ཞིང་རང་རང་གི་ཡུལ་གྱི་དཔྱད་པ་ངོ་མཚར་བ་སྣ་ཚོགས་འབུལ་བ་དང་། རྗེ་འདི་ལ་གསོལ་བ་འདེབས་པ་དང་། བཀའ་བཞིན་དུ་སྒྲུབ་པར་དམ་འཆའ་བ་སོགས་སྟོན་མེད་པའི་ངོ་མཚར་ཡ་མཚན་ཆེ་བ་བྱུང་ངོ་། །དེ་ནས་རྗེ་ཉིད་དགུང་ལོ་སོ་བརྒྱད་དུ་ཕེབས་པ་སྨྲོས་བྱེད་ཅེས་པ་ཤིང་མོ་ལུག་གི་ལོ་བོད་ཀྱི་སྲིད་སྐྱོང་དེ་མོ་རིན་པོ་ཆེས་བསམ་ཡས་ལ་ཞིག་གསོ་རླབས་ཆེན་མཛད་པར་ཞལ་འདེབས་དང་མཆོད་འབུལ་རླབས་ཆེ་བ་མཛད། བྲག་གཡབ་སྤྲུལ་སྐུ་སོགས་སྐལ་ལྡན་མང་པོ་ལ་ལམ་རིམ་གྱི་ཁྲིད་དང་། འཇིགས་བྱེད་བདུད་ལས་རྣམ་རྒྱལ་གྱི་དབང་། གདུགས་དཀར་གྱི་དབང་དང་། ཚེ་དཔག་མེད་ལྷ་དགུའི་དབང་དང་། བཅུ་གཅིག་ཞལ་གྱི་དབང་དང་། དྲིལ་བུ་ལུས་དཀྱིལ་གྱི་དབང་། འཇམ་དབྱངས་ཆོས་སྐོར་གྱི་རྗེས་གནང་སོགས་མདོ་སྔགས་ཀྱི་ཆོས་མཐའ་ཡས་པ་སྩལ། ལོ་དེའི་དབྱར་གནས་ཀྱི་ཐོག་ཚོགས་ཆེན་ལ་ལམ་རིམ་གྱི་ཁྲིད་ཞི་བ་ལྷའི་ལུགས་ཀྱི་སེམས་བསྐྱེད་(༢༤༦ན)ཀྱི་ཆོ་ག་དང་བཅས་པ་རྒྱས་པར་སྩལ། ཟླ་བ་བདུན་པའི་ནང་དུ་བདག་ཅག་སྐྱིད་གྲོང་རི་ཁྲོད་པ་རྣམས་འབྱོར་ཏེ་ཆོས་བདུན་གྱི་ཉིན་རྗེ་བླ་མ་འདི་ཉིད་ཚོགས་དབུར་སྤྱན་དྲངས་ཏེ་དངོས་འབྱོར་གྱི་འབུལ་བ་དང་

བཅས་ཞབས་བརྟན་གསོལ་འདེབས་ཞུས། དེ་སྐབས་ཐན་པ་ཤིན་ཏུ་ཆེ་བ་ཡོད་པ་ལ། དེ་ཉིན་རྗེ་འདི་ཚོགས་ཆེན་གྱི་བཞུགས་ཁྲིའི་སྟེང་དུ་ཕེབས་མ་ཐག་མཁའ་ལ་གློ་བུར་དུ་སྤྲིན་འཁྲིགས་ཏེ་འབྲུག་སྒྲ་དྲག་པོ་བརྒྱུད་མར་བསྒྲགས་ཤིང་ཆར་དྲག་པོ་བབས་ཏེ་འཛོན་མའི་ཁྲོད་ཐམས་ཅད་ཆུས་བརླན་པར་བྱས་པས་རྗེ་ཉིད་ཐུགས་ཤིན་ཏུ་དགྱེས་ཏེ་རྟེན་འབྲེལ་ཤིན་ཏུ་ལེགས་པ་བྱུང་ཞེས་བཀའ་ཕེབས། དེ་ཉིན་ལྷ་ཁང་རྣམས་སུ་ཕེབས་ཏེ་ཁྲུས་གསོལ་རྒྱས་པ་མཛད། དཔལ་ལྡན་དམག་ཟོར་རྒྱལ་མོ་ལ་རྟམ་ཁལ་བརྒྱ་ཕྲག་བརྒྱལ་བ་ལས་གྲུབ་པའི་གཏོར་མ་བཤམས་ཏེ་འདུས་པ་རྒྱ་མཚོའི་ཚོགས་དང་ལྷན་ཅིག་ཏུ་དཔལ་ལྡན་ལྷ་མོ་ལ་གཏོར་འབུལ་དང་འཕྲིན་འཆོལ་རྒྱས་པ་མཛད། གཞན་ཡང་ལོ་དེ་ལ་སྐལ་བ་དང་ལྡན་པ་བགྲང་བ་ལས་འདས་པ་ལ་ཆོས་ཀྱི་འཁོར་ལོ་བསྐོར་བ་དང་། རྒྱལ་བའི་བཀའ་དང་བསྟན་བཅོས་འགྱུར་རོ་ཅོག་ཚང་མ་གསེར་བཅོ་མའི་ཁུ་བས་འབྲི་བར་མཛད་པ་སོགས་བློ་དམན་དག་གིས་རྗེས་སུ་ཡི་རང་ཙམ་ཡང་བྱ་དཀའ་བའི་བསྟན་པའི་བྱ་བ་རྒྱ་ཆེར་མཛད་དོ། །

དེ་ནས་རྗེ་བླ་མ་འདི་ཉིད་དགུང་ལོ་སོ་དགུར་ཕེབས་(༢༨༤བ)པ་གདོང་དན་ཞེས་པ་མེ་ཕོ་སྤྲེའུའི་ལོ་ཁལ་ཁ་རྗེ་བཙུན་དམ་པའི་དགོངས་རྫོགས་པ་ནོ་མོ་ཧན་འཛམ་དཔལ་རྡོ་རྗེ་སོགས་སོག་འགྲུལ་གཏོས་ཆེ་བ་འབྱོར་ཏེ་བླ་མ་དགེ་འདུན་ཚང་མར་བསྙེན་བཀུར་རྒྱ་ཆེན་པོ་བྱས་ཤིང་། རྗེ་འདི་པས་ཀྱང་སོ་སོའི་འདོད་པ་དང་མཐུན་པའི་དབང་རྗེས་གནང་ལུང་མན་ངག་མཐའ་ཡས་པ་སྩལ་ཅིང་འདི་ལོ་དབྱར་གནས་ཀྱི་ཐོག་དགེ་འདུན་འདུས་པ་རྒྱ་མཚོའི་ཚོགས་ལ་རྗེ་ཉིད་ཀྱི་བཀའ་རྩོམ་སྤར་ཡོད་ཕལ་ཆེ་བའི་ལུང་གནང་། དབྱར་གནས་ཀྱི་སྐབས་འདིར་བདག་ཀྱང་དབུས་ནས་འཁོར་ཏེ་སྐྱབས་མགོན་མཆོག་འདི་ཉིད་ལ་དཔལ་གསང་བ་འདུས་པའི་རྩ་བའི་རྒྱུད། སྒྲོན་གསལ་སོགས་འགྲེལ་པ་བཞིས་འཆད་པའི་བཤད་སྲོལ་བཟང་པོ་ཆོས་ཀྱི་རྒྱལ་པོ་ཙོང་

ཁ་པ་ཆེན་པོས་གངས་རིའི་ཁྲོད་འདིར་སྟོན་མེད་པའི་ཤིང་རྟའི་ལམ་སྲོལ་ཕྱེ་བ། འགྲེལ་པ་བཞི་སྦྲགས་སུ་གྲགས་པའི་གསང་བ་ཟབ་མོའི་ཟབ་ཆོས་སྟོལ་བར་གསོལ་བ་བཏབ་པས་དགྱེས་བཞིན་ཞལ་གྱིས་བཞེས་བདག་ཅག་སྙིང་གྲོང་རི་ཁྲོད་པ་རྣམས་དང་རྗེ་ཉིད་ཀྱི་སྐུའི་ཕུ་བོ་ཕྱག་མཛོད་ཆེན་མོ། གྲྭ་ཚང་བཞིའི་བླ་མ། སྔགས་གྲྭའི་འགྲེལ་དཔོན་པ་ཁ་ཤས་བཅས་ལ་ཟླ་བ་བརྒྱད་པའི་ཚེས་བཅུ་དྲུག་ནས་དབུ་བཙུགས་ཏེ་ཉིན་ལྟར་སྔ་དྲོ་ཉི་ཤར་ནས་གསོལ་ཚིགས་བར་ཆོས་ཐུན་རིང་པོ་རེ་མཛད་ནས་འགྲེལ་པ་བཞི་སྦྲགས་གཟབས་བཤད་དང་བཅས་པ་ཟླ་བ་གཅིག་གི་རིང་རྒྱས་པར་སྩལ། དེའི་(༡༨༧ན)ཚེ་ཐོག་མར་བླ་མ་རྡོ་རྗེ་འཆང་ཆེན་པོ་ལ་ཕྱི་ནང་གསང་བ་དེ་ཁོ་ན་ཉིད་ཀྱི་མཆོད་པ་རིན་པོ་ཆེའི་མཎྜལ་དང་བཅས་པ་རྒྱས་པར་ཕུལ་ཏེ་གསོལ་བ་འདེབས་པ་བླ་མ་བརྒྱུད་མཆོད་དུ་གྲགས་པ་རྒྱས་པར་བྱས་ཤིང་ཆོས་ཐུན་རེ་རེ་བཞིན་རྫོར་སེམས་སྒོམ་བཟླས་ཡི་དམ་དཀྱིལ་འཁོར་གྱི་ལྷ་ཚོགས་དང་ཕྱོགས་སྐྱོང་རྣམས་དང་དམ་ཅན་ཆོས་ཀྱི་རྒྱལ་པོར་གཏོར་འབུལ་བླ་མ་བརྒྱུད་པའི་གསོལ་འདེབས་རྣམས་དཀར་ཆག་ཐོའི་ཡིག་ཆུང་ལས་འབྱུང་བ་ལྟར་མཛད་ཅིང་། ལེགས་པར་གྲུབ་པའི་རྗེས་སུ་གཏང་རག་གི་ཚོགས་འཁོར་རིན་པོ་ཆེའི་མཎྜལ་ཅི་འབྱོར་པའི་དངོས་པོ་རྣམས་ཀྱིས་མཆོད། རྗེ་བླ་མ་རྡོ་རྗེ་འཆང་ཆེན་པོ་ཉིད་ཀྱིས་གླེགས་བམ་ཕྱག་ཏུ་བཞེས་ཏེ་བདག་ཅག་རྣམས་ལ་དབང་བསྐུར་བ་རྒྱས་པར་གནང་བ་སོགས་མཁས་གྲུབ་ཐམས་ཅད་མཁྱེན་པས་འཇམ་མགོན་བླ་མའི་བཀའ་སྲོལ་བཟང་པོ་རྣམས་མི་ནུབ་པར་བྱ་བའི་ཕྱིར་རྡོ་རྗེ་སློབ་དཔོན་མཆོད་པ་དང་འཆད་ཉན་ཇི་ལྟར་བྱ་བའི་ཚུལ་དཀར་ཆག་ཐོའི་ཡིག་ཆུང་དུ་བཀོད་པ་ཚང་མ་ཆད་ལྷག་མེད་པ་མཛད་པས་འཇམ་མགོན་བླ་མའི་བསྟན་པ་ལ་བཀའ་དྲིན་ཟླ་མེད་དུ་མཛད་དོ། །དེ་ནས་དུས་འཁོར་ཚོ་ག་པ་རྣམས་ཀྱིས་ཞུས་ངོར་ཁོང་རྣམ་པ་དང་བདག་ཅག་རི་ཁྲོད་པ་རྣམས་བཅས་ལ་དུས་འཁོར་གྱི་ཚོ་ག་ཡོངས་རྫོགས་ཀྱི་ལུང་དང་། དུས་

ཀྱི་འཁོར་ལོའི་མན་ངག་ཕྱི་ནང་གཞན་གསུམ་སྦྱོར་ཚུལ་རྣམས་སྔ་གསང་མེད་(༢༨༧བ)པར་ཆེས་ཞིབ་པར་སྟོན། ཚོགས་ཆེན་དགེ་བསྐོས་ཆེན་མོས་ལུས་ནས་འདུས་ཚོགས་ལ་རྣམ་འགྲེལ་དབུ་མ་ཕར་ཕྱིན་འདུལ་བ་རྣམས་ལམ་རིམ་གྱི་ཉམས་ལེན་དང་སྦྱར་ནས་རྒྱས་པར་གསུངས་ཏེ་རྗེ་ཡབ་སྲས་ཀྱི་མཛད་སྒྲོལ་བཟང་པོ་ཉམས་པ་མེད་པར་མཛད་དོ། །བདེ་མཆོག་སྒྲུབ་མཆོད་ཀྱི་ཐོག་སྔགས་གྲྭའི་དགེ་འདུན་རྣམས་ལ་སྒྲུབ་མཆོད་ཀྱི་རིང་ཚ་ཉིང་མའི་ཚོགས་བར་ལ་བདེ་མཆོག་སྔས་དོན་ཀུན་གསལ་བདེ་མཆོག་རྩ་རྒྱུད་དང་རྩ་འགྲེལ་སྦྲགས་ཏེ་ཆོས་ཐུན་རེ་ལོ་ལྟར་གནང་སྲོལ་མཛད་འདུག་པ་འདི་ལོ་བདག་གིས་ཚར་གཅིག་ཚང་མ་གསུང་བར་གསོལ་བ་བཏབ་སྟེ་མ་རྒྱུད་ཐམས་ཅད་ཀྱི་གཙོ་བོ་དཔལ་འཁོར་ལོ་སྡོམ་པའི་རྩ་རྒྱུད་རྗེ་ཐམས་ཅད་མཁྱེན་པས་མཛད་པའི་རྒྱུད་འགྲེལ་སྦས་དོན་ཀུན་གསལ་དང་རྩ་འགྲེལ་སྦྲགས་ཏེ་དཀའ་བའི་གནད་རྣམས་ལ་གཟབས་བཤད་དང་བཅས་རྒྱས་པར་སྟོན། འདིའི་ཚེ་བླ་མ་རྡོ་རྗེ་འཆང་ཆེན་པོ་དཀྱིལ་འཁོར་གྱི་ལྷ་ཚོགས་དང་བཅས་པ་ལ་ཕྱི་ནང་གསང་བ་དེ་ཁོ་ན་ཉིད་ཀྱི་མཆོད་པ་རིན་པོ་ཆེའི་མཎྜལ་དང་བཅས་པ་སྔ་ཕྱི་གཉིས་སུ་རྒྱས་པར་བྱས་ཤིང་། གདང་རག་གི་ཚོགས་འཁོར་དང་ཟང་ཟིང་གི་ལོངས་སྤྱོད་ཅི་འབྱོར་པས་མཆོད་དེ་གསང་ཆེན་རྡོ་རྗེ་ཐེག་པའི་བསྟན་པའི་སྙིང་པོ་མཐར་ཐུག་པ་བདེ་མཆོག་རྩ་རྒྱུད་ཀྱི་བཤད་སྲོལ་བཟང་པོ་པཎ་ཆེན་ནཱ་རོ་ཏ་པའི་(༢༨༨ན)མན་ངག་ཆོས་ཀྱི་རྒྱལ་པོ་ཙོང་ཁ་པ་ཆེན་པོས་མགོན་པོ་འཇམ་པའི་དབྱངས་ཀྱི་མན་ངག་ལ་བརྟེན་ནས་ལེགས་པར་ཕྱེ་བ་འདི་ཉིད་མིང་ཙམ་ཡང་ནུབ་པ་ལ་ཉེ་བའི་དུས་འདིར་ཉམས་པ་གསོས་ཏེ་འཕེལ་ཞིང་རྒྱས་པའི་བཀའ་དྲིན་མཛད་པས་རྗེ་འདིས་རྒྱལ་བའི་བསྟན་པ་ལ་བྱ་བ་མཛད་པ་ཐམས་ཅད་ཀྱི་ནང་ནས་དཔལ་གསང་བ་འདུས་པའི་རྒྱུད་ཀྱི་བཤད་སྲོལ་དང་། དཔལ་དུས་ཀྱི་འཁོར་ལོའི་བཤད་སྲོལ་དང་། རྡོ་རྗེ་འཆང་ཆེན་པོའི་ལམ་གྱི་རིམ་པའི་སྒོ་ནས་རྒྱུད་སྡེ་

བཞི་ཀའི་ལམ་གྱི་བཤད་སྲོལ་དང༌། དཔལ་འཁོར་ལོ་སྡོམ་པའི་རྒྱུད་འགྲེལ་གྱི་བཤད་སྲོལ་འདི་རྣམས་ནི་མཛད་པ་ཀུན་གྱི་ནང་ནས་མཛད་པའང་མཆོག་ཏུ་གྱུར་པ་བསྟན་པའི་བྱ་བ་བླ་ན་མེད་པ་ཡིན་པས་གངས་ཅན་པ་ཐམས་ཅད་ཀྱིས་བཀའ་དྲིན་བསབ་པར་སླ་བ་མ་ཡིན་ཞིང་ཚུལ་འདི་དག་གི་སྒོ་ནས་རྗེ་འདིའི་བཀའ་དྲིན་དྲན་པར་བྱ་བ་དང༌། རྗེ་འདིའི་སྐུ་ཆེ་བའི་ཡོན་ཏན་ལ་བསྔགས་ཏེ་ཕྱོགས་སུ་ལྷུང་བ་མ་ཡིན་པར་གཟུ་བོའི་བློས་རྗེ་འདིའི་རྣམ་ཐར་བརྗོད་ཅིང་དྲན་པར་བྱའོ། །

དེ་ནས་གསེར་འཕྲུང་ཞེས་པ་མེ་མོ་བྱའི་ལོ་རྒྱལ་བ་ཐམས་ཅད་མཁྱེན་པ་རྗེ་བཙུན་བློ་བཟང་བསྟན་པའི་དབང་ཕྱུག་འཇམ་དཔལ་རྒྱ་མཚོས་ཐུགས་རྫོགས་བཞེས་པ་དང༌། དབང་ལུང་མན་ངག་རྒྱ་ཆེན་པོ་གསན་པ་སོགས་ཀྱི་ཆེད་དུ་རྗེ་འདི་སྤྱན་འདྲེན་ཞུས་ཏེ་དབུས་ཕྱོགས་སུ་ཕེབས་ནས་ཕོ་བྲང་ཆེན་པོ་པོ་ཏ་ལར་རྒྱལ་བ་ཐམས་ཅད་མཁྱེན་པ་ཆེན་པོ་ལ་གསུང་རབ་དགོངས་(༢༤༤བ)འགྲེལ་དང་བཅས་པའི་སྙིང་པོའི་དོན་བསྟན་པ་ཡོངས་རྫོགས་གང་ཟག་གཅིག་གི་ཉམས་ལེན་དུ་འཁྱེར་བའི་མན་ངག་འཇམ་མགོན་བླ་མ་ཙོང་ཁ་པ་ཆེན་པོའི་ཐུགས་ཀྱི་བཅུད་ཕྱུང་བ་བྱང་ཆུབ་ལམ་གྱི་རིམ་པའི་དམར་ཁྲིད་ཐམས་ཅད་མཁྱེན་པར་བགྲོད་པའི་བདེ་ལམ་གྱི་ཁྲིད་དང༌། ས་གསུམ་གྱི་སྒྲོན་མེ་གཅིག་པུ་ལེགས་བཤད་མ་ལུས་འདུ་བའི་ཆོས་ཀྱི་རྒྱ་མཚོ་ཆེན་པོ་བྱང་ཆུབ་ལམ་རིམ་ཆེན་མོའི་བཤད་ལུང་དང༌། ལྷག་པའི་ལྷ་མང་པོའི་རྗེས་གནང་སྒྲུབ་ཐབས་སོ་སོའི་ལུང་རྣམས་འབུལ་བར་མཛད་ཅིང༌། ས་ག་ཟླ་བའི་ཆོས་བཅོ་ལྔའི་ཉིན་ལྷ་ལྡན་སྤྲུལ་པའི་གཙུག་ལག་ཁང་དུ་ཕེབས་ནས་ཇོ་བོ་ཤཱཀྱ་མུ་ནེའི་སྐུ་མདུན་དུ་རྗེ་འདིས་མཁན་པོ་མཛད། ཡོངས་འཛིན་རིན་པོ་ཆེ་དགེ་དབང་ཆོས་གྲགས་ཀྱིས་ལས་སློབ། ཡོངས་འཛིན་ཞལ་སྔ་ནས་བློ་བཟང་ཆོས་འཕེལ་གྱིས་གསང་སྟོན། དགའ་ལྡན་ཁྲི་རིན་པོ་ཆེ་བློ་བཟང་བསྟན་པས་དུས་གོ་བ། བསྟན་པའི་གསལ་བྱེད་ཆེན་པོ་ཆ་གན་

ནོ་མོ་ཧན་གྱིས་ལྷུང་བཟེད་འབྲིམ་པ་པོ་མཛད་ཅིང་། ཤར་བྱང་གི་ཆོས་རྗེ་གཉིས་དང་སེ་འབྲས་དགེ་གསུམ་གྱི་བླ་མ་ཁྲི་པ་རྣམས་ཀྱིས་གཙོས་གངས་རིའི་ཁྲོད་ཀྱི་འདུལ་འཛིན་དམ་པ་ཉི་ཤུ་རྩ་ལྔའི་དབུས་སུ་གངས་ཅན་འགྲོ་བའི་མགོན་པོ་རྒྱལ་དབང་ཐམས་ཅད་མཁྱེན་པ་རྗེ་བཙུན་བློ་བཟང་བསྟན་པའི་དབང་ཕྱུག་འཇམ་དཔལ་རྒྱ་མཚོ་དཔལ་བཟང་པོ་གསོལ་བཞིའི་ལས་ཀྱིས་བསྙེན་པར་རྫོགས་ཏེ་ཐུབ་པའི་རྒྱལ་ཚབ་བྱང་ཕྱོགས་བསིལ་ལྡན་ལྗོངས་ཀྱི་བསྟན་པ་ཡོངས་(༢༤༩ན)རྫོགས་ཀྱི་བདག་པོར་མངའ་གསོལ། དེ་ནས་ཕོ་བྲང་ཆེན་པོ་པོ་ཏ་ལར་ཕེབས་ནས་རྗེ་བཙུན་རྡོ་རྗེ་རྣལ་འབྱོར་མས་སློབ་དཔོན་ཨ་བྷ་ཡ་ཀ་ར་རྗེས་སུ་བཟུང་སྟེ་གསང་ཆེན་རྡོ་རྗེ་ཐེག་པའི་དབང་གི་ཆུ་བོ་མང་པོ་གཅིག་ཏུ་བསྡུས་པ་རྡོ་རྗེ་ཕྲེང་བར་གྲགས་པའི་སྐོར་དང་བཅས་པ་ཡོངས་སུ་རྫོགས་པ་རྒྱལ་བ་ཐམས་ཅད་མཁྱེན་པ་ཆེན་པོར་འབུལ་བ་གནང་སྟེ། དེ་ཡང་ཐོག་མར་སློབ་མ་རྗེས་འཛིན། དེ་ནས་སློབ་མ་སྐྱ་གོན། དེ་ནས་གསང་འདུས་འཇམ་པའི་རྡོ་རྗེའི་དབང་ཆེན་ནས་བཟུང་བར་མ་ཆད་པར་རིམ་གྱིས་གནང་སྟེ་རྡོ་རྗེ་ཕྲེང་བ་ནས་བཤད་པའི་དབང་ཞེ་གཉིས་དང་། ཀྲི་ཡ་ས་མུ་ཙྪ་ནས་བཤད་པའི་དགེ་ལེགས་སུ་བྱེད་པའི་དཀྱིལ་འཁོར་གསུམ་སྟེ་དཀྱིལ་འཁོར་ཞེ་ལྔའི་དབང་ཡོངས་སུ་རྫོགས་པར་འབུལ་བར་མཛད། དེ་ནས་གྲུབ་ཆེན་མི་ཏྲ་ཛོ་གིའི་བཞེད་སྲོལ་མི་ཏྲ་བརྒྱ་རྩར་གྲགས་པའི་ལྷ་རྣམས་ཀྱི་དབང་ཡོངས་སུ་རྫོགས་པ་དང་། སྒྲུབ་ཐབས་རྒྱ་མཚོའི་རྗེས་གནང་ཡོངས་སུ་རྫོགས་པ་དང་། མགོན་པོའི་བཀའ་ཆེན་བཅུ་གསུམ་ཡོངས་རྫོགས་དང་། གཞན་ཡང་ལྷག་པའི་ལྷ་མང་པོའི་དབང་དང་རྗེས་གནང་བཟླས་ལུང་མན་ངག་ལག་ཁྲིད་སོགས་མཐའ་ཡས་པ་གནང་སྟེ་རྒྱལ་བ་ཐམས་ཅད་མཁྱེན་པ་ཆེན་པོ་མདོ་སྔགས་བསྟན་པའི་བདག་པོར་མངའ་གསོལ་ལོ། དེ་ནས་སེ་འབྲས་དགེ་གསུམ་རྒྱུད་སྟོད་སྨད་སོགས་དབུས་ཕྱོགས་ཀྱི་དགེ་འདུན་བགྲང་(༢༤༩བ)བ་ལས་འདས་པ་དང་། དབུས་ཕྱོགས་ཀྱི་

སྐྱེ་བོ་ཁྲིམ་པ་དང་ལྡན་བགྲང་བ་ལས་འདས་པ་དང་། ཕྱོགས་འདུས་ཀྱི་སེར་སྐྱ་བགྲང་བ་ལས་འདས་པ་དག་ལ་ཞལ་གྱི་དཀྱིལ་འཁོར་བསྟན་ཏེ་སྐུ་མཐོང་བ་དང་། གསུང་ཐོས་པ་དང་། ཕྱག་གིས་གང་གི་མགོ་ལ་རེག་པ་ཐམས་ཅད་རིམ་གྱིས་སྨིན་ཅིང་གྲོལ་བའི་འཕྲིན་ལས་མཛད། ཕྱི་རབས་ཀྱི་གདུལ་བྱ་རྣམས་ལ་རང་ལ་ལམ་མ་ནོར་བར་སྟོན་པའི་དགེ་བའི་བཤེས་གཉེན་ནི་ཕྱོགས་བཅུའི་སངས་རྒྱས་ཐམས་ཅད་ལས་ལྷག་པའི་མཆོད་ཡུལ་དམ་པ་ཡིན་ཞིང་། ཕྱོགས་བཅུའི་རྒྱལ་བ་ཐམས་ཅད་མཆོད་པ་བས་བླ་མའི་སྐུའི་བ་སྤུ་གཅིག་མཆོད་པ་དང་། བླ་མའི་འདྲ་འབག་མཆོད་པ་བསོད་ནམས་ལྷག་པས་བདག་ལེགས་སུ་འདོད་པ་དག་གིས་རང་ཉིད་ཆེན་པོའི་གོ་ས་ཅི་འདྲ་ཞིག་ལ་གནས་པ་ཡིན་ཡང་རང་ལ་ཆོས་སྟོན་པའི་བླ་མ་ལ་གུས་པ་འདི་ལྟར་བྱ་དགོས་སོ། །ཞེས་འདོམས་པའི་ཕྱིར་ཕུར་བུ་ལྕོག་ཏུ་ཕེབས་ཏེ་རྗེ་བཙུན་བླ་མ་ངག་དབང་བྱམས་པའི་སྐུ་གདུང་ལ་མཆོད་ཚོགས་རྒྱ་ཆེན་པོས་མཆོད་པར་མཛད་ཅིང་། བླ་མ་རིན་པོ་ཆེ་དེ་ཉིད་ཀྱི་དགོངས་པ་ཡོངས་སུ་བཀང་བའི་ཕྱིར་ཆོས་ར་ཆེན་མོའི་ཁྲི་ལ་ཕེབས་ཏེ་དད་འདུས་ཀྱི་སེར་སྐྱ་སྟོང་ཕྲག་བརྒྱལ་བར་སེམས་བསྐྱེད་གནང་ཞིང་། བྱམས་མགོན་བླ་མ་རིན་པོ་ཆེ་དེ་ཉིད་ཀྱིས་ཇི་ལྟར་གསུང་བ་ལྟར་རྒྱལ་བསྟན་སྙིང་པོ་བྱང་ཆུབ་ལམ་གྱི་རིམ་པ་ཕྱོགས་ཐམས་ཅད་དུ་འཕེལ་ཞིང་རྒྱས་པ་དང་། ལམ་འདི་སྟོན་པའི་བཤེས་གཉེན་དམ་པ་ཐམས་ཅད་(༢༥༠ན)སྐུ་ཚེ་བརྟན་ཅིང་འཕྲིན་ལས་རྒྱས་པ་དང་། མཐའ་དབུས་སྐྱེ་འགྲོ་མ་ལུས་ལམ་བཟང་འདི་ལ་ཞུགས་ཏེ་སྨིན་ཅིང་གྲོལ་བའི་ཐུགས་སྨོན་རྒྱ་ཆེར་མཛད།

དེ་ནས་ཕོ་བྲང་ཆེན་པོར་ཕེབས་ནས་གངས་ཅན་འགྲོ་བའི་མགོན་པོ་རྒྱལ་དབང་མཆོག་ལ་མཐའ་དབུས་སྐྱེ་འགྲོ་མ་ལུས་དམ་པའི་ཆོས་ཀྱིས་ཚིམ་པར་མཛད་པ་དང་། མགོན་པོ་ཐུགས་རྗེ་ཅན་ཉིད་ཀྱིས་སྔོན་ཡུན་རིང་པོ་ནས་ཕྱག་མཚན་དུ་བཟུང་བའི་བྱང་

ཕྱོགས་གངས་རིའི་ལྗོངས་འདི་ལུགས་གཉིས་ཀྱིས་སྐྱོང་ཚུལ་འདི་ལྟར་མཛད་དགོས་སོ་ཞེས་ཞལ་ཏ་ཞིབ་རྒྱས་སུ་ཞུ་བར་མཛད་ནས་རྒྱལ་བ་ཡབ་སྲས་གཉིས་ཀ་ཕན་ཚུན་ཐུགས་འཕྲེང་བཞིན་པས་སྐྱབས་འཇུག་ཞུ་བར་མཛད་དེ་རྗེ་འདིས་གཙང་ཕྱོགས་སུ་ཆིབས་ཁ་བསྐྱོད་ནས་བཀྲ་ཤིས་ལྷུན་པོར་ཕེབས་ཏེ་སྐུག་མར་གནས་པ་དང་། ཕྱོགས་ཕྱོགས་ནས་འདུས་པའི་དགེ་འདུན་བགྲང་བ་ལས་འདས་པ་ལ་ཆོས་ཀྱི་འཁོར་ལོ་བརྒྱུད་མར་བསྐོར་ཞིང་། རྗེ་འདི་ཉིད་ལ་འཛམ་གླིང་ཡངས་པའི་ས་ཆེན་པོའི་ཁྱོན་ལ་གནས་པའི་སྐྱེ་བོ་མཐའ་དག་གིས་རང་རང་གི་ཡོ་བྱད་གཅེས་པ་གང་ཡོད་འབུལ་བར་བྱེད་པས་གསེར་དང་དངུལ་ལ་སོགས་པའི་རིན་པོ་ཆེའི་བང་མཛོད་དང་། གཞན་ཡང་ཡོ་བྱད་ཀྱི་ཁྱད་པར་རྣམ་ཐོས་ཀྱི་བུའི་ནོར་ལ་འགྲན་པ་ལྟ་བུ་མཆིས་པ་རྣམས་ནམ་ཡང་ཆུད་མི་ཟ་བའི་ཕྱིར་དད་ལྡན་སོ་སོའི་ཚོགས་རྫོགས་པའི་ཐབས་དང་། རྒྱལ་བའི་བསྟན་པ་རིན་པོ་ཆེ་འཕེལ་བའི་ཐབས་འབའ་ཞིག་ཏུ་སྒྱུར་བར་(༡༨༠བ)མཛད་དེ་སྐུ་གསུང་ཐུགས་རྟེན་བཞེང་བ་དང་། རིས་སུ་མ་ཆད་པའི་དགེ་འདུན་གྱི་སྡེ་ལ་བསྙེན་བཀུར་བ་དང་། དབུལ་ཕོངས་རྣམས་ལ་གང་ལ་གང་འདོད་ཀྱི་སྦྱིན་པ་མཛད་ཅིང་། ལྷག་པར་སྐབས་འདིར་རྒྱལ་བའི་བསྟན་པ་ལ་སྲི་ཞུ་བླ་ལྷག་ཏུ་མཛད་བཞེད་པ་དང་། སྔོན་སངས་རྒྱས་མཐོང་བའི་དཀར་ཕྱོགས་ཀྱི་ལྷ་ཀླུ་རྣམས་དགའ་ཞིང་མགུ་བར་བྱ་བ་དང་། སྐོབས་འབྱོར་ཅན་རྣམས་ལ་སྔོན་བསགས་བསོད་ནམས་ཀྱི་མཐུས་འབྱོར་པ་ཐོབ་པ་རྣམས་ཚུལ་འདི་ལྟར་དུ་ཆུད་མི་ཟ་བར་བྱ་དགོས་སོ་ཞེས་འདོམས་པར་བྱ་བའི་ཕྱིར་གསེར་ཉོ་སྟོང་ཕྲག་མང་པོ་བཞུ་བཏུལ་མཛད་དེ་རྒྱལ་བའི་བཀའ་གངས་ཅན་དུ་འགྱུར་རོ་ཅོག་ཐམས་ཅད་དང་། དཔལ་མགོན་འཕགས་པ་ཀླུ་སྒྲུབ་དང་འཕགས་པ་ཐོགས་མེད་སོགས་རྒྱལ་བས་ལུང་བསྟན་པའི་ཤིང་རྟ་ཆེན་པོ་རྣམས་ཀྱིས་རྒྱལ་བའི་གསུང་རབ་ཀྱི་དགོངས་པ་འགྲེལ་བའི་ཕྱིར་དུ་མདོ་སྔགས་ཀྱི་བསྟན་བཅོས་ཇི་སྙེད་ཅིག་མཛད་པ

རྣམས་དང་། གཞན་ཡང་འཕགས་ཡུལ་གྱི་པཎ་གྲུབ་བགྲང་བ་ལས་འདས་པས་རྒྱལ་བའི་གསུང་རབ་ཀྱི་དགོངས་པ་འགྲེལ་བའི་བསྟན་བཅོས་མཛད་པ་མཐའ་ཡས་པ་ཡོད་པ་ལས་གངས་རིའི་ལྗོངས་འདིར་སྔོན་ཆད་བསྟན་བཅོས་འགྱུར་རོ་ཅོག་ཐམས་ཅད་དང་། ཁམས་གསུམ་ཆོས་ཀྱི་རྒྱལ་པོ་ཙོང་ཁ་པ་ཆེན་པོའི་གསུང་འབུམ་ཡོངས་རྫོགས་དང་། རྒྱལ་ཚབ་དར་མ་རིན་ཆེན་གྱི་གསུང་འབུམ་ཡོངས་རྫོགས་དང་། མཁས་གྲུབ་དགེ་ལེགས་དཔལ་བཟང་པོའི་གསུང་འབུམ་ཡོངས་རྫོགས་དང་། (༢༨༧ན)པཎ་ཆེན་བློ་བཟང་ཆོས་ཀྱི་རྒྱལ་མཚན་གྱི་གསུང་འབུམ་ཡོངས་རྫོགས་དང་། རྗེ་བཙུན་བློ་བཟང་ཡེ་ཤེས་ཀྱི་གསུང་འབུམ་ཡོངས་རྫོགས་དང་། རྒྱལ་བ་ཐམས་ཅད་མཁྱེན་པ་རྗེ་བཙུན་བློ་བཟང་བསྐལ་བཟང་རྒྱ་མཚོའི་གསུང་འབུམ་ཡོངས་རྫོགས་རྣམས་མཐིང་ཤོག་བཟང་པོའི་ངོས་ལ་གསེར་འབབ་ཞིག་གིས་བྲིས་པ་གླེགས་བམ་སོ་སོར་ན་བཟའ་གདོང་དར་གླེགས་ཤིང་སྐྲ་རགས་རྣམས་ཁྱད་པར་དུ་འཕགས་པ་པོད་བཞི་བརྒྱར་ཉེ་བ་གསར་བསྐྲུན་མཛད་དེ་བཀྲ་ཤིས་ལྷུན་པོ་དཔལ་གྱི་སྡེ་ཆེན་ཕྱོགས་ཐམས་ཅད་ལས་རྣམ་པར་རྒྱལ་བའི་གླིང་གི་གཙུག་ལག་ཁང་དུ་རིན་པོ་ཆེ་སྣ་ཚོགས་ཀྱིས་སྤྲ་བཀོད་པའི་གདན་ཁྲི་བཟང་པོ་ལ་བཞུགས་སུ་གསོལ་ཏེ་མཆོད་པའི་དངོས་པོ་ཚད་མེད་པས་མཆོད་ཅིང་། བསླབ་གསུམ་ལྡན་པའི་དགེ་འདུན་སྡོང་ཕྲག་མང་པོ་དང་ལྷན་ཅིག་ཏུ་ཇི་སྲིད་བྱམས་མགོན་དབུས་འགྱུར་ཚལ་དུ་མ་བྱོན་བར་དུ་གནས་འདིར་རྒྱལ་བསྟན་མི་ཉམས་ཤིང་གོང་ནས་གོང་དུ་འཕེལ་བའི་བདེན་ཚིག་བརྗོད་ཅིང་རབ་ཏུ་གནས་པ་རྒྱས་པར་མཛད་དོ། །

དེ་ལྟར་རྗེ་འདིས་རྒྱལ་བ་སྲས་བཅས་ཐམས་ཅད་ཀྱི་མཛད་པའི་ཁུར་བདག་གིར་བཞེས་ཏེ་ཐོས་བསམ་སྒོམ་གསུམ་འཆད་རྩོད་རྩོམ་གསུམ་གྱི་སྒོ་ནས་བསྟན་པའི་བྱ་བ་རྒྱ་ཆེར་མཛད་ཅིང་ཕྱི་རབས་ཀྱི་གདུལ་བྱ་རྣམས་ལ་མདོ་སྔགས་ཀྱི་ཆོས་ལ་བསླབ་

ཚུལ་འདི་ལྟར་བྱ་དགོས་སོ་ཞེས་འདོམས་(༢༩༡བ)ཕྱིར་ལེགས་བཤད་ཀྱི་རྩོམ་པའང་མང་དུ་མཛད་དེ། འདི་ལྟར་གསུང་རབ་དགོངས་འགྲེལ་དང་བཅས་པའི་དོན་ཐམས་ཅད་གང་ཟག་གཅིག་གི་ཉམས་ལེན་གྱི་རིམ་པར་བསྒྲིགས་པ་བྱང་ཆུབ་ལམ་གྱི་རིམ་པའི་ཁྲིད་ཡིག་གཞན་ཕན་བདུད་རྩིའི་བུམ་པ་དང་། བདེ་ལམ་སྨྱོང་ཁྲིད། རྗེ་བཙུན་བློ་བཟང་ཡེ་ཤེས་དཔལ་བཟང་པོའི་སྐུ་གསུང་ཐུགས་ཀྱི་མཛད་པ་མ་ལུས་པ་གསལ་བར་བྱེད་པའི་རྣམ་པར་ཐར་པ་འོད་དཀར་ཅན་གྱི་ཕྲེང་བའི་སྐད་ཆ། རྗེ་བཙུན་ངག་དབང་བྱམས་པ་རིན་པོ་ཆེའི་རྣམ་ཐར་དད་པའི་འདབ་བརྒྱ་བཞད་པར་བྱེད་པའི་ཉི་མ། རྗེ་བཙུན་ཐམས་ཅད་མཁྱེན་པ་བློ་བཟང་བསྐལ་བཟང་རྒྱ་མཚོའི་སྐུ་གདུང་ཡིད་བཞིན་གྱི་ནོར་བུ་སྙིང་པོར་བཞུགས་པའི་ལྟར་བཅས་སྐྱེ་དགུའི་མཆོད་སྡོང་ཆེན་པོའི་དཀར་ཆག་འོད་ཟེར་ཕྱོགས་བརྒྱར་འགྱེད་པའི་སྣང་བྱེད། རྗེ་བཙུན་རྡོ་རྗེ་འཆང་ཆེན་བློ་བཟང་བཟོད་པ་དཔལ་བཟང་པོའི་རྣམ་ཐར་ངོ་མཚར་དཔག་མེད། དམིགས་བརྩེ་མའི་ལས་ཚོགས་བཅུ་གཅིག་ནག་འགྲོས་སུ་བཀོད་པ། དེའི་དོན་བཤད་པ། དགའ་ལྡན་ལྷ་བརྒྱ་མའི་སྐབས་སུ་ཉེར་མཁོའི་ཁ་ཆར། རྗེ་བླ་མ་ཙོང་ཁ་པ་ཆེན་པོའི་བླ་མའི་རྣལ་འབྱོར་མཁས་གྲུབ་རྗེར་ཞལ་གཟིགས་དང་མཐུན་པ། འཕགས་པ་གནས་བརྟན་བཅུ་དྲུག་གི་རྣམ་ཐར། རྗེ་བཙུན་བློ་བཟང་བསྟན་པའི་དབང་ཕྱུག་འཇམ་དཔལ་རྒྱ་མཚོའི་བརྟན་བཞུགས་དང་རྗེ་རང་ཉིད་ཀྱི་བརྟན་བཞུགས་སོགས་བརྟན་བཞུགས་དང་འབྲུངས་རབས་(༢༩༢ན)གསོལ་འདེབས་རྗེས་འཛིན་སྨོན་ལམ་གྱི་རིམ་པ་མང་པོ། མདོ་སྔགས་ཀྱི་གནད་རྣམས་ལ་དྲི་བ་ཞུས་པའི་དྲིས་ལན། འདོད་ལྷ་སྣ་ཚོགས་ཀྱི་བསྟོད་ཚོགས་གསོལ་འདེབས་མང་པོ། བསླབ་བྱ་སྤྱི་དང་དགོན་སྡེ་ཁག་གི་བཅའ་ཡིག་མང་པོ། རྟེན་གསར་བཞེངས་ཀྱི་དཀར་ཆག་དང་རྒྱབ་ཡིག་ཞལ་བྱང་སོགས། འདོད་ལྷ་སྣ་ཚོགས་ལ་བརྟེན་པའི་ལྟུང་བ་བཤགས་བསྡུམ་བྱ་ཚུལ། ཆབ་ཤོག་གི་སྐོར་མང་པོ། དབེན་ས་ཆོས

ཀྱི་ཕོ་བྲང་གི་གནས་བསྟོད་སོགས་གནས་བསྟོད་མང་པོ། ལྷ་སྣ་ཚོགས་ཀྱི་སྒྲུབ་ཐབས་ཀྱི་མཇུག་ཏུ་བྱ་བའི་སྨོན་ལམ་ཤིས་བརྗོད། གྲུབ་ཆེན་དྲིལ་བུ་ལུགས་ཀྱི་ལུས་དཀྱིལ་གྱི་མངོན་རྟོགས་ངག་འདོན། བཅོམ་ལྡན་འདས་འཇམ་དཔལ་རྡོ་རྗེའི་བདག་མདུན་བུམ་གསུམ་སློབ་མ་སྐྱ་གོན་དང་བཅས་པ། རྟེན་གསུམ་རྣམས་ལ་སྔན་ཤལ་སྤྱན་གཟིགས་ན་བཟའ་བཅས་ཕུལ་བའི་འདོད་གསོལ་མང་པོ། བདེ་གསང་འཇིགས་གསུམ་སོགས་ལྷ་མང་པོ་ལ་བརྟེན་པའི་བླ་མའི་རྣལ་འབྱོར་མང་པོ། འཁོར་ལོ་སྡོམ་པ་ལཱུ་ཨི་པའི་ལུགས་ཀྱི་བདག་བསྐྱེད་བསྡུས་པ། བདེ་མཆོག །འཁོར་ཆེན། དགའ་ལྡན་ལྷ་བརྒྱ་མ། དུས་འཁོར་བཅས་ཀྱི་བསྟེན་ཡིག །བླ་མ་སངས་རྒྱས་བྱང་སེམས་ལ་བརྟེན་པའི་འཕོ་བ་མང་པོ། སྤྱན་རས་གཟིགས་རྒྱལ་བ་རྒྱ་མཚོའི་སྒྲུབ་ཐབས་སོགས་ལྷག་པའི་ལྷ་མང་པོའི་སྒྲུབ་ཐབས་དུ་མ། མ་ཎི་རིལ་སྒྲུབ། བྲིས་འབུར་གྱི་སྐུ་སོགས(༢༩༢བ)རྟེན་གསུམ་བཞེང་ཚུལ། ལྷ་སྣ་ཚོགས་ཀྱི་ལས་བཞིའི་སྦྱིན་སྲེག་གི་ཆོ་ག །དཔལ་འཁོར་ལོ་སྡོམ་པའི་ཞི་བའི་སྦྱིན་སྲེག་དང་དྲག་པོའི་སྦྱིན་སྲེག་གི་ཁ་སྐོང་། དཔལ་རྡོ་རྗེ་འཇིགས་བྱེད་ཀྱི་དབང་གི་སྦྱིན་སྲེག །དཔལ་དུས་ཀྱི་འཁོར་ལོའི་ཞི་བའི་སྦྱིན་སྲེག །རྡོར་དབྱིངས་ཀྱི་སྦྱིན་སྲེག །སྒྲོལ་མའི་སྦྱིན་སྲེག །འཇམ་དབྱངས་དཀར་པོའི་སྦྱིན་སྲེག །ཡེ་ཤེས་མགོན་པོ་ཕྱག་དྲུག་པའི་ཞི་རྒྱས་ཀྱི་སྦྱིན་སྲེག །ཆོས་སྐྱོང་དྲེགས་པ་ལྕམ་སྲིང་གི་སྦྱིན་སྲེག །ཚེ་བདག་མགོན་པོ་ལ་བརྟེན་པའི་ཚེ་དབང་བྱ་ཚུལ། བཟང་སྤྱོད་ལ་བརྟེན་པའི་འཆི་བསླུ། གསང་བ་འདུས་པ་སོགས་ཀྱི་ཚོགས་མཆོད། སྐྱུང་གནས་བླ་བརྒྱུད་རྣམ་ཐར་ཕན་ཡོན་དང་བཅས་པ། བླ་བརྒྱུད་གསོལ་འདེབས་ཀྱི་སྐོར། དཔལ་དུས་ཀྱི་འཁོར་ལོའི་སྐུ་གསུང་ཐུགས་ཡོངས་སུ་རྫོགས་པའི་སྒྲུབ་ཐབས་བདུད་རྩིའི་འབྱུང་གནས། དེའི་སྒྲུབ་ཐབས་རིན་པོ་ཆེའི་གཏེར་མཛོད། དཔལ་རྡོ་རྗེ་འཇིགས་བྱེད་ཀྱི་བསྐྱེད་རིམ། དེའི་བསྐྱེད་རིམ་ཚོགས་བཅད་མ། དེའི་རྫོགས་རིམ། ཡང་དེའི་ལམ་རིམ

གཉིས་ཀྱི་ཁྲིད་མདོར་བསྡུས། དེའི་སྒོ་ནས་རབ་གནས་བྱ་ཚུལ་མདོར་བསྡུས། དེ་ལ་བརྟེན་ནས་གཤིན་པོ་རྗེས་འཛིན། དེ་ལ་བརྟེན་ནས་དྲག་ཞི་བར་བྱེད་ཐབས། འཇིགས་བྱེད་དམར་པོ་ཞལ་གཅིག་ཕྱག་གཉིས་པ་ལ་བརྟེན་པའི་དྲག་དབང་བསྐུར་ཚུལ། དཔལ་འཁོར་ལོ་སྡོམ་པའི་དབང་དོན་ཟབ་གསང་གི་གནད་བསྡུས་པ། འཁོར་ལོ་སྡོམ་པ་དྲིལ་བུ་ལྷ་ལྔའི་སྒྲུབ་ཐབས་བླ་རྒྱུད་དང་བཅས་པ། (༢༩༣ན)དེའི་བུམ་བསྐྱེད་དང་མདུན་བསྐྱེད་དབང་ཆོག་དང་བཅས་པ། དགྱེས་རྡོར་ལྷ་དགུའི་སྒྲུབ་ཐབས་བདུད་རྩིའི་ཆུ་རྒྱུན། རྣམ་སྣང་མངོན་བྱང་གི་བདག་བསྐྱེད། དེའི་དཀྱིལ་ཆོག །དེའི་དབང་ཆོག་སྨོན་ལམ་ཤིས་བརྗོད་དང་བཅས་པ། རྨ་བྱའི་རྒྱལ་པོ་གསེར་དུ་སྣང་བ་ལ་བརྟེན་ནས་དུག་ཞི་བར་ཕྱེད་ཚུལ། ལམ་རིམ་གཉིས་ཀྱི་གནད་རྣམས་རྡོ་རྗེའི་མགུར་དུ་བཞེངས་པའི་དགོངས་དོན་འགྲེལ་པར་བྱེད་པ་གསང་ཆེན་ལམ་གྱི་སྒོ་འབྱེད། གཏོར་ཆེན་དྲུག་ཅུ་པའི་ཞལ་ཤེས། རྡོ་རྗེ་མཁའ་ལྡིང་ནག་པོ་ལ་བརྟེན་པའི་རང་གཞན་གྱི་སྡིག་སྒྲིབ་སྦྱོང་ཞིང་མི་གཙང་བ་བཀྲུ་ཚུལ། ཤམྦྷ་ལར་སྐྱེ་བའི་སྨོན་ཚིག་དང་དེའི་ཞིང་བཀོད་འདྲི་ཚུལ། ལྷ་མོ་དབྱངས་ཅན་མ་ལ་བསྟོད་པ། སྨུར་མཛད་ཡེ་ཤེས་ཀྱི་མགོན་པོ་ཕྱག་དྲུག་པ་སོགས་ཆོས་སྐྱོང་མང་པོ་ལ་མཆོད་གཏོར་འབུལ་ཚུལ་དང་སྒྲུབ་ཐབས་ལས་ཚོགས་ཀྱི་རིམ་པ་དུ་མ། གསང་སྔགས་རྒྱུད་པ་གྲྭ་ཚང་གི་གཏོར་བཟློའི་རིམ་པ། གཞི་བདག་གཏོར་མ་དང་བཀའ་བསྒོའི་རིམ་པ། གསུང་ཐོར་བུ་བ་སོགས་ལེགས་བཤད་མཐའ་ཡས་པ་མཛད་དོ། །དེ་ལྟར་རྗེ་འདིས་དབུས་གཙང་གི་ལྗོངས་སུ་སྐུ་ཚེ་འདིར་དངོས་སུ་འདུལ་བའི་སྣོད་རུང་གི་གདུལ་བྱ་མཐའ་དག་ལ་འཕྲིན་ལས་གང་མཛད་དགོས་པ་རྣམས་མཛད་ཟིན་ནས་སྔོན་སྟོན་པ་ཐུབ་པའི་དབང་པོས་དངོས་ཀྱི་གདུལ་བྱ་ཕལ་མོ་ཆེའི་དོན་མཛད་ཟིན་ནས་སྐུ་ཚེ་དེའི་གདུལ་བྱའི་ཐ་མ་ཀུན་ཏུ་རྒྱུ་རབ་བཟང་བ་དང་། དྲི་ཟའི་རྒྱལ་པོ་རབ་དགའ་འདུལ་ཕྱིར(༢༩༣བ)གྲོང་ཁྱེར་རྩྭ་ཅན་དུ་བྱོན་པ་ཇི་ལྟ་བར་

རྗེ་འདིས་ཀྱང་མདོ་ཁམས་ཕྱོགས་ཀྱི་གདུལ་བྱ་བགྲང་བ་ལས་འདས་པ་དང་། རྒྱ་ཧོར་གྱི་གདུལ་བྱ་བགྲང་བ་ལས་འདས་པ་ཞིག་ལ་མཐོང་ཐོས་དྲན་རེག་གི་འབྲེལ་པ་བཞག་སྟེ་སྨིན་གྲོལ་ལ་འགོད་པར་མཛད་བཞིན་པ་དང་། གཙོ་བོར་ནི་སྔོན་ཡུན་རིང་པོ་ནས་ཐུགས་བསྐྱེད་དེ་འཇམ་མགོན་བསྟན་པ་འཛིན་ཅིང་སྤེལ་བ་དང་སྐྱོང་བའི་སྨོན་ལམ་རླབས་པོ་ཆེའི་མཐུ་གྲུབ་པ་སའི་ཚངས་པ་ཆེན་པོ་འཇམ་དབྱངས་གོང་མ་བདག་པོ་ཆེན་པོ་དང་ཞལ་འཛོམ་སྟེ་འཛམ་གླིང་སྐྱེ་འགྲོ་ཡོངས་ལ་ཕན་བདེ་སྤེལ་བ་དང་། ལྷ་དང་བཅས་པའི་འགྲོ་བ་མ་ལུས་པའི་ཕན་བདེའི་གཞི་གཅིག་པུ་རྒྱལ་བའི་བསྟན་པ་རིན་པོ་ཆེ་མི་ཉམས་ཤིང་འཕེལ་བ་དང་། ལྷག་པར་འཇམ་མགོན་བླ་མའི་ལུགས་བཟང་དྲི་མ་མེད་པ་འདི་ཉིད་ནམ་ཡང་མི་ཉམས་ཤིང་ཆེས་ཆེར་འཕེལ་བར་བྱ་བ་སོགས་རྒྱལ་སྲས་དཔའ་བོའི་མཛད་པའི་ཚུལ་ལས་བརྩམས་ཏེ་གསང་བ་ཟབ་མོའི་བཀའ་བགྲོ་བ་མཛད་བཞིན་པས་དབང་ཕྱོགས་སུ་ཆིབས་ཁ་བསྒྱུར། ལམ་བར་དག་ཏུ་ཉི་མ་རེ་རེ་བཞིན་སྐྱེ་བོ་བགྲང་བ་ལས་འདས་པ་ཞལ་གྱི་དཀྱིལ་འཁོར་ལ་བལྟས་ཏེ་གསོལ་འདེབས་ཀྱི་ང་རོ་དབྱངས་སུ་སྒྲོགས་པ་དག་དང་། རིན་པོ་ཆེའི་མེ་ཏོག་གཏོར་ཏེ་གསོལ་བ་འདེབས་པ་དག་དང་། བློ་མཆོག་ཏུ་སྒྱུར་པ་འགའ་ཞིག་གསུང་རབ་ཀྱི་དཀའ་གནས་ལས་བརྩམས་ཏེ་དྲི་བ་ཞུ་བ་དང་། སྔོན་ཁྲིད་དམ་པའི་རྗེས་སུ་སློག་པར་འདོད་པ་འགའ་ཞིག་མན་ངག་གི་བདུད་རྩི་ཞུ་བ་སོགས་གདུལ་བྱ་རང་རང་གི་དབང་པོ་དང་། ཁམས་(༢༩༨ན)དང་། བསམ་པ་དང་། བག་ལ་ཉལ་དང་མཐུན་པར་ཆོས་སྟོན་པ་སོགས་མཐོ་རིས་དང་ཐར་པའི་སྒོ་ཕྱེ་ཞིང་། ངན་སོང་གསུམ་གྱི་སྒོ་བཀག་ནས་སྔོན་སྟོན་པ་ཐུབ་པའི་དབང་པོས་མ་ག་དྷ་བཟང་མོས་གསོལ་བ་བཏབ་པ་ལྟར་ཐུ་རམ་ཤིང་འཕེལ་དུ་བྱོན་པའི་མཛད་པ་རྣམ་ཐར་ཇི་ལྟ་བ་དེ་བཞིན་དུ་མཛད་དོ། །

དེ་ལྟར་རིམ་གྱིས་བྱོན་ནས་ཀུན་ལྡན་ཞེས་པ་ལྕགས་ཕོ་བྱི་བའི་ལོ་བཀྲ་ཤིས་པའི་

དུས་ཆེས་དགེ་བར་ཡངས་པའི་ས་ཆེན་པོ་ལ་སྟོབས་ཀྱི་འཁོར་ལོས་བསྒྱུར་བ་འཇམ་དབྱངས་སའི་ཚངས་པ་ཆེན་པོ་དང་ཞལ་མཇལ་ཏེ། དེའི་ཚེ་སྔོན་སྟོན་པ་ཐུབ་པའི་དབང་པོ་སུམ་ཅུ་རྩ་གསུམ་དུ་ཕེབས་པའི་ཚེ་ལྷའི་དབང་པོ་བརྒྱ་བྱིན་གཞི་བརྫིད་བཟོད་པར་དཀའ་བའི་ཉེ་དབང་རྣམས་ཀྱི་གཙོས་ལྷ་བགྲང་བ་ལས་འདས་པ་དག་གིས་བསྐོར་ཞིང་འཇིག་རྟེན་སྐྱོང་བ་བཞི་འཁོར་བགྲང་བ་ལས་འདས་པ་དང་བཅས་པ་དག་གིས་ལྷའི་རོལ་མོ་སྣ་ཚོགས་པ་དཀྲོལ་ཞིང་ལྷའི་གདུགས་དང་། ལྷའི་རྒྱལ་མཚན་དང་། ལྷའི་བ་དན་དང་། ལྷའི་མེ་ཏོག་གི་ཕྲེང་བ་དག་གིས་མཆོད་ཅིང་བསུས་ནས་རྣམ་པར་རྒྱལ་བའི་ཁང་བཟང་ཆེན་པོར་ཕེབས་པ་ཇི་ལྟ་བ་དེ་འདྲ་བར་སྲིད་འགྱུར་གྱི་ཡོ་ལང་བསམ་གྱིས་མི་ཁྱབ་པ་དང་བཅས་སའི་ཚངས་པ་ཆེན་པོ་དང་ཞལ་འཛོམ་སྟེ། སྐྱེ་འགྲོའི་བདེ་སྐྱིད་དང་རྒྱལ་བའི་བསྟན་པ་ཇི་ལྟར་སྤྱེལ་བའི་ཚུལ་ལས་བརྩམས་ཏེ་བཀའ་བགྲོ་བ་ཡང་དང་ཡང་དུ་མཛད་ཅིང་། འཇམ་དབྱངས་གོང་མ་(༡༩༥༨བ)བདག་པོ་ཆེན་པོ་བསྟན་འགྲོ་ཡོངས་ཀྱི་སྤྱི་དཔལ་དུ་སྐུ་ཚེ་ཁྲི་ཕྲག་མང་པོར་མི་ཤིགས་རྡོ་རྗེའི་གཡུང་དྲུང་ལྟར་བརྟན་པ་དང་། མཛད་པ་འཕྲིན་ལས་རྣམས་དབྱར་གྱི་ལང་ཚོ་དར་ལ་བབ་པའི་མཚོ་ཆེན་ལྟར་ཆེས་ཆེར་འཕེལ་བ་དང་། འཇམ་མགོན་བླ་མའི་བསྟན་པ་འཛིན་ཅིང་སྐྱོང་བ་ལ་ནམ་ཡང་འགྱུར་བ་མེད་པར་རྡོ་རྗེའི་ཁམས་ལྟར་བརྟན་པའི་འཕྲིན་ལས་མཛད། རྒྱ་མཚོའི་གླིང་བར་ཚུན་ཆད་ནས་ཞལ་གྱི་དཀྱིལ་འཁོར་བལྟ་བའི་ཕྱིར་ལྷགས་པ་དག་ལ་དགེ་བའི་རྩ་བ་བསྐྱུན་པར་མཛད་དེ་སྐུ་ཚེ་འདིའི་དངོས་ཀྱི་མཛད་པ་མཐའ་དག་རྫོགས་པ་ན་གདུལ་བྱ་རྟག་འཛིན་ཅན་རྣམས་ལ་སྐྱོར་འདུས་བྱས་ཐམས་ཅད་ནི་སྟོད་པའི་མཐུ་མེད་ཅིང་། ལྷག་པར་སྙིགས་མའི་དུས་ཀྱི་མི་རྣམས་ནི་ཡུན་རིང་པོར་སྡོད་པའི་མཐུ་མེད་པས་འདི་ལྟར་མི་རྟག་གོ་ཞེས་འདོམས་པའི་ཕྱིར་དང་། སྐྱེ་བོ་དམ་པ་འཇིག་རྟེན་དུ་འབྱུང་བ་དཀོན་ནོ་ཞེས་འདོམས་པ་དང་། སྐྱེ་བོ་དམ་པ་དང་

མཇལ་ནས་ཆོས་ཀྱི་བདུད་རྩི་ཐོབ་པ་ནི་ཤིན་ཏུ་དཀོན་ནོ་ཞེས་འདོམས་པ་དང་། ལམ་སྟོན་པའི་བཤེས་གཉེན་དམ་པ་དང་མཇལ་བའི་ཚེ་ཆོས་ཀྱི་བདུད་རྩི་ཐོབ་མ་ཐག་ཕྱི་ཤོལ་མི་བྱ་བར་མྱུར་བ་མྱུར་བར་ལམ་ལ་བསླབས་ཏེ་རྒྱུད་སྨིན་ཅིང་གྲོལ་བར་བྱ་དགོས་སོ་ཞེས་འདོམས་པ་སོགས་ཀྱི་ཕྱིར་མྱ་ངན་ལས་འདའ་བའི་ཚུལ་བསྟན་ཏོ། །

དེ་ལྟར་ཐ་མལ་པ་རྣམས་ཀྱི་སྣང་ངོར་ཞིང་བརྗེ་བའི་ཚུལ་བསྟན་ཀྱང་ངེས་པའི་དོན་དུ་ནི་འཁོར་བ་མ་སྟོངས་ཀྱི་བར་དུ་མྱ་ངན་ལས་འདའ་བ་མེད་ཅིང་ཆོས་སྟོན་པའི་གསུང་འགག་པ་མེད་པར་རྒྱུན་མི་འཆད་（༢༥༥ན）དུ་འབྱུང་ལ་ཐ་མལ་པ་རྣམས་ཀྱི་སྣང་ངོར་ཡང་རྗེ་འདིས་སྤྲུལ་པ་རྒྱུན་མི་འཆད་པ་འབྱུང་ངོ་ཞེས་གོ་བར་མཛད་དེ། བཀྲ་ཤིས་ལྷུན་པོ་ནས་དབང་ཕྱོགས་སུ་ཆིབས་བསྐྱོད་ཁར་དགེ་འདུན་ཐམས་ཅད་ཀྱིས་མྱུར་དུ་འབྱོན་པར་གསོལ་བ་བཏབ་པ་ན་ཁོ་བོ་ལོ་གསུམ་ནས་གདན་ས་འདིར་སླེབ་པ་ངེས་པར་ཡོང་ཞེས་ཡང་དང་ཡང་དུ་གསུང་བར་མཛད་ཅིང་། དེའི་ཚེ་བཀྲ་ཤིས་ལྷུན་པོའི་གྲྭ་རྒན་ཞིག་གིས་གདུང་བ་ཆེན་པོས་གསོལ་བ་བཏབ་པ་ན་རྗེ་འདིའི་ཞལ་ནས་ཁོ་བོས་དགེ་འདུན་འདུས་པ་རྒྱ་མཚོའི་དབུས་སུ་ཇི་ལྟར་བརྗོད་པ་དེ་ལྟར་ལོ་གསུམ་ནས་ངེས་པར་འདིར་སླེབས་ཡོང་བས་སེམས་ངལ་མ་བྱེད་ཅེས་གསུངས་པ་ན། གྲྭ་རྒན་དེས་སླར་ཡང་དེས་ན་ཐུགས་རྗེ་ཆེ། འདིར་ཕེབས་དུས་ཕྱོགས་གང་ངོས་ནས་ཕེབས་པ་ཡོང་ཞེས་ཞུས་པ་ན་ཅུང་ཞིག་དགོངས་པ་ལ་ཞུགས་ནས་ང་འདིར་ཡོང་དུས་མྱང་ཕྱོགས་ནས་ཡོང་། དེ་ནས་ཚོང་དྲུང་ནས་བརྒྱུད་འདིར་སླེབ་ཡོང་ཞེས་གསུངས་འདུག་པ་ལྟར། དེང་སང་གི་གདུལ་བྱ་རྣམས་ཐུགས་བརྩེ་བས་མ་བོར་བར་ཞིང་གཤེགས་མ་ཐག་དགའ་ལྡན་ལ་སོགས་པའི་སངས་རྒྱས་ཀྱི་ཞིང་བརྗོད་དུ་མེད་པ་དག་ཏུ་སྤྲུལ་པས་བྱོན་ཏེ་རྒྱལ་བ་སྲས་དང་བཅས་པ་ཐམས་ཅད་མཆོད་ཅིང་བཀའ་བགྲོ་བར་མཛད་ནས་མྱུར་བར་པ་སྣམ་སྐྱིད་ཤོངས་སུ་སྤྲུལ་པའི་སྐུ་བཟུང་སྐྱེ་སྟར་དགེ་འདུན་འདུས་པའི་ཚོགས་དང་དང་

ལྷན་གྲྭ་ཁྲན་དེ་ལ་ཇི་ལྟར་ཞལ་བཞེས་མཛད་པ་ལྟར་ཕག་ལོ་ཟླ་བ་བདུན་པའི་ནང་དུ་དབང་(༢༩༥བ)ཕྱོགས་སུ་ཆིབས་བསྐྱོད་པ་ནས་ལོ་གསུམ་སོང་བ་སྟག་ལོ་ཟླ་བ་བཞི་པའི་ནང་དུ་པ་སྣམ་སྐྱིད་ཤོངས་སུ་སྐུ་བལྟམས། སྐུ་བལྟམས་མ་ཐག་ཏུ་རྒྱལ་བ་ཐམས་ཅད་མཁྱེན་པ་ཆེན་པོ་དང་འཇམ་དབྱངས་གོང་མ་བདག་པོ་ཆེན་པོ་གཉིས་བཀའ་བགྲོས་ཏེ་སྤྲུལ་སྐུ་འཁྲུལ་མེད་དུ་ངོས་བཟུང་ནས་དགའ་ལྡན་ལེགས་བཤད་ཆོས་གླིང་དུ་སྤྱན་དྲངས། དེ་ནས་མི་རིང་བར་ཞ་ལུ་ཚོང་དུས་ཀྱི་ལམ་ནས་བཀྲ་ཤིས་ལྷུན་གྱིས་གྲུབ་པའི་ཆོས་གྲྭ་ཆེན་པོར་སྤྱན་དྲངས། རྒྱལ་བ་ཐམས་ཅད་མཁྱེན་པ་ཆེན་པོ་ཆིབས་བསྐྱོད་དེ་མངའ་གསོལ། མི་ཏོག་གི་ཆར་ཕབ། རྗེ་བཙུན་མཆོག་གི་སྤྲུལ་པའི་སྐུ་བློ་བཟང་དཔལ་ལྡན་བསྟན་པའི་ཉི་མ་ཕྱོགས་ལས་རྣམ་རྒྱལ་དཔལ་བཟང་པོ་ཞེས་མཚན་གསོལ། མཚན་དོན་དང་མཐུན་པར་བཀྲ་ཤིས་ལྷུན་གྱིས་གྲུབ་པའི་ལྷུན་པོའི་སྟོར་མཆོག་གི་སྤྲུལ་སྐུའི་ཉིན་བྱེད་གསར་དུ་ཤར་ནས་འཕྲིན་ལས་ཀྱི་སྣང་བ་མཁའ་ཁྱབ་ཏུ་འགྲོ་བཞིན་པར་བཞུགས་སོ།། །།

རྗེ་བཙུན་ཤེས་རབ་སེང་གེའི་རྣམ་ཐར།

རྗེ་ཐམས་ཅད་མཁྱེན་པས་སྐལ་པ་དང་ལྡན་པ་བགྲང་བ་ལས་འདས་པ་ལ་བྱང་ཆུབ་ལམ་གྱི་རིམ་པའི་ཁྲིད་སྩལ་ཅིང་། རྗེའི་ཐུགས་སྲས་མཁས་གྲུབ་དམ་པས་ནུབ་ཕྱོགས་ལྐོག་ཏུ་ངན་པ་བཀུར་ནས་ཤར་ཕྱོགས་རྒྱ་མཚོའི་མཐའ་ལ་ཐུག་གི་བར་ཁྱབ་པས་རྗེ་བདག་ཉིད་ཆེན་པོ་ནས་བྱང་ཆུབ་ལམ་གྱི་རིམ་པའི་ཁྲིད་ཀྱི་བརྒྱུད་ཚུལ་ཡང་དེ་སྐྱེད་བྱུང་མོད། དེང་སང་ཡོངས་སུ་གྲགས་པ་ནི་བདེ་ལམ་དང་འཇམ་དཔལ་ཞལ་ལུང་གི་ཁྲིད་རྒྱུན་གཉིས་སུ་བཞུགས་པ་ལས། བདེ་ལམ་གྱི་ཁྲིད་རྒྱུན་ལྟར་དཔལ་དབེན་ས་སྙན་རྒྱུད་ཀྱི་བླ་མ་གོང་

མ་གཅིག་ནས་གཅིག་(༢༩༨ན)ཏུ་བརྒྱུད་པའི་བརྒྱུད་རིམ་ལྟར་གྱི་བླ་མ་རྣམས་ཀྱི་རྣམ་པར་ཐར་པ་མདོར་བསྡུས་བརྗོད་ཟིན་ནས། འཇམ་དཔལ་ཞལ་ལུང་གི་བརྒྱུད་འདེབས་ལས་འབྱུང་བ་ལྟར་རྗེ་རིན་པོ་ཆེ་ནས་མཁས་གྲུབ་ཤེས་རབ་སེངྒེ་དང་། དེ་ནས་རྗེ་དགེ་འདུན་གྲུབ་སོགས་ལ་ལམ་རིམ་གྱིས་བརྒྱུད་པའི་བླ་མ་རྣམས་ཀྱི་རྣམ་པར་ཐར་པ་བརྗོད་པ་ནི། མཁས་གྲུབ་ཆེན་པོ་ཤེས་རབ་སེངྒེའི་ཞབས། །ཞེས་བསྟགས་པ། མཁས་གྲུབ་ཆེན་པོ་ཤེས་རབ་སེངྒེ་ནི་གཙང་གི་སའི་ཆ་སྲིད་ཀྱི་གྲུར་མ་ཞེས་བྱ་བར་ཡབ་དམ་པ་དམར་པོ་ཞེས་བྱ་བ་དང་། ཡུམ་ཆོས་སྐྱ་བཀྲ་ཤིས་གཉིས་ཀྱི་སྲས་སུ་སྐུ་འཁྲུངས། གཞོན་ནུའི་དུས་ནས་སྔོན་གྱི་བག་ཆགས་བཟང་པོ་སད་པའི་མཐུས་ཁྱིམ་གྱི་འདུ་འཛི་ལ་མི་དགའ་ཞིང་དམ་པའི་ཆོས་འཚོལ་བ་ལ་དང་གིས་གཞོལ་བ་ཞིག་བྱུང་ངོ་། །

དེ་ནས་དགུང་ལོ་བཅུ་གསུམ་བཞེས་པའི་ཚེ་ན་ནི་དལ་འབྱོར་གྱི་ལུས་ཐོབ་པའི་དུས་འདིར་འཁོར་བ་ལས་ཐར་བའི་ཐབས་ཤིག་བྱ་དགོས་པར་འདུག །དེ་ཡང་དེང་བྱ་སང་བྱའི་ངང་དུ་ལུས་ན་ཚེ་འདིའི་སྣང་ཤས་ཀྱིས་བསླུས་ནས་དལ་བ་སྟོང་ལོག་ཏུ་སོང་སྟེ་འཆི་བའི་ཉེན་ཡོད་པས་འཕྲུལ་རང་དུ་རྒྱལ་བའི་བསྟན་པ་ལ་རབ་ཏུ་བྱུང་ནས་མདོ་སྔགས་གསུང་རབ་རྣམས་ལ་ཐོས་བསམ་སྒོམ་གསུམ་ཚུལ་དང་མཐུན་པ་ཅིག་བྱེད་དགོངས་པ་དང་། མནལ་ལམ་དུ་རྗེ་བཙུན་སྒྲོལ་མས་ད་མྱུར་དུ་རབ་ཏུ་བྱུང་ན་ལེགས་སོ་ཞེས་བསྐུལ་བ་ལ་བརྟེན་ནས་དགུང་ལོ་བཅུ་བཞི་བཞེས་པའི་ཚེ་སངས་རྒྱས་སྨན་པའི་རྒྱལ་པོའི་རྣམ་འཕྲུལ་མཁན་ཆེན་གྲུབ་པ་ཤེས་རབ་ཀྱིས་མཁན་པོ་མཛད། ལས་སློབ་དུས་གོ་(༢༩༨བ)བ་དགེ་འདུན་དང་བཅས་པའི་དབུས་སུ་དགེ་བསྙེན་གྱི་སྡོམ་པ་དང་། བར་མ་རབ་བྱུང་གི་ཚུལ་ཁྲིམས་དང་། དགེ་ཚུལ་གྱི་སྡོམ་པ་བཞེས་ཤིང་མཚན་ཤེས་རབ་སེངྒེ་ཞེས་འདོགས་པར་གནང་། སྔར་ནས་ངོ་ཚ་དང་བག་ཡོད་ལ་གནས་པའི་སྟེང་དུ། འདི་ནས་བཟུང་སྟེ་དགེ་ཚུལ་གྱི་བསླབ་བྱ་རྣམས་ལ་ལེགས་པར

སློབ་པར་མཛད་པས་གཞོན་ནུ་ནས་བཙུན་པའི་མཆོག་ཏུ་གྱུར་པ་ཅིག་བྱུང་།

དེ་ནས་སློབ་དཔོན་མཁས་པ་ཞིག་ལ་བརྟེན་ནས་ཕྱག་བྲིས་སློབ་པ་དང་འདྲི་བ་ལ་སྦྱངས་བདར་གནང་བས་ཆོགས་མེད་པར་མཁྱེན་པར་གྱུར། དེ་འཕྲལ་བསྟན་བཅོས་མངོན་རྟོགས་རྒྱན་འགྲེལ་པ་དང་བཅས་པ་ཐུགས་ལ་བཟུང་སྟེ་ཞལ་འདོན་ལན་མང་དུ་གནང་བའི་ཚེ། ལན་ཅིག་གཟིགས་སྣང་ལ་ནུབ་ཕྱོགས་ནས་ བླ་གོས་དུར་སྨྲིག་བཞེས་པ། དབུ་གཙུག་ཏོར་དང་བཅས་པ། ཕྱག་ན་གསིལ་བྱེད་དང་ལྷུང་བཟེད་བསྣམས་པ་ཞི་ཞིང་འཛུམ་པ་ཞིག་བྱོན་ནས་བྱིན་གྱིས་བརླབས་པའི་དག་པའི་མཚན་མ་བཟང་པོ་བྱུང་སྟེ། དེ་ནི་ཆོས་ཀྱི་རྒྱལ་པོ་ཙོང་ཁ་པ་ཆེན་པོ་དང་མཇལ་བའི་ལྟས་སུ་མངོན་ཞེས་རྗེ་ཉིད་གསུང་། དེ་ནས་མཁས་པ་ཆེན་པོ་གཡག་ཕྲུག་པ་སངས་རྒྱས་དཔལ་དེ་ཉིད་མཁན་ཆེན་གྲུབ་པ་ཤེས་རབ་མཇལ་བར་ཕེབས་པ་ལ་མཁན་ཆེན་པས་རྗེ་འདི་ཉིད་ཀྱིས་གཙོ་མཛད་པའི་བློ་གསལ་འགའ་ཞིག་སྦྱོར་གཏད་གནང་སྟེ་ཁྱེད་ཀྱིས་བློ་གསལ་དོན་གཉེར་ཅན་འདི་རྣམས་རེ་ཞིག་ཆོས་དང་ཟང་ཟིང་གཉིས་ཀས་ལེགས་པར་སྐྱོངས་ཤིག་ཅེས་བཀའ་སྩལ་བ་བཞིན་ཞལ་གྱིས་བཞེས་ནས་དེ་བཞིན་མཛད་པས་དམ་པ་འདི་ཉིད་ཀྱིས་མཁས་པ་ཆེན་པོ་སངས་རྒྱས་དཔལ་ལ་བརྟེན་ནས་བྱམས་ཆོས་ལྔ་དང་། དབུ་མ་རིགས་ཚོགས་དྲུག །འཇུག་པ་རྩ་འགྲེལ། སྤྱོད་འཇུག །ཚད་མ་མདོ་དང་སྡེ་བདུན་སོགས་ལ་སྦྱངས་པ་མཛད་པས་དེ་དག་གི་ཚིག་དོན་ལ་མཁས་པར་གྱུར་ཅིང་མཁས་པ་ཆེན་པོ་སངས་རྒྱས་(༡༩༧ན)དཔལ་བས་ཀྱང་རྗེ་འདི་ལ་མཁས་གྲུབ་ཆེན་པོར་མཚན་གསོལ།

དེ་ནས་དགུང་ལོ་ཉི་ཤུ་བཞེས་པའི་ཚེ་སྣར་ཐང་དུ་ཚོགས་སྡེ་མའི་མཁན་པོ་མཁན་ཆེན་གྲུབ་པ་ཤེས་རབ་ཀྱིས་མཁན་པོ་མཛད་ཅིང་། གཞན་ཡང་ལས་ཀྱི་སློབ་དཔོན། གསང་སྟེ་སྟོན་པ། གྲིབ་ཚོད་པ། ཁ་སྐོང་གི་དགེ་འདུན་རྣམས་ཚང་བའི་དབུས་སུ་དགེ་

སློང་གི་སྡོམ་པ་ལེགས་པར་བཞེས་ཏེ་བསྟན་པ་རིན་པོ་ཆེ་ལ་ཞུགས་ལ་ཡོངས་སུ་རྫོགས་པའི་དཔལ་ཐོབ། དེ་ནས་བཟུང་སྟེ་དགེ་སློང་གི་བསླབ་བྱ་རྣམས་ལ་ཚུལ་བཞིན་དུ་སློབ་པར་མཛད་པས་འཇིག་རྟེན་གྱི་ཡོན་གནས་དམ་པར་གྱུར། གཞན་ཡང་སྣར་ཐང་དུ་བཞུགས་སྐབས་སུ་གཙོ་བོར་སྔར་སློས་པའི་མཚན་ཉིད་ཀྱི་གཞུང་རྣམས་ལ་སྦྱོང་བར་མཛད་ཅིང་། ཞར་ལ་དེའི་མཁན་སློབ་སོགས་ལ་དབང་དང་རྗེས་གནང་དང་། ལུང་དང་བཤད་པ་སོགས་ཆོས་བཀའ་རྣམ་གྲངས་མང་པོ་གསན་པར་མཛད་པས། གནས་དེའི་མཁན་སློབ་དགེ་འདུན་གྱི་སྡེ་དང་བཅས་པ་རྣམས་ཀྱིས་བསྔགས་པའི་གནས་སུ་གྱུར། དེ་ནས་སྟོན་གྱི་སྨོན་ལམ་དང་ཆོས་ཀྱི་རྒྱལ་པོ་ཙོང་ཁ་པ་ཆེན་པོའི་མཁས་བཙུན་བཟང་གསུམ་གྱི་སྙན་གྲགས་གསན་པས་རྐྱེན་བྱས་ནས་དབུས་སུ་ཕེབས། རིམ་གྱིས་ར་ས་འཕྲུལ་སྣང་དང་ར་མོ་ཆེ་སོགས་ཀྱི་རྟེན་རྣམས་མཇལ་ཏེ་ཕྱག་དང་བསྐོར་བ་སྨོན་ལམ་འདེབས་པ་རྣམས་ལ་ནན་ཏན་ཆེན་པོ་གནང་། དེ་དུས་ཆོས་ཀྱི་རྒྱལ་པོ་ཙོང་ཁ་པ་(༢༩༧བ)ཆེན་པོ་དགེ་ལྡན་རྣམ་པར་རྒྱལ་བའི་གླིང་ན་དབུས་གཙང་ཁམས་གསུམ་ནས་ཕེབས་པའི་དགེ་བའི་བཤེས་གཉེན་ཆོས་དོན་དུ་གཉེར་བ་རྣམས་ལ་ཆོས་ཀྱི་འཁོར་ལོ་བསྐོར་བའི་སྐབས་སུ་ཕེབས། དེ་ནས་གཟིམ་ཁང་དཀར་མོར་རྗེ་རིན་པོ་ཆེ་མཇལ་བར་ཕེབས་པས་རྗེ་ཐམས་ཅད་མཁྱེན་པའི་སྐུ་གཟིགས་པ་ཙམ་གྱིས་སངས་རྒྱས་ཀྱི་འདུ་ཤེས་འཁྲུངས་ཏེ་དད་གུས་བཅོས་མ་མིན་པ་འཁྲུངས། དུས་དེ་ནས་བཟུང་སྟེ་རྗེ་ཐམས་ཅད་མཁྱེན་པ་བསམ་སྦྱོར་གཉིས་ཀྱི་སྒོ་ནས་ཚུལ་བཞིན་དུ་བསྟེན་ནས་དུས་གསུམ་གྱི་རྒྱལ་བ་ཐམས་ཅད་ཀྱི་བགྲོད་པ་གཅིག་པའི་ལམ་པོ་ཆེ་བྱང་ཆུབ་ལམ་གྱི་རིམ་པ་སོགས་མདོ་སྔགས་ཀྱི་དམ་པའི་ཆོས་མང་པོ་གསན། དེ་ནས་རྒྱལ་བ་ཙོང་ཁ་པ་ཆེན་པོས་མཐུན་རྐྱེན་དང་བཅས་ནས་སྐྱོར་མོ་ལུང་དུ་མཁན་པོ་བསམ་གཏན་དོན་གྲུབ་པའི་དྲུང་དུ་འདུལ་བ་དང་མངོན་པ་གསན་པ་ལ་རྫོང་བ་གནང་། རྗེ་འདི་ཉིད་

གྱིས་དེར་ཕེབས་ཏེ་འདུལ་མདོན་གཉིས་ལ་གསན་སྦྱོང་མཐར་ཕྱིན་པར་མཛད།

དེ་ནས་རྒྱལ་བ་ཙོང་ཁ་པ་ཆེན་པོ་མིའི་དབང་པོ་གྲགས་པ་རྒྱལ་མཚན་གྱིས་འོན་མདའ་བཀྲ་ཤིས་དོ་ཁར་གདན་དྲངས་པའི་ཕྱུགས་ཕྱིར་རྗེ་འདི་ཉིད་ཀྱིས་ཕེབས་ནས་དེར་དབུ་མ་རྩ་ཤེའི་རྣམ་བཤད་དྲང་ངེས་རྣམ་འབྱེད། ཚད་མ་རྣམ་ངེས་ཀྱི་དཀའ་གནས། རྩ་ལྟུང་རྣམ་བཤད་རྣམས་གསན། དེ་རྗེས་ཆོས་རྗེ་ཀུང་ཐང་པ་མཛེས་པ་དཔལ་ལ་ཆོས་གསན་པར་ཕེབས་པའི་དྲུང་དུ་འཁོར་ལོ་སྡོམ་པ་ལུས་དཀྱིལ་(༢༩༨ན)གྱི་དབང་གསན་ཞིང་། ཐམས་ཅད་མཁྱེན་པ་དགེ་འདུན་གྲུབ་པ་ཡང་དེར་བྱོན་ནས་རྗེ་རིན་པོ་ཆེ་དང་མཇལ། དེ་ནས་རྒྱལ་བ་ཙོང་ཁ་པ་ཆེན་པོ་ཕྱིར་དགེ་ལྡན་དུ་ཕེབས། རྗེ་འདི་པས་རྒྱལ་བ་ཙོང་ཁ་པའི་བཀའ་བཞིན་དུ་གསང་ཕུར་ཕེབས་ནས་རྗེ་དགེ་འདུན་གྲུབ་པ་སོགས་བཤེས་གཉེན་མང་པོ་ལ་ལེགས་བཤད་ཀྱི་དགའ་སྟོན་ཐོག་མར་སྩལ་ཅིང་། དཔལ་འཁོར་ལོ་སྡོམ་པ་ལུས་དཀྱིལ་གྱི་བདག་འཇུག་གི་ཆོ་ག་མང་དུ་མཛད། དེ་ནས་སྣོན་གྱི་འཆད་དགོན་ཞེས་པར་ཕེབས་ཏེ་ཆོས་འཆད་ཉན་ལ་བརྩོན་པར་མཛད་པའི་ཚེ་མནལ་ལམ་དུ་དཔལ་ལྡན་ཆོས་གྲགས་ཀྱིས་བྱིན་གྱིས་བརླབས་ནས། རིགས་ཀྱི་བུ། དེ་རིང་ནས་ཁྱོད་ཀྱི་ཚེའི་ཕྱེད་རྫོགས་སོ་ཞེས་བསྒྲུངས་ཏེ་མི་སྣང་བར་གྱུར། མནལ་ལམ་དེའི་ལྟས་དཔལ་ལྡན་ཆོས་གྲགས་ཀྱི་གཞུང་ལ་བརྟེན་ནས་གཞན་ལ་ཕན་པ་རྒྱ་ཆེན་པོ་འབྱུང་བ་དང་དགུང་ལོ་རེ་གསུམ་ཐུབ་པའི་ལྟས་སུ་མངོན་ཞེས་རྗེ་ཉིད་གསུང་ངོ་། །

དེ་ནས་བར་ཆད་ཀྱི་མཚན་མ་རྨུབ་པ་ཞིག་བྱུང་བ་ན་རྗེ་བཙུན་སྒྲོལ་མ་ལ་གསོལ་བ་བཏབ་པས་མནལ་ལམ་དུ་ནམ་མཁའ་ལ་སྒྲོལ་མའི་སྙིང་པོ་ཡི་གེ་བཅུ་གསེར་གྱི་མདོག་ཅན་ཞིག་གསལ་བར་གཟིགས་ཤིང་། གཞན་ཡང་ནམ་མཁའ་ལས་སྒྲོལ་མ་དཀར་མོའི་སྐུ་ནས་ཚེ་བསྲིང་ཐབས་སློབ་དཔོན་ངག་དབང་གྲགས་པའི་གཞུང་ལ་བརྟེན་ནས་གྱིས་ཤིག་པའི་སྒྲ་གསལ་བར་བྱུང་། དེས་བསྐུལ་མ་བྱས་ནས་རྗེ་བཙུན་

མ་ཡིད་བཞིན་འཁོར་ལོའི་རྗེས་གནང་དང་མན་ངག་ཞུ་བ་གནང་(༡༩༨བ)སྐེ་ཞག་རེ་བཞིན་སྙིང་པོ་སྤྱིལ་ཚིག་དང་བཅས་པ་སྟོང་ཕྲག་དྲུག་རེའི་ལྦུགས་བཟླས་རྒྱུན་དུ་གནང་། དེའི་ཚེ་སློབ་མ་རྣམས་ཀྱིས་གསོལ་བ་བཏབ་པའི་ངོར། རྗེ་དགེ་འདུན་གྲུབ་པས་དྲུང་ཡིག་གནང་ནས་ཚད་མ་རྣམ་འགྲེལ་གྱི་རྣམ་བཤད་ལེགས་པ་ཅིག་ཐུགས་རྩོམ་ཡང་གནང་། དེ་ནས་གྲུབ་པའི་གནས་མཆོག་དགེ་ལྡན་རྣམ་པར་རྒྱལ་བའི་གླིང་དུ་ཕེབས་ཏེ་རྡོ་རྗེ་འཆང་གི་ངོ་བོ་རྒྱལ་བ་ཙོང་ཁ་པ་ཆེན་པོའི་ཞབས་དྲུང་དུ་ཤིང་རྟ་ཆེན་པོ་གཉིས་ཀྱི་ལམ་སྲོལ་བྱང་ཆུབ་ལམ་གྱི་རིམ་པ་ཆེ་ཆུང་གཉིས་ཀྱི་དོན་རྣམས་ཉམས་ལེན་དུ་དྲིལ་བ་གསུང་བཤད་དང་བཅས་པ་གསན་པས་ཐུགས་རང་དབང་མེད་པར་ཕྲོགས་ཏེ། བཤེས་གཉེན་བསྟེན་ཚུལ་ནས་ལྷག་མཐོང་ལ་སློབ་པའི་བར་གྱི་ལམ་རྣམས་དམིགས་པའི་རིམ་པར་དྲིལ་ནས་ཐུགས་ཉམས་སུ་བཞེས་པས་ལམ་ཐུན་མོང་བ་ལ་ཐུགས་ངེས་ཆེན་པོ་འཁྲུངས་ཤིང་། ཁྱད་པར་སློབ་དཔོན་ཀ་མ་ལ་ཤཱི་ལའི་བཞེད་པ་རྒྱུ་འབྲས་བདུན་གྱི་སྒོ་ནས་བྱང་ཆུབ་ཀྱི་སེམས་སྦྱོང་ཚུལ་དང་། སློབ་དཔོན་ཞི་བ་ལྷའི་བཞེད་པ་བདག་གཞན་བརྗེ་བའི་སྒོ་ནས་བྱང་ཆུབ་ཀྱི་སེམས་སྦྱོང་ཚུལ་གཉིས་ལ་བརྟེན་ནས་སྨོན་པ་སེམས་བསྐྱེད་ལ་ལེགས་པར་སྦྱངས། དེ་ལ་བརྟེན་པ་ཐོབ་ནས་སྨོན་པ་སེམས་བསྐྱེད་ཆོ་གས་བཟུང་སྟེ་ཕར་ཕྱིན་དྲུག་དང་བསྡུ་བ་བཞི་སོགས་རྒྱལ་སྲས་ཀྱི་སྤྱོད་པ་རྣམས་ལ་སློབ་པར་མཛད། གཞན་ཡང་མདོ་སྡེ་དུ་མ་དང་བསླབ་བཏུས་སོགས་བྱང་སེམས་ཀྱི་སྡེ་སྣོད་(༡༩༩ན)དགོངས་འགྲེལ་དང་བཅས་པ་ལ་སྦྱངས་པས་བྱང་ཆུབ་ཀྱི་སེམས་ལ་ཐུགས་ངེས་ཤིན་ཏུ་ཆེ་བ་འཁྲུངས།

དེ་ནས་རྗེ་བླ་མ་བློ་བཟང་ཐུབ་དབང་རྡོ་རྗེ་འཆང་བློ་བཟང་གྲགས་པའི་དཔལ་ཉིད་ལ་རྒྱུད་ཀྱི་རྒྱལ་པོ་དཔལ་གསང་བ་འདུས་པའི་ཆོས་སྐོར་རྣམས་གསུང་བར་གསོལ་བ་འདེབས་པ་གནང་བས། རྗེ་བླ་མ་བློ་བཟང་གྲགས་པའི་དཔལ་གྱིས་རྒྱལ་

བའི་སྲས་པོ་བཟང་སྐྱོང་ལ་རྗེ་བཙུན་འདི་ཉིད་ཀྱི་རྒྱུད་ཡོངས་སུ་སྨིན་པར་མཛོད་ཅིག་ཅེས་བཀའ་སྩལ་པ་ཞལ་གྱིས་བཞེས་ཏེ། འཕགས་ལུགས་ཀྱི་འདུས་པའི་དཀྱིལ་འཁོར་དུ་བཙུག་ནས་དབང་བཞི་རྫོགས་པར་བསྐུར་བར་མཛད། དེ་ནས་རྗེ་བདག་ཉིད་ཆེན་པོས་ཚུལ་ཁྲིམས་ལེའུ་དང་བླ་མ་ལྔ་བཅུ་པ་རྩ་ལྟུང་བཅུ་བཞི་པ་རྣམས་ཀྱི་རྣམ་བཤད་གསུངས། རྗེ་འདི་ཉིད་ཀྱིས་དེ་དག་གི་ཚིག་དོན་ཐུགས་ལ་བཟུང་ནས་དམ་ཚིག་དང་སྡོམ་པ་ཚུལ་བཞིན་དུ་བསྲུང་བར་མཛད་པའི་ངང་ནས་རྗེ་བླ་མ་ཙོང་ཁ་པ་ཆེན་པོ་ཉིད་ལ་དཔལ་གསང་བ་འདུས་པའི་རྩ་རྒྱུད་དང་འགྲེལ་པ་སྒྲོན་གསལ་ཆ་ལག་དང་བཅས་པ་དང་བཤད་རྒྱུད་ལྷ་སྒྲུབ་ཐབས་མདོ་བྱས་མདོ་བསྲེ་གཉིས་རྣམ་གཞག་རིམ་པ་དང་རིམ་ལྔ་སོགས་འཕགས་ལུགས་ཀྱི་འདུས་པའི་གདམས་པ་རྣམས་དང་། རྗེ་མར་པ་དང་འགོས་ལ་སོགས་པ་བོད་ཀྱི་བླ་མ་རྣམས་ཀྱིས་མཛད་པའི་མན་ངག་དང་གཞུང་བཤད་དང་། འདུས་པ་ཡེ་ཤེས་ཞབས་ལུགས་དང་གཤིན་རྗེ་གཤེད་(༡༨༨བ)སྐོར་དང་། འཁོར་ལོ་སྡོམ་པ་དང་ཀྱཻ་རྡོ་རྗེ། དུས་ཀྱི་འཁོར་ལོ་རྣམས་ཀྱི་འགྲེལ་བཤད་དང་བཅས་པ་རྣམས་དང་། དེ་དག་གི་མན་ངག་རྣམས་གསན་ནས་བརྩོན་པ་ཆེན་པོས་སྦྱངས་པས་སྤྱིར་རྒྱུད་སྡེ་བཞི་དང་། ཁྱད་པར་བླ་མེད་ཀྱི་རྒྱུད་སྡེའི་དོན་ལ་མཁས་པའི་ཕུལ་དུ་ཕྱིན་པར་གྱུར། དེ་དུས་རྗེ་བདག་ཉིད་ཆེན་པོས་འགྲེལ་པ་བཞི་སྦྲགས་ཕྱག་ཏུ་བསྣམས་ནས་ཁྱེད་ཅག་མཁས་པ་རྣམས་ཀྱི་ཁྲོད་ན་དཔལ་གསང་བ་འདུས་པའི་རྒྱུད་ཀྱི་བཤད་སྲོལ་འཛིན་ནུས་པ་སུ་ཡོད་ཅེས་བཀའ་ལན་འགའ་ཞིག་སྩལ་པ་ན། མཁས་པ་གཞན་སུས་ཀྱང་ཞལ་གྱིས་བཞེས་མ་ནུས་པའི་ཚེ། རྗེ་འདི་ཉིད་ཀྱིས་དེ་ལྟ་བུ་བདག་གིས་བགྱིའོ་ཞེས་ཞལ་གྱིས་བཞེས་པར་མཛད་པ་ན་རྒྱལ་བ་ཙོང་ཁ་པ་ཆེན་པོ་ཐུགས་ཤིན་ཏུ་དགྱེས་ནས་གསང་བ་འདུས་པའི་གསེར་སྐུ་ཁྱད་འཕགས་དང་། འགྲེལ་པ་བཞི་སྦྲགས་ཀྱི་གླེགས་བམ། ཆོས་རྒྱལ་གྱི་ཞལ་འབག་འཆམ་གོས་དབྱུག་ཏོ་ཞགས་

པ་སོགས་གནང་ནས་སྔགས་ཀྱི་བསྟན་པའི་བདག་པོར་མངའ་གསོལ། དེ་ནས་རྒྱལ་བ་ཙོང་ཁ་པ་ཆེན་པོས་རྗེ་འདི་ལ་ཁྱོད་རང་གཙང་ཕྱོགས་སུ་བྱོན་ལ་རྒྱུད་ཀྱི་འཆད་ཉན་མཛོད་དང་། གནོད་སྦྱིན་མ་ཆེན་མོ་ཞིག་གིས་སྦྱིན་བདག་གི་གཙོ་བོ་བྱེད་པར་འདུག་ཅེས་ལུང་བསྟན་ཡང་གནང་ངོ་། །རྗེ་འདིས་དེ་དུས་དང་གཞན་གྱི་ཚེ་ཡང་རྒྱལ་ཚབ་དར་མ་རིན་ཆེན། འདུལ་འཛིན་གྲགས་པ་རྒྱལ་མཚན། མཁས་གྲུབ་དགེ་ལེགས་དཔལ་བཟང་། ཆོས་རྗེ་ལེགས་(༣༠༠ན)པ་རྒྱལ་མཚན་སོགས་ཡོངས་འཛིན་དམ་པ་མང་པོ་ལ་དབང་དང་རྗེས་གནང་། ལུང་དང་བཤད་པ་མན་ངག་སོགས་དམ་པའི་ཆོས་མཐའ་ཡས་པ་ཅིག་གསན་པར་མཛད། དེ་དུས་ཕོ་བྲང་ཆེན་པོ་སྣེའུ་གདོང་རྩེ་ནས་མི་ཡི་དབང་པོ་གྲགས་པ་རྒྱལ་མཚན་གྱིས་རྗེ་འདི་ཉིད་ལ་རྒྱལ་བ་ཙོང་ཁ་པ་ཆེན་པོའི་བཀའ་འབུམ་བཞེངས་ན་འདི་ནས་གྲོགས་དན་ཞུ་བས་འདི་ཕྱོགས་སུ་ཕེབས་པར་ཞུ་ཞེས་བའི་བཀའ་ཤོག་ཕེབས་པས་ཐུགས་ཤིན་ཏུ་དགྱེས་ནས་དེ་འཕྲལ་སྣེའུ་གདོང་དུ་ཕེབས་པར་མིའི་དབང་པོས་རྗེ་རིན་པོ་ཆེའི་བཀའ་འབུམ་བཞེངས་གྲོགས་བདག་རྐྱེན་བཟང་པོ་གནང་ཞིང་། ཞར་ལ་ཁྲ་འབྲུག་གི་གཙུག་ལག་ཁང་ཡང་མཇལ་བར་གནང་། བཀའ་འབུམ་བཞེངས་གྲུབ་པ་དང་དེ་ཉིད་བསྣམས་ནས་སྐྱིད་ཤོད་དུ་ཕེབས་པ་ན་ཕེབས་ལམ་དུ་རྗེ་རིན་པོ་ཆེའི་གསུང་རབ་ཀྱི་གླེགས་བམ་འགའ་ཞིག་ལུས་པ་ན། གཤིན་རྗེ་ཆོས་ཀྱི་རྒྱལ་པོས་མངོན་སུམ་དུ་བྱོན་ནས་གླེགས་བམ་མྱུར་དུ་ལོངས་ཤིག་ཅེས་བསྐུལ་བས་དེ་འཕྲལ་ལེན་པར་ཕེབས་པས་ཕྱག་ཏུ་འབྱོར། དེ་ནས་བཟུང་སྟེ་ཆོས་སྐྱོང་འདིས་འཕྲིན་ལས་ཚུལ་བཞིན་བསྒྲུབ་ཅིང་ལུང་བསྟན་ཡང་མང་དུ་མཛད་པ་ཡིན་པར་སྣང་། དེ་ནས་གསང་ཕུར་ཕེབས་ཏེ་གླིང་སྟོད་ཀྱི་མཐོང་སྨོན་གྲྭ་ཚང་གི་སློབ་དཔོན་ལོ་ཤས་གནང་ནས་མདོ་ཕྱོགས་ཀྱི་བཤད་ཉན་མཛད་པས་བསྟན་པ་ལ་ཕན་ཐོགས་རབ་བྱུང་། དེ་ནས་རྗེ་(༣༠༠བ)འདི་ཉིད་དང་རྗེ་དགེ་འདུན་གྲུབ་གཉིས་ཀས་གཙང་

ཕྱོགས་སུ་ཕེབས། རེ་ཞིག་སྣར་ཐང་དུ་བཞུགས་ནས་ཕར་ཚད་ལ་སོགས་པ་མཚན་ཉིད་ཀྱི་འཆད་ཉན་གནང་བས་གྲྭ་པ་མང་དུ་འདུས། དེ་དུས་རྗོང་དཔོན་སངས་རྒྱས་སྐྱབས་ཀྱིས་སྦྱིན་བདག་མཛད་ནས་སྣར་ཐང་དང་བྱང་ཆེན་གཉིས་དང་། ཧ་ནག་དགེ་སྦྱོང་དཀར་པོས་སྦྱིན་བདག་མཛད་ནས་རི་ཁྲོད་དང་། འཕྱོང་རྒྱས་སྟག་རྩེ་བ་ཧོར་དཔལ་འབྱོར་བཟང་པོ་དེ་དུས་བསམ་གྲུབ་རྩེའི་རྗོང་དཔོན་ཡིན་པས་ཁོང་གིས་སྦྱིན་བདག་མཛད་ཅིང་། བསམ་གྲུབ་ཆོས་སྡེ་བྲག་དམར་ཕུལ་བས་གནས་དེ་རྣམས་སུ་རྗེ་འདི་ཉིད་ཀྱིས་སྒྲོན་གསལ་སོགས་སྔགས་ཕྱོགས་དང་། རྗེ་དགེ་འདུན་གྲུབ་པས་ཕར་ཚད་སོགས་མདོ་ཕྱོགས་ཀྱི་བཤད་པ་མཛད་པས་དགེ་བཤེས་ཐོན་ཆེ་རབ་བྱུང་། དེ་ནས་སྟར་བྱང་ཆེན་དུ་བཞུགས་དུས་དཔོན་སློབ་གཉིས་ཀ་ལ་གཞན་གྱིས་བྱེད་ཁ་ལྷ་བུའི་སྒྲ་དོག་ཤིན་ཏུ་ཆེ་བའི་མཚན་མ་བྱུང་བས་དེ་དུས་རྗེ་འདི་ཉིད་བསམ་གྲུབ་རྩེའི་གཟིམ་ཚུང་བདེ་གསལ་དུ་སྐུ་སྟོན་པའི་ཚུལ་བསྟན། དེའི་ཚེ་རྣལ་འབྱོར་གྱི་དབང་ཕྱུག་བཟང་པོ་རྒྱལ་མཚན་གདན་དྲངས་ཏེ་ཁོང་གིས་ཡེ་ཤེས་ཀྱི་མགོན་པོ་ཕྱག་དྲུག་པའི་གཏོར་ཆེན་ཐུན་མོང་མ་ཡིན་པ་མཛད་པས་དེ་འཕྲུལ་སྣང་དྭངས་ནས་སྟར་བཞིན་རྒྱུད་ཀྱི་འཆད་ཉན་ལ་བརྩོན་པར་གནང་ཞིང་། རྗེ་དགེ་འདུན་གྲུབ་པས་ཀྱང་བྱང་ཆེན་དུ་ཕེབས་ནས་སྒྲོལ་དཀར་གྱི་བསྙེན་སྒྲུབ་ལ་བརྩོན་པར་མཛད། དེ་དུས་རྒྱལ་ཚབ་རྗེ་དང་མཁས་(༣༠༧ན)གྲུབ་རྗེ་གཉིས་གནས་སྙིང་དུ་ལྷན་ཅིག་ཏུ་ཕེབས་པ་ལ་རྗེ་ཤེས་རབ་སེང་གེ་དཔོན་སློབ་གཉིས་ཀྱིས་མཇལ་བར་ཕེབས་ཏེ། རྒྱལ་ཚབ་རིན་པོ་ཆེར་ཁོང་རང་གིས་གནང་བའི་མངོན་པ་ཀུན་བཏུས་ཀྱི་རྣམ་བཤད་སོགས་གསུང་ཆོས་མང་པོ་ཡང་གསན། དེ་ནས་རྗེ་ཤེས་རབ་སེང་གེ་དཔོན་སློབ་གཉིས་བསམ་གྲུབ་རྩེར་ཕེབས། རྗེ་དགེ་འདུན་གྲུབ་པ་ལ་སྟོད་ལྷོར་ཆོས་བར་ལ་ཕེབས་པའི་སྐྱེལ་མར་རྗེ་འདི་ཉིད་ཀྱིས་ཆུ་འདུས་བར་དུ་ཕེབས། དེ་ནས་ཕྱིར་ལོག་ཕེབས་དུས་རྗེ་དགེ་འདུན་གྲུབ་ཀྱིས་རྗེ་འདི་ཉིད་ལ་ཕྱག་

ཕུལ་ཏེ་ཞབས་སྤྱི་བོར་བླངས་ནས་ཡུན་རིང་དུ་བཞུགས་པའི་གསོལ་བ་བཏབ་སྟེ་གྲྭ་པ་མཚན་ཉིད་པ་རྣམས་ཁྲིད་ནས་ཤེལ་དཀར་ཕྱོགས་སུ་ཕེབས། རྗེ་འདི་ཉིད་ཀྱིས་གྲྭ་པ་སྔགས་པ་རྣམས་འཁྲིད་ནས་བསམ་གྲུབ་རྩེར་ཕེབས་ཏེ་རེ་ཞིག་བཞུགས་ནས་རྒྱུད་ཀྱི་འཆད་ཉན་འཕེལ་བར་ཡོད་པའི་ཚེ། རྗེ་བླ་མ་ཙོང་ཁ་པ་ཆེན་པོས་སྔར་ལུང་བསྟན་གནང་བ་བཞིན་གནོད་སྦྱིན་མོའི་སྤྲུལ་པ་བདག་མོ་ཤཱཀྱ་དཔལ་གྱིས་གདན་དྲངས། དེར་ཆོས་རྗེ་འཕགས་འོད་ཡོན་ཏན་རྒྱ་མཚོ་སོགས་ལ་གསང་འདུས་དང་བདེ་མཆོག་སོགས་གསང་སྔགས་ཀྱི་ཆོས་མཐའ་ཡས་པ་ཞིག་གསུངས་ཏེ་ཁོང་དཔོན་སློབ་རྣམས་དགེ་ལྡན་པའི་ཆོས་རྒྱུད་འཛིན་པ་ལ་བསྒྱུར། འཕགས་འོད་ཡོན་ཏན་རྒྱ་མཚོ་རྗེ་རྗེ་སློབ་དཔོན་དུ་བསྐོས་ཏེ་གནས་དེར་རྒྱུད་ཀྱི་(༣༠༡བ)འཆད་ཉན་བཙུགས། བྱིན་རླབས་ཀྱི་རྟེན་དུ་སྔར་རྗེ་རིན་པོ་ཆེས་གནང་བའི་དམ་ཅན་ཆོས་རྒྱལ་གྱི་ཞལ་འབག་དང་། འཆམ་གོས་དབྱུག་ཏོ་བཅས་གནང་། དེ་ནས་སྲད་ཀྱི་སའི་ཆར་དགའ་ལྡན་ཕོ་བྲང་ཞེས་པའི་དགོན་གནས་བཏབ་སྟེ་རྒྱུད་ཀྱི་རྒྱལ་པོའི་འཆད་ཉན་འཛུགས་པར་མཛད་ནས་འདུལ་འཛིན་དཔལ་ལྡན་བཟང་པོ་འཆད་ཉན་པར་བསྐོ་བཞག་མཛད། བྱིན་རླབས་ཀྱི་རྟེན་དུ་རྗེ་རིན་པོ་ཆེས་གནང་བའི་འགྲེལ་པ་བཞི་སྦྲགས་ཀྱི་གླེགས་བམ་གནང་། དེ་ནས་དབུས་ཕྱོགས་སུ་ཕེབས་ནས་གདན་ས་ཆེན་པོ་དགའ་ལྡན་རྣམ་པར་རྒྱལ་བའི་གླིང་དུ་རྒྱུད་ཀྱི་འཆད་ཉན་བཙུགས། དེ་ནས་དམ་པའི་ཆོས་ཀྱི་འབྱུང་གནས་ཞ་ལུར་ཕེབས་ཏེ་མཁན་ཆེན་གྲགས་པ་རྒྱལ་མཚན་གྱི་དྲུང་དུ་དཔལ་མཆོག་དང་རྩེ་མོ་དང་རྡོར་དབྱིངས་སོགས་རྒྱུད་སྡེ་འོག་མ་རྣམས་ཀྱི་དབང་དང་རྒྱུད་བཤད། ལུང་དང་མན་ངག་དཔག་ཏུ་མེད་པ་གསན་ཅིང་དེ་དག་ལ་སྦྱངས་པ་མཛད་པས་མཁས་པར་གྱུར། དེ་ནས་སླར་ཡང་དགའ་ལྡན་རྣམ་པར་རྒྱལ་བའི་གླིང་དུ་ཕེབས། རྒྱལ་ཚབ་རིན་པོ་ཆེར་དུས་འཁོར་གྱི་ཆོས་སྐོར་གསན་པའི་ཐུགས་འདུན་ཡོད་པ་ལ་དགེ་སྦྱོང་དཀར་པོས་རྟ་ནག་ཏུ་གདན་དྲངས

ཏེ་རི་ཁྲོད་ཆོས་སྡེ་ཕུལ་བས་དེ་ཉིད་ཞལ་བདག་གནང་སྟེ་ལོ་ཁ་ཤས་འཆད་ཉན་འཕེལ་
བར་བཞུགས། དེ་དུས་རི་བོ་དགེ་འཕེལ་དུ་ཕེབས་ནས་ཀུན་མཁྱེན་ཤེས་རབ་དཔལ་
བཟང་ཡབ་སྲས་ཀྱི་དྲུང་དུ་ཡང་ཆོས་བཀའ་མང་པོ་གསན་པར་མཛད། དེ་ནས་རྗེ་དགེ་
འདུན་གྲུབ་པ་དཔོན་སློབ་རྣམས་(༣༠༢ན)ལ་སྟོད་ཕྱོགས་ནས་ཕེབས་ཏེ་ཡབ་སྲས་
མཇལ་བས་ཕན་ཚུན་ཐུགས་ཤིན་ཏུ་དགྱེས་པར་གྱུར། དེ་ནས་ཡབ་སྲས་བཀའ་བགྲོས་
གནང་སྟེ་རྗེ་དགེ་འདུན་གྲུབ་པ་རི་ཁྲོད་ཀྱི་གདན་སར་བསྐོས་ནས་རྗེ་འདི་ཉིད་ཀྱིས་
དབུས་སུ་ཕེབས། དགེ་ལྡན་རྣམ་པར་རྒྱལ་བའི་གླིང་དུ་མཁས་གྲུབ་རིན་པོ་ཆེར་དུས་
འཁོར་གྱི་དབང་དང་རྒྱུད་འགྲེལ་གྱི་བཤད་པ་སྦྱོར་དྲུག་གི་ཁྲིད་སོགས་གསུང་ཆོས་
མང་པོ་གསན། རྒྱུད་ཁང་ཉིད་དུ་ཐུགས་དམ་ལ་བརྩོན་པར་བཞུགས་པས་བར་གཅོད་
ཅུང་ཟད་བྱུང་བ་ཐུགས་དམ་གྱིས་བཟློག་པར་མཛད། གནས་དེར་འདུས་པའི་རིམ་
པ་དང་པོའི་ལམ་ལ་གོམས་པར་མཛད་པས་ཐ་མལ་གྱི་སྣང་ཞེན་འགགས་ཤིང་། རིམ་
པ་གཉིས་པའི་ལམ་ལ་མཉམ་པར་འཇོག་པར་མཛད་པས་ཀུན་རྟོག་གཡོ་བྱེད་ཀྱི་རླུང་
རྣམས་དྷཱུ་ཏཱིར་ཐིམ་པར་གྱུར། དེ་ལ་བརྟེན་ནས་མཉམ་གཞག་ཏུ་བདེ་བ་ཆེན་པོ་འཁྲུངས་
ཤིང་། བདེ་བ་ཆེན་པོས་སྟོང་པ་ཉིད་ངེས་པར་མཛད་དེ་བདེ་སྟོང་དབྱེར་མེད་ཀྱི་ཏིང་ངེ་
འཛིན་ཡུན་རིང་དུ་སྐྱོང་བར་མཛད་ནས་མཉམ་གཞག་དེ་ལས་བཞེངས་པའི་རྗེས་ཐོབ་
ཏུ་ཡུལ་དུ་སྣང་བ་ཐམས་ཅད་བདེ་བ་ཆེན་པོའི་རྣམ་རོལ་དུ་འཆར་བ་དང་། དེ་གཉིས་
ཀྱང་ལྷ་སྐུར་འཆར་བ་བྱུང་ཞིང་། སྲོག་རྩོལ་གསུམ་གྱི་རྡོར་བཟླས་དང་། རླུང་བུམ་པ་
ཅན་དང་ཁྲབ་བྱེད་ཀྱི་རླུང་ལ་རྡོར་བཟླས་གནང་བས་གྲུབ་པའི་དབང་ཕྱུག་ཏུ་གྱུར། དེ་
ནས་སྔར་གསན་པའི་མདོ་སྔགས་ཀྱི་ཆོས་རྣམས་གདུལ་བྱ་རྣམས་ལ་བཤད་ན་ལེགས་
(༣༠༢བ)པར་དགོངས་ཏེ། ཆོས་དོན་དུ་གཉེར་བ་རྣམས་ལ་བྱང་ཆུབ་ལམ་རིམ་དང་
འདུས་པ་བདེ་མཆོག་སོགས་ཀྱི་ཁྲིད་དང་བཤད་པ་དབང་རྗེས་གནང་སོགས་གནང་

ཞིང་། ཁྱད་པར་རྗེ་བླ་མ་ཙོང་ཁ་པ་ཆེན་པོའི་སྤྱན་སྔར་འདུས་པའི་རྒྱུད་ཀྱི་བཤད་སྲོལ་འཛིན་པར་ཞལ་གྱིས་བཞེས་པ་བཞིན་དུ་དེའི་ཚེ་སྣེའུ་གདོང་ནས་དཔོན་ནམ་མཁའ་དཔལ་འབྱོར་གྱིས་སྦྱིན་བདག་མཛད་དེ་ནན་གྱིས་གསོལ་བ་བཏབ་པའི་ངོར་སྟོད་ལུང་གི་གནམ་རྩེང་ལྷིང་དུ་ཕེབས། གནས་དེར་དགེ་བའི་བཤེས་གཉེན་མང་དུ་འདུས་པ་ལ་རྒྱུད་ཀྱི་རྒྱལ་པོ་དཔལ་གསང་བ་འདུས་པའི་རྒྱུད་འགྲེལ་གྱི་བཤད་པ་རྗེ་བླ་མ་རྡོ་རྗེ་འཆང་གི་གསུང་རྒྱུན་བཞིན་གནང་བས་དགེ་བའི་བཤེས་གཉེན་དེ་རྣམས་ལ་ཐུགས་བསྐྱེད་ཤིན་ཏུ་ཆེ་བ་བྱུང་ཞིང་ཁོང་དཔོན་སློབ་རྣམས་ཀྱང་དད་པ་ལྷག་པར་འཕྲུངས། དེ་ནས་བཟུང་སྟེ་རྗེ་འདི་ཉིད་ཀྱི་ཐུགས་ལ་དགེ་བའི་བཤེས་གཉེན་འདི་རྣམས་སྟོམ་གསུམ་གྱི་ཉམས་ལེན་ལ་གནས་པའི་ངང་ནས་འདུས་པའི་རྒྱུད་འགྲེལ་དང་བསྐྱེད་རྫོགས་གཉིས་ཀྱི་འཆད་ཉན་རྒྱུན་ཚུགས་ཤིག་བྱུང་ན་དགོངས་ཏེ། དཔོན་སློབ་རྣམས་ཕྱོགས་ཕྱོགས་སུ་ཆོས་བར་བཏེག་ནས་དབྱར་སོས་གཉིས་རྒྱུད་འགྲེལ་གྱི་བཤད་པ་དང་། སྟོན་དུས་འདུས་པའི་རྫོགས་རིམ་རིམ་ལྔ་གདན་རྫོགས་ཀྱི་དམར་ཁྲིད། སྦྱོར་བ་ཡན་ལག་དྲུག་གི་ཁྲིད། ནཱ་རོ་ཆོས་དྲུག་གི་ཁྲིད། འཁོར་ལོ་སྡོམ་པའི་རྫོགས་རིམ་རྣལ་འབྱོར་ཆེན་པོའི་ཁྲིད། དེའི་རྫོགས་རིམ་རིམ་པ་ལྔའི་ཁྲིད། (༣༠༣ན)རྡོ་རྗེ་འཇིགས་བྱེད་ཀྱི་རྫོགས་རིམ་རྣལ་འབྱོར་བཞིའི་ཁྲིད་རྣམས་འདེབས་པར་མཛད་ལ། འདི་རྣམས་ལ་ཁྲིད་ཆེན་དྲུག་ཅེས་གྲགས་ཤིང་། དེའི་སྟེང་དུ་འཁོར་ལོ་ཆེན་པོའི་རྫོགས་རིམ་གྱི་ཁྲིད་དང་། ཡེ་ཤེས་ཞབས་ལུགས་ཀྱི་འདུས་པའི་རིམ་གཉིས་ཀྱི་ཁྲིད་བསྣན་ནས་ཁྲིད་ཆེན་བརྒྱད་དུ་ཡང་གྲགས་པ་དང་། དེའི་སྟེང་དུ་བྱང་ཆུབ་ལམ་གྱི་རིམ་པའི་ཁྲིད་དང་། དབུ་མ་ཐལ་འགྱུར་བའི་ལྟ་ཁྲིད་ཀྱང་འདེབས་པར་མཛད་དོ། །

དེ་རྣམས་ཀྱི་ནང་ནས་འདུས་པ་དང་འཁོར་ལོ་སྡོམ་པ་གཉིས་ཀྱི་རྫོགས་རིམ་གྱི་ཁྲིད་ལ་རྗེ་བླ་མ་ཙོང་ཁ་པ་ཆེན་པོའི་ཞལ་སློབ་གཞན་ལ་མེད་པའི་མན་ངག་ཞལ་

ཤེས་ཡི་གེ་མེད་པ་མང་པོ་ཡང་རྗེ་འདི་ཉིད་ལ་ཡོད་པས་དེ་རྣམས་ཀྱང་གསུངས་ཤིང་། ཁྲིད་དེ་རྣམས་དུས་ཕྱིས་ཀྱང་ལན་རེ་གཉིས་ཙམ་མིན་པར་ལོ་རེ་བཞིན་འདེབས་པར་མཛད་པས་བསྟན་པའི་རྒྱུན་ལ་ཕན་པར་བྱུང་ཞིང་བློ་ལྡན་རྣམས་ཀྱིས་བསྟགས་པའི་གནས་དང་། སྐྱེ་དགུ་རྣམས་ཀྱི་བདེ་སྐྱིད་ཀྱི་གསོས་སུ་གྱུར་པ་ལགས། དེ་ནས་རྒྱུད་ཀྱི་འཆད་ཉན་རྒྱུད་ཆེན་སྨིན་པ་དཔལ་བ་ལ་གཏད་ཅིང་། གྲྭ་ཚང་གི་བྱིན་རླབས་ཀྱི་རྟེན་དུ་རྗེ་རིན་པོ་ཆེས་གནང་བའི་གསང་བ་འདུས་པའི་གསེར་སྐུ་བྱིན་རླབས་ཅན་དེ་གནང་ངོ་། །

དེ་ལྟར་རྒྱུད་ཀྱི་འཆད་ཉན་གནང་བཞིན་པའི་ངང་ནས་སྐུ་འཁོར་རྣམས་ལ་དཔེ་ཆ་འདི་རྣམས་དགེ་འདུན་གྲུབ་པའི་སར་སྐྱོལ། རྒྱུད་སྟོད་འཆད་ཉན་འདི་སྨིན་པ་དཔལ་བས་གྱིས། དེའི་(༣༠༣བ)གྲོགས་དགོས་པ་གྲགས་པ་བཟང་པོ་ལ་ཆོལ། ཞེས་གསུངས་ནས་མུ་ངན་ལས་འདའ་བའི་ཐུགས་འདུན་གཏད། དེ་ནས་རྒྱུད་ཀྱི་གྲྭ་ཚང་དང་ལྷན་ཅིག་ཏུ་དགེ་ལྡན་རྣམ་པར་རྒྱལ་བའི་གླིང་དུ་ཕེབས་ཏེ་རིམ་གཉིས་ཀྱི་རྣལ་འབྱོར་ལ་བརྩོན་པའི་ངང་ནས་ཐུན་མཚམས་སུ་ཆོས་གསན་མི་རྣམས་ལ་རང་རང་གི་འདོད་པ་དང་མཐུན་པའི་ཆོས་རྣམས་སྩལ། དེའི་ཚེ་རྗེ་འདི་ཉིད་ཀྱི་ཐུགས་རྒྱུད་ལ་མངོན་པར་རྟོགས་པའི་ཡོན་ཏན་བསམ་གྱིས་མི་ཁྱབ་པ་འཁྲུངས་སོ། །

དེ་ནས་སྐུ་ཚེ་འདིའི་དངོས་ཀྱི་གདུལ་བྱ་རྫོགས་ཏེ་ཞིང་གཞན་དུ་འབྱོན་པར་དགོངས་པ་ན་ཐུགས་དམ་རིམ་གཉིས་ཀྱི་རྣལ་འབྱོར་ལ་རྩེ་གཅིག་ཏུ་བཞུགས་ཤིང་། དེའི་ཚེ་དག་པའི་གཟིགས་སྣང་ལ་སྐྱ་མདུན་གྱི་བར་སྣང་ལ་རྗེ་བཙུན་བྱམས་པ་དང་འཇམ་དབྱངས་གཉིས་ཀྱིས་ཤེར་ཕྱིན་གསུངས་ཤིང་། ཤེར་ཕྱིན་གྱི་མདོ་སྒྲོགས་ཤིག་ཅེས་བཀའ་སྩལ་པ་ཡང་དེ་བཞིན་དུ་མཛད་ཅིང་། དཔལ་གསང་བ་འདུས་པ། འཁོར་ལོ་སྡོམ་པ། དུས་ཀྱི་འཁོར་ལོ་སོགས་ཡི་དམ་མང་པོའི་ཞལ་གཟིགས། དེ་གའི་ངང་

ནས་འོད་གསལ་ཆོས་སྐུ་མངོན་དུ་མཛད་ནས་དེའི་ངང་ལ་ཡུན་རིང་མཉམ་པར་འཇོག་པ་གནང་། དེ་ལས་ལོངས་སྐུར་བཞེངས་པའི་ཚེ་ལྷ་རྣམས་ཀྱིས་མེ་ཏོག་གི་ཆར་དང་རོལ་མོའི་སྒྲ་ལ་སོགས་པས་མཆོད་ཅིང་ནམ་མཁའ་གཡའ་དག་པ་ལ་འཇའ་འོད་ཀྱིས་ཁྱབ་པ་དང་། དཔའ་བོ་དང་རྣལ་འབྱོར་མ་རྣམས་ཀྱིས་གདུགས་དང་རྒྱལ་མཚན་དང་རོལ་མོའི་སྒྲ་ལ་སོགས་པས་མཆོད་ཅིང་བསུས་ཏེ་དགའ་ལྡན་ཆོས་ཀྱི་ཕོ་(༣༠༩ན)བྲང་དུ་རྗེ་བདག་ཉིད་ཆེན་པོ་ཡབ་སྲས་ཀྱི་དྲུང་དུ་ཕེབས་སོ། །

དེ་ནས་རྗེས་འཇུག་རྣམས་ཀྱིས་སྐུ་གདུང་ལ་མཆོད་པ་རྒྱ་ཆེར་བྱས་ཏེ་ཞུགས་ལ་ཕུལ་བ་ན་དབུ་ཐོད་རིལ་པོར་མ་ཉམས་པར་བྱོན་པ་དང་། རིང་བསྲེལ་ཆེས་ངོ་མཚར་བར་བྱོན་པ་དག་ནི་རྗེ་དགེ་འདུན་གྲུབ་ཀྱིས་བཞེངས་ཏེ་བཀྲ་ཤིས་ལྷུན་པོའི་ཐུབ་ཆེན་གྱི་སྐུའི་ནང་དུ་བཞུགས་སོ། །དེ་ལྟར་རྗེ་ཤེས་རབ་སེང་གེ་འདིས་ཆོས་ཀྱི་རྒྱལ་པོ་ཙོང་ཁ་པ་ཆེན་པོའི་བསྟན་པའི་སྙིང་པོ་མཐར་ཐུག་པ་རྣམས་རྒྱ་ཆེར་སྤེལ་བར་མཛད་པས་རྒྱུད་འཛིན་གྱི་སློབ་མ་མཐའ་ཡས་པ་བྱོན་ཞིང་། རྒྱུད་ཀྱི་བཤད་སྒྲོལ་འཛིན་པ་ནི་གཙང་དུ་འདུལ་ནག་པ་དཔལ་ལྡན་བཟང་པོས་སྲད་དུ་རྒྱུད་གྲྭ་བཙུགས་ཏེ་འདུས་པའི་བཤད་སྒྲོལ་མ་ཉམས་པར་བསྐྱངས། པཎ་ཆེན་བཟང་པོ་བཀྲ་ཤིས་ཀྱིས་གངས་ཅན་དུ་མདོ་སྔགས་གཉིས་ཀའི་བཤད་གྲྭ་བཙུགས་ཏེ་བཤད་སྒྲོལ་མ་ཉམས་པར་བསྐྱངས། རྒྱུད་ཆེན་སྦྱིན་པ་དཔལ་བས་རྒྱུད་སྨད་གྲྭ་ཚང་དུ་རྗེའི་སྔགས་ཀྱི་བཤད་སྒྲོལ་མ་ཉམས་པར་བསྐྱངས། རྒྱུད་ཆེན་ཀུན་དགའ་དོན་གྲུབ་ཀྱིས་འཆུམ་མདའ་སོགས་སུ་རྒྱུད་ཀྱི་བཤད་སྒྲོལ་མ་ཉམས་པར་བསྐྱངས་པ་ལ་རྒྱུད་སྟོད་དུ་གྲགས་པ་བྱུང་། འཕགས་འོད་ཡོན་ཏན་རྒྱ་མཚོས་ལྷུན་པོ་རྩེར་འདུས་པའི་བཤད་སྒྲོལ་མ་ཉམས་པར་བསྐྱངས་ཤིང་སྔོན་གསལ་གྱི་མཚན་བྱ་རྗེ་བདག་ཉིད་ཆེན་པོའི་དགོངས་པ་ཟླ་མེད་པར་བཀོད་པ་སྒྲོན་གསལ་(༣༠༩བ)རྣམ་ངེས་ཞེས་བྱ་བའི་ལེགས་བཤད་རྨད་དུ་བྱུང་བ་འདི་

མཛད་དོ། །

གཞན་ཡང་རྒྱུད་འཛིན་གྱི་སློབ་མ་མཐའ་ཡས་པ་བྱུང་ཞིང་ཐམས་ཅད་ཀྱི་ནང་ནས་རྒྱལ་མཚན་གྱི་ཏོག་ལྟར་མངོན་པར་མཐོ་བ་འགྲན་པའི་ཟླ་ཐམས་ཅད་དང་བྲལ་ཞིང་འཕྲིན་ལས་ནམ་མཁའ་དང་མཉམ་པ་ནི་ཐམས་ཅད་མཁྱེན་པ་དགེ་འདུན་གྲུབ་པའོ། །དེས་ན་བྱང་ཆུབ་ལམ་གྱི་རིམ་པ་ལ་བློ་སྦྱོང་བར་འདོད་པ་རྣམས་ཀྱིས་མཁས་གྲུབ་ཆེན་པོ་ཤེས་རབ་སེང་གེ་ལ་གསོལ་བ་འདེབས་ཤིང་། བདག་ཉིད་ཆེན་པོ་འདིའི་རྣམ་ཐར་ལྟར་མདོ་སྔགས་གཉིས་ཀའི་ལམ་གྱི་ལུས་ཡོངས་སུ་རྫོགས་པ་ལ་བག་ཆགས་ཅི་ཐེབས་བྱའོ།། །།

རྒྱལ་དབང་དགེ་འདུན་གྲུབ་པའི་རྣམ་ཐར།

རིག་གྲོལ་ཕུན་ཚོགས་དགེ་འདུན་འདུས་པའི་གཙོ། །གྲུབ་པའི་དབང་ཕྱུག་མཁས་པ་ཀུན་གྱི་དཔལ། །འཕྲིན་ལས་བཟང་པོས་བསྟན་པ་རྒྱས་མཛད་པ། །དཔལ་ལྡན་བླ་མའི་ཞབས་ལ་གསོལ་བ་འདེབས། །ཞེས་བསྔགས་པ། ཐམས་ཅད་མཁྱེན་པ་དགེ་འདུན་གྲུབ་པ་དཔལ་བཟང་པོ་ནི། གུར་མ་ཞེས་བྱ་བའི་ཡུལ་གྱི་ལྷས་ར་ཞིག་ཏུ། ཡབ་མགོན་པོ་རྡོ་རྗེ་དང་། ཡུམ་ཇོ་མོ་ནམ་སྐྱིད་ཅེས་བྱ་བ་གཉིས་ཀྱི་སྲས་སུ་ལྕགས་མོ་ལུག་གི་ལོ་ཅོ་མཚར་བའི་ལྟས་དང་བཅས་ཏེ་འཁྲུངས། རྗེ་འདི་སྐྱུལ་པའི་སྐྱེས་བུར་སྟོན་ཕྱིར་འཁྲུངས་པའི་ནུབ་མོ་དེ་ཕྱོགས་ཀྱི་འབྲོག་པ་ལ་དགྲ་ཇག་བྱུང་སྟེ་ཡུམ་གྱིས་ཁྱེའུ་འཁྲུངས་མ་ཐག་པ་དེ་ཁྱེར་མ་ཐུབ་པར་རྫོའི་གསེབ་ཅིག་ཏུ་སྦས་ཏེ་ནང་མི་ཐམས་ཅད་བྲོས། སང་ཉིན་ནམ་ལངས་ནས་ལྟར་འོངས་པས། དེའི་མཐའ་སྐོར་ལ་བྱ་(༣༠༥ན)དང་གཅན་གཟན་མང་པོ་འཁོར་ནས་ཡོད་པ་ལ། བྱ་རོག་ཆེན་པོ་གཅིག

གིས་ཁྲིའུ་འཁྲུངས་མ་ཐག་པ་དེ་གཅན་གཟན་སོགས་ཀྱི་གནོད་པ་ལས་བསྲུངས་ཏེ་མ་ནོངས་པར་བཞུགས་པ་མཐོང་སྟེ་དགའ་ཞིང་ངོ་མཚར་ཡ་མཚན་དུ་བཟུང་ནས་ཁྲིའུ་དེ་ཁྱེར་ཏེ་གྲོས་ནས་ཕྱིན། དེ་དུས་ཀྱི་བྲ་རོག་ཆེན་པོ་དེ་ནི་དཔལ་མགོན་ཞལ་གྱི་རྣམ་འཕྲུལ་དུ་འདུག །མགོན་པོ་འདིས་ཕྱིས་ཀྱང་དེ་དུས་ཀྱི་དྲིན་ངོ་དང་། ཁྱོད་ལྷ་བུའི་བསྟན་འཛིན་ལ་ང་ལྷ་བུའི་ཆོས་སྐྱོང་བསྟེན་དགོས་པ་ཡིན་ནོ་ཞེས་ཡང་ཡང་གསུང་གིན་ཡོད་གསུང་སྟེ་བསམ་གྱིས་མི་ཁྱབ་པའི་རྣམ་ཐར་རོ། །དེ་ལྟ་བུའི་གཞོན་ནུ་དེ་ཉིད་ནི། བྱིས་པའི་གནས་སྐབས་ཉིད་ནས་ཀྱང་བྱིས་པའི་རྒྱུད་པ་ཐམས་ཅད་ལས་ཡང་དག་པར་འདས་ཤིང་། བག་མེད་པར་རྩེ་བ་མཐའ་དག་ལས་ངང་གིས་ལོག །ཉེས་སྤྱོད་རྣམས་ནི་རང་བཞིན་གྱིས་བསྡམས། བློ་གྲོས་དཔག་པར་དཀའ་ཞིང་དམ་པའི་ཆོས་འཚོལ་བ་ལ་ངང་གིས་ཞུགས་པ་སོགས་བྱང་ཆུབ་སེམས་སེམས་དཔའི་སྤྱོད་པ་རླབས་པོ་ཆེ་རྣམས་ལས་ནམ་ཡང་ཉམས་པ་མེད་ཅིང་། ཁྱད་པར་རང་དང་ན་ཚོད་མཉམ་པའི་བྱིས་པ་མང་པོ་བསགས་ནས་དེ་དག་ལ་རང་ཉིད་ཀྱིས་ཆོས་འཆད་པའི་རྣམ་པ་མཛད་ཅིང་། གཞན་ཡང་རྟེན་བཞེང་དང་། གཙུག་ལག་ཁང་དང་། ཆོས་ཁྲིད་དང་། ཆོས་ར་རྩིག་པ་ཡིན་གསུངས་ནས། ཉིན་མཚན་ཀུན་ཏུ་ཕྱུག་དལ་བར་བཞུགས་པའི་སྐབས་མེད་པ་ལྟ་བུ་ཞིག་ཡོད་ཅེས་གྲག་གོ །དེ་ནས་རྗེ་འདིའི་ཡབ་ཡུམ་རྣམས་ཀྱང་ནོར་དགྲ་ལ་ཤོར་ཏེ་(༣༠༥བ)སྦྲ་མ་ཚུགས་པར་རི་ཞིག་ལ་ཁ་སྐོད་ཀྱི་གྲོང་ཡུལ་རྣམས་སུ་བཞུགས་ཏེ་རྗེ་འདིས་ཀྱང་གྲོང་པ་དག་གི་རྗེ་བོ་སོགས་མཛད་དེ་སེམས་ཅན་ལ་ཕན་པ་མཛད། ཁྱད་པར་རྩེན་དཀར་བྲ་བའི་ཡུལ་དུ་བཞུགས། དགུང་ལོ་ལྔ་པའི་དུས་ཉིན་རེ་བཞིན་ཕྱོགས་གཞན་ཞིག་ཏུ་འགྲོན་པ་ཞིག་བྱུང་བ་ལྷམ་མོ་ཞིག་ཡོད་པ་དེས་ལྟར་ཕྱིན་པས་རྡོ་མང་པོ་ལ་མ་ཎི་ཕྱུག་བྲིས་མཛད་དེ་བརྐོ་ཡིན་འདུག །ཅི་མཛད་ཞུས་པས། འདི་ལ་ངའི་ཕ་མའི་སྒྲིབ་སྦྱོང་བྱེད་པ་ཡིན་གསུང་། ཕ་མ་ད་ལྟ་མ་ཤི་ལགས་ཞུས་པས། ཕ་

མ་ཤི་བ་དང་མ་ཤི་བ་མང་པོ་ཡོད་པས་དེ་ཐམས་ཅད་ཀྱི་སྒྲིབ་སྦྱོང་ཡིན་གསུང་། དེ་འདྲའི་མ་ཧེ་དེ་ཡུལ་དེ་ན་ད་ལྟ་ཡང་ཡོད་པར་གྲགས། དེ་ནས་ཁ་སྟོད་མཐོང་སྨོན་བྱ་བར་ཡུམ་སྲས་རྣམས་ཀྱིས་ཕྱིན། ཡུལ་དེའི་ཕྱུག་པོ་ཞིག་གི་ར་རྫི་མཛད་དེ་རི་གདོང་ཞིག་གི་བྲག་ལ་ཞབས་ལ་འབྲུ་དྲུག་དང་། འབྲུ་གསུམ་དང་། ཧཱུཾ་དང་ཧྲཱིཿ་ལ་སོགས་པའི་གསུང་ཡིག་འབྲུ་མང་པོ་དང་། གདུགས་དང་། རྒྱལ་མཚན་དང་། བ་དན་སོགས་མཆོད་པའི་ཡོ་བྱད་མང་པོ་ཕྱག་བྲིས་སུ་བཀོ་བར་མཛད་པ་ད་ལྟ་ཡང་ཡུལ་དེ་ན་བཞུགས། དེ་ནས་ཞུ་རོང་བྱ་བར་ཕེབས་ཏེ་འགྲོ་དོན་མཛད། དེ་ནས་སྣར་ཐང་གི་ཕུ་དགེ་སྟེང་བྱ་བར་བཞུགས། དགུང་ལོ་བདུན་པའི་ཚེ་ཡབ་དེ་སྐུ་གཤེགས། དེའི་ཚེ་རྗེ་འདིས་སྟོན་པ་སྨན་པའི་རྒྱལ་པོའི་མདོ་ཞིག་ཕྱག་བྲིས་མཛད་དེ་བཞེངས། འདི་ལ་བདག་གི་ཕའི་སྒྲིབ་སྦྱོང་བྱེད་པ་ཡིན་ནོ་གསུང་། དེ་ནས་ཡབ་ཡུམ་དག་འགྱུར་པ་ཆུང་བས་རྒྱལ་སྲས་འདིས (༣༠༤ན)སྣར་ཐང་དུ་དགེ་འདུན་གྱི་ཚོགས་ལ་བསྐྱབ་པ་ལ་ཕྱིན། དེ་ལ་ཡང་ན་བཟའ་སེར་པོ་རེ་བཞེས། དབུ་སྐྲ་བྲེགས་ཏེ་ཕྱིན། དེ་ལ་མི་རྣམས་ཀྱིས་བཙུན་ཆུང་རག་སྐྱ་ཞེས་འབོད་པ་བྱུང་། དེ་ནས་རྒྱལ་བའི་བསྟན་པ་ལ་འཇུག་པར་བཞེད་དེ་སྣར་ཐང་མཁན་ཆེན་གྲུབ་པ་ཤེས་རབ་ལས་ཡོངས་རྫོགས་དགེ་བསྙེན་གྱི་སྡོམ་པ་བཞེས་ཏེ་བསླབ་ཁྲིམས་རྣམས་ཚུལ་བཞིན་དུ་བསྲུང་བར་མཛད་ཅིང་། ཆོས་སྤྱོད་མང་པོ་ཞལ་ཏོན་དུ་མཛད་པ་ན་བཙུན་ཆུང་བད་རྡོར་ཞེས་འབོད་པ་བྱུང་། དེ་ནས་སྣར་ཐང་མཁན་པོའི་གསུང་ནས། ད་རེ་ཞིག་ལ་ཡོན་ཏན་ཐམས་ཅད་ཀྱི་རྩ་བ་ཡིན་པས་ཀློག་ཡིག་ལ་སྦྱོངས་ཤིག་གསུངས་ནས། དེ་དུས་ཀྱི་ཀློག་དཔོན་རྒྱ་སྟོན་ཙནྡྲ་པ་ཞེས་པ་སློབ་མ་བརྒྱ་ཕྲག་མང་པོ་བསྟེན་པ་གཅིག་ལ་གཏད་དེ་ཀློག་ཡིག་སྦྱོང་བའི་ཚུལ་བསྟན་པ་ཙམ་གྱིས་ཐོགས་མེད་དུ་མཁྱེན་པ་བྱུང་། དེ་ནས་རྒྱ་སྟོན་པའི་ཞལ་ནས། ད་ནི་ང་བས་ཁྱོད་མཁས་པར་འདུག་པས་ངའི་སློབ་མ་རྣམས་ཁྱོད་ཀྱིས་སྐྱོངས་ཤིག་གསུངས་ནས། དེ་དུས་ཀུང་

གློག་གིས་བུ་སློབ་སྐྱོང་བ་སོགས་མཛད། དེ་ནས་ཡང་། དེ་དུས་ཀྱི་ཡིག་དཔོན་ཤཱཀྱ་དཔལ་ཞེས་པ་ལ་ཡི་གེ་སྦྱོང་བའི་ཚུལ་བསྟན་པ་ཙམ་གྱིས་ཡི་གེའི་རིགས། རྒྱ་ཡིག བོད་ཡིག ཧོར་གྱི་ཡི་གེ རྒྱ་གར་གྱི་ཡི་གེའང་། ལཉྫ་ཝརྟུ། བོད་ཡིག་ལའང་། ཆེ་ཡིག ཆུང་ཡིག དེ་ལའང་། འབྲུ་མ། ཚག་ཕྲིས། ཁྱུམ་ཕྲིས་སོགས་ཐམས་ཅད་ཐོགས་པ་མེད་པར་(༣༠༨བ)མཁྱེན། དེ་ལྟར་མཁྱེན་ཅིང་རབ་ཏུ་བྱུང་བའི་རྗེས་སུའང་སྣར་ཐང་དུ་གློག་ཡིག་གིས་བུ་སློབ་མང་པོ་བསྐྱངས་པས་མི་རྣམས་ཀྱིས་དཔོན་ཡིག་དགེ་འདུན་གྲུབ་ཅེས་འབོད་པའང་བྱུང་ཞིང་། དེ་ལྟར་ཡིག་རིགས་ཐམས་ཅད་མཁྱེན་པས་གསན་སྦྱོང་མཛད་དུས་ཀྱི་ཕྱག་དཔེ་ཕལ་ཆེ་བ་ཕྱག་ཕྲིས་མཛད་དེ་བཞེངས། ཆོས་བར་སོགས་ལ་བྱོན་དུས་གཙུག་ལག་ཁང་གང་དུ་བྱོན་སར་འཕན་གདུགས་རྒྱལ་མཚན་སོགས་ཕུལ་བ་རྣམས་ལ་དཀར་ཆག་རེ་ཕྱག་ཕྲིས་སུ་མཛད། ཕྱིས་བཀྲ་ཤིས་ལྷུན་པོའི་ཕྱི་ནང་ཀུན་ཏུ་བླ་མ་སངས་རྒྱས་བྱང་སེམས་ཀྱི་མཚན་དང་། མ་ཎི་ཧི་སྙེད་ཡོད་པ་ཕལ་ཆེ་བ་དང་། ཁྱད་པར་གཙུག་ལག་ཁང་གི་ནང་ན་ཡོད་པ་ལཉྫ་སོགས་ཡིག་རིགས་ཕལ་ཆེ་བ་རྣམས་རྗེ་འདིའི་ཕྱག་ཕྲིས་ཡིན་ཞིང་། རྗེ་འདིས་མཛད་པའི་ཕྱག་ཕྲིས་ཆད་ལྷག་ནོར་གསུམ་གྱི་སྐྱོན་དང་བྲལ་བར་རྗེ་རང་ཉིད་ཀྱིས་ཞལ་གྱིས་བཞེས་སོ། །

དེ་ནས་འདི་སྙམ་དུ་དགོངས་ཏེ། རྒྱལ་བའི་བསྟན་པ་ལ་ཞུགས་ཏེ་ཁྱིམ་ནས་ཁྱིམ་མེད་པར་རབ་ཏུ་བྱུང་ནས་ཐོས་བསམ་སྒོམ་གསུམ་འཆད་རྩོད་རྩོམ་གསུམ་གྱི་སྒོ་ནས་རྒྱལ་བའི་བསྟན་པ་རིན་པོ་ཆེ་ཆེས་ཆེར་སྤེལ་ཐུབ་པ་ཞིག་བྱའོ་སྙམ་དུ་དགོངས་ནས་དགུང་ལོ་བཅོ་ལྔ་པ་ཤིང་མོ་བྱའི་ལོ་ཟླ་བ་གསུམ་པའི་ཉེར་གཅིག་གི་ཉིན་དཔལ་སྣར་ཐང་གི་གཙུག་ལག་ཁང་དུ་མཁན་ཆེན་གྲུབ་པ་ཤེས་རབ་པས་མཁན་པོ་དང་། བཤེས་གཉེན་ཆེན་པོ་བློ་ལྡན་པ་ཞེས་པས་སློབ་དཔོན་མཛད་དེ། (༣༠༧ན)རབ་ཏུ་བྱུང་ཞིང་ཚིགས་སྔ་མ་དགེ་ཚུལ་གྱི་སྡོམ་པ་ཡང་དག་པར་མནོས་ཏེ། དགེ་འདུན་གྲུབ་པ་

དཔལ་བཟང་པོ་ཞེས་མཚན་གསོལ། དེ་ལྟར་རབ་ཏུ་བྱུང་ནས་འདི་སྙམ་དུ་དགོངས་ཏེ། སངས་རྒྱས་བཅོམ་ལྡན་འདས་ཀྱི་རྗེས་སུ་རབ་ཏུ་བྱུང་བ་དག་གི་ལས་སུ་བྱ་བ་ནི་གཉིས་ཏེ། འདི་ལྟར་ཀློག་པ་ཐོས་བསམ་དང་། སྒྲུབ་པ་བསམ་གཏན་གྱི་རིམ་པའོ། །

དེ་བས་ན་བདག་གིས་ཀྱང་ཀློག་པ་ཐོས་བསམ་དང་སྤོང་བ་བསམ་གཏན་གཉིས་ཀྱི་སྒོ་ནས་རྒྱལ་བསྟན་ཡོངས་སུ་རྫོགས་པ་རང་གི་རྒྱུད་ལ་འཛིན་ཅིང་གཞན་ལའང་རྒྱ་ཆེར་སྤེལ་བར་བྱའོ་སྙམ་དུ་དགོངས་ནས་དེ་དུས་སྣར་ཐང་ན་མཧཱ་པཎྜི་ཏ་ཤཱཀྱ་ཤྲཱི་ཞེས་པའི་མཁས་གྲུབ་ཆེན་པོ་ཞིག་ཡོད་པ་ལ། སྙན་དངགས་མེ་ལོང་དང་། འཆི་མེད་མཛོད་དང་། སྒྲ་མཚམས་སྦྱོར་ལྔ་པ་རྣམས་གསན་ཅིང་། གཏུམ་པོ་དཀར་པོའི་རྗེས་གནང་སོགས་ཀྱི་བཀའ་ཡང་མང་རབ་གསན་ལ། བཤེས་གཉེན་དམ་པ་གཞན་མང་པོ་ལའང་དབང་ལུང་མན་ངག་རྒྱ་ཆེར་གསན་ནོ། །

དེ་ནས་དགུང་ལོ་ཉི་ཤུ་བཞེས་པ་ལྕགས་ཕོ་སྟག་གི་ལོ་ཟླ་བ་གཉིས་པའི་གྲལ་ཚེས་བཅུ་གཅིག་གི་ཉིན་ཚོགས་སྡེ་མའི་མཁན་པོ་གནས་ལྔ་རིག་པ་གྲུབ་པ་ཤེས་རབ་པས་མཁན་པོ་དང་། ཚོགས་སྡེ་མའི་སློབ་དཔོན་བློ་ལྡན་པས་ལས་སློབ། དེའི་གདན་ས་པ་ཆེན་པོ་གྲགས་པ་ཤེས་རབ་པས་གསང་སྟོན་མཛད་ཅིང་མཚན་ཉིད་ལྡན་པའི་ཁ་སྐོང་གྲངས་ཚང་བས(༣༠༧བ)དད་པའི་དགེ་འདུན་མཛད་ནས་བསྙེན་པར་རྫོགས་པའི་སྡོམ་པ་ཡང་དག་པར་བཞེས་ཏེ། ལྷག་པ་ཚུལ་ཁྲིམས་ཀྱི་བསླབ་པ་ཡོངས་སུ་རྫོགས་པའི་ལྷའི་ཆུ་བོས་ཐུགས་རྒྱུད་ཀྱི་བུམ་བཟང་ཉེ་བར་གཏམས་ཤིང་། ལྷ་དང་བཅས་པའི་འཇིག་རྟེན་གྱི་ཡོན་གནས་གཅིག་པུར་གྱུར་ཏོ། །དེ་ནས་ཚད་མ་རྣམ་འགྲེལ་གྱི་གཞུང་ལ་སྦྱངས་ཏེ་སྣར་ཐང་དུ་གྲྭ་སྐོར་ཡང་མཛད། དེ་ནས་སྣར་ཐང་མཁན་ཆེན་སོགས་བཤེས་གཉེན་མང་པོ་ལ་མདོ་སྔགས་ཀྱི་ཆོས་མང་དུ་གསན། དེ་དག་གི་ཚེ་ཡང་ཡོན་ཏན་ཐམས་ཅད་ཀྱི་གཞི་དང་རྩ་བ་ཚུལ་ཁྲིམས་སུ་དགོངས་ནས་ལྷག་པའི་ཚུལ་

ཁྲིམས་ཉེས་ལྟུང་གི་དྲི་མ་ཐམས་ཅད་དང་བྲལ་བ་ཞིག་མངའ་བས་གནས་བརྟན་འདུལ་བ་འཛིན་པ་གསེར་རིའི་ཕྲེང་བ་ལྟ་བུའི་དབུས་ན་ལྷུན་པོ་ལྟར་མངོན་པར་འཕགས་ཤིང་། བདག་པས་གཞན་གཅེས་པའི་བྱང་ཆུབ་ཀྱི་སེམས་བཙོས་མིན་ཐུགས་རྒྱུད་ལ་རྒྱུན་ཆགས་པར་མངའ་བས་འགྲོ་བ་ཀུན་ལ་བུ་གཅིག་པ་ལྟར་དགོངས་ཏེ། བསྟན་པ་དང་སེམས་ཅན་ལ་ཕན་པར་གཟིགས་ན་དམྱལ་བའི་མེ་ཡང་པདྨའི་ཚལ་ལྟར་གཟིགས་ནས་འཇུག་པ་ལ་ཡ་མི་ང་ཞིང་རང་གི་ཆེད་དུ་དག་པའི་ཞིང་གི་འཁོར་བ་ཡང་རྨི་ལམ་གྱི་དགའ་སྟོན་ལྟར་གཟིགས་ནས་བལྟོས་པ་མེད་ཅིང་། བསྐྱེད་རྫོགས་ཀྱི་ཏིང་ངེ་འཛིན་ཤིན་ཏུ་བརྟན་པོ་བརྙེས་པས་ཐུན་མོང་དང་ཐུན་མོང་མ་ཡིན་པའི་མངོན་པར་རྟོགས་པའི་ཡོན་ཏན་ནི། སོ་སོ་སྐྱེ་བོའི་བྱང་ཆུབ་སེམས་(༣༠༨ན)དཔའ་ཕལ་མོ་ཆེ་དག་གིས་རྗེས་སུ་ཡི་རང་བ་ཙམ་ཡང་བྱ་དཀའ་བའི་རྒྱལ་སྲས་ཀྱི་སྙིང་སྟོབས་ཕུལ་དུ་བྱུང་བ་མངའ་བས། རྒྱལ་བའི་སྤྱན་སྔར་ཁས་བླངས་པའི་དམ་ཚིག་ལས་མི་གཡེལ་བའི་སྲུང་མ་ཁྱད་པར་ཅན་དང་དཀར་ཕྱོགས་སྐྱོང་བའི་ལྷ་དག་གིས་དངོས་སུ་བསྙེན་བཀུར་ཞིང་ལེགས་སོ་གསོལ་བའི་ཚིག་གིས་མངོན་པར་བསྟགས་ཤིང་། གཞན་ལ་ཆོས་སྟོན་པའི་འཕྲིན་ལས་ལྷུར་མཛད་པ་ལ་དགོངས་པ་མངོན་དུ་ཕྱོགས་པར་གྱུར་ཏོ། །

དེ་ནས་འདི་ལྟར་དགོངས་ཏེ། དེ་ཡན་ཆད་ཉེར་འཛིན་ཆེན་པོའི་གསུང་དང་དུ་བླངས། བསྟན་པ་དང་སེམས་ཅན་ལ་ཕན་གང་ཆེའི་སྒོ་ནས་འགྲོ་བའི་དོན་བྱས། ད་ནི་སྔར་ནས་ཡིད་ལ་ཡང་དང་ཡང་དུ་ཡོད་པ་བཞིན་དམ་པའི་ཆོས་འཚོལ་བ་དང་། རྗེ་བཙུན་ཆོས་ཀྱི་རྒྱལ་པོ་ཙོང་ཁ་པ་ཆེན་པོའི་དྲུང་དུ་མྱུར་དུ་འགྲོ་བར་བྱའོ་སྙམ་དུ་དགོངས་ནས་དེ་ལུགས་ཀྱི་གྲབས་བྱས་ནས་དགུང་ལོ་ཉེར་ལྔ་པ་ཤིང་མོ་ལུག་གི་ལོ་ལ་དབུས་ཕྱོགས་ལ་བྱོན་ཏེ། ཁྲ་འབྲུག་ཏུ་སེམས་དཔའ་ཆེན་པོ་ཀུན་བཟང་པ་ལ་ཚད་མ་དང་དབུ་མ་སོགས་ཀྱི་ཐུགས་སྦྱོང་མཛད། དེ་ནས་རྗེ་བཙུན་ཙོང་ཁ་པ་ཆེན་པོ་ས་སྐྱོང་མིའི་དབང་

པོ་གྲགས་པ་རྒྱལ་མཚན་གྱིས་བཀྲ་ཤིས་རྡོ་ཁར་སྤྱན་དྲངས་པའི་དྲུང་དུ། སེམས་དཔའ་ཆེན་པོ་ཀུན་བཟང་པའི་ཕྱུགས་ཕྱི་མཛད་དེ་བྱོན་ནས། དེར་རྗེ་རིན་པོ་ཆེ་ལ་ཚད་མ་རྣམ་ངེས་ཀྱི་དོགས་གཅོད། དྲང་ངེས་རྣམ་འབྱེད། (༣༠༨བ)རྩ་ཤེའི་རྣམ་བཤད། བླ་མ་ལྔ་བཅུ་པའི་རྣམ་བཤད། རྩ་ལྟུང་གི་རྣམ་བཤད་སོགས་ཆོས་མང་པོ་གསན་ཅིང་། རྗེ་རིན་པོ་ཆེ་ཡང་ཐུགས་ཤིན་ཏུ་དགྱེས་པར་གྱུར་སྟེ། འདུལ་བའི་བསླབ་ཁྲིམས་ཁྱད་པར་ཅན་སྤེལ་བའི་རྟེན་འབྲེལ་བསྒྲིག་པའི་ཕྱིར་དུ་མཐང་གོས་བཞེས་འཕྲོ་ཞིག་གི་གནང་སྦྱིན་ཀྱང་མཛད། དེ་ནས་རྗེ་བཙུན་ཙོང་ཁ་པའི་གསུང་གིས་ཐང་པོ་ཆེའི་བླ་བྲང་པ་ཉི་མ་རྒྱལ་མཚན་པ་ལ་དཔལ་གསང་བ་འདུས་པའི་བཀའ་ཞིག་ཞུ་བ་ལ་ཕྱིན་པ་ལེགས་ཞེས་བསྐུལ་ཏེ་དེར་བྱོན། རྗེ་ཉི་མ་རྒྱལ་མཚན་པ་ལ་དཔལ་གསང་བ་འདུས་པ་མི་བསྐྱོད་པ་དང་། རྡོ་རྗེ་འཇིགས་བྱེད་བཅུ་གསུམ་མ་དང་། གཤེད་དམར་བཅུ་གསུམ་མ་དང་། གཤེད་དམར་ལྷ་ལྔ་མ་སོགས་ཀྱི་བཀའ་མང་པོ་གསན་ནོ། །དེ་ནས་དཔོན་སློབ་རྣམས་དགེ་ལྡན་དུ་བྱོན། རྗེ་ཤེས་རབ་སེངྒེ་གསང་ཕུ་ལ་བྱོན། དགེ་ལྡན་དུ་རྗེ་རིན་པོ་ཆེའི་དྲུང་དུ་རྗེ་བླ་མ་འདིས། བདག་གསང་ཕུར་རྗེ་ཤེས་རབ་སེངྒེའི་དྲུང་དུ་ཕྱིན་ན་བསམ་པ་ལགས་ཞུས་པས། ཅིས་ཀྱང་ལེགས་གསུངས་ནས་སློབ་དཔོན་རབ་མཆོག་པ་དང་གཉིས་ལ་སྒྲི་རུ་གསེར་ཞོ་གང་། རྟུལ་གཟན་ལེགས་པོ་ཞིག་གནང་། གསེར་ཁོང་བ་ལ་ཕུལ། གཟན་དེ་རྗེ་འདི་པས་བསྣམས་ཏེ་དགུན་ཆོས་ལ་གསང་ཕུར་ཕེབས་རིགས་འབྲིང་མན་ཆད་ལ་མ་བརྟེན་པར་དང་པོ་ནས་ཚད་མའི་རིགས་ཆེན་མཛད། ཐུགས་གསལ་བ་དང་སྟོན་པ་བཟང་པོའི་སྨན་པའི་གྲགས་པ་ཡང་རྒྱ་ཆེར་བྱུང་ངོ་། །དེ་ནས་རྗེ་འདི་པས་སྟོན་ཆོས་སོགས་(༣༠༩ན)ལ་དགེ་ལྡན་དུ་ཕེབས། རྗེ་རིན་པོ་ཆེ་ལ་ལམ་རིམ་ཆེན་མོ། འཁོར་ལོ་བདེ་མཆོག་གི་རྩ་རྒྱུད་ཀྱི་བཤད་པ། སྔགས་དབང་། སྒྲུབ་དཀྱིལ་གྱི་ལུང་སོགས་སྔགས་ཆོས་མང་པོ་གསན་ཞིང་། རྗེ་དར་མ་རིན་ཆེན་ལ་

ཚད་མ། ཕར་ཕྱིན། བྱམས་ཆོས་ཕྱི་མ་སོགས་ཀྱི་བཤད་པ་མང་དུ་གསན་པས་རྗེ་དར་མ་རིན་ཆེན་འདི་ཕ་རོལ་ཏུ་ཕྱིན་པའི་ཐེག་པའི་ཕྱོགས་ལ་བཀའ་དྲིན་ཆེ་བ་ཡིན་གསུང་། ཡང་གསང་ཕུར་ཕེབས་ཏེ་རིགས་ལུང་འཁྲིམ་པ་སོགས་ཀྱི་ཐུགས་སྦྱོང་མཛད། སྟོན་དགེ་ལྡན་ལ་ཕེབས་ཏེ་རྗེ་རིན་པོ་ཆེ་དང་རྒྱལ་ཚབ་རྗེ་སྐུ་ཡབ་སྲས་གཉིས་ལ་མདོ་སྔགས་ཀྱི་ཆོས་རྒྱ་ཆེར་གསན་པ་དང་། འདུལ་འཛིན་ཆེན་པོ་གྲགས་པ་རྒྱལ་མཚན་པ་ལ་དྲུང་ངེས་རྣམ་འབྱེད་ཚར་གཅིག་དང་། གཞན་ཡང་ཆོས་བཀའ་ཅི་རིགས་གསན། དེ་ལྟ་བུའི་ཚུལ་གྱིས་གསང་ཕུ་དགེ་ལྡན་གཉིས་ལ་ལོ་གསུམ་ཙམ་ཞིག་བཞུགས། དེ་ནས་ས་མོ་ཕག་གི་ལོ་རྗེ་བཙུན་ཅོང་ཁ་པ་ཆེན་པོ་སྟོད་ལུང་ཆུ་ཚན་ལ་བྱོན་ཏེ་སླར་འབྲས་སྤུངས་སུ་ཕེབས་པའི་ཚེ་རྗེ་འདིས་ཀྱང་དེར་བྱོན་ཏེ་ལམ་རིམ་གྱི་ཁྲིད། ནཱ་རོ་ཆོས་དྲུག །དབུ་མ་འཇུག་པ། གསང་བ་འདུས་པའི་རྒྱུད་ལ་སོགས་པ་མང་དུ་གསན་ནོ། །

དེ་ནས་འདི་ལྟར་དགོངས་ཏེ། སྤྱིར་འདུལ་བའི་བསླབ་ཁྲིམས་རྣམ་པར་དག་པ་ཅིག་བྱེད་པ་ལ་འདུལ་བ་ཤེས་དགོས་པར་འདུག ཁྱད་པར་གྲོ་ས་འདི་འདུལ་བའི་འབྱུང་ཁུངས་ལྟ་བུར་འདུག་པས་དེར་འདུལ་བ་སློབ་ཏུ་འགྲོ་སྙམ་དུ་དགོངས་ཏེ་དེའི་རྒྱུ་མཚན་(༣༠༡བ)རྗེ་བཙུན་ཙོང་ཁ་པ་ཆེན་པོ་ལ་ཞུས་པས། འདུལ་བ་སློབ་པ་ལ་ཉམས་སུ་ལེན་འདོད་ཀྱི་བསམ་པས་སློབ་དགོས་པ་ཡིན། དེ་ལྟར་ཡིན་ན་ངོ་མཚར་ཆེ་གསུངས་ནས་ཆོས་ཀྱི་མཐུན་རྐྱེན་དུ་གསེར་ཞོ་གང་གནང་། དེའི་ཆ་ཤས་ཤིག་ལ་ལྷ་ས་ནས་ཇམ་པ་བསྒྲུབས་ཏེ་སྙེ་ལ་ལ་བྱོན། ལམ་དུ་མ་ཐེག་པར་རྟུལ་གཟན་གྱི་སྣམ་པ་གཅིག་ཕོག་སྟེ་དྲུབས་པའི་ནང་དུ་ཇམ་པ་ཐོགས་གཅིག་བཞག །དེར་རྟོ་ལ་ཕྱུག་བྲིས་མཛད་དེ་འདི་སུ་དང་ཕྲད་པས་ལོངས་སྤྱོད་ཀྱང་ཉེས་པ་མེད་དོ། །ཞེས་བྲིས་པ་བཞག་ནས་གྲོ་སར་བྱོན། དེའི་དུས་སུ་རྗེ་ཤེས་རབ་སེང་གེ་པས་དམར་སྟོན་ཡབ་སྲས་ཀྱི་དྲུང་དུ། དགེ་བཤེས་འདི་བདག་གི་སློབ་མའི་དང་མ་ཡིན་པས་འདུལ་མཛོད་ཕུལ་དུ་ཕྱིན་པ་ཅིག་སློབ་པར་

ཞུ་ཟེར་བའི་ཞུ་ཡིག་ཀྱང་ཕུལ། དམར་སྟོན་དཔལ་ལྡན་རིན་ཆེན་པ་དང་རྒྱ་མཚོ་རིན་ཆེན་པ་གཉིས་ལ་ལོ་གཉིས་ཀྱི་བར་དུ་མདོ་རྩ་བ་དང་མངོན་པ་མཛོད་ལེགས་པར་གསན། ཁྱད་པར་རྒྱ་མཚོ་རིན་ཆེན་པ་ལ་ལུང་སྡེ་བཞིའི་ལུང་ཡང་གསན་ལ། དམར་སྟོན་པའི་ཞལ་ནས། ངེད་ཀྱི་སློབ་མ་གཙང་ཕྱོགས་ན་ཁྱེད་དང་དཀའ་བཅུ་པ་གཞོན་ནུ་རྒྱལ་མཆོག་གཉིས་ལས་འདུལ་བ་ལ་མཁས་པ་མེད་པས་ཁྱོད་ཀྱིས་ཀྱང་བསྟན་པ་ལ་ཕན་པའི་འཆད་ཉན་ལེགས་པོ་མཛོད། ངས་ཀྱང་ལོ་བཅུ་དྲུག་ནས་ད་ལྟའི་བར་དུ་འཆད་ཉན་མ་ཆག་པར་བྱས་པ་འདི་བསྟན་པ་འབའ་ཞིག་ལ་བསམས་པ་ཡིན་ནོ། །ཞེས་གསུངས། དེ་ནས་སླར་ཡང་གསང་ཕུར་ཕྱགས་ཕེབས། ཟུར་གྱི་ཐུགས་སྦྱོང་གི་འགྲོ་རྣམས་ལེགས་(༣༡༠ན)པར་མཛད། གླིང་སྟོད་དུ་མཐོང་སྨོན་པ་ཞེས་པའི་གྲྭ་ཚང་ཞིག་གི་འཆད་ཉན་པ་རྗེ་ཤེས་རབ་སེང་གེས་མཛད་ཀྱིན་ཡོད་པའི་གདན་སར་རྗེ་འདི་པ་དང་ཤར་དྭགས་པོའི་པཎྜི་ཏ་བཀྲ་ཤིས་རྣམ་རྒྱལ་བ་གཉིས་བསྐོ་བཞག་མཛད་དེ་ལོ་ཁ་ཡར་འཆད་ཉན་ཀྱང་མཛད། དེ་དུས་གསང་ཕུའི་བྲག་ཕུག་ཅིག་ཏུ་ཐུགས་དམ་མཛད་པའི་མནལ་ལམ་དུ་བྱང་ཤར་ཕྱོགས་ནས་ཐུབ་དབང་གི་སྐུ་ཤིན་ཏུ་ཆེ་བ་ཞིག་གཟིགས་པའི་མཛོད་སྤུ་ནས་ཟླ་བ་ཉ་གང་བ་གཅིག་ཆད་དེ་རྗེ་རང་ཉིད་ལ་ཐིམ་པ་རྨིས། དེ་རྗེ་ཤེས་རབ་སེང་གེ་ལ་ཞུས་པས། སངས་རྒྱས་ཀྱི་འཕྲིན་ལས་འཛུག་ཅིང་ཚེ་རིང་པོ་འོང་བའི་ལྟས་ཡིན། ངེད་ཀྱི་རྨི་ལམ་དུའང་ཁྱེད་མགོ་སྐྱ་ཡེར་ཡེར་འཆད་ཉན་བྱེད་ཀྱིན་འདུག་པ་རྨིས་གསུང་། ཡང་དེ་དུས་མནལ་ལམ་ལ་ནམ་མཁའ་ནས་ཨོཾ་ཤཱ་གཱེ་ཤྭ་རི་སུཾ་ཟེར་བ་ཞིག་ལཱུའི་རྣམ་པར་ནར་ཏེ་བྱུང་བ་རྗེ་ཉིད་ཀྱི་ལྟེ་ཐོག་ཏུ་བབས་པ་དང་། ང་འཚོངས། ང་འཚོངས། ཟེར་བ་ལན་གསུམ་བརྗོད་པ་དུས་མཉམ་པ་ཅིག་བྱུང་གསུང་། དེ་ནས་མེ་ཕོ་རྟ་ལོ་ལ་གཙང་ཕྱོགས་ལ་ཕྱགས་ཕེབས་ཏེ་བྱང་ཆེན་དུ་གྲྭ་པ་བདུན་ཅུ་ཙམ་ལ་འཆད་ཉན་མཛད། རིགས་ལུང་ཀྱང་ཤིན་ཏུ་འཕེལ་བར་བྱུང་། དེ་

ནས་གྲྭ་ཚོགས་ཀུང་ཇེ་ཆེ་ལ་སོང་སྟེ་སྣར་ཐང་བྱང་ཆེན་ཧྲ་ནག་རི་ཁྲོད་རྣམས་ལ་རིམ་གྱིས་ཆོས་བར་ལ་བྱོན་ཏེ་ལོ་ལྔ་དྲུག་གི་རིང་ལ་འཆད་ཉན་འཕེལ་བར་བྱུང་། དེ་དུས་ལྷུགས་ཕོ་ཁྲི་ལོ་ལ་སྣར་ཐང་དུ་འཛུག་པའི་རྣམ་བཤད་དགོངས་པ་རབ་ཏུ་གསལ་བའི་མེ་ལོང་གི་རྩོམ་(༣༡༠བ)པ་ཡང་མཛད། སླར་ཡང་གསང་ཕུའི་འཆད་ཉན་ལ་གདན་འདྲེན་བྱུང་ཡང་མ་ཕེབས། ཡང་དེ་དུས་རྒྱལ་ཚབ་རྗེ་དང་མཁས་གྲུབ་རྗེ་ཡབ་སྲས་གཉིས་གནས་སྙིང་དུ་ཕེབས། དེའི་དྲུང་དུ་རྗེ་ཤེས་རབ་སེང་གེ་དང་ཡབ་སྲས་གཉིས་ཀྱིས་ཀུང་བྱོན་ཏེ་རྒྱལ་ཚབ་རྗེ་ལ་སྐྱོར་ཆོས་མང་པོ་དང་། ཁྱད་པར་མངོན་པ་ཀུན་ལས་བཏུས་ཀྱི་ཊཱིཀྐ་དེ་གསན། རིམ་གྱིས་རྗེ་འདི་པས་ཕྱག་བྲིས་མཛད་དེ་གཞན་ལ་ཡང་གསུངས་ལ། མཁས་གྲུབ་རྗེ་ལ་ཡང་ཆོས་མང་དུ་གསན་ནོ། །

དེ་ནས་ལྷུགས་མོ་ཕག་ལ་རྗེ་ཤེས་རབ་སེངྒེ་དང་ཡབ་སྲས་ཕྱོགས་མཐུན་ལ་སྐྱོད་ལ་ཆོས་བར་ལ་བྱོན། ཡར་ལམ་གཅེན་ལུང་དང་ཆུ་འདུས་སོགས་སུ་བྱང་སེམས་ཤཱཀྱ་དཔལ་བས་སྦྱིན་བདག་མཛད་དེ་ཆོས་བར་མཛད། དེ་ནས་སྐྱིད་ཕྱོགས་ཀྱི་ཆོས་སྡེ་མང་པོར་བྱོན་ཞིང་སྐལ་བ་དང་ལྡན་པ་མང་པོ་ལ་མཐོ་རིས་དང་ཐར་པའི་ས་བོན་འཛོག་པར་མཛད། དེ་ནས་དཔོན་སློབ་རྣམས་ཀྱིས་པདྨ་ཆོས་སྡིངས་སུ་བྱོན། ཡར་ལམ་གླིང་སྐོར་དུ་ཕ་དམ་པའི་སྐུ་གདུང་ཀ་ཙུ་མཇལ། སྤྱིར་དེ་ལ་མཐོང་ཚུལ་སྣ་ཚོགས་ཤིག་ཡོད་པ་ལ། རྗེ་འདི་པས་དམ་པ་རང་གི་སྐུ་དངོས་སུ་གཟིགས་པ་ཡིན་ཟེར་བའི་ལོ་རྒྱུས་སྐུ་གཉེར་གྱིས་བརྗོད་པ་ད་ལྟའི་བར་དུ་ཡོད་དོ། །

དེ་ནས་པདྨ་ཆོས་སྡིངས་སུ་བྱོན་ཏེ། པཎ་ཆེན་འཇིགས་བྲལ་དང་མཇལ། ཞག་ཤས་དེར་བཞུགས། ཆོས་མང་དུ་ཞུས། ཁྱད་པར་སྒྲོལ་མ་ཉེར་གཅིག་མ། སྒྲོལ་མ་ལྷ་བཅུ་བདུན་མ་སོགས་ཀྱི་དབང་དང་། རྗེ་བཙུན་མ་དཀར་སྔོ་གཉིས་དང་། དབྱངས་(༣༡༡ན)ཅན་མ། གདུགས་དཀར་སོགས་ཀྱི་རྗེས་གནང་མང་དུ་ཞུས། པཎ་ཆེན་གྱིས་

དྲི་བ་མང་པོ་མཛད་པ་རྣམས་ལ་ལན་ཕུལ་བ་རྣམས་ལའང་ཐུགས་ཤིན་ཏུ་དགྱེས་པར་གྱུར་ནས། ད་ཕྱིན་ཆད་ཐམས་ཅད་མཁྱེན་པ་དགེ་འདུན་གྲུབ་ཀྱིས་ཞེས་པའི་མཚན་གསོལ་ཡང་མཛད་དོ། །དེ་ནས་སླར་ཡང་ཤེལ་དཀར་དུ་ཕེབས་ཏེ་ཆོས་བར་མཛད། དེ་དུས་ནུབ་གཅིག་གི་མནལ་ལམ་དུ་རྒྱལ་ཚབ་རྗེ་བྱོན་ནས། རྗེ་བཙུན་མ་ལ་གསོལ་གདབ་ཀྱི་རྗེས་སུ། བཅོམ་ལྡན་འདས་མ་མཆོད་བྱས་པས། །ཞེས་སོགས་ཤློ་ཀ་འདི་ལན་གསུམ་རེ་གྱིས་གསུང་བ་རྨིས། དེ་ལ་བརྟགས་ན་དེ་དུས་རྒྱལ་ཚབ་རྗེ་གཞན་དོན་ལ་གཤེགས་པར་འདུག་པས། ང་པོ་ཏ་ལ་ནས་བདེ་བ་ཅན་དུ་འགྲོ །ཁྱེད་ཀྱང་དེ་ལྟར་མཛོད་ཅེས་པར་གོ་ནས་ཚོགས་བཅད་ཚོགས་སུ་མ་ཆག་པར་བཙུགས་གསུང་། དེ་ནས་ཆུ་ཕོ་བྱི་བའི་ལོ་ནག་པ་ཟླ་བའི་ཆོས་བཞི་ལ་ཚད་མ་རྣམ་འགྲེལ་གྱི་ཊཱིཀྐ་འདིའི་རྩོམ་པ་ཡང་མཛད་དོ། །

དེ་ནས་ཆུ་མོ་གླང་གི་ལོ་སླར་ཡང་སྣར་ཐང་དུ་བྱོན། རྩ་ཤེའི་རྣམ་བཤད་རིན་པོ་ཆེའི་ཕྲེང་བའི་རྩོམ་པ་མཛད་དེ་འཆད་ཉན་གྱི་སྒོ་ནས་གཏན་ལ་ཕབ། དེ་རྗེས་རི་ཁྲོད་དུ་ཕེབས། དེའི་ཚེ་རྗེ་ཤེས་རབ་སེངྒེ་སྟར་རྗེ་བླ་མ་འདི་པ་ལ་སྟོད་ལ་ཆོས་བར་ལ་བྱོན་པའི་སྐྱིལ་མར་ཆུ་འདུས་བར་བྱོན། དེ་ནས་ཕྱིར་བྱོན་ཏེ་དགེ་ལྡན་དུ་རྒྱལ་ཚབ་རྗེ་ལ་དུས་འཁོར་གསན་པ་ལ་ཕེབས་བཞེད་ཡིན་པ་ལ། ཧ་ནག་ཏུ་དགེ་སྦྱོང་དཀར་པོ་བས་སྤྱན་དྲངས་ཏེ་རི་ཁྲོད་ཆོས་སྡེ་ཕུལ། ཞལ་བདག་མཛད་ནས་ལོ་ཤས་བཞུགས། (༣༡༡བ)དེ་དུས་ཤངས་པ་ཀུན་མཁྱེན་ཆེན་པོ་དང་དེའི་གདན་ས་པ་སེམས་དཔའ་ཆེན་པོ་ཚུལ་ཁྲིམས་དཔལ་བཟང་པོ་གཉིས་ལ་ཆོས་བཀའ་མང་དུ་གསན། གསང་བ་འདུས་པའི་རྒྱུད་ཀྱི་འཆད་ཉན་ཡང་འཕེལ་བར་མཛད། དེ་ཐད་དུ་རྗེ་བླ་མ་འདི་ཡང་ཕེབས་ཏེ་དེ་དུས་ཡབ་སྲས་བཀའ་བགྲོས་མཛད། རྗེ་ཤེས་རབ་སེངྒེ་དགེ་ལྡན་དུ་མཁས་གྲུབ་རྗེ་ལ་དུས་ཀྱི་འཁོར་ལོ་གསན་པ་ལ་བྱོན། རྗེ་འདི་པ་རི་ཁྲོད་ཀྱི་གདན་སར་བསྐོ་

བ་སོགས་ཀྱི་ཞལ་ཏ་དྲུང་ཆེན་དགེ་སྦྱོང་བ་དང་ཡོན་མཆོད་ཞལ་འཛོམ་པ་ལ་གནང་སྟེ་དབུས་ཕྱོགས་ལ་ཕེབས། རྗེ་འདི་པས་རི་ཁྲུད་ཆོས་སྡེའི་ཞལ་བདག་མཛད། དྲུང་ཆེན་དགེ་སྦྱོང་བས་སྦྱིན་བདག་མཛད་དེ་རྟེན་འབྲེལ་ཁྱད་པར་ཅན་བསྒྲིག་པའི་ཕྱིར་དུ་རྗེ་བཙུན་བྱམས་པའི་སྐུ་ཁྱད་པར་ཅན་ཞིག་བཞེངས། གཙུག་ལག་ཁང་གི་སྒོ་སྒྱུར་བ་དང་རྡོ་བཅལ་འདིང་བ་སོགས་ཀྱི་སྒོ་ནས་ཆོས་སྡེ་ལ་ཕན་པ་ཆེ་བར་མཛད་དོ། །

དེ་ནས་ཡང་སྟར་ཐང་ཕྱོགས་ལ་ཕེབས། བྱང་ཆེན་སོགས་སུ་ཆོས་བར་མཛད། དེ་ནས་བོ་དོང་ལ་བྱོན། དཔལ་ལྡན་དམག་ཟོར་ལྷ་མོ་འདི་སྐུ་སྐྱེ་མང་པོ་ནས་ཀྱི་ཆོས་སྐྱོང་ཡིན་པ་ལ་སྔར་རྗེས་གནང་ཞུ་བ་སོགས་མ་མཛད་པས། དེ་ཞུ་བ་ལ་དེ་དུས་བོ་དོང་ན་རྒྱལ་སྲས་རིན་པོ་ཆེའི་དངོས་སློབ་རིན་པོ་ཆེ་ཆོས་བཟང་དཔལ་བ་ཞེས་པ་བཞུགས་པས་དེར་བྱོན། ལྷ་མོའི་རྗེས་གནང་དགོས་ཞུས་པས་ཁོང་གི་ཞལ་ནས། མདང་རྨི་ལམ་བཟང་། ལྷོ་ཕྱོགས་འདི་ནས་རླུང་ནག་འཚུབ་མའི་དཀྱིལ་ནས་དགེ་སློང་ཞིག་བོ་དོང་གི་སྒོ་རུ་ར་སླེབས་(༣༡༢ན)བྱུང་བ་ལ་འདི་ནས་བུད་མེད་རྒྱན་ཅན་ཞིག་སོང་སྟེ། བསྟན་འཛིན་ཆེན་པོ་ལ་བསུ་བ་བྱ་ཟེར་ནས་བྱུང་བ་རྨིས། ད་རེས་རང་འབྲོག་མོ་རྟོར་གྱིས་འཁྱེར་བ་འདྲ། ཏ་ཏ་གསུང་ཞིང་། ལྷ་མོ་འདིའི་བཀའ་ལུང་མན་ངག་དང་བཅས་པ་རྫོགས་པར་གནང་། གཞན་ཡང་ཁོང་པ་ལ་རྒྱལ་སྲས་རིན་པོ་ཆེའི་བཀའ་འབུམ་གྱི་ལུང་སོགས་ཆོས་མང་རབ་གསན་ནོ། །དེ་ནས་བྱང་ཆེན་དུ་ཕེབས་ཏེ་སྐབས་ཤིག་ཏུ་རྗེ་འདིའི་ཐུགས་ལ་འཆད་ཉན་འདི་ཧི་ལྷ་བུ་ཞིག་འོང་སྙམ་ཡོད་པ་ལ། ནུབ་ཅིག་རྨི་ལམ་ན་སྔར་རི་བོ་དགེ་ལྡན་དུ་བཞུགས་དུས་ཞལ་འདྲིས་ཡོད་པའི་དགེ་སློང་ཆོས་མཐུན་ཞིག་ཡོད་པ་དེ་བྱུང་ནས། ཁྱེད་ཀྱི་དོན་དེ་ངས་རྨི་ལམ་དུ་བརྟག་གིས་གསུངས་ནས་གཉིད་ལོག་པའི་ཚུལ་མཛད། དེ་ནས་གཉིད་སད་དེ་ལག་པས་ཕྱག་རྒྱ་ཞིག་མཛད་ནས། ཕུན་ཚོགས་གྲོལ་ཐོབ་ཅིག་འོང་བའི་རིགས་སུ་ནི་ཡོད། བདེན། ཞེས་དང་།

སྐྲག་མི་དགོས་བློ་འདུན་དཀོན་མཆོག་ལ་གཏོད་ལ་བློ་ལྷོས་ཆོལ། ཞེས་ཤུགས་དྲག་ཏུ་ཟེར་བ་ཞིག་སྨིས་པས་ད་ནི། ང་རང་བློ་དཀོན་མཆོག་ལ་གཏད་ལ་བཤད་ཉན་བྱེད་པར་ཐག་བཅད་སྙམ་པ་ཐུགས་ལ་འཁྲུངས། དེའི་ཚེ་འདི་ལྟར་དགོངས་ཏེ། བྱང་ཆེན་འདིར་ཆོས་བར་འདྲ་དང་། སྐབས་སུ་ཐུགས་དམ་བྱེད་པའི་ཁང་པ་ཅིག་དགོས་པར་འདུག་སྙམ་དུ་དགོངས་ཏེ། དེའི་མཐུན་རྐྱེན་ཤིང་ཆ་སོགས་བསྟན་པའི་སྦྱིན་བདག་ཆེན་མོ་ཤཱཀྱ་དཔལ་བ་ལ་བཀའ་ལུང་གནང་ཞིང་། (༣༡༢བ)ཁོང་གིས་ཀྱང་གང་དགོས་ཕུལ་ཏེ་ས་གཞི་དེར་བྱས་ན་གདུལ་བྱ་འཕྲིན་ལས་རྒྱ་ཆེར་འོང་བའི་མཚན་ལྟས་སོགས་ཀྱང་ཡོད་པས་ཐེག་ཆེན་ཕོ་བྲང་ཞེས་པའི་གཟིམ་ཁང་ཆེན་པོ་མེ་ཕོ་འབྲུག་གི་ལོ་ལ་བཏབ་བོ། །དེ་ནས་སྔར་བཀྲ་ཤིས་རྡོ་ཁར་རྗེ་བཙུན་ཙོང་ཁ་པ་ཆེན་པོར་ཚད་མ་རྣམ་ངེས་ཀྱི་དོགས་གཅོད་གསན་པའི་ཟིན་བྲིས་རྣམས་དང་། དགེ་ལྡན་དུ་རྒྱལ་ཚབ་རྗེ་ལ་རྣམ་འགྲེལ་གསན་པའི་གསུང་རྒྱུན་རྣམས་ལ་གཞི་བྱས་ཏེ་ཚད་མའི་བསྟན་བཅོས་ཆེན་པོ་རིགས་པའི་རྒྱན་ཅེས་བྱ་བ་མེ་མོ་སྦྲུལ་གྱི་ལོའི་ཟླ་བ་བཅུ་པ་ལ་རྫོགས་པར་མཛད་དོ། །

དེ་ནས་ཤངས་མདོ་རི་བོ་དགེ་འཕེལ་དུ་ཕེབས་ནས་ཟླ་བ་གཅིག་ཙམ་སྐུ་མཚམས་མཛད་དེ་བཞུགས་པའི་ནུབ་ཅིག་མནལ་ལམ་ན་ད་ལྟ་བཀྲ་ཤིས་ལྷུན་པོའི་རྒྱབ་རི་འདིའི་རྣམ་པ་ཅན་གྱི་རི་རྩེ་ན་རྗེ་ཙོང་ཁ་པ་བཞུགས། རྐེད་པ་ཙམ་ན་སེམས་དཔའ་ཆེན་པོ་འདུལ་འཛིན་བློ་གྲོས་སྦས་པ་བཞུགས། དེའི་སྨད་ཙམ་ན་རྗེ་རང་ཉིད་བཞུགས་འདུག །དེ་ནས་སེམས་དཔའ་ཆེན་པོ་བློ་གྲོས་སྦས་པའི་ཞལ་ནས། རྗེ་བླ་མ་འདི་ལ་ཡར་སྣ་གཏོད་ལ་གསོན་དང་། རྗེ་ཙོང་ཁ་པ་ཆེན་པོ་རང་རེ་ལ་ལུང་བསྟན་མང་པོ་མཛད་ཀྱིན་འདུག་ཟེར་བ་ལ་རྗེ་འདི་པས་ལེགས་པར་གསན་པས་གསུང་གི་སྒྲ་དབྱངས་མང་པོ་ཞིག་སྒྲོག་པར་ཕལ་ཆེར་མ་གོ །གསུང་གི་ཆ་ཤས་ཤིག་ལ། དགེ་འདུན་གྲུབ་ཅེས་བོས་ནས། ཁྱོད་ལ་བརྟེན་ནས་ས་ཕྱོགས་འདིར་ཚད་མ་རྣམ་འགྲེལ་གྱི་བསྟན་པ་རྒྱས

པར་འགྱུར་བ་ཞིག་འོང་བ་ཡིན། ཞེས་གསུང་བ་ཞིག་གསལ་བར་ཆོར་(༣༡༣ན)བས་ལུས་ཀྱི་བ་སྤུ་གཡོ་བ་ཞིག་བྱུང་། དེའི་ཚེ་འདུལ་འཛིན་བློ་གྲོས་སྤྲས་པ་རྗེ་རིན་པོ་ཆེའི་དྲུང་ན་བཞུགས་ནས་རྗེ་དགེ་འདུན་གྲུབ་ལ་རྗེ་རིན་པོ་ཆེས་ལུང་བསྟན་འདི་ལྟར་གནང་ཞེས་གསུང་བ་དེ་ཅི་ལ་ལྟ་བ་ཡིན་ནམ་སྙམ་དུ་དགོངས་ན། སྐྱོ་བ་ཕྱི་མ་རྗེ་དང་མཇལ་བ་ཁོང་སྤྲུ་བ་ཞིག་འོང་བ་ཡིན་ནམ་སྙམ་པ་ཅིག་བྱུང་། ཡང་རྨི་ལམ་དེ་ཁའི་འགྲོ་ལ་ཏའི་སི་ཏུ་ཆེན་པོ་དེ་གོས་འགང་དཀར་པོ་ཞིག་གྱོན། ཞོ་ཁོག་ཅིག་ལག་ཏུ་ཁྱེར་ནས་རི་དེའི་རྩེར་རྗེ་བཙུན་ཙོང་ཁ་པ་ལ་མཇལ་གྱིན་འདུག་པ་རྨིས་པ་ཞིག་བྱུང་སྟེ་མཚན་ལྟས་དེ་དག་ནི་རྗེ་དགེ་འདུན་གྲུབ་ཀྱིས་བཀྲ་ཤིས་ལྷུན་པོ་འདེབས་པ་དང་། དགོན་གནས་འདིར་རྗེ་རིན་པོ་ཆེའི་བསྟན་པ་ཆེས་ཆེར་འཕེལ་བ་དང་མདོ་སྔགས་ཀྱི་གཞུང་སྤྱི་དང་ཁྱད་པར་ཚད་མ་རྣམ་འགྲེལ་དར་བའི་ལུང་བསྟན་འཁྲུལ་མེད་དུ་བྱུང་བ་ཡིན་ཞིང་། ཇི་ལྟར་ལུང་བསྟན་པ་ལྟར་ཆོས་གྲྭ་ཆེན་པོ་བཀྲ་ཤིས་ལྷུན་པོར་རྗེ་བླ་མའི་མདོ་སྔགས་ཀྱི་བསྟན་པ་ཆེས་ཆེར་དར་བ་ཀུན་གྱི་མིག་ལམ་དུ་སྣང་བ་ལྟར་རོ། །

དེ་ནས་དགེ་ལྡན་དུ་ཕེབས་ནས་བྱང་རྩེ་ཆོས་རྗེ་ནམ་མཁའ་དཔལ་བ་ལ། བཅོམ་ལྡན་འདས་འཁོར་ལོ་ཆེན་པོའི་བྱིན་རླབས་རྒྱུད་ཀྱི་དབང་ལུང་མན་ངག་སོགས་དང་། ཚེ་དཔག་མེད་ལྷ་དགུའི་དབང་ཡང་གསན་ཅིང་། ཁོང་གིས་མཛད་པའི་དེའི་སྒྲུབ་དཀྱིལ་ཞིག་འདུག་པའི་ཡིག་མཁན་ཡང་མཛད་དོ། །གཞན་ཡང་སྔགས་ཀྱི་བཀའ་ལུང་མང་པོ་གསན་ཅིང་། ཐུན་མོང་བ་བྱང་ཆུབ་ལམ་(༣༡༣བ)གྱི་རིམ་པའི་ཁྲིད་དང་རྗེ་ཙོང་ཁ་པ་ནས་བརྒྱུད་པའི་བློ་སྦྱོང་སྙན་བརྒྱུད་ཆེན་མོ་སོགས་ཟབ་ཅིང་རྒྱ་ཆེ་བའི་ཆོས་མང་པོ་གསན་ནོ། །དེ་ནས་ལྕགས་ཕོ་སྤྲེའུའི་ལོ་ལ་གཙང་ཕྱོགས་ལ་ཕེབས། སྣར་ཐང་དུ་བྱོན། དེ་སྐོར་ལ་སྣར་ཐང་བྱང་ཆེན་གཉིས་སུ་ཕལ་ཆེར་བཤད་ཉན་མཛད། ཁྱད་པར་སྣར་ཐང་དུ་འདུལ་བའི་གླེང་འབུམ་ཆེན་མོ་དང་སོ་ཐར་གྱི་ཊཱི་ཀའི་རྩོམ་པ་མཛད། དེ

ནས་བསམ་གྲུབ་རྩེ་ནས་རྗེ་ཤེས་རབ་སེང་གེ་དང་། རྗེ་དགེ་འདུན་གྲུབ་གཉིས་ཀ་གདན་དྲངས་ཏེ་མདོ་སྔགས་ཀྱི་འཆད་ཉན་མཛད་པའི་བདག་རྐྱེན་བཟང་པོ་རིམ་པ་བཞིན་དུ་མཛད། དེ་ནས་བྱང་ཆེན་སྣར་ཐང་སོགས་སུ་རིམ་པར་བྱོན་ཏེ་བཤད་ཉན་གཙོ་བོར་མཛད། དེ་དུས་དགོངས་པ་ལ། སྔ་དུས་བོད་འདིར་ལོ་ཆེན་ཡབ་སྲས་ཀྱི་རིང་ལ་བཤད་ཉན་དར་བར་བྱུང་འདུག་ནའང་གཞི་གསུམ་གྱི་ཕྱག་ལེན་ཆེར་མ་བྱུང་། དའདུལ་བའི་བསླབ་ཁྲིམས་རྣམ་པར་དག་པ་ཅིག་གཞིར་བཟུང་སྟེ་དེའི་སྟེང་ནས་བཤད་ཉན་གཙོ་བོར་བྱེད་པ་ཅིག་བྱ་དགོས་ཏེ། དེའི་རྟེན་འབྲེལ་དུ་བསླབ་ཁྲིམས་བཅའ་ཡིག་ཆེན་མོ་འདི་ཆུ་མོ་ཕག་གི་ཟླ་བ་དྲུག་པའི་ཡར་ཚེས་ལ་དཔལ་བྱང་ཆུབ་ཆེན་པོར་མཛད། དེ་ནས་བཟུང་སྟེ་གཞི་གསུམ་གྱི་ཕྱག་ལེན་བར་མ་ཆད་དུ་ཡོད་པ་ཡིན་ནོ། །

དེ་ནས་གླེགས་བམ་རིན་པོ་ཆེའི་ལུང་ཡང་སྔར་ནས་མ་གསན་པས་གསན་འདོད་ཆེ་བ་དང་། སྒྲ་ཀ་ལྣ་པའི་ས་བྲིས་ཡོངས་སུ་རྫོགས་པ་ཅིག་མཛད་བཞེད་ཀྱིས་ཀུན་ནས་བསླངས་ཏེ། ལོ་དེའི་སྟོན་མཇུག་ལ་དཔལ་སྤྱིངས་ལ་བྱོན་ཏེ། ལོ་ཙྪ་བ་ཆེན་པོ་ཐུགས་རྗེ་(༣༡༥ན)དཔལ་བ་སྒྲའི་ས་བྲིས་ཐོགས་ཤིག་ཞུས། ཡོངས་སུ་རྫོགས་པ་ཧེང་སོར་མཛད་པར་ཞུས་ཏེ་ཤིང་མོ་གླང་ལོའི་དགུན་ཆོས་ལ་བོ་དོང་ལ་བྱོན་ཆོས་ཐོག་གཅིག་བཞུགས། ཆོས་གྲྭ་མཚམས་ཤིག་ཏུ་བླ་བྲང་སེར་པོར་གྲགས་པ་དེར་ཐོ་རངས་ཤིག་དབུ་འཕྱུར་ནས་བཞུགས་ཡོད་ཙ་ན་བར་སྣང་ལ་བུད་མེད་ངུས་པའི་སྐད་ལྷང་བ་ཞིག་བྱུང་། དབུ་འཕྱུར་བ་བསངས་ཏེ། ཅི་བྱུང་བ་ཡིན་དྲིས་པས། ངའི་མིང་པོ་སངས་རྒྱས་ཀྱི་བསྟན་པ་ལ་གཅེས་པ་ཅིག་ཡོད་པ་དེ་གཤེགས་པས་ངུ་བ་ཡིན་ཟེར། དེ་སུ་ཡིན་བྱས་པས། དེ་བཤད་ན་ཁྱོད་ཀྱང་མྱ་ངན་བྱེད་དུ་འོང་བས་མི་སྨྲ་ཟེར། ཅི་ཡིན་ནམ་སྙམ་དུ་སེམས་མ་བདེ་བ་ཞིག་བྱུང་། ཡང་དེ་དུས་ཐོ་རངས་ཤིག་སྔར་གྱི་བུད་མེད་དེའི་སྐད་ལྷང་བ་ཅིག་བྱུང་། མགོ་བོ་བསངས་ཏེ་ཉན་པས། དེ་ན་ཁྱོད་ཀྱི་དགོན་པ་ཡོད། །

གདུལ་བྱ་དག་ཀྱང་དེ་ར་འདུ་ཞིང་། ཁོ་མོའང་ཁྱོད་ཀྱི་རྗེས་སུ་འབྲང་། ཁྱོད་ཀྱི་རྗེས་འབྲང་སྐྱོབ་པར་བྱེད། །ཅེས་ཟེར། དགོན་པ་ཇི་ལྟ་བུ་ཞིག་འོང་། དགོན་པའི་མིང་ལ་ཇི་སྐད་ཟེར་བྱུས་པས། ལག་པ་གཉིས་ཐལ་མོ་ཁོང་སྟོང་དུ་སྦྱར་ཏེ། དགོན་པ་འདི་ལྟ་བུ་ཞིག་འོང་། དགོན་པའི་མིང་ལ་མུ་ཁྱུད་ཅན་ཟེར། དེ་མཁའ་འགྲོའི་བརྡ་སྐད་ཡིན་ནོ་ཨང་ཟེར་ཏེ་ཡལ་སོང་། ཡང་དེ་དུས་ལྷ་མོ་འདིའི་ཞལ་ནས། རྟེན་འབྲེལ་ཁྱད་པར་ཅན་ཡོད་པས་ཚོགས་སུམ་ཅུ་བརྒྱ་རྩ་རེ་ཡང་མ་ཆག་པར་ཚུགས་ཤིག་གསུང་། ཡང་དེ་དུས་དགེ་བཤེས་ཤིག་ལ་ལྷ་(༣༡༨བ)མོ་འདི་སྤྱན་དྲངས་པ་བྱོན་པ་ལ། ངས་བཤད་སྒྲུབ་གང་བྱས་ན་བསྟན་པ་དང་སེམས་ཅན་ལ་ཕན། དགོན་པ་ག་ན་ཡོད། དགེ་ཚུལ་ཅིག་ཀྱང་ག་ན་ཡོད་ཞུས་པས། དེའི་ཞལ་ནས། བཤད་སྒྲུབ་དང་ཁྱད་པར་འཆད་ཉན་བྱས་ན་བསྟན་པ་ལ་ཕན་སྟོབས་ཆེ། དགོན་པ་ཅིག་མ་གི་ན་ཡོད། མིང་ལ་མུ་ཁྱུད་ཅན། དེ་ཡང་བརྡ་སྐད་ཡིན་ནོ་ཨང་། དགེ་ཚུལ་ཅིག་ཕ་གི་ན་ཡོད། སྙིང་རྗེ་རྗེ་ཞིག་ཕ་གི་ན་ཡོད་དོ་ཟེར་རོ། །དེ་ནས་བདེ་ཆེན་རྩེར་སྟོན་ཆོས་ལ་ལོ་ཆེན་ཐུགས་རྗེ་དཔལ་བ་སྤྱན་དྲངས་ཏེ་སྔར་གྱི་ཀ་ལྤ་པའི་ས་བྲིས་ཀྱི་འཕྲོ་དང་། སྟེབ་སྦྱོར་རིན་ཆེན་འབྱུང་གནས་སོགས་ཐ་སྙད་ཀྱི་གཙུག་ལག་ཀྱང་མང་དུ་གསན། ཁྱད་པར་ཀ་ལྤ་པའི་གཞུང་དོན་འགའ་ཞིག་ལ། འདི་རང་འགྲེལ་པ་དང་བསྟུན་ན་འདི་ལྟར་ཡིན་པ་འདྲ་ཞེས་ཡར་ཞུས་པས་ཁོང་གིས་ཐལ་མོ་སྦྱར་ཏེ། ངོ་མཚར་ཆེ། ཁྱེད་རང་སྔ་ནས་མཁས་པར་འདུག །ང་ལས་སློབ་མི་དགོས་པར་འདུག་གོ་གསུང་ནས་ཤིན་ཏུ་དགྱེས་པ་བྱུང་། གཞན་ཡང་སྒྲོལ་མ་ཡིད་བཞིན་ནོར་བུའི་རྗེས་གནང་སོགས་བཀའ་ཡང་འགའ་རེ་གསན་ཅིང་། ཁྱད་པར་སྔ་ནས་ཡང་ཡང་ཡིད་ལ་གཅགས་པའི་གླེགས་བམ་རིམ་པོ་ཆེའི་ལུང་གསན་དུས། དྲུང་ནས་ཀྱིས་སུ་ལ་གསན་ཞུས་པས་ཁོང་གི་ཞལ་ནས། བདག་གིས་ཆོས་འཁོར་སྒང་པ་ཆོས་རྗེ་སེངྒེ་རྒྱལ་མཚན་ལ་ཞུས། ཁོང་འབྲོམ་གྱི་སྤྲུལ་པར་བྱེད་པར་གདའ

གསུང་ཞིང༌། གཞན་ཡང་དེ་དུས་ཁོང་གིས་གསུང་ནས། གླེགས་བམ་རིན་པོ་ཆེ་ནས
འབྱུང་བ་ལྟར་ད་སྟེ་ཡུན་(༣༡༥ན)མི་རིང་བར་ཁྱེད་རང་གི་ཡུལ་ཕྱོགས་སུ་བསྟན་འཛིན་
གྱི་དགེ་སློང་བགྲེས་པོ་ཞིག །འབྲོམ་གྱི་རྣམ་ཐར་ཞུ་ཟེར་འོང་གིས། དེ་དུས་དགེ་སློང་དེ་
ལ་འབྲོམ་གྱི་འདུ་ཤེས་ཞོག ཁྱོད་རང་སྤྱན་རས་གཟིགས་སུ་སྒོམས་ལ་གླེགས་བམ་
རིན་པོ་ཆེ་ལེགས་པར་སྟོན་ཅིག་གསུང་གིན་འདུག་པ་དང་མཐུན་པར་ཁོ་བོ་སྐལ་བར་
ལྡན། གླེགས་བམ་རིན་པོ་ཆེ་འདི་འབྲོམ་ལས་ཐོས་ནས་འབྲོམ་ལ་འཆད་པར་འདུག
པས། ད་ནི་ཆོས་བདག་པོ་ལ་འཕྲོད་པ་ཡིན་ནོ་ཞེས་གསུངས་ནས་ཐུགས་དགྱེས་པར་
བྱུང་ལ་འདི་རྣམས་ལ་བརྟགས་ན་ཡང་རྗེ་བླ་མ་འདི་ཉིད་འབྲོམ་ཐུགས་རྗེ་ཆེན་པོའི་
སྤྲུལ་པ་ཡིན་པར་གདོན་མི་ཟ་བ་ཡིན་ནོ། །དེ་ནས་སྣར་ཐང་དུ་རྗེ་འདི་པས་ཉེ་གནས
ཆེན་པོ་དོན་གྲུབ་གྲགས་པ་ལ། ངེད་ལ་ཚེ་འདི་ར་རྗེ་ཤེས་རབ་སེངྒེ་བཀའ་དྲིན་ཆེ་
བ་ཡིན། དེའི་བཀའ་དྲིན་བསབ་ཕྱིར་དུ་ཆོས་ཕྱོགས་ནས་བཤད་ཉན་བྱས་ཏེ་ལག་རྗེས
ཤིག་འཛོག །འཛིག་རྟེན་ཟང་ཟིང་གི་ལོངས་སྤྱོད་ཕྱོགས་ནས་ནང་རྟེན་དུ་རྟེན་བཞེང་
ཞིག་བྱས་ཏེ་ལག་རྗེས་འདོད་པ་ཅིག་བྱས་ནས་བསམ་པས། རྟེན་དེ་བཞུགས་ས་ཞིག་ཇི་
ལྟར་བྱ་ཞེས་དྲི་བ་མཛད་ཅིང་དེ་ཇི་ལྟར་བྱས་ན་འོང་སྙམ་དུ་དགོངས་པ་བཏང་བས།
དང་པོ་རྗེ་བཙུན་ཙོང་ཁ་པས་ལུང་བསྟན་པ་དེ་དང༌། ཕྱིས་བོ་དོང་དུ་ལྷ་མོ་འདིས་ལུང་
བསྟན་པའི་དགོན་པ་དེ་ཡང་འདི་ག་ཡིན་པ་སྲིད། ཁྱད་པར་སྔར་རྗེ་ཤེས་རབ་སེངྒེ
བསམ་གྲུབ་རྩེ་ནས་སྣར་ཐང་ལ་འབྱོན་རེས་ཀྱིས་བཀྲ་ཤིས་ལྷུན་པོའི་དགོན་པ་འདི་ལ་
ཕྱག་(༣༡༥བ)མཛུབ་གཏད་དེ། ས་ཕྱོགས་འདི་ན་དགེ་འདུན་གྲུབ་མགོ་བོ་སྐྱ་ཡེར་ཡེར་
ཆོས་འཆད་གྱིན་འདུག་པ་ཅིག་སེམས་སྣང་ལ་དུས་རྒྱུན་དུ་འོང་གསུང་བ་ཅིག་ཡང་ཡང་
ཡོད་པ་ལ་བརྟེན། ས་ཕྱོགས་འདི་ག་དགོན་པའི་གནས་སུ་བཟང་བར་གཟིགས་ཏེ་འདི་
ཉིད་དུ་དགོན་པ་འདེབས་པར་ཐུགས་ཐག་བཅད་ལ། སྤྱིར་སྟེ་མོ་ནས་བླ་མ་ལྷ་དང་

བཅས་པས་ལུང་བསྟན་དེ་ལྟར་ཡོད་ཅིང་རྗེ་རང་ལ་ངེས་ངེས་ཡོད་ནའང་སྦས་པའི་ཚུལ་དུ་དེ་ལྟར་མཛད་དོ། །

དེ་ནས་མེ་མོ་ཡོས་ལོའི་དབྱར་སོས་ནས་བརྒྱམས་ཏེ་བསམ་གྲུབ་རྩེའི་བྲག་དམར་བླ་བྲང་དུ་རྟེན་བཞེང་གི་འགོ་བཙུགས་ཏེ་ལུགས་བཏང་བས། ཐད་ལ་མ་བྱུང་བ་ལ། མྱང་སྟོད་པའི་དཀའ་བཅུ་པ་གཅིག་རྨི་ལམ་བརྟག་ཏུ་བཙུག་པས། ཁོང་གི་རྨི་ལམ་དུ་ཆ་ལུགས་མཛེས་པའི་བུད་མེད་གསུམ་མི་རྐང་གི་གླིང་བུ་འབུད་ཅིང་འདི་སྐད་ལོ། སྐྱེས་བུ་དམ་པའི་ཐུགས་ཀྱི་མུན་པ་གཏིང་ནས་བསལ། །གང་དང་གང་དུ་བཞུགས་པ་དེར། །འོད་དཔག་མེད་པའི་སྨོན་ལམ་མ། །འགྲོ་ལ་དགྱེས་པའི་འཛུམ་སྟོན་མ། །ཡང་དང་ཡང་དུ་སྤྱན་འདྲེན་ནོ། །ལུགས་ཞུད་རྗེ་བཙུན་སྒྲོལ་མ་འཚལ། །སེང་གདོང་གེགས་མེད་འགྱོན་པ་ལ། །ཐུབ་དབང་མངལ་སྐྱེས་ཀྱི་བསྟོད་པ་འཚལ། །པེ་ཧར་གྱི་རྩོམ་པ་ཅུང་ཟད་ཡོད། །རྟ་མགྲིན་ནག་པོའི་ཟློག་པ་འཚལ། །ངེད་ཚོ་ཡང་སྦྲི་གདོང་ཅན་གཟུགས་ཀྱི་དཔལ་དང་། །མཁས་གྲུབ་དུ་མ་བསྟེན་པ་ཡིན། །ཡང་དང་ཡང་དུ་འོང་གིན་ཡོད། །ཟེར་གྱིན་འདུག །ཡང་ན་ཁ་ཅིག་ན་བུད་མེད་སྨུག་མོ་གཅིག་ན་རེ། བར་ཆད་མི་འོང་། (༢༡༨ན)འཕྲིན་ལས་དང་གྲོགས་དན་ངེད་ལྕམ་དྲལ་གྱིས་བྱེད་པ་ཡིན་ཟེར་བ་ཅིག་རྨིས་ལགས་ཞུས་པས། དེ་མ་ཐག་ཐུབ་པ་ཆེན་པོ་ལ་བདུད་དཔུང་ཕྱེ་མར་འཐག་པ་ཞེས་བྱ་བའི་བསྟོད་པ་དེ་མཛད་དེ་ལུགས་ཞུད་ལ་རྗེ་བཙུན་མའི་སྐུ་བཞེངས་ཤིང་། དེ་ནས་སྟོན་པའི་སྐུ་རྒྱབ་མཐོ་ཉེར་ལྔ་པ་ཅིག་གི་ལུགས་བཏང་བས་བྱིན་རླབས་ཀྱི་གཟི་འོད་འབར་ཞིང་ངོ་མཚར་བར་བྱོན་ནས་རྟེན་དེའི་ཐུགས་ཀར་རྒྱལ་བ་ཙོང་ཁ་པ་ཆེན་པོས་ཐོག་དྲངས་རྩ་བརྒྱུད་ཀྱི་བླ་མ་སངས་རྒྱས་བྱང་སེམས་ཀྱི་རིང་བསྲེལ་མང་པོས་གཏམས་པའི་དངུལ་གྱི་རྒྱལ་བ་འོད་དཔག་མེད་ཀྱི་སྐུ། རྗེ་བཙུན་ཤེས་རབ་སེངྒེའི་དབུ་ཐོད་རིན་པོ་ཆེ་སྣ་ཚོགས་པས་བཀང་བ་དང་བཅས་པ་བཞུགས་ཤིང་། གཞན་ཡང་

སྐུའི་སྟོད་སྨད་ཀྱི་ཆར་གཟུངས་སྔགས་བྱིན་རླབས་ཅན་མང་པོ་བཤད་ཚོད་དང་མཐུན་པར་བཞུགས། ཁྱད་པར་སྐུའི་སྨད་ཀྱི་ཆ་ལ་འདུལ་བའི་གསུང་རབ་ཀྱི་གླེགས་བམ་མང་པོ། རྗེ་བཙུན་ཙོང་ཁ་པའི་མཐང་གོས་དང་བཅས་པ་རྟེན་འབྲེལ་ཁྱད་པར་ཅན་བསྒྲིག་པའི་ཕྱིར་དུ་བཞུགས། མདོར་ན་དེ་ནས་བརྩམས་ཏེ་རྟེན་གྱི་ནང་བཞུགས་སོགས་ཡོངས་སུ་རྫོགས་པར་འགྲུབ་ལོ་ཟླ་བ་གསུམ་པ་ཡན་ལ་རྫོགས་པར་གྲུབ་པ་ཡིན་ནོ། །དེ་ནས་རྟེན་ཡར་ཕྱོགས་ལ་སྤྱན་འདྲེན་ནམ་སྐམ་དུ་དགོངས་ཏེ་དར་རྒྱས་པ་ལ་ཁྲབ་རྨོག་གྲི་གསུམ་གྱི་གནང་སྦྱིན་མཛད། བཀའ་བགྲོས་མཛད་པ་ལ་རྗེ་རིང་པའི་དཔོན་པོ་ན་རེ། རྗེ་ཁྲིད་རང་དཀོན་མཆོག་ལ་གསོལ་བ་ཐེབས་པའི་གང་ཟག་ཡིན་པས་དཀོན་(༣༡༨བ)མཆོག་ལ་གསོལ་བ་བཏབ་ནས། བསྟན་པ་དང་སེམས་ཅན་ལ་གང་དུ་བཞུགས་ན་ཕན་པ་ཆེ་བར་ལུང་བསྟན་པ་ཅིག་མཛད་པར་ཞུ། ཡར་མར་ལ་ཁྱད་པར་མ་བྱུང་ན་འདི་ཕྱོགས་ལ་བཞུགས་པ་ཅིག་ཞུ་ཟེར། དར་རྒྱས་པའི་ཞུ་བ་ལ། ད་སྐུ་འདི་གང་དུ་བཞུགས་ཀྱང་གཙུག་ལག་ཁང་གི་ཞབས་ཏོག་བདག་རང་གིས་བྱེད་པ་ལགས་པས་ཡོན་མཆོད་རིང་དུ་མི་གཏོང་བ་ཞུ་ཟེར། དེ་ནས་བསམ་གྲུབ་རྩེ་ར་གཞིས་བྱེས་ཀྱི་དགེ་འདུན་མང་པོ་བསགས་ནས་རྗེ་བཙུན་མ་ལ་གསོལ་བ་བཏབ་པས་འདི་ཕྱོགས་ལ་བཞུགས་པ་ལུང་བསྟན་བྱུང་། དེ་ནས་དགོན་པའི་འགྲམ་གདིང་བར་བཞེང་དེ་དངོས་ཀྱི་སྦྱིན་བདག་དར་རྒྱས་པ་དཔོན་བསོད་ནམས་དཔལ་བཟང་བས་མཛད་ནས། རབ་བྱུང་ཞེས་པ་མེ་མོ་ཡོས་ལོའི་སྨིན་དྲུག་ཟླ་བའི་ཡར་ཚེས་བཟང་པོ་ལ་རྗེ་རང་ཉིད་སྦྱིན་བདག་དང་བཅས་པ་འདི་ར་ཕེབས། ས་བརྟག་པ། གཞི་བདག་ལ་གཏོར་མ་སྦྱིན་པ་ལ་སོགས་པའི་ཆོ་ག་རྒྱས་པར་མཛད་དེ། སའི་ཆ་འདི་ར་གཙུག་ལག་ཁང་། འདི་ར་བླ་བྲང་། འདི་རྣམས་སུ་གྲྭ་ཁང་སོ་སོ་རྣམས་ཀྱིས་གསུངས་ཏེ། གཙུག་ལག་ཁང་དྲི་གཙང་ཁང་དབུས་མ་དང་བཅས་པའི་འགྲམ་བཏིང་སྟེ། བཀྲ་ཤིས་ལྷུན་པོ་དཔལ་

གྱི་བདེ་ཆེན་ཕྱོགས་ཐམས་ཅད་ལས་རྣམ་པར་རྒྱལ་བའི་གླིང་བཏབ་བོ། །

དེ་ཡང་གཙང་ཁང་ཆེན་མོ་ལ་ཀ་བ་དྲུག་གི་ས་དང་། འདུ་ཁང་ལ་ཀ་བ་བཞི་བཅུ་ཞེ་བརྒྱད་ཀྱི་ས་ཡོད་ཅིང་། བྲུམས་ཁང་ལ་ཀ་བ་བཅུ་གཉིས་ཀྱི་ས་དང་། སྒྲོལ་མ་ལྷ་ཁང་ལ་ཀ་བ་དྲུག་གི་ས་དང་། མགོན་ཁང་ལ་ཀ་(༣༡༧ན)བ་གཉིས་ཀྱི་ས་རྣམས་ཕྱིས་བཞེངས་པ་ཡིན་ནོ། ཡང་དེའི་དུས་སུ་རྗེ་བླ་མ་འདི་གཙུག་ལག་ཁང་འདིའི་ཁྲམས་སུ་གུར་དཀར་པོ་ཞིག་གི་ནང་དུ་བཞུགས་པའི་ཐོ་རངས་ཤིག་སྔར་གྱི་བུད་མེད་དེའི་སྐད་བར་སྣང་ལ་ལྷང་བ་ཅིག་བྱུང་བ་ལ་གསན་པས། དགོན་པའི་མིང་ལ་བཀྲ་ཤིས་ལྷུན་པོ་གྱིས། སྔར་གྱི་མཁའ་འགྲོའི་བརྡ་སྐད་དེས་ཁྲོལ་ལོ་ཨང་གསུང་བ་ཅིག་བྱུང་བས་བཀྲ་ཤིས་ལྷུན་པོ་ཞེས་པ་ལྷ་མོ་འདིས་བཏགས་པ་ཡིན། དཔལ་གྱི་སྡེ་ཆེན་ཕྱོགས་ཐམས་ཅད་ལས་རྣམ་པར་རྒྱལ་བའི་གླིང་ཞེས་པ་རྗེ་རང་གིས་བྱས་པ་ཡིན་གསུང་ངོ་། །

ཡང་དེ་དུས་སུ་དགོན་པའི་མདུན་གྱི་ནེའུ་ཐང་དེར་རབ་བྱུང་ཞིག་བསླབས། དེ་གནས་དེར་རབ་བྱུང་བྱེད་པའི་ཐོག་མ་ཡིན་པས་མིང་ཚོགས་པ་རྒྱ་མཚོ་འཕེལ་དུ་བཏགས། རབ་བྱུང་སྒྲུབ་པའི་དུས་རྗེ་ཞལ་དགོན་པ་ཕྱོགས་ལ་བསྟན་ཏེ་གཟིགས་པས་སྔར་རི་བོ་དགེ་འཕེལ་དུ་སྨྲོ་ལམ་ལ། རྗེ་བཙུན་ཙོང་ཁ་པས་ལུང་བསྟན་པའི་གནས་དེ་འདི་ཡིན་པར་གོར་མ་ཆག་པར་འདུག་སྙམ་དུ་ཐུགས་ངེས་དང་། ཁྱད་པར་རྗེ་ཡབ་སྲས་གསུམ་གྱི་བཞུགས་ས་སོགས་ལ་ཆེར་དཔྱད་པས་ཐུན་མོང་མ་ཡིན་པའི་ངེས་ཤེས་བྱུང་། དེའི་ཕྱིར་དགོན་པ་འདི་རྗེ་བཙུན་ཙོང་ཁ་པ་ཡབ་སྲས་དང་ལྷ་མོ་འདིས་ལུང་བསྟན་པ་ཡིན་ནོ་ཞེས་གསུང་། ཁྱད་པར་གླེགས་བམ་རིན་པོ་ཆེ་ལས་ཀྱང་དགོན་པ་འདི་ཉིད་ཀྱི་ལུང་བསྟན་མང་དུ་གསུངས་ཤིང་། ཆེས་གསལ་བར། གླིང་ཆེན་བཞེངས་དང་(༣༡༧བ)བཞུགས་འདྲ་བ། མཐར་ཐུག་བསམ་གཏན་ལྷུན་གྲུབ་ཤོག །ཅེས་དང་། ལྷ་བས་མི་ངོམས་གཟི་བརྗིད་ཅན། །མཚུངས་པ་མེད་པའི་བཀྲ་ཤིས

གནས། །བཀྲ་ཤིས་ལྷུན་པོ་རྒྱས་འགྱུར་ཤོག །འདོད་དགུ་འབྱུང་བའི་རིན་པོ་ཆེ། །དེ་དང་མཐུན་པ་དཔག་བསམ་ཤིང་། །དགོས་འདོད་འབྱུང་བའི་བཀྲ་ཤིས་གནས། །བཀྲ་ཤིས་མཆོག་རབ་རྒྱས་འགྱུར་ཤོག །ཅེས་སོགས་ཀྱིས་བཀྲ་ཤིས་ལྷུན་པོའི་རྒྱབ་རི་དང་། གནས་ཀྱི་དབྱིབས་དང་། དེའི་གང་ཟག་དང་། དེའི་བསམ་གཏན་འགྲུབ་ལུགས་དང་། རྟེན་འབྲེལ་པར་ཅན་འགྱོན་ལུགས་ལ་སོགས་པ་རྣམས་ལུང་བསྟན་ཏོ། །དེ་ནས་ལྷུགས་ཕོ་རྟའི་ལོའི་དགུན་ཆོས་གྲོལ་མཚམས་ཤིག་ཏུ་རྗེ་བླ་མ་འདི་རི་བོ་དགེ་ལྡན་གྱི་མཁན་པོ་ལ་གདན་འདྲེན་པ་ལ་བླ་མ་དཀའ་བཅུ་པ་སྦྱིན་པ་དཔལ་བ་དང་དགེ་བསྐོས་དཔལ་ལྡན་རིན་ཆེན་པ་གཉིས་ཀྱིས་ཐོག་དྲངས་དཔོན་སློབ་ཐོགས་ཤིག་གིས་སླེབས་ནས་རྗེ་འདི་པ་ལ་དགའ་ལྡན་གྱི་གདན་ས་ལ་འགྲོན་དགོས་པའི་ཞུ་བ་ཕུལ་བས་རྗེ་འདི་པས་བདག་དགེ་ལྡན་གྱི་གདན་ས་བྱེད་དུ་མི་འགྲོ །དེའི་རྒྱུ་མཚན་ཡང་དགོན་པ་འདི་ཡང་བཏབ་མ་ཐག་ཏུ་སོང་བས་རྒྱུན་བརྟན་པ་ཅིག་མ་བྱུང་དོགས་ཤིང་། ཁྱད་པར་སྟོར་བྱས་པ་ཐམས་ཅད་ཀྱང་བསྟན་པའི་སྤྱི་སྒོས་འབའ་ཞིག་ལ་བསམས། ད་དུང་ཡང་རྗེ་བཙུན་ཙོང་ཁ་པ་ཆེན་པོའི་བསྟན་པ་འབའ་ཞིག་ལ་བསམས་ཏེ་འདི་ཁར་སྡོད་པ་ཡིན། ད་ལམ་མཁས་གྲུབ་རིན་པོ་ཆེའི་གཙུང་པོ་ཆོས་རྗེ་བ་སོ་བ་འདི་ལུང་རྟོགས་ཀྱི་ཡོན་ཏན་གང་ས་ནས་རྗེའི་གདན་སར་འོས་པ་(༢༡<ན)ཡོད་པས་འདི་དགེ་ལྡན་གྱི་ཁྲི་ལ་གདན་འདྲེན་པར་མཛོད་གསུངས་ནས་རྗེ་ཉིད་མི་འབྱོན་པར་ཐག་བཅད། དེ་ནས་རྟ་ནག་རི་ཁྲོད་དང་། ལྷ་རྒྱལ་རྩེ་སོགས་སུ་ཆོས་བར་མཛད་ཅིང་སྐལ་བ་དང་ལྡན་པ་མཐའ་ཡས་པ་ལ་ཆོས་སྟོན་པར་མཛད་དོ། །དེ་དག་གི་བར་སྐབས་ཤིག་རྗེ་འདི་ཉིད་བྱང་ཆེན་དུ་སྐུ་མཚམས་ལ་བཞུགས་ནས་རྒྱལ་བ་ཙོང་ཁ་པའི་བསྟན་པའི་སྙིང་པོ་མཐར་ཐུག་པ་རྣམས་ལ་ཉམས་བཞེས་མཛད་པས་སྐྱེས་བུ་གསུམ་གྱི་ལམ་གྱི་རིམ་པ་རྣམས་དང་སྔགས་ཀྱི་ཟབ་ལམ་རིམ་པ་གཉིས་ཀྱི་གནད་རྣམས་ལ་སྦྱོང་བ་ཕུལ་

ཕྱིན་འཁྲུངས་ཤིང་ཤར་གྱི་རི་བོའི་རྩེར་སྤྲིན་དཀར་པོ་ཞིག་གཟིགས་པའི་རྐྱེན་བྱས་རྗེ་ཡབ་སྲས་ཀྱི་བཀའ་དྲིན་དྲན་པའི་མོས་གུས་ཤུགས་དྲག་འཁྲུངས་ཏེ། ཤར་གངས་རི་དཀར་པོའི་རྩེ་མོ་ན། །ཞེས་སོགས་ཀྱི་ཉམས་མགུར་མཛད། དེ་དུས་གཙང་ཕྱོགས་སུ་ལུས་མེད་བདག་པོ་སྙིང་ལ་ཞུགས་པ་མང་པོས་འཇམ་མགོན་བླ་མའི་བསྟན་པ་འཕེལ་བ་ལ་གེགས་ཆེན་པོ་བྱས་ཀྱང་། རྗེ་འདི་པས་རང་གི་སྐུ་དང་སྲོག་ལའང་མ་གཟིགས་པར་འཇམ་མགོན་བླ་མའི་བསྟན་པ་ཆེས་ཆེར་འཕེལ་ཕྱིར་ཆོས་གྲྭ་ཆེན་པོ་བཀྲ་ཤིས་ལྷུན་པོ་བཏབ་ཅིང་། མདོ་སྔགས་གཉིས་ཀའི་བཤད་སྒྲུབ་རྒྱང་ཚུགས་པར་མཛད་དེ་བསྟན་པའི་སྲོག་ཤིང་བཟུང་བས་ན་རྗེ་འདི་ནི་འཇམ་མགོན་བླ་མའི་བསྟན་པ་འདི་ལ་བཀའ་དྲིན་བླ་ལྷག་ཏུ་ཆེ་བ་ཞིག་གོ །

དེ་ནས་རྗེ་འདིས་དགོངས་པ་ལ། སྔ་མོ་ནས་མཁས་གྲུབ་ཐམས་ཅད་མཁྱེན(༣༧༤བ)པ་མནལ་ལམ་དུ་བྱོན་ཏེ། རྗེ་བཙུན་བྱམས་པའི་སྐུ་ཞིག་བཞེངས་ན་བསྟན་པ་དང་སེམས་ཅན་ལ་ཕན་པ་རྒྱ་ཆེན་པོར་འགྱུར་བའི་ལུང་བསྟན་ཅིག་ཡོད་པ་དང་། གཞན་ཡང་རང་གི་སློབ་མ་ཉམས་རྟོགས་ཅན་འགའ་ཞིག་གི་ཉམས་དང་རྨི་ལམ་ལ། རྗེ་བཙུན་གྱི་སྐུ་བཞེངས་ན་ཕན་ཐོགས་རྒྱ་ཆེན་པོ་འོང་ཟེར་བ་མང་པོ་ཡོད་པ་སོགས་ལ་བརྟེན་ནས་རྗེ་བཙུན་བྱམས་མགོན་གྱི་སྐུ་བཞེངས་བར་རྩོམ་པ་ན་རྗེ་འདི་པས་ལྷ་བཙུན་བསྟན་པའི་རྒྱལ་མཚན་ལ། རྗེ་བཙུན་གྱི་སྐུ་ཚད་ཇི་ཙམ་འོང་གི་བརྟག་པ་ཅིག་བྱེད་དགོས་པ་འདུག་པས། གྱང་ལོགས་ཤིག་ལ་ཕྱག་མཐོ་དྲུག་གི་ཚད་མཛད་ནས། འདི་ལ་དཔེས་པའི་ཞལ་ཞིག་བྲིས་གསུངས། ཁོང་གིས་བྲིས་པས་ཚད་འཁྱུགས་ནས་མཐོ་དགུ་ཙམ་དུ་སོང་བ་དང་རྗེའི་ཞལ་ནས། བླ་མ་ཞང་གིས་ལྷ་ཆེན་དཔལ་འབར་བཞེངས་དུས་ཉེ་གནས་ཀྱིས་སྲོག་ཤིང་ཚད་འཁྱུགས་པའི་རྟེན་འབྲེལ་གྱིས་སྐུ་ཤིན་ཏུ་ཆེ་བ་ཅིག་བྱུང་ཟེར། འོ་སློལ་ལ་ཡང་སྐུ་ཆེན་པོ་ཞིག་འོང་བ་ཡིན་ཡོད་གསུང་། དེ་ནས

ཞལ་བྲིས་ནས་མཆོད་པ་ཕུལ། གསོལ་བ་བཏབ་པས་དེའི་ནུབ་མོ་ལྷ་རི་རྩེ་ནས་སེར་སྣམ་གྱི་གསོལ་ཐེམས་ལེགས་པ་ཅིག་འབུལ་བ་བཏང་བྱུང་བས། རྟེན་འབྲེལ་ཤིན་ཏུ་ལེགས་ཞེས་གསུང་། དེའི་ཕོ་རངས་མནལ་ལམ་དུ། སུམ་བརྒྱ་དྲུག་ཅུ་ཐོབ་ཟེར་བའི་སྦྲ་ལྷང་བ་ཞིག་བྱུང་གསུང་། དེའི་ཚེ་སྤྲུལ་པའི་བཟོ་བོ་རྣམས་སྤྱན་རས་གཟིགས་དང་སྒྲོལ་མས་རྒྱུད་བསྐུལ། དཔལ་ལྡན་ལྷ་མོས་ལམ་སྟོན་མཛད་ནས་ཆུ་འདུས་སུ་སླེབས། དེ་ནས་དྲུང་ཆོས་རྒྱལ་བས་ལྷ་བཟོ་བ་རྣམས་ཁྲིད་ནས་(༣༡)(༩ན)འདིར་སླེབས། རྗེའི་དྲུང་དུ་རྒྱུ་མཚན་ཕུལ་བས་རྗེའི་གསུང་ནས། ཤིན་ཏུ་ལེགས། མི་གསར་གྱི་ཁ་ནས་གཏམ་བྱུང་། སླ་ང་ཚ་དུས་ཀྱི་སྐམ་པ་བྱས་པ་ཡིན་གསུང་། དེ་ནས་སང་ཉིན་བཟོ་བོ་རྣམས་ལ་ཟངས་ལེབ་རྣམས་བསྟན་པས་ཁོང་རྣམས་ན་རེ། ད་ནི། རྒྱུ་ཡང་ལྡངས་ཤིང་། ཟངས་ལེབ་རྣམས་ཀྱང་ལེགས་པོ་འོང་ཟེར་ནས་དབུའི་ཚུགས་དྲངས་ཏེ་བཟོ་ཚུགས་སོ། །

དེ་ནས་སྤྲུལ་པའི་བཟོ་བོ་རྣམས་ཀྱིས་སྐད་ཅིག་ཀྱང་མ་ཡེངས་པར་བཟོ་བྱས་པས་ཐོག་མར་དབུ་ལེགས་པར་གྲུབ། དེ་ལ་རབ་གནས་མཛད་དེ་གསོལ་བ་བཏབ་པས་མཛོད་སྤུ་ལ་མེ་ཏོག་གཅིག་ཆགས་ཤིང་། ཁྱད་པར་སྙན་རྒྱན་གཡས་ཀྱི་འབུར་དབུས་མ་ལ་རྒྱལ་བ་ཙོང་ཁ་པའི་སྐུ་རང་བྱོན་ཤིན་ཏུ་མཚར་བ་ཞིག་སྐྱེ་བོ་ཐམས་ཅད་ཀྱི་མཐུན་གྲུབ་ཏུ་བྱོན། གཞན་ཡང་དེའི་ཚེ་ཆོས་སྐྱོང་གི་གཏོར་སྒྲུབ་འཛུགས་པ་སོགས་ཀྱི་རིམ་གྲོ་འཛུགས་པ་དང་བཅས་ཏེ་བལ་པོ་རྣམས་ཀྱིས་བཟོ་ལེགས་པར་བརྩམས། དེའི་ཚེ་སྐུ་རིམ་པ་རྣམས་དང་བཟོ་བོ་རྣམས་ཀྱི་ཉམས་སྣང་ལ་ཉིན་མོ་མི་དང་མཚན་མོ་མི་མ་ཡིན་གྱིས་བཟོ་སྒྲུབ་པའི་སྣང་བ་རྒྱུན་མི་འཆད་ཅིང་། དེ་ལྟར་བསྒྲུབས་པས་རིང་པོར་མ་ཐོགས་པར་ཁྲི་ཉི་ཤུ་རྩ་ལྔའི་སྐུ་ཚད་དང་ལྡན་པའི་རྗེ་བཙུན་གྱི་སྐུ་ངོ་མཚར་ཅན་དེ་ཆུ་མོ་ལུག་གི་ལོ་ལ་གྲུབ་སྟེ། རྟེན་གྱི་ནང་བཞུགས་ལ་ཡང་དམ་པ་མང་པོའི་རིང་བསྲེལ་སོགས་སངས་རྒྱས་བྱང་སེམས་ཀྱི་སྐུ་གདུང་རིང་བསྲེལ་དང་ལྡན་ཞིང་། རྒྱུ་

རིན་པོ་ཆེ་ལས་གྲུབ་པའི་ལུགས་སྐུ་མང་པོ་བཞུགས་(༣༡༩བ)ཤིང་། གཞན་སྐུའི་སྟོད་སྨད་ཀྱི་ཆ་ལ་བཤད་རྒྱུད་དང་མཐུན་པའི་གཟུངས་ཐུགས་མང་པོ་དང་། གསུང་རབ་པོ་ཏི་མང་པོ་བཞུགས། གཞན་ཡང་སྨན་སྣ། འབྲུ་སྣ། ཟས་སྣ། གོས་དར་གྱི་སྣ་མང་པོ་སོགས་མ་ཚང་བ་མེད་པར་བཞུགས། གཞན་ཡང་རྟེན་གྱི་ནང་བཞུགས་ཁྱད་པར་ཅན་ཞིག་གཞན་སུ་ལ་ཡང་རྒྱུས་མེད་པར་རྗེ་རང་ཉིད་ཀྱིས་མཚན་མོ་ཕྱིན་ཏེ། རྟེན་གྱི་ཐུགས་ཀར་བཞུགས་སུ་གསོལ་ནས་གསོལ་བ་གདབ་པ་དང་སྨོན་ལམ་མང་པོ་ཡང་མཛད་ཅེས་གྲགས་སོ། །

དེ་ལྟ་བུའི་རྟེན་ངོ་མཚར་ཅན་དེའི་རབ་ཏུ་གནས་པ་ལུག་ལོ་ཟླ་བ་ལྔ་པའི་ཡར་ཚེས་བཟང་པོ་ལ་དཔལ་གསང་བ་འདུས་པའི་དཀྱིལ་འཁོར་བཞེངས་ཏེ། དེའི་སྒོ་ནས་རབ་ཏུ་གནས་པ་རྒྱས་པར་མཛད། དེའི་དུས་ནམ་མཁའ་ལ་འཇའ་ཚོན་གྱི་གུར་དང་། མེ་ཏོག་གི་ཆར་འབབ་པ་སོགས་ངོ་མཚར་བའི་ལྟས་དཔག་ཏུ་མེད་པ་དང་། ཁྱད་པར་རྗེ་རང་ཉིད་ཀྱིས་དེ་ནུབ་རྗེ་བཙུན་གྱི་ཞབས་དྲུང་དུ་བཞུགས་ཏེ་གསོལ་བ་རྩེ་གཅིག་ཏུ་བཏབ་པས་རྗེ་བཙུན་བྱམས་པ་སྣམ་སྦྱར་རྡོ་ཆོས་མ་གྱོན་པའི་དགེ་སློང་གི་རྣམ་པ་ཅན་ཞིག་སྐུ་དེ་ཉིད་ལ་ཡང་དང་ཡང་དུ་ཐིམ་པའི་སྣང་བ་བྱུང་ཞིང་། དེའི་ཐོ་རངས་དེ་ལྟ་བུའི་དགེ་སློང་ཞིག་གིས། ཁྱོད་ཀྱིས་བསྟན་པ་དང་སེམས་ཅན་ལ་ཕན་པ་རྒྱ་ཆེན་པོ་དེ་གྲུབ་ཟིན་པས་དགའ་བ་སྒོམས་ཤིག་ཅེས་པའི་ལུང་བསྟན་ཡང་བྱུང་ངོ་། །

དེ་ནས་རྗེ་བཙུན་བྱམས་མགོན་གྱི་སྐུ་ལེགས་པར་གྲུབ་(༣༢༠ན)པའི་རྗེས་སུ། རྒྱབ་མཐོ་བཅུ་དྲུག་དང་ལྡན་པའི་རྗེ་བཙུན་མའི་གསེར་སྐུ་དང་། གཡས་གཡོན་དུ་རྗེ་བཙུན་མ་སྟོན་མོ་དང་སྒྲོལ་དཀར་ཡིད་བཞིན་འཁོར་ལོའི་སྨན་སྐུ་གཉིས་མཚར་ཆགས་བྱིན་རླབས་དང་ལྡན་པར་གྲུབ་སྟེ། ནང་བཞུགས་ལ་ཐུགས་ཀ་ན་སངས་རྒྱས་བྱང་སེམས་ཀྱི་སྐུ་གདུང་རིང་བསྲེལ་མང་པོ་དང་། མགྲིན་པ་ན་རྗེ་བཙུན་མ་རང་གི་སྐུ་འདྲེམ་པ

ལས་རང་བྱུང་དུ་བྱོན་པ་མཐོ་གང་ཙམ་ཞིག་བཞུགས་ཤིང་། གཞན་ཡང་སྟོད་སྨད་ཀྱི་ཆ་རྣམས་གཟུངས་སྔགས་སྐུ་ཚེ་བསྲིང་བའི་སྤྲེལ་ཚིག་དང་བཅས་པ་མང་པོ་འཁོར་ལོ་དང་བཅས་པ་བཤད་ཚོད་བཞིན་དུ་བཞུགས་པའི་རྟེན་ངོ་མཚར་ཅན་འདི་དག་ལེགས་པར་གྲུབ་པ་རབ་ཏུ་གནས་པ་ལོ་དེའི་ཟླ་བ་བརྒྱད་པའི་ཚེས་བཟང་པོ་ལ་ལེགས་པར་བསྒྲུབས། དེའི་ཚེ་ནམ་མཁའ་ལ་འཇའ་འོད་འཁྲིགས་པ། མེ་ཏོག་གི་ཆར་འབབ་པ། ཁྱད་པར་བར་སྣང་ལ་གློ་བུར་དུ་གཏྲིའི་སྦྲ་གླིང་སྟོད་པ་རྣམས་ཀྱིས་གླིང་སྨད་དང་། གླིང་སྨད་པ་རྣམས་ཀྱིས་ཅིག་ཤོས་ན་གྲག་པར་ཐོས་པ་སོགས་ངོ་མཚར་བའི་ལྟས་མང་པོ་བྱུང་ངོ་། །དེ་ནས་ཕྱི་རབས་འགྱུར་ལྡན་སྐྱེ་བོ་རྣམས་ཀྱི་དམིགས་རྐྱེན་དུ་བསྟན་པའི་གཙོ་བོའི་གོས་སྐུ་ཆེན་མོ་བཞེང་བར་དགོངས་ཏེ། ལྷག་པའི་ལྷས་བརྒྱུད་བྱིན་གྱིས་བརླབས་པ་པིར་ཐོགས་རྣམས་ཀྱི་རྒྱལ་པོ་སྨན་བླ་དོན་གྲུབ་པ་དཔོན་སློབ་སྤྱན་དྲངས་ཏེ་བཟོའི་རྩོམ་པ་མཛད་དེ་དཀྱུས་སུ་འདོམ་བཅོ་བརྒྱད་དང་། ཞེང་དུ་འདོམ་བཅུ་གཉིས་ཀྱི་ཚད་དང་ལྡན་(༣༢༠བ)པའི་སྐུ་བཟང་ཞིང་མཚར་ཆགས་བྱིན་རླབས་དང་ལྡན་པ་ཡོངས་སུ་རྫོགས་པར་གྲུབ་སྟེ། གོས་སྐུ་འདིའི་ཐུགས་ཀ་ན་རྗེ་རང་ཉིད་ཀྱིས་མཛད་པའི་བསྟན་པ་རྒྱས་པའི་སྨོན་ལམ་གྱི་ཚིག་མང་པོ་བྲིས་ནས་བཞུགས་ལ། དེའི་རབ་ཏུ་གནས་པ་ཡང་ངོ་མཚར་བའི་ལྟས་མང་པོ་དང་བཅས་ཏེ་གྲུབ་བོ། །དེ་ལྟ་བུའི་གོས་སྐུ་འདིའི་རྒྱ་ལ་གོས་ཡུག་དགུ་བཅུ་གོ་ལྔ། གོང་པ་ལ་རྟེན་ཁེབས་ཉི་ཤུ་རྩ་ལྔ། བླ་བྲེ་གཉིས། གཡས་གཡོན་གྱི་མཐའ་ལ་དར་ཡུག་ལྔ། དར་ཆག་ལ་དར་ཡུག་གཅིག་དང་དར་ཁ་ལྔ། སྐུད་པ་ལ་གོས་དང་འདྲེས་པ་ཁ་བཞི་བཅུ་ཞེ་དགུ་དང་སེ་ཐའུ་འདོམ་པ་དོ། སྨད་ཀྱི་མཐའ་ལ་དར་ཡུག་སྔོན་པོ་གཅིག་རྣམས་སོང་གསུང་ངོ་། །

དེ་ནས་རྗེ་བཙུན་མའི་གོས་སྐུ་ཆུར་འདོམ་བརྒྱད་དང་། ཞེང་དུ་འདོམ་དྲུག་གི་ཚད་དང་ལྡན་པ། རྒྱུ་བཟང་ཞིང་བྱིན་རླབས་ཀྱི་གཟི་འོད་འཕྲོ་བ་དང་བཅས་པ་ཡོངས་

སུ་རྫོགས་པ་མྱུར་དུ་གྲུབ་སྟེ། རབ་ཏུ་གནས་པ་ཡང་ངོ་མཚར་བའི་ལྟས་མང་པོ་དང་བཅས་ཏེ་ལེགས་པར་གྲུབ་བོ། །གོས་སྐུ་འདིའི་མཛོད་སྤྱི་ན་མུ་ཏིག་སྟོང་ཉིས་བརྒྱ་བདུན་ཅུ་དོན་ལྔ་ཁྲིམ་ཚོགས་སུ་ཡོད་པའི་དབུས་ན་ཆར་འབེབས་ཞིག་གི་དུས་སུ་གཞི་བདག་ནེ་སེར་བས་རྗེ་རང་ཉིད་ལ་ཕུལ་བའི་རིན་པོ་ཆེ་ཆུ་ཤེལ་གཅིག་དང་། དེ་བཞིན་གཤེགས་པའི་འཕེལ་གདུང་། གླང་པོར་འཁྲུངས་པའི་སྐུ་གདུང་། མཆིམས་བློ་བཟང་གྲགས་པའི་སྐུ་གདུང་། སྣར་ཐང་ཉེར་འཛིན་ཆེན་པོའི་སྐུ་གདུང་། རིང་བསྲེལ་མང་པོ་དང་བཅས་པ་བཞུགས་ཤིང་། ཕྱག་གཡས་ལ་བྱུ་རུ་མུ་མེན་རྣམས་འདྲེས་པ་(༣༢༡ན)བརྒྱ་དང་ཉེར་ལྔ། ཕྱག་གཡོན་ལ་བྱུ་རུ་ཉིས་བརྒྱ་དང་གསུམ། མགུལ་པ་ལ་བྱུ་རུ་དགུ་བཅུ། ཤངས་ཀྱི་རྩེ་ལ་སྤྱོས་ཤེལ་བཟང་པོ་ཞིག་དང་མུ་ཏིག་རྣམས་ཡོད་གསུང་ངོ་། །

དེ་ནས་རྗེ་འདི་པས་བཀྲ་ཤིས་ལྷུན་གྱིས་གྲུབ་པའི་ཆོས་གྲྭ་ཆེན་པོར་གཞི་ཕབ་ནས་བཞུགས་ནས་ཆོས་ཀྱི་འཁོར་ལོ་རྒྱུན་མི་འཆད་དུ་བསྐོར་ཏེ། དེ་ཡང་སྔ་ཆོས་ལ་ཚད་མ་རྣམ་འགྲེལ་དང་། མངོན་པ་མཛོད་གཉིས་གསུངས། དེ་རྗེས་ཞུ་མི་དང་བསྟུན། ཕྱི་དྲོ་དང་པོར་ཕར་ཕྱིན། དེ་ནས་འདུལ་བ། དེ་ནས་རྩ་འཇུག་གམ། བྱང་ཆུབ་ལམ་རིམ། རྒྱུད་འགྲེལ་སོགས་འདོད་པ་དང་བསྟུན་ཏེ་གསུངས། རྣམ་འགྲེལ་ལྷ་ཤཱཀྱ་དང་དར་ཊཱིཀྐ་མཁས་གྲུབ་ཊཱིཀྐ་སོགས་ལ་བརྟེན་ནས་གསུང་། མངོན་པ་མཆིམས་དང་ནེལ་པའི་ཊཱིཀྐ་གཉིས་ལ་བརྟེན་གཞི་མཛད་ནས་དགོངས་པས་དཔྱད་པར་སྣང་། ཕར་ཕྱིན་གསེར་ཕྲེང་དང་དར་ཊཱིཀྐ། འདུལ་བ་དམར་ཊཱིཀྐ་དང་རྒྱ་ཆེར་འགྲེལ། རྩ་འཇུག་གསུང་དུས་ཊཱིཀྐ་ཆེན་ཚར་པ་རེ་བཀླགས་ནས་དོན་གྱི་སྙིང་པོ་དྲིལ་བ་རེ་ལ་བསྐྱུར་ཆོས་མཛད། ལམ་རིམ་བསླབ་བྱ་བློ་སྦྱོང་སོགས་ལའང་བཤད་པ་རེ་དང་བསྐྱུར་ཆོས་གཉིས་རེ་འོང་ངོ་། །བློ་སྦྱོང་ལ་འདར་སྟོན་བྱང་ཆུབ་དཔལ་གྱིས་ཟིན་བྲིས་རྒྱས་པ་ཅིག་མཛད་སྣང་། ཆོས་གསུང་བའི་དུས་སུ་ཞལ་འཛུམ་མདངས་དང་ལྡན་པ་ཅིག་འོང་། དྲུང་

ན་འདུག་པ་དང་ཐག་རིང་པོ་ན་འདུག་པ་ལ་ཁྱད་པར་མེད་པ་ཅིག་འོང་། གསུང་གི་གདངས་དལ་ཞིང་འགྲོ་གཞན་ལས་ཆེ་བ་(༣༢༡བ)ཅིག་འོང་། གཞུང་གི་གཙོད་མཚམས་མཛད་པ་རང་གིས་གོ་ཐུབ་པ་འདྲ་བ་ཅིག་འོང་། ཆོས་གསུང་བའི་དུས་གཞན་ལ་སློད་པ་སོགས་ཀྱི་ཆོས་དམག་དང་ཟེར་རྒྱུ་ཡི་མི་འོང་གྲུབ་མཐའི་འདོད་ཚུལ་མི་འདྲ་བ་དང་། དོགས་པ་མང་དུ་བཀོད་ནས་འདི་ཚོ་རིགས་ལུང་གི་སར་དཔྱད་དགོས་གསུང་། ཉམས་སུ་ལེན་ན་འདི་འདྲ་ཞིག་འོང་ཚོད་དུ་གདའ་ཞེས་ཕྱོགས་རྒྱག་རེ་མཛད་དེ་བློ་གཞན་ལས་འཕྲུལ་བ་ཅིག་འོང་། བགྲོ་གླེང་གནང་བའི་དུས་ཞལ་ཕོ་དང་བཅས་ཏེ་ཧུར་ཕྱུང་ནས་མཛད། ཐལ་སྐད་ཀྱང་ཤིན་ཏུ་བདེ་བ་སྙིང་རླུང་སངས་པ་འདྲ་བ་ཅིག་ཡོད། བགྲོ་གླེང་མཛད་པར་གྲུབ་མཐའ་མང་དུ་བཞག་ནས། སྐྱོན་གཏོང་རྒྱུ་ཅི་ཡོད་ཅེས་གསུང་། འཆད་ཉན་པ་རྣམས་དང་གྲྭ་པས་ཀྱང་བློ་ནུས་ཅི་ཡོད་ཀྱིས་བགྲོ་གླེང་ཕུལ་ཏེ་སོང་བ་མི་འོང་བར་གདའ། སྐྱིར་མི་གཅིག་ལ་དགྱེས་པའི་བཞད་གནང་ཙ་ན་ཚོགས་པ་ཐམས་ཅད་སྐྱོ་སིང་གིས་འོང་། གཅིག་ལ་བཀའ་བཀྱོན་དུས་གཞན་མའང་སྐྲག་འོང་བ་ཅིག་ཡོད། དགྱེས་པའི་སྐབས་མཛད་དུས་ཞལ་གྱི་དཀྱིལ་འཁོར་ཐམས་ཅད་འཛུམ་གྱི་རང་བཞིན་དུ་སོང་བ་འདྲ་བ་ཅིག་འོང་། དབུ་ནི་གདུགས་ལྟ་བུ་སྒོར་ཁྲིལ་བ་ཅིག་ཡོད། ཤངས་མཐོ་ཞིང་སྣན་ཤལ་རིང་བ། དཔྲལ་བ་ཡངས་པ་ཞལ་ཆེ་བ། སྤྱན་ཟུར་གསུམ་ལྟ་བུར་གཟིགས་པ་འདྲ་བ། སྐུ་ཤ་ཅུང་ཟད་སྔོ་བ། རྒྱང་ནས་བལྟས་ན་ཅུང་ཟད་སྒྲུར་བ་ལྟ་བུར་མངོན་པ། ཕྱག་ངར་སྒྲིམ་པ་ཅིག་ཡོད། ཕལ་ཆེར་དབུ་ཞྭ་མི་བསྣམས་ཤིང་། ན་བཟའ་གང་བྱུང་བཞེས་པས་མི་ཀུན་གྱིས་ངོ་(༣༢༢ན)མི་ཤེས་པ་འོང་། ན་བཟའ་རྩེ་མ་དང་གོས་དར་དྲག་ལྷན་ཅན་གྱི་རིང་འགག་འབུལ་མི་བྱུང་ཡང་། གོས་དར་རྣམས་དཀོན་མཆོག་ཉིད་ཀྱི་ཕྱོགས་སུ་བསྔོ། ན་བཟའ་དང་སྤྱོད་ལམ་ལ་ཕྱི་ནང་དང་མི་དྲག་ཞན་གྱི་སར་ཁྱད་མི་མཛད། གཞན་གྱི་འབུལ་བ་དང་བསྙེན་བཀུར་བྱུང་བའི་ཚེ་དེ་འཕྲལ་

ལ་དཀོན་མཆོག་གསུམ་གང་རུང་གི་ཆེད་དུ་བསྔོ་བ་མཛད། འབུལ་བ་ཆེ་ཆུང་གང་ཕུལ་ཀྱང་འདི་ཡང་དེད་ལ་འདི་ལྟར་མཁོ་བ་ཡོད་ཅེས་མཉེས་མཉེས་མཛད། གསོལ་ཇ་རྐྱང་པ་རེ་ལའང་གདན་དྲངས་པར་ཆོས་རྗེ་ཉིད་ཕེབས་པར་མཛད། བཞུགས་གདན་ཀྱང་བེམ་པོ་སོགས་གང་བྱུང་གིས་ཆོག །ཟང་ཟིང་གིས་ཡོན་བདག་དང་དཔོན་གྱི་ངོ་འཛིན། སློབ་མ་ལ་འདི་ལ་བྱམས་དང་འདི་ལ་མི་བྱམས་མེད་སུ་ལ་འབོད་ཀྱང་དྲུང་པ་ཞེས་ཞེས་རེ་མཛད། ཀུན་ལ་ཉེ་རིང་མེད་པའི་ཐུགས་རྗེ་ཆེན་པོ་མངའ་ཡང་སྙིང་རྗེ་རྗེ་ལྟར་མི་སྟོན། འཆལ་ཚུལ་གྱི་རྟོག་པ་དང་བྲལ་བའི་ཚུལ་ཁྲིམས་མངའ་ཡང་ཞི་ཞིང་དུལ་དུལ་ལྟར་མི་མཛད། མཐའ་མེད་པའི་མཁྱེན་པ་མངའ་ཡང་མཁས་པ་ཉིད་དུ་ཞལ་བཞེས་མི་མཛད། རིགས་ལུང་ལ་བྱུང་མ་བྱུང་ལ་གཙིགས་སྙིང་ཆེ་བར་མཛད་དེ། ཆོས་གྲྭར་བྱུང་མ་བྱུང་ལ་དགོངས་པར་མི་མཛད། གྲྭ་བ་བྱུང་བའམ་སོང་བ་ལ་དགྱེས་མི་དགྱེས་མི་མངའ་ཞིང་། ཡོན་བདག་དང་སློབ་མ་མི་ཉོ། མདོར་ན་འཇིག་རྟེན་གྱི་ཆོས་བརྒྱད་མཉམ་པར་དགོངས་ཤིང་། བྱིས་པའི་སྤྱོད་པ་ལས་རིང་དུ་སོང་བ་དང་རྒྱལ་སྲས་ཀྱི་སྤྱོད་པ་རླབས་པོ་(༣༢༢བ)ཆེ་མཐའ་དག་ཞུམ་པ་མེད་པར་སྐྱོང་བ་དགེ་བཤེས་སྟོན་པའི་རྣམ་པར་ཐར་པ་ཇི་ལྟ་བ་བཞིན་དུ་མཛད་སྣང་ངོ་། །

རྗེ་འདིས་དགོན་གནས་འདེབས་པ་དང་། སྐུ་གསུང་ཐུགས་རྟེན་བཞེང་བ་སོགས་མཛད་པ་རྒྱ་ཆེན་པོ་དེ་ཙམ་ཞིག་མཛད་ཀྱང་། ནང་དུ་ཐུགས་དམ་ཐུན་བཞིའི་རྣལ་འབྱོར་ལས་ནམ་ཡང་མི་གཡེལ་ཞིང་སྔར་བཤད་པ་ལྟར་གྱི་གཞུང་ཆེན་མོའི་ཆོས་འཆད་དེ་དག་ཀྱང་ནམ་ཡང་འཆག་མེད་མཛད་དེ་འདི་ནི་སྒྲུབ་པའི་མཛད་པ་ཤ་སྟག་ཡིན་ལ། སངས་རྒྱས་སྟོང་གི་རྡོ་སྐུ་བཞེང་བར་བཞེད་ནས་སྐུ་རྒྱུའི་རྡོ་གང་ནས་བཙལ་བར་བྱ་ཞེས་བགྲོས་པ་ན། འགའ་ཞིག་གིས་རྒྱལ་ཆེན་རྩེའི་ཕྱོགས་ནས་བཙལ་ན་ལེགས་ཞུས་པ་ལ། ད་ཐག་རིང་བས་འདྲེན་པ་དཀའ་གསུང་། འོ་ན་ཉེ་སྐོར་ནས་མི་རྙེད་ཞུས་པའི

སྐབས་ཤིག་ན། ཉིན་གཅིག་ཕྱུགས་ཕྱི་ལ་སྐྱ་འཁོར་ཁ་ཡར་ཁྲིད་དེ་རྫོ་འཚོལ་དུ་འགྲོ་བ་ཡིན་གསུངས་ནས། དགོན་པའི་ཉེ་ལོགས་མཁར་ལུང་ཞེས་པའི་ལུང་པ་ཅིག་ཡོད་པ་དེར་ཐེགས་ཙ་ན་ཡ་གི་ན་བྲག་རོག་གཅིག་ལྡིང་གི་གདའ་ཞུས་པས། འོ་ན་དེར་འདོང་གསུངས་ནས། རི་འབོག་གཅིག་གི་རྩེར་ཐེགས་ཏེ་འདི་ནས་བྲག་རྐོས་ཤིག་ཅེས་གསུངས་ནས་བྲག་གཤགས་པས་གཡམ་པ་ཆེ་ལ་མང་བ་ཅི་འདོད་བྱུང་ངོ་། །

དགེ་འདུན་ཐམས་ཅད་ཀྱིས་དེ་ཉིན་གཅིག་ལ་དྲངས་ནས། བསྐལ་པ་བཟང་པོའི་སངས་རྒྱས་སྟོང་མཚན་དང་བཅས་པ། སངས་རྒྱས་སུམ་ཅུ་སོ་ལྔ་མཚན་དང་བཅས་པ་འབུར་དུ་བརྐོས་ཏེ་བཞེངས། དེ་བཞིན་གཤེགས་པའི་སྐུ་(༣༢༣ན)ཤ་རྣམས་ལ་གསེར་བཟང་པོ་འབའ་ཞིག་གསོལ་ཏེ་ཕྱིའི་བར་ཁྱམས་ལ་ཐོག་བཀལ་བའི་འོག་ཏུ་བཞུགས་ཏེ། དེ་ལ་བསྐལ་བཟང་ལྷ་ཁང་དུ་གྲགས་ཏེ། འདི་ཡང་སྤྲུལ་པའི་མཛད་པ་ཡིན་ཏེ་དུས་ཕྱིས་སྐྱེ་བོ་གཞན་མང་པོས་མཁར་ལུང་སྦུག་ནས་རྫོ་རི་ཙམ་བཙལ་ཡང་རྗེ་འདིས་གཏེར་བཞེས་པའི་རྫོའི་ཆག་གྲུམ་ཕྲན་བུ་འདྲ་རྙེད་པ་ལས་སྟོང་སྐུའི་རྫོ་འདི་དག་དང་འདྲ་བ་སུས་ཀྱང་མ་རྙེད་དོ། །

མདོར་ན་རྗེ་བླ་མ་འདི་ཉིད་ཀྱིས་སྐུ་ཚེ་འདི་ལ་འདུལ་བའི་བསླབ་ཁྲིམས་རྣམ་པར་དག་པ་གཞིར་བཟུང་། གཞི་གསུམ་གྱི་ཕྱག་ལེན་མ་ཉམས་པའི་ངང་ནས་བཤད་ཉན། རྟེན་བཞེངས། གཙུག་ལག་ཁང་བཞེངས་པ། དཀོན་མཆོག་གི་མཆོད་པ། གསུང་རབ་ཀྱི་རྩོམ་པ་མཛད་པ་སོགས་ཐམས་ཅད་ཕྱོགས་གཅིག་ཏུ་རྒྱུན་མི་འཆད་པར་མཛད་པ་ནི། སྔོན་ཆད་གངས་རིའི་ཁྲོད་ཀྱི་ཆེན་པོ་གང་གིའང་རྣམ་པར་ཐར་པས་བསྙུན་པར་བཟོད་པ་མ་ཡིན་ནོ། །

རྗེ་ཐམས་ཅད་མཁྱེན་པ་དགེ་འདུན་གྲུབ་འདིས་དམ་པའི་ཆོས་སྤེལ་བའི་ཆེད་དུ་དམ་པའི་ཆོས་འདུལ་བའི་གླེང་འབུམ་ཆེན་མོ། མདོ་རྩའི་ཊཱིཀ་ཆེན། སོ་སོ་ཐར་པའི་

ཊཱི་ཀཱ། རྣམ་འགྲེལ་གྱི་ཊཱི་ཀཱ། སྤྱི་དོན་རིགས་པའི་རྒྱན། ཚད་འཇུག་གཉིས་ལ་ཊཱི་ཀཱ་རེ་རེ། ཐུབ་པའི་བསྟོད་པ་ལྷུང་ཀུན་ལས་བཏུས་པ། བདུད་དཔུང་ཕྱེ་འཐག་མ། སངས་རྒྱས་ཀྱི་གསུང་ལ་བསྟོད་པ། རྒྱལ་ཚབ་རྗེའི་བསྟོད་པ་ཀུན་ཏུ་བཟང་པོ། རྣམ་དཔྱོད་ལང་ཚོ་མ། མཁས་གྲུབ་ཐམས་ཅད་མཁྱེན་པའི་བསྟོད་པ། བྱང་རྩེ་བ་(༣༢༣བ)ནམ་མཁའ་དཔལ་བ་ལ་བསྟོད་པ། སྤྱན་སྔ་བསོད་ནམས་ལྷུན་གྲུབ་པ་ལ་བསྟོད་པ། སྤྱན་སྔ་རིན་ཆེན་འཕེལ་ལ་བསྟོད་པ། འཇམ་དབྱངས་རིན་ཆེན་རྒྱལ་མཚན་ལ་བསྟོད་པ། སེམས་དཔའ་ཆེན་པོ་ཚུལ་ཁྲིམས་དཔལ་བཟང་ལ་བསྟོད་པ། རྗེ་བཙུན་འཇམ་དབྱངས་ལ་བསྟོད་པ། སེང་ལྡེང་ནགས་ཀྱི་སྒྲོལ་མའི་བསྟོད་པ། དེའི་ཕོ་བྲང་ནགས་ཀྱི་བསྟོད་པ། རྗེ་བཙུན་མ་དཀར་མོའི་སྒྲུབ་ཐབས། དེའི་བསྟོད་པ། མི་གཡོ་བ་སྔོན་པོའི་སྒྲུབ་ཐབས། འདུས་པ་ལ་བརྟེན་པའི་རབ་གནས་ཀྱི་ཆོ་ག །ལྷ་མོ་དབྱངས་ཅན་མའི་བསྟོད་པ། རྡོ་རྗེ་ཁྱུང་ཁྲའི་བསྟོད་པ། སའི་སྙིང་པོའི་བསྟོད་པ། མགོན་པོ་གྲི་གུག་གི་བསྟོད་པ། མགོན་པོ་ཞལ་བཞི་པའི་བསྟོད་པ། དམ་ཅན་ཆོས་རྒྱལ་གྱི་བསྟོད་པ། དེའི་ཟློག་པ་རྒྱས་པ། དམ་ཅན་གསང་སྒྲུབ་དམར་པོའི་བསྟོད་པ། ཙཱ་མུཎྜིའི་བསྟོད་པ། དམག་ཟོར་ལྷ་མོའི་བསྟོད་པ། དེའི་གཏོར་ཆོག་མདོར་བསྡུས། ཉམས་མགུར་ཤར་གངས་རི་མ། ཀ་མད་ལ་གྲས་པའི་ཉམས་མགུར། ལྷ་རྒྱལ་རྩེ་ར་མཛད་པའི་ཉམས་མགུར། དཀོན་བརྩེགས་ནས་འབྱུང་བའི་སྨོན་ལམ། དཀོན་མཆོག་གསུམ་ལ་ཡན་ལག་བདུན་པའི་བསྟོད་པ། མགོན་པོ་ལ་མངའ་གསོལ་གྱི་ཚིགས་བཅད། འོད་དཔག་མེད་གཙོ་འཁོར་ལ་བསྟོད་པ་སྨོན་ལམ་དང་བཅས་པ། སྨོན་ལམ་ཆེན་མོའི་དུས་སུ་མཛད་པའི་སྨོན་ལམ་མདོར་བསྡུས། བྱམས་ཆེན་བཞེངས་ཏེ་མཛད་པའི་སྨོན་ལམ་མདོར་བསྡུས། སེངྒེ་གདོང་ཅན་གྱི་ཟློག་པ་བྱ་ཐབས། ཛམ་ལ་(༣༢༤ན)སེར་པོ་ལ་ཆུ་འབུལ་བའི་ཆོ་ག །ཏའི་སི་ཏུ་རྣམ་རྒྱལ་གྲགས་པའི་དྲིས་ལན་རྣམས་ཡོད་ལ། རྗེ་

ཉིད་ཀྱིས་གསུངས་པ་ལ་གཞན་གྱིས་ཟིན་བྲིས་བྱས་པ་འགའ་ཡར་དང་། ཁྱད་པར་རྗེ་ཉིད་ལ་པོ་ཏི་ཉི་ཤུ་ཙམ་ཉན་པའི་སློར་འགོ་ལོ་མང་པོར་མཛད་ཅིང་། ཕྱིས་བསྟན་འཛིན་ཆེན་པོར་གྱུར་པ་འདར་སློན་བྱང་ཆུབ་དཔལ་ཞེས་པ་དེས་ཕར་ཚད། འདུལ་མཛོད། རྩ་འཇུག་སོགས་ལ་ཟིན་བྲིས་མཛད་པ་ཡོད་ཅིང་། གཞན་ཡང་རྗེས་འཇུག་མཁས་གྲུབ་བགྲང་བ་ལས་འདས་པ་ཡོད་པས་སོ་སོས་ཟིན་བྲིས་མཛད་པ་མང་དུ་མཆིས་སོ། །

རྗེ་འདི་ནི་བཀའ་གདམས་གླེགས་བམ་ལས། སྤྱན་རས་གཟིགས་དབང་བཟང་པོར་སྤྲུལ། ཞེས་ལུང་བསྟན་པ་ལྟར་ཁ་བ་ཅན་གྱི་མགོན་པོ་སྤྱན་རས་གཟིགས་ཉིད་འཇམ་མགོན་བླ་མའི་བསྟན་པ་སྤེལ་བའི་ཆེད་དུ་བསམས་བཞིན་དུ་སྤྲུལ་པའི་སྐུ་བཟུང་སྟེ་ཐམས་ཅད་མཁྱེན་པ་དགེ་འདུན་གྲུབ་པ་དཔལ་བཟང་པོ་ཞེས་མཚན་ཉེ་བར་ལྟར་གྲགས་ཤིང་རྗེ་བཙུན་མ་སྒྲོལ་མས་འཕྲིན་ལས་ཀྱི་གྲོགས་མཛད་དེ་ཆོས་གྲྭ་ཆེན་པོ་བཀྲ་ཤིས་ལྷུན་པོ་བཏབ་ནས་འཇམ་མགོན་བླ་མའི་བསྟན་པ་དྲི་མ་མེད་པ་བསྲེ་བསླད་ཐམས་ཅད་དང་བྲལ་བ་མདོ་སྔགས་ཡོངས་སུ་རྫོགས་པའི་བཤད་པ་དང་སྒྲུབ་པ་གཉིས་ཀ་ཚང་བ་རྐང་ཚུགས་པར་མཛད་དེ་འཛམ་བུའི་གླིང་གི་ཕྱོགས་མཐའ་དག་ནས་འདུས་པའི་མཁས་གྲུབ་བགྲང་བ་ལས་འདས་པ་རྗེ་བདག་ཉིད་ཆེན་པོའི་ལེགས་བཤད་ཀྱིས་ཚིམ་པར་མཛད་དེ་ས་ཆེན་པོའི་(༣༢༨བ)ཁྱོན་ཐམས་ཅད་རྣམ་ཐར་གཙང་མས་ཁྱབ་པར་མཛད་ནས་སྐུ་ཚེ་འདིའི་དངོས་ཀྱི་གདུལ་བྱ་རྫོགས་པ་ན་དགུང་ལོ་བརྒྱད་ཅུ་གྱ་བཞིར་ཕེབས་པ་ཤིང་ཕོ་རྟའི་ལོ་རྒྱལ་ཟླ་བའི་ཡར་ཚེས་བརྒྱད་ཀྱི་ཐོ་རངས་ཞབས་རྡོ་རྗེ་སྐྱིལ་ཀྲུང་། ཕྱག་གཉིས་མཉམ་གཞག་མཛད་དེ། སྟོང་པ་གསུམ་རིམ་གྱིས་ཐིམ་ནས་ཐམས་ཅད་སྟོང་པ་འོད་གསལ་དོན་དམ་པའི་བདེན་པ་མངོན་དུ་མཛད་དེ། དེ་ཡང་སྔར་སྨྲུན་པ་སོགས་ཀྱིས་སྐུ་མདངས་ཅུང་ཞིག་ཆུང་བར་ཡོད་ནའང་། དེའི་ཚེ་གློ་བུར་དུ་སྐུ་ལུས་ཟླ་བ་རྒྱས་པ་ལྟར་གྱུར་ཏེ། སྔར་གྱི་སྐུའི་གཉེར་མ་རྣམས་ཀྱང་མེད་པར

བལྟ་བར་མི་བཟོད་པའི་འོད་ཀྱི་ཕུང་པོ་དང་ལྡན་ཞིང་། དེ་ཡང་ཁ་ཅིག་ནི་སྔུའི་འོད་དམར་སེར། ཁ་ཅིག་ནི་དཀར་སེར། ཁ་ཅིག་ནི་གསེར་བཙོ་མ་ལྟ་བུར་སྣང་ངོ་། །ཞེས་ཟེར་རོ། །

དེ་བས་ན་རྗེ་འདི་ནི། དེའི་ཚེ་འོད་གསལ་དོན་དམ་པའི་བདེན་པ་མངོན་སུམ་དུ་མཛད་དེ། འཆི་བ་ཆོས་སྐུར་བསྒྱུར་བའི་སྒོ་ནས་བར་དོ་སྒྱུ་མའི་སྐུར་བཞེངས་ཏེ། དེ་ལ་བརྟེན་ནས་མཆོག་གི་དངོས་གྲུབ་མངོན་དུ་མཛད་པ་ཡིན་པར་གདོན་མི་ཟ་བ་ཡིན་ནོ། །འོན་ཕྱི་མ་རྒྱ་ནག་ཏུ་སྐྱ་སྐྱེ་བ་བཞེས་པར་གསུངས་པ་སོགས་ཇི་ལྟར་ཡིན་ཞེ་ན། རྗེ་རང་གི་གསུང་ནས། སྤྲུལ་པས་སྐྱེ་བ་འཛིན་པ་ཡིན་པས་མི་འགལ། གསུང་བ་ལྟར་ཡིན་ནོ། །དུས་དེ་དག་གི་ཚེ་ནམ་མཁའ་ནི། ཐམས་ཅད་སྟོང་པ་འོད་གསལ་མངོན་དུ་མཛད་པའི་ཚུལ་ནི། འདི་འདྲའོ་ཞེས་འཛིག་རྟེན་ཐམས་ཅད་ལ་གོ་བར་བྱེད་པ་བཞིན་དུ་ཤིན་ཏུ་གཡའ་དག་པར་གྱུར་ཏེ། ཐ་མལ་གྱི་སྤྲིན་(༣༢༥ན)དང་རྡུལ་ལ་སོགས་པ་ཐམས་ཅད་དང་བྲལ་ཞིང་ས་གཞི་རླུང་གི་རྒྱུ་བ་ཐམས་ཅད་དང་བྲལ་ནས་བསེར་བུ་ཕྲ་མོའི་འགྲོ་འོང་ཡང་རྒྱུན་ཆད་པ་ཞག་བཞི་བཅུ་ཞེ་ལྔ་ཙམ་གྱི་བར་དུ་བྱུང་ལ། གཞན་ཡང་ལྷ་རྣམས་ཀྱིས་མཆོད་པ་མེ་ཏོག་སྣ་ཚོགས་པ་རྣམས་ཕལ་ཆེ་བ་ཀུནྡ་ལྟར་དཀར་ཞིང་མུ་ཏིག་ལྟར་འོད་གསལ་བ། ཟླ་བ་ལྟར་འཚེར་བ་ལག་མཐིལ་ཙམ་དང་ཤིང་རྟའི་འཕང་ལོ་ཙམ་དཔག་ཏུ་མེད་པ་དང་། ཁ་དོག་ཀྱང་འགའ་ཞིག་ནི་སྔོན་པོ། འགའ་ཞིག་ནི་སེར་པོ། འགའ་ཞིག་ནི་དམར་པོ་སོགས་ཆར་ལྟར་བབས་པར་གྱུར་ཏོ། །

གཞན་ཡང་སྐུའི་ཐད་དྲང་དུ་འཇའ་ཚོན་ཁ་དོག་སྣ་ལྔ་པ་ཤིན་ཏུ་དངས་ཤིང་འོད་འཚེར་བ་རྣམ་པར་བཀྲ་བ་ཞིག་ཡུན་རིང་པོའི་བར་དུ་གནས་པར་གྱུར་པ། ཕལ་ཆེ་བ་ནམ་མཁའི་ལམ་ཐམས་ཅད་འཇའ་ཚོན་དཀར་པོ་གླ་བྲེ་ལྟར་བྲེས་པ་དང་། བ་དན་ལྟར

འཕྲུང་བ་དང་། དགོན་པའི་གཡས་གཡོན་ཐམས་ཅད་འཇའ་ཚོན་སྣ་ཚོགས་པས་ལྷ་ཡི་ལྷར་ཁྲིག་གིས་གང་བ་ལ་སོགས་པ་ཞག་མང་པོའི་བར་དུ་བྱུང་ཞིང་། དཔའ་བོ་དང་མཁའ་འགྲོ་མ་རྣམས་ཀྱིས་མངོན་པར་བསྒྲགས་པའི་འཁར་ཛ་སོགས་རོལ་མོའི་བྱེ་བྲག་བསམ་གྱིས་མི་ཁྱབ་པ་མཚན་དགུང་ལ་གྲག་པ་དང་། ཉིན་མོ་ཡང་གཎྜི་བརྡུངས་པའི་སྒྲ་ཆེན་པོ་གྲག་སྐྱེ་ཐམས་ཅད་ཐེ་ཚོམ་དུ་གྱུར་ནས་བརྟགས་ཀྱང་མི་ཞིག་གིས་བརྡུངས་པ་མ་ཡིན་པར་ངེས་པ་ཙམ་དུ་ཟད་ཀྱི་གཞན་དུ་གཞན་ཇི་ལྟ་བུ་ཞིག་གིས་གནས་གང་དུ་བརྡུངས་(༣༢༥ཁ)པ་སོགས་གང་དུའང་བརྟག་པར་མི་ནུས་པར་ཡུན་རིང་དུ་སྒྲ་ཤིན་ཏུ་གྲག་པ་ཞིག་བྱུང་ངོ་། །མདོར་ན་བཅོམ་ལྡན་འདས་རྩྭ་མཆོག་ཏུ་མྱ་ངན་ལས་འདའ་བའི་ཚུལ་བསྟན་པའི་ཚེ། ལྷ་རྣམས་ཀྱིས་མངོན་པར་མཆོད་པ་ཇི་ལྟ་བ་བཞིན་དུ་འདིར་ཡང་བྱུང་བར་གྱུར་ཏོ། །དེ་ནས་སྲས་ཀྱི་ཐུ་བོ་འདུལ་འཛིན་རིན་པོ་ཆེས་གཙོ་མཛད། དགེ་འདུན་ཕྱེད་དང་ཉིས་སྟོང་ཙམ་གྱིས་ཟླ་བ་ཕྱེད་ཙམ་གྱི་བར་དུ་གསོལ་འདེབས་གདུང་མཆོད་སྨོན་ལམ་རྒྱས་པར་མཛད་ཅིང་། སྦྱིན་བདག་གྲྭ་བུ་སློབ་རྣམས་དང་། ཟླ་བྲང་གི་ཕྱག་རྫས་རྣམས་ཀྱིས་སྐུ་གདུང་གི་སྐུ་མདུན་དང་། ཕྱི་ནང་གི་མཆོད་ཁང་ཐམས་ཅད་དུ་མཆོད་པའི་ཚོགས་བསམ་གྱིས་མི་ཁྱབ་པ་དང་། བྲང་ཁང་སོ་སོའི་ཐོག་ཁར་ཡང་མར་མེའི་ཕྲེང་བ་ལ་སོགས་པའི་མཆོད་པས་མཆོད་པར་མཛད་ཅིང་རྩེ་གཅིག་ཏུ་གསོལ་བ་འདེབས་པ་མཛད་དོ། །

དེ་ལྟར་བསོད་ནམས་དང་ཡེ་ཤེས་ཀྱི་ཚོགས་རླབས་པོ་ཆེས་དགོངས་པ་ཡོངས་སུ་རྫོགས་པར་མཛད་ནས། ལུག་གི་ལོ་གསར་མ་ཐག་མཁྱེན་པའི་མངའ་བདག་རྡོ་རྗེ་སློབ་དཔོན་བཟང་པོ་བཀྲ་ཤིས་གངས་ཅན་ནས་སྤྱན་དྲངས། གདུགས་དང་རྒྱལ་མཚན་དང་བ་དན་ལ་སོགས་པས་བསུ་བ་མཛད་དེ། བདག་ཉིད་ཆེན་པོའི་སེངྒེའི་ཁྲི་ལ་བཞུགས་སུ་གསོལ་ཏེ་རྒྱལ་ཚབ་ཏུ་དབང་བསྐུར། འདུལ་འཛིན་སེམས་དཔའ་ཆེན་

པོས་མི་ཧོག་གཧོར་དེ་ཤེས་པ་བརྗོད་པར་མཛད་དོ། །རྗེ་འདིས་བསྟན་པ་ལ་བྱ་བ་རྒྱ་ཆེར་མཛད་པས་རྒྱུད་འཛིན་མཐའ་ཡས་པ་བྱུང་ཞིང་འཕྲིན་ལས་རྒྱ་ཆེར་སྤེལ་(༣༢༨ན)པའི་བསྟན་འཛིན་དམ་པ་འདུལ་འཛིན་བློ་གྲོས་སྤྲས་པ། བྱང་སེམས་འདུལ་ནག་པ་དཔལ་ལྡན་བཟང་པོ། པཎ་ཆེན་བཟང་པོ་བཀྲ་ཤིས། པཎ་ཆེན་ལུང་རིགས་རྒྱ་མཚོ། པཎ་ཆེན་ཡེ་ཤེས་རྩེ་མོ། ཀུན་མཁྱེན་ཆོས་འཁོར་དཔལ་བཟང་། མཁས་གྲུབ་ནོར་བཟང་རྒྱ་མཚོ། གནས་རྙིང་ཞབས་དྲུང་ཀུན་དགའ་བདེ་ལེགས། ལས་ཆེན་ཀུན་དགའ་རྒྱལ་མཚན། འཇམ་དབྱངས་དགའ་བའི་བློ་གྲོས། ཀུན་མཁྱེན་ཕྱོགས་ལྷ་འོད་ཟེར་སོགས་མང་དུ་བྱོན་པ་ལས་ཐྲས་ཀྱི་ཐུ་བོ་ནི་འདུལ་འཛིན་བློ་གྲོས་སྤྲས་པའོ། །འདུལ་འཛིན་བློ་གྲོས་སྤྲས་པ་ཞེས་བྱ་བའི་བདག་ཉིད་ཆེན་པོ་འདི་ནི། གཙང་སྟོད་ཆུ་སྒོའི་གཡོ་གྲོང་ཞེས་པར་ལྕགས་ཕོ་འབྲུག་གི་ལོ་ལ་སྐུ་བལྟམས། བྱིས་པའི་དུས་ཀྱི་ཚེ་སེམས་ཅན་ལ་སྙིང་རྗེ་བསྒོམས་ཙན་མཆི་མ་རང་དབང་མེད་པར་འོང་བ་ཅིག་ཡོད་དེ། སྙིང་རྗེའི་དམིགས་རྣམ་རང་ནི་མ་ཤར་བར་འདུག་གསུང་། དེ་ནས་དཔལ་སྣར་ཐང་དུ་མཁན་ཆེན་གྲུབ་པ་ཤེས་རབ་ཀྱི་སྤྱན་སྔར་རབ་ཏུ་བྱུང་། མཚན་བསམ་འགྲུབ་གྲགས་པ་དཔལ་ལྡན་ཞེས་བཏགས། ཆེན་པོ་ལོ་ཙྭ་བ་སཱཀྱ་ཤྲཱི་ལ་སློབ་དཔོན་བཅོལ་ཏེ་སྒྲ་དང་བསྟན་བཅོས་མང་དུ་གསན་ནོ། །

དེ་ནས་རྒྱལ་གྱི་རྩེ་བས་རི་ལ་སོགས་པའི་སྒྲུབ་གནས་མང་དུ་མཐོང་བས། ད་ནི་སྒོམ་ཆེན་ཞིག་རང་བྱ་སྐམ་དུ་དགོངས་པ་འབྲུངས་པས། གྲོགས་ཁམས་པ་དགེ་རྒན་ཞིག་ཡོད་པ་དེ་ན་རེ། རེ་ཤིག་སློབ་གཉེར་བྱས། དེ་(༣༢༨བ)ནས་བསྒོམས་ན་ལེགས་པོ་འོང་། ད་ལྟ་ནས་བསྒོམས་ན་གླེན་བསྒོམ་དུ་འགྲོ་ཞེས་ཟེར་བས་སློབ་གཉེར་གྱི་འཕྲོ་བསྐྱངས། ངས་དེ་དུས་རྩེ་བས་རིར་བསྡད་ནས་བསྒོམས་ན་སྒོམ་ཆེན་བཟང་ཟེར་ཅིག་འོང་བ་ཡོད་དེ། དབུ་མའི་ལྟ་བ་ཟབ་མོ་འདི་དང་ཨེ་འཕྲད་ན་མི་ཤེས་གསུངས། དེ་

ནས་གྲོགས་འགའ་ཞིག་དང་བཅས་ཏེ་དབུས་ལ་ཕེབས་པའི་ཚེ། བསམ་ཡས་ཀྱི་རི་མཐོང་བའི་ལམ་ཁ་ཅིག་ཏུ་ཐུགས་དྲན་མེད་དུ་བརྒྱལ་བ་ཅིག་བྱུང་འདུག །གྲོགས་མཆེད་རྣམས་ཀྱིས་ལེགས་པར་བོས། ཁོང་རང་གི་སྣང་བ་ལ་བཙུན་པ་ཅིག་དང་འགྲོགས་ཏེ་ཕྱིན། བསམ་ཡས་ཡིན་རྒྱུའི་གཙུག་ལག་ཁང་ཞིག་གི་རྩར་སླེབ། བཙུན་པ་དེ་དང་ལྷན་དུ་སྒོ་ལ་ཕྱིན་དུས་མི་དཀར་པོ་ཞིག་གིས་འདི་གར་འགྲོ་བ་ཡིན་ཞེས་ངམ་བཏང་། དེ་དུས་མནལ་ལམ་དུ་གཞན་གྱིས་བོས་པའི་སྐད་གྲག་པས་རྐྱེན་བྱས་ཏེ་དྲན་པ་རྙེད་པར་གྱུར་ཅེས་གསུང་། མི་དཀར་པོ་དེ་ནི་བླ་མ་འདིའི་ལྷག་པའི་ལྷ་གཏུམ་པོ་དཀར་པོ་ཡིན་པས་དེས་བར་ཆད་བསལ་བ་ཡིན་ཞེས་གསུང་། དེ་ནས་ཕར་ཕྱིན་ལ་ནན་ཏན་མཛད་པས་ལོ་གསུམ་ཙམ་ལོན་ཙ་ན་ལུང་ཆོས་ལ་ཐོགས་པ་མེད་པའི་མཁྱེན་པ་ཅན་དུ་གྱུར། དེ་ནས་ད་དབུ་ཚད་སློབ་སྐབས་སུ་སེམས་ཙ་ན། གྲོགས་པོ་ཁམས་པ་དགེ་རྒན་དེ་ན་རེ། ཁྱེད་དབུ་ཚད་སློབ་ན་དགའ་ལྡན་པ་དྲག་ཟེར། དེས་རྐྱེན་བྱས་ནས་རི་བོ་དགའ་ལྡན་དུ་རྒྱལ་ཚབ་རིན་པོ་ཆེ་བསྟན་པའི་བདག་པོ་མཛད་པའི་སར་བྱོན། ཆོས་རྗེ་ཤེས་རབ་སེངྒེ་དང་རྗེ་དགེ་འདུན་གྲུབ་(༣༡༧ན)གཉིས་དང་ཡང་དེ་དུས་མཇལ། དེ་ནས་ཐུགས་དགོངས་ལ་ཕར་ཕྱིན་ང་རང་གི་འདི་ཀས་འོང་། དབུ་ཚད་གཉིས་མཁས་པར་བསླབ་སྐབས་ནས། རྒྱལ་ཚབ་རིན་པོ་ཆེའི་དྲུང་དུ་ལེགས་པར་མཉན། ཆོས་རྗེ་ཤེས་རབ་སེང་གེ་དང་རྗེ་དགེ་འདུན་གྲུབ་པ་གཉིས་ལ་ཡང་གསན་པས། ཕར་ཕྱིན་གྱི་དེ་སྔའི་གྲུབ་མཐའ་རྣམས་ཀུང་འགྱུར་ཏེ། རྗེ་ཡབ་སྲས་ཀྱི་ཐུན་མོང་མ་ཡིན་པའི་གྲུབ་མཐའ་ལ་ཡིད་ཆེས་རྙེད་པ་ཅིག་བྱུང་། ལྷག་པར་རྗེ་དང་མ་མཇལ་ཡང་རྗེ་ཉིད་ལ་སངས་རྒྱས་དངོས་ཀྱི་འདུ་ཤེས་སྐྱེ་བ་ཅིག་བྱུང་སྟེ་ལས་འབྲེལ་ཞིག་ཡོད་པ་འདྲ་གསུང་། གྲོགས་པོ་དགེ་རྒན་དེ་ང་ལ་དྲིན་ཆེ་བ་ཅིག་བྱུང་གསུང་། དེ་ནས་རྒྱལ་སྲས་འདུལ་བ་འཛིན་པ་འདིས་རང་ལོ་ཉི་ཤུ་རྩ་དྲུག་པ་ཤིང་མོ་སྦྲུལ་གྱི་ལོ་རྒྱལ་ཚབ་རིན་པོ་ཆེས

མཁན་པོ་དང་། འདུལ་འཛིན་ཆེན་པོ་གྲགས་པ་རྒྱལ་མཚན་གྱིས་ལས་ཀྱི་སློབ་དཔོན། ཤར་པ་བྱང་སེམས་རིན་རྒྱལ་བས་གསང་སྟེ་སྟོན་པ་མཛད་དེ་དགེ་འདུན་ཚོགས་གསུམ་དང་ལྡན་པའི་དབུས་སུ་བསྙེན་པར་རྫོགས་པ་དགེ་སློང་གི་དངོས་པོ་མནོས། དེ་ནས་བརྩམས་ཏེ་ལྟུང་བ་ཕྲ་མོས་ཀྱང་མ་གོས་པར་ཚུལ་ཁྲིམས་མིག་གི་འབྲས་བུ་བཞིན་དུ་བསྲུང་བར་མཛད་པས་འདུལ་བ་པ་ཞེས་གྲགས། དེ་ནས་དགོངས་པ་ལ་འདུལ་བའི་བསླབ་བྱ་ཞིག་མ་ཉན་ན་གཞན་གྱིས་དཀའ་བཅུ་པ་ཡང་འདུལ་བའི་ལག་ལེན་མི་ཤེས་པར་སྣང་སྙམ་ནས་འོང་བས་འདུལ་བ་ལུང་སྡེ་བཞི་ནས་གསུངས་པའི་དགག་སྒྲུབ་གནང་གསུམ་(༣༡༧བ)གྱི་བསླབ་བྱ་མཐའ་དག་ལ་འཁྲུལ་པ་མེད་པར་ལེགས་པར་ཤེས་པ་ཞིག་བྱ་སྙམ་དུ་དགོངས་ནས་འདུལ་འཛིན་ཆེན་པོ་གྲགས་པ་རྒྱལ་མཚན་ལ་བསླབ་བྱ་ཆ་ལག་དང་བཅས་པ་གསན། བྱང་ཆུབ་ལམ་གྱི་རིམ་པ་ཡང་ཐོག་མར་རིན་པོ་ཆེ་འདུལ་བ་པ་ལ་གསན་གསུང་སྟེ། གཞན་ཡང་ཆོས་མང་དུ་གསན་ནོ། །

དེ་ནས་རྒྱལ་སྲས་འདུལ་བ་འཛིན་པ་འདིས་ཆོས་རྗེ་ཤེས་རབ་སེངྒེའི་དྲུང་དུ་གསང་བ་འདུས་པའི་རྒྱུད་འགྲེལ་པ་དང་བཅས་པ། གདན་རྫོགས། གསལ་སྒྲོན་ལ་སོགས་པའི་རྗེའི་གསུང་རབ་དང་། འཕགས་སྐོར་མཐའ་དག་ཚང་བར་གསན། བདེ་མཆོག་གི་རྒྱུད་ཀྱི་བཤད་པ་དང་འདོད་འཛོ། ལཱུ་དྲིལ་གྱི་རྫོགས་རིམ་ལ་སོགས་པའི་བདེ་མཆོག་གི་སྐོར་རྣམས་དང་། གསང་སྔགས་དང་ཕར་ཕྱིན་གཉིས་ཀྱི་ལམ་རིམ། ཟབ་མོ་དབུ་མའི་ལྟ་ཁྲིད། ཚུལ་ཁྲིམས་ལེའུ ཙ་ལྟུང་བཅུ་བཞི་པ། བླ་མ་ལྔ་བཅུ་པ་རྣམས་ཀྱི་རྗེའི་རྣམ་བཤད་དང་། མཚན་ཉིད་ཀྱི་ཆོས་སྐོར་ཡང་མང་དུ་གསན་ཏེ། གཙོ་བོར་རྡོ་རྗེ་ཐེག་པའི་བཀའ་དྲིན་རྣམས་བླ་མ་འདི་ལ་རྫོགས་པར་མནོས་པས་རྩ་བའི་བླ་མ་བཀའ་དྲིན་ཆེ་ཤོས་སུ་མཛད་པ་ཡིན་ནོ། །དཀའ་ཆེན་བཞིས་གཙོ་བྱས་པའི་མཚན་ཉིད་ཀྱི་པོ་ཏི་ཤིན་ཏུ་མང་བ་ནི་སློབ་དཔོན་ཐམས་ཅད་མཁྱེན་པ་དགེ་འདུན་གྲུབ་ལ་

གསན་པས་སྨེ་སྟོད་ཀྱི་ཕྱོགས་ལ་བཀའ་དྲིན་ཆེ་བའི་བླ་མ་གཅིག་ཏུ་མཛད་དོ། །རྒྱལ་སྲས་འདིས་མང་དུ་ཐོས་པ་རྒྱ་ཆེར་བཙལ་བའི་ཚུལ་རང་ཉིད་ཀྱི་ཞལ་ནས། (༣༢༨ན) ངས་སློབ་དཔོན་རིན་པོ་ཆེ་ཐམས་ཅད་མཁྱེན་པ་ལ་འདུལ་བ་མདོ་རྩ་བའི་བཤད་པ་བསྐྱར་ཆོས་སུ་བྱས་པ་རང་ཚར་དྲུག་ཉན། ཆོས་རྗེ་གཞོན་ནུ་རྒྱལ་མཆོག་པའི་དྲུང་དུ་ཚར་གཅིག་སྟེ་བདུན་ཉན་པ་ཡིན་ཞེས་གསུངས། ཡང་བ་སོ་དགོན་པར་ལྷ་ཁྲིད་ཅིག་གསུངས་པའི་སྐབས་སུ། གཅིག་དུ་བྲལ་གྱི་བཤད་པ་རྒྱས་པ་ཅིག་མཛད་དེ། ངས་འདི་ཚོ་སློབ་དཔོན་ཐམས་ཅད་མཁྱེན་པ་ལ་ཉན་ནས་བརྗེད་མ་བཅུག་པ་ཡིན་ཞེས་གསུངས། ཡང་ངས་སློབ་དཔོན་རིན་པོ་ཆེ་ལ་ཐེག་པ་ཆེན་པོའི་བློ་སྦྱོང་འདི་ཉམས་ཁྲིད་དུ་ཚར་གཅིག་ཐོབ་པ་ཡིན་གསུང་ངོ། །

དེ་ནས་རྒྱལ་སྲས་འདུལ་བ་འཛིན་པ་ཆེན་པོ་བློ་གྲོས་སྦས་པ་འདི་ནི་ཐམས་ཅད་མཁྱེན་པའི་ཕྱུགས་ཕྱིར་དགེ་འདུན་འདུས་པའི་གྲལ་དཔོན་མཛད་ཅིང་སློབ་མའང་མང་དུ་སྐྱོང་བར་མཛད། བར་སྐབས་སུ་ལྷུན་པོ་རྩེར་བྱོན་ཏེ་འཕགས་འོད་ཡོན་ཏན་རྒྱ་མཚོ་ལས་གསང་སྔགས་ཀྱི་གདམས་པ་མང་པོ་བླངས་ཤིང་ཕྱག་ལེན་ཀྱང་དེ་ཉིད་ལས་ཁྲིད་པར་མཛད་དོ། །རྗེ་དགེ་འདུན་གྲུབ་དང་རྒྱལ་སྲས་འདུལ་བ་འཛིན་པ་འདི་གཉིས་ཀྱིས་བསྟན་པ་ལ་བྱ་བ་རྒྱ་ཆེར་མཛད་ཅིང་། ལྷག་པར་གཙང་དུ་རྗེ་རིན་པོ་ཆེའི་བསྟན་པ་རྒྱ་ཆེར་སྤེལ་ཕྱིར་ཆོས་གྲྭ་ཆེན་པོ་བཀྲ་ཤིས་ལྷུན་པོ་འདེབས་པ་སོགས་དཀའ་བ་ཆེན་པོ་མཛད་ནས་ཆོས་གྲྭ་ཆེན་པོ་ལེགས་པར་གྲུབ་སྟེ་འཛམ་གླིང་ཡངས་པའི་ཕྱོགས་མཐའ་དག་ནས་ཐམས་ཅད་མཁྱེན་པ་དགེ་འདུན་(༣༢༨བ)གྲུབ་ལ་ཆོས་ཀྱི་བཀའ་དྲིན་ཞུ་བ་བགྲང་བ་ལས་འདས་པ་འདུས་ནས་འཕྲིན་ལས་ཁྱབ་བདལ་ཆེན་པོར་གྱུར་པ་ན་རྒྱལ་སྲས་འདུལ་བ་འཛིན་པ་བློ་གྲོས་སྦས་པས་མཐོ་མཐོ་སྣང་ལ་བསྐུར་དམའ་དམའ་ཆུ་ལ་བསྐྱུར་ཟེར་བ་ལྟར་ཚེ་འདིའི་བྱ་བ་ཐམས་ཅད་བློས་བཏང་སྟེ་བྱ་རྩི་ལས་ཐར་

བ་བཞིན་དུ་ཁབ་གུང་ཐང་ནས་ཉེ་བར་བཟུང་སྟེ། གངས་རིའི་རྒྱལ་པོ་ཏི་སེ་དང་། ཁ་ཆེའི་འགྲམ་མར་ཡུལ་གྱི་མཐར་ཐུག་པར་བྱོན་ཏེ། དབེན་པའི་གནས་རྣམས་སུ་བསམ་གཏན་ལ་རྩེ་གཅིག་ཏུ་གནས་པར་མཛད་པས། སྔོན་གྱི་སྐྱེ་གནས་རྗེས་སུ་དྲན་པ་ལ་སོགས་པའི་མངོན་པར་ཤེས་པ་དང་། ལྷག་མཐོང་གི་ལྟ་བ་ཁྱད་པར་ཅན་འཁྲུངས་ཤིང་། རྒྱ་གར་དང་བོད་ཀྱི་པཎ་གྲུབ་དུ་མ་ཞིག་གི་གཟིགས་སྣང་ཡང་བྱུང་སྣང་ཞིང་། ཁྱད་པར་དུ་རྗེ་བཙུན་ཙོང་ཁ་པ་དང་སྐུ་ཚེ་སྔ་མ་ལ་ཁ་ཆེའི་ཡུལ་དུ་དཔོན་སློབ་ཏུ་གྱུར་པ་ཉིད་ཀྱི་འབྲེལ་བས་རྗེ་རིན་པོ་ཆེའི་སྐུ་དང་གསུང་གི་སྣང་བ་ནི་ནམ་འདོད་དུ་འོང་བ་ཅིག་ཡིན་པར་སྣང་ངོ་། །

རྗེའི་སྐུ་སྐྱེ་སྔ་མ་ལ་ཆོས་ཇི་ལྟར་གསན་པའི་ཚུལ་དུས་ཕྱིས་མགུར་དུ་གསུངས་པ་ནི་འདི་ལྟར། སངས་རྒྱས་བསྟན་པ་ཉི་ལྟར་གསལ་བྱེད་པ། །མཁས་གྲུབ་བགྲང་ལས་འདས་པ་འབྱུང་བའི་གནས། །རྒྱལ་བས་བསྔགས་པ་དཔལ་ལྡན་ཁ་ཆེའི་ཡུལ། །ཡུལ་དེ་མཛེས་པའི་རྒྱན་མཆོག་མཁས་གྲུབ་ཆེ། །མདོ་སྔགས་བསྟན་པའི་བདག་པོར་མངའ་གསོལ་བ། །མ་ཧི་བྷ་དྲ་ཞེས་བྱའི་པཎ་ཆེན་དེའི། །ཞབས་(༣༡༩ན)པད་དྲི་མ་མེད་པའི་ཟེའུ་འབྲུ་ལ། །སྤྱི་བོས་རེག་པའི་བློ་གྲོས་སྨྲས་པ་ངས། །རྒྱལ་བ་དེ་ཡི་ཞལ་གྱི་པདྨོ་ལས། །འདུལ་བ་སྡེ་བཞིའི་སྙིང་པོ་འདུལ་བའི་མདོ། །ལེགས་པར་ཐོས་ཤིང་ཉམས་སུ་བླངས་པ་ལས། །ད་ལྟ་དམ་ཆོས་འདུལ་བའི་སྣོད་དུ་གྱུར། །མདོ་སྡེའི་སྙིང་པོ་རྒྱལ་སྲས་སེམས་བསྐྱེད་དང་། །ཐབས་ཆེན་སྤྱོད་པ་ཞལ་གྱི་པདྨོ་ལས། །ཡང་ཡང་ཐོས་ཤིང་ཉམས་སུ་བླངས་པ་ལས། །ད་ལྟ་བྱང་སེམས་སྡོམ་པའི་སྐལ་བ་ཐོབ། །སངས་རྒྱས་ཀུན་གྱི་གསང་བ་ཀུན་འདུས་པ། །དཔལ་ལྡན་འདུས་པའི་སྨིན་བྱེད་དབང་བཞི་ཡི། །ས་བོན་མཁས་གྲུབ་ཞལ་ལས་ལེགས་ཐོབ་པས། །ད་ལྟ་གསང་སྔགས་སྡོམ་པའི་སྐལ་བ་ཐོབ། །རིགས་མཐོ་གཟུགས་མཛེས་རྒྱལ་པོའི་སྲས་པོ་ངས། །འཛམ་གླིང་མཛེས་བྱེད

མ་ཧཱ་པཎ་ཆེན་དྲུང་། །མཐའ་བྲལ་ལྟ་བའི་ས་བོན་བཞག་པ་ལས། །ཨེ་མ་ཧོ་དཔ་ལྟ་ཐར་པའི་ལམ་བཟང་རྙེད། །ཚུལ་འདི་བསམས་ཆེ་མ་ཧཱ་པཎ་ཆེན་དེའི། །བཀའ་དྲིན་མཉམ་མེད་ད་ལྟ་ཡིད་ལ་དྲན། །དྲན་པའི་མོད་ལ་འཁོར་བས་ཉམ་ཐག་བདག །ཐེག་པ་དམན་དང་འཁོར་བའི་གཡང་ལས་དྲོངས། །འདི་དོན་དྲན་ཡང་མ་རུང་སྐྱེ་བོའི་ཚོགས། །ཕལ་ཆེར་ལོག་པའི་ཕྱོགས་སུ་ལྟུང་བས་ན། །ད་ལྟའི་བར་ལ་གཏེར་བཞིན་སྦས་ནས་བཞག །ཚེ་འདི་ནུབ་རིའི་ཉི་བཞིན་གྱུར་ཚེ་བཀོད། །ཅེས་ཧེ་སྐད་གསུངས་པ་ཉིད་དོ། །

དེའི་ཚེ་བླ་མ་འདི་(༣༢༨བ)ནུབ་རིའི་རྒྱལ་པོའི་སྲས་སུ་འཁྲུངས་པ་ཉིད་ཀྱི་ཚུལ་ཡང་གསལ་བར་གསུངས་སོ། །མར་ཡུལ་དུ་བཞུགས་དུས་ཆོས་རྗེ་ཤེས་རབ་བཟང་པོ་ལ་གསུང་ཆོས་མང་དུ་གསན་ཞིང་། དེའི་དགེ་འདུན་རྣམས་ལའང་ཉིད་ཀྱི་གདམས་པས་ཆེམ་པར་མཛད་དེ། དེར་ཁོང་དཔོན་སློབ་ཀྱིས་དེ་ཚོར་བཞུགས་པའི་ཞུ་བ་ཕུལ་བ་ལ། ད་གྲྭ་ཚང་མ་གི་འདྲ་བ་བཞག་ནས་ད་འདིའི་དགོན་པ་ག་ལ་འཛིན་དགོངས་པ་བྱུང་གསུང་། ཡང་དེའི་དུས་ཀྱི་ཚེ། ཆོས་ཀྱི་རྒྱལ་པོ་རྒྱལ་བ་ཟམས་གཙང་སྲས། །རྒྱལ་བ་གཉིས་པ་བློ་བཟང་གྲགས་པའི་དཔལ། །བཀའ་དྲིན་དྲན་ནོ་སླར་ཡང་འཁོར་བ་ལས། །ལན་ཅིག་མིན་པར་ཡང་ཡང་བསྐྱབ་ཏུ་གསོལ། །རྒྱལ་བའི་སྲས་པོ་དཔལ་ལྡན་རྡོ་རྗེ་འཛིན། །ཤེས་རབ་སེང་གེ་པཎ་ཆེན་དགེ་འདུན་གྲུབ། །ཐག་རིང་ས་མཐའི་ཡུལ་དུ་མདུན་ན་དྲན། །དྲན་པའི་མོད་ལ་ཐུགས་རྗེའི་ལྕུགས་ཀྱུས་དྲོངས། །ཞེས་པ་ལ་སོགས་པ་དང་། ཤེས་རབ་སེངྒེ་དེ་སྲས་དགེ་འདུན་གྲུབ། །བཀའ་དྲིན་ཡོན་ཏན་དྲན་པའི་སྟོབས་ཉིད་ལས། །ཞེས་བྱ་བ་ལ་སོགས་པའི་མགུར་མའང་མང་དུ་མཛད། རྗེ་བཙུན་ཤེས་རབ་སེང་གེ་གཤེགས་པའི་དུས་མངའ་རིས་སུ་རྨི་ལམ་ཤིན་ཏུ་གསལ་བར་བྱུང་གསུང་སྟེ་རང་དང་གཞན་གྱི་འདས་མ་འོངས་རྣམས་གསལ་བར་གཟིགས་པའི་མངོན་མཁྱེན་མངའ་བར་སྣང་ངོ་། །མངའ་རིས་སྐོར་དུ་ལོ་དྲུག་བདུན་ཙམ་བཞུགས་ཏེ། བླ་མ་མཇལ་

བའི་དགོངས་པས་དབུས་གཙང་དུ་ཕྱིར་ཕེབས། བྱང་གི་(༣༣༠ན)བདེ་གླིང་ཞེས་བྱ་བར་དབུ་མའི་སྟོང་ཐུན་དེ་བརྩམས། ཕྱིས་ཀཱ་རི་ཀའི་ཊཱི་ཀ་ཆེན་ཞིག་ཀྱང་མཛད། བྱང་ཆུབ་ལམ་རིམ་གྱི་ཡིག་སྣ་དུ་མ་དང་། མ་ཅིག་གི་གཅོད་སྐོར་དང་། སྒྲུབ་ཐབས་ཆེ་ཆུང་དུ་མ་དང་། ཐུགས་སྐྱོ་ཤས་ཆེ་ཞིང་གསུང་བདེ་བས་ཉམས་མགུར་དང་བསྟོད་པའང་དུ་མ་ཞིག་མཛད་སྣང་སྟེ་བརྩམས་ཆོས་ལ་པོ་ཏི་གཉིས་ཙམ་ཡོད་དོ། །

གཙང་དུ་ཕེབས་ནས་ཐམས་ཅད་མཁྱེན་པ་དང་ཡབ་སྲས་མཇལ་ཞིང་ཆོས་ཀྱི་བགྲོ་བ་མང་དུ་མཛལ། སླར་ཡང་བསམ་གཏན་དགའ་ལྡན་ཆོས་རྫོང་ལ་སོགས་པའི་རི་ཁྲོད་རྣམས་སུ་ལོ་བཅུ་སྐོར་གྱི་བར་དུ་ཐུགས་དམ་ལ་བཞུགས་པར་མཛད་དེ། ངས་དལ་འབྱོར་རྙེད་དཀའ་རང་ཡང་ཟླ་བ་བཅོ་བརྒྱད་ཀྱི་བར་དུ་བསྒོམས་ཤིང་། དེ་བཞིན་དུ་ལམ་རིམ་གྱི་དམིགས་སྐོར་མཐའ་དག་ཡུན་རིང་དུ་བསྒོམས་ནས་མྱོང་བ་ཐོན་ངེས་བྱུས་གསུང་། དགུང་ལོ་དྲུག་ཅུ་རེ་གྲངས་ནས་འཛད་ཀྱི་བྱང་ཆུབ་ཆོས་ལུང་། རོག་པ་ཆང་། བོ་དོང་གི་ལུང་ནག་ཤེལ་དཀར། བོར་ཐོག །ལྷུན་པོ་རྩེ། བྱང་ཆེན། ཧ་ནག་རི་མཁར། སྒྲོལ་མ་སྡིངས། ཉ་རི་དགའ་བ་ཚལ། ཞུར་མོ་ཆོས་རྫོང་། རྒྱལ་ཆེན་རྩེ། ལྷན་བ་སོ། གནས་རྙིང་། མན་ལུང་། ཁྲིམ་མདའ་དགོན་གསར། འབྲོང་རྩེ། བཀྲ་ཤིས་ལྷུན་པོ་ལ་སོགས་པ་རྣམས་སུ། ལམ་རིམ་ཆེ་ཆུང་། བསླབ་བྱ་ཆེ་ཆུང་། ཚུལ་ཁྲིམས་ལེའུ་དང་། རྩ་ལྟུང་རྣམ་བཤད། བླ་མ་ལྔ་བཅུ་པའི་རྣམ་བཤད། འདུས་པའི་བསྐྱེད་(༣༣༠བ)རྫོགས། འཁོར་ལོ་སྡོམ་པའི་བསྐྱེད་རྫོགས། གཅོད་ཁྲིད་དང་ལྷ་ཁྲིད་ལ་སོགས་པའི་ཆོས་མང་དུ་གསུངས་ཏེ། ཁྲིམ་པ་དང་རབ་ཏུ་བྱུང་བ་མང་པོ་ལ་ཕན་གདགས་པ། ལམ་རིམ་དང་ལྷ་ཁྲིད་གསུངས་པ་དགེ་བའི་བཤེས་གཉེན་འདི་བས་མང་བ་མ་བྱུང་བ་འདུག་ཟེར། ཐམས་ཅད་མཁྱེན་པའི་ཞལ་ནས། འུ་ཅག་གིས་མི་ཚེ་རིལ་པོར་འདུལ་བ་བཤད་པ་བས། དྲུང་འདུལ་བ་པས་བསླབ་བྱ་ཚར་རེ་བཤད་པ་དྲག

པར་འོང་གི་སྐད་གསུང་། འདུལ་འཛིན་རིན་པོ་ཆེའི་ཞལ་ནས། ནུབ་གཅིག་རྨི་ལམ་དུ་ཉི་ཤུ་ལྔ་མཆོད་ཅིག་བྱེད་ཀྱི་འདུག་པས། དེར་ཆོས་རྗེ་རིན་པོ་ཆེ་ཆིབས་མཛོ་ཞིག་ལ་ཆིབས་ནས་ཕེབས་བྱོན་པ་ལ་གསོལ་བ་བཏབ་པས། ང་ཡང་རྗེ་བོ་ཡབ་སྲས་ལ་དད་ཀྱི། ཁྱོད་རང་ཡང་རྗེ་བོ་ཡབ་སྲས་ལ་དད་པ་སློམས་ཤིག་ཅེས་གསུང་བ་ཅིག་རྨིས། སང་དེ་ནས་ངའི་རོ་སྟོད་གཟེར་བ་ཅིག་ཡོང་གི་ཡོད་པ་དེ་གདན་མ་བྱུང་། ཡང་ནུབ་གཅིག་མནལ་ལམ་དུ་དགེ་བའི་བཤེས་གཉེན་འབྲོམ་སྟོན་པས་བཀའ་གདམས་གླེགས་བམ་གྱི་འགོ་ནས་མཇུག་གི་བར་ཚང་མར་གནང་བ་ཅིག་རྨིས་ཏེ། ངའི་ལུང་དེ་ཁས་གོ་ཆོད་པ་ཡིན་གསུང་། ཡང་ཞལ་ནས། ད་རྩ་རླུང་འཁྲིབས་ནས་ཆོས་བཤད་རེ་བྱས་པ་ཡིན། མངའ་རིས་སུ་སྡོད་དུས་ཞག་ལྔ་དྲུག་རེའི་བར་དུ་ཟ་བ་བཟའ་དགོས་པ་མ་བྱུང་ཞེས་གསུང་སྐད། ཉིང་འཛིན་ཕུན་སུམ་ཚོགས་པ་མངའ་བ་ལགས་པར་གདའ། ཡང་ཉིན་གཅིག་ཆོས་གྲྭར། ངས་བལ་པོ། ཁ་ཆེ་ཇ་ལན་(༣༣༡ན)ཧྥ་ར་རྣམས་སུ་འགྲོ་སྙིང་གསུང་སྐད། དེ་ལ་སོགས་པའི་འདས་པའི་དུས་ཀྱི་གཏམ་ཤོར་འོང་གི་སྐད་། བྱང་ཆུབ་ཆོས་ལུང་དུ་བཞུགས་པའི་དུས། ད་སང་ཕོད་འགྲོ་བར་ཡོད་པས། ཆོས་ཉན་འདོད་ཡོད་པ་རྣམས་ད་ལོ་ཉན་པ་ལེགས་ཞེས་གསུངས། དེའི་གཏམ་དེ་ཁ་ཅིག་གིས་ཆོས་རྗེ་ཐམས་ཅད་མཁྱེན་པའི་སྔན་དུ་གསོན་པས་ཞལ་ནས་ཁོང་གི་དེ་ལ་ཏིག་པོ་མི་བདོག ། ཁོང་སྐྱུར་ང་ཞག་བདུན་ནས་འཆི་བར་ཡོད་པ་ཡིན་ཟེར་ཏེ་བཞུད་པས། ཡར་ལོག་བྱུང་གསུང་། དེའི་རྗེས་ལ་ཁོང་པ་གྲོངས་རུང་བདེ་བ་ནས་བདེ་བར་འགྲོ་བ་ཡིན་ཏེ་གསུང་ངོ་། །ཡོངས་ལོའི་དགུན་ཐམས་ཅད་མཁྱེན་པའི་བཀའ་ལུང་ཕེབས་པས་བཀྲ་ཤིས་ལྷུན་པོར་བཞུགས་ནས་གསུང་ཆོས་མང་དུ་གསུངས། ཡབ་སྲས་གཉིས་ཀྱིས་བསྙེན་པར་རྫོགས་པའང་བཞི་བཅུ་ལྷག་ཙམ་བསྒྲུབས། དེ་དུས་ཆོས་རྗེ་རིན་པོ་ཆེས་ཀྱང་བཀའ་ལུང་གནང་ཞིང་། སློབ་དཔོན་རྣམ་པས་ཀྱང་གསོལ་བ་བཏབ་སྟེ། དབྱར་དགུན་བཀྲ

ཞིས་ལྷུན་པོར་ཕེབས་པ་གནང་དགོས། གཟིམ་ཁང་ཞིག་ཀྱང་རྩིག་པ་ཡིན་ཞུས་པས་ལེགས་པར་ཞལ་གྱིས་བཞེས་ཏེ། ཐམས་ཅད་མཁྱེན་པ་མྱ་ངན་ལས་འདའ་ཁའི་བར་དུ་བཞུགས་པར་མཛད་དོ། །

ཐམས་ཅད་མཁྱེན་པ་སྐུ་ཁམས་ཆེར་བསྐྱེལ་དུ་སོང་བ་ན། སློབ་དཔོན་རྣམ་པ་ལ་གདན་འདྲེན་ཐོང་ཞེས་བཀའ་སྩལ་པས། འདུལ་འཛིན་རིན་པོ་ཆེས་གཙོ་མཛད། འཆད་ཉན་པ་རྣམས་ཞབས་དྲུང་དུ་འཁོད་པ་ལ། ངེད་(༣༣༡བ)རང་རེ་ཞིག་སྡོད་བསམ་པ་ཡིན་ཏེ་ད་འགྲོ་བར་སྣང་། འོ་ནའང་འགྱོད་པ་མེད་པར་ཚེའི་དུས་བྱེད་པ་ཡིན། ཁྱེད་སློབ་དཔོན་རྣམ་པས་ཀྱང་བཀྲ་ཤིས་ལྷུན་པོ་ལ་བརྟེན་ནས་སངས་རྒྱས་ཀྱི་བསྟན་པ་ལ་ཅི་ཕན་མཛད་འཚལ། སྔོན་ལམ་དེ་དང་ངའི་དགོངས་རྫོགས་གཉིས་སྦྲགས་པས་འོང་། རྟེན་གསུམ་བཞེང་དགོས་པ་ནི་མེད། ངའི་རུས་བུ་འདི་སྲེགས་ལ་མི་འབྲུགས་པའི་སྟོང་སྐུ་ཞིག་ཐོབ། སྒྲོལ་མ་རང་ཡང་འདིར་ཤོག་གསུངས་ནས་བཙུན་ཆུང་འདིས་ལོ་སུམ་ཅུ་ལྷག་ཅིག་གི་བར་དུ་ངའི་གཡོག་བྱས་པ་ཡིན། འདི་ལ་ཁྱེད་རྣམ་པས་བགོས་སྐལ་མི་ཕམ་པ་ཅིག་ཀྱང་བྱིན་གསུངས་ནས་ལྟེ་མིག་རྣམས་སློབ་དཔོན་རྣམ་པའི་དྲུང་དུ་འཕངས་པར་གནང་། དེ་ནས་སློབ་དཔོན་རྣམ་པས་གདན་ས་འདི་ཇི་ལྟར་བགྱི་བ་བཀའ་ལུང་གནང་དགོས་ཞུས་པས། རྗེའི་ཞལ་ནས་དྲུང་འདུལ་བ་པ་དང་། ཁྱེད་རང་དཔོན་སློབ་ཀྱིས་བརྟག་པ་བྱས་ནས་གང་ལེགས་པ་ཅིག་ལ་གྱིས་ཤིག་གསུངས། མྱ་ངན་ལས་འདའ་ཁར་འདུལ་བ་འཛིན་པས་ཐུགས་དམ་གསོལ་འདེབས་འདྲ་དགོས་ལེགས་སམ་ཞུས་པས་མི་དགོས་པར་གདའ་ཞེས་གསུང་། དེ་ནས་རྗེ་དགེ་འདུན་གྲུབ་ཞིང་གཤེགས་ནས་འདུལ་འཛིན་བློ་གྲོས་སྦས་པས་རྗེ་དགེ་འདུན་གྲུབ་ཀྱི་དགོངས་རྫོགས་དང་། དགོན་གནས་མི་ཉམས་པར་བྱ་བའི་ཕྱིར་གདན་ས་བསྐྱོ་བ་སོགས་ཐུགས་ཁུར་ཆེ་བཞེས་མཛད་དོ། །

དེ་ལྟར་ན་རྒྱལ་སྲས་འདུལ་འཛིན་ཆེན་པོ་འདི་ནི་ཐམས་ཅད་མཁྱེན་པ་དགེ་འདུན་གྲུབ་ཀྱི་གྲྭ་ཚང་གི་དང་པོའི་རྩ་བ་འཛིན་(༣༣༢ན)པ། བར་དུ་མི་ཉམས་པར་སྐྱོང་བ། མཐར་འཕྲིན་ལས་སྤེལ་ཞིང་དགོངས་རྫོགས་དང་གདན་སའི་བསྐོ་བཞག་གི་བར་དུ་མཛད་དེ། ཆོས་རྗེ་ཉིད་དང་བཀའ་དྲིན་ཁྱད་པར་མེད་ཅིང་། བུ་སློབ་སྦྱིན་བདག་རྣམས་ཀྱིས་ཀྱང་ཡབ་སྲས་དབྱེར་མེད་དུ་འཁུར་བར་མཛད་པ་ཡིན་ནོ། །དགུན་ཆོས་གཉིས་པ་ལ་འདུལ་འཛིན་རིན་པོ་ཆེས་རིམ་ལྔའི་དམར་ཁྲིད་ཞལ་ཤེས་ཀྱིས་བརྒྱན་པ་ཅིག་དགེ་བའི་བཤེས་གཉེན་བློ་མཆོག་ཏུ་གྱུར་པ་དྲུག་ཅུ་ལྷག་ཙམ་ལ་གསུང་བ་མཛད། གསུང་ཆོས་དེ་ཐོན་ནས་ཧ་ནག་ཨོ་རྒྱན་རྫོང་དུ་ཐེགས་ཏེ་ཟླ་གཅིག་ཙམ་གྱི་བར་དུ་བཞུགས་ཤིང་། ཆོས་ཀྱང་མང་དུ་གསུངས། དཔྱིད་གཞུག་ལྷུན་པོ་རྩེར་སྤྱན་དྲངས། དེར་དགེ་འདུན་བརྒྱ་ཕྲག་མང་པོ་ལ་མདོ་སྔགས་ཀྱི་གདམས་པ་ཟབ་དགུ་ཅིག་གིས་ཚིམ་པར་མཛད། དེར་སྐུ་ཁམས་ཅུང་མི་བདེ་བའི་རྣམ་པ་ཅིག་ཀྱང་བྱུང་། ཅུང་ཟད་སྟོན་པའི་འཕྲོ་ཉིད་ལ་བཀྲ་ཤིས་ལྷུན་པོར་དབྲར་ཆོས་ལ་ཕེབས་པ་གནང་། ཕེབས་མ་ཐག་ན་གཟིམ་ཁང་སེར་པོར་སྐུ་མཚམས་ལ་བཞུགས། དེར་ལྷ་རྗེ་ཞིག་ཀྱང་ཞབས་དྲུང་དུ་བོས། ཁྱོད་ཀྱིས་ངའི་ནད་གཞི་འདི་ལ་ཕན་པའི་ཐབས་འདུག་ན་ཀྱིས། སྨོད་རྩིས་ནི་མི་བྱེད། ལུས་གོག་པོ་འདིས་རང་གཞན་གྱི་དོན་གང་ཡང་མི་འོང་བར་འདུག་པས། ང་འདི་ནས་དགའ་ལྡན་དུ་འགྲོ །རྒྱལ་བ་ཙོང་ཁ་པ་ཆེན་པོའི་ཞབས་དྲུང་ན་མཁས་གྲུབ་ཐམས་ཅད་མཁྱེན་པ་དང་རྗེ་བཙུན་ཤེས་རབ་སེངྒེ་གཉིས་ཀྱང་བཞུགས་འདུག །ལྷ་བུ་གཞོན་(༣༣༢བ)ནུ་ཞིག་གི་ལུས་བླངས་ནས་ཆོས་ཉན། འགྲོ་བ་མང་པོའི་དོན་བྱེད་པ་ཡིན། དེ་ནས་རྒྱ་གར་ཤར་ཕྱོགས་སུ་སྐྱེ་བ་ལེན། དེར་ཡང་རྗེའི་སྤྲུལ་པ་ཅིག་གིས་རྗེས་སུ་འཛིན། ཕོ་བའི་ལམ་གྱིས་ས་ལམ་བགྲོད་པ་ཅིག་འོང་བར་སྣང་ཞེས་གསུང་བར་གདའ། ལྷ་རྗེ་དེས་གྲྭ་པ་རྣམས་ལ་སྟོན་གཞི་འདི་འཚོས་ཐུབ་པར་

འདུག་སྟེ། ཞལ་སྔ་ནས་བཞུགས་པའི་ཐུགས་འདུན་ཡེ་མི་འདུག་པས་གསོལ་བ་ཐབས་པ་རང་ཉི་དཀའ་བར་གདའ། སྐུ་རིམ་ཞིག་བྱས་ན་ཁྱད་ཨེན་རེ་ཨེ་ཡོང་ཟེར་བས། ཉེ་ཤུ་གསུམ་གྱི་རིང་གསོལ་དཔོན་སློབ་མས་མང་ཇའི་སྦྱིན་བདག་མཛད་དེ། ཚོགས་པས་སྨན་བླའི་ཆོ་ག་མཛད། དེ་སྐུ་མདུན་དུ་གསན་པས་ལྷ་རྗེ་ལའང་བཀོན་ཏེ་ཁྱོད་ཀྱིས་ང་ལ་གནོད་པོ་ཞིག་བྱས། ང་སང་དང་དེ་རིང་གཉིས་ཀྱང་དེ་རིང་འཆི་བ་ལ་འདམ་པ་ལ་གསུང་། ཉེ་ཤུ་ལྔའི་ཉིན་མགོ་བའི་ཡོ་བྱད་དུ་བྱིན་གྱིས་བརླབས་པའི་སྨན་རས་སྦུབས་གཉིས་ཙམ་དང་། ཕྱག་དཔེ་པོ་ཏི་བཞི་ཙམ་འདུག་པ་ཚོགས་སུ་འབུལ་བ་མཛད། ཉེ་ཤུ་དྲུག་ལ་ཐོས་བསམ་གླིང་དུ་སྲོད་ཇ་གཅིག་གི་སྟེང་དུ་སྐུ་རིམ་བགྱི་བའི་ཞལ་ཏ་ཞུས་པས། ང་ལ་རིམ་གྲོ་གཏན་ནས་བྱེད་མི་དགོས་པ་ཡིན་ཏེ། ད་འོ་ན་དཔལ་ལྡན་ས་གསུམ་མ་ཐོན་ལ་རྗེ་ཉིད་ལ་གསོལ་བ་ཐོབ་ཅིག་གསུང་། དེ་ནས་དགུང་ལོ་དོན་དྲུག་པ་ཤིང་ལུག་ཟླ་བ་ལྔ་པའི་ཉེར་བརྒྱད་ཀྱི་ནམ་ལངས་སུ་ཉེ་བ་ན་འཕོ་བ་མཛད་དེ། བྱམས་པའི་མདུན་སར་འཇམ་དཔལ་སྙིང་པོའི་（༣༣༣༤）ཞབས་དྲུང་དུ་གཤེགས་པར་མཛད། དེའི་ཚེ་འཇའ་དང་འོད་ལ་སོགས་པའི་ངོ་མཚར་བའི་ལྟས་དུ་མ་བྱུང་ངོ་། །

དེས་ན་བྱང་ཆུབ་ལམ་གྱི་རིམ་པ་ལ་བློ་སྦྱོང་བར་འདོད་པ་རྣམས་ཀྱིས་ཐམས་ཅད་མཁྱེན་པ་དགེ་འདུན་གྲུབ་ཡབ་སྲས་འདི་གཉིས་ལ་གསོལ་བ་འདེབས་ཤིང་བདག་ཉིད་ཆེན་པོ་འདི་གཉིས་ཀྱི་རྣམ་ཐར་ལྟར་ཚུལ་ཁྲིམས་དག་ཅིང་ལྷ་གྲུབ་གཙང་བའི་སྒོ་ནས་གཞུང་ལུགས་གདམས་པར་ཤར་བའི་ཉམས་ལེན་ལ་བརྩོན་པ་ལྟར་བླང་བར་བྱའོ།། །།

མཁས་གྲུབ་ནོར་བཟང་རྒྱ་མཚོའི་རྣམ་ཐར།

སྐུ་གསུམ་གོ་འཕང་མངོན་གྱུར་ནོར་བུ་བཟང་། །ཞེས་བསྟུགས་པ། མཁས་གྲུབ་ནོར་བཟང་རྒྱ་མཚོ་ནི། གཙང་རྟ་ནག་རང་བྱུང་དུ། ཡབ་ནམ་མཁའ་དཔལ་བཟང་དང་། ཡུམ་ཆོས་སྐྱབས་འབུམ་གཉིས་ཀྱི་སྲས་སུ་མཛེས་བྱེད་ཀྱི་ལོ་ལ་ངོ་མཚར་བའི་ལྟས་དང་བཅས་ཏེ་སྐུ་འཁྲུངས། གཞོན་ནུ་ཉིད་ནས་ཆོས་ཀྱི་བག་ཆགས་བརྟས་པས་ཀློག་ཡིག་སོགས་ཚེགས་མེད་པར་མཁྱེན་ཅིང་། ཁྱིམ་གྱི་གནས་ནི་ཉེས་པ་དུ་མའི་འབྱུང་གནས་སུ་རིག་ནས། སྲིད་འཁོར་བའི་ཕུན་ཚོགས་མཐའ་དག་དང་། ཁྱད་པར་ཁྱིམ་གྱི་འདུ་འཛི་དང་ལོངས་སྤྱོད་ལ་མ་ཆགས་པར་དགུང་ལོ་བཅུ་གསུམ་པ་ན་བྲག་དམར་ཆོས་སྡིངས་སུ། ཆོས་རྗེ་བློ་གྲོས་མགོན་པོ་བས་མཁན་པོ་དང་། བྱང་སེམས་ཆོས་འཕེལ་རྒྱལ་མཚན་པས་སློབ་དཔོན་མཛད་ནས་རབ་ཏུ་བྱུང་སྟེ་མཁན་སློབ་ཀྱི་སྙན་སྔར་ཇི་ལྟར་ཁས་བླངས་པའི་བཅས་མཚམས་ལས་(༣༣༣བ)ནམ་ཡང་མི་གདའ་ཞིང་། རྒྱལ་བའི་བསྟན་པ་ལ་རབ་ཏུ་བྱུང་བ་རྣམས་ཀྱི་བྱ་བ་ཀློག་པ་ཐོས་བསམ་དང་། སྤོང་བ་བསམ་གཏན་གཉིས་ལས་ཐོག་མར་སྡེ་སྣོད་གསུམ་ལ་ཐོས་པ་བྱ་དགོས་པར་གཟིགས་ནས་རི་ཁྲོད་ཆོས་སྡེར་མཁྱེན་རབ་དབང་ཕྱུག་གྲགས་པ་བཟང་པོའི་ཞབས་ལ་གཏུགས་ཏེ་སྡེ་སྣོད་གསུམ་ལ་མང་དུ་ཐོས་པ་འཚོལ་བ་ལ་ཞུགས་སོ། །དམ་པ་འདི་རི་ཁྲོད་ཆོས་སྡེར་བཞུགས་པའི་དུས་སུ་མཁས་གྲུབ་ཤེས་རབ་སེངྒེ་དང་། ཐམས་ཅད་མཁྱེན་པ་དགེ་འདུན་གྲུབ་དང་། འདུལ་འཛིན་བློ་གྲོས་སྦས་པ་རྣམས་ཀྱང་མཁྱེན་རབ་དབང་ཕྱུག་གྲགས་པ་བཟང་པོ་དང་ཡོན་བདག་ཆེན་པོ་དགེ་སྐྱོང་དཀར་པོ་སོགས་ཀྱིས་གདན་དྲངས་ཏེ་ཞལ་འཛོམ་ནས་སྡེ་སྣོད་གསུམ་དང་དེ་དག་གི་དགོངས་

འགྲེལ་ཤིང་རྟ་ཆེན་པོའི་གཞུང་ལུགས་རྣམས་ཀྱི་ཆོས་སྒྲ་རྒྱ་ཆེར་སྒྲོག་པར་མཛད། དེ་དུས་རི་ཁྲོད་ཆོས་སྡེ་ན་མཁས་གྲུབ་ཆེན་པོ་གོང་དུ་སྨོས་པ་དེ་དག་དང་དེ་དག་གི་ཐུགས་སྲས་སེམས་དཔའ་ཆེན་པོ་མང་པོ་འཚོགས་ཏེ་ཐམས་ཅད་ཀྱང་ཚུལ་ཁྲིམས་རྣམ་པར་དག་ཅིང་ཚེ་འདིའི་བྱ་བ་ལ་རྒྱབ་ཀྱིས་ཕྱོགས་པ་སྡེ་སྣོད་གསུམ་གྱི་ཆོས་སྒྲ་བརྒྱུད་མར་སྒྲོག་པ་སངས་རྒྱས་འཇིག་རྟེན་དུ་བྱོན་པའི་དུས་འདྲ་བ་ཞིག་ཡོད་ཅེས་མཁས་གྲུབ་ནོར་བཟང་རྒྱ་མཚོ་ཉིད་གསུང་ངོ་། །དེ་ནས་དམ་པ་འདིས་གྲྭ་ཚང་ཆེན་མོ་སོགས་སུའང་ཐུགས་གཉེར་ལ་བྱོན་ཏེ་གཞུང་ལུགས་རྣམས་ལ་སྦྱངས་པས་རིང་པོར་མ་ཐོགས་པར་རིགས་ལམ་ལ་མཁས་པར་གྱུར་ཅིང་། དེ་ནས་འཇམས་པདེ་ཆེན་དང་། ཆོས་འཁོར་སྣང་སོགས་སུ་བྱོན་ནས་གཞུང་ལུགས་རྣམས་ལ་(༣༣༩ན)ཐོས་པ་རྒྱ་ཆེར་བཙལ་ཞིང་། ཀུན་མཁྱེན་ཤེས་རབ་རིན་ཆེན་སོགས་བཤེས་གཉེན་དམ་པ་དུ་མ་ལ་དབང་ལུང་མན་ངག་དུ་མ་གསན། དེ་ནས་ཆོས་གྲྭ་ཆེན་པོ་བཀྲ་ཤིས་ལྷུན་པོར་ཕེབས་ནས་ཐམས་ཅད་མཁྱེན་པ་དགེ་འདུན་གྲུབ་ཀྱི་ཞབས་ལ་གཏུགས་ཏེ་དུས་གསུམ་གྱི་རྒྱལ་བ་ཐམས་ཅད་ཀྱི་བགྲོད་པ་གཅིག་པའི་ལམ་པོ་ཆེ་ཤིང་རྟ་ཆེན་པོ་གཉིས་ཀྱི་ལམ་སྲོལ་དཔལ་ཨ་ཏི་ཤ་དང་། ཆོས་ཀྱི་རྒྱལ་པོ་ཙོང་ཁ་པ་ཆེན་པོ་གཉིས་ཀྱི་ཐུགས་ཀྱི་བཅུད་ཕྱུང་བའི་མན་ངག་བྱང་ཆུབ་ལམ་གྱི་རིམ་པའི་ཁྲིད་ལེགས་པར་གསན་ནས་ཐུགས་རྒྱུད་ལ་སྦྱར་ཏེ་སྒྲུབ་པ་ཐོན་པར་མཛད། གཞན་ཡང་ཕར་ཕྱིན། དབུ་མ། འདུལ་བ། མངོན་པ་རྣམས་དང་། ལྷག་པར་ཚད་མ་རྣམ་འགྲེལ་ལ་ཞིབ་ཏུ་སྦྱངས་ཏེ། གཞུང་ལུགས་ཆེན་པོ་དེ་དག་གདམས་ངག་ཏུ་འཆར་ཚུལ་ཐམས་ཅད་མཁྱེན་པ་དགེ་འདུན་གྲུབ་ཀྱི་ཞལ་ནས་གསུངས་པ་མཐའ་དག་ལེགས་པར་གསན་ཏེ་རང་དང་གཞན་གྱི་གྲུབ་མཐའ་རྒྱ་མཚོའི་ཕ་རོལ་ཏུ་སོན་པར་གྱུར། དེ་ནས་དབུས་སུ་ཕེབས་ནས་གསང་ཕུ་སོགས་སུ་ཕེབས་ཏེ་གྲྭ་སྐོར་མཛད་པས་མཁས་པའི་གྲགས་པས་ས་སྟེང་ཁྱབ་པར་

གྱུར། དེ་ནས་དམ་པ་འདི་དགུང་ལོ་སོ་ལྔ་ལ་བབ་པ་ན་དགའ་ལྡན་རྣམ་པར་རྒྱལ་བའི་གླིང་དུ་ཕེབས་ཏེ། ཆོས་ཀྱི་རྗེ་བློ་གྲོས་ཆོས་སྐྱོང་བས་མཁན་པོ། ཆོས་རྗེ་གྲགས་འོད་པས་ལས་སློབ། རོང་པོ་བློ་བཟང་བས་གསང་སྟོན་མཛད་དེ། བསྙེན་པར་རྫོགས་ཏེ་རྒྱལ་བའི་བསྟན་པ་ལ་ཞུགས་ལ་ཡོངས་སུ་རྫོགས་པའི་དཔལ་ཐོབ་སྟེ་ཐུབ་པའི་རྒྱལ་ཚབ་ཆེན་པོར་གྱུར་ཏོ། །དེ་(༣༣༥བ)ནས་ཆོས་རྗེ་བློ་གྲོས་ཆོས་སྐྱོང་སོགས་བཤེས་གཉེན་དུ་མ་ལ་རྗེ་ཐམས་ཅད་མཁྱེན་པའི་གསུང་རྣམས་ཀྱི་ལུང་སོགས་མདོ་སྔགས་ཀྱི་ཆོས་མང་དུ་གསན། དེ་ནས་དགུང་ལོ་སོ་བདུན་ལ་ཨོལ་ཁར་ཕེབས་ཏེ། དབེན་གནས་རིན་ཆེན་སྒང་དུ་ཆོས་རྗེ་ཆོས་གྲགས་པ་ལ་ཆོས་མང་དུ་གསན་ནོ། །

དེ་ལྟར་མདོ་སྔགས་ཀྱི་གཞུང་ལ་ཐོས་པ་རྒྱ་ཆེར་མཛད་དེ་གདམས་པའི་གཏེར་དུ་གྱུར་པ་ན་ཚེ་འདིའི་ཁྲི་བ་ཕྲ་མོའང་མེད་པར་རྣལ་འབྱོར་གྱི་དབང་ཕྱུག་མི་ལ་རས་པ་དང་མཚུངས་པར་སྒྲིག་འཚོའི་འཚོ་བ་དཀའ་ཐུབ་ལ་བརྟེན་ནས་གཙོ་བོར་དབེན་གནས་རིན་ཆེན་སྒང་དང་གཞན་ཡང་ཨེའི་ཏེའུ་ར་དང་། ཨོལ་ཁ་ཆོས་ལུང་དང་། རྒྱ་སོག་ཕུ་དང་། ལྷ་སྟེངས་སོགས་རྗེ་རིན་པོ་ཆེའི་སྒྲུབ་གནས་རྣམས་སུ་ལོ་བཞི་བཅུ་ཙམ་གྱི་བར་དུ་སྒྲུབ་པ་ལ་རྩེ་གཅིག་ཏུ་བཞུགས་ཏེ་རྒྱུ་ཚོགས་ཚང་བའི་ཉམས་ལེན་ལ་འབད་པས་སྐྱེས་བུ་གསུམ་གྱི་ལམ་གྱི་རིམ་པའི་ཉམས་ལེན་མཐར་ཕྱིན་ཞིང་། རིམ་ལྔ་དང་སྦྱོར་དྲུག་སོགས་བླ་མེད་ཀྱི་ལམ་རིམ་གཉིས་ལ་མྱོང་བ་ཕུལ་ཕྱིན་ཐོན་ཏེ་རང་དང་གཞན་གྱི་ཚེ་རབས་བརྒྱ་སྟོང་དྲན་པ་དང་། ལྷག་པའི་ལྷ་མང་པོའི་ཞལ་གཟིགས་ཤིང་། གཟུངས་དང་། སྤོབས་པ་དང་། མངོན་པར་ཤེས་པ་སོགས་ཡོན་ཏན་མཐའ་ཡས་པ་ཐོབ་སྟེ་འཆད་རྩོད་རྩོམ་གསུམ་ལ་ཐོགས་པ་མེད་པར་གྱུར་ནས་ཐུན་བཞིའི་རྣལ་འབྱོར་འཆག་མེད་ཀྱི་ངང་ནས་སྐལ་བ་དང་ལྡན་པ་བགྲང་བ་ལས་འདས་པ་ལ་ལམ་རིམ་གྱི་ཁྲིད་དང་། སྔགས་ཀྱི་དབང་ལུང་མན་ངག་མཐའ་ཡས་པ་སྩལ་ཞིང་

བསྟན་པ་ཡུན་རིང་དུ་གནས་པའི་ཆེད་དུ་དུས་འཁོར་(༣༣༥(ན)སྤྱི་དོན་དྲི་མེད་འོད་རྒྱན། པད་དཀར་ཞལ་ལུང་། དཔལ་གསང་བ་འདུས་པའི་རིམ་གཉིས་ཀྱི་གནད་དོན་གསལ་བར་སྟོན་པ་རིམ་ལྔ་ཡང་གསལ་སོགས་ལེགས་བཤད་མང་དུ་མཛད་ཅིང་། གཙོ་བོར་འཇམ་མགོན་བླ་མའི་སྙན་བརྒྱུད་ཀྱི་བསྟན་པ་བཟུང་སྟེ་ཕྱི་རབས་ཀྱི་གདུལ་བྱ་རྣམས་ལ་འདི་ལྟར་བྱ་དགོས་སོ་ཞེས་འདོམས་ཕྱིར་ཐུན་བཞིའི་རྣལ་འབྱོར་ལ་བརྩོན་པ་ཆུ་བོའི་རྒྱུན་བཞིན་མཛད་ནས། འཇམ་མགོན་བླ་མའི་མན་ངག་ལ་བརྟེན་ནས་ཟུང་འཇུག་གྲུབ་སྟེ་སྐུ་ཚེ་འདིའི་དངོས་ཀྱི་གདུལ་བྱ་རྫོགས་པ་ན་དགུང་ལོ་གོ་གཅིག་ཏུ་ཕེབས་པ་ཆུ་བྱ་ཟླ་བ་དྲུག་པའི་ཉེར་ལྔ་ལ་སྐུའི་བཀོད་པ་བསྡུས་ཏེ་དགའ་ལྡན་ཆོས་ཀྱི་ཕོ་བྲང་ལ་སོགས་པ་དག་པའི་ཞིང་ཁམས་རབ་འབྱམས་སུ་སྤྲུལ་པ་བྱེ་བ་ཕྲག་བརྒྱར་སྟོན་ཅིང་བཞུགས་སོ། །

བདག་ཉིད་ཆེན་པོ་འདི་ལ་རྒྱུད་འཛིན་གྱི་སློབ་མ་མང་དུ་བྱུང་བ་ལས་འགྲན་པའི་ཟླ་ཐམས་ཅད་དང་བྲལ་བ་བསྟན་པ་ཡོངས་རྫོགས་ཀྱི་བདག་པོ་ནི་ཐམས་ཅད་མཁྱེན་པ་དགེ་འདུན་རྒྱ་མཚོའོ། །དེས་ན་བྱང་ཆུབ་ལམ་གྱི་རིམ་པ་ལ་བློ་སྦྱོང་བར་འདོད་པ་རྣམས་ཀྱིས་མཁས་གྲུབ་ནོར་བཟང་རྒྱ་མཚོ་ལ་གསོལ་བ་འདེབས་ཤིང་། མཁས་གྲུབ་ཆེན་པོ་འདིའི་རྣམ་ཐར་ལྟར་སྡོམ་པ་གསུམ་གྱི་བཅས་མཚམས་ཕྲ་ཞིང་ཕྲ་བ་ཉམས་པ་མེད་པར་བསྲུང་བ་གཞིར་བཞག་ནས་ཚེ་འདིའི་འཁྲི་བ་བཅད་དེ་དབེན་པའི་གནས་སུ་མདོ་སྔགས་གཉིས་ཀའི་ལམ་གྱི་ལུས་ཡོངས་སུ་རྫོགས་པ་ལ་ཉམས་ལེན་སྙིང་པོར་བྱའོ།། །།

རྒྱལ་དབང་དགེ་འདུན་རྒྱ་མཚོའི་རྣམ་ཐར།

དགོས་འདོད་ཀུན་(༣༣༥བ)འབྱུང་ནོར་བུ་བསམ་འཕེལ་ཁྱོད། །ཡོན་ཏན་ཐམས་ཅད་མ་བསླབས་ཐུགས་སུ་ཆུད། །ཐོས་བསམ་སྒོམ་པ་མཐར་ཕྱིན་གྲུབ་པ་བརྙེས། །འཕྲིན་ལས་རྒྱུན་མི་འཆད་ལ་གསོལ་བ་འདེབས། །ཞེས་བསྟགས་པ། ཐམས་ཅད་མཁྱེན་པ་དགེ་འདུན་རྒྱ་མཚོ་གང་དུ་བལྟམས་པའི་ཡུལ་ནི་གཙང་རྟ་ནག་གི་སའི་ཆ་ཡོལ་དཀར་རྡོ་རྗེ་གདན་ཞེས་བྱ་བ་སྟེ། དེ་ཡང་ཐམས་ཅད་མཁྱེན་པ་དགེ་འདུན་གྲུབ་དེ་ཉིད་དགའ་ལྡན་ཆོས་ཀྱི་ཕོ་བྲང་ན་རྗེ་བཙུན་བྱམས་པ་མགོན་པོ་དང་། རྒྱལ་སྲས་ནམ་མཁའ་དྲི་མ་མེད་པ་དང་། བྱང་ཆུབ་སེམས་དཔའ་འཇམ་དཔལ་སྙིང་པོ་རྣམས་སུ་གུས་པས་མཆོད་ཅིང་བསྙེན་བཀུར་ནས་རྒྱལ་བ་སྲས་བཅས་དེ་རྣམས་ཀྱི་གདམས་ངག་དང་རྗེས་སུ་བསྟན་པ་གསན་ཏེ། བདག་གང་དུ་འགྲོ་དོན་ལ་འགྲོ་ཞུས་པས། རྒྱལ་སྲས་འཇམ་དཔལ་སྙིང་པོས་པདྨ་དཀར་པོ་ཞིག་ནམ་མཁའ་ལ་འཕངས་ཏེ་འདི་གར་སོང་བར་འགྲོ་དོན་གྱིས་ཤིག་ཅེས་ལུང་བསྟན་པ་ན་མེ་ཏོག་དེ་རྡོ་རྗེ་གདན་གྱི་དབེན་གནས་ཡོལ་དཀར་དཔལ་གྱི་སྡེ་ཆེན་དུ་བབས་སོ། །རྗེ་ཐམས་ཅད་མཁྱེན་པས་ཇི་ལྟར་ལུང་བསྟན་པ་ལྟར་ཡབ་ཀུན་དགའ་རྒྱལ་མཚན་དང་ཡུམ་ཀུན་དགའ་དཔལ་མོ་གཉིས་ཀྱི་སྲས་སུ་ཤིང་མོ་ལུག་གི་ལོ་རྒྱལ་ཟླ་བའི་ཆོས་གསུམ་གྱི་ཉིན་ཉི་མ་དྲོས་བརྡལ་བ་ན་བར་གྱི་ནམ་མཁའ་ལ་རྡུལ་དང་བསེར་བུ་མེད་པས་ནམ་མཁའ་ནི་རྒྱ་མཐིང་བཟང་པོས་བྱུགས་པ་བཞིན་གྱུར། ཉི་མའི་དཀྱིལ་འཁོར་ནི་འཇའ་ཚོན་སྣ་ལྔའི་གུར་གྱི་དབུས་ན་འོད་ཟེར་གྱི་དྲ་བས་དཀྲིགས་ཏེ་གཞོན་ནུའི་ཞལ་གྱི་དཀྱིལ་འཁོར་ལྟ་བ་ལ་རིངས་པ་(༣༣༦ན)བཞིན་དུ་འཁོད། ལྷ་རྣམས་ཀྱིས་འཇའ་ཚོན་གྱི་ཡོལ་བ་

བྲིས་པའི་གསེབ་ནས་མེ་ཏོག་གི་ཆར་ཕབ་པ་ནི་གཞོན་ནུ་རྡུལ་གྱིས་གོས་ན་མི་རུང་ངོ་ཞེས་འཛིན་མའི་སྟེང་ཀུན་ཏུ་ཆེད་དུ་བཀྲམ་པ་བཞིན་བྱས་ཏེ། གཟིམ་ཁང་ལ་སྐུ་དཀར་གསོལ་ཟིན་པ་དང་མཉམ་དུ་ཡུམ་ཐུགས་དམ་ལ་གནས་བཞིན་པའི་ངང་ནས་ཁྲིའུ་ཤེལ་ལྟར་དཀར་ཞིང་འོད་ཟེར་འཕྲོ་བ། འཕགས་པ་སྤྱན་རས་གཟིགས་དེ་ཉིད་པཎྜི་ཏ་ཀའི་སྟོད་གཡོགས་དང་སྨད་གཡོགས་སྤྱངས་ཏེ་སྐལ་བ་དང་ལྡན་པའི་གདུལ་བྱ་རྣམས་ཀྱི་མིག་གི་བདུད་རྩི་ར་འགོས་ཁུག་པ་ལྟས་བཙས་ལ་སོགས་པའི་དཔའ་བོ་དང་། ཡེ་ཤེས་ཀྱི་མཁའ་འགྲོ་མ་ཡེ་ཤེས་མཚོ་རྒྱལ་སོགས་དཔའ་མོ་དུ་མ་འཁྲུངས་པའི་བྱ་འདབ། གཡས་རུ་གཙང་གི་རྟ་ནག་ཅེས་གྲགས་པ་དམ་པ་དུ་མའི་ཞབས་ཀྱི་པདྨོ་ཡང་ཡང་བཀོད་པའི་མཐུ་ལས་བཀྲ་ཤིས་དང་དགེ་མཚན་དུ་མའི་དཔལ་དང་ལྡན་པའི་ས་ལུང་པ་ཞེས་བྱ་བའི་སའི་ཐིག་ལེ། བཅོམ་ལྡན་འདས་མངོན་པར་རྫོགས་པར་སངས་རྒྱས་པའི་གནས་དང་མཚུངས་པ་རྡོ་རྗེ་གདན་ཞེས་བྱ་བར་སྐུ་བལྟམས་པར་གྱུར་ཏོ། །བལྟམས་མ་ཐག་ཏུ་རྗེ་བཙུན་སྒྲོལ་མའི་གཟུངས་སྔགས་ཏཱ་རེ་རྒྱུན་དུ་བཟླ་བ་ཞིག་བྱུང་ཞིང་། དགུང་ལོ་གཉིས་གསུམ་གྱི་དུས་ནས་རྗེ་བཙུན་ཙོང་ཁ་པ་ཆེན་པོའི་ཞལ་གཟིགས། དེའི་ཚེ་ཕྱུག་ཐལ་མོ་སྦྱར་སྤྱན་བར་སྣང་ལ་གཟིགས་ནས་དབུ་དུད་དུད་ཡང་ཡང་མཛད་པ་ཞིག་བྱུང་བར་ཡབ་ཡུམ་གྱིས་རྒྱུ་མཚན་ཞུས་པར་ཕ་བླ་མ་བློ་བཟང་གྲགས་པ་བྱོན་འདུག(༣༣༨བ)ཅེས་གསུང་ཞིང་། དེ་ནས་བཟུང་སྟེ་དུས་རྒྱུན་དུ་རྗེ་བླ་མའི་སྐུ་ཞིག་འབྲལ་མེད་དུ་བཅང་བར་མཛད་ཅིང་། དེ་མ་བྱུང་བའི་སྐབས་རྣམས་སུ་འང་རྡོ་སྦྲུག་པོ་རེ་སྐུ་མདུན་དུ་བཞག་ནས་ཕ་བླ་མ་བློ་བཟང་གྲགས་པ་གསུང་ཞིང་དེ་ལ་མཆོད་པ་དང་གུས་པའི་རྣམ་པ་མཛད། སྔོན་གནས་རྗེས་སུ་དྲན་པས་རྗེ་དགེ་འདུན་གྲུབ་ཀྱི་སྐབས་ཀྱི་གསུང་འཕྲོས་ཡང་དང་ཡང་དུ་གནང་བ་ཞིག་བྱུང་། ལྷག་པར་དགུང་ལོ་གསུམ་པའི་དུས་སུ་ལྷ་མོ་དམག་ཟོར་མས་ཞལ་གཟིགས་ཤིང་དམག་ཟོར་མའི་བསྟོད་བསྐུལ་ཡང་

བརྩམས། གཞན་ཡང་སངས་རྒྱས་བྱང་སེམས་ཀྱི་བསྟོད་པ་སོགས་རྩོམ་པ་མང་པོ་ཐོགས་མེད་དུ་གནང་བ་ཞིག་བྱུང་། དེ་ནས་བཀྲ་ཤིས་ལྷུན་པོ་ནས་རྗེ་དགེ་འདུན་གྲུབ་ཀྱི་གསོལ་དཔོན་སློབ་མ་དང་། ཐོས་བསམ་གླིང་པ་ཆེན་པོ་ཀུན་མཁྱེན་ཆོས་འབྱོར་དཔལ་བཟང་གི་བང་མི་དང་བླ་བྲང་གི་བང་མི་ཞུ་ཡིག་གསོལ་འདེབས་སོགས་བྱུང་བར་རྗེ་འདི་པས་གསོལ་དཔོན་སློབ་མ་གཟིགས་འཕྲལ་ངོ་མཁྱེན་ནས་ཁྱེད་སྟུག་པོ་མ་བྱུང་ངམ་གསུང་ཞིང་། རྗེ་དགེ་འདུན་གྲུབ་ཀྱི་སྐབས་སུ་ཇི་ལྟར་མཛད་པ་ལྟར་གྱི་གསུང་གླེང་བག་ཕེབས་པ་གནང་བས་ཀུན་ངོ་མཚར་དུ་གྱུར་ཅིང་། རྗེ་དགེ་འདུན་གྲུབ་ཀྱི་སྤྲུལ་སྐུ་འཁྲུལ་མེད་དུ་ཡིད་ཆེས་སྐྱེད།

དེ་ནས་དགུང་ལོ་བཅུ་གཅིག་བཞེས་པའི་ཚེ་ཐམས་ཅད་མཁྱེན་པའི་རྒྱལ་ཚབ་གཉིས་པཎ་ཆེན་ལུང་རིགས་རྒྱ་མཚོའི་ཞལ་སྔ་ནས་ཀྱིས་གཙོ་མཛད་བསྟན་པ་གསལ་མཛད་ཆོས་ཀྱི་རྗེ་སློབ་དཔོན་རྣམ་པ་བཀའ་བགྲོས་ཏེ་གཞོན་ནུ་དེ་ཉིད་ཐམས་ཅད་མཁྱེན་པ་རང་གི་(༡༡༧༩)ཞལ་ཆེམས་ལས་མ་གཡོས་པར་སྤྱན་འདྲེན་པའི་ཕོ་ཉར་སྤྱི་ས་ནས་གསོལ་དཔོན་སློབ་མ་དང་དཀའ་བཅུ་བ་རྫོར་རྒྱལ་གཉིས། དཀྱིལ་ཁང་ནས་ཆོས་མཛད་རྒྱལ་བ། ཐོས་བསམ་གླིང་ནས་དགེ་བཤེས་རྒྱལ་མཚན་གྲགས། ཤར་རྩེ་ནས་ཆོས་མཛད་ཁ་རག་པ་རྣམས་མངགས་ཏེ་བསྟན་པ་རིན་པོ་ཆེའི་རྒྱལ་མཚན་གྱི་ཏོག་ཏུ་དམིགས་ནས་བཀྲ་ཤིས་ལྷུན་པོ་དཔལ་གྱི་བདེ་ཆེན་ཕྱོགས་ཐམས་ཅད་ལས་རྣམ་པར་རྒྱལ་བའི་གླིང་དུ་སྤྱན་དྲངས་པར་གྱུར་ཏོ། །

དེ་ནས་ཏ་ལོ་ཧོར་ཟླ་དྲུག་པའི་ཚེས་བཞི་ཡོངས་སུ་གྲགས་པའི་སངས་རྒྱས་ཀྱིས་ཆོས་ཀྱི་འཁོར་ལོ་བསྐོར་བའི་དུས་ཁྱད་པར་ཅན་ལ་དབུ་སྐྲ་བཅད། ངུར་སྨྲིག་གི་རྒྱལ་མཚན་བཞེས། པཎ་ཆེན་ལུང་རིགས་རྒྱ་མཚོའི་དྲུང་དུ་ཡོངས་སུ་རྫོགས་པ་དགེ་བསྙེན་གྱི་སྡོམ་པ་བཞེས་ཏེ། མཚན་དགེ་འདུན་རྒྱ་མཚོ་དཔལ་བཟང་པོ་ཞེས་བྱ་བར་གསོལ

ནས་ལྷ་དང་བཅས་པའི་འཇིག་རྟེན་གྱི་དཔལ་མགོན་དམ་པར་མངའ་གསོལ་ཏོ། །དེ་ནས་རྗེ་དགེ་འདུན་གྲུབ་ཀྱི་ཐུགས་སྲས་གནས་རྙིང་ཞབས་དྲུང་ཀུན་དགའ་བདེ་ལེགས་རྗེ་འདིའི་དྲུང་དུ་ཕེབས། རྗེ་འདིས་ཀྱང་གུས་པ་ཆེན་པོ་མཛད་དེ་གནས་རྙིང་ཆོས་རྗེ་དེ་ཉིད་ཀྱིས་མཁན་པོ་གནང་། པཎ་ཆེན་ལུང་རིགས་རྒྱ་མཚོའི་ཞལ་སྔ་ནས་ཀྱིས་སློབ་དཔོན། དབུ་མཛད་སངས་རྒྱས་ཚུལ་ཁྲིམས་པས་དུས་གོ་བ་མཛད། གནས་བརྟན་སུ་སྟོད་འཛིན་པ་གསེར་རིའི་ཕྲེང་བ་ལྷ་བུ་བཅུ་ཕྲག་གསུམ་གྱི་དབུས་སུ་དགེ་ཚུལ་གྱི་བརྟུལ་ཞུགས་ཡང་དག་པར་བཞེས་ཏེ་བཅོམ་ལྡན་（༣༣༧བ）འདས་ཀྱིས་ལེགས་པར་གསུངས་པའི་ཆོས་འདུལ་བ་ལ་རབ་ཏུ་བྱུང་བར་གྱུར་ཏོ། །དེ་ནས་པཎ་ཆེན་ལུང་རིགས་རྒྱ་མཚོ་དང་པཎ་ཆེན་ཡེ་ཤེས་རྩེ་མོ་སོགས་ཡོངས་འཛིན་དུ་བསྟེན་ནས་ཚད་མ་རྣམ་འགྲེལ་ལ་སྦྱངས་ཤིང་། གཞུང་ཆེན་མོ་གཞན་རྣམས་ལའང་སྦྱངས་ཏེ་ལུང་རིགས་སེངྒེའི་སྒྲ་དབྱངས་བསྒྲགས་པས་ལོག་པར་སྨྲ་བའི་ཕས་བརྒོལ་མཐའ་དག་ཟིལ་གྱིས་མནན་ཅིང་ཆོས་གྲྭ་ཆེན་པོའི་དགེ་འདུན་མཐའ་དག་དད་པའི་ས་ལ་བཀོད། པཎ་ཆེན་ཡེ་ཤེས་རྩེ་མོ་ལ་དབང་ལུང་མན་ངག་མཐའ་ཡས་པ་གསན་ནོ། །དེ་ནས་འབྲས་སྤུངས་བློ་གསལ་གླིང་གི་གདན་ས་བ་འཇམ་དབྱངས་ལེགས་པ་ཆོས་འབྱོར་གྱིས་དབུས་ཕྱོགས་སུ་འབྱོན་དགོས་པར་བསྐུལ་ཞིང་། དགའ་ལྡན་ཁྲི་རིན་པོ་ཆེ་འཇམ་དབྱངས་སློན་ལམ་དཔལ་བས་ཀྱང་དབུས་ཕྱོགས་སུ་བྱོན་ན་བསྟན་པར་ཕན་ཆེ་བར་ལུང་བསྟན་པ་སོགས་རྐྱེན་སྣ་ཚོགས་པས་བསྐུལ་ཏེ་ཞབས་འབྲིང་པ་འཇམ་དཔལ་གྲགས་དང་བཅས་དབུས་ཕྱོགས་སུ་ཕེབས་པ་ན་འཇམ་དབྱངས་ལེགས་པ་ཆོས་འབྱོར་གྱི་མནལ་ལམ་དུ་ནུབ་ཕྱོགས་ནས་ཉི་མའི་དཀྱིལ་འཁོར་ཞིག་ཤར་བྱུང་བའི་འོད་ཀྱིས་གངས་ཅན་གྱི་ལྗོངས་ཀུན་གསལ་བར་བྱས་པ་ཅིག་བྱུང་སྣང་། སང་དེ་སྐུ་འཁོར་རྣམས་ལ། སྐྱེས་བུ་དམ་པ་ཅིག་འབྱོན་པའི་ལྟས་སུ་འདུག་ཅེས་ལུང་བསྟན་ཡང་མཛད། དེ་ནས་རིམ་

གྱིས་ཕེབས་ཏེ་དཔལ་ལྡན་འབྲས་སྤུངས་ཀྱི་གཙུག་ལག་ཁང་། བློ་གསལ་གྱི་སྐྱེ་བོ་བརྒྱ་ཕྲག་དུ་མས་བྱུར་བུར་གདམས་པའི་དབུས་ན་ཡུན་རིང་མོ་ནས་ཡིད་ལ་བསམས་པའི་དགེ་(༡༡༨ན)བའི་བཤེས་གཉེན་བྱམས་པའི་སྲས་པོ་ལེགས་པ་ཆོས་འབྱོར་དེ་ཉིད་སྐལ་བ་དང་ལྡན་པའི་མཁས་པའི་ཚོགས་ལ་ཤེས་རབ་ཀྱི་ཕ་རོལ་ཏུ་ཕྱིན་པའི་ཆོས་ཟབ་མོ་རྒྱུན་མི་འཆད་དུ་འདོམས་པར་མཛད་པ་དེ་གཟིགས་པར་གྱུར་ཏོ། །

དེ་ནས་ལོ་གསུམ་དུ་འཇམ་དབྱངས་ལེགས་པ་ཆོས་འབྱོར་གྱི་ཞབས་དྲུང་དུ་བསྟེན་ནས་གསན་པ་མཛད་པ་རགས་པ་ཙམ་བརྗོད་ན། རྩ་འཇུག་གི་བཤད་པ་མཇུབ་ཁྲིད་དང་བཅས་པ་ཞིག་ཐོག་མར་གསན། དེ་ནས་ཕར་ཚད། འདུལ་མཛོད། མངོན་པ་གོང་མ། མདོ་སྔེ་རྒྱན། རྒྱུད་བླ་མ། འབྱེད་རྣམ་གཉིས། ཚད་མ་མདོ། དྲང་ངེས་རྣམ་འབྱེད། སྣན་ངག་མེ་ལོང་སོགས་མཚན་ཉིད་ཀྱི་གཞུང་དུ་མའི་བཤད་པ་མཇུབ་ཁྲིད་དང་བཅས་པ་གསན་ཞིང་། དེ་ཐམས་ཅད་ཀྱི་སྐྱོར་འགོ་རྗེ་འདི་པ་རང་གིས་མཛད། གཞན་ཡང་དཔལ་གསང་བ་འདུས་པའི་དབང་བཞི་རྫོགས་པར་གསན་ནས་འགྲེལ་པ་སྒྲོན་གསལ་ཆ་ལག་དང་བཅས་པ། རྒྱུད་ཀྱི་མཇུབ་ཁྲིད། རིམ་པ་ལྔ་གསལ་བའི་སྒྲོན་མེ། གདན་རྫོགས། རྗེ་བཙུན་ཤེས་རབ་སེང་གེ་ནས་བརྒྱུད་པ་གསུང་ངག་ལག་རྗེས་སུ་གྲགས་པ། བསྐྱེད་རིམ་ཊཱི་ཀཱ། གཞན་ཡང་ཡིག་ཆ་མང་པོའི་བཤད་པ། སྔགས་རིམ་ཆེན་མོ། བདེ་མཆོག་ཊཱི་ཀ་ཆེན་གྱི་བཤད་ལུང་། བདེ་མཆོག་འདོད་འཇོ། རྫོགས་རིམ་རྣལ་འབྱོར་ཆེན་པོའི་རྣམ་བཤད། དེའི་ཁྲིད་སོགས་དང་། ནཱ་རོ་ཆོས་དྲུག་གི་ཁྲིད། དྲིལ་བུ་རིམ་ལྔའི་རྣམ་བཤད། དེའི་ཁྲིད། རྒྱལ་ཚབ་རྗེའི་(༡༡༨བ)དུས་འཁོར་གྱི་ཁྲིད་ཡིག །བ་སོ་རྗེའི་དུས་འཁོར་བསྐྱེད་རྫོགས། ཀྱཻ་རྡོར་གྱི་རྒྱུད་ལ་མཁས་གྲུབ་རྗེའི་ཊཱི་ཀ་ཆེན་སྙིང་ནས་བཤད་པ་མཇུབ་ཁྲིད་དང་བཅས་པ། གཞན་ཡང་འཇིགས་བྱེད་ཀྱི་དབང་། ཀྱཻ་རྡོར། འཁོར་ཆེན་རྣམས་ཀྱི་བསྐྱེད་རྫོགས་ཀྱི་ཟིན་ཐུན། གསང་འདུས

ཀྱི་བསྐྱེད་རྫོགས་ཀྱི་ཟིན་ཐུན། ལམ་རིམ་ཆེན་མོ། སྙིང་པོ་དོན་གསུམ། ལྷ་ཁྲིད། རྗེ་ཡབ་སྲས་ཀྱི་བཀའ་འབུམ། འཇམ་དབྱངས་ཆོས་རྗེའི་རྣམ་ཐར། རྗེ་བཙུན་མི་ལའི་རྣམ་ཐར་སོགས་ཀྱི་ལུང་ཡང་མང་དུ་གསན་ནོ། །

དེ་ནས་ལྷ་སར་ཕེབས་ཏེ་ཇོ་བོ་རིན་པོ་ཆེའི་སྐུ་མདུན་དུ་མཆོད་པ་དང་སྨོན་ལམ་མཛད་པའི་ཚེ་དག་པའི་གཟིགས་སྣང་ངོ་མཚར་བ་མང་དུ་བྱུང་། དེ་ནས་ལྷ་མཆོད་ཆེན་མོ་དང་བསྟུན་དཔལ་གདུང་རིན་པོ་ཆེ་མཇལ་བ་ལ་དགའ་ལྡན་དུ་ཕེབས། དེར་མཆོད་པ་ཕུལ་གསོལ་བ་བཏབ་པས་རྗེ་དང་མཇལ་ཞིང་བྱིན་གྱིས་བརླབས་པའི་མཚན་མ་བཟང་པོ་བྱུང་། དེ་ནས་རྗེ་ཉིད་དགུང་ལོ་ཉེར་གཅིག་བཞེས་པའི་ཡོས་ལོའི་དཔྱིད་སོས་ཚིགས་སྨྲ་མའི་མཁན་པོ་གནས་རྙིང་རིན་པོ་ཆེ་དབུས་ཕྱོགས་ལ་བྱ་བྲལ་གྱི་ཚུལ་གྱིས་ཕེབས་པ་འབྲས་སྤུངས་སུ་སྤྱན་དྲངས། ཆོས་རྗེ་དེ་ཉིད་ཀྱིས་མཁན་པོ་དང་། འབྲས་སྤུངས་རྗེ་ལེགས་པ་ཆོས་འབྱོར་བས་ལས་ཀྱི་སློབ་དཔོན། ར་ཅག་ནས་ཆོས་རྗེ་སངས་རྒྱས་བཟང་པོ་བས་གསང་སྟེ་སྟོན་པ། རིགས་པ་སྨྲ་བ་སངས་རྒྱས་བཟང་པོ་བས་དུས་གོ་བ་མཛད་དེ་དད་པའི་དགེ་འདུན་གྲངས་ཚང་ཞིང་ཁ་སྐོང་བར་འོས་པའི་དབུས་སུ་ཧོར་ཟླ་གཉིས་པའི་ཚེས་བརྒྱད་ཀྱི་(༡༡༨༤)ཆོ་འཕྲུལ་གྱི་དུས་ཆེན་ལ་དཔལ་ལྡན་འབྲས་སྤུངས་སུ་ཡོངས་སུ་རྫོགས་པ་དགེ་སློང་གི་དངོས་པོ་བརྙེས་ཏེ་འཕགས་པ་དགྱེས་པའི་ཚངས་པར་སྤྱོད་པ་མཆོག་དང་ལྡན་པར་གྱུར་ཏོ། །

དེ་ནས་འཇམ་དབྱངས་ལེགས་པ་ཆོས་འབྱོར་བའི་དྲུང་དུ་དགེ་སློང་གི་བསླབ་བྱ་ཆེན་མོ། ཚུལ་ཁྲིམས་ལེའུའི་རྣམ་བཤད། བསླབ་བཏུས། སྤྱོད་འཇུག །བླ་མ་ལྔ་བཅུ་པའི་ཊཱིཀྐ། རྩ་ལྟུང་རྣམ་བཤད། ཆོས་རྗེ་བྱམས་པ་གླིང་པའི་བཤེས་སྤྲིང་ཊཱིཀྐ། པཎ་ཆེན་ནགས་རིན་པ་ནས་བརྒྱུད་པའི་དུས་འཁོར་སྦྱོར་དྲུག་སོགས་ཀྱང་གསན། དེ་དུས་དབྱངས་ཅན་མའི་རྗེས་གནང་ཞུས་དུས་ལྷ་མོ་རྨི་ལམ་དུ་བྱོན་བྱུང་གསུང་། འཇམ་

དབྱངས་སྨྲ་སེང་མཁས་གྲུབ་རྗེ་ནས་བརྒྱུད་པ་ཐུན་མོང་མ་ཡིན་པ། གཡག་རོང་ནས་བརྒྱུད་པའི་མི་གཡོ་དཀར་པོའི་ཆོས་སྐོར། འཇམ་དབྱངས་ཆོས་རྗེས་རྗེ་བཙུན་འཇམ་དབྱངས་ཉིད་ལ་གསན་པའི་འཇམ་དབྱངས་དཀར་པོའི་ཆོས་སྐོར་སོགས་དང་། རྗེའི་རྣམ་ཐར་ཆེ་ཆུང་། འཕོ་ཁྲིད་ཆེན་མོ། མདོར་བྱས། མདོ་བསྲེ། སྤྱོད་བསྡུས། རྡོ་རྗེ་སེམས་དཔའི་སྒྲུབ་ཐབས། རྣམ་གཞག་རིམ་པ་སོགས་འཕགས་སྐོར་གྱི་གཞུང་དུ་མ་སོགས་མདོར་ན་དེའི་དུས་ཆོས་རྗེ་དེ་ཉིད་གསན་རྒྱ་ཆེ་བར་གྲགས་ཤིང་། ཆོས་རྗེ་ཉིད་ལ་བཞུགས་པ་ཐམས་ཅད་ཐུམ་པ་གང་བྱོན་གནང་ངོ་། །དེ་ལྟར་གཞུང་ལུགས་རྣམས་ལ་རྒྱ་ཆེན་ཐོས་པ་མཐར་ཕྱིན་པར་མཛད་ནས་ར་སྒྲེང་རྒྱལ་བའི་དབེན་གནས་དང་འོ་དེ་གུང་རྒྱལ་གྱི་དབེན་གནས་སོགས་རྗེ་རྒྱལ་བ་(༣༣༩བ)གཉིས་པ་ཙོང་ཁ་པ་ཆེན་པོ་དེ་ཉིད་ཀྱིས་བྱིན་གྱིས་རླབས་པའི་གནས་དེ་དག་བལྟ་ཞིང་། ཐོས་པའི་དོན་རྣམས་ཉམས་སུ་བླང་བར་བྱའོ་སྙམ་དུ་དགོངས་ཏེ་བསྟན་པ་དང་སེམས་ཅན་ཐུགས་ཀྱིས་མ་བཟོད་པའི་སྒོ་ནས་ཐུགས་ལ་སྐྱོ་ཤས་དྲག་པོ་ཡང་འཁྲུངས། དེའི་ཚེ་དབེན་པ་ལ་དགའ་བའི་ཉམས་མགུར་མཛད་པ་ནི། ཕ་བླ་མ་རྣམས་ལ་ཕྱག་འཚལ་ལོ། །མ་ལུས་རྒྱལ་བའི་ཐུགས་ཀྱི་དབྱིངས་ཆེན་པོར། །མཁྱེན་བརྩེའི་དཀྱིལ་འཁོར་རྫོགས་པའི་ཉིན་མོར་བྱེད། །གདུལ་བྱ་པདྨོའི་དཔལ་གྱུར་རྡོ་རྗེ་འཆང་། །ཡབ་རྗེ་དམ་པའི་ཞབས་ལ་སྙིང་ནས་འདུད། །སྨྲས་པ། སྒྲིབ་མེད་མཁྱེན་བརྩེའི་འོད་སྟོང་དྲ་བ་ཅན། །ཐུབ་དབང་ཉི་མ་ནུབ་རིའི་རྩེ་ལ་འཛེགས། །ཐུབ་བསྟན་འདབ་སྟོང་རྫོགས་པའི་པད་ཚལ་ཡང་། །དུས་ཀྱི་བ་མོའི་རེག་པས་ཉིན་བཞིན་འཛུམས། །བསྟན་འཛིན་རྐང་དྲུག་ལྡན་པའི་ཚོགས་རྣམས་ཀྱང་། །རྙེད་བཀུར་སྦྲང་རྩིའི་རོ་ལ་ལྷག་པར་ཆགས། །བདུད་ཀྱི་དབང་གྱུར་ལོག་སྨྲ་འབྲུང་པོའི་བྱ། །འཛེམ་མེད་མཁས་པའི་ཁྲོད་ན་རྣམ་པར་རྒྱུ། །སྐྱེ་བོ་ཕལ་ཆེར་ལེགས་ཉེས་འབྱེད་པའི་མིག །ལྡོངས་པས་གཡང་སའི་མཐའ་ལ་གོམ་པ་འདོར། །ཁ་

ཅིག་ཕྲག་དོག་དུག་ཆུས་གཞན་དག་ལས། །རང་ཉིད་རྒྱལ་བའི་སྐུ་ཐབས་ལྟར་ལེན་གྱུར། །གཞན་དག་ངན་སེམས་གཡོ་སྒྱུའི་དུག་གི་ཆུས། །ཡིད་རབ་མྱོས་ཀྱང་བསྟན་འཛིན་གཟུགས་སུ་རློམ། །ཀྱི་ཧུད་གངས་ཅན་ཁྲོད་འདིར་སེང་ཆེན་ལས། །ཤྭ་ནའི་བུ་ཉིད་སྣད་གསང་མངོན་པར་མཐོ། །འདོད་（༣༥༠ན）དགུའི་འབྱུང་གནས་ཡིད་བཞིན་རིན་ཆེན་ལས། །མཆིང་བུའི་རྫོ་བ་ལྷག་པར་གཙེས་སུ་བྱེད། །གཙང་རོང་ནགས་ཀྱི་ཁྲོད་ན་ཉི་མ་བས། །མེ་ཁྱེར་མཆོག་ཏུ་རློམ་པ་མཐོང་བས་སྐྱོ། །དེ་ལྟར་མི་བཟད་སྙིགས་མའི་དུས་ཀྱི་མཐའ། །དམུ་རྒོད་སྐྱེ་བོ་བྱུང་རྒྱལ་སྤྱོད་པའི་དུས། །རྒྱལ་དང་རྒྱལ་སྲས་མཁས་པའི་ཚོགས་རྣམས་ཀྱང་། །ཞི་བའི་དབྱིངས་སུ་གཟིམས་ནས་བཏང་སྙོམས་མཛད། །འཐོར་རླུང་དྲག་པོའི་མདུན་སར་མར་མེ་ཡིས། །མུན་པའི་སྨག་རུམ་སེལ་བར་བྱེད་དམ་ཅི། །དེ་ཕྱིར་ཉམ་ཆུང་སྐྱེ་བོས་ཐུབ་བསྟན་གྱི། །ཁུར་ཆེན་མི་བཟད་འཁྱེར་བ་ངལ་བའི་གནས། །རྩོད་པའི་དུས་འདིར་ཐམས་ཅད་མཁྱེན་པ་ལྟར། །མ་ལུས་འགྲོ་བའི་མིག་གཅིག་ཙོང་ཁ་པ། །དེ་ཡི་ལེགས་བཤད་བདུད་རྩི་མྱང་བའི་ཕྱིར། །གཅིག་པུར་དབེན་པ་བསྟེན་པ་མི་ལེགས་སམ། །རྣམ་དཀར་བསོད་ནམས་སྟོང་གིས་ལེགས་བསྐྲུན་པའི། །ཤིན་ཏུ་རྙེད་པར་དཀའ་བའི་དལ་འབྱོར་འདི། །དོན་མེད་འཇིག་རྟེན་བྱ་བས་ཆུད་གཟོན་པ། །བདག་ལ་སྙིང་མེད་གྱུར་པར་གདོན་མི་ཟ། །རིན་ཆེན་བདུན་ལྡན་གླིང་བཞིར་དབང་སྒྱུར་བའི། །འཁོར་ལོས་སྒྱུར་བའི་དཔལ་ཡང་ཆུ་ཤིང་འདྲ། །སྐབས་གསུམ་བདག་པོའམ་རང་གི་ཕུན་ཚོགས་ཀུན། །མི་བཟད་ལས་ཀྱི་དབང་གིས་འདོར་དགོས་ཀྱང་། །ཅུང་ཟད་བདེ་བའི་དབང་གིས་སྲིད་པ་འཕེལ། །ཕལ་ཆེར་མི་བཟད་ཟུག་རྔུ་སྐྱེ་བའི་རྒྱུ། །ཉེས་བརྒྱའི་འབྱུང་གནས་འཁོར་བའི་ཕུན་ཚོགས་ལ། །མཁས་པ་སུ་ཞིག་ལྷག་པར་（༣༥༠བ）ཆགས་པར་བྱེད། །དེ་ཕྱིར་ཀུན་དགའ་རྒྱས་པའི་ནགས་ཀྱི་ལྗོངས། །མི་རྟོག་མངོན་པར་རྒྱས་པའི་འཛུམ་སྣྲིག་ཅན། །བྱུང་བའི་ན་ཆུང་མགྲིན་པའི་

གླུ་ལེན་ཅིང་། །རྨ་བྱ་གཞོན་ནུ་དགའ་བའི་ཟློས་གར་སྒྱུར། །འུ་བྱུག་མགྲིན་པའི་ལམ་
ནས་དྲིལ་ཆེན་འཁྲོལ། །ཀ་ལ་པིང་ཀ་ཀུར་ཀུར་གླུ་དབྱངས་སྒྲོག །དབུ་བའི་ཕྲེང་
མཛེས་འབབ་ཆུའི་ན་ཆུང་མ། །ལྷུང་ལྷུང་སྒྲ་སྙན་སྒྲོག་ཅིང་ཕྱོགས་སུ་འབབ། །རབ་
སྨིན་འབྲས་བུའི་ཁུར་འཆང་ལྗོན་པའི་ཤིང་། །ལོ་མ་མེ་ཏོག་རྒྱས་པས་ཕྱོགས་ཀུན་
གང་། །སྟེང་ནས་སྟོད་གཡོགས་ཆུ་འཛིན་དཀར་པོ་གཡོ། །ངོས་ནས་མུ་ཏིག་ཆུ་བོའི་དོ་
ཤལ་འབབ། །སྐྱིད་སྐབས་ནགས་ཚལ་སྔོན་པོའི་ཤམ་ཐབས་ཅན། །ས་འཛིན་བུ་མོས་
ཕྱོགས་ཀུན་མཛེས་པར་བསྐོར། །འོག་གཞི་བཻ་ཌཱུརྻ་ཡི་ནེའུ་གསིང་། །ནེ་ཙོའི་གཤོག་པ་
ལྗང་བུར་མཆོག་ཏུ་མཛེས། །སྣ་ཚོགས་མེ་ཏོག་དྲ་བས་ཁེབས་པ་ལ། །རི་དྭགས་སྣ་
ཚོགས་བག་ཕེབས་རྣམ་པར་རྒྱུ། །འདུ་འཛིའི་ཚོམ་རྐུན་སྒྲིབ་ལ་འོངས་པ་བཞིན། །འཁྲི་
ཤིང་ཕྲེང་བས་བར་མཚམས་མེད་པར་དཀྲིགས། །དེ་ལྟར་ཕུན་ཚོགས་ནགས་ཚལ་
དབེན་པའི་གནས། །ལྷ་ཡི་སྐྱེད་ཚལ་ལྗང་བུར་ཉམས་དགའ་བར། །ཚེ་འདིའི་ཆོས་
བརྒྱད་སྣང་བ་ཀུན་དོར་ནས། །འཁྲུལ་མེད་ཏིང་འཛིན་རོ་ལ་རྩེ་གཅིག་ཏུ། །རོལ་པའི་
སྤྱོད་ཚུལ་འདི་ལ་སྙིང་ནས་སྤྲོ། །མང་དུ་ཐོས་པའི་བརླབས་བརྗོད་ལྷུར་ལེན་ཅིང་། །བདེ་
སྟོང་ལྷན་ཅིག་སྐྱེས་པའི་ཡེ་ཤེས་མེས། །གཉིས་སྣང་འཁྲུལ་པའི་བག་ཆགས་ཀུན་
བསྲེགས་ནས། །རྣམ་ཀུན་(༣༥༧ན)མཆོག་ལྡན་ཟུང་འཇུག་སྒྱུ་མའི་སྐུར། །ལངས་
ནས་སྣ་ཚོགས་སྤྲུལ་པའི་ཐབས་མཁས་ཀྱི། །ལྕུགས་ཀྱུས་མ་དག་སྦྲིད་པའི་འཁོར་ལོ་
འདི། །མཆོག་ཏུ་མི་འགྱུར་བདེ་བའི་དབྱིངས་ཆེན་པོར། །གང་དྲངས་རྣལ་འབྱོར་
མཆོག་དེ་སྐལ་བ་བཟང་། །དེ་སྐད་སྨྲ་དེ་བཞད་པའི་རྡོ་རྗེ་ཉིད། །སྔོན་བྱོན་དམ་པའི་
རྣམ་ཐར་སྙིང་ལ་འགྲོགས། །སྙིགས་དུས་སྐྱེ་བོའི་སྤྱོད་པས་གཏིང་ནས་སྐྱུན། །བློ་གྲོས་
ལུས་སྟོབས་རྒྱས་པས་ཅུང་ཟད་དྲེགས། །ཆུ་ཡི་ལྕིད་ཀྱིས་ལྷག་པར་ནོན་པའི་སྤྲིན། །
འབྲུག་སྒྲ་བསྒྲགས་པ་མེད་པར་ལྡོག་མ་ཡིན། །དེ་ཕྱིར་སྙན་ངག་མགྲིན་པའི་གླུ་དབྱངས་

མཆོག །མ་སྨྲས་པར་ཡང་བདག་བློ་ཅི་ཞིག་ཆེམ། །ཚུལ་འདི་སྐྱེ་བས་ཐོབ་པའི་བློ་གྲོས་ཀྱིས། །སྙན་ངག་དྲིལ་ཆེན་སྒྲོག་ལ་ཐོགས་མེད་པ། །ལྷག་བསམ་ཁོ་ན་སྙིང་ལ་རབ་འགྲོགས་པ། །དབྱངས་ཅན་བཞད་པའི་རྡོ་རྗེས་གཏམ་དུ་བྱས། །ཞེས་སོ། །

དེ་ནས་ཡོས་ལོ་ཟླ་བ་དགུ་པའི་དུས་ཆེན་ལ་ཐུགས་དམིགས་གཏད་དེ་ཕུ་ཚུང་གི་གནས་མཇལ། དེའི་ལ་ལ་བརྒྱུད་དེ་ཕེབས་པ་ན་དེ་དུས་འཕགས་པའི་གྲུབ་ཐོབ་ཀུན་དགའ་རྒྱལ་མཚན་པ་ཞེས་པ་ཅིག་བྱང་ར་སྒྲེང་ན་བཞུགས་པའི་མནལ་ལམ་ དུ། སང་འབྲོམ་སྟོན་པ་ཕེབས་པ་ཡོད་ཟེར་བ་ཅིག་བྱུང་འདུག་པས། ཁོང་གིས་ཀྱང་རྒྱང་རིང་པོ་ནས་བསུས་ནས་གུས་མཆོད་ཆེན་པོ་མཛད། གཞན་ཡང་ཐུགས་དམ་པ་སོ་སོའི་མནལ་ལམ་དུ་འབྲོམ་སྟོན་པ་དང་མཇལ་བ་དང་ཉི་ཟླ་ཤར་བ་སོགས་བྱུང་འདུག་པས་གནས་(༣༥༧)བ)དེར་ཕེབས་འཁྲུལ་ཉིད་ནས་ར་སྒྲེང་པ་ཀུན་གྱིས། ཕ་སྟོན་པ་རིན་པོ་ཆེ་ཞེས་ཞབས་ལ་འདུད། ལྷག་པར་དྲུང་བྱང་སེམས་པ་ཞེས་སྐུ་སྐྱེ་བ་ཉི་ཤུ་ཙམ་དྲན་པ་ཞིག་ཡོད་པ་དེས་ཁོང་རང་གི་སྤྱིལ་བུར་སྤྱན་དྲངས། ལྷུམ་རྣ་ན་མེ་ཏོག་རྩ་བ་སུམ་ཅུ་ཙམ་ཡོད་པའི་མེ་ཏོག་ཐམས་ཅད་བཏུས་ནས་དེ་རྗེས་ཁོང་གིས་བདེན་ཚིག་བརྗོད་པ་ནི། སྐུ་སྐྱེ་རིན་པོ་ཆེ་འདི་འབྲོམ་གྱི་སྤྲུལ་པ་ཡིན་ངེས་ན་བདེན་པ་དེས་ད་ནང་ཚ་བཞེས་ཀྱི་རིང་ལ་འདིར་མེ་ཏོག་བརྒྱ་རྩ་གཅིག་འཆར་བར་ཤོག་ཅིག །མིན་ན་གཅིག་ཀྱང་མ་འབྱུང་བར་ཤོག་ཅིག །དེའི་དཔང་པོ་དཀོན་མཆོག་གསུམ་དང་། ཇོ་བོ་ཡབ་སྲས་དང་། ཁྱད་པར་ཆོས་སྐྱོང་ཞལ་དམར་བས་མཛོད་ཅིག་བྱས་ནང་དུ་བྱོན། དཔོན་སློབ་རྣམས་ཀྱིས་གསོལ་ཇ་འདེབས་གཅིག་གི་རིང་ལ་མེ་ཏོག་ཕྱེད་དང་ཉིས་བརྒྱ་དུས་གཅིག་ཏུ་ཤར་འདུག་པས་ཁོང་དད་པ་ཤུགས་དྲག་ཏུ་འབར་རོ། །

དེ་ནས་རྗེ་དགེ་འདུན་གྲུབ་ཀྱི་ཐུགས་སྲས་པཎ་ཆེན་ཕྱོགས་ལྷ་འོད་ཟེར་འཕྱོང་རྒྱས་རི་བོ་བདེ་ཆེན་ན་བཞུགས་པ་དེས་རྗེ་འདིའི་སྙན་པ་གསན་ནས་རྗེ་དགེ་འདུན

གྲུབ་ཀྱི་བཀའ་དྲིན་བསབ་པའི་ཕྱིར་སྤྲུལ་པའི་སྐུ་འདིའི་འཕྲིན་ལས་རྒྱ་ཆེར་སྤེལ་བར་བྱའོ་སྙམ་དུ་དགོངས་ནས་རྗེ་འདི་ལྷོ་ཁ་ཕྱོགས་སུ་སྤྱན་དྲངས། ལྷོ་ཁ་ཕྱོགས་ཀྱི་ཆོས་སྡེ་མཐའ་དག་དང་། རྗེ་དགེ་འདུན་གྲུབ་ཀྱི་སྦྱིན་བདག་འགྱུར་པ་ཅན་མཐའ་དག་བསྐུལ་ཏེ་རྗེ་འདིའི་ཞལ་བལྟ་བ་དང་གསུང་གི་བདུད་རྩི་མྱངས་སུ་གཞུག་ཕྱིར་པཎ་ཆེན་རང་གིས་གཙོ་མཛད་དེ་དགེ་འདུན་རྣམས་ཀྱིས་རྒྱང་རིང་པོ་ནས་བསུ་བ་མཛད། མཇལ་(༣༩༢ན)མ་ཐག་ཏུ་པཎ་ཆེན་རིན་པོ་ཆེ་ལ་ས་དང་པོ་ཐོབ་པ་ལྟ་བུའི་དགྱེས་པ་ཆེན་པོ་བྱུང་བ་ཡིན་པ་འདུག །དེ་ནས་རི་བོ་བདེ་ཆེན་གྱི་གཞལ་ཡས་ཁང་གི་སྟེང་དུ་སྤྱན་དྲངས་བཀུར་བསྟི་ཕུལ་དུ་བྱུང་བ་མཛད། ཐོག་མར་དཔལ་ལྡན་ལྷ་མོའི་བཀའ་ཞིག་གནང་དགོས་ཞུས་པས། དང་པོ་བོ་དོང་དུ་བྱས་ཟིན་པས་ད་བསྐྱར་ལྟབ་མི་དགོས་བྱ་བ་དང་། གཞན་ཡང་སྔོན་རྗེ་ཉིད་བལ་པོར་པཎྜི་ཏ་ཅིག་ཏུ་འཁྲུངས་དུས་ཁྱེད་དེ་དུས་འཁོར་འདི་ལྟ་བུ་ཞིག་ཡིན་གསུངས་པས་པཎ་ཆེན་ཉིད་ཀྱང་ཐུགས་ཆེམ་ཞིང་མོས་གུས་ཕུལ་དུ་ཕྱིན་པ་འཁྲུངས། དེ་ནས་ཉིན་ཅིག་ན་བཟའ་ཚ་ཚང་ལ་སོགས་པའི་འབུལ་བ་བསམ་གྱིས་མི་ཁྱབ་པ་མཛད་དེ་པཎ་ཆེན་རིན་པོ་ཆེས་ཞབས་སྤྱི་བོར་བླངས་ཏེ། དགེ་བའི་བཤེས་གཉེན་པ་ལགས། ཁྱེད་ནི་འབྲོམ་སྟོན་པ་རྒྱལ་བའི་འབྱུང་གནས་དངོས་ཡིན། བདག་རྔོག་ལེགས་པའི་ཤེས་རབ་མིན་ཡང་དེའི་གདན་ས་པ་ཡིན་པས་སྔོན་ཡེར་པ་ལྷ་རི་སྙིང་པོའི་མགུལ་དུ་རྔོག་ལེགས་པའི་ཤེས་རབ་ཀྱིས་ཇོ་བོ་ཡབ་སྲས་ལ་ཆོས་ཀྱི་འཁོར་ལོ་བསྐོར་བར་གསོལ་བ་བཏབ་པ་ལྟར་བདག་ཀྱང་གསོལ་བ་འདེབས་ན། བཀའ་གདམས་ཀྱི་བསྟན་པ་རྒྱས་པ་དང་། འགྲོ་བ་མ་ལུས་པའི་ཕན་བདེ་སྤེལ་བའི་ཕྱིར་གླེགས་བམ་རིན་པོ་ཆེའི་ཟབ་པ་དང་རྒྱ་ཆེ་བའི་ཆོས་ཀྱི་ཆར་པ་གངས་ཅན་གྱི་འཛིན་མའི་ཁྱོན་ཐམས་ཅད་དུ་འབེབས་པར་མཛད་དུ་གསོལ་ཞེས་གསོལ་བ་བཏབ། དེའི་ཚེ་གངས་ཅན་གྱི་མགོན་པོ་སྤྲུལ་སྐུ་(༣༩༢བ)མཐོང་བ་དོན་

ལྡན་དེ་ཉིད་དགུང་ལོ་ཉི་ཤུ་རྩ་གཅིག་ལ་བབ་པ། སྐུ་ཞེལ་གྱི་རི་བོ་ཐུན་མཚམས་ཀྱི་སྤྲིན་གྱིས་གཡོགས་པ་ལྟ་བུ། ཞབས་གཡས་པ་ཙུང་ཟད་བརྐྱངས་ཏེ་གདངས་ཅན་པ་དག་ལ་ང་ལ་འཛུམ་ཞིག་ཅེས་དོན་གྱིས་གོ་བར་བྱེད་པ་དེ་སྐལ་བ་དང་ལྡན་པའི་གདུལ་བྱའི་དབུས་ན་རྒྱུ་སྐར་རབ་ཏུ་རྒྱས་པས་བསྐོར་བའི་ཟླ་བའི་དཀྱིལ་འཁོར་ལྟར་མཐོང་བ་ཙམ་གྱིས་གདུང་བ་སེལ་བ། རི་དྭགས་ཀྱི་རྒྱལ་པོ་སེངྒེ་ལྟ་བུར་འཁོར་གྱི་དབུས་ན་འཇིགས་པ་ཀུན་དང་བྲལ་བ། གླིང་བཞིའི་དབུས་ན་ལྷུན་པོ་ལྟ་བུར་དགེ་མཚན་དུ་མས་མངོན་པར་མཐོ་བ་དེ་བཀའ་གདམས་ཀྱི་བསྟན་པ་རིན་པོ་ཆེ་གསལ་བར་བཞེད་པའི་ཐུགས་བསྐྱེད་དང་། གདངས་ཅན་གྱི་འགྲོ་བ་ཀུན་གྱི་སྡུག་བསྔལ་མ་ལུས་པ་བསལ་བར་བཞེད་པའི་ལྷག་བསམ་རབ་ཏུ་དཀར་བ་དེ་ལུད་པ་ལྟ་བུའི་འཛུམ་དཀར་གྱིས་གདངས་རིའི་དཔལ་དང་ལྡན་པའི་སའི་དཀྱིལ་འཁོར་གཡོགས་པ་བཞིན་དུ་མཛད་དེ། གསུང་གི་གདངས་སྙན་པོ་འགྲོ་བ་གང་གི་རྣ་ལམ་དུ་སོང་བ་ན་དང་པོར་ལུས་ཀྱི་བ་སྤུ་གཡོ་ཞིང་མཐར་ཐར་པའི་ས་བོན་འདེབས་པར་མཛད་པས་ལྷའི་རྔ་བོ་ཆེའི་སྒྲ་བཞིན་དུ་པཎ་ཆེན་ཕྱོགས་ལྷ་འོད་ཟེར་བས་ཐོག་དྲངས་རི་བོ་བདེ་ཆེན་གྱི་སྐལ་བ་དང་ལྡན་པའི་དགེ་འདུན་རྣམས་དང་། གཞན་ཡང་ཆོས་ཟབ་མོ་ལ་ལྷག་པར་མོས་པའི་ལྷ་དང་ཀླུ་དང་གནོད་སྦྱིན་དཔག་ཏུ་མེད་པ་ལ། གླེགས་བམ་རིན་པོ་ཆེ་ཆ་ལག་དང་བཅས་པ་དང་། རྗེའི་གསང་བའི་རྣམ་ཐར་ཐོག་མར་སྩལ། དེའི་ཚེ་ནམ་མཁའ་ལ་འཇའ་འོད་དང་མེ་ཏོག་གི་(༣༩ ༣ན)ཆར་ཡང་དཔག་ཏུ་མེད་པ་བྱུང་། དེར་འཁོད་པ་ཐམས་ཅད་ཀྱང་དད་པའི་ས་ལ་བཀོད་དོ། །དེ་ནས་སྟོན་ཆོས་ཀྱི་རྒྱལ་པ་ཙོང་ཁ་པ་ཆེན་པོས་ཀྱང་ཕྱོགས་དེའི་སའི་ཐིག་ལེར་མཁས་པའི་དབང་པོ་སྟོང་ཕྲག་དུ་མ་དང་། རྒྱལ་ཕྲན་བྱེ་བའི་གཙུག་རྒྱན་གྱིས་ཞབས་ཀྱི་པདྨོ་མཆོད་པ་ཆོས་སྐྱོང་བའི་མིའི་དབང་པོ་རྣམས་ལ་ཆོས་ཀྱི་འཁོར་ལོ་བསྐོར་བའི་སྲོལ་བཟང་པོ་དེ་ཉིད་གསོ་བར་བཞེད་པས་ཆོས་གྲྭ་ཆེན་

པོའི་སློབ་དཔོན་རྣམས་དང་། སྡེ་སྣོད་འཛིན་པ་དང་དགེ་བའི་བཤེས་གཉེན་དཔག་ཏུ་མེད་པ་ལ་བཀའ་གདམས་གླེགས་བམ། རིམ་ལྔ་གསལ་སྒྲོན་སོགས་བཀའ་གདམས་གསར་རྙིང་གི་གདམས་པའི་བཅུད་ཕྱུང་བའི་ཆོས་ཀྱི་ཆར་ཕབ། དེར་གནས་པའི་མཁས་པ་རྣམས་སྐུ་ན་ཕྲ་མོ་འདི་ལྷ་བུ་ལ་འདི་ལྟ་བུའི་བློ་གྲོས་ཕུལ་དུ་བྱུང་བ་ནི་རྒྱལ་བ་ཉིད་ཀྱི་འཕྲིན་ལས་གཟུགས་སུ་བགྲེས་པར་གོར་མ་ཆག་གོ་ཞེས་དད་གུས་ཕུལ་དུ་བྱུང་བ་མཛད་དོ། །དེ་ནས་གངས་རིའི་དབང་པོ་འོ་དེ་གུང་རྒྱལ་གྱི་མགུལ་ན། ཐམས་ཅད་མཁྱེན་པ་དགེ་འདུན་གྲུབ་ཀྱི་གསུང་ལས་སྐྱེས་པ། ལོ་བཅུ་ཕྲག་བཞིའི་བར་དུ་སྒྲུབ་པའི་རྒྱལ་མཚན་བཙུགས་པས་རྩ་བ་དང་ཡན་ལག་གི་རླུང་ལ་རྡོ་རྗེའི་བཟླས་པ་མཐར་སོན་པས་ཆོས་འཁོར་ལྷ་སར་རོལ་མོ་ཕུལ་བ་འོལ་ཁའི་གངས་སུལ་དུ་གསལ་བར་གནས་པ། མདོར་ན་སེམས་དཔེན་གྱི་དཔལ་འོད་གསལ་མངོན་དུ་གྱུར་པས་ཟུང་འཇུག་གི་གོ་འཕང་ཡང་ལག་མཐིལ་ན་གནས་པ་ལྟ་བུ། (༣༩ ༣བ)གྲུབ་པའི་དབང་ཕྱུག་རྗེ་ནོར་བཟང་རྒྱ་མཚོའི་ཞབས་དྲུང་དུ་ཕེབས་ཏེ། བསམ་སྦྱོར་གཉིས་ཀྱིས་ཚུལ་བཞིན་དུ་བསྟེན་ནས་གསུང་རབ་དགོངས་འགྲེལ་དང་བཅས་པ་ཐམས་ཅད་ཀྱི་སྙིང་པོའི་དོན་མདོ་སྔགས་གཉིས་ཀའི་ལམ་གྱི་གནད་ཡོངས་སུ་རྫོགས་པ་བྱང་ཆུབ་ལམ་གྱི་རིམ་པའི་ཁྲིད་དང་། ཟབ་ལམ་རིམ་པ་གཉིས་ཀྱི་ཁྲིད་སོགས་མདོ་སྔགས་ཀྱི་མན་ངག་མཐའ་ཡས་པ་གསན་པས་གདམས་པའི་གཏེར་དུ་གྱུར་ཏེ། མཁས་གྲུབ་ནོར་བཟང་རྒྱ་མཚོ་འདི་ཉིད་བཀའ་དྲིན་ཟླ་མེད་དུ་འཛིན་པར་མཛད་དོ། །

དེ་ནས་ལྀུག་གི་ལོ་སྐྱིད་ཤོད་ལ་ཕེབས། ཐོག་མར་གསང་ཕུ་ནེའུ་ཐོག་ཏུ་གླིང་སྨད་ཆོས་རྗེས་སྤྱན་དྲངས། ཆོས་དུང་གཏོང་བའི་སྐབས་དང་འགྲིག །རྟེན་འབྲེལ་ལེགས་པར་བྱུང་གསུང་། གནས་མཇལ་གནང་། རྫོ་བོ་རིན་པོ་ཆེའི་དྲུང་དུ་ཕེབས། མཆོད་པ་དང་སྨོན་ལམ་རྒྱ་ཆེར་གནང་། དེ་ནས་འབྲས་སྤུངས་རྗེའི་དྲུང་དུ་རིན་པོ་ཆེ་དང་ན་

བཟའ་སོགས་ཀྱི་འབུལ་བ། དགེ་འདུན་ལ་མང་ཇ་སོགས་ཀྱང་གནང་། འབྲས་སྤུངས་རྗེའི་དྲུང་དུ་བཅོམ་ལྡན་འདས་དུས་ཀྱི་འཁོར་ལོའི་བདག་པོ་ཆེན་པོའི་བཀའ་དང་། དམ་ཙན་ཆོས་ཀྱི་རྒྱལ་པོའི་རྗེས་གནང་ཞིག་གསན་དུས་ཡབ་སྲས་གཉིས་ཀར་ཆོས་རྒྱལ་གྱི་གཟིགས་སྣང་བྱུང་ངོ་། །དེ་ནས་རྗེ་འདི་དགུང་ལོ་ཉི་ཤུ་རྩ་ལྔ་བཞེས་པ་ལྕགས་ཕོ་སྤྲེའུའི་ལོ་ཡེར་པ་ལྷ་རི་སྙིང་པོའི་མགུལ་དུ་ཕེབས་ནས་སྐལ་ལྡན་གྱི་གདུལ་བྱ་མང་པོ་ལ་གླེགས་བམ་རིན་པོ་ཆེ་ཆ་ལག་དང་བཅས་པ་གསུངས། དེའི་ཚེ་ཉིན་རེ་བཞིན་ནམ་མཁའ་(༣༩༩ན)གཡའ་དག་པ་ལ་འཇའ་གུར་དང་མེ་ཏོག་གི་ཆར་སོགས་ངོ་མཚར་བའི་ལྟས་དཔག་ཏུ་མེད་པ་ཅིག་བྱུང་ངོ་། །དེ་ནས་ར་སྒྲེང་དུ་ཕེབས། ཇོ་བོ་ཡབ་སྲས་ལ་མཆོད་པ་རྒྱ་ཆེན་པོ་ཕུལ། གསོལ་བ་བཏབ་ནས་དེའི་དུས་སྤྱི་སོར་གྲོད་པ་མྱུ་ལུ་ཞེས་པའི་ཤུག་པ་མིང་ཅན་ཞིག་བསྐམས་འདུག་པ་ལ། ང་དགེ་བཤེས་སྟོན་པའི་རྣམ་འཕྲུལ་ཡིན་ན་ཤུག་པ་ཁྱོད་ལ་ཡལ་ག་དང་མེ་ཏོག་སྐྱེ་བར་གྱུར་ཅིག་ཅེས་བདེན་པ་བདར་བས་ལོ་མ་གསར་དུ་སྐྱེས། ཆུ་མིག་གསར་པ་ཅིག་ཀྱང་རྡོལ། གཞན་ཡང་ཤུག་པ་གསེར་ལྡན་སྤུར་ངོས་མ་ཟིན་པར་སྣང་བ་ལ་ངོས་འཛིན་གྱི་དར་འཛུགས་པ་ཡང་མཛད། དེའི་ཚེ་འཇའ་ཚོན་གྱི་དྲ་བ་དྲ་ཕྱེད་ཀྱི་དབུས་ནས་མེ་ཏོག་གི་ཆར་ཆེན་པོ་ཡང་བབས། གནམ་ས་བར་སྣང་ཐམས་ཅད་ཀྱི་ཆོ་འཕྲུལ་འདི་འདྲ་ན། ཕ་སྟོན་པ་རིན་པོ་ཆེ། བདག་ཅག་གདུལ་བྱ་རྣམས་ལ་བརྩེ་བས་གཟིགས་ཤིག་ཅེས་ང་རོ་ཆེན་པོས་གསོལ་བ་འདེབས་པ་སོགས་ར་སྒྲེང་པ་ཀུན་གྱིས་གུས་པ་བསམ་གྱིས་མི་ཁྱབ་པ་མཛད་དོ། །

དེ་ནས་རྩ་རི་ཡུལ་སྨད་དུ་ཕེབས། སྤྱང་ཆུང་ཞེས་བྱ་བར་གཡོན་གྲལ་བའི་སྤྱང་མོར་ཕྱུགས་ཕེབས་མ་ཐག་ནམ་མཁའ་གཡའ་དག་སྟེ་སྤྱང་མོ་དེ་ཉིད་རང་ནས་དགེ་པ་ཤྲཱི་གསལ་བར་གཟིགས། མཚོ་རྣམས་ཚུར་མཇལ་དུ་བྱུང་བའི་གཟིགས་སྣང་ཤར། གནས་སོ་སོའི་ཐད་དུ་འཇའ་ཟུག །སྤྱང་མོ་དེ་ཉིད་རང་ནས་གནས་སོ་སོའི་གནས

བཤད་ཕུལ་ཆོག་པ་བྱུང་བར་སྣང་(༣༩༩བ)བས་རི་པ་རྣམས་སྔོན་ཆད་འདི་ལྟ་བུ་བྱས་ཆོག་པ་སུ་ལ་ཡང་བྱུང་བའི་གཏམ་སྙན་མི་འདུག་ཅེས་ཐམས་ཅད་མགྲིན་གཅིག་ཏུ་སྨྲ་ཞིང་། ཀུན་གྱིས་གུས་པ་བསམ་གྱིས་མི་ཁྱབ་པ་མཛད། དཔའ་བོ་དང་མཁའ་འགྲོ་རྣམས་ལ་ཚོགས་ཀྱི་འཁོར་ལོ་བསྐོར་ཏེ་གསོལ་བ་བཏབ་པས་བཅོམ་ལྡན་འདས་མ་རྡོ་རྗེ་ཕག་མོ་ལྷ་བཅུ་གསུམ་གྱི་རྟེན་དང་བརྟེན་པར་བཅས་པའི་དཀྱིལ་འཁོར་ཞལ་གཟིགས་སོ། །དེ་ནས་དགུང་ལོ་ཉེར་བརྒྱད་པའི་ལོ་འཛམ་དབྱངས་ལེགས་པ་ཆོས་འབྱོར་སོགས་དམ་པ་མང་པོས་བསྐུལ་ནས་མཚན་ཡང་དག་པར་བརྗོད་པའི་ཊཱི་ཀ་ཆེན་རྡོ་རྗེའི་རྣལ་འབྱོར་གྱི་དེ་ཁོ་ན་ཉིད་སྣང་བར་བྱེད་པའི་ཉི་མ་ཆེན་པོ་ཞེས་བྱ་བའི་ཐུགས་རྩོམ་ཡང་ཡོངས་སུ་རྫོགས་པར་མཛད་དོ། །ཕག་ལོའི་སྟོན་གཙང་ཕྱོགས་སུ་ཕེབས། ཡོལ་དུ་ཕེབས་པའི་ནུབ་མགོན་པོའི་ཞལ་གཟིགས། གམ་པ་ལའི་རྩེ་ར་རྡོ་བཙུན་མི་ལའི་ཞལ་གཟིགས། དེ་ནས་རིམ་གྱིས་ཧྲ་ནག་ཏུ་ཕེབས་ཏེ་ཡབ་རྗེ་ཀུན་དགའ་རྒྱལ་མཚན་ལ་དབང་ལུང་མན་ངག་མང་དུ་གསན། དེ་ནས་དབུས་སུ་ཕེབས་ཏེ་རྩེས་ཐང་དུ་ཆོས་ཀྱི་འཁོར་ལོ་རྒྱ་ཆེར་བསྐོར། དེ་ནས་བྱང་ར་སྒྲེང་དུ་ཐོག་གཅིག་བཞུགས་རྩེས་ཀྱིས་རྩེས་ཐང་ནས་ཕེབས་ཏེ་ཐོག་མར་རི་བོ་དགའ་ལྡན་གྱི་དགེ་འདུན་རྣམས་དང་། རྒྱུད་སྟོད་སྨད་གཉིས་ཀའི་དགེ་འདུན་ལ་ཆོས་འཁོར་རྒྱ་ཆེར་བསྐོར། དེ་ནས་ར་སྒྲེང་དུ་ཕྱོགས་ཕེབས། དེ་ན་བཞུགས་པའི་རྟེན་རྣམས་དང་དགེ་འདུན་ལ་མཆོད་པ་བཟང་པོ་ཡང་མཛད། དེ་(༣༩༥ན)དུས་རྒྱ་མ་ནས་སྤྱན་སྔ་རིན་པོ་ཆེ་བློ་གྲོས་འཇིགས་མེད་པ་ཕེབས། མཆོད་པ་རྒྱ་ཆེན་པོ་འཛུགས་པ་གནང་། དེའི་གྲལ་དབུ་ལ། ད་ནི་འབྲོམ་སྟོན་པ་དངོས་ཕེབས་རྟེང་ལ་ཁོང་སྤྱན་འདྲེན་གསུངས་ནས་རྗེ་ཉིད་ཚོགས་ལ་སྤྱན་དྲངས། སྨོན་ལམ་ཡང་ལྷན་ཅིག་ཏུ་མཛད་གསུང་། དེ་ནས་ཐོག་མར་སྐུ་མཚམས་བཅད། སྐུ་འདྲ་རིན་པོ་ཆེ་དབུ་ཡོན་མ་གཟིམས་ཕྱུས་འགོར་སྤྱན་དྲངས། གསོལ་བ་དྲག་

ཏུ་འདེབས་པ་དང་། ཡི་དམ་གྱི་ལྷ་མང་པོའི་བསྙེན་སྒྲུབ་ཀྱང་མཛད་པས་དེའི་དུས་བཀའ་གདམས་ལྷ་བཞི། རྟ་མགྲིན་ནག་པོ། རྗེ་བཙུན་སྒྲོལ་དཀར་སོགས་ཡི་དམ་དུ་མའི་ཞལ་གཟིགས་དང་། ཁྱད་པར་དུ་འབྲོམ་སྟོན་པ་རྒྱལ་བའི་འབྱུང་གནས་ན་བཟའ་ཐེར་ཕྲུམ་དཀར་པོ་བཞེས་པ་ཅིག་ཞལ་གཟིགས་ཏེ་དེའི་ཞལ་ནས་གཙང་ཕྱོགས་དང་། འོལ་དྭགས་གཉིས་སུ་འཕྲིན་ལས་ཀྱི་འདྲུག་སྒོ་ཡོང་གསུང་བའི་ལུང་བསྟན་ཀྱང་བྱུང་། གཞན་ཡང་ར་སྒྲེང་གི་ཆོས་སྐྱོང་གཞི་བདག་དང་བཅས་པས་ངོ་མཚར་བའི་ལྟས་མང་དུ་སྟོན་པ་ཡང་བྱུང་། དེ་ནས་བསགས་སྦྱང་བྱས་ན་ལེགས་པར་གཟིགས་ནས་གུང་ཚོགས་གྲོལ་རྗེས་སུ་དགོན་གོང་གི་དགེ་འདུན་རྣམས་དང་ཆོས་ཉན་གཞན་ཡང་སྟོབས་ཆེ་བ་ལ་གླེགས་བམ་གྱི་ཆོས་ཐུན་རེ་གནང་། སྔ་དགོང་གཉིས་གླིང་སྐོར་མཛད། ཁྱད་པར་ཀ་གཉིས་མ་དང་སྤྱན་སྔ་སྐྱ་འབུམ་ལ་སྐོར་བ་སྟོང་ལས་མི་ཉུང་བ་རེ་མཛད་དོ། །

(༣༩༥བ)དེ་དུས་ཕྱིའི་ཤུག་སྐོར་ཡང་མང་དུ་གནང་། ཕྱོགས་ཕྱིར་ཡོད་པ་རྣམས་ལ། ནང་གི་རྟེན་གསུམ་དང་ཕྱིའི་ཤུག་པ་རྣམས་ལ་ཁྱད་པར་སྒྲ་ཙམ་མེད་དོ་གསུངས་ཤིང་། ཤུག་པའི་ཁྲོན་ཀུན་རྒྱལ་བ་སྲས་བཅས་ཀྱིས་གང་བར་ཞལ་གཟིགས། ཆོས་གནང་བའི་སྐབས་ཀུན་ཏུ་ཡང་མེ་ཏོག་གི་ཆར་དང་། འཇའ་ཚོན་གྱི་གུར། བར་བར་དུ་འཇའི་ གླ་བྲེ་དང་། སྒྲ་སྙན་པ་མང་པོ་ནམ་མཁའ་ལས་འབྱུང་བ་དང་། གནས་དེའི་བྱ་ལ་སོགས་པ་འགྲོ་བ་གཞན་གྱིས་ཀྱང་གཟིམ་ཁང་དང་ཆོས་ཁྲི་ལ་སྐོར་བ་བྱེད་པ་དང་། བྱ་ཡིད་དུ་འོང་བ་མང་པོ་སྔ་དྲོ་རེ་རེ་བཞིན་ཕྱག་འཚལ་བའི་ཚུལ་དུ་འོངས་ནས་གུས་པའི་རྣམ་འགྱུར་བྱེད་པ་སོགས་ངོ་མཚར་ཆེན་པོ་མཐའ་ཡས་པ་བྱུང་། དེ་ནས་སྐབས་ཀར་ཕེབས། སྐུལ་པའི་གླེགས་བམ་རིན་པོ་ཆེ་བཞུགས་པའི་མཆོད་རྟེན་མཇལ་དུས་ལྷའི་སིལ་སྙན་གྱི་སྒྲ་དང་། མེ་ཏོག་གི་ཆར་བབས་སོ། །

དེ་ནས་ཡབ་རྗེ་ཀུན་དགའ་རྒྱལ་མཚན་སྤྱན་ནས་གཙང་ལ་ཕེབས་ཏེ་རྟ་ནག་རྫོ་རྗེ་

གདན་དྲངས་ཕེབས། ཡབ་ཞིང་གཤེགས་ཏེ་དངོས་སུ་ཞལ་མཇལ་ཐུབ་པ་མ་བྱུང་ཡང་དགོངས་རྫོགས་རྒྱ་ཆེན་པོ་མཛད། དེ་ནས་དབུས་སུ་ཕེབས་ཏེ་ལམ་བར་གྱི་དད་ལྡན་རྣམས་ལ་ཆོས་ཀྱི་བདུད་རྩི་རྒྱ་ཆེར་སྩལ་ཅིང་མཐོང་ཐོས་དྲན་རེག་གི་འབྲེལ་པ་འཛོག་པར་མཛད། དེ་ནས་སེ་ར་ནས་ཆོས་ཀྱི་རྗེ་དཔལ་འབྱོར་ལྷུན་གྲུབ་པའི་བཀས་བསྐུལ་ཏེ་སེ་ར་ཚོགས་པས་སེར་སྦྲེང་གིས་སྤྱན་དྲངས། རྟེན་འབྲེལ་(༣༩༨ན)གྱི་སློ་ཡོད་པས་ཆོས་ཁྲི་ཆེན་མོའི་ཐོག་ནས་གསུང་ཆོས་གནང་དགོས་ཞེས་གསུངས་ནས་མཁས་པའི་དབང་པོ་དོན་ཡོད་དཔལ་ལྡན་པའི་ཞལ་སྔ་ནས་དང་། མདོ་སྔགས་རབ་འབྱམས་ཀྱི་གཞུང་ལ་མི་འཇིགས་པའི་སྤོབས་པ་བརྙེས་ཀྱང་ཁེངས་པའི་དྲི་མས་དབེན་པ་རྗེ་བཙུན་ཆོས་ཀྱི་རྒྱལ་མཚན་པའི་ཞལ་སྔ་ནས་དང་། ཆེན་པོ་དོན་གྲུབ་པ། དཀའ་རབ་འབྱམས་སྨྲ་བ་ཚུལ་ཁྲིམས་འོད་ཟེར་བ་རྣམས་ཀྱིས་གཙོ་མཛད་ཚོགས་པ་ལ་གསུང་ཆོས་གནང་། ཀུན་གྱིས་གུས་པ་ཆེན་པོ་མཛད་དོ། །དེ་ནས་འབྲས་སྤྱུངས་ནས་དབུ་མཛད་ཆེན་མོ་དཔལ་འབྱོར་རྒྱལ་མཚན། དབུ་མ་པ་ཆེན་པོ་རིན་ཆེན་དར་མ། མདོ་སྔད་པ་ཤེས་རབ་བློ་གྲོས། དཀའ་རབ་འབྱམས་སྨྲ་བ་སངས་རྒྱས་ལེགས་པ། སློབ་དཔོན་རྒྱལ་མཚན་བློ་གྲོས། རབ་འབྱམས་པ་རིན་ཆེན་རྣམ་རྒྱལ། བདེ་མཆོག་རབ་འབྱམས་པ་ཀུན་དགའ་རྒྱལ་མཚན། འདུལ་བ་འཛིན་པ་རིན་ཆེན་གྲགས་པ། མངའ་རིས་པ་དགོན་མཆོག་བཟང་པོ། ཆོས་རྗེ་དཔོན་པོ་དགོན་མཆོག་དར་བ། དཔོན་སློབ་དཔལ་ལྡན་འོད་ཟེར་ལ་སོགས་ཏེ་བསྟན་པའི་གསལ་བྱེད་རྣམས་ཀྱིས་གཙོ་མཛད་དགེ་འདུན་ཚོགས་པ་རྒྱ་མཚོ་ལྟ་བུས་དཔལ་ལྡན་འབྲས་སྤྱུངས་སུ་སྤྱན་དྲངས། ཚོགས་སུ་ཆོས་ཀྱི་འཁོར་ལོ་བསྐོར། ཀུན་གྱིས་རྒྱལ་བ་ཙོང་ཁ་པ་དང་གུས་པ་མཉམ་པར་མཛད། རྒྱལ་བ་གཉིས་པ་དེ་ཞིང་ཁམས་(༣༩༨བ)གཞན་དུ་གཤེགས་རྗེས་སྲིད་ཞོད་དུ་བསྟན་པ་ལ་ཕན་ཐོགས་ཤིང་སྐྱེ་བོའི་བཀུར་མཐོང་སོགས་རྗེ་འདི་པ་དང་

མཉམ་པ་སུ་ཡང་མ་བྱུང་ཞེས་ཀུན་མཐུན་པར་གླེང་ངོ་། །

དེ་ནས་བཀའ་གདམས་གླེགས་བམ་ལས་ལུང་བསྟན་པ་ལྟར། དཔའ་བོ་མཁའ་འགྲོ་སྤྲིན་བཞིན་འདུ་བའི་གནས་སྦས་པའི་ཡུལ་དང་དཔལ་ལྡན་དམག་ཟོར་མའི་བླ་མཚོ་མཇལ་བར་ཕེབས། དེ་ལྟ་བུའི་གནས་ངོ་མཚར་ཅན་དེ་ཞབས་ཀྱིས་བཅགས། ཡར་ངོའི་གསོ་སྦྱོང་ཞིག་དང་འགྲིག་ནས་གསོ་སྦྱོང་ཡང་དེར་མཛད། ཡུལ་ལྷ་དང་གཞི་བདག་རྣམས་ལ་ཆོས་ཀྱང་གསུངས་ཤིང་དམ་ལ་བཞག་གོ །དེ་ནས་ས་མོ་སྦྲུལ་གྱི་ལོ་སྟོན་གྱི་ཟླ་བའི་དཀར་ཕྱོགས་ཀྱི་གཟའ་སྐར་དང་འཕྲོད་སྦྱོར་ཕུན་སུམ་ཚོགས་པ་ལ་ལག་གི་བླ་བསྒོ་བ་དང་། ལྟོ་འཕྱེའི་ཐིག་འདེབས་པ་དང་། རྗེ་བ་བརྟེག་པའི་མཐའ་ལས་བྱུང་བའི་རུང་ཁང་གཅོད་པ་སོགས་སྔགས་མཚན་ཉིད་ཀྱི་ཕྱག་ལེན་རྒྱུད་སྡེ་དང་འདུལ་བ་ནས་བཤད་པ་བཞིན་གྱི་རྣམ་པར་དག་པ་ལ་བརྟེན་པའི་ལྟེ་བ་དེ་ཉིད་དུ་གཙུག་ལག་ཁང་དངོས་གཞི་ལ་ཀ་ཆེན་བདུན་ཅུ། གཙང་ཁང་ལ་ཀ་ཆེན་བརྒྱད། སྒོ་ཁང་ལ་ཀ་ཆེན་བཞི། ཡོངས་སུ་དྲིལ་བས་ཀ་ཆེན་བརྒྱད་ཅུ་གྱ་གཉིས་ཀྱི་འགྲམ་བཏིང་སྟེ། ཐོག་མར་དགེ་འདུན་དར་ཞེས་པ་གཅིག་གིས་འགྲམ་བྱས་པའི་འོག་ནས་རྗེའི་དུང་གཡས་འཁྱིལ་རང་བྱུང་ཞིག་དང་། རྗེ་པང་འདབ་ཅན་བཞི་ཐོན་བྱུང་བས་དེའི་ཚེ་མེ་ཏོག་གི་ཆར་ཆེན་པོ་ཡང་(༣༥༧ན)བབས་སོ། །

དེ་ནས་རྒྱལ་ལེགས་བཤད་སྐྲོག་པའི་དགའ་ཚལ་བཀྲ་ཤིས་ལྷུན་གྱིས་གྲུབ་པའི་གནས་ཆེན་འདི་ཉིད་བསྟན་པའི་སྣང་བྱེད་དུ་ནི་བཞེངས། མཐའ་འཁོབ་ཀྱི་འགྲོ་བ་མ་ལུས་པ་ནི་སྨིན་གྲོལ་གྱི་ལམ་ལ་བཀོད་དོ། །དེ་ནས་བཀྲ་ཤིས་ལྷུན་པོ་ནས་པཎ་ཆེན་ཡེ་ཤེས་རྩེ་མོས་གཙོ་མཛད་མཁན་སློབ་དགེ་འདུན་ཚང་མས་བཀྲ་ཤིས་ལྷུན་པོའི་གདན་སར་འབྱོན་དགོས་ཞེས་མགྲིན་གཅིག་གིས་གསོལ་བ་བཏབ་པ་ལྟར་གཙང་ཕྱོགས་སུ་ཕེབས། བཀྲ་ཤིས་ལྷུན་པོ་དང་ཉེ་བར་ཕེབས་པ་ན། བློ་གསལ་ལུང་རིགས

སླ་བ་འདུས་པ་རྒྱ་མཚོས་མཆོད་པའི་བྱེ་བྲག་དུ་མ་ཐོགས་ཏེ་ཟམ་པ་ཤར་ནས་བཀྲ་ཤིས་ལྷུན་པོའི་བར་དུ་སེར་སྦྲེང་གིས་ཚར་དུ་དངར་བར་གྱུར་པ་ནི། སྔོན་དུས་དང་པའི་རྒྱལ་པོ་ཡུལ་འཁོར་སྐྱོང་། །རྗེ་ལས་རབ་གྲོལ་བད་མཚོར་འཁོར་བ་ལས། །རབ་དགའ་ལྡན་པའི་དུར་བའི་ཕྲེང་བ་ཡིས། །ཚར་དུ་དངར་ནས་གུས་པས་གར་བྱས་བཞིན། །དེའི་དུས་ཕོ་བྲང་བསམ་གྲུབ་རྩེའི་སྐྱེ་བོའི་ཚོགས་ཐམས་ཅད་ཀྱང་ཡིད་རབ་ཏུ་དགའ་བས་ཞལ་གྱི་དཀྱིལ་འཁོར་ལྟ་བ་ལ་འཁོད་པ་ནི་དབྱར་གྱི་ཆར་སྤྲིན་བཞིན། ཐམས་ཅད་ཀྱིས་སྐྱབས་སུ་མཆིའོ་ཞེས་པའི་སྒྲ་སྒྲོག་པ་ནི་འབྲུག་གི་གད་མོ་བཞིན་དུ་གྱུར། ལྷ་རྣམས་དགའ་བའི་ལྟས་ཁྱད་པར་ཅན་མང་པོ་དང་བཅས་ཏེ་བཀྲ་ཤིས་ལྷུན་པོ་དཔལ་གྱི་བདེ་ཆེན་ཕྱོགས་ཐམས་ཅད་ལས་རྣམ་པར་རྒྱལ་བའི་གླིང་དུ་ཕྱུགས་ཕེབས་པར་གྱུར་ཏོ། །དེ་ནས་གཟའ་སྐར་དང་འགྲུབ་སྦྱོར་བཟང་པོ་ལ་(༣༩༧བ)སེངྒེའི་ཁྲི་ལ་མངོན་པར་འཛེགས་ཏེ་པཎ་ཆེན་རིན་པོ་ཆེས་གཙོ་མཛད་དགེ་འདུན་ཚོགས་པས་བཀྲ་ཤིས་ཀྱི་མེ་ཏོག་གཏོར། པཎ་ཆེན་རིན་པོ་ཆེས་བླ་བྲང་སེར་པོར་ཀུན་སྤྱངས་མཛད། རྗེ་ཉིད་བླ་བྲང་རྒྱལ་མཚན་མཐོན་པོར་གཞི་ཕབ་སྟེ་བསྟན་པ་རིན་པོ་ཆེ་ཉིན་མོ་ལྟར་གསལ་བར་མཛད་ཚུལ་ནི། དེ་ནས་དགུན་ཆོས་དང་པོ་བཙུགས་ནས་ཉི་ཤར་ལ་བཞུགས་ཁྲིའི་ཐོག་ཏུ་ཕེབས་པར་མཛད་དེ་ཚད་མ་རྣམ་འགྲེལ་གྱི་གཞུང་ཆོས་གསན་པ་སུམ་བརྒྱ་ལྷག་པ་ལ་ཐམས་ཅད་མཁྱེན་པ་དགེ་འདུན་གྲུབ་ཀྱི་ཊཱིཀྐའི་ས་བཅད་གཞིར་བཞག་པ་ལ་ཐར་ལམ་གསལ་བྱེད་དང་མཁས་གྲུབ་ཊཱིཀ་ཆེན་སྐབས་སུ་གང་བབ་པའི་སྟེང་དུ་ལྷ་ཤག་སོགས་འགྲེལ་ཆེན་རྣམས་ཀྱི་བཤད་པས་བརྒྱན་ཏེ་གནང་། ལྷག་པར་ལེའུ་གཉིས་པའི་སྐབས་སུ་ཐར་པ་དང་ཐམས་ཅད་མཁྱེན་པ་དངོས་པོ་སྟོབས་ཞུགས་ཀྱིས་སྒྲུབ་པའི་རིགས་ལམ་རྣམས་ལམ་གྱི་རིམ་པར་བསྒྲིགས་ཏེ་ཐར་འདོད་ཀྱི་ཉམས་ལེན་དུ་སྒྱུར་ནས་གསུངས་པས། གདམས་པའི་མཆོག་ནི་འདི་ཁོ་ནའོ་ཞེས་

བསྟན་པ་དང་སྟོན་པ་ལ་ཚད་མས་དྲངས་པའི་ངེས་པ་འདྲོངས་པ་བྱུང་སྟེ་ཉིན་མཚན་བཤད་སྒྲུབ་ཀྱི་བྱ་བས་དུས་འདའ་བ་ལས་ཚེ་འདིའི་རྟོག་པ་རྒྱུན་ཆད་པའི་རིགས་གྲྭ་འཁྲིམ་མཁན་ལྔ་བརྒྱ་ལ་ཉེ་བ་འདུག་གོ་ཞེས་མཐུན་པར་སྨྲ། མཁས་པ་བློ་གྲོས་རྒྱ་མཚོ་བ་ནི། སྟོན་ཆད་གངས་རིའི་ཁྲོད་འདིར་ཚད་མ་རྣམ་འགྲེལ་གྱི་གཞུང་ཆོས་ཉན་མཁན་ཕྱོགས་གཅིག་པར་འདི་བས་མང་བ་མ་བྱུང་བ་འདྲ་ཞེས་གསུང་། དེའི་རྗེས་སུ་འཇུག་པའི་ཊཱི་ཀ་ཆེན། དེའི་རྗེས་སུ་དྲང་ངེས་རྣམ་འབྱེད། མངོན་པ་མཛོད་རྣམས་གསུངས་(༣༥༨ན)ཏེ་ཆོས་གསན་མི་ཡང་ཉིས་བརྒྱར་ཉེ་བ་དང་། གུང་ཚིགས་གྲོལ་ནས་ཕར་ཕྱིན་རྣམ་བཤད་སྙིང་པོ་རྒྱན་གྱི་ཐོག་ནས་གཟབས་བཤད་མཛད། ལུང་གྲྭ་འཁྲིམ་མཁན་ཡང་ཉིས་བརྒྱ་ལྷག་པ་བྱུང་། དེ་རྗེས་འདུལ་ཊཱིཀྐ་ཆེན་མོ། དཔལ་གསང་བ་འདུས་པའི་རྒྱུད་ཀྱི་འགྲེལ་པ་སྒྲོན་གསལ་མཆན་མའི་སྟེང་ནས་གཟབས་བཤད་མཛད། ཕྱི་དྲོ་འཁར་ཐ་བཏང་སྟེ་ཚོགས་པ་ཐམས་ཅད་ལ་གླེགས་བམ་རིན་པོ་ཆེའི་ཆོས་ཐུན་ལམ་པ་རེ་གནང་། དེའི་མུས་ལ་དགེ་བའི་བཤེས་གཉེན་སྡེ་སྣོད་འཛིན་པ་ཉིས་བརྒྱར་ཉེ་བ་ལ་རིམ་ལྔ་གསལ་བའི་སྒྲོན་མེ་གཟབས་བཤད་ཀྱང་མཛད། དེ་ལྟར་དགུན་ཆོས་གཉིས། དཔྱིད་ཆོས་གཉིས་དབྱར་ཆོས་དང་བཅས་ཏེ་ཆོས་ཐོག་ལྔའི་རིང་ཉིན་རེ་བཞིན་དེ་ཁོ་ནས་དུས་འདའ་བར་མཛད་དོ། །

དེ་ལྟ་བུ་ནི་སྟོན་ཐམས་ཅད་མཁྱེན་པས་བཀྲ་ཤིས་ལྷུན་པོ་བཏབ་པ་ནས་བཟུང་དེང་སང་གི་བར་གྱི་ཕྱག་སྲོལ་མ་ཉམས་པ་དེ་ཉིད་སླར་ཡང་རྗེ་ཉིད་ཀྱིས་རྒྱས་པར་མཛད་པས་ན་རྒྱལ་བའི་བསྟན་པ་ལ་རྒྱལ་བ་ལས་ཀྱང་བཀའ་དྲིན་ཆེ་བར་མཛད་དོ། །དེ་ལྟ་བུའི་ཆོས་འཁོར་རྒྱ་ཆེན་པོ་བསྐོར་ནས་སླར་ཡང་དབུས་ཕྱོགས་སུ་ཕེབས་ཏེ་རྒྱལ་དུ་དགེ་འདུན་བརྒྱ་ཕྲག་མང་པོ་འཚོགས་པ་ལ་ཆོས་འཁོར་བཙུགས། དེ་ནས་བཟུང་སྟེ་ལོ་རེ་བཞིན་དགུན་དཔྱིད་གཉིས་འབྲས་སྤུངས་སུ་བཞུགས། དབྱར་སྟོན་གཉིས་རྒྱལ་དུ་

བཞུགས་ནས་རྒྱལ་བའི་བསྟན་པ་རྒྱ་ཆེར་སྤེལ་བར་མཛད་དོ། །དེ་ལྟ་བུའི་ཚུལ་གྱིས་རྣམ་དཀར་གྱི་མཛད་པས་གངས་ཅན་གྱི་སའི་(༣༩༢བ)ཁྱོན་ཕལ་ཆེར་ཞབས་ཀྱིས་བཅགས་ཏེ་འགྲོ་བ་མཐའ་དག་ལ་ཐུགས་རྗེའི་འཕྲིན་ལས་ཀྱི་མཐུས་ཕན་བདེས་ཁྱབ་པར་མཛད་པའི་སྐལ་བཟང་གི་སྐྱེ་བོ་མཐའ་ཡས་པ་དག་དང་། ཐ་ན་མཚན་ཙམ་འཛིན་པའི་ཕྱོགས་མཐའི་འགྲོ་བ་གྲངས་ལས་འདས་པ་དག་ཀྱང་དགའ་ལྡན་ཆོས་ཀྱི་ཕོ་བྲང་དུ་འདྲེན་པར་བཞེད་པའི་ཐུགས་རྗེ་ཆེན་པོས་ཀུན་ནས་བསྐྱོད་དེ་རྒྱལ་ལེགས་བཤད་སྨྲོག་པའི་དགའ་ཚལ་བཀྲ་ཤིས་ལྷུན་གྱིས་གྲུབ་པའི་གཙུག་ལག་ཁང་དུ་རྒྱལ་བ་མ་ཕམ་པའི་སྐུ་ཞིག་བཞེང་བར་བྱའོ་སྙམ་དུ་དགོངས་ནས། ལུག་གི་ལོ་དཔོན་སློབ་རྒྱལ་དུ་ཕེབས་ནས་བལ་པོའི་དཔོན་མོ་ཆེ་མཁས་པ་ཉི་མ་དཔལ་གྱིས་ཐོག་དྲངས་སྤྲུལ་པའི་བཟོ་བོ་དཔོན་སློབ་བདུན་འཁོར་གཡོག་དང་བཅས་པས་དེའི་ལོ་ཆུ་སྟོད་ཟླ་བ་ཉིས་བརྩེགས་བྱུང་བའི་དྲུག་པ་སྟ་མའི་ཆོས་བཅུ་གསུམ་གྱི་གཟའ་སྐར་དང་འཕྲོད་སྦྱོར་ཕུན་སུམ་ཚོགས་པ་ལ་རྗེ་བཙུན་མ་ཕམ་པའི་སྐུ་རྒྱབ་མཐོ་དྲུག་ཅུའི་ཚད་དང་ལྡན་པ་ཞིག་བཞེང་བའི་བཟོ་ཐབ་ལེགས་པར་བཙུགས། དེའི་ཚེ་བཟོར་ལ་འཛའ་ཚོན་སྣ་ལྔ་པ་ཐལ་བྱུང་དུ་ཡང་ཡང་ཟུག་པ་དང་། འཇའི་གུར་མེ་ཏོག་གི་ཆར་སོགས་ངོ་མཚར་བའི་ལྟས་བསམ་གྱིས་མི་ཁྱབ་པ་བྱུང་ངོ་། །སྤྲེལ་འུའི་ལོ་གཟུངས་གཞུག་དང་བཅས་པ་གྲུབ་སྟེ་རབ་གནས་མཛད་པའི་ཚེ་རྗེ་བཙུན་བྱམས་པ་སྤྱན་བྱུང་སྟེ་རྟེན་ཆེན་ལ་ཐིམ་སོང་བ་དངོས་སུ་མཐོང་གསུང་སྟེ། དེའི་དོན་གྱིས་རྟེན་ཆེན་འདི་རྗེ་བཙུན་བྱམས་པ་དངོས་སུ་བཞུགས་པ་ཡིན་ལ། གཞན་ཡང་རྗེའི་མནལ་ལམ་དུ། རྗེ་ཙོང་ཁ་པ་(༣༩༦ན)པའི་ཐུགས་འདི་རྗེ་བཙུན་གྱི་ཐུགས་ཀར་ཆུག་ཟེར་བ་ཞིག་ཀྱང་བྱུང་གསུང་ངོ་། །དེ་ནས་མེ་ཕོ་ཁྱིའི་ལོ་ལ་གཙོ་བོར་གོང་མ་ཆེན་པོ་དཔོན་སློན་གྱི་བཀའ་ནན་དང་། དགའ་ལྡན་ཁང་གསར་ནས་དཔོན་ས་ཡུམ་སྲས། སེ་ར་ནས་ཆོས་ཀྱི་རྗེ་དཔོན་སློབ་རྣམ་

པས་ཐོག་དྲངས་དགེ་འདུན་རྣམས་ཀྱིས་གསོལ་བ་བཏབ་པ་ལ་བརྟེན་སེ་ར་ཐེག་ཆེན་གླིང་གི་གདན་སར་ཕེབས་ཏེ་ཐོག་མར་དེར་བཞུགས་ཀྱི་དགེ་འདུན་རྣམས་ལ་གླེགས་བམ་རིན་པོ་ཆེ་ཆ་ལག་དང་བཅས་པ་གསུངས། ཀུན་མི་ཕྱེད་པའི་དད་པ་གཡོས་ཏེ་ཚོགས་ཀྱི་ཀུན་སྤྱོད་རྣམ་པར་དག་ཅིང་། ཆོས་འཆད་ཉན་སོགས་ཆེས་ཕྱུལ་དུ་བྱུང་བར་གྱུར་ཏོ། །དེ་ནས་རྗེ་ཉིད་ཀྱི་དགོངས་པ་ལ། སྔ་སོར་ནི་ཤར་ཕྱོགས་ཀོང་ཡུལ་ནས་གཙང་སྟོད་ཀྱི་བར་བོད་དབུས་གཙང་གི་སྐྱེ་འགྲོ་ཀུན་མཐོང་ཐོས་དྲན་རེག་དང་། བཤད་པའི་སྒོ་ནས་སངས་རྒྱས་ཀྱི་འཕྲིན་ལས་སྤེལ་ཞིང་སྐལ་ལྡན་རྣམས་མངོན་མཐོ་དང་ངེས་ལེགས་ཀྱི་ལམ་ལ་བཀོད་ད་ནི་རང་གི་བསྟི་གནས་དམ་པར་རྗེས་འཛུག་རྣམས་སྒྲུབ་པ་ཉམས་ལེན་ལ་སྦྱར་ཏེ་སྒྲུབ་པའི་སྒོ་ནས་སངས་རྒྱས་ཀྱི་འཕྲིན་ལས་སྤེལ་བ་འདི་མཆོག་དང་གཙོ་བོར་གསུངས་པས་གདུལ་བྱ་རྣམས་རྒྱལ་བའི་དགོངས་པ་བཞིན་དུ་སྒྲུབ་པ་ཉམས་ལེན་ལ་འགོད་པར་བྱའོ་དགོངས་ཏེ་སྐལ་བཟང་རྣམས་ཐར་པ་དང་ཐམས་ཅད་མཁྱེན་པའི་སར་དགོད་ཕྱིར་དུ་ལྷུགས་མོ་ཡོས་ནས་ཉ་བར་བཟུང་ཕལ་ཆེར་རྒྱལ་རང་དུ་བཞུགས་ནས་འཁོར་རྣམས་ལ་བཀའ་སྩལ་པ། ཐོས་པའི་རྗེས་འཇུག་སྒྲུབ་(༣༥༨བ)པ་སྙིང་པོར་བྱེད། །སྐྱེ་བའི་རྫོང་ལས་ཚེགས་ཆུང་ཐར་བར་འགྱུར། །ཞེས་དང་། མང་དུ་ཐོས་པ་ནགས་ཀྱི་ནང་དག་ཏུ། །ལང་ཚོ་ཡོལ་པ་རྣམས་ཀྱིས་གནས་པ་བདེ། །ཞེས་དང་། ཚུལ་གནས་ཐོས་དང་བསམ་ལྡན་པས། །སྒོམ་པ་ལ་ནི་རབ་ཏུ་སྦྱར། །ཞེས་གསུངས་པ་ལྟར་དཔོན་སློབ་ཀུན་སྒྲུབ་པ་ལ་བརྩོན་པར་མཛད་དོ། །

དེ་ལྟར་དགུང་ལོ་བཅུ་གཅིག་ནས་བཟུང་དགུང་ལོ་རེ་དྲུག་གི་བར་ལ་བསྟན་འགྲོའི་དོན་རྒྱ་ཆེར་མཛད་ནས། བསྟན་པ་யུན་རིང་དུ་གནས་པའི་ཕྱིར་ཕྱི་རབས་ཀྱི་གདུལ་བྱ་རྣམས་ལ་ཐུགས་བརྩེ་བས་ཉེ་བར་དགོངས་ཏེ་མདོ་སྔགས་ཀྱི་གསུང་རབ་རྣམས

ཀྱི་དགོངས་པ་འགྲེལ་པའི་ལེགས་བཤད་མཚན་བརྗོད་འགྲེལ་ཆེན། སྟོང་ཉིད་བདུན་ཅུ་པའི་རྣམ་བཤད། དབུ་མ་འཇུག་པའི་རྣམ་བཤད། སྨོན་ལམ་བདུན་ཅུ་པའི་རྣམ་བཤད། རྟེན་འབྲེལ་བསྟོད་པའི་རྣམ་བཤད། སྒྲོལ་མ་ཕྱག་འཚལ་ཉེར་གཅིག་གི་རྣམ་བཤད། གྲུབ་མཐའ་རྒྱ་མཚོར་འཇུག་པའི་གྲུ་རྫིངས། དྲང་ངེས་རྣམ་འབྱེད་ཀྱི་དཀའ་འགྲེལ། འདུལ་འཛིན་བློ་གྲོས་སྦས་པའི་མགུར་གྱི་འགྲེལ་པ། ཛ་མཆོད་རྩ་འགྲེལ། པཎ་ཆེན་ཡེ་ཤེས་རྩེ་མོའི་རྣམ་ཐར། རྡོ་རྗེ་འཆང་ཀུན་དགའ་རྒྱལ་མཚན་གྱི་རྣམ་ཐར། རྗེ་རང་ཉིད་ཀྱི་རྣམ་ཐར། བླ་མ་དང་སངས་རྒྱས་བྱང་སེམས་ཀྱི་བསྟོད་ཚོགས། གདམས་མགུར་གྱི་རིམ་པ། དཔལ་གསང་བ་འདུས་པའི་རིམ་པ་དང་པོ་ཉམས་སུ་ལེན་ཚུལ། དཔལ་རྡོ་རྗེ་འཇིགས་བྱེད་ཀྱི་རིམ་པ་དང་པོ་ཉམས་སུ་ལེན་ཚུལ། ནཱ་རོ་ཆོས་དྲུག་གི་དམིགས་རིམ། དྲིལ་བུ་ལྷ་ལྔའི་སྒྲུབ་ཐབས། དྲིལ་བུ་ལུགས་ཀྱི་སྦྱིན་(༣༥༠ན)སྲེག །དྲིལ་བུ་ལུས་དཀྱིལ་གྱི་བསྐྱེད་རིམ། འཁོར་ལོ་སྡོམ་པའི་རིམ་པ་དང་པོ་ལ་སློབ་ཚུལ། དྲིལ་བུ་ལུགས་ཀྱི་རྫོགས་རིམ། ཡི་དམ་སྒྲུབ་སྐོར་དང་རྗེས་གནང་གི་སྐོར། སྒྲུང་གནས་ཀྱི་ཚིག །རབ་གནས་ཀྱི་ཚིག །གནས་བརྟན་ཕྱག་མཆོད། བཅུད་ལེན་གྱི་གདམས་པ་རིམ་པ་ལྔ་པ། དཀར་གཏོར་དང་གཏོར་མ་བརྒྱ་རྩའི་རིམ་པ། བརྒྱ་བཞིའི་ཚིག །དཀར་ཆག་སྔོན་ངག །དགེ་སློང་གི་བསླབ་བྱ། ཆོས་སྐྱོང་གི་སྐོར། ཆབ་ཤོག་གི་སྐོར། འཇིགས་བྱེད་ཀྱི་ཤིས་བརྗོད་སྨོན་ལམ། དོན་རྒྱུན་སོ་ལྔའི་དཔེར་བརྗོད། བཀའ་གདམས་གླེགས་བམ་གྱི་བསྡུས་དོན། བརྟན་བཞུགས་ཀྱི་སྐོར། སྨན་བླའི་ཤིས་བརྗོད་སོགས་རྨད་དུ་བྱུང་བའི་ལེགས་བཤད་འདི་རྣམས་མཛད་དོ། །

དེ་ནས་སྐུ་ཚེ་འདིའི་དངོས་ཀྱི་གདུལ་བྱ་རྫོགས་པ་ན་དགུང་ལོ་རེ་བདུན་དུ་ཕེབས་པ་དགེ་བྱེད་ཅེས་པ་ཆུ་ཕོ་སྟག་གི་ལོ་ནག་པ་ཟླ་བའི་ཆོས་བརྒྱད་ཀྱི་སྐྱ་རེངས་དང་པོ་འཆར་བའི་དུས་སུ་སྐུའི་བཀོད་པ་བསྡུས་ཏེ་དགའ་ལྡན་ཆོས་ཀྱི་ཕོ་བྲང་སོགས་སངས་

རྒྱས་ཀྱི་ཞིང་རབ་འབྱམས་རྣམས་སུ་སྤྲུལ་པའི་བཀོད་པ་བྱེ་བ་ཕྲག་བརྒྱ་སྤྲུལ་ཏེ་རྒྱལ་བ་རྣམས་མཆོད་པ་དང་སེམས་ཅན་རྣམས་ཀྱི་དོན་མཛད་ཅིང་བཞུགས་སོ། །རྗེ་འདིས་ཆོས་ཀྱི་འཁོར་ལོ་བསྐོར་བའི་རྒྱུད་འཛིན་བགྲང་བ་ལས་འདས་པ་བྱོན་པས་མཐའ་དག་བགྲང་བར་མི་ནུས་ཤིང་བྱང་ཆུབ་ལམ་གྱི་རིམ་པའི་འཕྲིན་ལས་སྤེལ་བའི་བཀའ་བབ་རྒྱུད་འཛིན་གྱི་གཙོ་བོ་ནི་ཁྲི་རིན་པོ་ཆེ་བདེ་བ་ཅན་པ་ཆོས་རྗེ་དགེ་ལེགས་དཔལ་བཟང་པོའོ། །

(༣༥༠བ)དེས་ན་བྱང་ཆུབ་ལམ་གྱི་རིམ་པ་ལ་བློ་སྦྱོང་བར་འདོད་པ་རྣམས་ཀྱིས་རྒྱལ་བ་དགེ་འདུན་རྒྱ་མཚོ་ལ་གསོལ་བ་འདེབས་ཤིང་རྗེ་འདིའི་མཛད་པ་རྣམ་ཐར་ལྟར་རྒྱལ་བའི་དམ་ཆོས་མ་ལུས་འཛིན་པའི་སྨོན་ལམ་འདེབས་ཤིང་གཙོ་བོར་བྱང་ཆུབ་ལམ་གྱི་རིམ་པ་ལ་བློ་སྦྱོང་བར་བྱའོ།། །།

ཁྲི་ཆེན་བདེ་བ་ཅན་པ་དགེ་ལེགས་དཔལ་བཟང་པོའི་རྣམ་ཐར།

སྐྱ་བའི་ཉི་མ་དགེ་ལེགས་དཔལ་བཟང་པོ། །ཞེས་བསྔགས་པ། ཁྲི་རིན་པོ་ཆེ་བདེ་བ་ཅན་པ་དགེ་ལེགས་དཔལ་བཟང་ནི། འོལ་ཁ་གྲུང་གསར་དུ་ཤིང་མོ་གླང་གི་ལོ་སྐྱ་འཁྲུངས། གཞོན་ནུ་ནས་རྒྱལ་བའི་བསྟན་པ་ལ་རབ་ཏུ་བྱུང་སྟེ་གཞུང་ལུགས་ཆེན་མོ་རྣམས་ལ་སྦྱངས་པས་མཁས་པའི་ཞུལ་དུ་ཕྱིན་པར་གྱུར། དེ་ནས་རྒྱུད་སྟོད་དུ་ཕེབས་ཏེ་སྤྱིར་གསང་སྔགས་རྒྱུད་སྡེ་བཞི་ག་ལ་སྦྱངས་ཤིང་ཁྱད་པར་རྒྱུད་ཀྱི་རྒྱལ་པོ་དཔལ་གསང་བ་འདུས་པ་ལ་ལེགས་པར་སྦྱངས། དེ་ནས་ཐམས་ཅད་མཁྱེན་པ་དགེ་འདུན་རྒྱ་མཚོ་ལ་མཁན་པོ་ཞུས་ཏེ་བསྙེན་པར་རྫོགས་ཤིང་བྱང་ཆུབ་ལམ་གྱི་རིམ་པའི་ཁྲིད་གསན་ནས་ཉམས་སུ་བཞེས་ཏེ་སྒྲུབ་པ་ཐོན་པར་མཛད། གཞན་ཡང་དགེ་བའི་བཤེས

གཉེན་དུ་མ་ལས་མདོ་སྔགས་ཀྱི་ཟབ་ཆོས་མང་དུ་གསན་ཏེ་མདོ་སྔགས་གཉིས་ཀ་ལ་མཁས་པའི་ཞུལ་དུ་ཕྱིན་པར་གྱུར་པ་ན་རྒྱུད་སྟོད་ཀྱི་ཁྲི་ལ་ཕེབས་ཏེ་རྒྱུད་ཆེན་ཀུན་དགའ་དོན་གྲུབ་ཀྱི་མཛད་པ་རྣམ་ཐར་བཟང་པོ་རྣམས་རྗེས་སུ་བསྐྱངས་ཏེ་སྡོམ་པ་གསུམ་གྱི་བཅས་མཚམས་རྣམ་པར་དག་པ་ལ་གནས་ནས་དཔལ་གསང་བ་འདུས་པའི་རྒྱུད་ཀྱི་འཆད་ཉན་ལེགས་པར་བསྐྱངས་ཤིང་ཤར་རྩེ་ཆོས་རྗེ་མཛད། དེ་ནས་དགུང་ལོ་ང་བཞི་པ་ས་ཕོ་རྟའི་ལོ་དགའ་ལྡན་(༣༥༧ན)གསེར་ཁྲིར་ཕེབས་ཏེ་རྗེ་བདག་ཉིད་ཆེན་པོའི་མཛད་པ་རྣམ་ཐར་རྣམས་རྗེས་སུ་བསྐྱངས་ཏེ་དགུན་དུས་ལམ་རིམ་ཆེན་པོ་འཆད་པ་དང་། ལྷ་ལྡན་སྨོན་ལམ་ཆེན་མོའི་དུས་སྐྱེས་རབས་སོ་བཞི་པ་གཟབས་བཤད་དུ་མཛད་ཅིང་། རྒྱུན་དུ་གསེར་ཁྲིའི་སྟེང་ནས་རྒྱ་བོད་ཧོར་གསུམ་གྱི་དད་ལྡན་རྣམས་ཀྱིས་རྗེ་རིན་པོ་ཆེའི་བསྟན་པ་བསྟན་འཛིན་དང་བཅས་པ་ལ་མཆོད་ཅིང་བསྙེན་བཀུར་བའི་དགེ་བ་རྣམས་ཆུད་མི་ཟ་ཞིང་རྒྱ་ཆེར་སྤེལ་ཕྱིར་བསྔོ་བ་ཡོན་བཤད་ནར་མར་མཛད་པ་དང་། ཕྱོགས་ཕྱོགས་ནས་འདུས་པའི་ཆོས་དོན་གཉེར་ཅན་མང་པོར་རྗེའི་མདོ་སྔགས་ཀྱི་མན་ངག་རྣམས་རྒྱ་ཆེར་སྤེལ་ཞིང་ལྷག་པར་དུས་གསུམ་གྱི་རྒྱལ་བ་ཀུན་གྱི་བགྲོད་པ་གཅིག་པའི་ལམ་པོ་ཆེ་བྱང་ཆུབ་ལམ་གྱི་རིམ་པའི་ཁྲིད་ལན་མང་དུ་གནང་སྟེ་བསྟན་པ་ལ་བྱ་བ་རྒྱ་ཆེར་མཛད། དགའ་ལྡན་རྣམ་པར་རྒྱལ་བའི་གླིང་དུ་རྗེ་བཙུན་བྱམས་པ་མགོན་པོའི་སྐུ་བརྙན་གསེར་ཟངས་ལས་བསྒྲུབས་པ་ཆེ་ལེགས་བཞེངས་པ་སོགས་ཕྱི་རབས་ཀྱི་མིག་ལྟོས་སུ་ཆེ་བའི་ཕྱག་རྗེས་བཟང་པོ་འཛོག་པར་མཛད།

དེ་ནས་དགུང་ལོ་དྲུག་ཅུར་ཕེབས་པ་ཤིང་ཕོ་བྱི་བའི་ལོ་ཁྲི་ཐོག་བཞག་ནས་བདེ་བ་ཅན་དུ་ཟུར་བཞུགས་མཛད་པས་ཆོས་རྗེ་བདེ་བ་ཅན་པ་ཞེས་གྲགས། རྗེ་འདི་པ་འཕྲིན་ལས་ཆེ་བར་བྱུང་བས་ཐམས་ཅད་མཁྱེན་པ་བསོད་ནམས་རྒྱ་མཚོས་ཀྱང་བསྙེན་པར་རྫོགས་པའི་མཁན་པོ་ཞུས་ཤིང་ཆོས་མང་དུ་གསན། མལ་གྲོ་རིན་ཆེན་གླིང་དང་།

ཕག་མོ་ཆོས་སྡེ་སོགས་དགེ་འདུན་གྱི་སྡེ་མང་པོ་བསྐྱངས་ཏེ་བསྟན་པའི་བྱ་བ་(༣༥༡བ) རྒྱ་ཆེར་མཛད་དོ། །དེ་ནས་སྐུ་ཚེ་འདིའི་དངོས་ཀྱི་གདུལ་བྱ་རྫོགས་པ་ན་དགུང་ལོ་རེ་གསུམ་པ་མེ་མོ་ཡོས་ཀྱི་ལོ་དགའ་ལྡན་རྣམ་པར་རྒྱལ་བའི་གླིང་དུ་ཞིང་གཤེགས་ཏེ་དགའ་ལྡན་ཆོས་ཀྱི་ཕོ་བྲང་དུ་ཕེབས་སོ། །དེ་ནས་བྱང་ཆུབ་ལམ་གྱི་རིམ་པ་ལ་བློ་སྦྱོང་བར་འདོད་པ་རྣམས་ཀྱིས་ཁྲི་རིན་པོ་ཆེ་དགེ་ལེགས་དཔལ་བཟང་ལ་གསོལ་བ་འདེབས་ཤིང་ཁྲི་རིན་པོ་ཆེ་འདིའི་རྣམ་ཐར་ལྟར་རྗེ་རིན་པོ་ཆེའི་ལྟ་གྲུབ་བསྲེ་ལྷད་མེད་པར་བཟུང་ནས་བྱང་ཆུབ་ལམ་གྱི་རིམ་པ་ལ་བློ་སྦྱོང་བར་བྱའོ།། །།

ལྷ་བཙུན་བསོད་ནམས་དཔལ་བཟང་པོའི་རྣམ་ཐར།

མཁས་གྲུབ་ལྷ་བཙུན་བསོད་ནམས་དཔལ་བཟང་པོ། །ཞེས་བསྟགས་པ། མཁས་གྲུབ་དམ་པ་ལྷ་བཙུན་བསོད་ནམས་དཔལ་བཟང་པོ་ནི། མངའ་རིས་མང་ཡུལ་སྟོད་ཀྱི་རྒྱལ་པོའི་རིགས་སུ་སྐུ་འཁྲུངས། གཞོན་ནུ་ནས་སྤྱི་ཐུབ་ཆོས་སྡེར་རབ་ཏུ་བྱུང་། དེ་ནས་གཙང་དུ་ཕེབས་ཏེ་བཀྲ་ཤིས་ལྷུན་པོར་ཚད་མ་རྣམ་འགྲེལ་དང་། ཕར་ཕྱིན། དབུ་མ། འདུལ་བ། མཛོད་རྣམས་ལ་སྦྱངས་ཏེ་མཁས་པའི་ཡུལ་དུ་ཕྱིན་པར་གྱུར་པ་ན། དབུས་སུ་ཕེབས་ཏེ་རྩེས་ཐང་སོགས་སུ་གྲྭ་སྐོར་མཛད། གྲུབ་པའི་དབང་ཕྱུག་སྟགས་རམ་དགེ་འདུན་བཀྲ་ཤིས་ལ་ཕྱག་རྡོར་འཁོར་ཆེན་གྱི་དབང་སོགས་དབང་ལུང་མན་ངག་མང་དུ་གསན། ཐམས་ཅད་མཁྱེན་པ་བསོད་ནམས་རྒྱ་མཚོར་སྙིང་པོ་དོན་གསུམ་གྱི་ཁྲིད་སོགས་ཆོས་མང་དུ་གསན། དེ་ནས་ཁྲི་རིན་པོ་ཆེ་བདེ་བ་ཅན་པ་བསམ་སྦྱོར་གཉིས་ཀྱིས་ཚུལ་བཞིན་དུ་བསྟེན་ཏེ་གསུང་རབ་དགོངས་འགྲེལ་དང་བཅས་པ་ཐམས་ཅད་ཀྱི་སྙིང་པོའི་དོན་ཐམས་ཅད་གང་ཟག་གཅིག་གི་ཉམས་ལེན་གྱི་

རིམ་པར་དབྱེ་བ་རྗེ་བདག་(༣༥༢ན)ཉིད་ཆེན་པོའི་ཐུགས་ཀྱི་བཅུད་ཕྱུང་བའི་མན་ངག་བྱང་ཆུབ་ལམ་གྱི་རིམ་པའི་ཁྲིད་རྒྱས་པར་གསན་ཏེ་ཚེ་འདིའི་གཡེང་བ་མཐའ་དག་དོར་ནས་དབེན་པའི་གནས་སུ་བྱང་ཆུབ་ལམ་གྱི་རིམ་པའི་ཉམས་ལེན་ལ་ཅིག་སྒྲིལ་དུ་གཞོལ་བར་མཛད། དེ་ནས་སྙན་པའི་གྲགས་པ་ཕྱོགས་བཅུར་རྒྱས་ཏེ་ཆོས་དོན་གཉེར་བ་མང་དུ་འདུས་པ་རྣམས་ལ་རང་རང་གི་དབང་པོ་དང་འཚམ་པའི་གདམས་ངག་འདོམས་པར་མཛད། ལྷག་པར་ཤར་པ་ཆོས་རྗེ་སློམ་བདེ་ནམ་མཁའ་རྒྱལ་མཚན་དང་། ཁྲི་རིན་པོ་ཆེ་དགེ་འདུན་རྒྱལ་མཚན་དང་། གངས་ཅན་མགོན་པོ་ཐམས་ཅད་མཁྱེན་པ་བསོད་ནམས་རྒྱ་མཚོ་སོགས་བསྟན་འཛིན་དམ་པ་མང་པོ་སློབ་མར་འདུས། བྱང་ཆུབ་ལམ་གྱི་རིམ་པའི་ཁྲིད་རྒྱ་ཆེར་སྤེལ་ཞིང་། གཙོ་བོར་ཚེ་འདིའི་གཡེང་བ་གང་ཡང་མེད་པར་སྒྲུབ་པ་མཐར་ཕྱིན་པར་མཛད་དོ། །

དེས་ན་བྱང་ཆུབ་ལམ་གྱི་རིམ་པ་ལ་བློ་སྦྱོང་བར་འདོད་པ་རྣམས་ཀྱིས་མཁས་གྲུབ་ཆེན་པོ་ལྷ་བཙུན་བསོད་ནམས་དཔལ་བཟང་ལ་གསོལ་བ་འདེབས་ཤིང་། མཁས་གྲུབ་ཆེན་པོ་འདིའི་རྣམ་ཐར་ལྟར་བྱང་ཆུབ་ལམ་གྱི་རིམ་པའི་མན་ངག་ལེགས་པར་ཐོབ་པར་བྱས་ལ་ཚེ་འདིའི་བྱ་བ་ལ་རྒྱབ་ཀྱིས་ཕྱོགས་ཏེ་དབེན་པའི་གནས་སུ་ལམ་རིམ་སྒོམ་པ་མཐར་ཕྱིན་པར་བྱའོ།། །།

རྒྱལ་དབང་བསོད་ནམས་རྒྱ་མཚོའི་རྣམ་ཐར།

ཕྱག་ན་པདྨོ་བསོད་ནམས་རྒྱ་མཚོའི་སྐུ། །ཞེས་བསྔགས་པ། ཐམས་ཅད་མཁྱེན་པ་བསོད་ནམས་རྒྱ་མཚོ་ནི། སྟོད་ལུང་ཁང་གསར་གོང་དུ་ཡབ་སྡེ་པ་རྣམ་རྒྱལ་གྲགས་པ་དང་། ཡུམ་དཔལ་འཛོམ་བུ་ཁྲིད་གཉིས་(༣༥༢བ)ཀྱི་སྲས་སུ་ཆུ་མོ་ཡོས་ཀྱི་ལོ་དབྱིད་

ཟླ་ར་བའི་ཉེར་ལྔ་ལ་ངོ་མཚར་བའི་ལྟས་བསམ་གྱིས་མི་ཁྱབ་པ་དང་བཅས་སྐུ་འཁྲུངས། དེ་ཡང་གྲོད་བཀྲམས་སུ་འཁྲུངས་ཏེ་ཤེལ་ལྟར་དཀར་ཞིང་དྭངས་པའི་གྲོད་པའི་ནང་དུ་བཞུགས་པ་ཉི་འོད་ཀྱིས་པདྨ་བྱེ་བ་ལྟར་འཁྲུངས་མ་ཐག་དང་གིས་གྲོད་པ་བྱེ་ནས་ཤེལ་ལྟར་དྭངས་པའི་སྐུ་བལྟ་བས་ཆོག་མི་ཤེས་པ་མཚན་དཔེ་དང་ལྡན་པ་ཞིག་བྱོན་ནོ། ། དེའི་ཚེ་ནམ་མཁའི་ཁྱོན་ཐམས་ཅད་འཇའ་གུར་གྱིས་གང་ཞིང་ལྷ་རྣམས་ཀྱིས་མེ་ཏོག་གི་ཆར་ཕབ། འཁྲུངས་མ་ཐག་ར་མ་དཀར་མོའི་འོ་མ་ཞལ་དུ་གསོལ་བ་དང་མཉམ་དུ་ཡབ་ཡུམ་གཉིས་ཀྱིས་ཤེས་པ་བརྗོད་ཅིང་ར་ནུ་ཤྲི་ཆོད་དཔལ་བཟང་པོ་ཞེས་མཚན་གསོལ། འཁྲུངས་ཙམ་ཉིད་ནས་མ་ཧེ་ཞལ་འདོན་དུ་མཛད་པ་ཞིག་བྱུང་ཞིང་ཐ་མལ་གྱི་སྤྱོད་པ་ཐམས་ཅད་ལས་འདས་ཏེ་ཆོས་འཆད་པའི་ཕྱག་རྒྱ་དང་། ཏིང་ངེ་འཛིན་ལ་བཞུགས་པའི་ཚུལ་མཛད་ཅིང་། དགུང་ལོ་གསུམ་ཙམ་ནས་རྒྱལ་བ་དགེ་འདུན་རྒྱ་མཚོའི་དུས་ཀྱི་མཛད་པ་རྣམ་ཐར་ཐམས་ཅད་རྗེས་སུ་དྲན་ཏེ་དེ་དང་དེའི་ངང་ཚུལ་ཁོ་ན་མཛད་ཅིང་། ཞལ་ནས་ཀྱང་དེ་བཞིན་དུ་གསུང་བ་ཞིག་བྱུང་བས་ཕྱོགས་ཐམས་ཅད་དུ་རྒྱལ་བ་དགེ་འདུན་རྒྱ་མཚོའི་སྤྲུལ་སྐུར་གྲགས། དེ་ནས་དྲུང་ཆེན་གསུང་རབ་པ་དང་། འབྲས་སྤུངས་ཀྱི་བླ་སྤྱི་རྣམས་གྲོས་མཐུན་པར་མེ་ཕོ་རྟའི་ལོ་ནག་པ་ཟླ་བའི་དཀར་ཕྱོགས་ཀྱི་རྒྱལ་བ་གཉིས་པ་རྒྱལ་ཕུར་འཛོམ་པའི་འགྲུབ་སྦྱོར་གྱི་ཉིན་འབྲས་སྤུངས་ཀྱི་དགེ་འདུན་ཚང་མས་མཆོད་པའི་བྱེ་བྲག་སྣ་ཚོགས་པ་ཐོགས་ཏེ་(༣༥ ༣ན)དཔལ་ལྡན་འབྲས་སྤུངས་ཆོས་ཀྱི་སྡེ་ཆེན་པོ་ཕྱོགས་ཐམས་ཅད་ལས་རྣམ་པར་རྒྱལ་བའི་གླིང་དུ་ཕེབས་ཏེ་དགའ་ལྡན་ཕོ་བྲང་གི་འཇིགས་པ་མེད་པའི་སེང་གེའི་ཁྲི་ཆེན་པོ་ལ་ཞབས་ཀྱི་པདྨོ་བཀོད་དོ། །

དེ་ནས་སློབ་དཔོན་རིན་པོ་ཆེ་བསོད་ནམས་གྲགས་པའི་དྲུང་དུ། ཡོངས་རྫོགས་དགེ་བསྙེན་གྱི་སྡོམ་པ་བཞེས་ཏེ། མཚན་བསོད་ནམས་རྒྱ་མཚོ་དཔལ་བཟང་པོ་བསྟན་

པའི་ཉི་མ་ཕྱོགས་ཐམས་ཅད་ལས་རྣམ་པར་རྒྱལ་བར་གསོལ། དེ་ནས་ཧོར་ཟླ་ལྔ་པའི་ཚེས་གསུམ་ལ་འབྲས་སྤུངས་ནས་བཏེག་སྟེ་རིམ་གྱིས་ལམ་བར་གྱི་སྐྱེ་འགྲོ་རྣམས་ལ་མཐོང་ཐོས་དྲན་རེག་གི་འབྲེལ་བ་བཞག་སྟེ་ཧོར་ཟླ་དྲུག་པའི་ཚེས་ལྔ་ལ་རྒྱལ་མེ་ཏོག་ཐང་དུ་ཕེབས། དེའི་ཚེ་དཔལ་ལྡན་དམག་ཟོར་མས་དགྱེས་པའི་ཚོ་འཕྲུལ་སྣ་ཚོགས་བསྟན་ཅིང་། རྒྱལ་གྱི་རྟེན་རྣམས་ལ་མཆོད་འབུལ་སྨོན་ལམ་དང་དགེ་འདུན་རྣམས་ལ་ཆོས་ཀྱི་བདུད་རྩི་སྩལ། དེ་ནས་ཚུར་འབྲས་སྤུངས་སུ་ཕེབས། ཞི་བ་ཞེས་པ་ས་མོ་བྱའི་ལོ་སག་ཟླ་བའི་དུས་ཆེན་ཆོས་བཅོ་ལྔའི་ཉིན་པཎ་ཆེན་བསོད་ནམས་གྲགས་པས་མཁན་པོ་དང་། གསང་ཕུ་ཆོས་རྗེ་ལེགས་པ་དོན་གྲུབ་ཀྱིས་ལས་སློབ་མཛད་དེ་དགེ་ཚུལ་དུ་སྒྲུབ་པར་མཛད། དེ་ནས་པཎ་ཆེན་བསོད་ནམས་གྲགས་པའི་དྲུང་དུ་ཚེ་དབང་གྲུབ་རྒྱལ་མ། རྣམ་སྲས་སེར་ཆེན། འདོད་ཁམས་དབང་ཕྱུག་དམག་ཟོར་མ། མཁས་གྲུབ་དཔལ་ལྡན་སེང་གེའི་ལུགས་ཀྱི་དཔལ་མགོན་ཞལ། མགོན་པོ་ཕྱག་དྲུག་པ། ཆོས་རྒྱལ་ཕྱི་སྒྲུབ་རྣམས་ཀྱི་རྗེས་(༣༥༣བ)གནང་གསན། གླིང་སྟོད་ཆོས་རྗེ་ལེགས་དོན་པའི་དྲུང་དུ་འཇིགས་བྱེད་ཀྱི་སྔགས་བཏུ། བླ་མ་ལྔ་བཅུ་པའི་ཊཱིཀྐ། ལམ་རིམ་ཆེ་ཆུང་། ལམ་སྒྲོན། བྱང་ཆུབ་གཞུང་ལམ། འདུལ་བའི་བསླབ་བྱ་ཆེ་ཆུང་། གཞི་གསུམ་ཆོ་ག །ལས་ཆོག །རྩ་འཇུག་གཉིས་དང་། དེའི་ཊཱིཀྐ་ཆེན། འགྲེལ་པ་དོན་གསལ། རྣམ་བཤད་སྙིང་པོ་རྒྱན། ཚད་མ་རྣམ་འགྲེལ། རྣམ་བཤད་ཐར་ལམ་གསལ་བྱེད། མཛོད། མདོ་རྩ། དྲང་ངེས་རྣམ་འབྱེད། དཔེ་ཆོས། རིམ་ལྔ་གསལ་སྒྲོན། རིམ་ལྔ་གདན་རྫོགས། མཁས་གྲུབ་བཀའ་འབུམ་ཐོར་བུ། བསྐྱེད་རིམ་དངོས་གྲུབ་རྒྱ་མཚོ་རྣམས་ཀྱི་ལུང་གསན། ཤར་རྩེ་ལེགས་དོན་པའི་དྲུང་དུ། འཇམ་དཀར། སྤྱན་རས་གཟིགས་ཕྱག་བཞི་པ། མགོན་པོ་སྙིང་ཞུགས། འཁོར་བརྒྱད་མ། ཧ་མགྲིན་གསང་སྒྲུབ། ལྕགས་རལ་ཅན། ཨུ་ཙྪཥྨ། ཕྱག་བཞི་པ་ཚལ་ལུགས། སྒྲོལ་དཀར། ཚེ་རིང་མཆེད་ལྔ། ཡེ་ཤེས་ཁྱུང་ཁྲ།

ཁེ་ཏྲེ། དམར་པོ་སྐོར་གསུམ། ཀུ་རུ་ཀུལླེ་གསང་སྒྲུབ། སྒྲོལ་མ་ཉི་ཤུ་རྩ་གཅིག །རྣམ་སྲས་དྷ་སྔོན་ཅན། ཁེ་ཙོན་ཅན། མདུང་དམར་ཅན། ཕྱག་མཚན་བཞི་པ། གར་མཁན་མཆོག །དྲག་བྱེད་དཀར་པོ་ཚེ་སྒྲུབ། ཤྲཱ་མ་ཎ། སེང་ལྡིང་ནགས་སྒྲོལ། སེང་གདོང་མ། སྨེ་བརྩེགས་རྣམས་ཀྱི་རྗེས་གནང་། འཇིགས་བྱེད་ཀྱི་སྟགས་བཏུ། འཇམ་དབྱངས་ཞི་ཁྲོ་སྒྲགས་སྒྲུབ་ཀྱི་ལུང་། གསང་འདུས་འཇམ་རྡོར་དང་། འཇིག་རྟེན་དབང་ཕྱུག་གཉིས་ཀྱི་དབང་། བཀའ་གདམས་ཐིག་ལེ་བཅུ་དྲུག་(༣༥༨ན)དང་གླེགས་བམ་གྱི་ལུང་རྣམས་གསན། དེ་རྣམས་ཀྱི་དོན་ཐམས་ཅད་ཐོས་བསམ་གྱིས་གཏན་ལ་འབེབས་པ་དང་ཉམས་བཞེས་མཛད་དོ། །

དེ་ནས་རྒྱལ་དང་འབྲས་སྤྱུངས་གཉིས་རེ་མོས་སུ་བཞུགས་ཤིང་ལམ་བར་གྱི་ཆོས་སྡེ་རྣམས་སུ་ཆོས་ཀྱི་བདུད་རྩི་རྒྱ་ཆེར་སྤེལ། དེ་ནས་ཡོངས་འཛིན་ཅེས་པ་ཆུ་ཕོ་བྱི་བའི་ལོ་པཎ་ཆེན་བསོད་ནམས་གྲགས་པས་ཟུར་བཞུགས་མཛད་དེ་དཔལ་ལྡན་འབྲས་སྤྱུངས་ཆོས་ཀྱི་སྡེ་ཆེན་པོའི་འཇིགས་མེད་སེང་གེའི་ཁྲི་ལ་ཞབས་སེན་བཀོད་དེ་ལུགས་གཉིས་ཀྱིས་སྐྱོང་བར་མཛད་དོ། །དེ་ནས་བག་ཡོད་ཅེས་པ་ཆུ་མོ་གླང་གི་ལོ་ལྷ་ལྡན་སྨོན་ལམ་ཆེན་མོའི་ཚོགས་དབུར་ཕེབས་ཏེ་སྟ་དྲོ་འབྲུངས་རབས་སོ་བཞི་པའི་གཟབས་བཤད། ཕྱི་དྲོ་སྨོན་ལམ་དང་བསྔོ་བ་མཛད་པ་སོགས་རྗེ་རིན་པོ་ཆེའི་མཛད་ཆེན་མ་ཉམས་པར་སྐྱོང་བར་མཛད། དེའི་ཚེ་དཀར་ཕྱོགས་ཀྱི་ལྷ་རྣམས་དགའ་བས་མེ་ཏོག་གི་ཆར་ཆེན་པོ་ཕབ་པ་སོགས་ངོ་མཚར་བསམ་གྱིས་མི་ཁྱབ་པ་བྱུང་ངོ་། །

དེ་ནས་ཆོས་རྗེ་བསོད་ནམས་གྲགས་པའི་དྲུང་དུ། གསང་བ་འདུས་པ་མི་བསྐྱོད་པའི་དབང་། རིག་བྱེད་མའི་རྗེས་གནང་། ལས་ཆེན་ཀུན་རྒྱལ་བའི་བཀའ་གདམས་ཆོས་འབྱུང་། བེའུ་བུམ་སྔོན་པོ་རྩ་འགྲེལ། ཀམྨ་ཤ་ཏཾ། མེ་ཏོག་ཕྲེང་རྒྱུད། དགའ་ལྡན་ཆོས་འབྱུང་། གནས་བརྟུའི་སྒྲུབ་ཡིག་རྣམས་ཀྱི་ལུང་གསན་ནོ། །དེ་ནས་གྲུབ་

པའི་དབང་ཕྱུག་སྔགས་རམ་པ་དགེ་འདུན་བཀྲ་ཤིས་ལ་སྤྱན་རས་གཟིགས་དོན་ཡོད་ཞགས་པ་དང་། བཅུ་(༣༥༩བ)གཅིག་ཞལ། ཚེ་དཔག་མེད་ལྷ་དགུ་གསུམ་གྱི་དབང་གསན། དེ་ནས་རིམ་གྱིས། རྡོ་རྗེ་ཕྲེང་བའི་དབང་ལ་བརྒྱུད་ཚུལ་སྔོན་ཆད་མང་དུ་བྱུང་ཡང་། ཀྲི་ཡ་ས་མུ་ཙྪ་དང་གཅིག་ཏུ་བསྲེས་པའི་དཀྱིལ་འཁོར་ཞེ་ལྔ་མ་ས་བཟང་འཕགས་པ་ནས་དབང་གི་རྒྱུ་བོ་གཅིག་ཏུ་འདྲེས་པ་འདི་ཉིད། ཆོས་རྗེ་རྡོ་རྗེ་འཆང་ཤེ་ཕྲེཾ་པ་ཡབ་སྲས་མ་གཏོགས། ཕྲེང་བ་མཁན་པོར་གྲགས་པ་ཕལ་ཆེར་གྱི་སྤྱོད་ཡུལ་དུ་མ་གྱུར་ཀྱང་དམ་པ་འདི་ཉིད་ལ་མངའ་བས། རྫོགས་པར་ཕུལ། གཞན་ཡང་ཟུར་བཀའི་དབང་། འདུས་པ་འཕགས་ལུགས་དང་ཡེ་ཤེས་ཞབས་ལུགས་གཉིས། བདེ་མཆོག་ལཱུ་ཨི་པ། དྲིལ་བུ་ཕྱི་དཀྱིལ་དང་ལུས་དཀྱིལ། སམྦུ་ཊ། ཀྱཻ་རྡོར་མན་ངག་ལུགས་དང་རྫོག་ལུགས། བདག་མེད་ལྷ་མོ་བཅོ་ལྔ། གུར་རིགས་བསྡུས། དྲག་པོ་གདན་ཅན། རྭ་ལུགས་ཀྱི་འཇིགས་བྱེད། དགྲ་ནག །གཉོས་ལུགས་རོ་ལངས་བརྒྱད་བསྐོར་དང་དགྲ་ནག །ཞང་ལུགས་ཀྱི་ཞེ་དགུ་མ། དཔལ་འཛིན་ལུགས་ཀྱི་གཤེད་དམར་བཅུ་གསུམ་མ། རྣལ་འབྱོར་དབང་ཕྱུག་ལུགས་ཀྱི་གཤེད་དམར་ལྷ་ལྔ། འཁོར་ཆེན། གཏུམ་པོ་ཁྲུང་ཉི་ཤུ་རྩ་གཅིག་ཁྲོ་བོ་བཞི་དང་བཅས་པའི་ཉེར་ལྔ་མ། ཀུན་རིག །མི་འཁྲུགས་པ། གདུགས་དཀར། གྲྭ་ལྔ། མི་ཏྲ་ལུགས་ཀྱི་སྤྱན་རས་གཟིགས། དུས་འཁོར་རྣམས་ཀྱི་དབང་། ཕྱག་རྡོར་འཁྲུང་ལྔ། ཨུ་ཙཊྚ་འགྲོ་བཟང་ལུགས། རྣམ་འཇོམས། ཚེ་དཔག་མེད་གྲུབ་རྒྱལ་ལུགས། ནོར་རྒྱུན་མ། འོད་ཟེར་ཅན་མ། ཛཾ་བྷ་ལ། ལོ་མ་(༣༥༥ན)གྱོན་མ་རྣམས་ཀྱི་རྗེས་གནང་། ས་ར་ཧའི་ལུགས་ཀྱི་མགོན་པོ་ཞལ་གསུམ་ཕྱག་དྲུག་པའི་དབང་བཞི། མགོན་པོ་བཅུ་གསུམ་གྱི་རྗེས་གནང་། ལྷ་མོ་ཕྱག་བཞི་མ་གནོད་སྦྱིན་དང་བཅས་པའི་རྗེས་གནང་། སྙིང་ཞུགས་ཐུན་མོང་མ་ཡིན་པའི་རྗེས་གནང་། ཕྱག་བཞི་པ་རས་བྲིས་དང་ལུས་དཀྱིལ་ལ་བརྟེན་པའི་དབང་། གུར་ཞལ་

ལེགས་ལྡན་མཆེད་གསུམ། བདེ་མཆོག་དང་འཇིགས་བྱེད་ཀྱི་སྔགས་བཏུ། དབྱངས་གསལ། ཡེ་ཧྨཱ། ཡི་གེ་བརྒྱ་པ་རྣམས་ཀྱི་རྗེས་གནང་། མགོན་པོ་བཞི་སྦྲགས་དང་དུས་མཚན་མའི་དབང་། སེང་གདོང་རིགས་ལྔའི་དབང་དང་དེའི་སྒྲུབ་ཐབས་ལས་ཚོགས་དང་བཅས་པ། འཇམ་དབྱངས་ཆོས་སྐོར་གྱི་དབང་རྗེས་གནང་ལུང་དང་བཅས་པ། གདུགས་དཀར་གྱི་དབང་། རྣམ་ཐོས་གསང་སྒྲུབ་ལྷང་སེར་དང་དྲག་བྱེད་ཀླུ་ཆེན་བརྒྱད་ཀྱིས་བསྐོར་བ། སེར་ཆེན་དཀར་པོ། བདུད་མོ་བཞི་སྐོར། གཤིན་རྗེ་ལྷར་སྒྲུབ་པ། དྲག་བྱེད་ཆང་ཐང་མ་རྣམས་ཀྱི་རྗེས་གནང་། མི་ཏྲ་ཁྲིད་དྲུག་གི་རྗེས་གནང་། ཡེ་ཤེས་མགོན་པོ་ཕྱག་དྲུག་པའི་བེའུ་བུམ་དཀར་ནག །གཏོར་ཆེན་འཁོར་ལོ་སོགས་ཀྱི་ཕྱག་ལེན་ཞལ་ཤེས་དང་བཅས་པ། རྣ་པོད། གཤིན་རྗེའི་འཁྲུལ་འཁོར། དྲུག་ཅུ་པ་སོགས་ཀྱི་ཕྱག་ལེན་མན་ངག་སོགས། མདོར་ན་དབང་ཁྲིད་ལུང་གི་རིམ་པ་མཐའ་ཡས་པ་ཐུམ་པ་གང་བྲོའི་ཚུལ་དུ་གསན་པར་མཛད་དོ། །

དེ་ནས་བྱང་གི་ཧོར་རྣམས་ཀྱིས་གསོལ་བ་བཏབ་ནས་ཧོར་གྱི་ཡུལ་དུ་ཕེབས་སྐྱོ་བོ་སྡིག་ཅན་རྣམས་དགེ་བ་བཅུའི་ཁྲིམས་ལ་བཀོད་ཅིངའཇམ་མགོན་བླ་མའི་(༣༥༥བ) བསྟན་པ་ཆེས་ཆེར་འཕེལ་བར་མཛད་དོ། །དེ་ནས་ར་སྒྲེང་དུ་ཕེབས་པ་ན་ཇོ་བོ་ཕྱིང་དཀར་བས་དངོས་སུ་གཟུགས་བསྟན་ཏེ་བསུ་བ་བྱས་ཤིང་། ར་སྒྲེང་འདུས་ཚོགས་ལ་བཀའ་གདམས་གླེགས་བམ་དང་སྙིང་པོ་དོན་གསུམ་སོགས་ཆོས་མང་དུ་གནང་། དེ་ནས་འབྲས་སྤུངས་སུ་ཕེབས་པ་ན་པཎ་ཆེན་ཆོས་ཀྱི་རྒྱལ་མཚན་གྱི་སློབ་མ་འཇའ་ལུས་གྲུབ་པ་རྡོ་རྗེ་མཆེད་གསུམ་གྱི་ནང་ཚན་སྟོད་ལུང་པ་དཔལ་ལྡན་རྡོ་རྗེ་དང་མཇལ་ཏེ་འཇམ་མགོན་སྙན་བརྒྱུད་ཀྱི་གདམས་ངག་མང་དུ་གསན་ནོ། །

དེ་ནས་མིག་དམར་ཞེས་པ་ཤིང་ཕོ་བྱི་བའི་ལོ། ཡང་དག་པར་རྫོགས་པའི་སངས་རྒྱས་ཀྱི་དུས་ཆེན་གསུམ་འཛོམ་ཧོར་ཟླ་བཞི་པ་ས་གས་ཉ་བའི་ཚེས་བཅོ་ལྔའི་ཉིན།

དགེ་ལྡན་ཁྲི་རིན་པོ་ཆེ་ཟུར་པ་མཁས་གྲུབ་དགེ་ལེགས་དཔལ་བཟང་པོས་མཁན་པོ། ཁྲི་ལས་ཐོག་པ་དགེ་བཤེས་པོ་ཏོ་བའི་རྣམ་པར་སྤྲུལ་བ་དགེ་འདུན་བསྟན་པ་དར་རྒྱས་ཀྱིས་ལས་སློབ། ཤངས་དགེ་འཕེལ་ཆོས་རྗེ་ཕྱོགས་ལས་རྣམ་རྒྱལ་བས་གསང་སྟོན། ལྷའི་བཙུན་པ་བསོད་ནམས་དཔལ་བཟང་གིས་དུས་གོ་བ་མཛད་དེ། དད་པའི་དགེ་འདུན་གྲངས་ཚང་བའི་དབུས་སུ། དགེ་སློང་གི་སྡོམ་པ་བཞེས། མཁན་སློབ་སོགས་ལ་ཟང་ཟིང་གི་བསྙེན་བཀུར་དཔག་ཏུ་མེད་པ་མཛད། དེའི་ཚེ་མཁན་སློབ་ཀྱི་སྤྱན་སྔར་ཇི་ལྟར་ཞལ་གྱིས་བཞེས་པ་ལྟར་འདུལ་ཁྲིམས་མཐའ་དག་ཉམས་པ་མེད་པར་བསྲུང་བར་མཛད་དེ་ཐུབ་པའི་རྒྱལ་ཚབ་ཆེན་པོར་གྱུར་ཏོ། །

དེ་ནས་བཀྲ་ཤིས་ལྷུན་པོའི་གྲྭ་ཚང་བླ་མ་རྣམས་དང་། སྤྱི་ནས་གཙང་ཕྱོགས་སུ་འགྲོན་དགོས་པའི་གདན་འདྲེན་བྱུང་སྟེ་གཙང་ཕྱོགས་སུ་ཕེབས། ལམ་བར་གྱི་(༣༥༨ན)སེར་སྐྱ་བགྲང་བ་ལས་འདས་པ་ལ་མཐོ་རིས་དང་ཐར་པའི་ས་བོན་འདེབས་པར་མཛད་ཅིང་དབེན་དགོན་དུ་ཕེབས་ནས་རྒྱལ་བ་དབེན་ས་པ་ཆེན་པོའི་སྐུ་གདུང་ལ་མཆོད་འབུལ་སྨོན་ལམ་མཛད་ཅིང་། མཁས་གྲུབ་སངས་རྒྱས་ཡེ་ཤེས་ཀྱིས་གསོལ་བ་བཏབ་ནས་དབེན་དགོན་འདུས་ཚོགས་ལ་ཆོས་མང་དུ་གནང་། དེ་ནས་བཀྲ་ཤིས་ལྷུན་པོའི་དགེ་འདུན་རྣམས་ཀྱིས་མཆོད་པའི་བྱེ་བྲག་སྣ་ཚོགས་པས་བསུས་ཏེ་འཇིགས་མེད་སེངྒེའི་ཁྲི་ལ་ཞབས་སེན་བཀོད་ནས་མདོ་སྔགས་ཀྱི་ཆོས་མང་དུ་སྩལ། དེ་ནས་བཀའ་གདམས་བསྟན་པའི་འབྱུང་གནས་སྣར་ཐང་དུ་ཕེབས་ཏེ་རྟེན་རྣམས་ལ་མཆོད་འབུལ་སྨོན་ལམ་རྒྱ་ཆེར་མཛད་ཅིང་སེར་སྐྱ་མང་པོ་ལ་ཆོས་ཀྱི་བདུད་རྩི་སྩལ། དེ་ནས་གངས་ཅན་ཆོས་འཕེལ་དུ་ཕེབས་ཏེ་དཔལ་ལྡན་དམག་ཟོར་མ་ལ་བསྐང་བ་དང་འཕྲིན་འཆོལ་རྒྱ་ཆེར་མཛད་ཅིང་འདུས་ཚོགས་ལ་ཆོས་ཀྱང་སྩལ། དེ་ནས་ཁྲོ་ཕུར་ཕེབས་ཏེ་བྱམས་ཆེན་ལ་མཆོད་འབུལ་སྨོན་ལམ་རྒྱ་ཆེར་མཛད། དེ་ནས་ས་སྐྱར་ཕེབས་ཏེ་རྟེན་

རྣམས་ལ་མཆོད་འབུལ་མཛད་ཅིང་། ལྷག་པར་བསེ་འབག་དེ་ལ་སུས་ཀྱང་རེག་མི་ནུས་པར་བྱེད་པ་ལ་རྗེ་འདིས་ཕྱག་གིས་རྡུལ་རྣམས་ཕྱིས་ཤིང་ཕྱག་གིས་བཟུང་སྟེ་སྤྱན་དམིགས་མཛད་པ་ན་ཆོས་སྐྱོང་དགྱེས་པའི་མཚན་མ་དོ་མཚར་བ་བྱུང་། དེ་ནས་ཁའུར་ཕེབས་ཏེ་དཔལ་མགོན་ཞལ་ལ་འཕྲིན་འཆོལ་མཛད་པས་ཆོས་སྐྱོང་དགྱེས་པའི་མཚན་མ་སྟོན་པ་དངོས་སུ་བྱུང་། དེ་ནས་རིམ་གྱིས་འབྲས་སྤུངས་སུ་ཕེབས་ཏེ་བསྟན་པ་རིན་པོ་ཆེའི་སྲོག་ཤིང་གཡོ་བ་（༣༥༨བ）མེད་པར་བཟུང་། དེ་ནས་སེ་རའི་དགེ་འདུན་ཚང་མས་དང་འདུན་རྩེ་གཅིག་པས་གདན་དྲངས་ནས་སེ་རར་ཕེབས་ཏེ་མདོ་སྔགས་ཀྱི་ཆོས་མང་དུ་གསུངས། དེ་ལྟར་རྗེ་འདི་ནི་བསྟན་པའི་དོན་དུ་ངལ་བ་མེད་པར་དབུས་གཙང་གི་སའི་ཆ་ཕལ་མོ་ཆེར་ཞབས་ཀྱིས་བཅགས་ནས་རྒྱལ་བའི་བསྟན་པ་ལ་མ་དད་པ་རྣམས་དད་པར་བྱས་དད་པ་རྣམས་ཕྱིར་ཞིང་དད་པ་འཕེལ་བར་བྱས་ཏེ་འཇམ་མགོན་བསྟན་པ་ཕྱོགས་ཀུན་ཏུ་འཕེལ་བར་མཛད། གཙོ་བོར་འབྲས་སྤུངས་དང་རྒྱལ་གཉིས་གདན་ས་འདྲ་བར་མཛད་དེ་གཉིས་ཀར་རེ་མོས་ཀྱིས་བཞུགས་ཤིང་ཆོས་ཟང་ཟིང་གཉིས་ཀའི་སྒོ་ནས་ལེགས་པར་བསྐྱངས། བསྟན་པའི་བྱ་བ་དེ་ལྟར་མཛད་པའི་སྐབས་ཀུན་ཏུའང་ཐུགས་དམ་གྱི་རིམ་པ་རྣམས་འཆག་མེད་དུ་མཛད། དེ་ཡང་ཉིན་ཞག་ཕྱུགས་གཅིག་ལ་ཐུགས་དམ་གྱི་རིམ་པ་ཇི་ལྟར་མཛད་པ་ནི། ཐོག་མར་ཁྲུས་དང་ཉེ་རེག་གནས་བསྲུང་བ། སྐྱབས་འགྲོ །ཕྱག་མཆོད། ལམ་རིམ་གྱི་ཁྲིད། སྒྲ་མི་སྙན་དང་། མགོན་པོ་ཆེ་ཆུང་གི་ཚེ་སྒྲུབ། ལྷ་བཞི་དྲིལ་སྒྲུབ་ཀྱི་དབང་། སྙིང་ཞུགས་འཕོ་བ་དང་བཅས་པ། འཇམ་ནག །འཇམ་དབྱངས། བླ་མའི་རྣལ་འབྱོར། སེམས་བསྐྱེད། བསམ་གཏན་ཉལ་ཆོག །བདེ་མཆོག་ལུས་དཀྱིལ། རྩ་སྔགས་བརྒྱ་རྩ། སྙིང་པོ་དང་ཉེ་སྙིང་སུམ་བརྒྱ། མི་འཁྲུགས་པ། དེའི་གཟུངས་སྔགས་བརྒྱ་རྩ། བཀའ་གདམས་ལྷ་བཞིའི་སྒོམ་བཟླས་དང་སྔགས་བརྒྱ་རྩ། བསྟོད་ཚོགས་དང་སྨོན་ལམ་སྐོར་འགའ་ཞིག །

ཚེ་དཔག་མེད་ཀྱི་བསྙེན་རྫོགས། ཚེ་ཁྲིད། སྒྲོལ་དཀར། འཇམ་དབྱངས། དབྱངས་
ཅན་དཀར་(༣༥༧ན)དམར། མཁའ་སྤྱོད་མ་རྣམས་ཀྱི་བཟླས་བསྙེན། བདེ་མཆོག་
གདན་བཞིའི་བསྙེན་པ་སུམ་བརྒྱ། སྔགས་རིང་ཉེར་གཅིག་རེ་བཟླ་ཞིང་། གཙོ་བོར་
ལམ་རིམ། བློ་སྦྱོང་། གཅོད་དམིགས། རིམ་གཉིས་ཀྱི་ཁྲིད་རྣམས་སྐྱོང་བར་མཛད་
ཅིང་། ཆོས་སྐྱོང་མང་བའི་བསྐང་གསོ་བསྟོད་བསྐུལ་རྣམས་འཆག་མེད་དུ་མཛད། དེ་
ནས་ལྷུགས་ལུག་གི་ལོ་ཨལ་ཐན་རྒྱལ་པོས་རྗེ་འདིའི་སྐན་པ་གསན་པས་དད་པ་ཐོབ་སྟེ་
ཤར་ཕྱོགས་སོག་ཡུལ་དུ་འབྱོན་དགོས་པར་གསོལ་བ་བཏབ། རྗེ་འདིས་ཀྱང་རང་གི་
གདུལ་སྐལ་དུ་གཟིགས་ནས་འབྱོན་པར་ཞལ་གྱིས་བཞེས། སླར་མཚོ་ཁར་མཆོད་
ཡོན་ཞལ་འཛོམ་རྩིས་ཀྱི་ཞལ་བཀོད་གནང་སྟེ་རེ་ཤིག་བླ་མཆོད་དུ་འདུལ་བ་བླ་མ་
བརྩོན་འགྲུས་བཟང་པོ་རྫོང་ཏ་མཛད། དེ་ནས་མཚོ་སྔོན་དུ་ཕེབས་པའི་དུས་ལ་
བབ་པ་ན་ཕེབས་སྐྱེལ་དུ་བྱོན་པའི་དགའ་ལྡན་ཁྲི་རིན་པོ་ཆེ་གདན་ཟུར། སེ་འབྲས་ཀྱི་
སློབ་དཔོན། རིན་པོ་ཆེ་བོད་མཁར་བ། གཙང་པ་པཎ་ཆེན་རིག་པ་སེཾ་ཧ། དཔེན་ས་
པ་སངས་རྒྱས་ཡེ་ཤེས། དཔོན་སློབ་བཀྲས་རིན་པ། རྒྱལ་ནས་སྣར་པ་དཔོན་སློབ་
ནམ་མཁའ་བྱམས་པ་སོགས་མདོར་ན་ཨེ་ཝཾ་ཡར་གླིངས་ཕྱོགས་ཀྱི་མཁན་སློབ་
མང་པོ། རྩེ་གོང་དཀར་གྱི་སྐུ་ཚབ། སྟེ་ཁྲན་མང་པོའི་ངོ་ཚབ་དང་། ས་སྐྱོང་བཀྲ་ཤིས་
རབ་བརྟན་དཔོན་གཡོག་སོགས་ཕལ་ཆེར་དེ་ཁ་ནས་ལོག་རྩིས་ཀྱིས་གསུང་གླེང་
གནང་སྦྱིན་མཛད། ར་སྒྲེང་ནས་ཆིབས་ཐོག་ཏུ་འཁྱོལ་ཐོག །ས་སྐྱོང་བཀྲ་ཤིས་རབ་
བརྟན་པས་ཆིབས་ཡོབ་ལ་འཇུས་ནས། བསྟན་པའི་དཔལ་གྱུར་བླ་མའི་ཞབས་པད་
བརྟན། །བསྟན་(༣༥༧བ)འཛིན་སྐྱེས་བུས་ས་སྟེང་ཡོངས་ལ་ཁྱབ། །ཅེས་ཚིག་རྐང་
གཉིས་འཕྲུལ་རྩོམ་མཛད་ཐོག །མཆི་མས་བརྟངས་ཏེ་གསུང་རྒྱུ་མ་བྱུང་བས། བསྟན་
པའི་སྦྱིན་བདག་མངའ་ཐང་འགྱུར་པ་རྒྱས། །བསྟན་པ་ཡུན་རིང་གནས་པའི་བཀྲ་ཤིས་

ཤོག །ཅེས་ཆིབས་ཐོག་ནས་གནང་ངོ་། །དེ་ནས་ཆིབས་བསྐྱོད་དེ་འབྲི་ཆུ་ཁར་ཕེབས་པ་ན་ལྷ་འདྲེའི་ཆོ་འཕྲུལ་གྱིས་འབྲི་ཆུ་གློ་བུར་དུ་འཁྲུགས་ཤིང་གཡོ་བས་ཕན་ཚུན་དུ་བགྲོད་དཀའ་བ་ལ། ཁྲོ་བོའི་ལྟ་སྟངས་དང་ཕྱོགས་མཛུབ་མཛད་པ་ཙམ་གྱིས་མི་ཕྱུགས་མཐའ་དག་བདེ་བར་བགྲོད་ཆོག་པ་བྱུང་། དེ་ནས་རིམ་གྱིས་ཉ་མཆོ་སྟོད་དུ་ཕེབས། དགོན་པས་གཙོས་པའི་སྐུ་སེར་གྱི་ཁྲོམ་ཆེན་པོ་འཚོགས་ཏེ། གསེར་སྲང་སྟོང་ཕྲག་གསུམ་ཙམ་གྱིས་གཙོས་པའི་ཟང་ཟིང་གི་འབུལ་བ་རྒྱ་ཆེར་ཕུལ། བླ་མའི་རྣལ་འབྱོར། ཡི་གེ་དྲུག་པའི་བཟླས་ལུང་། རབ་བྱུང་བསྙེན་རྫོགས་སྟོང་ཕྲག་ཏུ་ཉེ་བ་སོགས་གནང་སྟེ་ཀུན་ཀྱང་ཐར་པའི་ལམ་ལ་བཀོད། དེ་ནས་སྨྲ་ཆུའི་འགྲམ་དུ་བཞུགས་སྒར་ཕེབས་པ་ན། ཚུར་མཐོང་གི་སྐྱེ་བོ་རྣམས། ཆུ་འདི་ཧ་ཅང་ཆེ་བས་རེ་ཤིག་སྒྲོལ་བར་མི་ནུས་སོ་ཞེས་སྨྲས་པ། སང་ནམ་ལངས་ཏེ་ལྷས་ཙ་ན་དོང་ཕུས་ནུབ་ཙམ་ལས་མི་འདུག་པས་ཐམས་ཅད་སྨྲ་མི་ཤེས་པའི་ཡ་མཚན་དུ་གྱུར། དེ་ནས་རིམ་གྱིས་ཨ་རིག་དཀར་པོ་ཐང་དུ་བཞུགས་སྒར་བཏེག་སྐབས་ཨ་རིག་རྣམས་ཀྱིས་རྟ་སྟོང་ཕྲག་དང་ཕྱུགས་ཁྲི་ཚོར་ཉེ་བའི་འབུལ་བ་ཕུལ། འཛའ་འོད་ཀྱི་གུར་དང་ལྷའི་མེ་ཏོག་གི་ཆར་བབས། སྐྱེ་བོ་མཐའ་དག་ལ་ཐར་པའི་ས་བོན་བསྐྲུན་པར་མཛད། དེ་ནས་སྟར་ཨལ་ཐན་ཏ་རྒྱལ་པོའི་བླ་མཆོད་དུ་རྫོང་ཏ་གནང་(༣༥(༤༨)བའི་ཆོས་རྗེ་བརྩོན་འགྲུས་བཟང་པོ་དང་། ལོ་ཙླ་བ་གོ་ཤྲཱི་གཉིས་ཀྱིས་གཙོས་པའི་རྫ་པ་ལྷུ་བརྒྱ་སྐོར་རྒྱལ་པོའི་གམ་ནས་བསུ་བ་ལ་འབྱོར། རིམ་གྱིས་ཕེབས་ཏེ་ཧོར་ཟླ་ལྔ་པའི་ཚེས་བཅོ་ལྔའི་ཉིན། སྐུ་དར། རྒྱ་གླིང་། ལས་ཚན་གོ་རིམ་པ་སོགས་གོང་མ་རྒྱལ་པོའི་བླ་མ་ལ་འོས་པའི་ཆེ་བ་དང་བཅས་ཏེ། ཡོན་ཏན་རིགས་སྟོབས་སོགས་ཀྱིས་མངོན་པར་མཐོ་བའི་དྲུང་འཁོར་རྣམས་ལས་ཚན་འདིའི་རྗེས་སུ་འདི་འགྲོ་སོགས་ཡིད་ལ་གང་དྲན་བྱས་པ་མ་ཡིན་པའི་ཡ་རབས་ཁུངས་བཙུན་གྱི་སྒྲིགས་བཅའ་བསྟར་དང་ལྡན་པའི་ཆིབས་རགས་གླང་པོ་ཆེ་ས་ལ་

རབ་བརྟན་འཆི་མེད་དབང་པོའི་ཁྲུས་ཀྱི་རྫིང་བུར་དཔལ་གྱིས་རྒྱ་བ་ལྟར་གཤེགས་པའི་གཡས་གཡོན་དང་རྒྱབ་རྣམས་སུ། རྒྱ་དང་སོག་པོ་སྐྱ་སེར་གྱི་རྟ་པ་སྟོང་ཕྲག་མང་པོས་གཞི་མཐའ་དག་གཡོགས་པ་ལྟར་བསྐོར་ཏེ་ཚ་ཁང་གཅིག་ཙམ་ཕེབས་ནས། ཚོ་རིང་གནམ་གྱི་ཞེ་མོང་ལ་བརྟེན་ནས་རྫོང་དུས་ཀྱི་འཁོར་ལོས་བསྒྱུར་བ། ཨལ་ཐན་རྒྱལ་པོ་ཉིད། མཐའ་འཁོབ་མུན་པའི་གླིང་དཀར་པོར་བྱས་པའི་བཟྲ་ཆད་དུ་གོས་དཀར་པོ་གསོལ། འཁོར་ཁྲི་ཕྲག་ཙམ་དང་དེ་ཉིད་ཀྱི་བཙུན་མོའང་འཁོར་མང་པོ་དང་བཅས་ཏེ་འོངས་ནས། མཆོད་ཡོན་མཇལ་བའི་དགའ་སྟོན་གྱི་ཐོག་མར། དངུལ་སྲང་ལྔ་བརྒྱ་ལས་གྲུབ་པའི་མཎྜལ་གསེར་གྱི་ཕོར་པ་ཡུལ་དབུས་ཀྱི་བྲེ་ཚད་ཤོང་བ་ཞིག་རིན་པོ་ཆེས་བཀང་བ། གོས་ཡུག་དཀར་སེར་དམར་ལྗང་སྔོན་པོ་རྣམས་ཉི་ཤུ་རེ། རྟ་དཀར་པོ་རིན་པོ་ཆེའི་སྒ་སྲབ་ཀྱིས་བརྒྱན་པ་བཅུས་ཐོག་དྲངས་པའི་རྟ་བརྒྱ། ཁྲིམ་(༣༥༢བ)ཟིལ་གནོན་གྱི་གོས་ཆེན་སྣ་ལྔ་པ་ཡུག་བཅུ། དངུལ་སྲང་སྟོང་ཕྲག་གཅིག །རས་དར་སོགས་དངོས་པོ་བསམ་གྱིས་མི་ཁྱབ་པ་ཕུལ། དེ་ནས་ཁྲིམ་འབུམ་ཕྲག་ཙམ་ཚོགས་པའི་དབུས་སུ་མཆོད་ཡོན་ཉི་ཟླ་ཟུང་གཅིག་ཕེབས་ཏེ། ཧོང་ཐའི་ཇིས་གདམ་བཏང་། གོ་ཤྲཱི་པཎྜིས་ལོ་ཙཱ་བསྒྱུར་ཏེ། སྔོན་ནས་ཆད་དཀར་གནས་ཀྱི་རིགས་ལས་ཆད་པས་སྡོབས་ཆེ། རྒྱ་བོད་ཧོར་གསུམ་དྲག་པོས་དབང་དུ་བསྡུས། སསྐྱ་པ་དང་མཆོད་ཡོན་དུ་འབྲེལ་ཏེ་ཆོས་དང་། སླར་ཐེ་མུར་རྒྱལ་པོ་ནས་ཆོས་ཆད། ལས་སུ་སྡིག་དང་ཟས་སུ་ཤ་ཁྲག་ཁོ་ན་ལ་ལོངས་སྤྱོད་པའི་མུན་ནག་ཁྲག་མཚོའི་གླིང་ལྟ་བུར། མཆོད་ཡོན་ཉི་ཟླ་ཟུང་གཅིག་གི་བཀའ་དྲིན་ལས་དམ་པ་ཆོས་ཀྱི་ལམ་བཏོད། ཁྲག་མཚོ་འོ་མར་བསྒྱུར་བ་འདི་བཀའ་དྲིན་ཆེ་བས། ཕྱོགས་འདི་ན་ཡོད་པའི་རྒྱ་བོད་ཧོར་སོགས་ཀུན་གྱིས་ཀྱང་དགེ་བ་བཅུའི་ཁྲིམས་ལ་གནས་པ་དགོས། ཉི་མ་དེ་རིང་ནས་ཁྱད་པར་སོག་པོ་ཆད་དཀར་ལ་ཁྲིམས་སུ་བཅའ་བ་ནི། སྔར་སོག་པོ་ཤི་བའི་རྗེས་སུ་དྲག་ཞན་གྱི་

རྣམ་དབྱེས་རང་གི་ཆུང་མ་བྲན་གཡོག་ཧ་ནོར་སོགས་སྲོག་གཅོད་པ་ཡིན་ནའང་། ད་ཕྱིན་ཆད་སྲོག་གཅོད་ཀྱི་ཡུལ་དུ་གྱུར་པའི་ཧ་ནོར་སོགས་ཀྱི་སྙིང་དུ་ཇི་ཙམ་བློས་འཚམ་པར་བཅད་ནས། དགེ་འདུན་དང་བླ་མ་ལ་ཕུལ། བསྔོ་བ་སྨོན་ལམ་ཞུས། གཤིན་པོའི་རྗེས་སུ་དམིགས་པའི་སྲོག་གཅོད་གཏན་མ་བྱེད། གལ་ཏེ་སྔར་བཞིན་མི་བསད་པ་བྱུང་ན་ཁྲིམས་ཀྱིས་ལུས་སྲོག་འབྲལ་བ་ཡིན། ཧ་ཕྱུགས་བསད་པ་བྱུང་ན་ཁྲིམས་ཀྱིས་ནོར་ཐམས་ཅད་འཕྲོག །བླ་མ་དང་དགེ་འདུན་གྱི་ཆ་ལུགས་ཅན་ལ་བརྡུང་འཆོག་
(༣༥༨ན)སོགས་ལག་བཞག་པ་བྱུང་ན་ལག་འཛོག་མཁན་གྱི་གཞི་མ་ཐམས་ཅད་གཏོར། སྔར་ཨོང་བཀོད་དུ་གྲགས་པའི་གཤིན་པོ་ཐམས་ཅད་ཀྱི་གཟུགས་བྱས་པ་ལ་མིང་བཏགས་པའི་ཟླ་བ་བྱུང་རེས་ཀྱི་ཉ་སྟོང་བརྒྱད་གསུམ་ལ་ཧ་ཕྱུགས་བསད་པའི་ཁྲག་གིས་མཆོད་པ་དང་། ལོ་དུས་ཀྱི་མཆོད་པ་ལ་དྲག་ཞན་གྱི་དབྱེ་བས་མང་ཉུང་མཐའ་ཡས་པ་ཞིག་གསོད་པ་རྣམས། དེང་ཕྱིན་ཆད་ནས་བཟུང་ཧེན་དེ་རྣམས་མེ་ལ་བསྲེགས་ནས་ལོ་ཟླའི་དུས་ཀྱི་མཆོད་པར་སྲོག་གཅོད་པ་གཏན་ནས་མ་བྱེད། གལ་ཏེ་བྱས་པ་བྱུང་ན་ཁྲིམས་ཀྱི་ཆད་པ་ཧ་ནོར་གང་བསད་ཀྱང་། དེའི་བཅུ་འགྱུར་འཕྲོག །ཨོང་བཀོད་མེ་ལ་མ་བསྲེགས་ན་ཁྱིམ་གཏོར། ཨོང་བཀོད་ཀྱི་རྩབ་ཏུ་ཡེ་ཤེས་ཀྱི་མགོན་པོ་ཕྱག་དྲུག་པའི་སྐུ་རི་འཛིན་པ་དང་། དེ་ལ་ཡང་དཀར་གསུམ་གྱི་མཆོད་པ་མ་གཏོགས། ཤ་ཁྲག་གི་མཆོད་པ་གཏན་ནས་མ་བྱེད། གཞན་ཡང་ཐམས་ཅད་ཀྱིས་དགེ་བ་ལ་འབད་པ་དང་། ཉ་སྟོང་བརྒྱད་གསུམ་ལ་བསྙེན་གནས་སྲུངས། རྒྱ་བོད་ཧོར་ཀུན་ལ་དགོས་མེད་ཀྱི་འཕྲོག་འཛོམས་མ་བྱེད། མདོར་ན་བོད་ཡུལ་དབུས་གཙང་དུ་ཇི་ལྟར་བྱ་བ་ལྟར་ཡུལ་ཕྱོགས་འདིར་ཡང་བྱ་དགོས་ཞེས་ཁྲིམས་མང་དུ་བསྒྲགས་སོ། །

ཐུགས་རྗེ་ཆེན་པོའི་བཟླས་ལུང་གནང་བ། ལོ་ཙཱ་བས་སོག་པོའི་སྐད་དུ་བསྒྱུར་ཏེ་ཀུན་གྱིས་གོ་བས། མཆོག་དམན་མཐའ་དག་ཡི་གེ་དྲུག་པ་བཟླ་བ་ལ་བརྩོན་པར་

གྱུར། འཇའ་འོད་ཀྱི་གུར་དང་མེ་ཏོག་གི་ཆར་མང་དུ་བབས་པ་སོགས་ཕྱོགས་དེར་འཇམ་མགོན་བླ་མའི་བསྟན་པ་ཆེས་ཆེར་འཕེལ་ཞིང་(༣༥༩བ)རྒྱས་པ་ལ་དཀར་ཕྱོགས་ཀྱི་ལྷ་རྣམས་དགའ་བའི་རྟགས་དང་མཚན་མ་ངོ་མཚར་ཅན་མང་དུ་བྱུང་ངོ་། །དེ་ནས་མཆོད་ཡོན་མཇལ་བའི་ས་དེར་གཙུག་ལག་ཁང་བཞེངས། གནས་དེར་རྟེན་གསུམ་དང་དགེ་འདུན་གྱི་སྡེ་མང་དུ་བཙུགས། རབ་ཏུ་གནས་པ་རྒྱ་ཆེར་མཛད། དགའ་སྟོན་ལ་ཁྲིམ་ཟིལ་གནོན་གྱི་སྐྱ་བེར་གསུམ་གྱིས་གཙོས་པའི་གོས་བཟོ་མ་བརྒྱ། ཁ་དོག་སྣ་ལྔ་པའི་གོས་ཡུག་བརྒྱ། རིན་པོ་ཆེའི་ཕྲེང་བས་གཙོས་པའི་ཕྲེང་བ་བརྒྱ། བྱ་ལ་སོགས་པགས་རིགས་བརྒྱ། གསེར་གྱི་ཕོར་པ་ཆེན་པོ་མུ་ཏིག་གིས་བཀང་བ། དངུལ་དམ་འབྲུག་འཁོར་ཡོད་པ་བདུན་ཚར། དངུལ་སྲང་སྟོང་ལས་གྲུབ་པའི་ཁོག་མ། གསེར་གྱི་ཞྭ་དང་ན་བཟའ་ཆ་ཚང་སོགས་རྒྱལ་པོ་རང་ཉིད་ཀྱི་ཆས། དངུལ་སྲང་གསུམ་རེ་ལས་གྲུབ་པའི་ཅ་ནེ་དང་སྟེར་མ་བདུན་ཚར། རྟ་རྨིག་ལུག་རྨིག་གི་དབྱིབས་ཅན་དངུལ་སྲང་ལྔ་བརྒྱ། རས་ཟམ་སྟོང་ཕྲག་གཅིག །རྟ་དཀར་པོ་རིན་པོ་ཆེའི་སྒ་སྲབ་ཀྱིས་སྤྲས་པ་གསུམ་གྱིས་གཙོས་པའི་རྟ་བརྒྱ་སོགས་འབུལ་བ་གྲངས་ཀྱིས་མི་ལང་བ་ཕུལ། ཕྱོགས་དེའི་དད་ལྡན་སེར་སྐྱ་ཐམས་ཅད་ལ་རང་རང་གི་དབང་པོ་དང་འཚམ་པའི་ཆོས་ཀྱི་བདུད་རྩི་སྩལ་ཞིང་ཐམས་ཅད་ཀུང་མགོན་པོ་སྤྱན་རས་གཟིགས་དང་རྗེ་བཙུན་ཙོང་ཁ་པ་ཆེན་པོ་ལ་དད་པ་རྩེ་གཅིག་པའི་གནས་ལ་བཀོད་དེ་ཧོར་གྱི་ཡུལ་གྲུ་ཆེན་པོར་གནས་པའི་མི་དེ་དག་སྔོན་ཆད་ཟས་སུ་ཤ་དང་ཁྲག་ལ་དགའ་ཞིང་། ལས་སུ་སྲོག་ཆགས་གསོད་པ་སོགས་སྡིག་པའི་ལས་འབའ་ཞིག་སྤྱོད་པ། བོན་སྣང་ཞེན་གྱིས་བསླུས་ཏེ་མི་ཤི་བའི་རྗེས་སུའང་སྲོག་ཆགས་(༣༦༠ན)མང་པོ་བསད་དེ་ལྷ་མཆོད་པ་སོགས་སྡིག་པའི་ལས་ཁོ་ན་སྤྱོད་པ་ལ་རྗེ་འདིས་སྡིག་པའི་ལྷ་བ་ཅན་དེ་དག་ཐམས་ཅད་བཏུལ་ཏེ་ཕྱོགས་དེ་དག་ཏུ་དཀོན་མཆོག་གསུམ་གྱི་རྟེན་བཞེངས་བ་དང་། ཡི་གེ་དྲུག

པ་དང་དམིགས་བརྩེ་མ་ཁོ་ན་འདོན་པ་དང་། གཞིན་པོའི་དགེ་རྒྱར་ཡང་དཀོན་མཆོག་གསུམ་ཁོ་ན་མཆོད་པའི་སྲོལ་བཙུགས། འཇམ་མགོན་བླ་མའི་བསྟན་པ་ཡུན་རིང་དུ་གནས་པའི་ཕྱིར་ལི་ཐང་ཐུབ་ཆེན་བྱམས་པ་གླིང་དང་། འཇམ་མགོན་བླ་མ་གང་དུ་འཁྲུངས་པའི་ས་སྐྱ་འབུམ་སོགས་སུ་དགེ་འདུན་གྱི་སྡེ་མང་དུ་བཙུགས། ཁྱད་པར་སྐྱ་འབུམ་དུ་རྗེ་རིན་པོ་ཆེ་འཁྲུངས་པའི་ལྟེ་བའི་མཚལ་ཁྲག་ལས་བྱུང་བའི་ཙན་དན་གྱི་སྡོང་པོ་འཛིག་རྟེན་ཀུན་གྱི་བསོད་ནམས་ཀྱི་ཞིང་མཆོག་དམ་པ་དེ་ཉིད་དངུལ་གྱིས་བརྟམས་ཏེ་མཆོད་རྟེན་དུ་བྱས། མདོ་སྔགས་གཉིས་ཀྱི་བཤད་སྒྲུབ་རྣམ་པར་དག་པ་བཙུགས་པ་སོགས་ཕྱོགས་དེ་དག་ཐམས་ཅད་འཇམ་མགོན་བླ་མའི་བསྟན་པའི་གདུགས་གཅིག་གིས་ཁྱབ་པར་མཛད་དོ། །

དོན་གྱི་དབང་འདི་གཟིགས་ནས་རྗེ་བཙུན་བློ་བཟང་ཆོས་ཀྱི་རྒྱལ་མཚན་གྱིས་རྗེ་འདི་ལ་བསྟོད་པ་མཛད་པ་ན། །བདག་ཉིད་ཆེན་པོ་གཞན་གྱིས་གདུལ་དཀའ་བ། །མ་རུངས་མཐའ་འཁོབ་སྐྱེ་བོ་མཐའ་དག་ལ། །བསོད་ནམས་ཡེ་ཤེས་རྒྱ་མཚོའི་མཐར་ཕྱིན་པའི། །རྒྱལ་བའི་མཛད་པ་སྒྲུབ་ལ་གསོལ་བ་འདེབས། །ཞེས་དང་། རྗེ་བློ་བཟང་ཡེ་ཤེས་ཀྱིས། གདུལ་དཀའ་མཐའ་འཁོབ་སྐྱེ་འགྲོར་ཐར་པའི་ལམ། །སྟོན་མཁས་བསོད་ནམས་རྒྱ་མཚོར་གསོལ་བ་འདེབས། །ཞེས་(༣༨༠བ)བསྔགས་སོ། །

རྗེ་འདིས་ཕྱི་རབས་ཀྱི་གདུལ་བྱ་རྣམས་ཀྱི་དོན་དུ་བྱང་ཆུབ་ལམ་གྱི་རིམ་པའི་ཁྲིད་ཡིག་གསེར་གྱི་ཡང་ཞུན་མཛད་ཅིང་། གཞན་ཡང་གསོལ་འདེབས་བསྟོད་ཚོགས་དང་དང་ཉམས་མགུར་སོགས་མང་དུ་ཡོད་དོ། །དེ་ནས་སེ་འབྲས་དགེ་གསུམ་སོགས་དབུས་གཙང་གི་ལྗོངས་ཀྱི་སེར་སྐྱ་དད་ཅན་ཚང་མས་དབུས་གཙང་དུ་འབྱོན་དགོས་པར་གསོལ་བ་ཞུགས་དྲག་བཏབ། རྗེ་འདི་ཉིད་ཀྱང་ཡར་འབྱོན་པར་ཕྱོགས་ཀྱང་ཁར་ཆེན་གྱི་རྒྱལ་པོས་ཕོ་ཉ་མངགས་ཏེ། མཐའ་འཁོབ་ཀྱི་ས་ཐལ་ཆེར་ན་འཁོད་པའི་

གདུལ་བྱའི་རེ་བ་སྐོང་བར་མཛད་ཟིན་པས། ངེད་ཀྱི་ཡུལ་དུ་ཕེབས་དགོས་པའི་རྒྱ་མཚན་ནན་དུ་ཕུལ་བས། ཀུན་མཁྱེན་ཟས་གཙང་སྲས་པོ་གྱད་ཀྱི་ཡུལ་རྩྭ་ཅན་དུ་གཤེགས་པ་ལྟར། ཁར་ཆེན་གསེར་ཡིག་པར་ཕེབས་པའི་བཀའ་ལན་གནང་སྟེ། བཞུགས་སྐར་རིམ་གྱིས་བདེག་ནས། རྡོར་རྒྱལ་པོའི་དུས་ཀྱི་ཕོ་བྲང་ཤར་རྡོ་ཞེས་པའི་ཤུལ་གྱི་སར་ཕྱུགས་ཕེབས། རྒྱལ་བློན་འགའ་ཞིག་ལ་བཅོམ་ལྡན་འདས་ཀྱི་རྡོ་རྗེའི་དབང་དང་། སྐྱེ་བོ་ཕལ་ཆེར་ཡན་ལག་བརྒྱད་པའི་ཁྲིམས་སོགས་དགེ་བ་ལ་བཀོད། རྒྱལ་པོའི་འབུལ་ཆེན་གྱི་དུས། དངུལ་ལས་གྲུབ་པའི་ཁང་པ་ཀ་གཉིས་མ་ཙམ་ཞིག་ཏུ་བཞུགས་གདན་བཀོད་པས། རེ་ཞིག་སྤྱས་པ་ཙམ་ཡིན་ཡང་འདོད་པ་དང་བསྟུན་པས་ཆོག་གསུངས་ཏེ། དངུལ་གདུང་གི་རྟེན་འབྲེལ་དུ་དགོངས། གསེར་དངུལ་གོས་དར་རྟ་ཁྲབ་སོགས་འབུལ་བ་ཁྲི་ཕྲག་བརྒྱལ་བ་ཕུལ། དེར་དགེ་འདུན་གྱི་སྡེ་བཙུགས་འདུག་པ་ལ་རབ་ཏུ་གནས་པ་རྒྱས་པར་མཛད། ཀུན་(༣༤༧ན)འཛིན་ཞེས་པ་ས་སྐྱའི་ལོ་གསར་དང་། སྨོན་ལམ་རླབས་པོ་ཆེ་གནང་། ཟླ་བ་དང་པོའི་མཇུག་ནས་ཙུང་ཟད་བྲོ་འཚལ་བའི་རྣམ་པ་བསྟན། རྒྱ་ནག་གོང་མ་རྒྱལ་པོས་ཕོ་བྲང་དུ་ཕེབས་དགོས་པའི་གདན་འདྲེན་པར་མི་བརྒྱུད་ཀྱིས་གཉའ་བས་བདེག་པའི་གསེར་ཡིག་པ་མངགས་ཀྱཱ་དིང་ཏའི་གོ་ཤྲཱིའི་མཚན་དང་། ལས་ཀ་ཆེ་བ་འདི་རིས་བྱུང་། རྟེན་འབྲེལ་དུ་དགོངས་ནས་ཕོ་བྲང་དུ་ཕེབས་པའི་ཞལ་བཞེས་མཛད། ནག་པ་ཟླ་བ་ནས་སྟོན་བབ་ལྟི་བའི་ཚུལ་བསྟན་ཏེ། གསུང་གི་ཐ་མ་དང་ལྡན་ཡོངས་ལ་ཞལ་གདམས་ཕྱག་བྲིས་སུ་མཛད་ནས་སྐུ་ཚེ་འདིའི་དངོས་ཀྱི་གདུལ་བྱ་རྫོགས་པ་ན་དགུང་ལོ་ཞེ་དྲུག་ཕེབས་པ་ཀུན་འཛིན་ཞེས་པ་ས་ཕོ་བྱི་བའི་ལོ་ནག་པ་ཟླ་བའི་ཉེར་དྲུག་གི་ཐོ་རངས་ཞི་བར་གཤེགས་ཏེ་དགའ་ལྡན་ཆོས་ཀྱི་ཕོ་བྲང་དུ་མི་ཕམ་འཇམ་དཔལ་སྙིང་པོའི་ཞབས་དྲུང་དུ་གཤེགས་སོ། །དེས་ན་བྱང་ཆུབ་ལམ་གྱི་རིམ་པ་ལ་བློ་སྦྱོང་བར་འདོད་པ་རྣམས་

གྱིས་རྒྱལ་བ་བསོད་ནམས་རྒྱ་མཚོ་ལ་གསོལ་བ་འདེབས་ཤིང་། རྗེ་འདིས་ལམ་ཁྲིད་གསེར་ཞུན་དུ་ཇི་ལྟར་གདམས་པ་ལྟར་གསུང་རབ་ཐམས་ཅད་ཀྱི་སྙིང་པོའི་གནད་བསྡུས་པ་བྱང་ཆུབ་ལམ་གྱི་རིམ་པའི་ཉམས་ལེན་ལ་བརྩོན་པར་བྱའོ།། །།

སྤྱན་སྔ་ཆོས་དཔལ་བཟང་པོའི་རྣམ་ཐར།

ཟབ་དོན་གདམས་པའི་བཀའ་བབ་ཆོས་དཔལ་བཟང་། །ཞེས་བསྟགས་པ། སྤྱན་སྔ་ཆོས་དཔལ་བཟང་པོ་ནི། ལྷས་ལུང་པ་གྲ་རྣམ་ཁང་དུ་སྤྱན་སྔ་བློ་གྲོས་རྒྱལ་མཚན་སོགས་མཁས་ཤིང་གྲུབ་པའི་སྐྱེས་བུ་དམ་པ་བརྒྱུད་མར་བྱོན་པའི་(༣༥༡བ)དགྱེར་གྱི་རིགས་སུ་སྐུ་འཁྲུངས། གཞོན་ནུ་ནས་ཁྲིམ་གྱི་འདུ་འཛི་ལ་མ་ཆགས་པར་རྒྱལ་བའི་བསྟན་པ་ལ་རབ་ཏུ་བྱུང་སྟེ་ལྷ་བཙུན་བསོད་ནམས་དཔལ་བ་དང་རྗེ་བཙུན་ཆོས་ཀྱི་རྒྱལ་མཚན་སོགས་བཤེས་གཉེན་དམ་པ་མང་པོ་བསྟེན་ནས་ཤིང་རྟ་ཆེན་པོའི་གཞུང་ལུགས་རྣམས་ལ་སྦྱངས་ཤིང་། ཁྱད་པར་རྒྱལ་བ་བསོད་ནམས་རྒྱ་མཚོ་བསམ་སྦྱོར་གཉིས་ཀྱིས་ཚུལ་བཞིན་དུ་བསྟེན་ཏེ་གསུང་རབ་དགོངས་འགྲེལ་དང་བཅས་པའི་སྙིང་པོའི་དོན། དུས་གསུམ་གྱི་རྒྱལ་བ་ཐམས་ཅད་གང་ནས་གཤེགས་པ་དང་གཤེགས་པར་འགྱུར་བའི་ལམ་པོ་ཆེ། བྱང་ཆུབ་ལམ་གྱི་རིམ་པའི་ཁྲིད་ལེགས་པར་གསན་ཏེ་མདོ་རྒྱུད་དགོངས་འགྲེལ་དང་བཅས་པ་ཐམས་ཅད་གང་ཟག་རང་ཉིད་འཚང་རྒྱ་བའི་མན་ངག་ཏུ་ངེས་པ་རྙེད་ནས་ཚེ་འདིའི་བྱ་བ་ཐམས་ཅད་བཙན་ཆོད་དུ་བཏང་སྟེ་སངས་རྒྱས་དབོན་གྱིས་བཏབ་པའི་དབེན་གནས་ལྷས་ལྷག་དགོན་དུ་བྱང་ཆུབ་ལམ་གྱི་རིམ་པ་སྒོམ་པ་ལ་རྩེ་གཅིག་ཏུ་བཞུགས་ཏེ་ལོ་མང་པོའི་བར་དུ་སྒྲུབ་པ་རྩེ་གཅིག་ཏུ་མཛད་པས་བཤེས་གཉེན་བསྟེན་ཚུལ་ནས་འབྲས་བུ་ཟུང་འཇུག་གི་བར་མདོ་སྔགས་གཉིས

ཀའི་ལམ་གྱི་ལུས་ཡོངས་སུ་རྫོགས་པ་ལ་རྩོལ་བྱས་དང་རྩོལ་མེད་ཀྱི་སྦྱོང་བ་རིམ་གྱིས་ཐོན་ཏེ་རང་ཉིད་མི་ཉམས་པའི་གདེང་ཐོབ་པ་ན་སྐལ་བ་དང་ལྡན་པ་གཞན་དག་ལའང་ཆོས་ཀྱི་བདུད་རྩི་སྟེལ་བས་སྐྱན་པའི་གྲགས་པས་ཕྱོགས་ཐམས་ཅད་དུ་ཁྱབ་སྟེ། དེའི་ཚེ་བྱང་ཆུབ་ལམ་གྱི་རིམ་པ་དོན་དུ་གཉེར་བའི་སྐལ་ལྡན་རྣམས་ལྷས་ལྷག་དགོན་དུ་འདུ་བ་ཞིག་བྱུང་སྟེ་རྗེ་འདིས་བསྟན་པ་རྒྱ་ཆེར(༣༥༢ན)སྤེལ་བས་རྒྱུད་འཛིན་གྱི་སློབ་མ་བགྲང་བ་ལས་འདས་པ་བྱུང་ཞིང་། བྱང་ཆུབ་ལམ་གྱི་རིམ་པའི་འཁྲིད་ལས་ཀྱི་བཀའ་བབ་ནི་འཕོན་སྟོན་དཔལ་འབྱོར་ལྷུན་གྲུབ་བོ། །དེ་ལྟར་སྤྱན་སྔ་ཆོས་དཔལ་བཟང་པོ་ཞེས་ཡོངས་སུ་གྲགས་པའི་མཁས་གྲུབ་ཆེན་པོ་དེས་རྒྱལ་བའི་བསྟན་པ་ལ་བྱ་བ་རྒྱ་ཆེར་མཛད་ནས་སྐུ་ཚེ་འདིའི་དངོས་ཀྱི་གདུལ་བྱ་རྫོགས་པ་ན་སྐུའི་བཀོད་པ་བསྡུས་ཏེ་དགའ་ལྡན་ཆོས་ཀྱི་ཕོ་བྲང་དུ་ཕེབས་སོ། །

དེས་ན་བྱང་ཆུབ་ལམ་གྱི་རིམ་པ་ལ་བློ་སྦྱོང་བར་འདོད་པའི་གདུལ་བྱ་རྣམས་ཀྱིས་སྤྱན་སྔ་ཆོས་དཔལ་བཟང་པོ་ལ་གསོལ་བ་འདེབས་ཤིང་མཁས་གྲུབ་ཆེན་པོ་འདིའི་རྣམ་ཐར་ལྟར་མདོ་རྒྱུད་དགོངས་འགྲེལ་དང་བཅས་པ་ཐམས་ཅད་ཀྱི་དོན་ལམ་གྱི་ལུས་གཅིག་ཏུ་དྲིལ་བ་བྱང་ཆུབ་ལམ་གྱི་རིམ་པའི་ཉམས་ལེན་ལ་བརྩོན་པ་ཞིག་བསྒྲིལ་དུ་བྱའོ།། །།

འཕོན་སྟོན་དཔལ་འབྱོར་ལྷུན་གྲུབ་ཀྱི་རྣམ་ཐར།

རིགས་ཀུན་བདག་པོ་སྣང་མཛད་རྡོ་རྗེའི་ཞབས། །ཞེས་བསྔགས་པ། འཕོན་ སྟོན་དཔལ་འབྱོར་ལྷུན་གྲུབ་ནི་ཨེའི་སྐྱིད་ཁར་དུ་ཡབ་དཔོན་ཚེ་དབང་ནོར་རྒྱས་དང་ཡུམ་རྒྱལ་མོ་འཛོམ་གཉིས་ཀྱི་སྲས་སུ་ལྕགས་མོ་བྱའི་ལོ་སྐུ་འཁྲུངས། འཁྲུངས་ཙམ་ཉིད་

ནས་ཧྲཱིཿཡིག་དང་ཧྲཱིཿཡིག་ངག་ནས་བཟླ་བ་དང་། འཛམ་དབྱངས་ཀྱི་གཟུངས་བརྒྱད་མར་བཟླ་བ་ཞིག་བྱུང་། ཚེ་རབས་མང་པོར་གོམས་པའི་བག་ཆགས་སད་པས་ཁྱིམ་གྱི་འདུ་འཛི་ལ་མི་དགའ་ཞིང་ཆོས་ལ་དགའ་བ་དང་། གཞན་ལ་ཆོས་སྟོན་པ་དང་། གཞན་ལ་དབང་བསྐུར་བའི་སྟངས་ཀ་བྱེད་པ་ཞིག་བྱུང་། ཡི་གེ་འབྲི་(༣༨༢བ)ཀློག་བརྡ་བསྟན་པ་ཙམ་གྱིས་མཁྱེན། དགུང་ལོ་བདུན་བརྒྱད་ནས་སྦྱོར་འཕོར་བའི་གནས་མཐའ་དག་ལ་སྐྱོ་ཞིང་ཡིད་འབྱུང་བ་དང་། ལྷག་པར་ཁྱིམ་གྱི་གནས་ལ་བཙོན་རའི་འདུ་ཤེས་ངང་གིས་སྐྱེ་བ་ཞིག་བྱུང་། སྲང་བར་གྱི་ཁྱི་ཉམ་ཐག་ཞིག་གཟིགས་པས་ཀྲིན་བྱས་སེམས་ཅན་ཐམས་ཅད་ལ་སྙིང་རྗེ་ཆེན་པོ་རྒྱུན་དུ་སྐྱེ་བ་ཞིག་བྱུང་། དགུང་ལོ་བཅུ་པའི་ཚེ་ཐམས་ཅད་མཁྱེན་པ་བསོད་ནམས་རྒྱ་མཚོ་དང་མཇལ། ཐོག་མར་སྐྱབས་འགྲོ་སེམས་བསྐྱེད་ཀྱི་ཁྲིད་གསན། དེ་ནས་དབང་ལུང་མན་ངག་རྒྱ་ཆེར་གསན་ཞིང་དགེ་བའི་བཤེས་གཉེན་གཞན་མང་པོ་ལའང་མདོ་སྔགས་ཀྱི་ཆོས་མཐའ་ཡས་པ་གསན། དེ་ནས་ཐམས་ཅད་མཁྱེན་པ་བསོད་ནམས་རྒྱ་མཚོ་ལ་གཙུག་ཕུད་ཕུལ་ཏེ་དགེ་བསྙེན་གྱི་སྡོམ་པ་བཞེས། མཚན་བསོད་ནམས་རྣམ་རྒྱལ་ཞེས་གནང་། དེ་ནས་བཤེས་གཉེན་དམ་པ་མང་པོ་ལ་ཆོས་མང་དུ་གསན་ཞིང་། དགུང་ལོ་ཉི་ཤུ་ལ་བབ་པ་ན། མཁས་པའི་དབང་པོ་འོལ་ཁ་བ་བློ་བཟང་རྒྱ་མཚོའི་དྲུང་དུ་དགེ་ཚུལ་གྱི་སྡོམ་པ་བཞེས་ཏེ། དྭགས་པོ་གྲྭ་ཚང་དུ་ཐེབས། མཁས་པའི་དབང་པོ་དེ་ཉིད་ཡོངས་འཛིན་དུ་བསྟེན་ཏེ། ཕར་ཕྱིན་དང་། དབུ་མ་དང་། འདུལ་བ་དང་། མཛོད་དང་། རྣམ་འགྲེལ་རྣམས་ལ་སྦྱངས་པས་མཁས་པའི་ཕུལ་དུ་ཕྱིན་པར་གྱུར། དེ་ནས་སེ་ར་བྱེས་སུ་ཐེབས་ནས་མཁས་པའི་དབང་པོ་དཔལ་འབྱོར་བསོད་ནམས་ལྷུན་གྲུབ་དང་། མཁས་པའི་དབང་པོ་འཕྲིན་ལས་ལྷུན་གྲུབ་གཉིས་རིམ་བཞིན་ཡོངས་འཛིན་དུ་བསྟེན་ཏེ་སེ་ར་རྗེ་བཙུན་པའི་ཡིག་ཆའི་སྟེང་ནས་ཤིང་རྟ་ཆེན་པོའི་གཞུང་ལུགས་རྣམས་ལ་(༣༨༣ན)སྦྱངས་

པས་རང་དང་གཞན་གྱི་གྲུབ་པའི་མཐའ་རྒྱ་མཚོ་ལྟ་བུའི་ཕ་རོལ་ཏུ་སོན་ཏེ་གྲྭ་སྐོར་མཛད། དེ་ནས་ལྷས་ལྷག་དགོན་དུ་ཕེབས་ཏེ་སྤྱན་སྔ་ཆོས་དཔལ་བཟང་པོ་བསམ་སྒྲོད་གཉིས་ཀྱིས་ཚུལ་བཞིན་དུ་བསྟེན་ཏེ་དཔལ་ཨ་ཏི་ཤ་དང་། ཆོས་ཀྱི་རྒྱལ་པོ་ཙོང་ཁ་པ་གཉིས་ཀྱི་ཐུགས་ཀྱི་བཅུད་ཕྱུང་བའི་མན་ངག་གསུང་རབ་དགོངས་འགྲེལ་དང་བཅས་པའི་སྙིང་པོའི་དོན་བྱང་ཆུབ་ལམ་གྱི་རིམ་པའི་ཁྲིད་གསན་ཏེ་མྱོང་བ་ཐོན་པར་མཛད།

དེ་ནས་ཞར་ལ་ཆོས་རྗེ་ནམ་མཁའ་རྒྱལ་མཚན་ལ་དཔལ་རྡོ་རྗེ་འཇིགས་བྱེད་ཆེན་པོའི་དབང་དང་། རིམ་གཉིས་ཀྱི་ཁྲིད་གསན་ཏེ་བསྒོམས་ནས་མྱོང་བ་ཐོན་པར་མཛད། དེ་ནས་དགུང་ལོ་སོ་བཞི་པ་ཤིང་ཕོ་རྟའི་ལོ་དགའ་ལྡན་རྣམ་པར་རྒྱལ་བའི་གླིང་དུ་ཕེབས་ནས་ཆོས་རྗེ་དཔལ་འབྱོར་རྒྱ་མཚོས་མཁན་པོ་དང་། ཆོས་རྗེ་དགེ་འདུན་རྒྱལ་མཚན་གྱིས་སློབ་དཔོན་མཛད་དེ་བསྙེན་པར་རྫོགས། དཔལ་འབྱོར་ལྷུན་གྲུབ་ཏུ་མཚན་གསོལ། དེ་ནས་རྒྱུད་སྨད་དུ་ཕེབས་ཏེ་མཁས་གྲུབ་རྣམ་རྒྱལ་དཔལ་བཟང་བསམ་སྒྲོར་གཉིས་ཀྱིས་ཚུལ་བཞིན་དུ་བསྟེན་ཏེ་དཔལ་གསང་བ་འདུས་པའི་རྒྱུད་འགྲེལ་ལ་སྦྱངས་ཤིང་རྗེ་ཐམས་ཅད་མཁྱེན་པ་ནས་བརྒྱུད་པའི་བདེ་གསང་འཇིགས་གསུམ་གྱི་མན་ངག་སོགས་ཆོས་མང་དུ་གསན་ཞིང་ལོ་བཞི་བཞུགས། དེ་ནས་དགེ་བའི་བཤེས་གཉེན་དུ་མ་ལ་རྗེ་བདག་ཉིད་ཆེན་པོའི་མདོ་སྔགས་ཀྱི་ཆོས་རྣམས་ལེགས་པར་གསན། དེ་ནས་མཁས་ཤིང་གྲུབ་པའི་སྙན་པ་ཕྱོགས་ཐམས་ཅད་དུ་རྒྱས་པ་ན་གསང་ཕུ་ཉི་མ་ཐང་གི་ཁྲི་(༣༨༣བ)ལ་གདན་དྲངས་ཏེ་ལོ་གཅིག་གི་རིང་འཆད་ཉན་མཛད། དེ་ནས་སེ་ར་བྱེས་མཁས་མང་གྲྭ་ཚང་གི་ཁྲི་ལ་གདན་དྲངས་ཏེ་འཆད་ཉན་དུ་རྒྱུན་རིང་མཛད་ཐམས་ཅད་མཁྱེན་པ་ཡོན་ཏན་རྒྱ་མཚོས་པཎ་ཆེན་ཐམས་ཅད་མཁྱེན་པ་བློ་བཟང་ཆོས་ཀྱི་རྒྱལ་མཚན་སྤྱན་དྲངས་ཏེ་འབྲས་སྤུངས་དགའ་ལྡན་ཕོ་བྲང་གི་གཟིམ་ཆུང་ཉི་འོད་འཁྱིལ་པར་མདོ་སྔགས་ཀྱི་ཆོས་མཐའ་ཡས་པ་གསན་པའི་ཚེ་དམ་

པ་འདིས་ཀྱང་ཕེབས་ཏེ། པཎ་ཆེན་ཐམས་ཅད་མཁྱེན་པ་ཆེན་པོ་ལ་གསོལ་བ་བཏབ་ནས་རྡོ་རྗེ་ཕྲེང་བའི་དབང་ཡོངས་སུ་རྫོགས་པ་གསན། པཎ་ཆེན་ཐམས་ཅད་མཁྱེན་པ་བློ་བཟང་ཆོས་ཀྱི་རྒྱལ་མཚན་གྱིས་ཀྱང་དམ་པའི་འདི་ལ་བསྟུགས་པ་ཆེ་བར་མཛད་དོ། །དེ་ནས་སེ་ར་བྱེས་ཀྱི་ཁྲི་བཞག་སྟེ་ཕ་བོང་ཁར་ཕེབས་ནས་སྒྲུབ་པ་ཡུན་རིང་དུ་མཛད་པས་ཕ་བོང་ཁ་པ་འཁོན་སྟོན་དཔལ་འབྱོར་ལྷུན་གྲུབ་ཅེས་ཡོངས་སུ་གྲགས། འཁོན་སྟོན་ཞེས་པ་ནི་རིགས་རྒྱུད་ལས་མཚན་དུ་བཏགས་པ་སྟེ་འཛམ་དབྱངས་འཁོན་གྱི་རིགས་ཡིན་པར་བཤད་དོ། །

དེ་ནས་སྐལ་བ་དང་ལྡན་པ་མང་པོ་ལ་རྒྱལ་བ་ཙོང་ཁ་པ་ཆེན་པོའི་ཐུགས་ཀྱི་བཅུད་ཕྱུང་བའི་མན་ངག་བྱང་ཆུབ་ལམ་གྱི་རིམ་པའི་ཁྲིད་དང་གསང་བདེ་འཇིགས་གསུམ་གྱི་དབང་དང་བསྐྱེད་རྫོགས་ཀྱི་ཁྲིད་སོགས་ཆོས་རྒྱ་ཆེར་སྩལ་ཅིང་། ཀུན་མཁྱེན་ལྷ་པ་ཆེན་པོས་ཀྱང་ཡོངས་འཛིན་དུ་བསྟེན་ཏེ་རིགས་ཀྱི་ཅོད་པན་དུ་འཛིན་པར་མཛད་དོ། །དམ་པ་འདིས་ཕྱི་རབས་ཀྱི་གདུལ་བྱ་རྣམས་ཀྱི་དོན་དུ་གཤིན་རྗེ་གཤེད་ཀྱི་ཆོས་འབྱུང་དང་སྐྱབས་འགྲོའི་ཁྲིད་ཡིག་སོགས་ལེགས་བཤད་ཀྱི་རྩོམ་(༣༥༨ན)པའང་མང་དུ་མཛད། དམ་པ་འདིས་བསྟན་པའི་བྱ་བ་རྒྱ་ཆེར་མཛད་པས་རྒྱུད་འཛིན་གྱི་སློབ་མ་མཐའ་ཡས་པ་བྱུང་ཞིང་། གཙོ་བོ་ནི་གངས་ཅན་འགྲོ་བའི་མགོན་པོ་ཀུན་མཁྱེན་ལྷ་པ་ཆེན་པོ་དང་། བྱང་ཆུབ་ལམ་གྱི་རིམ་པའི་འཕྲིན་ལས་ཀྱི་བཀའ་བབ་པ་ནི་དཔལ་འབྱོར་འཕྲིན་ལས་རབ་རྒྱས་སོ། །དེ་ལྟར་བསྟན་འགྲོའི་དོན་རྒྱ་ཆེར་མཛད་ནས་སྐུ་ཚེ་འདིའི་དངོས་ཀྱི་གདུལ་བྱ་རྫོགས་པ་ན་དགུང་ལོ་དོན་བདུན་དུ་ཕེབས་པ་མེ་མོ་གླང་གི་ལོར་ཞི་བར་གཤེགས་སོ། །

དེས་ན་བྱང་ཆུབ་ལམ་གྱི་རིམ་པ་ལ་བློ་སྦྱོང་བར་འདོད་པ་རྣམས་ཀྱིས་འཁོན་སྟོན་དཔལ་འབྱོར་ལྷུན་གྲུབ་ལ་གསོལ་བ་འདེབས་ཤིང་མཁས་གྲུབ་ཆེན་པོ་འདིའི་རྣམ་ཐར

ལྷར་མདོ་སྔགས་ཀྱི་གཞུང་ལ་ཐོས་པ་ཕུ་ཐག་ཆོད་པར་བྱས་ནས་དབེན་པའི་གནས་སུ་སྐྱེས་བུ་གསུམ་གྱི་ལམ་གྱི་རིམ་པ་བསྒོམ་པ་ལ་བརྩོན་པར་བྱའོ།། །།

ཟུར་དཔལ་འབྱོར་འཕྲིན་ལས་རབ་རྒྱས་ཀྱི་རྣམ་ཐར།

བཀའ་དྲིན་མཉམ་མེད་ཤྲཱི་ཧྲཱུ་ཏིའི་མཚན། །ཞེས་བསྟགས་པ། ཟུར་དཔལ་འབྱོར་འཕྲིན་ལས་རབ་རྒྱས་ནི། འབྲོམ་ཆུ་རིགས་ཀྱི་རྒྱུད་དུ་ཡབ་ཟུར་གཞོན་ནུ་དོན་གྲུབ་དང་། ཡུམ་ཡིད་འཛིན་གཉིས་ཀྱི་སྲས་སུ་ཁྲི་མོ་ཞེས་པ་ཤིང་ཕོ་འབྲུག་གི་ལོ་ལ་སྐུ་འཁྲུངས། མཚན་ཆོས་རྗེ་ནོར་བུར་བཏགས། དེ་ནས་ཡི་གེ་འདྲི་ཀློག་རྣམས་ཆེགས་མེད་པར་མཁྱེན་ཅིང་། དགུང་ལོ་བདུན་པའི་དུས་ཆོས་རྗེ་ངག་དབང་ཡེ་ཤེས་གྲུབ་པར་གཙུག་ཕུད་ཕུལ་མཚན་ངག་དབང་བཀྲ་ཤིས་ཀུན་དགར་བཏགས། དེ་ནས་ཡབ་ཀྱི་རིགས་དང་མཐུན་པར་གསང་སྔགས་གསར་རྙིང་གི་ཆོས་མང་དུ(༣༥༩བ)གསན་ཅིང་། ཁྱད་པར་འཕོན་སློན་དཔལ་འབྱོར་ལྷུན་གྲུབ་ཀྱིས་རྗེས་སུ་བཟུང་སྟེ་དགེ་བསྙེན་དང་བར་མ་རབ་བྱུང་གནང་ནས་མཚན་དཔལ་འབྱོར་འཕྲིན་ལས་རབ་རྒྱས་སུ་གསོལ། བཅར་བཞུགས་ངོས་ཕྱག་གཡོག་འཁྲུལ་སེལ་མཛད། ཉི་ཤུའི་ཆེ་དེ་ཉིད་ལ་དགེ་ཚུལ་དང་བསྙེན་པར་རྫོགས་པའི་སྡོམ་པ་བཞེས། སྐྱིར་མདོ་སྔགས་ཀྱི་ཆོས་མང་དུ་གསན་ཅིང་ཁྱད་པར་མདོ་སྔགས་གསུང་རབ་ཐམས་ཅད་ཀྱི་སྙིང་པོའི་དོན་སྐྱེས་བུ་གསུམ་གྱི་ལམ་གྱི་རིམ་པའི་ཁྲིད་རྒྱས་པར་གསན་ཏེ་ཐུགས་ཉམས་སུ་བཞེས་ནས་སྒོང་བ་ཐོན་པར་མཛད། དེ་ནས་འགྲེལ་པ་བཞི་སྦྲགས། རིམ་ལྔ་གསལ་སྒྲོན། བདེ་མཆོག་སྦས་དོན་ཀུན་གསལ། མཁས་གྲུབ་ནོར་བཟང་པའི་དུས་འཁོར་གྱི་སྤྱི་དོན། གསང་འདུས་ཀྱི་བསྐྱེད་རྫོགས་རྣམས་གསན་ནས་རྩེས་ཐང་དུ་གྲྭ་སྐོར་མཛད། དེ་ནས

ཕ་བོང་ཁ་ཉིད་དུ་བཞུགས་ཏེ་བཀའ་གདམས་གླེགས་བམ། བསྟན་རིམ་ཆེན་མོ། བེའུ་བུམ་སྔོན་པོ། དཔེ་ཆོས་སྐོར་གསུམ། བློ་སྦྱོང་སྐོར། བཀའ་གདམས་གཞུང་དྲུག །བྱམས་ཆོས་སྡེ་ལྔ། རིགས་ཚོགས་དྲུག །སྔགས་རིམ་ཆེན་མོ། གསང་འདུས་གཤེད་སྐོར་བདེ་དགྱེས་དུས་འཁོར་སོགས་ཀྱི་མངོན་དཀྱིལ་བསྐྱེད་རྫོགས། ལམ་རིམ་ཆེ་ཆུང་། རྩ་འཇུག་གི་རྣམ་བཤད་སོགས་དང་། འདུལ་འཛིན་པའི་གླེང་འབུམ། བསླབ་བྱ་ཆེ་ཆུང་ཀུན་རིག་ཊཱི་ཀ་ཆེན་སོགས་རྗེའི་རྗེས་འབྲང་གི་ཡིག་ཆ་དུ་མ། ཡང་གསང་འདུས་ཀྱི་རིམ་ལྔ། འཕོ་ཁྲིད་གསེར་གྱི་སྒོ་འབྱེད། བློ་སྦྱོང་དོན་བདུན་མའི་ཁྲིད། བྱང་ཆུབ་ལམ་གྱི་རིམ་པ། རྗེ་ཕ་བོང་ཁ་པ་ཉིད་ཀྱིས་མཛད་པའི་ལྷ་བ་སྤྱི་ཁྲབ་(༣༤༥ན)ཏུ་ངོ་སྤྲོད་པ་རྣམས་དམར་ཁྲིད་དུ་གསན། མཁས་གྲུབ་རིན་པོ་ཆེས་མཛད་པའི་ཁམས་གསུམ་རྣམ་རྒྱལ་གྱི་སྟེང་ནས་རྡོ་རྗེ་འཇིགས་བྱེད་ཀྱི་འཕྲིན་ལས་བཞིའི་འཁྲུལ་འཁོར། ཕྱག་དྲུག་པའི་བེའུ་བུམ། ཕྲེང་བ་ཞི་ལྔ་མའི་དབང་དངོས་གཙང་བ། ཐུར་བཀའ་གསང་འདུས་མི་བསྐྱོད་པ། བདེ་མཆོག་ལཱུ་དྲིལ། འཇིགས་བྱེད། འཁོར་ཆེན་གཤེད་དམར། ཀུན་རིག །མི་འཁྲུགས་པ། ཚེ་དཔག་མེད་སོགས་དང་། གཞན་ཡང་སྒྲུབ་ཐབས་བརྒྱ་རྩ། སྒྲོལ་མ་ཉེར་གཅིག །མགོན་པོ་བཅུ་གསུམ་སོགས་དང་ལུང་མན་ངག་ཤིན་ཏུ་མང་བ་གསན། པཎ་ཆེན་བློ་བཟང་ཆོས་ཀྱི་རྒྱལ་མཚན་ལ་བདེ་མཆོག་ལཱུ་ཨི་པའི་དབང་། མགོན་པོ་ཞལ་བཞི་པའི་དབང་། ཕྱག་ཆེན་ཡང་གསལ་སྒྲོན་མེའི་ལུང་རྣམས་གསན། དེ་ལྟར་གདམས་པའི་གཏེར་དུ་གྱུར་པ་ན་སླལ་བ་དང་ལྡན་པ་མང་པོ་ལ་མདོ་སྔགས་ཀྱི་ཆོས་རྒྱ་ཆེར་སྤེལ་ཞིང་མལ་ཡེར་པ་བས་བཏབ་པའི་ཡེར་པ་སྒྲོས་དཀར་དང་གུང་ཐང་ཆོས་ཁྲི་ལྷོ་ལྟོག་གི་གདན་སར་ཕེབས། ཀུན་མཁྱེན་ལྷ་པ་ཆེན་པོས་ཀྱང་ཡོངས་འཛིན་དུ་བཞེས་ཏེ་སྤྱིར་མདོ་སྔགས་ཀྱི་ཆོས་མཐའ་ཡས་པ་གསན་ཞིང་། ཁྱད་པར་བྱང་ཆུབ་ལམ་གྱི་རིམ་པའི་སྨྱོང་ཁྲིད་རྒྱས་པར་གསན་པས་རྩ

བའི་བླ་མ་བཀའ་དྲིན་ཟླ་མེད་དུ་འཛིན་པར་མཛད་དོ། །དེ་ལྟར་བསྟན་འགྲོའི་དོན་རྒྱ་ཆེར་མཛད་ནས་སྐུ་ཚེ་འདིའི་དངོས་ཀྱི་གདུལ་བྱ་རྫོགས་པ་ན་དགུང་ལོ་ང་བཞི་པ་མེ་མོ་བྱའི་ལོ་ཞི་བར་གཤེགས་སོ། །

དེས་ན་བྱང་ཆུབ་ལམ་གྱི་རིམ་པ་ལ་བློ་སྦྱོང་བར་འདོད་པ་རྣམས་ཀྱིས་མཁས་གྲུབ་དམ་པ་དཔལ་འབྱོར་འཕྲིན་ལས་(༣༥(བ)རབ་རྒྱས་ལ་གསོལ་བ་འདེབས་ཤིང་། དམ་པ་འདིའི་རྣམ་ཐར་ལྟར་ལེགས་ཚོགས་ཐམས་ཅད་ཀྱི་རྩ་བ་བཤེས་གཉེན་དམ་པ་བསམ་སྦྱོར་གཉིས་ཀྱིས་ཚུལ་བཞིན་དུ་བསྟེན་ནས་མདོ་སྔགས་ཀྱི་མན་ངག་ལེགས་པར་ཐོབ་པར་བྱས་ལ་མདོ་སྔགས་གཉིས་ཀའི་ལམ་གྱི་ལུས་ཡོངས་སུ་རྫོགས་པ་ལ་ཉམས་ལེན་སྙིང་པོར་བྱའོ།། །།

རྒྱལ་དབང་བློ་བཟང་རྒྱ་མཚོའི་རྣམ་ཐར།

ཀུན་མཁྱེན་བློ་བཟང་བསྟན་པའི་རྒྱ་མཚོ་ཆེར། །མཚམས་སྦྱིན་ལ་འཁྲུན་དུར་སྒྲིག་གསར་པ་ཡི། །སྲུང་རྩེའི་རྒྱལ་མཚན་འཛིན་པའི་པད་དཀར་ཅན། །སྤྲུལ་པས་འགྲོ་བ་འདྲེན་ལ་གསོལ་བ་འདེབས། །ཞེས་བསྟགས་པ་རྒྱལ་བ་ཐམས་ཅད་མཁྱེན་པ་ངག་དབང་བློ་བཟང་རྒྱ་མཚོ་ནི། འཕྱོང་རྒྱས་འཕྱིང་བར་སྟག་རྩེར་ཡབ་ཧོར་བདུད་འདུལ་རབ་བརྟན་དང་ཡུམ་ཁྲི་ལྕམ་ཀུན་དགའ་ལྷ་མཛེས་ཀྱི་སྲས་སུ་རབ་བྱུང་བཅུ་པའི་མེ་སྤྲེལ་ལ་སྐུ་འཁྲུངས། འཁྲུངས་ཙམ་ཉིད་ནས་བྱིས་པའི་རྒྱུད་པ་མཐའ་དག་ལས་འདས་ཏེ། འགྲོ་བ་རྣམས་ལ་ཆོས་སྟོན་པའི་ཕྱག་རྒྱ་མཛད་པ་སོགས་བསམས་བཞིན་དུ་སྤྲུལ་པའི་སྐུ་གཟུང་བའི་ངང་ཚུལ་གསལ་བར་བསྟན། རྗེ་བོ་རྗེ་དང་རྗེ་བཙུན་ཅོང་ཁ་པ་ཆེན་པོ་སོགས་ལྷ་དང་བླ་མ་དམ་པ་མང་པོའི་ཞལ་གཟིགས། བཀའ་གདམས་གླེགས་བམ་

ལས་གསལ་བར་ལུང་བསྟན་པ་ལྟར་པཎ་ཆེན་བློ་བཟང་ཆོས་ཀྱི་རྒྱལ་མཚན་དང་། ཆོས་སྐྱོང་ཁག་རྣམས་མཐུན་པར་རྒྱལ་བ་ཡོན་ཏན་རྒྱ་མཚོའི་སྤྲུལ་སྐུར་ངོས་ཟིན། དེ་སྐབས་དུས་གཟེར་བས་གེགས་དབང་དུ་སོང་དོགས་ནས་པཎ་ཆེན་བློ་བཟང་ཆོས་ཀྱི་རྒྱལ་མཚན་གྱིས་སྡེ་སྲིད་(༣༨༨ན)གཙང་པ་ལ་ཞུ་མཁས་ཀྱིས་རྩོལ་བ་ཆེན་པོ་མཛད་དེ་འབྲས་སྤུངས་སུ་གདན་འདྲེན་པའི་བཀོད་པ་མཛད་ནས་དགུང་ལོ་དྲུག་པ་ཆུ་ཁྱི་ཧོར་ཟླ་གཉིས་པའི་ཉེར་ལྔ་ལ་གངས་ཅན་འཛིན་མའི་རྒྱན་གཅིག །ཆོས་སྡེ་ཆེན་པོ་དཔལ་ལྡན་འབྲས་སྤུངས་སུ་སྡེ་སྲིད་བསོད་ནམས་ཆོས་འཕེལ། སེ་འབྲས་ཀྱི་བླ་མ་དཔོན་སློབ་རྣམས་དང་། དགེ་འདུན་འདུས་པ་རྒྱ་མཚོ་སྤྲུལ་པའི་ཆོས་རྒྱལ་ཆེན་པོ་ཁོག་ཏུ་བསླབས་པ་སོགས་ཀྱིས་ཕེབས་བསུ་སེར་སྦྲེང་བསམ་གྱིས་མི་ཁྱབ་པ། སྐྱེ་བོ་ཁྲི་ཕྲག་བཀྲལ་བའི་ཁྲིམ་བཅས་དགའ་ལྡན་ཕོ་བྲང་དུ་ཕེབས། དགུང་ལོ་དགུ་པར་པཎ་ཆེན་ཐམས་ཅད་མཁྱེན་པ་བློ་བཟང་ཆོས་ཀྱི་རྒྱལ་མཚན་གྱིས་མཁན་པོ་དང་། ཁྲི་རིན་པོ་ཆེ་དཀོན་མཆོག་ཆོས་འཕེལ་གྱིས་སློབ་དཔོན་མཛད་དེ་དགེ་ཚུལ་བཞེས་ནས་མཚན་བློ་བཟང་རྒྱ་མཚོར་གསོལ། དེ་ནས་པཎ་ཆེན་བློ་བཟང་ཆོས་ཀྱི་རྒྱལ་མཚན་ལ་ཐོག་མར་དགེ་ཚུལ་གྱི་བསླབ་བྱ་དང་། ཆོས་སྤྱོད་རྣམས་ཀྱི་ལུང་། ཡི་དམ་གྱི་དབང་ཆེན་འཇམ་དབྱངས་ཆོས་སྐོར་གྱི་རྗེས་གནང་སོགས་དབང་དང་རྗེས་གནང་མང་པོ་དང་། ལམ་རིམ་ཆེ་ཆུང་གི་ལུང་སོགས་ལུང་མཐའ་ཡས་པ་གསན། ཁྲི་ཆེན་དཀོན་མཆོག་ཆོས་འཕེལ་ལ་ལམ་རིམ་ཆེན་པོའི་བཤད་ལུང་སོགས་ཆོས་མང་དུ་གསན་ཏེ་རྒྱུན་གྱི་ཡོངས་འཛིན་དུ་བསྟེན། འབོན་སྟོན་དཔལ་འབྱོར་ལྷུན་གྲུབ་ཀྱང་ཡོངས་འཛིན་དུ་བསྟེན་ནས་ཆོས་མང་དུ་གསན། གཞན་ཡང་ཡོངས་འཛིན་མང་དུ་བསྟེན་ནས་མདོ་སྔགས་ཀྱི་ཆོས་མཐའ་(༣༨༨བ)ཡས་པ་གསན་ཞིང་། རིགས་པའི་གནས་ལྔ་ལའང་སྦྱངས་པ་མཐར་ཕྱིན་པར་མཛད། དེ་ནས་དགུང་ལོ་ཉེར་གཉིས་སུ་ཕེབས་པ་ས་ཕོ་སྟག་གི་ལོ་ཟླ་བ་

གསུམ་པའི་ཆོས་ལྡུའི་ཉིན་ཇོ་བོ་རིན་པོ་ཆེའི་སྐུ་མདུན་དུ་པཎ་ཆེན་ཐམས་ཅད་མཁྱེན་པ་བློ་བཟང་ཆོས་ཀྱི་རྒྱལ་མཚན་ལ་བསྙེན་རྫོགས་ཀྱི་སྡོམ་པ་བཞེས་ཏེ་ཐུབ་དབང་སླར་ཡང་གངས་རིའི་ཁྲོད་དུ་བྱོན་པ་ལྟ་བུར་གྱུར་ཏོ། །དེ་ནས་དགུང་ལོ་ཉེར་ལྔ་པ་ལྕགས་མོ་སྦྲུལ་གྱི་ལོ་གོ་ཤྲཱི་བསྟན་འཛིན་ཆོས་ཀྱི་རྒྱལ་པོས་གཙང་སྡེ་སྲིད་བཅོམ་ནས་བོད་ཁྲི་སྐོར་བཅུ་གསུམ་དབང་དུ་བསྡུས་ཏེ་ཀུན་མཁྱེན་ལྔ་པ་ཆེན་པོ་འདིའི་ཕྱག་ཏུ་ཕུལ། ཕོ་བྲང་ཆེན་པོ་པོ་ཏ་ལ་བརྩིགས་ཏེ་བཞུགས་ཡུལ་མཛད། བོད་ཀྱི་ལྷ་ཅིག་འཕགས་པ་ཐུགས་རྗེ་ཆེན་པོ་ལོ་ཀེ་ཤྭ་རའི་སྐུ་རང་བྱུང་ཡང་ཕེབས་ནས་ཕོ་བྲང་དུ་བཞུགས། ཟུར་དཔལ་འབྱོར་འཕྲིན་ལས་རབ་རྒྱས་ཡོངས་འཛིན་དུ་བསྟེན་ནས་བྱང་ཆུབ་ལམ་གྱི་རིམ་པའི་ཁྲིད་རྒྱས་པར་གསན། པཎ་ཆེན་བློ་བཟང་ཆོས་ཀྱི་རྒྱལ་མཚན་གདན་དྲངས་སྤྱི་བཀའ་རྡོ་རྗེ་འཕྲེང་བ་དང་། ཟུར་བཀའ་བདེ་གསང་འཇིགས་གསུམ་སོགས་རྒྱུད་སྡེ་བཞི་དང་འབྲེལ་བའི་དབང་དང་རྗེས་གནང་མཐའ་ཡས་པ་དང་། དབེན་ས་བཀའ་འབུམ་གྱི་ལུང་སོགས་དབེན་ས་སྙན་རྒྱུད་ཀྱི་མན་ངག་རྣམས་ཀྱང་ལེགས་པར་གསན། གོ་ཤྲཱི་བསྟན་འཛིན་ཆོས་རྒྱལ་གྱིས་གདན་དྲངས་ནས་གཙང་ཕྱོགས་སུ་ཕེབས་ཏེ་ཆོས་གྲྭ་ཆེན་པོ་བཀྲ་ཤིས་ལྷུན་པོའི་དགེ་འདུན་རྣམས་ལ་(༣༤༧ན)ཆོས་ཀྱི་བདུད་རྩི་སྩལ་ཞིང་། མཆོད་ཡོན་གཉིས་ཀས་པཎ་ཆེན་བློ་བཟང་ཆོས་ཀྱི་རྒྱལ་མཚན་ལ་གུས་འདུད་དང་བསྙེན་བཀུར་རྒྱ་ཆེན་པོ་མཛད། སེར་སྐྱ་བགྲང་བ་ལས་འདས་པ་ལ་ཞལ་གྱི་དཀྱིལ་འཁོར་བསྟན་ཅིང་ཆོས་ཀྱི་བདུད་རྩི་སྩལ་ནས་མཐོང་ཐོས་དྲན་རེག་ཐམས་ཅད་རྗེས་སུ་འཛིན་པར་མཛད།

དགུང་ལོ་སོ་དྲུག་ཏུ་ཕེབས་པ་ཆུ་ཕོ་འབྲུག་གི་ལོ་ཤར་ཕྱོགས་རྒྱ་ནག་ཕོ་བྲང་དུ་ཕེབས་ཏེ་རྒྱ་དང་ཧོར་སོག་གི་སྐྱེ་བོ་བགྲང་བ་ལས་འདས་པའི་དོན་མཛད། སླར་ཕོ་བྲང་དུ་ཕེབས་ནས་མཐའ་དབུས་སྐྱེ་འགྲོ་བགྲང་བ་ལས་འདས་པ་ལ་རང་རང་གི་དབང་

པོ་དང་འཚམ་པའི་ཆོས་ཀྱི་འཁོར་ལོ་རྒྱ་ཆེར་བསྐོར་ཞིང་ལྷག་པར་རབ་བྱུང་དང་བསྙེན་རྫོགས་ཀྱི་སྡོམ་པ་བགྲང་བ་ལས་འདས་པ་སྩལ། ཆོས་འཁོར་ཡང་རྩེ་སོགས་ཆོས་གྲྭ་ཆེན་པོ་མང་པོར་འཇམ་མགོན་བླ་མའི་བསྟན་པའི་རྒྱུན་གསར་འཛུགས་མཛད། སྟགས་གྲྭའི་དགེ་འདུན་གྱི་སྡེ་ཡང་མང་དུ་བཙུགས་ཏེ་ཀུན་མཁྱེན་ལྷ་པ་ཆེན་པོས་གསར་འཛུགས་མཛད་པའི་གླིང་ཆེན་བཅུ་གསུམ་ཞེས་ཡོངས་སུ་གྲགས་པ་ལྟར་དང་། གཞན་ཡང་སྔར་ཡོད་པའི་དགེ་འདུན་གྱི་སྡེ་རྣམས་ལ་ཆོས་གཞི་གནང་སྟེ། གོང་འཕེལ་དུ་མཛད། དགེ་འདུན་གྱི་སྡེ་གང་ན་ཡོད་པ་ཐམས་ཅད་ལ་བཅའ་ཁྲིམས་དམ་པོར་མཛད། གདུལ་བྱའི་ཁམས་དང་བསམ་པ་ལ་གཟིགས་ནས་གསང་སྔགས་སྔ་འགྱུར་གྱི་ཆོས་ཀྱང་མང་དུ་གསན་ཞིང་(༣༤༧བ)གངས་རིའི་ལྗོངས་ཀྱི་སའི་ཆ་ཐམས་ཅད་དུ་སྐུ་གསུང་ཐུགས་རྟེན་མང་དུ་སྤེལ། རྒྱལ་བསྟན་ཡུན་རིང་དུ་གནས་པའི་ཕྱིར་དགེ་འདུན་གྱི་སྡེ་རྣམས་སུ་རེ་མོས་ཀྱིས་བཀའ་འགྱུར་གསུམ་སྒྲོག་རྒྱུན་མི་འཆད་དུ་མཛད། ཇོ་བོ་ཤཱཀྱ་མུ་ནེ་ལ་རིན་པོ་ཆེ་ལས་གྲུབ་པའི་དབུ་རྒྱན་གསར་དུ་བསྒྲོན། བོད་ཁམས་བདེ་ཐབས་སུ་མཆོག་དམན་བར་མ་ཐམས་ཅད་ཀྱིས་ཡི་གེ་དྲུག་པ་བཟླ་བ་དང་། དགེ་འདུན་གྱི་སྡེ་རྣམས་སུ་སྨོན་ལམ་བདེ་གཤེགས་བརྒྱད་ཀྱི་ཐུགས་དམ་བསྐུལ་བའི་ཚོགས་དང་། གནས་བརྟན་ཆེན་པོ་བཅུ་དྲུག་མཆོད་པའི་ཚོགས་རྒྱུན་མི་འཆད་པའི་གཞི་བཙུགས་ཤིང་བཀའ་འདོམས་ཆེ་བར་མཛད། རྒྱལ་བསྟན་ཡུན་རིང་དུ་གནས་པའི་ཕྱིར་གསུང་རབ་དགོངས་འགྲེལ་དང་བཅས་པ་ཐམས་ཅད་ཀྱི་སྙིང་པོའི་དོན་ཕྱོགས་གཅིག་ཏུ་དྲིལ་བའི་མན་ངག་བྱང་ཆུབ་ལམ་གྱི་རིམ་པའི་ཁྲིད་ཡིག་འཇམ་པའི་དབྱངས་ཀྱི་ཞལ་ལུང་། ལམ་གྱི་གཙོ་བོ་རྣམ་གསུམ་གྱི་མཆན་འགྲེལ། བཀའ་གདམས་ཐིག་ལེ་བཅུ་དྲུག་གི་དབང་ཁྲིད་ཞུས་ལན་བྱུང་དགོངས་རྒྱན། དམིགས་བརྩེ་མའི་ཊཱིཀྐཱ། ཕར་ཕྱིན་བློ་བཟང་དགོངས་རྒྱན། དབུ་མའི་རྣམ་བཤད། ཆོས་མངོན་རིན་ཆེན་འདྲེན་པའི་ཤིང་རྟ། འདུལ་བའི་ལས་ཆོག

གསེར་མདོག་རྣམ་རྒྱལ། སོ་ཐར་གྱི་བསླབ་བྱ། མདོ་མཆོག་ཡིད་བཞིན་དབང་རྒྱལ། གནས་བཅུའི་ཚིག །གཟུངས་འབུལ་ལག་ལེན། པཎ་ཆེན་བློ་བཟང་ཆོས་ཀྱི་རྒྱལ་མཚན་གྱི་རྣམ་ཐར་སོགས་བླ་མ་གོང་མའི་རྣམ་ཐར་ཁག་མང་པོ་དང་། གསན་ཡིག་གཏྲའི་རྒྱ་རྒྱན་དང་། རྒྱལ་(༣༤༢ན)བ་མཆོག་ཉིད་ཀྱི་རྣམ་ཐར་དུ་ཀཱུ་ལའི་གོས་བཟང་དང་། བོད་ཁམས་ལུགས་གཉིས་ཀྱིས་སྐྱོང་ཕྱིར་རྒྱལ་རབས་དང་ཁྲིམས་ཡིག །ལྷག་པའི་ལྷ་མང་པོའི་སྒྲུབ་ཐབས་སོགས་བཀའ་རྩོམ་པོད་སུམ་ཅུ་སྐོར་བཞུགས་སོ། །

དེ་ལྟར་གངས་རིའི་མགོན་པོ་རྗེ་བཙུན་སྤྱན་རས་གཟིགས་དངོས་སྒྲིག་གར་གྱི་རྣམ་པར་རོལ་པ་ཀུན་མཁྱེན་ལྔ་པ་ཆེན་པོ་ངག་དབང་བློ་བཟང་རྒྱ་མཚོས་བྱང་ཕྱོགས་གངས་རིའི་ཁྲོད་འདི་ལུགས་གཉིས་ཀྱིས་བསྐྱངས་ཏེ་བསྟན་འགྲོའི་དོན་རླབས་ཆེན་མཛད་ནས་སྐུ་ཚེ་འདིའི་དངོས་ཀྱི་གདུལ་བྱ་རྫོགས་པ་ན་དགུང་ལོ་རེ་དྲུག་ཁུ་ཕེབས་པ་ཆུ་ཕོ་ཁྱིའི་ལོ་ཞི་བར་གཤེགས་སོ། །མཛད་པ་རྣམ་ཐར་ཆེས་ཞིབ་པར་ནི་༧རྒྱལ་བ་མཆོག་ཉིད་ཀྱིས་མཛད་པའི་རྣམ་ཐར་དུ་ཀཱུ་ལའི་གོས་བཟང་དུ་གསལ་བ་ལྟར་རོ། །

དེས་ན་བྱང་ཆུབ་ལམ་གྱི་རིམ་པ་ལ་བློ་སྦྱོང་བར་འདོད་པ་རྣམས་ཀྱིས་༧རྒྱལ་བ་ཐམས་ཅད་མཁྱེན་པ་ངག་དབང་བློ་བཟང་རྒྱ་མཚོ་ལ་གསོལ་བ་འདེབས་ཤིང་༧རྒྱལ་བ་མཆོག་འདིས་གངས་ཅན་གྱི་གདུལ་བྱ་རྣམས་ལ་ཞལ་གདམས་སུ་སྩལ་བ་འཇམ་དཔལ་ཞལ་ལུང་ལས། མ་དག་སྣོད་ཀྱི་སྐྱོན་སྤངས་གཟུར་གནས་ཀྱི། །རྣ་བར་དམ་པའི་ཆོས་ཀྱི་དབྱངས་སྙན་པོ། །ཡོངས་འཛིན་ཞལ་གྱི་སྒོ་ལས་ཉེར་ཐོས་པ། །བསྐལ་པར་བསྒྲུབས་པའི་བསོད་ནམས་ཟོང་གིས་རྙེད། །ཁྱད་པར་རྒྱ་བོད་མཁས་གྲུབ་མ་ལུས་པའི། །ཐུགས་ཀྱི་ཉིང་ཁུ་ཆེ་བ་བཞི་ལྡན་ཆོས། །མཆོག་དམན་འགྲོ་ལ་རིས་མེད་ཕན་པའི་སྨན། །བདུད་རྩིའི་སྤྱན་ཟླ་གཉིས་པ་རྙེད་(༣༤༢བ)དཀའི་ལམ། །ལམ་མཆོག་འདི་འདྲ་ཐོས་བསམ་སྒོམ་གསུམ་གྱིས། །ཉམས་སུ་བླང་བྱར་ཡོད་པའི་

སྐལ་བཟང་རྣམས། །མཆོག་ཚུང་ཆེ་འདིའི་མདུན་མ་རྒྱུང་བསྲིངས་ཏེ། །ཞེན་ལོག་སྙིང་
ཤས་དྲག་པོས་རྒྱུད་བསྐུལ་ནས། །འདུ་འཛིས་དབེན་པའི་ས་འཛིན་མཐོན་པོའི་ངོས། །
སྤང་ལྗོངས་ནགས་ཚལ་མེ་ཏོག་ཁོར་ཡུག་ཅན། །ཇོ་བའི་སྤྱིལ་ཆུང་རང་ཤོང་ཁང་བུ་
རུ། །གྲིབ་མ་གཉིས་པའི་གྲོགས་དང་ལྷན་ཅིག་པར། །ལྷུང་ལྷུང་དལ་གྱིས་འབབ་པའི་
ཉལ་འགྲོ་དང་། །བག་ཕེབས་རི་དྭགས་རྒྱུ་བའི་སྐད་གཉིས་ལས། །གཞན་དུ་དུག་
གསུམ་བསྐྱེད་པའི་ཡོང་གཏམ་གྱིས། །བསམ་གཏན་ཆེར་མའི་བྲེད་པོ་དམིགས་སུ་
མེད། །ཕྱུག་དར་ཁྲོད་པའི་གོས་དང་བསོད་སྙོམས་ཀྱིས། །ཉེར་འཚོ་དཀོར་ནག་དུག་
ཆུས་མ་སྦགས་པས། །རྣམ་དཀར་དགེ་ལ་བསྐུལ་ནུས་ལུས་ངག་ཡིད། །གཏན་གྱི་བདེ་
སྐྱབ་མདུན་མའི་ཡང་རྩེར་སོན། །ཞེས་གསུངས་པ་ལྟར་དལ་རྟེན་ལན་ཅིག་ཐོབ་པའི་
སྐབས་འདིར་ཚང་ལ་མ་ནོར་བའི་ལམ་ལ་བག་ཆགས་ཙེ་ཐེབས་བྱོའོ།། །།

ཁྲི་ཆེན་ངག་དབང་དཔལ་བཟང་པོའི་རྣམ་ཐར།

འཇམ་དཔལ་དབྱངས་དངོས་ངག་དབང་དཔལ་བཟང་པོ། །ཞེས་བསྟགས་པ་ཁྲི་
རིན་པོ་ཆེ་སྦྱིན་པ་རྒྱ་མཚོ་མཚན་གཞན་ངག་དབང་དཔལ་བཟང་ཞེས་གྲགས་པ་དེ་ནི་
མདོ་ཁམས་ཀྱི་སའི་ཆ་སྨལ་ཆུའི་བྱང་ངོས་སུ་སྐྱུ་འཕྲུངས་སྐུ་གཞོན་ནུ་ནས་ཆོས་ཀྱི་བག་
ཆགས་སད་དེ་ཁྱིམ་གྱི་འདུ་འཛི་ལ་མ་ཆགས་པར་རྒྱལ་བའི་བསྟན་པ་ལ་རབ་ཏུ་བྱུང་།
ཆོས་ཀྱི་རྒྱལ་པོ་ཙོང་ཁ་པ་ཆེན་པོ་ལ་རྩེ་གཅིག་ཏུ་དད་པས་རྗེའི་རྣམ་ཐར་(༣༤༨ན)
ལྟར་དང་པོར་གཞུང་ལུགས་ཆེན་མོ་རྣམས་ལ་སྦྱངས་ཏེ་ཐོས་པ་ཕུ་ཐག་ཆོད་པ་ཞིག་བྱ་
བ་དང་། ཐོས་དོན་རང་གི་རྒྱུད་ལ་སྦྱར་ཏེ་ཉམས་ལེན་མཐར་ཕྱིན་པ་ཞིག་བྱ་བ་དང་
རྒྱུད་འབྱོངས་པ་ན་སྒྲུབ་འབྲས་ཀྱིས་བསྟན་པ་དང་སེམས་ཅན་ལ་ཕན་ཐོགས་པ་ཞིག་

བྱ་བར་འདོད་ནས་དབུས་གཙང་གི་ལྗོངས་སུ་བྱོན་ནས་འབྲས་སྤུངས་སུ་ཕེབས་སྒོ་མང་གྲྭ་ཚང་དུ་ཞུགས་ནས་ཕར་ཕྱིན་དང་དབུ་མ་དང་། འདུལ་བ་དང་། མཛོད་དང་རྣམ་འགྲེལ་རྣམས་ལ་སྦྱངས་ཏེ་མཁས་པའི་ཕུལ་དུ་ཕྱིན་པར་གྱུར་པ་ན་ལྷ་ལྡན་སྨོན་ལམ་ཆེན་མོའི་ཐོག་མཁས་མང་རྒྱ་མཚོ་ལྟ་བུའི་དབུས་སུ་དམ་བཅའ་བཞག་སྟེ་དཀའ་བཞིའི་གྲྭ་སྐོར་མཛད། དེ་ནས་སྔགས་ལ་སྦྱོང་བར་བཞེད་ནས་དཔལ་ལྡན་སྨད་རྒྱུད་གྲྭ་ཚང་དུ་ཞུགས་ཏེ་རྒྱུད་སྡེ་བཞི་ག་དང་ཁྱད་པར་བླ་མེད། དེའི་ནང་ནས་ཀྱང་ཕ་རྒྱུད་གསང་བ་འདུས་པ་དང་། མ་རྒྱུད་འཁོར་ལོ་སྡོམ་པ་གཉིས་ཀྱི་རྒྱུད་འགྲེལ་པ་དང་བཅས་པ་ལ་སྦྱངས་ཏེ་མཁས་པའི་ཕུལ་དུ་ཕྱིན་པར་གྱུར་པ་ན་རང་གི་ཡོན་ཏན་གྱི་བྱེད་པོས་རྒྱུད་སྨད་ཀྱི་ཁྲི་ལ་ཕེབས་ནས་རྒྱུད་ཀྱི་རྒྱལ་པོ་དཔལ་གསང་བ་འདུས་པའི་རྩ་རྒྱུད་འགྲེལ་པ་བཞི་སྦྲགས་ཀྱི་སྒོ་ནས་གཟབས་བཤད་དང་། རྒྱུད་ཀྱི་ཊཱིཀྐ་ངག་ཐོག་ནས་འཛིན་ཚོས་དང་། རིན་པོ་ཆེ་ལྟ་བུའི་གདུལ་བྱ་རྣམས་ལ་འདུས་པའི་བསྐྱེད་རྫོགས་ཀྱི་སྨྲོང་ཁྲིད་གནང་སྟེ་རྡོ་རྗེ་ཐེག་པའི་བསྟན་པ་རྒྱ་ཆེར་སྤེལ། གཞན་ཡང་གངས་རིའི་ཁྲོད་འདིར་རྒྱལ་བའི་བཀའ་འགྱུར་རོ་ཅོག་གི་ལུང་དང་། བཀའ་གདམས་གཞུང་(༣༤༩བ)དྲུག་སོགས་འཕགས་ཡུལ་པཎ་གྲུབ་རྣམས་ཀྱི་གསུང་ཕལ་མོ་ཆེ་དང་། རྗེ་ཡབ་སྲས་ཀྱི་གསུང་ཕལ་མོ་ཆེའི་ལུང་གསན་པས་དེ་དུས་གངས་རིའི་ཁྲོད་ན་བླ་མ་འདི་ལུང་གསན་རྒྱ་ཆེ་བར་གྲགས། དེ་ནས་ཐོས་དོན་སྒྲུབ་པ་སྙིང་པོར་བྱ་བར་བཞེད་ནས་འཕགས་མཆོག་ཕྱག་ན་པདྨོ་དྲུར་སླིག་གར་གྱི་རྣམ་པར་རོལ་པ་ཀུན་མཁྱེན་ལྷ་པ་ཆེན་པོ་ལ་བྱང་ཆུབ་ལམ་གྱི་རིམ་པའི་ཁྲིད་ཟླ་ཆོས་སུ་རྒྱས་པར་གསན་ཅིང་ཉམས་སུ་བླངས་ཏེ་སྒྲུབ་པ་ཐོན་པར་མཛད། དེ་ནས་རང་གི་རྒྱུད་སྨིན་པ་ན། སྐལ་བ་དང་ལྡན་པ་གཞན་དག་ལའང་སྐྱེས་བུ་གསུམ་གྱི་ལམ་གྱི་རིམ་པའི་ཁྲིད་རྒྱས་པར་སྩལ། གཞན་ཡང་རང་རང་གི་དབང་པོ་དང་འཚམ་པར་མདོ་སྔགས་ཀྱི་ཆོས་ཀྱིས

ཆར་ཕབ། དེ་ནས་རྒྱལ་བ་ཙོང་ཁ་པ་ཆེན་པོའི་གདན་ས་དགའ་ལྡན་གསེར་ཁྲིར་ཕེབས་ཏེ་མདོ་སྔགས་ཀྱི་ལམ་རིམ་འཆད་པ་དང་། ལྷ་ལྡན་སྨོན་ལམ་ཆེན་མོའི་ཐོག་ཏུ་སྐྱེས་རབས་སོ་བཞི་པའི་གཟབས་བཤད་མཛད་པ་སོགས་རྗེ་བདག་ཉིད་ཆེན་པོའི་མཛད་བཟང་རྣམས་ཉམས་པ་མེད་པར་བསྐྱངས་ཏེ་དགའ་ལྡན་ཁྲི་ཐོག་ཉིད་དུ་གཤེགས་ཏེ་མ་ཕམ་འཇམ་དཔལ་སྙིང་པོའི་ཞབས་དྲུང་དུ་ཕེབས་སོ། །དེས་ན་བྱང་ཆུབ་ལམ་གྱི་རིམ་པ་ལ་བློ་སྦྱོང་བར་འདོད་པ་རྣམས་ཀྱིས་ཁྲི་རིན་པོ་ཆེ་སྦྱིན་པ་རྒྱ་མཚོ་ལ་གསོལ་བ་འདེབས་ཤིང་། བླ་མ་དམ་པ་འདིའི་རྣམ་ཐར་ལྷར་མདོ་རྒྱུད་དགོངས་འགྲེལ་དང་བཅས་པའི་སྙིང་པོའི་དོན་བྱང་ཆུབ་ལམ་གྱི་རིམ་པའི་ཉམས་ལེན་ལ་འབད་པར་བྱའོ།། ||

སེམས་དཔའ་ཆེན་པོ་བྱམས་པ་ཆོས་ལྡན་གྱི་རྣམ་ཐར།

(༣༧༠ན)བཤེས་གཉེན་དམ་པ་བྱམས་པ་ཆོས་ལྡན། །ཞེས་བསྟོད་པ། དགེ་བའི་བཤེས་གཉེན་སེམས་དཔའ་ཆེན་པོ་བྱམས་པ་ཆོས་ལྡན་ནི་སྐུ་གཞོན་ནུ་ནས་རྒྱལ་བའི་བསྟན་པ་ལ་རབ་ཏུ་བྱུང་། ཤིང་རྟ་ཆེན་པོའི་གཞུང་རྣམས་ལ་སྦྱངས་པ་མཐར་ཕྱིན་པར་མཛད་དེ། མཁས་པའི་ཡུལ་དུ་ཕྱིན་པར་གྱུར་པ་ན། རིག་སྔགས་འཆང་བའི་སྡེ་ཆེན་པོ་དཔལ་ལྡན་སྨད་རྒྱུད་གྲྭ་ཚང་དུ་ཕེབས་ཏེ་བདེ་གསང་འཇིགས་གསུམ་གྱི་རིམ་པ་གཉིས་ཀྱི་གནད་རྣམས་དང་། དཀྱིལ་འཁོར་བྲི་སྒྲུབ་སོགས་ཆོ་ག་ཕྱག་ལེན་མཐའ་དག་ལ་སྦྱངས་ཏེ་རྒྱུད་དོན་ལ་མི་འཇིགས་པའི་གདེང་ཐོབ་པ་ན་ཀུན་གྱིས་བསྟགས་འོས་སུ་གྱུར་ཏེ། རྒྱུད་པའི་རྡོ་རྗེ་སློབ་དཔོན་མཛད། དེ་ནས་ངེས་འབྱུང་ཤུགས་དྲག་པོས་བསྐུལ་ནས་སྒྲུབ་པ་སྙིང་པོར་བྱ་བར་བཞེད་དེ། དུས་གསུམ་གྱི་སངས་རྒྱས་ཐམས་ཅད་གང་ནས་བྱོན་པ་དང་འབྱོན་པར་འགྱུར་བའི་ལམ་པོ་ཆེ་གསུང་རབ་དགོངས་འགྲེལ་དང་

བཙས་པའི་སྙིང་པོའི་དོན་སྐྱེས་བུ་གསུམ་གྱི་ལམ་གྱི་རིམ་པ་ཉམས་སུ་ལེན་པ་ལ་རྒྱུད་ལྡན་བླ་མ་དམ་པའི་མན་ངག་དགོས་པར་གཟིགས་ནས་ཁྲི་རིན་པོ་ཆེ་སྦྱིན་པ་རྒྱ་མཚོ་བསམ་སྦྱོར་གཉིས་ཀྱིས་ཚུལ་བཞིན་དུ་བསྟེན་ནས་བྱང་ཆུབ་ལམ་གྱི་རིམ་པའི་སྦྱོང་ཁྲིད་ལེགས་པར་གསན། དེ་ནས་དགའ་ལྡན་གྱི་ཁྲི་སོགས་མཐོན་པོའི་གོ་ས་ལ་རེ་བ་མ་མཛད་པར་ཚེ་འདི་བློས་བཏང་སྟེ་དབུས་སྟོད་ལོ་དགོན་པར་བྱང་ཆུབ་ལམ་གྱི་རིམ་པའི་ཉམས་ལེན་ལ་བརྩོན་པ་ཆུ་བོའི་རྒྱུན་བཞིན་དུ་མཛད་པས་སྦྱོང་བ་ཕུལ་(༣༧༠བ)ཕྱིན་ཐོན་པ་ན་སྐལ་བ་དང་ལྡན་པ་གཞན་དག་ལའང་། བྱང་ཆུབ་ལམ་གྱི་རིམ་པའི་མན་ངག་སྩལ་ཏེ། དེ་དུས་བྱང་ཆུབ་ལམ་གྱི་རིམ་པ་ལ་སྙིང་ནས་བློ་སྦྱོང་བར་འདོད་པ་རྣམས་བཤེས་གཉེན་དམ་པ་འདི་ལ་བརྟེན་པ་ཞིག་བྱུང་ངོ་། །དམ་པ་འདིས་ནི་བཀའ་གདམས་གླེགས་བམ་ལས། ཐེ་ཚོམ་ཐམས་ཅད་ སྤང་བྱ་ཞིང་། །སྒྲུབ་ལ་ནན་ཏན་གཅིས་སུ་བྱ། །ཞེས་གསུངས་པ་དང་། རྗེ་རིན་པོ་ཆེས། དེ་ལྟར་ལམ་གྱི་གཙོ་བོ་རྣམ་གསུམ་གྱི། །གནད་རྣམས་རང་གིས་ཇི་བཞིན་རྟོགས་པའི་ཚེ། །དབེན་པ་བསྟེན་ཏེ་བརྩོན་འགྲུས་སྟོབས་བསྐྱེད་ནས། །གཏན་གྱི་མདུན་མ་མྱུར་དུ་སྒྲུབས་ཤིག་བུ། །ཞེས་གང་གསུངས་པ་དེ་ལྟར་དུ་བསྒྲུབས་ཏེ། ཚེ་འདིའི་གཡེང་བ་དང་ཟབ་ཟབ་སྣན་སྣན་གྱི་ཆོས་སྣ་མང་པོ་ལ་འཇུག་པ་དོར་ཏེ་དཔལ་ཨ་ཏི་ཤ་དང་། ཆོས་ཀྱི་རྒྱལ་པོ་ཙོང་ཁ་པ་ཆེན་པོ་གཉིས་ཀྱི་ཐུགས་ཀྱི་བཅུད་ཕྱུང་བའི་མན་ངག་བྱང་ཆུབ་ལམ་གྱི་རིམ་པ་ཉིད་ལ་ཆིག་སྒྲིལ་དུ་བྱས་ཏེ། ཕྱི་རབས་ཀྱི་གདུལ་བྱ་ཡོངས་ཀྱི་མིག་ལྟོས་སུ་ཆེ་བ་ཞིག་མཛད་དོ།། །

དེ་ལྟར་སྒྲུབ་པ་མཐར་ཕྱིན་པར་མཛད་ནས། །སྐུ་ཚེ་འདིའི་འདུ་བྱེད་དོར་བ་ན་བུ་ཕ་ཁྲིམ་དུ་འགྲོ་བ་ལྟར་དགའ་བཞིན་སྤྲོ་བཞིན་དུ་རྗེ་འཇམ་དཔལ་སྙིང་པོའི་ཞབས་དྲུང་དུ་ཐེབས་སོ། ཁྲི་རིན་པོ་ཆེ་སྦྱིན་པ་རྒྱ་མཚོ་དང་། བཤེས་གཉེན་དམ་པ་འདི་གཉིས

ཀྱི་རྣམ་ཐར་ཞིབ་མོ་མ་མཐོང་བས་སླར་རྙེད་ན་འདིར་བསྣན་པར་བྱའོ།། །།

དེས་ན་བྱང་ཆུབ་ལམ་གྱི་རིམ་པ་ལ་བློ་སྦྱོང་བར་འདོད་པ་རྣམས་ཀྱིས་བཤེས་གཉེན་དམ་པ་བྱམས་པ་ཆོས་ལྡན་ལ་གསོལ་བ་(༣༧)ན)འདེབས་ཤིང་། བཤེས་གཉེན་དམ་པ་འདིའི་རྣམ་ཐར་ལྟར་བློ་སྣ་མང་པོ་མི་བྱ་བར་བྱང་ཆུབ་ལམ་གྱི་རིམ་པ་ཉིད་ལ་ཉམས་ལེན་ཅིག་བསྒྲིལ་དུ་བྱའོ།། །།

ཁྲི་ཆེན་ངག་དབང་མཆོག་ལྡན་གྱི་རྣམ་ཐར།

ཁྲི་ཆེན་ངག་དབང་མཆོག་ལྡན་པ་ནི། མདོ་སྨད་ཀྱི་ཡུལ་གྱི་ཆ་བཙན་ཚོ་ཞེས་བྱ་བའི་ལུང་པའི་ལེ་ལག་དཀར་མོ་ཞུགས་སུ་ཡབ་ནང་སོ་ཕྱུག་རྡོར་བཀྲ་ཤིས་དང་ཡུམ་སྒྲོ་ཆོག་གཉིས་ཀྱི་སྲས་སུ་ཤིང་མོ་སྦྲུལ་གྱི་ལོ་སྐུ་འཁྲུངས། འཁྲུངས་ཙམ་ནས་བཟུང་ཐ་མལ་བྱིས་པའི་སྤྱོད་པ་མཐའ་དག་རྒྱང་རིང་དུ་སྤངས་ཤིང་སྐུ་དྲང་པོར་བསྲངས་ཏེ་སྒོམ་བྱེད་པའི་ཚུལ་དང་གཟུངས་སྔགས་བཟླ་བ་སོགས་དམ་པའི་སྤྱོད་པས་དུས་འདའ་བ་ཞིག་བྱུང་ཞིང་། ཉེ་སྐོར་དུ་མི་གཞན་གྱིས་ཉིང་ངེ་འཛིན་རྒྱལ་པོའི་མདོ་དང་། ཐར་ཆེན་གྱི་མདོ་གཉིས་ཀློག་པ་གསན་པའི་ཚེ་མདོའི་དོན་རྣམས་ཕལ་ཆེར་ཐུགས་ལ་ཆུད་པ་ཞིག་བྱུང་། དེ་ནས་ཁྱིམ་ན་གནས་པ་ནི་ཉོན་མོངས་པ་དང་ཉེས་པ་དུ་མའི་འབྱུང་གནས་དང་། རབ་ཏུ་བྱུང་བ་ནི་ཡོན་ཏན་ཐམས་ཅད་ཀྱི་རྟེན་དུ་གཟིགས་ནས་ཡབ་ཡུམ་གཉིས་ལ་ཁོ་བོ་རབ་ཏུ་འབྱུང་ངོ་ཞེས་ཡང་དང་ཡང་དུ་གསོལ་བ་ན་ཡབ་ཡུམ་གཉིས་ཀྱིས་ཀྱང་མཐུན་པའི་གྲོགས་བྱས་ཏེ་ཁྱིམ་ནས་ཁྱིམ་མེད་པར་བྱ་ཁྱུང་ཆོས་སྡེར་མཁན་པོ་ངག་དབང་ཚུལ་ཁྲིམས་ལ་གཙུག་ཕུད་ནས་རབ་ཏུ་བྱུང་སྟེ་མཚན་ངག་དབང་མཆོག་ལྡན་ཞེས་བཏགས། ཚོགས་སྤྱི་མ་དགེ་ཚུལ་གྱི་སྡོམ་པ་བཞེས་ནས་དགེ་ཚུལ་གྱི་བསླབ་

ཁྲིམས་ལས་ནམ་ཡང་མི་འདའ་བར་བཅའ་ཁྲིམས་ཚུལ་(༣༧༡བ)བཞིན་དུ་བསྲུང་བར་མཛད། མཁན་པོ་དེ་ཉིད་ཚུལ་བཞིན་དུ་བསྟེན་ཏེ་ཆོས་སྤྱོད་ཀྱི་རིམ་པ་རྣམས་དང་། རྒྱན་འཇུག་སོགས་གཞུང་ཆེན་བཞིའི་རྩ་བ་རྣམས་ཀྱང་ཕལ་ཆེར་བཟུང་། སྦྱོར་བ་རྩི་བ་སོགས་རིགས་པའི་སློ་འབྱེད་ལ་བརྩོན་པར་མཛད་པས་ཆོགས་མེད་པར་མཁྱེན། སྔོན་ཡུན་རིང་པོ་ནས་སྦྱངས་པའི་བག་ཆགས་སད་པས་འཁོར་བའི་ཕུན་ཚོགས་གང་ལའང་མི་ཆགས་ཤིང་། སྲིད་ལ་ངེས་འབྱུང་དང་གིས་སྐྱེ་བ་དང་། ཆོས་ཀུན་སྣང་ཞིང་སྟོང་པ་སྒྱུ་མ་ལྟ་བུའི་སྣང་བ་རང་ཤུགས་ཀྱིས་འཆར་བ་ཞིག་བྱུང་།

དེ་ནས་དགུང་ལོ་བཅོ་ལྔ་ལ་བབ་པ་ན་འཇམ་མགོན་བླ་མ་ཙོང་ཁ་པ་ཆེན་པོའི་རྣམ་ཐར་སྐྱོང་ཕྱིར་དབུས་གཙང་དུ་སློབ་གཉེར་ལ་འབྱོན་པར་བཞེད་ནས་བྱ་ཁྱུང་མཁན་པོ་དང་ཡབ་ཡུམ་གཉིས་ལ་དེ་ལྟར་གསོལ་བ་ན་ཁོང་རྣམས་ཀྱིས་ཀྱང་མཐུན་པའི་གྲོགས་ལེགས་པར་སྦྱར་ཏེ་དབུས་སུ་ཕེབས་ནས་སེ་ར་ཐེག་ཆེན་གླིང་དུ་བྱོན། བྱེས་མཁས་མང་གྲྭ་ཚང་དུ་ཞུགས་མི་ཆེན་གྱི་རིགས་ཡིན་པས་ཐམས་ཅད་ཀྱིས་ཆོས་མཛད་མཛད་དགོས་པར་བསྐུལ་ཡང་མི་ཆེན་གྱི་ཆེ་སྤྲོབ་ཀྱིས་སློབ་གཉེར་ལ་གནོད་དོགས་ནས་ཞལ་གྱིས་མ་བཞེས་པར་ཆོས་གྲྭ་བ་སྤྱི་འགྲོ་མཛད། བྱེས་བླ་མ་རྒྱལ་མཚན་དོན་གྲུབ་ཡོངས་འཛིན་དུ་བསྟེན་ཏེ་ཐོག་མར་ཚད་མ་རྣམ་འགྲེལ་ལ་སྦྱངས། དེ་ནས་རྗེ་བཙུན་ཆོས་ཀྱི་རྒྱལ་མཚན་གྱི་ཡིག་ཆའི་སྟེང་ནས་ཕར་ཕྱིན་ལ་སྦྱངས། ཕར་ཕྱིན་གྱི་རྒྱ་བོད་ཀྱི་གཞུང་ཐམས་ཅད་ལ་འདྲིས་པར་མཛད། ཕར་ཕྱིན་གྱི་ཟུར་བཀོལ་བཞི་པོ་ཐུགས་ལ་བྱང་བར་གཟུངས་(༣༧༢ན)ནས་ཚོགས་རྒྱུགས་འབུལ་བར་མཛད། ལོ་བཅུ་དགུ་ཙམ་ལ་ཕར་ཕྱིན་གྱི་གསན་སྦྱོང་རྫོགས་པར་གྲུབ་པར་མཛད་ནས་ལོ་ཉི་ཤུ་པར་གསང་ཕུར་ཕར་ཕྱིན་གྱི་གྲྭ་སྐོར་མཛད། དེ་ནས་དབུ་མའི་འཛིན་གྲྭར་ཞུགས་ཏེ་སེ་ར་རྗེ་བཙུན་པའི་དབུ་མའི་ཡིག་ཆ་ཡོངས་རྫོགས་ཐུགས་ལ་བཟུང་། འཕགས་པ་ཡབ་

སྲས་ཀྱི་དབུ་མའི་གཞུང་རྣམས་དང་། རྗེ་ཡབ་སྲས་ཀྱི་དབུ་མའི་བསྟན་བཅོས་རྣམས་ལ་ལེགས་པར་སྦྱངས་ཏེ་མཁས་པའི་ཕུལ་དུ་ཕྱིན་པར་མཛད།

དེ་ནས་དགུང་ལོ་ཉེར་གཉིས་ནས་ཉེར་བཞི་པའི་བར་ལོ་གསུམ་གྱི་རིང་ལ་འདུལ་མཛོད་གཉིས་ལ་སྦྱངས་ཏེ་མཁས་པའི་ཕུལ་དུ་ཕྱིན་པར་མཛད་དེ། དགུང་ལོ་ཉེར་ལྔ་པའི་ལོ་ལྷ་ལྡན་སྨོན་ལམ་ཆེན་མོའི་ཐོག་ཏུ་དཀའ་བཞིའི་གྲྭ་སྐོར་མཛད། དེ་ནས་རྗེ་རིན་པོ་ཆེའི་རྣམ་ཐར་ལྟར་གཞུང་ལུགས་གདམས་པར་ཤར་བའི་ཉམས་ལེན་མཛད་བཞེད་ནས་སེ་ར་རྩེར་རྗེ་སྒྲུབ་ཁང་པ་དགེ་ལེགས་རྒྱ་མཚོའི་ཞབས་དྲུང་དུ་ཕེབས་ནས་དུས་གསུམ་གྱི་རྒྱལ་བ་ཐམས་ཅད་ཀྱི་བགྲོད་པ་གཅིག་པའི་ལམ་པོ་ཆེ་བྱང་ཆུབ་ལམ་གྱི་རིམ་པའི་ཁྲིད་རྒྱས་པར་གསན་ཏེ་མཐའ་དག་ཐུགས་སུ་ཆུད་པར་མཛད་དེ་དགེ་ལེགས་རྒྱ་མཚོ་ཐུགས་ཤིན་ཏུ་མཉེས་ནས་ན་ཚོད་གཞོན་ནུ་འདི་ཙམ་ནས་ལམ་རིམ་ལ་སྒྲུབ་པ་མཐར་ཕྱིན་པ་བྱས་ན་རྟོགས་པ་ཐོབ་ནས་བསྟན་པ་ལ་ཕན་ཐོགས་པ་ཞིག་འོང་ཞེས་ལུང་བསྟན་ཡང་མཛད། སྔར་གཞུང་ལུགས་ལ་སྦྱངས་པ་གང་བྱས་པ་ཐམས་ཅད་ཚིག་གཅིག་ཀྱང་དོན་མེད་དུ(༣༧༢བ)མ་སོང་བར་རང་གི་རྒྱུད་འདུལ་བའི་མན་ངག་མཆོག་ཏུ་གོ་ནས་དཔལ་ཨ་ཏི་ཤས་གསེར་གླིང་པ་ཆེན་པོ་རྩ་བའི་བླ་མ་འགྲན་གྱི་དོ་མེད་དུ་འཛིན་པ་ཇི་ལྟ་བར་རྗེ་སྒྲུབ་ཁང་པ་འདི་ནི་རྩ་བའི་བླ་མ་འགྲན་གྱི་དོ་མེད་དུ་འཛིན་པར་མཛད་དེ། རྗེ་སྒྲུབ་ཁང་པའི་མཚན་བརྗོད་པ་ན་ཕྱག་ཐལ་མོ་སྦྱོར། སྤྱན་མཆི་མ་འཁྲུག་པ་ཞིག་ཡོད་པར་གསུང་ངོ་། །རྗེ་སྒྲུབ་ཁང་པ་ལ་ལམ་རིམ་གྱི་ཁྲིད་གསན་ནས་ཁྲིད་སྐྱོང་སྐབས་བླ་མའི་གསུང་ཚིག་གཅིག་ཀྱང་རས་སུ་མ་བོར་བར་ཕྱག་དང་མཇལ་གྲངས་གསོག་དང་། མཆོད་པའང་སྟོད་གཞན་མེད་པར་རྫའི་ཁོག་མ་བཀུས་ཏེ་དེ་ཉིད་དུ་ཡོན་ཆབ་ཡང་དང་ཡང་དུ་འབུལ་བ་སོགས་རྗེ་སྒྲུབ་ཁང་པའི་རྣམ་ཐར་ཉམས་པ་མེད་པར་སྐྱོང་བར་མཛད་དོ། །

དེ་ནས་སྣང་བ་མཐའ་ཡས་དྲུར་སྙིག་གར་གྱི་རྣམ་པར་རོལ་པ་པཎ་ཆེན་ཐམས་ཅད་མཁྱེན་པ་རྗེ་བཙུན་བློ་བཟང་ཡེ་ཤེས་ལས་བསྙེན་རྫོགས་ཐོབ་པ་ཞིག་བྱུང་ན་ཅི་མ་རུང་སྙམ་དུ་སྨོན་པས་དགའ་བ་ཁྱད་དུ་བསད་ནས་མི་ཆེན་གྱི་སྒྲིབ་གང་ཡང་མ་མཛད་པར་འཚོ་ཆས་རྣམས་ཀྱང་རང་གི་ཁྲིས་པོར་བསྣམས་ཏེ་བཀྲ་ཤིས་ལྷུན་པོར་ཕེབས། པཎ་ཆེན་ཐམས་ཅད་མཁྱེན་པའི་ཞལ་མཇལ། ཞལ་གྱི་དཀྱིལ་འཁོར་མཐོང་མ་ཐག་ས་དང་པོ་ཐོབ་པ་ལྟ་བུའི་དགའ་བ་དང་། སངས་རྒྱས་དངོས་སུ་མཐོང་བའི་དད་པ་བཅོས་མིན་འཁྲུངས། བསྙེན་རྫོགས་ཀྱི་སྡོམ་པ་ཐོབ་པས་ཐུགས་ལེགས་པར་ཆོམ་ཞིང་མཁན་ཆེན་ཐམས་ཅད་མཁྱེན་པའི་བཀའ་བཞིན་འདུལ་བའི་བཅས་མཚམས་མཐའ་དག་ཉམས་པ་མེད་(༣༧༣ན)པར་བསྲུངས་ཏེ་ཐུབ་པའི་རྒྱལ་ཚབ་ཆེན་པོར་གྱུར་ཏོ། །

དེ་ནས་གསང་སྔགས་ལ་སྦྱོང་བར་བཞེད་ནས་དཔལ་ལྡན་སྨད་རྒྱུད་གྲྭ་ཚང་ལ་ཞུགས། རྒྱུད་སྨད་ཆོས་རྗེ་དགེ་འདུན་ཕུན་ཚོགས་བསམ་སྒྲུབ་གཉིས་ཀྱིས་ཚུལ་བཞིན་དུ་བསྟེན་ཏེ་རྒྱུད་ཀྱི་རྒྱལ་པོ་དཔལ་གསང་བ་འདུས་པ་འགྲེལ་བ་འགྲེལ་བཤད་མན་ངག་ལག་ཁྲིད་དང་བཅས་པ་དང་། མ་རྒྱུད་ཐམས་ཅད་ཀྱི་གཙོ་བོ་དཔལ་འཁོར་ལོ་སྡོམ་པ་རྒྱུད་འགྲེལ་མན་ངག་ལག་ཁྲིད་དང་བཅས་པ་དང་། དཔལ་རྡོ་རྗེ་འཇིགས་བྱེད་ཆེན་པོའི་རྒྱུད་མན་ངག་ལག་ཁྲིད་དང་བཅས་པ་ལ་སྦྱངས་ཏེ་མཁས་པའི་ཕུལ་དུ་ཕྱིན་པར་མཛད་ནས་དགུང་ལོ་ཉེར་བདུན་པའི་ལོ་དབྱར་གནས་ཐོག་རྒྱུད་ཆེན་དགེ་འདུན་ཕུན་ཚོགས་ལ་གསོལ་བ་བཏབ་སྟེ། ཕྱི་མིག་ལུང་གི་ཁྲིད་ཁང་དུ་ཞུགས་ནས་མཁས་གྲུབ་རིན་པོ་ཆེའི་དཀར་ཆག་ཐོའི་ཡིག་ཆུང་ལས་ཇི་ལྟར་འབྱུང་བ་ལྟར་འདུས་པའི་རིམ་གཉིས་ཀྱི་ཁྲིད་ལག་ལེན་ཆེ་ཕྲ་མཐའ་ཐག་ཉམས་པ་མེད་པར་ཁྲིད་པར་མཛད། རྒྱུད་ཆེན་དགེ་འདུན་ཕུན་ཚོགས་འདི་ལ་དཔལ་དབེན་ས་སྙན་རྒྱུད་ཀྱི་མན་ངག་དང་། ཤྲད་རྒྱུད་ཀྱི་མན་ངག་དང་། རྒྱུད་སྨད་རང་གི་རྗོ་ལག་བརྒྱུད་ཀྱི་མན་ངག་

གསུམ་ག་མངའ་ཞིང་། དེ་ཡང་བཀླུགས་ལུང་ཙམ་མིན་པར་དམར་ཁྲིད་ལག་རྗེས་དང་བཅས་པ་ཞིབ་ཏུ་ཁྲིད་པར་མཛད་པས་ལམ་རིམ་གཉིས་ལ་མི་འཇིགས་པའི་གདེང་ཐོབ། དེ་ནས་འཇམ་དབྱངས་བཞད་པ་རྡོ་རྗེ་ལ་ཡང་ལམ་རིམ་གྱི་ཁྲིད་དང་བསྐྱེད་རྫོགས་ཀྱི་ཁྲིད་དང་(༣༧༣བ)དབང་རྗེས་གནང་མང་དུ་གསན། གཞན་ཡང་དགེ་བའི་བཤེས་གཉེན་དུ་མ་ལ་དབང་ལུང་མན་ངག་མཐའ་ཡས་པ་གསན། དེ་ནས་ཡབ་ཡུམ་གྱིས་ནན་གྱིས་བསྐུལ་ཏེ་མདོ་སྨད་དུ་བྱོན་ནས་ལོ་ངོ་བཞི་ཙམ་བཞུགས་སྐབས་དགུང་ལོ་སོ་གསུམ་གྱི་ཐོག་དབུས་སུ་ཕེབས་ནས་ཁྲི་ཆེན་དགེ་འདུན་ཕུན་ཚོགས་ལ་གསང་བདེ་འཇིགས་གསུམ་གའི་བསྐྱེད་རྫོགས་རྣམས་ཀྱི་ཁྲིད་དང་རྗེ་རིན་པོ་ཆེའི་གསུང་འབུམ་གྱི་ལུང་སོགས་ཆོས་བཀའ་མཐའ་ཡས་པ་གསན། དགུང་ལོ་སོ་བཞི་པའི་ལོ་གཞུངས་ནས་མཐོ་ལྡིང་མཁན་པོར་བསྐོ་བཞག་གནང་སྟེ་མཐོ་ལྡིང་གསེར་ཁྲིར་ཕེབས་ནས་ལོ་ཆེན་རིན་ཆེན་བཟང་པོའི་གདན་ས་བསྐྱངས་ཏེ་ལོ་ཆེན་གྱིས་བསྟན་པའི་དོན་དུ་སྐུ་གསུང་ཐུགས་རྟེན་རྒྱ་ཆེན་པོ་བཞེངས་པ་རྣམས་དང་མདོ་སྔགས་ཀྱི་འཆད་ཉན་བཙུགས་པ་རྣམས་བར་སྐབས་སུ་ཉམས་པ་རྣམས་དམ་པ་འདིས་ལེགས་པར་གསོས་ཏེ་ལོ་ཆེན་རང་ཉིད་སྐྱར་བྱོན་པ་ལྟར་མངའ་རིས་སྐོར་གསུམ་དུ་མདོ་སྔགས་ཀྱི་ཆོས་རྒྱ་ཆེར་བཤད་དེ་བསྟན་པ་ལ་བྱ་བ་རྒྱ་ཆེན་པོ་མཛད། མངའ་རིས་སུ་ལོ་བདུན་གྱི་རིང་བསྟན་པའི་བྱ་བ་མཛད་ནས་མཐོ་ལྡིང་གི་ཁྲི་བཞག་སྟེ་དབུས་གཙང་དུ་འབྱོན་པའི་ལམ་ཞོར་གངས་ཏི་སེ་མཇལ་བར་ཕེབས། གནས་དེར་བཀའ་བརྒྱུད་པའི་བླ་མ་གོང་མ་མང་པོས་ཕྱག་རྗེས་དང་ཞབས་རྗེས་བཞག་པ་མང་དུ་སྣང་བ་རྣམས་གཟིགས་པ་ན་འཇམ་མགོན་བླ་མའི་བསྟན་པའི་ཆེ་བ་འདོན་ཕྱིར་དམ་པ་འདིས་ཀྱང་རྡོ་ལ་ཞབས་རྗེས་འཇོག་པར་མཛད། དེ་ནས་མང་ཡུལ་སྐྱིད་གྲོང་དུ་ཕེབས་ཏེ་རང་(༣༧༤ན)བྱུང་ཝ་ཏི་བཟང་པོ་ལ་མཆོད་འབུལ་སྨོན་ལམ་རྒྱ་ཆེར་མཛད། དེ་ནས་སྐྱིད་གྲོང་གི་ཕུ་བྲག

ཁ་རི་ཁྲོད་དུ་ལི་ཐང་རབ་འབྱམས་པ་བློ་མ་བློ་བཟང་ཆོས་འཕེར་ལ་ཆོས་མང་དུ་གསན། དེ་ནས་དཔལ་ཁྱུད་དུ་ཕེབས་ནས་པད་མ་ཆོས་སྟིངས་མཇལ། པོ་དོང་འཇིགས་བྲལ་གྱི་གསུང་རྣམས་ལ་ཤིན་ཏུ་དགྱེས་པར་མཛད། དེ་ནས་རིམ་གྱིས་བཀྲ་ཤིས་ལྷུན་པོར་ཕེབས་ཏེ་པཎ་ཆེན་ཐམས་ཅད་མཁྱེན་པ་ཆེན་པོར་ཧྲ་བཟང་པོ་སུམ་ཅུ་སྐོར་གྱིས་གཙོས་པའི་འབུལ་བ་སྤྲམ་ཆེ་བ་མཛད། བྱང་ཆུབ་ལམ་གྱི་སྒྲོན་མ་སོགས་ཆོས་མང་དུ་ཞུ་བར་མཛད། དེ་ནས་དབུས་སུ་ཕེབས་ཏེ་གྲུབ་པའི་དབང་ཕྱུག་འཇམ་དཔལ་རྒྱ་མཚོ་བ་ལ་མི་ཏྲ་བརྒྱ་རྩ་སོགས་དབང་རྗེས་གནང་མང་དུ་གསན། ཁྲི་ཆེན་དགེ་འདུན་ཕུན་སུམ་ཚོགས་ལ་བདེ་མཆོག་རྩ་རྒྱུད་དང་སྦས་དོན་ཀུན་གསལ་གཉིས་རྩ་འགྲེལ་སྦྲགས་པའི་ལུང་སོགས་ཟབ་ཆོས་མང་དུ་གསན། དེ་ནས་རྒྱུད་སྨད་ཀྱི་ཁྲི་ལ་ཕེབས་ཏེ་རྗེ་ཐམས་ཅད་མཁྱེན་པས་རྗེ་བཙུན་ཤེས་རབ་སེང་གེ་ལ་ཕ་རྒྱུད་གསང་བ་འདུས་པ་དང་། མ་རྒྱུད་འཁོར་ལོ་སྡོམ་པ་གཉིས་ཀྱི་རྒྱུད་འགྲེལ་དང་། བསྐྱེད་རྫོགས་ཀྱི་ཁྲིད་རྣམས་རྒྱུན་མི་ཉམས་པར་བྱ་བའི་ཕྱིར་རྒྱུད་གྲྭ་འཛུགས་དགོས་པར་བཀའ་ཕེབས་པ་ལྟར་རྗེ་ཤེས་རབ་སེང་གེས་རྗེའི་བཀའ་ལྟར་རྒྱུད་ཀྱི་རྒྱལ་པོ་གཉིས་ཀྱི་འཆད་ཉན་གཙོ་བོར་བཏོན། བདེ་གསང་འཇིགས་གསུམ་གྱི་ཆོ་ག་ཕྱག་ལེན་མཐའ་དག་རྒྱུད་དང་(༣༧༩བ)རྗེའི་དགོངས་པ་ལྟར་རྣམ་པར་དག་པའི་རྒྱུད་གྲྭ་འཛུགས་པར་མཛད་ཅིང་རིང་ཞིག་འཕེལ་རྒྱས་སུ་གྱུར་ནའང་བདེ་མཆོག་གི་སྐོར་འདི་ལྷག་པར་བཀའ་གཉན་པ་དང་། དུས་དབང་གིས་བར་སྐབས་ཤིག་ནས་བརྒྱུད་རྒྱུན་ཆད་པ་དམ་པ་འདིས་གསོ་བར་བཞེད་ནས་རྗེ་རིན་པོ་ཆེ་ཉིད་ལ་གསོལ་བ་ཤུགས་དྲག་ལ་རྒྱུན་རིང་བ་བཏབ། རྗེ་རིན་པོ་ཆེའི་བསྟན་པ་གཉེར་དུ་གཏད་པའི་སྲུང་མ་མགོན་ཆོས་གཉིས་ལ་འཕྲིན་ལས་བཅོལ་ཏེ་སྡེ་སྣོད་འཛིན་པ་བློ་གསལ་དོན་གཉེར་ཅན་ཁ་ཤས་དབེན་དགོན་དུ་བཏང་སྟེ་གྲུབ་ཆེན་དབེན་ས་པ་ཡབ་སྲས་ཀྱིས་ཇི་ལྟར་བཙུགས་པའི་བདེ་མཆོག་གི་ཆོ་གའི་ཕྱག་

ལེན་རྣམས་ཉམས་པ་མེད་པར་བླངས་ཏེ་ཆོ་ག་རྣམས་ལེགས་པར་བཙུགས། སྔར་ནས་གསང་བ་འདུས་པའི་འགྲེལ་པ་བཞི་སྦྲགས་ཀྱི་འཆད་ཉན་རྒྱུན་ཉམས་པ་མེད་པར་གནས་པ་གོང་འཕེལ་གྱི་ཐོག་བདེ་མཆོག་ཛ་རྒྱུད་དང་། སྦྲས་དོན་ཀུན་གསལ་ཛ་འགྲེལ་སྦྲགས་པའི་འཆད་ཉན་ལེགས་པར་བཙུགས། ཊཱིཀྐའི་འཛིན་ཆོས་དང་། བདེ་གསང་གཉིས་ཀྱི་བསྐྱེད་རིམ་དང་རིམ་ལྔ་གསལ་སྒྲོན་གྱི་གཟབས་བཤད་འཇིགས་བྱེད་ཀྱི་བསྐྱེད་རྫོགས་ཆེན་མོའི་གཟབས་བཤད་དབྱར་གནས་ཐོག་འདུས་པའི་བསྐྱེད་རྫོགས་ཀྱི་མྱོང་ཁྲིད་ལོ་ལོ་བཞིན་ཉམས་པ་མེད་པ་བསྐྱངས། དོན་གཉེར་ཅན་འགའ་ཡར་ལ་ཁྲིད་ཆེན་བརྒྱད་ཀུང་གནང་སྟེ་རྡོ་རྗེ་ཐེག་པའི་བསྟན་པ་ཆེས་ཆེར་སྤེལ་བས་རྒྱལ་བའི་བསྟན་པ་སྤྱི་དང་ཁྱད་པར་རྡོ་རྗེ་ཐེག་པའི་(༣༧༥ན)བསྟན་པ་ལ་འཀའ་དྲིན་ཟླ་མེད་དུ་མཛད་དོ། །

གཞན་ཡང་བློ་གསལ་གླིང་ཞལ་སྔ་ནས་བློ་བཟང་སྦྱིན་པ་དང་། གྲུབ་པའི་དབང་ཕྱུག་དོན་ཡོད་མཁས་གྲུབ་སོགས་ལའང་མདོ་སྔགས་ཀྱི་ཟབ་ཁྲིད་མང་དུ་གསན། དེ་ལྟར་མེ་ཕག་ནས་མེ་སྤྲེའི་བར་ལོ་བཅུའི་རིང་ལ་དཔལ་ལྡན་སྨད་རྒྱུད་གྲྭ་ཚང་གི་གདན་ས་མཛད་དེ་ཆོས་ཟང་ཟིང་གཉིས་ཀའི་སྒོ་ནས་དགེ་འདུན་གྱི་སྡེ་ལེགས་པར་བསྐྱངས། ཁྱད་པར་བདེ་མཆོག་གི་ཆོས་སྐོར་ཉམས་པ་གསར་དུ་གསོ་བར་མཛད། ཡུན་རིང་གནས་པའི་ཕྱིར་གཞུང་ས་ཆེན་པོར་རྩོལ་བ་ཆེན་པོས་ཞུས་ཏེ་བདེ་མཆོག་སྒྲུབ་མཆོད་ཀྱི་མཆོད་གཞི་ཡང་གསར་སྒྲོར་མཛད། དེ་ནས་རྒྱལ་བ་ཐམས་ཅད་མཁྱེན་པ་རྗེ་བཙུན་བློ་བཟང་བསྐལ་བཟང་རྒྱ་མཚོ་སྔགས་ཀྱི་གསན་སྒྲོང་མཛད་རྒྱུའི་ཡོངས་འཛིན་དུ་རྗེ་འདི་པ་སྤྱན་དྲངས་པ་ན་རྒྱུད་སྨད་ཀྱི་གདན་ས་བཞག་སྟེ་རྒྱལ་བ་མཆོག་གི་ཡོངས་འཛིན་དུ་བཞུགས་ཏེ་འགར་ཐར་དུ་ཕེབས། འགར་ཐར་དུ་བཞུགས་པའི་རིང་རྒྱལ་བ་བསྐལ་བཟང་རྒྱ་མཚོར་རྒྱུད་སྨད་ཀྱི་ཕྱག་བཞེས་བཞིན་རྡོ་རྗེ་སློབ་དཔོན་མཆོད་པའི་ཆོ

ག་སྟོན་དུ་བཏང་སྟེ་ཉིན་རེ་བཞིན་འགྲེལ་པ་བཞི་སྦྲགས་ནས་གཟབས་བཤད་རེ་དང་རྒྱུད་ཊཱིཀ་གི་འཛིན་ཆོས་འཆག་མེད་ངོས་བར་བར་དུ་དབང་རྗེས་གནང་གི་རིགས་དང་ལུང་གི་རིགས་འབུལ་བར་མཛད། དགུན་དུས་ཕལ་ཆེར་བཅད་རྒྱར་བཞུགས་ཤིང་རྒྱུད་པའི་ཕྱག་བཞེས་ལྟར་དཔྱིད་སོས་ནས་བཟུང་རྒྱུད་འགྲེལ་གྱི་(༣༧༥བ)འཆད་ཉན་གོང་འཕེལ་དུ་མཛད་དེ་བསྒྲགས་ལུང་ཙམ་གྱིས་ཆོག་པར་མ་མཛད་པར་རྩ་རྒྱུད་དང་བཤད་རྒྱུད་རྣམས་ཤན་སྦྱར། དེ་དག་གི་དོན་འཕགས་པ་ཡབ་སྲས་ཀྱི་གཞུང་རྣམས་དང་རྗེ་ཡབ་སྲས་ཀྱི་གཞུང་རྣམས་དང་སྦྱར་ཏེ་མཐའ་དྲུག་དང་ཚུལ་བཞིའི་དོན་མཐའ་དག་པར་བཤད། རྒྱལ་བ་མཆོག་འདི་འང་སྤྱིར་རྒྱལ་བའི་དམ་ཆོས་མ་ལུས་འཛིན་པ་དང་། ཁྱད་པར་བླ་མེད་རྡོ་རྗེ་ཐེག་པའི་བསྟན་པ་ཉམས་པ་རྣམས་གསོ་བ་དང་རྒྱུན་ཅུང་ཟད་གནས་པ་རྣམས་ཆེས་ཆེར་སྤེལ་བར་བཞེད་པའི་ལྷག་བསམ་སྙིང་སྟོབས་ལྷག་པར་ཆེ་བས་རྒྱ་མཚོ་ཆེན་པོ་རྒྱས་མི་ངོམས་པ་ལྟར་བླ་མ་རྡོ་རྗེ་འཆང་གིས་ཇི་ཙམ་བཤད་ཀྱང་ཆོམ་པ་མེད་པར་གོང་འཕེལ་དུ་མཛད། འགར་ཐར་དུ་བཞུགས་རིང་ཐོས་བསམ་སྒོམ་པའི་བྱ་བ་མཐའ་དག་དབྱར་གྱི་མཚོ་དང་ཡར་ངོའི་ཟླ་བ་ལྟར་གོང་འཕེལ་དུ་གྱུར་པ་ཞིག་བྱུང་། དེ་ལྟར་ལོ་གཉིས་ལྷག་ཙམ་གྱི་རིང་ལ་འགྲེལ་པ་བཞི་སྦྲགས་ནན་ཏན་དུ་བྱས་ནས་ཐུགས་སུ་ཆུད་པར་མཛད། དེ་ནས་དབུས་སུ་འབྱོན་པར་ཆས་པ་ན་གོང་མའི་རྒྱལ་ཁབ་ནས་ལྕང་སྐྱ་རིན་པོ་ཆེ་ཡར་ཕེབས་ཏེ་རྒྱལ་བ་མཆོག་དང་རྗེ་འདི་གཉིས་ཀ་ལ་མདོ་སྔགས་ཀྱི་ཆོས་མཐའ་ཡས་པར་གསན་ཞིང་ལྷག་པར་རྗེ་འདི་ལ་འགྲེལ་པ་བཞི་སྦྲགས་དང་། རིམ་ལྔ་གསལ་སྒྲོན་གྱི་གཟབས་བཤད་དང་། ཁྲིད་ཆེན་བརྒྱད་སོགས་མདོ་སྔགས་ཀྱི་ཟབ་ཆོས་མཐའ་ཡས་པ་གསན་ཞིང་རྗེ་འདིས་ཀྱང་ཐུམ་པ་གང་བྱོ་ལྷ་བུར་གནང་བར་མཛད། དེ་ནས་ཕོ་བྲང་ཆེན་པོར་ཕེབས་ནས་ཀྱང་རྒྱལ་བ་མཆོག་ལ་མདོ་སྔགས་ཀྱི་ཟབ་(༣༧༦ན)ཆོས་མཐའ་དག་རིམ་གྱིས་འབུལ་

བར་མཛད་ཅིང་། རྒྱལ་བ་མཆོག་གི་བཀས་དགའ་ལྡན་གྱི་གསེར་ཁྲིར་ཕེབས་ཏེ་རྗེ་རིན་པོ་ཆེའི་མཛད་སྲོལ་རྣམས་མ་ཉམས་པར་བསྐྱངས། ལོ་བདུན་གྱི་རིང་ལ་གསེར་ཁྲི་སྐྱོང་བར་མཛད། དེ་ནས་ཁྲི་བཞག་སྔེ་ཕོ་བྲང་ཆེན་པོར་བཅར་བཞུགས་ཀྱིས་རྒྱལ་བ་མཆོག་ལ་ཆོས་འབུལ་དགོས་རྣམས་དང་དོན་གཉེར་ཅན་གཞན་མང་པོ་ལ་འང་ཆོས་རྒྱ་ཆེར་གནང་།

དེ་ནས་དགུང་ལོ་བདུན་ཅུ་ལོན་ནས་སྐུ་སྨིན་ཚུལ་ཆེ་བར་ཕེབས་པ་ན་གསེར་སྲང་བརྒྱ་ཕྲག་བརྒྱལ་བ་བཏུལ་ཏེ་གངས་རིའི་ལྗོངས་ཀྱི་རྟེན་ཁྱིན་སྐལ་བས་ཅན་རྣམས་ལ་གསེར་གསོལ་མཛད། མདོར་ན་བདག་ཉིད་ཆེན་པོ་འདིས་དགེ་བའི་བཤེས་གཉེན་ཚུལ་བཞིན་དུ་བསྟེན་ནས་བཀའ་མདོ་རྒྱུད་མཐའ་དག་ལ་མཁས་པར་སྦྱངས་པས་ཡང་དག་པའི་ལམ་ལ་རིགས་པའི་ལམ་ནས་དྲངས་པའི་ངེས་པ་གཏིང་ཚུགས་པ་སྐྱེད་ཅིང་གྲུབ་མཐའ་རྒྱ་མཚོ་ལྟ་བུའི་ཕ་རོལ་དུ་ཕྱིན། ངེས་འབྱུང་གི་བསམ་པ་བཙོས་མིན་དུ་འཁྲུངས་པས་ཟག་བཅས་ཀྱི་བདེ་བ་མཐའ་དག་ལ་ཞེན་པ་གཏིང་ནས་ལོག །བདག་པས་གཞན་གཅེས་པའི་བྱང་ཆུབ་ཀྱི་ཐུགས་འཁྲུངས་པའི་སྒོ་གསུམ་གྱི་མཛད་པ་མཐའ་དག་གཞན་དོན་འབའ་ཞིག་ཏུ་གྱུར། ཕྱི་ནང་གི་རྟེན་འབྲེལ་ཐམས་ཅད་ཆུ་ཟླ་ལྟར་གཟིགས་པས་ཡེ་ཤེས་དང་ཐབས་མཁས་པའི་ཕ་རོལ་ཏུ་ཕྱིན། ལམ་རིམ་པ་གཉིས་ཀྱི་རྣལ་འབྱོར་དང་བདེ་སྟོང་གི་ཏིང་ངེ་འཛིན་ལ་མངའ་བརྙེས་པས་མཁའ་འགྲོ་དབང་དུ་འདུ་ཞིང་ཆོས་སྐྱོང་སྲུང་（༣༧༨བ）མ་བྲན་དུ་འཁོལ། རྒྱལ་བའི་དམ་ཆོས་འཛིན་པའི་སློན་ལམ་གྱི་མཐུ་གྲུབ་པས་དུས་ཀྱི་མཐའ་འདིར་ཡང་ཐུབ་བསྟན་སྤྱི་དང་། ཁྱད་པར་རྒྱལ་བ་བློ་བཟང་གྲགས་པའི་བསྟན་པའི་གནད་མཐའ་དག་ཉིན་མོ་ལྟར་གསལ་བར་མཛད་པ་ཞིག་ཡིན་ལ། སྐྱབས་པ་ཉམས་ལེན་གྱི་དབང་དུ་བགྱིས་ན་གངས་ཏེ་སེ། གམ་པོ་གནས་ནང་། རྡ་སོ་བྲག་དཀར། བཞག་བྲག་གངས་རི། རི་བོ་དགེ་ལྡན། ཕ་བོང་ཁ

ལ་སོགས་པའི་སྒྲུབ་གནས་དུ་མར་སྐུ་མཚམས་ཡུན་རིང་དུ་མཛད་ཅིང་། གཞན་ཡང་བྲེལ་བ་ཆེ་སྐབས་མ་གཏོགས་མངའ་རིས་སུ་ཕེབས་པ་ནས་བཟུང་གཞན་དོན་དུ་དགོངས་པ་གཏད་པ་རྒྱུན་ཆད་ལོ་རེ་བཞིན་མ་ཐ་ཟླ་བ་གསུམ་བཞི་རེ་ཙམ་མ་ཆག་པར་སྐུ་མཚམས་མཛད་ཅིང་རྒྱུན་པའི་ཐུགས་དམ་གྱི་རིམ་པ་ཡང་། སྔོན་རྒྱུད་བླ་མའི་རྣལ་འབྱོར་ལ་བརྟེན་པའི་དབང་བཞི་ལེན་པ་དང་། བྱང་ཆུབ་བདེ་ལམ་གྱི་སྟེང་ནས་ལམ་རིམ་གྱི་དམིགས་ཁྲིད་སྐྱོང་བ། གསང་འདུས་མི་སྐྱོད་རྡོ་རྗེ། བདེ་མཆོག་དྲིལ་བུ་ལུས་དཀྱིལ། འཇིགས་བྱེད་ལྷ་བཅུ་གསུམ་མ་གསུམ་གྱི་རྣལ་འབྱོར་རྒྱས་པ་རང་རང་གི་རྫོགས་རིམ་གྱི་ཉམས་བཞེས་དང་བཅས་པ། སྲུང་མཛད་མགོན་པོ་ཕྱག་དྲུག་པས་གཙོས་སྲུང་མ་རྣམས་ལ་གཏོར་བསྔོ་རྒྱས་པ་ཆབ་གཏོར་བརྒྱ་རྩ་ལ་སོགས་པའི་ཆོས་སྐྱོང་གཏོར་མའི་རིམ་པ། ཐབས་ཤེས་ཀྱི་ཉམས་ལེན་རྣམས་ཆག་མེད་དུ་མཛད་ཅིང་ཐུན་མཚམས་སུ་ཕྱག་དང་མཎྜལ་སྔོན་དུ་འགྲོ་བའི་བྱང་ཆུབ་ཀྱི་སེམས་སྦྱོང་བ་ཉིད་ལ་ཐུགས་དམ་གྱི་གཙོ་བོར་མཛད་པ་ཡིན་ཞིང་རྒྱུན་བསྙེན་ཡང་དཀྱིལ་(༣༧༧ན)འཁོར་གཙོ་བོའི་རྩ་སྔགས་རྣམས་དང་། ཁྱད་པར་འཇིགས་བྱེད་ཀྱི་རྩ་སྔགས་ལྔ་བརྒྱ་ཙམ་རེ་ཆག་མེད་དུ་བཟླ་བ་དང་། རྡོ་རྗེ་བཟླས་པ་དང་། བུམ་པ་ཅན་གྱི་རླུང་སྦྱོར་ཡང་མང་དུ་མཛད་པར་སྣང་ངོ་། །ལེགས་པར་བཤད་པས་གདུལ་བྱ་བསྐྱངས་པའི་རིམ་པ་ཡང་། མངའ་རིས་སུ་ཕེབས་པ་ནས་བཟུང་གཞན་དོན་དུ་དགོངས་པ་གཏད་པ་རྒྱུན་ཆད་ལོ་རེ་གཉིས་ཙམ་མ་གཏོགས་ཕལ་ཆེར་ལམ་རིམ་གྱི་ཁྲིད་རྒྱས་བསྡུས་གང་ཡང་རྒྱུང་བ་རེ་མ་ཆག་པར་མཛད་ཅིང་ལམ་རིམ་ཆེན་མོའི་བཤད་ལུང་ཡང་བཅུ་ཕྲག་བཀྲལ་བ་དང་། འགྲེལ་པ་བཞི་སྦྲགས་ཀྱི་སྟེང་ནས་འདུས་པའི་རྒྱུད་ཀྱི་བཤད་པ་ཚར་ཉི་ཤུ་ལྷག་དང་། རིམ་ལྔ་གསལ་སྒྲོན་བདེ་མཆོག་སྦས་དོན་ཀུན་གསལ་ལ་སོགས་པ་གཞུང་ཆེན་མོ་དུ་མའི་བཤད་པ་དང་། དབང་ཁྲིད་ལུང་རྗེས་གནང་མཐའ་ཡས་པའི་སྒོ་ནས་བསྟན་

པ་ལ་བྱ་བ་རྒྱ་ཆེར་མཛད་ཅིང་། ལྷག་པར་རྒྱལ་བ་མཆོག་ལ་ལོ་ཉི་ཤུ་རྩ་བཞིའི་བར་དུ་ཡོངས་འཛིན་མཛད་དེ་ཆོས་བཀའ་ཐམས་ཅད་བུམ་པ་གང་བྱོའི་ཚུལ་དུ་ཕུལ། རྒྱལ་བ་མཆོག་ནས་ཀྱང་ཡོངས་འཛིན་རྣམས་ཀྱི་ནང་ནས་རྗེ་འདི་པ་བཀའ་དྲིན་ཟླ་མེད་དུ་འཛིན་པར་མཛད་དོ། །

དེ་ནས་དགུང་ལོ་བདུན་ཅུ་དོན་ལྔར་ཕེབས་པ་ན་རྒྱལ་བ་མཆོག་ལ་ད་ནི་ན་སོ་རྒས་པས་འགོལ་ས་ཞིག་ཏུ་བསྡད་ཆོག་པ་དགོས་པས་དཔལ་འཁོར་ཆོས་སྡེ་ཕྱུལ་ནས་ར་སྒྲེང་དགོན་རང་ལ་གནང་བ་དང་། དེར་སྡོད་ཆོག་པ་དགོས་ཞེས་ཞུས་པ་ན། རྒྱལ་བ་མཆོག་ཀྱང་ཐུགས་དལ་ཆེས་ཆེ(༣༧༧བ)བར་མཛད་དེ། ཁྲི་ཆེན་གྱི་གཟིམ་ཚུང་དུ་ཕེབས་ནས་བླ་མ་དམ་པའི་སྐུ་དང་གསུང་གི་བབས་ལ་གཟིགས་ནས་ཞིང་ཁམས་གཞན་དུ་དགོངས་པ་གཏད་པ་ཡེ་མི་གནང་བ་ཞུ་ཞེས་བཀའ་གནང་ཡང་ཡང་སྐུལ་བ་དང་གནས་ཆེན་རྣམས་ཀྱི་རྟེན་མཐའ་དག་ལ་མཆོད་འབུལ་དང་གྲྭ་ས་ཆེན་པོ་གསུམ་གྱིས་གཙོས་པའི་དགོན་ཁག་རྣམས་ལ་མང་འགྱེད་རྒྱ་ཆེར་གནང་སྟེ་སྐུའི་རིམ་གྲོ་སྒྲུབ་པ་དང་སྒྲུབ་སྡེ་ཁག་རྣམས་སུ་སྐུ་ཚེའི་སྒྲུབ་པ་ལ་འཛུགས་པ་སོགས་ཐུགས་ཁུར་ཆེན་པོ་བཞེས། སྨན་པ་རྣམས་ལའང་གསོལ་སྨན་འབུལ་ལུགས་སོགས་གང་ཅི་ནས་བཀའ་ནན་ཡང་ཡང་ཕེབས་ཀྱང་། ཁྲི་ཆེན་འདིས་ད་ནི་ངེས་པར་དགོངས་པ་གནང་དགོས་རྒྱན་པོ་ར་སྒྲེང་དུ་འཆི་ས་བྱེད་ཅེས་ཞུས་པ་ན་གོང་ས་ཐམས་ཅད་མཁྱེན་པ་གཟིམ་ཤག་ཏུ་ཕེབས་ནས་དེ་འདྲ་བཀའ་མི་གནང་བ་དགོས་ཞེས་དཔལ་འཁོར་ཆོས་སྡེ་ཡང་ཐུགས་ཚགས་གནང་བ་དང་། ར་སྒྲེང་ཡང་ཕྱུལ་ཆོག་བཞུགས་ཡུལ་ཕོ་བྲང་འདི་ཁ་རང་དུ་གནང་དགོས་ཞེས་མཇལ་གྱིས་མཆོན་དངོས་པོ་སྤུམ་ཆེ་བ་འབུལ་བ་གནང་སྟེ་སྨྲུན་ཆབ་དང་བཅས་གསོལ་བ་ཤུགས་དྲག་འདེབས་པར་མཛད་ཀྱང་། ཁྲི་ཆེན་འདི་པས་རྒྱལ་བ་ཐུགས་རྗེ་ཆེ་བདག་རང་ངོས་ནས་ཚུང་དུ་ནས་ཆོས་བྱས་འཛམ

མགོན་བླ་མའི་བསྟན་པ་ལ་ཞུགས། སློབ་གཉེར་མཐར་ཕྱིན་པར་བྱས། བསམ་སྒོམ་ཡང་གང་འགྲུབ་བྱས་ཉམས་མྱོང་དང་དག་པའི་མཚན་མ་ཡང་མང་དུ་ཤར། ལྷག་པར་རྒྱལ་བ་མཆོག་ལ་མདོ་(༣༧༨ན)སྔགས་ཀྱི་ཆོས་རྣམས་ལེགས་པར་ཞུས་གྲུབ་པས་བློ་བདེ། རྒྱལ་བ་མཆོག་གིས་ཚེ་རབས་ཐམས་ཅད་དུ་རྗེས་སུ་འཛིན་དགོས་དེ་ལས་ཞུ་རྒྱུ་མེད་ཅེས་གསན་དུ་མ་བཞེད། དེ་ནས་ར་སྒྲེང་དུ་ཕེབས་པའི་སྔ་ཞོགས་ནམ་སེང་ཙམ་ལ་གོང་ས་སྐྱབས་མགོན་ཆེན་པོ་རྩར་གཟིམ་ཤག་ཏུ་ཕེབས་ཡབ་སྲས་གཉིས་གསུང་གླེང་ཤིན་ཏུ་མང་བ་དང་ཕན་ཚུན་འབྲལ་མི་ཕོད་པའི་ཚུལ་གྱིས་སྤྱན་ཆབ་མང་དུ་བསིལ་ནས་ཕྱིན་ རླབས་ཞུ་རེས་མཛད། རྗེ་རང་གི་འབྲལ་སྐྱང་ལྷ་བུའི་ཐུགས་དང་རྟེན་རྗེ་བཙུན་མཁའ་སྤྱོད་མའི་སྐུ་ཕྱིན་རླབས་ཅན་ཞིག་གོང་ས་རིན་པོ་ཆེར་ཕུལ་ཏེ། མགོན་པོ་ཁྱེད་ཞབས་པད་བརྟན་པ་དང་། འཕྲིན་ལས་ད་ལྟའི་མུ་བཞིན་རྒྱས་པ། བདག་སྐྱེ་བ་ཐམས་ཅད་དུ་འབྲལ་མེད་རྗེས་སུ་གཟུང་དུ་གསོལ། ཞེ། བན་རྟན་གྱི་སྨོན་ལམ་འདེབས་རྒྱུ་དེ་ཡིན་ཐུགས་རྗེས་ཟུངས་ཞེས་ཞུས་ཤིང་རྒྱལ་བ་མཆོག་ནས་ཀྱང་ཞལ་བཞེས་བཟང་པོ་གནང་། སྐུ་རྟར་གྱིས་བཞེངས་ཏེ་གཟིམ་ཚུང་མདོ་བར་དུ་ཕེབས་སྐྱེལ་མཛད་སྐབས་གོང་ས་མཆོག་གི་དབུ་རྗེ་འདི་པའི་ཐུགས་ཀའི་ཐད་དུ་གཏད་ནས་ཐུགས་སྨོན་ལམ་ཡུན་རིང་གནང་ཞིང་སྤྱན་ཆབ་བསིལ། ཕོ་བྲང་ཆེན་པོའི་རྒྱལ་སྒོའི་ཉེ་འགྲམ་ནས་ཕེབས་བྱམས་ལ་གདན་དྲངས། གསོལ་དཔོན་ཆེན་མོ་གྲགས་པ་མཐའ་ཡས་སོགས་རྩེ་དྲུང་ནང་མ་རྣམས་ལ་བསླབ་བྱ་ཞལ་གདམས་མང་དུ་གནང་། དེ་ནས་རིམ་གྱིས་ར་སྒྲེང་དུ་ཕེབས་འཕོག་(༣༧༨བ)དགུང་ལོ་བདུན་ཅུ་དོན་ལྔར་ཕེབས་པ་ལུག་ལོ་ཟླ་བ་བརྒྱད་པའི་ཚེས་བདུན་གྱི་ཉིན་ཁྲི་མཐོན་པོ་ཞིག་བཤམ་བཅུག་ནས་དེར་བཞུགས་པ་མཛད། གོང་ས་མཆོག་ནས་ཆེད་དུ་སྩལ་བ་གནང་གི་ཐུམ་ཚུ་དང་འཕེལ་གདུང་སོགས་གནང་བ་ཆོས་བརྒྱུད་ཀྱི་སྔ་དྲོ་འགྱུར་པས་པོ་ཏ་ལ་དངོས་སུ་ཕྱག་ཐལ་

མོ་སྦྱར་ནས་བཞེས་པ་གནང་། དྲོ་གོང་སྐབས་ཆར་ཟིམ་བུ་ཞིག་འབབ་བཞིན་པ་ལ་ཞབས་རྡོ་རྗེ་སྐྱིལ་ཀྲུང་། ཕྱག་གཉིས་མཉམ་གཞག་དང་སྐུ་དྲང་པོར་བསྲངས་ཏེ་སྟོང་པ་གསུམ་རིམ་གྱིས་ཐིམ་པའི་ཐམས་ཅད་སྟོང་པ་འོད་གསལ་ཆོས་ཀྱི་སྐུ་མངོན་དུ་མཛད། གཟུགས་སྐུ་རགས་པའི་ཟ་མ་ཏོག་ནས་ཡེ་ཤེས་ཀྱི་སྐུ་ཁ་སྦྱོར་བདུན་ལྡན་གྱི་རྣམ་པ་ཅན་དུ་བཞེངས་པ། ཞིང་དག་པ་རབ་འབྱམས་ཀྱི་དཔའ་བོ་དང་མཁའ་འགྲོའི་ཚོགས་བྱེ་བ་འབུམ་གྱིས་རྨད་དུ་བྱུང་བའི་ལྷ་རྫས་ཀྱི་མཆོད་པའི་སྤྲིན་ཕུང་བསམ་གྱིས་མི་ཁྱབ་པ་དང་བཅས་པས་བསུས་ཏེ་དགའ་ལྡན་མི་ཕམ་ཆོས་ཀྱི་བླ་མའི་མདུན་ས་ཆེན་པོར་གཤེགས་པར་གྱུར་ཏོ། །

དེས་ན་བྱང་ཆུབ་ལམ་རིམ་ལ་བློ་སྦྱོང་བར་འདོད་པ་རྣམས་ཀྱིས་ཁྲི་ཆེན་ངག་དབང་མཆོག་ལྡན་ལ་གསོལ་བ་འདེབས་ཤིང་བདག་ཉིད་ཆེན་པོ་འདིའི་རྣམ་ཐར་ལྟར་མདོ་སྔགས་གཉིས་ཀའི་ལམ་གྱི་གནད་རྣམས་ལ་འཁྲུལ་མེད་ཀྱི་ངེས་པ་བརྟན་པོ་བཙལ་ལ་ཉིན་རེ་བཞིན་དུ་བག་ཆགས་ཅི་ཐེབས་བྱའོ།། །།

རྒྱལ་དབང་བསྐལ་བཟང་རྒྱ་མཚོའི་རྣམ་ཐར།

(༣༧༨ན)གང་བློ་སྐྱིད་རྗེ་བཟང་པོའི་གཞན་དབང་གིས། །བསྐལ་བཟང་སྒྲོན་མེའི་སྣང་བ་ཅན་གྱི་དུས། །རྒྱ་མཚོའི་གོས་ཅན་གཞིར་གནས་འགྲོ་བ་རྣམས། །འཁྲིད་བཟང་བླ་མ་མཆོག་ལ་གསོལ་བ་འདེབས། །ཞེས་བསྟོད་པ། རྒྱལ་བ་ཐམས་ཅད་མཁྱེན་པ་བློ་བཟང་བསྐལ་བཟང་རྒྱ་མཚོ་ནི། སྔོན་ཡུན་རིང་པོ་ནས་བྱང་ཕྱོགས་གངས་རིའི་ཁྲོད་འདི་ཉིད་ཀྱིས་ཕྱག་མཚན་དུ་བཞེས་ཏེ་སྙིགས་དུས་ཐུབ་དབང་བསྟན་པའི་སྒྲོན་མེ་འཛིན་པར་ཐུགས་བསྐྱེད་པ་ལྟར་མདོ་ཁམས་ལི་ཐང་ཐུབ་ཆེན་བྱམས་པ་གླིང

གི་ལྷ་ཞོལ་དུ་རབ་བྱུང་བཅུ་གཉིས་པའི་ཀུན་འཛིན་ཞེས་པ་ས་ཕོ་བྱི་བའི་ལོ་ཟླ་བ་བདུན་པའི་ཚེས་བཅུ་དགུའི་ཉིན་ཡབ་བསོད་ནམས་དར་རྒྱས་དང་། ཡུམ་བསོད་ནམས་ཆོས་མཚོ་གཉིས་ཀྱི་སྲས་སུ་ངོ་མཚར་བའི་ལྟས་བསམ་གྱིས་མི་ཁྱབ་པ་དང་བཅས་སྐུ་འཁྲུངས། དེའི་ཚེ་ལྷ་དང་བླ་མས་བྱིན་གྱིས་བརླབས་པའི་མཚན་ལྟས་མཁན་ཞིག་གིས་ལུང་བསྟན་པ་ལྟར་བསྐལ་བཟང་རྒྱ་མཚོ་ཞེས་མཚན་གསོལ། དེ་འདྲ་བའི་རྒྱལ་སྲས་གཞོན་ནུ་དེ་ནི་དབུ་གདུགས་ལྟར་རྒྱས་ཤིང་། དཔྲལ་བའི་དབྱེས་ཆེ་བ། སྤྱན་དཀྱུས་རིང་ཞིང་ཤངས་ཀྱི་གཟེངས་མཐོ་བ། སྐུའི་ཆ་ཐམས་ཅད་ལ་བཀྲ་ཤིས་པའི་རི་མོ་དུ་མ་ཡོད་པ། བྱིས་པ་ཐ་མལ་བའི་སྤྱོད་ཚུལ་ལས་འདས་ཏེ་སྐྱིལ་ཀྲུང་བཅས་ཏེ་ཆོས་ཀྱི་དོན་སེམས་པ་དང་། ཆོས་འཆད་པའི་ཚུལ་སོགས་བླ་ཆེན་གྱི་སྤྱོད་ཚུལ་སྣ་ཚོགས་མཛད་པས་སྐྱ་མཐོང་བ་དང་མཛད་སྤྱོད་ཀྱི་ཚུལ་ཐོས་པ་དང་། (༣༧༩བ)ལྷ་དང་སྲུང་མ་མང་པོའི་ལུང་བསྟན་ཕྱོགས་ཀུན་ནས་བསྒྲགས་པས་གོ་ཤྲཱི་བསྟན་འཛིན་ཆོས་རྒྱལ་གྱི་གདུང་བརྒྱུད་རྣམས་ཀྱིས་གཙོས་མཆོ་སྡོན་དཔོན་ཁག་རྣམས་དང་། འཛམ་གླིང་ཡངས་པའི་ཁྱོན་ལ་སྟོབས་ཀྱིས་འཁོར་ལོས་བསྒྱུར་བ་འཇམ་དབྱངས་གོང་མ་བདག་པོ་ཆེན་པོས་གངས་ཅན་འགྲོ་བའི་མགོན་པོ་ནི་འདི་འོ་ཞེས་གཟེངས་བསྟོད་མཛད་ཅིང་། དེ་ལ་བརྟེན་ནས་མདོ་ཁམས་ཕྱོགས་ཀྱི་ཆོས་ཀྱི་གདན་ཁྲི་འཛིན་པའི་བླ་ཆེན་རྣམས་དང་། སྐྱེས་རབས་དུ་མར་བྱོན་པའི་སྤྲུལ་སྐུ་རྣམས་ཀྱིས་གཙོས་མཆོག་དམན་མཐའ་དག་ཧུར་ལངས་ཏེ་ཞབས་ཀྱི་པད་མོ་ལ་མངོན་པར་བཏུད་ཅིང་། ཆོས་སྡེ་ཆེ་ཕྲ་རྣམས་དང་སྡེ་དཔོན་འབངས་བཅས་ནས་ཡོ་ལངས་ཆེན་པོས་བསྙེན་བཀུར་གྱི་མཆོད་པར་བྱས་སོ། །

དེ་ནས་རྒྱལ་སྲས་གཞོན་ནུ་དེ་ཟླ་ངོ་གི་པདྨ་བཞིན་དུ་བསྐྱེད་དྲག་པར་གྱུར་ཏེ་དགུང་ལོ་བཞི་ལ་བབ་པའི་ཚེ་ཐུབ་དབང་གནས་བརྟན་བཅུ་དྲུག་དང་བཅས་པས་དངོས་སུ

བྱིན་གྱིས་བརླབས་ཤིང་། དགུང་ལོ་ལྔ་པའི་དུས་སུ་འཇམ་མགོན་བླ་མ་ཙོང་ཁ་པ་ཆེན་
པོས་བྱིན་གྱིས་བརླབས་པས་གློ་བུར་ཉིད་དུ་དབུས་གཙང་ཆོས་ཀྱི་ཞིང་དུ་འགྲོ་ཞེས་
གསུང་བྱོན་ཞིང་དེའི་རྟེན་འབྲེལ་ཀྱང་མང་དུ་བསྒྲིག་པར་མཛད་པ་ཞིག་བྱུང་། སྐུ་ན་
ཕྲ་མོ་དེ་ཙམ་གྱི་དུས་ནའང་དད་པས་ལྷགས་པའི་གདུལ་བྱ་དག་ལ་རང་རང་གི་སྐལ་
བ་དང་འཚམ་པའི་ཆོས་ཀྱི་བདུད་རྩི་སྩོལ་བར་མཛད་ཅིང་། ལྷག་པར་རྒྱ་བཟང་ནོ་མོན་
ཧན་ཕེབས་ནས་མཇལ་ཕྱུལ་ཏེ་ཆོས་ཀྱི་བདུད་རྩི་གནང་དགོས་པར་གསོལ་(༣༤༠ན)
བ་བཏབ་པ་ན། ཆོས་གོས་ངུར་སྨྲིག་རྒྱལ་མཚན་འཆང་བའི་སྐུ། །ཆོས་ཕུང་བརྒྱད་ཁྲི་
བཞི་སྟོང་སྒྲོག་པའི་གསུང་། །ཆོས་དབྱིངས་དང་ལས་གཡེལ་བ་མེད་པའི་ཐུགས། །ཆོས་
ཀྱི་རྒྱལ་པོ་རྒྱལ་བ་ཙོང་ཁ་པ། །གསོལ་བ་འདེབས་སོ་བྱིན་གྱིས་བརླབ་ཏུ་གསོལ། །
ཞེས་པ་འདི་ཐོགས་མེད་དུ་སྩལ་བས་གདུལ་བྱ་མཐའ་དག་མི་ཕྱེད་པའི་དད་པའི་ས་ལ་
བཀོད། དེ་ནས་ཚ་གན་ནོ་མོན་ཧན་ངག་དབང་བློ་བཟང་བསྟན་པའི་རྒྱལ་མཚན་ཡོངས་
འཛིན་དུ་བསྟེན་ནས་དབང་ལུང་མན་ངག་བརྒྱུད་མར་གསན་ཏེ་སྐུ་ན་ཕྲ་མོའི་དུས་དེ་
ཉིད་ནས་གདམས་པའི་གཏེར་དུ་གྱུར། དེའི་ཚེ་གསོལ་བ་འདེབས་པ་མང་པོ་ལ་ཐུགས་
རྗེ་ཆེན་པོའི་རྗེས་གནང་སོགས་རྗེས་གནང་དང་ལུང་གི་རིགས་དུ་མ་བརྒྱུད་མར་སྩལ།
དེ་ནས་དགུང་ལོ་བརྒྱད་པ་ཤིང་མོ་ལུག་གི་ལོ་ལི་ཐང་ནས་ཆིབས་བསྐྱོད། མདོ་ཁམས་
ཕྱོགས་ཀྱི་ཆོས་སྡེ་ཆེན་པོ་དུ་མ་དང་སྡེ་དགེ་སོགས་ཡུལ་གྲུ་དུ་མར་སྤྱན་དྲངས། ཚ་གན་
ནོ་མོན་ཧན་སོགས་ཀྱིས་གསོལ་བ་བཏབ་སྟེ་སེར་སྐྱ་སྟོང་ཙམ་ལ་ཐུགས་རྗེ་ཆེན་པོ་
ཕྱག་བཞི་པའི་རྗེས་གནང་སྟོན་འགྲོའི་ཆོས་བཤད་སོགས་ཆེས་རྒྱས་པར་སྩལ་བས་ཀུན་
མི་ཕྱེད་པའི་དད་པ་ལ་བཀོད་ཅིང་། མདོ་ཁམས་ཕྱོགས་ཀྱི་སེར་སྐྱ་ཕལ་མོ་ཆེས།
དགོས་འདོད་ཀུན་འབྱུང་ནོར་བུ་བསམ་འཕེལ་ཁྱོད། །ཡོན་ཏན་ཐམས་ཅད་མ་
བསླབས་ཐུགས་སུ་ཆུད། །ཐོས་བསམ་སྒོམ་པ་མཐར་ཕྱིན་གྲུབ་པ་བརྙེས། །འཕྲིན་

ལས་རྒྱུན་མི་(༣༨༠བ)འཆད་ལ་གསོལ་བ་འདེབས། །ཞེས་འདོན་པ་བྱུང་། དེ་སྐབས་ནས་ལམ་རིམ་ཆེན་མོ་ལྟགས་འཛིན་མཛད་ཅིང་། དཔལ་ལྡན་ས་གསུམ་མ་དང་འཇམ་དཔལ་མཚན་བརྗོད་རྒྱུན་དུ་ཞལ་འདོན་དུ་མཛད་དོ། །

དེ་ནས་མེ་ཕོ་སྤྲེའུའི་ལོ་འཇམ་དབྱངས་གོང་མ་ཆེན་པོའི་བཀས་བསྐུལ་ཞིང་མདོ་ཁམས་ཕྱོགས་ཀྱི་ཆེན་པོ་མཐའ་དག་བློ་མཐུན་པར་སྐུ་འབུམ་དུ་ཕེབས་པར་གསོལ་བ་བཏབ་སྟེ་རྒྱལ་པ་ཙོང་ཁ་པ་ཆེན་པོ་གང་དུ་འཁྲུངས་པའི་སའི་ཆ་སྐུ་འབུམ་དུ་ཕེབས། རྒྱལ་བསོད་ནམས་རྒྱ་མཚོའི་ཆོས་ཀྱི་ཁྲི་ལ་ཞབས་སེན་བཀོད་ནས་དགེ་འདུན་སྟོང་ཕྲག་མང་པོ་ཚོགས་པ་ལ་སྐྱེས་རབས་སོ་བཞི་པའི་དབུ་ནས་ཆོས་ཐུན་གཅིག་གཟབས་བཤད་གནང་བ་སོགས་བསྟན་འགྲོའི་དོན་རྒྱ་ཆེར་མཛད་ཅིང་། ཚུ་བཟང་ནོ་མོན་ཧན་ལས་རྡོ་རྗེ་འཇིགས་བྱེད་ཀྱི་དབང་གསན། དེ་ནས་སྟོན་ཡུན་རིང་པོ་ནས་གོམས་པའི་བག་ཆགས་བརྟས་པའི་མཐུས་ཁྲིམ་པའི་ཆ་ལུགས་ལ་མི་དགྱེས་ཤིང་སྐྲ་བྲེགས་རབ་ཏུ་བྱུང་བའི་ཆ་ལུགས་མཛད་བཞེད་པ་ན་ལོ་དེའི་ཧོར་ཟླ་བཅུ་པའི་ཚེས་ཉི་ཤུའི་ཉིན་ཚ་གན་ནོ་མོན་ཧན་དང་ཚུ་བཟང་ནོ་མོན་ཧན་གཉིས་ཀྱིས་མཁན་སློབ་མཛད་དེ་སྐྲ་བཅད་དུར་སྨྲིག་གི་ན་བཟའ་བསྐྲུན་ཏེ་བསླབ་སྡོམ་ཕུལ། མཚན་ངག་གི་དབང་ཕྱུག་ཆོས་ཀྱི་གྲགས་པ་ཐུབ་བསྟན་རྒྱལ་མཚན་དཔལ་བཟང་པོ་ཞེས་གསོལ། དེ་ནས་གཞུང་ལུགས་ལ་སྦྱོང་བར་བཞེད་དེ་ཚུ་བཟང་ནོ་མོན་ཧན་གྱིས་ཡོངས་འཛིན་མཛད་ནས་མཚན་ཉིད་ཀྱི་གཞུང་ཆེན་མོ་ལྔའི་དབུ་ནས་རྩི་ཤག་གནང་སྟེ(༣༨༧ན)གསན་སྦྱོང་གི་དབུ་ཚུགས། རིམ་གྱིས་བསྟུས་གྲྭའི་གསན་སྦྱོང་མཛད་པས་རིང་པོར་མ་ཐོགས་པར་མཁས་པའི་ཕུལ་དུ་ཕྱུར་ཏེ་སྐུ་འབུམ་འདུས་ཚོགས་ཀྱི་དབུས་སུ་དམ་བཅའ་ཡང་འཛོག་པ་མཛད།

དེ་ནས་གངས་ཅན་སྐྱེ་འགྲོ་ཡོངས་ཀྱི་བསོད་ནམས་ཀྱི་མཐུས་དགུང་ལོ་བཅུ་གསུམ་པ་ལྕགས་ཕོ་བྱི་བའི་ལོ་གོང་མ་ཆེན་པོའི་སྐུ་ཚབ་སོགས་དཔའ་བོ་སྟོང་ཕྲག་མང་

པོས་བར་ཆད་བསྲུངས་ཤིང་བླ་ཆེན་མང་པོས་མཐའ་བསྐོར་ཏེ་སྐུ་འབུམ་ནས་ཆིབས་བསྐྱོད་དེ་ལོ་དེའི་ཟླ་བ་དགུ་པའི་ཚེས་བཅོ་ལྔའི་ཉིན་ལྷ་ལྡན་སྤྲུལ་པའི་གཙུག་ལག་ཁང་དུ་ཕེབས་ཏེ་སེར་སྐྱ་བགྲང་བ་ལས་འདས་པ་ལ་ཞལ་གྱི་དཀྱིལ་འཁོར་བསྟན་ཏེ་གངས་ཅན་སྐྱེ་འགྲོ་མཐའ་དག་དབུགས་ཕྱིན་པ་ཐོབ་པར་མཛད་དོ། །དེ་ནས་ཕོ་བྲང་ཆེན་པོ་པོ་ཏ་ལར་ཕེབས། མགོན་པོ་སྤྱན་རས་གཟིགས་ཀྱི་རིགས་ཀྱི་ཅོད་པན་སྣང་བ་མཐའ་ཡས་དྭང་སྙིག་གར་གྱི་རྣམ་པར་རོལ་པ་པཎ་ཆེན་ཐམས་ཅད་མཁྱེན་པ་རྗེ་བཙུན་བློ་བཟང་ཡེ་ཤེས་དཔལ་བཟང་པོ་སྤྱན་དྲངས་ཏེ། ཕོ་བྲང་ཆེན་པོའི་གཟིམ་ཆུང་ཉི་འོད་འཁྱིལ་དུ་ལྕགས་ཁྱི་ལོ་དེ་ཁའི་མགོ་ཟླ་བའི་ཡར་ངོའི་ཚེས་ལྔའི་ཉིན་པཎ་ཆེན་ཐམས་ཅད་མཁྱེན་པ་ཆེན་པོས་མཁན་སློབ་སྒྲུགས་མ་མཛད། ཁྲི་ཆེན་དགེ་འདུན་ཕུན་ཚོགས་ཀྱིས་དུས་གོ་བ་མཛད་དེ། ཚོགས་སྤྱི་མ་དགེ་ཚུལ་དུ་བསྒྲུབས། མཚན་སྤྱིར་གྱི་ཐོག་ཏུ་བློ་བཟང་ཞེས་བསྟན་ཏེ། བློ་བཟང་བསྐལ་བཟང་རྒྱ་མཚོ་ཞེས་གསོལ། དེ་ནས་པཎ་ཆེན་ཐམས་(༣༨༧བ)ཅད་མཁྱེན་པ་ཆེན་པོ་རྗེ་བཙུན་བློ་བཟང་ཡེ་ཤེས་ལ་ལམ་རིམ་ཆེན་མོ་ལས་དབུ་བཙུགས་ཏེ་ཆོས་རྒྱུན་དུ་གསན་པར་མཛད། ལྷག་པར་པཎ་ཆེན་ཐམས་ཅད་མཁྱེན་པ་ཆེན་པོ་ལ་དཔལ་རྡོ་རྗེ་འཇིགས་བྱེད་ཆེན་པོའི་དབང་བཞི་ཡོངས་སུ་རྫོགས་པ་གསན། པཎ་ཆེན་ཐམས་ཅད་མཁྱེན་པ་ཆེན་པོས་ཀྱང་རྗེ་འདི་ལ་རྒྱལ་བ་ཙོང་ཁ་པ་ཆེན་པོའི་རྣམ་ཐར་ལྟར་དང་པོར་ཤིང་རྟ་ཆེན་པོའི་གཞུང་ལུགས་རྣམས་ལ་མཐའ་ཚོད་པར་སྦྱོང་བ་དང་། དེ་ནས་གཞུང་ལུགས་གདམས་པར་འཆར་བའི་ཉམས་བཞེས་རྣམས་ལ་འབད་པ་དང་། དེ་ནས་འཇམ་མགོན་བླ་མའི་བསྟན་པ་རིན་པོ་ཆེ་འདི་ཉིད་ཕྱོགས་ཀུན་ཏུ་སྤེལ་བར་མཛད་ནས་བསྟན་པའི་སྲོག་ཤིང་གཡོ་བ་མེད་པ་ཞིག་མཛད་དགོས་ཞེས་ཞལ་ཏ་ཞིབ་པར་ཞུ་བར་མཛད། དེ་ནས་རྗེ་འདི་པས་འབྲོམ་རིན་པོ་ཆེས་ཇོ་བོ་རྗེ་ཇི་ལྟར་བསྟེན་པ་ལྟར་གྱི་རྣམ་ཐར་རྗེས་སུ་བསྐྱངས་ཏེ་པཎ་

ཆེན་ཐམས་ཅད་མཁྱེན་པ་ཆེན་པོ་རིགས་ཀྱི་ཙོད་པན་དུ་བཟུང་ནས་གུས་པ་བླ་ལྷག་ཏུ་མཛད་དེ་པཎ་ཆེན་ཐམས་ཅད་མཁྱེན་པ་ཆེན་པོ་གཙང་དུ་ཆིབས་བསྒྱོད་ལ་ཉེ་བ་ན་རྗེ་འདི་ཉིད་པཎ་ཆེན་ཐམས་ཅད་མཁྱེན་པ་ཆེན་པོ་གཟིམ་ཆུང་ཁམས་གསུམ་རྣམ་རྒྱལ་དུ་བཞུགས་པའི་སྐུ་མདུན་དུ་ཕེབས་ཏེ་གསེར་དངུལ་སོགས་ཡོ་བྱད་དཔག་ཏུ་མེད་པ་ཕུལ་ནས་བསྟན་འགྲོའི་དོན་དུ་ཞབས་པད་ཡུན་རིང་དུ་བརྟན་དགོས་ཚུལ་སོགས་གསོལ་བ་ཤུགས་དྲག་ཏུ་འདེབས་པར་མཛད། པཎ་ཆེན་ཐམས་ཅད་མཁྱེན་པ་ཆེན་པོས་ཀྱང་སྔར་ཞུས་པ་ལྟར་གསན་སྦྱོང་དཔྱིས་ཕྱིན་(༣༨༢ན)པ་གནང་དགོས་ཚུལ་སོགས་ཐུགས་ཡིད་གཅིག་ཏུ་འདྲེས་པའི་བཀའ་མཆིད་ཞིབ་ཏུ་མཛད། དེ་ནས་པཎ་ཆེན་ཐམས་ཅད་མཁྱེན་པའི་བཀའ་རྣམས་ཐུགས་ལ་བཅངས་ཏེ་ཁྲི་རིན་པོ་ཆེ་བློ་བཟང་དར་རྒྱས་ཡོངས་འཛིན་དུ་བསྟེན་ནས་འབྲས་སྤུངས་སུ་ཆིབས་བསྒྱོད་དེ་ཐོག་མར་ཞག་ཤས་བསྡུས་གྲྭའི་རྟེ་ཤག་གསན་པ་ན་སྔར་ནས་སྐུ་འབུམ་དུ་སྦྱངས་ཟིན་པས་ཐོགས་པ་མེད་པར་མཁྱེན་ཏེ་ཚད་མ་སྡེ་བདུན་མདོ་དང་བཅས་པ་ལ་སྦྱོང་བར་མཛད། དེའི་ཚེ་གྲྭ་སར་སློབ་གཉེར་བྱེད་པ་བྱིངས་དང་མཚུངས་པར་ཉིན་རེ་བཞིན་དུ་སྔ་དགོང་གཉིས་ཀར་རྟེ་ཤག་ཚར་རེ་འཆག་མེད་དུ་གསན་ཞིང་། མཚན་ཉིད་ཞབས་ཕྱི་རྣམས་དང་ཆོས་ཀྱི་འབེལ་གཏམ་ལ་བརྩོན་པར་མཛད་པས་རིང་པོར་མ་ཐོགས་པར་ཚད་མའི་གཞུང་ལུགས་ལ་མཁས་པའི་ཕུལ་དུ་ཕྱིན་པར་གྱུར་ཏོ། །

དེ་ནས་ཕར་ཕྱིན་ལ་གསན་སྦྱོང་མཛད་བཞེད་དེ་པཎ་ཆེན་བསོད་ནམས་གྲགས་པའི་ཕར་ཕྱིན་ཐུགས་འཛིན་མཛད། ལེགས་བཤད་གསེར་ཕྲེང་དང་རྣམ་བཤད་སྙིང་པོའི་རྒྱན་སོགས་རྗེ་ཡབ་སྲས་ཀྱི་གསུང་རྣམས་གཞིར་བཞག་རྒྱ་བོད་ཀྱི་ཡིག་ཆ་མཐའ་དག་ལ་གཟིགས་རྟོག་མཛད་པས་རིང་པོར་མ་ཐོགས་པར་ཕ་རོལ་ཏུ་ཕྱིན་པའི་གཞུང་ལ་མཁས་པའི་ཕུལ་དུ་ཕྱིན་པར་གྱུར། དེ་ནས་དབུ་མའི་གཞུང་ལ་སྦྱོང་བར་

བཞེད་དེ་ཁྲི་རིན་པོ་ཆེ་དཔལ་ལྡན་གྲགས་པ་ཡོངས་འཛིན་དུ་བསྟེན་ནས་ཉིན་རེ་བཞིན་རྩི་ཤག་ཐུན་གཉིས་རེ་འཆག་མེད་གསན་ནས་འཕགས་(༣༨༢བ)པ་ཀླུ་སྒྲུབ་ཡབ་སྲས་ཀྱི་དབུ་མའི་གཞུང་རྣམས་དང་རྗེ་བདག་ཉིད་ཆེན་པོས་མཛད་པའི་དབུ་མའི་ཊཱིཀ་ཆེན་རྣམ་གཉིས། ལེགས་བཤད་སྙིང་པོ། ལྷག་མཐོང་ཆེ་ཆུང་སོགས་རྗེ་ཡབ་སྲས་ཀྱི་གསུང་རྣམས་ལ་ཞིབ་ཏུ་དཔྱད་དེ་རྟག་འགྲུས་ཆེན་པོས་སྦྱོང་བར་མཛད་པས་རིང་པོར་མ་ཐོགས་པར་དབུ་མའི་གཞུང་ལ་སྦྱངས་པ་མཐར་ཕྱིན་པར་གྱུར་ཏོ། །

དེ་ནས་རྗེ་འདི་པ་ཡོངས་གྲགས་ཀྱི་དགུང་ལོ་བཅུ་དགུ་མངལ་བཞོལ་རྗེས་པའི་ཉི་ཤུར་ཐེབས་པ་མེ་ཕོ་རྟའི་ལོ་རིགས་ཀྱི་ཅོད་པན་པཎ་ཆེན་ཐམས་ཅད་མཁྱེན་པ་ཆེན་པོ་རྗེ་བཙུན་བློ་བཟང་ཡེ་ཤེས་སྤྱན་དྲངས་ནས་ལྷ་ལྡན་སྤྲུལ་པའི་གཙུག་ལག་ཁང་དུ་ས་གླ་བའི་ཚེས་བཅོ་ལྔའི་ཉིན་ཇོ་བོ་ཤཱཀྱ་མུ་ནེའི་སྐུ་མདུན་དུ་པཎ་ཆེན་ཐམས་ཅད་མཁྱེན་པ་ཆེན་པོ་རྗེ་བཙུན་བློ་བཟང་ཡེ་ཤེས་དཔལ་བཟང་པོས་མཁན་པོ་མཛད། ཁྲི་རིན་པོ་ཆེ་དཔལ་ལྡན་གྲགས་པས་ལས་སློབ་མཛད། རྒྱུད་སྨད་མཁན་པོ་མཁས་གྲུབ་ཆེན་པོ་ངག་དབང་མཆོག་ལྡན་པས་གསང་སྟེ་སྟོན་པའི་སློབ་དཔོན་མཛད། སྡེ་སྣོད་འཛིན་པ་ཆེན་པོ་དཀའ་ཆེན་བློ་བཟང་སྨོན་ལམ་གྱིས་དུས་གོ་བ་མཛད། རྒྱལ་སྲས་སྤྲུལ་སྐུ་འཇིགས་མེད་ཡེ་ཤེས་གྲགས་པ་སོགས་གངས་རིའི་ལྗོངས་ཀྱི་གནས་བརྟན་ཆེན་པོ་སུམ་ཅུ་རྩ་གཅིག་གི་དབུས་སུ་བསྙེན་པར་རྫོགས་པར་མཛད་དེ་ཐུབ་པའི་རྒྱལ་ཚབ་ཆེན་པོར་མངའ་གསོལ་ཏོ། །དེ་ནས་པཎ་ཆེན་ཐམས་ཅད་མཁྱེན་པ་ཆེན་པོ་ལ་མདོ་སྔགས་ཀྱི་ཆོས་བཀའ་རྒྱ་ཆེར་གནང་དགོས་པའི་གསོལ་འདེབས་(༣༨༣ན)མཛད་ནས་པཎ་ཆེན་ཐམས་ཅད་མཁྱེན་པ་ཆེན་པོ་གཟིམ་ཆུང་བདེ་བ་ཅན་དུ་བཞུགས་སུ་གསོལ། དུས་ཆོས་ཁྲིད་པར་ཅན་དང་བསྟུན་ནས་པཎ་ཆེན་ཐམས་ཅད་མཁྱེན་པ་ཆེན་པོས་གཟིམ་ཆུང་བདེ་བ་ཅན་ཉིད་དུ་དཔལ་གསང་བ་འདུས་པའི་རས་བྲིས་ཀྱི་དཀྱིལ་

འཁོར་དུ་དབང་བཞི་ཡོངས་སུ་རྫོགས་པ་སྔ་གོན་དང་བཅས་པ་རྒྱས་པར་སྩལ། དེ་ནས་པ་རི་བརྒྱ་རྩའི་རྗེས་གནང་ཡོངས་རྫོགས། སྒྲུབ་ཐབས་སོ་སོའི་ལུང་དང་བཅས་པ། རྒྱུད་ཀྱི་རྒྱལ་པོ་དཔལ་གསང་བ་འདུས་པའི་འགྲེལ་པ་སྒྲོན་གསལ། དེ་ལ་རྗེ་བདག་ཉིད་ཆེན་པོས་མཆན་འགྲེལ། བསྡུས་དོན། མཐའ་གཅོད་བཞིའི་སྒོ་ནས་འདུས་པའི་རྩ་རྒྱུད་འཆད་པའི་བཤད་སྲོལ་བཟང་པོ་དེ་རིམ་གྱིས་གནང་། ཡང་པཎ་ཆེན་ཐམས་ཅད་མཁྱེན་པ་ཆེན་པོར་མ་རྒྱུད་ཐམས་ཅད་ཀྱི་གཙོ་བོ་དཔལ་འཁོར་ལོ་སྡོམ་པ་ལཱུ་ཨི་པའི་ལུགས་ཀྱི་ལྷ་དྲུག་ཅུ་རེ་གཉིས་པའི་དབང་གནང་དགོས་ཞེས་གསོལ་བ་འདེབས་པར་མཛད་པ་ན་པཎ་ཆེན་ཐམས་ཅད་མཁྱེན་པ་ཆེན་པོས་ཀྱང་དགྱེས་བཞིན་ཞལ་གྱིས་བཞེས་ཏེ་རྗེ་འདི་པ་གཟིམ་ཆུང་བདེ་བ་ཅན་དུ་ཕེབས་ཏེ་བདེ་མཆོག་གི་དབང་སྔ་གོན་དང་བཅས་པ་རྒྱས་པར་གནང་བ་གསན་པར་མཛད། དེ་ནས་མངོན་པ་མཛོད་ལ་སྦྱོང་བར་བཞེད་དེ། མངོན་པ་མཛོད་རྩ་བ་དང་། མངོན་པ་ཀུན་ལས་བཏུས་གཉིས་ཐུགས་ལ་བཟུང་། གཞུང་དེ་གཉིས་ཀྱི་འགྲེལ་པ་འགྲེལ་བཤད་དང་བཤད་པ་མཐའ་དག་ལ་གཟིགས་རྟོག་མཛད་དེ་རིང་པོར་མ་ཐོགས་པར་མངོན་པ་ལ་མཁས་པའི་ཡུལ་དུ(༣༨༣བ)གྱུར་ཏོ། །

དེ་ནས་བོད་དུ་སྤྱི་གཟར་དུས་འཁྲུམས་ཆེ་བར་བྱུང་བ་ན་འཇམ་དབྱངས་གོང་མ་བདག་པོ་ཆེན་པོས་རྗེ་འདི་པ་རེ་ཤིག་མདོ་ཁམས་ཕྱོགས་སུ་ཕེབས་ན་ལེགས་ཚུལ་ཕེབས་པ་ལྟར། སེ་འབྲས་དགེ་གསུམ་གྱི་བླ་མ་མང་པོ་དང་། མཚན་ཉིད་ཞབས་ཕྱི་རྣམས་དང་། གཞན་ཡང་བླ་ཆེན་མང་པོ་དང་། དྲུང་སྐོར་སེར་སྐྱ་ཕོན་ཆེ་བ་དང་བཅས་ཆིབས་ཁ་བསྐྱོད་དེ་འགར་ཐར་དུ་ཕེབས། ལམ་བར་གྱི་སེར་སྐྱ་བགྲང་བ་ལས་འདས་པ་མཐོང་ཐོས་དྲན་རེག་གི་འབྲེལ་པ་ཐོགས་པ་ཐམས་ཅད་སྨིན་གྲོལ་ལ་འགོད་པར་མཛད། དེ་ནས་ཁྲི་ཆེན་དཔལ་ལྡན་གྲགས་པ་ཞིང་གཤེགས་པ་ན་རྒྱུད་སྨད་མཁན་པོ་

ངག་དབང་མཆོག་ལྡན་ཡོངས་འཛིན་དུ་སྤྱན་དྲངས་ཏེ་དགའ་ལྡན་ཁྲི་པ་དང་འདྲ་བའི་ཐོས་སྒོ་གནང་ཞིང་བསམ་སྦྱོར་གཉིས་ཀྱིས་རྩོལ་བཞིན་དུ་བསྟེན་པར་མཛད་དེ་རྗེ་རྒྱལ་བ་གཉིས་པའི་མན་ངག་རྒྱལ་བའི་གསུང་རབ་ཐམས་ཅད་ཀྱི་ཉིང་ཁུ་བྱང་ཆུབ་ལམ་གྱི་རིམ་པའི་དམར་ཁྲིད་འཇམ་དཔལ་ཞལ་ལུང་གི་སྟེང་ནས་སྨྱོང་ཁྲིད་སླ་ཚོས་སུ་མ་སོང་བར་ཟླ་སྤྲིལ་གྱི་བར་དུ་གསན་ཞིང་ཡང་དང་ཡང་དུ་དྲི་གཏུགས་ཀྱི་སྒོ་ནས་གདེང་ཐོབ་པར་མཛད། དེ་ནས་དཔལ་གསང་བ་འདུས་པའི་རྩ་རྒྱུད། འགྲེལ་པ་སྒྲོན་གསལ་རྗེ་རིན་པོ་ཆེས་མཛད་པའི་བསྡུས་དོན་མཆན་བུ་མཐའ་གཅོད་རྣམས་སྦྲགས་ཏེ་འཆད་པ་འགྲེལ་པ་བཞི་སྦྲགས་སུ་གྲགས་པའི་གཟབས་བཤད་རྒྱུན་བསྲིངས་ཏེ་ལོ་སྤྲིལ་གྱི་བར་དུ་གསན་ཞིང་། དེ་ཡང་ལུང་ཐོབ་ཙམ་གྱིས་ཆོག་པར་མ་མཛད་པར་སྔ་ཕྱི་(༣༤༩ན)བར་གསུམ་དུ་བླ་མ་རྒྱུད་མཆོད་དང་། ཉིན་རེ་བཞིན་རྒྱུད་ཀྱི་ཊཱི་ཀཱ་རྩེ་ཤག་འཛིན་ཆོས་བཅས་རྗེ་ཡབ་སྲས་ནས་བརྒྱུད་པའི་ཕྱག་ལེན་ཉམས་པ་མེད་པར་གསན་པར་མཛད། གཞན་ཡང་མཁས་གྲུབ་ཆེན་པོ་ངག་དབང་མཆོག་ལྡན་པ་འདི་ལ་དཔལ་གསང་བ་འདུས་པའི་དབང་། བསྐྱེད་རིམ་དངོས་གྲུབ་རྒྱ་མཚོ་དང་རྫོགས་རིམ་རིམ་ལྔ་གསལ་སྒྲོན་གཉིས་ཀའི་གཟབས་བཤད། གསང་བ་འདུས་པའི་བསྐྱེད་རྫོགས་གཉིས་ཀའི་ཉམས་ཁྲིད། དཔལ་འཁོར་ལོ་སྡོམ་པའི་དབང་དང་བདེ་མཆོག་རྩ་རྒྱུད་དང་རྒྱུད་འགྲེལ་སྦས་དོན་ཀུན་གསལ་གཉིས་རྩ་འགྲེལ་སྦྲགས་པའི་བཤད་ལུང་། བདེ་མཆོག་ལཱུ་ཨི་པའི་ལུགས་ཀྱི་བསྐྱེད་རྫོགས་གཉིས་ཀའི་ཁྲིད་སོགས་ཆོས་བཀའ་མཐའ་ཡས་པ་གསན། དེ་ནས་དབུས་གཙང་བདེ་འཇགས་སུ་སོང་ནས་དབུས་གཙང་དུ་ཕེབས་པར་ཉེ་བ་ན་གོང་མ་བདག་པོ་ཆེན་པོའི་བཀས་མངགས་པའི་མི་དྲག་དཔུང་ཆེ་བ་དང་། ལྕང་སྐྱ་རིན་པོ་ཆེ་བཅས་ཕེབས་ཏེ་ལྕང་སྐྱ་རིན་པོ་ཆེས་རྗེ་འདི་ལ་མདོ་སྔགས་ཀྱི་ཆོས་བཀའ་རྒྱ་ཆེན་པོའི་དོན་དུ་གསོལ་བ་བཏབ་པ་ལྟར་བདེ་མཆོག་ལཱུ་ཨི་པའི་

དབང་སྐྱ་གོན་དང་བཅས་པ་རྒྱལ་བར་སྩལ། ཡང་ལྕང་སྐྱ་རིན་པོ་ཆེ་ནས་གསོལ་བ་བཏབ་སྟེ་གསང་འདུས་མི་སྐྱོད་པའི་དབང་སྐྱ་གོན་དང་བཅས་པ་རྒྱས་པར་སྩལ། ཡང་ལྕང་སྐྱ་རིན་པོ་ཆེ་ནས་གསོལ་བ་བཏབ་སྟེ་དགེ་འདུན་ལྔ་བཅུ་སྐོར་ལ་འཇམ་དཔལ་ཞལ་ལུང་གི་སྨྲིང་ཁྲིད་རྒྱས་པར་སྩལ། དེ་ནས་འགར་ཐར་ནས་ཆིབས་ཁ་བསྐྱོད་དེ་ལམ་བར་གྱི་སྐྱ་སེར་བགྲང་བ་ལས་འདས་པ་ལ་མགོ་རིས་དང་ཐར་པའི་ས་བོན་བསྐྲུན་པར་མཛད་ཅིང་རིམ་གྱིས་གྲུ་འཛིན་གཉིས་པའི་གཞལ་མེད་ཁང་དུ་ཕེབས། དེ་ནས་རྗེ་ཉིད་བསྙེན་པར་རྫོགས་ནས་ལོ་བཅུ་ལོན་པ་ཡོས་ལོ་ས་ག་ཟླ་བའི་ཚེས་བཅོ་ལྔའི་ཉིན་དེ་མོ་སྤྲུལ་པའི་སྐྱ་ངག་དབང་འཇམ་དཔལ་བདེ་ལེགས་རྒྱ་མཚོ་སོགས་ལ་བསྙེན་པར་རྫོགས་པའི་སྡོམ་པ་གནང་། དེ་ནས་བཟུང་སྟེ་རབ་བྱུང་བསྙེན་རྫོགས་ཀྱི་སྡོམ་པ་ཟམ་མ་ཆད་པ་ལྟ་བུར་སྩལ་ཞིང་། འབྲོམ་རིན་པོ་ཆེའི་རྣམ་ཐར་རྗེས་སུ་བསྐྱངས་ཏེ་རིགས་ཀྱི་ཅོད་པན་པཎ་ཆེན་ཐམས་ཅད་མཁྱེན་པ་ཆེན་པོ་མཇལ་བས་རིངས་ནས་ཕོ་བྲང་དུ་ཕེབས་འཕྲལ་སྐན་གསན་མཛད་ཀྱང་དེ་ལོ་སྐྱ་ན་མགོ་བའི་ཁར་སྐྱ་ཁམས་བསྙེན་ཚུལ་ཆེ་བས་ཕེབས་ཐབས་མ་བྱུང་བར་འབྲུག་ལོའི་ནང་དུ་གཙང་དུ་ཆིབས་ཁ་བསྐྱོད་དེ་པཎ་ཆེན་ཐམས་ཅད་མཁྱེན་པ་ཆེན་པོ་མཇལ་བར་ཕེབས། བླ་བྲང་རྒྱལ་མཚན་མཐོན་པོར་ཡབ་སྲས་མཇལ་མ་ཐག་ཐུགས་ཡིད་གཅུགས་པའི་གསུང་གླེང་བག་ཕེབས་པར་མཛད་ཅིང་། ལམ་རིམ་མྱུར་ལམ་གྱི་ཁྲིད་སོགས་ཆོས་བཀའ་མང་དུ་ཞུ་བའི་སྐན་གསན་མཛད། རྗེ་འདི་པས་ཐོས་བསམ་གླིང་དུ་བཞུགས་ཏེ་བླ་བྲང་རྒྱལ་མཚན་མཐོན་པོར་ཡང་ཡང་ཕེབས་ནས་པཎ་ཆེན་ཐམས་ཅད་མཁྱེན་པ་ལ་ལམ་རིམ་མྱུར་ལམ། སྒྲོལ་དཀར་ཡིད་བཞིན་འཁོར་ལོའི་རྗེས་གནང་། ཚེ་ཧྲ་ཟུང་འབྲེལ་གྱི་དབང་སོགས་ཆོས་བཀའ་མང་ཙམ་གསན་ཞིང་། རྗེ་འདིས་བཀྲ་ཤིས་ལྷུན་པོའི་ཚོགས་ཆེན་ལ་ལམ་རིམ་བསྡུས་དོན་གྱི་ལུང་གི་ཐོག་ལམ་གྱི་ལུས་ཡོངས་སུ་རྫོགས་པའི་གསུང་བཤད་རྒྱས

པར་གནང་། དེ་ནས་ཡབ་སྲས་གཉིས་འབྲལ་མི་ཕྱེད་པར་ཐུགས་ཡིད་(༣༥༥ན)གཅུགས་པའི་བཀའ་མཆིད་ཟབ་མོ་རྒྱ་ཆེར་མཛད་ཅིང་། འཇམ་མགོན་བསྟན་པ་འཛིན་སྐྱོངས་སྐྱེལ་གསུམ་གྱི་གནད་ལས་བརྩམས་པའི་གསང་བའི་བཀའ་མཆིད་མང་པོ་ཞིག་ཀྱང་མཛད་ནས་རྗེ་འདིས་ཕོ་བྲང་དུ་ཆིབས་བསྐྱོད་མཛད། དེ་ནས་རྗེ་འདིས་ཆོས་ཀྱི་འཁོར་ལོ་རྒྱ་ཆེར་བསྐོར་བའི་དུས་ལ་བབ་པ་ན་རྒྱ་གར་ཆུ་བོ་གངྒཱ་ཚུན་ལ་འགྲན་ཟླ་དང་བྲལ་བའི་རིག་སྔགས་འཆང་བའི་སྡེ་དཔལ་ལྡན་སྨད་རྒྱུད་གྲྭ་ཚང་གི་དགེ་འདུན་ཚང་མས་གསོལ་བ་རྩེ་གཅིག་ཏུ་བཏབ་སྟེ་ཆོས་ཆེན་རྙིང་པར་རྒྱུད་སྨད་ཚོགས་ཡོངས་ཀྱི་ཐོག་སྤྲུལ་སྐུ་མང་པོ་དང་བླ་ཆེན་མང་པོས་གཙོས་དགེ་འདུན་ཁྲིན་སྟོང་དང་ལྔ་བརྒྱ་སྐོར་ལ་དཔལ་གསང་བ་འདུས་པ་འཕགས་ལུགས་མི་སྐྱོད་པའི་དབང་སྟ་གོན་དང་བཅས་པ་རྒྱས་པར་སྩལ་བས་གསང་ཆེན་རྡོ་རྗེ་ཐེག་པའི་བསྟན་པ་ཉི་མ་ཤར་བ་ལྟར་མཛད་དོ། །

དེ་ནས་ཡོངས་འཛིན་ངག་དབང་མཆོག་ལྡན་ལ་རྡོ་རྗེ་ཕྲེང་བའི་དབང་རྫོགས་པར་གསན་ཞིང་། རིམ་བཞིན་བདེ་མཆོག་ལཱུ་ཨི་པའི་བསྐྱེད་རྫོགས། དྲིལ་བུ་པའི་བསྐྱེད་རྫོགས། སྟོད་རྒྱུད་ལུགས་ཀྱི་ཁྲིད་ཆེན་དྲུག །སྨད་རྒྱུད་ལུགས་ཀྱི་ཁྲིད་ཆེན་བརྒྱད་རྣམས་ལེགས་པར་གསན། དེ་ནས་ཐུགས་གཉེར་ཞབས་ཕྱི་རྣམས་ཀྱིས་བསྐུལ་ནས་གསང་འདུས་དབང་བཤད་ཆེན་མོ་དབང་དོན་དེ་ཉིད་ཡང་གསལ་ཞེས་བྱ་བ་སྔོན་མེད་པའི་ལེགས་བཤད་ཆེན་པོ་འདི་མཛད་དོ། །

དེ་ནས་དཔལ་ལྡན་སྟོད་རྒྱུད་གྲྭ་ཚང་གི་དགེ་འདུན་རྣམས་ཀྱིས་གཙོས་སྡེ་སྣོད་འཛིན་པ་སྟོང་དང་བརྒྱ་སྐོར་ལ་དཔལ་འཁོར་ལོ་སྡོམ་པ་ལཱུ་ཨི་པའི་ལུགས་ལྷ་རེ་གཉིས་(༣༥༥བ)པའི་དབང་སྟ་གོན་དང་བཅས་པ་རྒྱས་པར་སྩལ་ཏེ་གསང་ཆེན་རྡོ་རྗེ་ཐེག་པའི་བསྟན་པ་ཆེས་ཆེར་འཕེལ་བར་མཛད་དོ། །དེའི་ཚེ་རྒྱུད་སྡེ་དང་མཐུན་པའི་

ཉམས་རྟོགས་ཁྱད་པར་ཅན་འཁྲུངས་ནས། དགྱེས་པའི་མགུར་དབྱངས་བཞེངས་པ་ནི།
ལྷུན་སྟུག་རིན་ཆེན་ལས་གྲུབ་པ་ངོ་མཚར་གྱི་ཕོ་བྲང་། །ཡེ་ཤེས་འཇའ་ཚོན་དུ་འཁྲིགས་
པ་དྭངས་གསལ་གྱི་འོད་ཕུང་། །ལྷ་ལྷུན་དཀྱིལ་འཁོར་གྱི་བདག་པོ་སྐུ་བཞི་ཡི་དབང་
ཕྱུག །དྲིན་ཅན་རྗེ་བཙུན་གྱི་བླ་མ་སྙིང་དབུས་སུ་བཞུགས་ཤིག །སྨོན་བསགས་ལེགས་
བྱས་ཀྱིས་འཕངས་པའི་དལ་འབྱོར་གྱི་རྟེན་བཟང་། །རབ་འབར་མེ་འོབས་དང་འདྲ་
བའི་ཁྱིམ་གནས་ལས་ཕྱུང་ནས། །མཉམ་མེད་ཟས་གཙང་གི་སྲས་པོའི་བུ་རྒྱུད་དུ་སྙེག་
པ། །བསམས་ཀྱིན་བློ་བདེའི་ཉམས་དབྱངས་ཤིག་ལེན་པ་རང་སྒྲོའོ། །མཚན་ལྡན་བླ་
མ་ཡི་ཞལ་ནས་གདམས་ངག་གི་ཉིང་ཁུ། །སྡེ་སྣོད་རིན་པོ་ཆེ་རྣམ་གསུམ་མཛུབ་འཁྲིད་
དུ་བསྟན་ནས། །དུས་གསུམ་སངས་རྒྱས་ཀྱིས་གཤེགས་བཤུལ་བྱང་ཆུབ་ཀྱི་སེམས་
ལ། །ཡིད་ཆེས་གོལ་ས་ལས་ལྡོག་པས་ཞེ་བློ་རང་བདེའོ། །གང་སྣང་ཚུགས་ཐུབ་
ཀྱི་བློ་འདི་འཁྲུལ་པ་རུ་གོ་ནས། །སྤྲོས་མེད་ནམ་མཁའ་དང་འདྲ་བའི་ལྟ་བ་ཡི་རྒྱལ་
པོ། །སྣང་སྟོང་སྒྱུ་མ་ཡི་གཟིགས་མོ་ལམ་ལམ་དུ་ཤར་ནས། །རྟག་ཆད་གཡང་ས་ལས་
གྲོལ་བས་ཞེ་བློ་རང་བདེའོ། །འཁྲུལ་བྲལ་རྒྱུད་ལུང་གི་ངེས་པས་ཚད་མ་རུ་གྲུབ་
ཅིང་། །ཚད་མེད་བརྒྱུད་ལྡན་གྱི་བླ་མར་བྱིན་རླབས་ཀྱི་བཀའ་བབས། །མ་དག་དྲི་
མ་ཀུན་སྦྱོང་ནུས་དབང་བཞི་ཡི་ཆུ་བོ། །སྙིང་གི་ཟིལ་དངར་དུ་ཐོབ་པས་ཞེ་བློ་རང་
བདེའོ། །སྣོད་བཅུད་ཡེ་ཤེས་ཀྱི་རོལ་པ་དཀྱིལ་འཁོར་དུ་ཤར་ཞིང་། །མཚར་སྡུག་ཕྱུག་
(༣༢༨ན)རྒྱ་ཡི་གར་སྟབས་ཤིག་ཤིག་ཏུ་བསྒྱུར་བས། །རང་སེམས་བདེ་སྟོང་གི་གཞོན་
ནུ་ཏིང་འཛིན་གྱི་འཆར་སྒོ། །གུ་ཡངས་རྩེད་འཇོ་ལ་བྲེལ་བའི་དགའ་སྟོན་ཞིག་སྒྲོང་
ངོ་། །མ་རིག་སྙིང་དབུས་ཀྱི་སྦུབས་ལས་རང་བྱུང་དུ་འཁྲུངས་པ། །ཁྱབ་བདག་ཧེ་རུ་ཀའི་
ཞལ་བཟང་མངོན་སུམ་དུ་མཐོང་བའི། །འཁྲུལ་མེད་ལམ་བཟང་འདི་སྟེན་པ་བླ་མ་ཡི་
བཀའ་དྲིན། །འཇམ་དཔལ་སྙིང་པོ་ཡི་བཀའ་དྲིན་འཁོར་ཐབས་རང་མེད་དོ། །སྒོ་

གསུམ་བག་མེད་ལས་དབེན་པའི་བསམ་གཏན་གྱི་ཁང་བུར། །ཆོས་བརྒྱུད་འདི་སྣང་གི་འཁྲི་བ་ཕར་རྒྱབ་ཏུ་བསྐུར་ནས། །ཚེ་མཇུག་དོན་ལྡན་དུ་བྱེད་ནུས་སྒྲུབ་པ་ཡི་མཆོད་པས། །ལྷ་དང་བླ་མ་ཀུན་མཉེས་པའི་ཡིད་སྨོན་ཞིག་འཆའོ། །ཞེས་སོ། །

དེ་ནས་རྗེ་བདག་ཉིད་ཆེན་པོའི་གསུང་འབུམ་ཡོངས་རྫོགས་ཀྱི་ལུང་གསན། འདི་དག་གི་སྐབས་ལམ་གྱི་ལུས་ཡོངས་སུ་རྫོགས་པ་ལ་ཉམས་བཞེས་ལྷུར་མཛད་པས་སྐྱེས་བུ་ཆུང་ངུའི་མི་རྟག་པའི་དམིགས་སྐོར་ལ་མྱོང་བ་ཞུལ་ཕྱིན་འཁྲུངས་ཏེ་སྐྱོ་ཤས་ཀྱི་མགུར་དབྱངས་གསུངས་པ་ནི། ཕ་དྲན་པས་གདུང་བ་སེལ་མཛད་པའི། །སྐྱབས་བླ་མ་ལྷ་ལ་གསོལ་བ་འདེབས། །བློ་འཆི་བ་སྙིང་ནས་དྲན་པ་དང་། །ཆོས་རྣམ་དག་འགྲུབ་པར་བྱིན་གྱིས་རློབས། །སྤྲང་སེར་པོ་གསེར་གྱི་རི་བོ་ལ། །ལྷངས་ན་བུན་དངུལ་མདོག་སྐྱིད་ལ་འཁྲིགས། །དེ་ད་ལྟ་ཡོད་ལ་ད་ལྟ་མེད། །རྐྱེན་འདིས་ཀྱང་མི་རྟག་དྲན་ནས་བྱུང་། །དབྱར་དྲོད་གཤེར་དུས་སུ་འཛོམ་པ་ན། །ལོ་ཡགས་ཀྱི་སྨྲེ་མ་གཡུ་ཡི་མདོག །སྟོན་མཐའ་མར་ཞིང་སྟོང་སྐྱ་བོར་སོང་། །རྐྱེན་འདིས་ཀྱང་མི་རྟག་(༣༨༧བ)དྲན་ནས་བྱུང་། །ཤིང་ལྗོན་པ་འདབ་རྒྱས་ལོ་མ་རེས། །སྨིན་ལེགས་ཀྱི་འབྲས་བུ་ཕང་ཕུང་ཆགས། །མཐར་གཅིག་ཀྱང་མི་སྡོད་ས་ལ་བྲུལ། །རྐྱེན་འདིས་ཀྱང་མི་རྟག་དྲན་ནས་བྱུང་། །ཤར་རི་བོ་སྤྱི་མཐོའི་རྩེ་མོ་ནས། །ཁྲི་གདུགས་ཀྱི་ཉི་མ་དཀྱུད་ལ་ཤར། །དེ་མི་སྡོད་ནུབ་ཀྱི་རི་རྩེར་སོང་། །རྐྱེན་འདིས་ཀྱང་མི་རྟག་དྲན་ནས་བྱུང་། །སྐྱེས་ཕོ་མོ་གཞོན་ནུ་ལང་ཚོ་ཅན། །ཁང་ཤི་དང་ནུབ་ཤི་རྒྱུན་མི་འཆད། །ཡར་འདྲེན་དང་སྐྱེ་བརྟག་ཞུའོ་ཟེར། །རྐྱེན་འདིས་ཀྱང་མི་རྟག་དྲན་ནས་བྱུང་། །སྤྲིན་དཀར་པོ་མཁའ་ལ་ལང་ལོང་འཁྲིགས། །སྤྲང་ཆར་གྱི་ཐིགས་པ་འབབ་ལ་ཁད། །རླུང་དམར་ནག་འཚུབ་མས་ཕྱོགས་བཅུར་གཏོར། །རྐྱེན་འདིས་ཀྱང་མི་རྟག་དྲན་ནས་བྱུང་། །ས་ཡངས་པོ་དཔལ་མོའི་ཐང་གི་དབུས། །ཕྱོགས་འགྲོན་པོའི་གུར་གྲལ་སྣར་མ་འདྲ། །སང་གར་བབས་རྩ་ཤིང་ལུད་

སྙིགས་ཙམ། །རྐྱེན་འདིས་ཀྱང་མི་རྟག་དྲན་ནས་བྱུང་། །དབྱར་ས་ལ་ཐྲོད་བབབ་རྩེ་ཐོག་རྒྱས། །བློ་བག་ཕེབས་དུས་ཀྱི་དེ་མ་ཐག །དགུན་ཁ་རླུང་འཚུབས་པའི་གྲང་བས་སྐྱོ། །རྐྱེན་འདིས་ཀྱང་མི་རྟག་དྲན་ནས་བྱུང་། །སྟིང་སྐྲ་དབྱངས་སྒྲོག་པའི་གཡུ་འབྲུག་དང་། །བར་གསུང་སྙན་འཛེབས་པའི་ཁུ་བྱུག་སོགས། །དུས་ཡལ་ཡོལ་གར་སོང་ཆ་མེད་ཐལ། །རྐྱེན་འདིས་ཀྱང་མི་རྟག་དྲན་ནས་བྱུང་། །དངོས་ཞལ་ནས་ཆོས་ཀྱི་སྨན་མཆོག་གིས། །སེམས་ཉོན་མོངས་ནད་སེལ་དམ་པ་མང་། །དུས་དེང་སང་དག་པའི་ཞིང་ནས་གཟིགས། །རྐྱེན་འདིས་ཀྱང་མི་རྟག་དྲན་ནས་བྱུང་། །ལུས་སྐྱིད་པའི་དྲིན་ཅན་མ་ལ་སོགས། །གཉེན་མཛའ་བཤེས་འབྲལ་གླགས་(༣༨༧ན)མི་ཐོད་ཀྱང་། །དུས་དེང་སང་འདུ་བའི་འབྲེལ་པ་ཆད། །རྐྱེན་འདིས་ཀྱང་མི་རྟག་དྲན་ནས་བྱུང་། །ཕོ་རྒོད་པོ་འཕྱིས་ཀྱི་སོ་ཆེས་ཅན། །ལོ་ཟླ་བ་རྟིང་མའི་གྲབས་གཞོམ་བྱེད། །ལས་འཁོར་ལུས་རང་ཉིད་གར་སོང་མེད། །རྐྱེན་འདིས་ཀྱང་མི་རྟག་དྲན་ནས་བྱུང་། །དཔལ་འཆི་མེད་རྡོ་རྗེའི་སྐུ་བརྙེས་པ། །སྐྱབས་སངས་རྒྱས་དེ་ཡང་འདའ་ཚུལ་སྟོན། །ལུས་ཤ་ཁྲག་པགས་པས་གཡོགས་པ་འདི། །འཇིག་ངེས་པ་ཆུ་ཡི་ལྦུ་བ་འདྲ། །ནར་སོན་པའི་ཕ་མས་རང་གི་བུ། །སྐྱེས་ཙམ་ནས་དུར་དུ་སྤྲ་བ་སྟང་། །དེ་མཐོང་ནས་བདག་ཀྱང་གཞོན་ནོ་ཞེས། །འཆི་བདག་ལ་གཞོལ་འདེབས་རེ་བ་ཆད། །དུས་ད་ནང་དགྲ་འདུལ་གཉེན་སྐྱོང་གི །གྲོས་བྱེད་དུས་ལུས་བདེ་སེམས་ཀྱང་རྐྱོད། །དགུང་དྲོ་ལ་བབ་དུས་དུར་ཁྲོད་དུ། །ལུས་བྲ་ཁྲིས་ཟ་བ་ཙང་བདེན་ནམ། །ལར་མཐོང་ཐོས་ཡུལ་དུ་གྱུར་པ་ཡི། །ཁོང་འགྲོ་བ་མི་ཡི་སྐྱེས་བུ་རྣམས། །དུས་རིང་མཐའ་ལོ་བརྒྱ་ཚུན་ཆད་དུ། །གཅིག་ཙམ་ཡང་མི་སྡོད་འཆི་བར་ངེས། །ཕྱི་སྣོད་བཅུད་སྣང་བ་གང་ལ་ཡང་། །ཡིད་ལེགས་པར་གཏད་ནས་བསམས་པའི་ཚེ། །དུས་སྟུ་ཕྱིར་འགྱུར་བ་འབའ་ཞིག་གིས། །ཀུན་མི་རྟག་སློབ་དཔོན་ཉིད་དུ་དགའ། །སྔར་བྱིས་པའི་སྐབས་ནས་རིམ་འཕེལ་བའི། །སྟོབས་ལང་ཚོ

གཞོན་ནུའི་ལུས་ཀྱི་ཆ། །ད་གང་ལ་བལྟས་ཀྱང་མི་སྡུག་པ། །འདི་རང་ལུས་ཡིན་ཡང་ཡིད་མི་འོང་། །བདེ་སྡུག་དང་བཏང་སྙོམས་སྣ་ཚོགས་སམ། །ཡང་རེས་འགའ་དགེ་ལ་རེས་འགའ་སྡིག །རེས་ལུང་མ་བསྟན་གྱི་སེམས་ལ་སོགས། །བློ་འདི་ཡང་མི་རྟག་སྐད་ཅིག་གཡོ། །རང་གཞན་གྱི་སྣང་ཚུལ་གར་བལྟས་ཀྱང་། །གློག་བཞིན་དུ་འགྱུར་བས་བློ་མ་བདེ། །ཁོང་འཆི་བདག་གཤེད་མས་མཐའ་ནས་བསྐོར། །ད་གསོད་པར་ངེས་ནས་ཅི་རང་དྲག །གཉེན་བཤེས་དང་ནོར་རྫས་ཁང་ཁྱིམ་སོགས། །མི་ཡུལ་གྱི་སྣང་བ་དང་སྤྲོ་ཡང་། །སེམས་ཆགས་པས་བཅིངས་བཞིན་དབང་མེད་དུ། །སྣང་བ་འདི་ནམ་ཞིག་ནུབ་པར་འགྱུར། །ལུས་མལ་གྱི་ཐ་མར་འདྲེ་ལྟོག་ཅིང་། །ངག་ཐ་མའི་ཚིག་གི་ལྷབ་ལྷིབ་སྨྲ། །སེམས་ཐ་མའི་དྲན་རྟོག་ཇི་ཕྲར་ནུབ། །དུས་དེ་འདྲ་བདག་ལ་ནམ་འོང་ན། །སྔར་སྡིག་པའི་ལས་ལ་དེ་ཙམ་སྤྱད། །ཚེ་ཕྱི་མར་ཕན་པའི་དགེ་བས་དབུལ། །ཕྱོགས་གར་འགྲོ་འདི་འགྲོའི་གཏོལ་མེད་ངས། །ད་བསམ་ཚེ་འཆི་ལ་ཤིན་ཏུ་ཚེར། །དོན་དེ་ཕྱིར་བདག་དང་བདག་འདྲའི་འགྲོ །དགོས་མེད་ཀྱི་བྱ་བྱེད་མ་མང་བར། །སྐྱབས་བླ་མ་ཡི་དམ་མཁའ་འགྲོ་ལ། །སྐྱུས་འདེགས་དུས་སྐྱེལ་མའི་ཞུ་བ་ཕུལ། །དགེ་སེམས་ཀྱི་སྣང་བ་དཀར་པོའི་ངང་། །གདེང་དགའ་སྤྲོ་དང་བཅས་འཆི་བ་ལ། །དུས་ད་ལྟ་གོམས་པ་གལ་ཆེ་བས། །མདོ་སྔགས་ཀྱི་ཟབ་དོན་འདྲིས་པར་བྱ། །གདམས་འདི་ལ་བརྟེན་ནས་བདག་འདྲ་བ། །བློ་དྲིད་པོར་སོང་བའི་ཆོས་མེད་རྣམས། །ངེས་འབྱུང་གི་བསྐུལ་མ་ཐེབས་པ་དང་། །རྒྱུད་སྨིན་ཅིང་གྲོལ་བ་ཐོབ་པར་ཤོག །ཅེས་སོ། །

དེ་ནས་ཡོངས་འཛིན་རིན་པོ་ཆེ་ངག་དབང་མཆོག་ལྡན་ལ་དཔེ་ཆོས་རིན་ཆེན་སྤུངས་པ་སོགས་བཀའ་གདམས་ཀྱི་ཆོས་སྐོར་དུ་མ་ཞིག་གསན། འབྲས་(༣༨༨ན) སྤུངས་སྔགས་པ་བླ་བྲང་ཞལ་སྔ་ནས་བློ་བཟང་ཆོས་འཕེལ་གྱིས་གསོལ་བ་བཏབ་ནས་དགེ་བའི་བཤེས་གཉེན་སུམ་བརྒྱ་སུམ་ཅུ་སྐོར་ལ་བདེ་མཆོག་ལཱུ་ཨི་པའི་བསྐྱེད་

རིམ་གྱི་ཁྲིད་སྲིད་རྒྱུད་དང་དབེན་ས་སྨིན་རྒྱུད་ཀྱི་གདམས་པའི་ཆུ་བོ་གཉིས་འདྲེས་སྐྱོང་ཁྲིད་དུ་སྩལ་བས་དེར་འདུས་པའི་དགེ་བའི་བཤེས་གཉེན་དེ་རྣམས་བླ་མེད་ཐེག་པའི་བདུད་རྩིས་ཚིམ་པར་མཛད་དོ། །དེའི་ཚེ་དགེ་བའི་བཤེས་གཉེན་རིན་ཆེན་རྒྱལ་མཚན་གྱིས་དཔལ་ཧེ་རུ་ཀཿདང་རྡོ་རྗེ་བདག་ཉིད་ཆེན་པོ། རྗེ་འདི་ཉིད་གསུམ་དབྱེར་མེད་དུ་གསོལ་བ་བཏབ་ཚིག་པ་ཞིག་དགོས་ཞེས་ཞུས་པ་ན། སྙིང་དགའ་ལྡན་ལྷ་བརྒྱའི་མདུན་ས་ནས། །སྤྲིན་དཀར་པོ་སྟེག་པའི་རྩེ་མོ་རུ། །རྗེ་རྒྱལ་བ་ཀུན་འདུས་བློ་བཟང་གྲགས། །དེང་མདུན་གྱི་ནམ་མཁར་གཤེགས་སུ་གསོལ། །གནས་སྐྱེ་གསུག་སེང་ཁྲི་པད་ཟླའི་སྟེང་། །ཡིད་དྲན་པས་སྲིད་ཞིའི་གདུང་བ་སེལ། །དཔལ་ཧེ་རུ་ཀཿདང་དབྱེར་མེད་པའི། །རྗེ་དྲིན་ཅན་བླ་མ་རིན་པོ་ཆེ། །མགོན་གསང་གསུམ་བགོད་པ་མཐའ་ཡས་ཀྱང་། །དོན་ངོ་བོ་གཅིག་ཏུ་གསོལ་འདེབས་ན། །རྒྱུད་ཉོན་མོངས་རྦུབ་རེག་ཞི་བ་དང་། །སེམས་ཆོས་དང་འདྲེས་པར་བྱིན་གྱིས་རློབས། །སྔོན་ལེགས་བྱས་བརྒྱ་ཡིས་འཕངས་པའི་ལུས། །ཧེན་ཆོས་དང་མཇལ་བའི་དལ་འབྱོར་འདི། །ལྷ་ཚངས་དབང་གཙུག་གི་ནོར་བུ་བཞིན། །དུས་ལན་ཅིག་ཙམ་ལས་རྙེད་དཀའ་ཡང་། །དེང་སྔོན་ཚད་འདི་སྣང་རེ་དོགས་དང་། །སེམས་ཉོན་མོངས་དབང་དུ་སོང་བ་ཡིས། །བློ་ཆོས་དང་འདྲེས་པའི་སྐབས་མེད་པར། །ཚེ་ཕལ་(༣༨༨བ)ཆེར་དོན་མེད་དང་ལ་ཟད། །དུས་གཏན་གྱི་མདུན་མ་རླུང་ལ་བསྐུར། །རྒྱུད་འཕྲུང་འདྲེ་ཞགས་པའི་སྨྱོན་པ་བདག །ཚེ་འདི་སྣང་ཕུན་ཚོགས་ཐམས་ཅད་དང་། །གཏན་བྲལ་གྱི་ཕ་རོལ་ཆ་བའི་ཚེ། །ཆོས་བཤའ་མ་བསླབས་པའི་ཉམས་མྱོང་གིས། །འཇིགས་མི་དགོས་སྙམ་པའི་གདེང་ཚད་མེད། །ཡོ་བླ་བ་ཞག་དང་ཟླ་མས་ཀྱང་། །ལུས་སེམས་ཀྱི་མཐུ་སྟོབས་རིམ་གྱིས་བྲི། །ཕྱར་ལང་ཚོ་དར་བའི་གཞོན་ནུའི་ལུས། །ད་རྒས་པའི་གནས་སྐབས་འདི་ལྟར་སོང་། །ལུས་འབྱུང་བ་འཁྲུགས་པའི་ནད་ཅིག་གམ། །རྐྱེན་གློ་བུར་གདོན་གྱིས་འཚེ་བ་ཡིས། །

ཕྱོགས་གང་དུ་མལ་གྱི་ཐ་མ་ལ། །བདག་འཆི་བའི་དུས་ཚོད་ནམ་འོང་ན། །དཀྲ་གཤིན་རྗེའི་བསུ་མའི་ཕོ་ཉ་སླེབས། །ཕྱོགས་བྲེད་ཤ་ཐོན་པའི་གདངས་མིག་ལྟ། །མཐའ་མཛའ་བཤེས་དུ་བས་ཡོངས་སུ་བསྐོར། །གཤིན་དགེ་དང་དུར་གྱི་གཞོམ་རས་བྲེལ། །གཉེན་ལོངས་སྤྱོད་དཔལ་ལ་འཁྲིན་པ་ཡིས། །ཡིད་གདུངས་ཀྱང་རང་དབང་གཏོལ་མེད་འགྱུར། །ལར་དེ་ལྟའི་འཆི་བ་འོང་ངེས་ཤིང་། །དུས་དེ་རིང་ཉི་མ་མ་ནུབ་གོང་། །སེམས་ཟབ་ཕུང་བྲལ་ནས་བར་དོ་ཡི། །འཕྲང་རིང་པོར་མི་འགྲོའི་ཆ་ཡང་མེད། །འབྲོག་དགོན་པ་འཇིགས་པའི་ས་ཕྱོགས་སུ། །རང་གཅིག་པུ་གཏོལ་མེད་འཁྱམས་པ་བཞིན། །སྣང་འདྲིས་ཀྱང་གྲོགས་དང་མགོན་མེད་པར། །བཤུལ་འཇིག་རྟེན་ཕྱི་མར་འགྲོ་བ་ན། །སྐྱབས་བསླུ་མེད་དཀོན་མཆོག་མ་ལུས་པ། །རྗེ་བླ་མ་གཅིག་ཏུ་འདུས་པའི་སྐུ། །ཁྱེད་མ་གཏོགས་རེ་ས་གཞན་མེད་པས། །ཐུགས་བརྩེ་བས་སྐྱོངས་ཤིག་ཐུགས་རྗེ་ཅན། །སྒོ་གསུམ་(༣༥༨ན)གྱིས་བསྒྲུབས་པའི་དམ་ཆོས་རྣམས། །རྒྱུད་ཉོན་མོངས་གཉེན་པོར་སོང་བ་ཡི། །ཆོས་གནད་དུ་ཁེལ་བའི་ཉམས་ལེན་གྱིས། །དུས་ཉིན་མཚན་འདའ་བར་བྱིན་གྱིས་རློབས། །མ་སེམས་ཅན་འཁོར་བའི་རྒྱ་མཚོ་ཆེས། །སྡུག་བསྔལ་བའི་དང་ཚུལ་མ་བཟོད་པར། །ཚིག་བཙོས་མ་མིན་པར་ཅི་བྱེད་རྣམས། །གཞན་ཕན་བདེར་འགྱུར་བར་བྱིན་གྱིས་རློབས། །བདག་འདི་སྣང་འགག་པར་ཕྱོགས་པའི་ཚེ། །རྗེ་བླ་མ་ཁྱབ་བདག་ཧེ་རུ་ཀཿ །འཁོར་དཔའ་བོ་དཔའ་མོའི་བསུ་བ་ཡིས། །གནས་མཁའ་སྤྱོད་ཞིང་དུ་ཁྲིད་དུ་གསོལ། །ལས་ཉོན་མོངས་དབང་གིས་སྐྱེ་བའི་མཐའ། །ཡོངས་ཟད་པར་མ་གྱུར་དེ་སྲིད་དུ། །ལྷ་བླ་མས་ཐེག་མཆོག་མགོན་མཛད་ནས། །སྨིན་གྲོལ་གྱི་ལམ་བཟང་མཐར་ཕྱིན་ཤོག །ཅེས་པ་གནང་ངོ་། །

དེ་ནས་དགེ་བའི་བཤེས་གཉེན་མང་པོ་ཞིག་ལ་སྨད་རྒྱུད་ལུགས་ཀྱི་ཁྲིད་ཆེན་བརྒྱད་དང་། སྟོད་རྒྱུད་ལུགས་ཀྱི་ཁྲིད་ཆེན་དྲུག་བཅས་ཟབ་ཆོས་མཐའ་ཡས་པ་

གནང་། ཡོངས་འཛིན་དམ་པ་ཁྲི་ཆེན་ངག་དབང་མཆོག་ལྡན་ལས་ས་སྐྱའི་གསེར་ཆོས་བཅུ་གསུམ་དང་། བཀའ་གདམས་ལྷ་བཞི་སོགས་ལྷག་པའི་ལྷ་མང་པོའི་རྗེས་གནང་དང་། མགོན་པོ་ཕྱག་དྲུག་པ་དང་གུར་མགོན་སོགས་ཆོས་སྐྱོང་མང་པོའི་རྗེས་གནང་གསན། རྣ་མཆོག་སྤྲུལ་པའི་སྐུས་གསོལ་བ་བཏབ་ནས་དྲིལ་བུ་ལྷ་ལྔའི་དབང་སྐོར་དང་བཅས་རྒྱས་པར་གནང་། དེའི་ཚེ་འབྲས་སྤུངས་སྔགས་པ་གྲྭ་ཚང་དང་སེ་ར་སྔགས་པ་གྲྭ་ཚང་གཉིས་ཀས་རྡོ་རྗེ་འཇིགས་བྱེད་ཀྱི་དབང་གི་དོན་དུ་གསོལ་(༣༥༩བ) བ་བཏབ་པ་ན། དོན་གཉེར་ཅན་མཐའ་ཡས་པ་བྱུང་སྟེ་འབྲས་སྤུངས་སྔགས་པ་ཚོགས་ཡོངས་དང་། དེ་མོ་སྤྲུལ་སྐུ་རིན་པོ་ཆེ་སོགས་སྤྲུལ་སྐུ་དང་། བླ་མ་དགེ་བའི་བཤེས་གཉེན་ཆེས་མང་བ་བཅས་དགེ་འདུན་སྟོང་དང་ཉིས་བརྒྱ་བརྒྱད་ཅུ་སྐོར་ལ་དཔལ་རྡོ་རྗེ་འཇིགས་བྱེད་ལྷ་བཅུ་གསུམ་མའི་དབང་སྐོར་དང་བཅས་པ་རྒྱས་པར་སྩལ་ཞིང་། དེ་ནས་མུ་འཕྲད་དེ་སེ་ར་སྔགས་པ་ཚོགས་ཡོངས་དང་དགེ་བའི་བཤེས་གཉེན་ཆེས་མང་བ་བཅས་ལའང་དཔལ་རྡོ་རྗེ་འཇིགས་བྱེད་ཀྱི་དབང་སྐོར་དང་བཅས་པ་རྒྱས་པར་སྩལ། བྲག་གཡབ་སྤྲུལ་པའི་སྐུས་གསོལ་བ་བཏབ་སྟེ་དགེ་འདུན་སྟོང་ཕྲག་ལྷག་ཙམ་ལ་བྱང་ཆུབ་ལམ་རིམ་ཆེན་མོའི་བཤད་ལུང་རྒྱས་པར་སྩལ་ཞིང་། ཉུང་ཤས་ཤིག་ལ་ཐུགས་རྗེ་ཆེན་པོ་བཅུ་གཅིག་ཞལ་དཔལ་མོ་ལུགས་ཀྱི་དབང་ཆེན་ཡང་སྩལ། དེ་ནས་ཁྲི་ཆེན་ངག་དབང་མཆོག་ལྡན་ལ་རྡོ་རྗེ་འཇིགས་བྱེད་ཀྱི་འཁྲུལ་འཁོར་ཁམས་གསུམ་ལས་རྣམ་པར་རྒྱལ་བའི་ཉི་འོད་མ་བུ་རྣམས་ཀྱི་གཟབས་བཤད་གསན་ཞིང་ཕྱག་ལེན་ཡང་སྦྱོར་བར་མཛད། གཞན་ཡང་ཁྲི་ཆེན་ལ་ནཱ་རོ་ཆོས་དྲུག་གི་ཟབ་ཁྲིད་དང་། དགའ་ལྡན་ཕྱག་རྒྱ་ཆེན་པོའི་ཟབ་ཁྲིད་དང་། དུས་འཁོར་སྦྱོར་དྲུག་གི་ཟབ་ཁྲིད་རྣམས་རྒྱས་པར་གསན། དེ་ནས་ཨང་དཀར་ཞབས་དྲུང་གིས་གསོལ་བ་བཏབ་ནས་བདེ་ལམ་གྱི་ཟབ་ཁྲིད་སེམས་བསྐྱེད་མཆོད་པ་དང་བཅས་རྒྱས་པར་གནང་།

དེ་ནས་སྐུ་མཚམས་ཤིག་གི་ནང་དུ་མི་རྟག་པའི་སྣང་ཚུལ་ལ་མགུར་དབྱངས་མཛད་པ་ནི། (༣༩༠ན)ཉེའུ་གསིང་སྤང་ལ་སྐྱེས་པའི། །སྤང་རྒྱན་མེ་ཏོག་བཀྲ་ཡང་། །དགུན་གྱི་ཁ་རླུང་འཚུབ་དུས། །རྡུལ་ཕྲན་ཙམ་དུ་འཐོར་བས། །ད་ལྟ་མདངས་བཀག་མཚར་དུས། །དཀོན་མཆོག་དྲུང་དུ་ཕུལ་དང་། །སྔོན་བསགས་སྦྱིན་པའི་འབྲས་བུ། །འདོད་དགུའི་ལོངས་སྤྱོད་འབྱོར་ཡང་། །ནམ་ཞིག་གང་ཟག་གཞན་གྱིས། །བདག་བཟུང་རྫས་སུ་འགྱུར་བས། །ད་ལྟ་རང་དབང་ཡོད་དུས། །སྦྱིན་པའི་ཞིང་ལ་ཕུལ་ཞིག །རྩལ་གསུམ་དར་ལ་རྫོགས་པའི། །གཡུ་འབྲུག་སྐད་གསང་མཐོ་ཡང་། །དབྱར་གསུམ་ནམ་ལྡིའི་ཐ་མར། །སྒྲ་སྐད་ཉམས་པར་འགྱུར་བས། །ད་ལྟ་མཁའ་ལ་འཕྱོ་དུས། །དབྱར་རྔ་དལ་བུས་སྒྲོགས་དང་། །མཐུན་འཇུག་འཇིག་རྟེན་ལས་ལ། །གསུང་སྙན་འགྱུར་ཁུགས་འཕོལ་ཡང་། །ནམ་ཞིག་མགྲིན་པའི་ལམ་ལ། །དབུགས་ཀྱང་ཆད་པར་འགྱུར་བས། །ད་ལྟ་སྨྲ་ལྡེ་བདེ་དུས། །གྲག་སྟོང་བཟླས་པར་འབུངས་ཤིག །མཁའ་ལ་རྒྱན་དུ་ཆགས་པའི། །སྤྲིན་དཀར་ལང་ཚོ་གསར་ཡང་། །དྲག་པོའི་རླུང་དང་འཕྲད་ནས། །ཕྱོགས་བཅུར་འཐོར་བར་ངེས་སོ། །ད་ལྟ་ལང་ལོང་འཁྲིགས་དུས། །སྤྲིན་ཆར་བཅུད་དུ་ཕབ་དང་། །ཁུ་ཁྲག་གཞན་གྱི་རྫས་ལ། །བདག་བཟུང་ལུས་འདི་འཕྱོར་ཡང་། །ནམ་ཞིག་མི་གཙང་རྫས་བཞིན། །འབྲེལ་མེད་འདོར་བར་འགྱུར་བས། །ད་ལྟ་རྩལ་སྟོབས་ལྡན་དུས། །དགེ་བའི་ཕྲན་དུ་བཀོལ་ཞིག །དང་བསིལ་ཡིད་ལ་འཐད་པའི། །ཉལ་འགྲོ་ལྷུང་ལྷུང་འབབ་ཀྱང་། །མི་རིང་ཐིགས་པ་ཙམ་ཡང་། །ལུས་མེད་སྐམས་པར་འགྱུར་གྱི། །ད་ལྟ་རྒྱུན་བཟང་འབབ་དུས། །(༣༩༠བ)རྩེ་ཐོག་གསོས་སུ་བྲོངས་དང་། །རང་བདེ་གཞན་ལ་གནོད་པའི། །ཐབས་ཚུལ་སྣ་དགུ་འགྱུ་ཡང་། །ནམ་ཞིག་མིང་དོན་ཙམ་ཡང་། །འཆར་མེད་རྨོངས་པར་འགྱུར་གྱི། །ད་ལྟ་བློ་རིག་གསལ་དུས། །ཟབ་རྒྱས་གདམས་ངག་སྒོམས་ཤིག །ཚེ་དུས་ས་ཡི་ལྟེ་བར། །ལྗོ་བྱང་ཆེང་

ཕྱུག་འཛོམ་ཡང་། །ཞག་གསུམ་ནང་པར་དུས་སུ། །སོ་སོར་གྱེས་པར་འགྱུར་བས། །ད་
ལྟ་ཡུད་ཙམ་འཚོགས་དུས། །འཁོན་དང་མཐུན་འགྲོགས་སྦྱོངས་དང་། །ཚེ་སྔོན་ལས་
ཀྱིས་བཀུག་པའི། །དགྲ་གཉེན་བྱམས་སྡང་ཆེ་ཡང་། །མི་རིང་རིགས་དྲུག་གནས་སུ། །
སོ་སོར་འགྲོ་བར་འགྱུར་བས། །ད་ལྟ་རིས་སུ་བཅད་ནས། །དགོས་མེད་ཆགས་སྡང་
སྦྱོངས་ཤིག །སྔོན་དུས་མཁའ་ལ་ཤར་བའི། །ཉ་རྒྱས་ནམ་འཕང་མཐོ་ཡང་། །འཛམ་
གླིང་ས་འདིར་གནས་པའི། །སྐྱེ་བོ་ཚ་གདུང་ཅན་ལ། །ལུས་སེམས་དགའ་བདེ་སྐྱེད་
པའི། །ཤུགས་འབྱུང་འོད་དཀར་འགྱེད་དོ། །གཞན་ལ་ཕན་བདེ་འདོད་པ། །རང་སེམས་
ཁོང་ན་གནས་ཀྱང་། །ཕྱོགས་དུས་སྐྱེ་བོ་ཀུན་གྱིས། །དོན་གཉིས་དཔལ་དུ་འགྱུར་
བས། །ལུས་ངག་རྩལ་འཚོས་སྦྱངས་ཏེ། །ལྷག་བསམ་བཟང་པོ་སྐྱེད་ཅིག །ཀླུ་དབང་
གཙུག་གི་ནོར་བུ། །ཕྱོགས་ལྷུང་རྟོག་པ་མེད་ཀྱང་། །མཆོད་དང་བཀུར་བསྟི་ཆེན་
པོས། །རྩེ་གཅིག་གསོལ་བ་བཏབ་ལ། །གང་བསམ་རེ་བའི་འབྲས་བུ། །ལག་རྩེར་
སྟོལ་བར་ངེས་སོ། །བླ་མ་སྐུ་གསུམ་དབང་ཕྱུག །འགྲོ་ལ་ཉེ་རིང་སྤངས་ཀྱང་། །མོས་
གུས་ལྷེམ་རྒྱུང་མེད་པར། །རྩེ་གཅིག་དྲན་པ་དེ་ལ། །འདི་དང་ཕྱི་མ་ཀུན་གྱི། །ལེགས་
ཚོགས་འགྲུབ་པར་ངེས་སོ། །དབང་པོ་(༣༨༧ན)བསྐྱོད་པའི་མཐུ་ཡིས། །མཁའ་ལ་
སྣང་བཀྲག་མཚར་ཡང་། །གསོ་དཔྱད་མིག་སྨན་རྡོན་པོས། །སྦྲུངས་པའི་གྲོས་མ་ཐག་
ཏུ། །རབ་རིབ་སྣང་བ་ལོག་པའི། །སྟོང་གསལ་རྗེན་པར་འཆར་རོ། །དངོས་འཛིན་
གདོན་གྱིས་བཀྲུགས་པས། །ཀུན་རྫོབ་ཅི་ཡང་འཆར་མོད། །འཁྲུལ་པའི་རང་མཚང་
གཅོད་པའི། །རིགས་ཤེས་ལྟ་བའི་ངོ་ན། །བློ་བྲི་སྣང་བ་ལེགས་པའི། །གནས་ལུགས་
ལྷད་མོ་ལྟོས་ཤིག །སྟོང་གསལ་མཁའ་ཡི་ངོས་ན། །ཚུགས་ཐུབ་བདེན་པར་མེད་
ཀྱང་། །རྒྱུ་རྐྱེན་རྟེན་འབྲེལ་མང་པོ། །ཚོགས་པའི་འཇའ་ཚོན་རི་མོ། །གཏད་མེད་ཅིར་
ཡང་འཆར་བའི། །ངོ་མཚར་འདི་ལ་ལྟོས་དང་། །དཔྱད་ན་འདི་ཞེས་བྱ་བའི། །ངོས་

བཟུང་ཅི་ཡང་མེད་ཀྱང་། །རྒྱུ་རྐྱེན་ཆ་ཤས་མང་པོར། །བཏགས་ཡོད་མིང་ཙམ་འདི་ལ། །བྱ་བྱེད་ཐམས་ཅད་འཐད་པའི། །སྒྱུ་མ་འདི་ལ་གཟིགས་དང་། །བདེན་དངོས་བསླུ་བ་མེད་པའི། །དམིགས་གཏད་གང་ཡང་མེད་ཀྱང་། ཁོག་ཡངས་བྲག་གི་ཕུག་པར། །སྒྲ་སྙན་བྲག་ཅའི་དབྱངས་ཀྱིས། །རང་འཛིན་ཤེས་པར་བསྐྱེད་པའི། །ནུས་པ་ཐོགས་མེད་བཞིན་དུ། །བསླུ་མེད་དོན་ལ་གྲུབ་པའི། །སྙིང་པོ་ཆ་ཙམ་མེད་ཀྱང་། །དོན་ལྡན་ཚིག་གི་ཕྲེང་བ། །འདི་ལྟར་སྤྲེལ་བའི་གདམ་གྲིས། །ཀུན་རྫོབ་འགྲོ་བ་མང་པོར། །ཕན་པ་རྒྱ་ཆེན་གྱུར་ཅིག །ཅེས་སོ། །དེ་ནས་ཁྲི་ཆེན་ངག་དབང་མཆོག་ལྡན་ལ་རྒྱལ་ཚབ་དར་མ་རིན་ཆེན་གྱི་གསུང་ཕལ་ཆེ་བའི་ལུང་གསན་ནོ། །དེ་ནས་ཁྲི་ཆེན་ངག་དབང་མཆོག་ལྡན་ལ་གསོལ་བ་ཡུན་རིང་དུ་བཏབ་སྟེ་དཔལ་དུས་ཀྱི་འཁོར་ལོའི་(༣༩༧བ)དབང་མོ་ཆེ་རྗེ་ཡབ་སྲས་ནས་བརྒྱུད་པ་དེང་སང་རྒྱུན་ཆད་དུ་ཉེ་བ་ལ་ཐུག་པས་ཁྲི་ཆེན་རྡོ་རྗེ་འཆང་གིས་རྒྱུན་ཞིག་བཞེས་ནས་གནང་ཐུབ་པ་ཞིག་དགོས་ཞེས་ཡང་དང་ཡང་དུ་གསོལ་བ་བཏབ་པ་ན་ཁྲི་ཆེན་སྐྱ་ན་མཐོ་ཡང་རྒྱལ་བ་མཆོག་གི་བཀའ་དང་འཇམ་མགོན་བསྟན་རྒྱུན་ལ་དགོངས་ཏེ་དཀའ་བ་ཆེན་པོས་གསན་ནས་ལྟགས་བསྙེན་སོགས་ལེགས་པར་གྲུབ་སྟེ་རྗེ་འདི་པ་ལ་འབུལ་བར་མཛད། རྗེ་འདིས་ཀྱང་གོང་བསྙེན་སོགས་རྒྱུད་དང་མཐུན་པར་ལེགས་པར་གྲུབ་པར་མཛད་ནས་དཔལ་དུས་ཀྱི་འཁོར་ལོའི་དབང་དང་མན་ངག་འཆད་པ་ལ་འཇིགས་པ་མེད་པའི་གནས་ཐོབ་པར་མཛད་དོ། །

དེ་ནས་དྭགས་པོ་དགེ་བཤེས་ཀྱིས་གསོལ་བ་བཏབ་པ་ལ་བརྟེན་ནས་འབྲས་སྤུངས་འདུ་ཁང་ཆེན་མོར་སྟེ་སྣོད་འཛིན་པ་བཞི་སྟོང་ཙམ་ལ་དྲང་ངེས་རྣམ་འབྱེད་ཞག་ཉི་ཤུ་རྩ་གསུམ་གྱི་བར་དུ་དཀའ་བའི་གནས་རྣམས་དྲི་མ་མེད་པའི་རིགས་པས་མཐའ་ཆོད་པར་མཛད་དེ་ཀྲུས་པར་གནང་བས་རྒྱལ་བ་ཙོང་ཁ་པ་རང་ཉིད་སླར་འཇིག་རྟེན་འདིར་དངོས་སུ་བྱོན་པ་ཇི་ལྟ་བ་བཞིན་དུ་གྱུར་ཏོ་ཞེས་དེ་དུས་ཀྱི་སྡེ་སྣོད་འཛིན་པ

མཐའ་དག་གསུང་ངོ་། །དེ་ནས་ཁྲི་ཆེན་རྡོ་རྗེ་འཆང་དག་དབང་མཆོག་ལྡན་ལ་ཕྱག་རྡོར་འཁོར་ཆེན་གྱི་དབང་གསན་ནས་ཡི་དམ་འདིའི་བསྙེན་བསྒྲུབ་སོགས་མཐར་ཕྱིན་པར་མཛད་དོ། །

དེ་ནས་འབྲས་སྤུངས་སྔགས་པ་བླ་བྲུར་ཞལ་སྔ་ནས་ཀྱིས་གསོལ་བ་བཏབ་ནས་སོ་སྟོད་འཛིན་པ་བདུན་བརྒྱ་སྐོར་ལ་དཔལ་གསང་བ་འདུས་པའི་རྩ་རྒྱུད་འགྲེལ་པ་སྒྲོན་གསལ། རྗེ་བདག་ཉིད་ཆེན་པོས་མཛད་པའི་(༣༩༢ན)བསྡུས་དོན་མཆན་བུ་མཐའ་གཅོད་དེ་འགྲེལ་པ་བཞི་སྦྲགས་ཀྱི་བཤད་རྒྱུན་རྒྱས་པར་སྩལ་བས་གསང་ཆེན་རྡོ་རྗེ་ཐེག་པའི་བསྟན་པ་ཉི་མ་ལྟར་གསལ་བར་མཛད་དོ། །དེ་ནས་ཤིང་མོ་གླང་གི་ལོ་སྨད་སྟོད་འཛིན་པ་མང་པོས་གསོལ་བ་བཏབ་ནས། དད་ལྡན་ཚིག་སྟོང་སྐོར་ལ་དཔལ་རྡོ་རྗེ་འཇིགས་བྱེད་ཆེན་པོའི་དབང་བཞི་སྔ་གོན་དང་བཅས་པ་རྒྱས་པར་གནང་། དེའི་ཚེ་དབང་དངོས་གཞིའི་ཉིན་ནམ་མཁའ་ཤིན་ཏུ་དྭངས་པ་ལས་མེ་ཏོག་གི་ཆར་བབས་པ་བྱུང་ཞིང་། རིག་པ་འཛིན་པ་འགའ་ཞིག་ལ་ཡེ་ཤེས་པ་ཕེབས་པའང་བྱུང་བས་ཀུན་མི་ཕྱེད་པའི་དད་པ་ཐོབ་བོ། །མཉྫུ་ཤྲཱིས་གསོལ་བ་བཏབ་ནས་མ་རྒྱུད་ཐམས་ཅད་ཀྱི་གཙོ་བོ་དཔལ་འཁོར་ལོ་སྡོམ་པའི་རྩ་རྒྱུད་དང་། རྗེ་བདག་ཉིད་ཆེན་པོས་མཛད་པའི་སྦས་དོན་ཀུན་གསལ་གཉིས་རྩ་འགྲེལ་སྦྲགས་ནས་གནང་བས་རྗེ་བདག་ཉིད་ཆེན་པོའི་བསྟན་པའི་ཉམས་པ་གསོ་བར་མཛད་དེ་བསྟན་པ་ལ་བཀའ་དྲིན་ཆེ་བར་མཛད་དོ། །

དེ་ནས་ཆུ་ཁྱི་ལོ་དགའ་ལྡན་རྣམ་པར་རྒྱལ་བའི་གླིང་དུ་ཕེབས་སྐབས་རྗེ་ཐམས་ཅད་མཁྱེན་པའི་རྣམ་ཐར་དང་བཀའ་དྲིན་དྲན་པའི་དད་གུས་ཤུགས་དྲག་པོ་ཐུགས་ལ་འཁྲུངས་པས་ཐུགས་རྗེ་བསྐུལ་བའི་གསོལ་འདེབས་མགུར་དབྱངས་འདི་ལྟར་མཛད་དོ། །གནས་ས་འཛིན་མཐོན་པོ་ལྷུན་ཆགས་སྐྱོ། །རྗེ་བདེ་གཤེགས་ཀུན་གྱིས

བྱིན་གྱིས་བརླབས། །དོན་ཡེ་ཤེས་རང་སྣང་སྒྱུ་འཕྲུལ་གྱི། །དཔལ་རྒྱས་པའི་དཀྱིལ་
འཁོར་ཆེན་པོར་གྲུབ། །རི་སྨན་ལྗོངས་དྲི་བཟང་དང་པ་འཐུལ། །དུས་གསུམ་(༣༩༢བ)
དུ་མེ་ཏོག་ལྡིང་ཁང་བཀྲ །ཤིང་གཡུ་ལོ་རྒྱས་པའི་ཚང་ཚིང་གིས། །རྗེ་བླ་མའི་མཛེས་
སྐུ་ཡིད་ལ་ཤར། །ཆབ་ལྷུང་ལྷུང་འབབ་པའི་ཉལ་འགྲོའི་སྒྲ། །ཡིད་འཕོས་སུ་ཕེབས་
པའི་འདབ་ཆགས་སྐད། །ཆོས་ལེགས་བཤད་དར་དིར་སྒྲོགས་པ་ཡིས། །རྗེ་བླ་མའི་
གསུང་དབྱངས་ཡིད་ལ་དྲན། །སྟོན་གཡའ་དང་བྲལ་བའི་དགུང་སྔོན་སྟེང་། །སྤྲིན་དཀར་
གསལ་ལང་ལོང་རྩེབས་ཤར་བསྒྲེངས། །ཉི་གཞོན་གྱི་འོད་སྣང་ལམ་ལམ་འདིས། །རྗེ་
བླ་མའི་མཁྱེན་བརྩེ་ཡིད་ལ་ཤར། །སྐུ་གསལ་རྫོགས་མཚན་དཔེའི་རྒྱན་གྱིས་སྤྲས། །
གསུང་ཟབ་རྒྱས་གདམས་པས་འདོད་པ་འཛོ། །ཐུགས་འོད་གསལ་ཆོས་ཀུན་གཟིགས་
མོ་ཅན། །རྗེ་བློ་བཟང་གྲགས་པ་སྲས་དང་བཅས། །སྟོན་ཐུགས་དམ་ཇི་ལྟར་བཅས་པ་
བཞིན། །མགོན་དཔུང་གཉེན་སྨད་དུ་འདིར་གཤེགས་ལ། །ཀུན་བཟང་གི་མཆོད་པ་རྒྱ་
མཚོའི་ཚོགས། །དབྱིངས་བདེ་ཆེན་ངང་དུ་བཞེས་སུ་གསོལ། །ཞིང་རྣམ་དག་བྱིན་
རླབས་གཡང་དུ་ཆགས། །ཉམས་དགའ་བདེའི་འབྲོག་གི་རི་བོ་ཆེར། །རྗེ་རྒྱལ་བས་
ལུང་བསྟན་དགའ་ལྡན་ཞེས། །ཕྱོགས་ཀུན་ལས་རྣམ་པར་རྒྱལ་བ་འདིར། །ཐུགས་བདེ་
སྟོང་དབྱེར་མེད་ངང་ཉིད་ལ། །ཡུལ་ཀུན་རྫོབ་འཇའ་ཚོན་ཅི་ཡང་བཀྲ །སྐུ་གཅིག་ལས་
རབ་འབྱམས་སྤྲུལ་པའི་སྤྲིན། །ཆད་མུ་མཐའ་བྲལ་བར་འགྱེད་བཞིན་དུ། །ཆོས་མདོ་
སྔགས་ཟབ་དང་རྒྱ་ཆེའི་ལམ། །ཐར་འདོད་ཀྱི་འཇུག་ངོགས་གང་ཡིན་པ། །ཚིག་
སྒྲ་སྦྱོར་མ་ལུས་འཁྲུལ་མེད་དུ། །སྐལ་ལྡན་གྱི་འགྲོ་ལ་རྗེན་པར་བསྟན། །རྗེ་བླ་མ་ཁྱེད་
ཀྱི་བཀའ་དྲིན་ལས། །བཀའ་མདོ་རྒྱུད་མ་ལུས་གདམས་(༣༩༣ན)པར་གོ །མཐར་
བྱང་ཆུབ་ཉེ་བའི་ལམ་ངོ་མཐོང་། །ཕྱོགས་གོལ་སར་ཤར་བའི་འཁྲུལ་པ་ཟད། །མགོན་
ཁྱོད་ཀྱི་རྣམ་པར་ཐར་པ་ལ། །འབངས་རྗེས་སུ་ཞུགས་པའི་གདུལ་བྱ་བདག །དྲིན་

ལེགས་པར་བསམ་པའི་མོས་གུས་ཀྱིས། །ཡིད་ཁོང་ནས་བསྐྱོད་པའི་རེ་ལྟོས་ཞུ། །ཕ་མི་མངོན་བདེ་ཆེན་དབྱིངས་སུ་གཤེགས། །བུ་སྐལ་མེད་འཁོར་བའི་འདམ་འདིར་ལུས། །དེ་མགོན་སྐྱབས་བར་བའི་སྙི་ཐུགས་ཀྱི། །ངག་གདུང་དབྱངས་འདི་ལ་གསན་དུ་གསོལ། །ཕར་འགྲོ་བའི་སྤྱོད་ཚུལ་ལ་བལྟས་ན། །ཕྱི་རབ་བྱུང་ཆོས་པར་སྣོམ་ན་ཡང་། །ནང་ཚེ་འདི་ཁོ་ནའི་སྣང་ཤས་ལ། །ཁོང་ཁྲིམ་པ་ལས་ཀྱང་ཞེན་པ་ཆེ། །ཕལ་སྐྱེ་བོ་ནག་པོའི་ལས་ལ་དགའ། །ངན་གཡོ་ཅན་མགོ་འཕང་མཐོ་ལ་བྲིན། །དུས་སྙིགས་མར་སྤྱོད་པའི་ངང་ཚུལ་འདིས། །སྙིང་རུས་པའི་གཏིང་ལ་ནད་དུ་ཐེངས། །ཚུར་རང་གི་ངང་ཚུལ་ལ་བལྟས་ན། །ཕྱི་དགེ་སྦྱོང་ཚུལ་འཆོས་ཀྱིས་མཛེས་ཤིང་། །ཆོས་སྡེ་སྣོད་ཟབ་མོ་ཐོས་ན་ཡང་། །ནང་ཤེས་རྒྱུད་མ་དུལ་ཤིང་ལྟར་རེངས། །དབང་ཡུལ་གྱི་སྣང་བ་གང་ཤར་ལ། །དྲན་ཤེས་དང་གཉེན་པོ་མཐུ་ཆུང་བས། །ཡིད་དུག་གསུམ་དབང་དུ་ཤོར་ཤོར་ཏེ། །རྫས་མི་གཙང་གང་བའི་གསེར་བུམ་བཞིན། །ལར་དལ་འབྱོར་ལྡན་པའི་མི་ལུས་འདིས། །སྤྱར་ངན་སོང་རྒྱུ་ཚོགས་བསྒྲུབས་བསྒྲུབས་ནས། །དོན་རང་གཞན་ཕན་ངེས་རྣམ་དཀར་གྱི། །གདེངས་ཆ་ཤས་ཙམ་ཡང་མ་མཆིས་སོ། །བདག་ཡུལ་ངན་དུས་ཀྱི་ཐ་མར་སྐྱེས། །ལས(༣༨༣བ)ཀྱི་ནས་འདའ་བའི་ངང་ཚུལ་འདི། །ཕ་བླ་མ་ཁྱེད་ཀྱིས་ཉེར་དགོངས་ལ། །ཐུགས་བརྩེ་བའི་ལྕགས་ཀྱུས་གཟུང་དུ་གསོལ། །ཚེ་འདི་ཕྱི་བར་དོ་གང་དུ་ཡང་། །རྗེ་གཅིག་ཆོག་ཁྱེད་རང་མཁྱེན་ལགས་པས། །སྐྱབས་རེ་སས་བསླུ་བ་མ་མཛད་པར། །མགོན་དཔུང་གཉེན་མཛོད་ཅིག་བླ་མ་མཁྱེན། །སྤྱིར་འགྲོ་བ་ཀུན་ལ་བུ་ལྟར་བརྩེ། །སྒོས་ཉམ་ཐག་བདག་གི་ཕ་ལགས་ན། །སྐུ་མཚན་དཔེས་བརྒྱན་པའི་དཀྱིལ་འཁོར་དེ། །འདིར་མངོན་སུམ་སྣང་བར་བསྟན་དུ་གསོལ། །དུས་གནས་སྐབས་ཀུན་ཏུ་ཕན་ངེས་པའི། །གསུང་གདམས་ངག་རྣ་བར་སྤེལ་དུ་གསོལ། །ཐུགས་དམིགས་མེད་བདེ་བ་ཆེན་པོ་དང་། །ཡིད་རོ་གཅིག་འདྲེས་པར་བྱིན་གྱིས་

རླབས། །ཚེ་མི་རྟག་ནུབ་ཀའི་ཉི་མ་འདྲ། །ནོར་ལོངས་སྤྱོད་རྩྭ་རྩེའི་ཟིལ་པར་མཚུངས། །གདམ་སྐན་གྲགས་ལུང་སྟོང་ཐླུང་གི་སྒྲ། །ལུས་ལང་ཚོ་སྟོན་མཐའི་མེ་ཏོག་བཞིན། །ལར་འཁོར་བ་སྤྱི་དང་བྱེ་བྲག་གི །མཆང་དན་པའི་དང་ཚུལ་ཀུན་མཐོང་ནས། །བློ་གཏིང་ནས་ཆོས་ལ་ཕྱོགས་པ་དང་། །ཆོས་ལམ་དུ་འགྲོ་བར་བྱིན་གྱིས་རློབས། །ཐོག་མེད་ནས་དྲིན་གྱིས་བསྐྱངས་བསྐྱངས་པའི། །མ་རིགས་དྲུག་སེམས་ཅན་ཉམ་ཐག་ལ། །བྱམས་སྙིང་རྗེ་བྱང་ཆུབ་སེམས་ཀྱི་བློས། །རྒྱུད་ལྷག་པར་ཕྱུག་པར་བྱིན་གྱིས་རློབས། །ཆོས་གང་ཤར་ངོ་ལ་ཕར་བལྟས་ཚེ། །རང་རྟོག་བཏགས་རི་མོ་ཙམ་ཞིག་ལས། །གཤིས་སྤྲོས་བྲལ་གནས་ལུགས་ཆེན་པོ་དེ། །དུས་མྱུར་དུ་རྟོགས་པར་བྱིན་གྱིས་རློབས། །ཕྱི་སྣང་བ་ལྷ་དང་(༣༩༨ན)ལྷ་མོར་ཤར། །ནང་སེམས་རྒྱུད་བདེ་སྟོང་རོལ་པར་ཚིམས། །མཆོག་བསྐྱེད་རྫོགས་རྡོ་རྗེའི་རྣལ་འབྱོར་གྱིས། །ཚེ་འདི་ལ་གྲོལ་བར་བྱིན་གྱིས་རློབས། །རྒྱུད་ཉོན་མོངས་འཕེལ་བའི་བསམ་གཏན་དགྲས། །རྒྱང་རིང་དུ་དབེན་པའི་གནས་བཟང་པོ། །ཉམས་བག་ཕེབས་བདེ་དགའ་བསྐྱེད་པའི་སར། །ཟབ་དོན་ལ་གཞོལ་བར་བྱིན་གྱིས་རློབས། །ཆོས་སྡོམ་པ་གསུམ་གྱི་བླང་དོར་ལས། །ཕྱིར་ཕྱོགས་པའི་སྡིག་ལྟུང་དྲི་མ་དང་། །རྐྱེན་བར་གཅོད་ཕྱི་ནང་འཚེ་བ་ཀུན། །དུས་མྱུར་དུ་ཞི་བར་བྱིན་གྱིས་རློབས། །ལྷ་འཇམ་དཔལ་ཞི་ཁྲོ་བཀའ་སྲུང་སོགས། །སྐུ་ཅིར་ཡང་སྟོན་པའི་རྫུ་འཕྲུལ་གྱིས། །རྐྱེན་མཐུན་པའི་ལས་ཀུན་བསྒྲུབ་པ་དང་། །སྐྱབས་གཡེལ་བ་མེད་པར་མཛད་དུ་གསོལ། །བདག་ལུས་ངག་ཡིད་ལ་གསང་གསུམ་གྱི། །དཔལ་བྱིན་རླབས་ནུས་མཐུ་ཀུན་སྩོལ་ལ། །སྒོ་གསུམ་གྱིས་ཅི་བྱེད་སེམས་ཅན་དང་། །རྗེ་ཁྱེད་ཀྱི་བསྟན་ལ་ཕན་པར་ཤོག །ཆོས་མདོ་སྔགས་སྒྲ་ཡིས་ས་སྟེང་ཁྱབ། །དོན་སྒྲུབ་རྒྱུད་བསྟན་པའི་ཉི་མ་ཤར། །འབྲེལ་ཚད་ལ་ཕན་བདེའི་དངོས་གྲུབ་འཕེལ། །ཡིད་ཅི་བསམ་འགྲུབ་པའི་བཀྲ་ཤིས་སྩོལ། །ཞེས་པའོ། །

དེ་ནས་ཁྲག་གཡབ་གདུང་ཁང་སྐུ་སྐྱེས་གསོལ་བ་བཏབ་ནས་དགེ་འདུན་ཚིག་སྟོང་སྐོར་ལ་རྗེ་ཉིད་ཀྱི་གསུང་འབུམ་ཡོངས་རྫོགས་ཀྱི་ལྷུགས་ལུང་གནང་། །བར་སྐབས་ཤིག་བྱུང་བ་མང་པོ་མེ་ཏོག་ལ་འཁོར་ཏེ་འཕུར་ལྡིང་གིས་མེ་ཏོག་གི་ཟེའུ་འབྲུའི་བཅུད་གཞིབ་ཅིང་རྒྱུད་མང་སྣན་པའི་སྒྲ་སྒྲོག་པ་(༣༩༨བ)གཟིགས་ཤིང་གསན་པས་སྣང་བ་དཔེ་ཆར་ཤར་བའི་ཉམས་མགུར་འདི་ལྟར་མཛད་དེ། ཡིད་ཅེ་འདོད་དངོས་གྲུབ་མ་ལུས་པའི། །དོན་བདེ་བླག་སྩོལ་མཛད་བླ་མ་དང་། །ལྷ་དག་གི་དབང་ཕྱུག་ཡབ་ཡུམ་ལ། །བདག་གསོལ་བ་འདེབས་སོ་བྱིན་གྱིས་རློབས། །ཤ་མི་གཙང་རྫས་ཀྱི་གོང་བུ་ལ། །བློ་གདད་མེད་སྦྲང་བུ་མང་པོ་ཞིག །ཟས་ཞིམ་པོར་རློམ་ནས་ཟ་ཟེར་འདུ། །དཔེ་འདི་དང་མཚུངས་པའི་དོན་གྱི་གླུ། །མནོག་ཆུང་བ་ཚེ་འདིའི་ཕུན་ཚོགས་ལ། །བློ་ཅོལ་ཆུང་འགྲོ་བ་མང་པོ་ཞིག །ཐབས་དུ་མའི་སྒོ་ནས་འཚོལ་ན་ཡང་། །ཡུད་ཙམ་ལས་ཕན་པར་ངས་མ་མཐོང་། །སྡིག་ཆུང་གི་བུང་བ་གཞོན་ནུ་དེས། །མདངས་ལྡན་གྱི་མེ་ཏོག་གཅིག་ནས་གཅིག །ཡུད་ཙམ་ལ་འདོར་ལེན་བྱེད་པ་མཐོང་། །དཔེ་འདི་དང་མཚུངས་པའི་དོན་གྱི་གླུ། །སྐྱིགས་དུས་ཀྱི་སྐྱེ་བོ་མང་པོ་ཞིག །སེམས་མ་དག་རང་གི་སྣང་ཚུལ་གྱིས། །སྐད་ཅིག་ལ་དགྲ་གཉེན་འགྱུར་བ་མཐོང་། །བློ་བརྟན་པའི་གྲོགས་པོ་ངས་མ་རྙེད། །ཕྱི་ཁ་དོག་མཚར་བའི་གཡུ་སྦྲང་ཚོ། །ནད་ངན་སྐྱུགས་ཟོས་པའི་ཆ་ཤས་ཀྱི། །ཁུར་ལྕི་བ་ཐོགས་ནས་ཟློས་གར་རྩེ། །དཔེ་འདི་དང་མཚུངས་པའི་དོན་གྱི་གླུ། །ཤ་ཟུས་དང་ རྣག་ཁྲག་གཤང་གཅི་སོགས། །རྫས་མི་གཙང་ཁོ་ནའི་རྒྱལ་བ་ལ། །སྒོ་དབང་པོའི་བུ་ག་དོད་ཙམ་འདིར། །ཕྱི་དོར་གྱིས་འཕྱིང་བ་ངོ་རེ་ཚ། །སྐད་ཟེར་ཟེར་སྒྲོག་པ་བུང་བའི་གླུ། །འཕྲལ་རྣ་བའི་ཡུལ་དུ་སྙན་མོད་ཀྱི། །དུས་ནམ་ཡང་ཕན་པའི་དོན་གྱིས་སྟོང་། །དཔེ་འདི་དང་མཚུངས་པའི་དོན་གྱི་གླུ། །ངོ་བསྟོད་དང་བཟང་པོའི་གྲགས་པ་དེ། །འཕྲལ་(༣༩༥ན)ཡིད་ཀྱི་ཡུལ་དུ་དགའ་ན་ཡང་། །གྲག་ཙམ་ནས་གར་སོང་

མེད་པར་ཡལ། །ཕྱུགས་ཕན་པའི་ཆ་ཙམ་ངས་མ་མཐོང་། །དབྱར་ལང་ཚོས་དྲེགས་
པའི་རྐང་དྲུག་ཚོ། །ཡུད་ཙམ་ཞིག་དགའ་མགུར་ལྡིང་ན་ཡང་། །ད་བསེར་བུས་འཇོམས་
ལ་མངོན་དུ་ཕྱོགས། །དཔེ་འདི་དང་མཚུངས་པའི་དོན་གྱི་སླུ། །ལུས་ལང་ཚོ་རྒྱས་པའི་
འཛོ་སྣིག་གིས། །དུས་ད་ལྟ་རང་སེམས་དྲེགས་ན་ཡང་། །མཐར་འཆི་བདག་ཕོ་ཉས་
དབང་མེད་དུ། །གཤིན་ཕ་རོལ་ཡུལ་དུ་ནམ་འཁྲིད་ན། ཁོང་འདུ་ཤེས་འཁྲུལ་པའི་ཐྱ
མ་རཿ སྨན་ག་བུར་དང་ལ་མི་བསྟེན་པར། །རྫས་ཕྱི་སའི་དྲི་ལ་དང་གིས་འདུ། །དཔེ་
འདི་དང་མཚུངས་པའི་དོན་གྱི་སླུ། །སྡིགས་དུས་ཀྱི་སྐྱེ་བོ་ཕལ་མོ་ཆེ། །ཚུལ་གཟུར་
གནས་དམ་པའི་ཕྱོགས་ལ་བྱོལ། །ངན་གཡོ་ཅན་ནོར་དང་ལྡན་པ་ལ། །ཡིད་རེ་ལྟོས་
འཆལ་བ་ཨ་རེ་འཁྲུལ། ཁོང་ཁྲོལ་མེད་སྨྲང་རྩེ་འདོད་པ་ཚོ། །རང་རྟེན་གྱི་མེ་ཏོག
གཞོན་ནུ་མའི། །བཅུད་ཅི་འདོད་དྲངས་ནས་མོད་ལ་འདོར། །དཔེ་འདི་དང་མཚུངས
པའི་དོན་གྱི་སླུ། །དེང་ཕྱི་ཐག་མེད་པའི་སྐྱེ་བོ་ཕལ། །རང་ཕན་བདེར་སྦྱོར་བའི་དཔྱོད་
ལྡན་དང་། །གྲོགས་བཟང་པོས་དྲིན་གྱིས་བསྐྱངས་ན་ཡང་། །ཕྱིར་དགྲ་ཡི་ཕྱོགས
བཞིན་འདོར་བ་མང་། །བློ་གྲུ་ཡངས་རྐང་དྲུག་གཞོན་ནུ་ཚོ། །གནས་གྲོགས་ལ་ཞེན
པས་མ་བཅིངས་པར། །རང་གང་སྐྱིད་ཕྱོགས་ལ་རྩེ་ཞིང་འགྲོ །དཔེ་འདི་དང་མཚུངས
པའི་དོན་གྱི་སླུ། །ཡུལ་འདོད་ཡོན་འཆིང་བས་མ་བཅིངས་པར། །གནས་ཉམས་སུ
(༣༤༥བ)དགའ་བ་དབེན་པའི་ཚལ། །དོན་བསམ་སྒོམ་རྣལ་འབྱོར་ལྷུར་ལེན་པར། །
མི་ཁོ་བོ་སྙིང་ནས་ཡིད་སྨོན་འཆལ། །དུས་དབྱར་གྱི་ཟླ་བ་ཐ་མའི་ཚེ། །དམར་སེར་གྱི་
མེ་ཏོག་འཛུམ་གྲོལ་ཞིང་། །སྟེང་དྲོ་འཛམ་ཉེ་མ་གྲུང་ཞིག་ལ། །ཡིད་སྐྱོ་གྲོགས་བུང་བ་
མང་པོ་ཞིག །ལང་ལོང་གི་བློས་གར་རྩེ་བ་ན། །དཔེ་སྦྲང་རྩིར་སྦྱོད་པའི་སྣང་ཚུལ་
རེར། །དོན་རྐང་པར་བཅད་པའི་མགྲིན་གླུ་འདིར། །བདག་དབྱངས་ཅན་དགྱེས་པའི་
རྗེ་རྗེས་སྦྱར། །ཞེས་པའོ། །

དེ་ནས་ལྷ་བཙུན་བོ་ཡོན་དར་རྒྱས་ཀྱིས་གསོལ་བ་བཏབ་ནས་དགེ་འདུན་སྟོང་དང་ལྔ་བརྒྱ་སྐོར་ལ་ཐུགས་རྗེ་ཆེན་པོ་རྒྱལ་བ་རྒྱ་མཚོའི་དབང་སྟ་གོན་དང་བཅས་པ་རྒྱས་པར་སྩལ། དེ་ནས་ཧ་ཚག་རྗེ་དྲུང་གིས་གསོལ་བ་བཏབ་ནས་རྗེ་རིན་པོ་ཆེའི་གསུང་འབུམ་ཡོངས་རྫོགས་ཀྱི་ལྷུགས་ལུང་དང་། ས་སྐྱའི་གསེར་ཆོས་བཅུ་གསུམ་སོགས་ཆོས་བཀའ་མང་དུ་སྩལ། དེ་ནས་ཆུ་བཟང་སྤྲུལ་པའི་སྐུས་གསོལ་བ་བཏབ་ནས་དད་ལྡན་སུམ་བརྒྱ་སྐོར་ལ་ཚེ་དཔག་མེད་ལྷ་དགུའི་དབང་སྟ་གོན་དང་བཅས་པ་སྩལ་ཞིང་ཉུང་བསྡུས་ཤིག་ལ་རྡོ་རྗེ་འཇིགས་བྱེད་ཀྱི་དབང་ཡང་སྩལ། དེ་ནས་ཇུན་སྣར་པའི་དགེ་སློབ་པ་མི་སྣ་ཕོན་ཆེ་འཁྱེར་པའི་ཚེ་ཇུན་སྣར་གྱི་མཁན་པོ་ཁྲི་ཐོག་པ་དགེ་འདུན་གྲགས་པས་ཞལ་གདམས་ཤིག་དགོས་ཞེས་ནན་ཆེན་པོས་བསྐུལ་བ་ལ་བརྟེན་ནས་རྗེ་རིན་པོ་ཆེའི་བསྟན་པའི་སྙིང་པོ་ལ་ཉམས་ལེན་བྱེད་ཚུལ་གྱི་གནད་ཀྱི་ཞལ་གདམས་དང་། དད་ལྡན་ཁྱིམ་པ་དག་ལ་ཕན་གདགས་ཚུལ་སོགས་གནད་དོན་ཚང་བའི་ཞལ་གདམས་འདི་ལྟར་གནང་སྟེ། (༣༧༨ན)བསྟན་པ་དང་མཇལ་བའི་མི་ལུས་རྣམ་པར་དག་པ་ནི་ཐོབ། གཞུང་ལུགས་ཆེན་མོ་རྣམས་ཐོས་བསམ་གྱིས་གཏན་ལ་ཕབ་ནས་བླང་དོར་བྱ་བའི་གནད་ཀྱང་ལེགས་པར་མཁྱེན་པ་ཡིན་པས་ན། ཐོས་པའི་རྗེས་འཇུག་སྒྲུབ་པ་སྙིང་པོར་བྱེད། །སྐྱེ་བའི་རྫོང་ལས་ཚོགས་ཆུང་ཐར་བར་འགྱུར། །ཞེས་གསུངས་པ་ལྟར། ཐུར་ཐོས་པའི་དོན་རྣམས་རང་གི་རྒྱུད་སྟེང་དུ་བསྒོར་ནས་ཉམས་སུ་བླངས་ཏེ་སེམས་ཁོ་ན་འདུལ་བའི་ཐབས་སུ་འགྲོ་བ་ཞིག་མཛད་དགོས་ལ། དེ་ཡང་། མང་དུ་ཐོས་པ་ནགས་ཀྱི་ནང་དག་ཏུ། །ལང་ཚོ་ཡོལ་བ་རྣམས་ཀྱིས་གནས་པ་བདེ། །ཞེས་གསུངས་པ་ལྟར། རབ་ཚེ་འདིའི་གཉེན་བཤེས་འཁོར་སློབ་སྦྱིན་བདག་སོགས་ཀྱི་འགྲོགས་འདྲིས་ཐམས་ཅད་སྤངས་ནས་དབེན་པའི་རི་ཁྲོད་དུ་ལུས་ལ་དྲང་སྲོང་གི་རྒྱལ་མཚན་འཆང་། དག་བླ་མ་ལྷའི་གསོལ་འདེབས་དང་གསང་སྔགས་ཟབ་མོའི་བཟླས་བརྗོད་ལྷང་ལྷང་བ། དགོར

ཟས་དང་གྲིབ་ཀྱིས་མ་སྦགས་པས་རིག་པ་དང་སེང་ངེ། སེམས་ཚེ་འདིའི་རེ་དོགས་གང་གིས་ཀྱང་མ་བཅིངས་པས་གུ་ཡངས། སྒོ་གསུམ་སྡིག་ལྟུང་དང་མ་འདྲེས་པས་བློ་བདེ། སེམས་ཆོས་དང་འདྲེས་པའི་ཉམས་ལེན་རྗེ་རུས་ཐུག་པས་ཉམས་དགའ་ཡལ་ལེ་བ་བྱུང་ན། མདུན་མ་ལ་དེ་ལས་ལེགས་པ་གཞན་ཅི་ཞིག་ཡོད། མི་ལུས་ཐོབ་པའི་གོ་བཅད་པ་ཡིན་མོད། དེ་ལྟ་ནའང་རང་རེ་འཆད་སྤྱེལ་གྱི་བྱ་བ་རྒྱ་ཆེན་པོ་ལ་ཞུགས་པའི་གཞན་དབང་ཅན་ལ་དེ་ལྟ་བུའི་འཁྲི་བ་ཐད་ཆོད་ཅིག་འབྱུང་བར་དཀའ་ནའང་། (༣༩༨བ)འཕྲུལ་གྱི་འདོད་ཡོན་ཟར་ཟིར་ཐམས་ཅད་ལ་བདག་དེ་རིང་རང་ཡང་མི་འཆི་བའི་ཆ་མེད་པ་ལ་འདི་དག་བྱུང་བས་ཅི་རང་བྱེད་སྙམ་དུ་ཞེ་ནས་ཆགས་ཞེན་གྱི་འཆིང་བ་ལྷོད་གང་ཐུབ་དང་། སྔར་རང་དོན་ལ་དེ་ཙམ་འབད་དུ་བྱས་ཀྱང་ཕན་གང་ཡང་མ་ཐོགས། གཞན་དོན་སྙིང་དུ་བཅངས་ན་ད་གཟོད་སངས་རྒྱས་ཀྱི་གོ་འཕང་ཐོབ་ངེས་ཡིན་པ་ལ་སྨོན་ཆད་དཀའ་ལ་དོན་མེད་པའི་བྱ་བས་འདས། ད་བྱ་བ་ཅི་བྱེད་ཐམས་ཅད་སེམས་ཅན་ཁོ་ན་ལ་ཕན་ཐོགས་པ་ཞིག་བྱེད་སྙམ་པའི་བསམ་པ་བཟང་པོ་དང་དེ་ལྟར་ཤོག་ཅིག་སྙམ་པའི་སྨོན་ལམ་དུས་རྟག་པར་ཡང་ནས་ཡང་དུ་གསལ་བཏབ། དགེ་སྦྱོར་ཐམས་ཅད་བྱང་ཆུབ་ཀྱི་སེམས་བཅོས་མ་ཚུན་ཆད་ཀྱིས་ཀྱང་ཟིན་པར་བྱས་ནས་གཙོ་བོར་གསང་སྔགས་བླ་མེད་ཀྱི་བསྐྱེད་རྫོགས་ཟབ་མོ་དང་འབྲེལ་བར་རྟག་པར་ལྷའི་ང་རྒྱལ་དུ་རེ་བ་དང་། བཟླས་བསྙེན་སོགས་ལ་འབད་པར་མཛད་ན་དེ་བས་ལྷག་པ་གཞན་དུ་ཅི་ཞིག་ཡོད་པས་ཡུལ་ཕྱོགས་གང་དུ་གནས་དང་དབེན་མི་དབེན་ལ་མ་བལྟོས་པར་སེམས་ཀྱི་དགེ་སྦྱོར་འདི་ཁོ་ན་གཙོ་བོ་ཡིན་མོད། ལྷག་པར་བསྟན་པ་རྫོགས་ལྡན་གྱི་དུས་ལ་བསླབ་གཞི་ཡོངས་སུ་རྫོགས་པ་བསྲུངས་པ་ལས། དེང་སང་བསླབ་པའི་སྣ་གཅིག་བསྲུངས་པ་ཕན་ཡོན་ཆེ་བར་གསུངས་པ་བཞིན་དུ་བླ་མ་དགེ་བའི་བཤེས་གཉེན་དང་། གྲྭ་ས་ཆེན་པོ་མང་དུ་བཞུགས་པའི་གནས་ལས་ཕྱོགས་མཐར

བསྟན་པའི་ཁུར་བསྣམས་ན་ཕན་ཡོན་ལྷག་པར་ཆེ་བས་ཕྱོགས་དེར་གདན་(༣༩༧ན)ཆགས་པར་བཞུགས་པའི་འདུན་པས་འཆད་སྤེལ་སོགས་བསྟན་པའི་བྱ་བ་རྒྱ་ཆེན་པོ་ལ་མ་ཞུམ་པའི་སྙིང་སྟོབས་བསྐྱེད་པར་མཛོད། ཕྱོགས་དེའི་སྐྱེ་བོ་ཕལ་མོ་ཆེ་སྔོན་རྒྱུད་གི་གཙོ་བོ་ཆོས་ལ་དད་པ་ཤིན་ཏུ་ཆེ་ཞིང་བརྟན་པ་དང་ལྡན་པ་ཡིན་འདུག་གཤིས། རབ་ཏུ་བྱུང་བ་རྣམས་བདེ་ལེགས་ཐམས་ཅད་ཀྱི་རྩ་བ་སོ་སོ་ཐར་པའི་ཚུལ་ཁྲིམས་ཀྱི་བཅས་པ་ཕྲ་མོ་ཚུན་ཆོད་ཀྱང་ལག་ལེན་ལ་འདེབས་གང་ཐུབ་དང་། བྱང་སེམས་དང་གསང་སྔགས་ཀྱི་སྡོམ་པ་ལ་དེང་སང་གདམ་ཙམ་ཞིག་ལས་ལག་ལེན་བྱེད་མི་སྲིད་མཐའ་རུ་འདུག་པས་ན། སྡོམ་པ་དེ་གཉིས་ལའང་བསླབ་ཚུལ་སོགས་རང་རང་གི་སྔོན་རྒྱུད་རྣམས་ལ་ལེགས་པར་འཁྲིད་ནས་བླང་དོར་བྱེད་ཐུབ་པ་ཞིག་དང་། སྡོམ་པ་ལས་འགལ་བའི་ཉེས་ལྟུང་བྱུང་བའང་ཉིན་མོ་བྱུང་བ་རྣམས་ནུབ་མོ་དང་། ནུབ་མོ་བྱུང་བ་རྣམས་ནངས་པར་དཀོན་མཆོག་གི་རྟེན་ལ་སོགས་པའི་དྲུང་དུ་སྤྱི་བཤགས་དང་ཕྱིར་བཅོས་ལྟུང་བཤགས་ལ་སོགས་པའི་སྒོ་ནས་བཤགས་པ་བྱེད་དགོས་པའི་བསླབ་བྱ་ནན་ཏན་མཛད་ནས་ལག་ལེན་ལ་ཐེབས་པ་ཞིག་བྱུང་ན་རྒྱུད་དག་པ་དང་ངོ་ཚ་ཁྲེལ་ཡོད་སྐྱེ་བ་སོགས་ཀྱི་དགོས་པ་ལྷག་པར་ཆེ་བ་ཡིན། གཞན་ཡང་མདོ་སྔགས་ཀྱི་གཞུང་ལུགས་ཆེན་མོ་རྣམས་ལ་བསླབ་སྦྱངས་བྱེད་དུ་བཅུག་ནས་དེའི་དོན་རྣམས་ལག་ལེན་ལ་ཐེབས་པའི་ཕྱིར་བྱང་ཆུབ་ལམ་གྱི་རིམ་པ་ལ་སོགས་པའི་འཁྲིད་ཚུལ་བསྟན་ནས་ཐོས་པ་ཁ་ཕྱིར་བལྟས་ཀྱི་སྒྲ་སྤྱི་ཙམ་ལ་མ་སོང་བར་རྒྱུད་ལ་ཕན་ཐོགས་པའི་ཐབས་སུ་(༣༩༧བ)འགྱུར་ངེས་པ་ཞིག་མཛོད། ཁྱིམ་པའི་རིགས་ཀྱང་དུས་བཟང་ལ་བསྙེན་གནས་སྨྱུང་གནས་སོགས་ཀྱི་བསླབ་པ་ལ་འགོད་པ་དང་། རྒྱུན་དུ་དཀོན་མཆོག་གི་རྟེན་ལ་མཆོད་པ། ཕྱག་སྐོར། དམིགས་བརྩེ་མ་དང་རིགས་གསུམ་མགོན་པོ། སྒྲོལ་མའི་གཟུངས་ལ་སོགས་པའི་ངག་བཟླས་ལ་བརྩོན་པ། འདུལ་ལུང་གི་གླེང་གཞི་དང་།

མཛངས་བླུན་སོགས་ལས་འབྲས་ཀྱི་བྱུང་བ་རྣམས་བཤད་ནས། གཙོ་བོར་དཀར་ཆོས་ཐམས་ཅད་ཀྱི་རྩ་བ་དཀོན་མཆོག་དང་ལས་འབྲས་ལ་དད་པའི་དད་པ་བརྟན་པོ་མི་ཉམས་གོང་འཕེལ་དུ་འགྲོ་བའི་ཐབས་ཀྱིས་སྡིག་སྤོང་དགེ་སྒྲུབ་ཀྱི་བླང་དོར་ལ་འགོད་པ་སོགས་བསྟན་པ་དང་འགྲོ་བ་ལ་ཕན་པའི་བྱ་བ་བཟང་པོ་དོན་དང་ལྡན་པ་ལ་ནན་ཏན་གྱིས་འབད་འཚལ། ཞེས་དང་། ཚིགས་སུ་བཅད་པའི་ཞལ་གདམས་ནི། སྐྱབས་དུས་གསུམ་རྒྱལ་བ་མ་ལུས་པ། །དེང་ཐ་མལ་རྡོ་རྗེ་འཛིན་པའི་གཟུགས། །དོན་སྐུ་བཞིའི་མངའ་བདག་བླ་མ་རྗེ། །ཡིད་གསོལ་བ་འདེབས་སོ་བྱིན་གྱིས་རློབས། ཁྱོད་སྟོན་བསགས་ལེགས་བྱས་རྒྱ་མཚོ་ལས། །རྟེན་དལ་འབྱོར་ནོར་བུ་ལག་རྩེར་སོན། ། བཀའ་མདོ་རྒྱུད་གདམས་པའི་བྱི་དོར་གྱིས། །སེམས་རང་འོད་གསལ་བ་ཁོང་ནས་འབྱིན། །རང་རྟོགས་ཟིན་གནས་ལ་ཐ་སྙད་ཀྱི། །ཚིག་སྐམ་པོས་གསལ་འདེབས་མ་དགོས་ཀྱང་། །ཡིད་དང་བས་བསྐུལ་བའི་འཕྲིན་ལན་དུ། །གཏམ་འདི་སྐད་སྨྲ་ལ་སྙན་གསོན་ཅིག །སྟོན་འཁོར་བར་དེ་ཙམ་འཁྱམས་འཁྱམས་ནས། །གཞན་ཕན་བདེ་ལྟ་ཞོག་རང་ལ་ཡང་། །རྟེལ་ཕྲ་མོའི་ཆ་ཡི་ཕན་པ་ཙམ། །དེང་སྟོན་ཆད་གྲུབ་པ་ཅང་(༣༩༨ན)གདའ་འམ། །ད་ཆོས་ལྡན་མི་ཡི་ལུས་སུ་གྲུབ། །ཟབ་རྒྱ་ཆེར་གདམས་པ་སྣེ་སྣོད་གསུམ། །ཐོས་བསམ་པས་རྟོགས་པའི་གནས་སྐབས་འདིར། །དོན་རྩེ་གཅིག་སྒྲུབ་ལ་ནན་ཏན་མཛོད། །མཆོག་ཐུན་མོང་དངོས་གྲུབ་མ་ལུས་པ། །ཡིད་གང་བསམ་སྩོལ་བའི་ནོར་བུ་དེ། །སྐྱབས་བླ་མ་མཆོག་གསུམ་ཡིན་པས་ན། །མོས་གུས་ཀྱི་གསོལ་འདེབས་ནན་ཏན་མཛོད། །དུས་དེ་རིང་ཉི་མ་མ་ནུབ་གོང་། །ཁོང་འཆི་བདག་རྒྱལ་པོའི་ཆད་ལས་ཀྱིས། །སྲོག་དབུགས་འདི་མི་གཙོད་གདེང་མེད་པས། །ཁྱེད་འཆི་བ་འདི་ལ་བག་གཟོན་མཛད། །གཉེན་འཁོར་གཡོག་ལོངས་སྤྱོད་ཐམས་ཅད་ཀྱིས། །འཕྲལ་རང་སེམས་བདེ་བའི་གོ་སྐབས་བཅོམ། །སྲིད་ཞེན་གྱིས་འཆི་ཁར་འཆིང་བས་ན། །ཁྱེད་འདོད་

ཡོན་འདི་ལ་དགྲ་རུ་ལྟོས། །ཟས་གོས་ཀྱི་ཕན་པས་བསྐྱངས་བསྐྱངས་ཀྱང་། །སྐད་ཅིག་
བཞིན་མི་སྡུག་འགྱུར་བ་སྟོན། །རྫས་ངན་གྱིས་གང་བའི་རྐྱལ་པ་བཞིན། ཕྱིད་རང་
ལུས་འདི་ལ་ཁྲུར་དུ་ལྟོས། །སྟོན་དེ་ཙམ་སྨོང་བའི་སྡུག་བསྔལ་ཀུན། །ཟག་བཅས་ཀྱི་
ཕུང་པོ་བདེ་ལས་བྱུང་། །ད་སྡུག་ལ་རྒྱུན་དུ་མ་ལྟ་བར། ཕྱིད་འཕུང་སྣ་འདི་དང་རྒྱབ་
གྱིས་མཛོད། །ལྷ་ཚངས་དབང་སྲིད་རྩེར་ཕྱིན་ནས་ཀྱང་། །ལས་ཉོན་གྱིས་རང་རྒྱུད་
བཅིངས་བཞིན་དུ། །མནར་མེད་ཀྱི་མེ་ནང་ལྷུང་བས་ན། །གནས་ཁམས་གསུམ་འདི་
ལ་སྐྱོ་བར་མཛོད། །རང་ལུས་སེམས་གདུང་བས་མནར་བའི་ཚེ། ཁོང་དེ་འདྲའི་འགྲོ་ལ་
སྙིང་རྗེ་བསྐྱེད། །འགྲོ་ཀུན་གྱི་སྡུག་བསྔལ་ཚུར་བླངས་ནས། །གཞན་དགའ་བདེས་
ཚིམས་པའི་གཏོང་ལེན་སྦྱོངས། །སྟོན་སེམས་ཅན་རྣམས་ཀྱིས་(༣༩༨བ)བདག་གི་
ཕྱིར། །སྲོག་ཡལ་བར་བོར་བའི་གྲངས་ཙམ་ཡང་། །དཔག་མི་ནུས་དྲིན་གྱིས་བསྐྱངས་
པས་ན། །ཡོངས་ཕ་མའི་དྲིན་ལན་སེམས་ལ་ཆོངས། །དོན་བླང་དོར་མཐོང་བའི་མིག་
དང་བྲལ། །གནས་ངན་སོང་གཡང་ཁར་གོམ་འགྲོས་འཕྲོར། །ལས་ཉོན་མོངས་སྒྲིག་
གིས་དམ་དུ་བཅིངས། །མ་ཉམ་ཐག་འགྲོ་ལ་སྙིང་རྗེ་སྒོམས། །གནས་འཁོར་བ་སྟོང་
མིན་དེ་སྲིད་དུ། །ལྷུན་གྲུབ་ཀྱི་གཞན་དོན་རྒྱུན་འཆད་མེད། །རང་བདེ་བ་མཐར་ཕྱིན་
སངས་རྒྱས་ལ། །དུས་མྱུར་དུ་རེ་བའི་དོན་གཉེར་མཛོད། །འཁོར་འདས་ཀྱི་ཆོས་ཅན་
མ་ལུས་པ། །རང་རྟོག་པས་བཅོས་པའི་སྒྱུ་མ་ལ། །དོན་བདེན་པར་བཟུང་ན་བསླུ་བའི་
ཕྱིར། །འཁྲུལ་སྣང་ལ་མ་ཞེན་སྟོང་པར་ལྟོས། །ཉིང་འཁྲུལ་གྱི་རྨི་ལམ་མི་བདེན་
ཡང་། །སེམས་དགའ་སྡུག་བསྐྱེད་པའི་ནུས་པ་བཞིན། །ལྟོས་གྲུབ་ཀྱི་རྟེན་འབྲེལ་མི་
བསླུ་བས། །ལས་རྒྱུ་འབྲས་བླང་དོར་གཟབ་པར་མཛོད། །ལུས་སྣང་སྟོང་ལྷ་སྐུ་སྒྱུ་མ་
བཞིན། །གནས་གར་སྡོད་རང་སྣང་གཞལ་ཡས་ཁང་། །སྒྲ་གང་གྲག་གསང་སྔགས་
དར་དིར་ལ། །ཡིངས་མེད་ཀྱི་དྲན་པ་རྒྱུན་དུ་སྟོན། །སྙིང་དབུས་ཀྱི་མི་ཤིགས་རླུང་

སེམས་དེ། །སྐྱབས་ཀུན་འདུས་ངོ་བོར་གསོལ་བཏབ་སྟེ། །ཅི་ཟ་དང་ཅི་འཐུང་བདུད་རྩིར་སྤོབས། །ཚོགས་འཁོར་ལོའི་ལོངས་སྤྱོད་ཞེན་མེད་རོལ། །མཐར་ཐིམ་རིག་འབྲལ་བར་ཕྱོགས་པའི་ཚེ། །ཐིམ་རིམ་གྱི་རྟགས་རྣམས་ངོས་བཟུང་སྟེ། །སྔར་འདྲིས་ཀྱི་གྲོགས་དང་འཕྲད་པ་བཞིན། །གཞིའི་འཆི་བ་འོད་གསལ་ཟིན་པར་མཛོད། །འཕྲང་ཉམ་ང་བར་དོར་འཁྲིམ་པ་ན། །རང་གཅིག་པུ་ལས་གཞན་གྲོགས་མེད་ཕྱིར། །དུས་ད་ལྟ་ལྟ་དང་ཟླ་(༣༨༨ན)མ་ལ། །ལམ་བདེ་བར་སྒྲོལ་བའི་སྐྱེལ་མ་ཞུས། །ལར་སྐྱེ་འཆི་བར་དོ་གང་ལ་ཡང་། །དུས་ད་ལྟའི་བག་ཆགས་གཙོ་ཆེ་བས། །དེ་སྦྱོང་བྱེད་བསྐྱེད་རྫོགས་རྣལ་འབྱོར་གྱིས། །སྐྱབས་སྐུ་གསུམ་རང་ངོ་ཤེས་པར་མཛོད། །དུས་རྟག་ཏུ་རང་གི་སྒོ་གསུམ་ལ། །ཚུལ་ཇི་ལྟར་འདུག་སྙམ་རྟོག་དཔྱོད་ངོས། །སེམས་ཁོ་ན་འདུལ་བའི་དགེ་སྦྱོར་གྱིས། ཁྱེད་ཚེ་མཇུག་དོན་ལྡན་མཛད་པར་ཞུ། །རང་དེ་ལྟར་དགེ་ལ་འབུངས་བཞིན་དུ། །གཞན་དད་ལྡན་སྐྱེ་བོ་བགྲང་ཡས་ལ། །རྣམ་དཀར་གྱི་ས་བོན་འདེབས་པའི་ཕྱིར། །དུས་གཞན་དོན་སྤྱོད་པས་འདའ་བར་མཛོད། །བདག་སྒོ་གསུམ་བྱ་བ་ཅི་བགྱིས་པ། །བསྟན་འགྲོ་བ་ཡོངས་ལ་གནས་སྐབས་ཀུན། །ཕན་རླབས་ཆེན་པོ་ནར་གྱུར་ཅིག་སྙམ། །སྨོན་འདུན་གྱི་འཚམས་སྦྱོར་རྒྱུན་དུ་མཛོད། །དགེ་འདི་ཡིས་བློ་བཟང་གྲགས་བསྟན་མཆོག །ཕྱོགས་ཀུན་ཏུ་དར་ཞིང་རྒྱས་པ་དང་། །མ་མཁའ་མཉམ་སེམས་ཅན་མ་ལུས་པ། །དཔལ་སྐུ་གསུམ་གོ་འཕང་ཐོབ་གྱུར་ཅིག །ཅེས་པ་རྣམས་གནང་ངོ་། །

དེ་ནས་འབྲས་སྤུངས་སྔགས་པ་བླ་ཟུར་བློ་བཟང་ཆོས་འཕེལ་གྱིས་གསོལ་བ་བཏབ་ནས་འབྲས་སྤུངས་འདུ་ཁང་ཆེན་མོར་སྡེ་སྣོད་འཛིན་པ་སྟོང་ཕྲག་མང་པོ་ལ་ཟླ་བ་ཕྱེད་གཉིས་ཀྱི་བར་དུ་ལམ་རིམ་ཆེན་མོའི་བཤད་ལུང་རྒྱས་པར་སྩལ། དེ་ནས་རྒྱུད་སྟོད་ཚོགས་ཡོངས་ཀྱིས་གསོལ་བ་བཏབ་ནས་དཔལ་ལྡན་སྟོད་རྒྱུད་གྲྭ་ཚང་ཡོངས

རྫོགས་ཀྱི་སྙིང་དུ་གཞན་མང་པོ་དང་བཅས་དགེ་འདུན་སྟོང་དང་ལྔ་བརྒྱ་སྐོར་ལ་(༣༩༩བ)དཔལ་གསང་བ་འདུས་པའི་དབང་བཞི་སྟ་གོན་དང་བཅས་པ་རྒྱས་པར་སྩལ། དེ་ནས་དད་ལྡན་སུམ་ཅུ་སྐོར་ཞིག་ལ་འཇམ་དབྱངས་ཆོས་སྐོར་གྱི་རྗེས་གནང་དང་། འཇིགས་བྱེད་སྔགས་བཏུ་དང་། སྒྲོལ་མ་ཉེར་གཅིག་གི་རྗེས་གནང་སོགས་རྗེས་གནང་མང་དུ་སྩལ། དེ་ནས་སངས་རྒྱས་ལས་ཀྱང་དཀོན་པའི་རྡོ་རྗེ་ཐེག་པའི་བསྟན་པ་ནམ་ཡང་མི་ནུབ་པར་យུན་རིང་དུ་གནས་པའི་ཕྱིར་དང་། རྗེ་བདག་ཉིད་ཆེན་པོས་སྐུ་དང་སྲོག་ལའང་མ་གཟིགས་པར་དཀའ་བ་བརྒྱ་ཕྲག་དུ་མའི་སྒོ་ནས་བསྒྲུབས་པའི་བསྟན་པའི་སྙིང་པོ་མཐར་ཐུག་པ་འདི་ཆེས་ཆེར་འཕེལ་བར་བྱ་བའི་ཕྱིར་ཕོ་བྲང་ཆེན་པོ་པོ་ཏ་ལར་རིན་པོ་ཆེ་སྣ་ཚོགས་ལས་གྲུབ་པའི་གསང་བདེ་འཇིགས་གསུམ་གྱི་བློས་བསླངས་རྒྱུད་དང་གྲུབ་ཆེན་གྱི་དགོངས་པ་རྒྱལ་བ་ཙོང་ཁ་པ་ཆེན་པོས་གསལ་བར་མཛད་པ་ཇི་བཞིན་དུ་གསར་བཞེངས་མཛད་དེ་ཇི་སྲིད་རྒྱལ་བསྟན་ནམ་གནས་ཀྱི་བར་དུ་ནམ་ཡང་མི་ཉམས་པའི་མཆོད་པའི་རྒྱུན་དང་བདེ་གསང་འཇིགས་གསུམ་གྱི་མཆོད་རྒྱུན་འཛུགས་པ་མཛད། ཚ་གན་ནོ་མོན་ཧན་གྱིས་གསོལ་བ་བཏབ་ནས་དགེ་འདུན་སྟོང་དང་བདུན་བརྒྱ་སྐོར་ལ་རྡོ་རྗེ་ཕྲེང་བའི་དབང་དང་ཕྱག་རྡོར་འཁོར་ཆེན་གྱི་དབང་བཅས་སྩལ།

དེ་ནས་པཎ་ཆེན་མཆོག་གི་སྤྲུལ་པའི་སྐུ་དགུང་ལོ་སུ་ཕེབས་ནས་རྒྱལ་བ་མཆོག་ལ་དགེ་ཚུལ་གྱི་སྡོམ་པ་ཞུ་བར་མཛད་པ་ན་རྒྱལ་བ་མཆོག་འདིས་ལྷ་ལྡན་དུ་ཆིབས་བསྒྱུར་ནས་ས་ག་ཟླ་བའི་ཚེས་བཅོ་ལྔའི་ཉིན་ཇོ་བོ་རིན་པོ་ཆེའི་སྐུ་མདུན་དུ་རྗེ་འདིས་མཁན་སློབ་སྣགས་མ་མཛད་དགེ་འདུན་གྲངས་ཚང་བའི་དབུས་སུ་(༤༠༠ན)དགེ་ཚུལ་གྱི་སྡོམ་པ་ཕུལ་ཏེ་ཐུབ་པའི་རྒྱལ་ཚབ་མཆོག་ཏུ་མངའ་གསོལ། དེ་ནས་པཎ་ཆེན་མཆོག་གི་སྤྲུལ་པའི་སྐུ་བློ་བཟང་དཔལ་ལྡན་ཡེ་ཤེས་ཀྱིས་རྗེ་འདི་ལ་མདོ་སྔགས་ཀྱི་

ཆོས་མང་དུ་གསན་ཞིང་སླར་རིམ་གྱིས་མདོ་སྔགས་ཀྱི་མན་ངག་ཡོངས་སུ་རྫོགས་པ་གནང་དགོས་པར་གསོལ་བ་བཏབ་པ་ན་རྒྱལ་བ་མཆོག་འདིས་ཀྱང་ཐུགས་དགྱེས་པ་ཆེན་པོས་ཞལ་གྱིས་བཞེས་ཤིང་རྗེ་རིན་པོ་ཆེའི་རྣམ་ཐར་ལྟར་གཞུང་ལུགས་རྣམས་ལ་གསན་སྦྱོང་གཏིང་ཕྱིན་པ་ཞིག་མཛད་པ་དང་། དེ་ནས་མདོ་སྔགས་ཀྱི་མན་ངག་མཐའ་དག་ལེགས་པར་གསན་ནས་ཐུགས་ཉམས་སུ་བཞེས། དེ་ནས་མཐའ་དབུས་སྐྱེ་འགྲོ་ཡོངས་ལ་ཆོས་ཀྱི་འཁོར་ལོ་རྒྱ་ཆེར་བསྐོར་བའི་ཐུགས་བསྐྱེད་མཛད་དགོས་ཞེས་ཞལ་ཏ་ནན་ཏན་ཞུ་བར་མཛད། པཎ་ཆེན་མཆོག་གི་སྤྲུལ་པའི་སྐུ་རིན་པོ་ཆེས་ཀྱང་རྒྱལ་བ་མཆོག་གི་བཀའ་ཇི་ལྟར་གནང་བ་ལྟར་ཞུ་ཞིང་སླར་མི་རིང་བར་མདོ་སྔགས་ཀྱི་ཆོས་མཐའ་དག་གནང་དགོས་པར་གསོལ་བ་ཤུགས་དྲག་ཏུ་འདེབས་པར་མཛད་དོ། །དེ་ནས་ཁྲི་ཆེན་ངག་དབང་མཆོག་ལྡན་པ་དགུང་ལོ་བདུན་ཅུ་དོན་ལྔར་ཕེབས་ཏེ་སྐུ་གཟུགས་ལྕི་ཞིང་བཞེངས་བཞུགས་དཀའ་བར་གྱུར་བ་ན་རྒྱལ་བ་མཆོག་ཉིད་ཁྲི་ཆེན་གྱི་གཟིམ་ཆུང་ཉིད་དུ་ཕེབས་ཏེ་མཇལ་སྐུ་གསུང་ཐུགས་རྟེན་དངོས་པོ་སྤྲམ་མཚོ་བ་དང་བཅས་ཕུལ་ཏེ་ཞབས་པད་ཡུན་རིང་བརྟན་དགོས་ཞེས་གསོལ་བ་ཤུགས་དྲག་འདེབས་པར་མཛད་པ་ན་ཁྲི་ཆེན་གྱིས་ང་རང་ཆུང་དུ་ནས་ཆོས་སྐོར་(༩༠༠བ)ཞུགས། རྒྱལ་བ་ཙོང་ཁ་པའི་བསྟན་པ་འདི་འདྲ་དང་མཇལ། ཐོས་བསམ་སྒོམ་གསུམ་ཁོ་ཐག་ཆོད་པར་བྱས། ལྷག་པར་གངས་ཅན་འགྲོ་བའི་མགོན་པོ་ཁྱེད་ལ་སྤྱིར་མདོ་སྔགས་ཀྱི་ཆོས་མཐའ་ཡས་པ་དང་། ལྷག་པར་རྗེ་བླ་མའི་མན་ངག་རྣམས་འབུལ་ཐུབ་པས་ད་ནི་ཤི་ཡང་བློ་བདེ། བདག་རྒན་པོ་འཆི་ཁར་ར་སྒྲེང་དུ་ཕྱིན་ཆོག་པ་དགོས་ཞེས་ཞུ་བར་མཛད། དེ་ནས་རྒྱལ་བ་མཆོག་ཁྲི་ཆེན་གྱི་གཟིམ་ཆུང་དུ་ཡང་ཡང་ཕེབས་ཏེ་ཆོས་ཀྱི་གསུང་གླེང་ཆེས་མང་བ་གནང་ཞིང་། ར་སྒྲེང་དུ་ཕེབས་པའི་ཐུགས་འདུན་མི་མཛད་པས་སྐུ་ཁམས་ཇི་ལྟར་གྱུར་ཡང་ཕོ་བྲང་འདི་རང་དུ་དེད་

ཅིག་ཚོགས་རྫོགས་ཕྱིར་བཞུགས་དགོས་ཞེས་ཡང་དང་ཡང་དུ་གསོལ་འདེབས་མཛད་ཀྱང་ཁྲི་ཆེན་གྱིས་ད་ལམ་ཅིས་ཀྱང་དགོངས་པ་ཁྲོལ་དགོས་ཞེས་བཞུགས་སུ་མ་བཞེད། ཕེབས་རྒྱུའི་སྔ་ཞོགས་རྒྱལ་བ་མཆོག་ཉིད་ཁྲི་ཆེན་གྱི་སྐུ་མདུན་དུ་ཕེབས་ཏེ་འདི་ཕྱིར་དགེ་བའི་གསུང་གླེང་མང་དུ་མཛད་ཅིང་། ཕེབས་ཁར་ཁྲི་ཆེན་གྱི་ཐུགས་ཀར་དབུ་བཙུགས་ཏེ་སྤྱན་ཆབ་གསིལ་ཞིང་ཡུན་རིང་ཐུགས་སྨོན་མཛད། ཁྲི་ཆེན་གྱིས་ཀྱང་རྒྱལ་བ་མཆོག་ལ་བྱིན་རླབས་ཞུས་བདག་སྐྱེ་བ་ཐམས་ཅད་དུ་རྗེས་སུ་གཟུང་དུ་གསོལ་ཞེས་གསོལ་བ་འདེབས་པར་མཛད། དེ་ནས་རྒྱལ་བ་མཆོག་གི་ཁྲི་ཆེན་གྱི་ཞབས་བརྟན་དང་ལམ་བར་གྱི་རྐྱེན་སེལ་དུ་སེ་འབྲས་དགེ་གསུམ་སོགས་ལ་མང་ཇ་གནང་སྟེ་རིམ་གྲོ་རྒྱ་ཆེན་སྒྲུབ་པར་མཛད། མི་རིང་བར་ཁྲི་ཆེན་ཞིང་གཤེགས་པའི་བསྔོ་རྟེན་བྱུང་བ་ན། དེ་འཕྲུལ་རྒྱལ་(༩༠༧ན)བ་མཆོག་ཉིད་འཕགས་པ་རིན་པོ་ཆེ་དང་གསེར་གདུང་སོགས་རྟེའི་ལྷ་ཁང་རྣམས་སུ་ཕེབས་ཏེ་མཆོད་འབུལ་སྨོན་ལམ་རྒྱ་ཆེར་མཛད་ཅིང་། ལྷ་སའི་ཇོ་ཤཱཀ་ཀྱིས་གཙོས་རྟེན་རྣམས་ལ་མཆོད་འབུལ་རྒྱ་ཆེན་པོ་དང་། སེ་འབྲས་དགེ་གསུམ་བཀྲ་ཤིས་ལྷུན་པོ་རྣམས་ཀྱིས་གཙོས་གངས་ཅན་གྱི་དགོན་སྡེ་མཐའ་དག་ལ་མང་བསྐོལ་དང་། པཎ་ཆེན་རིན་པོ་ཆེས་གཙོས་གངས་ཅན་གྱི་བསྟན་འཛིན་མཐའ་དག་ལ་བསྔོ་རྟེན་འབུལ་བར་མཛད། སྐུ་གདུང་ཞུགས་ལ་ཕུལ་ཏེ་གདུང་རུས་རྣམས་རྒྱལ་བ་མཆོག་གི་གཟིམ་ཆུང་དུ་བཞེས་ཏེ་དངུལ་གདུང་མ་གྲུབ་བར་དུ་མཆོད་འབུལ་སྨོན་ལམ་མཛད། དངུལ་གདུང་གྲུབ་འཕྲུལ་གདུང་རུས་རྣམས་དངུལ་གདུང་གི་བུམ་ནང་དུ་བཞུགས་སུ་གསོལ་ཏེ་དགོངས་རྫོགས་མཆོད་འབུལ་སྨོན་ལམ་རྒྱ་ཆེར་མཛད་དོ། །

རྒྱལ་བ་མཆོག་འདི་ནི་གངས་ཅན་ལྷ་ཅིག་ཐུགས་རྗེ་ཆེན་པོར་ཡོངས་སུ་གྲགས་པ་ལྟར་འགྲོ་བ་ལྷ་དང་བཅས་པའི་ཕྱག་གི་གནས་ཡིན་པ་དང་། ཐུན་མོང་བའི་སྣང་ངོར་ཡང་གནས་རིའི་ཁྲོད་ན་འགྲན་ཟླ་མེད་པའི་མཁས་གྲུབ་ཏུ་གྱུར་ཅིང་འཛམ་དབྱངས་

གོང་མ་བདག་པོ་ཆེན་པོས་བཏེག་སྐྱེ་ཡངས་པའི་ས་ཆེན་པོ་ལ་དབང་ཕྱུག་གི་སྟོབས་ཀྱིས་མངའ་མཛད་པ་ཞིག་ཡིན་ཡང་ཆེ་འཁྲིང་དང་རློམ་པའི་དྲི་ཙམ་ཡང་མེད་པར་ལམ་སྟོན་པའི་བཤེས་གཉེན་ལ་འདི་ལྟ་བུའི་གུས་པ་དང་སྲི་ཞུ་མཛད་པ་ནི། འབྲོམ་རིན་པོ་ཆེས་ཇོ་བོ་རྗེ་ཇི་ལྟར་བསྟེན་པའི་རྣམ་ཐར་བསྐྱངས་ཏེ་ཕྱི་རབས་ཀྱི་གདུལ་བྱ་རྣམས་(༤༠༡བ)ལ་ཆོས་རྣམ་དག་བྱེད་པ་ལ་ལམ་མ་ནོར་བར་སྟོན་པའི་བཤེས་གཉེན་བསྟེན་ཚུལ་འདི་ལྟར་བྱ་དགོས་སོ་ཞེས་འདོམས་པར་མཛད་པ་ངོ་མཚར་རྨད་དུ་བྱུང་བའི་རྣམ་པར་ཐར་པ་ཞིག་གོ །དེ་ནས་ཨང་དཀར་ཞབས་དྲུང་གིས་ཡུན་རིང་པོ་ནས་གསོལ་བ་བཏབ་པ་ལྟར་དགེ་འདུན་སྡེ་དང་སུམ་བརྒྱ་སྐོར་ལ་དཔལ་དུས་ཀྱི་འཁོར་ལོའི་རྡུལ་ཚོན་གྱི་དཀྱིལ་འཁོར་དུ་དབང་བསྐུར་བ་སློབ་མ་རྗེས་བཟུང་གི་ཆོ་ག་ནས་རྡོ་རྗེ་སློབ་དཔོན་བདག་པོ་ཆེན་པོའི་དབང་མཐའ་རྟེན་དང་བཅས་པའི་བར་ཡོངས་སུ་རྫོགས་པ་རྒྱས་པར་སྩལ། དེ་ནས་རྒྱུད་སྨད་ཚོགས་ཡོངས་ཀྱིས་གསོལ་བ་བཏབ་ནས་དགེ་འདུན་སྡེ་དང་བརྒྱད་བརྒྱ་སྐོར་ལ་བདེ་མཆོག་ལཱུ་ཧི་པའི་དབང་སྔ་གོན་དང་བཅས་པ་རྒྱས་པར་སྩལ། དེ་ནས་པཎ་ཆེན་མཆོག་གི་སྤྲུལ་པའི་སྐུ་ཕེབས་ནས་མདོ་སྔགས་ཀྱི་ཆོས་བཀའ་ཡོངས་སུ་རྫོགས་པ་གནང་དགོས་ཚུལ་གསོལ་བ་འདེབས་པར་མཛད་པས་ཐུགས་དགྱེས་བཞིན་དུ་རྡོ་རྗེ་ཕྲེང་བའི་དཀྱིལ་འཁོར་ཞེ་གཉིས་ཀྱི་ཐོག་དགེ་ལེགས་སུ་བྱེད་པའི་དཀྱིལ་འཁོར་གསུམ་དང་བཅས་པ། གྲུབ་ཆེན་མི་ཏྲ་ཛོ་གིའི་ལུགས་ཀྱི་དཀྱིལ་འཁོར་བརྒྱ་རྩའི་དབང་ཡོངས་སུ་རྫོགས་པ། ཟུར་བཀའ་རྡོ་རྗེ་འཇིགས་བྱེད་ལྷ་བཅུ་གསུམ་མ། རྡུལ་ཚོན་ལ་བརྟེན་པའི་དཔལ་དུས་ཀྱི་འཁོར་ལོའི་སྐུ་གསུང་ཐུགས་ཡོངས་སུ་རྫོགས་པའི་དཀྱིལ་འཁོར་གྱི་དབང་རྒྱས་པ་དང་། ཚེ་དཔག་མེད་ལྷ་དགུ །སྤྱན་རས་གཟིགས་བཅུ་གཅིག་ཞལ་རྣམས་ཀྱི་བཀའ་དབང་། གྲུབ་རྒྱལ་ལུགས་ཚེ་དབང་ཐུན་མོང་མ་ཡིན་པ། རྗེས་གནང་གི་གྲས་སློབ་དཔོན་

(༩༠༢ན)ཨ་ཧྲཱ་ཡཱ་ཀ་རས་ཕྱོགས་གཅིག་ཏུ་བསྡེབས་པའི་སྒྲུབ་ཐབས་རྒྱ་མཚོ། བ་རི་བའི་སྒྲུབ་ཐབས་བརྒྱ་རྩ། སྣར་ཐང་པའི་སྒྲུབ་ཐབས་བརྒྱ་རྩ་རྣམས་ཡོངས་སུ་རྫོགས་པ་དང་། རྡོ་རྗེ་སེམས་དཔའ། རྡོ་རྗེ་འཇིགས་བྱེད་དཔའ་བོ་གཅིག་པ། སྨན་བླ་བདེ་གཤེགས་བདུན། འཇམ་དབྱངས་ནག་པོ། ཕྱུང་ཁྲ། མཁའ་འགྲོ་མ་སེང་གེའི་གདོང་ཅན། མགོན་པོའི་རྗེས་གནང་བཅུ་གསུམ། སྐུ་རྐྱང་ལ་སྙིང་ཞུགས་དང་བཅས་པ། མགོན་པོ་ཕྱག་བཞི་པ། དཔལ་ལྷ། ཛམ་ལ་འབྲུག་ཞོན་རྣམས་ཀྱི་རྗེས་གནང་། དགའ་ལྡན་ལྷ་བརྒྱ་མའི་ཁྲིད། གྲུབ་རྒྱལ་ལུགས་ཚེ་དཔག་མེད་ཀྱི་བསྐྱེད་རྫོགས་ཀྱི་ཁྲིད་ལྷུང་སྐུ་རྡོ་རྗེ་འཆང་དེ་ཉིད་ཀྱི་གསུང་ལ་གནས་སྙིང་པ་ཀུན་དགའ་བདེ་ལེགས་ཀྱི་གསུང་ནས་ཁ་སྐོང་གནང་བ། སྐྱབས་མགོན་ཐམས་ཅད་མཁྱེན་པ་ཉིད་ཀྱི་བཀའ་འབུམ་དང་། ཕྲེང་བ་སྐོར་གསུམ། སྒྲུབ་ཐབས་རྒྱ་མཚོ་དང་། བརྒྱ་རྩའི་རྒྱ་གཞུང་རྣམས་ཀྱི་ལུང་རྣམས་དང་བཅས་ཟླ་བ་དྲུག་གི་རིང་ལ་རྒྱུན་མི་འཆད་དུ་སྩལ། དེ་སྐབས་པཎ་ཆེན་མཆོག་གི་སྤྲུལ་པའི་སྐུ་ཉིད་འཁོར་ལོ་སྒྱུར་དྲུག་གི་བཀའ་དབང་དང་། དཔལ་དུས་ཀྱི་འཁོར་ལོའི་བཀའ་དབང་གི་སྐབས་སུ་རྡུལ་ཚོན་གྱི་བྲིས་པའི་དཀྱིལ་འཁོར་དབུས་སུ་སེང་གེའི་ཁྲི་ལ་རྡོ་རྗེ་འཛིན་པའི་ཆས་འཛུག་ཡོངས་སུ་རྫོགས་པ་དང་བཅས་ཏེ་བཞུགས་སུ་གསོལ། གདུགས་དང་རྒྱལ་མཚན་ལ་སོགས་པ་མཆོད་པའི་ཡོ་བྱད་དཔག་ཏུ་མེད་པས་མཆོད། རྗེ་བླ་མ་ཉིད་ནས་དཀྱིལ་འཁོར་གྱི་བདག་པོའི་རྣལ་འབྱོར་ཤིན་ཏུ་བརྟན་པོས་ནམ་མཁའ་གང་བའི་རྒྱལ་བ་ཞི་ཁྲོའི་ལྷ་ཚོགས་སྤྱན་དྲངས་ཏེ། རྣམ་རྒྱལ་ཆེན་པོའི་བུམ་པ་ལ་སོགས་པའི་ཆུའི་དབང་བསྐུར་ཞིང་ཤིས་པ་བརྗོད་པའི་ཚིག་གི་སྒོ་ནས་མེ་ཏོག་གི་ཆར་ཕབ། རིགས་ཐམས་ཅད་ཀྱི་བདག་པོ་དང་དཀྱིལ་འཁོར་ཐམས་ཅད་ཀྱི་སློབ་དཔོན་དུ་མངའ་གསོལ་ཏེ་ཆོས་ཀྱི་རྒྱལ་སྲིད་དུ་དབང་བསྐུར་བར་མཛད་དོ། །

དེ་ནས་བདེ་འཁོར་བླ་མས་གསོལ་བ་བཏབ་ནས་ཞང་བསྟུས་ཤིག་ལ་བཅུ་གཅིག

ཞལ་གྱི་དབང་། ཕྱག་རྡོར་འཁོར་ཆེན་གྱི་དབང་། རྣམ་སྲས་བཀའ་མི་འདྲ་བ་བཅོ་ལྔའི་རྗེས་གནང་བཅས་སྩལ། དེ་ནས་འཇམ་དབྱངས་བཞད་པའི་སྤྲུལ་པའི་སྐུས་གསོལ་བ་བཏབ་ནས་འབྲས་སྤུངས་འདུ་ཁང་ཆེན་མོར་དགེ་འདུན་ལྔ་སྟོང་སྐོར་ལ་བདེ་ལམ་གྱི་ཁྲིད་དབེན་ས་སྙན་བརྒྱུད་ཀྱི་མན་ངག་ལྷུར་ཞག་ཉི་ཤུའི་བར་རྒྱས་པར་སྩལ། དེ་ནས་ཆོས་གསན་པ་སྔ་མ་རྣམས་ཀྱི་ཐོག་ནས་བླ་མེད་ཀྱི་དབང་ཆེན་ཐོབ་པ་སྟོང་དང་ལྔ་བརྒྱ་སྐོར་ལ་འགྲེལ་པ་བཞི་སྦྲགས་ཀྱི་གཟབས་བཤད་རྒྱས་པར་སྩལ། དེ་ནས་མེ་བྱི་ལོ་ཆོས་འཁོར་རྒྱལ་དུ་ཕེབས་བཞེད་ནས་ལམ་ཞོར་སེ་རར་ཕེབས་ཏེ་མཁན་པོ་དཔལ་འབྱོར་གྲགས་པས་གསོལ་བ་བཏབ་ནས་དགེ་འདུན་སྟོང་དང་སུམ་བརྒྱ་སྐོར་ལ་འཇམ་དབྱངས་ཆོས་སྐོར་ནས་འཇམ་དབྱངས་ཨ་ར་པ་ཙ་ནའི་རྗེས་གནང་སོགས་གནང་། རྗེ་ངག་དབང་བྱམས་པས་གསོལ་བ་བཏབ་ནས་གནས་བཅུའི་རྗེས་གནང་སྩལ། དེ་ནས་རིམ་གྱིས་དགའ་ལྡན་རྣམ་པར་རྒྱལ་བའི་གླིང་དུ(༩༠༣ན)ཕེབས་ཏེ་གསེར་ཁྲིའི་སྟེང་ནས་སེར་སྐྱ་བགྲང་བ་ལས་འདས་པ་ལ་ཕྱག་དབང་དང་ཆོས་ཀྱི་བདུད་རྩི་སྩལ། བླ་མ་སངས་རྒྱས་ཆོས་འཕེལ་གྱིས་གསོལ་བ་བཏབ་ནས་དགེ་འདུན་སྟོང་བརྒལ་བར་སྙིང་པོ་དོན་གསུམ་གྱི་ཁྲིད་རྒྱས་པར་སྩལ། དེ་ནས་རྒྱལ་དུ་ཆིབས་ཁ་བསྒྱུད་དེ་མངའ་དྭགས་རྒྱལ་གསུམ་གྱི་དགེ་འདུན་འདུས་པ་ལ་དགའ་ལྡན་ལྷ་བརྒྱ་མའི་ཟབ་ཁྲིད་རྒྱས་པར་སྩལ་ཞིང་། དཔལ་ལྡན་ལྷ་མོ་ལ་རྒྱལ་བསྟན་གཉེར་དུ་གཏད་པའི་འཕྲིན་འཆོལ་རྒྱས་པར་མཛད། རྗེ་འདིས་རྒྱལ་དུ་ལན་གསུམ་ཆིབས་བསྒྱུད་གནང་བར་ཕེབས་རེས་ཀྱི་དྭགས་པོ་དང་འོལ་ཁའི་རྗེའི་སྒྲུབ་གནས་རྣམས་ལ་མཆོད་འབུལ་སྨོན་ལམ་རྒྱ་ཆེར་མཛད་ཅིང་། ལྷག་པར་རྗེ་བཙུན་ཙོང་ཁ་པ་ཆེན་པོའི་སྒྲུབ་གནས་ཁྱད་པར་ཅན་དྭགས་པོ་ལྷ་སྟིངས་སུ་ཕེབས་ཏེ་མཆོད་འབུལ་སྨོན་ལམ་རྒྱ་ཆེར་མཛད་ཅིང་རྗེ་བདག་ཉིད་ཆེན་པོའི་མཛད་པ་རྣམ་ཐར་དྲན་པའི་ཐུགས་དད་དང་ངེས་འབྱུང་སྐྱོ་ཤས་ཤུགས་

དྲག་འབྱུངས་ཏེ་གདུང་ཞུགས་ཀྱི་གསོལ་བ་འདེབས་པའི་མགུར་དབྱངས་མང་དུ་མཛད་ཅིང་། ལྷག་པར་རྒྱལ་བ་ཙོང་ཁ་པ་ཆེན་པོའི་བཀའ་དྲིན་ལས་གསུང་རབ་དགོངས་འགྲེལ་དང་བཅས་པའི་སྙིང་པོའི་བཅུད་བསྡུས་པ་མདོ་སྔགས་གཉིས་ཀའི་ལམ་གྱི་ལུས་ཡོངས་སུ་རྫོགས་པ་ལ་འདོད་དགུར་ལོངས་སྤྱོད་དུ་ཡོད་པ་འདི་འདྲ་བའི་བཀའ་དྲིན་འཁོར་ཐབས་མེད་དོ་སྙམ་དུ་རྗེ་བླ་མའི་བཀའ་དྲིན་དྲན་པའི་དད་གུས་ཞུགས་དྲག་པོ་འབྱུངས་ཏེ་རྗེ་རིན་པོ་(༤༠༣བ)ཆེས་གཙོས་བརྒྱུད་པ་གསུམ་ལྡན་གྱི་བླ་མ་རྣམས་ལ་གསོལ་བ་འདེབས་པའི་གདུང་དབྱངས་འདི་ལྟར་མཛད་དེ།

ན་མོ་གུ་རུ། བདེ་ཆེན་སྐུ་གསུམ་དབང་ཕྱུག་ཁྱབ་བདག་སྟོན་པ་རྡོ་རྗེ་འཆང་། དེ་ཡིས་བྱིན་བརླབས་གྲུབ་མཆོག་མདའ་བསྟན་ལཱུ་ཨི་པ། །རྗེ་བཙུན་དྲིལ་བུ་པ་དང་ཧཱུྃ་སྐྱེ་ན་རོ་སོགས། །ཉམས་ལེན་བྱིན་རླབས་བླ་མས་བདག་ཅག་སྐྱོབ་ཏུ་གསོལ། །མི་མཇེད་ཞིང་གི་མགོན་པོ་རྣམ་འདྲེན་ཟས་གཙང་སྲས། །དགའ་ལྡན་ལྷ་བརྒྱའི་གཙུག་རྒྱན་མི་ཕམ་ཆོས་ཀྱི་རྗེ། །རྒྱལ་སྲས་ཐོགས་མེད་སྐུ་མཆེད་གྲོལ་སྡེ་ཞི་འཚོ་སོགས། །རྒྱ་ཆེན་སྤྱོད་པའི་བླ་མས་བདག་ཅག་སྐྱོབ་ཏུ་གསོལ། །རྒྱལ་ཀུན་མཁྱེན་པའི་རང་གཟུགས་མགོན་པོ་འཇམ་དཔལ་དབྱངས། །འཕགས་མཆོག་ཀླུ་སྒྲུབ་ཞབས་དང་དེ་སྲས་འཕགས་པ་ལྷ། །གྲུབ་བརྙེས་སངས་རྒྱས་བསྐྱངས་དང་དཔལ་ལྡན་ཟླ་བ་སོགས། །ཟབ་མོ་ལྟ་བའི་བླ་མས་བདག་ཅག་སྐྱོབ་ཏུ་གསོལ། །ལྷ་བརྒྱའི་གཙུག་གི་ནོར་བུ་མགོན་པོ་ཨ་ཏི་ཤ །རྒྱལ་བ་རྒྱ་མཚོས་བྱིན་བརླབས་འབྲོམ་སྟོན་སྤྱན་རས་གཟིགས། །དེ་ཡི་རྒྱུད་འཛིན་རིགས་གསུམ་སྤྲུལ་པ་མཆེད་ལ་སོགས། །བཀའ་གདམས་བརྒྱུད་པའི་བླ་མས་བདག་ཅག་སྐྱོབ་ཏུ་གསོལ། །འཇམ་དབྱངས་མི་ཡི་གར་མཛད་ཀུན་མཁྱེན་བློ་བཟང་གྲགས། །སྤངས་རྟོགས་ཡོན་ཏན་རྫོགས་པའི་དག་པའི་འཁོར་སློབ་དང་། །འཕྲིན་ལས་མཁའ་དང་མཉམ་པའི་འགྲོ་མགོན་བཀའ་དྲིན་ཅན། །བྱིན་རླབས་བརྒྱུད་འཛིན་བླ་མས་བདག་

ཅག་སྐྱོབ་ཏུ་གསོལ། །སྤྲོས་བྲལ་བདེ་ཆེན་(༩༠༩ན)རང་བཞིན་བླ་མ་ཆོས་ཀྱི་སྐུ། །
ལྷུན་གྲུབ་ཡན་ལག་བདུན་ལྡན་བླ་མ་ལོངས་སྤྱོད་རྫོགས། །གང་འདུལ་ཅིར་ཡང་འཆར་
བའི་བླ་མ་སྤྲུལ་པའི་སྐུ། །དྲིན་ཅན་རྩ་བའི་བླ་མས་བདག་ཅག་སྐྱོབ་ཏུ་གསོལ། །ཚེ་
འདིའི་ལོ་འདོད་ཁ་ནས་ཉིན་མཚན་བྲེལ་ན་ཡང་། །འཇིག་རྟེན་ཕྱི་མར་འགྲོ་ཚེ་སྣྲིན་མོ་
ལག་སྟོང་འཁྱམས། །དེ་རིང་ཙམ་ཡང་སྡོད་པའི་གདེང་ཚད་མ་མཆིས་པས། །མགོན་
མེད་ཉམ་ཐག་བདག་ཅག་ཐུགས་རྗེས་སྐྱོབ་ཏུ་གསོལ། །ཕན་པས་ཕར་ལ་བསྐྱངས་
བཞིན་ཚུར་ལ་འཁང་བའི་གྲོགས། །རང་འདོད་ཐབས་དགུས་བསགས་ཀྱང་གཞན་
གྱིས་ཟ་བའི་ནོར། །རང་བདེའི་ཆེད་དུ་བསྒྲུབས་ཀྱང་ཕྱི་ཕྱིར་སྡུག་བསྔལ་བསྐྱེད། །
འདོད་པ་མི་འོངས་འདི་ལས་བདག་ཅག་སྐྱོབ་ཏུ་གསོལ། །ལས་ཉོན་འཆིང་བས་
བཅིངས་པའི་བཙོན་རའི་གནས་ན་མནར། །སྐྱེ་རྒ་ན་འཆིའི་གཙོང་གིས་སོས་དུས་མེད་
པར་ཟིན། །ཟག་བཅས་རྫོས་སུ་ཆེ་བའི་ཕུང་པོའི་ཁུར་གྱིས་མནན། །འཁོར་བ་སྡུག་
བསྔལ་གནས་ནས་བདག་ཅག་དྲང་དུ་གསོལ། །ཕན་བྱེད་ཐབས་ཀྱིས་མཆོད་ན་སྐྱབས་
གནས་དཀོན་མཆོག་བཞིན། །འདོད་དགུ་ཐམས་ཅད་སྩོལ་བའི་དྲིན་ཅན་ཕ་དང་
མར། །དགྲར་བཟུང་ཡལ་བར་འདོར་བའི་བསམ་བརླག་བདག་ཅག་ལ། །སྙིང་རྗེ་ལྷག་
བསམ་བཟང་པོའི་དྲན་པ་སྩོལ་དུ་གསོལ། །བརྟགས་ན་གཞི་རྩ་བྲལ་བའི་ཆོས་ཀྱི་
གནས་ལུགས་འདི། །མ་རྟོགས་རང་སེམས་འཁྲུལ་པས་རང་ཉིད་(༩༠༩བ)དམ་དུ་
བཅིངས། །གཏི་མུག་མུན་པར་འཁྱམས་པའི་དམུས་ལོང་བདག་ཅག་ལ། །ཆོས་ཉིད་
རྗེན་པར་མཐོང་བའི་སྣང་བ་སྩོལ་དུ་གསོལ། །རྣམ་དག་ཚུལ་ཁྲིམས་མཆོག་གིས་ཕྱི་
དང་ནང་དུ་གཙང་། །བདེ་གསལ་ཏིང་འཛིན་རོལ་པས་ཉིན་དང་མཚན་དུ་བདེ། །ཤེས་
རབ་སྣང་བ་འབར་བས་འཁྲུལ་དང་ཡུན་དུ་གསལ། །བསླབ་གསུམ་བསྟན་པ་དར་བའི་
དགེ་མཚན་སྩོལ་དུ་གསོལ། །མཐུ་ལྡན་མཁའ་འགྲོ་སྲུང་མར་བགེགས་དང་བར་གཅོད་

བསྟུང་། །ཆོས་དང་ཕྱུན་ཚོགས་རྒྱས་པས་མཐའ་དང་དབུས་སུ་བདེ། །བཀྲ་ཤིས་དཔལ་གྱི་འབྱོར་པས་སྣོད་དང་བཅུད་དུ་ཁྱབ། །རང་གཞན་དོན་ཀུན་འགྲུབ་པའི་དངོས་གྲུབ་སྩལ་དུ་གསོལ། །ཞེས་སོ། །

དེ་ནས་ཕོ་བྲང་དུ་ཕེབས་ཏེ་མཐའ་དབུས་རིས་སུ་མ་ཆད་པའི་སྐྱེ་འགྲོ་རྣམས་ལ་ཐུགས་བསྐྱེད་རྒྱ་ཆེན་པོས་སྒོ་གསུམ་གྱི་སྤྱོད་པ་ཅི་མཛད་ཐམས་ཅད་རྒྱལ་བསྟན་སྤེལ་བའི་ཐབས་ཁོ་ནར་མཛད་ཅིང་། བར་སྐབས་ཤིག་ཤེས་བྱའི་གནས་མཐའ་དག་ལ་ཐུགས་ཀྱི་མཁྱེན་པ་ཆེས་ཆེར་འཕྲོ་བས་ཐོལ་བྱུང་གི་མགུར་དབྱངས་འདི་བཞིན་མཛད་དེ། ཨོཾ་སྭ་སྟི། རྒྱུན་བཟང་ཆུ་བོ་རྣམ་བཞི་གཡས་སྐོར་དུ་འབབ་ཅིང་། །དགོས་འདོད་ཡིད་བཞིན་འཁྱིལ་བའི་མ་དྲོས་ཀྱི་རྒྱ་མཚོ། །དེ་ན་བཞུགས་པ་གདེངས་ཀ་བདུན་ལྡན་གྱི་ཀླུ་དབང་། །ས་འདིར་བཀྲ་ཤིས་སྤེལ་བའི་བྱེད་པོ་རང་ལོས་ཡིན། །མི་རིགས་རྣམ་བཞི་རྒྱུ་བའི་གྲོང་ཁྱེར་གྱི་ལྟེ་བ། ཁྱོན་ཡངས་ས་གཞིར་འཕགས་པའི་བྱ་རྒོད་ཀྱི་ཕུང་པོ། །དེ་ན་བཞུགས་(༩༠༥(ན)པ་མཉམ་མེད་ཟས་གཙང་གི་སྲས་མཆོག །མཁའ་མཉམ་ཡིད་ཅན་ཀུན་གྱི་མགོན་སྐྱབས་རང་ལོས་ཡིན། །འཕྲིན་ལས་རྣམ་བཞི་སྒྲུབ་བྱེད་འོད་ཟེར་གྱི་དྲ་བ། །ལྷུང་སེམས་རིགས་ལྡར་འཕྲོ་བའི་མི་བསྐྱོད་ཀྱི་ཞིང་ཁམས། །དེ་ན་བཞུགས་པ་སྐྱབས་མཆོག་ངེས་དོན་གྱི་བླ་མ། །བདག་ཅག་སྐལ་ལྡན་གདུལ་བྱའི་གདུང་སེལ་རང་ལོས་ཡིན། །འཁོར་ལོ་བཞི་དང་ལྡན་པའི་དལ་འབྱོར་གྱི་རྟེན་བཟང་། །ལེགས་བཤད་བདུད་རྩིས་བསྐྱངས་པའི་སློབ་བུ་ངའི་མདུན་མ། །བཟང་ངན་ཇི་ལྟར་གྱུར་ཀྱང་བླ་མ་རང་མཁྱེན་པས། །རེ་སས་བསླུ་བར་མ་མཛད་མཐུ་ལྡན་གྱི་མགོན་པོ། །དྲིན་ཅན་བླ་མ་མཆོག་གི་གསང་གསུམ་གྱི་རོལ་མོ། །ཡི་དམ་དཔའ་བོ་མཁའ་འགྲོའི་ངོ་བོ་རུ་བསྒོམས་ཏེ། །སྙིང་དབུས་འབྲལ་གྲོགས་མེད་པའི་གསོལ་འདེབས་འདི་གསན་ནས། །མཆོག་ཐུན་དངོས་གྲུབ་ཡོངས་ཀྱི་དགའ་སྟོན་འདིར་སྩོལ་མཛོད། །ཅེས་སོ། །

དེ་ནས་ཕྱོགས་མཐའ་དག་ནས་འདུས་པའི་དད་ལྡན་རྣམས་ལ་རང་རང་གི་དབང་པོ་དང་འཚམས་པའི་ཆོས་ཀྱི་བདུད་རྩི་རིམ་པར་སྩལ་ཞིང་། ལྷག་པར་དགུང་ལོ་ཉེར་བརྒྱད་པའི་དུས་ནས་དགུང་ལོ་ཞེ་དགུའི་བར་ལ་ནུབ་ཕྱོགས་ཁ་ཆེའི་ཡུལ་ནས་ཤར་ཕྱོགས་རྒྱ་ཆེན་པོ་ལ་ཐུག་གི་བར་གྱི་དད་ལྡན་རྒྱལ་བའི་བསྟན་པ་ལ་ཞུགས་ནས་འདུལ་ཁྲིམས་བསྲུང་བར་འདོད་པ་བགྲང་བ་ལས་འདས་པ་དགེ་ཚུལ་དང་དགེ་སློང་གི་སྡོམ་པ་བརྒྱུད་མར་སྩལ། མདོར་ན་རྒྱལ་བ་ཐམས་(༩༠༥བ)ཅད་མཁྱེན་པ་རྗེ་བཙུན་བློ་བཟང་བསྐལ་བཟང་རྒྱ་མཚོ་དཔལ་བཟང་པོ་འདི་ནི་རང་ཅག་བོད་ཀྱི་ལྷ་ཅིག་འཕགས་མཆོག་ཐུགས་རྗེ་ཆེན་པོ་ཉིད་ཡིན་པ་ཀུན་ལ་གྲགས་པ་ལྟར་ཡིན་ཞིང་། ཐ་མལ་པའི་སྣང་ཚུལ་དང་བསྟུན་པའི་མཛད་པ་རྣམ་ཐར་ཡང་ཁྱད་པར་དུ་འཕགས་པ་ཞིག་སྟེ། སྐུ་འཁྲུངས་ཙམ་ཉིད་ནས་ཐུགས་སྙིང་རྗེ་ཆེན་པོའི་གཞན་དབང་དུ་གྱུར་པས་ཅི་མཛད་ཐམས་ཅད་བསྟན་འགྲོར་སྨན་པའི་ཐབས་འབའ་ཞིག་ཏུ་སྒྱུར་བར་མཛད་པ། འཛམ་གླིང་ཡངས་པའི་ཁྲོན་ལ་དབང་བསྒྱུར་ཞིང་ཆེ་དགུ་ཀུན་གྱིས་མཆོད་ཀྱང་ཁེངས་པའི་དྲི་ཙམ་ཡང་མེད་པར་གདུལ་བྱ་དམན་པ་ལ་ཐུགས་བརྩེ་བ། ཐུགས་རྒྱུད་ལ་སྤྱངས་རྟོགས་མ་ལུས་མཐར་ཕྱིན་ཀྱང་ཕྱི་མའི་སྐྱེ་བོ་རྣམས་ལ་ཚུལ་འདི་ལྟར་གྱིས་ཤིག་ཅེས་བསླབ་པའི་ཕྱིར་ཡོངས་འཛིན་མཁས་པ་མང་པོ་བསྟེན་ཏེ་མདོ་རྒྱུད་དགོངས་འགྲེལ་དང་བཅས་པ་ལ་གསན་སྦྱོངས་མཐར་ཕྱིན་པར་མཛད་པས་མདོ་སྔགས་གཞུང་ཀུན་ལ་མཁས་པ། སའི་སྟེང་གི་མགོ་དགུའི་ཡོ་བྱད་ཐམས་ཅད་དབྱུང་དུ་འདུས་ཤིང་ནམ་མཁའ་མཛོད་ལ་མངའ་བརྙེས་ཀྱང་ཡོད་པ་རྒྱ་མཚན་དུ་བྱས་ནས་གཟབས་འཕྱོར་དང་ཕྱུར་གཡེང་གི་རྣམ་པ་སྐད་ཅིག་ཀྱང་མི་མཛད་པས་ལོ་རེར་ན་བཟའ་གསར་པ་ཚར་རེ་ལས་བརྗེ་བར་མི་མཛད་ཅིང་ཆོས་གོས་རྣམ་པ་གསུམ་པོ་ཚད་དང་དབྱིབས་དང་བཞེས་ཚུལ་སོགས་འདུལ་བ་ནས་ཇི་ལྟར་གསུངས་པ་ལས་དམན་ལྷག་ཏུ་མ་སོང་བར་མཛད་

པ་སོགས་དྲན་ཤེས་བག་ཡོད་བརྟན་པོ་ཅི་མཛད་འདུལ་(༩༠༨ན)བ་དང་བསྟུན་ནས་མཛད་པས་སོ་ཐར་གྱི་ཚུལ་ཁྲིམས་གཙང་བ། བདག་པས་གཞན་གཅེས་ཀྱི་ཐུགས་བསྐྱེད་བཟང་པོས་ཅི་མཛད་སེམས་ཅན་གྱི་དོན་འབའ་ཞིག་ཏུ་མཛད་པས་བྱང་སེམས་ཀྱི་ཚུལ་ཁྲིམས་རྣམ་པར་དག་པ། གསང་སྔགས་རྒྱུད་སྡེ་བཞིའི་དབང་ལུང་མན་ངག་མཐའ་དག་རྒྱུད་ལྡན་བླ་མ་དམ་པ་ལས་གསན་ཞིང་ཐུགས་ཉམས་སུ་བཞེས་པས་ཉམས་རྟོགས་ཡུལ་ཕྱིན་བརྙེས་ཤིང་རྡོ་རྗེ་ཐེག་པའི་དམ་ཚིག་ལས་ནམ་ཡང་མི་འདའ་ཞིང་བཅས་པ་ཆེ་ཕྲ་མཐའ་དག་ཕྱག་ལེན་ལ་ཐེབས་པར་མཛད་པས་རྒྱལ་བས་བསྔགས་པའི་རྡོ་རྗེ་འཛིན་པ་ཆེན་པོ་སྟེ། མདོར་ན་སྡོམ་གསུམ་གྱི་བཅས་མཚམས་ལག་ལེན་ལ་ཁེལ་བ། ཆོས་ཀྱི་རྒྱལ་པོ་ཙོང་ཁ་པ་ཆེན་པོའི་རིང་ལུགས་ལ་བསྲེ་བསླད་ཕྲ་མོ་ཙམ་ཡང་མེད་པར་སྐྱོང་བས་རྣམ་ཐར་གཙང་བ་འཆད་རྩོད་རྩོམ་གསུམ་གང་གི་ཐད་ལའང་ཟླ་དང་བྲལ་བ་སྟེ། མདོར་ན། མཛད་པ་ཀུན་ལས་གསུང་གི་ནི། །མཛད་པ་མཆོག་ཡིན་དེ་ཡང་ནི། །འདི་ཉིད་ཡིན་ཕྱིར་མཁས་པ་ཡིས། །འདི་ལས་སངས་རྒྱས་རྗེས་དྲན་བགྱིས། །ཞེས་གསུངས་པ་ལྟར། རྗེ་འདིས་རྒྱལ་བའི་བསྟན་པ་གསལ་བར་བྱ་བའི་ཕྱིར་མདོ་སྔགས་ཀྱི་བསྟན་བཅོས་ཚིག་དོན་ཕུན་སུམ་ཚོགས་པ་མང་དུ་མཛད་པ་ནི་འདི་ལྟར། དེ་བཞིན་གཤེགས་པ་ཐམས་ཅད་ཀྱི་སྐུ་དང་གསུང་དང་ཐུགས་ཀྱི་གསང་བ་གསང་བ་འདུས་པ་འཕགས་ལུགས་ཞེས་ཡོངས་སུ་གྲགས་པའི་དཀྱིལ་འཁོར་དུ་བཙུག་ནས་དབང་བསྐུར་བའི་ཆོ་ག་དེ་ཉིད་རབ་གསལ་གྱི་རྣམ་(༩༠༨བ)པར་བཤད་པ་དབང་དོན་དེ་ཉིད་ཡང་གསལ་སྣང་བ་རྡོ་རྗེ་སེམས་དཔའི་ཞལ་ལུང་ཞེས་བྱ་བ་ལེགས་བཤད་ཀྱི་རྒྱ་མཚོ་ཆེན་པོ། དགའ་ལྡན་ལྷ་བརྒྱ་མའི་ཁྲིད་ཡིག །འཇིགས་བྱེད་དབང་གི་རྒྱུད་འདེབས། དེའི་བསྐྱེད་རྫོགས་དམར་ཁྲིད་རྒྱུད་འདེབས། དེའི་དབང་བཤད་ཆེན་མོ། དེའི་བསྐྱེད་རིམ་གྱི་ཁྲིད། །དེའི་ཚོགས་མཆོད། དེ་ལ་བརྟེན་པའི་བླ

མའི་རྣལ་འབྱོར། འཇིགས་བྱེད་དཔའ་བོ་གཅིག་པའི་དཀྱིལ་ཆོག །བདེ་མཆོག་ལཱུ་ཡི་པ་དང་། མི་ཏྲ་ནས་བརྒྱུད་པའི་དབང་གི་རྒྱུད་འདེབས། དྲིལ་བུ་ལྷ་ལྔའི་དབང་གི་རྒྱུད་འདེབས། དེའི་སྒྲུབ་ཐབས། ལཱུ་ཡི་པའི་ཚོགས་མཆོད། བླ་མའི་རྣལ་འབྱོར་གྱི་རིམ་པ་མང་པོ། འཕགས་པ་ཐུགས་རྗེ་ཆེན་པོ་ལ་བསྟོད་ཅིང་གསོལ་བ་འདེབས་པ་ཕན་བདེའི་ཆར་འབེབས་སོགས་སངས་རྒྱས་བྱང་སེམས་རྣམས་ལ་བསྟོད་ཅིང་གསོལ་བ་འདེབས་པ་དང་། རྗེ་རང་ཉིད་ཀྱི་བརྟན་བཞུགས་སོགས་བླ་མ་དམ་པ་མང་པོའི་གསོལ་འདེབས་བརྟན་བཞུགས་དུ་མ། བཅོམ་ལྡན་འདས་དུས་ཀྱི་འཁོར་ལོའི་རྒྱུད་འདེབས། དེའི་མཆོག་དབང་གོང་མ་རྣམས་བསྐུར་ཚུལ། །དེའི་སྐུ་གསུང་ཐུགས་ཡོངས་སུ་རྫོགས་པའི་སྒྲུབ་ཐབས། དེའི་ཐུགས་དཀྱིལ་གྱི་སྒྲུབ་ཐབས། དེའི་ཚོགས་མཆོད། བློ་སྦྱོང་དང་འབྲེལ་བའི་ཞལ་གདམས་ཀྱི་རིམ་པ་མང་པོ། ཁྲི་ཆེན་སྤྲུལ་སྐུའི་རྣམ་ཐར། རྫོར་སེམས་ལྷ་བཅུ་བདུན་མའི་དབང་གི་རྒྱུད་འདེབས། དེའི་སྒྲུབ་ཐབས། དེའི་དཀྱིལ་ཆོག །སྤྱན་རས་གཟིགས་རྒྱལ་བ་རྒྱ་མཚོའི་སྒྲུབ་ཐབས། རྒྱུད་སྡེ་ནས་གསུངས་པའི་ལྷ་ཚོགས་དུ་མའི་སྒྲུབ་ཐབས། སྤྱན་རས་གཟིགས་ཁ་(༩༠༧ན)སརྦ་ཊཻའི་སྒྲུབ་ཐབས་རྗོ་རྗེས་གནང་ཚུལ། གསང་བདག་དྲག་པོ་གསུམ་སྒྲིལ་གྱི་སྒྲུབ་ཐབས། འཇམ་དབྱངས་ཨ་ར་པ་ཙ་ན་ལྷ་ལྔའི་དབང་རྒྱུད། དེའི་སྒྲུབ་ཐབས། དེའི་དཀྱིལ་ཆོག །དམ་ཅན་ཆོས་སྐྱོང་དུ་མ་ལ་མཆོད་གཏོར་འབུལ་བ་དང་། བསྐང་བཤགས་བསྟོད་བསྐུལ་མང་པོ། འཁོར་ཆེན་གྱི་སྦྱིན་སྲེག །བཅུ་གཅིག་ཞལ་གྱི་དབང་གི་རྒྱུད་འདེབས། །དེའི་དབང་ཆོག སྨྱུང་གནས་ཀྱི་ཆོ་ག །སྒྲོ་དྲུག་གི་གཟུངས་ཀྱི་རྣམ་བཤད་བསྟོད་སྤྲིན་རྒྱ་མཚོའི་འགྲེལ་པ། འདའ་ཀ་ཡེ་ཤེས་ཀྱི་མདོ་འགྲེལ། ཚོགས་དབུས་སུ་དགེ་ཚོགས་བྱང་ཆེན་དུ་བསྔོ་བའི་གདམ། འཁོར་ཆེན་སྨོན་ལམ་ཤེས་བརྗོད། ཆབ་ཤོག་གི་རིམ་པ། དགས་པོ་དགེ་བཤེས་ཀྱི་འཇིགས་བྱེད་དབང་ཆོག་ལ་དག་མཆན་

གནང་བ། བསངས་མཆོད་ཀྱི་རིམ་པ། དྲུག་ཅུ་པའི་རྣམ་གཞག །མགོན་པོ་སྙིང་ཞུགས་ཀྱི་རྒྱུན་ཁྱེར། སྐུ་གསུང་ཐུགས་རྟེན་གསར་བཞེངས་ཀྱི་རྒྱབ་ཡིག་སྨོན་ལམ། འདོད་གསོལ། དཀར་ཆག་སོགས། ཆོས་སྤེ་ཆེ་ཆུང་གི་བཅའ་ཡིག །སྒྲིངས་ཡིག །འཕྲིན་བཅོལ་གྱི་རིམ་པ་ཕྱོགས་གཅིག་ཏུ་བསྒྲིགས་པ་འཛིགས་མེད་གདོང་ལྔའི་སྒྲ་དབྱངས་སོགས་ལེགས་པར་བཤད་པའི་རྩོམ་པ་མཐའ་ཡས་པ་མཛད་དོ། །དེ་ལྟར་རྗེ་འདིས་སྤྱིར་བསྟན་པའི་བྱ་བ་རྒྱ་ཆེར་མཛད་པ་དང་། ཁྱད་པར་འཇམ་མགོན་བླ་མའི་ལུགས་བཟང་མདོ་སྔགས་གང་གི་ཐད་ལའང་བསྲེ་བསླད་ཕྲ་མོའང་མེད་པར་རྣམ་ཐར་གཙང་མ་མཐར་ཕྱིན་པར་མཛད་པ་ནི་ལེགས་བཤད་དྲི་མ་མེད་པ་འདི་རྣམས་ལ་བལྟས(༤༠༧བ)པས་ཤེས་ཤིང་། འདིར་ནི་རྣམ་ཐར་གྱི་གཙོ་བོ་ཆོས་ཀྱི་འཁོར་ལོ་བསྐོར་བའི་མཛད་པ་རགས་རིམ་ཞིག་བརྗོད་པ་ཡིན་གྱི། ལུགས་གཉིས་དང་འབྲེལ་བའི་མཛད་པ་རྣམ་ཐར་ཞིབ་པར་ནི་རྣམ་ཐར་ཆེན་མོ་ལས་ཤེས་པར་བྱའོ། །

དེས་ན་བྱང་ཆུབ་ལམ་གྱི་རིམ་པ་ལ་བློ་སྦྱོང་བར་འདོད་པ་རྣམས་ཀྱིས་གངས་རིའི་མགོན་པོ་རྒྱལ་བ་ཐུགས་རྗེ་ཅན་འདི་ལ་གསོལ་བ་འདེབས་ཤིང་འདིའི་མཛད་པ་རྣམ་ཐར་ཐོས་བསམ་སྒོམ་གསུམ་མཁས་བཙུན་བཟང་གསུམ་གཅིག་གྲོགས་སུ་གཅིག་འགྲོ་བར་བྱེད་ཅིང་། སྡོམ་པ་གསུམ་གྱི་བཅས་མཚམས་དག་པ་ཉམས་ལེན་གྱི་མཐིལ་དུ་བྱས་ནས་གསུང་རབ་དགོངས་འགྲེལ་དང་བཅས་པ་ཐམས་ཅད་ཀྱི་སྙིང་པོའི་དོན་བྱང་ཆུབ་ལམ་གྱི་རིམ་པའི་ཉམས་ལེན་ལ་འབད་པར་བྱའོ། །

དེ་ལྟར་རྒྱལ་དབང་ཐམས་ཅད་མཁྱེན་པ་རྗེ་བཙུན་བློ་བཟང་བསྐལ་བཟང་རྒྱ་མཚོས་དགུང་ལོ་ཞེ་དགུའི་བར་བསྟན་འགྲོའི་དོན་རྒྱ་ཆེར་མཛད་ནས་དགུང་ལོ་ལྔ་བཅུ་ལ་ཕེབས་པ་དབང་ཕྱུག་ཅེས་པ་མེ་མོ་གླང་གི་ལོ་དབོ་ཟླ་བའི་ཚེས་གསུམ་གྱི་ཉིན་སྐུ་ཚེ་འདིའི་དངོས་ཀྱི་གདུལ་བྱ་རྣམས་རྫོགས་པ་དང་། གདུལ་བྱ་རྟག་འཛིན་ཅན་རྣམས

ལ་མི་རྟག་པའི་དང་ཚུལ་མངོན་སུམ་དུ་བསྟན་ཏེ་ཆོས་ལ་བསྐུལ་བ་སོགས་དགོས་པ་ཁྱད་པར་ཅན་མང་པོ་ཞིག་གཟིགས་ནས་ཐ་མལ་སྣང་ངོར་བསྟན་པའི་གཟུགས་སྐུའི་བཀོད་པ་བསྡུས་ཏེ་རི་ཤིག་འོད་གསལ་ཆོས་སྐུའི་ངང་དུ་བཞུགས། དེ་ནས་འོད་གསལ་དེ་ལས་བཞེངས་ཏེ་དགའ་ལྡན་ཆོས་ཀྱི་ཕོ་བྲང་དུ་མི་ཕམ་འཇམ་དཔལ་སྙིང་པོའི་ཞབས་དྲུང་དུ་ཕེབས་ཏེ་མཆོད་སྤྲིན་རྒྱ་མཚོས་(༩༠༢ན)མཆོད་ཅིང་གསང་བ་ཟབ་མོའི་གནས་ལས་བརྩམས་ཏེ་བཀའ་བགྲོ་བར་མཛད་པ་དང་། གཞན་ཡང་སྤྲུལ་པ་བྱེ་བ་ཕྲག་བརྒྱས་ཕྱོགས་བཅུའི་ཞིང་རབ་འབྱམས་སུ་ཕེབས་ཏེ་རྒྱལ་བ་སྲས་བཅས་རྣམས་མཆོད་ཅིང་བཀའ་བགྲོ་བར་མཛད། དེ་ནས་ཡུན་རིང་པོ་ནས་ཐུགས་བསྐྱེད་པའི་དམ་བཅའ་འགྱུར་བ་མེད་པ་དང་། ཕྱོགས་བཅུའི་རྒྱལ་བ་སྲས་བཅས་ཀྱིས་ཀྱང་ཐུགས་རྗེ་བསྐུལ་བའི་མཐུས་མྱུར་བར་ཞིང་འདིར་སྤྲུལ་པའི་སྐུ་བཟུང་སྟེ་གངས་རིའི་ཁྲོད་ཀྱི་འགྲོ་བ་མཐའ་དག་མགོན་དང་བཅས་པར་མཛད་དེ། དེ་ཡང་མདོ་སྡེ་ཟ་མ་ཏོག་བཀོད་པའི་རྒྱལ་པོ་སོགས་མདོ་རྒྱུད་དུ་མ་ནས་བྱང་ཕྱོགས་ཁ་བ་ཅན་འདི་མགོན་པོ་སྤྱན་རས་གཟིགས་ཀྱི་འདུལ་ཞིང་དུ་ལན་ཅིག་མིན་པར་བསྔགས་ཤིང་། ཇི་ལྟར་བསྔགས་པ་ལྟར་མགོན་པོ་སྤྱན་རས་གཟིགས་ཀྱི་ཐབས་མཁས་ཀྱི་སྤྲུལ་པ་བགྲང་བ་ལས་འདས་པས་བྱང་ཕྱོགས་གངས་རིའི་ཁྲོད་འདིར་སངས་རྒྱས་ཀྱི་བསྟན་པ་བཙུགས། སྐྱེ་འགྲོའི་བདེ་སྐྱིད་ཐམས་ཅད་འཕེལ་བར་མཛད། ལྷག་པར་ཆོས་རྒྱལ་སྲོང་བཙན་སྒམ་པོས་གངས་རིའི་ཁྲོད་ཀྱི་འགྲོ་བ་རྣམས་སྤྱིར་དཀོན་མཆོག་གསུམ་ལ་སྐྱབས་སུ་འགྲོ་བ་དང་། ལྷག་པར་མགོན་པོ་སྤྱན་རས་གཟིགས་ཉིད་ལ་རྩེ་གཅིག་ཏུ་གསོལ་བ་འདེབས་པ་ཤ་སྟག་ལ་བཀོད་པས་དབུས་གཙང་དག་པའི་ཞིང་ཞེས་གྲགས་ཤིང་། རྒྱལ་བས་ཤེར་ཕྱིན་གྱི་མདོ་སྡེ་ནས་ལུང་བསྟན་པ་ལྟར་ཕྱོགས་བཅུའི་ཞིང་ནས་བྱང་ཆུབ་སེམས་དཔའ་སེམས་དཔའ་ཆེན་པོ་མཐུ་སྟོབས་དང་(༩༠༢བ)ལྡན་པ་བགྲང་བ་ལས་འདས་པ་

ཞིང་འདིར་ཐུགས་རྗེ་ཆེན་པོའི་འཕྲིན་ལས་ཀྱི་གྲོགས་སུ་བྱོན་ཏེ་རྒྱལ་བསྟན་ཡོངས་སུ་རྫོགས་པ་ཆེས་ཆེར་དར་བར་མཛད། སླར་ཡང་ཇི་སྲིད་རྒྱལ་བསྟན་ནམ་གནས་ཀྱི་བར་དུ་ཐུགས་རྗེ་ཆེན་པོའི་སྤྲུལ་པ་རྒྱུན་མི་འཆད་པས་བྱང་ཕྱོགས་གངས་རིའི་ཁྲོད་འདི་སྐྱོང་བར་མདོ་རྒྱུད་དུ་མ་ནས་ལུང་བསྟན་པ་ལྟར་ཆོས་རྒྱལ་སྲོང་བཙན་སྒམ་པོ་ནས་བཟུང་ཐུགས་རྗེ་ཆེན་པོའི་སྤྲུལ་པ་རྒྱུན་མི་འཆད་པར་རིམ་པར་བྱོན་པ་རྣམས་ཀྱིས་བོད་ཁམས་མགོན་དང་བཅས་པར་མཛད། ལྷག་པར་རྒྱལ་དབང་ཐམས་ཅད་མཁྱེན་པ་ཆེན་པོ་རྗེ་བཙུན་བློ་བཟང་བསྐལ་བཟང་རྒྱ་མཚོ་ཞིང་བརྗེ་བ་ལ་ཉེ་བ་ན་སྔར་དུ་སྤྲུལ་སྐུ་འཛིན་པར་ཐུགས་བསྐྱེད་ནས་ཐོབ་རྒྱལ་ལྷ་རི་སྣང་དུ་སྤྲུལ་སྐུ་འཛིན་པར་མཛད་དེ། འདི་ལྟར་གང་དུ་འཁྲུངས་པའི་ཡུལ་དང་། མཚན་ཇི་ལྟར་འབྱུང་བ་བཀའ་གདམས་གླེགས་བམ་ལས་ཡང་དང་ཡང་དུ་ལུང་བསྟན་ཅིང་། རྒྱལ་བ་མཆོག་དེ་ཉིད་ཀྱིས་ཀྱང་འདི་ལྟར་འབྱུང་ངོ་ཞེས་གསལ་བར་ལུང་བསྟན་ཏེ། རྒྱལ་བ་མཆོག་དེ་ཉིད་ཀྱིས་པཎ་ཆེན་ཐམས་ཅད་མཁྱེན་པ་རྗེ་བཙུན་བློ་བཟང་དཔལ་ལྡན་ཡེ་ཤེས་ལ་དུས་འཁོར་གྱི་དབང་ཆེན་གནང་བའི་ཚེ་འཕྲིན་ལས་པ་ཆེན་པོ་ཕྱག་མཛོད་བློ་བཟང་ཚེ་དབང་གི་མནལ་ལམ་དུ། རྒྱལ་བ་ཐམས་ཅད་མཁྱེན་པ་ཆེན་པོ་རྗེ་བཙུན་བློ་བཟང་བསྐལ་བཟང་རྒྱ་མཚོ་ཐོབ་རྒྱལ་ལྷ་རི་སྣང་གི་གཟིམ་ཁང་དུ་ཕེབས་ནས་བཞུགས་པ་གསལ་བར་རྨིས། དེའི་ཚེ་དད་པ་ཚད་མེད་པ་སྐྱེས་ཤིང་། འོན་ཀྱང་འདིར་འབྱོན་པ་ཅི་ཡིན་སྙམ་པ་བྱུང་བ་ན་རྒྱལ་བ་མཆོག་དེའི་ཞལ་ནས། གསུམ་(༡༠༩༤)ནས་ཡིན་གསུང་བ་ཞིག་གསལ་བར་རྨིས། མནལ་སད་ནས་རྨི་ལྟས་ཇི་ལྟར་བྱུང་བ་ཡི་གེར་བྲིས་ཏེ་རྒྱལ་བ་མཆོག་ཉིད་ལ་བདག་ལ་རྨི་ལྟས་འདི་ལྟར་བྱུང་བ་ཅི་ལགས་ཞེས་ཞུས་པ་ན་རྒྱལ་བ་མཆོག་གི་བཀའ་ལས་ཁྱེད་རང་དུས་འཁོར་གྱི་གདུལ་བྱ་སྐལ་ལྡན་ཡིན་འདུག་པས་རྨི་ལྟས་བཟང་འདུག་གསུང་བ་ལས་རྒྱུ་མཚན་གསལ་བར་མ་གསུངས། དེ་ནི་རྒྱལ་བ་

མཆོག་གི་སྤྲུལ་སྐུ་ལྷ་རི་སྒང་དུ་ཕེབས་པ་འཁྲུལ་མེད་ཀྱི་ལུང་བསྟན་ཏེ། དུས་དེ་ནས་ལོ་གསུམ་སོང་བ་ན་རྒྱལ་བ་མཆོག་ཞིང་གཤེགས་ནས་ལྷ་རི་སྒང་དུ་ངོ་མཚར་བའི་ལྟས་བསམ་གྱིས་མི་ཁྱབ་པ་དང་བཅས་སྤྲུལ་པའི་སྐུ་ཕེབས། ལོ་གསུམ་ནས་པཎ་ཆེན་ཐམས་ཅད་མཁྱེན་པ་ཆེན་པོ་དང་། འཇམ་དབྱངས་གོང་མ་བདག་པོ་ཆེན་པོ་གཉིས་ཀྱིས་འཁྲུལ་མེད་དུ་ངོས་བཟུང་ནས་འཛམ་གླིང་ཆེ་དགུ་ཡོངས་ཀྱིས་མཆོད་པས་མདུན་བསུས་ཏེ་ཕོ་བྲང་ཆེན་པོའི་གསེར་ཁྲི་མངའ་གསོལ། ༄གངས་ཅན་མགོན་པོ་རྗེ་བཙུན་བློ་བཟང་བསྟན་པའི་དབང་ཕྱུག་འཇམ་དཔལ་རྒྱ་མཚོ་དཔལ་བཟང་པོ་ཞེས་མཚན་གསོལ། ནོར་འཛིན་གྱི་ཁྱོན་ཐམས་ཅད་དུ་དར་ཕྱུར་བ་དང་། བཀྲ་ཤིས་པའི་གླུ་དབྱངས་ལེན་པ་དང་། མཆོད་པའི་བྱེ་བྲག་བསམ་གྱིས་མི་ཁྱབ་པ་དང་བཅས་དགའ་སྟོན་རྒྱ་ཆེན་པོ་བསྒྲུབས། སྟོན་ཡུན་རིང་པོ་ནས་མགོན་པོ་སྤྱན་རས་གཟིགས་ཀྱི་རིགས་ཀྱི་ཅོད་པན་ནི་རྒྱལ་བ་འོད་དཔག་མེད་ཡིན་པ་ལྟར་དུས་འདིར་ཡང་སྣང་བ་མཐའ་ཡས་དུར་སྙིག་གར་གྱི་རྣམ་པར་རོལ་པ་པཎ་ཆེན་(༩༠༩བ)ཐམས་ཅད་མཁྱེན་པ་རྗེ་བཙུན་བློ་བཟང་དཔལ་ལྡན་ཡེ་ཤེས་རིགས་ཀྱི་ཅོད་པན་དུ་བཞེས་ནས་སྡོམ་གསུམ་རིམ་གྱིས་བཞེས་ཤིང་། དབང་ལུང་མན་ངག་མཐའ་ཡས་པ་གསན། ཁོ་བོ་ཅག་ལས་ཀྱང་རྗེ་བདག་ཉིད་ཆེན་པོའི་སྙན་བརྒྱུད་ཀྱི་མན་ངག་རྣམས་ལེགས་པར་གསན་ཏེ་ཐུབ་བསྟན་ཡོངས་རྫོགས་ཀྱི་བདག་པོར་བཞེངས་ཤིང་འཛམ་མགོན་བསྟན་པའི་སྙིང་པོ་ལ་གཞན་དྲིང་མི་འཇོག་པའི་ཐུགས་ངེས་བརྟན་པོ་འཁྲུངས་པའི་ཚུལ་བསྟན་ཏེ་འཇམ་མགོན་བསྟན་པའི་སྲོག་ཤིང་དུ་གཡོ་བ་མེད་པར་བཞུགས་ཤིང་། གནམ་བསྐོས་འཇམ་དབྱངས་གོང་མ་བདག་པོ་ཆེན་པོས་ཆོས་སྲིད་གཉིས་ཀའི་བདག་པོར་མངའ་གསོལ་ཏེ་ནོར་འཛིན་ཡངས་པའི་ཁྱོན་མཐའ་དག་རྣམ་པར་དཀར་བའི་འཕྲིན་ལས་ཀྱིས་ཁྱབ་ཅིང་ཕོ་བྲང་ཆེན་པོ་པོ་ཏ་ལའི་གསེར་ཁྲི་ཞབས་ཟུང་འགྱུར་བ་མེད་

པར་བཀོད་ནས་མཐའ་དབུས་སྐྱེ་འགྲོ་ཡོངས་ལ་ཆོས་ཀྱི་བདུད་རྩི་སྟོལ་བཞིན་པར་བཞུགས་སོ།། །།

རྗེ་བོ་རྗེའི་ལམ་རིམ་མན་ངག་ཆུ་བོ་གསུམ་འདྲེས་ལས་ ལྷབས་ཆེན་སྤྱོད་རྒྱུད་ཀྱི་བརྒྱུད་རིམ།

༄། རྗེ་བོ་རྗེ་དཔལ་ལྡན་ཨ་ཏི་ཤས་བྱང་ཆུབ་ལམ་གྱི་རིམ་པའི་མན་ངག་གསན་པའི་རྒྱུད་པ་ལ་ཡང་དག་པར་རྫོགས་པའི་སངས་རྒྱས་ནས་རྗེ་བཙུན་བྱམས་པ་མགོན་པོ། དེ་ནས་འཕགས་པ་ཐོགས་མེད་སྐུ་མཆེད་སོགས་ལ་རིམ་གྱིས་བརྒྱུད་པའི་རྒྱ་ཆེན་སྤྱོད་རྒྱུད་དང་། ཡང་དག་པར་རྫོགས་པའི་སངས་རྒྱས་ནས་རྗེ་བཙུན་འཇམ་དབྱངས། དེ་ནས་འཕགས་པ་ཀླུ་སྒྲུབ་ཡབ་སྲས་ལ་རིམ་གྱིས་བརྒྱུད་པའི་ཟབ་མོ་ལྟ་རྒྱུད་དང་། རྗེ་བཙུན་འཇམ་པའི་དབྱངས་ནས་རྒྱལ་སྲས་ཞི་བ་ལྷ་སོགས་ལ་རིམ་གྱིས་བརྒྱུད་པའི་ལྷབས་ཆེན་སྤྱོད་(༨༧༠ན)རྒྱུད་དེ་རྒྱུད་པ་གསུམ་ཡོད་ཅིང་། རྒྱུད་པ་དེ་གསུམ་གའི་མན་ངག་རྗེ་བོ་རྗེ་དཔལ་ལྡན་ཨ་ཏི་ཤ་ལ་མངའ་བས་རྗེ་བོ་རྗེ་དཔལ་ལྡན་ཨ་ཏི་ཤའི་ལམ་རིམ་གྱི་མན་ངག་འདི་ལ་རྒྱུད་པའི་ཆུ་བོ་གསུམ་འདྲེས་ཞེས་བརྗོད་དོ། །

དེ་ལ་རྒྱ་ཆེན་སྤྱོད་རྒྱུད་དང་ཟབ་མོ་ལྟ་རྒྱུད་ཀྱི་བླ་མ་གོང་མ་རྣམས་ཀྱི་རྣམ་ཐར་བཤད་ཟིན་ཅིང་། ལྷབས་ཆེན་སྤྱོད་རྒྱུད་ནི་སྟོན་པ་ཐུབ་པའི་དབང་པོས་མདོ་སྡེ་ཕལ་པོ་ཆེ་སོགས་ཐེག་པ་ཆེན་པོའི་མདོ་སྡེ་མང་པོར་རྒྱལ་སྲས་དཔའ་རྟོན་རྣམས་ཀྱིས་སེམས་བསྐྱེད་སྤྱོད་ཚུལ་ཤིན་ཏུ་ལྷབས་ཆེ་བ་བདག་གཞན་མཉམ་བརྗེའི་བློ་སྦྱོང་ཚུལ་རྒྱ་ཆེར་གསུངས་པ་རྣམས་མགོན་པོ་འཇམ་པའི་དབྱངས་ཀྱིས་རྒྱལ་སྲས་ཞི་བ་ལྷ་ལ་ལེགས་པར་གདམས། རྒྱལ་སྲས་ཞི་བ་ལྷས་བདག་གཞན་མཉམ་བརྗེའི་སྒོ་ནས་བྱང་ཆུབ་

གྱི་སེམས་སྦྱོང་ཚུལ་རྒྱལ་དུ་བཏོན་པའི་མན་ངག་བསླབ་བཏུས་དང་སྤྱོད་འཇུག་གཉིས་མཛད་ཅིང་། དེའི་མན་ངག་རྣམས་སློབ་དཔོན་ཨེ་ལ་ཧྲ་རི་ལ་རྫོགས་པར་གནང་། སློབ་དཔོན་ཨེ་ལ་ཧྲ་རིས་སློབ་དཔོན་དཔའ་བོ་རྡོ་རྗེ་ལ་གནང་། དེས་སེམས་དཔའ་ཆེན་པོ་རིན་ཆེན་དཔལ་ལ་གནང་། དེས་བླ་མ་གསེར་གླིང་པ་ལ་གནང་། བླ་མ་གསེར་གླིང་པ་ཆེན་པོའི་ཞབས་དྲུང་དུ་ཇོ་བོ་རྗེ་དཔལ་ལྡན་ཨ་ཏི་ཤས་ལོ་བཅུ་གཉིས་ཀྱི་བར་དུ་དབུ་སྙེས་སྦྲེལ་ཏེ་བློ་སྦྱོང་གི་མན་ངག་འདི་མཐའ་དག་པར་གསན་ཞིང་། སྐྱེས་མཆོག་བྱམས་པའི་རྣལ་འབྱོར་པ་དང་། སེམས་དཔའ་ཆེན་པོ་ཧྲཱུ་རཱི་ཀ་གཉིས་ལའང་བདག་(༥༡༠བ)གཞན་མཉམ་བརྗེའི་མན་ངག་གསན་ལ། འཕགས་མཆོག་ཐུགས་རྗེ་ཆེན་པོ་དང་རྗེ་བཙུན་སྒྲོལ་མ་སོགས་ལྷག་པའི་ལྷ་མང་པོས་ཀྱང་ཇོ་བོ་རྗེ་ལ་དངོས་སུ་ཞལ་བསྟན་ཏེ་བདག་གཞན་མཉམ་བརྗེའི་གདམས་པ་ཡང་དང་ཡང་དུ་སྩལ། ཇོ་བོ་རྗེས་ཀྱང་གདམས་པ་འདི་ཉིད་ཐུགས་དམ་གྱི་མཐིལ་དུ་བཟུང་ནས་རྒྱུན་དུ་བློ་སྦྱོང་བར་མཛད་པས་བདག་པས་གཞན་གཅེས་པའི་བྱང་ཆུབ་ཀྱི་སེམས་རླབས་ཆེན་པོ་ཐུགས་ལ་འཁྲུངས་ཏེ་སྐུ་མཐོང་བ་དང་། གསུང་ཐོས་པ་དང་། མཚན་ཐོས་པ་ཙམ་གྱིས་ཀྱང་མི་དང་མི་མིན་ཀུན་གྱི་སེམས་ཀྱི་གདུག་རྩུབ་ཞི་ནུས་པ་བྱུང་བས་ཇོ་བོ་རྗེ་ནི་བྱང་ཆུབ་ཀྱི་སེམས་རིན་པོ་ཆེའི་མངའ་བདག་ཏུ་གྲགས་ཤིང་། ལྷག་པར་བསྟོད་པ་སུམ་ཅུ་པ་ལས། གསེར་གླིང་རྒྱལ་པོའི་ས་སྐྱོང་བླ་མ་ལས། །བྱང་ཆུབ་སེམས་ཀྱི་བདུད་རྩིའི་སྨན་བླངས་ནས། །འགྲོ་བ་ཀུན་ལ་ཕན་པར་མཛད་པ་ཡི། །དཔལ་ལྡན་ཨ་ཏི་ཤ་ལ་གསོལ་བ་འདེབས། །ཞེས་བསྟགས་པ་ལྟར་བྱང་ཕྱོགས་གངས་རིའི་ཁྲོད་ཀྱི་སྐྱེ་བོ་གདུག་རྩུབ་ཅན་ཁྲོ་ཞིང་གཏུམ་པ། ཕ་ལ་ཕར་མི་འཛིན་པ། མ་ལ་མར་མི་འཛིན་པ། སློབ་དཔོན་ལ་སློབ་དཔོན་དུ་མི་འཛིན་པ། དྲིན་ལན་ལོག་པར་འཇལ་བ་དག་ཀྱང་ཇོ་བོ་རྗེ་དཔལ་ལྡན་ཨ་ཏི་ཤ་འདིའི་སྐུ་མཐོང་བ་དང་གསུང་ཐོས་པ་ཙམ་གྱིས་ཞི་སྟང་

གདུག་རྩུབ་ཞི་ནས་སེམས་རྒྱུད་བྱམས་པའི་བསླན་གྱིས་དུལ་བར་འགྱུར་ཞིང་རང་རང་
གི་གྲུབ་མཐའི་ཕྱོགས་བཟུང་སྟེ་ཁོ་བོ་ཅག་གི་འདི་ཁོ་ན་བདེན་གྱི་གཞན་ནི་གཏི་མུག
གོ་ཞེས་ཕྱོགས་ལྷུང་གི་གདོན་གྱིས་རྒྱུད་ཆེས་ཆེར་དཀྲུགས་པ་དག་ཀྱང་ཇོ་བོ་རྗེ་འདི་
ལ་སྲུས(༥༡༡ན)ཀྱང་ཕྱོགས་ལྷུང་མེད་པར་སྐུ་མཐོང་བ་ཙམ་གྱིས་ཐལ་མོ་སྦྱོར་ཞིང་
གསུང་ཐོས་པ་ཙམ་གྱིས་ཇི་བཞིན་སྒྲུབ་པར་མ་ནུས་ཀྱང་རྗེས་སུ་ཡི་རང་བ་དང་སྨོན་
པའི་གནས་སུ་བྱེད་པ་འདི་བྱུང་། ཇོ་བོ་རྗེས་བོད་དུ་རིམ་སུ་མ་ཆད་པའི་དད་ལྡན་མཐའ་
དག་ལ་དམ་པའི་ཆོས་ཀྱི་བཀའ་དྲིན་སྐྱུལ་ཅིང་། ལྷག་པར་སྡེ་སྣོད་གསུམ་འཛིན་པའི་
བཤེས་གཉེན་ཆེན་པོ་རྣམས་ལ་མདོ་སྔགས་ཀྱི་ཆོས་མཐའ་ཡས་པ་སྟོན་པར་མཛད་
ཀྱང་། རྒྱལ་སྲས་ཞི་བ་ལྷའི་མན་ངག་བདག་གཞན་མཉམ་བརྗེའི་བློ་སྦྱོང་ཚུལ་གྱི་
གནད་ཡོངས་སུ་རྫོགས་པ་འབྲོམ་རིན་པོ་ཆེ་ལ་ལྐོག་ཆོས་སུ་གནང་། འབྲོམ་རིན་པོ་
ཆེས་བཀའ་གདམས་སྐུ་མཆེད་གསུམ་དང་ཁམས་པ་ལུང་པ་བཞི་ལ་ལྐོག་ཆོས་སུ་
མཛད། དགེ་བའི་བཤེས་གཉེན་ཁམས་པ་ལུང་པས་བློ་སྦྱོང་གི་གདམས་པ་འདི་
ལ་ཐུགས་དམ་གྱི་མཐིལ་དུ་མཛད་པས་རང་ཉིད་ས་ལམ་མཐོན་པོར་བྱོན་ཞིང་སྐལ་
བ་དང་ལྡན་པ་གཞན་དག་ལའང་ཅི་རིགས་པ་གནང་ཞིང་བློ་སྦྱོང་གི་མན་ངག་ལ་ཉེ་
བར་མཁོ་བའི་ཆོས་བརྒྱད་མཛད་དེ། བརྒྱད་ནི། ཟས་ལ་བརྟེན་པའི་བློ་སྦྱོང་ཚུལ།
དབུགས་ལ་བརྟེན་པའི་བློ་སྦྱོང་ཚུལ། ལུས་གྲངས་མེད་དུ་སྤྲུལ་ནས་བློ་སྦྱོང་ཚུལ། ཤ་
ཁྲག་ལ་བརྟེན་ནས་བློ་སྦྱོང་ཚུལ། གཏོར་མ་ལ་བརྟེན་ནས་བློ་སྦྱོང་ཚུལ། འབྱུང་བ་བཞི་
ལ་བརྟེན་ནས་བློ་སྦྱོང་ཚུལ། ལུས་ཡིད་བཞིན་གྱི་ནོར་བུར་སྤྲུལ་ཏེ་བློ་སྦྱོང་ཚུལ། འཆི་
ཁར་ཕན་པའི་བློ་སྦྱོང་གི་མན་ངག་སྟེ་བརྒྱད་ཡོད་ལ། (༥༡༡བ)བརྒྱད་པོ་དེ་ལ་ཁམས་
པ་ལུང་པའི་བློ་སྦྱོང་ཐུན་བརྒྱད་མ་ཞེས་གྲགས་ཤིང་སྐལ་བ་དང་ལྡན་པ་མང་པོ་ལ་
སྤེལ་བར་མཛད་དོ། །བཀའ་གདམས་སྐུ་མཆེད་གསུམ་གྱིས་ནི་ཇོ་བོ་ཡབ་སྲས་ཀྱི་མན་

ངག་བྱང་ཆུབ་ལམ་གྱི་རིམ་པ་རྒྱ་ཆེར་སྤེལ་བ་མཛད་ཀྱང་བྱང་ཆུབ་ལམ་གྱི་རིམ་པའི་སྙིང་བདག་གཞན་མཉམ་བརྗེའི་བློ་སྦྱོང་ཚུལ་གྱི་མན་ངག་མཐར་ཐུག་པ་རྣམས་ནི་སྐལ་བ་དང་ལྡན་པ་རེ་གཉིས་ལ་ལྐོག་ཆོས་སུ་མཛད་དོ། །བཀའ་གདམས་སྐུ་མཆེད་གསུམ་གྱི་ནང་ནས་ཀྱང་དགེ་བའི་བཤེས་གཉེན་པོ་ཏོ་བ་ཆེན་པོ་བྱང་ཆུབ་ལམ་གྱི་རིམ་པ་སྟོན་པ་ལ་འཕྲིན་ལས་ཀྱི་ཁྱབ་བདལ་ཆེ་བ་བྱུང་བས་དགེ་བཤེས་པོ་ཏོ་བ་ཆེན་པོས་སྐྱེས་བུ་གསུམ་གྱི་ལམ་གྱི་རིམ་པ་རྒྱལ་བའི་བཀའ་དང་ཤིང་རྟ་ཆེན་པོའི་གཞུང་རྣམས་དང་སྦྱར་ཏེ་རྒྱ་ཆེར་སྟོན་པར་མཛད་ཅིང་། བདག་གཞན་མཉམ་བརྗེའི་བློ་སྦྱོང་གི་མན་ངག་མཐར་ཐུག་རྣམས་ནི་དགེ་བཤེས་གླང་རི་ཐང་པ་དང་། དགེ་བཤེས་ཤ་བོ་སྒང་པ་དང་། དགེ་བཤེས་ཤ་ར་བ་གསུམ་ལ་ལྐོག་ཆོས་སུ་གནང་། དགེ་བཤེས་ཤ་བོ་སྒང་པས་སྐལ་བ་དང་ལྡན་པ་རེ་གཉིས་ལ་གདམས་ངག་བསྟན་ཅིང་། གཙོ་ཆེར་ཤ་གཟུག་རང་ཟའི་ཚུལ་དུ་སྒྲུབ་པ་སྙིང་པོར་བྱེད་པས་དུས་འདའ་བར་མཛད། དགེ་བའི་བཤེས་གཉེན་གླང་རི་ཐང་པས་ནི་བློ་སྦྱོང་གི་གདམས་ངག་འདི་ལ་ཉམས་ལེན་སྙིང་པོར་མཛད་ནས་བདག་པས་གཞན་གཅེས་པའི་བྱང་ཆུབ་ཀྱི་སེམས་རླབས་ཆེན་པོ་ཐུགས་རྒྱུད་ལ་འཁྲུངས་ཤིང་སྐལ་བ་དང་ལྡན་པ་གཞན་དག་ལའང་གདམས་ངག་འདི་མང་དུ་འདོམས་པར་(༥༡༢ན)མཛད། བློ་སྦྱོང་གི་གདམས་ངག་འདི་ལ་གལ་ཆེ་བ་བརྒྱད་དུ་མཛད་དེ་གླང་རི་ཐང་པ་ཉིད་ཀྱི་ཞལ་ནས། སྤྱིར་སེམས་ཅན་ཐམས་ཅད་ཡིད་བཞིན་གྱི་ནོར་བུ་རིན་པོ་ཆེ་དང་འདྲ་བར་བསླབ་པ། ཁྱད་པར་དུ་གནས་གང་དུ་གྲོགས་སུ་དང་འགྲོགས་ཀྱང་ཕྱོགས་མཐའ་དག་ནས་རང་དམན་པར་བལྟས་ལ་ཆེག་ཙམ་མ་ཡིན་པར་སྙིང་ཐག་པ་ནས་གཞན་ལ་གུས་པར་བསླབ་པ། སྤྱོད་ལམ་རྣམ་བཞིར་རང་གི་རྒྱུད་ལ་བརྟགས་ནས་ཉོན་མོངས་བྱུང་མ་ཐག་ཏུ་བཙན་ཐབས་སུ་གདོང་ནས་བཟློག་པ་ལ་བསླབ་པ། སེམས་ཅན་ཤིན་ཏུ་རང་བཞིན་ངན་པ་སྡིག་པ་དང་སྡུག་བསྔལ་དྲག་པོས་ནོན་པ་ལ་རྙེད་པར་

དཀའ་ཞིང་གཅེས་པའི་བློས་བསླབ་པ། རང་གིས་སྔར་ཕན་བཏགས་པའམ་རེ་ཆེ་བའི་གང་ཟག་གིས་ཁྲེལ་མེད་དང་མགོ་བསྐོར་ལ་སོགས་པ་ཅི་བྱས་ཀྱང་བཀའ་དྲིན་ཆེ་བའི་བསམ་པས་དགེ་བའི་བཤེས་གཉེན་དུ་བསྒོམ་པ། རང་གཞན་ལ་ཕྲང་གྱོད་ལ་སོགས་པ་ཉེས་པ་ཅི་བྱུང་ཡང་དག་གཙང་མི་བྱ་བར་གྱོད་ཁ་རང་གིས་བླང་བར་བསླབ་པ། དངོས་སམ་བརྒྱུད་པས་ཕན་པ་དང་བདེ་བ་ཐམས་ཅད་སེམས་ཅན་ལ་གཏོང་ཞིང་དེ་དག་གི་སྡིག་པ་དང་སྡུག་བསྔལ་ཐམས་ཅད་རང་གི་སྙིང་ཁོང་དུ་བླང་བར་བསླབ་པ། ཚེ་འདིའི་རྣམ་པར་རྟོག་པ་དང་མ་འདྲེས་པར་ཆོས་ཐམས་ཅད་སྒྱུ་མ་ལྟ་བུར་ཤེས་པའི་བློས་དངོས་པོ་གང་ལའང་མ་ཞེན་པར་བསླབ་པ་སྟེ་བརྒྱད་དོ། །བརྒྱད་པོ་དེ་ལ་གླང་རི་ཐང་པའི་བློ་སྦྱོང་ཚིག་བརྒྱད་མ་ཞེས་གྲགས་ཤིང་། དོན་ཚན་(༧༢བ)བརྒྱད་པོ་དེ་རྒྱུན་དུ་ཁ་ཏོན་དུ་བྱ་བའི་ཕྱིར་ཚིགས་བཅད་དུ་བསྡེབས་པ་ན། བདག་ནི་སེམས་ཅན་ཐམས་ཅད་ལ། །ཡིད་བཞིན་ནོར་བུ་ལས་ལྷག་པའི། །དོན་མཆོག་སྒྲུབ་པའི་བསམ་པ་ཡིས། །རྟག་ཏུ་གཅེས་པར་འཛིན་པར་ཤོག །གང་དུ་སུ་དང་འགྲོགས་པའི་ཚེ། །བདག་ཉིད་ཀུན་ནས་དམན་ལྟ་ཞིང་། །གཞན་ལ་བསམ་པ་ཐག་པ་ཡིས། །མཆོག་ཏུ་གཅེས་པར་འཛིན་པར་ཤོག །སྤྱོད་ལམ་ཀུན་ཏུ་རང་རྒྱུད་ལ། །རྟོག་ཅིང་ཉོན་མོངས་སྐྱེས་མ་ཐག །བདག་གཞན་མ་རུངས་བྱེད་པས་ན། །བཙན་ཐབས་གདོང་ནས་བཟློག་པར་ཤོག །རང་བཞིན་ངན་པའི་སེམས་ཅན་ནི། །སྡིག་སྡུག་དྲག་པོས་ནོན་མཐོང་ཚེ། །རིན་ཆེན་གཏེར་དང་འཕྲད་པ་བཞིན། །རྙེད་པར་དཀའ་བའི་གཅེས་འཛིན་ཤོག །བདག་ལ་གཞན་གྱི་ཕྲག་དོག་གིས། །གཤེ་བསྐུར་ལ་སོགས་མི་རིགས་པའི། །གྱོང་ཁ་རང་གིས་ལེན་པ་དང་། །རྒྱལ་ཁ་གཞན་ལ་འབུལ་བར་ཤོག །གང་ལ་བདག་གིས་ཕན་བཏགས་པའི། །རེ་བ་ཆེ་བ་གང་ཞིག་གིས། །ཤིན་ཏུ་མི་རིགས་གནོད་བྱེད་ནའང་། །བཤེས་གཉེན་དམ་པར་ལྟ་བར་ཤོག །མདོར་ན་དངོས་དང་བརྒྱུད་པ་ཡིས། །

ཕན་བདེ་མ་རྣམས་ཀུན་ལ་འབྱུལ། །མ་ཡི་གནོད་དང་སྡུག་བསྔལ་ཀུན། །གསང་བས་བདག་ལ་ལེན་པར་ཤོག །དེ་དག་ཀུན་ཀྱང་ཆོས་བརྒྱད་ཀྱི། །རྟོག་པའི་དྲི་མས་མ་སྦགས་ཤིང་། །ཆོས་ཀུན་སྒྱུ་མར་ཤེས་པའི་བློས། །ཞེན་མེད་འཆིང་བ་ལས་གྲོལ་ཤོག །ཅེས་པ་སྟེ་གླང་རི་ཐང་པའི་བློ་སྦྱོང་ཚིག་བརྒྱད་མ་ཞེས་གྲགས་ཆེ་ཞིང་དེའི་ཁྲིད་(༤༧ ༢ན)རྒྱུན་ཡང་དགེ་བའི་བཤེས་གཉེན་གླང་རི་ཐང་པས་དགེ་བཤེས་མྱང་ལྷུགས་ཞིང་པ་ལ་གནང་། དེས་དགེ་བའི་བཤེས་གཉེན་འཆད་ཁ་བ་ཆེན་པོ་ལ་གནང་སྟེ། དགེ་བའི་བཤེས་གཉེན་འཆད་ཁ་བས་བློ་སྦྱོང་ཚིག་བརྒྱད་མ་དེ་ཉིད་བློ་སྦྱོང་དོན་བདུན་མའི་ནང་དུ་བསྡུས་ནས་ཁྲིད་པར་མཛད་པས་དེ་ཕྱིན་བློ་སྦྱོང་དོན་བདུན་མ་དང་བློ་སྦྱོང་ཚིག་བརྒྱད་མ་གཉིས་ཁྲིད་རྒྱུན་གཅིག་གོ །དགེ་བའི་བཤེས་གཉེན་ཤ་ར་བ་ཆེན་པོ་ལ་བྱང་ཆུབ་ལམ་གྱི་རིམ་པའི་འཕྲིན་ལས་ཀྱི་བཀའ་བབ་པས་སྡེ་སྣོད་འཛིན་པ་སྟོང་ཕྲག་མང་པོ་ལ་བྱང་ཆུབ་ལམ་གྱི་རིམ་པའི་མན་ངག་རྒྱ་ཆེར་འདོམས་པར་མཛད་ཅིང་། གསུང་རབ་དགོངས་འགྲེལ་དང་བཅས་པ་ཐམས་ཅད་སྐྱེས་བུ་གསུམ་གྱི་ལམ་གྱི་རིམ་པའི་སྟེང་དུ་བསྡུས་ནས་འདོམས་པར་མཛད་ལ། བློ་སྦྱོང་སྙན་རྒྱུད་ཀྱི་མན་ངག་རྣམས་ནི་ལྐོག་ཆོས་ཉིད་དུ་མཛད་དེ་དགེ་བའི་བཤེས་གཉེན་འཆད་ཁ་བ་ཆེན་པོ་ལ་ལོ་བཅུ་གཉིས་ཀྱི་བར་དུ་ལྐོག་ཁྲིད་དུ་བྱས་ཏེ་མཐའ་དག་པར་འདོམས་པར་མཛད། དགེ་བའི་བཤེས་གཉེན་འཆད་ཁ་བ་ཆེན་པོས་བདག་གཞན་མཉམ་བརྗེའི་བློ་སྦྱོང་འདི་ལ་ཐུགས་དམ་གྱི་མཐིལ་དུ་མཛད་ནས་སྐུ་ཚེ་རིལ་པོར་ཉམས་ལེན་ལ་བརྩོན་པར་མཛད་པས་བདག་པས་གཞན་གཅེས་པའི་བྱང་ཆུབ་ཀྱི་སེམས་རིན་པོ་ཆེ་རླབས་ཆེན་པོ་འབྲུངས་ཤིང་། བློ་སྦྱོང་འདི་འདོམས་པ་ལ་དབང་འབྱོར་པར་གྱུར་ཏེ། བྱང་ཆུབ་ཀྱི་སེམས་རིན་པོ་ཆེ་ལ་སློབ་པར་འདོད་པ་མཐའ་དག་བདག་ཉིད་ཆེན་པོ་(༤༧ ༢བ)འདིའི་དྲུང་དུ་ལྷགས་པ་གྱུར་པ་ན་ལྐོག་ཁྲིད་དུ་མཛད་མ་ཐུབ་པར་ཚོགས་ཆོས་སུ་མཛད་དེ་དོན

གཉེར་ཅན་མཐའ་དག་ལ་རྒྱ་ཆེར་སྤེལ་ཞིང་བློ་སྦྱོང་འདིའི་མན་ངག་རྣམས་དོན་ཚན་བདུན་དུ་སྒ་བཅད་མཛད་དེ་བློ་སྦྱོང་དོན་བདུན་མ་ཞེས་མཚན་བཏགས། སའི་ཆ་ཐམས་ཅད་བློ་སྦྱོང་འདིའི་འཕྲིན་ལས་ཀྱིས་ཁྱབ་པར་མཛད། མན་ངག་ཡོངས་སུ་རྫོགས་པ་དགེ་བའི་བཤེས་གཉེན་སེ་སྤྱིལ་བུ་བ་ལ་གནང་། དགེ་བཤེས་སེ་སྤྱིལ་བུ་བས་ཀྱང་བྱང་སེམས་འཆད་ཁ་བ་ཆེན་པོས་ཇི་ལྟར་མཛད་པ་ལྟར་བློ་སྦྱོང་དོན་བདུན་མའི་ཁྲིད་རྒྱ་ཆེར་སྤེལ་ཞིང་། དགེ་བའི་བཤེས་གཉེན་སེ་སྤྱིལ་བུ་བ་ལ་ལྷ་སྤྱིལ་བུ་བ་འོད་ཟེར་བླ་མས་གསན། དེ་ལ་དགེ་བཤེས་ལྷ་སྡིངས་པས་གསན། དེ་ལ་དགེ་བཤེས་ལྷ་སྡིངས་དབོན་གྱིས་གསན། དེ་ལ་དགེ་བཤེས་ཡོན་ཏན་དཔལ་གྱིས་གསན། དེ་ལ་མཁན་ཆེན་བདེ་བ་དཔལ་གྱིས་གསན། དེ་ལ་མཁན་ཆེན་དཀའ་བཞི་པ་གྲགས་པ་གཞོན་ནུས་གསན། དེ་ལ་སེམས་དཔའ་ཆེན་པོ་བསོད་ནམས་གྲགས་པས་གསན། དེ་ལ་རྒྱལ་བའི་སྲས་པོ་ཐོགས་མེད་བཟང་པོ་དཔལ་གྱིས་གསན། དེ་ལ་རྗེ་བཙུན་རེད་མདའ་བ་ཆེན་པོས་གསན། དེ་ལ་རྗེ་བཙུན་ཆོས་ཀྱི་རྒྱལ་པོ་ཙོང་ཁ་པ་ཆེན་པོས་གསན་ནོ། །རྒྱལ་སྲས་ཞི་བ་ལྷ་ནས་དགེ་བའི་བཤེས་གཉེན་སེ་སྤྱིལ་བུ་བའི་བར་གྱི་བླ་མ་རྣམས་ཀྱི་རྣམ་པར་ཐར་པ་སྟར་བརྗོད་ཟིན་ལ། ལྷ་སྤྱིལ་བུ་བ་འོད་ཟེར་བླ་མ་དང་། ལྷ་སྡིངས་པ་དང་། ལྷ་སྡིངས་དབོན་དང་། བཤེས་གཉེན་ཡོན་ཏན་དཔལ་བཞི་པོ་འདིའི་མཛད་པ་རྣམ་ཐར་ཞིབ་མོར་འཕོད་(༩༧)༩ན)པ་མ་མཐོང་བས་སླར་རྙེད་ན་འདིར་བསྣན་པར་བྱའོ།། །།

མཁན་ཆེན་བདེ་བ་དཔལ་གྱི་རྣམ་ཐར།

མཁན་ཆེན་བདེ་བ་དཔལ་ནི། གཙང་རོང་གཡག་སྡེ་ར་ལུགས་མོ་ཡོས་ལ་སྐུ་འཁྲུངས། སྐུ་གཞོན་ནུ་ནས་རྒྱལ་བའི་བསྟན་པ་རིན་པོ་ཆེའི་སྒོར་རབ་ཏུ་བྱུང་སྟེ་

གློག་པ་ཐོས་བསམ་དང་སྒོམ་པ་བསམ་གཏན་ལ་བརྩོན་པར་མཛད། དགུང་ལོ་ཉི་ཤུ་ལོན་པ་ལྕགས་ཕོ་ཁྱིའི་ལོ་ལ་མཁན་ཆེན་ལྷོ་བྲག་པ་བྱང་ཆུབ་དཔལ་གྱིས་མཁན་པོ། སློབ་དཔོན་བསོད་ནམས་བཟང་པོས་ལས་སློབ། སློབ་དཔོན་དབང་ཕྱུག་གྲགས་པས་གསང་སྟོན་མཛད་དེ། དགེ་འདུན་གྱི་དབུས་སུ་ཚོགས་རྫོགས་མཛད་ནས་འདུལ་བ་ལུང་སྡེ་བཞི་ནས་གསུངས་པའི་དགེ་སློང་གི་བསླབ་བྱ་ཕྲ་རགས་རྣམས་མིག་འབྲས་ལྟར་བསྲུང་བར་མཛད་ཅིང་། སྦྱངས་པའི་ཡོན་ཏན་སྟན་གཅིག་པའི་བརྟུལ་ཞུགས་ལ་གནས་པའི་དང་ནས་མཁན་པོའི་དྲུང་དུ་མི་ཏོག་འཕྲེང་བརྒྱུད་མཁན་ཆེན་པ་ཉིད་ཀྱིས་མཛད་པའི་ཊཱིཀྐ་དང་སྦྱར་བ་དང་། སྤྱོད་འཇུག་སོགས་མདོ་ཕྱོགས་ཀྱི་གཞུང་དང་མན་ངག་མང་དུ་གསན། ཁྱད་པར་མཁན་ཆེན་བྱང་ཆུབ་དཔལ་བ་ལ་སྣེའུ་ཟུར་པ་ནས་བརྒྱུད་པའི་ལམ་རིམ་དང་། དམིགས་པ་སྐོར་གསུམ་ལ་སོགས་པ་མི་གཡོ་བའི་སྒྲུབ་ཡིག་རྣམས་དང་། ཆོས་རྗེ་པཎ་ཆེན་ནས་བརྒྱུད་པའི་འཇམ་དཀར་སྒྲོལ་དཀར་བདེ་མཆོག་དཀར་པོ་གཉན་གྱི་སྒྲོལ་མ་ལ་སོགས་པ་བཀའ་ལུང་མང་དུ་གསན། སློབ་དཔོན་ཡོན་ཏན་དཔལ་ལ་ཐེག་པ་ཆེན་པོ་བློ་སྦྱོང་གི་གདམས་པ་ཟབ་མོ་དང་། སློབ་(༤༧༤བ)དཔོན་བཀྲ་ཤིས་བསོད་ནམས་ལ་ལག་སོར་བ་ནས་བརྒྱུད་པའི་ཐུགས་རྗེ་ཆེན་པོའི་སྒྲུབ་སྐོར་དང་། བླ་མ་རྗེ་ཞུ་བ་ལ་དོན་ཡོད་ཞགས་པའི་སྒྲུབ་སྐོར་རྣམས་གསན། གཞན་ཡང་གཡག་སྡེ་ལོ་ཙཱ་བ། མདོ་ཕྱུག་གི་སློབ་དཔོན་དཀོན་མཆོག་གྲགས། འགྲོ་མགོན་འཕགས་པ། མཁན་པོ་སེང་གེ་ཞིལ་གནོན། རིན་པོ་ཆེ་ཁྲི་ཕུ་བ་སོགས་བསྟེན་ཏེ། གཞུང་དང་གདམས་པ་མང་པོ་གསན་ཞིང་མཁན་ཆེན་བྱང་ཆུབ་དཔལ་གཤེགས་ནས་ལོ་གསུམ་གྱི་བར་སློབ་དཔོན་བསོད་ནམས་སྟོབས་ཀྱིས་ཚོགས་པའི་དབུ་མཛད་བྱས། དེའི་བར་དགའ་བ་གདོང་དུ་དབྱར་ཉི་མ་བརྩོན་འགྲུས་ལ་ཕར་ཕྱིན་གསན། དེ་ནས་དགུང་ལོ་སུམ་ཅུ་རྩ་བརྒྱད་པ་ལྕགས་ཕོ་འབྲུག་ལ་གདན

སར་བྱོན། ཉི་ཤུ་རྩ་བདུན་གྱི་རིང་གདན་ས་མཛད་ནས་མེ་ཕོ་སྟག་ལ་དཀའ་བཞི་པ་ལ་གདན་ས་གཏད་ནས་ཟུར་བཞུགས་མཛད་དེ་རྒྱལ་བའི་གསུང་རབ་དགོངས་འགྲེལ་དང་བཅས་པ་མ་ལུས་པ་ཉམས་ལེན་གྱི་ལུས་གཅིག་ཏུ་དྲིལ་བ་བྱང་ཆུབ་ལམ་གྱི་རིམ་པ་དང་། དེའི་སྙིང་པོ་བདག་གཞན་མཉམ་བརྗེའི་བློ་སྦྱོང་ལ་ཐུགས་དམ་རྩེ་གཅིག་ཏུ་མཛད་པས་ལམ་གྱི་ལུས་ཡོངས་སུ་རྫོགས་པ་ལ་མྱོང་བ་ཕུལ་ཕྱིན་ཐོན་ཞིང་ཐུགས་རྗེ་ཆེན་པོ་དང་རྣམ་པར་རྒྱལ་མའི་ཞལ་གཟིགས། ཚུལ་ཁྲིམས་ཀྱི་དྲི་ངད་བཟང་པོ་ལྡང་། ཆོས་སྐྱོང་རྣམ་ཐོས་སྲས་ཀྱིས་འཕྲིན་ལས་བསྒྲུབ་པར་མཛད་དོ། །དེ་ནས་དྲུག་ཅུ་རྩ་བདུན་བཞེས་པ་མེ་མོ་བྱ་ལ་སྐུ་གཤེགས། སྐུ་གདུང་བཞུ་བའི་ཚེ་ཐུགས་ལ་མེས་མ་རེག་པར་སྐྲ་དང་བཅས་ཏེ་བྱོན་པ་ད་ལྟའང་བྱེས་ཀྱི་རྟེན་གྲལ་ན་བཞུགས་སོ།། །།

མཁན་ཆེན་དཀའ་བཞི་པ་གྲགས་པའི་རྣམ་ཐར།

(༤༧)༥(ན)མཁན་ཆེན་དཀའ་བཞི་པ་གྲགས་པ་གཞོན་ནུ་ནི། དབུ་རུ་སྟོད་ཀྱི་ལྷ་ལུང་རི་མོ་ཅན་ཞེས་བྱ་བའི་གྲོང་གྱད་གསར་དུ། ཡབ་གྱད་གསར་དགོས་པ་ཞེས་བྱ་བའི་སྲས་སུ་མེ་མོ་སྦྲུལ་གྱི་ལོ་ལ་སྐུ་འཁྲུངས། སྐུ་གཞོན་ནུ་ནས་ཁྱིམ་གྱི་འདུ་འཛི་ལ་མ་ཆགས་པར་སྲིད་པ་མཐའ་དག་ལ་ཞེན་པ་ལོག་པའི་ངེས་འབྱུང་གིས་རྒྱུད་བསྒྲུལ་ཏེ། མཁན་པོ་གྲགས་པ་འབུམ་ལ་རབ་ཏུ་བྱུང་སྟེ། མཚན་གྲགས་པ་གཞོན་ནུ་དཔལ་བཟང་པོར་བཏགས། དེ་ནས་མཁན་ཆེན་བདེ་བ་དཔལ་བསམ་སྒྲུབ་གཉིས་ཀྱིས་ཚུལ་བཞིན་དུ་བསྟན་ཏེ་ལུང་དང་མན་ངག་མང་དུ་གསན་ཞིང་། དགུང་ལོ་ཉི་ཤུ་བཞེས་པ་གཡག་སྡེ་བའི་དབང་པོ་ཞེས་བྱ་བར། མཁན་ཆེན་བདེ་བ་དཔལ་གྱིས་མཁན་པོ་དང་། སློབ་དཔོན་ཐུགས་རྗེ་དཔལ་བཟང་པོས་ལས་སློབ། སློབ་དཔོན་ཆོས་ལྡན་དཔལ་

བཟང་པོས་གསང་སྟོན་མཛད་དེ། མེ་ཕོ་ཁྱི་ལོའི་དབྱར་ཟླ་འབྲིང་པོའི་དུས་དང་པའི་དགེ་སློང་བཅུ་དྲུག་གི་དབུས་སུ་བསྙེན་པ་རྫོགས་པར་མཛད་དེ། ཚུལ་ཁྲིམས་མིག་འབྲས་བཞིན་དུ་བསྲུང་བར་མཛད་དོ། །དེ་ནས་མཁན་ཆེན་བདེ་བ་དཔལ་ལ་དུས་གསུམ་གྱི་སངས་རྒྱས་ཐམས་ཅད་ཀྱི་བགྲོད་པ་གཅིག་པའི་ལམ་པོ་ཆེ་བྱང་ཆུབ་ལམ་གྱི་རིམ་པའི་ཁྲིད་དང་། དེའི་རྩ་བའི་མན་ངག་མངོན་རྟོགས་རྒྱན་དང་སྤྱོད་འཇུག་སོགས་གསན་ཞིང་། ཁྱད་པར་རྒྱལ་སྲས་དམ་པ་རྣམས་ཀྱི་ཐུགས་དམ་གྱི་མཐིལ་ཐེག་པ་ཆེན་པོའི་བློ་སྦྱོང་གི་ཁྲིད་གསན་ཏེ་ཉམས་ཁྲིད་དུ་བསྐྱངས། གཞན་ཡང་མཁན་ཆེན་བདེ་བ་དཔལ་ལ་(༧)༥(བ)སྐྱེར་སྒང་པའི་ཐུགས་རྗེ་ཆེན་པོ། དོན་ཡོད་ཞགས་པའི་སྒོར། འཇམ་དཔལ་སྔོན་པོ། དཔའ་བོ་གཅིག་སྒྲུབ་དཀར་པོ། རྣམ་རྒྱལ་མ། རྣམ་འཇོམས། སྨན་བླ་རྣམས་ཀྱི་རྗེས་གནང་དང་། ཆོས་སྤྱོད་མང་པོའི་ལུང་། མི་གཡོ་དཀར་སྔོ། དམིགས་པ་སྐོར་གསུམ་ལ་སོགས་པ་གསན། ཁྲོ་ཕུའི་སློབ་དཔོན་དཀའ་བཞི་པ་གཞོན་མཛེས་ལ་མངོན་པ་ཀུན་ལས་བཏུས་དང་ཚད་མ་རྣམ་ངེས་ལེགས་པར་བསླབས། མཁས་པ་ཡོན་ཏན་འབུམ་ལ་འདུལ་བ་མདོ་རྩ་དང་མངོན་པ་མཛོད་གསན། གཡག་སྡེ་ལོ་ཙཱ་བ་བསོད་ནམས་སེང་གེ་ལ་བདེ་མཆོག་དང་གཤེད་དམར་སོགས་བཀའ་ལུང་མང་པོ་དང་། རོང་པ་ཤེས་རབ་སེང་གེ་ལ་དུས་འཁོར་དང་གཤིན་རྗེ་གཤེད་སོགས་རྣ་ལུགས་ཀྱི་ཆོས་སྐོར་མང་པོ་དང་། སྟོན་པ་ཀུན་དགའ་རྒྱལ་པོ་ལ་སྦྱོར་དྲུག་གི་སྐོར་དང་། བླ་མ་གྲུབ་མཆོག་ལའང་གསང་སྔགས་ཀྱི་སྐོར་མང་པོ་གསན་ཏེ། ཐོས་པའི་ཕ་རོལ་ཏུ་སོན་ནོ། །ལན་ཅིག་ཟླ་བ་གཟའ་འཛིན་གྱི་དུས་སུ། མ་ཤའི་སྦྱོར་བ་མཛད་པས་མེ་ཏོག་འཕྲུངས། མནལ་ཙུང་ཟད་བྱུང་བའི་གཟིགས་སྣང་ལ། རྗེ་བཙུན་འཇམ་དབྱངས་ཀྱི་ཞལ་ནས། ང་སྤྱན་དྲངས་ནས་ཅི་འདོད་པ་ཡིན་གསུང་། རལ་གྲི་དེ་གནང་འཚལ་ཞུས་པས། རིགས་པའི་རལ་གྲི་ལ་བྱིན་ཡོད། ཁྱོད་རྡོ་རྗེ་འདི་ཁྱེར་གསུངས་ནས།

གསེར་གྱི་རྡོ་རྗེ་སོར་བཞི་པ་ཞིག་གནང་བ་མངོན་སུམ་ལྟ་བུར་བྱུང་སྟེ། གསུང་རབ་ཀྱི་ཚིག་དོན་འབྱེད་པ་ལ་གཏུགས་པ་མེད་པའི་རྣམ་དཔྱོད་ཕུལ་དུ་བྱུང་བ་ཐུགས་ལ་འཁྲུངས་སོ། །དེ་ནས་དགུང་ལོ་སོ་བརྒྱད་བཞེས་པ་ཤིང་ཕོ་རྟའི་ལོ་ལ་ཚོགས་ཀྱི་(༧༨ན)མཁན་པོ་མཛད། འདུལ་བ་མདོ་རྩ། མངོན་པ་ཀུན་ལས་བཏུས། ཚད་མ་བསྡུས་པ། ཕར་ཕྱིན་སོགས་གཞུང་བཤད་དུ་མ་དང་། ཐེག་པ་ཆེན་པོའི་བློ་སྦྱོང་ལ་སོགས་པའི་མན་ངག་གིས་སྐལ་བ་དང་ལྡན་པ་རྣམས་རྗེས་སུ་འཛིན་པར་མཛད་དེ། བླ་མ་བདག་ཉིད་ཆེན་པོ་ལ་སོགས་པ་ས་སྐྱ་པའི་གདུང་བརྒྱུད་དང་། བུ་སྟོན་རིན་པོ་ཆེ། བྱང་སེམས་བསོད་ནམས་གྲགས་པ་སོགས་མཁས་བཙུན་མང་པོའི་ཡོངས་འཛིན་མཛད་ཅིང་། འགྲོ་དོན་འཕྲིན་ལས་བསམ་གྱིས་མི་ཁྱབ་པའི་ངང་ནས་མྱང་སྨད་པ་སྣམ་འབི་ལུང་རི་ཁྲོད་དུ་སྒྲུབ་པ་རྩེ་གཅིག་ཏུ་མཛད་ཅིང་། སྐལ་བ་དང་ལྡན་པ་གཞན་དག་ལའང་ལམ་རིམ་དང་བློ་སྦྱོང་ལ་སོགས་པའི་ཆོས་མང་དུ་སྩལ་སྐུ་ཚེ་འདིའི་མཛད་པ་རྫོགས་པ་ན་དགུང་ལོ་ང་དགུ་བཞེས་པ་ཤིང་མོ་ཡོས་ཀྱི་ལོ་ཐ་སྐར་ཟླ་བའི་ཚེས་བཅོ་ལྔ་ལ་ཟླ་བ་གཟའ་ལས་གྲོལ་བ་དང་དུས་མཉམ་དུ་བདེ་བར་གཤེགས་པའི་ཚུལ་བསྟན་ཏོ། །དེའི་ཚེ་སྤྱུར་ལ་འཇའ་ཚོན་ཀ་བ་ལྟར་ཟུག་པ་དང་། མེ་ཏོག་གི་ཆར་ཆེན་པོ་བབས་དེ་ནས་ཚོང་དུས་མགུར་མོའི་ཡོན་བདག་རྣམས་ཀྱིས་སྐུ་གདུང་ཚོང་དུས་སུ་གདན་དྲངས་པ་ན། མཁྱེན་རབ་དབང་ཕྱུག་བུ་སྟོན་རིན་པོ་ཆེས་ཐོག་དྲངས་སྣམ་སྦྱར་གྱོན་པའི་དགེ་སློང་ཉིས་བརྒྱ་ལྷག་ཙམ་གྱིས་སྤྱོས་དང་། གདུགས་དང་རྒྱལ་མཚན་དང་རོལ་མོ་ལ་སོགས་པའི་མཆོད་པ་མང་པོ་དང་། སྐྱེ་བོའི་ཚོགས་ཀྱི་ཁྲོམ་ཆེན་པོས་བསུ་བ་བྱས་ནས། ཚོང་དུས་ཀྱི་གྲོང་ཁྱེར་དང་ཉེ་བར་སྐུ་གདུང་བཞུ་བའི་ཚེ་མེ་ཏོག་གི་ཆར་ཆེན་པོ་བབས་ཤིང་རིང་བསྲེལ་མང་པོ་བྱོན། (༧༨བ)དུས་ཕྱིས་སྐུ་གདུང་གི་ས་ཚྭ་དང་གདུང་ཐལ་བཞུགས་པའི་ཁང་བུ་ལའང་རིང་བསྲེལ་འཛག་པ་བྱུང་སྟེ། ངོ་མཚར་བསམ་གྱིས་མི་

ཁྲབ་པ་བྱུང་ངོ་།། །།

མཁན་ཆེན་པ་བྱང་ཆུབ་སེམས་དཔའ་བསོད་ནམས་གྲགས་པའི་རྣམ་ཐར།

མཁན་ཆེན་པ་བྱང་ཆུབ་སེམས་དཔའ་བསོད་ནམས་གྲགས་པ་ནི། ཆུ་མོ་བྱའི་ལོ་ལ་སྐྱེ་མོ་ཕུན་སུམ་དུ་སྐུ་འཁྲུངས། དེའི་ཚེ་རྒྱལ་སྲས་འདིའི་མེས་པོའི་རྨི་ལམ་དུ་མེ་ཏོག་དང་འབྲས་བུ་ཕུན་སུམ་ཚོགས་པས་བརྒྱན་པའི་ཤིང་ལྗོན་པ་ཆེན་པོ་ཞིག་ལ་ཤིང་ལྗོན་པ་མང་པོས་བསྐོར་བ་ཅིག་བྱུང་བས། འོ་སྐོལ་གྱི་བུ་འདི་ལ་ཁྲིམ་བཟུང་ན་མི་ནོར་རྫས་གསུམ་འཛོམ་པ་ཅིག་དང་། དམ་པའི་ཆོས་བྱས་ན་གྲྭ་བུ་སློབ་མཐའ་རྒྱས་པ་ཅིག་འོང་བ་འདྲ་ཟེར། བྱིས་པའི་དུས་ནས་ཕྱུག་ན་ཅི་ཡོད་གཞན་ལ་སྟེར་བ་དང་། ཕན་སེམས་དང་སྙིང་རྗེ་ཆེ་བ་དང་། རྟེད་མོ་ཚུན་ཆད་ལའང་ཆོས་ཀྱི་སྤྱོད་པ་བྱེད་པ་ཅིག་བྱུང་ངོ་། །དེ་ནས་དགུང་ལོ་བཅོ་བརྒྱད་བཞེས་པའི་ཚེ། མཁན་པོ་དཀོན་མཆོག་སྐྱབས་དང་། སློབ་དཔོན་གཞོན་ནུ་དར་ཞེས་བགྱི་བ་ལས་རབ་ཏུ་བྱུང་། དགེ་ཚུལ་དུ་བསྒྲུབས་ཏེ་མཁན་སློབ་ཀྱི་སྤྱན་སྔར་ཇི་ལྟར་ཁས་བླངས་པའི་བསླབ་བྱ་རྣམས་ཚུལ་བཞིན་དུ་བསྲུང་བའི་སྒོ་ནས་ཐོས་བསམ་ལ་བརྩོན་པར་མཛད། དགུང་ལོ་བཅུ་དགུ་རུ་ཕེབས་པ་ལྷུགས་ཡོས་ལོ་མངལ་བཞོལ་བརྩེས་པས་ཉེ་ཤུར་བྱས་ཏེ་མཁན་ཆེན་བདེ་བ་དཔལ་དང་། ལས་སློབ་མཁན་ཆེན་དཀའ་བཞི་པ་གྲགས་པ་གཞོན་ནུ་དང་། གསང་སྟེ་བ་སློབ་དཔོན་གཞོན་ནུ་དར་གྱིས་མཛད་དེ་བསྙེན་པར་རྫོགས། ཇི་ལྟར་ཁས་བླངས་པའི་བསླབ་པ་རྣམས་ལས་མི་འདའ་བར(༨)༧ན)མཛད། དེ་ནས་མཁན་སློབ་གཉིས་ལ་མངོན་པར་རྟོགས་པའི་རྒྱན་འགྲེལ་པ་དང་བཅས་པ་དང་། འདུལ་བའི་

མདོ་བྱ་ཊཱིཀ་གི་བཤད་སྲོལ་དང་བཅས་པ་ལ་ལེགས་པར་སྦྱངས། གཞན་ཡང་མདོན་པ་ཀུན་ལས་བཏུས། སྤྱོད་འཇུག །གསང་སྔགས་ཕྱི་ནང་གི་སྒྲུབ་སྐོར་དང་མན་ངག་མང་དུ་གསན། མཁན་ཆེན་དཀའ་བཞི་པ་ལ་དགྱེར་སྒོམ་ཆེན་པོ་ནས་བརྒྱུད་པའི་ལམ་རིམ། བློ་སྦྱོང་དོན་བདུན་མ། ཇོ་བོའི་དབུ་མ་བདེན་ཆུང་དང་། དབུ་མའི་མན་ངག །སྒྲོལ་མ་མཎྜལ་བཞི་པ། སྒྲོལ་དཀར་གྱི་སྒྲུབ་ཐབས། མི་གཡོ་བའི་དམིགས་པ་སྐོར་གསུམ། མི་གཡོ་བའི་སྒྲུབ་ཡིག་ཆེན་མོ། དབུ་མ་ལུགས་ཀྱི་སེམས་བསྐྱེད་རྣམས་གསན། མཁན་ཆེན་དཀའ་བཞི་པ་ལ་རྒྱལ་སྲས་ལམ་འཇུག །བ་རི་པའི་སྒྲུབ་ཐབས་བརྒྱ་རྩ། སྨན་བླའི་ཆོ་ག་ལག་ལེན་དང་བཅས་པ། ཇོ་བོའི་ལོ་རྒྱུས་ཆེན་མོ། ལམ་རིམ། བློ་སྦྱོང་། མི་གཡོ་བའི་སྒྲུབ་ཡིག་རྣམ་གསུམ། དམིགས་པ་སྐོར་གསུམ། ཧ་མགྲིན་ཤྭ་ན་བཞི་སྐོར། སྤྱན་སྔ་བའི་རབ་གནས། ལག་སོར་བ་ནས་བརྒྱུད་པའི་ཐུགས་རྗེ་ཆེན་པོའི་སྒྲུབ་སྐོར་མན་ངག་དང་བཅས་པ། རིན་ཆེན་འབྲུ་དགུ་སོགས་ཁྲོ་ཕུ་བའི་མན་ངག་སྐོར། སྦྱོར་དྲུག་གི་ཁྲིད། དབུ་མའི་སྒོམ་རིམ་རྣམ་གསུམ། སློབ་དཔོན་ཀླུ་སྒྲུབ་ཀྱིས་མཛད་པའི་མདོ་ཀུན་ལས་བཏུས། གནས་བརྟན་གྱི་གསོལ་འདེབས། ཇོ་བོའི་ལམ་སྒྲོན་རང་འགྲེལ་དང་བཅས་པ། གཞན་ཡང་ཆོས་སྐོར་མང་དུ་གསན་ཏེ་རྩ་བའི་བླ་མ་བཀའ་དྲིན་ཆེ་ཤོས་སུ་མཛད་དེ། སློབ་དཔོན་གཞོན་ནུ་མཛེས་ལ་(༦)༧བ)ཤེར་ཕྱིན་སྲས་ཡུམ་བཅུ་བདུན་དང་། ས་སྟེ་ལྟ། ཁྲོ་ཕུ་བའི་མན་ངག་བརྒྱ་རྩ་སོགས་གསན། སློབ་དཔོན་བསོད་ནམས་ཡེ་ཤེས་ལ་ལུང་སྡེ་བཞི། མདོ་རྩ་འགྲེལ། དབུ་མ་ཚིག་གསལ། དབུ་མ་ལ་འཇུག་པ། དབུ་མ་རྒྱན། དབུ་མ་སྣང་བ། དབུ་མ་བདེན་གཉིས། བསླབ་སྤྱོད་གཉིས། ཇོ་བོའི་ཆོས་ཆུང་བརྒྱ་རྩ། ཤ་ར་བ་པ་ནས་བརྒྱུད་པའི་ལམ་སྒྲོན་གྱི་བཤད་པ། བའུ་བུམ་སྔོན་པོ་དང་། དེའི་འགྲེལ་པ་ཇོ་སྟན་གྲུར་པས་མཛད་པ། འཆད་ཁ་བའི་གྲུབ་མཐའ་ཆེན་མོ། སྣར་ཐང་པའི་ལམ་མཆོག །ཇོ་བོའི་རྣམ་ཐར་

དང་བླ་མ་གོང་མ་རྣམས་ཀྱི་ལོ་རྒྱུས། སེམས་ཙམ་ལུགས་ཀྱི་སྨོན་འཇུག་སེམས་བསྐྱེད། སྐྱེས་བུ་གསུམ་གྱི་ཁྲིད། དབུ་མ་ཆེན་པོའི་ཁྲིད། བློ་སྦྱོང་དོན་བདུན་མ། ཚིག་བརྒྱད་མ། ཁམས་ལུང་པའི་ཐུན་བརྒྱད་མ། སྣར་ཐང་པའི་ལུགས་ཀྱི་རབ་གནས་དང༌། གནས་བརྟན་བཅུ་དྲུག་གི་སྒྲུབ་ཡིག་རྒྱས་པ། མངོན་རྟོགས་བརྒྱ་རྩ། བླ་མའི་དུས་མཆོད་སྒྲུབ་པའི་ཐབས། དོན་ཞགས་དེ་ཉིད་བཅུ་དྲུག །རྒྱུད་ཆུང་གི་ཊཱིཀྐ་མཆིམས་པས་མཛད་པ་སོགས་མང་དུ་གསན་ནོ། །བྲོ་ཡུལ་བ་སངས་རྒྱས་ཇོ་བོ་ལ། བྲོ་ཡུལ་བའི་ལུགས་ཀྱི་རབ་གནས་རྒྱས་བསྡུས། ཕྱག་བརྒྱད་སྒྲོལ་མ། དམ་ཚིག་གསུམ་བཀོད་ལྷ་ལྔ་མ་དང་ལྷ་གསུམ་མ། མཁན་ཆེན་ཤཱཀྱ་གཞོན་ནུ་ལ། ཇོ་བོའི་རྟ་མགྲིན་ཕྱག་དྲུག་པ་ལས་ཚོགས་དང་བཅས་པ། བླ་མ་གྲགས་པ་ཤེས་རབ་ལ། བདེ་མཆོག་ནག་པོ་པའི་ཆོག་ཇོ་བོའི་ལུགས་དང༌། ལུ་ཨི་པའི་འགྲེལ་པ་ཇོ་བོས་མཛད་པ། ཀྱཻ་རྡོ་རྗེའི་དབང༌། མ་ཧཱ་མཱ(༥༡༢ན)ཡའི་དཀྱིལ་ཆོག །སྒྲུབ་ཐབས་ཕྱག་ལེན་དང་བཅས་པ་ཇོ་བོའི་ལུགས། མཁན་པོ་ཆོས་ཀྱི་དཔལ་བ་ལ། ནག་ཚོའི་བསྟན་རིམ། ཇོ་བོའི་བྱང་ཆུབ་ལྟུང་བཤགས་འདོན་ཐབས། བླ་མ་ཀུན་དགའ་ཚུལ་ཁྲིམས་ལ། ཐུགས་རྗེ་ཆེན་པོའི་དམར་ཁྲིད། ཇོ་བོ་ནས་བརྒྱུད་པའི་དོན་ཞགས་དང༌། བ་རི་པའི་དོན་ཞགས་ལྷ་ལྔའི་སྐོར་གསན་ཞིང༌། གཞན་ཡང་བླ་མ་དམ་པ་མངའ་རིས་པ་སངས་རྒྱས་ཡེ་ཤེས། བླ་མ་ཧྲམྨ་ཤྲཱི་བྷ་དྲ། དཔང་ལོ་བློ་གྲོས་བརྟན་པ། སློབ་དཔོན་བསོད་ཤེ། མཁན་ཆེན་རྒྱལ་མཚན་དཔལ། མཁན་པོ་ཐུབ་པ་མགོན། མཁན་པོ་གྲགས་པ་དཔལ། རོང་པ་ཤེས་རབ་སེང་གེ །འཇམ་དབྱངས་རིན་རྒྱལ། བླ་མ་བདག་ཉིད་ཆེན་པོ། བླ་མཁྱེན་ཀུན་བློ། བླ་མ་མཁས་བཙུན་པ། བླ་མ་ཀུན་དགའ་རྒྱལ་མཚན། བླ་མ་དོན་ཡོད་རྒྱལ་མཚན། དཔལ་ལྡན་བླ་མ་དམ་པ། བླ་མ་ཀུན་དགའ་སེང་གེ །བླ་མ་ཀུན་བསོད་པ། ཁྲེའུ་ལྷས་པའི་མཁན་པོ་ཀྱོག་མོ་ཆེ། སློབ་དཔོན་རིན་ཆེན་བསམ་གྲུབ་ལ་སོགས་པ་ཡོངས་སུ

འཛིན་པ་སུམ་ཅུ་ཙམ་བསྟེན་ནས་མདོ་དང་སྔགས་ཀྱི་བཤད་ལུང་མན་ངག་མང་དུ་གསན་ནོ། །དེ་ལྟར་ཐོས་པ་རྒྱ་མཚོའི་ཕ་རོལ་ཏུ་ཕྱིན་པ་ན་སྔོན་བྱོན་དམ་པའི་རྣམ་ཐར་ལྟར་མང་དུ་ཐོས་པའི་དོན་རང་གི་རྒྱུད་ལ་སྦྱར་ཏེ་ཉམས་ལེན་སྙིང་པོར་མཛད་བཞེད་ནས་མཁན་ཆེན་བདེ་བ་དཔལ་དང་མཁན་ཆེན་དཀའ་བཞི་པ་གཉིས་ལ་བྱང་ཆུབ་མཆོག་ཏུ་སེམས་བསྐྱེད་ནས། དཔལ་ལྡན་ཨ་ཏི་ཤའི་ཐུགས་དམ་གྱི་མཐིལ་སྐྱེས་བུ་གསུམ་གྱི་ལམ་རིམ་དང་། བྱང་ཆུབ་སེམས(༧༧ བ)སྦྱོང་གི་མན་ངག་རྣམས་ཚང་བར་ཞུས་ནས་བསྒོམས་པས། ཉམས་མྱོང་དང་རྟོགས་རྟགས་ཡུལ་དུ་བྱུང་བ་ཐུགས་ལ་འཁྲུངས་ཏེ། བདེ་སྡུག་མཐོ་དམའ་ཅི་བྱུང་ཡང་ཐེག་པ་ཆེན་པོའི་བློ་སྦྱོང་གི་སྟེང་འབབ་ཞིག་ཏུ་འཇོག་པས་བྱང་ཆུབ་ཀྱི་སེམས་ལས་ནམ་ཡང་གཡེལ་བར་མི་མཛད་དོ། གཞན་ཡང་ཕ་རོལ་ཏུ་ཕྱིན་པའི་ལུགས་ཀྱི་རྣམ་པའི་ཁྲིད། སྲིད་ཞི་མཉམ་ཉིད་ཀྱི་ཁྲིད། དབུ་མ་ཆེན་པོའི་ཁྲིད། རྟེན་འབྲེལ་གྱི་ཁྲིད་རྣམས་གསན་ཞིང་ཐུགས་ཉམས་སུ་བཞེས་པས་ཆོས་ཐམས་ཅད་སྒྲོས་པའི་མཐའ་བརྒྱད་དང་བྲལ་བ་རྨི་ལམ་དང་། སྒྱུ་མ་དང་། ཆུ་ཟླ་ལྟ་བུར་ཐུགས་སུ་ཆུད་དེ་འོད་གསལ་ཆེན་པོའི་ཏིང་ངེ་འཛིན་ལས་ནམ་ཡང་མི་གཡོ་བར་བཞུགས་ཤིང་། ཟབ་མོ་རྫོགས་པའི་རིམ་པའི་ཏིང་ངེ་འཛིན་ཀྱང་ཡུལ་དུ་བྱུང་བ་ལ་མངའ་བརྙེས་སོ། །མདོར་ན་བདག་ཉིད་ཆེན་པོ་འདི་ནི་ཕྱིའི་ཀུན་ཏུ་སྤྱོད་པ་དམ་པའི་ཆོས་འདུལ་བ་གཞིར་མཛད་དེ། ཁྲུས་དང་གཙང་སྦྲ་ལ་གནས་ནས། ཆོས་གོས་གསུམ་དང་གདིང་བ་ཆུ་ཚགས་འཁར་གསིལ་ལྷུང་བཟེད་ལ་སོགས་པའི་དགེ་སློང་གི་ཡོ་བྱད་རྣམས་དང་མི་འབྲལ་བར་གཞི་གསུམ་གྱི་ལག་ལེན་དང་། ཐ་ན་རྫུང་ཆུ་ལ་སོགས་པ་རྣམས་ཀྱང་ཕྱུག་ལེན་ཞིབ་པར་མཛད་དེ་འཕགས་པ་ཉེ་བར་འཁོར་དང་མཚུངས་པ་ཡིན་ནོ། །ནང་དུ་བྱང་ཆུབ་ཀྱི་སེམས་རིན་པོ་ཆེ་རྣམ་པ་གཉིས་རིམ་པ་གཉིས་ཀྱི་ཏིང་ངེ་འཛིན་དང་བཅས་པ་ལ་ཐུགས་དམ་གྱི་མཐིལ་དུ་མཛད་པས། དགེ་

སློང་རྡོ་རྗེ་འཛིན་པ་ཆེན་པོར་བཞུགས་པ་ཡིན་(༤༡༩ན)ནོ། །དེ་ནས་དགུང་ལོ་ང་བཞི་པ་མེ་ཕོ་སྟག་གི་ལོ་ལ་ཚོགས་པ་ཆོས་ལུང་པའི་མཁན་སར་ཕེབས་ནས་ལོ་ཉི་ཤུ་རྩ་བརྒྱད་ཀྱི་བར་དུ་ཚོགས་པ་བསྐྱངས་ཏེ། བསྡུ་བ་རྣམ་བཞིའི་སྒོ་ནས་འགྲོ་བའི་དོན་མཐའ་ཡས་པ་མཛད་དོ། །བུ་སློབ་ཀུང་དཔལ་ལྡན་ས་སྐྱའི་བདག་པོ་བླ་ཆེན་ཀུན་བློ། བླ་མ་དོན་ཡོད་རྒྱལ་མཚན། དཔལ་ལྡན་བླ་མ། བླ་མ་ཀུན་དགའ་ལེགས་པའི་རྒྱལ་མཚན། རྒྱལ་བའི་སྲས་པོ་ཐོགས་མེད་བཟང་པོ་དཔལ། མཁྱེན་རབ་དབང་ཕྱུག་བུ་སྟོན་རིན་པོ་ཆེ། ཀུན་མཁྱེན་ཆེན་པོ་ལ་སོགས་པ་མཁས་གྲུབ་བསམ་གྱིས་མི་ཁྱབ་པ་བྱུང་ཞིང་རྒྱ་ཧོར་དང་མདོ་སྟོད་སྨད་ཀྱི་མི་སྡིག་པ་ལ་སྤྱོད་པ་རྣམས་ཐབས་སྣ་ཚོགས་མཛད་དེ་དགེ་བ་ལ་སྦྱོར་བར་མཛད་པ་དང་། ཁྲིམ་པ་རྣམས་ལ་བསྙེན་གནས་དང་། དགེ་བསྙེན་ལ་སོགས་པའི་བསླབ་གཞི་ལེན་དུ་འཇུག་པ་སོགས་མདོར་ན་ཞལ་མཐོང་བ་དང་ཆོས་འབྲེལ་ཞུ་བ་དང་། བྱིན་གྱིས་བརླབས་པ་སོགས་ཀྱི་སྒོ་ནས་སེམས་ཅན་ལ་ཕན་པ་ཤ་སྟག་མཛད་དོ། །དེའི་སྟོབས་ཀྱིས་མི་དང་མི་མ་ཡིན་པ་ཐམས་ཅད་ཀྱང་དབང་དུ་འདུ་ཞིང་འཕྲིན་ལས་སྒྲུབ་པར་མཛད་པ་ཡིན་ནོ། །རྣམ་ཐོས་ཀྱི་བུས་བསྲུང་སྐྱོབ་དང་འཕྲིན་ལས་མཛད་པའི་རྟགས་མང་དུ་བྱུང་ཞིང་། མ་ཧཱ་ཀཱ་ལ་ལྷམ་དྲལ་གྱིས་ཀྱང་ཁང་པའི་ཐོག་རྡིབ་ནས་ཉེན་ཆེན་པོ་བྱུང་བའི་དུས་སུ་གདུང་མ་དང་ལྷམ་གྱི་སྟེ་ནས་བཏེག་པའི་ལོ་རྒྱུས་ཀྱང་ཡོད་ཅིང་། བསམ་ཡས་སུ་ཕེབས་དུས་དགེ་བསྙེན་ཆེན་པོས་སྐོར་བ་བྱས་པ་མི་ཕལ་བས་ཀྱང་མཐོང་བ་དང་། (༤༡༩བ)སྐྱིད་གྲོང་དུ་ཕེབས་དུས་ནད་རིམས་དྲག་པོ་དང་མུ་གེས་མི་རྣམས་ལ་སྡུག་བསྔལ་དུ་མ་འདུག་པ་ལ། རིན་པོ་ཆེ་པས་འཕགས་པ་ཝ་ཏི་ལ་མཆོད་པ་ཕུལ་ཏེ་གསོལ་བ་བཏབ་པས། ནད་རིམས་ཐམས་ཅད་རྒྱུན་ཆད་ཅིང་། འབྲས་ཀྱི་ལས་སྒོ་རྫོལ་ནས་འབྲུ་ཤིན་ཏུ་མོད་པ་བྱུང་བ་སོགས་ཀྱི་ལོ་རྒྱུས་མང་པོ་དང་། ཡང་ལན་ཅིག་སྟོད་ལུང་ལམ་པ་དགོན་པར་ཐུབ་

པ་རྒྱ་ཁོལ་མ་ལ་ཕྱག་མཆོད་ཕུལ་ཏེ། དྲི་བཟང་སྤྱར་བའི་རྒྱ་སྣ་གོན་བྱས་ནས་སྐུ་ཁྲམས་སྟོད་དུ་སྤྱན་དྲངས་ཏེ་རྒྱའི་ནང་དུ་བཞུགས་སུ་གསོལ་མ་ཐག་ཏུ་རྒྱ་ཐམས་ཅད་མགར་གྱི་སོལ་མལ་དུ་བསྒྲིགས་པའི་ལྕགས་རྒྱ་ནང་དུ་སྐྱུར་བ་བཞིན་དུ་ཆེར་ཁོལ་ཏེ་དབྱིབས་ཀྱང་ནོར་བུ་བརྩེགས་པའི་རྣམ་པ་ལྟ་བུ་བྱུང་བས། དེར་འཚོགས་པའི་མི་ཐམས་ཅད་དད་པ་རང་དབང་མེད་པར་སྐྱེས་ནས། སྔོན་པའི་སྐུ་དེ་དང་རིན་པོ་ཆེ་པ་གཉིས་ལ་བྱིན་རླབས་ཞུ་བ་མི་ཤོང་པ་ཙམ་བྱུང་། ཐུབ་པའི་སྐུ་འདི་ལ་སྐུ་ཁྲུས་གསོལ་མི་ཧྲི་ཙམ་ཞིག་བྱུང་བ་ལད་རེས་ལས་རྒྱ་ཁོལ་ཆེ་བའི་གཏམ་མ་ཐོས། ང་ཡང་མི་སྙམ་ཐག་ཅིག་ཡིན་ཏེ། ཁྱེད་ཀྱི་ཞལ་མཇལ་མ་ཐག་དད་པ་རང་དབང་མེད་པར་སྐྱེ་བ་ཞིག་བྱུང་ཞེས་ལམ་དགོན་གྱི་སྤྱན་སྔས་ཞུས་པས། ཁྱེད་བཀའ་གདམས་ཀྱི་དགེ་བཤེས་བཟང་པོར་གདའ་བས། དཔལ་ལྡན་ཨ་ཏི་ཤ་ནས་བརྒྱུད་པའི་ཆོས་ཤིག་འབུལ་ཞེས་ཐེག་པ་ཆེན་པོ་བློ་སྦྱོང་གི་གདམས་པ་ཟབ་མོ་ཞིག་གནང་ངོ་། །དེ་ནས་དགུང་ལོ་བདུན་ཅུ་བཞེས་པའི་ཚེ། སྐུ་ཁམས་ཅུང་ཟད་ལྕེམས་པ་ཅིག་ལ་ཕྱག་གི་དངོས་པོ་ཐམས་ཅད་དགེ་འདུན་དང་(༤༢༠ན)དཀོན་མཆོག་གི་མཆོད་པར་བཏང་བས། སྐུ་ཁམས་ཀྱང་ལེགས་པར་དྭངས་ཏེ་བདེ་བར་བཞུགས་པའི་དུས་སུ་ཡོངས་ཀྱི་དགེ་བའི་བཤེས་གཉེན་བསོད་ནམས་བཟང་པོ་ལ་གདན་ས་གཏད་དེ་ཐུགས་ལས་ཆུང་ངུར་བཞུགས་ཤིང་། ད་ཕན་ཆད་ཤི་ཡང་བླ་མ་ཡིན། ང་རང་གིས་བསམས་པ་ཐམས་ཅད་འགྲུབ་གསུང་ངོ་། །དེ་ནས་རང་ལོ་དོན་གསུམ་པ་ཤིང་མོ་བྱ་ལ་ཞི་བར་གཤེགས་སོ།། །།

རྒྱལ་སྲས་ཐོགས་མེད་བཟང་པོ་དཔལ་གྱི་རྣམ་ཐར།

རྒྱལ་བའི་སྲས་པོ་ཐོགས་མེད་བཟང་པོ་དཔལ་ནི། དཔལ་ལྡན་ས་སྐྱ་ནས་ལྷོ་ནུབ་ཏུ་དཔག་ཚད་ཕྱེད་དང་གསུམ་ཙམ་བགྲོད་པ་ན་ཕུལ་བྱུང་བྲག་སྐྱ་ཞེས་བྱ་བ་མཐའ་ཐམས་ཅད་བྲག་རི་དཀར་པོས་བསྐོར་ཞིང་། ཕུ་ན་འབྲོག་དང་། མདའ་ན་ཞིང་པ་མང་དུ་གནས་པ། ས་གཞི་ཐམས་ཅད་ནེའུ་གསིང་སྔོན་པོས་བརྒྱན་པ་གཙང་ཞིང་ཡིད་དུ་འོང་བའི་ཡུལ་དུ་ཡབ་དཀོན་མཆོག་དཔལ་དང་། ཡུམ་འབུམ་སྒྲོན་གཉིས་ཀྱི་སྲས་སུ་ཤིང་མོ་ལུག་གི་ལོ་ངོ་མཚར་བའི་ལྟས་མང་པོ་དང་བཅས་སྐུ་འཁྲུངས་སོ། །རྒྱལ་སྲས་འདི་ཡུམ་གྱི་ལྟུམས་སུ་འཇུག་པའི་དུས་ན་ཡུམ་ལ་མགོན་པོ་སྤྱན་རས་གཟིགས་ལུས་ལ་ཐིམ་པའི་རྨི་ལམ་བྱུང་ཞིང་བལྟམས་པའི་དུས་ནའང་མགོན་པོ་སྤྱན་རས་གཟིགས་རྗེན་དང་བརྗེན་པར་བཅས་པའི་དཀྱིལ་འཁོར་ཕྱིར་སྤྲོས་པའི་སྣང་བ་དང་། སྔོན་མེད་པའི་དྲི་ཞིམ་པོ་མནམ་པ་དང་། རོལ་མོའི་སྒྲ་སྙན་པ་ཕྱོགས་ཀུན་ཏུ་གྲགས་པ་དང་། ས་གཡོ་བ་དང་། མེ་ཏོག་གི་ཆར་བབས་པ་དང་། ཡུལ་དེར་སྔོན་མེད་པའི་རྩྭ་དང་། ཤིང་དང་། མེ་ཏོག་སྣ་ཚོགས་སྐྱེས་པ་སོགས་ངོ་མཚར་(༤༢༠བ)བའི་ལྟས་བསམ་གྱིས་མི་ཁྱབ་པ་བྱུང་ཞིང་། རྒྱལ་སྲས་འདི་ལ་དཀོན་མཆོག་བཟང་པོ་ཞེས་མཚན་གསོལ་ཏོ། །དེའི་ཚེ་རྒྱལ་སྲས་གཞོན་ནུ་དེའི་སྐུ་ནི་མཚན་དཔེ་རྫོགས་མཐུན་པ་དང་ལྡན་པས་འཇིག་རྟེན་ཀུན་གྱི་མིག་གི་བདུད་རྩི་ལྟ་བུ་ཞིག་བྱུང་ཞིང་། རྒྱལ་སྲས་སེམས་དཔའ་ཆེན་པོ་འདི་ནི་འཁྲུངས་མ་ཐག་ནས། ཞི་བ་དང་། དུལ་བ་དང་། དེས་པ་དང་། ཡིད་གཞུངས་པ་དང་། སྙིང་རྗེ་ཆེན་པོའི་ངང་ཚུལ་དང་ལྡན་ཞིང་། བྱིས་པའི་སྤྱོད་པ་ལས་འདས་པ་ཞིག་བྱུང་སྟེ། དེ་ཡང་སྐྱེ་བ་དཔག་ཏུ་མེད་པའི་གོང་རོལ་ནས་ཚོགས

གཉིས་ཆུ་བོའི་རྒྱུན་བཞིན་དུ་གོམས་པའི་སྟོབས་ཀྱིས་བྱིས་པ་ཆུང་དུ་སྒྲ་ཤེས་པ་ཙམ་གྱི་དུས་ན་ཉིན་གཅིག་ཡུམ་གྱི་པང་ན་བཞུགས་དུས་རླུང་པོ་ཕོར་ཕོར་བྱེད་པ་ཅིག་གིས་ཤིང་ལོ་ཞིག་ནམ་མཁའ་ལ་ཁྱེར་སོང་བ་གཟིགས་ནས་དྲག་ཏུ་བཞུམ་པ་ལ་ཡུམ་གྱིས་ཅི་བྱུང་དྲིས་པས། ནམ་མཁར་རླུང་གིས་ཁྱེར་བ་དེ་ལ་ཕྱག་མཛུབ་བཙུགས་ནས། སེམས་ཅན་ཞིག་ནམ་མཁའ་ལ་ཁྱེར་སོང་གསུང་བ་དང་། སེམས་ཅན་མ་ཡིན་ཤིང་ལོ་ཡིན་བྱས་པས་བཞུམ་པའི་འགྲོ་ཆད་པ་ཞིག་བྱུང་། ཡང་སྟོན་ཀ་ཞིག་ལ་འཁྲུགས་ཏེ་བ་མོ་བྱུང་དུས་སྨུ་དྲོ་ཞིག་སྒོར་བཞུད་ནས་གོས་མེད་པར་སྦྲེན་མོར་བྱུང་བས། ཡབ་ཀྱིས་གོས་གར་སོང་བྱས་པས་སྙིང་རྗེ་བའི་སེམས་ཅན་འཁྱགས་པ་དེ་འདྲ་ལ་གཡོགས་ནས་ཡོད་ཟེར། ཁྲིད་ནས་བལྟར་ཕྱིན་པས་སྟོམ་པས་གང་བའི་ཤོ་ཕུང་བ་མོ་སྒྲ་ཁད་པ་ཅིག་ལ་གོས་གཡོགས་མཐའ་མ་རྫོགས་མནན་བྱས་ནས་འདུག་ཟེར། གཞོན་ནུའི་དུས་ནས་བདག་པས་གཞན་གཅེས་པའི་བྱང་(༩༢༡ན)ཆུབ་ཀྱི་སེམས་དེ་ལྟ་བུ་དང་། ཡང་ང་སྒོམ་བྱེད་པ་ཡིན་ཟེར་ནས་སྐུ་རྣམ་སྣང་གི་ཆོས་བདུན་ལྡན་བཅས་ཏེ་ཆོས་དོན་སེམས་པ་སོགས་དམ་པའི་སྤྱོད་པས་དུས་འདའ་བ་ཅིག་བྱུང་ཞེས་གྲག་གོ །བཞུམ་པའི་དུས་ན་དཔེ་ཆ་ཤོག་ཁྱེར་ཕྱག་ཏུ་གཏད་པ་དང་ཤིན་ཏུ་མཉེས་ཤིང་བཞུམ་འགྲོ་ཆད་པ་དང་། བྱིས་པ་གཞན་མིས་བརྡུང་ཙ་ན་བཞུམ་པ་ཅིག་ཡོད་པར་འདུག །ཚུལ་དེ་ལ་ནི་དུས་ཕྱིས་འཛམ་པའི་དབྱངས་དོན་ཡོད་རྒྱལ་མཚན་པས་ས་སྐྱར་གདན་དྲངས་དུས་འཕྲོས་པའི་གསུང་གླེང་བྱུང་བའི་དུས་སུ། གོང་གི་དེ་ལྟ་བུ་རྣམས་ཐོས་ཏེ་བདེན་ལགས་སམ་ཞུས་པས་དེ་ལྟར་གྲགས་ལགས་ཏེ་བདག་རང་གིས་ནི་མི་དྲན་ལགས། དྲན་ཙམ་ན་ཆོས་ལ་གཞན་གྱིས་ཐུ་གཡོགས་ལ་སོགས་མི་གུས་པ་བྱས་ཙ་ན་མི་བཟོད་པ་སྐྱེ་ཞིང་། དང་པོ་བྱིས་པའི་དུས་རང་ནས་ཁོང་ཁྲོ་ཤས་ཆུང་ཞིང་བྱམས་སྙིང་རྗེ་ཆེ་བ་གཞན་གྱི་དགེ་བ་ལ་རྗེས་སུ་ཡི་རང་ཁ་ཚིག་ཙམ་མིན་པར་སྐྱེ་བ་ཅིག་ཡོད། དེའི་སྟོབས་

ཀྱིས་སུ་ལའང་ཚིག་ངན་སྨྲ་མི་ནུས། ང་ཆུང་ཆུང་གི་དུས་ས་སྐྱ་དཀར་ཞབས་ཀྱི་སྔོ་རྩར་མི་གཅིག་གིས་དོན་མེད་པར་མགོ་ལ་བརྒྱབ་པས་སྐྲངས་འབུར་ཆེན་པོ་བྱུང་ཡང་ཁོང་ཁྲོ་མ་སྐྱེས་གསུང་བ་དང་། བྱིས་པ་གཞན་དང་རྩེ་བ་ན་གཞན་ཕམ་ནས་དུས་ན་བདག་གིས་མི་བཟོད་ཅིང་། རང་ཕམ་ཡང་མྱ་ངན་ཙམ་མེད་པ་ཅིག་ཡོད་གསུང་བ་དང་། རྩྭ་ཤིང་ཐུ་རུ་བྱོན་དུས་གྲོགས་ཀྱིས་རྙེད་ནས་རང་གིས་མ་རྙེད་ཀྱང་མི་སྡུག །རང་གིས་རྙེད་ཀྱང་གྲོགས་ཀྱིས་(༤༢༡བ)མ་རྙེད་ན་ཁོང་ཚོ་ལ་ཕ་མ་སོགས་ཀྱིས་འཐབ་ཏུ་ཡོང་བསམས་ནས་རེས་འགའ་རང་གིས་རྙེད་པ་ནས་བྱིན། རེས་འགའ་ཐུ་རིགས་བྱས་གསུངས་པ་དང་། བྱིས་པའི་དུས་རྩེད་མོ་ཕལ་ཆེར་མཆོད་རྟེན་བཞེང་བ་དང་། ཆོས་འཆད་པ་དང་། སྒོམ་བྱེད་པ་སོགས་དགེ་བའི་ཕྱོགས་ཀྱིས་དུས་འདའ་བ་ཅིག་ཡོད་གསུང་། རྒྱལ་སྲས་འདིའི་ཡབ་ཡུམ་གཉིས་སྔ་མོ་ནས་འདས་ཏེ་ཡུམ་གྱི་མ་ཨ་ཕྱི་རྒན་མོ་ཞིག་གིས་དགུང་ལོ་ལྔ་ནས་བཟུང་བསྐྱངས་ཏེ། རྒྱལ་སྲས་འདི་ཨ་ཕྱི་རྒན་མོའི་ས་ན་བཞུགས་དུས་ཕྱུགས་ལུག་འཚོ་བ་ལ་བྱོན་ཞིང་། ཨ་ཕྱི་ལ་ཁྲལ་འབབ་པ་ལ་ར་ལུག་བསད་ཀྱིན་ཧོར་འདྲ་ལ་ཤ་སྦྱོད་དགོས་པ་བྱུང་བས་ར་ལུག་གསོད་སར་ཁྲིད་པའི་དུས་སུ་བཤུམ་ཞིང་འཆད་ནས་སྙིང་རྗེ་ཡིན་མོད་གསུང་སྟེ། ཡུན་རིང་པོར་ཁྲིད་དུ་མི་སྟེར་བར་བརྒྱལ་བརྒྱལ་དུ་བཤུམས་ཀྱང་དབང་མེད་དུ་ཁྲིད་ཀྱིན་བསད་པ་ལན་མང་རབ་བྱུང་བས། ཨ་ཕྱིས་བྱམས་པོ་བྱས་ཀྱང་དེ་ལྟ་བུ་ལ་ཡིད་འབྱུང་ཞིང་སྐྱོ་བ་སྐྱེས་ཏེ། དགུང་ལོ་དགུ་བཞེས་པའི་དུས་སུ་ཕྱུགས་ལུག་འཚོ་ས་ནས་བྲོས་ཏེ་ཡབ་ཀྱི་ཕ་སྤུན་མོའི་བུ་སྟོན་པ་རིན་ཆེན་བཀྲ་ཤིས་ཀྱི་སར་བསམ་གླིང་དུ་བྱོན་ཏེ། ཡི་གེ་འབྲི་འདོན་ལ་སོགས་པ་བསླབས་པས། རིགས་པའི་གནས་རྣམས་མཐོང་བ་ཙམ་གྱིས་ཤེས་པ་བྱུང་སྟེ། ཀུན་གྱིས་འདི་ནི་ཕལ་པ་ཅིག་མ་ཡིན་ངེས་ཞེས་གླེང་བ་བྱུང་ཞེས་གྲགས་སོ། །དེ་ནས་སངས་རྒྱས་ཀྱི་བསྟན་པ་ལ་རབ་ཏུ་བྱུང་སྟེ་ཐོས་བསམ་སྒོམ་གསུམ་རྣམ་པར་དག་

པ་སྟོན་ཁྲིད་དམ་པ་རྣམས་ཀྱི་རྣམ་ཐར་དང་མཐུན་པ་ཞིག་མཛད་བཞེད་ནས། དོན་དེ་ལྟར་དུ་བསམ་(༩༢༢ན)གླིང་པའི་བླ་མ་སོགས་ལ་གསོལ་བ་ན་ཐུགས་བཞེད་གྲུབ་སྟེ་དགུང་ལོ་བཅུ་བཞི་པ་སྤྱིའུའི་ལོ་ཟླ་བ་དྲུག་པའི་ཚེས་བརྒྱད་ཀྱི་སྔ་དྲོའི་ཆ་ལ། བསམ་གླིང་པའི་གདུང་བརྒྱུད་བླ་མ་དཔལ་འབར་བས་མཁན་པོ་མཛད། དེའི་གཙུང་པོ་མཁན་པོ་རིན་ཆེན་དཔལ་བཟང་པས་སློབ་དཔོན་མཛད། གྲིབ་སྟོད་པ་སློབ་དཔོན་རིན་ཆེན་རྡོ་རྗེས་མཛད་དེ། བསྟན་པ་རིན་པོ་ཆེའི་སྒོར་ཞུགས་ནས་རབ་ཏུ་བྱུང་དགེ་ཚུལ་དུ་བསྒྲུབས་ཏེ་བཟང་པོ་དཔལ་ཞེས་མཚན་གསོལ་ཏོ། །དེའི་ཉིན་པར་སྣར་མེད་པའི་དྲི་ཞིམ་པོས་ཁྱབ་པ་དང་། རོལ་མོའི་སྒྲ་སྙན་པ་གྲག་པ་དང་། མེ་ཏོག་གི་ཆར་འབབ་པ་ལ་སོགས་པ་ཀུན་གྱིས་མཐུན་སྣང་དུ་གྲུབ་པ་བྱུང་ངོ་། །དེ་ནས་རྒྱལ་སྲས་འདིས་མཁན་སློབ་ཀྱི་སྤྱན་སྔར་ཇི་ལྟར་ཁས་བླངས་པའི་བཅས་པ་རྣམས་སྲོག་ལས་ཀྱང་གཅེས་པར་བསྲུང་བར་མཛད་ཅིང་སྟོན་ཁྲིད་དམ་པའི་རྣམ་ཐར་བཟང་པོའི་རྗེས་སུ་ཞུགས་ཏེ་ཚེ་འདིའི་བྱ་བ་མཐའ་དག་དོར་ནས་རྒྱལ་བའི་བཀའ་དང་དགོངས་འགྲེལ་རྣམས་ཀྱི་ཚིག་འཛིན་པ་དང་དོན་སེམས་པ་ལ་བརྩོན་འགྲུས་ལྷོད་པ་མེད་པར་མཛད། རང་ཡུལ་གྱི་ནོར་ལོངས་སྤྱོད་སོགས་འཁོར་བའི་ཕུན་ཚོགས་གང་ལའང་མ་ཆགས་པར་རང་གི་ཁུ་བོ་རིན་ཆེན་བཀྲ་ཤིས་ཀྱིས་ཡི་གེ་བྲི་འདོན་བཙུན་པ་བྱེད་པ། བཤད་གསར་ལ་སོགས་པའི་གྲོགས་བྱས་པས་དྲིན་ཆེ་བར་དགོངས་ནས། ཞིང་ཁང་རྣམས་ཀྱང་ཨ་ཁུ་ལ་གནང་སྟེ(༩༢༢བ)འདི་སྐད་དུ་ད་ཁྱེད་རང་དགེ་སྦྱོར་གྱིས། འཇིག་རྟེན་གྱི་བྱ་བ་ལ་སྙིང་པོ་མེད། ངའི་ཞིང་དང་ཉིད་རང་ལ་གང་ཡོད་རྣམས་ཀྱིས་མི་ཕོངས་ཙམ་ཡོངས་མཆི། གལ་ཏེ་མ་ལོངས་ན་བསོད་སྙོམས་བྱས་ནས་སྐྱོང་བ་ཡིན་སེམས་ལས་མི་འཚལ་ཞེས་ཞལ་ཏ་མཛད། སངས་རྒྱས་ཀྱི་བསྟན་པ་བཤད་སྒྲུབ་གཉིས་ཀྱིས་འཛིན་པ་ལ། བཤད་ཉན་གྱིས་ལུང་གི་ཆོས་འཛིན། སྒོམ་སྒྲུབ་ཀྱིས་རྟོགས་པའི་ཆོས་འཛིན་པར་

དགོངས་ནས་རྒྱལ་བའི་གསུང་རབ་ཀྱི་དགོངས་པ་ཤིང་རྟ་ཆེན་པོ་རྣམས་ཀྱིས་བཀྲལ་པའི་རིགས་པའི་དཀའ་གནས་རྣམས་ལ་སྦྱོང་བར་བཞེད་དེ་དགུང་ལོ་བཅོ་ལྔ་པའི་དུས་པོ་དོང་ཨེ་བསམ་གླིང་པའི་དགོན་ལག་ཡིན་པའི་སྟོབས་ཀྱིས་ཨེའི་ཆོས་གྲྭ་ཆེན་པོར་བྱོན་ཏེ། བླ་མ་ཀུན་རྒྱལ་བའི་དྲུང་དུ་དང་པོར་མདོན་པ་ཀུན་ལས་བཏུས་ལ་ནན་ཏན་མཛད། དེ་ཡང་དང་པོ་ནས་དུལ་བ་དང་། ཞི་བ་དང་། བཟོད་པ་དང་། བྱམས་པའི་ངང་ཚུལ་དང་ལྡན་པས། གྲོགས་ཀྱི་སློབ་གཉེར་ལ་འགྲན་ཟླ་དང་ཕྲག་དོག་གི་དམིགས་རྐྱེན་དུ་མི་འགྱུར་བར་བྱ་བའི་ཕྱིར་གཞན་ལས་བློ་གྲོས་ཀྱི་ནུས་པ་ཆུང་ཞིང་དམན་པའི་ཚུལ་བཟུང་ཡང་སྐྱེ་བ་དཔག་ཏུ་མེད་པའི་གོང་རོལ་ནས་གོམས་པའི་ཕྱིར་གཞན་གྱིས་ལོ་མང་པོའི་བར་དུ་འབད་པ་བས་ཀྱང་མཁས་པར་གྱུར་ཏོ། །དེ་དུས་འཇམ་དབྱངས་རོང་པ་ཉི་མ་རྒྱལ་མཚན་གྱིས། མང་ཧའི་ཚོགས་གྲལ་དུ། (༩༢༣ན)ཉིད་བཙུན་ཆུང་བཟང་པོ་དཔལ་དང་བཅས་པའི་བློ་གསར་རྣམས་ལ་ང་དྲི་བ་བྱ་རྒྱུ་ཡོད་དོ། །མདོན་པ་ནས། ཟང་ཟིང་མེད་པའི་ཚོར་བ་སྡུག་བསྔལ་བྱ་བ་ཅིག་བཤད་འདུག་སྟེ། ཟང་ཟིང་མེད་པའི་ཚོར་བ་ཡིན་ན། སྡུག་བསྔལ་ཡིན་པའི་དམ་བཅའ་བྱུད་ཟེར་ནས། འདི་ལ་ལན་ཐོབ་ཟེར་བ་ལ། གཞན་གྱིས་ནི་ལན་གང་ཡང་མི་བྱུང་། དེ་ལྟ་བུ་འབྱུང་བར་གཞུང་རང་ནས་ཉན་ཐོས་དགྲ་བཅོམ་པ་འགའ་ཞིག་ལ་ཟང་ཟིང་ཉོན་མོངས་མེད་ཀྱང་ལས་ཀྱི་ནུས་པ་མཐོང་བ་ཡིན། ཞེས་སྡུག་བསྔལ་འབྱུང་བར་བཤད་ཡོད་དགོངས་ནས། དེ་ལུགས་ཀྱི་འགལ་སྤོང་གསུངས་པས། མཁས་པ་ཐམས་ཅད་ངོ་མཚར་བར་གྱུར་ཏེ། བླ་མ་ནམ་བཀྲ་བ་བྱ་བ་ན་རེ་ཉིད་ཐོགས་མེད་དངོས་སུ་འདུག །ཐོགས་མེད་གཉིས་པ་ཡིན་གསུངས་ལ་མཆོད་ཡར་མཛོད་ཟེར་བས། མཆོད་ཡར་མཛད་ནས་ཐོགས་མེད་གཉིས་པ་ཡིན་གསུངས་པས། དུས་དེ་ནས་བོ་དོང་ཐོགས་མེད་ཅེས་མཚན་ཡོངས་སུ་གྲགས་སོ། །གཞན་ཡང་བྱམས་པའི་ཆོས་ལྔ། ས་སྡེ་ལྔ། སྡོམ་རྣམ་པ་གཉིས། པྲ་ཀ་ར

ཆ་སྟེ་བརྒྱད་རྣམས་ཀྱི་ཚིག་དོན་ལ་མཁས་པ་འཕགས་པ་ཐོགས་མེད་ལྟ་བུར་གྱུར།
བྱང་ཆུབ་སེམས་དཔའི་སྤྱོད་འཇུག་བསླབ་བཏུས་མདོ་བཏུས་རྣམས་དང་། དབུ་མ་
རིགས་པའི་ཚོགས་ལ་སོགས་པ་དབུ་མའི་བསྟན་བཅོས་རྣམས་ལ་ལེགས་པར་སྦྱངས་
ནས་མཁས་(༩༢༣བ)པའི་ཕུལ་དུ་ཕྱིན་པར་གྱུར་པ་ན་ཚད་མའི་གཞུང་རྣམས་ལ་སྦྱོང་
བར་བཞེད་དེ་དཔལ་ལྡན་ས་སྐྱར་བྱོན་ནས་མཁས་པ་ཆེན་པོ་བླ་མ་གཞོན་རྒྱལ་བའི་
དྲུང་དུ་སྡེ་བདུན་མདོ་དང་བཅས་པ་ལ་མཁས་པར་སྦྱངས་ཤིང་། གཙོ་བོར་ཚད་མ་རྣམ་
ངེས་ལ་ཐུགས་སྦྱོང་མཛད་དེ། ཆོས་མཆོག །རྒྱན། ལྷ་དབང་བློ། ཤཱཀྱ་བློ། རྣ་ན་ཤྲཱི་
ལ་སོགས་པའི་འགྲེལ་པ་ཆེན་པོ་རྣམས་ཀྱི་ཚིག་དོན་ལ་མཁས་པ་དཔལ་ལྡན་ཆོས་ཀྱི་
གྲགས་པ་ལྟ་བུར་གྱུར་ཏེ། དེ་དུས་སེམས་དཔའ་ཆེན་པོའི་ཞལ་ནས། ལེ་ལོའི་དབང་
གིས་ཤས་ཆེར་མ་འབད་ཀྱང་། །འོན་ཀྱང་ཁོ་བོའི་བློ་དང་ཕྲད་པ་ན། །ཤེས་བྱའི་
ཚིག་དོན་ལྷན་ཅིག་དམིགས་ངེས་ཡིན། །ཞེས་ཉམས་མཚར་གྱི་ཚུལ་དུ་ཞལ་ཕོ་ཡང་
མཛད་དོ། །དེ་ལྟར་གཞུང་ལུགས་རྣམས་ལ་སྦྱངས་པས་འཛམ་གླིང་མཛེས་པར་བྱེད་
པའི་རྒྱན་དྲུག་དང་མཆོག་གཉིས་ཀྱི་གཞུང་ལུགས་རྣམས་ལ་མཁས་པའི་ཕུལ་དུ་ཕྱིན་
པར་གྱུར་པ་ན་དགུང་ལོ་ཉེར་གསུམ་བཞེས་པའི་དུས་སུ་གཙང་ཕྱོགས་ཀྱི་ཆོས་གྲྭ་ཀུན་
ཏུ་གྲྭ་སྐོར་མཛད་ནས་ལྟ་བ་ལོག་པར་འཛིན་པའི་རྒོལ་བ་ངན་པ་རྣམས་ལུང་རིགས་
ཀྱིས་སུན་ཕྱུང་སྟེ་སྤོབས་པ་མེད་པར་བྱས། ལྟ་བ་ཕྱིན་ཅི་མ་ལོག་པར་འཛིན་པ་རྣམས་
མཐུན་ཕྱོགས་སུ་བསྡུས་པས། ཀུན་ཁ་མཐུན་པར་གྲྭ་སྐོར་བྱུང་བ་ལ་བོ་དོང་གི་མཁས་
པ་ཆེན་པོ་བཟང་པོ་དཔལ་འདི་ལས་སྔོན་(༩༢༩ན)པ་བཟང་བ་དང་ཤེས་རབ་ཆེ་བ་མ་
བྱུང་ཞེས་གླེང་བ་བྱུང་ངོ་། །དེ་ནས་དགུང་ལོ་སུམ་ཅུ་པ་ཤིང་ཕོ་བྱི་བའི་ལོ་ཟླ་བ་བཅུ་
པའི་ཚེས་དྲུག་གི་སྦྱོར་འི་ཆ་ལ། མཁན་པོ་བྱང་སེམས་རིན་ཆེན་མགོན་དང་། ལས་ཀྱི་
སློབ་དཔོན་བླ་མ་ནམ་མཁའ་སངས་རྒྱས། གསང་སྟེ་སྟོན་པ་བླ་མ་ཀུན་དགའ་རྒྱལ་

མཚན། གྲིབ་ཚོད་པ་སློབ་དཔོན་ཤཱཀྱ་བྱང་ཆུབ། དད་པའི་དགེ་འདུན་དགེ་སློང་རྒྱལ་མཚན་འབུམ་གྱིས་ཐོག་དྲངས་པ་རྣམས་ཀྱི་དབུས་སུ། ཨེའི་ཆོས་གྲྭ་ཆེན་པོར་བསྙེན་པར་རྫོགས་པར་མཛད་ནས་འདུལ་བ་ལུང་སྡེ་བཞི་ནས་གསུངས་པའི་དགག་སྒྲུབ་གནང་གསུམ་གྱི་བཅས་པ་ཕྲ་རགས་མཐའ་དག་ཚུལ་བཞིན་དུ་བསྲུངས་ཏེ་འཕགས་མཆོག་ཉེ་བར་འཁོར་སླར་ཡང་གངས་རིའི་ཁྲོད་དུ་བྱོན་པ་ལྟར་དུར་སྙིགས་འཛིན་པ་ཐམས་ཅད་ཀྱི་ནང་ན་གཙུག་གི་ནོར་བུ་ལྟ་བུར་གྱུར་ཏོ། །དེ་ནས་དགུང་ལོ་སོ་གཉིས་པ་མེ་ཕོ་སྟག་ལ། འཇམ་དཔལ་དབྱངས་དོན་ཡོད་རྒྱལ་མཚན་པ་སྐྱ་མཆེད་ཡུམ་དང་བཅས་པ་དང་། བླ་མ་ཀུན་དགའ་རྒྱལ་མཚན། ཀུན་སྤྱངས་ནམ་མཁའ་གྲགས། བྱང་སེམས་རིན་ཆེན་མགོན་རྣམས་ཀྱིས་ཧྲ་རའི་གདན་ས་མཛད་པར་ཞུ་བ་གསོལ་བ་ལ། ཞལ་བཞེས་མ་མཛད་པས། བླ་མ་གནུར་བ་ཆོས་འཕགས་རྒྱལ་མཚན་དང་། རིན་ཆེན་ཤེས་རབ་འབུམ་པས་ཀྱང་གདན་ས་མཛོད་གསུང་བའི་ཞལ་ཏ་ནན་ཆེན་པོ་མཛད་པས། བླ་མའི་བཀའ་བཅག་པར་(༡༢༡༨)གྱུར་དོགས་ནས་ཞལ་གྱིས་བཞེས་ཏེ། བྱང་སེམས་རིན་ཆེན་མགོན་གྱིས་དབུ་མཛད་པའི་བླ་མ་དགེ་བའི་བཤེས་གཉེན་རྣམས་དང་། ཤབ་ཚང་བ་ལ་གཏོགས་པའི་དགེ་བཤེས་གྲྭ་པ་བུ་སློབ་རྣམས་ཀྱིས་ཞུ་འབུལ་བྱས་ནས་ཆོས་གྲྭ་ཆེན་པོ་ཨེའི་ཐྲུར་ཆེན་མཛད། དེའི་ཚེ་སེམས་ཅན་ཐམས་ཅད་ལ་མ་བུ་གཅིག་པུ་ལ་བརྩེ་བ་ལྟར་བདག་པས་གཞན་གཅེས་པའི་བྱང་ཆུབ་ཀྱི་སེམས་དང་ནམ་ཡང་འབྲལ་བ་མེད་པའི་ངང་ནས། ཕྱི་རུ་བསྟན་པ་གཟུང་བའི་ཕྱིར་བཤད་ཉན་ལ་གཡེལ་བ་མི་མངའ་བར་མཛད་དེ། དུས་ཚོད་ལ་ཕར་ཚད་གཉིས། མངོན་པ་ཀུན་ལས་བཏུས། མདོ་སྡེ་རྒྱན། རྒྱུད་བླ་མ། སྤྱོད་འཇུག་སྙེ་པོ་ཏེ་དྲུག་དྲུག་གསུངས། ཞོར་ཆོས་ལ་བཀའ་མདོ་རྒྱུད། འགྲེལ་པ་འགྲེལ་བཤད། མན་ངག་གི་སྐོར་མཐའ་ཡས་པ་རྣམས་འཇམ་པའི་དབྱངས་ཆེན་པོ་དོན་ཡོད་རྒྱལ་མཚན་པ་སྐྱ་མཆེད་ཀྱིས་ཐོག་དྲངས་པའི་དགེ་

བའི་བཞེས་གཉེན་རྒྱ་མཚོ་ལྷ་བུ་ལ་གསུངས་ཤིང༌། བཤད་ཉན་ལ་གནོད་དགོངས་ནས་གཤིན་ཆོག་ལ་སོགས་པ་རྣམས་ལ་ཡང་མ་བྱིན་པར་བཤད་ཉན་ལ་བརྩོན་པའི་སྟོབས་དང༌། བྱང་ཆུབ་ཀྱི་སེམས་ཀྱི་ནུས་པ་དང༌། གཞུང་ལུགས་འཆད་པ་ན་ཚིག་དོན་གསལ་ཞིང་འབྲེལ་ཆགས་པ། ལྷུག་ཆད་མེད་ཅིང་རྣ་བར་སྙན་པའི་ཚིག་གིས་བརྡ་འཕྲོད་པས་ངེས་ཤེས་བསྐྱེད་པ་ལ་གཞན་ལས་ཕུལ་དུ་ཕྱིན་པའི་ལེགས་པར་བཤད་པའི་གསུང་གི་འོད་ཟེར་གྱིས་ཉན་པ་པོའི་མི་ཤེས(༩༢༥ན)པའི་དྲི་མ་བསལ་ཏེ། བློ་གྲོས་ཀྱི་པདྨོའི་ཟེའུ་འབྲུ་གསལ་བར་མཛད་པ་ལ་བརྟེན་ནས་ཉིད་ཀྱི་སློབ་མ་དཀའ་ཆེན་བཅུ་ལ་མཁས་པ་མཐའ་ཡས་པ་བྱུང་སྟེ་སྙན་པའི་གྲགས་པས་སའི་སྟེང་ཁྱབ་པར་གྱུར་ཏོ། །དེ་ལྟར་བསྟན་པ་དང་སེམས་ཅན་གྱི་དོན་ལ་སྐད་ཅིག་ཀྱང་གཡེལ་བ་མེད་པའི་ངང་ནས་རྟ་རའི་གདན་ས་ལོ་བདུན་མཛད་ཅིང༌། དེའི་ཚེ་དགུང་ལོ་སོ་བརྒྱད་པ་ལ་འཇམ་པའི་དབྱངས་དོན་ཡོད་པས་བསྐུལ་ནས་མདོ་སྡེ་རྒྱན་ལ་ཊཱི་ཀ་མཛད། ཁོང་གིས་བསྐུལ་ནས་སྒྲུར་བྱས་ན་སྟོང་སོབ་ཏུ་སོང་དོགས་ནས་མ་བྱས་གསུང༌། འདི་ལ་དཀའ་ལས་ཀྱང་ཆེ་རབ་བྱས་ནས་བརྩམས་ཏེ་ལེགས་རབ་གཅིག་བྱུང་ནས་འདུག་གསུང༌། དེའི་རྗེས་ལ་རྒྱུད་བླའི་ཊཱི་ཀ་མཛད། དེའི་རྗེས་ལ་སློབ་དཔོན་གྲུབ་རྒྱལ་བའི་དོན་དུ་སྦྱོར་འཇུག་གི་ཊཱི་ཀ་མཛད། དེའི་ཚེ་མཁས་པ་མང་པོ་དབང་ལོའི་དྲུང་དུ་འཛོམ་ནས་སྦྱོར་འཇུག་ལ་སུ་མཁས་ཀྱི་གླེང་མོ་བྱུང་བས། ལ་ལ་ན་རེ་ཀྱི་སྟོན་པ་མཁས་ཟེར་བ་ལ། དབང་ལོའི་ཞལ་ནས། སྦྱོར་འཇུག་ལ་བོད་གངས་ཅན་གྱི་ཁྲོད་ན་རྐྱེད་ཚང་པ་དང༌། ཤུ་རུ་ཐོགས་མེད་གཉིས་ལས་མཁས་པ་མེད། སྦྱོར་འཇུག་གི་དོན་ཐམས་ཅད་ཁོང་གཉིས་ཀྱི་རྒྱུད་ལ་ལྡན་པ་ཡིན་གསུང་ངོ༌། །དེ་ལྟར་བོ་དོང་གི་བཤད་ཉན་མཛད་དུས་སློབ་དཔོན་དང་མཆེད་གྲོགས་འགའ་རེས་ཕྱག་རྫས་ཐབ་ལ་གྲྭ་པ་མང་པོ་སྐྱོང་དགོས་པས་ལག་ལེན་གྱི་སྐོར་རྣམས་སྐྱོང་བར་ཞུ་ཞེས་ཡང་ཡང་ཞུས་པས། རྒྱལ་(༩༢༥བ)སྲས

བདག་ཉིད་ཆེན་པོ་འདིའི་ཐུགས་ལ་ཁ་གསག་གཞོགས་སློང་གིས་ནོར་བསྒྲུབས་ཏེ་སློབ་མ་སྐྱོང་བ་ནི། རྒྱལ་བའི་བཀའ་དང་མི་མཐུན་ཞིང་སྔོན་བྱོན་དམ་པའི་མཛད་ཚུལ་མིན་ལ། སྔོན་བྱོན་དམ་པ་རྣམས་ཀྱི་མཛད་ཚུལ་ནི་ཚེ་འདིའི་བསམ་སྦྱོར་དོར་ཏེ་རྒྱལ་བའི་བཀའ་དང་མཐུན་པར་སྡོམ་པ་གསུམ་གྱི་བཅས་མཚམས་དག་པར་བསྲུང་བ་གཉེར་བཞག་ནས་བྱང་ཆུབ་ལམ་གྱི་རིམ་པའི་ཉམས་ལེན་བྱེད་པ་འདི་ཡིན་སྙམ་དུ་ལག་ལེན་སྐྱོང་ན་ངའི་ལག་ལེན་དེ་འདི་ལྟ་བུ་ཞིག་ཡིན་ཏེ་དགོངས་ནས། རྒྱལ་སྲས་རྣམས་ཀྱི་ལག་ལེན་བཤད་པར་བྱ་ཞེས་ལག་ལེན་གྱི་སྒྲ་ལ་བརྟེན་ནས་རང་གཞན་ཐམས་ཅད་རྒྱལ་སྲས་ལག་ལེན་ལ་འཇུག་པའི་ཕྱིར་རྒྱལ་སྲས་ལག་ལེན་མཛད། བརྩམས་ཟིན་ནས་ཞུས་དག་ལ་ཁང་ཐོག་བྱོན་ཏེ་མདུན་ན་བཞུག་ཡོད་པའི་དུས། ཀླུང་པོ་ཆེན་པོ་ཞིག་བྱུང་ནས་ཁྱེར་སོང་བས་ཤོག་བུ་གཅིག་ཀྱང་བསྔུ་རྒྱུ་མ་རྙེད། དེ་ནས་ཡང་བློ་ལ་གསལ་ལེ་འདུག་པས་ལྷབས་ནས་བྲི་དགོས་བྱུང་སྟེ། ད་ཕྱོགས་ཐམས་ཅད་དུ་དར་བ་འདིའི་རྟེན་འབྲེལ་ཡིན་པ་འདྲ་གསུངས་ཏེ། དེ་ནི་རྒྱལ་སྲས་བདག་ཉིད་ཆེན་པོ་འདི་ཐུགས་བསྐྱེད་ཤིན་ཏུ་བཟང་བས་རིས་སུ་མ་ཆད་པའི་ཆོས་བྱེད་ཐམས་ཅད་རྒྱལ་སྲས་རིན་པོ་ཆེ་འདིའི་གསུང་ལ་དད་ཅིང་མོས་པར་བྱེད་ཅིང་། ལྷག་པར་རྒྱལ་སྲས་ལག་ལེན་འདི་ཕྱོགས་ཐམས་ཅད་དུ་དར་ཆ་ཆེ་ཞིང་། སུས་མཐོང་ཡང་གུས་པར་ཐལ་མོ་སྦྱོར་ཞིང་ཇི་བཞིན་ཉམས་སུ་ལེན་པར་མ་ནུས་ཀྱང་དད་ཅིང་གུས་པ་དང་སྨོན་པའི་(༩༢༨ན)ཡུལ་དུ་བྱེད་པ་ཀུན་ལ་མཐུན་སྣང་དུ་གྲུབ་པ་འདིའོ། །དེའི་དུས་སུ་བསྟང་པོ་ཞིག་བྱུང་བ་ལ་གྲྭ་པ་རྣམས་ཀྱིས་ཞལ་ཏ་འཇོག་པར་ཞུ་ཞུས་པས། ངའི་ཁ་ཆེམས་རྒྱལ་སྲས་ལག་ལེན་ཡིན་གསུང་ངོ་། །རྒྱལ་སྲས་བདག་ཉིད་ཆེན་པོ་འདི་རྒྱལ་བའི་དམ་ཆོས་མ་ལུས་འཛིན་པའི་སྨོན་ལམ་རླབས་པོ་ཆེའི་མཐུ་གྲུབ་སྟེ། བྱང་ཆུབ་སེམས་དཔའ་གཞོན་ནུ་ནོར་བཟང་གིས་དགེ་བའི་བཤེས་གཉེན་བརྒྱ་རྩ་གཅིག་

བསྟེན་པའི་ཚུལ་ལྟར། བྱང་ཆུབ་སེམས་དཔའ་ཆེན་པོ་འདིས་ཀྱང་དགེ་བའི་བཤེས་གཉེན་བཅུ་ཕྲག་བཞི་དང་། འགྲན་གྱི་དོ་ཟླ་བྲལ་བའི་ཡོངས་འཛིན་རིན་ཆེན་གཉིས་རྣམས་བསྟེན་ཏེ། དེ་ཡང་ཐོག་མར་ཤེས་བྱ་རྒྱ་ཆེན་གསན་པའི་བཤེས་གཉེན་བཅུ་ཕྲག་གཅིག་ནི་འདི་ལྟར། དགུང་ལོ་བཅུ་བཞེས་པའི་དུས་སུ། འཇམ་དབྱངས་འཁོན་སྟོན་ལ་སེམས་བསྐྱེད། ཕར་ཚད་གཉིས། མངོན་པ། གཤིན་རྗེ་གཤེད་དགྲ་ནག་གི་མངོན་རྟོགས། ཡུམ་སྒྲུབ། མི་འཁྲུགས་པའི་སྒོམ་བཟླས་རྣམས་གསན། བླ་མ་ཀུན་རྒྱལ་བ་ལ་མངོན་པ་ཀུན་ལས་བཏུས་ལ་སོགས་པ་བྱམས་པ་དང་འབྲེལ་བའི་ཆོས་སྐོར་རྣམས་གསན། འཛད་རོང་པ་འཇམ་དབྱངས་ཉི་མ་རྒྱལ་མཚན་ལ་ཚད་མ་རྣམ་ངེས་གསན། ས་སྐྱའི་མཁས་པ་ཆེན་པོ་བླ་མ་གཞོན་རྒྱལ་བ་ལ་སྡེ་བདུན་འགྲེལ་པ་འགྲེལ་བཤད་དང་བཅས་པ་གསན། བླ་མ་བཀྲ་ཤིས་མགོན་ལ་མངོན་པ་ཀུན་ལས་བཏུས་གསན། སློབ་དཔོན་ཤཱཀྱ་བྱང་ཆུབ་ལ་ཕར་ཕྱིན་གསན། ཁྲོ་ཕུར་ཚད་མའི་(༡༢༨བ)སྐྱེས་བུ་བསོད་ནམས་མགོན་ལ། ཡུམ་རྒྱས་པ། བརྒྱད་སྟོང་པ། བརྒྱད་སྟོང་འགྲེལ་ཆེན་སོགས་གསན། འཇམ་དབྱངས་ཞག་གཅིག་ལ། ཉི་ཁྲི། ཁྲི་བརྒྱད་སྟོང་པ། ཤེས་རབ་སྣ་ཚོགས། ཤེས་རབ་ཁྲི་པ། ཉི་ཁྲི་ལེ་མང་། ཉི་ཁྲི་སྣང་བ། ལེ་བརྒྱད་མ། ས་སྡེ་ལྔ་རྣམས་གསན། དཔང་ལོ་ཙཱ་བ་བློ་གྲོས་བརྟན་པ་ལ། ས་སྡེ་ལྔ། ཐེག་བསྡུས་སྐོར་གསུམ། མངོན་པ་ཀུན་ལས་བཏུས། ཐུབ་པ་དགོངས་རྒྱན། རྣམ་བཤད་རིགས་པ། ལས་སྒྲུབ་པའི་རབ་ཏུ་བྱེད་པ། རྟེན་འབྲེལ་མདོ་འགྲེལ། དབུ་མ་སྒོམ་རིམ་སོགས་དབུ་མའི་སྐོར། དུས་འཁོར་རྒྱུད་འགྲེལ། གསང་འདུས་ཀྱི་སྒྲུབ་ཐབས། བརྒྱད་སྟོང་དོན་བསྡུ། དེའི་འགྲེལ་པ། བྱང་ཆུབ་གཞུང་ལམ། ཕུང་པོ་ལྔའི་རབ་བྱེད། བཅུ་གཅིག་ཞལ་གྱི་གཟུངས། སྟོད་པའི་འགྲེལ་པ་སངས་རྒྱས་ཡེ་ཤེས་ཞབས་ཀྱིས་མཛད་པ་རྣམས་གསན། གོ་ཤྲཱི་རིན་ཆེན་སེང་གེ་ལ་མངོན་པ་ཀུན་ལས་བཏུས་གསན་ནོ། །ཤིན་ཏུ་

བཀའ་དྲིན་ཆེ་བའི་བཤེས་གཉེན་བཅུ་ཕྲག་གཅིག་བསྟེན་ཚུལ་ནི། དགུང་ལོ་ལྔ་པའི་དུས་སུ་བསམ་གླིང་པའི་གདུང་བརྒྱུད་སངས་རྒྱས་དབོན་ལ་བདེ་མཆོག་དྲིལ་བུ་པའི་དབང་ཞུས་པས་དབང་བཞིའི་དོན་ངོ་འཕྲོད་པ་བྱུང་ཞེས་གྲག་གོ །བསམ་གླིང་པའི་རིན་ཆེན་དཔལ་འབར་བ་དང་མཁན་པོ་རིན་ཆེན་དཔལ་བཟང་གཉིས་ལ། སོ་སོ་ཐར་པའི་སྡོམ་པ་དེའི་བསླབ་བྱ་དང་བཅས་པ་གསན། བླ་མ་མདོ་སྡེ་དཔལ་བ་ལ་རྣམ་རྒྱལ་སྒྲུབ་ཐབས། དེའི་གཟུངས། སྒྲོལ་མ་མཇལ་བཞི་པ། སྒྲོལ་མ་ཉེར་(༩༢༧ན)གཅིག་གི་ལས་ཚོགས་སྒྲུབ་ཐབས་དང་བཅས་པ། གཤིན་རྗེ་གཤེད་དྲག་པོའི་རྗེས་གནང་། བྱང་ཆུབ་སེམས་དཔའ་ཟླ་བ་རྒྱལ་མཚན་གྱིས་མཛད་པའི་གཏོར་མ་བརྒྱ་རྩ། གཟེར་ལྔའི་གདམས་པ། བློ་སྦྱོང་རྣམ་དག་གཙུག་ནོར་སོགས་གསན། བླ་མ་གཞུར་པ་ཆོས་འཕགས་རྒྱལ་མཚན་ལ། ཡོ་གའི་སྐོར་གྱི་དབང་བཀའ་བཤད་བཀའ་མན་ངག་གི་བཀའ་ཐམས་ཅད་རྫོགས་པ་དང་། ཟབ་ཆོས་སྣ་ཚོགས་གསན། བྱང་སེམས་རིན་ཆེན་མགོན་ལ། བདེ་མཆོག །སྒྲོལ་མ། འཁོར་ཆེན། དགྱེས་རྡོར། དགྲ་ནག །ཚེ་དཔག་མེད། ཀུན་རིག་རྣམས་ཀྱི་དབང་། ཐུབ་པ་དགོངས་རྒྱན། ཐེག་བསྡུས་སྐོར་གསུམ། བྱམས་ཆོས་ལྔ་རྩ་འགྲེལ། ཉི་ཤུ་པ། སུམ་ཅུ་པ། སེམས་བསྐྱེད་ལན་དྲུག །རྣམ་རྒྱལ་གྱི་རྗེས་གནང་། མགོན་པོ་ལྕམ་དྲལ་གྱི་རྗེས་གནང་ལས་ཚོགས་དང་བཅས་པ། ཨ་ཕྱི་མའི་གཏོར་དབང་། གཏོར་ཆོག་སོགས་གསན། བླ་མ་རས་པ་རིན་ཆེན་གླིང་པ་ལ་འཇམ་དབྱངས་ཨ་ར་པ་ཙ་ནའི་སྒྲུབ་ཐབས་ཞུས་ནས་ཉམས་ལེན་བྱས་པས་དོན་དཔྱོད་ཀྱི་ཤེས་རབ་ཆེན་པོར་སོང་། ཁོང་རང་གི་ཐུགས་ལ་ཉི་ཁྲི་ཟིན་པ་བྱུང་ཡོད་པར་འདུག་གསུངས། མཁན་ཆེན་ཆོས་རྒྱལ་བ་དཔལ་བཟང་པོ་ལ་སྙིང་པོ་དོན་གསུམ། སེམས་ཉིད་ངལ་བསོ་སོགས་ཁྲོ་ཕུ་བའི་མན་ངག་བརྒྱ་རྩའི་ཁྲིད་རྣམས་གསན། བླ་མ་རི་པ་དཔལ་ཤེས་ལ། ཞ་མ་ནས་བརྒྱུད་པའི་ཕྱག་རྒྱ་ཆེན་པོ་བསྐོད་སྐོར། ནཱ་རོ་

ཆོས་དྲུག །ལྷན་ཅིག་སྐྱེས་སྦྱོར་སོགས་གསན། ཀུན་སྤྱངས་ནམ་མཁའ་གྲགས་ལ། བདེ་མཆོག་གི་དབང་ལན་གཉིས། དཔའ་བོས་མཛད་པའི་སྐྱེས་རབས། བསླབ་བཏུས། མདོ་བཏུས། ཕྱག་རྒྱ་ཆེན་པོ་གཏུམ་མོ་སོགས་གསན། བླ་མ་འདི་ལ་མ་འོངས་པའི་མངོན་པར་མཁྱེན་པ་མངའ་སྟེ། གཟིམ་ཁང་ཆོས་རྫོང་རྩིག་པའི་བཀོད་པའི་ཞལ་ཏ་ཨ་ར་པ་རྣམས་ལ་མཛད་པའི་རྩ་ན་སེམས་དཔའ་ཆེན་པོ་ཡང་བཞུགས་པས། ཉིད་ཀྱི་ཐུགས་དགོངས་ལ་བརྩོན་རྐྱན་བློ་མ་ཁྲུགས་དགོངས་ཡོང་མཆི་སྟེ། ཁང་པ་འདི་བེད་སྤྱོད་མི་ཤེས་སོ་ཨང་གསུང་ཞིང་། མཁར་ལས་གྲུབ་ནས་དགུན་གཅིག་བཞུགས་པ་དང་བསྟུང་སྟེ། སེམས་དཔའ་ཆེན་པོ་གདན་དྲངས་ནས། ངའི་ཚིག་བཞི་པོ་འདི་ཉིད་ཀྱིས་སྐྱབས་ཤིག་གསུང་སྟེ། ང་མ་ཤི་བར་རྩར་བཞུགས་གསུང་བ་དང་། ང་ཤི་ནས་ཞི་དགུའི་བར་ལ་ཚོ་ག་རེ་གྱིས་གསུང་བ་དང་། གཟིམ་ཁང་འདི་དང་གཉིས་ནས་བརྒྱ་ཐོན་གཅིག་འབུལ་བས་བཞེས་གསུངས་པ་ལ། གཉིས་ལམ་གཅིག་བཞེས་ནས་ཁོང་རང་གི་དུས་མཆོད་ལ་ཕུལ། གཞན་རྣམས་གསུང་བཞིན་དུ་བསྒྲུབས་ཏེ་སེམས་དཔའ་ཆེན་པོའི་ཞལ་ནས། ཁང་པ་འདི་གྲུབ་ནས་ཁོང་པས་དགུན་གཅིག་ལས་མ་བཞུགས། འོ་སྐོལ་གྱིས་ལོ་སུམ་ཅུ་རྩ་གྲངས་ཤིག་བེད་སྤྱོད་འདུག །དེ་དུས་མ་འོངས་པའི་མངོན་པར་མཁྱེན་པ་གསུངས་པར་གདའ་གསུང་ངོ་། །ཟབ་ཆོས་སྣ་ཚོགས་ཞུས་པའི་བཤེས་གཉེན་བཅུ་ཕྲག་གཅིག་ནི་འདི་ལྟར། བླ་ཆེན་ཀུན་བློ་ལ་སེམས་བསྐྱེད། རྒྱལ་སྲས་ལམ་བཟང་། བྱང་ཆུབ་སེམས་(༤༢༨ན)དཔའི་སྤྱོད་འཇུག་སོགས་གསན། འཛམས་པའི་བླ་མ་ཡོན་ཏན་རྒྱ་མཚོ་ལ་འཁོར་ཆེན་དང་སྒྲོལ་མའི་རྒྱ་གཞུང་། དོན་ཞགས་ཀྱི་སྐོར་རྣམས་གསན། དེའི་སྐུ་མཆེད་བླ་མ་རྡོ་རྗེ་དཔལ་ལ། གཟེར་ལྔའི་བྱིན་རླབས། བཤེས་སྤྲིང་སོགས་གསན། བླ་མ་རིན་ཡེ་བ་ལ། འཇུག་པ་སེམས་བསྐྱེད། བྱམས་ཆོས་ལྔ་རྩ་འགྲེལ། ཡང་དགོན་པའི་རི་ཆོས་སྐོར་གསུམ། དཔེ་ཆོས་རིན་སྤུངས།

མན་ངག་རིན་སྤུངས་སོགས་གསན། འཇམ་དཔལ་དབྱངས་དོན་ཡོད་པ་ལ་སྒྲོལ་མ་དང་། བདེ་ཆེན་རལ་གཅིག་གི་དབང་། སེམས་བསྐྱེད། ས་སྐྱ་པའི་བླ་མའི་རྣལ་འབྱོར་ཐུན་མོང་མ་ཡིན་པ། དབུ་མ་ཆེན་པོའི་ཁྲིད་རྣམས་གསན། མཁན་ཆེན་བུ་སྟོན་པ་ལ། བདེ་མཆོག །གསང་འདུས། དཔལ་མཆོག །རྡོར་སེམས་རྣམས་ཀྱི་དབང་། ནག་པོ་པའི་སྒྲུབ་ཐབས་ཀྱི་ཊཱིཀྐཱ། ལས་ཚོགས་ཀྱི་ཊཱིཀྐཱ་རྣམས་གསན། ཆོས་རྗེ་བསོད་ནམས་རྒྱལ་མཚན་པ་ལ། སེམས་བསྐྱེད། སྒྲོལ་མའི་དབང་། དྲིལ་བུ་པ་སྐོར་གསུམ་གྱི་དབང་། བདེ་མཆོག་མཆོད་འཕྲེང་། བདེ་མཆོག་སྡོམ་འབྱུང་གི་འགྲེལ་པ། གསུམ་པ་ལོ་ཙྪའི་སྙན་རྒྱུད། རྣམ་རྒྱལ་གྱི་བསྟོད་པ་ཙནྡྲ་གོ་མིས་མཛད་པ་རྣམས་གསན། རས་བླ་མ་བསོད་ནམས་ལྷུན་གྲུབ་ལ། གཤིན་རྗེ་གཤེད་དགྲ་ནག་གི་དབང་རྒྱུད་མན་ངག་བཅས་པ་གསན། བླ་མ་བློ་བཟང་པ་ལ་གླང་རི་ཐང་པའི་བློ་སྦྱོང་ཚིག་རྐང་བརྒྱད་མ་གསན། སྐྱི་བོ་ལྷས་པའི་མཁན་པོ་ཤེས་རྒྱལ་གྲུབ་བཟང་(༡༢༨བ)ལ། ཐུགས་རྗེ་ཆེན་པོ་སྐྱེར་སྒང་པའི་སྒྲུབ་ཐབས་ལས་ཚོགས་དང་བཅས་པ་གསན་ནོ། །དག་སྣང་རྒྱ་ཆེན་སྤྲངས་པའི་བཤེས་གཉེན་བཅུ་ཕྲག་གཅིག་ནི་དེ་ཉི་ཀུན་དགའ་རྒྱལ་མཚན། བླ་མ་མཁས་བཙུན་ཆེན་པོ། བླ་ཆེན་བསོད་བློ། བླ་མ་ཤར་པ་ཀུན་བསོད། བླ་མ་ཤེས་རབ་རྒྱལ་མཚན། དྲང་པོ་ལུང་གི་མཁན་པོ་ཐུགས་རྗེ་ཤེས་རབ། སློབ་དཔོན་དཔལ་གྱི། མཁན་པོ་བསོད་ནམས་སེང་གེ །བླ་མ་རྒྱལ་པོ་དཔལ། བླ་མ་ནམ་མཁའ་སངས་རྒྱས་རྣམས་ལ་ཡང་ཆོས་འབྲེལ་རེ་ཡོད་གསུང་། འགྲན་གྱི་དོ་ཟླ་མེད་པའི་ཡོངས་འཛིན་རིན་ཆེན་གཉིས་ནི་འདི་ལྟར། བསྟན་འཛིན་ཐམས་ཅད་ཀྱི་གཙུག་རྒྱན། ཕན་བདེ་ཐམས་ཅད་ཀྱི་འབྱུང་གནས། གནས་བརྟན་ཆེན་པོའི་སྤྲུལ་པ། དག་པའི་ས་ལ་གནས་པའི་སེམས་དཔའ་ཆེན་པོ། མཁན་ཆེན་བསོད་ནམས་གྲགས་ལ། མདོ་རྒྱུད་ཐམས་ཅད་ཀྱི་སྙིང་པོ། མན་ངག་ཐམས་ཅད་ཀྱི་ཉིང་ཁུ། རྒྱལ་བ་ཐམས་ཅད་ཀྱི་སྤྱི་ལམ་ཐེག་པ་ཆེན་པོའི་བློ་སྦྱོང་

ཞུས་པའི་དུས་སུ།   སྐྱེ་བ་དཔག་ཏུ་མེད་པའི་གོང་རོལ་ནས་དཔོན་སློབ་ཀྱི་འབྲེལ་པ་ཡོད་པའི་རྟེན་འབྲེལ་གྱིས། བྱང་ཆུབ་ཀྱི་སེམས་གཉིས་ནི་དབྱེར་གྱི་ཆུ་ཀླུང་ཆེན་པོའི་རྒྱུན་བཞིན་དུ་འཕེལ་ཞིང་རྒྱས། སྟོང་པ་ཉིད་དང་སྙིང་རྗེ་ཆེན་པོའི་ཟ་ཀློང་ཆེན་པོ་འཁྲུགས་ནས་དོན་གཉིས་ལྷུན་གྲུབ་ཀྱི་རྒྱ་མཚོ་ཆེན་པོར་ཕྱིན་ཏེ། རྒྱལ་སྲས་བདག་ཉིད་ཆེན་པོ་འདིས་ལམ་མ་ནོར་བར་སྟོན་པའི་བླ་མ་ལ་ཡིད་བཞིན་གྱི་ནོར་བུ་དང་སངས་རྒྱས་དངོས་ཀྱི་མོས་གུས་བཅོས་མ་མིན་(༩ ༢༨ན)པ་ཐོབ་སྟེ། མཁན་ཆེན་རིན་པོ་ཆེ་དང་མཇལ་ཙ་ན།   གནས་བརྟན་ཆེན་པོ་ཞིག་དང་མཇལ་བའི་སྣང་བ་ཡོང་གིན་འདུག་གསུང་། ཇོ་བོ་རྗེ་བླ་མ་གསེར་གླིང་པའི་མཚན་བརྗོད་པའི་ཚེ། ཕྱག་ཐལ་མོ་སྦྱོར་སྤྱན་ཆབ་འདོན་པ་བཞིན་དུ།   མཁན་ཆེན་རིན་པོ་ཆེའི་མཚན་བརྗོད་པ་ན་ཕྱག་ཐལ་མོ་སྦྱར་སྤྱན་ཆབ་ཉིལ་མཛད་ནས། ངའི་བླ་མ་དེའི་ཐུགས་རྗེ་དེ་ལྟ་བུ་གཞན་ལ་རང་མེད་གསུང་ནས་གཙུག་གི་ནོར་བུ་ལྟར་འཛིན་ཏོ། །གཞན་ཡང་བྱང་སེམས་བསོད་ནམས་གྲགས་པ་ལ། སྐྱིད་སྡུག་ལམ་ཁྱེར། དོན་ཞགས་ཀྱི་སྐོར། སྨན་བླའི་རྗེས་གནང་དང་མདོ་ཆོག །འདུལ་བ་མདོ་རྩ། རི་ཁྲོད་ལོ་མ་གྱོན་མ་དང་འོད་ཟེར་ཅན་གྱི་གཟུངས། ཇོ་བོ་རྗེས་མཛད་པའི་སེམས་བསྐྱེད་ཆོ་ག །ཛེ་ཏ་རིས་མཛད་པ་ལ་སོགས་པའི་ཆོས་ཆུང་བརྒྱ་རྩ། རིགས་གཏད་སོགས་སྐྱེར་སྣང་བའི་ཆོས་སྐོར་རྣམས་ཞོར་ཉན་མཛད་དོ། །དང་པོར་རིགས་པའི་གནས་ལ་མཁས་པར་སྦྱངས་ཤིང་། བར་དུ་རྣམ་པ་ཐམས་ཅད་པའི་མཆོག་དང་ལྡན་པའི་སྟོང་པ་ཉིད་དང་། དམིགས་པ་མེད་པའི་སྙིང་རྗེ་ཆེན་པོ་གཉིས་ལ་གོམས་པར་བྱས་པས་མཆོག་གི་དངོས་གྲུབ་བརྙེས་ནས་འགྲོ་བའི་དོན་རྒྱུན་ཆད་མེད་པར་མཛད་པ། རྡོ་རྗེ་འཆང་ཆེན་པོའི་ངོ་བོར་གྱུར་པ་རིན་པོ་ཆེ་ཤེས་རབ་འབུམ་པ་ལ་དུས་འཁོར་གྱི་དབང་དང་སྦྱོར་བ་ཡན་ལག་དྲུག་གི་ཁྲིད་སོགས་སྔགས་ཀྱི་ཟབ་ཆོས་མང་དུ་གསན་ཞིང་ལྷག་པར་དུས་གསུམ་སངས་རྒྱས་ཐམས་ཅད་

ཀྱི་བགྲོད་པ་གཅིག་པའི་ལམ་བྱང་ཆུབ་(༩༢༩བ)སེམས་དཔའ་ཐམས་ཅད་ཀྱི་ཐུགས་དམ་གྱི་མཐིལ་བྱང་ཆུབ་ཀྱི་སེམས་རིན་པོ་ཆེ་རྣམ་པ་གཉིས་ཞུ་བར་མཛད་པས་དང་གུས་བླ་ལྷག་ཏུ་མཛད་ཅིང་། ཐུགས་རྗེ་ཆེན་པོ་ཐུགས་རྒྱུད་ལ་འཁྲུངས་ངེས་ཤེས་པ་ནི་རིན་པོ་ཆེ་ཤེས་རབ་འབུམ་པ་དེ་ཡིན་གསུངས་ནས་ཕྱག་ཐུགས་ཀར་ཐལ་མོ་སྦྱར་ནས་སྤྱན་ཆབ་ཉིལ་ཉིལ་མཛད་དོ། ཡང་རིན་པོ་ཆེ་ཤེས་རབ་འབུམ་པས་རྒྱལ་སྲས་བདག་ཉིད་ཆེན་པོ་འདི་ལ་དུས་ལན་ཅིག་ཆེད་ཀྱིས་ཤོག་གསུང་སྟེ། སྙན་ནས་སྙན་དུ་བརྒྱུད། ཐུགས་ནས་ཐུགས་སུ་བརྒྱུད། གྲུབ་ཐོབ་ཀྱི་ཟམ་མ་ཆད། བྱིན་རླབས་ཀྱི་ན་བུན་མ་ཡལ་བ། སྨིག་པོ་ཆེ་བཙན་ཐབས་སུ་འཚང་རྒྱ་བར་ནུས་ཤིང་། རབ་ཆེ་འདི། འབྲིང་བར་དོ། ཐ་མ་ཡང་སྐྱེ་བ་བདུན་ནམ་བཅུ་དྲུག་ན་འཚང་རྒྱ་བའི་གདམས་ངག་མཁའ་འགྲོའི་ཁ་རླངས་ཐུལ་ལེ་བའི་ཆོས་ཐུགས་རྗེ་ཆེན་པོའི་དམར་ཁྲིད་དང་། ཕྱག་རྒྱ་ཆེན་པོ་ལྷན་ཅིག་སྐྱེས་སྦྱོར། རྟེན་འབྲེལ་སྙིང་པོ་རྣམས་ཀྱི་ཁྲིད། དབང་མདོར་བསྟན། སྨྱུང་གནས་ཀྱི་སྐོར་རྣམས་གནང་སྟེ། འགྲོ་དོན་རྒྱ་ཆེན་པོ་འབྱུང་བའི་རྟེན་འབྲེལ་བསྒྲིག་པར་མཛད་དོ། །དེ་ནས་རྒྱལ་སྲས་བདག་ཉིད་ཆེན་པོ་འདིས། མཛོད་ལས། ཚུལ་གནས་ཐོས་དང་བསམ་ལྡན་པས། །སྒོམ་པ་ལ་ནི་རབ་ཏུ་སྦྱོར། །ཞེས་གསུངས་པ་ལྟར། མདོ་སྔགས་ཡོངས་སུ་རྫོགས་པའི་ལམ་གྱི་གནད་ཀུན་ལ་ཐོས་བསམ་གྱིས་སྒྲོ་འདོགས་ཆོད་པར་མཛད་ནས་སྔོན་བྱོན་དམ་པའི་རྣམ་ཐར་ལྟར་དབེན་པའི་གནས་སུ་སྒྲུབ་པ་རྩེ་གཅིག་ཏུ་མཛད་བཞེད་ནས་བོ་དོང་ཨེའི་རྟ་རའི་(༩༣༠ན)གདན་ས་སེམས་དཔའ་ཆེན་པོ་རང་གི་བླ་ཆེན་སློབ་དཔོན་རྒྱལ་མཚན་སེང་གེ་ལ་གཏད་ནས་བཤད་ཉན་མཛད་ཀྱིན་ཡོད་པའི་སྐབས་སུ། འཇམ་དཔལ་དབྱངས་དོན་ཡོད་རྒྱལ་མཚན་སྐྱ་མཆེད་ཡུམ་དང་བཅས་པ་རྣམས་ཀྱིས། ཨེའི་ཆོས་དཔོན་མཛད་པར་ཞུ་བ་གསོལ་བས། ངས་ཆོས་དཔོན་བཙལ་ཡོང་གི་གསུང་ནས་ས་སྐྱར་བྱོན་

ཏེ། དཔང་ལོ་ཙཱ་བ་བློ་གྲོས་བརྟན་པ་ལ་ཨེའི་ཆོས་དཔོན་ལ་འཁྲིན་པར་ཞུ་བ་ཕུལ་བས་དཔང་ལོའི་ཞལ་ནས། གུ་རུ་ཐོགས་མེད། ཐོས་པའི་གཏམ་ལ་སྨན། ངའི་བླ་མ་གཡག་སྡེ་བ་སེང་གེ་རྒྱལ་མཚན་གྱིས་ཀྱང་མ་ཐོབ་པའི་གདན་ས་ཡིན་སང་རང་འགྲོ་གསུང་ནས་མཉེས། དེ་ནས་དཔང་ལོ་ཨེར་གདན་དྲངས་ནས་རྒྱལ་སྲས་འདིས་ས་སྐྱེ་ལ་སོགས་པའི་ཕྱུག་དཔེ་རྣམས་དཔང་ལོ་ལ་ཕུལ་ནས། དབེན་པ་བསྟེན་པ་ལ་ཐུགས་ཕྱོགས་ཏེ། ཉིད་ཀྱི་ཞལ་ནས། འདུ་འཛི་མི་གཙང་བ་ལྟར་བརྒྱུད་བསྲིངས་ནས། །རང་གཞན་དོན་དུ་རྟག་ཏུ་བསམ་གཏན་ལ། །རབ་ཏུ་བརྩོན་པར་འདོད་པའི་སྐྱེ་བོ་ཡིས། །ཕྱི་དང་ནང་གི་དབེན་པ་ཐོབ་པར་ཤོག །ཅེས་དང་། ཀྱེ་ཀྱེ་ཉོན་ཅིག་གྲོགས་པོ་དམ་པ་ཀུན། །ཀུན་ཀྱང་གཏན་གྱི་བདེ་བ་ཐོབ་འདོད་ན། །ན་རྒ་འཆི་དང་སྐྱེ་བའི་སྡུག་བསྔལ་བསམ། །བསམ་པ་ཐག་པས་སྒོ་གསུམ་དགེ་ལ་འབད། །འབད་ཀྱང་དོན་ཆུང་འཇིག་རྟེན་བྱ་བ་སྤྲངས། །སྐྱེས་བུའི་ཚེ་ནི་རི་གཟར་འབབ་ཆུ་འདྲ། །སྐད་ཅིག་མི་སྡོད་འཆི་བའི་གནས་སུ་སློག །ལང་ཚོའི་དཔལ་(༤༣༠བ)ནི་མེ་ཏོག་མགུལ་རྒྱན་བཞིན། །ཡུད་ཙམ་ཞིག་གིས་རྙིངས་པར་འགྱུར་བ་ཡིན། །ཚེ་འདི་སྐད་ཅིག་ཅིག་གིས་འཛད་འགྱུར་ཞིང་། །བསགས་པའི་ལོངས་སྤྱོད་སྤྱོད་པའི་དབང་མེད་པར། །གློ་བུར་ཉིད་དུ་དུ་མའི་ནང་ནས་བདག །གཅིག་པུར་འགྲོ་ཚེ་ཚེ་འདིའི་མདུན་མས་བསྐྱུ། །བ་སྤུ་གྱེན་ལང་བཤང་གཅི་འཐུར་དུ་རྒྱུག །བྱད་ཤ་ཕྱིར་སྦྲོས་མིག་འབྲས་ནང་དུ་བྲོས། །ཟས་ཀྱི་ཞེན་ལོག་སྐོམ་གྱི་སྲིད་པ་འཕེལ། །ལུས་སྐྱོང་མི་ནུས་སེམས་ཀྱི་གྲུ་གྲུ་ལངས། །དེ་འདྲའི་སྡུག་བསྔལ་དྲག་པོས་ཐེབས་པའི་ཚེ། །སྨན་པ་མཁས་ཀྱང་བཅོས་པའི་ཐབས་མེད་ཅིང་། །ཟང་ཟིང་རིམ་གྲོས་བཟློག་པར་མི་ནུས་ན། །གཉེན་བཤེས་བརྩེ་གདུང་ཆེ་ཡང་ཅི་བྱར་ཡོད། །རིག་རིག་མིག་གིས་ཉེ་དུའི་གདོང་ལ་བལྟ། །ཧོམ་ཧོམ་ལག་པས་རང་གི་གོས་ལ་འཛུ། །ངར་ངར་དབུགས་ཀྱི་ཕྲེང་བ་ཆད་ལ་ཉེ། །འཇིགས་འཇིགས་འདྲ་བའི་གཤིན་རྗེས་ཟིན་པ་

ན། །ཁང་བཟང་རིན་ཆེན་ནང་དུ་གནས་བཅས་ཤིང་། །དཔའ་བའི་སྐྱེས་བུ་རྡོ་བའི་མཚོན་ཐོགས་པ། །འབུམ་ཕྲག་དག་གིས་བསྲུངས་ཀྱང་གཤིན་རྗེ་ཡི། །སྐྱེས་བུ་གཅིག་ཀྱང་ཐུབ་པར་མི་འགྱུར་ཞིང་། །འཁོར་ལོས་བསྒྱུར་རྒྱལ་གྱིས་ཀྱང་སྐྱོབ་མི་ནུས། །སྟོང་གསུམ་ནོར་གྱིས་བཀང་ཡང་བླུར་མི་རུང་། །དེ་བས་ད་ལྟ་ཉིད་ནས་དཀོན་མཆོག་ལ། །སྐྱབས་སུ་སོང་ལ་འཕགས་པའི་ནོར་བདུན་བཟུང་། །ཉོན་མོངས་སྟོབས་ཀྱིས་བསྒྲུབས་པའི་ནོར་རྫས་འདི། །འདི་དང་ཕྱི་མའི་སྡུག་བསྔལ་ཀུན་གྱི་གནས། །གནས་ངན་ལེན་དང་ཟག་པ་འཕེལ་(༤༣༧ན)བའི་གྲོགས། །གྲོགས་དང་ཉེ་དུ་འབྱེད་པའི་ཕུང་འདྲེ་ཡིན། །ནོར་ནི་སྦྲང་མའི་སྦྲང་རྩི་ཇི་བཞིན་དུ། །རང་གིས་ཏིལ་ཙམ་སྤྱད་པར་མི་ནུས་ཤིང་། །གཞན་དག་བསྲུང་བའི་དོན་དུ་ནོར་ཉིད་དང་། །བདག་གི་སྲོག་ཀྱང་འཆོར་བར་འགྱུར་བ་ཡིན། །སྟོང་གསུམ་ནོར་ལ་དབང་བསྒྱུར་རྒྱལ་པོ་ཡང་། །འཇིག་རྟེན་འདི་ནས་ཕྱི་མར་འགྲོ་བའི་ཚེ། །སྲིན་མོ་ལག་པ་སྟོང་པར་འགྲོ་འགྱུར་ན། །ཟང་ཟིང་ནོར་རྫས་སྒྲུབ་པ་མ་འཁྲུལ་ལམ། །ནམ་ཡང་མི་འཛད་གཏན་གྱི་བདེ་བའི་རྒྱུ། །དད་དང་ཚུལ་ཁྲིམས་ཐོས་དང་གཏོང་བ་དང་། །ངོ་ཚ་ཤེས་དང་ཁྲེལ་ཡོད་ཤེས་རབ་སྟེ། །བདེ་བར་འདོད་ན་ནོར་བདུན་འདི་དག་ཟུངས། །ཤེས་ལྡན་རྣམས་ཀྱིས་སྐྱེས་བུ་དམ་པ་སྟེན། །བསྟེན་ཅིང་འགྲོགས་ན་ཉོན་མོངས་ནད་སྐྱེ་བ། །སྐྱེ་བོ་དམན་པ་འདི་དག་སྦྲུལ་གདུག་དང་། །དུག་དང་འདྲེས་པའི་ཁ་ཟས་བཞིན་དུ་སྤོངས། །གཡོ་སྒྱུ་དྲུག་ཅུ་རྩ་བཞིའི་ཞགས་པ་ཡིས། །ཆགས་ལྡན་སྐྱེས་བུ་ཤིན་ཏུ་དམ་བཅིངས་ནས། །ཐར་པའི་སྲོག་རྩ་གཅོད་པར་བྱེད་པ་ཡི། །བུད་མེད་དག་ལ་སུ་ཞིག་ཆགས་པར་བྱེད། །འབྱོར་བའི་ཚེ་ན་བྲོས་ཀྱང་རྗེས་སུ་སྙོག །རྒུད་པའི་ཚེ་ན་དྲུང་དུ་བསྙེགས་ཀྱང་འབྲོས། །བུ་ཡིས་རང་གི་ཕ་ཡང་གསོད་བྱེད་ན། །ཉེ་དུ་རྣམས་ལ་སུ་ཞིག་ཡིད་རྟོན་བྱེད། །མངོན་དུ་གྱུར་ན་དགའ་བའི་ཚུལ་སྟོན་ཅིང་། །ལྐོག་ཏུ་གྱུར་ན་མི་སྙན་སྣ་ཚོགས་སྒྲོག །ཕན་

བཏགས་ལན་དུ་གནོད་པ་སྐྱེལ་བ་ཡི། །བྱིས་པའི་གྲོགས་པོ་མཛའ་ཡང་ངེས་པར་(༤༣༡བ)བསླུ། །ངེས་ན་འཇིག་རྟེན་ཆགས་པ་རྣམ་པར་སྤང་། །སྤང་བྱ་བག་ཆགས་བཅས་པ་མ་ལུས་པ། །ལུས་པ་མེད་པར་སྤངས་པ་འགྲོ་བའི་སྐྱབས། །སྐྱབས་མཆོག་གསུམ་པོ་གུས་པའི་ཡིད་ཀྱིས་སྟེན། །འདུས་བྱས་མི་རྟག་རྟག་པའི་སྐབས་མེད་ཅིང་། །ཟག་བཅས་མི་བདེ་བདེ་བར་འཛིན་པ་འཁྲུལ། །མྱང་འདས་རབ་ཞི་ཞི་བའི་ལམ་འདོད་ན། །ཆོས་རྣམས་བདག་མེད་མེད་ཡོད་མཐའ་བྲལ་སྒོམས། །ལས་ངན་རྒྱ་མཚོ་རྐྱེན་ངན་ཐ་རླབས་ཅན། །སྡུག་བསྔལ་སྣ་ཚོགས་ཆུ་བོའི་རྒྱུན་འབབ་ཅིང་། །སྐྱེ་བོ་ངན་པའི་ཆུ་སྲིན་རྟག་རྒྱུ་བའི། །གྲོང་གི་མཚོ་ལ་ཆགས་པར་མ་བྱེད་པར། །རང་བཞིན་ཉམས་དགའ་གཞན་གྱིས་འཚེ་བ་མེད། །ཆུ་དང་ལོ་མ་འབྲས་བུའི་འབྱོར་པ་མོད། །ཆགས་དང་སྡང་བའི་གཏམ་ཡང་མི་ཐོས་པའི། །དབེན་པའི་ནགས་ཚལ་དག་ཏུ་གནས་པར་གྱིས། །བུང་བ་དག་ནི་ཡིད་འོང་གླུ་ལེན་ཅིང་། །རྨ་བྱའི་ཚོགས་རྣམས་མཛེས་པའི་གར་སྟབས་བསྒྱུར། །ལྗོན་ཤིང་འགའ་ཞིག་ཡལ་གའི་བསིལ་ཡབ་གཡོབ། །འགའ་ཞིག་འབྲས་བུ་སྨིན་པའི་མེ་ཏོག་འཐོར། །ཡན་ལག་བརྒྱད་དང་ལྡན་པའི་ཆུ་བོའི་རྒྱུན། །ལྡིང་ལྡིང་སྙན་པའི་སྒྲ་སྐད་སྒྲོགས་བྱེད་ཅིང་། །ལྗུ་བའི་ཕྲེང་བས་ཀུན་ནས་མཛེས་པར་སྤྲས། །ཆུ་ཐིགས་ཟེགས་མའི་མེ་ཏོག་ཕྱོགས་བཅུར་འཐོར། །དེ་ལྟར་དབེན་ཞིང་ཉམས་དགའི་གནས་མཆོག་ཏུ། །མཆོག་ཏུ་ཟབ་མོའི་མན་ངག་རབ་སྟོན་པ། །སྟོན་པ་གཉིས་པ་ལྟ་བུའི་བླ་མ་ལ། །མ་ལ་བུ་བཞིན་གུས་པས་རིམ་གྲོ་བྱ། །དེ་ཡིས་གསུངས་པའི་དམ་ཆོས་(༤༣༢ན)འོ་མའི་རྒྱུན། །རྟོགས་པའི་ལུས་སྟོབས་འཕེལ་བར་བྱེད་པ་དེ། །ཉིན་དང་མཚན་དུ་སྐད་ཅིག་མ་ཡེངས་པར། །ཉམས་སུ་བླང་ཞིང་འདི་ལྟར་སྒྲུང་བར་བྱ། །ཐབས་ཀྱི་གྲུབ་ཆེན་ཤེས་རབ་ཟག་ལྡན་ཅན། །བདག་གིས་བཟུང་སྟེ་འཁོར་བའི་རྒྱ་མཚོ་ལས། །སེམས་ཅན་ཐམས་ཅད་བསྒྲལ་བར་བྱ་སྙམ་པའི། །བྱང་ཆུབ་

སེམས་མཆོག་ཆོས་ཀྱི་རྩ་བ་ཡིན། །ཚེ་འདིར་ལན་དང་ཕྱི་མར་རྣམ་སྨིན་ལ། །རེ་བ་མེད་པའི་སྦྱིན་པ་ཐུབ་པས་བསྔགས། ཁྲིམས་ནི་ཡོན་ཏན་ཀུན་གྱི་གཞི་ཡིན་པས། །གཞན་ལ་གནོད་པ་དུག་བཞིན་སྤང་བར་གྱིས། ཁོང་ཁྲོའི་དགྲ་ཡིས་འདི་ཕྱིའི་དཔལ་འཕྲོག་པས། །བཟོད་པའི་དམག་དཔུང་ཆེན་པོ་ཤིན་ཏུ་གཅེས། །ལེ་ལོས་རང་གཞན་དོན་གཉིས་མི་འགྲུབ་པས། །ལས་གཞན་སྤངས་ཏེ་དགེ་ལ་འབད་པར་བྱ། །བསམ་གཏན་མེད་པར་ཆོས་ཉིད་མི་མཐོང་བས། །རྣམ་རྟོག་མཚན་མ་མེད་པའི་ཏིང་འཛིན་སྒོམས། །ཤེས་རབ་མེད་པར་ཐར་ལམ་མི་བགྲོད་པས། །བདེན་གཉིས་ཟབ་མོའི་དོན་ལ་མཁས་པར་གྱིས། །བདག་དང་གཞན་གྱི་དུས་གསུམ་དགེ་བ་རྣམས། །སྲིད་གསུམ་འགྲོ་བས་བྱང་ཆུབ་ཐོབ་བྱའི་ཕྱིར། །འཁོར་གསུམ་ཡོངས་སུ་དག་པའི་ཤེས་རབ་ཀྱིས། །སྐུ་གསུམ་མངོན་གྱུར་བྱང་ཆུབ་ཆེན་པོར་བསྔོ། །ཞེས་གསུངས་ནས་དབེན་པའི་གནས་མདོ་སྡེ་རྒྱན་ལས་ཇི་ལྟར་གསུངས་པ་དང་མཐུན་པ་རང་བཞིན་གྱིས་དབེན་ལ་འདུག་ན་ཉམས་དགའ་ཞིང་ཏིང་ངེ་འཛིན་དང་གིས་འཕེལ་བ། །མི་རྟོག་རྣམ་པ་སྣ་ཚོགས་སྐྱེ་བ་བྱ་རྣམ་པ་སྣ་ཚོགས་སྒྲ་སྙན་(༩༣༢བ)པ་འབྱིན་པ། རྩྭ་དང་ལོ་མ་དང་འབྲས་བུས་བརྒྱན་པའི་ཤིང་ལྗོན་པས་མཛེས་པ། མདུན་ན་ཆུ་བོ་ཆེན་པོ་བཞིའི་ཡ་གྱུལ་གཙང་ཆབ་སྒྲ་སྙན་པོ་ལྷུང་ལྷུང་ལྟར་འབབ་པ། དེའི་ཉེ་འཁོར་ན་བི་ཊྚ་ལྟ་བུའི་ནེའུ་གསིང་སྔོན་པོ་ལ། མེ་ཏོག་ཁ་དོག་སྣ་ཚོགས་པ་དག་གིས་ཚོམ་དུ་བཀོད་པ་བཞིན་དུ་བཀྲམ་པ། མདུན་ན་ཐང་ཆེན་པོ་རྒྱལ་ཐང་ཞེས་བྱ་བ་གསེར་གྱི་མཎྜལ་ལ་གཡུའི་ཚོམ་བུ་བཀོད་པ་ལྟ་བུས་མཛེས་པ། འཚོ་བ་རྙེད་སླ་ཞིང་ཆོམ་རྐུན་དང་གཅན་གཟན་གྱི་འཇིགས་པ་མེད་པ། གངས་རི་དཔལ་དང་ལྡན་པས་བསྐོར་བའི་དབུས། གྲུབ་ཆེན་བརྒྱད་མར་བྱོན་པའི་གནས་མཆོག་རི་བོ་བོ་ཏ་ལ་དང་ཚུལ་མཚུངས་པར་གྱུར་པ། དངུལ་ཆུའི་ཆོས་རྫོང་དུ་དགུང་ལོ་ཞེ་གསུམ་པ་ལ་བྱོན་ནས་སྐུ་མཚམས་བཅད་

དེ། མཐུན་རྐྱེན་གྱི་ཞབས་ཏོག་སློབ་དཔོན་བསོད་ནམས་བརྟན་གྱི་ཕ་མ་གཉིས་དང་། ཕྱུག་མོ་རྣལ་འབྱོར་གྱིས་བསྒྲུབས་ཏེ། ཉེ་གནས་མ་གཏོགས་པ་སུ་ལ་ཡང་མཇལ་ཁ་མེད་ཅིང་། དྲག་ཞན་སུ་བྱུང་ཡང་ཕྲད་པར་མི་མཛད་ཅེས་སློ་ཡིག་འདི་ལྟར་སྦྱོར་བར་མཛད་དེ། བླ་མ་དཀོན་མཆོག་གསུམ་ལ་ཕྱག་འཚལ་ལོ། །བདག་ལ་ཕྲད་པར་འདོད་པའི་སྐྱེ་བོ་གང་། །མི་ཚེ་སྟོན་ཀའི་ཉི་ཐུང་བཞིན་དུ་ཡོང་། །འཆི་བདག་ནུབ་རིའི་གྲིབ་སོ་བཞིན་དུ་གཏུགས། །ཡོང་ངེས་གཅིག་པུ་ངེས་པར་འཆི་བ་ཡིན། །ཕན་ངེས་གཅིག་པུ་དམ་པའི་ཆོས་ལས་མེད། །དོན་མེད་གླེང་མོས་དགེ་སྦྱོར་གཡེང་མ་བྱེད། །སྐྱོ་ཤས་སྐྱེས་ན་ལོང་མེད་བློ་སྣ་བསྟུངས། །ལེ་ལོ་མ་བྱེད་མྱུར་དུ་བརྩོན་འགྲུས་རྩོམས། །དམ་(༩༣༣ན) པའི་ཆོས་དང་ཚེ་འདིའི་མདུན་མ་གཉིས། །མཉམ་དུ་འགྲུབ་པ་སུ་ཡང་ཡོད་མ་ཡིན། །བསྒྲུབ་པར་འདོད་པ་དེ་དག་རང་ཉིད་ཀྱིས། །རང་ཉིད་བསླུ་བ་ཉིད་དུ་ཐེ་ཚོམ་མེད། །ཕྲད་ཀྱང་སླ་རྒྱུ་དེ་ལས་མ་མཆིས་པས། །སོ་སོའི་གནས་སུ་ལུས་ངག་དགེ་ལ་སྦྱོར། །ཞེས་དང་། བདག་ནི་སྔོན་གྱི་ལས་འཕྲོ་མི་བཟང་བས། །སྙིགས་མའི་དུས་སུ་མཐའ་འཁོབ་ཡུལ་དུ་སྐྱེས། །སྔོན་ཆད་ལུས་ངག་སེམས་ཀྱི་བྱ་བྱེད་རྣམས། །སྡུག་བསྔལ་འབའ་ཞིག་སྒྲུབ་པའི་ཐབས་སུ་སོང་། །ད་ནི་དབེན་པའི་ཁང་བུར་རབ་ཞུགས་ཏེ། །ཐག་པ་ཆད་པའི་སོག་ཕོན་ཇི་བཞིན་དུ། །ལུས་ཀྱི་བྱ་བྱེད་ཐམས་ཅད་ཞིག་ལས་ཐོང་། །རྒྱུད་གསུམ་ཆད་པའི་པི་ཝཾ་ཇི་བཞིན་དུ། །ངག་གི་བྱ་བྱེད་ཐམས་ཅད་ཞིག་ལས་ཐོང་། །ལྷག་རྒྱུ་ཆད་པའི་རང་འཐག་ཇི་བཞིན་དུ། །སེམས་ཀྱི་བྱ་བྱེད་ཐམས་ཅད་ཞོག་ལས་ཐོང་། །གལ་ཏེ་འདི་ལས་འདས་པ་བྱེད་གྱུར་ན། །མ་ཧཱ་ཀཱ་ལས་ཆད་པ་གཅོད་པར་གྱུར། །ཅེས་མཁའ་འགྲོ་ཆོས་སྐྱོང་དཔང་དུ་བཙུགས་ཏེ་མི་དང་མི་ཕྲད་ཅིང་ཚེ་འདིའི་སྣང་ཤས་ཕྲ་མོའང་མེད་པར་སྒྲུབ་པའི་སྙིང་པོར་མཛད་པའི་དམ་བཅའ་བརྟན་པོས་སྐུ་མཚམས་བཅད་དེ་ཉིན་མཚན་ཐམས་ཅད་དུ་སྟོང་ཉིད་རྟོགས་པའི་ལྟ་

བ་དང་སྙིང་རྗེ་ཟུང་དུ་འབྲེལ་བའི་ཏིང་ངེ་འཛིན་གྱིས་དུས་འདའ་བར་མཛད་དོ། །དེ་དུས་ཨེ་ནས་དགེ་བཤེས་རྣམས་ཀྱིས་གདན་འདྲེན་པར་ཕྱིན་ཏེ་ད་དུང་ཆོས་གསུང་བར་ཞུ་འཕྲིན་ཕུལ་བས་མཇལ་ཁ་ཡང་མ་གནང་བར། ཉིད་ཀྱི་ཞལ་ནས། ན་མོ་ལོ་ཀེ་ཤྭ་རཱ་ཡ། དཔག་(༩༣༣བ)ཡས་མཁྱེན་བརྩེ་འཕྲིན་ལས་འོད་ཟེར་གྱིས། །གནས་སྐབས་བདེ་དང་གཏན་དུ་ཕན་པའི་ལམ། །འགྲོ་བ་ཀུན་ལ་གསལ་བར་སྟོན་མཛད་པའི། །རྒྱལ་བ་སྲས་དང་བཅས་ལ་ཕྱག་འཚལ་ནས། །བརྩེ་ཡང་གཞན་ཕན་ནུས་མེད་མ་རྗེ་བ། །མཆི་མའི་རྒྱུན་དང་སྙིང་རྗེས་གདོང་དང་ཡིད། །རྣམ་པར་བརླན་པར་གྱུར་ནས་རང་ཉིད་ཀྱི། །སློབ་མ་རྣམས་ལ་སྙིང་གཏམ་འདི་སྐད་སྨྲ། །དལ་འབྱོར་རིན་ཆེན་གླིང་དུ་ཚུད་དུས་འདིར། །དམ་ཆོས་ཡིད་བཞིན་ནོར་བུ་མི་ལེན་པར། །དོན་མེད་ཚེ་འདིའི་བྱ་བ་ལྷུར་བླངས་ན། །འགྱོད་ཀྱང་འཕྱིས་པའི་དུས་ཤིག་འབྱུང་དོགས་བདོག །དེ་བས་རང་གིས་རང་ཉིད་མ་བསླུ་བར། །ཚུལ་གནས་ཐོས་བསམ་སྒོམ་པའི་སྦྱོར་བ་ཡིས། །དམ་ཆོས་ཚུལ་བཞིན་སྒྲུབས་ལ་དལ་འབྱོར་འདི། །ཐོབ་པ་དོན་ཡོད་མཛོད་ཅིག་ཤེས་ལྡན་རྣམས། །རྒན་གཞོན་བར་མ་གོ་རིམ་མ་ངེས་པར། །འཆི་སྙམ་མེད་པར་གློ་བུར་འཆི་བའི་ཚུལ། །མཐོང་ཡང་རང་ཉིད་འཆི་སྙམ་མི་སེམས་པ། །ནང་ན་བློ་གདེང་ཅི་ཡོད་ལེགས་པར་སོམས། །དེས་ན་རྙེད་བཀུར་གྲགས་པ་ལ་སོགས་པ། །ཚེ་འདིའི་ཆེ་ཐབས་མ་སྒྲུབ་ཕ་རོལ་ཏུ། །ཕན་པའི་དམ་ཆོས་བསྒྲུབས་ཏེ་ཕྱི་མ་སུ། །འགྲོ་བའི་ཚེ་ན་གདེང་དང་ལྡན་པར་མཛོད། །སྡུག་བསྔལ་མི་འདོད་བདེ་ལ་རབ་སྲེད་ཅིང་། །ལས་འབྲས་བསླུ་བ་མེད་པར་ཤེས་བཞིན་དུ། །སྡིག་སྤྱོད་དགེ་བ་མི་སྒྲུབ་སྐྱེས་བུ་དེ། །མཁས་པ་ཡིན་ན་དེ་བས་བླུན་པ་སུ། །དེས་ན་ཚེ་འདིར་ཀུན་གྱིས་བརྙས་གྱུར་ཅིང་། །ཟས་སྐོམ་ལ་སོགས་མེད་པར་ཤི་ཡང་བླ། །མི་དགེ་སྤངས་ཏེ་རྒྱུན་དུ་དགེ་བའི་ལས། །སྤྱོད་ན་མཁས་པ་ཡིན་ནོ་ཤེས་(༩༣༩ན)ལྡན་རྣམས། །བླུན་པོ་ཡི་དྭགས་ལ་ཡང་སྐྱབས་འགྲོ་

ཞིང་། །བརྩེ་མེད་སྡིག་ཅན་མི་ལ་སྐྱབས་འགྲོ་མེད། །དེ་དག་མཁས་པ་སྙིང་རྗེ་ཅན་
རྣམས་ཀྱི། །སྐྱབས་གནས་མ་ཡིན་སྙིང་རྗེའི་ཡུལ་ཉིད་ཡིན། །དེ་བས་མཁྱེན་བརྩེ་ནུས་
ལྡན་དཀོན་མཆོག་ལ། །བློ་ལྷོས་གཏོད་ལ་འཕྲལ་གྱི་བདེ་སྡུག་རྐྱེན། །གང་བྱུང་བྱིན་
རླབས་ཡིན་པར་ཤེས་པར་གྱིས། །ཡུན་དུ་ཕན་པར་འགྱུར་བ་གདོན་མི་ཟ། །ཉོན་
མོངས་ཀྱིས་བསྐྱེད་ལས་ཀྱི་བུད་ཤིང་ལ། །སྡུག་བསྔལ་གསུམ་གྱི་མེ་ལྕེ་རབ་འབར་
བའི། །འཁོར་བ་བདེ་བར་སེམས་པ་ཕྱེ་མ་ལེབས། །མར་མེའི་གཟུགས་ལ་དགའ་བས་
རྒྱུག་དང་མཚུངས། །དེས་ན་འཁོར་བ་སྡུག་བསྔལ་རང་བཞིན་དུ། །ཤེས་ནས་དེ་རྒྱུ་
ལས་དང་ཉོན་མོངས་རྣམས། །སྤངས་ཏེ་མྱང་འདས་ཐོབ་པར་བྱ་བའི་ཕྱིར། །ཐར་པའི་
ལམ་ལ་རབ་ཏུ་འབད་པར་མཛོད། །བདེ་བ་འདོད་དང་སྡུག་བསྔལ་མི་འདོད་པར། །
བདག་དང་སེམས་ཅན་མཚུངས་པར་རྟོགས་བཞིན་དུ། །བདག་གི་དོན་དུ་གཞན་ལ་
གནོད་བྱེད་པའི། །མི་དེ་མི་ཡི་གཟུགས་ཅན་དུད་འགྲོ་ཡིན། །གང་གིས་སྔོན་ཆད་
འཁོར་བར་ལན་མང་དུ། །བྱམས་པའི་ཤུགས་ཀྱིས་སྡུག་བསྔལ་ཁུར་བླངས་ཏེ། །ཕན་
བདེ་སྒྲུབ་པའི་མར་གྱུར་འགྲོ་རྣམས་ལ། །གནོད་བྱེད་ཆོས་པ་ཡིན་ན་ཆོས་མེད་སུ། །
གང་གིས་རང་གི་བདེ་བ་ཡལ་བོར་ནས། །ཡུ་བའི་དོན་དུ་སྡུག་བསྔལ་ཁུར་བླངས་
པའི། །སེམས་ཅན་ཚོགས་འདི་བློ་ཡིས་ཡལ་བོར་ན། །ཐེག་ཆེན་དམ་ཆོས་ཐོས་པའི་
དགོས་པ་ཅི། །དེས་ན་མཐའ་ཡས་སེམས་ཅན་བསྒྲལ་བྱའི་ཕྱིར། །བླ་མེད་བྱང་ཆུབ་
མཆོག་(༩༣༩བ)ཏུ་སེམས་བསྐྱེད་དེ། །རང་དོན་སྤངས་ཏེ་དངོས་སམ་བརྒྱུད་ནས་
ཀྱང་། །གཞན་དོན་སྒྲུབ་དེ་སྐྱེས་བུ་མཆོག་ཡིན་ནོ། །གཞན་ལ་མི་ཕན་སྲིད་ཟད་བདེ་
བ་ཡང་། །དམྱལ་བའི་མེ་ལྟར་མཐོང་ནས་རབ་སྤོང་ཞིང་། །གཞན་ལ་ཕན་ན་མནར་
མེད་མེ་ནང་དུའང་། །རབ་དགས་འཇུག་པ་རྣམས་ཀྱི་རྗེས་སུ་སློབས། །སྣང་བ་ཐམས་
ཅད་རྨི་ལམ་སྒྱུ་མ་བཞིན། །སྣང་ཙམ་ཉིད་ནས་རང་རང་ངོ་བོས་སྟོང་། །སྟོང་དང་སྣང་

བ་གཅིག་མིན་པ་དང་མིན། །རྣམ་པར་བརྟགས་ན་བདག་དཔྱད་ཡུལ་ལས་འདས། །ཞེས་བྱའི་གནས་ལུགས་ཅིར་ཡང་མ་གྲུབ་པས། །གང་དུ་བཟུང་ཡང་འཛིན་བྱེད་འཁྲུལ་པ་ཡིན། །དེས་ན་མཐའ་བཞིར་འཛིན་པ་རྣམ་སྤངས་ཏེ། །དབུ་མའི་ལམ་ལ་མཉམ་པར་འཇོག་པར་མཛོད། །རང་གི་སྟོབས་ཀྱིས་སྡུག་བསྔལ་ཀུན་བསྐྱེད་པའི། །དངོས་འཛིན་ནད་ཆེན་ཞི་བར་མ་ནུས་ན། །བཤེས་གཉེན་སྨན་པ་མཁས་པ་ཉེར་བསྟེན་ཅིང་། །དམ་ཆོས་སྨན་བཟང་རྙེད་པའི་དགོས་པ་ཅི། །དེ་བས་ཡོངས་འཛིན་མཁས་པའི་གསུང་བཞིན་དུ། །རིགས་པས་ལེགས་པར་བརྟགས་ནས་དམ་ཆོས་སྨན། །ཚུལ་བཞིན་འཐུངས་ནས་དངོས་འཛིན་ནད་སྤངས་ཏེ། །རང་གཞན་དོན་གཉིས་སྒྲུབ་ལ་བརྩོན་པར་མཛོད། །བསླབ་གསུམ་བླངས་པས་ཉེས་ལྟུང་དྲི་མས་གོས། །ཐོས་བསམ་བྱས་པས་ཚིག་བཞིའི་གཏིང་མ་རྙེད། །གཞན་དོན་བྱས་པས་རང་དོན་མི་ལྷུར་འབར། །དབེན་པར་བསྡད་པས་སྒོམས་ལས་དབང་སོང་བ། །བདག་འདྲས་གཞན་ལ་བསླུ་བ་མི་རིགས་མོད། །(༩༣༥ན)འོན་ཀྱང་སྙིང་གཏམ་ཡི་གེར་བཀོད་པ་འདི། །ཁྱེད་ལ་ཕན་པར་འདོད་པ་མ་གཏོགས་པ། །བདག་ལ་ཞེ་འདོད་འགའ་ཡང་ཡོད་མིན་པས། །ལེགས་པར་བརྟགས་ཏེ་ཉམས་སུ་བླང་བར་མཛོད། །ཕྲད་ཀྱང་འདི་ལས་གཞན་པ་སྨྲ་རྒྱུ་མེད། །ཤི་ཡང་ཁ་ཆེམས་གཞན་འགའ་མ་མཆིས་སོ། །ཞེས་སོགས་གདམས་ངག་གནང་ནས་བཏང་ངོ་། །དེ་ནས་ལོ་འགའི་བར་དུ་གསོལ་འདྲེན་པའི་བུ་ག་མ་གཏོགས་སྒོ་བཀག་སྐྱེ་སུ་ཡང་ནང་དུ་གཏོང་བར་མ་མཛད། ཕྱི་ནས་འབུལ་བའི་དད་རྫས་རྣམས་ཀྱང་མ་བླངས། །ཐང་ཅིག་སློབ་དཔོན་ཡོན་ཏན་དར་ཉེ་གནས་ལ་ཡོད་དུས། །ཤ་གསར་ཟླུག་གཅིག་དང་། ཞོ་རྫ་གང་། ཕུད་དམ་གང་འབུལ་བ་ཁྱུར་བ་ཉེ་གནས་ཀྱིས་བླངས་པས། ཉིད་རང་གསོལ་གསུང་ནས་གསོལ་དུ་མ་གནང་། ཉེ་གནས་ཀྱིས་ཀྱང་མ་ནུས་པར་ཆང་དང་ཞོ་གཉིས་ཕོ། ཤ་དེ་ཆུ་སྐྱེལ་མི་ལ་བྱིན་ཅེས་གྲག་གོ །ཉིད་

ཀྱི་ཞལ་ནས། རི་ཁྲོད་དབེན་པའི་གནས་སུ་རྙེད་བཀུར་ལ། །རེ་བ་མེད་ཅིང་ཁ་ཟས་ཞིམ་པ་ཡི། །རོ་ལ་ཆགས་པ་སྤངས་ཏེ་འགོར་བ་ཡི། །ར་བ་ལས་ནི་ཐར་བར་བྱ་ཕྱིར་འབད། །ཅེས་སོགས་གསུངས་ཏེ། ལོ་ཉི་ཤུ་རྩ་གྲངས་ཀྱི་བར་དུ་སྐུ་མཚམས་ཁོར་ཡུག་ལ་བཞུགས་ཏེ། དེ་དུས་ཆོས་རྗེ་ཀུན་མཁྱེན་པས་དབུལ་ཆུར་བྱོན་ནས་རང་རེ་ཞལ་ཞིག་མཇལ་བར་ཞུ། ཆོས་ཀྱི་གསུང་གླེང་མཛད་པ་ཡིན་གསུང་བ་ལ། ད་ལྟ་མཚམས་དམ་པོའི་དམ་བཅའ་ཞིག་འདོད་པས། མི་མཇལ་བར(༩༣༥(བ)ཞུ། ད་གཟོད་དེད་མཇལ་དུ་འོང་ཞེས་པ་ཞལ་དང་ཁོང་གི་དྲི་བའི་ལན་ཞུ་ཡིག་ཕུལ་ཏེ་སྐུ་མཚམས་མ་ཕྱེའོ། །དེ་དུས་ཆོས་རྗེ་བསོད་ནམས་རྒྱལ་མཚན་པ་བོ་དོང་དུ་བྱོན་ནས་མཇལ་དུ་འབྱོན་གསུངས་ལ་ཡང་ད་རེས་མི་འབྱོན་པར་ཞུ་ཞེས་ཞུ་བ་བསྐུར་ཏེ། དེའི་དུས་སུ། མི་ཆེ་ལ་ཁ་དྲག་པ་སུས་ཞུས་ཀྱང་སྐུ་མཚམས་མ་ཕྱེ་བར། སྐུ་ནི་འདུ་འཛིའི་གཡེང་བས་དབེན། གསུང་ནི་བྲེ་མོའི་གཏམ་གྱིས་དབེན། ཐུགས་ནི་གཟུང་འཛིན་རྟོག་པས་དབེན་པར་གྱུར་ཏོ། །དེ་ལྟར་དབེན་པར་སྒྲུབ་པ་རྩེ་གཅིག་ཏུ་མཛད་པས་རྟོགས་པ་རྣམས་རིམ་གྱིས་འཁྲུངས་ཏེ། ཉིད་ཀྱི་ཞལ་ནས། གནས་དབེན་པར་རིག་པ་དྭངས་པའི་དུས་སུ། མི་འདི་དང་འདི་ཞེས་བྱ་བ་ཤི་ཟེར་བ་ཐོས་ཙན། འོ་སྐོལ་གྱི་ལུས་འདི་ལ་ཡང་ཆུའི་ལྦུ་བ་འམ། རླུང་ནང་གི་མར་མེ་བཞིན་དུ་སྐད་ཅིག་ཀྱང་སྡོད་པའི་མཐུ་མེད་པར་རིག་ནས་བཟོད་བླགས་མེད་པ་ཅིག་ཡོང་གིན་འདུག་གསུང་། ཉེ་གནས་ཀྱིས་གཟིམ་ཁང་ལ་མཁར་ལྷན་ཞིག་བྱེད་པ་ཡིན་ཞུས་པས། འོ་སྐོལ་གྱིས་ཡུན་རིང་སྡོད་པའི་ངེས་པ་མེད། དེའི་རྐྱེན་གྱིས་སེམས་ཅན་མང་པོ་འཆི་གསུང་ནས་མ་གནང་། རྒྱལ་སྲས་རིན་པོ་ཆེ་བླ་མ་རིན་ཡེ་བའི་སར་བྱོན་པའི་བཤུལ་དུ་ཉེ་གནས་ཀྱིས་གསངས་ནས་གཟིམ་ཁང་བྱས་པས། རྒྱལ་སྲས་རིན་པོ་ཆེས་སེམས་ཅན་མང་པོ་ཤི་ཡོད། གཟུངས་སྔགས་འདྲེན་དགོས་སྔག་གེ་ཀུན་དེ་ལ་ཅི་བདེར་འདུག །སྙིང་རེ་རྗེ་གསུང་ཞིང་། དེའི་དུས་སུ་གསུངས་པ།

ན་མོ་ལོ་ཀེ་ཤྭ་རཱ་ཡ། །མཁྱེན་བརྩེ་ནུས་པ་ཕུལ་ཕྱིན་འགྲོ་བའི་མགོན། །སྤྱན་རས་
གཟིགས་(༩༣༨ན)ལ་གུས་པར་ཕྱག་འཚལ་ནས། །སྐྱོ་ལས་ཅན་གྱི་སྤྲང་པོ་མ་ཧེ་
བ། །རང་ལ་རང་གིས་བསྐུལ་ཕྱིར་འདི་སྐད་སྨྲ། །མི་བཟད་སྐྱེ་བའི་བཙོན་རར་ཆུད་
གྱུར་ཅིང་། །ན་དང་རྒས་པའི་ལྕགས་སྒྲོག་གིས་བཅིངས་ཏེ། །འཆི་བདག་མཚོན་ཆ་
ཕྱར་བའི་དྲུང་གནས་ན། །ཚེ་འདིར་གཏན་དུ་སྡོད་སྙམ་ཁྱོད་སེམས་སམ། །འཁོར་བའི་
རྒྱ་མཚོ་གཏིང་མཐའ་ཡངས་པ་འདིར། །ལས་དང་ཉོན་མོངས་རླུངས་ཤུགས་དྲག་པོས་
བསྐྱོད། །འཇིགས་རུང་ངན་འགྲོའི་གླིང་འཁྱིལ་ཁར་གནས་ན། །རྙེད་བཀུར་གྲགས་པ་
བསྒྲུབ་པ་ཁྱོད་དྲན་ནམ། །ཡང་ཚོའི་ཉིན་བྱེད་ལོ་ཟླའི་ནུབ་རིས་བསྒྲིབས། །ལུས་ཀྱི་རི་
ཀླུངས་རྒས་པའི་གྲིབ་མས་ནོན། །འཆི་ཁའི་མུན་ནག་མྱུར་དུ་འབྱུང་ངེས་ན། །སོས་དལ་
སྙིད་ཆོས་བྱེད་པར་ཁྱོད་ཁོམ་མམ། །མགོ་ལ་སྐྲ་དཀར་ལྕགས་ཀྱུ་རྣོན་པོས་བཏབ། །
ལུས་ནི་གཉེར་མའི་ཞགས་པ་དམ་པོས་བཅིངས། །བརྩེ་མེད་འཆི་བདག་སྤྲར་མོར་ཆུད་
གྱུར་ན། །བག་མེད་གཉིད་ཀྱིས་ལོག་པར་ཁྱོད་ཁོམ་མམ། །རྒྱབ་ནས་ལོ་ཟླ་མང་པོས་
དམག་གིས་བདས། །མདུན་དུ་ཐར་མེད་འཆི་བའི་གཡང་སར་ཐུག །གང་དུ་བལྟས་
ཀྱང་འགྲོ་ས་མི་འདུག་ན། །དོན་མེད་ལོང་གཏམ་སླ་བར་ཁྱོད་ཁོམ་མམ། །ཤིན་ཏུ་ཉམ་
ཆུང་ཆུ་བུར་ལྟ་བུའི་ལུས། །སྣ་ཚོགས་རྐྱེན་ངན་རླུང་གིས་རབ་བསྐྱོད་ནས། །སྐད་ཅིག་
གནས་པའི་གདེང་ཡང་མི་འདུག་ན། །ཆོས་མིན་ཡི་ད་ལ་སེམས་པའི་ལོང་འདུག་
གམ། །དེ་རིང་ཙམ་ཡང་མི་འཆིའི་གདེང་མེད་ཅིང་། །ཤི་ནས་གར་(༩༣༨བ)སྐྱེ་
རང་དབང་མེད་བཞིན་དུ། །དོན་མེད་ཚེ་འདིའི་བྱ་བ་ལྷུར་བླངས་ན། །རང་གིས་རང་
ཉིད་བསླུས་པར་མི་འགྱུར་རམ། །ནོར་ལྡན་ལག་སྟོང་སྒྲིན་མོར་འགྲོ་འགྱུར་ཞིང་། །ཁ་
དྲག་ཅན་ལ་ཡུད་ཙམ་སྡོད་དབང་མེད། །འཁོར་མང་ནང་ནས་གྲོགས་མེད་གཅིག་པུར་
འགྲོ། །དེ་དུས་ཆོས་མིན་ཕན་པ་ཅི་འདུག་སོམས། །ཁྱོད་ཀྱིས་སྔོན་ཆད་ཚེ་འདིའི་མདུན་

མར་བསྐྱུབས། །ཡིངས་པའི་ལམ་ལ་མི་ཆོ་སྟོང་ཟད་བྱུས། །ད་དུང་རྣམ་གཡེང་ལེ་ལོ་
མ་སྤྱངས་ན། །འཆི་ཁར་འགྱོད་ཀྱང་འཕྲིས་པར་མི་འགྱུར་རམ། །གཞན་གྱིས་འཚོ་མེད་
རང་སེམས་སོ་ན་གནས། །གསུང་རབ་བསྟན་བཅོས་མན་ངག་དྲན་དུས་འདིར། །ཆགས་
སྡང་འཁྲུལ་རྟོག་གཞོམ་ཕྱིར་མ་འབད་ན། །བར་དོར་འཁྲུལ་སྣང་ཤར་ཚེ་ཅི་འགྱུར་
སོམས། །འདུལ་རྒྱུའི་དགྲ་མེད་སྐྱོང་རྒྱུའི་གཉེན་མེད་ཅིང་། །ཕར་ལྟོས་དཔོན་མེད་ཚུར་
ལྟོས་གཡོག་མེད་པས། །དབེན་པའི་གནས་འདིར་རང་སེམས་མི་འདུལ་ན། །ཁྱོད་ལ་བྱ་
རྒྱུ་ཅི་འདུག་མ་ཆེ་བ། །དེ་བས་རྙེད་སོགས་སྲིད་དང་རྣམ་གཡེང་དང་། །ལེ་ལོ་སྤོངས་
ལ་རྒྱུན་དུ་དྲན་ཤེས་སྟེན། །ཐབས་ཤེས་ཟུང་དུ་འབྲེལ་བའི་ལམ་མཆོག་གིས། །གཉིས་
འཛིན་འཁྲུལ་བའི་བག་ཆགས་སྦྱང་བར་གྱིས། །ཞེས་དང་། རྒན་གཞོན་དར་མ་གོ་རིམ་
མ་ངེས་པར། །འཆི་སྐབས་མེད་པར་གློ་བུར་འཆི་འགྱུར་ཞིང་། །སྨན་དཔྱད་རིམ་གྲོ་
སོགས་ཀྱིས་བཟློག་མི་ནུས། །འདི་འདྲ་བསམས་ལ་ཚེ་འདིའི་ཞེན་པ་སྤྱངས། །ནོར་
ལྡན་ལག་སྟོང་སྐྲིན་མོར་འགྲོ་འགྱུར་ཞིང་། །ཁ་དྲག་ཅན་ལ་ཡུད་ཙམ་སྡོད་དབང་མེད། །
འཁོར་མང་ནང་(༩༣༧ན)ནས་གྲོགས་མེད་གཅིག་པུར་འགྲོ། །འདི་འདྲ་བསམས་ལ་
ཚེ་འདིའི་ཞེན་ཡང་སྤྱངས། །ཞེས་སོགས་གསུངས་ཤིང་། མི་རྟག་བསྒོམ་པ་འདི་
ཟབ། འདི་རྒྱུད་ལ་སྐྱེས་ན་དང་པོར་ཆོས་ལ་འཇུག་པའི་རྒྱུ་བྱེད། བར་དུ་སྒྲུབ་པ་
ཉམས་སུ་ལེན་པའི་ལྕག་བྱེད། མཐར་འོད་གསལ་ཆོས་སྐུ་ཐོབ་པའི་རྒྱུ་བྱེད་པས་འདི་
སྒོམ་པ་གལ་ཆེ་གསུང་། སེམས་དཔའ་ཆེན་པོ་འདི་ཉིད་ནི་མི་རྟག་པ་ཐུགས་ལ་འཁྲུངས་
པས་འདོད་ཡོན་གྱི་འཁྲི་བ་ཆོད། ཕྱི་ཆོས་ཀྱི་གྲབས་གཞོམ་པོར། ཚེ་འདིའི་མདུན་མ་
མི་ཆོས་ཀྱི་བྱ་བྱེད་བློས་བཏང་སྟེ། ཁག་སྟེ་ལངས་པས་གཞིས་རྫོགས་པ། །བྱུར་མེད་དེ་
ནི་བསྟན་ཡུལ་ཡིན། །ཞེས་བཀའ་གདམས་གླེགས་བམ་ལས་གསུངས་པ་དེ་ཕྱག་ལེན་
ལ་ཐེབས་པར་མཛད་དོ། །སེམས་དཔའ་ཆེན་པོ་འདིས་ཚེ་འདིའི་འཁྲི་བ་ཐ་མོ་ཙམ་ཡང་

མེད་པར་ལམ་ཆ་ཚང་ལ་སྒྲུབ་པ་སྙིང་པོར་མཛད་ཕྱིར་སྐལ་བ་དང་ལྡན་པ་གཞན་དག་ལ་ཡང་ཆོས་རྣམ་དག་སྒྲུབ་པ་ལ་ཚེ་འདིའི་སྣང་ཞེན་འདི་ལས་བར་ཆད་ཆེ་བ་མེད་པས་རྒྱལ་བ་དགྱེས་པའི་ལམ་ལ་སློབ་པར་འདོད་པ་རྣམས་ཀྱིས་ཐོག་མར་དལ་འབྱོར་རྙེད་དཀའ་དང་ནམ་འཆི་ཆ་མེད་བསམས་ནས་ཚེ་འདི་ལ་མ་ཆགས་པ་ཞིག་སྐྱེས་བུའི་རྩལ་ཅི་ཡོད་ཀྱིས་སྒྲུབ་དགོས་སོ་ཞེས་འདོམས་པར་མཛད་པ་ནི། བླ་མ་དང་དཀོན་མཆོག་གསུམ་ལ་ཕྱག་འཚལ་ལོ། །ཡོན་ཏན་འོད་ཟེར་རབ་ཏུ་རྒྱས་པ་ཡིས། །སྐྱོན་གྱི་རབ་རིབ་མ་ལུས་སེལ་མཛད་པའི། །རྒྱལ་བ་སྲས་དང་བཅས་ལ་ཕྱག་འཚལ་(༩༣༧བ)ནས། །དམ་ཆོས་ཚུལ་བཞིན་སྒྲུབ་ཐབས་བཤད་པར་བྱ། །དམ་ཆོས་ཐར་པའི་ལམ་དུ་འགྲོ་བ་ལ། །ཚེ་འདིའི་ཕུན་ཚོགས་སྒྲུབ་ལ་རྩེ་གཅིག་པའི། །བློ་ངན་འདི་ལས་བར་ཆད་ཆེ་བ་མེད། །དེ་ཕྱིར་རྣམ་པ་ཀུན་ཏུ་འདི་སྤང་བྱ། །ཐོས་བསམ་སྒོམ་སོགས་དགེ་བ་གང་བྱེད་ཀྱང་། །བློ་ངན་འདི་དང་འདྲེས་ན་རོ་བཀྲུའི་ཟས། །ངན་སྐྱུགས་དག་དང་བསྲེས་པ་ཇི་བཞིན་དུ། །བཟང་པོ་ངན་པར་བྱེད་པ་གདོན་མི་ཟ། །དཔོན་སློབ་མཆེད་གྲོགས་གཉེན་ལ་རྩོད་བྱེད་ཅིང་། །བདེ་སྡུག་གདམ་ངན་ཀུན་ལ་མི་འཇེམ་པར། །ངལ་བ་ཆེན་པོས་ལོངས་སྤྱོད་སྒྲུབ་བྱེད་པ། །བློ་ངན་འདི་ཡིས་དབང་མེད་བསྐུལ་བར་ཟད། །གཞན་གྱི་དཔལ་འབྱོར་གཞོམ་ཕྱིར་ལུས་སེམས་ཀྱི། །འབད་པ་དྲག་པོས་འཐབ་དང་རྩོད་བྱས་ནས། །རང་གཞན་འདི་ཕྱི་གཉིས་ཀར་ཕུང་བྱེད་པ། །དེ་ཡི་སྙིང་དུ་བློ་ངན་གདོན་འདི་ཞུགས། །གསུང་རབ་སྒྲོན་མེ་ལག་ཏུ་ཐོགས་ནས་ཀྱང་། །སྙིང་བཀུར་འཁོར་སྡེའི་དོན་དུ་འཐབ་རྩོད་བྱེད། །སྡིག་པའི་གཡང་སར་གོམ་པ་འདོར་བའི་མིག །བློ་ངན་རབ་རིབ་འདི་ཡིས་བསྒྲིབས་པར་ངེས། །ནོར་མང་སྦྱིན་ཡང་གྲགས་དང་འཁོར་ལ་སོགས། །དོན་དུ་གཉེར་ཕྱིར་སྦྱིན་པ་ཆེན་པོ་ལས། །འབྲས་བུ་ཆུང་ཞིང་ངན་པར་བསྒྱུར་བ་ནི། །བློ་ངན་བ་མོ་འདི་ཡིས་བཅོམ་པར་ངེས། །འབད་པས་ཚུལ་ཁྲིམས

བསྒྲུངས་ཀྱང་རྙེད་སོགས་ཀྱི། །འཆིང་བས་བཅིངས་ནས་ཐར་ལམ་མི་བགྲོད་ཅིང་། །འཁོར་བའི་བཙོན་རར་འཛིན་བྱེད་ལྟུགས་སྒྲོག་དེ། །བློ་ངན་འདི་ཡི་ལག་ན་ངེས་པར་གནས། །ཡུན་(༩༣༨ན)རིང་བསམ་གཏན་བསྒོམས་ཀྱང་ཆགས་སྡང་གིས། །བདག་བསྟོད་གཞན་སྨོད་རྙེད་ཕྱིར་འཐབ་རྩོད་བྱེད། །ཞི་གནས་བསྒོམས་པས་མ་ཞིའི་བློ་སྐྱེས་པ། །བློ་ངན་ཡུར་མའི་རྩ་བ་ཡོད་པས་ལན། །ནད་གདོན་ཆོམ་རྐུན་དགྲ་སོགས་དམ་ཆོས་ཀྱི། །བར་གཅོད་ཡིན་ཞེས་གྲགས་ཀྱང་རང་གི་བློ། །ལས་སུ་རུང་ན་དེ་ཀུན་གྲོགས་སུ་འགྱུར། །བློ་ངན་འདི་ནི་དམ་ཆོས་གེགས་སུ་ངེས། །ད་ལྟའི་དམ་ཆོས་ཚུལ་བཞིན་སྒྲུབ་འདོད་པས། །ཚེ་འདིའི་ཕུན་ཚོགས་སྒྲུབ་འདོད་རྣམ་རྟོག་འདི། །དམ་པའི་ཆོས་ཀྱི་གེགས་སུ་ཤེས་བྱས་ནས། །རྣམ་པ་ཀུན་ཏུ་སྤོང་བ་ཤིན་ཏུ་གཅེས། །ཚེ་འདིའི་ཕུན་ཚོགས་བསྒྲུབས་པས་འགྲུབ་པ་དཀའ། །གྲུབ་ཀྱང་རང་དབང་སྤྱོད་པའི་ངེས་པ་མེད། །བདག་ལ་ངེས་པར་འོང་བའི་འཆི་བ་ཡིན། །དེ་ཚེ་ནོར་དང་འཁོར་སོགས་ཀྱིས་མི་ཕན། །དེ་དང་བྲལ་བས་ལྷག་པར་སྡུག་བསྔལ་འགྱུར། །དེ་ལྟར་བསམས་ལ་ཚེ་འདིའི་ཆེ་ཐབས་སྤངས། །འཆི་བར་ངེས་སོ་ནམ་འཆི་ངེས་པ་མེད། །འཆི་ཚེ་ངེས་པར་ཕན་པ་དམ་ཆོས་ཡིན། །སྐྱེ་བར་ངེས་སོ་གར་སྐྱེ་ངེས་པ་མེད། །གང་དུ་སྐྱེས་ཀྱང་ཕན་ངེས་དམ་ཆོས་ཡིན། །སྟོན་བསགས་དཔྱིད་ཀ་སྤྱོད་པའི་ངེས་མེད་ཀྱང་། །དཔྱིད་རྒྱུས་སྟོན་ནས་མ་སྒྲུབ་བླུན་ཟེར་ན། །འཆི་བར་ངེས་ཤིང་འཆི་ཚེ་ཕན་ངེས་ཆོས། །ད་ལྟ་ཉིད་ནས་མི་སྒྲུབ་ཤིན་ཏུ་བླུན། །དེས་ན་རྙེད་བཀུར་གྲགས་སོགས་ཚེ་འདི་ཡི། །ཕུན་ཚོགས་སྒྲུབ་པའི་བསམ་སྦྱོར་ཡོངས་སྤངས་ནས། །འཆི་ཚེ་(༩༣༨བ)ངེས་པར་ཕན་པའི་དམ་ཆོས་ལ། །གཡེལ་བ་མེད་པར་རྟག་ཏུ་འབད་པར་བྱ། །ཞེས་གསུངས་སོ། །བདག་ཉིད་ཆེན་པོ་འདིས་སྐྱེས་བུ་གསུམ་གྱི་ལམ་ལ་སྦྱངས་པས་མྱོང་བ་ཕུལ་ཕྱིན་ཐོན་ཏེ་བཤེས་གཉེན་བསྟེན་ཚུལ་དང་། དལ་འབྱོར་དང་མི་རྟག་པའི་སྐོར་ལ་མྱོང་བ་ཕུལ་

ཕྱིན་ཐོན་པ་བཤད་ཟིན་པ་ལྟར་དང་། སྐྱབས་འགྲོ་ལས་འབྲས་ལ་སྦྱོང་བ་ཕུལ་ཕྱིན་ཐོན་པ་ནི་རྒྱལ་སྲས་འདི་དབུས་སུ་བྱོན་པའི་དུས་ཀྱང་ཐང་ནས་ལྷ་སར་འབྱོན་པའི་ཆུ་ཁར་ཕེབས་དུས། རྟ་བདུན་བརྒྱད་ཅིག་ལ་མི་རེ་རེ་ཞོན་ནས་ཆུ་ལ་རྒྱལ་བཏང་ནས་བྱུང་བས། ཆུ་དཀྱིལ་དུ་ཐམས་ཅད་ནུབ་ནས་སོང་བ་གཟིགས་པ་དང་། ཨ་ཀ་ཁ་སྙིང་རྗེ་གསུང་ནས་ཕྱག་ཐལ་མོ་སྦྱར་ཏེ། སྒྲོལ་མ་སྒྲོལ་མ། འཕགས་མ་འཕགས་མ། གསུང་ནས་སྤྱན་ཆབ་ཞིལ་ཞིལ་འདུག་པ་དང་། མི་རྟ་ཟུང་གཅིག་མ་གཏོགས་པ་རྟ་དང་མ་བྲལ་བས་ཡུད་ཅིག་ན་ཆུ་འགྲམ་དུ་ཐོན་བྱུང་། མི་རྟ་ཟུང་གཅིག་ཆུས་ཁྱེར་སོང་བ་དང་། སེམས་དཔའ་ཆེན་པོའི་སྐྱ་རྒྱབ་ནས་ད་ཅི་མེད་པའི་མི་དཀར་པོ་གཟུགས་རིང་། ཕྱུག་གོས་དཀར་པོ་སྙིང་ངོ་སོང་བ་ཞིག་ལ། སྐྲ་རགས་དྲིས་མ་ཆིག་རྒྱུད་བཅིངས་པ་ཅིག་བྱུང་ནས་ང་འགྲོ་ང་འགྲོ་ཟེར་ཞིང་ཆུ་ལ་ཚམ་ཚོམ་མེད་པར་རྐྱལ་སོང་བ་ནས། མི་དེས་ལག་པ་ནས་དྲུད་བྱུང་སྟེ་ཅི་ཡང་མ་ཉེས་པར་གསོས་རྗེད་མི་དཀར་པོ་དེ་གར་སོང་ཆ་མེད་ལ་སོང་བས་ཀུན་ཡ་མཚན་པར་གྱུར་ཏེ། སེམས་དཔའ་ཆེན་པོའི་ཞལ་ནས། ཅི་ཐོ་དོད་གསུང་བ་ལ། དྲུང་ནས་འཕགས་མ་ལ་གསོལ་བ་བཏབ་པས། འཕགས་(༩ ༣༩༨ན)མའི་སྤྲུལ་པ་ཡིན་ལས་ཆེ་ཞུས་པ་ལ། ཡིན་པ་དག་ཀྱང་སྲིད། རེ་མཚར་ཅིག་བྱུང་། ལར་རང་གིས་བློ་གཏོད་ནུས་ན་དཀོན་མཆོག་འདིས་རང་མི་བསླུ་བ་ཅིག་ཡིན་གསུངས། ཡང་ཉེ་གནས་ཀྱིས་ལོ་གཅིག་ལོ་ཞིང་དུམ་པ་གཅིག་བཏབ་པ་གཟིགས་པས། སེམས་ཅན་མང་པོ་འཆི། འོ་སྐོལ་ལོ་མས་ཅི་བྱེད་གསུང་ནས་བྱེད་དུ་མ་གནང་། དབྱར་ཡོག་མོའི་མེ་ཤིང་མ་འདོན། དེ་ལ་སེམས་ཅན་མང་པོ་ཡོད། མ་ཤིན་འཁོས་གཅིག་འཆར་ནས་འོང་གསུང་། དབྱར་འོད་ཁང་མེད་དུས་ནུབ་མོ་དཀར་མེ་ཕུལ་ན་ཕྱེ་མ་ལེབ་འཆི་གསུང་ནས། དཀར་མེ་ཉིན་པར་འབུལ། དབྱར་ཁ་མཆོད་པ་སྟ་སེ་གྱིས། འཕྱིས་ན་སེམས་ཅན་རྐང་འོག་ཏུ་སོང་བ་མི་མཐོང་གསུང་ཞིང་། མདོར་

ན་ལས་རྒྱུ་འབྲས་ལ་ཐུགས་ཡིད་གཉིང་ནས་ཆེས་པའི་རྟགས་སྲོག་གི་ཕྱིར་ཡང་སྲོག་ཆགས་ཕྲ་མོ་རེ་ལའང་གནོད་པ་མི་མཛད་ཅིང་དུས་རྒྱུན་དུ་ལས་རྒྱུ་འབྲས་སེམས་པ་ལ་བསྣུགས་པ་ཆེན་པོ་མཛད་དོ། །སྐྱེས་བུ་ཆེན་པོའི་ལམ་ལ་སྦྱོང་བ་ཕུལ་ཕྱིན་ཐོན་ཏེ་བདག་གཞན་དངོས་སུ་བརྗེ་ནུས་པ་བྱུང་བ་དང་སེམས་ཅན་ཀུན་ལ་ཉེ་རིང་མེད་པར་ཕན་སེམས་ཁོ་ན་མཛད་པ་ནི། འདི་ལྟར་ཡོན་བདག་གི་རིགས་འགའ་ཞིག་གིས། དམག་ལ་འགྲོ་བའི་དུས་རིམ་གྲོ་ལ་གཏོར་མའི་ཆས་མང་པོ་བསྐྱལ་ཙ་ན། གཏོར་མ་ཕུལ་ནས་འཕྲིན་ལས་འཚོལ་བའི་སྐབས་སུ། ཨོ་སྐོལ་རང་དཀོན་མཆོག་དང་ཆོས་སྐྱོང་ལ་ཞུ་བ་བྱེད་ཙ་ན། ཕྱོགས་གཉིས(༡༧༨༤)ཀར་འབྲུག་པ་ཞི་བར་བྱིན་གྱིས་རློབས། བསམ་ངན་སྦྱོར་རྩུབ་ཐམས་ཅད་ཞི་བར་མཛོད་ཅིག་ཟེར་བ་མ་གཏོགས། གཅིག་རྒྱལ་གཅིག་ཕམ་པར་མཛོད་མི་ཟེར། ཉིད་ཅག་རྣམ་པའང་དེ་བཞིན་མཛོད། ཁོ་པ་སྡེ་རྒྱལ་བ་ཞིག་འདོད་དེ། རྒྱལ་བ་མ་བྱུང་ཡང་འབྲུག་བཞིན་ཕར་ཚུར་གཉིས་ཀར་ལ་དེས་ཆོག །དེ་བཞིན་བྱས་པས་ཡོན་བདག་བསླུས་པར་མི་འགྲོ་གསུང་། སེམས་ཅན་འདི་དང་འདི་ཞེས་བྱ་བ་བདེ་ཞིང་སྐྱིད་པ་འདུག་ཟེར་བ་གསན་ཙ་ན། དེ་ལེགས་སོ་གསུང་ནས་ཤིན་ཏུ་མཉེས་ཤིང་འདི་ལྟར་ཡང་གསུང་ངོ་། །བདག་གིས་སྡུག་བསྔལ་རླུང་ཤུགས་ཀྱིས་བསྐྱོད་ནས། །གང་གིས་བཞིན་རས་ནག་པོའི་སྤྲིན་བསྡུས་ཏེ། །མཆི་མའི་ཆར་ཕབ་དུད་མོའི་འབྲུག་སྒྲ་བསྒྲགས། །དེ་འདྲ་ཡལ་བར་འདོར་བ་རིགས་སམ་ཅི། །བདག་ཉིད་བདེ་བའི་ཉི་ཟེར་ཐོག་པ་ཡིས། །གང་གི་བཞིན་རས་པདྨོའི་ཚལ་རྒྱས་ཏེ། །སོ་ཡི་ཟེའུ་འབྲུ་དཀར་པོ་སྟོན་གྱུར་པ། །དེ་འདྲ་ཡལ་བར་འདོར་བ་ག་ལ་རིགས། །ཞེས་སོགས་གསུང་ངོ་། ཡང་དྲུང་ན་འཁོད་པའི་རི་དྭགས་དང་གཅན་གཟན་ཀུན་ཀྱང་གཅིག་ལ་གཅིག་ཕན་ཚུན་གནོད་པ་མེད་པར་བྱམས་ཏེ་གཞན་གྱིས་ཕུལ་བའི་ཤ་ཁྲི་ཆེན་པོ་གཅིག་ཡོད་པ་ཡང་། རྣ་མོས་རྩེད་མོའི་ཕྱིར་རྡུང་བ་ལྟར་བྱས་ཙ་ན། མི་རྨུག

པར་གྲོས་འགྲོ་ཞིང་། སྤྲང་པོ་ལ་རྨུག་པའི་ཚེ་མ་ཧི་བགྲངས་པ་དང་རྨུག་འཕྲོ་གཅོད་པ་ཞིག་ཡོད་དོ། །ཁྱི་ལ་ཞིག་ཡོད་པ་དེ་ཡང་ཁྱིའུ་མཐོང་ཁར་བབ་པའི་དུས་གནོད་པའི་སེམས་སྐྱངས་ནས། དེ་བྱུང་བ་ལ་དགའ་ཞིང་འགྲོགས་(༩༩༠ན)དོགས་པའི་ཕྱིར་དེས་མི་མཐོང་བའི་སར་ཕྱིན་ནས་ཉལ་ཞིང་། ཁྱི་ཚུང་ལ་ཡང་གནོད་པ་མི་བྱེད་དོ། །སྤྲང་གི་གཅིག་ཡོད་པ་ཡང་སེམས་ཅན་ལ་འཚེ་བའི་སེམས་སྐྱངས་ཏེ། རྔིང་ལ་ཤ་བྱིན་ཀྱང་མི་ཟ་བ་ཅིག་བྱུང་ཞིང་། ངང་པ་གཅིག་ཡོད་པ་ཡང་སེམས་དཔའ་ཆེན་པོ་བསྐོར་བ་མཛད་པའི་དུས་སུ་ཁོ་ཡང་བསྐོར་བ་བྱེད་དེ། བཞུགས་པའི་དུས་སུ་ཁོ་ཡང་སྡོད། སེམས་དཔའ་ཆེན་པོའི་སྤྱོད་ལམ་གྱི་ལད་མོ་བྱེད་པ་ཅིག་བྱུང་འདུག །དེ་ལ་མཉེས་ཤིང་། དམག་བྱུང་ནས་བོ་དོང་དུ་འབྱོན་དགོས་པ་བྱུང་དུས། ཉེ་གནས་ལ་གཞན་དངོས་པོ་མི་ཐུབ་ངང་པ་དེ་མ་ལུས་པ་གྱིས་གསུང་ཟེར། མཁན་ཆེན་བྱང་ཆུབ་རྩེ་མོའི་གསུང་གིས། དུད་འགྲོ་དེ་ཀུན་གྱི་བྱེད་ལུགས་དེ་རང་ངོ་མཚར་ཆེ། བྱང་ཆུབ་ཀྱི་སེམས་འདི་འབྱོངས་ཙ་ན་གང་ཡང་དབང་དུ་འདུ་བ་ཅིག་ཡིན་པར་འདུག་གསུང་། དབུས་པའི་དམག་འཛིང་དུ་བྱུང་དུས་དཔྱལ་ཆུ་བ་རྣམས་ལ། དངོས་པོ་ལ་མ་ཆགས་པར་ཐམས་ཅད་གྲོས། འགྲོ་བ་མི་འོང་བའི་རྒས་པ་རྣམས་ཀྱི་གཡོག་ངས་བྱེད་པ་ཡིན་གསུང་སྐད། བཤུལ་ན་ཡོད་པ་རྣམས་ཀྱིས་བྲེད་ནས་དྲུང་དུ་འཚོགས་ནས་བསྡད་པའི་དུས་དམག་མི་རྣམས་ཁྲོ་ཞིང་རྔམ་པའི་ཚུལ་གྱིས་དྲུང་དུ་བྱུང་སྐད། ཞལ་མཐོང་བ་དང་། འཕྲལ་དུ་གཏུམ་པ་དང་ཁྲོ་ཞིང་རྔམ་པ་རྣམས་ཀྱང་ཞི་ནས་དྲུང་ན་འཁོད་པ་རྣམས་ལ་གནོད་པ་མི་བྱེད་པར་བྱིན་རླབས་ཞུས་ཀྱིན་འགྲོ །འགའ་ཞིག་དད་པ་སྐྱེས་ཏེ་མཆི་མ་འབྱིན་ཅིང་། མི་(༩༩༠བ)བསད་པའི་སྡིག་བཤགས་བྱེད་དོ་ཞེས་གྲག་གོ །དྲུང་ན་འཁོད་པའི་སློབ་མ་རྣམས་ཀྱང་ང་ཁོ་ན་ལ་མཉེས་ཤིང་བྱམས་སྙམ་དུ་ཐམས་ཅད་དེ་ལྟར་དུ་སེམས་ཞིང་། དེ་རྣམས་ཀྱང་གཅིག་ལ་གཅིག་མཐོང་ཆེ་ཞིང་བྱམས་པས། ཕན་ཚུན་མི་

རྩོད་པར་གྲལ་འོག་ཏུ་སྡོད་པ་ལ་རྫང་ཐོབ་བྱེད་ཅིང་གཅིག་ལ་གཅིག་སྨན་པར་སྨྲོ། ། སེམས་དཔའ་ཆེན་པོ་འདི་ནི། དཔེར་ན་མ་བུ་གཅིག་པུ་ཡིད་དུ་འོང་བ་ལ་བརྩེ་བ་ལྟར་སེམས་ཅན་རྣམས་ལ་སྙིང་རྗེ་ཆེན་པོ་མཛའ་ཞིང་། ཁྱད་པར་དུ་དངོས་སུ་སྡུག་བསྔལ་བ་དང་། སྡུག་བསྔལ་གྱི་རྒྱུ་ལ་སྤྱོད་པ་ལ་བརྩེ་སྟེ། དགུང་ལོ་བཅུ་དྲུག་ཙམ་ལོན་པའི་དུས་ཟང་ཟིང་གིས་ཕན་འདོགས་བག་ཙམ་བྱས་པའི་དགེ་བཤེས་གཅིག་གིས་སང་ཉིན་ལན་སློབ་པ་དགོས་པའི་དོན་གལ་ཅན་ཞིག་གི་བང་ཆེན་བཙོལ་ཏེ། བོ་དོང་ནས་ས་སྐྱར་འགྲོན་པའི་ཕྱེད་ལམ་ཙམ་ན་སློབ་པའི་ཐང་དཀྱིལ་ཞིག་ན། ཁྱི་གུ་བཞི་ལྔ་ཞིག་སྐྱེས་པ་མས་བོར་ནས་སོང་འདུག་པ་གཟིགས་པ་དང་། སྙིང་རྗེ་ནས་བཤུམས་ཤིང་། དེ་རིང་འདི་པ་སྐྱེལ་དུ་ཕྱིན་ན་ནི་ཁོང་གི་དོན་མི་འགྲུབ། དེ་རིང་བཞག་ནས་ཕྱིན་ན་ནི་དགུན་ཡིན་པས་འཁྱགས་ནས་ཀྱང་འཆི། བྱ་རོག་དང་གཅན་གཟན་དག་གིས་ཀྱང་གསོད་སྙམ་དུ་བསམ་ནས་དེ་རིང་འདི་པ་བསྐྱལ་ལ། ད་རེད་མཚན་ལ་འགྲོ་དགོས་པ་ཡིན་དགོངས་ཏེ། ཁྱི་གུ་སྐྱེལ་བ་ལ་ལོག་ནས་བྱོན་པས། དགེ་བཤེས་དེ་དང་ད་རེས་མ་འཕྲད་པ་བྱ་དགོས་དགོངས་པ། སྲང་བར་གཅིག་ཏུ་འཕྲད་པས། ཉིད་ཀྱིས་དོན་གལ་ཅན་གྱི་སྐབས་བཅོག་པར་འདུག་(༩༧)ན)ཟེར་ནས་འཐབ་ཏུ་བྱུང་བས་སྐྱིངས་པོ་བྱུང་གསུང་། དེ་ནས་དེ་མ་ཁད་ལོག་ནས་བྱོན་པས་ཐོ་རངས་ཁ་ས་སྐྱར་ཕེབས་ལན་བསྐྱར། ཆེ་བ་གཅིག་གསོལ་ནས་བྱོན་པས་དགོང་མོ་བོ་དོང་དུ་ཕེབས། དགེ་བཤེས་དེ་ན་རེ་ངོ་མཚར་ཆེ་ངས་འཐབས་པ་དེ་ཡང་བཟོད་པར་གསོལ་ཟེར་བྱུང་གསུང་། ཡང་དགུང་ལོ་ཉི་ཤུ་ཙམ་ལོན་པའི་དུས་སུ་ཨེའི་དགེ་འདུན་རྣམས་ཆོས་གཞི་བཏེག་པས། རྒྱ་སྒོའི་འགག་ན་སྲུང་མོ་ཞམ་གཅིག་ཡོད་པ་དེ་ཧ་ཡིན་འདུག་པས་ཐུགས་ཀྱིས་མ་བཟོད་དེ་ཅིས་ཉེས་དྲིས་པས། བཙུན་པ་ཐམས་ཅད་འགྲོན་པར་འདུག །དེས་ན་ང་ལ་ལྟོ་སྟེར་མི་མི་ཡོང་ཟེར། ངས་ཁྱོད་ལེན་དུ་འོང་གི་སྡུག་བསྔལ་མ་བྱེད་གསུང་སྟེ། ཐག་

པ་ཁྲེར་ནས་ལོག་བྱོན་ཏེ། ང་ལ་ཁུར་གསུངས་པ་ལ་མོས་ཁུར་མི་ནུས་པ་འདུག་ཟེར། སྤྲ་ལ་མེའི་གོས་སྟན་རྣམས་བསྐྱལ། དེ་ནས་མོ་རང་ཁུར་ནས་ཆོས་པར་སར་བསྐྱལ་གསུང་། དེས་ན་སེམས་ཅན་དངོས་སུ་སྡུག་བསྔལ་བ་གཟིགས་ན་ལྟ་སྨོས་ཀྱང་ཅི་འཚལ། གཞན་གྱིས་སེམས་ཅན་སྡུག་བསྔལ་བ་འདི་འདྲ་འདུག་ཟེར་བ་གསན་ན། ངའི་མ་རྒན་རེ་སྙིང་རྗེ་གསུང་སྟེ་བཞུམས་ནས་གསུང་གླེང་ཀྱང་འཕྲོ་ཆད་ནས་འགྲོ་ཞིང་། གླང་རི་ཐང་པ་ལ་གཞན་གྱིས་ངོ་ནག་པོ་བྱས་པ་གསན་པས། ངའི་མ་རྒན་སེམས་ཅན་གྱི་སྡུག་བསྔལ་འདི་ལ་བསམས་ན་ངོ་གདོང་དཀར་པོ་ཡོང་ས་མི་འདུག་གསུང་ཟེར། དེ་ཁོང་པ་མེད་པར་གདའ་གསུང་ནས་སྤྱན་ཆབ་ཉིལ་ཉིལ་མཛད་(༤༤)བ)ཅིང་འདི་ལྟར་ཡང་གསུང་ངོ་། །སྡུག་བསྔལ་མང་གཟིར་འགྲོ་འདི་ཡལ་བོར་ནས། །རང་ཉིད་ཞི་བདེ་འབའ་ཞིག་དོན་གཉེར་བ། །ཕ་མ་མེ་ཡིས་འཚིག་པ་ཡལ་བོར་ནས། །རང་ཉིད་བསིལ་བའི་རྫིང་བུར་ཁྲུས་བྱེད་འདྲ། །འགྲོ་འདིས་རང་གི་བདེ་བ་ཡལ་བོར་ནས། །བདག་གི་དོན་དུ་སྡུག་བསྔལ་ཁུར་བླངས་པ། །ས་དང་རྒྱ་མཚོའི་རྡུལ་བས་ཆེས་མང་ན། །དེ་དག་བདག་གིས་ཇི་ལྟར་ཡལ་བར་འདོར། །ཐོག་མེད་དུས་ནས་ལན་མང་ཕན་བཏགས་པའི། །འགྲོ་མང་བཟོད་དཀའི་སྡུག་བསྔལ་གྱིས་གཟིར་བ། །མཐོང་ཐོས་དྲན་ཀྱང་གུས་པར་མ་གྱུར་པ། །བདག་གི་སྙིང་འདི་ལྕགས་ལས་བྱས་སམ་ཅི། །སྟོན་ཆད་ཡང་ཡང་སྡུག་བསྔལ་སེལ་བྱེད་མ། །མནར་མེད་མེ་ཡི་ནང་དུ་ཆིག་གྱུར་ན། །དེ་ལ་སྙིང་རྗེའི་བསམ་པ་མི་སྐྱེས། །བདག་འདྲ་མི་ཡི་ལུས་ཅན་དུད་འགྲོར་ཟད། །ཅེས་གསུངས། །དབུས་པའི་དམག་རྙིང་མ་འཇད་དུ་བྱུང་དུས་དཔལ་ཆུའི་མདུན་གྱི་ཐང་ཆེན་པོ་དེ་དམག་གིས་གང་བ་གཟིགས་པས་སྡུག་གི་ཚོ་སྡུག་གི་ཚོ་ངའི་མ་རྒན་འདི་ཙམ་ཞིག་འཁྲུལ་ནས་སྡུག་བསྔལ་གྱི་རྒྱུ་ལ་སྤྱོད་དེ་སྙིང་རེ་རྗེ་སྙིང་རེ་རྗེ་གསུང་ཞིང་བཞུགས་གདན་གྱི་སྟེང་དུ་འདྲེ་ལྫོག་མཛད་ཅིང་བཞུམས་པའི་མཐར་བརྒྱལ་བརྒྱལ་གྱི་

བར་དུ་བཞུམས་པ་ཞིག་བྱུང་། གཞན་ཡང་འདི་ལྟར་གསུངས་ཏེ། ངན་སོང་གསུམ་ལྟ་ཨ་ཙང་ཆེ། མིའི་ནང་ནས་ཀྱང་སྡུག་བསྔལ་དངོས་སུ་སྤྱོད་པ་འདི་རྣམས་སྙིང་ཤིན་ཏུ་ཡང་རྗེ་མོད། བསམ་བློ་ལེགས་པར་བཏང་ན་སྡུག་བསྔལ་གྱི་རྒྱུ་ལ་སྤྱོད་པ་འདི་རྣམས་སྙིང་རྗེ་(༩༩༢ན)གསུང་ཞིང་། ད་ལྟ་འཇིག་རྟེན་གྱི་མི་ཆེ་རུ་རེ། གྲུང་དུ་རེ། འཁོར་མང་། ཁ་དྲག །ནོར་ཆེ། ལས་སུ་སྡིག་པ་འབའ་ཞིག་བྱེད་པ་དེ་འདྲ་རྣམས་གཟིགས་པའམ། དྲན་པའམ། དེ་དག་གིས་གླིང་མོ་བྱུང་ཙ་ན་ཡང་སྤྱན་ཆབ་འཁྲིན་ཅིང་། ཕ་རོལ་པོ་རྣམ་རྟོག་སྐྱེར་ཡོང་བསམ་པ་བྱུང་ནས་ཉམས་སྣ་དཀྱིལ་གྱིན་ཆོད་བཟུང་བ་མིན་ན། དེ་འདྲ་རྣམས་དང་ཕྲད་པ་ན་མཆི་མ་རང་དབང་མེད་པར་ཡོང་གི་འདུག་གསུང་འོ་སྐོལ་ཆོས་པ་འདི་རྣམས་སྡུག་བསྔལ་གྱི་རྒྱུ་ལ་སྤྱོད་པ་འདི་རྣམས་ལ་སྙིང་རྗེ་སྐྱེ་ཐང་བ་ཅིག་འདུག་པ་ལ། སྐྱེ་བ་ཞུང་བ་དེ་རང་རེ་རྣམས་ཀྱང་ཚེ་འདིའི་དཔལ་འབྱོར་ཁ་དྲག་དེ་རྣམས་ལ་སྐྱོན་དུ་མི་ལྟ་བའི་བློ་ངན་དེ་ཕུགས་སུ་ཞུགས་པས་ལན་འདུག །ད་ལྟ་སྡུག་བསྔལ་བ་རྣམས་ལ་སྙིང་རྗེ་སྐྱེ་བ་དེ། སྡུག་བསྔལ་དེ་ལ་རང་རེ་སྐྱོན་དུ་ལྟ་བས་ཡིན་པར་འདུག་སྟེ། དེ་གཉིས་རང་སྐྱོན་གང་ཆེ་མི་ཤེས་གསུང་། ཚོགས་ཆོས་གསུང་བའི་དུས་སེམས་ཅན་གྱི་སྡུག་བསྔལ་ལ་གཟིགས་ཤུས་སེམས་དཔའ་ཆེན་པོ་ཉིད་ཀྱིས་བཞུམས་ཙ་ན་ཚོགས་པ་བྱིངས་པོ་དུ་ཙོ་ཐེག་ཐེག་ཡོང་བ་དེ་ལ་མཚན་ཉིད་པ་ཅིག་ན་རེ། མཁན་ཆེན་བྱ་སྟོན་པ་དང་། བླ་མ་པཎ་ཆེན་པ་ཆོས་གསུང་ཙ་ན། བཞད་གད་ཐེག་ཐེག་ཉམས་དགའ་ཞད་ཆེ་བར་འདུག །འདི་པས་ཆོས་གསུང་བ་དེ་སྡུག་ཞད་ཆེ། མི་གཅེས་ཤི་བ་བཞིན་དུ་དུ་ཙོ་ཐེག་ཐེག་ཡོང་ཟེར། རྒྱལ་སྲས་འདི་སྐུ་མཚམས་དམ་པོ་ལ་བཞུགས་པའི་དུས། མཁན་(༩༩༢བ)ཆེན་རིན་པོ་ཆེ་བསོད་ནམས་གྲགས་པ་ཞིང་གཞན་དུ་གཤེགས་པ་མ་ངོན་པར་ཤེས་པས་མཁྱེན་ཏེ། མཚམས་ཐུར་ཐོན་མཛད་ནས་བྱོན་པའི་ལམ་ཁར་མི་གཉིས་ཀྱི་སར་གཅིག་མི་འགྲོ་བཞིན་ཁྲིད་འགྲོ་

བ་དང་ཕྲད་པ་ན་ཅི་བྱེད་དྲིས་པས། རྔོར་འདྲ་ལ་སྦྱོང་པ་ཡིན་ཟེར། སྙིང་རྗེ་ནས་བཤུམས་ཏེ་གསེར་ཞོ་ཕྱེད་བྱིན་ནས་འདི་རྔོར་འདྲ་ལ་སྦྱོད་ལ་ར་འདི་མ་གསོད་ང་ལ་བླངས་བྱས་གསུང་། དེ་ནས་ཤངས་ཀྱི་མདའི་གད་སྐྱིབས་ཞིག་ཏུ་ཕེབས་པ་དང་། འདིར་ཇ་སྐོལ་ངལ་གསོ་བ་ཡིན་གསུང་བ་ལ། འདི་ན་རྒྱ་མི་གདའ་ཞུས་པས། རྒྱའི་ཁག་ངས་ཁུར་མི་ཤིང་ཐུས་ལ་ཤོག་གསུང་། ཤིང་བཏུས་ནས་སླེབ་པ་དང་། རྒྱ་འདི་ན་གདའ་ཡིས་གསུང་ནས་ཕྱག་གིས་བྱེ་མ་ལ་རྡུད་རྡུད་མཛད་པ་ལ་སྔར་མེད་པའི་རྒྱ་བྱུང་བས་ཞབས་ཏོག་པ་རྣམས་ཀྱི་བསམ་པ་ལ་མིག་འཕྲུལ་ཡིན་ནམ་བསམ་པ་བྱུང་ཟེར། ཇ་གསོལ་ནི་ཟིན་པའི་རྗེས་ལའང་རྒྱ་འདུག །ཡར་ལམ་ཆེད་ཀྱིས་བལྟས་པས་རྒྱའི་རྗེས་ཡང་མི་འདུག་ཟེར་རོ། །དེ་ནས་མཁན་ཆེན་རིན་པོ་ཆེ་དང་མཇལ་བས་ཞིད་བྱོན་པ་དེ་དགའ་གསུང་ནས་མཉེས་ཆོར་ཆེན་པོ་མཛད། འཇུག་པ་སེམས་བསྐྱེད་འདི་སྔར་བླ་མ་རིན་ཡེ་བ་ལ་ཐོབ་ལགས་ཏེ་ཡིན་ཀྱང་དྲུང་དུ་གཅིག་ཐོབ་ན་བསམ་པས་སྐུ་ཁམས་ཀྱིས་ལྕོགས་ཙམ་གདའ་ན་ཐུགས་ལ་འདོགས་པར་ཞུ་ཞུས་པས། དེ་དུས་བསྟུང་རབ་འདུག་སྟེ་ཤིན་ཏུ་ཡང་སྦྲོ་ཡོ། དེ་ལྟ་རང་མཆོད་པ་ཤོམས་ཤིག་གསུང་། སེམས་བསྐྱེད་ཀྱི་ཆོ་ག་དངོས་གཞི་གྲུབ་ནས་མཇུག་པར་གསོལ་བ་གདབ་པའི་སྐབས་སུ། ས་ཆེན་པོ་ནི་རབ་ཏུ་གཡོས་(༡༡༣༤)ལྷའི་མེ་ཏོག་ནི་ཆར་བཞིན་དུ་བབས། སྤྲིས་ཀྱི་དྲི་ཞིམ་པོའི་ངད་པ་ནི་རྣམ་པར་ལྡང་། རོལ་མོའི་སྒྲ་སྐད་པ་ནི་དབྱར་གྱི་འབྲུག་བཞིན་དུ་གྲགས། སྤྲིན་རྣམས་ཀྱིས་ཀྱང་འཇའ་ཚོན་སྣ་ལྔའི་བླ་བྲེས་པར་གྱུར་ཅེས་གྲག་གོ །ཆོ་ག་ཚར་བའི་རྗེས་ལ་མཁན་རིན་པོ་ཆེའི་ཞལ་ནས། ཆོས་བདག་པོའི་ལག་ཏུ་འཕྲོད། ད་སྟེ་བཙུན་རྐྱན་དེ་རིང་ཤི་ཡང་འགྱོད་པ་མེད་དོ་གསུང་ནས་རྒྱལ་ཚབ་ཏུ་དབང་བསྐུར་ཏེ། དེ་ནས་རིང་པོ་མ་ཐོགས་པར་སྐུ་གཤེགས་ཤིང་། གཤེགས་ཁར་སྐུ་མའི་དཔེ་བརྒྱད་པོ་དེ་ནར་བ་གཅིག་གསུང་ནས་གཤེགས་ཞེས་གྲག་གོ །མཁན་ཆེན་རིན་པོ་

ཆེའི་སློབ་མ་རྣམས་ཀྱིས། བླ་མ་རྒྱལ་སྲས་བ་དེ་ལ་མངོན་པར་མཁྱེན་པ་ཡོད་མེད་ཐེ་ཚོམ་མི་འདུག །མཁན་ཆེན་རིན་པོ་ཆེ་གཤེགས་ལ་ཁད་དེར་ཁོང་གིས་ཕེབས་ཟེར། དེ་ནས་སེམས་དཔའ་ཆེན་པོ་ཉིད་ཀྱང་ཉིན་ཞག་རེ་ལ་དུས་གསུམ་དུ་སྨོན་འཇུག་གི་སེམས་བསྐྱེད་བསྟུས་པ་རེ་ལེན་ཅིང་། འདི་ལྟར་གསུངས་ཏེ། གང་གིས་རང་གི་བདེ་བ་ཡལ་བོར་ནས། །ཡུ་བུའི་དོན་དུ་སྡུག་བསྔལ་ཁུར་བླངས་པའི། །སེམས་ཅན་ཚོགས་འདི་བློ་ཡིས་ཡལ་བོར་ན། །ཐེག་ཆེན་དམ་ཆོས་ཐོས་པའི་དགོས་པ་ཅི། །དེས་ན་མཐའ་ཡས་སེམས་ཅན་བསྒྲལ་བྱའི་ཕྱིར། །བླ་མེད་བྱང་ཆུབ་མཆོག་ཏུ་སེམས་བསྐྱེད་དེ། །རང་དོན་སྤངས་ཏེ་དངོས་སམ་བརྒྱུད་ནས་ཀྱང་། །གཞན་དོན་སྒྲུབ་དེ་སྐྱེས་བུ་མཆོག་ཡིན་ནོ། །ཞེས་སོགས་གསུངས་ཤིང་། དབུས་གཙང་ཁམས་(༩༩༣བ)གསུམ་གྱི་དགེ་བའི་བཤེས་གཉེན་དང་། སྐྱེ་བོའི་ཚོགས་ཁྲི་ཕྲག་དུ་མ་ལ་བྱང་ཆུབ་སེམས་ཀྱི་སྡོམ་པ་གནང་ནས། བྱང་ཆུབ་སེམས་དཔའ་གྲུར་པར་མཛད་ཅིང་། དུས་ཕྱིས་མཁན་ཆེན་བྱང་ཆུབ་རྩེ་མོས་དབུ་མཛད་པའི་དགེ་བའི་བཤེས་གཉེན་འབའ་ཞིག་ཚོགས་པ་ལ། འཇུག་པ་སེམས་བསྐྱེད་གསུངས་པའི་སྐབས་སུ་ འོ་སྐོལ་གྱིས་མཁན་ཆེན་རིན་ཆེན་པ་ལ་འདི་ཞུས་པའི་དུས་སུ། ཆོས་བདག་པོའི་ལག་ཏུ་འཕྲོད་པ་ཡིན་གསུང་ནས་མཉེས་ཚོར་ཆེན་པོ་མཛད་ཅིང་གདའ། འོ་སྐོལ་ལ་བདག་པའི་བདག་རྒྱུ་ཙམ་མེད་དེ། ཁོང་པ་དེ་སྐད་གསུང་གིན་གདའ། འོན་ཀྱང་བྱས་པས། ཇོ་བོ་རྗེ་ཡབ་སྲས་སྐུ་མཆེད་གསུམ་ལ་སོགས་པའི་དུས་སུའང་། ཆོས་འདི་ལ་བཀའ་དོག་པ་ཡིན་པར་འདུག །དུས་ཕྱིས་ཀྱང་འདི་འབོགས་པ་ཉུང་བར་གདའ། གང་ལྟར་ལགས་ཀྱང་། འོ་སྐོལ་ལས་དབུས་གཙང་གཉིས་ན་ཆོས་འདི་འབོགས་པ་མང་བ་མེད། སྔར་ཡང་རྒྱུད་ལ་སྐྱེས་པ་མང་པོ་བྱུང་ཞིང་། ད་འོ་སྐོལ་ནས་ཆོས་འདིའི་བཀའ་ཡངས་སུ་གཏོང་བ་ཡིན་པས། ཉིད་ཅག་དགེ་བའི་བཤེས་གཉེན་འབོགས་པར་ནུས་པ་ཐམས་ཅད་ཀྱིས་ཕོག་ཅིག་གསུང་

ངོ་། །རྒྱལ་སྲས་འདིས་བདག་གཞན་བརྗེ་བའི་མཛད་པ་ཇི་ལྟར་བསྟན་པ་ནི་སློབ་དཔོན་དཔལ་ཡེ་བས་བློ་སྦྱོང་ལ་ཉམས་ཁྲིད་བསྒོམ་དུས། ལྷོངས་ལ་ཤིག་ནད་བྱུང་བས། སེམས་དཔའ་ཆེན་པོའི་གསུང་གིས། ཉིད་རང་གིས་སྙིང་རུས་བསྐྱེད་ལ་གསོས་གལ་ཏེ་མི་གསོས་པ་འདྲ་ན་འདིར་བྱོན། ངེད་ཀྱིས་ཀྱང་གསོ་རོགས་བྱ་ཡིས་གསུང་ཟེར། (༩༩༩ན)ཁོང་གིས་ཡུན་རིང་པོའི་བར་དུ་གསོས་ཀྱང་ཉུང་དུ་མ་སོང་། ཆོས་རྫོང་དུ་བྱོན་ནས་བླ་ཡེ་ལ་དུ་མལ་བཅས་ནས་ཞག་ཤས་སོང་བ་དང་། ཤིག་རྣམས་ཉུང་དུ་སོང་འདུག་པ། རྣམ་རྟོག་སྐྱེས་ཏེ་དྲུང་དུ་བལྟར་ཕྱིན་པ་དང་། དྲུང་པ་ལ་ཤིག་ཉིལ་བ་འདུག་པ་མཐོང་བས། དྲུང་ནས་ངོ་བརྒྱལ་ང་རང་གིས་སྙིང་རུས་བསྐྱེད་ལ་གང་གསོས་བྱེད་ང་རང་ལ་ཐུགས་ལ་འདོགས་པར་ཞུ་ཞུས་པས། ཉིད་ཀྱི་ཤིག་བླངས་པ་མ་ཡིན་ང་རང་ལ་ཡོད་པ་ཡིན་གསུངས་ནས་མ་གནང་། དེ་ནས་ཞག་འགའ་ནས་ཐམས་ཅད་ཡལ་ནས་སོང་གསུང་། གཞན་གྱི་སྡུག་བསྔལ་དངོས་སུ་ལེན་པ་འདི་སྙིང་རྗེའི་བསམ་པ་དྲག་པོས་བླངས་ན་ལོངས་ངེས་ཤེས་པ་ཉམས་སུ་མྱོང་བས་གྲུབ་པ་ལགས་གསུང་། རྒྱལ་སྲས་བདག་ཉིད་ཆེན་པོ་འདི་ཧོར་དཔོན་ཞིག་གིས་ས་སྐྱར་གདན་དྲངས་པའི་ཚེ་ས་སྐྱའི་རྒྱབ་དེ་ར་དྲོ་འདེབས་པའི་སང་ཁྲི་རྐན་པོ་གཅིག་བྱུང་བ་ལ། ཧོར་གྱི་འབའ་ཧོར་ཆེས་རྗེ་གཅིག་བརྒྱབ་པས་འགྲོལ་ནས་སྐད་ངན་ཆེན་པོ་ཤོར་བས། སེམས་དཔའ་ཆེན་པོ་རང་ལ་བརྒྱབ་པ་བཞིན་དུ་ཨ་གསུང་ནས་ཕྲག་ནས་དཀར་ཡོལ་འཆོར་ལ་ཁད་བྱུང་ཞིང་སྤྱན་ཆབ་མང་པོ་བཏོན། དེ་ནས་ས་སྐྱར་བྱོན་ཏེ། དགེ་བའི་བཤེས་གཉེན་དང་སྐྱེ་བོའི་ཚོགས་ཆེན་པོ་ལ། ཟབ་པ་དང་རྒྱ་ཆེ་བའི་ཆོས་གསུངས་ནས་འགྲོ་བ་དཔག་ཏུ་མེད་པའི་དོན་མཛད་དེ། གསེར་ཡིག་པས་ཚོང་དུས་ནས་མར་གདན་དྲངས་དུས། ཧོར་གྱི་གཡོག་པོ་གསུམ་ལ་ནག་ཆེན་པོ་ཐུག་ནས་གསོད་དུ་བྱུང་བ་ལ། རྒྱལ་སྲས་འདིས་ཐུགས་ཀྱིས་(༩༩༩བ)མ་བཟོད་པར་ཧོར་གྱི་དཔོན་ལ་དེ་ལྟར་མ

བྱེད་ཅེས་གསུང་བྱོན་པས་སྒྲོག་ལས་ཐར་བར་མཛད། སྐུ་ཞང་གི་རྩིས་ཀྱི་རྟེན་འབྲེལ་ལ་དཔེན་ཤྲཱིའི་གདན་གྱི་འོག་ཏུ་ཁོ་རང་གི་གཟུགས་དང་། རལ་གྲི་དང་། རང་ཐག་སོགས་བཅུག་པ་དཔེན་ཤྲཱིས་མཐོང་ནས་རྒྱ་ར་ཆེན་པོ་བྱེད་དུ་བྱུང་བ་ལ་ཡང་གསུང་བྱོན་པ་ཙམ་གྱིས་གྲོལ་བར་མཛད་དེ། རིན་སྤུངས་པར་བྱོན་ནས་དབུས་སུ་འབྱོན་མ་དགོས་པར་ཡར་བྱོན་ཏེ། ཞ་ལུར་གདན་དྲངས་ནས་དགེ་བའི་བཤེས་གཉེན་དང་སྐྱེ་བོའི་ཚོགས་དཔག་ཏུ་མེད་པ་ལ་ཆོས་ཀྱི་སྦྱིན་པ་མཛད། དེ་དུས་བུ་སྟོན་རིན་པོ་ཆེ་བསྟེང་ནས་གྲོངས་ལ་ཁད་པ་མ་མཇལ་ཏེ། སྐུ་གསུང་ཐུགས་རྡོ་རྗེའི་རང་བཞིན་དུ་བྱིན་གྱིས་བརླབས་ནས་བསྟན་པ་དང་སེམས་ཅན་གྱི་དོན་ལ་བཞུགས་པའི་རྟེན་འབྲེལ་དང་། བདག་གཞན་བརྗེ་བའི་དམིགས་པ་མཛད་ནས་དེའི་ནུབ་མོ་ནས་སྐུ་བསྐྱེད་བྱུང་ནས་བསྟེང་བ་དང་། དེ་དུས་བླ་མ་རྒྱལ་སྲས་པས་མཁན་ཆེན་བུ་སྟོན་པའི་བསྟེང་ནད་སླངས་ཟེར་བའི་གྲགས་པ་ཆེན་པོ་ཡང་བྱུང་ཞིང་། མཁན་ཆེན་པའི་ཞབས་ཏོག་པ་གཅིག་གི་མྱི་ལམ་དུ་མདངས་དྭང་པ་ལ་བླ་མ་རྒྱལ་སྲས་པ་སྐུ་ལུས་ཤེལ་དཀར་ལྟར་དྭངས་པར་གྱུར་པས་གསེར་གྱི་དབུ་རྒྱན་གསོལ་ནས་དབང་བསྐུར་མཛད་པ་རྨིས་ལགས་ཞུས་པས། རྨི་ལམ་བཟང་པོ་ཡིན། ང་ཡང་མདངས་ཁམས་བདེ་ཞིང་རིག་པ་དྭངས་པ་ཅིག་བྱུང་གསུང་ནས་མཉེས་འདུག་གསུང་། ཡང་བླ་མ་དམ་པ་བསོད་ནམས་རྒྱལ་མཚན་པས་ཆོས་ཞུ་བ་ལ་ས་སྐྱར་གདན་དྲངས་ནས། ཆོས་ཀྱི་འཁོར་ལོ་རྒྱ་ཆེན་པོ་བསྐོར་ཏེ (༩༩༥(ན)ཚུར་འབྱོན་དུས་ལ་རྫས་ནག་པོར་ཧག་པ་བྱུང་སྟེ། སེམས་དཔའ་ཆེན་པོ་རང་གི་སྐུ་ལ་མ་རིག་ཞབས་ཏོག་པ་རྣམས་འོ་ལེ་བ་རེ་བཀྱིགས་ཏེ་ཧག་པ་ཟ་མ་ཟ་དུས། ཞབས་ཏོག་པ་གཅིག་བཀྱིགས་པ་གྲོལ་བྱུང་བའི་རྩ་ན། ཧག་པའི་རལ་གྲི་བཞག་འདུག་པ་ཁྱེར་ནས་བྲིས་ན་བསམ་ཡོད་ཅ་ན། སེམས་དཔའ་ཆེན་པོས་མཁྱེན་ནས་ཉིད་དེ་བློ་ཅབ་ཙུབ་མ་བྱེད་ཨང་གསུངས་པས་བྲིས་མ་ནུས་ཟེར། དངོས་པོ་འདི་རྣམས་རིན་ཆེན་

སྣང་བའི་ས་ཆར་ཕྱིར། ངས་བློས་བཏང་ཡོད་པས་ཕྲོགས་པ་ཡིན་སྙམ་པའི་བློ་ཡང་མ་བྱེད་ངའི་གོས་འདི་ཕྱིར་ན་ཡང་ཕྱིར་གསུངས་པས། ཇག་པས་ཕྱག་བཙལ་ནས། ངེད་ཚོ་ཡང་ཡོངས་ནས་ཐབས་སྟུགས་པས་ཉིད་ལྷ་བུ་དང་ཐུག་ཟེར། ཇག་པ་རྣམས་རྗེས་ཟློས་བྱེད་དུ་བཅུག་ནས་བསྔོ་བ་ཡང་མཛད་གསུང་། དབུས་པའི་དམག་མང་པོ་མཐོང་བ་དེ་དང་། དཔོན་ཆེན་བྱང་པ་འདིས་འོ་སྐོལ་ལ་ཆོས་འབྲེལ་མ་བྱས་པའི་གོང་དུ་བཙོན་སྡུག་གི་གཅིག་མི་གསོད་པའི་ཞུ་བ་བྱས་ཀྱང་མ་གྲུབ་པ་དེ་གཉིས་ཀྱིས་ལོ་མང་པོའི་བར་དུ་དགེ་སྦྱོར་གྱི་བསྐུལ་མ་བྱས། དེ་བར་ལ་དགེ་སྦྱོར་གང་བྱེད་ཀྱང་དེ་རྣམས་དང་དབུས་པའི་དམག་སྤོན་མ་རང་རེ་དཔུལ་ཆུ་བ་འཛོམས་མི་དེ་རྣམས་ཀྱི་དོན་དུ་བསྔོས། སློན་ལམ་མང་པོ་བཏབ་སྐྱེ་ཨེ་ཕན་ནེ་མི་ཤེས་གསུང་། ཡང་ལན་ཅིག་རྒྱལ་སྒོའི་འགག་ན་ཤིག་ནད་ཚབས་ཅན་བྱུང་བའི་སྤྲང་རྒན་ལུས་ཀྱི་ཟུངས་ཤོར་བ་གོས་དང་སྟན་ལ་སོགས་པ་ཤིག་གི་ཕྱུང་པོར་གྱུར་པ་ཅིག་གི་དྲི་(༩༩༥(བ)ཆེན་པོ་མནམ་པ་ཅིག་འདུག་པ་དེ་ལ། དྲུང་སྐུ་མཆེད་པའི་སྐུ་བོ་ཆོས། །དྲུང་ནས་སྐྱུག་བྲོ་འགའ་དེ་ར་མ་བསྟོད་ཟེར་ཞིང་འབུད་པ་གཟིགས་པས། སྙིང་རྗེ་དྲག་པོ་སྐྱེས་ནས་སྤྱན་ཆབ་ཤོར་ཏེ། དེའི་ནུབ་མོ་ཁོའི་གོས་དང་སྟན་ཤིག་གི་ཕྱུང་པོར་གྱུར་པ་རྣམས་ནང་དུ་ཕྱིར། སྤྲང་པོ་ལ་ན་བཟའ་གཅིག་གཉིས་དང་ཟ་རྒྱུ་གནང་ནས་ཤིག་རྣམས་ལ་སྐུ་ལུས་སྦྱིན་པར་བཏང་སྟེ་ཤིག་གི་ཕྱུང་པོའི་གསེབ་ཏུ་གཟིམ་ནས་ཞག་གཅིག་གཉིས་སོང་བ་དང་། སློབ་དཔོན་དང་མཆེད་གྲོགས་འགའ་རེས་ཆོར་ནས་བལྟར་བྱོན་པས་སྤྲང་པོའི་གོས་དང་སྟན་ཤིག་གི་ཕྱུང་པོར་སོང་བ་རྣམས་གསོལ། སྐུ་ལུས་ཐམས་ཅད་འབྲུམ་ནད་ཐུག་པོ་བྱུང་བ་བཞིན་དུ་གྱུར་འདུག་པ་མཐོང་ནས། ཁོང་རྣམ་པ་ཏ་ལས་ཏེ་ཉིད་ད་ལྷ་ལུས་གཏོང་བའི་དུས་ཙམ་ལ་མ་སླེབས་ལས་ཆེ། དེ་འདྲ་རང་ཏ་ཙང་ཐལ་དྲགས་མི་མཛད་པར་ཞུ་ཞུས་པས། སྤྱོད་འཇུག་ལས། བདག་གིས་ལུས་

ཅན་ཐམས་ཅད་ལ། །ལུས་འདི་ཅི་བདེ་ར་བྱིན་ཟིན་གྱིས། །རྟག་ཏུ་གསོད་དང་སྨོད་པའམ། །བརྡེག་སོགས་ཅི་དགར་བྱེད་ལ་རག་ཞེས་དང་། འགྲོ་མང་རྫོག་པས་བདག་གི་སྐྱིར་འཚོག་གམ། །འགྲུམ་ཡང་མི་བསྒོ་འཇིག་རྟེན་མགོན་དགྱེས་མཛོད། །གསུང་ནས་མ་གསན་པས། །ཁོང་རྣམ་པས་འཛམ་པའི་དབྱངས་དོན་ཡོད་པའི་དྲུང་དུ་ཕྱིན་ཏེ་འདི་བཞིན་མཛད་ཀྱིན་གདའ། ངེད་རྣམས་ཀྱིས་ཞུ་བ་བྱས་ཀྱང་འདི་སྐད་གསུང་ནས་མི་གནང་བར་འདུག །དྲུང་ནས་གསུང་བྱོན་དགོས་པར་གདའ་ཞུས་པས། འཛམ་དབྱངས་དོན་ཡོད་པས་ཀྱང་(༡༩༥༨ན)དེ་ཁར་བྱོན་ཏེ། དེ་ལྟ་བུ་རང་མི་མཛད་པ་ཞུ། ཏ་ཙང་འོ་བརྒྱལ་དྲགས་ཅིར་འགྱུར་ཡང་མི་ཤེས་ཞུས་པ་ལ་ཡང་། སྐྱེས་རབས་ལས། ལུས་ཙམ་གྱིས་ཀྱང་གཞན་ལ་ཕན་ཐོགས་པར། །ནམ་ཞིག་འགྱུར་ཞེས་བདག་གིས་གང་བསམས་པ། །སྨོན་ལམ་དེ་ནི་འབྲས་བུ་ཡོད་པར་བྱ། །ཞེས་དང་། ཉིད་ཀྱི་ཞལ་ནས། གཞན་ལ་མི་ཕན་སྲིད་ཟད་བདེ་བ་ཡང་། །དམྱལ་བའི་མེ་ལྟར་མཐོང་ནས་རབ་སྤོང་ཞིང་། །གཞན་ལ་ཕན་ན་མནར་མེད་མེ་ནང་དུའང་། །རབ་དགས་འཇུག་པ་རྣམས་ཀྱི་རྗེས་སུ་སློབ། །ཅེས་གསུངས་ཏེ་མ་གསན་པར་གསོལ་པས། རིང་པོར་མ་ལོན་པར་ཤིག་རྣམས་ཡལ་ནས་སོང་ཞེས་གྲག་གོ །དེ་དུས་ཏ་ཙང་སོ་ཚ་རང་དྲགས་ནས་མ་བཟུག་པའི་དུས་སུ་སྟོད་ཀྱི་ཆ་ལ་དར་གྱི་དུམ་རེ་དཀྲིས་ནས་བཞག་གསུང་། ཉིད་ཀྱི་ཞལ་ནས། གང་ཞིག་ཁྲོ་དང་ང་རྒྱལ་དབང་གྱུར་ནས། །བདག་གི་ལུས་ལ་རྨ་སྲོལ་ཆེར་གཏོང་དེ། །འཆི་བར་ངེས་པའི་གནས་སྐབས་བྱུང་གྱུར་ནའང་། །དེ་ཚེ་དམ་བཅའ་འདི་ནི་དྲན་པར་བགྱི། །ཞེས་དམ་བཅས་པ་བཞིན་མཛད་དོ། །ཡང་བོ་དོང་དུ་སྦྲང་ཕྲུག་ཤིག་ནད་བྱུང་བ་ཞིག་གི་ཤིག་ཐམས་ཅད་བླངས་པས། སེམས་དཔའ་ཆེན་པོའི་སྐུ་ལུས་ལ་འཕྱུངས་ནས་ཞག་གཅིག་ལ་ཤི་འདུག་ཟེར། སེམས་དཔའ་ཆེན་པོ་ལ་བརྟེན་ནས་དེ་པ་རྣམས་གནས་གོང་མ་ཞིག་ཏུ་འཕོས་ངེས་བསམ་པ་བྱུང་ངོ་། །ཞེས་རྒྱལ་སྲས་བདག་

ཉིད་ཆེན་པོ་འདིའི་ཐུགས་སྲས་ཉན་པོ་དཔལ་རིན་གསུང་ངོ་། །གཞན་ཡང་བོ་དོང་དང་། དངུལ་ཆུ་གཉིས་སུ་སྦྲང་པོ་ཤིག་ནད་བྱུང་བ་(༩༩༨བ)མང་པོའི་ཤིག་ནད་བླངས་ཏེ་མྱུར་པོར་ཡལ་གྱིན་སོང་ཞེས་གྲག་གོ །དུས་ཕྱིས་ཕན་ཡུལ་གླང་ཐང་པ་ཡིན་པའི་སྟོན་སྒོམ་བྱང་ཆུབ་སེམས་དཔའ་གཅིག་ལ་ཁོང་རང་ལ་ཤིག་བྱུང་བའི་སྟེང་དུ་གཞན་གྱི་ཤིག་ནད་ཀྱང་བླངས་ཏེ་སེམས་ཅན་ལ་ལུས་དངོས་སྦྱིན་པར་བཏང་ནས་གཤེགས་པའི་དེ་མ་ཐག་ལ། བདག་གིས་ཐུགས་དམ་ལ་འདོགས་པར་ཞུ་བའི་ཕན་ཆས་ཁྱེར་ནས། ཉེ་གནས་ལ་འདི་ལྟར་ཞུས་བྱས་པས་ཉེ་གནས་དྲུང་དུ་སོང་ནས་ལོག་བྱུང་པ་ལ། ཅི་གསུང་དྲིས་པས། གོ་རྗེས་སུ་ཡི་རང་། ཤཱཀྱ་ཐུབ་པ་རུས་སྦལ་དུ་སྐྱེ་འཁྲུངས་པའི་དུས་སུ། སྲིན་བུ་གེ་ཏ་ཀ་བརྒྱད་ཁྲི་ལ་སྐུ་ལུས་སྦྱིན་པར་བཏང་བ་དང་དོན་གྱི་ཆ་མཐུན་པ་དེ་ཡིན། ཁོང་གི་སེམས་ལ་འགྱོད་པ་ཡོང་བའི་རིགས་སུ་མི་འདུག་ངོ་མཚར་ཆེ། འོ་སྐོལ་བློ་སྦྱོང་བ་ཡིན་པས་ཤིག་དེ་ཙམ་ཞིག་འཆིར་འཇུག་པ་སྙིང་རྗེ་ཡར་ལོང་ལ་ཤོག་གསུང་གིན་འདུག །དྲུང་ནས་སྐུ་བགྲེས་པ་དང་། ཤིག་ཚན་ཆེས་དྲགས་པས་ཅི་འགྱུར་མི་ཤེས་ཞུས་ཀྱང་མི་གསན་པར་ལོང་ཤོག་གསུང་། རྒྱལ་སྲས་བདག་ཉིད་ཆེན་པོ་འདི་སྒྲིར་སེམས་ཅན་སུ་ལའང་སྐྱོན་བརྗོད་མི་གསུང་ཞིང་། ལྷག་པར་ཆོས་སྒོར་ཞུགས་པ་རྣམས་ལ་དག་སྣང་ཁོ་ན་མཛད་པ་ལས་སྐྱོན་བརྗོད་ཡེ་མི་མཛད། གཞན་ལ་སྐྱོན་བརྗོད་བྱེད་པ་གསན་ན་འོ་སྐོལ་རང་བློ་མ་དག་པ་ཡིན། ཁོང་ཀུན་ཅི་འདྲ་ཡིན་མི་ཤེས། སླར་ཡང་འོ་སྐོལ་གྱིས་ཕར་མི་ལ་སྐྱོན་བརྗོད་མང་པོ་བྱས་ཙ་ན་འོ་སྐོལ་ལ་ཡང་ཐམས་ཅད་ཀྱིས་ཚུར་འཐབ་པ་ཅིག་རྟེན་འབྲེལ་ལ་ཅིས་ཀྱང་ཡོང་གསུང་། རྒྱལ་སྲས་བདག་ཉིད་ཆེན་པོ་(༩༩༧ན)འདིའི་མཛད་པ་རྣམ་ཐར་འདི་དག་ལ་དཔང་ལོ་ཙྪ་བ་བློ་གྲོས་བརྟན་པས། ཐོག་མར་ཤེས་བྱ་ཀུན་ལ་མཁས་པར་བྱ། །བར་དུ་མཁས་པའི་ཚོགས་སུ་ལེགས་པར་བཤད། །ཐ་མར་འདྲིས་པའི་དོན་ལ་བསྒོམ

པར་བསྒོམ། །དུས་གསུམ་རྒྱལ་བ་ཀུན་གྱི་བཞེད་གཞུང་ཡིན། །ཞེས་ས་སྐྱ་པཎྜི་ཏས་གསུངས་པ་དེ། གུ་རུ་ཐོགས་མེད་ཁོང་གིས་བྱས་པ་ཡིན་ནོ། །འོ་སྐོལ་ཆོས་པ་རྣམས་ཀྱི་ནང་ན་ཆོས་བྱེད་པ་མང་རབ་འདུག་སྟེ་བརྟན་པ་ཐོབ་པ་རང་དུ་ཙམ་བདོག་གམ། གཞན་གྱི་རྒྱུས་ནི་ང་ལ་མེད། བརྟན་པོ་ཐོབ་ངོ་ཤེས་པ་གུ་རུ་ཐོགས་མེད་ཁོང་ཡིན། ཕོ་སྐྱེས་པ་ཟེར་ན་དེ་ཀུན་ལ་ཟེར་བ་ལགས། མི་གཞན་གྱིས་ངའི་རྒྱུད་ཚོད་ལ་སླེབ་པ་ལ་དཔྲུང་དཀའ་ལས་ཆེན་པོ་ཡོད། ངས་གུ་རུ་ཐོགས་མེད་ཀྱི་རྒྱུད་ཚོད་སླེབ་པ་ལ་བསླལ་པ་མང་པོ་ཚོགས་གསོག་དགོས། ང་ཁོང་གི་བླ་མ་ཡིན། ཁོང་ངའི་སློབ་མ་ཡིན་ཏེ་ང་ནི་བླ་མ་ཞིག་ལས་ཀྱང་དེ་ལ་མོས། མི་རྣན་ནམ་འཆི་བའི་སྐབས་ཁ་དེར་གུ་རུ་ཐོགས་མེད་ཡོད་པ་ཅིག་བྱུང་ན་དགའ་སྟེ་ང་ཕྱོགས་ཐམས་ཅད་དུ་རྒྱུག ཁོང་པ་གཅིག་ཏུ་བཞུགས་པ་འདིས་ཡིད་སྨོན་ཐོག་ཏུ་ཨེ་འབབ་ཡིན་གསུང་ཟེར་ཞིང་། གསུང་ཡིག་སྙན་དངགས་དང་བཅས་པ་བསྒྱུར་བའི་ནང་ན་ཡང་། ཁྱོད་ལ་ང་འདྲའི་སློབ་དཔོན་བརྒྱ་ཡོད་ཀྱང་། །ང་ལ་ཁྱོད་འདྲའི་སློབ་མ་ཁྱོད་ལས་མེད། །ཅེས་སོགས་ཀྱི་བསྟོད་པ་མང་པོ་ཡང་མཛད་དོ། །ཀུན་མཁྱེན་རོང་པོའི་ཞལ་ནས་ཀྱང་། །ང་ལ་ཕ་བས་ལྷག་པའི་བུ་(༩༩༧བ)གཅིག་ཡོད་པ་ཡིན། །ངའི་སློབ་མ་འདི་འདྲ་གཞན་ལ་ཡོད་ན་སྨོན་ནི་འཚོར། སྐྱེས་བུ་དམ་པ་འདི་འདྲ་འཛིག་རྟེན་ན་དཀོན་གསུང་། ཆོས་རྗེ་བུ་སྟོན་རིན་པོ་ཆེས་ཀྱང་། སྡེ་སྣོད་གསུམ་གྱི་དོན་ལ་མཁས་གྱུར་ཅིང་། །རྒྱུད་སྡེ་ཟབ་མོའི་རྟོགས་པས་ཀུན་ཆུབ་པ། །བྱང་ཆུབ་སེམས་གཉིས་འབྱོངས་པ་རྒྱལ་བའི་སྲས། །ཞེས་སོགས་ཀྱི་བསྟོད་པ་ཡང་མཛད་ཅིང་། སེམས་དཔའ་ཆེན་པོས་ཞ་ལུར་བྱོན་པའི་ཚེ་བུ་སྟོན་རིན་པོ་ཆེས་ཞ་ལུའི་གྲྭ་པ་རྣམས་ལ། ད་ལྟ་བོད་གངས་ཅན་གྱི་ཁྲོད་ན་ཆོས་ཤེས་ནས་ཉམས་སུ་བླང་ཤེས་པ་རྒྱལ་སྲས་ཐོགས་མེད་པ་ཙམ་གཅིག་ཡིན། ངས་ཀྱང་ཆོས་ཤེས་པ་ཤེས་ཏེ། ཀུན་མཁྱེན་འཕགས་པ་འོད་ཀྱིས་བསྟན་པའི་དོན་དུ་བཤད་ཉན་དང་མདོ་རྒྱུད་

ཀྱི་འགྲེལ་པ་མང་དུ་རྩོམས་ཞེས་གསུང་བ་ལ་བརྟེན་ནས་བཤད་ཉན་བྱེད་དགོས་པ་བྱུང་བས། ཁོང་འདྲ་བའི་ཉམས་ལེན་བྱུང་བ་མེད། འདི་ལྟ་བུའི་བྱང་ཆུབ་སེམས་དཔའ་ལ་ཆོས་འབྲེལ་ཐོབ་པ་ཙམ་གྱིས་ཀྱང་འཁོར་བ་མཐའ་ཅན་དུ་འགྱུར་ངོ་ཤེས་པ་ཡིན་པས། མཚམས་ལ་ཡོད་པ་རྣམས་ཀྱང་གསེང་ལ་ཆོས་ཞུས། དེ་བར་གྱི་ཞབས་ཏོག་ཐམས་ཅད་བླ་བྲང་ནས་བྱེད་པ་ཡིན་གསུང་། དེའི་རེས་སེམས་དཔའ་ཆེན་པོས་ཀྱང་ཟླ་བ་གཅིག་ཞ་ལུར་བཞུགས་ནས་གང་ལ་གང་འདོད་ཀྱི་ཆོས་གསུངས་ཏེ་འགྲོ་བ་དཔག་ཏུ་མེད་པའི་དོན་མཛད་དོ། །རྒྱལ་སྲས་འདིའི་རྩར་གཞན་དག་གིས་རང་རེའི་ཆོས་བརྒྱུད་དང་བླ་མ་དང་། རང་ལ་སྨོད་པ་བྱུང་བའི་དུས་སུ་མད་ལགས་(༩༩༢ན) བྱས་པས། དེ་ཀས་ཚིག་སྙེ་ཡང་ཆད་ནས་ཕན་ཚུན་རྒྱུད་སྲེག་རེས་ཀྱང་མི་ཡོང་། རང་རེ་བཟོད་ལྡན་དུ་ཡང་འགྲོ་བ་ཡིན་གསུངས་ནས་དམ་བཅའ་ཡང་འདི་ལྟར་མཛད་དེ། འགྲོ་མང་དབུས་སུ་སྡང་མིག་ལྡན་པའི་མས། །ཚིག་ངན་བཟོད་པར་དཀའ་བས་སྨྲ་ཕབ་ནས། །གདོང་པ་ལེགས་པའི་སྐབས་ཀྱང་མེད་བྱས་ན། །དེ་ཚེ་དམ་བཅའ་འདི་དག་དྲན་པར་གྱིས། །ཞེས་གསུང་། ཡང་བསྟན་པ་དང་སེམས་ཅན་སྤྱི་མཐུན་ལ་གནོད་པ་ཆེན་པོ་བྱེད་པ་དེ་འདྲ་རྣམས་ལ། འགའ་ཞིག་གིས་འདི་ལྟ་བུ་ཀུན་ཏ་ཙང་མི་རིགས་དྲགས་འདུག་ཟེར་ནས་ཞེ་སྡང་བསྒོམ་པ་གཟིགས་ཙ་ན། ཏ་ཙང་མི་རིགས་དྲགས་པ་ད་ཀ་སྙིང་རྗེ་བ་ཡིན་ནོ་གསུངས་ནས། དེ་ལྟ་བུ་རྣམས་ལ་ལྷག་པར་ཡང་བརྩེ་བར་མཛད་ཅིང་། འདི་ལྟར་གསུང་སྟེ། བདག་གམ་བདག་གི་ཕྱོགས་ལ་གནོད་བྱེད་དམ། །བསྟན་དང་འགྲོ་བ་ཡོངས་ལ་གནོད་བྱེད་པའི། །མ་རུངས་སྐྱེ་བོ་མཐོང་ཐོས་དྲན་གྱུར་ན། །ལྷག་པར་སྙིང་རྗེའི་གནས་སུ་ཤེས་བྱས་ནས། །རྙེད་བཀུར་སྟན་སྨྲས་སོགས་ཀྱིས་དངོས་སུ་ཕན། །གདགས་པར་ནུས་ན་གདགས་ཤིང་མ་ནུས་ནའང་། །བྱམས་དང་སྙིང་རྗེ་དྲག་པོས་བདག་ཉིད་ཀྱི། །བདེ་དགེ་ཅི་ཡོད་དེ་དོན་བསྔོ་བ་གཅེས། །ཞེས

གསུང་ངོ། །རང་ལ་གཞན་གྱིས་དངོས་སུ་ཚིག་ངན་སྨྲ་བ་དང་བརྙས་པ་བྱེད་པའི་ཚེ་དེའི་ལན་མ་བྱས་ན་ཕ་རོལ་པོ་ཡང་ཞེ་སྡང་མི་བསྐྱེད་ཅིང་། རང་རེ་ཡང་སྐྱོན་མེད་ཀྱི་སྐྱེས་བུ་བཟོད་ལྡན་དུ་འགྲོ་བ་ཡིན། གཞན་གྱིས་མི་རིགས་པ་བྱས། རང་རེས་ཀྱང་དེའི་ལན་(༥༥༢བ)བྱས་ཙ་ན། གཉིས་ཀ་སྐྱོན་ཅན་དུ་འགྲོ་བ་ཡིན་གསུང་། དེ་ལྟར་མཛད་པ་རྣམ་ཐར་གང་གི་ཐད་ནས་ཀྱང་སའི་སྟེང་ན་འགྲན་གྱི་དོ་ཟླ་ཐམས་ཅད་དང་བྲལ་བའི་སེམས་དཔའ་ཆེན་པོ་འདིའི་སྙན་པའི་དྲི་བསུང་གྲགས་པའི་དྲི་བཞོན་གྱིས་སའི་སྟེང་ཐམས་ཅད་ཁྱབ་པར་བྱས་པས། རྒྱ་ནག་པོའི་ཡུལ་ནས་ཀྱང་སྟོབས་ཀྱིས་འཁོར་ལོས་བསྒྱུར་བའི་རྒྱལ་པོ་ཆེན་པོ་དང་། རྒྱལ་པོ་ཆེན་པོ་ཧོང་ཐའི་ཛྀ་དང་། རྒྱ་གར་དང་། བལ་ཡུལ་དང་། ཡ་རྩེ་དང་། མངའ་རིས་ལ་སོགས་པའི་རྒྱལ་ཕྲན་ཐམས་ཅད་ཀྱིས་ཀྱང་མོས་གུས་ཆེན་པོས། ཤཱཀྱ་ཐུབ་པའི་རྒྱལ་ཚབ་བསྟན་པའི་བདག་པོ་བོ་དོང་ཐོགས་མེད་ཅེས་སོགས་ཀྱིས་བསྟོད་པ་དང་། གདམས་པ་བསྐུར་བར་ཞུ་ཞེས་པའི་འཕྲིན་ཡིག་འབུལ་བ་དང་བཅས་པ་རིམ་པར་བསྐུར་ཞིང་དད་པ་ཆེན་པོས་སྤྱི་བོའི་གཙུག་ཏུ་སྒོམ་པ་བྱེད་པ་དང་། དངོས་སུ་མི་ཆེན་གྱི་སློབ་བུའི་རིགས་འདུས་པ་ལ་ཡང་། འཇམ་དབྱངས་ཆེན་པོ་དོན་ཡོད་རྒྱལ་མཚན་དཔལ་བཟང་པོ། ཆོས་རྗེ་བསོད་ནམས་རྒྱལ་མཚན་དཔལ་བཟང་པོ། ཏི་ཤྲཱི་ཆེན་པོ་བསོད་ནམས་བློ་གྲོས་སྐྱ་མཆེད། ཏ་དབེན་གུ་ཤྲཱི་ཀུན་དགའ་རིན་ཆེན་རྒྱལ་མཚན་དཔལ་བཟང་པོ་དང་། ཏ་དབེན་གུ་ཤྲཱི་ཀུན་དགའ་ལེགས་པའི་རྒྱལ་མཚན་དཔལ་བཟང་པོ་ལ་སོགས་པ་དཔལ་ལྡན་ས་སྐྱ་པའི་གདུང་རྒྱུད་རྣམས་དང་། མཁན་ཆེན་ཐམས་ཅད་མཁྱེན་པ་བྱང་ཆུབ་རྩེ་མོ། མཁས་བཙུན་དཀོན་མཆོག་རྒྱལ་མཚན་དང་། མཁས་གྲུབ་ཆེན་པོ་ཁྱུང་པོ་བ་དང་། དབུས་ཕྱོགས་ཀྱི་ཡང་ཕག་(༥༥༨ན)མོ་གྲུ། སྟག་ལུང་། ཚལ་པ། རྒྱ་མ་ལ་སོགས་པའི་རིན་པོ་ཆེ་རྣམས་དང་། མདོར་ན་དབུས་གཙང་གཉིས་ཀྱི་དགེ་བའི་བཤེས་གཉེན་མཁས་བཙུན་

བཟང་གསུམ་འཛོམ་པ་ཕལ་ཆེར་སློབ་མར་འདུས་ཤིང་། གཞན་ཡང་དབུས་གཙང་གི་ཧ་དབེན། གུ་ཤྲཱི། སི་ཏུ། དཔོན་ཆེན། དུ་དབེན་ཤ་ལ་སོགས་ཀྱི་ལས་ཀ་འཛིན་པའི་མི་ཆེན་ཐམས་ཅད་ཀྱིས་ཀྱང་། སྤྱི་བོའི་གཙུག་ཏུ་བཀུར་ཞིང་མཆོད་དོ། །རྒྱལ་སྲས་བདག་ཉིད་ཆེན་པོ་འདི་ནི་ཡིད་བཞིན་གྱི་ནོར་བུ་རིན་པོ་ཆེ་ལྟར་དགོས་འདོད་ཐམས་ཅད་རྩོལ་མེད་དུ་འབྱུང་། འདས་མ་འོངས་ཐམས་ཅད་མཁྱེན་པའི་མངོན་པར་ཤེས་པ་ཐོགས་མེད་དུ་མངའ། ཡི་དམ་གྱི་ལྷ་སྟོན་གནམ་དངས་པའི་སྐར་ཚོགས་ཙམ་གཟིགས། ཇི་ལྟ་བ་དང་ཇི་སྙེད་པའི་དོན་ལ་དབང་འབྱོར་ཀྱང་ཐུགས་ལ་རློམ་པ་དང་། ཁེངས་པ་རྡུལ་ཙམ་ཡང་མི་མངའ་ཞིང་། འདི་ལྟར་གསུང་སྟེ། རང་གི་ཉེ་དུའི་བཀུར་བསྟི་རབ་སྤངས་ནས། །གཞན་གྱི་བཀུར་སྟི་འདོད་ན་བློས་བཏང་ཉམས། །དེ་ཕྱིར་གང་དུ་སུ་དང་འགྲོགས་ཀྱང་རུང་། །མཐོ་དམན་འབྲིང་གསུམ་སྤྱི་བོར་འཁུར་བ་གཅེས། །ཞེས་པ་དང་། འོ་སྐོལ་ཆོས་པ་རྣམས་ལ་ཡང་མཁས་བཙུན་བཟང་གསུམ་གྱི་ཡོན་ཏན་གང་ཡོད་ཀྱང་། དེས་རང་མཆོག་ཏུ་འཛིན་ཅིང་རྒྱལ་གྱིས་རང་ལས་དམའ་བ་ལ་བརྙེས་པ། མཉམ་པ་ལ་འགྲན་སེམས། མཐོ་བ་ལ་ཕྲག་དོག་བྱེད་ན་ཆོས་གནད་དུ་མ་སོང་བ་ཡིན། དཔེར་ན་སྨན་གྱིས་ནད་བསྐྱེད་པའམ་(༤༤༨བ)འདྲེ་ཤར་ནས་གནོད་པ་ལ་གླུད་ནུབ་སྒོར་སྐྱེལ་བ་དང་འདྲ་གསུང་། རྒྱལ་སྲས་བདག་ཉིད་ཆེན་པོ་འདི་ནི་སྐྱེ་བོ་ཀུན་གྱིས་མཆོད་པའི་གནས་སུ་བཟུང་ཡང་འདོད་ཡོན་ལ་སྲེད་པ་ཆུང་བས་གསོལ་གང་དྲངས་ཀྱང་ཞིམ་པ་དང་མི་ཞིམ་པའི་ཞལ་སྐད་མི་མཛད་པར་གང་དྲངས་པ་གསོལ་བས་གཞན་གྱིས་བཀུར་བ་དང་། བསྒྲུབས་པ་དང་། ཞབས་ཏོག་སླ་ཞིང་འདི་ལྟར་ཡང་གསུང་ངོ་། །ཆུ་རྒྱ་མཚོ་ཆེ་ལ་འཕྱོ་བའི་ཉ། །རྐྱེན་ལྕགས་ཀྱུ་རྣོན་པོས་ཕྱུག་པ་དེ། །རང་ཟས་ལ་སྲེད་པ་ཆེས་པས་ལན། །སྲེད་ཞེན་གྱིས་ཟས་ལ་མ་རྒྱུགས་ན། །ལྕགས་ཀྱུ་ཡིས་ཡ་རྐན་འབུག་དོན་མེད། །ཡུལ་མཐུན་རྐྱེན་གྱིས་འཕོར་བར་འཛིན་པ་འདི། །རང་

འདོད་ཡོན་ལ་སྲེད་པ་ཆེས་པས་ལན། །འདོད་ཡོན་གྱི་སྲེད་པ་སྤངས་ཅན། །ཡུལ་མཐུན་རྐྱེན་ལམ་གྱི་གྲོགས་སུ་འཆར། །འདོད་ཡོན་སྤྱད་ཀྱང་ཞེན་མེད་ཤིན་ཏུ་གཅེས། །གསུང་བ་དང་། ཧོ་སྐོལ་དང་པོའི་གྲྭ་སའི་དུས་ནས་དངོས་པོ་གསོག་པའི་བླ་མ་སྐྱེས་པས་འཕྲུལ་ལྟོ་སྐྱིད་པ་ཅིག་བྱུང་གསུངས། རྒྱལ་སྲས་འདི་སྨིན་པའི་ཕར་ཕྱིན་ལ་སློབ་པར་མཛད་པའི་ཚེ་ལུས་དང་ལོངས་སྤྱོད་ཐམས་ཅད་སེམས་ཅན་ལ་དངོས་སུ་གཏོང་བར་མཛད་དེ། ལྟོ་སྒོ་རྭ་ནད་པ་སྐོམས་ཆུང་ཡུན་རིང་ན་བ་ཟ་རྒྱུ་མེད་པ་གཅིག་ལ། བསོད་སྙོམས་མཛད་པའི་རྩམ་པ་བོང་རྒྱབ་གཅིག་ཡོད་པ་དེ་བྱིན་པས། ད་དེ་འཆི་བའི་འདྲི་མེད་པར་བྱས་(༩༥༠ན)ཟེར་ནས་ངུ་ཡིན་འདུག །དེ་ལ་སྙིང་རྗེ་དྲག་པོ་སྐྱེས་གསུངས། ལན་ཅིག་ས་སྐྱ་ན་སྤྲང་པོ་འཆི་ལ་ཁད་ཅིག་འདུག་པ་ལ་མ་ཤི་བར་ནམ་ལ་ཁྲིས་ཟ་བར་འདུག་ཟེར་ནས་སེམས་ལས་ཆེན་པོ་འདུག་པས་བྱ་བྲལ་བ་གཅིག་ལ་ཧྲན་པ་བྱིན་ནས་བསྲུང་དུ་བཅུག་པས་དེའི་ནུབ་མོ་ཤི་འདུག །སྦྱིན་པ་དེ་གཉིས་ཆུང་ཡང་ཡིད་ཚིམ་པར་བྱུང་གསུང་། བཤད་ཉན་མཛད་དུས་བཤད་གསར་བས་བཤད་སློངས་ལུས་པ་ན་ནང་དུ་འདོང་གསུང་ནས་ནང་དུ་ཕེབས་པ་དང་། ཁྱེད་རང་འདི་ནས་གང་དགའ་བ་ཞིག་ཁྱེར་སོང་གསུང་ནས་གྲུམ་ཙེ་བཟང་པོ་ཞིག་ཡོད་པ་ཁྱེར་སོང་གསུང་བ་དང་། ཡང་བྲོ་པས་གནང་སྦྱིན་ལུས་པས། ཁྱོད་རང་འདི་ནས་གང་དགའ་བ་ཞིག་ཁྱེར་གསུང་བས་གསོལ་སྟེར་ཁྱེར་སོང་གསུང་བ་དང་། གཞན་ཡང་ན་བཟའ་སོགས་གང་ཡོད་གནང་ཞིང་། གྲྭ་སྐོར་བ་སོགས་ལ་གཞན་གནང་རྒྱུ་མེད་ན་ཡོལ་བ་བླ་བྲེ་ནས་ཀྱང་བྲེགས་ཀྱིན་གནང་ངོ་། །ཐེངས་ཅིག་ཉན་པའི་སེར་སློངས་པ་བྱུང་ནས་སློང་དུ་བྱུང་བ་ལ་གཞན་སྟེར་རྒྱུ་མེད་པར་ཚོས་སྣན་གྱི་གྲུམ་ཙེ་གཅིག་ཡོད་པ་བྱིན་པས། སློབ་དཔོན་གྱིས་ཚོར་ནས་ཁོང་ཚོ་ལ་ནས་ཁལ་གཅིག་བྱིན་གྲུམ་ཙེ་བླངས་ཏེ་ཁྱེར་བྱུང་ནས་སྣན་གཅིག་པོ་ལས་མེད་པ་གསུང་ནས་འཐབ་ཏུ་བྱུང་གསུང་། ཡང་རྩེ་

གདོང་དུ་ཆོས་བར་ལ་བྱོན་དུས་ཉི་མ་དཔལ་ཟེར་བའི་གྲྭ་པ་ཞིག་གི་ཕྲུམ་རྩེ་(༥༥༠བ)རྐུན་མ་གཅིག་གིས་ཁྱེར་བ་ལ་ཁོ་ལ་སེམས་ལས་ཆེན་པོ་འདུག་པ་ལ། སེམས་དཔའ་ཆེན་པོ་རང་ལ་ཕྲུམ་རྩེ་གཉིས་ཡོད་པའི་གཅིག་ཁོ་ལ་གནང་སྟེ། དེ་དུས་མཁན་ཆེན་བསོད་ནམས་གྲགས་པ་བོ་དོང་དུ་བྱོན་ནས་དགུན་གཅིག་སྡོད་ཐོ་རངས་གཉིས་ཀ་ཆོས་གསུང་བ་གསན་དུ་བྱོན་པས། ཕྲུམ་རྩེ་གཅིག་ལས་མེད་པ་དེས་གྲང་མོ་བྱུང་ཡང་སློབ་དཔོན་ལ་གཡར་ན་ཡོང་སྟེ་འཐབ་ཏུ་ཡོང་བསམས་ནས་གཡོར་མ་ནུས་གསུང་། གྲྭ་སའི་དུས་སུ་རྣམ་པ་ཆེན་པོ་མེད་ཀྱང་སྤྲང་པོ་ལ་སྟེར་མས་བཙུས་ཀྱིན་གནང་ཙ་ན། དེ་བཞིན་མཛོད་ན་ཉིད་རང་ལ་གསོལ་རྒྱུ་མི་ཡོང་ཞུས་ཙ་ན་ནམ་ཟད་ཙ་ན་བལྟ་རྒྱུ་ཞིག་ཡོད་གསུང་ནས། རང་ཉིད་དབུལ་པོར་གནས་ཀྱང་སློང་བ་པོའི་སེམས་སྐྱོང་བ་མི་སྲིད་དོ། །དངུལ་ཆུར་ཉེ་གནས་མེད་པའི་བཤུལ་དུ་སེར་སློང་ལ་བྱུང་དང་རནས་ཡོངས་པའི་མི་སུམ་ཅུ་ཙམ་ཞིག་སློང་དུ་བྱུང་བ་ལ་ན་བཟའ་བེར་ཐུལ་གཅིག་དང་རྣམ་པ་གང་ཡོད་གནང་། ཡང་སྤྲང་པོ་གཅིག་སློང་དུ་བྱུང་བ་ལ་ཕྲུག་ཕྲུམ་གཅིག་སྔོན་ལ་གནང་བ་ལ་བཟང་པོ་སྟེར་རྒྱུ་ཡོད་བཞིན་དུ་མི་སྟེར་བ་དགོངས་ཏེ། ཕྲུམ་རྩེ་བླངས་ནས་བེར་ཐུལ་གཅིག་གནང་བས། ཕྱི་ལོ་ཡང་བསྐོགས་ནས་སློང་དུ་བྱུང་ལ་ཕྲུག་གི་རིང་འགག་གཅིག་གནང་གསུང་། ཡང་ཐེངས་ཅིག་ཉ་ག་ནས་མེད་པའི་བཤུལ་དུ་སྤྲང་སློང་གཅིག་སློང་དུ་བྱུང་བ་ལ་གཞན་གནང་རྒྱུ་མེད་པར་ར་ལྤགས་ཀྱི་སྤྲད་པ་(༥༥༡ན)གཅིག་ཡོད་པ་ཡང་གནང་ངོ་། །དེ་ལྟར་རྒྱལ་སྲས་བདག་ཉིད་ཆེན་པོ་འདིས་ལོ་ཉི་ཤུ་རྩ་གྲངས་སུ་ཁོར་ཡུག་ཏུ་སྐུ་མཚམས་དམ་པོ་མཛད་པ་དེ་གྲོལ་བའི་རྗེས་ཤིག་ལ། དངུལ་ཆུར་དགེ་འདུན་དང་སྐྱེ་བོའི་ཚོགས་ཆེན་པོ་ལ་སེམས་བསྐྱེད་དང་། བློ་སྦྱོང་དང་། སྐྱེས་རབས་དང་། བྱང་ཆུབ་སེམས་དཔའི་ས་ལ་སོགས་པ་གསུངས་པའི་དུས་སུ་ལྷའི་མེ་ཏོག་གི་ཆར་ཁ་བ་བུ་ཡུག་འཚུབས་པ་ཙམ་བབས་སོ། །ཡང་ཐེངས་ཅིག་བྱང་ཆུབ་

སེམས་དཔའི་སྤྱོད་འཇུག་གསུངས་པའི་དུས་སུ་ལྷའི་མེ་ཏོག་གི་ཆར་ཕྲར་བཞིན་དུ་བབས་སོ། །དེ་ནས་ཏའི་སི་ཏུ་སོགས་དབུས་ཕྱོགས་ཀྱི་ཆེན་པོ་མང་པོས་སྤྱན་དྲངས་ཏེ་དགུང་ལོ་དྲུག་ཅུ་རེ་བདུན་བཞེས་པའི་དུས་སུ་གླང་ལོ་ཟླ་བ་དང་པོའི་ཚེས་བཅུ་དྲུག་ལ་བོ་དོང་ནས་བཏེག་སྟེ། དཔལ་སྣེ་ཐང་དང་ཆུ་མིག་དང་ཞ་ལུ་ལ་སོགས་པ་རྣམས་སུ་ཡང་དགེ་འདུན་དང་སྐྱེ་བོའི་ཚོགས་ཆེན་པོ་ལ་ཆོས་ཀྱི་སྦྱིན་པ་མཛད་ནས། མཁན་ཆེན་བུ་སྟོན་རིན་པོ་ཆེ་དང་རིན་སྤུངས་པར་བསྐྱེབས་ནས་བྱོན་པའི་ལམ་ཁར་མཛོ་མོ་ཞིག་ཡོད་པ་ལ་ཕྱུགས་ཕྱི་བ་རྣམས་ཀྱིས་ཟན་མང་པོ་བྱིན་པས་འགྲངས་དྲགས་ནས་ན་བ་ལ། མཁན་ཆེན་པས་ཁྲོ་བོའི་དྲག་སྔགས་ལ་སོགས་པས་གྲངས་ཀྱིན་བྱིན་བརླབས་བྱས་ཀྱང་མ་ཕན་པར་མཛོ་མོ་ཤི་བས། སེམས་དཔའ་ཆེན་པོས་མཛོ་མོའི་སྤྱི་བོ་ཐེན་ཐེན་མཛད་ཅིང་། ངའི་མ་རྒན་རེ་སྙིང་རྗེ་གསུང་ཞིང་ཡུན་རིང་བཤུམ་པ་ལ་མཁན་ཆེན་པས། བླ་མ་པ་ད་གཤེགས་པར་ཞུ་གསུངས་པས། དྲུང་པ་སྔོན་ལ་གཤེགས་པར་(༩༥༡བ)ཞུ། ང་སྙོལ་དུམ་པས་མི་འགྲོ་གསུང་ནས་ཡུན་རིང་པོའི་བར་བཤུམ་ཞིང་བཞུགས། རྗེས་ལ་མཁན་ཆེན་པའི་གསུང་གིས། མཛོ་མོའི་དོན་གྲུབ། དུད་འགྲོ་གཅིག་ལ་དེ་ལས་ཚོགས་བསགས་པ་མི་ཡོང་གསུང་། དེ་ནས་ཏའི་སི་ཏུ་བྱང་ཆུབ་རྒྱལ་མཚན་གྱིས་ཞུ་འབྲོག་ལྷ་ཁང་ནས་བསུ་བ་བྱས་ཏེ་རིན་སྤུངས་སུ་ཕེབས་པའི་དུས། དེ་ནས་མི་མཐོང་བའི་སར་སྲུས་ཀྱང་ཞུས་པ་མེད་པར། དྲུར་སླེག་གི་སྒྲོལ་མ་རང་བྱོན་བཞུགས་ས་དེ་རི་ཕ་གིའི་མདུན་ན་བདོག་གམ་གསུང་། དེ་ནས་སི་ཏུ་བྱང་རྒྱལ་བས་རྫོང་རྣམས་རིམ་པ་བཞིན་དུ་ཞབས་ཏོག་བྱས་ནས། དབུས་ཀྱི་ས་ཆ་བསམ་ཡས་ལ་ཉིན་ལམ་གཉིས་ཙམ་ཡོད་པའི་ལམ་ཁ་གཅིག་ཏུ་ཕེབས་པ་དང་། སྦྲིན་དཀར་པོ་གཅིག་ལ་ཚད་བཙུགས་ནས་ཕ་གིའི་ཐད་ན་གང་ཡོད་གསུང་བ་ལ། ས་སྣ་བ་ཅིག་ན་རེ། ཕ་གིའི་ཐད་ན་བསམ་ཡས་ཡོད་ཟེར་བས། དེ་ཚོད་ཅིག་འདུག་ངོ་མཚར་ཆེ་གསུང་བ་ལ།

སློབ་དཔོན་ཡོན་ཏན་འོད་ཀྱིས་ཅི་གདའ་ཞུས་པས། རྒྱ་མཚན་འདྲ་གདའ་ཡ་གསུང་། དེ་
ནས་སི་ཏུ་བྱང་རྒྱལ་གྱིས་ཡར་གླུངས་སྣེ་གདོང་དུ་སྤྱན་དྲངས་ཏེ། གུས་པ་ཆེན་པོས་
བསྙེན་བཀུར་ཞིང་མཆོད་པའི་ཁྱད་པར་མང་པོས་ཞབས་ཏོག་བྱས་ཏེ་གཙུག་གི་ནོར་བུ་
ལྷར་བཟུང་ནས་ཆོས་སྟོན་པར་གསོལ་བ་བཏབ་པ་ན་བདག་ཉིད་ཆེན་པོ་འདིས་སྣེ་
གདོང་དང་། ཁྲ་འབྲུག་དང་། རྩེས་ཐང་ལ་སོགས་པ་རྣམས་སུ་དགེ་འདུན་དང་སྐྱེ་
བོའི་ཚོགས་ཆེན་པོ་རྣམས་ལ་ཆོས་གསུངས་པའི་དུས་སུ། ལྷའི་མེ་ཏོག་ཆར་བཞིན་
(༩༥༢ན)དུ་བབས་པས་ཐམས་ཅད་རང་དབང་མེད་པར་དད་པར་གྱུར་ནས་འགྲོ་བ་
དཔག་ཏུ་མེད་པའི་དོན་མཛད་ཅིང་། འཆི་ངེས་པའི་མི་མང་པོའི་སྲོག་ཡང་ཐར་བར་
བྱས་ནས་ཟླ་བ་ལྔ་པ་ལ་ལྷ་སར་ཕྱིན་ཏེ་ཇོ་བོ་རིན་པོ་ཆེའི་དྲུང་དུ་གསེར་ཆབ་གསོལ།
དཀར་མེ་ཕུལ། བསྟན་པ་དང་སེམས་ཅན་གྱི་དོན་དུ་གསོལ་བ་རྒྱ་ཆེན་པོ་བཏབ་སྟེ།
ལྷ་སར་ཕྱོགས་ཐམས་ཅད་ནས་དགེ་བའི་བཤེས་གཉེན་དུར་སྨྲིག་གི་རྒྱལ་མཚན་འཛིན་
པ་གནམ་གྱི་སྐར་མ་ཙམ་འདུས་པ་དང་། སྐྱེ་བོའི་ཚོགས་ཆེན་པོ་འདུས་པ་རྣམས་
ལ་ཐུགས་བསྐྱེད་ལ་སོགས་པ་གསུངས་པའི་ཚེ། ལྷའི་མེ་ཏོག་ཆར་བཞིན་དུ་བབས་
པས་ཐམས་ཅད་དད་པར་གྱུར་ཤིང་འགྲོ་བ་དཔག་ཏུ་མེད་པ་སྨིན་གྲོལ་ལ་བཀོད་ནས་
གུང་ཐང་དང་། གསང་བདེ་དང་། ཟླུལ་སྐྱོར་དང་། སྣེ་ཐང་ལ་སོགས་ལ་ཆོས་གར་
གསུངས་ཐམས་ཅད་དུ་མེ་ཏོག་གི་ཆར་བབས་པས། ཐམས་ཅད་དད་པར་གྱུར་ནས་
ཕན་བདེ་ལ་བཀོད་པ་ཀུན་ལ་ཐུན་མོང་དུ་གྲུབ་བོ། །སེམས་དཔའ་ཆེན་པོའི་དྲུང་དུ།
མཚུར་སྟོན་རིན་ཡེས་གསང་ཕུ་དང་གཞན་དུ་ཆོས་གསུང་དུས་མེ་ཏོག་གི་ཆར་བབས་
པ་ལས་ཀྱང་། ལྷ་ས་རུ་ཆོས་གསུངས་དུས་མེ་ཏོག་གི་ཆར་འབབ་ཕུལ་ཆེ་བ་འདུག་ཞུས་
པས། གནས་ཀྱི་ཁྱད་པར་ཡིན་མཆི་གསུང་། དེ་ནས་ཡང་སི་ཏུ་བྱང་རྒྱལ་བས་ཡར་
གླུངས་སུ་གདན་དྲངས་ཏེ། དང་ཤི་དབང་ཕྱུག་གི་བང་ཁང་ནོར་དང་བཅས་པ་ཕུལ་

ནས། བསམ་གཏན་གླིང་དུ་སི་ཏུ་བ་འཁོར་དང་བཅས་པས་(༩༥ ༢བ)ཞབས་ཏོག་རྒྱ་ཆེན་པོ་བསྒྲུབས་ཏེ། རྩེས་ཐང་པ་ལ་སོགས་པའི་དགེ་བའི་བཤེས་གཉེན་དུ་མ་དང་སྐྱེ་བོའི་ཚོགས་དཔག་ཏུ་མེད་པ་ལ་ཆོས་ཀྱི་འཁོར་ལོ་བསྐོར་ཞིང་། དེའི་དུས་སི་ཏུ་བ་ལ་སེམས་དཔའ་ཆེན་པོས། ངེད་ལ་དངོས་པོའི་འབུལ་བ་ཅི་ཡང་མི་དགོས་བཙུན་པ་རྣམས་ལ་ཁྲལ་དམག་ཨུ་ལག་འགེལ་བ་འདི་བསྟན་པ་ལ་གནོད་པས་མི་མཛད་པར་ཞུ་གསུང་ཞེས་གྲག་གོ །དེ་ནས་གདན་ས་མཐིལ་དང་བསམ་ཡས་ལ་སོགས་པ་རྣམས་སུ་ཡང་ཆོས་ཀྱི་འཁོར་ལོ་རྒྱ་ཆེན་པོ་བསྐོར་བ་ལ་མེ་ཏོག་གི་ཆར་སྤུར་བཞིན་བབས་པས་ཐམས་ཅད་དད་པར་གྱུར་ནས་ཕན་བདེ་ལ་བཀོད་ཅིང་། སི་ཏུ་བས་འབུལ་བ་རྒྱ་ཆེན་པོ་བསྒྲུབས་པ་རྣམས་དང་། གཞན་ཡང་དབུས་ཕྱོགས་ནས་བྱུང་བའི་ཕྱག་རྫས་རྣམས་ས་སྐྱས་ཐོག་དྲངས་པའི་དགོན་སྡེ་རྣམས་སུ་ཛ་སྐོལ་བཏང་ཞིང་། བཤད་ཉན་དང་སྒོམ་སྒྲུབ་ལ་བརྩོན་པ་རྣམས་དང་། ཁྱད་པར་དུ་འཚོ་བས་ཕོངས་པ་རྣམས་ལ་གནང་ཞིང་ཐམས་ཅད་ཆོས་དང་ཟང་ཟིང་གི་སྦྱིན་པས་ཆིམ་པར་མཛད་དོ། །དེ་ནས་ཡང་ཆལ་བས་གདན་དྲངས་ཏེ། སི་ཏུ་དགེ་ལེགས་བཟང་པོ་ཡབ་སྲས་ཀྱིས་སྦྱིན་བདག་མཛད་ནས་དགེ་བའི་བཤེས་གཉེན་དང་སྐྱེ་བོའི་ཚོགས་ཆེན་པོ་ལ་ཆོས་ཀྱི་འཁོར་ལོ་བསྐོར་ནས། དེ་དུས་རིམས་ནད་ཆེན་པོ་བྱུང་བ་ཡང་རྒྱུན་ཆད་ཅིང་། བཙོན་མང་པོ་ཡང་ཐར་བར་མཛད་ཅེས་གྲག་གོ །མདོར་ན་དབུས་ཀྱི་ཆོས་དོན་དུ་གཉེར་བའི་དགེ་བའི་བཤེས་གཉེན་དང་། སྐྱེ་བོའི་ཚོགས་ཐམས་ཅད་སྦྱིན་པས་ཆིམ་པར་(༩༥ ༣ན)མཛད་ནས་ལྷ་སར་ཇོ་བོ་རིན་པོ་ཆེའི་དྲུང་དུ་དཀར་མེ་ཕུལ། གསེར་ཆབ་གསོལ། བསྟན་པ་དང་སེམས་ཅན་གྱི་དོན་དུ་གསོལ་བ་རྒྱ་ཆེན་པོ་བཏབ་ནས། སི་ཏུ་བྱང་རྒྱལ་བ་ལ་སོགས་པ་ཐམས་ཅད་ཀྱིས་དབུས་ཕྱོགས་སུ་བཞུགས་པར་ཞུ་བ་ནན་ཆེན་པོ་བྱས་ཀྱང་མ་བཞུགས་པར་གཙང་ཕྱོགས་ལ་བྱོན་ཏེ། ཡར་ལམ་སྟག་ཚང་དུ་སྤྱན་དྲངས་ཏེ་བླ

མ་ཁྲུང་པོ་བ་དང་། བླ་མ་དབང་གིས་ཐོག་དྲངས་པའི་དགེ་འདུན་དང་སྐྱེ་བོའི་ཚོགས་
ཆེན་པོ་ལ་ཆོས་ཀྱི་འཁོར་ལོ་རྒྱ་ཆེན་པོ་བསྐོར་ཞིང་། ལར་ནི་ལམ་ན་ཡོད་པའི་སྒོམ་གྲྭ་
བཤད་གྲྭ་གྲོང་ཁྱེར་ལ་སོགས་པ་ཐམས་ཅད་དུ་ཆོས་ཀྱི་སྦྱིན་པ་རྒྱ་ཆེན་པོ་བཏང་སྟེ།
མདོར་ན་དེ་རེས་དབུས་གཙང་གཉིས་ཀར་ཆོས་དང་ཟང་ཟིང་དང་། མི་འཇིགས་
པའི་སྦྱིན་པས་ཚིམ་པར་མཛད་ནས། ཡོས་ལོ་ཟླ་བ་བཅུ་པའི་ཚེས་གཅིག་ལ་གྲུ་འཛིན་
དབུལ་ཆུ་ཆོས་རྫོང་དུ་ཕེབས་སོ། །བདག་ཉིད་ཆེན་པོ་འདིས་སོ་སོ་ཐར་པའི་སྡོམ་
ཞུགས་ནས་བསླབ་པ་ཉིས་བརྒྱ་ལྔ་བཅུ་རྩ་གསུམ་ལ་ཉེས་ལྟུང་དྲི་མའི་སྐྱོན་གྱིས་མ་
གོས། སྨོན་འཇུག་བྱང་ཆུབ་མཆོག་ཏུ་སེམས་བསྐྱེད་ནས་རང་བདེ་འདོད་པའི་རྣམ་པར་
རྟོག་པ་ཐམས་ཅད་སྤངས་ནས་སྒོ་གསུམ་གཞན་དོན་འབའ་ཞིག་བསྒྲུབས། རྡོ་རྗེ་ཐེག་
པའི་སྡོམ་ཞུགས་ནས་མ་དག་པའི་རྣམ་རྟོག་སྤངས་ཏེ། སྣོད་བཅུད་དག་པའི་འཁོར་
ལོར་གཟིགས་པས་སྐུ་ལ་ཚུལ་ཁྲིམས་ཀྱི་དྲི་ཞིམ་པོ་ལྡང་སྟེ། གཟིམ་ཁང་གི་ནང་ཐམས་
ཅད་ཀྱང་དྲི་ཞིམ་པོས་ཁྱབ་པ་ཡོད་ཅིང་། གསོལ་(༩༥(༣བ)འཕྲོ་ན་བཟའ་དང་དབུ་ཞྭ
ལ་སོགས་གཞན་ལ་གནང་བ་རྣམས་ཀྱི་དྲི་ཞིམ་པོ་ཡང་ཟླ་རེ་ཙམ་གྱི་བར་དུ་མི་ཡལ་
བར་ཡོང་། དགུང་ལོ་ལྔ་བཅུ་རྩ་བདུན་པའི་བར་དུ་ཤ་ཡང་གཏན་ནས་མི་གསོལ་བ་
ལ། དེ་ལོ་བླ་མ་དབང་གྲགས་པ་རྒྱལ་མཚན་དང་། བླ་མ་དཀོན་རྒྱལ་བ་གཉིས་ལ་ལུང་
མང་པོ་མཛད་པའི་དུས་སུ་སྐུ་ཁམས་ཟེ་བ་བྱུང་བས། ཁོང་རྣམ་གཉིས་ཀྱིས་ཤ་གསོལ་
བར་ནན་ཆེན་པོ་ཞུས་པས། དེ་ཕྱིན་ཆད་སེམས་ཅན་ལ་ཕན་པར་དགོངས་ཏེ་བག་རེ་
གསོལ། བདག་ཉིད་ཆེན་པོ་འདི་ཉིན་ཞག་ཕྱུགས་གཅིག་ལ་ཆོས་སྤྱོད་ཀྱི་རིམ་པ་འདི་
ལྟར་མཛད་དོ། །ནང་ཕྱོགས་བཞེངས་ནས་སྐུ་ཁྲུས་མཛད་དེ། ཕྱག་བརྒྱ་རྩ་རེ་དང་
སྦྲགས་ཡན་ལག་བདུན་པ་རྒྱས་མཛད་ནས་སྨོན་འཇུག་གི་སེམས་བསྐྱེད་བསྡུས་པ་རེ་
ལེན་ཞིང་། གཏོར་མའི་རིམ་པ་ཚ་གོང་དུ་དཀར་གཏོར་ཆ་བཞི། ཚབ་གསོལ་ནས་བརྒྱ

རྩ། མི་གཡོ་བ། དབྱུ་གུ། བྱུལ་གཏོར། བར་དོའི་གཏོར་མ་ལ་སོགས་པ་རྣམས་མཛད་ནས། ཡང་སྨོན་འཇུག་གི་སེམས་བསྐྱེད་བསྡུས་པར་བླངས་ནས་བསྐོར་བ་བརྒྱ་རྩ་རེ་མཛད། མ་ཎི་ཁྲི་ཚོ་གཉིས་གཉིས། ཡུམ་སྒྲུབ། སྒྲོལ་མ་ཚར་སུམ་ཅུ་རེ། རྡོ་༄་རྡོར་ཞེར་གཅིག །རྣམ་རྒྱལ་གྱི་གཟུངས་ཚར་གཅིག །དགོང་མོ་བདེ་མཆོག་གི་མངོན་རྟོགས་གཞུང་ནས་བཤད་པ་བཞིན་བསྒོམས་ནས། སྙིང་པོ་སྟོང་ཕྲག་རེའི་བཟླས་པ་དང་། གཟིམ་ཁར་ཡན་ལག་བདུན་པ་ཕུལ་ནས་སྨོན་འཇུག་གི་སེམས་བསྐྱེད་བསྡུས་པ་རེ་ལེན་པ་རྣམས་མཚམས་ཀྱི་དུས་སུ་འཆག་མེད་དུ་མཛད། གཞན་(༩༥༩ན)ངེས་པ་མེད་གསུང་། བདག་ཉིད་ཆེན་པོ་འདི་མདོ་སྔགས་ཀྱི་ལམ་ཡོངས་རྫོགས་ལ་ཉམས་ལེན་མཐར་ཕྱིན་པས་བཤད་ཉན་མཛད་པའི་དུས་ནའང་། སྨི་ལམ་དུ་དག་པའི་ཞིང་ཁམས་གང་འདོད་པ་བལྟ་བ་དང་། དེ་ན་བཞུགས་པའི་སངས་རྒྱས་དང་བྱང་ཆུབ་སེམས་དཔའ་གྲངས་མེད་པ་ལ་ཆོས་ཉན་པར་ནུས་པ་ཞིག་ཡོད། ཆོས་རྗེ་བསོད་ནམས་རྒྱལ་མཚན་གྱིས་བོ་དོང་ཨེའི་ཀུན་དགའ་ར་བ་བཞེངས་ནས་རབ་གནས་མཛད་པའི་དུས་སུ། སེམས་དཔའ་ཆེན་པོ་དང་བུ་སྟོན་རིན་པོ་ཆེ་གཉིས་སྨི་ལམ་གྱི་གསུང་གླིང་བྱུང་བའི་ཚེ། སེམས་དཔའ་ཆེན་པོས་སྨི་ལམ་བཟུང་སྟེ་དགའ་ལྡན་དུ་ཕྱིན་ནས་བྱམས་པ་མགོན་པོ་ལ་བྱམས་པའི་ཆོས་ལྔ་རྫོགས་པར་ཉན་གསུང་། ཆོས་རྗེ་བུ་སྟོན་རིན་པོ་ཆེས་ཆོས་འཆད་པའི་ཚེ་ཉིན་པར་ལྔ་རྟོག་མ་གྲུབ་ན་མཚན་མོ་སྨི་ལམ་བཟུང་ནས་ལྔ་རྟོག་བྱས་གསུང་། རྒྱལ་སྲས་བདག་ཉིད་ཆེན་པོ་འདི་ཆོས་གསུང་བའི་ཚེ་ན་ཡང་ལུང་འདྲེན་ལ་སོགས་པའི་ཚིག་ནམ་འཐོགས་དུས་སྤྱན་ནམ་མཁའ་ལ་ཆེར་མཛད་པས་ཤར་དེ་གསུང་བ་ཞིག་ཡོད་པར་འདུག་སྟེ་དེ་ནི་ཡི་དམ་གྱི་ལྷས་སྟོན་པ་ཡིན་ཞེས་སེམས་དཔའ་ཆེན་པོ་ཉིད་ཀྱི་ཐུགས་སྲས་རྣམས་གསུང་ངོ་། །རྒྱལ་སྲས་བདག་ཉིད་ཆེན་པོ་འདི་ཧ་ཅམ་གྱི་རྟོགས་པ་མཐོན་པོར་བྱོན་ཡང་དུས་ཀུན་ཏུ་རང་གི་འཁྲུལ་པ་ལ་རྟོག་པ་ལྷུར་

མཛད་དེ་ཞལ་ནས། རང་ལ་རང་གིས་གྲོས་འདི་འདེབས་སོ་ཀྱཻ །མཁས་པ་དང་། བཙུན་པ་དང་། བཟང་བའི་ཡོན་ཏན་གང་ཡང་མེད་(༩༥༩བ)བཞིན་དུ་རང་བཟང་པོར་རེ་བའི་རློམ་སྙངས་ཅན་རང་སྐྱོན་རི་ཙམ་ཡང་མི་མཐོང་ཞིང་། གཞན་སྐྱོན་རྡུལ་ཕྲན་ཙམ་ལ་ཡང་རྟོག །རང་དོན་ཞེ་ལ་བཞག་ནས་གཞན་དོན་བྱེད་པར་སྨྲ། ཆོས་པར་བརྫུས་ནས་ཚེ་འདིའི་ཚེ་ཐབས་འབའ་ཞིག་སྒྲུབ་པ་ཁྱོད་ཀྱིས། སྔར་ཡང་རང་གི་སྤྱོད་པ་ལ་མ་བརྟགས་པར་རང་གིས་རང་བསླུས་པས་སྔར་ཡང་སྡུག་བསྔལ་མང་པོ་མྱོང་ཞིང་། ད་དུང་འཁོར་བ་དང་ངན་སོང་གི་སྡུག་བསྔལ་ལས་གྲོལ་བའི་གདེང་མེད་པ་འདི་ཁྱོད་རང་གིས་ཤེས་པ་ཡིན་ཞིང་། ད་ཡང་གཏན་གྱི་བདེ་བ་ཐོབ་པར་འདོད་ན་དབེན་པའི་གནས་སུ་སྡོད་ལ། བློ་བླ་མ་དཀོན་མཆོག་ཁོ་ན་ལ་གཏོད། འཇིག་རྟེན་གྱི་ཆོས་བརྒྱད་སྤྱོངས་ལ་ཆོས་བརྒྱད་ཅན་གྱི་མི་དང་མ་འགྲོགས། རང་འདོད་ཀྱི་འཕྲི་བ་ཆོད་ལ་གཞན་དོན་གྱི་གོ་ཆ་བསྐྱེད། ང་རྒྱལ་དང་ཁོང་ཁྲོས་སྤྱོངས་ལ་དམན་ཆ་ཟུངས། སྐྱེས་བུ་དམ་པ་རྣམས་ཀྱི་མཛད་སྤྱོད་ལ་སོམས་ལ། དཀའ་ཐུབ་ཀྱི་ཁྲན་བསྐྱེད་ཅེས་སོགས་གསུངས། ཡང་། ཉོན་མོངས་དབང་གིས་རྒྱལ་སྲས་གཞན་དག་གི །ཉེས་པ་གླེང་ན་བདག་ཉིད་ཉམས་འགྱུར་བས། །ཐེག་པ་ཆེ་ལ་ཞུགས་པའི་གང་ཟག་གི །ཉེས་པ་མི་སྨྲ་རྒྱལ་སྲས་ལག་ལེན་ཡིན། །ཞེས་པ་ལྟར་ཕྱུག་ལེན་ལ་བཏབ་སྟེ། དེ་ཡང་སེམས་དཔའ་ཆེན་པོ་འདི་ནི་ཆོས་ཀྱི་གསུང་གླེང་དང་གཞན་ལ་ཕན་པའི་གསུང་ཙམ་མ་གཏོགས། དོན་མེད་ཀྱི་སྨྲ་བརྗོད་མི་གསུང་ཞིང་། ཁྱད་པར་དུ་གཞན་གྱི་ཉེས་པ་གླེང་བ་གཏན་ནས་མི་སྲིད་ཅིང་། འགའ་ཞིག་གིས་ངེད་ཀྱི་བླ་མ་(༩༥༥ན)བཟང་ཁྱེད་ཀྱི་བླ་མ་མ་བཟང་ཟེར་བ་དང་། ཆོས་ཟབ་མི་ཟབ་དང་། ལྟ་བ་ལོག་མ་ལོག་སོགས་གཞན་གྱི་ཉེས་པ་གླེང་བ་གསན་ན། དམིགས་སུ་བཀར་ནས་མི་གསུང་ཡང་། ཆོས་གསུང་བའི་དུས་སུ་སྤྱིར་ལོང་གཏམ་ལ་སྙིང་པོ་མེད། མི་དགེ་བ་འཕེལ། དགོས་སུ་གཞན་ལ་སྨད་པས

རང་མི་མཐོའི་སྟེང་དུ་ཉེས་པ་འཕོག །ཆགས་སྡང་འཕེལ། །བྱེད་པར་དུ་ཆོས་དང་གང་ཟག་ལ་སྨེ་རིས་སུ་ཕྱེ་ནས་སྨོད་པ་འདི་རང་འཛིགས་གསུང་། སྨྲ་བ་མང་པོས་མི་དགེ་བསྐྱེད་སྲིད་ཅིང་། །དེ་མ་བསྐྱེད་ཀྱང་དོན་མེད་དུས་འདའ་བས། །རང་དང་གཞན་ལ་ཕན་ངེས་མ་གདོགས་པ། །སྨྲ་བརྗོད་སྤོང་བ་བརྩོན་འགྲུས་གྲོགས་སུ་གཅེས། །གསུང་ངོ་། །རྒྱལ་སྲས་འདིས་སྐུ་ཚེའི་མཇུག་ལ་ཟླ་བ་དགུ་དགུ་མཚམས་དམ་པོ་ལ་བཞུགས་ནས། ཟླ་བ་གསུམ་གསུམ་སྐུ་མཚམས་གསང་ས་ཏེ། ཕྱོགས་ཐམས་ཅད་ནས་འདུས་པའི་དགེ་བའི་བཤེས་གཉེན་དུ་མ་དང་། ཚོ་བློས་བཏང་བའི་བྱ་བྲལ་བ་གནམ་གྱི་སྐར་མ་ཙམ་དང་། གཞན་ཡང་མི་ཆེན་གྱི་རིགས་ལ་སོགས་པ་སྐྱེ་བོའི་ཚོགས་ཆེན་པོ་དང་། མདོར་ན་ཚོགས་པ་རྒྱ་མཚོ་ལྟ་བུ་ལ་ཆོས་ཀྱི་སྦྱིན་པ་མཛད་ཅིང་། དེའི་དུས་སུ་གཞན་གྱིས་ཕུལ་བའི་རྣ་མོ་དང་ཤ་ཁྲི་དང་། ཚེ་ཐར་གྱི་ལུག་ཡོད་པ་ཀུན་ཀྱང་དུས་དེར་རྟག་གི་འདུས་ནས་ཆོས་ཉན་གྱིན་ཡོད་པ་ལ། ལན་ཅིག་སྣར་ཐང་ནས་ཁྲིད་ཞུ་བ་ལ་བྱུང་བའི་བཙུན་པ་གཅིག་གིས། ཁོས་བླ་མས་གསུངས་པ་བཞིན་མ་བྱས་པར། ཤེས་པ་ཕར་འཕྲོ་བ་དང་། ཚུར་བསྡུ(༤༥༥བ)བ་དང་། དེ་མ་ཁད་རླུང་བསྒོམས་འདུག་པས། ཁོ་སྨྱོ་ནས་ཚོགས་ཆོས་གསུང་བའི་དུས་སུ་སྦྲིན་མོར་ཤོར་བྱུང་བ་ལ། ཁོ་འཛིན་དུ་ཕྱིན་པ་རྣམས་ལ་རྡོ་བརྒྱབ་ནས་འགྲོ་ས་མ་བྱུང་བའི་སྐབས་སུ། རྣ་མོ་དེ་དྲུང་ན་ཆོས་ཉན་གྱིན་ཡོད་པ་ལ་ཧར་ཏེ་ལངས་ནས་ཁོའི་ཕྱིར་རྒྱུགས་སོང་སྟེ། ཧར་ཧར་ལངས་ཀྱིན་བརྡུངས་ཙ་ན་ཁོས་རྭ་ཅོ་ནས་བཟུང་གིན་ཕྱིར་ཕུལ་བྱེད་ཀྱིན་ཚོགས་ཆོས་མ་གྲོལ་གྱི་བར་དུ་ཁོང་གཉིས་འཛིང་གིན་བསྡད་པས་གཞུག ཁོས་དྲན་པ་རྙེད་ནས་འདུག་པ་ལ། སེམས་དཔའ་ཆེན་པོས། ད་ཁོས་རྡོ་མི་བརྡེག་མཆི། གོས་ཤིག་གཡོགས་ནས་ཁྲིད་ཤོག་གསུང་། དྲུང་ན་འཁོད་པ་ཅིག་གིས་ཕྱིན་པས་དྲན་པ་རྙེད་ནས་ངོ་ཚ་ཞིང་འདུག དྲུང་དུ་ཁྲིད་ཕྱིན་པ་དང་། རྗེ་བཙུན་མ་ཚར་གཅིག་གསུངས་ནས་བྱིན་རླབས་མཛད་དེ།

དེ་རིང་ཉིད་ཀྱི་གེགས་སེལ་དེ་རྣ་མོས་བྱས། མོས་ཀྱང་གོ་བཅད་གསུང་བ་ལ། ཁོས་དྲིས་པས། སྒྲོལ་མ་གྱིས་ལ་སྐད་ཆེན་པོ་ཐོང་ལ་དྲིས་གསུངས་པས། རྣ་མོ་དེས་རྗེ་བཙུན་མའི་འཕྲིན་ལས་བྱས་པ་ཡིན་པར་འདུག །དེ་ལྟ་བུའི་ཡ་མཚན་ཆེ་བ་ཅིག་བྱུང་བ་དེ་དུས་ཀྱི་ཚོགས་པ་ཐམས་ཅད་ལ་མངོན་སུམ་དུ་གྲུབ་ཅིང་། བླ་མ་ལ་བྱིན་རླབས་དང་ཐུགས་རྗེ་ཡོད་ཙ་ན་དུད་འགྲོས་ཀྱང་མིའི་གེགས་སེལ་ནུས་པ་འབྱུང་ངོ་། །བླ་མ་ཁྱུང་པོ་བའི་སློབ་མ་གསུམ་གྱིས་བོགས་འདོན་གྱི་གདམས་པ་ཅིག་ཞུས་པས། ཚེ་འདི་བློས་ཐོངས། སེམས་ཅན་ལ་བྱམས་སྙིང་རྗེ་སྒོམས། བླ་མ་ལ་གསོལ་བ་དུང་པ་ཐོབ་ལ་སྨྲས་པ་མེད་པའི་ངང་ལ་མ་ཡེངས་པར་ཞོག་གསུང་། དེ་ཡང་(༩༥༨ན) སེམས་དཔའ་ཆེན་པོ་འདི་ནི་འཁོར་བ་དང་ལྡན་པའི་མི་ཆེན་རྣམས་ལས་ཀྱང་སྙོམས་ཆུང་ཆོས་དོན་དུ་གཉེར་བ་རྣམས་ལ་མཉེས་ཤིང་ཁྱད་པར་དུ་ཁྲིད་ཞུ་བ་རྣམས་ལ་མཉེས་ཏེ། ཁྲིད་ཞུ་བ་འདི་རྣམས་དུས་རྒྱུན་དུ་སྒོམ་པ་ལ་མ་བྱུང་ཡང་ཁྲིད་ཞུ་བའི་རིན་དེ་ལ་འཛུར་པོ་རེ་སྒོམ་པར་འདུག །དེའི་སྟོབས་ཀྱིས་ཕལ་ཆེར་ལ་ཉམས་མྱོང་དགའ་རབ་རེ་སྐྱེ་ཡིན་འདུག་པས། གདུལ་བྱ་སྐྱོང་བའི་དུས་ཁྲིད་འབོགས་པ་འདི་རང་འགྲོ་དོན་ཆེ་གསུང་། ཕྱོགས་ནས་མཇལ་འཕྲད་པ་དང་། བསྙེན་བཀུར་བ་ནང་ན་ཡོད་པའི་དུས་སུ་ཁྲིད་པ་རྣམས་འཚོགས་ནས་གདའ་ཞུས་ན། ངོ་ཞགས་མཚམས་གྲོལ་བའི་སྐབས་དེར་གལ་ཆེ་ཤོས་ཆོས་འཆད་པ་འདི་ཡིན་པས། གཞན་རྣམས་དུམ་པ་སྒོར་བྱོན། ཁྲིད་པ་ཚོ་ལ་ཤོག་གྱིས་གསུང་ནས་ཆོས་གསུང་། འགྲོན་པོ་མང་རབ་རང་ནང་ན་ཡོད་ན། སྟན་ཕྱིར་ཐོན་འོ་སྐོལ་རང་སྒོར་ཆོས་འཆད་འགྲོའོ་གསུང་ནས་ཕྱིར་བྱོན་ཏེ་ཆོས་གསུང་ངོ་། །ད་ལྟའི་སློབ་དཔོན་ཚོ་ལ་བལྟས་ཙ་ན་དེ་ལྟ་བུའི་མཛད་སྤྱོད་རང་དཀའ་བར་གདའོ། ཁྲིད་ཚར་བའི་རྗེས་ཐམས་ཅད་དུ་མི་ལ་རས་པས་དྭགས་པོ་ལྷ་རྗེ་ལ་གདམས་ངག་ཟབ་ཤོས་རང་གཅིག་ཡོད་པ་འགྲོ་ཁར་སྤྲིན་ཟེར་བའི་གཏམ་རྒྱུད་གསུངས་ནས་ཐམས་ཅད་ལ་

སྒོམ་སྐྱེ་བར་འདུག་པས་སྙིང་རུས་བསྐྱེད་ལ་སྒོམ་དགོས་པ་ཡིན་ནོ། སྒོམ་ཆེན་པ་བྱ་བ་སྟན་ཐོག་ཏུ་སྡོད་ཚུགས་པ་ཅིག་རང་དགོས་གསུང་། ཡང་དགོན་པ་གཤེགས་ཁར་ཁོང་གི་ཞལ་ནས། ཁྱེད་སྒོམ་ཆེན་ཕོ་མོ་རྣམས་ཀྱིས་རབ་ཀྱིས་ལོ་དགུ་དགུ །འབྲིང་གིས་ལོ་གསུམ། ཐ་(༩༥༨བ)མས་ཀྱང་ཟླ་བ་གསུམ་རི་ལ་བསྡད་ནས་སྒྲུབ་པ་མ་བྱས་ན། ང་དང་དམ་ཚིག་མེད་གསུངས་ནས་ཞལ་ཆེམས་བཞག་པར་འདུག །དེ་བཞིན་དུ་ཐམས་ཅད་ཀྱིས་རྒྱུན་དུ་སྒོམ་པ་བྱུང་ན་ཤིན་ཏུ་ལེགས། ཐ་མ་ཡང་སྡོད་ཐོ་རངས་དྲན་ཙམ་རེ་མ་བྱས་ན་དམ་ཚིག་མེད་པ་ཡིན་ནོ་གསུང་། རྒྱལ་སྲས་བདག་ཉིད་ཆེན་པོ་འདིས་བསྟན་འགྲོའི་དོན་རྒྱ་ཆེར་མཛད་པས་སློབ་བུའི་རིགས་ཀྱང་རྒྱ་གར། རྒྱ་ནག །བལ་པོ། ཧོར། ཡུ་གུར། སོག་པོ། འགའ། མདོ་སྟོད་སྨད། དབུས་གཙང་། ཡང་རྩེ། མངའ་རིས་ལ་སོགས་པའི་མི་རིགས་མི་གཅིག་པ་གྲངས་མེད་པ་ཅིག་སྨིན་ཅིང་གྲོལ་བར་མཛད་ཅིང་། སེམས་དཔའ་ཆེན་པོ་འདིའི་འཕྲིན་ལས་རྣམ་པར་ཐར་པ་བསམ་གྱིས་མི་ཁྱབ་ཅིང་བརྗོད་ཀྱིས་མི་ལང་སྟེ། བྱམས་སྙིང་རྗེ་བྱང་ཆུབ་ཀྱི་སེམས་ལ་བལྟས་ན། སྐྱེ་བ་དཔག་ཏུ་མེད་པའི་གོང་རོལ་ནས་བྱམས་སྙིང་རྗེ་བྱང་ཆུབ་ཀྱི་སེམས་ཁོ་ན་ལ་སྦྱངས་པ་འདྲ་བ་ཡོད། ཏིང་ངེ་འཛིན་དང་མངོན་པར་ཤེས་པ་མངའ་ཚུལ་ལ་བལྟས་ན། སྐྱེ་བ་དཔག་ཏུ་མེད་པའི་གོང་རོལ་ནས་ཏིང་ངེ་འཛིན་ཁོ་ན་ལ་སྦྱངས་པ་འདྲ་བ་ཡོད། རྨི་ལམ་ལ་དབང་ཐོབ་པ་ལ་བལྟས་ན། སྐྱེ་བ་དཔག་ཏུ་མེད་པའི་གོང་རོལ་ནས་སྒྱུ་ལུས་དང་རྨི་ལམ་ཁོ་ན་ལ་སྦྱངས་པ་འདྲ་བ་ཡོད། ཡི་དམ་ལྷའི་ཞལ་གཟིགས་པ་ལ་བལྟས་ན། སྐྱེ་བ་དཔག་ཏུ་མེད་པའི་གོང་རོལ་ནས་བསྐྱེད་རིམ་ཁོ་ན་ལ་གོམས་པར་བྱས་པ་འདྲ་བ་ཡོད། སྐུ་ཚེ་འདིར་ཡང་དང་པོ་ཉན་བཤད་མཛད་པའི་དུས་ཀྱི་སློབ་མ་སྟོན་ཆེན་སྟོན་པ་ལ་བལྟས་ན། སྐུ་ཚེ་(༩༥༧ན)རིལ་པོ་ཉན་བཤད་མཛད་པ་འདྲ་བ་ཡོད། སྐུ་མཚམས་དམ་པོ་བཅད་པའི་ལོ་གྲངས་ལ་བལྟས་ན། སྐུ་ཚེ་རིལ་

པོ་དཔེན་པ་བསྟེན་པ་འདྲ་བ་ཡོད། ཕྱག་དང་བསྐོར་བ་མཛད་པའི་གྲངས་ལ་བལྟས་ན། སྐུ་ཚེ་རིལ་པོ་ཕྱག་དང་བསྐོར་བ་མཛད་པ་འདྲ་བ་ཡོད། མ་ཎི་དང་རྗེ་བཙུན་མའི་གཟུངས་ལ་སོགས་པ་གཟུངས་སྔགས་བཟླས་པའི་གྲངས་བཅད་ལ་བལྟས་ན། སྐུ་ཚེ་རིལ་པོ་བཟླས་བརྗོད་ཁོ་ན་མཛད་པ་འདྲ་བ་ཡོད། སོ་སོ་ཐར་པའི་སྡོམ་པ་ཕོག་པའི་སློབ་མ་དགེ་ཚུལ་དང་དགེ་སློང་ལ་བལྟས་ན། སྐུ་ཚེ་རིལ་པོ་མཁན་སློབ་མཛད་པ་འདྲ་བ་ཡོད། བྱང་ཆུབ་མཆོག་ཏུ་སེམས་བསྐྱེད་པའི་སློབ་མ་ལ་བལྟས་ན། སྐུ་ཚེ་རིལ་པོ་བྱང་ཆུབ་སེམས་དཔའི་སྡོམ་པ་ཕོག་པ་འདྲ་བ་ཡོད། བདག་པས་གཞན་གཅེས་པའི་བྱང་ཆུབ་ཀྱི་སེམས་འབྲུངས་ནས་གནོད་ལན་དུ་ཕན་འདོགས་པའི་དམ་བཅའ་བྱེད་པའི་སློབ་མ་ལ་བལྟས་ན། སྐུ་ཚེ་རིལ་པོ་ཀུན་རྫོབ་བྱང་ཆུབ་ཀྱི་སེམས་ཁྲིད་བསྐྱངས་པ་འདྲ་བ་ཡོད། ཞི་ལྷག་ཟུང་འཇུག་གི་རྟོགས་པ་དང་ལྡན་པའི་སློབ་མ་ལ་བལྟས་ན། སྐུ་ཚེ་རིལ་པོ་དོན་དམ་བྱང་ཆུབ་ཀྱི་སེམས་ཀྱི་ཁྲིད་བསྐྱངས་པ་འདྲ་བ་ཡོད། ཡང་ཞལ་ནས། དགེ་བ་བསགས་པ་བྱང་ཆུབ་ཏུ་མ་བསྔོས་ནས། ཡུལ་ཁྱད་པར་ཅན་ལ་ཁོང་ཁྲོ་སྐྱེས་པ་ལ་སོགས་པ་དགེ་བ་འཛད་པའི་རྒྱུ་འགའ་ཞིག་བྱུང་ན་འཛད་ཅིང་། བྱང་ཆུབ་ཏུ་བསྔོས་པའི་དགེ་བ་ནམ་ཡང་མི་མཛད་ཅིང་། རང་ཉིད་གཅིག་པུའི་དོན་དུ་ཁམས་གསུམ་གྱི་བདེ་འབྲས་དང་ཐེག་པ་དམན་པར་མི་བསྔོ་སྟེ། (༩༥༧བ)སེམས་ཅན་ཐམས་ཅད་ཀྱི་དོན་དུ་བླ་ན་མེད་པའི་བྱང་ཆུབ་ཏུ་བསྔོ་བ་གལ་ཆེ། བསྔོ་བའི་དཔང་པོར་རྒྱལ་བ་སྲས་དང་བཅས་པ་བཞུགས་པར་བསམས་ལ། བསྔོ་བྱ་བསྔོ་བྱེད་ལ་སོགས་པའི་ཆོས་ཐམས་ཅད་མི་དམིགས་བཞིན་དུ་བསྔོ། བསྔོ་བཞིན་དུ་མི་དམིགས་པར་ཤེས་དགོས། དེ་ལྟར་མི་ཤེས་ན་ཡང་འོ་སྐོལ་སོ་སོ་སྐྱེ་བོ་མོས་པས་སྤྱོད་པ་ཡིན་པས། འཇམ་དཔྱངས་དང་ཀུན་ཏུ་བཟང་པོ་ལ་སོགས་པས་ཇི་ལྟར་བསྔོས་པ་བཞིན་དུ་བདག་གིས་ཀྱང་བསྔོ་སྙམ་པ་བྱས་པས་ཆོག་གསུང་། ལན་ཅིག་ཆོས་སྡེའི་ཉེ་གནས་དགེ་བཤེས

རྒྱལ་བཟང་བྱ་བས། ཉེ་གནས་སྟོན་པ་ལ་ཞུ་བ་བརྒྱུད་ནས། སང་རེད་སྐུ་མཚམས་གསེངས་ནས་ཟླ་བ་གསུམ་ཆོས་གསུང་བ་དེ། བདག་གིས་ཆར་ཕྱིན་ནས་གསུང་བར་ཞུ། དཔོན་སློབ་དུ་ཕྱིན་པའི་ཞབས་ཏོག་དང་འགྲོན་པོ་ཧེ་ཙམ་བྱུང་བ་ལ་འདི་ལ་འདི་ཕྱིན་ཟེར་བ་གང་དགོས་པ་ངེད་རང་གིས་སྒྲུབ། ཐུང་དུ་ཞུས་ཟེར་ནས་ཞུས་པས། ཁོང་གི་དེ་སེམས་ཅན་ནན་ཏར་བཟང་བློ་སྟོབས་ཆེ་སྟེ། རང་རེ་སང་ཕོད་ད་ཙམ་ན་ཁོང་གི་གདན་འདྲེན་པ་དེ་ལས་ཐག་རིང་བ་ཅིག་ཏུ་འགྲོ་ཉེན་འདུག །ལར་གྱིས་ཀྱང་ད་ན་སོ་རྒས་པས་ཟླ་བ་གསུམ་གསུམ་པོའི་མཚམས་གསེང་བ་འདི་ཡང་གཡེང་བ་ཆེས་འདུག་སྙམ་པ་ལ། དེ་ན་ཡར་འགྲོ་བ་ག་ལ་ཡོད། ཁྱེད་ལ་ནོར་ཡོད་པར་འདུག་པས་ང་གདན་མ་འདྲོངས་ཀྱང་ཆོས་ཕྱོགས་གཞན་དང་གཞན་དུ་གཏོང་བ་ཞུ། རང་རེ་གཞན་དུ་འགྲོ་བའི་གླིང་མོ་དེ་ཁོང་དང་གཞན་ལ་མ་ལབ། གྲགས་པ་བརྟེག་(༩༥༢ན)པ་ལས་མི་ཡོང་གསུང་ཟེར། ཡོང་དེ་ལོ་གོང་དུ་གདན་འདྲེན་པའི་གསེར་ཡིག་པ་ཡོང་གི་ཡོད་པ་འདུག་ཟེར་བ་ཅིག་ཐོས་ནས་སློབ་དཔོན་ཡོན་ཏན་འོད་ཀྱིས་ཐུང་དུ་ཞུས་པས། ཡོང་དོན་མེད་མཆི་ཕོ་ཚོད་མེད་པར་བྱུང་སྲིད་ནའང་། དེ་གོང་དུ་གདན་འདྲེན་གཞན་ཅིག་ཡོང་བར་གདའ་ཡི་གསུང་། དེའི་ལོ་སྐུ་མཚམས་ལ་འཇུག་ཁར་ཕྱག་རྫས་གང་ཡོད་ཐམས་ཅད་དེར་འདུས་པའི་དགེ་འདུན་དང་། སྐྱེ་བོའི་ཚོགས་ཆེན་པོ་རྣམས་ལ་འགྱེད་ཆེན་པོ་མཛད། ཐུབ་པའི་བསྟན་པ་རིན་པོ་ཆེ་ལ་བྱ་བ་རྒྱ་ཆེན་པོ་བསྒྲུབས། བསྟན་པ་དང་སེམས་ཅན་གྱི་དོན་ལ་དམིགས་པའི་གཞན་དོན་ཁོ་ན་མཛད་པའི་ཞར་ལ་རང་དོན་ཐོབ་བྱ་ཐམས་ཅད་ཐོབ། སྤང་བྱ་ཐམས་ཅད་སྤངས་ནས། བཅོམ་ལྡན་འདས་ཐུབ་པའི་དབང་པོ་ཉིད་ཀྱང་། སྐུ་རྒྱབ་བསྟེན་པ་དང་། སྨན་པ་འཚོ་བྱེད་ལས་སྨན་བཞེས་པའི་ཚུལ་བསྟན་པ་ལྟར། ས་མོ་བྱའི་ལོ་ཟླ་བ་གཉིས་པ་ནས་སྙུན་པའི་ཚུལ་བསྟན་ཏེ། ལྷ་རྗེ་ལ་སྟོན་པ་དང་། གསོལ་སྨན་བསྟེན་པར་ཞུ་ཞུས་པས། ངའི་བསམ་པ་ལ་སུས་

ཀྱང་མ་ཚོར་བར་ཤི་བ་ཅིག་བྱ་བསམ་པ་ཡིན་གསུང་བས། ཉེ་གནས་ཀྱིས་ཕྱིས་མི་ཐམས་ཅད་ཀྱིས་གསོལ་སྣོན་བསྙེན་པ་ལ་སོགས་པའི་ཞུ་བ་གང་ཡང་མ་བྱས་ཟེར་བའི་ཁག་ཡོང་ལགས་ཞུས་པས་དེ་རང་མེད་གསུང་ནས། ལྷ་རྗེས་ཕྱག་རྩ་བལྟས་པས། གདན་འདྲེན་པའི་གསེར་ཡིག་པ་ཕེབས་པ་ལ་བལྟ་རྒྱུ་མི་བདོག་གམ་མཆི་གསུང་། དེའི་དུས་སུ་ཉིན་གཅིག་སློབ་དཔོན་(༩༥(༢བ)ནམ་མཁའ་སེངྒེ་ལ་བརྒྱུད་སྟོང་པའི་བྱང་ཆུབ་སེམས་དཔའ་ཆོས་འཕགས་དང་རྟག་ཏུ་ངུ་གཉིས་ཀྱི་ལེའུ་སྒྲོགས་གསུང་བ་ལ། བྱང་ཆུབ་སེམས་དཔའ་རྟག་ཏུ་ངུའི་ཏིང་ངེ་འཛིན་གྱི་སྒོ་དུ་མ་ཐོབ་ཚུལ་གྱི་སྐབས་སུ། ངེད་ཀྱི་ཏིང་ངེ་འཛིན་འདི་དག་གི་ངོ་བོ་ཉིད་དང་རང་བཞིན་ལ་བལྟས་ན། གང་མཉམ་པར་བཞག་པར་བྱ་བའམ། ལྡང་བར་བྱ་བའམ། བྱང་ཆུབ་ཏུ་སྤྱོད་པའམ། གང་བླ་ན་མེད་པ་ཡང་དག་པར་རྫོགས་པའི་བྱང་ཆུབ་ཏུ་མངོན་པར་རྫོགས་པར་འཚང་རྒྱ་བའི་ཆོས་དེ་གང་ཡང་ཡང་དག་པར་རྗེས་སུ་མི་མཐོང་། རིགས་ཀྱི་བུ་འདི་ནི་ཤེས་རབ་ཀྱི་ཕ་རོལ་ཏུ་ཕྱིན་པ་ཡིན་ཏེ། ཞེས་པའི་སྐབས་སུ་དེ་འདྲ་ཞིག་རང་ཡིན་གསུང་ནས་ཡུན་རིང་པོའི་བར་དུ་ཏིང་ངེ་འཛིན་ལ་འབྱམས་སོ། །དེའི་དུས་དྲུང་རང་དུ་ཉིན་གཅིག་མི་ལྷ་སྣོན་བླའི་ཚོ་ག་རྒྱས་པ་ཅིག་སྐད་གསང་མཐོན་པོའི་སྒོ་ནས་བྱས་པ་ཆར་ཏེང་ཡུན་རིང་པོ་ཞིག་ནས་ཁྱེད་རྣམས་ཀྱིས་སྣོན་བླ་བྱས་སམ་མ་བྱས་གསུང་བ་ལ་ཚར་ཞུས་པས། ཁྱེད་རྣམས་གྲབས་བྱེད་ཀྱི་འདུག་པ་དེ་དྲན་པ་ཡིན་ཏེ། རྗེས་ལ་མཉམ་གཞག་གཅིག་ལ་ཕེབས་ནས་ཁྱེད་ཀྱིས་ཚོ་ག་བྱས་པ་མ་ཚོར་འདུག་གསུང་། དེའི་དུས་སུ་ས་གཡོ་བ་དང་། ནམ་ཐོ་རངས་ཁ་གཟིམ་ཁང་གི་ཉེ་སྐོར་འཇའ་འོད་ཀྱིས་ཁེངས་པ་ལ་སོགས་པའི་ལྟས་ཆེན་པོ་རྣམས་བྱུང་བས། ཐམས་ཅད་སེམས་མ་བདེ་བར་སྐུ་རིམ་ལ་འཇད་སྟོད་སྐོར་བསགས་ནས་འགྱེད་བྱེད་པ་དང་། སྐུ་རིམ་དང་གསོལ་འདེབས་ནར་མར་སྒྲུབས་པ་དང་། གཞན་ཡང་ཕྱོགས་ཐམས་ཅད་དུ་གསོལ་བ་འདེབས་པ་དང་། ཁྱད་

པར་དུ་བདག་ཉིད་ཆེན་པོ་ཉིད་ཀྱི་སྲས་ཀྱི་ཐུ་བོ་མཁན་ཆེན་བྱང་ཆུབ་རྩེ་མོ་དང་(༤༥༩ན) ཆོས་རྗེ་ཉི་མ་སེང་གེ་གཉིས་ཀྱིས་བཞུགས་སྟན་ཕུལ། མེ་ཏོག་གཏོར་ནས་བསྟན་པ་དང་སེམས་ཅན་གྱི་དོན་དུ་བཞུགས་པར་གསོལ་བ་བཏབ་པའི་མཐུ་ཆེན་པོ་ལ་བརྟེན་ནས་ཟླ་བ་གསུམ་བཞིའི་བར་དུ་སྟོན་པ་དྲངས་པར་གྱུར་ཏོ། །ཡང་དེའི་དུས་སུ་སེམས་དཔའ་ཆེན་པོས་ཁོང་རྣམ་གཉིས་ལ་ནད་པ་གཞན་དང་མི་འདྲ། དང་ཁ་མེད་ཀྱང་དགེ་སྦྱོར་འཕེལ་དུ་སོང་། རིག་པ་དྭངས་པོ་ཡོད་གསུངས། རྒྱལ་སྲས་འདིས་ཕྱི་རབས་ཀྱི་གདུལ་བྱ་རྣམས་ཀྱི་དོན་དུ་གསུང་རབ་ཐམས་ཅད་ཀྱི་སྙིང་པོའི་དོན་གཅིག་ཏུ་བསྡུས་པ་བློ་སྦྱོང་དོན་བདུན་མའི་ཁྲིད་ཡིག་དང་། རྒྱལ་སྲས་ལག་ལེན། འཇུག་པ་སེམས་བསྐྱེད། སྤྱོད་འཇུག་གི་ཊཱི་ཀཱ། མདོ་སྡེ་རྒྱན་གྱི་ཊཱི་ཀཱ། ཐེག་པ་ཆེན་པོ་རྒྱུད་བླ་མའི་ཊཱི་ཀཱ། སྐྱུང་གནས་ཀྱི་ཚིག །རྟེན་འབྲེལ་གྱི་ཁྲིད་ཡིག །བློ་སྦྱོང་བླ་མ་བརྒྱུད་པའི་གསོལ་འདེབས་སྨོན་ཚིག་དང་བཅས་པ། བློ་སྦྱོང་གི་བླ་མའི་རྣལ་འབྱོར་ལམ་གྱི་ལུས་ཡོངས་སུ་རྫོགས་པ། བླ་མ་རྣམས་དང་སངས་རྒྱས་བྱང་སེམས་ཀྱི་བསྟོད་ཚོགས། རང་གཞན་ལ་གདམས་པ་སོགས་ཆོས་ཆེན་བརྒྱ་དང་བཅོ་ལྔ་མཛད་དོ། །དེ་ནས་ཟླ་བ་བདུན་པ་ནས་སྟོན་ལོག་པའི་ཚུལ་བསྟན་ནས། སྤྱིར་མི་འགྱུར་རྡོ་རྗེའི་སྐུ་ཐོབ་པས་སྟོན་མི་མངའ་ཡང་། རྒྱུད་བླ་མ་ལས། ཡང་དག་ཇི་བཞིན་མཐོང་བའི་ཕྱིར། །སྐྱེ་སོགས་རྣམས་ལས་འདས་གྱུར་བྱུང་། །སྙིང་རྗེའི་བདག་ཉིད་སྐྱེ་བ་དང་། །འཆི་བ་དང་ནི་ན་བར་སྟོན། །ཞེས་གསུངས་པ་ལྟར། སྟོན་(༤༥༩བ)པའི་ཚུལ་བསྟན་པ་ལ། ད་རུང་སྨན་དང་ལྷ་རྗེ་བསྟེན་པར་ཞུ་ཞུས་པས། ན་སོ་མཐར་ཕྱིན་པ་དང་། ནད་ཀྱང་བྱིང་ཆེས་པའི་ཕྱིར་ཕན་པར་དཀའ་བས་དགག་སྒྲུབ་མེད་པར་རང་སོར་གློད་ནས་འཇོག་པ་ཡིན། ལར་ཡང་རང་ཉིད་མི་བསྒྲུབ་པ་དེ་གཞན་ལ་བསྟན་པར་མི་རིགས། འོ་སྐོལ་གྱིས་དང་པོ་ས་སྐྱར་ཕྱིན་དུས་རྩིབས་རི་བ་ཡིན་པའི་རྟོགས་ལྡན་གཅིག་ས་སྐྱའི་ཡང་དགོན་ན

ནད་དྲག་པོས་བཏབ་འདུག་པ་གཅིག་གིས། ན་ཚ་ལ་སོགས་པ་ལམ་དུ་འཁྱེར་ན་ཇི་ལྟར་བྱེད་ཞེར་བ་ལ། བདག་གཞན་སྒྱུ་ལུས་ཀྱི་ཕུང་པོ་འདི། ན་ན་ན་སྨེ་ན་བས་དགའ། །སྔར་བསགས་ཀྱི་ལས་ངན་མཛད་པ་ཡིན། །ཆོས་སྤྱོད་ཀྱི་བྱ་བ་སྣ་ཚོགས་ཀྱང་། །སྒྲིབ་གཉིས་སྦྱོང་བའི་ཆེད་དུ་ཡིན། །ན་བ་མེད་ན་མེད་དེ་དགའ། །ལུས་སེམས་བདེ་ན་དགེ་སྦྱོར་འཕེལ། །མི་ལུས་དོན་ཅན་བྱེད་པ་ཡང་། །སྒོ་གསུམ་དགེ་ལ་སྦྱོར་བ་ཡིན། །འབྱོར་བ་མེད་ན་མེད་དེ་དགའ། །བསྲུང་གསོག་གི་བྱ་བྲེལ་དེ་ལ་མེད། །འཐབ་རྩོད་ཀྱི་ཁྲོ་འཁྲུག་ཇི་སྙེད་པ། །འཛིན་ཆགས་ཀྱི་ནོར་ལས་བྱུང་བར་ངེས། །འབྱོར་བ་ཡོད་ན་ཡོད་དེ་དགའ། །བསོད་ནམས་ཀྱི་དགེ་ཚོགས་སྤེལ་བས་ཆོག །འཕྲལ་ཕྱུགས་ཀྱི་ཕན་བདེ་ཇི་སྙེད་པ། །བསོད་ནམས་ཀྱི་འབྲས་བུ་ཡིན་པར་ངེས། །མྱུར་དུ་ཤི་ན་ཤི་བས་དགའ། །རྐྱེན་ངན་གྱིས་བར་དུ་མ་ཆོད་ཅིང་། །འཆམས་སྦྱོར་གྱི་བག་ཆགས་བཟང་འགྲོགས་པས། །མ་ནོར་གྱི་ལམ་དུ་ཆུད་པར་ངེས། །ཡུན་དུ་གསོན་ན་གསོན་པས་དགའ། །ཉམས་མྱོང་གི་ལོ་ཏོག་སྨིས་པ་(༩༨༠ན)ལ། །གདམས་ངག་གི་རླན་དྲོད་མ་ཡལ་བར། །ཡུན་དུ་བསྟེན་པས་སྨིན་པར་འགྱུར། །ཞེས་བསྟན་པ་བཞིན་དུ། འོ་སྐོལ་རང་ཡང་གང་བྱུང་ལ་དགའ་བ་སྒོམ་པའི་མན་ངག་འདི་ཉམས་སུ་ལེན་པའི་ཕྱིར་ཕན་པའི་ཐབས་མི་ཚོལ། ན་བར་སྣང་བ་འདི་རྒྱུ་འབྲས་བསླུ་བ་མེད་པར་སྟོན་པའམ། སྒྲིབ་གཉིས་སྦྱོང་བའི་ཐབས་མཆོག་ཀྱང་ཡིན། །དགེ་སྦྱོར་གྱི་བསྐུལ་མ་ལྟ་བུར་ཡང་འདུག་པས། འདི་མི་ཡོང་བའི་ཐབས་མི་འཚོལ། ཕྱོགས་ཀྱི་རིམ་གྲོ་བ་འདི་རྣམས་ཀྱིས་ཀྱང་ད་བར་ལ་འཆིར་མ་བཅུག་གསུང་བ་ལ། དྲུང་གི་ཞལ་མཐོང་བ་དང་། གསུང་ཐོས་སུ་རེ་བའི་གདུལ་བྱ་དཔག་མེད་མཆིས་པས། ད་དུང་སྐུ་ཚེ་བྱིན་གྱིས་རློབས་པར་ཞུ་ཞུས་པས། ཕྲུ་བའི་ནང་ན་མེད་པར་གཟར་བུར་འབྱུང་བ་ནི་རིགས་པ་མིན་ནའང་ཕན་ཐོགས་པ་ཡང་མང་རབ་བྱུང་། གཞན་དོན་གྱི་ལས་ལ་ཆེས་བྱ་བ་མ་མཆིས་ཀྱང་། འོ་སྐོལ་གྱི་

ཚོད་རྩིས་པའི་ཟང་ཟིང་ཡང་ཙུང་མངས་པ་ཙམ་ཡང་ཡིན། ཤི་ན་ཡང་གཞན་དོན་ཆུང་དུ་ཡང་མི་འགྲོ་མཆི་གསུང་བ་ལ། དྲུང་ནས་གཞན་དོན་གཞན་དུ་རྒྱ་ཆེ་ཡང་། བདག་ཅག་གདུལ་བྱ་རྣམས་མགོན་མེད་པར་འགྱུར་བས། ཅི་ནས་ཀྱང་བཞུགས་པར་ཞུ་ཞུས་པས་ནུས་པ་མེད་ན་ལྷན་ཅིག་འགྲོགས་ཀྱང་དགོས་པ་ཆུང་། ནུས་པ་བྱུང་ན་མྱུར་དུ་འགྲོ་བ་ཐམས་ཅད་སྒྲོལ་བར་འདོད་ན། བློ་གཏད་པའི་ལྟོས་ས་དང་བཅས་པ་ཁྱེད་རྣམས་ཡལ་བར་ག་ལ་འདོར། ང་དང་བྲལ་བ་ལ་མྱ་ངན་བྱ་མི་(༥༨༠བ)དགོས། ཀྱུན་དུ་གསོལ་བ་ཐོབ་དང་ཁོ་བོ་ཡོད་པ་དང་མཚུངས་ཀྱིས་གསུང་། དེའི་དུས་མཁན་ཆེན་བྱང་ཆུབ་རྩེ་མོ་བྱོན་ནས་གདན་བཞུགས་ཞུས་པས་མ་བཞེས་པར་ཚུར་ལ་གདན་བཞུགས་མཛད་དེ། སེམས་དཔའ་ཆེན་པོ་རང་གི་ སྟེང་ཁྲི་བཞུགས་གདན་གྱི་སྟེང་དུ་ཡང་གདན་བརྩེགས་གསུང་ནས་མཁན་ཆེན་པ་བཞུགས་སུ་བཅུག །རྗེན་འབྲེལ་མཛད་པས། དངོས་སུ་གསུང་མ་བྱོན་ཡང་བཞུགས་གདན་གྱི་སྟེང་དུ་བཞུགས་སུ་འཇུག་པ་དེ། ཆོས་བརྒྱུད་ཟུངས་ཟེར་བའི་ཞལ་ཏ་རུ་གོ་ཞེས་ཉེ་གནས་སྟོན་པ་གསུང་ངོ་། །དེ་དུས་ཐམས་ཅད་ལ་མཇལ་ཁ་ཅིག་གཏོང་བར་ཞུས་པས། ད་ལྟའི་སྐབས་འདི་འདྲར་འཕྲད་ཀྱང་རང་གཞན་གཉིས་ཀ་ལ་གནོད་པ་ལས་མི་ཡོང་གསུང་། དེའི་དུས་ཀྱང་མཚན་བཅས་ཀྱི་ཐུགས་དམ་རྣམས་ཡེ་མ་ཆག་པར་མཛད་པ་དང་། མནལ་བསྒྲུང་བའི་ཕྱིར་དགོན་བརྩེགས་སྒྲགས་པའི་དུས་དང་། མགུར་མ་བླངས་པའི་དུས་ཤུགས་ཆེན་པོ་བཤུམས་པས། དོ་ཞག་མཚན་བཅས་ཀྱི་ཐུགས་དམ་རྣམས་ཀྱང་གློད་པ་དང་། ཁྱད་པར་དུ་སྙིང་རྗེའི་དམིགས་པ་མི་མཛད་པར་ཞུ། གློ་བུར་དུ་སེར་མ་བྱུང་དོགས་གདའ་ཞུས་པས། འོ་སྐོལ་གྱི་མཚན་མེད་ལ་མཚན་བཅས་ཀྱི་དགེ་སྦྱོར་གྱིས་མི་གནོན་པར་གདའ་ཞིང་། ཐབས་ཤེས་རབ་ཟུང་དུ་འབྲེལ་བའི་ཕྱིར་རྩོལ་བ་ཙུང་ཟད་ཡོད་ཀྱང་བྱེད་པར་སྐྱོ་བར་འདུག །སྙིང་རྗེའི་དམིགས་པ་ཆེད་ཀྱིས་མ་བྱས་ཀྱང་འགྲོ་བའི་སྡུག་བསྔལ་

དྲན་ཅན་དམ་དམ་ཤུགས་ཀྱིས་སྐྱེ་བར་འདུག །བྱུང་རྒྱལ་དུ་(༤༧ན)བཏང་ན་ཉིད་ཅག་རྣམས་ཡང་བར་དོགས་ནས་དྲན་འཛིན་ཆེན་པོ་བྱས་པ་ཡིན། འཆི་ཁར་འཕོ་བ་ཡང་སྒོམ་པ་ལས་འདི་འདྲའི་འཕྲོ་ལ་ཤི་ན་ལེགས་པ་ཡིན་མོད་གསུང་། དེའི་དུས་སྤྱིར་བསྐྱེད་རྫོགས་གཉིས་ལ་བརྟན་པ་ཐོབ་པ། ཁྱད་པར་དུ་སྒྱུ་ལུས་རྨི་ལམ་ལ་དབང་འབྱོར་བའི་མཁས་གྲུབ་ཆེན་པོ་སེམས་དཔའ་ཆེན་པོའི་ཐུགས་སྲས་བླ་མ་རྡོར་ཞོན་པ་བྱ་བ་དབུལ་ཕུ་ན་སྐུ་མཚམས་དམ་པོ་ལ་བཞུགས་པའི་ཕུ་སྐྱིལ་ལ་ཞུ་བ་བསྐུར་ནས། དུང་ནས་བསྟེང་བ་འདི་ལ་གསོལ་བ་ཐེབས་མི་ཐེབས་ཀྱི་རྨི་ལམ་ཞིག་བཟུང་ནས་ལན་ཅིག་ཡི་གེར་བཏབ་ནས་བསྐུར་བ་ཞུ་ཞུས་པས། ད་རེས་རང་གསོལ་བ་ཐེབས་སྙམ་པ་མི་འདུག །ལྷག་པའི་ཡི་དམ་གྱི་ལྷ་དཔག་ཏུ་མེད་པ་འདུ་བ་དང་། དཔའ་བོ་དང་མཁའ་འགྲོ་མའི་ཚོགས་བསམ་གྱིས་མི་ཁྱབ་པ་དང་། ལྷ་དང་ལྷ་མོ་དུ་མས་མཆོད་པའི་ཚོགས་མཐའ་ཡས་པ་རྣམས་ཀྱིས་བསུ་བ་དང་། ཆོས་རྗེ་ཉིད་ཀྱང་ཞིང་གཞན་དུ་གཤེགས་པ་ལ་ཐུགས་སྤྲོ་བའི་རྣམ་འགྱུར་ལ་སོགས་པའི་གདན་ཚིག་དུ་མ་ཞིག་འདུག་སྟེ། ཞིབ་ཏུ་བཤད་ན་ཅི་རིགས་ཀྱི་བློར་མི་ཤོང་བའི་རྒྱུ་མཚན་ཞིག་འདུག་པས་མི་འཆད་དེ་ཙམ་གྱིས་གོ་མོད་གསུང་། དེ་ནས་ཉེ་གནས་ཀྱི་འོན་ན་འདི་ལྟར་གྱིས་གསུང་བའི་ཞལ་ཏ་གསུང་བར་ཞུ་ཞུས་པས། རྒྱལ་སྲས་འདིའི་ཞལ་ནས་ཁ་ཆེམས་འཛོག་པ་སྐབས་སུ་བབ་འདུག་ནའང་། ནད་ཀྱིས་གདུངས། ལུས་ཀྱི་ཤེད་ཟད་པའི་སྐབས་འདིར། ཚིག་བཞི་པ་རེ་རྩོམ་པ་(༤༧བ)དང་། སྨྲས་པ་ལ་ཡང་ཙུ་གལ་ཡོང་གིན་འདུག་ལར་གྱིས་འོ་སྐོལ་ལ་ཁམས་བཟང་དུས། ཆོས་དང་འཇིག་རྟེན་གྱི་བྱ་བ་གང་ལའང་། ཁྲིགས་ཁ་འདི་ལྟར་ཡིན་གྱི་ཏིག་ཏིག་མེད་པར་གང་བྱུང་ལ་གཏོང་གིན་ཡོད་པ་དེ་ཡིན་མོད། ད་འཆི་ཁ་དང་། ཤི་བའི་རྗེས་ལ་འདི་ལྟར་བྱེད་ཀྱི་ཁྲིགས་ཁ་དེ་བས་ཀྱང་ག་ན་ཡོང་། གལ་ཏེ་ཁ་ཆེམས་ལ་ཉན་མཁན་ཡོད་ན། སྔར་ཁམས་བཟང་དུས་རང་གི་

ཞེས་ཚོད་དཔེ་འཁྲུད་མེད་པར་བསྟན། རྩོམ་པ་ཡང་ཆེ་ཆུང་ཅི་རིགས་པ་བྱས་ཤིང་། ཁྱད་པར་དུ་ཚིགས་བཅད་ཆེ་ཆུང་མང་དག་ཅིག་ཡི་གེར་བཀོད་པ་དེ་རྣམས་ཁ་ཆེམས་ཡིན། དེ་མ་གཏོགས་དོ་ཞག་འབྲེལ་མེད་ཚིག་གསུམ་སྨྲས་པ་ལ་དགོས་པ་མེད། དེ་ཀ་ལ་བསམས་ནས། འཕྲད་ཀྱང་འདི་ལས་གཞན་པ་སྨྲ་རྒྱུ་མེད། ཤི་ཡང་ཁ་ཆེམས་གཞན་འགའ་མ་མཆིས་སོ། །བྱས་པ་དེ་ཀ་ཡིན། ཉིད་ཅག་རང་རྣམས་ཀྱང་བློ་དཀོན་མཆོག་ལ་གཏོད་ལ། ཚེ་འདི་དང་མ་འབྲེས་པའི་ཆོས་རེ་གྱིས། སེམས་ཅན་གྱི་དོན་དུ་ཆོས་ཚུལ་བཞིན་དུ་བྱེད་པ་ཐམས་ཅད་རྒྱལ་བ་སྲས་དང་བཅས་པའི་རྒྱུད་འཛིན་ཡིན་པ་ལ། འོ་སྐོལ་གྱིས་ལྟ་སྨོས་ཀྱང་ཅི་འཚལ། དེས་ན་ཀུན་གྱིས་ཆོས་བརྒྱུད་ཀྱང་ལེགས་པར་ཟུངས། ཁྱད་པར་དུ་སྟོན་པ་ཟླ་བཟང་རང་ཡང་དགེ་སྦྱོར་ལ་འབད་པ་ཐོན། བྱ་བྲལ་གྱི་མིང་བཏགས་ཡིན་པའི་ཕྱིར། ལོངས་སྤྱོད་མེད་ན་ལེགས་པས། ངའི་རྗེས་ལ་བྲེ་གང་བཏང་རྒྱུ་མ་བྱུང་ཡང་བཟོད། ནུས་པ་བྱུང་ཚད་ཀྱིས་སློམ་ཆུང་ལ་བྱམས་སུ་བྱེད་པ་དང་། ཁྱད་པར་དུ་ད་ལྟ་(༩༨༢ན)རང་རེས་སྐྱོང་དགོས་ཀྱིན་ཡོད་པའི་མ་ནུས་པ་འདི་རྣམས་ལ་སྐྱོང་རན་ལེགས་པོ་གྱིས། སྨུག་གེ་རྣམས་སྙིང་རྗེ་བ་ཡིན་ནོ། །ལབ་རྒྱུའི་དངོས་གཞི་དེ་ཡིན་གསུངས། ཡང་ཞལ་ནས་རྨི་ལམ་འཛིན་པ་འདི་ལ་སྦྱར་ནས་བྱུང་ཆ་ཆེན་པོ་ཞིག་ཡོད། ཞིང་ཁམས་གྲངས་མེད་བལྟ་བ་དང་། དེ་ན་བཞུགས་པའི་སངས་རྒྱས་དཔག་ཏུ་མེད་པ་ལ་ཆོས་ཉན་པ་ལ་སོགས་པ་འབད་རྩོལ་མི་དགོས་པར་ཡོང་བ་ཅིག་བྱུང་། བར་སྐབས་ཤིག་ཏུ་འགྲིབས་འདུག་པ་ཡིན་ཏེ། དེང་སང་ན་བ་འདིས་རྨི་ལམ་སོར་ཚུད་འདུག །མ་འགགས་པའི་སྣང་བ་འདི་མཚར་ཆེ། བར་སྐབས་སུ་འགྲིབ་པ་དེ་ཡང་བསོད་ནམས་སུ་མིང་བཏགས་པའི་འདུ་ལོངས་འདིས་ལན་ནམ་བསམ། ལར་བློ་ཆོས་སུ་སོང་བ་རེ་བྱུང་ན་འཇིག་རྟེན་གྱི་བསོད་ནམས་ཆེན་པོ་སྐད་ཟེར་བ་འདི་ཀུན་མ་བྱུང་ན་རང་ལེགས་པ་འདུག་སྙམ། འབད་རྩོལ་གྱིས་མ་བསྒྲུབས

པར་བྱུང་ན་ལོངས་སྤྱོད་དུ་རུང་། ཞེས་སོགས་ཀྱི་དགག་སྒྲུབ་མང་པོ་བཤད་འདུག་ནའང་། འཁོར་ནའང་འཁོར་པ་ལམ་དུ་སློང་། རྒྱུད་ནའང་རྒྱུད་པ་ལམ་དུ་སློང་བ་འདི་ལ་ཅི་འདྲའི་ཙུ་གལ་ཞིག་འདུག་གསུང་། དེ་ནས་ཟླ་བ་བཅུ་པའི་ཚེས་བརྒྱད་ཀྱི་ཐོ་རངས། སློབ་དཔོན་དཔལ་ཡེ་ལ་ང་ཡར་ཕྱིན་སློངས་ལ་མདུན་རྒྱབ་ཅིག་སྐྱུར་གསུང་སྟེ། དེ་བཞིན་བྱས་པས། ཕྱག་ཐལ་མོ་སྦྱར་ནས། ཡུན་རིང་པོ་བཤུམས་པའི་བར་སྐབས་ཤིག་ཏུ་གསུང་མང་པོ་འབྱིན་པའི་ཚིག་འབྲུ་གང་ཡིན་མ་གོ་ནས་ནང་བར་རྒྱུ་མཚན་ཞུས་པས། ང་སྔེས་ཉལ་བྱས་པས་དེའི་མདུན་ན་རྗེ་བཙུན་མ་བྱོན་འདུག་པས། རྗེ་བཙུན་མའི་མདུན་དུ་ང་ཉལ་བསྡད་པས་མི་ཡོང་། ཕྱིན་ལངས་ལ་གསོལ་བ་བཏབ་དགོས་བསམས་ནས་དེ་ལྟར་བྱས་པ་ཡིན་གསུང་བ་ལ། རྗེ་བཙུན་མ་རྣལ་འབྱོར་མ་ལགས་སམ་སྒྲོམ་མ་ལགས་ཞུས་པས། སྤྱན་ནམ་མཁའ་ལ་ཆེར་མཛད་ནས་སྒྲོལ་མ་སྒྲོལ་མ་ཞེས་ལན་གཉིས་གསུང་བས། རྗེ་བཙུན་མ་གསུང་འབྱོན་གྱི་གདའ་ལགས་སམ་ཞུས་པས། ཧེ་དེ་འདྲ་མི་འདུག་སྟེ། འོ་སྐོལ་ངོས་ཀྱིས་སེམས་ཅན་གྱི་སྡུག་བསྔལ་མ་བཟོད་ནས་རྗེ་བཙུན་མ་ལ་བྱས་པ་མེད་པའི་ཡུས་མང་པོ་བཙོངས་གསུངས། དེ་དང་དུས་མཉམ་པར་མྱུང་སྟོད་དུ་སི་ཏུ་འཕགས་པའི་སར་བུ་མོ་གྲོང་པའི་ཆོས་ཀྱིས་མ་གོས་པ་ཅིག་ལ། ལྷ་ཁ་བབ་ནས་དང་པོ་དམག་གི་གཡུལ་རྒྱལ་ཕམ་འཆད་པའི་འབྲོ་ལ། དེ་འདྲ་རྣམས་ལྷ་ཆ་མེད་དེ། ཉི་མ་ནུབ་ཕྱོགས་ཡ་གི་ན། བླ་མ་རྒྱལ་སྲས་ཐོགས་མེད་བྱ་བ་ཟླ་བ་བཅུ་པའི་ཚེས་བརྒྱད་ལ་རྗེ་བཙུན་མ་སྒྲོལ་མས་གཡུ་ལོ་བཀོད་པའི་ཞིང་ཁམས་སུ་གདན་དྲངས་ནས་འགྲོ་བར་འདུག་ཟེར་བ་ཞིག་བྱུང་ཞེས་གྲག་གོ །དེ་དུས་ཉིན་གཅིག་ད་རུང་འཆི་ནི་མི་འཆི་བར་འདུག་ཀྱང་རྩ་ཁོ་ནི་བཏུལ་འདུག །རྩ་ལའང་འཇུ་ས་མི་འདུག་གསུངས་ནས་ཕྱག་བརྐྱང་བྱུང་བ་ལ་བལྟས་པས། རྩ་བཏུལ་འདུག་སྟེ། དེ་ལ་བརྟེན་ནས་སྟོན་གཡོག་ཅིག་གིས། བླ་མ་ལ་མོས་གུས་ཆེ་རབ་ཡོད་

ཀྱང་སངས་རྒྱས་དངོས་ཀྱི་འདུ་ཤེས་མེད་པའི་རྟགས་སམ། འོན་ཀྱང་གསུང་འདི་རྣམས་འབྱོན་པའི་(༩༨༣ན)རྐྱེན་དུ། རྩ་བཏུལ་ནས་ཆེན་པོ་མི་སྡོད་པ་ཡིན་ཟེར། གལ་ཏེ་མི་འདོད་པ་ཐོག་ཏུ་བབ་ནས་སྐྱ་གཞེགས་ན། འཕོ་བ་ལ་སོགས་པ་ཐུགས་དམ་གྱི་གསལ་འདེབས་འདི་ལྟར་གྱིས་གསུང་བའི་ཞལ་ཏ་ཐུགས་ལ་འདོགས་མི་འཚལ་ལམ་ཞུས་པས། ཏེ་ཉིད་ན་རེ། མི་འདོད་པ་ཐོག་ཏུ་བབ་ནས་ཤི་ན་ཟེར་གྱིན་འདུག་སྟེ། ཤི་ཡང་མི་འདོད་པ་ཐོག་ཏུ་བབ་པ་མིན། འདི་ཀ་ཡོང་བའི་གྲབས་ཤིག་སྔར་ནས་ཚར། མི་རྐྱེན་གྱི་ལས་ཐབས་ཟིན། ཕོ་ལོ་ཡང་བདུན་ཅུ་དོན་ལྔ་ལོན་འདུག་ཚེ་ཡང་ཐུང་ཐུང་མིན། མཚམས་གྲོལ་ནས་མི་མང་པོ་འཚོགས་པ་དང་། ཆོས་སྟོན་པའི་འཕྲོ་ཡང་མེད་པས་ན་བའི་དུས་ཀྱང་སྡུ་ཕྱིར་ན། འདི་འདྲ་ཞིག་མ་གྲུབ་སྐམ་པའི་བློའི་ལྷག་མ་ཡང་ལས་པ་མེད། ད་ཅིག་ནས་སྟོན་དུས་འགྲོ་དོན་དགའ་རབ་ཡོང་གི་འདུག་སྟེ། འགྲོ་དོན་ཆུང་དུ་ཡང་མི་འགྲོ་མཆི། བྱང་ཆུབ་ཀྱི་སེམས་གཉིས་པོ་འདི་དང་ནམ་ཡང་འབྲལ་མ་མྱོང་། ན་བའི་རྐྱེན་གྱིས་སྨི་ལམ་སོར་ཚུད་བྱུས་པ་དང་འདྲ་བར། ཅི་ཡིན་ཆ་མེད་ཅིག་ལ་ཁ་སང་སྤྱི་བོ་ན་བ་ནས་བཟུང་སྟེ་དེང་སང་གི་བར་དུ་ལུས་ལ་ཤེད་མེད་ཀྱང་། ལྷག་པར་དུ་བྱང་ཆུབ་ཀྱི་སེམས་གཉིས་འཕེལ་བའི་སྐབས་འདི་འདྲ་འཛོམ་པའི་འཆི་བ་རྙེད་དཀའ་ཡང་། བདག་གིས་འབད་མེད་དུ་རྙེད་པས་དཀོན་མཆོག་གི་དྲིན་ཡིན། དེ་ལྟ་བུའི་ངང་ནས་འཆི་བ་དེ་ག་ལ་འཕོ་བ་ཟེར་བ་ཡིན། གཞན་གསལ་འདེབས་བྱ་རྒྱུ་ཅི་ཡང་མེད། བྱས་ཀྱང་དགའ་རྟ་ཨེ་གཏོང་(༩༨༣བ)མི་ཤེས། དེ་ཡི་སངས་རྒྱས་རྗེས་དྲན་སོགས། །སུས་ཀྱང་གཡེངས་པར་འགྱུར་བ་མེད། །ཅེས་པ་དེ་དང་ཁྱེད་རང་རྣམ་པ་ཡང་མ་འགལ་བར་མཛོད་གསུང་། དེ་ནས་ཉེ་གནས་ཀྱིས་ད་ཞལ་མི་བཞུགས་ན་ཞིང་ཁམས་གང་དུ་སྐྱེ་བ་བཞེས་ཞེས་ཞུས་པས། འགྲོ་ལ་ཕན་པར་གྱུར་ན་དམྱལ་བར་འགྲོ་བ་ཡང་ཤིན་ཏུ་སྤྲོ། མི་ཕན་ན་དག་པའི་ཞིང་ཡང་མི་འདོད་ལགས་གསུངས།

དེ་དུས་དགོང་གཅིག་མཇལ་དང་མཆོད་པ་རྣམ་ལྔ་ཁྱེར་ཤོག་གསུང་ནས། བདུད་རྩི་ཕྱག་མཇུབ་ཀྱིས་གཏོར་ཞིང་ཕུད་མཆོད་རྒྱས་པ་རེ་མཛད། ཡང་ཕྱག་ཐལ་མོ་སྦྱར་ཞིང་དབུ་དུད་པ་རེ་མཛད། མཆོད་པ་རྣམ་ལྔ་ཕྱག་རྒྱ་དང་བཅས་པ་ལན་ལྔ་ཙམ་སྐྱེར་ཀྱིན་དབུལ། དྲུང་ན་འཁོད་པ་རྣམས་ལ་ཡང་མཆོད་པ་ཕུལ་གསུངས་ནས་སྤྱན་ཆབ་མང་པོ་འབྱིན་གྱིན་འདུག་པའི་ནང་པ་རྒྱུ་མཚན་ཞུས་པས། ཡི་དམ་གྱི་ལྷ་འདྲ་བྱོན་པས་ཁྱེད་རྣམས་ལ་ཡང་མཆོད་པ་ཕུལ་བྱས་པ་ཡིན། གཞན་བཤད་རྒྱུ་ཙམ་མི་གདའི་གསུངས་ནས་ཞིབ་ཆ་གསུང་དུ་མ་གནང་། དེ་ནས་སློབ་དཔོན་ཡོན་ཏན་འོད་སྟོན་གཡོག་རེ་མོས་ལ་ཡོད་པའི་སྐབས་སུ། ནུབ་ཅིག་སྲོད་ཀྱི་ཆ་ལ་མ་དག་པའི་ལས་སྣང་ཐམས་ཅད་འགགས་ནས། ཞིང་ཁམས་རྣམ་པར་དག་པ། མཛེས་ཤིང་ཡིད་དུ་འོང་བ། དྭངས་ཤིང་ཐོགས་པ་མེད་པ། ནམ་མཁའི་དབྱིངས་ལྟར་རྒྱ་ཁྱོན་དང་ཚད་རྩ་བ་ནས་གཞལ་བར་མི་ནུས་པ་འདུག་གསུང་གིན་ཕྱག་ནམ་མཁའ་ལ་ཡུག་ཡུག་མཛད་དེ། མཐའ་ན་ནེམ་གྱིས་བྱེད་ཅིང་བརྟེག་ན་སྤྱར་གྱིས་བྱེད། རིག་ན་བདེ་བ་(༩༨༩ན)བསྐྱེད་པ་ལ་སོགས་པ་མཚར་དུ་ཆེ་བ་ཅིག་གི་དབུས་ན་རང་རེ་འདུག །དེའི་ཁོར་ཡུག་ཀུན་འཁོར་གྱི་ཚོགས་གྲངས་མེད་པས་བསྐོར་འདུག །དེ་དུས་ཙ་ན་ཡོད་པའི་གདན་ཡིན་ནམ། བླ་མ་རྒྱལ་བ་རྣམ་པ་གསལ་བར་འདུག །གཞན་ཡང་འོད་གསལ་གྱི་སྣང་བ་ཟ་ཟིལ་ལང་ལོང་བརྗོད་ཀྱིས་མི་ལང་བ་ཅིག་འདུག་སྟེ། ད་སྟེ་མགྱོགས་པོར་འགྲོ་བར་འདུག་གསུང་། དེའི་ནང་པར་སློབ་དཔོན་དཔལ་ཡེས། གླང་རི་ཐང་པ་བདེ་བར་གཤེགས་པ་བཞིན་དུ། དག་པའི་སྣང་བ་འབའ་ཞིག་ཏུ་གདའ་ལགས་སམ་ཞུས་པས། ད་ལྟ་ཟ་ཟིའི་སྣང་བ་སྣ་ཚོགས་ཤིག་ལ་ཡེངས་ནས་འགྲོ་ཡི་འདུག་སྟེ། དེ་ཐམས་ཅད་ལ་མངོན་ཞེན་བྱ་རྒྱུ་མེད་རྨི་ལམ་སྒྱུ་མ་དང་འདྲ་གསུང་། བདེ་བར་གཤེགས་ལ་ཁད་པའི་དུས་དེར་ཡང་སྤྱར་ནས་ཉལ་བ་དང་སྐྱེས་པ་ལ་མ་གོམས་པས། ཅོག་ཅོག་ཕུར་

སྟོད་པ་འདི་ཀ་བདེ་བ་འདུག་གསུང་ནས་དང་པོ་བསྟུན་པའི་འགོ་བརྩམས་ནས་ཕྱིས་བདེ་བར་གཤེགས་ཀྱི་བར་དུ་སྐུ་རྣམ་སྣང་གི་ཆོས་བདུན་དང་ནམ་ཡང་མི་འབྲལ་བའི་ངང་ལས། བཅུ་དགུའི་ནུབ་མོ་ནས་གསུང་བཅད་མཛད་དེ། སྤྱན་ལ་ཡང་འགྱུར་འགྱུར་མེད་པར་འོད་གསལ་ཆོས་ཀྱི་སྐུ་ལས་མ་གཡོས་བཞིན་དུ། གདུལ་བྱ་རྟག་འཛིན་ཅན་རྣམས་འདུལ་བ་དང་། ལས་རྩོལ་བསམ་གྱིས་མི་ཁྱབ་པ་བསྟན་པ་དང་། ཞིང་ཁམས་གཞན་དུ་གདུལ་བྱ་རྒྱ་ཆེན་པོར་དགོངས་ཏེ་སེམས་དཔའ་ཆེན་པོ་ཉིད་ཀྱིས་དགུང་ལོ་བདུན་ཅུ་དོན་ལྔ་བཞེས་པ། ས་མོ་བྱའི་ལོ་ཟླ་བ་བཅུ་པ་(༩༨༩བ)སྨིན་དྲུག་ཟླ་བའི་ཚེས་ཉི་ཤུ། རེས་གཟའ་སྤེན་པ། སྐར་མ་ལག་པ་ཡོད་པའི་དགོང་མོའི་ཆ། གཟིམ་ཁང་ཆོས་རྫོང་གི་སྦུ་ཤུ་ལ་ཉི་མ་ནུབ་པ་དང་མཉམ་སྐུའི་བཀོད་པ་བསྡུས་སོ། །དེའི་ནུབ་མཚན་མོ་ཡང་དབུལ་ཆུའི་སྟེང་གི་བར་སྣང་ཐམས་ཅད་འཇའ་ཚོན་རྣམ་ལྔ་དང་། འོད་ཟེར་གྱི་རང་བཞིན་གྱིས་ཁེངས་ཤིང་། སྒྲ་ཆེན་པོ་གྲག་པ་དང་། དྲི་ཞིམ་པོའི་ངད་པས་ཁྱབ་པ་དང་། ས་ཆེན་པོ་གཡོས་པས། སྨན་བླའི་ཅོག་ཁྲིའི་སྟེང་ནས་གསེར་སྐུ་ས་ལ་ལྷུང་བ་ཙམ་བྱུང་། ལྷའི་མེ་ཏོག་གི་ཆར་ཁ་བ་བུ་ཡུག་འཚུབས་པ་ལྟ་བུ་བབས་སོ། །

རྒྱལ་སྲས་བདག་ཉིད་ཆེན་པོ་འདིས་བསྟན་འགྲོའི་དོན་རྒྱ་ཆེར་མཛད་པས་བརྒྱུད་འཛིན་གྱི་སློབ་མ་མཐའ་ཡས་པ་བྱོན་ཡང་ཐེག་པ་ཆེན་པོའི་བློ་སྦྱོང་འདི་རྒྱ་ཆེར་སྤེལ་བའི་འཕྲིན་ལས་ཀྱི་བཀའ་བབ་པ་ནི་རྗེ་བཙུན་རེད་མདའ་པ་གཞོན་ནུ་བློ་གྲོས་སོ། །དེས་ན་བྱང་ཆུབ་ལམ་གྱི་རིམ་པ་ལ་བློ་སྦྱོང་བར་འདོད་པ་རྣམས་ཀྱིས་རྒྱལ་སྲས་བདག་ཉིད་ཆེན་པོ་འདི་ལ་གུས་པས་གསོལ་བའི་འདེབས་ཤིང་། སེམས་དཔའ་ཆེན་པོ་འདིའི་རྣམ་ཐར་ལྟར་དང་པོར་མདོ་སྔགས་ཀྱི་ལམ་གྱི་གནད་རྣམས་ལ་འཁྲུལ་མེད་ཀྱི་ངེས་པ་བརྟན་པོ་རྙེད་པར་བྱས། དེ་ནས་ཚེ་འདིའི་ཕུན་ཚོགས་གང་ལའང་མ་ཆགས་པར་དབེན་པའི་རི་སུལ་དུ་ལམ་ཆ་ཚང་ལ་སྒྲུབ་པ་སྙིང་པོར་བྱ་ཞིང་ལྷག་པར་བྱང་ཆུབ་ཀྱི་སེམས

རིན་པོ་ཆེ་ཉམས་ལེན་གྱི་མཐིལ་དུ་བཟུང་ནས་རྒྱལ་བ་དགྱེས་པའི་ལམ་ལ་སློབ་ལ་བརྟོན་པ་ལྟར་བྱའོ།། །།(༩༨༥ན)

རྗེ་བཙུན་རེད་མདའ་པའི་རྣམ་ཐར།

རྗེ་བཙུན་རེད་མདའ་པ་གཞོན་ནུ་བློ་གྲོས་ནི། ས་སྐྱ་དང་ཉེ་བའི་སའི་ཆ་རེད་མདའ་ཁང་སོར་བློན་པོ་འགར་སྟོང་བཙན་ཡུལ་བསྲུང་གི་བརྒྱུད་དུ་ཡབ་བཀྲ་ཤིས་རྒྱལ་མཚན་དང་། ཡུམ་དབང་ཕྱུག་སྐྱིད་གཉིས་ཀྱི་སྲས་སུ་ས་མོ་གླང་ལ་སྐུ་འཁྲུངས། རྒྱལ་སྲས་འདི་ཡུམ་གྱི་ལྷུམས་སུ་ཞུགས་པའི་ཚེ་ཡུམ་ལ་ཉི་ཟླ་ཤར་བ་དང་། སྒྲོན་མེ་སྦར་བ་དང་། གཙུག་ལག་ཁང་བཞེངས་པ་སོགས་རྨི་ལྟས་བཟང་པོ་བྱུང་། རྒྱལ་སྲས་འདི་བཙས་པའི་ཚེ་ཡང་ངོ་མཚར་བའི་ལྟས་མང་དུ་བྱུང་། དེ་ནས་རྒྱལ་སྲས་གཞོན་ནུ་དེ་ཡབ་ཡུམ་གཉིས་ཀྱིས་འོ་མ་དང་། ཞོ་དང་། མར་གྱི་ཉིང་ཁུ་སོགས་ཀྱིས་བསྐྱེད་བསྲིངས་ཏེ་མཚན་ཡང་བཙུན་ནེ་ཞེས་བྱ་བར་གསོལ་ཏེ་སླ་ཤེས་དོན་གོ་རྩུན་ཆད་དཀོན་མཆོག་གསུམ་གྱི་སྒྲ་ཐོས་པའམ། རྟེན་མཐོང་བ་ན་དད་ཅིང་གུས་པ་ཆེར་སྐྱེ་བ་བྱུང་། རྒྱལ་སྲས་འདི་ཆུང་ངུའི་དུས་ན་ཡབ་ཡུམ་གཉིས་ཀ་འདས་པས་ཨ་ནེ་མོ་བཀྲ་ཤིས་འབུམ་བྱ་བས་བསྐྱངས། རྒྱལ་སྲས་བདག་ཉིད་ཆེན་པོ་འདིས་བྱིས་པའི་དུས་སུ། ཨ་ནེ་ལ། ང་ཡང་ན་ས་སྐྱ་དཔོན་ཆེན་གྱི་ལག་རྟགས་བླངས་ནས་བོད་ཁམས་བདེ་ལ་འགོད། ཡང་ན་བསྟན་པའི་སྒོར་ཞུགས་ཏེ་སངས་རྒྱས་ཀྱི་བསྟན་པ་ཉིན་མོ་ལྟར་གསལ་བར་བྱེད་གསུངས་པས། ཨ་ནེ་ན་རེ། བཙུན་ནེ་བློ་པོ་ཆེ་ཁྱོད་ཀྱིས་དེ་ལྟར་ཨེ་ཡོང་ཞེས་ཟེར་ཞིང་། དེ་ནས་བཟུང་སྟེ་རྒྱལ་སྲས་གཞོན་ནུ་འདི་ལ་བཙུན་ནེ་བློ་པོ་ཆེ་ཞེས་འབོད་པ་བྱུང་། དེ་ནས་རྒྱལ་སྲས་གཞོན་ནུ་དེ་སྐྱེས་རབས་(༩༨༥བ)མང་པོར་

ཆོས་ལ་སྦྱངས་པའི་བག་ཆགས་བརྟས་པས་བྱིས་པ་གཞན་དག་ནུ་ཞོ་ལེན་པ་དང་འཕྲུལ་པའི་རྩེད་མོ་ལ་བསླབ་མི་དགོས་པར་ངང་གིས་འཇུག་པ་ལྟར། རྒྱལ་སྲས་འདི་དམ་པའི་ཆོས་འཚོལ་བ་ལ་ངང་གིས་འཇུག་པ་ཞིག་བྱུང་སྟེ། འཕགས་ཆེན་ཆོས་བཟང་དཔལ་ལ་སྐྱབས་འགྲོ་སེམས་བསྐྱེད་དང་། བསྙེན་གནས་ཀྱི་སྡོམ་པ་དང་། ཐུགས་རྗེ་ཆེན་པོའི་ཆོས་སྐོར་མང་དུ་ཞུ་བར་མཛད། དེ་ནས་རྒྱལ་སྲས་འདིའི་ཐུགས་ལ་དལ་བའི་རྟེན་བཟང་པོ་ལན་ཅིག་ཐོབ་པའི་དུས་འདིར་སྔོན་བྱོན་དམ་པའི་རྗེས་སུ་ཞུགས་ཏེ་ཐོས་བསམ་སྒོམ་གསུམ་མཐར་ཕྱིན་པ་ཞིག་མ་བྱས་ན་ཡིད་བཞིན་གྱི་ནོར་བུའི་གླིང་ནས་ལག་སྟོང་དུ་ལོག་པ་ལྟར་དལ་འབྱོར་ཐོབ་པ་དོན་མེད་དུ་འགྱུར་ཞིང་། དེ་ཡང་ཁྱིམ་དུ་གནས་པ་ནི་ཉེས་པ་དང་ཉོན་མོངས་པ་དུ་མའི་འབྱུང་གནས། སྡུག་བསྔལ་དུ་མས་གཟིར་བའི་བཙོན་ར་དང་འདྲ་བ་འདི་ལས་མྱུར་དུ་ཐར་བར་བྱས་ནས་ཆོས་རྣམ་དག་ཅིག་བྱའོ་སྙམ་དུ་དགོངས་ནས་ངེས་འབྱུང་གི་བསམ་པ་ཤུགས་དྲག་པོས་དགུང་ལོ་བཅོ་བརྒྱད་པ་ལ་ས་བཟང་པཎ་ཆེན་གྱི་དྲུང་དུ་དགེ་ཚུལ་གྱི་སྡོམ་པ་མནོས་ཏེ་མཚན་གཞོན་ནུ་བློ་གྲོས་སུ་བཏགས། དེ་ནས་མཁས་པའི་དབང་པོ་ཉ་དབོན་ཀུན་དགའ་དཔལ་བ་དང་། ལུང་རིགས་སྨྲ་བ་མཁན་ཆེན་སངས་རྒྱས་དཔལ་བ་གཉིས་ལ་གཏུགས་ཏེ་ཚད་མ་རྣམ་འགྲེལ་ལ་སྦྱངས་པས་དྲི་མ་མེད་པའི་རིགས་པས་རྟོག་གེའི་ཚིག་དོན་བརྒྱད་ལེགས་པར་རྟོགས་ནས་མཁས་པའི་གྲགས་པས་ཁྱབ་པར་མཛད། དེ་རྗེས(༩༤༤ན)སྡེ་བདུན་མདོ་འགྲེལ་དང་བཅས་པ་ལ་སྦྱངས་ཤིང་། མཁྱེན་རབ་དབང་ཕྱུག་ས་སྐྱ་པཎྜི་ཏ་དང་། འོད་ཡུག་པ་རིགས་པའི་སེང་གེའི་ལེགས་བཤད་རྣམས་ལའང་གཟིགས་པས། དཔལ་ལྡན་ཆོས་ཀྱི་གྲགས་པའི་གཞུང་ལུགས་ཕྱིན་ཅི་མ་ལོག་པར་ཐུགས་སུ་ཆུད་དེ་རྣམ་འགྲེལ་གྱི་ཊཱིཀྐ་ཆེ་ཆུང་གཉིས་སྤྱི་དོན་དང་བཅས་པའང་མཛད། དེ་ནས་བསྟན་བཅོས་མངོན་པར་རྟོགས་པའི་རྒྱན་འགྲེལ་པ་དང་བཅས་པ་ལ་

ལེགས་པར་སྦྱངས་པས། རིང་པོར་མ་ལོན་པར་མཁས་པའི་ཕུལ་དུ་ཕྱིན་པར་གྱུར། གཞན་ཡང་དཔལ་ལྡན་བླ་མ་དམ་པ་བསོད་ནམས་རྒྱལ་མཚན་པ་སོགས་ལའང་ཕར་ཕྱིན་གསན། ཁྱད་པར་དུ་ཉི་ཁྲི་སྣང་བ་དང་། བརྒྱད་སྟོང་འགྲེལ་ཆེན་འབྲི་མར་གྱི་ཊཱིཀྐ་རྣམས་ལའང་ཞིབ་ཏུ་གཟིགས་པས། འཕགས་སེང་གཉིས་ཀྱི་དགོངས་པ་ཇི་ལྟ་བ་བཞིན་དུ་ཐུགས་སུ་ཆུད་དེ། ཕར་ཕྱིན་གྱི་ཊཱིཀྐ་དང་། དོན་བདུན་ཅུ་ལ་རྣམ་བཤད་ཀྱང་མཛད། དེ་ནས་ཆོས་ཐམས་ཅད་ཀྱི་མ་མོ་མངོན་པའི་སྡེ་སྣོད་གསན་པར་དགོངས་ནས། ལོ་ཆེན་བྱང་ཆུབ་རྩེ་མོའི་ཞབས་ལ་བསྙེན་ཏེ། མངོན་པ་གོང་འོག་ཚར་མང་དུ་གསན་ཅིང་། ས་སྡེ་ལྔ་དང་སྡོམ་རྣམ་པ་གཉིས། པྲ་ཀ་ར་ཎ་སྡེ་བརྒྱད་འགྲེལ་བཤད་དང་བཅས་པ་ལ་གཟིགས་ཤིང་། མཁས་པའི་དབང་པོ་དཔང་ལོའི་ལེགས་བཤད་རྣམས་ལའང་གཟིགས་པས། ཐོགས་མེད་སྐུ་མཆེད་ཀྱི་བཞེད་པ་ཇི་བཞིན་ཐུགས་སུ་ཆུད་ནས། མངོན་པ་གོང་འོག་གི་ཊཱིཀྐ་བསྡུས་དོན་དང་བཅས་(༥༨༨བ)པ་མཛད། དེ་ནས་མཁན་ཆེན་ལྷོག་ལོད་པ་ཀུན་དགའ་བཟང་པོའི་དྲུང་དུ་བྱོན་ཏེ། མཁན་སློབ་དགེ་འདུན་དང་བཅས་པའི་དབུས་སུ་བསྙེན་པར་རྫོགས་ཏེ། མཁན་ཆེན་པོའི་དྲུང་དུ་མདོ་རྩ་བ་ཚར་གཅིག་གསན་པས། མཁན་ཆེན་པའི་ཞལ་ནས། འདུལ་བ་ངེད་ལས་ཁྱེད་མཁས་པར་བྱུང་བར་གདའ་བས་ཆོས་བདག་པོ་ལ་འཕྲོད་དོ་གསུང་། མཁན་ཆེན་འདིས་བསྐུལ་ནས་མདོ་རྩའི་ཊཱིཀྐ་དང་། ལས་ཆོག་ཀྱང་མཛད་དེ་ཕྱིན་ཆད་ནས་དབྱར་གནས་དང་གསོ་སྦྱོང་དགག་དབྱེ་གསུམ་འཆག་མེད་དུ་མཛད་དོ། །དེ་ནས་དབུ་མའི་གཞུང་ལ་སྦྱོང་བར་བཞེད་དེ་ཆོས་རྗེ་བྱང་སེང་བའི་དྲུང་དུ་དབུ་མ་རིགས་ཚོགས་དང་། བཞི་བརྒྱ་པ། འཇུག་པ་སོགས་དབུ་མའི་སྐོར་རྣམས་གསན་ཏེ། དཀོན་མཆོག་ལ་གསོལ་བ་བཏབ་ཅིང་ཡང་ཡང་དཔྱད་པས། སྔོན་གྱི་སྨོན་ལམ་དང་དཀོན་མཆོག་གི་བྱིན་རླབས་ལ་བརྟེན་ནས་ཀླུ་སྒྲུབ་ཡབ་སྲས་ཀྱི་དགོངས་པ་ཕྱིན་ཅི་མ་ལོག་པར་ཐུགས་སུ་

ཆུད་དེ་དབུ་མ་རྩ་བ་ཤེས་རབ་དང་། དབུ་མ་ལ་འཇུག་པ་དང་། བཞི་བརྒྱ་པ་གསུམ་ལ་ཊཱིཀྐ་མཛད་ཅིང་། རྩ་ཤེའི་འགྲེལ་པ་ཚིག་གསལ་ལ་སྤྱི་དོན་ཡང་མཛད་དོ། །དེ་ནས་བདག་ཉིད་ཆེན་པོ་འདི་དང་འདིའི་རྗེས་སུ་སློབ་པ་ཐམས་ཅད་ཀྱིས་དབུ་མ་ལ་འཆད་ཉན་མཛད་པས་དབུ་མའི་སྲོལ་ལེགས་པར་གཏོད་དེ་ཁོ་བོས་བསྟན་པ་ལ་བྱ་བ་བྱས་པ་ཡིན་ཞེས་གསུང་ངོ་། །དེ་རྗེས་ཐེག་པའི་ཡང་རྩེ་རྡོ་རྗེ་ཐེག་པ་ལ་འཇུག་པར་དགོངས་ནས། ལོ་ཆེན་བྱང་ཆུབ་རྩེ་མོའི་དྲུང་དུ་གསང་བ་འདུས་པ་མི་སྐྱོད་པའི་དབང་ཞུས་ཏེ་(༤༨༧ན)གསང་མཚན་མི་སྐྱོད་རྡོ་རྗེར་བཏགས། ལོ་ཆེན་སྐྱབས་མཆོག་དཔལ་བཟང་པོའི་དྲུང་དུ་རྒྱུད་ཀྱིས་བཤད་པ། དཔལ་ལྡན་བླ་མ་དམ་པ་བསོད་ནམས་རྒྱལ་མཚན་པའི་དྲུང་དུ་དཔལ་གསང་བ་འདུས་པའི་འགྲེལ་པ་སྒྲོན་གསལ་ཆ་ལག་དང་བཅས་པ་ཞིབ་པར་གསན་ཅིང་། ཀྱཻ་རྡོ་རྗེའི་མན་ངག་ལམ་འབྲས་བུ་དང་བཅས་པ་སོགས་སྔགས་ཀྱི་ཟབ་ཆོས་མང་དུ་གསན། ས་བཟང་པཎ་ཆེན་གྱི་དྲུང་དུ་བདེ་མཆོག་གི་དབང་། ལོ་ཆེན་སྐྱབས་མཆོག་པ་ལ་རྡོ་རྗེ་ཕྲེང་བ། འཇམ་རྡོར། འཇིག་རྟེན་དབང་ཕྱུག །ས་སྐྱ་པའི་རྡོ་རྗེ་གཞོན་ནུ། རིམ་ལྔ་མདོར་བྱས། སྦྱོང་བསྡུས་སྒྲོན་མ་སོགས་གསན་ཅིང་། ས་སྐྱ་པ་དང་། བུ་སྟོན་རིན་པོ་ཆེ་ལ་སོགས་པའི་ཡིག་ཆ་རྣམས་ལའང་ཡང་དག་པར་གཟིགས་ཏེ། དཔལ་གསང་བ་འདུས་པའི་རྒྱུད་འགྲེལ་ཆ་ལག་དང་བཅས་པ་ཐུགས་སུ་ཆུད་ནས། རྩ་རྒྱུད་ལ་ཊཱིཀྐ །མངོན་རྟོགས། བདག་འཇུག་མཆོད་ཕྲེང་། རིམ་ལྔའི་བསྡུས་དོན་སོགས་མཛད་ཅིང་། གཞན་ཡང་རྒྱུད་བླ་མ། བཤེས་སྤྲིང་། ལུང་ཀུན་ལས་བཏུས་པ་རྣམས་ལ་ཊཱིཀྐའང་མཛད་དོ། །རྒྱལ་བའི་སྲས་པོ་ཐོགས་མེད་བཟང་པོ་དཔལ་གྱི་དྲུང་དུ་སྨོན་འཇུག་གཉིས་ཀྱི་སེམས་བསྐྱེད། བློ་སྦྱོང་ལ་སོགས་པའི་ཆོས་སྐོར་མང་དུ་ཞུ་བར་མཛད་དོ། །རྒྱལ་སྲས་བདག་ཉིད་ཆེན་པོ་འདི་ནི་དམ་པའི་ཆོས་འཚོལ་བ་ལ་ངོམས་པ་མེད་པས་མདོ་སྔགས་ཀྱི་ཆོས་འཚོལ་ཕྱིར་བཤེས་གཉེན་ཇི་ཙམ་བསྟེན་

པ་ནི། ཉིད་ཀྱི་ཞལ་ནས། སྐྱེ་དགུའི་གཙུག་(༩༨༧བ)རྒྱན་ཆོས་རྗེ་བསོད་རྒྱལ་དང་། །
རྒྱལ་བའི་སྲས་པོ་ཐོགས་མེད་བཟང་པོ་དཔལ། །མ་ཏི་པཎ་ཆེན་པཎ་ཆེན་བྱང་རྩེ་
དང་། །མཁས་པའི་དབང་པོ་ཉ་དབོན་ཀུན་དགའ་སོགས། །བཀའ་དྲིན་མཚོས་པའི་བླ་
མ་བཅུ་ཕྲག་གཉིས། །ཡུན་རིང་འབད་དེ་གུས་པས་གཙུག་གིས་བསྟེན། །ཞེས་གསུངས་
ཏེ། མདོར་ན་བདག་ཉིད་ཆེན་པོ་འདིས་བཤེས་གཉེན་དུ་མ་ལ་བརྟེན་ཏེ་མདོ་སྔགས་
མ་ལུས་པའི་ཚིག་དོན་ལ་མཁས་པར་མཛད་དེ་སྐལ་བ་དང་ལྡན་པ་རྣམས་ལ་ཆོས་
ཀྱི་འཁོར་ལོའང་རྒྱ་ཆེན་པོ་བསྐོར་ནས་སངས་རྒྱས་ཀྱི་བསྟན་པ་རིན་པོ་ཆེ་འཛིན་སྐྱོང་
སྤེལ་བར་མཛད་དེ། མཁས་པ་ཆེན་པོ་འདིས་དབུས་ཕྱོགས་སུ་བྱོན་ནས་རྗེ་བཙུན་ཙོང་
ཁ་པ་ཆེན་པོ་དང་ཞལ་འཛོམ་སྟེ་གནམ་རྩེ་ལྡེང་དང་། བྱང་ར་སྒྲེང་དང་། སྐྱིད་
ཤོད་ཀྱི་སའི་ཆ་མང་པོ་དང་། གཙང་སྟག་ཚང་རྫོང་ཁ་སོགས་སུ་ཡབ་སྲས་གཉིས་
ཞལ་འཛོམ་སྟེ་ཆོས་ཀྱི་འཁོར་ལོ་རྒྱ་ཆེན་བསྐོར་ནས་རྒྱལ་བའི་བསྟན་པ་གཞི་ནས་གསོ་
བར་མཛད་པའི་ཚུལ་ཞིབ་པར་ནི་རྗེ་རིན་པོ་ཆེའི་རྣམ་ཐར་དུ་གསལ་བ་ལྟར་རོ། །དེ་
ནས་རྗེ་བཙུན་རེད་མདའ་པ་ཆེན་པོ་འདིས་སྔོན་བྱོན་དམ་པའི་རྣམ་ཐར་ལྟར་མང་དུ་
ཐོས་པའི་དོན་སྒྲུབ་པ་སྙིང་པོ་མཛད་བཞེད་ནས་རྣེད་བཀུར་སྙན་གྲགས་འཁོར་
ལོངས་སྤྱོད་ཐམས་ཅད་མཆིལ་མའི་ཐལ་བ་བཞིན་དུ་དོར་ཏེ་ཉིད་ཀྱི་རྗེས་སུ་སློབ་པ་
ཚོ་བློས་བཏང་ཞིང་ངེས་འབྱུང་གི་བསམ་པ་ཤུགས་དྲག་པོས་རྒྱུད་བསྐུལ་ཏེ་ཐེག་པ་
མཆོག་གི་ལམ་ལ་སྒྲུབ་པ་སྙིང་པོར་བྱ་འདོད་པ་འགའ་ཞིག་དང་(༩༨༢ན)བཅས་
གངས་བུ་ལེ་དཀར་པོའི་གཡས་མགུལ་གཡུ་ལུང་རྗོ་རྗེ་ལྗོངས་སུ་ལོ་ལྔའི་བར་དུ་སྒྲུ་
མཚམས་ལ་བཞུགས་ཏེ་མདོ་སྔགས་ཀྱི་ལམ་ཡོངས་སུ་རྫོགས་པ་ལ་སྒྲུབ་པ་རྩེ་གཅིག་
ཏུ་མཛད་པས་ལམ་ཐུན་མོང་བ་དང་ཐུན་མོང་མིན་པ་སྔགས་ཀྱི་ལམ་རིམ་གཉིས་ལ་
མྱོང་བ་ཐུལ་ཕྱིན་ཐོན་ཏེ་ལྷག་པའི་ལྷ་མང་པོའི་ཞལ་གཟིགས་པ་དང་། ཏིང་ངེ་འཛིན་

གྱི་སྒོ་མང་པོ་འབྱུངས་པ་དང་། རང་དང་གཞན་གྱི་ཚེ་རབས་བརྒྱ་སྟོང་དྲན་པ་དང་། སངས་རྒྱས་ཀྱི་ཞིང་མང་པོར་བགྲོད་ནུས་པ་སོགས་རྒྱལ་བས་བསྔགས་པའི་རྟོགས་པ་མཆོག་ཐོབ་པར་གྱུར་ཏོ། །དེ་ལྟ་ནའང་ཕྱི་རབས་ཀྱི་གདུལ་བྱ་རྣམས་ལ་བསླབ་པའི་ཕྱིར་དབེན་པ་འབའ་ཞིག་ལ་ཐུགས་དགྱེས་པའི་ཚུལ་མཛད་དེ་སྒྲུབ་པ་རྩེ་གཅིག་ཏུ་མཛད་བཞེད་པའི་གསུང་འདི་ལྟར་ཐོན་ཏེ། གང་ཞིག་ལེགས་གསུངས་དམ་ཆོས་འདུལ་བ་ལ། །རབ་ཏུ་བྱུང་ནས་ལེགས་པར་མི་སྒོམ་ཞིང་། །ཐུབ་པའི་བཀའ་ལུང་ཚུལ་མིན་འདའ་བྱེད་པའི། །དགེ་སྦྱོང་དེ་དག་འཇིག་རྟེན་ཆོམ་རྐུན་ཡིན། །འཁྱོག་པོར་སྨྲ་ལ་གཞན་དག་བསླིངས་པོར་སེམས། །ངག་མི་བཙུན་པ་དགེ་སྦྱོང་ཚུལ་མིན་པས། །གྱུ་གྱུའི་སེམས་དང་དེ་ཡི་ཚུལ་སྤངས་ཏེ། །གསོང་པོར་སྨྲ་ལ་ཁོ་བོ་རྟག་ཏུ་བརྟེན། །འཛེམ་མེད་སྨྲ་ལ་གཞན་དག་སྤྱོངས་པར་སེམས། །ངག་མི་སྡོམ་པ་དགེ་སྦྱོང་ཚུལ་མིན་པས། །སྨུ་ཅོར་སྨྲ་བ་སྨྲོན་པའི་ཚུལ་སྤངས་ཏེ། །ཞི་བའི་ཚུལ་ལ་ཁོ་བོ་རྟག་ཏུ་བརྟེན། །ཕྱི་ཚུལ་འཆོས་པ་(༩༤༢བ)གཞན་དག་བཙུན་པོར་སེམས། །གཡོ་རྒྱུའི་སྤྱོད་པ་དགེ་སྦྱོང་ཚུལ་མིན་པས། །ཕ་རོལ་འདྲིད་བྱེད་ཡོན་པོའི་ཚུལ་སྤངས་ཏེ། །དྲིས་པའི་ཚུལ་ལ་ཁོ་བོ་རྟག་ཏུ་བརྟེན། །རང་དགའི་སྤྱོད་པ་གཞན་དག་དྲང་པོར་སེམས། །དབང་པོ་མི་སྡོམ་དགེ་སྦྱོང་ཚུལ་མིན་པས། །བག་དང་མི་ལྡན་རྟུལ་པོའི་ཚུལ་སྤངས་ཏེ། །བག་ཡོད་ཚུལ་ལ་ཁོ་བོ་རྟག་ཏུ་བརྟེན། །བྱ་བྱེད་མང་བ་གཞན་དག་གྲུང་པོར་སེམས། །རྣམ་གཡེང་འདོད་པ་དགེ་སྦྱོང་ཚུལ་མིན་པས། །འདུ་འཛི་བསྲེལ་བ་ཁྲིམ་པའི་ཚུལ་སྤངས་ཏེ། །དོན་ཉུང་ཚུལ་ལ་ཁོ་བོ་རྟག་ཏུ་བརྟེན། །ཡོངས་སྤྱོད་འཁོར་བ་གཞན་དག་དཔལ་དུ་སེམས། །འདོད་ཞེན་ཆེ་བ་དགེ་སྦྱོང་ཚུལ་མིན་པས། །ཟང་ཟིང་དང་བཅས་གྲོང་པའི་ཚུལ་སྤངས་ཏེ། །ཆོག་ཤེས་ཚུལ་ལ་ཁོ་བོ་རྟག་ཏུ་བརྟེན། །གྲོང་འདབ་འཁྲིམ་པ་གཞན་དག་གདུལ་བྱར་སེམས། །སྙེད་བཀུར་སྒྲུབ་པ་དགེ་སྦྱོང་ཚུལ་མིན་པས། །ཁེ་སྤོགས་འདོད་པ་ཚོང་

པའི་ཚུལ་སྤྱངས་ཏེ། །བས་མཐའི་གནས་ལ་བོ་བོ་རྟག་ཏུ་བརྟེན། །ཞེས་དང་། དབེན་པར་བྱོན་ཏེ་སྒྲུབ་པ་རྩེ་གཅིག་ཏུ་མཛད་པའི་དམ་བཅའ་མཛད་པ་ནི། གང་གི་ཞབས་ཟུང་པདྨོའི་གེ་སར་རྟུལ། །ཚངས་དང་ལྷ་དབང་ཁྱབ་འཇུག་ལ་སོགས་པ། །འཇིག་རྟེན་དྲེགས་ལྡན་གཙུག་གིས་གུས་བསྟེན་པའི། །སྤྱན་རས་གཟིགས་མགོན་དེ་ལ་ཕྱག་འཚལ་ལོ། །མང་དུ་ཐོས་ཀྱང་ཚུལ་བཞིན་བསྒྲུབ་ལ་གཡེལ། །ཁྲིམས་བརྒྱ་ནོད་ཀྱང་ཉེས་ལྟུང་དྲི་མ་ཅན། །དགེ་སློང་བདག་གི་གཡར་དམ་འདི་(༩༧༩ན)རྣམས་ལ། །མཁྱེན་ལྡན་ཐུགས་རྗེའི་ལྷ་ཁྱོད་ཡུད་ཙམ་དགོངས། །གང་དུ་གནས་ན་སྣང་ཤས་འཕེལ་འགྱུར་ཞིང་། །རང་རྒྱུད་རྙེད་བཀུར་ཞགས་པས་འཆིང་བྱེད་ལ། །གཞན་རྒྱུད་ཕྲག་དོག་འཁྲུན་སེམས་ཀྱིས་གདུངས་པའི། །གནས་དེར་སྐད་ཅིག་ཙམ་ཡང་མི་གནས་སོ། །དེང་ནས་བཟུང་སྟེ་ཇི་སྲིད་འཚོ་བར་དུ། །གངས་དང་རི་སྲུལ་ནགས་ཀྱི་ཁྲོད་རྣམས་སུ། །བསེ་རུ་ལྟ་བུར་རྟག་ཏུ་གནས་བྱེད་ཅིང་། །གྲོང་དང་འཁོར་མང་དབུས་སུ་གནས་མི་བགྱི། །ཆོས་བརྒྱད་རྐྱེན་གྱིས་ནམ་ཡང་མི་གཡོ་བའི། །སེམས་ལ་ཇི་སྲིད་བརྟན་པ་མ་ཐོབ་བར། །གཅིག་པུ་རང་རྒྱུད་འདུལ་བ་མ་གཏོགས་པ། །གཞན་དོན་ཐབས་ཀྱིས་རང་དོན་ཉམས་མི་བགྱི། །ཆོས་གོས་གསུམ་དང་ལྷུང་བཟེད་ལ་སོགས་པ། །རང་ཉིད་འཚོ་བའི་ཡོ་བྱད་མ་གཏོགས་པ། །གསེར་དང་དབྱིག་སོགས་ལྷག་པའི་ཡོ་བྱད་ནི། །རང་གི་དོན་དུ་ཏིལ་ཙམ་མི་བཅང་ངོ་། །གཞན་གྱི་ཉེས་པ་ནམ་ཡང་མི་གླེང་ཞིང་། །དོན་དང་ལྡན་ཞིང་ཆོས་མཐུན་མ་གཏོགས་པ། །དམག་དང་ཚོམ་རྐུན་རྒྱལ་པོའི་གཏམ་ལ་སོགས། །འཁྲུལ་པའི་བཀའ་མཆིད་ནམ་ཡང་མི་བགྱིད་དོ། །ཆོས་ཀྱི་དོན་དུ་དཀའ་སྤྱད་སྲན་བཟོད་ཅིང་། །འཇིག་རྟེན་བློས་བཏང་རྣམ་གྲོལ་དོན་དུ་གཉེར། །འདོད་ཆུང་ཆོག་ཤེས་རང་དང་རྗེས་མཐུན་པའི། །རྗེས་འབྲང་འཁོར་ནི་བཞི་བས་ལྷག་མི་བསྟེན། །གལ་ཏེ་བདག་གི་གཡར་དམ་འདི་རྣམས་(༩༧༩བ)དང་། །འགལ་བར་

བགྱིས་ན་རྒྱལ་བ་སྲས་བཅས་དང་། །ཐུགས་རྗེའི་མངའ་བདག་སྤྱན་རས་གཟིགས་མགོན་གྱིས། ཁྲི་ཕག་ལུག་བོང་རྣམས་དང་བདག་སློམས་ཤིག །ཅེས་རྒྱལ་བ་སྲས་བཅས་དཔང་དུ་བཞག་སྟེ་དམ་བཅའ་མཛད། དབེན་པའི་ཡོན་ཏན་བསམས་ནས་རང་གིས་རང་ལ་བསྐུལ་བ་ནི། ཁོ་བོ་དབེན་པ་བསྟེན་པའི་རྒྱུ་མཚན་ཡང་འཁོར་དང་གྲོགས་ཀྱིས་ཡིད་སུན་བྱུང་བའམ། རྙེད་བཀུར་དང་གྲགས་པ་འདོད་པས་མ་ཡིན་གྱི་གཞན་དུ་ན། འཁོར་བའི་སྡུག་བསྔལ་མི་འབོས་ལྷར་ཤིན་ཏུ་བརྟག་དཀའ་བར་མཐོང་བའི་ཕྱིར་དང་། བཅོམ་ལྡན་འདས་ཀྱིས་རྣམ་གྲངས་དུ་མར་བསྔགས་པའི་དབེན་པའི་གནས་པད་མའི་ཚལ་བས་ཀྱང་ཤིན་ཏུ་ཡིད་དུ་འོང་བར་མཐོང་བའི་ཕྱིར་རོ། །དེ་ཡང་འདི་ལྟར། གང་ལ་ཉེས་པ་རྡུལ་ཙམ་མི་མངའ་ཞིང་། །རྨད་བྱུང་ཡོན་ཏན་དཔལ་གྱིས་རབ་བརྗིད་པས། །སྙན་པའི་བ་དན་འཇིག་རྟེན་གསུམ་ན་གཡོ། །ཐུབ་དབང་ལྷ་ཡི་ལྷ་ལ་ཕྱག་འཚལ་ལོ། །ཀ་ཡེ་ཉོན་ཅིག་ཤེས་ལྡན་གྲོགས་པོ་དག །བསྟན་པའི་ཉིན་བྱེད་ནུབ་རིའི་རྩེ་ལ་སོན། །ལུས་སྲོག་གཡོ་བ་འབབ་ཆུའི་རྒྱུན་དང་མཚུངས། །ཐར་འདོད་རྣམས་ཀྱིས་བག་ཡོད་བསྟེན་པར་རིགས། །རིན་ཆེན་བདུན་ལྡན་གླིང་ཆེན་བཞི་ལ་དབང་། །དཔག་མེད་ཚེར་ནས་དགེ་བཅུའི་དཔལ་ལ་སྤྱོད། །ཕུན་ཚོགས་མངོན་མཐོའི་བདེ་ལ་རོལ་བྱེད་པའི། །འཁོར་ལོས་བསྒྱུར་རྒྱལ་དཔལ་དེའང་ཆུ་ཤིང་འདྲ། །ལྷུན་པོའི་སྤོ་ལ་ཡུན་རིང་གནས་བཅས་ཏེ། །ཡོངས་འདུའི་ཚལ་དུ་དགའ་བདེའི་(༩༧༠ན)དཔལ་གྱིས་རོལ། །འཆི་མེད་ཉེ་དབང་ཚོགས་ཀྱིས་གུས་བཏུད་པའི། །འཕྲོག་བྱེད་མིག་སྟོང་ལྡན་དེའང་སྲིད་པའི་བྲན། །ལུས་སེམས་ཟུག་རྔུའི་གདུང་བ་རིང་དུ་སྤངས། །ཏིང་འཛིན་བདེ་བས་བསྐལ་མང་འདའ་བྱེད་པའི། །འཇིག་རྟེན་མེས་པོ་གསེར་གྱི་མངལ་ལྡན་ཡང་། །འཆི་མེད་གོ་འཕང་ལས་རིང་གྱི་ནར་འཁོར། །གང་གིས་རེག་ན་རབ་བརྟན་ལྷུན་པོ་ཡང་། །སྐད་ཅིག་ཙམ་གྱིས་ཐལ་བར་རློག་བྱེད་པའི། །མེ་ལྕེའི་ཕྲེང་བ་ལུས་ལ

རབ་འབར་བ། །དམྱལ་བའི་ཟུག་རྔུ་སུ་ཡིས་བརྣག་པར་ནུས། །བཟློས་པ་ཙམ་གྱིས་སྐྱུང་ཆེན་རྒྱུན་སྐེམས་ཤིང་། །ལྡོན་ཤིང་འབྲས་བུ་མེད་པར་བྱེད་པ་ཡི། །ཧ་ལ་ཡ་ཧོག་སྐམ་ལྟའི་ཡི་དྭགས་གཟུགས། །གང་ཞིག་མཐོང་ན་འཇིགས་རུང་སྐྱོ་ཡང་གཡའ། །བླང་དོར་རྨོངས་པའི་གཏི་མུག་སྨུག་རུམ་འཐིབ། །གཅིག་ལ་གཅིག་ཟ་རྫོ་རྗེ་མི་སྡུག་དང་། །བཀོལ་བཅོག་ཆར་རྒྱུན་ལུས་ལ་རྟག་འབབ་པའི། །རྣམ་མང་དུད་འགྲོའི་གདུང་བ་སུ་ཡིས་བཟོད། །སྲིད་པའི་ཕུན་ཚོགས་དེ་ལྟར་མནོག་ཆུང་ཞིང་། །རབ་མང་ཉེས་པའི་ཚོགས་དང་ལྡན་རིག་ནས། །རང་གཞན་སྲིད་པའི་མཚོ་ལས་བསྒྲལ་བྱའི་ཕྱིར། །མང་ཐོས་བདག་ནི་དབེན་པའི་ནགས་སུ་འགྲོ །ཆར་སྤྲོད་བྱེའུས་འབྲུག་སྒྲ་ཐོས་པ་ལྟར། །དབེན་པའི་གཏམ་འདི་ཁོ་བོའི་སྙིང་ལ་འབབ། །ཐོས་པའི་དོན་རྣམས་དོན་ཡོད་བྱས་པའི་ཕྱིར། །གཞོན་ནུ་བློ་གྲོས་དབེན་པའི་ནགས་སུ་འགྲོ །དང་པའི་ཚོགས་ཀྱིས་བདུའི་མཚོ(༧༧༠བ)མཐོང་ལྟར། །བས་མཐའི་གནས་ལ་ཁོ་བོས་སེམས་རབ་གཡོ། །དལ་འབྱོར་ལུས་ལ་སྙིང་པོ་བླང་བའི་ཕྱིར། །གཞོན་ནུ་བློ་གྲོས་དབེན་པའི་ནགས་སུ་འགྲོ །བུང་བ་གཞོན་ནུས་འདབ་བརྒྱའི་ཚལ་མཐོང་ལྟར། ཁོ་བོའི་ཡིད་ནི་དབེན་པའི་རོ་ལ་ཆགས། །ཉིང་འཛིན་བདུད་རྩིའི་རོ་དེ་མྱང་བྱའི་ཕྱིར། །གཞོན་ནུ་བློ་གྲོས་དབེན་པའི་ནགས་སུ་འགྲོ །དཔྱིད་དུས་བསིལ་བའི་མ་ལ་ཡ་རླུང་ལྟར། །ནགས་ཀྱི་སྨན་ལྗོངས་ཁོ་བོའི་ཡིད་ལ་འབབ། །ཉོན་མོངས་བདུད་ཀྱི་སྡེ་དེ་གཞོམ་བྱའི་ཕྱིར། །གཞོན་ནུ་བློ་གྲོས་དབེན་པའི་ནགས་སུ་འགྲོ །ཞེས་དང་། འཇིག་རྟེན་འདྲེན་པ་ལྷ་མིའི་སྟོན་པ་ཡིས། །འདོད་ལ་ཞེན་པ་ཕུང་ཀྲོལ་རྩ་བར་བསྟན། །འདོད་པའི་ཡོན་ཏན་སྡུག་བསྔལ་བསྐྱེད་པ་སྟེ། །ནད་དང་འབྲས་དང་ཟུག་རྔུའི་རྩ་བ་ཡིན། །ཇི་ལྟར་མཛེ་ཅན་གཡན་པ་ཕྲུགས་པ་དང་། །ཚ་བའི་ནད་ཅན་བསིལ་བའི་ཆུ་དང་ནི། །སྐོམ་པས་ཉེན་པ་ལན་ཚྭའི་ཆུ་འཐུངས་བཞིན། །འདོད་པ་བསྟེན་པས་ནམ་ཡང་ངོམས་མི་འགྱུར། །དུག་དང་བཅས

པའི་ཁ་ཟས་གཡོས་ལེགས་དང་། །སྒྲུ་གྲིའི་སོ་ལ་ཆགས་པའི་སྦྲང་རྩི་དང་། །ཤིང་ཏྲ་འབྲིན་པའི་ཕྱུགས་ཀྱིས་རྩྭ་ཟོས་བཞིན། །འདོད་པའི་ཡོན་ཏན་གསོག་ཆུང་ཉེས་པ་མང་། །གླང་ཆེན་དྲི་ལ་ཆགས་པའི་སྦྲང་བུ་དང་། །ཛོན་པའི་གླུ་དབྱངས་ཉན་པའི་རི་དྭགས་དང་། །ལྕགས་ཀྱུའི་ཤ་ལ་ཆགས་པའི་ཉ་བཞིན་དུ། །འདོད་ལ་རྣམ་པའི་བྱིས་པ་མྱུར་དུ་བརླག །ཅེས་སོགས་གསུངས་ནས། དབེན་པའི་གནས་སུ་སྒྲུབ་པ་སྙིང་པོར་མཛད་(༤༧༡ན)ཕྱིར་བལ་བོད་ཀྱི་སའི་མཚམས་མང་ཡུལ་སྐྱིད་གྲོང་གི་ནགས་ཁྲོད་དུ་ཐེབས་ཏེ། དྲང་སྲོང་མངོན་པར་དགའ་བའི་བསྟི་གནས་མི་ཏོག་མདངས་ཅན་དུ་རྒྱལ་བའི་སྲས་པོ་ཐོས་པ་དགའི་རྣམ་ཐར་བསྒྱངས་ཏེ་སྒྲུབ་པ་ལ་རྩེ་གཅིག་ཏུ་བཞུགས་སོ། །དེའི་ཚེ་བདག་ཉིད་ཆེན་པོ་འདིའི་རྗེས་སུ་འབྲངས་ནས་དབེན་པའི་གནས་སུ་སྒྲུབ་པ་རྩེ་གཅིག་ཏུ་བྱ་འདོད་པའི་སྡེ་སྣོད་འཛིན་པ་མང་པོའང་ཕྱོགས་དེར་ལྷགས་ཏེ་དུས་དུས་སུ་རྗེ་བཙུན་རེད་མདའ་པ་ཆེན་པོ་འདི་ལ་ཆོས་སྟོན་པར་གསོལ་བ་བཏབ་ནས་ཆོས་ཀྱི་བདུད་རྩི་ཞུ་ཞིང་། རྒྱུན་དུ་ནགས་ཁྲོད་དབེན་པ་སོ་སོར་སྒྲུབ་པ་ལ་བཞུགས་ཏེ་འགའ་ཞིག་ནི་གཅིག་པུ་དང་། ལ་ལ་ནི་བཞི་སྡེ་དང་། ལ་ལ་ནི་བརྒྱད་དང་། ལ་ལ་ནི་ཉི་ཤུ་སོགས་སྦྱོང་བ་པ་སྡེ་སྡེར་གནས་ནས་སྒྲུབ་པ་མཛད་དེ་མི་ཏོག་མདངས་ཅན་གྱི་གཡས་གཡོན་གྱི་རི་ངོས་རྣམས་དང་། མ་ཧེ་ལ་ཁ། བྲག་ཁ། ཕུག་པོ་ཆེ། ཆོས་སྡིངས། ལྷ་ལྡེ་ཕུག །ལ་ལྡེབས་ཆོས་རྫོང་། རྒྱང་ཕན་ནམ་མཁའ་རྫོང་། གློང་རྩེ་བསམ་གཏན་གླིང་། དགུན་ཕུ་དགོན་གསར། རྩྭའི་རྒྱང་རྩུགས་ཕུག་སོགས་སུ་བསླབ་གསུམ་ལྡན་པའི་དགེ་སློང་སྦྱོང་བ་པ་མང་པོ་གནས་ཏེ་སྟོན་སངས་རྒྱས་ཞལ་བཞུགས་པའི་དུས་དང་། སྒྲུབ་པའི་དུས་ཀྱི་བསྟན་པ་ལྟར་ལམ་ཆ་ཚད་ལ་སྒྲུབ་པ་མཛད་པས་ཕྱོགས་དེ་གང་སྐྱེ་དཀར་ཕྱོགས་ཀྱི་ལྷ་རྣམས་དགའ་ཞིང་མགུ་ནས་ཤིས་པ་བརྗོད་པ་ཞིག་བྱུང་ངོ་། །དེ་དུས་རྗེ་བཙུན་ཙོང་(༤༧༡བ)ཁ་པ་ཆེན་པོས་ཀྱང་རྗེ་རེད་མདའ་པ་ཆེན་པོའི་

དྲུང་དུ་སྒྲུབ་པ་མཛད་པ་རྣམས་ལ་བསྟགས་པ་ཆེ་བར་མཛད་དོ། །གྲུབ་ཐོབ་ཐང་སྟོང་རྒྱལ་པོས་ཀྱང་རྗེ་བཙུན་རེད་མདའ་པ་ཆེན་པོའི་སྐན་པ་གསན་ནས་མེ་ཏོག་མདངས་ཅན་དུ་མཇལ་བར་ཕེབས་ཏེ་ཆོས་གསན་པས་ཐོག་མར་ཐུགས་ཆོས་ལ་འགྱུར་བའི་རྐྱེན་བྱས་པར་གྲགས་སོ། །བདག་ཉིད་ཆེན་པོ་འདིས་རྒྱལ་བའི་དགོངས་པ་ཤིང་རྟ་ཆེན་པོ་རྣམ་གཉིས་ཀྱིས་ཇི་ལྟར་བཀྲལ་བའི་དོན་ལྟར་དང་པོར་དྲི་མ་མེད་པའི་རིགས་པས་གསུང་རབ་ཀྱི་དགོངས་དོན་རྟེད་པར་མཛད་པ་ནི། ཉིད་ཀྱི་ཞལ་ནས། སྟོན་པ་འདས་ནས་བཞི་བརྒྱའི་ལོ་འདས་ཚེ། །བེ་ཏའི་ཡུལ་དུ་ལི་ཙ་བྱི་གཞོན་ནུ། །ཀླུ་སྒྲུབ་ཅེས་བྱའི་དགེ་སློང་དུ་གྱུར་ནས། །ཐུབ་བསྟན་རྒྱས་པར་མདོ་སྡེའི་ཚོགས་ལས་གསུངས། །ཀླུ་ཡི་ཡུལ་སོགས་འཇིག་རྟེན་གཞན་དག་ནས། །ཟབ་ཅིང་རྒྱ་ཆེའི་མདོ་སྡེ་རྣམ་མང་བླངས། །རྟག་ཆད་མཐར་ལྟའི་མུན་པ་སྟུག་པོ་བཅོམ། །མཐའ་བྲལ་དབུ་མའི་སྒྲོན་མེ་དེ་ཡིས་སྦར། །དེ་འོག་ཐུབ་པས་ལུང་བསྟན་ཐོགས་མེད་ཀྱིས། །མི་ཕམ་མགོན་ལ་བཀའ་དྲིན་རྗེས་ཐོབ་ནས། །རྣམ་རིག་སྨྲ་བའི་གྲུབ་མཐའ་གསལ་བྱས་ཤེས། །རྒྱ་བོད་ཤིང་རྟ་ཆེན་པོ་རྣམས་ལ་གྲགས། །འདི་དག་ཐེག་ཆེན་ཤིང་རྟའི་སྲོལ་འབྱེད་དེ། །ཐེག་ཆེན་མདོ་དང་རྒྱུད་སྡེའི་དགོངས་པ་རྣམས། །གཉིས་པོ་འདི་ཡི་ལུགས་དང་མི་མཐུན་པ། །གང་གིས་བཀྲལ་དེ་ལོག་པའི་ལམ་དུ་ཤེས། །ཐུབ་པའི་བསྟན་པ་ཉིད་ཀྱི་དགོངས་པ་བཞིན། །འཁྲུལ་མེད་སྨྲ་བ་འཕགས་པ་ཀླུ་(༡༧༢ན)སྒྲུབ་ཡིན། །ཀླུ་སྒྲུབ་དང་ནི་ཐོགས་མེད་གཉིས། ཁྱོད་བསྟན་འཛིན་པར་ཁྱོད་ཀྱིས་གསུངས། །དེ་དག་གཞུང་གི་རྗེས་འབྲངས་ནས། །བདག་གིས་ཁྱོད་ཀྱི་དགོངས་པ་བཙལ། །ཞེས་གསུངས་སོ། །ཁྱད་པར་བདག་ཉིད་ཆེན་པོ་འདིས་རྒྱལ་བའི་གསུང་རབ་ཀྱི་དགོངས་པ་དཔལ་མགོན་འཕགས་པ་ཀླུ་སྒྲུབ་ཀྱིས་ལེགས་པར་བཀྲལ་བའི་དཀའ་གནས་མཐར་ཐུག་པ་ཟབ་མོ་རྟེན་ཅིང་འབྲེལ་བར་འབྱུང་བ་རྟག་ཆད་ཀྱི་མཐའ་དང་བྲལ་བའི་དབུ་མའི་ལམ་

བཟང་འཕགས་པ་ཀླུ་སྒྲུབ་ཀྱི་དགོངས་པ་དཔལ་ལྡན་ཟླ་བ་གྲགས་པས་བཀྲལ་བ་ཇི་བཞིན་ཐུགས་སུ་ཆུད་དེ་ཟབ་མོ་དབུ་མའི་ལམ་ལ་གཞན་དྲིང་མི་འཛོག་པའི་ངེས་པ་བརྟན་པོ་སྐྱེད་ཅིང་ཕྱིར་མི་ལྡོག་པའི་གདེང་ཐོབ་ནས་གངས་རིའི་ཁྲོད་འདིར་དབུ་མའི་ལམ་སྲོལ་གསལ་བར་སྟོན་པར་མཛད་པ་ནི། ཉིད་ཀྱི་ཞལ་ནས། རྒྱ་གར་བལ་པོ་བོད་ཀྱི་ཡུལ་རྣམས་སུ། །མདོ་དོན་སྨྲ་བའི་མཁས་པ་མང་བྱོན་ཡང་། །ཕལ་ཆེར་རྟོག་པས་སྦྱར་བའི་དོན་ཙམ་ལ། །མཁས་པར་ཟད་ཀྱི་དེ་ཉིད་དོན་ལ་མིན། །ཐུབ་པའི་བསྟན་ལ་ཉིད་ཀྱི་དགོངས་པ་བཞིན། །འཁྲུལ་མེད་སྨྲ་བ་འཕགས་པ་ཀླུ་སྒྲུབ་ཡིན། །དེ་ཡི་བཞེད་གཞུང་རབ་དཀར་ཀུན་དའི་ཚལ། །ཇི་བཞིན་འབྱེད་པ་དཔལ་ལྡན་ཟླ་བ་ཡིན། །སློབ་དཔོན་དེ་དག་དགོངས་པ་འདི་ཡིན་ཞེས། །མཁས་སྙོམས་མང་ཡང་སུ་ལ་ཅི་ཆ་ཡོད། །རྣམ་བཀྲ་ཆོན་གྱི་རི་མོ་གསལ་(༤༧༢བ)བ་ཡི། །རྣམ་དབྱེ་དམུས་ལོང་དག་ལ་ཡོད་དམ་ཅི། །ལོང་བས་རིན་ཆེན་གཏེར་ཁ་ཕྱེད་པ་ལྟར། །རྣམ་དག་འཕགས་པའི་མིག་དང་མི་ལྡན་ཡང་། །རྒྱལ་དང་རྒྱལ་བའི་སྲས་ཀྱི་བྱིན་རླབས་ལས། །རྟེན་འབྱུང་ཟབ་མོའི་ལམ་དེ་ཁོ་བོས་རྙེད། །འདས་དང་མ་བྱོན་ད་ལྟར་བཞུགས་པ་ཡི། །རྒྱལ་བ་སྲས་བཅས་དགྱེས་པའི་ལམ་འདི་ཡིན། །འདི་ལས་གཞན་དུ་ཐར་པའི་ལམ་ཡོད་ཅེས། །སྨྲ་བ་དེ་དག་བདག་གིས་གྱི་ནར་རྟོགས། །ཕྱོགས་བཅུར་བཞུགས་པའི་རྒྱལ་དང་དེ་སྲས་རྣམས། །མངོན་སུམ་བྱོན་ནས་དབྱངས་དང་མགྲིན་གཅིག་གིས། །འདི་ལས་གཞན་དུ་ཐར་པའི་ལམ་སྟོན་ཀྱང་། །བདག་བློ་གཡོ་བ་མེད་དོ་གྲོགས་པོ་དག །དེ་ཕྱིར་གང་ཞིག་ཉམ་ངའི་ལམ་སྤྲངས་ནས། །བདེ་གཤེགས་དགྱེས་པའི་ལམ་ལ་འཇུག་འདོད་ན། །དཀའ་དང་འབད་པ་བརྒྱ་ཕྲག་དག་གིས་ཀྱང་། །ཀླུ་སྒྲུབ་ལུགས་བཟང་འདི་ལ་འཇུག་པར་རིགས། །འདི་མ་རྟོགས་ན་གཞུང་ལུགས་མང་བསླབས་ཀྱང་། །བདེ་གཤེགས་དགོངས་པ་རྟོགས་པའི་ཐབས་གཞན་མེད། །ཕལ་ཆེར་རྟོག་པའི་དྲ་བ་སྤྱིལ་བའི་ཕྱིར། །

བློ་གྲོས་ངལ་བ་ཙམ་ཞིག་ཐོབ་པར་ཟད། །དེ་ཕྱིར་རང་ཉིད་དྲན་པ་གསོ་ཕྱིར་དང་། །སྐལ་བཟང་གཞན་ལ་ཕན་པར་བྱ་ཕྱིར་དང་། །ཐུབ་པའི་བསྟན་པ་ཡུན་རིང་གནས་བྱའི་ཕྱིར། །དུས་གསུམ་རྒྱལ་བའི་ལམ་འདི་བདག་གིས་བཤད། །ཅེས་དང་། འདི་ན་བློ་ངན་རྣམས་ཀྱི་ཉེས་བཤད་ཀྱིས། །ཐུབ་བསྟན་དྲི་མར་བྱས་པ་མ་བཟོད་ནས། །(༤༧༣ན) རིགས་དང་མི་རིགས་ཅུང་ཟད་ཕྱེ་ན་ཡང་། །དེང་སང་འདི་ན་བདག་ལ་གཞེ་བ་མང་། །འཇིག་རྟེན་སྐྱེ་བོ་མ་བརྙེས་གྱུར་ཀྱང་བླའི། །དམ་པས་ཁྲེལ་ན་གསོན་པོ་སྲོག་སོང་ཡིན། །དེ་ཕྱིར་བདག་ལ་བསྟན་པ་དང་འགལ་བའི། །ལྟ་སྤྱོད་ཡོད་ན་དམ་པ་རྣམས་ཀྱིས་སྨྲོད། ཁོ་བོས་སངས་རྒྱས་བསྟན་ལ་རབ་བྱུང་ནས། །རིགས་དང་མི་རིགས་འབྱེད་ཤེས་ཚུན་ཆད་དུ། །ལུས་ངག་ཡིད་ཀྱི་སྤྱོད་པ་ཅི་བྱེད་ཀྱང་། །རབ་ཏུ་བསྒྲིམས་ནས་ཐུབ་པའི་གསུང་བཞིན་བསྒྲུབས། །ཐོག་མེད་གོམས་པའི་ཉོན་མོངས་ཤུགས་དྲག་པས། །གལ་ཏེ་མི་རིགས་ཅུང་ཟད་བྱས་ན་ཡང་། །དེ་ཡི་མོད་ལ་དུག་ཟས་དྲན་པ་བཞིན། །འགྱོད་སེམས་ལྡན་པས་སླར་ཡང་ཆོས་བཞིན་བྱས། །གནས་ལུགས་འབྱེད་པའི་འོད་སྟོང་ལྡན་པ་ཡི། །ཐུབ་བསྟན་ཉི་མའི་དཀྱིལ་འཁོར་མཐོང་བས་ན། །བློ་ངན་མུན་པའི་ཁྲོད་ན་འོད་འབྱིན་པའི། །གཞན་གཞུང་མེ་ཁྱེར་ཚོགས་ལ་བདག་མི་གུས། །གསུང་རབ་རིན་ཆེན་གླིང་ལ་དབང་བསྒྱུར་བའི། །ཀླུ་སྒྲུབ་ཀླུ་དབང་ལེགས་བཤད་གདེངས་ཀའི་ནོར། །དགོས་འདོད་ཀུན་འབྱུང་འདོད་དགུར་སྤྱོད་པས་ན། །ཉེས་བཤད་མཆིང་བུའི་ཚོགས་ཀྱིས་བདག་མི་མགུ། །མཐའ་གཉིས་སྤངས་པའི་ཆུ་གཏེར་ལ་གནས་ཏེ། །གདེངས་ཅན་དབང་པོ་ཀླུ་སྒྲུབ་རིང་ལུགས་འཛིན། ཁོ་བོའི་ལྟ་ཟེར་འབར་བའི་གཟི་བརྗིད་ལ། །ཕས་རྒོལ་འདབ་(༤༧༣བ)བཟང་སྟོང་གིས་འགོམ་མི་ནུས། །ཞེས་གསུངས་པ་ལྟར་རོ། །བདག་ཉིད་ཆེན་པོ་འདིས་ཕྱི་རབས་ཀྱི་གདུལ་བྱ་རྣམས་ལ་ཐུགས་བརྩེ་བས་འཕགས་པ་ཀླུ་སྒྲུབ་ཀྱི་དགོངས་པ་ཟབ་མོ་དབུ་མའི་ལྟ་བ་རྟོགས་པའི་

ཚད་བསྟན་པ་ནི། རྒྱུ་འབྲས་བསླུ་བ་མེད་པའི་ཡིད་ཆེས་དང་། །རྟེན་འབྲེལ་སྟོང་པར་རྟོགས་པའི་ཤེས་རབ་གཉིས། །འབྲལ་མེད་ཟུང་དུ་ཆུད་པར་ནམ་གྱུར་པ། །དེ་ཚེ་མཐའ་བྲལ་དབུ་མའི་ལམ་ལ་ཞུགས། །ཇི་ལྟར་སྣང་ཞིང་གྲགས་པའི་དངོས་འདི་ལ། །རང་གཞན་གྲུབ་མཐས་བཏགས་པའི་ཀུན་བརྟགས་དང་། །ལྷན་སྐྱེས་ཡིད་ཀྱི་དངོས་འཛིན་མུན་པ་རྣམས། །རྣམ་དག་ལུང་རིགས་ཟེར་གྱིས་རབ་བསལ་ཏེ། །སྣང་དུས་ཉིད་ན་སྟོང་པར་རྟོགས་པ་དང་། །སྟོང་པར་རྟོགས་ཚེ་སྣང་བ་མི་འགོག་པའི། །ཟུང་འཇུག་ཚུལ་ལ་ངེས་པ་ནམ་སྐྱེས་ན། །དེ་ཚེ་རྒྱལ་བའི་དགོངས་པ་རྟོགས་པ་ཡིན། །ཞེས་གསུངས། བདག་ཉིད་ཆེན་པོ་འདིས་དེ་ལྟར་རྒྱལ་བའི་དགོངས་པ་བཙལ་བས་ངེས་པ་རྙེད་ནས་སྒྲུབ་པ་མཐར་ཕྱིན་པར་མཛད་པ་རྒྱལ་བ་སྲས་དང་བཅས་པས་བསྔགས་པའི་འོས་སུ་གྱུར་པ་ནི། རྗེ་རིན་པོ་ཆེས་རྗེ་བཙུན་རེད་མདའ་བ་ལ་བསྟོད་པ་མཛད་པ་ལས། འཇིག་རྟེན་འདྲེན་པའི་དགོངས་པ་བཞིན། །དགོངས་ཤིང་དེ་བཞིན་འདོམས་པ་དང་། །འདོམས་པ་བཞིན་དུ་ལེགས་སྒྲུབ་པ། །འདི་ནི་ཁྱོད་ཀྱི་ཡོན་ཏན་ལགས། །གཞན་དུ་ཚུལ་འདི་མ་མཐོང་བས། །གཞོན་ནུ་དམའ་བར་ཆུ་རྒྱུན་བཞིན། །དུས་ཀུན་ཏུ་ནི་བདག་(༤༧༤ན)གི་ཡིད། །ཁྱོད་ཉིད་ལ་ནི་རྗེས་སུ་སོང་། །ཞེས་གསུངས་པ་ལྟར་རོ། །བདག་ཉིད་ཆེན་པོ་འདིས་ཤིང་རྟ་ཆེན་པོའི་དགོངས་དོན་ཇི་བཞིན་རྙེད་ནས་དྲི་མ་མེད་པའི་ལམ་སྲོལ་གངས་རིའི་ཁྲོད་དུ་གསལ་བར་མཛད་པ་ནི། ཐུབ་པའི་དགོངས་པ་འཚོལ་བའི་སྒོ་གཅིག་པུ། །ལུང་དོན་ཚུལ་བཞིན་དཔྱོད་པའི་རིགས་པ་ཡི། །དོ་ཤལ་མཆོག་འདིས་ཁྱོད་ཀྱི་མགྲིན་པ་ཉིད། །ཡོངས་སུ་བཟུང་ནས་གཞན་དུ་འགྲོ་མི་བྱེད། །ལུང་ཙམ་སྐྱབས་སུ་གྱུར་པའི་སྐྱེ་བོ་འདིས། །རང་གི་ཁས་འཆེ་ཙམ་ལ་རིགས་པ་ཞེས། །རྣམ་པར་ཞེན་ནས་ཐུབ་པའི་ལུགས་འཛིན་པ། །མཐོང་བར་གྱུར་ཚེ་ལྷག་པར་ཁྱོད་ཉིད་དྲན། །ཞེས་གསུངས་པ་ལྟར་རོ། །བདག་ཉིད་ཆེན་པོ་འདིས་བསྟན་པའི་ནང་

མཛོད་འདུལ་བ་ལུང་སྡེ་བཞིའི་དོན་སློབ་དཔོན་ཡོན་ཏན་འོད་ཀྱིས་བཀྲལ་བ་ལྟར་ཐུབ་པའི་བཅས་མཚམས་མཐའ་དག་ཐུགས་སུ་ཆུད་ནས་ཕྱག་ལེན་ལ་བཏབ་སྟེ་བསྟན་པའི་བྱ་བ་མཛད་པ་ནི། ལེགས་ཚོགས་ཇི་སྙེད་མཆིས་པ་སྐྱེ་བ་དང་། །གནས་དང་འཕེལ་བ་གང་ལ་རག་ལུས་པར། །རྒྱལ་བས་ལན་ཅིག་མིན་པར་བསྔགས་པ་ཡི། །ཚུལ་ཁྲིམས་འཕགས་པའི་ནོར་དུ་གཟིགས་ནས་ནི། །ཉེར་སྦྱས་ཟླ་བའི་ནོར་བུ་ཡོན་ཏན་འོད། །ཐམས་ཅད་ཡོད་སྨྲའི་མཁས་པའི་དགོངས་པ་བཞིན། །འདུལ་བ་འབུམ་སྡེའི་དགག་སྒྲུབ་གནང་གསུམ་གྱི། །བསླབ་པའི་གནས་ལ་མཁས་ཤིང་འདའ་མི་བྱེད། །ཅེས་གསུངས་པ་ལྟར་རོ། །བདག་ཉིད་ཆེན་པོ་འདིས་གསུང་རབ་ཀྱི་དོན་ལ་ལྟ་བའི་མིག་གཅིག་པུ་(༩༧༩བ)ཚད་མ་སྡེ་བདུན་མདོ་དང་བཅས་པའི་དགོངས་པའི་དོན་གཏིང་ཕྱིན་པར་རྟོགས་ནས་གངས་རིའི་ཁྲོད་འདིར་རིགས་པའི་ལམ་སྲོལ་གསལ་བར་མཛད་པ་ནི། ཐུབ་པའི་གསུང་ལས་རྣམ་པ་གཞན་ཉིད་དུ། །དངོས་པོའི་དེ་ཉིད་བསྟན་པར་འདོད་པ་ཡི། །སེར་སྐྱ་ཀཎ་མིག་སོགས་ཀྱིས་བསྟན་པའི་ལམ། །ཆུ་ཤིང་བཞིན་དེ་ཚིག་ཙམ་སྙིང་པོ་མ། །ལེགས་པར་མཐོང་ཞིང་བདེ་བར་གཤེགས་པའི་ལུགས། །དོན་བཟང་ཚིག་འབྲུ་བཟང་ཞིང་མ་འདྲེས་རྫོགས། །ཐོག་མཐའ་བར་དུ་དགེ་བ་རོ་གཅིག་པར། །ཡིད་ཆེས་གཏིང་ནས་རྟོགས་པའི་ཐབས་ཀྱི་མཆོག །རིགས་ཚུལ་བརྒྱ་ཕྲག་དུ་མའི་རོ་ལྡན་པས། །བློ་ཆེན་ལྡན་རྣམས་དགའ་བ་རྒྱས་བྱེད་པ། །རྣམ་འགྲེལ་མཛད་པའི་ཐུན་མོང་མིན་པའི་ལུགས། །ཡོངས་སུ་རྫོགས་པར་སྨྲ་བའང་ཁྱོད་དུ་བས། །ཞེས་གསུངས་པ་ལྟར་རོ། །བདག་ཉིད་ཆེན་པོ་འདིས་ཤིང་རྟ་ཆེན་པོ་གཉིས་ཀའི་བཞེད་གཞུང་མཐའ་དག་ཐུགས་སུ་ཆུད་ནས་རྒྱལ་བསྟན་ཡོངས་རྫོགས་ལ་ངེས་པ་བསྐྱེད་པར་མཛད་པ་ནི། སྟོབས་བཅུ་མངའ་བ་ཐུབ་པའི་རིང་ལུགས་པ། །ཚུལ་གཉིས་ཤིང་རྟའི་སྲོལ་འབྱེད་འཛམ་གླིང་རྒྱན། །གང་གིས་བདེ་བར་གཤེགས་པའི་གདུང་འཚོབ་པ། །ཀླུ་སྒྲུབ་ཐོགས་

མེད་གཉིས་ཀྱི་བཞེད་པའི་གཞུང་། །ཇི་བཞིན་གསལ་བར་གཟིགས་ནས་བརྩེ་བ་ཡིས། །སྐྱོན་བྲལ་གསུང་གིས་གཞན་ལ་ལེགས་འདོམས་པས། །བསྟན་པའི་གནད་ལ་ངེས་པ་སྐྱེར་བ་འདི། ཁྱོད་ཀྱི་རྗེས་སུ་བསྟན་ལས་གཞན་སུ་ཞིག །ཅེས་གསུངས་པ་ལྟར་རོ། །བདག་ཉིད་ཆེན་པོ་འདིས་མདོ་(༩༧༥ན)ཕྱོགས་ལ་བསྟན་པའི་བྱ་བ་རྒྱ་ཆེན་པོ་མཛད་པར་མ་ཟད་གསང་ཆེན་རྡོ་རྗེ་ཐེག་པའི་སྙིང་པོའི་ཡང་སྙིང་པོ་གསུང་རབ་ཀུན་གྱི་རབ་དང་ཞུལ་དུ་གྱུར་པ་དཔལ་གསང་བ་འདུས་པའི་རྩ་རྒྱུད་འགྲེལ་པ་སྒྲོན་གསལ་གྱི་སྒོ་ནས་མཐའ་དྲུག་དང་ཚུལ་བཞིའི་རྒྱ་བཀྲོལ་ཏེ་ཟབ་ལམ་རིམ་པ་གཉིས་ཀྱི་མན་ངག་རྣམས་གསལ་བར་མཛད་པ་ནི། ཐུབ་པ་ཆེན་པོས་ཆོས་ཀྱི་རྣམ་གྲངས་ནི། །ཇི་སྙེད་གསུངས་པ་ཀུན་གྱི་རྩེར་གྱུར་པ། །རྒྱུད་སྡེའི་མཐར་ཐུག་དཔལ་ལྡན་འདུས་པ་ཡི། །མཐའ་དྲུག་ཚུལ་བཞིའི་རྒྱས་བཏབ་རྡོ་རྗེའི་ཚིག །ཇི་བཞིན་ལེགས་པར་ཕྱེད་ནས་རིམ་གཉིས་ཀྱི། །ཏིང་འཛིན་མཆོག་གི་བདེ་ལ་རོལ་བས་ན། །རྡོ་རྗེ་འཛིན་པ་ཞེས་པའི་སྒྲ་དེ་ཡང་། །མགོན་པོ་ཁྱོད་ལ་དོན་དང་བཅས་པར་གྱུར། །ཅེས་གསུངས་པ་ལྟར་རོ། །མདོར་ན་བདག་ཉིད་ཆེན་པོ་འདི་ནི་གངས་རིའི་ཁྲོད་འདིར་མདོ་སྔགས་གཉིས་ཀའི་བསྟན་པ་ཡོངས་སུ་རྫོགས་པ་འཛིན་ཅིང་སྤེལ་བ་ལ་ཟླ་དང་བྲལ་བར་གྱུར་པ་ནི། དེ་ལྟར་ཐོས་པ་རྒྱ་མཚོའི་ཕ་རོལ་སོན། །གཞན་ལ་འདོམས་པའི་ངག་ཚིག་དྲི་མ་མེད། །ཚིག་གིས་མི་ངོམས་སྐྱབ་པ་སྙིང་པོར་བྱེད། །དེ་ཕྱིར་ཁྱོད་ནི་མཁས་པས་བསྔགས་པར་འོས། ཁྱོད་ཀྱིས་རང་གི་སྟོན་པ་ཡི། །ཡོན་ཏན་དང་ནི་ལུགས་གཞན་གྱི། །སྐྱོན་རྣམས་མཐོང་བའི་རིགས་པའི་མིག །དྲི་མ་མེད་པ་ལེགས་པར་སྩལ། །སྐྱོན་དང་བྲལ་བ་ཐུབ་པའི་ལུགས། །གཞུང་འཛུགས་བགྱིད་པའི་སྐྱབ་པ་དང་། །སྨྲ་བ་ངན་རྣམས་ཚར་གཅོད་པའི། །སྲུན་འབྱིན་བགྱིད་པའི་གནས་རྣམས་ལ། །སྐྱོན་ཡང་ཡོན་ཏན་ལྟ་བུ་དང་། །(༩༧༥བ)ཡོན་ཏན་སྐྱོན་ལྟར་སྣང་བ་ཡི། །ཡང་དག་པ་དང་ལྟར་སྣང་

གི །རྣམ་པར་དབྱེ་བའང་ལེགས་པར་བསྟན། །དེ་ལྟར་ལོག་པར་འགྲོ་བ་བཀག །
མཁས་པ་དགྱེས་པའི་ལམ་དུ་ཁྲིད། །མང་ཐོས་རྒྱུད་མི་ཟ་བའི་རྒྱུ། །དེ་དོན་སྒྲུབ་ལའང་
རབ་ཏུ་སྦྱར། །དེ་ཕྱིར་ཁྱོད་ཀྱིས་གདུལ་བྱ་ལ། །བགྲི་བར་འོས་པ་མ་ལུས་མཛད། །
ཅེས་གསུངས་པ་ལྟར་རོ། །མཁས་པའི་དབང་པོ་འདིས་བསྟན་པའི་དོན་དུ་ལེགས་
བཤད་ཀྱི་རྩོམ་པའང་མང་དུ་མཛད་པ་ནི། ཉིད་ཀྱི་ཞལ་ནས། འཛམ་གླིང་མཁས་པའི་
རྒྱན་མཆོག་དཀའ་ཆེན་བཞི། །རྩ་འཇུག་གཞི་གསུམ་ཐེག་ཆེན་རྒྱུད་བླ་དང་། །ཆོས་
མངོན་མཛོད་དང་དཔལ་ལྡན་འདུས་པ་སོགས། །རྣམ་བཤད་བྱས་པའི་གཞུང་ལུགས
བཅུ་ཕྲག་གཅིག །གཞན་ཡང་བོད་ཡུལ་འགྱུར་བའི་བསྟན་བཅོས་དང་། །མདོ་དང་
རྒྱུད་སྡེ་ཕལ་ཆར་ལེགས་པར་བལྟས། །རང་གཞན་གྲུབ་མཐའི་དེ་ཉིད་འབྱེད་པ་ལ། །
མཁས་པའི་མདུན་སར་མི་འཇིགས་སྤོབས་པ་ཐོབ། །ཅེས་གསུངས་པར་ལྟར་ཡིན་
ཞིང་། དེ་དག་ཀྱང་གཙོ་ཆེ་བ་འགའ་ཞིག་གསུངས་པ་ཡིན་གྱི། དེ་དག་ལས་གཞན་ཡང་
མང་སྟེ། བདག་ཉིད་ཆེན་པོ་འདིས་ལུང་ཀུན་ལས་བཏུས་པའི་ཊཱི་ཀཱ་ཡང་མཛད་ཅིང་།
གཞན་ཡང་བཤེས་སྤྲིང་གི་ཊཱི་ཀཱ་དང་། གསང་འདུས་ཀྱི་ཆོ་ག་ཆ་ཚང་ཡང་མཛད།
གཞན་ཡང་སངས་རྒྱས་བྱང་སེམས་ཀྱི་བསྟོད་པ། བསྟན་འཛིན་དམ་པ་མང་པོའི་དྲིས་
ལན། དད་ལྡན་མང་པོར་ཞལ་གདམས་གནང་བ། །ཉམས་མགུར་མཛད་པ་སོགས
མང་དུ་སྣང་ངོ་། །དེ་ལྟར་རྒྱལ་སྲས་བདག་ཉིད་ཆེན་པོ་རེད་མདའ་པ་(༡༧༨ན)གཞོན་
ནུ་བློ་གྲོས་ཞེས་མཚན་ཡོངས་སུ་གྲགས་པའི་མཁས་པའི་དབང་པོ་འདིས་བསྟན་པ་ལ་
བྱ་བ་རྒྱ་ཆེར་མཛད་པས་ཆོས་བརྒྱུད་འཛིན་པའི་སློབ་མ་བསྟན་འཛིན་དམ་པའང་
མང་དུ་བྱོན་ཏེ། ཉིད་ཀྱི་ཞལ་ནས། ཀུན་མཁྱེན་ཤེར་འོད་བློ་བཟང་གྲགས་པ་སོགས། །
གཞུང་ལུགས་རབ་འབྱམས་ཤེས་པའི་བཤེས་གཉེན་བདུན། །དཀའ་བཞི་ལེགས་པར
སྨྲ་བ་བཅུ་ཕྲག་གཅིག །ཕར་ཚད་ཤེས་པའི་སློབ་མ་བརྒྱ་ཕྲག་བརྒྱལ། །ཞེས་གསུངས

པ་ལྟར་ཏེ་དེ་ཐམས་ཅད་ཀྱི་ནང་ནས་ཟླ་དང་བྲལ་བ་ཐུབ་བསྟན་ཡོངས་རྫོགས་ཀྱི་བདག་པོ་ནི་རྗེ་བཙུན་ཆོས་ཀྱི་རྒྱལ་པོ་ཙོང་ཁ་པ་ཆེན་པོ་བློ་བཟང་གྲགས་པའི་དཔལ་ལོ། །རྗེ་བཙུན་རེད་མདའ་པ་ཆེན་པོ་དང་རྗེ་བཙུན་ཙོང་ཁ་ཆེན་པོ་གཉིས་ནི་སྐུ་ཚེ་འདི་ཙམ་དུ་མ་ཟད་སྐྱེས་རབས་མང་པོར་མཛད་པ་འཕྲིན་ལས་མཐུན་པ་རེས་འགའ་རྗེ་བཙུན་རེད་མདའ་པས་བླ་མ་དང་རྗེ་རིན་པོ་ཆེས་སློབ་མ་མཛད། རེས་འགའ་རྗེ་རིན་པོ་ཆེས་བླ་མ་དང་རྗེ་བཙུན་རེད་མདའ་པས་སློབ་མ་མཛད་དེ་རྒྱལ་སྲས་ཀྱི་སྤྱོད་པ་སྟབས་གཅིག་ཏུ་སྤྱད་ཅིང་གཉིས་ཀ་རྗེ་བཙུན་འཇམ་པའི་དབྱངས་ཀྱི་སྲས་ཀྱི་ཐུ་བོར་གྱུར་ཏེ་སྨོན་ལམ་ལྷན་ཅིག་ཏུ་མཛད་ནས་ཞིང་འདིར་བསམ་བཞིན་དུ་བྱོན་པ་ཡིན་པར་རྗེ་བཙུན་འཇམ་པའི་དབྱངས་དང་གསང་བའི་བདག་པོ་ཕྱག་ན་རྡོ་རྗེས་ལུང་བསྟན་པའི་ཚུལ་མང་དུ་ཡོད་དེ། རྗེ་བཙུན་འཇམ་པའི་དབྱངས་ཀྱིས་དབུ་མ་པ་དཔའ་བོ་རྡོ་རྗེ་ལ་གསུངས་པ་དང་། གསང་བའི་བདག་པོས་ལྷོ་བྲག་མཁན་ཆེན་ལ་གསུངས་པ་སོགས་སོ་སོའི་(༧༥༨བ)རྣམ་ཐར་དུ་གསལ་བ་ལྟར་རོ། །དེ་ལྟར་བདག་ཉིད་ཆེན་པོ་འདིས་རྒྱལ་བའི་བསྟན་པ་ལ་བྱ་བ་རྒྱ་ཆེར་མཛད་ནས་སྐུ་ཚེ་འདིའི་མཛད་པ་ཕལ་ཆེར་རྫོགས་ནས་ཞིང་གཞན་དུ་འབྱོན་པར་བཞེད་པ་ན་ཕྱི་རབས་ཀྱི་གདུལ་བྱ་རྣམས་ལ་ཉིད་ཀྱིས་ཇི་ལྟར་མཛད་པ་འདི་ལྟར་དུ་འགྱུར་བར་བྱ་དགོས་སོ་ཞེས་འདོམས་ཕྱིར་གདེང་ཐོབ་པའི་གསུང་བྱོན་པ་ནི། གང་ལ་སྐྱབས་ན་བསླུ་མེད་དཀོན་མཆོག་གསུམ། །འབྲལ་མེད་སྤྱི་གཙུག་རྒྱན་དུ་རྟག་བཞུགས་གསོལ། །སྣང་སྟོང་སྒྱུ་མའི་རྣལ་འབྱོར་རི་ཁྲོད་པ། །སེམས་གནོང་མེད་ཀྱི་གླུ་སྐད་འདི་བཞིན་ལེན། །ཤུལ་ན་འཕྲེང་བའི་ཟས་ནོར་ལུས་པ་མེད། །གདོངས་ན་ཆོར་བའི་ལས་ངན་བསགས་པ་མེད། །ཐེག་ཆེན་བསླབ་པའི་བསམ་སྦྱོར་ཉམས་པ་མེད། །ད་སྒྱུ་མའི་ལུས་སེམས་འབྲལ་ཡང་འགྱོད་པ་མེད། །ཚེ་འདིའི་སྙིང་བཀུར་ཆེ་ཐབས་སྒྲུབ་མ་མྱོང་། །འདོད་ཡོན་སྲིད་པའི་རྗེས་

ཕྱིར་འབྲང་མ་མྱོང་། །ད་སྐྱུ་མའི་ལུས་སེམས་འབྲལ་ཡང་འགྱོད་པ་མེད། །ཅིར་སྣང་སྒྱུ་མར་རྟོགས་པའི་ཤེས་རབ་ཡོད། །འགྲོ་དྲུག་ཕ་མར་ཤེས་པའི་ལྷག་བསམ་ཡོད། །ཐབས་ཤེས་ཟུང་དུ་འབྲེལ་པའི་ཉམས་ལེན་ཡོད། །ད་སྐྱུ་མའི་ལུས་སེམས་འབྲལ་ཡང་འགྱོད་པ་མེད། །ཐོག་མར་གསུང་རབ་དགོངས་དོན་ཚུལ་བཞིན་སྦྱངས། །བར་དུ་བློ་གསལ་གདུལ་བྱའི་ཚོགས་ལ་བཤད། །ཐ་མར་འདྲིས་པའི་དོན་ལ་རྩེ་གཅིག་བསྒོམས། །ད་སྐྱུ་མའི་ལུས་སེམས་འབྲལ་ཡང་འགྱོད་པ་མེད། །རྒྱལ་བའི་བསྟན་པ་སྲོག་ལས་གཅེས་པར་བཟུང་། །རིགས་དང་མི་རིགས་ཚུལ་བཞིན་རྣམ་པར་ཕྱེ། །འཆད་རྩོད་རྩོམ་(༩༧༧ན)པས་དལ་འབྱོར་དོན་ཡོད་བྱས། །ད་སྐྱུ་མའི་ལུས་སེམས་འབྲལ་ཡང་འགྱོད་པ་མེད། །འགྱོད་མེད་གདེང་ཐོབ་ཀྱི་མགུར་མ་འདི། །གངས་བུ་ལེའི་མགུལ་དུ་བླངས་པ་ཡིན། །མི་ཁོ་བོའི་རྗེས་འཇུག་དད་ལྡན་རྣམས། །མིང་གཞན་བྱེད་ན་འདི་བཞིན་མཛོད། །ཚོགས་གཉིས་ཟུང་དུ་འཇུག་པས་རྒྱུད་སྦྱངས་ཏེ། །བདེན་གཉིས་ཟུང་དུ་འཇུག་པའི་དོན་རྟོགས་ཤིང་། །རིམ་གཉིས་ཟུང་འཇུག་རྡོ་རྗེའི་ལམ་བསྒོམས་ནས། །འཇའ་ལུས་རྡོ་རྗེའི་སྐུ་རུ་བདག་གྱུར་ཅིག །ཅེས་གསུངས་པ་ལྟར་རོ། །དེ་ནས་ཀློངས་རྩེ་བསམ་གཏན་གླིང་དུ་ཕེབས་ནས་དགེ་འདུན་བརྒྱ་དང་ལྔ་བཅུ་སྐོར་ལ་ཆོས་ཀྱི་འཁོར་ལོ་རྒྱ་ཆེར་བསྐོར་ཞིང་དབུ་མ་འཇུག་པ་གསུངས་སྐབས། གང་ཚེ་སྐྱེ་མེད་དེ་ཉིད་ཡིན་ཅིང་བློ་ཡང་སྐྱེ་བ་དང་བྲལ་བ། །ཞེས་པའི་སྐབས་སུ་སླེབས་པ་ན་མྱ་ངན་ལས་འདའ་བར་བཞེད་ནས་ཐུང་ཟད་བསྟན་པའི་ཚུལ་བསྟན་པ་ན། གདུལ་བྱ་རྣམས་ཀྱིས་གསོལ་བ་ཤུགས་དྲག་ཏུ་བཏབ་པས་ཞག་བདུན་དུ་སྐུ་ཚེ་བྱིན་གྱིས་བརླབས་ནས་གདུལ་བྱ་རྣམས་ལ་ཆོས་བསྟན། དེ་ནས་དགུང་ལོ་རེ་བཞི་པ་ཤུ་ཕོ་འབྲུག་གི་ལོ་ཟླ་བ་བཅུ་གཉིས་པའི་ཉེར་དགུའི་ཉིན་མྱ་ངན་ལས་འདའ་བའི་ཚུལ་བསྟན་ནས་དེད་དཔོན་ཡིད་བཞིན་གྱི་ནོར་བུ་རྙེད་ནས་རང་ཡུལ་དུ་འགྲོ་བ་ལྟར་དགའ

བཞིན་སྲོ་བཞིན་དུ་དགའ་ལྡན་ཆོས་ཀྱི་ཕོ་བྲང་དུ་ཕེབས་སོ། །རྒྱལ་སྲས་དམ་པ་འདི་ཞིང་གཤེགས་པའི་ཚེ་ས་ཆེན་པོ་འདིས་ཀྱང་མྱ་ངན་བྱས་པ་ལྟར་ཆེས་ཆེར་གཡོས་ཤིང་དཀར་ཕྱོགས་ཀྱི་ལྷ་རྣམས་ཀྱིས་བདག་ཉིད་ཆེན་པོ་འདི་དགའ་ལྡན་དུ་ཕེབས་པ(༤༧༧བ)ལ་མཆོད་པའི་ཕྱི་བྲག་སྣ་ཚོགས་པ་ཐོགས་ནས་བསུ་བ་བྱས་ཤིང་ལྷ་རྣམས་ཀྱིས་བརྡུངས་པའི་རྔ་བོ་ཆེའི་སྒྲ་ཆེར་གྲག་པ་མི་རྣམས་ཀྱིས་ཐོས་པའང་བྱུང་ངོ་། །རྗེ་བཙུན་རེད་མདའ་པ་ལ་རྗེ་བཙུན་ཆོས་ཀྱི་རྒྱལ་པོ་ཙོང་ཁ་པ་ཆེན་པོས་བློ་སྦྱོང་དོན་བདུན་མའི་ཁྲིད་ལེགས་པར་གསན་ཞིང་རྗེ་རིན་པོ་ཆེས་སྐལ་བ་དང་ལྡན་པ་མཐའ་ཡས་པ་ལ་སྤེལ་བར་མཛད་དེ་རྗེ་རིན་པོ་ཆེས་བྱང་ཆུབ་ལམ་གྱི་རིམ་པའི་ཁྲིད་གནང་སྐབས་བྱང་ཆུབ་ཀྱི་སེམས་སྦྱོང་ཚུལ་ལ་རྒྱུ་འབྲས་མན་ངག་བདུན་གྱི་སྒོ་ནས་སྦྱོང་ཚུལ་དང་། རྒྱལ་སྲས་ཞི་བ་ལྷའི་གཞུང་ལ་བརྟེན་ནས་བདག་གཞན་མཉམ་རྗེའི་སྒོ་ནས་སྦྱོང་ཚུལ་གཉིས་སུ་མཛད་ནས་བདག་གཞན་མཉམ་རྗེའི་སྒོ་ནས་སྦྱོང་ཚུལ་ལ་བློ་སྦྱོང་འདིའི་མན་ངག་རྣམས་སྟོན་པར་མཛད་ལ། ཡང་བྱང་སེམས་འཆད་ཁ་བས་བློ་སྦྱོང་འདི་ལ་དོན་བདུན་དུ་བཅད་མཛད་ཅིང་མིང་ཡང་བློ་སྦྱོང་དོན་བདུན་མ་ཞེས་འདོགས་པར་མཛད་པ་ལྟར་དེ་དང་མཐུན་པའི་ཁྲིད་ཚུལ་རྒྱལ་སྲས་ཐོགས་མེད་བཟང་པོ་དཔལ་གྱིས་དོན་བདུན་མའི་ཁྲིད་ཡིག་ཟུར་དུ་མཛད་པ་ལྟར་བློ་སྦྱོང་དོན་བདུན་མའི་ཁྲིད་ཟུར་དུའང་གནང་སྟེ་རྗེ་རིན་པོ་ཆེ་འོན་བཀྲ་ཤིས་རྡོར་ཁར་ཕེབས་སྐབས་སེམས་དཔའ་ཆེན་པོ་ཧོར་སྟོན་པ་སོགས་རྒྱལ་སྲས་མང་པོ་ལ་བློ་སྦྱོང་དོན་བདུན་མའི་ཁྲིད་རྒྱས་པར་སྩལ། སེམས་དཔའ་ཆེན་པོ་ཧོར་སྟོན་པས་རྗེ་དགེ་འདུན་གྲུབ་ལ་གནང་། དེས་འདུལ་འཛིན་བློ་གྲོས་སྦས་པ་ལ་གནང་། དེས་པཎ་ཆེན་ཡེ་ཤེས་རྩེ་མོ་ལ་གནང་། དེས་རྗེ་སྐྱབས་མཆོག་དཔལ་ལ་གནང་། དེས་རྒྱལ་བ་(༤༧༨ན)དབེན་ས་པ་ལ་གནང་། དེས་མཁས་གྲུབ་སངས་རྒྱས་ཡེ་ཤེས་ལ་གནང་། དེས་རྗེ་བཙུན་བློ་བཟང་ཆོས་ཀྱི་རྒྱལ་

མཆན་ལ་གནང་། དེས་ཞབས་དྲུང་ལྷ་པ་བསྟན་པ་དར་རྒྱས་ལ་གནང་། དེས་གྲུབ་ཆེན་བློ་བཟང་བྱམས་པ་ལ་གནང་། དེས་གྲུབ་དབང་ཆོས་ཀྱི་མཚོ་ལ་གནང་། དེས་རྗེ་བཙུན་བླ་མ་གྲུབ་པའི་དབང་ཕྱུག་བློ་བཟང་རྣམ་རྒྱལ་ལ་གནང་། རྗེ་བླ་མ་བཀའ་དྲིན་མཚུངས་མེད་དེའི་ཞབས་དྲུང་དུ་བདག་གིས་ཆོས་འདིའི་བཀའ་དྲིན་ཐོབ་བོ། །ཡང་རྒྱལ་བའི་སྲས་པོ་ཐོགས་མེད་བཟང་པོ་དཔལ་གྱིས་སེམས་དཔའ་ཆེན་པོ་རྒྱ་མ་བ་ཡོན་ཏན་འོད་ལ་གནང་། དེ་ནས་རིམ་གྱིས་བརྒྱུད་དེ་བདག་གི་དྲིན་ཅན་རྩ་བའི་བླ་མ་རྗེ་བཙུན་ངག་དབང་བྱམས་པའི་ཞབས་དྲུང་དུ་ཆོས་འདིའི་བཀའ་དྲིན་བདག་གིས་རྒྱས་པར་ཐོབ་བོ། །བློ་སྦྱོང་སྙན་བརྒྱུད་ཆེན་མོ་འདིའི་རྒྱུད་རིམ་མདོར་བསྡུས་གསོལ་འདེབས་ཀྱི་ཚུལ་དུ་བཀོད་ན་འདི་ལྟར། ཐུབ་དབང་འཇམ་དབྱངས་རྒྱས་སྲས་ཞི་བ་ལྷ། །ཨེ་ལ་ཧ་རི་དཔའ་བོ་རྡོ་རྗེ་དང་། །རིན་ཆེན་དཔལ་དང་བླ་མ་གསེར་གླིང་པ། །གསོལ་བ་འདེབས་སོ་བདག་རྒྱུད་བྱིན་གྱིས་རློབས། །ཡིད་བཞིན་ནོར་འདྲའི་ཐུགས་མངའ་མར་མེ་མཛད། །རྒྱལ་བའི་འབྱུང་གནས་སྟོན་པ་རིན་པོ་ཆེ། །བསྟན་པ་རིན་ཆེན་གསལ་མཛད་པོ་ཏོ་བ། །གསོལ་བ་འདེབས་སོ་བདག་རྒྱུད་བྱིན་གྱིས་རློབས། །ཡོན་ཏན་མཆོག་གི་གྲགས་པའི་ཤ་ར་བ། །བྱང་ཆུབ་ཐུགས་གཉིས་འབྱོངས་པའི་འཆད་ཀ་བ། །ལྷ་སྤྱོད་རྣམ་པར་དག་པའི་རྒྱལ་བ་སེ། །གསོལ་བ་འདེབས་སོ་བདག་རྒྱུད་བྱིན་གྱིས་(༩༧༨བ)རློབས། །གཅིག་ཏུ་གཞན་དོན་མཛད་པའི་སྐྱེས་མཆོག་ལྷ། །བསླབ་གསུམ་རྣམ་པར་དག་པའི་ལྷ་སྡིངས་པ། །སྒོ་གསུམ་གཞན་དོན་མཛད་པའི་ལྷ་སྡིངས་དཔོན། །གསོལ་བ་འདེབས་སོ་བདག་རྒྱུད་བྱིན་གྱིས་རློབས། །དུས་གསུམ་རྒྱལ་བའི་ལམ་གནས་ཡོན་ཏན་དཔལ། །སངས་རྒྱས་བསྟན་པ་རྒྱས་མཛད་བདེ་བ་དཔལ། །མཁས་བཙུན་འགྲན་ཟླ་བྲལ་བའི་དཀའ་བཞི་པ། །གསོལ་བ་འདེབས་སོ་བདག་རྒྱུད་བྱིན་གྱིས་རློབས། །ཕན་བདེ་ཀུན་གྱི་འབྱུང་གནས་རིན་པོ་ཆེ། །བསོད་ནམས་ཡེ་ཤེས་

སྟོབས་ཀྱིས་སྟོང་གསུམ་གྲགས། །བྱམས་དང་སྙིང་རྗེའི་མངའ་བདག་ཆོས་ཀྱི་རྗེ། །
གསོལ་བ་འདེབས་སོ་བདག་རྒྱུད་བྱིན་གྱིས་རློབས། །ཐོགས་མེད་གཉིས་པ་རྒྱལ་སྲས་
རིན་པོ་ཆེ། །འཛམ་གླིང་མཁས་པའི་གཙུག་རྒྱན་རེད་མདའ་པ། །རྒྱལ་བ་ཀུན་དངོས་
བློ་བཟང་གྲགས་པའི་དཔལ། །གསོལ་བ་འདེབས་སོ་བདག་རྒྱུད་བྱིན་གྱིས་རློབས། །
ཐེག་མཆོག་གདམས་པའི་གཏེར་གྲུར་ནམ་མཁའ་དཔལ། །ཁམས་གསུམ་བསྟན་པའི་
བདག་པོ་དགེ་འདུན་གྲུབ། །སེམས་དཔའ་ཆེན་པོ་བློ་གྲོས་སྦས་པའི་ཞབས། །གསོལ་
བ་འདེབས་སོ་བདག་རྒྱུད་བྱིན་གྱིས་རློབས། །ཡེ་ཤེས་མཚན་ཅན་འཇམ་དབྱངས་
སྐྱབས་མཆོག་དཔལ། །སྐུ་གསུམ་མངོན་གྱུར་རྗེ་བཙུན་དབེན་ས་པ། །དེ་སྲས་ཐུ་བོ་
སངས་རྒྱས་ཡེ་ཤེས་ཞབས། །གསོལ་བ་འདེབས་སོ་བདག་རྒྱུད་བྱིན་གྱིས་རློབས། །རྗེ་
བཙུན་བློ་བཟང་ཆོས་ཀྱི་རྒྱལ་མཚན་ཞབས། །དེ་སྲས་ཐུ་བོ་ཞབས་དྲུང་ལྷ་པ་དང་། །
གྲུབ་ཆེན་བློ་བཟང་བྱམས་པ་རིན་པོ་ཆེར། །གསོལ་བ་(༥༧༩ན) འདེབས་སོ་བདག་
རྒྱུད་བྱིན་གྱིས་རློབས། །སེམས་དཔའ་ཆེན་པོ་གྲུབ་དབང་ཆོས་རྒྱ་མཚོ། །རྩ་བའི་བླ་
མ་བློ་བཟང་རྣམ་རྒྱལ་ཏེ། །དངོས་དང་བརྒྱུད་པའི་བླ་མ་མཆོག་རྣམས་ལ། །གསོལ་
བ་འདེབས་སོ་བདག་རྒྱུད་བྱིན་གྱིས་རློབས། །ཡང་རྩ་བའི་བླ་མ་བྱམས་པའི་མཚན་
ཅན་གྱི་གསན་རྒྱུན་ལྟར་གསོལ་བ་འདེབས་པ་ནི། རྒྱལ་སྲས་ཐོགས་མེད་ཡན་གོང་
ལྟར་ལ། དེ་ནས་འདི་ལྟར། རྒྱལ་བའི་སྲས་པོ་ཐོགས་མེད་བཟང་པོ་དཔལ། །ཡོན་
ཏན་འོད་དང་བློ་འཕེལ་ཚུལ་ཁྲིམས་དར། །བསོད་ནམས་ལྷ་དབང་བསོད་ནམས་
ལེགས་མཆོག་ལ། །གསོལ་བ་འདེབས་སོ་བདག་རྒྱུད་བྱིན་གྱིས་རློབས། །སྟག་ལ་པཎ་
ཆེན་ངག་དབང་གྲགས་པ་དང་། །སྤྱན་སྔ་ངག་དབང་ཆོས་གྲགས་བྲག་དགོན་པ། །
དཔལ་འབྱོར་ལྷུན་གྲུབ་འཕྲིན་ལས་རབ་རྒྱས་ལ། །གསོལ་བ་འདེབས་སོ་བདག་རྒྱུད་
བྱིན་གྱིས་རློབས། །གངས་ཅན་མགོན་པོ་བློ་བཟང་རྒྱ་མཚོའི་སྡེ། །བློ་བཟང་དར་

རྒྱས་འཇམ་དབྱངས་གྲགས་པའི་དཔལ། །ལམ་བཟང་གསལ་མཛད་དགེ་ལེགས་རྒྱ་མཚོ་ལ། །གསོལ་བ་འདེབས་སོ་བདག་རྒྱུད་བྱིན་གྱིས་རློབས། །རྒྱལ་བ་ཀུན་གྱི་མཁྱེན་བརྩེ་ནུས་པ་ཀུན། །གཅིག་བསྡུས་འཇམ་མགོན་བསྟན་པའི་སྲོག་ཤིང་ཆེ། །རྩ་བའི་བླ་མ་ངག་དབང་བྱམས་པ་ལ། །གསོལ་བ་འདེབས་སོ་བདག་རྒྱུད་བྱིན་གྱིས་རློབས། །རབ་འབྱམས་གསུང་རབ་ཀུན་གྱི་སྙིང་པོའི་དོན། །གཅིག་ཏུ་བསྡུས་ནས་གསལ་བར་སྟོན་མཛད་པ། །བཀའ་དྲིན་མཚུངས་མེད་རྗེ་བཙུན་བླ་མ་ལ། །གསོལ་བ་འདེབས་སོ་བདག་རྒྱུད་(༩༧༨བ)བྱིན་གྱིས་རློབས། །ཞེས་པའོ། །དེས་ན་བྱང་ཆུབ་ལམ་གྱི་རིམ་པ་ལ་བློ་སྦྱོང་བར་འདོད་པའི་གདུལ་བྱ་རྣམས་ཀྱིས་བདག་པས་གཞན་གཅེས་པའི་བྱང་ཆུབ་ཀྱི་སེམས་རིན་པོ་ཆེ་མྱུར་དུ་རྒྱུད་ལ་སྐྱེ་བར་བྱ་བའི་ཕྱིར་བློ་སྦྱོང་སྙན་རྒྱུད་ཀྱི་བླ་མ་རྣམས་ལ་གསོལ་བ་འདེབས་ཤིང་བློ་སྦྱོང་རྒྱུད་པའི་བླ་མ་རྣམས་ཀྱི་མཛད་པ་རྣམ་ཐར་རྣམས་བསམས་ལ་བྱང་ཆུབ་ཀྱི་སེམས་རིན་པོ་ཆེ་མ་སྐྱེས་པ་བསྐྱེད་པ་དང་སྐྱེས་ཟིན་གོང་དུ་སྤེལ་བ་ལ་བློ་གྲོས་དང་ནུས་པ་རྩོལ་བ་ཅི་ཡོད་ཐམས་ཅད་གཅིག་ཏུ་དྲིལ་ཏེ་རྣམ་པ་ཀུན་ཏུ་འབད་པར་བྱའོ།། །།

ཐུན་མོང་མ་ཡིན་པ་རྡོ་རྗེ་ཐེག་པའི་ལམ་གྱི་རིམ་པ་གསང་བདེ་འཇིགས་གསུམ་གྱི་ཆོས་སྐོར་བརྒྱུད་རིམ་གྱི་མཚན་བྱང་།

༄། རྗེ་བོ་རྗེ་དཔལ་ལྡན་ཨ་ཏི་ཤ་དང་ཆོས་ཀྱི་རྒྱལ་པོ་ཙོང་ཁ་པ་ཆེན་པོ་གཉིས་ཀྱི་ཐུགས་ཀྱི་བཅུད་ཕྱུང་བའི་མན་ངག་བྱང་ཆུབ་ལམ་གྱི་རིམ་པ་འདི་ལ་མདོ་སྔགས་གཉིས་ཀའི་ཐུན་མོང་བའི་ལམ་གྱི་རིམ་པ་དང་། ཐུན་མོང་མིན་པ་རྡོ་རྗེ་ཐེག་པའི་ལམ་གྱི་རིམ་པ་གཉིས་ལས། ཐུན་མོང་བའི་ལམ་གྱི་རིམ་པ་ལ་རྗོ་བོ་རྗེ་ལ་བརྒྱུད་པའི་རྒྱུ་བོ

གསུམ་འདྲེས་པས་རྒྱ་ཆེན་སྤྱོད་རྒྱུད་དང་། ཟབ་མོ་ལྟ་རྒྱུད་དང་། རྒྱ་ཆེན་སྤྱོད་རྒྱུད་ལས་ཕྱེ་བ་རླབས་ཆེན་སྤྱོད་པའི་རྒྱུད་གསུམ་གྱི་བླ་མ་གོང་མ་རྣམས་ཀྱི་རྣམ་པར་ཐར་པ་མདོར་བསྡུས་བརྗོད་ཟིན་ནས་རྡོ་རྗེ་ཐེག་པའི་ལམ་གྱི་རིམ་པའི་བླ་མ་རྣམས་ཀྱི་རྒྱུད་རིམ་ལ་ཛོ་བོ་རྗེས་ཉམས་ལེན་བྱིན་རླབས་རྒྱུད་པ་ཞེས་ཐ་སྙད་མཛད་ལ། འདི་ལ་ཡང་རྡོ་རྗེ་ཐེག་པ་སྤྱིའི་བརྒྱུད་རིམ་དང་། ཇོ་བོ་ཡབ་སྲས་ཀྱི་གསང་ཆོས་ཐུན་མོང་མིན་པ་བཀའ་གདམས་ཐེག་ལེ་བཅུ་དྲུག་གི་བརྒྱུད་རིམ་གཉིས་ལས། དང་པོ་མདོ་སྔགས་སྤྱིའི་(༤༥༠ན)བརྒྱུད་རིམ་ལ་ཡང་རྒྱུད་སྡེ་བཞིའི་དབང་ལུང་མན་ངག་མཐའ་ཡས་པ་ཡོད་མོད་ཀྱང་འདིར་མཐའ་དག་བྲི་མི་ནུས་པས་གཞན་དུ་ཤེས་པར་བྱ་ཞིང་། འདིར་ཆོས་ཀྱི་རྒྱལ་པོ་རྒྱལ་བ་ཙོང་ཁ་པ་ཆེན་པོ་ལ་མགོན་པོ་འཇམ་པའི་དབྱངས་ཀྱིས་སྙིགས་དུས་ཀྱི་ཚེ་ཐུང་འདི་ལ་མྱུར་བ་ལས་ཀྱང་ཆེས་མྱུར་བར་འཚང་རྒྱ་བར་འདོད་པ་རྣམས་ཀྱིས་བཤེས་གཉེན་བསྟེན་ཚུལ་ནས་སྤྱོད་པ་སྤྱི་བསླབ་ཀྱི་བར་ཐུན་མོང་བའི་ལམ་གྱི་རིམ་པ་ལ་མྱོང་བ་ཐོན་ངེས་བྱས་ནས་བདེ་གསང་འཇིགས་གསུམ་གྱི་དབང་དང་མན་ངག་རྣམས་ཐོབ་པར་བྱས་ལ་དེ་གསུམ་ཡ་མ་བྲལ་བའི་ཉམས་ལེན་ལ་འབད་དགོས་ཚུལ་རྒྱ་མཚན་དུ་མས་འདོམས་པར་མཛད་པ་ལྟར་བསྟན་པའི་སྙིང་པོ་མཐར་ཐུག་པའི་ཉམས་ལེན་གྱི་གནད་འདི་དག་མ་ནུབ་ན་ཅི་མ་རུང་སྙམ་དུ་སྨོན་པས་གསང་བདེ་འཇིགས་གསུམ་གྱི་དབང་ལུང་མན་ངག་གི་བརྒྱུད་རིམ་བླ་མ་རྣམས་ཀྱི་མཚན་ཙམ་ཞིག་བརྗོད་པ་ནི། སྟོན་པ་བཅོམ་ལྡན་འདས་ཐུབ་པའི་དབང་པོ་ཐུགས་རྗེ་ཅན་འདིས་རྡོ་རྗེ་ཐེག་པའི་ཆོས་ཀྱི་འཁོར་ལོ་བསྐོར་ཚུལ་ནི་ཐུབ་པའི་རྣམ་ཐར་གྱི་སྐབས་སུ་བཤད་ཟིན་པ་ལྟར་ཡིན་ལ། ཐུབ་པའི་དབང་པོ་ནས་ད་ལྟའི་བར་དུ་རྡོ་རྗེ་ཐེག་པའི་བླ་མ་བརྒྱུད་རིམ་ཇི་ལྟར་བྱུང་བ་ནི། སྟོན་པ་ཞལ་བཞུགས་དུས་ནུབ་ཕྱོགས་ཨོ་རྒྱན་གྱི་ཡུལ་ན་རྒྱལ་པོ་ཨིནྡྲ་བྷཱུ་ཏི་ཞེས་བྱ་བ་བྱུང་སྟེ། རྒྱལ་པོ་དེ་ཁང་བཟང་གི་ཐོག་ན་གནས་པའི་ཚེ་དགེ

སློང་དགྲ་བཅོམ་པ་ནམ་མཁའ་ལ་འཕུར་ཏེ་ཤར་ནུབ་ཏུ་འགྲོ་བ་དག་མཐོང་(༤༢༠བ)བ་ན་འདི་དག་ཅི་ཡིན་ཞེས་དྲིས་པས། བློན་པོ་སངས་རྒྱས་འཇིག་རྟེན་དུ་བྱོན་པའི་རྒྱུས་ཡོད་པ་དག་གིས་འདི་དག་ནི་ཤཱཀྱའི་རྒྱལ་པོ་ཟས་གཙང་གི་སྲས་པོ་སངས་རྒྱས་ནས་འཕགས་ཡུལ་ན་ཆོས་ཀྱི་འཁོར་ལོ་བསྐོར་བར་མཛད་པའི་དེའི་ཉན་ཐོས་དག་ཡུལ་གཞན་དང་གཞན་དུ་རྒྱུ་བ་ན་ནམ་མཁའ་ལ་འཕུར་ཏེ་འགྲོ་བས་རྒྱལ་པོས་གཟིགས་པ་དེ་དག་ཀྱང་སངས་རྒྱས་ཀྱི་ཉན་ཐོས་དག་གོ །ཞེས་བརྗོད་པ་ན་རྒྱལ་པོ་ཕྱིར་མི་ལྡོག་པའི་དད་པ་སྐྱེས་ཏེ་སངས་རྒྱས་ལ་གསོལ་བ་བཏབ་པས་སྟོན་པས་མཁྱེན་བཞིན་དུ་འཁོར་དང་བཅས་པ་རྫུ་འཕྲུལ་གྱིས་བྱོན་ནས་རྒྱལ་པོའི་ཁང་བཟང་དུ་ཕེབས་ཏེ་རྒྱལ་པོ་ལ་ཆོས་བསྟན་པས་རྒྱལ་པོ་དད་པ་ལྷག་པར་སྐྱེས་ཤིང་། འདི་སྐད་དུ་བདག་གིས་ཁྱིམ་པའི་རྟགས་ཆ་ལུགས་མ་བོར་བར་འདི་ཉིད་དུ་གནས་ནས་འཚང་རྒྱ་བར་ནུས་པ་ཞིག་འདོད་ཅེས་ཞུས་པས་རྒྱལ་པོ་དེ་རིན་པོ་ཆེ་ལྷ་བུའི་གདུལ་བྱ་ཡིན་པས་བཅོམ་ལྡན་འདས་ཀྱིས་དཔལ་གསང་བ་འདུས་པའི་དཀྱིལ་འཁོར་དུ་རྡོ་རྗེ་འཆང་གི་སྐུར་བཞེངས་ནས་དབང་བསྐུར་གདམས་ངག་བསྟན། རྒྱུད་གསུངས། ཕྱག་ན་རྡོ་རྗེས་ལེགས་པར་ཁྲིད་པས་རྒྱལ་པོ་ཨིནྡྲ་བྷཱུ་ཏིས་ལམ་ཐུན་མོང་བ་དང་ཐུན་མོང་མིན་པའི་རིམ་གཉིས་ཀྱི་རྣལ་འབྱོར་མཐར་ཕྱིན་ཏེ་སྤྲོས་བཅས་ཀྱི་སྤྱོད་པ་སྤྱད་ནས་ཚེ་དེ་ཉིད་ལ་ཟུང་འཇུག་གི་སྐུ་གྲུབ། དེ་ནས་རྒྱལ་པོ་ཨིནྡྲ་བྷཱུ་ཏིས་ཡུལ་དེའི་སྐྱེ་བོ་རྣམས་ལ་རྡོ་རྗེའི་ཐེག་པ་བསྟན་པས་གྲུབ་པ་ཐོབ་པ་བགྲང་བ་ལས་འདས་པ་བྱུང་ཞིང་དཔལ་གསང་བ་འདུས་པའི་དབང་དང་གདམས་ངག་རྣམས་སྤེལ་བ་ལ་བཀའ་(༤༢༡ན)བབས་པ་ཀླུ་མོ་རྣལ་འབྱོར་མ་ལ་རྫོགས་པར་གནང་། དེས་རྒྱལ་པོ་བི་སུ་ཀ་པ་ལ་གནང་། དེས་ཀྱང་བསྒོམས་པས་གྲུབ་པ་ཐོབ་སྟེ་དཔལ་ལྡན་ས་ར་ཧ་པ་ལ་གནང་། དེས་ཀྱང་བསྒོམས་པས་གྲུབ་པ་ཐོབ་སྟེ་དཔལ་མགོན་འཕགས་པ་ཀླུ་སྒྲུབ་ལ་དཔལ་

གསང་བ་འདུས་པའི་དབང་ལུང་མན་ངག་ཐམས་ཅད་རྫོགས་པར་གནང་། འཕགས་པ་ཀླུ་སྒྲུབ་ཀྱིས་ལྷོ་ཕྱོགས་དཔལ་གྱི་རི་བོར་བསྒོམས་ནས་སྐུ་ཚེ་དེ་ལ་ཟུང་འཇུག་གི་སྐུ་བརྙེས་ནས་སྲས་ཀྱི་ཐུ་བོ་ཨཱརྱ་དེ་བ་དང་། ཀླུའི་བྱང་ཆུབ་དང་། ཤཱཀྱ་བཤེས་གཉེན་དང་། ཟླ་བ་གྲགས་པ་སོགས་ཐུགས་སྲས་མང་པོ་ལ་དཔལ་གསང་བ་འདུས་པའི་དབང་ལུང་མན་ངག་རྣམས་རྫོགས་པར་གནང་། སློབ་དཔོན་ཨཱརྱ་དེ་བ་དང་། སློབ་དཔོན་ཀླུའི་བྱང་ཆུབ་དང་། སློབ་དཔོན་ཤཱཀྱ་བཤེས་གཉེན་དང་། སློབ་དཔོན་ཟླ་བ་གྲགས་པ་བཞི་གས་དཔལ་གསང་བ་འདུས་པའི་ལམ་རིམ་གཉིས་མཐར་ཕྱིན་ཏེ་སྐུ་ཚེ་དེ་ལ་ཟུང་འཇུག་རྡོ་རྗེ་འཛིན་པའི་གོ་འཕང་བརྙེས། གཞན་ཡང་སློབ་དཔོན་སངས་རྒྱས་བསྐྱངས་སོགས་སློབ་དཔོན་ཀླུ་སྒྲུབ་ཀྱི་ཐུགས་སྲས་ཟུང་འཇུག་གྲུབ་པ་ཆེས་མང་ངོ་། །སློབ་དཔོན་ཀླུ་སྒྲུབ་ཡབ་སྲས་དེ་དག་ལས་གསང་བ་འདུས་པའི་དབང་ལུང་མན་ངག་གི་བརྒྱུད་རིམ་མཐའ་ཡས་པ་བྱུང་མོད་ཀྱང་མཐའ་དག་བགྲང་བར་ག་ལ་ནུས། ཡོངས་སུ་གྲགས་པའི་དབང་གི་བརྒྱུད་རིམ་ནི། སློབ་དཔོན་མ་ཏངྒི་པ། དེས་གྲུབ་ཆེན་ཏི་ལོ་བ། དེས་པཎ་ཆེན་ནཱ་རོ་པ། དེས་སྒྲ་བསྒྱུར་མར་པ་ལོ་ཙྪ། དེས་མཚུར་སྟོན་དབང་གི་རྡོ་རྗེ། (༤༢༧བ)དེས་འབོན་སྟོན་གད་པ་ཀཱིརྟི། དེས་བྱ་སྒང་པ་བསོད་ནམས་རིན་ཆེན། དེས་ཐུར་ལྷ་བ་ཚུལ་ཁྲིམས་སྐྱབས། དེས་ཐང་སྤྱི་པ་འཕགས་པ་སྐྱབས། དེས་གསེར་སྡིངས་པ་གཞོན་ནུ་འོད། དེས་ཀུན་མཁྱེན་ཆོས་སྐུ་འོད་ཟེར། དེས་ཀུན་མཁྱེན་འཕགས་པ་འོད། དེས་ཆོས་རྗེ་བུ་སྟོན་རིན་ཆེན་གྲུབ། དེས་ཁྱུང་པོ་ལྷས་པ་གཞོན་ནུ་བསོད་ནམས། དེས་ཆོས་ཀྱི་རྒྱལ་པོ་ཙོང་ཁ་པ་ཆེན་པོ། དེས་མཁས་གྲུབ་དགེ་ལེགས་དཔལ་བཟང་། དེས་པཎ་ཆེན་ཆོས་ཀྱི་རྒྱལ་མཚན། དེས་གྲུབ་ཆེན་ཆོས་རྡོ་རྗེ། དེས་རྒྱལ་བ་བློ་བཟང་དོན་གྲུབ། དེས་མཁས་གྲུབ་སངས་རྒྱས་ཡེ་ཤེས། དེས་རྗེ་བཙུན་བློ་བཟང་ཆོས་ཀྱི་རྒྱལ་མཚན། དེས་རྡོ་རྗེ་འཛིན་པ་དཀོན་མཆོག་རྒྱལ་མཚན། དེས་རྗེ་

བཙུན་བློ་བཟང་ཡེ་ཤེས། དེས་རྡོ་རྗེ་འཛིན་པ་བློ་བཟང་རིག་གྲོལ། དེས་མཁས་ཤིང་གྲུབ་པ་རྡོ་རྗེ་འཛིན་པ་ཡེ་ཤེས་དཔལ་འབྱོར། བཀའ་དྲིན་མཚུངས་མེད་རྡོ་རྗེ་འཛིན་པ་ཆེན་པོ་དེའི་ཞབས་དྲུང་དུ་བདག་གིས་དཔལ་གསང་བ་འདུས་པའི་དབང་བཞི་ཡོངས་སུ་རྫོགས་པ་ཐོབ། ཡང་རྗེ་ཐམས་ཅད་མཁྱེན་པ་ནས་རྗེ་བཙུན་ཤེས་རབ་སེང་གེ་འདུལ་ནག་པ་དཔལ་ལྡན་བཟང་པོ། རྒྱུད་ཆེན་དགེ་འདུན་འཕེལ། རྒྱུད་ཆེན་བཀྲ་ཤིས་འཕགས། རྒྱུད་ཆེན་བསམ་གྲུབ་རྒྱ་མཚོ། རྒྱུད་ཆེན་བརྩོན་འགྲུས་འཕགས། རྒྱུད་ཆེན་རྡོ་རྗེ་བཟང་པོ། རྒྱུད་ཆེན་སངས་རྒྱས་རྒྱ་མཚོ། རྒྱུད་ཆེན་དཀོན་མཆོག་རྒྱ་མཚོ། རྒྱུད་ཆེན་དཀོན་མཆོག་ཡར་འཕེལ། ཐང་སག་པ་དངོས་གྲུབ་རྒྱ་མཚོ། གྲུབ་པའི་དབང་ཕྱུག་དོན་ཡོད་མཁས་གྲུབ། རྗེ་བཙུན་དགེ་དབང་བྱམས་པ། རྗེ་(༤༢༢ན)བཙུན་བླ་མ་བཀའ་དྲིན་མཚུངས་མེད་དེ་ཉིད་ཀྱི་ཞབས་དྲུང་དུ་བདག་གིས་དཔལ་གསང་བ་འདུས་པའི་དབང་དང་རྒྱུད་ཀྱི་ལུང་རིམ་གཉིས་ཀྱི་མན་ངག་ཡོངས་སུ་རྫོགས་པ་ཐོབ། ཡང་དཔལ་མགོན་འཕགས་པ་ཀླུ་སྒྲུབ་ནས་སློབ་དཔོན་ཟླ་བ་གྲགས་པ། སློབ་པའི་རྡོ་རྗེ། གྲུབ་ཆེན་ནག་པོ་སྤྱོད་པ། བླ་མ་སྤྲིན་གྱི་ཤུགས་ཅན། རྗེ་རིན་པོ་ཆེ་འགོས། མང་ར་བ་སེང་གེ་རྒྱལ་མཚན། རྡོག་ཡེ་ཤེས་སེང་གེ །རྡོག་ཨཱཙྪ་དེ་བ། གླན་ཚ་ཉི་མ་ལྷུམ། ལྷག་པ་རིན་ཆེན་གྲགས། ཐུར་ལྷ་བ་ཚུལ་ཁྲིམས་སྐྱབས། ཐང་སྐྱི་བ་འཕགས་པ་སྐྱབས། གསེར་སྡིང་པ་གཞོན་ནུ་འོད། ཀུན་མཁྱེན་ཆོས་སྐུ་འོད་ཟེར། ཀུན་མཁྱེན་འཕགས་པ་འོད། ཆོས་རྗེ་བུ་སྟོན་རིན་ཆེན་གྲུབ། བླ་མ་དམ་པ་བསོད་ནམས་རྒྱལ་མཚན། སྒྲ་བསྒྱུར་ནམ་མཁའ་བཟང་པོ། མཉམ་མེད་རྗེ་བཙུན་རེད་མདའ་བ་ཆེན་པོ། ཆོས་ཀྱི་རྒྱལ་པོ་ཙོང་ཁ་པ་ཆེན་པོ། རྗེ་བཙུན་ཤེས་རབ་སེང་གེ །རྒྱུད་ཆེན་སྤྱིན་པ་དཔལ་བ་ནས་འདུས་པའི་བཤད་སྒྲོལ་སྤེལ་བའི་རྒྱུད་འཛིན་རིམ་པར་བརྒྱུད་པ་ཡོངས་སུ་གྲགས་པ་ལྟར་ལ་འདུས་པའི་བསྟན་པའི་བདག་པོ་རྗེ་བཙུན་ངག་དབང་

བྱམས་པ་ནས་པཎ་ཆེན་ཐམས་ཅད་མཁྱེན་པ་རྗེ་བཙུན་བློ་བཟང་དཔལ་ལྡན་ཡེ་ཤེས། སྐྱབས་མགོན་བཀའ་དྲིན་མཚུངས་མེད་དེ་ཉིད་ཀྱི་ཞབས་དྲུང་དུ་བདག་གིས་དཔལ་གསང་བ་འདུས་པའི་རྒྱུད་ཀྱི་བཤད་པ་འགྲེལ་པ་བཞི་སྦྲགས་སུ་གྲགས་པ་ཆ་ཚང་བ་ཐོབ་བོ།། །།

དཔལ་འཁོར་ལོ་སྡོམ་པའི་ཆོས་སྐོར་གྱི་བརྒྱུད་རིམ།

དཔལ་འཁོར་ལོ་སྡོམ་པའི་ཆོས་སྐོར་ནི། སྟོན་པ་ཐུབ་དབང་རྡོ་རྗེ་(༤༢༢བ) འཆང་གིས་གསང་བའི་བདག་པོ་ཕྱག་ན་རྡོ་རྗེ་ལ་འཁོར་ལོ་སྡོམ་པའི་དབང་དང་རྒྱུད་ཡོངས་སུ་རྫོགས་པ་གནང་། གསང་བའི་བདག་པོས་གྲུབ་ཆེན་ས་ར་ཧ་ལ་གནང་། དེས་དཔལ་མགོན་འཕགས་པ་ཀླུ་སྒྲུབ་ལ། དེས་དཔལ་ཤ་བ་རི་པ་ལ། དེས་གྲུབ་ཆེན་ལཱུ་ཡི་པ་ལ། དེས་རྒྱལ་པོ་ཌ་རི་ཀ་པ་ལ། དེས་སློབ་དཔོན་རྡོ་རྗེ་དྲིལ་བུ་པ་ལ། དེས་གྲུབ་ཆེན་རུས་སྦལ་ཞབས་ལ། དེས་གྲུབ་ཆེན་ཛཱ་ལན་ྡྷ་ར་པ་ལ། དེས་གྲུབ་ཆེན་ནག་པོ་སྤྱོད་པ་ལ། དེས་གྲུབ་ཆེན་གསང་བ་པ་ལ། དེས་གྲུབ་ཆེན་རྣམ་རྒྱལ་ཞབས་ལ། དེས་གྲུབ་ཆེན་ཏཻ་ལོ་པ་ལ། དེས་པཎ་ཆེན་ནཱ་རོ་པ་ལ། དེས་ཕམ་མཐིང་པ་སྐུ་མཆེད་ལ། དེས་གློག་སྐྱ་ཤེས་རབ་བརྩེགས་ལ། དེས་མལ་ལོ་ཙཱ་བ་བློ་གྲོས་གྲགས་ལ། དེས་ས་ཆེན་ཀུན་དགའ་སྙིང་པོ་ལ། དེས་རྗེ་བཙུན་བསོད་ནམས་རྩེ་མོ་ལ། དེས་རྗེ་བཙུན་གྲགས་པ་རྒྱལ་མཚན་ལ། དེས་ཆོས་རྗེ་ས་པཎྜི་ཏ་ལ། དེས་རྒྱལ་སྲས་བསོད་ནམས་སེང་གེ་ལ། དེས་སློབ་དཔོན་སངས་རྒྱས་འབུམ་ལ། དེས་མཆོག་ལྡན་ལེགས་པའི་བློ་གྲོས་ལ། དེས་བླ་མ་དཔལ་ལྡན་སེང་གེ་ལ། དེས་བུ་སྟོན་རིན་ཆེན་གྲུབ་ལ། དེས་ཁྱུང་པོ་ལྷས་པ་གཞོན་ནུ་བསོད་ནམས་ལ། དེ་ལ་ཆོས་ཀྱི་རྒྱལ་པོ་ཙོང་ཁ་པ་ཆེན་

པོས་གསན། རྗེ་རིན་པོ་ཆེ་ནས་བརྒྱུད་རིམ་ཕལ་ཆེར་གསང་བ་འདུས་པ་དང་འདྲ་བ་ལ་བདེ་མཆོག་ལཱུ་ཨི་པའི་རིམ་གཉིས་ཀྱི་མན་ངག་རྣམས་ཐང་སག་པ་དངོས་གྲུབ་རྒྱ་མཚོས་གྲུབ་པའི་དབང་ཕྱུག་འཇམ་དབྱངས་བདེ་བའི་རྡོ་རྗེ་ལ་གནང་། དེས་རྗེ་བཙུན་ངག་དབང་བྱམས་(༥༢༣ན)པ་ལ་གནང་། གྲུབ་ཆེན་དྲིལ་བུ་ལུགས་ཀྱི་བདེ་མཆོག་གི་དབང་དང་རིམ་གཉིས་ཀྱི་མན་ངག་རྣམས་པཎ་ཆེན་བློ་བཟང་ཆོས་ཀྱི་རྒྱལ་མཚན་གྱིས་རྡོ་རྗེ་འཛིན་པ་དཀོན་མཆོག་རྒྱལ་མཚན་ལ་གནང་། དེས་སྐྱིད་ཤོད་ཞབས་དྲུང་ངག་དབང་བསྟན་འཛིན་འཕྲིན་ལས་ལ་གནང་། དེས་མཁས་གྲུབ་བློ་བཟང་མཁས་བཙུན་ལ་གནང་། དེས་རྗེ་བཙུན་ངག་དབང་བྱམས་པ་ལ་གནང་སྟེ། རྗེ་བཙུན་བླ་མ་བཀའ་དྲིན་མཚུངས་མེད་དེ་ཉིད་ཀྱི་ཞབས་དྲུང་དུ་བདག་གིས་ལེགས་པར་ཐོབ་བོ། །བདེ་མཆོག་རྒྱུད་འགྲེལ་སྦས་དོན་ཀུན་གསལ་རྩ་འགྲེལ་སྦྲགས་པའི་ལུང་དང་རྩ་བཤད་སྦྱར་བའི་མན་ངག་ནི་པཎ་ཆེན་ཐམས་ཅད་མཁྱེན་པ་རྗེ་བཙུན་བློ་བཟང་དཔལ་ལྡན་ཡེ་ཤེས་དཔལ་བཟང་པོའི་ཞབས་དྲུང་དུ་བདག་གིས་ལེགས་པར་ཐོབ་བོ།། །།

དཔལ་རྡོ་རྗེ་འཇིགས་བྱེད་ཆེན་པོའི་ཆོས་སྐོར་གྱི་བརྒྱུད་རིམ།

དཔལ་རྡོ་རྗེ་འཇིགས་བྱེད་ཆེན་པོའི་ཆོས་བསྐོར་ནི། འཕགས་ཡུལ་གྱི་གྲུབ་ཆེན་ལཱ་ལི་ཏས་འཇམ་དཔལ་མཚན་བརྗོད་ཞལ་འདོན་དུ་མཛད་པ་ནི། རྡོ་རྗེ་འཇིགས་བྱེད་འཇིགས་པར་བྱེད། །ཅེས་པ་དང་། ཁྲོ་བོའི་རྒྱལ་པོ་གདོང་དྲུག་འཇིགས། །ཞེས་པ་དང་། གཤིན་རྗེ་གཤེད་པོ་བགེགས་ཀྱི་རྒྱལ། །ཞེས་པ་རྣམས་ཀྱི་དོན་ལ་བསམས་པ་ན། དཔལ་རྡོ་རྗེ་འཇིགས་བྱེད་ཆེན་པོའི་རྒྱུད་དང་གཤིན་རྗེའི་གཤེད་དམར་ནག་གི་རྒྱུད་རྣམས་ཡོད་པར་བསམས་ནས་འཕགས་ཡུལ་གྱི་པཎ་གྲུབ་རྣམས་ལ་རྩད་བཅད་

ཀྱང་དེ་དུས་རྒྱུད་འདི་དག་འཕགས་ཡུལ་ན་མ་བཞུགས་པས(༩༢༣བ)མ་རྙེད། ཕྱིན་གྱི་ཡུལ་ན་བཞུགས་པ་རིག་ནས་བླ་མ་དང་རྗེ་བཙུན་འཇམ་པའི་དབྱངས་དབྱེར་མ་མཆིས་པ་ལ་གསོལ་བ་ཤུགས་དྲག་ལ་རྒྱུན་རིང་བ་བཏབ། རྒྱལ་བའི་བསྟན་པ་འབའ་ཞིག་ལ་དགོངས་ཏེ་ཉིད་ཀྱི་སྐུ་དང་སྲོག་ལའང་མི་ལྟ་བར་དཀའ་བ་ཆེན་པོས་ཕྱིན་གྱི་ཡུལ་དུ་བྱོན་ནས་གསོལ་བ་ཤུགས་དྲག་ཏུ་བཏབ་པ་ན་ཡེ་ཤེས་ཀྱི་མཁའ་འགྲོ་མས་རྗེས་སུ་བཟུང་སྟེ་དཔལ་རྡོ་རྗེ་འཇིགས་བྱེད་ཆེན་པོའི་དབང་དང་གཤིན་རྗེའི་གཤེད་དམར་ནག་གཉིས་ཀྱི་དབང་རྣམས་གནང་། གདམས་པ་དང་རྗེས་སུ་བསྟན་པ་ལེགས་པར་སྩལ། སེམས་ཅན་རྣམས་ཀྱི་དོན་དུ་རྒྱུད་ཀྱི་གླེགས་བམ་གནང་དགོས་པར་གསོལ་བ་བཏབ་པ་ན་ཡེ་ཤེས་ཀྱི་མཁའ་འགྲོ་མས་ཆོས་མཛོད་ཞལ་ཕྱེ་ནས་དཔལ་རྡོ་རྗེ་འཇིགས་བྱེད་ཆེན་པོའི་རྩ་བའི་རྒྱུད་རྒྱས་པ་ཤོ་ལོ་ཀ་འབུམ་རྟོག་པ་སུམ་བརྒྱ་ཡོད་པ་རྣམས་བསྟན་ཏེ་ཞག་བདུན་གྱི་རིང་ལ་འདིའི་ནང་ནས་གང་བློ་ལ་གཟུང་ཐུབ་པ་རྣམས་ཟུངས། དེ་ལས་མི་ཡོང་ཞེས་རྒྱུད་ཐམས་ཅད་མ་གནང་བ་ན་གྲུབ་ཆེན་གྱིས་ཞག་བདུན་གྱི་རིང་ལ་གླེགས་བམ་ཆེན་པོ་འདི་ནས་མང་པོ་ཞིག་འཛིན་མི་ཐུབ་པས་སློན་ལམ་གདབ་པ་གལ་ཆེ་དགོངས་ནས་ཞག་བདུན་གྱི་རིང་རྒྱུད་ཀྱི་གླེགས་བམ་རྣམས་ལ་མཆོད་པ་ཕུལ་ཏེ་ཕྱག་དང་བསྐོར་བ་བྱེད་ཅིང་གསོལ་བ་ཤུགས་དྲག་ཏུ་བཏབ་པ་ན་ཞག་བདུན་སོང་བའི་ཉིན་རྟོག་པ་སུམ་བརྒྱའི་ནང་ནས་དངོས་གྲུབ་ཀྱི་རྟོག་པ་ཞེས་བྱ་བ་དཔལ་རྡོ་རྗེ་འཇིགས་བྱེད་ཆེན་པོའི་རྒྱུད་རྟོག་པ་བདུན་པ་འདི་ཐུགས་ལ་ཞལ་གྱིས་ཤར། འདི་ལ་ནོར(༩༢༩ན)འཁྲུལ་དང་ལྷག་ཆད་ཡོད་དམ་མེད་བལྟ་དགོས་དགོངས་པ་ན། དེའི་ཐད་ཀྱི་གླེགས་བམ་རང་ཞལ་ཕྱེ་ནས་ཐུགས་ལ་གང་ཤར་བ་དེ་ཁ་ཊེ་བཞིན་དུ་ཐུང་། དེ་མ་ཐག་གླེགས་བམ་རྣམས་མཁའ་འགྲོ་མ་རྣམས་ཀྱི་གསང་བའི་ཆོས་མཛོད་དུ་བཞུགས་སུ་གསོལ། དེ་ནས་གྲུབ་ཆེན་ལཱ་ལི་ཏས་འཕགས་ཡུལ་དུ་ཕེབས་ནས

གཤིན་རྗེའི་གཤེད་དམར་ནག་འཇིགས་གསུམ་ག་དང་། ཁྱད་པར་དཔལ་རྡོ་རྗེ་འཇིགས་བྱེད་ཆེན་པོའི་དབང་དང་རིམ་གཉིས་ཀྱི་མན་ངག་རྒྱུད་ཀྱི་ལུང་རྣམས་སྐལ་བ་དང་ལྡན་པ་མང་པོ་ལ་རྒྱ་ཆེར་སྤེལ་བས་ལམ་འདི་ལ་བརྟེན་ནས་གྲུབ་པ་ཐོབ་པ་ཆེས་མང་བ་བྱུང་། རྒྱུད་འཛིན་འཕྲིན་ལས་ཀྱི་བཀའ་བབ་པ་ནི་གྲུབ་ཆེན་དོན་ཡོད་རྡོ་རྗེ་ཆེ་ཆུང་གཉིས་སོ། །དོན་ཡོད་རྡོ་རྗེ་ཆུང་བས་གྲུབ་ཆེན་པདྨ་བཛྲ་ལ་གནང་། དེས་གྲུབ་ཆེན་མར་མེ་མཛད་སྦྲུང་ཆེན་པོ་ལ་གནང་། དེས་རྒྱུན་འདི་སྤེལ་བའི་སློན་ལམ་རླབས་པོ་ཆེའི་མཐུ་གྲུབ་པ་ར་ལོ་རྡོ་རྗེ་གྲགས་ལ་གནང་། ར་ལོ་ཆེན་པོས་དབུས་གཙང་ཁམས་གསུམ་གྱི་སའི་ཆ་ཐམས་ཅད་དུ་སྐལ་བ་དང་ལྡན་པ་མཐའ་ཡས་པ་ལ་རྒྱ་ཆེར་སྤེལ་ཞིང་། རྒྱུད་འདི་དབུ་འཕང་མཐོན་པོར་བྱས་ཏེ་རྟོག་བདུན་གྱི་ལུང་རེ་ཙམ་ཞུ་བ་ལའང་གསེར་སྲང་མང་པོ་འབུལ་དགོས་པ་གསེར་ཆོས་ཁོ་ནར་མཛད། དེའི་ཚེ་དཔལ་རྡོ་རྗེ་འཇིགས་བྱེད་ཆེན་པོའི་རྣལ་འབྱོར་གྱི་སྒོ་ནས་ལས་བཞིའི་འཕྲིན་ལས་གྲུབ་པ་དང་། རིམ་གཉིས་ལ་མྱོང་བ་ཐོན་པ་དང་། རིམ་པ་དང་པོ་མཐར་(༩༢༩བ)སོན་པ་དང་། རྫོགས་རིམ་གྱི་རྟོགས་པ་ཐོབ་པ་སོགས་ལམ་འདིའི་ནུས་པ་ཐོན་པ་བགྲང་བ་ལས་འདས་པ་བྱུང་ངོ་། །ར་ལོ་ཆེན་པོས་རྒྱ་ཆེན་སྤེལ་བར་མཛད་པ་ལས་འཕྲིན་ལས་རྒྱུད་འཛིན་གྱི་བཀའ་བབ་ནི་ར་ཆོས་རབ་བོ། །ར་ཆོས་རབ་ཀྱིས་ར་ཡེ་ཤེས་སེང་གེ་ལ་གནང་། དེས་ར་འབུམ་སེང་ལ་གནང་། དེས་རྗེ་བཙུན་གྲྭ་ལོ་ལ་གནང་། དེས་རོང་པ་ཤེས་རབ་སེང་གེ་ལ་གནང་། དེས་བླ་མ་ཡེ་ཤེས་དཔལ་བ་ལ་གནང་སྟེ་བླ་མ་གོང་མ་དེ་དག་ཐམས་ཅད་ཀྱང་དཔལ་རྡོ་རྗེ་འཇིགས་བྱེད་ཆེན་པོའི་རིམ་གཉིས་ལ་ནུས་པ་ཐོན་པ་ཤ་སྟག་གོ །བླ་མ་ཡེ་ཤེས་དཔལ་བས་ཆོས་རྗེ་དོན་གྲུབ་རིན་ཆེན་ལ་གནང་སྟེ། ཆོས་རྗེ་དོན་གྲུབ་རིན་ཆེན་ནི་དཔལ་རྡོ་རྗེ་འཇིགས་བྱེད་ཆེན་པོའི་གྲུབ་ཐོབ་ཏུ་ཡོངས་སུ་གྲགས་པ་ལྟར་ཡིན་ཞིང་། ཆོས་རྗེ་དེས་དཔལ་རྡོ་རྗེ་འཇིགས་བྱེད་ཆེན་པོ་

ལ་ཕྱི་ནང་གསང་བ་དེ་ཁོ་ན་ཉིད་ཀྱི་མཆོད་པ་ཕུལ་ཏེ་གསོལ་བ་ཤུགས་དྲག་ཏུ་བཏབ་པ་ན་དཔལ་རྡོ་རྗེ་འཇིགས་བྱེད་ཆེན་པོའི་ཞལ་ནས་ང་སང་ཡོད་ད་ཙམ་ལུང་པ་འདིའི་མདའ་རུ་སླེབ་ཡོང་བས་དེའི་བར་བདེ་བར་གྱིས་ཞེས་གསུངས། དེ་ནས་ཆོས་རྗེ་དོན་གྲུབ་རིན་ཆེན་གྱིས་ཁོང་རང་བཞུགས་སའི་ལུང་པའི་མདའ་ན་རྗེ་རིན་པོ་ཆེ་འབྲུངས་སའི་ཡུལ་ཙོང་ཁ་ཡོད་པས་དེར་རྡོ་རྗེ་འཇིགས་བྱེད་ཀྱི་སྤྲུལ་བ་ཅི་འདྲ་ཞིག་ཡོང་སྙམ་དུ་བརྟགས་པ་ན་ཙོང་ཁར་ཀླུ་འབུམ་དགེ་དང་ཤིང་བཟའ་ཨ་ཆོས་གཉིས་ཀྱི་སྲས་སུ་རྡོ་རྗེ་འཇིགས་བྱེད་ཀྱི་སྤྲུལ་པ་བྱོན་པར་རིག་ནས་ཡབ་ཡུམ་དེ་གཉིས་ལ་སྤྲུལ་པའི་སྲས་དེ་ལ་གཙང་སྦྲ་དང་གཅེས་སྐྱུས་བྱེད་(༩༢༥ན)དགོས་པའི་བཀའ་ནན་ཏན་དུ་གནང་ཞིང་དམ་རྫས་བདུད་རྩི་རིལ་བུ་བཞེས་རྒྱུ་དང་། སྐུ་ལ་བཙང་རྒྱུའི་སྲུང་མདུད་སོགས་གནང་སྟེ་སྤྲུལ་པའི་སྐུ་དེ་མཇལ་བར་ཕེབས། དེ་ནས་ཡབ་ཡུམ་གཉིས ལ་ཟང་ཟིང་གི་དངོས་པོ་ཚད་མེད་པ་གནང་སྟེ་སྤྲུལ་པའི་སྐུ་འདི་ང་ལ་དགོས་ཞེས་རྗེ་རིན་པོ་ཆེ་འབྲུངས་མ་ཐག་ནས་བདག་གིར་མཛད་དོ། །དེ་ལྟར་ན་རྗེ་རིན་པོ་ཆེ་འདི་ནི་རྗེ་བཙུན་འཇམ་པའི་དབྱངས་བསྟན་པ་དང་འགྲོ་བའི་དོན་དུ་བསམ་བཞིན་དུ་བྱོན་པ་ཞིག་ཡིན་ལ། དེ་ལྟ་ནའང་ཕྱི་རབས་ཀྱི་གདུལ་བྱ་རྣམས་ལ་འདོམས་པའི་ཕྱིར་རང་ཉིད་རྗེ་བཙུན་འཇམ་པའི་དབྱངས་ཡིན་ཞེས་ཞལ་གྱིས་མ་བཞེས་པར་ཐ་མལ་པའི་ཚུལ་བཟུང་སྟེ། ཆོས་རྗེ་དོན་གྲུབ་རིན་ཆེན་ཡོངས་འཛིན་དུ་བསྟེན་ནས་དཔལ་རྡོ་རྗེ་འཇིགས་བྱེད་ཆེན་པོའི་དབང་དང་གདམས་ངག་རྣམས་ལེགས་པར་གསན་ཏེ་དགུང་ལོ་བདུན་བརྒྱད་ཀྱི་དུས་ཙམ་ནས་དཔལ་རྡོ་རྗེ་འཇིགས་བྱེད་ཆེན་པོའི་བསྙེན་སྒྲུབ་མཐར་ཕྱིན་པར་མཛད། དུས་ཕྱིས་དབུས་སུ་ཕེབས་ནས་བླ་མ་དབུ་མ་པས་འཚམས་སྦྱར་ཏེ་རྗེ་བཙུན་འཇམ་པའི་དབྱངས་ལ་འཇམ་དབྱངས་ཆོས་སྐོར་དང་། རྡོ་རྗེ་འཇིགས་བྱེད་ཀྱི་གདམས་ངག་མང་དུ་གསན་ཞིང་། དེ་ནས་རྗེ་བཙུན་འཇམ་པའི་དབྱངས་ཉིད་

ཀྱིས་དངོས་སུ་ཞལ་བསྟན་ནས་མདོ་སྔགས་ཀྱི་ཆོས་མཐའ་ཡས་པ་གསུངས་ཤིང་། ལྷག་པར་དཔལ་རྡོ་རྗེ་འཇིགས་བྱེད་ཆེན་པོའི་དབང་གནང་བའི་ཚེ་རྗེ་བཙུན་འཇམ་པའི་དབྱངས་(༩༢༥བ)སྐད་ཅིག་གིས་རྡོ་རྗེ་འཇིགས་བྱེད་ཀྱི་སྐུར་བཞེངས་ནས་དབང་བཞི་ཡོངས་སུ་རྫོགས་པ་བསྐུར་བ་དང་། གཤིན་རྗེ་ཆོས་ཀྱི་རྒྱལ་པོ་སྲུང་མར་བཀའ་བསྒོ་བ་སོགས་མཛད་པའི་རྣམ་འཕྲུལ་བསམ་གྱིས་མི་ཁྱབ་པ་དེ་འདྲ་ཡོད་པར་གསུངས། དེས་ན་ཐུན་མོང་མིན་པའི་དབང་དུ་རྗེ་རིན་པོ་ཆེ་རང་ཉིད་རྗེ་བཙུན་འཇམ་དབྱངས་དངོས་ཡིན་པར་མ་ཟད་ཡི་དམ་ཞི་ཁྲོ་གཉིས་ཀས་རྗེ་རིན་པོ་ཆེ་ལ་དངོས་སུ་ཞལ་བསྟན་ནས་ཡི་དམ་འདིའི་དབང་དང་གདམས་ངག་རྣམས་རྫོགས་པར་གནང་བ་ཡིན་པས་ཉེ་བརྒྱུད་ཐུན་མོང་མིན་པའི་བརྒྱུད་རིམ་གསོལ་འདེབས་སུ་བྱས་ན་འདི་ལྟར། འཇམ་དཔལ་རྡོ་རྗེ་རྒྱལ་བ་ཙོང་ཁ་པ། །མཁས་གྲུབ་སྐུ་མཆེད་དྷརྨ་བཛྲ་ཞབས། །དབེན་ས་ཡབ་སྲས་བློ་བཟང་ཆོས་ཀྱི་རྒྱལ། །གསོལ་བ་འདེབས་སོ་དངོས་གྲུབ་རྣམ་གཉིས་སྩོལ། །གྲུབ་པ་མཆོག་བརྙེས་དཀོན་མཆོག་རྒྱལ་མཚན་དང་། །དཀྱིལ་འཁོར་མངའ་བདག་བློ་བཟང་ཡེ་ཤེས་ཞབས། །རྗེ་བཙུན་བློ་བཟང་བསྐལ་བཟང་རྒྱ་མཚོ་ལ། །གསོལ་བ་འདེབས་སོ་དངོས་གྲུབ་རྣམ་གཉིས་སྩོལ། །རྒྱལ་ཀུན་ཐུགས་རྗེའི་ངོ་བོ་བྱམས་པའི་མཚན། །རྗེ་བཙུན་བློ་བཟང་དཔལ་ལྡན་ཡེ་ཤེས་ཞབས། །བཀའ་དྲིན་མཉམ་མེད་རྩ་བའི་བླ་མ་ལ། །གསོལ་བ་འདེབས་སོ་དངོས་གྲུབ་རྣམ་གཉིས་སྩོལ། །རྒྱལ་བ་ཀུན་གྱི་ཡབ་གཅིག་འཇམ་པའི་དབྱངས། །མ་རུངས་གདུལ་དཀའ་མཐའ་དག་འདུལ་བའི་ཕྱིར། །འཇིགས་བྱེད་ཁྲོ་བོ་ཆེན་པོའི་སྐུར་བསྟན་པ། །གསོལ་བ་འདེབས་སོ་དངོས་གྲུབ་རྣམ་གཉིས་སྩོལ། །དེ་(༩༢༨ན)ལྟར་བསྟོད་པས་བྱང་ཆུབ་སྙིང་པོའི་བར། །འགལ་རྐྱེན་བདུད་བཞིའི་གཡུལ་ལས་རྣམ་རྒྱལ་ཏེ། །ཞི་རྒྱས་དབང་དྲག་གྲུབ་ཆེན་བརྒྱད་ལ་སོགས། །དངོས་གྲུབ་ཀུན་གྱིས་རྟག་ཏུ་འབྱོར་གྱུར་ཅིག །མདོར་ན་དེང་

ནས་ཆེ་རབས་ཐམས་ཅད་དུ། །འཇམ་དཔལ་དཔའ་བོས་དགྱེས་བཞིན་རྗེས་བཟུང་སྟེ། །རིམ་གཉིས་ལམ་གྱི་རྟོགས་པ་མཐར་ཕྱིན་ནས། །སྐུ་གསུམ་གོ་འཕང་བདེ་བླག་ཐོབ་གྱུར་ཅིག །ཅེས་པའོ། །རྗེ་བཙུན་ཐམས་ཅད་མཁྱེན་པ་བློ་བཟང་ཡེ་ཤེས་ཀྱིས་རྗེ་བཙུན་བློ་བཟང་བསྐལ་བཟང་རྒྱ་མཚོ་ལ་གནང་། དེས་རྗེ་བཙུན་བློ་བཟང་དཔལ་ལྡན་ཡེ་ཤེས་ལ་གནང་། རྗེ་དེ་ཉིད་ཀྱི་ཞབས་དྲུང་དུ་བདག་གིས་རྡོ་རྗེ་འཇིགས་བྱེད་ཀྱི་དབང་ལེགས་པར་ཐོབ་ཅིང་། ཡང་རྗེ་བློ་བཟང་ཡེ་ཤེས་ཀྱིས་རྡོ་རྗེ་འཛིན་པ་བློ་བཟང་རིག་གྲོལ་ལ་གནང་། དེས་རྡོ་རྗེ་འཛིན་པ་ཡེ་ཤེས་དཔལ་འབྱོར་ལ་གནང་། རྡོ་རྗེ་འཛིན་པ་དེའི་ཞབས་དྲུང་དུ་བདག་གིས་ཡི་དམ་འདིའི་དབང་ཐོབ། ཡང་རྗེ་བློ་བཟང་ཡེ་ཤེས་ཀྱིས་མཁན་ཆེན་ངག་དབང་བློ་བཟང་ལ་གནང་། དེས་ཁྲི་ཆེན་ནམ་མཁའ་བཟང་པོ་ལ་གནང་། དེའི་ཞབས་དྲུང་དུ་བདག་གིས་ཡི་དམ་འདིའི་དབང་ཐོབ། ཡང་རྗེ་བཙུན་ཤེས་རབ་སེང་གེ་ནས་སྲིད་རྒྱུད་གོང་མ་རྣམས་ལ་རིམ་གྱིས་བརྒྱུད་པ་རྗེ་བཙུན་བླ་མ་ངག་དབང་བྱམས་པའི་ཞབས་དྲུང་དུ་བདག་གིས་ཡི་དམ་འདིའི་དབང་དང་རིམ་གཉིས་ཀྱི་མན་ངག་རྣམས་ལེགས་པར་ཐོབ་བོ།། །།

(༩༢༨བ)༄། གསང་བདེ་འཇིགས་གསུམ་གྱི་བརྒྱུད་རིམ་གོང་དུ་བསྟན་པ་དེ་དག་ཀྱང་དེང་སང་ཡོངས་གྲགས་ལྟར་བཀོད་པ་ཡིན་གྱི། འདི་དག་ལ་ནང་གསེས་ཀྱིས་ཕྱེ་ན་རྒྱ་གར་གྲུབ་ཆེན་མང་པོ་ནས་བརྒྱུད་པའི་བརྒྱུད་རིམ་དང་། ལོ་ཙཱ་བ་མང་པོ་བརྒྱུད་པ་དང་། དེ་ལའང་དབང་གི་བརྒྱུད་པ་དང་། རྒྱུད་ཀྱི་ལུང་གི་བརྒྱུད་པ་དང་། རིམ་གཉིས་ཀྱི་མན་ངག་སྨིན་ཁྲིད་ཀྱི་བརྒྱུད་པ་དང་། རྩ་བཤད་སྦྲར་བའི་བཤད་སྲོལ་གྱི་བརྒྱུད་རིམ་སོགས་མང་དུ་ཡོད་དེ། རྗེ་རིན་པོ་ཆེའི་གསན་ཡིག་དང་། མཁས་གྲུབ་རིན་པོ་ཆེའི་གསན་ཡིག་དང་། པཎ་ཆེན་བློ་བཟང་ཆོས་ཀྱི་རྒྱལ་མཚན་གྱི་གསན་ཡིག་དང་། ཀུན་མཁྱེན་ལྔ་པ་ཆེན་པོའི་གསན་ཡིག་གངྒཱའི་ཆུ་རྒྱུན་དང་། རྗེ་བཙུན་བློ་བཟང་ཡེ་

ཤེས་ཀྱི་གསན་ཡིག་སོགས་ལས་གསུངས་པ་ལྟར་རོ།། །།

ཇོ་བོ་ཡབ་སྲས་ཀྱི་གསང་ཆོས་ཐུན་མོང་མིན་པ་བཀའ་གདམས་ཐིག་ལེ་བཅུ་དྲུག་གི་བརྒྱུད་རིམ།

༄། ཇོ་བོ་ཡབ་སྲས་ཀྱི་གསང་ཆོས་ཐུན་མོང་མིན་པ་བཀའ་གདམས་ཐིག་ལེ་བཅུ་དྲུག་གི་བརྒྱུད་རིམ་ནི། ཇོ་བོ་ཡབ་སྲས་ཞལ་བཞུགས་དུས་ཤིན་ཏུ་གསང་བར་མཛད་ནས་གསང་ཆོས་འདི་འཛིན་པའི་སློན་ལམ་གྱི་མཐུ་གྲུབ་པ་རྗེ་བཙུན་འཇམ་པའི་དབྱངས་ཀྱིས་བྱིན་གྱིས་བརླབས་པའི་བཤེས་གཉེན་ཆེན་པོ་རྔོག་ལེགས་པའི་ཤེས་རབ་གཅིག་པུ་ལ་གནང་སྟེ་བཀའ་རྒྱ་དམ་པར་བཏབ། ཇོ་བོ་རྗེ་ཞིང་གཤེགས་ནས་འབྲོམ་རིན་པོ་ཆེས་དགེ་བཤེས་ཀ་བ་ལ་འདིའི་དབང་དང་གདམས་ངག་མདོར་བསྡུས་ཤིག་གནང་ནས་བཀའ་རྒྱས་བཏབ། སྲས་ཀྱི་ཐུ་བོ་སྐུ་མཆེད་གསུམ་ལས་ཕུ་ཆུང་བ་(༡༠༢༧ན)ལ་བཀའ་གདམས་སྙིང་གི་ཐིག་ལེའི་མན་ངག་གི་མཛོད་འཛིན་པར་ལུང་བསྟན་མཛད་དོ། །དེ་ནས་འབྲོམ་རིན་པོ་ཆེའི་ཐུགས་སྲས་དགེ་བའི་བཤེས་གཉེན་ཕུ་ཆུང་བ་ཞེས་གྲགས་པ་དེ་ནི། འཕན་ཡུལ་རྒྱལ་གྱི་སྐྱི་ར་རྗེ་ཁང་ཁར་ལྟུགས་མོ་ལུག་གི་ལོ་ལ་སྐུ་འཁྲུངས། ཚེ་རབས་མང་པོར་ལམ་ལ་སྦྱངས་པའི་བག་ཆགས་བརྟས་པས་བྱིས་པའི་དུས་ནས་མི་རྟག་པ་རྟོགས་པའི་བློ་རང་འཁྲུངས་བྱུང་སྟེ་སྲིད་པའི་ཕུན་ཚོགས་གང་ལའང་མ་ཆགས་པར་རྒྱལ་བའི་བསྟན་པ་ལ་ཞུགས་ཏེ་ཆོས་རྣམ་དག་ཅིག་མཛད་བཞེད་ནས་རྒྱལ་ལྷ་ཁང་དུ་བྲོས་ཏེ་ཞང་ཆེན་པོ་དང་། གླིན་ཚུལ་བྱང་ལ་རབ་ཏུ་བྱུང་། མཚན་གཞོན་ནུ་རྒྱལ་མཚན་དུ་བཏགས། དེ་ནས་འདུལ་བའི་བཅས་མཚམས་རྣམས་མིག་གི་འབྲས་བུ་ལྟར་བསྲུང་ཞིང་སྦྱོན་བྱོན་དམ་པའི་རྣམ་ཐར་བསམས་ཏེ་ཐོས་བསམ་སྒོམ་གསུམ་ཆ་མཚུངས་པ

ཞིག་མཛད་བཞིན་ནས་མཁས་པ་ཆེན་པོ་ཁྲུ་སྟོན་ལ་ཕར་ཕྱིན་གྱི་འགྲེལ་ཆུང་ཚར་བཅོ་ལྔ་གསན་པ་སོགས་ཐོས་པ་མང་དུ་མཛད། འདུལ་བ་ལའང་གསན་སྦྱོང་མཐར་ཕྱིན་པར་མཛད་ནས། སྐྱེ་ཐང་དུ་ཇོ་བོའི་ཞལ་མཇལ་ཞིང་ཆོས་ཀྱང་ཅུང་ཟད་གསན། ཇོ་བོ་གཤེགས་ནས་དགེ་བཤེས་སྟོན་པའི་ཕྱག་ཕྱི་མཛད་ནས་ར་སྒྲེང་དུ་ཕེབས། གདམས་པ་རྫོགས་པར་གསན་ཞིང་ཐུགས་ཉམས་སུ་བཞེས། དགེ་བཤེས་སྟོན་པའི་བཀའ་ལུང་གི་སློབ་མ་སྙིང་བའང་མཛད་དེ། འབྲོམ་རིན་པོ་ཆེའི་(༩༨༧བ)ཞབས་དྲུང་དུ་དགེ་སློང་གསར་བུ་བྱུང་བ་རྣམས་ལ་འདུལ་བའི་བསླབ་བྱ་ལེགས་པར་སློབས་ཤིག་ཅེས་བཀའ་གནང་ནས། འདུལ་བའི་ཕྱག་ལེན་ཁྲིད་པར་མཛད། དགེ་བཤེས་སྟོན་པ་ལོ་བཅུ་བཅིག་ཏུ་བསྟེན་ནས་ཡོན་ཏན་མ་ལུས་ཐུགས་ལ་མངའ་བར་མཛད། དགེ་བཤེས་སྟོན་པ་འདས་ནས་ཚེ་འདིའི་འཁྲི་བ་ཕྲ་མོའང་མེད་པར་དབེན་པའི་གནས་སུ་མདོ་སྔགས་ཀྱི་ལམ་ཆ་ཚང་ལ་ཉམས་ལེན་མཐར་ཕྱིན་པ་ཞིག་མཛད་བཞིན་པར་བྱུང་སྟེ། དགེ་བཤེས་ཕུ་ཆུང་བ་འདི་ཉིད་ནི། སྐྱེས་ཀྱང་ནགས་སུ་སྐྱེས། དེངས་ཀྱང་ནགས་སུ་དེངས་པ་ལྟ་བུ་ཞིག་ཡིན་ཏེ། ཤ་གཟུག་རང་ཟ་གསུངས་ནས་སྒྲུབ་པ་འབབ་ཞིག་མཛད་དེ། འཕན་ཡུལ་ཡུང་བའི་ཕུ་ཕུ་ཆུང་དུ་སྒྲུབ་ཁང་བརྩིགས་ཏེ་སྒྲུབ་པ་གཙོ་བོར་མཛད། དེའི་ཚེ་སྒྲུབ་ཁང་གི་ནུབ་ན་བྲག་ལ་ཕྱག་མཇུབ་བརྩུགས་པར་སྒྲུབ་ཆུ་བྱུང་བའང་ཡོད་དེ། འདིས་སློབ་མ་དྲུང་དུ་འདུས་པ་དག་ལའང་རྟེན་ཅིང་འབྲེལ་པར་འབྱུང་བ་ཡན་ལག་བཅུ་གཉིས་ཀྱི་གདམས་པ་གཙོ་བོར་འདེབས་པར་མཛད་ཅིང་། ལམ་གྱི་རིམ་པའང་དེའི་ཁོངས་སུ་འཐུས་པར་མཛད་དོ། །བདག་ཉིད་ཆེན་པོ་འདི་རི་དྭགས་རྨུས་མ་ལྟར་འདུ་འཛི་ལ་ཆེས་འཛེམས་པས་སྐུ་མཆེད་གསུམ་ཚོགས་པའི་སྐབས་མ་གཏོགས་ཚོགས་མི་སྤྱོད་ཅིང་། གཅིག་པུ་གཉིས་སུ་མེད་པར་དབེན་པ་ནས་དབེན་པར་འཕོ་བར་མཛད་ཀྱང་ཡོན་ཏན་གྱི་དྲི་བསུང་ལ་ཐམས་ཅད་འཁོར་ཏེ་སྐུ་མཆེད་གཉིས་ཀྱི་སློབ་མ་

ཕལ་ཆེ་བས་ཆོས་མ་གསན་པ་མེད་དེ། སྤྱན་སྔ་གཤེགས་(༩༢༢ན)ནས་བྱ་ཡུལ་བས་ཞུ་ཆུང་དུ་བྱོན་ཏེ་རྟེན་འབྲེལ་གྱི་ཁྲིད་གསན་ཅིང་བཞུགས་དུས་མང་རའི་ཞལ་ནས། ང་ལྟ་ཞུ་ཆུང་ན་ཉན་ཐོས་ཀྱི་རྫུ་འཕྲུལ་གྱིས་འགྲོ་བའི་བྱང་ཆུབ་སེམས་དཔའ་ཞིག་སློན་བདོག་གསུང་སྐད། ཞུ་ཆུང་བའི་ལུགས་ཀྱི་རྟེན་འབྲེལ་གྱི་ཁྲིད་ཉམས་སུ་ལེན་ཚུལ་བྱ་ཡུལ་བའི་བཀའ་བརྒྱུད་ལ་དར་ཆ་ཆེ་བར་བྱུང་ངོ་། །དགེ་བཤེས་ཞུ་ཆུང་བ་དེ་ཉིད་དཀོན་མཆོག་མཆོད་པ་ལ་གཙོ་བོར་མཛད་པས་གཟིམ་ཁང་གི་ཕྱི་རོལ་ཏུ་སྤོས་ཀྱི་དྲི་དང་ལྡང་བ་ལགས་པར་གདའ། ཞལ་ནས་ངས་དང་པོར་སྤང་སྤོས་སྣ་ཚ་ཧིང་ངེ་བ་ཕུལ། དེ་ནས་རེང་བུ་བཞི་སྦྱོར་མངར་སེང་ངེ་བ་འབུལ་རྒྱུ་བྱུང་། ད་ལྟ་ཨ་ཀ་རུ་དང་དུ་རུ་ཀ་ལ་སོགས་པ་དྲི་བསྲུང་ཞིང་ངེ་བ་འབུལ་གསུང་། ལན་ཅིག་ལ་གསེར་སྲང་ཉི་ཤུ་རྩ་གཉིས་ཀྱི་སྤོས་སྦྱར་སྐད། ཡང་ཞལ་ནས། ད་ལྟ་ནས་སྐྱབས་འགྲོ་གོམས་ཅན་ན་བའི་ཚེ་ཨ་ར་ཟེར་བའི་དོན་ལ་སངས་རྒྱས་སོགས་འོང་སྙེ་གསུང་། ཡང་ལན་ཅིག་གཡང་ཤུན་མགོ་ལ་བཀབ་ནས་རྒྱལ་ལྷ་ཁང་གི་ཤི་བ་རྣམས་བགྲང་གིན་སྣང་སྐད། ཡང་ལན་ཅིག་ཞུ་ཆུང་བ་དང་ཁམ་ལུང་པ་འཛོམ་དུས་དགེ་བཤེས་པ་ནི་ལས་འབྲས་ཁོ་ན་གལ་ཆེ་བར་གསུང་བ་ལ། ད་ལྟ་བཤད་རིན་དང་ཉན་རིན་དང་སྒོམ་རིན་མེད་པར་བྱེད་དེ། འདི་ཁོ་ན་ཉམས་སུ་བླངས་དཀའ་སེམས་གསུང་བས། ཞུ་ཆུང་བ་ཡང་དེ་ཙུག་ལགས་གསུང་བ་དང་། ཡང་ཞུ་ཆུང་བའི་ཞལ་ནས། ང་ནི་རྒས་ཁར་མཛངས་བླུན་ལ་ཁ་(༩༢༢བ)ལྡན་གྱིས་སོང་གསུང་སྐད། ཡང་ཞལ་ནས། འུ་ཅག་དགེ་བའི་ཚིག་འབྲུ་བཏོན་དང་། མི་དགེ་བ་དོན་བཏོན་དུ་འགྲོ་གསུང་། ཡང་ཞུ་ཆུང་བ་ཆེན་པོས་ལན་ཅིག་ནམ་ཕྱེད་ཙ་ན་ཨ་ཙ་མ་གསུང་། ཅི་ནོངས་ཞུས་པས། དེ་རིང་མདོ་སྡེ་བལྟས་པ་ན་དུས་ཀྱི་མཐའི་ཉན་ཐོས་བྱེ་མའི་སྒྲོ་བ་ཁ་སྐྱབ་པ་བཞིན་མར་ལ་འགྲོ་བར་བཤད་སྣང་། དེའི་གསེབ་ན་ནི་ང་ཡང་ཡོད་བླ་ལྷག་པའི་ཆོས་ནི་མ་བྱས། སྤྲུབ་ཀར་ཆགས་པ་འདྲ་ཡིན་ན་རུང་སྙེ་

ཞེས་གསུངས། ཡང་ཞལ་ནས། ཆོས་བྱེད་པ་ལ་ཤེས་དགོས། དེ་ལ་གོ་དགོས། དེ་ལ་ཉན་དགོས། ཡང་རྟུར་ཆེན་པོ་བྱུང་ནས་བྱེད་དགོས། ལུང་པའི་སྒྲོལ་བསྒྱུར་ནས་ཆོས་བྱེད་དགོས་ཏེ། བདག་གཞན་བརྗེ་བའམ། འཇིག་རྟེན་དང་མི་མཐུན་པར་བྱེད་དགོས། གཏམ་ངན་བླངས་ནས་བྱེད་དགོས། སྙིང་ཁམ་རང་དཔེ་ཐེའུ་ཙམ་དགོས་གསུང་། ཡན་ལན་ཅིག་དགེ་བཤེས་ཤ་བོ་སྒང་པའི་མཚན་ཕྱུང་ནས། རྗེ་བོ་བ་འཆི་བ་འདི་མངོན་སུམ་དུ་མི་རོ་ལུད་བཞིན་སྐྱེལ་བ་འདི་མི་གོ་བར་ཆོས་རྣམས་ཀྱི་གནས་ལུགས་འཇིག་རྟེན་མཐའ་དག་གིས་ཡིད་ཆེས་པར་དཀའ་བ་ལ་བློ་འགྲོ་བ་སྐད་ཟེར་བ་འདི་ལ་གློ་བ་མི་ཆེས་པར་གདའི་གསུང་སྐད། ཡང་ཤ་བོ་སྒང་པ་ལ་ང་དེ་རིང་ཁྱེད་ལ་ཆོས་ཤིག་ཉན་གསུངས་ནས། སློ་མོ་ཐང་དུ་རོ་བསྲེགས་པ་རྣམས་སྟོན་ཅིག་གསུང་། ཤ་བོ་སྒང་པས་འདི་ར་འདི་སྐད་བྱ་བ་བསྲེགས་པ་ལགས། འདི་ར་འདི་སྐད་བྱ་བ་བསྲེགས་པ་ལགས་བྱ་བ་ལ་སོགས་པ་གསུངས་པས། ཉོན་མོངས་པ་(༤༥༩ན)ར་ཡོམ་མེ་བ། སྒྲོ་ལྷེམ་མེ་བ། སྨིག་པ་ཤ་རེ་བར་བཞག་པའི་ཆོས་བྱེད་ཤེས་པ་གསུངས་པ་ལ། ཤ་བོ་པའི་ཞལ་ནས། ཤེས་པ་བས་ཀྱང་མཁས་ཀྱང་མཁས། །མཁས་པ་བས་མང་ཡང་མང་གསུང་ངོ་། །ཡང་ལན་ཅིག་ཞལ་ནས་འཆི་བ་མི་རྟག་པ་དང་ལས་དང་འབྲས་བུ་མང་དུ་སྒོམས་ཤིག །ཕས་ཕམ་པ་བཞི་བྱུང་ཡང་སྦྱོར་ནུས་པ་ཅིག་འོང་གི །དེ་ངའི་ཁ་ཆེམས་ཡིན་གསུང་ངོ་། །ཡང་ཞལ་ནས། བདག་ཉིད་གང་ལ་མི་དགའ་བ། །གཞན་ལ་ཀུན་དུ་ཆེ་སྤྱོད་དོ། །ཞེས་པ་བྱང་ཆུབ་སེམས་དཔའི་བསླབ་པའི་ཁོག་པ་ཡིན་གསུང་། འབྲོམ་རིན་པོ་ཆེའི་ཞབས་དྲུང་དུ་སྐུ་མཆེད་གསུམ་འཚོགས་ནས་འབྲོམ་རིན་པོ་ཆེ་ཞིང་གཤེགས་ཀྱི་བར་དུ་འབྲལ་མེད་དུ་བཞུགས་ཀྱང་རྗེ་བོ་ཡབ་སྲས་ཀྱི་གསང་བའི་ཆོས་རྫོགས་པར་མངའ་བ་ནི་ཕུ་ཆུང་བ་ཉིད་མིན་ཏེ། འབྲོམ་རིན་པོ་ཆེའི་ཞལ་ནས་ཀྱང་། ཚུལ་ཁྲིམས་འབར་བ་རིན་ཆེན་འོད་གསལ་བ། །རིན་ཆེན་གསལ་བས་ཚུལ་ཁྲིམས

རྒྱན་མཛེས་པ། །ང་ཡི་རྣམ་ཐར་མི་ནུབ་སྒྲོང་བར་མཛོད། །གཞོན་ནུ་རྒྱལ་མཚན་ང་དང་གཉིས་སུ་མེད། །ཐུགས་རྗེ་ཆེན་པོ་ཀུན་ཏུ་སྤྲས་པའི་བུ། །འཛིག་རྟེན་ཁམས་རྣམས་རྒྱལ་མཚན་འདི་ཡིས་གང་། །པདྨའི་སྲུལ་རྣམས་གཞོན་ནུ་འདི་ཡིས་བརྒྱན། །ཅེས་དང་། འདི་ལ་བྲ་བར་གྱུར་པ་སུ་ཡང་མེད། །སློབ་མར་མ་གྱུར་ཆོས་པ་སུ་ཡང་མེད། །འདི་ལ་གནས་མེད་ཞིང་ཁམས་ཐམས་ཅད་འཛིན། །མི་གྲལ་(༨༥༩བ)ནས་བུད་མི་དབང་རྣམས་ཀྱིས་མཆོད། །གཞོན་ནུ་རྒྱལ་མཚན་ཀུན་ཏུ་རྒྱལ་གྱུར་ཅིག །ཅེས་གསུངས་ཏེ་ལེགས་པར་བསྔགས་པའི་སེམས་དཔའ་ཆེན་པོ་འདིས་ཇོ་བོ་ཡབ་སྲས་ཀྱི་གསང་ཆོས་བཀའ་གདམས་ཐིག་ལེ་བཅུ་དྲུག་གི་དབང་གདམས་ངག་ཇི་ལྟར་གསན་པ་དང་། ཉམས་ལེན་ཇི་ལྟར་མཛད་པ་དང་། བདག་ཉིད་ཆེན་པོ་འདིའི་ཕྱག་ཏུ་སྤྲུལ་པའི་གླེགས་བམ་ཇི་ལྟར་བྱུང་ཚུལ་སོགས་ལོ་རྒྱུས་རྣམ་ཐར་ཅུང་ཟད་བརྗོད་ན། ཇོ་བོ་ཡབ་སྲས་གཉིས་ལ་ཡེར་པ་ལྷ་རི་སྙིང་པོའི་མགུལ་ན་བཞུགས་དུས་མདོ་སྔགས་གསུང་རབ་དགོངས་འགྲེལ་དང་བཅས་པ་ཐམས་ཅད་ཀྱི་སྙིང་པོའི་དོན་བྱང་ཆུབ་ལམ་གྱི་རིམ་པའི་གནད་རྣམས་ལ་བཀའ་བགྲོ་བར་མཛད་པའི་ཚེ་རྒྱུད་པ་གསུམ་གྱི་བླ་མ་གོང་མ་ཐམས་ཅད་ཀྱང་དངོས་སུ་བྱོན་ཏེ་ཞལ་འཛོམ། མགོན་པོ་སྤྱན་རས་གཟིགས་དང་རྗེ་བཙུན་མ་སྒྲོལ་མ་སོགས་ལྷག་པའི་ལྷ་རྣམས་ཀྱིས་ཀྱང་དངོས་སུ་ཞལ་བསྟན། དེའི་ཚེ་མགོན་པོ་གསེར་གླིང་པས་བྱང་ཆུབ་ལམ་གྱི་རིམ་པའི་སྙིང་པོ་དང་སྲོག་ཤིང་དང་ལམ་གྱི་རྩ་བ་བྱང་ཆུབ་ཀྱི་སེམས་རིན་པོ་ཆེ་མ་སྐྱེས་པ་བསྐྱེད་པ་དང་། སྐྱེས་ཟིན་གོང་ནས་གོང་དུ་སྤེལ་བ་དང་། ཉམས་ལེན་མཐར་ཕྱིན་པར་བྱེད་པ་ལ་སྙིང་རྗེའི་ལྷ་མགོན་པོ་སྤྱན་རས་གཟིགས་ལྷག་པའི་ལྷར་བསྟེན་ནས་གསོལ་བ་གདབ་དགོས་པ་དང་། མགོན་པོ་སྤྱན་རས་གཟིགས་ཀྱི་སྐུའི་བཀོད་པ་བསམ་གྱིས་མི་ཁྱབ་པ་ཐིག་ལེ་བཅུ་དྲུག་གི་མན་ངག་ལས་འབྱུང་བ་ལྟར་ཡོད་ཚུལ་རྣམས་(༨༩༠ན)གསུངས། རྗེ་བཙུན་མ་

སྒྲོལ་མས་ཀྱང་གསུང་རབ་དགོངས་འགྲེལ་དང་བཅས་པ་ཐམས་ཅད་སྐྱབས་གནས་བླ་མ་རྗེས་དྲན། རང་ལུས་ལྷ་སྐུར་རྗེས་དྲན། ངག་བཟླས་བརྗོད་དུ་རྗེས་དྲན། འགྲོ་ཀུན་ལ་མར་རྗེས་དྲན། གནས་ལུགས་སྟོང་པ་རྗེས་དྲན་ཏེ་རྗེས་དྲན་ལྔར་བསྡུས་ནས་ཉམས་སུ་ལེན་ཚུལ་རྒྱས་པར་གསུངས་ཏེ། དེ་ནི་ཐིག་ལེ་བཅུ་དྲུག་གི་གདམས་ངག་འདིའི་ཉམས་ལེན་བྱ་ཚུལ་ཉིད་དོ། །དེ་ནས་ཇོ་བོ་རྗེས་འབྲོམ་རིན་པོ་ཆེའི་སྐྱེས་རབས་རྣམ་ཐར་རྣམས་དང་སྤྲུལ་པའི་བཀོད་པ་བསམ་གྱིས་མི་ཁྱབ་པ་རྣམས་མདོར་བསྡུས་གསུངས་ཤིང་། འབྲོམ་རིན་པོ་ཆེ་ཉིད་ལའང་ཁྱེད་བོད་ཀྱི་མགོན་པོ་ཐུགས་རྗེ་ཅན་ཡིན་པས་ཧ་ཅང་སྦ་བར་མ་མཛད་པར་ཕྱི་རབས་ཀྱི་གདུལ་བྱའི་དོན་དུ་ཅུང་ཟད་གསུངས་ཤིག་ཅེས་བསྐུལ་བ་ན་འབྲོམ་རིན་པོ་ཆེས་ཐ་མལ་པའི་སྣང་ངོར་བསྟན་པའི་སྐུ་དེ་ཡལ་ནས་ཐུགས་རྗེ་ཆེན་པོ་རྒྱལ་བ་རྒྱ་མཚོ་རྟེན་དང་བརྟེན་པར་བཅས་པའི་དཀྱིལ་འཁོར་དུ་དངོས་སུ་བཞེངས་ནས་ཐིག་ལེ་བཅུ་དྲུག་གི་གདམས་པ་ཟབ་མོ་རྣམས་གསུངས། དེ་ཡང་ཇོ་བོ་ཡབ་སྲས་ཀྱིས་གསུངས་པ་ཙམ་མིན་གྱི། མདོ་རྒྱུད་ནས་གསུངས་པའི་མན་ངག་སྟེ་མདོ་སྡེ་ཟ་མ་ཏོག་བཀོད་པར་ཐིག་ལེ་བཅུ་དྲུག་གི་དཀྱིལ་འཁོར་འདི་དང་ཆ་འདྲ་བར་ཐུགས་རྗེ་ཆེན་པོའི་སྐུའི་བ་སྤུའི་བུ་ག་རེར་ཡང་སངས་རྒྱས་ཀྱི་ཞིང་མང་པོ་ཡོད་པ་སོགས་གསུངས། དེ་བཞིན་དུ་འདུས་པ་ཆེན་པོའི་གཟུངས་ལ་སོགས་པ་དང་། དཔལ་(༤༩༠བ)གསང་བ་འདུས་པ་ཡེ་ཤེས་ཞབས་ལུགས་ཀྱི་རྩ་བའི་མན་ངག་འཛམ་པའི་དབྱངས་ཀྱི་ཞལ་ལུང་དང་། དེའི་མན་ངག་སྒྲུབ་ཐབས་ཀུན་བཟང་དང་། གྲོལ་བའི་ཐིག་ལེ་རྩ་འགྲེལ་སོགས་ལས་ཐིག་ལེ་བཅུ་དྲུག་གི་ཉམས་ལེན་འདིའི་གནད་རྣམས་གསུངས་ཏེ་དེ་དག་གི་ཚུལ་ཞིབ་པར་བདག་གིས་ཡི་གེ་ཡོགས་སུ་བྲིས་ནས་ཡོད་དོ། །དེ་ལྟ་བུའི་སྙིང་གི་ཐིག་ལེའི་དཀྱིལ་འཁོར་སྒོམ་ཚུལ་གྱི་གདམས་པ་ཟབ་མོ་ཡིད་ཆེས་ཁུངས་བཙུན་བྱིན་རླབས་ཀྱི་ཚན་ཀ་ཤིན་ཏུ་ཆེ་བ་འདི་ཇོ་བོ་ཡབ་སྲས་

གཉིས་ཀྱིས་དགེ་བཤེས་གསང་ཕུ་བ་ལ་གནང་སྟེ། དེ་ཡང་དགེ་བཤེས་གསང་ཕུ་བ་རྟོག་ལེགས་པའི་ཤེས་རབ་ཅེས་བྱ་བ་འདི་ནི་བསྐལ་པ་དཔག་ཏུ་མེད་པ་ནས་ཚོགས་རྒྱ་ཆེན་པོ་བསགས་ཤིང་། ལྷག་པར་རྗེ་བོ་ཡབ་སྲས་ཀྱི་གསང་བའི་མཛོད་འཛིན་པའི་སྨོན་ལམ་ རླབས་པོ་ཆེ་བཏབ་པ། རྗེ་བཙུན་འཇམ་པའི་དབྱངས་ཀྱིས་དངོས་སུ་བྱིན་གྱིས་བརླབས་པས་ཤེས་བྱའི་གནས་ཐམས་ཅད་ལ་མཁྱེན་པ་ཐོགས་པ་མེད་པར་འཇུག་པ་ཞིག་སྟེ། དེ་ལྟ་བུའི་བདག་ཉིད་ཆེན་པོ་དེ་གསང་ཕུ་ན་དགེ་འདུན་ལྔ་བརྒྱ་ཙམ་ལ་གཞུང་ལུགས་རབ་འབྱམས་འཆད་ཅིང་བཞུགས་པ་ན། རྗེ་བཙུན་འཇམ་པའི་དབྱངས་ཀྱི་བཀས་བསྐུལ་ནས་ཚེ་འདིའི་བྱུན་ལང་ཐམས་ཅད་དོར་ཏེ་ཕྱི་བཞིན་འབྲང་བ་ཞིག་དང་བཅས་ཡེར་པ་ལྷ་རི་སྙིང་པོར་ཕེབས་ནས་རྗེ་བོ་ཡབ་སྲས་ལ་དངུལ་གྱི་མཎྜལ་མདའ་གང་པ་ཞིག་ལ་དུང་གི་ཚོམ་བུ་བཀོད་པ་སོགས་མཆོད་པའི་དངོས་པོ་ཚད་མེད་པས་མཆོད་དེ་ཡང་དང་ཡང་དུ་གསོལ་བ་བཏབ་ནས་(༤༩༧ན)འཁྲོམ་རིན་པོ་ཆེའི་སྐྱེས་རབས་རྣམས་དང་། སྙིང་གི་ཐིག་ལེའི་གདམས་པ་ཡོངས་སུ་རྫོགས་པར་ཞུས། གང་གསུངས་ཐམས་ཅད་ཐུགས་ལ་བཟུང་། རྗེ་བཙུན་འཇམ་པའི་དབྱངས་ཀྱི་མཐུས་གདམས་པ་ཡོངས་སུ་རྫོགས་པ་ཡི་གེའི་གཟུགས་སུ་ཤར་བའི་བཀའ་གདམས་སྤྲུལ་པའི་གླེགས་བམ་ཆེན་མོ་ཡང་ཕྱག་ཏུ་བཞུགས། དེ་ནས་རྟོག་ལེགས་པའི་ཤེས་རབ་ཀྱིས་གསང་ཕུར་ཕེབས་ནས་བཀའ་གདམས་སྤྲུལ་པའི་གླེགས་བམ་ལ་མཆོད་པ་ཚད་མེད་པས་མཆོད་ཅིང་ཁོར་ཡུག་ཏུ་གསོལ་བ་བཏབ། ནམ་ཞིག་ན་རྗེ་བཙུན་འཇམ་པའི་དབྱངས་ཀྱིས་བསྐུལ་ནས་མངའ་རིས་པ་ཤེས་རབ་རྒྱལ་མཚན་ཞེས་བྱ་བའི་བྱང་ཆུབ་སེམས་དཔའ་ཆེན་པོ་ཞིག་གསང་ཕུའི་ནགས་ཁྲོད་ན་སྒོམ་ཞིང་ཡོད་པའི་སར་གསང་ཕུ་བ་ཆེན་པོ་བྱོན་ནས་སྙིང་གི་ཐིག་ལེའི་གདམས་པ་འདིའི་ལོ་རྒྱུས་རྒྱུད་ཟད་གསུངས་པ་ནི་བྱང་ཆུབ་སེམས་དཔའ་ཤེས་རབ་རྒྱལ་མཚན་གྱིས་ཀྱང་དེ་ལྟ་བུའི་

གདམས་པ་ཟབ་མོ་དེ་ཅི་ནས་ཀྱང་གསུང་འཚལ་ཞེས་གསོལ་བ་བཏབ་པ་ན། གསང་ཕུ་བ་ཆེན་པོས་ཀྱང་ཞལ་གྱིས་བཞེས་ནས་འདི་ལ་སྤྱན་རས་གཟིགས་ཀྱི་དཀྱིལ་འཁོར་ལ་མཆོད་པའི་རྒྱུ་ཞིག་དགོས་གསུངས་པ་ན། བྱང་ཆུབ་སེམས་དཔའ་ཤེས་རབ་རྒྱལ་མཚན་གྱིས་ཡོ་བྱད་ཅི་ཡོད་མཆོད་པའི་རྒྱུར་ཕུལ། དེའི་སྟེང་དུ་གསང་ཕུ་བ་ཆེན་པོས་ཀྱང་ཡོ་བྱད་མང་དུ་གནང་སྟེ། ཐེག་ལེའི་དཀྱིལ་འཁོར་བཞེངས་ནས་སླུབ་གྲོགས་དགེ་སློང་བཞི་དང་(༤༧༡བ)བཅས་ཞག་སུམ་ཅུའི་རིང་ལ་ཐེག་ལེ་བཅུ་དྲུག་གི་དབང་དང་གདམས་པ་ཡོངས་སུ་རྫོགས་པར་གནང་། མཐར་སྨྲོལ་པའི་གླེགས་བམ་ཡང་གནང་སྟེ་བཀའ་རྒྱ་དམ་དུ་མཛད། དེ་ནས་བྱང་ཆུབ་སེམས་དཔའ་ཤེས་རབ་རྒྱལ་མཚན་གྱིས་མི་མེད་དབེན་པའི་གནས་དུ་མར་ཉམས་སུ་བཞེས་ཏེ་རྟོགས་པ་མཆོག་བརྙེས་ནས་དགེ་བཤེས་ཕུ་ཆུང་བའི་སར་བྱོན་པ་ན། ཕུ་ཆུང་བས་ཀྱང་ཁོང་ལ་སྙིང་གི་ཐིག་ལེའི་གདམས་པ་ཟབ་མོ་འདི་ཡོད་པར་མངོན་ཤེས་ཀྱིས་མཁྱེན་ནས་དེ་གནང་དགོས་པར་གསོལ་བ་བཏབ། བྱང་ཆུབ་སེམས་དཔའ་ཆེན་པོས་ཀྱང་ཞལ་གྱིས་བཞེས་ནས་འདི་ལ་སྤྱན་རས་གཟིགས་ཀྱི་དཀྱིལ་འཁོར་ལ་མཆོད་རྫས་ཤིག་དགོས་གསུངས་པ་ན། ཕུ་ཆུང་བས་རྣམ་ཐོས་ལ་འཕྲིན་ལས་ཀྱི་གྲོགས་བཅོལ་བ་ན་དེ་མ་ཐག་ཏུ་མཆོད་རྫས་ཐམས་ཅད་ཐོགས་པ་མེད་པར་གྲུབ་སྟེ་དཀྱིལ་འཁོར་བཤམས། གཉིས་ཀ་ཀུན་སྤང་བྲེ་བྲལ་དུ་སོང་བས་སླུབ་གྲོགས་གཞན་མ་རྙེད་པ་ན་ཕུ་ཆུང་བས་འཕགས་པ་གནས་བརྟན་བཅུ་དྲུག་ལ་གསོལ་བ་བཏབ་ནས་གནས་བརྟན་བཅུ་དྲུག་གིས་སླུབ་གྲོགས་མཛད། དེར་བྱང་ཆུབ་སེམས་དཔའ་ཤེས་རབ་རྒྱལ་མཚན་གྱིས་སྙིང་གི་ཐིག་ལེའི་དཀྱིལ་འཁོར་དུ་དབང་བསྐུར་བ་དང་གདམས་ངག་རྣམས་སྤྲོལ་མར་བྱས་ཏེ་ཟླ་བ་གཅིག་དང་ཞག་བཅོ་བརྒྱད་ཀྱི་རིང་ལ་ཡོངས་སུ་རྫོགས་པ་གནང་ཞིང་། མཐར་བཀའ་གདམས་སྤྲུལ་པའི་གླེགས་བམ་ཡང་དགེ་བཤེས་ཕུ་ཆུང་བ་ལ་གཏད་ནས་བྱང་

ཆུབ་སེམས་དཔའ་ཤེས་རབ་རྒྱལ་མཚན་སྐུའི་སྣང་བ་བསྡུས་(༤༩༢ན)ཏེ་འཇའ་
ལུས་སུ་གཤེགས་སོ། །དེ་ནས་དགེ་བཤེས་ཞུ་ཆུང་བ་ཆེན་པོས་དབེན་པའི་གནས་དུ་
མར་ཐུགས་ཉམས་སུ་བཞེས་ཏེ་ཟུང་འཇུག་གི་གོ་འཕང་བརྙེས་པ་ན་བྱང་ཆུབ་སེམས་
དཔའ་རིན་ཆེན་རྒྱལ་མཚན་ཞེས་བྱ་བའི་སར་ཕེབས། དེས་ཀྱང་ཞུ་ཆུང་བ་ཆེན་པོ་ལ་
བཀའ་གདམས་བསྟན་པའི་སྙིང་པོ་འདི་གནང་དགོས་པར་གསོལ་བ་བཏབ་པ་ན།
གདམས་ངག་འདི་ལ་ཐུགས་རྗེ་ཆེན་པོའི་དཀྱིལ་འཁོར་ལ་མཆོད་རྫས་ཤིག་དགོས་
པས་ཁྱོད་རང་ཡང་བསོད་སྙོམས་ཙུང་ཟད་མཛོད། ངས་ཀྱང་གྲོགས་བྱ་གསུངས་ནས་
ཞུ་ཆུང་བ་ཆེན་པོས་ར་སྒྲེང་སོགས་ནས་ཟས་སྣ་དང་སྨན་སྣ་བཙལ། བྱང་ཆུབ་སེམས་
དཔའ་རིན་ཆེན་རྒྱལ་མཚན་གྱིས་བསོད་སྙོམས་བྱས་ཏེ་ཡོ་བྱད་རྣམས་ཚོགས་པ་ན་
ཞག་རེ་ལ་ཐིག་ལེ་རེ་མཛད་ནས་ཞག་བཅུ་དྲུག་ལ་ཐིག་ལེ་བཅུ་དྲུག་གི་དབང་རྫོགས་
པར་མཛད། མན་ངག་རྣམས་ཟླ་བ་དྲུག་གི་རིང་རྫོགས་པར་བསྟན་ནས་རྒྱུད་སྨིན་ཅིང་
གྲོལ་བར་མཛད་དོ། །དེའི་ཚེ་ཞུ་ཆུང་བ་ཆེན་པོས་བཀའ་གདམས་བསྟན་པའི་སྙིང་པོ་
འདི་ཉིད་གངས་རིའི་ཁྲོད་འདིར་མི་ནུབ་ཅིང་འཕེལ་བར་བྱ་བའི་ཕྱིར་བཀའ་གདམས་
ལྷ་ཆོས་བདུན་ལྡན་སྙིང་གི་ཐིག་ལེའི་མན་ངག་འདི་ཇི་ལྟར་བྱོན་ཚུལ་གཏེར་གྱི་ཁ་བྱང་
ལྟ་བུ་ཞིག་ཀྱང་ཡི་གེར་འགོད་པར་མཛད་དོ། །དེ་ལྟར་ཞུ་ཆུང་བ་ཆེན་པོས་སེམས་དཔའ་
ཆེན་པོ་རིན་ཆེན་རྒྱལ་མཚན་ལ་བཀའ་གདམས་སྙིང་གི་ཐིག་ལེའི་མན་ངག་ཡོངས་སུ་
རྫོགས་པར་(༤༩༢བ)བསྟན་ནས་མཐར་སྤྲུལ་པའི་གླེགས་བམ་ཡང་གནང་སྟེ་ཞུ་ཆུང་
བ་ཆེན་པོ་འཇའ་ལུས་སུ་གཤེགས་སོ། །དེ་ནས་བྱང་ཆུབ་སེམས་དཔའ་རིན་ཆེན་རྒྱལ་
མཚན་གྱིས་དབུས་གཙང་མངའ་རིས་བལ་ཡུལ་སོགས་དབེན་གནས་དུ་མར་བྱོན་ནས་
ཉམས་སུ་བཞེས་ཤིང་རྟོགས་པ་མཆོག་བརྙེས་པ་ན་ར་སྒྲེང་དུ་བྱོན་ཏེ་ཞང་སྟོན་དར་མ་
རྒྱལ་མཚན་བཙུན་ཆུང་གཞོན་ནུ་ཞིག་ཡོད་པ་དེ་གདམས་ངག་འདིའི་བདག་པོར་འགྱུར་

བར་མཁྱེན་ནས་དེ་རྗེས་སུ་བཟུང་། དགེ་བཤེས་སྐྱབས་ཀ་བ་ཆེན་པོས་ཞུ་སྣ་དང་མཆོད་རྫས་ཐམས་ཅད་སྦྱོར་བར་མཛད་ནས་ར་སྒྲེང་གི་ཀ་གཉིས་མར་ཐིག་ལེ་བཅུ་དྲུག་གི་དཀྱིལ་འཁོར་རྒྱས་པར་བྲིས་ཏེ། རྗེ་བོ་ཡབ་སྲས་གཉིས་ཀྱང་དངོས་སུ་བྱོན་ནས་བསྙེན་པའི་གྲོགས་མཛད། ཟླ་བ་གཅིག་དང་ཞག་གཉིས་ཀྱི་རིང་ལ་ཐིག་ལེ་བཅུ་དྲུག་གི་དབང་རྒྱས་པ་ཞིག་མཛད། དེ་ནས་ལོ་བཅུ་གཉིས་ཀྱི་རིང་ཞབས་འབྲིང་དུ་བསྟེན་ཏེ་དབེན་པའི་གནས་དུ་མར་གདམས་ངག་ཡོངས་སུ་རྫོགས་པར་བསྟན། མཐར་གླེགས་བམ་ཡང་གནང་སྟེ་ཞང་སྟོན་དར་མ་རྒྱལ་མཚན་ཆོས་འདིའི་བདག་པོར་བྱིན་གྱིས་བརླབས་སོ། །དེ་ནས་ཞང་སྟོན་དར་མ་རྒྱལ་མཚན་གྱིས་དབེན་གནས་དུ་མར་ཐུགས་ཉམས་སུ་བཞེས་ཤིང་རྟོགས་པ་མཆོག་བརྙེས་པ་ན་སྐྱབས་ཀ་བ་བྱང་ཆུབ་བཟང་པོ་རྗེས་སུ་བཟུང་། བྱང་ཆུབ་བཟང་པོས་ཀྱང་ཞང་སྟོན་དར་མ་རྒྱལ་མཚན་ལ་སྙིང་གི་ཐིག་ལེའི་གདམས་པ་འདི་གསུང་བར་གསོལ་བ་བཏབ་པ་ན་ཞལ་གྱིས་བཞེས་ཏེ་མཆོད་རྫས་རྣམས་བསགས། མཆོད་པའི་ཡོ་བྱད་(༤༨༣ན)རྣམས་འཛོམ་པ་ན་འབྲོམ་རིན་པོ་ཆེའི་འབྲུངས་ཡུལ་ཕུག་རིང་དུ་བྱོན་ནས་ཞག་བཅུ་དྲུག་གི་རིང་ལ་ཐིག་ལེ་བཅུ་དྲུག་གི་དབང་ཚར་བར་མཛད། དེ་ནས་ར་སྒྲེང་དུ་བྱོན་ནས་ཟླ་བ་གཅིག་གི་རིང་ལ་ཐིག་ལེའི་སྒྲུབ་པ་མཛད། དེ་ནས་ལོ་དགུའི་བར་དུ་བསྟེན་ནས་གདམས་ངག་རྣམས་རྫོགས་པར་གསན་ནོ། །དེ་ནས་སློབ་དཔོན་བྱང་ཆུབ་བཟང་པོས་སྙིང་གི་ཐིག་ལེའི་གདམས་པ་ཐུགས་ལ་ཉམས་སུ་བཞེས་ཤིང་རྟོགས་པ་མཆོག་བརྙེས་པ་ན་སྐྱབས་ཀ་བ་ནམ་མཁའ་རིན་ཆེན་རྗེས་སུ་བཟུང་སྟེ། སྐྱབས་ཀ་བ་ནམ་མཁའ་རིན་ཆེན་གྱིས་སློབ་དཔོན་བྱང་ཆུབ་བཟང་པོ་ལ་བཀའ་གདམས་བསྟན་པའི་སྙིང་པོ་སྙིང་གི་ཐིག་ལེའི་གདམས་པ་གནང་དགོས་པར་ཞུས་པ་ན་འདི་ལ་མཆོད་རྫས་ཅུང་ཟད་ཅིག་དགོས་གསུངས། དེ་འཚོལ་བར་ཞུས་ནས་ཡོ་བྱད་རྣམས་བཙལ་ཏེ་མཆོད་རྫས

རྣམས་ཚང་བར་བཅལ་གྲུབ་པ་ན་ཞག་བཅུ་དྲུག་གི་རིང་ཐིག་ལེ་བཅུ་དྲུག་གི་དབང་མཛད། དེ་ནས་དབེན་པའི་གནས་དུ་མར་ཕེབས་ནས་གདམས་ངག་རྣམས་ཡོངས་སུ་རྫོགས་པར་གནང་སྟེ། ལོ་ཉི་ཤུ་རྩ་བཞིའི་རིང་འབྲལ་མེད་དུ་བསྟེན་ནས་བཀའ་གདམས་ཀྱི་གདམས་ངག་ཡོངས་སུ་རྫོགས་པར་གསན་གསུང་ངོ་། །འདི་ཡན་ཆད་ནི་ཚིག་རྒྱུད་ཁོ་ན་ཡིན་པ་ལ་སློབ་དཔོན་བྱང་ཆུབ་བཟང་པོས་སྐབས་ཀ་བ་ནམ་མཁའ་རིན་ཆེན་ལ་ད་ཕྱིན་ཆད་མན་ངག་ཅུང་ཟད་ཡོངས་སུ་ཐོངས་ཞེས་བཀའ་གནང་། དེ་ནས་སློབ་དཔོན་ནམ་མཁའ་(༥༩ ༣བ)རིན་ཆེན་གྱིས་བྱང་ཆུབ་སེམས་དཔའི་ནོར་བུའི་ཕྲེང་བ་རྒྱ་ཆེར་སྤེལ་ཞིང་། བཀའ་གདམས་གླེགས་བམ་ཡང་དོན་གཉེར་ཅན་མང་པོ་ལ་བཤད། སྙིང་གི་ཐིག་ལེའི་གདམས་པ་ནི་འབྲོམ་ཀུ་མ་ར་མ་ཏི་ལ་གནང་སྟེ། མཆོད་པའི་ཡོ་བྱད་རྣམས་ཚོགས་པར་བྱས་ཏེ་ཐིག་ལེ་བཅུ་དྲུག་གི་དབང་ཞག་བཅུ་གཉིས་ལ་རྫོགས་པ་ཞིག་མཛད། གླེགས་བམ་ཡང་ཡོངས་སུ་རྫོགས་པར་བསྟན་ཏེ་ཐུགས་ལ་གཟུང་དུ་བཅུག །འབྲོམ་ཀུ་མ་ར་མ་ཏིས་ཀྱང་བཀའ་གདམས་གླེགས་བམ་ཡོངས་སུ་རྫོགས་པ་ཚིག་གཅིག་ཀྱང་མ་ལུས་པར་ཐུགས་ལ་བཟུང་ནས་རྒྱུན་དུ་ཞལ་ཏོན་མཛད། བཀའ་གདམས་སྤྲུལ་པའི་གླེགས་བམ་ཆེན་མོ་ནི་སློབ་དཔོན་ནམ་མཁའ་རིན་ཆེན་གྱིས་སྐབས་ཀའི་མཆོད་རྟེན་གྱི་ནང་དུ་བཞུགས་སུ་གསོལ་ཞེས་འབྱུང་ངོ་། །དེ་ནས་འབྲོམ་ཀུ་མ་ར་མ་ཏིས་སྣར་ཐང་དུ་ཕེབས་ནས་བཀའ་གདམས་གླེགས་བམ་རྒྱ་ཆེར་སྤེལ་ཞིང་། སྣར་ཐང་མཁན་ཆེན་ཉི་མ་རྒྱལ་མཚན་གྱིས་འབྲོམ་ཀུ་མ་ར་མ་ཏིའི་ཞལ་ནས་ཇི་ལྟར་གསུངས་པ་ལྟར་བཀའ་གདམས་གླེགས་བམ་ཡི་གེར་བཀོད། དེ་ལ་མ་ཕྱི་བྱས་ནས་ཕྱོགས་ཕྱོགས་སུ་འཕེལ་བ་ཡིན་པས་དེང་སང་བཀའ་གདམས་གླེགས་བམ་ཡི་གེར་འཁོད་པ་ལ་བལྟར་ཡོད་པ་ནི་འབྲོམ་ཀུ་མ་ར་མ་ཏིས་བཀའ་གདམས་གླེགས་བམ་ཐུགས་ལ་བཟུང་བ་དེའི་བཀའ་དྲིན་ལས་བྱུང་བ་ཡིན་ནོ། །དེ་ནས་རིམ་

གྱིས་ཐམས་ཅད་མཁྱེན་པ་དགེ་འདུན་གྲུབ་དང་། རྒྱལ་བ་དགེ་འདུན་རྒྱ་མཚོ་གཉིས་ཀྱིས་རྒྱ་ཆེར་སྤེལ་བར་མཛད། དེ་ནས་རིམ་གྱིས་བརྒྱུད་དེ་པཎ་ཆེན་(༩༡༩ན)ཐམས་ཅད་མཁྱེན་པ་བློ་བཟང་ཆོས་ཀྱི་རྒྱལ་མཚན་དང་། རྒྱལ་དབང་ཐམས་ཅད་མཁྱེན་པ་ངག་དབང་བློ་བཟང་རྒྱ་མཚོ་གཉིས་ཀྱིས་སྤེལ་བར་མཛད། རྒྱལ་དབང་ཐམས་ཅད་མཁྱེན་པ་ངག་དབང་བློ་བཟང་རྒྱ་མཚོ་ལ་ནི་འཁྲུལ་རིན་པོ་ཆེས་དངོས་སུ་ཞལ་གཟིགས་ནས་སྙིང་གི་ཐིག་ལེའི་དབང་དང་གདམས་ངག་གནང་བ་ཡིན་ཞེས་བདག་གི་བླ་མ་དམ་པ་གསུང་ངོ་། །དུས་ཕྱིས་ནི་བདག་གི་དྲིན་ཅན་རྩ་བའི་བླ་མ་རྗེ་བཙུན་ངག་དབང་བྱམས་པས་སྙིང་གི་ཐིག་ལེའི་དབང་དང་གདམས་ངག་མི་ནུབ་པར་བཟུང་ནས་དོན་གཉེར་ཅན་ཁ་ཤས་ལ་གནང་བ་ལས་ཧ་ཅང་དར་ཆ་ཆེ་བ་མི་སྣང་ལ། བླ་མ་རིན་པོ་ཆེ་དེ་ཉིད་ཀྱི་ཞབས་དྲུང་དུ་བདག་གིས་ཐིག་ལེ་བཅུ་དྲུག་གི་དབང་དང་བཀའ་གདམས་སྙིང་གི་ཐིག་ལེའི་གདམས་ངག་འདིའི་བཀའ་དྲིན་ལེགས་པར་ཐོབ་ལ་ཇོ་བོ་ཡབ་སྲས་ཀྱི་གསང་ཆོས་བཀའ་གདམས་ལྷ་ཆོས་བདུན་ལྡན་གྱི་སྙིང་པོའི་ཡང་སྙིང་པོ་ཐིག་ལེ་བཅུ་དྲུག་གི་གདམས་ངག་འདི་མ་ནུབ་པར་ཡུན་རིང་དུ་གནས་ན་ཅི་མ་རུང་སྙམ་དུ་སྨོན་པས་ཐིག་ལེ་བཅུ་དྲུག་གི་གདམས་ངག་འདིའི་བླ་མ་གོང་མའི་བརྒྱུད་རིམ་རྣམ་ཐར་དང་། འདིའི་དཀྱིལ་ཆོག་སློབ་མ་རྗེས་སུ་འཛིན་ཚུལ་དང་བཅས་པ་ཆེས་ཞིབ་པར་བཀོད་པ་བཀའ་གདམས་གསལ་བྱེད་ཅེས་བྱ་བ་དང་། བློ་དམན་རྣམས་ཀྱིས་འདིའི་ཆོ་ག་རྣམས་ངག་འདོན་དུ་བྱ་ཚུལ་དང་། འདིའི་མན་ངག་ཇི་ལྟར་ཉམས་སུ་ལེན་ཚུལ་གྱི་ཁྲིད་ཡིག་དང་། བཀའ་གདམས་ལྷ་ཆོས་བདུན་ལྡན་(༩༡༩བ)གྱི་རྣམ་ཐར་ལ་སྨོན་ལམ་དུ་བྱ་ཚུལ་ཚིགས་བཅད་དུ་བསྡེབས་པ་བཅས་གདམས་ངག་འདི་ཆ་ལག་དང་བཅས་པའི་ཡི་གེ་བདག་གིས་ལོགས་སུ་བྲིས་ནས་ཡོད་དོ། །དེས་ན་བྱང་ཆུབ་ལམ་གྱི་རིམ་པ་ལ་བློ་སྦྱོང་བར་འདོད་པ་རྣམས་ཀྱིས་རྒྱ་ཆེན་སྤྱོད་པའི་རྒྱུད་ཀྱི་བླ་མ་

རྣམས་དང་། ཟབ་མོ་ལྟ་བའི་རྒྱུད་ཀྱི་བླ་མ་རྣམས་དང་། ཉམས་ལེན་བྱིན་རླབས་རྒྱུད་ཀྱི་བླ་མ་རྣམས་ལ་གསོལ་བ་འདེབས་ཤིང་ལམ་ཕྱོགས་རེ་རེ་མ་སོང་བར་མདོ་སྔགས་གཉིས་ཀའི་ལམ་གྱི་ལུས་ཡོངས་སུ་རྫོགས་པ་ལ་སྦྱོང་པ་སྙིང་པོར་བྱ་ཞིང་ཐ་ན་སྨོན་ལམ་གྱི་ཡུལ་ཙམ་ཆད་དུ་བྱས་ཏེ་བག་ཆགས་ཅི་ཐེབས་བྱའོ།། །།

མཇུག་བྱང་།

སྨྲས་པ། ནམ་མཁའི་མཐས་གཏུགས་ཕྱོགས་བཅུའི་འཇིག་རྟེན་ན། །ལུས་ཅན་རྣམས་ལ་ཕན་བདེ་གང་འབྱུང་བ། །རྒྱལ་བའི་བསྟན་པ་ཉིད་ལ་རག་ལས་ཞེས། །རྒྱལ་དང་རྒྱལ་སྲས་ཀུན་གྱིས་མཐུན་པར་གསུངས། །ཕན་བདེའི་འབྱུང་གནས་རྒྱལ་བའི་བསྟན་པ་ནི། །ཚང་ལ་མ་ནོར་བྱང་ཆུབ་ལམ་རིམ་སྟེ། །རྒྱལ་བསྟན་ཐམས་ཅད་ལམ་རིམ་འདིར་འདུ་བར། །ཤིང་རྟ་ཆེན་པོ་གཉིས་ཀྱིས་གསུངས་ཕྱིར་རོ། །དེ་ཕྱིར་བྱང་ཆུབ་ལམ་གྱི་རིམ་པ་ཡི། །བཤད་སྒྲུབ་ཇི་སྲིད་གནས་པ་དེ་སྲིད་དུ། །རྒྱལ་བའི་བསྟན་པ་གནས་པ་ཞེས་བྱ་སྟེ། །འདི་ཉམས་ན་ནི་རྒྱལ་བསྟན་མེད་ཕྱིར་རོ། །སྐྱེ་བ་འཛིན་པ་མེད་པར་ནི། །གྲུ་ཡིས་ཕ་རོལ་མི་བགྲོད་ལྟར། །ལམ་སྟོན་བཤེས་གཉེན་མེད་ན་ནི། །ལམ་བཟང་དར་བའི་སྐབས་མེད་དོ། །ཉི་མ་མེད་པར་ཉིན་མོ་མེད། །ས་གཞི་མེད་པར་ལོ་ཏོག་མེད། །རྒྱ་མཚོ་མེད་(༩༧༥ན)པར་ནོར་བུ་མེད། །ལམ་སྟོན་མེད་པར་ལམ་མེད་དོ། །རྩྭ་ཤིང་ནགས་ཚལ་ལོ་ཏོག་ཐམས་ཅད་ནི། །ས་ལ་གནས་ཤིང་ས་ལས་འབྱུང་བ་ལྟར། །མཐོ་རིས་ཐར་པའི་ཡོན་ཏན་མ་ལུས་པ། །ལམ་སྟོན་བཤེས་གཉེན་ཉིད་ལ་རག་ལས་སོ། །མ་ནོར་ལམ་སྟོན་བཤེས་གཉེན་དམ་པ་ནི། །མཐོ་རིས་ཐར་པའི་ལམ་བཟང་ལྟ་བའི་མིག །མཆོག་དང་ཐུན་མོང་དངོས་གྲུབ་ཀུན་གྱི་གཞིར། །རྒྱལ་དང་རྒྱལ

སྲས་ཀུན་གྱིས་རྒྱ་ཆེར་བསྔགས། །ཚུལ་དེ་མཐོང་ནས་བདག་གིས་ནི། །མ་ནོར་ལམ་བཟང་སྟོན་མཛད་པའི། །རྩ་བརྒྱུད་བླ་མའི་ཚོགས་རྣམས་ཀྱི། །རྟོགས་པ་བརྗོད་པ་འདི་བྱས་སོ། །འཁོར་བ་ཐོག་མ་མེད་པ་ནས། །ལས་ཉོན་དབང་གིས་ལུས་བླངས་ཏེ། །བྱ་བ་གང་དང་གང་བྱས་པ། །ཐམས་ཅད་དོན་མེད་ལས་རོར་སོང་། །ད་རེས་རྒྱལ་བསྟན་འཕེལ་བའི་ཕྱིར། །བསྟན་འཛིན་དམ་པའི་ཚོགས་རྣམས་ཀྱི། །རྟོགས་བརྗོད་ངལ་བ་འདི་བྱས་པས། །ལུས་འདིས་སྙིང་པོ་ཅུང་ཟད་ཡོན། །འཁོར་བ་ཐོག་མ་མེད་པ་ནས། །སེམས་དང་སེམས་བྱུང་འདི་དག་ནི། །ལོག་པའི་ལམ་དུ་བཀྲུགས་བཀྲུགས་ནས། །རྒྱུན་དུ་རང་ཉིད་ཕུང་བར་བྱས། །ད་རེས་ཡུལ་འཛིན་རྣམ་རིག་འདིས། །རྒྱལ་དང་རྒྱལ་བའི་སྲས་རྣམས་ཀྱི། །མཛད་བཟང་ཡོན་ཏན་བལྟས་པས་ན། །རྣམ་རིག་བཀྲ་བ་དོན་ལྡན་བྱས། །ཐོག་མེད་དུས་ནས་ལས་ཉོན་སྒྱུ་མ་མཁན་པོ་ཡིས། །མི་གཙང་ཁྲུ་བ་ཁྲག་གི་ཐིགས་པ་ཚོགས་པ་ལ། །རོ་ལངས་ཤ་རུས་འཁྲུལ་འཁོར་ཐེ་སྐེད་བཅོས་བཅོས་ཀྱང་། །ཅི་བྱས་ཐམས་ཅད་རང་གཞན་ཕུང་བའི་ལས་སུ་སོང་། །ད་རེས་ཁུ་ཁྲག་ཐིགས་པའི་དང་མ་མཆོག །གཟུགས་འཛིན་དབང་པོས་དམ་པའི་རྣམ་ཐར་ལ། །ཡང་དང་ཡང་དུ་བལྟས་ཏེ་དཔྱད་དཔྱད་ནས། །ལེགས་བཤད་གྲུབ་པས་ལྟ་བྱེད་དོན་དང་ལྡན། །ཐོག་མ་མེད་ནས་རོ་འཛིན་སྟོང་གྲུབ་ཀྱང་། །ཉོན་མོངས་དུག་གསུམ་དབང་དུ་སོང་སོང་ནས། །མི་དགེའི་གཏམ་གྱིས་ཉིན་མཚན་དུས་འདས་ཏེ། །རང་གཞན་ཐམས་ཅད་ཕུང་བ་བརྒྱུད་མར་བྱས། །ད་རེས་འགྲོ་བའི་སྒྲོན་མེ་སངས་རྒྱས་དང་། །རྒྱལ་བའི་སྲས་པོ་རིམ་པར་བྱོན་རྣམས་ཀྱི། །མཛད་ཚུལ་རྣམ་ཐར་བཟང་པོ་ཆེར་བསྔགས་པས། །ལྕེ་ཡི་དབང་པོ་དོན་དང་ལྡན་པར་བྱས། །བརྒྱུད་པ་གསུམ་ལྡན་བླ་མའི་ཚོགས་རྣམས་ཀྱི། །མཛད་པ་རྣམ་ཐར་བཟང་པོའི་ཚུལ་དག་ལ། །བདག་གིས་བསྒྲིམས་ཏེ་རབ་ཏུ་བསྟོད་བྱས་ཀྱང་། །ཡོན་ཏན་ཆ་ཙམ་བརྗོད་པར་ག་ལ་ནུས། །བྱིས་པའི་འདམ་གྱིས་ལྷ་ལམ་

འཇལ་བ་དང་། །ཚོག་གུའི་ཁོག་པས་རྒྱ་གཏེར་འཇལ་བ་བཞིན། །བདག་གིས་རྒྱལ་བ་སྲས་བཅས་བསྔགས་པ་ཡང་། །དེ་དང་འདྲ་བས་བསམ་པ་བཟང་བ་ཙམ། །རྒྱུད་པ་གསུམ་ལྡན་རྣམས་ཀྱི་ཡོན་ཏན་ནི། །མཁའ་ལྟར་རྒྱ་ཆེ་མཚོ་ལྟར་གཏིང་ཟབ་ལ། །བདག་བློ་ཉམ་ཆུང་ཤིན་ཏུ་མི་གསལ་བས། །ངོངས་པར་གང་གྱུར་བཟོ་ལྡན་རྣམས་ལ་བཤགས། །བྱིས་པ་ཆུང་དུས་ཕ་མའི་མིང་ཙམ་ཞིག །འབྲུལ་པར་བརྗོད་ནའང་མཚར་དུ་བྱེད་པ་ལྟར། །བློ་དམན་བདག་འདྲས་རྒྱལ་བ་སྲས་བཅས་ཀྱི། །ཡོན་ཏན་བསྔགས་པའི་མཚར་དུ་དགོངས་པར་རིགས། །དྲི་མེད་རིགས་ལམ་མཁྱེན་པའི་མཁས་པ་དང་། །ཉམས་མྱོང་གནད་དུ་ཁེལ་བའི་དམ་པ་རྣམས། །ཐུགས་ཁྲེལ་གྱུར་ན་གསོན་ཡང་ཤི་དང་མཚུངས། །དེ་ཕྱིར་དམ་པས་སྨད་པའི་ལས་མི་བྱ། །བློ་ངན་ཕྲག་དོག་གདོན་(༩༨༧ན)གྱིས་དཀྲུགས་རྣམས་ཀྱིས། །འདི་ལྟར་བགྱིས་ལ་སྨད་པ་བྱས་གྱུར་ཀྱང་། །དེ་ཡི་རང་བཞིན་དེ་ཉིད་ཡིན་པས་ན། །དེ་འདྲ་དེ་ལ་སུ་ཡིས་ཅི་ཞིག་བྱ། །ཇི་ལྟར་བདེ་གཤེགས་སྐུ་གཟུགས་རྩིག་ངོས་ལ། །བྱིས་པས་རྩེད་མོར་རི་མོར་བྲིས་པ་ཡང་། །དོན་དང་ལྡན་ཞིང་དེ་ཉིད་མཐོང་བ་ཡང་། །བསོད་ནམས་འཕེལ་ཞེས་རྒྱལ་བས་བསྔགས་གྱུར་ན། །རྒྱལ་དང་རྒྱལ་སྲས་རྣམས་ཀྱི་མཛད་པའི་ཚུལ། །དང་བའི་སེམས་ཀྱིས་ཕྱོགས་ཙམ་བསྔགས་པ་འདི། །དོན་དང་ལྡན་ཞིང་བསོད་ནམས་ཆེར་འཕེལ་བར། །འགྱུར་སྙམ་ཚུལ་འདིར་བདག་གིས་ངལ་བ་བྱས། །འདིར་འབད་པ་ལས་ཐོབ་པའི་དགེ་བ་དེས། །འགྲོ་ལ་ལམ་བཟང་མཚོན་པའི་མིག་གཅིག་པུ། །བྱང་ཆུབ་ལམ་གྱི་རིམ་པའི་མན་ངག་འདི། །ནམ་ཡང་མི་ནུབ་འཕེལ་བའི་རྒྱུ་རུ་བསྔོ། །ས་འཛིན་ལྷུན་པོ་ཆུ་གཏེར་སྨད་གཡོགས་མ་གྲོལ་ཞིང་། །སྲིད་པའི་སྒྲོན་མེ་ཟུང་གི་སྣང་བ་མ་ཆད་བར། །དམ་པའི་སྤྱོད་ཚུལ་བསྔགས་པའི་ལེགས་བཤད་འདི་ཡིས་ཀྱང་། །འགྲོ་ལ་ལམ་བཟང་ལྟ་བའི་སྣང་བ་སྟེར་གྱུར་ཅིག །བདག་ཀྱང་དེང་ནས་ཚེ་རབས་ཐམས་ཅད་དུ། །ཐེག་མཆོག་དམ་

པའི་མགོན་གྱིས་རྗེས་བཟུང་ནས། །ཚང་ལ་མ་ནོར་བྱང་ཆུབ་ལམ་རིམ་ལ། །སྒྲུབ་པ་སྙིང་པོར་བྱེད་པ་ཉིད་གྱུར་ཅིག །རྒྱུད་པ་གསུམ་ལྡན་བླ་མའི་བྱིན་རླབས་མཐུས། །སྡེ་སྣོད་གསུམ་གྱི་དོན་ལ་ངེས་རྙེད་ནས། །བསླབ་པ་གསུམ་གྱི་ཉམས་ལེན་མཐར་ཕྱིན་ཏེ། །སྐུ་གསུམ་(༩༩༨བ)གོ་འཕང་མྱུར་དུ་ཐོབ་གྱུར་ཅིག །བློ་བཟང་ཐུབ་དབང་རྡོ་རྗེ་འཆང་ཆེན་པོས། །ཆོས་འདི་གང་ལ་གཉེར་དུ་གཏད་མཛད་པ། །སྐྱེས་བུ་གསུམ་གྱི་ལམ་གྱི་སྲུང་མ་ཡིས། །ཆོས་འདི་སྒྲུབ་ལ་རྟག་ཏུ་གྲོགས་མཛོད་ཅིག །ཚངས་དབང་འཇིག་རྟེན་སྐྱོང་བ་བཞི་ལ་སོགས། །དཀར་ཕྱོགས་སྐྱོང་བའི་སྲུང་མ་ཐམས་ཅད་ཀྱིས། །ཆོས་ཚུལ་འདི་ལ་རྟག་ཏུ་གྲོགས་བྱེད་ཅིང་། །འཇིག་རྟེན་བདེ་ལེགས་ཆེན་པོས་ཁྱབ་གྱུར་ཅིག །

ཅེས་བྱང་ཆུབ་ལམ་གྱི་རིམ་པའི་བླ་མ་བརྒྱུད་པའི་རྣམ་པར་ཐར་པ་རྒྱལ་བསྟན་མཛེས་པའི་རྒྱན་མཆོག་ཕུལ་བྱུང་ནོར་བུའི་ཕྲེང་བ་ཞེས་བྱ་བ་འདི་ནི། སྔ་མོ་ནས་དགེ་བའི་བཤེས་གཉེན་མང་པོ་ཞིག་གིས་བསྐུལ་མ་བྱུང་བ་དང་། སྒྲུབ་པ་སྙིང་པོར་བྱེད་པ་དགེ་སློང་ངག་དབང་བསྟན་འཛིན་གྱིས་བདེ་ལམ་དང་ཞལ་ལུང་གཉིས་ཀའི་བླ་མ་བརྒྱུད་པའི་རྣམ་པར་ཐར་པ་རྒྱས་པ་ཞིག་དགོས་ཞེས་ཡང་དང་ཡང་དུ་ནན་ཆེན་པོས་བསྐུལ་ཞིང་། རང་གི་ཉེ་འཁོར་བ་དགེ་སློང་ཡེ་ཤེས་བསམ་གཏན་གྱིས་ཀྱང་རྗེ་བདག་ཉིད་ཆེན་པོའི་རྣམ་པར་ཐར་པ་རྒྱས་པ་ཞིག་དགོས་ཞེས་བསྐུལ་བ་དང་། བསྟན་པའི་གསལ་བྱེད་དམ་པ་དགེ་བཤེས་ཐོགས་མེད་ཀྱིས་ཀྱང་བྱམས་མགོན་བླ་མ་རིན་པོ་ཆེའི་རྣམ་ཐར་རྒྱས་པ་ཞིག་དགོས་ཞེས་ཡང་ཡང་བསྐུལ་བ་དང་། ཉི་ཆར་༧གངས་ཅན་འགྲོ་བའི་མགོན་པོ་རྒྱལ་དབང་ཐམས་ཅད་མཁྱེན་གཟིགས་ཆེན་པོ་རྗེ་བཙུན་བློ་བཟང་བསྟན་པའི་(༩༩༧ན)དབང་ཕྱུག་འཇམ་དཔལ་རྒྱ་མཚོ་དཔལ་བཟང་པོས་སྟོན་པ་ཐུབ་པའི་དབང་པོ་ནས་བཟུང་ད་ལྟར་ཞལ་བཞུགས་པའི་རྩ་བའི་བླ་མ་ལ་ཐུག་གི་བར་བྱང་

ཆུབ་ལམ་གྱི་རིམ་པའི་བླ་མ་བརྒྱུད་པ་ཚང་བའི་རྣམ་པར་ཐར་པ་རྒྱས་པ་ཞིག་བྱུང་ན་བསྟན་པའི་སྙིང་པོ་འདི་འཕེལ་བའི་རྒྱུན་དུ་ཆེ་བས་ཅིས་ཀྱང་བགྱི་དགོས་སོ་ཞེས་བཀའ་ལུང་སྩྱི་བོར་ཕེབས་པ་གྲུས་པས་མཛོས་ཏེ། དོན་གྱི་སླད་དུ་མཚན་ནས་སྨོས་ཏེ་མཁན་པོ་རིན་པོ་ཆེ་པཎ་ཆེན་ཐམས་ཅད་མཁྱེན་པ་རྗེ་བཙུན་བློ་བཟང་ཡེ་ཤེས་དཔལ་བཟང་པོའི་བཀའ་དྲིན་ལས་རྒྱལ་བའི་བསྟན་པ་རིན་པོ་ཆེའི་སྒོར་རབ་ཏུ་བྱུང་ནས་ཤིང་རྟ་ཆེན་པོའི་གཞུང་རྣམས་ལ་སྦྱོང་བའི་སྐལ་བ་ཐོབ་ཅིང་། དཔལ་དབེན་ས་སྣན་རྒྱུད་ཀྱི་མན་ངག་ལ་བརྟེན་ནས་གྲུབ་པའི་གོ་འཕང་མཐོན་པོར་གཤེགས་པ་བྱ་བྲལ་གྲུབ་པའི་དབང་ཕྱུག་རྗེ་བཙུན་བླ་མ་བློ་བཟང་རྣམ་རྒྱལ་དང་། ཐུབ་བསྟན་ཡོངས་རྫོགས་ཀྱི་བདག་པོ་རྗེ་བཙུན་ངག་དབང་བྱམས་པ་གཉིས་ཀྱི་བཀའ་དྲིན་ལས་བྱང་ཆུབ་ལམ་གྱི་རིམ་པའི་མན་ངག་ལེགས་པར་ཐོབ་པ་དགེ་སློང་ཡེ་ཤེས་རྒྱལ་མཚན་གྱིས་རབ་བྱུང་བཅུ་གསུམ་པའི་སྤྲེའུ་ཞེས་པ་མེ་མོ་ལུག་གི་ལོ་ཕོ་བྲང་ཆེན་པོ་པོ་ཏ་ལར་སྦྱར་བའོ། །འདིས་ཀྱང་རྒྱལ་བའི་བསྟན་པ་རིན་པོ་ཆེ་སྒོ་ཐམས་ཅད་ནས་ཕྱོགས་ཐམས་ཅད་དུ་དར་ཞིང་རྒྱས་ལ་ཡུན་རིང་དུ་གནས་པར་གྱུར་ཅིག། ༎

པར་བྱང་སྨོན་ཚིག།

(༤༨༧བ)༄། ཨོཾ་སྭ་སྟི། བསྐལ་བཟང་འདི་ལ་རྣམ་འདྲེན་མང་བྱོན་ཡང་། །མགོན་མེད་སྙིགས་དུས་ཉམ་ཐག་འགྲོ་རྣམས་ལ། །རྒྱལ་བ་གཞན་ལས་ཐུགས་རྗེ་ཆེས་ལྷག་པ། །ཟླ་མེད་སྟོན་པ་ཤཱཀྱའི་རྒྱལ་པོར་འདུད། །སྟོན་པ་མཉམ་མེད་ཐུབ་པའི་དབང་པོ་ཡིས། །མཐའ་ཡས་གདུལ་བྱའི་ཁམས་དང་བསམ་པ་དང་། །བག་ལ་ཉལ་དང་དབང་པོ་ལ་གཟིགས་ནས། །ཆོས་ཚུལ་བརྒྱད་ཁྲི་བཞི་སྟོང་བཀའ་སྩལ་ཏོ། །རྒྱལ་བའི

གསུང་རབ་ཀུན་གྱི་སྙིང་པོའི་དོན། །སྐལ་བཟང་གཅིག་གི་ཉམས་ལེན་རིམ་པ་སྲུ །
ལེགས་པར་དྲིལ་བ་མ་ཚང་མེད་པའི་ཆོས། །བྱང་ཆུབ་ལམ་གྱི་རིམ་པ་འདི་ཉིད་དོ། །
རབ་འབྱམས་ཞིང་གི་རྒྱལ་བ་མ་ལུས་པའི། །གདུང་འཚོབ་ཐེག་པ་མཆོག་གི་དགེ་བའི་
བཤེས། །བྱང་ཆུབ་ལམ་གྱི་རིམ་པ་སྟོན་མཛད་པའི། །རྒྱ་བོད་རིམ་བྱོན་བླ་མ་རྣམས་
ལ་འདུད། །ས་གསུམ་འགྲོ་བའི་རེ་སྐོང་ཡིད་བཞིན་ནོར། །སྐྱེས་བུ་གསུམ་གྱི་ལམ་
བཟང་གསལ་མཛད་པའི། །བླ་མ་རྣམས་ཀྱི་ངོ་མཚར་མཛད་པའི་ཚུལ། །གསལ་བར་
སྟོན་པའི་སྟོན་མེད་ལེགས་བཤད་འདི། །གངས་ཅན་འགྲོ་བ་ཡོངས་ཀྱི་མགོན་གཅིག་
པུ། །རྗེ་བཙུན་བློ་བཟང་འཇམ་དཔལ་རྒྱ་མཚོ་ཡིས། །མཐའ་དབུས་སྐྱེ་འགྲོ་ཡོངས་ལ་
བརྩེར་(༩༨༢ན)དགོངས་ནས། །ཆོས་སྦྱིན་འཛད་མེད་དཔལ་འགྲོའི་རྒྱུན་འདི་སྤེལ། །
ཚུལ་འདིར་འབད་ལས་དུང་དང་ཀུན་དུ་ལྟར། །རབ་དཀར་དགེ་བ་གང་ཞིག་ཐོབ་པ་
དེས། །ཚང་ལ་མ་ནོར་བྱང་ཆུབ་ལམ་རིམ་འདི། །ཕྱོགས་རྣམས་ཀུན་ཏུ་འཕེལ་ཞིང་
རྒྱས་གྱུར་ཅིག། །སརྦ་མངྒ་ལཾ།། །།

༄༅། །ལམ་རིམ་བླ་མ་བརྒྱུད་པའི་རྣམ་ཐར་བཞུགས་སོ། །(སྟོད་ཆ། སྨད་ཆ།)

མཛད་པ་པོ།	ཡོངས་འཛིན་ཡེ་ཤེས་རྒྱལ་མཚན།
བསྡུ་སྒྲིག་པ།	སེར་གཙུག་ནང་བསྟན་དཔེ་རྙིང་འཚོལ་བསྡུ་ཕྱོགས་སྒྲིག་ཁང་།
རྩོམ་སྒྲིག་འགན་འཁུར་བ།	བློ་བཟང་ཚེ་རིང་།
མདུན་ཤོག་འཆར་འགོད་པ།	སྐལ་ཚོ།
པར་འདེབས་འགན་འཁུར་བ།	མིའོ་ཕན།
དཔེ་སྐྲུན་ཚན་པ།	བོད་ལྗོངས་མི་དམངས་དཔེ་སྐྲུན་ཁང་། (ལྷ་ས་གླིང་སྐོར་བྱང་ལམ་སྒོ་ཨང་20པ།)
པར་འདེབས་ཚན་པ།	ལྷ་ས་གྲོང་ཁྱེར་མིང་ཤིན་པར་འདེབས་ཚད་ཡོད་ཀུང་སི།
དེབ་ཚད།	787 × 1092 1/16
པར་ཤོག	97.125
ཡིག་གྲངས།	ཁྲི85.9
པར་གཞི།	2011ལོའི་ཟླ1པོར་པར་གཞི1བསྒྲིགས།
པར་ཐེངས།	2024ལོའི་ཟླ3པར་པར་ཐེངས3བཏབ།
པར་གྲངས།	6,001 – 8,000
དཔེ་དེབ་ཨང་གྲངས།	ISBN 978 – 7 – 223 – 02992 – 6
རིན་གོང་སྒོར།	198.00 (སྟོད་ཆ། སྨད་ཆ།)
